Addison-Wesley PLUS

Liebe Leserinnen, liebe Leser,

zu diesem Buch gibt es zusätzliche Materialien, die Sie sich auf unserer Verlagswebsite http://www.addison-wesley.de/ herunterladen können. Suchen Sie dort nach Titel oder ISBN dieses Buches, um auf die zugehörige Webkatalogseite zu gelangen. Dort finden Sie hinter dem Reiter „Download" alle verfügbaren Daten.

Visual Basic 2010

Weitere Titel in dieser Reihe:

Visual C# 2010

Frank Eller
1312 Seiten
€ 49,80 [D] € 51,20 [A]
ISBN 978-3-8273-2916-5

In diesem Buch erhalten Sie umfangreiche Informationen über die Anwendungsentwicklung mit .NET 4.0, C# und WPF. Neben grundlegenden Themen wie Sprachegrundlagen, Fehlerbehandlung, Dateihandling und Multithreading erhalten sie außerdem umfangeiches Wissen darüber, wie Sie Ihre Anwendungen besser strukturieren und die Oberfläche nahezu vollständig vom Code trennen können. Neueste Technologien wie das Entity Framework, LINQ oder LINQ to SQL werden ebenso detailliert erläutert wie der Umgang mit der Windows Presentation Foundation, durch die Sie Applikationen mit modernsten, leistungsfähigen Oberflächen ausstatten können. Zusammen mit den Zusatzkapiteln auf CD-ROM erhalten Sie fast 2000 Seiten professionelles Wissen über die Entwicklung von Windows-Programmen mit C# und dem .NET Framework.

ASP.NET 4.0 mit Visual Basic 2010

Christian Wenz, Tobias Hauser, Jürgen Kotz, Karsten Samaschke
ca. 1184 Seiten
€ 59,80 [D] € 61,50 [A]
ISBN 978-3-8273-2930-1

ASP.NET 4.0 baut auf dem erfolgreichen ASP.NET 3.5 auf und überzeugt sowohl durch neue Möglichkeiten für klassische Web Forms als auch durch zahlreiche Erweiterungen für ASP.NET AJAX. Das Framework ASP.NET MVC bietet einen alternativen Ansatz für die Architektur von modernen Webanwendungen und ist bei der neuen ASP.NET-Version mit dabei. Ein-, Umsteiger und fortgeschrittene ASP.NET-Programmierer erfahren hier alles Wesentliche über das .NET Framework und Visual Basic 10. Sie erhalten alle Tricks und Kniffe, die Sie für den erfolgreichen und professionellen Einsatz von ASP.NET benötigen: unterhaltsam, kompetent und ohne Umschweife.

Michael Kofler, Frank Eller, Alexander Beyer, Holger Schwichtenberg

Visual Basic 2010

Grundlagen, ADO.NET, Windows Presentation Foundation

ADDISON-WESLEY
An imprint of Pearson Education
München • Boston • San Francisco • Harlow, England
Don Mills, Ontario • Sydney • Mexico City
Madrid • Amsterdam

Bibliografische Information der deutschen Nationalbibliothek

Die Deutsche Nationalbibliothek verzeichnet diese Publikation in der Deutschen Nationalbibliografie; detaillierte bibliografische Daten sind im Internet über <http://dnb.d-nb.de> abrufbar.

10 9 8 7 6 5 4 3 2 1

13 12 11

ISBN 978-3-8273-2942-4

ein Imprint der Pearson Education Deutschland GmbH,
Martin-Kollar-Straße 10–12, D-81829 München/Germany

Lektorat: Brigitte Bauer-Schiewek, bbauer@pearson.de
Korrektorat: Sandra Gottmann, Münster
Herstellung: Martha Kürzl-Harrison, mkuerzl@pearson.de
Coverkonzeption und -gestaltung: Marco Lindenbeck, webwo GmbH, mlindenbeck@webwo.de
Satz: Reemers Publishing Services GmbH, Krefeld, www.reemers.de
Druck und Verarbeitung: Kösel, Krugzell (www.KoeselBuch.de)
Printed in Germany

Übersicht

Teil IV Windows Presentation Foundation

Teil V Datenbankzugriffe mit ADO.NET und Entity Framework

Inhalt

Vorwort

Seit 1991, also auch schon vor den Zeiten von .NET, war das Werk von unserem geschätzten Kollegen Michael Kofler das meistverkaufte Visual Basic-Buch in Deutschland. Auch in der .NET-Ära konnte Michael diesen Erfolg in drei Auflagen zu Version 7.0 (alias 2002), 8.0 (alias 2005) und 9.0 (alias 2008) fortsetzen. Nun hat Michael sich entschlossen, sich auf andere Themen zu konzentrieren. Der Verlag Addison-Wesley hat die Weiterentwicklung des Werkes in die Hände eines Teams erfahrener .NET-Autoren gelegt.

Uns war es dabei wichtig, dass wir keineswegs das ganze Buch neu schreiben oder umgestalten wollen. Wir wollen es weiterentwickeln und mit neuen Aspekten ergänzen. Daher steht Michael auch weiterhin in der Autorenliste, da wir den überwiegenden Teil seiner Texte übernommen haben.

Das Buch gliedert sich weiterhin in fünf Teile:

1. Einführung: Die einleitenden Kapitel dienen als Schnelleinstieg. Sie finden hier drei Hello-World-Beispiele, einen Systemüberblick sowie einen Überblick der wichtigsten Neuerungen in Visual Basic 2010.
2. Grundlagen: Der Grundlagenteil führt in die Syntax von Visual Basic und speziell in die objektorientierte Programmierung ein.
3. Programmiertechniken: Dieser Teil stellt Programmiertechniken vor, die für jede Art von Anwendung benötigt werden: Konvertierung und Formatierung von Basisdatentypen, Zugriff auf Dateien, Umgang mit XML-Daten, LINQ etc.
4. Windows-Programmierung mit der WPF: Hier lernen Sie alle wichtigen WPF-Grundlagen und -Konzepte kennen und finden eine Menge Tipps zu fortgeschrittenen Themen wie Grafikprogrammierung, Drucken, Multithreading etc.
5. Datenbankprogrammierung: Dieser Teil zeigt in vielen Beispielen die Anwendung der ADO.NET-Klassen, des ADO.NET Entity Frameworks sowie der Datenbindung.

Wir haben uns die Überarbeitung des Werkzeuges aufgeteilt, damit dieses Buch schneller erscheinen kann: Frank Eller hat die „Einführung", „Grundlagen" und „Programmiertechniken" übernommen. Alexander Beyer hat den Bereich „WPF" bearbeitet. Dr. Holger Schwichtenberg hat den Teil „Datenbankprogrammierung" überarbeitet.

Weiterhin gibt es auf der Webseite zum Buch das E-Book zur Windows Forms-Programmierung, das aus der 2. Auflage und allein aus der Feder von Michael Kofler stammt – für alle VB-Entwickler, die den Weg zu WPF als Oberflächentechnologie noch nicht gehen können oder wollen.

So wie Microsoft mit Visual Basic eine Programmiersprache geschaffen hat, die sich an professionelle Entwickler richtet, so orientiert sich auch dieses Buch an dieser Zielgruppe. Wir setzen voraus, dass Sie bereits programmieren können. Sie brauchen keine Vorkenntnisse in VB, aber Sie müssen wissen, was eine Variable, eine Schleife und eine Prozedur ist.

Viel Erfolg!

Wir wünschen Ihnen, dass Ihnen mit diesem Buch der Einstieg in Visual Basic 2010 bzw. der Umstieg von einer früheren VB-Version gelingt, dass Sie die ersten Hürden rasch überwinden und danach wie ich Spaß an den vielen neuen Möglichkeiten gewinnen, die Ihnen Visual Basic bietet!

Alexander Beyer
www.DevelopmentSuite.de

Frank Eller
www.frankeller.de

Dr. Holger Schwichtenberg
www.IT-Visions.de

Die Webseite zum Buch

Unter http://www.addison-wesley.de/2942 (Download) finden Sie sämtliche Beispielprogramme und ein E-Book zum Thema »Windows Forms-Programmierung mit Visual Basic 2008«.

Beispielprogramme, Beispielcode

Das Ziel der Beispielprogramme ist es nicht, fertige Anwendungen zu präsentieren, sondern bestimmte, im Buch erklärte Programmiertechniken zu veranschaulichen. Aus diesem Grund gibt es in diesem Buch kaum lange, sondern viele, überwiegend sehr kurze Beispiele.

Aus Platzgründen sind bei Programmlistings generell nur die für den jeweiligen Abschnitt interessanten Passagen abgedruckt. Den vollständigen Code finden Sie auf der Webseite zum Buch. Um Ihnen bei der Suche nach den Beispieldateien zu helfen, finden Sie am Beginn jedes Programmlistings einen Kommentar der Art `,Beispiel linq\linq-intro`. Das bedeutet, dass sich der Code im Verzeichnis 12-linq\linq-intro auf der Webseite zum Buch befindet.

Im Code sind die Namen von Prozeduren durch fette Schrift hervorgehoben, um Ihnen die Orientierung zu erleichtern. Darüber hinaus fehlt bei Ereignisprozeduren von Windows-Programmen meist die Parameterliste. Statt

```
Private Sub Button1_Click(ByVal sender As System.Object, _
    ByVal e As System.Windows.RoutedEventArgs) Handles Button1.Click
  ... Programmcode in der Ereignisprozedur

End Sub
```

wird nur

```
Private Sub Button1_Click(...) Handles Button1.Click
  ... Programmcode in der Ereignisprozedur
End Sub
```

abgedruckt, um die Listings kompakter und übersichtlicher zu halten.

Das erscheint mir deswegen zweckmäßig, weil an Windows-Ereignisprozeduren ohnedies immer dieselben zwei Parameter übergeben werden: *sender* mit dem zugrunde liegenden Objekt und *e* mit ereignisspezifischen Daten.

Verwendung der Beispielprogramme

Nachdem Sie das Verzeichnis mit den Beispielprogrammen von der Webseite zum Buch auf Ihre Festplatte kopiert haben, sind alle Dateien schreibgeschützt. Führen Sie einfach die kleine Skript-Datei *readwrite.bat* aus. Darin befindet sich das DOS-Kommando `attrib /s -r *.*`, das den Schreibschutz für alle Dateien aufhebt. Sie sehen, selbst in .NET-Zeiten kann ein kleines DOS-Kommando ganz praktisch sein.

Beachten Sie, dass viele Programme volle .NET-Zugriffsrechte voraussetzen. Sie müssen die Programme also von der lokalen Festplatte starten und sollten *Administratorrechte* haben. Wenn das nicht der Fall ist, treten bei manchen Programmen *SecurityException*-Fehler auf. Diese Fehler haben mit dem strengen Sicherheitssystem von .NET zu tun und sind keine Programmfehler! Hintergrundinformationen zum .NET-Sicherheitssystem finden Sie in Abschnitt 15.6.

Alle Datenbankbeispielprogramme setzen voraus, dass als Datenbanksystem der SQL Server 2008 oder eine neuere Version installiert ist. Die mit allen VB-Versionen mitgelieferte SQL Server 2008 Express Edition reicht vollkommen aus. Auf dem SQL Server muss die mit diesem Buch mitgelieferte Datenbank *mylibrary* eingerichtet werden. Die genaue Vorgehensweise zum Einrichten eines Testsystems ist in Abschnitt 23.1 beschrieben.

Zu guter Letzt müssen Sie vereinzelt die Verbindungszeichenketten (die *ConnectionString*-Eigenschaft) korrigieren und meinen Rechnernamen (*merkur*) durch den Namen Ihres Rechners bzw. *localhost* ersetzen. Das betrifft insbesondere Programme, die mit den Visual Data Tools entwickelt wurden (siehe Kapitel 29). Bei diesen Programmen verändern Sie die Verbindungszeichenkette im Projekteigenschaftsdialog im Dialogblatt MY.SETTINGS.

Updates und Errata

Eventuelle Errata und Updates werden wir in einer Leser-Website dokumentieren.

http://www.IT-Visions.de/Leser

Dort finden Sie auch ein Diskussionsforum, in dem Sie Fragen zu den Inhalten des Buchs stellen können.

Zur Registrierung benötigen Sie das Kennwort „CRUSADE“.

Über die Autoren

Autorenvorstellung: Alexander Beyer

Ausbildung zum Fachinformatiker für Anwendungsentwicklung in München

» Tätigkeit in verschiedenen Bereichen der Softwareentwicklung, von Abrechnungssoftware für Zahnärzte bis hin zu Anbindungen zu Börsenprogrammen von Wertpapierhandelsbanken

» Seit Anfang 2010 selbstständig als Software- und Internetseiten-Entwickler und Anbieter von PC-Schulungen

» Themenschwerpunkt: Microsoft .NET, PHP und Embarcadero Delphi

» Mehrere Computerbased Trainings zu Visual Basic und C# bei Addison-Wesley

» Website: *http://www.DevelopmentSuite.de*

» Kontakt: *ABeyer@DevelopmentSuite.de*

Autorenvorstellung: Frank Eller

Frank Eller ist MCP, MCTS und MCPD für Microsoft .NET und Windows-Programmierung. Als C#-Experte der ersten Stunde schreibt er Fachbücher zu C# seit der Version 1.0. Er ist Projektleiter bei der Smarthouse Media GmbH.

Autorenvorstellung: Dr. Holger Schwichtenberg

Studienabschluss Diplom-Wirtschaftsinformatik an der Universität Essen

» Promotion an der Universität Essen im Gebiet komponentenbasierter Softwareentwicklung

» Seit 1996 selbstständig als unabhängiger Berater, Dozent, Softwarearchitekt und Fachjournalist

» Themenschwerpunkt: Microsoft .NET

» Mehr als 40 Fachbücher bei Addison-Wesley, Microsoft Press und dem Carl Hanser-Verlag

» Mehr als 500 Beiträge in Fachzeitschriften

» Ständiger Mitarbeiter der Zeitschriften iX und dotnetpro sowie beim Online-Portal heise.de

» Regelmäßiger Sprecher auf nationalen und internationalen Fachkonferenzen (z.B. TechEd, Microsoft IT Forum, BASTA, Advanced Developers Conference, OOP, VS One, Wirtschaftsinformatik, Net.Object Days, Windows Forum, DOTNET-Konferenz, XML-in-Action)

» Seit 2005 ausgezeichnet als Microsoft Most Valuable Professional (MVP)

» Website: http://www.IT-Visions.de

» Kontakt: *hs@IT-Visions.de* oder Telefon 0201 7490-700

Teil I

Einführung

1 Hello World!

Drei einfache Beispiele sollen Sie in die Welt von Visual Basic einführen. Dabei geht es weniger um konkrete Programmiertechniken als vielmehr darum, die Entwicklungsumgebung anhand konkreter Beispiele kennenzulernen. Weitere Tipps zur Bedienung der Entwicklungsumgebung folgen in Kapitel 3.

1.1 Hello World (Konsolenvariante)

Projekttyp auswählen

Jedes neue Projekt beginnt damit, dass Sie die Entwicklungsumgebung starten und ein neues Projekt anlegen. Das können Sie entweder über den entsprechenden Button auf der Startseite des Visual Studios tun oder aber mit dem Menübefehl Datei|Neu|Projekt. Es erscheint der in Abbildung 1.1 gezeigte Dialog, in dem Sie zwischen einer Menge Projekttypen auswählen können. Die überwiegende Mehrheit aller Projekte dieses Buchs sind Visual Basic-Projekte, wobei die Vorlagen Konsolenanwendung, WPF-Anwendung oder Windows Forms-Anwendung zum Einsatz kommen.

Das hier vorgestellte Beispielprogramm ist eine *Konsolenanwendung*. Das bedeutet, dass das Programm keine eigenen Fenster verwendet, sondern alle Texteingaben und -ausgaben in einem Konsolenfenster (dem ehemaligen DOS-Fenster) durchführt.

Im Dialog NEUES PROJEKT können Sie bereits alle notwendigen Einstellungen durchführen. Unter anderem können Sie hier den Projektnamen, den Namen der Projektmappe sowie den Speicherort für das Projekt angeben. Sie können aber auch den voreingestellten Namen übernehmen, obwohl es dann schwieriger wird, die Programme später zu unterscheiden.

HINWEIS Sämtliche Dialoge des Buchs stammen aus den Visual Studio-Versionen Professional oder Ultimate und können sich unterscheiden, sollten Sie eine Express-Version des Visual Studio verwenden.

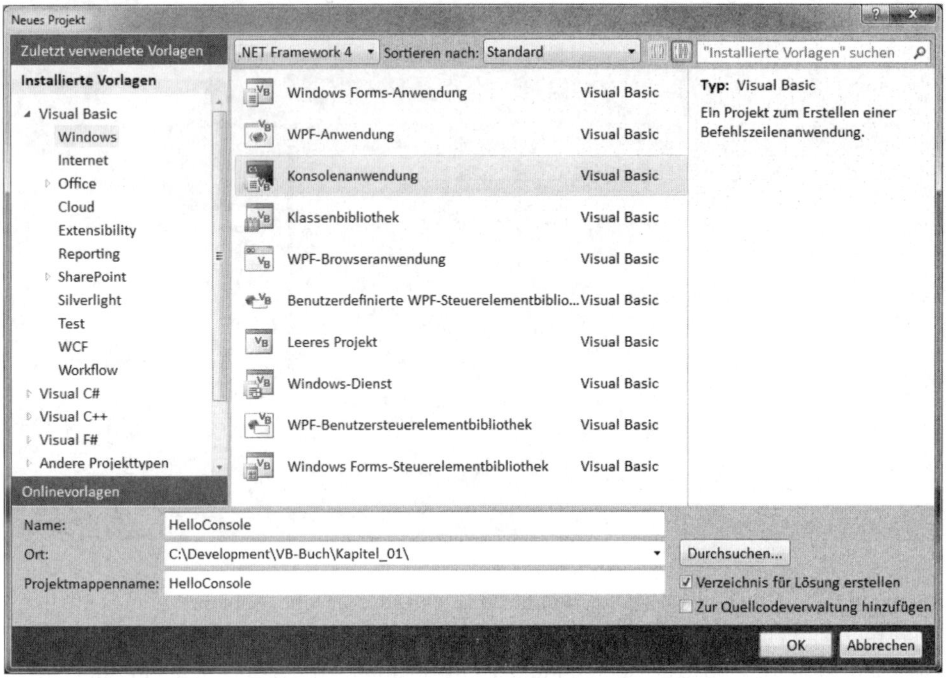

Abbildung 1.1: Dialog zu Beginn eines neuen Projekts

Der Projektname wird mehrfach verwendet:

- für das Projektverzeichnis innerhalb des Projektmappenverzeichnisses
- für die Namen der Projektdateien
- für den Namen der resultierenden Programmdatei. Diesen Namen können Sie später noch ändern, falls Sie das möchten.
- für den sogenannten Stammnamensraum, der Teil der Projekteigenschaften ist. Dieser Stammnamensraum bestimmt den vollständigen Namen aller Klassen, die Sie in Ihrem Projekt erstel-

len. Der Stammnamensraum ist vorerst unwichtig und spielt erst dann eine Rolle, wenn Sie eigene Klassenbibliotheken programmieren (siehe Kapitel 6 und speziell Abschnitt 6.3).

Schon jetzt wichtig ist allerdings der Umstand, dass der Stammnamensraum nicht im Konflikt mit Klassennamen stehen sollte, die Sie in Ihrem Programm einsetzen. Beispielsweise verwendet dieses Beispielprogramm die Klasse `Console`, um Ausgaben durchzuführen. Sie sollten deswegen dem Beispielprogramm nicht den Namen `Console` geben!

Die Entwicklungsumgebung

Nach der Auswahl des Projekttyps gelangen Sie in die Entwicklungsumgebung. Das Aussehen der Entwicklungsumgebung kann durch zahllose Einstellmöglichkeiten variiert werden, weswegen die Fensteranordnung nicht unbedingt so aussehen muss wie in Abbildung 1.2.

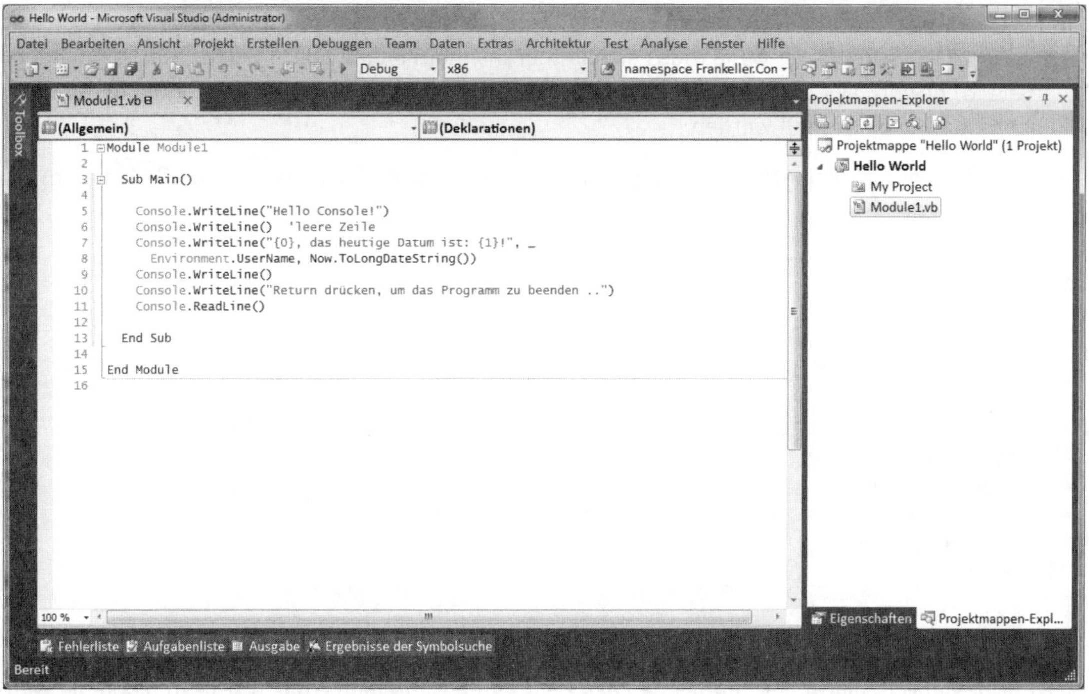

Abbildung 1.2: Die Entwicklungsumgebung

Entscheidend sind vorerst nur zwei Fenster: der Projektmappen-Explorer (rechts) und das Codefenster (zentraler Bereich). Den Projektmappen-Explorer können Sie bei Bedarf mit ANSICHT|PROJEKTMAPPEN-EXPLORER öffnen. Das Fenster gibt Auskunft über die zum Projekt gehörenden Dateien. Von dort können Sie durch einen Doppelklick das Codefenster öffnen.

Der Code befindet sich bei Konsolenanwendungen normalerweise in der Datei *Module1.vb*. Sie können die Datei ganz einfach im Projektmappen-Explorer umbenennen, wenn Sie möchten.

Programmcode (Konsolenanwendungen)

Bei neuen Projekten enthält das Codefenster nur ein minimales Codegerüst, das im Regelfall bereits ausreicht, um das Programm zu kompilieren. Das Programm erfüllt dann aber natürlich keine Aufgaben. Bei Konsolenanwendungen ist das Codegerüst besonders kurz und besteht aus nur vier Zeilen:

```
Module Module1

  Sub Main()

  End Sub

End Module
```

Die Programmausführung beginnt und endet mit `Main`. `Main` ist wiederum die einzige Prozedur des Moduls `Module1`. Visual Basic-Code muss sich immer in einem Modul oder in einer Klasse befinden. Wenn ein Programm aus mehreren Modulen oder Klassen besteht, kann der Startpunkt in den Projekteigenschaften eingestellt werden.

Um das in Abbildung 1.4 dargestellte Programm zu realisieren, müssen Sie `Main` mit Code füllen:

```
' Beispiel hello-world\hello-console

Module Module1

  Sub Main()
    Console.WriteLine("Hello Console!")
    Console.WriteLine()  'leere Zeile
    Console.WriteLine("{0}, das heutige Datum ist: {1}!", Environment.UserName,
      Now.ToLongDateString())
    Console.WriteLine()
    Console.WriteLine("Return drücken, um das Programm zu beenden ..")
    Console.ReadLine()
  End Sub

End Module
```

Es ist nicht sinnvoll, hier alle Hintergründe des Codes zu beschreiben – das würde zu tief in die Welt der Klassen, Objekte, Methoden etc. führen. Einen geeigneten Einstieg in dieses Thema gibt Kapitel 6. Damit Sie aber zumindest eine grobe Vorstellung davon haben, was in dem kurzen Programm vor sich geht und warum es funktioniert, folgt nun eine kurze Beschreibung des Codes.

`Console` ist eine Klasse, die allen Anwendungen automatisch zur Verfügung steht. Die beiden wichtigsten Methoden dieser Klasse sind `WriteLine` und `ReadLine`. Mit `WriteLine` schreiben Sie eine Zeichenkette in das Konsolenfenster. `WriteLine` erwartet als ersten Parameter eine Zeichenkette. Diese Zeichenkette darf sogenannte Platzhalter (`{0}`, `{1}`) enthalten – dann werden an dieser Stelle die weiteren optionalen Parameter eingesetzt. Das Beispielprogramm verwendet diese Art der Formatierung, um den Benutzernamen und das Datum auszugeben. (Die Angabe von Formatzeichenketten wird ausführlich in Abschnitt 10.5 beschrieben. Der von `WriteLine` eingesetzte Mechanismus geht auf die Methode `String.Format` zurück und steht bei vielen weiteren .NET-Methoden zur Verfügung.)

`ReadLine` ist das Gegenstück zu `WriteLine`. Es erwartet eine mit [↵] abgeschlossene Eingabe, die im Konsolenfenster durchgeführt wird. `ReadLine` liefert die eingegebene Zeichenkette zurück. Sehr oft wird `ReadLine` aber wie im obigen Beispiel dazu verwendet, das Programmende so lange zu verzögern, bis der Anwender [↵] drückt. Die resultierende Eingabe wird dabei gar nicht ausgewertet – es geht nur darum zu verhindern, dass das Programm sofort nach den Konsolenausgaben endet und das Ergebnis daher nur für ein paar Sekundenbruchteile auf dem Bildschirm zu sehen ist.

`Environment` ist eine weitere Klasse, die allen Programmen zur Verfügung steht. Sie hilft dabei, verschiedene Informationen des Betriebssystems, des aktuellen Benutzers etc. zu ermitteln. Hier wird die Eigenschaft `UserName` eingesetzt, um den Namen des eingeloggten Benutzers festzustellen. Weitere `Environment`-Methoden werden in Abschnitt 15.4 vorgestellt.

`Now` ist eine Visual Basic-spezifische Eigenschaft, die das aktuelle Datum samt Uhrzeit liefert. `Now` gibt ein Objekt der Klasse `Date` zurück. Um ein derartiges Objekt in eine Zeichenkette der Form `Dienstag, 5. Februar 2008` umzuwandeln, stellt die `Date`-Klasse die Methode `ToLongDateString` zur Verfügung.

Kommentare: Kommentare werden mit dem Zeichen `'` eingeleitet und reichen bis an das Ende der Zeile. Seit VB2005 besteht auch die Möglichkeit, XML-Kommentare in den Code einzubetten – siehe auch Abschnitt 3.2. XML-Kommentare werden mit `'''` eingeleitet, also mit drei Apostrophen.

Sicherlich haben Sie auch bemerkt, dass der Programmcode eine Anweisung enthält, die über mehrere Zeilen geht. Erfahrene VB-Programmierer werden sofort registriert haben, dass im obigen Code der Unterstrich zu fehlen scheint, der als Verbindungszeichen bei mehrzeiligen Anweisungen dient. Dies ist keineswegs ein Druckfehler, das Programm funktioniert genau so, wie es oben abgedruckt ist. Mit dem Visual Studio 2010 wird der Unterstrich an vielen Stellen nicht mehr benötigt – eine der komfortablen Neuerungen in Visual Basic 2010.

Codeeingabe (IntelliSense)

Bei der Codeeingabe werden Sie feststellen, dass die Entwicklungsumgebung den Code automatisch einrückt, und zwar standardmäßig um vier Zeichen pro Einrückebene. Die Listings dieses Buchs sind aus Platzgründen nur um zwei Zeichen pro Ebene eingerückt. Des Weiteren hilft Ihnen die Entwicklungsumgebung bei der Codeeingabe durch sogenannte `IntelliSense`-Funktionen:

» Bei der Eingabe von Code werden alle für eine Klasse zur Auswahl stehenden Eigenschaften, Methoden etc. in einer Liste angezeigt. Nach der Eingabe der ersten Zeichen reicht [⇆] zur Vervollständigung des Namens. Wenn die IntelliSense-Liste nicht automatisch erscheint, lässt sich die Funktion mit [Strg]+[ ] zur Zusammenarbeit bewegen.

» Bei der Eingabe von Parametern zeigt die Entwicklungsliste in einem Overlay-Fenster die Parameterliste an (siehe Abbildung 1.3). Diese Funktion wäre noch praktischer, wenn sie ein bisschen besser funktionieren würde.

Das erste Problem besteht darin, dass einzelne Methoden oft eine ganze Menge unterschiedlicher Syntaxvarianten kennen, je nachdem, wie viele Parameter übergeben und in welchem Typ diese Parameter übergeben werden. `WriteLine` kennt beispielsweise 18 verschiedene Varianten. Die `IntelliSense`-Funktion kann aber nicht immer die Variante erraten, die Sie gerade brauchen.

Das zweite Problem besteht darin, dass die Parameterliste oft unerwartet erscheint und Sie daran hindert, den Cursor mit den Tasten [↑] oder [↓] in die nächste Zeile ober- bzw. unterhalb zu bewegen. Dazu müssen Sie das `IntelliSense`-Fenster zuerst mit [Esc] schließen. Sie werden bald feststellen, dass [Esc] zu den wichtigsten Tasten bei der Codeeingabe zählt.

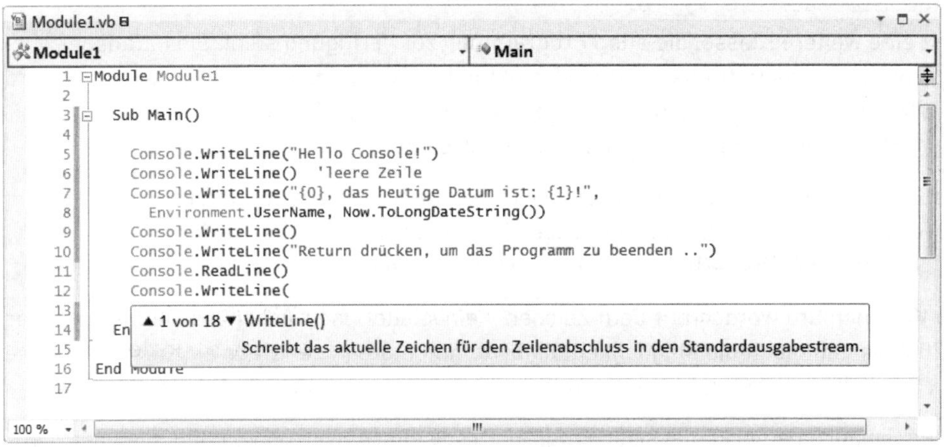

Abbildung 1.3: Abbildung 1.3: Die IntelliSense-Funktion hilft bei der Zuordnung der Parameter.

Wenn Sie möchten, können Sie die `IntelliSense`-Funktion auch abschalten: Dazu führen Sie EXTRAS|OPTIONEN aus, aktivieren die Option ALLE EINSTELLUNGEN ANZEIGEN, wählen das Dialogblatt TEXTEDITOR|BASIC und deaktivieren schließlich die Option PARAMETERINFORMATIONEN.

Bei der Visual Basic-Codeeingabe spielt die Groß- und Kleinschreibung keine Rolle. Der Editor passt Ihre Eingabe automatisch an die Schreibweise an, die bei der ursprünglichen Definition des Namens verwendet wurde.

Programm ausführen

Um das Programm auszuführen, drücken Sie auf den grünen Pfeil-Button (DEBUGGEN STARTEN) in der Standardsymbolleiste bzw. führen DEBUGGEN|STARTEN aus. Das Programm wird zuerst kompiliert. Wenn dabei Fehler auftreten, werden diese angezeigt und müssen korrigiert werden. (Die meisten Fehler erkennt die Entwicklungsumgebung schon vor dem Kompilieren und kennzeichnet die betroffenen Zeilen durch eine rote Wellenlinie.)

Wenn keine Fehler aufgetreten sind, erscheint das Programm in einem eigenen Fenster (siehe Abbildung 1.4). Noch eine Anmerkung zu dieser Abbildung: Normalerweise wird der Text in Konsolenfenstern in weißer Schrift auf schwarzem Hintergrund dargestellt. Da das weder am Bildschirm noch in einem Buch besonders augenfreundlich ist, habe ich die Farben für alle Bildschirmabbildungen geändert. Dazu klicken Sie den Fenstertitel mit der rechten Maustaste an und ändern im Eigenschaftsdialog FARBEN die entsprechenden Einstellungen.

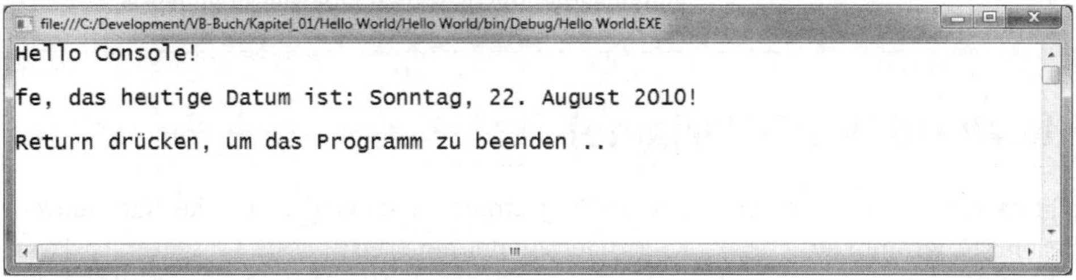

Abbildung 1.4: Das Programm Hello Console

Projekt- und Quellcodedateien

Bis jetzt kamen Sie in der Entwicklungsumgebung nur mit der Codedatei *Module1.vb* in Kontakt. Tatsächlich hat die Entwicklungsumgebung aber zahllose weitere Dateien erzeugt, die in der folgenden Tabelle kurz beschrieben werden:

Datei	Inhalt
helloConsole.*sln*	enthält die VS.NET-Projektmappe (solution) mit Informationen darüber, welche Projekte zur Mappe gehören. Beim vorliegenden Beispiel gibt es nur ein Projekt. Dieses Projekt und die Projektmappe haben beide den Namen *hello-console.* Eine Projektmappe kann aber auch mehrere Projekte enthalten, sogar in unterschiedlichen Programmiersprachen (VB, C# etc.).
helloConsole.suo	enthält benutzerspezifische Ergänzungen zu hello-console.*sln*.
*helloConsole**	enthält die Dateien des Projekts hello-console.
helloConsole\Module1.vb	enthält den von Ihnen eingegebenen Visual Basic-Code.
helloConsole\helloConsole.*vbproj*	enthält die Visual Basic-Projektdatei mit Informationen darüber, aus welchen Dateien das Projekt besteht, welche Einstellungen gelten, welche Verweise auf zusätzliche Bibliotheken eingerichtet wurden etc. Die Einstellungen werden im Projekteigenschaftsdialog eingestellt.
*helloConsole\My Project**	enthält diverse Dateien mit Projekteinstellungen.
helloConsole\My Project\AssemblyInfo.vb	enthält Informationen über die Programmversion, den Entwickler, die Firma, das Copyright etc. Die Angabe dieser Informationen ist optional.

Datei	**Inhalt**
*helloConsole\bin\Debug** *helloConsole\bin\Release**	enthält das zur Ausführung geeignete Kompilat des Programms. Zum Kompilieren wird das Verzeichnis *obj\Debug* (für die Debug-Version) bzw. *obj\Release* (für die Endversion des Programms, das an den Kunden weitergegeben werden soll) verwendet.
*helloConsole\obj**	enthält temporäre Dateien, die während des Kompilierens erzeugt werden.

1.2 Hello World (WPF-Variante)

Seit VB2008 gibt es zur Entwicklung von Windows-Programmen zwei grundsätzliche Alternativen: Entweder basiert Ihr Programm auf `Windows Forms` oder auf der neueren `Windows Presentation Foundation` (WPF). Die WPF bietet gegenüber Windows Forms viele Vorteile und steht, was die Windows-Programmierung betrifft, im Mittelpunkt dieses Buchs. Aber auch Windows Forms hat nach wie vor seine Vorzüge, weswegen ich die Windows Forms-Programmierung ausführlich in einem E-Book beschreibe, das sich als PDF-Datei auf der Webseite zum Buch befindet. Eine ausführliche Diskussion zum Thema `Windows Forms versus WPF` finden Sie in Abschnitt 16.1. In diesem und dem folgenden Abschnitt sehen Sie, wie Sie ein minimales `Hello-World`-Programm mit der WPF bzw. mit Windows Forms realisieren und welche Hilfen Ihnen Visual Studio dabei gibt.

Entwurf der Benutzeroberfläche

Die Entwicklung eines Windows Forms-Programms beginnt damit, dass Sie als Projekttyp WPF-ANWENDUNG angeben. Die Entwicklungsumgebung erzeugt damit ein neues Projekt, das vorerst nur aus einem leeren Fenster besteht. Sie müssen in dieses Fenster nun Steuerelemente einfügen. Steuerelemente sind Bedienungs- bzw. Anzeigeelemente eines Windows-Programms, z.B. Buttons, Listenfelder etc.

HINWEIS Zum Formularentwurf in WPF-Programmen gibt es zwei mögliche Vorgehensweisen: Entweder verwenden Sie den in Visual Studio integrierten *WPF-Designer*, oder Sie geben direkt per XAML-Code an, wie das Fenster aussehen soll. XAML steht für *eXtensible Application Markup Language* und ist ein XML-Dialekt zur Beschreibung von WPF-Benutzeroberflächen.

Im Vergleich zur Vorgängerversion hat Microsoft beim WPF-Designer im Visual Studio 2010 kräftig nachgelegt. Er ist inzwischen sehr stabil und wurde in seiner Funktionalität stark erweitert, sodass er jetzt auch wirklich als Designer bezeichnet werden kann. Dennoch wird in diesem einführenden Kapitel mehr auf die XAML-Syntax eingegangen, da ein Verständnis derselben für WPF unumgänglich ist.

Wenn Sie ein neues WPF-Projekt beginnen, lädt Visual Studio eine XAML-Codeschablone für ein leeres Fenster mit einem `Grid`-Container. Die Zeilen `<Grid>...</Grid>` müssen Sie nun gemäß dem folgenden Listing durch eigenen Code ersetzen. Im Listing sind alle Änderungen gegenüber dem Startzustand fett hervorgehoben.

Kurz einige Worte dazu, was dieser Code bedeutet: Im Fenster kümmert sich ein `StackPanel` um die Anordnung der Steuerelemente. Ein `StackPanel` ist ein Container, der Steuerelemente untereinander anordnet. Das `StackPanel` enthält nur drei Steuerelemente: zwei `Labelfelder` zur Darstellung kurzer Texte sowie einen Button, um das Programm zu beenden.

Bei jedem Steuerelement sind einige Eigenschaften eingestellt: `Name` benennt die Steuerelemente, und `Margin` stellt den Außenabstand der Steuerelemente ein. `Padding` gibt an, wie viel Abstand zwischen dem Buttontext »Ende« und der Buttonumrandung frei bleiben soll. Die beiden Werte gelten in X- und Y-Richtung. `HorizontalAlignment = Right` bewirkt, dass der Button rechtsbündig und nicht – wie im `StackPanel` üblich – linksbündig angezeigt wird.

```
<Window x:Class="Window1"
    xmlns="http://schemas.microsoft.com/winfx/2006/xaml/presentation"
    xmlns:x="http://schemas.microsoft.com/winfx/2006/xaml"
    Title="Hello WPF world!" Height="147" Width="300">
   <StackPanel>
      <Label  Name="label1"  Margin="4">
         Benutzer:
      </Label>
      <Label  Name="label2"  Margin="4">
         Datum:
      </Label>
      <Button Name="button1" Margin="4" Padding="20,2" HorizontalAlignment="Right">
         Ende
      </Button>
   </StackPanel>
</Window>
```

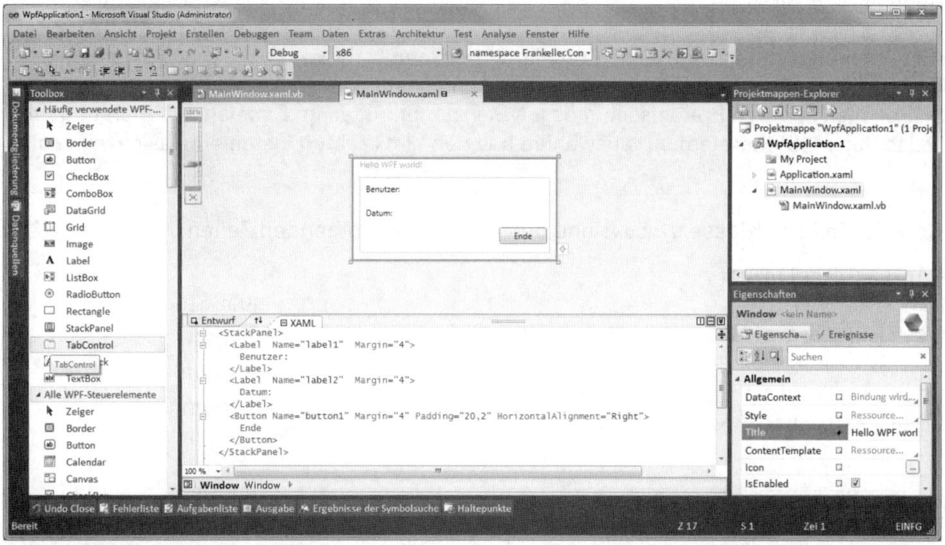

Abbildung 1.5: Der WPF-Designer

Visual Studio hilft bei der Eingabe des obigen Codes, indem es die Namen von Eigenschaften ergänzt, XML-Elemente schließt etc. Außerdem zeigt das WPF-Designerfenster automatisch das resultierende Fenster. So haben Sie sofort ein visuelles Feedback zu Ihrer Eingabe (siehe Abbildung 1.5).

Ereignisprozeduren einfügen

Der Programmfluss von Windows-Programmen wird durch Ereignisse bestimmt. Ereignisse sind z.B. eine Mausbewegung, das Anklicken eines Buttons oder das Laden des Programms. Programmcode wird immer nur dann ausgeführt, wenn das Programm ein Ereignis feststellt und es eine dazu passende Ereignisprozedur gibt. Anders als bei Konsolenanwendungen gibt es keine `Main`-Prozedur.

Das Beispielprogramm soll auf zwei Ereignisse reagieren: Beim Laden soll es in den beiden Labelfeldern den Benutzernamen und das aktuelle Datum anzeigen. Beim Anklicken von ENDE soll das Programm beendet werden. Um die zwei entsprechenden Ereignisprozeduren einzufügen, führen Sie zuerst einen Doppelklick auf den Button aus. Damit fügt die Entwicklungsumgebung selbstständig eine noch leere `button1_Click`-Prozedur in den Code ein und wechselt in das Codefenster. Dort geben Sie in dieser Prozedur als einzige Anweisung `Me.Close` an. Damit wird das Fenster geschlossen und das Programm beendet.

Wechseln Sie zurück in das Formularfenster, und führen Sie nun einen Doppelklick auf den Titel des Hello-World-Fensters aus. Die Entwicklungsumgebung fügt damit eine leere `Window1_Loaded`-Prozedur ein, in die Sie die beiden folgenden Zeilen einfügen:

```
label1.Content = "Benutzer: " + Environment.UserName
label2.Content = "Datum: " + Now.ToLongDateString()
```

Damit erreichen Sie, dass beim Programmstart die beiden `Label`-Texte mit dem Benutzernamen und dem Datum initialisiert werden.

HINWEIS

Alle WPF-Steuerelemente kennen zahlreiche Ereignisse. `Load` und `Click` waren die Standardereignisse des Formulars bzw. des Buttons und konnten deswegen komfortabel per Doppelklick in den Code eingefügt werden. Bei allen anderen Ereignissen müssen Sie zum Einfügen im Codefenster zuerst im linken Listenfeld das Objekt (Steuerelement) auswählen und dann im rechten Listenfeld das gewünschte Ereignis.

Der gesamte Code ist Teil der Klasse `Window1` und besteht aus den folgenden Zeilen:

```
' Beispiel hello-world\hello-wpf
Class Window1
  Private Sub Window1_Loaded(ByVal sender As System.Object, _
      ByVal e As System.Windows.RoutedEventArgs) Handles MyBase.Loaded
    label1.Content = "Benutzer: " + Environment.UserName
    label2.Content = "Datum: " + Now.ToLongDateString()
  End Sub

  Private Sub button1_Click(ByVal sender As System.Object, _
      ByVal e As System.Windows.RoutedEventArgs) Handles button1.Click
```

```
    Me.Close()
  End Sub
End Class
```

Programm ausführen

Wie bei einer Konsolenanwendung kann das fertige Programm mit DEBUGGING STARTEN ausgeführt werden. Sie sehen das Ergebnis Ihrer Mühe in Abbildung 1.6. Auf der Webseite zum Buch finden Sie das gesamte Beispielprojekt im Verzeichnis *hello-world\hello-wpf*.

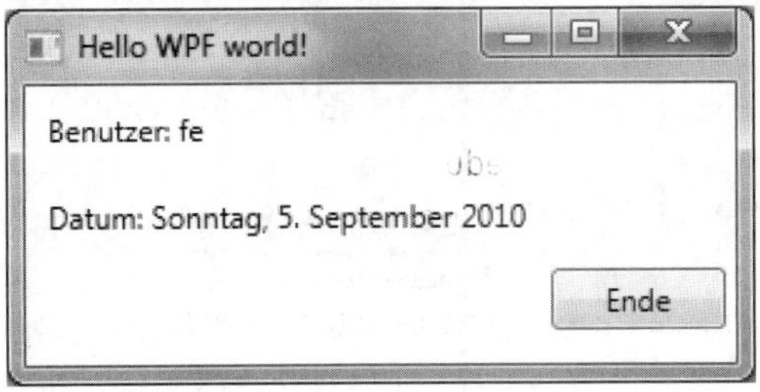

Abbildung 1.6: Das Programm Hello WPF world!

1.3 Hello World (Windows Forms-Variante)

Die Entwicklung eines Windows Forms-Programms beginnt damit, dass Sie als Projekttyp WINDOWS FORMS-ANWENDUNG angeben. Die Entwicklungsumgebung erzeugt damit ein neues Projekt, in das sie ein erstes, noch leeres Formular samt dem dazugehörigen Verwaltungscode einfügt. In der Entwicklungsumgebung wird das leere Fenster sichtbar (*Form1.vb*).

Anders als bei WPF *muss* der Formularentwurf bei Windows Forms-Programmen mit dem in Visual Studio integrierten Designer erfolgen. Glücklicherweise ist der Windows Forms-Designer ausgereift und gut zu bedienen.

Steuerelemente einfügen

Der erste Schritt zu dem in Abbildung 1.8 dargestellten Beispielprogramm besteht darin, in das Fenster die erforderlichen Steuerelemente einzufügen. Das Beispielprogramm benötigt nur drei Steuerelemente: zwei Labelfelder zur Darstellung kurzer Texte sowie einen Button, um das Programm zu beenden.

Um Steuerelemente einzufügen, öffnen Sie das Toolbox-Fenster (ANSICHT|TOOLBOX). Die Toolbox zeigt nur dann Steuerelemente an, wenn im Arbeitsbereich der Entwicklungsumgebung ein Formular angezeigt wird. Wenn die Toolbox nach kurzer Zeit automatisch wieder ausgeblendet ist, fixieren Sie das Fenster vorübergehend durch einen Klick auf die Pin-up-Nadel. Damit verkleinert sich zwar Ihr Arbeitsbereich, aber dafür können Sie komfortabel arbeiten, ohne ständig auftauchenden und wieder verschwindenden Fenstern nachzujagen.

In der Toolbox klicken Sie zuerst das gewünschte Steuerelement an und zeichnen dann im Formular mit der Maus einen Rahmen, der die gewünschte Größe angibt. Die Entwicklungsumgebung fügt das Steuerelement an der Stelle des Rahmens ein.

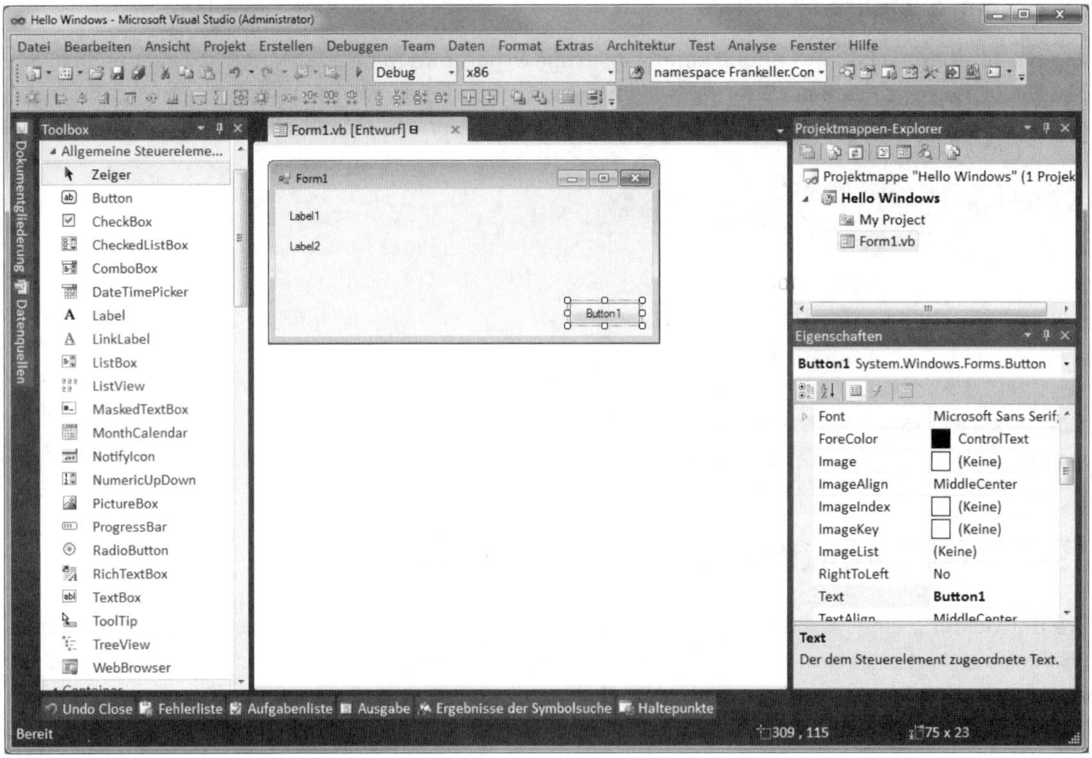

Abbildung 1.7: Der Windows Forms-Designer

Eigenschaften einstellen

Der zweite Schritt besteht darin, die Eigenschaften des Formulars und der Steuerelemente einzustellen. Dazu klicken Sie das betreffende Objekt an. Im Eigenschaftsfenster (ANSICHT|EIGENSCHAFTSFENSTER) werden nun alle Eigenschaften dieses Objekts angezeigt, wobei von den Standardwerten abweichende Einstellungen durch fette Schrift hervorgehoben sind.

Beim Beispielprogramm `Hello Windows` müssen Sie nur die `Text`-Eigenschaften des Buttons sowie des Formulars einstellen (mit den Texten `Ende` bzw. `Hello Windows`). Alle anderen Voreinstellungen der Entwicklungsumgebung können so bleiben, wie sie sind.

Ereignisprozeduren einfügen

Der Programmfluss von Windows Forms-Programmen wird wie bei WPF-Programmen durch Ereignisse bestimmt. Das Beispielprogramm soll wiederum auf zwei Ereignisse reagieren: Beim Laden des Programms soll es in den beiden Labelfeldern den Benutzernamen und das aktuelle Datum anzeigen. Beim Anklicken von ENDE soll das Programm beendet werden.

Um die zwei entsprechenden Ereignisprozeduren einzufügen, führen Sie zuerst einen Doppelklick auf den Button aus. Damit fügt die Entwicklungsumgebung selbstständig eine noch leere `Button1_Click`-Prozedur in den Code ein und wechselt in das Codefenster. Dort geben Sie in dieser Prozedur als einzige Anweisung `Me.Close` an.

Wechseln Sie zurück in das Formularfenster (Dialogblatt FORM1.VB [ENTWURF]), und führen Sie nun einen Doppelklick im Innenbereich des Formulars aus. Die Entwicklungsumgebung fügt damit eine leere `Form1_Load`-Prozedur ein, in die Sie die beiden folgenden Zeilen einfügen:

```
Label1.Text = "Benutzer: " + Environment.UserName
Label2.Text = "Datum: " + Now.ToLongDateString()
```

Damit erreichen Sie, dass beim Programmstart die beiden `Label`-Texte mit dem Benutzernamen und dem Datum initialisiert werden.

Programmcode

Ihr eigener Code ist Teil der Klasse `Form1` und besteht aus den folgenden Zeilen:

```
' Beispiel hello-world\hello-windows
Public Class Form1
  Private Sub Form1_Load(ByVal sender As System.Object, _
                        ByVal e As System.EventArgs) Handles MyBase.Load
    Label1.Text = "Benutzer: " + Environment.UserName
    Label2.Text = "Datum: " + Now.ToLongDateString()
  End Sub
  Private Sub Button1_Click(ByVal sender As System.Object, _
                           ByVal e As System.EventArgs) Handles Button1.Click
    Me.Close()
  End Sub
End Class
```

HINWEIS

Das gesamte Projekt enthält weit mehr Code. Dieser Code befindet sich in der normalerweise unsichtbaren Datei *Form1.Designer.vb*. Die Datei wurde von Visual Studio automatisch erzeugt und enthält Anweisungen, um das Fenster mit seinen Steuerelementen und allen im Eigenschaftsfenster vorgenommenen Einstellungen zu erzeugen. Wenn Sie sich den Code ansehen möchten, klicken Sie im PROJEKTMAPPEN-EXPLORER auf den Button ALLE DATEIEN ANZEIGEN und klappen dann den Eintrag *Form1.vb* auf. Auf keinen Fall sollten Sie den Code ändern!

Programm ausführen

Wie bei einer Konsolenanwendung kann das fertige Programm mit STARTEN ausgeführt werden. Sie sehen das Ergebnis Ihrer Mühe in Abbildung 1.8. Auf der Webseite zum Buch finden Sie das gesamte Beispielprojekt im Verzeichnis *hello-world\hello-windows-forms*.

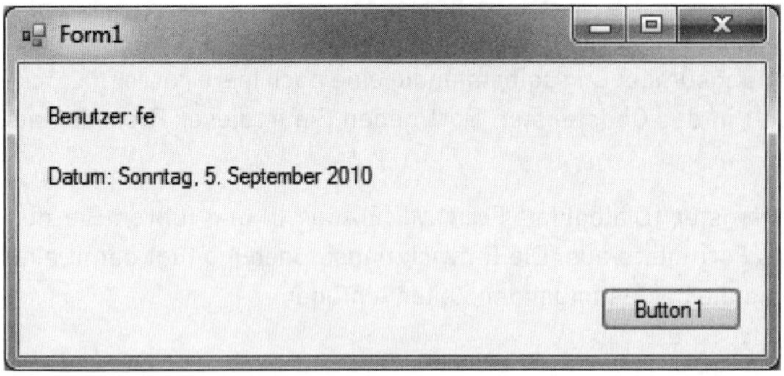

Abbildung 1.8: Das Programm Hello Windows Forms!

2 Systemüberblick

Visual Basic basiert seit der 2002 vorgestellten Version VB.NET auf dem .NET Framework. Dieses Framework setzt sich aus der .NET-Klassenbibliothek und den dazugehörenden Werkzeugen zusammen. Viele .NET-Details und -Interna werden bei der Visual Basic-Programmierung von der Entwicklungsumgebung verborgen, dennoch ist es natürlich zweckmäßig, wenn Sie zumindest eine ungefähre Vorstellung davon haben, was hinter den Kulissen vor sich geht.

Dieses Kapitel gibt Ihnen einen kurzen Einstieg in das .NET-Universum. Es beschreibt die Hintergründe, die zur Entwicklung von .NET führten, stellt einige zugrunde liegende Techniken vor, bietet einen Überblick der zur Auswahl stehenden Entwicklungswerkzeuge und fasst schließlich die Neuerungen in VB2008 zusammen.

2.1 Wozu .NET?

Vor .NET beruhte die Programmentwicklung unter Windows primär auf der für C- und C++-Programmierer konzipierten MFC (`Microsoft Foundation Class Library`) sowie auf dem für C++ und VB6 gedachten COM (`Component Object Model`). Beide Konzepte waren bei ihrer Einführung modern und stellten einen Fortschritt im Vergleich zu vorhandenen anderen Technologien dar. Im Laufe der Zeit tauchte aber eine Reihe von Problemen auf, die das Leben für Programmierer zunehmend mühsam machten:

» **DLL-Hell:** COM-Bibliotheken werden bei der Installation eines Programms in Form von DLL-Dateien in das Windows-Systemverzeichnis kopiert. Falls sich dort bereits ältere Versionen derselben Bibliothek befanden, wurden diese überschrieben.

  Allerdings waren die neuen Bibliotheken zum Teil in (winzigen) Details inkompatibel, sodass nach der Installation eines neuen Programms oft ältere Programme, die sich auf ältere Versionen einer COM-Bibliothek verließen, nicht mehr liefen. Dieses Problem wird mit dem einprägsamen Begriff DLL-Hell bezeichnet.

» **Speicherverwaltung:** Bei COM ist der Programmierer dafür verantwortlich, nicht mehr benötigte Objekte explizit freizugeben. Bei einzelnen Objekten ist das nicht weiter schwierig. Wenn aber mehrere Objekte (womöglich zirkulär) aufeinander verweisen, kann es schlicht unmöglich sein, diese Objekte aus dem Speicher zu entfernen. Daher verbrauchten viele Programme aufgrund nicht freigegebener Objekte zunehmend mehr Speicher, je länger sie liefen.

» **Sicherheit:** Bei herkömmlichen **.exe*-Dateien gilt das Motto: alles oder nichts. Sobald ein Programm läuft, hat es uneingeschränkten Zugriff auf alle Betriebssystemfunktionen. Daraus ergeben sich natürlich massive Sicherheitsprobleme.

» **Konsistenz, Objektorientierung:** Das COM-Konzept ist weit über zehn Jahre alt, und viele Bibliotheken enthalten auch den Ballast dieser Zeitspanne. Das führt dazu, dass die Bibliotheken in sich und im Vergleich mit anderen Bibliotheken vollkommen inkonsistent sind. Vergleichbare Operationen werden in unterschiedlichen Bibliotheken auf unterschiedliche Weise durchgeführt. Der Einarbeitungsaufwand für den Programmierer ist dementsprechend groß. Außerdem haben sich in den vergangenen zehn Jahren die Anforderungen an eine moderne, objektorientierte Klassenbibliothek stark gewandelt. COM-Bibliotheken entsprechen diesen Anforderungen meist nicht mehr.

Diese Probleme sind so grundlegend, dass eine Korrektur durch ein Update oder einen Bugfix unmöglich ist. Die Wartung des auf COM basierenden Codes stellte sich als zunehmend schwierig dar.

Aus diesen und vielen anderen Gründen hat sich Microsoft entschlossen, die gesamte Infrastruktur für Programmentwickler neu zu entwickeln. Diese Infrastruktur umfasst neue Klassenbibliotheken, neue Mechanismen zum Austausch von Objekten zwischen verschiedenen Anwendungen, neue Compiler, einen neuen Zwischencode für ausführbare Programme, eine neue Entwicklungsumgebung, neue Programmiersprachen und zu guter Letzt eine neue Dokumentation. Dieses Mammutprojekt, das unter dem Kürzel .NET präsentiert wurde und wird, nahm mehrere Jahre in Anspruch und wurde 2002 fertig (Visual Studio 2002).

Vorteile von .NET

.NET verspricht, alle oben genannten Probleme zu lösen. Die DLL-Hell wird durch eine intelligentere Installation von Bibliotheken vermieden, die auch eine Parallelinstallation unterschiedlicher Versionen erlaubt, ohne dass die Bibliotheken sich gegenseitig behindern. Bibliotheken dürfen auch direkt in das Programmverzeichnis installiert werden.

Generell ist die Weitergabe von .NET-Programmen viel einfacher als die von COM-Programmen. Es ist nicht mehr notwendig, Bibliotheken in die Registrierdatenbank einzutragen. In vielen Fällen reicht es, die **.exe*- und **.dll*-Dateien einfach zu kopieren. Vorausgesetzt wird dabei natürlich, dass auf dem Zielrechner das .NET Framework bereits installiert ist.

Das Problem der Speicherverwaltung wird dadurch gelöst, dass sich nicht mehr der Programmierer um die Freigabe von Objekten kümmert, sondern eine im Hintergrund laufende `garbage collection`. Das ist ein Prozess, der nicht mehr benutzte Objekte erkennt und aus dem Speicher entfernt.

Die Sicherheitsprobleme werden dadurch gemindert, dass bei der gesamten Neukonzeption der .NET-Bibliotheken verschiedene Sicherheitsebenen beachtet wurden. Bestimmte Operationen dürfen nur dann ausgeführt werden, wenn die .NET-Sicherheitseinstellungen dies erlauben. Die Einstellung der Rechte, die .NET-Programme haben dürfen, erfolgt ähnlich wie beim Internet Explorer. Das erste Kriterium ist die Herkunft eines Programms. Aus dem Internet geladene Programme haben also weniger Rechte als von der lokalen Festplatte gestartete Programme.

Die neuen Klassenbibliotheken bieten mehr Konsistenz und deutlich bessere Möglichkeiten zur Lösung vieler alltäglicher Probleme. Dass das Einarbeiten in die neuen Bibliotheken oft genauso lange dauert wie die umständliche Lösung eines bestimmten Problems mit alten Technologien, steht auf einem anderen Blatt.

Ein weiterer Vorteil von .NET besteht darin, dass das System weitgehend sprachunabhängig ist. Microsoft unterstützt neben den Sprachen C# und Visual Basic auch C++. Drittanbieter unterstützen eine Reihe weiterer Programmiersprachen. Das .NET Framework stellt durch vorgegebene Datentypen sicher, dass Komponenten problemlos zusammenarbeiten und Daten austauschen können, egal mit welcher Sprache sie entwickelt wurden. Auch die Anforderungen zur Ausführung von .NET-Programmen sind unabhängig davon, mit welcher Sprache sie erstellt wurden. (Es kommen also immer dieselben Bibliotheken zum Einsatz.)

Java-Programmierern werden die .NET-Klassenbibliothek und die Syntax der Programmiersprache C# schnell vertraut sein: Viele .NET-Merkmale standen Java-Programmierern in ähnlicher Form schon länger zur Verfügung. .NET ist zwar keine einfache Kopie von Java, aber es ist ein weiterer Beweis für die Fähigkeit Microsofts, gute Ideen der Konkurrenz aufzugreifen und für eigene Zwecke zu adaptieren.

Nachteile von .NET

Natürlich hat Microsoft schon bisher bei der Einführung jeder neuen Technologie das Blaue vom Himmel versprochen. Das hat sich auch mit .NET nicht geändert. So gut die Ideen sind, die hinter .NET stehen, sosehr ist doch eine gewisse Skepsis, ein gewisser Realismus angebracht! (Wenn man hin und wieder eine von Microsoft organisierte Entwicklerkonferenz besucht, kann man den Bezug zur Realität leicht verlieren ...)

Ein Argument gegen .NET ist dessen Windows-Abhängigkeit. Zwar wurden im Rahmen des Open-Source-Projekts Mono große Teile der .NET-Bibliothek neu implementiert; dennoch muss Ihnen klar sein, dass Sie sich mit .NET für eine Microsoft-Technologie entscheiden, die nur unter Windows uneingeschränkt verfügbar ist.

Ein weiteres Problem im Zusammenhang mit .NET ist die Wartung alten Codes. .NET ist ungeeignet, um vorhandenen COM-Code weiterzuentwickeln. .NET enthält zwar hochkomplexe Kompatibilitätsmechanismen zwischen COM und .NET (Schlagwort `interoperabilty`), aber sobald Sie in einem .NET-Programm auf COM zurückgreifen, verlieren Sie den Großteil der Vorteile von .NET. Es ist Microsoft nicht gelungen, einen plausiblen Migrationsweg anzubieten. Dieses Problem betrifft sogar Microsoft-eigene Produkte: Das allgegenwärtige Office-Paket basiert nach wie vor auf den alten Windows-Bibliotheken. Eine Portierung auf das .NET Framework ist selbst Microsoft zu aufwendig.

Problematisch ist schließlich die Weitergabe von .NET-Programmen: Damit diese ausgeführt werden können, muss auf dem Rechner des Kunden das .NET Framework in der richtigen Version installiert werden, was selbst bei kleinen Programmen zu riesigen Setup-Programmen und großen Downloads führt.

2.2 Das .NET Framework

Der Begriff **.NET Framework** bezeichnet die Summe aller Bibliotheken und Komponenten, die erforderlich sind, um .NET-Programme auszuführen. Zum .NET Framework gehören unter anderem ein sogenannter `Just-in-time`-Compiler, der MSIL-Code in Maschinencode übersetzt (Details folgen im nächsten Abschnitt), sowie diverse Administrationswerkzeuge, mit denen beispielsweise die .NET-Sicherheitseinstellungen verändert werden können. Die meisten im SDK enthaltenen Werkzeuge sind allerdings Kommandozeilentools, die relativ mühsam anzuwenden sind.

Das **.NET Framework SDK** (`Software Development Kit`) enthält zusätzlich zum .NET Framework alle Entwicklerwerkzeuge, um Visual Basic- oder C#-Programme zu entwickeln, eine Menge Beispiele sowie eine umfassende Dokumentation zum .NET Framework. Das .NET Framework ist (mit oder ohne SDK) kostenlos bei *http://www.microsoft.com* erhältlich.

Das .NET Framework SDK wird auch zusammen mit Visual Studio installiert. Visual Studio selbst kostet allerdings (eine Menge) Geld. Einzig die abgespeckten Express-Versionen stehen kostenlos zur Verfügung. Ein Vergleich zwischen den unterschiedlichen Visual Studio-Versionen folgt in Abschnitt 2.5.

Überblick über die wichtigsten .NET-Bibliotheken

Die folgende Tabelle enthält eine kurze (und natürlich unvollständige!) Inhaltsangabe für die wichtigsten .NET-Bibliotheken. Bei jeder Bibliothek werden jeweils ihr Name sowie die wichtigsten darin vorkommenden Klassennamen angegeben. (* bedeutet, dass es mehrere Klassen gibt, die mit der gleichen Namenskombination beginnen.)

Wichtige Klassenbibliotheken des .NET Frameworks	
Mscorlib.dll `System.Array, System.Collections.*, System.Collections.Generics.*, System.Console, System.Environment, System.IO.*, System.Math, System.Random, System.Math, System.Runtime.InteropServices.*, System.Runtime.Serialization.*, System.Security.*, System.Text.*, System.Threading.*, System.Type`	Das ist die wohl wichtigste Bibliothek. Sie enthält unter anderem alle Basisdatentypen (`Double`, `String`) sowie Methoden für grundlegende Operationen (Dateizugriff, Verwaltung von Feldern, Multithreading etc.). Jedes .NET-Programm nutzt automatisch diese Bibliothek.
System.dll **System.Core.dll** `System.Collections.*, System.IO.*, System.Linq.*, System.Net.*, System.Net.Sockets.*, System.Security.Permissions.*, System.Text.RegularExpressions.*, System.Timers.*`	Diese Bibliotheken enthalten weitere Basisklassen, z.B. zur Nutzung verschiedener Netzwerkprotokolle sowie zur Implementierung der Grundfunktionen von LINQ (*Language Integrated Queries*).
System.Data.dll **System.Data.DataSetExtensions.dll** `System.Data.*, System.Data.OleDb.*, System.Xml.*`	Diese Bibliotheken enthalten Klassen zur Datenbankprogrammierung (ADO.NET inklusive LINQ).
System.Web.dll `System.Web.*, System.Web.Mail.*, System.Web.Security.*, System.Web.SessionState*, System.Web.UI.*, System.Web.UI.HtmlControls.*, System.Web.UI.WebControls.*`	Diese Bibliothek enthält Klassen zur Programmierung von Internet-Anwendungen (ASP.NET).
System.Xml.dll **System.Xml.Linq.dll** `System.Xml.*, System.Xml.Linq.*, System.Xml.Schema.*, System.Xml.Serialization.*, System.Xml.XPath.*, System.Xml.Xsl.*`	Diese Bibliotheken enthalten Klassen zur Bearbeitung von XML-Daten (inklusive LINQ).
PresentationCore.dll **PresentationFramework.dll** **WindowsBase.dll** `System.ComponentModel.*, System.Windows.*, System.Windows.Automation.*, System.Windows.Controls.*, System.Windows.Data.*, System.Windows.Documents.*, System.Windows.Input.*, System.Windows.Media.*, System.Windows.Resources.*, System.Windows.Shapes.*, Microsoft.Win32.*`	Diese Bibliotheken enthalten Klassen zur Windows- und Grafikprogrammierung mit der Windows Presentation Foundation (WPF, neu in .NET 3.0).

Wichtige Klassenbibliotheken des .NET Frameworks	
System.Windows.Forms.dll **System.Drawing.dll** `System.Windows.Forms.*, System.Drawing.*, System.Drawing.Imaging.*, System.Drawing.Printing.*, System.Drawing.Text.*`	Diese Bibliotheken enthalten Klassen zur Windows- und Grafikprogrammierung (GDI+) mit Windows Forms.
Microsoft.VisualBasic.dll `Microsoft.VisualBasic.*`	Diese Bibliothek enthält Klassen, die eine Grundkompatibilität zu VB6 herstellen.

Die DLL-Dateien der Bibliotheken befinden sich im Verzeichnis *Windows\Microsoft.NET\Framework\versionsnummer*. Die Summe aller dieser Bibliotheken wird manchmal auch als `Framework Class Library` (FCL) oder `Base Class Library` (BCL) bezeichnet.

.NET-Versionen

Mittlerweile gibt es eine beachtliche Anzahl von .NET-Versionen. Die folgende Aufzählung beschreibt ganz kurz die wichtigsten Neuerungen in jeder Version und gibt an, in welcher Windows-Version die Version standardmäßig installiert ist.

» **.NET 1.0 (2002):** Erste .NET-Version.

» **.NET 1.1 (2003, enthalten in Windows Server 2003):** Bugfix-Version zu 1.0, wenig nennenswerte Neuerungen. Unterstützung für IPv6, ODBC, Oracle-Datenbanken.

» **.NET 2.0 (2005, enthalten in Windows Server 2003 R2):** Unterstützung für 64-Bit-Architekturen und `generics`, zahlreiche neue Steuerelemente für Windows Forms und ASP.NET, verbessertes `data binding`.

» **.NET 3.0 (2007, enthalten in Windows Vista und Windows Server 2008):** .NET 3.0 ist eine Erweiterung zu .NET 2.0 und enthält dieses. Es gibt keine Änderungen im .NET-Fundament, aber zahllose neue Klassen, um WPF (Windows Presentation Foundation), WCF (Windows Communication Foundation) und WWF (Windows Workflow Foundation) zu unterstützen.

» **.NET 3.5 (2007):** Unterstützung von LINQ sowie diverser neuer Compiler-Funktionen von VB und C# (Lambda-Funktionen, Erweiterungsmethoden etc.).

» **.NET 4.0:** Die umfangreichste Änderung ist im Falle von .NET 4.0 die Einführung der Parallel Extensions, die es erlauben, Code automatisch auf mehrere Prozessoren zu verteilen.

Weitere Details finden Sie hier:

http://en.wikipedia.org/wiki/.NET_Framework

Voraussetzungen

Zur **Ausführung** von .NET-Programmen muss das .NET Framework installiert sein. Dazu ist wiederum ein einigermaßen aktuelles Betriebssystem erforderlich:

» Die Installation von **.NET 2.0** setzt Windows 98, Windows ME, Windows 2000 mit SP3, Windows XP mit SP2 oder Windows Server 2003 voraus. In Windows Vista und Windows 2008 ist .NET 3.0 und damit auch .NET 2.0 enthalten.

» Die Installation von **.NET 3.0, 3.5 bzw. 4.0** setzt Windows XP SP2, Windows Server 2003 SP1 oder eine neuere Windows-Version voraus.

Die **Entwicklung** von .NET-Programmen setzt das .NET Framework SDK voraus. Das `Software Development Kit` enthält neben dem .NET Framework auch diverse Entwicklungswerkzeuge wie Compiler. Das SDK wird automatisch zusammen mit Visual Studio installiert, kann aber theoretisch auch separat installiert werden, falls Sie .NET-Programme ohne Visual Studio entwickeln möchten.

2.3 Architektur

Der Platz reicht hier nicht aus, um einen vollständigen Überblick über die Technik hinter .NET zu geben. Stattdessen werden hier die wichtigsten Begriffe vorgestellt, die die Architektur von .NET beschreiben. Das sollte als erster Einstieg ausreichen und Ihnen helfen, vertiefende Literatur leichter zu verstehen.

MSIL (Microsoft Intermediate Language)

.NET-Programme werden grundsätzlich nicht zu Maschinencode kompiliert, sondern zu einem Zwischencode mit dem Namen `MSIL`. Zusammen mit dem MSIL-Code werden außerdem Metadaten gespeichert, die alle im Programm vorkommenden Klassen, Methoden etc. beschreiben. Das ist besonders bei Bibliotheken praktisch, weil sich diese gewissermaßen selbst beschreiben. Der Compiler kann außerdem überprüfen, ob Methoden mit den richtigen Parametern aufgerufen werden etc.

Erst bei der Ausführung eines Programms wird dieses vom JIT-Compiler (siehe den nächsten Abschnitt) in Maschinencode umgewandelt. MSIL ist mit dem Java-Bytecode oder mit dem P-Code früherer VB-Versionen vergleichbar.

Ein wesentlicher Vorteil, der für die Verwendung eines Zwischencodes spricht, ist die Plattformunabhängigkeit. Daher kann ein .NET-Programm unter jedem Betriebssystem ausgeführt werden, für das die .NET-Bibliotheken zur Verfügung stehen.

Wenn Sie sich den MSIL-Code eines .NET-Programms ansehen möchten, können Sie dazu den .NET Reflector einsetzen (siehe Abbildung 2.1). Das Programm können Sie kostenlos von der folgenden Website herunterladen:

http://www.aisto.com/roeder/dotnet/

Ein großer Nachteil des MSIL-Konzepts besteht darin, dass es denkbar einfach ist, den Code eines kompilierten .NET-Programms zu rekonstruieren. Der erwähnte .NET Reflector übersetzt den MSIL-Code wahlweise auch in VB- oder C#-Code! Wenn Sie Wert darauf legen, dass andere Personen Ihren Code nicht lesen können, können Sie ihn mit einem sogenannten Obfuscator behandeln. Derartige Programme verändern den MSIL-Code so, dass die Funktion des Programms erhalten bleibt, der Code aber schwieriger zu lesen ist. Mit einigen Versionen von Visual Studio wird ein derartiges Programm mitgeliefert (siehe Abschnitt 3.4).

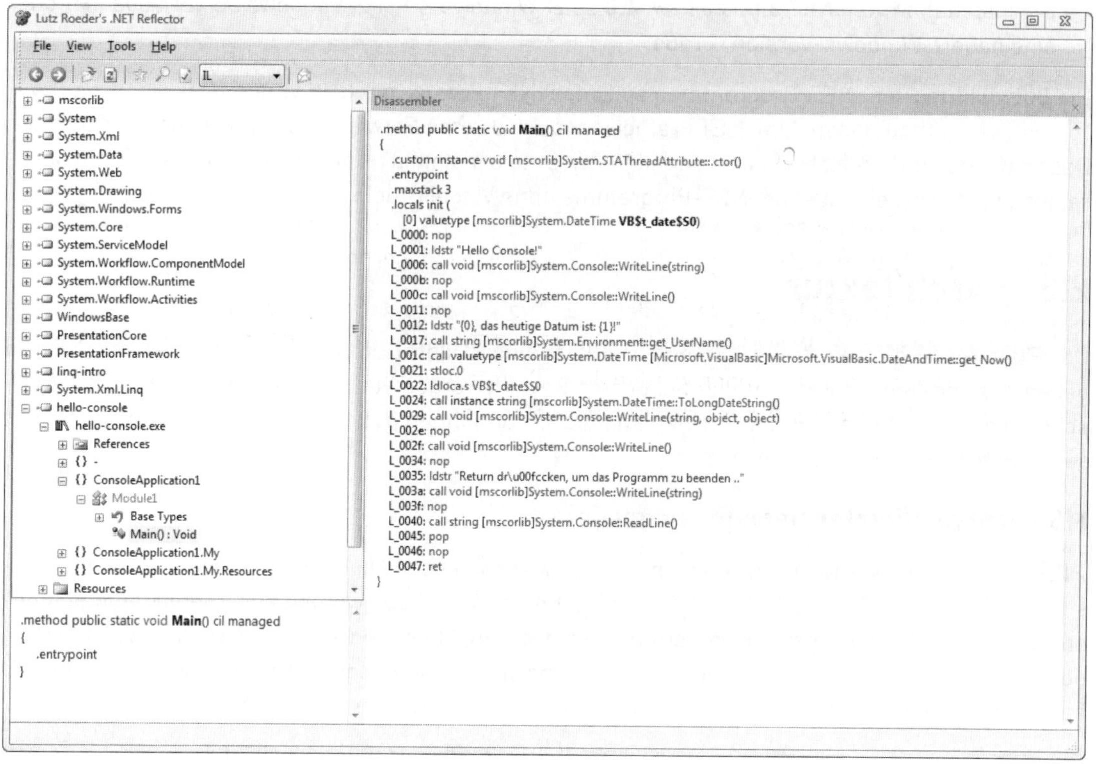

Abbildung 2.1: Der .NET Reflector

JIT (Just-in-Time-Compiler)

Sobald Sie ein .NET-Programm (also die **.exe*-Datei) ausführen, wird automatisch ein `Just-in-Time`-Compiler gestartet. Er übersetzt die gerade benötigten Teile des MSIL-Codes in Maschinencode, der auf dem vorliegenden Rechner optimal ausgeführt werden kann. Da die Übersetzung erst zu diesem Zeitpunkt erfolgt, ist es möglich, den Maschinencode für den vorliegenden Prozessor zu optimieren.

Wichtig ist, dass der JIT-Compiler nicht einfach das ganze Programm sofort kompiliert, sondern immer nur die gerade benötigten Methoden. Deswegen sieht es so aus, als würden selbst große Programme praktisch verzögerungsfrei gestartet.

Ein entscheidender Vorteil des JIT-Compilers besteht darin, dass während der Codeumwandlung eine Menge Sicherheitsüberprüfungen durchgeführt werden können: ob der MSIL-Code korrekt ist, ob keine unerlaubten Speicherzugriffe erfolgen, ob bei der Übergabe von Parametern an andere Bibliotheken die richtigen Typen verwendet werden etc. Dabei werden die .NET-Sicherheitseinstellungen beachtet (siehe Abschnitt 15.6). Der JIT-Compiler stellt also einen wichtigen Teil des .NET-Sicherheitskonzeptes dar.

HINWEIS

Die Bibliotheken des .NET Frameworks werden übrigens bereits bei dessen Installation von MSIL-Code zu Maschinencode kompiliert. Damit ist sichergestellt, dass diese sehr häufig benötigten Bibliotheken ohne Verzögerungen sofort zur Verfügung stehen.

Managed code versus unmanaged code

`Managed code` (verwalteter Code) bedeutet, dass sich .NET um die Speicherverwaltung der Objekte kümmert. Speicher für nicht mehr benötigte Objekte wird automatisch durch eine sogenannte `garbage collection` wieder freigegeben (siehe auch Abschnitt 4.11). `Managed code` bietet darüber hinaus verschiedene Vorteile beim Debugging und im Hinblick auf die Sicherheit.

In Visual Basic erstellter MSIL-Code gilt dank der Ausführung durch die Common Language Runtime (CLR) immer als `managed`. Wenn Sie aber in Ihrem Visual Basic-Programm COM-Komponenten nutzen oder API-Funktionen aufrufen, dann werden diese Codeteile `unmanaged` ausgeführt. .NET ist also nicht verantwortlich dafür, dass durch COM-Komponenten oder durch die API-Funktionen reservierter Speicher ordnungsgemäß wieder freigegeben wird.

Safe code versus unsafe code

`Safe code` bedeutet, dass das Programm nicht direkt den Speicher manipulieren darf. Visual Basic-Programme enthalten ausschließlich `safe code`, weil Visual Basic keine Möglichkeiten bietet, über Zeiger auf den Speicher zuzugreifen. In C# sieht es anders aus: Dort kann eine Prozedur (Funktion) als `unsafe` deklariert werden; innerhalb dieser Prozedur darf das Programm dann Zeiger verwenden.

`Unsafe code` kann bei manchen Anwendungen zu effizienterem Code führen. Er hat aber den Nachteil, dass bei einem Programmierfehler die Gefahr besteht, dass Daten unzulässig überschrieben werden, was zu einer Beschädigung von Daten bzw. zu einem Absturz des Programms führen kann (daher die Bezeichnung `unsafe`). Aus diesem Grund darf `unsafe code` nur in der höchsten .NET-Sicherheitsstufe ausgeführt werden. (Anders formuliert: Die Verwendung von `unsafe code` reduziert die Anwendbarkeit eines Programms.)

Assemblies, Global Assembly Cache (GAC)

Vereinfacht ausgedrückt ist eine Assembly ein Programm (**.exe*) bzw. eine Bibliothek (**.dll*). Die exakte Beschreibung einer Assembly ist etwas komplizierter: Eine Assembly ist eine .NET-Ausführungseinheit. Das bedeutet, dass es sich um ausführbaren Code handelt (MSIL), der aber durchaus auf mehrere Dateien verteilt sein darf. Darüber hinaus enthält eine Assembly auch Metadaten, die den

Inhalt beschreiben (verfügbare Klassen, Methoden, Typen etc.). Optional kann eine Assembly auch Ressourcen umfassen, also nicht ausführbare Daten (Text, Bilder, Sounddateien etc.).

Selbst wenn eine Assembly aus mehreren Dateien besteht, bildet sie dennoch eine logische Einheit, die nur als Ganzes weitergegeben werden kann und die nur einen einzigen Einsprungspunkt hat. Viele Sicherheitsmechanismen gelten auf Assembly-Ebene. Der Datenaustausch innerhalb einer Assembly ist effizienter als die Kommunikation zwischen verschiedenen Assemblies.

Eine gesamte Assembly hat eine einheitliche Versionsnummer. Assemblies stellen einen Teil der .NET-Lösung für das sogenannte `DLL-Hell`-Problem aus der COM-Vergangenheit dar: .NET unterstützt die parallele Installation unterschiedlicher Assembly-Versionen. Jedes .NET-Programm gibt intern an, auf welche Versionen externer Assemblies es zugreift. .NET kümmert sich darum, dass die richtige Version verwendet wird. (Es ist also durchaus möglich, dass zwei .NET-Programme, die gleichzeitig ausgeführt werden, unterschiedliche Versionen der .NET-Bibliothek nutzen.)

Assemblies, die von vielen .NET-Anwendungen genutzt werden sollen, werden in dem sogenannten `global assembly cache` (kurz GAC) installiert. Äußerlich ist der GAC einfach ein Verzeichnis (z.B. *C:\Windows\assembly*). Es enthält unter anderem alle .NET-Basisbibliotheken. Beim Einfügen von Assemblies in den GAC werden spezielle Überprüfungen durchgeführt, um eine möglichst hohe Sicherheit zu gewährleisten.

Selbst entwickelte Bibliotheken, die nur für das eine oder andere Programm eingesetzt werden, gehören normalerweise nicht in den GAC, sondern einfach in dasselbe Verzeichnis wie die **.exe*-Datei des Programms. Microsoft möchte mit dieser Empfehlung offensichtlich vermeiden, dass der GAC in wenigen Jahren genauso überfüllt ist wie jetzt das Windows-Systemverzeichnis.

HINWEIS

Wenn Sie sich das Verzeichnis *C:\Windows\assembly* im Windows-Explorer ansehen, sieht es so aus, als würden sich die Dateien direkt darin befinden. Das ist aber nicht der Fall – der Explorer stellt nur eine vereinfachte Sicht dar. In Wirklichkeit beginnen an dieser Stelle eine Menge Unterverzeichnisse, die unter anderem die Parallelinstallation unterschiedlicher Versionen einer Bibliothek ermöglichen. Wenn Sie sich die tatsächliche Verzeichnisstruktur ansehen möchten, können Sie z.B. das Programm EINGABEAUFFORDERUNG dazu verwenden.

Common Language Runtime (CLR)

Der Begriff `Common Language Runtime` fasst zusammen, was zur Ausführung von .NET-Programmen erforderlich ist. Dazu zählen im Wesentlichen zwei Dinge: der JIT-Compiler sowie andere Tools, um MSIL-Code zu starten und in Maschinencode umzuwandeln, und die .NET-Klassenbibliotheken.

Nachdem das .NET Framework auf einem Rechner installiert worden ist, steht die CLR zur Verfügung. Beachten Sie, dass hier nicht das .NET Framework SDK gemeint ist. Bei der CLR geht es ausschließlich um die Ausführung von .NET-Programmen, nicht um deren Entwicklung.

Die Besonderheit der CLR besteht darin, dass sie sprachunabhängig ist (daher `common`!): Egal ob ein .NET-Programm mit Visual Basic, C# oder einer beliebigen anderen .NET-Programmiersprache entwickelt wurde – die CLR reicht für die Ausführung aus. Im Gegensatz dazu erforderten früher VB6-Programme eine andere `Runtime`-Umgebung als Programme, die mit Visual C++ entwickelt wurden!

Common Type System (CTS)

Das `Common Type System` (bzw. das allgemeine Typensystem laut Online-Hilfe) ist eine formale Beschreibung der Datentypen, die von .NET grundsätzlich unterstützt werden. Dazu zählen Wert- und Verweistypen, unterschiedliche Klassentypen (z.B. vererbbare oder nicht vererbbare), Strukturen, Felder (`arrays`), Aufzählungen (`enums`) etc.

Es ist nicht erforderlich, dass jede .NET-Programmiersprache alle Elemente des CTS unterstützt. Die von Visual Basic unterstützten Teile des CTS werden in diesem Buch vor allem in den Kapiteln 4 (*Variablen- und Objektverwaltung*) und 6 (*Objektorientierte Programmierung*) beschrieben.

Common Language Specification (CLS)

Da nicht jede .NET-Programmiersprache alle Elemente der CTS unterstützt, definiert die `Common Language Specification` eine Teilmenge des CTS: Diese Teilmenge muss von jeder Programmiersprache unterstützt werden, die .NET-tauglich ist. In der Praxis ist die CLS insofern wichtig, als jede Bibliothek, die der CLS entspricht, von allen .NET-Programmiersprachen uneingeschränkt verwendet werden kann.

Die CLS ist also nichts anderes als eine Aufzählung von Regeln, die eine Bibliothek einhalten muss, damit sie als CLS-kompatibel bezeichnet werden kann. Die Regeln betreffen ausschließlich die nach außen hin sichtbare Schnittstelle der Bibliothek, also die öffentlichen Methoden und Eigenschaften von Klassen. Was hinter dieser Schnittstelle vor sich geht, ist für die CLS nicht relevant.

HINWEIS

Zahlreiche Bücher behaupten, dass mit Visual Basic erzeugte Bibliotheken automatisch CLS-kompatibel sind. Das ist falsch. Auch wenn Visual Basic als Standardvariablentypen überwiegend CLS-kompatible Typen unterstützt (siehe Abschnitt 4.3), können auch CLS-inkompatible Typen (z.B. `TimeSpan`) verwendet werden – und zwar auch bei der Definition von öffentlichen Klassenmitgliedern.

ASP.NET

ASP.NET ist der Nachfolger zu ASP (Active Server Pages). ASP ermöglicht die Entwicklung dynamischer Webseiten auf der Basis von VBScript-Code. Obwohl ASP technologisch gesehen eine schreckliche (weil unsichere und ineffiziente) Technologie ist, hat sie sich in einem Ausmaß durchgesetzt, das vermutlich nicht einmal Microsoft erwartet hat. Der Grund besteht darin, dass ASP einfach und flexibel ist.

ASP.NET ist nun der Nachfolger von ASP und zeichnet sich durch viele Vorteile aus. Die beiden wichtigsten sind:

» ASP.NET-Code kann nun mit der Visual Basic-Entwicklungsumgebung entwickelt werden.

» ASP.NET-Code wird kompiliert. (ASP-Code wurde interpretiert, was deutlich ineffizienter ist.)

Im Vergleich zu den in VB6 eingeführten WebClasses, die nicht mehr unterstützt werden, zeichnet sich ASP.NET vor allem dadurch aus, dass fertige Lösungen einfach dadurch installiert werden können, dass die Dateien in ein Verzeichnis kopiert werden (`xcopy`-Installation).

Vom Standpunkt des Entwicklungskomforts und der angebotenen Möglichkeiten aus betrachtet, ist ASP.NET ein Meilenstein – nicht nur im Vergleich zu ASP, sondern auch im Vergleich zu konkurrierenden Technologien wie PHP. Der größte Nachteil besteht darin, dass ASP.NET eine teure Technologie ist: Als Webserver muss ein Windows-Server-Betriebssystem mit den Internet Information Services eingesetzt werden, in der Regel in Kombination mit dem SQL Server als Datenbank. Die Lizenzgebühren für einen derartigen Server sind hoch, insbesondere im Vergleich zu einem LAMP-System (Linux + Apache + MySQL + PHP/Perl). Insofern bietet sich ASP.NET eher für große und professionelle Websites an, bei denen die Lizenzkosten nur eine untergeordnete Rolle spielen.

Webservices

Webservices ermöglichen eine standardisierte Kommunikation zwischen Internet-Servern über das HTTP-Protokoll. Im Gegensatz zu ASP.NET erfolgt der Datenaustausch aber nicht im HTML-, sondern im XML-Format. Webservices sind beispielsweise dann praktisch, wenn ein Internet-Server keine fertigen Webseiten, sondern lediglich Daten anbietet (z.B. Börsenkurse).

An sich sind Webservices eine gute Idee. Wirklich neu daran ist aber nur die Standardisierung des Datenaustauschs. Schon bisher konnten Daten über das HTTP-Protokoll oder über andere Protokolle über das Internet ausgetauscht werden. Neben Microsoft bieten auch andere Firmen (Sun, IBM etc.) Technologien an, die ähnliche Funktionen wie Microsofts Webservices bieten. Da diese Technologien zum Teil auf denselben Standards basieren (XML, SOAP), sind sie sogar miteinander kompatibel.

Dieses Buch geht zwar nicht auf die Programmierung von Webseiten und eigenen Webservices mit ASP.NET ein, zeigt aber in Abschnitt 14.4 die Nutzung von Webservices.

2.4 Programmiersprachen (C# versus Visual Basic)

Zur .NET-Programmierung stehen Ihnen – zumindest wenn man den Microsoft-Versprechungen trauen darf – Dutzende von Programmiersprachen zur Auswahl. Die zwei wichtigsten .NET-Sprachen sind aber ohne jeden Zweifel Visual Basic und C#. Welche dieser Sprachen ist nun besser? Da Sie dieses Buch lesen und nicht ein C#-Buch, vermute ich, dass Sie sich bereits entschieden haben. Wenn Sie aber noch unschlüssig sind, hier einige Anmerkungen:

» Die beiden Sprachen sind zu 99 Prozent gleichwertig. Die Syntax sieht zwar anders aus, aber Sie können dieselben Resultate erzielen. (Die verbleibenden Unterschiede folgen gleich.)

» Sie können beide Sprachen zur Entwicklung eines Programms mischen. Dazu muss das Programm aus mehreren Teilprojekten zusammengesetzt werden. Damit kann theoretisch jeder Entwickler seine Lieblingssprache verwenden. In der Praxis wird das aber kaum sinnvoll sein, weil die Wartung des Codes komplizierter wird, wenn mehr Sprachen im Projekt eingesetzt werden.

C#-Vorteile

- C# kann anders als Visual Basic dazu verwendet werden, sogenannten `unsafe code` zu entwickeln (etwa zum direkten Speicherzugriff durch `pointer`). Das bietet manchmal die Möglichkeit, besonders systemnahen und effizienten Code zu gestalten.
- Microsoft-intern wird C# offensichtlich favorisiert. Viele Microsoft-Projekte werden momentan mit C# durchgeführt. Daher ist zu erwarten, dass Fehler in C# früher entdeckt und behoben werden als in Visual Basic.
- Auch viele »Freaks« ziehen C# vor. Das führt dazu, dass Sie im Internet wesentlich mehr C#-Beispiele, -Blogs etc. finden werden als vergleichbare VB-Seiten.
- Microsoft hat C# zur Standardisierung durch ein unabhängiges Gremium freigegeben (durch die ECMA, das ist die `European Computer Manufacturer's Association`). Das macht es anderen Software-Herstellern möglich, ebenfalls einen C#-Compiler zu entwickeln. Es bleibt aber abzuwarten, ob es tatsächlich je möglich sein wird, ein normales C#-Programm ohne größere Änderungen auf einer anderen Plattform zu kompilieren.
- Wer bisher mit C, C++, Java oder PHP programmiert hat, wird sich mit der C#-Syntax leichter tun als mit der von Visual Basic.
- Schließlich verspricht das `C` von `C#` Professionalität, während das `Basic` in Visual Basic von vielen weiterhin so gedeutet wird, dass es sich hier um eine Programmiersprache für Kinder handelt ... Dieses Missverständnis wird aus den Köpfen mancher Leute sicher nie verschwinden.

Visual Basic-Vorteile

- Der Visual Basic-Editor bietet mehr Komfort als der C#-Editor. Das Gegenargument, dass der Tippaufwand bei Visual Basic größer ist als bei C#, ist zwar richtig, aber irrelevant. Haben Sie schon mal überlegt, wie groß der Zeitaufwand für das Eingeben von 100 Zeilen Code ist? Und wie groß der Aufwand ist, um diesen Code zu entwickeln und die darin enthaltenen Fehler zu suchen? Da ist die Eingabezeit dann vernachlässigbar!
- Manche Einschränkungen in Visual Basic gegenüber C# kommen der Sicherheit, Kompatibilität und Stabilität der resultierenden Programme zugute. Insofern kann man es durchaus als Vorteil betrachten, dass Visual Basic die Verwendung von Zeigern grundsätzlich verbietet.
- Für Visual Basic spricht die ausführlichere, besser lesbare Syntax. Das macht das Lesen von fremdem Code deutlich einfacher als bei C# und ist ein wesentlicher Vorteil, wenn Code von unterschiedlichen Personen bearbeitet wird.
- Die LINQ-Unterstützung für VB ist wesentlich eleganter als für C#.

» Wer bereits Erfahrungen mit VB1 bis 6, VBA, VBScript, WSH oder ASP hat – und das sind Millionen von Programmierern! –, wird sich in Visual Basic-Code ohne große Umstellungsprobleme zurechtfinden. In diesem Zusammenhang hilft vor allem die Visual Basic-Runtime-Bibliothek, die zahlreiche aus VB vertraute Funktionen unter Visual Basic zur Verfügung stellt: die `String`-Funktionen `Left`, `Mid` und `Right`, Konstanten wie `vbCrLF`, Hilfsfunktionen wie `IIf` etc. (Grundsätzlich können Sie diese Bibliothek auch in C# nutzen, das ist aber unüblich.)

Fazit

Es gibt momentan keine zwingenden Argumente, die belegen, dass die eine oder andere Sprache besser ist als die andere. Verwenden Sie also die Sprache, die Ihnen sympathischer ist. (Und wenn Sie dieses Buch lesen möchten: Verwenden Sie Visual Basic!)

2.5 Entwicklungsumgebungen

Um .NET-Programme effizient zu erstellen, benötigen Sie eine Entwicklungsumgebung. Die Entwicklungsumgebung hilft Ihnen bei der Verwaltung der Projektdateien, beim Erstellen von Formularen, beim Kompilieren, bei der Fehlersuche etc. In diesem Buch gehe ich davon aus, dass Sie als Entwicklungsumgebung Microsoft Visual Studio bzw. dessen Miniversion Visual Basic Express einsetzen. Zu Visual Studio gibt es durchaus Alternativen, z.B. die kostenlose Entwicklungsumgebung SharpDevelop (siehe unten) oder das kommerzielle Programm Borland Delphi.

Es gibt nicht *ein* Visual Studio, sondern unzählige, unterschiedlich teure Versionen. Die Tabelle auf der gegenüberliegenden Seite vergleicht die wichtigsten Versionen aus der Perspektive dieses Buchs. Obwohl ich viele Merkmale überprüft habe, kann ich die Richtigkeit aller Informationen nicht garantieren. Teilweise habe ich mich auf die Informationen der Microsoft-Website verlassen. Das gilt insbesondere für die Team-Editionen, die ich nicht selbst getestet habe.

Weitere Informationen zur schier unüberschaubaren Fülle von Visual Studio-Varianten finden Sie auf den folgenden Seiten:

http://msdn2.microsoft.com/de-de/vs2008/products/cc149003(en-us).aspx = http://tinyurl.com/2ubzvf
http://msdn2.microsoft.com/de-de/vsts2008/products/default(en-us).aspx = http://tinyurl.com/2rdfc6
http://msdn2.microsoft.com/en-us/subscriptions/aa718657.aspx = http://tinyurl.com/w5zys

Express-Editionen

Die Express-Edition-Spalte in der folgenden Tabelle sieht zwar ziemlich leer aus, dennoch ist die Express Edition überraschend leistungsstark. Sie können damit mehr als 90 Prozent der Beispiele dieses Buchs nachvollziehen! Auch wenn die Express Edition in manchen Punkten für die professionelle Programmentwicklung und insbesondere für die Weitergabe von Programmen ungeeignet ist (keine Setup-Projekte), ist VB Express mehr als ausreichend, um die Windows-Programmierung zu erlernen.

Neben der VB Express Edition gibt es diverse weitere Express-Versionen:

- `Visual C# Express Edition`: Entwicklung von Windows-Anwendungen mit C#
- `Visual C++ Express Edition`: Entwicklung von Windows-Anwendungen mit C++
- `Visual Web Developer Express Edition`: Entwicklung von Webanwendungen mit VB und C#
- `SQL Server 2008 Express Edition`: kostenlose SQL-Server-Version

http://www.microsoft.com/germany/express/

Visual-Studio-Editionen

Mit dem Visual Studio 2010 hat Microsoft die Benennung und den Leistungsumfang der verfügbaren Editionen leicht geändert. Die Standard-Version des Visual Studio entfällt, neben der Express-Version ist nun das Visual Studio Professional die kleinste (und leistungsschwächste) verfügbare Version.

- Das Visual Studio Professional beinhaltet die Unterstützung mehrerer .NET Frameworks sowie der verschiedenen Sprachen für .NET. Besonderheiten bei dieser Version gibt es nicht. Trotz der Bezeichnung »Professional« entspricht der Leistungsumfang eher der Standard-Version von Visual Studio 2008.
- Visual Studio 2010 Professional mit MSDN enthält zusätzlich die MSDN (ansonsten keine weiteren Features). Es existiert aber noch eine Test-Version (nicht zu verwechseln mit der Visual Studio Trial-Version), die ebenfalls mit der MSDN kommt und unter anderem eine Verwaltung von Testcases beinhaltet sowie die manuelle Ausführung von Tests erlaubt.
- Die nächsthöhere Version ist das Visual Studio Premium mit MSDN. Alleinstehend gibt es die höheren Versionen leider nicht mehr. Enthalten sind unter anderem Profiling und Codemetriken oder auch Unit-Tests.
- Das Visual Studio Ultimate, ebenfalls wieder nur mit MSDN verfügbar, ist das neue Flaggschiff. Enthalten sind hier sämtliche für Tests benötigte Elemente (Test Cases, Performance-Tests, Test Impact Analysis usw.) sowie architekturelle Tools wie zum Beispiel die Erstellung von Sequenzdiagrammen aus bestehendem Code.

Eine Übersicht über die verfügbaren Visual Studio-Versionen finden Sie unter: *http://www.microsoft.com/germany/visualstudio/products/features.aspx*

Visual Studio Tools for Office (VSTO)

Die dominierende Programmiersprache zur Entwicklung für Office-Programme in Excel, Word, PowerPoint & Co. ist nach wie vor VBA, dessen internes Fundament sehr große Ähnlichkeiten mit VB6 hat. VBA ist samt einer Entwicklungsumgebung in allen Office-Versionen bis einschließlich 2007 enthalten.

Microsoft möchte aber, dass auch Office-Entwickler allmählich auf .NET umsteigen. Es bietet dazu die `Visual Studio Tools for Office` an. Die aktuelle Version trägt die Nummer 4 und ist in den größeren Visual Studio 2010-Editionen enthalten. Das ist zwar erfreulich, Office-Entwickler wurden aber in der Vergangenheit durch die kostenlose Verfügbarkeit von VBA samt einer brauchbaren Entwicklungsumgebung verwöhnt. Insofern ist VS Professional eine recht teure Einstiegshürde, die der nennenswerten Verbreitung von VSTO im Weg steht. Weitere Informationen finden Sie hier:

http://msdn2.microsoft.com/en-us/office/aa905533.aspx = http://tinyurl.com/39rnkp
http://msdn2.microsoft.com/en-us/library/bb981164.aspx = http://tinyurl.com/2mhxe4
http://msdn2.microsoft.com/en-us/library/bb871648.aspx = http://tinyurl.com/32tawf

SharpDevelop

SharpDevelop ist eine in C# programmierte Entwicklungsumgebung für C#- und Visual Basic-Projekte. Zum Zeitpunkt der Manuskriptabgabe lag das Programm in einer stabilen Version für das .NET Framework 2.0 vor.

http://www.icsharpcode.net/OpenSource/SD/

Die vielleicht größte Besonderheit von SharpDevelop besteht darin, dass es im Rahmen der `GNU Public License` (GPL) kostenlos und samt Quellcode zur Verfügung steht.

Mono

Das Mono-Projekt hat sich zur Aufgabe gestellt, ein .NET-kompatibles Framework inklusive der Sprachen C# und VB als Open-Source-Code zur Verfügung zu stellen. Für die .NET-Version 2.0 ist das bereits größtenteils gelungen, neue Funktionen aus .NET 3.0 und 3.5 werden zurzeit implementiert. Das Projekt wird von Novell unterstützt und ist unter anderem auch das Fundament für Moonlight, also die Unix-/Linux-Unterstützung für Silverlight. (Silverlight ist eine auf .NET und XAML basierende Alternative zu Adobe Flash – siehe auch Abschnitt 16.9.)

Mono wird mittlerweile mit vielen Linux-Distributionen standardmäßig ausgeliefert. Dennoch hat .NET in der Linux-Welt naturgemäß eine sehr viel geringere Bedeutung als unter Windows. Immerhin ist es gut zu wissen, dass es dank Mono möglich ist, .NET-Programme auch unter Linux zu portieren und auszuführen. Allzu groß sollte Ihre Erwartungshaltung freilich nicht sein, die Implementierung ist momentan alles andere als vollständig, besonders was die neuen Funktionen aus .NET 3.0/3.5 und die Unterstützung für VB betrifft. Weitere Informationen finden Sie hier:

http://www.mono-project.com/

Zu Mono gibt es auch eine eigene Entwicklungsumgebung:

http://www.monodevelop.com/

Ohne Entwicklungsumgebung arbeiten

Theoretisch ist es auch möglich, VB-Programme ganz ohne eine Entwicklungsumgebung zu schreiben und zu kompilieren. Dazu benötigen Sie lediglich einen Texteditor sowie die kostenlosen Entwicklungswerkzeuge des .NET-SDK. Allerdings ist die Verwendung dieser kommandoorientierten Werkzeuge ausgesprochen mühsam.

2.6 Neu in VB2010

Die folgenden Aufzählungen fassen geordnet nach Themen die wichtigsten Neuerungen in VB 2010 zusammen.

Entwicklungsumgebung

» Dokumentfenster können jetzt auch an den Rändern der Entwicklungsumgebung angedockt oder sogar auf einen zweiten Bildschirm verschoben werden.

» Innerhalb eines Editorfensters können Sie die Schriftgröße jetzt anpassen, indem Sie `Strg` gedrückt halten und das Mausrad betätigen

» Mithilfe der neuen Funktion Navigieren zu können Sie schnell nach Codedateien innerhalb der aktuellen Projektmappe suchen. Navigieren zu finden Sie unterhalb des Menüpunkts Bearbeiten.

Visual Basic-Sprachelemente

» Die in C# schon länger verfügbaren, automatisch implementierten Eigenschaften haben ihren Weg nun auch nach Visual Basic gefunden. Die Implementierung ist jedoch unterschiedlich. Während automatisch implementierte Eigenschaften unter C# keine Möglichkeit bieten, auf die Variable zuzugreifen, die die Daten enthält, ist dies in Visual Basic möglich. Der Name der Variablen entspricht dem Namen der Eigenschaft zuzüglich eines davorgestellten Unterstrichs.

» Der Unterstrich als Verbindungselement bei mehrzeiligen Anweisungen hat auch in Visual Basic nun an vielen Stellen ausgedient. Prinzipiell ist er zwar vorhanden, weil erforderlich, Sie müssen ihn aber (meistens) nicht mehr hinschreiben. Warum man dieses lästige Element nicht gleich ganz entsorgt hat, bleibt jedoch ein Rätsel.

» Lambda-Ausdrücke wurden erweitert und unterstützen neben ein- und mehrzeiligen Functions auch die Variante Sub.

» Covarianz und Contravarianz ermöglichen eine bessere Konvertierung generischer Typen. Covarianz bedeutet dabei, dass Sie einen Datentyp verwenden können, der stärker abgeleitet ist als der erwartete Typ, Contravarianz bedeutet das Gegenteil. Ein Beispiel hierzu ist `List(Of String)`. Wenn Sie in VB2008 mit `Option Strict On` eine entsprechende Liste erstellt haben, konnten Sie diese nicht einer Variablen vom Typ `List(Of Object)` zuweisen, weil die Datentypen unterschiedlich waren, obwohl voneinander abgeleitet. Mit VB2010 ist der folgende Code nun möglich:

```
Dim liste As New List(Of String)
liste.Add( ... )

...

Dim objList As New List(Of Object) = liste ' schlug in VB2008 fehl
```

- Die Regeln für die Typermittlung bei der Deklaration von Arrays haben sich geändert. Wenn Sie in VB2008 ein Array ohne Typangabe deklariert und initialisiert haben, hat VB automatisch den Datentyp Object verwendet. In VB2010 wird der Datentyp der zugewiesenen Elemente verwendet.
- Wenn Sie einen Namespace auf Dateiebene eingebunden haben, wird dieser vorrangig gegenüber eines projektweit eingebundenen Namespace behandelt. Das ist wichtig, wenn zwei Namespaces einen Datentyp gleichen Namens beinhalten. In einem solchen Fall wird immer der Datentyp aus dem Namespace verwendet, der auf Dateiebene eingebunden ist.

.NET Framework

Das .NET Framework bietet in der Version 4 zahlreiche Änderungen zur Vorgängerversion. Leider gibt es diesmal nicht, wie beispielsweise bei .NET 3.5 mit LINQ, ein echtes »Killerfeature«. Lediglich im Fall von Multithreading könnte man von einer enorm umfangreichen Neuerung sprechen, denn die Task Parallel Library bietet hier enorme Vorteile auf Mehrprozessor-Rechnern (auf Rechnern mit nur einem Prozessor ergeben sich keine Änderungen).

Windows-Programmierung (Windows Presentation Foundation = WPF)

Natürlich können Sie auch mit dem Visual Studio 2010 noch Windows Forms-Anwendungen entwickeln. Tatsächlich ist es so, dass Windows Forms erneut nicht weiterentwickelt wurde (die Technologie bleibt damit weiter auf dem Stand von 2005). Microsoft setzt eindeutig auf die WPF-Technologie, die auch bei der Programmierung des Visual Studio selbst verwendet wurde.

War es unter .NET 3.5 bzw. mit dem Visual Studioo 2008 noch eine gewisse Quälerei, WPF-Anwendungen zu erstellen, so hat sich das mit VS2010 geändert. Der Designer ist weit leistungsfähiger als in der Vorgängerversion und stürzt nun nicht mehr ab. Auch einige Steuerelemente sind hinzugekommen, wie beispielsweise ein echtes DataGrid (das weit mehr Möglichkeiten bietet, als Sie es aus Windows Forms kennen).

Die Tatsache, dass Microsoft ausschließlich WPF weiterentwickelt und voll auf diese Technologie setzt, ist auch der Grund, warum im Buch auch nur WPF beschrieben wird. Sollten Sie mit Windows Forms arbeiten wollen (oder müssen), müssen Sie aber nicht verzweifeln – Auf der Webseite zum Buch finden Sie ein mehrere Hundert Seiten umfassendes E-Book (eine PDF-Datei) zur Windows Forms-Programmierung mit VB2008.

Datenbankprogrammierung (ADO.NET)

In ADO.NET an sich gibt es in VB2010 keine Neuerungen. Das ist wenig überraschend, ADO.NET wurde bereits in der Vorgängerversion nicht wirklich erweitert. Allerdings gibt es nun eine Technologie, bereits in der zweiten Version, die dem aus der Vorgängerversion bekannten LINQ To SQL nicht nur Konkurrenz macht, sondern dieses überholt: das Entity Framework. Genaueres hierzu erfahren Sie ab Kapitel 30 auf Seite 1135.

Webprogrammierung (ASP.NET)

Dieses Buch enthält keine Informationen über ASP.NET, weshalb auch eine Diskussion der darin enthaltenen Neuerungen entfallen kann. Es gibt Bücher ausschließlich zu diesem Thema, die einen ähnlichen Umfang wie das vorliegende Buch haben. Allein daran sehen Sie schon, dass ASP.NET, selbst wenn wir das gewollt hätten, keinen Platz in diesem Buch gefunden hätte.

Kompatibilität zu VB2008/VB2005

Erfreulicherweise gibt es in VB2010 keinerlei Kompatibilitätsprobleme beim Umstieg von einer der Vorgängerversionen. Nicht kompatibel sind allerdings Visual Studio-Projekte: Wenn Sie ein mit einer früheren Visual Basic-Version erstelltes Projekt öffnen, wird dieses automatisch in das Format von Visual Studio 2008 umgewandelt. Die Umwandlung ist zumeist problemlos, aber sie bringt es mit sich, dass Sie das Projekt mit alten Visual Basic-Versionen nicht mehr bearbeiten können.

3 Die Entwicklungsumgebung Visual Studio

Der Platz reicht nicht aus, um in diesem Kapitel alle Bedienungsdetails der Visual Basic- bzw. Visual Studio-Entwicklungsumgebung zu beschreiben. Und selbst wenn es mehr Platz gäbe, könnte dieser sicherlich besser genutzt werden, als auf vielen Seiten die Menüs, Symbolleisten und Fenster aufzuzählen: Die Entwicklungsumgebung ist zwar überladen, aber ansonsten intuitiv zu bedienen. Sie werden nach wenigen Tagen auch ohne langatmige Erklärungen damit zurechtkommen. Daher beschränkt sich dieses Kapitel auf Neuerungen und Aspekte, die nicht sofort ins Auge springen.

Obwohl sich dieses Kapitel im Einleitungsteil des Buchs befindet, sind einige der hier behandelten Themen schon recht fortgeschritten. Lassen Sie sich davon nicht abschrecken bzw. werfen Sie in ein paar Wochen noch einmal einen Blick in dieses Kapitel – dann verstehen Sie die Grundlagen und erkennen das Potenzial der Funktionen besser.

HINWEIS

Einzelne Teile der Entwicklungsumgebung werden in den Kapiteln behandelt, in die sie thematisch passen (der Objektkatalog also beispielsweise in dem Kapitel, das die Konzepte objektorientierter Programmierung erklärt):

Objektkatalog:	Abschnitt 6.4
Debugging-Elemente:	Abschnitt 8.5
WPF-Designer:	Abschnitt 16.2
Bearbeitung von Setup-Projekten:	Kapitel 22
Visual Data Tools:	Kapitel 28
Windows Forms-Designer:	Windows Forms-E-Book auf der Webseite zum Buch

3.1 Tipps zur Bedienung der Entwicklungsumgebung

Layout der Entwicklungsumgebung

Die Entwicklungsumgebung setzt sich aus Dutzenden von Fenstern zusammen, von denen die meisten an einem der vier Ränder des Hauptfensters angedockt sind. Die eigentlichen Dokumentenfenster (Programmcode, Formulare etc.) werden in dem verbleibenden Innenbereich angezeigt (siehe z.B. Abbildung 1.7 auf Seite 30). Das ermöglicht nur dann ein komfortables Arbeiten, wenn Sie einen ausreichend großen Monitor besitzen.

Wenn Sie mit dem Standardlayout nicht zufrieden sind, können Sie die Position, Größe und das Docking-Verhalten fast aller Fenster selbst konfigurieren. Meine Experimente endeten allerdings immer wieder damit, dass ich zum Standardlayout zurückgekehrt bin (FENSTER|FENSTERLAYOUT ZURÜCKSETZEN).

Menüs und Symbolleisten

Wie ein Menü zu bedienen ist, brauche ich an dieser Stelle sicher nicht zu erklären. Ebenso ist eine Beschreibung der zahlreichen Menükommandos hier nicht sinnvoll. Dennoch erscheinen mir einige nicht ganz selbstverständliche Hinweise angebracht:

» **Das Menü ist kontextabhängig!** Viele Menükommandos stehen nur dann zur Verfügung, wenn gerade ein bestimmtes Fenster oder ein bestimmter Fensterbereich der Entwicklungsumgebung aktiv ist. Zum Teil muss in diesem Fenster(bereich) sogar noch ein ganz bestimmtes Element aktiviert sein! Teilweise sind diese kontextabhängigen Menüeinträge ganz praktisch, weil sie vermeiden, dass das Menü noch unübersichtlicher wird, als dies ohnehin schon der Fall ist. Manchmal wirkt die Entwicklungsumgebung aber auch schlicht unlogisch.

» **Auch die Symbolleisten und andere Elemente der Entwicklungsumgebung sind kontextabhängig:** Was für das Menü gilt, gilt auch für andere Elemente der Entwicklungsumgebung. Symbolleisten tauchen auf und verschwinden, je nachdem, was Sie gerade tun bzw. welches Fenster aktiv ist. In der Toolbox sind nur dann Steuerelemente zu finden, wenn gerade ein Formularfenster geöffnet ist. Die Debugging-Fenster stehen erst zur Verfügung, wenn Sie tatsächlich ein Programm ausführen etc.

» **Menüs und Symbolleisten können verändert werden:** Mit Extras|Anpassen können Sie das Hauptmenü und die Symbolleisten verändern. Solange der Dialog aktiv ist, können Sie Menükommandos und Buttons zwischen den Symbolleisten verschieben bzw. kopieren ([Strg]-Taste). Eine schier endlose Liste aller zur Verfügung stehenden Kommandos finden Sie im Dialogblatt Befehle.

Tastenkürzel

Die Benutzeroberfläche kann durch unzählige Tastenkürzel sehr effizient bedient werden – wenn man die Kürzel einmal erlernt hat. Bevor Sie sich damit auseinandersetzen, sollten Sie sich zuerst für eine der möglichen Standardbelegungen entscheiden. Zur Auswahl stehen unter anderem `Standardeinstellung`, `Emacs`, `Visual Basic 6` und `Visual Studio 6`. Das Schema kann beim ersten Start der Entwicklungsumgebung sowie im Dialogblatt Extras|Optionen|Umgebung|Tastatur ausgewählt werden. Dieses Dialogblatt steht nur dann im Optionen-Dialog zur Auswahl, wenn Sie vorher die Option Alle Einstellungen anzeigen angeklickt haben. Davon gehe ich im weiteren Verlauf dieses Kapitels aus.

Darüber hinaus kann jedem der zahllosen Kommandos der Benutzeroberfläche ein eigenes Tastenkürzel zugewiesen werden. Die so veränderte Tastaturbelegung wird dann in einem eigenen Tastaturschema gespeichert. Alle Einstellungen erfolgen im gerade erwähnten Dialogblatt.

Codeeinrückung

Die Einrückung von Code erfolgt in der Regel automatisch. Die einzige Ausnahme sind mehrzeilige Anweisungen, deren Zeilenenden durch das Zeichen _ gekennzeichnet sind. Die Parameter für die automatische Einrückung können mit Extras|Optionen|Text-Editor|Basic|Tabstopps eingestellt werden. Beispielsweise verwendet der gesamte in diesem Buch abgedruckte Code eine Einrücktiefe von nur zwei Zeichen statt der Standardeinstellung von vier Zeichen.

Wenn der Editor bei Änderungen der Codestruktur mit der automatischen Einrückung durcheinanderkommt, markieren Sie einfach die ganze Codepassage und drücken [⇆]. Damit wird der gesamte Bereich neu (und korrekt) eingerückt.

#-Kommandos (Direktiven)

#-Kommandos beginnen mit dem Zeichen #. Es handelt sich dabei nicht um Visual Basic-Kommandos, sondern um Kommandos, die vom Compiler bzw. vom Editor ausgewertet werden. Sie dienen beispielsweise dazu, manche Codeteile je nach Abhängigkeit einer Konstante zu berücksichtigen oder Codeteile zu einer Gruppe zusammenzufassen, die vollständig zusammengeklappt werden kann.

#-Kommandos	

`#Region "name"`
`... code`
`#End Region`
	gruppiert Code zu einer Region, die zusammengeklappt werden kann. So definierte Regionen werden beim Laden eines Projekts automatisch zusammengeklappt.

`#Const constname = "xy"`	definiert eine Konstante. Die Konstante ist nur für andere #-Kommandos sichtbar und gilt nur für die jeweilige Codedatei.

`#If ausdruck1 Then`
`... code1`
`#ElseIf ausdruck2 Then`
`... code2`
`#Else`
`... code3`
`#End If`
	definiert eine Verzweigung. Der Compiler berücksichtigt nur den Codeabschnitt, dessen zugeordneter Ausdruck zutrifft. In den Ausdrücken können selbst definierte Konstanten sowie die drei vordefinierten Konstanten `Config`, `Debug` und `Trace` ausgewertet werden.
	`Debug` und `Trace` (jeweils `True`/`False`) sowie alle weiteren Konstanten können im Eigenschaftsdialog des Projekts eingestellt werden.

`#ExternalSource(filename, n)`
`[error]`
`#End External Source`
	stellt eine Verbindung zu einer externen Datei her (z.B. bei **.aspx*-Dateien). Das Kommando ist nur für den internen Einsatz durch die Entwicklungsumgebung gedacht. `n` gibt eine Zeilennummer in der externen Datei an. `error` kann optional angeben, in welcher Zeile der externen Datei ein Fehler aufgetreten ist.

Projekteigenschaften

Die meisten Eigenschaften von Steuerelementen und anderen Elementen eines Projekts stellen Sie im Eigenschaftsfenster ein, das normalerweise rechts unten angezeigt wird. Bei Bedarf blenden Sie das Fenster mit ANSICHT|EIGENSCHAFTSFENSTER ein.

Ausgenommen von dieser Regel sind allerdings die Projekteigenschaften: Für deren Einstellung gibt es eigene Dialogblätter, die Sie am einfachsten durch einen Doppelklick auf MY PROJECT im PROJEKTMAPPEN-EXPLORER öffnen (siehe Abbildung 3.1). Bei Projekten, die Sie ursprünglich mit älteren VB-Versionen erstellt haben, gibt es den Eintrag MY PROJECT möglicherweise nicht. In diesem Fall klicken Sie den Projektnamen an und führen das Kontextmenükommando EIGENSCHAFTEN aus.

Die Dialogblätter betreffen alle möglichen Projektdetails, die im weiteren Verlauf dieses Buchs behandelt werden. An dieser Stelle sind nur die Grundeinstellungen in den Dialogblättern ANWENDUNG und KOMPILIEREN von Interesse.

Anwendungseinstellungen

» ASSEMBLYNAME: Dieser Punkt gibt an, wie die resultierende Programmdatei heißen soll. An diesen Namen wird noch *.exe* oder *.dll* angehängt. Eine Assembly ist – ein wenig vereinfacht ausgedrückt – die aus einem Projekt resultierende Programm- oder Bibliotheksdatei. Beachten Sie, dass eine Assembly bei komplexen Projekten aber auch aus mehreren Dateien bestehen kann.

ANWENDUNGSTYP: Dieser Punkt bestimmt die Art der Assembly. Zur Auswahl stehen unter anderem KONSOLENANWENDUNG, WPF-ANWENDUNG, WINDOWS FORMS-ANWENDUNG, KLASSENBIBLIOTHEK, WINDOWS-DIENST oder WEBSTEUERELEMENTEBIBLIOTHEK. Vorhandene Projekte können allerdings nicht in einen beliebigen anderen Typ umgewandelt werden.

Je nach Anwendungstyp gilt auch ein besonderes Startverhalten: KONSOLENANWENDUNGEN werden normalerweise mit der Prozedur `Main` gestartet, WINDOWS- und WPF-ANWENDUNGEN durch das Anzeigen des ersten Fensters, KLASSENBIBLIOTHEKEN überhaupt nicht. Sie können nur von anderen Projekten verwendet bzw. getestet werden, indem dort eine Objektinstanz einer der Klassen erzeugt wird.

Ein weiterer Unterschied besteht darin, dass KLASSENBIBLIOTHEKEN zu **.dll*-Dateien kompiliert werden, die beiden anderen Typen zu **.exe*-Dateien.

» START-URI/STARTFORMULAR: Mit diesem Listenfeld geben Sie an, wo die Programmausführung startet. Je nach Projekttyp kann das ein Fenster oder die Prozedur `Main` einer Klasse oder eines Moduls sein.

» STAMMNAMESPACE: Dieses Feld bestimmt den Standardnamensraum für das gesamte Projekt. Dieser Name ist nur dann von Bedeutung, wenn es sich bei dem Projekt um eine Klassenbibliothek handelt. In diesem Fall gibt der Namensraum an, wie im Projekt definierte Klassen von außen angesprochen werden. Wenn Sie also in Ihrem Projekt die Klasse `Class1` definiert haben und der Standardnamensraum `hello_world` lautet, dann kann die Klasse von externen Projekten unter dem Namen `hello_world.Class1` angesprochen werden. (Innerhalb des Projekts besteht die Möglichkeit, weitere Unternamensräume mit dem Schlüsselwort `Namespace` zu definieren – siehe Abschnitt 1.3.)

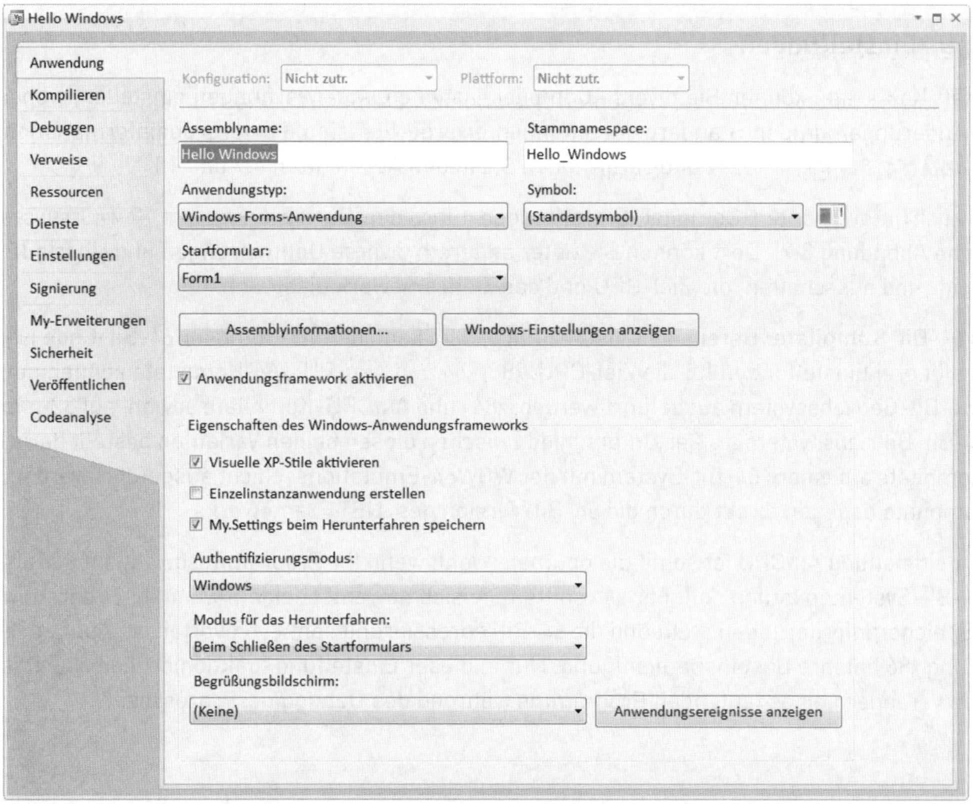

Abbildung 3.1: Einstellung der Projekteigenschaften

- SYMBOL: Hier können Sie das Icon für das Programm einstellen. Bei Windows-Programmen können Sie alternativ auch die `Icon`-Eigenschaft des Formulars verändern.
- ASSEMBLYINFORMATIONEN: Dieser Button führt zu einem weiteren Dialog zur Eingabe von Copyright-Informationen, Versionsnummern etc.
- EINSTELLUNGEN FÜR DIE BENUTZERKONTENSTEUERUNG ANZEIGEN: Dieser Button öffnet die XML-Datei *app.manifest*, in der diverse Einstellungen durchgeführt werden, die unter anderem die Benutzerkontensteuerung (UAC) von Windows Vista betreffen.
- EIGENSCHAFTEN DES WINDOWS-ANWENDUNGSFRAMEWORKS: Diese Optionen steuern, wann ein Windows-Programm endet, ob ein Splash-Bildschirm angezeigt werden soll (nur Windows Forms) etc.

Die Standardeinstellungen für ASSEMBLYNAME und STAMMNAMESPACE werden vom Projektnamen übernommen, den Sie beim Start bzw. beim ersten Speichern eines neuen Projekts angeben. Im NAMESPACE-Namen werden gegebenenfalls unzulässige Sonderzeichen durch _ ersetzt.

Achten Sie darauf, dass der Projektname nicht mit dem Namen einer .NET-Klasse oder eines .NET-Namenraums übereinstimmt – sonst gibt es Probleme beim Zugriff auf diese Klasse! Diese Probleme beheben Sie, indem Sie im Eigenschaftsdialog den NAMESPACE-Namen ändern.

Kompilieren-Einstellungen

Im Dialogblatt KOMPILIEREN können Sie diverse Compiler-Optionen und -Warnungen einstellen, wobei nur selten Änderungen an den Standardeinstellungen erforderlich sind. Hintergrundinformationen zu `Option Explicit`, `Strict`, `Compare` und `Infer` finden Sie in den Abschnitten 4.7 und 10.3.

Zu den wirklich interessanten Compiler-Einstellungen führt der Button ERWEITERTE KOMPILIERUNGSOPTIONEN (siehe Abbildung 3.2). Dort können Sie unter anderem diverse Optimierungen und Überlaufkontrollen ein- und ausschalten, die Ziel-CPU und das Zielframework einstellen.

32- versus 64-Bit-Kompilate: Bereits seit Visual Studio 2005 kann der VB-Compiler 64-Bit-Code erzeugen. Es gibt drei Einstellungen für die Ziel-CPU: x86, x64 und ANYCPU. x64-Kompilate können nur auf einem 64-Bit-Betriebssystem ausgeführt werden, x86- und ANYCPU-Kompilate sowohl auf 32- als auch auf 64-Bit-Betriebssystemen. Der Unterschied zwischen diesen beiden Varianten besteht darin, dass x86-Kompilate auf einem 64-Bit-System mit der WOW64-Emulationsschicht ausgeführt werden, ANYCPU-Kompilate dagegen direkt durch die 64-Bit-Version des .NET Frameworks.

Die Standardeinstellung ANYCPU ist somit die optimale Wahl, wenn Ihr Programm sowohl auf 32- als auch auf 64-Bit-Systemen laufen soll. Für x64 sollten Sie sich nur entscheiden, wenn Ihr Programm sehr hohe Speicheranforderungen stellt und die 64-Bit-Adressierung somit von Vorteil ist. Aber auch die Einstellung x86 hat ihre Daseinsberechtigung: Nur in dieser Einstellung funktioniert EDIT & CONTINUE, also das Verändern eines laufenden Programms während des Debugging-Prozesses.

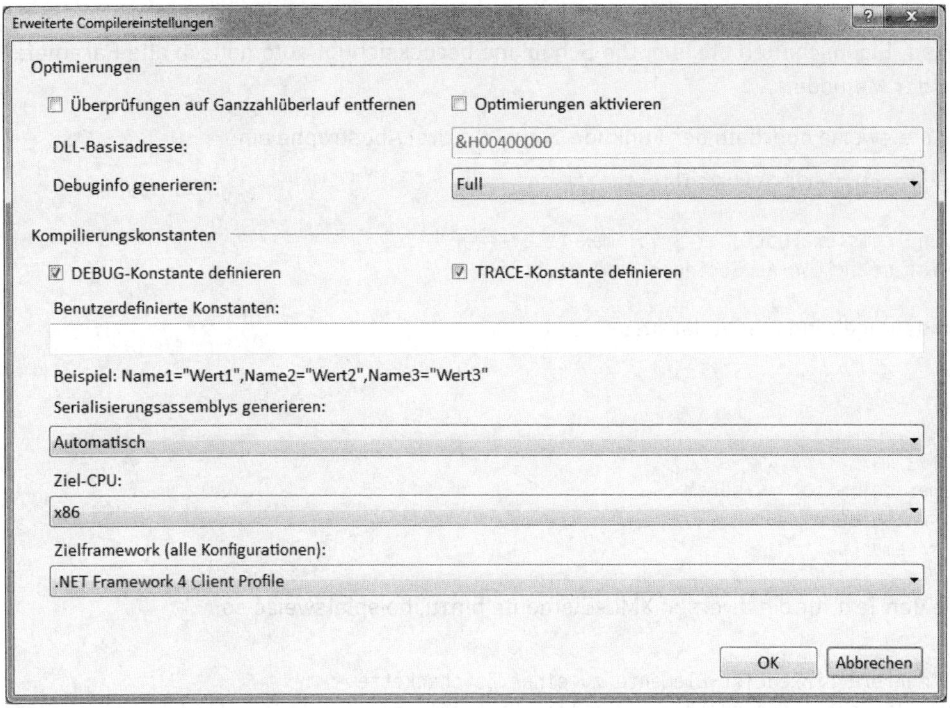

Abbildung 3.2: Erweiterte Compilereinstellungen

.NET Framework: Seit VB2008 können Sie in den Projekteigenschaften die erforderliche .NET-Version einstellen (2.0, 3.0, 3.5 oder 4.0): Je kleiner Sie die Version wählen, desto höher wird die Kompatibilität Ihres Programms zu älteren Betriebssystemen. Damit verlieren Sie aber natürlich auch die neuen Funktionen von VB2010: WPF-Anwendungen setzen zumindest .NET 3.0 voraus, Programme, die LINQ-Funktionen nutzen, .NET 3.5. In der Praxis werden Sie also zumeist die Standardeinstellung .NET 4.0 belassen. Die Auswahl einer kleineren .NET-Version ist aber interessant, wenn Sie ein altes Projekt mit VB2010 weiter warten möchten, ohne dabei Kompatibilitätsprobleme zu verursachen.

3.2 XML-Dokumentation

In C# konnten Sie bereits in der ersten Version direkt in den Code Kommentare im XML-Format einbetten. Derartige Kommentare haben den Vorteil, dass die Dokumentation zum Code nicht von diesem getrennt werden muss und gleichzeitig formale Regeln erfüllt. Die XML-Kommentare werden unter anderem von der IntelliSense-Funktion ausgewertet und im Objektkatalog angezeigt. Sie erleichtern damit insbesondere die Anwendung von Klassenbibliotheken.

Seit VB2005 unterstützt auch Visual Basic diese Form der Dokumentation. Zur Eingabe eines XML-Kommentars geben Sie einfach drei Apostrophe ein (also ›'‹). Die Entwicklungsumgebung macht aus Ihrer Eingabe automatisch eine Schablone, deren Felder Sie anschließend ausfüllen. Üblicherweise fügen Sie XML-Kommentare unmittelbar oberhalb von Klassen- oder Variablendefinitionen, Prozeduren, Methoden, Eigenschaften etc. ein. Die Schablone berücksichtigt automatisch alle Parameter der Prozedur oder Methode.

Geben Sie beispielsweise oberhalb der Funktion `ItemsText` drei Apostrophe ein:

```
' Beispiel oo-programmierung\linkedlist4
'''
Public Function ItemsText(Optional ByVal max As Integer = 10, _
  Optional ByVal delimitor As String = " ") As String
```

Die Entwicklungsumgebung macht daraus:

```
''' <summary>
'''
''' </summary>
''' <param name="max"></param>
''' <param name="delimitor"></param>
''' <returns></returns>
''' <remarks></remarks>
```

Jetzt fügen Sie den Text für die diversen XML-Elemente hinzu, beispielsweise so:

```
''' <summary>
''' Verbindet mehrere LinkedList-Elemente zu einer Zeichenkette.
''' Die Methode liefert standardmäßig maximal 10 Einträge und
''' trennt die Zeichenketten durch Leerzeichen.
''' </summary>
''' <param name="max">Gibt an, wie viele LinkedList-Elemente
''' maximal berücksichtigt werden sollen.</param>
''' <param name="delimitor">Gibt das gewünschte Trennzeichen
''' zwischen den Zeichenketten an.</param>
''' <returns>Die Methode liefert die zusammengesetzte Zeichenkette zurück.</returns>
''' <remarks></remarks>
```

Wenn Sie die Methode nun im Objektkatalog ansehen, zeigt dieser genaue Informationen über den Zweck der Methode und über seine Parameter an. Außerdem erscheinen die Informationen in der IntelliSense-Hilfe.

Visual Studio macht aus den XML-Kommentaren beim Kompilieren des Projekts eigene XML-Dateien, die im selben Verzeichnis wie die **.exe-* bzw. **.dll*-Datei gespeichert werden. Das Erstellen der XML-Dokumentationsdateien kann im Dialogblatt KOMPILIEREN der Projekteigenschaften ein- bzw. ausgeschaltet werden.

Neben den im obigen Beispiel verwendeten XML-Elementen sieht Visual Studio eine Reihe weiterer Elemente vor, z.B. `<example>`, `<exception>` (gibt an, welche `Exceptions` die Methode auslösen kann) und `<permission>` (gibt an, welche Rechte zur Ausführung benötigt werden. Eine Referenz aller Dokumentationselemente gibt die Online-Hilfe. Drücken Sie einfach innerhalb eines XML-Kommentars [F1].

3.3 Code-Snippets (Codeausschnitt-Manager)

Zusammen mit VB werden viele vorgefertigte Codeschablonen mitgeliefert, die in der englischen Visual-Studio-Version als `code snippets` bezeichnet werden. In der deutschen Version ist zwar offiziell von `Codeausschnitten` die Rede, ich werde aber im weiteren Verlauf dieses Kapitels den etwas saloppen Begriff `Codeschnipsel` verwenden.

Codeschnipsel eingeben

Codeschnipsel stellen Lösungsvorschläge für häufig benötigte Aufgaben zur Verfügung. Zur Eingabe geben Sie zuerst ein Fragezeichen ein und drücken dann [Tab]. Es erscheint nun zuerst eine Kategorieliste, die nach Ihrer Auswahl durch eine Detailliste ersetzt wird.

Bei einigen Codeschnipseln sind nach dem Einfügen einige Codepassagen grün hervorgehoben. An diesen Stellen müssen Sie in der Regel eigenen Text einfügen oder einen Namen verändern. Zur Navigation zwischen den grünen Passagen verwenden Sie [Tab].

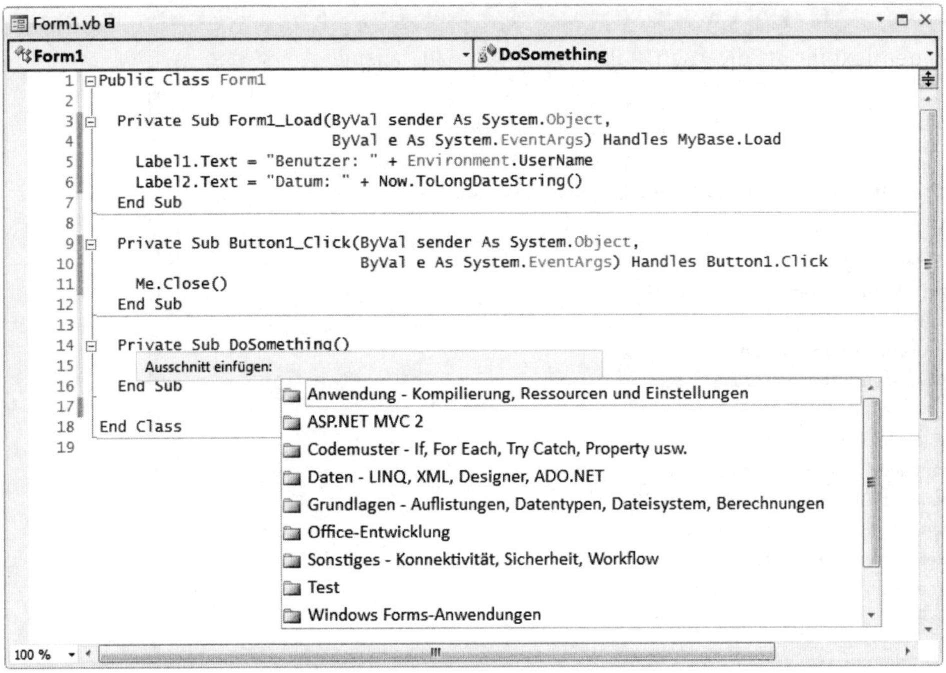

Abbildung 3.3: Codeschnipsel einfügen

Alle Codeschnipsel haben einen Namen, der im Codeausschnitt-Manager im Feld VERKNÜPFUNG angezeigt wird. Wenn Sie den Namen eines Schnipsels kennen, geben Sie diesen im Editor ein (z.B. `form Resize`) und drücken dann [Tab]. Das Schnipsel wird sofort eingefügt, und Sie ersparen sich die Navigation durch die verschiedenen Kategorien. Diese Vorgehensweise funktioniert auch, wenn Sie nur die Anfangsbuchstaben kennen: In diesem Fall geben Sie die Anfangsbuchstaben und ein Fragezeichen ein und drücken dann [⇆]. Es erscheint nun eine Auswahlliste mit allen passenden Schnipseln.

HINWEIS

Weder die Auswahl der mitgelieferten Codeschnipsel noch deren Qualität haben mich begeistert. Bei den längeren Schnipseln hat mich zudem die oft fehlende Dokumentation gestört. Ich gehöre wohl nicht zur Zielgruppe dieses Werkzeugs ...

Der Codeausschnitt-Manager

Das Menükommando EXTRAS|CODEAUSSCHNITT-MANAGER führt in den Dialog, den Sie in Abbildung 3.4 sehen. Dort wird eine hierarchische Liste aller verfügbaren Codeschnipsel angezeigt. Mit IMPORTIEREN erweitern Sie die Kollektion um eine **.snippet*-Datei mit einem weiteren Codeschnipsel. Alternativ nehmen Sie mit HINZUFÜGEN ein ganzes Verzeichnis mit **.snippet*-Dateien in Ihre Schnipselkollektion auf. Passende **.snippet*-Dateien können Sie selbst erstellen oder im Internet suchen. Bei den **.snippet*-Dateien handelt es sich um XML-Dateien, deren Format in der Online-Hilfe dokumentiert ist.

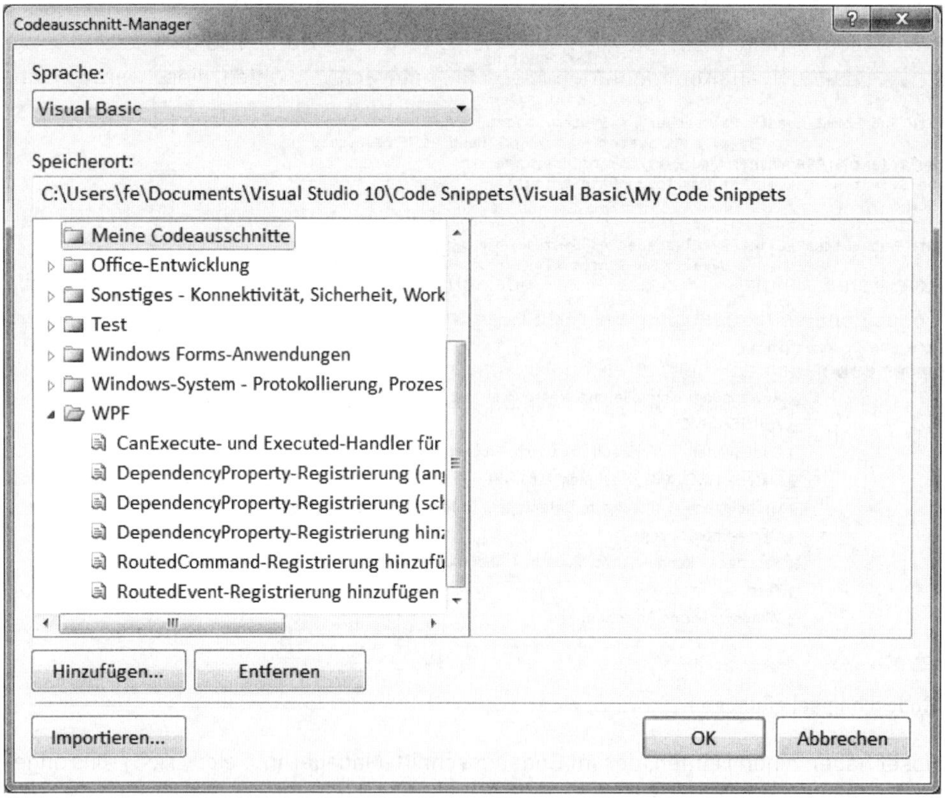

Abbildung 3.4: Der Codeausschnitt-Manager

Unbegreiflicherweise sieht Visual Studio keine einfache Möglichkeit vor, eigene Codeschnipsel zu definieren: Die Online-Hilfe empfiehlt, entsprechende XML-Dateien selbst zu erstellen, aber diese Vorgehensweise ist so umständlich, dass Sie spätestens nach dem dritten Schnipsel aufgeben werden. Besser ist es, aus dem Internet den kostenlosen Code Snippet Editor als Visual Studio-Erweiterung herunterzuladen.

http://msdn2.microsoft.com/en-us/vbasic/bb973770.aspx = http://tinyurl.com/34bh26

3.4 Dotfuscator Community Edition

Visual Basic-Code wird vom Compiler in die Zwischensprache MSIL übersetzt (siehe auch Abschnitt 2.4). Das hat viele Vorteile, aber auch einen großen Nachteil: Es ist denkbar einfach, den Code eines kompilierten .NET-Programms zu rekonstruieren. Der kostenlose .NET Reflector, erhältlich bei Redgate, übersetzt MSIL-Code zurück nach Visual Basic, C# oder Delphi. Dazu laden Sie die **.exe-* oder **.dll-*Datei Ihres Programms bzw. Ihrer Bibliothek, suchen eine Klasse oder Methode aus und starten per Doppelklick den Disassembler. In einem Listenfeld müssen Sie die gewünschte Sprache – also Visual Basic – angeben. Die Rückübersetzung gelingt für beinahe alle Sprachkonstrukte. Einzig einige Visual Basic-Besonderheiten (z.B. statisch deklarierte Variablen) werden so übersetzt, wie sie intern realisiert werden. Auch auf Kommentare müssen Sie natürlich verzichten, diese werden nicht mitkompiliert.

http://www.red-gate.com/products/reflector/

Abbildung 3.5 macht klar, dass Sie in .NET-Programmen nichts verbergen können. (Im Prinzip galt das schon immer, aber so einfach war es noch nie, fremden Code zu lesen.) Ob Verschlüsselungsalgorithmen oder Kopierschutzfunktionen – der Code muss so programmiert sein, dass auch die Kenntnis des Codes den Schutzmechanismus nicht beeinträchtigen kann!

Der .NET Reflector kann auch auf die .NET-Bibliotheken angewendet werden. Wenn Sie wissen wollen, wie die `ConcatArray`-Methode der `String`-Klasse funktioniert, zeigt der .NET Reflector Ihnen den kompletten Code an. Allerdings funktioniert das nicht für Methoden, die extern, also außerhalb der eigentlichen .NET-Bibliothek, realisiert sind. Gerade die .NET-Basisbibliotheken greifen zum Teil intensiv auf diverse Betriebssystemfunktionen zurück, die nicht als .NET-Code vorliegen.

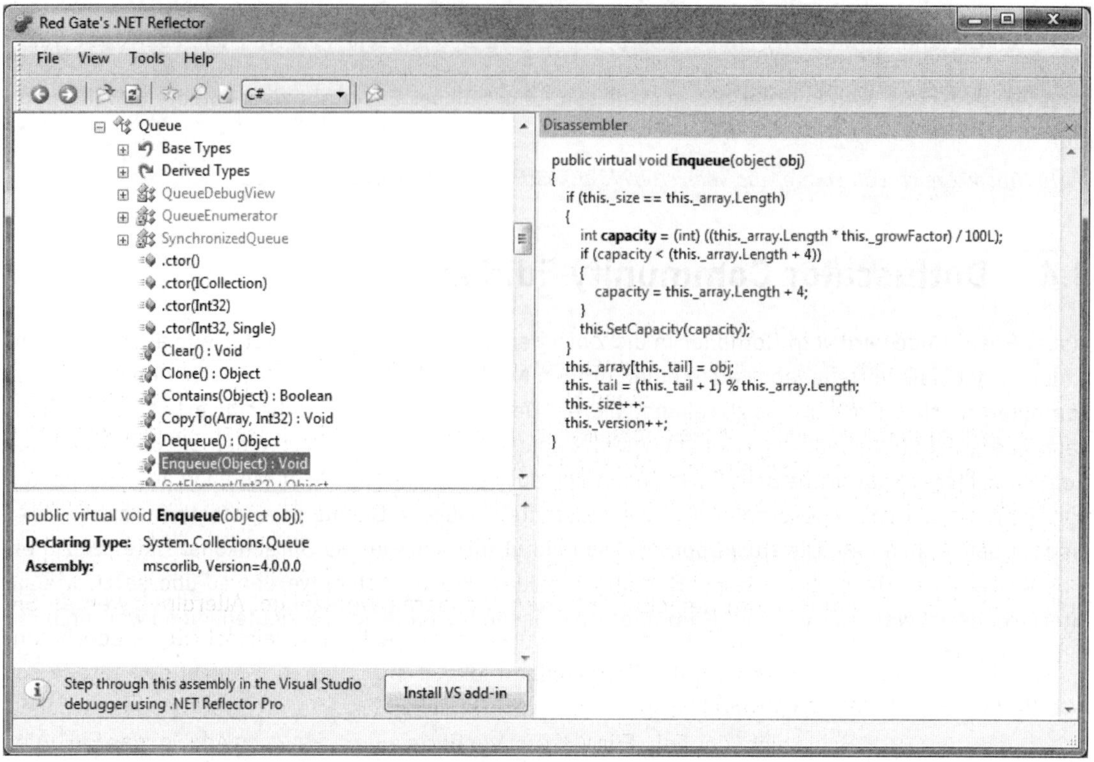

Abbildung 3.5: Der .NET Reflector als Visual Basic-Disassembler

Codeverschleierung durch Obfuscatoren

Mit einem gewissen Zynismus könnte man meinen, Microsoft hätte die ideale Open-Source-Programmiersprache entwickelt. Das Merkmal von Open-Source-Programmen ist ja, dass der Quellcode kostenlos zur Verfügung gestellt werden muss. Bei .NET-Programmen ist das gar nicht mehr notwendig – da wird der Quellcode quasi schon im Programm mitgeliefert! (Ganz stimmt das natürlich auch nicht – selbst mit Werkzeugen wie dem .NET Reflector ist es mit viel Arbeit verbunden, den kompletten Quellcode eines Programms zu rekonstruieren.)

So viel Liebe zur Open-Source-Bewegung darf nicht sein – das hat auch Microsoft erkannt. Außerdem sehen es viele kommerzielle Programmierer nicht gern, wenn jeder den Quellcode ihrer Programme lesen kann: Da wird die Konkurrenz ja geradezu eingeladen, wichtige Algorithmen einfach zu kopieren. Daher wird schon seit Visual Studio 2003 ein kostenloser Obfuscator mitgeliefert.

Der Zweck eines Obfuscators besteht darin, den MSIL-Code so zu verändern, dass die Funktion des Programms zwar erhalten bleibt, der Code aber schwieriger zu lesen ist. Eine einfache Maßnahme besteht etwa darin, alle Namen von Klassen, Methoden, Variablen etc. zu ändern (soweit es sich nicht um öffentliche Elemente einer Bibliothek handelt) – etwa in a, b, c etc. Das erschwert die Orientierung im Code ganz erheblich. Andere Maßnahmen sind das Entfernen unbenutzten Codes, das Verschlüsseln von Zeichenketten, die Veränderung der Reihenfolge von MSIL-Anweisungen (soweit dadurch die Wirkung des Codes nicht verändert wird) etc.

Eine Google-Suche nach `dotnet obfuscator` liefert zahlreiche Treffer. Es stehen mehrere kommerzielle und sogar einige kostenlose Obfuscatoren zur Auswahl.

3.5 Refactoring

Der Begriff `Refactoring` ist im Zuge der Diskussion um `extreme programming` populär geworden und bezeichnet die Umgestaltung des Codes eines Programms unter Beibehaltung seiner Funktionen. Das Ziel des Refactorings ist es zumeist, einen klareren, besser wartbaren und besser erweiterbaren Code zu bekommen. Ein ganz einfaches Beispiel für Refactoring ist das Umbenennen einer Variablen. Schon aufwendiger ist die Zerlegung langer Codeabschnitte in mehrere Prozeduren, Methoden oder Eigenschaften.

http://en.wikipedia.org/wiki/Refactoring

Grundsätzlich benötigen Sie zum Refactoring keine besonderen Werkzeuge. Allerdings werden Sie rasch feststellen, dass sich beim Refactoring immer wieder dieselben Arbeitsschritte wiederholen: die Neudeklaration von Prozeduren, die Neudefinition lokaler Variablen, der Aufruf der gerade geschaffenen Prozedur etc. Während Microsoft für Visual C# selbst Refactoring-Werkzeuge entwickelt hat, ist dies für Visual Basic nicht der Fall. Für VB2008 existierte ein kostenloses Add-In, das Sie unter der folgenden URL finden:

http://msdn2.microsoft.com/en-us/vbasic/bb693327.aspx = http://tinyurl.com/2wzaev

Für das Visual Studio 2010 existiert von diesem Tool leider nur eine Trial-Version der Pro-Variante. Wir hoffen, dass sich das noch ändert. Über den Erweiterungsmanager finden Sie aber noch weitere interessante Tools.

Die Refactoring-Erweiterung kann nicht unter Visual Basic Express installiert werden. Sie benötigen mindestens Visual Studio Standard. Nach der Installation müssen Sie Visual Studio neu starten.

Teil II

Grundlagen

4 Variablen- und Objektverwaltung

Dieses Kapitel gibt eine Einführung in den Umgang mit Variablen (Deklaration, Zuweisung) und beschreibt einige grundlegende .NET-Datentypen wie beispielsweise `Integer`, `Double`, `Date` und `String`. Weitere Themen sind der Umgang mit Konstanten und Feldern. Das Kapitel endet mit einem Ausflug in die Interna der Variablen-, Objekt- und Speicherverwaltung, wobei sich dieser Abschnitt eher an fortgeschrittene Visual Basic-Programmierer richtet.

Neu in Visual Basic 2010/.NET 4.0

» In .NET 4.0 gibt es einen neuen Datentyp namens `BigInteger`, der von allen Sprachen genutzt werden kann. `BigInteger` hat keine festgelegte Größe und kann daher auch Werte enthalten, die größer sind als 64 oder 128 Bit.

» Ebenfalls neu ist der Datentyp `Complex` aus `System.Numerics`, mit dem Sie komplexe Zahlen (Zahlen mit imaginärem Anteil) berechnen können.

» Der Datentyp String enthält zusätzlich zur bekannten Funktion `IsNullOrEmpty` jetzt auch eine Funktion `IsNullOrWhitespace`, die ähnlich arbeitet, aber auch unsichtbare Zeichen kontrolliert.

» Der Datentyp `Guid` enthält jetzt eine Methode `TryParse` sowie eine Methode `TryParseExact`.

» Bei der Deklaration von Arrays in der Form `Dim a() = {1, 2, 3}` ist das Array nun vom Typ `Integer` und nicht mehr wie in Visual Studio 2008 vom Typ `Object`.

HINWEIS

Dieses Kapitel stellt wirklich nur eine Einführung dar! Detailinformationen finden Sie in den folgenden Kapiteln bzw. Abschnitten:

Lokale Variablen und Prozedurparameter:	Abschnitt 5.3
Objektorientierte Programmierung:	Kapitel 6
Eigene Klassen und Datenstrukturen definieren:	Abschnitt 6.5
Gültigkeitsbereiche von Variablen in Klassen (scope):	Abschnitt 6.9
Aufzählungen (`Collections`), generische Klassen und Methoden:	Kapitel 7
Umgang mit Zahlen, Daten und Zeichenketten:	Kapitel 9
Abfragen für Felder/Aufzählungen mit LINQ:	Kapitel 12

4.1 Einführung

Deklaration von Variablen

Variablen müssen vor ihrer ersten Verwendung mit `Dim` deklariert werden. Dieses Kommando kennt unglaublich viele Syntaxvarianten: Beispielsweise können Variablen innerhalb von Klassen auch mit `Private`, `Protected`, `Friend` oder `Public` deklariert werden. In diesem Kapitel beschränke ich mich aber auf `Dim`, alle anderen Varianten lernen Sie in Kapitel 6 kennen.

Im einfachsten Fall deklariert `Dim x, y` die Variablen `x` und `y`. Visual Basic verwendet dabei den Standarddatentyp `Object`. In derartigen Variablen können Sie alle erdenklichen Daten (Zahlen, Zeichenketten etc.) speichern, ohne dass Sie sich über den Datentyp Sorgen machen müssen. Die Variablendeklaration ohne Typenangabe ist nur zulässig, wenn `Option Strict Off` gilt. Das ist standardmäßig der Fall (siehe auch Abschnitt 1.7).

`Dim x, y As Integer` deklariert die beiden Variablen explizit als `Integer`-Variablen (32 Bit mit Vorzeichen). Der Vorteil gegenüber der Deklaration ohne die Angabe eines expliziten Datentyps besteht darin, dass Sie nun in `x` und `y` nicht versehentlich andere Daten speichern können. Außerdem bestehen aufgrund der expliziten Typangabe bessere Möglichkeiten zur Syntaxkontrolle, der resultierende Code wird effizienter, und der Platzbedarf im Speicher ist ein wenig geringer.

Das folgende Miniprogramm deklariert die beiden Variablen x und y, weist ihnen Werte zu und zeigt diese Werte dann in einer Hinweisbox an.

```
Module Module1
  Sub Main()
    Dim x, y As Integer
    x = 3
    y = x + 1
    MsgBox("x=" & x & "  y=" & y)
  End Sub
End Module
```

Standardmäßig müssen in Visual Basic Variablen vor ihrer ersten Verwendung deklariert werden. Es ist üblich, alle Variablendeklarationen am Beginn einer Prozedur (hier also am Beginn von Main) durchzuführen, das ist aber keine Bedingung.

Variablendeklaration mit Kennzeichnungszeichen

Für die wichtigsten Variablentypen gibt es spezielle Kennzeichner, die eine Kurzschreibweise bei der Deklaration ermöglichen: So können Sie statt Dim x As Integer auch die Kurzschreibweise Dim x% verwenden. (Ausführlichere Informationen über diese und weitere Variablentypen folgen im nächsten Abschnitt.)

Kennzeichner	Bezeichnung	Platzbedarf	Zahlenbereich
%	Integer	4 Byte	–2.147.483.648 bis 2.147.483.647
&	Long	8 Byte	-2^{63} bis $2^{63}-1$
@	Decimal	12 Byte	±9,99E27 mit 28 Stellen
!	Single	4 Byte	±3,4E38 mit 8 Stellen
#	Double	8 Byte	±1,8E308 mit 16 Stellen
$	String	10 + 2*n Byte	bis zu 2.147.483.647 Unicode-Zeichen

Die beiden Deklarationsformen können allerdings nicht nach Belieben gemischt werden. Insbesondere dürfen die Kurzschreibweisen nur allein oder nach As-Anweisungen angegeben werden, nicht aber davor.

```
Dim x%, y&                  'ok
Dim b1, b2 As Byte, x%, y&  'ok
Dim x%, y&, b1, b2 As Byte  'Syntaxfehler!
```

HINWEIS

Die Visual Basic-Dokumentation rät von der Verwendung von Kennzeichnern bei der Deklaration von Variablen ab. Derartige Kürzel vermindern die Lesbarkeit von Code. Allerdings sparen die Kürzel oft (gerade bei der Deklaration von Parametern) eine Menge Platz, was der Übersichtlichkeit sehr zugute kommt. Letztlich ist es eine persönliche Entscheidung (oder eine des Entwicklerteams), ob diese Kurzschreibweise angewandt wird oder nicht.

Variablennamen

Variablennamen müssen mit einem Buchstaben oder einem Unterstrich beginnen. Die weiteren Zeichen dürfen auch Zahlen enthalten. Es sind auch Sonderzeichen der jeweiligen Sprache erlaubt. Da Programmcode aber standardmäßig mit nur einem Byte pro Zeichen in Dateien gespeichert wird (ANSI), kann die Verwendung von Zeichen außerhalb des US-ASCII-Zeichensatzes Probleme verursachen. Es empfiehlt sich daher, auf die deutschen Zeichen äöü und ß in Variablennamen zu verzichten.

Variablennamen sollten nicht mit den Namen von Visual Basic-Schlüsselwörtern übereinstimmen. Wenn dies unvermeidlich ist, können Sie den Variablennamen in eckige Klammern stellen. Beispielsweise ist `Dim [Next] As Integer` zulässig, obwohl `Next` ein Schlüsselwort zur Formulierung von Schleifen ist.

Groß- und Kleinschreibung

Grundsätzlich spielt in Visual Basic die Groß- und Kleinschreibung von Variablen keine Rolle. `variable` und `varIABle` und `Variable` sind also gleichwertig. Der Codeeditor passt die Schreibweise aller Variablen an die Schreibweise an, die bei der Deklaration verwendet wurde.

Wenn Sie die Schreibweise einer Variable in der `Dim`-Anweisung verändern, ändert der Codeeditor nicht sofort alle anderen Zeilen, in denen die Variable vorkommt. Wenn Sie das möchten, markieren Sie einfach den gesamten Text mit [Strg]+[A] und klicken dann [⇆] an. Damit wird nicht nur der gesamte Code richtig eingerückt, sondern auch die Schreibweise aller Variablen synchronisiert.

Wenn Sie eine Variable umbenennen möchten (also nicht nur die Groß- und Kleinschreibung ändern), klicken Sie die Variable mit der rechten Maustaste an und führen UMBENENNEN aus. Damit erhält die Variable im gesamten Code (Deklaration und weitere Anwendung) einen neuen Namen.

Wertzuweisung (Initialisierung) bei der Deklaration

Variablen können unmittelbar bei der Deklaration initialisiert werden. Die erforderliche Syntax sieht so aus:

```
Dim i1 As Integer = 1
Dim i2 As Integer = 2, i3 As Integer = 3
Dim i4% = 4, i5% = 5
```

Manche Datentypen und alle gewöhnlichen Klassen (Details folgen im nächsten Abschnitt) sehen zur Initialisierung von Variablen den `New`-Operator vor:

```
Dim d As New Date(2008, 12, 31)      'd1 enthält das Datum 31.12.2008
Dim s1 As New String("a", 3)         's1 enthält "aaa"
```

HINWEIS

Was passiert, wenn Sie die Zuweisung a=b ausführen? Wird in a eine Kopie von b gespeichert oder ein Verweis auf b? Bevor diese Frage beantwortet werden kann, müssen Sie zunächst Objektvariablen kennenlernen. Die Antwort folgt dann in Abschnitt 4.4.

Deklaration ohne Typangabe (implizite Typisierung)

Seit VB2008 können Sie Variablen ohne explizite Typangabe deklarieren. Die einzige Voraussetzung besteht darin, dass Sie zur Initialisierung der Variablen einen Startwert angeben, anhand dessen der VB-Compiler einen geeigneten Datentyp auswählen kann. Diese Technik wird auch `implicit typing` oder `local type inference` genannt bzw. in der deutschsprachigen Dokumentation fallweise *Typrückschluss*. Ich bleibe in diesem Buch beim Begriff *implizite Typisierung.*

```
Dim i = 2                                  'entspricht Dim i As Integer = 2
Dim s = "abc"                              'entspricht Dim s As String = "abc"
Dim d = 1.2                                'entspricht Dim d As Double = 1.2
Dim pf = PixelFormats.Bgr32                'entspricht Dim pf As PixelFormat = ...
Dim st As New IO.StreamReader("dateiname") 'entspricht Dim st As IO.StreamReader = ...
```

HINWEIS

Bei `Dim i = 0` entscheidet sich der VB-Compiler für den Datentyp `Integer`. Wenn Sie eine `Double`-Variable wünschen, müssen Sie `Dim i = 0.0` angeben.

ACHTUNG

Die implizite Typisierung ist auch in der Deklaration von Feldern sowie für Schleifenvariablen zulässig:

```
Dim ar() = New Integer() {1, 2, 3}  'entspricht Dim ar As Integer = ...
For Each var In ar                  'entspricht For Each var As Integer In ar
```

Ebenfalls zulässig ist die folgende Schreibweise:

```
Dim numbers() = {1, 2, 3}
```

In Visual Basic 2008 wurde `numbers` durch diese Anweisung als Feld vom Typ `Object` deklariert, nicht wie man annehmen könnte als Feld vom Typ `Integer`. Visual Basic 2010 ändert dieses Verhalten nun (endlich), indem der Typ der zugewiesenen Elemente ermittelt wird. `numbers` ist hier also ein Feld vom Typ `Integer`. Da dies dazu führen kann, dass bestehender Code sich anders verhält als vorher, müssen Sie hier besonders gut aufpassen.

Eine Deklaration der Art

```
Dim numbers() = {1, 2.3, 3}
```

ist bei `Option Strict On` nicht möglich, da 2.3 als `Double`-Wert interpretiert wird, das Feld `numbers` aber vom Typ `Integer` ist.

Im folgenden Beispiel ist `contact` eine Klasse oder eine Struktur mit den Elementen `name`, `email` und `tel`. Da die Feldelemente neue Objekte dieser Klasse sind, ist für das Feld `contact` keine Typangabe erforderlich. Beachten Sie auch die neue Syntax mit `With` zur Initialisierung der Elemente!

```
Dim contacts() = { _
  New contact With {.name = "a", .email = "a@x", .tel = "123"}, _
  New contact With {.name = "b", .email = "b@x", .tel = "124"}}
```

Die implizite Typisierung ist nur für lokale Variablen erlaubt, nicht aber für Eigenschaften, Funktionen, Klassenelemente etc. Es liegt auf der Hand, dass der Compiler oft einen gewissen Entscheidungsspielraum hat: Je nach Anwendung wäre es im Einführungsbeispiel vielleicht zweckmäßiger, `i` als `Byte`- oder eine `Long`-Variable zu definieren.

Es ist nicht auszuschließen, dass sich künftige VB-Versionen bei derselben Deklaration für einen anderen Variablentyp entscheiden. Persönlich bin ich kein Freund solcher Ungenauigkeiten, die schon in der Vergangenheit viel Ärger verursacht haben. Ein weiterer Nachteil besteht darin, dass gedruckter Code (also ohne den `IntelliSense`-Komfort der Entwicklungsumgebung) schwerer nachvollziehbar wird. Andererseits hat die implizite Typisierung auch Vorteile: In vielen Fällen wird der Code dadurch kompakter, leichter lesbar und weniger redundant.

Wie dem auch sei, es ist Ihre persönliche Entscheidung (oder die Ihres Projektleiters), ob Sie implizite Typisierung einsetzen oder nicht. Bei Bedarf können Sie die implizite Typisierung durch die Option `Option Infer Off` verbieten – wahlweise für das gesamte Projekt in den Compiler-Einstellungen der Projekteigenschaften oder für das aktuelle Modul bzw. die aktuelle Klasse durch die Angabe der Option am Beginn des Moduls bzw. der Klasse.

Beachten Sie aber, dass die implizite Typisierung für manche LINQ-Anwendungen unverzichtbar ist. Standardmäßig gilt für neue VB-Projekte `Option Infer On`. Alte Projekte, die von einer früheren VB-Version konvertiert wurden, verwenden dagegen `Option Infer Off`!

Standardwerte von nicht initialisierten Variablen

Es ist schlechter Programmierstil, eine Variable zu nutzen, bevor Sie ihr explizit einen Wert zugewiesen haben. Bei `String`- und Objektvariablen warnt der Compiler vor solchen Situationen. Die folgende Tabelle gibt an, welche Startwerte die nicht initialisierten Variablen haben, die auftreten, wenn Sie sich über die Warnung des Compilers hinwegsetzen.

Variablentyp	Startwert	Bemerkungen
numerische Variablen	0	
`Boolean`-Variablen	`False`	
`String`-Variablen	`Nothing`	Vorsicht: Nicht initialisierte `String`-Variablen enthalten tatsächlich `Nothing`, auch wenn man oft den Eindruck gewinnt, sie enthielten `""`. Der Grund für diese Missverständnisse ist die Visual Basic-`Runtime`: Diese interpretiert nicht initialisierte `String`-Variablen wie eine leere Zeichenkette `""`! `Len(s)` liefert daher `0`. Der Vergleich `s=""` liefert (eigentlich inkorrekt) `True`. `s Is Nothing` und `IsNothing(s)` liefern korrekt `True`. Verwenden Sie die nicht initialisierte `String`-Variable dagegen im Kontext von .NET-Methoden (z.B. `s.Length`), tritt ein Fehler auf.
`Char`-Variablen	0	Vorsicht: Die Entwicklungsumgebung, d.h. der Editor, das Kommandofenster und die Überwachungsfenster, zeigt bei nicht initialisierten `Char`-Variablen `Nothing` an. Das ist falsch! `System.Convert.ToInt16(c)` beweist, dass `c` wirklich ein Zeichen mit dem Code 0 enthält. `IsNothing(c)` funktioniert korrekt und liefert `False`. `c Is Nothing` kann für `Char`-Variablen nicht ausgewertet werden.

Variablentyp	Startwert	Bemerkungen
Date-Variablen	#12:00:00 AM#	Vorsicht: Diese Zeitangabe entspricht bei deutscher Formatierung 00:00:00 (und nicht etwa 12 Uhr mittags)! Intern ist das Datum 1.1. des Jahres 0001 gespeichert. d.Ticks enthält 0.
Object-Variablen	Nothing	Objektvariablen werden im nächsten Abschnitt beschrieben.

4.2 Variablentypen

Dieser Abschnitt gibt einen Überblick über die elementaren Variablentypen (Datentypen) von Visual Basic. Genau genommen handelt es sich dabei um .NET-Klassen wie System. Boolean, System.Byte etc., die unter Visual Basic aber zum Teil unter anderen Namen verwendet werden können. Beispielsweise lautet die Visual Basic-Bezeichnung für System.Int16 einfach Short.

HINWEIS

Dieser Abschnitt stellt die elementaren Datentypen nur kurz vor. Eine ausführliche Beschreibung der vielen Methoden, die es zur Bearbeitung, Formatierung und Konvertierung von Zahlen, Daten und Zeichenketten gibt, finden Sie in Kapitel 9.

Ganze Zahlen (Byte, Short, Integer, Long)

Die folgende Tabelle fasst die in Visual Basic vorgesehenen Datentypen zur Speicherung ganzer Zahlen zusammen. Die in der ersten Spalte angegebenen Zeichen können als Kurzschreibweise zur Kennzeichnung des Datentyps verwendet werden. Die beiden folgenden Deklarationen sind deswegen gleichwertig:

```
Dim i As Integer
Dim i%
```

Die Angaben für den Platzbedarf beziehen sich auf die eigentlichen Daten. Je nach Anwendung (z.B. wenn die Daten in einer als Object deklarierten Variable gespeichert werden) kann der tatsächliche Platzbedarf deutlich größer sein (siehe auch Abschnitt 4.10).

Kürzel	Bezeichnung	.NET-Bezeichnung	Platzbedarf	Zahlenbereich
	Boolean	System.Boolean	1 Byte	True oder False
	Byte	System.Byte	1 Byte	0 bis 255
	SByte	System.SByte	1 Byte	–128 bis 127
	Short	System.Int16	2 Byte	–32.768 bis 32.767
	UShort	System.UInt16	2 Byte	0 bis 65.535
%	Integer	System.Int32	4 Byte	–2.147.483.648 bis 2.147.483.647
	UInteger	System.UInt32	4 Byte	0 bis 4.294.967.295

Kürzel	Bezeichnung	.NET-Bezeichnung	Platzbedarf	Zahlenbereich
&	Long	System.Int64	8 Byte	-2^{63} bis $2^{63}-1$
	ULong	System.Int64	8 Byte	0 bis $2^{64}-1$

Fließ- und Festkommazahlen (Single, Double, Decimal)

Der Standarddatentyp für Fließkommazahlen und Fließkommaberechnungen ist `Double`. Dieser Datentyp kann auch intern am effizientesten verarbeitet werden. `Single` sollte nur dann eingesetzt werden, wenn der Platzbedarf eine wichtige Rolle spielt (etwa bei riesigen Feldern).

Die Division `x = 1.0 / 0.0` löst (anders als bei ganzen Zahlen) keinen Fehler aus! Stattdessen ist das Resultat einer derartigen Division der Wert `Double.NegativeInfinity` oder `Double.PositiveInfinity`. Einige weitere Informationen zu diesem interessanten Aspekt von `Single`- und `Double`-Zahlen finden Sie in Abschnitt 9.1.

Der Datentyp `Decimal` eignet sich insbesondere zur Speicherung von Werten, bei denen keine Rundungsfehler auftreten dürfen. `Decimal`-Variablen sind daher besonders gut geeignet, wenn Geldbeträge verarbeitet werden sollen. Die Genauigkeit beträgt 28 Stellen, wobei die Position des Kommas variabel ist. (Wenn eine Zahl zehn Stellen vor dem Komma beansprucht, stehen für den Nachkommaanteil noch 18 Stellen zur Verfügung.)

`Decimal`-Variablen sind aber auch mit Nachteilen verbunden: Rechenoperationen werden viel langsamer als mit `Double`-Variablen ausgeführt, der Speicherbedarf ist größer, und anders als bei `Single` und `Double` ist keine Exponentialdarstellung zulässig. Deswegen ist der zulässige Zahlenbereich viel kleiner. Der bis VB6 zur Verfügung stehende Datentyp `Currency` wird von Visual Basic nicht mehr unterstützt (verwenden Sie `Decimal`!).

Kürzel	Bezeichnung	.NET-Bezeichnung	Platzbedarf	Zahlenbereich
@	Decimal	System.Decimal	16 Byte/12 Byte	±9,99E27 mit 28 Stellen
#	Double	System.Double	8 Byte	±1,8E308 mit 16 Stellen
!	Single	System.Single	4 Byte	±3,4E38 mit 8 Stellen

Datum und Uhrzeit (Date)

Anders als in VB6, wo Daten und Zeiten als `Double`-Wert gespeichert werden, erfolgt die interne Repräsentierung nun durch einen `Long`-Wert. Dieser Wert gibt die Anzahl sogenannter `Ticks` zu je 100 ns (Nanosekunden) an, die seit dem 1.1.0001 00:00 vergangen sind. Mit `datevar.Ticks` können Sie diesen internen Wert auslesen. Im Programmcode werden Daten und Zeiten am einfachsten in der Form `#mm/dd/yyyy#` bzw. `#hh:mm:ss#` dargestellt. `d = #12/31/2008 23:59:59#` bezeichnet also den Zeitpunkt eine Sekunde vor Neujahr 2009.

System.DateTime sieht eigentlich einen Zeitbereich vom 1.1.0001 bis zum 31.12.9999 vor. Die Visual Basic-Dokumentation spricht hingegen vom 1.1.100 als kleinstmöglichem Datum. Diese Aussage resultiert nicht aus den internen Möglichkeiten von DateTime, sondern aus der Art und Weise, wie Visual Basic mit zweistelligen Jahreszahlen umgeht. Wenn Sie ein zweistelliges Datum zuweisen (z.B. datevar=#12/31/15#), wird die Jahreszahl automatisch in 1930 bis 2029 umgewandelt (beim gewählten Beispiel also in 2015). Ein Sonderfall ist die Zuweisung einer Uhrzeit ohne Datumsangabe: In diesem Fall verwendet auch VB als Datum den 1.1.0001.

Kürzel	Bezeichnung	.NET-Bezeichnung	Platzbedarf	Zeitbereich
	Date	System.DateTime	8 Byte	1.1.0001 00:00:00 bis 31.12.9999 23:59:59

Zeichenketten (String)

Zeichenketten werden intern im Unicode-Format gespeichert (UTF16, also mit zwei Byte pro Zeichen). Das ermöglicht die Speicherung fast aller ausländischen Sonderzeichen.

Allerdings speichert die Entwicklungsumgebung standardmäßig Visual Basic-Code in ANSI-Dateien (ein Byte pro Zeichen, Codierung entsprechend der Codeseite 1252). Wenn Sie im Code Unicode-Zeichen verwenden möchten, die sich außerhalb dieser Codeseite befinden, müssen Sie den Programmcode im Unicode-Format abspeichern. Dazu führen Sie DATEI|ERWEITERTE SPEICHEROPTIONEN aus und wählen einen der zur Auswahl stehenden Unicodes aus.

Eine Besonderheit bei Zeichenketten besteht darin, dass es sich hierbei um unveränderliche (immutable) Objekte handelt. Wenn Sie x = x + "abc" ausführen, wird eine neue Zeichenkette gebildet und die alte Zeichenkette verworfen. (Die alte Zeichenkette wird automatisch aus dem Speicher entfernt.) Das gilt selbst dann, wenn sich die Länge der Zeichenkette nicht ändert oder wenn sich die Zeichenkette verkürzt.

Leere (nicht initialisierte) String-Variablen haben den Wert Nothing. Einige Visual Basic-Funktionen interpretieren diesen Wert so, als würde die Variable eine leere Zeichenkette enthalten. Leere Char-Variablen haben den Wert Chr(0).

Kürzel	Bezeichnung	.NET-Bezeichnung	Platzbedarf	Inhalt
	Char	System.Char	2 Byte	ein Unicode-Zeichen
$	String	System.String	ca. 10 + 2*n Byte	bis zu 2.147.483.647 Unicode-Zeichen

Objekte

Wenn Sie mit Dim eine Variable deklarieren, ohne explizit einen Typ anzugeben, verwendet Visual Basic Object als Standardtyp. In Object-Variablen können beliebige Daten gespeichert werden – Zahlen, Zeichenketten, Daten und Zeiten sowie Objekte aller .NET-Klassen.

`Object` ist daher der allgemeingültigste Variablentyp von Visual Basic. Wenn Sie sich keine Gedanken über den richtigen Datentyp machen möchten, können Sie immer `Object`-Variablen verwenden. Visual Basic kümmert sich nun selbst darum, intern den richtigen Variablentyp einzusetzen. Der Preis dieser Bequemlichkeit ist aber hoch: Ihr Programm wird ineffizient und fehleranfällig (d.h., Sie werden viele Fehler erst bemerken, wenn Sie das Programm tatsächlich ausführen).

Obwohl `Object` auf den ersten Blick ähnliche Eigenschaften wie der aus VB6 vertraute Variablentyp `Variant` hat, ist er intern ganz anders realisiert. Es handelt sich dabei um die Überklasse (`System.Object`), von der alle Variablentypen und .NET-Klassen abgeleitet sind. Die `Object`-Variable besteht im Wesentlichen aus einem Zeiger (`pointer`) auf die tatsächlichen Daten. Insofern beträgt der Speicherbedarf für eine noch nicht initialisierte `Object`-Variable nur vier Byte. Sobald die Variable tatsächlich benutzt wird, kommt aber noch der Speicherbedarf für die tatsächlichen Daten dazu.

Bezeichnung	.NET-Bezeichnung	Platzbedarf
`Object`	`System.Object`	4 bzw. 8 Byte für den Zeiger bei 32-Bit bzw. 64-Bit-Programmen, plus `n` Byte für die Daten

In diesem Buch werden Sie kaum auf `Object`-Variablen stoßen. Stattdessen sind Objektvariablen fast immer exakt deklariert. Die folgende Anweisung deklariert `dir` beispielsweise als Variable, in der ein Objekt der Klasse `System.IO.DirectoryInfo` gespeichert werden kann:

```
Dim dir As IO.DirectoryInfo
```

Weitere .NET-Datentypen

Neben den in diesem Abschnitt vorgestellten Datentypen kennt das .NET Framework eine Reihe weiterer Datentypen. Im Objektkatalog finden Sie diese Datentypen in der `System`-Klasse der *mscorlib*-Bibliothek, die allen Visual Basic-Programmen zur Verfügung steht. Die folgende Tabelle nennt lediglich die zwei interessantesten Datentypen.

.NET-Datentypen, die von Visual Basic nicht direkt unterstützt werden	
`System.Guid`	128-Bit-Integerzahlen zur Speicherung von `globally unique identifier`
`System.TimeSpan`	Zeitspannen (relative Zeitangaben, Beispiele siehe Abschnitt 9.4)

CLS-Datentypen

Wenn Sie mit Visual Basic Steuerelemente oder Bibliotheken entwickeln, die kompatibel zu anderen .NET-Programmiersprachen sind, sollten Sie für die Schnittstellen ausschließlich CLS-Datentypen einsetzen. CLS steht für `Common Language Specification` und beschreibt einen Standard für .NET-Bibliotheken. Fast alle in diesem Abschnitt beschriebenen Datentypen sind CLS-konform. Ausnahmen sind `SByte`, `UShort`, `UInteger`, `ULong`, `GUID` und `TimeSpan`.

CLS-konforme Datentypen	
`Boolean, Byte, Short, Integer, Long`	ganze Zahlen
`Decimal, Double, Single`	Fließkommazahlen
`Date`	Datum und Uhrzeit
`String, Char`	Zeichenketten

Sie müssen Ihre Bibliothek explizit mit dem Attribut `<assembly:CLSCompliant(true)>` als CLS-konform markieren. Weitere Informationen finden Sie in der Hilfe zu `CLSCompliantAttribute`.

4.3 Werttypen (ValueType) versus Referenztypen

Was sind Objekte?

Ein Kapitel zur Variablenverwaltung wäre ohne die Berücksichtigung von Objekten unvollständig. Allerdings werden Objekte und die Grundzüge objektorientierter Programmierung erst in den folgenden Kapiteln ausführlich beschrieben. Daher ist hier ein Vorgriff unvermeidbar. Wenn Ihnen die Beschreibung der Nomenklatur an dieser Stelle zu schnell geht, muss ich Sie also auf die nachfolgenden Kapitel vertrösten.

Klasse (Typ): Eine Klasse beschreibt die Eigenschaften eines Objekts. Die Klasse ist gewissermaßen der Bauplan für ein Objekt. In der .NET-Klassenbibliothek sind mehrere Tausend Klassen definiert, die bei der Organisation und Verwaltung aller möglichen Dinge helfen:

Es gibt Klassen zur Beschreibung der Eigenschaften einer Datei (z.B. `System.IO.FileInfo`), Klassen zur Darstellung eines Fensters (z.B. `System.Windows.Forms.Form`), Klassen für alle Steuerelemente, die im Fenster angezeigt werden (z.B. `System.Windows.Forms.Button`), Klassen zur Erzeugung von Zufallszahlen (`System.Random`) etc. Darüber hinaus können Sie selbst eigene Klassen definieren.

Statt des Begriffs *Klasse* wird manchmal auch der Begriff *Typ* oder *Datentyp* verwendet, vor allem in der Zusammensetzung Werttyp bzw. Referenztyp. Gemeint sind damit Klassen mit bestimmten Merkmalen – siehe unten. Nicht initialisierte Objekte enthalten den Zustand `Nothing`.

Vererbung: Klassen können ihre Eigenschaften und Methoden an andere Klassen gewissermaßen vererben. Das bedeutet, dass mehrere von einer Basisklasse abgeleitete Klassen dieselben Grundeigenschaften und -methoden haben. Vererbung ist ein wichtiges Werkzeug bei der Programmierung eigener Klassen.

Objekte: Objekte sind konkrete Realisierungen von Klassen. In Variablen speichern Sie daher Objekte, nicht Klassen. Wenn die folgende Zeile ausgeführt wird, dann enthält die Variable `myRandomObject` ein Objekt der Klasse `System.Random`:

```
Dim myRandomObject As New System.Random()
```

Werttypen (ValueType) versus Referenztypen

Viele Programmiersprachen differenzieren zwischen gewöhnlichen Variablen (z.B. für Integerzahlen) und Objektvariablen. Nicht so Visual Basic: Hier ist jede Variable eine Objektvariable!

Wenn hier und in vielen anderen Büchern dennoch manchmal zwischen *Variablen* und *Objektvariablen* differenziert wird, dann bezieht sich diese Unterscheidung auf den Typ der zugrunde liegenden Klasse. Die .NET-Bibliothek teilt nämlich alle Klassen in zwei ganz wesentliche Typen ein:

» **Werttypen:** Zu dieser Gruppe zählen unter anderem alle elementaren Datentypen (z.B. `Integer`, `Double` etc.) mit der Ausnahme von `String`. Das entscheidende interne Merkmal besteht darin, dass sie von der Klasse `ValueType` abgeleitet sind. (Daraus resultiert auch die Bezeichnung `ValueType`-Klassen bzw. `ValueType`-Objekte.)

  Neben den elementaren Datentypen gibt es eine ganze Reihe von Klassen und Datenstrukturen in der .NET-Bibliothek, die ebenfalls von `ValueType` abgeleitet sind. Zumeist handelt es sich dabei um eher kleine Klassen (klein hinsichtlich des Speicherbedarfs, aber auch klein hinsichtlich der angebotenen Funktionen). Zwei Beispiele sind `System.Drawing.Rectangle` und `System.Drawing.Color`. Auch die in Visual Basic definierten Strukturen (`Structure ... End Structure`) und Aufzählungen (`Enum`) werden von `ValueType` abgeleitet.

» **Referenztypen:** Zu dieser Gruppe zählen alle Klassen, die nicht von `ValueType` abgeleitet sind. Die Bezeichnung *Referenztypen* (im Englischen `reference types` oder `reference classes`) resultiert daraus, dass Objekte dieser Klassen als Referenz (als Zeiger) in Variablen gespeichert bzw. an Prozeduren oder Methoden übergeben werden.

  Zu den Referenztypen zählt die Mehrheit aller Klassen der .NET-Bibliothek, z.B. `System.Array`, `System.IO.FileInfo`, `System.Drawing.Bitmap` und `System.Windows.Forms.Button`, um willkürlich vier Beispiele herauszugreifen. `ValueType`-Klassen sind so gesehen nur eine Ausnahme.

  Beachten Sie, dass auch Felder (die intern durch die Klasse `System.Array` verwaltet werden) zu den Referenztypen zählen – selbst dann, wenn deren Elemente oft Werttypen sind (z.B. Integerzahlen).

Die Motivation für die Trennung zwischen Wert- und Referenztypen lautet kurz und einfach: Effizienz. Damit der objektorientierte Ansatz von .NET konsequent verfolgt werden kann, müssen alle Daten Objekte sein. Durch die Behandlung als Objekte entsteht aber ein hoher Overhead, der bei einfachen Daten (z.B. bei Integerzahlen) in keinem Verhältnis zum Nutzen stehen würde. Deswegen muss es für den Compiler einen Weg geben, mit manchen Objekten (eben mit den `ValueType`-Objekten) so umzugehen, als wären es nur einfache Werte.

Objekte, die von Wert- bzw. von Referenztypen abgeleitet sind, unterscheiden sich in ihrer Verwendung ganz erheblich: bei Variablenzuweisungen, bei der Übergabe als Parameter an eine Prozedur oder Methode, bei der internen Speicherverwaltung etc. In diesem und in den folgenden Kapiteln wird immer wieder auf diesen Unterschied hingewiesen. Daher ist es wichtig, dass Sie zwischen Wert- und Referenztypen differenzieren können!

Wie können Sie aber feststellen, welchem Typ eine bestimmte Klasse angehört? Im laufenden Programm werten Sie dazu einfach `obj.GetType().IsValueType` aus. Während der Programmentwicklung offenbart der Objektkatalog (Ansicht|Objektkatalog) den Klassentyp. Dort suchen Sie die Klasse und sehen sich deren Definition an (rechts unten im Objektkatalog). Werttypen sind als `Structure` deklariert, Referenztypen als `Class`. Abbildung 4.1 zeigt, dass der Datentyp `System.Windows.Media.Color` ein Werttyp ist.

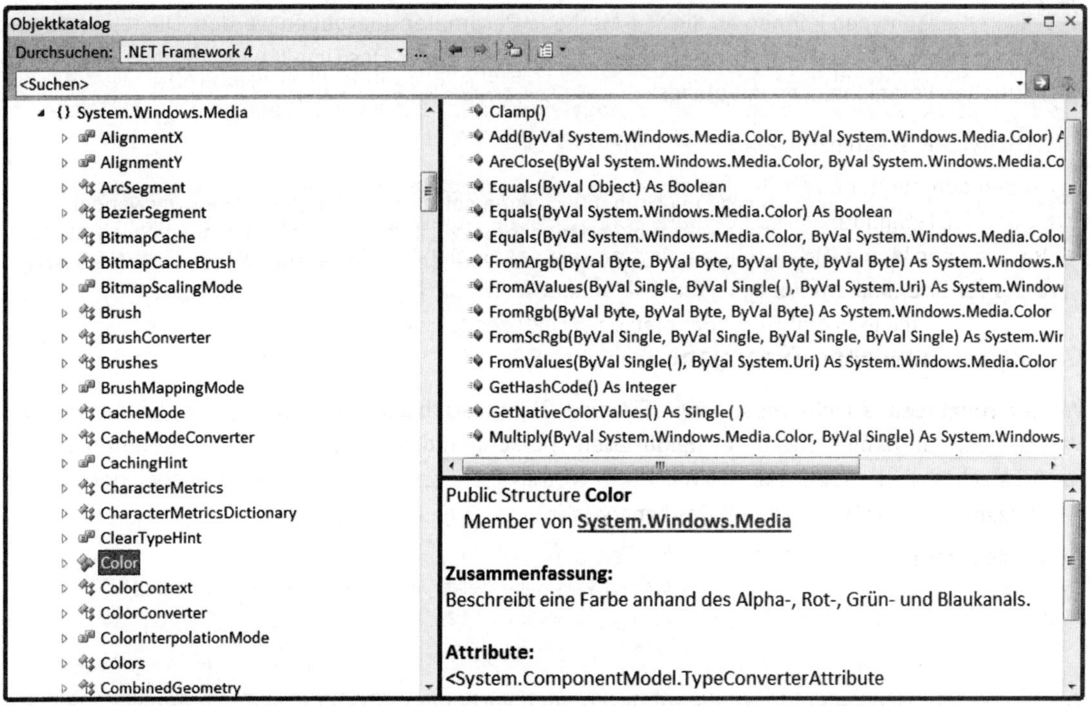

Abbildung 4.1: Der Datentyp System.Windows.Media.Color ist eine Struktur, also ein Werttyp.

HINWEIS

Wert- und Referenztypen verhalten sich vollkommen unterschiedlich, wenn sie mit `ByVal` an eine Prozedur übergeben werden! Details dazu finden Sie in Abschnitt 5.3!

Deklaration von Objektvariablen

Wenn Sie eine Variable deklarieren, die auf ein bestimmtes Objekt verweisen soll, ändert sich an der Syntax nichts. Statt des Datentyps geben Sie jetzt den Klassennamen ein:

```
Dim myRandomObject As System.Random
```

Die Variable `myRandomObject` ist damit allerdings noch leer! Bevor Sie Methoden der `System.Random`-Klasse nutzen können, müssen Sie das Objekt erst erzeugen:

```
myRandomObject = New System.Random()
```

Im Regelfall werden Sie diese beiden Anweisungen mit `Dim As New` in einer einzigen Zeile vereinen:

```
Dim myRandomObject As New System.Random()
```

Noch kompakter wird die Zeile, wenn Sie auf die Angabe von `System` verzichten (was im Regelfall möglich ist – mehr dazu in Abschnitt 6.2):

```
Dim myRandomObject As New Random()
```

Bei vielen Klassentypen können an die `New`-Methode Parameter übergeben werden. Die folgende Anweisung erzeugt ein Objekt der Klasse `System.IO.DirectoryInfo`. Das Objekt wird gleich mit dem Pfad des aktuellen Verzeichnisses initialisiert.

```
Dim dir As IO.DirectoryInfo = New IO.DirectoryInfo(".")
```

HINWEIS

Bei Werttypen wie `Integer` oder `String` können Variablen sofort nach der Deklaration verwendet werden. Das Schlüsselwort `New` ist zwar erlaubt und manchmal zur Initialisierung auch nützlich, es ist aber nicht erforderlich. Hintergrundinformationen über die Unterschiede zwischen Wert- und Referenztypen bei der Speicherverwaltung folgen in Abschnitt 4.11.

Objektvariablen ohne Typangabe

Wenn Sie im Voraus nicht wissen, wie Sie eine Objektvariable verwenden werden, können Sie die Variable sehr allgemein als `Object` deklarieren. Sie können diese Variable dann im weiteren Verlauf nach Belieben verwenden. Durch `myObject=3` wird in `myObject` ein `Integer`-Wert gespeichert. Durch `New System.Random` wird ein Objekt des Typs `System.Random` gespeichert etc.

```
Dim myObject As Object
myObject = 3                   'myObject verweist jetzt auf eine Integer-Variable
myObject = New System.Random() 'myObject verweist jetzt auf ein Objekt der
                               ' Klasse System.Random
```

Diese Vorgehensweise ist allerdings mit Nachteilen verbunden: Erstens weiß die Entwicklungsumgebung nicht, wie Sie die Variable verwenden werden, und kann daher bei der Codeeingabe nicht die für ein Objekt relevanten Methoden und Eigenschaften vorschlagen. Zweitens weiß auch der Compiler nicht, wie Sie die Variable verwenden, und kann daher nur eine eingeschränkte Syntaxkontrolle durchführen. Drittens kann es passieren, dass Sie der Variable versehentlich einen Wert zuweisen und so unbeabsichtigt den Objekttyp verändern. (Dabei kommt es zu keinem Fehler. Probleme kann es aber später geben, wenn Sie Objekteigenschaften oder -methoden einsetzen, die es für den neuen Objekttyp gar nicht gibt.) Und zu guter Letzt ist der Code langsamer. Diese Tatsache sollte trotz immer schnellerer Rechner nicht unterschätzt werden.

Fazit: Geben Sie bei der Deklaration nach Möglichkeit exakt den Daten- oder Objekttyp an! Sie ersparen sich damit eine oft langwierige Fehlersuche.

Verschiedene Wege, um den Typ einer Variablen zu bestimmen, werden in Abschnitt 4.11 beschrieben. Am vielseitigsten ist dabei die Methode `GetType`.

4.4 Variablenzuweisungen

Was passiert, wenn Sie `a = b` ausführen? Diese Frage klingt trivial, aber wenn es wirklich so trivial wäre, gäbe es dazu natürlich keinen eigenen Abschnitt. Das Ergebnis einer Variablenzuweisung hängt nämlich von der Art der Variablen ab. Variablen zur Speicherung von Werttypen verhalten sich anders als solche für Referenztypen.

Dieser Abschnitt setzt voraus, dass `a` und `b` für denselben Daten- bzw. Objekttyp deklariert wurden. Wenn das nicht der Fall ist, kommt es bei der Zuweisung zu einer automatischen Konvertierung der Daten. Diese gelingt allerdings nur in Sonderfällen (z.B. wenn `a` eine `Double`- und `b` eine `Integer`-Variable ist). Wenn eine verlustfreie Typumwandlung dagegen nicht möglich ist, kommt es zu einer Fehlermeldung. Mehr Informationen zum Thema der automatischen und manuellen Typkonvertierung erhalten Sie in den Abschnitten 4.12 und 9.7.

Werttypen (ValueType-Variablen)

Bei Werttypen, d.h. bei den meisten elementaren Datentypen (`Integer`, `Double`, `Date` etc.), wird durch `a=b` eine *Kopie* der Daten erstellt und zugewiesen.

```
Dim a As Integer = 1
Dim b As Integer = 2
a = b  'jetzt ist a=2 und b=2
b = 3  'jetzt ist a=2 und b=3
```

Referenztypen (herkömmliche Objektvariablen)

Bei Referenztypen (deren Klasse nicht von `ValueType` abgeleitet ist) wird durch `a = b` ein Link (eine Referenz) auf das Objekt zugewiesen, also keine Kopie! Im folgenden Beispiel wird in `a` und `b` jeweils ein `Button`-Objekt gespeichert. Derartige Objekte dienen normalerweise zur Darstellung von Buttons in einem Fenster. Die Zuweisung `a = b` bewirkt hier, dass nun beide Variablen auf denselben Button verweisen. Durch die Veränderung der Eigenschaft `b.Text` ändert sich nun auch `a.Text` (weil ja `a` und `b` auf dasselbe Objekt verweisen)!

```
Dim a As New Windows.Forms.Button()
Dim b As New Windows.Forms.Button()
a.Text = "a"
b.Text = "b"
a = b         'a und b zeigen jetzt auf denselben Button (.Text="b")
b.Text = "x"  'damit wird .Text für a und für b verändert!
```

Wenn Sie bei gewöhnlichen Objekten eine Kopie der Daten benötigen, müssen Sie `a = b.Clone()` ausführen. Allerdings steht die Methode `Clone` nicht für alle Klassen zur Verfügung. Wenn es `Clone` nicht gibt, besteht keine Möglichkeit, ein Objekt zu kopieren. (Die `Button`-Klasse sieht kein `Clone` vor.)

Vielleicht fragen Sie sich, was mit dem ursprünglich für a erzeugten Button passiert: Es gibt nun ja keine Variable mehr, die darauf verweist. Deswegen wird das Objekt nach einiger Zeit automatisch aus dem Speicher entfernt. Dieser Prozess wird `garbage collection` genannt und ist in Abschnitt 4.11 beschrieben.

String-Variablen

`String`-Variablen zur Speicherung von Zeichenketten stellen einen Sonderfall dar. Zwar zählt `String` zu den elementaren Datentypen, es handelt sich aber intern dennoch um einen Referenztyp. (Die `String`-Klasse ist nicht von `ValueType` abgeleitet.) Und trotzdem verhalten sich `String`-Variablen wie Werttypen!

Der Grund: `String`-Objekte gelten als unveränderlich (`immutable`). Das bedeutet, dass bei jeder Veränderung einer Zeichenkette ein vollkommen neues `String`-Objekt erzeugt wird. Aus diesem Grund betrifft eine Änderung immer nur eine Variable (auch wenn vorher zwei Variablen auf dasselbe `String`-Objekt verwiesen haben).

```
Dim a As String = "a"
Dim b As String = "b"
a = b          'a und b verweisen nun auf "b"
b = "x"        'a verweist weiterhin auf "b", b verweist auf das neue String-Objekt "x"
```

Geradezu verblüffend ist das Verhalten, wenn Sie nun auch a die Zeichenkette `"x"` zuweisen: Dann verweisen a und b wieder auf *dasselbe* `String`-Objekt (d.h., der Objektvergleich `a Is b` liefert `True`).

```
a = "x"        'a und b verweisen nun auf dasselbe String-Objekt "x"
```

Dieses Verhalten gilt allerdings nicht immer. Wenn Sie zuerst `a="12"` und dann `b="1"` und `b+="2"` ausführen, dann enthalten zwar a und b dieselbe Zeichenkette `"12"`, aber intern verweisen die beiden Variablen auf unterschiedliche Objekte (weil der Compiler hier nicht erkennen konnte, dass die Ergebnisse der Zuweisungen gleichartige Objekte sein würden).

4.5 Nullable für Werttypen

Variablen für Referenztypen (`Object`, `String` sowie alle von `Object` abgeleiteten Klassen) enthalten `Nothing`, wenn sie nicht initialisiert sind. Bei Werttypen besteht diese Möglichkeit dagegen nicht. Nicht initialisierte Variablen erhalten automatisch einen Standardwert. Bei einer `Integer`-Variable mit dem Wert 0 lässt sich daher nicht sagen, ob der Wert 0 das Ergebnis einer Zuweisung ist oder ob die Variable bisher noch nie verwendet worden ist. Diese Differenzierung ist vor allem in Datenbankanwendungen interessant. Dort kommt es oft vor, dass in den Spalten einer Tabelle der SQL-Wert `NULL` zulässig ist. So kann beispielsweise unterschieden werden, ob der Lagerbestand für ein Produkt 0 ist oder noch nicht erfasst wurde (`NULL`).

Bereits seit VB2005 können Variablen für Werttypen als `Nullable` definiert werden. Damit enthalten diese Variablen standardmäßig `Nothing`. In Zuweisungen kann der Wert `Nothing` auch explizit gespeichert werden. `i` ist also eine `Integer`-Variable, die außer ganzen Zahlen auch den Wert `Nothing` enthalten kann. (Nothing in Visual Basic entspricht Null in C# und anderen Sprachen. Die Bezeichnung Nullable ist in Visual Basic irreführend – eher müsste es Nothingable heißen. Aber das klingt noch schlimmer ...)

```
Dim i As Nullable(Of Integer)
```

VB ermöglicht auch eine kompaktere Angabe:

```
Dim i? As Integer
Dim i As Integer?
```

Sie können Nullable übrigens nicht für String-Variablen anwenden. Der Grund: String ist ein Referenztyp. Nothing ist daher von Grund auf ein zulässiger Wert, eine Deklaration mit Nullable ist überflüssig.

Nullable-Eigenschaften

var.Value liefert den Wert der Variablen, wenn diese initialisiert ist. Enthält var dagegen Nothing, wird eine InvalidOperationException ausgelöst. var.Value ermöglicht auch den Zugriff auf die Eigenschaften des zugrunde liegenden Datentyps (z.B. d.Value.Year für Dim d? As Date).

var.HasValue liefert True, wenn die Variable initialisiert ist, bzw. False, wenn var Nothing enthält.

var.GetValueOrDefault(*standardwert*) liefert den Wert der Variablen, wenn diese initialisiert ist, bzw. den Standardwert des Variablentyps, wenn var Nothing enthält.

Umgang mit Nullable-Variablen

Sie können auch mit Nullable Types Berechnungen direkt durchführen, Nullable-Variablen als Schleifenvariablen verwenden etc. Einige Einschränkungen gibt es aber:

» Der Operator Is kann nur in der Form If var Is Nothing verwendet werden. Der Vergleich zweier Nullable-Variablen in der Form If var1 Is var2 ist nicht möglich.

» Der Zugriff auf Eigenschaften ist umständlich: Wenn Dim d? As Date gilt, dann können Sie die Date-Eigenschaften wie Year, Month etc. nicht direkt verwenden. Die Eigenschaften sind nun via d.Value zugänglich. Üblicherweise werden Sie dabei auch einen Test durchführen, ob d überhaupt Daten enthält. Die folgende Anweisung speichert in y das Jahr oder den Wert 0, wenn d leer ist:

```
y = If(d.HasValue, d.Value.Year, 0)
```

» Die automatische Typumwandlung bei Zuweisungen funktioniert nur mit Einschränkungen. Beispielsweise liefert var = row!spaltenname einen Fehler, obwohl var eine Nullable-Integer-Variable ist und row!spaltenname eine Integerzahl enthält! Abhilfe schafft nur der Einsatz von Casting-Funktionen wie CInt oder CDate.

» ADO.NET ist nicht in der Lage, den SQL-Wert NULL bzw. den Wert DBNull.Value unmittelbar Nothing zuzuordnen. Wenn die Spalte einer Tabelle also NULL enthalten kann, müssen Sie die Zuweisung an eine Nullable-Variable wie folgt durchführen:

```
Dim var As Nullable(Of Integer)
If row!spaltenname Is DBNull.Value Then
  var = Nothing
Else
  var = CInt(row!spaltenname)
End If
```

Ein äquivalentes Problem tritt auch auf, wenn Sie einer Spalte eines `DataRow`-Objekts eine `Nullable`-Variable zuweisen möchten. Die korrekte Vorgehensweise ist umständlich:

```
If var.HasValue Then
  row!spaltenname = var.Value
Else
  row!spaltenname = DBNull.Value
End If
```

Das ist eine besonders absurde Einschränkung, weil `Nullable` ja gerade eingeführt wurde, um Datenbankprogrammierern das Leben zu erleichtern.

4.6 Option Explicit, Strict und Infer

`Option Explicit (On)`, `Option Strict (Off)` und `Option Infer` (On, neu in VB2008) sind im Dialogblatt KOMPILIEREN der Projekteigenschaften (`My Project`) voreingestellt. Sie können diese Einstellung wahlweise im Projekteigenschaftsdialog ändern oder am Beginn des Codes eine `Option`-Anweisung hinzufügen. Die zweite Variante hat den Vorteil, dass Sie die Option für jede einzelne Codedatei individuell einstellen können.

```
Option Explicit On|Off
Option Strict On|Off
Option Infer On|Off
```

Die Standardeinstellung dieser drei Optionen sowie von `Option Compare` (siehe Abschnitt 10.3) für *neue* Projekte legen Sie mit EXTRAS|OPTIONEN|PROJEKTE UND PROJEKTMAPPEN|VB-STANDARD fest.

Option Explicit

`Option Explicit On` (die Standardeinstellung) bewirkt, dass alle Variablen vor ihrer Verwendung durch `Dim` deklariert werden müssen. Das verhindert, dass Tippfehler in Variablennamen unbemerkt bleiben. Es gibt keinen vernünftigen Grund, diese Einstellung zu ändern.

Option Strict

Diese Option steuert, ob der Visual Basic-Compiler diverse Codevarianten zulässt, z.B. die automatische Umwandlung zwischen verschiedenen Datentypen (implizite Typkonvertierung), `late binding` sowie die Deklaration von Variablen ohne Datentypangabe (implizite Typdeklaration). `late binding` bedeutet, dass bei `Object`-Variablen Methoden und Eigenschaften genutzt werden können. Ob diese Methoden und Eigenschaften tatsächlich zur Verfügung stehen, hängt vom Inhalt der Objektvariablen ab. Das kann erst bei der Programmausführung überprüft werden – daher also `late binding`.

`Option Strict` kann wahlweise im Code für die jeweilige Datei mit `On` oder `Off` eingestellt werden oder für das gesamte Projekt im Dialogblatt KOMPILIEREN der Projekteigenschaften. In diesem Dialog können Sie auch für einzelne Sonderfälle Warnungen aktivieren. Standardmäßig gilt für neue Projekte `Option Strict Off`, wobei alle damit verbundenen Warnungen deaktiviert sind.

HINWEIS

Persönlich bin ich kein Fan dieses saloppen Umgangs mit Datentypen. In der Vergangenheit habe ich meine Projekte zumeist mit `Option Strict Off` entwickelt. In VB2010 ist das aber zunehmend unmöglich, insbesondere wenn Sie mit LINQ arbeiten oder Beispielcode aus der Hilfe bzw. aus dem Internet ausprobieren möchten.

Im Zusammenhang mit der Variablenverwaltung sind nur die implizite Konvertierung sowie die implizite Typangabe (`Dim` ohne Datentyp) interessant. Für die Standardeinstellung `Option Strict Off` gilt, dass beides ohne Warnungen erlaubt ist. Wenn Sie dagegen Wert auf exakten Code legen, sollten Sie `Option Strict` aktivieren. Sie müssen nun bei allen Umwandlungen, die das Risiko eines Datenverlusts in sich bergen, explizit eine Konvertierungsfunktion angeben:

```
Dim i As Integer, d As Double = 1.25
i = CInt(d)
```

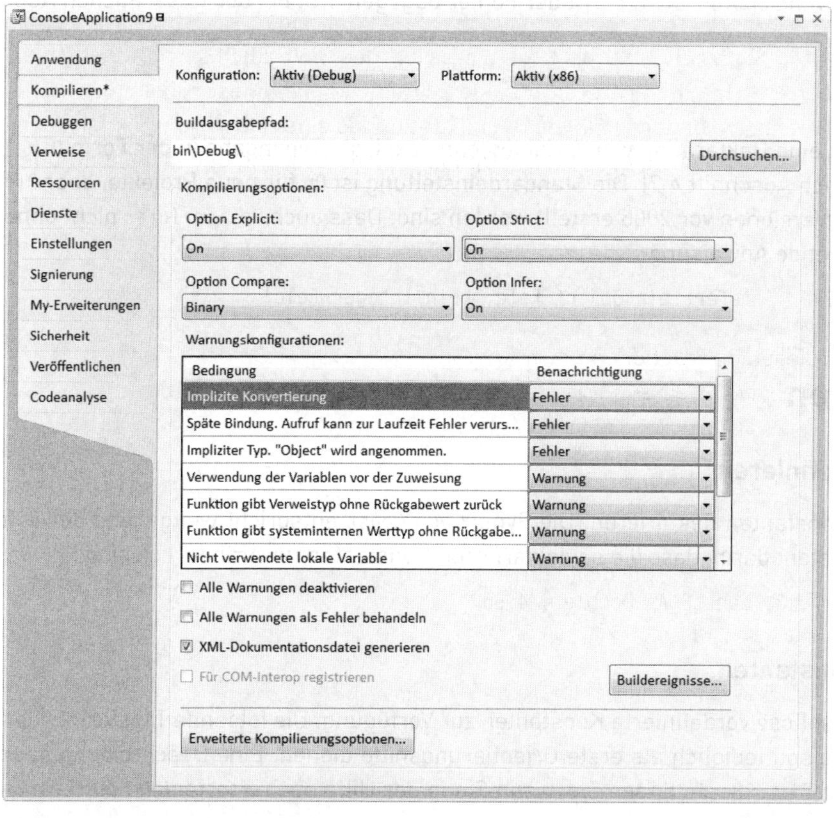

Abbildung 4.2: Projekteigenschaften

Option-Strict-Beispiel

Die folgenden Zeilen sehen so aus, als würden sie zur aktuellen Zeit in d1 eine Stunde hinzuaddieren. Tatsächlich kommt es bei der Durchführung der Addition aber zu einem Fehler. (In VB6 funktionierte dieser Code tatsächlich. In aktuellen Visual Basic-Versionen sind derartige Additionen aber nicht zulässig.)

```
Dim d1, d2, d3 As Date
d1 = Now
d2 = #1:00:00 AM#
d3 = d1 + d2        'Fehler in Visual Basic!
```

Was hat nun dieser Code mit `Option Strict` zu tun? Visual Basic betrachtet + hier als einen Operator, um zwei Zeichenketten zu verknüpfen! d1 und d2 werden entsprechend der Ländereinstellung automatisch in Zeichenketten umgewandelt und aneinandergefügt. Der Fehler tritt erst auf, weil die ebenfalls automatische Rückkonvertierung der Zeichenkette in ein Datum für die Zuweisung an d3 scheitert. Die aus d1+d2 resultierende Zeichenkette lautet "29.11.2008 16:23:2101:00:00", wenn der Code am 29.11.2008 um 16:23 mit der deutschen Ländereinstellung ausgeführt wurde.

Wenn Sie `Option Strict On` verwenden, erkennt die Entwicklungsumgebung sofort, dass hier Probleme auftreten werden. Ohne `Option Strict` tritt der Fehler dagegen erst bei der tatsächlichen Ausführung des Codes auf.

Option Infer

Diese Option steuert, ob eine Deklaration von Variablen ohne explizite Typangabe in der Form `Dim i = 2` zulässig ist (siehe auch Abschnitt 4.2). Die Standardeinstellung ist `On` für neue Projekte, aber `Off` für Projekte, die mit VB-Versionen vor 2008 erstellt worden sind. Dass auch `Option Infer` nicht ohne Risiken ist, zeigt die folgende Anweisung:

```
Dim ar() = New {1, 2, 3}   'liefert ein Object-Feld, kein Integer-Feld!
```

4.7 Konstanten

Konstanten selbst definieren

Mit `Const` können Sie Konstanten deklarieren. Die Syntax von `Const` entspricht weitgehend der von `Dim`. Der Unterschied besteht darin, dass die so deklarierten Konstanten unveränderlich sind.

```
Const const1 As Integer = 3, const2 As Double = 4.56
```

Vordefinierte VB-Konstanten

In Visual Basic stehen zahllose vordefinierte Konstanten zur Verfügung. Die folgende Tabelle ist alles andere als komplett. Sie soll lediglich als erste Orientierungshilfe dienen. Eine Beschreibung aller Konstanten in `Microsoft.VisualBasic` finden Sie, wenn Sie in der Hilfe nach *Konstanten Enumerationen* suchen.

Viele Definitionen sind doppelgleisig: Sowohl ControlChars.Tab als auch vbTab enthalten den Code 9 (ein Tabulatorzeichen), und sowohl MsgBoxResult.Abort als auch vbAbort enthalten den Wert 3 etc. Es ist eine Geschmacksfrage, welche Konstanten Sie verwenden.

Der Vorteil der vbXxx-Konstanten besteht darin, dass diese in VB-Programmen unmittelbar verwendet werden können. Bei allen anderen Konstanten muss jeweils die dazugehörende Klasse angegeben werden (ControlChars für Char-Konstanten, MsgBoxResult und MsgBoxStyle für Konstanten zum Aufruf und zur Auswertung von MsgBox etc.).

Konstante	Verwendung	Definiert in
True = -1, False = 0	enthalten Wahrheitswerte.	Visual Basic-Sprachdefinition
Nothing	gibt an, dass die Variable nicht initialisiert (also leer) ist.	Visual Basic-Sprachdefinition
vbXxx (z.B. vbCrLF, vbTab, vbYes etc.)	erhöhen die Kompatibilität mit VB6.	Microsoft.VisualBasic.Constants (Teil der Visual Basic-Runtime)
Back, Cr, CrLf, FormFeed, Lf, NewLine, NullChar, Quote, Tab, VerticalTab	dienen zur Zusammensetzung von Zeichenketten (siehe Abschnitt 10.1).	Microsoft.VisualBasic.ControlChars (Teil der Visual Basic-Runtime)

.NET-Konstanten

Neben den VB-spezifischen Konstanten gibt es in den .NET-Klassenbibliotheken unzählige weitere Konstanten. Diese sind sehr oft als sogenannte Enum-Aufzählungen realisiert (siehe den folgenden Abschnitt), was ihre Anwendung erleichtert. Falls Sie keine entsprechenden Importe definiert haben, müssen Sie den Konstanten ihren Namensraum voranstellen, also z.B. IO.FileAttributes.Compressed für die Konstante Compressed.

4.8 Enum-Aufzählungen

Der Begriff Aufzählung ist zweideutig. Er wird einerseits dazu verwendet, um die hier beschriebenen Enum-Konstrukte zu benennen. (Das sind Gruppen von Konstanten.) Andererseits meint Aufzählung oft auch ein Objekt des System.Collections-Namensraums. Damit können Sie Listen verwalten, in die Sie jederzeit Elemente einfügen und aus denen Sie diese Elemente auch wieder löschen können. Diese Art von Aufzählungen wird in Kapitel 7 beschrieben.

Syntax und Anwendung

Mit der Anweisung Enum name - End Enum können Sie eine ganze Gruppe von Konstanten definieren. Die folgenden Zeilen demonstrieren die Syntax:

```
Enum myColors As Integer
  Red         'automatisch Wert 0
  Green       'automatisch Wert 1
```

```
  Blue = 10  'Wert 10
  Yellow     'automatisch Wert 11
End Enum
```

`mycolors` ist nun ein neuer Datentyp. Sie können also eine Variable vom Typ `mycolors` deklarieren:

```
Dim col As myColors
```

Wenn Sie mit `Option Strict` arbeiten, können Sie dieser Variable ausschließlich die im `Enum`-Block definierten Konstanten zuweisen:

```
col = myColors.Green    'OK
col = 0                 'nicht erlaubt, falls Option Strict On
```

Auch bei Vergleichen können Sie ausschließlich die `Enum`-Konstanten verwenden:

```
If col = myColors.Red Then
  ...
End If
```

Der Vorteil eines `Enum`-Blocks besteht also darin, dass die so definierten Konstanten nur im Kontext von entsprechenden `Enum`-Variablen verwendet werden können. Das erleichtert die Codeeingabe (der Editor schlägt automatisch die zulässigen Konstanten vor) und vermindert die Gefahr, versehentlich (für die jeweilige Variable oder Datenstruktur) ungeeignete Konstanten zu verwenden.

`Enum`-Konstrukte können innerhalb von Modulen, Klassen und Strukturen sowie auf äußerster Ebene im Code (also außerhalb anderer Konstrukte) definiert werden. Es ist aber nicht möglich, eine `Enum`-Aufzählung innerhalb einer Prozedur zu definieren.

Zahlenwert eines Enum-Elements ermitteln: Nach Möglichkeit sollten Sie im Programmcode beim Umgang mit `Enum`-Aufzählungen ausschließlich die definierten Konstanten verwenden (für Zuweisungen, Vergleiche etc.). Sollten Sie aus irgendeinem Grund dennoch den Zahlenwert benötigen, können Sie diesen jederzeit mit den VB-Konvertierungsfunktionen ermitteln (also etwa `CInt(col)` oder `CInt(myColors.Red)`).

Enum-Datentyp: Als Datentyp für die Konstanten kommen `Byte`, `Short`, `Integer` oder `Long` infrage. Laut Dokumentation muss der Datentyp in der ersten Zeile des `Enum`-Blocks angegeben werden, wenn `Option Strict` verwendet wird. Tatsächlich ist die Angabe des Datentyps aber anscheinend immer optional, wobei `Integer` als Standarddatentyp gilt.

Automatische Werte: Sie können jedem `Enum`-Element einen beliebigen (ganzzahligen) Wert zuweisen. Wenn Sie das nicht tun, verwendet Visual Basic standardmäßig 0 für das erste Element, 1 für das zweite etc. Nach den expliziten Wertzuweisungen setzt Visual Basic automatisch mit `n+1` fort.

Enum-Elemente mit gleichen Werten: Es ist erlaubt, dass zwei `Enum`-Elemente denselben Wert enthalten (auch wenn das selten sinnvoll ist). Passen Sie auf, dass das nicht unbeabsichtigt passiert!

```
Enum choices As Integer
  good = 10     'Wert 10
  medium        'automatisch Wert 11
  bad           'automatisch Wert 12
  horrible = 12 'ebenfalls 12!
End Enum
```

Enum-Kombinationen (Flags)

Manchmal wollen Sie in Enum-Variablen nicht einen einzelnen Zustand, sondern eine Kombination von Zuständen speichern. Ein typisches .NET-Beispiel hierfür ist System.IO.FileAttributes: Damit werden mehrere Attribute von Dateien gleichzeitig ausgedrückt (z.B. Hidden und ReadOnly).

Wenn Sie selbst eine derartige Enum-Klasse deklarieren möchten, müssen Sie der Definition <Flags()> voranstellen. Die eckigen Klammern bedeuten, dass es sich beim Inhalt um ein sogenanntes Attribut handelt, das der nachfolgenden Deklaration zusätzliche Eigenschaften verleiht. Hier wird als Attribut Flags verwendet. Intern bewirkt das, dass die Enum-Klasse zusätzliche Eigenschaften der Klasse System.FlagsAttribute erhält. (Was Attribute eigentlich sind, wird in Abschnitt 6.17 erklärt.)

Bei der Definition der Konstanten müssen Sie darauf achten, dass jede Konstante eine Zweierpotenz ist (1, 2, 4, 8, 16, 32 etc.). Damit stellen Sie sicher, dass auch jede Kombination von Konstanten eindeutig ist. Sie können bei der Zuweisung der Konstanten auch hexadezimale Werte verwenden (&H1, &H2, &H4, &H8, &H10, &H20 etc.).

Das folgende Beispiel zeigt die Definition der Enum-Klasse myPrivileges, mit der Zugriffsrechte verwaltet werden (z.B. für ein Dateisystem, eine Datenbank etc.). Es ist damit beispielsweise möglich, jemandem den Lesezugriff sowie die Ausführung von Programmen zu erlauben, aber Veränderungen zu verbieten.

```
<Flags()> Enum myPrivileges As Integer
  ReadAccess = 1
  WriteAccess = 2
  Execute = 4
  Delete = 8
End Enum
```

Bei der Verwendung von myPrivileges-Variablen können Sie die verschiedenen Zustände mit Or verknüpfen. (Beachten Sie, dass die mathematisch ebenfalls korrekte Verknüpfung der Konstanten durch + bei Option Strict nicht zulässig ist!)

```
Dim priv As myPrivileges
priv = myPrivileges.ReadAccess Or myPrivileges.Execute
```

ToString liefert nun eine Zeichenkette, die die Kombination aller Enum-Konstanten ausdrückt. (Ohne das Flags-Attribut bei der Enum-Deklaration würde das nicht funktionieren!)

```
s = priv.ToString        ' s = "ReadAccess, Execute"
```

Wenn Sie testen möchten, ob eine Variable eine bestimmte Konstante enthält, können Sie nicht mehr einfach einen Vergleich mit = durchführen (weil dieser Vergleich natürlich False liefert, wenn die Variable eine Kombination von Konstanten enthält). Stattdessen müssen Sie den Vergleich wie das folgende Beispiel mit And formulieren:

```
If (priv And myPrivileges.Execute) <> 0 Then
  ...
End If
```

Beachten Sie, dass die Klammern und der Ausdruck <> 0 erforderlich sind, wenn Sie mit Option Strict On arbeiten. (a And b liefert einen Integer-Ausdruck, If erwartet aber einen Boolean-Ausdruck!)

Interna der System.Enum-Klasse

Intern sind Enum-Konstrukte von der .NET-Klasse System.Enum abgeleitet. Das bedeutet insbesondere, dass Sie alle Eigenschaften und Methoden von System.Enum auf Enum-Konstanten und -Variablen anwenden können. Dieser Abschnitt geht auf einige Interna von Enum-Konstrukten ein. Dabei wird das Wissen bzw. Verständnis von Grundtechniken der objektorientierten Programmierung vorausgesetzt, das erst im weiteren Verlauf dieses Buchs vermittelt wird. Dieser Abschnitt richtet sich daher an Leser, die schon etwas Erfahrung mit Visual Basic haben.

Namen (Zeichenketten) von Enum-Elementen ermitteln: Wenn Sie bei einem gegebenen Enum-Wert den Namen des entsprechenden Elements wissen möchten, verwenden Sie einfach die Methode ToString:

```
Dim s As String, col As myColors
col = myColors.Green
s = col.ToString   's = "Green"
```

Alle Namen einer Enum-Aufzählung ermitteln: Die folgende Schleife verwendet GetNames, um alle in myColors definierten Namen anzuzeigen (also "Red", "Green", "Blue" und "Yellow"). Beachten Sie, dass die Kurzschreibweise Enum.GetNames nicht zulässig ist (obwohl System sonst fast immer weggelassen werden kann), weil Enum ein Visual Basic-Schlüsselwort ist. GetNames erwartet als Parameter ein Type-Objekt, das den Datentyp beschreibt. Ein derartiges Objekt wird hier mit col.GetType() erzeugt.

```
Dim all() As String, s As String, col As myColors
all = System.Enum.GetNames(col.GetType())
For Each s In all
  Console.WriteLine(s)
Next
```

Enum-Element aus Zeichenkette erzeugen: Die Methode Parse wertet die angegebene Zeichenkette aus und liefert als Ergebnis ein Enum-Objekt, das der Zeichenkette entspricht.

Die Definition von Parse gibt an, dass die Methode ein Objekt des Typs Object zurückgibt. Daher muss CType verwendet werden, um eine Umwandlung in ein myColors-Objekt durchzuführen. (CType wird in Abschnitt 4.12 beschrieben.) Die folgende Anweisung entspricht col = myColors.Red:

```
Dim col As myColors
col = CType(System.Enum.Parse(col.GetType(), "Red"), myColors)
```

Standardmäßig unterscheidet Parse zwischen Groß- und Kleinschreibung. Wenn Sie das nicht möchten, müssen Sie als dritten Parameter True übergeben:

```
col = CType(System.Enum.Parse(col.GetType(), "rEd", True), myColors)
```

Parse kommt auch mit Enum-Kombinationen zurecht. In der Zeichenkette müssen die einzelnen Namen durch Kommas getrennt werden. Die folgende Anweisung entspricht priv = myPrivileges. ReadAccess Or myPrivileges.WriteAccess:

```
Dim priv As myPrivileges
priv = CType(System.Enum.Parse(priv.GetType(),"ReadAccess, WriteAccess"), myPrivileges)
```

Testen, ob ein Enum-Wert gültig ist: Wenn Sie wissen möchten, ob ein beliebiger Wert einer Enum-Konstante entspricht, können Sie dies mit IsDefined feststellen. Diese Methode liefert True oder False:

```
If System.Enum.IsDefined(col.GetType(), 17) Then ...
```

Beachten Sie, dass IsDefined für Enum-Kombinationen ungeeignet ist! IsDefined(priv, 10) würde eigentlich der Kombination WriteAccess Or Delete entsprechen, liefert aber False!

Syntaxzusammenfassung

Aufzählungen deklarieren und verwenden	

`Enum aufz As Byte/Short/Integer/Long`
`   element1 [ = wert1]`
`   element2 [ = wert2]`
`   ...`
`End Enum`
	deklariert eine Aufzählung. Den Elementen werden automatisch fortlaufende Zahlen zugewiesen, wenn Sie nicht explizit eigene Werte angeben.

`<Flags()> Enum komb_aufz As ...`
`   element1 = 1`
`   element2 = 2`
`   element3 = 4`
`   ...`
`End Enum`
	deklariert eine Aufzählung, deren Elemente kombiniert werden können. Die Elemente müssen dazu Zweierpotenzen enthalten.

`Dim aufz_obj As aufz`	deklariert aufz_obj als Variable der Aufzählung.

Eigenschaften und Methoden der Klasse *System.Enum*	
`System.Enum.GetNames(aufz.GetType())`	liefert ein Zeichenkettenfeld, das die Namen aller `Enum`-Konstanten enthält.
`System.Enum.IsDefined(aufz.GetType(), n)`	testet, ob `n` ein gültiger Wert einer `Enum`-Konstante von `aufz` ist.
`aufz_obj = CType(System.Enum.Parse( _ col.GetType(), s), aufz)`	wertet die Zeichenkette `s` aus und liefert die entsprechende `Enum`-Konstante von `aufz`.

4.9 Felder

Felder kommen immer dann zum Einsatz, wenn Sie mehrere gleichartige Daten (z.B. Zeichenketten, Integerzahlen etc.) effizient verwalten möchten.

Intern sind alle Felder von der .NET-Klasse `System.Array` abgeleitet. Das bedeutet, dass Sie alle Eigenschaften und Methoden von `System.Array` zur Bearbeitung von Feldern anwenden können. Beachten Sie bitte, dass die Methoden von `System.Array` zum Teil direkt auf Feldvariablen angewendet werden können (z.B. `feld.Rank`), zum Teil aber das Feld als Parameter erwarten (z.B. `Array.Reverse(feld)`).

HINWEIS Felder sind nicht die einzige Möglichkeit zur Verwaltung von Daten! Die .NET-Bibliothek bietet eine ganze Gruppe sogenannter `Collection`-Klassen, die für Spezialanwendungen effizienter sind als Felder. Damit können Sie beispielsweise assoziative Felder bilden (bei denen ein beliebiges Objekt und nicht eine Integerzahl als Index gilt), komfortabel Elemente einfügen und löschen etc. Einen Überblick über die wichtigsten `Collection`-Klassen sowie Tipps zu ihrer Anwendung gibt Kapitel 7.

Syntax und Anwendung

Felder werden in Visual Basic ganz ähnlich wie Variablen deklariert. Der einzige Unterschied besteht darin, dass an den Variablennamen oder an den Variablentyp ein Klammernpaar angehängt werden muss, um so zu kennzeichnen, dass es sich um ein Feld handelt.

```
Dim a() As Integer    'Elementzahl noch unbekannt
Dim a As Integer()    'gleichwertige Alternative
```

Im Regelfall geben Sie auch gleich die Anzahl der Elemente an. In diesem Fall muss die Anzahl im ersten Klammernpaar angegeben werden. Eine Besonderheit von Visual Basic besteht darin, dass `Dim b(3)` ein Feld mit *vier* Elementen deklariert: `a(0)`, `a(1)`, `a(2)` und `a(3)`. Der Zugriff auf einzelne Elemente erfolgt in der Form `feldname(indexnummer)`.

```
Dim b(3) As Integer   'eindimensionales Feld, vier Elemente
b(0) = 17
b(1) = 20
b(2) = b(0) + b(1)
b(3) = -7
```

Sie können Felder auch direkt bei der Deklarierung initialisieren. Bei dieser Syntaxvariante dürfen Sie allerdings keine Elementzahl angeben – Visual Basic entscheidet selbst, wie viele Elemente erforderlich sind. Beim folgenden Beispiel hat c drei Elemente: c(0), c(1) und c(2).

```
Dim c() As Integer = {7, 12, 39}
```

Ab VB2008 ist dank impliziter Typisierung (mit Option Infer On) auch die folgende Syntax erlaubt. (Die beiden Zeilen unterscheiden sich durch den Ort des Klammernpaars. Beachten Sie, dass sowohl Dim c = New Integer { ... } als auch Dim c() = New Integer() { ... } unzulässig sind. Es muss genau ein Klammernpaar verwendet werden.)

```
Dim c() = New Integer {7, 12, 39}
Dim c = New Integer() {7, 12, 39}
```

HINWEIS

Die folgende Anweisung liefert in VB2010 ein Integer-Feld, in VB2008 ein Object-Feld:

```
Dim c() = {7, 12, 39}
```

Wenn Sie ein Feld an eine Methode übergeben, können Sie das Feld auch dynamisch beim Aufruf der Methode übergeben. Die folgende Zeile führt die Methode AddRange für ein ListBox-Steuerelement (aus Windows Forms) aus. Diese Methode erwartet ein Feld als Parameter. Die Elemente des Felds müssen allerdings Referenztypen sein.

```
ListBox1.Items.AddRange( New String() {"a", "b", "c"} )
```

In manchen Fällen kann es zweckmäßig sein, ein Feld vorerst leer zu initialisieren. Dazu weisen Sie der Funktion einfach nur {} zu. Stellen Sie sich beispielsweise eine Funktion vor, die ein String-Feld mit Namen als Ergebnis liefert. Wenn kein passender Name gefunden wird, soll ein leeres Feld zurückgegeben werden:

```
Public Function myfunction() As String()
  Dim result As String() = {}
  If no_data_found Then
    Return result  'oder: Return New String() {}
  Else
    ReDim result(n)
    result(..)=...
    Return result
  End If
End Function
```

Felder neu dimensionieren

Eine Besonderheit von Visual Basic besteht darin, dass Sie Felder mit ReDim nachträglich neu dimensionieren können. Wenn Sie dabei das optionale Schlüsselwort Preserve angeben, bleibt der Inhalt des bisherigen Felds erhalten. (Beachten Sie bitte, dass ReDim ein verhältnismäßig zeitaufwendiger Vorgang ist. Wenn Sie eine große Anzahl von Elementen verwalten, wobei die genaue Anzahl von vornherein nicht feststeht, sollten Sie entweder auf eine der in Kapitel 7 beschriebenen Collection-Klassen zurückgreifen oder die Feldanzahl nur in großen Schritten erhöhen.)

```
ReDim a(7)
a(5) = 1232
ReDim Preserve a(12)
```

Mehrdimensionale Felder

Mehrdimensionale Felder werden einfach dadurch erzeugt, dass Sie bei `Dim` mehrere Indizes angeben. Beim folgenden Feld reicht der erste Index von 0 bis 3, der zweite von 0 bis 4, der dritte von 0 bis 5. Insgesamt hat das Feld somit 4*5*6 = 120 Elemente.

```
Dim d(3, 4, 5) As Integer
```

`ReDim` kann auch auf mehrdimensionale Felder angewendet werden, allerdings darf dabei nur die Größe der äußersten Dimension verändert werden. (Nach `Dim a(3,4,5)` dürfen Sie also `ReDim a(3,4,6)` ausführen, nicht aber `ReDim a(4,4,5)`.)

Feldgröße ermitteln

Die Eigenschaft `feld.Rank` liefert die Anzahl der Dimensionen. (`d.Rank` liefert 3.) Für jede Dimension kann der zulässige Indexbereich mit `feld.GetLowerBound(n)` und `feld.GetUpperBound(n)` ermittelt werden, wobei `n` die Dimension ist. (Für die erste Dimension gilt `n=0`!) Die Gesamtzahl aller Elemente kann mit `feld.Length` ermittelt werden. Die folgenden Zeilen zeigen die Initialisierung eines dreidimensionalen Felds:

```
For i = 0 To d.GetUpperBound(0)
  For j = 0 To d.GetUpperBound(1)
    For k = 0 To d.GetUpperBound(2)
      d(i, j, k) = i * 100 + j * 10 + k
    Next
  Next
Next
```

Statt `GetUpper/LowerBound` können Sie auch die VB-Funktionen `UBound` bzw. `LBound` verwenden. Die gewünschte Dimension geben Sie im zweiten Parameter an, wobei die Zählung aber nun mit 1 beginnt! Für die erste Dimension können Sie auf den zweiten Parameter verzichten, es gilt der Standardwert `n=1`.

```
For i = 0 To UBound(d)
  For j = 0 To UBound(d, 2)
    For k = 0 To UBound(d, 3)
      ...
```

Bei Feldern, die Sie selbst mit `Dim` erzeugt haben, können Sie auf die Auswertung von `GetLowerBound` verzichten: Visual Basic-Felder beginnen immer mit dem Index 0. Bei Feldern, die von anderen Bibliotheken stammen, ist eine Auswertung aber sehr wohl sinnvoll, weil .NET grundsätzlich auch Felder mit einem von 0 abweichenden Startindex unterstützt.

For-Each-Schleifen

Eine besonders einfache Form, alle Elemente eines Felds zu durchlaufen, bilden die in Abschnitt 5.2 vorgestellten For-Each-Schleifen. Die Schleifenvariable muss dabei denselben Datentyp wie das Feld aufweisen. (Durch die Anweisung Console.WriteLine wird der Inhalt von i in einem Konsolenfenster angezeigt.)

```
Dim c() As Integer = {7, 12, 39}
Dim i As Integer
For Each i In c
  Console.WriteLine(i)
Next
```

Felder löschen

Mit Erase können Sie alle Elemente eines Felds löschen und den so reservierten Speicher wieder freigeben.

```
Erase a, b, c, d
```

Feldelemente löschen

Array.Clear setzt eine vorgegebene Anzahl von Elementen auf 0, Nothing oder False (je nach Datentyp des Elements). Bei einem Integer-Feld entspricht Array.Clear(f, 7, 2) den Anweisungen f(7)=0 und f(8)=0.

Felder kopieren

Mit Clone können Sie eine vollständige Kopie eines Felds erzeugen. Clone liefert allerdings ein Object-Feld, das mit CType in ein Feld des gewünschten Typs umgewandelt werden muss. Die folgenden Zeilen zeigen die Anwendung der Methode. Wenn Sie anschließend b(3) auswerten, enthält dieses Element erwartungsgemäß den Wert 5. (CType wird in Abschnitt 4.12 beschrieben.)

```
Dim a(10) As Integer
Dim b() As Integer
a(3) = 5
b = CType(a.Clone, Integer())
```

Wenn Sie nicht einfach alle Elemente kopieren möchten, nehmen Sie die Methode Array.Copy zu Hilfe. Das folgende Beispiel kopiert aus dem Feld c sechs Elemente nach d, wobei das Kopieren in c beim Element 2 und in d beim Element 0 beginnt. Die Copy-Anweisung entspricht also d(0)=c(2), d(1)=c(3), d(2)=c(4) etc. Im Konsolenfenster werden daher die Werte 2, 3, 4, 5, 6 und 7 ausgegeben.

```
Dim c(10) As Integer
Dim d(5) As Integer
Dim i As Integer
For i = 0 To 10
  c(i) = i
Next
```

```
Array.Copy(c, 2, d, 0, 6)
For i = 0 To 5
  Console.WriteLine(d(i))
Next
```

Wenn Sie ein Feld kopieren, das Objekte von Referenztypen enthält (keine *ValueType*-Daten), dann wird ein sogenanntes *shallow copy* durchgeführt. Das bedeutet, dass nur die Referenzen kopiert werden, dass aber von den Objekten selbst keine Kopie erstellt wird. Beide Felder verweisen dann auf dieselben Objekte.

Reihenfolge der Elemente vertauschen

`Array.Reverse` dreht die Reihenfolge der Elemente um. Das letzte Element eines eindimensionalen Felds wird damit zum ersten (und umgekehrt).

```
For i = 0 To 9
  e(i) = i
Next
Array.Reverse(e)  'nun gilt e(0)=9, e(1)=8 etc.
```

Felder sortieren und durchsuchen

`Array.Sort` sortiert das als Parameter übergebene Feld. Durch optionale Parameter kann auch nur ein Teil des Felds sortiert werden. Ein Sortieren ist nur möglich, wenn die im Feld gespeicherten Objekte (z.B. Zahlen, Zeichenketten) vergleichbar sind.

Wenn Sie ein bestimmtes Element in einem Feld suchen, müssen Sie in der Regel alle Elemente durchlaufen. Wenn das Feld aber bereits sortiert ist, können Sie die Suche ganz wesentlich beschleunigen, indem Sie die Methode `BinarySearch` zu Hilfe nehmen. Diese Methode benötigt beispielsweise zur Suche in einem Feld mit 1000 Einträgen nur maximal zehn Vergleichsvorgänge. `BinarySearch` liefert als Ergebnis entweder die positive Indexnummer des gefundenen Elements oder eine negative Nummer, wenn das Element nicht gefunden wurde.

```
' Beispiel variablen\felder
Sub sort_array()
  Dim i As Integer
  Dim n As String    'einige VB-Autoren ...
  Dim s() As String = _
    {"Holger Schwichtenberg", "Frank Eller", "Dan Appleman", "Brian Bischof", _
     "Gary Cornell", "Jonathan Morrison", "Andrew Troelsen"}
  ' sortieren
  Array.Sort(s)
  ' suchen
  i = Array.BinarySearch(s, "Dan Appleman")
  Console.WriteLine("Suche nach Dan Appleman: Index = " + i.ToString + " Element = " + s(i))
End Sub
```

HINWEIS

Generische Methoden zur Bearbeitung von Feldern werden in Abschnitt 7.2 vorgestellt.

Wenn Sie Felder nach eigenen Sortierkriterien ordnen möchten, können Sie an `Sort` ein Objekt übergeben, dessen Klasse die Schnittstelle `Collections.IComparer` realisiert: Dann werden bei jedem Vergleichsvorgang zwei Elemente des Felds an die `Compare`-Funktion dieser Klasse übergeben. Die Funktion vergleicht die beiden Elemente und liefert als Ergebnis –1, 0 oder 1, je nachdem, ob das erste Objekt kleiner, gleich oder größer als das zweite war. Auf diese Weise können Sie die `Sort`-Methode mit beliebigen Vergleichskriterien verbinden. Beispielsweise könnten Sie das obige `String`-Feld dann nach Familiennamen sortieren. Hintergrundinformationen und Beispiele zum individuellen Sortieren von Feldern und Aufzählungen finden Sie in den Abschnitten 7.2 und 7.3.

Syntaxzusammenfassung

Felder deklarieren und verwenden	
`Dim f(7) As datentyp`	deklariert ein eindimensionales Feld mit acht Elementen, die mit `feld(0)` bis `feld(7)` angesprochen werden.
`Dim f(n, m, o, p) As datentyp`	deklariert ein vierdimensionales Feld.
`ReDim [Preserve] f(n)`	verändert die Größe des Felds (optional unter Erhaltung des Inhalts).
`Erase f`	löscht das Feld.
`LBound(f,n)` `UBound(f, n)`	ermittelt den minimalen bzw. maximalen Index des Felds für die Dimension `n` (mit `n=0` für die erste Dimension).

Eigenschaften und Methoden der Klasse *System.Array*	
`Array.BinarySearch(f, suchobj)` `Array.BinarySearch(f, suchobj, icompareobj)`	durchsucht das Feld `f` nach dem Eintrag `suchobj`. Die Methode setzt voraus, dass das Feld sortiert ist, und liefert als Ergebnis die Indexnummer des gefundenen Eintrags. Optional kann eine eigene Vergleichsmethode angegeben werden.
`Array.Clear(f, n, m)`	setzt `m` Elemente beginnend mit `f(n)` auf `0`, `Nothing` oder `False` (je nach Datentyp des Elements).
`f2 = CType(f1.Clone, datentyp())`	weist `f2` eine Kopie von `f1` zu.
`Array.Copy(f1, n1, f2, n2, m)`	kopiert `m` Elemente vom Feld `f1` in das Feld `f2`, wobei `n1` der Startindex in `f1` und `n2` der Startindex in `f2` ist.
`f = Array.CreateInstance(type, n [,m [,o]])`	erzeugt ein Feld der Größe `(n,m,o)`, wobei in den einzelnen Elementen Objekte des Typs `type` gespeichert werden können.
`f.GetLowerBound(n)` `f.GetUpperBound(n)`	ermittelt den minimalen bzw. maximalen Index des Felds für die Dimension `n` (mit `n=0` für die erste Dimension).
`f.GetValue(n [,m [,o]])`	liefert das Element `f(n, m, o)`.
`f.Length`	ermittelt die Gesamtzahl der Elemente des Felds.
`f.Rank`	gibt die Anzahl der Dimensionen an.

Eigenschaften und Methoden der Klasse *System.Array*	
`Array.Reverse(f)`	vertauscht die Reihenfolge der Elemente des Felds.
`f.SetValue(data, n [,m [,o]])`	speichert in `f(n, m, o)` den Wert `data`.
`Array.Sort(f  [ ,icompareobj ] )`	sortiert `f` (unter Anwendung der Vergleichsfunktion des `ICompare`-Objekts).

4.10 Speicherverwaltung

Dieser Abschnitt geht auf einige Interna der Verwaltung von Variablen ein. Dabei werden Kenntnisse in den Grundtechniken der objektorientierten Programmierung vorausgesetzt, die erst im weiteren Verlauf dieses Buchs vermittelt werden. Der Abschnitt richtet sich daher an Leser, die schon etwas Erfahrung mit Visual Basic haben.

Speichernutzung durch Wert- und Referenztypen

Um elementare Datentypen wie `Integer` oder `Double` bzw. einfache Datenstrukturen möglichst effizient verwalten zu können, unterscheidet .NET zwischen Wert- und Referenztypen (bzw. zwischen `ValueType`-Klassen und gewöhnlichen Klassen, siehe auch Abschnitt 4.3). Diese Unterscheidung hat einen ganz wesentlichen Einfluss darauf, wie die Daten im Speicher verwaltet werden:

» **Gewöhnliche Objekte (für Referenztypen)** werden in einem eigenen Speicherbereich, dem sogenannten `heap`, gespeichert. Das ist deswegen sinnvoll, weil derartige Objekte meistens eine variable Größe haben und weil Objekte typischerweise dynamisch während des Programms erzeugt und wieder gelöscht werden.

  Um die Speicherverwaltung im `heap` kümmert sich die .NET-Runtime-Bibliothek. Nicht mehr benötigte Objekte werden bei einer sogenannten `garbage collection` (wörtlich: Müllabfuhr) automatisch wieder freigegeben. Einige Feinheiten der `garbage collection` werden etwas weiter unten beschrieben. Entscheidend für Sie als Programmierer(in) ist an dieser Stelle nur: Sie brauchen sich im Regelfall nicht selbst um die Speicherverwaltung zu kümmern.

  Bei Prozeduraufrufen werden in Parametern Zeiger (Referenzen) auf die Daten übergeben (nicht die Daten selbst). Ebenso wird bei einer Variablenzuweisung (`obj1 = obj2`) nur ein neuer Zeiger (eine neue Referenz) auf das Objekt eingerichtet. `obj1` und `obj2` zeigen nun also auf dasselbe Objekt, dessen Daten sich im `heap` befinden.

» `ValueType`**-Daten (für Werttypen wie** `Integer`**)** werden dagegen direkt in Datenstrukturen gespeichert (`allocated inline a structure`). Bei Prozeduraufrufen werden die Daten in den Stack kopiert. Bei einer Variablenzuweisung (`obj1 = obj2`) werden die Daten kopiert.

Boxed value types

Aus Effizienzgründen werden `ValueType`-Objekte also anders behandelt als gewöhnliche Objekte. Es gibt aber Fälle, wo `ValueType`-Objekte auch intern wie gewöhnliche Objekte dargestellt werden müssen – beispielsweise wenn ein `Integer`-Wert in einer als `Object` deklarierten Variable, einem `Object`-Feld oder einer `Collection` gespeichert wird.

Dazu wird am `heap` Speicher für eine Zwischenschicht (einen sogenannten `wrapper`) reserviert. Die Daten des `ValueType`-Objekts werden dorthin kopiert. Dieser Vorgang wird als `boxing` bezeichnet, die resultierenden Daten als `boxed value types`. Die Rückverwandlung in gewöhnliche `ValueType`-Daten heißt dementsprechend `unboxing`.

Garbage Collection

Der Begriff `garbage collection` (wörtlich übersetzt: Müllabfuhr) bezeichnet das Aufräumen des Speichers. Die `garbage collection` wird automatisch ausgeführt, wobei Sie als Programmierer normalerweise keinen Einfluss darauf haben, *wann* das passiert. Vielmehr beobachtet die .NET-Bibliothek die Nutzung von Objekten und den Speicherbedarf und entscheidet selbst, wann der Speicher von nicht mehr benötigten Objekten befreit werden muss.

HINWEIS

Die Garbage Collection gilt ausschließlich für den Heap, auf dem Objekte (Referenztypen) gespeichert werden. *ValueType*-Daten sind von einer Garbage Collection nicht betroffen.

Das .NET Framework unterscheidet zwischen zwei Typen von Klassen: solchen mit und solchen ohne `IDisposable`-Schnittstelle. Bei Klassen, die `IDisposable` implementieren, sollten Sie sich explizit um die Freigabe kümmern, wenn Sie die Objekte nicht mehr benötigen (`Dispose`-Methode)! Die Garbage Collection kann `IDisposable`-Objekte nicht bzw. erst später aus dem Heap entfernen! Denken Sie also an `Dispose`, sonst blockiert Ihr Objekt unnötig lange Speicher und womöglich auch andere Ressourcen wie Datenbankverbindungen. Informationen zum richtigen Umgang mit `IDisposable`-Objekten gibt Abschnitt 6.3.

Garbage Collection manuell auslösen

Normalerweise kümmert sich das .NET Framework selbstständig darum, eine `garbage collection` durchzuführen, wenn dies notwendig erscheint. In seltenen Fällen kann es sinnvoll sein, die `garbage collection` manuell auszuführen – z.B. wenn Sie wissen, dass Ihr Programm in den nächsten Sekunden keine zeitkritischen Operationen durchführen muss.

Eine `garbage collection` kann unterschiedlich gründlich durchgeführt werden: Durch `GetTotalMemory` wird nur eine schnelle, aber eben auch etwas schlampige `garbage collection` ausgelöst. `GC.Collect(n)` limitiert die `garbage collection` auf `n` Stufen. Erst `GC.Collect()` führt die `garbage collection` so gründlich wie möglich durch.

Beachten Sie, dass die `garbage collection` in einem eigenen Thread – also quasi parallel zum Hauptprogramm – ausgeführt wird. Die `Collect`-Methode initiiert diesen Vorgang nur; anschließend wird das Hauptprogramm sofort fortgesetzt. Wenn Sie warten möchten, bis die `garbage collection` abgeschlossen ist, müssen Sie anschließend noch `GC.WaitForPendingFinalizers()` ausführen.

Speicherverbrauch ermitteln

Mit `GC.GetTotalMemory()` können Sie den `heap`-Speicherbedarf ermitteln. An die Methode müssen Sie `True` oder `False` übergeben, je nachdem, ob Sie auf das Ende der durch `GetTotalMemory` ausgelösten `garbage collection` warten möchten oder nicht. Der so ermittelte Wert hat allerdings wenig mit dem tatsächlich vom Programm beanspruchten Speicher zu tun. Insbesondere gibt es Objekte, bei denen zwar einige Verwaltungsinformationen auf dem `heap`, weitere Daten aber in anderen Speicherbereichen abgelegt werden.

Eine Reihe anderer Speicherbedarfparameter können Sie aus den Eigenschaften eines `Diagnostics.Process`-Objekts entnehmen. Dazu müssen Sie mit `GetCurrentProcess` ein `Process`-Objekt erzeugen. Anschließend können Sie dessen Eigenschaften auslesen. (Diese Eigenschaften geben eine statische Momentaufnahme wieder. Die Speicherwerte des Objekts verändern sich nur, wenn die Methode `Refresh` ausgeführt wird.)

Mit `PrivateMemorySize64` können Sie den Speicherbedarf des Programms ermitteln, sofern der Speicher nicht gemeinsam von mehreren Programmen genutzt wird.

```
Dim pr As Diagnostics.Process
Dim n1, n2 As Integer
pr = Process.GetCurrentProcess()
n1 = pr.PrivateMemorySize64
n2 = pr.PeakVirtualMemorySize64
...
pr.Dispose()
```

Mit dem in Abbildung 4.3 dargestellten Beispielprogramm *variablen\garbage-collection* können Sie die Mechanismen der Speicherverwaltung experimentell erforschen. Mit den verschiedenen Buttons führen Sie verschiedene speicherintensive Operationen durch. Dabei werden zwar keine Objekte durch `Dispose` freigegeben, es wird aber dreimal pro Sekunde `GetTotalMemory` ausgeführt. Dadurch wird regelmäßig eine oberflächliche `garbage collection` ausgeführt. Mit einem eigenen Button können Sie eine tiefgreifende `garbage collection` explizit auslösen.

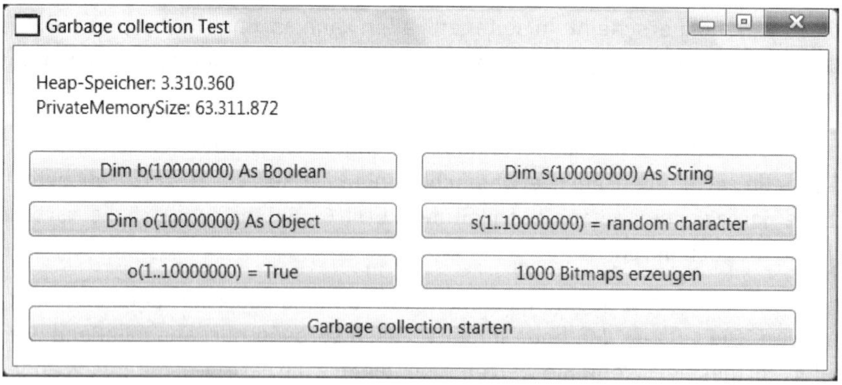

Abbildung 4.3: Speicherbedarf ermitteln

4.11 Datentyp feststellen (GetType)

Dieser Abschnitt stellt einige Methoden vor, mit denen Sie den Typ einer Variablen feststellen können. Zu diesem Abschnitt gibt es das Beispielprogramm *variablen\var-types*, das aber aus Platzgründen und wegen des geringen Informationswerts nicht abgedruckt ist. Sie können das Beispielprogramm als Ausgangspunkt für eigene Experimente mit den hier vorgestellten Methoden verwenden.

In diesem Zusammenhang ist bemerkenswert, dass in Visual Basic jede Variable bzw. jedes Objekt zur Laufzeit (also bei der Programmausführung) weiß, welchen Datentyp sie enthält bzw. von welcher Klasse es abgeleitet ist. Die hier vorgestellten Funktionen helfen nur beim Ermitteln dieser Informationen.

TypeName

Die Visual Basic-Methode `TypeName` liefert eine Zeichenkette mit dem Variablentyp (den Klassennamen) der angegebenen Variablen. Für `Dim i As Integer` liefert `TypeName(i)` die Zeichenkette `Integer`.

Bei noch nicht initialisierten `reference`-Objekten liefert `TypeName` als Ergebnis `"Nothing"`. Bei initialisierten `reference`-Objekten liefert `TypeName` den tatsächlichen Datentyp. Wenn Sie also `Dim o As Object` und dann `o=1.5` ausführen, liefert `TypeName` das Ergebnis `"Double"`.

`TypeName` liefert nur den eigentlichen Klassennamen, nicht aber den Namensraum (also z.B. `"FileInfo"` bei einem Objekt der Klasse `System.IO.FileInfo`).

TypeOf obj Is className

In manchen Fällen ist der Operator `TypeOf` eine Alternative zu `TypeName`. `TypeOf` muss immer mit `Is` kombiniert werden. Die Syntax sieht so aus:

```
Dim o As Object
o = ...
If TypeOf o Is System.IO.FileInfo Then
  ...
End If
```

Die obige Abfrage gilt dann als erfüllt, wenn `o` ein Objekt der Klasse `System.IO.FileInfo` oder einer davon abgeleiteten Klasse enthält. Wenn `o` noch nicht initialisiert ist (also `Nothing` enthält), ist die `TypeOf`-Abfrage nicht erfüllt.

Der Vorteil von `TypeOf` besteht darin, dass der Typvergleich viel schneller ausgeführt wird als durch `If TypeName(o)="System.IO.FileInfo"`. Allerdings kann `TypeOf` ausschließlich für Referenztypen eingesetzt werden, nicht aber für Werttypen (`ValueType`-Klassen).

Bei Objekten, deren Klasse aufgrund von Vererbung auf anderen Basisklassen aufbaut, kann `TypeOf` auch zum Test dieser Basisklassen verwendet werden. Das folgende Beispiel basiert auf einem Objekt der Klasse `System.IO.FileInfo`, deren Klassenhierarchie hier dargestellt wird.

Klassenhierarchie für *System.IO.FileInfo*	
Object	.NET-Basisklasse
└─MarshalByRefObject	Objekt nur als Referenz an andere Rechner weitergeben
└─IO.FileSystemInfo	Basisklasse für DirectoryInfo und FileInfo
└─IO.FileInfo	Informationen über Dateien ermitteln

Aufgrund dieser Hierarchie sind alle vier folgenden If-Abfragen erfüllt:

```
Dim o As Object
o = New IO.FileInfo("c:\readme.txt")
If TypeOf o Is Object Then ...
If TypeOf o Is MarshalByRefObject Then ...
If TypeOf o Is IO.FileSystemInfo Then ...
If TypeOf o Is IO.FileInfo Then ...
```

Da jede Klasse von der Basisklasse Object abgeleitet ist, liefert TypeOf o Is Object immer True!

HINWEIS

TypeOf kann nicht mit IsNot kombiniert werden. Statt If TypeOf o IsNot ... müssen Sie die Abfrage in der Form If Not (TypeOf o Is ...) formulieren.

IsArray, IsDate, IsNumeric, IsReference etc.

Visual Basic kennt eine Reihe von IsXxx-Methoden, die bei der Klassifizierung von Objekten bzw. Daten helfen.

Methoden zur Objektklassifizierung (Klasse Microsoft.VisualBasic.Information)	
IsArray(var)	liefert True, wenn die Variable ein initialisiertes Feld enthält. (Das Feld muss mit der Elementzahl deklariert sein. Für Dim var() As Short liefert die Methode False.)
IsDate(var)	liefert True, wenn die Variable als Date-Variable deklariert ist oder wenn es sich um eine Zeichenkette handelt, die in der aktuellen Ländereinstellung in ein Datum oder in eine Zeit umgewandelt werden kann.
IsError(var)	liefert True, wenn var ein Objekt einer Klasse ist, die von System.Exception abgeleitet ist. (Derartige Objekte werden in Visual Basic zur Darstellung von Fehlern verwendet – siehe Kapitel 8.)
IsNothing(var)	liefert True, wenn var ein nicht initialisiertes reference-Objekt ist. Bei Variablen für Werttypen liefert IsNothing immer False (d.h., auch IsNothing(0) oder IsNothing("") liefert False).
IsNumeric(var)	liefert True, wenn var als Boolean, Byte, Short, Integer, Long, Decimal, Single oder Double deklariert ist oder wenn var eine Zeichenkette enthält, die als Zahlenwert interpretiert werden kann (z.B. "123").
IsReference(var)	liefert True, wenn die Variable ein initialisiertes reference-Objekt enthält. Wenn var ein Objekt eines Werttyps (ValueType-Objekt) oder Nothing enthält, liefert die Methode False.

GetType

Wenn Ihnen die oben beschriebenen Methoden zu wenige Informationen geben, können Sie mit der Methode GetType ein Objekt der Klasse System.Type ermitteln.

```
Dim t As Type
t = variable.GetType()
```

Das Objekt t gibt nun Auskunft über unzählige Details der zugrunde liegenden Klasse: t.name liefert den eigentlichen Klassennamen, t.FullName den vollständigen Namen (Namensraum plus Klassenname), t.AssemblyQualifiedName liefert Informationen über die Bibliothek, aus der die Klasse stammt, t.IsValueType gibt an, ob es sich um ein gewöhnliches Objekt oder um einen Werttyp handelt, etc.

Statt mit var.GetType() können Sie ein Type-Objekt für eine bestimmte Klasse auch durch Type.GetType("klassenname") ermitteln. Type.GetType("Integer") liefert ein Type-Objekt, das die Integer-Klasse beschreibt.

HINWEIS

Die Type-Klasse kennt Dutzende weiterer Eigenschaften und Methoden, mit denen Sie alle nur erdenklichen Informationen über die Klasse ermitteln können. Beispielsweise können Sie damit feststellen, welche Methoden es für die Klasse gibt, welche Ereignisse unterstützt werden etc. Bei der Auswertung dieser Informationen helfen die zahlreichen Klassen des System.Reflection-Namensraums.

Beinahe die einzige Information, die Sie leider nicht ermitteln können, ist der Variablenname. Ein Objekt kann keine Informationen darüber liefern, wie die Variable heißt, die auf das Objekt verweist. (Dafür gibt es viele Gründe. Einer besteht ganz einfach darin, dass mehrere Variablen auf ein und dasselbe Objekt verweisen können.)

```
' Beispiel variablen\var-types
Dim fi As New IO.FileInfo("c:\datei1.txt")
Dim t As Type = fi.GetType()
Console.WriteLine("t.Name: " + t.Name)
Console.WriteLine("t.FullName: " + t.FullName)
Console.WriteLine("t.AssemblyQualifiedName: " + t.AssemblyQualifiedName)
```

Durch die obigen Anweisungen werden im Konsolenfenster die folgenden Informationen ausgegeben:

```
t.Name: FileInfo
t.FullName: System.IO.FileInfo
t.AssemblyQualifiedName: System.IO.FileInfo, mscorlib,
  Version=1.0.3300.0, Culture=neutral, PublicKeyToken=b77a5c561934e089
```

GetType kann auch in der Form GetType(datentyp) verwendet werden, also beispielsweise als GetType(Integer) oder GetType(IO.FileInfo). GetType liefert damit ein Type-Objekt des angegebenen Typs bzw. der angegebenen Klasse zurück. GetType gilt hier nicht als Methode, sondern als Operator.

4.12 Datentypkonvertierung und Casting

`CType` wandelt Daten zwischen verschiedenen Klassen bzw. Datentypen. In Visual Basic ist dafür der Operator `CType` vorgesehen, der syntaktisch aber wie eine Funktion aussieht:

```
obj2 = CType(obj1, klassenname)
```

`CType` wird nur dann fehlerfrei ausgeführt, wenn eine Typumwandlung tatsächlich möglich ist. Grundsätzlich gibt es dabei zwei Fälle:

» Wenn der ursprüngliche und der neue Typ fundamental voneinander abweichen, muss eine Umrechnung bzw. Umwandlung in den neuen Typ durchgeführt werden. Das ist nur dann möglich, wenn die Ausgangsklasse eine entsprechende Umwandlungsmethode vorsieht. Das ist beispielsweise bei den elementaren Datentypen der Fall. Deswegen können Sie beispielsweise eine Integerzahl in eine Zeichenkette umwandeln.

```
Dim i As Integer = 1000
Dim s As String
s = CType(i, String)
```

» Sehr oft muss der Typ gar nicht geändert werden – es liegt schon der richtige Typ vor. Allerdings ist die Variable in einem übergeordneten Klassentyp, als Schnittstelle oder einfach als `Object` deklariert, weswegen der Compiler nicht weiß, welche Eigenschaften und Methoden zur Verfügung stehen. (Im laufenden Programm weiß das Objekt sehr wohl, welcher Klasse es angehört, aber das nützt dem Compiler nichts.)

In solchen Fällen bewirkt `obj2 = CType(obj1, klasse)` nur ein sogenanntes `casting`. Die Daten bleiben unverändert, aber für den Compiler ist nun nur der exakte Datentyp bekannt.

Am einfachsten ist dieser zweite Fall anhand eines Beispiels zu verstehen. Die Prozedur `write_duplicate` hat die Aufgabe, den doppelten Wert des übergebenen Parameters auszugeben. Der Parameter ist als `Object` deklariert. Innerhalb der Prozedur wird nun mit `TypeOf` getestet, ob es sich beim Parameter um einen `Integer`-Wert handelt. Wenn das der Fall ist, wird mit `CType` eine Typumwandlung durchgeführt. Damit weiß der Compiler nun, dass `i` eine `Integer`-Variable ist, und kann `i*2` berechnen. Wenn der Parameter eine Zeichenkette enthält, wird diese analog per `CType` einer `String`-Variablen zugewiesen. Anschließend kann die Zeichenkette durch `s+s` verdoppelt werden.

```
Sub write_duplicate(ByVal obj As Object)
  Dim i As Integer
  Dim s As String
  If TypeOf obj Is Integer Then
    i = CType(obj, Integer)
    Console.WriteLine(i * 2)
  ElseIf TypeOf obj Is String Then
    s = CType(obj, String)
    Console.WriteLine(s + s)
  Else
```

```
    Console.WriteLine("invalid type")
  End If
End Sub
```

Da der Parameter von write_duplicate als Object deklariert ist, kann jeder beliebige Wert an die Prozedur übergeben werden.

```
write_duplicate(3)
write_duplicate("abc")
write_duplicate(0.4)
```

Als Ausgabe erhalten Sie im Konsolenfenster die folgenden drei Zeilen:

```
6
abcabc
invalid type
```

HINWEIS

Im Stichwortverzeichnis finden Sie unter CType einige Verweise zu Beispielen, die eine reale Anwendung dieser Funktion zeigen. Allerdings sind zum Verständnis der Beispiele oft viele Hintergrundinformationen erforderlich, weswegen hier nur ein unrealistisches (aber dafür einfaches) Beispiel präsentiert wurde.

CType und die Objekthierarchie

Bei Objekten, deren Klassen von anderen Basisklassen abgeleitet sind, kann CType eine Umwandlung in all diese Klassen durchführen. Das Gleiche gilt bei Klassen, die verschiedene Schnittstellen implementieren. Durch CType können Sie eine Objektvariable so behandeln, als würde das enthaltene Objekt nur die Merkmale dieser Schnittstelle kennen.

Tatsächlich wird das Objekt in beiden Fällen nicht verändert! CType ist vielmehr eine Hilfe für den Compiler, damit dieser weiß, welche Eigenschaften und Methoden zur Verfügung stehen. (Wenn Sie aber eine casting-Operation durchzuführen versuchen, die unzulässig ist, tritt ein Fehler auf.)

Zur Verdeutlichung wird nochmals ein Objekt der Klasse IO.FileInfo verwendet. Die Vererbungshierarchie dieser Klasse ist auf Seite 104 in einem Diagramm dargestellt. In obj1 wird ein Objekt der Klasse IO.FileInfo gespeichert. Wegen der Klassenhierarchie können die folgenden drei Zuweisungen mit CType problemlos durchgeführt werden. Anschließend verweisen alle vier Variablen auf dasselbe Objekt!

```
Dim obj1, obj2 As Object
Dim fsi As IO.FileSystemInfo
Dim fi As IO.FileInfo
obj1 = New IO.FileInfo("c:\readme.txt")
fsi = CType(obj1, IO.FileSystemInfo)
fi = CType(obj1, IO.FileInfo)
obj2 = CType(fi, Object)
```

Obwohl also alle vier Variablen auf dasselbe Objekt verweisen, akzeptiert der Compiler die Verwendung von Eigenschaften und Methoden zur Bearbeitung des Objekts nur bei den Variablen, die die richtige Klasse aufweisen. Die Methode `Exists` ist für die Klasse `IO.FileSystemInfo` deklariert, die Methode `DirectoryName` für `IO.FileInfo`. `Exists` kann daher sowohl auf `fsi` als auch auf fi angewendet werden, `DirectoryName` dagegen nur auf fi.

```
Console.WriteLine(fsi.Exists())
Console.WriteLine(fi.Exists())
Console.WriteLine(fi.DirectoryName)
```

HINWEIS

Weitere Beispiele zu diesem Abschnitt finden Sie im Beispielprogramm *variablen\objektkonvertierung*, das hier aus Platzgründen nicht abgedruckt ist.

Um `CType` in all seinen Facetten zu begreifen, müssen Sie wissen, was Klassen und Schnittstellen sind. Diese Begriffe werden in Kapitel 6 ausführlich behandelt.

Informationen zur automatischen und expliziten Konvertierung zwischen verschiedenen elementaren Datentypen gibt Abschnitt 9.7. Dort lernen Sie die Visual Basic-Funktionen `CBool`, `CByte`, `CChar`, `CDate` sowie eine ganze Menge weiterer .NET-Methoden kennen, mit denen Sie Umwandlungen durchführen.

DirectCast und TryCast

Eine Alternative zu den `Cxxx`-Operatoren ist das VB-Schlüsselwort `DirectCast`. Der wesentliche Unterschied zu `Cxxx` besteht darin, dass `DirectCast` wirklich nur ein `casting` vornimmt, aber keine Konversion durchführt. `CType(1, String)` liefert `"1"`, `DirectCast(1, String)` liefert dagegen einen Fehler. `DirectCast` ist in der Ausführung minimal schneller als `CType`, funktioniert aber nur für Objekte in voneinander abgeleiteten Klassen.

Wenn Sie vorweg überprüfen möchten, ob ein `casting` möglich ist, führen Sie `TryCast(obj, datentyp)` aus. `TryCast` liefert entweder das gewünschte Ergebnis oder `Nothing`, falls der gewünschte Datentyp und der Datentyp von `obj` nicht zueinander kompatibel sind. `TryCast` kann allerdings nur für Referenztypen eingesetzt werden. `obj` darf also nicht eine einfache Zahl oder ein Element einer Struktur (`Structure`) sein.

5 Prozedurale Programmierung

Dieses Kapitel liefert eine kompakte Beschreibung der prozeduralen Sprachelemente von Visual Basic. Dazu zählen insbesondere die Kommandos zur Bildung von Schleifen, Abfragen und Prozeduren. Das Kapitel wird mit einer Referenz aller Operatoren abgeschlossen. Ausführliche Informationen zu den objektorientierten Sprachelementen folgen in den weiteren Kapiteln.

5.1 Verzweigungen (Abfragen)

If-Then-Else

Die folgenden Zeilen zeigen anhand eines Beispiels die Struktur von `If-Then-Else`-Konstruktionen:

```
Dim a As Double = Rnd()
If a < 0.1 Then
  MsgBox("a ist kleiner 0.1")
  ... beliebig viele weitere Kommandos
```

```
ElseIf a < 0.5 Then
  MsgBox("a ist größer gleich 0.1, aber kleiner 0.5")
ElseIf a < 0.9 Then
  MsgBox("a ist größer gleich 0.5, aber kleiner 0.9")
Else
  MsgBox("a ist größer gleich 0.9")
End If
```

In der einfachsten Form besteht die `If`-Konstruktion nur aus der Abfrage, dem Block nach `Then` und schließlich `End If`. Die `ElseIf`-Blöcke und der `Else`-Block sind optional.

In einfachen Fällen kann eine `If`-Abfrage in nur einer einzigen Zeile formuliert werden. Dazu wird unmittelbar nach `Then` das auszuführende Kommando angegeben. Es ist kein `End If` erforderlich (und bei dieser Syntaxvariante auch gar nicht erlaubt).

```
If a < 0.1 Then MsgBox("a ist kleiner 0.1")
```

Formulierung von Bedingungen

`If` erwartet als Bedingung einen Wahrheitswert, also `True` oder `False`. Wenn Sie einen Vergleich angeben (z.B. `a=3` oder `b>4`), dann liefert der Vergleich diesen Wahrheitswert. Natürlich können Sie auch mehrere Teilbedingungen mit logischen Operatoren miteinander verbinden:

```
If (a < 0.1 And b > 3) Or c=5 Then ...
```

Um zu testen, ob eine Variable ungleich 0 ist, wird bisweilen die Kurzschreibweise `If a Then xxx` verwendet. Das führt dazu, dass `a` zuerst in den Datentyp `Boolean` umgewandelt wird. Mit `Option Strict` ist die Kurzschreibweise nicht zulässig. Es ist daher besser, auf die Kurzschreibweise zu verzichten und stattdessen `If a<>0 Then ...` zu schreiben.

```
If a Then ...
```

Select-Case

Alternativ zur `If`-Verzweigung kennt Visual Basic auch die `Select-Case`-Konstruktion, mit der sich manche Abfragen übersichtlicher (lesbarer) formulieren lassen. Abermals vorweg ein Beispiel:

```
Dim n As Integer = CInt(Rnd() * 100)
Select Case n
  Case 1
    MsgBox("n ist 1")
  Case 2, 3, 4, 5
    MsgBox("n liegt zwischen 2 und 5")
  Case 6 To 50
    MsgBox("n liegt zwischen 6 und 50")
  Case Is < 70
    MsgBox("n liegt zwischen 51 und 69")
  Case Else
    MsgBox("n ist größer gleich 70")
End Select
```

Mit `Select Case` wird der auszuwertende Ausdruck angegeben. Dabei muss es sich um einen der elementaren Datentypen handeln (alle Zahlentypen sowie `Char`, `String`, `Date` oder `Object`).

In jeder `Case`-Bedingung kann ein bestimmter Wert, eine Aufzählung von Werten oder ein Wertbereich (`a To b`) angegeben werden. Des Weiteren kann mit `Is` ein beliebiger Vergleichsoperator angegeben werden. (`Is TypeOf datentyp` ist allerdings nicht erlaubt.)

Wenn in `Select Case` eine Zeichenkette angegeben wird, erfolgt der Zeichenkettenvergleich gemäß der `Option-Compare`-Einstellung (siehe Abschnitt 10.3). Standardmäßig bedeutet das, dass zwischen Groß- und Kleinschreibung differenziert wird.

Sobald eine zutreffende `Case`-Bedingung gefunden wird, wird der darauffolgende Codeblock ausgeführt. Anschließend wird die gesamte Konstruktion verlassen. (Es wird also maximal ein `Case`-Codeblock ausgeführt.)

IIf, If, Choose, Switch

Die Methode `IIf(a, b, c)` aus der `Interaction`-Klasse des `Microsoft.VisualBasic`-Namensraums entspricht in etwa dem C-Konstrukt `a ? b : c`: Wenn `a` zutrifft, liefert die Funktion den Wert von `b`, sonst `c`.

```
Dim x As Double = Rnd()
Dim s As String
s = IIf(x > 0.5, "abc", "def")
```

Seit VB2008 kann statt `IIf` die Funktion `If(a, b, c)` verwendet werden, die jetzt (endlich) integrativer Bestandteil der Sprache Visual Basic ist. Obwohl `If` auf den ersten Blick wie ein gleichwertiger Ersatz für `IIf` aussieht, gibt es feine Unterschiede: Bei `IIf` werden immer alle drei Parameter ausgewertet. `If` wertet dagegen zuerst `a` aus; je nachdem, ob das Ergebnis `True` oder `False` ist, wird anschließend nur `b` oder nur `c` ausgewertet und als Ergebnis von `If` zurückgegeben. Diese Vorgehensweise wird auch als `short-circuit evaluation` bezeichnet.

```
s = If(x > 0.5, "abc", "def")
```

`If` kann auch mit nur zwei Parametern in der Form `If(b, c)` ausgeführt werden. In diesem Fall muss `b` ein Referenztyp (eine Objekt- oder `String`-Variable) oder eine `Nullable`-Variable sein. Wenn `b` ungleich `Nothing` ist, gibt `If` den Wert von `b` zurück, andernfalls `c`.

HINWEIS

Das Ergebnis von `If` hat immer den Datentyp `Object` – auch dann, wenn der Ergebnisdatentyp eindeutig ist (z.B. `If(bedingung, "a", "b")`.

`Choose` weist eine ähnliche Syntax wie `If` auf: Im ersten Parameter wird ein Indexwert angegeben, der zeigt, welchen der folgenden Parameter `Choose` zurückgeben soll. Wenn der Indexwert kleiner als 1 oder größer als der größtmögliche Index ist, liefert die Funktion als Ergebnis `Nothing`. Bei Fließkommazahlen werden die Nachkommastellen ignoriert.

```
Choose(1, "a", "b", "c")   'liefert "a"
Choose(2.8, "a", "b", "c") 'liefert "b"
Choose(0, "a", "b", "c")   'liefert Nothing
Choose(4, "a", "b", "c")   'liefert Nothing
```

Eine dritte Variante für die Formulierung einzeiliger Auswahlentscheidungen stellt die Methode `Switch` dar. In `Switch(a,x,b,y,..)` wird getestet, ob `a` ungleich 0 (also `True`) ist. Wenn ja, liefert `Switch` als Ergebnis `x`, andernfalls wird der Test für `b` wiederholt etc. Ist keine der in jedem zweiten Parameter formulierten Bedingungen wahr, liefert die Funktion als Ergebnis `Nothing`.

```
Switch(1, "a", 1, "b")     'liefert "a"
Switch(0, "a", 1, "b")     'liefert "b"
Switch(0, "a", 0, "b")     'liefert Nothing
```

HINWEIS

Unabhängig vom Ergebnis der Bedingung werden bei `IIf`, `Choose` und `Switch` alle Parameter ausgewertet. Daher werden bei `IIf(True, funktion1, funktion2)` sowohl `funktion1` als auch `funktion2` berechnet, obwohl `IIf` eigentlich nur den Wert von `funktion1` benötigen würde. Dieses Verhalten ist weder logisch noch effizient, stellt aber die Kompatibilität mit VB6 sicher. Nur die neue Funktion `If(a, b, c)` weicht von diesem Verhalten ab. Hier wird je nach dem Zustand von `a` nur `b` oder `c` ausgewertet.

Syntaxzusammenfassung

Verzweigungen mit *If-Then-Else* (einzeilige Form)	
`If bedingung Then kommando`	einzeilige Kurzform
`If bedingung Then kom1 Else kom2`	einzeilige Kurzform mit `Else`

Verzweigungen mit *If-Then-Else* (mehrzeilige Form)	
`If bedingung Then`	
`...`	beliebig viele Kommandos
`ElseIf bedingung Then`	optional, beliebig oft
`...`	
`Else`	optional
`...`	mehrzeilige Variante
`End If`	beliebig viele Kommandos

Verzweigungen mit *Select-Case*	
`Select Case ausdruck`	
`Case bedingung1`	beliebig viele Fälle
`...`	

Verzweigungen mit *Select-Case*	
`Case bedingung2`	
`...`	
`Case Else`	optional
`...`	
`End Select`	

Case-Bedingungen	
`wert`	Einzelwert (oder Zeichenkette)
`wert1, wert2, wert3`	Aufzählung
`wert1 To wert2`	Wertebereich
`Is operator vergleichswert`	allgemeiner Vergleich, z.B. Is < 3

Fallunterscheidungen mit *IIf, Choose* und *Switch* (Namensraum *Microsoft.VisualBasic*)	
`IIf(bedingung, ausdruck1, ausdruck2)`	Die Bedingung entscheidet, welchen Ausdruck `IIf` als Ergebnis liefert. Unabhängig von `bedingung` werden sowohl `ausdruck1` als auch `ausdruck2` ausgewertet.
`If(bedingung, ausdruck1, ausdruck2)`	`If` funktioniert wie `IIf`, allerdings wird je nach `bedingung` nur einer der beiden Ausdrücke ausgewertet.
`If(ausdruck1, ausdruck2)`	`If` liefert `ausdruck1`, wenn dieser nicht `Nothing` ist, sonst `ausdruck2`.
`Choose(index, ausd1, ausd2, ausd3 ...)`	Der erste Ausdruck wirkt wie ein Index.
`Switch(bed1, ausd1, bed2, ausd2 ...)`	Die erste wahre Bedingung entscheidet über den Ergebnisausdruck.

5.2 Schleifen

For-Next-Schleifen

Die einfachste Schleifenform ist die klassische `For-Next`-Schleife. Die folgenden Zeilen zeigen die prinzipielle Syntax. Normalerweise wird die Schleifenvariable mit jedem Durchlauf um 1 erhöht. Sie können aber mit `Step` einen beliebigen anderen Wert angeben (auch einen negativen!). Bei `Next` können Sie optional die Schleifenvariable angeben. Das ist zwar nicht notwendig, fördert bei verschachtelten Konstruktionen aber die Lesbarkeit.

```
Dim i As Integer
For i = 1 To 10 [ Step 2 ]
  ...
Next [ i ]
```

Die Deklaration der Schleifenvariablen darf auch direkt in der Schleife erfolgen.

```
For i As Integer = 1 To 10
  ...
Next i
```

Seit VB2008 kann aufgrund der impliziten Typisierung (siehe Abschnitt 4.2) auch ganz auf die Deklaration der Schleifenvariablen verzichtet werden. Der VB-Compiler entscheidet sich aufgrund der Start-, End- und Schrittwerte selbst für einen geeigneten Datentyp (im folgenden Beispiel für `Double`).

```
For i = 1 To 10 Step 0.1
  ...
Next i
```

Intern wird am Beginn der Schleife getestet, ob die Schleifenvariable bereits größer als der Endwert ist (bzw. kleiner bei einem negativen `Step`-Wert). In diesem Fall wird die Schleife sofort abgebrochen. Der Schleifenkörper wird dann kein einziges Mal durchlaufen.

Jedes Mal, wenn die Programmausführung `Next` erreicht, wird die Schleifenvariable um 1 bzw. um den `Step`-Wert erhöht. Anschließend wird der Test wiederholt, ob der Zielwert bereits über- bzw. unterschritten wurde. Wenn das nicht der Fall ist, wird die Schleife noch mal durchlaufen. (Eine Konsequenz dieser Vorgehensweise besteht darin, dass die Schleifenvariable am Ende der obigen Schleife den Wert 11 enthält!)

Schleifenkörper vorzeitig verlassen

Innerhalb der Schleife können Sie durch `Continue For` den Schleifenkörper vorzeitig verlassen. Damit werden alle Zeilen bis `Next` übersprungen. Die Schleife wird mit dem nächsten Schleifendurchgang fortgesetzt.

```
For i = 1 To 10
  ...
  If arrayvar(i) = 0 Then Continue For
  ...
Next i
```

Schleife vorzeitig beenden

Die Schleife kann vorzeitig mit `Exit For` abgebrochen werden. (`Exit For` bewirkt, dass der Code nach dem dazugehörenden `Next`-Kommando fortgesetzt wird.)

For-Each-Schleifen

Bei For-Each-Schleifen durchläuft die Schleifenvariable alle Elemente des angegebenen Felds bzw. der Aufzählung. (Der Begriff Aufzählung meint genau genommen ein Objekt, dessen Klasse die IEnumerable-Schnittstelle implementiert. Was das bedeutet, wird in Kapitel 7 ausführlich beschrieben.)

Die folgende Schleife verdeutlicht die Syntax. Der Datentyp der Schleifenvariablen muss mit dem des Felds bzw. der Aufzählung übereinstimmen. Die Schleife kann vorzeitig mit Exit For abgebrochen werden.

```
Dim i As Integer
Dim arr() As Integer = {12, 7, 4}
For Each i In arr
  Console.WriteLine(i)
Next
```

Wie bei gewöhnlichen For-Schleifen kann die Deklaration der Schleifenvariablen auch in der For-Anweisung erfolgen oder (dank impliziter Typisierung) ganz entfallen.

For-Each-Schleifen sind nicht dazu geeignet, die Elemente einer Aufzählung zu löschen, weil dadurch die Aufzählung durcheinanderkommt. Stattdessen sollten Sie eine For-Next-Schleife verwenden, die von collection.Count-1 bis 0 herunterzählt und coll(i) löscht.

Do-Loop-Schleifen

Es gibt insgesamt fünf Möglichkeiten, Do-Loop-Schleifen zu bilden, von denen hier zwei dargestellt sind. Die erste Schleife gibt die Werte 1 bis 4 aus, die zweite die Werte 1 bis 6.

```
Dim i As Integer = 1
Do While i < 5
  Console.WriteLine(i)
  i += 1
Loop
```

Der wesentliche Unterschied zwischen der Formulierung der Schleifenbedingung bei Do oder bei Loop besteht darin, dass der Schleifenkörper im zweiten Fall immer einmal durchlaufen wird. Im ersten Fall kann es dagegen sein, dass die Bedingung von Anfang an nicht erfüllt ist und das Innere der Schleife daher nie durchlaufen wird.

```
Dim j As Integer = 1
Do
  Console.WriteLine(j)
  j += 1
Loop Until j > 5
```

Die anderen Schleifenvarianten bestehen darin, die Do-Bedingung mit Until bzw. die Loop-Bedingung mit While zu bilden oder eine Schleife ganz ohne Bedingung zu bilden. (Es ist übrigens nicht zulässig, sowohl bei Do als auch bei Loop eine Bedingung anzugeben.) Die Ausführung des Schleifeninhalts kann durch Continue Do vorzeitig beendet werden. Exit Do beendet die gesamte Schleife. Bei Do-Loop-Endlosschleifen ohne Bedingungen ist Exit Do die einzige Möglichkeit, die Schleife zu beenden.

Syntaxzusammenfassung

Schleifen	

`For var [As typ] = start To ende [Step schrittweite]`
`    ... [Exit For]`
`    ... [Continue For]`
`Next [var]`
	durchläuft die Schleife, bis var größer als ende ist (bzw. kleiner, wenn mit Step eine negative Schrittweite angegeben wird).

`For Each var [As typ] In feld`
`    ... [Exit For]`
`    ... [Continue For]`
`Next [var]`
	durchläuft die Schleife, bis var alle Elemente des Felds oder der Aufzählung angenommen hat.

`Do [While bedingung oder Until bedingung]`
`    ... [Exit Do]`
`    ... [Continue Do]`
`Loop`
oder
`Do`
`   ... [Exit Do]`
`   ... [Continue Do]`
`Loop [While bedingung oder Until bedingung]`
	durchläuft die Schleife, bis die While-Bedingung erfüllt bzw. die Until-Bedingung nicht mehr erfüllt ist.

5.3 Prozeduren und Funktionen

Syntax

Prozedurale Programmiersprachen (zu denen auch Visual Basic zählt) zeichnen sich dadurch aus, dass der Programmcode in kleinen, voneinander getrennten Programmteilen angeordnet wird. Diese Programmteile (Prozeduren) können sich gegenseitig aufrufen und dabei Parameter übergeben. Es gibt zwei Typen von Prozeduren:

» **Unterprogramme** sind Prozeduren, die kein Ergebnis zurückgeben.

» **Funktionen** sind Prozeduren, die als Ergebnis einen Wert zurückgeben. Dabei kann der Rückgabewert einen beliebigen Datentyp haben. (Funktionen können also auch Objekte zurückgeben.)

  Visual Basic-Funktionen bieten keine direkte Möglichkeit, mehrere Werte zurückzugeben. Wenn Sie das wollen, müssen Sie entweder ein Objekt oder eine Struktur mit mehreren Eigenschaften zurückgeben oder die Parameter der Funktion mit ByRef deklarieren und im Code verändern. (Details zur Verwendung von ByRef folgen etwas weiter unten.)

HINWEIS Prozeduren und Funktionen werden üblicherweise als Methoden bezeichnet, auch aus dem Grund, weil es diese Unterscheidung in anderen Sprachen (z.B. C#) nicht gibt.

Bei Konsolenanwendungen (bzw. bei Visual Basic-Programmen, die aus nur einem Modul bestehen) hat die Methode mit dem Namen `Main` eine besondere Bedeutung: Die Programmausführung beginnt mit dieser Prozedur. Wenn `Main` zu Ende ist, endet auch das Programm. Bei Windows-Anwendungen beginnt die Programmausführung dagegen standardmäßig damit, dass ein Objekt eines Fensters erzeugt und ausgeführt wird. Hier endet die Programmausführung mit dem Schließen des Fensters. Aber auch bei Windows-Anwendungen können Sie die Projekteigenschaften so einstellen, dass das Programm mit `Main` beginnt.

Deklaration von Prozeduren

Prozeduren werden mit `Sub name` bzw. mit `Function name` eingeleitet. Sie enden mit `End Sub` bzw. mit `End Function`. Bei der Deklaration von Funktionen muss der Datentyp des Rückgabewerts angegeben werden. Das erfolgt wie bei Variablen durch den Nachsatz `As datentyp`. Die folgende Funktion liefert als Ergebnis also einen `Integer`-Wert:

```
Function myFunc() As Integer
  ...
End Function
```

Wie bei Variablen ist bei der Deklaration auch eine Kurzschreibweise mit Zeichen wie `%` (`Integer`) oder `$` (`String`) zulässig:

```
Function myFunc%()
```

Prozeduren können mit einer (in Klammern deklarierten) Parameterliste ausgestattet werden. Parameter werden wie Variablen deklariert, also jeweils mit der Angabe des Datentyps. Die folgende Funktion erwartet als Parameter einen `Integer`-Wert. (Details zum Umgang mit Parametern folgen etwas weiter unten in einem eigenen Abschnitt.)

```
Function myFunc(ByVal y As Integer) As Integer
```

Prozeduren werden im Regelfall bis zu ihrem Ende ausgeführt. Sie können aber auch vorzeitig beendet werden: Unterprogramme mit `Exit Sub` oder `Return`, Funktionen mit `Exit Function` oder `Return`.

Bei Funktionen gibt es zwei Möglichkeiten, den Rückgabewert anzugeben: Üblicherweise wird das Ergebnis als Parameter an `Return` übergeben. Die andere Variante besteht darin, eine Zuweisung an den Funktionsnamen durchzuführen. (Wenn die Funktion `myFunc` heißt, können Sie den Rückgabewert beispielsweise durch `myFunc = 7` einstellen.)

Wenn die Funktion durch `Exit Function` oder `End Function` beendet wird, ohne dass vorher ein Rückgabewert eingestellt wurde, dann wird ein nicht initialisiertes Objekt des jeweiligen Datentyps übergeben (0 bei Zahlen, `""` bei Zeichenketten, `Nothing` bei Objekten etc.).

Es ist nicht möglich, innerhalb einer Prozedur eine andere Prozedur zu deklarieren. (Die Deklaration von Prozeduren darf also nicht verschachtelt werden.)

Aufruf von Prozeduren

Prozeduren werden einfach durch die Nennung ihres Namens aufgerufen. Die Entwicklungsumgebung fügt an den Namen automatisch ein Klammernpaar an. Falls an die Prozedur Parameter übergeben werden, müssen diese innerhalb dieser Klammern angegeben werden.

Bei Funktionen wird der Rückgabewert üblicherweise ausgewertet (z.B. in einer Bedingung oder in einer Zuweisung). Das ist aber nicht erforderlich, falls Sie aus irgendeinem Grund nicht am Rückgabewert interessiert sind. Daher sind die zwei folgenden Zeilen zum Aufruf von `myFunc` beide zulässig:

```
myFunc(3)
If myFunc(7) > 12 Then ...
```

Bei Unterprogrammen darf der Aufruf auch mit `Call` erfolgen. (`Call` ist ein Relikt von VB6.) Die beiden folgenden Aufrufe sind daher gleichwertig:

```
myProc()
Call myProc()
```

Ein erstes Beispiel

Die folgenden Zeilen zeigen die Definition der beiden Prozeduren `myProc` und `myFunc` sowie deren Aufruf durch die Prozedur `Main`. Das Programm ist eine Konsolenanwendung, d.h., der gesamte Code ist von `Module Module1` und `End Module` eingeschlossen. (Diese zwei Zeilen werden in diesem Buch normalerweise nicht abgedruckt. Eine Erklärung, was ein Modul eigentlich ist, folgt in Abschnitt 6.5. Vorerst reicht es aus, wenn Sie wissen, dass Code von Konsolenanwendungen innerhalb von `Module`-Anweisungen angegeben werden muss. Die Entwicklungsumgebung sieht diese Anweisungen ohnedies automatisch vor.)

Das Ergebnis des Programms wird im Konsolenfenster sichtbar: Dort werden die Zeichenkette `abc` und die Zahl `24` angezeigt, bis Sie durch [↵] das Programm beenden.

```
' Beispiel prozedurale-programmierung\prozeduren
Sub Main()
  Dim x As Integer
  myProc()
  x = myFunc(7)
  Console.WriteLine(x)
  Console.ReadLine()  'auf Return warten
End Sub
Sub myProc()
  Console.WriteLine("abc")
End Sub
Function myFunc(ByVal y As Integer) As Integer
  Return (y + 1) * 3
End Function
```

Zugriff auf Variablen

Innerhalb einer Prozedur kann auf alle Variablen zugegriffen werden, die auf Modul- oder Klassenebene deklariert werden. Es ist aber nicht möglich, auf Variablen zuzugreifen, die in einer anderen Prozedur deklariert sind.

```
Module Module1
  Dim var1 As Integer
  Sub Main()
    Dim var2 As Integer
    myProc1()
  End Sub
  Sub myProc1()
    var1 = 7   'ok
    var2 = 3   'Syntaxfehler, auf var2 kann nicht zugegriffen werden
  End Sub
End Module
```

HINWEIS

Die Frage, wo im Code auf welche Variable, Prozedur, Methode etc. zugegriffen werden kann, ist weitaus komplexer, als es hier den Anschein hat. In Abschnitt 6.9 – nach der Präsentation der objektorientierten Sprachelemente von Visual Basic – wird das Thema noch einmal aufgegriffen und dann umfassender behandelt.

An dieser Stelle wird vorausgesetzt, dass das Programm aus nur einem einzigen Modul oder aus nur einer einzigen Klasse besteht, wie dies bei einfachen Konsolenanwendungen oder bei Windows-Anwendungen mit nur einem Fenster der Fall ist.

Lokale Variablen

Innerhalb von Prozeduren können ebenfalls Variablen deklariert werden. Diese Variablen werden oft als *lokal* bezeichnet, weil sie getrennt von Variablen außerhalb der Prozedur verwaltet werden und nur innerhalb der Prozedur verwendet werden können. (Parameter von Prozeduren werden übrigens wie lokale Variablen behandelt.)

Es ist zulässig, je eine Variable innerhalb und außerhalb einer Prozedur mit demselben Namen zu deklarieren. Lokale Variablen werden bei jedem Aufruf der Prozedur neu initialisiert (d.h., sie merken sich ihre bisherigen Zustände nicht).

Wenn Sie das folgende Miniprogramm ausführen, wird zweimal der Wert 0 und dann einmal der Wert 5 ausgegeben. (`i` innerhalb von `Main` wird also durch den Code in `myProcVar` nicht verändert.)

```
Sub Main()
  Dim i = 5
  myProcVar()
  myProcVar()
  Console.WriteLine(i)
End Sub
Sub myProcVar()
  Dim i As Integer
```

```
  Console.WriteLine(i)
  i = 2
End Sub
```

Statische Variablen

Mit `Static` können lokale Variablen innerhalb einer Prozedur als statisch definiert werden. Das bedeutet, dass sie ihren Wert nach der Rückkehr der Prozedur behalten und beim nächsten Aufruf noch »wissen«, welchen Wert sie zuletzt hatten. Wenn bei der Deklaration eine Zuweisung angegeben wird (wie im folgenden Beispiel), dann wird diese Zuweisung nur beim ersten Aufruf durchgeführt. Wenn Sie das folgende Miniprogramm ausführen, werden die Werte 1, 2 und 3 ausgegeben.

```
Sub Main()
  myProcStatic()
  myProcStatic()
  myProcStatic()
End Sub
Sub myProcStatic()
  Static i As Integer = 1
  Console.WriteLine(i)
  i += 1
End Sub
```

ACHTUNG

Das Schlüsselwort `static` der Programmiersprache C# hat eine ganz andere Bedeutung als in Visual Basic! `static` von C# wird zur Beschreibung gemeinsamer Klassenvariablen bzw. zur Beschreibung von Methoden verwendet, die ohne ein Objekt verwendet werden können.

Visual Basic	C#	Bedeutung
`Shared`	`static`	Das Klassenmitglied kann ohne Objektinstanz genutzt werden.
`Static`	-	Die lokale Variable behält ihren Wert bei mehreren Funktionsaufrufen.

Rekursion

Prozeduren können sich selbstverständlich gegenseitig aufrufen. Das bedeutet, dass Sie z.B. innerhalb von `myProc` die Funktion `myFunc` nutzen können etc. Ein Sonderfall derartiger Aufrufe besteht dann, wenn eine Prozedur sich selbst aufruft. Das ist nicht nur wie im folgenden Beispiel zur Berechnung mancher mathematischer Funktionen nützlich, sondern generell zur Verarbeitung hierarchischer Datenstrukturen. Wenn Sie beispielsweise alle Verzeichnisse des Dateisystems durchlaufen möchten, verwenden Sie im Regelfall eine rekursive Prozedur, die sich selbst für alle Unterverzeichnisse aufruft. (Werfen Sie einen Blick in das Stichwortverzeichnis! Dort finden Sie unter dem Stichwort *Rekursion* eine ganze Reihe von Querverweisen auf Rekursionsbeispiele.)

Die folgende Beispielfunktion berechnet die Fakultät einer Zahl. Diese mathematische Funktion ist definiert als das Produkt aller Zahlen zwischen 1 und der angegebenen Zahl. Die Fakultät von 5 beträgt also 1*2*3*4*5=120.

Der Aufruf myFuncRec(5) bewirkt, dass in der If-Abfrage 5 * myFuncRec(4) aufgerufen wird, dann 4 * myFuncRec(3), dann 3 * myFuncRec(2) und dann 2 * myFuncRec(1). Durch myFuncRec(1) wird einfach der Long-Wert zurückgegeben. Anschließend lösen sich die Aufrufe rückwärts wieder auf. (Wenn Sie mit dem Konzept der Rekursion nicht vertraut sind, können Sie den Code mit DEBUGGEN|EINZELSCHRITT auch Zeile für Zeile ausführen.)

```
' Beispiel prozedurale-programmierung\prozeduren
Function myFuncRec(ByVal n As Long) As Long
  If n <= 1 Then
    Return 1L
  Else
    Return n * myFuncRec(n - 1)
  End If
End Function
```

Beschränkung der Rekursionstiefe

Intern müssen bei jedem Prozeduraufruf die Rücksprungadresse sowie alle lokalen Variablen und Parameter im sogenannten Stack gespeichert werden (weil diese Werte bei jedem Aufruf voneinander unabhängig sind). Das bedeutet, dass der Speicherbedarf für rekursive Prozeduren erheblich sein kann, wenn die Rekursionstiefe (also die Anzahl der ineinander verschachtelten Aufrufe) sehr groß ist.

Da der Stack-Speicher limitiert ist, ist auch die Rekursionstiefe begrenzt. Wenn Sie beispielsweise die folgende Testprozedur aufrufen, tritt nach ca. 16.000 Aufrufen der Fehler StackOverflowException auf:

```
Sub myFuncRecTest()
  Static i As Integer
  i += 1
  myFuncRecTest()
End Sub
```

Bei dieser Variante tritt der Fehler schon nach ca. 9.000 Aufrufen auf, weil der Speicherbedarf pro Aufruf aufgrund der fünf Double-Variablen viel größer ist:

```
Sub myFuncRecTest()
  Static i As Integer
  Dim a, b, c, d, e As Double
  i += 1
  myFuncRecTest()
End Sub
```

Parameterliste

Die einführenden Beispiele haben bereits gezeigt, dass Prozeduren mit Parametern ausgestattet werden können. Dabei gibt es ziemlich viele Sonderfälle, weswegen sich dieser Abschnitt ausschließlich mit dem Aufbau der Parameterliste und der Übergabe von Parametern beschäftigt.

Grundsätzlich müssen bei der Deklaration alle Parameter samt Datentyp angegeben werden. Die Entwicklungsumgebung fügt das Schlüsselwort `ByVal` automatisch ein, wenn Sie das vergessen haben sollten.

```
Sub myProcPara1(ByVal x As Integer, ByVal y As Double, ByVal z As String) ...
```

Beim Aufruf der Prozedur müssen alle Parameter angegeben werden, wobei Sie auch auf den richtigen Datentyp achten müssen. (Visual Basic führt – wenn möglich – automatisch Typumwandlungen durch. Wenn Sie `Option Strict` verwenden, werden aber nur solche Umwandlungen durchgeführt, die verlustfrei sind – also etwa von `Integer` zu `Double`, aber nicht umgekehrt.)

```
myProcPara1(1, 2.5, "abc")              'ok
myProcPara1(1, 2, "abc")                'ok
myProcPara1(1.5, 2, "abc")              'Syntaxfehler bei Option Strict
myProcPara1(1.5, 2, 2)                  'Syntaxfehler bei Option Strict
myProcPara1("1", 2.5, "abc")            'Syntaxfehler bei Option Strict
myProcPara1(#12/31/2002#, 2.5, "abc")   'immer Syntaxfehler
```

Gleichnamige Prozeduren

Visual Basic erlaubt die Deklaration mehrerer gleichnamiger Prozeduren, wenn diese anhand der Parameterliste eindeutig unterscheidbar sind. Die Deklaration der drei folgenden Prozeduren ist daher zulässig:

```
Sub myProcPara1(ByVal x As Integer, ByVal y As Integer) ...
Sub myProcPara1(ByVal x As Integer, ByVal y As Double)  ...
Sub myProcPara1(ByVal x As Integer, ByVal y As Double, ByVal z As String) ...
```

Die folgende vierte Deklaration wäre dagegen unzulässig, weil sie nicht von der zweiten unterschieden werden kann:

```
Sub myProcPara1(ByVal a As Integer, ByVal b As Double)
```

Visual Basic entscheidet anhand der übergebenen Parameter, welche Prozedur aufgerufen wird. Durch `myProcPara1(1, 2)` würde die erste Variante, durch `myProcPara1(1, 2.7)` dagegen die zweite Variante aufgerufen.

HINWEIS

Der Mechanismus zur Verwaltung gleichnamiger Prozeduren wird auch als Überladung (Overloading) bezeichnet. Dieser Mechanismus funktioniert auch dann, wenn manche Prozeduren als Unterprogramme und andere als Funktionen deklariert werden. Optional können Sie allen gleichnamigen Prozeduren das Schlüsselwort `Overloads` voranstellen, um so auf den hier eingesetzten Mechanismus hinzuweisen. (Wenn Sie eine gleichnamige Prozedur durch `Overloads` kennzeichnen, müssen Sie *alle* Prozeduren so kennzeichnen!) `Overloads` kann auch bei der Definition vererbter Klassen verwendet werden (siehe Abschnitt 6.12).

ByVal versus ByRef

Standardmäßig werden Parameter mit ByVal als Wertparameter an die Prozedur übergeben. Das bedeutet im Regelfall, dass Veränderungen, die innerhalb der Prozedur an Parametern durchgeführt werden, nicht auf die Variablen übertragen werden, die zum Aufruf verwendet wurden. (Die Ausnahmen zum Regelfall folgen unten!)

Als Alternative zu ByVal können Sie Parameter mit ByRef als Rückgabeparameter deklarieren. Das bedeutet, dass die Prozedur Variablen (oder auch Eigenschaften von Objekten) verändern kann, die als Parameter angegeben wurden.

Am einfachsten ist dieser Unterschied anhand eines Beispiels zu verstehen. Die beiden Prozeduren myProcByVal und myProcByRef unterscheiden sich nur durch die Schlüsselwörter ByVal bzw. ByRef. Beide Prozeduren verändern die übergebenen Parameter: x wird um eins vergrößert, an s wird die Zeichenkette "x" angehängt, und das Objekt di (das ein Verzeichnis der Festplatte beschreibt) wird durch ein anderes Objekt desselben Typs ersetzt.

Beide Prozeduren werden nun einmal aufgerufen, wobei als Parameter die Variablen a, b und c übergeben werden. Beim ersten Aufruf werden diese Variablen nicht verändert, beim zweiten dagegen sehr wohl! Im Konsolenfenster erscheinen daher die folgenden Ausgaben: Zuerst 3, abc, C:\, danach 4, abcx und D:\code\vb2008\prozedurale-programmierung\prozeduren\bin.

```
' Beispiel prozedurale-programmierung\prozeduren
Sub Main()
  Dim a As Integer = 3
  Dim b As String = "abc"
  Dim c As New IO.DirectoryInfo("c:")
  myProcByVal(a, b, c)
  Console.WriteLine(a)
  Console.WriteLine(b)
  Console.WriteLine(c.FullName)
  myProcByRef(a, b, c)
  Console.WriteLine(a)
  Console.WriteLine(b)
  Console.WriteLine(c.FullName)
End Sub
Sub myProcByVal(ByVal x As Integer, ByVal s As String, ByVal di As IO.DirectoryInfo)
  x += 1
  s += "x"
  di = New IO.DirectoryInfo(Environment.CurrentDirectory)
End Sub
Sub myProcByRef(ByRef x As Integer, ByRef s As String, ByRef di As IO.DirectoryInfo)
  x += 1
  s += "x"
  di = New IO.DirectoryInfo(Environment.CurrentDirectory)
End Sub
```

TIPP

Wenn Sie Variablen mit `ByVal` an die Prozedur übergeben möchten, obwohl die Prozedur mit `ByRef` deklariert ist, stellen Sie die Parameter bei der Übergabe einfach in Klammern:

Wenn Sie im obigen Beispiel `myProcByRef((a), (b), (c))` aufrufen, bleiben `a`, `b` und `c` unverändert.

ByVal versus ByRef — Interna und Sonderfälle

Leider ist die Logik von `ByVal` und `ByRef` nicht ganz so einfach, wie das obige Beispiel vermuten lässt. Wenn Sie beispielsweise ein Objekt oder ein Feld mit `ByVal` übergeben, können Sie dessen Eigenschaften bzw. Elemente sehr wohl verändern!

Dieser Effekt lässt sich anschaulich mit einem einfachen Windows-Programm demonstrieren: Beim Klick auf einen Button wird automatisch die `Click`-Ereignisprozedur aufgerufen. Diese übergibt das Objekt des Buttons an eine Prozedur. Dort wird der Eigenschaft `Margin` des Buttons ein neues `Thickness`-Objekt zugewiesen. Dessen Werte berechnen sich aus den ursprünglichen Werten, wobei `Left` um 10 vergrößert wird. Daher wandert der Button mit jedem Mausklick um 10 Pixel nach rechts.

```
' Beispiel prozedurale-programmierung\byval-parameter
Private Sub Button1_Click(...) Handles Button1.Click
  myProcByValue(Button1)
End Sub
Sub myProcByValue(ByVal btn As Button)
  btn.Margin = New Thickness(btn.Margin.Left + 10, btn.Margin.Top, _
                             btn.Margin.Right, btn.Margin.Bottom)
End Sub
```

HINWEIS

Die Logik des Beispiels und insbesondere die Wirkung der `ByVal`-Übergabe des Buttons an die Prozedur `myProcByValue` sollte auf Anhieb verständlich sein, auch wenn Sie noch keine Kenntnisse in der `WPF`-Programmierung haben. Detaillierte Informationen zur Programmierung von Windows-Anwendungen folgen ab Kapitel 16.

Um zu verstehen, was hier vor sich geht, ist eine kurze Erklärung dazu erforderlich, was bei der Parameterübergabe hinter den Kulissen passiert.

ByRef-Parameter

Dieser Fall ist ganz leicht zu verstehen. Hier wird ein *Zeiger* auf die Daten an die Prozedur übergeben. Jede Veränderung des Parameters wirkt sich unmittelbar auf die zugrunde liegende Variable aus. Eine Veränderung ist nur möglich, wenn Sie direkt eine Variable übergeben – z.B. durch `myProcByRef(a, b)`. Wenn Sie dagegen einen Ausdruck oder eine Konstante übergeben – z.B. `myProcByRef(a+2, 7)` –, können die Ausgangsdaten natürlich nicht verändert werden. Das hat aber nichts mit `ByRef` oder `ByVal` zu tun, sondern gilt immer.

ByVal-Parameter

Hier wird intern wiederum zwischen zwei Varianten unterschieden:

» **Parameter für Werttypen (`ValueType`-Klassen):** Bei allen elementaren Datentypen außer `String` und `Object`, bei selbst definierten Strukturen sowie bei einigen einfachen Strukturen aus der .NET-Bibliothek wird tatsächlich eine *Kopie der Daten* übergeben.

» **Parameter für Referenztypen:** Bei gewöhnlichen Objekten wird dagegen eine *Kopie des Zeigers* auf die Daten an die Prozedur übergeben.

Die sich daraus ergebenden Konsequenzen sind leider ein wenig unübersichtlich:

» Bei Werttypparametern sind grundsätzlich keine bleibenden Änderungen möglich, d.h., `ByVal` funktioniert so, wie man es erwartet. Der Grund: In der Prozedur wird nur eine Kopie der Daten verändert.

» Für selbst definierte Datenstrukturen gilt im Prinzip die obige Aussage. (Datenstrukturen sind ja von `ValueType` abgeleitet.) Allerdings kann ein Element einer Struktur auf ein gewöhnliches Objekt verweisen. Dessen Eigenschaften können sehr wohl geändert werden!

» Bei `String`-Daten sowie bei anderen Objekten, die als unveränderlich (`immutable`) gelten, sind ebenfalls keine bleibenden Änderungen möglich. Der Grund: In der Prozedur wird beim Versuch einer Änderung automatisch ein *neues Objekt* erzeugt. Das ursprüngliche Objekt außerhalb der Prozedur wird davon nicht beeinflusst.

» Bei allen anderen gewöhnlichen Objekten (Referenztypen) sowie bei Feldern können Sie Eigenschaften oder Elemente verändern. Sie können das Objekt aber nicht durch ein neues ersetzen. Der Grund: An die Prozedur wurde eine Kopie des Zeigers auf die Daten übergeben. Eine Veränderung dieser Kopie (durch die Zuweisung eines neuen Objekts) hat wie bei `String`-Daten keinen Einfluss auf die Ausgangsdaten. Es ist aber sehr wohl möglich, Eigenschaften des Objekts zu verändern. Der Zeiger auf die Daten wird dadurch ja nicht beeinflusst.

Felder

An Prozeduren können auch Felder übergeben werden. Innerhalb der Prozedur können Sie mit `For Each` alle Elemente durchlaufen. Wenn Sie auf die Elemente über Indizes zugreifen möchten, müssen Sie mit `Rank` die Dimension des Feldes und mit `GetLowerBound` und `GetUpperBound` die Indexgrenzen innerhalb einer bestimmten Dimension ermitteln.

Das folgende Beispiel testet, ob es sich um ein eindimensionales Feld handelt. Wenn das der Fall ist, werden alle Elemente um eins vergrößert. (Es werden also die Werte 2, 3 und 4 ausgegeben.)

```
' Beispiel prozedurale-programmierung\prozeduren
Sub Main()
  Dim a() As Integer = {1, 2, 3}
  myProcArray(a)
```

```
  Console.WriteLine(a(0) & "  " & a(1) & "  " & a(2))
End Sub
Sub myProcArray(ByRef x() As Integer)
  Dim i As Integer
  If x.Rank <> 1 Then Exit Sub
  For i = x.GetLowerBound(0) To x.GetUpperBound(0)
    x(i) += 1
  Next
End Sub
```

Egal, ob der Feldparameter in der Prozedur mit ByRef oder ByVal deklariert ist, die Feldelemente können in jedem Fall in der Prozedur verändert werden (siehe oben). Dennoch sind die beiden Schlüsselwörter nicht gleichwertig! Wenn Sie beispielsweise durch ReDim die Größe des Felds verändern, wirkt sich diese Veränderung nur bei ByRef aus, nicht aber bei ByVal.

Bei Funktionen können Felder auch als Rückgabeparameter verwendet werden, wie das folgende Beispiel beweist. myFuncArray(n) liefert ein Integer-Feld mit n Elementen, wobei die Elemente mit 0, 1, 2 etc. initialisiert sind:

```
Function myFuncArray(ByVal n As Integer) As Integer()
  Dim a(n - 1) As Integer
  Dim i As Integer
  For i = 0 To n - 1
    a(i) = i
  Next
  Return a
End Function
```

Optionale Parameter

Normalerweise müssen beim Aufruf einer Prozedur alle bei der Deklaration angegebenen Parameter übergeben werden. Es besteht aber die Möglichkeit, mit Optional einige Parameter als optional zu kennzeichnen. Dabei muss für jeden Parameter ein Standardwert angegeben werden. Wenn der Parameter beim Aufruf nicht angegeben wird, dann wird stattdessen der Standardwert eingesetzt.

Innerhalb der Prozedur gibt es keine Möglichkeit festzustellen, ob ein Parameter gar nicht oder ob (vielleicht zufällig) genau der Standardwert übergeben wurde.

```
Sub myProcOptional(ByVal x As Integer, _
  Optional ByVal y As Integer = 0, _
  Optional ByVal z As String = "") ...
```

HINWEIS In vielen Fällen können Sie statt optionaler Parameter auch unterschiedliche Prozedurdeklarationen verwenden, die sich durch die Parameteranzahl unterscheiden. Das vermindert zwar die Flexibilität beim Aufruf der Prozedur, dafür ist aber klar, welcher Parameter angegeben wurde und welcher nicht.

Variable Parameteranzahl

Optionale Parameter haben den Nachteil, dass ihre Anzahl vorgegeben ist. Indem Sie den letzten Parameter einer Prozedur mit ParamArray deklarieren, können Sie die Parameteranzahl variabel machen. Das ParamArray-Feld muss mit ByVal deklariert werden. Es ist nicht möglich, gleichzeitig optionale Parameter und ParamArray einzusetzen.

Die größte Flexibilität erzielen Sie, wenn Sie ParamArray mit dem Datentyp Object kombinieren – dann können die übergebenen Parameter jeden beliebigen Typ annehmen. Das erfordert aber auch eine entsprechende Auswertung des Datentyps innerhalb der Prozedur.

```
Sub myProcParamArray(ByVal x As Integer, ByVal ParamArray y() As Object)
  Dim i As Integer
  Console.WriteLine("x = " + x.ToString)
  For i = 0 To y.GetUpperBound(0)
    Console.WriteLine("y(" + i.ToString + ") hat den Typ " + y(i).GetType.Name)
  Next
End Sub
```

myProcParamArray gibt im Konsolenfenster für alle übergebenen Parameter den Datentyp an. Die folgenden Zeilen zeigen einen möglichen Prozeduraufruf und die dazugehörende Ausgabe:

```
myProcParamArray(1, 2, 3.0, "abc", New Random())
x = 1
y(0) hat den Typ Int32
y(1) hat den Typ Double
y(2) hat den Typ String
y(3) hat den Typ Random
```

Prozeduraufruf mit benannten Parametern

Wenn eine Prozedur mehrere optionale Parameter hat, beim Aufruf aber nur wenige Parameter angegeben werden, wird der Code rasch unübersichtlich. Das lässt sich anhand eines Beispiels leicht demonstrieren: Die folgende Prozedur ist eine Schablone zum Zeichnen eines Kreis- oder Ellipsenbogens. (Der Code zum tatsächlichen Zeichnen der Ellipse fehlt, es geht hier nur um die Parameterübergabe.)

```
Sub myProcEllipse(ByVal x As Single, ByVal y As Single, _
    ByVal r1 As Single, Optional ByVal r2 As Single = -1, _
    Optional ByVal startangle As Single = 0, _
    Optional ByVal endangle As Single = 360)
  If r2 < 0 Then r2 = r1
  ' Ellipse zeichnen ...
End Sub
```

Im einfachsten Fall (um einen Kreis zu zeichnen) können Sie die Prozedur so aufrufen:

```
myProcEllipse(100, 100, 50)
```

Wenn Sie nur einen Halbkreis zeichnen möchten (von 0 bis 180 Grad), sieht der Aufruf so aus:

```
myProcEllipse(100, 100, 50, , , 180)
```

Auf den ersten Blick ist nicht zu erkennen, welche Bedeutung der vierte Parameter hat. Wesentlich klarer wird der Code, wenn Sie den Parameternamen angeben und eine Zuweisung mit := durchführen:

```
myProcEllipse(100, 100, 50, endangle:=180)
```

Wenn Sie möchten, können Sie auch alle Parameter benennen. Das hat den Vorteil, dass Sie nun nicht mehr an eine bestimmte Reihenfolge gebunden sind.

```
myProcEllipse(x:=100, y:=100, r1:=50, endangle:=180)
myProcEllipse(r1:=50, endangle:=180, x:=100, y:=100)
```

Syntaxzusammenfassung

Prozedurdefinition	

`Sub name(parameterlist)`
`  ...`
`End Sub`
	deklariert die Prozedur `name`. Die Prozedur kann mit `Exit Sub` oder mit `Return` vorzeitig verlassen werden.

`Function name(parameterlist) As datentyp`
`  ...`
`  name = ergebnis`
`  Return ergebnis`
`End Function`
	deklariert die Funktion `name`. Die Funktion kann mit `Exit Function` oder mit `Return` vorzeitig verlassen werden.

Deklaration eines Parameters	
`ByVal para1 As datentyp`	deklariert einen Wertparameter.
`ByRef para2 As datentyp`	deklariert einen Referenzparameter (Übergabe eines Zeigers).
`ByVal/ByRef para3() As datentyp`	deklariert einen Parameter zur Übergabe eines Felds.
`Optional ByVal/ByRef para3 As datentyp`	deklariert einen optionalen Parameter.
`ByVal ParamArray para() As datentyp`	deklariert ein Parameterfeld (beliebige Parameteranzahl).

Prozeduraufruf	
`name(para1, para2)`	führt die Prozedur `name` aus.
`name( (para1), (para2))`	wie oben, übergibt `para1` und `para2` aber mit `ByVal`.
`name(para1:=wert1, para2:=wert2)`	wie oben, die Parameterübergabe erfolgt aber mit sogenannten benannten Parametern.
`ergebnis = name(para1, para2)`	wertet bei einem Funktionsaufruf das Ergebnis aus.

5.4 Operatoren

Die Anwendung der meisten Operatoren bedarf keiner langen Erklärung – die Syntaxreferenz am Ende dieses Abschnitts sollte ausreichen. Vorweg wird nur auf einige Besonderheiten hingewiesen.

Zuweisungsoperatoren: Visual Basic kennt die von C bekannten Zuweisungsoperatoren wie +=, -= etc. Damit ist `a += 1` also eine Kurzschreibweise für `a = a + 1`. (Die Schreibweise `a++` ist in Visual Basic dagegen nicht zulässig.)

Verkettung von Zeichenketten: Hierfür stehen zwei Operatoren zur Auswahl. + kann wirklich nur mit Zeichenketten umgehen und verbindet etwa `"ab"+"cd"` zu `"abcd"`. & kommt auch mit Zahlen zurecht und wandelt diese automatisch in Zeichenketten um. `"12" & 3` liefert `"123"`. (Das funktioniert auch, wenn `Option Strict` verwendet wird.)

Logische bzw. binäre Operatoren: Die Operatoren `And`, `Or`, `Xor` und `Not` können sowohl auf Wahrheitswerte als auch auf ganze Zahlen angewendet werden. Im zweiten Fall wird die binäre Repräsentation der Zahlen miteinander verknüpft. (`12` entspricht binär 1010. `7` entspricht 0111. Das Ergebnis `12 Or 7` ergibt sich daraus, dass im binären Ergebnis überall dort eine 1 steht, wo eine der beiden Ausgangszahlen eine 1 hat – hier also binär 1111, was dezimal `15` ist.)

```
If x > 4 And y>10 Then ...   'wie ausgeführt, wenn beide
                             'Bedingungen erfüllt sind
n = 12 Or 7                  'liefert 15
```

Ein Nachteil von `And` und `Or` bei der Auswertung von Wahrheitswerten besteht darin, dass in jedem Fall beide Operanden ausgewertet werden. Das ist nicht nur langsam, sondern kann auch zu Fehlern führen. Aus diesem Grund stehen auch die Operatoren `AndAlso` bzw. `OrElse` zur Verfügung:

» Bei `a AndAlso b` wird `b` nur dann ausgewertet, wenn `a=True` gilt. (Wenn dagegen `a=False` gilt, dann ist `a And b` auf jeden Fall `False`, ganz egal, was `b` ist.)

» Bei `a OrElse b` wird `b` nur dann ausgewertet, wenn `a=False` gilt. (Wenn dagegen `a=True` gilt, dann liefert `a Or b` auf jeden Fall `True`, unabhängig vom Wert von `b`.)

Sonstige Operatoren: `Is` testet, ob zwei Variablen auf dasselbe Objekt verweisen. Analog überprüft `IsNot`, ob die zwei Variablen auf unterschiedliche Objekte verweisen. Mit `IsNot` kann auch rasch festgestellt werden, ob eine Objektvariable bereits einen Inhalt enthält:

```
If obj IsNot Nothing Then ...
```

AddressOf liefert die Adresse einer Prozedur als `Delegate`-Objekt. Das ist beispielsweise notwendig, um Ereignisprozeduren einzurichten (siehe Abschnitt 6.14).

TypeOf kann in der Konstruktion `If TypeOf o Is c` verwendet werden, um zu überprüfen, ob `o` ein Objekt der Klasse `c` ist. `GetType(c)` liefert ein `Type`-Objekt der angegebenen Klasse. (`GetType` erfordert Klammern und sieht nicht wie ein Operator aus – aber die Visual Basic-Hilfe besteht darauf, dass es einer ist. Beachten Sie aber, dass es auch eine Methode `GetType` gibt, die in der Form `o.GetType()` angewendet wird!) `TypeOf` und `GetType` sind in Abschnitt 4.12 beschrieben.

Operatorenhierarchie: Dass nicht alle Operatoren gleichberechtigt sind, wissen Sie seit der Grundschule. Bei `a + b * c` wird zuerst die Multiplikation ausgeführt, dann die Addition. Wenn Sie eine andere Reihenfolge brauchen, müssen Sie Klammern setzen. In Visual Basic gilt darüber hinaus die folgende Hierarchie:

» Arithmetische Operatoren und Verknüpfungsoperatoren

» Vergleichsoperatoren

» Logische Operatoren

Die zuerst genannten Operatoren werden zuerst ausgeführt: `If a + b > c And d` entspricht also `If ((a+b) > c) And d`.

HINWEIS Eine vollständige Tabelle mit der Hierarchie aller Operatoren finden Sie, wenn Sie in der Hilfe nach *Operatorrangfolge* suchen.

Eigene Operatoren (operator overloading)

Visual Basic bietet die Möglichkeit, Operatoren eine eigene Bedeutung zu geben (`operator overloading`): Wenn Sie in Ihrem Programm beispielsweise eine Klasse für Vektoren definieren, können Sie den Operator + zur Vektoraddition vorsehen (natürlich nur, wenn der Operator auf zwei Objekte der Vektorklasse angewendet wird). Die Definition eigener Operatoren setzt voraus, dass Sie sich zuerst mit den Prinzipien der objektorientierten Programmierung vertraut machen. Aus diesem Grund wird `operator overloading` nicht hier, sondern erst in Abschnitt 6.11 behandelt.

Syntaxzusammenfassung

Zuweisungen	
`=`	weist einer Variablen oder einem Objekt einen Wert zu (z.B. `a=3`).
`:=`	weist einem benannten Parameter einen Wert zu.
`+=` `-=`	vergrößert bzw. verkleinert eine Variable um den angegebenen Wert (z.B. `a+=1`).
`*=` `/=`	multipliziert bzw. dividiert eine Variable um den angegebenen Wert.
`\=`	speichert in der Variablen das Ergebnis einer ganzzahligen Division.
`+=` `&=`	fügt einer Zeichenkette eine andere Zeichenkette hinzu.

Verknüpfung von Zeichenketten	
`+`	verknüpft Zeichenketten.
`&`	verknüpft beliebige Datentypen, sofern sie in Zeichenketten umgewandelt werden können.

Arithmetische Operatoren	
`-`	ist das negative Vorzeichen.
`+ - * /`	führt die Grundrechenarten durch.
`^`	potenziert Zahlen. (`2^3` liefert `8`.)
`\`	führt eine ganzzahlige Division für ganze Zahlen durch. (`8 \ 3` liefert `2`.)
`Mod`	liefert den Rest einer Division mit einem ganzzahligen Ergebnis. (`8.3 Mod 3.1` liefert `2.1`. Dieses Ergebnis ergibt sich aus `8.3/3.1=2.67`. Der Wert `2.67` wird abgeschnitten zu `2`. Nun wird `8.3 - 2 * 3.1` ermittelt: Ergebnis: `2.1`.)

Vergleichsoperatoren	
`=`	testet auf Gleichheit.
`<>`	testet auf Ungleichheit.
`< <=`	testet, ob der erste Wert kleiner als der zweite ist (bzw. kleiner-gleich).
`> >=`	testet, ob der erste Wert größer als der zweite ist (bzw. größer-gleich).
`Is`	testet, ob zwei Objekte gleich sind (d.h., dass beide Objektvariablen auf dasselbe Objekt verweisen).
`IsNot`	testet, ob zwei Objekte ungleich sind.
`Like`	führt einen Mustervergleich für Zeichenketten durch. (`"abcd" LIKE "?b*"` liefert `True`.)

Logische Operatoren	
`And`	verknüpft zwei (Wahrheits-)Werte durch logisches Und.
`AndAlso`	funktioniert wie `And`, allerdings wird `b` bei `a AndAlso b` nur dann ausgewertet, wenn `a=True` gilt. `AndAlso` kann nur für Wahrheitswerte verwendet werden.
`Or`	verknüpft zwei (Wahrheits-)Werte durch logisches Oder.
`OrElse`	funktioniert wie `Or`, allerdings wird `b` bei `a OrElse b` nur dann ausgewertet, wenn `a=False` gilt. `OrElse` kann nur für Wahrheitswerte verwendet werden.
`Xor`	verknüpft zwei (Wahrheits-)Werte durch logisches Exklusiv-Oder.
`Not`	bildet die Inversion eines Wahrheitswerts (macht also `False` aus `True` und umgekehrt).

Sonstige Operatoren	
`AddressOf fn`	ermittelt die Adresse einer Funktion, Prozedur oder Methode.
`GetType(c)`	liefert ein `Type`-Objekt für die angegebene Klasse (z.B. `GetType(String)`).

Sonstige Operatoren	
`TypeOf x`	testet, ob `x` ein Objekt einer bestimmten Klasse ist. `TypeOf` darf nur im Rahmen der Konstruktion `If TypeOf x Is abc Then ...` eingesetzt werden. `x` muss ein Objekt eines Referenztyps enthalten, kein `ValueType`-Objekt!
`CType(data, typ)`	wandelt die angegebenen Daten in den gewünschten neuen Datentyp um.

Die folgenden Sonderzeichen haben eigentlich nichts mit Operatoren zu tun. Da aber auch vielen Operatoren spezielle Zeichen zugeordnet sind, erscheint es sinnvoll, an dieser Stelle auch andere Visual Basic-Sonderzeichen aufzuzählen.

Sonderzeichen im Programmcode	
`' Kommentar`	leitet einen Kommentar ein.
`''' XML-Kommentar`	leitet einen XML-Kommentar ein (siehe Abschnitt 3.2).
`#Region`	leitet eine Direktive für den Editor oder Compiler ein.
`_`	gibt an, dass die Programmzeile fortgesetzt wird. (Vor _ muss ein Leerzeichen stehen!)
`"abc"`	gibt eine Zeichenkette an (`String`-Datentyp).
`"a"C`	gibt ein einzelnes Zeichen an (`Char`-Datentyp).
`#12/31/2002#`	gibt ein Datum an (optional mit Zeitangabe).
`&H123`	gibt eine hexadezimale Zahl an.
`&O123`	gibt eine oktale Zahl an.
`123@` oder `123D`	gibt eine `Decimal`-Zahl an.
`123!` oder `123F`	gibt eine `Single`-Zahl an.
`123#` oder `123R`	gibt eine `Double`-Zahl an.
`123&` oder `123L`	gibt eine `Long`-Zahl an.
`123%` oder `123I`	gibt eine `Integer`-Zahl an.
`123S`	gibt eine `Short`-Zahl an.
`( ... )`	ändert die Abarbeitungsreihenfolge, z.B. `(a Or b) And c` oder `(a+1) * 3`.
`x(n)`	greift auf das `n`-te Element des Felds `x()` zu.
`{1, 2, 3}`	zählt Elemente auf (z.B. `Dim a() As Integer = {1, 2, 3}`).
`[name]`	gibt einen Variablen- oder Prozedurnamen an, der denselben Namen wie ein Visual Basic-Schlüsselwort hat.
`<attribut>`	gibt ein Attribut an.

6 Objektorientierte Programmierung

Seit Visual Basic auf dem .NET Framework basiert, geht an der objektorientierten Programmierung kein Weg mehr vorbei. Zwar können Sie Ihre eigenen Projekte weiterhin traditionell aus Prozeduren und Funktionen zusammensetzen, Sie müssen aber auf jeden Fall die Klassen des .NET Frameworks nutzen. Ob Sie nun ein einfaches Formular mit Steuerelementen erstellen, mit `System.IO`-Objekten eine Textdatei erzeugen oder Methoden zur Bearbeitung von Zeichenketten anwenden – immer haben Sie es mit dem objektorientierten Ansatz des .NET Frameworks zu tun.

In diesem relativ langen Kapitel geht es aber nicht nur um die `Nutzung` vorgegebener Klassen, sondern auch darum, wie Sie selbst Klassen *programmieren*, diese mit Methoden und Eigenschaften ausstatten etc. Das Kapitel behandelt auch fortgeschrittene Themen wie Vererbung, Schnittstellen (`interfaces`), Ereignisse, Attribute, Namensräume, Gültigkeitsbereiche (`scope`), die Definition eigener Operatoren (`operator overloading`) etc.

6.1 Einführung

Dieser Abschnitt führt anhand zweier Beispiele in die objektorientierte Programmierung ein. Vorweg soll ein kleines Glossar beim Verständnis der nachfolgenden Beispielprogramme helfen. Die Kurzbeschreibungen der wichtigsten Begriffe aus der objektorientierten Programmierung sind natürlich recht theoretisch und abstrakt – aber anhand der Beispiele sollte die Bedeutung dann rasch klar werden.

Miniglossar

Klasse: Eine Klasse beschreibt die Eigenschaften eines Objekts. Die Klasse ist gewissermaßen der Bauplan für ein Objekt. In der **.NET-Klassenbibliothek** sind mehrere Tausend Klassen definiert. Damit ist die Klassenbibliothek eine wichtige Grundlage für eigene Programme.

Objekte: Objekte sind konkrete Realisierungen von Klassen. In Variablen speichern Sie daher Objekte, nicht Klassen. Objekte werden meist explizit mit dem `New`-Operator erzeugt, entweder bei der Deklaration in der Form `Dim var As New xyz()` oder zu einem späteren Zeitpunkt durch eine Zuweisung in der Art `var = New xyz()`. Die Variable `var` verweist dann auf das Objekt der Klasse `xyz`. Manchmal wird ein Objekt auch als **Instanz** einer Klasse bezeichnet.

Methoden: Methoden sind mit Prozeduren oder Funktionen vergleichbar. Der Unterschied besteht darin, dass sie normalerweise auf ein Objekt angewendet werden, entweder um Daten des Objekts zu ermitteln oder um das Objekt zu bearbeiten. Es gibt auch besondere Methoden (sogenannte `Shared`-Methoden), die direkt auf eine Klasse angewendet werden können. Derartige Methoden dienen meist zur Ermittlung von Informationen oder zur Durchführung von Operationen, die unabhängig von einem konkreten Objekt sind.

Eigenschaften: Eigenschaften sind mit Variablen vergleichbar. Der Unterschied besteht abermals darin, dass Eigenschaften auf ein Objekt oder eine Klasse angewendet werden müssen. Eigenschaften dienen dazu, Daten eines Objekts zu lesen oder zu verändern. (Es gibt auch `ReadOnly`-Eigenschaften, die nur gelesen werden können.)

Ereignisse: Ereignisse erleichtern die Kommunikation zwischen einem Objekt und dem Programm, das das Objekt erzeugt hat. Ereignisse ermöglichen es, dass bei bestimmten Änderungen des Objektinhalts automatisch eine Prozedur aufgerufen wird. (Das erspart die aus manchen Programmiersprachen bekannten Warteschleifen, in denen periodisch überprüft wird, ob sich bestimmte Daten eines Objekts mittlerweile verändert haben.)

Namensräume: Die meisten Klassennamen der .NET-Bibliothek sind ziemlich lang – z.B. `System.Windows.Forms.Button`. Die vollqualifizierten Klassennamen ermöglichen es, inhaltlich zusammengehörende Klassen zu Gruppen zusammenzufassen. Eine derartige Gruppe ist `System.Windows.Forms`. Sie enthält alle zur Windows-Programmierung erforderlichen Klassen. Der offizielle Begriff für derartige Gruppen lautet Namensraum (`name space`).

Codedateien

Ein Programm kann sich aus beliebig vielen **.vb*-Codedateien zusammensetzen. Innerhalb jeder Codedatei können wiederum beliebig viele Klassen und Module definiert werden. Für die Gültigkeitsbereiche von Modulen, Prozeduren, Variablen etc. spielt es keine Rolle, in welcher Datei sich der Code befindet.

Um eine neue Codedatei hinzuzufügen, führen Sie Projekt|Modul hinzufügen oder Projekt|Klasse hinzufügen aus. (Die beiden Kommandos sind gleichwertig. Der Unterschied besteht darin, dass als Dateiname einmal *ModuleN.vb* vorgeschlagen wird, das andere Mal *ClassN.vb*. Außerdem enthält die neue Datei einmal eine leere Modulschablone, das andere Mal eine leere Klassenschablone. Dennoch können Sie in jeder dieser Dateien nach Belieben Klassen und Module definieren. Der Compiler behandelt beide Dateien vollkommen gleichwertig.

Direkt in einer Codedatei können Sie die folgenden Konstrukte starten:

`Namespace`, `Module`, `Class`, `Structure`, `Enum`, `Interface`

Hingegen können Deklarationen von Variablen, Konstanten, Prozeduren, Methoden, Eigenschaften und Ereignissen nur innerhalb eines Moduls, einer Klasse oder einer Struktur vorgenommen werden.

Beispiel 1 — Textdatei erzeugen und löschen

Bei diesem und dem folgenden Beispiel geht es um die Nutzung von vorgegebenen Klassen aus der .NET-Bibliothek. Als Grundlage für die beiden Beispiele dienen verschiedene Klassen zum Zugriff auf das Dateisystem. Diese Klassen werden zwar erst in Kapitel 11 vorgestellt, aber Sie werden die Beispiele auch ohne die dort vermittelten Details verstehen.

Beim ersten Beispielprogramm handelt es sich um eine Konsolenanwendung (siehe Abbildung 6.1). Als einziges Programm in diesem Buch ist es mit Zeilennummern abgedruckt, damit eindeutig auf einzelne Zeilen hingewiesen werden kann. Wenn Sie das Programm selbst eingeben, dürfen Sie die Zeilennummern natürlich nicht mit eingeben! (Einfacher ist es ohnedies, das Programm von der Webseite zum Buch zu laden.)

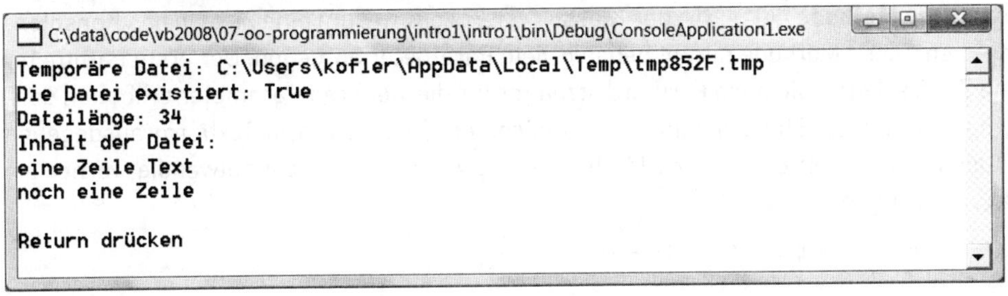

Abbildung 6.1: Ausgabe des ersten Beispielprogramms

Die Programmausführung beginnt und endet mit der Prozedur `Main`, die der einzige Bestandteil des Moduls `Module1` ist. Dieser Programmaufbau ist charakteristisch für die meisten Konsolenanwendungen.

In den Zeilen 6-9 werden mehrere Variablen deklariert. `fname` und `txt` dienen zur Speicherung von Zeichenketten. In `sw` soll später ein **Objekt** der **Klasse** `System.IO.StreamWriter` gespeichert werden. Die Kurzschreibweise `IO.StreamWriter` ist deswegen zulässig, weil der Compiler bei allen Klassen automatisch `System` voranstellt, wenn er die Klasse unter dem angegebenen Namen nicht erkennt. (Das Voranstellen von `System` ist Teil des sogenannten Importmechanismus, der in Abschnitt 6.2 noch näher beschrieben wird.)

Die im Beispielprogramm vorkommenden `System.IO.*`-Klassen sind Teil der **Bibliothek** *mscorlib.dll*, die allen .NET-Programmen automatisch zur Verfügung steht. Es sind daher keine besonderen Vorbereitungen erforderlich, damit die Klassen verwendet werden können. (Das .NET Framework stellt noch viel mehr Bibliotheken zur Verfügung. Wenn Sie Klassen daraus benutzen möchten, müssen Sie in der Regel zuerst einen Verweis auf die Bibliothek einrichten – siehe ebenfalls Abschnitt 6.2.) Alle drei `System.IO.*`-Klassen befinden sich im **Namensraum** `System.IO`.

```
01  ' Beispiel oo-programmierung\intro1
02  Option Strict On
03  Module Module1
04    Sub Main()
05      ' diverse Variablen deklarieren
06      Dim fname, txt As String
07      Dim sw As IO.StreamWriter
08      Dim fi As IO.FileInfo
09      Dim sr As IO.StreamReader
```

In Zeile 11 wird der Name einer temporären Datei ermittelt. Dazu wird die **Methode** `GetTempFileName` der Klasse `System.IO.Path` verwendet. Bei dieser Methode handelt es sich um eine sogenannte `Shared`-Methode. Das bedeutet, dass es nicht erforderlich (und in diesem Fall auch gar nicht möglich) ist, zuerst ein Objekt der Klasse `System.IO.Path` zu erzeugen, um die Methode dann darauf anzuwenden. (Auch `Shared`-Methoden werden in Abschnitt 6.2 genauer behandelt.)

Zeile 12 verwendet die **Methode** `WriteLine` der Klasse `System.Console`, um eine Zeile in das Konsolenfenster zu schreiben. Diese Methode nimmt beliebig viele Parameter entgegen. Der erste Parameter ist zumeist eine Zeichenkette, die auch Formatplatzhalter für die weiteren Parameter enthalten darf. `{0}` bedeutet, dass an dieser Stelle der Inhalt des nächsten Parameters in Textform ausgegeben werden soll. Auch `WriteLine` ist eine `Shared`-Methode – deswegen ist es nicht notwendig, vorher ein `Console`-Objekt zu erzeugen.

```
10      ' Dateinamen für temporäre Datei ermitteln
11      fname = IO.Path.GetTempFileName()
12      Console.WriteLine("Temporäre Datei: {0}", fname)
```

In Zeile 14 wird zum ersten Mal ein **Objekt** erzeugt: Dazu wird an den sogenannten **Konstruktor** der Klasse `System.IO.StreamWriter` ein Dateiname übergeben (Schlüsselwort `New`). Diese Klasse hilft beim Schreiben von Textdateien. Der Konstruktor liefert als Ergebnis ein Objekt dieser Klasse. `sw` gilt nun als **Objektvariable**, d.h., sie verweist auf das Objekt und ermöglicht so dessen Bearbeitung. (Sollte es aus irgendeinem Grund nicht möglich sein, die Datei zu erstellen, würde in dieser Zeile ein Fehler auftreten.)

In den Zeilen 15–16 wird die **Methode** `WriteLine` auf das `StreamWriter`-Objekt angewendet. Damit werden zwei Textzeilen in der Datei gespeichert.

In Zeile 17 wird die Datei durch die **Methode** `Close` geschlossen. Damit wird das `StreamWriter`-Objekt aus dem Speicher entfernt. (Bei manchen Klassen gibt es statt `Close` eine `Dispose`-Methode, um das Objekt zu löschen. Die überwiegende Mehrheit der Klassen kennt aber weder `Close` noch `Dispose`. Bei derartigen Klassen gibt es keine Möglichkeit, den durch das Objekt belegten Speicher explizit freizugeben. Stattdessen erkennt die sogenannte `garbage collection`, die ständig im Hintergrund ausgeführt wird, dass ein Objekt nicht mehr benötigt wird, und entfernt es dann automatisch aus dem Speicher.)

```
13        ' Textdatei erzeugen
14        sw = New IO.StreamWriter(fname)
15        sw.WriteLine("eine Zeile Text")
16        sw.WriteLine("noch eine Zeile")
17        sw.Close()
```

Wenn Sie längere Variablennamen verwenden (was in realen Programmen der Regelfall sein sollte, um eine bessere Lesbarkeit zu gewährleisten), ist es bisweilen lästig, diesen Variablennamen jedes Mal voranzustellen, wenn Sie eine Methode oder Eigenschaft auf das Objekt anwenden möchten. Um Ihnen diese Tipparbeit zu ersparen, können Sie mit `With` das Objekt fixieren. Allen Methoden und Eigenschaften, die Sie auf das Objekt anwenden möchten, müssen Sie nun nur noch einen Punkt voranstellen.

```
With sw
   .WriteLine("eine Zeile Text")
   .WriteLine("noch eine Zeile")
   .Close()
End With
```

`With` kann nur für Objekte, nicht für Klassen verwendet werden. `With Console` ist daher nicht erlaubt.

In Zeile 19 wird ein Objekt der Klasse `System.IO.FileInfo` erzeugt. Diese Klasse dient dazu, Informationen über eine Datei zu ermitteln. Das `FileInfo`-Objekt wird hier verwendet, um festzustellen, ob die Datei überhaupt existiert und wie groß diese Datei ist. Diese Informationen werden mit den **Eigenschaften** `Exists` und `Length` ermittelt, die auf das Objekt angewendet werden. Die Ergebnisse werden mit der schon vertrauten Methode `Console.WriteLine` im Konsolenfenster angezeigt.

```
18        ' Informationen über die erzeugte Datei anzeigen
19        fi = New IO.FileInfo(fname)
20        Console.WriteLine("Die Datei existiert: {0}", fi.Exists)
21        Console.WriteLine("Dateilänge: {0}", fi.Length)
```

In Zeile 23 wird ein Objekt der Klasse `System.IO.StreamReader` erzeugt. Diese Klasse ist das Gegenstück zu `StreamWriter` und hilft beim Lesen von Textdateien. Zeile 23 beweist, dass neue Objekte nicht nur durch den Konstruktor erzeugt werden können; hier ist es vielmehr die Methode `OpenText` der `FileInfo`-Klasse, die als Ergebnis ein neues Objekt liefert.

Auf das `StreamReader`-Objekt wird nun die Methode `ReadToEnd` angewendet. Diese Methode liest die Datei bis zu ihrem Ende und liefert das Ergebnis als Zeichenkette, die in der Variablen `txt` zwischengespeichert wird. Der Inhalt der Variablen wird mit `Console.WriteLine` im Konsolenfenster ausgegeben. Es wäre natürlich ebenso möglich gewesen, Zeile 24 und 27 zu kombinieren: `Console.WriteLine(sr.ReadToEnd())`.

```
22        ' Inhalt der erzeugten Datei anzeigen
23        sr = fi.OpenText()
24        txt = sr.ReadToEnd()
25        sr.Close()
26        Console.WriteLine("Inhalt der Datei:")
27        Console.WriteLine(txt)
```

In Zeile 29 wird die temporäre Datei wieder gelöscht. Dazu wird auf das (noch immer vorhandene) `FileInfo`-Objekt die Methode `Delete` angewendet.

```
28        ' Datei löschen
29        fi.Delete()
```

Damit das Konsolenfenster nicht verschwindet, bevor Sie die Textausgaben lesen können, wird mit der Methode `ReadLine` der Klasse `System.Console` auf die Eingabe einer Textzeile gewartet. `ReadLine` würde eigentlich die eingegebene Zeichenkette zurückgeben – aber die ist für das Programm uninteressant. Der einzige Sinn von `ReadLine` besteht hier darin, dass mit dem Programmende so lange gewartet werden soll, bis der Anwender [↵] drückt. Zeile 32 ist also ein Beispiel für den Aufruf einer Methode, die zwar einen Rückgabewert hat, der aber ignoriert wird.

```
30        ' Programmende
31        Console.WriteLine("Return drücken")
32        Console.ReadLine()
33      End Sub
34    End Module
```

Beispiel 2 – Dateiereignisse empfangen

Das zweite Beispielprogramm überwacht das temporäre Verzeichnis des Anwenders, der das Programm startet. Jedes Mal, wenn sich in diesem Verzeichnis irgendetwas ändert (d.h., wenn eine Datei erzeugt, geändert, gelöscht oder umbenannt wird), wird dies im Konsolenfenster angezeigt (siehe Abbildung 6.2). [↵] beendet das Programm.

Um das Programm zu testen, starten Sie am besten dieses und dann das im vorigen Abschnitt präsentierte Programm. Letzteres erzeugt innerhalb des temporären Verzeichnisses eine neue Datei und löscht diese etwas später wieder. Wenn Sie das *intro-event*-Programm länger laufen lassen, werden Sie feststellen, dass im temporären Verzeichnis laufend Dateien geändert werden. Unter Windows Vista werden Sie das temporäre Verzeichnis übrigens nur dann im Dateimanager finden, wenn Sie in ORGANISIEREN|ORDNER- UND SUCHOPTIONEN|ANSICHT die Option VERSTECKTE DATEIEN UND ORDNER ANZEIGEN aktivieren.

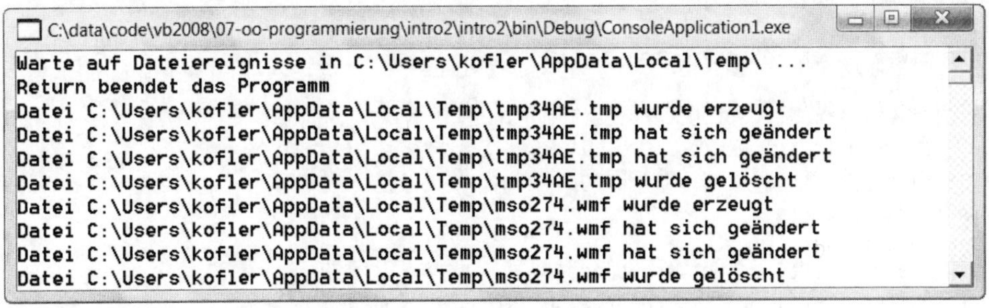

Abbildung 6.2: Ereignisse im temporären Verzeichnis des Anwenders

Die `Main`-Prozedur des Programms zeichnet sich durch prägnante Kürze aus: In der ersten Zeile wird ein neues Objekt der Klasse `System.IO.FileSystemWatcher` erzeugt. Dabei wird an den Konstruktor das Verzeichnis übergeben, das überwacht werden soll. Als Testobjekt wird das temporäre Verzeichnis verwendet, das mit der `Shared`-Methode `GetTempPath` der Klasse `System.IO.Path` ermittelt wird.

In der nächsten Zeile wird die Eigenschaft `EnableRaisingEvents` auf `True` gesetzt. Damit löst das `FileSystemWatcher`-Objekt nun bei jeder Änderung innerhalb des angegebenen Verzeichnisses ein Ereignis aus. Die zwei weiteren Zeilen sorgen dafür, dass das Programm erst durch die Eingabe von [↵] beendet wird.

Der eigentlich interessante Teil des Programms befindet sich freilich außerhalb von `Main`. Zum einen wird die Variable `fsw` zur Speicherung des `FileSystemWatcher`-Objekts nicht innerhalb von `Main` deklariert, sondern auf Modulebene. Das ist erforderlich, damit das zusätzliche Schlüsselwort `WithEvents` angegeben werden darf. Dieses Schlüsselwort erleichtert die Deklaration von Ereignisprozeduren zum Empfang von Ereignissen.

Die `FileSystemWatcher`-Klasse kennt fünf verschiedene **Ereignisse**, von denen im Beispielprogramm vier ausgewertet werden. Zum Empfangen der Ereignisse müssen sogenannte **Ereignisprozeduren** in den Code eingefügt werden. Diese Prozeduren werden automatisch aufgerufen, sobald ein Ereignis auftritt.

Die Entwicklungsumgebung hilft Ihnen beim Einfügen von Ereignisprozeduren: Wählen Sie zuerst im linken Listenfeld den Namen einer mit `WithEvents` deklarierten Objektvariablen aus, und suchen Sie dann im rechten Listenfeld ein Ereignis aus: Die Entwicklungsumgebung fügt dann die Zeilen `Public Sub ereignisname ...` und `End Sub` in den Code ein. Nun müssen Sie nur noch die Zeilen dazwischen eingeben.

An Ereignisprozeduren werden üblicherweise zwei Parameter übergeben, die Sie innerhalb der Prozedur auswerten können. `sender` gibt an, woher das Ereignis stammt. Beim Beispielprogramm ist ein

FileSystemWatcher-Objekt die Ereignisquelle, d.h., sender verweist auf dieses Objekt. e enthält ereignisspezifische Daten. Bei den hier vorgestellten Ereignissen enthält e unter anderem den Namen der Datei oder des Verzeichnisses, die bzw. das das Ereignis ausgelöst hat (e.FullPath). Beim Renamed-Ereignis können Sie auch den ursprünglichen Namen ermitteln (e.OldFullPath).

```
' Beispiel oo-programmierung\intro2
Module Module1
  Dim WithEvents fsw As IO.FileSystemWatcher
  Sub Main()
    fsw = New IO.FileSystemWatcher(IO.Path.GetTempPath)
    fsw.EnableRaisingEvents = True
    Console.WriteLine("Return beendet das Programm")
    Console.ReadLine()
  End Sub
  Public Sub fsw_Changed(ByVal sender As Object, _
      ByVal e As System.IO.FileSystemEventArgs) Handles fsw.Changed
    Console.WriteLine("Datei {0} hat sich geändert", e.FullPath)
  End Sub
  Public Sub fsw_Created(ByVal sender As Object, _
      ByVal e As System.IO.FileSystemEventArgs) Handles fsw.Created
    Console.WriteLine("Datei {0} wurde erzeugt", e.FullPath)
  End Sub
  Public Sub fsw_Deleted(ByVal sender As Object, _
      ByVal e As System.IO.FileSystemEventArgs) Handles fsw.Deleted
    Console.WriteLine("Datei {0} wurde gelöscht", e.FullPath)
  End Sub
  Public Sub fsw_Renamed(ByVal sender As Object, _
      ByVal e As System.IO.RenamedEventArgs) Handles fsw.Renamed
    Console.WriteLine("Datei {0} wurde umbenannt in {1}", _
      e.OldFullPath, e.FullPath)
  End Sub
End Module
```

HINWEIS

Visual Basic kennt zwei unterschiedliche Mechanismen zur Aktivierung von Ereignisprozeduren. In diesem Beispielprogramm wurde die WithEvents-Variante demonstriert. Wie Sie Ereignisse auch ohne WithEvents empfangen können, erklärt Abschnitt 6.14.

6.2 Verwendung der .NET-Bibliotheken

Ganz egal, welches Programm Sie in Visual Basic entwickeln möchten – die Verwendung der .NET-Bibliotheken ist unumgänglich. Selbst elementare Merkmale der Sprache Visual Basic sind in diesen Bibliotheken definiert (z.B. Datentypen wie Double, Integer oder String). Die Verzahnung zwischen Visual Basic und den .NET-Bibliotheken geht so weit, dass es schlicht unmöglich ist, ein Programm ohne die beiden Basisbibliotheken mscorlib und system zu entwickeln. Da die große Bedeutung von .NET-Bibliotheken also auf der Hand liegt, gibt dieser Abschnitt eine Menge Tipps zur richtigen und effizienten Nutzung dieser Bibliotheken.

Verweise auf Bibliotheken einrichten

In Visual Basic-Programmen können Sie nur die Klassen solcher Bibliotheken nutzen, auf die Sie in Ihrem Programm verweisen. Standardmäßig ist das (bei einer Visual Basic-Konsolenanwendung) für die folgenden Bibliotheken der Fall:

» die Microsoft Visual Basic.NET-`Runtime` (Datei *Microsoft.VisualBasic.dll*)

» die Basisklassenbibliothek (*mscorlib.dll*) mit der Definition der .NET-Datentypen sowie mit zahllosen Basisklassen und -Methoden

» die `System`-Klassenbibliothek (*System.dll*) mit weiteren Grundfunktionen, z.B. zur Nutzung unterschiedlicher Netzwerk- und Internet-Protokolle

» die `System.Core`-Klassenbibliothek (*System.Core.dll*) mit einigen neuen Klassen (.NET 3.5), die unter anderem das Fundament für die LINQ-Funktionen darstellen

» die `System.Data`-Klassenbibliothek (*System.Data.dll*) zum Datenbankzugriff

» die `System.Data.DataSetExtensions`-Klassenbibliothek (*System.Data.DataSetExtensions.dll*) mit LINQ-Funktionen für `DataSets`

» die `System.Deployment`-Klassenbibliothek (*System.Deployment.dll*) für `ClickOnce`-Installationen und -Updates

» die `System.XML`-Klassenbibliothek (*System.Xml.dll*) zum Umgang mit XML-Daten

» die `System.XML.Linq`-Klassenbibliothek (*System.Xml.Linq.dll*) mit LINQ-Funktionen für XML-Daten

Bei WPF-Projekten (also bei Anwendungen auf Basis der `Windows Presentation Foundation`) stellen die folgenden drei Bibliotheken die WPF-Grundfunktionen, -Steuerelemente etc. zur Verfügung:

» die `PresentationCore`-Klassenbibliothek (*PresentationCore.dll*)

» die `PresentationFramework`-Klassenbibliothek (*PresentationFramework.dll*)

» die `WindowsBase`-Klassenbibliothek (*WindowsBase.dll*)

Bei Windows Forms-Projekten kommen stattdessen die folgenden zwei Bibliotheken zur Anwendung. Sie enthalten Grafikmethoden (GDI+), Steuerelemente etc.:

» die `System.Drawing`-Klassenbibliothek (*System.Drawing.dll*)

» die `System.Windows.Forms`-Klassenbibliothek (*System.Windows.Forms.dll*)

Von all diesen Bibliotheken sind nur die ersten zwei integraler Bestandteil jedes Visual Basic-Projekts. Es ist nicht möglich, die Verweise darauf zu entfernen. Alle weiteren Bibliotheken werden im Dialogblatt VERWEISE der Projekteigenschaften angezeigt (siehe Abbildung 6.3). Dort können Sie Bibliotheksverweise hinzufügen und entfernen. Wenn Sie im Projektmappen-Explorer das Symbol ALLE DATEIEN ANZEIGEN anklicken, werden Bibliotheksverweise auch dort angezeigt.

Um Klassen zu nutzen, die in anderen Bibliotheken definiert sind, müssen Sie vorher mit PROJEKT|VERWEIS HINZUFÜGEN einen Verweis auf die entsprechende Bibliothek einrichten. Im VERWEISE-Dialog können Sie nicht nur .NET-Bibliotheken, sondern auch herkömmliche COM-Bibliotheken mit Ihrem Projekt verbinden.

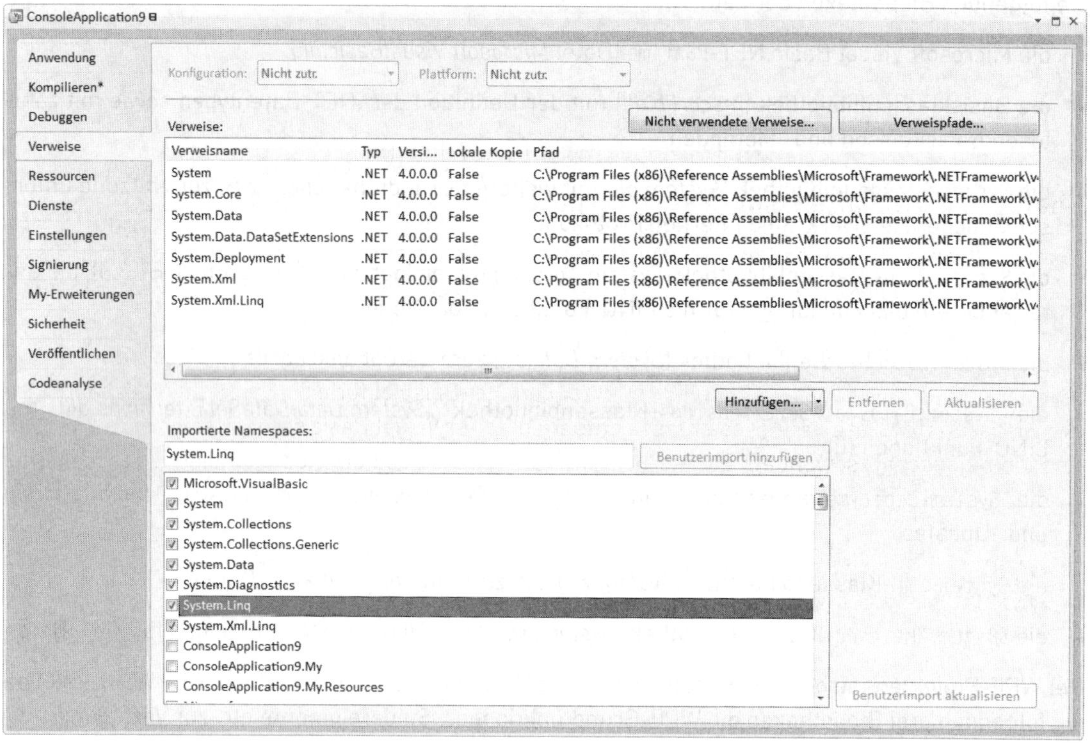

Abbildung 6.3: Verweise auf Bibliotheken im Projekteigenschaftsfenster

Objekte erzeugen und nutzen

Wie die Einführungsbeispiele des Kapitels gezeigt haben, können Sie nun alle Klassen nutzen, die in den Bibliotheken Ihres Projekts zur Verfügung stehen. Bei den meisten Klassen müssen Sie zuerst ein Objekt der Klasse erzeugen (`Dim myobj As New klassenname()`) und können dann die von der Klasse angebotenen Eigenschaften und Methoden nutzen. Die folgenden Zeilen erzeugen ein Objekt der Klasse `System.Random` und wenden darauf die Methode `Next` an, um eine Zufallszahl zu erzeugen.

```
Dim i As Integer
Dim myrand As New System.Random()
i = myrand.Next()           'i enthält eine Zufallszahl
```

Wenn Sie eine bestimmte Methode nur ein einziges Mal benötigen, können Sie auf die Objektvariable auch verzichten. Die beiden folgenden Zeilen sind zu den drei Zeilen oben gleichwertig. Die Zufallszahl wird in der Variablen `i` gespeichert. Das `Random`-Objekt wird nach dem einmaligen Aufruf von `Next` sofort wieder verworfen.

```
Dim i As Integer
i = New Random().Next()       'i enthält eine Zufallszahl
```

Empfehlenswert ist diese Vorgehensweise aber nur, wenn Sie die Methode (hier Next) wirklich nur einmal benötigen. Wird die Methode dagegen in einer Schleife angewendet, sollten Sie das Random-Objekt unbedingt in einer Variablen speichern. Andernfalls muss mit jedem Schleifendurchgang ein neues Random-Objekt erzeugt werden. Auch wenn sich Visual Basic darum kümmert, dass diese Objekte automatisch wieder aus dem Speicher entfernt werden, kostet das Erzeugen und Beseitigen von Objekten unnötig Zeit.

Shared-Eigenschaften und -Methoden nutzen

Manche Klassen stellen Shared-Eigenschaften und -Methoden zur Verfügung. Im Hilfetext zur Klasse (Member-Liste) sind diese Elemente durch ein gelbes Icon in der Form des Buchstabens S gekennzeichnet. Im Objektkatalog erkennen Sie derartige Eigenschaften bzw. Methoden am Schlüsselwort Shared. Die Besonderheit von Shared-Eigenschaften bzw. Methoden besteht darin, dass sie verwendet werden können, ohne vorher ein Objekt zu erzeugen. Ein Beispiel für eine Shared-Eigenschaft ist Now der Klasse System.DateTime. (Diese Klasse entspricht unter Visual Basic dem Datentyp Date.) Sie können die Eigenschaft sowohl als Element der Variablen d als auch als eigenständige Eigenschaft der Klasse System.DateTime verwenden.

```
Dim d, e As Date
e = d.Now                   'e mit aktueller Zeit belegen
e = System.DateTime.Now     'e mit aktueller Zeit belegen
e = Date.Now                'Kurzschreibweise, Date = System.DateTime
```

Die drei Zuweisungen sind absolut gleichwertig. Obwohl es so aussieht, als würde der Ausdruck d.Now in irgendeiner Form d auswerten, ist dies bei Shared-Methoden nicht der Fall! (Die Entwicklungsumgebung zeigt eine entsprechende Warnung an.)

Sie sollten sich angewöhnen, Shared-Methoden immer nur den Klassennamen, nicht aber eine Objektinstanz voranzustellen. Zwar ist der dafür erforderliche Tippaufwand meist etwas höher, aber dafür ist Ihr Code viel besser zu verstehen.

Klassennamen mit Imports verkürzen

Mit Ausnahme einiger elementarer Funktionen befinden sich alle weiteren Funktionen, Eigenschaften und Methoden für Ihre tägliche Programmierung in diversen Bibliotheken. Ein Beispiel sind die arithmetischen Funktionen (Sin, Cos etc.): Diese Funktionen stehen nicht ohne Weiteres zur Verfügung. Der Ausdruck Sin(x) liefert nur die Fehlermeldung, dass Sin unbekannt ist. Stattdessen lautet die richtige Schreibweise System.Math.Sin(x), weil die Bibliothek System.Math diese Funktion (nach der exakten Objektnomenklatur eigentlich eine Methode) zur Verfügung stellt.

HINWEIS

Statt System.Math.Sin(x) funktioniert auch Math.Sin(x). Der Grund besteht darin, dass System standardmäßig vorangestellt wird (siehe den nächsten Abschnitt).

Wenn Sie in einem Programm häufig arithmetische Funktionen einsetzen, werden Sie es bald satt haben, ständig `System.Math` oder `Math` voranzustellen, zumal der Code damit ziemlich unleserlich wird. Das muss aber auch gar nicht sein: Die Lösung für das Problem lautet `Imports System.Math`. Damit stehen alle in dieser Bibliothek definierten Funktionen direkt zur Verfügung. Die Sinusfunktion kann also wieder in der Form `Sin(x)` verwendet werden.

Genau genommen importiert `Imports` keine Funktionen, Bibliotheken etc., sondern fügt den angegebenen Namen zur Liste der bekannten Namensräume hinzu. Wenn Sie nun einen Klassennamen eingeben, durchsucht die Entwicklungsumgebung alle Namensräume nach dieser Klasse.

Die `Imports`-Anweisung muss am Beginn einer Codedatei (am Beginn eines Moduls) angegeben werden, und zwar vor der Deklaration von Prozeduren, Klassen etc. Die Anweisung gilt für den gesamten Code der Datei (aber nicht für das gesamte Projekt).

```
Imports System.Math
Module Module1
  Sub Main()
    Dim d1, d2 As Double
    d1 = 1.5
    d2 = Sin(d1)
    MsgBox("Der Sinus von " & d1 & " beträgt " & d2 & ".")
  End Sub
End Module
```

HINWEIS Im Zusammenhang mit XML to LINQ bzw. der neuen XDocument-Klassenfamilie kann `Imports` auch dazu eingesetzt werden, um Alias-Namen für XML-Namensräume zu definieren (siehe Abschnitt 13.3).

Import-Einstellungen in den Projekteigenschaften

Neben den `Imports`-Anweisungen, die immer nur für eine Codedatei gelten, können Sie auch globale Importe durchführen. Um die Importe anzusehen bzw. zu verändern, öffnen Sie durch einen Doppelklick auf MY PROJECT im Projektmappen-Explorer den Projekteigenschaftsdialog. Im Dialogblatt VERWEISE (siehe Abbildung 6.3) können Sie einen der vordefinierten Importe aktivieren.

Um einen Import für einen eigenen Namensraum hinzuzufügen, geben Sie dessen Namen im Textfeld IMPORTIERTE NAMESPACES ein und klicken dann auf den Button BENUTZERIMPORT HINZUFÜGEN. Achten Sie auf die korrekte Eingabe! Es erfolgt keine Kontrolle, ob der Namensraum richtig geschrieben wurde. Wenn Sie also irrtümlich `Systems.Math` (statt korrekt `System.Math`) angeben, akzeptiert der Dialog diese Einstellung ohne Fehlermeldung. Die Verwendung der `System.Math`-Funktionen klappt aber natürlich nicht, bis Sie den Tippfehler entdeckt haben.

Abbildung 6.3 zeigt die Standardimporte für Konsolenprojekte. Je nach Projekttyp gelten aber andere Importe! Bei WPF-Anwendungen sind beispielsweise auch diverse `System.Windows`-Namensräume aktiviert. Diese Grundeinstellungen sind der Grund, weswegen Sie in Programmen viele Klassen unmittelbar nutzen können, obwohl diese in den unterschiedlichsten Bibliotheken und Namensräumen definiert sind.

Doppeldeutigkeiten (Namenskonflikte)

In unterschiedlichen Namensräumen können gleichnamige Klassen oder Methoden definiert sein. Wenn Sie unter Zuhilfenahme von Importen die Kurzschreibweise verwenden, kann es zu Doppeldeutigkeiten kommen, die der Compiler nicht automatisch korrekt auflösen kann.

Beispielsweise kennt die Klasse `System.Windows.Forms.Form` die Eigenschaft `Left`, die die x-Koordinate des linken Fensterrands enthält. Dem steht die Methode `Left` aus der Klasse `Microsoft.VisualBasic.Strings` gegenüber.

Wenn Sie nun im Formularcode eines Windows-Programms die Zeichenkettenmethode `Left` wie gewohnt unmittelbar verwenden möchten (`s = Left("abcd", 2)`), kommt es zu einem Fehler: Der Compiler beklagt sich darüber, dass die Eigenschaft `Left` gar keine Parameter akzeptiert. Der Compiler ist nämlich davon überzeugt, dass Sie die Windows-Eigenschaft `Left` meinen. Um dieses Problem zu umgehen, müssen Sie den Namen der gewünschten `Left`-Methode exakter angeben (also z.B. mit `s = Strings.Left("abcd", 2)`).

Alias

Sie können mit `Imports` auch eine Abkürzung, also einen sogenannten Alias, definieren. Die beiden folgenden Zeilen demonstrieren das Konzept. (Wirklich sinnvoll ist diese Vorgehensweise natürlich nur bei längeren Namensräumen und wenn Sie Namenskonflikte durch gewöhnliche Importe vermeiden möchten.)

```
Imports mymath = System.Math
d2 = mymath.Sin(d1)
```

Manchmal klappt der Zugriff auf Methoden auch ohne Imports

Warum können manche Methoden direkt verwendet werden, während anderen der Klassenname vorangestellt werden muss? Beispielsweise können Sie die Zeichenkettenfunktion `Microsoft.VisualBasic.Strings.Left` ohne Weiteres in der Form `Left(...)` verwenden, während Sie der Mathematikfunktion `System.Math.Sin` zumindest `Math` voranstellen müssen (also `Math.Sin(...)`).

Das Verhalten von `Sin` entspricht dem Regelfall, der für alle Klassen der .NET-Standardbibliothek gilt. `Left` ist insofern eine Ausnahme, als dass es nicht in den .NET-Bibliotheken definiert ist, sondern in der Zusatzbibliothek `Microsoft.VisualBasic`. Diese Bibliothek verwendet zur Deklaration mancher Klassen das Attribut `<StandardModule>`. Dieses Attribut bewirkt offensichtlich, dass die Klasse wie ein Modul betrachtet wird, dessen globale Methoden unmittelbar – ohne Nennung des Klassennamens – verwendet werden können.

6.3 Verwendung von IDisposable-Klassen

Zu den Werbeversprechungen von .NET zählte von Anfang an, dass Sie sich nun nicht mehr um die Speicherverwaltung kümmern müssen. Nicht mehr benötigte Objekte werden automatisch aus dem

Speicher entfernt, ohne dass Sie die Objekte explizit löschen müssen. Wie bei vielen Werbeversprechen ist das aber nur die halbe Wahrheit: Die ganze Wahrheit ist, dass das automatische Freigeben ungenutzten Speichers durch die `garbage collection` (siehe auch Abschnitt 4.11) nur für solche Objekte zufriedenstellend funktioniert, deren Klassen die Schnittstelle `IDisposeable` *nicht* implementieren.

Daneben gibt es aber zahlreiche Klassen, die die Schnittstelle `IDisposable` implementieren und daher die Methode `Dispose` unterstützen. Mit der `IDisposable`-Schnittstelle sind vor allem solche Klassen ausgestattet, deren Objekte viel Speicherplatz konsumieren (bei denen es also wichtig ist, dass dieser Speicher sofort und nicht irgendwann freigegeben wird) oder deren Objekte knappe Ressourcen beanspruchen (z.B. Datenbankverbindungen).

Beispiele sind unter anderem viele Klassen zum Umgang mit Dateien (`System.IO.*`), zur Verwaltung von Aufzählungen (`System.Collections`) sowie die meisten Klassen zur Windows-Forms-Programmierung (`System.Drawing.*`, `System.Windows.Forms.*`). Ob eine Klasse die `IDisposable`-Schnittstelle implementiert, erkennen Sie am schnellsten im Objektkatalog (siehe Abbildung 6.4 sowie den folgenden Abschnitt).

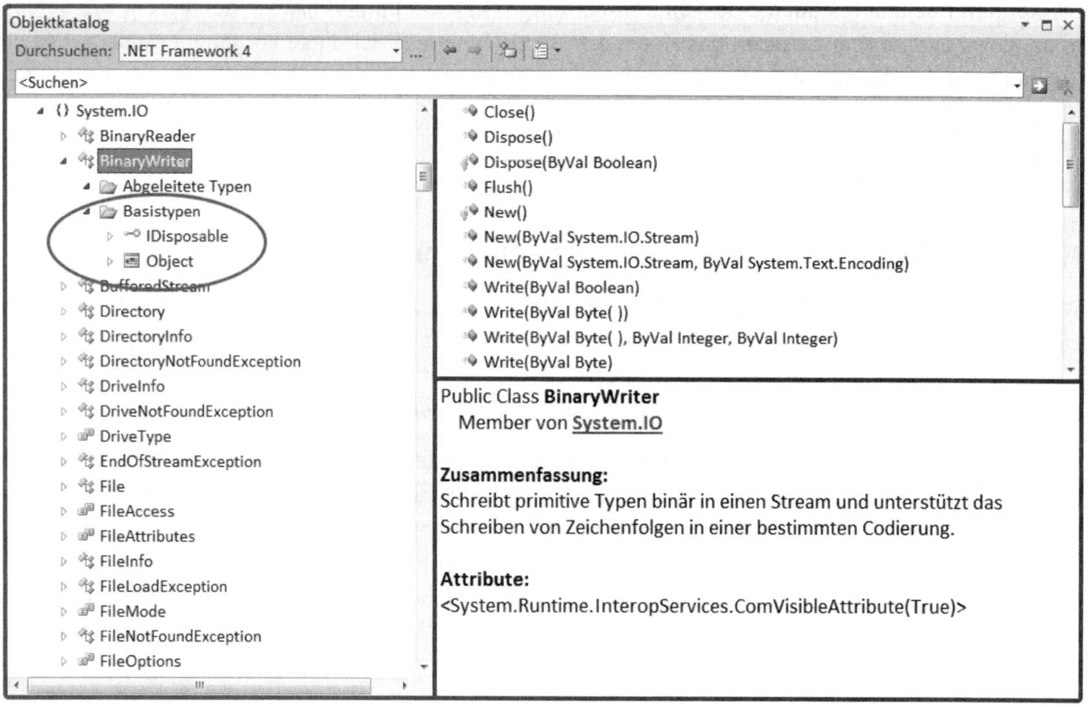

Abbildung 6.4: Eine IDisposable-Klasse im Objektkatalog

HINWEIS

Was eine Schnittstelle ist, wird in Abschnitt 6.13 ausführlich beschrieben. Die Kurzfassung: Eine Schnittstelle definiert eine Reihe von Eigenschaften und Merkmalen, die eine bestimmte Klasse auszeichnen. Die Formulierung »eine Klasse x implementiert eine Schnittstelle y« bedeutet, dass die Klasse `x` neben diversen eigenen Eigenschaften und Methoden auch alle Eigenschaften und Methoden von `y` kennt. Speziell für die `IDisposable`-Schnittstelle heißt das: Alle Klassen, die diese Schnittstelle implementieren, kennen die Methode `Dispose`.

Natürlich können Sie auch eigene Klassen mit der `IDisposable`-Schnittstelle ausstatten; dann müssen Sie die entsprechende `Dispose`-Methode selbst programmieren. Konkrete Tipps, wie eine derartige Prozedur aussehen könnte, gibt ebenfalls Abschnitt 6.13.

Bei vielen `System.IO`-Klassen wird statt `Dispose` die Methode `Close` ausgeführt (siehe auch Kapitel 11).

Eine ausführliche Diskussion zur Verwendung von `Dispose` für GDI-Grafikobjekte finden Sie in Abschnitt 9.2 des Windows Forms-E-Book auf der Webseite zum Buch. Darüber hinaus wird `Dispose` auch im Kontext mit weiteren Klassen beschrieben – werfen Sie einen Blick in das Stichwortverzeichnis beim Eintrag `Dispose`!

Überlebensregeln

Wenn Sie die drei folgenden Regeln beherzigen, wird Ihnen der Einsatz von `IDisposable`-Objekten nie Probleme verursachen:

» Sobald ein selbst erzeugtes Objekt nicht mehr benötigt wird, muss es mit `Dispose` explizit freigegeben werden!

```
Dim bm As New Drawing.Bitmap(100, 100)  'GDI+ Bitmap mit 100*100 Pixel erzeugen
... Bitmap bearbeiten, anzeigen, speichern etc.
bm.Dispose()                            'Speicher wieder freigeben
```

» Der Code von Prozeduren, die `IDisposable`-Objekte verwenden, muss so abgesichert werden, dass `Dispose` auch dann ausgeführt wird, wenn ein Fehler auftritt. Das gilt insbesondere dann, wenn Sie Klassenbibliotheken programmieren, die beim Auftreten eines Fehlers nicht gleich beendet werden. Um den Aufräumprozess zu automatisieren, verwenden Sie am besten das Schlüsselwort `Using` (siehe unten).

» `Dispose` darf nicht für Objekte verwendet werden, die als Parameter einer Ereignisprozedur übergeben werden. Der Grund besteht darin, dass das Objekt unter Umständen noch von der Prozedur, die das Ereignis ausgelöst hat, benötigt wird.

Objektnutzung mit Using

Mit `USing` können Sie `IDisposeable`-Objekte gleichzeitig als lokale Variablen deklarieren und initialisieren. Die Besonderheit daran: Sobald die Codeausführung `End Using` erreicht, werden alle betroffenen Objekte automatisch durch `Dispose` freigegeben – und zwar sogar dann, wenn im `Using`-Block ein Fehler (eine `Exception`) auftritt.

```
Using myBitmap As New Bitmap(100, 100), myBrush As New SolidBrush(Color.Aquamarine)
  ...
End Using
```

Intern entspricht `Using` einer einfachen `Try`-Konstruktion. (`Try` und `Finally` werden in Kapitel 8 näher beschrieben.) Der folgende Codeblock hat dieselbe Wirkung wie die obigen drei Zeilen:

```
Dim bm As New Bitmap(100, 100), brsh As New SolidBrush(Color.Aquamarine)
Try
  ...
Finally
  bm.Dispose()
  brsh.Dispose()
End Try
```

Konsequenzen, wenn Dispose vergessen wird

Eine Frage drängt sich richtiggehend auf: Was passiert, wenn die Ausführung von `Dispose` vergessen wird? Eine allgemeingültige Antwort ist leider nicht möglich, weil die Folgen stark von der Natur der Klasse abhängen. Zwei mögliche Konsequenzen sehen so aus:

» Ihr Programm benötigt mehr Speicher als notwendig und wird deswegen ineffizient. Speicherprobleme treten vor allem dann auf, wenn Sie eine Menge Objekte, die viel Speicher beanspruchen, in kurzer Zeit erzeugen, verwenden und dann nicht durch `Dispose` freigeben.

  Durch eine `garbage collection` werden zwar auch solche Objekte früher oder später wieder aus dem Speicher entfernt, bei denen `Dispose` vergessen wurde, aber manchmal ist *später* eben schon zu spät: Da beansprucht Ihr Programm vielleicht schon einige Hundert Megabyte RAM und zwingt zur langsamen Auslagerung von RAM auf die Festplatte.

  Immerhin ist es beruhigend zu wissen, dass das Vergessen von `Dispose` im Regelfall keinen anhaltenden Speicherverlust (`memory leak`) verursacht, sondern nur die Effizienz der Speicherverwaltung beeinträchtigt.

» Ihr Programm beansprucht wertvolle Ressourcen, etwa den Zugriff auf eine Datei oder Datenbank. Während dieser Zeit sind andere Programme (unter Umständen sogar das eigene Programm!) blockiert.

6.4 Objektkatalog

Ein unverzichtbares Hilfsmittel zur Erforschung der riesigen Klassenbibliotheken ist der Objektkatalog (ANSICHT|OBJEKTKATALOG, siehe Abbildung 6.5). Dieser Dialog liefert Informationen über die Verwendung von Methoden, Eigenschaften und Konstanten, die in den Klassen verschiedener Bibliotheken deklariert sind.

Die Grundfunktion des Objektkatalogs ist einfach: Im linken Dialogteil wählen Sie in einem hierarchischen Listenfeld zuerst eine Bibliothek (z.B. `Microsoft Visual Basic Runtime` oder `mscorlib`), dann einen sogenannten Namensraum und schließlich eine Klasse aus. Rechts werden dann alle für diese Klasse verfügbaren Elemente (Methoden, Eigenschaften, Konstanten etc.) angezeigt. Sobald Sie eines dieser Elemente mit der Maus anklicken, liefert der untere Dialogteil Informationen über alle Parameter des Schlüsselworts. Manchmal liefert der Browser sogar kurze Informationen über den Zweck des Elements.

Tipps zur Bedienung des Objektkatalogs

Gerade Einsteiger wenden sich manchmal schnell frustriert vom Objektkatalog ab, weil sie von der Informationsfülle überwältigt werden. Immerhin beweist der Objektkatalog, dass Ihnen unter Visual Basic Tausende von Methoden, Eigenschaften etc. zur Verfügung stehen (von denen Sie natürlich nur einen verschwindenden Bruchteil tatsächlich benötigen).

Während der Objektkatalog bis VB6 eine relativ übersichtliche Hilfe war, kann es nun passieren, dass man in den vielen Hierarchieebenen verloren geht, bevor man das gewünschte Element findet. Es lohnt sich aber, sich mit dem Dialog vertraut zu machen! Vielleicht helfen Ihnen dabei die folgenden Tipps weiter:

» Eine elegante Möglichkeit, diesen Dialog zu öffnen, besteht darin, ein Objekt oder eine Methode im Programmcode mit der rechten Maustaste anzuklicken und dann den Kontextmenüeintrag GEHE ZU DEFINITION auszuführen. Sie ersparen sich damit die oft langwierige Suche in der verschachtelten Objekthierarchie. (Falls Sie die Visual Basic-Tastenkürzel verwenden, führt [⇧]+[F2] direkt in den Objektkatalog. Haben Sie sich dagegen für die Visual Studio-Standardbelegung entschieden, führt [F12] in den Objektkatalog.)

» Der Objektkatalog kann mit [Esc] verlassen werden. [Esc] bietet damit den schnellsten Weg zurück ins Codefenster.

» Normalerweise sind Sie nur an solchen Klassen interessiert, die Sie in Ihrem Projekt tatsächlich verwenden (nicht an der gesamten .NET-Bibliothek). Stellen Sie das Listenfeld links oben im Objektkatalog auf EIGENE PROJEKTMAPPE.

» Standardmäßig zeigt der Objektkatalog alle Namen in alphabetischer Reihenfolge an. Über das Kontextmenü können Sie aber auch angeben, dass die Namen im linken Dialogbereich nach dem Objekttyp sortiert und im rechten Bereich nach dem Elementtyp gruppiert werden sollen. Das bedeutet, dass im linken Dialogbereich zuerst alle Klassen, dann alle Interfaces, dann alle Strukturen etc. angezeigt werden; im rechten Dialogbereich werden zuerst alle Methoden, dann die Eigenschaften etc. angezeigt. Mit anderen Worten: Zusammengehörende Elemente werden gruppiert. (Innerhalb dieser Gruppen werden die Namen natürlich weiterhin alphabetisch sortiert.)

» Wenn Sie innerhalb des Objektkatalogs Text eingeben, wird das erste Element gesucht, das mit diesen Buchstaben beginnt. Das ermöglicht vor allem bei umfangreichen Namensräumen oft einen rascheren Zugriff als per Maus.

» Bei fast allen Klassen, Eigenschaften, Methoden etc. führt [F1] direkt zum Hilfetext. [F1] funktioniert im Objektkatalog zuverlässiger als im Codefenster.

» Mit [Strg]+[C] können Sie den Namen in die Zwischenablage kopieren (um ihn anschließend in den Programmcode einzufügen). Dabei wird der vollständige Name kopiert, der sich aus Namensraum und Klassenname zusammensetzt (in Abbildung 6.5 also `System.Windows.Controls.TextBox.LineCount`).

» Der Objektkatalog enthält nur Klassen von Bibliotheken, die zurzeit in Ihr Projekt eingebunden sind. Wenn Sie zusätzliche Bibliotheken einbinden möchten, führen Sie PROJEKT|VERWEIS HINZUFÜGEN aus.

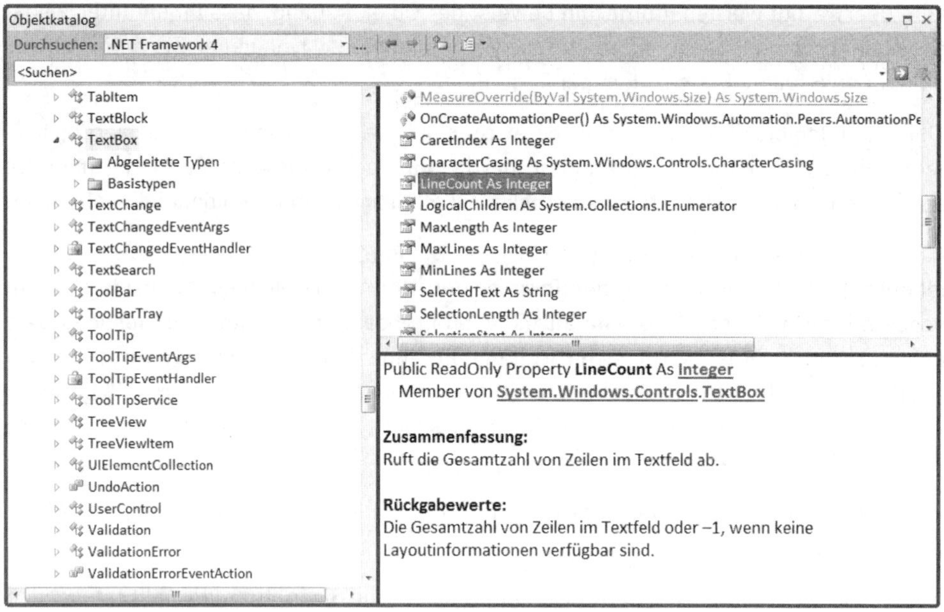

Abbildung 6.5: Der Objektkatalog

Deklaration von Klassen und Klassenmitgliedern

Wenn Sie im Objektkatalog eine Klasse im linken Bereich oder ein Klassenmitglied im rechten Bereich anklicken, wird im grauen Bereich darunter die exakte Deklaration des Elements in der Syntax von Visual Basic angezeigt. Sobald Sie einmal gelernt haben, die Informationen richtig zu interpretieren, gibt Ihnen diese Zeile genaue Auskunft darüber, wie Sie die Klasse, Methode etc. in Ihren Programmen einsetzen können. Alle Schlüsselwörter, die in der Deklarationszeile vorkommen, werden ausführlich im weiteren Verlauf dieses Kapitels beschrieben. Eine kompakte Referenz finden Sie in Abschnitt 6.18. Vorweg eine kleine Orientierungshilfe zu den wichtigsten Begriffen:

» `Public`, `Private` und `Protected` geben den Gültigkeitsbereich an. Bei der gewöhnlichen Anwendung können Sie nur `Public`-Elemente nutzen. (`Protected`-Elemente stehen zur Verfügung, wenn Sie Klassen vererben.)

- `Class`, `Module` und `Structure` sind verschiedene Varianten von Klassen. `Structure`-Klassen sind immer Werttypen (`ValueType`-Klassen).
- `Sub` und `Function` bezeichnen Methoden, `Property` eine Eigenschaft, `Dim` und `Const` eine Klassenvariable bzw. Konstante, `Event` ein Ereignis. `ReadOnly`-Eigenschaften können nur gelesen, nicht verändert werden.
- `Shared` gibt an, dass das Element ohne Objektinstanz verwendet werden kann (siehe Abschnitt 6.10).
- `[Not]Overridable` gibt an, ob das Element durch Vererbung verändert werden kann. Für die gewöhnliche Anwendung spielt das keine Rolle.
- `MustOverride` bzw. `MustInherit` bedeutet, dass das Element nicht unmittelbar genutzt werden kann (sondern in vererbten Klassen verändert werden muss).
- `ByVal` und `ByRef` geben an, wie Parameter übergeben werden (siehe Abschnitt 5.3).
- `Inherits` gibt an, von welcher Basisklasse die Klasse abgeleitet ist.

Abbildung 6.6 auf zeigt, dass `Sort` eine Methode (`Sub`) der Klasse `System.Array` ist. Die Methode ist öffentlich zugänglich (`Public`). Sie kann in der Form `Array.Sort(...)` verwendet werden (`Shared`). Als Parameter muss ein Objekt des Typs `System.Array` übergeben werden, das dann sortiert wird. Die einzige Voraussetzung besteht darin, dass der Datentyp des Felds die Vergleichsschnittstelle `IComperable` unterstützt.

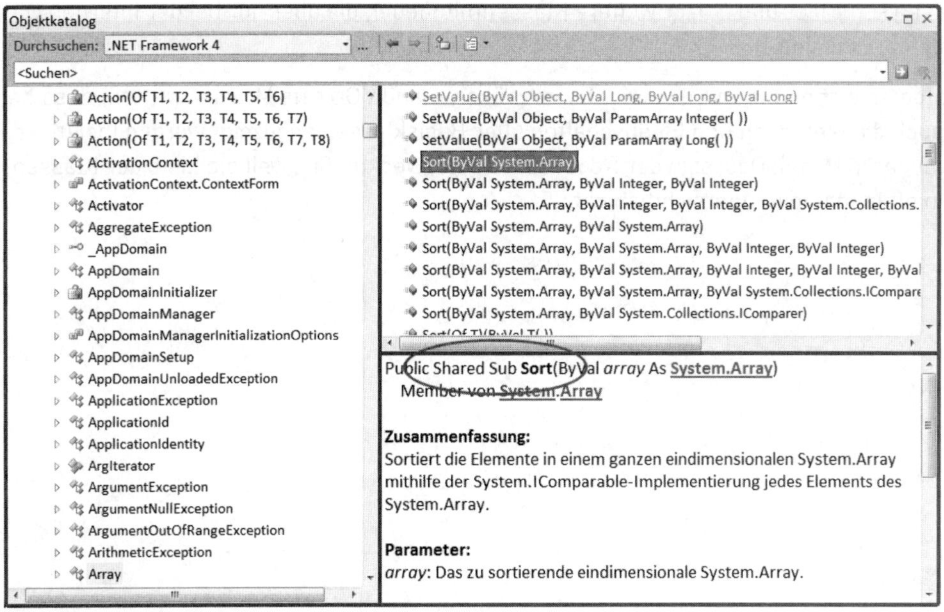

Abbildung 6.6: Sort ist eine Shared-Methode der Klasse System.Array

Abgeleitete Elemente (Vererbung)

Wenn Sie im Objektkatalog die Eigenschaften oder Methoden einer Klasse betrachten, gewinnen Sie vielleicht den Eindruck, dass manche in der Online-Dokumentation oder in diesem Buch beschriebenen Elemente ganz einfach fehlen. Der Grund dafür besteht meist darin, dass die von Ihnen betrachtete Klasse von einer anderen Klasse abgeleitet ist und davon manche Elemente geerbt hat.

Werfen Sie beispielsweise einen Blick auf die Elemente der Klasse `DirectoryInfo` (Bibliothek `mscorlib`, Namensraum `System.IO`, siehe Abbildung 6.7): Diese Klasse gibt Auskunft über die Eigenschaften eines Verzeichnisses auf der Festplatte. In der Liste der Eigenschaften werden Sie aber keine Eigenschaft finden, die den gesamten Verzeichnisnamen enthält (also inklusive des Laufwerks und der Unterverzeichnisse).

Im unteren Bereich des Objektkatalogs sehen Sie, dass die Klasse `DirectoryInfo` von `System.IO.FileSystemInfo` abgeleitet ist (`DirectoryInfo Inherits FileSystemInfo`, siehe Abbildung 6.7). Sie können nun zu dieser Klasse springen und deren Mitglieder lesen. Noch einfacher ist es, die `DirectoryInfo`-Klasse im Objektkatalog aufzuklappen. Sie gelangen zuerst zu *Basistypen* und dann zu allen übergeordneten Klassen, von denen `DirectoryInfo` abgeleitet ist. Dort entdecken Sie die vermisste Eigenschaft `FullName` (siehe Abbildung 6.8).

Dass die Eigenschaft `FullName` auch für Objekte des Typs `DirectoryInfo` zur Verfügung steht, ist eine Konsequenz des Mechanismus der Vererbung. Beachten Sie, dass derartige Vererbungsmechanismen auch über mehrere Ebenen funktionieren! Im konkreten Fall enthalten die übergeordneten Klassen `MarshalByRefObject` und `Object` weitere Klassenmitglieder, die aber nur bei der internen Objektverwaltung hilfreich sind.

Im Objektkatalog erreichen Sie mit dem Kontextmenükommando GEERBTE MEMBER ANZEIGEN, dass bei jeder Klasse auch die Methoden und Eigenschaften aller Basisklassen angezeigt werden (bei `DirectoryInfo` also auch `FullName`). Das ist in der Regel aber nicht zweckmäßig, weil die Liste der Klassenelemente dann oft lang und unübersichtlich wird.

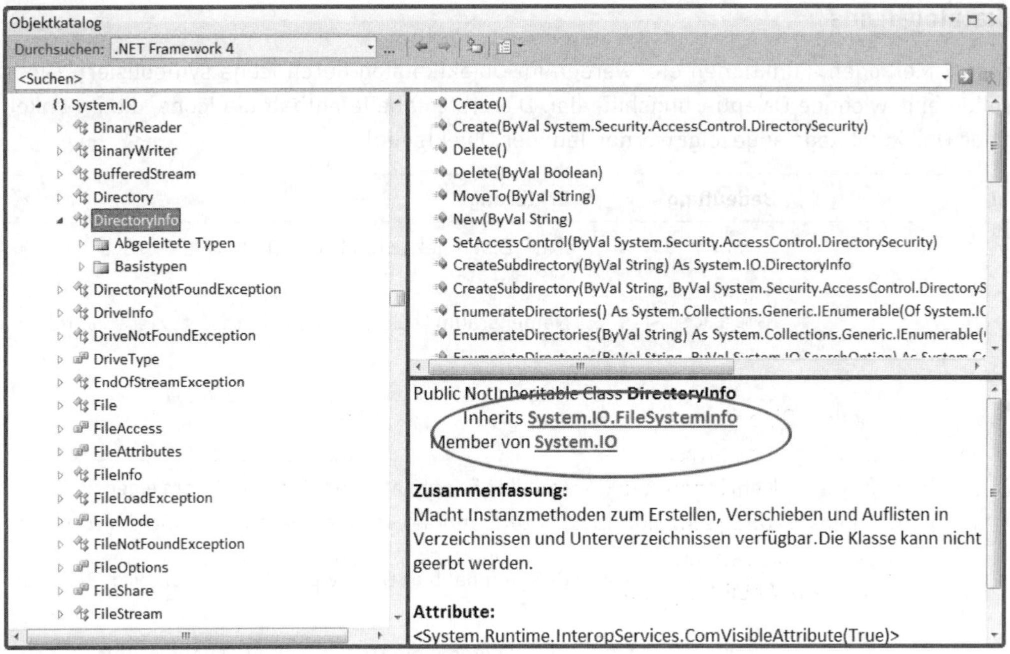

Abbildung 6.7: Die Klasse System.IO.DirectoryInfo

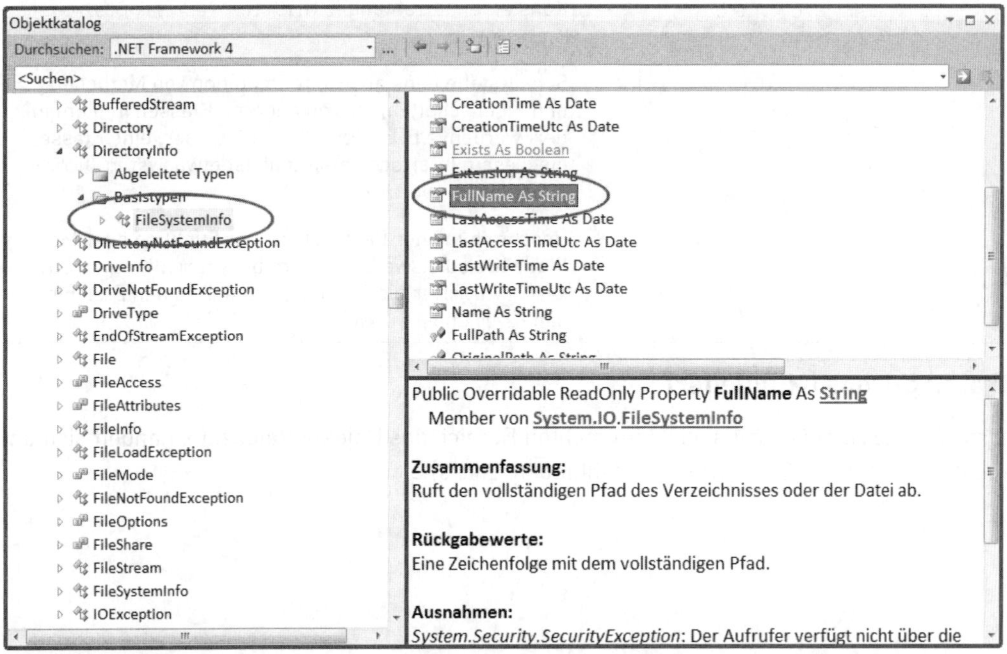

Abbildung 6.8: Die übergeordnete Klasse System.IO.FileSystemInfo

Objektkatalog-Icons

Alle Klassen, Methoden, Funktionen etc. werden im Objektkatalog durch Icons symbolisiert. Diese Icons stellen eine wichtige Orientierungshilfe dar. Die erste Tabelle enthält die Icons, die im linken Bereich des Objektkatalogs angezeigt werden (auf der Objektseite).

Symbol	Bedeutung	Erklärung
	`Assembly`	.NET-Bibliothek (z.B. Microsoft VB `Runtime`, `mscorlib`, `System.Data`)
	`Namespace`	Namensraum (z.B. `System.IO`, `Microsoft.VisualBasic`)
	`Class`	Klasse (z.B. `System.Math`, `Microsoft.VisualBasic.Strings`)
	`Module`	Modul (z.B. `Module1()` mit `Main()` in einem eigenen Programm)
	`Structure`	CLS-kompatibler Datentyp (z.B. `System.Integer`, `System.String`)
	`Structure`	CLS-inkompatibler Datentyp bzw. Datenstruktur (z.B. `System.UInt16`, `.TimeSpan`)
	`Enum`	Konstantenaufzählung (z.B. `Microsoft.VisualBasic.MsgBoxStyle`)
	`Interface`	Schnittstelle (eine abstrakte Definition von Methoden und Eigenschaften, die von anderen Klassen implementiert werden; z.B. `System.IFormatProvider`; eine Klasse, die diesem Interface entspricht, ist etwa `System.Globalization.CultureInfo`.)
	`Delegate`	Beschreibung der Parameter einer Funktion oder Methode (Beispielsweise beschreibt `System.Windows.Forms.KeyEventHandler` die Ereignisprozedur zu den Ereignissen `KeyUp` und `KeyDown`.)

Objektkatalog-Icons (Mitglieder)

Die nächste Tabelle zeigt die Icons aus dem rechten Bereich des Objektkatalogs. Es handelt sich um die Elemente von Klassen, Strukturen, Aufzählungen (Enums) etc.

Symbol	Bedeutung	Erklärung
	Sub / Function	Methode (z.B. Add für Objekte der Klasse System.DateTime)
	Property	Eigenschaft (z.B. DayOfWeek für Objekte der Klasse System.DateTime)
	Constant	Konstante (z.B. System.Math.Pi)
	Dim / Const	Klassenvariable oder -konstante (z.B. Microsoft.Visual Basic.Constants.vbNullChar, System.Guid.Empty)
	Event	Ereignis (z.B. System.Windows.Forms.Form.Load oder System.Windows.Controls.ComboBox.DropDownClosed)

Gültigkeit von Elementen

Die in den beiden vorigen Tabellen vorgestellten Icons gelten in dieser Form, wenn das Element öffentlich zugänglich ist. Häufig sind Klassen, Methoden etc. aber so deklariert, dass sie nur innerhalb des aktuellen Projekts oder nur bei einer Vererbung der Klasse verwendet werden können. Hintergrundinformationen zu den Gültigkeitsbereichen von Klassenmitgliedern folgen in Abschnitt 6.9.

Diese Gültigkeitsebenen werden im Objektkatalog durch eine Erweiterung der Icons durch eine Raute, einen Schlüssel oder ein Vorhängeschloss dargestellt. Die folgende Tabelle zeigt diese Erweiterungen am Beispiel des Icons für Klassenvariablen. Analog gelten diese Erweiterungen aber auch für Eigenschaften, Methoden etc. Die <Extension>-Kennzeichnung trifft nur auf Methoden zu, weswegen hier das Methoden-Icon abgebildet ist.

Symbol	Bedeutung	Erklärung
	Public	öffentliche Klassenvariable; der Zugriff auf die Variable ist immer möglich.
	Friend	Friend-Klassenvariable; der Zugriff ist nur innerhalb des Projekts möglich, in dem die Klasse deklariert ist.
	Protected	Protected-Klassenvariable; der Zugriff ist nur in vererbten Klassen möglich.
	Private	Private-Klassenvariable; der Zugriff ist nur innerhalb des Klassencodes möglich, der die Klasse beschreibt.
	<Extension>	Methode, die mit dem <Extension>-Attribut gekennzeichnet ist; die Methode kann auf die im ersten Parameter angegebene Klasse angewendet werden, auch wenn diese Klasse ganz woanders definiert ist (siehe Abschnitt 6.7).

Klassenansicht

ANSICHT|KLASSENANSICHT führt zu einer Objektkatalog-Variante, in der nur die Klassen angezeigt werden, die durch das aktuelle Projekt definiert wurden (siehe Abbildung 6.9). Der einzige Vorteil im Vergleich zum Objektkatalog besteht in der größeren Übersichtlichkeit.

Wenn Ihnen der Objektkatalog von Visual Studio nicht mächtig genug ist, sollten Sie den kostenlosen .NET Reflector installieren. Dieses unglaublich nützliche Programm bietet nicht nur eine Übersicht über die Klassen, sondern auch einen Disassembler, d.h., Sie können sich auch den Code in den einzelnen Methoden ansehen. Der Reflector wurde ursprünglich von Lutz Roeder geschrieben und später von der Firma Red Gate übernommen. Das Programm ist weiterhin kostenlos und unter *http://reflector.red-gate.com/* erhältlich.

Schon interessanter sind Klassendiagramme zur grafischen Darstellung von Klassen und ihren Methoden: Derartige Diagramme erzeugen Sie, indem Sie im PROJEKTMAPPEN EXPLORER eine Klassendatei (**.vb*) mit der rechten Maustaste anklicken und KLASSENDIAGRAMM ANZEIGEN ausführen. Anschließend können Sie das Layout des Diagramms verändern und speichern.

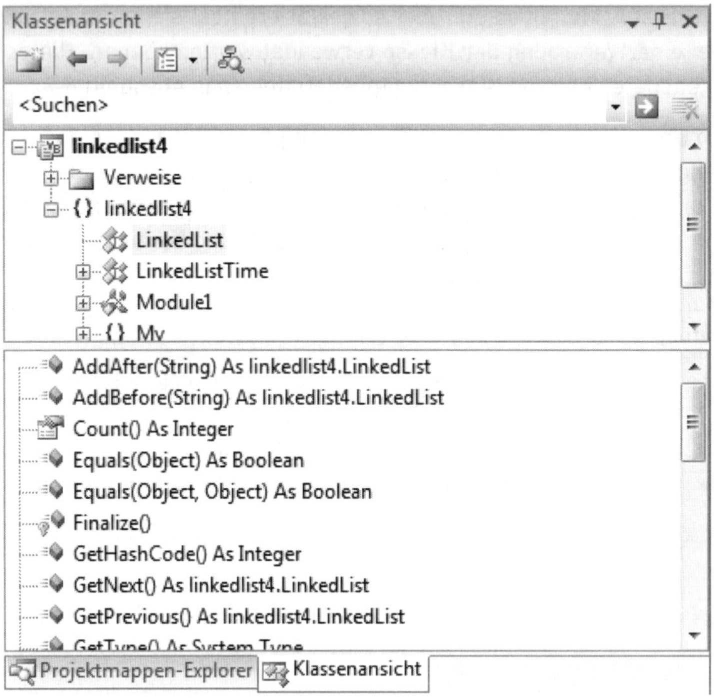

Abbildung 6.9: Die Klassenansicht zeigt die Klassen des aktuellen Projekts sowie deren Methoden und Eigenschaften.

6.5 Klassen, Module, Strukturen

Dieser Abschnitt führt Sie in die Programmierung von Klassen, Modulen und Strukturen ein. Klassen stehen deswegen an erster Stelle, weil sie das universelle Konstrukt darstellen.

Module und Strukturen haben ähnliche Eigenschaften und werden auf ähnliche Weise definiert (programmiert), ihr Funktionsumfang ist aber im Vergleich zu Klassen eingeschränkt. Sobald Sie verstehen, was Klassen sind und welche Merkmale sie haben, wird es Ihnen leichtfallen, auch das Konzept von Modulen und Strukturen zu erkennen.

Klassen

Am Beginn steht die Frage: Wozu verwendet man Klassen? Nur wenn Sie wissen, wozu Sie Ihr Projekt in Klassen organisieren, kann diese Organisation auch gelingen. Im Wesentlichen helfen Klassen bei zwei Dingen: Erstens helfen sie, den Code in sinnvolle Einheiten zu gliedern, und zweitens ermöglichen sie es, immer wiederkehrende Aufgaben so zu kapseln, dass sie sowohl im aktuellen Projekt als auch in anderen Projekten wiederverwendet werden können.

Klassen sind sozusagen die Grundlage für ein modernes Code-Recycling: Anstatt ein wiederkehrendes Problem immer wieder neu zu lösen, können Sie für diese Aufgabe eine Klasse entwickeln und diese dann in verschiedenen Projekten entweder als Code (durch simples Einfügen) oder als Bibliothek (durch eine Referenz) nutzen.

Damit dieses Konzept erfolgreich ist, sollten Sie sich Zeit für die richtige Organisation der Klasse nehmen, d.h. für die Überlegung, durch welche Eigenschaften und Prozeduren Sie die Funktionen der Klasse nach außen hin zugänglich machen, wie die Daten intern verwaltet werden etc. Dabei können Sie durchaus die Erfahrungen, die Sie mit der Anwendung der zahllosen .NET-Bibliotheken bereits gemacht haben, in das Design mit einfließen lassen. Und vergessen Sie nicht, Ihre Klasse ordentlich zu dokumentieren! Die ganze Idee der Wiederverwendung von Code scheitert oft daran, dass es weniger Arbeit bereitet, eine Funktion ein zweites Mal neu zu implementieren als nachzuvollziehen, wie eine bereits vorhandene Klasse eingesetzt werden kann.

HINWEIS

Mit den obigen Absätzen schließe ich das Thema Klassendesign aus Platzgründen auch schon wieder ab. Es gibt zahllose exzellente Bücher zu den Themen Entwurfsmuster (Design Patterns) und Modellierung (UML, Unified Modeling Language), die sich diesem Thema in aller Ausführlichkeit widmen. In diesem Kapitel geht es lediglich darum, Ihnen die Syntaxelemente von Visual Basic zu beschreiben. Mit diesem Wissen sollten Sie dann in der Lage sein, die Design-Tipps aus anderen Büchern zur objektorientierten Programmierung in Visual Basic umzusetzen.

Definition von Klassen

Eine Klasse ist die abstrakte Beschreibung (der Bauplan) eines objektorientierten Datentyps. Die Schnittstelle nach außen (also zur Anwendung der Klasse) wird in erster Linie durch Eigenschaften und Methoden hergestellt. Viele Klassen bieten auch den direkten Zugang zu Datenfeldern und Konstanten. Einige Klassen kennen darüber hinaus Ereignisse, die beispielsweise dann ausgelöst werden, wenn sich Daten auf eine bestimmte Weise ändern.

Auf der Codeebene wird die Definition einer Klasse durch `Class name` eingeleitet und durch `End Class` abgeschlossen. Innerhalb dieses Blocks werden die Elemente der Klasse definiert – nämlich Klassenvariablen und -konstanten (`fields`), Methoden (`methods` und `functions`) sowie Eigenschaften (`properties`). Die Programmierung dieser Klassenelemente (`class members`) ist ein Thema für sich, das in den Abschnitten 6.6 bis 6.8 behandelt wird.

```
Class Class1
  Private x As Integer         'eine interne Klassenvariable
  Public y As Integer          'eine öffentliche Klassenvariable
  Private Sub p() ...          'eine interne Prozedur
  Sub m() ...                  'eine von außen zugängliche Methode
  Property e() As Integer ...  'eine von außen zugängliche Eigenschaft
End Class
```

Entscheidend beim Entwurf der Klasse ist die Überlegung, welche Elemente der Klasse nur für die interne Programmierung innerhalb der Klasse gedacht sind und welche Elemente extern zur Verfügung stehen sollen. Dabei müssen Sie auf die korrekte Deklaration achten. Beispielsweise gelten Variablen standardmäßig als `Private` und können nur intern verwendet werden, während Prozeduren (Methoden) und Eigenschaften standardmäßig als `Public` gelten und von außen verwendet werden können. Die möglichen Gültigkeitsebenen von Variablen, Prozeduren etc. und die Schlüsselwörter zur entsprechenden Deklaration (`Private`, `Friend`, `Protected`, `Public`) werden in Abschnitt 6.9 ausführlich beschrieben.

Deklaration und Initialisierung von Objekten

Wenn Sie die Definition einer Klasse abgeschlossen haben, können Sie die Klasse anwenden. Im Regelfall erzeugen Sie dazu ein Objekt dieser Klasse und nutzen dann dessen Eigenschaften, Methoden etc. Einführende Beispiele zur Nutzung von Klassen gab es bereits zu Beginn dieses Kapitels, weitere Beispiele finden Sie in allen weiteren Kapiteln. Visual Basic-Programmierung ist ohne die Nutzung von Klassen nicht denkbar.

```
Dim o1 As New Class1()    'Objekt der Klasse Class1 erzeugen
o1.y = 3                  'öffentliche Klassenvariable nutzen
o1.e = 4                  'Eigenschaft zuweisen
o1.m()                    'Methode aufrufen
```

Sie können die Deklaration der Objektvariablen und das Erzeugen des Objekts auch voneinander trennen:

```
Dim o2 As Class1
...
o2 = New Class1()
```

Seit VB2008 ist eine weitere Variante zulässig: Dabei wird der Typ der Objektvariable nicht explizit angegeben, die Typisierung erfolgt implizit (siehe Abschnitt 4.2). Da der Variable während der Deklaration ein Objekt der Klasse `Class1` zugewiesen wird, verwendet der VB-Compiler diese Klasse als Datentyp für die Variable.

```
Dim o3 = New Class1()
```

Eine weiter Neuerung in VB2008 besteht darin, dass Sie die Elemente eines Objekts bereits in der Deklaration initialisieren können. Der Initialisierungsliste muss das Schlüsselwort `With` vorangestellt werden.

```
Dim o4 As New Class1() With {.y = 4, .e = 7}         'Objekt der Klasse Class1
                                                      ' erzeugen und initialisieren
```

Auch diese Variante kann mit der impliziten Typisierung kombiniert werden:

```
Dim o5 = New Class1() With {.y = 4, .e = 7}
```

Objektfelder

Natürlich können Sie auch ein Feld von Objekten deklarieren und initialisieren:

```
Dim ar1(n) As Class1                                  'Deklaration ohne Initialisierung
Dim ar2() As New Class1 = { _                         'Deklaration mit Initialisierung
  New Class1() With {.y = 4, .e = 7}, _
  New Class1() With {.y = 8, .e = 0} ...}
```

Anonyme Typen (anonymous types)

Visual Basic erlaubt es, Objekte zu erzeugen, denen gar keine Klasse zugrunde liegt. Syntaktisch handelt es sich dabei um eine Variante der obigen Anweisung `Dim - With`, wobei aber die Angabe der Klasse unterbleibt:

```
Dim buch1 = New With {.author = "Kofler, Michael", _
                      .title = "Visual Basic 2008", _
                      .publisher = "Addison-Wesley"}
Dim buch2 = New With {.author = "Kofler, Michael; Nebelo Ralf", _
                      .title = "Excel 2007 programmieren", _
                      .publisher = "Addison-Wesley"}
```

Auch die Deklaration von Objektfeldern ist erlaubt und sieht so aus:

```
Dim buecher() = { _
  New With {.author = "a0", .title = "t0", .publisher = "p0"}, _
  New With {.author = "a1", .title = "t1", .publisher = "p1"}, _
  New With {.author = "a2", .title = "t2", .publisher = "p2"}}
```

Zur Ausführung der obigen Anweisungen erzeugt der VB-Compiler eine neue Klasse, die einen Namen wie `VB$AnonymousType_0`3` hat. Von den Eigenschaften dieser Klasse machen Sie sich am einfachsten im Direktfenster durch `buch1.GetType()` ein Bild. Kurz gefasst das Ergebnis: Die Klasse ist von Object abgeleitet. Es handelt sich also um einen Referenztyp. Neben den Eigenschaften author, title und publisher (alle String) sind unter anderem die Methoden Equals, GetHashCode, ReferenceEquals und ToString implementiert. Die Eigenschaft IsGenericType liefert True und macht klar, dass die Klasse vom Compiler definiert wurde.

HINWEIS Der Compiler erkennt, dass die beiden Objekte buch1 und buch2 sowie das Feld buecher dieselben Eigenschaften haben, und verwendet in allen Fällen dieselbe Klasse. Der Compiler erzeugt also nicht für jeden anonymen Typ eine neue Klasse, was ja auch denkbar wäre.

Beachten Sie aber, dass die Reihenfolge der Eigenschaften bei der Initialisierung entscheidend dafür ist, dass der Compiler dieselbe Klasse verwendet! Die Objekte buch3 und buch4 sind deswegen Instanzen anderer Klassen als buch1 und buch2.

```
Dim buch3 = New With {.publisher = ..., .author = ..., .title = ...}
Dim buch4 = New With {.title = ..., .author = ..., .publisher = ...}
```

Schlüsseleigenschaften in anonymen Typen

Optional können Sie einzelne Eigenschaften von anonymen Typen mit dem Schlüsselwort Key kennzeichnen. Das ermöglicht es, Objektinstanzen derselben anonymen Klasse zu vergleichen. Zum Vergleich müssen Sie die Methode Equals der anonymen Klasse einsetzen, also obj1.Equals(obj2). Ein Vergleich in der Form obj1 = obj2 ist leider nicht erlaubt.

Im folgenden Beispiel liefert cust1.Equals(cust2) das Ergebnis True, weil die Key-Eigenschaft id bei beiden Objekten übereinstimmt. Eigenschaften ohne Key-Attribut werden beim Vergleich nicht berücksichtigt.

```
Dim cust1 = New With {Key .id = 123, .name = "Müller"}
Dim cust2 = New With {Key .id = 123, .name = "Huber"}
If cust1.Equals(cust2) Then ...
```

ACHTUNG Die Methode Equals kann auch für Objekte verwendet werden, die ohne das Key-Schlüsselwort initialisiert wurden. Sie liefert in diesem Fall aber immer False, selbst dann, wenn alle Eigenschaften der beiden Objekte übereinstimmen.

Das Schlüsselwort Key hat eine Nebenwirkung: So definierte Eigenschaften gelten als read-only, können nach der Initialisierung des Objekts also nicht mehr verändert werden.

Verschachtelung von Klassen

Klassendefinitionen können ineinander verschachtelt werden (siehe das folgende Beispiel). Das bewirkt, dass Sie Class2 innerhalb von Class1 unmittelbar verwenden können. In anderen Klassen können Sie Class2 dagegen nur unter dem vollständigen Namen Class1.Class2 ansprechen. Unter diesem Namen erscheint Class2 auch im Objektkatalog.

```
Class Class1
  ' Class2 nutzen
  Dim c As New Class2()
  ' ... weiterer Code für Class1
```

```
  Class Class2
    ' ... weiterer Code für Class2
  End Class
End Class
' Class1.Class2 nutzen
Class Class3
  Dim c As New Class1.Class2()
  ' ... weiterer Code für Class3
End Class
```

Partielle Klassen

Die Definition von Klassen kann auf mehrere Teile bzw. Dateien verteilt werden. Genau genommen ist also nicht die Klasse partiell, sondern deren Definition.

Partielle Klassen werden von Visual Studio dazu genutzt, um automatisch generierten Code von Ihrem eigenen Code zu trennen. Wenn Sie beispielsweise eine Windows Forms-Anwendung entwickeln, dann erzeugt die Entwicklungsumgebung die Datei *formname.Designer.vb* und speichert darin den Code, um das Fenster mit all seinen Steuerelementen zu erzeugen. (Diese Datei ist im PROJEKTMAPPEN-EXPLORER normalerweise unsichtbar, sie kann aber mit dem Button ALLE DATEIEN ANZEIGEN eingeblendet werden.) Eigene Ereignisprozeduren werden in *formname.vb* gespeichert. Der gesamte für die Fensterklasse zuständige Code ergibt sich aus der Kombination beider Klassen.

Die prinzipielle Syntax für partielle Klassen geht aus dem folgenden Minibeispiel hervor. Die Klasse `myclass` stellt zwei Methoden zur Verfügung, die an unterschiedlichen Orten definiert werden. Die beiden Teile der Klassendefinition befinden sich normalerweise in unterschiedlichen Dateien (das ist ja gerade der Zweck partieller Klassen), sie dürfen aber auch in derselben Datei angegeben werden. Partielle Klassen dürfen auch aus mehr als zwei Teilen bestehen. Das Schlüsselwort `Partial` sollte vor allen Teilen angegeben werden; bei einem Teil (egal ob dem ersten, zweiten, dritten etc.) ist es optional.

```
Partial Public Class myClass
  Public Sub method1()
  End Sub
End Class
Partial Public Class myClass
  Public Sub method2()
  End Sub
End Class
```

In der Regel sollten Sie sich bemühen, den gesamten Code einer Klasse auch in einer Datei zu speichern. Partielle Klassen sind nur für Sonderfälle gedacht, bei denen das nicht zweckmäßig ist.

Module

Module sind ein Visual Basic-spezifischer Sonderfall von Klassen, wobei es einige Einschränkungen gibt. Module sind ein Relikt aus VB6-Zeiten und stehen in erster Linie zur Verfügung, um die Kompatibilität zu VB6 zu erhöhen. Es handelt sich dabei einfach um Codeblöcke, innerhalb derer Deklarationen von Variablen, Prozeduren, Eigenschaften etc. durchgeführt werden können. Sie werden mit `Module` eingeleitet und enden mit `End Module`.

```
Module Module1
  Dim x As Integer
  Sub testme()
    ..
  End Sub
End Module
```

Module werden im Regelfall zur Erfüllung der folgenden Aufgaben eingesetzt:

» zur Deklaration global verfügbarer Konstanten, Variablen und Prozeduren (siehe unten),

» als Startpunkt für ein Programm (Prozedur `Main()`),

» zur Formulierung von Code, der losgelöst von Objektinstanzen ausgeführt werden kann (z.B. für die zentrale Steuerung des Programmstarts und seines Endes), und

» wenn Code losgelöst von den Konzepten objektorientierter Programmierung formuliert werden soll.

HINWEIS Der Begriff »Modul« ist doppeldeutig. In diesem Kapitel und generell im Zusammenhang mit Visual Basic ist eine Sonderform einer Klasse gemeint. In der .NET-Nomenklatur (und insbesondere als Klasse von `System.Reflection`) bezeichnet der Begriff »Modul« allerdings eine Datei einer Assembly.

Module versus Klassen

Im Vergleich zu einer Klasse stellt ein Visual Basic-Modul eine Sonderform dar, die sich durch einige Einschränkungen auszeichnet. Die folgende Aufzählung nennt einige Begriffe, die im weiteren Verlauf des Kapitels erklärt werden. Lassen Sie sich deswegen vorerst keine grauen Haare wachsen!

» Es ist nicht möglich, eine Instanz eines Moduls zu erzeugen. Demzufolge gibt es auch keinen Konstruktor. (Es spricht natürlich nichts dagegen, innerhalb eines Moduls eine Prozedur mit dem Namen `New` zu deklarieren. Zu empfehlen ist dies allerdings nicht, weil diese Prozedur nur Verwirrung stiften würde. `New` gilt immer als `Private` und kann nicht als `Public` deklariert werden.)

» Alle Prozeduren innerhalb eines Moduls entsprechen `Shared`-Methoden bzw. -Eigenschaften einer Klasse, können also aufgerufen werden, ohne dass eine Objektinstanz erforderlich ist.

» Module können weder von anderen Klassen erben noch selbst vererbt werden.

» Module können keine Schnittstellen implementieren.

» Module müssen direkt auf unterster Ebene in der Codedatei angegeben werden. Module können nicht verschachtelt werden, und Module können auch nicht innerhalb von Klassen definiert werden. Umgekehrt ist es aber zulässig, innerhalb eines Moduls eine Klassendefinition durchzuführen.

Globale Variablen und Prozeduren in Modulen

Der einzige Punkt, in dem Module Klassen überlegen sind, besteht in der Möglichkeit, Variablen oder Prozeduren so global zu definieren, dass sie ohne die zusätzliche Angabe des Modulnamens verwendet werden können. Das bedeutet, dass Variablen, die in Modulen als `Public` oder `Friend` deklariert werden, in allen anderen Klassen und Modulen unmittelbar verwendet werden. Ebenso können alle in Modulen definierten Prozeduren, sofern sie nicht als `Private` gekennzeichnet sind, in allen anderen Klassen und Modulen aufgerufen werden. (Prozeduren gelten standardmäßig als `Public`.)

```
' Deklaration der globalen Variablen x und
' der globalen Prozedur global_proc
Module Module1
  Friend x As Integer = 4
  Friend Sub global_proc()
    ' Code für test_proc
  End Sub
End Module
' globale Variable x auswerten, Prozedur global_proc aufrufen
Class Class2
  Sub test_proc()
    Console.WriteLine(x)
    global_proc()
  End Sub
End Class
```

HINWEIS

Wenn in zwei Modulen derselbe Variablen- oder Prozedurname verwendet wird, dann muss in anderen Modulen oder Klassen der Modulname mit angegeben werden – also etwa die Variablenbezeichnung *Module2.x*.

Eine detaillierte Beschreibung der Gültigkeitsebenen (der sogenannten *Scopes*) von Variablen, Prozeduren etc. sowie der Schlüsselwörter `Private`, `Public` und `Friend` finden Sie in Abschnitt 6.9.

Vielleicht ist der Unterschied zwischen Modulen und Klassen noch nicht ganz klar: Sie können auch in Klassen globale Variablen oder Prozeduren (die dann Methoden heißen) definieren. Dazu müssen Sie aber das Schlüsselwort `Shared` verwenden, damit auf die Variablen bzw. Prozeduren sofort zugegriffen werden kann, ohne vorher eine Instanz des Objekts zu erzeugen. Und anders als bei Modulen muss bei der *Nutzung* dieser Variablen oder Prozeduren nun immer auch der Klassenname angegeben werden – also `Class1.x` oder `Class1.global_proc()`. Die folgenden Zeilen entsprechen dem obigen Beispiel.

```
' Deklaration der globalen Klassenvariablen x und der globalen Methode global_proc
Class Class1
  Friend x As Integer = 4
  Friend Shared Sub global_proc()
    ' Code für test_proc
  End Sub
End Class
' globale Klassenvariable x auswerten,
```

```
' globale Methode global_proc aufrufen
Class Class2
  Sub test_proc()
    Console.WriteLine(Class1.x)
    Class1.global_proc()
  End Sub
End Class
```

Strukturen

Strukturen sind Codeblöcke, in denen Deklarationen von Variablen, Prozeduren, Eigenschaften etc. durchgeführt werden können. Sie werden mit `Structure` eingeleitet und enden mit `End Structure`. (Anders als in VB6 und in vielen anderen Programmiersprachen dürfen Strukturen Code enthalten! Strukturen dienen also nicht mehr einfach dazu, ein paar elementare Variablen zu einer Gruppe zusammenzufassen!)

Strukturen werden üblicherweise dazu verwendet, einfache Datenstrukturen zu definieren. *Einfach* bedeutet in diesem Zusammenhang, dass der Speicheraufwand für die Daten gering ist und dass die Methoden bzw. Eigenschaften zur Initialisierung bzw. Verarbeitung der Datenstruktur in der Regel nur ganz grundlegende Aufgaben erledigen.

```
Structure Structure1
  Private x As Double           'ein internes Element der Struktur
  Public y As Double            'ein öffentliches Element der Struktur
  Sub m() ...                   'eine Methode für die Struktur
  Property e() As Integer ...   'eine Eigenschaft
End Structure
```

Strukturen versus Klassen

Im Vergleich zu einer Klasse stellt eine Struktur eine Sonderform dar. Die folgenden Punkte fassen die wichtigsten Unterschiede zusammen:

» Strukturen werden automatisch von `ValueType` abgeleitet, d.h., es handelt sich immer um Werttypen. Daraus folgt, dass die Daten von Strukturen auf dem Stack (und nicht im sogenannten heap für Objekte) gespeichert werden. Das macht Strukturen deutlich effizienter als Klassen, solange kleine Datenmengen verwaltet werden. (Eine ausführliche Diskussion der zahlreichen Unterschiede zwischen gewöhnlichen Klassen und Werttypen finden Sie in den Abschnitten 4.4 und 4.11.)

» Strukturen dürfen wie Klassen mit eigenen Konstruktoren ausgestattet werden. Im Gegensatz zu Klassen müssen diese Konstruktoren aber Parameter aufweisen. Der Standardkonstruktor `New` ohne Parameter, der alle Elemente der Struktur mit Standardwerten initialisiert (also Zeichenketten mit `""`, Zahlen mit 0 etc.), kann nicht durch einen eigenen parameterlosen Konstruktor überschrieben werden.

- Strukturen können weder andere Klassen oder Strukturen erben, noch können sie selbst vererbt werden. (Strukturen gelten als NotInheritable.) Strukturen können aber wie Klassen Schnittstellen implementieren.
- Die Klassenvariablen von Strukturen dürfen keine Instanzen der eigenen Struktur enthalten. (Daher ist es unmöglich, die LinkedList-Klasse aus Kapitel 6.6 als Struktur zu definieren: Dort sind die beiden Klassenvariablen nextItem und previousItem selbst vom Typ LinkedList deklariert und verweisen auf andere LinkedList-Objekte. Genau das ist bei Strukturen nicht möglich.)

Beispiel – vector3d-Struktur

Im folgenden Beispiel wird die Struktur vector3d zur Verwaltung dreidimensionaler Vektoren definiert. Jeder Vektor besteht aus den drei Double-Elementen x, y und z, die öffentlich zugänglich sind. Darüber hinaus ist die Struktur mit einer Reihe von Methoden und Eigenschaften ausgestattet.

Der Konstruktor New erleichtert die Initialisierung neuer vector3d-Variablen. Als Parameter müssen die Werte für x, y und z übergeben werden. Die Methode ToString zeigt den Inhalt der Zeichenkette in der Form [1; 2; 3] an. Die Read-Only-Methode Length errechnet die Länge des Vektors (indem die Wurzel aus der Summe der Quadrate der Einzelkomponenten ermittelt wird).

Scale multipliziert eine vector3d-Struktur mit einem Faktor. Beachten Sie, dass es grundsätzlich zwei Möglichkeiten gibt, Methoden wie Scale zu deklarieren. Die eine besteht darin, wie im hier vorliegenden Beispiel die Strukturvariable direkt zu verändern. Der Aufruf erfolgt in der Form vec.Scale(2). Die andere Variante besteht darin, dass Scale als eine Funktion deklariert wird, die die Strukturvariable unverändert lässt und stattdessen das Ergebnis der Operation zurückgibt. Die Anwendung der Methode würde dann so aussehen: v1 = v1.Scale(2) oder v2 = v1.Scale(3). Ein Vorteil der zweiten Variante besteht darin, dass auch Verkettungen der Form v2 = v1.Add(2).Scale(4) möglich sind. Wie so oft ist es aber eine Geschmacksfrage, welche Vorgehensweise intuitiver erscheint. Sie sollten die einmal gewählte Variante aber konsequent einsetzen!

Für die Methode Add liegen zwei alternative Deklarationen vor. Die Variante mit einem Parameter verändert die als Parameter übergebene Struktur: v1.Add(v2) entspricht also v1 = v1 + v2. Die Variante mit zwei Parametern ist als Shared deklariert und kann losgelöst von einer Struktur zur Addition zweier Vektoren verwendet werden: v1 = vector3d.Add(v2, v3). Innerhalb der Add-Prozedur wird dazu eine temporäre Variable verwendet, deren Inhalt als Ergebnis zurückgegeben wird.

```
' Beispiel oo-programmierung\structure-test
Public Structure vector3d
  Public x As Double
  Public y As Double
  Public z As Double
  Public Sub New(ByVal x As Double, ByVal y As Double, ByVal z As Double)
    Me.x = x
    Me.y = y
    Me.z = z
  End Sub
```

```
  Public Overrides Function ToString() As String
    Return "[" + x.ToString + "; " + y.ToString + "; " + z.ToString + "]"
  End Function
  Public ReadOnly Property Length() As Double
    Get
      Return Math.Sqrt(x ^ 2 + y ^ 2 + z ^ 2)
    End Get
  End Property
  Public Sub Scale(ByVal factor As Double)
    x *= factor
    y *= factor
    z *= factor
  End Sub
  Public Sub Add(ByVal sum As vector3d)
    x += sum.x
    y += sum.y
    z += sum.z
  End Sub
  Public Shared Function Add(ByVal sum1 As vector3d, ByVal sum2 As vector3d) As vector3d
    Dim tmp As vector3d = sum1
    tmp.Add(sum2)
    Return tmp
  End Function
End Structure
```

Die Anwendung der vector3d-Struktur ist ausgesprochen intuitiv, wie die folgenden Zeilen beweisen:

```
' Beispiel oo-programmierung\structure-test
Sub Main()
  Dim v1 As New vector3d(1, 2, 3)
  Dim v2, v3 As vector3d
  v1.Add(New vector3d(1, 0, 0))
  v2 = v1
  v2.Scale(2.5)
  v3 = vector3d.Add(v1, v2)
  Console.WriteLine("v1 = {0}", v1)
  Console.WriteLine("v2 = {0}", v2)
  Console.WriteLine("v3 = {0}", v3)
  Console.WriteLine("v3.Length = {0}", v3.Length)
End Sub
```

Im Konsolenfenster wird das folgende Ergebnis angezeigt:

```
v1 = [2; 2; 3]
v2 = [5; 5; 7,5]
v3 = [7; 7; 10,5]
v3.Length = 14,4308696896618
```

6.6 Klassenvariablen und -konstanten (fields)

Mit einer Klasse an sich können Sie nicht viel anfangen. Erst wenn Sie Ihre Klasse mit Variablen, Konstanten, Methoden und Eigenschaften ausstatten, kann sie konkrete Aufgaben erfüllen. Die Beschreibung dieser Klassenelemente (class members) erfolgt in mehreren Abschnitten.

In diesem Abschnitt beginne ich mit Variablen und Konstanten, also gewissermaßen den trivialsten Klassenelementen. Variablen und Konstanten können normalerweise nur innerhalb der Klasse benutzt werden (Private), sie wirken nicht nach außen.

Nur wenn Sie Variablen innerhalb einer Klasse mit Public öffentlich deklarieren, können deren Werte bei der späteren Nutzung als Objekt gelesen und verändert werden. Nach außen hin wirken solche Variablen wie Eigenschaften, aber im Objektkatalog wird unmissverständlich klar, dass es sich um Klassenvariablen bzw. -konstanten handelt. (Der Unterschied zu richtigen Eigenschaften wird in Abschnitt 6.8 beschrieben, wo es um Eigenschaften geht.)

```
Class Class1
  Public data As Integer            'von außen zugänglich (Objektebene)
  Private internaldata As String    'nur intern verwendbar (im Code der Klasse)
  ...
End Class
```

Syntaktisch ist es auch erlaubt, eine Variable als ReadOnly zu deklarieren (z.B. Public ReadOnly abc As Integer = 3). In der Praxis ist das aber selten sinnvoll – Sie können derartige Variablen weder innerhalb noch außerhalb der Klasse verändern (außer durch die Zuweisung im Rahmen der Deklaration). Daher ist es klarer, derartige Variablen gleich als Konstanten zu deklarieren.

LinkedList-Beispiel

Damit das Kapitel nicht zu abstrakt bleibt, beginnt in diesem Abschnitt das Beispiel LinkedList. Anhand dieses Beispiels werden diverse Besonderheiten von Klassen demonstriert. Das Ziel der Klasse LinkedList ist es, eine Liste von Zeichenketten so zu verwalten, dass an einer beliebigen Stelle innerhalb der Liste Elemente eingefügt und wieder entfernt werden können. Intern verweist jedes Objekt auf das nächste bzw. vorangehende Objekt. Um die Verwaltung der Liste zu vereinfachen, wird die Klasse mit Methoden wie Insert oder Remove ausgestattet.

Beachten Sie bitte, dass dieses Beispiel rein didaktischer Natur ist. Die Klasse System.Collections.Generic.LinkedList bietet eine fertige Lösung für verkettete Listen, die viel leistungsfähiger und flexibler als die Beispiele dieses Kapitels ist (siehe Kapitel 7)!

Die Grundidee des LinkedList-Beispiels, das in diesem Kapitel schrittweise erweitert und verbessert wird, ist einfach: Jedes Element einer derartigen Liste wird durch ein eigenes LinkedList-Objekt dargestellt. In der Minimalvariante lässt sich eine derartige Datenstruktur durch eine Klasse darstellen, die aus nur drei Klassenvariablen besteht: Value enthält die zu speichernde Zeichenkette. Next- und PreviousItem verweisen entweder auf nachfolgende bzw. vorausgehende LinkedList-Elemente, sie enthalten Nothing, wenn das Objekt am Anfang bzw. Ende der Liste steht.

```
' Beispiel oo-programmierung\linkedlist1
Class LinkedList
  Public NextItem As LinkedList
  Public PreviousItem As LinkedList
  Public Value As String
End Class
```

HINWEIS

Grundsätzlich wäre es auch möglich, die gesamte Liste nicht durch viele, sondern durch ein einziges LinkedList-Objekt darzustellen. Die Verwaltung der Elemente würde dann innerhalb des einen LinkedList-Objekts erfolgen. Das ist mit diversen Vor- und Nachteilen verbunden. Der Hauptvorteil der hier gewählten Variante besteht darin, dass das Konzept einfach verständlich ist und sich didaktisch gut darstellen lässt. Die Effizienz steht hier nicht an erster Stelle.

So einfach die Definition der Klasse ist, so umständlich ist deren Anwendung. Die folgenden Zeilen zeigen, wie vier LinkedList-Objekte erzeugt und initialisiert werden, sodass in jedem Element ein Wort eines kurzen Satzes gespeichert ist. Durch die Schleife am Ende von Main wird die gesamte Liste im Konsolenfenster ausgegeben. Dort können Sie den Text *»Das ist ein Satz.«* lesen.

```
Sub Main()
  ' einen kurzen Satz in Form von
  ' LinkedList-Elementen formulieren
  Dim o1 As New LinkedList()
  Dim o2 As New LinkedList()
  Dim o3 As New LinkedList()
  Dim o4 As New LinkedList()
  o1.Value = "Das"
  o1.NextItem = o2
  o2.Value = "ist"
  o2.PreviousItem = o1
  o2.NextItem = o3
  o3.Value = "ein"
  o3.PreviousItem = o2
  o3.NextItem = o4
  o4.Value = "Satz."
  o4.PreviousItem = o3
  ' Satz ausgeben
  Dim item As LinkedList = o1
  While Not item Is Nothing
    Console.Write("{0} ", item.Value)
    item = item.NextItem
  End While
End Sub
```

6.7 Methoden

Aus Anwendersicht dienen Methoden dazu, bestimmte Operationen mit einem Objekt durchzuführen. Aus der Sicht der Programmiererin einer Klasse ist eine Methode aber einfach eine Prozedur bzw. Funktion innerhalb einer Klasse, die öffentlich zugänglich ist. Wenn die Methode als Funktion formuliert wird, liefert sie einen Rückgabewert, sonst nicht.

```
Class Class1
  ' Methode xy mit Rückgabewert
  Public Function xy(ByVal n As Integer) As String
    ...
  End Function
  ' Methode z ohne Rückgabewert
  Public Sub z(ByVal n As Integer)
    ...
  End Sub
End Class
```

Ein Thema für sich ist die sinnvolle Namensgebung (natürlich nicht nur bei Methoden, sondern auch bei Klassen, Variablen, Eigenschaften etc.). In der Online-Dokumentation finden Sie eine recht hilfreiche Sammlung von Regeln, denen gemäß Sie eigene Klassen, Eigenschaften, Methoden etc. benennen sollten. Suchen Sie nach den »Richtlinien für Namen«.

Das Schlüsselwort Me

Mit dem Schlüsselwort `Me` können Sie innerhalb des Klassencodes auf die aktuelle Instanz der Klasse zugreifen. Wenn die Anwenderin der Klasse also `obj.methode()` ausführt, dann verweist `Me` innerhalb von `Public Sub methode()` auf `obj`. Allzu oft werden Sie `Me` nicht brauchen, weil der Zugriff auf Objektvariablen, -methoden, -eigenschaften etc. innerhalb des Klassencodes ohnedies problemlos möglich ist. `Me.variable` und `variable` sind also gleichwertig. `Me` ist aber dann wichtig, wenn Sie eine Instanz des Objekts als Ergebnis zurückgeben oder als Parameter an eine andere Methode übergeben möchten.

Erweiterungsmethoden (Extension Methods)

Gewöhnliche Methoden müssen innerhalb des Codes ihrer Klasse definiert werden. Sie brauchen also Zugang zum Code einer Klasse, um sie mit einer neuen Methode auszustatten (wenn Sie den Mechanismus der Vererbung vermeiden möchten).

`Extension methods` (neu in VB2008) ermöglichen es, vorhandene Klassen, Strukturen, Schnittstellen, Delegates und Felder auch dann mit einer neuen Methode auszustatten, wenn diese Klasse bzw. dieses Konstrukt außerhalb Ihres Projekts definiert ist. Sie können damit beispielsweise die `String`-Klasse des .NET Frameworks mit der neuen Methode `WriteToConsole` ausstatten.

HINWEIS

Extension Methods kommen auch innerhalb des .NET Frameworks zum Einsatz. Beispielsweise definiert die Klasse `System.Linq.Enumerable` zahlreiche Methoden, die auf alle Klassen angewendet werden können, die die Schnittstelle `IEnumerable(Of ...)` implementieren. Die Methoden sind nicht nur die Grundlage von LINQ (siehe Kapitel 12), sondern erweitern gleichzeitig die Auswahl der Methoden für `Array`- und `Collection`-Klassen (siehe Abschnitt 7.3). Im Objektkatalog sind Extension Methods durch einen nach unten gerichteten Pfeil im Methoden-Icon gekennzeichnet.

Der Einsatz von Extension Methods ist nicht immer so trivial, wie es in diesem Abschnitt den Anschein hat. Der VB-Entwickler Scott Wisniewski hat eine ganze Artikelserie zum richtigen Umgang mit Extension Methods verfasst und behandelt darin alle möglichen Sonderfälle. Sie finden diese Artikel hier:

http://blogs.msdn.com/vbteam/pages/articles-about-extension-methods.aspx = http://tinyurl.com/2o34r3

Neben Extension Methods gibt es noch einen zweiten Weg, um vorhandene Klassen zu erweitern: den Mechanismus der Vererbung (siehe Abschnitt 6.12). Vererbung ist wesentlich universeller und erlaubt auch die Definition neuer Eigenschaften, Ereignisse etc. Dem steht aber auch ein wesentlich höherer Programmieraufwand gegenüber.

`Extension methods` müssen in Modulen definiert werden. Dabei sind sowohl gewöhnliche Methoden als auch solche mit Rückgabewert erlaubt (`Sub` und `Function`). Der Methode muss das Attribut `<System.Runtime.CompilerServices.Extension()>` vorangestellt werden. (Attribute geben dem nachfolgenden Schlüsselwort Zusatzinformationen, die in diesem Fall vom Compiler ausgewertet werden. Eine genauere Einführung zu Attributen finden Sie in Abschnitt 6.17.) Der erste Parameter einer `extension method` bezeichnet die Klasse bzw. das Konstrukt, das erweitert werden soll. Dieser Parameter wird nur bei der Definition angegeben und entfällt beim Aufruf der Methode!

```
' Beispiel oo-programmierung\extension-methods
Imports System.Runtime.CompilerServices
Module Module1
  Sub Main()
    Dim a = "bla bla", b = "xyz"
    a.WriteToConsole()
    b.WriteLineToConsole()
  End Sub
  <Extension()> Sub WriteToConsole(ByVal s As String)
    Console.Write(s)
  End Sub
  <Extension()> Sub WriteLineToConsole(ByVal s As String)
    Console.WriteLine(s)
  End Sub
End Module
```

Wenn Sie das obige Programm ausführen, erscheint im Konsolenfenster der Text *bla blaxyz*. Ein weiteres Beispiel für eine eigene `extension method` finden Sie auf Seite 376.

Kritiker der extension methods werden einwerfen, dass WriteToConsole keinerlei funktionale Vorteile gegenüber einer ganz gewöhnlichen Prozedur bietet, die ohne das Extension-Attribut definiert wird. Tatsächlich machen extension methods nur den Aufruf eleganter. Das gilt insbesondere dann, wenn mehrere Methoden verschachtelt werden sollen. objekt.Formatieren().Ausdrucken() ist leichter zu lesen als Ausdrucken(Formatieren(objekt)).

Partielle Methoden

Seit VB2008 gibt es sogenannte partielle Methoden. Sie erweitern das Konzept partieller Klassen insofern, als eine Methode nun zweifach definiert werden kann: einmal als Schablone mit dem Schlüsselwort Partial und ein zweites Mal ohne dieses Schlüsselwort.

Die Partial-Variante dient nur dazu, den Namen und die Parameter der Methode vorzugeben. Dabei darf aber kein Code angegeben werden! Die tatsächliche Implementierung der Methode erfolgt ohne das Partial-Schlüsselwort und ist optional. Wenn eine Implementierung erfolgt, kann die Methode aus allen Teilen der Klasse ganz normal genutzt werden. Verzichtet der Programmierer dagegen auf eine Implementierung, bleiben Aufrufe der Methode wirkungslos. (Der Compiler eliminiert die Aufrufe sogar, sodass Effizienzeinbußen durch nicht implementierte Methoden ausgeschlossen sind.)

Partielle Methoden dürfen kein Ergebnis zurückgeben, d.h., es ist nur Partial Sub erlaubt, nicht aber Partial Function. In der Praxis ist dieses Konzept eigentlich nur für Codegeneratoren interessant. Ein Codegenerator kann beispielsweise den folgenden Code erzeugen, in dem die Methode m3 die beiden Methoden m1 und m2 aufruft:

```
' Code des Codegenerators
Partial Class myclass
  Partial Private Sub m1()  'Schablone für m1, darf keinen Code enthalten
  End Sub
  Partial Private Sub m2()  'Schablone für m2, darf keinen Code enthalten
  End Sub
  Public Sub m3()
    m1()                    'ruft die Implementierung im eigenen Code auf
    m2()                    'bleibt wirkungslos
  End Sub
End Class
```

Sie als Entwickler können nun die Methoden m1 und m2 bei Bedarf neu implementieren, diesmal ohne das Schlüsselwort Partial. In diesem Beispiel erfolgt nur eine Implementierung von m1.

```
'eigener Code
Class myclass
  Private Sub m1()  'tatsächliche Implementierung von m1
    Console.Writeline(...)
    ... eigener Code
  End Sub
End Class
```

Jetzt bleibt noch die Frage nach der Sinnhaftigkeit partieller Methoden: Partielle Methoden wurden offensichtlich nur eingeführt, damit die Codegeneratoren von Visual Studio ohne den Overhead echter `Events` eine Art Ereignisprozedur definieren können (Methoden, die üblicherweise den Namen `OnEreignis` haben). Die Implementierung einer derartigen Prozedur bleibt dem Programmierer überlassen. Insofern wäre es eigentlich logischer, von *optionalen Methoden* statt von *partiellen Methoden* zu sprechen. Weitere Hintergründe vermittelt der folgende Blog-Beitrag:

http://blogs.msdn.com/vbteam/archive/2007/03/27/partial-methods.aspx = http://tinyurl.com/3565nl

Die Methode New (Konstruktor)

Eine Sonderrolle nehmen Methoden mit dem Namen `New` ein. Diese Methode ist nicht zum Aufruf in der Form `obj.New(...)` gedacht, sondern zur Erzeugung und Initialisierung einer neuen Objektinstanz der Klasse in der Form `Dim obj As New klasse(...)` bzw. `obj = New klasse(...)`.

Es ist nicht zwingend erforderlich, eine eigene Klasse mit `New` auszustatten. Auch wenn Sie sich dagegen entscheiden, können Sie neue Objekte durch `Dim obj As New klasse()` erzeugen. Visual Basic erzeugt automatisch einen Standardkonstruktor ohne Parameter. Allerdings ist es damit nicht möglich, eine Initialisierung durchzuführen.

Wenn Sie eine eigene `New`-Methode mit Parametern zur Initialisierung angeben, steht der Standardkonstruktor ohne Parameter nicht mehr zur Verfügung, und Sie müssen auch diese Methode selbst programmieren (gegebenenfalls einfach durch die beiden Zeilen `Public Sub New()` und `End Sub`).

Beachten Sie, dass es in Visual Basic zulässig ist, mehrere Methoden mit dem gleichen Namen zu definieren, wenn sie sich durch ihre Parameterliste eindeutig unterscheiden. (Das gilt auch für gewöhnliche Prozeduren – siehe Abschnitt 5.3.)

Die Methode Finalize (Destruktor)

Das Gegenstück zu `New` ist die Methode `Finalize`. Diese Methode wird im Rahmen der `garbage collection` automatisch ausgeführt, wenn das Objekt aus dem Objektspeicherraum (`heap`) entfernt wird.

Da für die Klasse `Object` bereits standardmäßig eine `Finalize`-Methode vorgesehen ist und alle eigenen Klassen automatisch von `Object` abgeleitet sind, ist es im Regelfall nicht erforderlich, dass Sie eine eigene `Finalize`-Methode angeben. Eine eigene `Finalize`-Methode ist nur dann notwendig, wenn beim Entfernen eines Objekts aus dem Speicher auch Datenbankverbindungen, offene Dateien etc. geschlossen werden müssen. In solchen Fällen sollten Sie für die Klasse auch die `IDisposable`-Schnittstelle implementieren.

HINWEIS

Hintergründe zur .NET-Verwaltung des Objektspeicherplatzes sind in Abschnitt 4.11 beschrieben. Beachten Sie, dass Sie `Finalize` nicht selbst aufrufen dürfen, sondern den Aufruf von `Finalize` der Garbage Collection überlassen müssen. Beachten Sie auch, dass Sie keinen Einfluss auf die Reihenfolge haben, in der nicht mehr benötigte Objekte aus dem Speicher entfernt werden.

Wenn Sie das Entfernen von Objekten aus dem Speicher selbst in die Hand nehmen möchten, müssen Sie für die Klasse die IDisposable-Schnittstelle implementieren und für das Objekt die Methode Dispose ausführen. Die Vorgehensweise ist in Abschnitt 6.13 beschrieben.

Sie müssen Finalize mit den Schlüsselwörtern Protected Overrides deklarieren. Des Weiteren müssen Sie innerhalb des Finalize-Codes MyBase.Finalize() aufrufen. Eine minimale Schablone für eine eigene Finalize-Methode sieht damit so aus:

```
Protected Overrides Sub Finalize()
  ... eigener Code
  MyBase.Finalize()  'Finalize der zugrunde liegenden Klasse (Object)
End Sub
```

Protected bedeutet, dass die Prozedur außerhalb des Klassencodes nicht aufgerufen werden darf. Overrides bedeutet, dass die Methode die Finalize-Methode der Basisklasse Object überschreibt. MyBase ermöglicht es, innerhalb einer Klasse auf gleichnamige Elemente einer Basisklasse zuzugreifen. Alle drei Schlüsselwörter werden in Abschnitt 6.12 näher vorgestellt. (Dort geht es um das Thema Vererbung.)

Finalize-Beispiel

Im folgenden Beispiel werden 5000 Objekte einer einfachen Klasse erzeugt. Durch jede Zuweisung o = New Class1(...) wird die zuletzt in der Variablen o gespeicherte Objektinstanz ungültig. Damit kann das Objekt jederzeit durch eine garbage collection gelöscht werden. Es ist allerdings nicht vorherbestimmbar, wann die nächste garbage collection tatsächlich beginnt und in welcher Reihenfolge die Objekte aus dem Speicher entfernt werden. Um das zu ergründen, wird in der Finalize-Prozedur die Objektnummer im Konsolenfenster ausgegeben. Die Ausgabe des Programms sieht dann so aus wie in Abbildung 6.10.

Der Code des Programms ist einfach zu verstehen. Die neuen Objekte werden mit New erzeugt, wobei durch StrDup eine unterschiedlich lange Zeichenkette und mit i ein fortlaufender Zähler übergeben wird. Die Zeichenkette hat nur den Sinn, den Speicherverbrauch der Objekte künstlich zu vergrößern, um so .NET hin und wieder zu einer garbage collection zu motivieren. Threading.Thread.Sleep(5000) bewirkt, dass das Programm fünf Sekunden lang nichts tut. Während dieser Zeit kommt es mit großer Wahrscheinlichkeit zu einer weiteren garbage collection.

```
' Beispiel oo-programmierung\finalize-test
Module Module1
  Sub Main()
    Dim i As Integer
    Dim o As Class1
    For i = 1 To 5000
      o = New Class1(StrDup(i, "x"), i)
      Console.WriteLine("Created object {0}. ", i)
    Next
    Threading.Thread.Sleep(5000)
    Console.WriteLine("Return drücken")
```

```
    Console.ReadLine()
    Threading.Thread.Sleep(2000)
  End Sub
End Module
Class Class1
  Public data As String
  Public counter As Integer
  Public Sub New(ByVal s As String, ByVal i As Integer)
    data = s
    counter = i
  End Sub
  Protected Overrides Sub Finalize()
    Console.Write("Finalize counter={0}. ", counter)
    MyBase.Finalize()
  End Sub
End Class
```

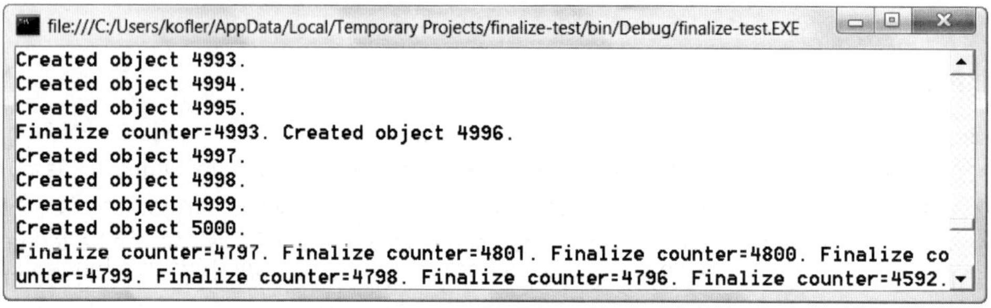

Abbildung 6.10: Ausgaben des Finalize-Beispielprogramms

LinkedList-Beispiel

In seiner zweiten Version wird das `LinkedList`-Beispiel schon wesentlich interessanter. Eine Reihe von Methoden macht sowohl das Initialisieren neuer Objekte als auch die Verwaltung von Listen deutlich einfacher. Die Grundidee besteht darin, die beiden Variablen `nextItem` und `previousItem` mit `Private` zu deklarieren und somit eine direkte (und fehleranfällige) Manipulation dieser beiden Zeiger zu unterbinden, die auf nachfolgende bzw. vorausgehende Objekte verweisen. Verschiedene Methoden helfen, weitere `LinkedList`-Objekte an ein bereits vorhandenes Objekt anzuhängen bzw. wieder von ihm zu entfernen.

Ein wesentlicher Vorteil dieser Vorgehensweise besteht darin, dass es mit den neuen Methoden unmöglich ist, mehrere `LinkedList`-Objekte zirkulär zu verbinden. Durch eine direkte Veränderung von `next`- und `previousItem` wäre das dagegen sehr einfach möglich. Derartige Kreisverweise sind in der Praxis fast immer unerwünscht und würden eine Menge Zusatzcode erfordern, um mögliche Endlosschleifen bei der Auswertung der Listen auszuschließen.

Der Konstruktor New ermöglicht es, ein neues LinkedList-Objekt zu erzeugen, wobei optional eine Zeichenkette zur Initialisierung des Objekts übergeben werden kann. Wenn der Konstruktor ohne Parameter aufgerufen wird, wird innerhalb der Klasse Me.New("") ausgeführt, d.h., es wird eine leere Zeichenkette an die zweite New-Variante übergeben. Beachten Sie insbesondere den Einsatz des Schlüsselworts Me, das auf die aktuelle Instanz eines Objekts verweist und den Aufruf der Methode New innerhalb des Klassencodes ermöglicht.

```
' Beispiel oo-programmierung\linkedlist2
Class LinkedList
  Private nextItem As LinkedList
  Private previousItem As LinkedList
  Public Value As String
  ' Konstrukturen
  Public Sub New()
    Me.New("")
  End Sub
  Public Sub New(ByVal s As String)
    nextItem = Nothing
    previousItem = Nothing
    Value = s
  End Sub
  ... weitere Methoden
End Class
```

Die beiden Methoden AddAfter und AddBefore erzeugen ein neues LinkedList-Objekt und fügen es vor bzw. nach dem aktuellen Objekt in die Liste ein. Als Parameter muss der gewünschte Inhalt des Objekts angegeben werden. Die Methoden kümmern sich um die korrekte Einstellung der previous- und nextItem-Eigenschaften, und zwar sowohl für das neu eingefügte Objekt als auch für die bereits vorhandene Liste.

Am schwersten zu verstehen ist wahrscheinlich der dreizeilige If-Block, der in beiden Methoden vorkommt. Bei AddAfter wird durch die Abfrage getestet, ob es nach Me ein weiteres Listenelement gibt. Wenn das der Fall ist, verweist dieses momentan zurück auf Me. Durch das Einfügen des neuen Elements newitem muss es aber künftig zurück auf newitem verweisen. Genau das bewirkt nextItem.previousItem = newitem. (In AddBefore kümmert sich der If-Block analog um die Vorwärtsverweise des vorangehenden Objekts.)

```
' neues Element hinter dem vorhandenen Element einfügen
Public Function AddAfter(ByVal s As String) As LinkedList
  Dim newitem As New LinkedList(s)
  newitem.previousItem = Me
  newitem.nextItem = nextItem
  If Not IsNothing(nextItem) Then
    nextItem.previousItem = newitem
  End If
  nextItem = newitem
  Return newitem
End Function
```

```
' neues Element vor dem vorhandenen Element einfügen
Public Function AddBefore(ByVal s As String) As LinkedList
  Dim newitem As New LinkedList(s)
  newitem.nextItem = Me
  newitem.previousItem = previousItem
  If Not IsNothing(previousItem) Then
    previousItem.nextItem = newitem
  End If
  previousItem = newitem
  Return newitem
End Function
```

Ganz ähnlich sieht die Logik von `Remove` aus, um ein Element aus der Liste zu entfernen: Hier geht es zuerst darum, die Variable `nextItem` des vorangehenden Listenelements bzw. die Variable `previousItem` des nachfolgenden Listenelements so zu korrigieren, dass diese beiden Listenelemente nun direkt aufeinander verweisen (und nicht mehr auf das bisher dazwischen liegende Objekt, das durch `Remove` aus der Liste entfernt werden soll). Die `If`-Tests sind notwendig, weil das zu löschende Objekt ja auch am Ende der Liste stehen bzw. ein isoliertes `LinkedList`-Element sein kann.

`Remove` endet damit, dass die Variablen `nextItem` und `previousItem` gelöscht werden. Damit bleibt ein isoliertes `LinkedList`-Objekt übrig (wobei sein Inhalt – also `.Value` – noch immer vorhanden ist). Sofern es im Programm keinen Verweis mehr auf das Objekt gibt, wird es nach einer Weile durch die automatische `garbage collection` aus dem Speicher entfernt.

```
' Element aus Liste entfernen
Public Sub Remove()
  ' nextItem-Link des vorigen Eintrags richtig einstellen
  If Not IsNothing(previousItem) Then
    If IsNothing(nextItem) Then
      previousItem.nextItem = Nothing
    Else
      previousItem.nextItem = nextItem
    End If
  End If
  ' previousItem-Link des nächsten Eintrags richtig einstellen
  If Not IsNothing(nextItem) Then
    If IsNothing(previousItem) Then
      nextItem.previousItem = Nothing
    Else
      nextItem.previousItem = previousItem
    End If
  End If
  ' Verweise des Elements löschen
  nextItem = Nothing
  previousItem = Nothing
End Sub
```

Da die Variablen nextItem und previousItem nun als Private deklariert sind, gibt es keine Möglichkeit mehr, auf die nachfolgenden bzw. vorangehenden Listenelemente zuzugreifen. Die beiden Methoden GetNext bzw. GetPrevious beheben diesen Mangel. (Wie der nächste Abschnitt zeigen wird, könnte dieselbe Funktion auch durch zwei Read-Only-Eigenschaften Next und Previous erreicht werden. Generell gilt, dass in manchen Fällen die Entscheidung zwischen einer Methode und einer Eigenschaft eine reine Geschmacksfrage ist.)

```
' nächstes/voriges Element der Liste ermitteln
Public Function GetNext() As LinkedList
  Return nextItem
End Function
Public Function GetPrevious() As LinkedList
  Return previousItem
End Function
```

Von anderen Klassen sind Sie es gewohnt, dass obj.ToString() den Inhalt des Objekts in Textform liefert. Für ein LinkedList-Objekt funktioniert ToString automatisch, weil alle Klassen von Object abgeleitet sind. Allerdings liefert die Standardimplementierung von ToString nur den Klassennamen. Damit ToString auch für LinkedList das erwartete Resultat liefert, muss die Standardimplementierung überschrieben werden. Genau das bewirkt das Schlüsselwort Overrides. Dank ToString können Sie bei der Anwendung der Klasse nun Console.Write(llobj) schreiben. Die Write-Methode wertet automatisch ToString aus und zeigt die Zeichenkette des Objekts im Konsolenfenster an.

```
Public Overrides Function ToString() As String
  Return Value
End Function
```

Für Testzwecke ist es praktisch, wenn nicht nur ein einzelnes Element, sondern gleich eine ganze Liste von LinkedList-Objekten ausgegeben werden kann. Genau dabei hilft die Methode ItemsText. Standardmäßig liefert die Methode die Zeichenkette des aktuellen Objekts sowie die Zeichenketten maximal neun folgender Objekte, wobei die Zeichenketten durch ein Leerzeichen voneinander getrennt werden. Durch die beiden optionalen Parameter max und delimitor können Sie die Anzahl der Zeichenketten und das Trennzeichen steuern.

```
Public Function ItemsText(Optional ByVal max As Integer = 10, _
  Optional ByVal delimitor As String = " ") As String
  Dim i As Integer
  Dim tmp As String
  Dim item As LinkedList = Me
  While (Not IsNothing(item)) And (i < max)
    tmp += item.Value + delimitor
    item = item.GetNext()
    i += 1
  End While
  Return tmp
End Function
```

Anwendung der LinkedList-Klasse

Mit diesem Satz an Methoden lässt sich schon ganz gut experimentieren. In den drei ersten Zeilen von `Main` wird dieselbe `LinkedList`-Kette wie im vorigen Abschnitt zusammengesetzt. Beachten Sie, dass `AddAfter` jeweils ein `LinkedList`-Element zurückgibt, auf das dann die nächste `AddAfter`-Methode angewendet wird. Die zweite Codezeile ist daher eine Kurzfassung der folgenden Zeilen:

```
' Beispiel oo-programmierung\linkedlist2
Dim a, b, c As LinkedList
Dim ll1 As New LinkedList("Das")
a = ll1.AddAfter("ist")
b = a.AddAfter("ein")
c = b.AddAfter("Satz.")
```

Statt mit `AddAfter` kann dieselbe `LinkedList`-Kette natürlich auch mit `AddBefore` zusammengesetzt werden. Diese Rückwärtsformulierung ist aber weniger intuitiv. Die verbleibenden Zeilen zeigen die Anwendung von `GetNext` und `Remove`. Zuerst wird nach dem Wort *ist* ein zusätzliches Listenelement mit dem Text *neuer* eingefügt (woraus sich der Satz *»Das ist ein neuer Satz«* ergibt). Das neue Listenelement wird anschließend wieder entfernt.

```
Sub Main()
  ' einen kurzen Satz in Form von
  ' LinkedList-Elementen formulieren
  ' liefert 'Das ist ein Satz.'
  Dim ll1 As New LinkedList("Das")
  ll1.AddAfter("ist").AddAfter("ein").AddAfter("Satz.")
  Console.WriteLine(ll1.ItemsText())
  ' liefert ebenfalls 'Das ist ein Satz.'
  ' ll1 --> Satz
  ' ll2 --> Das
  Dim ll2 As LinkedList
  ll1 = New LinkedList("Satz.")
  ll2 = ll1.AddBefore("ein").AddBefore("ist").AddBefore("Das")
  Console.WriteLine(ll2.ItemsText())
  ' ll3 --> neuer
  ' liefert 'Das ist ein neuer Satz.'
  Dim ll3 As LinkedList
  ll3 = ll2.GetNext().GetNext().AddAfter("neuer")
  Console.WriteLine(ll2.ItemsText())
  ' liefert wieder 'Das ist ein Satz.'
  ll3.Remove()
  Console.WriteLine(ll2.ItemsText())
End Sub
```

6.8 Eigenschaften

Eigenschaften sehen nach außen hin wie Klassenvariablen aus. Intern handelt es sich aber um ein Paar von Prozeduren. Diese Prozeduren werden beim Lesen oder Verändern der Eigenschaft ausgewertet. Die Syntax von Eigenschaften lässt sich am einfachsten anhand eines Beispiels beschreiben. Die Eigenschaft wird mit `Property name As klasse` eingeleitet. Wenn Sie jetzt in der Entwicklungsumgebung [↵] drücken, fügt sie automatisch die Codeschablone für die `Get`- und `Set`-Teile ein.

Der `Get`-Teil der Eigenschaft ist für das Auslesen der Eigenschaft zuständig (also beispielsweise `x = obj.prop`). Dieser Teil muss mit einer `Return`-Anweisung enden, die den Wert der Eigenschaft zurückgibt.

Der `Set`-Teil wird bei einer Veränderung der Eigenschaft ausgeführt (beispielsweise `obj.prop = "abc"`). An die `Set`-Prozedur wird der Parameter `Value` übergeben, der denselben Datentyp wie die gesamte Eigenschaft hat und den zuzuweisenden Wert enthält. Die `Get`- und `Set`-Blöcke können jeweils vorzeitig durch `Exit Property` verlassen werden.

Die folgenden Beispielzeilen zeigen, wie die private Klassenvariable `privatevar` durch die Eigenschaftsprozedur `prop` gelesen und verändert werden kann:

```
Class Class1
  Private privatevar As String
  Public Property prop() As String
    Get
      ...
      Return privatevar
    End Get
    Set(ByVal Value As String)
      ...
      privatevar = Value
    End Set
  End Property
End Class
```

Kurzschreibweise für Eigenschaften

Sofern eine Eigenschaft nur für die Zuweisung und Rückgabe eines Werts verwendet wird, können Sie ab VB2010 auch eine Kurzschreibweise verwenden. Bei dieser ist es nicht mehr erforderlich, ein Feld zu definieren. Es wird nur noch die Eigenschaft deklariert, der Compiler kümmert sich um den Rest. Die Syntax sieht folgendermaßen aus:

```
Public Property Name As String
```

Der Compiler erzeugt automatisch ein Feld, in dem die Daten abgespeichert werden. Dieses Feld trägt den gleichen Namen wie die Eigenschaft, beginnt jedoch mit einem Unterstrich. Im obigen Beispiel würde das Feld also `_Name` heißen. Auf das Feld können Sie anders als in C# sogar zugreifen, obwohl es nicht in der IntelliSense-Hilfe angezeigt wird.

Unterschiedliche Gültigkeitsbereiche für Get/Set

Sie können für die beiden Teile einer Eigenschaft (also für die `Get`- und die `Set`-Prozedur) unterschiedliche Gültigkeitsbereiche einstellen. In der Praxis wird dies meist dazu genutzt, den `Get`-Teil nach außen hin zugänglich zu machen (damit die Eigenschaft bei der Nutzung des Objekts gelesen werden kann), den `Set`-Teil aber nur nach innen hin zu öffnen (sodass die Eigenschaft nur durch den Code der Klasse verändert werden kann). Die prinzipielle Syntax sieht so aus:

```
Public Property eigenschaftsname() As datentyp
  Get
    ...
  End Get
  Private Set(ByVal value As datentyp)
    ...
  End Set
End Property
```

Statt `Private` und `Public` sind auch die anderen in Abschnitt 6.9 beschriebenen Schlüsselwörter zur Einstellung des Gültigkeitsbereichs erlaubt. Es darf aber nur einem der beiden Teile (`Get` oder `Set`) ein Gültigkeitsschlüsselwort vorangestellt werden. Für den zweiten Teil gilt die Gültigkeitsebene der gesamten Eigenschaft (standardmäßig `Public`). Das Schlüsselwort vor `Get/Set` muss restriktiver sein als das vor `Property`. Es ist also nicht erlaubt, die ganze Eigenschaft als `Private` zu deklarieren, den `Get`-Teil aber als `Public`.

Eigenschaften versus Klassenvariablen

Statt der obigen Eigenschaft `prop` der privaten Klassenvariable `privatevar` hätten Sie einfach eine öffentliche Variable `prop` deklarieren können (`Public prop As String`). Die Anwenderin der Klasse hätte keinen Unterschied bemerkt, aber Sie hätten etwas Zeit für die Programmierung der Eigenschaft gespart und wären zudem mit effizienterem Code belohnt worden. Wozu verwendet man also Eigenschaften?

» Der wichtigste Vorteil einer Eigenschaft besteht darin, dass bei jedem Zugriff und bei jeder Veränderung Code ausgeführt wird. Damit haben Sie als Programmiererin der Klasse volle Kontrolle über jeden Zugriff. Das können Sie dazu nutzen, um Eigenschaften erst beim Lesen dynamisch zu errechnen, um bei jeder Veränderung eine Validitätskontrolle durchzuführen, um Änderungen zu protokollieren, um andere Objekte oder Eigenschaften zu aktualisieren etc.

» Auf Eigenschaften basierende Klassen sind einfacher durch Vererbung zu erweitern.

Read-Only-Eigenschaften

Eine Sonderform von Eigenschaften sind solche Eigenschaften, die nur gelesen, aber nicht verändert werden können. Bei der Deklaration werden solche Eigenschaften mit dem zusätzlichen Schlüsselwort `ReadOnly` gekennzeichnet. Der `Set`-Teil entfällt.

```
Class Class1
  Public ReadOnly Property prop() As String
    Get
      Return ...
    End Get
  End Property
End Class
```

Analog zu `ReadOnly` existiert auch das Schlüsselwort `WriteOnly`, um Eigenschaften zu deklarieren, die nur verändert, aber nicht gelesen werden können. In diesem Fall entfällt der `Get`-Teil. `WriteOnly`-Eigenschaften sind aber unüblich.

Eigenschaften mit Parametern

Eigenschaften können ebenso wie Methoden mit Parametern ausgestattet werden, was in der Praxis aber nur selten vorkommt. Die folgenden Zeilen zeigen die grundsätzliche Syntax:

```
Class Class1
  Public Property para(ByVal n As Integer) As String
    Get
      Return ...
    End Get
    Set(ByVal Value As String)
      ...
    End Set
  End Property
End Class
```

Defaulteigenschaften

Visual Basic bietet die Möglichkeit, eine Eigenschaft durch das Schlüsselwort `Default` als Defaulteigenschaft zu kennzeichnen. Es muss sich dabei um eine Eigenschaft mit Parametern handeln. Der Vorteil einer Defaulteigenschaft besteht darin, dass diese Eigenschaft nicht genannt werden muss. Statt `obj.def(3)` können Sie einfach `obj(3)` schreiben, was in manchen Fällen intuitiver ist. Beispielsweise kann auf eigene Aufzählungen ähnlich wie auf die Elemente eines Feldes zugegriffen werden. Im .NET Framework gibt es zahlreiche Klassen, bei denen `Item` als Defaulteigenschaft gilt.

```
Class Class1
  Public Default Property def(ByVal n As Integer) As String
    ... Get/Set wie bisher
  End Property
End Class
```

LinkedList-Beispiel

Die `LinkedList`-Klasse wird in der dritten Version dieses Beispiels um eine Reihe zusätzlicher Eigenschaften erweitert. Die Klassenvariablen und Methoden bleiben im Vergleich zur vorigen Version unverändert.

Mit der Eigenschaft Count kann die Gesamtzahl der Elemente einer LinkedList-Kette ermittelt werden. Count funktioniert unabhängig vom Startpunkt, d.h., es werden alle vorangehenden und nachfolgenden Elemente durchlaufen, bis Nothing erreicht wird. (Bei sehr langen Ketten ist Count eine ineffiziente Eigenschaft! Eine effizientere Realisierung wäre nur möglich, wenn alle Listenelemente in einem einzigen Objekt verwaltet würden, also nur bei einem vollkommen anderen Design der LinkedList-Klasse.) Count ist eine Read-Only-Eigenschaft, d.h., sie kann nur gelesen, aber nicht verändert werden.

```
' Beispiel oo-programmierung\linkedlist3
Class LinkedList
  Private nextItem As LinkedList      'wie in Beispiel linkedlist2
  Private previousItem As LinkedList
  Public Value As String
  [... methoden ...]                  'wie in Beispiel linkedlist2
  Public ReadOnly Property Count() As Integer
    Get
      Dim n As Integer = 1
      Dim ll As LinkedList = Me.previousItem
      While Not IsNothing(ll)
        n += 1
        ll = ll.previousItem
      End While
      ll = Me.nextItem
      While Not IsNothing(ll)
        n += 1
        ll = ll.nextItem
      End While
      Return n
    End Get
  End Property
  ... weitere neue Eigenschaften
End Class
```

Die Eigenschaften Next und Previous haben dieselbe Funktion wie die im vorigen Abschnitt vorgestellten Methoden GetNext bzw. GetPrevious: Sie liefern das nächste bzw. vorangehende Element der LinkedList-Kette (oder Nothing, wenn es keine weiteren Elemente mehr gibt). Next muss in eckige Klammern gestellt werden, weil es mit dem Visual Basic-Schlüsselwort Next übereinstimmt.

```
' Zugriff auf das folgende bzw. vorhergehende Element
Public ReadOnly Property [Next]() As LinkedList
  Get
    Return nextItem
  End Get
End Property
Public ReadOnly Property Previous() As LinkedList
  Get
    Return previousItem
  End Get
End Property
```

`Next` und `GetNext` bzw. `Previous` und `GetPrevious` erfüllen dieselbe Aufgabe. Ist es nun sinnvoller, diese Aufgabe durch eine Methode oder durch eine Eigenschaft zu realisieren?

Eine schlüssige Antwort auf diese Frage gibt es leider nicht. Sehr oft kann eine bestimmte Funktion sowohl durch eine Eigenschaft als auch durch eine Methode erreicht werden. Für welche Variante Sie sich beim Design der Klasse entscheiden, ist eher eine Geschmacksfrage.

Der Code für die Eigenschaft `Item` ist schon etwas komplexer. Diese Eigenschaft ermöglicht den Zugriff auf das *n*-te nachfolgende bzw. vorausgehende Element in der Form `obj.Item(3)` oder `obj.Item(-1)`. Da `Item` als Defaulteigenschaft deklariert ist, sind auch die Kurzschreibweisen `obj(3)` bzw. `obj(-1)` zulässig.

Der `Get`-Teil zum Lesen eines Objekts ist einfach: Für `n=0` liefert die Eigenschaft einfach `Me` zurück. Wenn `n` positiv ist, wird die Kette `n`-mal nach vorn verfolgt. Wenn dabei das Ende der Kette erreicht wird, liefert die Eigenschaft (ohne Fehlermeldung) `Nothing` zurück, sonst das gefundene Element. Analog wird bei negativem `n` das entsprechende vorausgehende Element ermittelt.

Der `Set`-Teil zum Verändern eines Objekts wird aufgerufen, wenn Sie ein Element einer Kette verändern möchten: `obj(3) = newobj`. Die Prozedur wurde so implementiert, dass das `newobj` von seiner bisherigen Position in die neue Position *verschoben* wird. (Grundsätzlich wäre es auch denkbar gewesen, die `Item`-Eigenschaft so zu realisieren, dass der Inhalt des Objekts *kopiert* wird. Das wäre einfacher gewesen: Nach den einleitenden Codezeilen hätte die Anweisung `olditem.Value = newitem.Value` ausgereicht.)

Die `Set`-Prozedur beginnt mit einem Test, ob das zu ändernde Objekt überhaupt existiert. Wenn das nicht der Fall ist, wird ein `IndexOutOfRangeException`-Fehler ausgelöst. Andernfalls wird das einzufügende Objekt durch `newitem.Remove` aus seiner bisherigen Position herausgelöst und durch die Veränderung seiner `next`- und `previousItem`-Variablen an der neuen Position eingefügt.

Soweit es an der neuen Position vorausgehende bzw. nachfolgende Elemente gibt, werden auch deren `previous`- und `nextItem`-Variablen richtig gestellt. Schließlich wird das Element, das sich bisher an der Position des neuen Elements befand, durch die Zuweisung von `Nothing` an `previous`- und `nextItem` zu einem isolierten `LinkedList`-Objekt gemacht. (Wenn es keine Verweise mehr auf das Objekt gibt, wird es bei der nächsten Gelegenheit durch die `garbage collection` aus dem Speicher entfernt.)

ACHTUNG

Wenn Sie `obj(0) = newobj` ausführen, verweist `obj` danach nicht mehr auf den Beginn der Kette, sondern auf das ehemalige Element `obj(0)`, das jetzt isoliert ist. Auf den Beginn der Kette müssen Sie jetzt mit `newobj` zugreifen.

```
Default Public Property Item(ByVal n As Integer) As LinkedList
  Get
    Dim i As Integer

    Dim ll As LinkedList = Me
    If n = 0 Then Return Me
    If n > 0 Then
      For i = 1 To n
        ll = ll.nextItem
```

```
        If ll Is Nothing Then Return Nothing
      Next
      Return ll
    Else
      For i = 1 To -n
        ll = ll.previousItem
        If ll Is Nothing Then Return Nothing
      Next
      Return ll
    End If
  End Get
  Set(ByVal Value As LinkedList)
    Dim olditem, newitem As LinkedList
    newitem = Value
    olditem = Me(n)
    ' es ist nicht möglich, ein gar nicht existierendes Objekt zu ändern
    If IsNothing(olditem) Then
      Throw New IndexOutOfRangeException()
      Exit Property
    End If
    ' newitem aus seiner bisherigen Position herauslösen
    newitem.Remove()
    ' Verweise des neuen Elements auf seine Nachbarn einrichten
    newitem.nextItem = olditem.nextItem
    newitem.previousItem = olditem.previousItem
    ' Verweise auf das neue Element einrichten
    If Not IsNothing(olditem.previousItem) Then
      olditem.previousItem.nextItem = newitem
    End If
    If Not IsNothing(olditem.nextItem) Then
      olditem.nextItem.previousItem = newitem
    End If
    ' Verweise des alten Elements entfernen
    olditem.nextItem = Nothing
    olditem.previousItem = Nothing
  End Set
End Property
```

Anwendung der LinkedList-Klasse

Die folgenden Zeilen zeigen die Anwendung der neuen Eigenschaften. `test1` ist der Ausgangspunkt für den schon aus früheren Beispielen bekannten Mustersatz, dessen Elemente gezählt, gelesen und verändert werden. `test2` zeigt auf den Beginn einer Kette mit den Elementen `"0"`, `"1"` etc. Durch die Zuweisung `test2(3)=test2(7)` wird das vierte Element der Kette durch das achte ersetzt. Die Kette wird dadurch um ein Element kürzer.

```
' Beispiel oo-programmierung\linkedlist3
Sub Main()
  Dim test1 As New LinkedList("Das")
  test1.AddAfter("ist").AddAfter("ein").AddAfter("Satz.")
  Console.WriteLine(test1.ItemsText())  '--> 'Das ist ein Satz.'
  Console.WriteLine(test1.Count)        '--> 4
  Console.WriteLine(test1.Next)         '--> 'ist'
  Console.WriteLine(test1(2))           '--> 'ein'
  test1(2) = New LinkedList("EIN NEUER")
  Console.WriteLine(test1.ItemsText())  '--> 'Das ist EIN NEUER Satz.'
  Dim test2 As New LinkedList("0")
  Dim ll As LinkedList = test2
  Dim i As Integer
  For i = 1 To 10
    ll = ll.AddAfter(i.ToString)
  Next
  Console.WriteLine(test2.ItemsText(20)) '--> '0 1 2 3 4 5 6 7 8 9 10'
  test2(3) = test2(7)
  Console.WriteLine(test2.ItemsText(20)) '--> '0 1 2 7 4 5 6 8 9 10'
End Sub
```

6.9 Gültigkeitsbereiche (Scopes)

Unter welchen Umständen können Sie im Code der Klasse `A` auf eine Variable von Klasse `B` zugreifen? Wie kann eine Methode der Klasse `C` vom Modul `D` genutzt werden? Dieser Abschnitt gibt Antwort auf diese Fragen, stellt die Schlüsselwörter zur Erweiterung bzw. zur Einschränkung des Gültigkeitsbereichs vor und gibt an, welche Einstellungen standardmäßig gelten.

Gültigkeitsbereich definieren

Zur Definition des Gültigkeitsbereichs von Klassenvariablen bzw. -konstanten können Sie bei der Deklaration statt `Dim` bzw. `Const` eines der folgenden Schlüsselwörter einsetzen (also etwa `Friend c As Integer`). Bei Prozeduren, Methoden, Eigenschaften etc. stellen Sie das gewünschte Schlüsselwort voran (also etwa `Friend Class abc`).

» `Private` bedeutet, dass das Konstrukt (Variable, Prozedur, Methode, Eigenschaft etc.) nur innerhalb der Gültigkeitsebene verwendet werden kann, in der das Konstrukt definiert ist.

  Wenn also eine Variable mit `Private a` innerhalb einer Klasse deklariert ist, dann ist diese Variable von außen vollkommen unzugänglich.

» `Protected` hat fast dieselbe Wirkung wie `Private`. Der einzige Unterschied besteht darin, dass das Konstrukt auch in vererbten Klassen zugänglich ist.

  Wenn Sie also in Klasse `X` die Anweisung `Protected b` ausführen und dann Klasse `Y` von `X` ableiten, können Sie im Code der Klasse Y auf `b` zugreifen.

- » Friend bedeutet, dass das Konstrukt innerhalb des aktuellen Projekts generell zugänglich, aber nicht öffentlich ist. Friend ist vor allem bei der Programmierung von Klassenbibliotheken wichtig.

  Wenn Sie in der Klasse X die Anweisung Friend c ausführen, können Sie in allen anderen Klassen des aktuellen Projekts darauf zugreifen. Das gilt sowohl für den Code vererbter Klassen als auch für alle Objekte der Klasse X, die in irgendwelchen anderen Klassen oder Modulen verwendet werden.

  Wenn Sie die aus dem Projekt resultierende Klassenbibliothek aber in einem anderen Projekt einsetzen, ist die Variable c dort unzugänglich (als wäre sie mit Private deklariert).

- » Protected Friend kombiniert die Funktionen von Protected und Friend.
- » Public macht das Konstrukt global zugänglich, also sowohl innerhalb des aktuellen Projekts als auch außerhalb (wenn das Projekt als Klassenbibliothek eingesetzt wird).

Codedateien haben keinen Einfluss auf die Gültigkeitsbereiche von Visual Basic-Konstrukten: Für den Zugriff auf Variablen, den Aufruf von Prozeduren etc. spielt es keine Rolle, ob Klasse A in *ClassA.vb* und Klasse B in *ClassB.vb* definiert ist oder ob beide Klassen in derselben Datei definiert sind. Ebenso ist der Dateiname der Codedateien unerheblich.

Bei der Deklaration von Variablen können Private, Public, Friend etc. nur auf Klassenebene eingesetzt werden (nicht aber in Prozeduren, Methoden oder Eigenschaften). Variablen in Prozeduren, Methoden und Eigenschaften gelten immer als lokal, d.h., sie können nur innerhalb der Prozedur verwendet werden. (Variablen können optional als Static deklariert werden. Das bedeutet, dass sie ihren Inhalt zwischen Prozeduraufrufen behalten und dass ihr Inhalt im Code und nicht wie sonst üblich auf dem Stapelspeicher gespeichert wird. Static wurde schon in Abschnitt 5.3 vorgestellt.)

Beispiel

Ausgangspunkt für die folgenden Überlegungen ist die Klasse ClassX.

```
' Beispiel oo-programmierung\protected-var
Class ClassX
  Private a As Integer
  Protected b As Integer
  Friend c As Integer
  Protected Friend d As Integer
  Public e As Integer
End Class
```

Wenn Sie im selben Projekt ein Objekt der Klasse ClassX erzeugen, können Sie auf die Variablen c, d und e zugreifen:

```
Dim ox As New ClassX()  'hier zugänglich: ox.c, ox.d, ox.e
```

Wenn Sie im selben Projekt die Klasse ClassY von ClassX ableiten, können Sie darin auf die Variablen b, c, d und e zugreifen:

```
Class ClassY
  Inherits ClassX
  Sub do_something()
    ' hier zugänglich: b, c, d und e
  End Sub
End Class
```

Wenn Sie in einem anderen Projekt die Klassenbibliothek mit der Definition von `ClassX` nutzen und dort ein Objekt dieser Klasse erzeugen, können Sie nur auf die Variable `e` zugreifen:

```
' in einem externen Projekt
Dim ox As New ClassX()  'hier zugänglich: ox.e
```

Wenn Sie in einem externen Projekt `ClassX` vererben, können Sie auf die Variablen `b`, `d` und `e` zugreifen:

```
' in einem externen Projekt
Class ClassZ
  Inherits ClassX
  Sub do_something()
    ' hier zugänglich: b, d und e
  End Sub
End Class
```

Standardmäßige Gültigkeitsbereiche

Sie können Variablen einfach mit `Dim` bzw. Funktionen, Eigenschaften etc. ohne eines der obigen Schlüsselwörter deklarieren. Das ist der Regelfall in vielen Visual Basic-Programmen. Die folgenden Tabellen geben die standardmäßigen Gültigkeitsbereiche diverser Visual Basic-Konstrukte in Abhängigkeit vom Deklarationsort an. Beachten Sie insbesondere, dass Variablen in Modulen und Klassen anders behandelt werden als in Strukturen!

Standardmäßiger Gültigkeitsbereich in Codedateien	
`Module`	`Friend Module`
`Class`	`Friend Class`
`Structure`	`Friend Struct`
`Enum`	`Friend Enum`

Standardmäßiger Gültigkeitsbereich in Modulen	
`Class/Structure/Enum`	`Public Class/Structure/Enum`
`Function/Sub`	`Public NotOverridable Function/Sub`
`Event/Delegate`	`Public Event/Delegate`
`Dim/Const`	`Private Dim/Const`

Standardmäßiger Gültigkeitsbereich in Klassen	
`Class/Structure/Enum`	`Public Class/Structure/Enum`
`Function/Sub/Property`	`Public NotOverridable Function/Sub/Property`
`Event/Delegate`	`Public Event/Delegate`
`Dim/Const`	`Private Dim/Const`

Standardmäßiger Gültigkeitsbereich in Strukturen	
`Class/Structure/Enum`	`Public Class/Structure/Enum`
`Function/Sub/Property`	`Public NotOverridable Function/Sub/Property`
`Event/Delegate`	`Public Event/Delegate`
`Dim/Const`	`Public Dim/Const`

Wie können Sie den standardmäßigen Gültigkeitsbereich von Visual Basic-Konstrukten feststellen? Die nahe liegende Antwort wäre die Online-Hilfe – aber dort suchen Sie lange und wahrscheinlich vergeblich.

Es geht aber viel einfacher: Geben Sie im Codefenster die Deklaration einer Variablen, Prozedur etc. ohne Gültigkeitsbezeichner an, und werfen Sie dann einen Blick in die Klassenansicht oder in den Objektkatalog. Dort finden Sie die vollständige interne Deklaration heraus. (Im Objektkatalog müssen Sie per Kontextmenü angeben, dass Sie auch `Private`-Klassenmitglieder sehen möchten. In der Klassenansicht müssen Sie dazu die Maus über das Icon des Elements bewegen – dann erscheint die Deklaration in einem kleinen, gelben *ToolTipp*-Fenster.)

Zum Experimentieren können Sie das hier nicht abgedruckte Beispielprogramm *oo-programmierung\scope* verwenden. Das Programm erfüllt keine konkrete Aufgabe, enthält aber unzählige, ineinander verschachtelte Deklarationen von Modulen, Klassen etc.

6.10 Shared-Klassenmitglieder

Klassenvariablen, Methoden und Eigenschaften können durch das zusätzliche Schlüsselwort `Shared` gekennzeichnet werden. Das bewirkt, dass diese Klassenmitglieder ohne eine Instanz der Klasse – also ohne dass vorher ein Objekt erzeugt wird – verwendet werden können (siehe auch Abschnitt 6.2).

Im Regelfall wird `Shared` nur für öffentliche Klassenmitglieder verwendet (`Public Shared`). Die Deklaration privater Klassenmitglieder als `Shared` ist zwar zulässig, aber nur in seltenen Fällen sinnvoll.

Shared-Klassenvariablen

Als `Public Shared` deklarierte Klassenvariablen haben eine ähnliche Wirkung wie globale Variablen innerhalb eines Moduls. Jedes Programm, das die Klasse nutzen kann, kann eine derart deklarierte Variable sofort lesen bzw. verändern. Dabei ist aber Vorsicht geboten! Alle Instanzen dieser Klasse teilen sich die als Shared deklarierte Variable! (Insofern ist die Variable also eine *gemeinsame* Variable aller Objekte dieser Klasse.) Das kann unter Umständen ungewollte Konsequenzen haben.

Im folgenden Beispielprogramm ist die Variable x als globale Variable (Shared) der Klasse Class1 deklariert. In Module1.Main werden zwei Objekte dieser Klasse erzeugt (o1 und o2). Zur Initialisierung von x und y wird der Konstruktor verwendet. Anschließend werden x und y für beide Objekte ausgegeben. Das Ergebnis sieht so aus:

```
o1.x=3  o1.y=2
o2.x=3  o2.y=4
```

Falls Sie o1.x=1 erwartet haben, hier die Begründung: Class1.x ist eine gemeinsame Variable aller Instanzen (Objekte) dieser Klasse. Bei der Initialisierung von o2 wird x=3 ausgeführt – und damit gilt x=3 auch für alle anderen Objekte der Klasse.

```
' Beispiel oo-programmierung/shared-variable
Module Module1
  Sub Main()
    Dim o1 As New Class1(1, 2)
    Dim o2 As New Class1(3, 4)
    Console.WriteLine("o1.x={0}  o1.y={1}", o1.x, o1.y)
    Console.WriteLine("o2.x={0}  o2.y={1}", o2.x, o2.y)
    Console.WriteLine("Return drücken")
    Console.ReadLine()
  End Sub
End Module
Class Class1
  Public Shared x As Integer
  Public y As Integer
  Sub New(ByVal x As Integer, ByVal y As Integer)
    Me.x = x
    Me.y = y
  End Sub
End Class
```

Shared-Methoden

Bei Shared-Methoden sind weniger Komplikationen zu erwarten. Derartige Methoden werden üblicherweise eingesetzt,

» um ein neues Objekt der aktuellen Klasse auf eine andere Weise als durch den Konstruktor zu erzeugen,

» um Methoden zur Verfügung zu stellen, die nicht nur auf die aktuelle Instanz eines Objekts angewendet werden können, sondern auch auf andere Objekte (eventuell sogar auf Objekte einer anderen, verwandten Klasse),

» um eine Sammlung von Hilfsfunktionen in Form einer Klasse zu kapseln. (Die Klasse Path aus dem Namensraum System.IO gibt dafür ein gutes Beispiel. Die darin enthaltenen Methoden dienen zur Manipulation von Verzeichnis- und Dateinamen und sind durchweg als Shared deklariert.)

Wenn Sie selbst Shared-Methoden programmieren, müssen Sie im Code der Methode beachten, dass Me auf Nothing verweisen kann und dass sämtliche Klassenvariablen leer bzw. nicht initialisiert sein können.

Syntaxvarianten beim Aufruf von Shared-Methoden

Der größte Nachteil von Shared-Methoden besteht darin, dass diese Methoden in zwei Formen aufgerufen werden können: entweder indem der vollständige Name der Methode angegeben wird oder indem eine Variable der Klasse vorangestellt wird. Unter Anwendung der unten deklarierten Struktur vector3d gibt es also zwei Möglichkeiten, die Vektoren v1 und v2 zu addieren und das Ergebnis in v3 zu speichern:

```
Dim v1, v2, v3, v4 As vector3d
v3 = vector3d.Add(v1, v2)  'Variante 1
v3 = v4.Add(v1, v2)        'Variante 2, gleichwertig
```

Bei Variante 2 kann statt v4 eine beliebige Variable des Typs vector3d verwendet werden, ohne dass sich das Ergebnis ändert! Genau darin besteht aber das Problem: Beim Lesen des Codes gewinnt man den Eindruck, die Addition hätte in irgendeiner Weise etwas mit v4 zu tun, vielleicht im Sinne von v3 = v4 + v1 + v2. Bei einer entsprechenden Deklaration von Add wäre eine derartige Addition ja durchaus möglich.

Aus Sicht der Klassenprogrammiererin lässt sich dagegen nicht viel tun. Die einzige Möglichkeit besteht darin, derartige Prozeduren nicht in einer Klasse oder Struktur, sondern in einem Modul zu definieren (was aber ebenfalls mit vielen Nachteilen und einem Verlust an innerer Logik verbunden ist). Aus Sicht der Anwenderin der Klasse kann man nur empfehlen, generell und immer nur die erste Syntaxvariante zum Aufruf von Shared-Methoden oder -Eigenschaften zu verwenden.

Die folgenden Zeilen aus dem Structure-Beispiel aus Abschnitt 6.5 zeigen die Deklaration der Shared-Funktion Add:

```
' Beispiel oo-programmierung\structure-test
Public Structure vector3d
  Public x As Double
  Public y As Double
  Public z As Double
  Public Shared Function Add(ByVal sum1 As vector3d, ByVal sum2 As vector3d) As vector3d
    Dim tmp As vector3d = sum1
    tmp.Add(sum2)
    Return tmp
  End Function
End Structure
```

6.11 Eigene Operatoren (operator overloading)

Soweit es im Kontext Ihrer Klasse oder Struktur zweckmäßig ist, können Sie den Operatoren IsFalse, IsTrue, Not, +, -, *, /, \, &, ^, >>, <<, =, <>, >, >=, <, <=, And, Like, Mod, Or, Xor sowie CType eine neue Bedeutung geben. Von operator overloading spricht man deswegen, weil vorhandenen Operatoren für bestimmte Klassen bzw. Datentypen eine neue Bedeutung gegeben wird. Es ist dagegen nicht möglich, vollkommen neue Operatoren zu erfinden.

Syntaxregeln

Wie die folgenden Zeilen beweisen, sieht die Syntax zur Deklaration von Operatoren ganz ähnlich wie für Eigenschaften oder Methoden aus. Beachten Sie, dass der Gültigkeitsbereich immer Public Shared sein muss.

Mindestens einer der drei Datentypen type1, type2 und type3 muss mit myclass bzw. mystructure übereinstimmen. Mit anderen Worten: Sie können keinen neuen Operator definieren, der in keinerlei Zusammenhang mit Ihrer Klasse steht.

```
Public Structure/Class myclass/mystructure
  ...
  Public Shared Operator +(ByVal data1 As type1, ByVal data2 As type2) As type3
    ...
    Return New ergebnis
  End Operator
End Structure/Class
```

Statt + geben Sie einfach das Operatorzeichen bzw. den Operatornamen an. Die meisten Operatoren erwarten zwei Parameter; nur IfFalse, IsTrue, Not sowie + und – (im Sinne des Vorzeichens) erwarten nur einen Parameter.

Die Operatoren +=, –= etc. können nicht neu definiert werden. Mit der Deklaration von + als Operator steht automatisch auch += zur Verfügung etc.

Der Datentyp für das Ergebnis eines Operators hängt vom Zweck ab und kann frei gewählt werden. Ausnahmen sind IsTrue und IsFalse, die boolesche Werte zurückgeben müssen.

Die Operatoren And, Or, Xor und Not können nur als logische Operatoren definiert werden. (Unter Visual Basic dienen diese Operatoren auch zur bitweisen Verknüpfung von Integerzahlen. In dieser Funktion ist kein operator overloading möglich.)

Es ist nicht möglich, AndAlso bzw. OrElse direkt neu zu definieren. Diese Operatoren stehen aber automatisch zur Verfügung, wenn Sie And bzw. Or sowie IsTrue definiert haben und And bzw. Or als Ergebnis ein Objekt der Klasse zurückgibt, für die sie definiert sind.

Einige Operatoren müssen paarweise definiert werden. Das betrifft = und <>, < und >, <= und >=. Wenn Sie also einen eigenen Operator < definieren, müssen Sie auch den Operator > definieren.

Datentypkonvertierungen

Der Konvertierungsoperator CType dient dazu, einen Datentyp in einen anderen umzuwandeln. Bei der Deklaration muss das Schlüsselwort Narrowing oder Widening vorangestellt werden. Widening bedeutet, dass die Konvertierung unabhängig vom Inhalt der Ausgangsdaten immer möglich ist. (Das gilt beispielsweise für die Konvertierung Int → Long.) Im Gegensatz dazu muss Narrowing angegeben werden, wenn die Konvertierung je nach Inhalt der Daten ungültig ist. (Beispielsweise kann es bei der Konvertierung Long → Int zu einem Überlauffehler kommen.)

```
Public Shared Widening Operator CType(ByVal v As vector3d) As String
    Return v.ToString
End Operator
```

Bei Visual Basic-Programmen mit Option Strict Off erfolgt die Typumwandlung zumeist implizit, d.h., Sie müssen CType nicht angeben. Wenn Sie dagegen mit Option Strict On arbeiten (siehe auch Abschnitt 4.7), müssen Narrowing-Konvertierungen immer in der Form ergebnis = CTyp(daten, neuerTyp) ausgeschrieben werden.

vector3d-Beispiel

Das folgende Beispiel greift das Structure-Beispiel aus Abschnitt 6.5 nochmals auf. Dort wurde die Datenstruktur vector3d für dreidimensionale Vektoren vorgestellt. Die folgenden Zeilen zeigen, dass eigene Operatoren Berechnungen mit Vektoren sehr erleichtern. Zur Erinnerung sehen Sie hier nochmals den Basiscode für die Struktur:

```
' Beispiel oo-programmierung\operator-intro
Public Structure vector3d
  Public x As Double
  Public y As Double
  Public z As Double
  Private Shared cult As Globalization.CultureInfo = _
    Globalization.CultureInfo.InvariantCulture
  Public Sub New(ByVal x As Double, ByVal y As Double, ByVal z As Double)
    Me.x = x
    Me.y = y
    Me.z = z
  End Sub
  Public Overrides Function ToString() As String
    Dim cult As Globalization.CultureInfo = Globalization.CultureInfo.InvariantCulture
    Return "[" + x.ToString(cult) + ", " + y.ToString(cult) + ", " + _
                 z.ToString(cult) + "]"
  End Function
  ... Code für die Operatoren
End Structure
```

Im Vergleich zu Abschnitt 6.5 wurde hier die Methode ToString geändert: Bei der Umwandlung eines Vektors in eine Zeichenkette wird nun unabhängig von der Ländereinstellung die englische Zahlenkonvention (Dezimalpunkt) verwendet. Dazu wird an `ToString` ein `CultureInfo`-Objekt übergeben. (Informationen zur landesspezifischen Formatierung finden Sie in Abschnitt 10.8.)

Rechenoperatoren

Der folgende Code für einfache Vektorberechnungen sollte ohne Probleme verständlich sein. Einige Details sind aber bemerkenswert: So wird der Operator – zweimal definiert, einmal mit zwei Parametern (für Subtraktionen), das andere Mal mit einem Parameter (als negatives Vorzeichen).

Es gibt unterschiedliche mathematische Verfahren zur Multiplikation von Vektoren. In diesem Beispiel werden nur zwei Formen realisiert: die Multiplikation eines Vektors mit einem Faktor und das Skalarprodukt zweier Vektoren. Die beiden ersten Definitionen von `Operator *` unterscheiden sich nur durch die Reihenfolge der Parameter. Die Deklarationen sind notwendig, damit sowohl `vector * factor` als auch `factor * vector` funktionieren. Die dritte Definition für das Skalarprodukt liefert als Ergebnis keinen Vektor, sondern eine Zahl.

```
'zwei Vektoren addieren/subtrahieren
Public Shared Operator +(ByVal v1 As vector3d, ByVal v2 As vector3d) As vector3d
  Return New vector3d(v1.x + v2.x, v1.y + v2.y, v1.z + v2.z)
End Operator
Public Shared Operator -(ByVal v1 As vector3d, ByVal v2 As vector3d) As vector3d
  Return New vector3d(v1.x - v2.x, v1.y - v2.y, v1.z - v2.z)
End Operator
'negatives Vorzeichen für Vektor
Public Shared Operator -(ByVal v1 As vector3d) As vector3d
  Return v1 * -1
End Operator
'Vektor mit Skalar multiplizieren
Public Shared Operator *(ByVal v1 As vector3d, ByVal factor As Double) As vector3d
  Return New vector3d(v1.x * factor, v1.y * factor, v1.z * factor)
End Operator
Public Shared Operator *(ByVal factor As Double, ByVal v1 As vector3d) As vector3d
  Return New vector3d(v1.x * factor, v1.y * factor, v1.z * factor)
End Operator
'Skalarprodukt von Vektoren
Public Shared Operator *(ByVal v1 As vector3d, ByVal v2 As vector3d) As Double
  Return v1.x * v2.x + v1.y * v2.y + v1.z * v2.z
End Operator
```

Vergleichsoperatoren

Die beiden folgenden Operatoren testen, ob zwei Vektoren gleich bzw. ungleich sind. (Größer- bzw. Kleiner-Operatoren für Vektoren sind mathematisch unsinnig.)

```
'Vektoren vergleichen
Public Shared Operator =(ByVal v1 As vector3d, ByVal v2 As vector3d) As Boolean
  If v1.x = v2.x AndAlso v1.y = v2.y AndAlso v1.z = v2.z Then
    Return True
```

```
  Else
    Return False
  End If
End Operator
Public Shared Operator <>(ByVal v1 As vector3d, ByVal v2 As vector3d) As Boolean
  Return Not (v1 = v2)
End Operator
```

Typenkonvertierung vector3d ↔ String

Der Operator zur Konvertierung eines Vektors in eine Zeichenkette greift einfach auf die oben abgedruckte `ToString`-Methode zurück. Programmiertechnisch viel interessanter ist die umgekehrte Richtung: Hier geht es darum, eine Zeichenkette der Art `[ 123, 45.67, 2.4e12 ]` richtig zu interpretieren. Das Programm verwendet einen regulären Ausdruck, um die drei Zahlen aus der Zeichenkette zu extrahieren.

HINWEIS

Reguläre Ausdrücke sind sehr leistungsfähige Verfahren zur Mustererkennung und -auswertung in Zeichenketten. In diesem Buch fehlt leider der Platz, um die Klassen aus dem `Text.RegularExpression`-Namensraum näher vorzustellen – dieses Beispiel muss als Einführung ausreichen. Die Hilfe zur `Regex`-Klasse führt zu zahlreichen ausführlichen Artikeln in der MSDN. Lesenswert ist auch:

http://www.regular-expressions.info/dotnet.html

Im folgenden Beispiel wird ein `Regex`-Objekt verwendet, um aus einer Zeichenkette der Form `[*,*,*]` die drei Zeichenketten `*` zu extrahieren. Der hier eingesetzte reguläre Ausdruck arbeitet wie folgt:

`\[`	verlangt, dass die Zeichenkette mit dem Zeichen [beginnt.
`(?<v1>.+)`	bedeutet, dass der folgende Ausdruck den Namen `v1` hat und mindestens ein Zeichen umfassen muss (. steht für ein beliebiges Zeichen, + gibt an, dass es ein oder mehr Zeichen sein müssen).
`,`	bedeutet, dass nun ein Komma folgen muss.
`(?<v2>.+)`	verarbeitet die zweite Zahl.
`,`	erwartet wieder ein Komma.
`(?<v3>.+)`	verarbeitet die dritte Zahl.
`\]`	verlangt, dass die Zeichenkette mit] endet.

Wenn die Zeichenkette nicht dem Muster `[*,*,*]` entspricht, löst `CType` eine `ArgumentException` aus. Andernfalls können nun aus `match.Groups` die drei Zeichenketten `v1`, `v2` und `v3` gelesen werden. `Parse` wandelt diese Zeichenketten in `Double`-Zahlen um. Auch dabei kann es zu `Exceptions` kommen, wenn das Format nicht stimmt. Wie bei `ToString` erwartet das Programm die Zahlen in der wissenschaftlichen Notation mit einem Dezimalpunkt.

```
'Konvertierung von/zu String
Public Shared Widening Operator CType(ByVal v As vector3d) As String
  Return v.ToString
End Operator
Public Shared Narrowing Operator CType(ByVal s As String) As vector3d
  Dim regexp As New Text.RegularExpressions.Regex("\[(?<v1>.+),(?<v2>.+),(?<v3>.+)\]")
  Dim match As Text.RegularExpressions.Match
  Dim v1, v2, v3 As Double
  match = regexp.Match(s)
  If Not match.Success Then Throw New ArgumentException()
  v1 = Double.Parse(match.Groups("v1").Value, cult)
  v2 = Double.Parse(match.Groups("v2").Value, cult)
  v3 = Double.Parse(match.Groups("v3").Value, cult)
  Return New vector3d(v1, v2, v3)
End Operator
```

Operatoren anwenden

Sie können nun mit Vektoren beinahe so wie mit gewöhnlichen Zahlen rechnen. Die folgenden Zeilen geben dafür einige Beispiele:

```
Dim v1 As New vector3d(1, 2, 3)
Dim v2, v3, v4 As vector3d
v1 += New vector3d(1, 0, 0)
v2 = v1 * 2.5
v3 = v1 + v2
v4 = CType("[1, 2.23, -3e2]", vector3d)
Console.WriteLine("v1 = {0}", v1)
Console.WriteLine("v2 = {0}", v2)
Console.WriteLine("v3 = {0}", v3)
Console.WriteLine("v4 = {0}", v4)
Console.WriteLine("v1 * v2 (Skalarprodukt) = {0}", v1 * v2)
```

6.12 Vererbung

Vererbung bedeutet, dass eine Klasse die Klassenmitglieder (Variablen, Methoden, Prozeduren) einer anderen Klasse übernimmt. Vererbung wird dazu verwendet, um redundanten Code zu vermeiden. Beispielsweise können Sie zwei Spezialklassen von einer Basisklasse ableiten. Alle gemeinsamen Merkmale werden nur einmal in der Basisklasse definiert. Im Code der Spezialklassen brauchen Sie sich dann nur noch um deren Besonderheiten zu kümmern.

Was hier so einfach klingt, ist in der Realität meist doch mit erheblichem Aufwand verbunden. Wenn eine Klasse nicht von Anfang an unter dem Gesichtspunkt einer späteren Erweiterung (Vererbung) entwickelt wurde, kann jede Änderung größere Probleme mit sich bringen (die oft Mängel im Design der Ausgangsklasse sichtbar machen).

Syntax

Im Klassencode wird Vererbung durch die `Inherits`-Anweisung durchgeführt. `Inherits` gibt an, welche Klasse die neue Klasse erbt. Bei der Basisklasse kann es sich sowohl um eine selbst definierte Klasse als auch um eine der zahllosen Klassen der .NET-Bibliotheken handeln. (Sie können also auch bereits vorhandene Klassen erweitern.) `Inherits` muss am Beginn einer Klassendefinition angegeben werden.

```
' Beispiel oo-programmierung\vererbung-intro
Class class1
  Public x As Integer
  Public y As Integer
  Public Sub m1()
    y = 2 * x
  End Sub
End Class
Class class2
  Inherits class1
  Public z As Integer
  Public Sub m2()
    z = x + y
  End Sub
End Class
```

In der Praxis werden Sie Ihre neue Klasse oft von einer Basisklassen ableiten, bei denen diverse Eigenschaften und Methoden mit `MustOverride` definiert sind. Damit Ihre neue Klasse syntaktisch korrekt ist, müssen Sie alle `MustOverride`-Schlüsselwörter neu implementieren. Visual Studio hilft Ihnen dabei: Sobald Sie `Inherits xyz` eingeben und [↵] drücken, fügt Visual Studio Codeschablonen für alle `MustOverride`-Eigenschaften und -Methoden ein.

Verwendung vererbter Klassen

Die Verwendung vererbter Klassen unterscheidet sich nicht von der gewöhnlicher Klassen. Wenn Sie ein Objekt der Klasse `class2` erzeugen, dann stehen Ihnen anschließend alle öffentlichen Klassenvariablen, Methoden und Eigenschaften zur Verfügung, die in `class1` und `class2` gemeinsam deklariert sind (also `obj.m1()`, `obj.m2()`, `obj.x`, `obj.y` und `obj.z`).

Objekte abgeleiteter Klassen dürfen auch in Variablen gespeichert werden, die für die Basisklasse deklariert sind (aber nicht umgekehrt). Im folgenden Beispiel werden die Variablen `obj1a` und `obj2a` jeweils mit einem neuen Objekt der Klassen `class1` und `class2` initialisiert. Anschließend wird ein Verweis auf `obj2a` in `obj1b` gespeichert. Dieser Verweis wird in der nächsten Zuweisung in `obj2b` gespeichert. Dabei ist eine Objektumwandlung durch `CType` erforderlich, weil der Compiler annimmt, dass `obj1b` ein Objekt des Typs `class1` enthält.

Wie die folgenden Konsolenausgaben beweisen, verweisen sowohl `obj1b` als auch `obj2b` auf ein `class2`-Objekt. Das Beispiel zeigt einmal mehr, dass jedes Objekt weiß, welcher Klasse es angehört – vollkommen unabhängig davon, wie die Variable deklariert ist.

```
Dim obj1a, obj1b As class1
Dim obj2a, obj2b As class2
obj1a = New class1()
obj2a = New class2()
obj1b = obj2a
obj2b = CType(obj1b, class2)
Console.WriteLine("TypeName(obj1b)=" + TypeName(obj1b))
Console.WriteLine("TypeName(obj2b)=" + TypeName(obj2b))
```

Die Ausgabe des Programms sieht so aus:

```
TypeName(obj1b)=class2
TypeName(obj2b)=class2
```

Beachten Sie, dass es umgekehrt unmöglich ist, ein `class1`-Objekt in einer `class2`-Variable zu speichern. Die Zuweisung `obj2b = obj1a` wird bereits vom Compiler als ungültig zurückgewiesen. Wenn Sie es mit `obj2b = CType(obj1a, class2)` versuchen, akzeptiert zwar der Compiler den Code, aber nun tritt der Fehler bei der Ausführung auf (`InvalidCastException`).

Vererbungsketten

Das Konzept der Vererbung kann verkettet werden: Sie können also zuerst eine Klasse `A` deklarieren, dann `B` von `A` ableiten und dann `C` von `B`. `C` enthält schließlich alle Klassenmitglieder von `A` und `B`.

Von dieser Verkettung abgesehen gibt es aber keine Möglichkeit, dass eine Klasse von mehreren anderen Klassen gleichzeitig erbt. Innerhalb einer Klassendefinition ist daher nur eine einzige `Inherits`-Anweisung zulässig.

Statt auf Vererbung können Sie in manchen Fällen auch auf die im nächsten Abschnitt beschriebenen Schnittstellen zurückgreifen. Schnittstellen bieten zwar nicht den Komfort der Vererbung, geben aber die Möglichkeit, in einer Klasse die Merkmale *mehrerer* unterschiedlicher Schnittstellen zu realisieren.

Defaultvererbung

Alle Klassen sind standardmäßig von `Object` abgeleitet, alle Strukturen von `ValueType`. Das kann weder bei Klassen noch bei Strukturen geändert werden: Bei Klassen können Sie zwar `Inherits überklasse` angeben, aber auch diese Überklasse ist zwangsläufig selbst wieder von `Object` abgeleitet; und bei Strukturen kann `Inherits` gar nicht verwendet werden.

MustInherit und NotInheritable

Am Beginn der Klassendefinition (also vor `Class name ...`) können die Schlüsselwörter `MustInherit` oder `NotInheritable` vorangestellt werden:

» `MustInherit` bedeutet, dass die Klasse in dieser Form nicht unmittelbar verwendet werden kann, d.h., dass es nicht möglich ist, ein Objekt dieser Klasse zu erzeugen. Die Klasse kann ausschließlich als Basisklasse bei der Definition anderer Klassen verwendet werden.

» `NotInheritable` bedeutet, dass die Klasse gewöhnlich angewendet werden kann, dass es aber nicht möglich ist, neue Klassen davon abzuleiten (zu vererben). `NotInheritable` verhindert also eine weitere Vererbung.

Overloads, Overrides und Shadows

Das Ziel von Vererbung besteht immer darin, eine vorhandene Basisklasse in irgendeiner Form zu erweitern bzw. zu verändern. Eine Erweiterung um zusätzliche Klassenvariablen, Methoden oder Eigenschaften ist nicht weiter schwierig: Wie das Einführungsbeispiel am Beginn dieses Abschnitts gezeigt hat, fügen Sie dazu einfach den Code für die neuen Elemente in die Klasse ein. Bei einem Objekt der Klasse `class2` stehen damit die Klassenvariablen `x`, `y` und `z` sowie die Methoden `m1` und `m2` zur Verfügung.

Deutlich komplexer ist die Veränderung bereits vorhandener Klassenelemente: Hier bedarf es klarer Regeln, ob und in welchem Ausmaß ein bereits vorhandenes Klassenelement durch ein neues, gleichnamiges Element ersetzt werden kann. Visual Basic kennt drei unterschiedliche Mechanismen, um vorhandene Elemente zu ersetzen. Diese Mechanismen sehen auf den ersten Blick sehr ähnlich aus, unterscheiden sich aber in der internen Handhabung durch den Compiler.

» `Overrides`: `Overrides` ersetzt eine Methode oder Eigenschaft der Basisklasse. Die neue Methode oder Eigenschaft muss sowohl dieselben Parameter als auch dieselbe Gültigkeitsebene (z.B. `Private`, `Public`) aufweisen.

  `Overrides` kann nur verwendet werden, wenn das Element in der Basisklasse als `Overridable` oder `MustOverride` deklariert ist. Standardmäßig gelten eigene Methoden und Eigenschaften als `NotOverridable`. Jede mit `Overrides` deklarierte Methode oder Eigenschaft gilt automatisch selbst wieder als `Overridable`, ohne dass dies explizit angegeben wird.

  `MustOverride`-Deklarationen dienen nur zur Angabe der Parameterliste. Es darf aber weder ein Code für die Prozedur angegeben noch darf die Deklaration mit `End Sub/Function/Property` abgeschlossen werden.

» `Overloads`: Auch `Overloads` ersetzt eine Methode oder Eigenschaft der Basisklasse. Dabei kommt derselbe Überladungsmechanismus zum Einsatz, der es auch erlaubt, mehrere gleichnamige Prozeduren innerhalb eines Moduls oder einer Klasse zu definieren (siehe Abschnitt 5.3). `Overloads` kann nicht verwendet werden, wenn sich bei einer Methode oder Eigenschaft nur der Typ des Rückgabewerts (aber nicht die Parameterliste) verändert.

  Die Überladung gilt allerdings nur, solange der Compiler dem Objekt die richtige Klasse zuordnet. Wenn Sie die Methode `m1` überladen, dann wird durch `obj.m1()` die neue Methode ausgeführt, aber durch `CType(obj, basisklasse).m1()` die Methode der Basisklasse! (Werfen Sie einen Blick in das Codebeispiel auf den folgenden Seiten!)

» `Shadows`: `Shadows` verdeckt alle gleichnamigen Elemente der Basisklasse. Dazu ist es nicht erforderlich, dass das Basisschlüsselwort und das neue Schlüsselwort denselben Typ, dieselbe Gültigkeitsebene oder dieselben Parameter aufweisen. `Shadows` kann auch bei der Deklaration von Variablen oder Konstanten verwendet werden.

Mit Shadows können Sie beispielsweise eine Klassenvariable der Basisklasse A durch eine Eigenschaft der abgeleiteten Klasse B ersetzen. Wenn in B auch nur eine einzige Methode m1 mit Shadows deklariert ist, dann verdeckt diese Methode alle in A deklarierten Methoden m1.

Wie Overloads gilt auch Shadows nur so lange, wie der Compiler dem Objekt die richtige Klasse zuordnet.

Jetzt stellt sich natürlich die Frage, welche dieser drei Varianten die beste ist. Wenn Sie eine eigene Klassenbibliothek erstellen und somit Einfluss auf die Basisklassen haben, ist die Kombination aus Overridable (Basisklasse) und Overrides (abgeleitete Klasse) die im Sinne der objektorientierten Programmierung beste Lösung. Overrides bietet als einzige der drei Varianten die Sicherheit, dass die ursprüngliche Eigenschaft oder Methode auf keinen Fall mehr zugänglich ist (auch nicht, wenn CType verwendet wird, um auf ein der Basisklasse entsprechendes Objekt zuzugreifen).

Overloads bietet sich dann an, wenn Sie eine fremde Klasse vererben und eine einzelne Eigenschaft oder Methode verändern möchten, die in der Basisklasse als NotOveridable gilt. Shadows sollte nur zum Einsatz kommen, wenn Sie den Typ oder die Gültigkeitsebene eines Elements bzw. den Typ eines Rückgabewerts ändern möchten.

Einen Sonderfall stellen Konstruktoren dar: Diese werden in der neuen Klasse prinzipiell ohne zusätzliche Kennzeichner deklariert. Es ist weder notwendig noch zulässig, New mit Overridable zu kennzeichnen.

Zugriff auf Eigenschaften und Methoden der Basisklasse

Innerhalb des Klassencodes können Sie mit den drei Schlüsselwörtern Me, MyBase und MyClass auf die aktuelle Objektinstanz verweisen. Die drei Schlüsselwörter unterscheiden sich dadurch, welche Eigenschaften oder Methoden damit aufgerufen werden.

» Me: Dieses aus früheren Beispielen schon vertraute Schlüsselwort verweist auf die Instanz der Klasse, die gerade bearbeitet wird. (Wenn Sie die Methode obj.m1() aufrufen, dann verweist Me innerhalb des Codes der Klasse m1 auf obj.) Das Schlüsselwort kann verwendet werden, wenn eine Eigenschaft oder Methode eine Instanz der Klasse zurückgeben soll.

  Me.methode ruft ebenso wie einfach methode die zur Objektinstanz passende Methode auf. Innerhalb einer Klasse ist die Anwendung von Me in den meisten Fällen optional. Oft wird Me dennoch verwendet, um die Lesbarkeit des Codes zu verbessern.

» MyBase: MyBase verweist wie Me auf die aktuelle Objektinstanz. Durch MyBase.name können Sie aber im Code der abgeleiteten Klasse Elemente der Basisklasse nutzen. Insbesondere rufen MyBase.New den Konstruktor und MyBase.Finalize den Destruktor der Basisklasse auf.

  MyBase.methode ruft eine Methode der Basisklasse auf, selbst dann, wenn es in der aktuellen Klasse eine gleichnamige Neudefinition gibt.

» MyClass: Auch MyClass verweist auf die aktuelle Objektinstanz. MyClass ist für den Einsatz in einer Basisklasse gedacht. Das Schlüsselwort bewirkt dort, dass die in der Basisklasse definierten

Methoden oder Eigenschaften aufgerufen werden, auch wenn es in der abgeleiteten Klasse `Overrides`-Methoden oder -Eigenschaften gibt.

`MyClass.methode` ruft die in der aktuellen Klasse definierte Methode auf, selbst dann, wenn aufgrund des Objekttyps eigentlich eine `Overrides`-Methode oder -Eigenschaft einer abgeleiteten Klasse aufgerufen werden müsste. Zu `MyClass` gibt es in der Online-Hilfe ein gut verständliches Beispiel.

`MyClass` und `MyBase` haben also eine ganz ähnliche Wirkung, unterscheiden sich aber durch den Ort ihrer Anwendung: `MyBase` wird im Code der abgeleiteten Klasse verwendet, `MyClass` im Code der Basisklasse.

HINWEIS

Grundsätzlich können Sie in der abgeleiteten Klasse nur auf solche Klassenvariablen, Eigenschaften und Methoden der Basisklasse zugreifen, die dort als `Public` oder `Protected` deklariert sind, nicht aber auf solche, die mit `Private` deklariert sind.

`Protected` bedeutet, dass die Elemente zwar von außen unzugänglich sind, dass sie aber in vererbten Klassen verwendet werden dürfen. Einen ausführlichen Überblick über die Gültigkeitsebenen von Schlüsselwörtern gibt Abschnitt 6.9. Dort werden die vier Schlüsselwörter `Private`, `Protected`, `Friend` und `Public` miteinander verglichen.

Syntaxbeispiel

Das folgende Beispiel erfüllt keine konkrete Aufgabe, sondern demonstriert die verschiedenen Mechanismen, um vorgegebene Methoden in einer abgeleiteten Klasse zu verändern. (Dieselben Mechanismen können auch für Eigenschaften angewendet werden.) Ausgangspunkt des Beispiels ist die Klasse `a` mit den Methoden `m1`, `m2` und `m3`. Jede dieser Methoden steht in zwei Varianten zur Verfügung, einmal ohne Parameter und einmal mit einem `Integer`-Parameter.

Die Klasse `b` erbt `a`. `m1` wird mittels `Shadows` durch eine neue Version ersetzt. Das neue `m1` ersetzt sowohl `m1()` als auch `m1(Integer)`! Das bedeutet, dass die Methode `m1(Integer)` für Objekte der Klasse `b` nicht mehr zugänglich ist. (Es bestünde aber natürlich die Möglichkeit, in der Klasse `b` auch `m1(Integer)` neu zu implementieren.)

`m2` wird mittels `Overloads` durch eine neue Version ersetzt. `m2(Integer)` wird dadurch nicht berührt und bleibt weiter zugänglich.

`m3` wird schließlich mittels `Overrides` durch eine neue Version ersetzt. Bei der Deklaration muss auch `Overloads` angegeben werden, weil in `a` mehrere gleichnamige Varianten von `m3` definiert sind. `m3(Integer)` bleibt weiter zugänglich.

```
' Beispiel oo-programmierung\overloads_overrides_shadows
Class a
  Public Sub m1()
    Console.WriteLine("a.m1")
  End Sub
  Public Sub m1(ByVal x As Integer)
    Console.WriteLine("a.m1(x)")
```

```
  End Sub
  Public Sub m2()
    Console.WriteLine("a.m2")
  End Sub
  Public Sub m2(ByVal x As Integer)
    Console.WriteLine("a.m2(x)")
  End Sub
  Public Overridable Sub m3()
    Console.WriteLine("a.m3")
  End Sub
  Public Overridable Sub m3(ByVal x As Integer)
    Console.WriteLine("a.m3(x)")
  End Sub
End Class
Class b
  Inherits a
  Public Shadows Sub m1()
    Console.WriteLine("b.m1")
  End Sub
  Public Overloads Sub m2()
    Console.WriteLine("b.m2")
  End Sub
  Public Overloads Overrides Sub m3()
    Console.WriteLine("b.m3")
  End Sub
End Class
```

In Main wird ein neues Objekt der Klasse b erzeugt. Der Aufruf der Methoden m1 bis m3 ohne Parameter führt erwartungsgemäß zu den Ausgaben b.m1, b.m2 und b.m3. Interessanter ist das Ergebnis, wenn die Variable mit CType in ein Objekt des Typs a umgewandelt wird: Bei Shadows und Overloads wird nun die alte Version von m1 bzw. m2 aufgerufen. Einzig die Wirkung von Overrides ist so nachhaltig, dass trotz der Objektumwandlung weiterhin die neue Methode aufgerufen wird.

```
Module Module1
  Sub Main()
    Dim obj As New b()
    obj.m1()
    ' obj.m1(123) ist nicht zugänglich
    obj.m2()
    ' obj.m2(123) ist zugänglich
    obj.m3()
    ' obj.m3(123) ist zugänglich
    CType(obj, a).m1()
    CType(obj, a).m2()
    CType(obj, a).m3()
  End Sub
End Module
```

Das Ergebnis des Programms sieht so aus:

```
b.m1
b.m2
b.m3
a.m1
a.m2
b.m3
```

LinkedList-Beispiel

Die Ausgangsidee für dieses Beispiel ist eigentlich recht einfach: Aus der in diesem Kapitel vorgestellten `LinkedList`-Klasse soll eine neue `LinkedListTime`-Klasse abgeleitet werden. Die Neuerung dieser Klasse besteht darin, dass in zwei privaten Klassenvariablen jeweils das Datum und die Uhrzeit der letzten Änderung der Daten bzw. des letzten Lesezugriffs gespeichert werden. Diese Daten können mit den beiden neuen Methoden `GetLastWrite` bzw. `GetLastAccess` gelesen werden.

Auf den ersten Blick klingt die Aufgabenstellung so, als ließe sich die neue Klasse `LinkedListTime` in ein paar Minuten programmieren. Tatsächlich betrug der Aufwand mehrere Stunden und erforderte ca. 120 Codezeilen für die neue Klasse (gegenüber 190 Zeilen für die Basisklasse, die in einigen Details verändert werden musste, um eine Erweiterung überhaupt möglich zu machen). Das Beispiel macht klar, dass die theoretischen Vorteile von Vererbung in der Praxis durchaus nicht immer so toll sind.

Änderungen am bisherigen Code

Die meisten Änderungen an der Ausgangsklasse (Beispiel *linkedlist3*) sind kosmetischer Natur: Die Daten des Objekts werden nun in den privaten Klassenvariablen `_nextItem`, `_previousItem` und `_Value` gespeichert. Der Zugriff auf diese Variablen erfolgt durch die Eigenschaften `nextItem`, `previousItem` und `Value`. Außerdem wurden bei einigen Eigenschaften und Methoden die Deklarationen um das Schlüsselwort `Overrideable` ergänzt. In den folgenden Zeilen sind aus Platzgründen nur die Deklarationen aller Klassenelemente abgedruckt:

```
' Beispiel oo-programmierung\linkedlist4, Datei linkedlist.vb
Class LinkedList
  ' Klassenvariablen
  Private _nextItem As LinkedList
  Private _previousItem As LinkedList
  Private _value As String
  ' Methoden
  Public Sub New(ByVal s As String)
  Public Function AddAfter(ByVal s As String) As LinkedList
  Public Function AddBefore(ByVal s As String) As LinkedList
  Public Sub Remove()
  Public Function GetNext() As LinkedList
  Public Function GetPrevious() As LinkedList
  Public Overrides Function ToString() As String
```

```
  Public Function ItemsText(Optional ByVal max As Integer = 10, _
    Optional ByVal delimitor As String = " ") As String
  ' Eigenschaften
  Protected Property previousItem() As LinkedList
  Protected Property nextItem() As LinkedList
  Public Overridable Property Value() As String
  Public ReadOnly Property Count() As Integer
  Public ReadOnly Property [Next]() As LinkedList
  Public ReadOnly Property Previous() As LinkedList
  Default Public Property Item(ByVal n As Integer) As LinkedList
End Class
```

Die neue LinkedListTime-Klasse

Der Code der neuen LinkedListTime-Klasse beginnt mit der Inherits-Anweisung und der Deklaration der beiden neuen Klassenvariablen _lastAccess und _lastWrite.

```
' Beispiel oo-programmierung\linkedlist4, Datei linkedlisttime.vb
Class LinkedListTime
  Inherits LinkedList
  ' zwei neue Klassenvariablen
  Private _lastAccess As Date
  Private _lastWrite As Date
  ... weitere Methoden und Eigenschaften
End Class
```

Der neue Konstruktor New greift auf den Konstruktor der Basisklasse zurück. Außerdem wird der Eigenschaft lastWrite die aktuelle Uhrzeit zugewiesen. (Der Code zu lastWrite folgt etwas weiter unten. Vereinfacht gesagt wird die Uhrzeit sowohl in _lastAccess als auch in _lastWrite gespeichert.)

```
Public Sub New(ByVal s As String)
  MyBase.New(s)
  lastWrite = Now
End Sub
```

Die beiden Methoden GetLastAccess und GetLastWrite geben öffentlichen Lesezugriff auf _lastAccess und _lastWrite.

```
Public Function GetLastAccess() As Date
  Return _lastAccess
End Function
Public Function GetLastWrite() As Date   ... wie GetLastAccess
```

Die von LinkedList vertrauten Methoden AddAfter/-Before und GetNext/-Previous mussten für LinkedListTime wegen des geänderten Rückgabetyps neu implementiert werden. Aus eben diesem Grund muss bei der Deklaration Shadows verwendet werden. (Overrides oder Overloads können hier nicht eingesetzt werden.)

```
Public Shadows Function AddAfter(ByVal s As String) As LinkedListTime
  Dim newitem As New LinkedListTime(s)
  newitem.previousItem = Me
  newitem.nextItem = Me.nextItem
  Me.nextItem = newitem
  Return newitem
End Function
Public Shadows Function AddBefore(...) ... wie AddAfter
Public Shadows Function GetNext() As LinkedListTime
  Return nextItem
End Function
Public Shadows Function GetPrevious() ... wie GetNext
```

Die Methoden `Remove`, `ToString` und `ItemsText` der Basisklasse brauchen nicht verändert zu werden. Sie funktionieren unverändert auch für `LinkedListTime`-Objekte.

Neue oder geänderte Eigenschaften für LinkedListTime

Die Eigenschaften `lastWrite` und `lastAccess` vereinfachen den klasseninternen Zugriff auf `_lastWrite` und `-Access`. Bemerkenswert ist vor allem der `Set`-Teil von `lastWrite`, der auch `_lastAccess` verändert:

```
Protected Property lastWrite() As Date
  Get
    Return _lastWrite
  End Get
  Set(ByVal Value As Date)
    _lastWrite = Value
    _lastAccess = Value
  End Set
End Property
Protected Property lastAccess() As Date ... wie lastWrite
```

Die neue Version der `Value`-Eigenschaft unterscheidet sich von der Basisvariante dadurch, dass bei jedem Zugriff auch die Eigenschaft `lastWrite` bzw. `lastAccess` geändert wird.

```
Public Overrides Property Value() As String
  Get
    lastAccess = Now
    Return MyBase.Value
  End Get
  Set(ByVal Value As String)
    MyBase.Value = Value
    lastWrite = Now
  End Set
End Property
```

`previous` und `nextItem` sind nur für die klasseninterne Verwaltung gedacht. Ihre Aufgabe besteht darin, das vorausgehende bzw. nachfolgende `LinkedListTime`-Objekt zu ermitteln. Da `MyBase.previ-`

ousItem als Rückgabewert ein LinkedList-Objekt liefert, muss dieses in ein LinkedListTime-Objekt umgewandelt werden. Das funktioniert natürlich nur dann, wenn MyBase.previousItem tatsächlich ein LinkedListTime-Objekt ist! Solange ein LinkedListTime-Objekt nur mit den hier vorgestellten Methoden bearbeitet wird, ist das sichergestellt.

```
Protected Shadows Property previousItem() As LinkedListTime
  Get
    Return CType(MyBase.previousItem, LinkedListTime)
  End Get
  Set(ByVal Value As LinkedListTime)
    MyBase.previousItem = Value
  End Set
End Property
Protected Shadows Property nextItem() ... wie previousItem
```

Die öffentlich zugänglichen Eigenschaften Next und Previous greifen auf die gerade vorgestellten Eigenschaften zurück.

```
Public Shadows ReadOnly Property [Next]() As LinkedListTime
  Get
    Return nextItem
  End Get
End Property
Public Shadows ReadOnly Property Previous() ... wie Next
```

Item kann auf MyBase.Item zurückgreifen, muss aber im Get-Teil mit CType eine Typumwandlung durchführen.

```
Default Public Shadows Property Item(ByVal n As Integer) _
    As LinkedListTime
  Get
    Return CType(MyBase.Item(n), LinkedListTime)
  End Get
  Set(ByVal Value As LinkedListTime)
    MyBase.Item(n) = Value
  End Set
End Property
```

Als einzige Eigenschaft kann Count unverändert genutzt werden.

6.13 Schnittstellen (Interfaces)

Schnittstellen (englisch interfaces) dienen dazu, gemeinsame Merkmale unterschiedlicher Klassen oder Strukturen zu definieren. Eine Schnittstelle besteht lediglich aus einer simplen Aufzählung von Schablonen (also Deklarationen ohne Code) für Methoden, Eigenschaften und Ereignisse. Klassen, die eine Schnittstelle implementieren, müssen für alle Schablonen realen Code angeben.

Der Sinn von Schnittstellen besteht darin, dass Objekte unterschiedlicher Klassen, die alle eine bestimmte Schnittstelle bieten, einheitlich behandelt werden können. Eine sehr anschauliche Demonstration der Anwendungsmöglichkeiten von Schnittstellen geben die Klassen des `System.Collections`-Namensraums, die in Kapitel 7 beschrieben werden.

Definition einer Schnittstelle

Schnittstellen werden mit `Interface name` eingeleitet und enden mit `End Interface`. Die Namen von Schnittstellen beginnen üblicherweise mit dem Buchstaben `I`. Am besten sind das Konzept und die Syntax von Schnittstellen anhand eines einfachen Beispiels zu verstehen: In den folgenden Zeilen wird die Schnittstelle `ILen` definiert.

Das einzige Merkmal dieser Schnittstelle besteht darin, dass jede Klasse oder Struktur die Methode `Len` zur Verfügung stellen muss. Diese Methode muss als Ergebnis eine `Double`-Zahl liefern, die Rückschluss auf die Länge oder Größe der Daten gibt. Innerhalb der Schnittstelle wird daher einfach eine Schablone für die Methode `Len` angegeben, und zwar ohne die Angabe der Gültigkeitsebene (also ohne `Private`, `Public` etc.), ohne konkreten Code für die Realisierung der Methode und ohne `End Sub/Function/Property`.

```
' Beispiel oo-programmierung\interfaces-intro
Interface ILen
  Function Len() As Double
End Interface
```

Schnittstellen können andere Schnittstellen erben. Sie können also am Beginn einer Schnittstelle `Inherits Ixy` angeben, sofern `Ixy` eine andere Schnittstelle ist. Die resultierende neue Schnittstelle enthält dann auch alle Merkmale der Basisschnittstelle. (Anders als bei Klassen ist es möglich, eine Schnittstelle von mehreren anderen Schnittstellen abzuleiten.)

Implementierung (Realisierung) einer Schnittstelle

Die beiden Strukturen `vector2d` und `vector3d` realisieren die `ILen`-Schnittstelle. Dazu muss die Schnittstelle am Beginn der Struktur mit `Implements` angegeben werden. (Mehrere Schnittstellen können entsprechend durch mehrere `Implements`-Anweisungen genannt werden. Bei Klassen müssen die `Implements`-Anweisungen unmittelbar einer eventuellen `Inherits`-Anweisung folgen.)

Der Deklaration der Methode `Len` muss `Implements ILen.Len` nachgestellt werden, um den Zweck dieser Methode zu verdeutlichen. Der Visual Basic-Compiler sollte eigentlich wie der C#-Compiler auch ohne den `Implements`-Zusatz in der Lage sein, den Zusammenhang zur Schnittstelle herzustellen. Die Visual Basic-Syntax schreibt den eigentlich unsinnigen `Implements`-Nachsatz aber vor. Das macht es möglich, der Methode einen anderen Namen zu geben als den, der durch die Schnittstelle vorgegeben ist – also beispielsweise `Function xy() As Double Implements ILen.Len`. In der Praxis stiftet das aber nur Verwirrung.

```
Structure vector2d
  Implements ILen
  Public x, y As Double
```

```
  Public Function Len() As Double Implements ILen.Len
    Return Math.Sqrt(x ^ 2 + y ^ 2)
  End Function
End Structure
Structure vector3d
  Implements ILen
  Public x, y, z As Double
  Public Function Len() As Double Implements ILen.Len
    Return Math.Sqrt(x ^ 2 + y ^ 2 + z ^ 2)
  End Function
End Structure
```

HINWEIS

Wenn Sie eine Schnittstelle implementieren, müssen Sie *alle* Eigenschaften und Methoden dieser Schnittstelle implementieren. In manchen Fällen kann es sein, dass das nicht sinnvoll ist; dann müssen Sie in Ihrer eigenen Klasse zumindest die Prozedurdefinition für die Eigenschaft oder Methode angeben, ohne diese Definition mit Code zu füllen.

Eventuell sollten Sie beim Aufruf der Eigenschaft oder Methode eine `NotImplementedException` auslösen, um dem Anwender der Klasse klarzumachen, dass diese Eigenschaft bzw. Methode nicht zur Verfügung steht.

Objekte einer gemeinsamen Schnittstelle verarbeiten

Die folgenden Zeilen zeigen die Deklaration und Initialisierung je eines Objekts der Klassen `vector2d` und `-3d`. Beide Objekte werden dann an die Prozedur `WriteLen` übergeben, die die Länge des Vektors in einem Konsolenfenster anzeigt.

Die Besonderheit von `WriteLen` besteht darin, dass dessen Parameter `x` mit dem Typ `ILen` deklariert ist. Damit kann ein Objekt einer beliebigen Klasse übergeben werden, vorausgesetzt, die Klasse unterstützt die `ILen`-Schnittstelle. (Innerhalb der Prozedur können nur die durch `ILen` deklarierten Eigenschaften und Methoden genutzt werden. `ILen` beschreibt also den gemeinsamen Nenner aller Klassen mit `ILen`-Schnittstelle.)

```
' Beispiel oo-programmierung\interfaces-intro
Sub Main()
  Dim v2 As vector2d
  Dim v3 As vector3d
  v2.x = 3 : v2.y = 2
  v3.x = 4 : v3.y = 5 : v3.z = 6
  WriteLen(v2)
  WriteLen(v3)
End Sub
Sub WriteLen(ByVal x As ILen)
  Console.WriteLine(x.Len)
End Sub
```

Schnittstellen versus Vererbung

Die Implementierung einer Schnittstelle und die Vererbung einer Klasse sehen auf den ersten Blick sehr ähnlich aus. Tatsächlich gibt es aber fundamentale Unterschiede:

» Eine Klasse darf nur von *einer* anderen Basisklasse vererbt werden, kann aber beliebig *viele* Schnittstellen realisieren.

» Vererbter Code für Methoden oder Eigenschaften kann meist ohne Veränderung genutzt werden (sofern die neue Klasse für die betreffende Eigenschaft oder Methode nicht neue Funktionen realisieren will). Im Gegensatz dazu müssen die durch eine Schnittstelle vorgegebenen Methoden oder Eigenschaften in jeder Klasse vollkommen neu implementiert werden.

  Schnittstellen dienen daher nicht zur Wiederverwendung von Code, sondern lediglich dazu, den Kommunikationsmechanismus für mehrere unterschiedliche Klassen zu vereinheitlichen.

» Schnittstellen können auch von Strukturen realisiert werden, während Vererbung nur für Klassen zur Verfügung steht.

Wichtige Schnittstellen des .NET Frameworks

Die .NET-Bibliotheken enthalten zahllose Schnittstellen, deren Implementierung in eigenen Klassen sinnvoll sein kann:

» `IComparable` ermöglicht den Vergleich zweier Objekte (siehe auch Abschnitt 7.7). Die Schnittstelle ist auch dann wichtig, wenn Objekte sortiert werden sollen.

» `IClonable` ermöglicht es, eine identische Kopie eines Objekts zu erzeugen.

» `IConvertible` ermöglicht es, das Objekt in einen anderen Typ umzuwandeln.

» `IDisposable` ermöglicht es, vom Objekt blockierte Ressourcen freizugeben, ohne auf die nächste `garbage collection` zu warten.

» `IFormatable` ermöglicht es, das Objekt mit `ToString` auf unterschiedliche Weise in Textform darzustellen.

» `IEnumerable` ermöglicht es, alle Elemente einer Aufzählung mit `For-Each` zu durchlaufen (siehe Abschnitt 7.5).

» `ISerializable` ermöglicht die Steuerung der (De-)Serialisierung eigener Klassen (siehe Abschnitt 11.9).

Die IDisposable-Schnittstelle

Die `IDisposable`-Schnittstelle hilft dabei, eine Objektinstanz kontrolliert durch die Methode `Dispose` zu löschen. Die Schnittstelle sollte für eigene Klassen realisiert werden, wenn diese überdurchschnittlich viel Speicher beanspruchen, Dateien oder Datenbankverbindungen öffnen oder auf eine andere Weise Systemressourcen binden. In so einem Fall ist es nicht sinnvoll, darauf zu warten, dass die garbage collection irgendwann das Objekt wieder freigibt. Stattdessen wird diese Verantwortung an den Anwender der Klasse übertragen, der Dispose ausführen muss, sobald das Objekt nicht mehr benötigt wird.

Zur Implementierung der Disposable-Schnittstelle müssen Sie lediglich die Dispose-Methode zur Verfügung stellen. Dabei sollten Sie aber einige Dinge beachten:

» Der Code sollte so formuliert werden, dass ein mehrfacher Aufruf von Dispose zu keinen Fehlern führt.

» Am Ende von Dispose sollte GC.SuppressFinalize(Me) ausgeführt werden. Damit erreichen Sie, dass für das bereits gelöschte Objekt auf den automatischen Finalize-Aufruf durch die garbage collection verzichtet wird. (Das erhöht die Effizienz der garbage collection.)

» Falls die eigene Klasse von einer anderen Klasse abgeleitet ist, die selbst die IDisposable-Schnittstelle realisiert, muss in der eigenen Dispose-Methode MyBase.Dispose() ausgeführt werden, um auch alle Ressourcen der Basisklasse freizugeben.

» Falls die Anwenderin der Klasse den Dispose-Aufruf vergisst, sollte sich die Finalize-Methode um die Aufräumarbeiten kümmern. Die Finalize-Methode stammt von der Object-Basisklasse und kann mit Overrides implementiert werden.

  Finalize wird automatisch durch die garbage collection aufgerufen. In der eigenen Implementierung von Finalize dürfen Sie keine .NET-Objekte entfernen – darum hat sich die garbage collection schon gekümmert. Finalize ist aber der richtige Ort, um andere Ressourcen freizugeben.

» Falls die Klasse eine Close-Methode kennt, sollte diese einfach Dispose aufrufen. (Damit hat obj.Close() dieselbe Wirkung wie obj.Dispose().)

Aus diesen Anforderungen ergibt sich die folgende Schablone, die Sie zur Erstellung eigener Dispose-Methoden verwenden können. Die eigentliche Aufräumarbeit erfolgt in der Prozedur myDispose, die sowohl von Finalize als auch von Dispose aufgerufen wird. Dabei gibt der Parameter manualdisposing an, ob die Aufräumarbeiten durch das Programm (also durch die Dispose-Methode) oder automatisch im Rahmen einer garbage collection (also durch die Finalize-Methode) initiiert wurden. Im ersten Fall müssen alle Ressourcen freigegeben werden, im zweiten Fall nur Ressourcen, die außerhalb der Verwaltung des .NET Frameworks stehen (z.B. handles von API-Funktionen). Die Klassenvariable clean stellt sicher, dass der Code nur einmal ausgeführt wird.

```
Class Class1
  Implements IDisposable
  Private clean As Boolean = False  'gibt an, ob schon aufgeräumt wurde

  ' Implementierung von Finalize für den Fall, dass Dispose() vergessen wird
  Protected Overrides Sub Finalize()
    myDispose(False)
    MyBase.Finalize()
  End Sub
  ' Implementierung von Dispose für das manuelle Freigeben von Objekten
```

```
  Overridable Overloads Sub Dispose() Implements IDisposable.Dispose
    myDispose(True)
    GC.SuppressFinalize(Me)
  End Sub
  ' hier erfolgt die eigentliche Aufräumarbeit
  Private Sub myDispose(ByVal manualDisposing As Boolean)
    If clean = True Then Exit Sub  'alles schon erledigt
    clean = True
    If manualDisposing = True Then
      ... .NET-Ressourcen freigeben
      ... wenn die Basisklasse ebenfalls IDisposable implementiert:
          MyBase.Dispose()
    End If
    ... »unmanaged« Ressourcen freigeben
  End Sub
End Class
```

Weitere Implementierungstipps finden Sie in der Online-Hilfe zur Schnittstelle `IDisposable`.

Beispiel für die Implementierung der IDisposable-Schnittstelle

Mit einem Objekt der Klasse `AppendTextToFile` können Sie eine Textdatei öffnen und Text zu ihr hinzufügen (Methode `WriteLine`). Innerhalb der Beispielklasse wird dazu ein `IO.StreamWriter`-Objekt verwendet (siehe Abschnitt 11.5).

Objekte der `AppendTextToFile`-Klasse können durch `Close` oder `Dispose` aus dem Speicher entfernt werden. Innerhalb der Klasse wird dazu die Methode `myDispose` ausgeführt, um das `StreamWriter`-Objekt zu schließen. Wenn die Anwenderin den Aufruf von `Dispose` oder `Close` vergisst, wird durch die `garbage collection` die Methode `Finalize` aufgerufen, die dann ebenfalls `myDispose` aufruft, dort aber nichts mehr zu tun hat.

```
' Beispiel oo-programmierung\idisposable-test
Class AppendTextToFile
  Implements IDisposable
  Private clean As Boolean = False
  Private sw As IO.StreamWriter
  Public Sub New(ByVal filename As String)
    sw = New IO.StreamWriter(filename, True)
  End Sub
  Public Sub WriteLine(ByVal s As String)
    sw.WriteLine(s)
    sw.Flush()  'Zeile sofort physikalisch speichern
  End Sub
  ' Objekt dezidiert schließen
  Public Sub Close()
    Dispose()
  End Sub
  ' Dispose-Methode der IDisposable-Schnittstelle implementieren
  Overridable Overloads Sub Dispose() Implements IDisposable.Dispose
```

```
    myDispose(True)
    GC.SuppressFinalize(Me)
  End Sub
  ' Finalize-Methode der Object-Klasse überschreiben
  Protected Overrides Sub Finalize()
    myDispose(False)
    MyBase.Finalize()
  End Sub
  ' hier erfolgt die eigentliche Aufräumarbeit
  Private Sub myDispose(ByVal manualDisposing As Boolean)
    If clean = True Then Exit Sub 'alles schon erledigt
    clean = True
    If manualDisposing = True Then
      sw.Close()
      ' nur wenn die Basisklasse ebenfalls IDisposable implementiert
      ' (ist hier aber nicht der Fall):
      ' MyBase.Dispose()
    End If
    '»unmanaged« Ressourcen aufräumen (gibt es in diesem Beispiel nicht)
  End Sub
End Class
```

Um die Klasse zu testen, wird in `Main` zweimal die Prozedur `WriteALine` aufgerufen. In dieser Prozedur wurde `attf.Close` auskommentiert. Es müsste daher eigentlich zu einem Fehler kommen, weil die temporäre Datei nach dem ersten Aufruf von `WriteALine` nicht geschlossen wurde. Dieser Fehler tritt aber aufgrund der künstlich ausgelösten `garbage collection` (sie führt zu einem Aufruf von `attf.Finalize()`) nicht auf.

```
Sub Main()
  WriteALine()
  GC.Collect()                    'garbage collection auslösen
  GC.WaitForPendingFinalizers()   'wartet auf das Ende der gc
  WriteALine()
End Sub
Sub WriteALine()
  Dim attf As New AppendTextToFile(IO.Path.GetTempPath() + "test.txt")
  attf.WriteLine(Now.ToLongTimeString)
  ' attf.Close()                  'absichtlich »vergessen«
End Sub
```

6.14 Ereignisse

Ereignisse bieten eine Möglichkeit, mit der ein Objekt Informationen über einen geänderten Zustand, geänderte Daten, neue Eingaben, Fehler etc. weitergeben kann. Dazu wird beim Empfänger des Ereignisses eine zuvor vereinbarte Prozedur aufgerufen.

HINWEIS

Der nächste Abschnitt stellt `Delegates` vor. Dabei handelt es sich um einen Mechanismus, um Prozeduren, Funktionen oder Methoden aufzurufen, von denen nur die Adresse bekannt ist. Ereignisse bauen intern auf `Delegates` auf und sind nur eine Spezialanwendung von `Delegates`. Ereignisse haben den Vorteil, dass Sie sich nicht mit der Komplexität des `Delegates`-Mechanismus auseinandersetzen müssen.

Deklaration eines Ereignisses

Ereignisse können in Klassen, Modulen, Strukturen und in Schnittstellen mit dem Schlüsselwort `Event` deklariert werden. Die Deklaration enthält keinen Code und gibt nur den Namen des Ereignisses und die Datentypen der Parameter der Ereignisprozedur an. Üblicherweise wird als erster Parameter eine Objektinstanz der Klasse übergeben; die weiteren Parameter enthalten ereignisspezifische Daten.

```
Class Class1
  Public Event ValueChanged(ByVal obj As Object, ByVal data As Integer)
  ...
End Class
```

HINWEIS

.NET-Ereignisprozeduren übergeben generell zwei Parameter: das Objekt sowie eine von `EventArgs` abgeleitete Klasse mit Daten. In Ihren eigenen Ereignisprozeduren können Sie sich an diese Konvention halten, müssen es aber nicht tun.

Aufruf eines Ereignisses

Innerhalb der Klasse, in der das Ereignis deklariert wurde, kann es durch `RaiseEvent` ausgelöst werden:

```
RaiseEvent ValueChanged(Me, 123)
```

Ereignisse empfangen

Es gibt zwei Möglichkeiten, ein Ereignis zu empfangen, das durch `RaiseEvent` ausgelöst wurde: entweder indem die Objektvariable mit `WithEvents` deklariert und eine dazu passende Ereignisprozedur mit `Handles` angegeben wird oder indem die Ereignisprozedur mit `AddHandler` angegeben wird. Bei Ereignissen, die in Strukturen oder Modulen (nicht in Klassen) deklariert sind, bietet `AddHandler` die einzige Möglichkeit, das Ereignis zu empfangen.

Ereignisse, die nicht empfangen werden, verfallen. Wenn also innerhalb einer Klasse `RaiseEvent` ausgeführt wird, aber keine Prozedur eingerichtet wurde, um das Ereignis zu verarbeiten, kommt es zu keiner Reaktion (auch zu keinem Fehler).

WithEvents und Handles

Der einfachste Weg, Ereignisse eines bestimmten Objekts zu empfangen, besteht darin, die Objektvariable auf Modul- oder Klassenebene (aber nicht innerhalb einer Prozedur!) mit `WithEvents` zu deklarieren. Wenn Sie möchten, können Sie das Objekt dabei gleich erzeugen (`As New Class1(...)`) – andernfalls müssen Sie das zu einem späteren Zeitpunkt mit `obj1 = New Class1(...)` nachholen. Auf jeden Fall können Sie nur dann Ereignisse empfangen, wenn das Objekt auch existiert!

```
Dim WithEvents obj1 As Class1
obj1 = New Class1(...)
```

Der zweite Schritt besteht nun darin, die dazugehörende Ereignisprozedur in den Code einzufügen. Dabei hilft Ihnen die Entwicklungsumgebung: Wählen Sie zuerst im linken Listenfeld des Codefensters die Objektvariable aus und dann im rechten Listenfeld das gewünschte Ereignis. Die Entwicklungsumgebung fügt daraufhin eine Prozedurdeklaration nach dem folgenden Schema in den Code ein:

```
Public Sub obj1_ValueChanged(ByVal obj As Object, ByVal data As Integer) _
    Handles obj1.ValueChanged
  ' ... hier müssen Sie Ihren Code einfügen
End Sub
```

Selbstverständlich können Sie die Deklaration für die Ereignisprozedur auch per Tastatur einfügen. Dabei müssen Sie auf die korrekte Parameterliste achten (sie muss der Event-Deklaration entsprechen). Außerdem muss der eigentlichen Deklaration Handles variablenname.ereignisname folgen, damit Visual Basic weiß, mit welchem Ereignis die Prozedur verbunden werden soll. Der Name der Ereignisprozedur – hier als obj1_ValueChanged – ist für die Verarbeitung der Ereignisse dagegen irrelevant.

AddHandler und RemoveHandler

Die zweite Variante zum Empfang von Ereignissen besteht darin, die Objektvariable auf gewöhnliche Art (ohne WithEvents) zu deklarieren und dann mit AddHandler die Adresse der Prozedur anzugeben, die das Ereignis verarbeiten soll. Die Adresse ermitteln Sie mit dem Operator AddressOf.

```
Dim obj2 As New Class1()
AddHandler obj2.ValueChanged, AddressOf eventproc
```

Bei der Deklaration der Ereignisprozedur muss wie bei der ersten Variante auf die korrekte Parameterliste geachtet werden. Der Handles-Zusatz ist nicht mehr erforderlich. Die Entwicklungsumgebung gibt hier keine Hilfe bei der Deklaration dieser Prozedur.

```
Public Sub eventproc(ByVal obj As Object, ByVal data As Integer)
  ' ... hier müssen Sie Ihren Code einfügen
End Sub
```

Mit RemoveHandler kann eine Ereignisprozedur wieder deaktiviert werden:

```
RemoveHandler obj2.ValueChanged, AddressOf eventproc
```

Die Vorgehensweise mit AddHandler hat eine Reihe von Vorteilen:

» Sie können auf diese Weise auch Ereignisse empfangen, die in Modulen oder Strukturen ausgelöst werden.

» Der Ort, an dem die Objektvariablen deklariert werden, spielt keine Rolle. (WithEvents-Variablen müssen dagegen als Modul- oder Klassenvariablen deklariert werden.)

- Die Verbindung zwischen dem Ereignis eines Objekts und der Prozedur erfolgt dynamisch (also während der Programmausführung). Das ist vor allem dann praktisch, wenn während des Programms neue Objekte erzeugt werden, deren Ereignisse verarbeitet werden sollen.
- Eine Ereignisprozedur kann zur Verarbeitung beliebig vieler Ereignisse (unterschiedlicher Objekte) eingesetzt werden, sofern die Parameterliste der Ereignisse identisch ist.
- Es ist möglich, mit `AddHandler` für ein Ereignis (eines Objekts) mehrere Ereignisprozeduren anzugeben. Diese werden der Reihe nach aufgerufen.

HINWEIS

Bei der Programmierung von Windows-Anwendungen haben Sie es besonders häufig mit Ereignissen zu tun: Dort gilt jeder Mausklick, jede Menüauswahl, jede Änderung der Fenstergröße als Ereignis. Es verwundert daher nicht, dass das Verarbeiten von Ereignissen in den Kapiteln zur Windows-Programmierung einen großen Stellenwert hat. Eine Einführung in den Umgang mit WPF-Ereignissen finden Sie in Abschnitt 16.6. Der Umgang mit Windows Forms-Ereignissen ist in Abschnitt 2.3 des Windows Forms-E-Books auf der Webseite zum Buch beschrieben.

Beispiel

Die Klasse `Class1` besteht aus einer privaten Klassenvariablen `_x`, die über die öffentliche Eigenschaft `X` gelesen und verändert werden kann. Bei jeder Veränderung von `X` wird das Ereignis `ValueChanged` ausgelöst. Als Parameter werden ein Verweis auf das Objekt (also `Me`) sowie der aktuelle Inhalt von `_x` übergeben.

```
' Beispiel oo-programmierung\event-intro
Class Class1
  Private _x As Integer
  Public Event ValueChanged(ByVal obj As Object, ByVal data As Integer)
  Public Property X() As Integer
    Get
      Return _x
    End Get
    Set(ByVal Value As Integer)
      _x = Value
      RaiseEvent ValueChanged(Me, Value)
    End Set
  End Property
  Public Sub Clear()
    X = 0
  End Sub
End Class
```

In `Module1.Main` werden die beiden Prozeduren `sub1` und `sub2` aufgerufen, die die beiden Mechanismen zur Ereignisverwaltung demonstrieren. `sub1` greift auf die Modulvariable `obj1` zurück, die mit `WithEvents` deklariert ist. Deren Ereignisse werden durch `obj1_ValueChanged` verarbeitet.

```
Module Module1
  Dim WithEvents obj1 As Class1
  Sub Main()
```

```
    sub1()    'Ereignisaufruf mit WithEvents demonstrieren
    sub2()    'Ereignisempfang mit AddHandler demonstrieren
  End Sub
  Sub sub1()
    obj1 = New Class1()
    obj1.X = 3
    obj1.X = 4
    obj1.Clear()
  End Sub
  Public Sub obj1_ValueChanged(ByVal obj As Object, _
      ByVal data As Integer) Handles obj1.ValueChanged
    Console.WriteLine( _
      "Ereignis class1.ValueChanged (WithEvents), data={0}", data)
  End Sub
  ' weitere Prozeduren in Module1 ...
End Module
```

In sub2 wird eine weitere Variable der Klasse Class1 erzeugt. Diesmal wird die Ereignisprozedur ValueChanged_handler durch AddHandler mit dem Ereignis verbunden.

```
Sub sub2()
  Dim obj2 As New Class1()
  AddHandler obj2.ValueChanged, AddressOf ValueChanged_handler
  obj2.X = 1
  obj2.X += 2
  obj2.Clear()
End Sub
Public Sub ValueChanged_handler(ByVal obj As Object, _
  ByVal data As Integer)
  Console.WriteLine( _
    "Ereignis class1.ValueChanged (AddHandler), data={0}", data)
End Sub
```

Das Beispielprogramm liefert folgende Ausgabe im Konsolenfenster:

```
Ereignis class1.ValueChanged (WithEvents), data=3
Ereignis class1.ValueChanged (WithEvents), data=4
Ereignis class1.ValueChanged (WithEvents), data=0
Ereignis class1.ValueChanged (AddHandler), data=1
Ereignis class1.ValueChanged (AddHandler), data=3
Ereignis class1.ValueChanged (AddHandler), data=0
```

6.15 Delegates

Ein Delegate ist ein Objekt der Klasse System.Delegate, in dem die Adresse einer Prozedur oder Methode und (optional) der Verweis auf ein Objekt gespeichert werden. Delegates helfen dabei, Funktionen, Unterprogramme oder Methoden aufzurufen, von denen nur die Adresse bekannt ist. Insofern bieten Delegates eine ähnliche Möglichkeit wie die Verwendung von Funktionszeigern (function pointers) in anderen Programmiersprachen wie z.B. C.

Da innerhalb des Delegate-Objekts nicht *nur* die Adresse, sondern auch Kontextinformationen gespeichert werden, ist es ausgeschlossen, dass eine Prozedur mit einer nicht dazu passenden Parameterliste aufgerufen wird. Delegates stellen also einen Sicherheitsmechanismus dar, der Kompatibilitätsprobleme beim Aufruf von Prozeduren von vornherein vermeidet.

Intern basiert jeder Aufruf einer Ereignisprozedur auf Delegates. Der Mechanismus von Delegates ist aber allgemeingültiger als der von Ereignissen und ermöglicht darüber hinausgehende Anwendungen.

Syntax

Bevor eine Prozedur durch die Angabe ihrer Adresse aufgerufen werden kann, sind mehrere Schritte erforderlich. Als Erstes wird mit Delegate Sub oder Delegate Function eine Schablone für die aufzurufende Prozedur definiert. Diese Schablone dient lediglich dazu, die Typen der Parameter sowie (bei Funktionen) den Typ des Rückgabewerts zu spezifizieren.

```
Delegate Function mydelegate(ByVal s As String) As String
```

mydelegate kann nun wie eine neue Klasse (wie ein neuer Typ) verwendet werden. Sie können also Variablen dieses Typs deklarieren.

```
Dim func1 As mydelegate
```

In func1 können Sie nun unter Anwendung von AddressOf die Adresse einer beliebigen Funktion speichern, die der Parameterliste von mydelegate entspricht. AddressOf liefert nicht einfach eine Adresse, sondern ein Delegate-Objekt. Wenn Sie AddressOf auf eine Methode (nicht auf eine Prozedur) anwenden, dann enthält das von AddressOf erzeugte Delegate-Objekt auch einen Verweis auf die Objektinstanz, auf die die Methode angewendet werden soll.

```
func1 = AddressOf my_string_function
```

Die Deklaration von my_string_function muss dem folgenden Muster entsprechen:

```
Function my_string_function(ByVal s As String) As String
  ... Code der Funktion
End Function
```

Jetzt können Sie die Methode Invoke auf die Variable func anwenden, um die Funktion aufzurufen. An Invoke müssen Sie die bei der Delegate-Definition angegebenen Parameter übergeben. Bei Funktionen liefert Invoke auch den Rückgabewert (ebenfalls im Typ der Delegate-Definition):

```
Dim s As String
s = func1.Invoke("abc")
```

Derselbe Mechanismus funktioniert natürlich nicht nur für Funktionen oder Prozeduren, sondern auch für die Methoden einer Klasse.

Beispiel

Im Mittelpunkt dieses Beispiels steht das Unterprogramm WriteStrings. An diese Prozedur werden ein String-Feld sowie eine Funktion zur Verarbeitung von Zeichenketten übergeben. Diese Prozedur ist durch die Delegate-Deklaration string_delegate deklariert. Sie erwartet als Parameter eine Zeichenkette und liefert als Ergebnis wieder eine Zeichenkette zurück. WriteStrings wendet nun diese Funktion auf jedes Element des String-Felds an und schreibt die Resultate in das Konsolenfenster. Mit anderen Worten: An WriteStrings kann eine beliebige, einparametrige Funktion zur Verarbeitung von Zeichenketten übergeben werden.

In Main() wird WriteStrings dreimal aufgerufen. Als String-Feld wird jeweils eine Aufzählung von Buchautoren übergeben. Als Funktion zur Bearbeitung der Zeichenketten wird mithilfe des Delegate-Mechanismus einmal die Funktion first_word, einmal die Funktion last_word und einmal die Visual Basic-Funktion Strings.StrReverse übergeben.

```
' Beispiel oo-programmierung\delegates-intro
Module Module1
  Sub Main()
    Dim s() As String = {"Holger Schwichtenberg", "Frank Eller", "Dan Appleman", _
      "Brian Bischof", "Gary Cornell", "Jonathan Morrison", "Andrew Troelsen"}
    Dim func1, func2, func3 As string_delegate
    func1 = AddressOf first_word
    func2 = AddressOf last_word
    func3 = AddressOf Strings.StrReverse
    WriteStrings(s, func1)
    WriteStrings(s, func2)
    WriteStrings(s, func3)
  End Sub
  Sub WriteStrings(ByVal s As String(), ByVal func As string_delegate)
    Dim item, tmp As String
    For Each item In s
      tmp = func.Invoke(item)
      Console.Write("{0} ", tmp)
    Next
    Console.WriteLine()
  End Sub
  ' Delegate für eine Funktion, die einen String als Parameter
  ' erwartet und einen String zurückgibt
  Delegate Function string_delegate(ByVal s As String) As String
  ' zwei Funktionen zur String-Verarbeitung
  Function first_word(ByVal s As String) As String
    Dim pos As Integer
    s = Trim(s)
    pos = InStr(s, " ")
    If pos > 0 Then
      Return (Left(s, pos - 1))
    Else
      Return s
```

```
    End If
  End Function
  Function last_word(ByVal s As String) As String
    ... ähnlicher Code wie in first_word
  End Function
End Module
```

Das Programm liefert folgendes Ergebnis im Konsolenfenster:

```
Holger Frank Dan Brian Gary Jonathan Andrew
Schwichtenberg Eller Appleman Bischof Cornell Morrison Troelsen
grebnethciwhcS regloH rellE knarF namelppA naD fohcsiB nairB
llenroC yraG nosirroM nahtanoJ nesleorT werdnA
```

Delegates und Ereignisse kombinieren

Normalerweise merken Sie nichts davon, dass jeder Ereignisaufruf intern auf Delegates beruht, und es braucht Sie auch gar nicht zu kümmern. Sie können aber Delegates dazu verwenden, um mehrere Ereignisse, die sich durch dieselbe Parameterliste auszeichnen, einheitlich zu deklarieren. Der Vorteil dieser Vorgehensweise besteht darin, dass Ihre Ereignisse mit Sicherheit zueinander kompatibel sind, dass die Deklaration der Ereignisse übersichtlicher wird und dass Sie redundanten Code sparen.

Die Grundidee besteht darin, zuerst eine Delegate-Deklaration durchzuführen, um darin die Parameterliste für das Ereignis anzugeben. Bei der nachfolgenden Deklaration der Ereignisse können Sie dann auf die Delegate-Deklaration zurückgreifen.

```
Public Delegate Sub mydelegate(ByVal obj As Object, ByVal data As Integer, ...)
Public Event myEvent1 As mydelegate
Public Event myEvent2 As mydelegate
Public Event myEvent3 As mydelegate
...
```

Sie können natürlich auch durch die .NET-Klassenbibliothek vordefinierte Delegates verwenden, um Ereignisse zu deklarieren, die mit vertrauten .NET-Ereignissen kompatibel sind. Die folgende Zeile definiert ein Ereignis, das mit den MouseEvent-Ereignissen aus der Windows.Forms-Bibliothek kompatibel ist:

```
Public Event myevent As Windows.Forms.MouseEventHandler
```

Der Aufruf und die Verarbeitung von derart deklarierten Ereignissen unterscheidet sich nicht von gewöhnlichen Ereignissen. (Es sei hier aber erwähnt, dass die .NET-Bibliothek unterschiedliche Unterklassen zu System.Delegate kennt: MulticastDelegate, AsyncCallback, EventHandler, CrossAppDomainDelegate etc. Damit können verschiedene Sonderformen beim Aufruf von Funktionen und Ereignisprozeduren realisiert werden. In diesem Buch fehlt allerdings der Platz, um auf die Besonderheiten dieser Klassen einzugehen.)

Beispiel

Die Klasse Class1 sieht ähnlich aus wie im Event-Beispiel aus Abschnitt 6.14. Der Unterschied besteht darin, dass nun je nachdem, ob _x vergrößert oder verkleinert wird, das Ereignis ValueIncreased oder ValueDecreased ausgelöst wird. (Wenn der Wert sich bei einer Zuweisung nicht ändert, kommt es zu gar keinem Ereignis.) Anstatt bei der Deklaration der beiden Ereignisse jedes Mal die Parameterliste anzugeben, wurde die Delegate-Prozedur valuechanged_delegate deklariert und sozusagen als Muster für die Parameterliste angegeben.

```
' Beispiel oo-programmierung\delegates-events
Class Class1
  Private _x As Integer
  Public Delegate Sub valuechanged_delegate(ByVal obj As Object, ByVal data As Integer)
  Public Event ValueIncreased As valuechanged_delegate
  Public Event ValueDecreased As valuechanged_delegate
  Public Property X() As Integer
    Get
      Return _x
    End Get
    Set(ByVal Value As Integer)
      Dim oldx As Integer = _x
      _x = Value
      If Value > oldx Then
        RaiseEvent ValueIncreased(Me, Value)
      ElseIf Value < oldx Then
        RaiseEvent ValueDecreased(Me, Value)
      End If
    End Set
  End Property
  Public Sub Clear()
    X = 0
  End Sub
End Class
```

Die folgenden Zeilen zeigen, wie die ValueDecreased- und -Increased-Ereignisse verarbeitet werden können:

```
Module Module1
  Dim WithEvents obj1 As Class1
  Sub Main()
    obj1 = New Class1()
    obj1.X = 3
    obj1.X = -1
    obj1.Clear()
  End Sub
  Public Sub obj1_ValueDecreased(ByVal obj As Object, _
      ByVal data As Integer) Handles obj1.ValueDecreased
    Console.WriteLine("Ereignis class1.ValueDecreased, data={0}", data)
  End Sub
```

```
  Public Sub obj1_ValueIncreased(ByVal obj As Object, _
      ByVal data As Integer) Handles obj1.ValueIncreased
    Console.WriteLine("Ereignis class1.ValueIncreased, data={0}", data)
  End Sub
End Module
```

Das Programm liefert folgendes Ergebnis im Konsolenfenster:

```
Ereignis class1.ValueIncreased, data=3
Ereignis class1.ValueDecreased, data=-1
Ereignis class1.ValueIncreased, data=0
```

Benutzerdefinierte Verwaltung von Ereignissen (custom event accessors)

Sie können Ereignisse auch mit `Custom Event` deklarieren und dabei drei zusätzliche Codeblöcke (`AddHandler`, `RemoveHandler` und `RaiseEvent`) angeben: Der dort enthaltene Code steuert das Einrichten, Entfernen und Aufrufen der Ereignisprozeduren. Normalerweise ist das nicht erforderlich, weil sich Visual Basic um diese Details automatisch kümmert. `Custom Event` erfordert die Deklaration des Ereignisses mit einem `Delegate`.

Nur in Spezialfällen ist es zweckmäßig, die Verwaltung und den Aufruf von Ereignisprozeduren selbst durchzuführen. So verweist die Online-Hilfe zu `Event` auf ein Beispiel, bei dem mehrere Ereignisprozeduren asynchron aufgerufen werden. Das bringt nur dann Vorteile mit sich, wenn einem Ereignis mehrere Prozeduren zugeordnet sind. Das ist unüblich, aber prinzipiell möglich. Standardmäßig ruft Visual Basic die Prozeduren dann hintereinander auf.

Die folgenden Zeilen zeigen die prinzipielle Syntax von `Custom Events`. Der Code bietet in dieser Form aber keine Vorteile gegenüber dem Standardverhalten von Visual Basic. Das Ereignis muss durch ein `Delegate` definiert sein, und es muss die Ereignisdaten in einer von `EventArgs` abgeleiteten Klasse übergeben. Kommen wir nun zu den drei Teilen des `Custom Events`:

» Der `AddHandler`-Code wird jedes Mal ausgeführt, wenn eine neue Ereignisprozedur angemeldet wird – sei es implizit durch eine `Handles`-Ereignisprozedur für eine `WithEvents`-Variable oder explizit durch `AddHandler`. An den Code wird ein Parameter mit einem `Delegate`-Objekt übergeben.

» Der `RemoveHandler`-Code ist analog für die Abmeldung von Ereignisprozeduren zuständig.

» Jedes Mal, wenn in Ihrer Klasse durch `RaiseEvent` ein Ereignis ausgelöst wird, ist der `RaiseEvent`-Code für den tatsächlichen Aufruf der Ereignisprozeduren verantwortlich. An den Code werden zwei Parameter übergeben: eine Instanz des Objekts sowie die Ereignisdaten.

```
' zur Speicherung der angemeldeten Ereignisprozeduren
Private eventHandlers As New ArrayList()

' Schablone für die Ereignisprozeduren
Public Delegate Sub myeventDelegate(ByVal obj As Object, ByVal data As myEventArgs)

Public Custom Event myevent As myeventDelegate
```

```
  AddHandler(ByVal value As myeventDelegate)
    eventHandlers.Add(value)
  End AddHandler
  RemoveHandler(ByVal value As myeventDelegate)
    eventHandlers.Remove(value)
  End RemoveHandler
  RaiseEvent(ByVal obj As Object, ByVal data As myEventArgs)
    For Each handler As myeventDelegate In eventHandlers
      If handler IsNot Nothing Then handler.Invoke(obj, data)
    Next
  End RaiseEvent
End Event
```

Ein funktionierendes Beispiel finden Sie auf der Webseite zum Buch im Verzeichnis *oo-programmierung\custom-events*. Das Beispiel entspricht dem aus Abschnitt 6.14, allerdings ist das Ereignis als `Custom Event` deklariert. Bei der Anwendung der Klasse werden zu Testzwecken zwei Ereignisprozeduren eingerichtet. Auf den Abdruck des Codes habe ich aus Platzgründen verzichtet.

6.16 Lambda-Funktionen

Die Bezeichnung »Lambda-Funktion« klingt sehr wissenschaftlich. Das Prinzip jedoch ist einfach: Lambda-Funktionen sind Unterroutinen, die Sie dort verwenden können, wo ein Delegate erwartet wird. Mittels eines Lambda-Ausdrucks programmieren Sie die Funktionalität, die normalerweise in einer eigenen Methode enthalten wäre, inline genau an die Stelle, an der sie gebraucht wird.

Am besten lässt sich das anhand eines Beispiels erklären. Die Funktion `map` im nachfolgenden Code wendet eine `Integer`-Funktion (gemäß der Deklaration in `map_delegate`) auf alle Elemente eines Felds an und speichert die Ergebnisse wieder im Feld.

```
' Beispiel oo-programmierung\lambda-function
Delegate Function map_delegate(ByVal n As Integer) As Integer

Sub map(ByVal numbers As Integer(), ByVal func As map_delegate)
  For i = 0 To numbers.Count - 1
    numbers(i) = func.Invoke(numbers(i))
  Next
End Sub
```

Bis VB2005 mussten Sie vor dem Aufruf von `Map` umständlich eine Funktion deklarieren und dessen Adresse dann als Parameter an `map` übergeben:

```
Function add_one(ByVal n As Integer) As Integer
    Return n + 1
End Function
map(numbers, AddressOf add_one)
```

Dank Lambda-Funktionen reicht hierfür heute eine einzige Zeile, die zudem wesentlich besser verständlich ist:

```
map(numbers, Function(num) num + 1)
```

Dabei ist `num + 1` die eigentliche Lambda-Funktion. `Function(num)` muss vorangestellt werden, um den nachfolgenden Ausdruck als Lambda-Funktion zu kennzeichnen und dessen Parameter einen Namen zu geben.

Zugegebenermaßen ist die im obigen Beispiel verwendete Schreibweise etwas salopp. Sie vertraut gleich zweimal darauf, dass der VB-Compiler dank impliziter Typisierung den richtigen Datentyp erkennt. Wenn Sie den Datentyp von `num` explizit angeben möchten, lautet der Aufruf von `map` so:

```
map(numbers, Function(num As Integer) num + 1)
```

Wenn Sie auch den Datentyp des Rückgabewerts der Lambda-Funktion angeben möchten, müssen Sie auf das oben definierte `map_delegate` zurückgreifen und die Lambda-Funktion in einer Variablen speichern. Von der Eleganz der Lambda-Funktionen bleibt dann freilich nicht mehr viel übrig:

```
Dim lambda_func As map_delegate = Function(num) num +1
map(numbers, lambda_func)
```

Lambda-Syntax

Die Syntax von Lambda-Ausdrücken ist im ersten Moment etwas gewöhnungsbedürftig. Die folgende Liste zeigt die Regeln auf, die für die Erstellung von Lambda-Ausdrücken gelten.

» Lambda-Ausdrücke können als `Sub` (ohne Rückgabewert) oder als `Function` gebildet werden.

» Lambda-Ausdrücke haben keinen Namen.

» Lambda-Ausdrücke können einzeilig oder mehrzeilig sein.

» Der zurückgelieferte Datentyp eines Lambda-Ausdrucks kann nur dann angegeben werden, wenn es sich um einen mehrzeiligen Ausdruck handelt. Bei einzeiligen Ausdrücken oder wenn Sie keinen Ergebnistyp angegeben haben, entscheidet grundsätzlich der Compiler über den Ergebnistyp. Außerdem können Sie nur aus Lambda-Ausdrücken Werte zurückliefern, die mit `Function` gebildet wurden.

» In einzeiligen Lambda-Funktionen ist das Schlüsselwort `Return` für die Rückgabe nicht erlaubt. Stattdessen muss der verwendete Ausdruck so gestaltet sein, dass ein Wert mit eindeutigem Datentyp zurückgeliefert wird.

» Parameter, die an einen Lambda-Ausdruck übergeben werden, müssen keine Angabe des Datentyps enthalten. In dem Fall ermittelt der Compiler den Datentyp. Sollten Sie allerdings für einen einzigen Parameter einen Datentyp angeben wollen, müssen Sie für jeden Parameter einen Datentyp angeben. Weiterhin dürfen Parameter nicht generisch sein.

In Visual Basic kommen Lambda-Ausdrücke außer in den genannten Fällen eher selten zum Einsatz. Ein weiteres Einsatzgebiet ist LINQ (bzw. auch die Varianten LINQ to SQL oder LINQ to XML). Während C#-Programmierer dort fast ausschließlich mit Lambda-Expressions arbeiten, wird in Visual Basic hauptsächlich eine SQL-ähnliche Syntax verwendet. Diese ist leichter lesbar und ermöglicht den Zugriff auf das gesamte Leistungsspektrum von LINQ (zumindest in VB).

HINWEIS

> Eine SQL-ähnliche Syntax für LINQ existiert auch in C#, ist dort aber nicht so leistungsfähig und wird daher kaum genutzt.

6.17 Attribute

Attribute sind besondere Klassen, die von `System.Attribute` abgeleitet sind. Diese Klassen enthalten keinerlei Methoden, die irgendwelche Funktionen erfüllen würden. Der Zweck von Attributen besteht vielmehr darin, Zusatzinformationen zu Programmen, Assemblies, Klassen, Klassenelementen etc. im Code zu vermerken.

Attribute werden als Teil der sogenannten Metadaten eines Programms bzw. einer Bibliothek gespeichert. Die Metadaten beschreiben die äußeren Merkmale aller Klassen, Methoden und Eigenschaften einer ausführbaren .NET-Programmdatei.

Attribute können von anderen Programmen ausgewertet werden. In der Praxis nutzen unter anderem der Compiler, der Debugger und die Entwicklungsumgebung diese Möglichkeit. Es überrascht daher kaum, dass viele Attribute des .NET Frameworks nur zur Steuerung des Compilers, Debuggers etc. dienen. Selbst können Sie Attribute mit den Klassen des `System.Reflection`-Namensraums auslesen.

TIPP

> Der Objektkatalog zeigt Attribute leider nicht an. Wenn Sie rasch feststellen möchten, welche Attribute für eine Klasse oder ein Klassenelement gelten, verwenden Sie am besten den .NET-Reflector, der ursprünglich von Lutz Röder entwickelt wurde und mittlerweile bei Redgate erhältlich ist. Das Tool ist nach wie vor kostenlos und beinhaltet auch einen Dekompiler, mit dem Sie sich den Code des .NET Frameworks anschauen können.
>
> *http://www.red-gate.com/products/reflector/*

Attribute angeben

Attribute werden in Visual Basic in spitze Klammern gesetzt und der eigentlichen Deklaration vorangestellt. Bei vielen Attributen reicht einfach deren Nennung, um das Attribut zu aktivieren; bei manchen Attributen müssen Sie darüber hinaus Parameter in der Form `para:=wert` angeben. `wert` muss dabei eine Konstante sein. Es ist zulässig, mehrere Attribute hintereinander anzugeben (jedes für sich in spitzen Klammern). Aus Gründen der Lesbarkeit ist es üblich, nach der Attributaufzählung mit _ eine neue Zeile zu beginnen. Einige besonders häufige Attribute zu Klassen, Methoden etc. können Sie direkt im Eigenschaftsfenster aktivieren bzw. deaktivieren.

Die folgenden Zeilen definieren eine Konstantenaufzählung, bei der die einzelnen Konstanten bitweise kombiniert werden dürfen (siehe auch Abschnitt 4.9).

```
<Flags()> _
Enum myPrivileges As Integer
  ReadAccess = 1
  WriteAccess = 2
  Execute = 4
End Enum
```

Attributnamen enden generell mit `Attribute`. Diese Endung wird bei der Verwendung allerdings nicht angegeben. Der tatsächliche Name des `Flags`-Attributs lautet daher `FlagsAttribute`. Nur unter diesem Namen finden Sie das Attribut im Objektkatalog oder in der Hilfe!

Ein Sonderfall sind Attribute für die Assembly bzw. für eine einzelne Datei der Assembly (ein .NET-Modul): Diese Attribute werden in der Form `<Assembly: Name()>` bzw. `<Module: Name()>` angegeben.

Vordefinierte Attribute im .NET Framework

Eine Suche nach `Attribute` im Objektkatalog liefert Hunderte von Attributen. Ich unternehme daher hier gar nicht erst den Versuch, eine vollständige Aufzählung durchzuführen. Stattdessen stelle ich Ihnen einige in der Praxis besonders wichtige Attribute vor (in alphabetischer Reihenfolge):

» `<Microsoft.VisualBasic.ComClass()>`: Das Attribut weist den Compiler an, die Klasse als COM-Klasse zu behandeln. Das ermöglicht die Verwendung einer Bibliothek durch alte COM-Anwendungen (also z.B. VB6-Programme). Damit das funktioniert, müssen Sie außerdem bei den Projekteigenschaften die Compiler-Option Register for COM interop aktivieren. Die Entwicklung von COM-Klassen mit Visual Basic ist mit einigen Einschränkungen verbunden. Weitere Informationen finden Sie in der Hilfe zu `ComClassAttribute`.

» `<System.Runtime.CompilerServices.Extension()>`: Das Attribut kennzeichnet die nachfolgende Methode als `extension method` (siehe Abschnitt 6.7).

» `<System.Runtime.InteropServices.ComVisible(False)>`: Das Attribut bewirkt, dass das betroffene Element für COM-Anwendungen nicht sichtbar ist. Das Attribut ist abermals nur relevant, wenn Sie auf die Kompatibilität zwischen Ihrer Visual Basic-Bibliothek und alten COM-Anwendungen Wert legen.

» `<System.Runtime.InteropServices.DllImport(...)>`: Das Attribut bewirkt bei der Deklaration von Funktionen, dass diese eine API-Funktion aufrufen.

» `<Flags()>`: Das Attribut bewirkt bei Aufzählungen (`Enums`), dass die Elemente der Aufzählung bitweise durch `Or` kombiniert werden (siehe auch Abschnitt 4.9).

» `<Obsolete("Hinweistext")>`: Das Attribut markiert eine Klasse, Methode etc. als veraltet. Der Compiler akzeptiert die Verwendung solcher Klassen, Methoden etc. zwar, liefert aber eine Warnung, die den Hinweistext enthält.

Das `Obsolete`-Attribut ist eine gute Möglichkeit, bei Bibliotheken auf neue oder geänderte Methoden, Eigenschaften etc. hinzuweisen, ohne die Kompatibilität der Bibliothek aufs Spiel zu setzen.

» `<Serializeable()>`: Bei Klassen oder Strukturen erreichen Sie durch dieses Attribut, dass deren Inhalt serialisiert werden kann (etwa zur Übertragung der Daten in oder aus einer Datei bzw. über eine Netzwerkverbindung, siehe auch Abschnitt 11.9).

» `<System.Runtime.InteropServices.StructLayout(...)>`: Das Attribut steuert das interne Speicherlayout von Datenstrukturen (`Structure`-Blöcken). Das ist manchmal erforderlich, um Visual Basic-Datenstrukturen an API-Funktionen zu übergeben.

» Wenn Sie eigene Windows Forms-Steuerelemente programmieren, können Sie durch diverse `<ComponentModel.xxx()>`-Attribute angeben, welche Eigenschaften im Eigenschaftsfenster angezeigt werden, wie die Eigenschaften gruppiert werden sollen etc.

» Bei Prozeduren können Sie durch das Attribut `<Diagnostics.DebuggerStepThrough()>` eine zeilenweise Ausführung durch den Debugger verhindern.

» In der Datei *AssemblyInfo.vb*, die zu jedem Visual Basic-Projekt gehört, werden mit Attributen diverse Zusatzinformationen angegeben, die die Assembly beschreiben (also die resultierende Programmdatei).

Konkrete Anwendungsbeispiele für Attribute in diesem Buch finden Sie mithilfe des Stichwortverzeichnisses (Schlagwort *Attribute*). Insgesamt war es für die in diesem Buch vorgestellten Beispiele nur recht selten erforderlich, Attribute einzusetzen.

Eigene Attribute definieren

Sie können auch selbst Attribute definieren. Im einfachsten Fall müssen Sie dazu nur eine eigene Klasse von `System.Attributes` ableiten. Die folgenden Zeilen definieren ein neues Attribut, mit dem Sie eine Kommentarzeichenkette angeben können.

```
' Beispiel oo-programmierung\attributes-intro
Public Class CommentAttribute
  Inherits Attribute
  Public Text As String
End Class
```

Bei der Anwendung dieses Attributs können Sie die öffentlichen Klassenelemente in der Form `para:=wert` initialisieren.

```
<Comment(Text:="diese Klasse dient nur zu Demonstrationszwecken")> _
Class class1
  ... Klassencode
End Class
```

Attribute einer Klasse auswerten

Um festzustellen, mit welchen Attributen eine Klasse ausgestattet ist, von der es in Ihrem Programm ein Objekt gibt, ermitteln Sie mit GetType das Type-Objekt zur Beschreibung der Klasse. Darauf wenden Sie die Methode GetCustomAttributes an. Diese Methode liefert ein Object-Feld zurück. Mit TypeOf können Sie den tatsächlichen Objekttyp feststellen und gegebenenfalls zur Auswertung eine Umwandlung in die eigene CommentAttribute-Klasse durchführen.

```
' Beispiel oo-programmierung\attributes-intro
Sub Main()
  Dim x As New class1()
  Dim obj As Object
  For Each obj In x.GetType().GetCustomAttributes(False)
    Console.WriteLine(obj.ToString)
    If TypeOf obj Is CommentAttribute Then
      Console.WriteLine("  Text={0}", _
        CType(obj, CommentAttribute).Text)
    End If
  Next
End Sub
```

Attribute einer Klasse mit Reflection auswerten

Die obige Vorgehensweise funktioniert nur, wenn Sie in Ihrem Programm ein Objekt der fraglichen Klasse haben. Die Klassen des Namensraums System.Reflection bieten dagegen die Möglichkeit, alle Klassen, Methoden, Eigenschaften und eben auch Attribute einer **.exe-* oder **.dll*-Datei zu ermitteln. Auch wenn in diesem Buch der Platz fehlt, um ausführlich auf die Reflection-Klassen einzugehen, soll ein kleines Beispiel Ihnen zumindest eine Idee von ihren Anwendungsmöglichkeiten geben.

Mit dem Beispielprogramm können Sie eine .NET-Assembly-Datei (**.exe* oder **.dll*) öffnen. Das Programm ermittelt dann eine Liste aller in diesem Programm definierten Klassen und deren Attribute (siehe Abbildung 6.11).

Das Beispielprogramm lädt die ausgewählte Programmdatei mit Reflection.Assembly.LoadFile in ein Assembly-Objekt. Eine For-Each-Schleife durchläuft alle Klassen der Datei (Methode GetTypes). Zu jeder Klasse ermittelt GetCustomAttributes eine Aufzählung aller Attribute, deren Namen im Textfeld ausgegeben werden. Wollten Sie auch die Parameter der Attribute ermitteln, müssten Sie zu jedem Attribute-Objekt mit GetType ein Type-Objekt ermitteln. Dieses Objekt enthält Informationen über alle Methoden, Eigenschaften etc. der Attributklasse.

```
' Beispiel oo-programmierung\attributes-reflection-wpf
Imports System.Reflection
Class Window1
  Private Sub Button1_Click(...) Handles Button1.Click
    Dim ofd = New Microsoft.Win32.OpenFileDialog
    ofd.Filter = "Assembly|*.exe;*.dll"
    If ofd.ShowDialog Then
      Try
```

```
        Dim assm As Assembly = Assembly.LoadFile(ofd.FileName)
        Label1.Content = ofd.FileName
        For Each t As Type In assm.GetTypes()
          RTFBox.AppendText(t.FullName + vbCr)
          For Each att In t.GetCustomAttributes(False)
            RTFBox.AppendText("    " + att.ToString + vbCr)
          Next
          RTFBox.AppendText(vbCr)
        Next
      Catch ex As Exception
        Label1.Content = ex.Message
      End Try
    End If
  End Sub
End Class
```

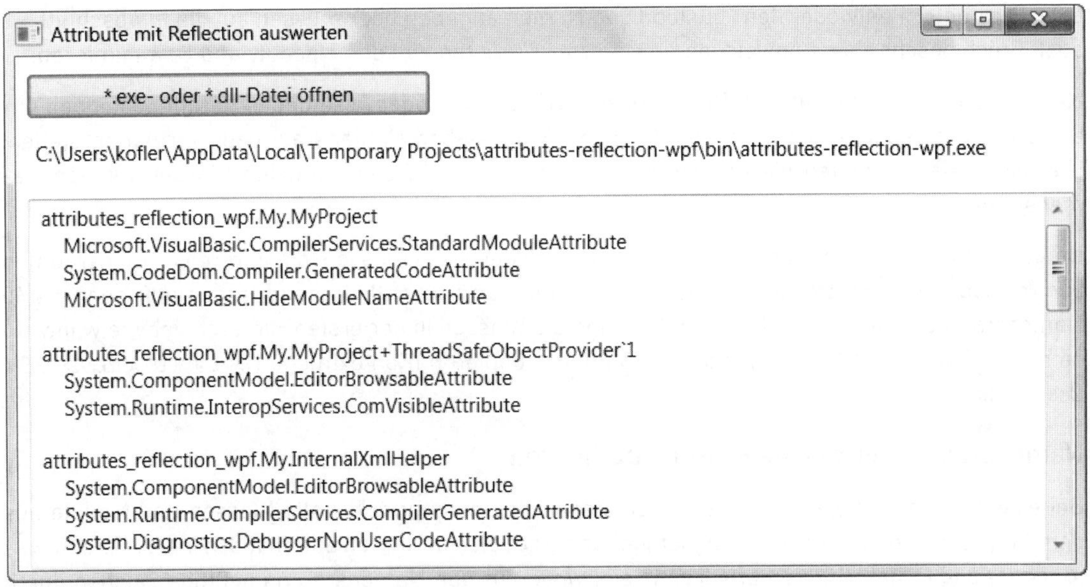

Abbildung 6.11: Klassenattribute mit Reflection ermitteln

6.18 Namensräume

Wie Sie sicher schon festgestellt haben, sind die Namen der .NET-Klassen aus vielen Teilen zusammengesetzt, die jeweils durch Punkte voneinander getrennt sind: `System.IO.FileInfo`, `System.Windows.Controls.Button` etc. (Vielleicht ist die Abkürzung .NET für `dotnet` ja eine Referenz auf die Allgegenwart des Punkts?) Der erste Teil des Namens wird als Namensraum bezeichnet. Bei den beiden Beispielen lautet der Namensraum also `System.IO` bzw. `System.Windows.Controls`.

Auch der eigentliche Klassenname kann mehrteilig sein, wenngleich das nur selten vorkommt. Ein Beispiel: Der Name `System.Windows.Forms.ListView.ListViewItemCollection` setzt sich aus dem Namensraum `System.Windows.Forms` und dem Klassennamen `ListView.ListViewItemCollection` zusammen.

Grundsätzlich wäre es vielleicht möglich gewesen, allen Klassen des .NET Frameworks einteilige Namen zu geben – also nur `FileInfo`, `Button` etc. Die mehrteiligen Namen haben aber Vorteile:

» Es besteht die Möglichkeit, gleichnamige Klassen in unterschiedlichen Namensräumen zu definieren, ohne dass es dabei zu Konflikten kommt.

» Zusammengehörende Klassen können in einem Namensraum gruppiert werden. Angesichts der Tatsache, dass die .NET-Klassenbibliothek bereits mehrere Tausend Klassen enthält, vergrößert diese Möglichkeit zur hierarchischen Gliederung die Übersichtlichkeit ganz erheblich.

Soweit es um die Anwendung von .NET-Klassen geht, müssen Sie bei der Deklaration von Variablen oder Parametern entweder den vollständigen Namen angeben oder müssen auf die in Abschnitt 6.2 ausführlich beschriebene Anweisung `Imports` zurückgreifen, um den Tippaufwand zu minimieren.

Namensräume haben nichts mit Bibliotheken, Programmen oder Assemblies zu tun: So können unterschiedliche Bibliotheken durchaus Klassen für denselben Namensraum zur Verfügung stellen. (Beispielsweise enthalten die Bibliotheken *mscorlib.dll* und *System.dll* beide Klassen für den Namensraum `System.IO`.)

Umgekehrt kann ein Programm bzw. eine Bibliothek durchaus Klassen in mehreren Namensräumen zur Verfügung stellen. Beispielsweise sind die in *mscorlib.dll* enthaltenen Klassen auf mehr als 40 Namensräume verteilt. Der Objektkatalog kann die Klassen in der ersten Hierarchieebene wahlweise nach Bibliotheken oder nach Namensräumen gruppieren (Kontextmenü NAMESPACES ANZEIGEN bzw. CONTAINER ANZEIGEN).

Namensräume für eigene Klassen definieren

Bei einem eigenen Projekt ergibt sich der Standardnamensraum für alle Klassen und Module aus dem Projektnamen. Die Entwicklungsumgebung trägt diesen Namen automatisch in das Feld STAMMNAMESPACE des Projekteigenschaftsdialogs ein, wobei für den Namensraum ungültige Zeichen durch andere Zeichen ersetzt oder ganz entfernt werden.

ACHTUNG

Verwenden Sie nach Möglichkeit keinen in der .NET-Bibliothek vorkommenden Namen einer Klasse oder eines Namensraums als Projektnamen! Wenn Sie Ihr Projekt `Button` nennen und dann versuchen, die `Button`-Klasse der `Windows.Forms`-Bibliothek zu verwenden, gibt es unweigerlich Probleme!

Für den Namensraum gelten im Wesentlichen dieselben Regeln wie für Variablennamen: Erlaubte Zeichen sind alle Buchstaben und Zahlen sowie das Zeichen _. Der Stammnamensraum darf auch aus mehreren Teilen zusammengesetzt werden – etwa `abc.def`. Nicht zulässig sind die meisten Sonderzeichen, darunter auch der Bindestrich.

Wenn Sie im Projekt myprojekt eine Klasse class1 definieren, so lautet deren vollständiger Name myprojekt.class1. Dieser Name ist allerdings nur dann relevant, wenn das Projekt eine Klassenbibliothek ist, die Sie in einem anderen Programm nutzen möchten. Innerhalb des Projekts können Sie auf alle darin definierten Klassen unmittelbar zugreifen.

Mit den Anweisungen Namespace name und End Namespace bilden Sie eine neue Namensraumuntergruppe. Der angegebene Name gilt als Ergänzung zum Stammnamensraum, wobei der Punkt zur Trennung der Namensteile nicht angegeben werden darf. Namespace-Anweisungen müssen auf Dateiebene vorgenommen werden. (Namespace darf also nicht innerhalb einer Klasse oder eines Moduls verwendet werden.) Namespace-Anweisungen dürfen ineinander verschachtelt werden.

.NET-Namenskonflike mit Global lösen

Wenn Ihr Projekt Namensräume nutzt, die mit .NET-Namensräumen übereinstimmen, kommt es zu Konflikten. Die folgenden Zeilen definieren den Namensraum testspace.System. Innerhalb dieses Namensraums können Sie nun aber nicht mehr auf System-Klassen der .NET-Bibliothek zugreifen, weil der Visual Basic-Compiler standardmäßig den selbst definierten System-Namensraum nutzt. Abhilfe schafft das Schlüsselwort Global, das dem System-Namensraum vorangestellt wird:

```
Namespace testspace
  Namespace System                        'verursacht Namenskonflikte
    Class testclass
      Function mySin(ByVal x As Double) As Double
        Return Global.System.Math.Sin(x)  'Sin-Funktion der .NET-Klasse System.Math
      End Function
    End Class
  End Namespace
End Namespace
```

Beispiel

Die folgenden Zeilen demonstrieren die Anwendung der Namespace-Anweisung. Als Stammnamensraum für das Projekt wurde bei den Projekteigenschaften mynamespace angegeben. Beachten Sie, dass sich class3 und class4 im selben Namensraum befinden! Innerhalb des Projekts können die Klassen unter den Namen class1, abc.class2 etc. angesprochen werden. Wenn das Projekt dagegen zu einer Bibliothek (DLL-Datei) kompiliert und in einem anderen Programm genutzt wird, dann lauten die Namen mynamespace.class1, mynamespace.abc.class2 etc.

```
' Beispiel oo-programmierung\namespace-intro
' der Stammnamensraum lautet mynamespace
Module Module1
  Sub Main()
    Dim x1 As New class1()              'oder mynamespace.class1
    Dim x2 As New abc.class2()          'oder mynamespace.abc.class2
    Dim x3 As New abc.efg.class3()
    Dim x4 As New abc.efg.class4()
    Console.WriteLine(x1.GetType.FullName) 'liefert mynamespace.class1
```

```
  End Sub
End Module
Class class1
End Class
Namespace abc
  Class class2
  End Class
  Namespace efg
    Class class3
    End Class
  End Namespace
End Namespace
Namespace abc.efg
  Class class4
  End Class
End Namespace
```

6.19 Syntaxzusammenfassung

Nutzung von Klassen

Objekte erzeugen, nutzen und freigeben	
`Dim obj As classname`	deklariert eine Objektvariable für die Klasse `classname`.
`obj = New classname( [para] )`	erzeugt ein neues Objekt.
`Dim obj As New classname( ...)`	deklariert und erzeugt ein neues Objekt.
`Dim obj = New classname()`	erzeugt ein neues Objekt mit impliziter Typisierung.

`Dim obj As New cn( ...) _`
`  With { [Key] .field1 = wert, _`
`           [Key] .property = wert ...}`
	deklariert, erzeugt und initialisiert ein neues Objekt. `Key`-Eigenschaften sind read-only und dienen zum Vergleich zweier Instanzen derselben anonymen Klasse (durch `obj1.Equals(obj2)`).

`Dim obj As New With _` `  { .property = wert ...}`	deklariert, erzeugt und initialisiert ein neues Objekt. Der VB-Compiler erzeugt automatisch eine passende Klasse mit den in der Deklaration verwendeten Eigenschaften.
`obj.Dispose()`	gibt das Objekt und alle davon blockierten Ressourcen wieder frei. `Dispose` steht nur für Klassen zur Verfügung, die die `IDisposeable`-Schnittstelle implementieren. Bei solchen Klassen sollten Sie `Dispose` nicht vergessen!

`Using obj As New classname ...`
`  ...`
`End Using`
	deklariert und erzeugt ein neues Objekt (oder auch mehrere). Sobald die Codeausführung `End Using` erreicht, wird das Objekt durch `Dispose` freigegeben.

Programmierung eigener Klassen

Konstrukte der objektorientierten Programmierung	
`Class name` `End Class`	deklariert eine Klasse.
`Module name` `End Module`	deklariert ein Modul.
`Structure name` `End Structure`	deklariert eine Datenstruktur.
`Enum name` `End Enum`	deklariert eine Konstantengruppe (Aufzählung).
`Interface name` `End Interface`	deklariert eine Schnittstelle.
`Inherits basisklasse` `Inherits basisschnittstelle`	gibt an, dass die Klasse von `basisklasse` vererbt wird. `Inherits` muss am Beginn einer Klassendefinition angegeben werden. `Inherits` kann auch am Beginn einer Schnittstellendeklaration angegeben werden. Die neue Schnittstelle erbt damit alle Merkmale der Basisschnittstelle. Bei Schnittstellen ist sogar eine Vererbung mehrerer Basisschnittstellen möglich (während Klassen nur von einer Basisklasse erben können).
`Implements schnittstelle`	gibt an, dass die Klasse oder die Struktur die angegebene Schnittstelle implementiert. `Implements` muss am Beginn einer Klassen- oder Strukturdefinition angegeben werden (aber nach `Inherits`).
`<attributname(para:=wert)>`	stellt der Deklaration eine Attributangabe voran.

Elemente von Klassen	
`Dim/Const x`	deklariert eine Klassenvariable bzw. Konstante.
`Sub/Function m(...)`	deklariert eine Prozedur bzw. eine Methode.
`<Extension()>Sub/Function f(ByVal obj As klasse)`	erweitert eine vorhandene Klasse um eine neue Methode.
`Partial Sub m(...)`	deklariert eine Schablone für eine Methode, die optional implementiert werden kann.

Elemente von Klassen

`Property p() As String`
`Get`
`...`
`Return wert`
`End Get`
`Set(Value As String)`
`wert = value`
`...`
`End Set`
`End Property`
	deklariert eine Eigenschaft. Der `Get`-Teil wird ausgeführt, wenn die Eigenschaft `p` gelesen wird, der `Set`-Teil, wenn sie verändert wird. Dabei wird der neue Wert im Parameter `Value` übergeben.
	Wenn die Eigenschaft als `ReadOnly` deklariert ist, entfällt der `Set`-Teil. Analog entfällt der `Get`-Teil, wenn die Eigenschaft als `WriteOnly` deklariert wurde.

`Operator op(...) As ...`
`...`
`Return ergebnis`
`End Operator`
	deklariert den Operator `op`, wobei für `op` die folgenden Operatoren infrage kommen: `IsFalse`, `IsTrue`, `Not`, +, -, *, /, \, &, ^, >>, <<, =, <>, >, >=, <, <=, `And`, `Like`, `Mod`, `Or`, `Xor` und `CType`. `CType`-Operatoren müssen zusätzlich als `Widening` oder `Narrowing` gekennzeichnet werden.

`... Implements interface.member`	gibt an, dass die voranstehende Eigenschaft oder Methode bzw. das Ereignis zur Realisierung einer Schnittstelle dient.

Zugriff auf die aktuelle Instanz innerhalb des Klassencodes

`Me`	verweist auf die aktuelle Instanz der Klasse.
`MyBase`	verweist ebenfalls auf die aktuelle Instanz, ermöglicht aber die Verwendung von Elementen der Basisklasse.
`MyClass`	verweist ebenfalls auf die aktuelle Instanz, erzwingt aber in jedem Fall die Verwendung von Eigenschaften oder Methoden, die in der aktuellen Klasse definiert sind (selbst dann, wenn aufgrund des Objekttyps eigentlich in einer abgeleiteten Klasse definierte `Overrides`-Eigenschaften oder -Methoden aufgerufen werden müssten).

Namensraum

`Namespace abc` `End Namespace`	ergänzt den Namensraum um `.abc`. (Als Ausgangspunkt gilt der Stammnamensraum aus den Projekteigenschaften.) Die Einstellung gilt für alle darin deklarierten Module, Klassen etc.
`Imports namespacename`	gibt an, dass Klassennamen im angegebenen Namensraum gesucht werden sollen. (Beachten Sie, dass weitere Importe in den Projekteigenschaften eingestellt werden können.)
`Imports classname`	gibt an, dass Klassenelemente in der angegebenen Klasse gesucht werden sollen.
`Global.nspcname.clsname`	ermöglicht den Zugriff auf .NET-Klassen, wenn `nspcname` mit dem Namen eines lokalen Namensraums übereinstimmt.

Ereignisse

Ereignisse	
`Event ev(parameter)`	deklariert ein Ereignis (z.B. innerhalb des Codes einer Klasse).
`Delegate Sub deleg(parameter)` `Event ev As deleg`	deklariert ein Ereignis, wobei die Parameterliste nicht direkt, sondern durch eine `Delegate`-Definition angegeben wird.
`RaiseEvent ev(argumente)`	löst ein Ereignis aus (ebenfalls innerhalb der Klasse).

`Dim WithEvents obj1 _`
`  As New class1()`
`Sub name1(parameter) _`
`  Handles obj1.ev`
	`name1` verarbeitet das Ereignis `ev` des Objekts `obj1` der Klasse `class1`. Die Prozedur wird jedes Mal aufgerufen, wenn innerhalb der Klasse `RaiseEvent` ausgeführt wird.

`Dim obj2 As New class1()`
`AddHandler obj2.ev, _`
`   AddressOf name2`
`Sub name2(parameter)`
	`name2` verarbeitet das Ereignis `ev` des Objekts `obj2` der Klasse `class1`. Diese Vorgehensweise ist eine syntaktische Alternative zur obigen Variante.

`RemoveHandler obj2.ev, _` `  AddressOf name2`	deaktiviert die Ereignisprozedur `name2` für das Ereignis `obj2.ev`.

Benutzerdefinierte Verwaltung von Ereignissen (custom event accessors)	

`Custom Event myevent _`
`      As myeventDelegate`
`  AddHandler(...)`
`     ...`
`  End AddHandler`
`  RemoveHandler(...)`
`     ...`
`  End RemoveHandler`
`  RaiseEvent(...)`
`     ...`
`  End RaiseEvent`
`End Event`
	deklariert ein Ereignis, wobei die Verwaltung und der Aufruf der Ereignisprozeduren durch die drei Codeblöcke `AddHandler`, `RemoveHandler` und `RaiseEvent` erfolgen.

Delegates und Lambda-Funktionen

Delegates	
`Delegate Sub d1(parameter)` `Delegate Function d2(para) As typ`	deklariert eine `Delegate`-Klasse zum Aufruf einer Prozedur oder Funktion mit den angegebenen Parametern und Rückgabewerten.
`Dim ptr As d2`	deklariert `ptr` als Variable für ein Objekt der `Delegate`-Klasse `d2`.
`ptr = AddressOf func`	speichert in `ptr` den Zeiger auf die Funktion `func`. (Genau genommen wird nicht einfach ein Zeiger, sondern ein `Delegate`-Objekt gespeichert.)
`result = ptr.Invoke(parameter)`	ruft die Funktion `func` auf.

Lambda-Funktionen	
`Function(parameter) ausdruck`	formuliert eine Lambda-Funktion (z.B. `Function(n) n*3`)
`Dim f = Function(p) ausdruck`	speichert eine Lambda-Funktion in einer Variablen.

`Delegate Function _`
`  d(ByVal p As typ) As typ`
`Dim f As d = Function(p)`
`ausdruck`
	exakte Deklaration einer Lambda-Funktion (selten erforderlich).

Optionale Kennzeichner

Optionale Kennzeichner zur Deklaration des Gültigkeitsbereichs	
`Private`	beschränkt die Gültigkeit auf das Klasseninnere.
`Protected`	erlaubt den Zugriff auch in vererbten Klassen.
`Friend`	erlaubt den Zugriff auch im Code desselben Projekts. `Friend` kann mit `Protected` kombiniert werden.
`Public`	macht das Element öffentlich.

Die folgenden Kennzeichner können nur für bestimmte Elemente einer Klasse verwendet werden, beispielsweise `Default` nur für Eigenschaften. Das oder die Elemente sind in der zweiten Spalte fett hervorgehoben.

Optionale Kennzeichner von Konstrukten und Elementen	
`Default`	gibt an, dass die **Eigenschaft** die Defaulteigenschaft der Klasse ist. Das ermöglicht einen Zugriff auf diese Eigenschaft ohne explizite Nennung.
`MustInherit`	gibt an, dass die **Klasse** nicht direkt genutzt werden kann (dass also kein Objekt dieser Klasse erzeugt werden kann). Die Klasse kann damit ausschließlich als Basisklasse für die Definition einer anderen Klasse dienen.
`MustOverride`	gibt an, dass die **Eigenschaft** oder **Methode** nicht direkt verwendet werden kann, sondern in einer abgeleiteten Klasse durch eine eigene Implementierung mit `Overrides` ersetzt werden muss.
`NotInheritable`	gibt an, dass diese **Klasse** nicht vererbt werden kann.
`NotOverridable`	gibt an, dass die **Eigenschaft** oder **Methode** in einer abgeleiteten Klasse nicht durch `Overrides` ersetzt werden darf.
`Overloads`	gibt an, dass die **Eigenschaft** oder **Methode** eine von der Basisklasse vorgegebene Eigenschaft oder Methode ersetzt. Die Ersetzung gilt nur, solange der Compiler dem Objekt die richtige Klasse zuordnet. `Overloads` kann nicht verwendet werden, wenn sich der Rückgabetyp ändert.
`Overridable`	gibt an, dass die **Eigenschaft** oder **Methode** durch eine vererbte Klasse ersetzt werden darf.

Optionale Kennzeichner von Konstrukten und Elementen	
`Overrides`	gibt an, dass die **Eigenschaft** oder **Methode** eine von der Basisklasse vorgegebene Eigenschaft oder Methode ersetzt. `Overrides` kann nur verwendet werden, wenn das zugrunde liegende Element als `Overridable` gekennzeichnet ist, wenn die Datentypen der Parameter bzw. des Rückgabewerts unverändert bleiben und die Gültigkeitsebene nicht erweitert wird.
`ReadOnly`	gibt an, dass die **Eigenschaft** oder **Klassenvariable** nur gelesen, aber nicht verändert werden darf.
`Shadows`	gibt an, dass ein **Klassenmitglied** in einer vererbten Klasse alle gleichnamigen Klassenmitglieder der Basisklasse überdeckt. Die Überdeckung gilt nur, solange der Compiler dem Objekt die richtige Klasse zuordnet. `Shadows` erlaubt auch die Überdeckung unterschiedlicher Klassenmitglieder (z.B. dass eine Eigenschaft eine Variable überdeckt).
`Shared`	gibt an, dass die **Klassenvariable** zwischen allen Objekten der Klasse geteilt wird bzw. dass die **Eigenschaft** oder **Methode** ohne eine Instanz der Klasse verwendet werden kann.
`Static`	gibt an, dass die **Prozedurvariable** bei mehrfachen Prozeduraufrufen ihren Wert behalten soll.
`WriteOnly`	gibt an, dass die **Eigenschaft** nur verändert, aber nicht gelesen werden darf.

7 Generische Klassen und Aufzählungen

Bei generischen Klassen ist der Datentyp eines oder mehrerer Elemente variabel und wird erst zur Laufzeit festgelegt. Der englische Begriff lautet `generics`. In anderen Programmiersprachen ist von »parametrisierten Klassen« oder von »Schablonen« (`templates`) die Rede.

Sie können nun beispielsweise eine neue Klasse zur Verwaltung von Aufzählungen definieren, die Sie je nach Bedarf zur Verwaltung von `Strings`, `Buttons` oder Objekten Ihrer Klasse `xyz` einsetzen. (Ohne `generics` müssten Sie den Datentyp `Object` verwenden. Das ist aber mit vielen Nachteilen verbunden.)

Die Syntax für generische Klassen ist einfach, bei der Programmierung müssen Sie aber umdenken. Generische Klassen haben auch Einzug in das .NET Framework gefunden:

» Elemente von Feldern (`System.Array`-Klasse) können mit generischen Methoden sehr effizient verarbeitet werden.

» Viele traditionelle Aufzählungsklassen aus dem Namensraum `System.Collections` sind auch in generischen Varianten implementiert (Namensraum `System.Collection.Generics`).

Dieses Kapitel geht zuerst auf die Grundlagen generischer Klassen ein und beschreibt dann die Anwendung der neuen `Array`-Methoden und `Collection.Generics`-Klassen.

Neu in VB2010

» Generics unterstützen jetzt Covarianz und Contravarianz. Unter Covarianz versteht man die Möglichkeit, einen Datentyp verwenden zu können, der stärker abgeleitet ist als der ursprünglich verwendete. Contravarianz ist entsprechend das Gegenteil. Das ermöglicht es beispielsweise, einem Delegate, der einen Parameter vom Typ A erwartet, auch eine Variable vom Typ B zu übergeben (sofern B von A abgeleitet ist). Das war bisher nicht möglich.

7.1 Einführung

Das Problem

Stellen Sie sich vor, Ihr Programm soll Kommandos oder Anfragen in Form von Zeichenketten entgegennehmen und der Reihe nach verarbeiten. Das dauert einige Zeit. Es kann passieren, dass Anfragen schneller eintreffen, als sie verarbeitet werden können. Die Anfragen müssen daher zwischengespeichert werden. Zu diesem Zweck entwickeln Sie die Speicherklasse `FIFO` (`first in first out`), die zwei Methoden kennt: `In` (zum Speichern) und `Out` (um die nächste Anfrage wieder auszulesen). Die Speicherklasse kümmert sich darum, dass die Anfragen in der Reihenfolge verarbeitet werden, in der sie ursprünglich eingetroffen sind.

HINWEIS Das .NET Framework kennt für diesen Zweck natürlich schon Klassen, unter anderem `System.Collections.Generic.Queue` (siehe Abschnitt 7.3). Diese `Queue`-Klasse ist wesentlich leistungsstärker als das folgende Beispiel, das rein didaktische Zwecke erfüllt!

Der Code der Klasse ist leicht zu verstehen. Intern erfolgt die Speicherung der Daten in einem `ArrayList`-Objekt. Die zugrunde liegende Klasse hilft dabei, Felder zu verwalten, deren Größe sich ständig ändert. Der Methodenname `In` ist in eckigen Klammern angegeben, weil `In` ein Schlüsselwort ist und sonst nicht als Elementname genutzt werden kann.

```
' Beispiel generics/generics-intro (Namespace beispiel1)
Class FIFO

  Private _list As System.Collections.ArrayList

  Public Sub New()
    _list = New System.Collections.ArrayList()
  End Sub

  Public Sub [In](ByVal data As String)
    _list.Add(data)
  End Sub
```

```
  Public Function Out() As String
    Dim data As String
    If _list.Count = 0 Then Throw New IndexOutOfRangeException()
    data = _list(0)
    _list.RemoveAt(0)
    Return data
  End Function

  Public ReadOnly Property Count() As Integer
    Get
      Return _list.Count
    End Get
  End Property

End Class
```

Die Anwendung der neuen FIFO-Klasse kann z.B. so aussehen:

```
Dim myfifo As New FIFO()
myfifo.In("abc")
myfifo.In("efg")
myfifo.In("xyz")
While myfifo.Count > 0
  Console.WriteLine(myfifo.Out())
End While
```

Sie sind mit Ihrer FIFO-Klasse so weit zufrieden – aber nach einer Änderung in Ihrem Basisprogramm stellt sich heraus, dass die Zwischenspeicherung von Zeichenketten nicht optimal ist. Sie wollen nun Objekte der von Ihnen definierten Klasse MyCommandData speichern. Dazu müssen Sie die Klasse aber neu implementieren. (Im Wesentlichen ersetzen Sie String durch MyCommandData.)

Einige Wochen später entwickeln Sie ein weiteres Programm. Dort brauchen Sie wieder eine FIFO-Klasse – aber diesmal zur Zwischenspeicherung von IP-Adressen (Klasse System.Net.IPAddress). Eine weitere Neuimplementierung ist rasch erledigt, aber es wird Ihnen allmählich klar, dass diese Vorgehensweise unpraktisch ist. Was, wenn sich später herausstellt, dass die ursprüngliche FIFO-Klasse einen Fehler hat? Sie müssten den Code aller Ihrer mittlerweile entstandenen FIFO-Klassen korrigieren!

Ein schlechter Lösungsversuch — FIFO für Object-Daten

Eine ganz einfache Lösung für das Datentypproblem besteht darin, dass Sie nicht drei FIFO-Klassen für die Datentypen String, MyCommandData und schließlich IPAddress entwickeln, sondern nur eine einzige Klasse für den Datentyp Object. Nun können Sie in Ihrer FIFO-Klasse beliebige Daten speichern. Das ist aber mit zwei Nachteilen verbunden:

- Weil In und Out nun Object-Daten erwarten bzw. zurückgeben, kann der Compiler keine Typüberprüfung mehr durchführen. Das birgt ein hohes Fehlerpotenzial, und außerdem müssen Sie oft CType einsetzen, um Typkonvertierungen explizit durchzuführen.

» Die FIFO-Klasse ist zur Speicherung von ValueType-Datentypen relativ ineffizient, sowohl was den Speicherbedarf als auch was die Geschwindigkeit betrifft. Das gilt für alle elementaren Datentypen sowie für Datenstrukturen.

Die optimale Lösung — eine generische FIFO-Klasse

Nach dieser langen Einleitung bin ich nun endlich so weit, dass ich Ihnen das Konzept generischer Klassen präsentieren kann. Die Idee ist ganz einfach: Bei der Definition der neuen Klasse lassen Sie den Datentyp variabel. Erst bei der Nutzung der Klasse legen Sie fest, welche Daten Sie in der Klasse speichern möchten. Syntaktisch fügen Sie dazu dem Klassennamen (Of T) hinzu. Damit gilt T im gesamten Code der Klasse als Platzhalter für einen beliebigen Datentyp. Statt T können Sie jeden beliebigen Namen verwenden. T ist aber der übliche Name für Typplatzhalter.

Im neuen Code gibt es nur wenige Änderungen: Der Parameter der Methode In ist nun mit As T deklariert, ebenso der Rückgabedatentyp der Funktion Out.

```
' Beispiel generics/generics-intro (Namespace beispiel2)
Class FIFO(Of T)

  Private _list As System.Collections.ArrayList

  Public Sub New()
    _list = New System.Collections.ArrayList()
  End Sub

  Public Sub [In](ByVal data As T)
    _list.Add(data)
  End Sub

  Public Function Out() As T
    Dim data As T
    If _list.Count = 0 Then Throw New IndexOutOfRangeException()
    data = _list(0)
    _list.RemoveAt(0)
    Return data

  End Function
  Public ReadOnly Property Count() As Integer
    ... wie bisher
  End Property

End Class
```

Eine weitere Verbesserungsmöglichkeit besteht darin, zur Speicherung der Daten die System.Collections.Generic.List-Klasse aus dem Namensraum einzusetzen. Dabei handelt es sich selbst um eine generische Klasse, deren Funktion im Wesentlichen ArrayList entspricht. Weitere Details zur List-Klasse folgen ab Abschnitt 7.3.

```
Class FIFO(Of T)

  Private _list As List(Of T)

  Public Sub New()
    _list = New List(Of T)
   End Sub

  ... weiter wie bisher
```

Zur Anwendung der generischen FIFO-Klasse geben Sie einfach bei der Deklaration den gewünschten Datentyp an. Das neue Objekt myfifo wird nun für eine FIFO-Klasse erzeugt, bei der jedes Vorkommen von T durch String ersetzt wurde:

```
Dim myfifo As New FIFO(Of String)
myfifo.In("abc")
Console.WriteLine(myfifo.Out())
```

Um in der FIFO-Klasse Integerzahlen zu speichern, gehen Sie so vor:

```
Dim intFifo As New FIFO(Of Integer)
intFifo.In(123)
Console.WriteLine(intFifo.Out())
```

Die Eleganz generischer Methoden wird klar, sobald Sie Code in der Entwicklungsumgebung eingeben. Die Entwicklungsumgebung weiß, dass die myFifo-Methoden String-Daten erwarten bzw. zurückgeben, die intFifo-Methoden dagegen Integerzahlen verarbeiten. Intellisense funktioniert so, wie es soll, d.h., der Compiler kann selbstständig überprüfen, dass keine fehlerhaften Typumwandlungen passieren etc. Die FIFO-Klasse ist nun wirklich allgemeingültig, und das ohne irgendwelche Nachteile!

Generische Min-/Max-Funktion

Die Anwendung generischer Elemente ist nicht auf Klassen beschränkt. Deklarationen mit Of T sind auch für Strukturen, Funktionen, Methoden, Delegates und Schnittstellen möglich. Das folgende Beispiel zeigt die Implementierung einer allgemeingültigen Min-Funktion, die das kleinste von zwei Elementen zurückgibt. Beide Elemente müssen denselben Datentyp aufweisen.

Für den Datentyp der an Min bzw. Max übergebenen Daten gibt es eine Einschränkung: Der Datentyp muss die Schnittstelle IComparable implementieren. Das bedeutet, dass die zugrunde liegende Klasse die Methode instanz.CompareTo(otherObject) zur Verfügung stellt, um zwei Objekte der Klasse miteinander zu vergleichen. Diese Schnittstelle ist beispielsweise für alle grundlegenden Datentypen implementiert (Integer, Double, String etc.).

Die Funktion Min enthält zwischen dem Funktionsnamen und der Parameterliste den für generische Elemente typischen Codeblock (Of T ...). Neu im Vergleich zu den vorherigen Beispielen ist die Einschränkung des Datentypplatzhalters durch Of T As schnittstellenname auf Klassen, die IComparable implementieren. (Die folgende Syntaxzusammenfassung zeigt, dass es noch mehr Möglichkeiten gibt, den generischen Datentyp einzuschränken.)

Im weiteren Code der Funktion kann T wieder wie ein Datentyp verwendet werden, etwa bei der Deklaration der Parameter bzw. der Rückgabewerte:

```
' Beispiel generics/generics-intro (Namespace beispiel2)
Class util
  Shared Function Min(Of T As IComparable)(ByVal data1 As T, ByVal data2 As T) As T
    If data1.CompareTo(data2) < 0 Then Return data1 Else Return data2
  End Function
  ...
End Class
```

Viele Datentypen des .NET Frameworks implementieren neben IComparable auch die Schnittstelle IComparable(Of T). Auch diese Schnittstelle verlangt die Methode CompareTo, allerdings muss der Parameter nun den Datentyp T aufweisen (statt bisher den Datentyp Object). Der Vorteil: Eine Konvertierung zwischen Object und einem anderen Datentyp kann gespart werden. Min wird dadurch etwas schneller.

```
Shared Function Min(Of T As IComparable(Of T))(ByVal data1 As T, ByVal data2 As T) As T
  If data1.CompareTo(data2) < 0 Then Return data1 Else Return data2
End Function
```

Allerdings bereitet das Lesen des Codes generics-Einsteigern schon ein wenig Kopfzerbrechen. Man könnte die Funktionsdeklaration so übersetzen: *Deklariere die Funktion Min für einen beliebigen Datentyp T, dessen Klasse die Schnittstelle IComparable für eben diesen Datentyp implementiert, wobei auch die beiden Parameter data1 und data2 und der Rückgabewert der Funktion den Datentyp T nutzen.*

Noch eleganter wird Min, wenn die Funktion eine beliebige Anzahl von Parametern entgegennimmt und den kleinsten Wert zurückgibt:

```
Shared Function Min(Of T As IComparable(Of T)) (ByVal ParamArray data() As T) As T
  Dim i As Integer
  Dim result As T
  If data.GetUpperBound(0) = 0 Then Throw New ArgumentException()
  If data.GetUpperBound(0) = 1 Then Return data(0)
  result = data(0)
  For i = 1 To data.GetUpperBound(0)
    If data(i).CompareTo(result) < 0 Then result = data(i)
  Next
  Return result
End Function
```

Die Funktion Max kann ebenso wie Min realisiert werden, die einzige Änderung besteht im Vergleichsoperator (> statt <). Auf den Abdruck des Codes verzichte ich.

Die Anwendung der neuen Funktionen ist denkbar einfach. Anders als bei Klassen ist es nicht notwendig, den gewünschten Datentyp anzugeben. Der Visual Basic-Compiler entscheidet sich anhand der übergebenen Daten selbst für den richtigen Typ. Entscheidend ist nur, dass alle Parameter denselben Datentyp aufweisen. Sie können also nicht eine Integer- und eine Fließkommazahl übergeben.

```
Console.WriteLine(util.Min("abc", "efg"))
Console.WriteLine(util.Min(1, 2))
Console.WriteLine(util.Min(1.2, 2.2))
Console.WriteLine(util.Min(7, 6, 5, 4))
```

Die direkte Angabe des gewünschten Datentyps ist bei Funktionen zwar selten zweckmäßig, syntaktisch aber erlaubt. Der Vorteil: Der Compiler kann eine implizite Typumwandlung durchführen. Im folgenden Beispiel werden die beiden ersten Parameter automatisch nach `Double` konvertiert:

```
Console.WriteLine(util.Min(Of Double)(1,  2,  3.5))
```

Syntaxzusammenfassung

Generische Elemente deklarieren und nutzen	

`Class name(Of T)`
`Delegate name(Of T)(...)`
`Function name(Of T)(...)`
`Interface name(Of T)`
`Structure name(Of T)`
`Sub name(Of T)(...)`
	Generische Typen sind nicht nur in Klassen, sondern auch in Delegates, Funktionen etc. zulässig. Die Namen von generischen Parametern sind beliebig. Es hat sich aber eingebürgert, einen einzelnen Parameter generell mit `T` zu bezeichnen bzw. bei mehreren Parametern jeweils `T` voranzustellen.
	Innerhalb der Klasse, Funktion etc. können Sie nun `T` wie einen Klassennamen bei der Deklaration von Variablen, Parametern, Feldern etc. verwenden.

`Class name(Of TKey, TValue)` `Class name(Of T1, T2, T3)`	Auch mehrere generische Parameter sind zulässig. Das ist dann zweckmäßig, wenn die Klasse, Funktion etc. zwei oder mehrere *unterschiedliche* Datentypen verarbeitet, die aber alle variabel sind.

`Of T As x`
`Of T As {x, y, z, ...}`
`Of T As klassenname`
`Of T As schnittstellenname`
`Of T As New`
`Of T As Structure`
`Of T As Class`
	Durch die Einschränkung des Datentyps auf eine Klasse, eine Schnittstelle etc. erreichen Sie, dass Sie im weiteren Code die Eigenschaften und Methoden dieser Klasse oder Schnittstelle nutzen können. Wenn mehrere Einschränkungen angegeben werden, müssen alle Einschränkungen gleichzeitig erfüllt sein.
	Für `x`, `y`, `z` etc. sind ein Klassenname, ein oder mehrere Schnittstellennamen sowie die Schlüsselwörter `New`, `Structure` und `Class` zulässig:
	klassenname: Als Datentyp muss die angegebene Klasse oder eine davon abgeleitete Klasse verwendet werden.
	schnittstellenname: Der Datentyp muss die angegebene Schnittstelle implementieren.
	`New`: Der Datentyp muss einen Konstruktor ohne Parameter implementieren.
	`Structure`: Der Datentyp muss ein Werttyp sein (elementare Datentypen und `Structures`; Klasse ist von `ValueType` abgeleitet).
	`Class`: Der Datentyp muss ein Referenztyp sein (alle anderen Klassen).

`Dim obj As classname(Of typname)`	Die Anweisung macht `obj` zu einem Objekt der generischen Klasse `classname`, wobei in der Klassendefinition `T` durch den angegebenen Typ ersetzt wird. Analog wird auch der Datentyp für andere generische Elemente angegeben.

7.2 Generische Methoden für Felder

Die `System.Array`-Klasse enthielt bereits im .NET Framework 1.0 eine Menge Eigenschaften und Methoden zur Bearbeitung von Feldern. Die wichtigsten Methoden wurden in Abschnitt 4.10 vorgestellt. Im .NET Framework 2.0 kamen einige generische Methoden hinzu. Zum Teil handelt es sich dabei einfach um Neuimplementierungen vorhandener Methoden (z.B. zum Sortieren von Feldern). So gibt es nun bei allen `Sort`-Methoden jeweils eine generische und eine nichtgenerische Variante. Die neuen, generischen Methoden kommen standardmäßig zum Einsatz, die alten stehen nur noch aus Kompatibilitätsgründen zur früheren .NET-Versionen zur Verfügung. Im Objektkatalog sehen die Methoden beispielsweise so aus:

Generisch:	`Sort(Of T)(T())`	entspricht	`Sub Sort(Of T)(ByVal array() As T)`
Nicht-generisch:	`Sort(System.Array)`	entspricht	`Sub Sort(ByVal array As System.Array)`

Lassen Sie sich von den vielen Klammern nicht irritieren! Für Leser, die im Lesen generischer Deklarationen noch nicht so geübt sind, hier eine Übersetzung der generischen `Sort`-Deklaration: Die Methode `Sort` steht für einen beliebigen Datentyp `T` zur Verfügung. Sie erwartet als Parameter ein Feld des Datentyps `T`.

Beginnend mit der NET Framework-Version 3.5 steht abermals eine Menge neuer Methoden zur Verarbeitung von Feldern zur Verfügung. Beispielsweise berechnet `feld.Sum()` die Summe aller Elemente (natürlich nur für Felder mit numerischen Datentypen). Die Methoden sind nicht in der `Array`-Klasse implementiert – diese Klasse ist seit .NET 2.0 unverändert geblieben –, sondern als `extension methods` der Klasse `System.Linq.Enumerable`. Das erlaubt eine sehr allgemeingültige Anwendung insbesondere auch in LINQ-Abfragen und vermeidet Kompatibilitätsprobleme mit älteren .NET-Versionen.

HINWEIS

Viele der in diesem Abschnitt vorgestellten Methoden stehen gleich oder ganz ähnlich auch für die meisten Aufzählungsklassen zur Verfügung. Dies gilt insbesondere für alle LINQ-Methoden: Diese können auf alle Klassen angewendet werden, die die Schnittstelle `IEnumerable(Of T)` implementieren. Dazu zählen alle in diesem Kapitel vorgestellten Aufzählungsklassen.

Extension Methods sind Methoden, die außerhalb der Klasse definiert sind, auf die sie angewendet werden. Das Konzept wurde in Abschnitt 6.7 näher vorgestellt.

Generische Array-Methoden mit neuer Funktionalität

`Array.AsReadOnly(x)` liefert ein `ReadOnlyCollection`-Objekt zurück. Es kann weitgehend wie das ursprüngliche Feld genutzt werden, ist aber vor Veränderungen geschützt.

`Array.ConvertAll` liefert ein neues Feld mit Elementen in einem anderen Datentyp. Für die eigentliche Konvertierung ist eine Funktion verantwortlich, die Sie selbst angeben müssen – entweder als anonyme Funktion oder in Form eines .NET-Delegates `Converter(Of TIn, Of TOut)`. Die folgenden Zeilen geben ein einfaches Beispiel: Aus einem `Integer`-Feld wird ein `String`-Feld gemacht, wobei jedes `String`-Element aus *-Zeichen besteht, deren Anzahl dem `Integer`-Feld entnommen wird.

```
Dim x(10) As Integer
Dim y() As String
y = Array.ConvertAll(x, Function(n) StrDup(n, "*"))
```

`Array.Find` durchsucht ein Feld und liefert das erste Element, das einer bestimmten Bedingung entspricht. Zum Test, ob die Bedingung erfüllt ist, müssen Sie eine Funktion übergeben, die dem im .NET Framework vordefinierten Delegate `Predicate(Of T)` entspricht. Das folgende Beispiel ermittelt den ersten Wert, der ungerade ist:

```
Dim x(10) As Integer
Console.WriteLine("Die erste ungerade Zahl ist " & _
                  Array.Find(x, Function(n) n Mod 2 = 1))
```

Zu `Find` gibt es diverse Varianten: `FindLast` durchsucht das Feld von hinten. `FindIndex` bzw. `FindLastIndex` liefern als Ergebnis den Index des gesuchten Elements (statt des Elements selbst). `FindAll` liefert alle passenden Elemente in Form eines neuen Felds.

Mit `Array.ForEach` können Sie für jedes Element eines eindimensionalen Felds eine Methode aufrufen. An die Methode wird das jeweilige Feldelement als Wert übergeben (`ByVal`), d.h., soweit es sich um Werttypen handelt, ist keine Datenänderung möglich. Der Vorteil im Vergleich zu einer normalen `For-Each`-Schleife besteht darin, dass die Bearbeitungsmethode innerhalb des Programms variabel ist, weil sie als anonyme Funktion oder als `Action(Of T)`-Objekt übergeben wird. (`Action` ist ein im .NET Framework definiertes `Delegate`.) Die folgenden Zeilen zeigen die Anwendung von `ForEach`. Die Methode `writeout` schreibt das Feldelement in ein Konsolenfenster.

```
Dim x(10) As Integer
Dim act As Action(Of Integer) = AddressOf writeout
Array.ForEach(x, act)
Sub writeout(ByVal i As Integer)
  Console.WriteLine(i)
End Sub
```

`Array.Resize(x, n)` ist eine Variante zu `ReDim Preserve x(n)`. Die Methode ist vor allem für C#-Programmierer gedacht, die bisher auf ein Äquivalent zu `ReDim` verzichten mussten.

`Array.TrueForAll` testet für alle Elemente des Felds, ob eine bestimmte Bedingung erfüllt ist. Zum Test, ob die Bedingung erfüllt ist, müssen Sie wie bei `Find` eine Funktion übergeben, die dem Delegate `Predicate(Of T)` entspricht.

ArraySegment-Klasse

Die `ArraySegment`-Klasse dient als Zwischenschicht (als sogenannter `wrapper`) zum Zugriff auf einen Bereich eines eindimensionalen Felds. Eine mögliche Anwendung ist der Aufruf von Funktionen oder Methoden, die nur einen Teil des Felds bearbeiten sollen: Wenn Sie dabei ein `ArraySegment` statt des ganzen Felds übergeben, stellen Sie sicher, dass keine Feldelemente außerhalb des angegebenen Bereichs verändert werden können.

Die folgenden Zeilen demonstrieren die Vorgehensweise: Mittels `New ArraySegment` wird vom `Integer`-Feld `x` ein Feldbereich erzeugt, der bei `x(3)` beginnt und zwei Elemente umfasst (also `x(3)` und `x(4)`). Die Prozedur `set_0` setzt alle übergebenen Feldelemente auf 0. Dabei liefert `Offset` den Index des ersten Feldelements und `Count` deren Anzahl. Über `Array` greifen Sie auf die einzelnen Feldelemente zu, wobei der zulässige Index von `Offset` bis `Offset + Count -1` reicht.

```
Dim i As Integer, x(10) As Integer
For i = 0 To 10
  x(i) = i
Next
set_0(New ArraySegment(Of Integer)(x, 3, 2))
Sub set_0(ByVal arrSeg As ArraySegment(Of Integer))
  Dim i As Integer
  For i = arrSeg.Offset To (arrSeg.Offset + arrSeg.Count - 1)
    arrSeg.Array(i) = 0
  Next
End Sub
```

LINQ-Methoden

Die im Folgenden vorgestellten Methoden sind als `extension methods` in der Klasse `System.Linq.Enumerable` implementiert. Viele Methoden können generell auf Felder sowie auf alle Klassen angewendet werden, die die Schnittstelle `IEnumerable(Of T)` implementieren. Andere Methoden, insbesondere Aggregatfunktionen wie `Sum` oder `Average`, stehen nur für ausgewählte Datentypen zur Verfügung (z.B. `IEnumerable(Of Decimal)`, `IEnumerable(Of Long?)`).

Die Methoden können auf zwei Arten eingesetzt werden: entweder als herkömmliche Methoden, die direkt auf ein Feld oder eine Aufzählungsklasse angewendet werden, oder als Teil einer LINQ-Abfrage. In diesem Abschnitt geht es nur um die erste Anwendungsart. LINQ-Abfragen werden in Kapitel 12 näher vorgestellt.

HINWEIS

Bei der Anwendung von LINQ-Methoden müssen Sie zwei Besonderheiten beachten: Erstens gilt bei vielen Methoden die sogenannte »deferred evaluation«. Das bedeutet, dass das Ergebnis nicht sofort, sondern erst bei Bedarf ermittelt wird (z.B. in einer `For-Each`-Schleife oder wenn auf das Ergebnis `ToArray`, `ToList` etc. angewendet wird).

Zweitens sind die Methoden nicht speziell für die Verarbeitung von Feldern optimiert, sondern ganz allgemein für Aufzählungen oder Listen. Deswegen ist je nach Anwendung eine explizite Umwandlung von Feldern in Listen (`ToList`) oder wieder zurück (`ToArray`) erforderlich. Das kostet natürlich zusätzliche Rechenzeit und vorübergehend mehr Speicherplatz. Bei kleinen Feldern spielt das keine Rolle, bei größeren Feldern sollten Sie aber nach effizienteren Wegen suchen.

LINQ-Aggregatfunktionen

Aggregatfunktionen führen einfache Berechnungen für alle Feldelemente aus. Ein kurzes Beispiel sollte zur Beschreibung ausreichen:

```
Dim x() As Double = {1, Math.Sqrt(2), 2, 3, Math.PI}
Console.WriteLine(x.Count & " " & x.Min & " " & x.Max & " " & x.Average & " " & x.Sum)
'Ergebnis:  5  1  3,14159265358979  2,11116124319258  10,5558062159629
```

Das obige Beispiel hat bereits die kleine Palette der vordefinierten Aggregatfunktionen gezeigt. Wenn Sie andere Berechnungen über alle Elemente eines Felds oder einer Aufzählung durchführen möchten, setzen Sie dazu die allgemeingültige `Aggregate`-Methode ein, an die Sie eine beliebige Funktion mit zwei Parametern übergeben. Der erste Parameter dient als Zwischenergebnis. Er wird mit dem Startwert der Aufzählung initialisiert. Anschließend wird an die Funktion jeder weitere Wert der Aufzählung und der aktuelle Zwischenwert übergeben. `Aggregate` liefert schließlich das Endergebnis.

```
Dim x() As Double = {1, 2, 3, 4, 5}
Dim product = x.Aggregate(Function(tmp, n) tmp * n)
'Ergebnis: liefert 120.0
Dim vb() As String = {"Visual", "Basic", "2010"}
Dim result = vb.Aggregate(Function(tmp, s) tmp + "." + UCase(s))
'Ergebnis: VISUAL.BASIC.2010
```

Optional können Sie zur Initialisierung der Aggregatsfunktion einen eigenen Wert angeben, den Sie in einem zusätzlichen Parameter von `Aggregate` übergeben. Das ist auch dann erforderlich, wenn der Datentyp des Ergebnisses von dem der ursprünglichen Daten abweicht. Das folgende Beispiel berechnet die Gesamtlänge der Zeichenketten in `words`:

```
Dim words() As String = {"abc", "defg"}
Dim n As Integer = words.Aggregate(0, Function(tmp, w) tmp + w.Length)
'Ergebnis: 7
```

LINQ-Listenoperatoren

Die Listenoperatoren `Union`, `Intersect` und `Except` bilden die Vereinigung, Schnittmenge oder Differenz zweier Listen. Dabei werden gleichzeitig alle Doppelgänger entfernt. Die Ergebnisliste bleibt aber unsortiert. `Distinct` bearbeitet nur eine Liste und entfernt daraus Doppelgänger. Alle vier Methoden sind primär für Listen, nicht für Felder gedacht. Die Anwendung auf Felder ist möglich, erfordert aber den Einsatz der Umwandlungsmethoden `ToList` für den Parameter und `ToArray` für das Ergebnis. Dieser Mehraufwand ist bei kleinen Feldern vertretbar. Bei größeren Feldern ist es aber empfehlenswert, selbst effizientere Prozeduren zur Listenbearbeitung zu entwickeln. Die folgenden Beispiele demonstrieren die Anwendung der vier Methoden:

```
Dim x1() As Integer = {5, 4, 3, 2, 1, 2, 3, 4, 5}
Dim x2() As Integer = {5, 10, 10, 15, 20}
Dim y1(), y2(), y3(), y4() As Integer
```

```
y1 = x1.Union(x2.ToList).ToArray        'liefert {5, 4, 3, 2, 1, 10, 15, 20}
y2 = x1.Intersect(x2.ToList).ToArray    'liefert {5}
y3 = x1.Except(x2.ToList).ToArray       'liefert {4, 3, 2, 1}
y4 = x1.Distinct().ToArray              'liefert {5, 4, 3, 2, 1}
```

`Concat` reiht die Elemente von zwei Aufzählungen aneinander. Die Wirkung ist ähnlich wie bei `Union`, allerdings bleiben Doppelgänger erhalten.

```
y1 = x2.Concat(x2.ToList).ToArray       'liefert {5, 4, 3, 2, 1, 2, 3, 4, 5, 5, 10,
                                        '         10, 15, 20}
```

Mit `Distinct` können Sie auch die Anzahl aller Elemente ermitteln, die in einer Aufzählung einmalig sind:

```
n = x1.Distinct().Count()               'liefert 5
```

`Contains` testet, ob ein Feld oder eine Liste ein bestimmtes Element enthält:

```
Dim bool = x1.Contains(3)               'liefert True
```

In seiner Grundform testet `Any`, ob ein Feld oder eine Liste überhaupt Elemente enthält (`.Count>0`). Interessanter wird `Any`, wenn als Parameter eine boolesche Funktion übergeben wird. `Any` liefert `True`, wenn die Funktion für mindestens ein Element der Aufzählung `True` liefert.

```
Dim bool = x1.Any(Function(n) n > 5)    'liefert False
```

Eine Variante zu `Any` ist `All`. Die Methode testet, ob *alle* Elemente der Aufzählung eine Bedingung erfüllen, die in einer (anonymen) Funktion angegeben ist:

```
Dim bool = x1.Any(Function(n) n > 0)    'liefert True
```

LINQ-Spezialmethoden

Die Methode `Enumerable.Repeat` erzeugt eine Aufzählung `n` gleicher Elemente. Das ist bisweilen praktisch, um Listen oder Felder zu initialisieren. Die beiden folgenden Anweisungen initialisieren das Feld `x` (50-mal die Integerzahl 0) und die Liste y (5-mal die Zeichenkette `abc`):

```
Dim x() As Integer = Enumerable.Repeat(0, 50).ToArray
Dim y As List(Of String) = Enumerable.Repeat("abc", 5).ToList
```

`Enumerable.Range(start, n)` liefert durchnummerierte Integerzahlen zwischen `start` und `start+n-1`. `Range(100, 50)` liefert somit die Zahlen 100, 101, 102 ... 149.

`Reverse` stellt die Reihenfolge der Elemente auf den Kopf:

```
Dim x1() As Integer = x.Reverse.ToArray
```

`OfType` liefert eine Subliste, wobei nur solche Elemente berücksichtigt werden, die einen bestimmten Datentyp haben. Eine denkbare Praxisanwendung wäre beispielsweise die Extraktion aller `CheckBox`-Steuerelemente aus einer Aufzählung, die alle Steuerelemente eines Fensters enthält.

```
Dim x() As Object = {1, 2.0, "abc", 5, #1/1/2008#}
Dim y() As Integer = x.OfType(Of Integer).ToArray   'y enthält jetzt {1, 5}
```

`SequenceEqual` testet, ob alle Elemente von zwei Aufzählungen übereinstimmen (auch in der Reihenfolge).

```
Dim x1() As Integer = {1, 2, 3, 4, 5}, x2() As Integer = {1, 2, 3, 4, 5}
Dim bool = x1.SequenceEqual(x2)               'liefert True
```

Syntaxzusammenfassung

Generische Methoden zur Bearbeitung von Feldern	
`y = Array.AsReadOnly(x)`	liefert ein `ReadOnlyConnection`-Objekt des Felds `x`.
`y = Array.ConvertAll(x, f)`	wendet die Funktion `f` auf alle Elemente des Felds `x` an und liefert als Ergebnis das Feld `y`.
`x0 = Array.Find(x, f)` `x1 = Array.FindLast(x, f)`	ermittelt das erste bzw. letzte Element, das der in `f` formulierten Bedingung entspricht.
`Array.ForEach(x, f)`	wendet die Funktion `f` auf alle Elemente des Felds `x` an. Die Feldelemente können nicht verändert werden.
`bool = Array.TrueForAll(x, f)`	testet, ob die Bedingung `f` auf alle Elemente von `x` zutrifft.
`y = New ArraySegment(Of T) _` `(x, offset, count)`	liefert einen Teil des Felds zurück (`count` Elemente von `x` beginnend mit `x(offset)`).

LINQ-Methoden zur Bearbeitung von Feldern und Aufzählungen	
`n = x.Count()`	ermittelt die Anzahl der Elemente.
`sum = x.Sum()` `av = x.Average()`	berechnet die Summe bzw. den Durchschnitt für die Datentypen `Decimal[?]`, `Double[?]`, `Single[?]`, `Integer[?]` und `Long[?]`.
`min = x.Min()` `max = x.Max()`	ermittelt das kleinste bzw. größte Element für die Datentypen `Decimal[?]`, `Double[?]`, `Single[?]`, `Integer[?]` und `Long[?]` sowie für beliebige generische Datentypen `T`, sofern diese die Schnittstelle `IComparable` implementieren.
`result = x.Aggregate(f(tmp, n))`	wendet die Aggregatfunktion `f` auf alle Elemente von `x` an. Das Zwischenergebnis `tmp` wird mit dem ersten Element von `x` initialisiert, alle weiteren Elemente werden im Parameter `n` an die Funktion übergeben.
`bool = x.Contains(a)`	testet, ob `x` das Element `a` enthält.
`bool = x.Any(f)`	testet, ob mindestens ein Element aus `x` die in der Funktion `f` ausgedrückte Bedingung erfüllt.
`bool = x.All(f)`	testet, ob alle Elemente aus `x` die in der Funktion `f` ausgedrückte Bedingung erfüllen.

LINQ-Methoden zur Bearbeitung von Feldern und Aufzählungen	
`y = x.Distinct()`	entfernt alle Doppelgänger aus `x`. Das Ergebnis wird nicht sofort berechnet (`deferred evaluation`). Die Berechnung erfolgt erst in einer `For-Each`-Schleife oder wenn dem Ausdruck `ToArray`, `ToList` etc. angehängt wird.

`y = x1.Union(x2)`
`y = x1.Intersect(x2)`
`y = x1.Except(x2)`
	bilden die Vereinigung, Schnittmenge, Differenz zweier Listen. Dabei werden Doppelgänger entfernt. `x2` muss eine Liste sein. Wenn `x2` ein Feld ist, geben Sie `x2.ToList` an. Wie bei `Distinct` gilt `deferred evaluation`.

`y = x1.Concat(x2)`	bildet eine Aufzählung, die zuerst die Elemente von `x1` und dann die von `x2` enthält. Im Gegensatz zu `Union` werden Doppelgänger nicht eliminiert.
`bool = x1.SequenceEqual(x2)`	testet, ob alle Elemente von `x1` mit den Elementen von `x2` übereinstimmen (auch in der Reihenfolge).
`x = Enumerable. _` `Range(start, anzahl).ToArray`	erzeugt ein `Integer`-Feld, dessen Elemente alle Werte zwischen `start` und `start+anzahl-1` enthalten. `Range(50, 51)` liefert also ein Feld mit den Zahlen 50, 51 ... 100.
`x = Enumerable. _` `Repeat(element, n).ToArray`	erzeugt ein Feld, das `n`-mal das angegebene Element enthält.
`y = x.Reverse.ToArray`	erzeugt ein neues Feld, dessen Elemente in umgekehrter Reihenfolge angeordnet sind.
`y = x.OfType(Of ...).ToArray`	erzeugt ein neues Feld, das nur Elemente des gewünschten Datentyps enthält.

7.3 Generische Aufzählungsklassen

Die in Abschnitt 4.10 bereits vorgestellten Felder bieten die einfachste Möglichkeit, mehrere Werte, Zeichenketten oder Objekte in einer Gruppe zu verwalten. Felder haben aber den Nachteil, dass die Elementzahl bereits im Voraus bekannt sein muss und dass der Zugriff ausschließlich über einen `Integer`-Index erfolgen kann. (Wenn diese Einschränkungen für Sie kein Problem darstellen, sollten Sie wegen der großen Effizienz einfach bei Feldern bleiben.)

Für viele Anwendungsfälle stellen Felder allerdings nicht die optimale Lösung dar. Deswegen gibt es in den beiden gleichnamigen Namensräumen `System.Collections.Generics` in *mscorlib.dll* sowie in *system.dll* eine ganze Reihe von sogenannten Aufzählungsklassen, die die Verwaltung von Daten je nach Anwendung stark vereinfachen können.

Im .NET Framework 2.0 und in allen weiteren Versionen sind die von .NET 1.0 bekannten Aufzählungen neu als generische Aufzählungen implementiert. Sie geben nun bereits bei der Deklaration der Aufzählung an, welche Datentypen Sie speichern möchten. Die Vorteile: Der Code ist effizienter, übersichtlicher (keine `CType`-Anweisungen) und sicherer (der Compiler stellt sicher, dass keine falschen Datentypen übergeben werden).

Der Namensraum System.Collections.Generics wird in Visual Basic-Projekten standardmäßig importiert (siehe im Projekteigenschaftsdialog VERWEISE). Deswegen reicht Dim l As List(Of String) aus, wenn Sie eigentlich Dim l As System.Collections.Generic.List(Of String) meinen.

HINWEIS

Felder (System.Array) kann man als den Sonderfall generischer Klassen betrachten. Dieser Abschnitt wird immer wieder Vergleiche zwischen Feldern und Aufzählungsklassen anstellen. Sie werden sehen, dass es viele Gemeinsamkeiten gibt (auch in Form von gemeinsamen Schnittstellen) und dass oft dieselben Programmiertechniken zum Ziel führen.

Einführungsbeispiele

Damit Sie eine erste Vorstellung davon bekommen, wozu Aufzählungen eingesetzt werden können, beginnt dieser Abschnitt mit drei einfachen Beispielen. Zu den einfachsten Aufzählungen gehört List(Of T). Diese Klasse hat ähnliche Eigenschaften wie ein gewöhnliches Feld. Der Hauptunterschied besteht darin, dass Objekte nach Belieben eingefügt und wieder entfernt werden dürfen. ArrayList wird sehr oft dann eingesetzt, wenn eine (im Voraus noch unbekannte) Anzahl von Objekten oder Zeichenketten eingelesen und anschließend sortiert werden soll.

In den folgenden Zeilen werden mit der Methode GetFiles alle Dateien im Verzeichnis *C:* ermittelt. (GetFiles liefert ein Feld von IO.FileInfo-Objekten – siehe Abschnitt 11.2.) Die Namen der Verzeichnisse werden mit Add in das ArrayList-Objekt eingefügt. Sort sortiert die Liste. Anschließend werden die Namen in einer For-Each-Schleife im Konsolenfenster ausgegeben.

Die wenigen Zeilen demonstrieren bereits einige elementare Eigenschaften vieler Aufzählungsklassen: Zuerst erzeugen Sie ein entsprechendes Objekt mit New und geben mit Of datentyp an, welche Art von Daten Sie in der Aufzählung speichern. (Bei List können Sie als optionalen Parameter die voraussichtliche Anzahl der Elemente angeben. Die tatsächliche Elementzahl darf sowohl größer als auch kleiner sein. Die Angabe einer sinnvollen Startgröße kann aber die interne Verwaltung ein bisschen effizienter machen, weil dann seltener eine automatische Anpassung an die erforderliche Elementzahl notwendig ist.)

Elemente werden mit Add eingefügt und bei Bedarf durch RemoveAt(n) oder Remove(obj) wieder entfernt. Die Elemente der Aufzählung sortieren Sie mit Sort, kehren Sie mit Reverse um etc. BinarySearch ermöglicht eine sehr effiziente Suche nach einzelnen Elementen. Der Zugriff auf die Aufzählungselemente erfolgt durch arraylistobj(n) oder mit For-Each-Schleifen.

```
' Beispiel generics\collections-intro
Sub list_sample()
  Dim ar As New List(Of String)
  Dim fi As IO.FileInfo
  Dim filename As String
  ' alle Namen der Dateien in c:\ in die ArrayList eintragen
  For Each fi In New IO.DirectoryInfo("C:\").GetFiles()
    ar.Add(fi.Name)
  Next
  ' ArrayList sortieren
  ar.Sort()
```

```
  ' ArrayList ausgeben
  For Each filename In ar
    Console.WriteLine(filename)
  Next
End Sub
```

Das zweite Beispiel demonstriert die Anwendung der Klasse `Dictionary(Of TKey, TValue)`. Diese Klasse bietet, was in anderen Programmiersprachen oft als assoziatives Feld bezeichnet wird. Es werden Datenpaare verwaltet, die jeweils aus dem Schlüssel für den Datenzugriff und dem eigentlichen Datenobjekt bestehen. Sowohl für den Schlüssel als auch für die Daten ist jeweils ein beliebiger Datentyp zulässig. Im Beispiel werden beide generischen Parameter als `String` angegeben.

`Add` fügt nun vier Objekte in die Aufzählung ein, wobei als Schlüssel die Zeichenketten `"eins"`, `"zwei"` etc. verwendet werden. Der Zugriff auf einzelne Elemente erfolgt in der Form `ht(schlüsselobjekt)`. `ht("vier")` liefert also die Zeichenkette `"four"`.

In der `For-Each`-Schleife werden alle Elemente der Aufzählung durchlaufen, wobei sowohl der Schlüssel als auch der Inhalt im Konsolenfenster ausgegeben werden. Beachten Sie, dass die Schleifenvariable ein Objekt des Typs `KeyValuePair(Of TKey, TValue)` sein muss, mit denselben generischen Typen wie beim `Dictionary`-Objekt. (Ein `KeyValuePair`-Objekt liefert mit den Eigenschaften `Key` und `Value` die beiden Komponenten des Datenpaars.)

```
Sub dictionary_sample()
  Dim dict As New Dictionary(Of String, String)
  Dim entry As KeyValuePair(Of String, String)
  dict.Add("eins", "one")
  dict.Add("zwei", "two")
  dict.Add("drei", "three")
  dict.Add("vier", "four")
  Console.WriteLine("Element ht(""drei""): " + dict("drei"))
  For Each entry In dict
    Console.WriteLine("Key: " + entry.Key + "Daten: " + entry.Value)
  Next
End Sub
```

Auch diverse .NET-Klassen liefern Ergebnisse in Form von Aufzählungen zurück. Allerdings wird der Parameter dabei selten als `List` oder `Dictionary` deklariert, sondern mit einer Schnittstelle wie `IDictionary` oder `IList`. Beispielsweise liefert die Methode `Environment.GetEnvironmentVariables` eine Liste aller Namen der Umgebungsvariablen des Betriebssystems samt deren Inhalt. Diese Liste wird als `IDictionary`-Objekt zur Verfügung gestellt, wobei `IDictionary` eine nichtgenerische Schnittstelle ist, die von vielen Aufzählungsklassen implementiert wird. Bei der Auswertung können Sie alle Methoden und Eigenschaften dieser Schnittstelle verwenden. Das folgende Beispiel liefert eine Liste aller auf Betriebssystemebene deklarierten Umgebungsvariablen samt ihres Inhalts.

```
Sub getenvironment_sample()
  Dim entry As DictionaryEntry
  For Each entry In Environment.GetEnvironmentVariables()
```

```
    Console.WriteLine("{0} = {1}", entry.Key.ToString, entry.Value.ToString)
  Next
End Sub
```

Einen Überblick über die wichtigsten Aufzählungsschnittstellen gibt der nächste Abschnitt.

HINWEIS

Es ist unmöglich, ein Objekt direkt von einer Schnittstelle zu erzeugen (z.B. `Dim x As New IDictionary()`). Daher kann `GetEnvironmentVariables` genau genommen auch kein `IDictionary`-Objekt liefern. Aber indem der Typ der Rückgabedaten von `GetEnvironmentVariable` mit `IDictionary` deklariert ist, weiß der Compiler und wissen Sie, dass zumindest alle Eigenschaften und Methoden der `IDictionary`-Schnittstelle zur Verfügung stehen. Die Bezeichnung `IDictionary`-Objekt ist insofern also nicht ganz korrekt, aber eben auch nicht ganz falsch (und sicherlich einfacher zu verstehen, als wenn ich jedes Mal schreibe: »ein Objekt, dessen Klasse die `IDictionary`-Schnittstelle realisiert«).

Falls es Sie interessiert, von welcher Klasse dieses Objekt intern nun tatsächlich abgeleitet ist, können Sie das mit `TypeName(Environment.GetEnvironmentVariables)` feststellen. Bei `GetEnvironment` handelt es sich um ein Objekt der nichtgenerischen Klasse `Hashtable`.

Klassenübersicht

Die folgende Tabelle gibt einen Überblick über die sechs wichtigsten generischen Aufzählungsklassen, die alle im Namensraum `System.Collections.Generics` definiert sind. Die zweite Spalte enthält den äquivalenten Klassennamen aus .NET 1.0 (Namensräume `System.Collections` und `System.Collections.Specialized`). Ich gehe in diesem Buch nur auf die neuen, generischen Aufzählungsklassen ein.

Generische Aufzählungen	Äquivalent in .NET 1.0	Funktion und Anwendung
`Dictionary(Of TKey, TValue)`	`Hashtable`	Diese Klasse ermöglicht die Bildung assoziativer Felder. Im Gegensatz zu normalen Feldern dienen nicht Integerzahlen, sondern beliebige Objekte als Index für den Elementzugriff.
`HashSet(Of T)`	-	Diese Klasse hilft bei der Verwaltung von Mengen. Eine »Menge« ist eine ungeordnete Sammlung von Elementen ohne Doppelgänger. Mengen können mit den Methoden `ExceptWith`, `IntersectWith` und `UnionWith` miteinander verknüpft werden. Die Klasse ist neu im .NET Framework 3.5.
`LinkedList(Of T)`	-	`LinkedList` bietet zusätzlich zu den Aufzählungsmethoden von `List` Querverweise auf den Vorgänger und den Nachfolger jedes Elements.
`List(Of T)`	`ArrayList`	`List` bietet ähnliche Funktionen wie ein gewöhnliches Feld, allerdings ist die Elementanzahl variabel. (Die Liste wächst bzw. schrumpft automatisch.)

Generische Aufzählungen	Äquivalent in .NET 1.0	Funktion und Anwendung
Queue(Of T)	Queue	Queue realisiert einen First-in-first-out-Zwischenspeicher.
SortedDictionary(Of TKey, TValue)	SortedList	SortedDictionary wird ähnlich wie Dictionary verwendet. Allerdings werden die Elemente nach ihren Schlüsseln intern sortiert.
SortedList(Of TKey, TValue)	SortedList	SortedList bietet weitgehend dieselben Funktionen wie SortedDictionary. Der Speicherbedarf ist aber kleiner, Einfüge- und Löschvorgänge sind dafür langsamer.
Stack(Of T)	Stack	Stack realisiert einen First-in-last-out-Zwischenspeicher.

Welche Aufzählung für welchen Zweck?

- **Felder:** Die in Abschnitt 4.10 bereits beschriebenen Felder sind intern von der Klasse System.Array abgeleitet. Sie bieten die effizienteste Möglichkeit, große Datenmengen von Werttypen (ValueType-Klassen) zu speichern – also z.B. eine Million Integerzahlen. Der Zugriff auf die Elemente erfolgt über einen numerischen Index. Felder werden im angegebenen Datentyp deklariert (z.B. String). Es besteht die Möglichkeit, mehrdimensionale Felder zu verwalten.

  Nachteile: Felder müssen im Voraus in der richtigen Größe dimensioniert werden. Eine nachträgliche Änderung ist zwar möglich, aber relativ langsam. Es ist nicht möglich, Elemente einzufügen oder zu entfernen.

- List(Of T): Diese Klasse weist ähnliche Eigenschaften wie ein normales Feld auf. Der wesentliche Vorteil besteht darin, dass die Aufzählung automatisch wächst oder schrumpft, wenn Elemente mit Add oder Insert eingefügt bzw. mit Remove[At] entfernt werden. Der Zugriff erfolgt über einen Index, also aufzählung(n). Die Aufzählung kann sortiert werden, und sortierte Aufzählungen können anschließend sehr effizient durchsucht werden.

  Im Vergleich zu Feldern bietet die Klasse Methoden wie InsertRange, RemoveRange oder GetRange, um mehrere Elemente gleichzeitig einzufügen, zu löschen oder in ein neues ArrayList-Objekt zu kopieren. Der Vorteil dieser Methoden besteht vor allem in der höheren Geschwindigkeit.

- Dictionary(Of TKey, TValue): Diese Klasse ermöglicht es, sogenannte assoziative Felder zu erzeugen. Das sind Felder, bei denen als Schlüssel für den Elementzugriff nicht ein Integer-Index, sondern ein beliebiges Objekt (z.B. eine Zeichenkette) verwendet werden kann.

  Zur Verwaltung der Elemente wird der sogenannte hash-Wert der Schlüsselobjekte verwendet. Intern wird dazu die Methode GetHashCode ausgeführt, die automatisch für jede Klasse zur Verfügung steht. GetHashCode liefert bei den elementaren Datentypen (Zahlen, Zeichenketten etc.) gut gleich verteilte Werte.

Bei selbst erstellten Klassen liefert die Methode allerdings lediglich eine fortlaufende Nummer. Damit ist zwar sichergestellt, dass jedes Objekt einer Klasse einen eindeutigen hash-Wert hat, aber von Gleichverteilung ist jetzt keine Rede mehr. Außerdem liefern zwei Objekte mit exakt denselben Daten unterschiedliche hash-Werte. (Im Regelfall wäre es sinnvoller, wenn Objekte mit denselben Daten auch denselben hash-Wert hätten.) Wenn Sie also Objekte eigener Klassen als Schlüssel in einer Hashtable verwenden, sollte die Klasse eine eigene GetHashCode-Methode zur Verfügung stellen, um eine effiziente Datenverarbeitung sicherzustellen.

Wie bei List können Elemente mit Add eingefügt und mit Remove entfernt werden. Beim Einfügen von Elementen muss darauf geachtet werden, dass derselbe Schlüssel nicht zweimal verwendet wird. Mit der Methode ContainsKey kann getestet werden, ob ein bestimmter Schlüssel bereits im Einsatz ist.

Nachteile: Im Vergleich zu List besteht keine Möglichkeit, die Elemente der Aufzählung zu sortieren oder nach Elementen zu suchen. Auch die effizienten XxxRange-Methoden fehlen. Es gibt keine Möglichkeit, über einen numerischen Index auf die Elemente zuzugreifen.

» SortedDictionary(Of TKey, TValue) **und** SortedList(Of TKey, TValue): Die beiden Klassen bieten beide ganz ähnliche Funktionen wie Dictionary. Der wesentliche Unterschied besteht darin, dass die Aufzählungselemente automatisch nach ihrem Schlüssel (TKey-Element) sortiert werden.

  SortedDictionary und SortedList unterscheiden sich dadurch, wie die Sortierreihenfolge intern verwaltet wird: SortedList beansprucht weniger Speicher und ist schneller, wenn viele bereits vorsortierte Elemente eingefügt werden. Die Eigenschaften Keys(n) und Values(n) geben zudem einen unkomplizierten Zugriff auf das n-te Element der Aufzählung. SortedDictionary hat dagegen den Vorteil, dass Einfüge- und Löschoperationen für (unsortierte) Elemente schneller ausgeführt werden.

  Nachteil: Beide Klassen erfordern mehr Speicherplatz und sind in der Anwendung langsamer als Dictionary. Wenn Sie eine Liste nur einmal sortieren möchten, setzen Sie besser Dictionary ein.

» LinkedList(Of T): Ähnlich wie List verwalten Sie auch mit LinkedList eine variable Anzahl von Elementen. Die Besonderheit besteht darin, dass jedes Listenelement durch die LinkedListNode(Of T)-Klasse abgebildet wird. Deren Eigenschaften Next und Previous verweisen auf den Vorgänger und Nachfolger des Elements.

  Die Klasse kommt immer dann zur Anwendung, wenn Sie ausgehend von einem Element die Liste vor- oder rückwärts verfolgen möchten. (Das ist in manchen Algorithmen notwendig.)

» Queue(Of T) **und** Stack(Of T): Diese beiden Klassen kommen zur Anwendung, wenn Sie die Listenelemente ausschließlich in der Reihenfolge entnehmen, wie Sie sie einfügen (Queue), bzw. wenn die Reihenfolge genau umgekehrt sein soll (Stack).

  Nachteil: Im Vergleich zur allgemeinen List-Klasse bieten Queue und Stack wesentlich weniger Flexibilität bei der Verwaltung der Liste.

Sollte es Ihnen schwerfallen, sich für die richtige Aufzählungsklasse zu entscheiden, freunden Sie sich vorerst einmal mit List(Of T) und Dictionary(Of TKey, TValue) an. Für sehr viele Anwendungen reichen diese beiden Klassen aus.

Weitere Aufzählungsklassen

Im Namensraum `System.Collections.ObjectModel` (*mscorlib.dll*) finden Sie drei weitere generische Aufzählungsklassen, `Collection(Of T)`, `KeyedCollection(Of TKey, TValue)` und `ReadOnlyCollection(Of T)`. Diese drei Klassen sind nicht zur direkten Anwendung gedacht, sondern als Basisklassen für eigene generische Aufzählungsklassen.

Eine weitere generische Aufzählungsklasse ist `BindingList` (Namensraum `System.ComponentModel`). Diese Klasse ist dann geeignet, wenn Sie Aufzählungen an Datenbanksteuerelemente binden möchten. Ein Anwendungsbeispiel finden Sie in Abschnitt 28.6. Diverse nichtgenerische Aufzählungsklassen finden Sie in den Namensräumen `System.Collections` und `System.Collections.Specialized` (*mscorlib.dll* und *system.dll*). Weiterhin stellt der Namensraum `Microsoft.VisualBasic` die nichtgenerische Aufzählungsklasse `Collection` zur Verfügung, um die Kompatibilität mit VB6 zu verbessern.

Wenn Sie einzelne Bits platzsparend und effizient verwalten möchten, bieten sich dafür die beiden nichtgenerischen Klassen `BitArray` und `BitVector` an: `BitArray` hilft dabei, ein effizientes (platzsparendes) Feld für Bitwerte zu bilden. `BitVector32` bietet ähnliche Funktionen wie `BitArray`, ist aber auf 32 Bit beschränkt.

Alternative Techniken zur Verwaltung von Aufzählungsdaten

Nicht immer ist eine Aufzählungsklasse die optimale Lösung. Oft führen ganz andere Wege zum Ziel:

» `XmlDocument`: Diese Klasse aus dem Namensraum `System.XML` ermöglicht es, ein XML-Dokument im Speicher abzubilden. Sie können diese Klasse natürlich zum Lesen und Schreiben von XML-Dokumenten verwenden – Sie können die in XML vorgesehenen Mechanismen aber auch zur Verwaltung von Daten einsetzen. Der entscheidende Vorteil gegenüber den `Collections`-Klassen besteht darin, dass sich XML ausgezeichnet zur Darstellung hierarchischer Zusammenhänge eignet.

Nachteile: XML bringt eine Menge Overhead mit sich, der sich sowohl im vergleichsweise hohen Speicherbedarf als auch in der relativ geringen Verarbeitungsgeschwindigkeit negativ bemerkbar macht. Die Anwendung der `XmlDocument`-Klasse ist daher nur sinnvoll, wenn Sie die spezifischen XML-Merkmale wirklich benötigen oder wenn Sie ohnedies vorhaben, die Daten in einer XML-Datei zu speichern.

» `DataSet` **(ADO.NET):** Die Datenbankbibliothek ADO.NET und insbesondere die Klasse `DataSet` bieten viele Möglichkeiten zur Verwaltung von Daten. ADO.NET ist dann optimal, wenn Sie sehr große Datenmengen in einer externen Datenbank speichern möchten und bei Zugriffen nicht immer die gesamte Datenmenge, sondern nur einzelne Teile lesen möchten.

Nachteile: ADO.NET ist erheblich komplizierter anzuwenden als die in diesem Kapitel beschriebenen `Collection`-Klassen. Wirklich optimal ist die Anwendung nur in Kombination mit einem externen Datenbanksystem (z.B. SQL Server). Mehr Informationen zur Datenbankprogrammierung folgen ab Kapitel 23.

7.4 Aufzählungsschnittstellen

Da die Aufzählungsklassen einander sehr ähnlich sind, haben die .NET-Entwickler versucht, den gemeinsamen Nenner dieser Klassen in Schnittstellen zu formulieren. Beispielsweise realisieren sowohl die List- als auch die Dictionary-Klasse die Schnittstelle ICollection. Deswegen können Sie in beiden Fällen mit Count die Anzahl der Elemente feststellen oder mit CopyTo die Elemente in ein gewöhnliches Feld kopieren. Schnittstellen helfen dabei, den Zugriff auf Objekte unterschiedlicher Aufzählungsklassen möglichst einheitlich zu gestalten.

Bei den meisten Schnittstellen gibt es zwei Implementierungen: eine generische und eine nichtgenerische (z.B. ICollection(Of T) und ICollection). Beide Schnittstellen definieren dieselben Eigenschaften und Methoden. Der Unterschied besteht darin, dass Aufzählungselemente bei den nichtgenerischen Schnittstellen als Object übergeben werden, bei den generischen dagegen im richtigen Datentyp T.

Die folgende Tabelle gibt einen Überblick darüber, welche Klassen welche Schnittstellen implementieren. Dabei bedeutet das Zeichen +, dass nur die nichtgenerische Form der Schnittstelle unterstützt wird, und * bedeutet, dass beide Formen unterstützt werden.

	IEnumerable	ICollection	IList	IDictionary
Array	+	+	+	
Dictionary(Of TKey, TValue)	*	*		*
HashSet(Of T)	*	*		
LinkedList(Of T)	*	*		
List(Of T)	*	*	*	
Queue(Of T)	*	+		
SortedDictionary(Of TKey, TValue)	*	*		*
SortedList(Of TKey, TValue)	*	*		*
Stack(Of T)	*	+		

IEnumerable-Schnittstelle

Die IEnumerable-Schnittstelle ermöglicht es, alle Elemente einer Aufzählung komfortabel mit einer For-Each-Schleife zu durchlaufen. Intern liefert dazu die Methode GetEnumerator ein IEnumerator-Objekt, das bei der Ausführung der For-Each-Schleife ausgewertet wird.

GetEnumerator liefert bei den Klassen List, Queue und Stack jeweils Elemente des Typs T und bei den Klassen Dictionary, SortedDictionary und SortedList Elemente des Typs KeyValuePair(Of TKey, TValue). Dessen Eigenschaften Key und Value liefern dann den Schlüssel und den Wert des Elements. Bei nichtgenerischen Aufzählungsklassen liefert GetEnumerator zumeist Object-Daten oder Elemente des Typs DictionaryEntry.

Seit .NET-Version 3.5 stehen für Klassen, die die IEnumerable-Schnittstelle implementieren, unzählige neue Methoden zur Auswahl. Diese Methoden wurden als extension methods in der Klasse System.Linq.Enumerable implementiert. Das ermöglicht einerseits die Verarbeitung von Aufzählungen durch LINQ-Abfragen (siehe Kapitel 12); andererseits eignen sich viele Methoden aber auch zur direkten Anwendung auf Felder und Aufzählungen (siehe Abschnitt 7.3).

ICollection-Schnittstelle

Die ICollection-Schnittstelle ermöglicht die Ermittlung der Elementzahl (Eigenschaft Count) und das Kopieren der Elemente in ein einfaches Feld (Methode CopyTo). Der Datentyp ist T, KeyValuePair (Of TKey, TValue) oder einfach Object (bei der nicht-generischen Variante).

Die generische ICollection-Schnittstelle stellt vier Methoden zur Verfügung, die der nichtgenerischen Variante unbekannt sind: Add fügt der Aufzählung ein Element hinzu, Remove löscht es, und Contains testet seine Existenz. Clear löscht alle Elemente der Aufzählung.

IList-Schnittstelle

Diese Schnittstelle stellt drei Methoden zur Verfügung, die den Zugriff und die Verwaltung einfacher Listen ermöglichen: Insert(n, T), RemoveAt(n) und IndexOf(T). Noch wichtiger ist die Defaulteigenschaft Item(n) zum Zugriff auf das n-te Element der Aufzählung. Item(n) wird selten explizit verwendet, weil Visual Basic diese Eigenschaft intern verwendet, wenn Sie auf Aufzählungselemente in der Form aufzählungsobjekt(n) zugreifen.

IDictionary-Schnittstelle

Diese Schnittstelle ist eine Alternative zu IList und hilft bei der Verwaltung von Datenpaaren. Der entscheidende Unterschied besteht darin, dass der Elementzugriff nun über beliebige Schlüsselobjekte erfolgt (wobei intern ein Hash-Code zu Hilfe genommen wird).

Add fügt ein neues Element ein, Remove löscht es, und ContainsKey testet, ob der angegebene Schlüssel bereits verwendet wird. TryGetValue versucht, zu einem gegebenen Schlüssel den dazugehörenden Datenwert zu ermitteln. Item(key) hat dieselbe Funktion, löst aber einen Fehler aus, wenn es den Schlüssel nicht gibt. Keys und Values liefert jeweils eine Aufzählung aller Schlüssel bzw. aller Werte.

Zugriff auf Eigenschaften und Methoden von Schnittstellen

Im Regelfall wenden Sie die gewünschte Eigenschaft oder Methode einfach direkt auf die Objektvariable an, in der die Aufzählung gespeichert ist.

```
Dim slist As New SortedList(Of String, Integer)
Dim result As Integer
slist.TryGetValue(...)   'Methode gemäß IDictionary-Schnittstelle
```

In manchen Fällen funktioniert das aber nicht. Beispielsweise scheint es für SortedList keine CopyTo-Methode zu geben, obwohl SortedList die Schnittstelle ICollection implementiert und diese Schnittstelle die Methode CopyTo definiert. Abhilfe schafft in solchen Fällen eine casting-Operation durch CType:

```
'CopyTo-Methode gemäß ICollection-Schnittstelle
CType(slist, ICollection(Of KeyValuePair(Of String, Integer))).CopyTo(...)
```

7.5 Programmiertechniken für Aufzählungsklassen

Elemente einer Aufzählung einzeln löschen

Um alle Elemente einer Aufzählung zu löschen, steht bei den meisten Aufzählungsklassen die Methode Clear zur Verfügung. Falls Sie diese Methode nicht anwenden möchten (etwa weil Sie vor dem Löschen jedes Element noch bearbeiten möchten), müssen Sie die Aufzählung mit einer Schleife durchlaufen. Dabei ist aber Vorsicht geboten! Der nahe liegende Ansatz, einfach alle Elemente in einer For-Each-Schleife zu löschen, führt zu einem Fehler. Der Grund: Die IEnumerator-Schnittstelle funktioniert nur, solange die Anzahl der Elemente nicht verändert wird. (Das gilt nicht nur für Änderungen innerhalb der For-Each-Schleife, sondern auch für mögliche simultane Änderungen durch andere Threads!)

Bei Aufzählungen, deren Elemente über einen Integer-Index angesprochen werden können (z.B. ListObjekte auf der Basis der IList-Schnittstelle), bietet sich folgende Möglichkeit an: Statt list.RemoveAt(list.Count-1) funktioniert auch list.RemoveAt(0). Die hier vorgestellte Variante kommt der internen Organisation der Daten aber eher entgegen:

```
While list.Count > 0
  list.RemoveAt(list.Count - 1)
End While
```

Bei Aufzählungen auf der Basis der IDictionary(Of TKey, TValue)-Schnittstelle können Sie wie in den folgenden Zeilen zuerst alle Schlüsselobjekte in ein Feld kopieren und dann alle Elemente dieses Felds durchlaufen. Allerdings muss sichergestellt sein, dass sich die Aufzählung während der Ausführung der Schleife nicht ändert.

Der Code an sich ist leicht zu verstehen, die Deklaration von delete_items_dict kann aber bei wenig Erfahrung mit generischen Klassen Kopfzerbrechen verursachen. Im Klartext bedeutet das: Die Prozedur hat zwei generische Parameter, TKey und TValue. An die Prozedur muss ein Objekt übergeben werden, dessen Klasse die Schnittstelle IDictionary(Of TKey, TValue) implementiert.

```
' Beispiel generics\collections-intro
Sub delete_items_dict(Of TKey, TValue)(ByVal dict As IDictionary(Of TKey, TValue))
  Dim i As Integer
  Dim k(dict.Count - 1) As TKey
```

```
  ' kopiert alle Schlüssel in das Feld k
  dict.Keys.CopyTo(k, 0)
  'löscht alle Elemente
  For i = dict.Count - 1 To 0 Step -1
    dict.Remove(k(i))
  Next
End Sub
```

Ein wenig einfacher ist die nichtgenerische Variante dieser Prozedur. Der einzige Unterschied im Code besteht darin, dass das Feld `k` nun den Datentyp `Object` hat. Das bringt Geschwindigkeitsnachteile mit sich (die bei kleinen Aufzählungen aber vernachlässigbar sind).

```
Sub delete_items_dict(ByVal dict As IDictionary)
  Dim i As Integer
  Dim k(dict.Count - 1) As Object
  ' kopiert alle Schlüssel in das Feld k
  dict.Keys.CopyTo(k, 0)
  'löscht alle Elemente
  For i = dict.Count - 1 To 0 Step -1
    dict.Remove(k(i))
  Next
End Sub
```

Daten in ein Feld kopieren

Fast alle Aufzählungsklassen implementieren die `ICollection`-Schnittstelle. Damit steht die Methode `CopyTo` zur Verfügung, mit der Sie die Elemente aus einer Aufzählung in ein Feld kopieren können. In der einfachsten Form kopiert `CopyTo` alle Elemente in ein Feld, das vorher entsprechend groß dimensioniert werden muss. Als Parameter müssen ein ausreichend großes Feld und ein Startindex (meist 0) angegeben werden. Manche Klassen stellen darüber hinaus mehrere `CopyTo`-Varianten zur Verfügung, mit denen die Anzahl der zu kopierenden Elemente limitiert werden kann:

```
Dim lst As New List(Of myclass)
lst.Add ...
Dim ar(lst.Count - 1) As myclass
lst.CopyTo(ar, 0)
```

Bei einigen Aufzählungsklassen steht `CopyTo` nicht als öffentliche Methode zur Verfügung (beispielsweise bei `SortedList` und bei `Dictionary`). Dort können Sie `CopyTo` aber auf die Schlüssel- bzw. Elementlisten anwenden:

```
Dim slst As New SortedList(Of String, Integer)
slst.Add("abc", 123)
Dim ar(slst.Count - 1) As String
slst.Keys.CopyTo(ar, 0)
```

Auf Umwegen können Sie CopyTo auch direkt auf ein SortedList- oder Dictionary-Objekt anwenden. Sie brauchen dazu ein Feld für KeyValuePair-Objekte. Für slst erzwingen Sie durch CType eine Typumwandlung für die Schnittstelle ICollection(Of ...) und können dann deren Methode CopyTo verwenden:

```
Dim ar2(slst.Count - 1) As KeyValuePair(Of String, Integer)
CType(slst, ICollection(Of KeyValuePair(Of String, Integer))).CopyTo(ar2, 0)
```

Daten in eine Aufzählung kopieren

Auch für den Datentransport in die umgekehrte Richtung sind bei den meisten Klassen Methoden vorgesehen. Bei einer Reihe von Collections-Objekten kann an New ein ICollection-Objekt übergeben werden. Damit werden die so angegebenen Elemente bereits bei der Erzeugung des Aufzählungsobjekts dorthin kopiert.

```
Dim s() As String = {"a", "bB", "ccCC", "d"}
Dim lst As New List(Of String)(s)
```

Mit der Methode AddRange können weitere Elemente eingefügt werden, die abermals aus einem ICollection-Objekt (also z.B. aus einem Feld) stammen:

```
lst.AddRange(s)
```

Unveränderliche ArrayList-Objekte erzeugen

Die List-Methode AsReadOnly liefert ein Wrapper-Objekt (Klasse Collections.ObjectModel.ReadOnlyCollection), das nur den Lesezugriff auf die Daten erlaubt. AsReadOnly wird überwiegend dann verwendet, wenn Sie in einer eigenen Funktion oder Methode eine Aufzählung als Ergebnis zurückgeben, aber vermeiden möchten, dass der Adressat der Daten diese verändert.

```
Dim lst As New List(Of String)
Dim read_only_lst As Collections.ObjectModel.ReadOnlyCollection(Of String)
... ' lst mit Daten füllen
read_only_lst = lst.AsReadOnly()
```

Die Ausgangsdaten, die ebenfalls in Form eines ArrayList- oder IList-Objekts vorliegen müssen, werden dabei nicht kopiert. Stattdessen wird eine neue Zwischenschicht (ein sogenannter wrapper) zum Zugriff auf die Daten erzeugt. Wenn Sie nun via read_only_list auf die Aufzählung zugreifen, können Sie weder Elemente hinzufügen oder löschen noch können Sie Objekte ändern. Hingegen kann die Aufzählung via lst sehr wohl noch verändert werden! Wenn Sie also lst.Remove("a") ausführen, verschwindet das Objekt sowohl aus lst als auch aus readonly_list!

Multithreading

HINWEIS

Multithreading bezeichnet die nahezu gleichzeitige Ausführung mehrerer Programmteile in eigenen Teilprozessen (Thread). Dieser Abschnitt setzt voraus, dass Sie sich schon ein wenig in das Thema Multithreading eingelesen haben (siehe Abschnitt 21.4).

Wenn Sie in Multithreading-Anwendungen auf Aufzählungen zugreifen, tritt das Problem auf, dass der Datenzugriff und insbesondere die Veränderung von Daten nicht thread-sicher sind. Wenn ein Thread die Aufzählung verändert, während in einem zweiten Thread eine Schleife durchlaufen wird, kommt es zu einem Fehler.

Die Prozedur threading_error demonstriert diesen Fehler. Im Start-Thread des Programms wird mit Do-Loop eine Endlosschleife ausgeführt. Innerhalb dieser Schleife werden mit For-Each immer wieder alle Elemente der Aufzählung lst durchlaufen und im Konsolenfenster ausgegeben.

Die Endlosschleife wird mehrmals pro Sekunde durch den Aufruf der Prozedur addItemEverySecond unterbrochen. Diese Prozedur wird in einem eigenen Thread ausgeführt und fügt eine Zufallszahl zwischen 0 und 1000 in die Aufzählung ein.

Das Programm endet nach ein paar Sekunden mit dem Fehler InvalidOperationException, der dadurch ausgelöst wird, dass das List-Objekt verändert wird, während die For-Each-Schleife ausgeführt wird.

```
' Beispiel generics\multi-threading
Dim lst As New List(Of Integer)
Sub threading_error()
  ' addItemEverySecond alle 200 ms aufrufen
  Dim timerDelegate As New Threading.TimerCallback(AddressOf addItemEverySecond)
  Dim tm As New Threading.Timer(timerDelegate, Nothing, 0, 200)
  Dim i As Integer
  Console.WriteLine("Es wird in Kürze ein Fehler auftreten ...")
  Threading.Thread.Sleep(500)
  Do
    For Each i In lst
      Console.Write("{0} ", i)
    Next
    Console.WriteLine()
  Loop
End Sub
Sub addItemEverySecond(ByVal status As Object)
  lst.Add(CInt(Rnd() * 1000))
End Sub
```

Multithreading-Zugriff durch SyncRoot synchronisieren

Zum Glück ist es einfach, diesen Fehler zu vermeiden: Sie müssen nur jeden Zugriff auf die Aufzählung, der eventuell problematisch sein könnte, synchronisieren. Dazu kapseln Sie sowohl die For-Each-Schleife als auch die Add-Methode durch die SyncLock-Anweisung. Als Parameter geben Sie dabei die SyncRoot-Eigenschaft an, die bei allen Aufzählungsklassen zur Verfügung steht, die die nichtgenerische ICollection-Schnittstelle implementieren. Der Zugriff auf die Eigenschaft ist leider ein wenig umständlich – Sie müssen das List-Objekt mit CType als ICollection-Objekt zugänglich machen.

SyncRoot liefert ein Objekt, das explizit zur Synchronisierung von Aufzählungen vorgesehen ist. Um zu vermeiden, dass diese neue Version des Programms nun endlos läuft, wird das Programm beendet, wenn die Aufzählung mehr als 15 Elemente enthält.

Natürlich hat diese Vorgehensweise auch einen Nachteil: Die Synchronisierung verlangsamt den Zugriff der beiden Threads auf die Aufzählung. Wenn die Aufzählung gerade durch einen Thread blockiert ist, muss der andere Thread auf das Ende der Blockade warten.

```
Sub threading_without_error()
  ' addItemEverySecond alle 200 ms aufrufen
  Dim timerDelegate As New Threading.TimerCallback(AddressOf addItemEverySecondThreadSafe)
  Dim tm As New Threading.Timer(timerDelegate, Nothing, 0, 200)
  Dim i As Integer
  Do
    SyncLock CType(lst, System.Collections.ICollection).SyncRoot
      For Each i In lst
        Console.Write("{0} ", i)
      Next
    End SyncLock
    Console.WriteLine()
    If lst.Count > 15 Then
      tm.Change(0, Threading.Timeout.Infinite)
      tm.Dispose()
      Console.WriteLine("Es ist kein Fehler aufgetreten!")
      Console.WriteLine("Return drücken")
      Console.ReadLine()
      Exit Sub
    End If
  Loop
End Sub
Sub addItemEverySecondThreadSafe(ByVal status As Object)
  SyncLock CType(lst, System.Collections.ICollection).SyncRoot
    lst.Add(CInt(Rnd() * 1000))
  End SyncLock
End Sub
```

7.6 Aufzählungen sortieren

Eine Aufzählung sortieren können Sie nur, wenn sich die Elemente in einer List(Of T)-Aufzählung oder in einem gewöhnlichen Feld befinden. Zum Sortieren wird einfach die Methode Sort angegeben. (Die Klassen SortedList und SortedDictionary sortieren die Elemente nach ihrem Schlüssel, nicht nach den Daten.)

Bei den folgenden Zeilen wird zur Initialisierung des `ArrayList`-Objekts ein `String`-Feld an den Konstruktor übergeben:

```
Dim al As New ArrayList(New String() {"abc", "ABC", "Abcd", "bar", "Bär", "Bären", _
                                      "Barenboim", "bärtig", "27", "100", "Ärger"})
al.Sort()
```

Für die sortierte Liste ergibt sich folgende Reihenfolge:

```
100  27  abc  ABC  Abcd  Ärger  bar  Bär  Bären  Barenboim  bärtig
```

`Sort` sortiert bei deutscher Spracheinstellung standardmäßig so, dass es Groß- und Kleinschreibung als fast gleichwertig betrachtet: Ein kleines `a` wird vor einem großen `A` einsortiert, `a` und `A` aber beide vor `b` etc. Auch deutsche Sonderzeichen werden korrekt berücksichtigt. (Hintergründe zum Vergleich von Zeichenketten finden Sie in Abschnitt 10.3.)

IComparable-Schnittstelle

Das Sortieren durch `Sort` funktioniert nur dann, wenn die in der Aufzählung enthaltenen Objekte die `IComparable`-Schnittstelle unterstützen. Für die Basisdatentypen wie `Integer`, `String` oder `Date` ist das automatisch der Fall. Wenn Sie in einer Aufzählung aber Objekte einer selbst definierten Klasse oder Struktur sortieren möchten, müssen Sie diese Klasse bzw. Struktur selbst mit dieser Schnittstelle ausstatten, oder Sie müssen an `Sort` ein Objekt übergeben, das eine `IComparer`-Schnittstelle realisiert (siehe die nächste Überschrift).

Das folgende Beispiel greift nochmals die Struktur `vector3d` zur Speicherung dreidimensionaler Vektoren auf (siehe Abschnitt 6.5 und 6.11). Neu ist hier die Implementierung der Schnittstelle `IComparable(Of vector3d)` mit der Methode `CompareTo`. Die Methode vergleicht das Objekt mit einem zweiten Objekt derselben Klasse.

Im Beispiel erfolgt der Vergleich entsprechend der Länge der Vektoren, die mit der Eigenschaft `Length` ermittelt wird. Auf das Ergebnis von `Length` (eine `Double`-Zahl) wird die `CompareTo`-Methode von `Double` angewendet.

```
' Beispiel generics\sort-data
Public Structure vector3d
  Implements IComparable(Of vector3d)
  ...
  Public ReadOnly Property Length() As Double
    Get
      Return Math.Sqrt(x ^ 2 + y ^ 2 + z ^ 2)
    End Get
  End Property
  Function CompareTo(ByVal other As vector3d) As Integer _
      Implements IComparable(Of vector3d).CompareTo
    Return Length.CompareTo(other.Length)
  End Function
End Class
```

Auf der Basis dieser Klasse stellt es nun kein Problem dar, mehrere vector3d-Objekte zu erzeugen, zu sortieren und mit der (nicht abgedruckten) Prozedur print_ilist in einem Konsolenfenster auszugeben.

```
Dim vectors As New List(Of vector3d)
vectors.Add(New vector3d(3, 4, 0))
vectors.Add(New vector3d(2.9, 4.1, 1))
vectors.Add(New vector3d(3.1, 3.9, 0))
vectors.Add(New vector3d())
vectors.Sort()
```

Die Vektoren sind nun in dieser Reihenfolge sortiert:

```
[0, 0, 0]  [3.1, 3.9, 0]  [3, 4, 0]  [2.9, 4.1, 1]
```

IComparer-Schnittstelle

Wenn die durch CompareTo vorgegebene Standardordnung beim Sortieren nicht Ihren Wünschen entspricht oder wenn Sie Objekte von Klassen sortieren möchten, die die IComparable-Schnittstelle nicht unterstützen, dann können Sie an die Sort-Methode auch ein Objekt übergeben, dessen Klasse die Schnittstelle System.Collections.Generic.IComparer(Of T) realisiert.

HINWEIS

Verwechseln Sie IComparer und IComparable nicht! IComparer ist eine externe Schnittstelle, deren Objekt an Sort übergeben wird. Der Vergleich erfolgt durch die Methode Compare, an die zwei Objekte übergeben werden.

Im Gegensatz dazu ist IComparable eine Schnittstelle, die innerhalb der Klasse definiert wird. Die Methode CompareTo vergleicht die konkrete Objektinstanz (also Me) mit einem externen Objekt der gleichen Klasse.

Das Ziel des folgenden Beispiels ist es, mehrere Zeichenketten mit Namen in der Form "Stephen King" entsprechend der Familiennamen zu sortieren. Dazu wird die Klasse CompareByLastName definiert. Die Klasse bietet die Methode Compare an, an die zwei Zeichenketten übergeben werden.

Die Funktion last_name_first überprüft nun, ob der Name ein Leerzeichen enthält. Wenn das der Fall ist, wird der letzte Teil des Namens an den Anfang gestellt. Die Funktion macht also aus "John F. Kennedy" die Zeichenkette "Kennedy John F.".

Die resultierenden Zeichenketten können nun einfach mit String.Compare verglichen werden. Diese Methode liefert –1, 0 oder 1, je nachdem, wie die alphabetische Reihenfolge der Zeichenketten ist. An String.Compare kann mit optionalen Parametern angegeben werden, welche Sortierordnung beim Vergleich berücksichtigt werden soll (siehe Abschnitt 10.8).

HINWEIS

Sie finden in diesem Buch noch eine ganze Reihe weiterer Beispiele für das Sortieren unterschiedlicher Daten: Werfen Sie einen Blick in das Stichwortverzeichnis bei den Einträgen Sortieren und ICompare-Schnittstelle.

```
' Beispiel generics\sort-data
Class CompareByLastName
  Implements IComparer(Of String)
  Overridable Function Compare(ByVal s1 As String, ByVal s2 As String) As Integer _
      Implements IComparer(Of String).Compare
    Return String.Compare(last_name_first(s1), last_name_first(s2))
  End Function
  Private Function last_name_first(ByVal s As String) As String
    Dim pos As Integer
    Dim lastname, firstname As String
    s = Trim(s)
    pos = InStrRev(s, " ")
    If pos > 0 Then
      lastname = Trim(Mid(s, pos + 1))
      firstname = Trim(Left(s, pos - 1))
      If lastname <> "" Then
        Return lastname + " " + firstname
      Else
        Return s
      End If
    Else
      Return s
    End If
  End Function
End Class
```

Um diese Klasse zu testen, werden einige Zeichenketten mit den Autorennamen verschiedener Visual Basic-Bücher initialisiert. Um diese Namen nach den Vornamen zu sortieren, reicht ein einfacher Aufruf der `Sort`-Methode. Zum Sortieren nach Familiennamen muss beim Aufruf von `Sort` ein Objekt der Klasse `CompareByLastName` übergeben werden. Das Ergebnis des Programms sieht folgendermaßen aus:

```
unsortiert:
  Holger Schwichtenberg  Frank Eller  Dan Appleman  Brian Bischof
  Gary Cornell  Jonathan Morrison  Andrew Troelsen
normal sortiert:
  Andrew Troelsen  Brian Bischof  Dan Appleman  Frank Eller
  Gary Cornell  Holger Schwichtenberg  Jonathan Morrison
nach Familiennamen sortiert:
  Dan Appleman  Brian Bischof  Gary Cornell  Frank Eller
  Jonathan Morrison  Holger Schwichtenberg  Andrew Troelsen
```

Nach Elementen suchen

Wenn Sie ein bestimmtes Element in einer Aufzählung suchen, müssen Sie in der Regel alle Elemente durchlaufen. Wenn die Aufzählung aber bereits sortiert ist, können Sie die Suche ganz wesentlich beschleunigen, indem Sie die Methode `BinarySearch` zu Hilfe nehmen. Diese Methode benötigt beispielsweise zur Suche in einem Feld mit 1000 Einträgen nur maximal zehn Vergleichsvorgänge.

Im einfachsten Fall werden an die Methode ein eindimensionales, durch Sort sortiertes Feld bzw. eine Aufzählung sowie der Suchbegriff übergeben. BinarySearch liefert dann entweder die positive Indexnummer des gefundenen Elements oder eine negative Nummer, wenn das Element nicht gefunden wurde; in diesem Fall können Sie das Vorzeichen umdrehen und gelangen dann zum nächstliegenden größeren oder kleineren Eintrag im Feld.

```
Dim i As Integer
i = lst.BinarySearch("Dan Appleman")
Console.WriteLine("Suche nach Dan Appleman: Index = " + _
  i.ToString + " Element = " + lst(i).ToString)
```

Wenn Sie das Feld mit einer eigenen Vergleichsmethode sortiert haben, müssen Sie auch an BinarySearch ein IComparer-Objekt übergeben:

```
i = lst.BinarySearch("Dan Appleman", New CompareByLastName())
```

Sortieren und Suchen bei Feldern

Grundsätzlich stehen die Methoden Sort und BinarySearch auch für Felder zur Verfügung. Unverständlicherweise sieht aber die Syntax anders aus: Während bei List die Methode einfach nach dem Objektnamen angegeben wird, müssen hier Felder als Parameter der Methode übergeben werden:

```
Dim i As Integer
Dim s() As String = {...}
Array.Sort(s)                          'entspricht lst.Sort()
Array.Sort(s, icompobj)                'entspricht lst.Sort(icompobj)
i = Array.BinarySearch(s, "xy")        'entspricht lst.BinarySearch("xy")
i = Array.BinarySearch(s, "xy", icobj) 'entspricht lst.BinarySearch("xy", icobj)
```

Schlüssel einer Aufzählung sortieren

In den vorherigen Beispielen wurden die *Elemente* eines Felds oder einer List sortiert. Die Aufzählungsklassen SortedList und SortedDictionary sortieren die Elemente dagegen bei jedem Einfüge- oder Löschvorgang nach ihrem *Schlüssel*. Standardmäßig wird zum Sortieren die CompareTo-Methode verwendet. Alternativ können Sie beim Erzeugen der Aufzählung auch ein IComparer-Objekt übergeben, dessen Compare-Methode ein individuelles Sortieren ermöglicht.

Das folgende Beispiel ermittelt unter Zuhilfenahme der System.Drawing.KnownColor-Aufzählung alle im Grafiksystem GDI bekannten Farben. Dazu ganz kurz einige Hintergrundinformationen: KnowColor enthält mehr als 170 vordefinierte Farbcodes als Aufzählung (Enumeration). Aus diesen Konstanten können mit der Methode Drawing.Color.FromKnownColor Objekte des Typs Color ermittelt werden.

Die erste For-Each-Schleife hat den Zweck, für alle bekannten Farben deren Namen (ein String-Objekt) und die Farbe an sich (ein Color-Objekt) zu ermitteln. Diese beiden Informationen werden mit Add in die SortedList eingefügt.

Die folgenden Zeilen zeigen einige Möglichkeiten zur Auswertung. slist("farbname") liefert ein Color-Objekt. Wenn Sie nicht sicher sind, ob der Farbname existiert, verwenden Sie besser slist.

`TryGetValue("name", colorvariable)`. Diese Methode liefert `True` oder `False` zurück, je nachdem, ob der Farbname bekannt ist oder nicht. Außerdem wird die gesuchte Farbe – falls vorhanden – in die `colorvariable` übertragen. Um auf die Aufzählungselemente über einen Index zuzugreifen, verwenden Sie `slist.Keys(n)` bzw. `slist.Values(n)`.

```
' Beispiel generics\sort-data
' das Beispiel setzt eine Referenz auf die Bibliothek System.Drawing voraus
Sub sort_colors()
  Dim i As Integer
  Dim colorName As String
  Dim kc As Drawing.KnownColor
  Dim col As Drawing.Color
  Dim slist As New SortedList(Of String, Drawing.Color)
  ' bildet eine Liste aller Farbnamen mit den
  ' dazugehörenden Color-Objekten
  For Each kc In System.Enum.GetValues(kc.GetType())
    col = Drawing.Color.FromKnownColor(kc)
    colorName = LCase(kc.ToString())
    slist.Add(colorName, col)
  Next
  ' Auswertung der Aufzählung
  Console.WriteLine("sl enthält {0} Farben", slist.Count)
  col = slist("red")
  Console.WriteLine("Farbe red: R/G/B = {0}/{1}/{2}", col.R, col.G, col.B)
  If slist.TryGetValue("green", col) Then
    Console.WriteLine("Farbe green: R/G/B = {0}/{1}/{2}", col.R, col.G, col.B)
  End If
  ' die alphabetisch ersten zehn Farben
  For i = 0 To 9
    colorName = slist.Keys(i)
    col = slist.Values(i)
    Console.WriteLine("Farbe {0}: R/G/B = {1}/{2}/{3}", colorName, col.R, col.G, col.B)
  Next
End Sub
```

Im Konsolenfenster erscheint das folgende Ergebnis:

```
sl enthält 174 Farben
Farbe red: R/G/B = 255/0/0
Farbe green: R/G/B = 0/128/0
Farbe activeborder: R/G/B = 212/208/200
Farbe activecaption: R/G/B = 0/84/227
Farbe activecaptiontext: R/G/B = 255/255/255
Farbe aliceblue: R/G/B = 240/248/255
Farbe antiquewhite: R/G/B = 250/235/215
...
```

8 Fehlersuche und Fehlerabsicherung

Eine grundlegende Tatsache des Programmierens lautet leider: Jedes Programm enthält Fehler. Wie Sie Fehler in eigenen Anwendungen entdecken bzw. wie Sie Ihre Programme gegen Fehler absichern, ist Thema dieses Kapitels.

Informationen über Fehler werden durch sogenannte Ausnahmen (`Exceptions`) übermittelt. Zur Fehlerabsicherung sieht Visual Basic das aus vielen anderen Programmiersprachen bekannte `Try-Catch`-Konstrukt vor.

Aus Kompatibilitätsgründen zu VB6 kann Code auch durch `On-Error`-Anweisungen abgesichert werden. Auch diese Variante wird kurz beschrieben, sie kommt aber in den restlichen Beispielen dieses Buchs nicht mehr zum Einsatz.

Zur Fehlersuche bietet die Visual-Studio-Entwicklungsumgebung die besten Voraussetzungen: Sie können Variablen beobachten, den Programmcode schrittweise (Zeile für Zeile) ausführen, zwischen mehreren Threads wechseln etc.

8.1 Ausnahmen (Exceptions)

Wenn Sie Code ausführen, der einen Fehler verursacht, tritt dabei eine sogenannte Ausnahme (`Exception`) auf. Wenn also in diesem Kapitel von Fehlern die Rede ist, sind genau genommen immer Ausnahmen gemeint.

Eine `Exception` bewirkt, dass die normale Programmausführung unterbrochen und (soweit vorhanden) Code zur Fehlerbehandlung ausgeführt wird. Wenn die aktuelle Prozedur nicht gegen Fehler abgesichert ist, wird sie verlassen und die Information über den Fehler (ein `Exception`-Objekt) an die nächsthöhere Ebene innerhalb der Aufrufhierarchie weitergegeben.

Standardreaktion auf Fehler, Fehlerdialoge

Wenn Sie das folgende Miniprogramm ausführen, tritt ein Division-durch-0-Fehler auf (`System.DivideByZeroException`).

```
Sub Main()
  Dim a, b, c As Integer
  a = b \ c
End Sub
```

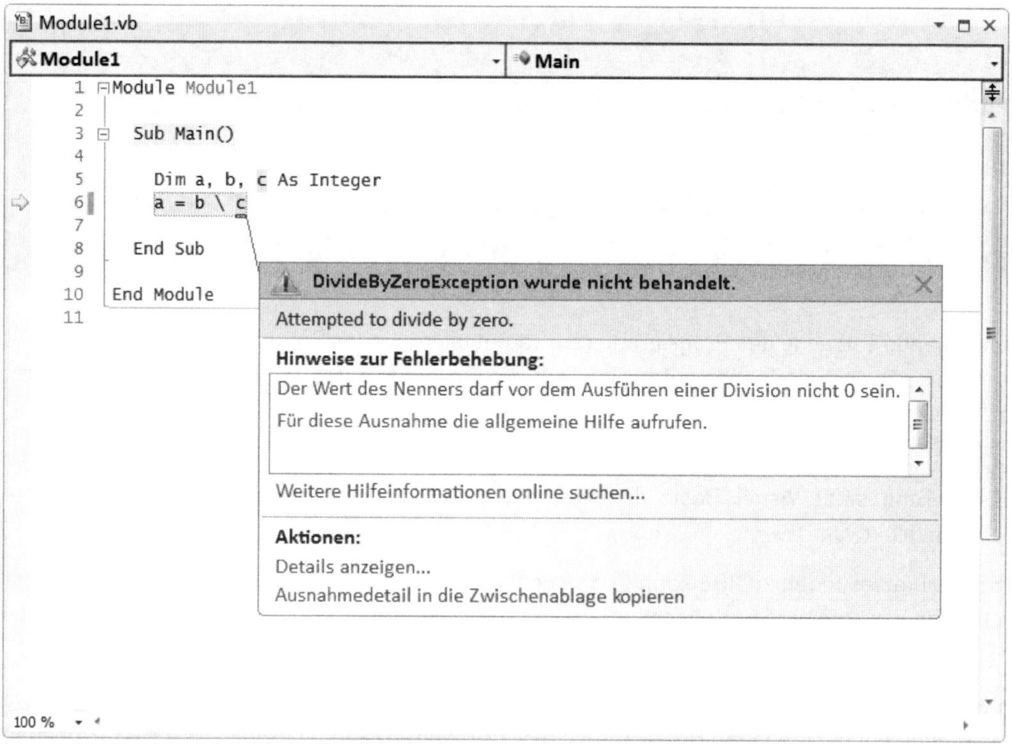

Abbildung 8.1: Fehlerhaftes Programm in der Entwicklungsumgebung ausführen

In der Entwicklungsumgebung erscheint der in Abbildung 8.1 dargestellte Dialog. Sie können nun den Fehler analysieren (siehe Abschnitt 8.5) und vielleicht auch gleich den fehlerhaften Code berichtigen. DEBUGGEN|WEITER setzt das Programm fort, DEBUGGEN BEENDEN beendet es.

HINWEIS

Standardmäßig erscheint beim Auftreten jedes Fehlers, der nicht durch `On Error` oder `Try-Catch` abgesichert ist, der in Abbildung 8.1 dargestellte Dialog. Dieses Verhalten kann aber durch den Dialog DEBUGGEN|AUSNAHMEN verändert werden. In diesem Dialog können Sie erreichen, dass das Programm bei bestimmten Fehlern in jedem Fall sofort unterbrochen (auch wenn der Fehler abgesichert ist) oder dass der Fehler übergangen wird. Weitere Informationen zu diesem Dialog und anderen Debugging-Elementen der Entwicklungsumgebung folgen in Abschnitt 8.5.

Wenn Sie das obige Programm außerhalb der Entwicklungsumgebung ausführen, sieht der Fehlerdialog ein wenig anders aus (siehe Abbildung 8.2). Besonders hilfreich ist der Dialog nicht – Sie sollten also vermeiden, dass der Endanwender einen derartigen Dialog je zu Gesicht bekommt.

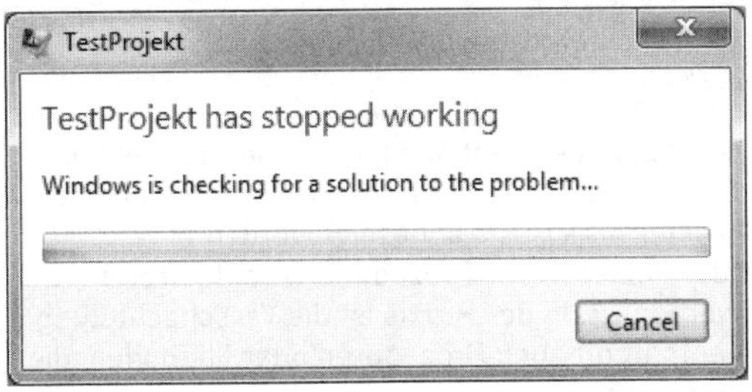

Abbildung 8.2: Abbildung 1.2: Anzeige, wenn ein fehlerhaftes Programm außerhalb der Entwicklungsumgebung ausgeführt wird

Exception-Eigenschaften

Jede Ausnahme wird durch ein Objekt beschrieben, dessen Klasse von der Klasse `System.Exception` abgeleitet ist. Der folgende Baum zeigt die Hierarchie einiger der `Exception`-Klassen:

Hierarchie der *Exception*-Klassen

`System.Exception`	Basisklasse für alle *Exceptions*
└─`System.ApplicationException`	Basisklasse für alle benutzerdefinierten *Exceptions*
└─`System.SystemException`	Basisklasse für alle *Exceptions* der .NET-Bibliotheken
└─`System.DivideByZeroException`	Division-durch-0-Fehler
└─`...`	zahllose weitere Fehler
└─`System.IO.IOException`	Basisklasse für alle `System.IO`-*Exceptions*
└─`System.IO.FileNotFoundException`	Datei-nicht-gefunden-Fehler
└─`...`	weitere `System.IO`-Fehler

Die Aufgabe all dieser Klassen besteht darin, den Fehler und seine Ursache bzw. den Weg seiner Entstehung so exakt wie möglich zu beschreiben. Die folgende Tabelle fasst die wichtigsten Eigenschaften und Methoden zusammen, die bei allen Exception-Objekten zur Verfügung stehen.

***System.Exception*-Klasse – Eigenschaften und Methoden**	
`GetBaseException()`	liefert das `Exception`-Objekt, das am Beginn einer Kette von einander auslösenden Fehlern steht. (`GetBaseException` verfolgt `InnerException` bis an den Anfang zurück. Wenn der aktuelle Fehler nicht durch einen anderen Fehler ausgelöst wurde, liefert `GetBaseException` einfach `Nothing`.)
`HelpLink`	verweist auf einen zum Fehler passenden Hilfetext.
`InnerException`	falls der Fehler durch einen anderen Fehler ausgelöst wurde, verweist `InnerException` auf den vorangegangenen Fehler.
`Message`	enthält die Fehlerbeschreibung.
`Source`	gibt das Programm an, in dem der Fehler aufgetreten ist. (Standardmäßig enthält `Source` einfach den Assembly-Namen.)

`StackTrace`	gibt an, wie es zum Aufruf der Prozedur bzw. der Methode kam, in der der Fehler ausgelöst worden ist. (Der Inhalt von `StackTrace` entspricht den Informationen, die in der Entwicklungsumgebung im Fenster AUFRUFLISTE angezeigt werden.)
	Das folgende Beispiel gibt an, dass der Fehler in der Prozedur `sub1` aufgetreten und dass `sub1` von `main` aufgerufen worden ist. In der Praxis ist die Verschachtelung meist viel höher; die Prozedurkette enthält oft auch Prozeduren oder Methoden, die innerhalb der .NET-Bibliothek definiert sind.
	`at myown_exception.Module1.sub1(String p1, Int32 p2) in`
	`D:\code\vb2008\fehler\myown-exception\Module1.vb:line 16`
	`at myown_exception.Module1.Main() in`
	`D:\code\vb2008\fehler\myown-exception\Module1.vb:line 5`

`TargetSite`	verweist auf ein Objekt der Klasse `System.Reflection.MethodBase`, das detaillierte Informationen über die Prozedur bzw. die Methode gibt, in der der Fehler aufgetreten ist. (Über das `MethodBase`-Objekt können Sie z.B. feststellen, welche Parameter die Methode kennt, welchen Typ diese Parameter haben etc. Die Methode `ToString` liefert einfach die Deklaration der Prozedur in C#-Syntax (z.B. `Void sub1(System.String, Int32)`).

Die von `Exception` abgeleiteten Klassen kennen zum Teil spezifische Zusatzeigenschaften, deren Inhalt dem Fehlertyp entspricht. Beispielsweise gibt es bei `System.IO.FileNotFoundException` die zusätzliche Eigenschaft `FileName`; sie enthält den Namen der Datei, die nicht gefunden wurde.

Fehler (Exceptions) selbst auslösen

Der Großteil dieses Kapitels beschäftigt sich mit der Frage, wie Sie auf Fehler reagieren können, die während der Programmausführung unerwartet aufgetreten sind. Sie können Fehler (Exceptions) aber auch explizit selbst auslösen. Das ist beispielsweise dann sinnvoll, wenn Sie eine eigene Klasse entwickelt haben und den Code für die einzelnen Methoden und Eigenschaften gegen unzulässige Parameter absichern möchten. Um einen Fehler auszulösen, verwenden Sie das Visual Basic-Schlüsselwort Throw. Als Parameter übergeben Sie ein Exception-Objekt.

```
Throw New Exception()
```

Durch Throw wird der normale Programmfluss unterbrochen. Wenn Throw innerhalb eines Try-Blocks ausgeführt wird, wird das Programm im dazugehörenden Catch-Block fortgesetzt (Details folgen im nächsten Abschnitt). Wenn der Code in der aktuellen Prozedur dagegen nicht abgesichert ist, wird die Prozedur beendet. Das Exception-Objekt wird an die übergeordnete Prozedur weitergegeben (also dorthin, wo die fehlerhafte Prozedur ausgeführt wurde). Ist der Aufruf auch dort nicht durch Try abgesichert, wandert das Exception-Objekt bis an den Ausgangspunkt der Aufrufliste. Fehlt auch dort eine Fehlerbehandlung, erscheint der am Beginn dieses Kapitels dargestellte Fehlerdialog, und das Programm wird beendet.

In der Regel werden Sie nicht ein allgemeines Exception-Objekt verwenden, sondern ein Objekt einer Exception-Klasse, die Ihrem Fehler besser entspricht. Um beispielsweise anzugeben, dass an einen Parameter Nothing übergeben wurde, obwohl ein konkretes Objekt erforderlich gewesen wäre, können Sie mit der folgenden Zeile eine ArgumentNullException auslösen:

```
Throw New ArgumentNullException()
```

ArgumentNullException ist eine der vielen durch die .NET-Bibliotheken vorgegebenen Fehlerklassen. Weitere Klassen finden Sie, wenn Sie mit dem Objektkatalog nach Klassen suchen, deren Name Exception enthält – z.B. ArithmeticException, ConfigurationException, InvalidCastException, NotImplementedException, NullReferenceException oder SecurityException.

Jede Exception-Klasse kennt eine Standardfehlerbeschreibung (z.B. *Wert darf nicht null sein* bei der ArgumentNullException-Klasse). Um statt dieses Standardtexts einen eigenen Text anzugeben, können Sie bei den meisten Exception-Klassen genauere Informationen über die Art des Fehlers an den Konstruktor übergeben. Der bzw. die New-Parameter hängen von der jeweiligen Exception-Klasse ab.

An den Konstruktor von ArgumentOutOfRangeException können beispielsweise zwei Zeichenketten übergeben werden, von denen die erste den fehlerhaften Parameter beschreibt und die zweite angibt, welche Regel verletzt wurde. Im folgenden Beispiel akzeptiert der Parameter p2 keine negativen Zahlen. Die Klasse verwendet die beiden New-Parameter, um daraus die Fehlerbeschreibung zu bilden. Der Aufruf von sub1("abc", -10) führt zu einer Exception, deren Message-Eigenschaft dann so aussieht: p2 darf nicht negativ sein. Übergeben wurde -10. Parametername: p2, Prozedur sub1, Modul Module1

```
Public Sub sub1(ByVal p1 As String, ByVal p2 As Integer)
  If p2 < 0 Then
    Throw New ArgumentOutOfRangeException("p2, Prozedur sub1, Modul Module1", _
      "p2 darf nicht negativ sein. Übergeben wurde " + p2.ToString + ".")
  End If
  ...
End Sub
```

Eigene Exception-Klassen

Wenn die vorgegebenen `Exception`-Klassen Ihren Anforderungen nicht entsprechen, können Sie selbst eine `Exception`-Klasse programmieren. Um den Normen der .NET-Fehlerverwaltung zu entsprechen, sollte diese Klasse von `System.ApplicationException` abgeleitet sein. Bei der Implementierung einer eigenen `Exception`-Klasse müssen Sie zwei Details beachten:

» Sie müssen eigene Versionen für alle Konstruktoren Ihrer von `ApplicationException` abgeleiteten Klasse schreiben.

» Damit Fehler zwischen unterschiedlichen Rechnern übertragen werden können (was in verteilten Anwendungen manchmal notwendig ist), implementiert die Basisklasse `Exception` die Schnittstelle `ISerializable`. Wenn Sie in Ihrer `Exception`-Klasse eigene Daten speichern, müssen Sie sich selbst um deren (De-)Serialisierung kümmern. Zur Serialisierung überschreiben Sie die Methode `GetObjectData`, für die Deserialisierung müssen Sie einen entsprechenden Konstruktor implementieren (siehe auch Abschnitt 11.9).

Das folgende Beispiel stellt die Klasse `MyOwnException` vor, die sich von der gewöhnlichen `Exception`-Klasse durch die zusätzliche Eigenschaft `ErrorTime` unterscheidet. Über diese Eigenschaft kann der genaue Fehlerzeitpunkt festgestellt werden. Intern wird dieser Zeitpunkt in der Variablen `_errortime` gespeichert. Diese Variable wird durch die drei gewöhnlichen Konstruktoren mit `Now` initialisiert. Wird das Objekt dagegen vom vierten Konstruktor durch eine Serialisierung erzeugt, wird der Wert von `_errortime` aus dem `SerializationInfo`-Objekt gelesen. Für die Serialisierung ist `GetObjectData` verantwortlich.

```
' Beispiel fehler\myown-exception
<Serializable()> Class MyOwnException
  Inherits ApplicationException
  Private _errortime As Date
  ' Standardkonstruktor
  Public Sub New()
    Me.New("MyOwnException")  ' Standardfehlertext
  End Sub
  ' Konstruktor mit Fehlertext
  Public Sub New(ByVal message As String)
    MyBase.New(message)
    _errortime = Now
  End Sub
  ' Konstruktor mit Fehlertext und Angabe einer vorausgegangenen Exception
  Public Sub New(ByVal message As String, ByVal inner As Exception)
    MyBase.New(message, inner)
    _errortime = Now
  End Sub
  ' Objekt durch Deserialisierung erzeugen
  Public Sub New( _
      ByVal info As Runtime.Serialization.SerializationInfo,
      ByVal context As Runtime.Serialization.StreamingContext)
```

```
    MyBase.New(info, context)
    _errortime = info.GetDateTime("errortime")
  End Sub
  ' Objekt serialisieren
  Public Overrides Sub GetObjectData( _
      ByVal info As Runtime.Serialization.SerializationInfo, _
      ByVal context As Runtime.Serialization.StreamingContext)
    MyBase.GetObjectData(info, context)
    info.AddValue("errortime", _errortime)
  End Sub
  ' Zeitpunkt des Fehlers ermitteln
  Public ReadOnly Property ErrorTime() As Date
    Get
      Return _errortime
    End Get
  End Property
End Class
```

8.2 Fehlerabsicherung mit Try-Catch

Um zu vermeiden, dass ein unerwartet auftretender Fehler zur Anzeige eines Fehlerdialogs und zum anschließenden Programmende führt, können Sie Ihren Code durch eine Try-Catch-Konstruktion absichern. In der einfachsten Form sieht die Syntax so aus:

```
Try
  ... Code, der eventuell einen Fehler auslösen könnte
Catch
  ... Code, um auf den Fehler zu reagieren
End Try
```

Durch diese Konstruktion werden die Codezeilen zwischen Try und Catch ausgeführt. Wenn dabei kein Fehler auftritt, wird die Konstruktion anschließend verlassen, und es wird die nächste Anweisung nach End Try ausgeführt. Tritt hingegen irgendwo im Try-Block ein Fehler auf, wird dieser Block verlassen und der Catch-Block ausgeführt. Dieser Block eignet sich beispielsweise dazu,

- um Informationen über den Fehler in einer eigenen Dialogbox anzuzeigen,
- um den Fehler in eine Protokolldatei einzutragen,
- um eine E-Mail mit einem Fehlerbericht zu versenden,
- um Objekte aus dem Speicher zu entfernen oder vergleichbare Aufräumarbeiten durchzuführen,
- um eine neue Exception auszulösen, die Informationen über den Fehler an eine übergeordnete Prozedur weitergibt (z.B. in einer Klassenbibliothek), und
- um das Programm geordnet zu beenden.

Wenn die Prozedur oder das Programm im Catch-Block nicht beendet wird, wird die Programmausführung anschließend fortgesetzt, als wäre nie ein Fehler aufgetreten. Der Fehler (die Exception) gilt durch die Ausführung des Catch-Codes also automatisch als behoben bzw. als ausreichend verarbeitet – vollkommen unabhängig davon, was Ihr Programm im Catch-Code tatsächlich tut.

Die Try-Catch-Syntax setzt voraus, dass innerhalb der Konstruktion zumindest ein Catch- oder Finally-Block (siehe unten) angegeben wird. Es ist aber erlaubt, dass der Catch-Block leer ist (d.h., die nächste auf Catch folgende Zeile lautet End Try). Das bewirkt, dass der Fehler ohne Fehlermeldung einfach ignoriert wird und die Codeausführung nach End Try fortgesetzt wird, als wäre nichts geschehen. Es liegt auf der Hand, dass eine derartige Absicherung selten sinnvoll ist und im Gegenteil das Auftreten von Fehlern nur verschleiert (ähnlich wie durch On Error Resume Next in VB6).

ACHTUNG

Fehler, die innerhalb des Catch-Blocks auftreten, sind durch die Try-Catch-Konstruktion nicht abgesichert! Stellen Sie also beim Programmieren sicher, dass Ihr Catch-Code garantiert fehlerfrei ausgeführt wird, oder sichern Sie diesen Code zur Not durch eine verschachtelte Try-Catch-Konstruktion ab.

Differenzierte Reaktion auf Fehler

In der obigen Form können Sie im Catch-Block nicht auf das Exception-Objekt zugreifen, das den Fehler beschreibt. Dieses Objekt benötigen Sie aber, wenn Sie eine differenzierte Fehlerbehandlung realisieren möchten. Dabei hilft die folgende Syntaxvariante:

```
Try
  ... Code, der eventuell einen Fehler auslösen könnte
Catch e As Exception
  ... Code, um auf den Fehler zu reagieren
End Try
```

Nun können Sie innerhalb des Catch-Blocks über die lokale Variable e auf alle Eigenschaften des Exception-Objekts zugreifen, das zu dem Fehler gehört. Die folgenden Zeilen geben dazu ein konkretes Beispiel:

```
Dim txt As String
Dim sr As IO.StreamReader
Try
  sr = New IO.StreamReader("diese_datei_gibt_es_nicht.txt")
  txt = sr.ReadToEnd()
  sr.Close()
  Console.WriteLine(txt)
Catch e As Exception
  ' Datei schließen
  If Not IsNothing(sr) Then sr.Close()
  ' Informationen über den Fehler anzeigen
  Console.WriteLine("Exception-Name: " + e.GetType.Name)
  Console.WriteLine("Fehlertext:     " + e.Message)
  Console.WriteLine("Fehlerort:      " + e.StackTrace)
End Try
```

Optional können Sie jede Catch-Anweisung mit When bedingung ergänzen. Dadurch wird der nachfolgende Codeblock nur ausgeführt, wenn die Bedingung erfüllt ist.

Als weitere Syntaxvariante können Sie mehrere Catch-Blöcke für unterschiedliche Exception-Klassen angeben. Wenn ein Fehler auftritt, werden alle Catch-Anweisungen der Reihe nach überprüft, bis eine Catch-Anweisung gefunden wird, die auf den Fehler zutrifft (siehe das nächste Beispiel).

HINWEIS

Beachten Sie, dass Sie unbedingt zuerst spezifische und erst dann allgemeine Exception-Klassen angeben müssen (also in der Vererbungshierarchie der Exception-Klassen zuerst die abgeleiteten Klassen und erst dann die Basisklassen)!

Da jede Exception-Klasse von System.Exception abgeleitet ist, trifft Catch e As Exception auf jeden Fehler zu. Wenn Catch e As Exception also am Beginn der Catch-Alternativen steht, trifft diese Variante immer zu, und die anderen Catch-Alternativen werden gar nicht mehr berücksichtigt.

Catch e As Exception sollte daher am Ende der Catch-Variante angegeben werden. Damit gilt der letzte Catch-Block als Sammelbecken für alle Fehler, deren genauen Typ Sie nicht vorhergesehen haben bzw. die Sie nicht separat berücksichtigen wollten.

Wenn innerhalb der Try-Catch-Konstruktion ein Fehler auftritt, der keiner der Catch-Varianten entspricht, gilt dieser Fehler als unbehandelt, und es kommt zur Anzeige der am Beginn dieses Kapitels abgebildeten Standardfehlermeldung und zum anschließenden Programmende (es sei denn, der Fehler wird durch eine weitere, übergeordnete Try-Catch-Konstruktion aufgefangen).

```
Try
  sr = New IO.StreamReader("diese_datei_gibt_es_nicht.txt")
  txt = sr.ReadToEnd()
  sr.Close()
  Console.WriteLine(txt)
Catch e As IO.FileNotFoundException
  ' Datei wurde nicht gefunden
  ...
Catch e As Exception
  ' ein anderer Fehler ist aufgetreten
  ...
End Try
```

Finally

Am Ende der Try-Catch-Konstruktion kann ein Finally-Block angegeben werden. Der darin enthaltene Code wird sowohl nach der fehlerfreien Ausführung des Try-Blocks als auch nach dem Auftreten eines behandelten Fehlers im Anschluss an den Catch-Block abgearbeitet. Wenn dagegen ein unbehandelter Fehler auftritt, wird die gesamte Try-Catch-Konstruktion verlassen und zumeist auch der Finally-Block ignoriert.

HINWEIS Es gibt einige wenige Exceptions, die vom gewöhnlichen Verhalten abweichen. Dazu zählt die `Threading.ThreadAbortException`: Wenn diese Exception innerhalb eines `Try`-Blocks auftritt, wird der `Finally`-Block selbst dann ausgeführt, wenn die Exception nicht in einem `Catch`-Block abgefangen wird bzw. wenn es gar keinen `Catch`-Block gibt. Weitere Informationen zu dieser Exception folgen in Abschnitt 21.4.

Wenn `Try`-Konstruktionen ineinander verschachtelt sind und im inneren `Catch`-Block eine neue `Exception` ausgelöst wird, dann wird dessen `Finally`-Block ausgeführt, nicht aber der Code nach dem inneren `End-Try`.

```
Sub Main()
  Try
    Dim null As Integer = 0
    Try
      Console.WriteLine(1 \ null)
    Catch e As Exception
      Console.WriteLine("Inner Catch") 'wird ausgegeben
      Throw New Exception()
    Finally
      Console.WriteLine("Finally")     'wird ausgegeben
    End Try
    Console.WriteLine("Nach Finally")  'wird nicht ausgegeben!
  Catch
    Console.WriteLine("Outer Catch")   'wird ausgegeben
  End Try
End Sub
```

Exit Try

Innerhalb des `Try`-Blocks bzw. in den `Catch`-Blöcken kann die gesamte Konstruktion durch `Exit Try` vorzeitig verlassen werden. In diesem Fall wird zuerst der Code im `Finally`-Block ausgeführt. Anschließend wird das Programm in der nächsten Zeile nach `End Try` fortgesetzt. Im `Finally`-Block ist `Exit Try` nicht zulässig.

Using

Mit `Using` können Sie `IDisposeable`-Objekte gleichzeitig als lokale Variablen deklarieren und initialisieren. Die Besonderheit daran: Sobald die Codeausführung `End Using` erreicht, werden alle betroffenen Objekte automatisch durch einen Aufruf von `Dispose` freigegeben – und zwar sogar dann, wenn im `Using`-Block ein Fehler (eine `Exception`) auftritt.

```
Using myBitmap As New Bitmap(100, 100), myBrush As New SolidBrush(Color.Aquamarine)
  ...
End Using
```

Intern entspricht `Using` der folgenden `Try`-Konstruktion:

```
Dim bm As New Bitmap(100, 100), brsh As New SolidBrush(Color.Aquamarine)
Try
  ...
Finally
  bm.Dispose()
  brsh.Dispose()
End Try
```

TryXxx-Methoden

Einige Klassen stellen `TryXxx`-Methoden zur Verfügung. Deren Einsatz vermeidet aufwendige `Try-Catch`-Konstruktionen:

» Fast alle elementaren Datentypen wie `Date`, `Double` oder `Integer` kennen die Methode `TryParse`. Sie versucht, eine Zeichenkette als Datum oder Zahl zu interpretieren. Gelingt das, liefert die Methode `True` zurück, sonst `False`. Das Ergebnis wird in einer Variablen gespeichert.

```
Dim d As Double
If Double.TryParse("123", d) Then ...
```

» `aufzählung.TryGetValue("schlüssel", result)` versucht, aus der Aufzählung das Element mit dem angegebenen Schlüssel zu lesen (z.B. für die Klassen `Dictionary` und `SortedList`).

» `monitor.TryEnter(object)` versucht, einen exklusiven Lock auf das Objekt zu erlangen (in Multi-Threading-Programmen).

Syntaxzusammenfassung

***Try-Catch*-Syntax**	

`Try`
`  ...`
`  [Exit Try]`
`  ...`
	führt die Codezeilen bis zur ersten `Catch`-Anweisung aus. Wenn dabei kein Fehler auftritt, wird der (optionale) `Finally`-Block ausgeführt.
	`Exit Try` beendet die gesamte Konstruktion vorzeitig. Der `Finally`-Block wird auch in diesem Fall ausgeführt.

`Catch e As XxxException [When cond]`
`  ...`
`  [Exit Try]`
	falls im `Try`-Block ein Fehler des Typs `XxxException` aufgetreten ist (und die optionale Bedingung `cond` erfüllt ist), wird zuerst dieser Block und dann der `Finally`-Block ausgeführt. Über die lokale Variable `e` kann auf das `Exception`-Objekt zugegriffen werden.

`Catch [e As Exception] [When cond]`
`  ...`
`  [Exit Try]`
	berücksichtigt alle Fehler, die bisher nicht explizit behandelt wurden.

`Finally` `  ...`	wird in jedem Fall ausgeführt, unabhängig davon, ob ein behandelter Fehler aufgetreten ist oder nicht.

***Try-Catch*-Syntax**	
`End Try`	beendet die `Try-Catch`-Konstruktion.

`Using obj As New classname ...`
`  ...`
`End Using`
	deklariert und erzeugt ein neues Objekt (oder auch mehrere). Sobald die Codeausführung `End Using` erreicht oder wenn innerhalb des `Using`-Blocks ein Fehler auftritt, wird das Objekt durch `Dispose` freigegeben. Anschließend wird das Programm nach `End Using` fortgesetzt.

8.3 Try-Catch-Programmiertechniken

Minimalabsicherung für Konsolenanwendungen

`Try/Catch` gilt auch für alle untergeordneten Prozeduren, die Sie aufrufen. Wenn es sich beim folgenden Programm um eine Konsolenanwendung handelt, deren gesamter Code über `myFunction` aufgerufen wird, so ist das gesamte Programm abgesichert – wenn auch nur notdürftig. Sobald in `myFunction` oder in irgendeiner anderen Prozedur, die von dort aus ausgerufen wurde, ein Fehler auftritt, wird der `Catch`-Block von `Main` ausgeführt. Dort können Sie dann eine Fehlermeldung anzeigen und das Programm geordnet beenden.

```
Sub Main()
  Try
    myFunction()
  Catch
    MsgBox("error")
  End Try
End Sub
```

Absicherung von eigenen Klassen

Schon wesentlich aufwendiger ist es, eine selbst programmierte Klasse abzusichern. Es gibt leider keine Möglichkeit, eine zentrale Fehlerbehandlungsprozedur einzurichten, die automatisch immer dann aufgerufen wird, wenn in irgendeinem Codeabschnitt der Klasse ein nicht abgesicherter Fehler auftritt. Daher müssen Sie jede Prozedur (Methode, Eigenschaft etc.) der Klasse einzeln absichern, was bei umfangreichen Klassen natürlich sehr mühsam ist.

Absicherung von Windows-Programmen

Jedes Formular (Fenster) eines Windows-Programms ist eine eigene Klasse. Daher gibt es keinen Unterschied zwischen der Absicherung eines Windows-Programms und der einer Klasse: Sie müssen jede Prozedur (und insbesondere jede Ereignisprozedur, die als Reaktion auf Benutzereingaben, Mausklicks etc. aufgerufen wird) explizit absichern.

Damit Sie nicht immer wieder denselben Code zur Fehlerabsicherung in den `Catch`-Blöcken der diversen Prozeduren angeben müssen, können Sie eine eigene Prozedur zur Fehlerbehandlung aufrufen.

```
' jede (Ereignis-)Prozedur einzeln absichern
Sub prozedur1, 2, 3, 4 ...()
  Try
    ... normaler Code
  Catch e As Exception
    myErrorCode(e)
  End Try
End Sub
Function myErrorCode(e As Exception) As Integer
  .. Code zur Fehlerabsicherung und evtl. zum Programmende
  MsgBox("error")
End Function
```

ACHTUNG

Je nach Anwendung können Sie dem Anwender in `myErrorCode` die Möglichkeit geben, das Programm zu beenden oder zu versuchen, es fortzusetzen. Wenn das Programm in `myErrorCode` nicht beendet wird, wird es bei der Zeile `End Try` in der Prozedur fortgesetzt, die den Fehler verursacht hat. Das ist aber nicht immer sinnvoll. Ein differenzierteres Verhalten können Sie beispielsweise erreichen, indem Sie die weitere Programmausführung vom Rückgabewert der `myErrorCode`-Funktion abhängig machen.

Fehlerabsicherung absichern

Wenn innerhalb eines `Catch`-Blocks ein weiterer Fehler auftritt, gilt dieser Fehler als ganz normaler Fehler! Um Fehlermeldungen etc. zu vermeiden, können Sie aber natürlich wahlweise den `Catch`-Block durch eine weitere `Try`-Konstruktion (Variante 1) oder den gesamten `Try`-Block zweifach absichern (Variante 2).

```
' Variante 1
Try
  ... normaler Code
Catch
  Try
    ... Code zur Fehlerbehandlung
  Catch
    ... Code, wenn in der Fehlerbehandlung ein Fehler auftritt
  End Try
End Try
' Variante 2
Try
  Try
    ... normaler Code
  Catch
    ... Code zur Fehlerbehandlung
  End Try
Catch
  ... Code, wenn in der Fehlerbehandlung ein Fehler auftritt
End Try
```

Exception-Objekt modifizieren oder weitergeben

Was ist eigentlich das Ziel der Fehlerabsicherung? Bei interaktiven Programmen soll zumeist eine verständliche Fehlermeldung angezeigt werden. Außerdem sollte dem Anwender eine Möglichkeit gegeben werden, das Programm entweder fortzusetzen oder es zumindest kontrolliert zu beenden.

Wenn Sie dagegen eigene Klassen entwickeln, die möglicherweise von nicht interaktiven Programmen genutzt werden sollen (z.B. von Server-Diensten), sieht die Zielsetzung ganz anders aus: Falls der Fehler innerhalb des Fehlerbehandlungscodes nicht umgangen werden kann, soll eine möglichst präzise Information über den Fehler in Form eines `Exception`-Objekts an das Programm zurückgegeben werden, das die Klasse nutzt.

Dabei gibt es wiederum zwei Möglichkeiten, wie ein bereits aufgetretener Fehler innerhalb des Fehlerabsicherungscodes weitergegeben werden kann: entweder indem das `Exception`-Objekt durch `Throw` unverändert neu ausgelöst oder indem ein neues `Exception`-Objekt erzeugt wird, das zusätzliche Kontextinformationen zum Fehler angibt und via `InnerException` auf den ursprünglichen Fehler verweist.

Das folgende Beispiel veranschaulicht beide Vorgehensweisen. `class1` ist eine Klasse, in der zwei `Integer`-Werte `x` und `y` gespeichert werden. Die Methode `quot` berechnet den Quotienten der beiden Zahlen. Wenn dabei eine Division durch 0 auftritt, wird der Sonderfall `x=0` und `y=0` berücksichtigt: In diesem Fall wird statt eines Fehlers das Resultat 1 zurückgegeben. In allen anderen Fällen wird der Fehler durch `Throw` einfach neu ausgelöst. (Wenn in `quot` ein anderer Fehler auftritt, der durch `Catch DivideByZeroException` nicht erfasst wird, wird dieser Fehler automatisch an die aufrufende Stelle im Code weitergegeben, ohne dass hierfür eigener Code erforderlich ist.)

```
' Beispiel fehler\modify-exception
Class class1
  Public x, y As Integer
  Public Sub New(ByVal x As Integer, ByVal y As Integer)
    Me.x = x
    Me.y = y
  End Sub
  Public Function quot() As Integer
    Try
      Return x \ y
    Catch e As DivideByZeroException
      If x = 0 And y = 0 Then
        ' für diese Klasse gilt: 0 / 0 = 1
        Return 1
      Else
        ' Exception neuerlich auslösen
        Throw e
      End If
    End Try
  End Function
End Class
```

class2 hat im Folgenden dieselbe Aufgabe wie class1 und unterscheidet sich nur durch die Fehlerabsicherung: Der Sonderfall x=0 und y=0 wird hier bereits vor der Division kontrolliert und führt (ohne einen Fehler auszulösen) zur Rückgabe von 1. Sollte dagegen bei der Integerdivision x \ y ein beliebiger Fehler auftreten, dann wird ein neues Exception-Objekt erzeugt und der Fehler mit Throw ausgelöst. Dabei werden als Message-Eigenschaft des Objekts einige Kontextinformationen übergeben: der Ort des Fehlers und der Inhalt von x und y. Außerdem wird das ursprüngliche Exception-Objekt als zweiter New-Parameter übergeben. Es kann dann aus der InnerException-Eigenschaft des neuen Exception-Objekts gelesen werden.

```
Class class2   '[ ... x, y und New() wie in class1 ...]
  Public Function quot() As Integer
    Try
      ' für diese Klasse gilt: 0 / 0 = 1
      If x = 0 And y = 0 Then Return 1
      Return x \ y
    Catch e As Exception
      ' Exception neuerlich auslösen
      Dim msg As String
      msg = String.Format( _
        "Fehler in Methode class2.quot. x={0}, y={1}", x, y)
      Throw New Exception(msg, e)
    End Try
  End Function
End Class
```

Die folgenden Zeilen zeigen die (abgesicherte) Anwendung der beiden Klassen. Zur Anzeige der Fehlertexte wird die Funktion AllExceptionMessages verwendet, die mit InnerException alle Fehler bis zur ursprünglichen Exception durchläuft.

```
Module Module1

  Sub Main()
    Dim a As New class1(0, 0)
    Console.WriteLine("a.quot() = {0}", a.quot())  'kein Fehler
    Dim b As New class1(1, 0)
    Try
      Console.WriteLine("b.quot() = {0}", b.quot())
    Catch e As Exception
      Console.WriteLine(AllExceptionMessages(e))
    End Try
    Dim c As New class2(1, 0)
    Try
      Console.WriteLine("c.quot() = {0}", c.quot())
    Catch e As Exception
      Console.WriteLine(AllExceptionMessages(e))
    End Try
  End Sub
```

```
  Public Function AllExceptionMessages(ByVal e As Exception) As String
    Dim msg As String
    Dim indent As Integer
    Dim innerex As Exception = e.InnerException
    msg = e.GetType().Name + ": " + e.Message
    While Not IsNothing(innerex)
      indent += 2
      msg += vbCrLf + Space(indent)
      msg += innerex.GetType().Name + ": " + innerex.Message
      innerex = innerex.InnerException
    End While
    msg += vbCrLf
    Return msg
  End Function
End Module
```

Das Beispielprogramm liefert folgendes Ergebnis:

```
a.quot() = 1
DivideByZeroException: Es wurde versucht, durch null zu teilen.
Exception: Fehler in Methode class2.quot. x=1, y=0
  DivideByZeroException: Es wurde versucht, durch null zu teilen.
```

Zentrale Fehlerabsicherung für Windows-Programme

Bei Windows Forms-Programmen ermöglicht das `UnhandledException`-Ereignis von `My.Application` eine zentrale Absicherung eines gesamten Programms. Das Ereignis tritt auf, wenn irgendwo im Code eine nicht abgesicherte `Exception` ausgelöst wurde. In der Ereignisprozedur können Sie das Programm sogar fortsetzen. Weitere Informationen zu diesem Ereignis finden Sie in Abschnitt 7.2 im Windows Forms-E-Book auf der Webseite zum Buch. Eine entsprechende Funktion für WPF-Programmen bietet die `DispatcherUnhandledException` der Klasse `System.Windows.Application`. Wie Sie diese Ausnahme verarbeiten, beschreibe ich in Abschnitt 18.9 in diesem Buch.

8.4 Fehlerabsicherung mit On-Error

Zur Fehlerabsicherung können Sie statt `Try-Catch`-Konstruktionen auch die aus VB6 stammende `On-Error`-Anweisung verwenden. Allerdings ist dieses Konzept veraltet. Sein Nachteil besteht darin, dass es auf `Goto`-Kommandos basiert, also auf Sprüngen im Code. Das führt oft zu einem schwer nachvollziehbaren Codeablauf, weswegen Sie nach Möglichkeit auf `On-Error`-Anweisungen verzichten sollten. (Es gibt aber auch Fälle, in denen `On Error` verständlicheren Code liefert – etwa dann, wenn im Fehlerfall eine Eingaberoutine einfach wiederholt werden soll.)

HINWEIS Innerhalb einer Prozedur können Sie entweder `On Error` oder `Try-Catch` zur Fehlerabsicherung verwenden, aber nicht beide Konstruktionen gleichzeitig!

Das Grundkonzept von `On Error` ist in der Prozedur `sub1` demonstriert: Die Anweisung `On Error Goto label` bewirkt, dass das Programm beim Auftreten eines Fehlers beim angegebenen Sprunglabel fortgesetzt wird. (Ein Sprunglabel wird durch einen Text mit einem nachfolgenden Doppelpunkt gekennzeichnet. Das Label muss sich innerhalb der Prozedur befinden.)

Im Fehlerbehandlungscode können die Details des Fehlers aus einem Objekt der Klasse `Microsoft.VisualBasic.ErrObject` gelesen werden. Dieses Objekt ist über die Funktion `Err` zugänglich. `Err.Number` liefert eine VB6-kompatible Fehlernummer. (`Err.GetException` liefert übrigens das zum Fehler passende `Exception`-Objekt.)

Die Prozedur kann nun im Fehlerbehandlungscode verlassen werden – damit gilt der Fehler als behandelt. Sie können aber auch `Resume` ausführen, um die Prozedur an einem beliebigen weiteren Label fortzusetzen. (Dabei ist Vorsicht geboten: Wenn der Fehler nun abermals auftritt, gerät das Programm in eine Endlosschleife.) Als Variante zu `Resume` können Sie auch `Resume Next` ausführen, um das Programm in der Zeile nach der fehlerhaften Zeile fortzusetzen.

```
' Beispiel fehler/on-error
Sub sub1()
  Dim a, b, c As Integer
  On Error GoTo errorcode
  Console.WriteLine("in sub1:")
tryagain:
  a = b \ c
  Console.WriteLine("a={0}", a)
  Exit Sub
errorcode:
  ' Fehlerbehandlung
  Console.WriteLine(Err.Description)
  c = 1
  Resume tryagain
End Sub
```

Noch verpönter als `On Error Goto` ist in VB-kritischen Kreisen die Anweisung `On Error Resume Next`. Diese Anweisung bewirkt, dass das Auftreten von Fehlern einfach ignoriert wird. Stattdessen wird das Programm mit der nächsten Zeile fortgesetzt. Wenn Sie möchten, können Sie am Ende des kritischen Blocks `Err` überprüfen, ob in der Zwischenzeit ein Fehler aufgetreten ist.

```
Sub sub2()
  Dim a, b, c As Integer
  On Error Resume Next
  Console.WriteLine("in sub2:")
  a = b \ c
  Console.WriteLine("a={0}", a)
  ' Fehlerbehandlung
  If Err.Number <> 0 Then
    Console.WriteLine(Err.Description)
  End If
End Sub
```

Syntaxzusammenfassung

***On-Error*-Syntax**	
`On Error Resume Next`	ignoriert Fehler und setzt das Programm mit der nächsten Anweisung fort.
`On Error Goto label`	setzt das Programm beim Auftreten eines Fehlers an der Sprungmarke `label` fort.
`Resume`	setzt das Programm mit der zuvor fehlerhaften Anweisung fort. (Das ist nur dann sinnvoll, wenn inzwischen die Ursache des Fehlers behoben wurde.) `Resume` kann nur innerhalb des Fehlerbehandlungscodes ausgeführt werden.
`Resume label`	setzt das Programm bei der Sprungmarke `label` fort.
`Resume Next`	setzt das Programm mit der nächsten Anweisung nach der fehlerhaften Anweisung fort.
`Err`	verweist auf ein Objekt der Klasse `ErrObject`, das Informationen über den Fehler enthält.
`Err.GetException()`	verweist auf das `Exception`-Objekt des Fehlers.
`Err.Number`	liefert eine VB6-kompatible Fehlernummer.

8.5 Fehlersuche (Debugging)

Der Begriff `Debugging` bezeichnet die Suche nach Fehlern in einem Programm. `Debugging` betreiben Sie immer dann, wenn Ihr Programm nicht so funktioniert, wie Sie es erwarten, und Sie auf der Ursachensuche sind. Dieser Abschnitt gibt einen Überblick über die zu diesem Zweck vorgesehenen Hilfsmittel in Visual Basic und über den in die Entwicklungsumgebung integrierten Debugger.

Vorweg ein kurzer Überblick: In den Debugger-Modus der Entwicklungsumgebung gelangen Sie am häufigsten dadurch, dass in Ihrem Programm ein nicht behandelter Fehler auftritt. Andere Möglichkeiten sind Haltepunkte im Programm oder eine manuelle Programmunterbrechung durch DEBUGGEN|ALLE UNTERBRECHEN. Wenn möglich, markiert die Entwicklungsumgebung die Zeile, in der das Programm unterbrochen wurde. Sie können nun unter anderem

- den aktuellen Inhalt von Variablen, Eigenschaften etc. in Überwachungsfenstern ansehen,
- Variablen und Eigenschaften ändern, Methoden und Prozeduren ausführen etc. (DIREKT-Fenster),
- im Fenster AUFRUFELISTE feststellen, wie es zum Aufruf der aktuellen Prozedur, Funktion oder Methode gekommen ist,
- den Code des Programms verändern,
- das Programm mit DEBUGGEN|WEITER fortsetzen,
- das Programm mit DEBUGGEN|EINZELSCHRITT oder -|PROZEDURSCHRITT schrittweise fortsetzen oder
- die Programmausführung mit DEBUGGEN|DEBUGGEN BEENDEN abbrechen.

Ein laufendes Programm unterbrechen

Sie können ein laufendes Programm in der Entwicklungsumgebung unterbrechen. Dazu führen Sie Debuggen|Unterbrechen aus oder drücken [Strg]+[Untbr]. Bei Konsolenanwendungen hat [Strg]+[C] dieselbe Wirkung. Diese beiden Tastenkombinationen sind beispielsweise dann praktisch, wenn sich Ihr Programm in einer Endlosschleife befindet.

Haltepunkte

Indem Sie eine Programmzeile am linken Rand anklicken, setzen Sie in dieser Zeile einen sogenannten Haltepunkt (`break point`). In der Entwicklungsumgebung werden Haltepunkte durch einen roten Kreis neben der Programmzeile angezeigt. Wenn die mit einem Haltepunkt versehene Zeile bei der Programmausführung erreicht wird, wird das Programm unterbrochen. Sie haben nun die Möglichkeit, den Inhalt einzelner Variablen zu analysieren oder das Programm (eventuell nur zeilenweise) fortzusetzen.

Neben einfachen Haltepunkten kennt die Entwicklungsumgebung auch Haltepunkte, die nur dann berücksichtigt werden, wenn eine bestimmte Bedingung zutrifft, oder nur dann, wenn die Zeile *n*-mal erreicht wird. Derartige Zusatzbedingungen können im Dialog Haltepunkteigenschaften eingestellt werden. Dieser Dialog ist über das Kontextmenü des Haltepunkts oder über das Haltepunktfenster erreichbar. Das Haltepunktfenster (siehe Abbildung 8.3) hilft bei der Verwaltung aller Haltepunkte.

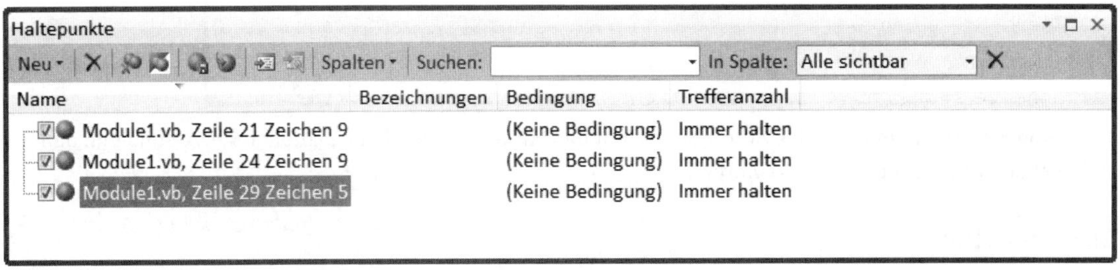

Abbildung 8.3: Das Haltepunktfenster zur Verwaltung aller Haltepunkte

Überwachungsfenster

Während das Programm unterbrochen ist, wollen Sie normalerweise wissen, welchen Inhalt die gerade aktuellen Variablen und Eigenschaften haben. Die Entwicklungsumgebung stellt gleich eine ganze Reihe von Fenstern zur Auswahl, um diese Informationen zu ermitteln. Diese Fenster können mit Debuggen|Fenster|Name geöffnet werden:

» Auto: Das Fenster (siehe Abbildung 8.4) zeigt die Inhalte aller Variablen an, die in der aktuellen Zeile und in den umgebenden Anweisungen benutzt werden.

» Lokal: Dieses Fenster zeigt alle Variablen an, die innerhalb der aktuellen Prozedur lokal definiert sind. (Dazu zählen auch alle Parameter der Prozedur.)

» Überwachen 1 bis 4: In diese vier Fenster können manuell einzelne Variablen zur Überwachung eingefügt werden. (Dazu klicken Sie die Variable mit der rechten Maustaste an und führen das Kommando Überwachung hinzufügen aus.)

» Schnellüberwachung: Dieser Dialog zeigt nur den Inhalt einer einzigen Variablen an. Der Dialog kann durch Anklicken der Variablen mit der rechten Maustaste über ein Kontextmenükommando geöffnet werden.

Alle Fenster zeichnen sich durch einige gemeinsame Merkmale aus: So werden die Inhalte von Variablen, die sich durch die letzte Anweisung geändert haben, rot dargestellt. Zahlenwerte können per Kontextmenü wahlweise dezimal oder hexadezimal angezeigt werden. Vor Objekten wird ein Pluszeichen angezeigt, mit dem das Objekt auseinandergeklappt werden kann. Damit können die Eigenschaften von Objekten angezeigt werden. Wenn diese auf andere Objekte verweisen, wiederholt sich die Vorgehensweise, sodass ein ganzer Objektbaum angezeigt werden kann. Das wird allerdings rasch sehr unübersichtlich.

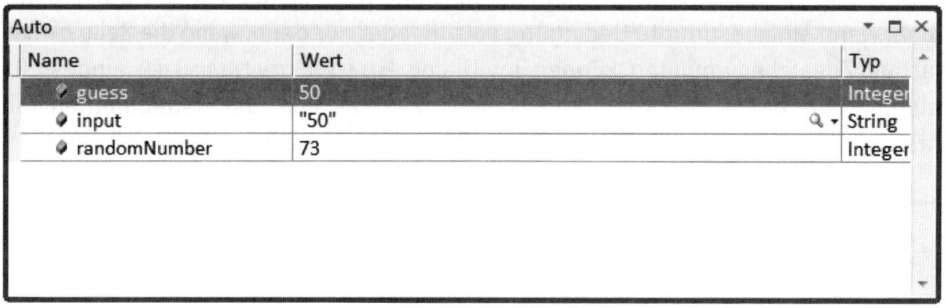

Abbildung 8.4: Abbildung 1.4: Das Auto-Fenster mit den Variablen, die in der aktuellen Anweisung und den umliegenden Anweisungen benutzt werden

Direktfenster

Im Befehlsfenster (Debuggen|Fenster|Direkt) können Sie einfache VB-Kommandos ausführen. Das Fenster eignet sich insbesondere dazu, um Prozeduren aufzurufen, den Wert einer Variablen mit `?` anzuzeigen oder um ihn durch `name=...` zu ändern.

Aufrufliste

Das Fenster Aufrufliste zeigt an, wie die aktuelle Codeposition erreicht worden ist. In Abbildung 8.5 wurde beispielsweise in `Module1.Main` die Methode `ItemsText` eines Objekts der Klasse `LinkedList` ausgeführt. Innerhalb des Codes dieser Methode wurde wiederum die Eigenschaft `Value` gelesen, was im Aufruffenster als `get_Value` dargestellt wird.

Durch einen Doppelklick innerhalb der Aufrufliste können Sie den aktuellen Gültigkeitsbereich (Kontext) verändern. Wenn Sie den Kontext beispielsweise auf `Main()` schalten, können Sie feststellen, welchen Inhalt die Variablen in `Main` hatten, als die Methode `ItemsText` ausgeführt worden ist. Das Programm kann aber unabhängig vom Kontext nur in der höchsten Ebene der Aufrufliste fortgesetzt werden.

Bei Ereignisprozeduren von Windows-Anwendungen oder bei rekursiven Algorithmen kann die Aufrufliste sehr lang sein. Außerdem kann die Aufrufliste Prozedur- und Methodenaufrufe von .NET-Klassen enthalten. Derartige Einträge sind in grauer Schrift dargestellt. Der dazugehörige Code kann dann nur als Assembler-Code angezeigt werden; dieser Code ist aber nur interessant, wenn Sie über ein umfassendes Assembler- und .NET-Hintergrundwissen verfügen.

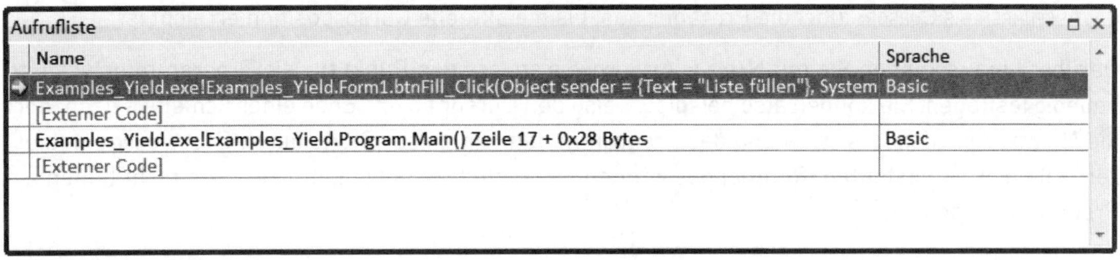

Abbildung 8.5: Abbildung 1.5: Die Aufrufliste zeigt die Hierarchie der Prozedur- und Methodenaufrufe an.

Threads-Fenster

Wenn Sie Multithreading-Anwendungen erstellen, können Sie im Threads-Fenster zwischen den Threads Ihres Programms wechseln und das Programm gezielt in einem bestimmten Thread fortsetzen. Außerdem können Sie dort einen Thread sperren. Das bedeutet, dass dieser Thread nicht mehr ausgeführt wird, bis die Sperre aufgehoben wird.

Code verändern, Programm fortsetzen

Für viele Visual Basic-Entwickler (VB1 bis VB6) war es immer eine Selbstverständlichkeit, das Programm zu starten, wenn Fehler auftraten, diese zu korrigieren und das Programm dann fortzusetzen. Zwischenzeitlich stand dieses Feature (Schlagwort `edit & continue`) in den Visual Basic-Versionen VB.NET und VB2003 nicht zur Verfügung, seit VB2005 funktioniert es wieder. Beachten Sie aber, dass während einer Unterbrechung nicht beliebige Änderungen möglich sind. Die Entwicklungsumgebung warnt Sie vor Veränderungen, die einen Neustart erforderlich machen.

Programm zeilenweise ausführen

Nach einer Unterbrechung können Sie das Programm zeilenweise (also Anweisung für Anweisung) fortsetzen. Dazu können Sie entweder die Kommandos des Debuggen-Menüs, die dort angegebenen Tastenkürzel oder die Buttons der Debuggen-Symbolleiste verwenden. Die folgende Aufzählung beschreibt die verschiedenen Kommandos, die dabei zur Auswahl stehen:

» Starten/Fortsetzen: setzt die Programmausführung unbegrenzt fort (bis der nächste Fehler auftritt bzw. der nächste Haltepunkt erreicht wird).

» Einzelschritt: führt nur die nächste Anweisung aus.

» Prozedurschritt: führt ebenfalls nur die nächste Anweisung aus. Wenn es sich dabei um den Aufruf einer selbst definierten Methode oder Prozedur handelt, wird diese Prozedur vollständig ausgeführt (und nicht Anweisung für Anweisung wie bei Einzelschritt).

» Ausführung bis Rücksprung: führt die Prozedur bis an ihr Ende aus. Die Programmausführung wird bei der nächsten Anweisung nach dem Aufruf der Prozedur wieder unterbrochen.

» Ausführen bis Cursor: führt die Prozedur aus, bis die aktuelle Cursorposition erreicht ist.

Darüber hinaus können Sie mit Nächste Anweisung festlegen den Punkt für die Programmfortsetzung beliebig festlegen. Sie können also beispielsweise den Cursor an das Ende einer Schleife setzen, dort die Nächste Anweisung festlegen und das Programm dann an dieser Stelle durch Einzelschritt fortsetzen. Alle hier vorgestellten Kommandos können Sie auch dazu nutzen, um ein noch nicht laufendes Programm zu starten.

Obwohl das Menü und die Symbolleisten der Entwicklungsumgebung voller Kommandos sind, die man nie braucht, fehlt standardmäßig ein Teil der hier beschriebenen Kommandos. Das können Sie mit Extras|Anpassen schnell ändern. Das Befehle-Dialogblatt enthält die vollständige Liste aller Debugging-Kommandos, die Sie einfach per Drag&Drop in das Menü einbauen können.

In der Praxis werden Sie die oben beschriebenen Kommandos meistens per Tastatur ausführen. Leider sind die Tastenkürzel stark von der Konfiguration der Entwicklungsumgebung abhängig, weswegen ich hier auf eine Referenz verzichte. Die gerade gültigen Tastenkürzel werden im Debuggen-Menü angezeigt.

Ausnahmen-Fenster

Standardmäßig wird das Programm bei jeder nicht abgesicherten Ausnahme unterbrochen. Dieses Verhalten können Sie im Dialog Debuggen|Ausnahmen verändern. Dort können Sie für jede `Exception`-Klasse bzw. für jede Gruppe derartiger Klassen (z.B. für alle `System.IO`-Fehler) festlegen, wie sich der Debugger verhalten soll, wenn ein Fehler auftritt. Dabei gibt es folgende Varianten:

» Der Fehler wird vorerst ignoriert. (Das Auswahlkästchen ist leer. Das ist die Standardeinstellung für die Gruppe `Common Language Runtime Exceptions`.)

» Beim Auftreten des Fehlers wird das Programm sofort unterbrochen.

Sofern der Fehler beim Auftreten ignoriert wird, kann im zweiten Auswahlkästchen eingestellt werden, wie sich der Debugger verhalten soll, wenn der Fehler nicht durch `On-Error` oder `Try-Catch` abgesichert wurde:

» Der Debugger wird jetzt gestartet. (Das Auswahlkästchen ist aktiviert. Das ist die Standardeinstellung für die Gruppe `Common Language Runtime Exceptions`.)

» Der Fehler wird weiterhin ignoriert.

HINWEIS

Beachten Sie, dass es vereinzelte Ausnahmen zu den Standardeinstellungen gibt! Eine davon ist `Threading.ThreadAbortException`. Dort sind beide Auswahlkästchen leer, sodass es selbst dann zu keiner Programmunterbrechung kommt, wenn der Fehler nicht abgesichert ist (siehe auch Abschnitt 21.4).

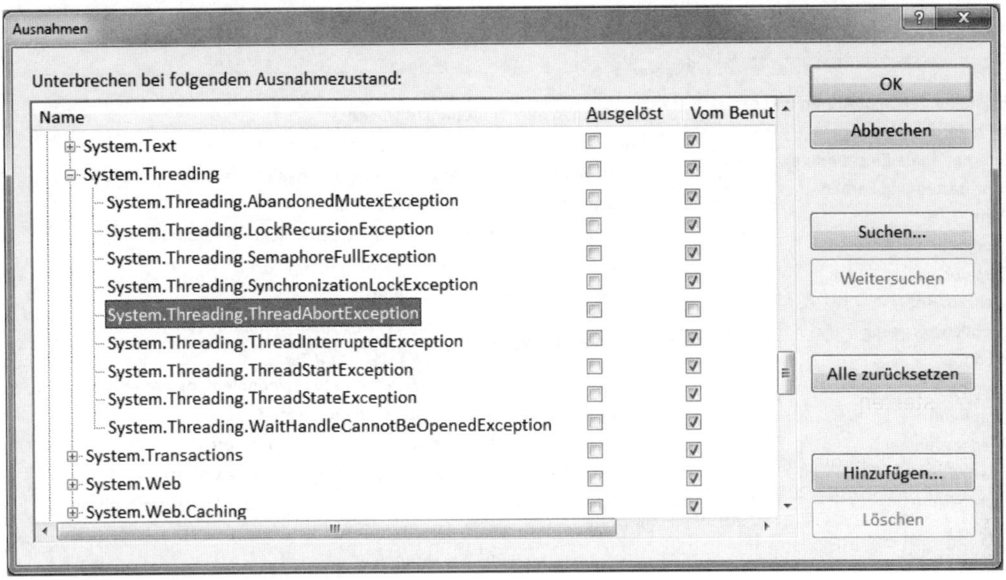

Abbildung 8.6: Einstellung der Reaktion auf Fehler

Falls Ihnen die Tragweite dieses Dialogs noch nicht ganz klar sein sollte: Wenn Sie `Common Language Runtime Exceptions` anklicken und eine der Optionen verändern, gilt diese Einstellung für *alle* vordefinierten .NET-Fehler.

Wenn Sie angeben, dass sofort beim Auftreten eines Fehlers der Debugger gestartet werden soll, dann erfolgt immer, wenn dieser Fehler auftritt, *sofort* eine Programmunterbrechung. Das gilt auch dann, wenn der Fehler eigentlich abgesichert wäre, und auch dann, wenn der Fehler in einer .NET-Bibliothek (und nicht in Ihrem Programm) auftritt!

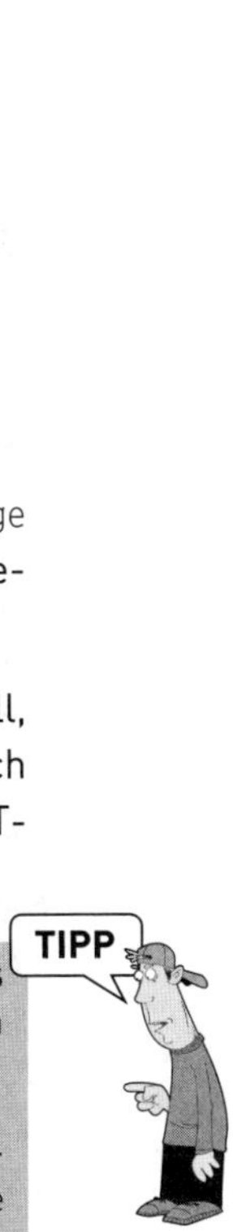

Manchmal tritt ein Fehler nicht unmittelbar in Ihrem Code auf, sondern in einer .NET-Bibliothek. Es kann natürlich trotzdem sein, dass Sie an dem Fehler direkt oder indirekt schuld sind, weil Sie einen falschen Parameter übergeben haben, ein noch benötigtes Objekt gelöscht haben etc.

Derartige Fehler sind sehr schwer zu lokalisieren. Versuchen Sie in solchen Fällen, einfach beim Auftreten aller Fehler sofort in den Debugger zu springen. Dazu markieren Sie `Common Language Runtime Exceptions` und aktivieren das Auswahlkästchen AUSGELÖST. Manchmal gelingt es mit dieser radikalen Maßnahme, die Ursache des Problems zu erkennen.

Erweiterte Debugging-Optionen (just my code)

Normalerweise ist die Fehlersuche auf den Code beschränkt, der von Ihnen stammt (`just my code`, Option NUR EIGENEN CODE AKTIVIEREN). Code aus externen Bibliotheken wird bei der Einzelschrittausführung übersprungen etc. Diese und andere Spezialoptionen stellen Sie im Dialog EXTRAS|OPTIONEN im Dialogblatt DEBUGGEN|ALLGEMEIN ein (siehe Abbildung 8.7). Das Dialogblatt steht nur zur Verfügung, wenn die Option ALLE EINSTELLUNGEN ANZEIGEN aktiv ist.

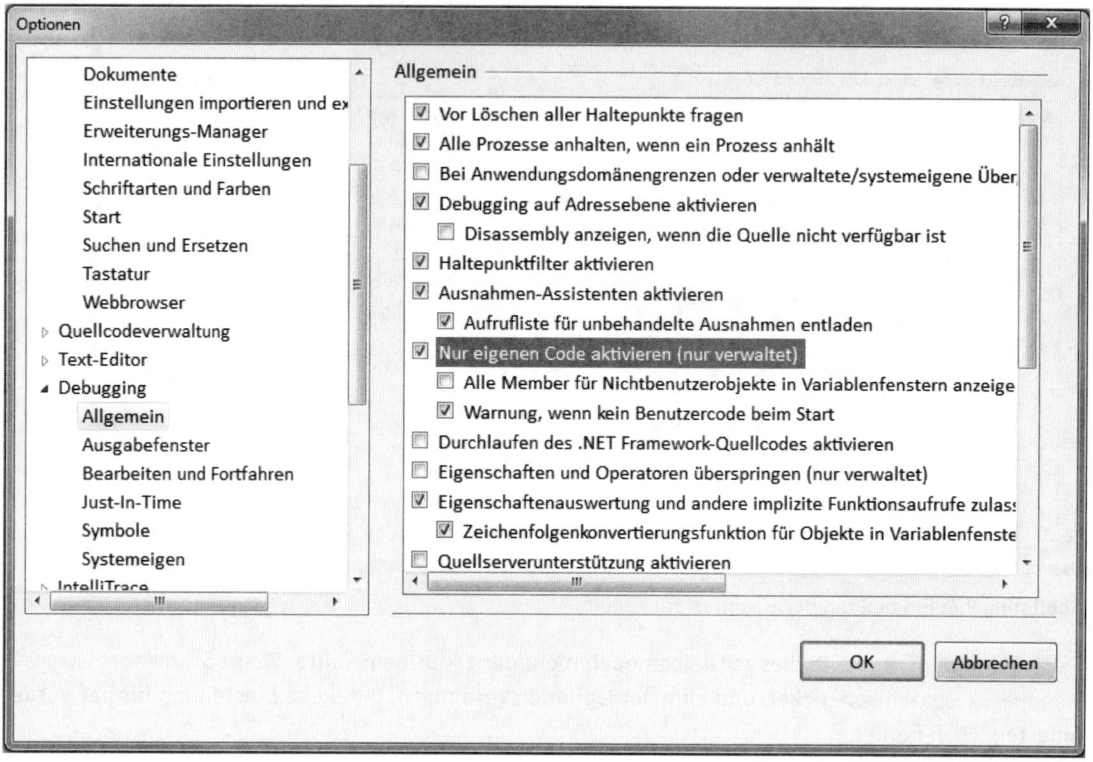

Abbildung 8.7: Erweiterte Debugging-Optionen der Entwicklungsumgebung

Debug- und Release-Kompilat

Beim gewöhnlichen Start eines Projekts in der Entwicklungsumgebung wird automatisch ein **Debug-Kompilat** erstellt (Verzeichnis *projekt/bin/Debug*). Dieses Kompilat eignet sich zum Testen und zur Fehlersuche:

» Zusammen mit dem Kompilat wird eine zusätzliche Datei *name.pdb* erzeugt, die Debugging-Informationen enthält. Diese Informationen ermöglichen es dem in der Entwicklungsumgebung integrierten Debugger, Unterbrechungen bei der Programmausführung einer bestimmten Zeile zuzuordnen. Darüber hinaus können Sie das Programm im Debugger zeilenweise ausführen etc. Die Debugging-Datei ist also eine Grundvoraussetzung dafür, dass Sie den Debugger zur Fehlersuche verwenden können.

» Die Konstante `Debug` wird vordefiniert. Diese Konstante kann durch `#If debug Then ...` ausgewertet werden, beispielsweise um einen Codeblock nur dann auszuführen, wenn das Programm in der `Debug`-Konfiguration kompiliert wurde.

Gleichzeitig können alle im nächsten Abschnitt vorgestellten Methoden und Eigenschaften der Klasse `Debug` verwendet werden.

Bevor Sie ein Programm weitergeben, erstellen Sie dagegen mit ERSTELLEN|PROJEKTNAME ERSTELLEN ein sogenanntes **Release-Kompilat** mit weniger Debugging-Informationen (Verzeichnis *projekt/bin/Release*). Die Compiler-Einstellungen für das `Release`-Kompilat finden Sie in den Projekteigenschaften im Dialogblatt KOMPILIEREN, Button ERWEITERTE KOMPILIERUNGSOPTIONEN, Listenfeld DEBUGINFO GENERIEREN. Dort können Sie auch angeben, dass das `Release`-Kompilat ganz ohne Debugging-Informationen erstellt werden soll (also ohne die zusätzliche Datei *name.pdb*).

`Release`-Kompilate ignorieren alle `Debug.Xxx`-Anweisungen. Bei Konsolenanwendungen bewirken [Strg]+[Untbr] und [Strg]+[C] ein sofortiges Programmende. Es scheint keine Möglichkeit zu geben, diese Tastenkürzel durch `Try-Catch` abzufangen. Bei Windows-Programmen werden die Tastenkürzel ignoriert.

8.6 Debugging-Anweisungen im Code

Sie können in Ihren Programmcode verschiedene Anweisungen einbauen, die bei der Fehlersuche helfen:

» `Stop` unterbricht die Programmausführung und führt in die Entwicklungsumgebung zurück. Dort können Sie das Programm mit DEBUGGEN|WEITER fortsetzen.

  `Stop` hat eine ähnliche Wirkung wie ein Haltepunkt, lässt sich aber bisweilen einfacher steuern, etwa in Kombination mit `If`-Abfragen: `If i = 5 Then Stop`.

  Bei `Release`-Kompilaten führt `Stop` ebenfalls zu einer Unterbrechung. Der Anwender kann an dieser Stelle entweder einen Debugger starten oder das Programm fortsetzen (Button SCHLIESSEN).

» Die `Debug`-Klasse stellt eine Reihe von Eigenschaften und Methoden zur Verfügung, die bei der Anzeige von Debugging-Informationen in der Entwicklungsumgebung hilfreich sind. Die Ausgaben können während oder nach der Programmausführung im Direktfenster angesehen werden (DEBUGGEN|FENSTER|DIREKT). Bei `Release`-Kompilaten werden `Debug`-Methoden ignoriert.

» Zwischen den Zeilen `#If Debug Then ...` und `#End Debug` können Sie Code einbauen, der nur dann ausgeführt wird, wenn das Programm als `Debug`-Kompilat erstellt wird (siehe auch Abschnitt 3.1).

Debug-Ausgaben

Mit den Methoden `Debug.Write` und `WriteLine` können Sie Informationen über den Zustand Ihres Programms in das Direktfenster schreiben. Als Parameter kann entweder eine Zeichenkette oder ein Objekt übergeben werden, bei dem dann die `ToString`-Methode ausgewertet wird. Die Methoden `WriteIf` und `WriteLineIf` funktionieren wie `Write[Line]`, allerdings erfolgt die Ausgabe nur, wenn die im ersten Parameter angegebene Bedingung erfüllt ist.

Debug.Write[Line] ist im Gegensatz zu Console.Write[Line] leider nicht in der Lage, Formatanweisungen zu interpretieren. Debug.WriteLine("abc = {0}", abc) führt also nicht zu der Ausgabe, die Sie von Console.WriteLine kennen. Führen Sie stattdessen Debug.WriteLine("abc = " + abc.ToString()) aus!

Die Methode Indent bewirkt, dass alle weiteren Textausgaben eingerückt werden. Wenn Indent mehrfach ausgeführt wird, erhöht sich das Ausmaß der Einrückung. Unindent reduziert das Maß der Einrückung. IndentLevel gibt an, um wie viele Stufen (Ebenen) der Text momentan eingerückt wird. IndentSize gibt an, um wie viele Zeichen der Text pro Indent-Ebene eingerückt wird (standardmäßig 4).

Debug-Ausgaben umleiten

Standardmäßig erfolgen die Debug-Ausgaben nur in das Direktfenster der Entwicklungsumgebung. Mit Listener.Add können Sie weitere TextWriterTraceListener-Objekte angeben. An die New-Methode dieser Klasse müssen Sie ein IO.Stream-Objekt übergeben. Auf diese Weise können Sie die Debug-Ausgaben beispielsweise auch im Konsolenfenster (Console.Out) anzeigen oder in einer Datei speichern:

```
Dim fname As String = IO.Path.GetTempFileName()
Debug.Listeners.Add(New TextWriterTraceListener(Console.Out))
Debug.Listeners.Add(New TextWriterTraceListener(New IO.StreamWriter(fname)))
```

Assertion

Mit der Methode Assert (to assert: behaupten, erklären, Anspruch oder Recht geltend machen) können Sie eine beliebige Bedingung testen.

```
Debug.Assert(Not IsNothing(parameter), "fehlermeldung")
```

Wenn die Bedingung **nicht** erfüllt ist, wird die in Abbildung 8.8 dargestellte Nachrichtenbox angezeigt. Mit den drei überdurchschnittlich unsinnig beschrifteten Buttons können Sie das Programm anschließend beenden, debuggen oder fortsetzen. Gleichzeitig wird eine Information über den festgestellten Fehlerzustand ins Direktfenster bzw. in die entsprechende Datei geschrieben.

Assert-Anweisungen eignen sich beispielsweise dazu, um die Parameter von Prozeduren oder Methoden zu überprüfen oder um während der Programmentwicklung andere unzulässige Zustände festzustellen. Assert-Fehlermeldungen sind keine *Exceptions* und können daher nicht durch Try-Catch abgefangen werden. Assert-Anweisungen werden in Release-Kompilaten ignoriert.

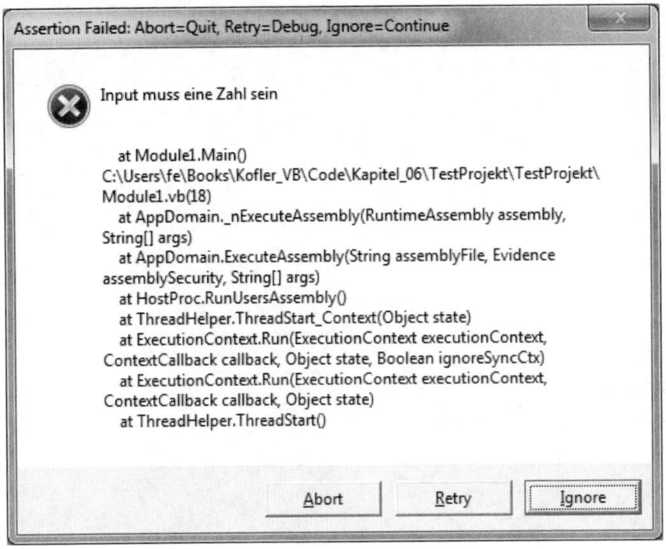

Abbildung 8.8: Assertion-Nachricht

Mit der Methode `Fail` geben Sie eine `Assertion`-Fehlermeldung aus. Im Unterschied zu `Assert` gibt es bei `Fail` keinen Parameter für die Bedingung, sodass die Fehlermeldung immer angezeigt wird.

***Debug*-Klasse – Methoden und Eigenschaften**

`Assert(bedingung [, text])`	zeigt eine `Assertion`-Fehlermeldung an, wenn die Bedingung nicht erfüllt ist. Anschließend kann das Programm beendet oder fortgesetzt werden.
`Close()`	schließt Dateien für `Debug`-Ausgaben.
`Fail(text)`	zeigt eine Fehlermeldung an.
`Flush()`	speichert noch gepufferte Ausgaben in den Ausgabedateien.
`Indent()`	rückt alle weiteren Ausgaben um eine Ebene ein.
`IndentLevel`	gibt an, um wie viele Ebenen Ausgaben eingerückt werden.
`IndentSize`	gibt an, um wie viele Zeichen Ausgaben pro Ebene eingerückt werden.
`Listeners`	verweist auf die Liste aller `TraceListener`-Objekte, an die Fehlermeldungen geschrieben werden (standardmäßig nur das Direktfenster).
`Unindent()`	reduziert die Einrückung für weitere Ausgaben.
`Write[Line](text)`	schreibt den Text in das Direktfenster.
`Write[Line]If(bedingung, text)`	schreibt den Text in das Direktfenster, wenn die angegebene Bedingung erfüllt ist.

Teil III
Programmiertechniken

9

Zahlen, Datum und Uhrzeit

Dieses Kapitel beschreibt den Umgang mit Zahlen sowie mit Datum und Uhrzeit. Dabei geht es um die richtige Notation von Zahlen, um den Umgang mit Rundungsfehlern, das Erzeugen von Zufallszahlen, Berechnungen mit Datum und Uhrzeit sowie um die Konvertierung zwischen den elementaren Datentypen.

Sozusagen als logische Fortsetzung behandelt das nächste Kapitel den Umgang mit Zeichenketten. Ein Zusammenhang mit diesem Kapitel ergibt sich vor allem bei zahlreichen Formatierungsfunktionen und -methoden, um Zahlen und Daten in Zeichenketten umzuwandeln. Wenn Sie also das Datum 31.12.2008 in die Form `31. Dezember 08` bringen möchten, finden Sie entsprechende Tipps im nächsten Kapitel.

9.1 Zahlen

Notation von Zahlen

Fließkommazahlen: Bei Fließkommazahlen müssen Sie im Programmcode immer einen Punkt zur Dezimaltrennung verwenden (also 3.1415 statt 3,1415). Sehr große oder sehr kleine Fließkommazahlen können Sie im Programmcode in der wissenschaftlichen Notation angeben, also etwa als 3.1E10, wenn Sie 3.1*1010 meinen. Visual Basic ersetzt diese Eingabe dann automatisch durch 31000000000. Nur bei wirklich großen Zahlen belässt Visual Basic es bei der Dezimalnotation (3.1E+50).

Hexadezimale Schreibweise: Normalerweise interpretiert Visual Basic Zahlen im dezimalen System. Nur wenn einer Zahl `&H` oder `&O` vorangestellt wird, betrachtet Visual Basic diese Zahl als hexadezimal bzw. oktal.

```
Dim i As Integer, s As String
i = &H10          'i = 16
i = &HFFF0        'i = 65520
i = &HFFFFFFF0    'i = -16
i = &O10          'i = 8
```

Für Konvertierungen in die umgekehrte Richtung dienen die Funktionen `Hex` und `Oct`. Sie liefern Zeichenketten von Zahlen in hexadezimaler bzw. oktaler Schreibweise (ohne vorangestelltes `&H` bzw. `&O`):

```
s = Hex(100)      's = "64"
s = Hex(-100)     's = "FFFFFF9C"
s = Oct(100)      's = "144"
```

Literale

Ganze Zahlen im Programmcode gelten als Integerzahlen, wenn die Zahl im Integerformat darstellbar ist; wenn nicht, wird der Typ `Long` verwendet und im Code automatisch ein L angehängt. Fließkommazahlen gelten immer als `Double`-Zahlen.

Sie können Zahlen aber auch explizit einen Datentyp zuweisen, indem Sie einen Buchstaben hintanstellen. So gilt 23L etwa als `Long`-Zahl. Besonders deutlich bemerken Sie den Unterschied, wenn Sie negative Zahlen mit `Hex` in die hexadezimale Schreibweise umwandeln:

`Hex(-3)` liefert `FFFFFFFD` (`Integer`).

`Hex(-3S)` liefert `FFFD` (`Short`).

`Hex(-3L)` liefert `FFFFFFFFFFFFFFFD` (`Long`).

Sie können den Datentyp natürlich mit `TypeName` überprüfen: `TypeName(3!)` liefert beispielsweise `Single`.

Literale zur Kennzeichnung von Datentypen	
`C`	`Char` (einzelnes Unicode-Zeichen, z.B. `"x"c`)
`D` oder `@`	`Decimal` (Festkommazahl mit 28 Stellen Genauigkeit)
`F` oder `!`	`Single` (Fließkommazahl mit acht Stellen Genauigkeit)
`I` oder `%`	`Integer` (32-Bit-Integer mit Vorzeichen, wird standardmäßig für ganze Zahlen verwendet)
`L` oder `&`	`Long` (64-Bit-Integer mit Vorzeichen)
`R` oder `#`	`Double` (Fließkommazahl mit 16 Stellen Genauigkeit, gilt standardmäßig bei Fließkommazahlen)
`S`	`Short` (16-Bit-Integer mit Vorzeichen)

Rundungsfehler bei Fließkommazahlen

Prinzipbedingt treten bei Berechnungen mit den Datentypen `Double` und `Single` immer Rundungsfehler auf. Diese Fehler resultieren aus der internen Darstellung der Zahlen und sind nichts, was Sie Microsoft vorwerfen können. (Die Rundungsfehler treten nur im Bereich der Rechengenauigkeit auf – im folgenden Beispiel an der 16. Nachkommastelle.)

Rundungsfehler lassen sich nur verhindern, indem andere Datentypen eingesetzt werden – je nach Anwendung z.B. `Integer`, `Long` oder `Decimal`. Vergessen Sie aber nicht, dass Berechnungen mit `Decimal`-Zahlen *viel* langsamer sind als mit `Double`-Zahlen! Im folgenden Beispielprogramm wird zweimal eine Schleife von –1 bis 1 mit einer Schrittweite von 0.1 durchlaufen. Dabei werden als Schleifenvariable zuerst eine `Decimal`- und dann eine `Double`-Variable verwendet. Abbildung 9.1 beweist, dass im zweiten Fall im Bereich um 0 offensichtliche Rundungsfehler auftreten.

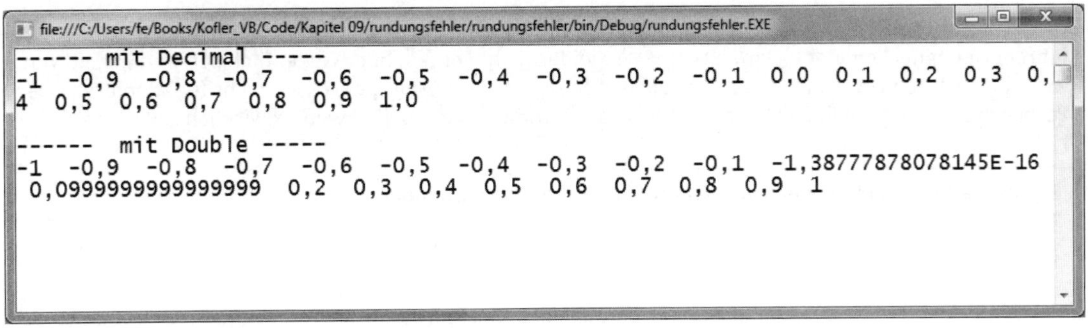

Abbildung 9.1: Rundungsfehler bei der Verwendung von Double-Variablen

```
' Beispiel zahlen-zeiten/rechengenauigkeit
Option Strict On
Module Module1
  Sub Main()
```

```
    Dim dec As Decimal, dbl As Double
    ' Schleife mit Decimal-Variable
    Console.WriteLine("------ mit Decimal -----")
    For dec = -1 To 1 Step 0.1D
      Console.Write(dec & "  ")
    Next
    Console.WriteLine()
    Console.WriteLine()
    ' Schleife mit Double-Variable
    Console.WriteLine("------  mit Double -----")
    For dbl = -1 To 1 Step 0.1
      Console.Write(dbl & "  ")
    Next
  End Sub
End Module
```

HINWEIS Beachten Sie, dass in der ersten Schleife die Schrittweite 0.1 mit dem Literal `D` als `Decimal`-Zahl gekennzeichnet wurde. Wenn Sie auf das Literal `D` vergessen, kann es passieren, dass bereits an dieser Stelle Rundungsfehler auftreten! (Wenn Sie `Option Strict` verwenden, erinnert die Entwicklungsumgebung bzw. der Compiler Sie an solche kleinen Ungenauigkeiten.)

Division durch null und der Wert unendlich

Die Datentypen `Single` und `Double` (nicht aber `Decimal`) kennen die Werte unendlich bzw. minus unendlich. Bei einer Division durch null (`x = y / 0.0`) tritt deswegen kein Fehler auf! Stattdessen enthält `x` nun `Double.PositiveInfinity` bzw. `Double.NegativeInfinity`. Diese Werte können mit den Methoden `IsInfinity`, `IsNegativeInfinity` bzw. `IsPositiveInfinity` festgestellt bzw. als `-1.#INF` bzw. `1.#INF` ausgegeben werden. Die folgende Tabelle fasst diese und einige weitere Eigenschaften und Methoden zusammen, die zur Verarbeitung von unendlich bzw. `NaN` (`not a number`) dienen.

ACHTUNG Um zu testen, ob die `Double`-Variable x einen ungültigen Wert enthält, müssen Sie `Double.IsNaN(x)` ausführen! Die näherliegende Form `x.IsNaN()` ist leider nicht vorgesehen. Wesentlich schlimmer und verwirrender ist der Umstand, dass Vergleiche der Art `If x = Double.NaN ...` nicht funktionieren! Der Vergleich ist zwar syntaktisch erlaubt, liefert aber immer `False`, selbst wenn x wirklich `NaN` enthält!

Eigenschaften und Methoden von *System.Single* und *System.Double*	
`Epsilon`	enthält die kleinste darstellbare Zahl, die noch größer als 0 ist (bei `Double` ca. `4.94065645841247E-324`).
`MaxValue`	enthält die größte darstellbare Zahl (bei `Double` ca. `1.7976931348623157E+308`).
`MinValue`	enthält die kleinste darstellbare Zahl.
`NaN`	gibt einen Wert an, der zur Repräsentation irregulärer Zustände verwendet wird (`not a number`, `-1.#IND`).

Eigenschaften und Methoden von *System.Single* und *System.Double*	
NegativeInfinity	gibt den Wert minus unendlich an (-1.#INF).
PositiveInfinity	gibt den Wert unendlich an (1.#INF).
IsInfinity	testet, ob der Wert unendlich enthält (egal mit welchem Vorzeichen).
IsNaN	testet, ob es sich um einen ungültigen Wert handelt.
IsNegativeInfinity	testet, ob der Wert negativ unendlich ist.
IsPositiveInfinity	testet, ob der Wert positiv unendlich ist.

9.2 Rechenfunktionen

Arithmetische Funktionen

Arithmetische Funktionen sind Teil der Systems.Math-Klasse. Statt Sin(x) in VB6 heißt es daher nun Math.Sin(x). Wenn Sie häufig arithmetische Funktionen einsetzen, sollten Sie die Anweisung Imports System.Math verwenden: Dann können Sie arithmetische Funktionen wieder wie in VB verwenden. Viele Math-Funktionen erwarten Double-Parameter und liefern Double-Ergebnisse; einige Funktionen können aber auch auf Integer- oder Decimal-Zahlen angewendet werden (z.B. Abs).

System.Math – Arithmetische Funktionen und Konstanten	
E	Eulersche Zahl e (2.71828182845905)
Pi	Kreisteilungszahl π
Abs(x)	Absolutbetrag
Acos(x), Asin(x), Atan(x)	Arcussinus, -cosinus, -tangens
Atan2(x, y)	Arcustangens zu x/y
Cos(x), Sin(x), Tan(x)	Sinus, Cosinus, Tangens
Cosh(x), Sinh(x), Tanh(x)	hyperbolische Funktionen
Exp(x)	Exponentialfunktion (ex)
Log(x)	natürlicher Logarithmus zur Basis e
Log10(x)	Logarithmus zur Basis 10
Log(x, b)	Logarithmus zur Basis b
Pow(x, y)	berechnet xy (entspricht in Visual Basic x^y)

System.Math **– Arithmetische Funktionen und Konstanten**	
`Sign(x)`	Signum-Funktion (liefert 1 bei positiven Zahlen, 0 bei 0, –1 bei negativen Zahlen)
`Sqrt(x)`	Quadratwurzel

Darüber hinaus stehen in der Klasse `Microsoft.VisualBasic.Financial` einige finanzmathematische Funktionen zur Verfügung. Diese Funktionen können direkt verwendet werden (also ohne vorangestellten Klassennamen).

ACHTUNG Anders als in VB6 und vielen anderen Programmiersprachen führen ungültige Berechnungen *nicht* zu einem Fehler. `Math.Sqrt(-1)` oder `Math.Log(-1)` liefern als Ergebnis den `Double`-Wert `-1.#IND`. Dieser Wert entspricht dem Zustand `not a number`, der mit `Double.IsNaN(x)` festgestellt werden kann.

Zahlen runden und andere Funktionen

VB enthält zwei eigene Rundungsfunktionen: `Fix` und `Int`. `Fix` schneidet einfach den Nachkommaanteil ab. `Int` verhält sich bei positiven Zahlen gleich, rundet aber bei negativen Zahlen ab. Die Besonderheit dieser beiden Funktionen besteht darin, dass sie für verschiedene Datentypen definiert sind. Wenn Sie an `Int` beispielsweise einen `Double`-Parameter übergeben, liefert diese Funktion auch das Ergebnis als `Double`-Zahl. Übergeben Sie dagegen einen `Decimal`-Parameter, ist auch das Ergebnis vom Typ `Decimal`.

***Microsoft.VisualBasic.Conversion*-Methoden**	
`Fix(x)`	schneidet den Nachkommaanteil ab: `Fix(2.9)` liefert 2, `Fix(-2.9)` liefert –2.
`Int(x)`	rundet zur nächstkleineren ganzen Zahl ab: `Int(2.9)` liefert 2, `Int(-2.1)` liefert –3.

Die meisten anderen Funktionen, die zum Runden und für vergleichbare Zwecke geeignet sind, befinden sich in `System.Math`. Viele Funktionen erwarten `Double`-Parameter und liefern `Double`-Ergebnisse, nur `Min`, `Max` und `Round` stehen auch für `Integer`- und `Decimal`-Zahlen zur Verfügung.

`Math.Floor` entspricht im Verhalten exakt `Int`. Der einzige wesentliche Unterschied besteht bei den Datentypen: `Floor` erwartet einen `Double`-Parameter und liefert auch das Ergebnis als `Double`-Zahl. `Math.Ceiling` funktioniert so ähnlich wie `Floor`, rundet aber immer auf.

***System.Math* – Sonstige Funktionen**

`Ceiling(x)`	rundet zur nächstgrößeren ganzen Zahl auf: `Ceiling(0.1)` liefert 1, `Ceiling(-2.9)` liefert –2, `Ceiling(3)` liefert unverändert 3.
`Floor(x)`	rundet zur nächstkleineren ganzen Zahl ab: `Floor(0.1)` liefert 0, `Floor(-2.1)` liefert –3, `Floor(3)` liefert unverändert 3.
`IEEERemainder(x, y)`	liefert den Rest einer ganzzahligen Division, also `x Mod y`; genau genommen wird zuerst `Q=x/y` berechnet, wobei `Q` dann zur nächsten ganzen Zahl auf- oder abgerundet wird; `IEEERemainder` liefert dann `x-Q*y` als Ergebnis. `IEEERemainder(12, 5)` liefert 2. `IEEERemainder(-12, 5)` liefert –2. `IEEERemainder(12, -5)` liefert 2. `IEEERemainder(-12, -5)` liefert –2. `IEEERemainder(12.1, 5)` liefert 2.1 = 12.1 – 2 * 5. `IEEERemainder(12, 5.1)` liefert 1.8 = 12 – 2 * 5.1.
`Min(x ,y), Max(x, y)`	liefert die kleinere bzw. größere von zwei Zahlen. Es ist nicht möglich, mehr als zwei Argumente zu übergeben.
`Round(x, n)`	rundet auf die angegebene Stellenanzahl: `Round(3.14159, 3)` liefert 3.142.

Die einzige Funktion, die wirklich im Sinne des Sprachgebrauchs *rundet*, ist `Math.Round`. Hier wird bei einem Nachkommaanteil kleiner 0,5 abgerundet, bei einem Nachkommaanteil größer 0,5 dagegen aufgerundet.

Auf den ersten Blick eigentümlich ist das Verhalten allerdings bei einem Nachkommaanteil von genau 0,5: Dort rundet `Round` zur nächsten *geraden* (!) Zahl: 1.5 wird ebenso wie 2.5 zu 2 gerundet. (Dieses Verhalten entspricht also nicht ganz der Schulmathematik, in der bei 0,5 immer aufgerundet wird. Der Vorteil von `Round` besteht aber darin, dass die Summe der Fehler, die beim Runden vieler gleich verteilter Zahlen entsteht, gegen 0 geht.)

Auch die VB-Funktionen `CByte`, `CShort`, `CInt`, `CLng` etc. können Sie zum Runden einsetzen, auch wenn das nicht der ursprüngliche Verwendungszweck ist. Eigentlich sind diese Funktionen zur Umwandlung zwischen verschiedenen Datentypen gedacht (siehe auch Abschnitt 9.7). Dabei wird wie mit `Round` gerundet.

9.3 Zufallszahlen

Grundsätzlich gibt es zwei Möglichkeiten, Zufallszahlen zu erzeugen: Entweder setzen Sie die aus VB6 vertrauten Funktionen ein (`Microsoft.VisualBasic.VBMath`), oder Sie verwenden .NET-Methoden (Klasse `System.Random`).

Beide hier beschriebenen Methoden liefern keine echten Zufallszahlen, sondern nur Pseudozufallszahlen, die anhand relativ einfacher mathematischer Modelle erzeugt werden. Für fortgeschrittene Anwendungen sind diese Zahlen zu wenig zufällig. Bessere Zufallszahlen liefern die Methoden von `System.Security.Crypthography`. Die Anwendung dieser Methoden ist allerdings etwas komplizierter; außerdem dauert die Erzeugung von Zufallszahlen dann deutlich länger.

VB-Zufallszahlen

`Rnd` liefert eine achtstellige Zufallszahl (`Single`) zwischen 0 (inklusive) und 1 (exklusive). Für Zufallszahlen in einem bestimmten Bereich müssen Sie mit `Rnd` weiterrechnen:

```
a + Rnd * (b-a)          'liefert Zufallszahlen zwischen a (inklusive) und b (exklusive)
Int(a + Rnd * (b-a+1))   'liefert ganze Zufallszahlen zwischen a (inklusive)
                         ' und b (inklusive)
```

Wenn Sie vermeiden möchten, dass Ihr Visual Basic-Programm nach jedem Start die gleiche Abfolge von Zufallszahlen generiert, dann müssen Sie zum Programmstart das Kommando `Randomize` ausführen (entweder ohne Parameter oder mit einem pseudozufälligen Parameter, der sich etwa aus der Uhrzeit und dem Datum ergibt).

***Microsoft.VisualBasic.VBMath*-Methoden**	
`Rnd()`	liefert eine `Single`-Zufallszahl.
`Rnd(x)`	liefert für `x=0` nochmals dieselbe Zufallszahl, für `x<0` immer dieselbe Zufallszahl, wobei `x` als Startwert für den Zufallszahlengenerator verwendet wird, und für `x>0` die nächste Zufallszahl (wie `Rnd()`).
`Randomize`	initialisiert den Zufallszahlengenerator mit einem zufälligen Startwert.
`Randomize(x)`	initialisiert den Zufallszahlengenerator mit dem Startwert `x`.

.NET-Zufallszahlen

Die `mscorlib`-Bibliothek (Datei *mscorlib.dll*) stellt in der Klasse `System.Random` einige Methoden zur Erzeugung von Zufallszahlen zur Verfügung. Damit Sie diese Methoden verwenden können, müssen Sie vorher ein Objekt des Typs `Random` erzeugen. Die in der folgenden Tabelle genannten Methoden müssen auf dieses Objekt angewandt werden.

`Random` produziert bei jedem Programmstart andere Zufallszahlen. Aus diesem Grund ist eine mit `Randomize` vergleichbare Methode nicht erforderlich. (Wenn Sie immer wieder dieselben reproduzierbaren Zufallszahlen verwenden möchten – etwa um eine Programmfunktion zu testen –, müssen Sie mit den oben beschriebenen VB-Funktionen arbeiten.)

***System.Random*-Methoden**	
`Next()`	liefert eine `Integer`-Zufallszahl zwischen 0 (inklusive) und 2147483647 (exklusive).
`Next(n)`	liefert eine `Integer`-Zufallszahl zwischen 0 (inklusive) und `n` (exklusive). `n` muss selbst eine Integerzahl größer 0 sein. `Next(4)` liefert also Zufallszahlen zwischen 0 und 3.
`Next(n1, n2)`	liefert eine `Integer`-Zufallszahl zwischen `n1` (inklusive) und `n2` (exklusive). `Next(7, 12)` liefert also Zufallszahlen zwischen 7 und 11.

System.Random-Methoden	
`NextBytes(bytearray())`	füllt das `Byte`-Feld mit Zufallsdaten.
`NextDouble()`	liefert eine `Double`-Zufallszahl zwischen 0 (inklusive) und 1 (exklusive).

Das folgende Miniprogramm schreibt zehn Zufallszahlen zwischen 1 und 100 (jeweils inklusive) in ein Konsolenfenster:

```
Dim i As Integer
Dim myrand As New Random()
For i = 1 To 10
  Console.WriteLine(myrand.Next(1, 101))
Next
Console.WriteLine("Drücken Sie eine Taste.")
Console.ReadLine()
```

9.4 Datum und Uhrzeit

Um ein Datum oder eine Uhrzeit zu speichern, verwenden Sie eine Variable des Typs `Date` (entspricht `System.DateTime`). Intern werden Zeitangaben in einer `Long`-Zahl gespeichert, die angibt, wie viele `Ticks` zu je 100 ns seit dem 1.1.0001 00:00:00 vergangen sind.

HINWEIS

In VB6 wurden Daten und Zeiten intern durch `Double`-Zahlen ausgedrückt. `CDbl(d)` lieferte die zugeordnete Fließkommazahl und erleichterte so jede Art von Datums- und Zeitberechnungen. Aufgrund des neuen internen Formats ist die Anwendung von `CDbl` nun nicht mehr möglich! Es gibt aber neue Methoden zur VB6-kompatiblen Umwandlung in `Double`-Werte:

```
doublevar = datevar.ToOADate()
doublevar = doublevar + 1            'einen Tag hinzufügen
datevar = DateTime.FromOADate(doublevar)
```

Diese Vorgehensweise sollten Sie allerdings möglichst vermeiden. Neue Methoden zur Addition von Daten und Zeiten werden in diesem Abschnitt vorgestellt. Weitere Konvertierungsmethoden finden Sie in Abschnitt 9.7.

Initialisierung von Date-Variablen, Notation von Daten und Zeiten

Nicht initialisierte `Date`-Variablen enthalten den Zeitpunkt 1.1.0001 00:00:00 (d.h. `d.Ticks = 0`). Sie können aber bereits bei der Deklaration verschiedene `New`-Varianten einsetzen, um die Variable zu initialisieren. Die beiden folgenden Zeilen zeigen die zwei wichtigsten Varianten:

```
Dim d1 As New Date(2008, 12, 31)              '31.12.2008 00:00:00
Dim d2 As New Date(2008, 12, 31, 23, 59, 59)  '31.12.2008 23:59:59
```

Eine weitere Möglichkeit besteht darin, ein Datum oder eine Uhrzeit zwischen zwei #-Zeichen einzuschließen. Die Zeitangabe muss dabei in der amerikanischen Schreibweise erfolgen. Der Grund dafür ist einfach: Ihr Programmcode muss unabhängig von der Ländereinstellung funktionieren.

```
Dim d3 As Date = #12/31/2008#                '31.12.2008 00:00:00
Dim d4 As Date = #12/31/2008 11:59:59 PM#    '31.12.2008 23:59:59
Dim d5 As Date = #11:59:59 PM#               ' 1. 1.0001 23:59:59
```

Wenn Ihnen die amerikanische Schreibweise unübersichtlich erscheint, können Sie auch die beiden Methoden `DateSerial` und `TimeSerial` verwenden. Es ist auf diese Weise allerdings nicht möglich, Datum *und* Zeit anzugeben. Sie können die Zeitangaben auch nicht mit dem Operator + addieren (mehr zu Berechnungen mit Daten und Zeiten folgt etwas weiter unten).

```
d1 = DateSerial(2008, 12, 31)                '31.12.2008 00:00:00
d2 = TimeSerial(23, 59, 59)                  ' 1. 1.0001 23:59:59
```

Eine Besonderheit von `DateSerial` und `TimeSerial` besteht darin, dass sie mit ungültigen Daten intelligent umgehen. Die Uhrzeit 8:70 wird als 8:00 plus 70 Minuten interpretiert und ergibt daher 9:10.

```
d1 = TimeSerial(8, 70, 0)                    ' 1. 1.0001  9:10:00
```

Das Datum 31.2.2010 wird in den 3.3. umgerechnet. (Der Februar hat 2010 nur 28 Tage – also ist die Angabe um drei Tage zu groß.)

```
d1 = DateSerial(2010, 2, 31)                 ' 3. 3.2010 00:00:00
```

Das Datum 1.14.2008 wird als 1.2.2009 interpretiert. (Da das Jahr nur zwölf Monate hat, sind also zwei Monate zu viel.)

```
d1 = DateSerial(2008, 14, 1)                 ' 1. 2.2009 00:00:00
```

Das tolerante Verhalten von `Time-` und `DateSerial` ist ausgesprochen praktisch, wenn Sie Berechnungen durchführen möchten (etwa um ausgehend von einem gegebenen Datum einen Monat in die Zukunft zu rechnen):

```
d1 = DateSerial(d1.Year, d1.Month + 1, d1.Day)
```

Recht oft wird es vorkommen, dass Sie nicht eine konkrete Zeit, sondern die aktuelle Zeit in einer `Date`-Variablen speichern möchten. Abermals gibt es mehrere Möglichkeiten: Die in `Microsoft.VisualBasic.DateAndTime` definierte Eigenschaft `Now` liefert das aktuelle Datum und die Zeit. `Today` liefert nur das Datum, aber mit der Uhrzeit 00:00:00. `TimeOfDay` funktioniert gerade umgekehrt und liefert nur die Zeit mit dem Datum 1.1.0001. (Dieser Abschnitt wurde am 29.11.2007 um ca. 9:15 verfasst. Daraus resultieren die folgenden Zeitangaben.)

```
d1 = Now                                     '29.11.2007  9:14:34
d2 = Today                                   '29.11.2007 00:00:00
d3 = TimeOfDay                               ' 1. 1.0001  9:14:34
```

`Now` und `Today` stehen aber auch als `shared`-Eigenschaften der Klasse `System.DateTime` zur Verfügung. (`Shared` bedeutet, dass die Eigenschaften verwendet werden können, ohne ein Objekt der Klasse `DateTime` zu erzeugen.)

```
d1 = DateTime.Now                            '29.11.2007  9:14:34
```

Schon interessanter ist die DateTime-Methode UtcNow: Sie liefert die sogenannte universal time, coordinated. Das ist die Zeit, die intern in allen (insbesondere mit dem Internet verbundenen) Computern verwendet wird. (Es ist erforderlich, dass im internationalen Austausch eine einheitliche Zeit verwendet wird. Wer sollte sonst noch wissen, welche Datei aktueller ist: eine, die um 18:00 Ortszeit in München gespeichert wurde, oder eine, die um 12:30 Ortszeit in New York gespeichert wurde? Für diesen Zweck wird die englische Greenwich Mean Time (GMT) verwendet, d.h., GMT und UTC bezeichnen dieselbe Zeit. UtcNow berücksichtigt die eingestellte Zeitzone, um aus der lokalen Zeit die UTC zu ermitteln.)

```
d4 = DateTime.UtcNow                           '29.11.2007  8:14:34
```

Methoden zur Bearbeitung von Daten und Zeiten

In Visual Basic stehen unzählige Methoden zur Auswahl, um den Inhalt von Date-Variablen zu bearbeiten. Diese Methoden sind an zwei Orten definiert:

» Einerseits gibt es die überwiegend schon aus VB6 vertrauten Methoden, die in Microsoft.VisualBasic.DateAndTime definiert sind. Diese Methoden können unmittelbar verwendet werden (z.B. DateSerial).

» Andererseits können Sie auf die neuen .NET-Methoden zurückgreifen, die Teil von System.DateTime sind. Diese Methoden können zum Teil für sich aufgerufen werden (wie die gerade vorhin vorgestellte Methode DateTime.UtcNow), zum Teil müssen sie auf Date-Variablen angewandt werden (z.B. d.AddDays).

Eine Referenz der wichtigsten Methoden finden Sie in der Syntaxzusammenfassung am Ende dieses Abschnitts. Im Folgenden werden einige ausgewählte Methoden anhand von Beispielen vorgestellt. Dabei gelten d, d1, d2 etc. als Platzhalter für Date-Variablen.

HINWEIS

Methoden zur Umwandlung von Zeiten in Zeichenketten (etwa der Form 31. Dezember 08) werden zusammen mit zahllosen anderen Konvertierungsmethoden in Abschnitt 9.7 beschrieben.

Das gesamte Buch geht davon aus, dass Sie Daten auf der Basis des bei uns üblichen gregorianischen Kalenders verarbeiten. .NET kommt grundsätzlich auch mit einer Menge anderer Kalender zurecht (beispielsweise dem hebräischen, islamischen, japanischen und koreanischen Kalender). Diese Kalender sind im Namensraum System.Globalization als eigene Klassen definiert, die jeweils eine Menge Methoden zur Umrechnung zwischen verschiedenen Daten bieten.

Extraktion von Detailinformationen

Die VB-Methoden Hour, Minute und Second extrahieren die Anzahl der Stunden, Minuten und Sekunden aus der angegebenen Zeit. Year, Month, Day und WeekDay stellen die analogen Methoden für das Datum dar. Wenn WeekDay ohne zusätzliche Parameter verwendet wird, liefert die Funktion 1 für Sonntag, 2 für Montag etc. und schließlich 7 für Samstag. Durch den optionalen zweiten Parameter kann jeder beliebige andere Wochentag als Starttag angegeben werden.

```
n = Weekday(d, FirstDayOfWeek.Monday)
```

Alle oben angegebenen VB-Methoden stehen auch als .NET-Eigenschaften zur Verfügung, sodass auch die folgende Schreibweise zulässig ist. (Statt `Weekday(d)` müssen Sie allerdings `d.DayOfWeek` schreiben.) Es ist eine reine Geschmacksfrage, welche Schreibweise Ihnen sympathischer erscheint. Die .NET-Schreibweise erspart oft unübersichtliche Klammern.

```
n = d.DayOfWeek
```

Im Reservoir der `DateTime`-Eigenschaften finden sich auch einige weitere Methoden, die es in dieser Form bisher nicht in VB gab: So liefert `d.DayOfYear` die Nummer des Tages (1–366). Und alle, denen Sekunden zu wenig genau sind, können mit `d.MilliSecond` die Millisekunden (1/1000 Sekunden) ermitteln. Noch genauer ist nur noch `d.Ticks`, das die Anzahl der Ticks (100 ns, also 1/10000000 Sekunden) vom 1.1.0001 bis zu `d` zurückgibt. (Beachten Sie, dass `Ticks` im Plural steht, alle anderen Methoden dagegen im Singular!)

In `Date`-Variablen sind ja normalerweise Datum und Zeit gemischt. Am einfachsten können Sie die beiden Komponenten mit `Date` und `TimeOfDay` aufspalten. `Date` liefert das reine Datum (mit der Zeit 00:00:00) zurück, `TimeOfDay` die Uhrzeit ohne Datum. Bei der Anwendung von `TimeOfDay` müssen Sie allerdings darauf achten, dass diese Methode ein Objekt des Typs `System.TimeSpan` zurückliefert. Derartige Objekte benötigen Sie beispielsweise, wenn Sie eine Berechnung mit der Methode `Add` durchführen möchten (siehe etwas weiter unten):

```
Dim ts As TimeSpan
ts = d1.TimeOfDay
```

Mit `DateTime.DaysInMonth(2008, 2)` können Sie ermitteln, wie viele Tage der Februar 2008 hat. Es gibt aber erstaunlicherweise keine Methode, die die Anzahl der Monatstage für das aktuelle Datum ermittelt. Die erforderliche Schreibweise ist ein wenig umständlich:

```
n = DateTime.DaysInMonth(d.Year, d.Month)
```

Wenn Sie wissen möchten, ob 2012 ein Schaltjahr ist, führen Sie `DateTime.IsLeapYear(2012)` aus.

`DatePart` ermittelt die Anzahl der Perioden für einen bestimmten Zeitpunkt: Bei Jahren wird vom Jahr 0 aus gerechnet, bei Quartalen, Monaten, Wochen, Kalenderwochen (`"ww"`) und Tagen (`"y"`) vom 1.1. des Jahres, bei Monatstagen (`"w"`) vom ersten Tag des Monats, bei Wochentagen (`"d"`) vom ersten Tag der Woche (ohne optionale Parameter ist das der Sonntag) und bei Stunden von 0:00, bei Minuten und Sekunden von der letzten vollen Stunde oder Minute. `DatePart` erfüllt also in den meisten Fällen dieselbe Aufgabe wie die schon erwähnten Methoden `Year`, `Month`, `Day`, `Weekday` etc.

```
n = DatePart("m", Now)  'Anzahl der Monate seit dem 1.1.
n = DatePart("y", Now)  'Anzahl der Tage seit dem 1.1.
n = DatePart("d", Now)  'Anzahl der Monatstage (für diesen Monat)
n = DatePart("w", Now)  'Anzahl der Wochentage (für diese Woche inkl. So.)
```

Statt der Zeichenketten `"m"`, `"y"` etc. können auch die `DateInterval`-Konstanten verwendet werden:

```
n = DatePart(DateInterval.Month, Now)  'Anzahl der Monate seit dem 1.1.
```

Mit `DateDiff` können Sie ermitteln, wie viele Zeitintervalle sich zwischen zwei Daten oder Zeiten befinden. Das Intervall wird wie bei `DatePart` durch eine Zeichenkette angegeben. Die Online-Hilfe beschreibt im Detail, wie die Methode rechnet. (Im Regelfall wird einfach auf das jeweilige Intervall zurückgerechnet. Die Zeitdifferenz vom 31.1. zum 1.2. gilt deswegen als ganzer Monat, während die viel längere Zeitdifferenz vom 1.1. zum 31.1. keinen Monat ergibt. `DateDiff` muss also mit großer Vorsicht angewendet werden!)

```
DateDiff("m", Today, DateSerial(2010, 1, 1))  'Anzahl der Monate bis zum 1.1.2010
```

Syntaxzusammenfassung der VB-Methoden (Klasse Microsoft.VisualBasic.DateAndTime)

Aktuelle Zeit, Initialisierung	
`Now`	liefert das aktuelle Datum und die aktuelle Uhrzeit.
`Timer`	liefert die Sekunden seit Mitternacht als `Double`-Wert.
`TimeOfDay`	liefert die aktuelle Uhrzeit (mit dem Datum 1.1.0001).
`Today`	liefert das aktuelle Datum.
`DateSerial(y,m,d)`	setzt das Datum aus Jahr, Monat und Tag zusammen (mit der Uhrzeit 00:00).
`TimeSerial(h, m, s)`	setzt die Uhrzeit aus Stunde, Minute und Sekunde zusammen (mit dem Datum 1.1.0001).

Extraktion von Daten	
`Year(d)`	liefert das Jahr (1–9999).
`Month(d)`	liefert den Monat (1–12).
`Day(d)`	liefert den Tag (1–31).
`Weekday(d)`	liefert den Wochentag (1 für Sonntag bis 7 für Samstag).
`Hour(d)`	liefert die Stunde (0–23).
`Minute(d)`	liefert die Minute (0–59).
`Second(d)`	liefert die Sekunde (0–59).
`DatePart(p, d)`	liefert die Anzahl der Perioden `p` bis zu dem Zeitpunkt `d`.

Zeitberechnungen	
`DateAdd(p, n, d)`	liefert `d` plus `n` Perioden `p`. (`n` darf auch negativ sein.)
`DateDiff(p, d1, d2)`	liefert die Anzahl der Perioden `p` zwischen `d1` und `d2`.

Angabe der Periode *p* in *DateAdd, DateDiff* und *DatePart*			
`"yyyy"`	oder	`DateInterval.Year`	Jahre
`"q"`	oder	`DateInterval.Quarter`	Quartale
`"m"`	oder	`DateInterval.Month`	Monate
`"ww"`	oder	`DateInterval.WeekOfYear`	Wochen (1–51)
`"y"`	oder	`DateInterval.DayOfYear`	Tage im Jahr (1–366)
`"d"`	oder	`DateInterval.Day`	Monatstage (1–31)
`"w"`	oder	`DateInterval.Weekday`	Wochentage (1–7)
`"h"`	oder	`DateInterval.Hour`	Stunden
`"n"`	oder	`DateInterval.Minute`	Minuten
`"s"`	oder	`DateInterval.Second`	Sekunden

Bei den drei `DateXxx`-Methoden können Sie durch optionale Parameter angeben, welcher Tag der Woche als erster Tag gilt (standardmäßig der Sonntag) und wie die erste Kalenderwoche ermittelt wird (standardmäßig ist das jene Woche, in der der 1. Januar zu vorkommt; es gibt aber auch andere Definitionen).

Syntaxzusammenfassung der .NET-Methoden und -Eigenschaften (Klasse System.DateTime)

Initialisierung	
`New Date(y, m, d)`	initialisiert ein `Date`-Objekt mit dem angegebenen Datum.
`New Date(y, m, d, h, mm, d)`	initialisiert ein `Date`-Objekt mit dem angegebenen Datum und der angegebenen Zeit.
`FromFileTime(n)`	wandelt die Dateizeit `n` in ein `Date`-Objekt um. (`n` ist eine `Long`-Zahl mit der Anzahl von `Ticks` seit dem 1.1.1601 UTC.)
`Parse(s)`	versucht, die Zeichenkette `s` entsprechend der geltenden Ländereinstellung als Datum/Uhrzeit zu interpretieren, und liefert als Ergebnis ein `Date`-Objekt.
`UTCNow`	liefert die aktuelle UTC-Zeit (Greenwich-Zeit).

Extraktion von Daten	
`d.Date`	liefert das reine Datum von `d` (also mit der Uhrzeit 00:00:00).
`d.Year`	liefert das Jahr (1 bis 9999).
`d.Month`	liefert den Monat (1–12).

Extraktion von Daten	
`d.Day`	liefert den Monatstag (1–31).
`d.DayOfWeek`	liefert den Wochentag (0 für Sonntag, 1–6 für Montag bis Samstag).
`d.DayOfYear`	liefert den Tag im Jahr (1–366).
`d.TimeOfDay`	liefert die reine Zeit (ohne das Datum); als Datentyp wird `System.TimeSpan` verwendet.
`d.Hour`	liefert die Stunde (0–23).
`d.Minute`	liefert die Minute (0–59).
`d.Second`	liefert die Sekunde (0–59).
`d.Millisecond`	liefert den Millisekundenanteil der Zeit (0–999).
`d.Ticks`	liefert die interne Darstellung der Zeit als `Long`-Zahl. Die Maßeinheit beträgt 100 ns (Nanosekunden).
`d.ToUniversalTime()`	wandelt `d` in die UTC-Zeit (Greenwich-Zeit) um.
`IsLeapYear(y)`	gibt an, ob `y` ein Schaltjahr ist.
`DaysInMonth(y, m)`	gibt an, wie viele Tage der `m`-te Monat im Jahr `y` hat.

Berechnungen	
`d.Add(ts)`	liefert `d + ts` (wobei `ts` ein `TimeSpan`-Objekt sein muss).

`d.AddTicks(n)`
`d.AddMilliSeconds(x)`
`d.AddSeconds(x)`
`d.AddMinutes(x)`
`d.AddHours(x)`
`d.AddDays(x)`
`d.AddMonths(n)`
`d.AddYears(n)`
	liefert `d` + `n`-mal der angegebenen Zeitspanne bzw. `d`+`x`-mal der angegebenen Zeitspanne, wobei `n` ein `Long`-Wert und `x` ein `Double`-Wert ist.

`d.Subtract(ts)`	liefert `d - ts` (wobei `ts` ein `TimeSpan`-Objekt sein muss).
`d1.Subtract(d2)`	liefert `d1 - d2`. Das Ergebnis ist ein `TimeSpan`-Objekt.

9.5 Zeitspannen (System.TimeSpan)

Visual Basic sieht zur Speicherung von Daten und Zeiten nur den Datentyp `Date` (entspricht `System.DateTime`) vor. Genau genommen eignet sich dieser Datentyp allerdings nur dazu, um in großer Genauigkeit einen bestimmten *Zeitpunkt* zu speichern (z.B. 12:30 am 31.12.2008). Was aber tun Sie, wenn Sie eine *Zeitspanne* (zwei Tage, eine halbe Stunde) ausdrücken möchten?

Die Lösung für die meisten Probleme bietet der .NET-Datentyp `System.TimeSpan`, der speziell zur Speicherung von Zeitspannen vorgesehen ist. Wie `DateTime` wird die Zeitspanne intern als `Long`-Wert gespeichert, wobei die Zeitspanne ebenfalls in der Einheit `Ticks` (100 ns) ausgedrückt wird. In `TimeSpan`-Variablen lassen sich Zeiträume von mehr als 29.000 Jahren speichern – damit ist der Wertebereich noch größer als bei `DateTime`-Variablen.

Allerdings zählt `TimeSpan` nicht zu den direkt von Visual Basic unterstützten Variablentypen, weswegen seine Anwendung manchmal ein wenig umständlich ist. Dennoch helfen `TimeSpan`-Variablen bei einer Vielzahl von Operationen.

HINWEIS

In VB6 bestand die Lösung übrigens darin, dass auch zur Verarbeitung von Zeitspannen `Date`-Variablen verwendet wurden. Um eine Zeitspanne von zwei Stunden zu speichern, wurde d einfach `#2:00:00#` zugewiesen. Damit wurde zwar eigentlich der Zeitpunkt 31.12.1899 2:00:00 gespeichert, aber für die interne Darstellung von Zeiten galt der 31.12.1899 mit dem Wert 0 als Startpunkt der Zeit. Aus diesem Grund konnte man `d` auch als Zeitspanne seit 31.12.1899 0:00:00 interpretieren, und VB6 ließ tatsächlich entsprechende Berechnungen zu.

Standardmäßig enthalten `TimeSpan`-Variablen die Zeitspanne 0. Durch verschiedene `New`-Varianten können `TimeSpan`-Variablen gleich bei der Deklaration initialisiert werden. Die folgenden Zeilen zeigen einige Beispiele:

```
Dim ts1 As TimeSpan                  ' 0 (standardmäßig)
Dim ts2 As New TimeSpan(5)           ' 5 Ticks (500 ns)
Dim ts3 As New TimeSpan(2, 30, 0)    ' 2 Stunden und 30 Minuten
Dim ts4 As New TimeSpan(7, 6, 0, 0)  ' 7 Tage und 6 Stunden
```

Nach der Initialisierung sind es vor allem verschiedene `FromXxx`-Methoden, die dabei helfen, einer `TimeSpan`-Variablen einen bestimmten Wert zu geben. `FromDays(3)` liefert beispielsweise eine Zeitspanne von drei Tagen. Besonders attraktiv ist dabei, dass an die `FromXxx`-Methoden `Double`-Zahlen übergeben werden können. Daher ist es leicht, auch Bruchteile von Zeiten zuzuweisen:

```
ts1 = TimeSpan.FromDays(3)           ' 3 Tage
ts2 = TimeSpan.FromSeconds(0.3)      ' 0,3 Sekunden
```

Noch flexibler (aber etwas langsamer) ist die `Parse`-Methode, die als Parameter eine Zeichenkette erwartet:

```
ts1 = TimeSpan.Parse("3.12:30:00")  ' 3 Tage, 12 Stunden, 30 Minuten
```

`TimeSpan`-Objekte können auch von `Date`-Variablen abgeleitet werden:

```
Dim d1, d2 As Date
ts1 = d1.TimeOfDay                   ' Zeitanteil von d1 (ohne Datum)
ts2 = d1.Subtract(d2)                ' Zeitspanne zwischen d1 und d2
```

Der Inhalt von `TimeSpan`-Objekten kann wie bei `Date`-Variablen mit den Eigenschaften `MilliSeconds`, `Seconds`, `Minutes` etc. ausgelesen werden. Darüber hinaus gibt es aber noch eine Reihe von `TotalXxx`-

Eigenschaften (z.B. TotalSeconds, TotalMinutes). Der Unterschied zwischen den beiden wird an einem Beispiel klar:

```
Dim n1, n2 As Integer, x1, x2 As Double
ts = TimeSpan.Parse("0:03:12")       ' 3 Minuten, 12 Sek
n1 = ts.Seconds                      ' enthält 12
n2 = ts.Minutes                      ' enthält 3
x1 = ts.TotalSeconds                 ' enthält 192
x2 = ts.TotalMinutes                 ' enthält 3,2
```

Sobald Sie einmal ein TimeSpan-Objekt haben, können Sie mit den Methoden Add, Negate und Subtract einfache Rechenoperationen durchführen:

```
ts3 = ts1.Add(ts2)                   ' entspricht ts3 = ts1 + ts2
ts1 = ts1.Negate()                   ' entspricht ts1 = -ts2
ts3 = ts1.Subtract(ts2)              ' entspricht ts3 = ts1 - ts2
```

Die eigentliche Motivation, ein TimeSpan-Objekt zu erzeugen, besteht aber zumeist darin, dass Sie diese Objekte auch für Rechenoperationen mit Date-Variablen verwenden können – mehr dazu folgt im nächsten Abschnitt.

Berechnungen (Addition, Subtraktion)

Wie der vorige Abschnitt zum Datentyp TimeSpan schon vermuten lässt, ist die Durchführung von Zeitberechnungen nicht ganz so trivial, wie man es sich vielleicht wünschen würde. Die Operatoren + und – können leider nicht dazu verwendet werden, einfache Zeitberechnungen durchzuführen.

Mit den folgenden Zeilen können Sie in VB6 die Zeit in einer Stunde ausrechnen. In aktuellen VB-Versionen erhalten Sie dagegen nur eine Fehlermeldung! (Mit Option Strict können Sie das Programm gar nicht kompilieren. Eine genaue Analyse des Fehlers finden Sie in Abschnitt 4.7.)

```
Dim d1, d2, d3 As Date
d1 = Now
d2 = #1:00:00 AM#
d3 = d1 + d2          'Fehler!
```

Statt + und – müssen Sie daher spezielle Methoden einsetzen, von denen in diesem Abschnitt die wichtigsten vorgestellt werden.

Die VB-Methode DateAdd eignet sich dazu, zu einem Datum oder zu einer Uhrzeit ein oder mehrere Zeitintervalle zu addieren. Das Intervall wird in Form einer Zeichenkette angegeben: "yyyy" zum Addieren von Jahren, "q" für Quartale, "m" für Monate, "ww" für Wochen, "y", "w" oder "d" für Tage, "h" für Stunden, "n" für Minuten und "s" für Sekunden. Der zweite Parameter gibt an, wie oft das Intervall addiert werden soll. Mit negativen Zahlen können Sie auch rückwärts rechnen. Es sind allerdings nur ganze Intervalle möglich; halbe oder viertel Stunden müssen Sie in Minuten rechnen. Der dritte Parameter enthält die Ausgangszeit:

```
d = DateAdd("yyyy", 1, Now)    'Datum und Zeit in einem Jahr
d = DateAdd("h", -2, Now)      'Datum und Zeit vor zwei Stunden
```

Wenn sich durch die Addition ungültige Daten ergeben (etwa der 31.4., nachdem zum 31.3. ein Monat addiert wurde), ermittelt Visual Basic den ersten gültigen Tag vorher (30.4.). Beachten Sie, dass `DateSerial` sich hier anders verhält und aus `DateSerial(2001,4,31)` den 1.5.01 macht!

Eine Alternative zu `DateAdd` sind die .NET-Methoden `AddDays`, `AddHours` etc.: Der wesentliche Vorteil dieser Methoden gegenüber `DateAdd` besteht darin, dass die meisten Methoden (nicht jedoch `AddMonths` und `AddYears`) als Parameter eine `Double`-Zahl akzeptieren. Damit können Sie also ganz einfach eineinhalb Stunden addieren:

```
d1 = d2.AddHours(1.5)       ' entspricht d1 = d2 + 1,5 Stunden
```

Wenn Sie eine Zeit subtrahieren möchten, übergeben Sie einfach einen negativen Parameter. Übrigens können Sie die .NET-Methoden auch direkt auf `Now` oder auf andere Eigenschaften oder Methoden anwenden, die ein `Date`-Objekt zurückgeben:

```
d1 = Now.AddMinutes(-3)     ' entspricht d1 = jetzt vor drei Minuten
```

Noch allgemeingültiger als `AddDays`, `-Hours` etc. sind die Methoden `Add` und `Subtract`. Damit können Sie wirklich eine beliebige Zeit addieren bzw. subtrahieren. Der wesentliche Nachteil besteht darin, dass als Parameter nur ein `TimeSpan`-Objekt erlaubt ist (siehe den vorigen Abschnitt).

```
Dim ts As TimeSpan
ts = TimeSpan.Parse("0:03:30")      ' 3 Minuten, 30 Sek
d2 = d1.Add(ts1)            ' entspricht d2 = d1 + ts1
d3 = d1.Subtract(ts2)       ' entspricht d2 = d1 - ts1
```

Syntaxzusammenfassung der .NET-Methoden und -Eigenschaften für System.TimeSpan

Initialisierung	

`FromTicks(n)`
`FromMilliSeconds(n)`
`FromSeconds(n)`
`FromMinutes(n)`
`FromHours(n)`
`FromDays(n)`
	liefert eine Zeitspanne von `n` Zeiteinheiten; bei `Ticks` ist `n` ein `Long`-Parameter, bei allen anderen Parametern ein `Double`-Parameter.

`Parse("d.hh:mm:ss.f")`	liefert eine Zeitspanne der angegebenen Zeit (bestehend aus Tagen, Stunden, Minuten, Sekunden und Sekundenbruchteilen). `d` und `f` sind optional.
`d.TimeOfDay`	liefert den Zeitanteil einer `Date`-Variablen als `TimeSpan`-Objekt.
`d1.Subtract(d2)`	liefert die Zeitspanne zwischen zwei `Date`-Zeitpunkten als `TimeSpan`-Objekt.

Extraktion von Daten	

`ts.MilliSeconds`
`ts.Seconds`
`ts.Minutes`
`ts.Hours`
`ts.Days`
	gibt den Anteil der Sekunden, Minuten, Stunden etc. der Zeitspanne an. Die gesamte gespeicherte Zeitspanne ergibt sich aus der *Summe* dieser Zeiten (d.h., `MilliSeconds` reicht von 0–999, `Seconds` und `Minutes` reichen von 0–59, `Hours` von 0–23).

`ts.Ticks`
`ts.TotalMilliSeconds`
`ts.TotalSeconds`
`ts.TotalMinutes`
`ts.TotalHours`
`ts.TotalDays`
	drückt die gesamte Zeitspanne in Sekunden, Minuten, Stunden etc. aus. `Ticks` liefert das Ergebnis als `Long`-Zahl, alle anderen Methoden liefern `Double`-Werte.

Berechnungen, Vergleiche	
`ts1.Add(ts2)`	liefert `ts1+ts2`.
`Compare(ts1, ts2)`	vergleicht `ts1` mit `ts2`. Liefert –1, 0 oder 1, je nachdem, ob `ts1` kleiner, gleich oder größer als `ts2` ist.
`ts1.Negate()`	liefert `-ts1`.
`ts1.Subtract(ts2)`	liefert `ts1-ts2`.

9.6 Programmiertechniken zu Date und TimeSpan

Einen Monat zu einem Datum addieren

Wie immer führen viele Wege zum Ziel. `DateAdd` ist eine relativ intelligente Methode. Sie berechnet das Datum in einem Monat, d.h., aus dem 15.3. wird der 15.4. Wenn das Ergebnis der Addition ein ungültiges Datum ist (etwa der 30.2.), liefert `DateAdd` automatisch ein früheres Datum (also den 28.2. oder 29.2., je nachdem, ob es sich um ein Schaltjahr handelt oder nicht).

```
DateAdd("m", 1, d)                      'Datum in einem Monat
```

Der folgende Ausdruck scheint auf den ersten Blick dieselbe Funktion wie `DateAdd` zu erfüllen. In den meisten Fällen ist das auch der Fall. `DateSerial` verhält sich allerdings bei ungültigen Daten anders und macht aus dem 30.2. den 1.3. oder 2.3.

```
DateSerial(d.Year, d.Month + 1, d.Day)  'Datum in einem Monat
```

Als dritte und wahrscheinlich übersichtlichste Variante bietet sich die .NET-Methode `AddMonths` an. Sie liefert dieselben Ergebnisse wie `DateAdd`:

```
d.AddMonths(1)                          'Datum in einem Monat
```

Datum des Monatsendes ermitteln

Im folgenden Ausdruck wird aus einem vorgegebenen Datum der 0. Tag des Folgemonats berechnet. `DateSerial` betrachtet den Tag 0 wie ›gestern‹ und liefert als Ergebnis – wie gewünscht – das Datum des letzten Tags des Vormonats.

```
DateSerial(d.Year, d.Month +1, 0)        'Datum zum Monatsletzten
```

Wenn Sie die Anzahl der Tage des Monats wissen möchten, können Sie an den obigen `DateSerial`-Ausdruck `.Day` anhängen. Eine andere Möglichkeit bietet die .NET-Methode `DaysInMonth`:

```
DateTime.DaysInMonth(d.Year, d.Month)    'Anzahl der Tage des Monats
```

Auch die folgende Schreibweise ist gültig, wenngleich sie weniger intuitiv ist. (`DaysInMonth` wird dabei als Methode auf `d` angewandt. `d` wird aber gar nicht direkt berücksichtigt, entscheidend sind nur die beiden Parameter. Immerhin ist der Tippaufwand etwas geringer.)

```
d.DaysInMonth(d.Year, d.Month)           'Anzahl der Tage des Monats
```

Zeitdifferenz in Jahren (Altersberechnung)

Zur Berechnung von Zeitdifferenzen ist eigentlich die Methode `DateDiff` vorgesehen. Diese Methode hat aber ihre Tücken: Sie nimmt nur auf das unmittelbare Intervall Rücksicht. Für die Berechnung des Alters (aus Geburtsdatum und aktuellem Datum) ist das nicht ausreichend, neben dem Geburtsjahr müssen auch den Tag und das Monat berücksichtigt werden.

```
Dim alter As Integer
alter = DateDiff("yyyy", d1, Today) 'liefert ein falsches Alter
```

In der Formel unten wird die reine Differenz der Jahre um ein Jahr korrigiert, wenn das Datum `d2` kleiner ist als das Datum, das sich aus dem Jahr `d2` sowie Tag und Monat von `d1` ergibt.

```
d1 = DateSerial(1967, 10, 31)      'Geburtsdatum
d2 = Today                         'heute
alter = d2.Year - d1.Year - _
  If(d2 < DateSerial(d2.Year, d1.Month, d1.Day), 1, 0)
```

Übrigens hilft bei der Altersberechnung auch ein `TimeSpan`-Objekt nicht weiter. Dieses bietet zwar im Regelfall tolle Möglichkeiten zur Auswertung von Zeiträumen, aber diese Eigenschaften enden mit `Days` bzw. `TotalDays`. Größere Zeiträume (`Month`, `Year`) können nicht ausgewertet werden (ganz einfach deswegen, weil Monate und Jahre unterschiedlich lang sind).

Zeitmessung

Oft wollen Sie die Zeit messen, die die Ausführung eines Programmteils benötigt. Von den vielen Möglichkeiten die es hier gibt, ist die einfachste die Verwendung einer Stoppuhr, die das .NET Framework mit der Klasse `Stopwatch` zur Verfügung stellt.

```
Dim sw As New Stopwatch
sw.Start()

' ... Operation ...

sw.Stop()

Console.WriteLine(sw.Elapsed)
```

9.7 Konvertierung zwischen elementaren Datentypen

Dieser Abschnitt fasst die zahllosen Methoden zusammen, die bei der Umwandlung von Daten in verschiedene Datentypen helfen. Methoden zur Formatierung von Zahlen oder Daten (wenn Sie etwa das Datum 31.12.2006 in die Zeichenkette `31. Dezember 06` umwandeln möchten) werden hier allerdings nicht erläutert. Dieses Thema wird im nächsten Kapitel behandelt, wo es um den Umgang mit Zeichenketten geht.

Automatische und manuelle Konvertierung

Alte Visual Basic-Versionen waren berühmt-berüchtigt dafür, automatisch Konvertierungen zwischen den unterschiedlichsten Datentypen durchzuführen: Zahlen in Zeichenketten und wieder zurück, Daten und Zeiten in Fließkommazahlen etc.

Diese Automatismen sind seit der Umstellung auf das .NET Framework nicht mehr ganz so stark ausgeprägt (insbesondere dann nicht, wenn Sie mit `Option Strict` arbeiten, was sehr zu empfehlen ist – siehe Abschnitt 4.7), aber noch immer geht vieles wie von Zauberhand, was in anderen Programmiersprachen eine explizite Konvertierung erfordert. Das gilt vor allem für alle Umwandlungen, die garantiert ohne Verlust durchgeführt werden können – etwa von `Integer` zu `Double` oder von `Short` zu `Long`.

Object-Variablen: Besonders verführerisch ist die automatische Typkonvertierung natürlich bei `Object`-Variablen, die nach Bedarf einen beliebigen Datentyp annehmen können:

```
Dim o As Object
o = "xx"   'o ist eine String-Variable
o = 3      'o ist jetzt eine Integer-Variable
o = 3.14   'o ist jetzt eine Double-Variable
```

Konvertierung zwischen verschiedenen Zahlentypen: Die `Short`-Variable `s` wird mit dem Wert 3 initialisiert. Anschließend wird der Inhalt von `s` in der `Double`-Variablen `x` gespeichert. Dabei kommt es zu einer Konvertierung von `Short` zu `Double`, die Visual Basic ohne Weiteres durchführt:

```
Dim s As Short, x As Double
s = 3
x = s     'Konvertierung Short --> Double
```

Dennoch sollten Sie sich nicht blind darauf verlassen, dass Visual Basic schon errät, was Sie sich beim Programmieren gedacht haben. Bereits bei der Umkehrung der obigen Zuweisung kann es zu Problemen kommen: Die Visual Basic-Entwicklungsumgebung akzeptiert die Anweisung `s = x` nur dann, wenn Sie `Option Strict` nicht verwenden. In diesem Fall rundet Visual Basic `3.63` zur nächsten ganzen Zahl und speichert den Wert 4 in `s`.

```
x = 3.63
s = x
```

Die nächsten Zeilen zeigen die Problematik der Typumwandlung noch deutlicher. Die Zahl 345678 überschreitet den Zahlenbereich für `Short`. Deswegen kommt es bei der Ausführung des Codes zu einem Fehler (`System.OverflowException`):

```
x = 345678
s = x                        'Fehler (System.OverFlowException)
```

Wenn Sie mit `Option Strict` arbeiten, akzeptiert die Entwicklungsumgebung (bzw. der Compiler) die Zuweisung `s = x` nicht. Damit das Programm überhaupt getestet werden kann, müssen Sie die Konvertierungsfunktion `CShort` einsetzen. Am Problem, dass 345678 zu groß für eine `Short`-Variable ist, ändert natürlich auch das nichts, d.h., bei der Programmausführung tritt weiterhin ein Fehler auf. `Option Strict` verhindert also keine Überlaufprobleme, aber es zwingt Sie, die richtigen Konvertierungsfunktionen einzusetzen. (Und spätestens an dieser Stelle sollten im Hinterkopf die ersten Fragen auftauchen: Was passiert, wenn `x` zu groß ist? Soll ich `s` vielleicht besser als `Integer` deklarieren? Was geschieht, wenn `x` selbst dann noch zu groß ist?)

```
x = 345678
s = CShort(x)                'Fehler (System.OverFlowException)
```

Integer-Multiplikation: Ein weiteres interessantes Problem zeigen die beiden folgenden Zeilen. Zwar ist `l` als `Long`-Variable hier richtig dimensioniert, aber Visual Basic betrachtet die beiden Konstanten 100000 und 200000 als `Integer`-Zahlen und führt daher auch die Multiplikation mit `Integer`-Arithmetik aus. Dabei tritt ein Überlauf auf, der bereits in der Entwicklungsumgebung festgestellt wird. Die Zeile wird daher als fehlerhaft gekennzeichnet. In diesem Fall versagt also die automatische Typumwandlung von Visual Basic. Natürlich könnte Visual Basic derartige Multiplikationen immer mit `Long`-Arithmetik durchführen, aber das ist in den meisten Fällen nicht notwendig und wäre wesentlich langsamer.

```
Dim l As Long
l = 100000 * 200000          'Fehler, weil 100000 * 200000 zu groß ist
```

Die einfachste Abhilfe besteht darin, eine der beiden Zahlen mit dem nachgestellten Buchstaben `L` als `Long` zu kennzeichnen. Damit wird die gesamte Multiplikation im `Long`-Zahlenbereich ausgeführt. Dieselbe Wirkung bei etwas größerem Tippaufwand erzielen Sie, wenn Sie eine der beiden Zahlen mit `CLng` explizit in das `Long`-Format umwandeln:

```
l = 100000 * 200000L         'ok
l = 100000 * CLng(200000)    'ok
```

HINWEIS

Visual Basic betrachtet ganze Zahlen im Programmcode generell als `Integer`, Fließkommazahlen generell als `Double`, Zeichenketten (auch bei einem einzelnen Zeichen!) generell als `String`. Wenn Sie möchten, dass Visual Basic intern einen anderen Datentyp verwendet, müssen Sie diesen durch ein nachgestelltes Literalzeichen (z.B. `L` für `Long`, `C` für `Char`) angeben. Die in Visual Basic vorgesehenen Literale sind am Beginn dieses Kapitels zusammengefasst.

Zeichenkettenverknüpfung mit & und +: Beim `String`-Verknüpfungsoperator ist die automatische Typkonvertierung gewissermaßen inhärent eingebaut. Dieser Automatismus funktioniert auch dann, wenn Sie mit `Option Strict` arbeiten:

```
Option Strict On
Dim s As String
Dim d As Date = Now
Dim x As Double = 1 / 3
Dim i As Integer = 27
s = "abc " & d & " " & x & " " & i
```

`s` enthält nun beispielsweise die Zeichenkette `"abc 01.12.2005 18:09:43 0,333333333333333 27"` (abhängig davon, wann das Programm ausgeführt wird und welche Spracheinstellungen gelten).

Wenn Sie statt des Zeichens `&` das Zeichen `+` verwenden, wird es komplizierter. Das Programm lässt sich nun nur noch ausführen, wenn Sie `Option Strict Off` verwenden. In diesem Fall versucht Visual Basic, alle Konvertierungen selbstständig durchzuführen. Das geht allerdings schief: Das Programm setzt zuerst `"abc " + d + " "` zu einer Zeichenkette zusammen (z.B. `"abc 01.12.2001 18:09:43 "`). Den nächsten Operator `+` interpretiert es allerdings als Additionsoperator für `Double`-Zahlen (wegen `+ x`). Es versucht deshalb, die bisher gebildete Zeichenkette ebenfalls in eine `Double`-Zahl umzuwandeln, was aber zu einem Fehler führt (`System.InvalidCastException`). Das Beispiel beweist einmal mehr, wie gefährlich es ist, sich blind auf die automatische Typkonvertierung zu verlassen. Visual Basic errät eben nicht immer, was Sie vom Programm erwarten.

```
Option Strict Off
Dim s As String
Dim d As Date = Now
Dim x As Double = 1 / 3
Dim i As Integer = 27
s = "abc " + d + " " + x + " " + i
```

ACHTUNG

Generell werden bei allen Konvertierungen von oder zu Zeichenketten die Landeseinstellungen der Systemsteuerung beachtet! Im deutschen Sprachraum werden daher Fließkommazahlen mit einem Komma dargestellt, Daten und Zeiten gemäß den deutschen Gepflogenheiten formatiert etc. Dieses Standardverhalten von Visual Basic kann natürlich zu Problemen führen (etwa beim Import oder Export von Dateien), sobald Ihr Programm woanders ausgeführt wird.

Abhilfe schafft der Einsatz von speziellen Formatierungs- oder `Parse`-Methoden, an die Sie ein Objekt mit Informationen zu regionalen Formatierungsregeln übergeben. Details dazu finden Sie in Abschnitt 10.8.

Konvertierung mit CInt, CShort, CStr etc.

Für explizite Typkonvertierungen mit minimalem Tippaufwand und größtmöglicher Effizienz sieht Visual Basic die Funktionen `CBool`, `CByte`, `CChar`, `CDate`, `CDbl`, `CDec`, `CInt`, `CLng`, `CObj`, `CSByte`, `CShort`, `CSng`, `CStr`, `CUInt`, `CULng` und `CUShort` vor. Damit werden alle elementaren Visual Basic-Datentypen abgedeckt. Als Parameter dürfen an sich beliebige Daten an die Funktionen übergeben werden. Allerdings gibt es eine Reihe von Fehlermöglichkeiten und Sonderfällen:

» Wenn die Konvertierung den Wertebereich des jeweiligen Datentyps überschreitet, tritt ein `OverflowException`-Fehler auf.

» Ebenso tritt ein Fehler auf, wenn eine Umwandlung unmöglich ist (z.B. `CDate("xx")`).

» Bei der Umwandlung leerer oder nicht initialisierter Zeichenketten in Zahlen liefern die Funktionen generell 0.

» Die Umwandlung von `Char`-Zeichen in Zahlen (um den Code zu ermitteln) ist unmöglich – dazu müssen Sie die VB-Funktion `Asc` oder `AscW` verwenden.

» Die Funktionen `CByte`, `CShort`, `CInt` etc. runden wie `Math.Round` (siehe auch Abschnitt 9.2). Bei einem Dezimalanteil kleiner 0.5 wird abgerundet; wenn dieser Anteil größer als 0.5 ist, wird aufgerundet. Bei 0.5 wird bei geraden Zahlen ab-, bei ungeraden Zahlen aufgerundet.

» Die Umwandlungsfunktionen berücksichtigen die aktuelle Landeseinstellung. Im deutschen Sprachraum wird daher `CDate("1. Oktober")` akzeptiert. Das resultierende Datum ist der 1.10. des aktuellen Jahres. Entsprechend liefert `CStr(2.5)` die Zeichenkette `"2,5"` (also mit einem Komma zur Dezimaltrennung).

Falls Sie im Objektkatalog nach den `CXxx`-Funktionen suchen, wird Ihre Suche vergeblich sein. Es handelt sich bei diesen Funktionen nämlich nicht um richtige Methoden, sondern um Anweisungen an den Compiler. Dieser ersetzt die Funktionen durch Inline-Code, um auf diese Weise einen möglichst effizienten Code zu produzieren. (Inline-Code bedeutet, dass es in den meisten Fällen nicht zum Aufruf einer richtigen Funktion oder einer Methode kommt. Vielmehr werden die Anweisungen zur Typumwandlung direkt in den Code eingebaut. Ausnahmen sind allerdings aufwendige Umwandlungen für Daten oder Zeiten. Hier wird natürlich auf externe Funktionen zurückgegriffen.)

Konvertierung mit CType (Casting-Operator)

Statt `CLng(x)` können Sie auch `CType(x, Long)` ausführen. Beide Anweisungen werden exakt gleich ausgeführt. (Genau genommen werden alle oben aufgezählten Funktionen wie `CBool`, `CByte`, `CChar` etc. durch `CType` ersetzt.)

Als Datentyp darf auch ein Feld angegeben werden. Beispielsweise liefert `CType(obj, String())` ein `String`-Feld. Das funktioniert natürlich nur dann, wenn `obj` zwar als Variable des Typs `Object` deklariert ist, tatsächlich aber auf ein `String`-Feld verweist.

CType wird oft eingesetzt, wenn die Parameter von Methoden oder Ereignisprozeduren bzw. die Elemente von Aufzählungen oder Feldern mit dem Typ Object deklariert sind, tatsächlich aber andere Objekte anderer Klassen enthalten. Hintergrundinformationen zu dieser Anwendung von CType finden Sie in Abschnitt 4.13.

Konvertierung mit Val und Str (Klasse Microsoft.VisualBasic.Conversion)

Unter Visual Basic stehen zwei weitere Methoden zur Verfügung, die man als Konvertierungsfunktionen betrachten kann. Val versucht, eine Zeichenkette als Zahl zu interpretieren, also den *Wert* der Zeichenkette zu ermitteln. Falls das nicht möglich ist, liefert Val den Wert 0. Val liefert als Ergebnis eine Double-Zahl. Die folgenden Zeilen demonstrieren die Anwendung von Val:

```
Dim x As Double
x = Val("abc")          'x=0
x = Val("3")            'x=3
x = Val("3,5")          'x=3
x = Val("3.5")          'x=3.5
x = Val("3.5e7")        'x=35000000
x = Val("12 + 3")       'x=12
x = Val("31.12.2001")   'x=31.12
```

Str ist das Gegenstück zu Val: Die Methode wandelt eine Zahl in eine Zeichenkette um. An Str darf kein Datum (also keine Date-Variable) übergeben werden. Beachten Sie bitte, dass die resultierende Zeichenkette bei positiven Zahlen mit einem Leerzeichen beginnt. Verwenden Sie gegebenenfalls Trim, um dieses Leerzeichen zu entfernen.

```
Dim s as String
s = Str(3.123)           's = " 3.123"
```

HINWEIS

Eine Besonderheit von Val und Str besteht darin, dass diese Methoden die Landeseinstellungen ignorieren und stattdessen den internationalen Gepflogenheiten entsprechen. Insbesondere werden Fließkommazahlen immer mit einem Dezimalpunkt dargestellt. Je nach Anwendung kann das ein Vor- oder ein Nachteil sein.

Konvertierung mit der ToString-Methode

Alle .NET-Klassen kennen die Methode ToString. Diese Methode wandelt den Inhalt eines Objekts in eine Zeichenkette um. Das funktioniert selbst für elementare Datentypen. Beispielsweise liefert (1 / 3).ToString die Zeichenkette "0,333333333333333". Eine Menge weiterer Informationen zu ToString gibt Abschnitt 10.5, wo es um Methoden zur Formatierung von Zahlen und Zeichenketten geht.

.NET-Konvertierungsmethoden (Klasse System.Convert)

Natürlich enthält auch .NET zahllose Konvertierungsmethoden. Die meisten derartigen Methoden sind in der Klasse System.Convert definiert. Insbesondere enthält diese Klasse die Methoden ToByte, ToBoolean etc. (für jeden elementaren Datentyp), wobei auch als Parameter wiederum fast jeder Datentyp erlaubt ist.

Wenn Sie eine Konvertierung von `Long` nach `Decimal` durchführen möchten, setzen Sie die Methoden `ToDecimal(val As Long)` ein. (Die Auswahl der richtigen `ToDecimal`-Funktion erfolgt natürlich automatisch. Der Compiler entscheidet sich anhand des übergebenen Datentyps, welche der zahlreichen `ToDecimal`-Methoden zum Einsatz kommt.)

Die Methoden verhalten sich wie die VB-Funktionen `CByte`, `CDate` etc.: Leere bzw. nicht initialisierte Zeichenketten werden in die Zahl 0 bzw. in das Datum 1.1.0001 (mit der Zeit 0:00:00) umgewandelt. Zahlen und Daten werden entsprechend der Landeseinstellungen konvertiert.

Beachten Sie aber, dass bei Weitem nicht jede der möglichen Kombinationen *Ausgangsdatentyp → Zieldatentyp* tatsächlich unterstützt wird! So gibt es etwa die Methode `ToDateTime(n As Integer)`, d.h., die Methode kann syntaktisch korrekt im Code verwendet werden. Aber jeder Versuch, eine Zahl in ein Datum zu verwandeln, führt generell zum Fehler `System.InvalidCastException`.

```
Dim s As String, d As Date, x As Double
s = Convert.ToString(1 / 3)          ' s = "0,3333333333333333"
d = Convert.ToDateTime("31.12.2006")  ' d = #12/31/2006#
x = Convert.ToDouble("1,75")          ' x = 1.75
```

Interpretation von Zeichenketten (Parse-Methode)

Wenn Sie Zeichenketten in andere Datentypen umwandeln möchten, können Sie entweder die `Convert.ToXxxDatentyp`-Methoden oder `XxxDatentyp.Parse` verwenden. `Parse` kommt mit mehr Sonderfällen zurecht und basiert intern auf aufwendigeren Algorithmen.

```
Dim d As Date, x As Double
d = Date.Parse("31.12.2006")          ' d = #12/31/2006#
x = Double.Parse("12,34")             ' x = 12,34
```

Die Interpretation von Zeichenketten erfolgt normalerweise unter Berücksichtigung der lokalen Ländereinstellung. Um Zahlen, Daten oder Zeiten entsprechend den Regeln einer bestimmten Sprache oder Region auszuwerten, müssen Sie an die `Parse`-Methode in einem weiteren Parameter ein `IFormatProvider`-Objekt übergeben (siehe Abschnitt 10.8).

Viele Datentypen kennen auch die Methode `TryParse`. Sie versucht, die Zeichenkette als Datum oder Zahl zu interpretieren. Gelingt das, liefert die Methode `True` zurück, sonst `False`. Das Ergebnis wird in einer Variablen gespeichert. Durch den Einsatz von `TryParse` vermeiden Sie Fehler, wenn die Zeichenkette nicht konvertiert werden kann.

```
Dim d As Double
If Double.TryParse("123", d) Then ...
```

Syntaxzusammenfassung

VB-Konvertierungsfunktionen und -methoden	
CBool, CByte, CChar, CDate, CDbl, CDec, CInt, CLng, CObj, CSng und CStr	wandeln den übergebenen Parameter in den entsprechenden Datentyp (Boolean, Byte etc.) um.
CType(obj, typ)	wandelt obj in ein Objekt der Klasse typ um. Wenn die Umwandlung nicht möglich ist, tritt ein Fehler auf.
s = Str(x)	wandelt die Zahl x in eine Zeichenkette um, wobei als Dezimaltrennung immer ein Punkt verwendet wird. Bei positiven Zahlen beginnt s mit einem Leerzeichen.
x = Val(s)	interpretiert den Inhalt der Zeichenkette s als Zahl, wobei abermals ein Punkt zur Dezimaltrennung verwendet wird, und liefert einen Double-Wert.

.NET-Konvertierungsmethoden (Klasse *System.Convert*)	
ToBoolean, ToByte, ToChar, ToDateTime, ToDecimal, ToDouble, ToInt16, ToInt32, ToInt64, ToSByte, ToSingle, ToString, ToUInt16, ToUInt32 und ToUInt64	wandeln den übergebenen Parameter in den entsprechenden Datentyp (Boolean, Byte etc.) um. Allen Methoden muss Convert. vorangestellt werden.
x.ToString()	wandelt (soweit dies möglich ist) jeden .NET-Datentyp in eine Zeichenkette um.
result = typ.Parse(s)	interpretiert eine Zeichenkette als Wert des angegebenen Typs. Beispielsweise interpretiert x=Double.Parse(s) die Zeichenkette s als Fließkommazahl. Parse ist flexibler als die ToXxx-Methoden. d=Date.Parse(s) kommt mit mehr Sonderfällen zurecht als d=Convert.ToDateTime(s).
ok = typ.TryParse(s, result)	versucht, eine Zeichenkette als Wert des angegebenen Typs zu interpretieren. Wenn das möglich ist, wird das Ergebnis in result gespeichert.

Konvertierung Fließkommazahlen → Integerzahlen (Details siehe Abschnitt 9.2)	
n = CShort/CInt/CLong(x)	rundet je nach Nachkommaanteil auf oder ab (wie Round).
n = Convert.ToInt16/32/64(x)	rundet je nach Nachkommaanteil auf oder ab (wie Round).
n = CLng(Fix(x))	schneidet den Nachkommaanteil ab.
n = CLng(Int(x))	rundet immer zur nächstkleineren Zahl.
n = CLng(Math.Ceiling(x))	rundet immer zur nächstgrößeren Zahl.
n = CLng(Math.Floor(x))	rundet immer zur nächstkleineren Zahl.

Konvertierung Datum ↔ Zahlen (Details siehe Abschnitt 9.4)	
`n = d.Ticks`	liefert Datum und Zeit als `Long`-Zahl (`DateTime` → `Long`). `n` enthält die Anzahl von `Ticks` (100 ns) seit dem 1.1.0001.
`Dim d As New DateTime (n)`	initialisiert ein neues Datum aus einer `Long`-Zahl (`Long` → `DateTime`).
`d = DateTime.MinValue.AddTicks(n)`	wandelt eine `Long`-Zahl in ein Datum um (`Long` → `DateTime`).
`n = d.ToFileTime`	wandelt ein Datum in die Zeitdarstellung von Dateien um (`DateTime` → `Long`). `n` enthält die Anzahl von `Ticks` seit dem 1.1.1601 UTC.
`d = DateTime.FromFileTime(n)`	wandelt die Zeitdarstellung von Dateien in ein Datum um (`Long` → `DateTime`).
`x = d.ToOADate`	wandelt ein Datum in die VB6-Darstellung um (`DateTime` → `Double`).
`d = DateTime.FromOADate(x)`	wandelt einen VB6-`Double`-Wert in ein Datum um (`Double` → `DateTime`).

10 Zeichenketten

Praktisch kein Programm kommt ohne Zeichenketten aus. Intern handelt es sich bei Zeichenketten um Objekte der Klasse `System.String`. Einzelne Zeichen können auch in `System.Char`-Objekten gespeichert werden. Dieses Kapitel beschreibt, wie Sie mit Zeichenketten umgehen, wie Sie Zeichenketten effizient zusammensetzen (`StringBuilder`, `StringWriter`), wie Sie Zahlen und Daten als Zeichenketten formatieren etc.

10.1 Grundlagen

Visual Basic kennt zwei Datentypen zum Umgang mit Zeichenketten: In `Char`-Variablen kann ein einzelnes Zeichen gespeichert werden, in `String`-Variablen Zeichenketten beinahe beliebiger Länge (bis zu 231 Zeichen). In beiden Fällen verwendet Visual Basic intern Unicode zur Codierung der Zeichen (zwei Byte pro Zeichen, UTF16).

Notation

Zeichenketten werden zwischen zwei Hochkommas eingeschlossen. Wenn Sie das Zeichen " selbst in einer Zeichenkette speichern möchten, wird die Zuweisung ein wenig unübersichtlich: Sie müssen " verdoppeln.

```
Dim s As String
s = "abc"                'Zeichenkette abc
s = "a""bc"              'Zeichenkette a"bc
s = """abc"""            'Zeichenkette "abc"
```

Konvertierung zwischen Char und String

Die Umwandlung von `Char` in `String` ist immer problemlos. Den umgekehrten Fall, also etwa die Zuweisung `charvariable = stringvariable`, akzeptiert der Visual Basic-Compiler dagegen nur bei `Option Strict Off`.

Wenn Sie mit `Option Strict On` arbeiten, müssen Sie `CChar` einsetzen. Die folgenden Zeilen zeigen, wie die Zuweisung korrekt durchgeführt werden kann, wobei die letzte Variante am langsamsten ist:

```
Dim c As Char, s As String
c = CChar(s)
c = s.Chars(0)
c = GetChar(s, 1)
c = Convert.ToChar(Left(s, 1))
```

Initialisierung

`String`-Variablen können direkt bei der Deklaration initialisiert werden. Die folgenden Beispiele zeigen einige Syntaxvarianten:

```
Dim s1 As String = "abc"               's1 = "abc"
Dim s2 As String = Space(5)            's2 = "     "
Dim s3 As New String("a"c, 10)         's3 = "aaaaaaaaaa"
Dim s4 As String = StrDup(3, "x")      's4 = "xxx"
Dim s5 As String = LSet("abc", 10)     's5 = "abc       "
Dim s6 As String = RSet("abc", 10)     's6 = "       abc"
```

`Space` liefert einfach die angegebene Anzahl von Leerzeichen zurück. `New String(c, n)` liefert eine Zeichenkette, die `n`-mal das im ersten Parameter angegebene Zeichen enthält. Als Parameter muss ein `Char`-Zeichen übergeben werden, d.h., es ist nicht möglich, eine Zeichenkette zu vervielfältigen. (Wenn Sie mit `Option Strict On` arbeiten, müssen Sie den Parameter wie im obigen Beispiel mit dem Literal `c` als `Char`-Zeichen kennzeichnen!)

`StrDup` hat dieselbe Funktion wie `NewString`, akzeptiert aber auch eine normale Zeichenkette (von der aber nur das erste Zeichen berücksichtigt wird!). Beachten Sie, dass die Parameterreihenfolge gegenüber `New String` vertauscht ist.

LSet und RSet kopiert eine Zeichenkette in eine Variable und fügt dann so viele Leerzeichen am Ende bzw. am Beginn der neuen Zeichenkette ein, dass diese eine vorgegebene Länge erreicht. Besonders praktisch ist das bei Zahlen, die rechtsbündig in Zeichenketten gespeichert werden sollen oder müssen:

```
Dim i As Integer, s(9) As String
For i = 0 To 9
  s(i) = RSet((5 ^ i).ToString, 10)
  Console.WriteLine("s(" & i & ")=" & s(i))
Next
```

Der Code demonstriert gleichzeitig die Methode ToString, die in Visual Basic auf beinahe jedes Objekt angewandt werden kann – auch auf geklammerte arithmetische oder logische Ausdrücke. Das Programm liefert folgendes Ergebnis:

```
s(0)=         1
s(1)=         5
...
s(8)=    390625
s(9)=   1953125
```

Die Verkettungsoperatoren + und &

Mehrere Zeichenketten können mit + zusammengesetzt werden. "ab"+"cd" liefert also "abcd". Noch universeller ist der Operator &, der Daten in anderen Typen (Zahlen, Datum und Uhrzeit) automatisch in Zeichenketten umwandelt. "ab" & 1/3 ergibt "ab0,333333333333333".

Wie bei anderen Datentypen sind auch bei Zeichenketten die Operatoren += und &= zulässig, um einer String-Variablen eine Zeichenkette hinzuzufügen:

```
Dim s As String = "abc"
s += "efg"    's enthält jetzt "abcefg"
s &= 1 / 2    's enthält jetzt "abcefg0,5"
```

ACHTUNG

Bei der Umwandlung von Zahlen, Daten und Zeiten in Zeichenketten durch & oder &= wird automatisch die gültige Landeseinstellung berücksichtigt. Das Programm verhält sich daher unterschiedlich, je nachdem, wo es ausgeführt wird. Wenn Sie das nicht möchten, gibt es zwei Möglichkeiten: Entweder setzen Sie die Funktion Str ein, die immer die US-englischen Formatierungsregeln einhält (siehe Abschnitt 9.7), oder Sie verwenden die .NET-Formatierungsmethoden in Kombination mit einem Objekt, das die Länderinformationen angibt (siehe Abschnitt 10.8).

Vordefinierte Zeichenketten (Konstanten)

Einige oft benötigte Zeichenketten sind als Konstanten vordefiniert – und das gleich doppelt: einmal in Microsoft.VisualBasic.Constants und ein zweites Mal in Microsoft.VisualBasic.ControlChars. Die Konstanten sind dann praktisch, wenn mehrzeilige Zeichenketten (etwa für das Textfeld) oder Tabellen gebildet werden. Ob Sie lieber die aus VB6 vertrauten vbXxx-Konstanten verwenden oder die mit etwas mehr Tippaufwand verbundenen ControlChars-Konstanten, ist eine reine Geschmacksfrage.

Alle Konstanten, die nur ein Zeichen enthalten, sind Char-Konstanten. Lediglich bei [vb]CrLf und [vb]NewLine handelt es sich um String-Konstanten. [vb]NewLine enthält die Codes zur Markierung einer neuen Zeile. Die Zeichenkette hat je nach Rechner einen unterschiedlichen Wert (vbCrLf unter Windows) und wird dann interessant, falls Visual Basic einmal auch für andere Betriebssysteme zur Verfügung stehen sollte. Dieselbe Information kann auch mit Environment.NewLine ermittelt werden.

...Constants	...ControlChars	Inhalt	Verwendung
vbBack	ControlChars.Back	Chr(8)	Backspace-Zeichen
vbCr	ControlChars.Cr	Chr(13)	Wagenrücklauf (Carriage Return)
vbCrLf	ControlChars.CrLf	Chr(13)+Chr(10)	Zeilenumbruch unter Windows
vbFormFeed	ControlChars.FormFeed	Chr(12)	neue Seite
vbLF	ControlChars.LF	Chr(10)	neue Zeile (Line Feed)
vbNewLine	ControlChars.NewLine	Chr(13)+Chr(10)	unter Windows wie ControlChars.CrLf
	ControlChars.NullChar	Chr(0)	Zeichen mit dem Code 0
	ControlChars.Quote	Chr(34)	Anführungszeichen »
vbTab	ControlChars.Tab	Chr(9)	Tabulator
vbVerticalTab	ControlChars.VerticalTab	Chr(11)	vertikaler Tabulator

Interna

Die wohl ungewöhnlichste Eigenschaft von String-Variablen besteht darin, dass Zeichenketten als unveränderliche Objekte gelten (immutable objects). Jedes Mal, wenn Sie eine Zeichenkette verändern, wird die bisherige Zeichenkette freigegeben und kann dann bei der nächsten garbage collection aus dem Speicher entfernt werden. Gleichzeitig wird Speicher für eine neue Zeichenkette reserviert. Programme, die Zeichenketten häufig ändern, werden daher überdurchschnittlich langsam ausgeführt. Mehr Effizienz für derartige Fälle bieten die Klassen StringBuilder und StringWriter, die in Abschnitt 10.4 beschrieben werden.

Die Tatsache, dass Zeichenketten unveränderlich sind, hat aber auch einige überraschende Auswirkungen auf die interne Verwaltung. Im folgenden Beispiel werden a und b als String-Variablen deklariert. Nach den Zuweisungen a="abc" und b=a haben nicht nur beide Variablen denselben Inhalt (das war ja zu erwarten), auch a Is b liefert True! Intern verweisen beide Variablen also auf denselben Ort im Speicher. Die Zeichenkette "abc" befindet sich also nur einmal im Speicher, obwohl es zwei Variablen gibt.

Was passiert, wenn b nun durch eine weitere Zuweisung geändert wird? Durch b="xy" wird eine *neue* Zeichenkette erzeugt (Zeichenketten sind ja unveränderlich)! Intern verweist b nun auf die neue Zeichenkette, während a unverändert auf die bisherige Zeichenkette zeigt. Das folgende Beispielprogramm demonstriert diesen Sachverhalt. Das Ergebnis ist in Abbildung 10.1 zu sehen.

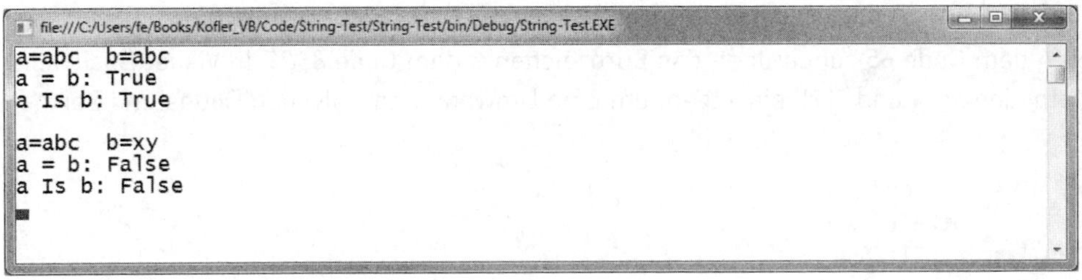

Abbildung 10.1: Ergebnis des Programms string-test

```
' Beispiel zeichenketten\string-test
Dim a As String = "abc"
Dim b As String
b = a
Console.WriteLine("a=" & a & "  b=" & b)
Console.WriteLine("a = b: " & (a = b).ToString)
Console.WriteLine("a Is b: " & (a Is b).ToString)
Console.WriteLine()
b = "xy"
Console.WriteLine("a=" & a & "  b=" & b)
Console.WriteLine("a = b: " & (a = b).ToString)
Console.WriteLine("a Is b: " & (a Is b).ToString)
```

Nicht initialisierte String-Variablen (Nothing)

Nicht initialisierte `String`-Variablen enthalten den Inhalt `Nothing`. Allerdings verarbeitet die Visual Basic-`Runtime` derartige Zeichenketten, als würden sie die Zeichenkette `""` enthalten. Das ist ein VB-Spezifikum, das weder für andere .NET-Sprachen gilt noch für .NET-Methoden, die in Visual Basic-Programmen genutzt werden. Aus diesem Grund liefert `Len(s)` für die nicht initialisierte `String`-Variable `s` den Wert 0. `s=""` wird als `True` ausgewertet.

Wenn Sie versuchen, nicht initialisierte `String`-Variablen im Kontext von .NET-Methoden zu verwenden (z.B. `s.Length`), tritt ein Fehler auf.

Wenn Sie feststellen möchten, ob eine `String`-Variable `""` enthält oder nicht initialisiert ist, müssen Sie zum Vergleich `s Is Nothing` oder `IsNothing(s)` einsetzen. `s = Nothing` ist für diesen Test ungeeignet, weil es sowohl bei leeren als auch bei nicht initialisierten Zeichenketten `True` liefert!

Unicode-Grundlagen

Schon seit VB4 wird der Inhalt von Zeichenketten gemäß Unicode dargestellt. Unicode ist ein Code, der zur Repräsentation jedes Zeichens zwei Byte (65.536 Möglichkeiten) vorsieht. Das ermöglicht es, nicht nur alle europäischen Zeichen, sondern auch die meisten anderen auf dieser Welt bekannten Zeichen einheitlich zu verarbeiten. (Allerdings gibt es nur wenige Schriftarten, die die gesamte Breite von Unicode abdecken. Aber an dieser Stelle geht es um die *interne* Darstellung von Zeichenketten, nicht um die Darstellung aller möglichen Zeichen am Bildschirm.)

Unicode beschreibt an sich nur die Zuordnung zwischen Zahlencodes und Zeichen. Beispielsweise ist der Buchstabe A dem Code 65 zugeordnet, das Eurozeichen € dem Code 8364. In Visual Basic können Sie die Methoden `AscW` und `ChrW` einsetzen, um eine Umwandlung zwischen Codes und Zeichen durchzuführen:

```
Dim c As Char, n As Integer
c = ChrW(65)     ' c enthält "A"c
n = AscW("B")    ' n enthält 66
n = AscW("€")    ' n enthält 8364
```

Unicode beschreibt allerdings nicht, wie die Codes tatsächlich gespeichert werden. Dazu gibt es wiederum mehrere Möglichkeiten, die als Unicode-Formate bezeichnet werden. Windows und .NET verwenden intern meist **UTF-16** (`Unicode Transformation Format, 16-bit encoding form`). Bei diesem Format werden einfach zwei aufeinanderfolgende Bytes verwendet, um ein Unicode-Zeichen zu speichern. Der größte Vorteil von UTF-16 besteht darin, dass alle Zeichen einheitlich behandelt werden. Der offensichtliche Nachteil ist, dass bei der Speicherung von Texten mit ausschließlich westeuropäischen Zeichen jedes zweite Byte 0 enthält, was natürlich eine Platzverschwendung ist.

Innerhalb von UTF-16 gibt es nochmals zwei Varianten, je nachdem, in welcher Reihenfolge die Bytes pro Zeichen gespeichert werden (`little/big endian`). Auf Rechnern mit Intel-Prozessoren wird in der Regel das niedrigwertige Byte zuerst gespeichert. (Das bedeutet, dass das Zeichen `"A"` durch die Byte-Codes 65 und 0 abgebildet wird.)

Eine Variante zu UTF-16 ist das vor allem im Internet sowie unter Unix/Linux populäre **UTF-8**. Hier ist die Anzahl der Bytes vom Code abhängig. ASCII-Zeichen (Code < 128) werden mit nur einem Byte gespeichert, andere Zeichen mit zwei bis vier Zeichen (bzw. mit bis zu sechs Zeichen für den erweiterten Unicode-Zeichensatz mit 232 Zeichen). UTF-8 hat zwei Vorteile: Erstens werden Probleme mit dem Byte-Code 0 vermieden (was wichtig für die Programmiersprache C ist, die annimmt, dass Zeichenketten mit dem Zeichen 0 enden). Zweitens ist die Speicherung englischer Texte deutlich kompakter als bei UTF-16. .NET unterstützt auch UTF8. Beim Lesen und Schreiben von Textdateien mit den Klassen `System.IO.StreamReader` bzw. `-Writer` gilt UTF-8 sogar als Standardformat.

Neben UTF-8 und UTF-16 gibt es einige weitere Codierungsmöglichkeiten, die eher selten genutzt werden, z.B. **UTF-7** (verwendet bei jedem Byte nur die ersten sieben Bits) und **UTF-32** (vier Bytes für jedes Zeichen für einen erweiterten 32-Bit-Unicode-Zeichensatz).

HINWEIS

Falls Sie statt Unicode den ASCII- (7 Bit) oder ANSI-Code (8 Bit) verwenden möchten, können Sie statt `AscW` und `ChrW` die aus älteren VB-Versionen vertrauten Methoden `Asc` und `Chr` verwenden. Dann ist allerdings bei allen Zeichen mit einem Code > 128 Vorsicht geboten. (Diese Zeichen sind nicht Teil des ASCII-Codes!) Beispielsweise liefert `Asc("€")` den Code 128, `Chr(128)` entsprechend das Zeichen `"€"`. `Asc` und `Chr` sind also zu Unicode inkompatibel.

Codierung auflösen oder ändern (Konvertierung zwischen Byte-Feld und String)

Normalerweise brauchen Sie sich nicht allzu viele Gedanken darüber machen, wie Visual Basic Zeichenketten nun intern codiert. Wirklich interessant wird es aber, wenn Sie Texte bzw. Textdateien aus verschiedenen Quellen und mit unterschiedlicher Codierung verarbeiten oder wenn Sie Zeichenketten in Byte-Felder umwandeln sollen.

In solchen Fällen helfen die Klassen des System.Text-Namensraums weiter. Sie finden dort unter anderem Klassen für die Formate ASCII, Unicode (UTF-16), UTF-8 und UTF-7. Die Methoden dieser Klassen ermöglichen unter anderem eine Konvertierung zwischen String-Zeichenketten und Byte-Feldern. Die folgenden Zeilen zeigen beispielhaft, wie Sie Encoding-Objekte für die wichtigsten Textcodierungen erzeugen:

```
Dim enc As Text.Encoding
enc = Text.Encoding.ASCII                  'US-ASCII (7 Bit)
enc = Text.Encoding.Default                'Standard-Windows-Codepage
enc = Text.Encoding.UTF7                   'UTF-7
enc = Text.Encoding.UTF8                   'UTF-8
enc = Text.Encoding.Unicode                'UTF-16, VB-interne Codierung
enc = Text.Encoding.BigEndianUnicode       'UTF-16 Big Endian
enc = Text.Encoding.GetEncoding(850)       'OEM Multilingual Latin 1 (DOS)
enc = Text.Encoding.GetEncoding(1252)      'ANSI Latin-1
enc = Text.Encoding.GetEncoding(28591)     'ISO 8859-1 Latin-1
enc = Text.Encoding.GetEncoding(28605)     'ISO 8859-15 Latin-9
```

Das folgende Programm verwendet ein Objekt der Klasse Text.UnicodeEncoding, um die Byte-Codes der Zeichenkette "ABC€" zu ermitteln. Die eigentliche Umwandlung der Zeichenkette in ein Byte-Feld erfolgt mit GetBytes:

```
Dim i As Integer
Dim s As String = "ABC€"
Dim utf16enc As Text.Encoding = Text.Encoding.Unicode
Dim b As Byte() = utf16enc.GetBytes(s)
For i = 0 To b.Length - 1
  Console.Write(b(i) & " ")
Next
```

Das Programm liefert folgendes Ergebnis:

```
65 0 66 0 67 0 172 32
```

Die beiden letzten Codes ergeben mit 172+32*256=8364 den Unicode des Eurozeichens. Zur Konvertierung von Byte-Arrays in Zeichenketten setzen Sie die Methode GetString ein:

```
Dim s As String
Dim b() As Byte = {65, 0, 66, 0, 67, 0, 172, 32}
s = enc.GetString(b)
```

Syntaxzusammenfassung

Deklaration, Initialisierung und Verknüpfung von Zeichenketten	
`Dim s As String [= "abc"]`	deklariert `s` als `String`-Variable.
`Dim c As Char [ = "d"c]`	deklariert `c` als `Char`-Variable.
`s = "abc"`	weist `s` die Zeichenkette `abc` zu.
`s = "ab""cd"`	weist `s` die Zeichenkette `ab"cd` zu.
`s = Space(n)`	weist `s` eine aus `n` Leerzeichen bestehende Zeichenkette zu.
`s1 = LSet(s2, n)`	speichert `s2` in `s1` und fügt so viele Leerzeichen an, dass `s1` insgesamt `n` Zeichen lang ist.
`s1 = RSet(s2, n)`	wie `LSet`, die Leerzeichen befinden sich nun aber am Beginn der Zeichenkette (nicht am Ende).
`s1 + s2`	verbindet zwei Zeichenketten.
`s & n`	verbindet Zeichenketten und andere Datentypen.
`s1 += s2`	Kurzschreibweise für `s1 = s1 + s2`.
`s1 &= s2`	Kurzschreibweise für `s1 = s1 & s2`.

Konvertierung *String* → *Char*	
`c = Convert.ToChar(s)`	wandelt das in der `String`-Variablen `s` enthaltene Zeichen in ein `Char`-Zeichen um. Achtung, das funktioniert nur, wenn `s` genau ein Zeichen enthält. (Andernfalls tritt ein Fehler auf!)
`c = CChar(s)`	liefert das erste Zeichen von `s`. Wenn `s` leer ist, liefert `CChar` ein Zeichen mit dem Code 0.
`c = GetChar(s, n)`	liefert das `n`-te Zeichen von `s`. (`n=1` für das erste Zeichen!)
`c = s.Chars(n)`	liefert das `n`-te Zeichen von `s`. (`n=0` für das erste Zeichen!)
`carray = s.ToCharArray()`	liefert ein `Char`-Feld, das jedes einzelne Zeichen von `s` enthält.
`carray = s.ToCharArray(n, m)`	wie oben, das resultierende Feld enthält aber nur `m` Zeichen ab dem `n`-ten Zeichen.

Encoding, Decoding, Konvertierung String → Byte()	
`c = Chr(n)`	liefert das Zeichen (Datentyp `Char`) mit dem ANSI-Code `n`.
`c = ChrW(n)`	liefert das Zeichen (Datentyp `Char`) mit dem Unicode `n`.
`n = Asc(c/s)`	liefert den ANSI-Code zum Zeichen `c` bzw. zum ersten Zeichen von `s`.
`n = AscW(c/s)`	liefert den Unicode zum Zeichen `c` bzw. zum ersten Zeichen von `s`.

Encoding, Decoding, Konvertierung String → Byte()	
`Dim enc As Text.Encoding = Text.Encoding.UTF16` `Dim b As Byte() = enc.GetBytes(s)`	liefert ein `Byte`-Feld, das die Bytes (Unicode UTF-16) der Zeichenkette `s` enthält. Statt `UTF16` können Sie verschiedene andere vordefinierte Encoder verwenden oder mit Text.Encoding.GetEncoding(n) einen neuen Encoder erzeugen.
`s = enc.GetString(b)`	wandelt ein *Byte*-Array in einen String um.

10.2 Bearbeitung von Zeichenketten

Eigenschaften und Methoden zur Bearbeitung von Zeichenketten gibt es wie Sand am Meer:

» Zum einen stehen alle aus VB6 bekannten Methoden (`Left`, `Mid` etc.) weiterhin standardmäßig zur Verfügung (Klasse `Microsoft.VisualBasic.Strings`).

» Zum anderen enthält die .NET-Bibliothek `mscorlib.dll` zahllose neue Eigenschaften und Methoden, die auf `Char`- und `String`-Variablen angewandt werden können. Diese Klassenmitglieder stammen von `System.String` bzw. `System.Char`.

Die am häufigsten eingesetzten Methoden werden auf den folgenden Seiten vorgestellt. Einen weitgehenden Überblick geben die Syntaxtabellen am Ende dieses Abschnitts. (Einige Methoden, deren Anwendung unter Visual Basic selten sinnvoll sind, werden aus Platzgründen nicht beschrieben.)

ACHTUNG

Es gibt zwei große Unterschiede zwischen den beiden Gruppen:

» Der **Startindex** zum Zugriff auf Zeichen ist unterschiedlich: VB-Zeichenkettenmethoden verarbeiten das erste Zeichen einer Zeichenkette mit dem Index eins: `Left(s, 1)` liefert also das erste Zeichen der `String`-Variablen `s`.

» .NET-Methoden verwenden dagegen den Index null: `s.Chars(1)` liefert das *zweite* Zeichen!

» **Nicht initialisierte Zeichenketten** werden unterschiedlich interpretiert: VB-Zeichenkettenmethoden betrachten nicht initialisierte Zeichenketten so, als enthielten sie `""`. `Len(s)` liefert in einem derartigen Fall einfach 0. Die neuen .NET-Methoden (z.B. `s.Length`) verursachen in diesem Fall dagegen einen Fehler.

VB-Methoden zur Bearbeitung von Zeichenketten

Die drei wichtigsten Methoden sind `Left`, `Mid` und `Right`: `Left(s,n)` ermittelt die `n` ersten Zeichen, `Right(s,n)` die `n` letzten Zeichen der Zeichenkette. `Mid(s,n)` liefert alle Zeichen ab dem `n`-ten Zeichen, `Mid(s,n,m)` liefert ab dem `n`-ten Zeichen `m` Zeichen. `Mid` kann auch als Befehl verwendet werden, um einige Zeichen einer Zeichenkette zu verändern. In allen Methoden wird das erste Zeichen mit `n=1` angesprochen (nicht `n=0`).

```
Dim s As String
s = "abcdef"
Mid(s, 3)="12"     's enthält jetzt "ab12e"
```

In Windows Forms-Programmen müssen Sie statt `Left` und `Right` die etwas umständlichere Schreibweise `Strings.Left` bzw. `Strings.Right` verwenden, um einen Konflikt mit den Fenstereigenschaften `Left` und `Right` zu vermeiden.

`Len` ermittelt die Anzahl der Zeichen einer Zeichenkette. (Das Ergebnis von `Len` ist nicht die Anzahl der Bytes!) `Len` kann auch für alle anderen elementaren VB-Variablentypen verwendet werden und liefert in den meisten Fällen die Anzahl der Bytes, die zur Speicherung der eigentlichen Daten benötigt werden. (Intern benötigt VB aber unter Umständen deutlich mehr Speicher, wie bereits in Abschnitt 4.11 ausgeführt worden ist.)

`UCase` wandelt alle Buchstaben in Großbuchstaben um, `LCase` liefert Kleinbuchstaben. `Trim` eliminiert die Leerzeichen am Anfang und Ende der Zeichenkette, `LTrim` und `RTrim` arbeiten nur auf jeweils einer Seite. (Genau genommen entfernen die `Trim`-Methoden nicht nur Leerzeichen, sondern auch sogenannten `white space`. Dazu zählen auch Tabulator-, Zeilentrennzeichen und eine Reihe anderer Sonderzeichen.)

Zum Suchen einer Zeichenkette in einer anderen steht die Methode `InStr` zur Verfügung. Die Methode ermittelt die Position, an der die gesuchte Zeichenkette zum ersten Mal gefunden wird. `InStr("abcde", "cd")` liefert beispielsweise 3. Wenn die Suche erfolglos bleibt, gibt die Methode 0 zurück. Optional kann in einem Parameter angegeben werden, an welcher Position die Suche begonnen wird. `InStr` berücksichtigt `Option Compare` (siehe Abschnitt 10.3), sofern nicht durch einen weiteren optionalen Parameter das gewünschte Vergleichsverhalten vorgegeben wird. `InstrRev` funktioniert wie `Instr`, durchsucht die Zeichenkette aber von hinten. Beispielsweise liefert `InstrRev("abcababc", "ab")` den Wert 6.

`StrReverse` dreht eine Zeichenkette einfach um (das erste Zeichen wird zum letzten).

```
s = StrReverse("abcde")      'liefert "edcba"
```

`Split` zerlegt eine Zeichenkette in ein `String`-Feld. Dabei kann im zweiten Parameter ein beliebiges Trennzeichen angegeben werden. (Standardmäßig wird `" "` verwendet.) Mit einem weiteren Parameter können Sie die Anzahl der Elemente limitieren:

```
Dim a As String, b() As String, c As String
a = "abc efg"
b = Split(a)                'liefert b(0)="abc", b(1)="efg"
```

Die Umkehrmethode zu `Split` lautet `Join` und setzt die einzelnen Zeichenketten wieder zusammen:

```
c = Join(b)                 'liefert c="abc efg"
```

Eine Hilfe bei der Verarbeitung des aus `Split` resultierenden Felds bietet `Filter`: Die Methode erwartet im ersten Parameter ein eindimensionales Feld mit Zeichenketten und im zweiten Parameter eine Suchzeichenkette. Das Ergebnis ist ein neues Feld mit allen Zeichenketten, in denen die Suchzeichenkette gefunden wurde. Die zulässigen Indizes des Ergebnisfelds können mit `UBound` und `LBound` ermittelt werden.

```
Dim x(), y() As String
x = Split("abc:ebg:hij", ":")
y = Filter(x, "b")              'liefert y(0)="abc", y(1)="ebg"
```

Replace ersetzt in einer Zeichenkette einen Suchausdruck durch einen anderen Ausdruck. Komplexe Suchmuster werden zwar nicht unterstützt, aber für einfache Anwendungen reicht Replace aus. Im folgenden Beispiel werden Kommas durch Punkte ersetzt:

```
s = Replace("12,3 17,5 18,3", ",", ".")
```

.NET-Methoden zur Bearbeitung von Zeichenketten

Unter den .NET-Methoden (System.String.*) befinden sich einige recht praktische Hilfen, um eine Zeichenkette in einer anderen zu finden. So testet etwa s.EndsWith("efgh"), ob s mit den vier angegebenen Buchstaben endet. Analog überprüft s.StartsWith("abc"), ob s mit den drei Buchstaben "abc" anfängt.

An s.IndexOfAny wird ein Char-Feld übergeben. Die Methode sucht nun nach der ersten Stelle in s, die mit einem beliebigen Zeichen aus dem Feld übereinstimmt. Wenn keines der Zeichen gefunden werden kann, liefert die Methode –1 zurück. (Die Variante LastIndexOfAny funktioniert ebenso, beginnt die Suche aber von hinten. Bei beiden Methoden kann der Suchbereich durch zwei weitere, optionale Parameter eingeschränkt werden.)

```
Dim s As String = "ab,cd.ef:g"
Dim c() As Char = {"."c, ","c, ":"c}
Dim n As Integer
n = s.IndexOfAny(c)  'n enthält 2
```

Auch zur Bearbeitung von Zeichenketten wartet .NET mit einigen Methoden auf, die VB bisher fehlten: Ausgesprochen praktisch ist etwa Insert, um eine Zeichenkette in eine andere an einer beliebigen Position einzufügen. Als erster Parameter wird die Position angegeben, an der mit dem Einfügen begonnen wird:

```
Dim s1 As String = "abcdef", s2 As String, s3 As String
s2 = s1.Insert(2, "XYZ")  's2 enthält "abXYZcdef"
```

Remove entfernt einige Zeichen aus einer der Zeichenketten:

```
s3 = s2.Remove(5, 2)       's3 enthält "abXYZef"
```

Manchmal sollen Zeichenketten anhand eines einfachen Zahlenwerts identifiziert werden – etwa wenn die Zeichenkette als Schlüssel für einen raschen Zugriff in einer Aufzählung oder in einer Datenbank dienen soll. Die Methode GetHashCode ist dabei eine große Hilfe. Sie liefert einen Integer-Wert, der aus dem Inhalt der gesamten Zeichenkette berechnet wird.

GetHashCode liefert für eine bestimmte Zeichenkette immer wieder denselben hash-Wert. Mit anderen Worten: Wenn zwei String-Variablen denselben Inhalt haben, ist auch ihr hash-Wert derselbe. Die umgekehrte Schlussfolgerung ist aber nicht zulässig, d.h., der hash-Wert ist *nicht eindeutig*! Es kann vorkommen, dass zwei unterschiedliche Zeichenketten zufällig denselben hash-Wert liefern. Es wäre ja ein Wunder, wenn in einer 32-Bit-Zahl der gesamte Inhalt einer beliebig langen Zeichenkette ausgedrückt werden könnte – und Wunder sind in der Informatik selten. Hintergrundinformationen zu GetHashCode finden Sie in der Hilfe zu System.Object.GetHashCode.

Fast jede .NET-Klasse stellt die Methode ToString zur Verfügung. Die Methode liefert den Inhalt des Objekts oder zumindest den Namen des Datentyps. Sie können ToString auch auf beliebige Ausdrücke anwenden:

(a + 3 > 5).ToString liefert "True" oder "False" (je nach Inhalt von a).
(1 / 3).ToString liefert im deutschen Sprachraum "0,333333333333333".

Weitere Informationen zu ToString finden Sie im Zusammenhang mit den anderen Konvertierungsmethoden in Abschnitt 9.7.

.NET-Methoden zur Bearbeitung von einzelnen Zeichen

Auch für den Datentyp System.Char gibt es zahllose Methoden. Da man mit einem einzelnen Zeichen nicht so viel anstellen kann wie mit einer ganzen Zeichenkette, beschränken sich die meisten dieser Methoden darauf, Informationen über die Art des Zeichens zu geben. Beispielsweise liefert IsDigit(c) das Ergebnis True oder False, je nachdem, ob c eine Ziffer enthält oder nicht. Die wichtigsten IsXxx-Methoden sind in der folgenden Syntaxzusammenfassung aufgezählt.

Syntaxzusammenfassung

Zeichenkettenmethoden aus Microsoft.VisualBasic.Strings stehen standardmäßig zur Verfügung. Methoden der String-Klasse müssen dagegen in der Form String.Methode oder variable.Methode aufgerufen werden. Beachten Sie auch, dass die VB-Methoden den Index 1 für das erste Zeichen einer Zeichenkette verwenden, die .NET-Methoden dagegen den Index 0.

Mitglieder von *Microsoft.VisualBasic.Strings*	
Left(s, n)	liefert die ersten n Zeichen von s.
Right(s, n)	liefert die letzten n Zeichen von s.
Mid(s, n)	liefert alle Zeichen ab dem n-ten.
Mid(s, n1, n2)	liefert n2 Zeichen ab dem n1-ten.
Mid(s1, n) = s2	verändert einige Zeichen in s1.
Len(s)	liefert die Anzahl der Zeichen.
UCase(s)	wandelt s in Großbuchstaben um.
LCase(s)	wandelt s in Kleinbuchstaben um.
Trim(s)	entfernt Leerzeichen (white space) am Anfang und am Ende.

Mitglieder von *Microsoft.VisualBasic.Strings*	
`LTrim(s)`	entfernt Leerzeichen am Anfang.
`RTrim(s)`	entfernt Leerzeichen am Ende.
`StrReverse(s)`	dreht die Reihenfolge der Zeichen um.
`StrDup(n, "x")`	vervielfältigt das Zeichen `"x"` `n`-mal.
`Split(s, "x")`	zerlegt `s` an den Stellen des Zeichens `"x"` und liefert das Ergebnis als `String`-Feld.
`Join(sarray, "x")`	setzt das `String`-Feld `sarray` zu einer einzigen Zeichenkette zusammen, wobei die Teile durch das Zeichen `"x"` getrennt werden.
`Filter(sarray, "abc")`	liefert ein `String`-Feld mit all den Elementen von `sarray`, die die Zeichenkette `"abc"` enthalten.
`Replace(s, "x", "y")`	ersetzt in `s` alle `"x"` durch `"y"`.

Wichtige Mitglieder der *System.String*-Klasse	
`Compare(s1, s2 [,...] )`	vergleicht `s1` mit `s2` (Details siehe den nächsten Abschnitt).
`CompareOrdinal(s1, s2)`	führt einen Binärvergleich von `s1` und `s2` durch.
`Concat(array())`	verbindet die als `String`-, `Char`- oder `Object`-Feld übergebenen Zeichenketten zu einer neuen Zeichenkette.
`s.EndsWith(s1)`	testet, ob die letzten Zeichen von `s` mit `s1` übereinstimmen.
`s.GetHashCode()`	liefert einen `Integer`-Wert zur Identifizierung des Inhalts.
`s.IndexOf(s1)`	liefert die Position, an der `s1` innerhalb von `s` gefunden wurde (oder -1).
`s.IndexOfAny(c())`	liefert die Position, an der ein beliebiges der Zeichen aus dem `Char`-Feld `c` in `s` gefunden wurde (oder -1).
`s.Insert(n, s1)`	fügt `s1` an der Position `n` in `s` ein und liefert die resultierende Zeichenkette.
`s.Length()`	liefert die Anzahl der Zeichen von `s`.
`s.LastIndexOf(s1)`	wie `IndexOf`, sucht aber von hinten.
`s.LastIndexOfAny(c())`	wie `IndexOfAny`, sucht aber von hinten.
`s.Remove(n, m)`	entfernt `m` Zeichen ab der Position `n` und liefert die resultierende Zeichenkette.
`s.Substring(n, m)`	liefert `m` Zeichen ab der Position `n`.
`s.StartsWith(s1)`	testet, ob die ersten Zeichen von `s` mit `s1` übereinstimmen.

Wichtige Mitglieder der *System.Char*-Klasse	
`IsControl(c)`	testet, ob `c` ein Kontrollzeichen ist.
`IsDigit(c)`	testet, ob `c` eine Ziffer ist.
`IsLetter(c)`	testet, ob `c` ein Buchstabe ist.
`IsLetterOrDigit(c)`	testet, ob `c` eine Ziffer oder ein Buchstabe ist.
`IsLower(c)`	testet, ob `c` ein Kleinbuchstabe ist.
`IsNumber(c)`	testet, ob `c` eine Ziffer einer hexadezimalen Zahl ist (0–9, a–f, A–F).
`IsPunctuation(c)`	testet, ob `c` ein Interpunktionszeichen ist (. , : ; ! ? etc.).
`IsUpper(c)`	testet, ob `c` ein Großbuchstabe ist.
`IsWhiteSpace(c)`	testet, ob `c` ein Trennzeichen zwischen Wörtern ist (Leerzeichen, Tabulatorzeichen etc.).

10.3 Vergleich von Zeichenketten

Zeichenketten können mit den Operatoren =, <=, <, >=, > und <> ohne Probleme verglichen werden. Der Vergleich wird allerdings binär durchgeführt (d.h., es wird die binäre Repräsentation der Zeichenketten miteinander verglichen). Wenn Sie auf dieser Basis eines binären Vergleichs einen Sortieralgorithmus programmieren, sind Großbuchstaben *kleiner* als Kleinbuchstaben, deutsche Sonderzeichen *größer* als alle ASCII-Zeichen etc. Zahlen werden entsprechend ihrer Zeichen (und nicht entsprechend ihres Werts) sortiert. Für einige Testzeichenketten gilt somit die folgende Ordnung:

100 < 27 < ABC < Abcd < Barenboim < Bär < Bären < abc < bar < bärtig < Ärger

Option Compare

Wenn Sie am Begin der Codedatei die `Option Compare Text` einfügen bzw. diese Option in den Projekteigenschaften einstellen (Dialogblatt KOMPILIEREN), führt Visual Basic Zeichenkettenvergleiche etwas intelligenter aus: Groß- und Kleinbuchstaben werden als gleichwertig betrachtet, deutsche Sonderzeichen werden richtig eingeordnet (`A<Ä<B` etc.). Es gilt nun die folgende Ordnung:

100 < 27 < ABC < Abcd < abc < Ärger < bar < Bär < Bären < Barenboim < bärtig

Beachten Sie, dass `Option Compare Text` alle Zeichenkettenvergleiche betrifft und diese spürbar verlangsamt!

StrComp (VB-Methode)

Wenn Sie die Groß- und Kleinschreibung sowie ausländische Zeichen nur bei einzelnen Vergleichen korrekt berücksichtigen möchten, sollten Sie die Methode `StrComp` einsetzen. Bei dieser Methode können Sie das gewünschte Vergleichsverfahren in einem optionalen dritten Parameter angeben. `StrComp` liefert 0 zurück, wenn beide Zeichenketten gleich sind, –1, wenn die erste kleiner ist als die zweite, und 1, wenn die erste größer ist.

```
ergebnis = StrComp(s1, s2)    'Vergleich je nach Option Compare
ergebnis = StrComp(s1, s2, CompareMethod.Binary)
ergebnis = StrComp(s1, s2, CompareMethod.Text)
```

Ein einfaches Beispielprogramm, das Sortierungsvarianten auf der Basis von `StrComp` und `String.Compare` demonstriert, finden Sie im Verzeichnis *zeichenketten\text-compare-sort*. Beachten Sie bitte, dass das .NET Framework zum Sortieren von Feldern effizientere Methoden zur Verfügung stellt (siehe Abschnitt 7.7)!

String.Compare (.NET-Methode)

Ähnlich wie `StrComp` vergleicht die Methode `String.Compare` zwei Zeichenketten und liefert 0, wenn beide Zeichenketten gleich sind, einen Wert kleiner 0, wenn die erste kleiner ist als die zweite, und einen Wert größer 0, wenn die erste größer ist. Beispielsweise liefert `String.Compare("a", "b")` das Ergebnis –1.

Damit enden die Ähnlichkeiten zu `StrComp` aber. Großbuchstaben sind bei `String.Compare` größer als ihr entsprechender Kleinbuchstabe, aber kleiner als der nächste Buchstabe: Es gilt also `"a"<"A"<"b"`. Auch ausländische Zeichen werden (zumindest aus deutscher Sicht) korrekt behandelt: Es gilt `"a"<"ä"<"b"`. Mit dem oben erwähnten Beispielprogramm ergibt sich folgende Ordnung:

100 < 27 < abc < Abc < ABC < Ärger < bar < Bär < Bären < Barenboim < bärtig

Zur Standardform gibt es zwei wichtige Varianten: Mit dem optionalen dritten Parameter können Sie angeben, ob Groß- und Kleinbuchstaben gleichwertig behandelt werden sollen. `String.Compare("a", "A", True)` liefert 0 statt bisher –1. Weiterhin kann im vierten Parameter ein `Globalization.CulturInfo`-Objekt übergeben werden, das die gewünschte Sortierordnung angibt (siehe Abschnitt 10.8).

Mustervergleich (Like)

Mit dem Vergleichsoperator `Like` können Sie testen, ob eine Zeichenkette einem bestimmten Muster entspricht, beispielsweise:

```
If s Like "*1.*" Then ...
```

`Like` berücksichtigt `Option Text`. Wenn diese Option am Beginn des Codes angegeben oder in den Projekteigenschaften eingestellt wird, werden Groß- und Kleinbuchstaben gleichwertig und ausländische Zeichen korrekt berücksichtigt. Die folgende Tabelle beschreibt die Platzhalter für die Musterzeichenkette.

Platzhalter für das *Like*-Muster	
*	beliebig viele beliebige Zeichen
!	genau ein beliebiges Zeichen
#	eine Ziffer
[abc]	eines der Zeichen a, b oder c
[a-f]	eines der Zeichen a bis f
[!abc]	keines der Zeichen a, b oder c
[!a-f]	keines der Zeichen a-f

Abschließend einige Beispiele (durchgeführt bei `Option Text Binary`, also der VB-Standardeinstellung für Zeichenkettenvergleiche):

Ausdruck	**Ergebnis**
"x" Like "X"	False
"a" Like "ä"	False
"Visual Basic" Like "Bas"	False
"Visual Basic" Like "*Bas*"	True
"Visual Basic" Like "Vis*"	True
"basic" Like "[a-f][a-f]*"	True
"basic" Like "*[a-f][a-f]"	False
"basic" Like "[!a-f]*"	False
"3.1415927" Like "3.#"	False
"3.1415927" Like "3.#*"	True

HINWEIS Noch mehr Möglichkeiten zum Mustervergleich bieten die Klassen und Methoden des Namensraums `System.Text.RegularExpression`. In diesem Buch fehlt der Platz für eine detaillierte Beschreibung. Ein kleines Anwendungsbeispiel in Abschnitt 6.11 auf Seite 191 sollte aber Appetit machen, die Welt der regulären Ausdrücke selbst zu erforschen.

Syntaxzusammenfassung

Vergleich von Zeichenketten	
Option Compare Text	behandelt Klein- und Großbuchstaben in dieser Code-Datei gleichwertig (gilt nur für VB-, nicht für .NET-Methoden!).
StrComp(s1, s2 [,method])	vergleicht s1 mit s2; Ergebnis –1, 0 oder 1.

Vergleich von Zeichenketten	
`String.Compare(s1, s2)`	vergleicht `s1` mit `s2`; Ergebnis –1, 0 oder 1.
`String.Compare(s1, s2, True)`	wie oben, behandelt Groß- und Kleinbuchstaben aber gleichwertig.
`String.Compare(s1, s2, True, culture)`	wie oben, aber unter Berücksichtigung der Sortierordnung eines Landes (`culture` ist ein Objekt der Klasse `System.Globalization.CultureInfo`).
`s Like muster`	führt einen Mustervergleich durch.

10.4 Zeichenketten zusammensetzen (StringBuilder und StringWriter)

Zeichenketten in Visual Basic sind unveränderlich (`immutable`). Bei jeder `String`-Operation, die die Zeichenkette verändert (selbst wenn die Länge der Zeichenkette dabei gleich bleibt), wird die alte Zeichenkette verworfen und eine neue erzeugt. (Die alte Zeichenkette wird nach einer Weile automatisch aus dem Speicher entfernt.) Diese Vorgehensweise hat zweifelsohne gute Gründe, aber es gibt Anwendungen, bei denen der daraus resultierende Code sehr langsam wird. Das schlimmste Szenario ist eine Schleife dieser Form:

```
Dim s As String, i As Integer
For i = 1 To 10000
  s += "die nächste Zeile" + vbCrLf
Next i
```

Hier wird mit jedem Schleifendurchgang eine *neue* Zeichenkette erzeugt. Im Verlauf der Schleife müssen daher 10.000 neue Objekte im Speicher angelegt und 9999 Objekte entsorgt werden. Darüber hinaus müssen mit jedem Schleifendurchgang größere Zeichenketten von der alten in die neue Variable kopiert werden. Deswegen steigt der Zeitverbrauch dieses Programms mit der Schleifengröße nicht linear, sondern quadratisch an – ein in der Informatik sehr unbeliebter Umstand.

HINWEIS

In VB6 gab es dieses Problem bei einer Schleife dieses Musters auch schon. Dort bestand die einfachste Abhilfe darin, der Variablen `s` zuerst eine sehr lange Zeichenkette zuzuweisen und diese dann mit `Mid(s, n, m) = ...` zu verändern. Dazu war ein bisschen Verwaltungsaufwand erforderlich (etwa um die Größe des bereits genutzten Teils der Zeichenkette zu berechnen), aber der resultierende Code war viel schneller als bei der gewöhnlichen Vorgehensweise. Da aktuelle VB-Versionen aber auch durch `Mid(...)=...` jedes Mal eine neue Zeichenkette erzeugen, funktioniert die alte Vorgehensweise nicht mehr.

StringBuilder

Zum Glück gibt es eine recht einfache Abhilfe: Die `Text.StringBuilder`-Klasse ermöglicht es, Zeichenketten zusammenzusetzen, wobei die Zeichenkette möglichst am selben Ort im Speicher bleibt.

Das funktioniert mit Einschränkungen auch dann, wenn die Zeichenkette größer wird, weil die Größe von StringBuilder-Objekten intern immer ein bisschen überdimensioniert wird, um etwas Spielraum für Vergrößerungen zu lassen.

Der entscheidende Nachteil von StringBuilder-Objekten gegenüber normalen Zeichenketten besteht darin, dass zu ihrer Bearbeitung nur sehr wenige, eher elementare Methoden zur Verfügung stehen. Die folgenden Programmzeilen demonstrieren beispielhaft die wichtigsten Methoden:

```
Dim sb As New System.Text.StringBuilder("abc") 'sb enthält "abc"
sb.Append("abc")              'sb enthält "abcabc"
sb.Insert(3, "12")            'sb enthält "abc12abc"
sb.Remove(3, 4)               'sb enthält "abcc"
sb.Replace("c", "X")          'sb enthält "abXX"
```

Für komplexere Bearbeitungsschritte müssen Sie den StringBuilder-Inhalt mit ToString in eine normale Zeichenkette umwandeln, manipulieren und dann wieder in einer StringBuilder-Variablen speichern. Da es keine Möglichkeit gibt, den aktuellen Inhalt einer StringBuilder-Variablen durch einen neuen Inhalt zu ersetzen, sieht der erforderliche Code recht umständlich aus:

```
Dim s As String
s = UCase(sb.ToString)        's enthält "ABXX"
sb.Length=0                   'sb enthält ""
sb.Append(s)                  'sb enthält "ABXX"
```

Mit Length ermitteln Sie wie bei Zeichenketten die Anzahl der Zeichen. Neu im Vergleich zu String-Variablen ist, dass Sie Length auch ändern können. Bei einer Verkleinerung wird die Zeichenkette entsprechend verkürzt. Bei einer Vergrößerung werden an das Ende der Zeichenkette entsprechend viele Leerzeichen angefügt.

Capacity gibt an, wie groß die Zeichenkette in der StringBuilder-Variablen werden darf, ohne dass neuer Speicher angefordert werden muss. Capacity ist meistens ein bisschen (und manchmal viel) größer als Length, damit Vergrößerungen der Zeichenkette effizient durchgeführt werden können. Selbstverständlich darf die Zeichenkette durch Append auch über das aktuelle Maß von Capacity hinaus vergrößert werden – dann wird automatisch neuer Speicher angefordert und Capacity entsprechend vergrößert.

StringWriter (Zeichenketten zusammensetzen)

Zur Zusammensetzung von Zeichenketten können Sie auch die Klasse IO.StringWriter einsetzen. Intern wird dabei ebenfalls ein StringBuilder-Objekt verwendet, nach außen hin verhält sich StringWriter aber wie die StreamWriter-Klasse zum Schreiben einer Textdatei (siehe Abschnitt 11.5). Sie setzen die Zeichenkette mit Write- oder WriteLine-Methoden zusammen, was in manchen Anwendungen intuitiver ist. Außerdem haben Sie so dieselben Formatierungsmöglichkeiten wie die im nächsten Abschnitt vorgestellte String.Format-Methode. Die folgenden Programmzeilen demonstrieren beispielhaft die wichtigsten Methoden:

```
Dim sw As New IO.StringWriter()
sw.Write("format", data1, data2 ...)      'formatierten Text ausgeben
sw.WriteLine("format", data1, data2 ...)  'Text + Zeichen für neue Zeile ausgeben
```

Anders als beim `StringBuilder` besteht keine direkte Möglichkeit, später noch Veränderungen an der Ausgabe durchzuführen. Mit den Methoden `GetStringBuilder` oder `ToString` erzeugen Sie ein `StringBuilder`-Objekt oder eine gewöhnliche Zeichenkette.

```
Dim s As String = sw.ToString()
Dim sb As Text.StringBuilder = sw.GetStringBuilder()
```

Wenn Sie den `StringWriter` nicht mehr benötigen, müssen Sie das Objekt durch `Dispose` freigeben:

```
sw.Dispose()
```

Beispiel

Das folgende Beispiel beweist, dass sich der Einsatz der Klassen `StringBuilder` bzw. `StringWriter` wirklich lohnt. Das Ziel des Programms ist es, eine Zeichenkette mit 30.000 Zeilen zu erzeugen. Jede Zeile enthält das Ergebnis der Berechnung `1/zeilennummer`. Auf meinem Rechner waren die `StringBuilder`- bzw. `StringWriter`-Varianten jeweils ca. 1000-mal schneller als der gewöhnliche Code! Das Verhältnis verbessert sich übrigens weiter, wenn die Anzahl der Schleifendurchgänge vergrößert wird. (Der Code zur Durchführung der Zeitmessung wird in Abschnitt 9.6 näher erläutert.)

```
' Beispiel zeichenketten\string-builder
Sub Main()
  ... variante1, -2 und 3 aufrufen, Zeit messen
End Sub
Function variante1() As String
  Dim tmp As String = ""
  Dim i As Integer
  For i = 1 To loopsize
    tmp += "Zeile " & i & ": 1/i=" & 1 / i
    tmp += vbCrLf
  Next
  Return tmp
End Function
' mit System.Text.StringBuilder
Function variante2() As String
  Dim sb As New System.Text.StringBuilder()
  Dim nextline As String
  Dim i As Integer
  For i = 1 To loopsize
    nextline = "Zeile " & i & ": 1/i=" & 1 / i & vbCrLf
    sb.Append(nextline)
  Next
  Return sb.ToString
End Function
```

```
' mit System.IO.StringWriter
Function variante3() As String
  Dim tmp As String = ""
  Dim i As Integer
  Dim sw As New IO.StringWriter()
  For i = 1 To loopsize
    sw.WriteLine("Zeile {0}; 1/i={1}", i, 1 / i)
  Next
  tmp = sw.ToString()
  sw.Dispose()
  Return tmp
End Function
```

Syntaxzusammenfassung

***System.Text.StringBuilder*-Klasse**	
`sb.Append(s)`	fügt `sb` die Zeichenkette `s` hinzu.
`sb.AppendFormat(format, obj)`	fügt `sb` die gemäß `format` formatierte Zeichenkette hinzu.
`sb.Capacity`	liefert die Größe des reservierten Speichers für die Zeichenkette (in Zeichen).
`sb1.Equals(sb2)`	testet, ob die beiden `StringBuilder` identische Zeichenketten enthalten.
`sb.Insert(pos, s)`	fügt die Zeichenkette `s` an der Position `pos` ein.
`sb.Insert(pos, s, n)`	fügt die Zeichenkette `s` `n`-mal ein.
`sb.Length`	liefert die tatsächliche Länge der Zeichenkette.
`sb.Remove(pos, len)`	entfernt `len` Zeichen ab der Position `pos`.
`sb.Replace(s1, s2)`	ersetzt in `sb` alle Zeichenketten `s1` durch `s2`.
`s = sb.ToString()`	liefert eine gewöhnliche Zeichenkette.

***System.IO.StringWriter*-Klasse**	
`sw.Write(...)`	fügt `sw` (formatierten) Text hinzu.
`sw.WriteLine(...)`	fügt `sw` (formatierten) Text und Zeilentrennzeichen hinzu.
`s = sw.ToString()`	liefert eine gewöhnliche Zeichenkette.
sb = sw.GetStringBuilder()	liefert ein `StringBuilder`-Objekt.
sw.Dispose()	gibt den Speicher für das `StringWriter`-Objekt frei.

10.5 .NET-Formatierungsmethoden

Relativ oft kommt es vor, dass Sie eine Zahl oder ein Datum nach bestimmten Regeln oder Mustern formatieren möchten – etwa in der Form `31. Dezember 2006`. Und wie so oft gibt es auch bei den Formatierungsmethoden zwei parallele Implementierungen: Sie können wahlweise auf die aus VB6 vertrauten Methoden oder auf die neuen .NET-Methoden zurückgreifen. Diese beiden Varianten unterscheiden sich in erster Linie durch die Formatierungszeichen. Wenn Sie noch mit keiner der beiden Varianten vertraut sind, ist es vermutlich sinnvoller, gleich die .NET-Methoden zu erlernen. Die VB-Methoden sind zwar zum Teil einfacher zu nutzen, bieten aber oft auch weniger Flexibilität.

Im Folgenden finden Sie zuerst einen knappen Überblick über das .NET-Formatierungskonzept und dann eine Referenz der wichtigsten Formatierungscodes. Abschnitt 10.7 beschreibt dann die entsprechenden VB-Methoden.

Formatierung mit ToString

.NET verfolgt einen objektorientierten Ansatz zur Formatierung von Zahlen und Daten. Ausgangspunkt des Formatierungskonzepts ist die Methode `ToString`, die auf alle elementaren .NET-Datentypen und -Objekte angewandt werden kann. Wenn an `ToString` keine zusätzlichen Parameter übergeben werden, erfolgt die Konvertierung gemäß eines vom Datentyp abhängigen Standardformats und unter Anwendung der gültigen Landeseinstellungen.

```
s = Now.ToString                'liefert "31.12.2008 16:51:54"
```

Optional können an `ToString` bei den meisten Datentypen ein oder zwei Parameter übergeben werden. Der erste Parameter enthält eine Zeichenkette, die das gewünschte Format beschreibt. Für Daten ist als Formatzeichen beispielsweise `"s"` vorgesehen, um Daten entsprechend der ISO-Norm 8601 so zu formatieren, dass die resultierenden Zeichenketten sortiert werden können. `"D"` gilt als Kürzel zur ausführlichen Formatierung von Daten.

```
s = Now.ToString("s")           'liefert "2008-12-31T16:54:22"
s = Now.ToString("D")           'liefert "Mittwoch, 31. Dezember 2006"
```

Zur landesspezifischen Formatierung übergeben Sie im optionalen zweiten Parameter ein `IFormatProvider`-Objekt (siehe Abschnitt 10.8).

Formatierung mit String.Format

Statt `ToString` können Sie zur Formatierung auch die Methode `String.Format` verwenden. Die allgemeine Syntax lautet dabei: `String.Format("myformat", ausdruck1 [, a2 [, a3]])`. Eine Formatzeichenkette beschreibt also die Formatierung von beliebig vielen weiteren Parametern. Die Formatierungszeichenkette besteht aus Text und nummerierten Platzhaltern in der Schreibweise `{n}`. `n` bezeichnet die Nummer des Parameters (0 für den ersten). Die Daten werden wie durch `ToString` ohne besondere Formatoptionen in Zeichenketten umgewandelt.

```
s = String.Format("Computername: {0}, Netzwerk: {1}", _
                  My.Computer.Name, My.Computer.Network)
```

Optionale Formatcodes geben Sie in der Form `{n:code}` an, wobei für `code` dieselbe Syntax gilt wie bei `ToString("code")`:

```
s = String.Format("{0:D}", Now)                 '--> "Mittwoch, 31. Dezember 2008"
s = String.Format("abc {0:d} efg {1:d}", 3, 7)  '--> "abc 3 efg 7"
s = String.Format("abc {1:d} efg {0:d}", 3, 7)  '--> "abc 7 efg 3"
```

Je nach Format kann zusätzlich angegeben werden, wie viele Stellen zur Formatierung verwendet werden sollen. Die allgemeine Syntax lautet dann `{n,m:code}`, wobei `m` die Stellenanzahl ist. Auch dazu folgt hier ein Beispiel (beachten Sie die Anzahl der Leerzeichen vor der Ziffer 3!):

```
s = String.Format("abc {0,7:d} efg", 3)         '--> "abc       3 efg"
```

Wenn die Stellenanzahl `m` negativ angegeben wird, werden die Leerzeichen nach der formatierten Zeichenkette (statt davor) eingefügt:

```
s = String.Format("abc {0,-7:d} efg", 3)      '--> "abc 3       efg"
```

Falls Sie zusätzliche (landesspezifische) Formatierungsoptionen verwenden möchten, können Sie ein `IFormatProvider`-Objekt (siehe Abschnitt 10.8) als ersten Parameter an `String.Format` übergeben, also beispielsweise `String.Format(cult, "{0:D}", Now)`.

Wenn Sie die Zeichen `{` oder `}` ausgeben möchten, müssen Sie diese Zeichen im Format-`String` verdoppeln. `String.Format("{{123}} {0}", Now)` liefert daher das Ergebnis `{123} 31.12.2008 23:59:59`.

Formatierung mit Write und WriteLine

Beinahe dieselben Parameter wie `String.Format` erwarten auch die Methoden `Write` und `WriteLine` der Klassen `System.Console`, `System.IO.StreamWriter`, `System.IO.StringWriter` und `System.IO.TextWriter`. Die beiden Zeilen

```
Console.WriteLine("{0:D}", Now)
Console.WriteLine("abc {0:d} efg {1:d}", 3, 7)
```

führen zu dieser Ausgabe im Konsolenfenster:

```
Samstag, 4. Dezember 2010
abc 3 efg 7
```

Die einzige Einschränkung im Vergleich zu `String.Format` besteht darin, dass keine länderspezifische Formatierung möglich ist. Wenn Sie das wünschen, gehen Sie so vor:

```
Console.WriteLine(String.Format(cult, format, obj1, obj2 ...))
```

Beachten Sie auch, dass die `Format`-Schreibweise unverständlicherweise nicht für die `Write[Line]`-Methoden der `Debug`-Klasse verwendet werden kann. An `Debug.WriteLine` müssen bereits formatierte Zeichenketten übergeben werden, beispielsweise so:

```
Debug.WriteLine(String.Format("format", obj1, obj2 ...))
```

Syntaxzusammenfassung

.NET-Formatierungsmethoden	
`obj.ToString()`	verwendet das Standardformat ("") und die Sprache entsprechend der Systemeinstellungen.
`obj.ToString("format")`	verwendet zur Formatierung das angegebene Format.
`obj.ToString("format", iform)`	wie oben, berücksichtigt zusätzliche Formatoptionen. Zulässige `IFormatProvider`-Parameter sind `CultureInfo`-, `DateTimeFormatInfo`- und `NumberFormatInfo`-Objekte.
`String.Format("format", obj1, obj2 ...)`	verwendet zur Formatierung das angegebene Format. Der Formatcode muss in der Schreibweise `{n}` oder `{n:code}` oder `{n,m:code}` angegeben werden. Dabei gibt `n` die Parameternummer an (beginnend mit 0), `m` die maximale Stellenanzahl der Zeichenkette und `code` die gewünschte Formatierung.
`String.Format(iform, "format", obj1, obj2 ...)`	wie oben, berücksichtigt aber zusätzliche Formatoptionen (z.B. Ländereinstellungen).

`Console.Write[Line]("format", obj1 ...)`
`IO.TextWriter.Write[Line]("format", obj1 ...)`
`IO.StringWriter.Write[Line]("format", obj1 ...)`
	wie oben, allerdings wird die resultierende Zeichenkette durch das angegebene Objekt ausgegeben, also z.B. in eine Datei geschrieben.

10.6 .NET-Formatcodes für Zahlen, Daten und Zeiten

Dieser Abschnitt stellt viele Codes zur Formatierung von Zahlen vor. Diese Codes können folgendermaßen angewendet werden (hier für den Code `e`):

```
Dim s As String, x As Double = Math.PI
s = x.ToString("e3")              's = "3,142e+000"
s = String.Format("{0:e3}", x)    's = "3,142e+000"
Console.WriteLine("{0:g3}", x)    'gibt 3,14 aus
```

Die Formate `c` bis `p` können für alle numerischen Datentypen verwendet werden. Bei einigen Formaten kann durch eine nachgestellte Zahl die Anzahl der Stellen hinter dem Komma angegeben werden. Standardmäßig werden im Regelfall zwei Nachkommastellen verwendet. Die folgende Tabelle zeigt, wie die `Double`-Zahlen `123456789` und `-0,0000123` formatiert werden (bei deutscher Ländereinstellung und mit € als Währungssymbol).

Vordefinierte Formatcodes zur Formatierung von Zahlen (Methode *String.Format*)		
c	123.456.789,00 € / -0,00 €	Währungsformat (currency)
c3	123.456.789,000 € / -0,000 €	Währungsformat mit drei Nachkommastellen
e	1,234568e+008 / -1,230000e-006	wissenschaftliches Format (exponential)
e3	1,235e+008 / 1,230e-005	wissenschaftliches Format mit drei Nachkommastellen
E	1,234568E+008 / -1,230000E-006	wie oben, aber Exponentialschreibweise mit E statt mit e
f	123456789,00 / -0,00	Festkommaformat (fixed-point)
f3	123456789,000 / -0,000	Festkommaformat mit drei Nachkommastellen
g	123456789 / -1,23e-06	allgemeines Format, möglichst kompakte Darstellung von Zahlen (general)
n	123.456.789,00 / -0,00	Format mit Tausendertrennung (number)
n3	123.456.789,000 / -0,000	Format mit Tausendertrennung mit drei Nachkommastellen
p	12,345,678,900,00% / -0,00%	Prozentzahlen (Achtung: Der Wert 1 wird als 100 % dargestellt!)
p3	12,345,678,900,00% / -0,001%	Prozentzahlen mit drei Nachkommastellen
r	123456789 / -1,23E-06	Format, das ein verlustfreies Wiedereinlesen (z.B. mit CDbl) der Daten ermöglicht (round-trip). Allerdings ist auch dieses Format von der Landeseinstellung abhängig und daher für internationale Anwendungen ungeeignet! Das Format ist ausschließlich für Single- und Double-Zahlen gedacht.

Die Formate d und x können ausschließlich für Integerzahlenformate verwendet werden (nicht aber für Single, Double und Decimal!). Bei beiden Formaten kann die gewünschte Stellenanzahl angegeben werden – in diesem Fall werden entsprechend viele Nullen eingefügt. Die folgende Tabelle zeigt, wie die Integerzahlen i1=123456789 und i2=-123 formatiert werden.

Vordefinierte Formatcodes für Integerzahlen (*Byte, Short, Integer, Long*)		
d	123456789 / -123	dezimales Format
d5	123456789 / -00123	dezimales Format mit fünf Stellen
x	75bcd15 / ffffff85	hexadezimales Format

Wenn Ihnen die vordefinierten Formate nicht ausreichen, können Sie die Formatzeichenkette auch ganz selbst bilden. .NET sieht dazu viele Codes vor, die sowohl für Fließkomma- als auch für Integerzahlen verwendet werden dürfen.

Einzelcodes zur Formatierung von Zahlen (Methode *String.Format*)	
0	Platzhalter für eine Zahl bzw. für eine Stelle; nichtsignifikante Nullen werden durch das Zeichen 0 dargestellt.
#	Platzhalter für eine Zahl bzw. für eine Stelle; nichtsignifikante Nullen werden durch Leerzeichen ersetzt.
.	Dezimalpunkt (Das tatsächlich verwendete Zeichen hängt von der Landeseinstellung ab!)
,	Tausendertrennung (wie oben); das Zeichen bewirkt gleichzeitig eine Division durch 1000, sodass die Zahl 1234567890 mit dem Formatcode "#,," zu "1235" wird.
%	Prozentzeichen (wie oben); das Zeichen bewirkt gleichzeitig eine Multiplikation mit 100, sodass die Zahl 0,753 mit dem Formatcode "0%" zu "75%" wird.
E+0 e+0	Exponentialdarstellung mit den Zeichen E oder e; das Vorzeichen des Exponenten wird immer angezeigt (1E+3 oder 1E-3); die Anzahl der Nullen bestimmt die Stellenanzahl des Exponenten (d.h., das Format e+000 führt zu "1e+003").
E-0 e-0	wie oben, ein positives Vorzeichen des Exponenten wird aber nicht angezeigt (1E3 oder 1E-3).
fp;fn;f0	ermöglicht die Angabe von drei unterschiedlichen Formaten für positive Zahlen, negative Zahlen und für 0. Achtung: Bei negativen Zahlen wird das Vorzeichen entfernt (d.h., die Zahl -1 wird durch das Format 0;0 als 1 dargestellt! Sie müssen das Vorzeichen daher in den Formatcode einbauen, z.B. in der Form 0;-0).

Die folgenden Zeilen liefern einige Beispiele für die Anwendung der obigen Codes bei deutscher Landeseinstellung. Um den Code möglichst kompakt zu halten, wurde die unübliche (aber durchaus zulässige) Schreibweise zahl.ToString gewählt.

```
Dim s As String
s = 123.456.ToString("0")                's = "123"
s = 123.456.ToString("0.00")             's = "123,46"
s = 123.456.ToString("0000.0000")        's = "0123,4560"
s = 123.456.ToString("#")                's = "123"
s = 0.0123.ToString("#")                 's = ""
s = 0.0123.ToString("#.###")             's = ",012"
s = 0.0123.ToString("0.###")             's = "0,012"
s = 1234.ToString("#,#,#")               's = "1.234"
s = 123456789.ToString("#,#,#")          's = "123.456.789"
s = 1234.ToString("0,000,000")           's = "0.001.234"
s = 0.0123.ToString("0%")                's = "1%"
s = 0.0123.ToString("0.00%")             's = "1,23%"
s = 123456789.ToString("0e+00")          's = "1e+08"
s = 123456789.ToString("000e+00")        's = "123e+06"
s = 123456789.ToString("0000E-00")       's = "1235E05"
s =-1.ToString("0;(0);0")                's = "(1)"
```

Noch eine kurze Erklärung zum letzten Beispiel: Damit wird erreicht, dass positive Zahlen und 0 normal dargestellt werden, negative Zahlen dagegen in Klammern und ohne Vorzeichen, wie dies bisweilen im englischen Sprachraum üblich ist.

Text und Sonderzeichen in der Formatzeichenkette

In der Formatzeichenkette dürfen auch beliebige andere Zeichen enthalten sein. Diese werden einfach unverändert angezeigt:

```
s = 123.ToString("abc#efg")            's = "abc123efg"
```

Etwas komplizierter wird es, wenn Sie Formatierungszeichen als Text anzeigen möchten (z.B. das Zeichen #). Dazu gibt es zwei Schreibweisen: Sie können dem betreffenden Zeichen das Zeichen \ voranstellen, oder Sie können die Sonderzeichen zwischen Apostrophe stellen. Auch hierfür zwei Beispiele:

```
s = 123.ToString("\##")                's = "#123"
s = 123.ToString("'###' # '###'")      's = "### 123 ###"
```

Wenn Sie mit den `Format`- und `Write`-Methoden die Zeichen { oder } ausgeben möchten, geben Sie diese Zeichen in der Formatzeichenkette einfach doppelt an.

Dezimaltrennzeichen und Tausendertrennzeichen feststellen

Wenn Sie wissen möchten, welche Zeichen am aktuellen Computer zur Dezimal- bzw. zur Tausendertrennung eingestellt sind, können Sie den folgenden Code zu Hilfe nehmen:

```
Dim decimalpoint, groupseparator As Char
decimalpoint = String.Format("{0:0.0}", 0).Chars(1)
groupseparator = String.Format("{0:0,000}", 1000).Chars(1)
```

Formatcodes ausprobieren

Um die verschiedenen Formatcodes rasch auszuprobieren, können Sie ein Programm nach dem folgenden Muster verwenden:

```
Sub Main()
  Dim x1 As Double = 123456789
  Dim x2 As Double = -0.00000123
  Dim i As Integer, formstr As String
  Dim myformat() As String = {"c", "e", "f", "g", "n", "p", "r"}
  For i = 0 To myformat.Length - 1
    formstr = myformat(i) + ": {0:" + myformat(i) + "} / {1:" + _
      myformat(i) + "}"
    Console.WriteLine(formstr, x1, x2)
  Next i
End Sub
```

Mehr Flexibilität bietet ein kleines Windows-Programm, in dem Sie in zwei Textfeldern eine Fließkommazahl und eine Formatzeichenkette eingeben können. Das Programm zeigt bei jeder Änderung die resultierende formatierte Zeichenkette sofort an (siehe Abbildung 10.2).

Sie finden das Programm auf der Webseite zum Buch. Auf einen Abdruck des gesamten Codes wird hier verzichtet. Die entscheidende Prozedur, die die beiden Eingabefelder auswertet und die Ergebniszeichenkette ermittelt, sieht folgendermaßen aus:

```
' Beispiel zahlen-zeichenketten\formattest
Private Sub UpdateResultLabel()
  Dim x As Double
  Try  'Fehlerabsicherung
    x = CDbl(txtNumber.Text)
    lblResult.Text = String.Format("{0:" + Trim(txtFormat.Text) + "}", x)
  Catch
    lblResult.Text = "error"
  End Try
End Sub
```

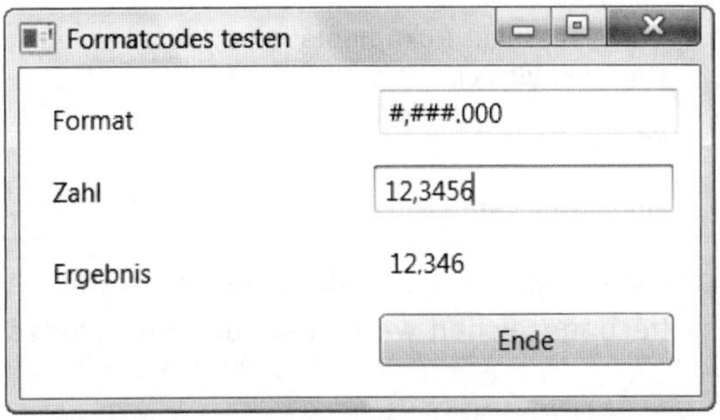

Abbildung 10.2: Programm zum Testen von Formatcodes

Daten und Zeiten formatieren

Die folgende Tabelle zählt die vordefinierten Codes zur Formatierung von Datum und Zeit auf (zusammen mit Beispielen, die für die deutsche Ländereinstellung gelten). Die Codes können folgendermaßen angewendet werden (hier für den Code F):

```
s = Now.ToString("F")
s = String.Format("{0:F}", Now)
s = Now.ToString("HH:mm:ss")
s = String.Format("{0:HH:mm:ss}", Now)
```

Vordefinierte Formatcodes für Datum und Uhrzeit (Methode *String.Format*)		
d	03.12.2007	Datum kurz (date)
D	Montag, 3. Dezember 2007	Datum lang
f	Montag, 3. Dezember 2007 21:42	Datum lang plus Zeit (full)
F	Montag, 3. Dezember 2007 21:42:06	Datum lang plus Zeit lang
g	03.12.2007 21:42	Datum kurz plus Zeit kurz (general)
G	03.12.2007 21:42:06	Datum kurz plus Zeit lang
m	03 Dezember	Tag plus Monat (month)
r	Mon, 03 Dec 2007 21:42:06 GMT	Datum gemäß RFC1123 (Internet-Standard)
s	2007-12-03T21:42:06	Datum gemäß ISO-8601-Standard (sortable)
t	21:42	Zeit kurz (time)
T	21:42:06	Zeit lang
u	2007-12-03 21:42:06Z	wie s, aber laut Dokumentation universal time statt lokaler Zeit
U	Montag, 3. Dezember 2007 20:42:06	Variante zu u
y	Dezember 2007	Monat und Jahr (year)

Einige der folgenden Zeichen repräsentieren für sich allein ein komplettes Datumsformat (siehe die Tabelle oben). Erst in Kombination mit anderen Formatierungszeichen werden sie als Einzelcodes interpretiert.

Einzelcodes für die Uhrzeit (Methode *String.Format*)		
f bis fffffff	123	Sekundenbruchteile (ein bis sieben Stellen, also von Zehntelsekunden bis 100 ns)
ss	59	Sekunden (00-59)
m	59	Minute (0–59) ohne vorangestellte 0
mm	59	Minute (00–59) mit vorangestellter 0
h	12	Stunde (1–12) ohne vorangestellte 0
hh	12	Stunde (01–12) mit vorangestellter 0
H	23	Stunde (0–23) ohne vorangestellte 0
HH	23	Stunde (00–23) mit vorangestellter 0

Einzelcodes für die Uhrzeit (Methode *String.Format*)		
t	A	A oder P entsprechend AM oder PM (nur wenn AM/PM in der Ländereinstellung vorgesehen ist)
tt	AM	AM oder PM (nur bei entsprechender Ländereinstellung)
z	+1	Zeitzone (relativ zu GMT) ohne vorangestellte 0
zz	+01	Zeitzone mit vorangestellter 0
zzz	+01:00	Zeitzone vierstellig

Einzelcodes für das Datum (Methode *String.Format*)		
ddd	Mon	Abkürzung für Monatstag
dddd	Montag	Monatstag voll ausgeschrieben
d	31	Monatstag (1–31) ohne vorangestellte 0
dd	31	Monatstag (01–31) mit vorangestellter 0
M	12	Monat (1–12) ohne vorangestellte 0
MM	12	Monat (01–12) mit vorangestellter 0
MMM	Dez	Abkürzung für den Monatsnamen
MMMM	Dezember	Monatsname voll ausgeschrieben
y	1	Jahr zweistellig ohne vorangestellte 0
yy	01	Jahr zweistellig mit vorangestellter 0
yyy	2007	Jahr vierstellig
gg	n. Chr.	Zeitperiode oder Zeitära (nur wenn dies für den eingestellten Kalender vorgesehen ist!)

10.7 VB-Formatierungsmethoden

Die zentrale VB-Methode zur Formatierung von Zahlen und Daten ist `Format` aus der Klasse `Microsoft.VisualBasic.Strings`. Sie wird in der Form `Format(ausdruck, "myformat")` eingesetzt. Die Methode ist nicht kompatibel zu `String.Format` aus Abschnitt 10.5 und steht in erster Linie zur besseren Kompatibilität zu VB6 zur Verfügung! Wie die beiden folgenden Beispiele zeigen, kann im zweiten Parameter entweder ein vordefinierter Formatname oder eine Zeichenkette mit Formatzeichen übergeben werden:

```
s = Format(Now, "General Date")   'liefert "31.12.2006 15:15:34"
s = Format(Now, "dd-mm-yyyy")     'liefert "31-12-2006"
```

Die Methoden `FormatNumber`, `FormatCurrency`, `FormatPercent` und `FormatDateTime` sind vereinfachte Varianten zu `Format`. Zwar sind die Formatierungsmöglichkeiten stark eingeschränkt, dafür ist die Steuerung aber einfacher. Alle vier `Format`-Methoden berücksichtigen die Systemeinstellung (Landeseinstellung, Währungssymbol etc.). Es besteht keine Möglichkeit, die Formatierung landesunabhängig durchzuführen.

VB-Formatierungsmethoden (Klasse *Microsoft.VisualBasic.Strings*)	
`Format(obj, "format")`	formatiert das angegebene Objekt entsprechend der Formatierungszeichenkette.
`FormatNumber(x, ...)`	formatiert eine Zahl entsprechend den Angaben durch die weiteren Parameter.
`FormatCurrency(x, ...)`	formatiert eine Zahl als Geldbetrag.
`FormatPercent(x, ...)`	formatiert eine Zahl als Prozentwert entsprechend den Angaben durch die weiteren Parameter.
`FormatDateTime(d, format)`	formatiert ein Datum oder eine Uhrzeit entsprechend dem (optionalen) Formatparameter.

FormatNumber

`FormatNumber` formatiert die übergebene Zahl bei deutschen Systemeinstellungen standardmäßig mit zwei Nachkommastellen und mit Punkten als Tausenderseparatoren. Daher liefert `FormatNumber(123456.789)` die Zeichenkette `"123.456,79"`. Durch eine Reihe optionaler Parameter kann die Formatierung beeinflusst werden:

```
s = FormatNumber(x, n, leading, parent, group)
```

- `x` ist die zu formatierende Zahl (Datentyp `Object`, d.h., es dürfen Zahlen in allen Variablentypen übergeben werden).
- `n` gibt die Anzahl der Nachkommastellen an (standardmäßig 2).
- `leading` gibt an, ob nichtsignifikante Nullen dargestellt werden sollen (`",23"` oder `"0,23"`). Mögliche Einstellungen sind `Tristate.True`, `Tristate.False` oder `Tristate.UseDefault`. Standardmäßig gilt `UseDefault`. Das bedeutet, dass das Verhalten durch die Systemeinstellung gesteuert wird. Im deutschen Sprachraum werden nichtsignifikante Nullen üblicherweise angezeigt.
- `parent` gibt an, ob negative Zahlen in Klammern gestellt werden sollen (`"-1"` oder `"(1)"`). Es gelten dieselben Einstellmöglichkeiten wie bei `leading`.
- `group` gibt an, ob Tausenderseparatoren verwendet werden sollen.

```
s = FormatNumber(123456.789)                          's = "123.456,79"
s = FormatNumber(123456.789, 0)                       's = "123.457"
s = FormatNumber(123456.789, 0, , , TriState.False)  's = "123457"
```

FormatCurrency

`FormatCurrency` funktioniert wie `FormatNumber`, fügt aber am Ende der Zeichenkette noch das durch die Systemeinstellung bestimmte Währungssymbol hinzu. Daher liefert `FormatCurrency(12345.678)` das Ergebnis `"12.345,68 €"`. Alle Parameter sind wie bei `FormatNumber` einzustellen.

FormatPercent

`FormatPercent` formatiert die übergebene Zahl als Prozentwert. Das heißt, dass die Zahl mit hundert multipliziert und mit zwei Nachkommastellen und einem Prozentzeichen dargestellt wird. `FormatPercent(0.756)` liefert im deutschen Sprachraum die Zeichenkette `"75,60%"`. Die Methode kann mit denselben optionalen Parametern wie bei `FormatNumber` gesteuert werden.

```
s = FormatPercent(x, n, leading, parent, group)
```

Noch einige Beispiele:

```
s = FormatPercent(0.75678)                        's = "75,68%"
s = FormatPercent(0.75678, 0)                     's = "76%"
s = FormatPercent(0.0001234)                      's = "0,01%"
s = FormatPercent(0.0001234, 4, TriState.False)   's = ",0123%"
```

FormatDateTime

`FormatDateTime` formatiert die `Date`-Variable standardmäßig in der Form `"31.12.2006 16:55:37"`. An den optionalen zweiten Parameter kann eine der folgenden Konstanten übergeben werden (jeweils mit Beispiel):

```
DateFormat.GeneralDate    31.12.2006 16:55:37
DateFormat.LongDate       Sonntag, 31. Dezember 2006
DateFormat.ShortDate      31.12.2006
DateFormat.LongTime       16:55:37
DateFormat.ShortTime      16:55
```

Das folgende Beispiel demonstriert die Anwendung von `FormatDateTime`:

```
s = FormatDateTime(Now, DateFormat.ShortTime)  's = "16:55"
```

VB-spezifische Formatnamen

Grundsätzlich können dieselben Kürzel wie bei den .NET-Formatierungsmethoden verwendet werden (siehe Abschnitt 10.6). Das folgende Beispiel zeigt die Anwendung des Formatcodes `e` für die Exponentialschreibweise:

```
s = Format(123456, "e")            's = "1,23E+02"
```

Darüber hinaus kennt Format ein paar weitere Formatnamen, deren Hauptvorteil in der besseren Lesbarkeit liegt. Dafür ist der Tippaufwand höher:

```
s = Format(123456, "Scientific")    's = "1,23E+02"
```

Die folgende Tabelle zeigt die Anwendung dieser Formate auf die Double-Zahlen 123456789 und -0,0000123.

VB-spezifische Formatnamen für Zahlen (Methode *Microsoft.VisualBasic.Strings.Format*)

Standard	123.456.789,00 / -0,00	Format mit Tausendertrennung (number)
General Number	123456789 / -1,23e-06	allgemeines Format, möglichst kompakte Darstellung von Zahlen
Currency	123.456.789,00 € / -0,00 €	Währungsformat
Scientific	1,2E+08 / -1,23E-05	wissenschaftliches Format (exponential)
Fixed	123456789,00 / -0,00	Festkommaformat
Percent	12,345,678,900,00% / -0,00%	Prozentzahlen (Achtung: Der Wert 1 wird als 100 % dargestellt!)
True/False	True / False	liefert False für Zahlen ungleich 0 und True für 0.
Yes/No	Ja / Nein	liefert Ja für Zahlen ungleich 0 und Nein für 0 (beim deutschen .NET Framework).
On/Off	Ein / Aus	liefert Ein für Zahlen ungleich 0 und Aus für 0.

VB-spezifische Formatnamen für Daten und Zeiten (Methode *Microsoft.VisualBasic.Strings.Format*)

General Date	31.12.2008 16:55:37	Datum und Zeit
Long Date	Mittwoch, 31. Dezember 2008	Datum ausführlich
Medium Date	Mittwoch, 31. Dezember 2008	Datum mittel (liefert das gleiche Ergebnis wie oben)
Short Date	31.12.2008	Datum kompakt
Long Time	16:55:37	Zeit ausführlich
Medium Time	16:55:37	Zeit mittel (liefert das gleiche Ergebnis wie oben)
Short Time	16:55	Zeit kompakt

VB-Hilfsmethoden zur Formatierung von Daten und Zeiten

Neben den Format-Methoden enthält die VB-Bibliothek auch einige Hilfsmethoden in der Klasse DateAndTime. Alle Methoden liefern Datums- und Zeitangaben gemäß der aktuellen Ländereinstellung.

Methoden der Klasse *Microsoft.VisualBasic.DateAndTime* (siehe Abschnitt 9.4)	
`DateString`	liefert das aktuelle Datum (ohne Zeit) als Zeichenkette.
`MonthName(n)`	liefert den Monatsnamen (für `n=1` bis `12`).
`MonthName(n, True)`	liefert den Monatsnamen als Abkürzung (drei Buchstaben).
`TimeString`	liefert die aktuelle Uhrzeit als Zeichenkette.
`WeekdayName(n)`	liefert den Wochentag als Zeichenkette (`n=1` für Sonntag).
`WeekdayName(n, True)`	liefert den Wochentag als Abkürzung (zwei Buchstaben).

10.8 Internationale Formatierung und Vergleiche

Wie bereits mehrfach erwähnt wurde, berücksichtigen die meisten Formatierungs- und Konvertierungsmethoden standardmäßig die Ländereinstellung des Betriebssystems. Zeichenkettenvergleiche werden standardmäßig binär durchgeführt und sind zur landesüblichen Sortierung ungeeignet. Dieser Abschnitt zeigt Ihnen, wie Sie das aktuelle Datum in italienischer Schreibweise darstellen, Zeichenketten nach der schwedischen Ordnung sortieren etc.

CultureInfo-Klasse

Objekte der Klasse `CultureInfo` enthalten Informationen darüber, wie .NET Zahlen und Daten formatieren und Zeichenketten vergleichen soll, welcher Kalender gilt etc. Standardmäßig berücksichtigt das .NET Framework die Ländereinstellungen des Betriebssystems. Das dazu passende `CultureInfo`-Objekt können Sie bei Bedarf durch `System.Globalization.CultureInfo.CurrentCulture()` bzw. `-CurrentUICulture`, `My.Application.Culture` oder `My.Application.UICulture` ermitteln.

HINWEIS

Vielleicht fragen Sie sich, worin der Unterschied zwischen `Culture` und `UICulture` besteht. Die Antwort lautet kurz gefasst: `Culture` bestimmt, wie Zahlen, Daten etc. formatiert werden sollen. Dafür gibt es in nahezu jedem Land unterschiedliche Regeln. VB bzw. das .NET Framework berücksichtigen diese Systemeinstellung in der Regel automatisch. (Eine Ausnahme ist *Data Binding* in WPF-Programmen.)

`UICulture` gibt hingegen an, in welcher Sprache die Menüs und Dialoge eines Programms erscheinen sollen, und betrifft damit die Lokalisierung des Programms (also die Anpassung des Programms an unterschiedliche Sprachen).

Um Formatierungen oder Vergleiche abweichend von der Standardeinstellung durchzuführen, müssen Sie zuerst ein neues `CultureInfo`-Objekt erzeugen und dieses als zusätzlichen Parameter an `Compare`, `ToString`, `Format` etc. übergeben. Dazu übergeben Sie an den Konstruktor die `Local Country ID` oder eine Zeichenkette, die der Norm RFC1766 entspricht. Die folgende Tabelle gibt einige Beispiele:

LCID	RFC1766-Zeichenkette	Sprache und Land
1031	de-DE	Deutsch/Deutschland
3079	de-AT	Deutsch/Österreich
2055	de-CH	Deutsch/Schweiz
1033	en-US	Englisch/USA
2057	en-GB	Englisch/Großbritannien
1036	fr-FR	Französisch/Frankreich
1040	it-IT	Italienisch/Italien
1053	sv-SE	Schwedisch/Schweden

```
Dim cultInfo1 As New Globalization.CultureInfo("sv-SE")
Dim cultInfo2 As New Globalization.CultureInfo(1033)
```

Vielleicht wollen Sie Zahlen oder Daten auch gezielt *ohne* Berücksichtigung der aktuellen oder irgendeiner anderen Ländereinstellung ausgeben – etwa zur Speicherung in Dateien, die international verwendet werden können: In diesem Fall können Sie zur Initialisierung eines `CultureInfo`-Objekts die Eigenschaft `InvariantCulture` verwenden. Dieses Objekt enthält landesunabhängige Optionen zur Formatierung. (Landesunabhängig bedeutet in der Praxis englische Optionen.)

```
Dim cult As Globalization.CultureInfo = Globalization.CultureInfo.InvariantCulture
```

Formatierung mit ToString

Damit `ToString` spezifische Ländereinstellungen berücksichtigt, übergeben Sie im ersten Parameter wie üblich den Formatierungscode und im zweiten Parameter ein `IFormatProvider`-Objekt. Es gibt drei .NET-Klassen, die diesem Interface entsprechen: die oben erwähnte `CultureInfo`-Klasse mit landesspezifischen Einstellungen, die `DateTimeFormatInfo`-Klasse mit speziellen Formatierungsangaben für Daten sowie die `NumberFormatInfo`-Klasse mit Angaben zur Formatierung von Zahlen. Alle drei Klassen sind im Namensraum `System.Globalization` definiert.

Das folgende Beispiel zeigt, wie ein Datum in italienischer Sprache dargestellt wird. `"D"` ist dabei der Formatcode für `Datum lang`:

```
Dim cult As New Globalization.CultureInfo("it-IT")
s = Now.ToString("D", cult)    'liefert "mercoledì 22 agosto 2007"
```

Formatierung mit String.Format

Auch an die `Format`-Methode kann in einem optionalen Parameter ein `CultureInfo`-Objekt übergeben werden – der einzige Unterschied besteht darin, dass sich dieser Parameter am Beginn befindet:

```
s = String.Format(cult, "{0:D}", Now).
```

Zeichenkettenvergleiche mit String.Compare

Um Zeichenkettenvergleiche landesspezifisch durchzuführen, übergeben Sie an `Compare` im vierten Parameter ein `Globalization.CulturInfo`-Objekt. Das Beispielprogramm *zeichenketten\text-compare-sort* enthält einen einfachen Sortieralgorithmus, der einige Beispielzeichenketten entsprechend der schwedischen Ordnung sortiert. Die beiden entscheidenden Zeilen lauten:

```
Dim cultInfo As New Globalization.CultureInfo("sv-SE")
If String.Compare(s1, s2, True, cultInfo) > 0 Then ...
```

In Schweden gilt im Wesentlichen dieselbe Sortierordnung wie in Deutschland, allerdings werden die Buchstaben å, ä und ö nach z eingeordnet.

100 < 27 < abc < Abc < ABC < bar < Barenboim < Bär < Bären < bärtig < Ärger

Interpretation von Zeichenketten mit Parse

Auch die `Parse`-Methoden für viele elementare Datentypen akzeptieren als zusätzlichen Parameter ein `IFormatProvider`-Objekt. Es gibt an, welche landesspezifischen Regeln berücksichtigt werden sollen.

```
Dim d As Date
Dim cult As New Globalization.CultureInfo("it-IT")
d = Date.Parse("giovedì 29 dicembre 2008", cult)     'd enthält 29.12.2008
```

11 Dateien und Verzeichnisse

Im Mittelpunkt dieses Kapitels steht der Namensraum `System.IO`. Er enthält zahlreiche Klassen, mit denen Sie den Verzeichnisbaum durchlaufen, Verzeichnisse erstellen und löschen sowie Dateien in verschiedenen Formaten (binär, Unicode-Text, ANSI-Text) lesen und verändern können. Das Kapitel geht auch auf einige `IO`-Besonderheiten ein, etwa auf asynchrone Dateioperationen, auf die Speicherung von Objekten (Serialisierung) und auf die Überwachung des Dateisystems.

11.1 Einführung und Überblick

Dieser Abschnitt gibt einen ersten Überblick über die zahlreichen Bibliotheken, Klassen und Steuerelemente, die beim Umgang mit Dateien und Verzeichnissen helfen.

Kommandos und Bibliotheken zum Zugriff auf Dateien

- **VB-Kommandos:** Am Anfang (und damit meine ich Visual Basic seit Version 1!) gab es zum Zugriff auf Dateien und Verzeichnisse eine Reihe von an sich eigenständigen Kommandos wie `CurDir`, `ChDir`, `FileCopy`, `Open`, `Read` und `Write`. Das Konzept dieser Kommandos erinnert vielfach an die aus DOS-Zeiten vertrauten Kommandos.

  Diese Kommandos stehen aus Kompatibilitätsgründen innerhalb der Klasse `Microsoft.VisualBasic.FileSystem` noch immer zur Verfügung. (Falls Sie `Get` und `Put` vermissen: Diese beiden Kommandos wurden in `FileGet` und `FilePut` umbenannt.)

  Der vielleicht einzige Grund, diese Kommandos noch immer einzusetzen, sind sogenannte `Random-Access`-Dateien. Das sind Dateien, in denen Datensätze mit vorgegebener Länge relativ effizient gespeichert werden können. Allerdings empfiehlt Microsoft schon seit Jahren und mit vielen guten Gründen, derartige Daten in einer Datenbank zu speichern.

- **FSO (File Scripting Objects):** In VB6 propagierte Microsoft die FSO-Bibliothek als Lösung aller Probleme, die im Umfeld des Dateizugriffs auftreten können. Tatsächlich bot die FSO-Bibliothek einen eleganten Zugriff auf das Dateisystem. Der größte Mangel bestand darin, dass Binärdateien weder ordentlich ausgelesen noch selbst erzeugt werden konnten.

  Die FSO-Bibliothek (`Microsoft Scripting Runtime`, Datei *scrrun.dll*) kann natürlich auch in Visual Basic weiterhin benutzt werden. Allerdings handelt es sich um eine COM-Bibliothek, d.h., Sie nehmen mit der Nutzung den Overhead in Kauf, der durch die Kompatibilitätsschicht zwischen .NET und COM entsteht.

- **System.IO:** Im Mittelpunkt dieses Kapitels steht die aktuellste Lösung, die Microsoft für den Zugriff auf Dateien anbietet, nämlich die `System.IO`-Klassen aus dem .NET Framework. Diese Klassen ersetzen die FSO-Bibliothek und bieten viele Zusatzfunktionen: den Binärzugriff auf Dateien, Ereignisse zur Überwachung der Dateiaktivität, die Unterscheidung zwischen synchronen (thread-sicheren) und asynchronen Operationen, die Unterstützung verschiedener Codierungen (insbesondere Unicode UTF8) etc. Die `System.IO`-Klassen sind allerdings inkompatibel zu den FSO-Klassen, was die Portierung alten Codes erschwert.

- **My.Computer.FileSystem:** Die zahlreichen `System.IO`-Klassen sind zwar sehr flexibel, aber bisweilen ist die Suche nach der richtigen Klasse bzw. Methode mühsam. Die Methoden von `My.Computer.FileSystem` vereinfachen oft benötigte Operationen.

- **Zugriff auf XML-Dateien:** Zur Bearbeitung von XML-Dateien, -Streams und -Zeichenketten bietet das .NET Framework unzählige `System.XML`-Klassen an, von denen die wichtigsten in Kapitel 13 vorgestellt werden.

- **Zugriff auf Active-Directory-Objekte:** `System.IO` hilft nur beim Zugriff auf ein herkömmliches Dateisystem. Wenn Sie auf Objekte in einem Active Directory oder einem anderen Verzeichnisdienst (LDAP, IIS, NDS) zugreifen möchten, können Sie dazu die `System.DirectoryServices`-Bibliothek zu Hilfe nehmen, die in diesem Buch aber nicht beschrieben wird.

Objekthierarchie im System.IO-Namensraum

Die folgenden Diagramme geben einen ersten Überblick über die wichtigsten `System.IO`-Klassen und zeigen, wie die Klassen voneinander abgeleitet sind. Die in diesem Kapitel beschriebenen Klassen sind fett hervorgehoben.

Dateien und Verzeichnisse bearbeiten

`Object`	.NET-Basisklasse
└─`Directory`	Verzeichnis unmittelbar bearbeiten
└─`DriveInfo`	Informationen über Laufwerke ermitteln
└─`File`	Datei unmittelbar bearbeiten
└─`MarshalByRefObject`	Objekt nur als Referenz an andere Rechner weitergeben
└─`Component`	Basisklasse für Komponenten
└─`FileSystemWatcher`	Dateisystem überwachen
└─`FileSystemInfo`	Basisklasse für `DirectoryInfo` und `FileInfo`
└─`DirectoryInfo`	Verzeichnisse ermitteln
└─`FileInfo`	Informationen über Dateien ermitteln
└─`Path`	Hilfsfunktionen zur Ermittlung und Bearbeitung von Datei- und Verzeichnisnamen

Textdateien

`Object`	.NET-Basisklasse
└─`MarshalByRefObject`	Objekt nur als Referenz an andere Rechner weitergeben
└─`TextReader`	Basisklasse für `StreamReader` und `StringReader`
└─`StreamReader`	Textdateien lesen
└─`StringReader`	Informationen aus Zeichenkette lesen
└─`TextWriter`	Basisklasse für `StreamWriter` und `StringWriter`
└─`StreamWriter`	Textdateien schreiben
└─`StringWriter`	Informationen in eine Zeichenkette schreiben

Binärdateien	
`Object`	.NET-Basisklasse
`└─BinaryReader`	.NET-Datentypen aus Binärdateien lesen
`└─BinaryWriter`	.NET-Datentypen in Binärdateien speichern
`└─MarshalByRefObject`	Objekt nur als Referenz an andere Rechner weitergeben
`  └─Stream`	Basisklasse für `Buffered-`, `File-` und `MemoryStream`
`    └─FileStream`	Bytes in/aus Binärdateien speichern/lesen
`    └─BufferedStream`	wiederholte Lese- oder Schreibzugriffe bei `IO.Stream`-Objekten optimieren
`    └─MemoryStream`	wie `FileStream`, Daten werden aber im Arbeitsspeicher verwaltet

Von `IO.Stream` sind übrigens nicht nur die drei IO-Klassen `BufferedStream`, `FileStream` und `MemoryStream` abgeleitet, sondern auch Klassen anderer Namensräume (z.B. `Net.Sockets. NetworkStream` und `Security.Cryptography.CryptoStream`).

Steuerelemente und andere Komponenten

» `OpenFileDialog` **und** `SaveFileDialog`**:** Hierbei handelt es sich nicht um Steuerelemente, sondern um Klassen zur Darstellung von Dateiauswahldialogen. Ihre Anwendung in WPF-Programmen wird in Abschnitt 18.5 beschrieben.

» `FileSystemWatcher`**:** Auch hierbei handelt es sich nicht wirklich um ein Steuerelement, sondern um eine ganz gewöhnliche Klasse aus dem `System.IO`-Namensraum, die bei Windows-Anwendungen über die Toolbox (Gruppe KOMPONENTEN) in das Programm eingefügt werden kann. Ein `FileSystemWatcher`-Objekt ermöglicht es, Änderungen im Dateisystem sehr einfach zu verfolgen. Es löst dazu bei jeder Veränderung ein Ereignis aus. Informationen zur Anwendung des Steuerelements finden Sie in Abschnitt 11.8.

» `DirectoryEntry` **und** `DirectorySearcher`**:** Diese beiden Klassen sind ebenfalls über die Toolbox (Gruppe KOMPONENTEN) zugänglich. Sie helfen dabei, auf Objekte in einem Active Directory zuzugreifen bzw. diese zu finden. Die Steuerelemente sind Teil der `System.DirectoryServices`-Bibliothek, die in diesem Buch nicht beschrieben wird.

» `DriveListBox`, `DirListBox` **und** `FileListBox`**:** Die seit VB1 vertrauten Steuerelemente zeigen in Listenfeldern alle Laufwerke des Rechners, deren Verzeichnisse und Dateien an. Diese Steuerelemente werden unter .NET nicht mehr offiziell unterstützt und daher auch in der Toolbox nicht angezeigt. Mit TOOLBOX ANPASSEN können Sie die Steuerelemente aber manuell aktivieren (Dialogblatt .NET FRAMEWORK-KOMPONENTEN, Assembly-Name `Microsoft.VisualBasic.Compatibility`). In diesem Buch wird auf eine Beschreibung verzichtet.

11.2 Informationen über Laufwerke, Verzeichnisse und Dateien ermitteln

Im Mittelpunkt dieses Abschnitts stehen fünf `System.IO`-Klassen:

`File`:	ermöglicht die Bearbeitung einer Datei (öffnen, kopieren, verschieben, löschen etc.).
`FileInfo`:	liefert genaue Informationen über eine Datei.
`Directory`:	ermöglicht die Bearbeitung eines Verzeichnisses.
`DirectoryInfo`:	liefert genaue Informationen über ein Verzeichnis.
`DriveInfo`:	liefert Informationen über Laufwerke.

`FileInfo` und `DirectoryInfo` sind beide von der Klasse `FileSystemInfo` abgeleitet. Diese Klasse wird selten direkt verwendet, sie stellt aber diverse Eigenschaften und Methoden zur Verfügung, die sowohl für `FileInfo` als auch für `DirectoryInfo` angewendet werden können.

`File` und `FileInfo` bzw. `Directory` und `DirectoryInfo` weisen jeweils ähnlich lautende Eigenschaften und Methoden auf und scheinen sich auf den ersten Blick zu entsprechen. Das täuscht aber:

» `FileInfo` und `DirectoryInfo` dienen primär dazu, eine konkrete Datei bzw. ein konkretes Verzeichnis zu bearbeiten. Dazu muss vorher mit `myfile = New IO.FileInfo("name")` bzw. mit `mydir = New IO.DirectoryInfo("name")` ein entsprechendes Objekt erzeugt werden. In der Folge kann dieses Objekt mit Methoden und Eigenschaften bearbeitet werden (z.B. `myfile. Length`, um die Größe der Datei zu ermitteln).

» Die Methoden der `File`- bzw. `Directory`-Klassen können dagegen eingesetzt werden, ohne vorher ein Objekt zu erzeugen. (Es ist nicht einmal möglich, ein Objekt dieser Klassen zu erzeugen, d.h., `New` steht für `File` und `Directory` nicht zur Verfügung.) Beispielsweise können Sie eine Datei mit `IO.File.Copy("alter name", "neuer name")` kopieren.

Man kann den Unterschied zwischen `File/Directory` und `FileInfo/DirectoryInfo` auch in der Nomenklatur der objektorientierten Programmierung ausdrücken: Alle Mitglieder der `FileInfo`- bzw. `DirectoryInfo`-Klasse sind sogenannte `Instance`-Mitglieder, die erst dann verwendet werden können, wenn vorher ein Objekt erzeugt wurde. Die Mitglieder von `File` bzw. `Directory` sind dagegen `Shared`-Mitglieder, die immer zur Verfügung stehen.

Inhaltlich überlappen sich die Klassen weitestgehend. Beispielsweise können Sie das Datum der letzten Änderung einer Datei sowohl mit `IO.File.GetLastAccessTime("name")` als auch mit `myFileInfoObject.LastAccessTime` ermitteln. Sie können eine Datei sowohl mit `IO.File.Delete("name")` als auch mit `myFileInfoObject.Delete` löschen.

Informationen über Laufwerke ermitteln

Die statische Methode `IO.DriveInfo.GetDrives` liefert eine Aufzählung aller bekannten Laufwerke in Form von `DriveInfo`-Objekten. Deren Eigenschaften geben Auskunft über die wichtigsten Eigenschaften des Laufwerks:

```
' Beispiel dateien\drive-info
Dim di As IO.DriveInfo
For Each di In IO.DriveInfo.GetDrives()
  Console.WriteLine("Name: " + di.Name)
  Console.WriteLine("  Laufwerktyp: " + di.DriveType.ToString)
  If di.IsReady Then
    Console.WriteLine("  Volume-Label: " + di.VolumeLabel)
    Console.WriteLine("  Root-Verzeichnis: " + di.RootDirectory.FullName)
    Console.WriteLine("  Speicherplatz total: " & di.TotalSize)
    Console.WriteLine("  Speicherplatz frei:  " & di.TotalFreeSpace)
    Console.WriteLine("  Format: " + di.DriveFormat)
  Else
    Console.WriteLine("  Laufwerk momentan nicht zugänglich")
  End If
Next
```

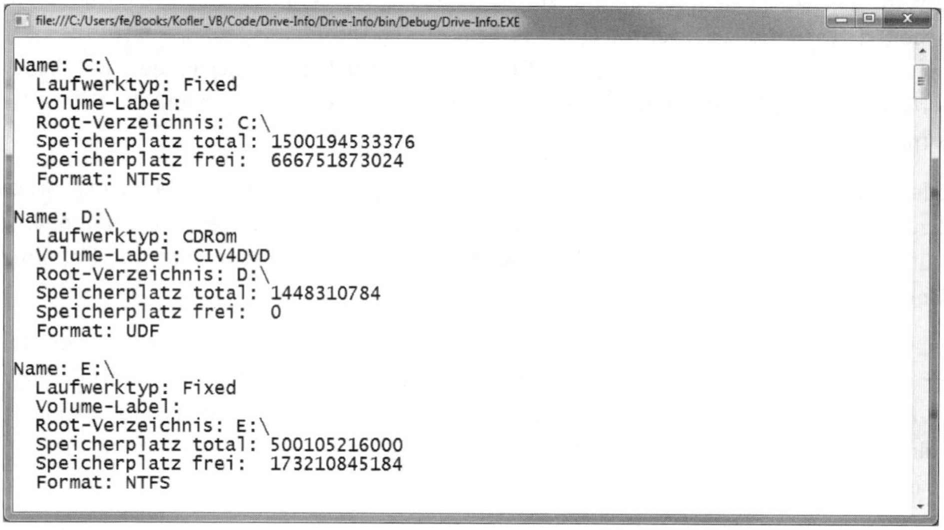

Abbildung 11.1: Das Beispielprogramm drive-info listet alle bekannten Laufwerke auf.

Informationen über Verzeichnisse und Dateien ermitteln

Als Ausgangspunkt für erste Experimente kann das aktuelle Verzeichnis dienen, das mit dem Namen "." angesprochen wird. Die folgende Zeile erzeugt daher ein `DirectoryInfo`-Objekt dieses Verzeichnisses:

```
Dim dir As IO.DirectoryInfo = New IO.DirectoryInfo(".")
```

Nun können Sie über das `dir`-Objekt verschiedene Eigenschaften des Verzeichnisses ermitteln, beispielsweise:

```
dir.Name           'Name des Verzeichnisses (z.B. "bin")
dir.FullName       'vollständiger Name (z.B. "D:\vb.net\test\test2\bin")
dir.LastWriteTime  'Zeitpunkt der letzten Änderung
dir.Attributes     'Eigenschaften (z.B. Directory, siehe unten)
```

Ganz ähnlich sieht die Vorgehensweise aus, wenn Sie einige Eigenschaften einer Datei ermitteln möchten. Mit der folgenden Anweisung erzeugen Sie ein `FileInfo`-Objekt für die Datei *C:\Winnt\Notepad.exe*. (Wenn Sie das Beispiel ausprobieren, verwenden Sie den Namen einer existierenden Datei.)

```
Dim fil As New IO.FileInfo("c:\windows\notepad.exe")
```

Nun können Sie sich mit `Exists` vergewissern, ob die Datei tatsächlich existiert, mit `Length` die Größe der Datei (in Bytes) ermitteln etc.:

```
fil.Exists         'True, wenn die Datei existiert
fil.Length         'Größe der Datei (in Byte)
fil.Extension      'Dateierweiterung, z.B. ".exe"
```

Viele Eigenschaften der `DirectoryInfo`- und `FileInfo`-Objekte sind statisch! Mit anderen Worten: Wenn das Objekt erzeugt wird, werden Eigenschaften wie `Exists`, `Length`, `Attributes` etc. gelesen. Wenn sich die Datei oder das Verzeichnis auf der Festplatte nun ändert (z.B. weil die Datei gelöscht wird), bleiben die Eigenschaften unverändert. `dir.Exists` liefert noch immer `True`. Sie müssen die Methode `Refresh` ausführen, um diese Eigenschaften auf den aktuellen Stand zu bringen!

HINWEIS

Wenn ein Verzeichnis, dessen Namen Sie an `New IO.DirectoryInfo` übergeben, nicht existiert, wird der Code dennoch ohne Fehlermeldung ausgeführt und ein `DirectoryInfo`-Objekt erzeugt! Ob es das Verzeichnis tatsächlich gibt, müssen Sie mit `dir.Exists` testen. (Das Gleiche gilt auch für `FileInfo`-Objekte.)

Falls Sie ein Verzeichnis neu erstellen möchten, sieht der Code so aus:

```
Dim dir As IO.DirectoryInfo = IO.Directory.CreateDirectory("c:\test1")
```

Alle Eigenschaften und Methoden von `System.IO` erwarten bzw. liefern Verzeichnisse ohne ein abschließendes \-Zeichen! Ein Verzeichnis wird also korrekt in der Form »C:\verzeichnis« angegeben (nicht »C:\verzeichnis\«). Die einzige Ausnahme von dieser Regel ist das Wurzelverzeichnis eines Laufwerks: Dieses wird mit einem abschließenden \-Zeichen angegeben, also als »C:\«. Falls Sie Code schreiben möchten, der nicht nur unter Windows, sondern auch unter anderen Betriebssystemen läuft, sollten Sie statt des Zeichens `"\"` die Read-Only-Eigenschaft `IO.Path.DirectorySeparator` verwenden.

Datei- und Verzeichnisattribute

Die `Attributes`-Eigenschaft der `File`- und `DirectoryInfo`-Objekte bedarf einer etwas ausführlicheren Erklärung: Sie liefert eine Kombination von `FileAttributes`-Konstanten zurück: `Archive`, `Compressed`, `Device`, `Directory`, `Encrypted`, `Hidden` etc. `Attributes.ToString` liefert eine Zeichenkette, in der die Attribute aneinandergereiht sind:

```
s = fil.Attributes.ToString  'z.B. s = "ReadOnly, Archive"
```

Ob das Verzeichnis ein bestimmtes Merkmal hat, können Sie so testen:

```
If (fil.Attributes And IO.FileAttributes.Compressed) <> 0 Then ...
```

Derartige Tests sind allerdings mühsam einzutippen und schwer zu lesen. Wesentlich einfacher geht es, wenn Sie in einem Modul die folgende `extension method` definieren (siehe auch Abschnitt 6.7):

```
<Extension()> Function HasAttribute(ByVal fsi As IO.FileSystemInfo, _
                                    ByVal a As IO.FileAttributes) As Boolean
  Return (fsi.Attributes And a) <> 0
End Function
```

Damit können Sie die obige Abfrage so formulieren:

```
If fil.HasAttribute(IO.FileAttributes.Compressed) Then ...
```

Eine Liste mit allen Attributen finden Sie in der Syntaxzusammenfassung am Ende des Abschnitts.

Zugriffsrechte von Dateien, Access Control Lists

Unter Windows NT/2000/XP/2003/Vista kommt normalerweise das NTFS-Dateisystem zum Einsatz. Darin können Sie die Zugriffsrechte von Dateien und Verzeichnissen sehr exakt einstellen und über sogenannte Access Control Lists (ACLs) steuern, welche Benutzer(gruppen) welche Operationen mit einer Datei oder einem Verzeichnis durchführen können. Leider ist das Zugriffssystem derart komplex, dass es zumeist nur bei großen Firmeninstallationen tatsächlich genutzt wird.

Die Klassen zur Veränderung der Zugriffsrechte (insbesondere `FileIOPermission`) befinden sich in den Namensräumen `System.Security` und `System.Security.Permissions`. Das .NET Framework 2.0 unterstützt auch das Auslesen bzw. Verändern von ACLs durch die neuen Methoden `Get`- und `SetAccessControl`, die für die Klassen `Directory[Info]`, `File[Info]` und `FileStream` zur Verfügung stehen. Die Methoden liefern als Ergebnis bzw. erwarten als Parameter Objekte aus dem `System.Security.AccessControl`-Namensraum.

Hier fehlt der Platz, um auf die Grundlagen von Zugriffsrechten, ACLs und die Anwendung der entsprechenden Klassen einzugehen. Eine brauchbare Einführung finden Sie hier:

http://msdn2.microsoft.com/de-de/magazine/cc163885(en-us).aspx = http://tinyurl.com/2nrrgx

Alle Dateien eines Verzeichnisses ermitteln

Oft wollen Sie alle Dateien oder alle Unterverzeichnisse eines Verzeichnisses bearbeiten. Die Methode `dir.GetFiles` liefert ein Feld von `FileInfo`-Objekten des `DirectoryInfo`-Objekts `dir`. Die folgende Schleife schreibt die Namen aller Verzeichnisse der Festplatte *C:* in ein Konsolenfenster:

```
Dim dir As New IO.DirectoryInfo("c:\")
Dim fil As IO.FileInfo
For Each fil In dir.GetFiles()
  Console.WriteLine(fil.FullName)
Next
```

Wenn Sie nicht alle Dateien ermitteln möchten, übergeben Sie an `GetFiles` einfach das gewünschte Suchmuster. Beispielsweise findet `GetFiles("*.txt")` alle *.txt*-Dateien im Verzeichnis. `GetFiles` bietet allerdings keine Möglichkeiten, nur solche Dateien zu ermitteln, die bestimmte Eigenschaften oder Attribute aufweisen (etwa alle schreibgeschützten Dateien).

HINWEIS

Durch `GetFiles` wird ein Feld erzeugt, das zum Zeitpunkt der Erzeugung den Zustand des Dateisystems widerspiegelt. Das Feld ist aber statisch. Es kann also passieren, dass während der Zeit, in der Sie in einer Schleife das Feld verarbeiten, neue Dateien erzeugt bzw. Dateien gelöscht werden!

Dateinamen sortieren

Bei ersten Tests mit `GetFiles` kann man den Eindruck gewinnen, dass die Methode die Dateien grundsätzlich in sortierter Reihenfolge liefert (binärer Vergleich). Tatsächlich ist das manchmal, aber keineswegs immer der Fall. Wenn Sie also eine sortierte Liste der Dateinamen benötigen, müssen Sie sich selbst um die Sortierung kümmern!

Im folgenden Beispiel wird zum Sortieren die Methode `Array.Sort` eingesetzt. An die Methode müssen Sie eine Klasse übergeben, die den Vergleich zwischen zwei Dateien durchführt. Diese Klasse implementiert die Schnittstelle `Collections.IComparer` und deren Methode `Compare` (siehe Abschnitt 7.7)

```
' Beispiel dateien\dateien-sortieren
Dim dir As New IO.DirectoryInfo("c:\")
Dim files As IO.FileInfo()
Dim fil As IO.FileInfo
files = dir.GetFiles()
'sortieren
Array.Sort(files, New myFileComparer())
' Klasse zum Dateinamenvergleich von FileInfo-Objekten
Class myFileComparer
  Implements IComparer(Of IO.FileInfo)
  Function Compare(ByVal file1 As IO.FileInfo, ByVal file2 As IO.FileInfo) _
      As Integer Implements IComparer(Of IO.FileInfo).Compare
    Return String.Compare(file1.Name, file2.Name)
  End Function
End Class
```

Eine andere Möglichkeit, Dateien oder Verzeichnisse zu sortieren, bietet `OrderBy`. Diese LINQ-Methode wird zwar normalerweise in Abfragen eingesetzt (siehe Kapitel 12), kann aber auch direkt auf eine Aufzählung angewendet werden. Das Sortierkriterium muss in einer anonymen Funktion angegeben werden. An die Funktion wird ein Objekt der Aufzählung oder des Felds übergeben, auf die bzw. das `OrderBy` angewendet wird (hier also ein `IO-DirectoryInfo`-Objekt). `OrderBy` bietet sich besonders in `For-Each`-Schleifen an:

```
Dim startdir As New IO.DirectoryInfo("c:\")
Dim dir As IO.DirectoryInfo
For Each dir In startdir.GetDirectories.OrderBy(Function(di As IO.DirectoryInfo) di.Name)
  Console.WriteLine(dir.FullName)
Next
```

Alle Unterverzeichnisse eines Verzeichnisses ermitteln

`GetDirectories` funktioniert exakt wie `GetFiles`, liefert aber ein Feld von `DirectoryInfo`-Elementen, mit deren Hilfe Sie auf alle Unterverzeichnisse zugreifen können.

Dateien und Unterverzeichnisse gemeinsam verarbeiten

Anstatt die Dateien und Unterverzeichnisse eines Verzeichnisses getrennt zu ermitteln, können Sie auch beide Gruppen mit `IO.FileSystemInfo.GetFileSystemInfos` gemeinsam erfassen. Sie erhalten als Ergebnis ein Feld, das `FileInfo` und `DirectoryInfo`-Objekte enthält. Den tatsächlichen Objekttyp können Sie mit `TypeName` oder `.GetType.FullName` feststellen. Sie können auch mit `.Attributes` testen, ob es sich um ein Verzeichnis handelt oder nicht.

Methoden der Directory-Klasse

Statt der drei `GetXxx`-Methoden der `DirectoryInfo`-Klassen können Sie auch die Methoden `GetFiles`, `GetDirectories` und `GetFileSystemEntries` der `Directory`-Klasse verwenden. An diese Methoden müssen Sie den Pfad des Startverzeichnisses als Zeichenkette übergeben. Die Methoden liefern keine Objektfelder als Resultat, sondern Felder mit den Zeichenketten der Dateien bzw. Verzeichnisse.

```
Dim s As String
For Each s In IO.Directory.GetFileSystemEntries("c:\")
  Console.WriteLine(s)
Next
```

Dateien und Verzeichnisse suchen

Das `My.Computer.FileSystem`-Objekt bietet einige Methoden, die ebenfalls dabei helfen, Informationen über Dateien, Verzeichnisse und Laufwerke zu ermitteln. An dieser Stelle werden nur drei Methoden vorgestellt, zu denen es keine direkte Entsprechung in den `IO`-Klassen gibt. Die restlichen Eigenschaften und Methoden finden Sie in der Syntaxzusammenfassung am Ende des Kapitels.

Schon wesentlich interessanter ist `FindInFiles`: Diese Methode durchsucht alle Dateien eines Verzeichnisses, ob darin ein bestimmter Text enthalten ist (Volltextsuche). Im folgenden Beispiel werden das Verzeichnis *C:\data\code\vb2008* und alle Unterverzeichnisse nach **.vb*-Dateien durchsucht, die den Text `xxxx` enthalten, wobei die Groß- und Kleinschreibung egal ist.

```
Dim results As Collections.ObjectModel.ReadOnlyCollection(Of String)
results = My.Computer.FileSystem.FindInFiles( "C:\data\code\vb2008", _
  "xxxx", True, FileIO.SearchOption.SearchAllSubDirectories, "*.vb")
For Each filename As String In results
  Console.WriteLine(filename)
Next
```

`GetFiles` und `GetDirectories` liefern, ausgehend von einem Startverzeichnis, `ReadOnlyCollection`-Objekte mit den Namen aller Dateien bzw. Unterverzeichnisse. Die Suche kann durch Muster eingeschränkt werden und wahlweise auch alle Unterverzeichnisse erfassen.

Besonderheiten in Windows Vista/Windows 7

In Windows 7 (und auch in Windows Vista) ist nicht immer alles so, wie es dem Benutzer erscheint. Die Namen der Verzeichnisse im Windows Explorer unterscheiden sich signifikant von den Namen, die mittels `GetDirectories()` ermittelt werden. Diese Diskrepanz hat mehrere Gründe:

» Versteckte Verzeichnisse werden im Explorer nicht angezeigt. Diese Einstellung kennen Sie auch schon aus Windows XP.

» Der Name eines Verzeichnisses im Explorer muss nicht dem tatsächlichen Namen entsprechen. Der Grund hierfür ist eine Vereinheitlichung, die mit Vista begonnen und in Windows 7 konsequent umgesetzt wurde. Windows 7 ist ein englischsprachiges Betriebssystem, und das immer. Lediglich die Anzeige im Explorer ist eingedeutscht. So heißt das Verzeichnis Programme in Wirklichkeit Program Files.

  Zusätzlich werden wie schon unter Vista sogenannte »Junctions« verwendet, ein symbolischer Link auf ein Verzeichnis. Das bedeutet, ein Verzeichnis im Windows Explorer kann an einer ganz anderen Stelle liegen als dargestellt und auch einen völlig anderen Namen tragen.

» Windows 7 und Windows Vista blockieren den Zugriff auf manche Verzeichnisse. Bei einer derartigen Blockade helfen auch keine Administratorrechte. Daher kommt es beim Ermitteln aller Verzeichnisse in C: mittels `GetDirectories()` unweigerlich zu einem Fehler, den sie abfangen müssen.

Wenn Sie Algorithmen entwickeln, die rekursiv alle Verzeichnisse durchlaufen, sollten Sie alle Link-Verzeichnisse ignorieren. Ob ein Verzeichnis eine `junction` ist, können Sie durch eine Auswertung der Attribute feststellen. (Die Attribute `ReparsePoint` und `System` sind gesetzt.) Leider gibt es in .NET keine Möglichkeit, das Ziel eines solchen Links zu ermitteln. Das DOS-Kommando `dir /al` im Kommandozeilenfenster oder aber das Windows-API-Kommando `DeviceIOControl` liefern das Ziel des Links.

In VB-Programmen werden Sie mit mehrsprachigen Verzeichnissen oder Dateien zumeist keine Probleme haben: Die `System.IO`-Klassen liefern immer den (englischen) Originalnamen, und auch wenn Sie zur Dateiauswahl einen Standarddialog verwenden, gibt dieser die richtigen Verzeichnis- und Dateinamen zurück (obwohl im Dialog die Namen der eingestellten Landessprache angezeigt werden). Wenn Sie den vollständigen Dateinamen samt Pfad im Programm anzeigen, kann es aber natürlich sein, dass sich manche Anwender über den tatsächlichen Ort der Datei wundern.

Abermals klafft im .NET Framework eine Lücke: Es fehlt eine Methode, um aus dem realen Dateinamen die für den Endanwender gedachte Übersetzung zu erzeugen. Der folgende Blog-Eintrag zeigt Beispielcode in C++, der auf die Funktion `GetDisplayName` der Bibliothek *shell32.dll* zurückgreift. Diese Bibliothek gehört allerdings zur Win32-API.

http://blogs.msdn.com/michkap/archive/2007/01/18/1487464.aspx#1736328 = http://tinyurl.com/2u399c

Verzeichnisbaum durchlaufen

Immer wieder kommt es vor, dass Sie alle Dateien eines ganzen Verzeichnisbaums verarbeiten möchten – sei es, dass Sie eine bestimmte Datei suchen, sei es, dass Sie alle Dateien verändern oder dass Sie den Gesamtplatzbedarf ermitteln möchten. Am einfachsten ist es, hierfür die Methode `Directory.GetFiles` mit drei Parametern zu verwenden. Als Ergebnis erhalten Sie ein `String`-Feld mit allen gefundenen Dateien, die dem Muster **.abc* entsprechen.

```
Dim files() As IO.FileInfo
files = dirinfo.GetFiles("*.abc", IO.SearchOption.AllDirectories)
```

Wenn Sie den Suchprozess genauer steuern, eine Fehlerabsicherung vorsehen oder andere Zusatzfunktionen realisieren möchten, müssen Sie selbst eine rekursive Prozedur programmieren. Das folgende Muster `processDirectory` durchläuft – ausgehend von einem Startverzeichnis – alle Unterverzeichnisse.

```
Sub processDirectory(ByVal dir As IO.DirectoryInfo)
  Dim subdir As IO.DirectoryInfo
  Dim file As IO.FileInfo
  ' alle Dateien des aktuellen Verzeichnisses bearbeiten
  For Each file In dir.GetFiles()
    ... Code zur Bearbeitung der Dateien
  Next
  ' rekursiv alle Unterverzeichnisse bearbeiten
  For Each subdir In dir.GetDirectories()
    processDirectory(subdir)
  Next
End Sub
```

Die Prozedur kann beispielsweise mit `processDirectory(New IO.DirectoryInfo("C:\"))` gestartet werden, um alle Dateien und Verzeichnisse von Laufwerk *C:* zu bearbeiten.

Beispiel — Anzahl und Größe aller Dateien ermitteln

Das folgende Programm basiert auf dem obigen Muster `processDirectory`. Das Programm ermittelt die Anzahl der Dateien und Verzeichnisse sowie den Gesamtplatzbedarf aller Dateien im Laufwerk *C:*. Außerdem wird für jedes Verzeichnis im Konsolenfenster angezeigt, wie viele Dateien und Verzeichnisse darin enthalten sind und wie groß der Platzbedarf der unmittelbar enthaltenen Dateien ist.

Beachten Sie, dass das Programm nicht den tatsächlichen Platzbedarf ermittelt, sondern einfach die Größe der Dateien addiert (`FileInfo.Length`). Der tatsächliche Platzbedarf ist in der Regel etwas größer, weil Dateien blockweise gespeichert werden, diese Blöcke aber nur dann vollständig gefüllt werden, wenn die Dateigröße zufällig mit der Blockgröße übereinstimmt. Außerdem beanspruchen auch Verzeichnisse etwas Platz auf der Festplatte. Andererseits kann der wahre Platzbedarf kleiner sein, wenn Dateien oder ganze Verzeichnisse komprimiert sind (nur bei einem NTFS-Dateisystem).

```
' Beispiel dateien\verzeichnisbaum
Dim totalDirCount, totalFileCount, totalFileSize As Long
Dim totalFileErrors, totalDirErrors As Long
Sub Main()
  processDirectory(New IO.DirectoryInfo("C:\"))
  ' Zusammenfassung
  Console.WriteLine()
  Console.WriteLine("Anzahl der Verzeichnisse: {0}", totalDirCount)
  Console.WriteLine("Anzahl der Dateien: {0}", totalFileCount)
  Console.WriteLine("Gesamtgröße aller Dateien: {0:d} MB", _
    CInt(totalFileSize / 1024 ^ 2))
  Console.WriteLine("Verzeichnisfehler: {0}", totalDirErrors)
  Console.WriteLine("Dateifehler: {0}", totalFileErrors)
End Sub
```

`processDirectory` ist im Vergleich zum obigen Muster vor allem durch die zweistufige Fehlerabsicherung aufgebläht: Der erste `Try`-Block für die Schleife `For Each file In dir.GetFiles()` kommt dann zur Geltung, wenn der Zugriff auf ein ganzes Verzeichnis nicht möglich ist. Die wahrscheinlichste Ursache sind fehlende Zugriffsrechte (insbesondere dann, wenn Sie das Programm nicht mit `Administrator`-Rechten ausführen).

Der zweite `Try`-Block dient speziell der Anweisung `fileSize += file.Length`. Auch hier ist die wahrscheinlichste Fehlerursache, dass Sie auf die betroffene Datei nicht zugreifen dürfen (und daher nicht einmal ihre Größe ermitteln können). Vereinzelt kann aber auch eine `IO.PathTooLongException` die Fehlerursache sein (also ein zu langer Dateiname). Falls Fehler auftreten, werden diese mit `Debug.WriteLine` dokumentiert. Sie können sich die Fehlermeldungen in der Entwicklungsumgebung im Direktfenster ansehen.

Die Variablen `fileSize`, `fileCount` und `dirCount` dienen zum Sammeln von Informationen über das aktuelle Verzeichnis. Die Variable `indent` misst die Rekursionstiefe von `processDirectory`. Diese Information wird für die Ausgabe der Zeilen im Konsolenfenster ausgewertet, um die Verzeichnisse entsprechend der Verzeichnisstruktur einzurücken.

```
Sub processDirectory(ByVal dir As IO.DirectoryInfo)
  Dim fileSize, fileCount, dirCount As Long
  Static indent As Integer
  Dim subdir As IO.DirectoryInfo
  Dim file As IO.FileInfo
  ' Einrückung für Konsolenausgabe
  indent += 1
  Try
    ' wenn bereits in der nächsten Zeile ein Fehler auftritt,
    ' kann wahrscheinlich auf das gesamte Verzeichnis nicht
    ' zugegriffen werden (z.B. UnauthorizedAccessException)
    For Each file In dir.GetFiles()
      ' wenn in den beiden folgenden Zeilen ein Fehler auftritt,
      ' kann auf eine einzelne Datei nicht zugegriffen werden
      Try
        fileCount += 1
        fileSize += file.Length
      Catch e As Exception
        ' Problem beim Zugriff auf eine Datei
        totalFileErrors += 1
      End Try
    Next
    ' Informationen über das aktuelle Verzeichnis angeben
    Console.WriteLine( _
      "{0}{1}: {2} Verz., {3} Dateien, Platzbedarf {4} kB", Space((indent - 1) * 2), _
      dir.Name, dir.GetDirectories().Length, fileCount, CInt(fileSize / 1024))
    ' rekursiv alle Unterverzeichnisse bearbeiten
    For Each subdir In dir.GetDirectories()
      ' Vista-junctions ignorieren
     If subdir.HasAttribute(IO.FileAttributes.ReparsePoint) And _
        subdir.HasAttribute(IO.FileAttributes.System) Then
       Debug.WriteLine("Link (junction) " + subdir.Name)
     Else
       dirCount += 1
       processDirectory(subdir)
     End If
    Next
  Catch e As Exception
    ' Problem beim Zugriff auf ein Verzeichnis
    totalDirErrors += 1
  End Try
  ' Gesamtergebnis addieren
  totalDirCount += dirCount
  totalFileCount += fileCount
  totalFileSize += fileSize
  ' Einrückung für Konsolenausgabe
  indent -= 1
End Sub
```

Erwarten Sie übrigens keine Geschwindigkeitswunder von dem Programm. Auf meinem Rechner erfordert das Durcharbeiten von *C:* (ca. 100.000 Dateien, ca. 25 GByte für das Programm zugängliche Daten) beim ersten Durchlauf rund zwei Minuten. Wird das Programm anschließend nochmals gestartet, liefert es bereits nach etwa 30 Sekunden das Endergebnis. Der Grund für diese deutliche Geschwindigkeitssteigerung besteht darin, dass beim zweiten Mal fast alle Dateiinformationen im lokalen Zwischenspeicher des Betriebssystems liegen und daher nur vergleichsweise wenige Zugriffe auf die Festplatte erforderlich sind. Ohne Bildschirmausgabe sinkt die Laufzeit auf 24 Sekunden.

Syntaxzusammenfassung

***System.IO.DriveInfo*-Klasse**	
`GetDrives`	liefert alle bekannten Laufwerke als *DriveInfo*-Aufzählung.
`Name`	gibt den Laufwerksnamen an (z.B. C:).
`DriveType`	gibt den Typ des Laufswerks an (z.B. `IO.DriveType.CDRom`).
`IsReady`	gibt an, ob das Laufwerk momentan verfügbar ist. Die weiteren Eigenschaften können nur ausgewertet werden, wenn das der Fall ist.
`VolumeLabel`	gibt die Laufwerksbezeichnung an.
`RootDirectory`	gibt durch ein *DirectoryInfo*-Objekt an, wo das Laufwerk in das Dateisystem eingebunden ist.
`TotalSize`	gibt den gesamten Speicherplatz in Byte an (als `Double`-Zahl).
`TotalFreeSpace`	gibt an, wie viel Speicherplatz noch frei ist.
`DriveFormat`	gibt den Typ des Dateisystems als Zeichenkette an (z.B. `NTFS`).

Die Klassen `DirectoryInfo` und `FileInfo` sind beide von der Klasse `FileSystemInfo` abgeleitet. Deswegen gibt es eine Menge gemeinsamer Eigenschaften und Methoden, die in der ersten Tabelle beschrieben werden. Spezifische Elemente der beiden Klassen folgen in den weiteren Tabellen.

***System.IO.DirectoryInfo* und *-.FileInfo*-Klassen**	
`Attributes`	gibt die Datei- bzw. Verzeichnisattribute an. Der Wert setzt sich aus der Kombination von `IO.FileAttributes`-Konstanten zusammen.
`CreationTime`	gibt den Zeitpunkt an, zu dem das Verzeichnis bzw. die Datei erzeugt wurde (`Date`-Objekt).
`Exists`	gibt an, ob das angegebene Verzeichnis bzw. die Datei tatsächlich existiert.
`Extension`	gibt die Dateierweiterung an (z.B. `".bmp"`).
`FullName`	gibt den vollständigen Namen an (inklusive Laufwerk und allen Verzeichnissen).
`LastAccessTime`	gibt den Zeitpunkt des letzten Lesezugriffs an.

System.IO.DirectoryInfo und *-.FileInfo*-Klassen	
`LastWriteTime`	gibt den Zeitpunkt der letzten Veränderung an.
`Name`	gibt den Datei- oder Verzeichnisnamen ohne Unterverzeichnisse an.

Spezifische Elemente der *System.IO.FileInfo*-Klasse	
`Directory`	liefert ein `DirectoryInfo`-Objekt des Verzeichnisses, in dem sich die Datei befindet.
`DirectoryName`	liefert eine Zeichenkette mit dem Verzeichnis, in dem sich die Datei befindet.
`Length`	liefert die Größe der Datei (in Byte).

Spezifische Elemente der *System.IO.DirectoryInfo*-Klasse	
`GetDirectories()`	liefert alle Unterverzeichnisse als `DirectoryInfo`-Feld.
`GetDirectories("*.abc")`	wie `GetDirectories()`, liefert aber nur Unterverzeichnisse, die der angegebenen Maske entsprechen.
`GetFiles()`	liefert alle Dateien als `FileInfo`-Feld.
`GetFiles("*.abc")`	wie `GetFiles()`, liefert aber nur die Dateien, die der angegebenen Maske entsprechen.
`GetFiles("*.abc", _ IO.SearchOption. AllDirectories)`	durchsucht das Startverzeichnis und alle darin enthaltenen Verzeichnisse nach Dateien, die der angegebenen Suchmaske entsprechen.
`GetFileSystemInfos()`	liefert alle Unterverzeichnisse und Dateien in Form eines `FileSystemInfo`-Felds.
`GetFileSystemInfos("*.abc")`	wie `GetFileSystemInfos()`, liefert aber nur Dateien und Verzeichnisse, die der Maske entsprechen.
`Parent`	liefert das übergeordnete Verzeichnis als `DirectoryInfo`-Objekt.
`Root`	liefert das Wurzelverzeichnis (z.B. `C:\` oder `\\mars\data`) als `DirectoryInfo`-Objekt.

Die folgende Tabelle fasst die möglichen Verzeichnis- und Dateiattribute zusammen. Beachten Sie, dass manche Attribute nur dann zur Verfügung stehen, wenn ein NTFS-Dateisystem vorliegt.

System.IO.FileAttributes-Aufzählung	
`Archive`	Die Datei wurde durch ein Backup-Programm archiviert und seither nicht mehr verändert.
`Compressed`	Die Datei ist komprimiert.
`Device`	Es handelt sich nicht um eine normale Datei, sondern um ein sogenanntes Device, das den direkten Zugriff auf die Hardware ermöglicht.

***System.IO.FileAttributes*-Aufzählung**	
`Directory`	Es handelt sich nicht um eine Datei, sondern um ein Verzeichnis.
`Encrypted`	Die Datei ist verschlüsselt.
`Hidden`	Die Datei ist versteckt.
`Normal`	Es handelt sich um eine gewöhnliche Datei.
`NotContentIndexed`	Die Datei ist nicht Teil eines Index.
`Offline`	Die Datei ist nur über ein Netzwerk bzw. das Internet zugänglich, momentan besteht aber keine Verbindung.
`ReadOnly`	Die Datei darf nicht verändert werden.
`ReparsePoint`	Die Datei enthält zusätzliche, benutzerspezifische Informationen.
`SparseFile`	Die Datei besteht überwiegend aus 0-Bytes.
`System`	Es handelt sich um eine Systemdatei.
`Temporary`	Es handelt sich um eine temporäre Datei.

My.Computer.FileSystem-Objekt	
`Drives`	liefert eine `ReadOnlyCollection` mit `IO.DriveInfo`-Objekten für alle Laufwerke.
`FileExists` und `DirectoryExists`	testen, ob eine Datei bzw. ein Verzeichnis bereits existiert.
`FindInFiles`	durchsucht alle Dateien eines Verzeichnisses darauf, ob ein bestimmter Text enthalten ist (Volltextsuche).
`GetFiles` `GetDirectories`	liefern `ReadOnlyCollection`-Objekte mit den Namen aller Dateien bzw. Unterverzeichnisse ausgehend von einem Startverzeichnis.
`GetFileInfo` `GetDirectoryInfo` `GetDriveInfo`	liefern `IO.FileInfo`-, `IO.DirectoryInfo`- bzw. `IO.DriveInfo`-Objekte für das durch eine Zeichenkette bezeichnete Objekt.

11.3 Spezielle Verzeichnisse und Dateien ermitteln

Oft müssen Sie auf besondere Verzeichnisse zugreifen – z.B. auf das aktuelle Verzeichnis, auf das Windows-Verzeichnis oder auf das temporäre Verzeichnis. Dieser Abschnitt stellt die wichtigsten Möglichkeiten vor, derartige Verzeichnisse zu ermitteln. Dabei werden Sie feststellen, dass viele Funktionen im .NET Framework gleich mehrfach implementiert sind. Es bleibt Ihnen überlassen, für welche Variante Sie sich entscheiden. Außerdem lernen Sie, wie Sie temporäre Dateien erstellen und wie Sie Datei- und Verzeichnisnamen bearbeiten (z.B. Teile hinzufügen oder extrahieren).

Aktuelles Verzeichnis ermitteln

Für jedes Programm gilt ein Verzeichnis als das aktuelle Verzeichnis (standardmäßig das Verzeichnis, von dem aus das Programm gestartet wurde). Sie können dieses Verzeichnis sehr einfach mit der VB-Methode `CurDir` ermitteln. Diese Methode liefert eine Zeichenkette mit dem aktuellen Verzeichnis zurück.

Wenn Sie lieber .NET-Methoden einsetzen möchten, ermitteln Sie das Verzeichnis mit der Eigenschaft `Environment.CurrentDirectory`:

```
Dim s As String = Environment.CurrentDirectory
```

Einen dritten Weg bietet die Klasse `System.IO.DirectoryInfo`:

```
Dim dir As IO.DirectoryInfo = New IO.DirectoryInfo(".")
s = dir.FullName
```

Falls Sie das Objekt `dir` anschließend nicht mehr benötigen, bietet sich die folgende Kurzform an (deren Nachteil allerdings darin besteht, dass der Code nicht besonders gut zu lesen ist):

```
Dim s As String = New IO.DirectoryInfo(".").FullName
```

Eine vierte Möglichkeit bietet `My.Computer.FileSystem.CurrentDirectory`.

Aktuelles Verzeichnis ändern

Um das aktuelle Verzeichnis zu ändern, verwenden Sie entweder die Methode `IO.Directory.SetCurrentDirectory` oder das VB-Kommando `ChDir`. Beide Kommandos verändern gegebenenfalls auch das aktuelle Laufwerk. (In VB6 war dies bei `ChDir` nicht der Fall. Dort musste zusätzlich auch `ChDrive` ausgeführt werden.)

```
IO.Directory.SetCurrentDirectory("c:\meinverzeichnis")
```

Sowohl `SetCurrentDirectory` als auch `ChDir` funktionieren auch für Netzwerkverzeichnisse:

```
IO.Directory.SetCurrentDirectory("\\mars\data")
```

Verzeichnis des laufenden Programms ermitteln

Mit dem nicht gerade kurzen Ausdruck `Reflection.Assembly.GetExecutingAssembly().Location` können Sie den vollständigen Namen des gerade ausgeführten Programms ermitteln (z.B. `"D:\vb2008\test\ test2\bin\test2.exe"`). Um daraus das Verzeichnis zu ermitteln, nehmen Sie die Methode `IO.Path.GetDirectoryName` zu Hilfe.

```
Dim exename, exedir As String
exename = Reflection.Assembly.GetExecutingAssembly().Location
exedir = IO.Path.GetDirectoryName(exename)
```

Mit `My.Application.Info.DirectoryPath` kommen Sie etwas einfacher zum selben Ziel. Im Regelfall können Sie sich diese Arbeit aber überhaupt ersparen, weil das Programmverzeichnis standardmäßig mit dem aktuellen Verzeichnis übereinstimmt. Es kann aber sein, dass Sie das aktuelle Verzeichnis verändert haben oder dass das Programm von einem anderen Verzeichnis aus gestartet wurde. In diesen Fällen weichen das aktuelle Verzeichnis und das Programmverzeichnis voneinander ab.

Temporäres Verzeichnis ermitteln

Es gibt mehrere Möglichkeiten, das Verzeichnis für temporäre Dateien zu ermitteln. Die folgenden Programmzeilen zeigen einige Varianten. Die zweite und dritte Variante wertet jeweils die Umgebungsvariable `temp` aus (siehe auch Abschnitt 15.4).

```
Dim s As String
s = IO.Path.GetTempPath()
s = Environment.GetEnvironmentVariable("temp")
s = Environ("temp")
s = My.Computer.FileSystem.SpecialDirectories.Temp
```

Namen für eine temporäre Datei ermitteln

Wenn Sie eine temporäre Datei anlegen möchten, können Sie einen geeigneten Namen sehr einfach ermitteln. Beachten Sie, dass beide Methoden die temporäre Datei auch gleich erzeugen!

```
s = IO.Path.GetTempFileName()
s = My.Computer.FileSystem.GetTempFileName()
```

Windows-Verzeichnis ermitteln

Auch zur Ermittlung des Windows-Verzeichnisses bestehen mehrere Möglichkeiten. Bei der ersten und zweiten Variante wird jeweils die Umgebungsvariable `windir` ausgewertet. Bei der dritten Variante werden zuerst das Windows-Systemverzeichnis und dann dessen übergeordnetes Verzeichnis ermittelt. Diese Variante setzt also voraus, dass das Systemverzeichnis immer ein Unterverzeichnis des Windows-Verzeichnisses ist (was bei allen bisherigen Windows-Versionen der Fall war). Eine .NET-Methode, die das Windows-Verzeichnis direkt ermittelt, scheint es nicht zu geben.

```
s = Environment.GetEnvironmentVariable("windir")
s = Environ("windir")
s = New IO.DirectoryInfo(Environment.SystemDirectory).Parent.FullName
```

Windows-Systemverzeichnis ermitteln

In diesem Fall führt die Eigenschaft `Environment.SystemDirectory` direkt zum Ziel:

```
s = Environment.SystemDirectory
```

Andere spezielle Verzeichnisse

Die Methode Environment.GetFolderPath hilft dabei, diverse andere spezielle Verzeichnisse zu ermitteln. Die folgenden Zeilen geben zwei Beispiele: Zuerst wird das Installationsverzeichnis für Programme ermittelt (z.B. "C:\Programme"), dann das Verzeichnis mit den persönlichen Dateien des Benutzers (z.B. "C:\Dokumente und Einstellungen\Administrator\Eigene Dateien").

```
s = Environment.GetFolderPath(Environment.SpecialFolder.ProgramFiles)
s = Environment.GetFolderPath(Environment.SpecialFolder.Personal)
```

Eine Referenz aller derartigen Verzeichnisse finden Sie in der Syntaxzusammenfassung. Wenn Sie sich rasch einen Überblick verschaffen möchten, können Sie auch die folgenden Zeilen ausführen. (Wenn Sie Probleme haben, den Code zu verstehen, werfen Sie bitte einen Blick in Abschnitt 4.9. Dort wird der Umgang mit Enum-Aufzählungen ausführlich erläutert.)

```
Dim s As String
Dim fld As Environment.SpecialFolder
For Each fld In System.Enum.GetValues(fld.GetType)
  Console.WriteLine("{0}: {1}", fld.ToString(), Environment.GetFolderPath(fld))
Next
```

Eine Alternative zu GetFolderPath ist die My.Computer.FileSystem.SpecialDirectories.xxx, wobei es diverse Eigenschaften xxx für vordefinierte Verzeichnisse gibt (z.B. MyPictures, MyMusic etc.).

Bearbeitung von Datei- und Verzeichnisnamen

Die Klasse System.IO.Path enthält eine Reihe von Methoden, mit denen Sie Zeichenketten bearbeiten können, die Datei- oder Verzeichnisnamen enthalten. GetFileName, GetFileNameWithoutExtension, GetPathRoot, GetDirectoryName und GetExtension helfen dabei, aus einem vollständigen Dateinamen dessen Kurzform (ohne Verzeichnisse), das Laufwerk, das Verzeichnis und die Dateierweiterung zu extrahieren.

```
Dim full, file1, file2, folder, drive, extension As String
' Name des Programms, z.B. "D:\vb.net\test\test2\bin\test2.exe"
full = Reflection.Assembly.GetExecutingAssembly.Location
file1 = IO.Path.GetFileName(full)                    ' "test2.exe"
file2 = IO.Path.GetFileNameWithoutExtension(full)  ' "test2"
drive = IO.Path.GetPathRoot(full)                    ' "D:\"
folder = IO.Path.GetDirectoryName(full)              ' "D:\vb.net\test\test2\bin"
extension = IO.Path.GetExtension(full)               ' ".exe"
```

GetFullPath liefert den vollständigen Dateinamen. Die einzig sinnvolle Anwendung dieser Methode ergibt sich dann, wenn Sie als Parameter einen Dateinamen ohne Verzeichnisse übergeben. In diesem Fall verbindet GetFullPath den Dateinamen mit dem aktuellen Verzeichnis.

ChangeExtension ändert die Dateierweiterung. Das ist beispielsweise praktisch, wenn Sie eine Sicherungskopie einer Datei erstellen möchten. Falls der ursprüngliche Dateiname noch keine Kennung enthält, wird diese hinzugefügt.

```
Dim backup As String
backup = IO.Path.ChangeExtension(full, ".bak")
' backup = "D:\vb.net\test\test2\bin\test2.bak"
```

Die Eigenschaften `PathSeparator`, `VolumeSeparatorChar`, `InvalidPathChars` etc. geben an, welche Zeichen in Dateinamen (nicht) verwendet werden können. Eine komplette Referenz dieser Eigenschaften finden Sie in der Syntaxzusammenfassung.

Die Eigenschaften sind vor allem dann interessant, falls die .NET-Umgebung in Zukunft auch unter anderen Betriebssystemen zur Verfügung stehen sollte. Beispielsweise werden unter Unix Verzeichnisse mit / statt mit \ getrennt. Durch die konsequente Anwendung der `IO.Path`-Eigenschaften und Methoden können Sie mögliche Portabilitätsprobleme vermeiden.

Syntaxzusammenfassung

***Microsoft.VisualBasic.FileSystem*-Klasse**	
`CurDir()`	liefert das aktuelle Verzeichnis als Zeichenkette.
`ChDir("c:\test")`	ändert das aktuelle Verzeichnis und Laufwerk.
`ChDrive("d:")`	ändert das aktuelle Laufwerk. Damit wird das für dieses Laufwerk zuletzt aktuelle Verzeichnis wieder zum aktuellen Verzeichnis.
`Environ("temp")`	liefert das temporäre Verzeichnis.
`Environ("windir")`	liefert das Windows-Verzeichnis.

***System.IO*-Namensraum**	
`DirectoryInfo(".").FullName`	ermittelt das aktuelle Verzeichnis.
`Directory.SetCurrentDirectory("c:\test")`	ändert das aktuelle Verzeichnis und Laufwerk.
`Path.GetTempPath()`	liefert den Namen des temporären Verzeichnisses.
`Path.GetTempFileName()`	liefert den Namen einer temporären Datei, die zu diesem Zweck als leere Datei erzeugt wird.

***System.Reflection*-Namensraum**	
`Assembly.GetExecutingAssembly.Location`	liefert den vollständigen Namen (inklusive Laufwerk und Verzeichnissen) des laufenden Visual Basic-Programms.

***System.Environment*-Klasse**	
`CurrentDir`	liefert das aktuelle Verzeichnis.
`GetEnvironmentVariable(var)`	liefert das temporäre Verzeichnis (`var="temp"`) bzw. das Windows-Verzeichnis (`var="windir"`).

***System.Environment*-Klasse**	
`GetFolderPath(fld)`	liefert ein spezielles Verzeichnis. fld ist eine Konstante der `System.Environment.SpecialFolder`-Aufzählung (siehe nächste Box).
`GetLogicalDrives`	liefert ein `String`-Feld mit den Namen aller Laufwerke des Rechners (z.B. `"C:\"`).

System.Environment.SpecialFolder*-Aufzählung für *GetFolderPath	
`ApplicationData`	persönliche Anwendungsdaten
`CommonApplicationData`	allgemeine Anwendungsdaten
`CommonProgramFiles`	gemeinsame Dateien (`C:\Programme\Gemeinsame Dateien`)
`Cookies`	Cookies-Verzeichnis
`DesktopDirectory`	Desktop-Verzeichnis
`Favorites`	Favoriten des Internet Explorers
`History`	Verlauf des Internet Explorers
`InternetCache`	Cache des Internet Explorers
`LocalApplicationData`	lokale Anwendungsdaten
`MyComputer`	Verzeichnis ›*Mein Computer*‹
`MyDocuments`	persönliches Verzeichnis (Eigene Dateien)
`MyMusic`	persönliches Verzeichnis (Eigene Dateien\Eigene Musik)
`MyPictures`	persönliches Verzeichnis (Eigene Dateien\Eigene Bilder)
`Personal`	persönliches Verzeichnis (Eigene Dateien)
`ProgramFiles`	Installationsverzeichnis für Programme
`Programs`	Verzeichnis des Startmenüs PROGRAMME
`Recent`	zuletzt genutzte Dokumente
`SendTo`	Verzeichnis der SENDEN-AN-Programme
`StartMenu`	Verzeichnis des Startmenüs
`Startup`	Autostart-Verzeichnis
`System`	Windows-Systemverzeichnis
`Templates`	Vorlagenverzeichnis

System.IO.Path-Klasse – Datei- und Verzeichnisnamen bearbeiten	
`ChangeExtension(s, ext)`	ändert die Kennung des Dateinamens.
`GetDirectoryName(s)`	liefert das Laufwerk und das Verzeichnis.
`GetExtension(s)`	liefert die Dateierweiterung (z.B. `".bmp"`).
`GetFileName(s)`	liefert den Dateinamen ohne Verzeichnisse.
`GetFileNameWithoutExtension(s)`	wie `GetFileName`, es wird aber auch die Dateierweiterung entfernt.
`GetFullPath(s)`	verbindet einen ohne Verzeichnis angegebenen Dateinamen mit dem aktuellen Verzeichnis.
`GetPathRoot(s)`	liefert das Laufwerk (z.B. `"C:\"` oder `"\\mars\data"`).
`HasExtension(s)`	testet, ob der Dateiname eine Kennung hat.

My.Computer.FileSystem-Objekt	
`CombinePath`	fügt zwei Verzeichnisnamen syntaktisch korrekt aneinander.
`CurrentDirectory`	liefert bzw. verändert das aktuelle Verzeichnis.
`GetName`	liefert den Dateinamen ohne Verzeichnisse als Zeichenkette.
`GetParentPath`	liefert das übergeordnete Verzeichnis als Zeichenkette.
`GetTempFileName`	liefert den Namen für eine neue, temporäre Datei.
`SpecialDirectories`	liefert ein spezielles Verzeichnis.

<table>
<tr><th>System.IO.Path-Klasse – Sonderzeichen</th><th></th></tr>
<tr><td>DirectorySeparatorChar</td><td>liefert das Zeichen zur Trennung von Verzeichnissen:
Windows: "\" Apple: ":" Unix: "/"</td></tr>
<tr><td>AltDirectorySeparatorChar</td><td>gibt eine (nur für den System.IO-Namensraum!) zulässige Alternative zu DirectorySeparatorChar an:
Windows: "/" Apple: "/" Unix: "\"</td></tr>
<tr><td>InvalidPathChars</td><td>liefert ein Char-Feld mit Zeichen, die nicht in Dateinamen vorkommen dürfen. Unter Windows sind das unter anderem die Zeichen "<", ">", "|", das Hochkomma " sowie 0-Codes.</td></tr>
<tr><td>PathSeparator</td><td>liefert das Zeichen zur Trennung mehrerer Namen voneinander. Unter Windows ist es das Zeichen ";".</td></tr>
<tr><td>VolumeSeparatorChar</td><td>liefert das Zeichen zur Angabe von Laufwerken.
Windows: ":" Apple: ":" Unix: "/"</td></tr>
</table>

11.4 Manipulation von Dateien und Verzeichnissen

Bis jetzt beschränkten sich die Beispiele dieses Kapitels auf das Ermitteln von Informationen. Selbstverständlich können Sie aber Dateien und Verzeichnisse auch ändern, d.h. kopieren, verschieben, neu anlegen und wieder löschen. Wie bereits in der Einleitung dieses Kapitels ausgeführt wurde, bietet der `System.IO`-Namensraum dazu grundsätzlich zwei Möglichkeiten:

» Sie können entweder ein Objekt der Klassen `FileInfo` oder `DirectoryInfo` erzeugen und dieses dann mit Methoden wie `Delete` oder `Copy` bearbeiten.

» Oder Sie können die Methoden der Klassen `File` oder `Directory` verwenden, wobei Sie die zu bearbeitende Datei bzw. das Verzeichnis als Zeichenkette angeben.

Welche der beiden Varianten vorzuziehen ist, hängt primär davon ab, ob es aus dem bisherigen Code heraus bereits ein `FileInfo`- oder `DirectoryInfo`-Objekt gibt. Wenn das nicht der Fall ist, sind die `File`- oder `Directory`-Methoden vorzuziehen – sie führen zu klareren und kompakteren Code. Ein weiteres Kriterium kann der Rückgabewert sein: So liefert `File.Copy` keinen Rückgabewert, während `myFileInfoObject.Copy` ein neues `FileInfo`-Objekt für die kopierte Datei zurückgibt.

Die folgenden Absätze stellen exemplarisch Methoden aller vier Klassen vor. Eine vollständige Referenz finden Sie in der Syntaxzusammenfassung.

Neue Dateien und Verzeichnisse erzeugen

Um ein neues Verzeichnis zu erzeugen, verwenden Sie am einfachsten `IO.Directory.CreateDirectory`. Falls das Verzeichnis schon existiert, wird es nicht verändert. Die Methode liefert ein `DirectoryInfo`-Objekt zurück:

```
' Beispiel dateien\manipulation
' Verzeichnis erzeugen
Dim dir As IO.DirectoryInfo = IO.Directory.CreateDirectory("c:\test1")
```

Wenn Sie das `DirectoryInfo`-Objekt nicht benötigen, können Sie den Rückgabewert einfach ignorieren und ersparen sich dann die Deklaration der Variablen `dir`:

```
IO.Directory.CreateDirectory("c:\test1")
```

Ungleich mehr Möglichkeiten gibt es, eine Datei zu erzeugen – abhängig davon, was Sie in der Folge mit der Datei tun möchten: `Create` liefert als Rückgabewert ein `FileStream`-Objekt, das eine sehr vielseitige Nutzung der Datei (auch in Binärform) ermöglicht. `CreateText` liefert dagegen ein `StreamWriter`-Objekt, dessen Verwendung sich vor allem zum Schreiben von Textdateien anbietet. Schließlich können Sie noch `Open` verwenden und im Modusparameter `IO.FileMode.Create`, `.CreateNew` oder `.OpenOrCreate` angeben (damit nicht nur eine vorhandene Datei geöffnet, sondern gegebenenfalls auch eine neue erzeugt wird). `Open` liefert ein `FileStream`-Objekt.

```
' Dateien zur Bearbeitung erzeugen
Dim fs1, fs2 As IO.FileStream
```

```
Dim sw As IO.StreamWriter
fs1 = IO.File.Create("c:\test1\test1.bin")
fs2 = IO.File.Open("c:\test1\test2.bin", IO.FileMode.OpenOrCreate)
sw  = IO.File.CreateText("c:\test1\test3.txt")
```

Auch hier können Sie natürlich den Rückgabewert ignorieren, falls Sie nur eine leere Datei erzeugen, diese aber nicht bearbeiten möchten. Beachten Sie aber, dass die neuen Dateien nun als geöffnet gelten! Damit die Dateien vor dem Ende des Programms (z.B. an einer anderen Stelle im Code) auch bearbeitet werden können, müssen sie vorher geschlossen werden. Dazu hängen Sie an `Create`, `CreateText` oder `Open` die Methode `Close` an.

```
' Dateien nur erzeugen
IO.File.Create("c:\test1\test1.bin").Close()
IO.File.Open("c:\test1\test2.bin", IO.FileMode.OpenOrCreate).Close()
IO.File.CreateText("c:\test1\test3.txt").Close()
```

HINWEIS

Detailliertere Informationen zum Lesen und Schreiben von Textdateien (Klassen `StreamReader` und `StreamWriter`) sowie zum Umgang mit allgemeinen Dateien (Binärdateien, `FileStream` und verwandte Klassen) folgen in den Abschnitten 11.5 und 11.6.

Standardmäßig öffnen `Create` und `Open` die Dateien so, dass bis zum Schließen kein anderer Benutzer (kein anderes Programm) darauf zugreifen kann, nicht einmal lesend. `CreateText` ist etwas liberaler und lässt einen parallelen Lesezugriff zu, nicht aber einen Schreibzugriff. Wenn Sie explizit angeben möchten, ob andere Programme auf die geöffnete oder neu erstellte Datei zugreifen dürfen, müssen Sie zum Öffnen bzw. Erstellen die Methode `Open` mit allen vier Parametern verwenden: `IO.File.Open("name", modus, access, share)`. Genaue Informationen zu den `Open`-Parametern finden Sie in Abschnitt 11.6 im Zusammenhang mit dem `FileStream`-Objekt.

Dateien und Verzeichnisse kopieren, verschieben und löschen

Mit `Copy` (`File`-Objekt) bzw. `CopyTo` (`FileInfo`-Objekt) können Sie eine Datei kopieren. `Move` bzw. `MoveTo` verschiebt eine Datei an einen anderen Ort bzw. gibt der Datei einen neuen Namen. Die beiden Methoden stehen auch für Verzeichnisse zur Verfügung.

```
IO.File.Copy("c:\test1\test3.txt", "c:\test1\test4.txt")
IO.File.Move("c:\test1\test4.txt", "c:\test1\test5.txt")
```

Mit den Methoden der `IO.Directory`-Klasse können Sie Verzeichnisse zwar verschieben, aber nicht kopieren. Genau das kann `My.Computer.FileSystem.MoveDirectory`:

```
My.Computer.FileSystem.MoveDirectory("c:\test1", "c:\test2")
```

`Delete` löscht schließlich die angegebene Datei bzw. das leere Verzeichnis. Wenn Sie ein Verzeichnis inklusive des gesamten Inhalts löschen möchten, müssen Sie im optionalen zweiten Parameter `True` übergeben (siehe zweites Beispiel):

```
IO.File.Delete("c:\test1\test5.txt")
IO.Directory.Delete("c:\test1", True)
```

`Delete` akzeptiert keine Muster. Wenn Sie beispielsweise alle **.bmp*-Dateien in einem Verzeichnis löschen möchten, müssen Sie diese mit `GetFiles("*.bmp")` ermitteln und dann einzeln löschen. Die andere Möglichkeit besteht darin, das VB-Kommando `Kill` (Namensraum `Microsoft.VisualBasic.FileSystem`) einzusetzen, das auch Muster akzeptiert.

Wesentlich mehr Komfort und Flexibilität beim Kopieren, Verschieben und Löschen bieten die Methoden `CopyFile/-Directory`, `MoveFile/-Directory` und `DeleteFile/-Directory` des Objekts `My.Computer.Filesystem`. Durch optionale Parameter können Sie steuern, ob während des Vorgangs ein Fortschrittsdialog angezeigt wird und ob Dateien nicht gelöscht, sondern in den Papierkorb verschoben werden sollen. Das folgende Beispiel zeigt die Anwendung von `DeleteFile`. Der zweite Parameter bewirkt, dass vor dem Löschen eine Rückfrage erscheint. Der dritte Parameter gibt an, dass die zu löschende Datei in den Papierkorb wandert.

```
My.Computer.FileSystem.DeleteFile("dateiname", FileIO.UIOption.AllDialogs, _
  FileIO.RecycleOption.SendToRecycleBin)
```

Beispiel – Verzeichnisse synchronisieren

Manchmal besteht der Wunsch, zwei Verzeichnisse (Verzeichnisbäume) miteinander zu synchronisieren. Das klassische Beispiel dafür ist die wechselseitige Bearbeitung von Dateien auf zwei unterschiedlichen Rechnern (z.B. Bürorechner und Notebook). Eine Synchronisation kann aber auch bei der effizienten Durchführung eines Backups eines ganzen Verzeichnisbaums helfen.

Die einfachste Form der Synchronisation bestünde darin, einfach den gesamten Verzeichnisbaum vom Ursprungsort zum Zielort zu kopieren. Wenn sich aber nur einige wenige Dateien in einem riesigen Verzeichnisbaum geändert haben, ist diese Vorgehensweise ineffizient. Der folgende Algorithmus kopiert daher nur alle neuen bzw. veränderten Dateien von einem Quell- in ein Zielverzeichnis. Wenn das Zielverzeichnis leer ist, werden alle Dateien und Verzeichnisse kopiert. Damit kann der Algorithmus also auch verwendet werden, um einen ganzen Verzeichnisbaum einfach zu kopieren.

Beachten Sie bitte die folgenden Einschränkungen des Programms:

» Die Synchronisation erfolgt nur einseitig. Wenn sich manche Dateien im Quellverzeichnis, andere im Zielverzeichnis verändert haben, wäre eine Synchronisation in beide Richtungen erforderlich.

» Zur Feststellung, ob sich eine Datei verändert hat, wird ausschließlich das Datum der letzten Änderung verwendet. Das bedeutet, dass das Programm nur dann zuverlässig funktioniert, wenn das Zeitsystem im Quell- und im Zielverzeichnis übereinstimmt. (Wenn sich Quell- und Zielverzeichnis auf unterschiedlichen Rechnern befinden, sollte das unbedingt kontrolliert werden.)

» Dateien, die im Quellverzeichnis gelöscht wurden, werden im Zielverzeichnis aus Sicherheitsgründen nicht ebenfalls gelöscht. Das führt allerdings dazu, dass auf einem Rechner gelöschte Dateien nach zwei Synchronisationsvorgängen (einmal in die eine, dann in die andere Richtung) wieder auftauchen.

- Wenn das Zielverzeichnis nicht existiert, wird es erzeugt. Das funktioniert aber nur, wenn zumindest das Unterverzeichnis des Zielverzeichnisses bereits existiert. (Wenn das Zielverzeichnis *c:\abc\def\ghi* heißt, muss also zumindest *c:\abc\def* bereits existieren.)
- Das Programm ist in keiner Weise gegen mögliche Fehler abgesichert.

```
' Beispiel dateien\synchronisation
Sub Main()
  Synchronize("c:\test1", "c:\test2")
End Sub
Sub Synchronize(ByVal source As String, ByVal dest As String)
  Dim n As Integer
  Dim sourceDir As IO.DirectoryInfo
  ' testen, ob Quellverzeichnis existiert; falls nicht: Abbruch
  If IO.Directory.Exists(source) = False Then
    MsgBox("Quellverzeichnis " + source + " existiert nicht.")
    Exit Sub
  Else
    sourceDir = New IO.DirectoryInfo(source)
  End If
  ' Dateien und Verzeichnisse rekursiv kopieren
  n = SynchronizeDirectory(sourceDir, dest)
  MsgBox(n.ToString + " Dateien wurden kopiert bzw. aktualisiert.")
End Sub

Function SynchronizeDirectory(ByVal sourceDir As IO.DirectoryInfo,
                              ByVal destDirName As String) As Integer
  Dim subdir, destDir As IO.DirectoryInfo
  Dim sourceFile As IO.FileInfo
  Dim destFileName As String
  Dim changedFiles As Integer
  ' testen, ob Zielverzeichnis überhaupt existiert;
  ' gegebenenfalls erzeugen
  destDir = New IO.DirectoryInfo(destDirName)
  If destDir.Exists = False Then destDir.Create()
  ' alle Dateien des Quellverzeichnisses bearbeiten;
  ' falls Datei im Zielverzeichnis nicht existiert
  ' oder wenn sie älter ist: kopieren bzw. überschreiben
  For Each sourceFile In sourceDir.GetFiles()
    destFileName = IO.Path.Combine(destDir.FullName, sourceFile.Name)
    If IO.File.Exists(destFileName) = False OrElse _
       sourceFile.LastWriteTime > IO.File.GetLastWriteTime(destFileName) Then
      sourceFile.CopyTo(destFileName, True)
      IO.File.SetLastWriteTime(destFileName, sourceFile.LastWriteTime)
      changedFiles += 1
    End If
```

```
  Next
  ' rekursiv alle Unterverzeichnisse bearbeiten
  For Each subdir In sourceDir.GetDirectories()
    changedFiles += SynchronizeDirectory(subdir, IO.Path.Combine(destDirName, subdir.Name))
  Next
  Return changedFiles
End Function
```

Der Programmcode beginnt in `Main` mit dem Aufruf von `Synchronize`. An dieses Unterprogramm werden die Namen des Quell- und Zielverzeichnisses übergeben. `Synchronize` testet, ob das Quellverzeichnis existiert, und ruft dann die Funktion `SynchronizeDirectory` auf. Dort werden zuerst alle Dateien des aktuellen Verzeichnisses mit dem Zielverzeichnis verglichen; fehlende oder veraltete Dateien werden kopiert. Anschließend wird `SynchronizeDirectory` rekursiv für alle Unterverzeichnisse aufgerufen. Die Funktion liefert die Anzahl der kopierten Dateien zurück, die summiert wird.

Syntaxzusammenfassung

***System.IO.File*-Methoden**	
`Copy("name1", "name2")`	kopiert die Datei *name1*. Falls *name2* schon existiert, tritt ein Fehler auf.
`Copy("name1", "name2", True)`	kopiert die Datei *name1*. Falls *name2* schon existiert, wird diese Datei überschrieben.
`Delete("name")`	löscht die Datei.
`Exists("name")`	testet, ob die Datei existiert.
`Move("name1", "name2")`	benennt *name1* in *name2* um. Quelle und Ziel dürfen sich auch auf unterschiedlichen Verzeichnissen bzw. Laufwerken befinden, dann wird die Datei verschoben.
`fi.CopyTo("zielname")`	kopiert die Datei zu *zielname*. Falls *zielname* schon existiert, tritt ein Fehler auf. Die Methode liefert ein neues `FileInfo`-Objekt, das auf die neue Datei verweist.
`fi.CopyTo("zielname", True)`	wie oben, aber *zielname* wird gegebenenfalls überschrieben.
`fi.Delete()`	löscht die Datei.
`fi.MoveTo("zielname")`	benennt die Datei um bzw. verschiebt sie in ein anderes Verzeichnis oder Laufwerk. Das `FileInfo`-Objekt verweist anschließend auf *zielname*.

System.IO.Directory-Methoden	
`CreateDirectory("name")`	erzeugt das Verzeichnis und liefert ein `DirectoryInfo`-Objekt.
`Delete("name")`	löscht das Verzeichnis, wenn es leer ist.
`Delete("name", True)`	löscht das Verzeichnis mit seinem gesamten Inhalt (auch Unterverzeichnisse).
`Exists("name")`	testet, ob das Verzeichnis existiert.
`Move("name1", "name2")`	verschiebt das Verzeichnis bzw. benennt es um.

System.IO.DirectoryInfo-Methoden	
`di.Create()`	erzeugt das Verzeichnis. Wenn das Verzeichnis bereits existiert, bleibt es unverändert.
`di.CreateSubdirectory("name")`	erzeugt ein Unterverzeichnis zum aktuellen Verzeichnis und liefert ein neues `DirectoryInfo`-Objekt zur weiteren Bearbeitung.
`di.Delete()`	löscht das Verzeichnis, wenn es leer ist.
`di.Delete(True)`	löscht das Verzeichnis samt Inhalt.
`di.MoveTo("zielname")`	benennt das Verzeichnis um bzw. verschiebt es in ein anderes Verzeichnis oder Laufwerk. Das `DirectoryInfo`-Objekt verweist anschließend auf *zielname*.

My.Computer.FileSystem-Objekt	
`CopyDirectory("d1", "d2", ui)` `CopyFile("f1", "f2", ui)`	kopiert das Verzeichnis bzw. die Datei. `ui` gibt an, ob dabei ein Feedback-Dialog angezeigt werden soll.
`CreateDirectory("dirname")`	erzeugt das angegebene Verzeichnis.
`DeleteDirectory("dir", ui, recycle)` `DeleteFile("filename", ui, recycle)`	löscht das Verzeichnis bzw. die Datei. `ui` gibt an, ob dabei Warn- und Feedback-Dialoge angezeigt werden sollen. `recycle` steuert, ob die Daten endgültig oder in den Papierkorb gelöscht werden.
`MoveDirectory("olddir", "newdir", ui)` `MoveFile("oldfile", "newfile", ui)`	verschiebt die Datei oder das Verzeichnis an einen neuen Ort.
`RenameDirectory("olddir", "newdir")` `RenameFile("oldfile", "newfile")`	benennt die Datei oder das Verzeichnis um.

11.5 Textdateien lesen und schreiben

Mit den Methoden der Klassen `StreamReader` und `StreamWriter` können Sie Textdateien komfortabel lesen und schreiben. Der Dateizugriff ist rein sequenziell, es ist daher nicht möglich, die Schreib- oder Leseposition unmittelbar zu beeinflussen.

Codierung von Textdateien

Wenn Sie mit Windows in Westeuropa arbeiten, erwarten Sie im Regelfall, dass die Zeichen in Textdateien mit dem ANSI-Zeichensatz (Codeseite 1252) codiert sind. Diese Dateien werden dann oftmals als ASCII-Dateien bezeichnet, was genau genommen aber falsch ist: ASCII definiert nur die Zeichen mit Codes von 0–127. ANSI lässt dagegen Codes bis 255 zu und ermöglicht so auch die Darstellung vieler Sonderzeichen in Europa verbreiteter Sprachen (inklusive ä, ö, ü, ß).

Sobald Sie aber über die Grenzen Westeuropas hinaussehen, wird es komplizierter: So sind in Osteuropa andere Codeseiten üblich, die mit ANSI inkompatibel sind. Und im asiatischen Sprachraum reicht ein Byte pro Zeichen sowieso nicht aus. Der Ausweg aus diesem Dilemma heißt Unicode – also ein Zeichensatz, mit dem fast alle weltweit vorkommenden Zeichen codiert werden können (siehe auch Abschnitt 10.1). Allerdings gibt es mehrere Möglichkeiten, einzelne Unicode-Zeichen intern darzustellen (UTF-7, -8, -16), sodass die Bezeichnung »Unicode-Datei« noch nicht eindeutig ist.

Standardmäßig verwenden `StreamReader` und `StreamWriter` die Unicode-UTF-8-Codierung. `StreamReader` und `-Writer` kommen natürlich auch mit einigen weiteren Textcodierungen zurecht (z.B. ASCII, ANSI, UTF-16), das muss dann aber explizit angegeben werden. Beispiele folgen im Verlauf dieses Abschnitts.

Die UTF-8-Codierung bedeutet, dass ASCII-Zeichen mit einem Byte pro Zeichen, alle anderen Unicode-Zeichen aber mit zwei bis vier Byte codiert werden. Solange eine UTF-8-Textdatei ausschließlich US-Zeichen enthält, ist sie nicht von einer ASCII-Datei zu unterscheiden.

Codierung von Textdateien erkennen

Bei Textdateien mit einer Codierung mit einem Byte pro Zeichen gibt es keine Kennzeichnung der Codierung. Damit ein Austausch von Textdateien zwischen verschiedenen Personen oder Programmen gelingt, muss der Empfänger wissen, welche Codierung der Sender verwendet hat!

Etwas besser sieht es bei Unicode-Dateien aus: Dort ist für einige Codierungsvarianten eine Kennzeichnung in den ersten Bytes vorgesehen. Genau genommen dient diese Kennzeichnung nur dazu, um die Bytereihenfolge anzugeben (`byte order mark`, kurz BOM). Diese kann bei UTF-16- und UTF-32-Dateien je nach Prozessorarchitektur variieren.

Bei UTF-8-Dateien ist eine BOM-Kennzeichnung nicht erforderlich, weil die Bytereihenfolge unabhängig von der Prozessorarchitektur ist. Dennoch sind auch für UTF-8-Dateien drei optionale Kennzeichnungsbytes vorgesehen, die aber in der Praxis selten zum Einsatz kommen. Die folgende Tabelle gibt die hexadezimalen Codes der ersten Bytes für die wichtigsten Unicode-Varianten an:

Optionale Kennzeichnung	Zeichensatz
FF FE	Unicode UTF-16
FE FF	Unicode UTF-16 Big-Endian (umgekehrte Byte-Reihenfolge)
00 00 FE FF	Unicode UTF-32
FF FE 00 00	Unicode UTF-32 Big-Endian (umgekehrte Byte-Reihenfolge)
EF BB BF	Unicode UTF-8 (optionale Kennzeichnung, fehlt oft!)

HINWEIS

Microsoft Word kann reine Textdateien in verschiedenen Unicode-Varianten speichern (DATEI|SPEICHERN UNTER, Dateityp CODIERTE TEXTDATEI). Ältere Versionen (z.B. Word 2000) haben aber bisweilen Probleme, derartige Dateien wieder zu öffnen – vor allem dann, wenn die Dateien sehr kurz sind und es daher schwierig ist, die Codierung automatisch zu erkennen.

Unicode-Textdatei lesen (StreamReader)

Die folgenden Zeilen zeigen einige Möglichkeiten, um eine vorhandene Unicode-Textdatei zu öffnen. In jedem Fall ist das Ergebnis ein `StreamReader`-Objekt, mit dessen Hilfe die Datei dann gelesen werden kann. (Bei der vorletzten Variante bezieht sich `New` auf ein `IO.FileInfo`-Objekt, auf das anschließend die Methode `OpenText` angewendet wird.)

```
Dim sr As IO.StreamReader
sr = New IO.StreamReader("c:\test\test1.txt")
sr = New IO.StreamReader(io_stream_object)
sr = IO.File.OpenText("c:\test\test2.txt")
sr = New IO.FileInfo("c:\test\test3.txt").OpenText()
sr = My.Computer.FileSystem.OpenTextFileReader("c:\test\test4.txt")
```

Bei allen Varianten werden die ersten Bytes der Datei ausgewertet, um die Unicode-Variante zu erkennen. Dateien, die als UTF-8- und UTF-16-Dateien gekennzeichnet sind (siehe Tabelle oben), werden korrekt behandelt. Alle anderen Dateien werden so verarbeitet, als wären sie gemäß UTF-8 codiert. Wenn die Datei in einer anderen Codierung vorliegt, führt dies natürlich zu fehlerhaften Ergebnissen.

Das Beispielprogramm *dateien\unicode-test* (siehe Abbildung 11.2) demonstriert, was passiert, wenn die von `StreamReader` verwendete Standardcodierung UTF-8 und die tatsächliche Codierung einer Textdatei nicht übereinstimmen. Nach dem Start des Programms können Sie eine Textdatei auswählen. Dabei haben Sie die Wahl zwischen mehreren Beispieldateien, die alle denselben Text enthalten – aber in unterschiedlichen Codierungen. Die Datei wird zur Gänze geladen und im Textfeld angezeigt.

Die folgenden Zeilen zeigen die Ereignisprozedur zum Laden der Textdatei. Die Dateiauswahl erfolgt mit dem `OpenFileDialog`-Steuerelement. Anschließend wird ein `StreamReader`-Objekt erzeugt und mit der Methode `ReadToEnd` die gesamte Datei gelesen.

Welche Codierung StreamReader intern verwendet, können Sie mit der Eigenschaft CurrentEncoding ermitteln. Diese Eigenschaft liefert als Ergebnis ein Objekt der Klasse Text.Encoding. Beachten Sie, dass CurrentEncoding erst dann ausgewertet werden darf, nachdem die ersten Zeichen der Datei gelesen wurden! Erst dann versucht StreamReader, die Codierung automatisch zu erkennen. Beachten Sie auch, dass die von StreamReader eingesetzte Codierung keineswegs immer korrekt ist (was Abbildung 11.2 ja beweist).

```
' Beispiel dateien\unicode-test
Private Sub Button1_Click(...) Handles Button1.Click
  If OpenFileDialog1.ShowDialog() = Windows.Forms.DialogResult.OK Then
    ' Datei lesen und in Textbox darstellen
    Dim sr As New IO.StreamReader(OpenFileDialog1.FileName)
    TextBox1.Text = sr.ReadToEnd()
    ' Infos über Datei anzeigen
    LabelFileName.Text = OpenFileDialog1.FileName
    LabelCode.Text = sr.CurrentEncoding.EncodingName
    sr.Close()
  End If
End Sub
```

Textdatei in einer anderen Codierung (z.B. ANSI) öffnen

Wenn Sie Textdateien mit einer anderen Codierung als UTF-8 öffnen möchten, müssen Sie zum Öffnen den StreamReader-Konstruktur (also New) verwenden und die gewünschte Codierung durch ein Text.Encoding-Objekt angeben. Das Encoding-Objekt für ANSI erhalten Sie mit GetEncoding(1252). (Die Nummer 1252 bezeichnet die Codeseite für ANSI-Latin-1.)

```
Dim enc As Text.Encoding = Text.Encoding.GetEncoding(1252)
Dim sr As New IO.StreamReader("c:\test\test1.txt", enc)
```

Wenn Sie statt ANSI eine andere Codierung verwenden möchten, müssen Sie vorher ein entsprechendes Text.Encoding-Objekt erzeugen. Für die wichtigsten von .NET unterstützten Codierungen können Sie dabei die folgende Kurzschreibweise verwenden. Das Ergebnis von Text.Encoding.Default ist vom Betriebssystem und von den Ländereinstellungen abhängig.

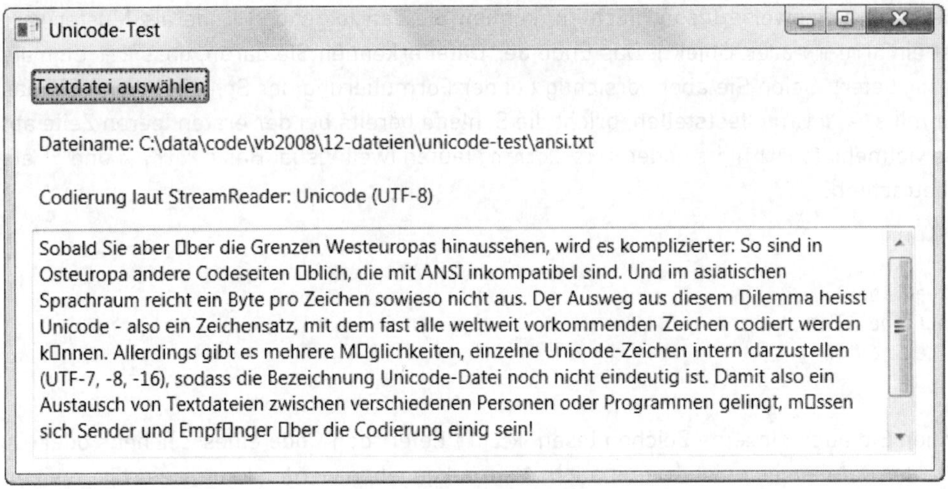

Abbildung 11.2: StreamReader interpretiert die ANSI-Datei fälschlich als UTF-8-Datei und verschluckt deswegen alle deutschen Sonderzeichen.

```
Dim enc As Text.Encoding
enc = Text.Encoding.ASCII               'US-ASCII (7 Bit)
enc = Text.Encoding.Default             'Standard-Windows-Codepage
enc = Text.Encoding.UTF7                'UTF-7
enc = Text.Encoding.UTF8                'UTF-8
enc = Text.Encoding.Unicode             'UTF-16
enc = Text.Encoding.BigEndianUnicode    'UTF-16 Big Endian
```

Für alle anderen Codierungen muss `GetEncoding(n)` oder `GetEncoding("name")` verwendet werden. Dabei gibt `n` die Nummer der Codeseite an. Alternativ kann auch deren Windows-interner Name angegeben werden (z.B. `"Windows-1252"`). Die folgenden Zeilen zeigen einige Beispiele:

```
enc = Text.Encoding.GetEncoding(850)    'OEM Multilingual Latin 1 (DOS)
enc = Text.Encoding.GetEncoding(1252)   'ANSI Latin-1
enc = Text.Encoding.GetEncoding(28591)  'ISO 8859-1 Latin-1
enc = Text.Encoding.GetEncoding(28605)  'ISO 8859-15 Latin-9
```

Inhalt der Datei lesen

Um eine Datei vollständig zu lesen, verwenden Sie die Methode `ReadToEnd`:

```
Dim allLines As String
allLines = sr.ReadToEnd()
```

Alternativ können Sie auch die Methode `ReadAllText` des `My.Computer.FileSystem`-Objekts einsetzen – dann ersparen Sie sich das Öffnen und Schließen des `StreamReader`-Objekts.

```
allLines  = My.Computer.FileSystem.ReadAllText("dateiname" [, encoding] )
```

Wenn Sie eine Datei zeilenweise lesen möchten, können Sie den folgenden Code als Muster verwenden (sr ist ein StreamReader-Objekt). Das Ende der Datei erkennen Sie daran, dass ReadLine als Ergebnis Nothing liefert. Seien Sie aber vorsichtig bei der Formulierung der Schleife! Wenn Sie das Schleifenende mit s = Nothing feststellen, bricht die Schleife bereits bei der ersten leeren Zeile ab! Der Test muss vielmehr IsNothing(s) oder s Is Nothing lauten (weil Visual Basic Nothing und "" als gleichwertig betrachtet).

```
Dim line As String
Do
  line = sr.ReadLine()
  If IsNothing(line) Then Exit Do
  Console.WriteLine(line)
Loop
```

Natürlich können Sie auch einzelne Zeichen lesen. Read() liefert den Code eines Zeichens oder -1, wenn das Ende der Datei erreicht ist. (Damit auch -1 zurückgegeben werden kann, liefert Read einen Integer-Wert und nicht – wie Sie vielleicht erwarten würden – einen Char-Wert.) Peek funktioniert wie Read, allerdings bleibt der Dateizeiger dabei unverändert. Das Zeichen kann also anschließend mit Read gelesen werden. Die folgende Schleife schreibt jedes einzelne Zeichen einer Datei in das Konsolenfenster:

```
While sr.Peek() <> -1
  Console.Write(ChrW(sr.Read()))
End While
```

Die Syntaxvariante Read(c, pos, n) ermöglicht es, n Zeichen in das Char-Feld c() zu lesen. pos gibt an, wo in c() die Zeichen eingefügt werden sollen. (pos gibt nicht die Stelle an, von der die Zeichen aus der Datei gelesen werden! Die Textdatei wird immer sequenziell gelesen.) Read liefert die Zahl der tatsächlich gelesenen Zeichen zurück. Dieser Wert kann kleiner als n sein, wenn das Ende der Datei erreicht wird.

Datei schließen

Wenn Sie keine weiteren Daten mehr lesen möchten, sollten Sie darauf achten, das StreamReader-Objekt so rasch wie möglich mit Close zu schließen. Damit können andere Benutzer oder Programme wieder auf die Datei zugreifen. (Verlassen Sie sich nicht darauf, dass die Datei automatisch geschlossen wird, wenn das StreamReader-Objekt – z.B. am Ende einer Prozedur – nicht mehr gültig ist. Aufgrund der neuen Speicherverwaltung von Visual Basic wird ein Objekt nicht sofort gelöscht, wenn es nicht mehr gültig ist, sondern zu einem unbestimmten Zeitpunkt!)

Strukturierte Textdateien lesen (TextFieldParser)

Viele Textdateien enthalten spaltenweise Informationen. Die Spalten sind entweder durch eine feste Anzahl von Zeichen oder durch besondere Zeichen (Tabulator, Strichpunkt etc.) voneinander getrennt. Um Informationen aus solchen Dateien zu extrahieren, bestehen zwei Möglichkeiten:

» Sie verwenden einen StreamReader, lesen die Daten mit ReadLine zeilenweise in eine Zeichenkette und analysieren dann den Inhalt der Zeichenkette mit diversen String-Funktionen.

» Sie verwenden die Methode OpenTextFieldParser des Objekts My.Computer.FileSystem. Die Methode erzeugt ein TextFieldParser-Objekt (Namensraum Microsoft.VisualBasic.FileIO), das speziell zur Verarbeitung strukturierter Dateien konzipiert ist.

Die folgenden Zeilen zeigen, wie Sie eine mit Excel im CSV-Format gespeicherte Datei einlesen: Sie öffnen die Datei mit OpenTextFieldParser, wobei Sie ein String-Feld mit den zulässigen Trennzeichen angeben. (Alternativ können Sie auch ein Integer-Feld mit den Spaltenbreiten übergeben.) Die Methode ReadFields liest nun die jeweils nächste Zeile aus der Datei, zerlegt sie in Spalten und übergibt das Ergebnis als String-Feld. Jedes Element des Felds enthält eine Spalte.

```
' Beispiel dateien\text-field-parser
Dim columns As String()
Dim parser As Microsoft.VisualBasic.FileIO.TextFieldParser
parser = My.Computer.FileSystem.OpenTextFieldParser( _
  "..\..\Mappe1.csv", New String() {";"})
While Not parser.EndOfData
  Try
    columns = parser.ReadFields()
    Console.WriteLine( _
      "Spalte A: {0}   Spalte B: {1}   Spalte C: {2}   Spalte D: {3}", _
      columns(0), columns(1), columns(2), columns(3))
  Catch ex As Microsoft.VisualBasic.FileIO.MalformedLineException
    MsgBox("Zeile: " & ex.Message & " hat ein ungültiges Format.")
  End Try
End While
```

OpenTextFieldParser setzt voraus, dass es sich um eine ASCII- oder Unicode-Datei handelt. Bei ANSI-Dateien müssen Sie wie folgt vorgehen:

```
Dim parser As New Microsoft.VisualBasic.FileIO.TextFieldParser( _
  "..\..\Mappe1.csv", Text.Encoding.GetEncoding(1252))
parser.SetDelimiters(New String() {";"})
```

UTF8-Textdateien schreiben (StreamWriter)

Das Gegenstück zu StreamReader ist erwartungsgemäß die Klasse StreamWriter. Damit können Sie sowohl neue Textdateien erzeugen als auch Text an vorhandene Dateien anfügen. Standardmäßig verwendet StreamWriter UTF-8, wobei neue Dateien nicht mit Kennzeichnungsbytes ausgestattet werden. Auf Wunsch können Sie aber natürlich auch eine andere Codierung auf der Basis eines Text.Encoding-Objekts verwenden.

Es gibt eine ganze Reihe von Syntaxvarianten, um eine neue Textdatei zu erzeugen. Sollte es bereits eine Datei mit dem angegebenen Namen geben, wird diese ohne Rückfrage überschrieben (also gelöscht).

```
Dim sw As IO.StreamWriter
sw = New IO.StreamWriter("c:\test\test1.txt")
sw = New IO.StreamWriter(io_stream_object)
sw = IO.File.CreateText("c:\test\test2.txt")
sw = New IO.FileInfo("c:\test\test3.txt").CreateText()
```

Vorhandene Textdatei öffnen, um Text anzufügen

Wenn die Datei bereits existiert und Sie Text am Ende der Datei anfügen möchten, verwenden Sie eine der folgenden Anweisungen, um ein `StreamWriter`-Objekt zu erzeugen:

```
sw = New IO.StreamWriter("c:\test\test1.txt", True)
sw = IO.File.AppendText("c:\test\test2.txt")
sw = New IO.FileInfo("c:\test\test3.txt").AppendText()
```

Andere Codierung als UTF-8 verwenden

Wenn Sie eine andere Codierung als UTF-8 verwenden möchten, müssen Sie die gewünschte Codierung als dritten Parameter bei `New StreamWriter` angeben. (Wie Sie `Text.Encoding`-Objekte erzeugen können, wurde bereits im vorigen Abschnitt beschrieben.) Der zweite Parameter gibt an, ob Dateien an eine vorhandene Datei angefügt werden sollen (`True`) oder ob die Datei neu erzeugt werden soll (`False`).

```
Dim enc As Text.Encoding = Text.Encoding.GetEncoding(1252) 'ANSI
sw = New IO.StreamWriter("c:\test\test1.txt", False, enc)  'neue Datei
sw = New IO.StreamWriter("c:\test\test2.txt", True, enc)   'anfügen
```

HINWEIS

Intern verwendet Visual Basic zur Darstellung von Zeichenketten immer Unicode. Beim Speichern einer Zeichenkette in einer Textdatei werden alle Zeichen entsprechend der gewählten Codierung in Bytecodes umgewandelt. Wenn ein Unicode-Zeichen in der Codierung nicht vorgesehen ist (z.B. ein deutsches Sonderzeichen bei der Codierung `Text.Encoding.ASCII`), wird es beim Speichern automatisch durch ein Fragezeichen ersetzt (oder durch einen speziellen Code für unbekannte Zeichen, sofern ein derartiger Code im Zeichensatz vorgesehen ist).

Kennzeichnung von Unicode-Dateien

`StreamWriter` verwendet zwar standardmäßig UTF-8, kennzeichnet neue Dateien aber nicht mit dem vorgesehenen `byte order mark` (Bytefolge EF BB BF). Wenn Sie das möchten, erzeugen Sie die neue Datei unter Angabe eines `Text.Encoding.UFT8`-Objekts:

```
Dim enc As Text.Encoding = Text.Encoding.UTF8
sw = New IO.StreamWriter("c:\test\test1.txt", False, enc)
```

UTF-16-Dateien (also Dateien auf der Basis von `Text.Encoding.Unicode` oder `.BigEndianUnicode`) werden standardmäßig durch die zwei BOM-Bytes FF FE bzw. FE FF gekennzeichnet.

Text schreiben, Datei schließen

Mit den Methoden Write und WriteLine können Sie Text in der Datei speichern. Die Methoden unterscheiden sich nur dadurch, dass WriteLine noch ein oder zwei Bytes zur Kennzeichnung des Zeilenendes anfügt. (Diese Codes können mit NewLine ermittelt und bei Bedarf auch verändert werden. Standardmäßig verwendet StreamWriter die unter Windows üblichen Codes 13 und 10.)

Sowohl bei Write als auch bei WriteLine gibt es unzählige Syntaxvarianten, dank derer fast alle elementaren .NET-Datentypen direkt als Parameter übergeben werden können. In der Variante Write[Line]("format", x, y ...) werden die Parameter x, y etc. entsprechend der im ersten Parameter übergebenen Zeichenkette formatiert (siehe auch Abschnitt 10.5).

Write[Line] bietet allerdings keine Syntaxvariante, mit der die Landeseinstellung für die Formatierung von Zahlen und Daten verändert werden kann. Wenn Sie das möchten, müssen Sie auf String.Format zurückgreifen:

```
' schreibt z.B. "venerdì 4 gennaio 2006" in die Datei
Dim cult As New Globalization.CultureInfo("it-IT") 'italienisch
sw.WriteLine(String.Format(cult, "{0:D}", Now))
```

Die mit Write[Line] übergebenen Daten werden nicht sofort bei jeder Änderung physikalisch auf der Festplatte gespeichert, sondern aus Geschwindigkeitsgründen für einige Zeit zwischengespeichert. Um zu erreichen, dass die Daten tatsächlich sofort gespeichert werden, führen Sie die Methode Flush aus oder setzen die Eigenschaft AutoFlush auf True.

Wie bei StreamReader sollten Sie auch StreamWriter-Objekte so rasch wie möglich mit Close schließen, um die Datei für andere Programme oder Benutzer wieder freizugeben.

Wenn es Ihnen nur darum geht, eine Zeichenkette im UTF-8-Format in eine Datei zu schreiben, können Sie auch die Methode WriteAllText des Objekts My.Computer.FileSystem einsetzen. append steuert, ob der Text zu einer existierenden Datei hinzugefügt werden soll.

```
My.Computer.FileSystem.WriteAllText("dateiname", s [, append] )
```

Textcodierung ändern

Mit den StreamReader- und StreamWriter-Klassen können Sie auch die Codierung einer Textdatei ändern. Die folgenden Zeilen demonstrieren eine Konvertierung von UTF-8 (enc1) nach ANSI (enc2). Unicode-Zeichen, die im ANSI-Zeichensatz nicht vorgesehen sind, werden durch Fragezeichen ersetzt.

```
Dim enc1 As Text.Encoding = Text.Encoding.UTF8
Dim enc2 As Text.Encoding = Text.Encoding.GetEncoding(1252)
Dim sr As New IO.StreamReader("c:\test\test1.txt", enc1)
Dim sw As New IO.StreamWriter("c:\test\test2.txt", False, enc2)
sw.Write(sr.ReadToEnd())
sw.Close()
sr.Close()
```

Die Anweisung `sw.Write(sr.ReadToEnd())` ist zwar für den Programmierer praktisch, aber in der Ausführung nicht unbedingt optimal: Die zu konvertierende Datei wird dadurch vollständig in den Arbeitsspeicher geladen. Das funktioniert nur bei kleinen Dateien gut. Bei großen Dateien muss die Datei dagegen stückweise gelesen und geschrieben werden. Die folgenden Zeilen zeigen dafür einen entsprechenden Algorithmus, der ein `Char`-Feld als Pufferspeicher verwendet. Mit `Read` werden bis zu 65.536 Zeichen in dieses Feld gelesen. Mit `Write` werden anschließend die tatsächlich gelesenen Zeichen (Variable `n`) gespeichert.

```
Dim enc1, enc2, sr, sw ... wie oben
Const buffersize As Integer = 65536
Dim buffer(buffersize) As Char
Dim n As Integer
Do
  n = sr.Read(buffer, 0, buffersize)
  sw.Write(buffer, 0, n)
Loop Until n < buffersize
sw.Close()
sr.Close()
```

Zeichenketten lesen und schreiben (StringReader und StringWriter)

Zu den Klassen `StreamReader` und `-Writer` existieren die analogen Klassen `StringReader` und `-Writer`. Der wesentliche Unterschied besteht darin, dass Sie damit nicht Dateien, sondern Zeichenketten lesen oder schreiben.

Mit den folgenden zwei Zeilen wird zuerst eine Zeichenkette initialisiert, und auf deren Basis wird dann das `StringReader`-Objekt `strr` erzeugt. Aus diesem Objekt können Sie nun wie bei einem `StreamReader`-Objekt mit den Methoden `Read`, `ReadLine` oder `ReadToEnd` einzelne Zeichen, Zeilen oder den gesamten Inhalt lesen. Beachten Sie, dass das `StringReader`-Objekt statisch ist. Eine nachträgliche Veränderung der Variablen `s` hat keinerlei Einfluss mehr auf dieses Objekt!

```
Dim s As String = "abcdefg" + vbCrLf + "zweite Zeile" + vbCrLf
Dim strr As New IO.StringReader(s)
Console.WriteLine(strr.ReadLine())
```

Einem `StringWriter`-Objekt liegt intern ein `StringBuilder`-Objekt zugrunde. `StringWriter` ist damit eine weitere Möglichkeit, Zeichenketten sehr viel effizienter als durch `s = s + "abc"` zusammenzusetzen:

```
Dim strw As New IO.StringWriter()
strw.WriteLine("erste Zeile")
strw.WriteLine("zweite Zeile")
```

Sie können vom `StringWriter`-Objekt jederzeit mit den Methoden `GetStringBuilder` oder `ToString` ein `StringBuilder`-Objekt oder eine gewöhnliche Zeichenkette ableiten. Wie bei einem `StreamWriter`-Objekt können Sie das Schreiben mit `Close` abschließen. Das bedeutet, dass weitere Veränderungen nicht mehr möglich sind. Der Inhalt des `StringWriter`-Objekts bleibt aber erhalten, d.h., `GetString-`

Builder und ToString funktionieren weiterhin. Wenn Sie den Inhalt des StringWriter-Objekts dagegen löschen möchten, müssen Sie die Methode Dispose ausführen. Informationen zu der zugrunde liegenden StringBuilder-Klasse sowie ein Anwendungsbeispiel für StringBuilder und StringWriter finden Sie in Abschnitt 10.4.

Syntaxzusammenfassung

***System.Text.Encoding*-Objekt erzeugen**	

`Dim enc As Text.Encoding`
`enc = Text.Encoding.ASCII`
`enc = Text.Encoding.UTF7`
`enc = Text.Encoding.UTF8`
`enc = Text.Encoding.Unicode`
`enc = Text.Encoding.GetEncoding(n)`
`enc = New Text.UnicodeEncoding()`
	erzeugt ein Text.Encoding-Objekt für den angegebenen Zeichensatz.

***System.IO.StreamReader*-Objekt erzeugen und anwenden**	
`sr = New IO.StreamReader("name.txt")`	öffnet die Textdatei.
`sr = New IO.StreamReader("name.txt", enc)`	wie oben, aber unter Anwendung eines bestimmten Zeichensatzes.
`sr = IO.File.OpenText("name.txt")`	öffnet die Textdatei.
`sr = New IO.FileInfo("name.txt").OpenText()`	öffnet ebenfalls die Textdatei.
`sr.Close()`	schließt die Datei.
`sr.CurrentEncoding`	liefert ein Text.Encoding-Objekt, das die Codierung angibt.
`sr.Peek()`	liefert das nächste Zeichen und liefert dessen Code oder –1, ohne den Dateizeiger weiterzubewegen.
`sr.Read()`	liest das nächste Zeichen und liefert dessen Code oder –1.
`sr.Read(c, 0, n)`	liest maximal n Zeichen in das Char-Feld c.
`sr.ReadLine()`	liefert die nächste Zeile bzw. am Dateiende Nothing.
`sr.ReadToEnd()`	liefert den gesamten Text bis zum Ende der Datei.

***System.IO.StreamWriter*-Objekt erzeugen und anwenden**	
`sw = New IO.StreamWriter("name.txt")`	erzeugt eine neue Textdatei.
`sw = New IO.StreamWriter("name.txt", False, enc)`	wie oben, aber unter Anwendung eines bestimmten Zeichensatzes.
`sw = New IO.FileInfo("name.txt").CreateText()`	erzeugt eine neue Textdatei.

***System.IO.StreamWriter*-Objekt erzeugen und anwenden**	
`sw = New IO.StreamWriter(io_stream_object)`	leitet das Objekt von `IO.Stream` ab.
`sw = New IO.StreamWriter("name.txt", True)`	ergänzt eine vorhandene Textdatei.
`sw = New IO.StreamWriter("name.txt", True, enc)`	wie oben, aber unter Anwendung eines bestimmten Zeichensatzes.
`sw.Close()`	schließt die Datei.
`sw.Flush()`	speichert alle Änderungen auf der Festplatte.
`sw.NewLine`	gibt die Zeichen zum Zeilenwechsel an bzw. verändert sie.
`sw.Write[Line](x)`	speichert den Inhalt von `x` im Textformat in der Datei.
`sw.Write[Line](c, pos, n)`	speichert `n` Zeichen beginnend bei der Position `pos` aus dem `Char`-Feld `c` in der Datei.

***My.Computer.FileSystem*-Objekt**	
`OpenTextFileReader("name.txt")`	liefert ein `StreamReader`-Objekt.
`s = ReadAllText("name.txt" [, enc] )`	liest die gesamte Datei und liefert das Ergebnis als Zeichenkette.
`WriteAllText("name.txt, s [, append])`	schreibt die Zeichenkette in eine Textdatei. `append` steuert, ob der Text einer existierenden Datei hinzugefügt werden soll.
`parser = OpenTextFieldParser( _ "name.txt", delimiter / widths)`	liefert ein `TextFieldParser`-Objekt zur Auswertung mehrspaltiger Textdateien. Die Spalten müssen wahlweise durch spezielle Zeichen (`String`-Feld `delimiter`) getrennt sein oder eine fixe Breite aufweisen (`Integer`-Feld `widths`).

11.6 Binärdateien lesen und schreiben

Die im vorigen Abschnitt besprochenen Textdateien haben den Vorteil, dass sie (einen geeigneten Editor vorausgesetzt) problemlos gelesen werden können. Der Inhalt einer Datei kann daher auch ohne ein Spezialprogramm leicht festgestellt werden.

Bei Binärdateien werden Daten dagegen in ihrer internen Darstellung gespeichert. Beispielsweise wird eine `Double`-Fließkommazahl nicht mehr in der Form `"123.456789012345"` gespeichert, sondern durch die hexadezimalen Codes `69 4C FB 07 3C DD 5E 40`. Das hat Vor- und Nachteile: Auf der einen Seite sind Binärdateien meist deutlich kleiner. Zudem ist das Lesen und Schreiben von Daten effizienter, weil keine Umwandlungen zwischen unterschiedlichen Darstellungsformaten erforderlich sind. Auf der anderen Seite können derartige Dateien nur noch mit einem Programm gelesen werden, das den exakten internen Aufbau der Datei kennt. Für den Austausch von Daten zwischen unterschiedlichen Programmen ist das oft nicht förderlich.

Zum Lesen und Schreiben von Binärdateien bietet der `System.IO`-Namensraum zwei prinzipielle Möglichkeiten:

» Die `FileStream`-Klasse ermöglicht einen Dateizugriff auf unterster Ebene. Mit davon abgeleiteten Objekten können Sie einzelne Bytes (oder ganze Gruppen von Bytes) lesen und schreiben. Für die Interpretation der Daten sind Sie selbst verantwortlich.

  Die `FileStream`-Klasse bietet eine fast vollständige Kontrolle über den Lese- bzw. Schreibprozess: Sie können die Lese- bzw. Schreibposition innerhalb der Datei jederzeit verändern und so die Daten in beliebiger Reihenfolge lesen oder schreiben, Sie können in derselben Datei lesen *und* schreiben, Sie können zwischen synchronem und asynchronem Zugriff wählen (siehe Abschnitt 11.7) etc.

» Die beiden Klassen `BinaryReader` und `-Writer` ermöglichen es, die meisten .NET-Basisdatentypen unmittelbar zu lesen und zu schreiben. Beispielsweise können Sie damit eine `Double`-Variable speichern, ohne sich Gedanken über die interne Darstellung dieser Variablen zu machen. Dieser Vorteil wird allerdings durch andere Einschränkungen gegenüber der `FileStream`-Klasse erkauft.

Daneben beschreibt dieser Abschnitt noch zwei weitere Klassen, die mit der `FileStream`-Klasse verwandt sind:

» `MemoryStream` bietet im Wesentlichen dieselben Methoden und Eigenschaften wie `FileStream`, der Datenstrom wird aber im Arbeitsspeicher verwaltet. `MemoryStream` eignet sich daher vor allem als Ersatz für temporäre Dateien. (Es ist möglich, ein vorhandenes `MemoryStream`-Objekt zu einem späteren Zeitpunkt mit einem `FileStream`-Objekt zu speichern.)

» `BufferedStream` ist eine Hilfsklasse für alle von `IO.Stream` abgeleiteten Klassen. Die Klasse hilft dabei, wiederholte Lese- bzw. Schreibzugriffe durch die Verwendung eines (größeren) Zwischenspeichers zu optimieren.

FileStream-Objekt erzeugen

Als `Stream` wird in der Informatik generell ein Fluss von Daten bezeichnet, ganz unabhängig davon, woher oder wohin die Daten fließen. Es verwundert deswegen nicht, dass es in der .NET-Bibliothek ein allgemeines `IO.Stream`-Objekt gibt, von dem dann `FileStream` abgeleitet ist, um den Datenfluss aus oder in Dateien zu steuern. Von `Stream` ist aber z.B. auch `Net.Sockets.NetworkStream` abgeleitet (Datenfluss im Netzwerk). Der Konstruktor sieht gleich eine ganze Reihe von Syntaxvarianten vor, um ein neues `FileStream`-Objekt zu erzeugen:

```
Dim fs As IO.FileStream
fs = New IO.FileStream("filename", modus)
fs = New IO.FileStream("filename", modus, access)
fs = New IO.FileStream("filename", modus, access, sharing)
fs = New IO.FileStream("filename", modus, access, sharing, buffersize)
```

modus ist ein Element der IO.FileMode-Aufzählung. Der Parameter gibt an, ob eine vorhandene Datei geöffnet oder eine neue Datei erzeugt werden soll (z.B. IO.FileMode.Create, Open, OpenOrCreate, Append etc.).

access ist ein Element der IO.FileAccess-Aufzählung. Der Parameter bestimmt, ob die Datei für den Lese- und/oder Schreibzugriff geöffnet werden soll (IO.FileAccess.Read, Write oder ReadWrite). Standardmäßig wird die Datei zum Lesen und Schreiben geöffnet. Wenn Sie die Datei nicht verändern müssen, sollten Sie unbedingt Read angeben, um Zugriffskonflikte mit anderen Programmen möglichst zu vermeiden.

sharing ist ein Element der IO.FileShare-Aufzählung. Der Parameter bestimmt, ob und wie andere Programme auf dieselbe Datei zugreifen dürfen (während die Datei von Ihrem Programm noch geöffnet ist): Die Standardeinstellung IO.FileShare.None blockiert die Datei für jeden anderen Zugriff. IO.FileShare.Read erlaubt anderen Prozessen, die Datei zu lesen, sie aber nicht zu verändern. IO.FileShare.Write bzw. ReadWrite erlauben auch einen schreibenden Zugriff. (Experimente mit diesem Parameter haben allerdings gezeigt, dass dieser nicht immer so funktioniert, wie er dokumentiert ist. Weitere Informationen folgen gleich unter der Überschrift *Sharing-Probleme*.)

buffersize gibt schließlich die Größe des Puffers an, der Dateizugriffe zwischenspeichert. Die Standardgröße beträgt 4096 Byte. Die Vorgabe einer eigenen Puffergröße ist nur in Ausnahmefällen sinnvoll.

Neben New.IO.FileStream gibt es noch weitere Möglichkeiten, ein FileStream-Objekt zu erzeugen:

```
fs = IO.FileCreate("filename")
fs = IO.OpenRead("filename")
fs = IO.Open("name", modus, [access [,sharing]])
fs = IO.OpenWrite("name")
Dim fi As New IO.FileInfo("name")
fs = fi.Create()
fs = fi.OpenRead()
fs = fi.Open(modus, [access [,sharing]])
fs = fi.OpenWrite()
```

Daten lesen und schreiben, Dateizeiger verändern, Änderungen ausführen, Datei schließen

Es gibt nur zwei Methoden, um Daten aus einem FileStream zu lesen: ReadByte() liest ein einzelnes Byte. Die Methode liefert als Ergebnis allerdings einen Integer-Wert – entweder den Wert des Datenbytes oder –1, wenn das Ende der Datei erreicht ist. Die Methode Read ermöglicht es, mehrere Bytes auf einmal zu lesen und an eine beliebige Position innerhalb eines Byte-Felds zu kopieren. Diese Methode liefert die Anzahl der gelesenen Bytes zurück. (Sie erkennen das Dateiende daran, dass weniger Bytes gelesen als angefordert wurden.)

Auch die Methoden zum Schreiben von Daten sind spartanisch: `WriteByte` schreibt ein einzelnes Byte. `Write` speichert eine angegebene Anzahl von Bytes, wobei es die Daten aus einem `Byte`-Feld liest. Mit beiden `Write`-Methoden können auch vorhandene Daten einer Datei überschrieben werden.

Zu den besonderen Eigenschaften der `FileStream`-Klasse zählt die Möglichkeit, die Position des Dateizeigers zu verändern. (Der Dateizeiger zeigt auf das nächste Byte, das gelesen bzw. geschrieben oder überschrieben wird.) Die aktuelle Position kann mit `Position` ermittelt werden. (Die Zählung beginnt wie üblich bei 0. Diese Position nimmt der Dateizeiger normalerweise auch unmittelbar nach dem Öffnen einer Datei ein. Die einzige Ausnahme besteht dann, wenn die Datei mit `modus = IO.FileMode.Append` geöffnet wurde. In diesem Fall zeigt der Dateizeiger auf das Ende der Datei.)

Mit `Seek` kann die Position verändert werden. An die Methode werden zwei Parameter übergeben: Der erste Parameter gibt an, um wie viele Bytes der Zeiger verstellt werden soll. Dieser Wert darf auch negativ sein. Der zweite Parameter muss ein Element der `IO.SeekOrigin`-Aufzählung sein. Der Wert bestimmt die Startposition für die Bewegung. Die drei Möglichkeiten sind: Dateianfang, Dateiende oder die aktuelle Position.

```
fs.Seek(0, IO.SeekOrigin.Begin)     'Dateizeiger an den Beginn der Datei setzen
fs.Seek(3, IO.SeekOrigin.Current)   'Dateizeiger drei Bytes vorbewegen
fs.Seek(-3, IO.SeekOrigin.End)      'Dateizeiger drei Bytes vor das Dateiende bewegen
```

Die Länge der Datei (d.h. die größtmögliche Position des Dateizeigers) kann mit `Length` ermittelt werden.

Wenn Sie Daten mit `Write[Byte]` speichern bzw. verändern, werden diese Änderungen aus Effizienzgründen nicht sofort physikalisch auf der Festplatte durchgeführt. Sie können eine sofortige Speicherung aber jederzeit mit der Methode `Flush` erreichen.

Wie bei den anderen in diesem Kapitel vorgestellten `IO`-Objekten zum Dateizugriff sollten Sie auch bei `FileStream` darauf achten, das Objekt so rasch wie möglich mit `Close` zu schließen. Damit können andere Benutzer oder Programme wieder auf die Datei zugreifen. (Verlassen Sie sich nicht darauf, dass die Datei automatisch geschlossen wird, wenn das Objekt – z.B. am Ende einer Prozedur – nicht mehr gültig ist. Aufgrund der neuen Speicherverwaltung von Visual Basic wird ein Objekt nicht sofort gelöscht, sondern zu einem unbestimmten Zeitpunkt!)

FileStream-Beispiel – Binärdatei lesen und schreiben

Das folgende Beispielprogramm ermittelt mit `IO.Path.GetTempFileName` einen temporären Dateinamen, erzeugt diese Datei und speichert dort zehn Bytes. Der Dateizeiger wird nun zum ersten Mal zurück an den Beginn gestellt, um die Daten mit einer Schleife Byte für Byte auszulesen. Anschließend wird der Dateizeiger ein zweites Mal zurückgestellt, um die Daten nun auf einmal in ein `Byte`-Feld zu übertragen.

```
' Beispiel dateien\filestream
Dim i As Byte
Dim data As Integer
Dim bytes() As Byte
```

```
Dim filename As String = IO.Path.GetTempFileName
Dim fs As New IO.FileStream(filename, IO.FileMode.Create)
' 10 Bytes in der Datei speichern
For i = 0 To 9
  fs.WriteByte(i)
Next
' Dateizeiger zurück an den Anfang der Datei setzen
' Daten Byte für Byte lesen, bis das Ende der Datei erreicht wird
fs.Seek(0, IO.SeekOrigin.Begin)
Do
  data = fs.ReadByte()
  If data = -1 Then Exit Do
  Console.Write(data & " ")
Loop
Console.WriteLine()
' Dateizeiger nochmals zurück an den Anfang der Datei setzen
' alle Daten als Byte-Block lesen
fs.Seek(0, IO.SeekOrigin.Begin)
ReDim bytes(CInt(fs.Length - 1))
fs.Read(bytes, 0, CInt(fs.Length))
For Each i In bytes
  Console.Write(i & " ")
Next
Console.WriteLine()
' Datei schließen, Programmende
fs.Close()
```

Sharing-Probleme (gemeinsamer Zugriff auf Dateien)

Wenn man der Dokumentation zur `IO.FileSharing`-Aufzählung folgt, sollte es eigentlich kein Problem sein, mit zwei `FileStream`-Objekten auf dieselbe Datei zuzugreifen. (Das wird in der Praxis selten erforderlich sein. Auf diese Weise kann aber rasch mit nur einem Programm getestet werden, ob der gemeinsame Zugriff mehrerer Programme oder Benutzer auf eine Datei prinzipiell funktioniert.)

Mit den folgenden Zeilen sollte mit `fs1` eine temporäre Datei erzeugt und beschrieben werden. Mit `fs2` sollte dann die Datei gelesen werden (ohne vorher `fs1` zu schließen.) Das Experiment scheiterte allerdings schon in Zeile `fs2 = New IO.FileStream(...)` mit einer Fehlermeldung (`IO.IOException`) wegen eines Konflikts beim Dateizugriff. Dieser Fehler kann vermieden werden, wenn beide Dateien mit `IO.FileShare.ReadWrite` geöffnet werden.

```
Dim i As Byte
Dim fs1, fs2 As IO.FileStream
Dim filename As String = IO.Path.GetTempFileName
' fs1 erzeugt die Datei und schreibt zehn Bytes
fs1 = New IO.FileStream(filename, IO.FileMode.Create, _
  IO.FileAccess.Write, IO.FileShare.Read)
For i = 0 To 9
  fs1.WriteByte(i)
```

```
Next
' nun mit fs2 dieselbe Datei lesen
fs2 = New IO.FileStream(filename, IO.FileMode.Open, _
  IO.FileAccess.Read, IO.FileShare.Read)
...
```

Mit einem zweiten Test (siehe die Prozedur `sharingtest2` im Beispiel *dateien\filestream* auf der Webseite zum Buch) wird zuerst eine Datei mit dem `FileStream`-Objekt `fs1` erzeugt. `fs1` wird anschließend geschlossen. Danach versuchen zwei weitere `FileStream`-Objekte `fs2` und `fs3` gleichzeitig, diese Datei zu lesen. Das klappt – allerdings nur dann, wenn beide Objekte mit `access = IO.FileAccess.Read` geöffnet wurden.

Fazit: Auch wenn die Dokumentation zu `IO.FileShare.Write` bzw. `ReadWrite` vermuten lässt, dass ein gleichzeitiger Schreibzugriff durch zwei Prozesse möglich ist, ist dies in der Praxis nicht (zumindest nicht immer) der Fall. Ein gleichzeitiger Lesezugriff ist möglich, erfordert aber die Angabe eines `sharing`-Parameters.

Lock und Unlock

Die `FileStream`-Klasse sieht die Methoden `Lock` und `Unlock` vor, um einen Bytebereich einer Datei vorübergehend für jeden Zugriff durch andere Prozesse zu blockieren. Nachdem ein gemeinsamer Schreibzugriff nicht gelungen ist (siehe oben), wurden die beiden Methoden nur im Hinblick auf einen gemeinsamen Lesezugriff getestet. Dabei hat sich gezeigt, dass der Zugriff mit den Methoden zwar tatsächlich gesteuert werden kann, dass die durch `Lock` ausgelöste Blockierung aber für die gesamte Datei oder zumindest für einen größeren Bereich der Datei gilt (eventuell für die Puffergröße), nicht nur für den angegebenen Bytebereich.

```
fs1 = New IO.FileStream(filename, IO.FileMode.Open, IO.FileAccess.Read)
fs1.Lock(5, 2)  'blockiert zwei Bytes ab der Position 5
' das folgende Kommando löst einen Zugriffsfehler aus,
' obwohl die ersten Bytes eigentlich nicht blockiert sind
fs2 = New IO.FileStream(filename, IO.FileMode.Open, IO.FileAccess.Read)
```

Fazit: Die Parameter von `Lock` und `Unlock` gaukeln eine Genauigkeit bei der Blockierung von Dateien vor, die in der Praxis nicht erzielt werden kann. Stattdessen gilt das Motto: alles oder nichts.

MemoryStream (Streams im Arbeitsspeicher)

`MemoryStream` verwaltet einen `Stream` im Arbeitsspeicher. Da die Klasse ebenfalls von `IO.Stream` abgeleitet ist, stehen die meisten von `FileStream` bekannten Eigenschaften und Methoden auch für `MemoryStream`-Objekte zur Verfügung.

Im einfachsten Fall, d.h., wenn das Objekt mit `New IO.MemoryStream()` erzeugt wurde, erfolgt die Speicherverwaltung automatisch. Die zahlreichen Konstruktor-Varianten ermöglichen es aber auch, in der Größe oder im Inhalt unveränderliche `Streams` auf der Basis von `Byte`-Feldern zu erzeugen.

```
Dim ms As New IO.MemoryStream()
ms.WriteByte(...)
```

Mit WriteTo können Sie den Inhalt eines MemoryStream-Objekts in ein anderes Stream-Objekt übertragen. Wenn Sie dabei als Parameter ein FileStream-Objekt angeben, können Sie ein MemoryStream-Objekt in einer Datei speichern.

Mit den folgenden Zeilen wird zuerst ein MemoryStream-Objekt erzeugt, um darin zehn Bytes zu speichern. Anschließend wird der Inhalt des Objekts in einer temporären Datei gespeichert.

```
Dim i As Integer
Dim ms As New IO.MemoryStream()
For i = 1 To 10
  ms.WriteByte(CByte(i))
Next
Dim fs As New IO.FileStream(IO.Path.GetTempFileName(), IO.FileMode.Create)
ms.WriteTo(fs)
```

Wenn Sie das gesamte MemoryStream-Objekt in einer anderen Form weiterbearbeiten möchten, können Sie es mit der Methode ToArray in ein Byte-Feld kopieren.

BufferedStream

Die BufferedStream-Klasse hilft, die Effizienz beim Umgang mit anderen IO.Stream-Objekten zu steigern. Dazu werden Schreibvorgänge zuerst im Arbeitsspeicher zwischengespeichert, bevor sie tatsächlich durchgeführt werden. Bei Lesevorgängen werden entsprechend schon im Voraus große Datenmengen gelesen, die dann sofort zur Verfügung stehen. Zum Erzeugen eines BufferedStream-Objekts muss ein anderes, bereits existierendes IO.Stream-Objekt (oder ein Objekt einer davon abgeleiteten Klasse) im Konstruktor angegeben werden.

Die Anwendung eines BufferedStream empfiehlt sich laut Dokumentation dann, wenn sehr viele Lese- oder Schreibvorgänge hintereinander durchgeführt werden, es aber nur selten zu einem Wechsel zwischen Lese- und Schreibvorgängen kommt. Nicht praktikabel sind BufferedStreams für MemoryStreams, denn die befinden sich in jedem Fall im RAM. Als nicht zweckmäßig hat sich aber auch die Kombination mit FileStreams herausgestellt: FileStreams verwenden standardmäßig einen Pufferspeicher, der offensichtlich ausreichend groß ist. Damit verbleibt als einzig mögliche Anwendung die Optimierung von Netzwerkströmen (z.B. NetworkStream).

BinaryReader und -Writer (Variablen binär speichern)

Mit Objekten der beiden Binary-Klassen können Sie binäre Daten lesen oder schreiben. Der wesentliche Vorteil gegenüber FileStream besteht in den reichhaltigen Read- und Write-Methoden: Mit BinaryWriter.Write können Sie die meisten elementaren .NET-Datentypen direkt in einer Datei speichern (darunter Byte, Short, Integer, Long, Single, Double, Decimal sowie Char und String). Anders als bei FileStream brauchen Sie sich also nicht mehr mit einzelnen Bytes zu plagen, sondern können ganze Variablen unmittelbar speichern bzw. lesen.

BinaryReader bietet eine ganze Kollektion entsprechender ReadXxx-Methoden, z.B. ReadByte, ReadInt16, ReadInt32 etc. Falls während des Leseversuchs das Ende der Datei erreicht wird, kommt es zu einem EndOfStream-Fehler.

Aus schwer nachvollziehbaren Gründen wird der elementare Datentyp Date von den Binary-Objekten nicht unterstützt. Die einfachste Abhilfe besteht darin, d.Ticks zu speichern (das ist ein Long-Wert) und später ReadInt64 zu verwenden, um die Daten wieder einzulesen. Das Beispielprogramm demonstriert diese Vorgehensweise.

Die BinaryReader- bzw. BinaryWriter-Klassen sind zwar in der Objekthierarchie nicht von der Klasse IO.FileStream abgeleitet, verwenden aber intern ein derartiges Objekt. Aus diesem Grund muss vor der Erzeugung eines BinaryReader- oder BinaryWriter-Objekts zuerst ein FileStream-Objekt zur Verfügung stehen.

```
Dim fs As New IO.FileStream("name.bin", IO.FileMode.Create)
Dim bw As New IO.BinaryWriter(fs)
bw.Write(x)
...
```

Im Gegensatz zu FileStream-Objekten können Sie mit BinaryXxx-Objekten nicht wechselweise Daten lesen und schreiben. Eine weitere Einschränkung gilt nur für BinaryReader: Es ist nicht möglich, die Leseposition (den Dateizeiger) durch Seek zu verändern.

Umgang mit Zeichenketten

BinaryReader und -Writer berücksichtigen beim Lesen bzw. Schreiben von Char- und String-Variablen die Codierung, die beim Erzeugen des BinaryWriter-Objekts angegeben wurde. Wenn die Codierung nicht angegeben wird, verwendet BinaryWriter standardmäßig UTF8. Das bedeutet, dass je nach Zeichen unterschiedlich viele Bytes zur Codierung verwendet werden!

```
Dim enc As Text.Encoding = New Text.UnicodeEncoding()
Dim fs As New IO.FileStream(filename, IO.FileMode.Create)
Dim bw As New IO.BinaryWriter(fs, enc)
```

BinaryWriter speichert zudem bei String-Variablen die Anzahl der Zeichen. Das hilft BinaryReader später, die richtige Länge der Zeichenkette zu erkennen. Die Zeichenanzahl wird dabei auf eine besondere Weise codiert: Werte bis zu 127 werden in einem einzigen Byte gespeichert. Größere Werte werden auf mehrere Bytes verteilt, wobei in jedem Byte nur sieben Bits für die Codierung der Zahl genutzt werden. Das achte Bit gibt an, ob im nächsten Byte weitere Bits folgen. Auf diese Weise können beliebig große ganze Zahlen gespeichert werden, ohne jedes Mal vier Bytes zu beanspruchen.

Byte-Felder lesen und schreiben

Um ein komplettes Byte-Feld aus einer Datei zu lesen oder dorthin zu schreiben, können Sie auch die zwei Methoden ReadAllBytes und WriteAllBytes des Objekts My.Computer.FileSystem einsetzen. Bei WriteAll-

Bytes können Sie angeben, ob Sie die Bytes an die Datei anhängen möchten (append=True) oder nicht. Die beiden Methoden ersparen Ihnen das Öffnen und Schließen eines BinaryReaders bzw. -Writers.

```
Dim b() As Byte = My.Computer.FileSystem.ReadAllBytes("dateiname")
My.Computer.FileSystem.WriteAllBytes("dateiname", b, append)
```

BinaryReader-Beispiel

Das folgende Beispielprogramm erzeugt mit IO.Path.GetTempFileName einen temporären Dateinamen. Dieser Name wird zuerst dazu benutzt, um eine neue Datei zu erzeugen und darin eine Double-Zahl, zwei Zeichenketten und die aktuelle Zeit zu speichern. Anschließend werden diese Daten wieder aus der Datei extrahiert und mit MsgBox zur Kontrolle angezeigt.

```
' Beispiel dateien\binaryreader

Sub Main()
  Dim filename As String = IO.Path.GetTempFileName
  WriteBinaryData(filename)
  ReadBinaryData(filename)
End Sub

Sub WriteBinaryData(ByVal filename As String)
  Dim x As Double = 1 / 7
  Dim s1 As String = "abcäöü€"
  Dim s2 As String = "blabla"
  Dim d As Date = Now
  Dim fs As New IO.FileStream(filename, IO.FileMode.Create)
  Dim bw As New IO.BinaryWriter(fs)
  bw.Write(x)
  bw.Write(s1)
  bw.Write(s2)
  bw.Write(d.Ticks)
  bw.Close()
End Sub

Sub ReadBinaryData(ByVal filename As String)
  Dim x As Double, s1, s2 As String
  Dim fs As New IO.FileStream(filename, IO.FileMode.Open)
  Dim br As New IO.BinaryReader(fs)
  Dim d As Date
  x = br.ReadDouble()
  s1 = br.ReadString()
  s2 = br.ReadString()
  d = New Date(br.ReadInt64())
  MsgBox("x=" & x & vbCrLf & "s1=" & s1 & vbCrLf & "s2=" & s2 & vbCrLf & "d=" & d)
  br.Close()
End Sub
```

Syntaxzusammenfassung IO.FileStream

System.IO.FileStream-Klasse – Binärdateien lesen und schreiben	
`fs = New IO.FileStream(filename, modus [,access [,sharing [,buffersize]]])`	erzeugt ein `FileStream`-Objekt. `modus` (`IO.FileMode`-Aufzählung) gibt an, ob die Datei neu erzeugt werden soll. `access` (`IO.FileAccess`-Aufzählung) gibt an, ob die Daten gelesen oder geschrieben werden sollen. `sharing` (`IO.FileShare`-Aufzählung) gibt an, ob andere Prozesse Zugriff auf die Daten haben.
`fs.Close()`	schließt die Datei.
`fs.Flush()`	speichert alle offenen Änderungen in der Datei.
`fs.Length`	liefert die Länge der Datei.
`fs.Lock(pos, n)`	blockiert `n` Bytes ab Position `n` für jeden Zugriff durch andere Prozesse.
`fs.Name`	liefert den Namen der Datei.
`fs.Position`	liefert die Position des Dateizeigers (0, wenn der Zeiger auf das erste Byte zeigt).
`fs.Read(b, offset, n)`	liest `n` Bytes in das `Byte`-Feld `b`. Die Daten werden beginnend mit `b(offset)` in das Feld kopiert.
`fs.ReadByte()`	liest ein Byte und liefert einen entsprechenden `Integer`-Wert oder -1, wenn das Dateiende erreicht ist.
`fs.Seek(pos, start)`	verändert die Position des Dateizeigers um `pos` Bytes. `start` gibt die Startposition an. Zulässige Werte sind `IO.SeekOrigin.Begin`, `-.Current` und `-.End`.
`fs.Unlock(pos, n)`	gibt `n` Bytes ab Position `n` für den Zugriff durch andere Prozesse wieder frei.
`fs.Write(b, offset, n)`	speichert `n` Bytes, die aus dem `Byte`-Feld `b` beginnend mit `b(offset)` gelesen werden.
`fs.WriteByte(b)`	speichert den `Byte`-Wert `b`.

System.IO.FileMode-Aufzählung – Modus beim Öffnen von Dateien	
`Append`	öffnet die Datei, um an ihrem Ende Daten anzufügen. Es können keine Daten gelesen werden. Die Datei muss bereits existieren.
`Create`	erzeugt bzw. überschreibt die Datei.
`CreateNew`	erzeugt eine neue Datei. Die Datei darf noch nicht existieren.

System.IO.FileMode-Aufzählung – Modus beim Öffnen von Dateien	
`Open`	öffnet die angegebene Datei. Die Datei muss bereits existieren.
`OpenOrCreate`	öffnet die angegebene Datei oder erzeugt sie neu.
`Truncate`	öffnet die angegebene Datei und löscht ihren Inhalt. Die Datei muss bereits existieren.

System.IO.FileAccess-Aufzählung – Zugriffsmodus auf Dateien	
`Read`	öffnet die Datei nur zum Lesen.
`ReadWrite`	öffnet die Datei zum Lesen und zum Schreiben.
`Write`	öffnet die Datei nur zum Schreiben.

System.IO.FileShare-Aufzählung – Sharing-Modus beim Dateizugriff	
`None`	verwehrt allen anderen Prozessen den Zugriff auf die Datei, bis diese geschlossen wird (gilt standardmäßig bei Schreibzugriffen).
`Read`	erlaubt anderen Prozessen, die Datei gleichzeitig zu lesen (gilt standardmäßig bei Lesezugriffen).
`ReadWrite`	erlaubt anderen Prozessen, die Datei gleichzeitig zu lesen und zu verändern.
`Write`	erlaubt anderen Prozessen, die Datei gleichzeitig zu verändern.

Syntaxzusammenfassung IO.BinaryReader und IO.BinaryWriter

System.IO.BinaryReader-Klasse – Binärdateien lesen	
`br = New IO.BinaryReader(filestream)`	erzeugt aus einem `FileStream`-Objekt ein `BinaryReader`-Objekt.
`br = New IO.StreamReader(filestream, enc)`	wie oben, aber unter Anwendung eines bestimmten Zeichensatzes (`Text.Encoding`).
`br.Close()`	schließt die Datei.
`br.PeekChar()`	liest ein Zeichen, ohne den Dateizeiger zu verändern.
`br.Read()`	liest ein Zeichen und liefert einen `Integer`-Wert oder -1, wenn das Dateiende erreicht ist.

***System.IO.BinaryReader*-Klasse – Binärdateien lesen**	
`br.ReadByte()`, `br.ReadChar()` etc.	liest eine Variable des angegebenen Typs (so viele Bytes, wie zur Speicherung des Datentyps erforderlich sind). Falls das Dateiende erreicht wird, tritt ein `EndOfStream`-Fehler auf.

***System.IO.BinaryWriter*-Klasse – Binärdateien schreiben**	
`bw = New IO.BinaryWriter(filestream)`	erzeugt aus einem `FileStream`-Objekt ein `BinaryWriter`-Objekt.
`bw = New IO.BinaryWriter(filestream, enc)`	wie oben, aber unter Anwendung eines bestimmten Zeichensatzes (`Text.Encoding`).
`bw.Close()`	schließt die Datei.
`bw.Flush()`	speichert alle offenen Änderungen auf dem Datenträger.
`bw.Seek(n, origin)`	verändert die Position des Dateizeigers.
`bw.Write(x)`	speichert die in `x` enthaltenen Daten in binärer Form. `x` muss einer der elementaren .NET-Datentypen sein (außer `Boolean` und `Date`).

11.7 Asynchroner Zugriff auf Dateien

Normalerweise erfolgt der Zugriff auf Dateien synchron. Das bedeutet, dass das Programm nach der Anweisung `fs.Read(...)` erst dann fortgesetzt wird, nachdem die angeforderten Daten gelesen wurden. Ebenso wird das Programm nach `fs.Write(...)` erst fortgesetzt, nachdem die Daten tatsächlich gespeichert wurden. (Aus Geschwindigkeitsgründen werden Lese- und Schreibzugriffe intern gepuffert, sodass nicht jeder Schreibvorgang auch sofort physikalisch auf der Festplatte ausgeführt wird.) Alle bisherigen Beispiele sind stillschweigend davon ausgegangen, dass der Datenzugriff synchron erfolgt.

Ein asynchroner Zugriff bedeutet dagegen, dass Sie nach der Aufforderung, bestimmte Daten zu lesen oder zu schreiben, sofort mit anderen Kommandos weiterarbeiten können. Die asynchrone Dateioperation erfolgt in einem eigenen Thread, der zu diesem Zweck automatisch geschaffen wird. Vom Abschluss des Lese- oder Schreibvorgangs werden Sie von einer sogenannten Callback-Prozedur verständigt.

Asynchrone Dateioperationen machen einerseits die Programmierung deutlich komplizierter, weil Sie sich nicht mehr darauf verlassen können, dass die gelesenen Daten sofort zur Verfügung stehen bzw. dass geschriebene Daten tatsächlich erfolgreich gespeichert werden konnten. Andererseits bieten sie die Möglichkeit, Programme effizienter zu machen. Wenn Sie bei einem Programm DATEI|SPEICHERN asynchron implementieren, kann der Benutzer sofort weiterarbeiten, auch wenn das Speichern vielleicht einige Sekunden dauert. Wenn Sie bei einem Programm Daten asynchron lesen, können Sie in der Zeit, bis die Daten verfügbar sind, andere Arbeiten erledigen.

HINWEIS

Die hier beschriebenen Programmiertechniken gelten übrigens nicht nur für den asynchronen Dateizugriff, sondern generell für alle .NET-Klassen, die asynchrone Operationen zulassen.

Voraussetzungen

- Grundsätzlich sind asynchrone Dateioperationen nur bei großen Dateien sinnvoll und auch nur dann, wenn große Datenmengen auf einmal gelesen oder geschrieben werden. (Sind diese Voraussetzungen nicht erfüllt, sind asynchrone Operationen wegen des größeren Verwaltungsaufwands oft langsamer als synchrone!)
- Je nach Betriebssystem werden asynchrone Dateioperationen womöglich gar nicht unterstützt. Laut Dokumentation wird `New` auch dann fehlerfrei ausgeführt; die unten beschriebenen Methoden `BeginWrite` bzw. `BeginRead` werden aber dennoch synchron ausgeführt. Ich habe asynchrone Dateioperationen unter Windows XP und Windows Vista getestet, und dort haben sie gut funktioniert.
- Asynchrone Operationen sind nur für binäre Datenströme vorgesehen (also für die Klassen `Stream`, `FileStream` etc.). Die Methoden `BeginWrite` und `BeginRead` verarbeiten nur `Byte`-Felder.

Ein asynchrones FileStream-Objekt erzeugen

Bevor asynchrone Operationen überhaupt möglich sind, muss ein `FileStream`-Objekt im asynchronen Modus erzeugt werden. Der dazu vorgesehene Konstruktor verlangt ziemlich viele Parameter:

```
Dim fs As New IO.FileStream(filename, createmode, accessmode, sharemode, _
  buffersize, IO.FileOptions.Asynchronous)
```

Die drei Parameter `createmode`, `accessmode` und `sharemode` wurden bereits im vorigen Abschnitt beschrieben. `buffersize` gibt die Größe des Puffers an, der beim Lesen bzw. Schreiben verwendet werden soll. Der letzte Parameter gibt an, dass die Datei asynchron bearbeitet werden soll. Ob die Datei tatsächlich asynchron geöffnet wurde, geht aus der Eigenschaft `IsAsync` hervor:

```
If fs.IsAsync = True Then ...
```

Daten asynchron schreiben und lesen

Um nun Daten asynchron in der Datei zu speichern, verwenden Sie statt `Write` die Methode `BeginWrite`. Die zu schreibenden Daten müssen als eindimensionales Bytefeld übergeben werden. Die Parameter `start` und `n` geben an, ab welcher Position innerhalb des Felds gespeichert und wie viele Bytes gespeichert werden sollen. Die beiden weiteren Parameter können die Adresse einer Callback-Prozedur und ein Objekt zur Identifizierung des Schreibvorgangs enthalten (siehe unten).

`BeginWrite` wird im Gegensatz zu synchronen Schreibmethoden sofort beendet. Als Ergebnis erhalten Sie ein Objekt, das die Schnittstelle `IAsyncResult` realisiert. Mit dessen Eigenschaft `IsCompleted` können Sie ganz einfach überprüfen, ob der Schreibvorgang bereits abgeschlossen ist. Darüber hinaus liefert die Eigenschaft `AsyncWaitHandle` ein `Threading.WaitHandle`-Objekt, dessen Methoden bei Bedarf eine Synchronisierung des Lese- oder Schreib-Threads ermöglichen.

Während das Programm nun im Hintergrund die Daten in die Datei überträgt, können Sie in Ihrem Programm andere Dinge erledigen. Falls dabei Fehler auftreten können, müssen Sie eine Fehlerabsicherung durchführen, damit der Schreibvorgang sicher zu Ende geführt werden kann!

Um den Programmfluss wieder zu synchronisieren, führen Sie `EndWrite` aus, wobei Sie das `IAsyncResult`-Objekt übergeben. `EndWrite` wartet, bis der Schreibvorgang tatsächlich zu Ende ist.

```
Dim result As IAsyncResult
result = fs.BeginWrite(byte_array, start, n, Nothing, Nothing)
... andere Dinge erledigen
fs.EndWrite(result)  'auf das Ende des Schreibvorgangs warten
```

Analog zu `Begin-/EndWrite` gibt es auch die Methoden `BeginRead` und `EndRead`. Damit können Sie Daten asynchron in ein `Byte`-Feld einlesen. Beachten Sie, dass Sie auf das Feld mit den Ergebnisdaten erst nach `EndRead` zugreifen können! Wenn Sie die Daten sofort benötigen, sollten Sie eine synchrone Schreibmethode verwenden.

Asynchrone Callbacks

Statt mit `EndRead/-Write` auf das Ende der asynchronen Operation zu warten, können Sie sich davon auch durch eine sogenannte Callback-Prozedur verständigen lassen. Eine Callback-Prozedur ist mit einer Ereignisprozedur vergleichbar, die automatisch aufgerufen wird. Diese Prozedur muss folgendermaßen deklariert werden (wichtig ist der Parameter des Typs `IAsyncResult`):

```
' wird zum Ende der asynchronen Operation aufgerufen
Public Sub my_callback_func(ByVal ar As IAsyncResult)
  ...
End Sub
```

Beim Aufruf von `BeginWrite` oder `-Read` übergeben Sie nun im vierten Parameter die Adresse dieser Prozedur. Im fünften Parameter können Sie ein beliebiges Objekt `data` angeben, das dann an die Callback-Prozedur weitergegeben wird. Dieses Objekt übernimmt zwei Aufgaben: Es kann innerhalb der Callback-Prozedur helfen, die Quelle des Aufrufs zu identifizieren (falls Sie die Callback-Prozedur für verschiedene asynchrone Operationen in Ihrem Programm verwenden), und es kann dazu verwendet werden, bestimmte Arbeiten zu erledigen, mit denen Sie warten müssen, bis die asynchrone Operation abgeschlossen ist.

```
' fs ist ein IO.FileStream-Objekt, siehe oben
result = fs.BeginWrite(byte_array, start, n, AddressOf my_callback_func, data)
```

Innerhalb der Callback-Funktion können Sie über `ar` auf das oben schon beschriebene Objekt der Schnittstelle `IAsyncResult` zugreifen. Neu ist, dass Sie nun über die Eigenschaft `ar.AsyncState` auf das Objekt zugreifen können, das Sie im fünften Parameter von `BeginWrite` oder `-Read` übergeben haben.

Fehlerabsicherung

Wenn bereits als Reaktion auf die Methode BeginRead oder -Write ein Fehler auftritt, können Sie davon ausgehen, dass die asynchrone Operation gar nicht gestartet wurde. (In diesem Fall kommt es daher auch nicht zum Aufruf von Callback-Prozeduren.)

Komplizierter wird es, wenn während der asynchronen Operation ein Fehler auftritt. In diesem Fall wird die entsprechende Exception erst ausgelöst, wenn Sie EndRead oder -Write ausführen.

11.8 Verzeichnis überwachen

Die Klasse IO.FileSystemWatcher ermöglicht es, ein Verzeichnis des Dateisystems zu überwachen (allerdings nicht unter Windows 9x/ME). Jedes Mal, wenn sich in diesem Verzeichnis eine Datei ändert, wird ein Ereignis ausgelöst. Die Klasse ist im Gegensatz zu den anderen IO-Klassen in der Bibliothek *System.dll* definiert. Diese Bibliothek steht wie *mscorlib.dll* allen Visual Basic-Programmen automatisch zur Verfügung.

Zur Anwendung der FileSystemWatcher-Klasse definieren Sie mit WithEvents auf Modul- oder Klassenebene eine Variable des Typs FileSystemWatcher. Anschließend erzeugen Sie ein neues Objekt dieser Klasse, wobei Sie an den Konstruktor den Namen des Verzeichnisses übergeben, das Sie überwachen möchten. Durch EnableRaisingEvents=True starten Sie den Ereignisfluss. Es werden nun in Ihrem Programm enthaltene Ereignisprozeduren für die FileSystemWatcher-Variable aufgerufen, wobei aus den Eigenschaften des Parameters e unter anderem der Name der geänderten Datei ermittelt werden kann.

Die FileSystemWatcher-Klasse sieht fünf Ereignisse vor: Created, Changed, Renamed, Deleted und Error. Die ersten vier Ereignisse beziehen sich auf die Dateien im überwachten Verzeichnis. Das Error-Ereignis tritt auf, wenn der interne Puffer zur Verwaltung der Dateiereignisse überschritten wird (siehe Überschrift *Pufferüberlauf*). Ein vollständiges Anwendungsbeispiel für die FileSystemWatcher-Klasse finden Sie im Beispielprogramm *oo-programmierung\intro2*, das in Abschnitt 6.1 beschrieben wird.

```
Dim WithEvents fsw As IO.FileSystemWatcher
Sub Main()
  fsw = New IO.FileSystemWatcher(IO.Path.GetTempPath())
  fsw.EnableRaisingEvents = True
  Console.WriteLine("Return beendet das Programm")
  Console.ReadLine()
End Sub
Public Sub fsw_Changed(ByVal sender As Object, _
    ByVal e As System.IO.FileSystemEventArgs) Handles fsw.Changed
  Console.WriteLine("Datei {0} hat sich geändert", e.FullPath)
End Sub
```

Überwachungsbereich modifizieren

Standardmäßig überwacht FileSystemWatcher alle Dateien, die sich direkt im angegebenen Verzeichnis befinden. Wenn Sie auch alle Unterverzeichnisse überwachen möchten, müssen Sie IncludeSubdirectories auf True setzen.

Wenn Sie nur bestimmte Dateien (z.B. "*.gif") überwachen möchten, können Sie die Filter-Eigenschaft mit einem entsprechenden Muster einstellen. Die Standardeinstellung lautet "*.*".

Schließlich können Sie mit NotifyFilters angeben, welcher Art die Veränderungen sein sollen, die Sie beobachten möchten. Normalerweise werden Änderungen am Namen und am Inhalt beobachtet. Sie können aber beispielsweise auch Veränderungen an den Sicherheitseinstellungen oder an den Dateiattributen verfolgen. Die Einstellung der Eigenschaft erfolgt durch eine Or-Kombination von Konstanten aus der NotifyFilters-Aufzählung.

Pufferüberlauf

Wenn mit FileSystemWatcher eine Überwachung eingerichtet wird, wird jede Änderung am Dateisystem in einem Puffer zwischengespeichert. Die einzelnen Einträge des Puffers werden dann der Reihe nach durch die Aufrufe von Ereignisprozeduren abgearbeitet.

Wenn plötzlich sehr viele Dateien erzeugt, geändert oder gelöscht werden und die FileSystemWatcher-Ereignisprozeduren nicht schnell genug verarbeitet werden können, reicht die Größe des Zwischenpuffers nicht aus. In diesem Fall tritt das Error-Ereignis auf, an das ein Objekt der Klasse InternalBufferOverflowException übergeben wird. (Das Objekt kann mit e.GetException() ausgewertet werden.)

Durch diesen Fehler wird der Puffer gelöscht und die Überwachung beendet. Um neuerlich Ereignisse empfangen zu können, muss ein neues FileSystemWatcher-Objekt erzeugt werden. Dabei ist es sinnvoll, mit InternalBufferSize einen größeren Puffer zu wählen. Die Angabe des Puffers erfolgt in Byte und sollte ein Vielfaches von 4096 betragen. Die Standardgröße beträgt 8192 Byte. Die folgende Prozedur zeigt eine mögliche Reaktion auf den Fehler:

```
' Beispiel oo-programmierung\intro2
Public Sub fsw_Error(ByVal sender As Object, _
    ByVal e As System.IO.ErrorEventArgs) Handles fsw.Error
  Console.WriteLine(e.GetException.GetType.FullName + vbCrLf + e.GetException.Message)
  fsw = New IO.FileSystemWatcher(IO.Path.GetTempPath())
  fsw.InternalBufferSize = 4096 * 16
  fsw.EnableRaisingEvents = True
End Sub
```

Überwachen Sie nicht mehr, als unbedingt notwendig ist! Nutzen Sie die Eigenschaften Filter, NotifyFilter und IncludeSubdirectories, um den Geltungsbereich des FileSystemWatcher-Objekts einzuschränken.

Syntaxzusammenfassung

System.IO.FileSystemWatcher **– Eigenschaften**	
`EnableRaisingEvents`	aktiviert den Aufruf der Ereignisprozeduren (`True`/`False`).
`Filter`	gibt ein Muster für die zu überwachenden Dateinamen an (normalerweise `"*.*"`).
`IncludeSubdirectories`	gibt an, ob auch Unterverzeichnisse überwacht werden sollen (normalerweise `False`).
`InternalBufferSize`	bestimmt die Größe des Zwischenspeichers in Byte.
`NotifyFilter`	gibt an, welcher Art die Änderungen an der Datei sein sollen (z.B. `NotifyFilters.Size`).

System.IO.FileSystemWatcher **– Ereignisse**	
`Changed`	gibt an, dass der Inhalt einer Datei geändert wurde.
`Created`	gibt an, dass eine neue Datei erzeugt wurde.
`Deleted`	gibt an, dass eine Datei gelöscht wurde.
`Error`	es ist ein Fehler bei der Verwaltung des `FileSystemWatcher`-Zwischenspeichers aufgetreten.
`Renamed`	gibt an, dass eine Datei umbenannt wurde.

11.9 Serialisierung

Der schwer zu übersetzende Fachausdruck `serialization` bezeichnet die Umwandlung eines Objekts in eine Binär- oder Textform (XML), die anschließend über ein Netzwerk an einen anderen Rechner übertragen oder in einer Datei gespeichert werden kann. Die Rückverwandlung in Objekte wird Deserialisierung (englisch `de-serialization`) genannt. Der Begriff Serialisierung bezieht sich darauf, dass die im allgemeinen Fall hierarchische Verknüpfung verschiedener Objekte in eine serielle Form, also gewissermaßen in eine flache Darstellung, umgewandelt werden muss.

Für die Serialisierung und Deserialisierung gibt es eine ganze Reihe von Anwendungen:

» Übertragung von Objekten über ein Netzwerk: Damit können Prozesse auf unterschiedlichen Rechnern Objekte austauschen.

» Speicherung von Objekten in einer Datei: Damit können Objekte persistent gespeichert und zu einem späteren Zeitpunkt wieder geladen werden. Diese Form der Anwendung ist auch der Grund, weswegen Serialisierung in diesem Kapitel beschrieben wird.

» Speicherung von Objekten in einer Datenbank.

HINWEIS

Dieser Abschnitt gibt nur eine Einführung in das Thema Serialisierung. Wesentlich mehr Informationen und Beispiele finden Sie in der Hilfe, wenn Sie in MSDN bzw. im Internet nach »serialisieren« oder »serialization« suchen. Wenn Sie sich speziell für den Datenaustausch zwischen Prozessen auf unterschiedlichen Rechnern interessieren, müssen Sie sich auch in das Thema ».NET Remoting« einlesen.

Serialisierungsformate

Im Zusammenhang mit Serialisierung bezeichnet der Begriff *Formatierung* die Umwandlung von Objekten in einen Byte-Strom. Die folgende Tabelle zählt die drei in der .NET-Bibliothek vorgesehenen Formatierungsklassen auf. Damit können Sie Objekte in einem Binärformat, in einem XML-Format oder in einem SOAP-Format (de-)serialisieren.

Formatierungsklassen zum (De-)Serialisieren von Objekten	
`Runtime.Serialization.Formatters.Binary.BinaryFormatter`	Bibliothek *mscorlib.dll*
`Xml.Serialization.XmlSerializer`	Bibliothek *System.Xml.dll*
`Runtime.Serialization.Formatters.Soap.SoapFormatter`	Bibliothek *System.Runtime.Serialization. Formatters.Soap.dll*

XML steht für `Extensible Markup Language` und bezeichnet ein Textformat zur Darstellung beinahe beliebiger (auch hierarchischer) Daten. SOAP steht für `Simple Object Access Protocol` und beschreibt ein standardisiertes Format zum Austausch von Objekten zwischen verschiedenen Prozessen. SOAP basiert auf XML, d.h., die Objekte werden in Form von XML-Dateien oder -Datenströmen weitergegeben.

Natürlich stellt sich jetzt sofort die Frage, welches Format Sie einsetzen sollten. Die folgenden Punkte sollen bei der Beantwortung dieser Frage helfen:

» Wenn es Ihnen darum geht, die Daten möglichst kompakt und effizient zu serialisieren, ist `BinaryFormatter` die beste Wahl. Allerdings ist dieses Format nur innerhalb der .NET-Welt verständlich.

» Wenn Sie dagegen Wert auf offene Standards legen und Daten mit Programmen austauschen möchten, die selbst nicht auf den .NET-Bibliotheken basieren, sind `SoapFormatter` und `XmlSerializer` besser geeignet. Bei beiden Varianten sind die resultierenden Datenströme aber wesentlich größer als beim Binärformat, die Verarbeitung dauert entsprechend länger.

» `BinaryFormatter` ist am systemnächsten. Laut Online-Hilfe wird bei der (De-)Serialisierung die *Typintegrität beibehalten* (`type fidelity` im englischen Original). Was das bedeutet, beschreibt die Online-Hilfe leider nicht. Praktische Tests ergaben, dass sich mit dem `BinaryFormatter` manche .NET-Objekte serialisieren und wieder deserialisieren lassen, bei denen `SoapFormatter` und `XmlSerializer` versagen (z.B. ein `Drawing.Font`-Objekt).

» `BinaryFormatter` und `SoapFormatter` kommen mit Rekursion zurecht. Der `XmlSerializer` kann dagegen nur dann miteinander verknüpfte Objekte (de-)serialisieren, solange es dabei keine zirkulären Verweise gibt.

» BinaryFormatter und SoapFormatter setzen voraus, dass selbst definierte Klassen mit dem Attribut <Serializable()> ausgestattet sind, damit davon abgeleitete Objekte serialisiert werden können.

  XmlSerializer funktioniert auch ohne diese Voraussetzung, dafür muss die Klasse aber explizit als Public deklariert werden. Wenn Sie das vergessen, liefert der Konstruktor von XmlSerializer nur eine irreführende Fehlermeldung.

» Die Anwendung und Steuerung von BinaryFormatter und SoapFormatter erfolgt weitgehend identisch. Daher ist es meist problemlos möglich, zwischen diesen beiden Formaten zu wechseln. Dagegen stellt XmlSerializer eine vollkommen eigenständige und in vielen Details inkompatible Implementierung dar.

Dieser Abschnitt bezieht sich überwiegend auf BinaryFormatter und SoapFormatter.XmlSerializer wird nur am Rande behandelt. Beachten Sie, dass Sie vor der Verwendung des SoapFormatters einen Verweis auf die Bibliothek *System.Runtime.Serialization.Formatters. Soap.dll* einrichten müssen!

Objekt serialisieren

Um ein Objekt zu serialisieren, benötigen Sie ein Formatter-Objekt. Anschließend übergeben Sie an dessen Serialize-Methode ein IO.Stream-Objekt einer Datei oder einer Netzwerkverbindung sowie das zu serialisierende Objekt:

```
Dim binform As New Runtime.Serialization.Formatters.Binary.BinaryFormatter()
binform.Serialize(streamobj, dataobj)
```

Selbstverständlich können Sie nun mit binform auch mehrere Objekte hintereinander serialisieren. (Sie müssen aber bei der Deserialisierung darauf achten, dass Sie die Objekte in der gleichen Reihenfolge wieder auslesen.)

Statt der BinaryFormatter-Klasse können Sie ebenso gut eine SoapFormatter-Klasse verwenden. Auch der Einsatz der XmlSerializer-Klasse ändert nicht viel an der Vorgehensweise, allerdings muss als New-Parameter der Klassentyp des zu speichernden Stammobjekts übergeben werden. (dataobj darf aber durchaus auf Objekte anderer Klassen verweisen, die ebenfalls serialisiert werden.)

```
Dim xmlform As New Xml.Serialization.XmlSerializer(dataobj.GetType())
xmlform.Serialize(streamobj, dataobj)
```

Objekt deserialisieren

Bevor Sie ein Objekt deserialisieren können, benötigen Sie abermals ein Objekt der Klassen Binary-Formatter, SoapFormatter oder XmlSerializer, das wie vorhin erzeugt wird. Darauf wenden Sie die Methode Deserialize an. Diese Methode liefert die Daten als Object zurück, weswegen Sie mit CType eine Konvertierung durchführen müssen:

```
dataobj = CType(binform.Deserialize(streamobj), dataclass)
```

Eigene Klassen (de-)serialisieren

HINWEIS

Alle weiteren Informationen in diesem Abschnitt beziehen sich explizit nur auf Binary- und SoapFormatter! Die Serialisierung eigener Klassen mit XmlSerializer wird durch andere Attribute gesteuert, die hier aber nicht beschrieben werden.

Damit ein Objekt einer selbst definierten Klasse (de-)serialisiert werden kann, muss die ganze Klasse mit dem Attribut <Serializable()> gekennzeichnet werden. .NET speichert nun bei der Serialisierung automatisch alle Klassenvariablen (unabhängig davon, ob diese Public oder Private sind). Bei der Serialisierung werden die Klassenvariablen direkt ausgelesen, d.h., es werden dazu keine Eigenschaften oder Methoden eingesetzt.

Bei der Deserialisierung wird ein neues Objekt erzeugt, wobei alle Klassenvariablen rekonstruiert werden. Dabei wird weder einer der Konstruktoren ausgeführt noch werden irgendwelche Eigenschaften oder Methoden der Klasse benutzt.

Wenn Sie möchten, dass einzelne Klassenvariablen *nicht* serialisiert werden, können Sie diese als <NonSerialized()> kennzeichnen.

```
<Serializable()> Class class1
  Public a As Integer
  <NonSerialized()> Public b As String
  ...
End Class
```

ISerializable-Schnittstelle

Wenn Ihnen die automatische (De-)Serialisierung zu wenig Flexibilität bietet, können Sie die Sache selbst in die Hand nehmen. Dazu implementieren Sie in Ihrer Klasse die Runtime.Serialization.ISerializable-Schnittstelle. Das Attribut <Serializable()> ist weiterhin erforderlich.

Die ISerializable-Schnittstelle bewirkt, dass nun automatisch gar keine Daten mehr (de-)serialisiert werden. Stattdessen müssen Sie sich selbst um die Serialisierung in der Methode GetObjectData und um die Deserialisierung in einem zusätzlichen Konstruktor kümmern. Die folgenden Zeilen geben ein Codegerüst an:

```
<Serializable()> Class class1
  Implements Runtime.Serialization.ISerializable
  ' Deserialisierung
  Public Sub New( _
      ByVal info As Runtime.Serialization.SerializationInfo, _
      ByVal context As Runtime.Serialization.StreamingContext)
    a = info.GetInt32("a")
    b = info.GetString("b")
    ...
  End Sub
  ' Serialisierung
```

```
  Public Overridable Overloads Sub GetObjectData( _
     ByVal info As Runtime.Serialization.SerializationInfo, _
     ByVal context As Runtime.Serialization.StreamingContext) _
     Implements Runtime.Serialization.ISerializable.GetObjectData
    info.AddValue("a", a)
    info.AddValue("b", b)
    ...
  End Sub
End Class
```

An GetObjectData wird ein Objekt der Klasse SerializationInfo-Objekt übergeben. Mit dessen Methode AddValue übergeben Sie alle zu serialisierenden Daten (meist Klassenvariablen). Dabei muss jede Variable durch eine eindeutige Zeichenkette gekennzeichnet werden.

Im Konstruktor erfolgt der umgekehrte Vorgang: Mit diversen GetXxx-Methoden können Sie die Daten aus dem SerializationInfo-Objekt wieder extrahieren. Die Get-Methoden stehen für alle elementaren Datentypen zur Verfügung, z.B. GetString, GetSingle etc. Bei Integerzahlen verwenden Sie GetInt16 für Short, GetInt32 für Integer, GetInt64 für Long.

Um Objekte einer beliebigen Klasse zu extrahieren, müssen Sie die Methode GetValue verwenden. An diese Methode müssen Sie im zweiten Parameter den zu erwartenden Klassentyp übergeben. Außerdem müssen Sie die resultierenden Daten, die von GetValue als Object zurückgegeben werden, mit CType in ein Objekt der entsprechenden Klasse umwandeln:

```
c = CType(info.GetValue("c", GetType(klassenname)), klassenname)
```

Beispiel – String-Feld serialisieren

Das folgende Beispielprogramm erzeugt ein String-Feld zufälliger Größe und zufälligen Inhalts. Dieses Feld wird in eine temporäre Datei serialisiert und dann von dort wieder neu eingelesen. Zur Kontrolle wird der Inhalt des Felds vorher und nachher angezeigt. Außerdem wird die Serialisierungsdatei im Konsolenfenster angezeigt.

Das Programm erzeugt in der Prozedur create_array ein zufälliges String-Feld und zeigt es mit show_array am Bildschirm an. Das Feld wird dann mit save_array_xxx in einem von drei Formaten gespeichert und anschließend mit load_array_soap_xxx wieder eingelesen.

```
' Beispiel dateien\serialize-array
Sub Main()
  Dim s() As String = Nothing
  Dim fname As String = IO.Path.GetTempFileName()
  Dim fs As IO.FileStream
  ' Feld mit Zufallsdaten erzeugen und anzeigen
  create_array(s)
  show_array(s)
  ' Array speichern
  Console.WriteLine("Temporäre Datei: {0}", fname)
  fs = New IO.FileStream(fname, IO.FileMode.Open)
```

```
  save_array_soap(fs, s)   /   save_array_binary(fs, s)   /   save_array_xml(fs, s)
  fs.Close()
  ' Array löschen und neu laden
  Erase s
  fs = New IO.FileStream(fname, IO.FileMode.Open)
  load_array_soap(fs, s)   /   load_array_binary(fs, s)   /   load_array_xml(fs, s)
  fs.Close()
  show_array(s)
  ' Serialisierungsdatei anzeigen
  Dim sr As New IO.StreamReader(fname)
  Console.WriteLine("Der Inhalt der Serialisierungsdatei:")
  Console.WriteLine(sr.ReadToEnd())
  sr.Close()
  IO.File.Delete(fname)
End Sub
Sub save_array_binary(ByVal fs As IO.FileStream, ByVal s As String())
  Dim binform As New Runtime.Serialization.Formatters.Binary.BinaryFormatter()
  binform.Serialize(fs, s)
End Sub
Sub save_array_soap(ByVal fs As IO.FileStream, ByVal s As String())
  Dim soapform As New Runtime.Serialization.Formatters.Soap.SoapFormatter()
  soapform.Serialize(fs, s)
End Sub
Sub save_array_xml(ByVal fs As IO.FileStream, ByVal s As String())
  Dim xmlform As New Xml.Serialization.XmlSerializer(s.GetType())
  xmlform.Serialize(fs, s)
End Sub
Sub load_array_binary(ByVal fs As IO.FileStream, ByRef s As String())
  Dim binform As New Runtime.Serialization.Formatters.Binary.BinaryFormatter()
  s = CType(binform.Deserialize(fs), String())
End Sub
Sub load_array_soap(ByVal fs As IO.FileStream, ByRef s As String())
  ' analog zu load_array_binary(...) ...
End Sub
Sub load_array_xml(ByVal fs As IO.FileStream, ByRef s As String())
  Dim xmlform As New _
    Xml.Serialization.XmlSerializer(GetType(String()))
  s = CType(xmlform.Deserialize(fs), String())
End Sub
```

Beispiel – Objekte eigener Klassen serialisieren

Im Beispielprogramm werden die zwei Objekte data1 und data2 erzeugt, in einen MemoryStream serialisiert und von dort in get1 und get2 deserialisiert. Anschließend zeigt das Beispielprogramm die Klassenvariablen der vier Variablen an.

Die Klasse class1 besteht aus den vier Klassenvariablen a, b, c und d für verschiedene Datentypen. c enthält ein Objekt der Klasse System.Random, um so auch die Serialisierung nicht ganz trivialer

Daten zu demonstrieren. Die Konstruktoren dienen zur Initialisierung, und WriteToConsole schreibt den Inhalt von a bis d in das Konsolenfenster. Die gesamte Klasse ist mit dem Attribut Serializable gekennzeichnet.

```
' Beispiel dateien\serialize-test
<Serializable()> Class class1
  Public a As Integer
  Public b As String
  Public c As Random
  Public d As Date
  Public Sub New()
    Me.New(0, "", New Random())
  End Sub
  Public Sub New(ByVal a As Integer, ByVal b As String, ByVal c As Random)
    Me.a = a : Me.b = b : Me.c = c : d = Now
  End Sub
  Public Sub WriteToConsole(ByVal name As String)
    Console.Write(name + ": ")
    Console.WriteLine("a={0}, b={1}, Zufallszahl c.Next()={2}, d={3}", a, b, c.Next(), d)
  End Sub
End Class
```

class2 ist von class1 vererbt und realisiert außerdem die Schnittstelle ISerializable. Die beiden elementaren Konstruktoren rufen einfach den Konstruktor der Basisklasse auf. Neu ist der dritte Konstruktor, der wegen der ISerializable-Schnittstelle bei der Deserialisierung aufgerufen wird. In dieser Prozedur werden die Klassenvariablen a bis d initialisiert. a bis c werden aus dem SerializationInfo-Objekt extrahiert.

d wird dagegen mit der aktuellen Zeit initialisiert, um so zu zeigen, dass Sie durch die ISerializable-Schnittstelle Flexibilität bei der Initialisierung gewinnen. Damit gibt class2.d den Zeitpunkt an, zu dem das Objekt deserialisiert wurde, während class1.d den Zeitpunkt angibt, zu dem das Objekt zum ersten Mal erzeugt wurde. Für die Serialisierung ist die Methode GetObjectData verantwortlich. Dort werden a bis d in das SerializationInfo-Objekt übertragen. (Ein weiteres Beispiel für die Realisierung der ISerializable-Schnittstelle finden Sie in Abschnitt 8.1, wo die Programmierung einer eigenen Exception-Klasse erklärt wird.)

```
'Klasse mit ISerializable-Schnittstelle
<Serializable()> Class class2
  Inherits class1
  Implements Runtime.Serialization.ISerializable
  Public Sub New()
    MyBase.New()
  End Sub
  Public Sub New(ByVal a As Integer, ByVal b As String, ByVal c As Random)
    MyBase.New(a, b, c)
  End Sub
  ' Deserialisierung
  Public Sub New( _
```

```
      ByVal info As System.Runtime.Serialization.SerializationInfo, _
      ByVal context As System.Runtime.Serialization.StreamingContext)
    a = info.GetInt32("a")
    b = info.GetString("b")
    c = CType(info.GetValue("c", GetType(Random)), Random)
    d = Now
  End Sub
  ' Serialisierung
  Public Overridable Overloads Sub GetObjectData( _
     ByVal info As System.Runtime.Serialization.SerializationInfo, _
     ByVal context As System.Runtime.Serialization.StreamingContext) _
     Implements Runtime.Serialization.ISerializable.GetObjectData
    info.AddValue("a", a)
    info.AddValue("b", b)
    info.AddValue("c", c)
  End Sub
End Class
```

Bei der Anwendung der Klassen gibt es wenige Besonderheiten. Die Serialisierung erfolgt in einen `MemoryStream`, um das Erzeugen einer temporären Datei zu vermeiden. Vor der Deserialisierung legt das Programm eine Pause von drei Sekunden ein, um die unterschiedliche Behandlung der Klassenvariable `d` in `class1` und `class2` zu demonstrieren.

```
' Beispiel dateien\serialize-test
Sub Main()
  Dim i As Integer = 0
  Dim ms As New IO.MemoryStream()
  Dim frmt As New Runtime.Serialization.Formatters.Binary.BinaryFormatter()
  ' Objekte erzeugen, serialisieren und ihren Inhalt anzeigen
  Dim data1 As New class1(123, "abc", New Random())
  Dim data2 As New class2(456, "xxx", New Random())
  frmt.Serialize(ms, data1)
  frmt.Serialize(ms, data2)
  Console.WriteLine("3 Sekunden Pause ...")
  Threading.Thread.Sleep(3000)
  ' Objekte deserialisieren
  Dim get1 As class1, get2 As class2
  ms.Seek(0, IO.SeekOrigin.Begin)
  get1 = CType(frmt.Deserialize(ms), class1)
  get2 = CType(frmt.Deserialize(ms), class2)
  ' Quelldaten und Ergebnisse anzeigen
  Console.WriteLine("Ausgangsdaten:")
  data1.WriteToConsole("data1")
  data2.WriteToConsole("data2")
  Console.WriteLine("Deserialisierte Daten:")
  get1.WriteToConsole("get1")
  get2.WriteToConsole("get2")
End Sub
```

Beispiel – LinkedList serialisieren

In Kapitel 6 wurde zur Erläuterung des objektorientierten Programmierens die Klasse LinkedList vorgestellt. Das folgende Beispiel beweist, dass sich eine Kette von LinkedList-Objekten problemlos mit Binary- oder SoapFormatter serialisieren lässt. (XmlSerializer ist dazu ungeeignet, weil die Vor- und Rückverweise der LinkedList-Objekte zirkulär sind.) Die einzige Änderung, die dazu an der LinkedList-Klasse erforderlich ist, betrifft das <Serializable()>-Attribut.

```
' Beispiel dateien\serialize-linkedlist
Module Module1
  Sub Main()
    Dim ms As New IO.MemoryStream()
    Dim frmt As New Runtime.Serialization.Formatters.Soap.SoapFormatter()
    Dim test1, test2 As LinkedList
    ' test1: Testkette zusammenstellen, serialisieren
    test1 = New LinkedList("Das")
    test1.AddAfter("ist").AddAfter("ein").AddAfter("Satz.")
    frmt.Serialize(ms, test1)
    'test2: Testkette deserialisieren
    ms.Seek(0, IO.SeekOrigin.Begin)
    test2 = CType(frmt.Deserialize(ms), LinkedList)
    ' Testausgabe
    Console.WriteLine("test1:")
    Console.WriteLine(test1.ItemsText())  'liefert 'Das ist ein Satz.'
    Console.WriteLine("test2:")
    Console.WriteLine(test2.ItemsText())  'liefert 'Das ist ein Satz.'
  End Sub
End Module
<Serializable()> Class LinkedList
  ... wie oo-programmierung\linkedlist3, siehe Abschnitt 6.8
End Class
```

11.10 Komprimierung von Streams

Das .NET Framework stellt ab Version 2.0 im Namensraum System.IO.Compression die Klassen DeflateStream und GZipStream vor. Damit können Sie Byte-Felder zu Streams komprimieren bzw. Streams in Byte-Felder dekomprimieren. Intern kommt dasselbe Komprimierungsverfahren wie in Zip-Dateien zur Anwendung.

DeflateStream und GZipStream bieten im Wesentlichen dieselbe Funktionalität. Die maximale Dateibzw. Streamgröße beträgt 4 GByte. Der einzige Unterschied besteht darin, dass GZipStream die im Standard RFC 1952 definierten Header und Footer berücksichtigt (also zusätzliche Kontextinformationen). Ich beschränke mich in diesem Abschnitt daher auf GZipStream.

Die Anwendung von GZipStream ist nicht besonders komfortabel, weil die Klasse nur Byte-Felder komprimieren kann bzw. beim Dekomprimieren Byte-Felder als Ergebnis liefert. Zumeist ist deswegen vor dem Komprimieren bzw. nach dem Dekomprimieren eine Umwandlung in ein Byte-Feld erforderlich.

Die folgenden Zeilen zeigen, wie Sie Text zeilenweise über ein GZipStream-Objekt in eine komprimierte Datei schreiben. Dazu erzeugen Sie die Datei *test.gz* als FileStream. An den Konstruktor von GZipStream übergeben Sie das FileStream-Objekt und den gewünschten Modus (komprimieren oder dekomprimieren).

In der Schleife werden in der Variablen s zufällige Zeichenketten erzeugt. Ein UTF8-Encoder verwandelt die Zeichenkette in ein Byte-Array (siehe auch Abschnitt 10.1). Write schreibt die Bytes komprimiert in die Datei. Close schließt nicht nur den GZipStream, sondern auch den zugrunde liegenden FileStream.

```
' Beispiel dateien\gzip-stream
Dim b() As Byte
Dim i As Integer
Dim s As String
Dim fn As String = "test.gz"
Dim fs As New IO.FileStream(fn, IO.FileMode.Create)
Dim gzipst As New IO.Compression.GZipStream(fs, IO.Compression.CompressionMode.Compress)
Dim enc As Text.Encoding = System.Text.Encoding.UTF8
Dim rand As New Random()
For i = 1 To 100
  ' zufällige Zeichenkette erzeugen
  s = String.Format("Zeile {0}: Text {1}", _
    i, New String(Chr(65 + rand.Next(25)), i + 20)) + vbCrLf
  ' in Byte-Array umwandeln (UTF8-Encoding)
  b = enc.GetBytes(s)
  ' komprimieren + speichern
  gzipst.Write(b, 0, b.Length)
Next
gzipst.Close()
```

Zum Dekomprimieren öffnen Sie die Datei abermals als FileStream, übergeben an den GZipStream-Konstruktor diesmal aber den Modus Decompress. Mit Read lesen Sie eine beliebige Anzahl von Bytes in einen Puffer. Dessen Größe können Sie im Voraus allerdings nicht ermitteln. Wie viele Bytes *test.gz* in umkomprimierter Form enthält, wissen Sie ja erst nach der Dekomprimierung. (In der Praxis werden Sie den Puffer aus Geschwindigkeitsgründen viel größer dimensionieren, z.B. mit 64 kByte.)

```
Const buffersize = 1024
Dim b(buffersize) As Byte
Dim n As Integer
Dim sb As New Text.StringBuilder()
Dim fn As String = "test.gz"
Dim fs As New IO.FileStream(fn, IO.FileMode.Open)
```

```
Dim gzipst As New IO.Compression.GZipStream(fs, _
  IO.Compression.CompressionMode.Decompress)
Dim enc As Text.Encoding = System.Text.Encoding.UTF8
'Datei blockweise in Puffer lesen, dekomprimieren und
' Ergebnis an StringBuilder-Objekt hinzufügen
Do
  n = gzipst.Read(b, 0, buffersize)
  sb.Append(enc.GetString(b, 0, n))
Loop While n > 0
gzipst.Close()
'resultierende Zeichenkette ausgeben
Console.WriteLine(sb.ToString)
```

ZIP-Dateien

`GZipStream` verwendet zwar denselben Komprimieralgorithmus wie ZIP-Archive, damit enden die Gemeinsamkeiten aber auch schon. In Zip-Dateien werden zusätzlich zu den komprimierten Daten auch Kontextinformationen gespeichert (aus welchen Dateien das Archiv zusammengesetzt ist, deren Namen und Verzeichnisse etc.). Im Ergebnis von `GZipStream` fehlen diese Zusatzinformationen. Aus diesem Grund können Sie mit `GZipStream` nur eine Datei komprimieren. Die resultierenden Dateien sollten Sie in Unix-/Linux-Manier mit der Endung **.gz* versehen. Sie können die Dateien mit WinZIP öffnen, das Programm fragt aber, wie die dekomprimierte Datei heißen soll.

Wenn Sie Wert auf eine höhere Kompatibilität zu Zip-Archiven legen, bestehen zwei Möglichkeiten:

» Der folgende Artikel beschreibt die Programmierung einer neuen Klasse `ZipFile`, mit der Sie richtige Zip-Archive erzeugen können:

  http://blogs.msdn.com/dotnetinterop/archive/2006/04/05/.NET-System.IO.Compression-and-zip-files.aspx

» Eine interessante Alternative sind die Klassen der `SharpZipLib`. Sie dürfen diese Bibliothek kostenlos auch in kommerziellen Programmen nutzen.

  http://www.icsharpcode.net/OpenSource/SharpZipLib/Default.aspx

11.11 IO-Fehler

Wenn Sie per Programmcode mit Dateien hantieren, kann beinahe alles schiefgehen:

» Sie greifen auf eine Datei zu, die es nicht mehr gibt (etwa weil der Datenträger aus dem Laufwerk entfernt wurde).

» Sie dürfen eine Datei nicht ändern (oder nicht einmal lesen), weil der Benutzer, der Ihr Programm ausführt, keine ausreichenden Zugriffsrechte hat.

- Sie können auf eine Datei nicht zugreifen, weil diese von einem anderen Programm verwendet wird.
- Der Datenträger ist voll, während Sie versuchen, eine Datei zu schreiben.
- Der Benutzer gibt ungültige Datei- oder Verzeichnisnamen an.
- Während der Bearbeitung einer Datei innerhalb eines lokalen Netzwerks gibt es Netzwerkprobleme.

Diese Liste ließe sich natürlich noch fortsetzen – aber ich denke, die angeführten Punkte reichen bereits aus, um die Notwendigkeit einer guten Fehlerabsicherung zu verdeutlichen. Dieser Abschnitt gibt einen Überblick über die wichtigsten Fehler (*Exceptions*), die beim Umgang mit Dateien auftreten können.

HINWEIS

Allgemeine Informationen darüber, wie eine Fehlerabsicherung mit `Try-Catch` durchgeführt werden kann, gibt Kapitel 8. Ein konkretes Beispiel zur Absicherung eines einfachen `IO`-Programms gibt das Beispielprogramm *dateien\verzeichnisbaum*, das in Abschnitt 11.2 vorgestellt wurde.

Fehlertypen (System.IO-Exceptions)

Im `System.IO`-Namensraum sind die folgenden (in der Hierarchie fett hervorgehobenen) `Exception`-Klassen zur Information über Fehler vorgesehen. Die meisten der Fehler sind selbsterklärend.

Hierarchie der *Exception*-Klassen

`Exception`	Basisklasse für alle `Exceptions`
└─`SystemException`	Basisklasse für alle .NET-`Exceptions`
└─`IOException`	Basisklasse für einige `System.IO-Exceptions`
└─`DirectoryNotFoundException`	Das Verzeichnis existiert nicht.
└─`EndOfStreamException`	Das Ende der Datei wurde erreicht.
└─`FileLoadException`	Die Assembly-Datei kann nicht geladen werden.
└─`FileNotFoundException`	Die Datei existiert nicht.
└─`PathTooLongException`	Der Dateiname ist zu lang (siehe unten).
└─`InternalBufferOverflowException`	Pufferüberlauf (definiert in *System.dll*)

Beachten Sie, dass bei der Bearbeitung von Dateien auch andere Fehler auftreten können, z.B. `UnauthorizedAccessException` oder `SecurityException`, wenn Sie keine Zugriffsrechte haben, um eine Datei oder ein Verzeichnis zu bearbeiten!

12 LINQ

LINQ steht für `Language Integrated Query` und erlaubt es, Datenabfragen in einer SQL-ähnlichen Syntax durchzuführen. LINQ kann für einfache Felder und Aufzählungen ebenso eingesetzt werden wie für XML-Daten, ADO.NET-`DataSets` etc.

12.1 Hello World!

Den besten Zugang zu LINQ vermitteln Beispiele. Dieser Abschnitt führt daher anhand einfacher Beispiele in den Umgang mit LINQ ein. Eine umfassende Sammlung weiterer Beispiele finden Sie auf der Webseite »101 LINQ Samples«:

http://msdn2.microsoft.com/en-us/vbasic/bb688088.aspx = http://tinyurl.com/2rsmpd

Beispiel 1 (Zahlen auswählen und sortieren)

Im ersten Beispiel enthält numbers ein Integer-Feld. Die Abfrage in query1 liefert daraus jene Elemente, die größer als 4 sind, und sortiert sie in absteigender Reihenfolge. Das Ergebnis lautet: 10 9 8 7 6 5.

```
' Beispiel linq/linq-intro
Dim numbers() As Integer = {1, 2, 3, ... 9, 10}
Dim query = From n In numbers Where n > 4 Order By n Descending
For Each n In query
  Console.Write(n & " ")
Next
```

Ganz kurz einige Anmerkungen zum Code: query ist dank impliziter Typisierung ein Objekt des Typs System.Linq.IOrderedEnumerable(Of Integer). Die tatsächliche Auswertung der Abfrage erfolgt erst, wenn die Abfrageergebnisse tatsächlich benötigt werden – hier also in der For-Each-Schleife.

Die Abfragesyntax hat große Ähnlichkeiten mit SQL, also mit der Structured Query Language. Das ist eine Sprache zur Formulierung von Datenbankabfragen, die von allen gängigen Datenbanksystemen unterstützt wird. Der offensichtlichste Unterschied zu SQL besteht darin, dass das Schlüsselwort Select optional ist und, wenn überhaupt, erst am Ende der Abfrage vorkommt. (Wenn Sie noch nie mit SQL zu tun hatten, sollten Sie einen Blick in Abschnitt 24.5 werfen. Sie finden dort eine knappe SQL-Einführung.) Wer sich einmal an die Syntax von SQL bzw. dessen LINQ-Variante gewöhnt hat, kann mit wenigen Zeilen Code verblüffend komplexe Abfragen durchführen.

Beispiel 2 (Objekte auswählen und sortieren)

Das zweite Beispiel greift auf die Klasse book zurück. Auch wenn die Implementierung hier ganz minimalistisch ausfällt, macht das Beispiel klar, dass Sie mit LINQ auch Objekte verarbeiten können, wobei alle Klassenelemente in die Abfrage einfließen dürfen.

```
Class book                          'Beispiel linq/linq-intro
  Public title As String
  Public author As String
  Public publisher As String
  Public publDate? As Date          'publDate kann Nothing enthalten
  Public noOfPages? As Integer      'noOfPages kann Nothing enthalten
  Public Overrides Function ToString() As String ...
End Class
```

Als Datengrundlage dient ein kleines Feld aus book-Elementen:

```
Dim books() As book = { _
   New book With {.author = "Kofler", _
                  .title = "VB2008", _
                  .publDate = #6/1/2008#}, _
   ... }
```

Die folgende Abfrage ermittelt eine Liste aller Bücher des Autors Kofler, die 2006 oder später veröffentlicht wurden. Die Titel werden nach dem Erscheinungsdatum sortiert.

```
Dim query1 = _
  From b In books _
  Where b.author = "Kofler" And b.publDate >= #1/1/2006# _
  Order By b.publDate
For Each b In query1
  Console.WriteLine(b.ToString)
Next
```

Wenn Sie nicht an den gesamten book-Objekten, sondern nur am Titel und dem Autor interessiert sind, können Sie das Abfrageergebnis mit Select einschränken. Die Abfrage query2 liefert nun Objekte einer anonymen Klasse (siehe Abschnitt 6.5) mit den Eigenschaften title und author. Den Umstand, dass Select am Ende der LINQ-Abfrage steht (während es in SQL am Beginn steht), begründet Microsoft mit IntelliSense-Problemen: Nur wenn gleich am Beginn der Abfrage mit From die auszuwertenden Daten angegeben werden, kann die Entwicklungsumgebung bei der weiteren Eingabe der Abfrage helfen.

```
Dim query2 = _
  From b In books _
  Where b.author = "Kofler" And b.publDate >= #1/1/2006# _
  Order By b.publDate _
  Select b.title, b.author
For Each result In query2
  Console.WriteLine(result.title + ": " + result.author)
Next
```

Beispiel 3 (Dateistatistik)

Das dritte Beispiel verwendet LINQ, um eine Dateityp-Statistik für ein Startverzeichnis und all seiner Unterverzeichnisse zu erstellen: Wie viele Dateien haben den Typ **.vb*, wie viele den Typ **.xml* etc.? In der Ergebnisliste sollen die häufigsten Dateitypen zuerst erscheinen, wobei die Top-10-Dateitypen ausreichen.

Der erforderliche Code ist überraschend kompakt, bedarf aber einer genaueren Beschreibung: GetFiles ermittelt ausgehend vom Verzeichnis startdir ein Feld mit IO.FileInfo-Objekten für sämtliche Dateien, die sich im Startverzeichnis und dessen Unterverzeichnissen befinden. Die LINQ-Abfrage berücksichtigt als einzige Information der FileInfo-Objekte die Eigenschaft Extension mit der Dateiendung. Durch Group By wird eine neue Liste erstellt, deren Einträge die Dateiendung sowie die Anzahl der entsprechenden Dateien (Funktion Count) enthalten. Order By sortiert diese neue Liste (die größte Anzahl zuerst), Take 10 reduziert die Liste auf die ersten zehn Einträge. Der Select-Anhang ist optional, verdeutlicht hier aber das Ergebnis der Abfrage.

Die implizite Deklaration der Variablen query lautet IEnumerable(Of <anonymous type>), wobei der anonyme Typ durch eine Klasse mit den Eigenschaften cnt As Integer und Extension As String definiert ist.

```
' Beispiel linq/linq-intro
Dim startdir = New IO.DirectoryInfo("c:\data\code")
Dim files() = startdir.GetFiles("*.*", IO.SearchOption.AllDirectories)
Dim query = _
  From f In files _
  Group By f.Extension Into cnt = Count() _
  Order By cnt Descending _
  Take 10 _
  Select Extension, cnt
For Each result In query
  Console.WriteLine(result.cnt.ToString + " " + result.Extension + "-Dateien")
Next
```

Ich habe das Programm auf das Verzeichnis mit den VB-Beispieldateien meines Rechners angewendet. Das Ergebnis sieht so aus:

```
1199 .vb-Dateien
 787 .exe-Dateien
 533 .pdb-Dateien
 509 .xml-Dateien
 359 .resources-Dateien
 341 .resx-Dateien
 280 .txt-Dateien
 256 .Cache-Dateien
 253 .vbproj-Dateien
 252 .sln-Dateien
```

Vielleicht möchten Sie auch wissen, wie viel Speicherplatz die Dateien je nach Typ beanspruchen. Dazu muss die Abfrage ein wenig umformuliert werden:

```
Dim query2 = _
  From f In files _
  Group By f.Extension Into cnt = Count(), sum = Sum(f.Length) _
  Order By sum Descending _
  Take 10 _
  Select Extension, cnt, sum
```

Ergebnis (diesmal nur die Top 5, lesefreundlich eingerückt) sieht so aus:

```
Dateityp .exe: 142968 kByte ( 787 Dateien)
Dateityp .pdb:  29787 kByte ( 533 Dateien)
Dateityp .mdf:  16896 kByte (   4 Dateien)
Dateityp .ldf:  11264 kByte (   4 Dateien)
Dateityp  .vb:   4001 kByte (1199 Dateien)
```

ACHTUNG

Der Code ist zwar kurz, seine Ausführung kann aber relativ lange dauern und erhebliche Ressourcen beanspruchen. Zudem ist das Programm nicht gegen Fehler abgesichert. Wenn Sie im Code als `startdir` einfach *C:/* angeben, wird das Programm zumindest unter Windows Vista vorzeitig mit einer `UnauthorizedAccessException` enden (weil gewöhnliche Benutzer zu vielen Dateien keinen Zugang haben). Wenn Sie das Programm mit Administrator-Rechten für *C:/* ausführen, ermittelt `GetFiles` zuerst ein riesiges

Feld mit FileInfo-Objekten von allen auf der Festplatte gespeicherten Dateien! Der Speicherbedarf für dieses Feld ist erheblich, und auch die Verarbeitung durch die LINQ-Abfrage dauert dann einige Zeit.

Es liegt auf der Hand, dass sich die obigen Statistiken durch eine rekursive Prozedur erheblich effizienter ermitteln ließen, und das mit minimalem Arbeitsspeicherbedarf! Aber natürlich wäre dafür etwas mehr Code notwendig, dessen Entwicklung Zeit und Mühe kostet.

LINQ mit expliziter Typdeklaration

Möglicherweise sind Ihnen die impliziten Typendeklarationen der Variablen ein Gräuel. Ich habe daher den Versuch unternommen, die letzte Abfrage syntaktisch so exakt wie möglich zu formulieren. Dazu ist zuerst die Deklaration einer neuen Klasse erforderlich, deren Objekte das Ergebnis aufnehmen:

```
Class resultclass
  Public ext As String
  Public cnt As Integer
  Public sum As Long
  Public Sub New(ByVal e As String, ByVal c As Integer, ByVal s As Long)
    ext = e
    cnt = c
    sum = s
  End Sub
End Class
```

Jetzt kann die Abfrage als Objekt des Typs IEnumerable(Of resultclass) deklariert werden. Auch die From-Variable f kann nun exakt als Objekt der Klasse IO.FileInfo geschrieben werden. Für cnt und sum ist syntaktisch keine Typdeklaration erlaubt. Damit der VB-Compiler das Ergebnis der Abfrage nicht in Objekten eines eigenen, anonymen Typs speichert, müssen die Spalten des Ergebnisses in Select an den Konstruktor der resultclass übergeben werden:

```
Dim query3 As IEnumerable(Of resultclass) = _
  From f As IO.FileInfo In files _
  Group By f.Extension Into cnt = Count(), sum = Sum(f.Length) _
  Order By sum Descending _
  Take 5 _
  Select New resultclass(Extension, cnt, sum)
```

Diese kleine Übung beweist, dass auch in Zeiten von LINQ ein relativ exakter Programmcode möglich ist. In den weiteren Beispielen werde ich aber bei der saloppen Schreibweise bleiben, die das neue Markenzeichen von VB2008 ist. Schließlich hat der kompakte, leicht lesbare Code auch viele Vorteile.

12.2 Syntax und Beispiele

Die Syntax von LINQ ist zwar an SQL angelehnt, es gibt aber viele Unterschiede – teils kleine, teils grundlegende. Mein SQL-Vorwissen hat mir sicherlich dabei geholfen, LINQ-Ausdrücke aus der Hilfe bzw. aus Beispielen rasch zu begreifen. Bei der Formulierung eigener Abfragen bin ich dann freilich in zahlreiche Fallen getappt, die sich aus den Unterschieden zwischen der LINQ- und der SQL-Syntax ergeben. Grundlegende Informationen zu LINQ in der MSDN finden Sie hier:

http://msdn2.microsoft.com/de-de/library/bb397926.aspx = http://tinyurl.com/2mq48p

Unbegreiflicherweise verwendet Visual Basic eine andere LINQ-Syntax als C#, obwohl die zugrunde liegenden Methoden aus `System.Linq.Enumerable` dieselben sind. Die Abweichungen gehen weiter als die sonst üblichen Sprachunterschiede wie Groß- und Kleinschreibung oder Strichpunkte: Wesentliche Syntaxelemente sind ganz unterschiedlich implementiert. Teilweise führen vergleichbare Abfragen sogar zu unterschiedlichen Ergebnisdarstellungen! So liefert VB bei bestimmten `Group-By`-Abfragen ineinander verschachtelte `IEnumerable`-Objekte, während C# als Ergebnis ein `Grouping(Of TKey, TData)`-Objekt liefert. Eine VB-Spezialität sind XML-Literale, die die Formulierung von LINQ-Abfragen für XML-Daten wesentlich vereinfachen. Ausführliche Informationen finden Sie unter:

http://oakleafblog.blogspot.com/2007/07/strange-change-to-vb-join-and-group-by.html = http://tinyurl.com/39hx2c

Natürlich sehen sowohl VB-Fans als auch C#-Enthusiasten zuerst die Vorteile ihrer Programmiersprache. Für die meisten Programmierer sind die unterschiedlichen LINQ-Implementierungen aber eine Zumutung, weil dadurch eine sprachunabhängige Dokumentation von LINQ unmöglich ist. Ein noch so tolles LINQ-Beispiel in C# ist für VB-Programmierer oft wertlos. Und ein exzellent recherchiertes LINQ-Buch, dessen Beispiele VB-Code verwenden, wird C#-Entwickler vor den Kopf stoßen. Microsoft muss sich den Vorwurf gefallen lassen, durch LINQ die VB- und C#-Lager unnötig weiter zu trennen.

Datenquelle (From)

Jede Abfrage wird mit `From` eingeleitet. Es nennt die Datenquellen, die in der Abfrage verarbeitet werden sollen. `From` ist das einzige LINQ-Syntaxelement, das nicht optional ist! Eine minimalistische Abfrage kann somit nur aus `From` bestehen und liefert dann als Ergebnis einfach alle angegebenen Daten (ungeordnet bzw. in der bereits vorhandenen Ordnung).

Als Datenquelle ist jedes Feld bzw. jede Aufzählung geeignet, die die Schnittstelle `IEnumerable` implementiert. Viele Abfragen verarbeiten nur eine Datenquelle. Der `name` dient dazu, *ein* Element aus dieser Aufzählung in den weiteren Teilen der Abfrage anzusprechen.

```
From name [As typ] In datenquelle
```

Abfragen dürfen auch mehrere Datenquellen umfassen:

```
From name1 [As typ1] In datenquelle1, name2 [As typ2] In datenquelle2 ...
```

In diesem Fall liefert die Abfrage alle möglichen Elementkombinationen aus allen Datenquellen. Wenn Sie drei Datenquellen mit `n1`, `n2` und `n3` Elementen angeben, umfasst das Ergebnis `n1 * n2 * n3` Objekte eines anonymen Typs, dessen Eigenschaften `name1`, `name2` und `name3` jeweils ein Element der Datenquellen 1, 2 und 3 zurückgeben.

```
' Beispiel linq/linq-intro
Dim numbers() As Integer = {1, 2, 3}
Dim letters() As String = {"a", "b", "c"}
Dim query1 = From n In numbers, l In letters
For Each result In query1
  Console.Write(result.n & " " & result.l & " --- ")
Next
```

Das obige Beispiel liefert dieses Ergebnis:

```
1 a --- 1 b --- 1 c --- 2 a --- 2 b --- 2 c --- 3 a --- 3 b --- 3 c ---
```

HINWEIS

Selbst wenn die zugrunde liegenden Datenquellen nur relativ wenige Elemente enthalten, wird die Ergebnisliste aufgrund der vielen Kombinationsmöglichkeiten sofort riesig! In der Praxis werden bei derartigen Abfragen daher fast immer die Datenquellen miteinander verknüpft, wahlweise durch `Join`, `Group Join` oder eine mit `Where` formulierte Bedingung. Entsprechende Beispiele folgen auf Seite 447.

Einfache `From`-Abfragen liefern das Ergebnis als Aufzählung, die die Schnittstelle `System.Collections.Generics.IEnumerable(Of T)` implementiert. Wenn die Abfrageergebnisse sortiert werden (`Order By`), implementieren die Ergebnisdaten stattdessen `System.Linq.IOrderedEnumerable(Of T)`.

Bei Abfragen über nur eine Datenquelle stimmt der generische Datentyp `T` mit dem Datentyp der Datenquelle überein. Bei Abfragen über mehrere Datenquellen bzw. bei Abfragen, bei denen durch LINQ-Syntaxelemente wie `Group` neue Daten generiert werden, erzeugt der VB-Compiler eine anonyme Klasse, deren Elemente alle Abfrageergebnisse aufnehmen. Alternativ können Sie den Inhalt der Ergebniselemente auch explizit durch `Select` angeben (siehe etwas weiter unten).

TIPP

In allen Beispielen in diesem Kapitel wird die Abfrage in einer Variablen `query<n>` gespeichert, deren Typ nicht explizit angegeben wird. Der VB-Compiler entscheidet sich dank impliziter Typisierung automatisch für den richtigen Datentyp. Das erspart viel Denkarbeit und liefert übersichtlichen Code.

Dabei müssen Sie aber eine Eigenheit beachten: Da nahezu jedes Abfrageobjekt einen anderen Datentyp hat, können Sie eine `query`-Variable selten für zwei Abfragen verwenden. Im folgenden Beispiel hat `query` den Datentyp `IEnumerable(Of book)`. Die zweite Abfrage liefert aber `IEnumerabel(Of <anon. Typ>)`, wobei sich die anonyme Klasse aus den Eigenschaften `publisher (String)` und `Count (Integer)` zusammensetzt. Daher ist eine Speicherung der Abfrage in `query` unmöglich. Abhilfe: Führen Sie eine neue Variable `query2` ein!

```
Dim query = From b In books
...
query = From b In books Group By b.publisher Into Count()  'Syntaxfehler!
```

Datentyp des Ergebnisses modifizieren (Select)

Bei einfachen Abfragen hat die Ergebnisliste denselben Datentyp wie die mit `From` angegebene Datenquelle. (Wer SQL kennt: Dieses Verhalten entspricht `SELECT * FROM ...`). Werden in der Abfrage hingegen mehrere Datenquellen verknüpft, Daten gruppiert etc., liefert die Abfrage die Resultate als Objekte einer anonymen Klasse, deren Elemente der VB-Compiler aufgrund der Ergebnisse selbst zusammenstellt.

Nur wenn der automatisch produzierte Ergebnisdatentyp nicht Ihren Anforderungen entspricht, müssen Sie mit der Select-Klausel die gewünschten Ergebnisspalten auswählen bzw. selbst neue Objekte erzeugen, wobei Sie die Abfrageergebnisse an den Konstruktor New übergeben. Die Select-Syntax sieht wie folgt aus:

```
Select [ name1 = ] ausdruck1, [ name2 = ] ausdruck2, ...
```

Bemerkenswert ist, dass es unmöglich ist, den Datentyp der Spalten explizit anzugeben (also z.B. Select var1 As Integer = ...). Der Datentyp ergibt sich aus dem Ausdruck. Wie so oft ist die Wirkungsweise am einfachsten anhand von Beispielen zu verstehen. Die erste Abfrage liefert als Ergebnis Objekte der Klasse book. Select ist hier optional, ändert also nichts am Standardverhalten von VB. Die Definition der Klasse book finden Sie im Einführungsbeispiel 2 zu Beginn des Kapitels.

```
Dim books() As book = { ... }
Dim query = From b In books [ Select b ]
```

Wenn Sie bei der Auswertung des Ergebnisses gar nicht an den gesamten Buchdaten interessiert sind, sondern nur am Titel, verwenden Sie die folgende Abfrage. Das Ergebnis ist nun eine Aufzählung von String-Elementen, weil die Eigenschaft title der book-Klasse den Datentyp String hat. Der Datentyp von query lautet dank impliziter Typisierung IEnumerable(Of String).

```
Dim query = From b In books Select b.title
```

Wenn Sie sowohl am Titel als auch am Autor interessiert sind, fügen Sie dem Select-Abschnitt b.author hinzu. Die Abfrage liefert nun Objekte einer anonymen Klasse mit den Eigenschaften title und author.

```
Dim query = From b In books Select b.title, b.author
```

Die folgende Variante liefert dieselben Ergebnisse, lediglich die Eigenschaftsnamen der anonymen Klasse ändern sich: t statt title, a statt author:

```
Dim query = From b In books Select t = b.title, a = b.author
```

Nach dem letzten Select-Ausdruck können Sie das Schlüsselwort Distinct angeben. Es verhindert Doppelgänger in der Ergebnisliste. Die folgende Abfrage liefert alle Autoren (jeden Autor nur einmal):

```
Dim query = From b In books Select author = b.author Distinct
```

In den Select-Ausdrücken können Sie auch gänzlich neue Spalten einführen. Das nächste Beispiel extrahiert aus der book-Eigenschaft publDate nur das Erscheinungsjahr. Falls publDate leer ist, wird als Jahr der Wert –1 übergeben. Die Abfrage liefert Objekte einer anonymen Klasse mit den Eigenschaften title, author und year (Datentyp Integer). publDate muss mit CType in einen Date-Typ umgewandelt werden, damit die Date-Eigenschaft Year verwendet werden kann (siehe Abschnitt 4.6).

```
Dim query = _
  From b In books _
  Select b.title, b.author, _
         year = If(b.publDate.HasValue, b.publDate.Value.Year, -1)
```

Im Select-Ausdruck können Sie auch ein Objekt einer eigenen Klasse erzeugen. Das gibt Ihnen die Möglichkeit, alle Datentypen explizit zu fixieren. Die folgende Abfrage liefert Objekte der Klasse book_year, bei der year den Datentyp Integer? hat und so wahlweise ein Jahr oder den Zustand Nothing enthalten kann.

```
Class book_year
  Public title As String
  Public author As String
  Public year As Integer?
  Public Sub New(ByVal t As String, ByVal a As String, ByVal y As Integer)
    title = t
    author = a
    If y = -1 Then
      year = Nothing
    Else
      year = y
    End If
  End Sub
End Class
...
Dim query = _
  From b In books _
   Select New book_year(b.title, b.author, _
                        If(b.publDate.HasValue, CType(b.publDate, Date).Year, -1))
```

Bedingungen formulieren (Where)

Oft soll das Abfrageergebnis nicht alle Elemente der Datenquelle enthalten, sondern nur die, die eine bestimmte Bedingung erfüllen. Solche Bedingungen formulieren Sie mit Where, wie dies im ersten Beispiel dieses Kapitels bereits demonstriert wurde. Das folgende Beispiel liefert alle ungeraden Zahlen, die größer als 5 sind:

```
Dim query = From n In numbers Where n > 5 AndAlso n Mod 2 = 1
```

In die Abfragebedingungen können (wie in alle anderen Teile eines LINQ-Ausdrucks) ganz gewöhnliche VB-Variablen einfließen. Die folgende Abfrage liefert alle Elemente aus numbers, die größer als der in limit enthaltene Grenzwert sind:

```
Dim limit = 3
Dim query = From n In numbers Where n > limit
```

Leider gibt es in LINQ momentan keine direkte Entsprechung der SQL-Syntax WHERE x [NOT] IN (a, b, c). Um dennoch zu testen, ob es für ein Element eine Entsprechung in einer anderen Liste gibt, müssen Sie auf die LINQ-Methoden Any bzw. All zurückgreifen, deren Anwendung allerdings nicht immer intuitiv ist (siehe auch Abschnitt 7.3). Any und All wenden jeweils eine (anonyme) boolesche Funktion auf alle Elemente einer Aufzählung an. Any liefert True, wenn die Funktion mindestens einmal True zurückgibt. All liefert True, wenn die Funktion für alle Elemente True zurückgibt.

Das folgende Beispiel illustriert die Anwendung von Any. Die erste Abfrage extrahiert aus der Zeichenkette codesample alle Schlüsselwörter, die im Feld keywords enthalten sind (entspricht in SQL WHERE word IN ("If", "Then" ...)). Das Ergebnis lautet If und Then. Die zweite Abfrage ermittelt alle anderen Ausdrücke des Codes.

```
Dim keywords() As String = {"If", "Then", "Else", "End"}
Dim codesample = "If x = 3 Then MsgBox(abc)"
Dim query1 = From word In codesample.Split() Where keywords.Any(Function(k) k = word)
For Each result In query1
  Console.WriteLine(result)
Next
Dim query2 = From word In codesample.Split() Where Not keywords.Any(Function(k) k = word)
For Each result In query2
  Console.WriteLine(result)
Next
```

Ergebnisse sortieren (Order By)

LINQ belässt die Daten normalerweise in der vorgegebenen Reihenfolge. Wenn Sie sortierte Ergebnisse wünschen, bauen Sie in die Abfrage Order By spalte ein. In der Ergebnisliste erscheint der kleinste Wert nun zuerst. Auch eine Sortierung nach mehreren Spalten sowie eine umgekehrte Sortierung sind möglich: Order By spalte1, spalte2 ... bzw. Order By spalte Descending.

Order By kann an unterschiedlichen Positionen innerhalb der Abfrage eingebaut werden. Je nach Abfrage ändert sich dadurch das Ergebnis oder die Effizienz der Abfrage. Zumeist ist es zweckmäßig, Order By eher gegen Ende der Abfrage anzugeben, um zu vermeiden, dass mehr Daten sortiert werden als notwendig.

Ergebnisauswahl, Top-10-Listen (Take/Skip)

Wenn Sie nicht am gesamten Ergebnis interessiert sind, können Sie mit Take und Skip einzelne Elemente der Ergebnisliste auswählen. Take und Skip sind in der Regel nur für sortierte Ergebnisse zweckmäßig – andernfalls entscheidet der Zufall bzw. die ursprüngliche Reihenfolge in der Datenquelle, welche Ergebnisse ausgewählt werden.

Take n liefert die ersten *n* Ergebnisse einer Abfrage. Eine typische Anwendung sind Top-*n*-Listen mit den *n* größten oder kleinsten Ergebnissen. Die erste Beispielabfrage liefert die drei Bücher mit der kleinsten Seitenanzahl, die zweite Abfrage die drei Bücher mit den meisten Seiten (Order By ... Descending). Bei der ersten Abfrage verhindert die Bedingung Where b.noOfPages.HasValue, dass die Abfrage Bücher ohne Seitenangabe liefert.

```
Dim query1 = From b In books
             Where b.noOfPages.HasValue
             Order By b.noOfPages
             Take 3
             Select b.title, b.noOfPages
Dim query2 = From b In books
```

```
Order By b.noOfPages Descending
Take 3
Select b.title, b.noOfPages
```

Die umgekehrte Funktion von Take hat Skip: Damit überspringen Sie *n* Positionen in der Ergebnisliste. Skip wird oft in Kombination mit Take dazu eingesetzt, um Ergebnisse für eine seitenweise Darstellung auszuwählen. Im Folgenden gehe ich davon aus, dass pro Seite 20 Ergebnisse angezeigt werden sollen:

Skip 0 Take 20 liefert die Ergebnisse für die erste Seite.
Skip 20 Take 20 liefert die Ergebnisse für die zweite Seite.
Skip 40 Take 20 liefert die Ergebnisse für die dritte Seite etc.

ACHTUNG

Achten Sie auf die richtige Reihenfolge von Skip und Take!

Skip 20 Take 10 liefert die Ergebnisse 21 bis 30.

Take 10 Skip 5 liefert die Ergebnisse 6 bis 10. (Take 10 liefert die ersten zehn Ergebnisse. Skip 5 überspringt in dieser Ergebnisliste fünf Positionen. Die Abfrage liefert daher die verbleibenden fünf Ergebnisse.)

Take 10 Skip 20 liefert gar kein Ergebnis. (Take 10 liefert wieder die ersten zehn Ergebnisse. Skip 20 überspringt in dieser Ergebnisliste 20 Positionen und überschreitet damit das Ende des Take-Zwischenergebnisses.)

Elemente gruppieren (Group By), Aggregatfunktionen (Count, Sum)

Mit Group By fassen Sie mehrere Elemente der Datenquelle anhand eines Kriteriums zu Gruppen zusammen. Das ist zumeist nur bei komplexen Daten zweckmäßig, deren Objekte mehrere Eigenschaften besitzen. Zusammen mit Group By werden in der Regel Aggregatfunktionen eingesetzt, um zusammenfassende Informationen für jede Gruppe zu errechnen. Die einfachste Aggregatfunktion lautet Count und ermittelt ganz einfach, wie viele Elemente jede Gruppe hat.

Die Syntax von Group By besteht aus zwei Teilen, die beide erforderlich sind: Der erste Teil enthält den Gruppierungsausdruck. Der zweite Teil weicht von der SQL-Syntax ab und wird durch das Schlüsselwort Into eingeleitet. Er enthält die Aggregatfunktion(en) und optional das Schlüsselwort Group, dessen Bedeutung etwas weiter unten beschrieben wird.

```
... Group By [name =] ausdruck1, [name =] ausdruck2 _
    Into [name =] aggregatFn1, [name =] aggregatFn2, ... [[name =] Group]
```

Eine wesentliche Konsequenz von Group By besteht darin, dass das Abfrageergebnis nicht mehr denselben Datentyp wie die Ausgangsdaten hat. Vielmehr besteht jedes Element des Ergebnisses nun aus dem Wert des Gruppierungskriteriums sowie eventuell aus weiteren Spalten mit den Resultaten der Aggregatfunktionen. Sofern in Group By und Into keine Namen angegeben werden, gibt der VB-Compiler der anonymen Ergebnisklasse selbst passende Eigenschaftsnamen.

Die folgenden Beispiele greifen auf das im zweiten Hello-World-Beispiel eingeführte Feld `books` zurück. Die erste Abfrage ermittelt, wie viele Bücher je Verlag erschienen sind. Die Ergebnisliste besteht aus Objekten einer anonymen Klasse mit den Eigenschaften `publisher` (Datentyp `String`) und `Count` (`Integer`).

```
Dim query = From b In books Group By b.publisher Into Count()
For Each result In query
  Console.WriteLine( _
    If(result.publisher, "<Verlag nicht angegeben>") & " " & result.Count)
Next
```

Wenn Sie die Ergebniseigenschaften selbst bestimmen möchten, formulieren Sie die Abfrage so:

```
Dim query = From b In books Group By publ = b.publisher Into cnt = Count()
```

In seltenen Fällen zwingt der VB-Compiler Sie zur Benennung der Ergebnisspalten – nämlich dann, wenn er selbst keinen geeigneten Eigenschaftsnamen aus dem Gruppierungsausdruck ermitteln kann. Die folgende Abfrage ermittelt, wie viele Bücher pro Jahr erschienen sind. Dabei wird auch der Fall berücksichtigt, dass bei einzelnen Büchern gar kein Publikationsdatum angegeben wurde. Diese Bücher werden dem Jahr –1 zugeordnet.

```
Dim query = _
  From b In books _
  Group By year = If(b.publDate.HasValue, b.publDate.Value.Year, -1) Into cnt = Count()
```

Das nächste Beispiel zeigt den Einsatz einer anderen Aggregatfunktion. Die Abfrage bildet für jeden Autorennamen eine Gruppe. `Average` berechnet die durchschnittliche Seitenanzahl der Bücher dieses Autors.

```
Dim query = From b In books Group By b.author Into pages = Average(b.noOfPages)
```

Das Angebot vordefinierter Aggregatfunktionen ist leider klein: Neben `Count` und `Average` stehen noch `Min`, `Max` und `Sum` zur Auswahl. Mit `Aggregate` bietet das .NET Framework zwar die Möglichkeit, eigene Aggregatfunktionen zu definieren (siehe die beiden Beispiele in Abschnitt 7.3). Wie die Beispiele des folgenden Abschnitts zeigen, ist die Anwendung von `Aggregate` in `Group-By`-Abfragen leider recht kompliziert.

Wenn Sie bei `Group By` mehrere Gruppierungsausdrücke angeben, bildet LINQ Gruppen, bei denen jeweils alle Kriterien übereinstimmen. `Group By b.publisher, b.author` bildet also für jede Kombination aus Verlag und Autor eine Gruppe.

Nach `Into` können Sie neben Aggregatfunktionen auch das Schlüsselwort `Group` angeben. Das bedeutet, dass alle Elemente, die die aktuelle Gruppe bilden, als `IEnumerable(Of datenquelle)`-Objekt in das Ergebnis einfließen. Das Ergebnis ist dann ein verschachteltes `IEnumerable`-Objekt.

Das folgende Beispiel verdeutlicht dieses VB-spezifische Verhalten: `query4` gruppiert die Bücher nach Verlagen. Die Ergebnisliste besteht aus Objekten mit drei Eigenschaften – `publisher` mit dem Namen des Verlags, `cnt` mit der Anzahl der Bücher und schließlich `bookgroup` mit einem `Enumerable`-

Objekt, das wiederum alle book-Objekte des aktuellen Verlags enthält. Dieses Enumerable-Objekt wird in der inneren For-Each-Schleife ausgelesen. Es könnte aber auch selbst Grundlage für eine neue Abfrage sein.

```
Dim query4 = From b In books Group By b.publisher Into cnt = Count(), bookgroup = Group
For Each result In query4
  Console.WriteLine("Verlag: " & If(result.publisher, "<kein Verlag>")
  For Each b In result.bookgroup
    Console.WriteLine("  Titel: " & b.title)
  Next
Next
```

Das Ergebnis sieht so aus:

```
Verlag: Addison-Wesley
  Titel: Visual Basic 2008
  Titel: Linux
  ...
Verlag: Microsoft Press
  Titel: .NET 3.0 Crashkurs
  ...
```

HINWEIS

Wenn Sie Aggregatfunktionen auf alle Elemente einer Datenquelle anwenden möchten (nicht nur auf eine Gruppe), müssen Sie Ihre Abfrage in der Form Aggregate ... Into ... bilden. Das liegt daran, dass VB die naheliegende Syntax From ... Select Count() nicht versteht. Allerdings bietet auch die Aggregate-Syntax keine Möglichkeit, eigene Aggregatfunktionen anzuwenden.

```
Aggregate b In books [Where ... ] Into bookCount = Count(), totalPages = Sum(b.noOfPages)
```

Wenn Sie nur an der Elementanzahl interessiert sind, wenden Sie Count einfach direkt auf die Datenquelle an:

```
books.Count()
```

Wenn die Datenquelle Doppelgänger enthalten kann und Sie alle Elemente nur einmal zählen möchten, müssen Sie außerdem noch Distinct angeben:

```
books.Distinct().Count()
```

Auch sonst gibt es immer eine Möglichkeit, eine Aggregate-Berechnung als gewöhnliche Abfrage mit From einzuleiten, beispielsweise so:

```
From b In books Group By b.publisher Into Group
Select publ = publisher, totalpages = Group.Sum(Function(b1 As book) b1.noOfPages)
```

Eigene Aggregatfunktionen in Group-By

Die Auswahl der vordefinierten Aggregatfunktionen ist leider recht klein. Die Aggregate-Methode bietet zwar die Möglichkeit, eine eigene Aggregatfunktion zu definieren, aber leider ist die Integration von Aggregate in eine Group-By-Abfrage syntaktisch schwierig (und im Übrigen undokumentiert).

Die Aufgabenstellung für das folgende Beispiel besteht darin, die Bücher aus dem books-Feld alphabetisch nach Verlagen zu gruppieren. Zusammen mit dem Verlagsnamen soll eine lange Zeichenkette angezeigt werden, die (wiederum in alphabetischer Reihenfolge) die im Verlag erschienenen Titel enthält. Zum besseren Verständnis vorweg gleich das gewünschte Ergebnis:

```
Addison-Wesley:   Excel 2007 programmieren; Linux; MySQL 5; Ubuntu 7.04; VC# 2008; ...
Microsoft Press:  .NET 3.0 Crashkurs; ...
SAMS:             Windows Presentation Foundation; ...
```

Verschiedene Wege führen zum Ziel (und keiner ist wirklich befriedigend). Bei der ersten Variante werden zuerst alle Bücher nach ihrem Titel sortiert. Anschließend werden Gruppen je nach Verlag gebildet, wobei jedes Teilergebnis auch eine Liste aller passenden book-Elemente (g) enthält. Diese Teilergebnisse werden wiederum nach Verlagsnamen sortiert.

Richtig interessant wird es bei der Formulierung des Ergebnisses durch Select: Dort wird titlelist gebildet, indem auf die Teilgruppe der Bücher die Aggregate-Funktion angewendet wird. Die anonyme Funktion `If(tmp = "", b1.title, tmp + "; " + b1.title)` bildet die Titelzeichenkette in der Form `titel1; titel2; titel3`. An Aggregate muss im ersten Parameter mit "" eine leere Zeichenkette übergeben werden, um dem VB-Compiler den Datentyp des Aggregatergebnisses (String, nicht book) klarzumachen.

```
Dim query = _
  From b In books _
  Order By b.title _
  Group By b.publisher Into g = Group _
  Order By publisher _
  Select publisher, titlelist = _
      g.Aggregate("", Function(tmp As String, b1 As book) _
                      If(tmp = "", b1.title, tmp + "; " + b1.title))
For Each result In query
  Console.WriteLine(If(result.publisher, "<kein Verlag>") & ": " & result.titlelist)
Next
```

Die zweite Variante funktioniert ganz ähnlich, allerdings wird hier die aufwendige Sortierung aller Bücher vermieden. titlelist wird vielmehr durch eine zweite Abfrage erzeugt, in der nur die Bücher des aktuellen Verlags (g) nach ihrem Titel sortiert werden. Select b1.title bewirkt, dass diese zweite Abfrage nur die Buchtitel zurückgibt (nicht ganze book-Objekte). Auf diese Liste wird nun die von oben bereits bekannte Aggregatfunktion angewendet, wobei die Syntax etwas einfacher wird, weil der Datentyp des Ergebnisses mit dem Datentyp der Ausgangsdaten übereinstimmt.

```
Dim query = _
  From b In books _
  Group By b.publisher Into g = Group _
  Order By publisher _
  Select publisher, titlelist = _
           (From b1 In g Order By b1.title Select b1.title) _
           .Aggregate(Function(tmp As String, title As String) tmp + "; " + title)
```

```
For Each result In query
  Console.WriteLine(If(result.publisher, "<kein Verlag>") & ": " & result.titlelist)
Next
```

Die dritte Variante verzichtet darauf, alles mit nur einer Abfrage zu erledigen. Stattdessen ist die Grundabfrage ganz einfach. Die Titelliste wird erst in der For-Each-Schleife ermittelt, wobei für jede Teilgruppe eine alphabetisch geordnete Liste der Titel erstellt wird. Der Code verkörpert vielleicht nicht die reine LINQ-Lehre, ist aber am einfachsten zu verstehen.

```
Dim query = _
  From b In books _
  Group By b.publisher Into Group _
  Order By publisher _
  Select publisher, Group
For Each result In query
  Console.Write(If(result.publisher, "<kein Verlag>") & ": ")
  Dim titles = (From b In result.Group Order By b.title Select b.title).ToArray
  Console.WriteLine(Join(titles, "; "))
Next
```

Datenquellen verknüpfen (Join, GroupJoin)

LINQ sieht verschiedene Möglichkeiten vor, um Daten aus mehreren Datenquellen (Listen, Feldern) miteinander zu verknüpfen. Die folgenden Beispiele basieren auf zwei Feldern: companies enthält Software-Hersteller, wobei jeder Hersteller mit einer ID-Nummer gekennzeichnet ist. softwareproducts enthält populäre Programme. Zu jedem Programm ist wieder eine eindeutige ID-Nummer gespeichert. Außerdem gibt cId die ID-Nummer des Software-Herstellers an.

```
Class company
  Public id As Integer
  Public name As String
  Public Sub New(ByVal newId As Integer, ByVal newName As String)
    id = newId
    name = newName
  End Sub
End Class
Class software
  Public id As Integer
  Public cId As Integer  'company-ID
  Public name As String
  Public Sub New(ByVal newId As Integer, ByVal newName As String, ByVal newCId As Integer)
    id = newId
    cId = newCId
    name = newName
  End Sub
End Class
Dim companies() As company =        {New company(1, "Adobe"), _
                                     New company(2, "Apple"), _
```

```
                                       New company(3, "Microsoft"), _
                                       New company(4, "Open Source")}
Dim softwareproducts() As software = {New software(1, "Photoshop", 1), _
                                       New software(2, "Acrobat", 1), _
                                       New software(3, "Mac OS X", 2), _
                                       New software(4, "iTunes", 2), _
                                       New software(5, "Office 2007", 3), _
                                       New software(6, "Visual Studio 2008", 3), _
                                       New software(7, "Windows Vista", 3), _
                                       New software(8, "Linux", 4), _
                                       New software(9, "Apache", 4)}
```

Nun möchten Sie aus diesen beiden Feldern eine Liste bilden, die zu jedem Softwarenamen den dazugehörigen Herstellernamen angibt. Eine Variante besteht darin, beide Datenquellen in `From` anzugeben. Die Verknüpfungsbedingung wird mit `Where` formuliert: Zu jedem Programm wird der dazugehörende Hersteller gesucht, wobei `company.Id = softwareproduct.cId` gelten muss.

```
Dim query1 = From c In companies, s In softwareproducts
             Where c.id = s.cId
             Order By s.name
             Select software = s.name, company = c.name
For Each result In query1
  Console.WriteLine(result.software + " (" + result.company + ")")
Next
```

Das Ergebnis sieht so aus:

```
Acrobat (Adobe)
Apache (Open Source)
iTunes (Apple)
Linux (Open Source)
Mac OS X (Apple)
Office 2007 (Microsoft)
Photoshop (Adobe)
Visual Studio 2008 (Microsoft)
Windows Vista (Microsoft)
```

Alternativ können Sie in `From` auch nur eine Datenquelle angeben. Die zweite Datenquelle geben Sie mit `Join` an, wobei Sie mit `On datenquelle1.spalte Equals datenquelle2.spalte` die Verknüpfungsbedingung formulieren. Die Abfrage liefert nochmals das oben dargestellte Ergebnis.

```
Dim query2 = From c In companies
             Join s In softwareproducts On c.id Equals s.cId
             Order By s.name
             Select software = s.name, company = c.name
```

Eine LINQ-spezifische Besonderheit ohne SQL-Äquivalent ist `Group Join`. Diese Mischung aus `Join` und `Group By` verbindet zwei Datenquellen und bildet Gruppen, wobei die Verknüpfungsdaten zur Gruppierung verwendet werden. Am einfachsten ist das anhand eines Beispiels zu verstehen. `Group` enthält für jeden Software-Hersteller dessen Produkte (also Objekte der Klasse `software`).

```
Dim query3 = _
  From c In companies
  Order By c.name
  Group Join s In softwareproducts On s.cId Equals c.id Into cnt = Count(), Group
For Each result In query3
  Console.WriteLine(result.c.name & ": " & result.cnt & " Produkte")
  For Each soft In result.Group
    Console.WriteLine("  " + soft.name)
  Next
Next
```

Das Ergebnis sieht so aus:

```
Adobe: 2 Produkte
  Photoshop
  Acrobat
Apple: 2 Produkte
  Mac OS X
  iTunes
Microsoft: 3 Produkte
  Office 2007
  Visual Studio 2008
  Windows Vista
Open Source: 2 Produkte
  Linux
  Apache
```

Am Ergebnis stört, dass die Software-Namen nicht sortiert sind. Auch das ist möglich, wenn Sie die Abfrage wie folgt ändern. `From g In Group` wirkt hier ziemlich fehl am Platze – es wird ja keine neue Datenquelle eingeführt, sondern es werden die Datensätze innerhalb der aktuellen Gruppe (also der Inhalt von `Group`) sortiert –, aber ohne `From` akzeptiert der VB-Compiler hier kein `Order By`.

```
Dim query3 =
  From c In companies
  Order By c.name
  Group Join s In softwareproducts On s.cId Equals c.id Into cnt = Count(), Group
  From g In Group Order By g.name
```

HINWEIS

Weitere Beispiele zur Verknüpfung von Datenquellen finden Sie in den Abschnitten 29 und 30.14, wo ich Ihnen »LINQ to Dataset« bzw. »LINQ to SQL« vorstelle.

Neue Variablen mit Zwischenergebnissen einführen (Let)

Innerhalb der Abfrage können Sie mit `Let` neue Variablen einführen und darin ein Zwischenergebnis speichern. Anschließend können Sie die Variable in den weiteren Abfrageausdrücken einsetzen. In der Praxis werden Sie `Let` eher selten benötigen, am ehesten bei `Group-By`-Abfragen bzw. verschachtelten Abfragen.

Das folgende Beispiel liefert eine Liste aller Verlage zusammen mit dem dicksten Buch, das darin erschienen ist. `maxPages` wird mit der Aggregatfunktion `Max` errechnet, die auf die Gruppe der Bücher eines Verlags angewendet wird. `Where maxPages IsNot Nothing` scheidet Gruppen aus, in denen kein einziges Buch mit einer Seitenangabe erschienen ist. `Select` wählt schließlich die Spalten `publisher`, `maxTitle` und `maxPages` als Ergebnis aus. `maxTitle` wird dabei in einer eigenen Unterabfrage ermittelt: Aus der aktuellen Gruppe werden alle Titel ausgewählt, bei denen `noOfPages = maxPages` gilt. Von diesen Titeln wird mit `Take 1` einer ausgewählt.

Bei der Auswertung der Abfrage in der `For-Each`-Schleife ist der Ausdruck `result.maxTitle.ToArray(0).title` bemerkenswert. `ToArray` erzwingt die Ausführung der Unterabfrage. Das war bisher wegen der sogenannten `deferred evaluation` noch nicht der Fall (siehe auch Abschnitt 12.3). `ToArray(0)` spricht das erste und einzige Element des Felds an.

```
Dim query = _
  From b In books Group By b.publisher Into Group
  Order By publisher _
  Let maxPages = Group.Max(Function(b As book) b.noOfPages)
  Where maxPages IsNot Nothing
  Select publisher,
         maxTitle = From b1 In Group Where b1.noOfPages = maxPages Take 1,
         maxPages
For Each result In query
  Console.WriteLine(result.publisher & ": " &
                    result.maxTitle.ToArray(0).title & " (" &
                    result.maxPages & " Seiten)")
Next
```

12.3 Interna

Methodenschreibweise

Die LINQ-Syntax `query = From data In collection Where ... Order By ... Select ...` ermöglicht es, Abfragen sehr übersichtlich zu formulieren. Der VB-Compiler macht daraus herkömmlichen Code, der wie das folgende Muster aussieht:

```
query = collection.Where(lambdafunc).OrderBy(lambdafunc).Select(lambdafunc)
```

Beispielsweise sind die beiden folgenden Schleifen gleichwertig:

```
Dim x() As Integer = {5, 4, 3, 2, 1, 2, 3, 4, 5}
For Each i In x.Where(Function(n) n > 3)
  ...
Next
For Each i In From n In x Where n > 3
  ...
Next
```

Where, OrderBy und Select sind Methoden der Klasse System.Linq.Enumerable. Diese in *System.Core.dll* implementierte Klasse bildet somit die Grundlage jedes LINQ-Ausdrucks. Wenn Sie möchten, können Sie dem Compiler die Übersetzungsarbeit abnehmen und Ihre Abfragen selbst in der klassischen VB-Syntax, also in aneinandergereihten Methoden formulieren. Die folgenden Zeilen zeigen die Hello-World-Beispiele aus Abschnitt 12.1 in Methodenschreibweise. Beachten Sie, dass es keinen From-Ausdruck gibt – er ist überflüssig, weil die Methoden direkt auf die Datenquelle angewendet werden.

```
Dim beispiel1 = numbers.Where(Function(n) n > 4).OrderByDescending(Function(n) n)
Dim beispiel2 = books _
  .Where(Function(b As book) b.author = "Kofler" AndAlso b.publDate.HasValue _
                             AndAlso CType(b.publDate, Date) >= #1/1/2006#) _
  .OrderBy(Function(b As book) b.publDate) _
  .Select(Function(b As book) New With {.title = b.title, .author = b.author})
Dim beispiel3a = files _
  .GroupBy(Function(f) f.Extension, _
           Function(f) f, _
           Function(ext, fs) New resultclass(ext, fs.Count, _
                                    fs.Sum(Function(f) f.Length))) _
  .OrderByDescending(Function(r) r.sum) _
  .Take(5)
```

beispiel3b ist eine Variante zu beispiel3a, wobei die Parameter der anonymen Funktionen explizit deklariert wurden. Das verbessert die Lesbarkeit ein wenig. Syntaktisch sind die Typangaben nicht erforderlich, der VB-Compiler erkennt die richtigen Datentypen selbst.

```
Dim beispiel3b = files _
  .GroupBy(Function(f As IO.FileInfo) f.Extension, _
           Function(f As IO.FileInfo) f, _
           Function(ext As String, fs As IEnumerable(Of IO.FileInfo)) _
             New resultclass(ext, fs.Count, fs.Sum(Function(f) f.Length))) _
  .OrderByDescending(Function(r As resultclass) r.sum) _
  .Take(5)
```

Die obigen Beispiele machen klar, dass die methodenweise Formulierung von Abfragen zumeist sehr unübersichtlich und fehleranfällig ist. Nur wer Verständnisübungen für die richtige Anwendung generischer Methoden und anonymer Funktionen sucht, wird hier glücklich.

In der Praxis werden Sie Abfragen sicherlich in der normalen Schreibweise formulieren. Einzelne Methoden der Klasse `System.Linq.Enumerable(Of T)` eignen sich aber ausgezeichnet zur direkten Verarbeitung von Feldern, Listen und anderen Aufzählungen. Dazu zählen Aggregatfunktionen (`Aggregate`, `Min`, `Max`, `Count`, `Sum` etc.), Listenoperatoren (`Distinct`, `Except`, `Intersect`, `Union`) oder Spezialfunktionen (`OfType`, `Repeat`, `Reverse` etc.). Einige Anwendungsbeispiele finden Sie in Abschnitt 7.3.

Verzögerte Ausführung (deferred evaluation) und Caching

LINQ-Abfragen werden in der Regel nicht sofort ausgeführt, sondern erst bei Bedarf. Dieser Mechanismus heißt `deferred evaluation` und soll Rechenzeit sparen. Nur tatsächlich benötigte Ergebnisse werden auch berechnet. In der Praxis hat das zwei wichtige Konsequenzen:

» Rechenzeit zur Ausführung der Abfrage fällt erst beim ersten Zugriff auf die Ergebnisse an – also beispielsweise, wenn Sie mit `For-Each` die Ergebniselemente auswerten oder wenn Sie die Ergebnisse mit `ToArray`, `ToList` oder `ToDictionary` explizit in ein statisches Feld oder eine Aufzählung umwandeln.

» Wenn Sie mehrfach auf eine Abfrage zugreifen, wird sie jedes Mal neu ausgeführt. Sofern sich die zugrunde liegenden Daten in der Zwischenzeit geändert haben, liefert die Abfrage auch aktualisierte Ergebnisse! Das .NET Framework führt also kein `caching` durch, um sich Ergebnisse für einen wiederholten Zugriff zu merken.

  Ob das für Ihre Anwendung zweckmäßig ist oder nicht, müssen Sie selbst entscheiden. Wenn Sie das Ergebnis einer ressourcenaufwendigen Abfrage mehrfach benötigen, sollten Sie das Ergebnis unbedingt mit `ToArray`, `ToList` oder `ToDictionary` in einem Feld oder einer Aufzählung speichern und in der Folge darauf zugreifen.

Das folgende Beispiel illustriert `deferred evaluation` anschaulich. Die Abfrage an sich ist simpel und sortiert die Elemente eines `String`-Felds alphabetisch. Innerhalb der Abfrage wird für jedes Ergebnis der Variable `counter` der Rückgabewert der Funktion `Increment` zugewiesen. Dieser Rückgabewert fließt auch in das Ergebnis ein. Die Abfrage wird zweimal ausgeführt: das erste Mal in der `For-Each`-Schleife, das zweite Mal mit der Methode `ToArray`.

```
Dim i As Integer = 0
Dim data() As String = {"languange", "integrated", "queries"}
Dim query = From word In data _
            Order By word _
            Let counter = Increment(i) _
            Select word, counter
For Each result In query
  Console.WriteLine(result.word & " " & result.counter & " " & i)
Next
Dim evalQuery = query.ToArray()
For Each result In evalQuery
  Console.WriteLine(result.word & " " & result.counter & " " & i)
Next
Function Increment(ByRef i As Integer) As Integer
```

```
  i += 1
  Return i
End Function
```

Das Ergebnis sieht wie folgt aus (hier lesefreundlich eingerückt und mit Spaltenbeschriftung). Bemerkenswert ist der Inhalt der Variablen `i`: Bei der ersten Ausführung der Abfrage wird die `Increment`-Funktion tatsächlich erst dann ausgeführt, wenn das Ergebniselement ausgelesen wird. Bei der zweiten Abfrage werden dagegen durch `ToArray` sämtliche Ergebnisse sofort ermittelt und in das Feld `evalQuery` übertragen. `i` hat daher bereits zu Beginn der zweiten `For-Each`-Schleife den Wert 6.

```
word         counter   i
integrated      1      1
languange       2      2
queries         3      3
integrated      4      6
languange       5      6
queries         6      6
```

ACHTUNG

Deferred Evaluation hin oder her – wenn eine Abfrage `Order By`, `Group By` etc. enthält, muss das .NET Framework bereits beim Zugriff auf nur ein einziges Ergebniselement große Teile der gesamten Abfrage ausführen und sich die Zwischenergebnisse merken! (Bevor nicht alle Elemente der Datenquelle sortiert sind, ist es nun mal unmöglich, das erste Ergebniselement zurückzugeben.)

Machen Sie sich also keine Hoffnungen, dass Deferred Evaluation signifikant Rechenzeit oder Speicherplatz spart. Es liegt an Ihnen, die Abfragen so zu formulieren, dass sie mit minimalem Rechen- und Speicheraufwand ausgeführt werden. Und wie bei SQL gilt: Je kleiner die Datenmengen in jedem Schritt der Abfrage sind, von den Datenquellen bis zum Ergebnis, desto besser.

Einzelergebnis (Single)

Wenn eine LINQ-Abfrage nur ein einziges Ergebnis liefert, ist die verzögerte Auswertung lästig. In diesem Fall fügen Sie die Anweisung `Single` an die Abfrage an und erhalten sofort das Ergebnis. Die folgenden Beispiele beziehen sich auf Datenbankabfragen mit `LINQ to SQL`, wobei `dc` ein `DataContext`-Objekt ist, das den Zugang auf die `mylibrary`-Datenbank gibt (siehe auch die Abschnitte 24.2 und 30.14). Die erste Abfrage liefert den Buchtitel des Buchs mit `titleID = 1` als `String`.

```
Dim resultTitle = (From t In dc.titles Where t.titleID = 1 Select t.title).Single
```

Die obige Abfrage löst einen Fehler aus, wenn es keinen oder mehrere Titel mit `titleID = 1` gibt. Abhilfe für den ersten Fall schafft die Methode `SingleOrDefault`, die je nach Datentyp eine leere Zeichenkette, 0 oder `Nothing` liefert, wenn es keinen einzigen passenden Titel gibt:

```
Dim resultTitle = (From t In dc.titles Where t.titleID = 1 Select t.title).SingleOrDefault
```

Falls eine Abfrage mehrere Ergebnisse liefern kann, ist `Single` selten zweckmäßig. Sollte das doch so sein, fügen Sie der Abfrage zuerst `Take(1)` und dann `Single` an:

```
Dim resultTitle = (From t In dc.titles Where t.titleID = 1 Select t.title).Take(1).Single
```

Single bzw. SingleOrDefault funktionieren auch, wenn Sie mehrere Spalten bzw. den ganzen Datensatz auswählen (Select t bzw. gar kein Select). Der Zugriff auf die gewünschte Spalte erfolgt dann wie üblich, indem Sie den Spaltenname anhängen.

```
Dim result = (From t In dc.titles Where t.titleID = 1).Single
Dim title = result.title
Dim edition = result.edition
```

ToArray, ToList und ToDictionary

Sobald die oben bereits erwähnten Methoden ToArray, ToList oder ToDictionary auf eine Abfrage angewendet werden, wird die Abfrage ausgeführt. ToArray speichert die Ergebnisse erwartungsgemäß in ein Feld mit dem Ergebnisdatentyp T. ToList erzeugt eine List(Of T)-Aufzählung.

Schon interessanter ist ToDictionary: Die Methode erzeugt eine Dictionary(Of T1, T2)-Aufzählung. T1 ist der Schlüssel, dessen Datentyp sich aus den Rückgabewerten der Funktion ergibt, die an ToDictionary übergeben wird. T2 ist der Ergebnisdatentyp. Das folgende Beispiel verwendet ein Feld von Software-Produkten als Ausgangsdaten (siehe Seite 470). Die Funktion in ToDictionary bewirkt, dass die id-Eigenschaft der software-Klasse als Schlüssel verwendet wird. result(3) liefert somit das software-Objekt, für das id=3 gilt.

```
Dim query = From s In softwareproducts
Dim result = query.ToDictionary(Function(s As software) s.id)
```

LINQ-Ergebnisse in einem DataGridView-Steuerelement anzeigen

Wenn Sie LINQ-Ergebnisse rasch visualisieren möchten, bietet sich hierfür das Windows-Forms-Steuerelement DataGridView an (siehe auch Abschnitt 28.4). Damit das data binding funktioniert, geben Sie die Abfrageergebnisse als Datenquelle für ein BindingSource-Objekt an und weisen dieses der DataSource-Eigenschaft des DataGridView-Steuerelements zu. Diese Vorgehensweise hat zwei Nachteile: Erstens können die Daten nur angezeigt, aber nicht verändert werden, und zweitens werden die Spalten alphabetisch nach Spaltennamen geordnet, was selten sinnvoll ist. Das DataGridView bietet zwar die Möglichkeit, die Spaltenreihenfolge zu ändern, aber das ist mit zusätzlichem Aufwand verbunden (grid.Columns("name").DisplayIndex = n).

```
Dim bs As New BindingSource()
bs.DataSource = query
grid.DataSource = bs
```

12.4 LINQ-Varianten und -Provider

Die Beispiele in diesem Kapitel wirken alle ein wenig konstruiert. Das ist kein Zufall. Zwar ist es eine Besonderheit von LINQ, SQL-ähnliche Abfragen für ganz beliebige Datensammlungen zu ermöglichen; seine Stärken entfaltet LINQ aber erst so richtig, wenn große und komplexe Datenmengen im Spiel sind – und das ist in der Praxis am ehesten bei der Verarbeitung von XML-Daten oder beim Zusammenspiel mit Datenbanken der Fall.

Leider ist LINQ ungeeignet, um hierarchisch organisierte XML-Daten, Datenbankabfragen oder auch `Datasets` direkt zu verarbeiten. Das Problem ist nicht LINQ an sich, sondern hat mit dem Zugang zu den Daten zu tun: In seiner Grundform kann LINQ nur Datensammlungen verarbeiten, die die Schnittstelle `IEnumerable` implementieren. Diese Voraussetzung wird von Feldern oder Aufzählungen erfüllt, aber nicht von `Dataset`- oder `XmlDocument`-Objekten.

Es wird daher eine Schnittstelle zwischen LINQ und den Daten bzw. den ADO-/XML-Klassenmodellen benötigt. Microsoft stellt im .NET Framework einige derartige Schnittstellen zur Verfügung, die vielfach auch als LINQ-Provider bezeichnet werden. Die folgende Aufzählung gibt eine kurze Beschreibung der drei wichtigsten Schnittstellen. (Es gibt noch wesentlich mehr, und es ist zu erwarten, dass in Zukunft auch Drittanbieter LINQ-Provider für ihre Bibliotheken/Produkte anbieten werden.)

» **LINQ to XML:** Um LINQ XML-tauglich zu machen, hat Microsoft gleich eine neue XML-Klassenbibliothek entwickelt (übrigens bereits die vierte, die im .NET Framework verewigt ist). Gleichzeitig wurde die VB-Syntax in einigen Punkten radikal erweitert, sodass nun XML-Code direkt in VB-Code integriert werden kann. Es verwundert nur, warum diese neuen Features nicht als LINXML, also `Language integrated XML` vermarktet werden. Wie dem auch sei, das Ergebnis kann sich sehen lassen. Wenn Sie XML-Daten komfortabel auswerten möchten, bietet `LINQ to XML` hierfür einen überaus eleganten Weg. Alle Details folgen dann im nächsten Kapitel zum Thema XML.

» **LINQ to DataSet:** Dieser Provider ermöglicht es, die in ADO.NET-`DataSets` enthaltenen Tabellen als Datenquelle für LINQ zu nutzen. Optional können Sie die Ergebnisse anschließend in `DataTables` oder `DataView`-Objekte zurückverwandeln – beispielsweise zur Darstellung der Resultate in Windows Forms-Steuerelementen. Leider bietet `LINQ to DataSet` keine Schnittstellen, um Änderungen in der Datenbank durchzuführen. Programmiertechniken und Beispiele finden Sie in Abschnitt 29.

» **LINQ to SQL:** Dieser LINQ-Provider gibt direkten Zugriff auf Tabellen in SQL-Server-Datenbanken. Der in Visual Studio integrierte `LINQ to SQL Designer` hilft, die erforderlichen LINQ-Klassen rasch zu erstellen. Eine Besonderheit von `LINQ to SQL` besteht darin, dass Veränderungen in der zugrunde liegenden Datenbank relativ einfach durchzuführen sind. `LINQ to SQL` ist somit nicht als Ergänzung, sondern als Alternative zu den herkömmlichen ADO.NET-Klassen konzipiert. Die wichtigsten Konzepte von `LINQ to SQL` stelle ich in Abschnitt 30.14 vor.

Es besteht auch die Möglichkeit, eigene LINQ-Provider zu programmieren. Informationen dazu finden Sie im Internet, wobei die beiden folgenden Seiten ein guter Startpunkt sind:

http://blogs.msdn.com/kevin_halverson/archive/2007/07/10/how-to-implement-iqueryable.aspx = http://tinyurl.com/2kkrqc

http://blogs.msdn.com/mattwar/archive/2007/08/09/linq-building-an-iqueryable-provider-part-vi.aspx = http://tinyurl.com/372p5y

12.5 Syntaxzusammenfassung

Umgang mit LINQ	
`Dim query = From ...`	definiert ein Abfrageobjekt. Der Ergebnistyp von `query` hängt von der Datenquelle und vom Aufbau der Abfrage ab und lautet oft `IEnumerable(Of typ)` oder `IOrderedEnumerable(Of typ)`. Für `typ` kommt bei einfachen Abfragen dieselbe Klasse wie die Datenquelle zur Anwendung. Bei komplexeren Abfragen ergibt sich der Datentyp aus der Formulierung der Abfrage. Der VB-Compiler erzeugt dann eine geeignete anonyme Klasse. Aus diesem Grund ist es zweckmäßig (und bequem), den Datentyp der `query`-Variablen nicht explizit anzugeben, sondern auf die implizite Typisierung zu vertrauen.

`For Each result In query ... Next`
`array = query.ToArray()`
`list = query.ToList()`
`dict = query.ToDictionary(f)`
	die in `query` formulierte Abfrage wird nicht sofort ausgewertet, sondern erst, wenn tatsächlich ein Zugriff auf das Ergebnis erfolgt (*deferred evaluation*) – häufig in einer `For-Each`-Schleife. Eine sofortige Auswertung sowie die Speicherung der Ergebnisse in einem Feld, einer Liste oder einer `Dictionary`-Aufzählung erzwingen Sie mit den Methoden `ToArray`, `ToList` oder `ToDictionary`. Bei `ToDictionary` gibt die Funktion `f` das Schlüsselelement für die Aufzählung an.

Gewöhnliche Abfragen	

`From d In datenquelle`
`From d1 In datenquelle1, _`
`  d2 In datenquelle2 ...`
	leitet die Abfrage ein und definiert die Datenquelle(n). Zulässige Datenquellen müssen die Schnittstelle `Enumerable` implementieren (Felder, Aufzählungen etc.). `From` ist das einzige LINQ-Syntaxelement, das unbedingt erforderlich ist. Alle weiteren Syntaxelemente sind optional, ihre Reihenfolge kann variieren. (`Select` steht allerdings immer am Ende der Abfrage.)

`From d1 In datenquelle1 _`
`  Join d2 In datenquelle2 _`
`  On d1.spalte1 = d2.spalte2`
	verknüpft die Daten zweier Datenquellen.

`Where bedingung`	wählt Elemente aus der Datenquelle aus, die die angegebene Bedingung erfüllen.
`Order By ausdruck [Descending]`	sortiert die Ergebnisse (mit `Descending` absteigend, d.h. mit dem größten Wert zuerst).

`Group By [name = ] ausdruck _`
`  Into [name = ] aggrfunc, ...`
`        [ [name =] Group ]`
	bildet Ergebnisgruppen, bei denen der oder die Gruppierungsausdrücke übereinstimmen. Jedes Element des Ergebnisses enthält neben der bzw. den Gruppierungsspalten auch Spalten mit Aggregatfunktionen (`Count`, `Sum`, `Min`, `Max`, `Average`) sowie optional eine Aufzählung aller gruppierten Elemente (Schlüsselwort `Group`).

Gewöhnliche Abfragen	

`Group Join d2 In datenquelle2 _`
`  On d1.spalte1 Equals d2.spalte2 _`
`  Into [name = ] aggrfunc, ...`
`        [ [name =] Group ]`
	verknüpft zwei Datenquellen und verwendet das Verknüpfungsfeld, um Gruppen von `d2`-Datensätzen zu bilden.

`Let var = ausdruck`	führt eine neue Variable ein. Darin kann ein Zwischenergebnis der Abfrage gespeichert werden. Die Variable kann dann in den weiteren Abfrageausdrücken verwendet werden.
`Take n`	wählt die ersten *n* Ergebnisse aus.
`Skip` *n*	überspringt *n* Ergebnisse.
`Select [name1 =] ausdruck1, _` `  [name2 =] ausdruck2 ... [Distinct]`	wählt die Ergebnisspalten aus und gibt ihnen optional neue Namen. `Select` kann auch dazu eingesetzt werden, um Berechnungen mit den Ergebniswerten durchzuführen oder gänzlich neue Objekte für das Ergebnis zu erzeugen (`Select New klasse(...)`). Das optionale Schlüsselwort `Distinct` verhindert Doppelgänger in der Ergebnisliste. `Distinct` muss nach dem letzten `Select`-Ausdruck angegeben werden.

Aggregatfunktionen auf die gesamte Datenquelle anwenden	
`Aggregate d In datenquelle Into aggrfunc`	wendet die vordefinierten Aggregatfunktionen (`Count`, `Sum`, `Min`, `Max` und `Average`) auf alle Elemente einer Datenquelle an. Diese Form der Abfrage ist eigenständig und kann nicht mit `From ...` kombiniert werden. Wenn Sie nur die Elementanzahl ermitteln möchten, setzen Sie `Count` besser als Methode ein (`datenquelle.Count()` oder `datenquelle.Distinct().Count`).

Eine Syntaxzusammenfassung für diverse LINQ-Methoden, die üblicherweise zur direkten Bearbeitung von Aufzählungen eingesetzt werden (nicht in Abfragen), finden Sie am Ende von Abschnitt 7.3. Dazu zählen Methoden wie `Aggregate`, `Intersect`, `Range` und `Union`.

13 XML

XML (`Extensible Markup Language`) hat sich zum wichtigsten Standard zum Austausch von Daten über das Internet entwickelt. RSS-Feeds basieren ebenso auf XML wie Webservices. XML wird zunehmend auch als Dateiformat verwendet, sei es zum Datenaustausch zwischen unterschiedlichen Programmen oder zur Speicherung von Konfigurationseinstellungen. XML hat auch Einzug in die Datenbankwelt gefunden. So unterstützt der SQL Server ein eigenes XML-Datenformat sowie diverse SQL-Erweiterungen zur Suche in XML-Daten.

In diesem Kapitel lernen Sie, wie Sie XML-Dateien und -Streams effizient lesen, auswerten und selbst schreiben. Das .NET Framework stellt dazu vier unterschiedliche Verfahren zur Auswahl, die auf den Klassen `XDocument` (LINQ), `XmlReader`/`XmlWriter`, `XmlDocument` und `XPathNavigator` basieren. Sie finden zu allen Verfahren eine kurze Einführung, eine Zusammenfassung der wichtigsten Methoden und Eigenschaften sowie ein Beispiel.

Natürlich ließe sich zum Thema XML noch viel mehr sagen bzw. schreiben – etwa zur Verwendung von XSD-Schemas, zur Validierung von XML-Daten, zur Datentransformation mit XSLT etc. –, aber dazu fehlt hier der Platz. Das Kapitel bietet aber ausreichend Informationen, um die Konzepte der XML-Verarbeitung kennenzulernen. Sind die ersten Schritte einmal gemacht, helfen die Online-Dokumentation und das Internet weiter ...

HINWEIS Dieses Kapitel konzentriert sich auf die XML-Basisklassen in den Namensräumen `System.Xml` und `System.Xml.Linq`. Bereits in Kapitel 3 wurden XML-Kommentare behandelt. In Kapitel 11 wurde die Serialisierung von Objekten im XML-Format erläutert. Die Kapitel 25 und 26 greifen das Thema nochmals im Kontext der Datenbankprogrammierung mit ADO.NET auf.

Neu ab Visual Basic 2008

Bezüglich XML gibt es in Visual Basic 2010 keine Neuerungen. Die in VB2008 eingeführten neuen Möglichkeiten sind jedoch so umfangreich, dass sie hier aufgeführt werden.

Um LINQ XML-kompatibel zu machen, hat Microsoft eine ganze Familie neuer XML-Klassen geschaffen: `XDocument`, `XElement` etc. im Namensraum `System.Xml.Linq` (siehe Abschnitt 13.2). Dabei handelt es sich neben `XmlDocument` (DOM), `XmlReader` und `XPathNavigator` bereits um die vierte XML-Klassenfamilie im .NET Framework. Die offizielle Bezeichnung lautet `LINQ to XML` (ehemals `XLinq`); in diesem Kapitel schreibe ich aber oft einfach LINQ. Da das gesamte Kapitel nur von XML handelt, sollte klar sein, dass LINQ to XML gemeint ist.

Wenn Sie XML-Daten via LINQ/`XDocument` verarbeiten, können Sie einzelne XML-Elemente oder Attribute komfortabel durch `Select`-Abfragen suchen bzw. ansprechen. Außerdem profitieren Sie von zwei VB-Syntaxerweiterungen, die den Umgang mit XML-Daten erheblich erleichtern:

» **XML literals:** Zuweisungen an XML-Objekte führen Sie ganz einfach in der Form `xelement = <abc> ... </abc>` oder `xdocument = <?xml version="1.0"?><abc>...</abc>` durch, wobei der XML-Code ohne das VB-typische Zeichen _ über mehrere Zeilen reichen darf.

ASP- bzw. PHP-Freunde werden Gefallen an den Schreibweisen `<%= VB-Ausdruck %>` und `<% LINQ-Abfrage %>` finden: Damit betten Sie VB-Ausdrücke und LINQ-Abfragen in den XML-Code ein. Der Ausdruck wird ausgeführt, und das Ergebnis wird in den XML-Code eingefügt. Es ist eine andere Frage, ob der resultierende Mischmasch von drei Sprachen – VB, XML und LINQ – wirklich erstrebenswert ist ...

» **XML-Axis-Eigenschaften:** Zum Zugriff auf XML-Elemente, -Attribute etc. können Sie die besonders kompakten Schreibweisen `object.<element>`, `object.@attribut`, `object...<descendant>` verwenden. Wenn die XML-Struktur für Visual Studio bekannt ist – z.B. durch eine **.xsd*-Datei des Projekts –, funktioniert für diese Schreibweisen sogar `intellisense`, also die automatische Namensergänzung durch die Entwicklungsumgebung.

ACHTUNG Beide Neuerungen gelten nur für die neuen LINQ-to-XML-Klassen (also `XDocument`, `XElement` etc.), nicht aber für die aus früheren .NET-Versionen bekannten `XmlDocument`-, `XmlReader`- und `XPathNavigator`-Klassen! Diesen Umstand verschweigt Microsoft in der Regel, wenn es die Neuerungen in VB2008 für XML zusammenfasst ...

13.1 Einführung

XML beschreibt ein Datei- bzw. Datenformat. Es fehlt hier der Platz, um im Detail auf die Grundlagen, Varianten und Spezialfälle von XML einzugehen. Damit wurden schon viele Bücher gefüllt, die ich hier nicht ersetzen kann und will. Dieser Abschnitt soll aber zumindest im Sinne eines erweiterten Glossars einen ersten Überblick über XML geben und die wichtigsten Begriffe definieren, mit denen in den weiteren Abschnitten die XML-Funktionen von VB beschrieben werden.

XML ist eine Sprache (ein Code) zur Formulierung von Dokumenten mit strukturierten Daten. XML-Dateien liegen grundsätzlich im Textformat vor und können daher mit jedem Editor gelesen werden. Auf den ersten Blick sehen sie HTML-Dokumente sehr ähnlich.

Das Ziel bei der Entwicklung der diversen XML-Standards war es, den Daten- und Dokumentaustausch zu vereinfachen, und zwar möglichst unabhängig von den eingesetzten Programmen, Computer-Architekturen, Sprachen und Zeichensätzen.

XML-Dokumente bestehen aus den folgenden syntaktischen Strukturen:

» **Einleitung:** Gültige XML-Dokumente müssen mit <?xml version="n"?> beginnen. Dabei ist n die Versionsnummer des XML-Standards, auf dem die Datei basiert (meist 1.0).

  Optional kann auch der Zeichensatz des XML-Dokuments angegeben werden:

```
<?xml version="1.0" encoding="ISO-8859-1"?>
```

  Sehr häufig kommt als Zeichensatz Unicode zur Anwendung (UTF-8).

» **Elemente:** XML-Elemente werden mit <name> eingeleitet und enden mit </name>. Dazwischen können einfacher Text oder weitere XML-Elemente stehen.

  Für <name></name> (ein XML-Element ohne Inhalt) ist die Kurzschreibweise <name /> vorgesehen. XML-Elemente werden oft auch als tags bezeichnet.

  Vorsicht: Anders als bei HTML wird streng zwischen Groß- und Kleinschreibung unterschieden!

» **Attribute:** Innerhalb von Elementen können Attribute angegeben werden, z.B. <name attribut1="abc">. Der Attributwert muss in Anführungszeichen stehen (auch bei Zahlen).

» **Leerraum:** Leerraum (whitespace) zwischen XML-Elementen hat keine Bedeutung für den Inhalt (die Auswertung) der XML-Daten und wird beim Lesen üblicherweise ignoriert. Als Leerraum gelten Leerzeichen, Tabulatoren und Zeilenumbrüche.

» **Kommentare:** Kommentare beginnen wie in HTML mit den Zeichen <!-- und enden mit -->. Alles, was dazwischen steht, wird beim Lesen ignoriert. Innerhalb eines Kommentars dürfen keine doppelten Bindestriche vorkommen. Ineinander verschachtelte Kommentare sind nicht zulässig.

» **Sonderzeichen:** Um im Text zwischen XML-Elementen die Sonderzeichen <, >, & etc. auszudrücken, gibt es die Spezialcodes <, > oder &.

» **Unformatierter Text:** Text, der nicht als XML-Code interpretiert werden soll, muss mit <![CDATA[eingeleitet werden und mit]]> enden.

In XML-Dokumenten kann eine beliebige hierarchische Struktur durch die Verschachtelung von XML-Elementen ausgedrückt werden. Der hierarchische Aufbau wird oft auch als Baum bezeichnet. Die folgenden Zeilen zeigen einen in XML-Form verpackten Verkaufsbericht:

```
<?xml version="1.0" encoding="ISO-8859-1"?>
<salesreport>
  <location>Graz</location>
  <reportdate>2008-01-01</reportdate>
  <sale>
    <product>P23423</product>
    <quantity>12</quantity>
  </sale>
  <sale>
    <product>P924</product>
    <quantity>4</quantity>
  </sale>
</salesreport>
```

Children, Nodes, Descendants und Ancestors: Für den Elementzugriff in einem XML-Dokument haben sich folgende Begriffe eingebürgert:

» `Children` (Kinder) sind unmittelbar untergeordnete Elemente, also `<quantity>` in `<sale>`, aber nicht `<quantity>` in `<salesreport>`. Je nach Klassenbibliothek ist hier auch von `Nodes` (Knoten) die Rede – gemeint ist dasselbe.

» `Descendants` (Nachkommen) sind alle untergeordneten Elemente unabhängig von der Hierarchieebene, also auch `<quantity>` in `<salesreport>`.

» `Ancestors` (Vorfahren) sind alle übergeordneten Elemente, unabhängig von der Hierarchieebene. Wenn der Cursor auf das zweite `<quantity>`-Element zeigt, sind das zweite `<sale>`-Element sowie das `<salesreport>`-Element mögliche Kandidaten für die `SelectAncestors`-Methode.

XML-Schema: Grundsätzlich kann jeder, der XML-Dokumente erzeugt, die Namen für die XML-Tags frei wählen. Es besteht aber die Möglichkeit, durch eine separate Datei die erlaubten Namen von XML-Elementen sowie deren Attribute genau festzulegen. Anhand dieser Datei kann dann überprüft werden, ob ein dazugehöriges XML-Dokument *gültig* ist, d.h., ob es alle Regeln einhält.

Die Regeln können auf zwei unterschiedliche Arten definiert werden: durch eine DTD-Datei (`document type definition`) oder durch eine XSD-Datei (`xml schema definition`). DTD ist die ältere Variante, mittlerweile hat sich XSD aber trotz seiner hohen Komplexität durchgesetzt. Die XSD-Syntax ist in einem offiziellen Dokument des WWW-Consortiums (W3C) beschrieben, das mehrere Hundert Seiten lang ist!

Das .NET Framework unterstützt DTD nur ansatzweise bei der Validierung von XML-Dokumenten, XSD dagegen umfassend. Ich berücksichtige in diesem Kapitel nur XSD. Die folgenden Zeilen zeigen ein zum obigen Beispiel passendes XSD-Schema, das mit dem XSD-Designer von Visual Studio erstellt wurde (siehe Abbildung 13.1). Wenn Sie mit fremden XML-Daten arbeiten, ist es oft zweckmäßig, ein automatisches Schema zu erzeugen. Dazu laden Sie die Datei in Visual Studio und führen XML|SCHEMA ERSTELLEN aus.

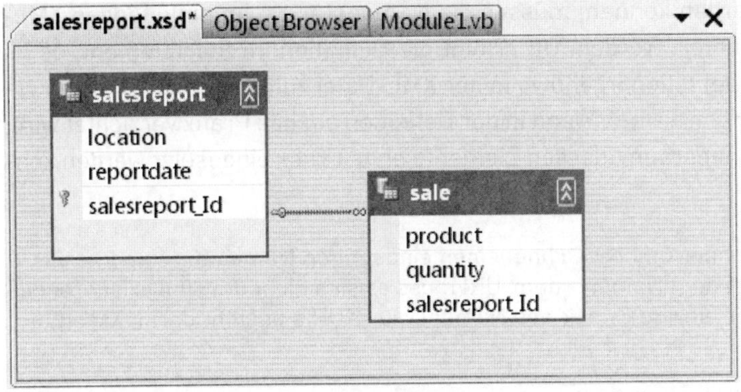

Abbildung 13.1: Das Schema salesreport.xsd im XSD-Editor von Visual Studio

```
<?xml version="1.0" encoding="utf-8"?>
<xs:schema id="salesreport" xmlns="">
  <xs:element name="salesreport">
    <xs:complexType>
      <xs:sequence>
        <xs:element name="location" type="xs:string" minOccurs="1" />
        <xs:element name="reportdate" type="xs:date" minOccurs="1" />
        <xs:element name="sale" minOccurs="1" maxOccurs="unbounded">
          <xs:complexType>
            <xs:sequence>
              <xs:element name="product" type="xs:string" minOccurs="1" maxOccurs="1" />
              <xs:element name="quantity" type="xs:long" minOccurs="1" maxOccurs="1" />
            </xs:sequence>
          </xs:complexType>
        </xs:element>
      </xs:sequence>
    </xs:complexType>
  </xs:element>
</xs:schema>
```

Damit beim Verarbeiten von XML-Dokumenten das dazugehörende Schema bekannt ist, muss es im ersten betreffenden XML-Element angegeben werden:

```
<?xml version="1.0" encoding="utf-8"?>
<salesreport
  xsi:noNamespaceSchemaLocation="salesreport.xsd">
  <location>Graz</location>
  ...
</salesreport>
```

Namensraum: Wenn mehrere XML-Schemas gleichnamige XML-Elemente definieren, kommt es zu Konflikten: Meint <date> ein Element des Namensraums abc oder eines von efg? Die Lösung besteht darin, in den XML-Elementnamen Präfixe zu verwenden, die den Namensraum angeben (also z.B. <abc:date> und <efg:date>).

Damit Namensräume verwendet werden können, müssen die Namensräume im einleitenden XML-Element mit dem `xmlns`-Attribut definiert werden. Oft erfolgt die Definition im Startelement, es ist aber auch eine elementspezifische Definition irgendwo in der XML-Datei zulässig. Die Definition erfolgt in der Form `xmlns:präfix="Namensraum-URI"`. Wenn in der Definition auf das Präfix verzichtet wird, bezeichnet der URI den Standardnamensraum, dessen Elemente ohne Präfix eingesetzt werden können.

HINWEIS

URI steht für Uniform Resource Identifier und bezeichnet einen eindeutigen Namen für eine Internet-Ressource, z.B. eine Webadresse. Bei dem Namensraum-URI muss es sich nicht um eine existierende Webadresse oder Datei handeln! Der einzige Zweck des Namensraum-URIs besteht darin, XML-Elemente eindeutig zu bezeichnen.

Für eigene Namensräume können Sie grundsätzlich auch eine Fantasie-Adresse verwenden. In der Praxis verweisen zwar einige Namensraums-URIs auf Dokumentation oder Hintergrundinformationen zum betreffenden Namensraum; diese Dokumentation ist für die Auswertung des Namensraums aber vollkommen irrelevant. Es handelt sich *nicht* um eine Datei mit XML-Syntaxregeln, die bei der Auswertung der XML-Datei berücksichtigt werden müssen.

Die folgenden Zeilen stammen aus dem RSS-Feed der IT-Nachrichtenseite *slashdot.org*, in dessen XML-Datei besonders viele Namensräume zum Einsatz kommen. Beachten Sie, dass bereits das einleitende `RDF`-Element einem Namensraum nutzt (nämlich `rdf`).

```
<?xml version="1.0" encoding="UTF-8"?>
<rdf:RDF xmlns="http://purl.org/rss/1.0/"
         xmlns:rdf="http://www.w3.org/1999/02/22-rdf-syntax-ns#"
         xmlns:slash="http://purl.org/rss/1.0/modules/slash/"
         xmlns:taxo="http://purl.org/rss/1.0/modules/taxonomy/" ...>
```

Im weiteren XML-Dokument ist nun vielen XML-Elementen und -Attributen eines der soeben definierten Präfixe vorangestellt:

```
<channel rdf:about="http://slashdot.org/">
<title>Slashdot</title>
<link>http://slashdot.org/</link>
<description>News for nerds, stuff that matters</description>
<dc:language>en-us</dc:language>
<dc:rights>Copyright 1997-2006, OSTG - Open Source Technology Group, Inc.
All Rights Reserved.</dc:rights>
<dc:date>2007-08-27T12:30:16+00:00</dc:date>
<dc:publisher>OSTG</dc:publisher>
```

Bei der Auswertung von XML-Dateien dienen die Präfixe nur als Kurzschreibweise. XML-intern ist zur Bezeichnung der Elemente die Zeichenkette des Namensraum-URIs entscheidend. Deswegen müssen Sie bei vielen Methoden zur Bearbeitung von XML-Elementen den Namensraum-URI als zusätzlichen Parameter angeben, *nicht* das Präfix.

HTML-Darstellung: Als XML vor einigen Jahren populär wurde, betrachteten viele XML als HTML-Nachfolger. Daraus ist nichts geworden. XML hat sich zwar für viele Anwendungen als Standard zum Datenaustausch durchgesetzt, aber nichts an der Dominanz von HTML bzw. dessen neuerer und etwas XML-ähnlicherer Variante XHTML geändert.

Moderne Webbrowser bieten dennoch die Möglichkeit, XML-Dokumente direkt darzustellen (siehe Abbildung 13.2). Das Ergebnis sieht ganz ähnlich wie der ursprüngliche XML-Quellcode aus. Allerdings werden die XML-Elemente farbig hervorgehoben und eingerückt. Einzelne XML-Elemente können auseinander- und zusammengeklappt werden.

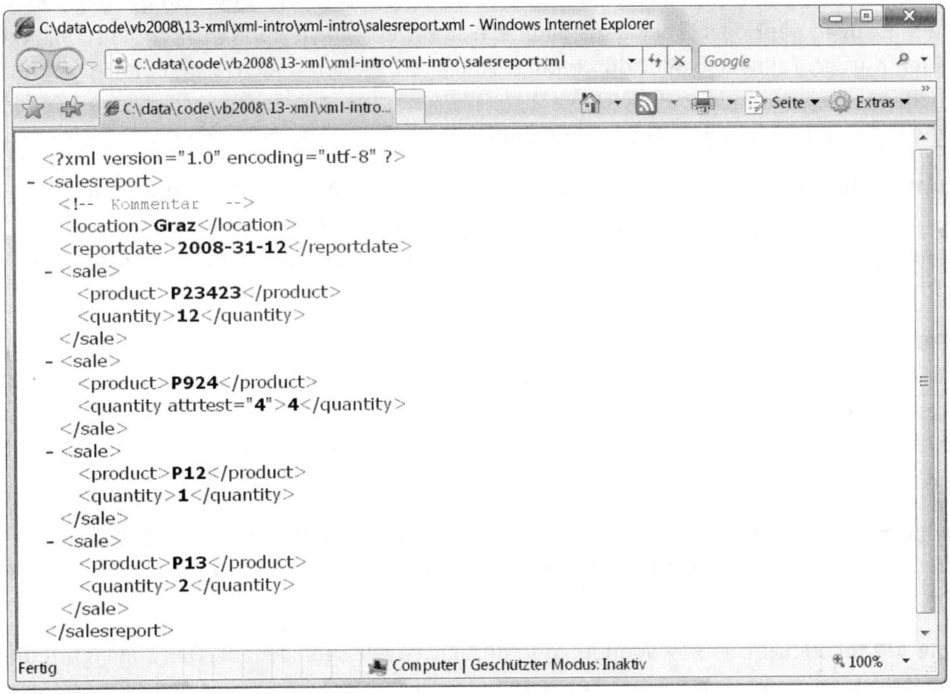

Abbildung 13.2: XML-Darstellung im Internet Explorer

Wenn XML-Dokumente ordentlich formatiert in einem Browser dargestellt werden sollen, müssen sie vorher mit XSLT in das HTML-Format umgewandelt werden. XSLT steht für `Extensible Stylesheet Language Transformations` und ermöglicht es anhand von Regeln, eine XML-Datei von einer Syntaxdarstellung in eine andere umzuwandeln. Die Umwandlung von XML in HTML ist ein Sonderfall einer XSL-Transformation. Damit die XSLT-Regeldatei berücksichtigt wird, muss sie im XML-Dokument nach der `<?xml>`-Zeile angegeben werden:

```
<?xml version="1.0" encoding="ISO-8859-1"?>
<?xml-stylesheet type="text/xsl" href="name.xsl"?>
...
```

XPath: XPath steht für `XML Path Language` und beschreibt die Syntax, um ein bestimmtes Element innerhalb einer XML-Datei zu adressieren. XPath bietet eine Möglichkeit, rasch auf einzelne Elemente einer XML-Datei zuzugreifen. Auch bei der Formulierung der XSL-Transformationsregeln kommt XPath zur Anwendung.

Zugriff auf XML-Daten

Es bestehen verschiedene Verfahren zum Lesen von XML-Daten:

» **LINQ to XML (neu in VB2008):** Um LINQ und XML auf einen gemeinsamen Nenner zu bringen, hat Microsoft eine vollkommen neue Klassenbibliothek entwickelt. Sie macht den Umgang mit XML einfacher als je zuvor, geht dazu aber ganz eigene Wege. Der Zugriff auf XML-Elemente erfolgt in einer neuen Kurzschreibweise oder durch LINQ-Abfragen. Neuen Code werden Sie wegen der offensichtlichen Vorteile zumeist mit LINQ to XML entwickeln. Die Portierung vorhandenen Codes ist aber aufwendig und lohnt nur in Ausnahmefällen.

» **DOM (Document Object Model):** Beim standardisierten DOM-Verfahren werden zuerst alle XML-Daten in den Speicher gelesen. Dort wird ein Objektbaum gebildet, auf dessen Elemente Sie dann mit verschiedenen Methoden zugreifen können. Die Programmierung ist relativ einfach, die resultierenden Programme sind aber je nach Anwendungszweck ineffizient.

» **XML-Reader:** Hier erfolgt der Zugriff auf die Elemente `forward-only` durch eine `Read`-Methode. Damit entfällt die Notwendigkeit, zuerst das gesamte XML-Dokument in den Speicher zu laden. Allerdings ist ein neuerlicher Zugriff auf ein zuvor bereits verarbeitetes XML-Element unmöglich. Der Zugriff ist `read-only`, Änderungen sind nicht möglich. Neue XML-Dokumente können Sie mit dem XML-Writer erstellen.

» **XPath-Navigator:** Ähnlich wie bei DOM muss das XML-Dokument zuerst vollständig in den Speicher geladen werden. Anschließend können Sie einzelne XML-Elemente durch XPath-Ausdrücke adressieren.

» **SAX (Simple API for XML):** Das SAX-Modell ist in der Java-Welt sehr beliebt. Der Zugriff auf die XML-Elemente erfolgt durch Ereignisse. SAX wird vom .NET Framework zwar nicht unterstützt, es gibt aber eine Open-Source-Implementierung, die Sie kostenlos auch in kommerziellen Programmen einsetzen dürfen:

http://saxdotnet.sourceforge.net/

Die folgende Tabelle vergleicht alle Verfahren. Wenn Sie sich nun fragen, welche Variante Sie für eine bestimmte Aufgabe einsetzen sollen, würde ich Ihnen Folgendes empfehlen: Für das `Low-Level`-Konzept des `XmlReaders` spricht vor allem der geringe Ressourcen-Bedarf. Der `XmlReader` ist ideal, wenn Sie MByte-große Dateien einmal lesen und verarbeiten wollen, aber keine Notwendigkeit besteht, auf bereits gelesene Daten ein zweites Mal zuzugreifen bzw. den Datenstrom nach verschiedenen Kriterien zu durchsuchen.

Den größten Komfort bei der Programmierung bietet `XDocument` in Kombination mit LINQ. Die Abfragemöglichkeiten sind einfach einzusetzen (vor allem für Programmierer mit Datenbank- bzw. SQL-Erfahrung). Allerdings sind die `XDocument`-Klassen und LINQ Version-1.0-Software.

Noch bessere XML-Abfragemöglichkeiten als LINQ bietet der `XPathNavigator`. Gegen diese Variante sprechen zwei Punkte: die komplexe Syntax der `XPath`-Ausdrücke und der Read-Only-Ansatz. Änderungen an XML-Dokumenten sind nur via DOM möglich.

Für die `XmlDocument`-Klasse (DOM) spricht deren Standardkonformität, was die Portierung von XML-Code anderer Programmiersprachen oft erleichtert. Ihre Nachteile – die geringere Geschwindigkeit und der höhere Speicherbedarf – sind für Anwendungen, die nur mit kleinen XML-Dateien hantieren, irrelevant.

Egal, für welche Klasse Sie sich entscheiden, empfehle ich Ihnen, die folgenden Abschnitte der Reihe nach mindestens zu überfliegen. Alle Konzepte zeichnen sich durch viele Ähnlichkeiten aus, die sich auch in den Methoden- und Eigenschaftsnamen widerspiegeln. Auch wenn jeder Abschnitt unabhängig von den anderen gelesen werden kann, beschreibe ich diverse Details nicht viermal hintereinander in der gleichen Ausführlichkeit ...

	DOM	**XML-Reader**	**XPath-Navigator**	**LINQ to XML**	**SAX**
.NET-Basisklasse	`XmlDocument`	`XmlReader`	`XPathNavigator`	`XDocument`	–
Datenzugriff	Objektbaum und XPath	`streaming pull (Read-Methode)`	`streaming cursor (XPath)`	LINQ	streaming push (Ereignisse)
Datenveränderung	lesen und schreiben	nur lesen (schreiben mit `XMLWriter`)	nur lesen (schreiben mit DOM-Basisobjekt)	lesen und schreiben	nur lesen
Navigation	frei	nur vorwärts	frei	frei	nur vorwärts
Selektion	XPath	–	XPath	LINQ (SQL-ähnlich)	–
Geschwindigkeit*	langsam	mittel	langsames Einlesen, schneller Zugriff	mittel	mittel
Speicherbedarf*	groß	klein	groß	mittel	klein
Verfügbarkeit	*Java und .NET (W3C-Standard)*	*nur unter .NET*	*nur unter .NET*	*nur unter .NET*	*Java (kostenlose .NET-Bibliothek verfügbar)*

Die Angaben zur Geschwindigkeit und zum Speicherbedarf sind bewusst vage formuliert. Ich habe keine eigenen Benchmarktests durchgeführt, sondern mich auf Informationen und Untersuchungen aus dem Internet verlassen. Mit welcher Klassenbibliothek Sie für eine bestimmte Aufgabenstellung die beste Effizienz erzielen, lässt sich oft nur durch eigene Tests ermitteln. Solange die Datenmengen klein sind, ist die Code-Effizienz ohnedies nicht das wichtigste Entscheidungskriterium. Klarer, möglichst fehlerfreier Code hat oft eine höhere Priorität.

Klassenübersicht

Die meisten Klassen zur Bearbeitung von XML-Daten befinden sich in der Bibliothek *System.Xml.dll* und sind über mehrere Namensräume verteilt (`System.Xml`, `System.Xml.XPath` etc.). Die XML-Klassen für LINQ befinden sich im Namensraum `System.Xml.Linq`. Die in diesem Kapitel beschriebenen Klassen sind fett hervorgehoben.

Wichtige XML-Klassen im .NET Framework (Namensräume System.Xml, System.Xml.Xpath und System.Xml.Linq)

`Object`	.NET-Basisklasse
└─`XmlConvert`	XML-konforme Konvertierung von Daten in Zeichenketten
└─`XmlNamespaceManager`	Verwaltung von Namensräumen und ihrer Präfixe
└─`XmlNamedNodeMap`	Aufzählung von benannten XML-Knoten
│ └─`XmlAttributeCollection`	Aufzählung von XML-Attributen
└─`XmlNode`	allgemeiner XML-Knoten (DOM)
│ └─`XmlAttribute`	Attribut
│ └─`XmlDocument`	Verarbeitung eines XML-Dokuments
│ └─`XmlLinkedNode`	Knoten mit `Next.-/PreviousSibling`-Eigenschaft
│ │ └─`XmlCharacterData`	Knoten mit Textverarbeitungseigenschaften und -methoden
│ │ │ └─`XmlCDataSection`	CData-Element
│ │ │ └─`XmlComment`	XML-Kommentar
│ │ │ └─`XmlText`	Text in einem XML-Element oder -Attribut
│ │ └─`XmlDeclaration`	XML-Deklaration
│ │ └─`XmlElement`	XML-Element
└─`XmlNodeList`	Aufzählung von *XmlNode*-Objekten
└─`XmlReader`	XML-Daten *forward-only* lesen
└─`XmlReaderSettings`	Einstellungen für *XmlReader*
└─`XmlWriter`	XML-Daten schreiben

Wichtige XML-Klassen im .NET Framework (Namensräume System.Xml, System.Xml.Xpath und System.Xml.Linq)	
└─XmlWriterSettings	Einstellungen für *XmlWriter*
└─XPathDocument	Datenbasis (read-only, forward-only) für den XPathNavigator
└─XPathExpression	kompilierter *XPath*-Ausdruck
└─XPathItem	Informationen über einen XML-Knoten
└─XPathNavigator	XML-Daten mit *XPath*-Syntax durchsuchen und verarbeiten
└─XPathNoteIterator	*XPath*-Suchergebnisse verarbeiten
└─XObject	allgemeines XML-Objekt (LINQ to XML)
└─XAttribute	XML-Attribut
└─XNode	XML-Knoten
└─XContainer	Container für mehrere XML-Objekte
└─XDocument	XML-Dokument
└─XElement	XML-Element

13.2 XDocument und LINQ to XML

Die Bibliothek *System.Xml.Linq* stellt beginnend mit der .NET-Version 3.5 eine neue Klassenfamilie zur Verfügung. Die Klassen `XDocument`, `XElement`, `XNode`, `XAttribute` sind bereits die vierte im .NET Framework verewigte Schnittstelle zur XML-Programmierung. Ihre Eleganz (speziell in VB) besteht darin, dass Sie mit einer kompakten Schreibweise direkt XML-Code in VB-Code integrieren und auf XML-Elemente zugreifen können – z.B. in der Form `xdoc.<elementname>`. Die explizite Verwendung von Methoden, Eigenschaften etc. ist seltener erforderlich als bei den anderen XML-Klassenfamilien.

Hinter den Kulissen kommt bei den neuen Kurzschreibweisen LINQ zur Anwendung. *System.Xml.Linq* stellt somit die Brücke zwischen LINQ und den neuen XML-Klassen her und wird auch LINQ-Provider genannt (`LINQ to XML`). Microsoft betrachtet die Klassen rund um `XDocument` sowie das Konzept `LINQ to XML` nun als den bevorzugten Weg zur XML-Programmierung. Das wird schon bei den Standardeinstellungen neuer VB-Projekte klar: Der Namensraum `System.Xml.Linq` ist aktiv, `System.Xml` (für `XmlReader`, `XmlWriter` und `XmlDocument`) dagegen nicht!

ACHTUNG

Bei neuen Projekten (VB2008) und bei alten Projekten, die mit dem Migrationsassistenten von VB2005 konvertiert wurden, gelten unterschiedliche Grundeinstellungen für das .NET Framework, unterschiedliche Referenzen auf Bibliotheken, unterschiedliche Namensraumimporte und unterschiedliche Optionseinstellungen. Die folgende Tabelle zählt dabei nur die XML-spezifischen Einstellungen auf. Diese Unterschiede sind oft schuld, wenn XML-Code nicht wie geplant funktioniert.

ACHTUNG

	Neues VB2008-Projekt	Konvertiertes VB2005-Projekt
.NET Framework	3.5	2.0
Option Infer (implizite Typisierung)	On	Off
Referenzen	System.Xml System.Xml.Linq	System.Xml
Importe	System.Linq System.Xml.Linq (aber nicht System.Xml!)	

Wenn Sie LINQ to XML in Projekten einsetzen möchten, die Sie mit dem Migrationsassistenten von VB2005 nach VB2008 konvertiert haben, müssen Sie in den Projekteigenschaften die folgenden Dinge ändern:

Kompilieren:	Option Infer = On
Kompilieren|Erweiterte optionen:	Ziel-Framework= .NET 3.5
Verweise:	Bibliothek System.Xml.Linq hinzufügen
	Namensräume System.Linq und System.Xml.Linq aktivieren

XML-Variablen initialisieren

Selbstverständlich können Sie ein XML-Dokument einfach aus einer Datei oder aus dem Internet laden. Dazu brauchen Sie ein `XDocument`-Objekt. Die übliche Vorgehensweise sieht so aus:

```
Dim xd [As XDocument] = XDocument.Load("dateiname/internetadresse")
```

Für einzelne XML-Elemente ohne Dokumenteinleitung verwenden Sie die `XElement`-Klasse. Wenn Ihnen der XML-Code als Zeichenkette vorliegt, erzeugen Sie das entsprechende `XElement`- oder `XDocument`-Objekt mit `Parse`:

```
Dim xe [As XElement] = XElement.Parse("<abc></abc>")
```

Kleinere XML-Dokumente können Sie aber auch direkt im Code einbetten. VB unterstützt dabei (anders als C#) eine besonders elegante Syntax: Sie geben den XML-Code direkt an, ohne Anführungszeichen und ohne das sonst in VB übliche Zeichen _ am Ende jeder Zeile. `XDocument`-Objekte müssen mit `<?xml version=... ?>` eingeleitet werden. Bei `XElement`-Objekten entfällt diese Zeile. Visual Studio unterstützt Sie bei der XML-Eingabe, indem es offene Elemente automatisch schließt und den Code richtig einrückt. Sofern Sie mit `Option Infer On` arbeiten, können Sie sogar auf die Typangabe bei der Initialisierung der XML-Variablen verzichten. Der VB-Compiler erkennt den richtigen Datentyp selbst.

```
Dim xd [As XDocument] = _
  <?xml version="1.0" encoding="utf-8"?>
  <!-- ein Kommentar -->
  <salesreport>
    <location>Graz</location>
    <reportdate>2008-01-01</reportdate>
    <sale>
      <product>P23423</product>
      <quantity>12</quantity>
    </sale>
    ...
  </salesreport>
Dim anotherSale [As XElement] = _
  <sale>
    <product>P23</product>
    <quantity>5</quantity>
  </sale>
```

Um den XML-Code eines XML-Elements zu ermitteln, verwenden Sie `ToString`.

VB-Ausdrücke und LINQ-Abfragen in den XML-Code einbetten

Damit nicht genug. In den XML-Codes können Sie wiederum VB-Ausdrücke und LINQ-Abfragen einbetten. Die Syntax ist ASP- und PHP-Programmierern bereits bekannt. `<%=` leitet den Ausdruck ein, `%>` beendet ihn wieder.

```
Dim qty As Integer = 30
Dim anotherSale [As XElement] = _
  <sale>
    <product>P23</product>
    <quantity><%= qty %></quantity>
  </sale>
```

Die folgende Anweisung fügt das neue `<sale>`-Element in `xd` ein:

```
xd.<salesreport>(0).Add(anotherSale)
```

Noch eindrucksvoller ist das folgende Beispiel:

```
Dim newsalesreport [As XElement] = _
  <sales>
    <%= From s In xd.<salesreport>.<sale> Where s.<quantity>.Value > 10 %>
  </sales>
```

`newsalesreport` enthält nun die folgenden XML-Daten:

```
<sales>
  <sale>
    <product>P23423</product>
    <quantity>12</quantity>
  </sale>
```

```
  <sale>
    <product>P23</product>
    <quantity>30</quantity>
  </sale>
</sales>
```

XML-Navigation (Axis-Eigenschaften)

In den obigen Beispielen wurden teilweise bereits die sogenannten Axis-Eigenschaften eingesetzt, um auf XML-Elemente zuzugreifen. Die folgende Tabelle fasst die erlaubten Schreibweisen zusammen.

XML-Axis-Eigenschaften	
`xvar.<childname>` `xvar.<childname>(n)`	liefert eine Aufzählung aller XML-Elemente mit dem angegebenen Namen, die sich direkt im zugrunde liegenden XML-Element (`XDocument`, `XElement` etc.) befinden (`children`). Wenn Sie ein bestimmtes Element direkt ansprechen möchten, geben Sie den Index (beginnend mit 0) in Klammern an.
`xvar.<child1>.<child2>.<child3>`	liefert eine Aufzählung aller `<child3>`-Elemente in allen <child2>-Elementen in allen <child1>-Elementen des XML-Dokuments. Wenn Sie nur die `<child3>`-Elemente eines bestimmten Zweigs wünschen, müssen Sie entsprechende Indizes angeben, also etwa `xvar.<child1>(7).<child2>(5).<child3>`.
`xvar...<descname>` `xvar...<descname>(n)`	liefert eine Aufzählung aller XML-Elemente mit dem angegebenen Namen, die sich im zugrunde liegenden XML-Element befinden. Diese Schreibweise erfasst alle XML-Elemente unabhängig von ihrer Position im XML-Baum (`descendants`).
`xvar@attributname` `xvar@attributname(0)`	liefert eine Aufzählung aller XML-Attribute mit dem angegebenen Namen.
`.Value`	liefert den Inhalt (Text) des ersten XML-Elements und all seiner Unterelemente. `xd.<salesreport>.<sale>.Value` liefert beispielsweise `P2342312`. Wenn eine Aufzählung keine Elemente hat, lautet das Ergebnis `Nothing`.
`.ToString`	liefert ein XML-Element als XML-Code. `ToString` muss auf ein explizit ausgewähltes Objekt angewendet werden (also `xd.<salesreport>(0).ToString`). Es kann nicht auf eine Aufzählung angewendet werden.

Diese Schreibweisen sind VB-spezifisch. C#-Programmierer kommen mit `xvar.Elements("name")`, `xvar.Attributes("name")` etc. ebenfalls zum Ziel, aber eben nicht ganz so elegant.

HINWEIS

Hinter den Kulissen der Axis-Eignschaften bzw. der äquivalenten Methoden `Elements`, `Attributes` etc. kommt LINQ zum Einsatz! Das bedeutet insbesondere, dass die tatsächliche Auswertung der Ausdrücke erst erfolgt, wenn die Ergebnisse tatsächlich benötigt werden (Deferred Evaluation, siehe Abschnitt 12.3).

Im Direktfenster können die Axis-Eigenschaften leider nur dann verwendet werden, wenn Visual Studio den Aufbau der XML-Datei kennt (durch eine **.xsd*-Datei im Projekt).

Namensräume

Zur Angabe des Namensraums ist auch bei LINQ to XML die Schreibweise `<kürzel:elementname>` üblich. Die Kürzel für den Namensraum müssen allerdings vorher in einer `Imports`-Anweisung definiert werden:

```
Imports <xmlns:kürzel="http://adresse">
```

Wenn Sie Namensräume dynamisch im Code verwalten müssen, helfen Ihnen dabei die Klasse `XNamespace` sowie die Eigenschaften `XAttribute.IsNamespaceDeclaration`, `XElement.GetXxxNamespace` und `Xname.XNamespace` weiter.

LINQ-Abfragen

Jeder Zugriff auf ein XML-Element durch die Axis-Eigenschaften *ist* bereits eine – gut getarnte – LINQ-Abfrage! Selbstverständlich können Sie aber auch ganz gewöhnliche Abfragen formulieren. Dabei müssen Sie darauf achten, dass alle Axis-Eigenschaften, die natürlich auch innerhalb einer Abfrage zum Einsatz kommen, `XElement`-Objekte zurückgeben. Zum Vergleichen, Sortieren etc. brauchen Sie aber den Inhalt dieser Objekte, den Sie über die `Value`-Eigenschaft bekommen.

Beim Umgang mit der `Value`-Eigenschaft ist freilich Vorsicht angebracht: Erstens liefert die Eigenschaft auch den Text aller untergeordneten XML-Elemente. Zweitens gibt `Value` Ergebnisse immer als Zeichenketten zurück (weil ja XML auch intern nur Zeichenketten kennt). Wenn Sie ein Zahlenfeld sortieren möchten, müssen Sie es explizit in ein Zahlenformat umwandeln (im folgenden Beispiel mit `CInt`).

```
Dim query = _
  From s In xd.<salesreport>.<sale> _
  Order By CInt(s.<quantity>.Value) _
  Select s.<product>.Value, quantity = CInt(s.<quantity>.Value)
For Each result In query
  Console.WriteLine(result.quantity & " Stück von " & result.product)
Next
```

XML-Baum durchlaufen

Wie bereits erwähnt, liegt die größte Stärke der neuen XML-Bibliothek im komfortablen Zugriff auf XML-Elemente, deren Name und Position bereits bekannt ist. Sie können `XDocument` & Co. aber durchaus auch dazu verwenden, eine beliebige XML-Datei zu verarbeiten. Die folgenden Zeilen geben dafür ein Muster, wobei aber diverse XML-Sonderfälle (z.B. `<![CDATA[...]]>`) nicht berücksichtigt werden. `process_elements` wird rekursiv für jedes `XElement`-Objekt aufgerufen.

Die Einleitungszeile eines XML-Dokuments liefert die Eigenschaft Declaration, die auf ein XDeclaration-Objekt zeigt. Interessante Eigenschaften sind Encoding und Version. Für die Textrepräsentation der Zeile sorgt die Methode ToString.

```
' Beispiel xml\xml-intro
Sub xml_linq2(ByVal uri As String)
  Dim xd As XDocument = XDocument.Load(uri)
  Console.WriteLine("Deklaration: " + xd.Declaration.ToString)
  process_elements(xd.Elements)
End Sub
Sub process_elements(ByVal xes As IEnumerable(Of XElement))
  Static indent As Integer = 0
  For Each xe In xes
    Console.WriteLine(Space(indent) + "Elementname: " + xe.Name.ToString)
    indent += 2
    For Each attr In xe.Attributes
      Console.WriteLine(Space(indent) + "Attribut: " + attr.Name.ToString + "=" + _
                        attr.Value)
    Next
    For Each nd In xe.Nodes
      If nd.NodeType = XmlNodeType.Comment Then
        Console.WriteLine(Space(indent) + "Kommentar: " + nd.ToString)
      ElseIf nd.NodeType = XmlNodeType.Text Then
        Console.WriteLine(Space(indent) + "Text: " + nd.ToString)
      End If
    Next
    linq_read_all_nodes(xe.Elements)
    indent -= 2
  Next
End Sub
```

xe.Name liefert den Namen von XML-Elementen als XName-Objekt. Diese Klasse ermöglicht eine differenzierte Auswertung von Elementname und Namensraum. ToString liefert einfach eine Zeichenkette in der Form {http://namespace-adresse.com}.elementname.

Die Methoden Attributes und Elements geben einen raschen Zugriff auf Attribute (XAttribute-Objekte) und untergeordnete XML-Elemente. Kommentare, der Textinhalt des aktuellen Elements etc. müssen aber aus der Nodes-Aufzählung herausgesucht werden. Diese Aufzählung liefert XNode-Objekte, zu denen neben Attributen und Elementen der Textinhalt (CText-Objekt), Kommentare (XDocument-Objekte), CDATA (XCData-Objekte) etc. zählen. Den Datentyp verrät NodeType.

XML-Daten verändern

Selbstverständlich können Sie XML-Daten nicht nur auslesen, sondern auch ändern. Die folgende Anweisung verändert den Inhalt des <quantity>-Elements im ersten <sale>-Element des XML-Dokuments. Entscheidend ist, dass Sie die Value-Eigenschaft angeben – das gesamte <quantity>-Element können Sie nur mit ReplaceWith ändern (siehe unten).

```
xd.<salesreport>.<sale>.<quantity>.Value = "3"
```

Wenn Sie nicht das erste, sondern ein ausgewähltes XML-Element verändern möchten, müssen Sie dessen Position angeben (mit 0 für das erste Element!):

```
xd.<salesreport>.<sale>(2).<quantity>.Value = "3"
```

Mit ReplaceWith ersetzen Sie ein ganzes XElement durch neuen XML-Code:

```
xd.<salesreport>.<sale>(2).ReplaceWith( _
      <sale>
        <product>A57</product>
        <quantity>88</quantity>
      </sale>)
```

Add fügt ein neues XElement ein. Add muss auf das übergeordnete Element angewendet werden. Das neue Element wird als letztes Kindelement (child) innerhalb des Ausgangselements eingefügt. Wenn Sie ein Element zu Beginn einfügen möchten, verwenden Sie AddFirst.

```
xd.<salesreport>.Add(<sale>...</sale>)
```

Varianten zu Add sind AddBeforeSelf und AddAfterSelf, die ein Objekt innerhalb der aktuellen Hierarchieebene vor oder hinter dem aktuellen Element einfügen. Nochmals das salesreport-Beispiel:

```
xd.<salesreport>.<sale(3).AddBeforeSelf(<sale>...</sale>)
```

An alle Add-Methoden können auch mehrere XML-Elemente übergeben werden. Um vorhandene XML-Elemente zu entfernen, setzen Sie Remove ein. Die Variante RemoveAll löscht alle untergeordneten Elemente.

Das neue bzw. geänderte XML-Dokument speichern Sie schließlich mit Save in einer Datei bzw. mit WriteTo in einen XmlWriter (siehe Abschnitt 13.4).

Schnittstellen zu den Klassen XmlReader und XmlWriter

Wer mit den in den weiteren Abschnitten vorgestellten Klassen XmlReader und XmlWriter bereits vertraut ist, kann mit den folgenden Methoden einzelne Arbeitsschritte auf herkömmliche Art und Weise erledigen:

» XNode.CreateReader liefert ein XmlReader-Objekt.

» XNode.ReadFrom(xmlreader) erzeugt ein XNode-Objekt aus einem XmlReader-Objekt. Der Cursor in xmlreader muss an einer geeigneten Stelle stehen.

» XNode.WriteTo(xmlwriter) schreibt das XNode-Objekt in den XmlWriter.

» XElement./XDocument.Save(xmlwriter) schreibt ein XML-Element bzw. das gesamte XML-Dokument in den XmlWriter.

13.3 XmlReader

Der `XmlReader` hilft dabei, eine XML-Datei effizient sequenziell auszulesen. Sequenziell bedeutet, dass der `XmlReader` keine Daten zwischenspeichert. Sie können sich im Datenstrom nur vorwärts bewegen und bereits gelesene Daten kein zweites Mal lesen. Von allen in diesem Kapitel vorgestellten Varianten zum Lesen/Verarbeiten von XML-Dateien ist der `XmlReader` gewissermaßen die primitivste. Seine Vorteile sind die hohe Geschwindigkeit und der geringe Speicherbedarf.

XML-Daten öffnen

Die Online-Dokumentation empfiehlt, `XmlReader`-Objekte nicht durch den Konstruktor zu erzeugen, sondern mit der `Create`-Methode. Diese Methode unterstützt mehr Syntaxvarianten als `New`. Im einfachsten Fall gehen Sie so vor:

```
Imports System.Xml
Dim reader As XmlReader
reader = XmlReader.Create("name.xml")
```

Statt eines Dateinamens können Sie auch ein `Stream`- oder `TextReader`-Objekt übergeben. Diverse Optionen stellen Sie ein, indem Sie an `Create` ein zusätzliches `XmlReaderSettings`-Objekt übergeben. Um zu überprüfen, ob ein XML-Dokument seinem Schema (XSD) entspricht, stellen Sie die Eigenschaft `ValidationType` entsprechend ein.

```
Dim settings As New XmlReaderSettings()
settings.ValidationType = ValidationType.Schema
settings.IgnoreWhitespace = True
reader = XmlReader.Create("name.xml", settings)
```

Sofern Sie eine Ereignisprozedur einrichten (`AddHandler`), löst der `XmlReader` nun bei Syntax- oder Schemafehlern keine `XmlException` mehr aus. Stattdessen kommt es zum Aufruf der `ValidationEventHandler`-Ereignisprozedur. Der fehlerhafte Abschnitt der XML-Daten wird übersprungen, der Leseprozess kann aber fortgesetzt werden.

Wenn die zu verarbeitende XML-Datei auf eine DTD verweist, wird aus Sicherheitsgründen eine `XmlException` ausgelöst. Eine Verarbeitung ist nur zulässig, wenn Sie beim Erzeugen des `XmlReaders` ein `XmlReaderSettings`-Objekt mit `ProhibitDtd=True` verwenden.

Ein XML-Dokument aus einer String-Variablen lesen

An `Create` können Sie statt eines Dateinamens bzw. einer HTTP-Adresse auch ein `IO.Stream`- oder `IO.TextWriter`-Objekt übergeben. Wenn sich das XML-Dokument bereits in einer `String`-Variablen befindet, nehmen Sie einen `IO.StringReader` zu Hilfe.

```
Dim txtreader As New IO.StringReader("<a><b>blabla</b><c></c></a>")
Dim xreader As XmlReader
xreader = XmlReader.Create(txtreader)
```

Navigation

Die Grundidee des XmlReaders besteht darin, dass eine Art Cursor auf die aktuelle Position im XML-Datenfluss zeigt. Der XmlReader bietet zahllose, vollkommen inkonsequent benannte Methoden, um diese Position zu verändern: Am wenigsten spezifisch ist Read. Damit wird der Cursor einfach zum nächsten XML-Knoten bewegt (unabhängig von dessen Namen oder Typ).

ReadToFollowing sucht nach dem nächsten XML-Element, das einen bestimmten Namen hat. ReadToDescendant funktioniert so ähnlich, schränkt die Suche aber auf Subelemente innerhalb des aktuellen Elements ein. ReadToNextSibling sucht das nächste Element in der aktuellen Hierarchieebene. (Die Syntaxzusammenfassung am Ende dieses Abschnitts beschreibt diese und andere Navigationsmethoden ausführlicher.)

MoveToContent testet, ob der aktuelle Knoten Daten enthält. Wenn das nicht der Fall ist, rückt der Cursor zum nächsten passenden Knoten des Typs Element, Text, EndElement, CData etc. vor. Leerraum und Kommentare werden dabei übersprungen.

Skip überspringt den Inhalt des aktuellen XML-Elements inklusive aller enthaltenen Sub-Elemente.

HINWEIS

Bitte beachten Sie im weiteren Verlauf dieses Kapitels die Unterscheidung zwischen XML-Knoten und XML-Element! Als XML-Knoten (node) bezeichne ich (wie auch die Dokumentation) eine allgemeine XML-Struktur. Dazu zählen Elemente, Attribute, Leerraum, Kommentare etc. Ein XML-Element ist ein Sonderfall eines XML-Knotens, nämlich ein Knoten vom Typ Element (also <name>...</name>).

Alle hier genannten Methoden liefern True oder False zurück, je nachdem, ob die Suche erfolgreich war. Ist das nicht der Fall, springt der Cursor an das Ende der aktuellen Struktur bzw. bei ReadToFollowing an das Ende der XML-Daten. Die Eigenschaft EOF liefert dann True.

Daten lesen

Die Eigenschaften Name, NodeType und Depth liefern grundlegende Informationen über den Namen, Typ und die Hierarchietiefe des gerade aktuellen XML-Knotens. Je nachdem, um welchen Knotentyp es sich handelt, kann der eigentliche Inhalt auf verschiedene Arten ausgelesen werden:

» Value liefert den Inhalt des aktuellen XML-Knotens als Zeichenkette.

  Geeignete Knotentypen (NoteType-Eigenschaft): Attribute, CDATA, Comment, DocumentType, ProcessingInstruction, SignificantWhitespace, Text und XmlDeclaration.

» ReadContentAsString, -AsInt etc. liefern den Inhalt des XML-Knotens im gewünschten Datenformat.

  Geeignete Knotentypen: Attribute, CDATA, EndEntity, EntityReference, SignificantWhitespace, Text und Whitespace.

» ReadElementContentAsString, -AsInt etc. liefern den Inhalt des aktuellen XML-Elements im gewünschten Datenformat.

  Geeigneter Knotentyp: nur Element.

- ReadElementString führt zuerst MoveToContent aus und liefert dann den Inhalt des aktuellen XML-Knotens als Zeichenkette. Die Methode ist nicht zulässig, wenn der Knoten mehr als eine reine Zeichenkette enthält (insbesondere Sub-Elemente).

  Geeignete Knotentypen: CDATA, Element, EndElement, EntityReference und EndEntity.

- ReadString liefert den Inhalt des aktuellen XML-Knotens als Zeichenkette.

  Geeignete Knotentypen: CDATA, Element, SignificantWhitespace, Text und Whitespace.

Bei allen Read-Methoden rückt der Cursor zum nächsten Knoten bzw. an das Ende des aktuellen XML-Elements vor.

Attribute

Ob das aktuelle XML-Element Attribute hat, können Sie mit den Eigenschaften HasAttributes bzw. AttributeCount feststellen. Zur Auswertung der Attribute bestehen dann mehrere Möglichkeiten. Wenn Sie den Namen kennen, führt reader("name") am schnellsten und einfachsten zum Ziel. (Falls kein Attribut name existiert, lautet das Ergebnis Nothing, andernfalls bekommen Sie eine Zeichenkette mit der Attributseinstellung.)

Eine andere Variante besteht darin, alle Attribute mit MoveToFirstAttribute bzw. MoveToNextAttribute zu durchlaufen oder ein bestimmtes Attribut mit MoveToAttribute zu aktivieren. In diesem Fall liefern Name und Value den Namen und den Inhalt des Attributs. MoveToElement führt von der Attributauflistung zurück zum aktuellen Element.

Namensräume

Bei XML-Elementen in Namensräumen setzt sich Name aus dem Namensraumpräfix, einem Doppelpunkt und dem eigentlichen Elementnamen zusammen. Beispielsweise verwendet der RSS-Feed von *slashdot.org* den Namensraum slash. Zusammen mit dem Elementnamen department ergibt sich slash:department. LocalName gibt den Elementnamen ohne Präfix zurück, Prefix nur das Namensraumkürzel (hier slash). NamespaceURI liefert den zum aktuellen Element passenden Namensraum-URI (hier *http://purl.org/rss/1.0/modules/slash/*). Auch LookupNamespace("präfix") liefert den zu einem Präfix gehörenden Namensraum-URI.

Zahlreiche Read- und Move-Methoden akzeptieren als optionalen Parameter den Namensraum-URI (nicht das Präfix!). Um beispielsweise zum nächsten rdf:li-Element zu springen, führen Sie den folgenden Code aus:

```
reader.ReadToFollowing("li", reader.LookupNamespace("rdf"))
```

Beispiel

Die folgenden Zeilen zeigen, wie Sie mit dem XmlReader eine beliebige XML-Datei lesen und in einem Konsolenfenster strukturiert ausgeben (siehe Abbildung 13.3). Wenn man von der Auswertung der Attribute absieht, wird als einzige Methode Read zum Lesen bzw. zur Navigation eingesetzt. Ein weiteres Anwendungsbeispiel für den XmlReader folgt in Abschnitt 13.7.

```
' Beispiel xml\xml-intro, Prozedur xml_reader
Imports System.Xml, System.Xml.XPath
Dim reader As XmlReader
reader = XmlReader.Create("test.xml")
While reader.Read()
  Select Case reader.NodeType
    Case XmlNodeType.Element
      Console.Write(Space(reader.Depth * 2))
      Console.WriteLine("Element:     " & reader.Name)
      'Attribute des Elements anzeigen
      If reader.HasAttributes Then
        reader.MoveToFirstAttribute()
        Do
          Console.Write(Space(reader.Depth * 2))
          Console.WriteLine("  Attribut {0} = {1} ", reader.Name, reader.Value)
        Loop Until reader.MoveToNextAttribute() = False
      End If
    Case XmlNodeType.EndElement
      Console.Write(Space(reader.Depth * 2))
      Console.WriteLine("End Element: " + reader.Name)
    Case XmlNodeType.Text
      Console.Write(Space(reader.Depth * 2))
      Console.WriteLine("Text:        " & reader.Value)
    Case XmlNodeType.XmlDeclaration
      Console.Write(Space(reader.Depth * 2))
      Console.WriteLine("Declaration: " & reader.Value)
    Case XmlNodeType.Whitespace
      ' ignore
    Case Else
      Console.Write(Space(reader.Depth * 2))
      Console.WriteLine("Sonstiges:   " + reader.NodeType.ToString + _
        " " + reader.Value)
  End Select
End While
```

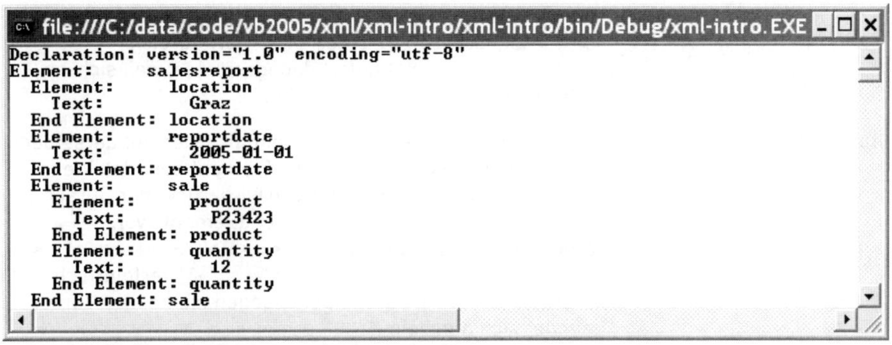

Abbildung 13.3: Auswertung einer XML-Datei mit einem XmlReader

Syntaxzusammenfassung

***System.Xml.XmlReader* – Objekt öffnen und schließen**	
`Dim r As XmlReader` `r = XmlReader.Create(xml)`	öffnet einen `XmlReader` mit Standardeinstellungen. `xml` kann ein Dateiname, eine Webadresse, ein `Stream`- oder ein `TextReader`-Objekt sein.

`Dim r As XmlReader`
`Dim settings As New XmlReaderSettings()`
`settings.xxx = ...`
`r = XmlReader.Create(xml, settings)`
	öffnet einen `XmlReader`, wobei das `XmlReaderSettings`-Objekt spezifische Eigenschaften des `XmlReaders` steuert (z.B. den Umgang mit Leerraum in den XML-Daten oder die Validierung der XML-Daten).

`r.Close()`	schließt den `XmlReader`.

***System.Xml.XmlReader* – Navigation**	
`ok = r.IsStartElement()`	führt `MoveToContent` aus und liefert anschließend `True` zurück, wenn der nun aktuelle XML-Knoten ein XML-Element ist.
`nodetype = r.MoveToContent()`	falls der aktuelle XML-Knoten keine Daten enthält, werden alle folgenden Kommentare, Whitespace etc. übersprungen. Die Methode liefert den Typ des aktuellen bzw. nächsten XML-Knotens mit Daten (z.B. `Element`, `Text`, `EndElement`, `CData`).
`ok = r.Read()`	springt zum nächsten XML-Knoten.
`ok = r.ReadToFollowing("name")`	springt zum nächsten XML-Element mit dem angegebenen Namen. Die Methode ist unabhängig von der Verschachtelung der XML-Elemente. Der XML-Datenfluss wird einfach so lange abgearbeitet, bis ein Element mit dem gesuchten Namen auftaucht. Wenn kein passendes Element gefunden wird, befindet sich der Cursor anschließend am Ende der XML-Daten (`EOF=True`).
`ok = r.ReadToDescendant("name")`	springt zum nächsten XML-Element, das sich innerhalb des aktuellen XML-Elements befindet. Das gesuchte Element darf um mehrere Ebenen eingerückt sein. Wenn kein passendes Element gefunden wird, rückt der Cursor zum `EndElement` des Startelements bzw. zum nächsten Knoten vor. Wenn `a` das aktuelle Element in `<a><b><c>...</c></b></a> <d></d>` ist, ist `ReadToDescendant("c")` erfolgreich. `ReadToDescendant("d")` liefert dagegen `False`, weil sich `<d>` außerhalb von `<a>...</a>` befindet.
`ok = r.ReadToNextSibling("name")`	springt zum nächsten XML-Element, das sich auf derselben Hierarchieebene wie das aktuelle Element befindet. Wenn kein passendes Element gefunden wird, rückt der Cursor zum `EndElement` des übergeordneten Elements vor. Wenn `b1` das aktuelle Element in `<a><b1>...</b1> <b2>...</b2></a>` ist, dann ist `ReadToNextSibling("b2")` erfolgreich. `ReadToNextSibling("b3")` findet dagegen nichts, der Cursor befindet sich nun beim `EndElement </a>`.
`r.Skip()`	überspringt den Inhalt des aktuellen XML-Elements inklusive aller darin enthaltenen Sub-Elemente.

***System.Xml.XmlReader* – Daten lesen**	
`data = r.ReadContentAsTypexxx()`	liefert den Inhalt von XML-Knoten des Typs `Attribute`, `CDATA`, `EndEntity`, `EntityReference`, `SignificantWhitespace`, `Text` und `Whitespace` im gewünschten Datentyp (z.B. als `String`, `Int` etc.). Der Cursor rückt zum nächsten Knoten vor.
`data = r.ReadElementContentAsTypexxx()`	liefert den Inhalt des aktuellen XML-Elements im gewünschten Datentyp. Die Methode ist nur zulässig, wenn das XML-Element keine Subelemente enthält! Der Cursor rückt zum passenden `EndElement` oder zum nächsten Knoten vor.
`s = r.ReadElementString()`	führt zuerst `MoveToContent` aus und liefert dann den Inhalt des aktuellen XML-Knotens als Zeichenkette. Die Methode ist nicht zulässig, wenn der Knoten mehr als eine reine Zeichenkette enthält. Der Cursor rückt zum passenden `EndElement` oder zum nächsten Knoten vor.
`s = r.ReadString()`	liefert den Inhalt des aktuellen XML-Knotens als Zeichenkette.
`newreader = r.ReadSubtree()`	liefert ein neues `XmlReader`-Objekt zur Verarbeitung des XML-Elements. Solange `newreader` existiert, darf `r` nicht benutzt werden! Wenn `newreader` geschlossen wird, rückt der Cursor von `r` zum `EndElement` des verarbeiteten XML-Elements vor.
`s = r.ReadInnerXml()`	liefert den Code des Inhalts des aktuellen XML-Elements (ohne das Start- und End-Tag) und springt zum nächsten Knoten.
`s = r.ReadOuterXml()`	liefert den Code des aktuellen XML-Elements (mit Start- und End-Tag) und springt zum nächsten Knoten.
`n = r.ReadValueChunk(...)`	liest Binärdaten in ein `Byte`-Array. `n` gibt die Anzahl der gelesenen Bytes zurück.

***System.Xml.XmlReader* – Attribute**	
`n = r.AttributeCount`	liefert die Anzahl der Attribute im aktuellen XML-Element.
`ok = r.HasAttributes`	gibt an, ob das aktuelle Element Attribute hat.
`ok = r.MoveToFirstAttribute()`	springt zum ersten Attribut des aktuellen Elements.
`ok = r.MoveToNextAttribute()`	springt zum nächsten Attribut des aktuellen Elements.
`ok = r.MoveToAttribute("name")`	springt zum Attribut mit dem angegebenen Namen innerhalb des aktuellen Elements.

***System.Xml.XmlReader* – Attribute**	
`ok = r.MoveToElement()`	springt von der Attributebene zurück zur Elementebene. Die Methode sollte nur nach `MoveToXxxAttribute`-Methoden eingesetzt werden.
`s = r("name")`	liefert den Inhalt des Attributs mit dem angegebenen Namen.

***System.Xml.XmlReader* – Status**	
`n = r.Depth`	liefert die aktuelle Verschachtelungstiefe.
`bool = r.EOF`	gibt an, ob das Ende der Datei bzw. des Streams erreicht ist.
`s = r.Name`	liefert den Namen des aktuellen XML-Elements.
`type = r.NodeType`	liefert den Typ des aktuellen XML-Knotens (`XmlNodeType`-Aufzählung, z.B. `Attribute`, `CData`, `Element`, `None`, `Text`, `Whitespace`).
`s = r.Value`	liefert den Wert des aktuellen XML-Knotens als Zeichenkette. Die Methode ist für die folgenden Knotentypen geeignet: `Attribute`, `CDATA`, `Comment`, `DocumentType`, `ProcessingInstruction`, `SignificantWhitespace`, `Text` und `XmlDeclaration`. Sie können damit *nicht* den Inhalt eines XML-Elements lesen (Knotentyp `Element`)!
`type = r.ValueType`	liefert den Datentyp des XML-Knotens als `System.Type`-Objekt.

***System.Xml.XmlReader* – Namensräume**	
`r.Name`	liefert den aus Präfix, einem Doppelpunkt und dem lokalen Namen zusammengesetzten Elementnamen.
`r.LocalName`	liefert nur den lokalen Elementnamen ohne Präfix.
`r.Prefix`	liefert nur das Präfix.
`r.NameSpaceURI`	liefert den Namensraum-URI zum aktuellen Element.
`r.LookupNamespace("präfix")`	liefert den Namensraum-URI zum angegebenen Präfix.
`r.MoveToAttribute("name", "ns_URI")`	springt zum Attribut mit dem angegebenen Namen für den durch den URI angegebenen Namensraum.
`r.ReadXxx("name", "ns_URI")`	liest das durch Name und Namensraum-URI spezifizierte XML-Element.

13.4 XmlWriter

Der Name legt es nahe – die XmlWriter-Klasse ist ähnlich konzipiert wie der XmlReader, aber eben zum Schreiben von XML-Dateien vorgesehen. Auch die XmlWriter-Klasse wurde im .NET Framework 2.0 erweitert und erfüllt nun auch alle Funktionen des XmlTextWriters. Wie beim XmlReader müssen Zusatzfunktionen in einem XmlWriterSettings-Objekt aktiviert werden. Die eigentliche Ausgabe der XML-Daten erfolgt durch zahllose Write-Methoden, von denen die wichtigsten in der Syntaxzusammenfassung beschrieben sind.

Die folgenden Zeilen zeigen die prinzipielle Anwendung der Klasse. Die resultierende XML-Datei ist wie in Abbildung 13.2 auf Seite 463 strukturiert. Die Einstellung Indent = True für die XmlWriter-Settings-Klasse bewirkt, dass der XML-Code entsprechend seiner Struktur eingerückt wird. Das verbessert die Lesbarkeit, bläht die Datei aber auch auf.

WriteStartDocument startet die Ausgabe. WriteStartElement("name") und WriteEndElement rahmen die Ausgabe eines Elements ein. Bei EndElement ist es weder notwendig noch zulässig, den Elementnamen anzugeben – der XmlWriter merkt sich selbst, welche Elementebenen gerade offen sind. Zwischen WriteStart- und WriteEndElement rufen Sie die Methoden auf, um den Inhalt des Elements zu schreiben. Für einfache Elemente der Form <name>wert</name> geht es noch einfacher: WriteElementString("name", wert) führt die komplette Ausgabe durch. Attribute geben Sie wahlweise durch WriteAttributeString oder durch WriteStartAttribute, -Value und -EndAttribute aus. WriteEndDocument und Close beenden die Ausgaben.

Zur Ausgabe des Datums wurde die Methode ToString der Klasse Xml.XmlConvert eingesetzt. Gegenüber den gewöhnlichen Format- und ToString-Methoden haben die XmlConvert-Methoden den Vorteil, dass die Formatierung grundsätzlich landesunabhängig erfolgt. Damit wird eine internationale Verarbeitung der XML-Dateien sichergestellt.

```
' Beispiel xml\xml-intro, Prozedur xml_writer
Imports System.Xml, System.Xml.XPath
Dim i As Integer
Dim writer As XmlWriter
Dim settings As XmlWriterSettings
Dim products() As String = {"p1", "p43", "p344"}
Dim quantities() As Integer = {7, 3, 2}
settings = New XmlWriterSettings()
settings.Indent = True
writer = XmlWriter.Create("writer-test.xml", settings)
writer.WriteStartDocument()
writer.WriteStartElement("salesreport")
writer.WriteAttributeString("attribute1", "value1")
writer.WriteStartAttribute("attribute2")
writer.WriteValue("value2")
writer.WriteEndAttribute()
writer.WriteElementString("location", "Graz")
writer.WriteElementString("reportdate", XmlConvert.ToString(Now, "yyyy-MM-dd"))
```

```
For i = 0 To products.Length - 1
  writer.WriteStartElement("sale")
  writer.WriteElementString("product", products(i))
  writer.WriteElementString("quantity", quantities(i))
  writer.WriteEndElement()  '/sale
Next
writer.WriteEndElement()    '/salesreport
writer.WriteEndDocument()
writer.Close()
```

Namensräume

Zur Definition eines Namensraums geben Sie im betreffenden Element das Attribut `xmlns` mit der folgenden Variante von `WriteAttributeString` aus:

```
writer.WriteAttributeString("xmlns", "präfix", Nothing, "namensraum-URI")
```

Ein Element in diesem Namensraum schreiben Sie so in die XML-Datei:

```
writer.WriteStartElement("elementname", myNsUri)
```

Beachten Sie, dass Sie im zweiten Parameter den Namensraum-URI angeben müssen, nicht das Präfix. Die vielleicht naheliegende Schreibweise `WriteStartElement("präfix:name")` ist unzulässig, weil das Doppelpunktzeichen in Namen nicht erlaubt ist.

Syntaxzusammenfassung

System.Xml.XmlWriter	
`Dim w As XmlWriter` `w = XmlWriter.Create(xml)`	erzeugt einen XmlWriter. `xml` kann ein Dateiname, ein `Stream`-Objekt, ein `TextWriter`-Objekt oder ein `StringBuilder`-Objekt sein.
`w.WriteStartDocument()` `w.WriteEndDocument()`	leitet den Schreibvorgang ein bzw. beendet ihn.

`w.WriteStartElement("name" [, ns_URI] )`
`...`
`w.WriteEndElement()`
	leitet die Ausgabe eines XML-Elements ein bzw. beendet sie. Optional kann ein zuvor definierter Namensraum-URI angegeben werden.

`w.WriteElementString("name", wert)`	schreibt ein Element der Form <name>wert</name>.

`w.WriteStartAttribute("name" [, ns_URI] )`
`w.WriteValue(wert)`
`w.WriteEndAttribute()`
	schreibt ein Attribut.

`w.WriteAttributeString("name", "wert")`	schreibt ein Attribut der Form `name=wert`.
`w.WriteAttributeString("xmlns", "präfix",` `Nothing, "ns_URI")`	schreibt ein Attribut der Form.
`w.WriteString(s)`	schreibt die Zeichenkette `s`.

System.Xml.XmlWriter	
w.WriteCData(s)	schreibt die Zeichenkette s als CDATA-Block.
w.WriteComment(s)	schreibt die Zeichenkette s als Kommentar.
w.WriteWhitespace(s)	schreibt die Zeichenkette s als Leerraum.
w.Close()	schließt den XmlWriter.

13.5 XPathNavigator

Der System.Xml.XPath.XPathNavigator ermöglicht es wie der XmlReader, ein XML-Dokument mit Move-Methoden zu durchlaufen und dann den gerade aktuellen XML-Knoten auszuwerten (Cursor-basiertes Modell). Die wesentliche Verbesserung im Vergleich zum XmlReader besteht darin, dass die Navigation auch rückwärts und unter Anwendung von Suchmustern (XPath-Ausdrücken) erfolgen kann. Damit das funktioniert, muss allerdings das gesamte XML-Dokument anfänglich in den Speicher gelesen und entsprechend organisiert werden, was beim Erzeugen des XPathNavigators einige Zeit beansprucht (vor allem bei umfangreichen XML-Dokumenten). Die XPathNavigator-Klasse unterstützt die standardisierten Funktionen von XPath 2.0.

Ein XPathNavigator-Objekt wird ausgehend von einem XPathDocument oder von einem XmlDocument mit den CreateNavigator-Methoden der beiden Dokumentklassen erzeugt. In diesem Abschnitt behandle ich nur die erste Variante: Die XPathDocument-Klasse dient dabei zum Einlesen des Dokuments (Read-Only, Forward-Only) und stellt selbst keine Methoden zur Verarbeitung zur Verfügung. Statt eines Dateinamens kann an den XPathDocument-Konstruktor auch eine HTTP-Adresse, ein Stream- oder ein TextReader-Objekt übergeben werden.

```
Dim xdoc As New XPathDocument("name.xml")
Dim xnav As XPathNavigator = xdoc.CreateNavigator()
```

Merkwürdigerweise kennen weder XPathDocument noch XPathNavigator Close- oder Dispose-Methoden. Zwar blockieren die beiden Klassen keine Dateien (die XML-Daten werden sofort vollständig eingelesen), wohl aber eine Menge Speicher. Dieser wird erst bei der nächsten garbage collection freigegeben, sobald das .NET Framework erkennt, dass die XPathDocument- und XPathNavigator-Objekte nicht mehr benötigt werden.

Die zweite Variante – also ein XPathNavigator mit einem XmlDocument als Basis – hat den Vorteil, dass die XML-Daten auch verändert werden können. Die Eigenschaft CanEdit liefert dann True. Zum Verändern setzen Sie die Methoden AppendChild, DeleteSelf, InsertAfter und -Before, InsertElement, PrependChild, ReplaceRange, ReplaceSelf sowie SetValue ein. Die Kombination aus XmlDocument und XPathNavigator hat allerdings den Nachteil, dass das XML-Dokument *zweimal* komplett verarbeitet und im Speicher abgebildet werden muss. Bei großen XML-Dokumenten kostet das eine Menge Zeit und Arbeitsspeicher. Wenn Sie Daten ändern oder andere Methoden der XmlDocument-Klasse nutzen möchten, sollten Sie sich aus Effizienzgründen auf Funktionen beschränken, die XmlDocument von sich aus anbietet.

Navigation mit Move-Methoden

Zur Navigation im XML-Dokument können Sie ähnlich wie beim `XmlReader` zahlreiche `Move`-Methoden einsetzen, von denen die wichtigsten in der Syntaxzusammenfassung am Ende des Abschnitts aufgelistet sind. Der folgende Code verarbeitet ein XML-Dokument rekursiv und sollte ohne weitere Erklärungen nachvollziehbar sein:

```
' Beispiel xml\xml-intro
Imports System.Xml, System.Xml.XPath
Dim xdoc As New XPathDocument(fn)
Dim xnav As XPathNavigator = xdoc.CreateNavigator()
xnav.MoveToRoot()
xpath_process_node(xnav, 0)
Sub xpath_process_node(ByVal xnav As XPathNavigator, ByVal depth As Integer)
  xpath_writenode(xnav, depth)      'aktuellen XML-Knoten ausgeben
  If xnav.MoveToFirstChild() Then   'alle Sub-Elemente durchlaufen
    Do
      xpath_process_node(xnav, depth + 1) 'Prozedur rekursiv aufrufen
    Loop While xnav.MoveToNext()
    xnav.MoveToParent()
  End If
End Sub
'XML-Daten an der aktuellen Cursorposition anzeigen
Sub xpath_writenode(ByVal xnav As XPathNavigator, ByVal depth As Integer)
  Console.Write(Space(depth * 2))  'Zeilen einrücken
  Select Case xnav.NodeType
    Case XPathNodeType.Element
      If xnav.HasAttributes Then  'Element mit Attributen
        Console.Write("<" + xnav.Name + " ")
        xnav.MoveToFirstAttribute()
        Do
          Console.Write(xnav.Name + "=" + xnav.Value + "   ")
        Loop While xnav.MoveToNextAttribute()
        Console.WriteLine(">")
        xnav.MoveToParent()
      Else                         'Element ohne Attribute
        Console.WriteLine("<" & xnav.Name & ">")
      End If
    Case XPathNodeType.Text
      Console.WriteLine(xnav.Value)
    Case XPathNodeType.Namespace
      Console.WriteLine("Namespace " + xnav.Value)
    Case Else
      Console.WriteLine("Sonstiges: " & xnav.NodeType.ToString)
  End Select
End Sub
```

Navigation mit XPath-Ausdrücken (Select-Methode)

Mit MovePrevious oder MoveToID bietet der XPathNavigator einige Move-Methoden, die dem XmlReader fehlen. Seine Stärken spielt der XPathNavigator aber erst aus, wenn Sie sich mit seinen Select-Methoden anfreunden. Damit können Sie nach einem oder auch nach mehreren XML-Elementen suchen. Den Suchausdruck geben Sie in Form eines XPath-Ausdrucks aus. Die folgenden Beispiele benutzen die XML-Beispieldatei *salesreport.xml*, die Sie auch auf der Webseite zum Buch finden (Verzeichnis *xml\xml-intro*).

```
<?xml version="1.0" encoding="utf-8"?>
<salesreport>
  <location>Graz</location>
  <reportdate>2008-31-12</reportdate>
  <sale>
    <product>P23423</product>
    <quantity>12</quantity>
  </sale>
  <sale> <product>P924</product> <quantity>4</quantity> </sale>
  <sale> <product>P12</product>  <quantity>1</quantity> </sale>
  <sale> <product>P13</product>  <quantity>2</quantity> </sale>
</salesreport>
```

Die wahrscheinlich wichtigste XPath-Methode ist Select. Damit durchsuchen Sie das XML-Dokument nach XML-Elementen, die einem bestimmten Muster entsprechen. Als Ergebnis erhalten Sie ein XPathNodeIterator-Objekt, dessen Elemente Sie üblicherweise mit MoveNext durchlaufen. Count liefert die Anzahl der Resultate, CurrentPosition die Nummer des Suchergebnisses und Current ein neues XPathNavigator-Objekt, das auf das XML-Element verweist. Dieses XPathNavigator-Objekt ist nicht nur zur Auswertung des Ergebnisknotens wichtig, sondern kann auch als Ausgangspunkt für weitere Suchoperationen eingesetzt werden.

Die folgenden Zeilen demonstrieren die prinzipielle Anwendung von Select. Beim Ergebnis wird mit InnerXml der gesamte Code innerhalb des gefundenen Knotens ausgegeben.

```
Dim xiter As XPathNodeIterator
xiter = xnav.Select("/salesreport/sale")
Console.WriteLine("{0} Ergebnisse", xiter.Count)
While xiter.MoveNext()
  Console.WriteLine("Name: {0}   Wert: {1}", _
    xiter.Current.Name, xiter.Current.InnerXml)
End While
```

Mit /salesreport/sale werden alle <sale>-Elemente innerhalb von <salesreport> ausgewählt. Das einleitende Zeichen / gibt an, dass die Suche beim XML-Wurzelelement beginnen soll. Das Ergebnis sieht so aus:

```
4 Ergebnisse
Name: sale   Wert: <product>P23423</product><quantity>12</quantity>
Name: sale   Wert: <product>P924</product><quantity attrtes ... tity>
```

```
Name: sale   Wert: <product>P12</product><quantity>1</quantity>
Name: sale   Wert: <product>P13</product><quantity>2</quantity>
```

Die folgende Tabelle demonstriert anhand von Beispielen die wichtigsten XPath-Syntaxregeln:

XPath-Syntax	
name	sucht alle unmittelbaren Subelemente (Kinder) <name> innerhalb des aktuellen Knotens. Wenn der aktuelle Knoten <salesreport> ist, dann findet sale alle vier <sale>-Knoten. quantity findet dagegen nichts, weil <quantity> kein direktes Sub-Element von <salesreport> ist.
/name	sucht den Knoten <name>, wobei das Wurzelelement der XML-Daten als Ausgangspunkt dient.
/nameA/nameB	sucht alle Knoten <nameB> innerhalb des Knotens <nameA>, wobei das Wurzelelement der XML-Daten der Ausgangspunkt der Suche in <nameA> ist. /salesreport/sale findet alle vier <sale>-Knoten. /salesreport/sale/product findet alle <product>-Knoten. /sale/product findet nichts, weil es kein <sale>-Element im XML-Wurzelknoten gibt. Auch /salesreport/product findet nichts, weil es kein <product>-Element in <salesreport> gibt.
//name	sucht nach allen Knoten <name>, unabhängig von ihrer Position im XML-Baum. //sale findet alle <sale>-Knoten.
/nameA//nameB	sucht zuerst nach allen Knoten <nameA> direkt im Wurzelknoten und dann darin nach allen Knoten <nameB>. <nameB> muss kein direkter Knoten innerhalb von <nameA> sein. /salesreport//quantity liefert somit alle vier <quantity>-Knoten.
//nameA[nameB>3]	sucht nach allen Knoten <nameA>, berücksichtigt aber nur die, bei denen <nameB> einen Wert > 3 hat. //sale[quantity>10] findet also alle Verkäufe, bei denen mehr als zehn Stück verkauft wurden.
//name[1]	sucht nur nach dem ersten passenden Ergebnis.
//name[last()-1]	sucht nach dem vorletzten passenden Ergebnis. last() ist eine der vielen XPath-Funktionen.
//name[position()<=10]	sucht die ersten zehn passenden Ergebnisse.
*	sucht alle Knoten. //sale/* findet alle Knoten, die sich unmittelbar in einem der <sale>-Knoten befinden.
.	verweist auf den aktuellen Knoten.
..	verweist auf den Eltern-Knoten.
@name	sucht nach dem Attribut name. Für den Suchort gelten dieselben Regeln wie für Knoten. Beispielsweise sucht /salesreport/sale/@discount nach dem Attribut <sale discount="...">, wobei sich <sale> direkt in <salesreport> befinden muss.
//nameA[@nameB=...]	sucht nach Knoten <nameA>, bei denen das Attribut nameB einen bestimmten Wert hat.

Sofern der XPath-Ausdruck nicht mit / oder // beginnt, beginnt die Suche an der aktuellen XPathNavigator-Cursorposition und ist auf den XML-Baum beschränkt, der an der Cursorposition beginnt! Diese Position wird weder durch Select noch durch das Auslesen der Suchergebnisse verändert! Wenn der Cursor beispielsweise auf den ersten <sale>-Knoten zeigt, ist eine weitere Suche nach sale erfolglos, weil sich der nächste <sale>-Knoten außerhalb des aktuellen Knotens befindet. Eine Suche nach quantity würde dagegen den zum aktuellen <sale>-Knoten gehörenden <quantity>-Knoten finden.

HINWEIS

XPath ist eine vom W3C (World Wide Web Consortium) standardisierte Abfragesprache. Sie umfasst zahllose vordefinierte Schlüsselwörter, Operatoren und über 100 Funktionen. Es fehlt hier der Platz, um die XPath-Syntax im Detail zu beschreiben. Besorgen Sie sich gegebenenfalls ein grundlagenorientiertes XML-Buch, oder suchen Sie im Internet nach »xpath syntax«. Empfehlenswert sind unter anderem die folgenden Webseiten:

http://de.selfhtml.org/xml/darstellung/xpathsyntax.htm	(in deutscher Sprache)
http://www.w3schools.com/xpath/xpath_syntax.asp	(exzellente Einführung)
http://www.w3.org/TR/xpath	(offizielle Referenz)

Wenn Sie nicht an allen passenden Elementen interessiert sind, sondern lediglich am ersten, setzen Sie SelectSingleNode ein. Diese Methode liefert ein neues XPathNavigator-Objekt zurück, das auf das gefundene XML-Element zeigt (oder Nothing, wenn kein passendes Element gefunden wurde).

Um den XPathNavigator-Cursor an die Stelle eines Suchergebnisses zu setzen, führen Sie am einfachsten die folgende Anweisung aus. SelectSingleNode liefert ein XPathNavigator-Objekt, MoveTo navigiert dorthin. Falls SelectSingleNode kein Ergebnis liefert (Nothing), verändert sich die aktuelle Cursorposition nicht und MoveTo gibt False zurück.

```
ok = xnav.MoveTo(xnav.SelectSingleNode("xpath-ausdruck ..."))
```

Weitere Varianten zu Select sind SelectAncestors, SelectChildren und SelectDescendants. Sie können damit alle XML-Elemente eines bestimmten Namens oder Typs ermitteln, deren Position relativ zu dem Element ist, auf das der XPathNavigator-Cursor gerade zeigt.

XPath-Ausdrücke kompilieren

Sie können XPath-Ausdrücke vor der ersten Verwendung kompilieren. Als Ergebnis erhalten Sie ein XPathExpression-Objekt, das Sie statt der XPath-Zeichenkette an diverse Select-Methoden übergeben können. Der Vorteil: Die mehrfache Anwendung dieses Objekts ist ein wenig schneller. Optional können Sie mit AddSort ein IComparer-Objekt angeben, mit dessen Hilfe die gefundenen Ergebnisse sortiert werden.

```
Dim xexpr As XPathExpression
xexpr = XPathExpression.Compile("//sale")
xiter = xnav.Select(xexpr)
```

Auswertung von XPath-Ausdrücken (Evaluate- und Matches-Methode)

Für XPath-Ausdrücke bestehen zwei weitere Anwendungsmöglichkeiten. Evaluate wertet XPath-Berechnungen aus. Beispielsweise berechnen Sie mit dem folgenden Ausdruck die Summe der Anzahl aller bestellten Artikel. (Das Ergebnis für *salesreport.xml* lautet 19.)

```
Dim result As Double
result = xnav.Evaluate("sum(//sale/quantity)")
```

Mit Matches stellen Sie fest, ob der aktuelle Knoten des XPathNavigators einem XPath-Ausdruck entspricht.

```
ok = xnav.Matches("//sale")  'gibt an, ob xnav auf einen <sale>-Knoten zeigt
```

Namensräume

In der Praxis nutzen fast alle XML-Dokumente Namensräume. Die XPathNavigator-Klasse verwaltet die Namensräume und ihre Kürzel selbstständig. Mit den vom XmlReader schon bekannten Eigenschaften LocalName, Prefix, NameSpaceURI ermitteln Sie für den aktuellen XML-Knoten dessen lokalen Namen, das Präfix und den Namensraum-URI. Die Methoden LookupNamespace und LookupPrefix ermitteln aus Präfix bzw. Namensraum-URI das jeweilige Gegenstück.

Schon interessanter ist die Methode GetNamespacesInScope. Sie liefert für den aktuellen XML-Knoten alle gültigen Namensräume. Das Ergebnis der Methode ist ein Collections. Generic.IDictionary-Objekt. Die Aufzählungselemente haben den Datentyp KeyValuePair(Of String, String).

```
Dim ns As Collections.Generic.KeyValuePair(Of String, String)
For Each ns In xnav.GetNamespacesInScope(XmlNamespaceScope.All)
  Console.WriteLine("Präfix={0}  URI={1}", ns.Key, ns.Value)
Next
```

Statt XmlNamespaceScope.All können Sie die Parameter ExcludeXml bzw. Local übergeben. Im ersten Fall wird dann auf den XML-Standardnamensraum verzichtet (xmlns:xml). Im zweiten Fall liefert die Methode nur die Namensräume, die im lokalen Knoten definiert sind.

Eine Alternative zu GetNamespacesInScope sind die Methoden MoveToFirstNamespace und -ToNextNamespace, deren Anwendung die folgenden Zeilen demonstrieren. Dabei werden alle im aktuellen Knoten gültigen Namensräume durchlaufen.

```
If xnav.MoveToFirstNamespace() Then
  Do
    Console.WriteLine("Namensraum " + xnav.Name + " = " + xnav.Value)
  Loop While xnav.MoveToNextNamespace()
  xnav.MoveToParent()  'Cursor zurück in den Ausgangsknoten setzen
End If
```

Namensräume und XPath-Ausdrücke

Damit XPath-Ausdrücke auch in Kombination mit Namensräumen korrekt ausgewertet werden, müssen zwei Voraussetzungen erfüllt sein:

» Sie müssen in den XPath-Ausdrücken jeweils das Präfix des Namensraums voranstellen (also präfix:elementname).

» Sie müssen an Select bzw. an andere XPath-Methoden ein XmlNameSpaceManager-Objekt übergeben, das alle Namensräume samt Präfix enthält.

Diffizil ist der Umgang mit Elementen, die sich im Standardnamensraum befinden: In XML-Dokumenten ist solchen Elementen kein Präfix vorangestellt (eben weil der Namensraum standardmäßig gilt). Die XPath-Syntax verlangt aber auch in diesem Fall ein Präfix. Aus diesem Grund müssen Sie dem Standardnamensraum im XmlNameSpaceManager ein Präfix Ihrer Wahl geben (wobei es natürlich zu keinen Doppeldeutigkeiten kommen darf).

Die folgenden Zeilen zeigen, wie Sie einen XmlNamespaceManager initialisieren können. Der Code setzt voraus, dass alle Namensräume bereits im ersten XML-Element definiert werden. Das ist in der Praxis oft der Fall (aber nicht immer!). Der Standardnamensraum, der sich üblicherweise durch ein leeres Präfix auszeichnet, erhält dabei das Präfix default.

```
Dim nsmgr As XmlNamespaceManager
nsmgr = New XmlNamespaceManager(New NameTable())
Dim ns As Collections.Generic.KeyValuePair(Of String, String)
xnav.MoveToRoot()
If xnav.MoveToChild(XPathNodeType.Element) Then
  For Each ns In xnav.GetNamespacesInScope(XmlNamespaceScope.All)
    If ns.Key = "" Then
      nsmgr.AddNamespace("default", ns.Value)
    Else
      nsmgr.AddNamespace(ns.Key, ns.Value)
    End If
  Next
End If
```

Jetzt können Sie per XPath auch XML-Elemente aus dem Standardnamensraum ansprechen:

```
xiter = xnav.Select("//default:item", nsmgr)
```

Syntaxzusammenfassung

***System.Xml.XPath.XPathNavigator* öffnen**	
`Dim pathdoc As New _ XPathDocument(xml)`	öffnet ein XPathDocument. xml kann ein Dateiname, eine Webadresse, ein Stream-, TextReader- oder XmlReader-Objekt sein.
`Dim xnav As XPathNavigator = _ xpathdoc.CreateNavigator()`	erzeugt einen XPathNavigator für das XPathDocument.

***System.Xml.XPath.XPathNavigator* – Move-Methoden**	
`xnav.MoveToRoot()`	setzt den Cursor an den Beginn des ersten XML-Knotens.

`ok = xnav.MoveToFirstChild()`
`ok = xnav.MoveToNext()`
`ok = xnav.MoveToParent()`
	durchläuft ausgehend vom aktuellen Knoten die Subknoten. `MoveToParent` führt zurück zum Ausgangsknoten.

`ok = xnav.MoveToChild(type)` `ok = xnav.MoveToChild(name, uri)`	navigiert zum ersten Subknoten des gewünschten Typs bzw. zum ersten Subknoten mit einem bestimmten Namen und Namensraum-URI.
`ok = xnav.MoveTo(otherXnav)`	setzt den Cursor an den Punkt, der durch ein anderes `XPathNavigator`-Objekt angegeben wird.

`ok = xnav.MoveToFirst()`
`ok = xnav.MoveToNext()`
`ok = xnav.MoveToPrevious()`
	navigiert zum ersten/nächsten/vorigen Knoten innerhalb der aktuellen Hierarchieebene. An `MoveToNext` kann optional ein Knotentyp oder der gewünschte Name und ein Namensraum-URI übergeben werden.

`ok = xnav.MoveToFollowing(type)` `ok = xnav.MoveToFollowing(name, uri)`	navigiert unabhängig von der aktuellen Hierarchieebene zum nächsten Knoten des angegebenen Typs bzw. Namens. Optional kann der Endpunkt der Suche durch einen weiteren `XPathNavigator`-Parameter angegeben werden.
`ok = xnav.MoveToID(s)`	navigiert zu dem Knoten, dessen ID-Attribut mit `s` übereinstimmt.

***System.Xml.XPath.XPathNavigator* – Attribute**	

`ok = xnav.MoveToFirstAttribute()`
`ok = xnav.MoveToNextAttribute()`
`ok = xnav.MoveToParent()`
	durchläuft die Attribute des aktuellen Knotens. `MoveToParent` führt zurück zum Ausgangsknoten.

`ok = xnav.MoveToAttribute(name, uri)`	navigiert zum angegebenen Attribut.

***System.Xml.XPath.XPathNavigator* – XPath-Ausdrücke**	

`Dim xiter As XPathNodeIterator`
`xiter = xnav.Select(xpath)`
`While xiter.MoveNext()`
`  xiter.Current` ... auswerten
`End While`
	sucht nach XML-Elementen, die den in `XPath`-Syntax formulierten Suchbedingungen entsprechen. Das Ergebnis ist ein `XPathIterator`-Objekt. `MoveNext` führt zum jeweils nächsten Ergebnis. `Current` liefert ein `XPathNavigator`-Objekt, das auf das gesuchte Element zeigt.

`Dim xexpr As XPathExpression = _`
`  XPathExpression.Compile(xpath)`
`xiter = xnav.Select(xexpr)`
	verwendet für die Suche einen zuvor kompilierten `XPath`-Ausdruck.

`xnavresult = xnav.SelectSingleNode(xpath)`	wie oben, liefert aber nur das erste gefundene XML-Element. Das Ergebnis ist ein neues `XPathNavigator`-Objekt, das auf das Element zeigt (oder `Nothing`, wenn die Suche ergebnislos verlaufen ist).

System.Xml.XPath.XPathNavigator – XPath-Ausdrücke

`xiter = xnav.SelectChildren(name, uri)` `xiter = xnav.SelectChildren(typ)`	liefert alle direkt untergeordneten XML-Elemente des angegebenen Namens oder Typs.

`xiter = xnav.SelectDescendants( _`
`  name, uri, False)`
`xiter = xnav.SelectDescendants(typ, False)`
	liefert alle untergeordneten XML-Elemente. Der letzte Parameter gibt an, ob auch das Startelement selbst Teil der Ergebnisliste sein soll.

`xiter = xnav.SelectAncestors(name, uri)` `xiter = xnav.SelectAncestors(typ)`	liefert alle übergeordneten XML-Elemente.
`ok = xnav.Matches(xpath)`	gibt an, ob das aktuelle XML-Element dem `XPath`-Suchausdruck entspricht.
`result = xnav.Evaluate(xpath)`	wertet einen `XPath`-Ausdruck mit einer Berechnungsfunktion aus.

System.Xml.XPath.XPathNavigator – Status und Inhalt des Knotens

`bool = xnav.HasAttributes`	gibt an, ob der Knoten Attribute hat.
`bool = xnav.HasChildren`	gibt an, ob der Knoten Subelemente enthält.
`s = xnav.InnerXml`	liefert den Code des Inhalts des aktuellen XML-Elements (ohne das Start- und End-Tag).
`s= xnav.Name`	liefert den Namen des aktuellen Knotens.
`type = xnav.NodeType`	liefert den Knotentyp (`XPathNodeType`-Aufzählung, z.B. `Attribute`, `Comment`, `Element` und `Text`).
`s = xnav.OuterXml`	liefert den Code des aktuellen XML-Elements (inklusive Start- und End-Tag).
`s = xnav.Value`	liefert den Inhalt des aktuellen Knotens.
`data = xnav.ValueAsBoolean, -AsInt` etc. `data = xnav.ValueAs(typ)`	liefert den Inhalt des aktuellen Knotens im gewünschten Datentyp.

System.Xml.XPath.XPathNavigator – Namensräume

`s = xnav.Name`	liefert den aus Präfix, einem Doppelpunkt und dem lokalen Namen zusammengesetzten Elementnamen.
`s = xnav.LocalName`	liefert nur den lokalen Elementnamen ohne Präfix.
`s = xnav.Prefix`	liefert nur das Präfix.
`s = xnav.NamespaceURI`	liefert den Namensraum-URI zum aktuellen Element.
`s = xnav.LookupNamespace(präfix)`	liefert den Namensraum-URI zum angegebenen Präfix.
`s = xnav.LookupPrefix(uri)`	liefert das Präfix zum angegebenen Namensraum-URI.

***System.Xml.XPath.XPathNavigator* – Namensräume**	
`s = xnav.GetNamespace(präfix)`	liefert den Namensraum-URI zum angegebenen Präfix. Als Präfix sind auch die Zeichenketten `"xml"`, `"xmlns"` und `""` erlaubt. `GetNamespace("")` liefert den URI des Standardnamensraums.
`idict = xnav.GetNamespacesInScope( _ scope)`	liefert ein `Collections.Generic.IDictionary`-Objekt. Die Aufzählungselemente enthalten zu den Namensräumen des aktuellen Elements jeweils das Präfix und den URI. `scope` ist ein Element der `XmlNamespaceScope`-Aufzählung. Zulässige Werte sind `All`, `ExcludeXml` oder `Local`.

`ok = xnav.MoveToFirstNamespace()`
`ok = xnav.MoveToNextNamespace()`
`ok = xnav.MoveToParent()`
	durchläuft die für den aktuellen Knoten bekannten Namensräume. `MoveToParent` führt zurück zum Ausgangsknoten.

`xiter = xnav.Select(xpath, nsmgr)`	findet alle durch den `XPath`-Ausdruck angegebenen Knoten. In `xpath` können alle im `XmlNamespaceManager` definierten Namensräume verwendet werden.

***System.Xml.XPath.XPathNavigator* – Sonstige Methoden**	
`ok = xnav.CheckValidity(schema, handler)`	überprüft, ob das XML-Dokument dem angegebenen Schema (`XmlSchemaSet`-Objekt) entspricht. Bei Fehlern wird die durch einen `ValidationEventHandler` angegebene Ereignisprozedur aufgerufen.
`order = xnav.ComparePosition(otherXnav)`	vergleicht die aktuelle Position mit der Position eines zweiten `XPathNavigators` desselben XML-Dokuments. Das Ergebnis wird als Element der `XmlNodeOrder`-Aufzählung zurückgegeben: `After`, `Before`, `Same` oder `Unknown`.
`ok = xnav.IsDescendant(otherXnav)`	überprüft, ob `otherXnav` auf ein Subelement des aktuellen Elements von `xnav` zeigt.
`ok = xnav.IsSamePosition(otherXnav)`	überprüft, ob die beiden `XPathNavigator`-Objekte auf dieselbe Position zeigen.
`xmlreader = xnav.ReadSubTree()`	liefert ein `XmlReader`-Objekt mit dem XML-Baum, der beim aktuellen Knoten beginnt.
`xnav.WriteSubTree(xmlwriter)`	schreibt mittels eines `XmlWriter`-Objekts den XML-Baum in ein XML-Dokument.

13.6 XmlDocument

Im Vergleich zu `XmlReader`, `XmlWriter` und `XPathNavigator` zeichnet sich die `XmlDocument`-Klasse durch drei Besonderheiten aus:

» Die verschiedenen Knotentypen werden durch eigene Klassen abgebildet, z.B. `XmlElement` für ein XML-Element, `XmlAttribute` für ein Attribut, `XmlNode` für einen allgemeinen Knoten etc.

» Es gibt kein Cursor-Konzept und daher keine Navigationsmethoden. Wenn Sie einzelne XML-Knoten durch `ChildNodes(n)` oder `Select`-Methoden auswählen, erhalten Sie `XmlNode`-Objekte als Ergebnis, die auf die betreffende XML-Struktur zeigen und ihre Verarbeitung ermöglichen.

  Falls Sie auch in einem `XmlDocument` einen Cursor nutzen möchten, erzeugen Sie mit `CreateNavigator` ein zugeordnetes `XPathNavigator`-Objekt. Es stehen Ihnen nun parallel alle Eigenschaften und Methoden der Klassen `XmlDocument` und `XPathNavigator` zur Verfügung. Allerdings verdoppelt sich damit auch der interne Overhead.

» Das XML-Dokument kann sowohl gelesen als auch verändert werden. Vor und nach der Veränderung des XML-Dokuments werden Ereignisse ausgelöst.

XmlDocument-Objekt erzeugen

Ein vorhandenes XML-Dokument lesen Sie folgendermaßen in ein `XmlDocument`-Objekt ein:

```
Dim xdoc As New XmlDocument()
xdoc.Load("name.xml")
```

Statt des Dateinamens können Sie auch eine Webadresse bzw. ein `Stream`-, `TextReader`- oder `XmlReader`-Objekt übergeben. Wenn sich das XML-Dokument bereits in einer Zeichenkette befindet, setzen Sie `LoadXml` ein:

```
xdoc.LoadXml("<a><b>blabla</b></a>")
```

Bei beiden `Load`-Varianten wird das gesamte Dokument analysiert und vollständig in den Speicher geladen. Das beansprucht bei großen Dokumenten entsprechend viel Zeit und Arbeitsspeicher.

XML-Dokument rekursiv durchlaufen

Die folgenden Zeilen durchlaufen ein XML-Dokument unter Zuhilfenahme einer rekursiven Prozedur. Die Vorgehensweise ist ganz ähnlich wie bei den äquivalenten `XmlReader`- und `XPathNavigator`-Beispielen in den vorangegangenen Abschnitten. Die Eigenschaft `DocumentElement` liefert den XML-Wurzelknoten als `XmlNode`-Objekt.

`dom_read_all_nodes` ermittelt mit `NodeType` den Typ des übergebenen `XmlNodes`. Bei XML-Elementen werden zuerst deren Attribute angezeigt und dann alle untergeordneten Elemente verarbeitet. Dazu wird die `ChildNodes`-Eigenschaft ausgewertet, die ein `XmlNodeList`-Objekt liefert. Dabei handelt es sich um eine Aufzählung von `XmlNode`-Objekten, die wiederum mit `dom_read_all_nodes` verarbeitet werden.

```
' Beispiel xml\xml-intro
Imports System.Xml, System.Xml.XPath
Dim xdoc As New XmlDocument()
xdoc.Load(fn)
dom_read_all_nodes(xdoc.DocumentElement)
Sub dom_read_all_nodes(ByVal node As XmlNode, Optional ByVal depth As Integer = 0)
  Dim child As XmlNode
  Dim attr As XmlAttribute
```

```
  Select Case node.NodeType
    Case XmlNodeType.Element
      Console.Write(Space(depth * 2))
      Console.Write("<{0}", node.Name)
      If node.Attributes IsNot Nothing Then
        For Each attr In node.Attributes
          Console.Write(" {0}=""{1}""", attr.Name, attr.Value)
        Next
      End If
      Console.WriteLine(">")
      If node.HasChildNodes Then
        For Each child In node.ChildNodes
          dom_read_all_nodes(child, depth + 1)
        Next
      End If
    Case XmlNodeType.Text
      Console.Write(Space(depth * 2))
      Console.WriteLine(node.Value)
    Case Else
      Console.WriteLine(Space(depth * 2) + "Sonstiges: " + node.NodeType.ToString)
  End Select
End Sub
```

Auswahl von Knoten

Der Ausgangspunkt für die Auswahl von Knoten ist in der Regel die oben erwähnte Eigenschaft `DocumentElement`, die den XML-Wurzelknoten als `XmlNode`-Objekt liefert. Davon ausgehend verweist die ebenfalls schon vorgestellte `ChildNodes`-Aufzählung auf untergeordnete Elemente. `ChildNodes(n)` liefert das `n`-te Element (0 für das erste Element). Damit lassen sich `ChildNodes`-Ausdrücke auch verschachteln, z.B. so:

```
node = xdoc.DocumentElement.ChildNodes(2).ChildNodes(3)
```

Sie können `ChildNodes` auch direkt auf der Dokumentebene anwenden und erhalten dann neben dem Wurzelknoten auch die XML-Deklaration und je nach Dokumentstruktur möglicherweise andere Knoten.

Ausgehend von einem `XmlNode`-Element führen die Eigenschaften `FirstChild`, `LastChild`, `NextSibling`, `ParentNode` und `PreviousSibling` zu unter-, neben- oder übergeordneten Knoten. Direkt untergeordnete XML-Elemente (`Children`) können Sie dank der Defaulteigenschaft `Item` auch direkt über deren Namen ansprechen. Das Ergebnis ist wieder ein `XmlNode`-Element, weswegen sich diese Art des Zugriffs verschachteln lässt. Wenn Sie die in Abbildung 13.2 auf Seite 463 dargestellte Datei *salesreport.xml* öffnen, dann führt die folgende Anweisung zum ersten `<sale>`-Element:

```
node = xdoc("salesreport")("sale")
```

Die Methode SelectNodes funktioniert ähnlich wie Select beim XPathNavigator: Die übergebene Zeichenkette wird als XPath-Ausdruck ausgewertet. (Grundlagen und Beispiele zur XPath-Syntax finden Sie im vorigen Abschnitt.) SelectNode liefert ein XmlNodeList-Element mit allen gefundenen XML-Elementen zurück.

```
Dim xlist As XmlNodeList, node As XmlNode
xlist = xdoc.SelectNodes("//sale")
For Each node In xlist
  Console.WriteLine("Name={0} Inhalt={1}", node.Name, node.InnerXml)
Next
```

Wenn Sie nur am ersten XML-Element interessiert sind, setzen Sie statt SelectNodes die Methode SelectSingleNode ein. Sie liefert das Ergebnis direkt als XmlNode-Element:

```
node = xdoc.SelectSingleNode("//sale")
```

XML-Dokumente erzeugen und ändern

Auf Objekte der Klassen XmlDocument, XmlNode und XmlNodeList können Sie unzählige Create-, Append-, Insert-, Replace- und Remove-Methoden anwenden, um vorhandene Knoten zu ändern oder neue Knoten einzufügen (siehe die Syntaxzusammenfassung am Ende des Abschnitts). Außerdem können Sie manche Eigenschaften von XML-Knoten direkt verändern (z.B. Value).

Die folgenden Zeilen zeigen die Erzeugung eines neuen XML-Dokuments, das denselben Aufbau wie *salesreport.xml* hat (siehe Abbildung 13.2 auf Seite 463). Der Code sollte zwar auf Anhieb verständlich sein, er ist aber wesentlich umständlicher als beim äquivalenten XmlWriter-Beispiel aus Abschnitt 13.4. Beachten Sie insbesondere, dass Sie zum Schreiben von Zeichenketten in XML-Elementen einen Umweg über das XmlTextNode-Objekt gehen müssen, das Sie mit CreateTextNode erzeugen. Eine direkte Veränderung der Value-Eigenschaft ist nicht zulässig.

```
' Beispiel xml\xml-intro
Imports System.Xml, System.Xml.XPath
Sub dom_write()
  Dim i As Integer
  Dim products() As String = {"p1", "p43", "p344"}
  Dim quantities() As Integer = {7, 3, 2}
  Dim xdoc As New XmlDocument()
  Dim salesreport, location, reportdate, sale, product, quantity As XmlElement
  salesreport = xdoc.CreateElement("salesreport")
  xdoc.AppendChild(salesreport)
  location = xdoc.CreateElement("location")
  location.AppendChild(xdoc.CreateTextNode("Graz"))
  salesreport.AppendChild(location)
  reportdate = xdoc.CreateElement("reportdate")
  reportdate.AppendChild(xdoc.CreateTextNode( _
        XmlConvert.ToString(Now, "yyyy-MM-dd")))
  salesreport.AppendChild(reportdate)
```

```
  For i = 0 To products.Length - 1
    sale = xdoc.CreateElement("sale")
    salesreport.AppendChild(sale)
    product = xdoc.CreateElement("product")
    product.AppendChild(xdoc.CreateTextNode(products(i)))
    sale.AppendChild(product)
    quantity = xdoc.CreateElement("quantity")
    quantity.AppendChild(xdoc.CreateTextNode(quantities(i).ToString))
    sale.AppendChild(quantity)
  Next
  xdoc.Save("xmldocument-test.xml")
End Sub
```

Attribute

Ob ein Element Attribute hat, gibt die Eigenschaft `Attributes` an. Sie enthält entweder `Nothing` oder ein `XmlAttributeCollection`-Objekt. Die darin enthaltenen Attribute lesen Sie am einfachsten in einer `For-Each`-Schleife aus, die `XmlAttribute`-Objekte liefert:

```
If node.Attributes IsNot Nothing Then
  For Each attr As XmlAttribute In node.Attributes
    Console.Write("Attributname {0}, Inhalt {1}", attr.Name, attr.Value)
  Next
End If
```

Mit den Methoden `Append`, `InsertAfter/-Before`, `Prepend`, `Remove` etc. der `XmlAttributeCollection`-Klasse verändern Sie die Attributaufzählung.

Namensräume

Die `XmlDocument`-Klasse verwaltet selbstständig alle im XML-Dokument vorkommenden Namensräume. Mit den Eigenschaften `Prefix` und `NamespaceURI` ermitteln Sie das Präfix und den Namensraum-URI eines Knotens. Die Methoden `GetNamespaceOfPrefix` und `GetPrefixOfNamespace` liefern den Namensraum-URI zu einem Präfix bzw. umgekehrt.

Leider fehlt der `XmlDocument`-Klasse eine Möglichkeit, alle in einem XML-Element bekannten Namensräume aufzulisten. Wenn Sie die Namensräume in Erfahrung bringen möchten, müssen Sie alle `xmlns`-Attribute des Elements sowie der übergeordneten Elemente (`ParentNodes`) auswerten.

Beim Zugriff auf XML-Elemente oder Attribute gelten die folgenden Regeln:

- Der Standardnamensraum muss nicht angegeben werden, d.h., `node("name")` ist ausreichend.
- Bei allen anderen Namensräumen muss entweder dem Elementnamen das Präfix vorangestellt werden (also z.B. `node("präfix:name")`) oder der Namensraum-URI in einem zweiten Parameter übergeben werden (z.B. `node("name", "namensraum-URI")`).

Für die Methoden Select und SelectSingleNode gelten dieselben Regeln wie bei dem im vorigen Abschnitt beschriebenen XPathNavigator: Damit Präfixe ausgewertet werden können, brauchen Sie einen NamespaceManager. Diesen müssen Sie selbst initialisieren, wobei Sie auch dem Standardnamensraum ein Präfix geben müssen.

```
Dim nsmgr As New XmlNamespaceManager(New NameTable())
nsmgr.AddNamespace("default", "http://purl.org/rss/1.0/")
nsmgr.AddNamespace("rss", "http://www.w3.org/1999/02/22-rdf-syntax-ns#")
nsmgr.AddNamespace("dc", "http://purl.org/dc/elements/1.1/")
nodes = xdoc.SelectNodes("//default:item", nsmgr)
```

Ereignisse

Die XmlDocument-Klasse löst vor und nach dem Ändern, Einfügen und Löschen von XML-Knoten Ereignisse aus: NodeChanging/-Changed, NodeInserting/-Inserted und NodeDeleting-Deleted. Durch eine Exception in den -ing-Ereignisprozeduren wird der Änderungsvorgang abgebrochen.

Syntaxzusammenfassung

System.Xml.XmlDocument **– Objekt erzeugen und speichern**	
Dim xdoc As New XmlDocument() xdoc.Load(xml) oder xdoc. LoadXml(xmlstring)	erzeugt ein neues XmlDocument-Objekt. xml kann ein Dateiname, eine Webadresse, ein Stream-, TextReader- oder XmlReader-Objekt sein. xmlstring enthält das XML-Dokument als Zeichenkette.
xdoc.Save(xml)	speichert das XML-Dokument in einer Datei, einem Stream, einem Text- oder XmlWriter.

System.Xml.XmlDocument **– Knoten und Attribute auswählen**	
Dim node As XmlNode Dim list As XmlNodeList node = xdoc.DocumentElement	liefert das Wurzelelement des XML-Dokuments. Alle im Folgenden beschriebenen Eigenschaften und Methoden für XmlNode-Objekte können auch direkt auf ein XmlDocument-Objekt angewendet werden, weil die XmlDocument-Klasse von XmlNode abgeleitet ist. Die Eigenschaften/Methoden gelten dann für das gesamte Dokument und nicht nur für einen Ast des XML-Baums.
list = node.ChildNodes	liefert alle direkt untergeordneten XML-Knoten.
node = list(n)	liefert den n-ten Knoten der Liste (n = 0 für den ersten Knoten).
nodeB = nodeA("name")	liefert den ersten direkt untergeordneten XML-Knoten (Children) mit dem angegebenen Namen.
nodeB = nodeA.FirstChild / .LastChild	liefert den ersten/letzten direkt untergeordneten XML-Knoten.
nodeB = nodeA.ParentNode	liefert den übergeordneten Knoten.

System.Xml.XmlDocument – Knoten und Attribute auswählen

`nodeB = nodeA.PreviousSibling` `nodeB = nodeA.NextSibling`	liefert den vorherigen/nächsten Knoten in der aktuellen Hierarchieebene.
`list = node.SelectNodes(xpath)`	liefert eine Liste aller untergeordneten Knoten, die durch den `XPath`-Ausdruck erfasst werden.
`nodeB = nodeA.SelectSingleNode(xpath)`	liefert den ersten untergeordneten Knoten, der durch den `XPath`-Ausdruck erfasst wird.
`Dim el As XmlElement` `el = xdoc.GetElementById(idstring)`	sucht ein mit einem ID-Attribut gekennzeichnetes XML-Element.

`Dim attrlist As XmlAttributeCollection`
`Dim attr As XmlAttribute`
`attrlist = node.Attributes`
	liefert alle Attribute des XML-Elements.

`attr = attrlist(n)` `attr = attrlist("attrname")`	liest einzelne Attribute.

System.Xml.XmlDocument – Änderungen am XML-Dokument

`attr = xdoc.CreateAttribute("name")`
`cdata = xdoc.CreateCDataSection(data)`
`comment = _`
`   xdoc.CreateComment(comment)`
`el = xdoc.CreateElement("name")`
`node = xdoc.CreateNode("name")`
`text = xdoc.CreateTextNode(text)`
`decl = xdoc.CreateXmlDeclaration( _`
`  version, encoding, standalone)`
	erzeugt neue Objekte der Klassen `XmlAttribute`, `XmlCDataSection`, `XmlComment`, `XmlElement`, `XmlNode`, `XmlText` und `XmlDeclaration`. Alle diese Klassen sind von `XmlNode` abgeleitet und können daher mit den folgenden Methoden weiterverarbeitet werden.

`node.AppendChild(newNode)`	fügt einen untergeordneten Knoten hinzu.
`node.InsertAfter(newNode, positionNode)` `node.InsertBefore(newNode, positionNode)`	fügt einen untergeordneten Knoten hinter bzw. vor dem `positionNode`-Element hinzu.
`node.PrependChild(newNode)`	fügt einen untergeordneten Knoten vor allen anderen untergeordneten Knoten ein.
`node.RemoveChild(nodeToRemove)`	löscht den angegebenen Knoten.
`node.RemoveAll()`	löscht alle Attribute und untergeordneten Knoten.
`node.ReplaceChild(oldNode, newNode)`	ersetzt einen Knoten durch einen anderen.

System.Xml.XmlDocument – Namensräume

`s = node.Name`	liefert den vollständigen Namen mit Präfix.
`s = node.LocalName`	liefert den lokalen Namen ohne Präfix.
`s = node.NamespaceURI`	liefert den Namensraum-URI.

System.Xml.XmlDocument **– Namensräume**	
`s = node.Prefix`	liefert das Präfix.
`s = xdoc.GetNamespaceOfPrefix(prefix)` `s = xdoc.GetPrefixOfNamespace(uri)`	liefert den Namensraum-URI zum Präfix bzw. umgekehrt.
`nodeB = nodeA("präfix:localname")` `nodeB = nodeA("localname", "uri")`	liefert den ersten direkt untergeordneten XML-Knoten (`Children`) mit dem angegebenen Namen. Bei Elementen im Standardnamensraum muss kein Präfix bzw. Namensraum-URI angegeben werden.
`attr = attrlist("präfix:localname")` `attr = attrlist("localname", "uri")`	liefert das angegebene Attribut.

`list = node.SelectNodes(xpath, nsmgr)`
`nodeB = nodeA.SelectSingleNode( _`
`  xpath, nsmgr)`
	wertet den `XPath`-Ausdruck aus und liefert alle bzw. das erste Ergebnis. Im `XPath`-Ausdruck können alle im `XmlNamespaceManager` definierten Präfixe verwendet werden.

System.Xml.XmlNode **– Inhalt auswerten**	
`attrlist = node.Attributes`	liefert die Attribute des XML-Elements.
`s = node.InnerText`	liefert den Inhalt des XML-Knotens und der untergeordneten Knoten in Textform. Das Ergebnis entspricht in etwa `InnerXml` ohne XML-Tags.
`s = node.InnerXml`	liefert den Code des XML-Elements (ohne Start- und End-Tag).
`type = node.NodeType`	liefert den XML-Knotentyp (`Attribute`, `Element` etc.).
`s = node.OuterXml`	liefert den Code des XML-Elements (mit Start- und End-Tag).
`s = node.Value`	liefert den Inhalt des XML-Knotens.
`xdoc = node.OwnerDocument`	verweist auf das `XmlDocument`, in dem der Knoten enthalten ist.
`node.WriteContentTo(xmlwriter)`	speichert `InnerXml` in einem `XmlWriter`.
`node.WriteTo(xmlwriter)`	speichert `OuterXml`-Code in einem `XmlWriter`.

13.7 Beispiel – Datenbankimport

Das hier vorgestellte Programm liest wahlweise mit XML to LINQ oder mit einem `XmlReader` eine XML-Datei ein, die vom Kommandointerpreter des Datenbanksystems MySQL erzeugt wurde. Die Daten werden dann in einem `DataGridView`-Steuerelement dargestellt (siehe Abbildung 13.4). Hintergrundinformationen zu diesem Steuerelement finden Sie in Kapitel 28. Der simple Aufbau der von *mysql* produzierten **.xml*-Dateien geht aus den folgenden Zeilen hervor:

```
<?xml version="1.0"?>
<resultset statement="SELECT ...">
  <row>
    <field name="title">Linux</field>
    <field name="authors">Kofler Michael</field> ... weitere <field>-Elemente
  </row>
  ... weitere <row>-Elemente
</resultset>
```

HINWEIS

Für MySQL-Kenner: Das normalerweise einzeilige *mysql*-Kommando sieht so aus:

```
C:\> mysql -u username -p --xml --default-character-set=utf8
          "--execute=SELECT ..." datenbankname > C:\eigenesverzeichnis\test.xml
```

Zum Ausprobieren finden Sie die XML-Beispieldatei *test.xml* im Programmverzeichnis.

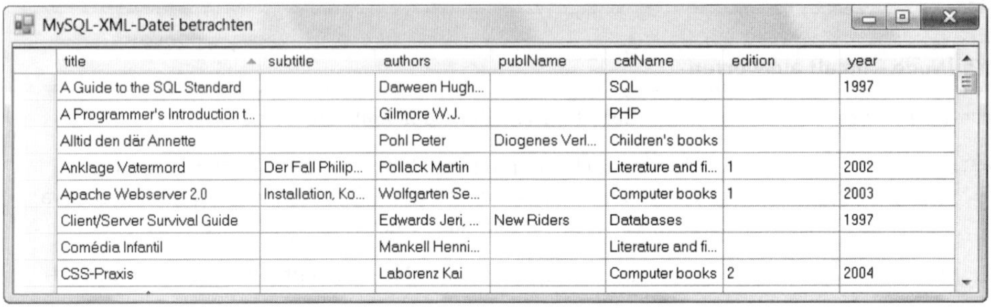

title	subtitle	authors	publName	catName	edition	year
A Guide to the SQL Standard		Darween Hugh...		SQL		1997
A Programmer's Introduction t...		Gilmore W.J.		PHP		
Alltid den där Annette		Pohl Peter	Diogenes Verl...	Children's books		
Anklage Vatermord	Der Fall Philip...	Pollack Martin		Literature and fi...	1	2002
Apache Webserver 2.0	Installation, Ko...	Wolfgarten Se...		Computer books	1	2003
Client/Server Survival Guide		Edwards Jeri, ...	New Riders	Databases		1997
Comédia Infantil		Mankell Henni...		Literature and fi...		
CSS-Praxis		Laborenz Kai		Computer books	2	2004

Abbildung 13.4: Import einer von MySQL erzeugten XML-Datenbankdatei

LINQ-Code

Der LINQ-Code besteht aus zwei Teilen. Im ersten Teil wird das DataGrid-Steuerelement initialisiert (Größe, Spaltenbeschriftung). Im zweiten Teil werden alle Zellen des DataGrids mit Inhalten gefüllt. Der Code sollte auf Anhieb verständlich sein.

```
' XML-Datei öffnen, <resultset> suchen
Private Sub read_xml_file_linq(ByVal fn As String)
  Try
    Dim colcounter = 0, rowcounter = 0
    Dim xd As XDocument = XDocument.Load(fn)
    'grid initialisieren (Größe, Spaltenbeschriftung)
    grid.RowCount = xd.<resultset>.<row>.Count
    grid.ColumnCount = xd.<resultset>.<row>(0).<field>.Count
    For Each field As XElement In xd.<resultset>.<row>(0).<field>
      grid.Columns(colcounter).Name = field.@name
      grid.Columns(colcounter).HeaderText = field.@name
      colcounter += 1
    Next
    'grid füllen
    For Each row As XElement In xd.<resultset>.<row>
```

```
      For Each field As XElement In row.<field>
        grid.Rows(rowcounter).Cells(field.@name).Value = field.Value
      Next
      rowcounter += 1
    Next
  Catch ex As Exception
    MsgBox("Die XML-Datei ist leer oder entspricht nicht dem erwarteten Format.")
    grid.RowCount = 0
  End Try
End Sub
```

XmlReader-Code

Der Code zur Verarbeitung der XML-Datei ist auf vier Prozeduren verteilt. read_xml_file öffnet die Datei und sucht mit ReadToFollowing das erste <resultset>-Element. Wenn ein solches Element existiert, geht es in read_rows weiter.

```
'Beispiel xml\mysql-import
Imports System.Xml
Private Sub read_xml_file(ByVal fn As String)
  Dim reader As XmlReader
  Dim n As Integer = 0
  reader = XmlReader.Create(fn)
   '<resultset> im root-level suchen
   If reader.ReadToFollowing("resultset") Then n = read_rows(reader)
   If n = 0 Then
     MsgBox("Die XML-Datei ist leer oder entspricht nicht dem erwarteten Format.")
   End If
   reader.Close()
End Sub
```

read_rows sucht innerhalb von <resultset> nach <row>-Elementen – zuerst mit ReadToDescendant und dann so lange mit ReadToNextSibling, bis alle <row>-Elemente abgearbeitet sind. Die Elemente der Zeile werden dann in read_single_row eingelesen. read_rows liefert als Ergebnis die Anzahl der korrekt eingelesenen Zeilen.

```
Private Function read_rows(ByVal reader As XmlReader) As Integer
  Dim rowindex As Integer = 0
  If reader.ReadToDescendant("row") Then
    Do
      If read_single_row(reader, rowindex) > 0 Then rowindex += 1
    Loop While reader.ReadToNextSibling("row")
  End If
  Return rowindex
End Function
```

read_single_row durchläuft das aktuelle <row>-Element und sucht darin nach <field>-Elementen. Die einzelnen Felder werden in read_field verarbeitet.

```
Private Function read_single_row(ByVal reader As XmlReader, _
                                 ByVal rowindex As Integer) As Integer
  Dim colcount As Integer = 0
  If reader.ReadToDescendant("field") Then
    Do
      If read_field(reader, rowindex) Then colcount += 1
    Loop While reader.ReadToNextSibling("field")
  End If
  Return colcount
End Function
```

read_field sucht im <field>-Element nach einem name=...-Attribut. Aus diesem Attribut geht der Spaltenname hervor. Wenn dieser im DataGridView noch unbekannt ist, fügt das Programm dort eine Spalte hinzu. Ein weiterer Test stellt sicher, dass das DataGridView ausreichend viele Zeilen enthält. Gegebenenfalls wird eine Zeile hinzugefügt. (Der Code setzt voraus, dass für das Steuerelement AllowUserToAddRow = False gilt! Das ist insofern wichtig, als das Steuerelement andernfalls am Ende immer eine leere Zeile zum Einfügen neuer Datensätze enthält. Diese leere Zeile vergrößert grid.Rows.Count um 1.) MoveToElement führt nun von den Attributen zurück zum <row>-Element. ReadElementString liefert dessen Inhalt.

```
Private Function read_field(ByVal reader As XmlReader, _
                            ByVal rowindex As Integer) As Boolean
  Dim colname, content As String
  'Spaltenname herausfinden
  If reader.MoveToAttribute("name") Then
    colname = reader.Value
    If Not grid.Columns.Contains(colname) Then grid.Columns.Add(colname, colname)
    If grid.Rows.Count <= rowindex Then grid.Rows.Add()
    reader.MoveToElement()
    content = reader.ReadElementString()
    If content <> "NULL" Then
      grid.Rows(grid.Rows.Count - 1).Cells(colname).Value = content
    End If
    Return True
  Else
    Return False
  End If
End Function
```

Der Code ist wesentlich unübersichtlicher als seine LINQ-Variante. Lassen Sie sich aber nicht täuschen: Die XmlReader-Variante war bei meinen Messungen (1000 Durchgänge) ca. um 40% schneller als ihr LINQ-Gegenstück! Und wenn man bedenkt, dass ein wesentlicher Teil der Rechenzeit vom DataGrid-Steuerelement in Anspruch genommen wird, ist der Geschwindigkeitsvorteil des reinen XML-Anteils des Codes sogar noch größer.

13.8 Beispiel – RSS-Feed auswerten

RSS-Feeds sind in XML-Form verpackte Link-Listen diverser Nachrichtenseiten. RSS-Feeds werden oft dazu genutzt, um auf einer Webseite auf die Neuigkeiten einer anderen Nachrichtenquelle zu verweisen. RSS steht dabei für `Really Simple Syndication` oder `Rich Site Summary` (beide Erklärungen sind häufig anzutreffen).

Leider gibt es nicht *ein* Format für RSS-Feeds, vielmehr haben beinahe ein Dutzend verschiedener Formate bzw. Formatversionen nennenswerte Verbreitung gefunden. Die wichtigsten sind RSS 0.9, 1.0, 2.0, Atom und OPML. Die Formatvielfalt macht eine allgemeingültige RSS-Auswertung unmöglich – jedes Format nutzt andere XML-Elementnamen und -Namensräume.

Dieses Beispiel zeigt die Auswertung des News-Feeds des Heise-Newstickers (RSS 0.9) und der IT-Seite *slashdot.org* (RSS 2.0) mit dem `XPathNavigator` und mit einem `XmlDocument`. Die Titel und Links der Nachrichten werden in einem Konsolenfenster angezeigt.

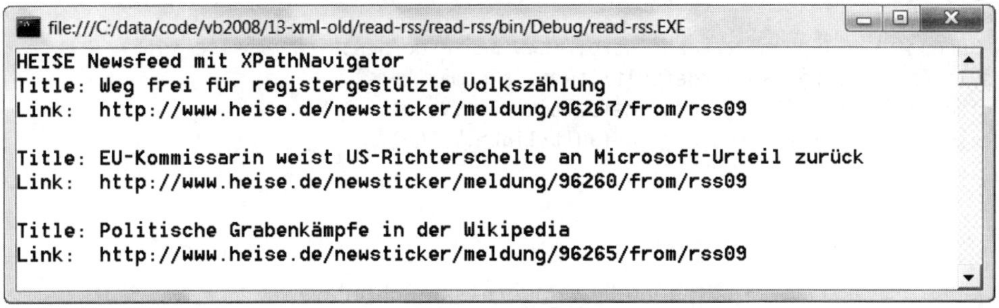

Abbildung 13.5: Ergebnisse des RSS-Beispielprogramms

Heise-Newsticker (Auswertung mit XDocument/LINQ)

Vom Heise-Newsticker gab es im April 2008 zwei Feeds: einen im Format RSS 0.9, einen zweiten im Atom-Format. Hier wird nur die RSS 0.9-Variante behandelt, die folgendermaßen aufgebaut ist:

```
<?xml version="1.0" encoding="utf-8"?>
<rdf:RDF
         xmlns="http://my.netscape.com/rdf/simple/0.9/">
<channel>
  <title>heise online News</title>
  <link>http://www.heise.de/newsticker/</link>
  <description>Nachrichten nicht nur aus der Welt der Computer</description>
</channel>
<item>
  <title>Weg frei für registergestützte Volkszählung</title>
  <link>http://www.heise.de/newsticker/meldung/96267/from/rss09</link>
</item>
  <item> ... weitere Items </item>
</rdf:RDF>
```

Entscheidend für die Auswertung ist die dritte Zeile, in der *http://my.netscape.com/rdf/simple/0.9/* als URI des Standardnamensraums für `<rdf:RDF>` und seinen gesamten Inhalt definiert wird. Alle weiteren XML-Elemente, denen kein Präfix vorangestellt ist, nutzen diesen Namensraum.

Die erste Variante zur Auswertung des Heise-Newstickers basiert auf `XML to LINQ`. Der Code glänzt durch prägnante Kürze. Die beiden `Imports`-Zeilen definieren Namensraumkürzel. Besonders wichtig ist das Kürzel `default`, um auf alle XML-Elemente im Defaultnamensraum zuzugreifen.

`xdoc.<rdf:RDF>` adressiert das <RDF>-Element im Namensraum `rdf`. Das angefügte `<default:item>` liefert eine Aufzählung aller `<item>`-Elemente im Defaultnamensraum. `Take(maxitems)` bewirkt, dass nur die ersten `maxitems` Elemente tatsächlich ausgewertet werden. `result` ist ein Objekt der Klasse `XElement`. Über `<default:title>` und `<default:link>` können nun mühelos die Nachrichtenüberschriften und die dazugehörenden Links ermittelt werden. `Value` liefert den Inhalt des Elements als Text (`String`).

```
Imports <xmlns:default="http://my.netscape.com/rdf/simple/0.9/">
Imports <xmlns:rdf="http://www.w3.org/1999/02/22-rdf-syntax-ns#">
Sub show_heise_linq()
  Dim xdoc As XDocument = XDocument.Load("http://www.heise.de/newsticker/heise.rdf")
  For Each result In xdoc.<rdf:RDF>.<default:item>.Take(maxitems)
    Console.WriteLine("Titel: " + result.<default:title>.Value)
    Console.WriteLine("Link:  " + result.<default:link>.Value)
    Console.WriteLine()
  Next
End Sub
```

Statt `xdoc.<rdf:RDF>.<default:item>` hätte auch die weniger exakte Schreibweise `xdoc...<default:item>` zum Ziel geführt. Die Syntax `...<default:item>` erfasst alle `<item>`-Elemente des XML-Dokuments im Defaultnamensraum unabhängig von ihrer (hierarchischen) Position.

Heise-Newsticker (Auswertung mit XPathNavigator)

Bei der XPath-Variante beginnt der Programmcode mit der Initialisierung eines `XmlNamespaceManagers`, in den die beiden bekannten Namensräume der Heise-Newsfeeds eingefügt werden. Wichtig ist, dass Sie dem Standardnamensraum hier ein (beliebiges) Präfix geben – andernfalls können Sie XML-Elemente im Standardnamensraum nicht in `XPath`-Ausdrücken adressieren. `Select` durchsucht nun das XML-Dokument nach `<item>`-Ausdrücken im Standardnamensraum. Eine Schleife mit `MoveNext` verarbeitet alle gefundenen Ergebnisse.

```
'Beispiel xml\read-rss
Imports System.Xml, System.Xml.XPath
Sub show_heise_rss()
  Const maxitems = 10
  Dim n As Integer = 0
  Dim xdoc As XPathDocument
  Dim xnav As XPathNavigator
  Dim xiter As XPathNodeIterator
  Dim nsmgr As XmlNamespaceManager
```

```
  'Namespace-Manager einrichten
  nsmgr = New XmlNamespaceManager(New NameTable())
  nsmgr.AddNamespace("default", "http://my.netscape.com/rdf/simple/0.9/")
  nsmgr.AddNamespace("rdf", "http://www.w3.org/1999/02/22-rdf-syntax-ns#")
  'Dokument lesen, nach <item>-Tags im Standardnamensraum suchen
  xdoc = New XPathDocument("http://www.heise.de/newsticker/heise.rdf")
  xnav = xdoc.CreateNavigator()
  xiter = xnav.Select("//default:item", nsmgr)
  'maximal maxitems <item>'s durchlaufen
  While xiter.MoveNext()
    write_heise_item(xiter.Current, nsmgr)
    n += 1
    If n >= maxitems Then Exit While
  End While
End Sub
```

Sie können auf den `XmlNamespaceManager` verzichten, wenn Sie den Suchausdruck wie folgt formulieren:

```
xiter = xnav.Select("//*[local-name() = 'item']")
```

Damit suchen Sie – unabhängig vom Namensraum – nach Ausdrücken, deren lokaler Name `item` ist.

Innerhalb der Schleife verweist `xiter.Current` auf ein <item>-Element. Es bestehen nun mehrere Varianten, die darin enthaltenen Elemente <title> und <link> zu lesen. Dem Konzept von `XPathNavigator` entspricht die folgende Variante am besten. Dabei wird ausgehend vom aktuellen XML-Element mit `SelectSingleNode` das untergeordnete `title`- und `link`-Element gesucht.

```
Sub write_heise_item(ByVal currentitem As XPathNavigator, _
                     ByVal nsmgr As XmlNamespaceManager)
  Dim node As XPathNavigator
  node = currentitem.SelectSingleNode("default:title", nsmgr)
  Console.WriteLine("Title: " + node.Value)
  node = currentitem.SelectSingleNode("default:link", nsmgr)
  Console.WriteLine("Link:  " + node.Value)
End Sub
```

Bei der zweiten Variante werden alle untergeordneten Elemente mit `MoveToFirstChild` bzw. `MoveToNext` durchlaufen. Das spart zwei `XPath`-Suchvorgänge ein, aber kaum Rechenzeit.

```
Dim title, link As String
If currentitem.MoveToFirstChild() Then
  title = ""
  link = ""
  Do
    If currentitem.Name = "title" Then title = currentitem.Value
    If currentitem.Name = "link" Then link = currentitem.Value
  Loop Until currentitem.MoveToNext() = False
  Console.WriteLine("Title: " + title)
  Console.WriteLine("Link:  " + link)
End If
```

Eine dritte Möglichkeit besteht darin, mit MoveToChild bzw. MoveToParent zu den gesuchten Elementen zu navigieren. Diese Methoden unterstützen allerdings den XmlNamespaceManager nicht, weswegen der Namensraum mit LookupNamespace ausgelesen und direkt als Zeichenkette übergeben wird.

```
Const ns = "http://my.netscape.com/rdf/simple/0.9/"
currentitem.MoveToChild("title", nsmgr.LookupNamespace("default"))
Console.WriteLine("Title: " + currentitem.Value)
currentitem.MoveToParent()
currentitem.MoveToChild("link", nsmgr.LookupNamespace("default"))
Console.WriteLine("Link:  " + currentitem.Value)
```

slashdot-Newsticker (Auswertung mit XPathNavigator)

Der RSS-Feed von *slashdot.org* ist wesentlich komplexer aufgebaut als der von *heise.de*. Die folgenden Zeilen zeigen die Struktur, wobei der meiste Ballast bereits entfernt wurde. Interessant sind wie beim Heise-Feed eigentlich nur die Elemente <title> und <link> in der <item>-Aufzählung. Die Elemente nutzen den Standardnamensraum *http://purl.org/rss/1.0/*.

```
<?xml version="1.0" encoding="UTF-8"?>
<rdf:RDF
        xmlns="http://purl.org/rss/1.0/"
        ... diverse weitere Namensräume ... >
  <channel rdf:about="http://slashdot.org/">
    ... Daten zur Nachrichtenquelle
  </channel>
  <image rdf:about="http://images.slashdot.org/topics/topicslashdot.gif">
     ... ein Bild
  </image>
  <item rdf:about="http://science.slashdot.org/article.pl?
                   sid=07/09/19/2225222&amp;from=rss">
    <title>Aerosol Spray to Identify Bombing Suspects</title>
    <link>http://rss.slashdot.org/-r/Slashdot/slashdot/-3/158792935/article.pl</link>
    <description>RedHanded writes "Forensic chemists at ...</description>
    ...
  </item>
  <item rdf:about="http://linux.slashdot.org/article.pl?
                   sid=07/09/19/2220232&amp;from=rss">
    <title>GNOME 2.20 Released</title>
    <link>http://rss.slashdot.org/-r/Slashdot/slashdot/-3/158792936/article.pl</link>
    <description>Gimli writes "GNOME 2.20 has been officially released ...</description>
  </item>
  <item> ... weitere Nachrichten </item>
</rdf:RDF>
```

Der Code zur Auswertung sieht ganz ähnlich aus wie beim vorigen Beispiel. Abermals wird im XmlNamespaceManager ein Kürzel für den Standardnamensraum definiert. Select sucht alle item-Ausdrücke, und SelectSingleNode sucht die darin enthaltenen <title>- und <link>-Elemente. Als ich das Programm getestet habe, fehlte beim ersten <item> das <link>-Element. Aus diesem Grund enthält der Code eine Abfrage, ob die <title>- und <link>-Elemente überhaupt existieren.

```
'Beispiel xml\read-rss
Imports System.Xml, System.Xml.XPath
Sub show_slashdot_rss()
  Dim n As Integer = 0
  Dim xdoc As XPathDocument
  Dim xnav As XPathNavigator
  Dim xiter As XPathNodeIterator
  Dim nsmgr As XmlNamespaceManager
  Dim node1, node2 As XPathNavigator
  xdoc = New XPathDocument("http://slashdot.org/slashdot.rss")
  xnav = xdoc.CreateNavigator()
  'die zahllosen anderen Namespaces sind für dieses Beispiel überflüssig
  nsmgr = New XmlNamespaceManager(New NameTable())
  nsmgr.AddNamespace("default", "http://purl.org/rss/1.0/")
  xiter = xnav.Select("//default:item", nsmgr)
  While xiter.MoveNext()
    node1 = xiter.Current.SelectSingleNode("default:title", nsmgr)
    node2 = xiter.Current.SelectSingleNode("default:link", nsmgr)
    If node1 IsNot Nothing AndAlso node2 IsNot Nothing Then
      Console.WriteLine("Title: " + node1.Value)
      Console.WriteLine("Link:  " + node2.Value)
      Console.WriteLine()
      n += 1
      If n >= maxitems Then Exit While
    End If
  End While
End Sub
```

slashdot-Newsticker (XmlDocument)

Mit einem XmlDocument wird der Code zum Auslesen des RSS-Feeds von *slashdot.org* noch einfacher. Der Grund: XmlDocument liest XML-Elemente im Standardnamensraum aus, ohne einen XmlNamespace-Manger zu Hilfe zu nehmen. xdoc.DocumentElement("item") liefert das erste <item>-Element innerhalb des XML-Wurzelknotens. Die weiteren <item>-Elemente findet NextSibling.

```
'Beispiel xml\read-rss
Imports System.Xml, System.Xml.XPath
Sub show_slashdot_rss_dom()
  Dim n As Integer = 0
  Dim item, title, link As XmlNode
  Dim xdoc As New XmlDocument()
  xdoc.Load("http://slashdot.org/slashdot.rss")
  item = xdoc.DocumentElement("item")  '
  Do
    title = item("title")
    link = item("link")
```

```
    If title IsNot Nothing AndAlso link IsNot Nothing Then
      Console.WriteLine("Title: " + title.InnerText)
      Console.WriteLine("Link:  " + link.InnerText)
      Console.WriteLine()
    End If
    n += 1
    item = item.NextSibling
  Loop While n < maxitems AndAlso item IsNot Nothing
End Sub
```

14 Internet und Netzwerk

Im Mittelpunkt dieses kurzen Kapitels stehen einige elementare Internet- und Netzwerkfunktionen des .NET Frameworks. Sie lernen hier, wie Sie den Netzwerkstatus feststellen, Dateien per HTTP oder FTP übertragen, E-Mails versenden und Webservices nutzen. Die vorgestellten Klassen stammen überwiegend aus den Namensräumen `System.Net` und `System.Net.NetworkInformation`. Dazu gesellen sich einige Methoden des Objekts `My.Computer.Networking`.

HINWEIS

Wenn Sie Webseiten oder HTML-Dateien anzeigen möchten, setzen Sie dazu die Steuerelemente `Frame` (WPF, siehe Abschnitt 17.4) oder `WebBrowser` ein (siehe Abschnitt 2.20 im Windows Forms-E-Book auf der Webseite zum Buch).

Aus Platzgründen geht dieses Buch nicht auf ASP.NET ein. Für die Gestaltung dynamischer Websites mit Web Forms, das Anbieten von Webservices etc. muss ich Sie auf die zahlreichen ASP.NET-Bücher verweisen. Die Tatsache, dass diese Bücher oft einen ähnlichen Umfang haben wie dieser Band, verdeutlicht die Komplexität von ASP.NET.

Ebenfalls außen vor bleibt ein weiteres Thema, das entfernt mit Netzwerken zu tun hat: die Kommunikation zweier Programme miteinander. Beide Programme können auf demselben Rechner oder auf unterschiedlichen Rechnern laufen.

Zur effizienten Kommunikation existieren diverse Modelle und Techniken: Am gebräuchlichsten sind die bereits erwähnten Webservices sowie das sogenannte Remoting. Erfahrene Programmierer können zur Kommunikation auch direkt ein Netzwerkprotokoll (TCP/IP) einsetzen. Neu in VB2008 bzw. ab .NET 3.0 ist die `Windows Communication Foundation` (kurz WCF, ehemals Indigo), das von Microsoft als neue Schlüsseltechnologie angepriesen und das Remoting langfristig ablösen wird. Abermals muss ich Sie auf spezielle Bücher zu diesem Thema verweisen.

14.1 Netzwerkstatus feststellen

Besteht eine Netzwerkverbindung?

Um festzustellen, ob der Computer mit einem Netzwerk verbunden ist, werten Sie am einfachsten `My.Computer.Network.IsAvailable` aus. Das Ergebnis ist allerdings aus mehreren Gründen nicht sehr aufschlussreich:

- Das Ergebnis lautet `True`, wenn der Computer Teil eines lokalen Netzwerks ist – auch dann, wenn für den Computer oder für das gesamte Netzwerk kein Internetzugang besteht. `IsAvailable` lässt also keinen Rückschluss darauf zu, ob eine Verbindung in das Internet möglich ist.
- Bei `ClickOnce`-Programmen ist das Ergebnis generell `False`.
- Wenn das Programm ohne `NetworkInformationPermissions` ausgeführt wird, lautet das Ergebnis ebenfalls `True`.

Wenn Sie wie ich ungern `My`-Objekte einsetzen, stellt die Funktion `connected` eine Alternative dar. Sie greift auf die Methode `GetAllNetworkInterfaces` der `NetworkInterface`-Klasse zurück, durchläuft alle Netzwerkschnittstellen des Rechners und testet, ob zumindest eine davon aktiv ist. Beachten Sie, dass das Ergebnis `True` auch dann zustande kommt, wenn es auf dem Rechner virtuelle Netzwerkschnittstellen gibt (z.B. bei einer VMWare-Installation).

```
' Beispiel net\net-status
Imports System.Net.NetworkInformation
Private Function connected() As Boolean
  Dim netinterface As NetworkInterface
  For Each netinterface In NetworkInterface.GetAllNetworkInterfaces()
    If netinterface.NetworkInterfaceType <> NetworkInterfaceType.Loopback AndAlso _
       netinterface.NetworkInterfaceType <> NetworkInterfaceType.Tunnel AndAlso _
       netinterface.OperationalStatus = OperationalStatus.Up Then
      Return True
    End If
  Next
  Return False
End Function
```

Um den Netzwerkstatus zu überwachen, richten Sie am besten Ereignisprozeduren für die Ereignisse NetworkAddressChanged und NetworkAvailabilityChanged der Klasse System.Net.NetworkInformation. NetworkChange ein.

```
Imports System.Net.NetworkInformation
AddHandler NetworkChange.NetworkAddressChanged, AddressOf netAddressChanged
AddHandler NetworkChange.NetworkAvailabilityChanged, AddressOf netStatusChanged
Private Sub netStatusChanged(ByVal sender As Object, _
                             ByVal data As NetworkAvailabilityEventArgs)
  ...
End Sub
Private Sub netAddressChanged(ByVal sender As Object, ByVal data As EventArgs)
  ...
End Sub
```

Netzwerknamen ermitteln

Es bestehen (mindestens) drei Möglichkeiten, um den Namen des Computers im Netzwerk zu ermitteln:

```
s = System.Net.Dns.GetHostName()
s = system.Environment.MachineName
s = My.Computer.Name
```

Die Klasse Dns bietet darüber hinaus einige weitere interessante Methoden. Damit diese funktionieren, muss allerdings ein DNS (Domain Name Server) erreichbar sein. Das ist zumeist der Fall, sofern sich der Rechner in einem LAN befindet oder Internetzugang hat. GetHostEntry liefert zu einem Netzwerknamen ein IPHostEntry-Objekt, dessen AddressList-Eigenschaft ein Feld mit den zugeordneten IP-Adressen (IPAddress-Objekte) liefert. Zumeist gibt es nur eine Adresse.

```
Dim ipEntry As Net.IPHostEntry, ipAdr As Net.IPAddress
ipEntry = System.Net.Dns.GetHostEntry("kofler.cc")
For Each ipAdr In ipEntry.AddressList
  Console.WriteLine(ipAdr.ToString)
Next
```

Auch wenn Sie an GetHostEntry eine IP-Adresse übergeben, liefert die Methode ein IPHostEntry-Objekt. Dessen Eigenschaft HostName liefert den Namen des Rechners.

```
s = net.Dns.GetHostEntry("212.69.176.121").HostName
```

Das Auflösen von Netzwerkadressen ist ein relativ langsamer Vorgang. Damit Ihr Programm während dieser Zeit nicht blockiert ist bzw. andere Aufgaben erledigen kann, steht GetHostEntry auch in einer asynchronen Variante zur Verfügung (Begin- und EndGetHostEntry).

IP-Adresse ermitteln

Die IP-Adresse eines Computers gibt es nicht – je nachdem, wie viele Netzwerkschnittstellen (LAN, WLAN, Modem, ISDN etc.) gerade aktiv sind, ist der Computer im TCP/IP-Netzwerk gleichzeitig unter mehreren

Adressen erreichbar. Die folgenden Zeilen zeigen, wie Sie diese Adressen ermitteln: Sie ermitteln zuerst mit `GetAllNetworkInterfaces` alle Netzwerkschnittstellen, wobei Sie die `Loopback`-Schnittstelle sowie inaktive Schnittstellen ausschließen. `GetIPProperties` liefert nun ein `IPInterfaceProperties`-Objekt, dessen Eigenschaft `UnicastAddresses` wiederum alle IP-Adressen liefert (zumeist ist es nur eine).

```
' Beispiel net\net-status
Imports System.Net.NetworkInformation
Dim netinterface As NetworkInterface
Dim ipaddr As UnicastIPAddressInformation
For Each netinterface In NetworkInterface.GetAllNetworkInterfaces()
  If netinterface.NetworkInterfaceType <> NetworkInterfaceType.Loopback AndAlso _
     netinterface.OperationalStatus = OperationalStatus.Up Then
    Console.WriteLine("Schnittstelle: " + netinterface.Name)
    For Each ipaddr In netinterface.GetIPProperties.UnicastAddresses
      Console.WriteLine("  IP-Addresse: " + ipaddr.Address.ToString)
    Next
  End If
Next
```

Über Umwege können Sie zu erraten versuchen, über welche Schnittstelle die Internetverbindung hergestellt wird. Diese Schnittstelle zeichnet sich zumeist dadurch aus, dass mindestens eine `Gateway`- und `DNS`-Adresse bekannt ist.

```
If netinterface.GetIPProperties.GatewayAddresses.Count > 0 AndAlso
   netinterface.GetIPProperties.DnsAddresses.Count Then ...
```

Ping

ping ist eigentlich ein Kommando, um ein Datenpaket an einen Rechner oder eine IP-Adresse zu senden. Sofern der so kontaktierte Rechner entsprechend konfiguriert ist und sich keine Firewall zwischen Ihrem und dem kontaktierten Rechner befindet, antwortet dieser mit einem kleinen Netzwerkpaket. Das Kommando *ping* erfüllt damit zwei Aufgaben: Es testet, ob der zweite Rechner überhaupt erreichbar ist und wie lange die Reaktionszeiten sind.

Beginnend mit Version 2.0 des .NET Frameworks gibt es die Klasse `System.Net.NetworkInformation.Ping`, die dieselbe Aufgabe erfüllt wie das *ping*-Kommando. Am einfachsten nutzen Sie `Ping` über das Objekt `My.Computer.Network`. Dessen Methode `Ping` sendet ein Ping-Paket an einen Rechner bzw. an eine IP-Adresse. Wenn innerhalb von 500 ms eine Antwort eintrifft, liefert `Ping` das Ergebnis `True`, sonst `False`. Die Timeout-Zeit kann durch einen optionalen zweiten Parameter in Millisekunden eingestellt werden.

```
Dim ok As Boolean
ok = My.Computer.Network.Ping("heise.de")
```

HINWEIS Nach meinen Tests ist die `Timeout`-Zeit mit Vorbehalt zu betrachten. Beispielsweise betrug die typische *ping*-Zeit zu *heise.de* auf meinem Rechner rund 25 ms. Dennoch lieferte `My.Computer.Network.Ping("heise.de", 1)` regelmäßig das Ergebnis `True`.

Die direkte Nutzung der Ping-Klasse ist auch nicht viel schwieriger als mit My.Computer.Network: Sie erzeugen ein Ping-Objekt und führen Send aus, wobei Sie dieselben Parameter übergeben wie an die gerade beschriebene Ping-Methode. Als Ergebnis erhalten Sie ein PingReply-Objekt, das die Antwortzeit bzw. den Fehlerstatus angibt. Den Aufruf von Send sollten Sie durch Try absichern: Wenn die Adresse nicht aufgelöst werden kann, kommt es zu einer Exception.

```
' Beispiel net\net-status
Imports System.Net.NetworkInformation
Private Sub ping_test(ByVal adr As String)
  Dim png As New Ping()
  Dim reply As PingReply
  For i As Integer = 1 To 10
    Try
      reply = png.Send(adr, 100)
      If reply.Status = IPStatus.Success Then
        Console.WriteLine("OK, {0}ms", reply.RoundtripTime)
      Else
        Console.WriteLine("Problem: " + reply.Status.ToString)
      End If
    Catch ex As Exception
      Console.WriteLine("Fehler: " + ex.Message)
    End Try
  Next
End Sub
```

Alternativ können Sie Ping mit SendAsync auch asynchron aufrufen und die Antwort in einer PingCompleted-Ereignisprozedur verarbeiten.

14.2 Datei-Upload und -Download (HTTP/FTP)

Die Methode My.Computer.Network.DownloadFile bietet sicherlich die einfachste Möglichkeit, Dateien von einem HTTP- oder FTP-Server herunterzuladen. An die Methode werden zwei Zeichenketten übergeben, die die HTTP- bzw. FTP-Adresse sowie den lokalen Dateinamen enthalten. Falls für den FTP-Zugang ein Benutzername und ein Passwort erforderlich ist, kann diese Information in zwei zusätzlichen Parametern oder in der Form ftp://name:password@addresse übergeben werden.

Weitere optionale Parameter steuern die Anzeige eines Download-Dialogs mit ABBRUCH-Button, die maximale Timeout-Zeit und das Verhalten, wenn die Datei schon existiert (das führt standardmäßig zu einem Fehler). DownloadFile sollte durch Try abgesichert werden, weil es im Fehlerfall zu diversen *Exceptions* kommen kann.

```
My.Computer.Network.DownloadFile("http://kofler.cc/index.html", "c:\test1.html")
My.Computer.Network.DownloadFile("ftp://htdocs/index.html", "c:\test2.html", _
  "loginname", "xxxxxx")
```

Ebenso einfach ist die Datenübertragung vom lokalen Rechner zu einem externen HTTP- oder FTP-Server. An UploadFile übergeben Sie im ersten Parameter den Namen der lokalen Datei, im zweiten Parameter die Zieladresse (üblicherweise mit Login-Name und Passwort).

```
My.Computer.Network.UploadFile("c:\test1.html", "ftp://kofler.cc/htdocs/test.html", _
   "loginname", "xxxxxx")
```

HttpWebRequest, HttpWebResponse, FtpWebRequest und FtpWebResponse

Eine allgemeingültige Alternative zu den Methoden Down- und UploadFile bieten die Klassen HttpWebRequest, HttpWebResponse, FtpWebRequest und FtpWebResponse im Namensraum System.Net. Diese Klassen sind ein wenig umständlicher anzuwenden, bieten dafür aber auch einige zusätzliche Funktionen: asynchronen Up- und Download, Ein- und Ausgabe über Streams etc.

Die folgenden Zeilen zeigen die prinzipielle Vorgehensweise für den synchronen Download einer Datei von einem HTTP-Server. Dazu erzeugen Sie ein HttpWebRequest-Objekt, wobei Sie mit Create den Namen der gewünschten Datei angeben. GetResponse liefert ein dazu passendes HttpWebResponse-Objekt, das Statusinformationen über die herunterzuladende Datei und den HTTP-Server enthält: So liefert ContentLength die Dateigröße, ContentType den Dateityp als MIME-Zeichenkette (z.B. application/zip) und Server den Servernamen (z.B. Apache/2.0.55 (Unix)). Der eigentliche Download findet allerdings erst statt, wenn Sie mit GetResponseStream ein IO.Stream-Objekt erzeugen und dieses auslesen.

```
Imports System.Net
Dim url As String = "http://sunsite.informatik.rwth-aachen.de/.../dateiname"
Dim req As HttpWebRequest
Dim resp As HttpWebResponse
Dim sr As IO.StreamReader
req = HttpWebRequest.Create(url)
resp = req.GetResponse()
sr = New IO.StreamReader(resp.GetResponseStream())
Console.WriteLine(sr.ReadToEnd())
```

Um die heruntergeladene Datei zu speichern (statt sie in der Konsole anzuzeigen), verwenden Sie am besten einen BinaryReader, um die Daten blockweise in einen Buffer zu übertragen, sowie einen BinaryWriter, um den Bufferinhalt in eine Datei zu schreiben. Die IO.Path-Methoden dienen dazu, den lokalen Dateinamen in der Form *C:\name.xxx* zu bilden (d.h., der eigentliche Dateiname der Variablen url wird mit *C:* verbunden).

```
Const buffersize = 64 * 1024      '64 KByte
Dim url As String = "http://sunsite.informatik.rwth-aachen.de/.../name.xxx"
Dim localfilename As String = IO.Path.Combine("c:\", IO.Path.GetFileName(url))
Dim req As HttpWebRequest, resp As HttpWebResponse
Dim fs As IO.FileStream
Dim br As IO.BinaryReader, bw As IO.BinaryWriter
Dim buffer(buffersize - 1) As Byte
Dim n As Integer
req = HttpWebRequest.Create(url)
```

```
resp = req.GetResponse()
fs = IO.FileStream(localfilename, IO.FileMode.Create)
br = IO.BinaryReader(resp.GetResponseStream)
bw = IO.BinaryWriter(fs)
Do
  n = br.Read(buffer, 0, buffersize)
  bw.Write(buffer, 0, n)
Loop Until n = 0
br.Close()
bw.Close()
```

Wenn der Zugang zur Website durch einen Benutzernamen und ein Passwort abgesichert ist, müssen Sie diese Informationen in Form eines `NetworkCredential`-Objekts angeben:

```
req = HttpWebRequest.Create(url)
req.Credentials = New NetworkCredential("loginname", "password")
...
```

Das obige Beispiel verwendet standardmäßig die `GET`-Methode zur Kommunikation mit dem Webserver. Wenn Sie mit `POST` arbeiten möchten, müssen Sie die `Method`-Eigenschaft auf `"POST"` stellen. Ein vollständiges `POST`-Beispiel finden Sie hier:

http://www.programmersheaven.com/2/dotnet-Web-Request

Für FTP-Downloads verwenden Sie statt `HttpWebRequest` und `-Response` die äquivalenten Klassen `FtpWebRequest` und `-Response`. Diese Klassen stellen zusätzlich noch einige FTP-spezifische Methoden zur Verfügung, die hier aber nicht weiter von Interesse sind.

14.3 E-Mails versenden

Die Klasse `System.Net.Mail.SmtpClient` macht das Versenden von E-Mails zum Kinderspiel. Die einzige Voraussetzung besteht darin, dass Sie die für das Protokoll SMTP erforderlichen Daten kennen, also in der Regel: Hostname, Login-Name und Passwort. (SMTP steht für `Simple Mail Transfer Protocol` und ist das Standardverfahren zum Versenden von E-Mails.)

Die folgenden Zeilen beweisen, dass das Versenden einer E-Mail wirklich ein Kinderspiel ist. Zuerst setzen Sie die E-Mail-Nachricht zusammen. Dazu übergeben Sie an den Konstruktor von `MailMessage` die Absender- und Empfängeradresse. Anschließend stellen Sie die Eigenschaften `Subject` und `Body` ein. (Optional können Sie mit `To`, `CC`, `Bcc` und `ReplyTo` weitere Adressen hinzufügen. Falls Sie HTML-Nachrichten versenden, müssen Sie außerdem `IsHtml` auf `True` stellen.) Anlagen fügen Sie mit `Attachments.Add` hinzu, wobei Sie den Dateinamen an den Konstruktor der `Attachment`-Klasse übergeben.

Zum Versenden benötigen Sie außerdem ein `SmtpClient`-Objekt. Dem Konstruktor übergeben Sie den Servernamen. Mit `DeliveryMethod` stellen Sie ein, wie der Server kontaktiert werden soll. An `Credentials` müssen Sie ein `NetworkCredential`-Objekt übergeben, das in der Regel den Loginnamen und das Passwort zur Authentifizierung am SMTP-Server enthält. Es gibt auch andere Authentifizierungsverfahren, auf die ich hier aber nicht eingehe.

```
Imports System.Net.Mail
Dim smtp As SmtpClient
Dim msg As MailMessage
msg = New MailMessage("michael.kofler@gmx.com", "buecher@kofler.cc")
msg.Subject = "Test"
msg.Body = "bla bla" + vbCrLf + "noch mehr Blabla" + vbCrLf + "äöüß"
msg.Attachments.Add(New Attachment("c:\test.txt"))
smtp = New SmtpClient("mail.gmx.net")
smtp.DeliveryMethod = SmtpDeliveryMethod.Network
smtp.Credentials = New System.Net.NetworkCredential("loginname", "xxxxxxxxx")
smtp.Send(msg)
```

HINWEIS

`SmtpClient.Send` kommuniziert direkt mit einem SMTP-Server. Das .NET Framework stellt keine Methoden zur Verfügung, um mit dem lokalen E-Mail-Client (z.B. Outlook oder Mozilla Thunderbird) zu kommunizieren. Der Grund dafür ist einsichtig: Es gibt zahllose E-Mail-Clients, aber keinen gemeinsamen Standard für deren Steuerung. Eine Notlösung ist das folgende Kommando:

```
Diagnostics.Process.Start("mailto:adresse?subject=thema&body=nachricht")
```

Sofern das E-Mail-Programm korrekt eingerichtet ist, erscheint das Fenster NACHRICHT VERFASSEN, wobei Adresse, Thema und Nachricht bereits richtig eingetragen sind. Der Anwender muss nur noch auf SENDEN klicken. Dieses Verfahrens hat folgende Nachteile: Sie erfahren nicht, ob die E-Mail tatsächlich versendet wird, und Sie können keine Anhänge beifügen. Außerdem ist die Codierung der Zeichenketten `adresse`, `thema` und `nachricht` heikel. Gemäß RFC2368 müssen Leerzeichen durch *%20* und Zeilenumbrüche durch *%0D%0A* dargestellt werden. Auch die Zeichen *?*, *&* und = müssen codiert werden. Probleme können weiterhin alle Nicht-ASCII-Zeichen verursachen.

http://www.faqs.org/rfcs/rfc2368.html

Sie können Nachrichten auch asynchron versenden. Dazu richten Sie zuerst eine Ereignisprozedur ein, die nach jedem erfolgreichen Sendevorgang aufgerufen wird:

```
AddHandler smtp.SendCompleted, AddressOf smtp_sent
Private Sub smtp_sent(ByVal sender As Object, _
                      ByVal e As ComponentModel.AsyncCompletedEventArgs)
  Console.WriteLine("Nachricht erfolgreich versandt")
End Sub
```

Zum Versenden setzen Sie nun `SendAsync` ein. An die Methode übergeben Sie als zweiten Parameter ein beliebiges Objekt, das die Nachricht identifiziert. Dieses Objekt können Sie in der `SendCompleted`-Ereignisprozedur mit `e.UserState` auslesen. Im folgenden Beispiel habe ich einfach das `Subject` und die erste Empfängeradresse zu einer Zeichenkette verbunden:

```
smtp.SendAsync(msg, msg.Subject + " an " + msg.To(0).Address)
```

Unverständlicherweise fehlen im .NET Framework Klassen/Methoden, um E-Mails mit den Protokollen POP3 oder IMAP von einem E-Mail-Postfach bzw. -Server abzuholen. Sie finden im Internet aber diverse Zusatzbibliotheken, die diese Aufgabe erledigen (suchen Sie nach »dotnet pop3 imap«).

14.4 Webservices nutzen

Webservices ermöglichen eine standardisierte Kommunikation zwischen Rechnern, die über das Internet miteinander verbunden sind. Dabei wird dasselbe HTTP-Protokoll genutzt, mit dem auch gewöhnliche Webseiten übertragen werden. Allerdings erfolgt der Datenaustausch nicht im HTML-, sondern im XML-Format.

Die formale Beschreibung des Service – also eine Referenz der zur Verfügung gestellten Methoden, Datentypen etc. – erfolgt in einer XML-Datei im WSDL-Format. Der Datenaustausch zwischen Ihrem Programm und dem Server, der den Webservice anbietet, erfolgt mit dem Protokoll SOAP. Sie sehen schon: Bei Webservices wimmelt es von Abkürzungen und Akronymen. Die folgende Tabelle fasst die wichtigsten Begriffe des Webservices-Jargons zusammen:

Kürzel	Volltext	Bedeutung
ASMX	`unbekannte Abkürzung`	Dateikennung für .NET-Webservice-Dateien
SOAP	`Simple Object Access Protocol`	Standard zum Austausch von Objekten zwischen Prozessen auf unterschiedlichen Rechnern, die durch ein Netzwerk miteinander verbunden sind
UDDI	`Universal Description, Discovery and Integration`	Format zur inhaltlichen Beschreibung von Webservices; das Ziel besteht unter anderem darin, die Suche von Webservices im Internet zu erleichtern (in der Art einer Datenbank aller verfügbaren Webservices für eine bestimmte Aufgabe)
WSDL	`Web Service Description Language`	Textformat auf der Basis von XML zur Beschreibung der Dienste und Datentypen eines Webservice; die WSDL-Datei beschreibt die Syntax der angebotenen Methoden, also die Parameter, den Rückgabedatentyp etc.

Webservices sind praktisch, wenn ein Webserver keine fertigen Webseiten, sondern lediglich Daten anbietet (z.B. Börsenkurse). Webservices können aber auch eine Ergänzung zu existierenden Webseiten sein. So bietet beispielsweise *amazon.com* nach einer kostenlosen Registrierung Webservices an. Ein großer Vorteil von Webservices besteht darin, dass der Datenaustausch standardisiert ist. Deswegen können Sie beispielsweise mit Visual Basic auf einen Webservice zugreifen, der in Java programmiert wurde (und umgekehrt).

In diesem Kapitel geht es darum, bereits existierende Webservices zu nutzen. Sie können mit Visual Basic auch selbst Webservices programmieren. Darauf gehe ich hier aber aus Platzgründen nicht ein. Das Thema wird in jedem gutem ASP.NET-Buch umfassend behandelt. Weitere Informationen und Grundlagen zu Webservices finden Sie unter anderem auf den folgenden Websites:

http://www.w3.org/2002/ws/	*(offizieller Standard)*
http://msdn2.microsoft.com/webservices/	*(Webservices und Microsoft)*
http://java.sun.com/webservices/	*(Webservices und Java)*
http://webservices.xml.com/pub/a/ws/2002/01/09/soap.html	*(Akronyme)*
http://www.webservicex.net/	*(kostenlose Webservices)*
http://www.amazon.com/webservices	*(amazon-Webservices)*

Verweis auf Webservice einrichten

Bevor Sie in Ihrem VB-Programm einen Webservice nutzen können, müssen Sie einen Verweis darauf einrichten. Dazu führen Sie PROJEKT|DIENSTVERWEIS HINZUFÜGEN aus. (Wie kann man Webservice vollkommen nichtssagend mit »Dienst« übersetzen?!) Von Ihrem Programm, auf dem lokalen Rechner bzw. im lokalen Netzwerk angebotene Webservices können Sie direkt aus einer Liste auswählen. Bei Webservices aus dem Internet müssen Sie dagegen deren Adresse angeben, die in vielen Fällen auf **.asmx* oder **.wsdl* endet.

Wenn Sie nun VERWEIS HINZUFÜGEN ausführen, analysiert die Entwicklungsumgebung die Beschreibung des Webservice und richtet dann eine Bibliothek ein, deren Klassen einen einfachen Zugriff auf die Methoden des Webservice geben. Den automatisch generierten Code finden Sie im Verzeichnis *Web References\namensraum\Reference.vb*. Als Namensraum gilt die Webadresse des Service, wobei die Komponenten aber umgedreht werden. Der in Abbildung 14.1 dargestellte Webservice der Website *www.webservicex.net* erhält daher den Namensraum `net.webservicex.www`.

Beispiel – GeoIPService mit den My-Objekten nutzen

Das Objekt `My.Webservices` gibt einen besonders unkomplizierten Zugang zu allen Webservices. Mit `My.Webservices.name` greifen Sie direkt auf alle Webservices zu, für die zuvor eine Webreferenz eingerichtet wurde. Als Grundlage für das erste Beispiel dient der folgende Webservice, der Anfang 2008 zur kostenlosen Nutzung zur Verfügung stand:

http://www.webservicex.net/geoipservice.asmx

HINWEIS Die Website *www.webservicex.net* besteht schon seit 2001 und stellt seither eine Menge praktischer Webservices kostenlos zur Verfügung. Dennoch ist nicht auszuschließen, dass es die Website nicht mehr gibt oder dass die Services nur noch kostenpflichtig angeboten werden, bis Sie dieses Beispiel ausprobieren.

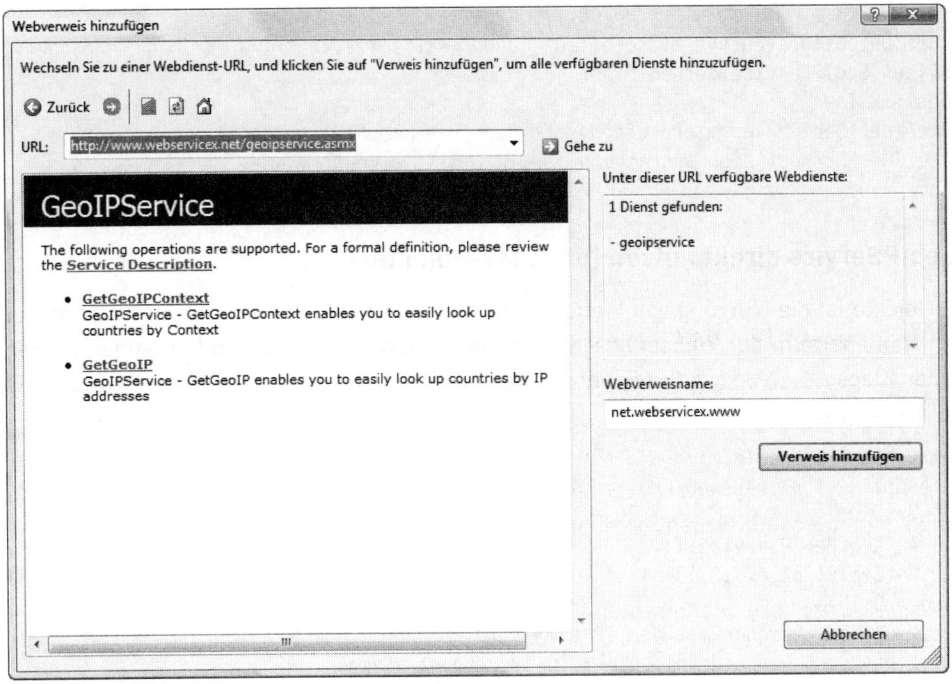

Abbildung 14.1: Referenz auf einen Webservice einrichten

Mit diesem Service stellen Sie bei einer gegebenen IP-Nummer fest, in welchem Land sich der Rechner wahrscheinlich befindet. Nach dem Einrichten eines Verweises auf den Webservice stellt das neue Objekt `My.Webservices.GeoIPService` diverse Methoden zur Verfügung. Die beiden wichtigsten sind:

» `GetGeoIP("1.2.3.4")` liefert ein `GeoIP`-Objekt, dessen Eigenschaften Auskunft darüber geben, ob die Adressauflösung geklappt hat (`ReturnCode>0`) und, wenn ja, wo sich der Rechner mit der angegebenen IP-Adresse befindet (`CountryCode`, `CountryName`).

» `GetGeoIPContext()` liefert ein `GeoIP`-Objekt, wobei als IP-Adresse der Zugangspunkt der Internetverbindung dient.

Die folgenden Zeilen zeigen eine mögliche Anwendung dieser Methoden. Um den Ort des Servers von *microsoft.de* herauszufinden, wird zuerst die Methode `Dns.GetHostEntry` aufgerufen, um dessen IP-Adresse zu ermitteln.

```
' Beispiel net\webservice-geoip
Dim adr As String
Dim g As net.webservicex.www.GeoIP
g = My.WebServices.GeoIPService.GetGeoIPContext()
If g.ReturnCode > 0 Then
  Console.WriteLine("Ihr Rechner bzw. Ihr Internet-Provider befindet sich")
  Console.WriteLine("wahrscheinlich in: {0}", g.CountryName)
```

```
End If
adr = System.Net.Dns.GetHostEntry("microsoft.de").AddressList(0).ToString
g = My.WebServices.GeoIPService.GetGeoIP(adr)
If g.ReturnCode > 0 Then
  Console.WriteLine("Der Server microsoft.de mit der IP-Nummer {0} ", g.IP)
  Console.WriteLine("befindet sich wahrscheinlich in: {0}", g.CountryName)
End If
```

Beispiel – GeoIPService direkt nutzen (ohne My-Objekte)

Auch ohne `My`-Objekte ist die Nutzung von Webservices unkompliziert. Um Tippaufwand zu sparen, sollten Sie den Namensraum der Webservice-Klassen importieren. Anschließend erzeugen Sie ein neues Objekt der Klasse `GeoIPService` und wenden darauf die Methoden `GetGeoIP`, `GetGeoIPContext` etc. an.

```
' Beispiel net\webservice-geoip
Imports ConsoleApplication1.net.webservicex.www
Dim g As GeoIP
Dim geoservice As New GeoIPService()
g = geoservice.GetGeoIP("62.47.12.138")
If g.ReturnCode > 0 Then
  Console.WriteLine("Der Rechner mit der IP-Nummer {0} befindet", g.IP)
  Console.WriteLine("sich wahrscheinlich in: {0}", g.CountryName)
End If
```

15 Spezialthemen

Dieses Kapitel gibt eine Einführung in eine Reihe von Spezialthemen bzw. in etwas exotischere Klassen der .NET-Bibliothek. Ob Sie einen Überblick über die My-Objekte suchen, Informationen über das Betriebssystem bzw. seine Umgebungsvariablen ermitteln, API-Funktionen aufrufen, fremde Programme starten oder auf die Registrierdatenbank zugreifen möchten – dieses Kapitel hilft Ihnen bei den ersten Schritten. Das Kapitel, das den Arbeitstitel *Kraut und Rüben* hatte, ist also gewissermaßen ein Sammelsurium von Themen, die keinen Platz im Rest des Buchs gefunden haben.

15.1 My-Objekte

Die My-Objekte zählten zu jenen Neuerungen in Visual Basic 2005, die Microsoft am meisten beworben hat. Das war insofern ein bisschen merkwürdig, als die My-Objekte gleichzeitig ein Eingeständnis waren, dass das .NET Framework zu unübersichtlich ist. Die My-Objekte bieten nämlich kaum neue Funktionen. Ihr Zweck besteht vielmehr darin, den Zugriff auf oft benötigte .NET-Klassen oder -Methoden abzukürzen oder zu vereinfachen. Mittlerweile ist die `My`-Euphorie abgeflacht. VB2008 bietet hier keine nennenswerten Neuerungen.

Dieser Abschnitt gibt lediglich einen Überblick über die `My`-Objekte und deren Eigenschaften und Methoden. Genauere Informationen zu einzelnen `My`-Objekten finden Sie hingegen in den Kapiteln, in die sie thematisch passen. Beispielsweise finden Sie Tipps zur Anwendung von `My.Computer.FileSystem` in Kapitel 11, das generell dem Thema Dateien und Verzeichnisse gewidmet ist.

Beispiel

Das folgende Beispiel zeigt die Nutzung der Methode `My.Computer.FileSystem.FindInFiles`: Damit durchsuchen Sie einen ganzen Verzeichnisbaum nach Textdateien, die eine Suchzeichenkette enthalten. Die Suche kann auf Dateien eines bestimmten Typs eingeschränkt werden (hier **.vb*-Dateien).

```
Dim results As Collections.ObjectModel.ReadOnlyCollection(Of String)
results = My.Computer.FileSystem.FindInFiles( _
  My.Computer.FileSystem.SpecialDirectories.Desktop, _
  "suchtext", True, FileIO.SearchOption.SearchAllSubDirectories, "*.vb")
For Each filename As String In results
  Console.WriteLine(filename)
Next
```

Natürlich könnten Sie die Suche auch selbst durchführen, also einen Verzeichnisbaum rekursiv abarbeiten, die Dateien als Textdateien öffnen und durchsuchen etc. `FindInFiles` erspart Ihnen hier aber ca. 25 Zeilen Code. (Bei vielen anderen `My`-Methoden ist die Ersparnis geringer.)

ACHTUNG

`FindInFiles("C:", ...)` wird unter Windows 7/Vista unweigerlich Fehlermeldungen liefern, weil die Methode nicht im Hinblick auf die Besonderheiten des Windows Vista-Dateisystems abgesichert ist. Hintergründe zu diesem Problem finden Sie ab Seite 379.

Interna

Die `My`-Objekte sind bei erfahrenen Entwicklern nur eingeschränkt auf Begeisterung gestoßen. Das hat mehrere Gründe:

- Die `My`-Objekte stehen nur unter Visual Basic zur Verfügung, nicht aber unter C#. Das verringert die Kompatibilität zwischen den Sprachen. (Normalerweise ist es recht einfach, VB-Code in C#-Code zu übersetzen. Für `My`-Konstrukte gilt das nicht.)
- Welche `My`-Objekte, -Eigenschaften und -Methoden zur Verfügung stehen, hängt vom Typ des Programms ab. Beispielsweise gibt es `My.Application`-Eigenschaften, die Sie nur in Windows-Programmen nutzen können, nicht aber in Konsolenanwendungen.
- Die `My`-Objekte sind mit recht merkwürdigen Mechanismen in Visual Basic verankert. Die Objekte werden durch automatisch erzeugten Code der Entwicklungsumgebung generiert und stehen im gesamten Programm zur Verfügung. Sie sind aber nicht bzw. nur teilweise von allgemein verfügbaren Klassen abgeleitet, die Sie im Objektkatalog ansehen können. Soweit die Methoden und

Eigenschaften von My-Objekten dort überhaupt angezeigt werden (was oft nicht der Fall ist), sind sie über alle möglichen Namensräume verstreut. Es ist daher unmöglich, im Objektkatalog alle Eigenschaften oder Methoden einer My-Klasse zu erforschen. (Intellisense funktioniert aber.)

Die Frage, welche Klassen den My-Objekten zugrunde liegen, ist schwer zu beantworten: Zum Teil sind es Klassen mit shared-Methoden und -Eigenschaften, die im Namensraum Microsoft.VisualBasic implementiert sind. Zum Teil bieten My-Methoden und -Eigenschaften einfach nur Querverweise auf andere Klassen des .NET Frameworks. (Die englische Dokumentation spricht auch von proxies, also wörtlich »Stellvertretern«.) Das ist beispielsweise bei My.Computer.FileSystem der Fall. Deren Methoden sind in der Klasse Microsoft.VisualBasic.MyServices.FileSystemProxy implementiert.

Zum Teil handelt es sich um automatisch generierten Code, der in der Entwicklungsumgebung standardmäßig ausgeblendet wird (etwa für My.Ressources oder für My.Settings). Dieser Aspekt ist es auch, der eine grundsätzliche Inkompatibilität zu anderen .NET-Sprachen verursacht. (Die Bibliothek *Microsoft.VisualBasic.dll* können Sie auch in einem C#-Programm einsetzen. Der automatisch generierte Code für diverse My-Klassen fehlt dort aber.) Die folgende Tabelle gibt beispielhaft für einige My-Objekte deren interne Entsprechung an.

Objektname im VB-Code	Klassenname im Objektkatalog
My	projektnamespace.My
My.Application	gibt es im Objektkatalog nicht. Laut .NET-Reflector handelt es sich um projektnamespace.My.MyApplication, wobei der VB-Code hierfür offensichtlich automatisch generiert, aber nicht gespeichert wird; MyApplication ist von Microsoft.VisualBasic.ApplicationServices.ApplicationBase abgeleitet.
My.Application.Culture	Microsoft.VisualBasic.ApplicationServices.ApplicationBase.Culture
My.Application.CommandLineArgs	Microsoft.VisualBasic.ApplicationServices.ConsoleApplicationBase.CommandLineArgs
My.Computer.FileSystem	Microsoft.VisualBasic.Devices.ServerComputer.FileSystem
My.Computer.FileSystem.CurrentDirectory	ist im Objektkatalog ausgeblendet; laut .NET-Reflector handelt es sich um Microsoft.VisualBasic.MyServices.FileSystemProxy.CurrentDirectory
My.Settings.IsSynchronized	System.Configuration.SettingsBase.IsSynchronized

My-Objekte vereinfachen zwar oft die Programmierung, verschleiern aber auch die Hintergründe. Hinter den Kulissen waren eine Menge Hacks erforderlich, um die My-Objekte in Visual Basic zu verankern. Sogar der Compiler wurde dazu geändert! Diese Trickserei stört mich an den My-Objekten erheblich. Das an sich logische und konsequent objektorientierte Konzept von Visual Basic wird damit teilweise wieder zunichte gemacht. Das ist der Grund, weswegen Sie in relativ wenigen Beispielprogrammen dieses Buchs auf My-Konstrukte stoßen. Mir ist es im Zweifelsfall sympathischer, gleich auf die entsprechenden .NET-Klassen zurückzugreifen.

HINWEIS

Weitere Hintergrundinformationen zum Thema `My` und sogar einige Tipps, wie Sie selbst `My`-Objekte entwickeln können, finden Sie hier:

http://msdn2.microsoft.com/de-de/library/ms379610(VS.80).aspx = http://tinyurl.com/5o5n7w
http://msdn2.microsoft.com/de-de/magazine/cc188706(en-us).aspx = http://tinyurl.com/5jrz3o

My-Objektübersicht

My-Objekt	Anwendung
`My.Application`	stellt Basisinformationen zum laufenden Programm zur Verfügung (z.B. die aktuell geltenden Regionaleinstellungen).
`My.Application.Info`	gibt Informationen zur Programmdatei (zur Assembly).
`My.Application.Log`	erleichtert die Protokollierung von Nachrichten und Fehlern.
`My.Computer`	ermöglicht das Auslesen von Informationen des Computers sowie die Nutzung elementarer Funktionen.
`My.Computer.Audio`	vereinfacht das Abspielen von WAV-Dateien.
`My.Computer.Clipboard`	hilft dabei, Daten aus der Zwischenablage zu lesen bzw. dort abzulegen.
`My.Computer.Clock`	liefert die aktuelle Zeit (lokale Zeit, GMT, `TickCount`).
`My.Computer.FileSystem`	hilft bei der Bearbeitung von Dateien und Verzeichnissen (siehe Kapitel 11).
`My.Computer.Info`	liefert Informationen über den Computer (Speichern, installierte Sprache, Betriebssystemversion etc.).
`My.Computer.Keyboard`	liefert Informationen zu den gerade gedrückten bzw. aktiven Statustasten (Shift, Strg, NumLock etc.).
`My.Computer.Mouse`	liefert Informationen zur Konfiguration der Maus.
`My.Computer.Network`	stellt einige elementare Netzwerkfunktionen zur Verfügung (siehe Kapitel 14).
`My.Computer.Ports`	gibt Zugriff auf die serielle Schnittstelle.
`My.Computer.Registry`	gibt Zugriff auf die Startpunkte der Registrierdatenbank.
`My.Forms` (nur Windows-Forms)	gibt Zugriff auf Standardinstanzen aller Fenster (siehe das Windows Form-E-Book auf der Webseite zum Buch).
`My.Request` (nur ASP.NET)	verweist auf ein `System.Web.HttpRequest`-Objekt.
`My.Resources`	erleichtert den Zugriff auf Windows Forms-Ressourcen, die zum Programm gehören (siehe das Windows Forms-E-Book auf der Webseite zum Buch).
`My.Response` (nur ASP.NET)	verweist auf ein `System.Web.HttpResponse`-Objekt.

My-Objekt	Anwendung
`My.Settings`	ermöglicht das Auslesen und Speichern von Programmeinstellungen (siehe das Windows-Forms-E-Book auf der Webseite zum Buch).
`My.User`	liefert Informationen über den Nutzer des Programms. In Konsolenanwendungen muss `My.User` durch `My.User.InitializeWithWindowsUser()` initialisiert werden!
`My.Webservices`	gibt einen besonders einfachen Zugang zu Webservices, für die im aktuellen Projekt eine Webreferenz eingerichtet wurde (siehe Kapitel 14).

Referenz der wichtigsten My-Eigenschaften, -Methoden und -Ereignisse

Im Objektkatalog ist es leider unmöglich, sich einen Überblick über die verfügbaren Eigenschaften, Methoden und Ereignisse zu verschaffen. Auch die Beschreibung der Klassen in der Online-Hilfe ist lückenhaft. Die folgende Tabelle soll in kompakter Form Abhilfe bieten. Sie listet die wichtigsten Eigenschaften (*E*), Methoden (*M*) und Ereignisse (*Er*) aller `My`-Objekte auf. Aus Platzgründen ist nicht jede Eigenschaft bzw. Methode im Buch ausführlich beschrieben – aber wenn es der Fall ist, finden Sie die betreffende Stelle am schnellsten über das Stichwortverzeichnis. Und in vielen Fällen geht die Bedeutung der jeweiligen Eigenschaft oder Methode ja ohnedies klar aus dem Namen hervor.

My-Objekt	Eigenschaften, Methoden und Ereignisse
`My.Application`	E: `Culture`, `Deployment`, `IsNetworkDeployed`, `UICulture` M: `ChangeCulture`, `ChangeUICulture`, `GetEnvironmentVariable` Zusätzlich bei Windows Forms-Anwendungen: E: *MinimumSplashScreenDisplayTime, OpenForms, SaveMySettingsOnExit, SplashScreen* M: `DoEvents`, `Run` Er: `NetworkAvailabilityChanged`, `ShutDown`, `Startup`, `StartupNextInstance`, `UnhandledException`
`My.Application.Info`	E: `AssemblyName`, `CompanyName`, `Copyright`, `Description`, `DirectoryPath`, `LoadedAssemblies`, `ProductName`, `StackTrace`, `Title`, `Trademark`, `Version`, `WorkingSet`
`My.Application.Log`	E: `DefaultFileLogWriter`, `TraceSource` M: `WriteEntry`, `WriteException`
`My.Computer`	E: `Name`, `Screen`
`My.Computer.Audio`	M: `Play`, `PlaySystemSound`, `Stop`
`My.Computer.Clipboard`	M: `Clear`, `ContainsAudio`, `ContainsData`, `ContainsFileDropList`, `ContainsImage`, `ContainsText`, `GetAudioStream`, `GetData`, `GetDataObject`, `GetFileDropList`, `GetImage`, `GetText`, `SetAudio`, `SetData`, `SetDataObject`, `SetFileDropList`, `SetImage`, `SetText`
`My.Computer.Clock`	E: `GMTTime`, `LocalTime`, `TickCount`

My-Objekt	Eigenschaften, Methoden und Ereignisse
`My.Computer.FileSystem`	E: `CurrentDirectory`, `Drives`, `SpecialDirectories` M: `CombinePath`, `CopyDirectory`, `CopyFile`, `CreateDirectory`, `DeleteDirectory`, `DeleteFile`, `DirectoryExists`, `FileExists`, `FindInFiles`, `GetDirectories`, `GetDirectoryInfo`, `GetDriveInfo`, `GetFileInfo`, `GetFiles`, `GetName`, `GetParentPath`, `GetTempFileName`, `MoveDirectory`, `MoveFile`, `OpenTextFieldParser`, `OpenTextFileReader`, `ReadAllBytes`, `ReadAllText`, `RenameDirectory`, `RenameFile`, `WriteAllBytes`, `WriteAllText`
`My.Computer.Info`	E: `AvailablePhysicalMemory`, `AvailableVirtualMemory`, `InstalledUICulture`, `OSFullName`, `OSPlatform`, `OSVersion`, `TotalPhysicalMemory`, `TotalVirtualMemory`
`My.Computer.Keyboard`	E: `AltKeyDown`, `CapsLock`, `CtrlKeyDown`, `NumLock`, `ScrollLock`, `ShiftKeyDown` M: `SendKeys`
`My.Computer.Mouse`	E: `ButtonsSwapped`, `WheelExists`, `WheelScrollLines`
`My.Computer.Network`	E: `IsAvailable` M: `DownloadFile`, `Ping`, `UploadFile` Er: `NetworkAvailabilityChanged`
`My.Computer.Ports`	E: `SerialPortNames` M: `OpenSerialPort`
`My.Computer.Registry`	E: `ClassesRoot`, `CurrentConfig`, `CurrentUser`, `DynData`, `LocalMachine`, `PerformanceData` M: `GetValue`, `SetValue`
`My.Forms` (nur Windows-Forms)	E: `formname` (für jedes Formular)
`My.Request` (nur ASP.NET)	*E/M:* wie bei `System.Web.HttpRequest`
`My.Resources`	E: *resname* (für jede Ressource), `Culture`, `ResourceManager`
`My.Response` (nur ASP.NET)	*E/M:* wie bei `System.Web.HttpResponse`
`My.Settings`	E: *settingname* (für jede Einstellung), `Properties`, `PropertyValues`, `Providers`, `SettingsKey` M: `Initialize`, `Reload`, `Reset`, `Save`, `Upgrade`
`My.User`	E: `CurrentPrincipal`, `IsAuthenticated`, `Name` M: `InitializeWithWindowsUser`, `IsInRole`
`My.Webservices.name`	E: alle Eigenschaften des Webservice *name* M: alle Methoden des Webservice *name*

15.2 Programmeinstellungen verwalten (My.Settings)

Im Dialog My Project|Einstellungen definieren Sie in einem Tabellenfeld programm- und benutzerspezifische Einstellungen (siehe Abbildung 15.1). Jede Einstellung wird durch ihren Namen, den

Datentyp, den Gültigkeitsbereich (Anwendung oder Benutzer) und natürlich ihren Wert definiert. Der Dialog ist insbesondere für Einstellungen gedacht, die der Benutzer des Programms typischerweise ändern, speichern und beim nächsten Programmstart wieder nutzen möchte.

Mögliche Beispiele sind Login-Zeichenketten für Datenbanken, Webseiten etc. Dieses Konzept bietet zwei wesentliche Vorteile gegenüber der Verwaltung eigener Konfigurationsdateien bzw. der Speicherung solcher Daten in der Registrierdatenbank:

» Sie können die Starteinstellungen sehr bequem in der Entwicklungsumgebung vornehmen.

» Das Objekt `My.Settings` gibt einen komfortablen Zugriff auf die Einstellungen (inklusive der Speicherung von Änderungen).

HINWEIS

`My.Settings`-Einstellungen werden unverschlüsselt in einer XML-Datei gespeichert. Das Verfahren ist daher nicht für vertrauliche Daten geeignet!

Der Einstellungen-Dialog und `My.Settings` stellen zusammen ein stark vereinfachtes Modell der Funktionen des Namensraums `System.Configuration` dar. Die darin enthaltenen Klassen bieten weitergehende Möglichkeiten zur Verwaltung von **.config*-Dateien, auf die ich in diesem Buch aus Platzgründen aber nicht weiter eingehe.

Die initialen Einstellungen werden in der Datei *programmname.config* im selben Verzeichnis wie die **.exe*-Datei gespeichert. Wenn Änderungen an den Einstellungen mit `My.Settings.Save` gesichert werden, landen diese unter Windows Vista in der folgenden Datei:

C:\Users\benutzer\AppData\Local\programmname\...\user.config

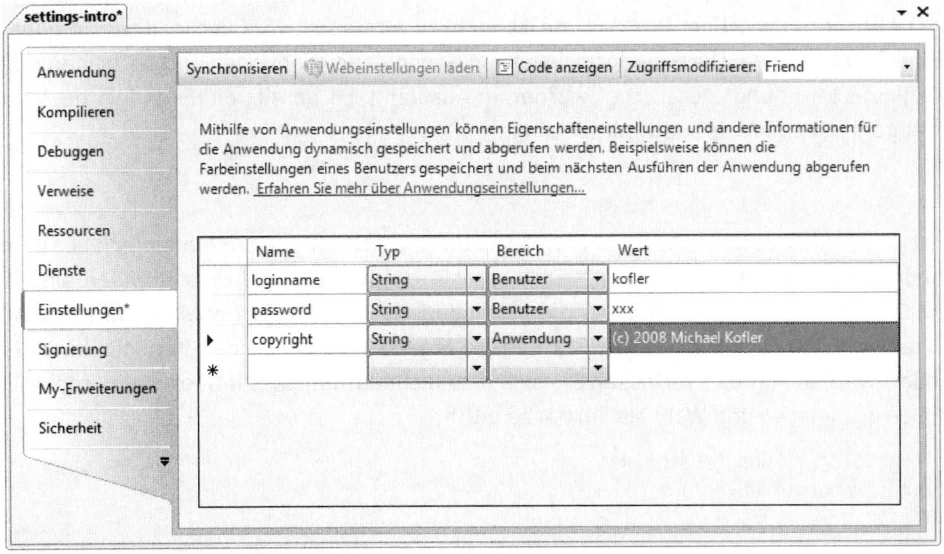

Abbildung 15.1: Programmeinstellungen in der Entwicklungsumgebung definieren

Zugriff auf die Einstellungen, geänderte Einstellungen speichern

Der Zugriff auf die Einstellungen erfolgt denkbar einfach in der Form `My.Settings.name`. Dabei ist `name` eine Eigenschaft des `My.Settings`-Objekts. Damit das funktioniert, erzeugt die Entwicklungsumgebung automatisch für jede von Ihnen definierte Einstellung Code in der normalerweise nicht sichtbaren Datei *My Project\Settings.settings\Settings.Designer.vb*. Benutzerspezifische Einstellungen können Sie im Programm verändern, programmspezifische Einstellungen gelten dagegen als `read-only`.

`My.Settings.Save` speichert die benutzerspezifischen Einstellungen in der Datei *user.config*. `Synchronized` gibt an, ob seit dem letzten Speichervorgang Veränderungen an den Einstellungen vorgenommen wurden. Daneben stellt `My.Settings` diverse andere Methoden zur Verfügung, um die Einstellungen zurückzusetzen (`Reset`), neu zu laden (`Reload`) oder nach einem Programmversions-Update neu zu laden (`Update`).

HINWEIS Bei Windows Forms-Anwendungen besteht die Möglichkeit, Fenster- oder Steuerelementeigenschaften direkt mit `My.Settings`-Objekten zu verknüpfen, sodass Änderungen sofort synchronisiert werden. Außerdem kümmern sich Windows Forms-Programme um eine automatische Speicherung aller Änderungen beim Programmende. Dieses Verhalten wird durch die Option MY.SETTINGS BEIM HERUNTERFAHEN SPEICHERN in Dialogblatt ANWENDUNG der Projekteigenschaften gesteuert. Ein `My.Settings`-Beispiel für Windows Forms-Programme finden Sie in Kapitel 6 im Windows Forms-E-Book auf der Webseite zum Buch.

15.3 Konsolenanwendungen

Zirka zwei Drittel aller Beispielprogramme dieses Buchs sind Konsolenanwendungen. Der Grund dafür ist einfach: Die Struktur derartiger Programme ist leicht zu verstehen, der Overhead zur Demonstration eines Effekts sehr gering. Die Grundprinzipien von Konsolenanwendungen und die beiden Methoden `Console.Write[Line]` und `.Read[Line]` wurden in Abschnitt 1.1 bereits einleitend vorgestellt. Dieser Abschnitt geht auf einige Spezialfunktionen ein.

Farben

Seit .NET 2.0 ist es denkbar einfach, Ausgaben in Farbe durchzuführen: Sie stellen einfach vor dem `Write`-Kommando die gewünschte `Fore-` bzw. `BackgroundColor` ein. Zulässige Einstellungen sind in der Aufzählung `System.ConsoleColor` definiert. Die Methode `ResetColor` stellt den Ausgangszustand wieder her. (Beachten Sie, dass die Ausgangsfarben im Eigenschaftsdialog des Konsolenfensters bleibend verändert werden können. Verlassen Sie sich also nicht darauf, dass immer standardmäßig Schwarz als Hintergrundfarbe und Weiß als Textfarbe gilt!)

```
Console.ForegroundColor = ConsoleColor.Red
Console.WriteLine("Return drücken")
Console.ReadLine()
```

Konsolenanwendungen als Klasse realisieren

Die Entwicklungsumgebung erzeugt neue Konsolenprojekte in Form eines Moduls. Selbstverständlich können Sie Konsolenanwendungen aber auch als Klasse realisieren. Mehrere Wege führen zum Ziel:

» Sie können ein neues Projekt als Konsolenanwendung starten, die Moduldefinition löschen und stattdessen die folgenden Zeilen eingeben. Damit der Code auch gestartet wird, müssen Sie in den Projekteigenschaften das Startobjekt in `Class1` ändern.

» Sie können ein neues Projekt auch als Klassenbibliothek starten. In der Codedatei geben Sie abermals den folgenden Code ein und ändern dann in den Projekteigenschaften den Ausgabetyp in KONSOLENANWENDUNG.

Wichtig bei den folgenden Zeilen ist die Kennzeichnung der Prozedur `Main` mit `Shared`. Erst dadurch kann `Main` ausgeführt werden, ohne dass vorher ein Objekt der Klasse `Class1` erzeugt wird.

```
Class Class1
  Shared Sub Main()
    Console.WriteLine("Hello world (class)!")
    Console.WriteLine("Drücken Sie Return")
    Console.ReadLine()
  End Sub
End Class
```

Standardein- und -ausgabe

Wie in C-Programmen schon seit rund 20 Jahren können Sie nun endlich auch in Visual Basic auf die Standardein- und -ausgabekanäle zugreifen. Das ermöglicht die Entwicklung von Konsolenprogrammen, die wie unter Unix das Ergebnis eines anderen Programms verarbeiten.

Falls Ihnen die Möglichkeiten der Standardeingabe bzw. -ausgabe unbekannt sind, sollten Sie zuerst einige Experimente in einem Eingabeaufforderungsfenster durchführen:

```
dir /b
```

zeigt eine Liste aller Dateien im aktuellen Verzeichnis an. (Die Option `/b` bewirkt, dass `dir` nur die Namen angibt, nicht aber andere Zusatzinformationen.)

```
dir /b > datei.txt
```

speichert diese Liste in der Datei *datei.txt*. Das Zeichen > bewirkt, dass die Standardausgabe vom Konsolenfenster in eine Datei umgeleitet wird.

```
dir /b | sort /r > datei.txt
```

erzeugt ebenfalls eine Liste aller Dateien. Die Standardausgabe wird durch das Zeichen | an das Programm `sort` weitergegeben. `sort` sortiert die Dateien wegen der Option `/r` in umgekehrter Reihenfolge und schreibt das Ergebnis an den Standardausgabekanal. Von dort werden Sie wegen > wieder in eine Datei umgeleitet.

In Konsolenanwendungen liest `Read[Line]` Text aus dem Standardeingabekanal, während `Write[Line]` Text an den Standardausgabekanal schreibt. Darüber hinaus bieten `Console.In` bzw. `-.Out` einen direkten Zugriff auf die zugrunde liegenden `TextReader`- bzw. `TextWriter`-Objekte der Standardkanäle. (Die in Abschnitt 11.5 beschriebenen Eigenschaften und Methoden von `StreamReader` und `StreamWriter` können daher auch auf `In` bzw. `Out` angewendet werden.) Mit `SetIn` bzw. `SetOut` können Sie die Standardkanäle woandershin umleiten, sodass beispielsweise alle Eingaben des Programms nicht mehr interaktiv erwartet werden, sondern aus einer Datei gelesen werden.

Das folgende Beispiel zeigt ein Konsolenprogramm, das zeilenweise Eingaben aus dem Standardeingabekanal liest und diese Zeichenketten dann in umgekehrter Reihenfolge wieder ausgibt. (Dieses Programm würde auch funktionieren, wenn Sie auf `In` und `Out` verzichten und die gewöhnlichen `Read`- bzw. `WriteLine`-Methoden der `Console`-Klasse verwenden. Dank `In` und `Out` stehen Ihnen noch eine Menge zusätzlicher Programmiermöglichkeiten zur Verfügung, die in diesem sehr einfachen Beispiel aber nicht benötigt wurden.)

```
' Beispiel spezial\reversetext
Sub Main()
  Dim line As String
  Do
    line = Console.In.ReadLine()
    If IsNothing(line) Then Exit Do
    Console.Out.WriteLine(StrReverse(line))
  Loop
End Sub
```

Um das Programm auszuprobieren, kompilieren Sie es, öffnen ein Eingabeaufforderungsfenster, wechseln in das *bin*-Verzeichnis des Programms und führen dann die in Abbildung 15.2 dargestellten Kommandos aus.

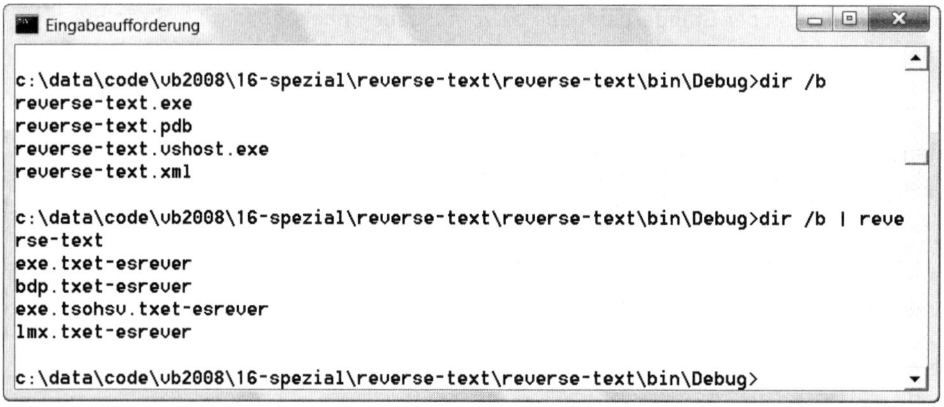

Abbildung 15.2: Ein- und Ausgabeumleitung mit Konsolenanwendungen

15.4 Systeminformationen ermitteln

Dieser Abschnitt stellt einige Eigenschaften und Methoden der Objekte `My.Computer`, `My.User`, `My.Application` sowie der Klassen `VisualBasic.Interaction`, `System.Environment` und `Microsoft.VisualBasic.Interaction` vor. Damit ermitteln Sie diverse system- und programm- und benutzerspezifische Informationen: die Kommandozeile des laufenden Programms, die Umgebungsvariablen des Betriebssystems etc.

HINWEIS

In diesem Buch gibt es eine Reihe weiterer Abschnitte, die sich zumindest am Rande mit der Beschaffung von Systeminformationen beschäftigen:

» Besondere Verzeichnisse, Laufwerke, Datenträger etc.: Abschnitt 11.2

» Netzwerkstatus und -schnittstellen: Abschnitt 14.1

» Systemverwaltungsfunktionen: Abschnitt 15.5

» Registrierdatenbank: Abschnitt 15.9

» Windows-spezifische Informationen: Abschnitt 18.8

Umgebungsvariablen ermitteln

Durch das Betriebssystem ist eine Reihe sogenannter Umgebungsvariablen (`environment variables`) definiert. Diese Variablen geben Auskunft über das laufende Betriebssystem, über die Anzahl der Prozessoren, über einige wichtige Verzeichnisse, über Pfade zu Programmen, über Pfade zu verschiedenen Bibliotheken etc. Bei der Installation von Programmen werden dem System manchmal neue Umgebungsvariablen hinzugefügt. Sie können sich diese Variablen in der Systemsteuerung ansehen (SYSTEM|ERWEITERT|UMGEBUNGSVARIABLEN).

Zum Auslesen der Umgebungsvariablen bestehen mehrere Möglichkeiten. Die folgenden Zeilen liefern jeweils den Pfad zum Windows-Verzeichnis:

```
Dim s As String
s = Environ("windir")                              'VisualBasic.Interaction
s = Environment.GetEnvironmentVariable("windir")
s = My.Application.GetEnvironmentVariable("windir")
```

Eine Aufzählung aller Umgebungsvariablen erhalten Sie mit `GetEnvironmentVariables`. Die Methode liefert ein `Collections.IDictionary`-Objekt zurück. Die folgende Schleife zeigt die Auswertung dieser Aufzählung:

```
Dim entry As DictionaryEntry
For Each entry In Environment.GetEnvironmentVariables
  Console.WriteLine("{0} = {1}", _
    entry.Key.ToString, entry.Value.ToString)
Next
```

Kommandozeile auswerten

Wenn Ihr Programm mit START|AUSFÜHREN oder aus einem Eingabeaufforderungsfenster (›DOS-Fenster‹) heraus gestartet wird, können Parameter an das Programm übergeben werden. Diese Parameter werden als Kommandozeile bezeichnet. Dasselbe gilt auch für Programme, die durch einen Doppelklick auf ein damit verbundenes Dokument aus dem Windows Explorer starten. (Wenn Sie also eine **.doc*-Datei per Doppelklick öffnen, wird *winword.exe* gestartet und der Dateiname in der Kommandozeile übergeben.) Diesen Mechanismus können Sie auch für eigene Programme nutzen, wenn Sie diese mit einem eigenen Dateityp verbinden.

Den Inhalt der Kommandozeile können Sie auf unterschiedliche Weisen ermitteln:

» Die Methode `Command` (aus `VisualBasic.Environment`) enthält die gesamte Kommandozeile als Zeichenkette.

» Das Feld `args` enthält die einzelnen Parameter, sofern Sie `Main` so deklarieren:

```
Public Sub Main(ByVal args() As String)
```

» Die Eigenschaft `Environment.CommandLine` enthält den Namen des Programms und anschließend alle Parameter. Wenn Sie die Parameter einzeln auslesen möchten, liefert `Environment.GetCommandLineArgs` ein `String`-Feld.

» `My.Application.CommandLineArgs` liefert ebenfalls eine Liste aller Parameter, diesmal aber ohne den Programmnamen und in Form eines Objekts der Klasse `System.Collections.ObjectModel.ReadOnlyCollection(Of String)`.

Rechner-, benutzer- und programmspezifische Informationen

Die folgenden Eigenschaften der Objekte `My.Application`, `My.Computer`, `My.User` und `System.Environment` bedürfen keiner langen Erklärung, weswegen Sie hier nur Syntaxboxen mit einer Zusammenfassung finden.

ACHTUNG Bevor Sie `My.User`-Eigenschaften in Konsolenanwendungen auswerten können, müssen Sie `My.User.InitializeWithWindowsUser` ausführen! Bei Windows-Anwendungen kümmert sich Visual Basic selbst um die Initialisierung.

Rechnerspezifische Informationen	
`My.Computer.Clock.GmtTime` `My.Computer.Clock.LocalTime`	liefert die aktuelle Zeit in der lokalen Zeitzone bzw. als GMT (`Greenwich Mean Time`).
`My.Computer.Info.AvailablePhysicalMemory` `My.Computer.Info.AvailableVirtualMemory`	liefert die Menge des (virtuellen) Speichers, der auf dem Rechner noch frei ist.
`My.Computer.Info.TotalPhysicalMemory` `My.Computer.Info.TotalVirtualMemory`	liefert die Menge des (virtuellen) Speichers, der auf dem Rechner insgesamt zur Verfügung steht.
`My.Computer.Info.InstalledUICulture`	liefert ein `System.Globalization.CultureInfo`-Objekt, dessen Eigenschaften Auskunft über die auf dem Computer geltenden Regionaleinstellungen geben.

Rechnerspezifische Informationen	
System.Environment.MachineName	liefert den Rechnernamen in einer Arbeitsgruppe (NetBIOS-Name).
System.Environment.NewLine	gibt an, welche Zeichen zur Zeilentrennung in Textdateien verwendet werden (unter Windows Chr(13)+Chr(10)).
System.Environment.TickCount	liefert die Anzahl der Ticks (100 ns), seitdem der Rechner gestartet wurde.
System.Environment.UserDomainName	liefert den Rechnernamen in einer Domain (stimmt meist mit MachineName überein).

Benutzer- bzw. loginspezifische Informationen	
My.User.CurrentPrincipal	liefert ein System.Security.Principal.WindowsPrincipal-Objekt, dessen Eigenschaften sicherheitsrelevante Daten enthalten, z.B. die Art der Anmeldung (Identity.AuthenticationType-Eigenschaft).
My.User.IsAuthenticated	gibt an, ob der Benutzer authentifiziert ist (sich mit einem Passwort angemeldet hat).
System.Environment.UserName My.Computer.User	Benutzername (Login-Name)
System.Environment.UserInteractive	gibt an, ob ein interaktiver Login vorliegt (True/False).

Programmspezifische Informationen	
My.Application.Culture My.Application.UICulture	liefern System.Globalization.CultureInfo-Objekte, deren Eigenschaften Auskunft über die für das Programm geltenden Regionaleinstellungen geben.
My.Application.Deployment	liefert bei ClickOnce-Programmen ein System.Deployment.Application.ApplicationDeployment-Objekt mit Informationen zur ClickOnce-Installation.
My.Application.Info	liefert ein Microsoft.VisualBasic.ApplicationServices.AssemblyInfo-Objekt, dessen Eigenschaften Informationen über die Programmdatei des laufenden Programms enthalten (z.B. AssemblyName, CompanyName, Copyright, Description, LoadedAssemblies und Trademark).
My.Application.IsNetworkDeployed	gibt an, ob das Programm mit dem ClickOnce-Verfahren installiert und gestartet wurde.
System.Environment.Version	gibt Informationen über die Version des laufenden Programms an (als System.Version-Objekt).
System.Environment.WorkingSet	gibt die Menge des Speichers an, der dem Prozess zugeordnet ist (in Byte).

Betriebssystemversion ermitteln

Environment.OSVersion liefert ein OperatingSystem-Objekt zurück. Dessen Eigenschaft Platform gibt den Betriebssystemtyp an (in Form eines Elements der PlatformID-Aufzählung). Die möglichen Werte sind unten zusammengefasst.

Die Eigenschaft Version des OSVersion-Objekts liefert ein System.Version-Objekt. Dessen Eigenschaften Major, Minor und Revision geben die Bestandteile der internen Versionsnummer des Betriebssystems an. (Wenn das Betriebssystem die Versionsnummer 5.3.7 hat, dann gilt Major=5, Minor=3 und Revision=7.) Build enthält eine weitere interne Versionsnummer. (Sie wird jedes Mal um eins erhöht, wenn Microsoft das gesamte Betriebssystem neu kompiliert.)

Es gibt leider keine eigene Eigenschaft, die die Nummer des installierten Service-Packs angibt. Sie können grundsätzlich aus der Build-Nummer auf die SP-Nummer schließen, es scheint aber leider keine zentrale Tabelle zu geben, die die Zuordnung zwischen Betriebssystemversion, Build-Nummer und SP-Nummer angibt.

Die folgenden Zeilen schreiben die wichtigsten Betriebssysteminfos in ein Konsolenfenster:

```
Dim os As OperatingSystem = Environment.OSVersion
Dim ver As Version = os.Version
Console.WriteLine(os.Platform.ToString)
Console.WriteLine(
  "Major: {0}  Minor: {1}  Revision: {2} Build: {3}",
  ver.Major, ver.Minor, ver.Revision, ver.Build)
```

Unter Windows 7 liefert das Miniprogramm folgendes Ergebnis:

```
Win32NT
Major: 6  Minor: 1  Revision: 0 Build: 7600
```

Betriebssystemspezifische Informationen	
My.Computer.Info.OSFullName	liefert den vollständigen Namen des Betriebssystems als Zeichenkette (z.B. Microsoft Windows XP Professional).
My.Computer.Info.OSPlatform	liefert die Betriebssystem-Plattform als Zeichenkette (z.B. Win32NT).
My.Computer.Info.OSVersion	liefert die Betriebssystemversion als Zeichenketten (z.B. 5.1.2600.131072 für Windows XP SP2).
System.Environment.OSVersion	liefert System.OperatingSystem-Objekt, dessen Eigenschaften in der nächsten Tabelle beschrieben sind.

***System.OperatingSystem*-Klasse**	
`Platform`	gibt in Form von `PlatformID`-Aufzählungselementen den Betriebssystemtyp an. Infrage kommen zurzeit: `Win32S`: 16-Bit-Windows-Version mit 32-Bit-Emulationsschicht `Win32Windows`: Windows 95, 98, ME `Win32NT`: Windows NT, 2000, XP, Vista etc. `WinCE`: Windows CE für PDAs und Handys `Unix`: Unix (z.B. für Mono, eine Linux-.NET-Implementierung)
`Version`	liefert ein `System.Version`-Objekt, siehe die nächste Tabelle.

***System.Version*-Klasse**	
`Build`	Build-Nummer (durchlaufende Nummer, je höher, desto aktueller)
`Major`	Hauptversionsnummer (3 für Windows NT 3.x, 4 für Windows 9x, ME und NT 4, 5 für Windows 2000, XP und .NET Server)
`Minor`	Unterversionsnummer (0 für Windows 95, NT 4, 2000, 1 für Windows XP und .NET Server, 10 für Windows 98, 51 für Windows NT 3.51 90 für Windows ME)
`Revision`	Revisionsnummer

15.5 Systemverwaltung (WMI)

Die `System.Management`-Bibliothek bietet im gleichnamigen Namensraum zahlreiche Klassen zur Systemverwaltung. Genau genommen helfen diese Klassen, die Funktionen der `Windows Management Instrumentation` (kurz WMI) zu nutzen. Damit können Sie verschiedene Performance-Parameter ermitteln (CPU-Auslastung etc.), Benutzer und Passwörter verwalten, verschiedene Server-Dienste steuern (SQL-Server, IIS etc.), die an den Rechner angeschlossenen Laufwerke ermitteln, Netzwerkparameter lesen und verändern etc.

Der Platz reicht hier nicht aus, um auf die `System.Management`-Bibliothek ausführlich einzugehen. Das in diesem Abschnitt vorgestellte Beispiel soll Ihnen aber Lust machen, sich selbst ein wenig in das Thema einzulesen. Beachten Sie, dass Sie einen Verweis auf die Bibliothek einrichten müssen, bevor Sie deren Klassen verwenden können!

Beispiel — Informationen über die Laufwerke des Rechners ermitteln

WMI-intern werden alle über den Computer verfügbaren Informationen in einer Art Datenbank verwaltet. Die Besonderheit besteht darin, dass Sie diese Informationen wie durch Datenbankabfragen auslesen können. Dazu benötigen Sie ein Objekt der Klasse `ManagementObjectSearcher`, um die Abfrage zu formulieren und mit `Get` auszuführen. Als Ergebnis erhalten Sie eine `ManagementObjectCollection`-Aufzählung, die eine Reihe von `ManagementObject`-Objekten enthält. Diese Objekte verweisen wiederum auf `PropertyData`-Objekte mit den eigentlichen Daten.

Das folgende Beispielprogramm ermittelt alle auf dem Rechner verfügbaren Laufwerke. Diese Informationen befinden sich in der WMI-Datenbank in einer `Win32_LogicalDisk`-Tabelle. Das Programm ermittelt alle Elemente dieser Tabelle und zeigt wiederum alle Eigenschaften der gefundenen Elemente in einem Konsolenfenster an. Die `Try-Catch`-Konstruktion ist erforderlich, weil manche Eigenschaften nicht mit `ToString` in Zeichenketten umgewandelt werden können. Diese Eigenschaften werden einfach übersprungen. (Beachten Sie bitte, dass Sie die Laufwerksinformationen viel einfacher mit den Methoden der `System.IO.DriveInfo`-Klasse ermitteln können.)

HINWEIS `System.Management` ist eine eigene Bibliothek und nicht Teil von *System.dll* oder *mscorlib.dll*! Deswegen müssen Sie die Bibliothek explizit mit PROJEKT|VERWEIS HINZUFÜGEN in Ihr Projekt aufnehmen, damit Sie die `System.Management`-Klassen nutzen können!

```
' Beispiel spezial\wmi-laufwerke
' dieses Programm setzt einen Verweis auf die System.Management-Bibliothek voraus
Sub Main()
  Dim mos As Management.ManagementObjectSearcher
  Dim moc As Management.ManagementObjectCollection
  Dim mo As Management.ManagementObject
  Dim pd As Management.PropertyData
  mos = New Management.ManagementObjectSearcher( _
    "SELECT * FROM Win32_LogicalDisk")
  moc = mos.Get()
  For Each mo In moc
    Console.WriteLine("-----------")
    For Each pd In mo.Properties
      Try
        Console.WriteLine(pd.Name + " = " + pd.Value.ToString)
      Catch
      End Try
    Next
  Next
  Console.ReadLine()
  moc.Dispose()
  mos.Dispose()
End Sub
```

15.6 Sicherheit

Das .NET Framework und insbesondere die .NET-Bibliotheken implementieren ein ebenso feinmaschiges wie komplexes (um nicht zu sagen kompliziertes) Sicherheitskonzept. Vor der Ausführung jeder einzelnen Methode wird überprüft, ob das Programm bzw. der Benutzer, der das Programm ausführt, dazu ausreichende Rechte hat. Wenn das nicht der Fall ist, tritt ein Fehler auf. Welche Rechte ein Programm hat, hängt von mehreren Faktoren ab:

» **Gewöhnliche Benutzerrechte:** Bei allen aktuellen Windows-Versionen haben Benutzer je nach Login und Konfiguration unterschiedliche Rechte. Im Regelfall hat der `Administrator` uneingeschränkte Rechte, während alle anderen Benutzer nur ihre eigenen Dateien lesen und verändern, die Windows-Verzeichnisse aber nicht verändern dürfen etc.

  Bis einschließlich Windows XP war es üblich, dass alle Benutzer (zumindest bei privaten Installationen) mit Administratorrechten ausgestattet wurden. Das hat sich mit Windows Vista geändert: Administratorrechte sind die Ausnahme geworden, und selbst wenn ein Programm mit solchen Rechten läuft, müssen alle möglichen Vorgänge explizit bestätigt werden (was wohl eher den Eindruck von Sicherheit vermittelt, als diese tatsächlich schafft).

  Login-abhängige Rechte betreffen auch Details, die im normalen Betrieb seltener auffallen: das Recht, andere Prozesse zu manipulieren, das Recht, Netzwerkverbindungen zu erstellen, das Recht, auf Windows-Ressourcen zuzugreifen, Daten in der Registrierdatenbank zu lesen und zu verändern etc.

  Das Sicherheitssystem des Betriebssystems gilt naturgemäß auch für alle VB-Programme. Viele Entwickler haben bereits schmerzhaft erfahren, dass Ihre Programme, die unter Windows XP noch einwandfrei funktionierten, unter Windows 7 bzw. Vista zu Fehlern aufgrund unzureichender Zugriffsrechte führen.

» **Herkunft des .NET-Programms:** .NET unterscheidet zwischen Programmen von der lokalen Festplatte (am sichersten), aus dem lokalen Netzwerk (Intranet), aus dem Internet (am unsichersten) und von explizit als vertrauenswürdig bezeichneten Orten. Falls Sie sich schon einmal die Sicherheitseinstellungen des Internet Explorers angesehen haben, werden Ihnen diese vier Zonen auf Anhieb bekannt vorkommen.

  Für jede dieser vier Zonen gelten unterschiedliche Standardrechte. Diese Rechte steuern die sogenannte **Codezugriffssicherheit**, legen also fest, welche .NET-Methoden ausgeführt werden dürfen oder nicht. Die Codezugriffssicherheit ist eine wesentliche Neuerung im .NET-Sicherheitssystem.

  .NET-intern werden die Zonen durch sogenannte **Codegruppen** beschrieben. Die für eine Codegruppe zulässigen Rechte werden wiederum durch **Berechtigungssätze** ausgedrückt. (Ein Berechtigungssatz ist einfach eine Aufzählung von Rechten.)

» **.NET-Sicherheitskonfiguration:** Das .NET-Sicherheitssystem kann auf drei Ebenen konfiguriert werden: für eine ganze Organisation (z.B. auf allen Rechnern einer Firma), für einen Rechner oder für einen Benutzer. Veränderungen am Sicherheitssystem sind dem Systemadministrator vorbehalten. Während entsprechende Werkzeuge in der Vergangenheit direkt mit dem .NET Framework mitgeliefert wurden (Version1.0/1.1), ist dies mittlerweile nicht mehr der Fall.

Als Entwickler sollten Sie bedenken, dass die Frage im Allgemeinen nicht lautet, ob ein Programm ausgeführt werden darf oder nicht, sondern welche Teile des Programms ausgeführt werden dürfen! Oft kann ein Programm ohne Weiteres gestartet werden; aber irgendwann während der Ausführung versucht das Programm dann, eine Methode aufzurufen, die das .NET Framework als nicht zulässig betrachtet. Es tritt nun ein Fehler (eine `SecurityException`) auf; wenn das Programm gegenüber diesem Fehler nicht abgesichert ist, wird es beendet.

Besonders unangenehm ist der Umstand, dass Sie derartige Probleme nicht bemerken, wenn Sie selbst mit `Administrator`-Rechten arbeiten und sich Ihre Programmdateien auf der lokalen Festplatte befinden. Dann haben Sie bei der probeweisen Ausführung Ihrer Programme beinahe uneingeschränkte Rechte, und alles funktioniert wunderbar. Erst wenn Sie die Programmausführung mit eingeschränkten Rechten ausprobieren, werden Sie feststellen, wo Ihr Programm auf Sicherheitsprobleme stoßen kann.

ACHTUNG

Die vollständige Beschreibung der .NET-Sicherheitsmechanismen und ihrer Steuerung durch Visual Basic-Code könnte zumindest ein ganzes Kapitel füllen (wenn man noch auf Themen wie Kryptografie eingeht, auch ein ganzes Buch). An dieser Stelle fehlt dazu aber der Platz. Ich betone also ausdrücklich, dass das in diesem Buch vermittelte Wissen zum Thema Sicherheit bestenfalls ein Ausgangspunkt für eigene Experimente und für die weitergehende Lektüre sein kann!

Einige Beispiele für sicherheitskritische Methoden bzw. Kommandos

Sicherheitskritische Methoden sind durchaus nicht immer ohne Weiteres zu erkennen. Die folgende Liste zählt einige Kommandos bzw. Methoden auf, die bei der Ausführung ohne ausreichende Rechte zu Fehlern (`SecurityExceptions`) führen:

» Mit dem aus VB6-Zeiten stammenden Kommando `End` wird das laufende Programm sofort beendet. Das Kommando wirkt vollkommen harmlos, aber es erfordert das Recht `SecurityPermissionFlag.UnmanagedCode`. Wenn dieses Recht nicht gegeben ist, führt `End` zu einem Fehler!

» Mit `New IO.DirectoryInfo("c:\").GetFiles()` ermitteln Sie eine Liste aller Dateien, die sich auf der Festplatte *C:* im Wurzelverzeichnis befinden. Die Methode `GetFiles` darf allerdings nur ausgeführt werden, wenn Sie das Recht `Security.Permissions.FileIOPermission` besitzen. Ähnliche Probleme können bei allen `System.IO`-Methoden auftreten.

» Der Aufruf von API-Funktionen und die Verwendung von COM-Bibliotheken bzw. die Steuerung von COM-Programmen (Automation) führt bei unzureichenden Rechten zu einer `SecurityException`.

» Die Methode `Graphics.FromHwnd`, in Windows Forms-Programmen zur Ermittlung des Windows-Handle eines Fensters dient, führt bei unzureichenden Rechten ebenfalls zu einer `SecurityException`.

Die Liste ließe sich fast beliebig fortführen. Zum Teil sind die erforderlichen Rechte bei der Dokumentation der Klasse bzw. Methode beschrieben, aber leider ist das nicht immer der Fall. Es empfiehlt sich daher, die Programmausführung mit eingeschränkten .NET-Rechten auszuprobieren!

SecurityExceptions durch Try-Catch abfangen

Unzureichende Rechte lösen normalerweise eine `Security.SecurityException` aus. Derartige Fehler können durch `Try-Catch` abgefangen werden.

```
Dim fi() As IO.FileInfo
Try
  fi = New IO.DirectoryInfo("c:\").GetFiles()
Catch e As Security.SecurityException
  Console.WriteLine(e.Message)
End Try
```

Zugriffsrechte testen

Die Basisrechte werden durch die Klassen des Namensraums `Security.Permissions` verwaltet. Wenn Sie überprüfen möchten, ob Ihr Programm ein bestimmtes Recht hat, erzeugen Sie ein `Permission`-Objekt und führen dann die Methode `Demand` aus. Wenn es dabei zu einem Fehler kommt, wissen Sie, dass Sie das angeforderte Recht nicht haben.

Die folgenden Zeilen testen, ob Dateien aus dem Verzeichnis *C:* gelesen werden dürfen. Dazu wird ein `FileIOPermission`-Objekt erzeugt, wobei die gewünschte Operation und der Pfadname als Parameter an `New` übergeben werden.

```
Dim fp As New Security.Permissions.FileIOPermission( _
    Security.Permissions.FileIOPermissionAccess.Read, "c:\")
Try
  fp.Demand()
Catch e As Security.SecurityException
  Console.WriteLine(e.Message)
End Try
```

Programmausführung von Rechten abhängig machen

Bei manchen Programmen ist es zwecklos, dass diese überhaupt gestartet werden können, wenn sie in der Folge aufgrund unzureichender Rechte ihre Aufgabe ohnedies nicht erfüllen können. Um einen Rechtetest komfortabel beim Programmstart durchzuführen, gibt es zu jeder `Permission`-Klasse eine `PermissionAttribute`-Variante. Das entsprechende Attribut muss als Assembly-Attribut im Programmcode angegeben werden.

Die folgenden Zeilen testen nochmals, ob Dateien aus dem Verzeichnis *C:* gelesen werden dürfen. Beachten Sie, dass die Parameter des Attributs nicht ganz mit denen der `FileIOPermission`-Klasse übereinstimmen.

```
<Assembly: Security.Permissions.FileIOPermission( _
  Security.Permissions.SecurityAction.RequestMinimum, Read:="c:\")>
```

Programme unter Windows Vista mit Administratorrechten starten

Manche Programme erfüllen Ihren Zweck nur, wenn sie mit Administratorrechten ausgeführt werden. Natürlich kann jeder erfahrene Windows-Benutzer Programme selbst so starten (Programm im Startmenü mit der rechten Maustaste anklicken und ALS ADMINISTRATOR AUSFÜHREN), aber vernünftiger ist es, das Programm so zu kennzeichnen, dass es die Administratorrechte selbstständig verlangt. Visual Studio sieht dazu den neuen Button EINSTELLUNGEN FÜR DIE BENUTZERKONTENSTEUERUNG ANZEIGEN im Dialogblatt ANWENDUNG der Projekteigenschaften vor. Der Button führt zur XML-Datei *app.manifest*, in der Sie die standardmäßig auskommentierte Zeile `requestedExecutionLevel level = "requireAdministrator"` aktivieren müssen. Die Datei muss so aussehen:

```
<?xml version="1.0" encoding="utf-8"?>
<asmv1:assembly manifestVersion="1.0" xmlns="urn:schemas-microsoft-com:asm.v1"
  xmlns:asmv1="urn:schemas-microsoft-com:asm.v1"
  xmlns:asmv2="urn:schemas-microsoft-com:asm.v2"
  xmlns:xsi="http://www.w3.org/2001/XMLSchema-instance">
  <assemblyIdentity version="1.0.0.0" name="MyApplication.app"/>
  <trustInfo xmlns="urn:schemas-microsoft-com:asm.v2">
    <security>
      <requestedPrivileges xmlns="urn:schemas-microsoft-com:asm.v3">
        <requestedExecutionLevel level="requireAdministrator" />
      </requestedPrivileges>
    </security>
  </trustInfo>
</asmv1:assembly>
```

Den oben abgedruckten XML-Code bettet Visual Studio in eine sogenannte Manifest-Datei ein und integriert diese Datei dann in die **.exe*-Datei. Dazu einige Erläuterungen: Eine Manifest-Datei beschreibt in XML-Form besondere Einstellungen oder Bibliotheksabhängigkeiten des Programms. Die Datei hat normalerweise den Namen *programmname.exe.manifest* und befindet sich im selben Verzeichnis wie die **.exe*-Datei. Um Probleme durch irrtümlich gelöschte oder sonst wie abhandengekommene Manifest-Dateien zu vermeiden, wird die Datei mit dem Manifest-Tool (Kommando *mt.exe*) direkt in die **.exe*-Datei des Programms integriert. Diese Aufgabe erledigt Visual Studio selbstständig.

Ob Ihr Programm mit Administratorrechten ausgeführt wird, stellen Sie mit einen Objekt der Klasse `System.Security.Principal.WindowsPrincipal` fest:

```
' Beispiel spezial/vista-admin
Imports System.Security.Principal
Dim wp = New WindowsPrincipal(WindowsIdentity.GetCurrent())
If wp.IsInRole(WindowsBuiltInRole.Administrator) Then
  Console.WriteLine("Das Programm läuft mit Administratorrechten.")
Else
  Console.WriteLine("Das Programm läuft nicht mit Administratorrechten.")
End If
```

ACHTUNG

Nach meinen Erfahrungen wird die Manifest-Datei bisweilen erst nach einem Neustart von Visual Studio wirksam.

Visual Studio kann Ihr Programm nur dann mit Administratorrechten starten, wenn es diese Rechte selbst hat. Um Ihr Programm zu testen, müssen Sie Visual Studio mit Administratorrechten neu starten. Ein entsprechender Hinweisdialog erscheint automatisch beim Versuch, Ihr Programm zu testen.

Beim Start des Programms außerhalb der Entwicklungsumgebung erscheint nun die allen Vista-Anwendern vertraute Sicherheitswarnung. Wer schon länger als zwei Wochen mit Vista arbeitet, wird ohne hinzusehen auf FORTSETZEN klicken. Dass damit der Sicherheitsgewinn, den Vista vermeintlich bringt, hinfällig ist, versteht sich von selbst – aber das ist hier ja nicht das Thema ...

Auch Administratorrechte schützen Ihr Programm nicht vor vermeintlich absurden Zugriffsverletzungen. Beispielsweise können Sie auch als Administrator das Verzeichnis *Documents and Settings* nicht lesen. Der Grund: Dieses Verzeichnis gibt es gar nicht. Es handelt sich vielmehr um eine Art Link (Junction), der auf das Verzeichnis *Users* zeigt (das deutschsprachigen Vista-Benutzern wiederum als *Benutzer*-Verzeichnis präsentiert wird). Seit Windows Vista wimmelt das Dateisystem leider von derartigen Ungereimtheiten. Diese »Features« wurden sicher mit den besten Absichten eingeführt – etwa um eine möglichst hohe Kompatibilität zu früheren Windows-Versionen herzustellen und um dem Endanwender ein möglichst übersichtliches Dateisystem zu präsentieren. Aus Entwicklersicht erschweren sie den Zugriff auf das Dateisystem aber erheblich.

15.7 Externe Programme starten

Dieser Abschnitt beschreibt einige Möglichkeiten, ein anderes (externes) Programm zu starten und eventuell auch wieder zu beenden bzw. auf sein Ende zu warten. Dabei kommen vor allem Methoden aus zwei Klassen zur Anwendung:

» Die `Interaction`-Klasse aus dem Namensraum `Microsoft.VisualBasic` bietet einige grundlegende und schon aus VB6 bekannte Möglichkeiten, andere Programme zu starten.

» Mit der `Process`-Klasse aus dem Namensraum `System.Diagnostics` können Sie darüber hinaus eine Menge Informationen über das aktuelle Programm ermitteln und neue Programme starten. (Jedes Programm wird von einem sogenannten *Prozess* ausgeführt, der wiederum aus mehreren Teilprozessen (*Threads*) bestehen kann. Multithreading wird in Kapitel 21 beschrieben.)

  Der Namensraum `System.Diagnostics` ist Teil der Bibliothek *System.dll*, die jedem Visual Basic-Programm zur Verfügung steht. Die `Diagnostics`-Klassen werden unter anderem auch von den Debugging-Komponenten der Entwicklungsumgebung genutzt.

Auf der Webseite zum Buch finden Sie im Verzeichnis *spezial\start-program* ein kleines Beispiel, das die unten beschriebenen Programmiertechniken demonstriert. Auf den Abdruck des Beispiels wurde aus Platzgründen verzichtet.

HINWEIS

Manche Programme können von Visual Basic nicht nur gestartet, sondern mit dem Mechanismus `ActiveX Automation` auch gesteuert werden. Das gilt beispielsweise für alle Office-Komponenten. Um Automation einzusetzen, müssen Sie das betreffende Programm mit `Get-` oder `CreateObject` starten. Bei neueren Office-Versionen bieten die Visual Studio Tools for Office Developers (kurz VSTO) mehr Programmierkomfort. VSTO Version 3 ist in VB2008 Professional enthalten. Dieses Buch geht aus Platzgründen weder auf ActiveX Automation noch auf VSTO ein. Weitere Informationen finden Sie hier:

http://msdn2.microsoft.com/en-us/office/aa905533.aspx = http://tinyurl.com/39rnkp
http://msdn2.microsoft.com/en-us/library/bb981164.aspx = http://tinyurl.com/2mhxe4
http://msdn2.microsoft.com/en-us/library/bb871648.aspx = http://tinyurl.com/32tawf

Programm starten

Die Methode `Shell` der `Interaction`-Klasse startet ein anderes Programm. Als einziger Parameter muss der Programmname als Zeichenkette übergeben werden. Bei Programmen, die sich im Windows-Verzeichnis befinden, reicht der reine Name (z.B. `"notepad.exe"`). Dasselbe gilt für Programme, die sich in Verzeichnissen der Umgebungsvariablen `PATH` befinden. Wenn diese Voraussetzung nicht erfüllt ist, muss der vollständige Pfad angegeben werden (also z.B. `"C:\Programme\Opera\Opera.exe"`).

Zusammen mit dem Programmnamen können auch Parameter angegeben werden. Beispielsweise startet das folgende Kommando den Texteditor und zeigt darin die Datei *c:\readme.txt* an:

```
Dim processid As Integer
processid = Shell("notepad.exe c:\readme.txt")
```

`Shell` kennt drei optionale Parameter:

» `Style` gibt an, wie das Programm geöffnet werden soll – beispielsweise in einem bildschirmfüllenden Fenster mit Eingabefokus (`AppWinStyle.MaximizedFocus`). Standardmäßig gilt die Einstellung `AppWinStyle.MinimizedFocus`.

» `Wait` gibt an, ob mit der Fortsetzung des Visual Basic-Programms so lange gewartet werden soll, bis das aufgerufene Programm beendet wird (standardmäßig `False`). Beachten Sie, dass das Visual Basic-Programm dadurch wirklich vollständig blockiert wird. Bei Windows-Programmen funktioniert dann nicht einmal das Neuzeichnen des Fensters.

» `Timeout` gibt an, wie lange maximal auf das Programmende gewartet werden soll. `Timeout` wird nur berücksichtigt, wenn `Wait:=True` gilt. Die Zeitangabe erfolgt in Millisekunden. Die Standardeinstellung lautet –1, d.h., es wird endlos gewartet.

Wenn der Programmstart gelingt, liefert `Shell` als Ergebnis die Prozessnummer des Programms. Diese Nummer kann später z.B. dazu verwendet werden, um das Programm mit `AppActivate` in den Vordergrund zu bringen.

Laufendes Programm aktivieren

Mit der Methode `AppActivate` (Klasse `Interactive`) können Sie ein laufendes Programm bzw. Fenster aktivieren, wenn Sie entweder dessen Prozessnummer kennen (z.B. von einem früheren `Shell`-

Aufruf) oder den Text, der in der Titelzeile des Fensters angezeigt wird. `AppActivate` endet mit einem `ArgumentException`-Fehler, wenn der Prozess nicht gefunden werden kann. Sie sollten den Aufruf daher durch `Try-Catch` absichern.

```
AppActivate(processid)
```

HINWEIS

Das durch `AppActivate` aktivierte Programm erhält zwar den Eingabefokus, seine Fensterposition wird aber nicht verändert. Wenn das Programm momentan verkleinert ist und nur als Icon in der Taskleiste angezeigt wird, wird es durch `AppActivate` nicht sichtbar.

Programm zum Anzeigen oder Bearbeiten einer Datei öffnen

Mit der Methode `Start` (Klasse `Diagnostics.Process`) können Sie ein Dokument öffnen. Die Besonderheit von `Start` im Vergleich zu `Shell` besteht darin, dass als Parameter nur der Dateiname des Dokuments übergeben werden muss. `Start` ermittelt selbstständig das erforderliche Programm. Beispielsweise startet die folgende Zeile Adobe Acrobat und zeigt darin die angegebene PDF-Datei an. (Wenn der Dateiname wie hier ohne Pfad angegeben wird, wird die Datei im selben Verzeichnis gesucht, in dem sich die Programmdatei befindet.)

```
Diagnostics.Process.Start("datei.pdf")
```

`Start` akzeptiert als Parameter auch Web- und E-Mail-Adressen und öffnet dann den Standardwebbrowser bzw. das Standard-E-Mail-Programm:

```
Diagnostics.Process.Start("http://www.kofler.cc")
Diagnostics.Process.Start("mailto:vbnet@kofler.cc")
```

`Start` funktioniert natürlich nur dann, wenn der Datei ein Programm zugeordnet werden kann und dieses auch installiert ist. Wenn die Dateierweiterung dagegen unbekannt ist, löst `Start` einen `Win32Exception`-Fehler aus.

Wenn durch `Start` ein neues Programm gestartet wird, liefert die Methode als Ergebnis ein `Process`-Objekt zurück. Es kann aber auch vorkommen, dass das Programm schon vorher gelaufen ist (z.B. ein Webbrowser) und dass nur ein neues Fenster geöffnet wurde, um darin eine weitere Webseite anzuzeigen. In diesem Fall liefert `Start` als Ergebnis `Nothing`. (Das Ergebnis `Nothing` bedeutet also durchaus nicht, dass das Dokument nicht angezeigt wurde!)

Sie können nun das `Process`-Objekt dazu verwenden, um Informationen über das laufende Programm zu ermitteln bzw. um dieses zu beenden. Die folgenden Zeilen bewirken, dass die Datei *readme.txt* nur fünf Sekunden lang angezeigt wird. Anschließend wird der Editor durch `CloseMainWindow` aufgefordert, das Programm zu beenden. Wenn die Datei in der Zwischenzeit geändert wurde, erscheint dann ein Dialog zum Speichern, in dem der Anwender das Programm auch fortsetzen kann. Wenn der Anwender die Datei geschlossen hat, bevor `CloseMainWindow` aufgerufen wurde, kommt es zu einem Fehler.

```
Dim pr As Diagnostics.Process
pr = Diagnostics.Process.Start("readme.txt")
```

```
Threading.Thread.Sleep(5000)
pr.CloseMainWindow()
```

Die folgenden Zeilen zeigen den Einsatz der Methode `WaitForExit`. Damit wartet das Visual Basic-Programm, bis das gestartete Programm geschlossen wird.

```
Dim pr As Diagnostics.Process
pr = Diagnostics.Process.Start("readme.txt")
pr.WaitForExit()
```

HINWEIS

Ein weiteres Beispiel für die Anwendung der `Start`-Methode finden Sie in Abschnitt 14.3 (E-Mail versenden).

Eine primitive Form zur Steuerung eines anderen Programms bietet die Simulation von Tastatureingaben mit der Methode `SendKeys` (siehe Abschnitt im 5.1 Windows Forms-E-Book). Die Steuerung ist allerdings von den Tastenkürzeln und damit von der Sprache des Programms abhängig und generell sehr fehleranfällig.

15.8 API-Funktionen verwenden (Declare)

API steht für `Application Programming Interface` und bezeichnet die Programmierschnittstelle des Betriebssystems. Diese Schnittstelle besteht aus einer riesigen Zahl von Funktionen, die sich in diversen DLL-Dateien befinden. Beispielsweise enthält *gdi32.dll* grundlegende Grafikfunktionen. DLL ist die Kurzform für `Dynamic Link Libraries` und bezeichnet Bibliotheken, die bei Bedarf vom Betriebssystem geladen werden.

In den Zeiten vor .NET waren API-Funktionen der Schlüssel zu zahllosen Zusatzfunktionen, die in VB6 (oder auch in anderen Programmiersprachen) nicht direkt zur Verfügung standen. Es gab nur wenige professionelle VB6-Programme, die ohne den Aufruf irgendwelcher API-Funktionen realisiert werden konnten.

Mit .NET hat sich das grundlegend geändert: Fast alle Betriebssystemfunktionen können nun komfortabel über .NET-Bibliotheken genutzt werden. Damit hat der direkte Aufruf von API-Funktionen ganz wesentlich an Bedeutung verloren. Leider sind die .NET-Bibliotheken aber noch unvollständig, und die eine oder andere Betriebssystemfunktion kann nach wie vor nur als API-Funktion genutzt werden. Außerdem gibt es unzählige VB6-Programme, bei deren .NET-Portierung es oft einfacher ist, eine API-Funktion wie bisher aufzurufen, als nach der äquivalenten .NET-Klasse zu suchen.

HINWEIS

Gute API-Bücher für VB-Programmierer gibt es leider nur für VB6. Besonders empfehlenswert sind »Hardcore Visual Basic« von Bruce McKinney (Microsoft Press 1997) und »Visual Basic Programmer's Guide to the Win32 API« von Dan Appleman (Sams Publishing 1999).

Ob es je API-Bücher für die neueren VB-Versionen geben wird, ist wegen der sinkenden Bedeutung der API-Funktionen zweifelhaft. Einen wie immer fundierten Einstieg bietet Dan Appleman in seinem Buch »Moving to Visual Basic« (immerhin 30 Seiten zu API-Funktionen, mit einigen ziemlich fortgeschrittenen Beispielen, Apress-Verlag 2003). Viele Nebenaspekte, die im Zusammenhang mit API-Funktionen zu beachten sind, werden auch in den Wälzern ».NET and COM: The Complete Interoperability Guide« von Adam Nathan (Sams Publishing 2002) und »COM and .NET Interoperability« von Andrew Troelsen behandelt (Apress-Verlag 2002).

API-Funktionen verwenden

Bevor eine API-Funktion in einem Visual Basic-Programm aufgerufen werden kann, muss sie mit all ihren Parametern durch `Declare` deklariert werden. Dabei treten in der Praxis einige Probleme auf:

» Die Syntax von `Declare` ist relativ unübersichtlich – nicht zuletzt deshalb, weil die Syntax seit ihrer Einführung (Windows 3.1!) immer wieder erweitert werden musste, um der Weiterentwicklung der Betriebssystemfunktionen Rechnung zu tragen.

» Es ist nicht immer einfach, die richtige API-Funktion für eine konkrete Aufgabe in der Dokumentation zu finden. Alle API-Funktionen sind in der MSDN-Hilfe dokumentiert, die im Rahmen von VS.NET installiert wird. Ein erster Startpunkt für die Suche sollte das Hilfeverzeichnis MSDN-LIBRARY|WINDOWS-ENTWICKLUNG|WIN32-API sein.

» Wenn das gelungen ist, muss die Parameterliste an die Syntax bzw. die Merkmale von Visual Basic angepasst werden. (API-Funktionen sind eigentlich für den Aufruf durch die Programmiersprache C vorgesehen und sind entsprechend dokumentiert.)

  Besonders schwierig ist es, C-Datenstrukturen in Visual Basic nachzubilden. Es gibt zahllose Attribute, mit denen der Visual Basic-Compiler angewiesen werden muss, bestimmte Optimierungen nicht durchzuführen, die Reihenfolge von Strukturelementen im Speicher nicht zu verändern etc.

Sobald die `Declare`-Anweisung richtig durchgeführt ist, können Sie die API-Funktion wie eine gewöhnliche Prozedur oder Methode aufrufen. Falls dabei ein Fehler auftritt, finden Sie in `Err.LastDLLError` Informationen über den Fehler.

Beachten Sie, dass API-Funktionen als `unmanaged code` ausgeführt werden müssen. (Die API-Funktionen sind ja Teil von Bibliotheken, die außerhalb der .NET-Welt stehen.) Deswegen kommen die diversen .NET-Sicherheitsmechanismen nicht zum Tragen. Und aus diesem Grund dürfen API-Funktionen nur dann aufgerufen werden, wenn Ihr Programm in der höchsten .NET-Sicherheitsstufe ausgeführt wird.

Einführungsbeispiel

Bevor die Syntax von `Declare` etwas ausführlicher beschrieben wird, gibt das folgende Beispiel Ihnen eine erste Vorstellung davon, wie die Anwendung von API-Funktionen aussieht. Das Beispiel ermittelt den Pfad des Windows-Verzeichnisses (den Sie natürlich viel bequemer mit `Environ("windir")` herausfinden können). Dazu wird die Funktion `GetEnvironmentVariable` aus der Kernel32-Bibliothek eingesetzt. An diese Funktion muss im ersten Parameter der Name der gesuchten Variable übergeben werden. An den zweiten Parameter wird die `String`-Variable übergeben, in die das Ergebnis eingetragen wird. Der dritte Parameter gibt die maximal zulässige Länge der Zeichenkette an.

Die Ergebnisvariable `winpath` muss vor dem Aufruf der Funktion mit Leerzeichen initialisiert werden. Nach dem Aufruf muss die Zeichenkette auf die tatsächliche Länge verkürzt werden. (`GetEnvironmentVariable` beendet die Zeichenkette mit einem 0-Zeichen, das von Visual Basic aber nicht als Ende einer Zeichenkette erkannt wird.)

```
' Beispiel spezial\api-intro
Private Declare Auto Function GetEnvironmentVariable Lib "kernel32" _
  (ByVal lpName As String, ByVal lpBuffer As String, _
   ByVal nSize As Integer) As Integer
Sub Main()
  Dim winpath As String = Space(256)
  GetEnvironmentVariable("windir", winpath, 255)
  winpath = Left(winpath, InStr(winpath, Chr(0)) - 1)
  Console.WriteLine("Windows-Verzeichnis: " + winpath)
  Console.WriteLine("Return drücken")
  Console.ReadLine()
End Sub
```

Declare-Syntax

Die Kurzfassung der Syntax sieht folgendermaßen aus (je nachdem, ob die API-Funktion einen Rückgabewert liefert oder nicht):

```
Declare [Auto|Ansi|Unicode] Sub name Lib "lib.dll" [Alias "name2"] (parameterliste)
Declare [Auto|Ansi|Unicode] Function name Lib "lib.dll" [Alias "n2"] (pliste) As datentyp
```

`Declare`-Anweisungen müssen in Modulen oder Klassen durchgeführt werden (nicht auf Codedateiebene und nicht innerhalb von Prozeduren). `Declare` kann ein Gültigkeitsbezeichner vorangestellt werden (z.B. `Public`, `Private` etc.).

In den Zeiten von Windows 3.1 und Windows 95 verarbeiteten alle API-Funktionen ausschließlich ANSI-Zeichenketten. Bei neueren Versionen vollzog Microsoft dann den Schritt hin zu Unicode. Aus Kompatibilitätsgründen musste der ANSI-Zeichensatz aber weiter unterstützt werden. Deswegen gibt es von vielen API-Funktionen zwei Versionen, deren Name sich durch den Endbuchstaben unterscheidet: `nameA` verarbeitet ANSI-Zeichenketten, `nameW` verarbeitet Unicode-Zeichenketten. (`W` steht für `wide` und bezieht sich darauf, dass für die Darstellung jedes Zeichens zwei Byte erforderlich sind.)

Die optionalen Schlüsselwörter `Ansi` (gilt standardmäßig), `Auto` und `Unicode` geben an, welche Version der API-Funktion aufgerufen werden soll und ob Visual Basic beim Aufruf automatisch eine Umwandlung zwischen Unicode (dem Standardformat aller Visual Basic-Zeichenketten) und ANSI durchführt.

- `Ansi`: Es wird die ANSI-Version der API-Funktion aufgerufen. An den Funktionsnamen wird bei Bedarf automatisch der Buchstabe `-A` angefügt. Visual Basic-Zeichenketten werden vor dem Aufruf von Unicode in ANSI konvertiert und nach dem Aufruf zurück in Unicode. `Ansi` gilt aus Kompatibilitätsgründen zu VB6 als Standardeinstellung.
- `Unicode`: Es wird die Unicode-Version der API-Funktion aufgerufen. An den Funktionsnamen wird der Buchstabe `-W` angefügt. Eine Konvertierung der Zeichenketten ist nicht erforderlich.

» Auto: Es wird je nach Betriebssystem die ANSI-Version (Windows 98/ME) oder die Unicode-Version verwendet (Windows NT/2000/XP). Das ist insofern praktisch, als die Unicode-Variante zwar effizienter ist, aber manche API-Funktionen unter Windows 98/ME nach wie vor nur in der ANSI-Variante zur Verfügung stehen.

Lib gibt den Namen der Bibliothek an, in der sich die DLL-Funktion befindet (z.B. "kernel32.dll"). Die Bibliothek wird im Windows-Verzeichnis, im Windows-Systemverzeichnis und in dem Verzeichnis gesucht, in dem sich die gerade ausgeführte **.exe*-Datei befindet.

Mit dem optionalen Alias-Schlüsselwort können Sie den tatsächlichen API-Funktionsnamen angeben. Damit können Sie Namenskonflikte vermeiden (wenn die API-Funktion denselben Namen wie eine bereits vorhandene Visual Basic-Funktion hat oder wenn der API-Funktionsname unter Visual Basic nicht gültig ist). Die folgende Zeile bewirkt, dass durch den Visual Basic-Code abc(...) die API-Funktion GetEnvironmentVariableA aufgerufen wird:

```
Declare Sub abc Lib "kernel32" Alias GetEnvironmentVariableA (...)
```

Parameterübergabe

Die Angabe der Parameterliste erfolgt in derselben Syntax wie bei der Deklaration von Visual Basic-Prozeduren, -Methoden oder -Funktionen. Das Kunststück besteht aber darin, die richtige Entsprechung zwischen den Parametern in C-Notation (laut API-Dokumentation) und der Visual Basic-Syntax zu finden.

Generell müssen Parameter meistens als Wertparameter übergeben werden (also mit ByVal deklariert werden). Nur wenn die API-Funktionen einen Zeiger auf eine Zahl oder auf ein einzelnes Zeichen erwarten, muss ByRef verwendet werden. Achtung: Zeichenketten werden immer mit ByVal übergeben!

Zahlen: Die Übergabe von Zahlen bereitet selten Probleme. Die folgende Tabelle gibt einige wichtige C- bzw. API-Datentypen und ihre Visual Basic-Entsprechung an.

C / Win32API	Visual Basic
BYTE	ByVal Byte
short, SHORT, WORD	ByVal Short
USHORT	ByVal UInt16 oder ByVal Short
int, long, INT, LONG, DWORD	ByVal Integer
ULONG	ByVal UInt32 oder ByVal Integer
float	ByVal Single
double	ByVal Double
LPSHORT, LPWORD etc. (LP steht für long pointer, daher ByRef!)	ByRef datentyp oder ByVal IntPtr
short *, word *, int * etc. (* meint in C für einen Zeiger)	ByRef datentyp oder ByVal IntPtr

Zeiger: Viele API-Funktionen erwarten Zeiger (`pointer`, `handle`) auf betriebssysteminterne Datenstrukturen (z.B. auf einen sogenannten `device context`, der ein Grafikobjekt beschreibt). Grundsätzlich handelt es sich dabei um `Integer`-Daten. Wenn der Zeiger mit einer .NET-Methode ermittelt wird, die `IntPtr` als Ergebnis zurückgibt, muss `IntPtr` auch bei der Deklaration verwendet werden. (Ein entsprechendes Beispiel finden Sie am Ende dieses Abschnitts.)

Zeichenketten: API-Funktionen erwarten 0-terminierte Zeichenketten und geben auch solche Zeichenketten zurück. Bei der Übergabe von Zeichenketten an API-Funktionen ist das kein Problem – Visual Basic kümmert sich darum, dass die API-Funktionen die Zeichenketten so erhalten, dass sie damit umgehen können.

Bei der Rückgabe von Zeichenketten ist aber Vorsicht geboten. Erstens muss die `String`-Variable schon vor dem Aufruf eine Zeichenkette enthalten, die so groß ist, dass die größtmögliche Ergebniszeichenkette der API-Funktion darin gespeichert werden kann. Die API-Funktion überschreibt die vorhandene Zeichenkette durch die zurückgegebenen Daten. (Wenn die vorgegebene Zeichenkette zu kurz ist, schneidet Visual Basic das API-Ergebnis ohne Fehlermeldung ab.)

Zweitens müssen Sie bei der Weiterverarbeitung der Zeichenkette die C-typische 0-Terminierung beachten. Das bedeutet, dass das Ende einer Zeichenkette durch ein 0-Zeichen ausgedrückt wird. Wenn Sie also eine Zeichenkette vor dem Aufruf mit 256 Leerzeichen gefüllt haben (`s = Space(256)`) und die API-Funktion dorthin eine Ergebniszeichenkette von nur 20 Zeichen speichert, liefert `Len(s)` nach wie vor 256! Das liegt daran, dass für Visual Basic ein 0-Zeichen wie jedes andere Zeichen gilt. Mit der folgenden Anweisung (die bereits im Einführungsbeispiel zur Anwendung gekommen ist) wandeln Sie die API-Zeichenkette in eine unter Visual Basic übliche Zeichenkette um:

```
s = Left(s, InStr(s, Chr(0)) - 1)
```

Wenn Sie häufig API-Funktionen aufrufen, bietet es sich an, die folgende kleine Funktion zur Zeichenkettenkonvertierung einzusetzen:

```
s = C2VB(s)
Function C2VB(ByVal s As String) As String
  Dim pos As Integer
  pos = InStr(s, Chr(0))
  If pos = 0 Then Return ""
  Return Left(s, pos - 1)
End Function
```

Datenstrukturen: Wenn API-Funktionen als Parameter eine Datenstruktur erwarten, besteht das Problem darin, eine äquivalente Datenstruktur mit Visual Basic nachzubilden. Dabei ist entscheidend, dass sich die einzelnen Elemente der Datenstruktur exakt an der Position im Speicher befinden, an der die API-Funktion – die auf Regeln der Programmiersprache C vertraut – diese erwartet.

In Visual Basic müssen Sie Datenstrukturen durch `Structure - End Structure` bilden. Dabei entscheidet normalerweise der Visual Basic-Compiler, wie er die Daten im Speicher organisiert. Um ein C-konformes Speicherlayout zu erzwingen, müssen Sie das Attribut `StructLayout` mit den Parametern `LayoutKind.Sequential` und `Pack:=1` verwenden. Das bedeutet, dass die Elemente der Struktur in der von Ihnen angegebenen Reihenfolge im Speicher abgelegt werden und dass sogenanntes `single-byte-packing` verwendet wird. Das bedeutet, dass Mehrbyteparameter an jedem beliebigen Byte beginnen dürfen. (Normalerweise werden `Short`-Daten nur an geraden Adressen und `Integer`-Daten nur an Adressen abgelegt, die ein Vielfaches von vier betragen.) Das Attribut `StructLayout` ist im Namensraum `Runtime.InteropServices` definiert.

```
Imports System.Runtime.InteropServices
<StructLayout(LayoutKind.Sequential, Pack:=1)> _
Structure structname
  Dim hWnd As Integer
  Dim wFunc As Integer
  ...
End Structure
```

Ein weiteres Problem besteht darin, dass manche API-Datenstrukturen Zeichenketten oder Felder mit fixer Länge verwenden. Beides ist in Visual Basic in Strukturen nicht vorgesehen. Das Problem kann umgangen werden, indem einzelne Elemente der Struktur mit dem Attribut `MarshalAs` deklariert werden, das ebenfalls im Namensraum `Runtime.InteropServices` definiert ist.

Konstanten: Viele API-Funktionen erwarten in einzelnen Parametern numerische Konstanten. Das Problem besteht hier weder in der Deklaration des Parameters noch in der Übergabe der Werte an die Funktion, sondern darin, den Wert der Konstante festzustellen. In der Dokumentation ist nämlich normalerweise nur der Name, nicht aber der Wert der Konstante zu finden. Um die Konstanten zu ermitteln, können Sie entweder den unten beschriebenen API-Viewer einsetzen, oder Sie müssen die entsprechende C-Header-Datei suchen, in der die Konstanten definiert sind.

API-Deklaration mit DllImportAttribut

Als Variante zu `Declare` können API-Funktionen auch wie gewöhnliche Funktionen mit `Function - End Function` deklariert werden, wenn das Attribut `Runtime.InteropServices.DllImport` vorangestellt wird. Innerhalb der Funktion braucht kein Code angegeben zu werden, weil ja ohnedies eine externe API-Funktion aufgerufen wird.

Die folgenden Zeilen deklarieren nochmals die aus dem Einführungsbeispiel schon vertraute Funktion `GetEnvironmentVariable`. Im ersten Parameter von `DllImport` wird der Bibliotheksname angegeben. `EntryPoint` gibt den internen Funktionsnamen an. Das angehängte `W` bedeutet, dass die Unicode-Version (`wide`) der Funktion verwendet werden soll. Entsprechend gibt `CharSet` an, dass Zeichenketten beim Transport zwischen Visual Basic und der API-Funktion im Unicode-Zeichensatz belassen werden sollen.

Die `DllImport`-Schreibweise bietet im Wesentlichen dieselben Funktionen wie `Declare`, die Syntax ist aber noch unübersichtlicher. Insofern spricht nichts dagegen, bei `Declare` zu bleiben. Die Kenntnis von `DllImport` ist dennoch wertvoll, wenn Sie C#-Code lesen: Dort gibt es keine `Declare`-Anweisung, d.h., alle API-Funktionen müssen via `DllImport` definiert werden.

```
Imports System.Runtime.InteropServices
<DllImport("KERNEL32.DLL", EntryPoint:="GetEnvironmentVariableW", _
  CharSet:=CharSet.Unicode)> _
Private Function GetEnvironmentVariable(ByVal lpName As String, _
  ByVal lpBuffer As String, ByVal nSize As Integer) As Integer
End Function
```

Wenn Ihnen die Beschreibung mancher `Declare`-Syntaxelemente in der Online-Hilfe vage erscheint, suchen Sie in der Hilfe das äquivalente `DllImport`-Schlüsselwort! Sie werden mit einer deutlich präziseren Beschreibung belohnt.

API-Viewer

Der vorige Abschnitt hat wahrscheinlich klargemacht, dass es mühsam sein kann, die Deklaration für API-Funktionen, Konstanten und Strukturen zusammenzustellen. Mit VB6 wurde deswegen das Programm API-Viewer mitgeliefert, das Zugriff auf eine Datenbank vordefinierter `Declare`-, `Const`- und `Structure`-Anweisungen gab. `Christoph von Wittich` hat sich die Mühe gemacht, den API-Viewer neu zu programmieren und zu warten. Zuletzt wurde das Programm auf der folgenden Seite zum Download angeboten:

http://www.activevb.de/rubriken/apiviewer/index-apiviewer.html = http://tinyurl.com/543sw

Das Programm setzt die Visual Basic 6-Runtime-Bibliothek voraus, die Sie gegebenenfalls auf der obigen Webseite finden. Nach dem Start des Programms stellen Sie die Syntax auf Visual Basic .NET um (DATEI|OPTIONEN|ALLGEMEIN) und laden die mitgelieferte Datei *win32api.apf*. Nun können Sie nach Funktionsdeklarationen, Konstanten und Datenstrukturen suchen. Das Programm wandelt die Deklarationen in die Visual Basic-Syntax um, und Sie können den Code dann über die Zwischenablage in Ihr Programm kopieren.

ACHTUNG

Erwarten Sie von dem Programm keine Wunder! Abbildung 15.3 zeigt beispielsweise, dass der Parameter `hdc` der Funktion `GetDeviceCaps` als `Integer` deklariert ist. Beim folgenden Beispielprogramm wird sich herausstellen, dass dieser Parameter in Wirklichkeit als `IntPtr` deklariert werden muss. Derartige Fehler werden nicht durch den API-Viewer selbst verursacht, sondern durch die zugrunde liegende Datei *win32api.txt*, die von Microsoft nicht mehr gepflegt wird.

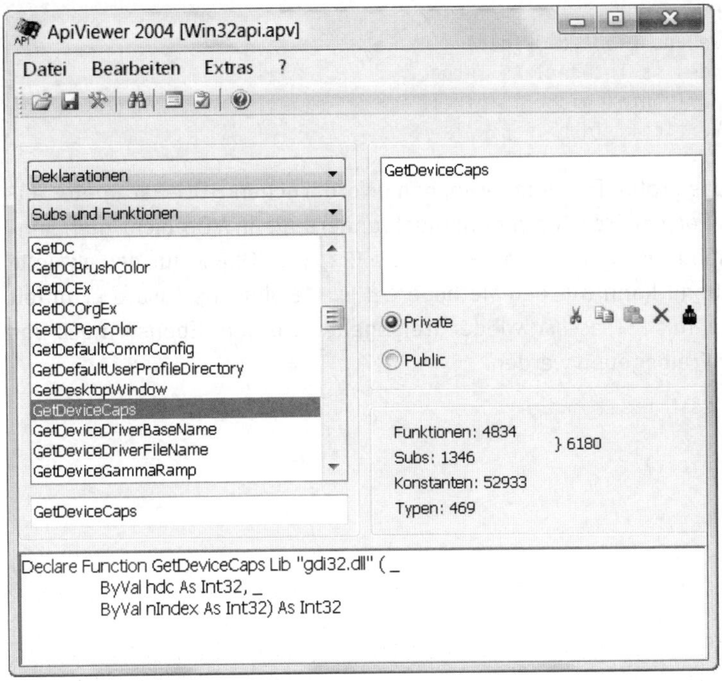

Abbildung 15.3: Der API-Viewer

Bildschirmauflösung ermitteln

Das Windows Forms-Programm *api-resolution* verwendet die Funktion `GetDeviceCaps` aus der Grafikbibliothek GDI32, um die aktuelle Bildschirmauflösung in Pixeln zu ermitteln. (Diese Information könnte viel einfacher mit den .NET-Klassen `Windows.Forms.Screen` oder `Windows.Forms.SystemInformation` ermittelt werden.)

An diese Funktion muss im ersten Parameter ein sogenannter `Device Context` übergeben werden. Dabei handelt es sich um einen Zeiger auf ein Objekt, das das Fenster beschreibt. Im zweiten Parameter muss eine Nummer übergeben werden, die angibt, welche Information ermittelt werden soll. In der Online-Dokumentation ist die Syntax dieser Funktion so dargestellt:

```
int GetDeviceCaps(HDC hdc, int nIndex)
```

Mit `Declare` wird diese Funktion nun für den Aufruf unter Visual Basic deklariert. Dabei wird für den Parameter `hdc` der Datentyp `IntPtr` verwendet. Das ist notwendig, weil die etwas weiter unten beschriebene Methode `GetHdc` ein Objekt des Typs `IntPtr` liefert. Aus Sicht der API-Funktion gibt es keinen Unterschied zwischen `Integer` und `IntPtr` – beides sind einfach 32-Bit-Zahlen. Der Visual Basic-Compiler unterscheidet aber sehr wohl zwischen den beiden Datentypen und vermeidet so eine irrtümliche Fehlanwendung von Adressen. (Generell müssen API-Parameter, die als `handle` bezeichnet werden, häufig mit `IntPtr` deklariert werden, wenn der zu übergebende Zeiger vorher mit .NET-Funktionen ermittelt wird.)

```
' Beispiel spezial\api-resolution
Private Declare Function GetDeviceCaps Lib "gdi32.dll" _
  (ByVal hdc As IntPtr, ByVal nIndex As Integer) As Integer
Private Const HORZRES = 8      'Horizontal width in pixels
Private Const VERTRES = 10     'Vertical width in pixels
```

Beim Aufruf der Funktion besteht das größte Problem darin, den erforderlichen HDC-Parameter anzugeben. Dieser steht in Windows Forms-Programmen nämlich anders als in VB6 nicht mehr unmittelbar zur Verfügung. Stattdessen muss mit `CreateGraphics` ein `Graphics`-Objekt für das aktuelle Fenster erzeugt werden. Anschließend kann mit der Methode `GetHdc` der interne `handle` ermittelt werden. Dieser Zeiger muss später mit `ReleaseHdc` wieder freigegeben werden. Ebenso muss das `Graphics`-Objekt mit `Dispose` wieder freigegeben werden.

```
Private Sub Form1_Load(...) Handles MyBase.Load
  Dim width, height As Integer
  Dim gr As Graphics = CreateGraphics()
  Dim hdc As IntPtr = gr.GetHdc()
  width = GetDeviceCaps(hdc, HORZRES)
  height = GetDeviceCaps(hdc, VERTRES)
  gr.ReleaseHdc(hdc)
  gr.Dispose()
  Label1.Text = "Bildschirmauflösung: " + _
    width.ToString + "*" + height.ToString + " Pixel"
End Sub
```

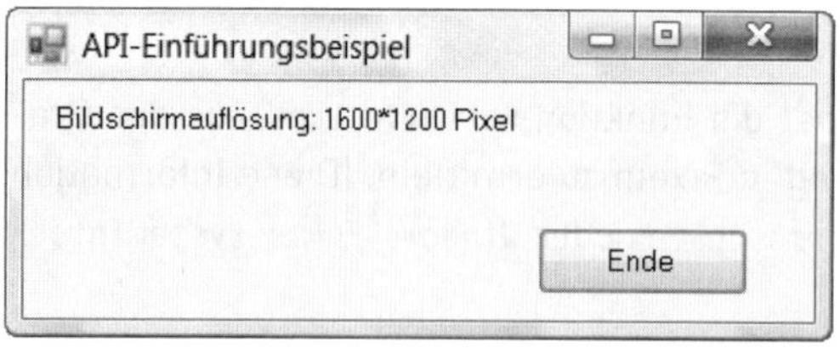

Abbildung 15.4: Die Bildschirmauflösung wird mit einer API-Funktion ermittelt.

Größe einer komprimierten Datei ermitteln

Das NTFS-Dateisystem bietet die Möglichkeit, Dateien zu komprimieren. Derartige Dateien benötigen dann auf der Festplatte weniger Platz. Die Eigenschaft `Length` der Klasse `IO.FileInfo` gibt bei solchen Dateien immer die unkomprimierte Größe an. (Das ist durchaus sinnvoll, weil die Datei beim Lesen ja automatisch dekomprimiert wird.)

Wenn Sie nun aber wissen möchten, wie viel Platz die komprimierte Datei auf der Festplatte beansprucht, müssen Sie die API-Funktion `GetCompressedSize` einsetzen. Das folgende Beispielprogramm demonstriert die Anwendung dieser Funktion (siehe Abbildung 15.5).

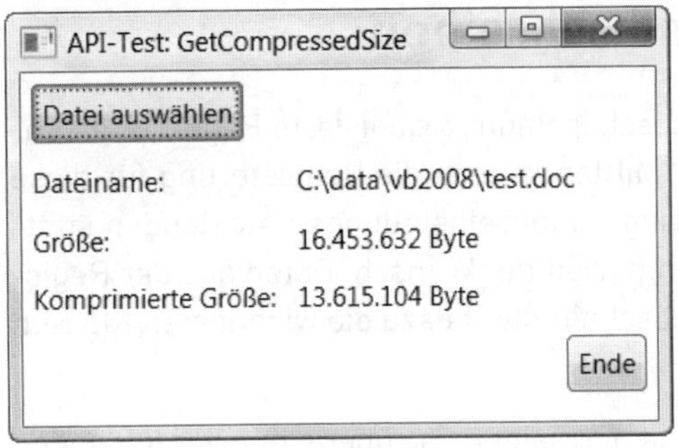

Abbildung 15.5: Abbildung 1.5: Das Beispielprogramm zeigt die tatsächliche und die komprimierte Größe einer Bitmap-Datei.

Die Funktion `GetCompressedFileSize` befindet sich in der Bibliothek *kernel32*. Sie erwartet als ersten Parameter den Dateinamen. Das Ergebnis wird in zwei Teilen zurückgegeben: Der Rückgabewert enthält die ersten 32 Bit der Dateigröße. (Das reicht für Dateien bis zu 4 GByte.)

Die zweiten 32 Bit werden in die im zweiten Parameter übergebene `Integer`-Variable geschrieben. Beachten Sie, dass der zweite Parameter als `ByRef` deklariert werden muss. Es wird hier also ein Zeiger auf einen `Integer`-Wert übergeben. (Der API-Viewer liefert hier fälschlich `ByVal`.)

```
' Beispiel spezial\api-getcompressedsize
Private Declare Auto Function GetCompressedFileSize Lib "kernel32" _
  (ByVal lpFileName As String, ByRef lpFileSizeHigh As Integer) _
  As Integer
Private Sub Button1_Click(...) Handles Button1.Click
  Dim fi As IO.FileInfo
  Dim sizelow, sizehigh As Integer
  Dim sizetotal As Long
  Dim ofd As New Microsoft.Win32.OpenFileDialog()
  If ofd.ShowDialog() Then
    lblFileName.Content = ofd.FileName
    fi = New IO.FileInfo(ofd.FileName)
    lblSize.Content = FormatNumber(fi.Length, 0) + " Byte"
    sizelow = GetCompressedFileSize(ofd.FileName, sizehigh)
    sizetotal = sizelow + sizehigh * CLng(2 ^ 32)
    lblCompressedSize.Content = FormatNumber(sizetotal, 0) + " Byte"
  End If
End Sub
```

15.9 Registrierdatenbank lesen und schreiben

Als Windows 95 eingeführt wurde, zählte die als hierarchischer Baum organisierte Registrierdatenbank zu den interessantesten technischen Neuerungen. Mittlerweile ist die Begeisterung für diese schwer wartbare Datensammlung wieder gesunken. Konfigurationseinstellungen etc. landen stattdessen in lokalen XML-Dateien. Dennoch besteht noch immer oft der Wunsch, Daten aus der Registrierdatenbank zu lesen oder dort zu speichern. Dieser Abschnitt stellt dazu die wichtigsten Klassen bzw. Methoden vor.

Der Zugriff auf die Einträge der Registrierdatenbank erfolgt normalerweise über einen der folgenden Startpunkte:

» *HKEY_USERS*: Die Gruppe enthält alle zurzeit geladenen Benutzerprofile. In jedem Fall zählen das Profil des Standardanwenders und des eingeloggten Anwenders dazu. Im Netzwerkbetrieb können aber erheblich mehr Profile geladen sein.

» *HKEY_CURRENT_USER*: Die Gruppe enthält spezifische Einstellungen (das Benutzerprofil) für den momentan eingeloggten Anwender.

» *HKEY_LOCAL_MACHINE*: Die Gruppe fasst alle Informationen zur installierten Hard- und Software zusammen, soweit diese nicht benutzerspezifisch sind.

» *HKEY_CURRENT_CONFIG*: Die Gruppe enthält Informationen zum aktuellen Hardware-Profil. (Windows kann mehrere Hardware-Profile verwalten, um einen raschen Hardware-Wechsel – etwa bei Notebooks – zu unterstützen.)

» *HKEY_CLASSES_ROOT*: In der Gruppe sind systemweit ActiveX-Komponenten sowie die Dateikennungen verzeichnet.

» *HKEY_DYN_DATA:* Die Gruppe enthält nur unter Windows 98/ME dynamisch generierte Daten.

» *HKEY_PERFORMANCE_DATA*: Dieser Startpunkt ermöglicht den Zugriff auf statistische Informationen des Computers (Speicherverbrauch, CPU-Nutzung etc.). Die Daten befinden sich nicht tatsächlich in der Registrierdatenbank, sondern werden beim Zugriff dynamisch erzeugt.

Einige dieser Startpunkte sind eigentlich nur Abkürzungen zu besonders wichtigen Einträgen:

HKEY_CLASSES_ROOT entspricht *HKEY_LOCAL_MACHINE\Software\Classes.*

HKEY_CURRENT_USER entspricht *HKEY_USERS\user* für den zurzeit aktiven Anwender.

HKEY_CURRENT_CONFIG entspricht *HKEY_LOCAL_MACHINE\System\CurrentControlSet\HardwareProfiles\Current.*

Bei den Startpunkten beginnt jeweils ein hierarchischer Baum von Schlüsseln. Jeder Schlüssel kann mehrere Werte sowie weitere Subschlüssel enthalten. Wenn Ihnen den Aufbau der Registrierdatenbank nicht vertraut ist, sollten Sie sich mit dem Programm *Windows\regedit.exe* einen ersten Überblick verschaffen.

Microsoft.Win32.Registry- und Microsoft.Win32.RegistryKey-Klassen

Die Klasse Registry aus dem Namensraum Microsoft.Win32 gibt über ihre Eigenschaften ClassesRoot, CurrentConfig, CurrentUser etc. Zugriff auf die Startpunkte der Registrierdatenbank. Die Variablen liefen RegistryKey-Objekte. Die Eigenschaften und Methoden der RegistryKey-Klassen ermöglichen das Auslesen, Verändern, Einfügen und Löschen von Schlüsseln.

Die folgenden Zeilen geben alle Werte und Schlüssel des CurrentUser-Teils der Registrierdatenbank aus (bei meiner Testinstallation immerhin über 6000 Schlüssel mit über 40.000 Werten!). Registry.CurrentUser liefert den Startpunkt. In show_registry_keys werden zuerst der aktuelle Schlüsselname (Eigenschaft Name), dann seine Werte (Methoden GetValueNames und GetValue) und schließlich alle Subschlüssel ausgegeben (Methode GetSubKeyNames).

Jeder Subschlüssel wird mit OpenSubKey geöffnet und mit Close wieder geschlossen. Dieser Codeabschnitt ist durch eine Try-Catch-Konstruktion abgesichert, weil einzelne Schlüssel für den Nutzer unzugänglich sein können. (Für Schlüssel gilt ein ähnliches Zugriffsschutzsystem wie für Dateien.)

```
' Beispiel spezial\registry-intro
Imports Microsoft.Win32
Dim valuecounter As Integer = 0
Dim keycounter As Integer = 0
Sub Main()
  show_registry_keys(Registry.CurrentUser, 0)
  Console.WriteLine("{0} Werte, {1} Schlüssel", valuecounter, keycounter)
End Sub
Sub show_registry_keys(ByVal startkey As RegistryKey, ByVal depth As Integer)
  Dim name As String
  Dim key As RegistryKey
  Console.Write(Space(depth * 2))
  Console.WriteLine(startkey.Name)
  For Each name In startkey.GetValueNames()
    Console.Write(Space(depth * 2))
    Console.WriteLine("Name = {0}, Value = {1}", name, startkey.GetValue(name))
    valuecounter += 1
  Next
  For Each name In startkey.GetSubKeyNames()
    Try
      key = startkey.OpenSubKey(name)
      show_registry_keys(key, depth + 1)
      key.Close()
      keycounter += 1
    Catch ex As Exception
      Console.Write(Space(depth * 2))
      Console.WriteLine("FEHLER " + ex.Message)
    End Try
  Next
End Sub
```

Programmeinstellungen in der Registrierdatenbank speichern bzw. von dort lesen

Die Prozeduren read_- und write_lastrun zeigen, wie Sie in Ihrem Programm einen Wert (Datum und Uhrzeit der letzten Programmausführung) aus der Registrierdatenbank lesen bzw. dort speichern. read_lastrun versucht, den Wert lastrun aus dem folgenden Schlüssel zu lesen:

HKEY_CURRENT_USER\Software\kofler.cc\registry-intro

```
' Beispiel spezial\registry-intro
Imports Microsoft.Win32
Const companyname = "kofler.cc"
Const progname = "registry-intro"
Sub Main()
  Dim lastrun As Date
  lastrun = read_lastrun()
  If lastrun = Date.MinValue Then
    Console.WriteLine("Dieses Programm wurde vorher noch nie ausgeführt.")
  Else
    Console.WriteLine("Dieses Programm wurde das letzte Mal am " + _
                  "{0:d} um {1:t} ausgeführt.", lastrun, lastrun)
  End If
  'die aktuelle Zeit in der Registrierdatenbank speichern
  write_lastrun()
End Sub
Function read_lastrun() As Date
  Dim keyname = "Software\" + companyname + "\" + progname
  Dim program As RegistryKey
  Dim lastrun As Object
  program = Registry.CurrentUser.OpenSubKey(keyname)
  If program Is Nothing Then
    Return Date.MinValue
  Else
    lastrun = program.GetValue("lastrun")
    program.Close()
    If lastrun Is Nothing Then
      Return Date.MinValue
    Else
      Return CType(lastrun, Date)
    End If
  End If
End Function
```

write_lastrun speichert mit SetValue den Wert Now in lastrun im obigen Schlüssel. Beachten Sie, dass Sie Schlüssel mit OpenSubKey(name, True) im read/write-Modus öffnen müssen, um darin Änderungen durchzuführen. Falls der Schlüssel noch nicht existiert, wird er mit CreateSubKey erzeugt. Bemerkenswert ist, dass Sie an Open- und CreateSubKey mehrere durch das Zeichen \ verbundene Schlüsseleinträge übergeben dürfen.

```
Sub write_lastrun()
  Dim keyname = "Software\" + companyname + "\" + progname
  Dim program As RegistryKey
  program = Registry.CurrentUser.OpenSubKey(keyname, True)
  If program Is Nothing Then
    program = Registry.CurrentUser.CreateSubKey(keyname)
  End If
  program.SetValue("lastrun", Now)
  program.Close()
End Sub
```

My.Computer.Registry-Objekt

`My.Computer.Registry` trägt wenig dazu bei, die ohnedies unkomplizierte Programmierung der Registrierdatenbank weiter zu vereinfachen. Die Eigenschaften `ClassesRoot`, `CurrentConfig`, `CurrentUser` etc. geben in Form von `RegistryKey`-Objekten Zugriff auf die Startpunkte der Registrierdatenbank. Weitere Eigenschaften oder Methoden gibt es nicht.

My.Computer.Registry-Objekt

Teil IV

Windows Presentation Foundation

16 WPF-Einführung und Grundlagen

Mit der `Windows Presentation Foundation`, kurz WPF, hat Microsoft ein vollkommen neues Fundament für die Entwicklung von Windows-Programmen geschaffen. Die WPF bietet neue Layoutmöglichkeiten, nutzt moderne Hardware besser aus und enthält viele neue oder grundlegend verbesserte Funktionen, z.B. was den Umgang und Ausdruck formatierter Dokumente betrifft. Andererseits bricht die WPF aber mit vielen Windows Forms-Traditionen, was den Umstieg nicht ganz leicht macht.

Dieses Kapitel enthält einen ausführlichen Vergleich zwischen der WPF und Windows Forms und beschreibt dann elementare WPF-Konzepte und Grundlagen. Die weiteren Kapitel beschreiben detailliert WPF-Steuerelemente, -Programmiertechniken und -Interna.

Dieses Buch konzentriert sich trotz zahlreicher Mängel in der aktuellen Implementierung voll auf die WPF und lässt Windows Forms links liegen. Das bedeutet aber nicht, dass Windows Forms jegliche Bedeutung verloren hat: Windows Forms-Code wird noch über Jahre (wenn nicht Jahrzehnte) zu warten sein. Selbst bei Neuentwicklungen stellt Windows Forms eine interessante Alternative dar, einerseits aufgrund der Kompatibilität zu alten Windows-Versionen, andererseits weil es ausgereifter ist und das bessere Steuerelementeangebot bietet.

Da ich im gedruckten Teil dieses Buchs zu wenig Platz hatte, um die WPF und Windows Forms detailliert zu beschreiben, habe ich die Windows Forms-Kapitel in ein E-Book ausgelagert. Sie finden die PDF-Datei zusammen mit zahlreichen Beispielen auf der Webseite zum Buch.

16.1 WPF versus Windows Forms

Mit der WPF erfindet Microsoft das Rad wieder einmal neu. Einerseits ist das erfreulich – denn nur so kann man sich von Altlasten trennen und neue Features kohärent und logisch implementieren. Aber andererseits muss Ihnen klar sein, dass die WPF noch in den Kinderschuhen steckt. So toll die neuen Funktionen und insbesondere die neuen Layoutmöglichkeiten sind – so schwer wiegen auch die vielen Einschränkungen, mit denen die WPF noch behaftet ist. In diesem Abschnitt fasse ich die wesentlichen Vor- und Nachteile der WPF gegenüber Windows Forms zusammen.

Vorteile der WPF gegenüber Windows Forms

» **Layoutmöglichkeiten:** Die WPF bietet wesentlich bessere Gestaltungsmöglichkeiten als Windows Forms. Das hat auch mit dem Umstand zu tun, dass sich die WPF selbst um die grafische Darstellung der Benutzeroberfläche kümmert und nicht mehr wie Windows Forms auf (zum Teil uralte) Steuerelemente der Win32-Bibliothek zurückgreift.

Interessant ist auch der Umstand, dass das Layout und teilweise sogar die Funktion von Steuerelementen durch Styles und Templates gesteuert werden können. Das Konzept ist ähnlich wie bei CSS-Dateien für HTML. Es hilft dabei, das Aussehen eines ganzen Programms inklusive all seiner Dialoge mit wenig Aufwand zu verändern.

Soweit es für Ihre Anwendung zweckmäßig ist, können Sie mit der WPF auch webähnliche Benutzeroberflächen schaffen, die aber dennoch als Windows-Programme unabhängig vom Browser ausgeführt werden. Die WPF sieht dazu ein `Page`-Steuerelement vor, das als Basis für seitenorientierte Formulare dient.

» **XAML:** XAML steht für `eXtensible Application Markup Language` und ist ein XML-Dialekt, um die Elemente eines WPF-Formulars zu beschreiben. Das hat mehrere Vorteile: Erstens ist die Beschreibung des Formulars nun endlich wirklich vom Applikationscode getrennt. Zweitens ist der XAML-Code sprachunabhängig und kann gleichermaßen für VB, C# und jede andere .NET-kompatible Programmiersprache verwendet werden. Drittens kann das Oberflächendesign nun besser von Visual Studio losgelöst werden und mit externen Werkzeugen erfolgen (z. B. mit `Expression Blend`). Viertens ist der XAML-Code wesentlich kürzer und übersichtlicher als vergleichbarer VB-Code zum Erzeugen eines Formulars.

Natürlich dauert es ein paar Tage, sich auf XAML-Code umzustellen. Aber sobald Sie diese Hürde gemeistert haben, ist XAML in vielerlei Hinsicht der Schlüssel zu mehr Effizienz in der Oberflächenentwicklung.

» **Skalierbarkeit von Formularen:** Ein bis heute ungelöstes Windows Forms-Problem besteht darin, dass sich Formulare nicht oder nur sehr schlecht an die Monitorauflösung (DPI) anpassen und Probleme bei der Lokalisierung bereiten. Wenn ein für einen englischen Text ausgelegter Button zu klein für die deutsche Übersetzung ist, wird ein Teil des Texts einfach abgeschnitten. Auch wenn ein Benutzer mit einer anderen DPI-Auflösung als der Entwickler arbeitet, passiert es immer wieder, dass Randbereiche von Dialogen nicht dargestellt werden und das Programm im schlimmsten Fall gar nicht mehr bedient werden kann.

Unter der WPF gehören all diese Probleme der Vergangenheit an – zumindest, solange sich die Entwickler an die neuen WPF-Regeln halten. Persönlich bin ich der Meinung, dass hier das wichtigste Argument für einen raschen Umstieg auf die WPF liegt.

» **Darstellungsqualität von Grafiken:** Die WPF-Konzepte zur Ausgabe von Grafiken sind nicht nur wesentlich flexibler und allgemeingültiger als bei Windows Forms, sie bieten gleichzeitig auch eine sichtbar bessere Darstellungsqualität. Jede WPF-Grafik- und Textausgabe macht von Antialiasing und anderen Techniken Gebrauch, um eine möglichst »runde« Darstellung am Bildschirm zu erzielen. An diesen neuen Komfort gewöhnt man sich rasch. Führt man dann aber wieder einmal ein Windows Forms-Grafikprogramm aus, ist man unweigerlich entsetzt, wie »pixelig« dessen Ausgaben aussehen.

» **Grafik-Hardware-Unterstützung:** Die WPF nutzt unter Windows Vista die 3D-Funktionen moderner Grafikkarten (auf der Basis von DirectX) und kann so diverse Gestaltungseffekte wie Transparenz wesentlich effizienter realisieren.

» **Textdokumente, Ausdruck:** Die WPF bietet wesentlich bessere Möglichkeiten zur Anzeige, Formatierung, Verarbeitung sowie zum Ausdruck von formatiertem Fließtext. Eine Schlüsselrolle spielt dabei das `FlowDocument`-Steuerelement. Generell ist die optische Qualität der Textdarstellung (das `Text Rendering`) ausgezeichnet. Die Druckfunktionen sind besser als in Windows Forms, gute Druckergebnisse erfordern allerdings wie bisher relativ viel Programmieraufwand.

» **Zukunftssicher:** Microsoft entwickelt die WPF aktiv weiter, während Windows Forms zur »toten Technologie« wird. Natürlich muss Microsoft Windows Forms aufgrund der riesigen Verbreitung noch über viele Jahre warten und pflegen, nennenswerte Neuerungen wird es aber keine mehr geben. Vorhandene fundamentale Mängel werden nicht mehr behoben.

Nachteile von WPF gegenüber Windows Forms

» **WPF-Designer:** Auch wenn sich der WPF-Designer von VB 2010 im Vergleich zu der Vorgängerversion deutlich verbessert hat, ist er jedoch noch immer voller Mängel. Die Bedienung ist umständlich, der XAML-Code widerspricht wichtigen WPF-Prinzipien etc. Der einzig vernünftige und effiziente Weg hin zu WPF-Formularen besteht darin, den XAML-Code direkt einzugeben (eventuell mit Unterstützung des Designers bei der Einstellung der Eigenschaften) – und das ist unbestritten ein Schritt zurück in die IT-Steinzeit.

Eine andere Möglichkeit besteht darin, die Formulare mit dem neuen Programm `Expression Blend` zu gestalten und nur den Code in Visual Studio zu entwickeln. Das Programm ist allerdings in den gewöhnlichen MSDN-Varianten nicht enthalten (Ausnahme: MSDN Premium) und als Zusatzprodukt ziemlich teuer.

» **Zu große Komplexität:** Viele WPF-Konzepte überzeugen in der Theorie durch ihren allgemeingültigen Ansatz. In der Praxis stellt sich aber heraus, dass dadurch einfache Dinge unnötig kompliziert werden. Anders formuliert: Die neuen WPF-Konzepte kommen nur bei sehr komplexen Benutzeroberflächen zum Tragen, während sie die Gestaltung einfacher Dialoge – also sozusagen das tägliche Brot jedes Windows-Entwicklers – erschweren.

» **Steuerelemente:** Das Angebot der WPF-Steuerelemente kann noch nicht mit Windows Forms mithalten. Zwar bietet WPF diverse neue Steuerelemente, aber es fehlen Entsprechungen für etliche Windows Forms-Steuerelemente, von denen einige durchaus wichtig sind:

Standarddialoge:	`ColorDialog`, `FolderBrowserDialog`, `FontDialog`, `PageSetupDialog`, `PrintDocument`, `PrintPreviewDialog`
ADO.NET-Steuerelemente:	`BindingNavigator`, `DataGridView`
Sonstige:	`DateTimePicker`, `ErrorProvider`, `HelpProvider`, `ImageList`, `LinkLabel`, `MonthCalendar`, `NotifyIcon`, `PropertyGrid`

Genau genommen müsste ich die obige Aufzählung um ein weiteres Steuerelement erweitern: Die WPF stellt zwar ein `ListView`-Steuerelement zur Verfügung, dessen Grundfunktionen können aber nicht einmal ansatzweise mit denen ihres Windows Forms-Gegenstücks mithalten. Es gibt zwar Schnittstellen, um diese Funktionen selbst zu programmieren, der erforderliche Aufwand ist aber groß. Der Zweck von Standardsteuerelementen ist deren einfache Nutzung, und in dieser Hinsicht versagt das `ListView`-Steuerelement grundlegend.

Ein Thema für sich sind die Standarddialoge: Das diesbezügliche WPF-Angebot ist mager, zudem erscheinen die WPF-Dialoge in Windows 2000-Optik. Abhilfe schaffen Änderungen in der Manifest-Datei.

Grundsätzlich ist es möglich, Windows Forms-Steuerelemente auch in WPF-Programmen einzusetzen. Dabei treten aber derart viele Probleme auf, dass man bei dieser Technik bestenfalls von einer Notlösung sprechen kann.

» **Eingeschränkte Kompatibilität zu ADO.NET:** Die WPF ist momentan kein geeignetes Fundament zur Entwicklung von Datenbankanwendungen. Das liegt einerseits an den erwähnten fehlenden ADO.NET-Steuerelementen, andererseits am `Data-Binding`-Mechanismus, der nur eingeschränkt mit ADO.NET kompatibel ist.

» **Flackernde Anzeige:** Beim Neuzeichnen des Fensterinhalts nach einer Veränderung der Fenstergröße flackert die Anzeige spürbar. Vor zehn Jahren hätte man das hinnehmen können, heute ist das aber ebenso inakzeptabel wie unbegreiflich. Die Programmiertechniken, um diesen Effekt zu vermeiden, sind bekannt, die erforderliche Hardware ist längst Standard. In Schulnoten: *Nicht genügend!* (Möglicherweise ist das Flackern auch der Grund, weswegen die Benutzeroberflächen der WPF-Programme `Expression Blend` und `Expression Design` so düster und dunkel sind. Das Flackern wird dadurch ein wenig kaschiert ...)

» **Kein PostScript-Support:** Die WPF kann nicht mit PostScript-Fonts umgehen. Das ist aber genau genommen kein Nachteil gegenüber Windows Forms, weil auch diese Bibliothek PostScript-inkompatibel ist.

- **Windows Vista:** Microsoft hat die WPF primär für Windows Vista entwickelt. Umso absurder mutet es an, dass WPF elementare Vista-Gestaltungselemente nur auf Umwegen bzw. gar nicht unterstützt. Beispielsweise erfordert es umständliche Manifest-Dateien, um den Aero-Glass-Effekt auf Fensterbereiche außerhalb des Titels auszudehnen.
- **Windows 2000, ME, 9x:** Diese Windows-Versionen sind zur WPF nicht kompatibel. WPF-Programme laufen nur unter Windows XP ab SP2, Windows Server 2003 ab SP1, Windows Vista sowie allen neueren Windows-Versionen. Die Hardware-Unterstützung diverser Grafikeffekte funktioniert überhaupt nur unter Windows Vista und neueren Versionen. (Die Effekte sehen unter Windows XP gleich aus wie unter Vista, erfordern dann aber wesentlich mehr CPU-Unterstützung und werden entsprechend langsamer ausgeführt.)
- **Windows CE, Embedded, Mobile etc.:** Die WPF ist ungeeignet, um Anwendungen für Handys, PDAs, `embedded devices` etc. zu programmieren. Eine Alternative wird in Zukunft wahrscheinlich Silverlight sein (ehemals WPF/E, siehe auch Abschnitt 16.9).

Fazit

Sollen Sie nun angesichts der Vorteile den Sprung hin zur WPF wagen, oder setzen Sie für Ihr nächstes Projekt weiterhin auf Windows Forms und damit auf »tote Technologie«? Ein paar Empfehlungen:

- Die Umstellung vorhandener Windows Forms-Programme auf die WPF ist mit riesigem Aufwand verbunden, der oft mit einer vollständigen Neuentwicklung vergleichbar ist. Das lohnt sich nur in Ausnahmefällen.
- Bei Neuentwicklungen müssen Sie abwägen, was für Sie wichtiger ist: Kompatibilität zu alten Windows-Versionen und Effizienz in der Programmentwicklung oder Zukunftssicherheit und ein modernes Aussehen der Benutzeroberfläche.
- Bei Datenbankprogrammen würde ich momentan eher zu Windows Forms raten. WPF unterstützt `Data Binding` zu ADO.NET nur mit vielen Einschränkungen, außerdem fehlen wichtige Steuerelemente.

Sofern Sie bereits Routine in der Arbeit mit Windows Forms haben, müssen Sie bei den ersten WPF-Projekten mit einem wesentlich höheren Zeitaufwand rechnen. Einerseits dauert das Hineindenken in die neuen WPF-Konzepte eine Weile, andererseits ist der unbrauchbare WPF-Designer ein wesentlicher Störfaktor. Wie bei jeder neuen Technologie gilt aber auch für die WPF: Je mehr Erfahrung Sie gewinnen, desto effizienter wird Ihre Arbeit. Für die WPF gilt das ganz besonders, weil die direkte Eingabe von Formularen in XAML bzw. das Kopieren vorhandenen XAML-Codes im Vergleich zu Windows Forms eine Menge Zeit sparen kann.

HINWEIS

Angesichts meiner unverhüllten Skepsis gegenüber der WPF – zumindest in der aktuellen Implementierung – fragen Sie sich vielleicht, warum ich in diesem Buch WPF und nicht Windows Forms behandle. Ich hätte mir auf jeden Fall viel Zeit bei der Neuauflage dieses Buchs gespart, wenn ich bei Windows Forms geblieben wäre ...

Für die Umstellung dieses Buchs auf die WPF gibt es dennoch gute Gründe: Der wichtigste besteht darin, dass die Zukunft der Windows-Programmierung ganz sicher WPF heißt. Microsoft wird die gröbsten Mängel beheben. In fünf Jahren wird auch das Argument, dass die WPF zumindest Windows XP voraussetzt, irrelevant sein. Rechner mit Windows 2000, Windows ME etc. sind dann zehn Jahre und älter, ihr Marktanteil wird verschwindend sein. Kurz und gut, ich mag hier nicht die alte Windows Forms-Suppe nochmals aufwärmen, wenn klar ist, dass an der WPF in naher Zukunft kein Weg mehr vorbeiführt.

Für alle Leser, die vorhandenen Windows Forms-Code weiter pflegen müssen oder die ein neues Programm auf der Basis von Windows Forms realisieren möchten, liegt auf der Webseite zum Buch ein E-Book (eine PDF-Datei) bei, die auf mehreren Hundert Seiten die Windows Forms-Programmierung beschreibt. Der Text stammt aus der vorigen Auflage dieses Buchs.

16.2 XAML

XAML steht für `eXtensible Application Markup Language`. XAML wird in der WPF dazu eingesetzt, um den Aufbau eines Formulars zu beschreiben, also die enthaltenen Steuerelemente, deren Ort und Eigenschaften etc. Es gibt für jedes WPF-Formular, das Sie in Visual Studio erstellen, zwei Dateien:

» *name.xaml* ist die XAML-Datei mit der Beschreibung des Formulars.

» *name.xaml.vb* enthält den dazugehörende VB-Code, der die von Ihnen programmierten Ereignisprozeduren sowie sonstigen Code, der zum Formular gehört.

HINWEIS

Bei Windows Forms ist es üblich, den Aufbau eines Formulars in Form von VB- oder C#-Anweisungen in einer normalerweise unsichtbaren Codedatei zu speichern. Dieser Code wird zum Erzeugen des Formulars ausgeführt. Diese Vorgehensweise hat allerdings einige Nachteile: Der Code ist schwer zu lesen und schwer zu warten und vor allem sprachabhängig. (Haben Sie schon einmal versucht, ein Formular eines C#-Programms in VB zu nutzen?) XAML behebt diese Nachteile.

Windows Forms-Experten wird aber auch auffallen, dass in den oben beschriebenen WPF-Dateien ein Detail fehlt: nämlich der Code, der ein WPF-Formular gewissermaßen zum Leben erweckt. Um diesen Aspekt kümmert sich der VB-Compiler. Beim Kompilieren erzeugt Visual Studio eine Binärdarstellung der XAML-Datei (eine BAML-Datei, wobei BAML für Binary Application Markup Language steht), die als Ressource in die *.exe-Datei eingebettet wird. BAML beansprucht weniger Platz und kann schneller verarbeitet werden als XAML. Weiterhin generiert der Compiler den erforderlichen Code, um die in der BAML-Datei beschriebenen Objekte tatsächlich zu erzeugen. In diesem Punkt ist der WPF-Ansatz weniger transparent als das Windows Forms-Konzept, wo der Code zum Erzeugen des Formulars zwar von der Entwicklungsumgebung versteckt wird, aber mit wenig Aufwand angesehen werden kann.

Neu im Vergleich zu Windows Forms ist der Umstand, dass XAML umfassende Möglichkeiten zur Beschreibung von Vektorgrafiken enthält (vergleichbar mit SVG). Das ist praktisch, um ein Formular mit grafischen Elementen »aufzupeppen«. Grundsätzlich ist es aber auch möglich, mit XAML einfach nur eine Vektorgrafik zu beschreiben. XAML dient dann sozusagen als neues Grafikformat.

XAML-Syntax

Wenn Sie schon einmal XML-Dateien bearbeitet haben, wird Ihnen die XAML-Syntax sofort einleuchten. Einige Grundregeln helfen bei der Arbeit:

» Sie müssen (anders als in VB) auf die exakte Groß- und Kleinschreibung achten. Wenn Sie XAML-Code in Visual Studio eingeben, hilft Ihnen der Editor dabei.

» Jedes XAML-Element entspricht einem WPF-Objekt. `<Button>text</Button>` bedeutet also, dass bei der Verarbeitung des XAML-Codes eine Instanz der WPF-Klasse `Button` erzeugt wird.

» Attribute in XAML-Elementen entsprechen Eigenschaften in WPF-Klassen. `<Button Margin="3">` bedeutet also, dass beim Button die `Margin`-Eigenschaft auf 3 gestellt werden soll.

» Der Inhalt aller Attribute muss in Anführungszeichen gestellt werden. `<Button Margin=3>` ist syntaktisch nicht erlaubt.

Um die Umwandlung der Zeichenketten in das jeweilige Datenformat der Eigenschaft kümmert sich der XAML-Compiler. Dabei kommen je nach Eigenschaft bzw. Datentyp unterschiedliche Konverter zum Einsatz, um Zahlen(kombinationen), Farbnamen und -codes etc. richtig zu verarbeiten.

Der XAML-Code `<TextBox HorizontalAlignment = "Stretch">` wird beispielsweise so interpretiert, als würde der VB-Code `textboxname.HorizontalAlignment = Windows.HorizontalAlignment.Stretch` ausgeführt. Für die richtige Zuordnung zwischen `"Stretch"` und dem entsprechenden Aufzählungselement ist der Konverter für die `HorizontalAlignment`-Eigenschaft verantwortlich.

In diesem Buch gelten beim Abdruck von XAML-Code natürlich die XAML-Syntaxregeln, d.h., die Anführungszeichen werden korrekt angegeben. Im beschreibenden Text erkläre ich aber salopp ohne Anführungszeichen, welche Wirkung `Margin = 3` oder `HorizontalAlignment = Stretch` hat. Das ist nicht zuletzt dadurch begründet, dass Sie die Eigenschaften ja auch durch VB-Code einstellen können, wobei dann die VB-Syntaxregeln gelten.

» XAML-Elemente können ineinander verschachtelt werden. Die Bedeutung hängt vom Kontext ab: Entweder werden dadurch Steuerelemente ineinander verschachtelt (z.B. mehrere Buttons in ein Panel), oder die Verschachtelung ist notwendig, um komplexe Eigenschaften einzustellen. Dabei ist die Schreibweise `<klassenname.eigenschaftsname>` üblich.

» In seltenen Fällen ist der Zugriff auf ein einzelnes Aufzählungselement erforderlich. Dazu müssen wie in C# eckige Klammern verwendet werden.

Die folgenden Zeilen zeigen den minimalen XAML-Code, der standardmäßig für neue WPF-Formulare in VB gilt. Es wird darin ein Objekt der Klasse `Window` definiert, das wiederum ein `Grid`-Steuerelement enthält. (Das `Grid` ist eines von mehreren Panel-Steuerelementen, die wiederum weitere Steuerelemente aufnehmen können. Beachten Sie, dass es nicht möglich ist, in ein Fenster direkt mehrere Steuerelemente einzufügen. Sie müssen zuerst ein Panel einfügen. Einen Überblick über die wichtigsten WPF-Panel gibt Abschnitt 16.4.)

```
<Window x:Class="Window1"
   xmlns="http://schemas.microsoft.com/winfx/2006/xaml/presentation"
   xmlns:x="http://schemas.microsoft.com/winfx/2006/xaml"
   Title="Window1" Height="300" Width="300">
   <Grid>
      ... eigener XAML-Code
   </Grid>
</Window>
```

HINWEIS In den XAML-Listings in diesem Buch hebe ich die Elementnamen von Steuerelementen fett hervor, damit Sie die Struktur des Codes leichter erkennen können.

Als Startelement in XAML-Dateien für WPF-Anwendungen kommen nur drei Klassen infrage: `Window` für gewöhnliche Fenster/Formulare, `Page` für Seiten mit webähnlicher Navigation sowie `Application`, um diverse Anwendungseigenschaften einzustellen. Um die XAML-Datei für `Application` kümmert sich die Entwicklungsumgebung. Änderungen sind hier nur in Ausnahmefällen erforderlich.

Die beiden `xmlns`-Attribute beschreiben die beiden Namensräume, die in XAML-Dateien gelten: Elementnamen ohne Zusatz sind WPF-spezifisch, nur die selten benötigten Elementnamen der Form `x:name` beziehen sich auf allgemeine XAML-Elemente. Beachten Sie, dass der Standardnamensraum Klassennamen aus mehreren .NET-Namensräumen umfasst. (Es gibt also keine 1:1-Zuordnung zwischen Namensräumen der .NET-Bibliothek und den Namensräumen in der XAML-Datei. Vielmehr hat man sich aus Gründen der Einfachheit dazu entschlossen, alle für die WPF wichtigen .NET-Namensräume zu einem einzigen XAML-Namensraum zusammenzufassen.)

Im vorliegenden Beispiel werden für das `Window`-Objekt fünf Eigenschaften eingestellt: `x.Class` gibt den Namen der Klasse an, die durch das XAML-Element definiert wird. (Bei allen weiteren Steuerelementen reicht dazu einfach `Name="name"`.) `Title` gibt den Fenstertitel an, und `Height` und `Width` legen die Startgröße des Fensters fest.

Wo, werden Sie sich nun fragen, ist die fünfte Eigenschaft, von der ich gesprochen habe? Es handelt sich um Content, deren Name im XAML-Code nicht zu sehen ist. `Content` beschreibt den Inhalt des `Window`-Objekts, also das Steuerelement, das darin angezeigt werden soll. In der XAML-Codeschablone von VB 2010 ist hierfür ein `Grid`-Steuerelement vorgesehen. Im Fenster soll also ein `Grid` dargestellt werden, das wiederum diverse andere Steuerelemente aufnehmen kann.

HINWEIS Wer aus der Windows Forms-Welt kommt, wird mit der Eigenschaft `Content` wenig anfangen können. `Content` dient dazu, den Inhalt eines Steuerelements zu beschreiben. Viele WPF-Steuerelemente kennen diese Eigenschaft: `Window` und `Page`, alle Panel-Steuerlemente, alle `Button`-Varianten, `Label` etc.

`Content` hat den Datentyp **Object()**, kann also eine beliebige Anzahl Objekte aufnehmen. Ganz so universell, wie es auf den ersten Blick aussieht, funktioniert `Content` dann aber doch nicht: Bei allen Objekten, die nicht von der WPF-Basisklasse `UIElement` abgeleitet sind, wird einfach nur `ToString` ausgewertet und angezeigt. `UIElement`-Objekte, zu denen Steuerelemente und eine Vielzahl grafischer Elemente zählen, werden hingegen im Steuerelement angezeigt (wobei intern die Methode `OnRender` aufgerufen wird).

XAML-Beispiel

Die folgenden Zeilen XAML-Code zeigen ein einfaches Formular, das aus einigen Steuerelementen zusammengesetzt ist (siehe Abbildung 16.1): Vordergründig sind ein Label mit der Überschrift, eine Linie, ein TextBlock mit Fließtext sowie zwei Buttons zu sehen. Hinter den Kulissen kümmern sich drei Panel-Steuerelemente um die richtige Anordnung der Steuerelemente: Das DockPanel füllt das gesamte Fenster aus. In ihm ist das erste StackPanel am unteren Ende angeordnet. Es enthält die beiden Buttons, die nebeneinander am rechten Rand platziert werden. Den verbleibenden Raum im DockPanel füllt das zweite StackPanel. Es ordnet das Labelfeld, die Linie und den Textblock untereinander an.

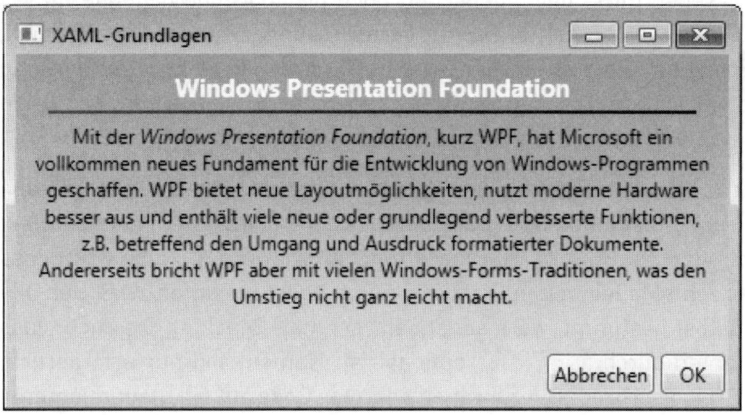

Abbildung 16.1: XAML-Beispielprogramm

Nun zum XAML-Code: Der erste interessante Punkt ist die Einstellung des Fensterhintergrunds mit einem Farbverlauf. Da hierfür ein LinearGradientBrush-Objekt benötigt wird, ist die sonst übliche Attributschreibweise Background="einstellung" unmöglich. XAML sieht für solche Fälle vor, die **komplexe Eigenschaft** durch ein separates XML-Element in der Schreibweise <klassenname.eigenschaftsname> einzustellen. Das so definierte Objekt – hier ein LinearGradientBrush von Mittelgrau nach Hellgrau – wird der Eigenschaft zugewiesen.

```
<Window x:Class="Window1"
   xmlns="http://schemas.microsoft.com/winfx/2006/xaml/presentation"
   xmlns:x="http://schemas.microsoft.com/winfx/2006/xaml"
   Title="XAML-Grundlagen" Height="244" Width="456">
   <Window.Background>
      <LinearGradientBrush StartPoint="0,0" EndPoint="0,1" >
         <GradientStop Color="#aaaacc" Offset="0"/>
         <GradientStop Color="#ddddee" Offset="1"/>
      </LinearGradientBrush>
   </Window.Background>
```

Der gesamte Inhalt des Fensters (also der Content des Window-Objekts) wird von einem DockPanel vollständig ausgefüllt. Das DockPanel enthält wiederum zwei StackPanel. Das erste ist am unteren Ende andockt und enthält hier zwei Buttons, das zweite füllt den verbleibenden Raum.

Das StackPanel ordnet die enthaltenen Steuerelemente normalerweise untereinander an. Orientation = "Horizontal" bewirkt eine Anordnung nebeneinander, HorizontalAlignment = "Right" die rechtsbündige Ausrichtung (normalerweise linksbündig).

Die Einstellung der Dock-Eigenschaft zeigt eine weitere WPF- bzw. XAML-Besonderheit: **zugeordnete Eigenschaften**. Im ersten StackPanel wird diese Eigenschaft auf "Bottom" gesetzt. Dock ist aber gar keine Eigenschaft, die die StackPanel-Klasse kennt! Das StackPanel hat diese Eigenschaft vielmehr vom DockPanel geerbt. Deswegen muss der Eigenschaft auch die zugrunde liegende Klasse vorangestellt werden – hier also DockPanel.Dock. (Der Begriff »erben« klingt zwar sehr anschaulich, entspricht hier aber nicht der Bedeutung, die er im Sinne der objektorientierten Programmierung normalerweise hat. Hintergrundinformationen zu den attached properties, wie sie in der englischen Originalliteratur heißen, folgen in Abschnitt 16.5.)

Bei den beiden Buttons bewirkt Margin="2" einen kleinen Abstand zwischen den Buttons und den anderen Steuerelementen. Padding="2" bedeutet, dass auch innerhalb des Buttons rund um den Text ein schmaler Bereich frei bleibt, was die Buttons »luftiger« macht. Padding="10,2" bewirkt, dass beim OK-Button links und rechts zehn Maßeinheiten Platz frei bleibt, oben und unten zwei. Der OK-Button, dessen Größe die WPF selbst bestimmt, wäre sonst sehr schmal. Beachten Sie auch, dass die Benennung von Steuerelementen durch Name="..." optional ist. Namen sind nur erforderlich, wenn Sie den Steuerelementen Ereignisprozeduren zuordnen oder per Code auf die Steuerelemente zugreifen möchten.

```
<DockPanel>
  <StackPanel DockPanel.Dock="Bottom" HorizontalAlignment="Right"
              Orientation="Horizontal">
    <Button Padding="2" Margin="2" Name="btnCancel">Abbrechen</Button>
    <Button Padding="10,2" Margin="2" Name="btnOK">OK</Button>
  </StackPanel>
```

Das zweite StackPanel enthält ein Label, eine horizontale Linie und einen TextBlock (also ein Steuerelement, um mehrzeiligen, formatierten Fließtext anzuzeigen):

```
  <StackPanel Margin="5">
    <Label FontSize="15" FontWeight="Bold" HorizontalAlignment="Center"
           Foreground="White">Windows Presentation Foundation</Label>
    <Line HorizontalAlignment="Center" X1="0" X2="400" StrokeThickness="2">
      <Line.Stroke>
        <LinearGradientBrush EndPoint="1,0.5" StartPoint="0,0.5">
          <GradientStop Color="#FF215DF2" Offset="0"/>
          <GradientStop Color="#FF070C42" Offset="1"/>
```

```
            </LinearGradientBrush>
          </Line.Stroke>
        </Line>
        <TextBlock HorizontalAlignment="Center" Margin="5" TextAlignment="Center"
                   TextWrapping="Wrap">
          Mit der <Span FontStyle="Italic">Windows Presentation Foundation</Span>,
          kurz WPF, hat ...</TextBlock>
      </StackPanel>
    </DockPanel>
</Window>
```

XAML-Markup-Besonderheiten

Wenn die **Sonderzeichen** <, >, & und " in XAML-Zeichenketten verwendet werden sollen, müssen Sie die folgenden Spezialcodes verwenden:

XAML-Sonderzeichen	
<	<
>	>
&	&
"	"

Kommentare innerhalb von XAML leiten Sie mit <!–ein, und beenden Sie mit -->. Die Kommentare dürfen über mehrere Zeilen reichen.

Normalerweise werden **Zeilenumbrüche**, mehrfache Leer- und Tabulatorzeichen etc. – also sogenannter `White Space` – in XAML-Zeichenketten zu einem einzigen Leerzeichen reduziert. Wenn Sie das nicht möchten, müssen Sie das XML-Attribut `xml:space="preserve"` aktivieren. (Das hat eigentlich nichts mit XAML zu tun, sondern ist ein gewöhnliches XML-Merkmal.) Sie müssen nun aber darauf achten, dass die Zeichenkette keine ungewollten Zeilenumbrüche, Einrückungen etc. enthält.

`Button 2` zeigt, dass korrekter XAML-Code dann leider recht unübersichtlich aussieht, und `Button 3` demonstriert den Effekt durch unbeabsichtigte Einrückungen und Zeilenumbrüche. Am elegantesten umgehen Sie das Problem, indem Sie den mehrzeiligen Text in ein `TextBlock`-Steuerelement verpacken (`Button 4`). Dort können Sie mit `<LineBreak/>` manuelle Zeilenumbrüche einfügen.

```
<WrapPanel>
   <Button Margin="2">
      Button 1
      zweite Zeile
      dritte Zeile mit mehr Text
   </Button>
   <Button Margin="2" xml:space="preserve">Button 2
zweite Zeile
dritte Zeile mit mehr Text</Button>
   <Button Margin="2" xml:space="preserve">
      Button 3
      zweite Zeile
      dritte Zeile mit mehr Text
   </Button>
   <Button Margin="2">
      <TextBlock>
         Button 4<LineBreak/>
         zweite Zeile<LineBreak/>
         dritte Zeile mit mehr Text
      </TextBlock>
   </Button>
</WrapPanel>
```

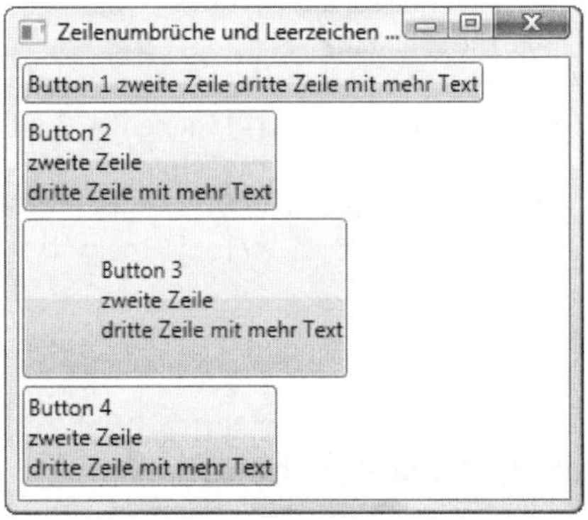

Abbildung 16.2: Zeilenumbrüche und Leerzeichen in XAML-Code

Zusätzliche Namensräume für den XAML-Code

Gelegentlich kommt es vor, dass Sie im XAML-Code Objekte erzeugen möchten, die in den standardmäßig aktiven Namensräumen nicht enthalten sind – beispielsweise ein Datum (DateTime-Objekt). Dazu definieren Sie im ersten XAML-Objekt (üblicherweise in <Window ...>) einen zusätzlichen Namensraum und statten ihn mit einem Kürzel aus. Über dieses Kürzel können Sie dann auf weitere Klassen zugreifen und daraus Objektinstanzen bilden.

Im folgenden Beispiel wird in einem Label das Datum 31.12.2007 dargestellt. Der Vorteil der hier gewählten Vorgehensweise besteht darin, dass dieses Datum immer korrekt formatiert wird, egal, in welchem Land das Programm ausgeführt wird.

```
<Window x:Class="Window2"
    xmlns="http://schemas.microsoft.com/winfx/2006/xaml/presentation"
    xmlns:x="http://schemas.microsoft.com/winfx/2006/xaml"
    xmlns:core="clr-namespace:System;assembly=mscorlib"
    Title="Window2" Height="300" Width="300">
    ...
   <Label><core:DateTime>2007-12-31</clr:DateTime></Label>
    ...
</Window>
```

XAML-Designer in Visual Studio

In diesem Buch lege ich Ihnen nahe, XAML-Code einfach von Hand einzugeben und den Designer nur als visuelles Feedback zu benutzen. Das klingt umständlich, geht aber nach ein paar Tagen überraschend flott vonstatten und erleichtert die Wiederverwertung von XAML-Code aus früheren Projekten.

Wenn ich Sie nicht überzeugen kann, sehen die zwei populärsten Alternativen so aus: Entweder verwenden Sie den etwas verunglückten XAML-Designer in Visual Studio, den ich im Folgenden kurz vorstelle, oder Sie erwerben `Expression Blend` und erstellen damit Ihre Formulare (siehe den nächsten Abschnitt). Daneben gibt es natürlich auch XAML-Editoren von anderen Anbietern, wobei das Angebot in nächster Zeit sicher stark wachsen wird.

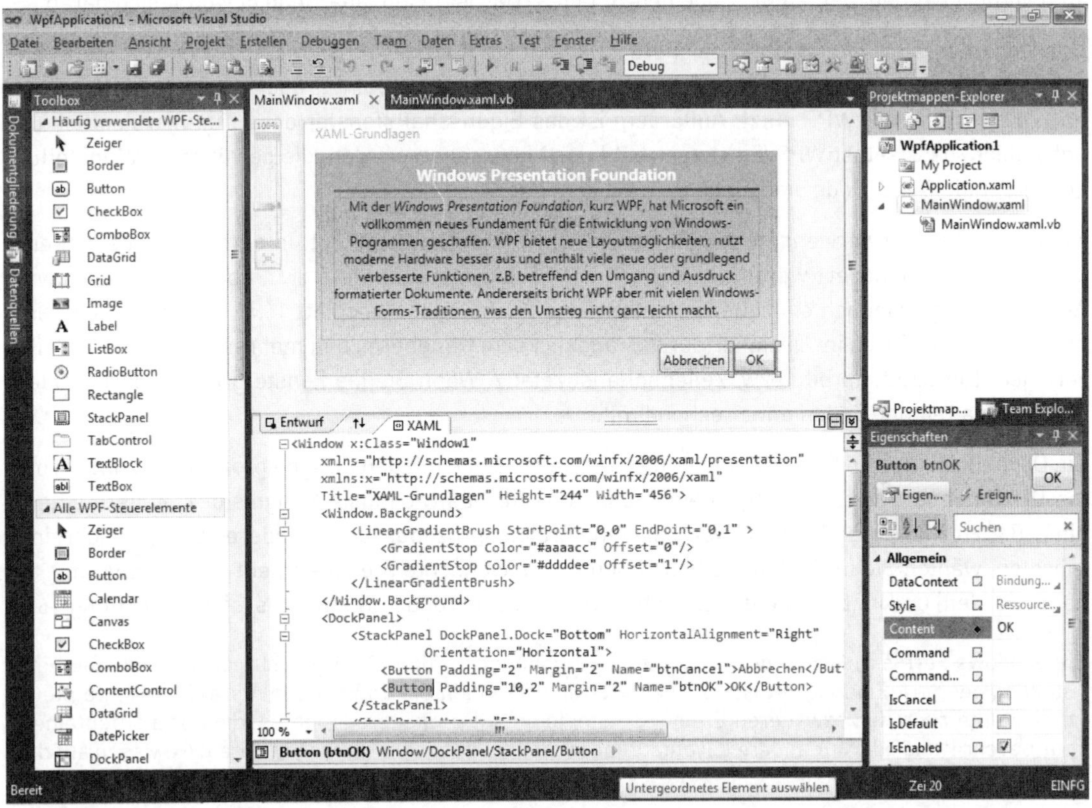

Abbildung 16.3: Der in Visual Studio integrierte XAML-Designer

Wenn Sie in Visual Studio ein neues WPF-Projekt starten bzw. ein neues Fenster hinzufügen, zeigt der XAML-Designer das Fenster in einer Doppelansicht an: Oben im Designer, unten als XAML-Code. Wie aus Windows Forms gewohnt, finden Sie links eine Toolbox mit allen Steuerelementen sowie rechts unten das Eigenschaftsfenster. Falls einzelne Teilfenster bei Ihnen nicht sichtbar sind, öffnen Sie sie mit ANSICHT|*FENSTERNAME*.

Die Bedienung des Designers entspricht in Wesentlichem dem, was Sie vom Windows Forms-Designer oder vergleichbaren Formulardesignern anderer Programmiersprachen gewohnt sind: Sie können Steuerelemente aus der Toolbox auswählen und wahlweise per Doppelklick oder durch das Zeichnen eines Rahmens in das Fenster einfügen. Anschließend verändern Sie per Maus die Größe und Form des Steuerelements und stellen alle weiteren Eigenschaften im Eigenschaftsfenster ein.

Sämtliche Einstellungen werden parallel auch im XAML-Code durchgeführt. Umgekehrt gilt dies auch für alle Änderungen, die Sie direkt im XAML-Code eingeben. Visual Studio versucht also, den Inhalt beider Fensterteile ständig zu synchronisieren. Hin und wieder (bei größeren Projekten leider immer öfter) kommt der Designer nach Änderungen im XAML- oder VB-Code aus dem Takt: Der Designer zeigt dann einen entsprechenden Hinweistext an und muss durch einen Mausklick dazu aufgefordert werden, den XAML-Code neu zu laden. Das ist lästig, aber man gewöhnt sich daran ...

Das fundamentale Problem des Designers ist die Einstellung der Position und Größe von Steuerelementen, die weder auf die Eigenschaften der zugrunde liegenden Panels oder Grids Rücksicht nimmt noch die Vorteile der WPF nutzt. Außerdem ist das Eigenschaftsfenster derart unübersichtlich und unhandlich, dass selbst WPF-Einsteiger bald dazu übergehen werden, die gewünschten Einstellungen direkt im XAML-Code einzugeben.

Neue WPF-Fenster verwenden standardmäßig ein `Grid`-Steuerelement, in dem dann alle weiteren Steuerelemente platziert werden können. Die WPF bietet neben dem `Grid` aber noch eine Menge Alternativen, die vielfach einfacher zu nutzen sind (siehe auch Abschnitt 16.4). Wenn Sie beim `Grid` bleiben, können Sie es im Designer durch Mausklicks im Randbereich in mehrere Spalten und Zeilen zerlegen. Die Spaltenbreite bzw. Zeilenhöhe ist relativ: Wenn Sie die Fenstergröße ändern, ändern sich die Spalten und Zeilen entsprechend mit.

Ein Doppelklick auf ein Steuerelement führt in den VB-Code mit den Ereignisprozeduren zum Formular. Der Designer fügt automatisch eine Schablone für das wichtigste Ereignis des Steuerelements ein (z.B. `Click` für einen Button). Wenn Sie eine Ereignisprozedur für ein anderes Ereignis schreiben möchten, wählen Sie im Listenfeld links oben das gewünschte Steuerelement (es muss vorher benannt werden) und im Listenfeld rechts oben das dazugehörende Ereignis aus (siehe Abbildung 16.4).

HINWEIS

In Windows Forms musste jedes Steuerelement benannt werden. Die WPF ist hier flexibler: Die Einstellung der `Name`-Eigenschaft ist optional. Allerdings können Sie im VB-Code nur auf benannte Steuerelemente zugreifen bzw. deren Ereignisse empfangen. Bei Steuerelementen, die nur als Container, zur Beschriftung oder für andere Layoutaufgaben dienen, können Sie aber mit gutem Gewissen auf die Namensgebung verzichten.

Von nachträglichen Namensänderungen hält der Designer wenig und passt den VB-Code nicht entsprechend an! SUCHEN UND ERSETZEN im VB-Code behebt die resultierenden Probleme aber rasch.

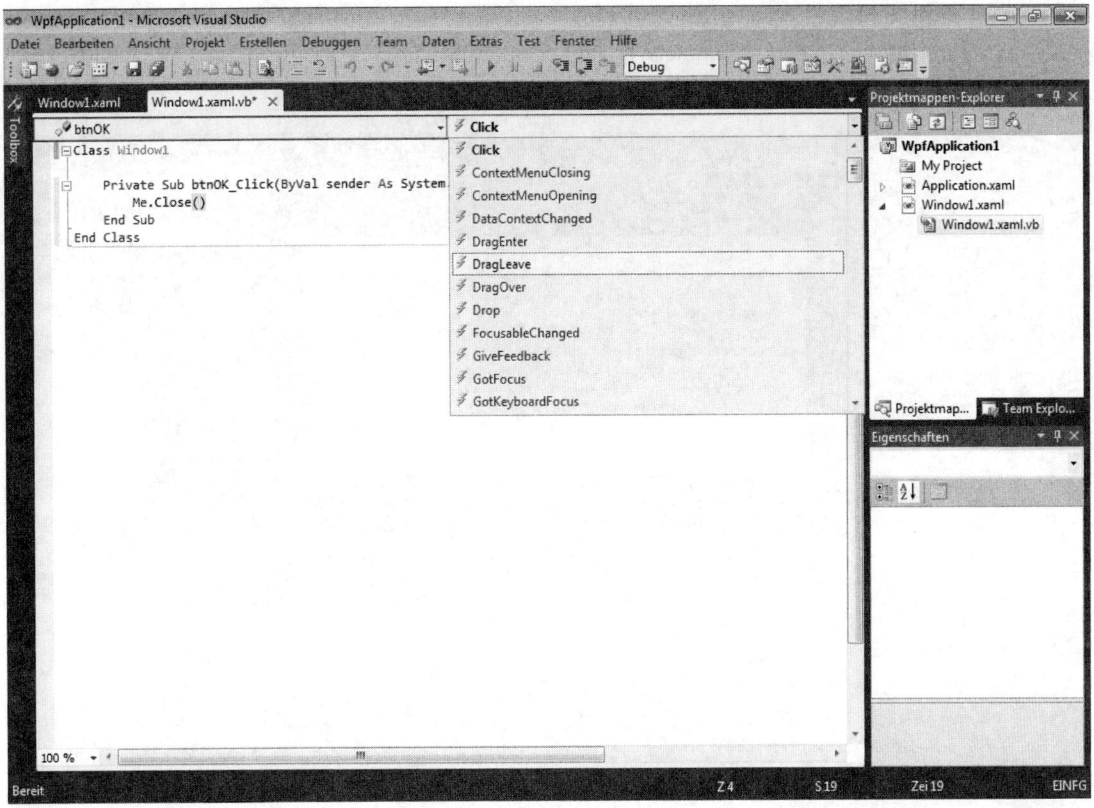

Abbildung 16.4: Ereignisprozeduren verfassen

Expression Blend

Expression Blend ist ein visuell verspielter Editor für XAML-Oberflächen. Das WPF-Programm zeigt, wie der XAML-Designer in Visual Studio hätte aussehen können, wenn sich Microsoft nicht dazu entschlossen hätte, Expression Blend als separates, kostenpflichtiges Zusatzprodukt zu vermarkten. Die Anschaffung lohnt insbesondere, wenn Sie grafisch ansprechende Formulare gestalten möchten und das Design Ihrer Anwendungen einen hohen Stellenwert hat. Auch bei der Einstellung der zahllosen Eigenschaften von Steuerelementen weiß Expression Blend zu glänzen. Fortgeschrittene Entwickler werden sich darüber freuen, dass auch Expression Blend eine XAML-Ansicht kennt und dort Codeänderungen zulässt.

Auch wenn Expression Blend natürlich ein riesiger Fortschritt im Vergleich zum XAML-Designer in Visual Studio ist, kann das Programm nicht in jeder Hinsicht überzeugen: Immer wieder abgeschnittene Menüs und Toolbars (getestet bei einer DPI-Einstellung von 120) lassen Zweifel aufkommen, wie ausgereift die WPF ist. Das augenfeindliche Layout mit hellgrauer Schrift auf dunkelgrauem Hintergrund irritiert, ebenso der verschwenderische Umgang mit Platz: Der Monitor kann gar nicht breit genug sein, damit zwischen den diversen Steuerungspanels ein nennenswerter Arbeitsbereich für das Formular übrig bleibt. Irritierend ist auch der Umstand, dass das Programm die XAML-Codeeingabe kaum unterstützt. In dieser Hinsicht ist sogar Visual Studio überlegen.

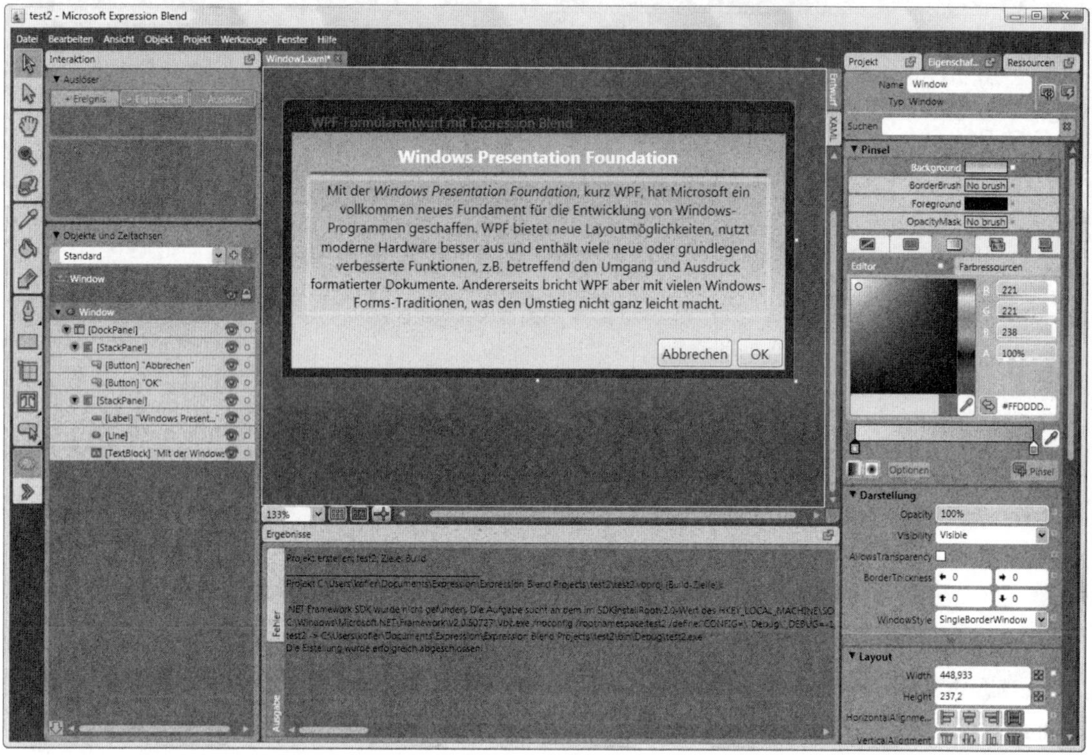

Abbildung 16.5: Expression Blend

Weit schlimmer als diese Kleinigkeiten wiegen aber die funktionellen Mängel: Wer die Hintergründe der WPF nicht verstanden hat, wird mit Expression Blend dieselben Fehler machen wie mit dem XAML-Designer in Visual Studio: unnötiger bzw. falscher Einsatz des `Grid`-Panels, lauter Steuerelemente mit fixer Größe und Position etc. Das Ergebnis: Ihre Programme werden sich bei einer Änderung der Fenstergröße, der DPI-Einstellung oder der Steuerelementtexte (Übersetzungen) genauso inflexibel verhalten wie Windows Forms-Programme. Sie müssen schon einige Mühe aufwenden, damit Expression Blend die automatische Größeneinstellung und Platzierung der WPF überlässt. Hier hätten die Entwickler intuitivere Wege suchen müssen, um zumindest so den hohen Preis des Programms zu rechtfertigen.

XAML-Varianten

In diesem Abschnitt habe ich XAML als XML-Dialekt zur Beschreibung von WPF-Formularen und -Grafiken vorgestellt. Es gibt aber noch weitere Anwendungsformen. Die prinzipielle Syntax von XAML bleibt dabei unverändert, allerdings werden andere Elemente/Objekte beschrieben.

» **Silverlight:** Silverlight ist eine plattformunabhängige Variante zur WPF (siehe auch Abschnitt 16.9). Der Aufbau und das Aussehen von Silverlight-Anwendungen werden wie bei WPF-Programmen durch eine XAML-Datei beschrieben.

» **WWF:** Die `Windows Workflow Foundation` ist eine neue Kommunikationsinfrastruktur, die seit Version 3.0 Bestandteil des .NET Frameworks ist. Die Kommunikationsstruktur wird durch XAML-Dateien beschrieben.

» **XPS:** Die `XML Paper Specification` ist ein neues Dokumentenformat, das Microsoft als Konkurrenzprodukt zu Adobe PDF und als Nachfolger zu EMF für die Windows-interne Verwaltung von Druckdaten entwickelt hat. Der Drucker-Spooler von Windows Vista verwendet XPS. Zur Beschreibung der Seiten dient ein Subset von XAML. XPS-Dateien sind in Wirklichkeit Zip-Archive, die außer XAML-Dateien für jede Seite auch Fonts, Bitmaps und andere Daten enthalten können.

16.3 Maßeinheit für Größen- und Positionsangaben

Grundsätzlich sollten Sie es vermeiden, die Position und Größe von Steuerelementen explizit anzugeben. Sie nehmen der WPF damit die Möglichkeit, die Größe und den Ort der Steuerelemente selbst optimal festzulegen (mehr dazu im nächsten Abschnitt). Ganz ohne Positions- und Größenangaben wird es aber auch nicht gehen: Zumeist müssen Sie zumindest die Startgröße Ihrer Fenster, die Abstände zwischen den Steuerelementen (`Margin`), Ränder innerhalb der Steuerelemente (`Padding`), die Größe von Schriften etc. absolut festlegen.

Als Einheit für alle Angaben gilt dabei ein »geräteunabhängiges Pixel« (`device-independent pixel`), das ich in diesem Buch der Kürze wegen auch einfach WPF-Pixel nenne. Ein derartiges Pixel ist mit 1/96 Zoll definiert. Nur wenn der Benutzer mit einem 96-DPI-Monitor arbeitet, entspricht die WPF-Maßeinheit tatsächlich einem Bildschirmpixel!

Alle Maßangaben werden intern als `Double`-Zahlen verarbeitet. Ob 96 Maßeinheiten am Monitor tatsächlich ein Zoll, also 2,54 cm lang erscheinen, hängt natürlich vom Monitor und der richtigen Konfiguration der Anzeigeeinstellungen ab. DPI steht übrigens für `Dots per Inch` und gibt an, wie viele Pixel pro Inch/Zoll der Monitor darstellt.

HINWEIS

Auch die Größe von Schriften (`FontSize`) wird in der WPF-Maßeinheit angegeben! Das ist ein großer Unterschied gegenüber Windows Forms, wo die Schriftgröße in Punkt angegeben wird. Da ein Punkt mit 1/72 Zoll definiert ist, entspricht eine 9-Punkt-Schrift in Windows Forms einer 12-WPF-Einheiten-Schrift in der WPF.

Die WPF ist in der Lage, *alle* Steuerelemente beliebig zu skalieren. Wenn Sie also ein WPF-Programm auf einem Notebook mit einem kleinen, aber hochauflösenden Display ausführen, wird ein Ein-Zoll-Button aus entsprechend mehr Pixeln zusammengesetzt als auf Ihrem Arbeitsrechner mit 22-Zoll-Monitor. Auf beiden Rechnern sollte der Button aber tatsächlich ein Zoll breit erscheinen (wieder vorausgesetzt, die DPI-Systemeinstellungen stimmen bei beiden Systemen!). Windows Forms verspricht das übrigens auch, allerdings gibt es dort viele Einschränkungen. Bei der WPF funktioniert es erstmals wirklich!

Beachten Sie, dass viele Benutzer, die sich mit Windows ausreichend gut auskennen, den DPI-Wert absichtlich zu hoch einstellen. Das Resultat: Alle Benutzerelemente von Programmen erscheinen am Bildschirm größer als gewöhnlich und sind somit besser lesbar. Vielen Besitzern hochauflösender Bildschirme ist dieser Komfort wichtiger als die Möglichkeit, noch mehr Daten auf einmal darzustellen.

TIPP

> Unter Windows Vista finden Sie den Dialog zur DPI-Einstellung, wenn Sie mit der rechten Maustaste auf den Desktop klicken, ANPASSEN ausführen und dann im Task-Bereich (links im Systemsteuerungsfenster) auf SCHRIFTGRAD ANPASSEN (DPI) klicken. Anschließend ist ein Neustart von Windows fällig – daran ändert auch Vista nichts.

Wie gut die Skalierung von Formularen funktioniert, können Sie am einfachsten im WPF-Designer in Visual Basic ausprobieren: Verändern Sie den Zoom-Regler, und sehen Sie an, wie sich Ihr Formular bei einem größeren DPI-Wert (Zoom größer 100%) bzw. bei einem kleineren DPI-Wert aussieht.

16.4 Formularlayout mit Panels

Nahezu alle WPF-Formulare enthalten mehr als ein Steuerelement. Dieser Abschnitt gibt einen kurzen Überblick darüber, wie Sie die Größe und Position von Steuerelementen innerhalb des Formulars festlegen. So viel gleich vorweg: Setzen Sie zur Positionierung von Steuerelementen sogenannte `Panel`s ein! Das ist eine Gruppe von Steuerelementen, die als Container selbst wieder Steuerelemente aufnehmen. Die populärsten Varianten heißen `Canvas`, `StackPanel`, `WrapPanel`, `DockPanel` und `Grid`. Bei komplexeren Layoutansprüchen verschachteln Sie mehrere derartige Steuerelemente ineinander.

Das entscheidende Merkmal aller Panels besteht darin, dass sie die in ihnen enthaltenen Steuerelemente automatisch anordnen. Vergleichbare Steuerelemente gab es schon für Windows Forms. Dort war ihr Einsatz aber nur relativ selten erforderlich, weil bereits das Formular an sich (die `Form`-Klasse) mehrere Steuerelemente aufnehmen konnte und es diverse Mechanismen gab, um Steuerelemente an einen oder mehrere Fensterränder zu »kleben«. Diese Verfahren gibt es in der WPF in dieser Form nicht mehr, was gerade Umsteigern von Windows Forms anfänglich eine Menge Schwierigkeiten bereitet.

HINWEIS

> Das Formular (`Window`-Objekt), aber auch diverse andere simple Steuerelemente, können nur über die `Content`-Eigenschaft Inhalt aufnehmen. `Content` kann z.B. ein simpler Text oder ein anderes Steuerelement sein. Das direkte Einfügen mehrerer Steuerelemente ist nur über den Umweg eines Panels möglich.

Dieses Container-Konzept ist universell: Beispielsweise können Sie in einem Button über die `Content`-Eigenschaft Text oder eine Grafik darstellen, aber nicht beides. Wenn Sie das möchten, fügen Sie in den Button ein Panel und in dieses ein Text- und ein Grafikfeld ein.

Elementare Designregeln

Bevor ich zu den Details komme, fassen die beiden folgenden Punkte zwei elementare Designregeln für WPF-Anwendungen zusammen:

» Die Größe von Steuerelementen, also von Buttons, Labels etc., sollte nach Möglichkeit nicht fix eingestellt werden. Das Steuerelement ermittelt dann je nach Inhalt selbst die richtige Größe. Diese simple Maßnahme stellt sicher, dass das Steuerelement auch nach Textänderungen (z.B. Übersetzungen) sowie unabhängig von der Monitorauflösung seinen Inhalt immer korrekt darstellt.

» Dieselbe Regel gilt auch für die Positionierung von Steuerelementen. Wählen Sie ein geeignetes Panel aus, und stellen Sie dessen Eigenschaften richtig ein. Es wird sich dann selbst um die richtige Anordnung Ihrer Steuerelemente kümmern, und zwar auch dann, wenn das zugrunde liegende Fenster oder die enthaltenen Steuerelemente ihre Größe ändern.

Wie bereits mehrfach erwähnt wurde, halten sich leider weder der in Visual Studio inkludierte XAML-Designer noch das Programm Expression Blend an diese Grundregeln. Die negativen Konsequenzen bemerken Sie am schnellsten, wenn Sie nachträglich Beschriftungstexte ändern. Aber auch Style-Dateien, andere Schriftarten und -größen etc. zerstören das Layout: Plötzlich werden Texte abgeschnitten, Labels sind nicht mehr bündig ausgerichtet etc. (Wer schon Programme lokalisiert hat, also beispielsweise eine deutsche Version eines englischen Programms erstellt hat, kennt die Thematik. Die WPF wäre eigentlich für solche Szenarien optimal geeignet. Der XAML-Designer bzw. Expression Blend ersticken diesbezüglich aber alle positiven Ansätze im Keim.)

Panel-Übersicht

Der folgende, reich illustrierte Überblick gibt eine kurze Beschreibung der wichtigsten Panel-Steuerelemente. (Weitere Details zu den einzelnen Steuerelementen sowie eine Menge XAML-Codebeispiele folgen in Kapitel 17.) Der Abschnitt soll primär als Orientierungshilfe dienen, um das für eine Aufgabe am besten geeignete Steuerelement auszuwählen.

Im `StackPanel` werden die enthaltenen Steuerelemente übereinandergestapelt. Die Steuerelemente nutzen normalerweise die gesamte verfügbare Breite, es sei denn, sie werden durch `HorizontalAlignment` links, rechts oder mittig ausgerichtet. Die Höhe der Steuerelemente ergibt sich aus ihrem Inhalt.

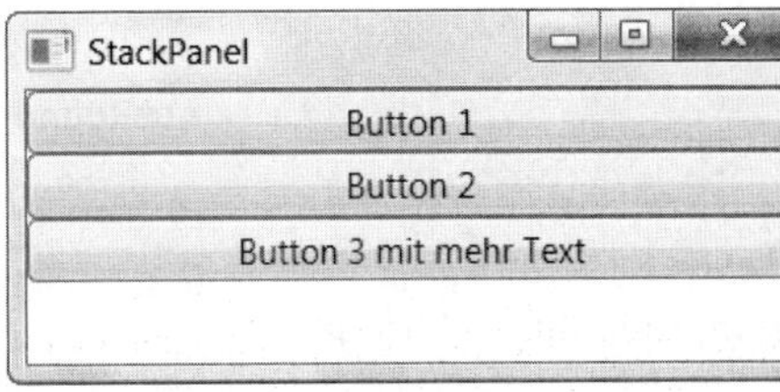

Abbildung 16.6: StackPanel

Das `StackPanel` kann mit `Orientation = Horizontal` auch dazu verwendet werden, mehrere Steuerelemente nebeneinander anzuordnen.

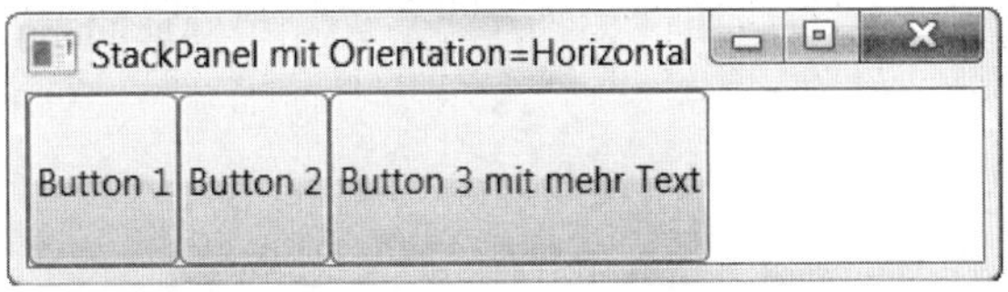

Abbildung 16.7: Horizontales StackPanel

Im `DockPanel` werden Steuerelemente an die Ränder des Panels »geklebt«. Sie nehmen automatisch die Breite bzw. Höhe des Rands an. Dabei entscheidet die Reihenfolge darüber, welches Steuerelement zuerst einem Rand zugeordnet wird. Das letzte Steuerelement füllt, sofern es nicht ebenfalls an einem Rand angedockt wird, den gesamten verbleibenden Raum (`Button4` in Abbildung 16.8).

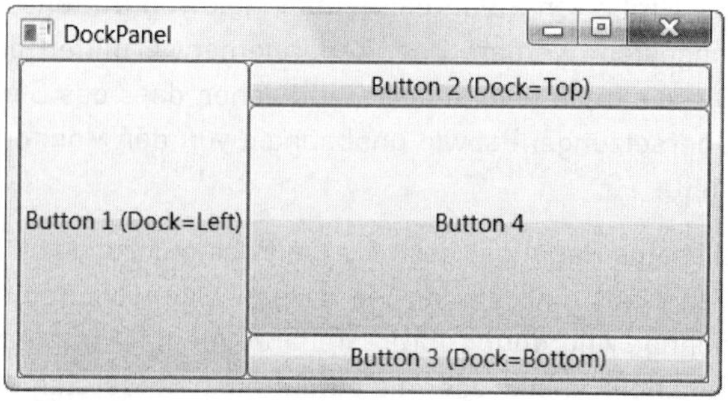

Abbildung 16.8: DockPanel

Das `WrapPanel` ordnet die Steuerelemente zeilenweise an (siehe Abbildung 16.9). Innerhalb einer Zeile werden alle Steuerelemente an eine einheitliche Höhe angepasst (es sei denn, die Steuerelemente werden durch `VerticalAlignment` explizit oben, unten oder mittig ausgerichtet).

Abbildung 16.9: Zwei WrapPanel

Mit `Orientation = Vertical` erreichen Sie eine spaltenweise Anordnung der Steuerelemente. In Abbildung 16.10 gilt bei den Buttons 7 und 8 `HorizontalAlignment = Left` bzw. `Right`.

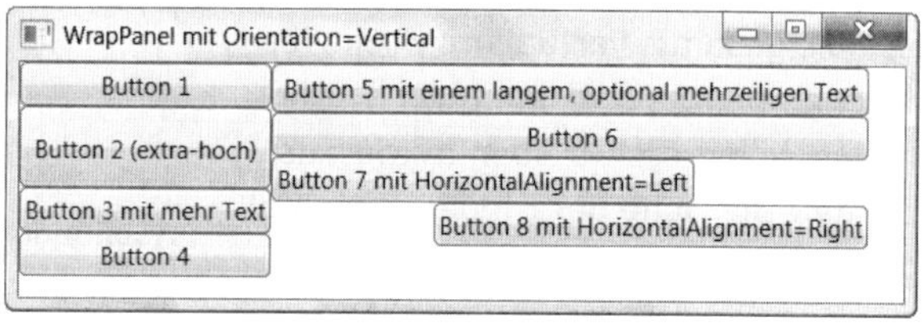

Abbildung 16.10: Vertikales WrapPanel

Die vielseitigsten Gestaltungsmöglichkeiten gibt das `Grid`. Es muss zuerst in mehrere Zeilen und oder Spalten unterteilt werden. Es gibt zahlreiche Möglichkeiten, die Spaltenbreite und Zeilenhöhe einzustellen, worauf in diesem Beispiel verzichtet wurde. Damit sind alle Zeilen gleich hoch und alle Spalten gleich breit.

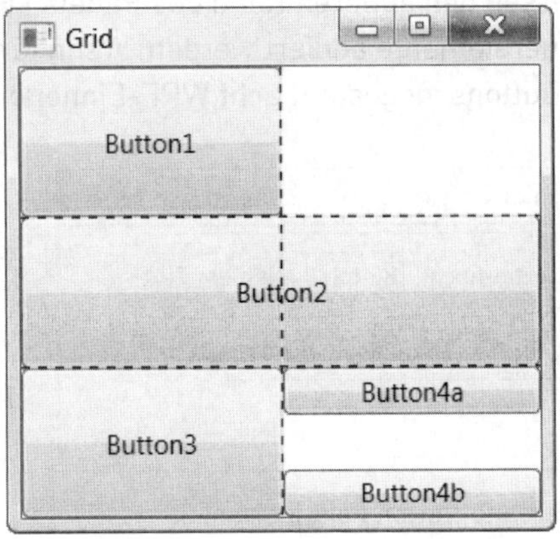

Abbildung 16.11: Grid

Anschließend werden die Steuerelemente in die sich ergebenden Zellen eingefügt. Die Steuerelemente füllen die Zelle standardmäßig vollständig aus.

Optional können die Steuerelemente auch mehrere Zellen ausfüllen (Button 2 in Abbildung 16.11). Es ist auch zulässig, mehrere Steuerelemente in einer Zelle unterzubringen (Button 4a/4b). Das ist aber nur zweckmäßig, wenn Sie die Steuerelemente innerhalb der Zelle links/rechts/oben/unten ausrichten. Alternativ können Sie natürlich in jeder Zelle wieder ein neues Panel einfügen.

Das `Canvas`-Steuerelement richtet sich an Traditionalisten, die Steuerelemente mit exakten Koordinaten positionieren möchten, wobei die Angaben relativ zu allen vier Rändern erfolgen dürfen. Die Vorgehensweise hat starke Ähnlichkeiten mit der Positionierung der Steuerelemente in Windows Forms-Programmen. Sie kommt in WPF-Programmen aber nur in Ausnahmefällen zum Einsatz.

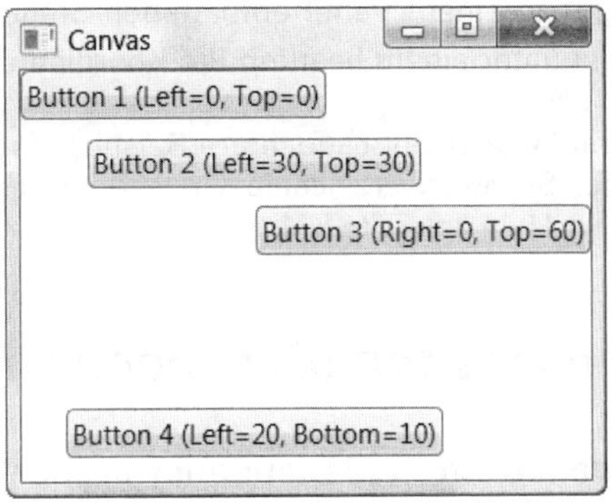

Abbildung 16.12: Canvas

Es wird Ihnen aufgefallen sein, dass die Buttons, die in den vorangegangenen Abbildungen als Testobjekte dienen, oft nahtlos an#einandergefügt waren. Das ist weder schön noch übersichtlich. Abhilfe schafft die Eigenschaft `Margin`, die den äußeren Rand um ein Steuerelement angibt. Sie muss für alle Steuerelemente innerhalb des Panels angegeben werden. (Praktischer wäre es, wenn `Margin` nur einmal im Panel angegeben werden könnte. Das hat aber nicht die erwünschte Wirkung und verändert stattdessen den äußeren Rand des Panels.) Beachten Sie, dass die `Margin`-Werte aneinanderliegender Steuerelemente addiert werden. Wenn für Button 1 `Margin = 3` und für Button 2 `Margin = 5` gilt, sind die Buttons insgesamt acht WPF-Einheiten voneinander entfernt!

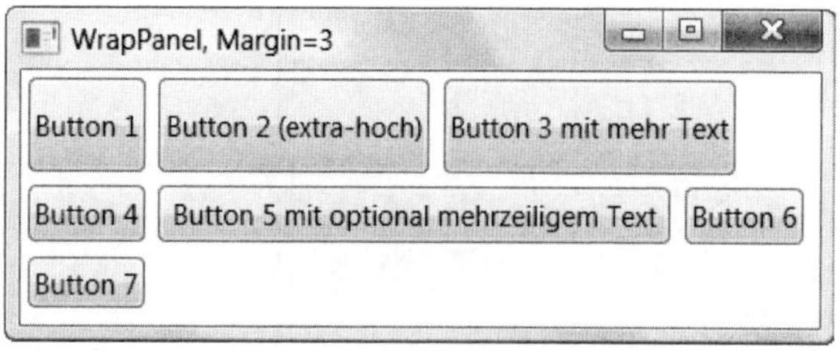

Abbildung 16.13: Für alle Buttons gilt Margin=3.

Steuerelementhierarchie (logical und visual tree)

Die obigen Beispiele haben Ihnen sicherlich klargemacht, dass die Verschachtelung der Steuerelemente in WPF-Programmen wesentlich höher ist als unter Windows Forms. Diese Verschachtelung setzt sich auch bei der Darstellung von Steuerelementen fort: Jedes Steuerelement ist aus grafischen Grundelementen zusammengesetzt, die in der WPF `Visuals` genannt werden.

Die WPF nennt die Hierarchie der Steuerelemente den `logical tree` und die Hierarchie der grafischen Elemente zur Darstellung den `Visual Tree`. Als WPF-Anwendungsprogrammierer müssen Sie sich nur in sehr seltenen Fällen mit diesen Baumstrukturen auseinandersetzen, die intern verwaltet werden. Wenn dies aber vorkommt, gibt es zwei Klassen, die bei der Analyse dieser Strukturen helfen: `LogicalTreeHelper` und `VisualTreeHelper`: Mit den Methoden dieser Klassen können Sie beispielsweise alle in einem Panel enthaltenen Steuerelemente (`GetChildren`) ermitteln oder das grafische Element unter einem bestimmten Koordinatenpunkt suchen (`HitTest`).

HINWEIS In den folgenden Kapiteln gibt es mehrere Beispiele für die Anwendung dieser Klassen – werfen Sie einen Blick in das Stichwortverzeichnis bei den Einträgen `LogicalTreeHelper`- bzw. `VisualTreeHelper`-Klasse. Abbildung 16.14 auf Seite 594 zeigt den `logical tree` für ein einfaches WPF-Programm.

16.5 Eigenschaften (dependency/attached properties)

Abhängige Eigenschaften (dependency properties)

Wenn Sie mit WPF-Steuerelementen arbeiten, hat es den Anschein, als wären diese mit ganz gewöhnlichen Eigenschaften ausgestattet. Soweit es die Klassenschnittstelle betrifft, ist das auch tatsächlich der Fall – WPF-Eigenschaften funktionieren genauso wie die Eigenschaften anderer .NET-Klassen. Hinter den Kulissen verwendet die WPF aber eine Neuimplementierung des aus dem .NET Framework bekannten Eigenschaftsmodells. Daraus ergeben sich zwei wesentliche Vorteile gegenüber klassischen Eigenschaften:

» **Callbacks:** Bei der Veränderung einer Eigenschaft können andere Codeteile bzw. andere Steuerelemente verständigt werden. Diese müssen dazu lediglich eine `Callback`-Prozedur einrichten. Dieser Mechanismus hilft dabei, dass voneinander abhängige Objekte sich gegenseitig über Veränderungen informieren.

  Ein Beispiel: Mehrere Buttons werden durch ein `WrapPanel` angeordnet. Wenn sich die Größe eines Buttons ändert, erfährt das `WrapPanel` über einen `Callback`-Aufruf davon. Es kann nun alle Steuerelemente neu anordnen.

  Noch ein Beispiel: Sie stellen den Hintergrund eines Steuerelements durch ein `Brush`-Objekt ein. Später ändern Sie eine Farbe des `Brush`-Objekts. Der Hintergrund des Steuerelements wird automatisch aktualisiert!

» **Ermittlung von Standardwerten** (`dynamic value resolution`): Solange eine Eigenschaft nicht explizit eingestellt ist, werden diverse Quellen berücksichtigt, um den Standardwert der Eigenschaft zu ermitteln. Dank dieses Verfahrens müssen viele Eigenschaften überhaupt nicht explizit eingestellt werden, weil sie passende Standardwerte von übergeordneten Steuerelementen (in denen sie enthalten sind) oder von Style-Dateien übernehmen. Der Wert einer Eigenschaft ergibt sich aus folgenden Informationsquellen, wobei die zuletzt genannte die höchste Priorität hat:

  dem im Code der Eigenschaftsprozedur festgelegten Standardwert,
  dem geerbten Wert eines übergeordneten Steuerelements,
  dem Wert aus dem `theme style`,
  dem Wert aus dem `project style`,
  dem lokal eingestellten Wert oder
  dem durch eine Animation gesteuerten Wert.

  Anders formuliert: Ein Button übernimmt die Schriftart des Panels, in dem es sich befindet. Dieses übernimmt wieder die Schriftart des Fensters, in dem es sich befindet. Wird die Schrift des Fensters geändert, ändern sich automatisch auch die Schriftarten aller im Fenster enthaltenen Steuerelemente (es sei denn, die Schrift wurde in irgendeiner Ebene des Steuerelementbaums explizit oder durch eine Style-Datei eingestellt).

HINWEIS

Dependency properties sind leider nur innerhalb der WPF implementiert. Das verwundert ein wenig, weil es auch an anderen Orten im .NET Framework nützliche Anwendungsmöglichkeiten gäbe. Insofern erscheint es naheliegend, die erforderlichen Mechanismen gleich allgemeingültig im .NET Framework zu verankern. Es waren vermutlich Kompatibilitätsüberlegungen, weswegen Microsoft sich dagegen entschieden hat.

Zugeordnete Eigenschaften (attached dependency properties)

Zugeordnete Eigenschaften (im Englischen: `attached dependency properties`) sind eine spezielle Anwendung von abhängigen Eigenschaften. Die Besonderheit besteht darin, dass die Eigenschaft auf eine andere Klasse angewendet wird als auf die Klasse, in der die Eigenschaft genutzt wird. Am einfachsten ist das anhand der beiden folgenden XAML-Beispiele zu verstehen, die unterschiedliche Fälle zugeordneter Eigenschaften demonstrieren.

Im ersten Beispiel wird in Button 1 die Eigenschaft `Dock = Bottom` eingestellt. Diese Eigenschaft ist dem übergeordneten `DockPanel` zugeordnet und bewirkt, dass der Button an den unteren Rand des Panels angedockt wird. (Die `Button`-Klasse kennt gar keine `Dock`-Eigenschaft.)

```
<DockPanel>
  <Button DockPanel.Dock = "Bottom" Name = "btn1">Button 1</Button>
  ...
</DockPanel>
```

Im zweiten Beispiel wird in einem `StackPanel` die Eigenschaft `FontWeigth = Bold` eingestellt. Das Panel kennt freilich gar keine Font-Eigenschaften. Deswegen ist dem Eigenschaftsnamen `TextElement` vorangestellt. Dabei handelt es sich um eine Basisklasse, von der diverse Steuerelemente abgeleitet sind, die Text enthalten. Die `FontWeight`-Einstellung gilt somit für alle von `TextElement` abgeleiteten Steuerelemente innerhalb des `StackPanels`.

```
<StackPanel TextElement.FontWeight = "Bold">
  <Label>Label abc</Label>
  <Button>Button 1</Button>
</StackPanel>
```

So richtig elegant ist der Umgang mit zugeordneten Ereignissen nur in XAML. Das Auslesen oder Verändern solcher Eigenschaften im VB-Code gelingt nur über spezielle `Get`- bzw. `Set`-Methoden und ist ein wenig umständlich:

```
Dim dockingstate = DockPanel.GetDock(btn1)
DockPanel.SetDock(btn1, Dock.Left)
Dim fw = stack1.GetValue(TextElement.FontWeightProperty)
stack1.SetValue(TextElement.FontWeightProperty, FontWeights.Normal)
```

16.6 Ereignisse (routed events, attached events)

Ereignisse in WPF funktionieren im Prinzip wie in allen anderen .NET-Komponenten und daher so, wie sie zahllosen Windows Forms-Programmierern vertraut sind. Eine wesentliche Neuerung gibt es aber doch: Sogenannte `routed events` erlauben es, ein vom Steuerelement X ausgelöstes Ereignis in einem anderen Steuerelement Y zu verarbeiten. Das funktioniert allerdings nur, wenn die Steuerelemente bzw. von `UIElement` abgeleitete Objekte ineinander verschachtelt sind. Und genau das kommt in der WPF sehr häufig vor: Mehrere Steuerelemente werden durch ein `Grid` oder `StackPanel` neben- oder übereinander platziert, der Inhalt eines `Buttons` wird durch ein `Image` und ein `TextBlock`-Element gebildet etc.

WPF-intern kümmert sich die RoutedEvent-Klasse um die Verwaltung der Ereignisse. Die Schnittstelle nach außen hin erfolgt dagegen durch ganz gewöhnliche .NET-Ereignisse, um so die Kompatibilität zum herkömmlichen .NET-Denkschema sicherzustellen. Es gibt drei Klassen von `routed events` (Eigenschaft `RoutingStrategy`):

- `Direkte Ereignisse` funktionieren wie herkömmliche .NET-Ereignisse und können nicht an andere Steuerelemente weitergeleitet werden. Zwei populäre Vertreter dieser Ereigniskategorie sind `MouseEnter` und `-Leave`. Diese Ereignisse werden ausgelöst, wenn die Maus in den Wirkungsbereich eines Steuerelements hinein- bzw. herausbewegt wird.
- `Tunneling` events werden bei ineinander verschachtelten Steuerelementen zuerst »außen« ausgelöst und wandern dann nach »innen«. Alle Ereignisse, deren Namen mit `Preview` beginnen, sind `tunneling events`. Sie ermöglichen es, Ereignisse bereits auf Fenster-Ebene oder in einem `Panel` zentral für alle darin enthaltenen Steuerelemente zu verarbeiten. In der Praxis ist das beim Empfang von Drag&Drop-Ereignissen sowie bei Tastaturereignissen praktisch.

  Der vielleicht interessanteste Aspekt im Umgang mit `tunneling events` besteht darin, dass diese Ereignisse auftreten, noch bevor das Steuerelement davon intern erfährt. Das gibt Ihnen beispielsweise die Möglichkeit, selbst – abweichend von der Logik des Steuerelements – auf einen Mausklick zu reagieren und das Ereignis dann mit `e.Handled = True` für erledigt zu erklären. Damit endet der Ereignisfluss: Weder das Steuerelement noch eventuelle weitere Empfänger des Ereignisses werden noch über das Ereignis informiert. (`e` ist ein an die Ereignisprozedur übergebener Parameter, dessen Klasse von `RoutedEventArgs` abgeleitet ist.)
- `Bubbling` events wandern in die entgegengesetzte Richtung: Ein Beispiel ist `MouseDown`: Wenn Sie eine Maustaste in einem `TextBlock` drücken, der sich in einem `StackPanel` innerhalb eines `Buttons` befindet, empfängt zuerst der `TextBlock` das `MouseDown`-Ereignis, dann das `StackPanel` und zuletzt der Button.

Es gibt in der WPF auch herkömmliche Ereignisse. Gemäß der WPF-Nomenklatur verhalten sie sich wie `direkte Ereignisse`, intern sind sie aber nicht auf der Basis der `RoutedEvent`-Klasse implementiert.

`Tunneling` und `bubbling events` scheinen sich auf den ersten Blick auszuschließen – aber das täuscht: In der WPF sind nämlich alle `tunneling events` parallel auch als `bubbling events` implementiert. Zu jedem `PreviewXxx`-Ereignis gibt es ein dazu passendes `Xxx`-Ereignis, das normalerweise etwas später – nach der Abarbeitung aller `tunneling events` - auftritt. (Umgekehrt gilt das nicht: Es gibt also durchaus `bubbling events` ohne `tunneling`-Gegenpart.)

Beachten Sie aber, dass `bubbling events` unterdrückt werden, sobald das Ereignis an irgendeiner Stelle im Ereignisfluss als endgültig verarbeitet markiert wird – entweder weil in einer Ereignisprozedur `e.Handled = True` ausgeführt wurde oder wenn sich ein Steuerelement selbst um deren Verarbeitung gekümmert hat.

HINWEIS

> Zwar sind routed events in der WPF allgegenwärtig, die bei Weitem wichtigste Anwendung finden Sie aber bei Tastatur- und Mausereignissen (inklusive Drag&Drop). Details zur Verarbeitung dieser Ereignisse geben die Abschnitte 3.1 bis 3.4.

Ereignisprozeduren einrichten (attached events)

Es gibt drei Möglichkeiten, Ereignisprozeduren einzurichten: Die ersten zwei Varianten mit `Handles` bzw. `AddHandler` sind VB-Programmierern bereits bekannt. Die dritte Variante ist eine Neuerung der WPF. Die Zuweisung der Ereignisprozedur erfolgt via XAML-Code.

» `Handles`: Dieses VB-spezifische Schlüsselwort weist einer Prozedur ein Ereignis zu. Diese Variante ist für viele VB-Programmierer am vertrautesten, weil der Editor mit nur zwei Mausklicks eine Schablone erzeugt und damit eine Menge Tipparbeit spart (siehe Abbildung 16.4). Das funktioniert nur für benannte Steuerelemente (`Name = ...` im XAML-Code).

  Was viele nicht wissen: Es ist erlaubt, einer Prozedur mehrere Ereignisse – auch von unterschiedlichen Steuerelementen – zuzuweisen. Die einzige Voraussetzung besteht darin, dass die in der Ereignisprozedur angegebenen Parametertypen stimmen. (Je nach Ereignis wird `e` oft ein einem speziellen Format übergeben.) Die Eingabe der weiteren Ereignisse muss von Hand erfolgen.

```
Private Sub mybuttons_Click(ByVal sender As System.Object, _
                            ByVal e As System.Windows.RoutedEventArgs) _
          Handles btn1.Click, btn2.Click, btn3.Click
  ...
End Sub
```

  Anders als in VB6 spielt der Name der Ereignisprozedur keine Rolle mehr! Die Konvention `steuerelementname_ereignisname` ist zwar nach wie vor üblich, aber keineswegs zwingend. Sie können die zumeist recht lange Deklarationszeile ein wenig verkürzen, wenn Sie beim Parametertyp die nicht erforderlichen Teile weglassen (`Object` statt `Systems.Object`, `RoutedEventArgs` statt `System.Windows.RoutedEventArgs` etc.). Der VB-Editor fügt automatisch immer den gesamten Typnamen ein. Je nachdem, welche Importe gelten, ist aber zumeist eine kürzere Schreibweise zulässig.

» `AddHandler`: Die Zuordnung zwischen einer Prozedur und dem Ereignis kann auch dynamisch per VB-Code mit `AddHandler` erfolgen. Das ist vor allem dann wichtig, wenn Sie neue Steuerelemente während der Laufzeit dynamisch erzeugen oder wenn Sie sehr vielen Steuerelementen eine zentrale Ereignisprozedur zuweisen möchten.

```
AddHandler btn1.Click, AddressOf mybuttons_Click
Private Sub mybuttons_Click(ByVal sender As Object, RoutedEventArgs)
  ...
End Sub
```

» **XAML:** Bei dieser Variante geben Sie im XAML-Code den Ereignisnamen als Attribut an und weisen ihm den Namen der Ereignisprozedur zu. Die VB-Ereignisprozedur sieht wie im vorigen Beispiel aus, wobei Sie wie immer auf die richtigen Datentypen der Parameter achten müssen.

```
<Button ... Click="mybuttons_Click">...</Button>
```

  Diese Variante ist insbesondere deswegen interessant, weil Sie mit minimalem Aufwand gleich einer ganzen Gruppe von Steuerelementen eine zentrale Ereignisprozedur zuweisen können. Die folgenden zwei Zeilen deklarieren ein `TreeView`-Steuerelement und richten zwei Ereignisprozeduren ein, die nicht für das Steuerelement an sich, sondern für die darin enthaltenen Listeneinträge (`TreeViewItem`-Objekte) ausgeführt werden: `tvi_Expanded` für das `Expanded`-Ereignis (wenn der Listenbaum auseinandergeklappt wird) und `tvi_Selected` für das `Selected`-Ereignis (wenn ein Listenelement ausgewählt wird).

```
<TreeView Name="mytreeview" TreeViewItem.Expanded="tvi_Expanded"
                            TreeViewItem.Selected="tvi_Selected" />
```

Im dritten Beispiel enthält ein Grid-Steuerelement mehrere Buttons. Allen Buttons wird eine gemeinsame Ereignisprozedur zugewiesen. Dabei kommt mit klassenname.ereignisname eine ähnliche Schreibweise wie bei attached properties zur Anwendung. Es verwundert nicht, dass diese Art der Ereigniszuordnung im Englischen den Namen attached properties hat.

```
<Grid ... Button.Click="mybuttons_Click" >
  <Button>Button 1</Button>
  <Button>Button 2</Button>
  ...
</Grid>
```

Parameter von Ereignisprozeduren

An Ereignisprozeduren werden grundsätzlich zwei Parameter übergeben: sender gibt das Steuerelement an, an das das Ereignis gerichtet ist, und e enthält zusätzliche Informationen zum Ereignis. Der Datentyp von e variiert je nach Ereignistyp (z.B. Input.MouseButtonEventArgs für Mausklickereignisse). e ist aber bei allen routed events von der Klasse RoutedEventArgs abgeleitet, die die in der folgenden Tabelle zusammengefassten Eigenschaften zur Verfügung stellt.

Eigenschaften der Klasse *System.Windows.RoutedEventArgs*	
Handled	gibt an, ob das Ereignis als endgültig verarbeitet markiert werden soll. Wenn diese Eigenschaft in der Ereignisprozedur auf True gesetzt wird, endet der Ereignisfluss für dieses Ereignis und alle eventuell dazugehörigen tunneling events.
OriginalSource	verweist auf das Objekt, das das Ereignis ursprünglich ausgelöst hat. OriginalSource ist exakter als Source, diese Exaktheit ist aber bisweilen hinderlich. Wenn Sie etwa den Randbereich eines Buttons anklicken, verweist Source auf das Button-Objekt, OriginalSource dagegen auf ein ButtonChrome-Objekt, das WPF-intern zur Darstellung des Buttons verwendet wird, wenn das Programm unter Windows Vista läuft. OriginalSource ist ein Ausdruck dessen, dass WPF-Steuerelemente intern wiederum aus diversen anderen Komponenten zusammengesetzt werden.
RoutedEvent	verweist auf das RoutedEvent-Objekt, das das Ereignis beschreibt. Interessante Eigenschaften der RoutedEvent-Klasse sind Name (gibt den Namen des Ereignisses an, z.B. "Click") und RoutingStrategy (gibt den Ereignistyp an, also Direct, Bubble oder Tunneling).
Source	verweist auf das Steuerelement, das das Ereignis ursprünglich ausgelöst hat.

Testprogramm für routed events

Bei der Analyse, wie Ereignisse WPF-intern verarbeitet werden und in welcher Reihenfolge sie auftreten, hilft das folgende kleine Beispielprogramm. Es stellt zwar in vielen Details einen Vorgriff auf die weiteren Kapitel dar, aber zumindest in Grundzügen sollten Sie den Code mit den hier präsentierten Erklärungen bereits jetzt verstehen. Aus dem XAML-Code habe ich diverse Layouteigenschaften entfernt, die hier nicht von Relevanz sind.

Die Anordnung der Steuerelemente wird durch ein Grid mit zwei Spalten und zwei Zeilen bestimmt. Zentrales Element ist der Button links oben: Sein Inhalt besteht aus einer Bitmap und einem Text. Die entsprechenden Image- und TextBlock-Elemente sind durch ein StackPanel nebeneinander angeordnet.

Das Fenster enthält weiterhin einen TextBlock zur Ausgabe von Ereignisinformationen. Der TextBlock ist in einen ScrollViewer verpackt. Ein zweiter Button ermöglicht es, den angezeigten Text zu löschen. Zum Programmstart zeigt der TextBlock die hierarchische Verschachtelung der Steuerelemente an (den sogenannten logical tree, siehe Abbildung 16.14).

```
<Window x:Class="Window1" Name="win1" ... >
  <Grid Name="grid1">
    <Grid.ColumnDefinitions ... />
    <Grid.RowDefinitions ... />
    <Button Name="btn1" ...>
      <StackPanel Name="stack1" ...>
        <Image Name="image1" />
        <TextBlock Name="textblock1" ...>
          Ein Button mit ...</TextBlock>
      </StackPanel>
    </Button>
    <ScrollViewer Name="scroll1" ...>
      <TextBlock Name="txt1" ... />
    </ScrollViewer>
    <Button Name="btn2" ...> Text löschen</Button>
  </Grid>
</Window>
```

Abbildung 16.14: Testprogramm für Ereignisse nach dem Start

Der dazugehörende VB-Code verbindet die Ereignisse KeyUp und -Down, MouseUp und -Down sowie die dazugehörenden Preview-Varianten von allen Steuerelementen (inklusive dem Fenster selbst) mit der Ereignisprozedur log_Event. Der Vollständigkeit halber wird in dieser Prozedur auch das Click-Ereignis von btn1 verarbeitet. Die Verbindung zwischen den Ereignissen und den Steuerelementen erfolgt in win1_Loaded durch AddHandler-Anweisungen.

Vorher wird mit der rekursiven Prozedur GetLogicalTreeChildren eine Liste aller Steuerelemente ermittelt. Diese Prozedur greift auf die Methode GetChildren der Klasse LogicalTreeHelper zurück. GetLogicalTreeChildren erstellt quasi nebenbei eine hierarchische Darstellung aller Steuerelemente des Fensters (siehe Abbildung 16.14).

```
' Beispiel wpf-grundlagen/events-intro
Private Sub win1_Loaded(ByVal sender As Object, ByVal e As RoutedEventArgs) _
            Handles win1.Loaded
  Dim feList As New List(Of FrameworkElement)
  GetLogicalTreeChildren(Me, 0, feList)
  For Each fe In feList
    AddHandler fe.MouseUp, AddressOf logEvent
    AddHandler fe.MouseDown, AddressOf logEvent
    AddHandler fe.PreviewMouseUp, AddressOf logEvent
    AddHandler fe.PreviewMouseDown, AddressOf logEvent
    AddHandler fe.KeyUp, AddressOf logEvent
    AddHandler fe.KeyDown, AddressOf logEvent
    AddHandler fe.PreviewKeyUp, AddressOf logEvent
```

```
    AddHandler fe.PreviewKeyDown, AddressOf logEvent
  Next
  AddHandler btn1.Click, AddressOf logEvent
End Sub
Sub GetLogicalTreeChildren(ByVal startobj As DependencyObject, ByVal indent As Integer, _
                           ByVal fe As List(Of FrameworkElement))
  fe.Add(startobj)
  txt1.Text += vbCrLf + s + _
             LSet(Space(indent * 2) + TypeName(startobj), 20) + _
             "  (Name=" + CType(startobj, FrameworkElement).Name + ")"
  For Each child In LogicalTreeHelper.GetChildren(startobj)
    If TypeOf child Is FrameworkElement Then GetLogicalTreeChildren(child, indent + 1, fe)
  Next
End Sub
Sub logEvent(ByVal sender As Object, ByVal e As RoutedEventArgs)
  txt1.Text += vbCrLf + _
             LSet(e.RoutedEvent.Name, 20) + "  " + _         '(Ereignisname)
             LSet(sender.Name.ToString, 15) + " " + _        '(Name des Steuerelements)
             "OriginalSource=" + e.OriginalSource.ToString    '(Ursprung des Ereignisses)
End Sub
Private Sub btn2_Click(ByVal sender As Object, ByVal e As RoutedEventArgs) _
          Handles btn2.Click
  txt1.Text = ""
  e.Handled = True
End Sub
```

Nun zur Anwendung des Programms: Abbildung 16.15 zeigt, in welcher Reihenfolge Ereignisse für welches Steuerelement auftreten, wenn Sie einen Mausklick auf den Text im Button ausführen: Die Ereignisabfolge beginnt mit den `PreviewMouseDown`-Ereignissen (`tunneling events`) von außen nach innen: zuerst also für das ganze Fenster, dann für das `Grid`, dann für den Button, dann für das im Button enthaltene `StackPanel` und zuletzt für das `TextBlock`-Element, das für die Darstellung des Texts verantwortlich ist. Interessant ist, dass `OriginalSource` nicht auf das `TextBlock`-Element verweist, sondern auf ein `Run`-Element. Dabei handelt es sich um ein Grundelement eines `FlowDocuments`, also eines Fließtexts, der hier in einem `TextBlock`-Element angezeigt wird.

Nun beginnen die `MouseDown`-Ereignisse (`bubbling events`) von innen nach außen: zuerst für den `TextBlock`, dann für das `StackPanel`. Hier endet der Ereignisfluss für dieses Ereignis ein wenig überraschend – der Grund: Das Ereignis ist im Button angelangt, wurde WPF-intern verarbeitet und ist somit abgeschlossen. Der Button verändert nun sein Aussehen. Das `Click`-Ereignis wird aber erst ausgelöst, wenn die Maustaste wieder losgelassen wird.

Eigentlich würde man nun erwarten, dass die Ereignisabfolge beim Loslassen der Maustaste dieselbe ist wie beim Drücken der Maustaste. Dem ist aber nicht so. Nachdem das Fenster, das `Grid` und der Button das `PreviewMouseUp`-Ereignis erhalten haben, verarbeitet der Button das Ereignis, löst das `Click`-Ereignis aus und beendet damit den Ereignisfluss.

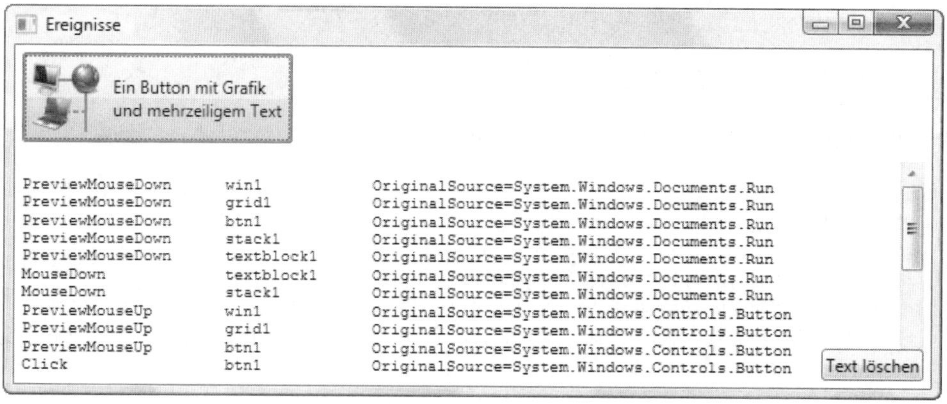

Abbildung 16.15: Ereignisfluss beim Drücken und Loslassen einer Maustaste im Textbereich des Buttons

Ähnlich, aber nicht gleich sieht der Ereignisfluss aus, wenn Sie eine Taste der Tastatur drücken (nicht ↵ oder die Leertaste – beide Tasten würden ein `Click`-Ereignis für den Button auslösen), während der Button den Tastaturfokus hat. Wie Abbildung 16.16 zeigt, erhalten diesmal nur das Fenster, das `Grid` und der Button das `PreviewKeyDown`-Ereignis. Der `TextBlock` wird nicht berücksichtigt, wahrscheinlich, weil er standardmäßig keinen Tastaturfokus bekommen kann (`Focusable=False`) und dann auch keine Tastaturereignisse verarbeitet. Bei den `KeyDown`-Ereignissen dreht sich die Reihenfolge der Steuerelemente um. Die `PreviewKeyUp`- und `KeyUp`-Ereignisse folgen demselben Schema wie die `[Preview]KeyDown`-Ereignisse.

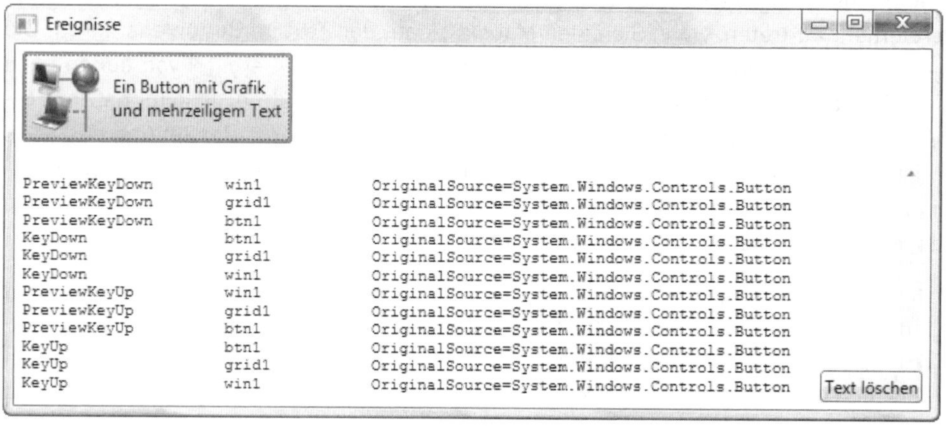

Abbildung 16.16: Ereignisfluss beim Drücken und Loslassen einer Maustaste im Textbereich des Buttons

Wenn Sie den Ereignisfluss bei einer anderen Verschachtelung der Steuerelemente testen, andere Ereignisse erforschen möchten etc., verändern Sie das Beispielprogramm einfach entsprechend. Bei Tastaturereignissen ist es entscheidend, welches Steuerelement gerade den Fokus hat. In der gegenwärtigen Form kann nur `btn1` den Fokus erhalten, für `btn2` gilt `Focusable = False`.

16.7 Ressourcen, Styles, Templates und Data Binding

Die in der Überschrift genannten Begriffe sind in der WPF zu wichtig und zu allgegenwärtig, um sie vorerst zu ignorieren, sie sind aber gleichzeitig zu komplex, um sie bereits im WPF-Einführungskapitel umfassend zu beschreiben. Bevor Sie die Anwendungsmöglichkeiten abschätzen können, müssen Sie zuerst mit »einfacheren« WPF-Grundlagen vertraut werden. Aus diesem Grund stelle ich Ihnen die Konzepte von Ressourcen, `Styles`, `Templates` und `Data Binding` hier nur kurz vor. Wesentlich mehr Details sowie einige Beispiele folgen dann in Kapitel 5 – aber selbst dort ist eine vollständige Beschreibung aus Platzgründen unmöglich. Diese Aufgabe können nur Bücher erfüllen, die außer der WPF kein anderes Thema haben.

Ressourcen

Ressourcen gab es schon bisher in Windows Forms. Sie dienten dazu, binäre Dateien bzw. Daten in eine **.exe*- oder **.dll*-Datei einzubinden und vom Programm heraus zugänglich zu machen. Derartige »binäre Ressourcen« gibt es in der WPF auch, wenngleich die Implementierung neu und natürlich inkompatibel zu Windows Forms ist. Ein Grund für diese Inkompatibilitäten besteht darin, dass die WPF ganz andere Klassen als Windows Forms verwendet, um beispielsweise Bitmaps oder andere Objekte zu repräsentieren.

Vom Konzept her gänzlich neu ist ein zweiter Typ von Ressourcen, die sogenannten »logischen Ressourcen«. Vereinfacht gesagt geht es darum, Definitionen von WPF-Objekten an mehreren Stellen zu nutzen. Ressourcen werden in erster Linie in XAML-Code angewendet, um darin Doppelgleisigkeiten zu vermeiden. Es ist aber theoretisch auch möglich, logische Ressourcen per VB-Code zu definieren und dann zu nutzen. `Styles` und `Templates` setzen jeweils die Nutzung von Ressourcen voraus.

Styles

`Styles` fassen ein ganzes Set von Einstellungen zusammen, die in der Folge auf mehrere Steuerelemente angewendet werden können, um diesen ein einheitliches Erscheinungsbild zu geben. Das Konzept ist ähnlich wie bei `Cascading Style Sheets` in HTML, mit dem Unterschied, dass WPF-`Styles` normalerweise direkt in einer XAML-Datei formuliert werden (nicht in einer losgelösten, externen Datei). Der Einsatz von `Styles` ermöglicht es also, 20 Buttons gleich zu gestalten, ohne die erforderlichen Eigenschaftseinstellungen 20-mal zu wiederholen.

Templates

`Templates` gehen einen Schritt weiter: Damit können Sie die optische Gestaltung des Steuerelements verändern (genau genommen den *Visual Tree*, also die interne Zusammensetzung aus grafischen Grundelementen). Wenn Sie dabei geschickt vorgehen, können Sie ein Steuerelement optisch vollständig umgestalten, ohne seine Funktion zu verändern. Durch den richtigen Einsatz von `Templates` ersparen Sie sich in manchen Fällen die Neuprogrammierung von Steuerelementen – nämlich dann, wenn Ihr Ziel eine veränderte optische Gestaltung ohne neue Funktionen ist. Eine wirkliche Zeitersparnis stellen `Templates` freilich nur für echte WPF-Profis dar – ihr Einsatz ist, von trivialen Beispielen einmal abgesehen, alles andere als einfach. Manche Steuerelemente ermöglichen durch `Templates` auch die Gestaltung von darin enthaltenen Komponenten – z.B. die Einträge von Listenfeldern.

Data Binding

`Data Binding` bezeichnet die dynamische Verbindung von zwei Eigenschaften: Änderungen in der einen Eigenschaft spiegeln sich automatisch in der anderen Eigenschaft wider. In der Regel wird `Data Binding` dazu verwendet, sich ändernde Daten in einem Steuerelement anzuzeigen, wobei sich das Steuerelement selbst (bzw. der `Data-Binding`-Mechanismus) um die automatische Aktualisierung kümmert. WPF `Data Binding` bietet auch relativ weitreichende Möglichkeiten, um ganze Listen von Daten zu verwalten (zu sortieren, zu gruppieren etc.) und in Listenfeldern anzuzeigen.

So toll die theoretischen Möglichkeiten des `Data Bindings` in der WPF sind, so eingeschränkt ist deren praktische Anwendung: Einerseits gibt es in der WPF kein brauchbares Tabellenfeld, andererseits fehlen wichtige Mechanismen zum `Data Binding` für ADO.NET-`DataSets`.

16.8 Klassenhierarchie in den WPF-Bibliotheken

Wichtige WPF-Basisklassen	
`Object`	.NET-Basisklasse
└─`DispatcherObject`	Verwaltung der Threading-Informationen (siehe Abschnitt 6.5)
└─`DependencyContext`	Verwaltung von `dependency properties` (Abschnitt 16.5)
└─`Freezable`	gibt die Möglichkeit, Objekte einzufrieren (Abschnitt 6.5)
└─`Animatable`	gibt die Möglichkeit, Objekte zu animieren (Abschnitt 4.4)
└─`Visual`	grafisches Grundelement (Abschnitt 4.1)
└─`UIElement`	fügt Layoutfunktionen hinzu
└─`FrameworkElement`	fügt weitere Layoutfunktionen, `Data Binding` und `Styles` hinzu

Wichtige WPF-Basisklassen, die von *FrameworkElement* abgeleitet sind	
`FrameworkElement`	siehe oben
└─`Control`	WPF-Steuerelemente (siehe Kapitel 2)
└─`ContentControl`	Steuerelemente, die `Content` aufnehmen können (Abschnitt 2.1)
└─`Frame`	Bereich für seitenorientierte Navigation
└─`HeaderedContentControl`	Container mit Überschrift (`Expander`, `GroupBox`, `TabItem`)
└─`Label`	einfaches Textfeld
└─`ListBoxItem`	Element eines Listenfelds (`ComboBoxItem`, `ListViewItem`)

Wichtige WPF-Basisklassen, die von *FrameworkElement* abgeleitet sind

└─ButtonBase	Buttons (`Button`, `CheckBox`, `RadioButton`, `RepeatButton` etc.)
└─StatusBarItem	Element der Statusleiste
└─ScrollViewer	Container mit Bildlaufleisten
└─Tooltip	Tooltip-Anzeige
└─UserControl	mögliche Basisklasse für eigene Steuerelemente
└─Window	Fenster
└─DocumentViewer	Steuerelement zur Darstellung von XPS-Dokumenten
└─FlowDocumentXxxViewer	Steuerelemente zur Darstellung von `FlowDocuments`
└─ItemsControl	Steuerelemente, die mehrere (Listen-)Elemente aufnehmen (`ComboBox`, `ListBox`, `ListView`, `Menu`, `ContextMenu`, `StatusBar`, `TabControl`, `ToolBar`, `TreeView`)
└─PasswordBox	Textfeld zur Eingabe von Passwörtern
└─RangeBase	Basisklasse für `ScrollBar`, `ProgressBar` und `Slider`
└─TextBoxBase	Basisklasse für Textfelder (`TextBox`, `RichTextBox`)
└─Decorator	Rahmenelemente (`Border`, `BulletDecorator`, `ViewBox`)
└─Image	Darstellung von Bitmaps und Vektorgrafiken
└─Page	Fenster für seitenorientierte Navigation
└─Panel	Panels (`Canvas`, `DockPanel`, `Grid` etc.)
└─Shape	steuerelementähnliche Grafikprimitive (`Ellipse`, `Line`, `Path` etc.)
└─TextBlock	Darstellung kurzer `FlowDocuments`
└─Viewport3D	Container für 3D-Grafik

Die Orientierung in den Hunderten von WPF-Klassen fällt leichter, wenn Sie zumindest für die wichtigsten Klassen wissen, wovon diese abgeleitet wurden und woher die gemeinsamen Eigenschaften und Methoden stammen. Die nebenstehenden Diagramme zeigen die Ableitung der wichtigsten Klassen, die in diesem Buch behandelt werden.

Lesenswert ist in diesem Zusammenhang auch die folgende Seite der MSDN-Dokumentation, die einen Überblick über die Funktionen der Basisklassen `DispatcherObject`, `DependencyObject`, `Visual`, `UIElement`, `FrameworkElement` und schließlich `Control` gibt:

http://msdn2.microsoft.com/de-de/library/ms750441.aspx

TIPP

Alle WPF-Klassen befinden sich in Namensräumen, die mit `System.Windows` beginnen. Eine besonders geschickte Wahl war das nicht, weil auch die Windows Forms-Namensräume mit `System.Windows` beginnen. Für Projekte, in denen sowohl WPF- als auch Windows Forms-Bibliotheken zum Einsatz kommen, gelten die folgenden Regeln für die Zuordnung zwischen dem Klassennamen und der Bibliothek:

System.Windows.Forms.*	Windows Forms-Klassen
System.Drawing.*	GDI-Klassen (gehören zu Windows Forms)
System.Windows.*	WPF-Klassen (sofern * nicht `Forms` ist)

16.9 WPF-Varianten

Dieses Buch beschreibt ausschließlich die Standardform der WPF, die zur Entwicklung von Programmen konzipiert ist, die unter Windows XP, Windows Vista oder neueren Windows-Versionen laufen. Daneben gibt es zwei weitere Spielarten, auf die ich aus Platzgründen in diesem Buch nicht eingehe. Die folgenden Absätze sollen Ihnen aber zumindest eine Vorstellung über die Reichweite dieser Technologien vermitteln.

WPF Browser Application = XAML Browser Application = XBAP

XBAPs sind im Prinzip gewöhnliche WPF-Programme, deren Startpunkt kein Formular, sondern eine Navigationsseite (`Page`-Steuerelement) ist. XBAPs werden scheinbar im Browser ausgeführt. Tatsächlich handelt es sich aber um einen eigenen Prozess, der vom Browser losgelöst ist und nur darin dargestellt wird. Das funktioniert in .NET 3.0 nur im Internet Explorer, ab .NET 3.5 auch in Firefox. Voraussetzung ist auf jeden Fall ein Windows-Rechner (Windows XP SP2 oder neuer), auf dem das aktuelle .NET Framework installiert ist. Hinter den Kulissen ist XBAP ein Sonderfall einer `Click-Once`-Installation (siehe Kapitel 22), wobei der wichtigste Unterschied die Darstellung des Programms im Browser ist.

Der entscheidende Vorteil gegenüber gewöhnlichen WPF-Programmen besteht darin, dass keine Installation erforderlich ist. Der Anwender klickt auf den Link zu einer **.xbap*-Datei, die Datei wird heruntergeladen und sofort gestartet – ohne umständliche Rückfragen, Bestätigungen etc. Ein nettes Beispiel, was man mit XBAPs anfangen kann, ist das folgende Programm der `British Library`, mit dem Sie virtuell durch diverse wertvolle historische Werke blättern können (siehe Abbildung 16.17).

http://ttpdownload.bl.uk/browserapp.xbap

Ebenfalls sehenswert ist das 3D-Schachprogramm, das Sie über die folgende Seite starten können:

http://www.valil.com/winfx/

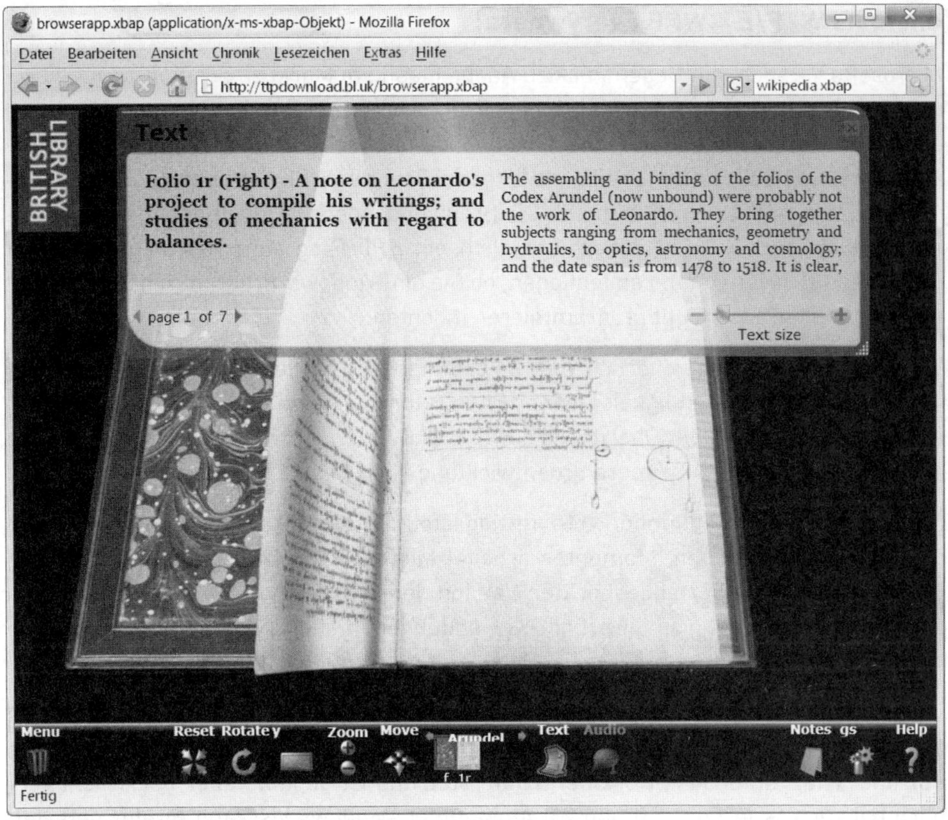

Abbildung 16.17: Ein Beispiel für eine XBAP-Anwendung

Während der Arbeit an diesem Kapitel habe ich einige XBAPs ausprobiert (übrigens durchweg mit Firefox) und war positiv überrascht, wie problemlos und schnell die diversen Anwendungen liefen. XBAPs wären eine tolle Alternative zu Web 2.0-Anwendungen – wären sie nicht mit grundlegenden Nachteilen verbunden: Der vielleicht wichtigste besteht darin, dass es sich um `Windows-only`-Technologie handelt. XBAPs laufen nicht unter Mac OS, Linux etc., was für Webanwendungen in der Regel inakzeptabel ist. Eine weitere wesentliche Einschränkung besteht darin, dass XBAPs aus Sicherheitsgründen mit stark eingeschränkten Rechten laufen. Direkte Dateizugriffe oder andere kritische Operationen sind daher ausgeschlossen. (Ob XBAPs nicht dennoch ein Sicherheitsrisiko darstellen, bleibt aber abzuwarten. Ursprünglich hat Microsoft ja auch ActiveX als sichere Technologie angepriesen ...)

http://www.vistax64.com/avalon/12671-wpf-windowsce.html

Silverlight (ehemals WPF/E = WPF Everywhere)

Silverlight ist Microsofts Versuch, ein Gegenstück zu Adobe Flash am Markt zu positionieren. Silverlight-Anwendungen laufen also nicht als eigenständige Programme, sondern im Browser. Technisch gesehen verwendet Silverlight zwar teilweise dieselben Fundamente wie die WPF (z.B. XAML), unterscheidet sich aber in vielen Details grundlegend und ist gegenüber der WPF mit vielen Einschränkungen verbunden: keine Hardware-Unterstützung für 3D-Grafik und Videos, nur halbherzige Unterstützung für komplexe Dokumente etc. Es ist daher unmöglich, ein WPF-Programm rasch auf Silverlight zu portieren. Sie müssen sich von Anfang an festlegen, ob Sie ein Windows-Programm mit WPF oder eine Browser-Anwendung mit Silverlight programmieren möchten.

Wer bereits WPF-Erfahrung hat, hat sicherlich Vorteile beim Einstieg in die Silverlight-Entwicklung. Das ändert aber nichts an der Notwendigkeit eigener Entwicklungswerkzeuge: Microsoft sieht hierfür `Expression Blend` zur Gestaltung der Oberfläche sowie `Visual Studio Tools for Silverlight` (eine Erweiterung zu Visual Studio 2008) zur Programmentwicklung vor.

Silverlight 1.0 wurde bereits im September 2007 fertiggestellt. Die Programmierung muss dabei allerdings noch in JavaScript erfolgen. Momentan arbeitet Microsoft an Version 2.0. Die wichtigste Neuerung ist die Integration einer abgespeckten Version der .NET Common Language Runtime (CoreCLR), die die Programmierung von Silverlight-Anwendungen in allen .NET-Sprachen inklusive VB und C# erlaubt. Für VB-Experten wird Silverlight also erst mit Version 2.0 richtig interessant.

Silverlight-Anwendungen werden von einem Browser-Plug-In ausgeführt. Das Plug-In muss extra installiert werden. Momentan gibt es Plug-Ins für den Internet Explorer und Firefox unter Windows sowie für Firefox und Safari unter Mac OS. Opera-Unterstützung ist geplant, aber noch nicht verfügbar. Persönlich habe ich Silverlight 1.0 und 2.0 Alpha unter Windows Vista mit Firefox getestet, Probleme sind dabei keine aufgetreten.

Unter Linux soll das Open-Source-Projekt Moonlight die Kompatibilität zu Silverlight herstellen. Die Moonlight-Entwicklung wird primär von Novell unterstützt (mit dem Segen von Microsoft). Momentan lässt sich aber noch nicht abschätzen, ob bzw. in welchem Zeitraum eine vollständige Implementierung gelingt und ob Moonlight mit anderen Open-Source-Lizenzen kompatibel sein wird. (Was nützt ein noch so tolles Moonlight-Plug-In, wenn dessen Weitergabe an Restriktionen gebunden ist, die für die meisten Linux-Distributionen unerfüllbar sind?) Persönlich habe ich gewisse Zweifel am Erfolg dieses Projekts: Microsoft hat vor Jahren auch ActiveX-Unterstützung für Unix und Linux versprochen; ein stabiles Produkt wurde daraus nie – wohl auch, weil man im Linux-Lager keinen Bedarf für ActiveX sah. Bei Moonlight stehen die Chancen etwas besser, weil mit Mono bereits eine ziemlich vollständige Implementierung der .NET-Bibliothek vorliegt. Moonlight baut auf diesem Fundament auf.

Es bleibt abzuwarten, ob Silverlight dem ursprünglichen Produktnamen `everywhere` gerecht wird. Davon wird aber abhängen, ob Silverlight überhaupt eine Chance hat, sich als ernsthafter Konkurrent zu Flash zu etablieren.

Fazit: Im Vergleich zu WBPAs bietet Silverlight eine höhere Kompatibilität zur Welt außerhalb von Windows. Dafür sind Entwickler aber auch zu wesentlich größeren Abstrichen gegenüber herkömmlichen WPF-Anwendungen und zum Einsatz zusätzlicher Entwicklungswerkzeuge gezwungen. Ob sich eine oder beide Technologien überhaupt in einem nennenswerten Ausmaß durchsetzen können, bleibt abzuwarten.

17 WPF-Steuerelemente

Dieses Kapitel stellt die wichtigsten WPF-Steuerelemente vor und gibt einen Überblick über charakteristische Methoden, Eigenschaften und Ereignisse. Soweit es sinnvoll ist, demonstrieren kleine Beispielprogramme die richtige Anwendung der Steuerelemente.

Um Wiederholungen zu vermeiden, beginnt das Kapitel mit einer Übersicht über wichtige Eigenschaften, die bei den meisten Steuerelementen einheitlich funktionieren.

Bitte haben Sie Verständnis dafür, dass eine vollständige Beschreibung aller Details hier unmöglich ist – sonst wäre aus diesem Kapitel ein eigenes Buch geworden. Ich will hier nicht dem MSDN bzw. der Online-Hilfe Konkurrenz machen – als Referenz ist das MSDN ja ohnedies unschlagbar. Das Ziel dieses Kapitels ist es vielmehr, einen kompakten Überblick und eine Orientierungshilfe zu geben.

17.1 Gemeinsame Eigenschaften

Content

Viele WPF-Steuerelement kennen die Eigenschaft `Content`. Diese Eigenschaft ist in zweierlei Hinsicht bemerkenswert:

» Der Eigenschaft mit dem Datentyp `Object` kann jedes beliebige Objekt zugewiesen werden. Wenn deren Klasse von `UIElement` abgeleitet wird, was bei allen WPF-Steuerelementen und vielen weiteren Darstellungselementen der Fall ist, wird dieses Objekt im Steuerelement angezeigt. Bei allen anderen Objekten wird die Zeichenkette dargestellt, die sich durch die Auswertung von `ToString` ergibt.

  Ein einfaches Beispiel macht die Tragweite dieser Eigenschaft klar: Der Inhalt eines Buttons wird durch die Eigenschaft `Content` bestimmt. Sie können nun eine einfache Zeichenkette zur Beschriftung des Buttons angeben. Sie können aber auch ein Panel und darin wiederum diverse andere Grafik-, Text- und Steuerelemente als `Content` verwenden und damit all diese Elemente im Button darstellen. Dieses universelle Prinzip eröffnet auf vielen Ebenen der WPF nahezu unbeschränkte Gestaltungsmöglichkeiten.

» Für XAML gilt `Content` als Standardeigenschaft, was deren explizite Nennung überflüssig macht:

```
<Button>text</Button>
```

  Der obige Code ist eigentlich nur eine Kurzschreibweise. Bei allen anderen Eigenschaften sieht die korrekte XAML-Syntax so aus:

```
<Button>
   <Button.Content>
      <Content>
         text
      </Content>
   </Button.Content>
</Button>
```

Bei einigen Steuerelementen ist die `Content`-Eigenschaft nicht direkt sichtbar: Beispielsweise kann das `Grid` in jeder Zelle beliebigen `Content` aufnehmen, das `MenuItem` nimmt `Content` über die Eigenschaften `Header` und `Icon` auf etc. Wichtige »`Content`-Elemente« sind unter anderen alle Panels inklusive `Grid`, alle Buttons, die Elemente von Listen, Menüs, Symbol- und Statusleisten etc.

Größe

Ich habe bereits mehrfach erwähnt, dass sich die Größe von Steuerelementen im Regelfall von selbst ergibt. Dabei werden zwei Faktoren berücksichtigt: einerseits der Inhalt des Steuerelements, andererseits die Größe des übergeordneten Steuerelements (Container):

» Ein für sich gestellter Button nimmt automatisch die Größe an, die erforderlich ist, um seinen gesamten Content darzustellen. Damit das funktioniert, darf Width und Height nicht explizit eingestellt sein (bzw. im XAML-Code mit Auto bzw. im VB-Code mit dem Wert System.Double.NaN).

» Befindet sich der Button dagegen in einem Panel, übernimmt er automatisch die Breite oder Höhe des Panels bzw. der Grid-Zelle. Dafür sind die beiden Eigenschaften Horizontal- und VerticalAlignment verantwortlich. Deren Standardeinstellung lautet normalerweise Stretch, sie kann allerdings vom übergeordneten Panel beeinflusst werden.

  Beispielsweise haben in einer Grid-Zelle beide Eigenschaften den Wert Stretch, weswegen der Button die gesamte Grid-Zelle ausfüllt. In einem normalen (vertikalen) StackPanel gilt dagegen nur HorizontalAlignment=Stretch, sodass der Button automatisch die gesamte Breite des Panels nutzt. Die Einstellung für VerticalAlignment spielt hier keine Rolle, das Steuerelement ist immer gerade so hoch, dass sein Inhalt dargestellt werden kann.

Zumeist ist es weder notwendig noch zweckmäßig, die Größe von Steuerelementen explizit festzuschreiben: Ihre Benutzeroberflächen verlieren dadurch erheblich an Anpassungsfähigkeit, etwa bei der Änderung der Standardschrift für das gesamte Programm oder bei der Änderung der dargestellten Zeichenketten (Lokalisierung bzw. Übersetzung von Programmen).

Es gibt aber natürlich auch Fälle, bei denen Sie die Größe explizit einstellen müssen: Beispielsweise ist es nicht zweckmäßig, dass ein Textfeld bei der Eingabe von Texten gleichsam mitwächst. Das wäre für den Benutzer irritierend. Je nach Panel kommt es auch vor, dass die Breite oder Höhe eines leeren Steuerelements auf 0 oder 1 reduziert wird. Selbst in solchen Situationen können Sie eine direkte Einstellung von Width und Height oft vermeiden. Verwenden Sie lieber die Eigenschaften MinWidth bzw. MinHeight, die nur die minimale Größe fixieren. (Analog gibt es auch MaxWidth und MaxHeight, um die maximale Größe zu limitieren.)

HINWEIS

Alle Maße werden in WPF-Pixeln angegeben (siehe Abschnitt 16.3), und alle Eigenschaften akzeptieren Fließkommazahlen (internes Datenformat: Double).

Ausrichtung

Die bereits erwähnten Eigenschaften Horizontal- und VerticalAlignment steuern die Ausrichtung des Steuerelements innerhalb des Containers. Zulässige Einstellungen sind Left, Center, Right und Stretch bzw. Top, Center, Bottom und Stretch. Einige Steuerelemente bieten darüber hinaus die Möglichkeit, den Inhalt *innerhalb* des Steuerelements durch die Eigenschaften HorizontalContentAlignment bzw. VerticalContentAlignment auszurichten. Die hier vorgenommenen Einstellungen werden allerdings nur wirksam, wenn das Steuerelement größer ist, als es zur Darstellung des Inhalts notwendig ist. Abbildung 17.1 zeigt anhand einiger Beispiele die Wirkung der vier Eigenschaften.

```
<Grid ShowGridLines="True">
   ( fünf Zeilen, Höhe = *)
   <Button Grid.Row="0" >Button 1</Button>
   <Button Grid.Row="1"
           HorizontalAlignment="Right"
           VerticalAlignment="Center">
      Button 2</Button>
   <Button Grid.Row="2"
           HorizontalContentAlignment="Left"
           VerticalContentAlignment="Bottom">
      Button 3</Button>
   <Button Grid.Row="4"
           HorizontalContentAlignment="Center"
           VerticalAlignment="Bottom">Button 3</Button>
</Grid>
```

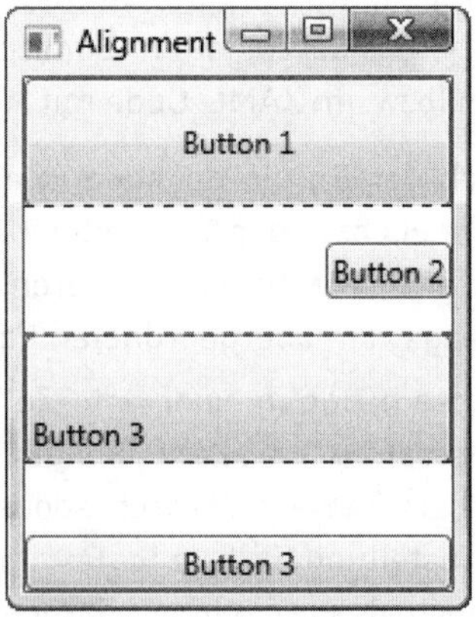

Abbildung 17.1: Alignment-Einstellungen

Sichtbarkeit

Die Eigenschaft `Visibility` gibt an, ob ein Steuerelement sichtbar ist oder nicht. Anders als in Windows Forms bestehen dabei *drei* Zustände. Normalerweise ist ein Steuerelement sichtbar (`Visible`). Wenn Sie es vorübergehend ausblenden bzw. unsichtbar machen möchten, haben Sie die Wahl zwischen `Hidden` und `Collapsed`. Der Unterschied zwischen den beiden Einstellungen besteht darin, dass ein Steuerelement im ersten Fall zwar unsichtbar ist, aber weiterhin Platz beansprucht. Im zweiten Fall kann der Platz von einem anderen Steuerelement genutzt werden. Abbildung 17.2 zeigt drei `WrapPanel` mit jeweils drei Buttons. Im zweiten `WrapPanel` ist Button 2 `Hidden`, im dritten ist Button 2 `Collapsed`.

```
<StackPanel>
   <WrapPanel Margin="10">
      <Button>Button 1</Button>
      <Button>Button 2</Button>
      <Button>Button 3</Button>
   </WrapPanel>
   <WrapPanel Margin="10">
      <Button>Button 1</Button>
      <Button Visibility="Hidden">Button 2</Button>
      <Button>Button 3</Button>
   </WrapPanel>
   <WrapPanel Margin="10">
      <Button>Button 1</Button>
      <Button Visibility="Collapsed">Button 2</Button>
      <Button>Button 3</Button>
   </WrapPanel>
</StackPanel>
```

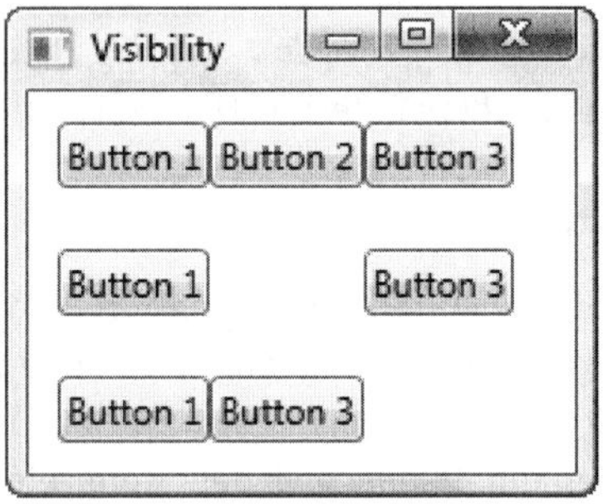

Abbildung 17.2: Visibility

HINWEIS

Zu `Visibility` existieren zwei verwandte Eigenschaften:

- `IsVisible` gibt den aktuellen Zustand an, ermöglicht aber keine Änderungen. (Verändern Sie `Visibility`!)
- `IsEnabled` gibt an, ob das Steuerelement verwendbar ist. Diese Eigenschaft kann gelesen und verändert werden. `IsEnabled = False` bewirkt, dass das Steuerelement in hellgrauer Schrift weiterhin angezeigt wird, aber nicht angeklickt oder anderweitig bedient werden kann.

Margin und Padding

Standardmäßig sehen WPF-Dialoge im ersten Entwurf meist sehr »eng« aus. Standardmäßig sieht die WPF weder außerhalb noch innerhalb von Steuerelementen einen Rand vor. Deswegen werden in einem `StackPanel` beispielsweise zwei Buttons ohne Rand aneinandergefügt. Die Größe (in diesem Fall speziell die Höhe) der Buttons ist gerade so, dass der Inhalt dargestellt werden kann – aber keinen Millimeter bzw. keine WPF-Maßeinheit mehr.

Abhilfe schafft die richtige Einstellung der Eigenschaften `Margin` (Außenrand) und `Padding` (Innenrand). Abbildung 17.3 verdeutlicht den Zusammenhang besser als jede langatmige Erklärung. Dabei ist `M1` der `Margin`-Wert von BUTTON 1, `P1` der `Padding`-Wert dieses Buttons etc. Der vertikale Padding-Wert kommt hier nicht zur Anwendung, weil sich die Buttons in einem `StackPanel` befinden, das so breit ist, dass der Button in jedem Fall viel breiter ist, als sein Inhalt vorgibt. Beachten Sie, dass die Ränder (`Margin`-Einstellungen) zweier aneinanderliegender Steuerelemente addiert werden, weswegen der Abstand unter Umständen größer wird als geplant. In Abbildung 17.3 beträgt der Abstand zwischen den beiden Buttons neun WPF-Maßeinheiten.

```
<DockPanel>
  <Button Margin="3" Padding="3">
    Button 1
  </Button>
  <Button Margin="6" Padding="6">
    Button 2
  </Button>
</DockPanel>
```

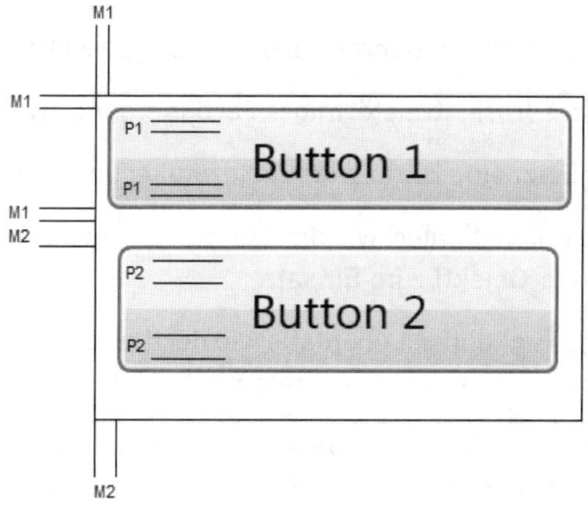

Abbildung 17.3: Margin und Padding

Im obigen Beispiel gelten für alle vier Ränder dieselben `Margin`- und `Padding`-Maße. Sie können aber auch für alle vier Ränder getrennte Maße angeben. Die Schreibweise im XAML-Code sieht so aus (hier für die `Margin`-Eigenschaft):

```
Margin = "3"       (alle Ränder: 3 Maßeinheiten)
Margin = "2 5"     (Rand links/rechts: 2 Maßeinheiten | Rand oben/unten: 4 Maßeinheiten)
Margin = "2 5 7 9" (Rand links: 2  | Rand oben: 5  |  Rand rechts: 7  |  Rand unten: 9)
```

Wenn Sie die beiden Eigenschaften per VB-Code einstellen möchten, brauchen Sie dazu ein Thickness-Objekt. Die Thickness-Struktur kennt allerdings nur zwei Konstruktoren, in denen Sie entweder nur einen oder alle vier Werte angeben. Die obigen drei XAML-Zeilen entsprechen daher den folgenden VB-Code-Zeilen:

```
btn1.Margin = New Thickness(3)
btn1.Margin = New Thickness(2, 5, 2, 5)
btn1.Margin = New Thickness(2, 5, 7, 9)
```

Der XAML-Designer von Visual Studio verwendet Margin in Kombination mit Horizontal- und VerticalAlignment, um Steuerelemente innerhalb eines Panels, Grids etc. exakt zu positionieren. Das ist zwar eine syntaktisch korrekte Vorgehensweise, überzeugende Ergebnisse werden Sie damit aber selten erzielen. Überlassen Sie die Platzierung der Steuerelemente nach Möglichkeit ganz dem übergeordneten Panel oder Grid, und verwenden Sie Margin nur, um den äußeren Randbereich rund um das Steuerelement einzustellen! Sollte auf diese Weise eine richtige Platzierung des Steuerelements nicht möglich sein, setzen Sie höchstwahrscheinlich ein falsches Panel ein.

Farben und Farbverläufe (Brush)

Die meisten Steuerelemente kennen die Eigenschaften Fore- und Background zur Einstellung der Vor- und Hintergrundfarbe. WPF-intern erwarten diese Eigenschaften allerdings keine Farbe, sondern ein Brush-Objekt. Die WPF kennt gleich sechs Brush-Varianten:

» SolidColorBrush: Einheitliche Farbe.

» LinearGradientBrush: Linearer Farbübergang zwischen zwei oder mehreren Farben.

» RadialGradientBrush: Kreisförmiger Farbübergang zwischen zwei oder mehreren Farben.

» ImageBrush: Setzt eine Bitmap (beliebig skaliert bzw. wiederholt) als Farbmuster bzw. Textur ein.

» DrawingBrush: Funktioniert wie der ImageBrush, allerdings kommt statt der Bitmap eine Vektorgrafik (ein Drawing-Objekt) zum Einsatz.

» VisualBrush: Funktioniert ebenfalls wie der ImageBrush, wobei diesmal ein Visual-Objekt, also die visuelle Entsprechung von Steuerelementen, als Farbmuster gilt.

Ich gehe an dieser Stelle auf die beiden einfachsten Varianten ein, den SolidColor- und den LinearGradientBrush. Abschnitt 19.1 zeigt dann die Anwendung eines Drawing- und eines ImageBrush.

Beim SolidColorBrush macht XAML Ihnen das Leben leicht: Sie können einfach den Namen einer vordefinierten Farbe oder einen hexadezimalen Code mit je zwei Stellen für den Alpha-Kanal (Transparenz) sowie für den Rot-, Grün- und Blauanteil angeben. Im folgenden Beispiel ergibt sich als Hintergrundfarbe ein helles Gelb ohne Transparenzeffekt. Zum selben Ergebnis würde auch Background

= "#ffffaa" führen. Wenn Sie also auf die Angabe des Alpha-Werts verzichten, nimmt XAML an, dass Sie keine Transparenz wünschen.

```
<TextBox Foreground="DarkRed" Background="#ffffffaa">text</TextBox>
```

Der entsprechende VB-Code sieht so aus:

```
mytextbox.Foreground = Brushes.DarkRed
mytextbox.Background = New SolidColorBrush(Color.FromArgb(255, 255, 255, 170))
```

Ein wenig aufwendiger ist der Umgang mit LinearGradientBrush-Objekten. Im folgenden Beispiel sind gleich zwei derartige Objekte im Spiel: Das erste bestimmt den Hintergrund des Grids, das zweite den Farbverlauf des Border-Elements, das einen TextBlock umrahmt.

Um einer Eigenschaft einen Farbverlauf zuzuweisen, müssen Sie diese Eigenschaft in der XAML-typischen Syntax separat schreiben (z.B. <Grid.Background> oder <Border.BorderBrush>). Das eigentliche LinearGradientBrush-Objekt wird durch die beiden Koordinatenpunkte Start- und EndPoint bestimmt, die angeben, über welche Linie die Farben variiert werden sollen. Der Wertebereich von 0 bis 1 bezieht sich dabei auf die Größe des Steuerelements. Im vorliegenden Beispiel ist der Startpunkt jeweils die linke obere Ecke, der Endpunkt die rechte untere.

Die GradientStop-Objekte geben die Farben am Beginn (Offset=0) und am Ende (Offset=1) des Farbverlaufs an. Um einen Farbverlauf über mehr Farben zu definieren, geben Sie einfach weitere GradientStop-Objekte an, deren Offset zwischen 0 und 1 liegt.

```
<Grid >
  <Grid.Background>
    <LinearGradientBrush StartPoint="0 0"
                         EndPoint="1 1" >
      <GradientStop Color="#aaaacc" Offset="0"/>
      <GradientStop Color="#ddddee" Offset="1"/>
    </LinearGradientBrush>
  </Grid.Background>
  <Border Margin="30" Padding="5"  BorderThickness="8">
    <Border.BorderBrush>
      <LinearGradientBrush StartPoint="0 0"
                           EndPoint="1 1" >
        <GradientStop Color="#7777bb" Offset="0"/>
        <GradientStop Color="#111144" Offset="1"/>
      </LinearGradientBrush>
    </Border.BorderBrush>
    <TextBlock TextWrapping="Wrap"
               TextAlignment="Center">
      Die meisten Steuerelemente ...
    </TextBlock>
  </Border>
</Grid>
```

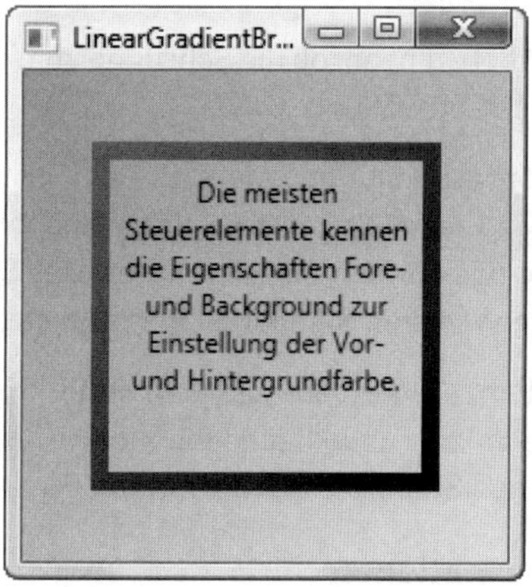

Abbildung 17.4: LinearGradientBrush

Die Zuweisung eines `LinearGradientBrush`-Objekts per VB-Code sieht so aus:

```
Dim lgb As New LinearGradientBrush
lgb.StartPoint = New Point(0, 0)
lgb.EndPoint = New Point(1, 1)
lgb.GradientStops.Add(New GradientStop(Color.FromRgb(170, 170, 204), 0))
lgb.GradientStops.Add(New GradientStop(Color.FromRgb(221, 221, 238), 1))
mygrid.Background = lgb
```

Bei vielen Steuerelementen können Sie die Umrahmung durch `BorderThickness` und `BorderBrush` einstellen. Bei einigen Steuerelementen fehlt diese Möglichkeit. In diesem Fall greifen Sie wie im obigen Beispiel auf ein speziell dafür vorgesehenes `Border`-Element zurück, das in Abschnitt 17.7 näher vorgestellt wird.

Schriften

Als Standardschrift für WPF-Fenster gilt `Segoe UI` in einer Größe von zwölf WPF-Pixeln. Zur Einstellung der Schrift gibt es fünf Eigenschaften:

» `FontFamily` gibt die Schriftfamilie an, also etwa `Segoe UI`, `Arial`, `Times New Roman` etc. Die WPF kann übrigens nur mit TrueType-Schriften umgehen, nicht mit PostScript-Schriften.

» `FontSize` gibt die Schriftgröße in WPF-Pixeln an (nicht in Punkt wie bei Windows Forms!).

» `FontWeight` gibt an, wie fett die Schrift dargestellt werden soll. WPF differenziert hier zwischen unzähligen Varianten (`Normal`, `Bold`, `Light`, `Thin`, `Black`, `ExtraBold` etc.), die meisten Schriftfamilien stellen nur `Normal`- und `Bold`-Schriften (»Schnitte«) zur Verfügung.

» `FontStyle` gibt an, ob die Schrift normal oder kursiv (Einstellungen `Normal` bzw. `Italic`) dargestellt werden soll.

» `FontStretch` gibt an, wie stark die Schrift gestreckt bzw. zusammengedrückt werden soll. Zulässige Einstellungen sind unter anderen `Normal`, `Condensed` und `Expanded`. Die Eigenschaft wird allerdings nur dann wirksam, wenn die Schriftfamilie einen entsprechenden Schnitt anbietet (was bei den meisten Standardschriften nicht der Fall ist).

Steuerelemente »erben« die Schriftmerkmale von den übergeordneten Containern. Wenn Sie also `FontSize` im zugrunde liegenden `Window`-Objekt verändern, gilt diese Einstellung für alle im Fenster enthaltenen Steuerelemente (soweit dort nicht explizit eine andere Einstellung vorgenommen wird).

Transformationen

Die visuelle Darstellung von Steuerelementen bzw. ihres Inhalts kann durch Transformationen verändert werden. Vertikale oder schräge Buttons, Text, der in beliebigen Richtungen verläuft, etc. sind damit kein Problem mehr. Wie weit diese Effekte tatsächlich zur Gestaltung von Benutzeroberflächen erforderlich sind, steht auf einem anderen Blatt. In diesem Abschnitt versuche ich Ihnen die wichtigsten Varianten anhand von Beispielen zu präsentieren, wobei ich aber aus Platzgründen nicht auf alle Spielarten und Details eingehe.

Grundsätzlich bieten alle Steuerelemente (genau genommen: alle von der Klasse `FrameworkElement` abgeleiteten Klassen) über die Eigenschaften `LayoutTransform` und `RenderTransform` die Möglichkeit, Transformationen anzugeben. Der Unterschied zwischen den beiden Eigenschaften besteht darin, wie die Transformation mit dem Layoutprozess zusammenspielt:

» Bei einer `LayoutTransform` wird das Steuerelement zuerst transformiert; die veränderte Form des Steuerelements wird dann im Layoutprozess berücksichtigt, beispielsweise um mehrere Buttons untereinander in einem `StackPanel` anzuordnen.

» Bei einer `RenderTransform` wird zuerst der Layoutprozess mit dem ursprünglichen Steuerelement durchgeführt. Anschließend wird das Steuerelement transformiert. Abbildung 17.5 veranschaulicht den Zusammenhang besser als jede Beschreibung.

```
<StackPanel>
   <Button>Button 1</Button>
   <Button>
      <Button.LayoutTransform>
         <RotateTransform Angle="30"/>
      </Button.LayoutTransform>
      Button 2
   </Button>
   <Button>Button 3</Button>
   <Button RenderTransformOrigin="0.5 0.5">
      <Button.RenderTransform>
         <RotateTransform Angle="-15"/>
      </Button.RenderTransform>
      Button 4
   </Button>
   <Button>Button 5</Button>
</StackPanel>
```

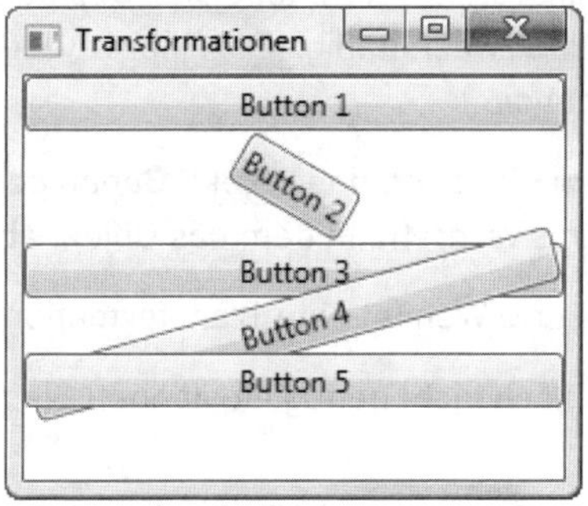

Abbildung 17.5: Layout- versus RenderTransfrom

```
...
<Button>
   <TextBlock>
      <TextBlock.LayoutTransform>
         <RotateTransform Angle="30"/>
      </TextBlock.LayoutTransform>
      Button 2
   </TextBlock>
</Button>
...
<Button>
   <TextBlock RenderTransformOrigin="0.5 0.5">
      <TextBlock.RenderTransform>
         <RotateTransform Angle="30"/>
      </TextBlock.RenderTransform>
      Button 2
   </TextBlock>
</Button>
...
```

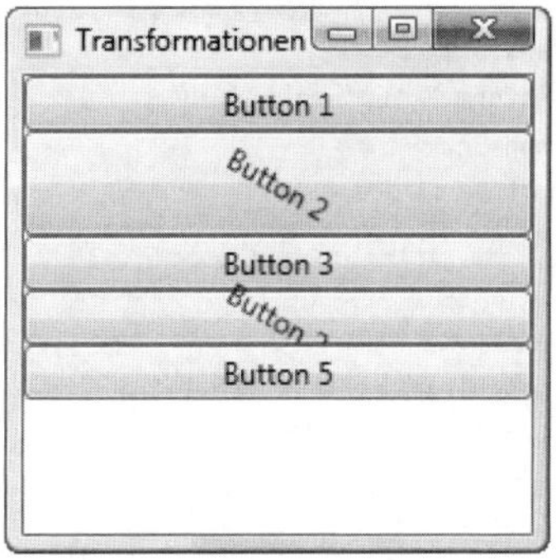

Abbildung 17.6: Transformation des Steuerelementinhalts

Wie das vorige Beispiel beweist (siehe Abbildung 17.6), können Transformationen statt auf das ganze Steuerelement auch nur auf dessen Inhalt angewendet werden. Beim Button muss dazu der Beschriftungstext explizit in ein `TextBlock`-Element verpackt werden.

Die WPF kennt fünf verschiedene Transformationsformen:

» `RotateTransform`: Dabei wird das Objekt rotiert, wie dies in den vorangegangenen Beispielen gezeigt wurde. Entscheidend sind der Rotationswinkel (`Angle`) und bei einer `RenderTransform` der Drehpunkt. (Bei einer `LayoutTransform` ist der Drehpunkt gleichgültig, weil das Steuerelement ohnedies im Rahmen des Layoutprozesses neu positioniert wird.)

» `ScaleTransform`: Verkleinert bzw. vergrößert das Objekt.

» `TranslateTransform`: Verschiebt das Objekt in eine Richtung. Das ist nur im Rahmen einer `RenderTransform` zweckmäßig. (Bei einer `LayoutTransform` macht der Layoutprozess die Translation wieder rückgängig.)

» `SkewTransform`: Verzerrt das Objekt. Genau genommen werden die X- und die Y-Achse des Koordinatensystems verdreht, in dem das Objekt abgebildet wird.

» `MatrixTransform`: Wendet eine Transformationsmatrix auf das Objekt an.

Wenn Ihnen das noch nicht genug ist, können Sie mehrere Transformationen in einer `TransformGroup` kombinieren.

```
<Button>
   <Button.LayoutTransform>
      <ScaleTransform ScaleX="3" ScaleY="1.5"/>
   </Button.LayoutTransform>
   Button 2
</Button>
<Button>
   <Button.RenderTransform>
      <TranslateTransform X="50" Y="5"/>
   </Button.RenderTransform>
   Button 3
</Button>
<Button>
   <Button.LayoutTransform>
      <SkewTransform AngleX="15" AngleY="15"/>
   </Button.LayoutTransform>
   Button 4
</Button>
```

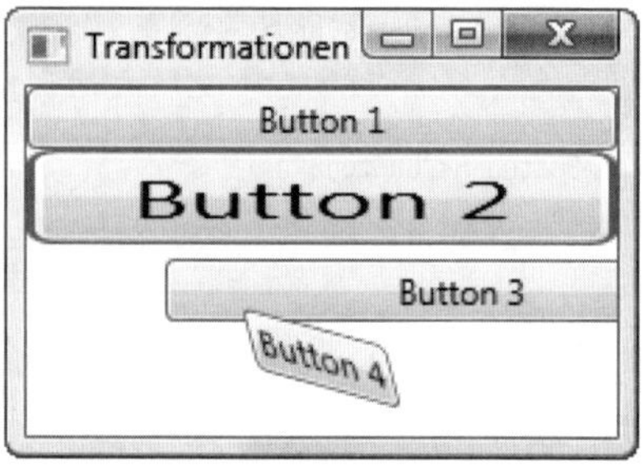

Abbildung 17.7: Scale-, Translate- und SkewTransform

17.2 Fenster (Window)

Das Window-Steuerelement stellt die Basis der meisten WPF-Programme dar. Es dient dazu, Formulare, Fenster oder Dialoge anzuzeigen (wobei diese Begriffe alle dasselbe meinen). Wer für seine Anwendungen lieber eine webähnliche Navigation nutzt, kann hierfür das Page-Steuerelement einsetzen (siehe den nächsten Abschnitt).

Window zählt zu den Content-Steuerelementen. Die Content-Eigenschaft bestimmt also, was im Steuerelement zu sehen ist. In den meisten Fällen wird Content ein Panel aufnehmen, das die sichtbaren Steuerelemente und andere grafische Elemente enthält.

Title gibt den Fenstertitel an. Icon bestimmt das Icon, das links oben im Fenster sowie in der Taskleiste angezeigt wird. Es wird üblicherweise durch eine **.ico*-Datei eingestellt. Wenn die Eigenschaft nicht eingestellt wird, verwendet das Programm das Icon des Programms (also der Application-Klasse) oder ein Standard-Icon. ShowInTaskbar steuert, ob das Fenster in der Windows-Task-Liste angezeigt werden soll (standardmäßig True). Topmost=True bewirkt, dass das Fenster immer über allen anderen Fenstern angeordnet wird.

ResizeMode gibt an, ob bzw. wie die Fenstergröße verändert werden kann. Mögliche Einstellungen sind NoResize, CanMinimize, CanResize (gilt standardmäßig) oder CanResizeWithGrip.

SizeToContent gibt an, woraus sich die Fenstergröße beim Programmstart ergibt. In der Standardeinstellung Manual ist die Fenstergröße fix durch die Eigenschaften Width und Height eingestellt. (Beachten Sie, dass sich Width und Height auf die Gesamtgröße des Fensters beziehen, nicht auf die Innengröße!)

Alternative Einstellungen für SizeToContent sind Width, Height und WidthAndHeight. In diesem Fall werden die Fensterbreite bzw. die Fensterhöhe so eingestellt, dass die enthaltenen Steuerelemente gerade Platz finden. Im weiteren Programmverlauf kann der Benutzer die Fenstergröße frei verändern (sofern ResizeMode=CanResize gilt). Allerdings bleibt die Einstellung SizeToContent = Width / Height weiterhin wirksam: Wenn sich der Inhalt eines Steuerelements verändert und dieses nun mehr Platz benötigt, wird die Fensterbreite oder -höhe bei Bedarf entsprechend vergrößert (aber nie verkleinert).

WindowStartupLocation bestimmt, wo das Fenster erscheint. Die Standardeinstellung lautet Manual. In diesem Fall kann die Fensterposition durch die Eigenschaften Top und Left manuell gewählt werden. Enthalten diese Eigenschaften keine Werte, kümmert sich das System um eine passende Platzierung. Andere Einstellungen sind CenterScreen (Bildschirmmitte) oder CenterOwner. Bei CenterOwner wird das Fenster mittig in Relation zu einem anderen Fenster platziert, auf das die Owner-Eigenschaft verweist. Das ist etwa bei Dialogen sinnvoll, wobei als Owner das Hauptfenster des Programms eingestellt wird.

WindowState gibt den aktuellen Zustand des Fensters an: Normal, Minimized oder Maximized.

WindowStyle gibt an, wie das Fenster dekoriert werden soll. Mit der Einstellungen None hat das Fenster nur einen winzigen Rahmen ohne Beschriftung und Buttons. Auch ToolWindow minimiert die Fensterränder, es bleibt aber noch Platz für die Beschriftung und einen winzigen SCHLIESSEN-Button.

Mit der Methode Activate können Sie versuchen, das Fenster in den Vordergrund zu bringen, sodass es vor allen anderen laufenden Programmen sichtbar wird. Das kann in bestimmten Fällen scheitern (z.B. wenn gerade eine Systemmeldung angezeigt wird), weswegen Activate je nach Erfolg True oder False zurückgibt.

Umgang mit mehreren Fenstern

Solange ein Projekt nur aus einem Fenster besteht, wird dieses Fenster beim Programmstart automatisch angezeigt. Das Programm endet, sobald das Fenster geschlossen wird.

Bei Programmen mit mehreren Fenstern stellen Sie das gewünschte Startfenster in den Projekteigenschaften ein. Weitere Fenster zeigen Sie wahlweise mit den Methoden Show oder ShowDialog an (siehe unten). Das Programm endet normalerweise mit dem Schließen des letzten Fensters. In den Projekteigenschaften können Sie angeben, dass das Programm bereits mit dem Schließen des Startfensters endet oder aber erst durch das Ausführen von Application.Current.Shutdown().

Ein einzelnes Fenster schließen Sie per Programmcode mit Close. Anschließend tritt das Ereignis Closing auf, in dem der Vorgang abgebrochen werden kann (z.B. nach der Anzeige eines Warndialogs bzw. einer Speicheraufforderung). Eine Liste aller Window-Objekte Ihres Programms erhalten Sie mit Application.Current.Windows.

Der Unterschied zwischen Show und ShowDialog besteht darin, dass das neue Fenster im ersten Fall parallel zu bereits vorhandenen Fenstern verwendet werden kann. Im zweiten Fall blockiert das neue Fenster die bereits geöffneten Fenster; erst wenn das Fenster geschlossen oder durch Hide unsichtbar gemacht wird, kann das restliche Programm weiter bedient werden. Das neue Fenster wird auch »modal« genannt. Modale Fenster werden üblicherweise zur Anzeige von Dialogen verwendet, deren Ergebnis zur Fortsetzung des Hauptprogramms benötigt wird.

ShowDialog liefert einen Rückgabewert. Dieser Wert ist automatisch False, wenn das Fenster durch den Schließen-Button, einen Button mit IsCancel=True oder durch [Alt]+[F4] geschlossen wurde. Im Code des Fensters kann der Rückgabewert auch explizit über die Eigenschaft DialogResult eingestellt werden.

```
Dim w2 As New Window2
w2.Show()
Dim w3 As New Window3
Dim result As Boolean?
result = w3.ShowDialog()
```

Übrigens können Sie auch ein- und dasselbe Fenster mehrfach öffnen. Dazu erzeugen Sie einfach eine neue Instanz der Klasse Window<n> (oder wie auch immer Sie Ihr Fenster genannt haben). Die Fenster sind voneinander vollkommen unabhängig.

Beachten Sie, dass es nur eine Ereigniswarteschlange für alle Fenster gibt: Eine länger andauernde Berechnung in einem Fenster blockiert alle anderen Fenster.

Dialog-Recycling

In manchen Anwendungen ist es zweckmäßig, einen Dialog für eine Weile anzuzeigen, ihn zu schließen, ihn wieder anzuzeigen etc. – denken Sie etwa an den SUCHEN-Dialog eines Programms. Es bestehen zwei Möglichkeiten, das zu bewerkstelligen:

» **Wegwerfkonzept:** Beim Wegwerfkonzept schließen Sie das Fenster durch `Close`. Wenn Sie das Fenster später wieder benötigen, müssen Sie es neu erzeugen (New `WindowXxx()`).

» **Recycling-Konzept:** Beim Recycling-Konzept machen Sie das Fenster durch `Hide` nur vorübergehend unsichtbar. Wenn Sie das Fenster später wieder benötigen, führen Sie wieder `Show` aus. Das setzt voraus, dass es im Hauptprogramm eine Variable gibt, die auf das Fenster verweist, und dass Sie ein richtiges Schließen des Fensters (auch durch den Schließen-Button) verhindern.

Beide Varianten haben Vor- und Nachteile: Beim Wegwerfkonzept werden alle durch das Fenster beanspruchten Ressourcen wieder freigegeben. Der Speicherbedarf ist also etwas geringer. Beim Recycling-Konzept ersparen Sie sich den mehrfachen Overhead, um das Fenster zu erzeugen bzw. es wieder zu löschen. Das Programm wird daher (unmerklich) schneller sein. Der wirklich entscheidende Punkt ist ein anderer: Beim Wegwerfkonzept wird das Fenster jedes Mal neu erzeugt, d.h., alle zuletzt durchgeführten Eingaben, Einstellungen etc. sind verloren. Beim Recycling-Konzept erscheint das Fenster dagegen im selben Zustand, in dem es zuvor ausgeblendet wurde. Welches dieser beiden Verhaltensmuster für Ihr Programm das günstigere ist, müssen Sie selbst entscheiden.

17.3 Seitenorientierte Navigation (Page, NavigationWindow, Frame)

Gelegentlich hat man den Eindruck, die Entwicklungsmodelle für Webanwendungen und Windows-Programme kommen einander immer näher: Einerseits geben die mit `Web 2.0` titulierten Techniken Webanwendungen mehr Interaktivität und Komfort. Andererseits sind immer mehr Entwickler und Anwender durch das im Web übliche Denken in Seiten geprägt, sodass diese Art der Benutzerführung auch für Windows-Programme in Mode kommt. Was früher ein Assistent war, wird nun in mehrere Dialoge verpackt, die wie Webseiten aussehen, so ähnlich zu bedienen sind und womöglich in einem Webbrowser dargestellt werden. Für den Anwender bleibt verborgen, ob sich dahinter eine HTML-Anwendung oder WPF-Code verbirgt.

Das ist wohl auch der Hintergrund des neuen `Page`-Elements, mit dem Sie das Konzept einer »Seite« auch in Windows-Programmen nutzen können. Zur Anzeige von Seiten stehen drei Container zur Auswahl: ein `NavigationWindow` (ein eigenständiges Fenster), ein `Frame`-Steuerelement (ein Bereich innerhalb eines herkömmlichen Fensters) oder ein Webbrowser im Rahmen einer `XAML Browser Application` (XBPA, siehe auch Abschnitt 16.9). Sie können `Page`-Elemente also wahlweise als Grundlage für Ihr gesamtes Programm oder in Kombination mit herkömmlichen Fenstern einsetzen.

Die Gemeinsamkeit aller drei Container besteht darin, dass sie bei der Navigation von einer Seite zur nächsten (also von einem Page-Objekt zum nächsten) helfen sowie VOR- und ZURÜCK-Buttons zur Verfügung stellen. Grundsätzlich ist auch eine Navigation hin zu Webseiten möglich; dabei gibt es aber eine Menge Einschränkungen.

Erste Experimente

Das seitenorientierte Navigationsmodell erfordert gerade von traditionellen Windows-Entwicklern ein grundlegendes Umdenken. Insofern lohnt es sich, einige Zeit für erste Experimente zu investieren und die Möglichkeiten und Grenzen des neuen Modells auszutesten. Dazu starten Sie in Visual Studio ein ganz gewöhnliches WPF-Anwendungsprojekt. Das hier präsentierte Beispielprojekt besteht aus einem Fenster (Window1) sowie aus drei Seiten (Page1 bis Page3, siehe auch Abbildung 17.8). In Visual Studio erzeugen Sie neue Seiten mit PROJEKT|SEITE HINZUFÜGEN.

Das Startfenster statten Sie mit einem Button aus. Dessen Click-Ereignisprozedur erzeugt ein neues NavigationWindow und stellt darin ein neues Page1-Objekt dar. Da das NavigationWindow standardmäßig sehr groß erzeugt wird (es füllt ca. 2/3 des Bildschirms), habe ich hier die Width- und Height-Eigenschaften explizit relativ klein eingestellt. Eine andere Möglichkeit wäre nvw.SizeToContent = Windows.SizeToContent.WidthAndHeight. Das hat aber den Nachteil, dass sich die Größe des Fensters bei jedem Seitenwechsel ändert, was für den Benutzer ziemlich irritierend ist.

```
' Beispiel wpf-steuerelemente/pages-intro, Datei Window1.xaml.vb
Private Sub Button1_Click(...) Handles Button1.Click
  Dim nvw As New NavigationWindow
  nvw.Content = New Page1()
  nvw.Width = 300
  nvw.Height = 300
  nvw.Show()
End Sub
```

Die erste Seite (also Page1) enthält einen Button sowie zwei in ein TextBlock-Element eingebaute Links. Im folgenden XAML-Code sollten Sie zwei Besonderheiten beachten: Erstens funktioniert die Seitenbeschriftung im Container nur dann, wenn Sie beim Page-Element statt der standardmäßig vorgesehenen Title-Eigenschaft WindowTitle verwenden. Zweitens eignet sich das TextBlock-Element nicht nur zum Anzeigen von Text, sondern auch zur Integration von Links (Hyperlink-Element in Kombination mit der Eigenschaft NavigateUri). Hintergründe zum TextBlock-Element sowie zur darin gültigen FlowDocument-Syntax finden Sie in den Abschnitten 17.10 und 17.11.

```
<Page x:Class="Page1"
    xmlns="http://schemas.microsoft.com/winfx/2006/xaml/presentation"
    xmlns:x="http://schemas.microsoft.com/winfx/2006/xaml"
    WindowTitle="Page1">
  <StackPanel>
    <Button Margin="5" Name="Button1" Width="100">Seite 2 anzeigen</Button>
    <TextBlock>
      <Hyperlink NavigateUri="Page2.xaml">Seite 2</Hyperlink> anzeigen.
      <LineBreak/>
```

```
      <Hyperlink NavigateUri="http://kofler.cc">kofler.cc</Hyperlink> anzeigen.
    </TextBlock>
  </StackPanel>
</Page>
```

Die Navigation zur nächsten Seite über einen `Hyperlink` in einem `TextBlock` erfordert keinerlei VB-Code. Der Button SEITE 2 ANZEIGEN beweist, dass der Seitenwechsel auch codegesteuert erfolgen kann. Der dazugehörige VB-Code greift über die Eigenschaft `NavigationService` auf ein gleichnamiges Objekt zurück. (Das `NavigationService` wird nicht direkt vom `Page`-Objekt zur Verfügung gestellt, sondern vom Container, in dem die Seite angezeigt wird.) An die Methode `Navigate` übergeben Sie wahlweise ein `Uri`-Objekt mit der Adresse der gewünschten Seite oder direkt ein neues `Page`-Objekt.

```
' Beispiel wpf-steuerelemente/pages-intro, Datei Page1.xaml.vb
Partial Public Class Page1
  Private Sub Button1_Click(...) Handles Button1.Click
    NavigationService.Navigate(New Uri("Page2.xaml", UriKind.Relative))
    ' alternative Vorgehensweise:
    NavigationService.Navigate(New Page2())
  End Sub
End Class
```

HINWEIS

Unabhängig davon, welche der beiden `Navigate`-Varianten in Button1_Click zum Einsatz kommt, wird die Seite durch `Navigate` neu erzeugt. Dasselbe gilt auch beim Anklicken der `Hyperlinks` im **TextBlock**. Dieses Verhalten kann problematisch sein, weil bereits vorhandene Texteingaben und andere Status- oder Kontextinformationen der Seite verloren gehen (etwa wenn der Benutzer durch den ZURÜCK-Button von Seite 2 zurück zu Seite 1 gesprungen ist und nun wieder zur Seite 2 möchte).

Um den Seitenkontext zu erhalten, muss der Benutzer die im Container vorgesehenen runden VOR- und ZURÜCK-Buttons verwenden. Aber auch der VB-Code kann diesbezüglich optimiert werden: Sie können an `Navigate` ein bereits vorhandenes `page2`-Objekt übergeben, oder Sie können statt `Navigate` die Methoden `GoForward` oder `GoBack` einsetzen, wobei Sie vorher mit `CanGoForward` bzw. `CanGoBack` überprüfen sollten, ob das überhaupt möglich ist. Falls bei der Rückkehr zu einer Seite nur ein Teil der Kontextinformationen erhalten bleibt, müssen Sie zusätzlich zu den obigen Maßnahmen die `Page`-Eigenschaft `KeepAlive` auf True stellen (siehe unten im Abschnitt `Page-Eigenschaften`).

Seite 2 (`Page2`) enthält einen einfachen Login-Dialog. Auf den Abdruck des XAML-Codes habe ich verzichtet, weil der Code keine neuen Features im Vergleich zu `Page1` enthält. Der Button WEITER führt ohne Überprüfung der Login-Informationen weiter zu Seite 3. Der Login-Name wird über einen eigenen Konstruktor der `Page3`-Klasse übergeben.

```
' Beispiel wpf-steuerelemente/pages-intro, Datei Page2.xaml.vb
Private Sub Button1_Click(...) Handles Button1.Click
  Dim p3 As New Page3(txtLogin.Text)
  NavigationService.Navigate(p3)
End Sub
```

Die Besonderheit des VB-Codes von Page3 ist der zusätzliche Konstruktor New, der als Parameter eine Zeichenkette mit dem Login-Namen akzeptiert. Mit dieser Information wird das TextBlock-Element in Page3 initialisiert. Beachten Sie, dass jeder eigene Konstruktor zuerst InitializeComponent aufrufen muss!

```
' Beispiel wpf-steuerelemente/pages-intro, Datei Page3.xaml.vb
Public Sub New(ByVal loginname As String)
  InitializeComponent()
  txtBlk.Text = "Hallo, " + loginname + "!"
End Sub
```

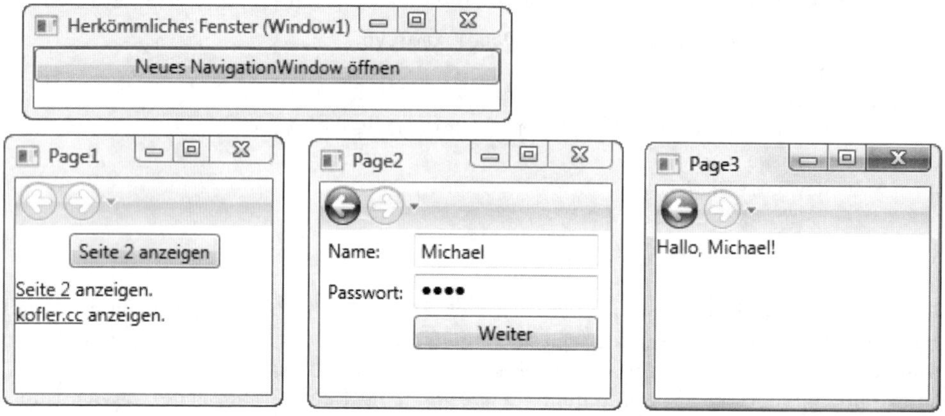

Abbildung 17.8: Ein herkömmliches Fenster sowie drei Seiten (Page-Elemente), wobei normalerweise immer nur eine Seite sichtbar ist

Sie können in den Projekteigenschaften eine Seite (also Page<n>.xaml) als Startobjekt angeben. Visual Studio fügt dann automatisch Code hinzu, um beim Programmstart ein NavigationWindow zu erzeugen und die Startseite dort anzuzeigen. Auf diese Weise läuft Ihr gesamtes Programm ohne ein herkömmliches Fenster (Window).

Page-Eigenschaften

In gewisser Weise ist das Page-Element eine stark vereinfachte Variante des Windows-Elements. Sein Inhalt wird wie üblich durch die Content-Eigenschaft bestimmt. Normalerweise werden Sie als Content ein Panel oder ein Grid-Steuerelement verwenden und darin Ihre Steuerelemente platzieren.

Die Eigenschaften Title und WindowTitle stifen bisweilen Verwirrung: Die Title-Zeichenkette gilt nur für die Navigationsliste der Vor- und Zurück-Buttons des Seitencontainers. WindowTitle bestimmt dagegen den in der Titelzeile des NavigationWindows bzw. des Webbrowsers angezeigten Text.

NavigationService verweist auf das gleichnamige Objekt, das vom übergeordneten Seitencontainer zur Verfügung gestellt wird. Es ermöglicht die Navigation zu anderen Seiten, den Zugang zur Liste der bisher angezeigten Seiten (history) etc. Details folgen gleich im Abschnitt Navigation.

`ShowNavigationUI` bestimmt, ob im Seitencontainer die runden VOR- und ZURÜCK-Buttons angezeigt werden sollen. Das ist standardmäßig der Fall. Setzen Sie diese Eigenschaft auf `False`, wenn Sie einen Seitenwechsel ausschließlich durch eigene Links/Buttons zulassen möchten!

`KeepAlive` gibt an, wie die WPF sich den Status einer Seite (also Texteingaben, angeklickte Optionen etc.) merken soll, wenn der Benutzer die Seite verlässt und dann wieder dorthin zurückkehrt. Die Standardstrategie (`KeepAlive = False`) besteht darin, dass die WPF beim Verlassen einer Seite nur relativ wenige Eigenschaften speichert (z.B. die `Text`-Eigenschaft einer `TextBox`) und die Seite dann aus dem Speicher löscht. Wenn der Benutzer zur Seite zurückkehrt, wird das `Page`-Objekt neu erzeugt; anschließend werden die gespeicherten Informationen übertragen.

Diese Vorgehensweise ist zwar sehr effizient und spart eine Menge Speicher, hat aber den Nachteil, dass viele Einstellungen *nicht* gespeichert werden. Das wird vor allem dann zum Problem, wenn Sie Eigenschaften der Steuerelemente per VB-Code ändern oder gar neue Objekte per Code erzeugen. In solchen Fällen gibt es nur eine Strategie, um einen kompletten Erhalt der Seite sicherzustellen: Die WPF muss die gesamte Seite im Speicher behalten, bis sie (vielleicht) wieder gebraucht wird. Genau das erreichen Sie durch `KeepAlive = True`.

Datenübergabe von Seite zu Seite

Bei HTML-Seiten bereitet die Übergabe von Kontextdaten von einer Seite zur nächsten oft eine Menge Kopfzerbrechen und Arbeit. `Cookies`, `Sessions`, URL-Parameter etc. müssen verwaltet und ausgewertet werden. Beim Umgang mit WPF-Seiten können Sie sich das alles sparen. Es stehen gleich mehrere Vorgehensweisen zur Auswahl, die allesamt einfacher sind:

» **Datenweitergabe über einen eigenen Konstruktor:** Das Beispiel am Beginn dieses Abschnitts hat gezeigt, wie Sie Ihrer `Page`-Klasse einen eigenen Konstruktor hinzufügen, an den Sie beim Erzeugen der Seite beliebige Parameter übergeben können.

  Die `Sub`-Prozedur muss mit `Public` deklariert werden, und sie muss als Erstes die Methode `InitializeComponent` aufrufen. (Den Code für diese Methode erzeugt Visual Studio selbst. Er befindet sich in der Datei *Pagen.g.vb*. Diese Datei finden Sie, wenn Sie im PROJEKTMAPPEN-EXPLORER den Button ALLE DATEIEN ANZEIGEN anklicken und dann den Verzeichnisbaum *obj/Debug* bzw. *obj/Release* ansehen.) Diese Art der Datenweitergabe funktioniert nur, wenn Sie die Seite per VB-Code erzeugen und dann direkt an die `Navigate`-Methode übergeben.

```
Dim p As New Pagen(parameter1, parameter2 ...)
NavigationService.Navigate(p)
```

» **Globale Variablen:** Eine zweite Möglichkeit besteht darin, ein Modul mit globalen Variablen zu definieren und diese für den Datenaustausch zu benutzen. Das führt aber rasch zu unübersichtlichem Code, weil die Variablen vom Code für die Seite getrennt sind.

» **Globale Seitenvariablen:** Eleganter als die zweite Variante ist es, seitenspezifische Daten in Form von Klassenvariablen oder Eigenschaften der `Page`-Klasse zugänglich zu machen. Das setzt aber voraus, dass Sie in jedem `Page`-Objekt Zugriff auf alle anderen `Page`-Objekte haben. Am einfachsten erreichen Sie das durch eine zentrale Page-Aufzählung, die wiederum in Form einer globalen Variablen in einem Modul realisiert werden kann. Dort tragen Sie alle Page-Objekte ein und achten beim Seitenwechsel darauf, dass bereits vorhandene Page-Objekte weiter genutzt und nicht neu erzeugt werden!

Diese Vorgehensweise hat eine nicht immer erwünschte Nebenwirkung: Da die globale Seitenaufzählung nun auf alle Page-Objekte verweist, kann die WPF die Seiten nicht aus dem Speicher entfernen (entspricht KeepAlive = True). Bei Anwendungen mit vielen, datenintensiven Seiten ist das mit erheblichem Speicheraufwand verbunden.

NavigationWindow-Element

Das NavigationWindow-Element ist neben dem Frame-Steuerelement und einem Webbrowser (für XWPAs) einer von drei möglichen Containern für Page-Elemente. Die NavigationWindow-Klasse ist direkt von der Window-Klasse abgeleitet und teilt insofern deren Eigenschaften (siehe Abschnitt 17.2).

Der Inhalt des NavigationWindows wird wahlweise durch Content oder Source bestimmt. Content können Sie direkt ein Page-Objekt zuweisen. Source erwartet dagegen ein System.Uri-Objekt, das die Adresse der zu ladenden Seite enthält. Im Regelfall geben Sie hier den Dateinamen der XAML-Datei Ihrer Seite als relative Adresse an. Hier besteht auch die Möglichkeit, eine externe XAML-Datei (mit exaktem Dateinamen und UriKind.Absolute) oder eine Webadresse anzugeben (siehe etwas weiter unten).

```
Dim nvw As New NavigationWindow
nvw.Content = New Page1                                  'Variante 1
nvw.Source = New Uri("Page1.xaml", UriKind.Relative)     'oder Variante 2
nvw.Show()
```

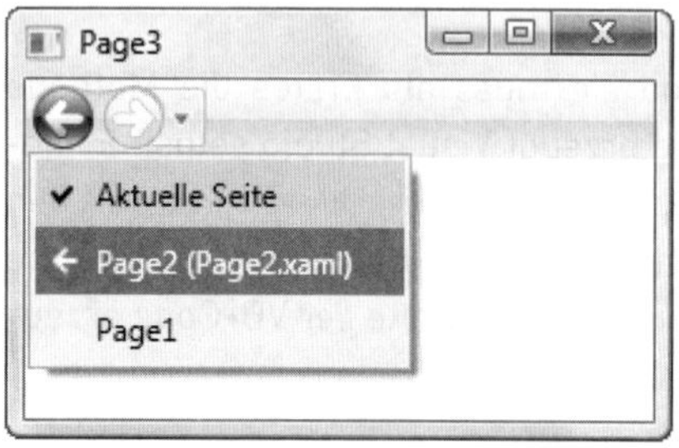

Abbildung 17.9: Navigationsbuttons in einem NavigationWindow

Darüber hinaus stellt NavigationWindow eine Menge Methoden, Eigenschaften und Ereignisse des NavigationService zur Verfügung. Details dazu folgen gleich (siehe den Abschnitt Navigation). Soweit es nicht durch die Page-Eigenschaft ShowNavigationUI = False verhindert wird, zeigt das Fenster oben zwei runde Navigationsbuttons an. Diese Buttons geben über ein ausklappbares Menü auch einen Überblick über die bisher angeklickten Seiten (siehe Abbildung 17.9).

Frame-Steuerelement

Das Frame-Steuerelement ist eine interessante Alternative zum NavigationWindow. Es ermöglicht eine seitenweise Navigation in einem Teilbereich eines Fensters (siehe Abbildung 17.10). Die meisten spezifischen Eigenschaften, Methoden und Ereignisse der Frame-Klasse stimmen exakt mit denen der NavigationWindow-Klasse überein.

```
<Grid>
  (zwei Spalten mit Breite = *)
  <StackPanel Grid.Column="0">
    <Label>Gewöhnliche Steuerelemente</Label>
    ...
  </StackPanel>
  <Frame Grid.Column="1" BorderThickness="1" BorderBrush="Black"
         Name="myframe" Source="Page1.xaml"/>
</Grid>
```

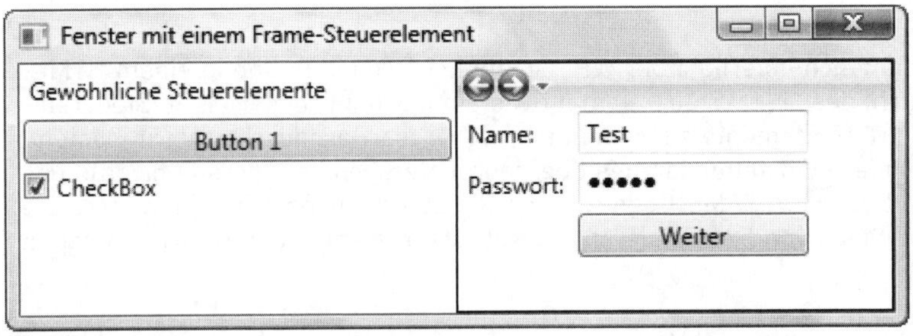

Abbildung 17.10: Seitenweise Navigation in einem Frame-Steuerelement

In der WPF-Literatur wird das Frame-Steuerelement oft als Ersatz für das Windows Forms-Steuerelement WebBrowser dargestellt. Tatsächlich können Sie an die Source-Eigenschaft die Adresse einer lokalen HTML-Seite oder einer Webseite im Internet übergeben. Das Frame-Steuerelement zeigt diese Seite dann an. (Das funktioniert übrigens auch im NavigationWindow.)

Damit enden die Gemeinsamkeiten mit dem WebBrowser-Steuerelement aber auch: Es ist unmöglich, den HTML-Code in einer Zeichenkette oder als Stream anzugeben. Des Weiteren haben Sie keinen Zugriff auf das DOM (Document Object Model) der HTML-Seite und somit auch keine Steuerungsmöglichkeiten, die direkt auf Elemente des HTML-Codes zurückgreifen. Sie haben keine Kontrolle darüber, wohin bzw. wie weit sich der Benutzer von Ihrer Ausgangsseite entfernt. Was aber am irritierendsten ist: Die Navigationselemente des Frame, also die Vor- und Zurück-Buttons, funktionieren nicht. Wenn ein Link auf einem Page-Objekt den Benutzer zu einer Webseite führt und dieser dann anderen Weblinks folgt, führt der Zurück-Button nicht etwa zur jeweils vorherigen Webseite, sondern direkt zum letzten Page-Objekt. Das widerspricht der Logik, die der Benutzer zu Recht vom Zurück-Button erwartet, und ist inakzeptabel.

Nicht nur aus Benutzersicht, auch vom Funktionsprinzip der WPF her ist die Nutzung des Steuerelements zur Anzeige von Webseiten mit starken Einschränkungen verbunden: Da die Darstellung der HTML-Seite durch Win32-Bibliotheken erfolgt, gehen viele typische WPF-Merkmale verloren. Dazu zählen die Vererbung von Eigenschaften aus übergeordneten Steuerelementen, die Darstellung von Hintergrundbitmaps, Transparenzeffekte, Transformationen etc.

Wenn Sie in Ihrem Programm Links nach »außen« zulassen, sollten Sie unbedingt eine Ereignisprozedur für das `NavigationFailed`-Ereignis des `Frame`-Steuerelements einrichten. Sollte eine Webseite gerade nicht erreichbar sein, tritt zuerst dieses Ereignis auf, und wenn Sie nicht `e.Handled = True` setzen, beendet die anschließende `Exception` Ihr Programm.

```
Private Sub myframe_NavigationFailed(ByVal sender As Object, _
    ByVal e As System.Windows.Navigation.NavigationFailedEventArgs) _
    Handles myframe.NavigationFailed
  MsgBox("Die Webseite " + e.Uri.ToString + " ist nicht erreichbar.")
  e.Handled = True
End Sub
```

HINWEIS

Das `Frame`-Steuerelement verhält sich innerhalb der WPF so ähnlich wie ein Frame in einem HTML-Dokument. Es ist daher möglich, das `Frame`-Steuerelement wie ein gewöhnliches `Content`-Steuerelement zur Darstellung anderer WPF-Elemente zu verwenden, wobei die Besonderheit darin besteht, dass Hintergrundfarben und andere Einstellungen des übergeordneten Fensters gerade nicht in das `Frame`-Steuerelement vererbt werden. Im XAML-Code müssen Sie allerdings darauf achten, dass Sie die `Content`-Eigenschaft, abweichend von allen anderen `Content`-Steuerelementen, explizit einstellen müssen:

```
<Frame>
   <Frame.Content>
      ...
   </Frame.Content>
</Frame>
```

Navigation

Die Methoden, Eigenschaften und Ereignisse der Klasse `NavigationWindow` ermöglichen es, den Navigationsprozess per VB-Code zu steuern bzw. zu verfolgen. Die meisten Methoden, Eigenschaften und Ereignisse stehen auch für die Klassen `Frame` und `NavigationService` zur Verfügung.

Die Methoden `GoForward` und `GoBack` haben dieselbe Funktion wie die Buttons VOR und ZURÜCK. `Navigate` wechselt zu einer anderen (Web-)Seite. `Refresh` lädt die Seite neu, `StopLoading` bricht den Ladevorgang ab.

Die Eigenschaften `CanGoForward` und `CanGoBack` geben an, ob eine Navigation zu einer vorherigen Seite möglich ist. `Source` gibt die aktuelle Adresse als `Uri`-Objekt an bzw. verändert sie.

Beim Wechsel zu einer anderen Seite treten der Reihe nach die folgenden Ereignisse auf:

» `Navigating` gibt an, dass der Seitenwechsel gleich beginnt. Zu diesem Zeitpunkt kann die Navigation durch `e.Cancel = True` noch abgebrochen werden.

» `Navigated` gibt an, dass die Navigation begonnen hat.

» `NavigationProcess` gibt an, dass Teile der neuen Seite bereits geladen wurden. Dieses Ereignis tritt immer wieder auf, bis der Ladeprozess abgeschlossen ist. `e.MaxBytes` gibt an, wie viele Daten die Seite erfordert, und `e.BytesRead` verrät, wie viele Daten bereits übertragen wurden.

» `LoadCompleted` gibt an, dass die Daten verarbeitet wurden.

Falls es beim Laden der Seite Probleme gibt, tritt das weiter oben bereits erwähnte Ereignis `NavigationFailed` auf. Sie müssen in der Ereignisprozedur `e.Handled = True` setzen, sonst endet das Programm anschließend mit einer `Exception`.

17.4 Panels (StackPanel, WrapPanel, DockPanel, Canvas)

Panels sind erforderlich, wenn in einem Fenster oder einem `Content`-Steuerelement mehr als ein Steuerelement oder Grafikelement dargestellt werden soll. Panel dienen aber nicht nur als simple Container, sondern kümmern sich auch um die automatische Platzierung der enthaltenen Steuerelemente. Da je nach Aufgabe unterschiedliche Platzierungsregeln erforderlich sind, kennt die WPF mehrere Panels. (Werfen Sie auch einen Blick in Abschnitt 16.4. Dort finden Sie einen ersten Überblick über die wichtigsten Panel-Typen.)

Dieser Abschnitt stellt das `StackPanel`, das `WrapPanel`, das `DockPanel` und das `Canvas`-Steuerelement näher vor. Im Anschluss daran ist dem `Grid`-Steuerelement wegen seiner großen Komplexität ein eigener Abschnitt gewidmet.

StackPanel

Das `StackPanel` ordnet die enthaltenen Steuerelemente untereinander von oben nach unten an. Mit `VerticalAlignment = Bottom` erreichen Sie, dass der Steuerelementeblock unten (statt oben) ausgerichtet wird. Diese Einstellung verändert die Reihenfolge der Steuerelemente nicht, d.h., das erste Steuerelement bleibt weiterhin das oberste. Steuerelemente, die in einem zu kleinen Panel keinen Platz mehr finden, werden abgeschnitten.

Für die enthaltenen Steuerelemente gilt normalerweise `HorizontalAlignment = Stretch`. Sofern die Breite nicht fix vorgegeben ist, füllen sie deswegen die volle Breite des Panels aus. Links- oder rechtsbündig ausgerichtete Steuerelemente erhalten Sie durch `HorizontalAlignment = Left/Right`.

```
<StackPanel>
   <Button>Button 1</Button>
   <Button>Button 2 mit mehr Text</Button>
   <Button>
      <TextBlock>
         Button 3<LineBreak/>
         zweite Zeile<LineBreak/>
         dritte Zeile mit mehr Text
      </TextBlock>
   </Button>
</StackPanel>
```

Abbildung 17.11: Ein gewöhnliches StackPanel

```
<StackPanel VerticalAlignment="Bottom">
   <Button Margin="2" HorizontalAlignment ="Right">
      Button 1
   </Button>
   <Button Margin="2" Width="200" Height="100">
      Button 2 mit mehr Text
   </Button>
   <Button Margin="2">
      <TextBlock>
         Button 3<LineBreak/>
         zweite Zeile<LineBreak/>
         dritte Zeile mit mehr Text
      </TextBlock>
   </Button>
</StackPanel>
```

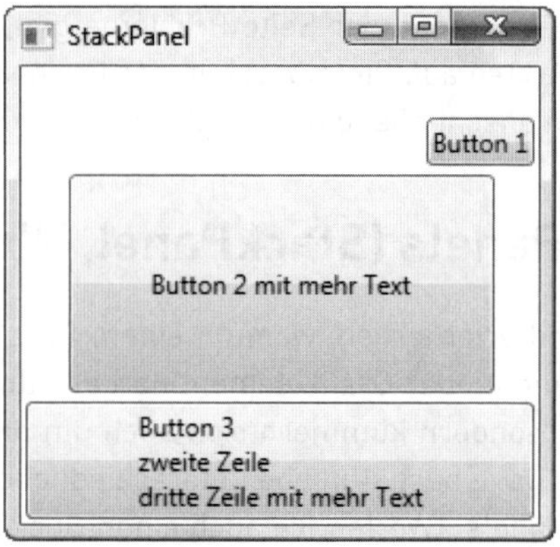

Abbildung 17.12: Formatierungsvarianten im StackPanel

Mit `Orientation = Horizontal` platziert das `StackPanel` Steuerelemente von links nach rechts nebeneinander. `VerticalAlignment = Right` richtet den Steuerelementeblock rechts aus (sonst links). Im Panel füllen die enthaltenen Steuerelemente normalerweise die volle Höhe aus. Es gibt kaum Steuerelemente, bei denen das gut aussieht. Insofern bietet sich der Einsatz eines horizontalen `StackPanels` meist dann an, wenn dessen Höhe wie in Abbildung 17.13 automatisch auf das notwendige Minimum reduziert ist oder auf andere Weise limitiert wird.

```
<DockPanel>
   <StackPanel DockPanel.Dock="Top"
               Orientation="Horizontal">
      <Button Margin="2">Button 1</Button>
      <Button Margin="2">Button 2</Button>
      <Button Margin="2">Button 3</Button>
   </StackPanel>
   <TextBox Margin="2" ... >bla bla bla</TextBox>
</DockPanel>
```

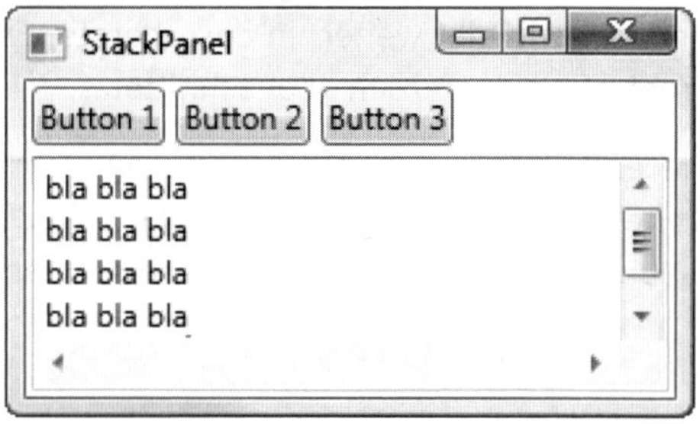

Abbildung 17.13: Horizontales StackPanel

WrapPanel

Im `WrapPanel` werden die enthaltenen Steuerelemente normalerweise zeilenweise angeordnet. Innerhalb jeder Zeile werden die Steuerelemente gleich hoch gemacht. Das kann vermieden werden, wenn in den Steuerelementen `VerticalAlignment` von `Stretch` auf `Top`, `Bottom` oder `Center` gestellt wird (siehe `Button 6` in Abbildung 17.14).

```
<WrapPanel>
   <Button Margin="2">Button 1</Button>
   ...
   <Button Margin="2">
      <TextBlock>
         Button 5<LineBreak/>mit zwei Zeilen Text
      </TextBlock>
   </Button>
   <Button Margin="2" VerticalAlignment="Top">
      Button 6
   </Button>
   ...
</WrapPanel>
```

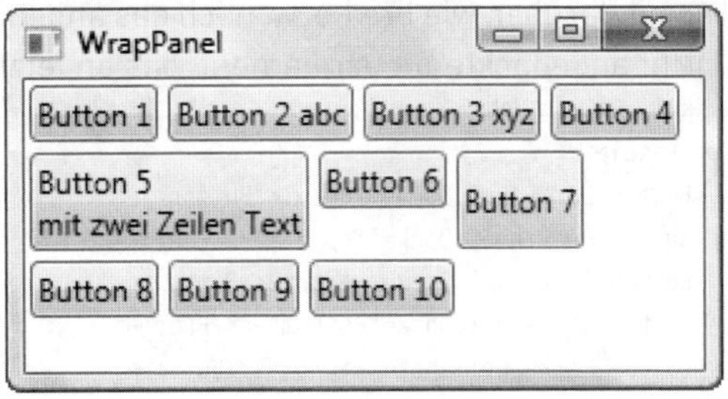

Abbildung 17.14: WrapPanel (zeilenweise Anordnung)

Mit `Orientation` = `Vertical` ordnet das `DockPanel` seine Elemente spaltenweise an. In diesem Fall wird in jeder Spalte die Breite der Steuerelemente aneinander angepasst. Ausgenommen sind Steuerelemente mit fixer Breite oder expliziter Ausrichtung durch `HorizontalAlignment = Left / Center / Right` (siehe `Button 2` bis `4` in Abbildung 17.15).

```
<WrapPanel Orientation="Vertical">
   <Button Margin="2">Button 1 mit mehr Text</
Button>
   <Button Margin="2" HorizontalAlignment="Left">
      Button 2
   </Button>
   <Button Margin="2" HorizontalAlignment="Center">
     Button 3</Button>
   <Button Margin="2" HorizontalAlignment="Right">
     Button 4
   </Button>
   <Button Margin="2">
     <TextBlock>Button 5
                  <LineBreak/>mit drei
                  <LineBreak/>Zeilen Text
     </TextBlock>
   </Button>
   <Button Margin="2">Button 6</Button>
   ...
</WrapPanel>
```

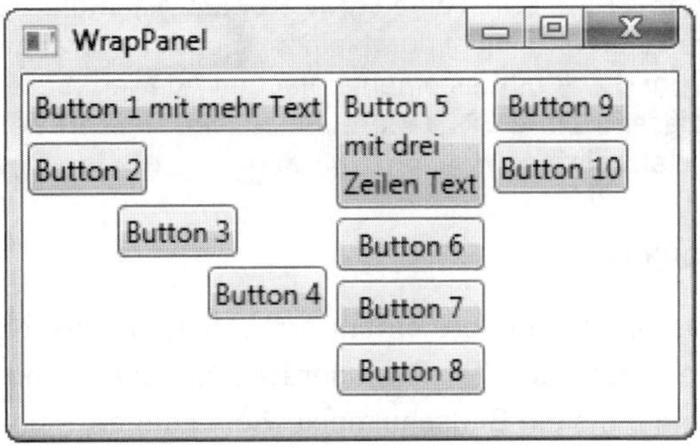

Abbildung 17.15: WrapPanel (spaltenweise Anordnung)

DockPanel

Im DockPanel werden Steuerelemente durch die Einstellung der zugeordneten Eigenschaft DockPanel.Dock an einen der vier Ränder »geklebt«. Das letzte Steuerelement, das nicht angedockt wird, füllt den Rest des Panels.

Die Reihenfolge der Steuerelemente im DockPanel entscheidet über die Rangordnung beim Andocken und somit darüber, wie breit bzw. hoch das angedockte Steuerelement letztlich wird. Das gilt auch für das nicht angedockte Steuerelement, das an letzter Stelle genannt werden muss.

```
<DockPanel>
   <Button DockPanel.Dock="Top">1</Button>
   <Button DockPanel.Dock="Top">2</Button>
   <Button DockPanel.Dock="Left">3</Button>
   <Button DockPanel.Dock="Bottom">4</Button>
   <Button DockPanel.Dock="Right">5</Button>
   <Button DockPanel.Dock="Top">6</Button>
   <TextBox TextWrapping="Wrap">
      Die Textbox füllt den verbleibenden Raum
    </TextBox>
</DockPanel>
```

Abbildung 17.16: DockPanel

HINWEIS

Das DockPanel hat einen gravierenden Nachteil: Der Benutzer kann die Breite bzw. Höhe der angedockten Elemente nicht durch einen »Splitter« verändern. Das ist aber in vielen Anwendungen erforderlich. Zum Glück gibt es einen einfachen Ausweg: Setzen Sie statt des DockPanels (oder in Kombination mit diesem) ein Grid-Steuerelement ein. Dessen Zeilen bzw. Spalten können durch einen GridSplitter relativ einfach verändert werden.

Canvas

Das Canvas-Steuerelement ermöglicht die pixel-genaue Platzierung von Steuer- und Grafikelementen (wobei die WPF-Pixel geräteunabhängig sind und je nach DPI-Einstellung durchaus größer oder kleiner als ein Bildschirmpixel sein können – siehe Abschnitt 16.3).

Das Canvas-Steuerelement entspricht am ehesten dem Verhalten eines herkömmlichen Windows Forms-Fensters. In WPF-Programmen gibt es nur recht selten Argumente für den Einsatz dieses Steuerelements: Die exakte Positionierung von Steuerelementen ist bisweilen in Grafikanwendungen hilfreich, wenn Grafik- und Steuerelemente exakt zueinander ausgerichtet werden sollen. Ein weiterer Vorteil des Canvas-Steuerelements ist seine hohe Geschwindigkeit, weil das Layout der Steuerelemente nicht erst berechnet werden muss. Wenn es darum geht, Hunderte oder sogar Tausende Steuerelemente schnell darzustellen, ist das Canvas-Steuerelement die erste Wahl. Ausgesprochen praktisch ist das Canvas-Steuerelement auch als Container für andere Steuerelemente, wenn deren Position oder Größe animiert werden soll (siehe Abschnitt 19.4).

Zur Positionierung der Steuerelemente verwenden Sie die zugeordneten Eigenschaften `Canvas.Left`, `Canvas.Right`, `Canvas.Top` und `Canvas.Bottom`. Die Funktion von `Left` und `Top` ist naheliegend: Sie bestimmt den Ort der linken Kante bzw. der oberen Kante des Steuerelements, vom linken bzw. oberen Fensterinnenrand an gerechnet. `Right` und `Bottom` funktionieren so ähnlich für den rechten und unteren Steuerelementrand, wobei aber diesmal vom rechten bzw. unteren Fensterrand an gerechnet wird. Das ermöglicht es, Steuerelemente an den rechten bzw. unteren Fensterrand zu »kleben«.

In Grafikanwendungen ist diese Positionierungsweise allerdings zumeist unpraktisch, zumal im `Canvas` die Eigenschaften `Horizontal`- bzw. `VerticalAlignment` schlicht ignoriert werden. Somit ist es unmöglich, ein Steuerelement per XAML-Code an einer absoluten Position rechtsbündig bzw. an einer unteren Linie exakt auszurichten. Pro Steuerelement müssen Sie sich für `Left` oder `Right` sowie für `Top` oder `Bottom` entscheiden. Die gleichzeitige Einstellung von mehr Eigenschaften ist nicht zulässig.

```
<Canvas>
   <Line X1="20" Y1="20" X2="150" Y2="20"
Stroke="Blue"/>
   <Line X1="20" Y1="200" X2="150" Y2="200"
Stroke="Blue"/>
   <Line X1="20" Y1="20" X2="20" Y2="200"
Stroke="Red"/>
   <Line X1="150" Y1="20" X2="150" Y2="200"
Stroke="Red"/>
   <Button Canvas.Left="20" Canvas.Top="20">
      Button 1</Button>
   <Button Canvas.Left="150" Canvas.Top="20">
      Button 2</Button>
   <Button Canvas.Right="10" Canvas.Top="70">
      Button 3</Button>
   <Button Canvas.Right="50" Canvas.Top="120">
      Button 4</Button>
   <Button Canvas.Left="150" Canvas.Top="200">
      Button 5</Button>
</Canvas>
```

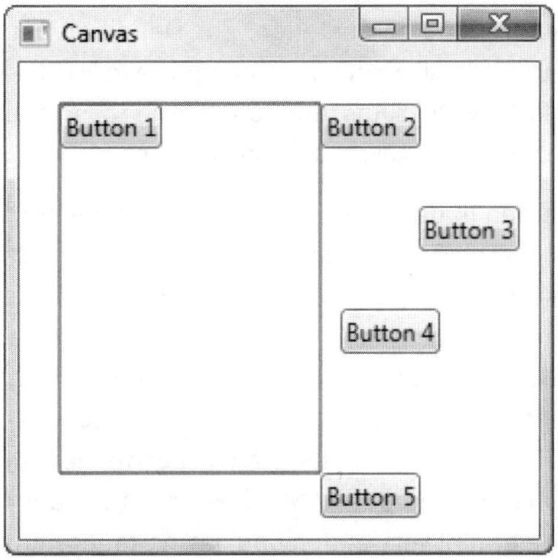

Abbildung 17.17: Canvas

```
<Canvas Width="150" Height="150"
        HorizontalAlignment="Left"
        VerticalAlignment="Top"
        Background="LightBlue">
  <Button Canvas.Left="120" Canvas.Top="100">
    Button 1</Button>
</Canvas>
```

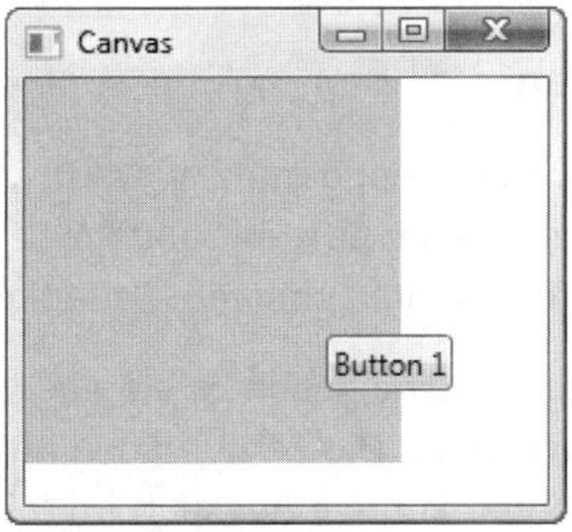

Abbildung 17.18: Das Canvas-Steuerelement schneidet enthaltene Steuerelemente nicht ab.

Das `Canvas`-Steuerelement hat eine außergewöhnliche Eigenschaft, durch die es sich von allen anderen Steuerelementen unterscheidet: Mit `ClipToBounds = False` (gilt standardmäßig!) werden Steuerelemente, die über den Rand eines Panels hinausragen, nicht abgeschnitten. Das funktioniert freilich nur, wenn sich das `Canvas`-Steuerelement in einem anderen Element (`Window`, `Panel` etc.) befindet, das größer ist – sonst werden die hinausragenden Steuerelemente in der nächsten Ebene abgeschnitten.

17.5 Grid

Das `Grid`-Steuerelement ist das universelle Panel- bzw. Container-Steuerelement der WPF: Der Arbeitsbereich kann in eine beliebige Anzahl von Zeilen und Spalten zerlegt werden. In die resultierenden Zellen können dann ein oder (selten) mehrere Steuerelemente eingefügt werden. Dabei besteht die Möglichkeit, mehrere Zellen zusammenzufassen, um einzelne Inhalte zeilen- oder spaltenübergreifend darzustellen. Zur Definition der Zeilenhöhe und Spaltenbreite stehen verschiedene Verfahren zur Auswahl, die ähnlich wie in HTML-Tabellen auch eine proportionale Aufteilung (z.B. 1/3 links, 2/3 rechts) zulassen. Dank des `GridSplitters` können Sie die Einstellung der Spaltenbreite bzw. Zeilenhöhe dem Anwender überlassen.

Sie werden in der WPF-Literatur immer wieder lesen, dass Sie mit dem `Grid` sämtliche Layout-Aufgaben lösen können, für die das `StackPanel`-, das `DockPanel`- und das `Canvas`-Steuerelement konzipiert sind. Das unterstreicht zwar den universellen Charakter des `Grids`, bedeutet aber nicht, dass die Steuerelemente `StackPanel`, `DockPanel` und `Canvas` deswegen überflüssig wären. Die Verwendung des `Grids` führt beinahe unweigerlich zu unübersichtlichem XAML-Code. Vermeiden Sie das `Grid`, wenn es nicht erforderlich ist. (Die Entwickler von Visual Studio waren offensichtlich anderer Meinung: In VB 2010 gilt das `Grid` als Standardcontainer in neuen WPF-Fenstern. Aufgrund der mangelhaften Implementierung des XAML-Designers werden vor allem WPF-Einsteiger das `Grid` wie ein `Canvas`-Steuerelement verwenden und darin Steuerelemente mit absoluten Koordinaten und fixer Größe einfügen. Die meisten `Grid`-Funktionen liegen so brach ...)

HINWEIS

> Das `Grid` ist ein universelles Steuerelement, aber es ist nicht dazu gedacht, um Excel-ähnliche Tabellen oder Datenbankansichten zu realisieren. Auch wenn derartige Anwendungen nicht gänzlich unmöglich sind, werden Sie mit dem `Grid`-Steuerelement kaum befriedigende und effiziente Lösungen erzielen.

Zeilen und Spalten

Bevor das `Grid`-Steuerelement genutzt werden kann, muss sein Arbeitsbereich in Zeilen und Spalten zerlegt werden. Dazu dienen `Column`- und `RowDefinition`-Objekte. Wenn diese Objekte ohne weitere Einstellung verwendet werden, sind alle Zellen gleich breit und gleich hoch.

Um ein Steuerelement in eine bestimmte Zelle einzufügen, geben Sie die gewünschten `Grid.Column`- und `Grid.Row`-Nummern an. Die Zählung beginnt mit 0. 0 gilt auch als Standardwert, sodass Sie auf diese Angabe verzichten können (was ich im folgenden Beispiel aber nicht getan habe). Standardmäßig füllen die eingefügten Steuerelemente die gesamte Zelle aus. Abbildung 17.26 zeigt, dass es dabei leicht passiert, dass der Inhalt der Steuerelemente abgeschnitten wird.

```
<Grid>
  <Grid.RowDefinitions>
    <RowDefinition/><RowDefinition/><RowDefinition/>
  </Grid.RowDefinitions>
  <Grid.ColumnDefinitions>
    <ColumnDefinition/><ColumnDefinition/>
  </Grid.ColumnDefinitions>
  <Button Grid.Column="0" Grid.Row="0">
    Button 1</Button>
  <Button Grid.Column="1" Grid.Row="1">
    Button 2 mit einem langen Text
  </Button>
  <Button Grid.Column="0" Grid.Row="2">
    <TextBlock>
      Button 3<LineBreak/>
      zweite Zeile<LineBreak/>
      dritte Zeile
    </TextBlock>
  </Button>
</Grid>
```

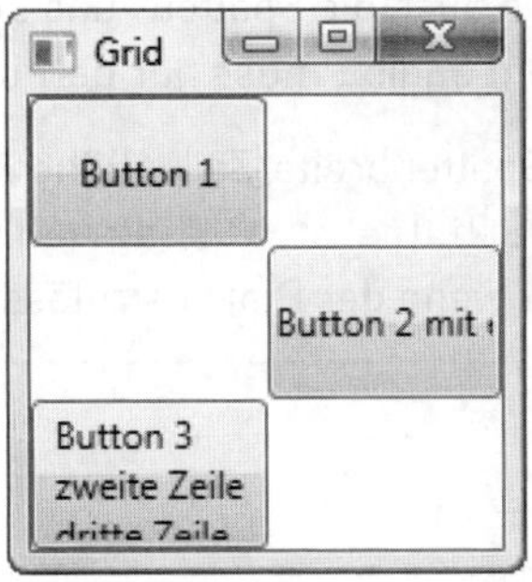

Abbildung 17.19: Einfache Nutzung des Grid-Steuerelements

```
<Grid>
  <Grid.RowDefinitions>
    <RowDefinition Height="Auto"/>
    <RowDefinition Height="Auto"/>
    <RowDefinition Height="Auto"/>
  </Grid.RowDefinitions>
  <Grid.ColumnDefinitions>
    <ColumnDefinition Width="Auto"/>
    <ColumnDefinition Width="Auto"/>
  </Grid.ColumnDefinitions>
  ... wie oben
</Grid>
```

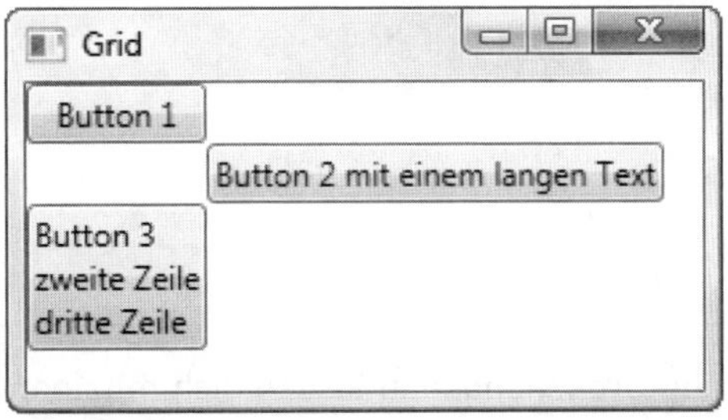

Abbildung 17.20: Automatische Einstellung der Zellbreite und -höhe

Wenn Sie möchten, dass die Größe der Zellen automatisch an den Inhalt der Steuerelemente angepasst wird, verwenden Sie in der `RowDefinition` das Attribut `Height=Auto`, in der `ColumnDefinition` die Einstellung `Width=Auto`.

In der Praxis werden Sie selten die Größe *aller* Zeilen bzw. Spalten automatisch einstellen. Zweckmäßiger ist es, zumindest bei einer Zeile oder Spalte auf eine Einstellung von `Height` oder `Width` zu verzichten bzw. als Größenangabe `*` zu verwenden. Damit füllt diese Zeile oder Spalte den gesamten verbleibenden Platz aus.

Sie können die Spaltebreite/-höhe auch absolut einstellen (z.B. `Height=10`, mit der Einheit WPF-Pixel). Noch praktischer ist zumeist die relative Angabe der Spaltenbreite bzw. Zeilenhöhe in der Schreibweise `n*`. Wenn Sie beispielsweise für die drei Spalten 1*, 2* und 3* verwenden, füllt die erste Spalte 1/6, die zweite Spalte 2/6 und die dritte Spalte 3/6=1/2 des verfügbaren Raums. Ändert sich die

Größe des Grids, werden auch die Spalten- und Zeilengrößen entsprechend angepasst. Wer die Breite/Höhe lieber in Prozent angibt, muss nur darauf achten, dass die Summe aller Werte 100 ergibt.

Relative Angaben der Spaltenbreite/Zeilenhöhe können Sie mit absoluten Mindestmaßen kombinieren, also beispielsweise Width="*" MinWidth="100". Sie erreichen damit, dass die Spalte zumindest 100 WPF-Pixel breit ist; wenn der Platz es zulässt, wächst sie entsprechend.

```
<Grid>
   <Grid.RowDefinitions>
      <RowDefinition Height="1*"/>
      <RowDefinition Height="2*"/>
      <RowDefinition Height="3*"/>
   </Grid.RowDefinitions>
   <Grid.ColumnDefinitions>
      <ColumnDefinition Width="1*"/>
      <ColumnDefinition Width="3*"/>
   </Grid.ColumnDefinitions>
   ... wie oben
</Grid>
```

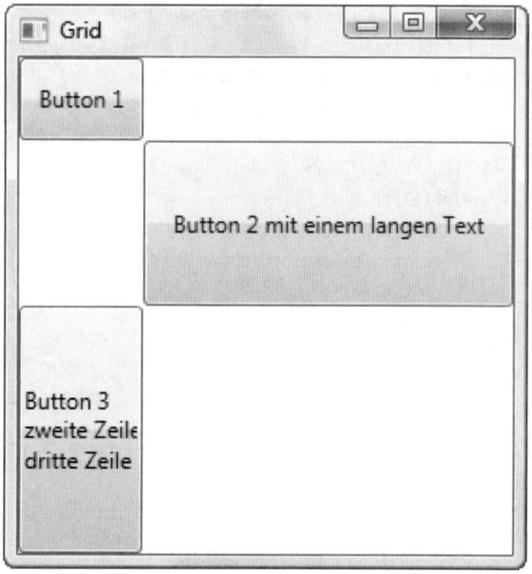

Abbildung 17.21: Proportionale Aufteilung des verfügbaren Raums

Sämtliche Größenangaben lassen sich miteinander kombinieren. In diesem Fall werden zuerst die fixen Einstellungen und Auto berücksichtigt. Der verbleibende Raum wird dann proportional aufgeteilt. Wenn Sie die Spaltenbreite/Zeilenhöhe per Code einstellen, gelten die folgenden Schreibweisen:

```
gridCol1.Width = New GridLength(100)                    'Breite '100' (fixe Breite)
gridCol1.Width = New GridLength(0, GridUnitType.Auto)   'Breite 'Auto'
gridCol1.Width = New GridLength(1, GridUnitType.Star)   'Breite '*'
gridCol1.Width = New GridLength(3, GridUnitType.Star)   'Breite '3*'
```

Zu guter Letzt zeige ich Ihnen noch eine recht exotische Variante zur Einstellung der Zeilenhöhe/Spaltenbreite: Über die Eigenschaft SharedSizeGroup können Sie erreichen, dass eine Spalte immer exakt dieselbe Breite hat wie eine andere Spalte. Das funktioniert sogar über mehrere Grids hinweg. Das ist beispielsweise dann praktisch, wenn Sie zwei Grids übereinander positionieren und dabei erreichen möchten, dass die erste Spalte in beiden Grids jeweils gleich breit ist (wobei sich die Spaltenbreite aus dem Inhalt ergibt und somit immer jenes Grid zum Zuge kommt, dessen Inhalt mehr Platz beansprucht). SharedSizeGroups funktionieren nur, wenn Sie in einem übergeordneten Steuerelement – im folgenden Beispiel in einem StackPanel – IsSharedSizeScope auf True setzen.

```
<StackPanel Grid.IsSharedSizeScope="True">
   <Label Content="Grid1"/>
   <Grid>
      <Grid.ColumnDefinitions>
         <ColumnDefinition
SharedSizeGroup="group1"/>
         <ColumnDefinition/>
      </Grid.ColumnDefinitions>
      <Button Content="Button1"/>
      <Button Grid.Column="2" Content="Button2"/>
   </Grid>
   <Label Content="Grid2"/>
   <Grid>
      <Grid.ColumnDefinitions>
         <ColumnDefinition
SharedSizeGroup="group1"/>
         <ColumnDefinition/>
      </Grid.ColumnDefinitions>
      <Button Content="Button3 mit mehr Text"/>
      <Button Grid.Column="2" Content="Button4"/>
   </Grid>
</StackPanel>
```

Abbildung 17.22: Die erste Spalte beider Grids ist gleich breit.

Nach meinen Tests lassen sich über mehrere Grids verteilte SharedSizeGroups nicht mit einem GridSplitter kombinieren, d.h., es ist nicht möglich, mit einem Splitter die Breite einer Spalte in Grid1 zu ändern, woraufhin Grid2 sich automatisch dementsprechend ändert.

HINWEIS

Wenn Sie ein Grid mit dem XAML-Designer entwerfen, reichen ein paar Mausklicks im Randbereich des Grids (oben bzw. links), um Spalten und Zeilen zu definieren. Anschließend können Sie die Trennlinien zwischen den Spalten/Zeilen mit der Maus verschieben. Zur Bemessung der Spaltenbreite bzw. Zeilenhöhe verwendet der XAML-Designer die Pixelanzahl, kombiniert mit dem Zeichen *. Die Spalten und Zeilen passen sich daher bei einer Änderung der Fenstergröße proportional an. Noch mehr Einstellmöglichkeiten bieten die (leider vollkommen unübersichtlichen) Dialoge für die Eigenschaften Column- bzw. RowDefinitions. Wie immer meine Empfehlung: Geben Sie den XAML-Code per Hand ein!

Platzierung, Größeneinstellung und Ausrichtung von Steuerelementen

Standardmäßig füllt ein Steuerelement eine Zelle vollständig aus, weil für Steuerelemente die Grundeinstellung HorizontalAlignment = Stretch und VerticalAlignment = Stretch gilt. Abbildung 2.29 beweist, dass Sie die Steuerelemente durch die Veränderung dieser Eigenschaften auch an den Rand von Zellen stellen können. Durch Grid.ColumnSpan = n bzw. Grid.RowSpan = n erreichen Sie außerdem, dass ein Steuerelement mehrere Zellen für sich beansprucht. (Soweit sich die Steuerelemente nicht gegenseitig im Weg sind, dürfen Sie in eine Zelle eines Grids auch mehrere Steuerelemente einfügen.)

```
<Grid ShowGridLines="True">
   <Grid.RowDefinitions> ...
   <Grid.ColumnDefinitions> ...
   <Button Grid.Column="0" Grid.Row="0"
           HorizontalAlignment="Left"
           VerticalAlignment="Top">
      Button 1
   </Button>
   <Button Grid.Column="0" Grid.Row="1"
           Grid.ColumnSpan="2"
           VerticalAlignment="Center"
           HorizontalAlignment="Center">
      Button 2 mit einem langen Text
   </Button>
   <Button Grid.Column="0" Grid.Row="2"
           VerticalAlignment="Center"
           HorizontalAlignment="Right">
      <TextBlock>...</TextBlock>
   </Button>
</Grid>
```

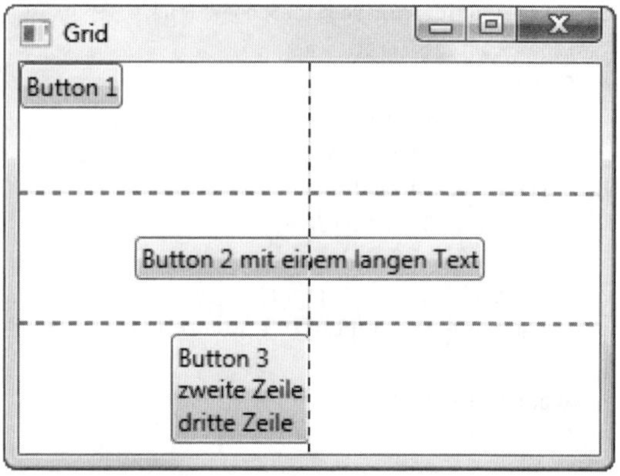

Abbildung 17.23: Platzierung von Steuerelementen

GridSplitter (Spaltenbreite/Zeilenhöhe interaktiv einstellen)

Das GridSplitter-Steuerelement ermöglicht es dem Anwender, die Breite von Spalten bzw. die Höhe von Zeilen im laufenden Programm zu verändern. Sie kennen diese Funktion von unzähligen Programmen. Der GridSplitter kann zwar nur in einem Grid eingesetzt werden, ansonsten ist seine Implementierung aber – wie in der WPF üblich – sehr allgemeingültig. Das macht die Anwendung des Steuerelements nicht gerade einfacher, weil es neben den zwei oder drei Standardformen noch 1000 andere Varianten kennt, die vollkommen praxisfern sind ...

Vorweg ein paar Grundregeln:

» Sie können den GridSplitter wahlweise in eine eigene, extra dafür vorgesehene Zeile oder Spalte platzieren (wobei für die Zeile bzw. Spalte Height bzw. Width = Auto gilt) oder zusammen mit anderen Steuerelementen in eine bereits vorhandene Spalte. Persönlich ziehe ich meist die erste Variante vor, weil der GridSplitter sonst den Randbereich des Steuerelements überdeckt. Das sieht nicht besonders elegant aus.

» Standardmäßig hat der Splitter eine Breite bzw. Höhe von 0 und ist damit weder sicht- noch verwendbar. Abhilfe: Stellen Sie bei einem vertikalen Splitter Width und bei einem horizontalen Splitter Heigth explizit ein (z.B. mit drei WPF-Pixel). Optional können Sie zur besseren optischen Gestaltung auch eine Hintergrundfarbe oder ein Muster einstellen (Eigenschaft BackGround).

» Der GridSplitter verändert immer ganze Zeilen oder Spalten. Sie können also beispielsweise nicht die Breite von zwei Zellen in einer Zeile verändern, in der nächsten Zeile aber beibehalten. Wenn das in Ihrer Anwendung erforderlich ist, müssen Sie mehrere Grids ineinander verschachteln.

  Standardmäßig wird der GridSplitter allerdings nur über eine Zeile/Spalte dargestellt, wodurch das Aussehen und die Funktion im Widerspruch zueinander stehen. Abhilfe: Stellen Sie bei vertikalen Splittern RowSpan, bei horizontalen Splittern ColSpan so ein, dass der Splitter über alle Zeilen/Spalten des Grids reicht.

» Normalerweise ändert sich der gesamte Grid-Aufbau sofort beim Verschieben des Splitters. Wenn dabei aufwendige Berechnungen erforderlich sind und das Neuzeichnen des Fensterinhalts nur mehr ruckartig gelingt, verwenden Sie die Eigenschaft ShowsPreview = False. Das hat zur Folge, dass vorerst wirklich nur der Splitter bewegt wird und der Fensterinhalt erst nach dem Loslassen der Maustaste neu gezeichnet wird.

Die Eigenschaften Vertical- und HorizontalAlignment bestimmen nicht nur den Ort, an dem der GridSplitter innerhalb einer Zelle dargestellt wird, sondern haben auch Einfluss darauf, welche Spalten bzw. Zeilen beim Verschieben des Splitters ihre Größe verändern. Von den 16 möglichen Einstellkombinationen sind allerdings nur sechs zweckmäßig, wobei die drei ersten zu einem vertikalen, die folgenden drei zu einem horizontalen Splitter passen.

HorizontalAlignment	VerticalAlignment	**Wirkung**
Left	Stretch	verändert die Breite der aktuellen Spalte und der Spalte links davon.
Center	Stretch	verschiebt die aktuelle Spalte, verändert die Breite der Spalten links und rechts (zweckmäßig, wenn für den Splitter eine eigene Spalte reserviert ist).
Right	Stretch	verändert die Breite der aktuellen Spalte und der Spalte rechts davon.
Stretch	Top	verändert die Höhe der aktuellen Zeile und der Zeile oberhalb.
Stretch	Center	verschiebt die aktuelle Zeile, verändert die Höhe der Zeilen links und rechts (zweckmäßig, wenn für den Splitter eine eigene Zeile reserviert ist).
Stretch	Bottom	verändert die Höhe der aktuellen Zeile und der Zeile unterhalb.

Im folgenden Beispiel befinden sich die drei Splitter jeweils in eigenen Spalten bzw. Zeilen:

```
<Grid>
   <Grid.RowDefinitions>
      <RowDefinition/>
      <RowDefinition Height="Auto"/>
      <RowDefinition/>
      <RowDefinition Height="Auto"/>
      <RowDefinition/>
   </Grid.RowDefinitions>
   <Grid.ColumnDefinitions>
      <ColumnDefinition/>
      <ColumnDefinition Width="Auto"/>
      <ColumnDefinition/>
   </Grid.ColumnDefinitions>
   <Button Grid.Column="0" Grid.Row="0">Button 1</Button>
   <Button Grid.Column="2" Grid.Row="2">Button 2</Button>
   <Button Grid.Column="0" Grid.Row="4">Button 3</Button>
   <GridSplitter Grid.Column="1" Grid.Row="0"
       Grid.RowSpan="5" Width="3" Background="Gray"
       HorizontalAlignment="Center"
       VerticalAlignment="Stretch" />
   <GridSplitter Grid.Column="0" Grid.Row="1"
       Grid.ColumnSpan="3" Height="3" Background="Gray"
       HorizontalAlignment="Stretch"
       VerticalAlignment="Center" />
   <GridSplitter Grid.Column="0" Grid.Row="3" ... />
</Grid>
```

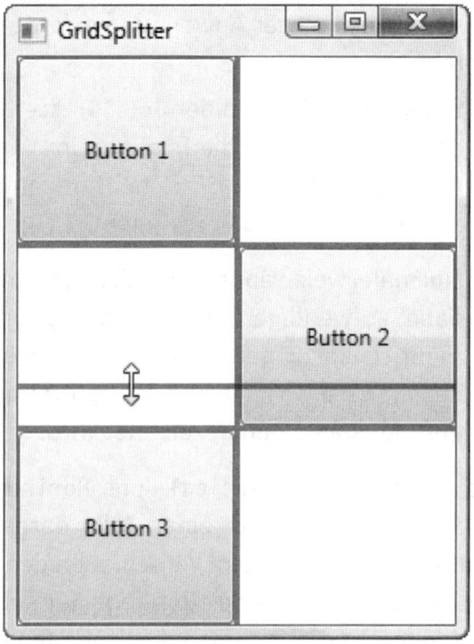

Abbildung 17.24: Ein Grid mit einem vertikalen und zwei horizontalen Splittern

HINWEIS Anders als Windows Forms kennt die WPF keinen allgemeinen `SplitContainer` oder andere allgemeingültige Steuerelemente, um teilbare Fenster zu realisieren. Wenn ein Arbeitsbereich teilbar sein soll, müssen Sie dazu das `Grid`-Steuerelement einsetzen!

UniformGrid (Grid-Variante)

Das `UniformGrid` ist eine Variante des `Grid`-Steuerelements. Es bietet wesentlich weniger Einstellmöglichkeiten und kommt deswegen in der Praxis selten zum Einsatz. Das zentrale Merkmal des `UniformGrids` besteht darin, dass alle Zellen eine einheitliche Spaltenbreite und Zeilenhöhe haben. Des Weiteren ist es nicht erforderlich, für jede Zelle `Grid.Row` und `Grid.Column` anzugeben – das `UniformGrid` wird einfach zeilenweise mit Steuerelementen gefüllt. Wenn Sie die Spalten- und Zeilenanzahl nicht explizit angeben, wählt das Steuerelement automatisch ein n*n-Zellenlayout (also z.B. 3*3 Zellen, wenn zwischen fünf und neun Steuerelemente eingefügt werden). Der einzige Vorteil des `UniformGrids` besteht darin, dass der XAML-Initialisierungscode zumeist sehr kurz ausfällt.

```
<UniformGrid>
   <Button Content="Button1"/>
   <Button Content="Button2"/>
   <Button Content="Button3"/>
   <Button Content="Button4"/>
   <Button Content="Button5"/>
</UniformGrid>
```

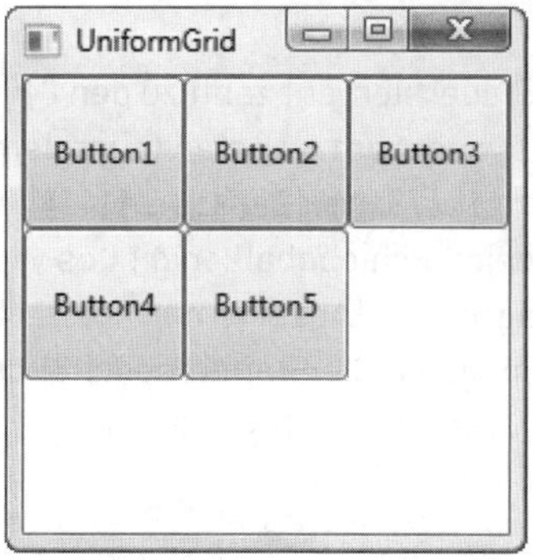

Abbildung 17.25: Ein UniformGrid mit fünf Buttons

17.6 ScrollViewer und ViewBox

Wenn der Platz in einem Panel nicht ausreicht, um alle darin enthaltenen Steuerelemente anzuzeigen, werden überzählige bzw. zu große Steuerelemente einfach abgeschnitten (siehe Abbildung 2.26). Das gilt auch für Text innerhalb von Steuerelementen wie in `Button 1`. Die einzige Ausnahme ist das `Canvas`-Steuerelement, das Steuerelemente auch über seine Grenzen hinaus zeichnet, soweit nicht ein übergeordnetes Panel, `Window`- oder `Page`-Objekt dies verhindert (siehe auch Abbildung 17.18 auf Seite 623).

```
<StackPanel>
   <Button>Button 1 mit einem sehr langen Text</
Button>
   <Button>Button 2</Button>
   <Button>Button 3</Button>
   <Button>Button 4</Button>
   <Button>Button 5</Button>
   <Button>Button 6</Button>
</StackPanel>
```

Abbildung 17.26: Das StackPanel schneidet überzählige Steuerelemente einfach ab.

Um beliebig großen Inhalt auch in kleinen Fenstern bzw. Paneln korrekt darzustellen, gibt es zwei Möglichkeiten: Entweder fügen Sie das Panel in ein `ScrollViewer`-Steuerelement ein, das ein Verschieben des Inhalts erlaubt, oder Sie schließen das Panel in ein `ViewBox`-Steuerelement ein, das den Inhalt so stark verkleinert bzw. vergrößert, dass er exakt Platz hat.

HINWEIS

Je nachdem, mit welchem Panel-Typ Sie `ScrollViewer` oder `ViewBox` kombinieren, kann es dabei zu unerwarteten Nebenwirkungen kommen: Beispielsweise sieht das `WrapPanel` plötzlich keine Notwendigkeit mehr, die Steuerelemente über mehrere Zeilen/Spalten zu verteilen, wenn durch Scrolling oder Skalierung ohnedies alle Steuerelemente nebeneinander bzw. untereinander Platz finden.

ScrollViewer

Das ScrollViewer-Steuerelement zählt zu den Content-Steuerelementen, d.h., es nimmt normalerweise ein Panel auf, das wiederum weitere Steuerelemente enthält. Je nach Einstellung der Eigenschaften Horizontal- und VerticalScrollBarVisibility kümmert sich der ScrollViewer um die Anzeige eines Scrollbalkens. Für beide Schiebebalken gibt es vier Einstellmöglichkeiten: Visible (der Schiebebalken wird immer angezeigt), Auto (Anzeige nur bei Bedarf) sowie Hidden und Disabled (kein Schiebebalken, Scroll-Funktion nicht aktiv). Die Standardeinstellungen für die beiden Eigenschaften sind unterschiedlich: HorizontalScrollBarVisibility = Hidden, VerticalScrollBarVisibility = Visible.

```
<ScrollViewer HorizontalScrollBarVisibility="Auto"
              VerticalScrollBarVisibility="Auto">
   <StackPanel>
      <Button>Button 1 mit einem sehr langen Text</Button>
      <Button>Button 2</Button>
      <Button>Button 3</Button>
      <Button>Button 4</Button>
      <Button>Button 5</Button>
      <Button>Button 6</Button>
   </StackPanel>
</ScrollViewer>
```

Abbildung 17.27: Das StackPanel befindet sich in einem ScrollViewer.

HINWEIS

Beim ScrollViewer-Steuerelement sowie bei diversen Steuerelementen zur Darstellung von Text und Listen sind Schiebebalken (intern: ScrollBar-Steuerelemente) bereits eingebaut. Natürlich können Sie das ScrollBar-Steuerelement davon losgelöst auch einzeln einsetzen (siehe Abschnitt 17.14).

ViewBox

Die ViewBox kann ihren Inhalt so skalieren, dass er genau in den verfügbaren Platz passt. In der Regel werden Sie die ViewBox nicht wie zur Darstellung von Steuerelementen verwenden, sondern für Grafiken. Mit der Eigenschaft Stretch wählen Sie einen von vier Skalierungsmodi aus:

- None: keine Skalierung
- Uniform: passt die Größe so an, dass der gesamte Inhalt Platz findet; das Verhältnis zwischen Breite und Höhe bleibt erhalten, d.h., in der Regel bleiben die Ränder oben/unten oder links/rechts ungenutzt; dieser Modus gilt standardmäßig.
- Fill: füllt den verfügbaren Platz voll aus; das Verhältnis von Breite zu Höhe wird nicht berücksichtigt, weswegen die Darstellung oft verzerrt aussieht.
- UniformToFill: nutzt den verfügbaren Platz voll aus; das Verhältnis von Breite zu Höhe bleibt erhalten, aber dazu wird der Inhalt entweder rechts oder unten abgeschnitten. Diese Einstellung ist selten zweckmäßig.

```
<Viewbox>
   <StackPanel>
      <Button>
         Button 1 mit einem sehr langen Text
      </Button>
      <Button>Button 2</Button>
      <Button>Button 3</Button>
      <Button>Button 4</Button>
      <Button>Button 5</Button>
      <Button>Button 6</Button>
   </StackPanel>
</Viewbox>
```

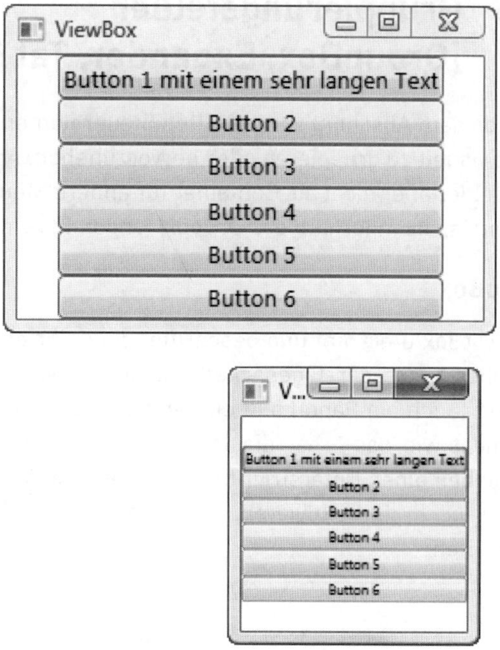

Abbildung 17.28: Skalierung des Inhalts durch eine Viewbox

```
<Viewbox Stretch="None/Fill/Uniform/UniformToFill">
   <Canvas Width="200" Height="200">
      <Line X1="0" Y1="0"  X2="200" Y2="200"
            Stroke="Blue"/>
      <Line X1="0" Y1="200"  X2="200" Y2="0"
            Stroke="Red"/>
      <Rectangle Width="200" Height="200"
            Stroke="Green" />
      <Ellipse Canvas.Left="59" Width="82" Height="82"
            Fill="LightBlue"/>
   </Canvas>
</Viewbox>
```

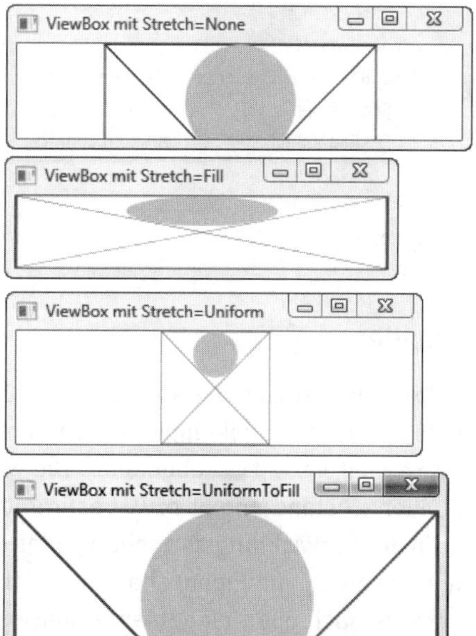

Abbildung 17.29: Die vier Stretch-Modi

17.7 Gruppierungsfelder (GroupBox, Expander, TabControl, Border)

Die in diesem Abschnitt vorgestellten Steuerelemente dienen in erster Linie dazu, andere Steuerelemente visuell zu gruppieren oder hervorzuheben. Anders als in Windows Forms dienen die Gruppierungsfelder aber nicht als Container für andere Steuerelemente. Diese Aufgabe übernehmen weiterhin Panels, die innerhalb des Gruppierungsfelds eingesetzt werden.

GroupBox

Die GroupBox umrahmt und beschriftet die in ihr enthaltenen Steuerelemente. Die Beschriftung erfolgt über die Header-Eigenschaft, die statt eines einfachen Texts auch ein beliebiges WPF-Steuerelement (auch ein Panel) aufnehmen kann. Bei einer reinen Textbeschriftung unterstützt das Steuerelement wie das Label die Mnemonics-Funktion (siehe auch Abschnitt 17.9): Wenn Sie einem Buchstaben einen Unterstrich voranstellen, können Sie das erste Steuerelement in der GroupBox mit [Alt]+[Buchstabe] aktivieren. Den Inhalt (Content) der GroupBox werden Sie in der Regel durch ein Panel füllen.

```
<Grid>
   <Grid.ColumnDefinitions> ... </Grid.ColumnDefinitions>
   <GroupBox Grid.Column="0" Header="_Schriftattribute">
      <StackPanel>
         <CheckBox>fett</CheckBox>
         ...
      </StackPanel>
   </GroupBox>
   <GroupBox Grid.Column="1" Header="_Farben">
      <StackPanel>
         <RadioButton>rot</RadioButton>
         ...
      </StackPanel>
   </GroupBox>
</Grid>
```

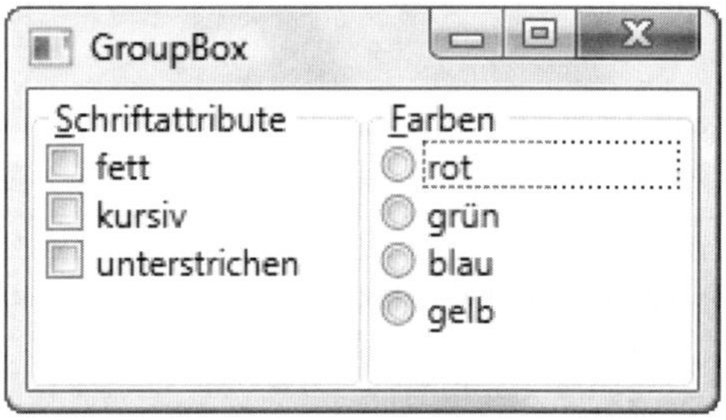

Abbildung 17.30: Gruppierung der Dialogelemente durch zwei GroupBox-Steuerelemente

Expander

Der Expander ist eine Variante zur GroupBox, deren wichtigster Unterschied darin besteht, dass sein Inhalt ein- und ausgeklappt werden kann. Das Steuerelement ist wie die GroupBox von der Klasse HeaderedContentControl abgeleitet. Die wichtigste Neuerung ist die Eigenschaft IsExpanded, die den aktuellen Zustand angibt bzw. bestimmt. Der Grundzustand lautet IsExpanded = False. Wenn Sie also in der Entwicklungsumgebung oder beim Programmstart den Inhalt des Expanders sehen möchten, müssen Sie die Eigenschaft im XAML-Code auf True stellen. Standardmäßig wird der Inhalt des Expanders nach oben eingeklappt. Mit ExpandDirection können Sie aber zwischen vier Richtungen wählen (Up, Down, Left oder Right).

Auch der Expander unterstützt Mnemonics. Sie haben allerdings eine andere Funktion als bei der GroupBox: Das [Alt]-Tastenkürzel bewirkt das Ein- bzw. Auseinanderklappen des Expanders, verändert aber den Tastenfokus nicht. Standardmäßig werden der Expander und sein Inhalt nicht umrandet. Abhilfe schaffen die Eigenschaften BorderThickness und -Brush.

```
<StackPanel>
   <Expander Header="_Schriftarten" Margin="2"
             BorderThickness="1" BorderBrush="Blue">
      <StackPanel>
         <RadioButton>Arial</RadioButton>
         ...
      </StackPanel>
   </Expander>
   <Expander Header="Text_attribute" Margin="2"  >
      <StackPanel> ... </StackPanel>
   </Expander>
   <Expander Header="_Farben" Margin="2"  >
      <StackPanel> ... </StackPanel>
   </Expander>
</StackPanel>
```

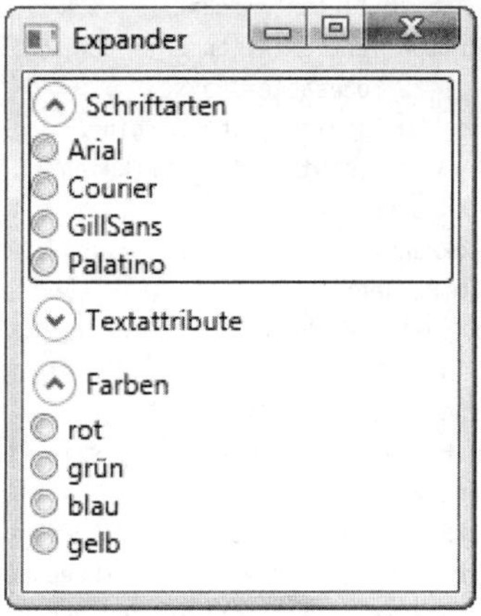

Abbildung 17.31: Ausklappbare Dialogbereiche mit dem Expander

TabControl

Das TabControl ist der Schlüssel zu mehrblättrigen Dialogen oder »Tabs«, die in den letzten Jahren ihren Siegeszug in vielen Benutzeroberflächen angetreten haben (Firefox, Internet Explorer und Visual Studio lassen grüßen). Von seiner Klassenherkunft zählt das TabControl - ein wenig überraschend – zu den Listenfeldern. Es ist (wie die in Abschnitt 17.12 im Detail vorgestellten Steuerelemente ListBox, ComboBox, ListView und TreeView) von der Basisklasse ItemsControl abgeleitet.

Die Verwendung des TabControls ist einfach: Mehrere TabItem-Elemente definieren die Dialogseiten. Wenn Sie die Dialogblätter einfach nur beschriften möchten, verwenden Sie dazu das Attribut Header=Beschriftungstext. Wie das folgende Beispiel beweist, können Sie im Beschriftungsbereich aber auch mehrere andere Steuerelemente in einem Panel kombinieren. Im vorliegenden Beispiel habe ich zusätzlich zum Beschriftungstext einen kleinen Button vorgesehen, mit dem Sie das jeweilige Dialogblatt schließen können. Um viele Dialogblätter bzw. deren Beschriftungsbereiche einheitlich zu gestalten, verwenden Sie am besten Templates (Eigenschaften ContentTemplate und ContentTemplateSelector, siehe auch Abschnitt 20.3).

Der Inhalt einer Dialogseite ist wie üblich durch die Content-Eigenschaft bestimmt. Wenn ein Dialogblatt mehrere Steuerelemente aufnehmen soll, müssen Sie auch hier ein Panel einsetzen. Üblicherweise erfolgt die Beschriftung der Dialogblätter oben. Mit der Eigenschaft TabStripPlacement können Sie die Reiter aber auch links, rechts oder unten anordnen. Während der Entwurfsphase sehen Sie in Visual Studio immer nur das erste Dialogblatt. Abhilfe ist einfach: Stellen Sie einfach vorübergehend für das gerade interessante Dialogblatt IsSelected auf True.

```
<TabControl>
   <TabItem>
      <TabItem.Header>
         <StackPanel Orientation="Horizontal">
            <TextBlock VerticalAlignment="Center">
               Seite 1</TextBlock>
            <Button VerticalAlignment="Center"
                    Focusable="False"
                    Padding="2,0" Margin="5,0,0,0"
                    FontSize="10" FontWeight="Bold">
              x</Button>
         </StackPanel>
      </TabItem.Header>
      <TextBox>text</TextBox>
   </TabItem>
   <TabItem IsSelected="True">
      <TabItem.Header> ... wie oben ... </TabItem.Header>
      <StackPanel>
         <CheckBox Margin="3">Option 1</CheckBox>
         <CheckBox Margin="3">Option 2</CheckBox>
         <CheckBox Margin="3">Option 3</CheckBox>
      </StackPanel>
   </TabItem>
</TabControl>
```

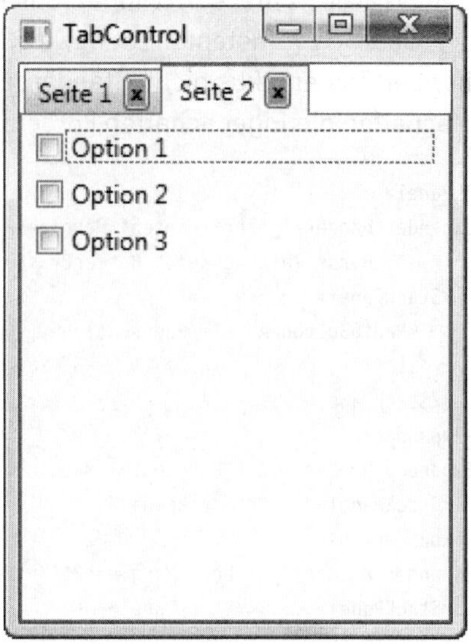

Abbildung 17.32: Mehrblättrige Dialoge mit dem TabControl

Border

»Richtige« Steuerelemente, die von der Basisklasse `Control` abgeleitet sind, kennen die Eigenschaften `BorderThickness` und `BorderBrush`. Damit können Sie die Steuerelemente mühelos optisch einrahmen. Bei anderen in diesem Kapitel vorgestellten WPF-Elementen (alle Panels, `TextBlock`, `Image` sowie den Grafikprimitiven `Ellipse`, `Polygon` etc.) fehlen diese Eigenschaften aber.

Um auch diese Elemente mit einem Rahmen zu umgeben, platzieren Sie sie einfach innerhalb eines `Border`-Elements. `BorderThickNess` gibt die Rahmenstärke an, `BorderBrush` die Farbe des Rahmens. Mit `CornerRadius` können Sie zudem die Ecken abrunden, wahlweise einheitlich oder getrennt für alle vier Ecken. Dabei müssen Sie aber darauf achten, dass Sie mit `Padding` den Abstand zu den enthaltenen Steuerelementen vergrößern – andernfalls überdeckt die Rahmenabrundung den Inhalt des Rahmens.

```
<Border Margin="2" Padding="9 9 3 3"
        CornerRadius="25 5 0 5"
        BorderThickness="3"
BorderBrush="Black" >
   <TextBlock TextWrapping="Wrap">
      Um diese Elemente ...
   </TextBlock>
</Border>
```

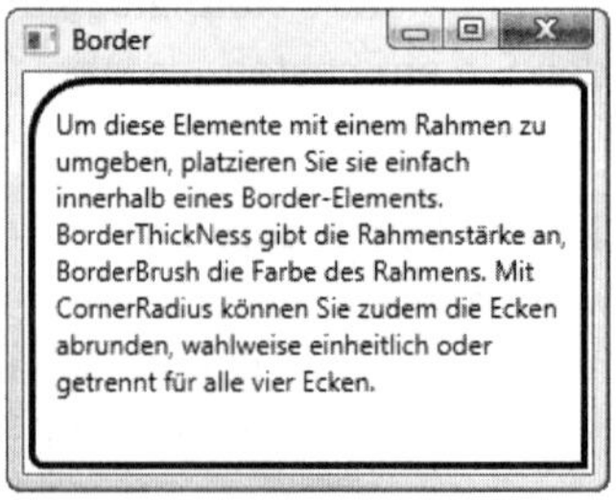

Abbildung 17.33: Individuelle Umrahmung eines TextBlocks

17.8 Buttons (Button, ToggleButton, RepeatButton, CheckBox, RadioButton)

Zu den Buttons zählen – zumindest wenn man die zugrunde liegenden Basisklasse `ButtonBase` betrachtet – neben dem Standard-Button auch diverse andere Steuerelemente, insbesondere der `RepeatButton`, der `ToggleButton`, die `CheckBox` und der `RadioButton`.

Alle Button-Typen übernehmen von `ButtonBase` die Eigenschaft `ClickMode`: Damit wird eingestellt, zu welchem Zeitpunkt das `Click`-Ereignis ausgelöst wird. Die Standardeinstellung lautet `Release`, also wenn die Maustaste wieder losgelassen wird. Andere Einstellmöglichkeiten sind `Press` und `Hover` (also wenn die Maus nur über den Button bewegt wird). Bei gewöhnlichen Buttons ist es nicht zweckmäßig, den `ClickMode` zu verändern – Sie würden damit nur Verwirrung stiften. Die Eigenschaft kann aber praktisch sein, wenn Sie `Buttons` gestalten möchten, die nicht wie gewöhnliche Buttons aussehen und sich dementsprechend auch anders verhalten.

Button

Der `Button` ist das Steuerelement, das in den Abbildungen dieses Buchs am häufigsten zu sehen ist: Das liegt daran, dass es mit minimalem Codeaufwand als Füllhalter in Panels eingesetzt werden kann. Davon abgesehen ist es aber auch in realen Anwendungen ein wichtiges Steuerelement. Solange es in seiner einfachsten Form eingesetzt wird, gibt es dazu nicht viel zu schreiben: Als `Content` geben Sie den Button-Text an. Im `Click`-Ereignis reagieren Sie auf Mausklicks auf den Button. Fertig.

Daneben gibt es aber eine ganze Reihe von Sonderfällen, die doch eine etwas ausführlichere Beschreibung rechtfertigen. So kennt die `Button`-Klasse (und nur sie) das Konzept eines Default- und Cancel-Buttons: Sie können je einen Button des Fensters mit `IsDefault = True` bzw. `IsCancel = True` kennzeichnen. Diese Buttons sehen ganz gewöhnlich aus, können aber mit [↵] bzw. [Esc] aktiviert werden. Wenn das Fenster mit `ShowDialog` geöffnet wurde, bewirken die Default- und Cancel-Buttons auch ein Schließen des Fensters, wobei an `ShowDialog` der Wert `True` bzw. `False` übergeben wird. (Es ist auch erlaubt, dass ein Button gleichzeitig der Default- und Cancel-Button ist – beispielsweise in einem Info-Dialog, der mit dem OK-Button geschlossen wird.)

Ein Thema für sich ist die optische Gestaltung des Buttons: Windows Forms-Umsteiger werden mit Befremden zur Kenntnis nehmen, dass es keine Eigenschaften gibt, um im Button eine Grafik darzustellen. Aber auch die Darstellung von mehrzeiligem Text im Button bereitet oft Probleme. Die Lösung all dieser Probleme ist die `Content`-Eigenschaft: Sie kann nicht nur eine einfache Zeichenkette aufnehmen, sondern jedes beliebige WPF-Steuerelement (auch Panels!). Und damit sind die Gestaltungsmöglichkeiten unbegrenzt. Dabei gilt wie immer: Nicht alles, was technisch möglich ist, ist auch sinnvoll bzw. im Sinne einer einfachen Bedienbarkeit! Der folgende Beispielcode zeigt zwei Buttons, bei denen Text- und Grafikelemente miteinander kombiniert worden sind, wobei jeweils ein `StackPanel` zur Platzierung der Elemente verwendet wurde. (Die Beschreibung des `Image`-Elements folgt in Abschnitt 17.13.)

```
<StackPanel>
   <Button Margin="5" HorizontalAlignment="Left">
      Button _1
   </Button>
   <Button Margin="5" HorizontalAlignment="Left">
      <StackPanel Orientation="Horizontal" >
         <Image Source="Network_Map.png" Stretch="None"
               Margin="4" VerticalAlignment="Center">
         </Image>
         <TextBlock Margin="5" VerticalAlignment="Center">
            mehrere Zeilen<LineBreak/>mit
            <Span FontStyle="Italic">hervorgehobenem</Span>
            <LineBreak/>Text
         </TextBlock>
      </StackPanel>
   </Button>
   <Button HorizontalAlignment="Left">
      <StackPanel Orientation="Horizontal">
         <Rectangle VerticalAlignment="Center"
                    Height="20" Width="20"
                    Margin="5"  Fill="Blue"/>
         <Label VerticalAlignment="Center">_Blau</Label>
      </StackPanel>
   </Button>
</StackPanel>
```

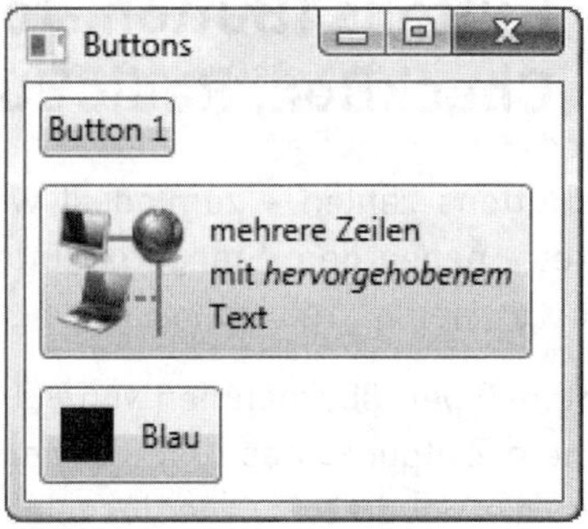

Abbildung 17.34: Optische Gestaltung von Buttons

Buttons können auch mit dem Tastenkürzel [Alt]+[Buchstabe] aktiviert werden. Im XAML-Code kennzeichnen Sie den sogenannten Mnemonics-Buchstaben durch einen vorangestellten Unterstrich. Der Unterstrich zur Markierung des Kürzels ist nur im laufenden Programm sichtbar, und auch nur dann, wenn der Benutzer die [Alt]-Taste drückt. Wenn Sie einen Button-Text mit Kürzel per VB-Code ändern möchten, müssen Sie der `Content`-Eigenschaft ein neues `AccessText`-Objekt zuweisen. Ein Codebeispiel finden Sie im nächsten Abschnitt bei der Beschreibung des `Labels`. Buttons, die statt Text andere Steuerelemente enthalten (grafische Buttons etc.), verlieren die Tastenkürzelfunktion – es sei denn, Sie bauen ein Label mit Mnemonics ein.

ToggleButton

Ein `ToggleButton` sieht wie ein gewöhnlicher Button aus, behält aber seinen Zustand. Das heißt, wenn Sie einmal darauf klicken, bleibt er im gedrückten Zustand, und beim zweiten Klick springt er wieder in die Grundstellung zurück.

Im VB-Code können Sie den aktuellen Zustand aus der Eigenschaft `IsChecked` entnehmen. Normalerweise sind für diese Eigenschaft nur die Werte `True` und `False` zulässig. Mit der Einstellung `IsThreeState = True` kann der Button sogar drei Zustände annehmen, und entsprechend sind drei Klicks erforderlich, um durch alle Zustände zu wechseln. Der dritte Zustand, »undefiniert«, wird durch `IsChecked = Null` ausgedrückt. Was die optische Darstellung betrifft, ist es (zumindest im Vista-

Aero-Layout) schwierig, auch nur die zwei Zustände IsChecked = True und False zu unterscheiden, geschweige denn den dritten Zustand. Verwenden Sie lieber eine CheckBox!

Neben dem vom Button bekannten Click-Ereignis gibt es auch eigene Ereignisse, die beim Erreichen eines bestimmten Zustands ausgelöst werden: Checked, Unchecked und Indeterminate.

RepeatButton

Die Besonderheit des RepeatButtons besteht darin, dass er bei einem länger andauernden Klick fortwährend neue Click-Ereignisse erzeugt. Der Button kann so dazu verwendet werden, um Regler bzw. Zahlenwerte kontinuierlich zu verändern. Das folgende Beispiel konstruiert aus zwei RepeatButtons und einem Label das Windows Forms-Programmierern bekannte NumericUpDown-Steuerelement, das es in dieser Form in der WPF nicht gibt.

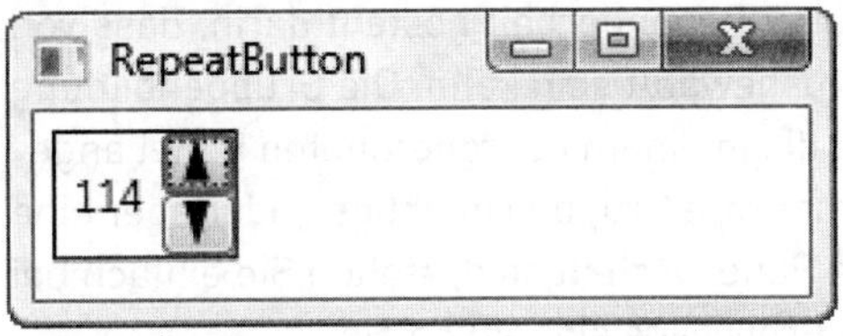

Abbildung 17.35: Ein aus zwei RepeatButtons zusammengesetztes NumericUpDown-Steuerelement

Im XAML-Code wird das NumericUpDown-Steuerelement in einem 2*2-Grid zusammengesetzt.

```
<StackPanel>
   <Border Margin="5" HorizontalAlignment="Left" BorderThickness="1" BorderBrush="Black">
      <Grid>
         <Grid.RowDefinitions>
            <RowDefinition/><RowDefinition/>
         </Grid.RowDefinitions>
         <Grid.ColumnDefinitions>
            <ColumnDefinition/><ColumnDefinition/>
         </Grid.ColumnDefinitions>
         <Label Name="lblUpDown" Grid.RowSpan="2" Content="100"
               VerticalAlignment="Center" MinWidth="30"/>
         <RepeatButton Name="btnUp" Grid.Column="1">
            <Polygon Margin="4,0" Points="3,0 6,10 0,10 3,0"
                     Stroke="Black" Fill="Black"></Polygon>
         </RepeatButton>
         <RepeatButton Name="btnDown" Grid.Row="1"  Grid.Column="1">
            <Polygon Margin="4,0" Points="3,10 6,0 0,0 3,10"
                     Stroke="Black" Fill="Black"></Polygon>
         </RepeatButton>
      </Grid>
   </Border>
</StackPanel>
```

Der dazugehörige VB-Code bedarf keiner weiteren Erklärung:

```
Private Sub btnUp_Click(...) Handles btnUp.Click
  lblUpDown.Content = Val(lblUpDown.Content.ToString) + 1
End Sub
Private Sub btnDown_Click(...) Handles btnDown.Click
  lblUpDown.Content = Val(lblUpDown.Content.ToString) - 1
End Sub
```

CheckBox und RadioButton

Die CheckBox besteht aus einem Textfeld und einem Auswahlfeld, in dem ein Zustandshäkchen angezeigt wird. Intern ist die CheckBox vom ToggleButton abgeleitet, wobei der einzige Unterschied das Aussehen ist.

Auch der RadioButton ist vom ToggleButton abgeleitet. Seine Besonderheit besteht darin, dass von mehreren RadioButtons in einer Gruppe immer nur einer ausgewählt sein kann. Die Gruppenbildung ergibt sich normalerweise automatisch: Alle RadioButtons, die in einem übergeordneten Panel angeordnet sind, bilden eine Gruppe. Wenn Sie in einem Panel mehrere Gruppen benötigen oder aber eine Gruppe bilden möchten, deren RadioButtons über mehrere Panel verteilt sind, stellen Sie einfach bei allen zusammengehörenden RadioButtons die Eigenschaft GroupName einheitlich ein.

```
<StackPanel>
   <StackPanel Grid.Column="0" Margin="5">
      <CheckBox>fett</CheckBox>
      <CheckBox>kursiv</CheckBox>
      <CheckBox>unterstrichen</CheckBox>
   </StackPanel>
   <StackPanel Grid.Column="1" Margin="5">
      <RadioButton>grün</RadioButton>
      <RadioButton>rot</RadioButton>
      <RadioButton>blau</RadioButton>
   </StackPanel>
    <StackPanel Grid.Column="2" Margin="5">
      <RadioButton>Windows</RadioButton>
      <RadioButton>Linux</RadioButton>
      <RadioButton>Mac OS X</RadioButton>
   </StackPanel>
</StackPanel>
```

Abbildung 17.36: CheckBoxes und RadioButtons

17.9 Textfelder (Label, TextBox, PasswordBox, ToolTip)

Das Angebot an WPF-Steuerelementen zur Darstellung bzw. Bearbeitung von Text ist ebenso groß wie unübersichtlich. Die folgende Tabelle gibt einen ersten Überblick.

Steuerelement	Funktion, Besonderheiten
`Label`	Darstellung kurzer Texte, Fokusauswahl für andere Steuerelemente durch [Alt]-Tastenkürzel
`TextBox`	Eingabefeld für (zumeist) kurze, unformatierte Texte
`PasswordBox`	Variante zur `TextBox`, bei der statt des eingegebenen Texts nur Punkte angezeigt werden
`ToolTip`	vorübergehende Anzeige eines Hilfe- oder Informationstexts
`TextBlock`	Anzeige kurzer, formatierter Texte; intern wird der Text wie ein Absatz (`Paragraph`) eines `FlowDocuments` behandelt
`RichTextBox`	Eingabefeld für komplexe, formatierte Texte (`FlowDocuments`)
`FlowDocumentScrollViewer`	Anzeige von `FlowDocuments`
`FlowDocumentPageViewer`	seitenweise Anzeige von `FlowDocuments`
`FlowDocumentReader`	Anzeige von `FlowDocuments` in verschiedenen Darstellungsformen
`DocumentViewer`	Anzeige von XPS-Dokumenten
`InkCanvas`	Eingabefeld für Handschrift

Dieser Abschnitt beschreibt die »einfachen« Textfeldern. Abschnitt 17.10 geht auf die Grundlagen des neuen `FlowDocument`-Formats ein. Abschnitt 17.11 erklärt dann den Umgang mit Steuerelementen zur Darstellung bzw. Eingabe formatierten Fließtexts.

HINWEIS

Das `InkCanvas`-Steuerelement wird in diesem Buch nicht im Detail behandelt, weswegen ich es zumindest hier ganz kurz vorstellen möchte. Das Steuerelement ist als Handschrifteingabefeld für Rechner gedacht, die mit einem Stift bedient werden. WPF bzw. das .NET Framework enthält allerdings keine Funktionen zur Handschrifterkennung, weswegen sich der Nutzen des Steuerelements vorerst in Grenzen hält.

Label

Das `Label`-Steuerelement ist das einfachste WPF-Steuerelement zur Darstellung von Text. Seine Besonderheit liegt darin, dass es mit einem [Alt]-Tastenkürzel (Mnemonics) verbunden werden kann, um einem anderen Steuerelement den Tastaturfokus zuzuweisen. Das Tastenkürzel wird im `Label`-Text durch den Unterstrich _ ausgedrückt. Der XAML-Compiler erzeugt daraus ein AccessText-Objekt, das der `Content`-Eigenschaft des `Labels` zugewiesen wird. Die Zuordnung des Steuerelements, das den Fokus erhalten soll, erfolgt über die `Target`-Eigenschaft. Die Syntax für deren Einstellung sieht allerdings etwas merkwürdig aus, weil hinter den Kulissen ein sogenanntes `Data Binding` stattfindet (siehe auch Abschnitt 20.4).

```
<Grid>
   (drei Zeilen mit Height=Auto,
    je eine Spalte mit Width=Auto bzw. Width=*)
   <Label Grid.Row="0« Grid.Column="0« Margin="3«
          HorizontalAlignment="Right«
          VerticalAlignment="Center«
          Target="{Binding ElementName=txtLogin}«>
     _Loginname:</Label>
   <TextBox Grid.Row="0« Grid.Column="1« Margin="3«
            Name="txtLogin"/>
   <Label Grid.Row="1« Grid.Column="0« Margin="3«
          HorizontalAlignment="Right«
          VerticalAlignment="Center«
          Target="{Binding ElementName=txtPassword}«>
     _Passwort:</Label>
   <PasswordBox Grid.Row="1« Grid.Column="1« Margin="3«
                Name="txtPassword"/>
   <Button Grid.Row="2« Grid.Column="1« Margin="3«
           IsDefault="True«>_OK</Button>
</Grid>
```

Abbildung 17.37: Labels zur Beschriftung der Textboxen

Die Größe eines `Labels` ergibt sich aus dem Inhalt von selbst. Es ist deswegen nicht zweckmäßig, die Größe fix einzustellen – Sie riskieren je nach Textgröße und -länge abgeschnittene Buchstaben.

Das `Label`-Steuerelement ist nicht in der Lage, längeren Text automatisch in mehrere Zeilen zu umbrechen. Es besteht aber zumindest die Möglichkeit, Zeilenumbrüche explizit anzugeben. Im XAML-Code ist das relativ umständlich (siehe Seite 577, wo die korrekte Syntax am Beispiel eines `Buttons` demonstriert wird), im VB-Code ist es etwas einfacher:

```
lbl.Content = "erste Zeile" + vbCrLf + "zweite Zeile"
```

Wenn Sie einem `Label` einen Text mit Mnemonics zuweisen möchten, schlägt die naheliegende Vorgehensweise, also `lbl.Content = "_Passwort"` fehl. Im Label wird der Unterstrich als solcher angezeigt, das erwünschte Tastenkürzel [Alt]+[P] bleibt inaktiv. Sie müssen der `Content`-Eigenschaft vielmehr ein `AccessText`-Objekt zuweisen:

```
Dim at As New AccessText
lbl.Content = "_Passwort"
```

TIPP

Wenn Sie die Mnemonics-Funktion nicht brauchen, gibt es keinen Grund, ein Label einzusetzen. Verwenden Sie stattdessen den im nächsten Abschnitt vorgestellten `TextBlock`! Das hat gleich zwei Vorteile: Einerseits haben Sie mehr Gestaltungsmöglichkeiten, andererseits beansprucht Ihr Programm weniger Ressourcen, weil der `TextBlock` intern effizienter organisiert ist (nicht als richtiges Steuerelement).

TextBox

Die TextBox ist ein Eingabefeld für ein- oder mehrzeiligen, unformatierten Text. Es unterstützt den Datenaustausch über die Zwischenablage, Drag&Drop, hat eine mehrstufige Undo-Funktion und (neu im WPF) eine Rechtschreibkorrektur samt Korrekturvorschlägen. All diese Funktionen stehen ohne Programmieraufwand zur Verfügung. Sie können die TextBox auch nur zur Anzeige von Text verwenden, indem Sie IsReadOnly auf True setzen. Die TextBox ist von der Basisklasse TextBoxBase abgeleitet, die auch als Grundlage für die im nächsten Abschnitt vorgestellte RichTextBox dient.

Mehrzeiliger Text: Die TextBox zeigt in der Grundeinstellung auch mehrzeiligen Text korrekt an, eignet sich aber nur zur Eingabe einzeiliger Texte. Um [↵] als Eingabe zuzulassen, verwenden Sie die Einstellung AcceptsReturn = True. Für umfangreichere Texte sollten Sie zudem die Schiebebalken aktivieren, am besten durch VerticalScrollBarVisibility und HorizontalScrollBarVisibility = Auto.

Standardmäßig ist bei langen Textzeilen immer nur ein Ausschnitt sichtbar – egal, ob ein horizontaler Schiebebalken angezeigt wird oder nicht. Wenn Sie einen automatischen Zeilenumbruch wünschen, verwenden Sie die Einstellung TextWrapping = Wrap. Die Variante TextWrapping = WrapWithOverflow bewirkt, dass Wörter, die breiter als die ganze TextBox sind, nicht umbrochen werden und teilweise nicht sichtbar sind.

Cursorposition und Markierung: Die Cursorposition und der Umfang des gerade markierten Texts gehen aus den Eigenschaften SelectionStart, -Length und -End hervor. Über die drei Eigenschaften können Sie die Cursorposition bzw. die Markierung per Code ändern. Alle drei Eigenschaften verwenden als Maßeinheit Zeichen. Der aktuelle Inhalt der Markierung geht aus SelectionText hervor. Das SelectionChanged-Ereignis benachrichtigt Ihr Programm über Veränderungen der Markierung. Zur Veränderung der Cursorposition stehen auch die Methoden LineUp/-Down, PageUp/-Down sowie ScrollToHome, -ToEnd und -ToLine zur Auswahl.

Steuerelementgröße: Wie beim Label ergibt sich auch bei der TextBox die Größe aus dem Inhalt. Je nachdem, in welchem Panel sich die TextBox befindet, schrumpft seine Größe aber derart, dass gerade noch der blinkende Cursor dargestellt werden kann (z.B. in einem WrapPanel, in einem Canvas oder in einer Grid-Zelle mit Width/Height=Auto). Für den Anwender ist es freilich nicht so toll, wenn das Steuerelement während der Eingabe ständig seine Größe ändert. Deswegen sollten Sie eine TextBox möglichst in Panels unterbringen, die zumindest die Breite des Inhalts vorgeben (z.B. in einer Grid-Zelle mit Width=* oder in einem StackPanel).

Die andere Variante besteht darin, die Größe bzw. die Mindestgröße explizit anzugeben (MinWidth). Damit verliert Ihr Programm aber die WPF-typische Anpassungsfähigkeit an andere Schriftgrößen etc.

Wenn Sie mehrzeiligen Text darstellen, werden Sie oft auch Grenzen für die minimale und maximale Zeilenanzahl angeben wollen. Statt der naheliegenden Eigenschaften Min-/MaxHeight sollten Sie hierfür MinLines bzw. MaxLines verwenden: Diese Eigenschaften limitieren die Zeilenanzahl und berücksichtigen die aktive Schriftart und -größe.

Rechtschreibkorrektur: Die Rechtschreibkorrektur ist standardmäßig nicht aktiv und muss durch SpellCheck.IsEnabled = True eingeschaltet werden. Es kommt automatisch die in den Systemeinstellungen ausgewählte Eingabesprache zur Anwendung. Für Texte in deutscher Sprache kann sogar zwischen der alten und der neuen Rechtschreibung gewählt werden (Eigenschaft SpellCheck.SpellingReform). Wenn Sie eine andere Sprache wünschen, geben Sie über die Language-Eigenschaft der TextBox einen anderen Sprachcode an, z.B. Language = "en-us".

So erfreulich die in WPF integrierte Rechtschreibkontrolle ist, so eng sind auch ihre Grenzen (siehe Abbildung 17.38, wo WPF über das Wort Schriftart stolpert). Leider gibt es keine Möglichkeit, die Rechtschreibkontrolle durch eigene Wörterbücher zu verbessern. Auch die Dokumentation der SpellCheck-Klasse ist verbesserungswürdig: Interessant wäre z.B., für welche Sprachen Wörterbücher mitgeliefert werden (offensichtlich zumindest für Englisch, Deutsch, Französisch und Spanisch).

Undo/Redo: Die Undo-/Redo-Funktion wird üblicherweise mit den Tastenkürzeln Strg+Z bzw. Strg+Y gesteuert, sie kann aber auch per Code durch die Methode Undo bzw. Redo ausgelöst werden. Die Anzahl der Undo-/Redo-Aktionen kann mit UndoLimit begrenzt werden (in der Standardeinstellung -1 ist das RAM die einzige Grenze). Wenn Sie verschiedene Textbearbeitungsschritte per Code ausführen, können Sie diese durch Begin- und EndChange zu einer Gruppe zusammenfassen, die dann als einziger Undo-Schritt gilt. Die Undo- und Redo-Funktionen können durch CanUndo bzw. CanRedo = False deaktiviert werden.

```
<StackPanel>
  <TextBox Margin="5">abc</TextBox>
  <TextBox Margin="5" SpellCheck.IsEnabled="True"
           AcceptsReturn="True" TextWrapping="Wrap">
    Wie beim Label ergibt sich auch bei der
    TextBox die Größe aus dem Inhalt.
  </TextBox>
  <TextBox Margin="5" MinLines="2" MaxLines="4"
           AcceptsReturn="True"
           HorizontalScrollBarVisibility="Auto"
           VerticalScrollBarVisibility="Auto"
           SpellCheck.IsEnabled="True"
           xml:space="preserve">Wenn Sie mehrzeiligen ...
  </TextBox>
</StackPanel>
```

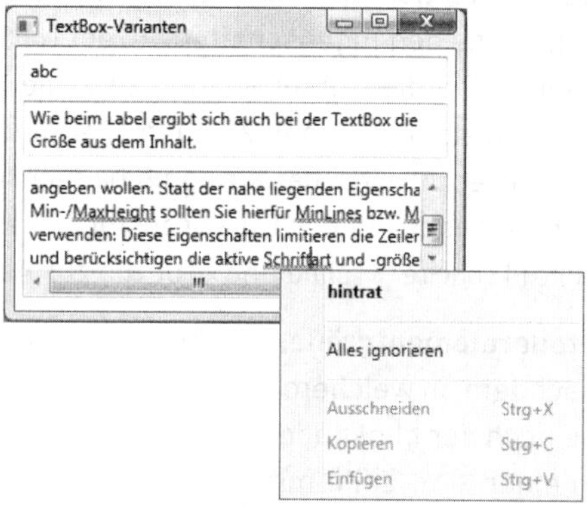

Abbildung 17.38: Textbox mit Rechtschreibkorrektur

PasswordBox

Die PasswordBox sieht zwar auf den ersten Blick wie eine TextBox aus, unterstützt aber nur einen winzigen Bruchteil ihrer Funktionen und ist direkt von der Basisklasse Control abgeleitet. Die Besonderheit des Steuerelements besteht darin, dass der eingegebene Text in Form von Punkten (Bullets) angezeigt wird, um ein Mitlesen des Passworts zu verhindern (siehe Abbildung 17.37). Das anzuzeigende Zeichen kann mit PasswordChar verändert werden. Das eingegebene Passwort entnehmen Sie der Eigenschaft Password.

ToolTip

ToolTips sind üblicherweise kleine Rechtecke, die Zusatzinformationen oder Hilfe zum aktuellen Steuerelement geben, wenn die Maus eine Weile nicht bewegt wird. In der WPF können ToolTips nur zur Einstellung der ToolTip-Eigenschaft eines anderen Steuerelements verwendet werden, nicht aber als eigenständige Elemente. Im einfachsten Fall sieht die Anwendung wie im folgenden Beispiel aus. Dabei wird auf die explizite Nennung des <ToolTip>-Elements verzichtet, weil der XAML-Compiler diese selbstständig einbaut.

```
<TextBox Name="txtLogin" ... >
   <TextBox.ToolTip>
      Geben Sie hier Ihren Benutzernamen an!
   </TextBox.ToolTip>
</TextBox>
```

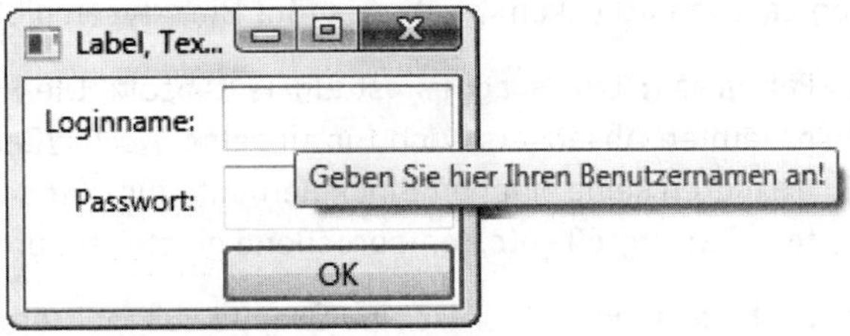

Abbildung 17.39: Ein einfacher ToolTip

In einem ToolTip ist beliebiger Content möglich, was Ihnen nahezu unbeschränkten Gestaltungsspielraum gibt. Ein ToolTip kann daher auch wie im folgenden Beispiel aussehen:

```
<PasswordBox Name="txtPassword" ...>
   <PasswordBox.ToolTip>
      <StackPanel>
         <Label Margin="4" Padding="10 2"
                HorizontalAlignment="Center"
                Background="DarkRed" Foreground="White"
                FontWeight="Bold">ToolTip</Label>
         <TextBlock Margin="4" TextWrapping="Wrap"
                MaxWidth="200" TextAlignment="Center">
            ToolTips sind üblicherweise ...</TextBlock>
      </StackPanel>
   </PasswordBox.ToolTip>
</PasswordBox>
```

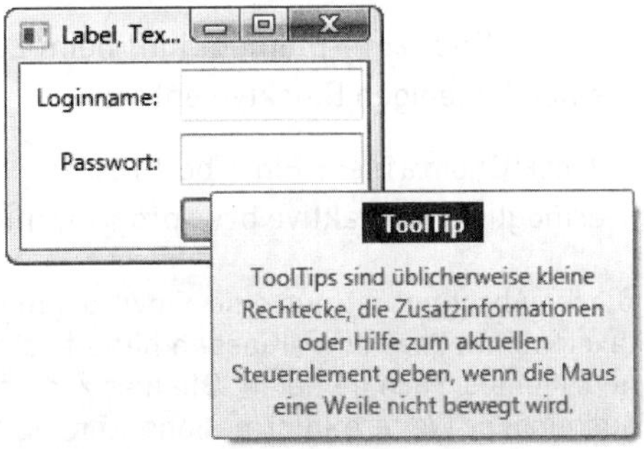

Abbildung 17.40: Noch ein ToolTip

17.10 FlowDocument-Format (formatierter Fließtext)

Die im vorherigen Abschnitt präsentierten Steuerelemente können nur mit einfachem, unformatiertem Text umgehen. Das reicht für einfache Texteingaben, aber nicht zur Darstellung »schöner« Texte, längerer Dokumente, Hilfetexte etc. Für formatierten Fließtext (d.h. Text, der sich an die Breite eines Steuerelements anpassen kann) hat Microsoft ein neues Dokumentenformat konzipiert und in der WPF verankert: FlowDocuments. Dieser Abschnitt gibt zuerst eine knappe Einführung in den Aufbau, die Elemente und Zusatzfunktionen von FlowDocuments. Der nächste Abschnitt stellt dann fünf Steuerelemente vor, in denen Sie derartige Texte anzeigen bzw. eingeben können.

FlowDocuments

`FlowDocuments` werden – wie sollte es anders sein – durch XML-Code dargestellt, dessen Elemente WPF-Klassen aus dem Namensraum `System.Windows.Documents` entsprechen. Der Ansatz ist also ganz ähnlich wie bei XAML. Die Syntax hat unverkennbare Ähnlichkeiten mit HTML, wobei das Konzept aber logischer und besser durchdacht ist. Wer schon einmal ein HTML-Dokument zusammengestellt hat, wird auch mit `FlowDocuments` wenige Probleme haben.

Grundsätzlich ist der Aufbau von `FlowDocuments` einfach: Jedes Dokument besteht aus einer beliebigen Zahl von »Blöcken«, wobei es fünf Blocktypen gibt:

- `Paragraph`: Ein `Paragraph` ist ein Textabsatz. Die Formatierungsattribute können sowohl für den gesamten Absatz als auch für einzelne Wörter/Zeichen eingestellt werden. Anders als in HTML existieren keine eigenen Blockelemente für Überschriften. Sie müssen die `Paragraph`-Eigenschaften (Schriftgröße etc.) entsprechend einstellen, um das gewünschte Layout zu erzielen.
- `Section`: Eine `Section` ist eine Gruppe aus mehreren Blöcken, die in irgendeiner Weise einheitlich formatiert werden sollen.
- `List`: Aufzählungen und andere Listen werden durch `List`-Elemente dargestellt. Jedes Listenelement darf wiederum einen beliebigen Blocktyp enthalten (auch eine weitere Liste, um verschachtelte Listen zu bilden).
- `Table`: Das `Table`-Element hilft beim Zusammenstellen von Tabellen. Jede Zelle der Tabelle darf einen beliebigen Blocktyp enthalten.
- `BlockUIContainer`: Ein `BlockUIContainer` kann ein beliebiges WPF-Steuerelement enthalten. Das ermöglicht interaktive bzw. programmierbare Dokumente und eine Menge Spezialeffekte.

HINWEIS

Dieser Abschnitt ist nur eine FlowDocument-Einführung. Eine umfassende Beschreibung aller Syntaxelemente bzw. WPF-Klassen hätte aus diesem Abschnitt ein eigenes Kapitel, wenn nicht ein eigenes, kleines Buch gemacht. Die hier zusammengefassten Informationen sollten aber für den Einstieg ausreichen. Weitere Informationen finden Sie wie immer in der Online-Hilfe (MSDN). Natürlich gibt es auch im Internet diverse Blog-Beiträge und andere Dokumente. Lesenswert ist beispielsweise der folgende Artikel:

http://msdn2.microsoft.com/de-de/magazine/cc163371.aspx

Abschließend noch eine persönliche Einschätzung: Bei ersten Experimenten fällt es schwer, von FlowDocuments nicht beeindruckt zu sein – insbesondere wenn man sie mit den mageren Funktionen der RichTextBox von Windows Forms vergleicht. Beim intensiven Austesten werden aber auch viele Schwächen sichtbar: Die Silbentrennung funktioniert schlecht und macht das ansonsten ambitionierte Absatzlayout oft zunichte, bedingte Trennstriche gibt es nicht, die Einstellung der Spaltenbreite in Tabellen hakt oft, die Umrandung von Tabellen bzw. von deren Zellen ist umständlich, PostScript-Fonts können nicht verwendet werden etc.

Einerseits wird an diesen Mängeln deutlich, dass das FlowDocument-Format als Teil der WPF eben Version 1.0-Software ist. Andererseits sieht man aber auch das Dilemma, vor dem Microsoft steht: Eine perfekte Implementierung der FlowDocuments würde einen ähnlichen Aufwand wie die Programmierung von Microsoft Word erfordern und letztlich dieser Office-Komponente massiv Konkurrenz machen.

Eines der FlowDocument-Beispielprogramme von Microsoft schmückt sich übrigens mit einem Zitat von Donald Knuth, dem Erfinder und Entwickler des Open-Source-Satzsystems TeX. Von der TeX-schen Satz- und Layoutqualität sind FlowDocuments freilich noch meilenweit entfernt ...

Beispiel

Die folgenden Zeilen zeigen die Syntax sowie grundlegende Layoutfunktionen von `FlowDocuments`:

```
<FlowDocumentReader>
  <FlowDocument IsHyphenationEnabled="True" IsOptimalParagraphEnabled="True">
    <Section Background="LightGray" FontFamily="Arial" LineHeight="5"
          TextAlignment="Left"  IsHyphenationEnabled="False" Padding="12,8">
      <Paragraph FontSize="20">Kapitel 1</Paragraph>
      <Paragraph FontSize="25">
        <Bold>Windows Presentation Foundation</Bold>
      </Paragraph>
    </Section>
    <Section FontFamily="Times New Roman">
      <Paragraph>
        Mit der <Italic>Windows Presentation Foundation</Italic>, kurz WPF, hat
        Microsoft ein vollkommen neues Fundament für die Entwicklung von
        Windows-Programmen geschaffen. WPF bietet neue Layoutmöglichkeiten, nutzt
        moderne Hardware besser aus und enthält viele neue oder grundlegend
        verbesserte Funktionen, z.B. was den Umgang mit und den Ausdruck von
        formatierten Dokumenten betrifft. Andererseits bricht WPF aber mit vielen
        Windows Forms-Traditionen, was den Umstieg nicht ganz leicht macht.
      </Paragraph>
      <Paragraph>
        Dieses Kapitel enthält einen ausführlichen Vergleich zwischen WPF und Windows
        Forms und zeigt dann anhand eines einfachen Beispiels elementare
        WPF-Konzepte. Die weiteren Kapitel beschreiben dann detailliert
        WPF-Grundlagen, -Steuerelemente, -Programmiertechniken und -Interna.
      </Paragraph>
      <Paragraph><Bold>WPF-Vorteile</Bold></Paragraph>
      <List>
        <ListItem><Paragraph>Bessere Layout-Möglichkeiten</Paragraph></ListItem>
        <ListItem><Paragraph>Formulargestaltung mit XAML</Paragraph></ListItem>
        <ListItem><Paragraph>Hardware-Unterstützung durch die Grafikkarte
          </Paragraph></ListItem>
      </List>
      <Paragraph>...</Paragraph>
    </Section>
    <Table Background="LightBlue" FontFamily="Arial" FontSize="11"
```

```
           Padding="4" CellSpacing="5" IsHyphenationEnabled="False"
           TextAlignment="Left">
      <Table.Columns>
         <TableColumn Width="*"/>
         <TableColumn Width="*"/>
         <TableColumn Width="2*" />
      </Table.Columns>
      <TableRowGroup>
         <TableRow Background="DarkBlue" FontWeight="Bold" Foreground="White">
            <TableCell><Paragraph>
               <Italic>Horizontal-<LineBreak/>Alignment</Italic>
            </Paragraph></TableCell>
            <TableCell><Paragraph>
               <Italic>Vertical-<LineBreak/>Alignment</Italic>
            </Paragraph></TableCell>
            <TableCell><Paragraph>Wirkung</Paragraph></TableCell>
         </TableRow>
         <TableRow>
            <TableCell><Paragraph><Italic>Left</Italic></Paragraph></TableCell>
            <TableCell><Paragraph><Italic>Stretch</Italic></Paragraph></TableCell>
            <TableCell><Paragraph>verändert die Breite der aktuellen
                                  Spalte und der Spalte links davon
                                  </Paragraph></TableCell>
         </TableRow>
         <TableRow>
            <TableCell><Paragraph><Italic>Center</Italic></Paragraph></TableCell>
            <TableCell><Paragraph><Italic>Stretch</Italic></Paragraph></TableCell>
            <TableCell><Paragraph>verschiebt die aktuelle Spalte, verändert die Breite
                                  der Spalten links und rechts (zweckmäßig, wenn für den
                                  Splitter in eine eigene Spalte reserviert ist)
                                  </Paragraph></TableCell>
         </TableRow>
         <TableRow>
            <TableCell><Paragraph><Italic>Right</Italic></Paragraph></TableCell>
            <TableCell><Paragraph><Italic>Stretch</Italic></Paragraph></TableCell>
            <TableCell><Paragraph>verändert die Breite der aktuellen Spalte und
                                  der Spalte rechts davon</Paragraph></TableCell>
         </TableRow>
      </TableRowGroup>
   </Table>
  </FlowDocument>
</FlowDocumentReader>
```

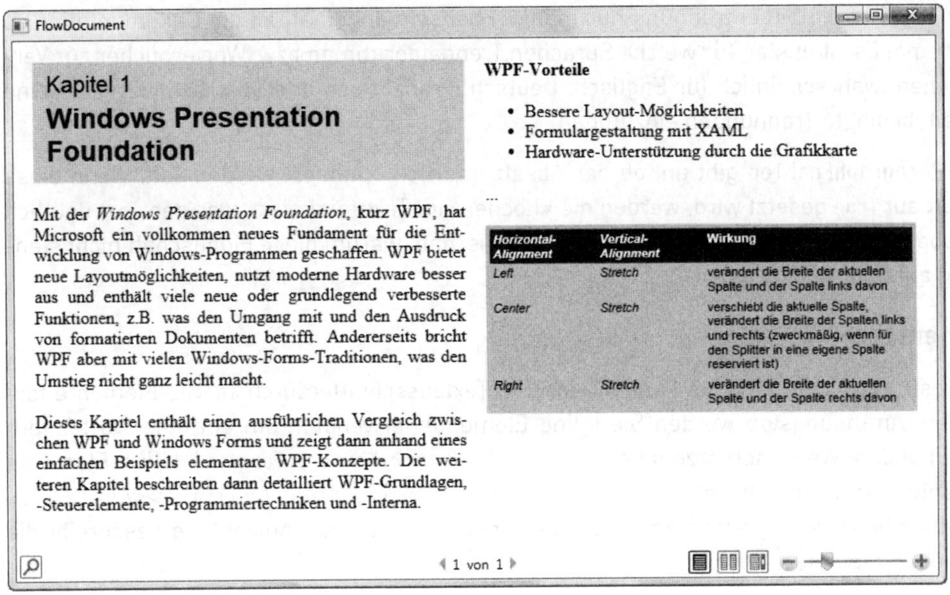

Abbildung 17.41: Ein FlowDocument, dargestellt in einem FlowDocumentReader-Steuerelement

FlowDocument- und Blockeigenschaften

Sowohl im `FlowDocument` an sich als auch in seinen Blöcken können Sie unzählige Eigenschaften einstellen, die das Aussehen und Layout des nachfolgenden Texts beeinflussen. Dazu zählen viele aus WPF-Steuerelementen bekannte Eigenschaften wie `FontFamily`, `FontSize`, `FontWeight` etc., `Background` und `Foreground`, `Padding` und `Margin` etc., auf die ich hier nicht mehr eingehe. Schon interessanter sind diverse `FlowDocument`-spezifische Eigenschaften:

» `LineHeight` gibt den Zeilenabstand innerhalb eines Absatzes an.

» `TextAlignment` gibt die Textausrichtung an. Mögliche Einstellungen sind `Left`, `Right`, `Center` und `Justify` (Blocksatz, gilt standardmäßig in `Paragraph`-Elementen).

» `Style` bietet die Möglichkeit, Formatierungsparameter durch externe `Styles` durchzuführen (siehe auch Abschnitt 20.2). Mit `Styles` können Sie ähnliche Effekte wie mit Absatzvorlagen in Microsoft Word realisieren.

» `IsHyphenationEnabled` gibt an, ob eine Silbentrennung durchgeführt werden soll. Das ist vor allem zur Darstellung von Fließtext im Blocksatz zweckmäßig. Wenn die Sprache des Texts von der Standardsprache aus den Systemeinstellungen abweicht, können Sie sie (auch für einzelne Textausschnitte) mit `Language` einstellen.

Leider funktioniert die Silbentrennung nur mäßig. Ebenso mangelhaft ist die Dokumentation zu diesem Thema: Es ist unklar, für welche Sprachen Trennalgorithmen bzw. Wörterbücher zur Verfügung stehen (wahrscheinlich für Englisch, Deutsch, Französisch und Spanisch). Es gibt keine Möglichkeit, bedingte Trennungen einzufügen.

» `IsOptimalParagraphEnabled` gibt an, ob der Absatzumbruch optimiert werden soll. Wenn diese Eigenschaft auf `True` gesetzt wird, werden die »Löcher« im Text minimiert, was den Text deutlich besser lesbar und »schöner« macht. Es ist mir schleierhaft, warum diese Eigenschaft nicht standardmäßig auf `True` gesetzt ist.

Inline-Elemente

Innerhalb eines `FlowDocument`-Blocks können einzelne Textausschnitte durch `Inline`-Elemente formatiert werden. Am häufigsten werden Sie Inline-Elemente verwenden, um einzelne Wörter fett, kursiv oder auf andere Weise hervorzuheben (`Text <Bold>fetter Text</Bold> ...`). Inline-Elemente können ineinander verschachtelt werden (`Text <Bold>fett <Italic>und kursiv</Italic></Bold> ...`). Darüber hinaus gibt es viele weitere Anwendungsformen. Die folgende Aufzählung beschreibt die wichtigsten `Inline`-Elemente:

» `Run` ist ein Textelement ohne besondere Formatierung. In XML-Code wird aus Gründen der Übersichtlichkeit auf den Einsatz von `<Run>`-Elementen verzichtet, aber wenn Sie ein `FlowDocument` per VB-Code zusammenstellen, ist `Run` ein unverzichtbares Grundelement.

» `Bold`, `Italic` und `Underline` kennzeichnen den enthaltenen Text als fett, kursiv oder unterstrichen.

» `Span` wendet beliebige Schriftattribute auf den enthaltenen Text an. `Span` bietet damit wesentlich mehr Gestaltungsspielraum als `Bold`, `Italic` und `Underline`. (Intern sind `Bold`, `Italic` und `Underline` von `Span` abgeleitet.)

```
Text <Span FontFamily="Courier New" Foreground="Red">formatierter Text</Span> mehr Text ...
```

» `Hyperlink` erzeugt einen Link, auf dessen `Click`-Ereignis Sie im Programmcode reagieren können. In seitenorientierten Programmen (siehe `Page`-Element in Abschnitt 17.3) ermöglichen `Hyperlinks` bei korrekter Einstellung der `NavigateUri`-Eigenschaft die Navigation zwischen den Seiten ohne weiteren Programmcode. Dabei wird automatisch ein neues Objekt der angegebenen Seite erzeugt (hier also `Page2`):

```
<Hyperlink NavigateUri="Page2.xaml">Seite 2</Hyperlink> anzeigen.
```

» `LineBreak` erzeugt einen manuellen Zeilenumbruch.

» `InlineUIContainer` bettet ein WPF-Steuerelement in den Fließtext ein (ähnlich wie `BlockUIContainer`).

» `Figure` und `Floater` betten ein Bild bzw. eine Box in den Fließtext ein. Die Box kann eine Zwischenüberschrift, Zusatzinformationen, Links, Werbung etc. enthalten. Beide Inline-Elemente erlauben eine freie Positionierung, beispielsweise neben oder im Text.

Listen

Listen werden durch den List-Block gebildet. Die Eigenschaft MarkerStyle gibt an, wie die Listenpunkte ausgezeichnet werden sollen. Mögliche Einstellungen sind Disc (gilt standardmäßig), Box, Circle (innen leer), Decimal (1, 2, 3 ...), LowerLatin (a, b, c ...), UpperLatin (A, B, C ...), Lower Roman (i, ii, iii, iv ...), UpperRoman und None. Die Punkte einer Liste sind ListItem-Elemente, die wiederum einen beliebigen FlowDocument-Block enthalten dürfen (am häufigsten wohl einen Paragraph).

Tabellen

Um eine Tabelle zu bilden, müssen Sie ziemlich viele TableXxx-Elemente ineinander verschachteln: TableRowGroup leitet die Struktur ein, TableRow definiert eine Zeile, und TableCell definiert darin wiederum eine Zelle. Es ist möglich, in einer Tabelle mehrere TabelRowGroups einzufügen, um so mehrere Zeilen einheitlich zu formatieren:

```
<Table>
  <TableRowGroup>
    <TableRow>
      <TableCell><Paragraph>...</Paragraph></TableCell>
      <TableCell><Paragraph>...</Paragraph></TableCell>
      <TableCell><Paragraph>...</Paragraph></TableCell>
    </TableRow>
    <TableRow>...</TableRow>
    ...
  </TableRowGroup>
</Table>
```

Es ist nicht zwingend erforderlich, Spalten zu definieren. Das Table-Element erzeugt dann selbst entsprechend der TableCell-Anzahl die erforderlichen Spalten und macht diese alle gleich breit. Wenn Sie Einfluss auf die Spaltenbreite nehmen möchten, definieren Sie ähnlich wie beim Grid einen Table.Columns-Block und geben in den darin enthaltenen TableColumn-Elementen die gewünschte Breite an (siehe den Code im obigen Einführungsbeispiel). Leider kann das Table-Element dabei weder mit dem Grid-Steuerelement noch mit HTML-Tabellen mithalten. Entweder muss die Breite aller Spalten absolut (Width="50") oder relativ (Width="3*") angegeben werden. Es ist weder möglich, diese beiden Varianten zu mischen, noch führt Width="Auto" zum gewünschten Ergebnis.

FlowDocuments per Code erzeugen

In der Praxis werden Sie FlowDocuments nur selten im XAML-Editor von Visual Studio verfassen. Entweder laden Sie ein fertiges Dokument aus einer Datei (siehe die nächste Überschrift), oder Sie erzeugen es per Code, beispielsweise um Daten aus einer Datenbankabfrage übersichtlich zu präsentieren oder um Ergebnisse einer Berechnung anzuzeigen. Die grundsätzliche Vorgehensweise ist einfach: Sie erzeugen die erforderlichen Objekte, stellen alle Eigenschaften ein und fügen das Objekt in eine übergeordnete Aufzählung ein – also in der Art myflowdocument.Blocks.Add(myparagraph).

Beim folgenden Beispiel ist der XAML-Code für das Fenster (siehe Abbildung 17.42) minimal:

```
<FlowDocumentScrollViewer Name="myViewer"/>
```

Das FlowDocument-Objekt myflow wird in der Loaded-Ereignisprozedur des Fensters initialisiert. Im VB-Code wird zuerst eine Überschrift mit dem aktuellen Monatsnamen und dann eine Tabelle mit allen Monatstagen erzeugt.

```
' Beispiel wpf-steuerelemente/flowdocument-intro
Private Sub Window2_Loaded(...) Handles Me.Loaded
  Dim thisMonth = Now.Month
  Dim thisYear = Now.Year
  Dim firstDayOfMonth = New DateTime(thisYear, thisMonth, 1)
  Dim lastDayOfMonth  = New DateTime(thisYear, thisMonth, _
                          DateTime.DaysInMonth(thisYear, thisMonth))
  'Start- und Enddatum berechnen, damit die Tabelle
  'von Mo bis So vollständig befüllt wird
  Dim firstDay = firstDayOfMonth.AddDays( _
    1 - Weekday(firstDayOfMonth, FirstDayOfWeek.Monday))
  Dim lastDay = lastDayOfMonth.AddDays( _
    7 - Weekday(lastDayOfMonth, FirstDayOfWeek.Monday))
  Dim myflow = New FlowDocument
  Dim myTable As Table
  Dim myRowGroup As TableRowGroup
  Dim myRow As TableRow
  Dim myCell As TableCell
  Dim myPara As Paragraph
  Dim myRun As Run
  'Überschrift
  myRun = New Run(MonthName(thisMonth) + " " + thisYear.ToString)
  myPara = New Paragraph(myRun)
  myPara.FontSize = 20
  myPara.FontWeight = FontWeights.Bold
  myflow.Blocks.Add(myPara)
  'Tabelle erzeugen
  myTable = New Table
  myTable.FontFamily = New FontFamily("Arial")
  myTable.Background = New SolidColorBrush(Colors.LightGray)
  myRowGroup = New TableRowGroup
  myRowGroup.FontWeight = FontWeights.Bold
  myTable.RowGroups.Add(myRowGroup)
  'erste Tabellenzeile mit Wochentagen
  myRow = New TableRow
  myRow.Background = New SolidColorBrush(Colors.DarkGray)
  For i = 1 To 7
    myRun = New Run(WeekdayName(i, True, FirstDayOfWeek.Monday))
    myPara = New Paragraph(myRun)
    myPara.TextAlignment = TextAlignment.Center
    myPara.Foreground = New SolidColorBrush(Colors.White)
    myCell = New TableCell(myPara)
```

```
    myRow.Cells.Add(myCell)
  Next
  myRowGroup.Rows.Add(myRow)
  'Startwert für die folgende Schleife
  ' (i0 muss negativ sein, wenn die letzten Dezembertage des Vorjahrs im Kalender
  '  für den Januar angezeigt werden sollen - andernfalls ist der Startwert der
  '  Schleife größer als der Endwert)
  Dim i0 = firstDay.DayOfYear
  If firstDay.DayOfYear > 350 Then
    i0 -= 365
    If DateTime.IsLeapYear(firstDay.Year) Then i0 -= 1
  End If
  'alle weiteren Tabellenzeilen mit Datum
  For i = i0 To lastDay.DayOfYear
    Dim thisday = DateSerial(thisYear, 1, i)
    If Weekday(thisday, FirstDayOfWeek.Monday) = 1 Then
      myRow = New TableRow
      myRow.Background = New SolidColorBrush(Colors.LightGray)
    End If
    myRun = New Run(thisday.Day.ToString)
    myPara = New Paragraph(myRun)
    myPara.TextAlignment = TextAlignment.Center
    If thisday.Month = thisMonth Then
      myPara.FontWeight = FontWeights.Bold
    Else
      myPara.Foreground = New SolidColorBrush(Colors.DarkGray)
    End If
    myCell = New TableCell(myPara)
    myRow.Cells.Add(myCell)
    If Weekday(thisday, FirstDayOfWeek.Monday) = 7 Then
      myRowGroup.Rows.Add(myRow)
    End If
  Next
  myflow.Blocks.Add(myTable)
  myViewer.Document = myflow
End Sub
```

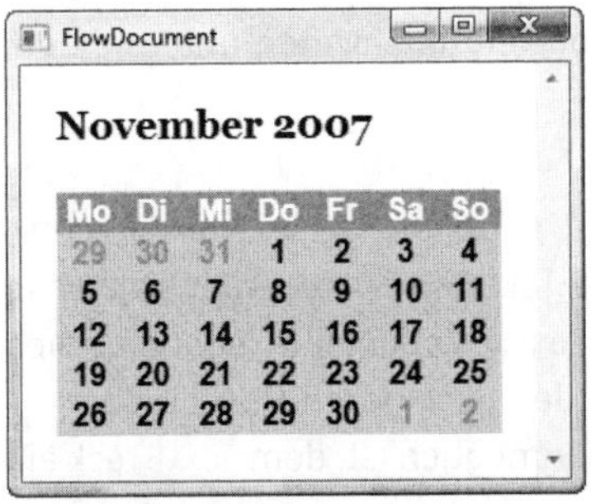

Abbildung 17.42: FlowDocument-Tabelle für den aktuellen Monat

FlowDocuments speichern, laden und drucken

Um ein FlowDocument als XAML-Datei zu speichern, führen Sie den folgenden Code aus (den Sie natürlich noch gegen IO-Fehler absichern sollten):

```
Dim fs = New IO.FileStream("c:\data\test.xaml", IO.FileMode.Create)
Markup.XamlWriter.Save(myViewer.Document, fs)
fs.Close()
```

Der äquivalente Code zum Laden sieht so aus:

```
Dim fs = IO.File.OpenRead("c:\verzeichnis\dateiname.xaml ")
myViewer.Document = Markup.XamlReader.Load(fs)
fs.Close()
```

Den Ausdruck per VB-Code initiieren Sie am einfachsten mit der Print-Methode des FlowDocument-Steuerelements. Im Dialog zur Druckerauswahl kann der Benutzer den Vorgang abbrechen. Es gibt aber leider keine unmittelbare Möglichkeit einer Seitenvorschau. Wie diese dennoch bewerkstelligt werden kann, ist in Abschnitt 19.6 beschrieben.

```
myViewer.Print()
```

MacDonald S. 667 ???

Eine zweite Möglichkeit ist das Tastenkürzel [Strg]+[P], das bei FlowDocuments über ein sogenanntes Command (eine WPF-Spezialität, die ich in diesem Buch aber nicht weiter behandle) mit der Druckfunktion verbunden ist.

17.11 FlowDocument-Steuerelemente

Nachdem der vorige Abschnitt die Grundelemente des FlowDocument-Formats vorgestellt hat, beschreibt dieser Abschnitt die Steuerelemente zur Darstellung bzw. Eingabe derartiger Texte. Insgesamt stehen immerhin fünf Steuerelemente zur Auswahl: Der TextBlock erlaubt die Anzeige kurzer Texte (ein Paragraph aus einem FlowDocument). Die RichTextBox ermöglicht die Eingabe von FlowDocuments und kann die Basis für ein eigenes Textverarbeitungssystem bzw. für einen FlowDocument-Editor sein. FlowDocumentScrollViewer, -PageViewer und -Reader erlauben schließlich die Anzeige umfassender FlowDocuments, wobei die drei Steuerelemente verschiedene Darstellungsformen unterstützen, sich aber auch in ihrem Ressourcenverbrauch unterscheiden.

TextBlock

TextBlock-Objekte bieten eine ideale Möglichkeit, kurze, formatierte Texte darzustellen. Ich spreche hier bewusst von einem Objekt, weil die TextBlock-Klasse nicht von Control abgeleitet ist und es sich daher um kein echtes Steuerelement handelt. Das hat den Vorteil des geringeren Ressourcenverbrauchs, hat aber auch den Nachteil, dass es anders als beim Label unmöglich ist, dem TextBlock ein Tastenkürzel zuzuordnen (es gibt also keine Mnemonics-Funktion).

Der TextBlock ist kein vollwertiger FlowDocument-Viewer. Vielmehr kann er nur eine Aneinanderreihung von Inline-Elementen darstellen, also gewissermaßen einen Paragraph-Block (wobei dem TextBlock aber kein Paragraph-Element, sondern dessen Inline-Aufzählung zugewiesen werden muss). Trotz dieser Einschränkungen bietet das Steuerelement diverse Spezialfunktionen, die eine vielseitige Anwendung ermöglichen:

» **Verkürzung zu langer Zeichenketten:** Wenn der Platz zur Darstellung einer Zeichenkette nicht ausreicht, kann der TextBlock die Zeichenkette selbstständig kürzen. Dazu bestehen zwei Möglichkeiten: Mit TextTrimming = CharacterEllipsis schneidet der TextBlock den Text drei Zeichen vor dem rechten Rand ab und ersetzt den fehlenden Text durch drei Punkte (Ellipse). Mit TextTrimming = WordEllipsis schneidet der TextBlock den Text nicht zeichenweise, sondern bei einer Wortgrenze ab. Auf jeden Fall ist eine Verkürzung der Zeichenkette nur am rechten Rand, nicht aber in der Mitte oder am linken Rand möglich.

» **Manueller Zeilenumbruch:** Mit <LineBreak/> können Sie einen manuellen Zeilenumbruch in den Text einfügen.

» **Automatischer Zeilenumbruch:** Normalerweise schneidet der TextBlock zu langen Text am rechten Rand ab – mit oder ohne Verkürzung des Texts. TextWrapping = True bewirkt einen automatischen Zeilenumbruch. Die Zeilen werden normalerweise linksbündig ausgerichtet. TextAlignment = Center oder = Justify bewirkt eine mittige Darstellung bzw. einen Blocksatz.

» **Silbentrennung:** Falls Sie sich für Blocksatz entscheiden, sollten Sie mit IsHyphenationEnabled = True auch gleich die Silbentrennung aktivieren. Diese funktioniert zwar bei deutschsprachigen Texten nicht perfekt, aber der Gesamteindruck ist immer noch besser als ohne Silbentrennung.

Am häufigsten werden Sie den TextBlock als komfortables Beschriftungselement in Formularen einsetzen. Natürlich können Sie den TextBlock auch per VB-Code initialisieren. Sofern Sie nur eine unformatierte Zeichenkette darstellen möchten, weisen Sie diese der Text-Eigenschaft zu. Andernfalls fügen Sie der Inlines-Aufzählung Zeichenketten und Inline-Objekte (Run, Span etc.) hinzu.

```
<StackPanel>
   <TextBlock Margin="5">
      normaler Text, <Italic>kursiver Text</Italic>,
      <Span Foreground="Red">roter Text</Span>,
      <Span Foreground="White" Background="Black"
            FontWeight="Bold">inverser Text</Span>
   </TextBlock>
   <TextBlock Margin="5" TextAlignment="Justify"
              TextWrapping="Wrap"
              IsHyphenationEnabled="True">
      Der TextBlock ist ... </TextBlock>
   <TextBlock Margin="5" TextTrimming="WordEllipsis"
              Name="txtExeName">Dateiname</TextBlock>
</StackPanel>
```

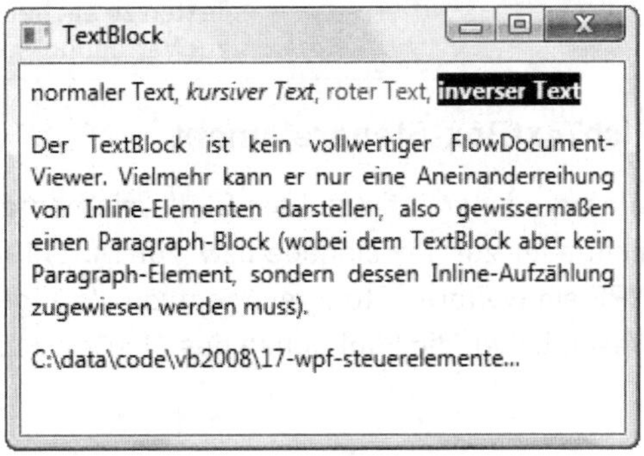

Abbildung 17.43: Drei Texte in TextBlock-Objekten

FlowDocumentScrollViewer, FlowDocumentPageViewer und FlowDocumentReader

Die WPF sieht gleich drei Steuerelemente zur Anzeige von `FlowDocuments` vor (siehe Abbildung 17.44). Die folgende Tabelle fasst die wichtigsten Merkmale bzw. Eigenheiten zusammen. Kurz gefasst: Der `FlowDocumentScrollViewer` hat den geringsten Ressourcenbedarf, dafür bietet der `FlowDocumentReader` die vielseitigsten Anzeigemöglichkeiten. Der `FlowDocumentPageViewer` liegt sowohl beim Funktionsumfang als auch bei den Ressourcenanforderungen dazwischen.

Steuerelement	Funktion, Besonderheiten
`FlowDocumentScrollViewer`	Dieses Steuerelement zeigt den Text in einer langen »Wurst« an. Die Navigation durch den Text erfolgt durch einen vertikalen Schiebebalken. Der Text wird immer einspaltig angezeigt, wobei sich die Textbreite aus der Breite des Steuerelements ergibt. Die Textgröße kann mit [Strg]+[+] bzw. [Strg]+[-] bzw. mit [Strg] und dem Mausrad eingestellt werden.
`FlowDocumentPageViewer`	Hier wird der Text seitenweise angezeigt. Es gibt keine Schiebebalken, sondern stattdessen Pfeilbuttons zum Blättern von einer Seite zur nächsten. Die Textgröße kann interaktiv durch einen Slider bzw. per VB-Code durch die Einstellung der `Zoom`-Eigenschaft verändert werden. Bei kleiner Textgröße bzw. großer Steuerelementbreite wird der Text automatisch in zwei oder mehr Spalten zerlegt, um so allzu lange Zeilen zu vermeiden. Dafür ist allerdings nicht direkt der `FlowDocumentPageViewer` verantwortlich, sondern das `FlowDocument` selbst. Über dessen Eigenschaften `ColumnWidth`, `ColumnGap` und `IsColumnViewFlexible` können Sie Einfluss auf die Spaltenaufteilung nehmen. Die Grundeinstellungen dieser drei Eigenschaften lauten `Auto`, `Auto` und `True`. Optional können Sie zwischen den Spalten noch eine Trennlinie anzeigen (Eigenschaften `ColumnRuleWidth` und `ColumnRuleBrush`).
`FlowDocumentReader`	Der `FlowDocumentReader` bietet die Möglichkeit, zwischen drei Präsentationsformen umzuschalten: der Scroll-Ansicht des `FlowDocumentScrollViewers`, der Seitenansicht des `FlowDocumentPageViewers` sowie einer zusätzlichen Zwei-Seiten-Ansicht, die zwei Seiten nebeneinander zeigt. Eine weitere Zusatzfunktion ist das Suchfeld, um im `FlowDocument` nach Texten zu suchen. Diese Funktion steht im `FlowDocumentPageViewer` ebenfalls zur Verfügung, wenn Sie [Strg]+[F] drücken.

RichTextBox-Steuerelement

Alle vier bisher vorgestellten Steuerelemente waren `read-only`, eignen sich also nur zur Textanzeige, nicht aber zur Texteingabe bzw. zur Durchführung von Veränderungen. Zu diesem Zweck stellt die WPF ein weiteres Steuerelement zur Verfügung, die `RichTextBox`. Dieses Steuerelement vereint im Wesentlichen die Funktionen des `FlowDocumentScrollViewers` mit denen der `TextBox`.

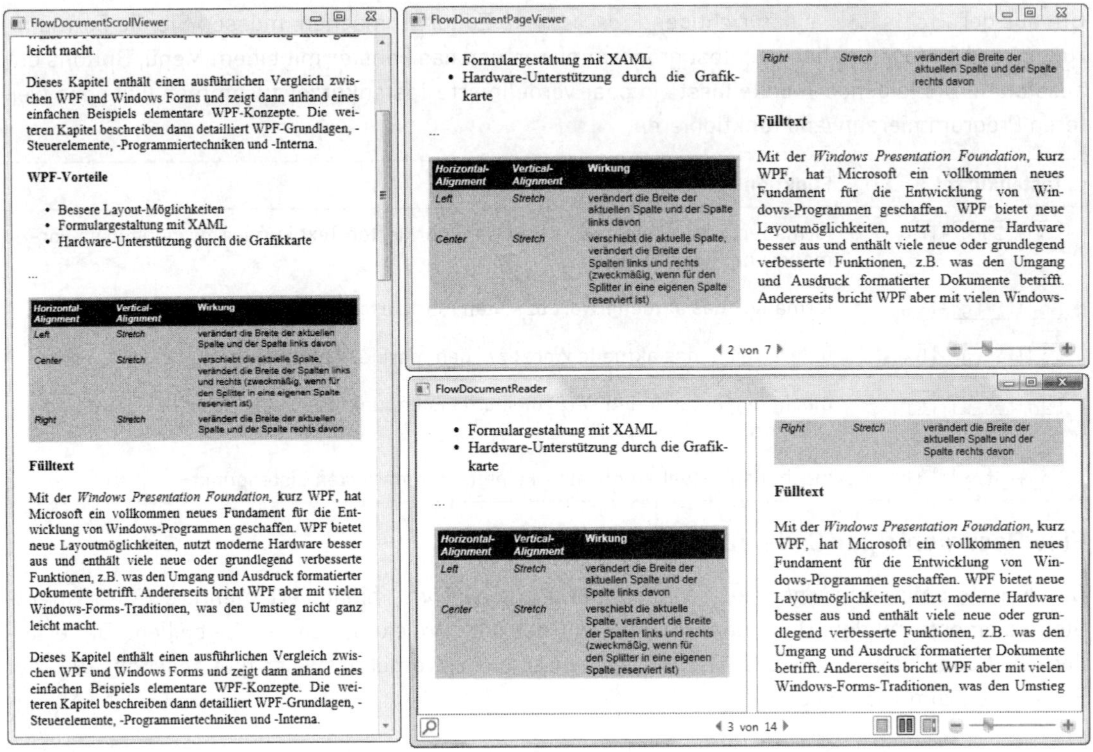

Abbildung 17.44: Dasselbe Dokument in einem FlowDocumentScrollViewer, einem FlowDocumentPageViewer und einem FlowDocumentReader

Unbegreiflicherweise fehlt der `RichTextBox` die vom `FlowDocumentScrollViewer` bekannte `Zoom`-Eigenschaft, um die Darstellungsgröße des Texts zu verändern. Unverständlich ist auch, warum ein Dokument in der `RichTextBox` in einer kleineren Schrift angezeigt wird als im `FlowDocumentScrollViewer`.

Viele Eigenschaften und Methoden der in Abschnitt 17.9 vorgestellten `TextBox` stehen unverändert auch in der `RichTextBox` zur Verfügung. Der Grund dafür ist leicht zu verstehen: Beide Steuerelemente sind von der `TextBoxBase`-Klasse abgeleitet. Zu den `RichTextBox`-spezifischen Eigenschaften zählen `CaretPosition` (Cursorposition ermitteln/verändern) und `Selection` (markierten Text ermitteln/verändern). `GetPositionFromPoint` ermittelt die Cursorposition zu einem Koordinatenpunkt. Diverse `GetSpellingError`-Methoden helfen bei der Navigation zu falsch geschriebenen Wörtern.

Standardmäßig werden in der `RichTextBox` keine Schiebebalken angezeigt. `VerticalScrollBarVisibility = Auto` behebt dieses Manko. Die `RichTextBox` sieht auch einen horizontalen Schiebebalken vor, der nach meinen Tests keine Bedeutung hat: Der Text wird immer so formatiert, dass er die verfügbare Breite der `RichTextBox` ausfüllt. Eine mehrspaltige oder seitenweise Darstellung des Texts ist nicht vorgesehen.

Um aus der RichTextBox einen richtigen FlowDocument-Editor zu machen, müssen Sie die Formatierungs- und Einfügefunktionen selbst programmieren und das Fenster mit einem Menü, Buttons etc. ausstatten. Die folgende Tabelle fasst ein paar vordefinierte Tastenkürzel zusammen, die ohne weiteren Programmieraufwand funktionieren.

Tastenkürzel	Funktion
⇧+Strg+K	formatiert das aktuelle Wort bzw. den markierten Text kursiv bzw. hebt diese Formatierung wieder auf.
⇧+Strg+F	formatiert das aktuelle Wort bzw. den markierten Text fett.
⇧+Strg+U	unterstreicht das aktuelle Wort bzw. den markierten Text.
⇧+Strg+L	macht den aktuellen Absatz zu einem Listenpunkt bzw. hebt diese Formatierung wieder auf.
⇧+Strg+N	macht den aktuellen Absatz zu einem nummerierten Listenpunkt.

FlowDocuments per Code aus Ressourcen laden

Das Beispielprogramm *wpf-steuerelemente\flowdocument-intro* initialisiert mehrere FlowDocument-Steuerelemente mit dem Dokument *sample.xaml*, das dem Projekt als Ressource beiliegt. Der erforderliche Code ist unten abgedruckt. Hintergründe zu dieser Vorgehensweise gibt Abschnitt 20.1, der Ressourcen zum Thema hat.

```
Dim myuri = New Uri("sample.xaml", UriKind.Relative)
control.Document = Markup.XamlReader.Load(Application.GetResourceStream(myuri).Stream)
```

DocumentViewer (XPS-Viewer)

Microsoft hat das XPS-Format (XML Paper Specification) als Gegenstück zu Adobes PDF-Format konzipiert. .NET-intern werden XPS-Dokumente als FixedDocument-Objekte dargestellt. Der Name macht auch schon den wichtigsten Unterschied zu FlowDocuments deutlich: Das Seitenlayout ist fixiert und nicht mehr veränderlich. XPS kommt Vista-intern auch als Druckformat zur Anwendung. Insofern ist es sehr einfach, ein XPS-Dokument zu erzeugen: Sie können beim Drucken in jedem beliebigen Programm den Microsoft XPS Document Writer als Drucker angeben.

Wie weit sich das Format als Standard etablieren kann, bleibt abzuwarten. Persönlich habe ich aber große Zweifel: Einerseits ist das PDF-Format ausgereift und extrem weit verbreitet. Andererseits bietet XPS keine erkennbaren Vorteile, wohl aber spürbare Nachteile: XPS-Dokumente sind wesentlich größer als gleichwertige PDF-Dateien. Der als Plug-In für den Internet Explorer konzipierte XPS-Viewer kann in keiner Weise mit dem Adobe Reader mithalten (Darstellungsqualität, Geschwindigkeit, Speicherverbrauch).

Wie dem auch sei, es schadet nicht, wenn Sie wissen, wie Sie ein XPS-Dokument in Ihrem VB-Programm anzeigen können. Die WPF stellt zu diesem Zweck das DocumentViewer-Steuerelement zur Verfügung. Da das Seitenlayout fix vorgegeben ist und Änderungen nicht vorgesehen sind, dienen die Eigenschaften und Methoden des Steuerelements ausschließlich zur Navigation im Text sowie zur Veränderung diverser Darstellungsoptionen. Zu den wichtigsten Methoden zählen `Increase-/DecreaseZoom`, `FitToHeight/ -Width`, `ScrollPageUp/-Down` und `Find`. Der `DocumentViewer` weist übrigens dieselben Nachteile wie der oben erwähnte XPS-Viewer auf. Man kann davon ausgehen, dass in beiden Fällen dieselben Komponenten zum Einsatz kommen.

> **HINWEIS**
> Dieser Abschnitt hat bisher nur FlowDocument-Steuerelemente behandelt – insofern passt das `DocumentViewer`-Steuerelement zur Darstellung von XPS-Dokumenten nicht so recht hierher. Aber einen besseren Ort habe ich nicht gefunden ... Abschnitt 19.6 kommt nochmals auf das Steuerelement zurück, diesmal zur Darstellung einer Seitenvorschau bei einer selbst programmierten Druckfunktion.

Die erste Hürde besteht darin, ein XPS-Dokument überhaupt zu laden. Der Codeaufwand ist minimal, aber Sie brauchen dazu ein `XpsDocument`-Objekt. Die gleichnamige Klasse ist im Namensraum `System.Windows.Xps.Packaging` der Bibliothek *ReachFramework.dll* versteckt. Sie müssen daher eine Referenz auf diese Bibliothek einrichten.

```
' Beispiel wpf-steuerelemente/documentviewer-intro
Private Sub Window1_Loaded(...) Handles MyBase.Loaded
  Dim xpsdoc = New Xps.Packaging.XpsDocument("test.xps", IO.FileAccess.Read)
  docviewer.Document = xpsdoc.GetFixedDocumentSequence()
  xpsdoc.Close()
End Sub
```

Im einfachsten Fall sind Sie jetzt bereits fertig. Das `DocumentViewer`-Steuerelement stellt standardmäßig einige Buttons zur Verfügung, um die Darstellungsgröße zu verändern, im Text zu suchen, das Dokument auszudrucken etc. Es ist nicht möglich, die Anzeige dieser Buttons zu unterdrücken. Abbildung 17.45 zeigt einen Ausschnitt aus einer Rohfassung dieses Buchs.

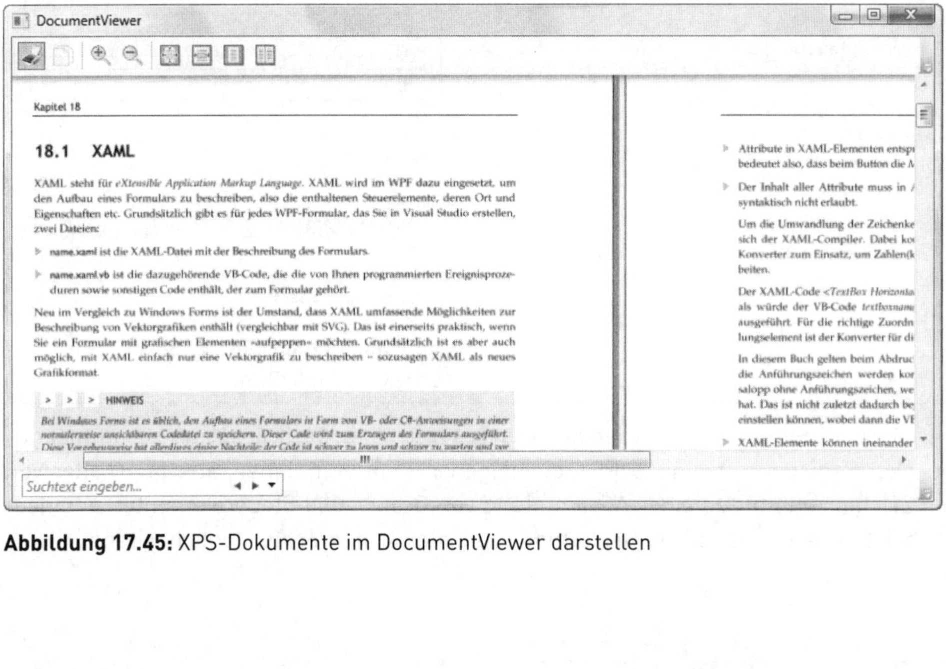

Abbildung 17.45: XPS-Dokumente im DocumentViewer darstellen

17.12 Listenfelder (ListBox, ComboBox, ListView, TreeView)

In diesem Abschnitt geht es um vier Steuerelemente zur Darstellung bzw. zur Auswahl von Listenelementen: `ListBox`, `ComboBox`, `ListView` und `TreeView`. Alle vier Steuerelemente basieren auf der Klasse `ItemsControl`, weswegen viele Eigenschaften, Methoden und Ereignisse einheitlich funktionieren.

> **HINWEIS** Es gibt einige weitere wichtige Steuerelemente, die auf die Basisklasse ItemsControl zurückgreifen: Dazu zählen `TabControl` zur Realisierung mehrblättriger Dialoge, `MenuBase` und `MenuItem` zum Aufbau von Menüs sowie `StatusBar` zur Anzeige einer Statusleiste. Diese Steuerelemente werden in anderen Abschnitten dieses Kapitels vorgestellt.

ListBox und ComboBox

Die »klassischen« Listenfelder sind die `ListBox` und die ausklappbare `ComboBox`. Die `ListBox` beansprucht mehr Platz, bietet dafür aber die Möglichkeit der Mehrfachauswahl. Die wichtigsten Vorzüge sind die effiziente Bedienung per Tastatur und die Möglichkeit, auch einen in der Liste noch nicht enthaltenen Text einzugeben.

```
<StackPanel>
   <TextBlock Margin="4">ListBox</TextBlock>
   <ListBox Margin="4" Height="120" >
      <StackPanel Orientation="Horizontal">
         <Rectangle VerticalAlignment="Center"
                    Height="14" Width="25"
                    Margin="5"  Fill="Red"/>
         <TextBlock Margin="3" VerticalAlignment="Center">
            Rot</TextBlock>
      </StackPanel>
      <StackPanel ... grün />
      <StackPanel ... blau />
   </ListBox>
   <TextBlock Margin="4">ComboBoxes</TextBlock>
   <ComboBox Margin="4">
      ... horizontale StackPanels wie in der ListBox
   </ComboBox>
   <ComboBox Margin="4" IsEditable="True"
             Name="cmbFonts" MaxDropDownHeight="150" />
</StackPanel>
```

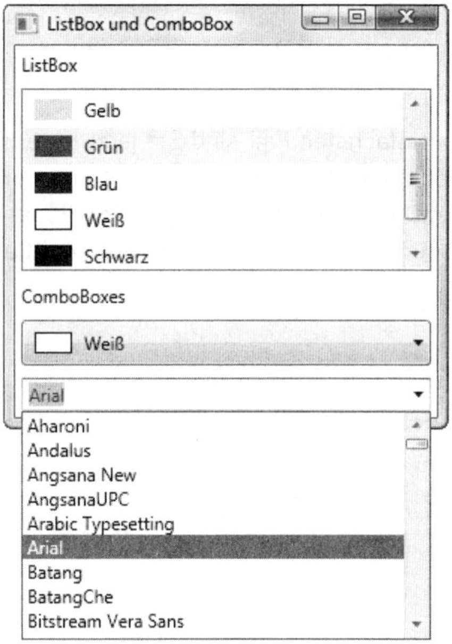

Abbildung 17.46: Eine ListBox und zwei ComboBoxes

Die Listen einer `ListBox` bzw. `ComboBox` werden aus `ListBoxItems` bzw. `ComboBoxItems` zusammengesetzt. Jedes `Item` kann – wie so oft in der WPF – beliebigen `Content` aufnehmen, also quasi alles von einer einfachen Zeichenkette bis zu einer Ansammlung von Grafik- und Steuerelementen in einem Panel. Damit haben Sie bei der optischen Gestaltung von Listen unbegrenzte Möglichkeiten.

Im XAML-Code ist es nicht unbedingt erforderlich, <ListBoxItem> bzw. <ComboBoxItem> explizit anzugeben. Der XAML-Compiler akzeptiert auch jedes andere Objekt und verpackt es selbstständig in ein XxxBoxItem. Das folgende Beispiel zeigt die Initialisierung eines Listenfelds und eines Combofelds per XAML-Code. Jedes Listenelement besteht aus einem horizontalen StackPanel, das ein farbiges Rechteck und einen dazu passenden Text enthält.

In das zweite Combofeld werden per VB-Code die Namen aller auf dem System installierten Schriften eingetragen. Grundsätzlich wäre es auch möglich, die Schrift jedes Eintrags entsprechend einzustellen (siehe die auskommentierte Codezeile). Dann müssen allerdings zur Anzeige der Ausklappliste sämtliche Schriften geladen werden – und das kostet Zeit und macht die Bedienung des Listenfelds unnötig langsam.

```
'Beispiel wpf-steuerelemente/listboxes-intro
Private Sub Window1_Loaded(...) Handles MyBase.Loaded
  For Each fFamily In Fonts.SystemFontFamilies
    Dim cbi As New ComboBoxItem
    Dim tb As New TextBlock
    'tb.FontFamily = fFamily
    tb.Text = fFamily.Source
    cbi.Content = tb
    cmbFonts.Items.Add(cbi)
  Next
End Sub
```

Das ausgewählte Element eines Listenfelds geht aus den Eigenschaften SelectedIndex und SelectedItem hervor. SelectedItem verweist auf das im ListBoxItem enthaltene Objekt, im obigen Beispiel also auf das ausgewählte StackPanel-Objekt. Wenn Sie SelectionMode auf Multiple oder Extended stellen, ist auch eine Mehrfachauswahl möglich. Die ausgewählten Elemente entnehmen Sie nun der Aufzählung SelectedItems. (Bei SelectionMode = Multiple können beliebig viele Einträge mit der Maustaste aus- und wieder abgewählt werden. SelectionMode = Extended erfordert zur Mehrfachauswahl das Drücken der Tasten [⇧] bzw. [Strg], was einerseits unbequem ist, andererseits aber eine effiziente Auswahl von sehr vielen Einträgen ermöglicht.)

Bei der ComboBox bewirkt IsEditable, dass das Auswahlfeld auch zur Texteingabe verwendet werden kann. Das ermöglicht auch die Eingabe von Texten, die in den Listeneinträgen nicht vorkommen. Je nach Anwendung ist das praktisch, um neue Einträge zu definieren, eine neue, noch nicht vorhandene Webadresse anzugeben etc.

IsEditable hat aber auch Konsequenzen darauf, was in der zusammengeklappten ComboBox angezeigt wird: Bei IsEditable = False wird der ausgewählte Listeneintrag so wie in der Ausklappliste angezeigt, also je nach Gestaltung der Listeneinträge auch mit grafischen Elementen etc. Bei IsEditable = True enthält die ComboBox dagegen nur eine Textentsprechung des Listeneintrags. Das funktioniert auf Anhieb, wenn es sich bei den Listeneinträgen ohnedies um einfache Texte handelt (so wie bei der Font-Auswahlbox). Im Fall der Farbauswahl aus dem obigen Beispiel würde dagegen die ToString-Eigenschaft des StackPanels angezeigt – und das ist der volle Klassenname, also Systems.Windows.Controls.StackPanel. Damit ist keinem geholfen. Damit auch in diesem Fall ein sinnvoller Text angezeigt wird, müssen Sie die Listeneinträge mit ComboListItem definieren und dabei mit TextSearch.Text die Textentsprechung angeben. Die Bezeichnung TextSearch resultiert daraus, dass der Listeneintrag nun auch sehr rasch über die Tastatur ausgewählt werden kann. Das gilt auch für IsEditable = False.

```
<ComboBox IsEditable="True">
   <ComboBoxItem TextSearch.Text="Rot">
      <StackPanel Orientation="Horizontal">
         <Rectangle VerticalAlignment="Center" Height="14" Width="25"
                    Margin="5"  Fill="Red"/>
         <TextBlock Margin="3" VerticalAlignment="Center">Rot</TextBlock>
      </StackPanel>
   </ComboBoxItem>
   ...
</ComboBox>
```

DisplayMemberPath und SelectedValuePath

Es gibt einen zweiten Weg bzw. Denkansatz, um mit den Listeneinträgen einer ListBox bzw. ViewBox umzugehen: Sie verwenden als Listeneinträge ganz gewöhnliche Objekte, wie sie sich aus Ihrer Anwendung ergeben. Die Eigenschaften DisplayMemberPath und SelectedValuePath bestimmen, wie diese Objekte im Listenfeld dargestellt werden und welchen Wert SelectedValue nach der Auswahl eines Listeneintrags hat. Am einfachsten ist das anhand eines Beispiels zu verstehen (siehe Abbildung 17.47).

```
<StackPanel>
   <ListBox Name="lstFiles" Height="120"
            SelectedValuePath = "FullName"
            DisplayMemberPath = "Name" />
   <TextBlock Name="tbSelected" />
   <TextBlock Name="tbSize" />
</StackPanel>
```

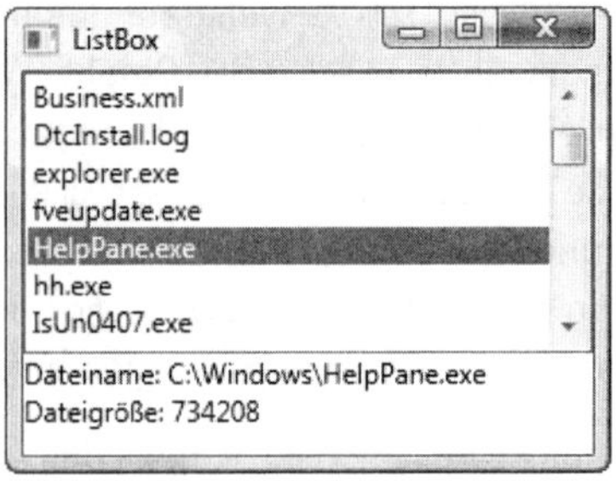

Abbildung 17.47: Eine ListBox mit Dateinamen

Die folgenden Zeilen zeigen den Code zur Initialisierung des Listenfelds sowie zur Anzeige von Informationen des ausgewählten Listeneintrags. Als Datenquelle für das Listenfeld (ItemSource) wird direkt das Ergebnis der GetFiles-Methode eingesetzt (also ein FileInfo-Array). Alternativ könnten Sie natürlich auch in einer Schleife alle FileInfo-Objekte durchlaufen und einzeln mit lstFiles.Items.Add einfügen.

Die im XAML-Code eingestellte Eigenschaft DisplayMemberPath = "Name" bewirkt, dass in der Liste der Dateiname ohne Pfad angezeigt wird (also der Inhalt der Name-Eigenschaft von FileInfo-Objekten). SelectedValuePath = "FullName" führt dazu, dass SelectedValue den vollen Dateinamen der ausgewählten Datei enthält (inklusive Laufwerk und Verzeichnis).

```
'Beispiel wpf-steuerelemente/listboxes-intro
Private Sub Window1_Loaded(...) Handles Window1.Loaded
  Dim di As New IO.DirectoryInfo("C:\Windows")
  lstFiles.ItemsSource = di.GetFiles
End Sub
Private Sub lstFiles_SelectionChanged(...) Handles lstFiles.SelectionChanged
  tbSelected.Text = "Dateiname: " + lstFiles.SelectedValue
  tbSize.Text = "Dateigröße: " + _
               CType(lstFiles.SelectedItem, IO.FileInfo).Length.ToString
End Sub
```

Die Path-Eigenschaften kommen übrigens auch mit verschachtelten Objekten zurecht. Wenn Sie beispielsweise SelectedValuePath = "CreationTime.Year" einstellen, liefert SelectedValue das Jahr, in dem die ausgewählte Datei erzeugt wurde. (CreationTime liefert ein DateTime-Objekt, dessen Eigenschaft Year ausgewertet wird.) Sie können sogar auf Elemente einer Aufzählung zurückgreifen, wobei dabei die C#-typische Syntax aufzählung[n] gilt.

Standardmäßig werden die Listeneinträge nicht sortiert und verbleiben in der Reihenfolge, in der sie in das Listenfeld eingefügt wurden. Wenn Sie eine Sortierung wünschen, können Sie über die Items.SortDescriptions-Aufzählung ein oder mehrere Sortierkriterien in Form von SortDescription-Objekten angeben. Die Einstellung der Sortierkriterien muss *nach* dem Einfügen der Listeneinträge erfolgen! Die folgenden Zeilen bewirken, dass das Listenfeld die Dateinamen in absteigender Reihenfolge (von Z nach A) anzeigt. Die Clear-Methode stellt sicher, dass eventuell bereits vorhandene Sortierkriterien vorher gelöscht werden.

```
lstFiles.Items.SortDescriptions.Clear()  'absteigende Sortierung von Objekten nach .Name
lstFiles.Items.SortDescriptions.Add(New System.ComponentModel.SortDescription(_
  "Name", ComponentModel.ListSortDirection.Descending))
```

Wenn ein Listenfeld nur einfache Zeichenketten enthält, geben Sie statt "Name" einfach Nothing an. Für die aufsteigende Sortierung von Zeichenketten brauchen Sie an den Konstruktor von SortDescription gar keine Parameter zu übergeben:

```
lstFiles.Items.SortDescriptions.Clear()   'aufsteigende Sortierung von Zeichenketten
lstFiles.Items.SortDescriptions.Add(New System.ComponentModel.SortDescription())
```

Durch die Zuweisung einer SortDescription wird das Listenfeld nur einmal sortiert! Wenn Sie später neue Elemente einfügen, müssen Sie neu sortieren.

ListView (mehrspaltiges Listenfeld)

Das ListView-Steuerelement ist als erweiterte Fassung der ListBox auch intern von dieser Klasse abgeleitet. Die einzige zusätzliche Eigenschaft View ermöglicht es, die Darstellung von Listeneinträgen grundlegend zu modifizieren. Leider enthält die WPF momentan nur eine Klasse, deren Objekte zur Einstellung der View-Eigenschaft geeignet sind: die GridView-Klasse, die eine mehrspaltige Darstellung der Listeneinträge wie in der Detailansicht des Windows Explorers ermöglicht – wenn auch mit vielen Einschränkungen. Zur Realisierung anderer Darstellungsformen ist Handarbeit erforderlich, wobei zwei Vorgehensweisen zur Wahl stehen:

» Sie adaptieren das Aussehen und die Funktion des `ListView`-Steuerelements durch `Data Binding`, `Styles` und `Templates`. Die erforderlichen WPF-Grundlagen werden allerdings erst in Kapitel 20 vermittelt. In den folgenden Beispielen muss ich daher etwas vorgreifen.

» Sie entwickeln eine neue Klasse, die von `ViewBase` abgeleitet ist. Diese Klasse dient auch als Basis für `GridView`. Dieser Weg ist noch wesentlich aufwendiger als die erste Variante und wird in diesem Buch nicht weiter behandelt. Ein ausführliches Beispiel finden Sie im Buch `Pro WPF` von `Matthew MacDonald` (Apress-Verlag 2007).

Kurz und gut: Als »Standardsteuerelement«, das Standardaufgaben einfach erfüllen sollte, versagt das `ListView`-Steuerelement kläglich. Es ist schlecht durchdacht, viele Grundfunktionen fehlen, und der Aufwand, diese selbst zu realisieren, steht in keinem vernünftigen Verhältnis zum Nutzen. Es ist zu hoffen, dass Microsoft hier in der nächsten WPF-Version gründlich nachbessert.

Immerhin gibt es einen Punkt, in dem sich das WPF-`ListView`-Steuerelement positiv von seinem Windows Forms-Gegenstück abhebt: Es unterstützt `Data Binding` und akzeptiert daher nahezu alle denkbaren Aufzählungsobjekte als Datenquelle.

Das folgende Beispiel zeigt zuerst den einfachsten Fall: ein `ListView`-Steuerelement mit drei Spalten auf der Basis der `GridView`-Klasse. Bei den Listeneinträgen handelt es sich um `FileInfo`-Objekte. Die Eigenschaft `DisplayMemberBinding` bestimmt, welche Eigenschaften dieser Objekte in den Spalten angezeigt werden.

```
<ListView Name="lvFiles">
   <ListView.View>
      <GridView>
         <GridViewColumn Header="Name"
            DisplayMemberBinding="{Binding Name}" />
         <GridViewColumn Header="Größe"
            DisplayMemberBinding="{Binding Length}"/>
         <GridViewColumn Header="Datum"
            DisplayMemberBinding=
              "{Binding LastWriteTime}"/>
      </GridView>
   </ListView.View>
</ListView>
```

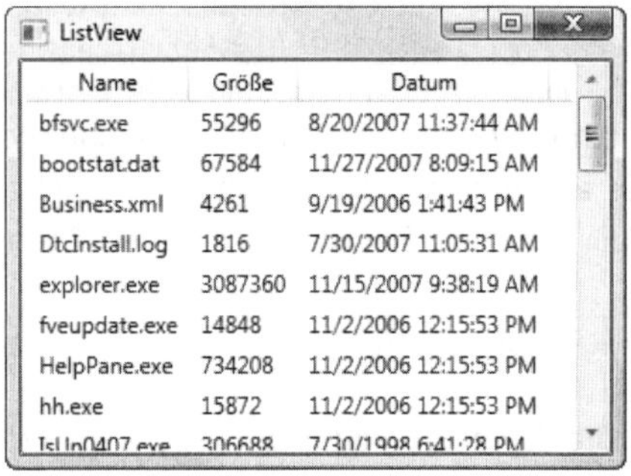

Abbildung 17.48: Das ListView-Steuerelement in der GridView-Ansicht

Zwei Zeilen VB-Code reichen aus, um das Steuerelement mit einem Feld von `FileInfo`-Objekte zu befüllen:

```
'Beispiel wpf-steuerelemente/listboxes-intro
Private Sub Window1_Loaded(...) Handles Window1.Loaded
  Dim di As New IO.DirectoryInfo("C:\Windows")
  lvFiles.ItemsSource = di.GetFiles
End Sub
```

Ohne weiteren Codeaufwand bietet das Steuerelement bereits einige praktische Funktionen: Der Benutzer kann die Spalten verschieben und ihre Breite beliebig einstellen. Andere, ebenso elementare Funktionen fehlen allerdings:

» Aus unerfindlichen Gründen zeigt das Steuerelement die Daten/Zeiten im US-Format an. Eine davon abweichende Formatierung erfordert ein `Data Binding` mit einem eigenen Konverter.

» Die linksbündige Ausrichtung des Spalteninhalts lässt sich nicht auf einfachem Wege beeinflussen (es gibt eine passende `Alignment`-Eigenschaft für die Spalte). Abhilfe schafft eine `Style`-Definition für das ansonsten per XAML unzugängliche `ListViewItem`-Objekt.

» Eine weitergehende Veränderung des Spalteninhalts – z.B. die Darstellung von formatiertem Text, Bildern etc. – erfordert `Templates`, die die Zusammensetzung (den `Visual Tree`) der Zellen einer Spalte verändern.

» Es gibt keine eingebaute Sortierfunktion. Um die zu realisieren, muss Ihr Programm auf Klicks auf die Spaltenköpfe reagieren. Zum Sortieren verändern Sie wie bei der `ListBox` die Aufzählung `Items.SortDescriptions`. Als Feedback für den Benutzer sollten Sie außerdem in den Spaltentitel einen Pfeil einbauen, der die Sortierreihenfolge angibt.

» Es ist zwar möglich, den Inhalt des Listenfelds zu gruppieren, aber auch das erfordert einigen Mehraufwand.

Datenformatierung ändern (Data Binding mit einem eigenen Konverter)

Im WPF ist `Data Binding` ein allgemeingültiger Mechanismus zum Datenaustausch zwischen Objekten. Im obigen Beispiel wurde die primitivste Form des `Data Bindings` eingesetzt: `DisplayMemberBinding = "{Binding eigenschaftsname}"` bewirkt, dass in der betreffenden Spalte der Inhalt der angegebenen Eigenschaft angezeigt wird. `Data Binding` stellt hier also die Verbindung zwischen dem Spalteninhalt und dem Inhalt eines `FileInfo`-Objekts her.

Wenn Sie eine individuelle Formatierung der Zahlen bzw. Daten wünschen, müssen Sie beim `Data Binding` einen zum Datentyp passenden Konverter einsetzen. Dabei handelt es sich um Klassen, die die Schnittstelle `IValueConverter` implementieren. Diese Schnittstelle sieht zwei Funktionen vor: `Convert` und `ConvertBack`. Da im vorliegenden Beispiel aber keine Daten verändert werden, reicht die Konvertierung in eine Richtung aus. Die folgenden Zeilen zeigen den Code für die beiden Konverter `SizeConverter` und `DateTimeConverter`, die eine `Long`-Zahl bzw. ein `DateTime`-Objekt in eine besser lesbare Zeichenkette umwandeln. Das Attribut `ValueConversion` gibt an, zwischen welchen Datentypen die Funktionen konvertieren. (Die `IValueConverter`-Schnittstelle sieht für den `value`-Parameter bzw. den Rückgabewert jeweils den Dateityp `Object` vor.)

```
'Beispiel wpf-steuerelemente/listboxes-intro, Datei Converter.vb
<ValueConversion(GetType(Long), GetType(String))> _
Public Class SizeConverter
  Implements IValueConverter
  Function Convert(ByVal value As Object, ByVal targettype As Type, _
```

```
                ByVal parameter As Object, _
                ByVal culture As Globalization.CultureInfo) As Object _
        Implements IValueConverter.Convert
    Return FormatNumber(value, 0, TriState.UseDefault, TriState.False, TriState.True)
  End Function
  Function ConvertBack(...) As Object Implements IValueConverter.ConvertBack
    Return Nothing
  End Function
End Class
<ValueConversion(GetType(DateTime), GetType(String))> _
Public Class DateTimeConverter
  Implements IValueConverter
  Function Convert(...) As Object Implements IValueConverter.Convert
    Return FormatDateTime(value, DateFormat.GeneralDate)
  End Function
  Function ConvertBack(...) As Object Implements IValueConverter.ConvertBack
    Return Nothing
  End Function
End Class
```

Damit Sie auf diese beiden Klassen im XAML-Code zugreifen können, deklarieren Sie einen XML-Namensraum, der auf Ihr Projekt verweist (das im vorliegenden Beispiel den VB-Namensraum `listboxes_intro` hat). Außerdem benennen Sie die beiden Klassen mit dem Attribut `x:Key` in einem Ressourcenabschnitt. Das ist nicht zwingend erforderlich, vereinfacht aber die weitere Nutzung. (Hintergründe über XAML-Ressourcen gibt Abschnitt 20.1.) Bei der `GridViewColumn`-Eigenschaft `DisplayMemberBinding` geben Sie nun den Zugriffsweg auf die `FileInfo`-Objekt und den Konverter getrennt an. Die Informationen im Listenfeld sind nun schon aufgeräumter (siehe Abbildung 17.49).

```
<Window x:Class="Window4"
    xmlns="http://schemas.microsoft.com/winfx/2006/xaml/presentation"
    xmlns:x="http://schemas.microsoft.com/winfx/2006/xaml"
    xmlns:myproj="clr-namespace:listboxes_intro"
    Title="ListView" Height="300" Width="300" Name="Window1">
  <Window.Resources>
     <myproj:SizeConverter     x:Key="SizeConverter"/>
     <myproj:DateTimeConverter x:Key="DateTimeConverter"/>
  </Window.Resources>
  <ListView Name="lvFiles">
     <ListView.View>
        <GridView>
           <GridViewColumn Header="Name" DisplayMemberBinding="{Binding Name}" />
           <GridViewColumn Header="Größe"
              DisplayMemberBinding="{Binding Path=Length,
                Converter={StaticResource SizeConverter}}"/>
           <GridViewColumn Header="Datum"
              DisplayMemberBinding="{Binding Path=LastWriteTime,
                Converter={StaticResource DateTimeConverter}}"/>
        </GridView>
```

```
    </ListView.View>
  </ListView>
</Window>
```

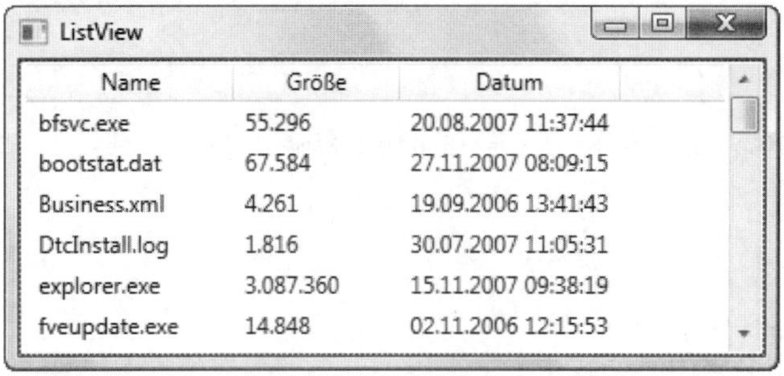

Abbildung 17.49: Abbildung 1.49: Individuelle Formatierung der Dateigröße und des Änderungsdatums im ListView-Steuerelement

Zellausrichtung ändern (styles und templates)

Das `GridView`-Objekt richtet den Spalteninhalt grundsätzlich linksbündig aus. Hinter den Kulissen ist hierfür der `ListViewItem`-Container verantwortlich, dessen Eigenschaft `HorizontalContentAlignment` mit `Left` eingestellt ist. (Im Gegensatz dazu gilt in nahezu allen anderen WPF-Containern die zweckmäßigere Einstellung `Stretch`. Sie erlaubt eine Beeinflussung der Ausrichtung durch das im Container dargestellte Steuerelement.)

Im XAML-Code werden Sie freilich auf kein `<ListViewItem>`-Element stoßen. Sofern Sie `Data Binding` verwenden, wird es automatisch erzeugt. Sie haben keinen Einfluss auf diesen Vorgang und können daher auch die `HorizontalContentAlignment`-Eigenschaft verändern. Deswegen müssen Sie einen kleinen Umweg gehen und die Eigenschaft über eine `Style`-Definition verändern. Immerhin sieht das `ListeView`-Steuerelement zu diesem Zweck mit `ItemContainerStyle` eine passende Eigenschaft vor:

```
<ListView Name="lvFiles">
   <ListView.ItemContainerStyle>
      <Style TargetType="ListViewItem">
         <Setter Property="HorizontalContentAlignment" Value="Stretch" />
      </Style>
   </ListView.ItemContainerStyle>
   ... weiter wie bisher
</ListView>
```

Unmittelbar ist jetzt noch nichts gewonnen. Innerhalb jeder Zelle verwendet das `ListView`-Steuerelement standardmäßig `TextBlock`-Elemente mit linksbündiger Ausrichtung. Mit `Cell Templates` lässt sich aber auch das ändern – und da nun auf der übergeordneten Ebene `HorizontalContentAlignment-Value = Stretch` gilt, wird beispielsweise `TextBlock.HorizontalAlignment = Right` nun auch tatsächlich berücksichtigt. Kurz einige Hintergrundinformationen: `Templates` verändern normalerweise den `Visual Tree` eines Steuerelements, also dessen grafische Zusammensetzung. Die Funktion des Steuerelements bleibt unverändert. Die GridViewColumn-Klasse gibt über die CellTemplate-Eigenschaft die Möglichkeit, den Visual Tree für die Zellen einer Spalte zu verändern. Die folgenden Zeilen zeigen den XAML-Code, um die Dateigröße und das Änderungsdatum rechtsbündig darzustellen:

```
<ListView Name="lvFiles">
   ...
   <ListView.View>
      <GridView>
         <GridViewColumn Header="Name" DisplayMemberBinding="{Binding Name}" />
         <GridViewColumn Header="Größe">
            <GridViewColumn.CellTemplate>
               <DataTemplate>
                  <StackPanel>
                  <TextBlock TextAlignment="Right"
                             Text="{Binding Path=Length,
                                   Converter={StaticResource SizeConverter}}"/>
                  </StackPanel>
               </DataTemplate>
            </GridViewColumn.CellTemplate>
         </GridViewColumn>
         <GridViewColumn Header="Datum">
           ... analog wie oben
         </GridViewColumn>
      </GridView>
   </ListView.View>
</ListView>
```

Auf diese Weise können Sie in einer Spalte einer ListView-GridView-Kombination natürlich jedes beliebiges Steuerelement darstellen, z.B. ein Image-Element mit einer Grafik oder einer Bitmap, mehrzeiligen Text, Zustandsbalken etc. Entscheidend ist aber, dass Sie passend zu den Eigenschaften des Steuerelements einen entsprechenden Konverter programmieren, der beispielsweise je nach Dateityp ein passendes Icon zurückliefert oder je nach Kompression der Datei ein SolidColorBrush-Objekt in der passenden Farbe.

Sortierung

Im nächsten Schritt geht es nun darum, dem ListView-Steuerelement die Sortierung der Listeneinträge beizubringen. Das Sortieren ist eigentlich kein Problem; mehr Arbeit bereitet die richtige Verarbeitung der Click-Ereignisse im ColumnHeader-Bereich des Steuerelements sowie die Darstellung von Pfeilen als Indikator für die aktuelle Sortierung.

Aber der Reihe nach: Im XAML-Code gibt ein Attribut des ListView-Elements vor, welche VB-Ereignisprozedur auf alle Click-Ereignisse im GridViewColumnHeader reagieren soll. Alternativ wäre es auch möglich, weiter unten im XAML-Code jedem GridViewColumnHeader-Element einen Namen zu geben. Das führt aber dazu, dass Sie für jede Spalte eine eigene Ereignisprozedur einrichten müssen, was umständlich ist.

```
<ListView Name="lvFiles" GridViewColumnHeader.Click="lvColumnHeader_Click">
```

Die zweite Änderung betrifft die Gestaltung der Spaltenköpfe durch mehrere `Style`-Anweisungen, die über die Eigenschaft `GridView.ColumnHeaderContainerStyle` eingebunden werden. `HorizontalContentAlignment = Stretch` ermöglicht nun auch bei den Spaltenköpfen eine beliebige Ausrichtung des Texts (nicht nur zentriert, wie standardmäßig vorgesehen).

```
<ListView.ItemContainerStyle> ... </ListView.ItemContainerStyle>
<ListView.View>
  <GridView>
    <GridView.ColumnHeaderContainerStyle>
      <Style TargetType="GridViewColumnHeader">
        <Setter Property="HorizontalContentAlignment" Value="Stretch" />
        <Setter Property="Background" Value="LightGray" />
        <Setter Property="FontWeight" Value="Bold" />
        <Setter Property="Padding" Value="5,1" />
      </Style>
    </GridView.ColumnHeaderContainerStyle>
```

Nun folgen die drei `GridViewColumn`-Abschnitte für die Spalten des Steuerelements. Im Folgenden ist aus Platzgründen nur der Code für die mittlere Spalte abgedruckt: Die `GridViewColumn.Header`-Eigenschaft wird nun explizit durch ein `GridViewColumnHeader`-Objekt initialisiert. Dieses Objekt bekommt einen Namen, um im VB-Code die Identifizierung zu erleichtern. Der Spaltenkopf enthält ein horizontales `StackPanel`, in dem wiederum ein `TextBlock` für die Beschriftung sorgt. (Das `StackPanel` ist erforderlich, um dort im VB-Code ein weiteres `Polygon`-Objekt mit dem Sortierpfeil darzustellen.)

```
    <GridViewColumn> ... Spalte 'Name' ... </ GridViewColumn>
    <GridViewColumn>
      <GridViewColumn.Header>
        <GridViewColumnHeader Name="columnSize">
          <StackPanel Orientation="Horizontal" HorizontalAlignment="Right">
             <TextBlock>Größe</TextBlock>
          </StackPanel>
        </GridViewColumnHeader>
      </GridViewColumn.Header>
      <GridViewColumn.CellTemplate ... wie bisher ... />
    </GridViewColumn>
    <GridViewColumn> ... Spalte 'Datum' ... </ GridViewColumn>
  </GridView>
 </ListView.View>
</ListView>
```

Die folgenden Zeilen zeigen den VB-Code zur Darstellung des Sortierpfeils sowie zur Änderung der Sortierfolge im Listenfeld. Zwei statische Variablen merken sich, welche Spalte momentan wie sortiert ist. Die Prozedur beginnt damit, einen eventuell bereits angezeigten Sortierpfeil wieder aus dem `StackPanel` zu entfernen. Die nächsten Zeilen legen die zukünftige Sortierrichtung fest – abhängig davon, ob und wie die Spalte bisher sortiert war. Der Sortierpfeil wird nun als `Polygon`-Objekt (siehe Abschnitt 19.1) in das `StackPanel` eingefügt. Zuletzt muss nur noch die neue Sortierung durch ein `SortDescription`-Objekt festgelegt werden.

```
'Beispiel wpf-steuerelemente/listboxes-intro, Datei Window6.xaml.vb
Private Sub lvColumnHeader_Click(ByVal sender As System.Object,
                                 ByVal e As System.Windows.RoutedEventArgs)
  Static lastHeaderClicked As GridViewColumnHeader = Nothing
  Static lastSorting As ComponentModel.ListSortDirection = _
    ComponentModel.ListSortDirection.Ascending
  Dim newSorting As ComponentModel.ListSortDirection = _
    ComponentModel.ListSortDirection.Ascending
  Dim sp As StackPanel
  Dim headerClicked = CType(e.OriginalSource, GridViewColumnHeader)
  'bisherigen Auf/Ab-Pfeil löschen
  If lastheaderClicked IsNot Nothing Then
    sp = CType(lastheaderClicked.Content, StackPanel)
    If sp.Children.Count = 2 Then sp.Children.RemoveAt(1)
  End If
  'zukünftige Sortierrichtung festlegen
  If lastHeaderClicked Is headerClicked Then
    newSorting = If(lastSorting = ComponentModel.ListSortDirection.Ascending, _
                    ComponentModel.ListSortDirection.Descending, _
                    ComponentModel.ListSortDirection.Ascending)
  Else
    newSorting = ComponentModel.ListSortDirection.Ascending
  End If
  'neuen Auf-/Ab-Pfeil zusammensetzen
  sp = CType(headerClicked.Content, StackPanel)
  Dim poly = New Polygon
  If newSorting = ComponentModel.ListSortDirection.Ascending Then
    poly.Points.Add(New Point(0, 0))
    poly.Points.Add(New Point(4, 10))
    poly.Points.Add(New Point(8, 0))
    poly.Points.Add(New Point(0, 0))
  Else
    poly.Points.Add(New Point(0, 10))
    poly.Points.Add(New Point(4, 0))
    poly.Points.Add(New Point(8, 10))
    poly.Points.Add(New Point(0, 10))
  End If
  poly.Fill = Brushes.DarkGray
  poly.HorizontalAlignment = Windows.HorizontalAlignment.Center
  poly.VerticalAlignment = Windows.VerticalAlignment.Center
  poly.Margin = New Thickness(10, 2, 2, 2)
  sp.Children.Add(poly)
  'Sortierung durchführen
  lvFiles.Items.SortDescriptions.Clear()
  Select Case headerClicked.Name
    Case "columnName"
      lvFiles.Items.SortDescriptions.Add( _
        New System.ComponentModel.SortDescription("Name", newSorting))
    Case "columnSize"
```

```
      lvFiles.Items.SortDescriptions.Add( _
        New System.ComponentModel.SortDescription("Length", newSorting))
    Case "columnDateTime"
      lvFiles.Items.SortDescriptions.Add( _
        New System.ComponentModel.SortDescription("LastWriteTime", newSorting))
  End Select
  'diese Info speichern
  lastSorting = newSorting
  lastHeaderClicked = headerClicked
End Sub
```

Gruppierung

Die in diesem Abschnitt vorgestellten Listenfelder enthalten selbst keine Funktionen, um ihre Listeneinträge zu Gruppen zusammenzufassen. Diese Funktion stellt dafür die `CollectionViewSource`-Klasse zur Verfügung, die ein wichtiger Bestandteil der `Data-Binding`-Komponenten in der WPF ist. Und die in diesem Kapitel vorgestellten Listenfelder enthalten immerhin einen Mechanismus, um diese Gruppen auch tatsächlich sichtbar zu machen (was standardmäßig nicht der Fall ist).

Aber immer der Reihe nach: Der erste Schritt hin zu gruppierten Listen besteht darin, die Datenquelle für das Listenfeld neu zu definieren. Die folgenden Zeilen VB-Code zeigen die richtige Vorgehensweise: Das `FileInfo`-Feld, das `GetFiles` liefert, dient als Datenquelle (Source-Eigenschaft) für ein `CollectionViewSource`-Objekt.

Über dessen `GroupDescriptions`-Eigenschaft können Sie nun ein neues `PropertyGroupDescription`-Objekt angeben. Im einfachsten Fall gibt dieses Objekt an, welche Eigenschaft die Basis zur Gruppierung der Listeneinträge sein soll. Falls eine Eigenschaft an sich nicht als Gruppierungskriterium geeignet ist, können Sie an den `PropertyGroupDescription`-Konstruktor noch eine Konverterfunktion übergeben, die die Eigenschaft weiter bearbeitet. Diese Funktion muss die Schnittstelle `IValueConverter` implementieren (siehe das Beispiel auf Seite 671). Im folgenden Beispiel dient die `Extension`-Eigenschaft der `FileInfo`-Klasse als Gruppenkriterium. Damit werden alle **.exe*-Dateien zu einer Gruppe zusammengefasst, alle **.ini*-Dateien etc.

Der entscheidende und im MSDN unzureichend dokumentierte Punkt ist schließlich, dass Sie als Datenquelle für das Listenfeld (`ItemsSource`) nicht das `CollectionViewSource`-Objekt verwenden, sondern dessen `View`-Eigenschaft, die auf ein `ICollectionView`-Objekt verweist.

```
'Beispiel wpf-steuerelemente/listboxes-intro, Datei Window7.xaml.vb
Private Sub Window7_Loaded(...) Handles MyBase.Loaded
  Dim di As New IO.DirectoryInfo("C:\Windows")
  Dim cvs As New CollectionViewSource
  'FileInfo-Array in eine neue CollectionViewSource einfügen und nach
  'Dateikennung gruppieren
  cvs.Source = di.GetFiles
  cvs.GroupDescriptions.Clear()
  cvs.GroupDescriptions.Add(New PropertyGroupDescription("Extension"))
  cvs.SortDescriptions.Clear()
```

```
  'CollectionViewSource als Datenquelle für ListView-Steuerelement
  lvFiles.ItemsSource = cvs.View
  'standardmäßig nach Dateinamen sortieren
  lvColumnHeader_Click(Nothing, New RoutedEventArgs(Nothing, columnName))
End Sub
```

Wenn Sie den XAML-Code des Programms so wie in der vorigen Version lassen, haben Sie nichts gewonnen. Intern sind die Listeneinträge nun zwar gruppiert, das `ListView`-Steuerelement ignoriert diese Tatsache aber und zeigt die Einträge wie bisher an. Damit die Gruppierung sichtbar wird, müssen Sie die `GroupStyle`-Eigenschaft des Steuerelements ändern. Die `HeaderTemplate`-Eigenschaft des `GroupStyle`-Objekts bestimmt, wie der Kopfbereich jeder Gruppe dargestellt wird. Das folgende, sehr einfache Beispiel verwendet hierfür einfach einen `TextBlock`, der den Gruppennamen anzeigt:

```
<ListView Name="lvFiles" GridViewColumnHeader.Click="lvColumnHeader_Click">
  ...
  <ListView.GroupStyle>
    <GroupStyle>
      <GroupStyle.HeaderTemplate>
        <DataTemplate>
          <TextBlock Text="{Binding Path=Name}" />
        </DataTemplate>
      </GroupStyle.HeaderTemplate>
    </GroupStyle>
  </ListView.GroupStyle>
  ...
```

Noch nützlicher wird die Gruppierungsfunktion, wenn Sie die einzelnen Gruppen ein- und ausblenden können. Diese Aufgabe übernimmt im WPF der `Expander`. Seine Integration in das Listenfeld ist allerdings wesentlich komplizierter, weil die Funktion des `Expanders` durch `Data Binding` auf die Listenelemente der Gruppe ausgeweitet werden muss. Die vier `TextBlock`-Elemente ergeben zusammen Beschriftungstexte wie `.exe (10 Dateien)`, wobei `.exe` der Gruppierungstext und `10` die Anzahl der gruppierten Elemente ist.

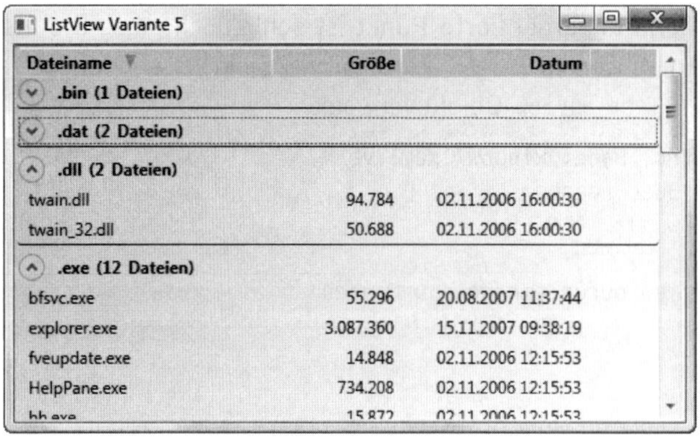

Abbildung 17.50: ListView mit Sortierfunktion und Gruppierung

```
<ListView Name="lvFiles" GridViewColumnHeader.Click="lvColumnHeader_Click">
  ...
  <ListView.GroupStyle>
    <GroupStyle>
      <GroupStyle.ContainerStyle>
        <Style TargetType="{x:Type GroupItem}">
          <Setter Property="Margin" Value="0,0,0,5"/>
          <Setter Property="Template">
            <Setter.Value>
              <ControlTemplate TargetType="{x:Type GroupItem}">
                <Expander IsExpanded="True" BorderBrush="DarkBlue"
                          BorderThickness="0,0,0,1">
                  <Expander.Header>
                    <StackPanel Orientation="Horizontal">
                      <TextBlock FontWeight="Bold" Text="{Binding Path=Name}"
                                 Margin="5,0,0,0"/>
                      <TextBlock FontWeight="Bold" Text="(" Margin="5,0,0,0"/>
                      <TextBlock FontWeight="Bold"
                                 Text="{Binding Path=ItemCount}"/>
                      <TextBlock FontWeight="Bold" Text="Dateien)"
                                 Margin="5,0,0,0"/>
                    </StackPanel>
                  </Expander.Header>
                  <Expander.Content><ItemsPresenter /></Expander.Content>
                </Expander>
              </ControlTemplate>
            </Setter.Value>
          </Setter>
        </Style>
      </GroupStyle.ContainerStyle>
    </GroupStyle>
  </ListView.GroupStyle>
```

Zwei Neuerungen gibt es schließlich noch in der Ereignisprozedur zur Sortierung der Spalte: Zum einen wird diese Prozedur nun auch bei Klicks auf den `Expander` ausgelöst. Deswegen gibt es jetzt einen Test, ob das auslösende Element ein `GridViewColumnHeader`-Objekt war. Zum anderen ist es zweckmäßig, die Gruppen unabhängig von den restlichen Listeneinträgen in alphabetischer Reihenfolge zu sortieren. Es gibt nun also zwei Sortierkritieren: zuerst nach Gruppen und innerhalb der Gruppe dann nach dem Inhalt der Spalte. (Ohne diese Maßnahme würde beispielsweise bei einer Sortierung nach Dateigröße die Gruppe als erste angezeigt, die die kleinste Datei enthält.) Übrigens geht beim Verändern der Sortierordnung der Zustand der `Expander` verloren – alle `Expander` sind nun wieder ausgeklappt.

```
Private Sub lvColumnHeader_Click(...)
  ...
  If Not (TypeOf e.OriginalSource Is GridViewColumnHeader) Then Exit Sub
  ...
 'tatsächliche Sortierung durchführen
  lvFiles.Items.SortDescriptions.Clear()
  ...
  'erstes Sortierkriteriem: Gruppen
  lvFiles.Items.SortDescriptions.Add( _
    New System.ComponentModel.SortDescription("Extension", newSorting))
  'zweites Sortierkriterium: je nach Spalte
  ... wie bisher
End Sub
```

Fazit: Mit großem Aufwand ist es letztendlich gelungen, ein optisch und funktionell ansprechendes Listenfeld zusammenzubasteln. Der erforderliche XAML-Code ist allerdings nur noch für Freaks verständlich und entsprechend schwer zu warten.

TreeView (hierarchisches Listenfeld)

Das `TreeView`-Steuerelement zeigt hierarchische Listen an, wobei Teillisten bequem ein- und ausgeklappt werden können. Im XAML-Code wird die Liste aus ineinander verschachtelten `TreeViewItems` zusammengesetzt.

```
<TreeView>
   <TreeViewItem Header="Startpunkt">
      <TreeViewItem Header="Ebene 1 - A">
         <TreeViewItem Header="Ebene 2 - a"/>
         <TreeViewItem Header="Ebene 2 - b"/>
         <TreeViewItem Header="Ebene 2 - c"/>
      </TreeViewItem>
      <TreeViewItem Header="Ebene 1 - B">
         <TreeViewItem Header="Ebene 2 - d"/>
      </TreeViewItem>
      <TreeViewItem Header="Ebene 1 - C">
         <TreeViewItem Header="Ebene 2 - e"/>
      </TreeViewItem>
   </TreeViewItem>
</TreeView>
```

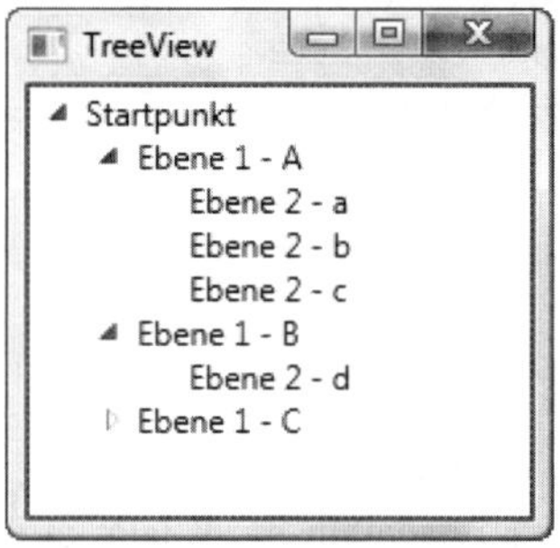

Abbildung 17.51: Das TreeView-Steuerelement

Die `Header`-Eigenschaft kann nicht nur Zeichenketten, sondern ein beliebiges `UIElement` aufnehmen (so wie die `Content`-Eigenschaft vieler WPF-Steuerelemente). Wenn Sie also die Listeneinträge optisch gestalten möchten, gehen Sie wie folgt vor:

```
<TreeView>
  <TreeViewItem>
    <TreeViewItem.Header>
      <StackPanel Orientation="Horizontal">
        <Ellipse .../>
        <TextBox ...>Startpunkt</TextBox>
      </StackPanel>
    </TreeViewItem.Header>
    <TreeViewItem>
      <TreeViewItem.Header>
        <Button>Ein Button in Ebene 1</Button>
      </TreeViewItem.Header>
      <TreeViewItem Header="Ebene 2 - a"/> ...
    </TreeViewItem>
  </TreeViewItem>
</TreeView>
```

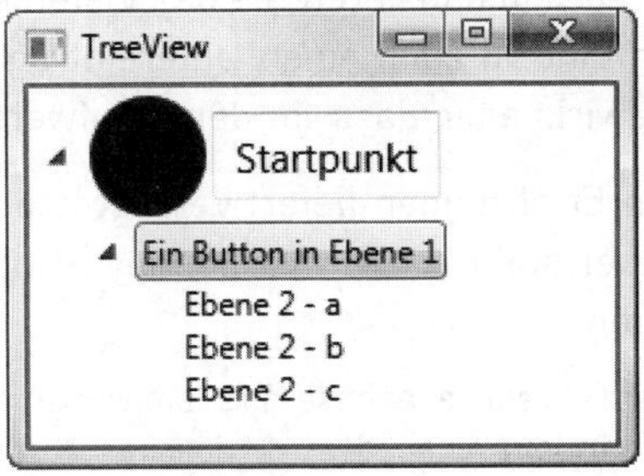

Abbildung 17.52: Jeder Eintrag im TreeView kann individuell gestaltet werden.

TreeView bei Bedarf füllen

Im Regelfall werden Sie ein TreeView-Steuerelement freilich nicht per XAML-Code initialisieren, sondern darin den Inhalt von verschachtelten Objekten einfügen bzw. die Listeneinträge dynamisch im VB-Code erzeugen. Ein klassisches Beispiel ist die Darstellung des Verzeichnisbaums.

Der erforderliche XAML-Code ist diesmal kurz. Die einzige Besonderheit besteht darin, dass im Windows.Resources-Abschnitt ein HierarchicalDataTemplate für TreeViewItems eingerichtet wird. Dieses Template kommt für alle TreeViewItems zur Anwendung, deren Header-Eigenschaft ein IO.DirectoryInfo-Objekt enthält. In diesem Fall wird der Listeneintrag durch einen TextBlock dargestellt, dessen Text sich aus der Name-Eigenschaft des DirectoryInfo-Objekts ergibt. Derartige HierarchicalDataTemplates eignen sich auch wunderbar dafür, um die Formatierung von Listeneinträgen je nach Datentyp zu verändern. Beim TreeView-Objekt werden lediglich zwei Ereignisprozeduren definiert, um auf Expanded- und Selected-Ereignisse der TreeViewItems zu reagieren.

```
<Window x:Class="Window8"...
    xmlns:io="clr-namespace:System.IO;assembly=mscorlib" >
  <Window.Resources>
    <HierarchicalDataTemplate
          DataType="{x:Type io:DirectoryInfo}">
      <TextBlock Text="{Binding Path=Name}"/>
    </HierarchicalDataTemplate>
  </Window.Resources>
  <TreeView Name="tvFilesys" Grid.Column="2"
          TreeViewItem.Expanded="tvFilesys_Expanded"
          TreeViewItem.Selected="tvFilesys_Selected" />
</Window>
```

Abbildung 17.53: Listenfeld zur Darstellung des Verzeichnisbaums

In `Window1_Loaded` initialisieren Sie das Listenfeld mit allen bekannten Laufwerken. Dabei erzeugen Sie für jeden Eintrag auch einen Untereintrag mit dem Text *. Der Eintrag wird vorerst noch nicht angezeigt, bewirkt aber, dass vor dem Laufwerkseintrag ein Ausklappdreieck angezeigt wird.

Nach meinen Erfahrungen liefert `GetDrives` die Laufwerke in alphabetischer Reihenfolge, aber sicherheitshalber stellt ein `SortDescription`-Objekt sicher, dass die Laufwerke auf jeden Fall richtig sortiert werden:

```
' Beispiel wpf-steuerelemente/listboxes-intro, Datei Window8.xaml.vb
Private Sub Window1_Loaded(...) Handles Window1.Loaded
  For Each drive In IO.DriveInfo.GetDrives
   Dim newitem As New TreeViewItem
    newitem.Header = drive.RootDirectory
    newitem.Items.Add("*")
    tvFilesys.Items.Add(newitem)
    tvFilesys.Items.SortDescriptions.Add(New System.ComponentModel.SortDescription( _
       "Header.Name", ComponentModel.ListSortDirection.Ascending))
  Next
End Sub
```

Sobald ein Listeneintrag ausgeklappt wird, werden alle enthaltenen Untereinträge gelöscht. Das ist zwar bei einem mehrfachen Zusammen- und Auseinanderklappen ineffizient, stellt dafür aber sicher, dass neue oder gelöschte Verzeichnisse berücksichtigt werden. Beim Einfügen der Unterverzeichnisse werden Systemverzeichnisse und Links ignoriert. Ein `SortDescription`-Objekt stellt auch in jeder Untergruppe des Listenfelds die richtige Sortierung sicher.

```
Private Sub tvFilesys_Expanded(ByVal sender As System.Object, _
                              ByVal e As System.Windows.RoutedEventArgs)
  Dim tvi As TreeViewItem = CType(e.OriginalSource, TreeViewItem)
  Dim dinfo As IO.DirectoryInfo
  If TypeOf tvi.Header Is IO.DirectoryInfo Then
    dinfo = CType(tvi.Header, IO.DirectoryInfo)
  Else
    Exit Sub   'dieser Fall sollte eigentlich nicht vorkommen
  End If
  tvi.Items.Clear()
  Try
    For Each subdir In dinfo.GetDirectories
      'Systemverzeichnisse und Vista-Kompatibilitäts-Links ignorieren
      If subdir.Attributes And IO.FileAttributes.Hidden Then Continue For
      If subdir.Attributes And (IO.FileAttributes.ReparsePoint + _
                               IO.FileAttributes.System) Then Continue For
      Dim newitem As New TreeViewItem
      newitem.Header = subdir
      newitem.Items.Add("*")
      tvi.Items.Add(newitem)
    Next
```

```
  Catch ex As Exception
    'Verzeichnisse ignorieren, die nicht zugänglich sind
  End Try
  tvi.Items.SortDescriptions.Clear()
  tvi.Items.SortDescriptions.Add(New System.ComponentModel.SortDescription( _
    "Header.Name", ComponentModel.ListSortDirection.Ascending))
End Sub
```

Wenn ein Listeneintrag ausgewählt (markiert) wird, zeigt `tvFilesys_Selected` den vollständigen Pfad im Fenstertitel an:

```
Private Sub tvFilesys_Selected(...)
  Dim tvi As TreeViewItem = CType(e.OriginalSource, TreeViewItem)
  If TypeOf tvi.Header Is IO.DirectoryInfo Then
    Me.Title = CType(tvi.Header, IO.DirectoryInfo).FullName
  End If
End Sub
```

HINWEIS

Das `TreeView`-Steuerelement ist im Hinblick auf Ressourcenverbrauch nur schlecht optimiert. Bei kleinen Listen ist das kein Problem, aber wenn Ihre Liste Tausende von Einträgen enthält und diese womöglich noch aufwendig gestaltet sind, kann es leicht zu Geschwindigkeitsproblemen kommen.

17.13 Grafik (Image, Line, Rectangle & Co.)

Image

Die häufigste Anwendung des `Image`-Felds ist es, Bitmaps darzustellen. Deren Dateinamen geben Sie mit der `Source`-Eigenschaft an. Das Steuerelement kommt mit allen gängigen Bitmap-Formaten zurecht (GIF, JPEG, BMP, ICO, PNG, TIF etc.). Sollte es bei der Verarbeitung der Bilddaten zu einem Fehler kommen, tritt das `ImageFailed`-Ereignis auf. Die `Stretch`-Eigenschaft bestimmt, wie das Bild skaliert werden soll:

- `None` bedeutet, dass die Bitmap 1:1 dargestellt wird. Zu große Bilder werden abgeschnitten, bei kleinen Bitmaps bleiben die Ränder weiß bzw. werden in der eingestellten Hintergrundfarbe angezeigt.
- `Stretch` passt das Bild in beide Richtungen an. Dabei wird das Bild allerdings in der Regel verzerrt, weswegen die Einstellung für Fotos ungeeignet ist.
- `Uniform` skaliert die Breite und die Höhe einheitlich. Allerdings ergeben sich dann je nach Bildgröße weiße Ränder oben/unten bzw. links/rechts. Diese Einstellung gilt standardmäßig.
- `UniformToFill` funktioniert wie `Uniform`, allerdings erfolgt die Skalierung so, dass das `Image`-Feld vollständig ausgefüllt wird. Zu breite Bilder werden rechts, zu hohe Bilder unten abgeschnitten.

```
<Grid>
   <Grid.RowDefinitions>    ... </Grid.RowDefinitions>
   <Grid.ColumnDefinitions> ... </Grid.ColumnDefinitions>
    <Image Grid.Row="0" Grid.Column="0" Margin="3"
       Source="auto.jpg" Stretch="None"/>
    <Image Grid.Row="0" Grid.Column="1" Margin="3"
       Source="auto.jpg" Stretch="Fill"/>
    <Image Grid.Row="1" Grid.Column="0" Margin="3"
       Source="auto.jpg" Stretch="Uniform"/>
    <Image Grid.Row="1" Grid.Column="1" Margin="3"
       Source="auto.jpg" Stretch="UniformToFill"/>
</Grid>
```

Abbildung 17.54: Die vier Stretch-Varianten des Image-Elements

ACHTUNG

Das `Image`-Element berücksichtigt den in manchen Bitmap-Formaten gespeicherten DPI-Wert. Deswegen kann es vorkommen, dass zwei (gemessen in Pixeln) gleich große Bitmaps in einem `Image` mit `Stretch = None` unterschiedlich groß dargestellt werden. Abhilfe: Stellen Sie in einem guten Grafikeditor einen einheitlichen DPI-Wert ein, oder verwenden Sie einen `Stretch`-Modus, der die Darstellungsgröße vorgibt. Das `Image`-Feld bietet leider keine Möglichkeit, Bitmaps pixelweise darzustellen. Eine ausführliche Diskussion zu diesem Thema sowie Code zur Definition einer neuen `Bitmap`-Klasse finden Sie im folgenden Blog-Beitrag:

http://blogs.msdn.com/dwayneneed/archive/2007/10/05/blurry-bitmaps.aspx

Die `Image`-Klasse ist nicht von der `Control`-Klasse abgeleitet, weswegen `Image` kein Steuerelement ist (auch wenn es oft fälschlich so bezeichnet wird). Daher kann das Element keinen Eingabefokus annehmen, Vorder- und Hintergrundfarbe lassen sich nicht einstellen, es gibt keine Umrandung etc. Diese Einschränkungen stören in der Praxis aber nur selten, weil das `Image`-Element ja innerhalb von »richtigen« Steuerelementen eingesetzt werden kann, die dann die fehlenden Eigenschaften zur Verfügung stellen.

Das `Image`-Element kann auch zur Darstellung von WPF-Vektorgrafik eingesetzt werden. Die Grafikprimitive müssen in einem `DrawingImage`-Objekt verpackt werden, das dann der `Source`-Eigenschaft zugewiesen wird. Im Detail wird die Vorgehensweise in Abschnitt 19.1 beschrieben.

HINWEIS

Weder das `Image`-Steuerelement noch andere WPF-Elemente sind in der Lage, WMF-, EMF- oder SVG-Vektorgrafiken darzustellen bzw. zu verarbeiten. Abhilfe schaffen Konverter, die diese Dateiformate in XAML-Dateien umwandeln können (z.B. der leider teure Expression Graphics Designer) bzw. Zusatzsteuerelemente oder Bibliotheken von Drittanbietern. Eine kostenlose Sammlung derartiger Werkzeuge finden Sie beispielsweise hier:

http://www.wpf-graphics.com/

Line, Rectangle, Ellipse, Polyline, Polygon und Path

Wenn Sie zur optischen Gliederung oder »Aufpeppung« eines Dialogs einzelne grafische Elemente benötigen, bietet sich der Einsatz der Klassen Line, Rectangle, Ellipse, Polyline, Polygon und Path an. Diese Elemente werden in Abschnitt 19.1 genauer vorgestellt. Das folgende Beispiel soll nur die prinzipielle Syntax zeigen. Beachten Sie, dass Line, Rectangle & Co. relativ viele Ressourcen beanspruchen. Zur effizienten Darstellung Hunderter oder gar Tausender von Grafikelementen gibt es effizientere Wege, die ebenfalls in Abschnitt 19.1 behandelt werden.

```
<StackPanel>
   <Ellipse Height="100" Width="200" Fill="LightCoral"
            Stroke="Black" StrokeThickness="3" />
   <Line X1="10" Y1="0" X2="200" Y2="20"
         Stroke="Black" StrokeDashCap="Triangle"
         StrokeThickness="10" StrokeEndLineCap="Round" />
   <Polygon Points="30,0 60,100 0,100 30,0" Stroke="Black"
            StrokeThickness="4" StrokeDashArray="5 1 5 3">
     <Polygon.Fill>
       <LinearGradientBrush StartPoint="0,0"
                            EndPoint="0,1" >
         <GradientStop Color="DarkBlue" Offset="0"/>
         <GradientStop Color="LightGreen" Offset="1"/>
       </LinearGradientBrush>
     </Polygon.Fill>
   </Polygon>
</StackPanel>
```

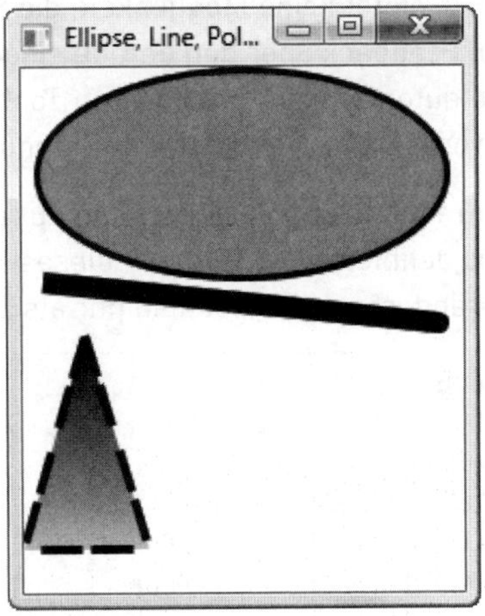

Abbildung 17.55: Elementare Grafikelemente

17.14 Schiebe- und Fortschrittsbalken

Die drei in diesem Abschnitt vorgestellten Steuerelemente sind alle von der RangeBase-Klasse abgeleitet. Einige gemeinsame Eigenschaften werden hier vorweg beschrieben: Minimum und Maximum geben den zulässigen Wertebereich an, Value den aktuellen Wert bzw. Zustand. Small- und LargeChange geben an, wie stark Value beim zeilen- bzw. seitenweisen Scrollen bzw. durch das Drücken der Cursortasten verändert wird. Bei allen fünf Eigenschaften handelt es sich um Double-Zahlen. Das ValueChanged-Ereignis informiert über Veränderungen des aktuellen Werts bzw. Zustands.

ScrollBar

Der direkte Einsatz des ScrollBar-Steuerelements ist in WPF-Programmen nur selten erforderlich. Steuerelemente, die große Datenmengen präsentieren (TextBox, ListView etc.), sind standardmäßig mit Schiebebalken ausgestattet, die nur noch sichtbar gemacht werden müssen (z.B. durch HorizontalScrollBarVisibility = Auto). Außerdem können Sie selbst verwaltete Fensterbereiche in einen ScrollViewer verpacken und so größenunabhängig machen (siehe Abschnitt 17.6). Wenn Sie doch ein ScrollBar-Steuerelement brauchen, gibt Orientation die Ausrichtung an (Horizontal oder Vertical).

Slider

Der Slider ist eine optisch ansprechendere Variante des ScrollBar-Steuerelements, das besonders dazu geeignet ist, einen Wert visuell einzustellen. Zudem bietet der Slider einige Zusatzfunktionen: Mit TickPlacement kann die Anzeige von Skalenstrichen aktiviert werden. Deren Anzahl und Position kann wahlweise durch TickFrequency oder durch Ticks gesteuert werden, wobei an Ticks eine Liste der gewünschten Positionen übergeben wird. IsSnapToTickEnabled = True bewirkt, dass der Marker nur zu Skalenstrichen bewegt werden kann (nicht zu Positionen dazwischen).

Der Slider bietet keine Möglichkeit, die Skalenstriche auch zu beschriften. Um dem Anwender dennoch ein Feedback über den gerade eingestellten Wert zu geben, können Sie mit AutoToolTipPlacement die automatische Anzeige von Tooltips aktivieren. AutoToolTipPrecision gibt die gewünschte Anzahl von Nachkommastellen an (standardmäßig keine).

Mit IsSelectionRangeEnabled kann zusätzlich ein Bereich hervorgehoben werden. SelectionStart und -End definieren die Grenzen dieses Bereichs. Der Bereich kann allerdings durch den Anwender nicht verändert werden, ist also nur als Zusatzinformation zweckmäßig.

```
<Slider Minimum="0" Maximum="10" Value="5"
  TickPlacement="BottomRight" TickFrequency=".5"
  IsSnapToTickEnabled="True"
  IsSelectionRangeEnabled="True"
  SelectionStart="3" SelectionEnd="7"
  AutoToolTipPlacement="BottomRight"
  AutoToolTipPrecision="1" />
```

Abbildung 17.56: Visuelle Werteinstellung mit dem Slider

ProgressBar

Das ProgressBar-Steuerelement zeigt an, wie weit ein länger andauernder Vorgang (ein Download, eine Berechnung) gediehen ist. Außer Minimum, Maximum und Value müssen Sie noch Height einstellen (bzw. Width bei einer vertikalen Ausrichtung), weil das Steuerelement sonst nur wenige Pixel breit ist.

Eine Besonderheit ist die Einstellung IsIndeterminate = True: In diesem Fall zeigt das Steuerelement einen immer wieder neu wachsenden Zustandsbalken an, der in Wirklichkeit aber keinerlei Informationen über den bisher erzielten Fortschritt gibt. Dieser für den Anwender unbefriedigende Modus sollte nur gewählt werden, wenn der Fortschritt wirklich nicht messbar ist (etwa der Verbindungsaufbau zu einem Server).

```
<ProgressBar Margin="10" Height="15"
    Minimum="0" Maximum="1" Value="0.75"  />
```

Abbildung 17.57: Zustandsanzeige mit dem ProgressBar

Beachten Sie, dass das Steuerelement – wie alle WPF-Steuerelemente – während der Ausführung einer Ereignisprozedur nicht aktualisiert wird! Wenn Sie also in der Click-Ereignisprozedur eines Buttons eine längere Berechnung ausführen und währenddessen die Value-Eigenschaft eines Fortschrittsbalkens immer wieder aktualisieren, wird der Benutzer des Programms nichts davon bemerken. Abhilfe schafft der folgende Code, dessen Hintergründe in Kapitel 21 zum Thema Multithreading erklärt werden.

```
'Ereignisprozedur mit längerer Berechnung
For i = 1 To 100
  ... Berechnung
  progressbar1.Value = i
  progressbar1.UpdateLayout()
  Me.Dispatcher.Invoke(Windows.Threading.DispatcherPriority.Render, Function() 0)
Next
```

Noch besser ist es, die Berechnung als richtigen Hintergrundprozess durchzuführen, am einfachsten mit einem BackgroundWorker (siehe Abschnitt 21.1).

17.15 Menüs

Menu, MenuItem, Separator

Der Aufbau eines Menüs ist grundsätzlich einfach: Das Menü wird durch <Menu> eingeleitet, und Menüeinträge werden durch ineinander verschachtelte <MenuItem>-Tags definiert. Die zentrale Eigenschaft jedes MenuItems lautet Header mit dem Menütext. Dabei dient der Unterstrich zur Kennzeichnung von [Alt]-Tastenkürzeln. Weitere Eigenschaften sind Icon zur Darstellung eines Symbols links neben dem Menüeintrag, IsCheckable zur Kennzeichnung von Menüeinträgen mit Auswahlhäkchen sowie InputGestureText zur Angabe von allgemeinen Tastenkürzeln (nicht mit [Alt]).

Sowohl Header als auch Icon akzeptieren beliebige Objekte bzw. WPF-Steuerelemente, sodass es bei der optischen Gestaltung der Menüs praktisch keine Grenzen gibt. In der Praxis ist es aber zweckmäßig, für die Header-Eigenschaft nur einen einfachen Text und für Icon eine in ein Image-Element verpackte Bitmap anzugeben. Trennlinien zur optischen Gliederung mehrerer Menüeinträge erstellen Sie mit dem Separator-Objekt.

Visual Studio bietet leider wenig Unterstützung beim Erstellen von Menüs: Der WPF-Designer versagt wie üblich, und ein eigener Menüeditor fehlt. Bei der direkten Eingabe des XAML-Codes stört vor allem das mangelnde Feedback: Die Hauptmenüeinträge werden viel zu breit dargestellt; die Untermenüs bleiben unsichtbar und können nur im laufenden Programm angesehen bzw. getestet werden. Selbst VB1 aus dem Jahre 1991 bot in dieser Hinsicht mehr Komfort ...

Der folgende XAML-Code zeigt nur den Aufbau des Menüs. Aus Gründen der Übersichtlichkeit habe ich den Code ein wenig gekürzt und insbesondere alle Elemente zur optischen Gestaltung sowie für die [Strg]-Tastenkürzel entfernt – Details dazu folgen im weiteren Verlauf dieses Abschnitts.

```
<DockPanel>
   <Menu DockPanel.Dock="Top" >
      <MenuItem Header="_Datei" >
         <MenuItem Header="_Neu" />
         <MenuItem Header="_Öffnen" />
         ...
         <Separator/>
         <MenuItem Header="_Submenü">
            <MenuItem Header="IsCheckable 1"
                IsCheckable="True"/>
            ...
         </MenuItem>
      </MenuItem>
      <MenuItem Header="_Bearbeiten" >
         <MenuItem .../>
      </MenuItem>
      ...
   </Menu>
   <TextBox ... />
</DockPanel>
```

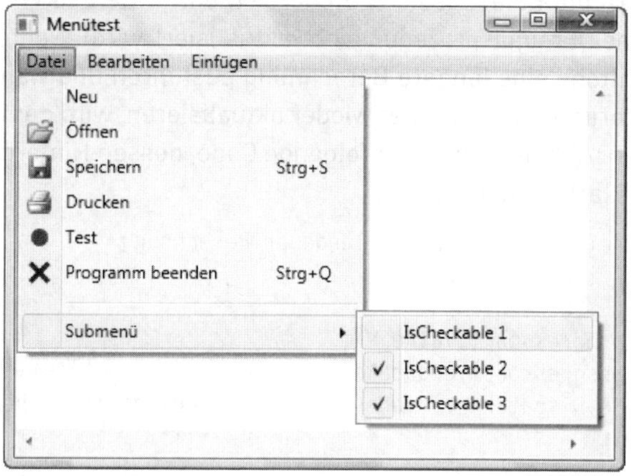

Abbildung 17.58: Ein einfaches Menü

Menüeinträge optisch gestalten

Es hat sich eingebürgert, links neben dem Menütext ein kleines Icon darzustellen. Die `MenuItem`-Klasse sieht hierfür die `Icon`-Eigenschaft vor, der üblicherweise ein `Image`-Feld zugewiesen wird. Es ist zweckmäßig, die Höhe des `Image`-Felds fix einzustellen, um zu vermeiden, dass Bitmaps je nach Auflösung und DPI-Einstellung unterschiedlich groß dargestellt werden.

Die Verwaltung der Bitmaps in Visual Studio gelingt am einfachsten, wenn Sie im PROJEKTMAPPEN-EXPLORER ein neues Verzeichnis einrichten (in meinem Beispiel *bitmaps*) und die erforderlichen Dateien dorthin einfügen – z.B. per Drag&Drop vom Windows Explorer. Die richtigen Dateieigenschaften lauten `Buildvorgang = Resource` und `In Ausgabeverzeichnis kopieren = Nicht kopieren`. Diese Einstellungen gelten standardmäßig, d.h., es sind keine Änderungen erforderlich. Der Dateizugriff im XAML-Code erfolgt über die `Source`-Eigenschaft in der Form *verzeichnis/dateiname*. Hinter den Kulissen kommt hier übrigens ein neuer, WPF-spezifischer Mechanismus zur Verwaltung binärer Ressourcen zum Einsatz, der in Abschnitt 20.1 näher beschrieben wird.

```
<MenuItem Header="_Öffnen">
   <MenuItem.Icon>
      <Image Source="bitmaps/openfolderHS.png" Height="18" />
   </MenuItem.Icon>
</MenuItem>
```

TIPP

Bitmaps zur Gestaltung der Menüs finden Sie in der Visual Studio-Image-Library, die bei den meisten Visual Studio-Versionen (aber nicht bei den Express-Versionen) mitgeliefert und als Zip-Datei in das folgende Verzeichnis installiert wird:

C:\Program Files\Microsoft Visual Studio 10.0\Common7\VS2010ImageLibrary\1031

Die Verzeichnisse der Image-Library sind relativ unübersichtlich. Die zur Gestaltung von Menüs und Symbolleisten am besten geeigneten Bilder finden Sie hier:

Actions\pngformat

Wer mit den WPF-Grundsätzen vertraut ist, weiß natürlich, dass eigentlich Vektorgrafiken vorzuziehen wären. In der Praxis scheitert das aus zwei Gründen: Erstens ist es (noch) schwierig, geeignete Vektorgrafiken im XAML-Format zu finden. Zweitens ist die Integration von XAML-Grafiken ungleich schwieriger als bei Bitmaps. Das `Image`-Feld akzeptiert beispielsweise keine **.xaml*-Datei für die `Source`-Eigenschaft. Der beste Weg führt über WPF-Ressourcen (siehe Abschnitt 20.1), aber auch diese Vorgehensweise ist umständlich. Die Details hängen zudem vom Aufbau der XAML-Grafikdateien ab, wobei es hier mehrere Möglichkeiten, aber noch keinen Standard gibt. Insofern ist zu erwarten, dass die erste Generation von WPF-Programmen weiterhin Bitmaps zur Gestaltung von Menüeinträgen und Buttons verwenden wird.

Die beiden folgenden Beispiele zeigen den prinzipiellen Umgang mit Vektorgrafiken. Beim ersten Beispiel wird der `Icon`-Eigenschaft direkt eine Ellipse zugewiesen. Diese Vorgehensweise ist einfach, aber nur bei einfachen Formen zweckmäßig und effizient.

```
<MenuItem Header="Test">
   <MenuItem.Icon>
      <Ellipse Width="12" Height="12" Fill="Red"/>
   </MenuItem.Icon>
</MenuItem>
```

Komplexe Vektorgrafiken verpacken Sie besser in einem `DrawingImage`-Objekt (siehe Abschnitt 19.1). Das macht den XAML-Code allerdings unübersichtlich. Die folgenden Zeilen sind für das X-Symbol beim SCHLIESSEN-Menüeintrag verantwortlich:

```
<MenuItem Header="Schließen">
   <MenuItem.Icon>
      <Image DockPanel.Dock="Left" Height="15">
         <Image.Source>
            <DrawingImage>
               <DrawingImage.Drawing>
                  <GeometryDrawing>
                     <GeometryDrawing.Pen>
                        <Pen Brush="DarkRed" Thickness="4"/>
                     </GeometryDrawing.Pen>
                     <GeometryDrawing.Geometry>
                        <GeometryGroup>
                           <LineGeometry StartPoint="0 0" EndPoint="15 15"/>
                           <LineGeometry StartPoint="15 0" EndPoint="0 15"/>
                        </GeometryGroup>
                     </GeometryDrawing.Geometry>
                  </GeometryDrawing>
```

```
                </DrawingImage.Drawing>
            </DrawingImage>
        </Image.Source>
    </Image>
  </MenuItem.Icon>
</MenuItem>
```

Wenn Sie Menüeinträge zusätzlich »aufpeppen« möchten, können Sie mit Templates die gesamte Gestaltung der Einträge verändern (Textgröße, Hintergrund etc.). Die MenuItem-Klasse sieht hierfür gleich vier Eigenschaften als Ankerpunkt vor: SubmenuHeader-, SubmenuItem-, TopLevelHeader- und TopLevelItemTemplateKey.

Menüeinträge mit Tastenkürzeln verbinden

[Alt]-Tastenkürzel ordnen Sie dem Menüeintrag wie beim Label über den Beschriftungstext zu. Ein Unterstrich vor dem gewünschten Buchstaben reicht. Wesentlich komplizierter wird es, wenn Sie [Strg]-Tastenkürzel wünschen. Über die Eigenschaft InputGestureText können Sie zwar mühelos einen Text angeben, der rechts vom Menüeintrag wie ein Tastenkürzel angezeigt wird; die Eigenschaft dient aber wirklich nur zur *Anzeige* des Texts, das angezeigte Tastenkürzel bleibt wirkungslos.

Funktionierende Tastenkürzel in Menüs erzielen Sie nur durch sogenannte Kommandos (Commands). Dabei handelt es sich um eine WPF-Spezialität: Kommandos ermöglichen es, eine Aktion – beispielsweise das Beenden eines Programms – gleichzeitig einem Tastenkürzel sowie verschiedenen Elementen der Benutzeroberfläche zuzuordnen (einem Button, einem Menüeintrag etc.). Das reduziert die Anzahl der Ereignisprozeduren und vereinfacht manchmal die Logik des Programms. Meine persönliche Begeisterung für diese WPF-Neuerung hält sich in Grenzen, aber zumindest in Menüeinträgen führt an ihnen kein Weg vorbei.

Im folgenden Beispiel werden die Menüeinträge SPEICHERN und PROGRAMM BEENDEN mit Kommandos verbunden. Für SPEICHERN gibt es bereits das in der WPF vordefinierte Kommando ApplicationCommands.Save, für BEENDEN muss hingegen ein neues Kommando programmiert werden. Dazu erstellen Sie eine neue Klasse, die über Read-Only-Eigenschaften die eigenen Kommandos in Form von RoutedUICommand-Objekten zur Verfügung stellen kann. New kümmert sich um die Initialisierung dieser Objekte.

An den RoutedUICommand-Konstruktor werden vier Parameter übergeben: Eine Zeichenkette, die in Menüeinträgen und anderen Elementen der Benutzeroberfläche angezeigt wird, eine weitere Zeichenkette, die nur von interner Bedeutung ist und zur Serialisierung dient, ein Type-Objekt, das den Datentyp der MyCommands-Klasse enthält, und schließlich eine Sammlung von Tastenkürzeln (KeyGesture-Objekten) und anderen Eingabemethoden. Nach demselben Schema können Sie in der Klasse MyCommands beliebig viele weitere eigene Kommandos definieren.

```
'Beispiel wpf-steuerelemente/menu-intro, Datei MyCommands.vb
Public Class MyCommands
  Private Shared _quit As RoutedUICommand
```

```
  Shared Sub New()
    Dim inputs As New InputGestureCollection()
    inputs.Add(New KeyGesture(Key.Q, ModifierKeys.Control, "Strg+Q"))
    _quit = New RoutedUICommand("Programm beenden", "Quit", GetType(MyCommands), inputs)
  End Sub
  Public Shared ReadOnly Property Quit() As RoutedCommand
    Get
      Return _quit
    End Get
  End Property
End Class
```

Im XAML-Code werden alle eingesetzten Kommandos (sowohl vordefinierte als auch selbst definierte) der `Window`-Eigenschaft `CommandBindings` zugewiesen, wobei zu jedem Kommando eine VB-Ereignisprozedur angegeben wird. Es ist üblich, die Ereignisprozeduren in der Form `kommandoname_Executed` zu benennen.

Damit Sie auf das selbst definierte Kommando `MyCommands.Quit` im XAML-Code überhaupt zugreifen können, müssen Sie mit `xmlns` einen XML-Namensraum definieren, über den Sie auf in Ihrem Programm definierte Klassen zugreifen können. Im folgenden Beispiel wird das XML-Kürzel `local` verwendet. Es ist dem .NET-Namensraum `menu_intro` zugeordnet. (Das ist der Namensraum des Beispielprojekts.)

```
<Window x:Class="Window1" ...
    xmlns:local="clr-namespace:menu_intro" ...>
  <Window.CommandBindings>
    <CommandBinding Command="local:MyCommands.Quit"
                    Executed="QuitCommand_Executed" />
    <CommandBinding Command="ApplicationCommands.Save"
                    Executed="SaveCommand_Executed" />
  </Window.CommandBindings>
  ...
```

Die Executed-Eigenschaft der `CommandBindings` gibt an, welche Ereignisprozedur durch das Kommando ausgeführt werden soll. Der VB-Code für diese Prozeduren sieht wie folgt aus:

```
'Beispiel wpf-steuerelemente/menu-intro, Datei Window1.xaml.vb
Private Sub SaveCommand_Executed(ByVal sender As Object, _
                                 ByVal e As System.Windows.RoutedEventArgs)
  MsgBox("Speichern ...")
End Sub
Private Sub QuitCommand_Executed(... Parameter wie oben)
  Me.Close()
End Sub
```

Das letzte Stück im Puzzlespiel sind nun die Menüeinträge im XAML-Code. Dort weisen Sie der `Command`-Eigenschaft die Kommandos zu. Sie müssen keine weiteren Eigenschaften einstellen, weil die

Kommandos sowohl die Beschriftung des Menüeintrags als auch das Tastenkürzel zur Verfügung stellen. Vordefinierte Kommandos wie ApplicationCommands.Save stellen den Menütext überraschenderweise sogar in deutscher Sprache zur Verfügung.

```
<MenuItem Command="ApplicationCommands.Save">
   <MenuItem.Icon>...</MenuItem.Icon>
</MenuItem>
<MenuItem Command="local:MyCommands.Quit">
   <MenuItem.Icon>...</MenuItem.Icon>
</MenuItem>
```

Reaktion auf die Menüauswahl

Es gibt drei Möglichkeiten, wie Sie Ereignisprozeduren mit Menüeinträgen verbinden können:

» Die »offiziell« empfohlene Variante besteht darin, Kommandos zu verwenden (selbst dann, wenn Sie gar keine Tastenkürzel brauchen). Leider ist diese oben ausführlich präsentierte Variante am umständlichsten und erfordert den meisten Code.

» Die »klassische« Methode besteht darin, jedem Menüeintrag einen Namen zu geben (z.B. Name = "menuLoad") und im VB-Code eine entsprechende Click-Ereignisprozedur zu programmieren (also z.B. menuLoad_Click). Dagegen ist an sich nichts einzuwenden, allerdings wird der Code aufgrund der zumeist großen Anzahl der Ereignisprozeduren meist unübersichtlich.

» Die dritte Variante besteht darin, dass Sie *eine* Ereignisprozedur einrichten und dort zentral auf jede Menüauswahl reagieren. Den Namen dieser Ereignisprozedur geben Sie im XAML-Code im <Menu>-Tag an:

```
<Menu DockPanel.Dock="Top" MenuItem.Click="menuClick">
```

In der dazugehörenden VB-Ereignisprozedur liefert e.Source das MenuItem-Objekt, das für das Click-Ereignis verantwortlich ist. Anschließend können Sie entweder die Header-Eigenschaft auswerten oder Vergleiche in der Art mi Is menuLoad durchführen:

```
Private Sub menuClick(ByVal sender As Object, ByVal e As System.Windows.RoutedEventArgs)
  Dim mi As MenuItem = CType(e.Source, MenuItem)
  If mi Is menuLoad
    ...
  ElseIf ...
    ...
End Sub
```

Das Hauptproblem dieser Vorgehensweise besteht in der doppelten Verarbeitung der Auswahl eines Menüeintrags mit zugeordnetem Kommando. In diesem Fall wird zuerst die zentrale menuClick-Prozedur ausgeführt, anschließend die dem Kommando zugeordnete xxxExecuted-Prozedur.

Kontextmenüs (ContextMenu)

Die meisten Steuerelemente bieten über die Eigenschaft `ContextMenu` die Möglichkeit, ein gleichnamiges Objekt mit einem Kontextmenü einzubinden. Der Aufbau des Menüs sieht genauso wie bei einem gewöhnlichen Menü aus. Die folgenden Zeilen geben ein einfaches Beispiel. (Beachten Sie, dass manche Steuerelemente standardmäßig mit einem Kontextmenü ausgestattet sind. Das trifft auch für die `TextBox` zu. Das eigene Kontextmenü ersetzt in diesem Fall das Standardmenü.)

```
<TextBox>
   <TextBox.ContextMenu>
      <ContextMenu>
         <MenuItem Header="Test 1"/>
         <MenuItem Header="Test 2"/>
         <MenuItem Header="Test 3"/>
      </ContextMenu>
   </TextBox.ContextMenu>
</TextBox>
```

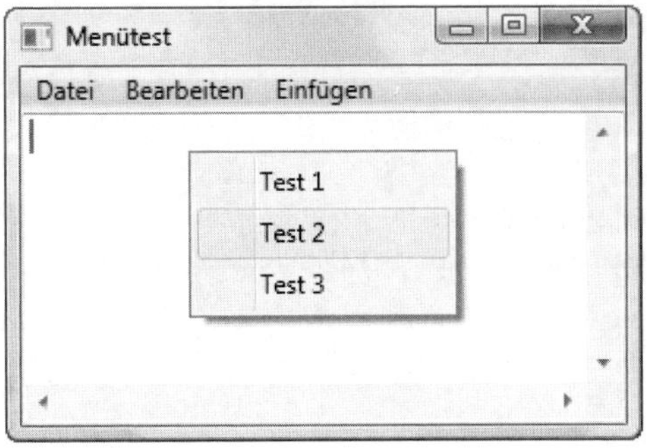

Abbildung 17.59: Ein einfaches Kontextmenü

17.16 Symbol- und Statusleisten

Symbolleiste (ToolBar)

Zur einfachen Realisierung von Symbolleisten gibt es in der WPF das `ToolBar`-Steuerelement. Die folgenden Zeilen zeigen, wie einfach die Zusammenstellung einer Symbolleiste ist. Hinter den Kulissen wird jedes Element innerhalb der `Toolbar` in ein `ToolBarItem`-Objekt verpackt.

Beachten Sie, dass sich Standardsteuerelemente wie `Button` oder `ComboBox` innerhalb einer `ToolBar` an die Optik der Symbolleiste anpassen und anders als gewohnt aussehen. Die `ToolBar` ersetzt dazu die Standard-`Styles` dieser Steuerelemente durch Einstellungen, die in einer Symbolleiste besser passen.

Wenn die Symbolleiste zu klein ist, um alle Elemente anzuzeigen, erscheint am Ende der Symbolleiste automatisch ein Menü mit den restlichen Einträgen (`Overflow Menu`). Sie können für jedes einzelne Element in der `Toolbar` durch die Einstellung von `ToolBar.OverflowMode` steuern, ob eine Darstellung im `overflow`-Menü zulässig ist. Mögliche Einstellungen sind `Always`, `Never` und `AsNeeded` (gilt standardmäßig).

```
<DockPanel>
   <ToolBar DockPanel.Dock="Top">
      <Button>
         <Image Source="bitmaps\MoveFirstHS.png"
                Height="16"/>
      </Button>
      ...
      <ToggleButton>
         <Image Source="bitmaps\PauseHS.png"
                Height="16"/>
      </ToggleButton>
      ...
      <Separator/>
      <ComboBox SelectedIndex="2" MinWidth="50">
         <ComboBoxItem>01 - Empty Walls</ComboBoxItem>
         ...
      </ComboBox>
   </ToolBar>
</DockPanel>
```

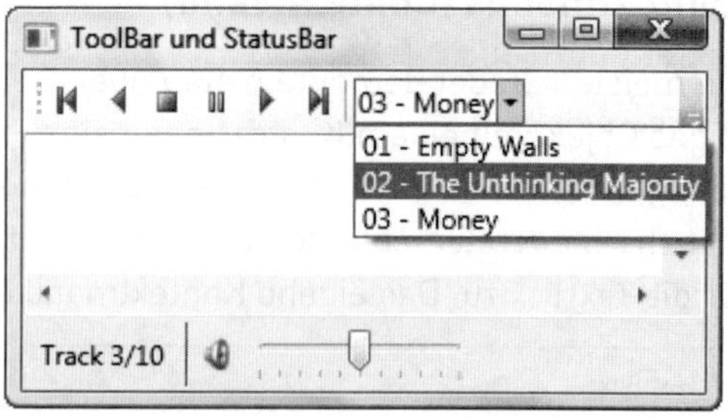

Abbildung 17.60: Symbol- und Statusleiste

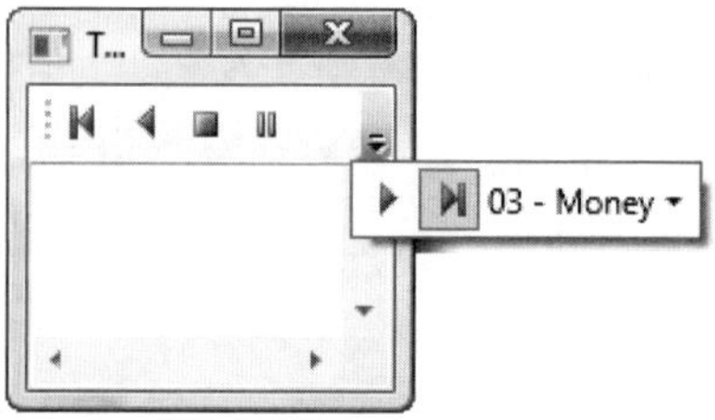

Abbildung 17.61: Bei Platzmangel werden die Einträge der Symbolleiste in einem ausklappbaren Menü dargestellt.

Wenn Ihr Programm mit mehreren Symbolleisten ausgestattet ist, sollten Sie diese in einem `ToolBarTray`-Steuerelement platzieren. Das gibt dem Anwender die Möglichkeit, die Symbolleisten nach seinem Gutdünken zu verschieben, über mehrere Zeilen anzuordnen etc.

```
<DockPanel>
   <ToolBarTray DockPanel.Dock="Top">
      <ToolBar> ... wie oben ...</ToolBar>
      <ToolBar>
         <Button>Button 1</Button>
         <Button>Button 2</Button>
      </ToolBar>
   </ToolBarTray>
   ...
</DockPanel>
```

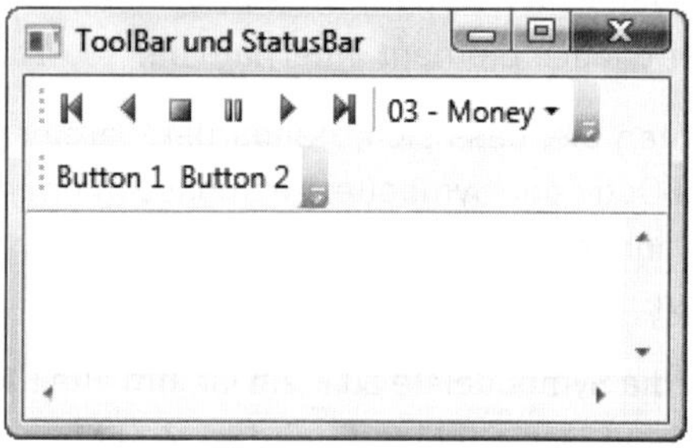

Abbildung 17.62: Mehrere Symbolleisten in einem ToolBarTray

Statusleiste (StatusBar)

Die Anwendung des `StatusBar`-Steuerelements ähnelt der Anwendung der `ToolBar`. Die `StatusBar` ist primär als Container für nicht interaktive Steuerelemente gedacht (Textfelder, `ProgressBar` etc.), die einfach nebeneinander angeordnet werden. Intern wird jedes Element mit der Ausnahme des `Se-`

`parators` in ein `StatusBarItem`-Objekt verpackt. Bei einigen Steuerelementen ist es erforderlich, die Breite explizit anzugeben. Der Code für die Statusleiste aus Abbildung 17.60 sieht so aus:

```
<DockPanel>
  ...
  <StatusBar DockPanel.Dock="Bottom">
    <Label>Track 3/10</Label>
    <Separator/>
    <Image Source="bitmaps/AudioHS.png" Height="16" />
    <Slider Value="5" Minimum="0" Maximum="10"
          TickPlacement="BottomRight" Width="100"></Slider>
  </StatusBar>
  ...
</DockPanel>
```

Leider sieht `StatusBar` keine Möglichkeit zur individuellen Platzierung der Steuerelemente oder zur dynamischen Platzaufteilung der Statusleiste vor. Abhilfe ist zum Glück einfach: Über die `ItemsPanel`-Eigenschaft der `StatusBar` kann das Standardpanel des Steuerelements (es handelt sich um ein `DockPanel`) durch ein anderes Panel ersetzt werden. Die folgenden Zeilen zeigen die Vorgehensweise, wobei ein `Grid` zum Einsatz kommt. Die Elemente in der `StatusBar` müssen nun explizit als `StatusBarItems` verpackt werden (mit Ausnahme der `Separator`-Elemente!), damit die `Grid`- und `Alignment`-Eigenschaften richtig eingestellt werden können.

```
<StatusBar>
  <StatusBar.ItemsPanel>
    <ItemsPanelTemplate>
      <Grid>
        <Grid.ColumnDefinitions>
          ... Auto / Auto / * / Auto / Auto ...
        </Grid.ColumnDefinitions>
      </Grid>
    </ItemsPanelTemplate>
  </StatusBar.ItemsPanel>
  <StatusBarItem Grid.Column="0">
    <Label>Track 3/10</Label>
  </StatusBarItem>
  <Separator Grid.Column="1"/>
  <StatusBarItem Grid.Column="2"
                 HorizontalAlignment="Center">
    <TextBlock><Italic>Money</Italic></TextBlock>
  </StatusBarItem>
  <Separator Grid.Column="3"/>
  <StatusBarItem Grid.Column="4">
    <Slider .../>
  </StatusBarItem>
</StatusBar>
```

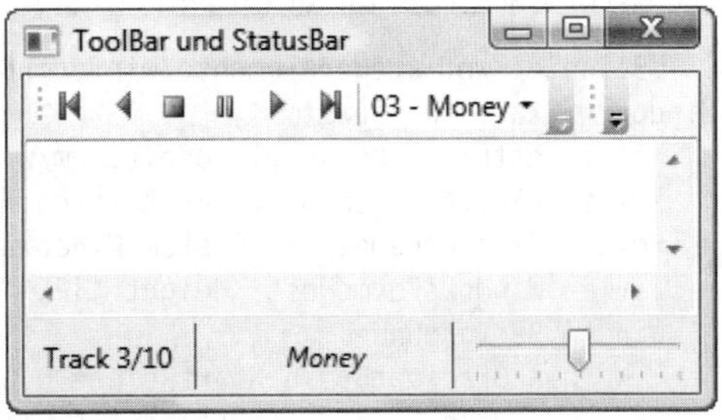

Abbildung 17.63: Inidividuelle Platzaufteilung in der Statusleiste

17.17 Windows Forms-Steuerelemente (WindowsFormsHost)

Wie bereits mehrfach erwähnt wurde, kann das Angebot an WPF-Steuerelementen zurzeit noch nicht mit dem von Windows Forms mithalten. Glücklicherweise besteht aber die Möglichkeit, in WPF-Programmen auch Windows Forms-Steuerelemente zu nutzen. Der Ausgangspunkt hierfür ist das `WindowsFormsHost`-Element aus der Bibliothek *WindowsFormsIntegration*. Das Element dient als Container für Windows Forms-Steuerelemente und verbindet die beiden Welten so gut wie möglich.

Voraussetzungen

Sie müssen Ihrem Projekt Verweise auf die Bibliotheken *System.Windows.Forms*, *System.Drawing* und *WindowsFormsIntegration* hinzufügen. Damit Sie im XAML-Code auf die Windows Forms-Klassen und -Eigenschaften zugreifen können, deklarieren Sie den Windows Forms-Namensraum, wobei ich im Folgenden das Kürzel `wf` verwende.

Beispiel

Das folgende Beispiel zeigt die Nutzung der Steuerelemente `MonthCalendar` und `DateTimePicker` in einem WPF-Programm. Wie der XAML-Code beweist, können Sie Eigenschaften ganz normal einstellen. Die einzige Besonderheit ist die Eigenschaft `Name`, der das Namensraumkürzel `x:` vorangestellt werden muss. Ereignisprozeduren müssen Sie im Codefenster einrichten; ein Doppelklick auf den `WindowsFormsHost`-Container im WPF-Designer führt nicht zum gewünschten Effekt.

```
<!-- Beispiel wpf-steuerelemente/winformhost-intro -->
<Window x:Class="Window1"
    xmlns="http://schemas.microsoft.com/winfx/2006/xaml/presentation"
    xmlns:x="http://schemas.microsoft.com/winfx/2006/xaml"
    xmlns:wf="clr-namespace:System.Windows.Forms;assembly=System.Windows.Forms"
    Title="WindowsFormsHost" Height="495" Width="643" >
  <Window.Background>
    <LinearGradientBrush StartPoint="0,0" EndPoint="1,1" >
      <GradientStop Color="#ccccff" Offset="0"/>
      <GradientStop Color="#ffffff" Offset="1"/>
    </LinearGradientBrush>
  </Window.Background>
  <StackPanel Orientation="Horizontal">
    <ScrollViewer Margin="5" VerticalAlignment="Top" VerticalScrollBarVisibility="Auto">
      <WindowsFormsHost >
        <wf:MonthCalendar CalendarDimensions="2,2"  x:Name="mc1" />
      </WindowsFormsHost>
    </ScrollViewer>
    <StackPanel>
      <WindowsFormsHost Margin="5">
        <wf:DateTimePicker x:Name="dtp1" />
      </WindowsFormsHost>
      <WindowsFormsHost Margin="5">
```

```
        <wf:DateTimePicker x:Name="dtp2" ShowUpDown="True" Format="Time" />
      </WindowsFormsHost>
      <WindowsFormsHost Margin="5">
        <wf:DateTimePicker x:Name="dtp3" ShowCheckBox="True"/>
      </WindowsFormsHost>
    </StackPanel>
  </StackPanel>
</Window>
```

Standardmäßig zeigt das WPF-Programm Windows Forms-Steuerelemente in der Optik von Windows 2000 an. Ein moderneres Aussehen erzielen Sie, wenn Sie während des Programmstarts die Windows Forms-Methode `EnableVisualStyles` ausführen. Dazu öffnen Sie im PROJEKTMAPPEN-EXPLORER die Datei *Application.xaml.vb* und richten eine Ereignisprozedur für das `Startup`-Ereignis ein. Dort rufen Sie `EnableVisualStyles` auf:

```
' Beispiel wpf-steuerelemente/winformhost-intro, Datei Application.xaml.vb
Class Application
  Private Sub Application_Startup(...) Handles Me.Startup
    System.Windows.Forms.Application.EnableVisualStyles()
  End Sub
End Class
```

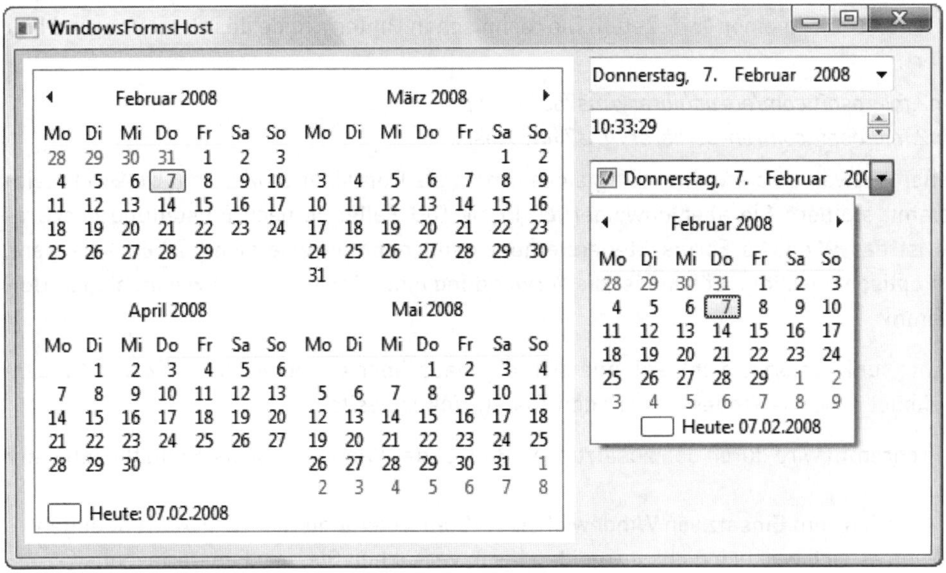

Abbildung 17.64: MonthCalendar und DateTimePicker in einem WPF-Programm

Probleme

Leider ist die Verwendung von Windows Forms-Steuerelementen in WPF-Programmen mit vielen Nachteilen verbunden und letztlich nur eine Notlösung:

» WPF- und Windows Forms-Elemente können sich nicht überlappen.

» Die »Vererbung« von Eigenschaften funktioniert nicht. Das betrifft speziell die Einstellung von Hintergrundfarben bzw. -farbübergängen sowie von Schriften. Transparenzeffekte sind generell nicht möglich.

» Auf Windows Forms-Steuerelemente können keine Transformationen angewendet werden.

» Eine zentrale Steuerung des Layouts durch `Styles` und `Templates` (siehe Kapitel 20) ist unmöglich.

» Bei der Eingabe des XAML-Codes zeigt der WPF-Designer keine Vorschau an.

» Nach Größenänderungen im `WindowsFormsHost` passiert es häufig, dass das Windows Forms-Steuerelement nicht bzw. nicht mehr vollständig dargestellt wird. Das Windows Forms-Steuerelement erkennt neu hinzugekommenen Platz nicht bzw. kann ihn nicht nutzen. Offensichtlich überfordert das sehr dynamische WPF-Layoutkonzept das einfachere Windows Forms-Verfahren. Der `WindowsFormsHost` ist nicht in der Lage, diese Inkompatibilität richtig zu kompensieren. Als besonders problematisch hat sich die explizite vertikale bzw. horizontale Ausrichtung erwiesen (z.B. `VerticalAlignment=Top` in einer `Grid`-Zelle). Die technischen Hintergründe des Problems sind hier dokumentiert:

  http://msdn2.microsoft.com/en-us/library/ms753178.aspx
  http://msdn2.microsoft.com/en-us/library/ms744952.aspx

  Ein möglicher Ausweg ist die Verwendung eines `Canvas` als Container sowie eine fixe Größeneinstellung. Damit stolpern Sie aber unweigerlich in die DPI-Falle: Je nach Einstellung des Grafiksystems ist das Windows Forms-Steuerelement dann nur teilweise sichtbar. Eine bessere, wenngleich optisch unschöne Lösung ist die Verwendung eines `ScrollViewers` wie im obigen Beispielprogramm.

» `Routed Events` funktionieren nicht, solange sich die Maus über einem Windows Forms-Steuerelement befindet bzw. das Steuerelement den Tastaturfokus besitzt.

» Das WPF-Programm wird durch den zusätzlichen Ballast der Windows Forms-Bibliotheken stark aufgebläht.

Alles in allem kann ich vom Einsatz von Windows Forms-Steuerelementen in WPF-Anwendungen nur abraten. Wenn es sich wirklich nicht vermeiden lässt, versuchen Sie, das Fensterlayout so einfach wie möglich zu machen, und verpacken Sie Windows Forms-Steuerelemente, die Layoutprobleme verursachen, in einen `ScrollViewer`.

18 WPF-Programmiertechniken

Dieser Abschnitt erklärt einige elementare WPF-Programmiertechniken. Dazu zählen:

- der Umgang mit Tastatur, Maus und Zwischenablage
- der Empfang bzw. das Auslösen von Drag&Drop-Aktionen
- der Umgang mit Standarddialogen
- die optische Gestaltung von Fenstern zu Erzielung des »Vista-Looks«
- die dynamische Erzeugung von Fenstern und Steuerelementen per Code
- die Ermittlung von Programm- und Systeminformationen
- die zentrale Fehlerabsicherung von WPF-Programmen
- die Interna des WPF-Programmstarts
- die Realisierung von Einzelinstanz-Programmen

HINWEIS Dieses Kapitel setzt voraus, dass Sie das WPF-Ereigniskonzept kennen. Werfen Sie gegebenenfalls nochmals einen Blick in den Abschnitt 1.6, wo das Prinzip von `Routed Events` und insbesondere die Varianten `Tunneling Events` (`PreviewXxx`-Ereignisse) und `Bubbling Events` (`Xxx`-Ereignisse ohne `Preview`) beschrieben sind!

18.1 Tastatur

Zur Verarbeitung von Tastaturereignissen kennt die WPF grundsätzlich die drei unten vorgestellten Ereignisse:

» `KeyDown` gibt an, dass eine beliebige Taste gedrückt wurde. Das Ereignis tritt für jede Änderung der gedrückten Tastenkombinationen auf. Wenn Sie beispielsweise [⇧]+[A] drücken, um ein großes `A` einzugeben, treten zwei `KeyDown`-Ereignisse auf: eines für [⇧] und wenig später das zweite für [A]. Wenn eine Taste längere Zeit gedrückt wird, tritt das `KeyDown`-Ereignis wiederholt auf (Auto-Repeat). Das gilt auch für Zustandstasten wie [⇧].

» `TextInput` gibt an, dass aus einem Tastendruck eine Texteingabe resultiert. Für die Eingabe [⇧]+[A] tritt also nur ein `TextInput`-Ereignis auf, wobei `e.Text` die Zeichenkette `"A"` enthält. Das Ereignis entspricht im Wesentlichen dem `KeyPress`-Ereignis in Windows Forms.

» `KeyUp` ist das äquivalente Ereignis zu `KeyDown` und tritt beim Loslassen einer Taste auf.

Die drei aufgezählten Tastaturereignisse treten nur auf, wenn ein Steuerelement den Tastaturfokus hat. Wie üblich gibt es dazu auch `Preview`-Varianten. Sie können auch von Containern empfangen werden, die selbst gerade keinen Fokus haben (`IsFocused = False`).

An die `KeyDown`/`KeyUp`-Ereignisprozeduren wird ein Parameter des Typs `KeyEventArgs` übergeben. Die folgende Tabelle fasst dessen wichtigste Eigenschaften zusammen.

Eigenschaften der Klasse *KeyEventArgs* (für *KeyUp* und *KeyDown*)	
`Handled`	gibt an, ob das Ereignis bereits vollständig verarbeitet wurde. Wenn Sie diese Eigenschaft auf `True` setzen, löst die Tastatureingabe keine weiteren Ereignisse aus. Auch die WPF-interne Verarbeitung – z.B. durch eine `TextBox` – unterbleibt.
`IsDown` `IsUp`	gibt an, ob die Taste, die das Ereignis ausgelöst hat, momentan gedrückt bzw. nicht gedrückt ist.
`IsRepeat`	gibt an, ob die Taste schon längere Zeit gedrückt ist und das Ereignis aus der Auto-Repeat-Funktion der Tastatur resultiert.
`IsToggled`	gibt an, ob die dieser Taste zugeordnete Funktion andauernd aktiv ist. Das Ergebnis ist nur für Tasten wie CapsLock, NumLock etc. relevant. Aus nicht ganz nachvollziehbaren Gründen behandelt die WPF jede Taste wie eine Umschalttaste. Nach einmaligem Drücken gilt `IsToggled = True`. Wird die Taste nochmals gedrückt, gilt `IsToggled = False`.

Eigenschaften der Klasse *KeyEventArgs* (für *KeyUp* und *KeyDown*)	
Key	gibt die Taste an, die das Ereignis ausgelöst hat. Key ist ein Element der gleichnamigen Aufzählung, die alle möglichen Werte enthält. Es gibt keine eigenen Tastencodes für Ä, Ö, Ü und ß. Stattdessen liefert Key in diesen Fällen OEM-Tastaturcodes, z.B. Oem7 bei Ä, OemTilde bei Ö, OemSemicolon bei Ü und Oem4 bei ß.
KeyStates	fasst die Informationen aus IsDown und IsToggled in einem Wert zusammen. Wegen des merkwürdigen Verhaltens von IsToggled (siehe oben) ist eine Auswertung dieser Eigenschaft selten zweckmäßig.

Da die meisten Steuerelemente Tastaturereignisse selbst verarbeiten und beispielsweise Text in ein Textfeld einfügen, werden Sie die KeyUp- und KeyDown-Ereignisse in der Praxis meist nur auswerten, wenn Sie auf bestimmte Tastenkürzel besonders reagieren möchten. Den Zustand der Tasten [Alt], [⇧], [Strg] etc. entnehmen Sie dabei Keyboard.Modifiers. Da Modifiers eine Kombination mehrerer Umschalttasten enthalten kann, müssen Sie bei der Auswertung normalerweise eine And-Verknüpfung bilden.

Die folgenden Zeilen schließen das aktuelle Fenster, wenn Sie [Strg]+[Q] drücken, ganz egal, ob Sie außerdem noch [Alt], [⇧] etc. drücken. Das Ereignis wird auf Formularebene in der PreviewKeyDown-Ereignisprozedur ausgewertet, also noch bevor es von irgendwelchen Steuerelementen verarbeitet werden kann.

```
Private Sub Window1_PreviewKeyDown(ByVal sender As Object, ByVal e As KeyEventArgs) _
    Handles Me.PreviewKeyDown
  If e.Key = Key.Q And (Keyboard.Modifiers And ModifierKeys.Control) Then
    e.Handled = True
    Me.Close()
  End If
End Sub
```

Die folgenden Zeilen zeigen eine Anwendung des TextInput-Ereignisses: Damit werden sämtliche Buchstaben bei der Eingabe in ein Textfeld in Großbuchstaben umgewandelt.

```
Private Sub textbox1_PreviewTextInput(ByVal sender As Object, _
    ByVal e As TextCompositionEventArgs) Handles textbox1.PreviewTextInput
  textbox1.SelectedText = UCase(e.Text)
  textbox1.SelectionStart += 1
  textbox1.SelectionLength = 0
  e.Handled = True
End Sub
```

HINWEIS

Die WPF bietet auch die Möglichkeit, Tastenkürzel mit sogenannten Kommandos (commands) zu verbinden. Das Kommando wird dann automatisch ausgeführt. Ich gehe in diesem Buch nicht im Detail auf derartige Kommandos ein, weil ich deren Nutzen nicht erkennen kann. Eine kurze Einführung finden Sie aber bei der Beschreibung der Steuerelemente zur Gestaltung von Menüs, weil sich Menütastenkürzel nur mithilfe von Kommandos realisieren lassen (siehe Abschnitt 17.15).

Eingabefokus

Grundsätzlich kann ein Steuerelement nur dann den Eingabefokus erhalten, wenn `Focusable = True` gilt. Diese Eigenschaft ist für alle von `UIElement` abgeleiteten Steuerelemente definiert. Bei Steuerelementen, die normalerweise nicht für sich den Fokus bekommen (z.B. bei Containern), ist die Standardeinstellung `False`.

Der Benutzer wechselt den Eingabefokus per Mausklick oder mit [Tab]. Sie können den Fokus aber natürlich auch per VB-Code verändern. Dazu führen Sie `FocusManager.SetFocusedElement` aus. An die Methode müssen Sie etwas überraschend *zwei* Parameter übergeben: den Container des Steuerelements (für den »Fokusbereich«) sowie das Steuerelement selbst. Bei einfach strukturierten Fenstern geben Sie als Container `Me` an, also einen Verweis auf das Fenster.

```
FocusManager.SetFocusedElement(Me, textbox1)
```

Steuerelemente empfangen das `GotKeyboardFocus`-Ereignis, wenn sie den Eingabefokus erhalten, sowie ein `LostKeyboardFocus`-Ereignis, wenn sie ihn verlieren.

Tastatureingaben simulieren

Die WPF sieht keine Möglichkeit vor, Tastatureingaben zu simulieren. Die aus der VB-Steinzeit stammende Methode SendKeys für die Klasse `Microsoft.VisualBasic.Devices.Keyboard` sowie deren VB2005-Inkarnation `My.Computer.KeyBoard.SendKeys` funktionieren in WPF-Programmen nicht mehr.

18.2 Maus

Mausereignisse

Das bekannteste Mausereignis ist zweifellos `Click`. Anders als in Windows Forms kennt die WPF dieses Ereignis allerdings nur für die diversen `Button`-Steuerelemente. Wenn Sie bei anderen Steuerelementen einen Mausklick oder andere Mausaktionen feststellen möchten, müssen Sie sich mit den in der folgenden Tabelle zusammengefassten Ereignissen anfreunden.

Mausereignisse	
`MouseDown` `MouseUp`	gibt an, dass eine (weitere) Maustaste gedrückt bzw. losgelassen wurde. Doppel- bzw. Mehrfachklicks erkennen Sie, wenn Sie `e.ClickCount` auswerten.

`MouseLeftButtonDown`
`MouseLeftButtonUp`
`MouseRightButtonDown`
`MouseRightButtonUp`
	gibt an, dass die linke bzw. die rechte Maustaste gedrückt bzw. losgelassen wurde.

`MouseEnter` `MouseLeave`	gibt an, dass die Maus in das Gebiet eines Steuerelements eingedrungen ist bzw. wieder aus ihm hinausbewegt wurde.

Mausereignisse	
MouseMove	gibt an, dass die Maus innerhalb des Steuerelements bewegt wurde.
MouseWheel	gibt an, dass das Mausrad gedreht wurde, während sich die Maus über dem Steuerelement befand. Anders als in Windows Forms muss das Steuerelement nicht den Tastaturfokus haben, um MouseWheel-Ereignisse zu empfangen.

Die meisten der oben aufgezählten Ereignisse gibt es auch in der Preview-Variante. Damit ist es möglich, das Ereignis schon vorweg in einem Container bzw. auf Fensterebene zu verarbeiten.

HINWEIS

Anders als in Windows Forms gibt es in der WPF kein MouseHover-Ereignis. Sie müssen die MouseEnter- und MouseMove-Ereignisse selbst entsprechend auswerten, um festzustellen, ob sich die Maus seit einiger Zeit ohne bzw. mit minimaler Bewegung an einem bestimmten Ort befindet. Die dafür vorgesehene Zeitspanne können Sie SystemParameters.MouseHoverTime entnehmen.

An die Mausereignisprozeduren werden Parameter des Typs MouseEventArgs oder MouseButtonEventArgs übergeben, wobei die zweite Klasse von der ersten abgeleitet ist. Die folgende Tabelle fasst die wichtigsten Eigenschaften und Methoden beider Klassen zusammen.

Eigenschaften und Methoden der Klassen *MouseEventArgs, MouseButtonEventArgs* und *MouseWheelEventArgs*	
LeftButton MiddleButton RightButton	gibt den Zustand der linken, mittleren und rechten Maustaste an. Mögliche Werte sind Pressed oder Released. Es existiert leider keine Eigenschaft, die den Zustand aller drei Tasten zusammenfasst.
XButton1 und -2	gibt den Zustand zweier »erweiterter« Maustasten an (nur relevant bei Mäusen, die derart viele Tasten haben).
ButtonState	gibt den Zustand der Maustaste an, für die das Ereignis ausgelöst wurde. (Die Eigenschaft ist nur für die Klasse MouseButtonEventArgs verfügbar und nur relevant für die Ereignisse MouseLeftButtonDown/Up bzw. MouseRightButtonUp/Down).
ChangedButton	gibt an, welcher Button seinen Zustand geändert hat (Left, Right oder Middle). Auch diese Eigenschaft steht nur für die Klasse MouseButtonEventArgs zur Verfügung.
ClickCount	gibt an, wie oft die Taste gedrückt wurde. Mit der Eigenschaft können Doppelklicks festgestellt werden (nur für die Klasse MouseButtonEventArgs).
Delta	gibt an, wie weit das Mausrad gedreht wurde (nur für die Klasse MouseWheelEventArgs). Bei meiner Logitech-Maus enthält Delta den Wert 120, wenn das Rad um eine Rastereinheit nach oben gedreht wurde, bzw. -120 bei einer Drehung nach unten. Der Wert 120 ist in Mouse.MouseWheelDeltaForOneLine als Konstante definiert. Laut Dokumentation gibt es Mäuse mit einem höherauflösenden Sensor, die bei der gleichen Drehung mehrere MouseWheel-Ereignisse mit einem kleineren Delta-Wert liefern. Daher ist es empfehlenswert, die Delta-Werte zu summieren und erst dann eine Aktion auszulösen, wenn 120 überschritten wird.

Eigenschaften und Methoden der Klassen *MouseEventArgs, MouseButtonEventArgs* und *MouseWheelEventArgs*	
`Handled`	gibt an, ob das Ereignis vollständig verarbeitet wurde. Wenn `Handled` auf `True` gesetzt wird, wird das Ereignis weder WPF-intern noch durch andere Ereignisprozeduren weiter behandelt.
`GetPosition(steuerelement)`	ermittelt die Mausposition, wobei die resultierenden Koordinaten relativ zum angegebenen Steuerelement sind.

Es ist Ihnen vielleicht aufgefallen, dass die `MouseXxxEventArgs`-Klassen keine Eigenschaften vorsehen, aus denen direkt die Mausposition hervorgeht. Stattdessen müssen Sie die Methode `GetPosition` aufrufen, die als Ergebnis eine `Point`-Struktur liefert. Deren Eigenschaften `X` und `Y` liefern die Position relativ zum angegebenen Steuerelement, wobei die Einheit WPF-Pixel ist (1/96 Zoll).

```
Dim pos = e.GetPosition(sender)
MsgBox(pos.X & " / " & pos.Y)
```

Zur Umrechnung der Mausposition in absolute Bildschirmkoordinaten (in Pixel) verwenden Sie die Methode `PointToScreen`, die jedes Steuerelement sowie jede von `Visual` abgeleitete Klasse anbietet. `PointFormScreen` führt die Umrechnung in die umgekehrte Richtung durch.

Mausposition verändern

Die WPF sieht keine Möglichkeit vor, die Mausposition per Code zu verändern. Sie können aber natürlich auf die Windows Forms-Bibliothek zurückgreifen (`System.Windows.Forms.Cursor.Position = New Point(x, y)`) oder die API-Funktion `SetCursorPos` verwenden (entsprechende Beispiele finden Sie mühelos im Internet).

Mausposition und -status ohne Ereignis ermitteln

Bisweilen kommt es vor, dass Sie die Mausposition bzw. den Zustand der Maustasten ermitteln möchten, wenn gerade keine Mausereignisprozedur ausgeführt wird. In diesem Fall werten Sie einfach die Eigenschaften bzw. Methoden der Klasse `Mouse` aus. `Left-`, `Middle-` und `RightButton` sowie `GetPosition` liefern dieselben Ergebnisse wie die gleichnamigen Eigenschaften bzw. Methoden der `MouseEventArgs`-Klasse.

Eine interessante Zusatzfunktion bietet die Eigenschaft `DirectlyOver`: Sie verweist auf das `IInputElement` (in der Regel ein Steuerelement oder `UIElement`), über dem sich die Maus gerade befindet. Ebenfalls gelegentlich praktisch ist die Methode `GetIntermediatePoints`, die die letzten 64 Mauspositionen liefert. Daraus können Sie z.B. ermitteln, ob die Maus zuletzt von links nach rechts bewegt wurde etc.

Maus »einfangen«

Die Methode Mouse.Capture ermöglicht es, die Maus gleichsam einzufangen. Das bedeutet, dass ein Steuerelement selbst dann noch Mausereignisse erhält, wenn sich die Maus bereits außerhalb des Steuerelements (und womöglich sogar außerhalb des Fensters) befindet.

Wie die folgenden Zeilen beweisen, ist die Vorgehensweise einfach. Vergessen Sie aber nie, die Maus wieder freizugeben – sonst können andere Steuerelemente keine Mausereignisse mehr empfangen! Eine konkrete Anwendung für Capture finden Sie etwas weiter unten im Abschnitt Rubberbox-Beispiel.

```
Mouse.Capture(steuerelement)  'einfangen
...
Mouse.Capture(Nothing)        'freigeben
```

Steuerelement unter der Maus ermitteln

Die folgende Aufzählung fasst zusammen, wie Sie feststellen können, über welchem Steuerelement sich die Maus gerade befindet. Das Problem bei dieser Fragestellung ist, dass WPF-Steuerelemente intern aus diversen Einzelelementen zusammengesetzt sind und der Begriff »Steuerelement« nicht mehr so exakt definiert ist wie unter Windows Forms. Beispielsweise setzt sich ein einfacher Button mit Text aus einem TextBlock und dem für die Umrandung zuständigen ButtonChrome-Element zusammen. Wenn Sie möchten, können Sie selbst innerhalb des Buttons wiederum beliebig viele andere Steuer- und Grafikelemente darstellen.

» element.IsMouseOver liefert True, wenn sich die Maus über dem Steuerelement oder den darin enthaltenen Elementen befindet.

» element.IsMouseDirectlyOver liefert True, wenn sich die Maus exakt über diesem Element befindet. Als element müssen Sie hierbei unbedingt einen Einzelbestandteil des Steuerelements angeben! button.IsMouseDirectlyOver liefert immer False, weil sich die Maus immer nur über einem Bestandteil des Buttons befindet (z.B. einem TextBlock-Element), nie aber direkt über dem Button. Es ist fast immer zweckmäßiger, die Eigenschaft IsMouseOver auszuwerten.

» Mouse.DirectlyOver liefert ein IInputElement, über dem sich die Maus gerade befindet. Wie bei IsMouseDirectlyOver ist das Ergebnis normalerweise ein Bestandteil eines Steuerelements, beispielsweise ein Objekt des Typs TextBlock, Border, ButtonChrome, ScrollViewer etc. Es gibt leider keine einfache Methode, um daraus das zugrunde liegende Steuerelement zu ermitteln. Bei Einträgen eines Listenfelds führt ContainerFromElement zum entsprechenden Listeneintrag – ein entsprechendes Beispiel finden Sie in Abschnitt 18.4 (Drag&Drop zwischen zwei Listenfeldern).

» element.InputHitTest(pt) liefert ebenfalls das IInputElement über der Maus. pt ist ein Koordinatenpunkt relativ zu element, in der Regel also e.GetPosition(element). DirectlyOver greift intern auf InputHitTest zurück. Daher verwundert es kaum, dass Me.InputHitTest(e.GetPosition(Me)) grundsätzlich dasselbe Ergebnis liefert wie Mouse.DirectlyOver. Der Vorteil von InputHitTest besteht darin, dass Sie mit dieser Methode die Suche auf ein Steuerelement und dessen Elemente einschränken können.

» VisualTreeHelper.HitTest(element, pt) liefert ein HitTestResult-Objekt, dessen Eigenschaft VisualHit abermals dasselbe Ergebnis liefert wie DirectlyOver bzw. InputHitTest. Darüber hinaus existieren weitere HitTest-Varianten mit Filtern und Callbacks.

Mausform einstellen

Das Aussehen der Maus wird durch die Eigenschaft Cursor bestimmt, die für alle Steuerelemente definiert ist. Bei Containern gilt die Einstellung auch für alle darin enthaltenen Steuerelemente, soweit dort nicht explizit eine andere Mausform eingestellt ist.

Cursor erwartet bei der Einstellung ein Objekt der Klasse Cursor. Die Klasse Cursors enthält eine ganze Reihe derartiger Objekte, die für die meisten Anwendungsfälle ausreichen. Besonders häufig werden Sie wahrscheinlich den vordefinierten Cursor Wait verwenden: Je nach Windows-Version wird die Maus nun als Sanduhr, als rotierende Scheibe etc. dargestellt. Wenn Ihnen die vordefinierten Mausformen nicht ausreichen, können Sie an den Konstruktor der Cursor-Klasse den Dateinamen einer **.ani*- oder **.cur*-Datei übergeben. Um das Standardaussehen der Maus wiederherzustellen, weisen Sie Cursor einfach Nothing zu:

```
Me.Cursor = Cursors.Wait
[... Berechnung]
Me.Cursor = Nothing
```

Um den Cursor für das gesamte Programm (also für alle Fenster) zu verändern, verwenden Sie die Methode Input.Mouse.SetCursor. Diese Einstellung gilt allerdings nur, solange die Mausform nicht auf Fenster- oder Steuerelementebene verändert wird.

Wenn Sie individuelle Mausformeinstellungen für einzelne Fenster oder Steuerelemente – zumeist vorübergehend – durch einen Standardcursor überschreiben möchten, weisen Sie der Eigenschaft Input.Mouse.OverrideCursor ein entsprechendes Cursor-Objekt zu.

Rubberbox-Beispiel

Das folgende Beispielprogramm zeigt, wie Sie ein Rechteck mit der Maus auswählen können. Während Sie die linke Maustaste gedrückt halten, wird ein gestrichelter, halbtransparenter Rahmen gezeichnet, der die Ausmaße des Rechtecks angibt (siehe Abbildung 18.1). Dieser Rahmen wird traditionell als Rubberbox oder Rubberband bezeichnet, obwohl er eigentlich wenig Ähnlichkeit mit einem Gummiband hat. Die Auswahl kann durch [Esc] abgebrochen werden. Im Programm erfolgt keine Reaktion auf die Mausauswahl – es geht mir hier nur darum, die Technik zum Zeichnen der Rubberbox zu zeigen.

Der Ausgangspunkt für das Beispiel ist ein Canvas-Steuerelement, das verschiedene grafische Elemente enthält. Die Wahl ist natürlich nicht zufällig auf ein Canvas gefallen: Kein anderer Container ermöglicht eine so einfache Positionierung der Rubberbox. Die vielleicht naheliegende Idee, ein Canvas und einen anderen Container – etwa in einer Grid-Zelle – übereinanderzulegen, scheitert leider: Nur der oben liegende Container kann Mausereignisse empfangen. Beachten Sie weiter, dass Sie beim Canvas explizit eine Hintergrundfarbe einstellen müssen (hier Transparent) – andernfalls empfangen

Sie keine Mausereignisse für Bereiche, in denen das Canvas keine Elemente enthält. Der Grund für dieses merkwürdige Verhalten ist mir leider unbekannt.

Zur Darstellung der Rubberbox kommt ein Rectangle-Objekt mit gestricheltem Rand und blau-transparenten Hintergrund zum Einsatz. Achten Sie darauf, dass Sie dieses Objekt im Canvas zuletzt angeben, damit es über allen anderen enthaltenen grafischen Elementen und Steuerelementen dargestellt wird.

```
<Canvas Name="canvas1" Background="Transparent">
  <Ellipse ... />
  <Line ... />
  <Polygon ... />
  <Button ... />
  <Rectangle Name="rubberbox"
             Stroke="Black" StrokeThickness="2"
             StrokeDashArray="5 2" Fill="#300000ff" />
</Canvas>
```

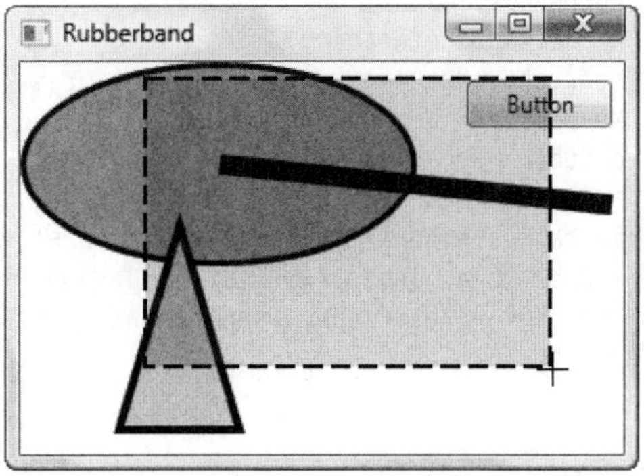

Abbildung 18.1: Rubberbox-Beispiel

Kommen wir nun zum VB-Code, um die Rubberbox anzuzeigen: Die Auswahl beginnt mit dem Drücken der linken Maustaste. Capture fängt die Maus nun ein und bewirkt, dass alle Mausereignisse bis zum Ende der Auswahl zum Canvas geleitet werden – auch wenn die Maus über dessen Grenzen hinausbewegt wird. In der MouseMove-Ereignisprozedur werden der Startpunkt und die Größe des Rechtecks eingestellt. Dabei müssen Sie darauf achten, dass Breite und Höhe nicht negativ werden dürfen. In der MouseUp-Ereignisprozedur endet die Auswahl. Breite und Größe der Rubberbox werden auf 0 zurückgesetzt, womit das Rechteck unsichtbar wird.

```
'Beispiel wpf-programmiertechniken/rubberbox
Dim startpt As Point? = Nothing
Private Sub canvas1_MouseLeftButtonDown(ByVal sender As Object, _
    ByVal e As Input.MouseButtonEventArgs) Handles canvas1.MouseLeftButtonDown
  startpt = e.GetPosition(canvas1)
  Mouse.Capture(canvas1)
  Me.Cursor = Cursors.Cross
End Sub
Private Sub canvas1_MouseMove(ByVal sender As Object, _
  ByVal e As Input.MouseEventArgs) Handles canvas1.MouseMove
  If e.LeftButton = MouseButtonState.Pressed And startpt.HasValue Then
    Dim endpt = e.GetPosition(canvas1)
    Dim x0, y0, w, h As Double
    x0 = Math.Min(startpt.Value.X, endpt.X)
    y0 = Math.Min(startpt.Value.Y, endpt.Y)
    w = Math.Abs(endpt.X - startpt.Value.X)
    h = Math.Abs(endpt.Y - startpt.Value.Y)
```

```
    Canvas.SetLeft(rubberbox, x0)
    Canvas.SetTop(rubberbox, y0)
    rubberbox.Width = w
    rubberbox.Height = h
  End If
End Sub
Private Sub canvas1_MouseLeftButtonUp(...) Handles canvas1.MouseLeftButtonUp
  rubberbox.Width = 0
  rubberbox.Height = 0
  Mouse.Capture(Nothing)
  startpt = Nothing
  Me.Cursor = Nothing
End Sub

Private Sub Window1_KeyDown(ByVal sender As Object, _
    ByVal e As Input.KeyEventArgs) Handles Me.KeyDown
  If e.Key = Key.Escape Then canvas1_MouseLeftButtonUp(sender, Nothing)
End Sub
```

18.3 Zwischenablage

Die Klasse `Clipboard` stellt diverse statische Methoden zur Verfügung, mit denen Sie Daten aus der Zwischenablage lesen bzw. dorthin schreiben können. Dabei werden die folgenden Formate unterstützt: Text, Bitmap-Grafiken, Audio-Daten, Dateilisten (in erster Linie für Drag&Drop-Operationen aus dem Windows-Explorer, siehe Abschnitt 18.4) sowie allgemeine Objektdaten. Die Tabelle am Ende dieses Abschnitts fasst alle Methoden zusammen. Eigenschaften oder Ereignisse gibt es keine.

Die Texteingabefelder `TextBox` und `RichTextBox` agieren von sich aus mit der Zwischenablage, die erforderlichen Tastenkürzel [Strg]+[C], +[V] und +[X] sind bereits vordefiniert. Eine direkte Programmierung der Zwischenablage ist nur erforderlich, wenn Sie andere Daten mit externen Programmen austauschen möchten. Am einfachsten gelingt das für die direkt von der WPF unterstützten Datenformate, also für Audio-Daten (habe ich nicht getestet), WPF-Bitmaps, unformatierte Texte und Dateilisten (siehe den folgenden Abschnitt).

Überraschend viele Probleme bereitet das Einfügen von Bitmaps mit `GetImage`: Die Anweisung `image.Source = Clipboard.GetImage()` funktioniert nur, wenn die Zwischenablage eine Bitmap enthält, die Sie vorher mit einem WPF-Programm mithilfe von `SetImage` eingefügt haben. Bitmaps aus anderen Quellen verarbeitet `GetImage` nicht richtig. Zwar liefert `ContainsImage` das Ergebnis `True`, und `GetImage` liefert ein anscheinend korrektes `InteropBitmap`-Objekt, das `Image`-Feld bleibt aber leer. Weder MSDN noch eine Internetsuche geben dafür eine plausible Begründung.

In die andere Richtung funktioniert der Datentransport aber, d.h., Nicht-WPF-Programme können mit `SetImage` in die Zwischenablage kopierte Bilder korrekt einfügen. Sie können das Einfügen und Kopieren von Bitmaps mit dem Beispielprogramm *wpf-programmiertechiken/clipboard-intro* testen. (Der Code ist trivial, weswegen ich hier auf einen Abdruck verzichte.)

Neben den WPF-Formaten unterstützt die Windows-Zwischenablage unzählige weitere Formate, und es steht Ihnen sogar frei, Daten mit `Clipboard.SetData("meinformat", mydata)` in einem eigenen Format zu übergeben. Das ist freilich nur zweckmäßig, wenn Sie die Daten programmintern oder zwischen mehreren Kopien Ihres Programms austauschen möchten. Andere Programme kennen die von Ihnen definierten Formate ja nicht.

Die Zwischenablage kann Daten in mehreren Formaten gleichzeitig enthalten. Wenn Sie z.B. in Microsoft Word einen Textabsatz kopieren, dann steht dieser Absatz unter anderem als ASCII-Text, Unicode-Text, RichText (RTF), HTML-Text sowie als Windows-Metafile-Grafikobjekt in der Zwischenablage zur Verfügung.

Wenn Sie wissen möchten, welche Formate die Zwischenablage momentan enthält, führen Sie `Clipboard.GetDataObject` aus. Das Ergebnis ist ein Objekt, das die `IDataObject`-Schnittstelle implementiert. Deren Methode `GetFormats` liefert eine Liste mit den Namen aller Formate, in der die Daten vorliegen bzw. in die sie konvertiert werden können. `idata.GetData(formatname)` liefert die Daten im gewünschten Format. Weitere Informationen sowie ein Anwendungsbeispiel für die `IDataObject`-Schnittstelle folgen im nächsten Abschnitt: Die Schnittstelle dient nämlich auch zum Datenaustausch bei Drag&Drop-Vorgängen.

Methoden der Clipboard-Klasse	
`Clear`	löscht die Zwischenablage.

`ContainsAudio`
`ContainsData(dataformat)`
`ContainsFileDropList,`
`ContainsImage`
`ContainsText`
`ContainsText(textformat)`
	gibt an (`True`/`False`), ob die Zwischenablage Daten im gewünschten Format enthält.
	`dataformat` ist eine Zeichenkette, wobei in der Klasse `DataFormats` Zeichenketten für wichtige Formate vordefiniert sind: `Dib`, `Dif`, `EnhancedMetafile` etc.
	`textformat` muss ein Element der Aufzählung `TextDataFormat` sein: `CommaSeparatedValue`, `Html`, `Rtf`, `Text`, `UnicodeText` und `Xaml`.

`GetAudioStream`
`GetData(dataformat)`
`GetDataObject`
`GetFileDropList`
`GetImage`
`GetText`
`GetText(textformat)`
	liest die Zwischenablage aus und liefert die Daten im gewünschten Format. Beachten Sie, dass `GetText` nur für unformatierten Text funktioniert, `GetImage` nur für Bitmaps, die von einem WPF-Programm stammen!

`IsCurrent(idata)`	testet, ob die in der Zwischenablage enthaltenen Daten mit dem angegebenen `idata`-Objekt übereinstimmen.

`SetAudio(bytearray)`
`SetAudio(stream)`
`SetData(dataformat, object)`
`SetDataObject(idata)`
`SetFileDropList(stringcollection)`
`SetImage(bitmapsource)`
`SetText(s)`
`SetText(s, textformat)`
	schreibt die angegebenen Daten in die Zwischenablage.

18.4 Drag&Drop

Der Begriff `Drag&Drop` bezeichnet das Verschieben von Objekten an eine neue Position, wahlweise im selben oder in einem anderen Fenster, das auch von einem anderen Programm stammen kann. Drag&Drop hat in den vergangenen Jahren zwar an Popularität verloren – vielleicht auch deswegen, weil viele Anwender und insbesondere Notebook-Benutzer das Verschieben der Maus mit gedrückter Maustaste als unhandlich empfinden – in manchen Situationen ist Drag&Drop aber noch immer einfach und effizient. Vorweg ein kurzer Überblick über die Konzepte der Drag&Drop-Programmierung:

Um eine Drag&Drop-Operation in einem VB-Programm auszulösen, führen Sie die Methode `DragDrop.DoDragDrop` aus, üblicherweise in einer `MouseMove`-Ereignisprozedur. Wenn Sie dagegen Drag&Drop-Operation verarbeiten (empfangen) möchten, müssen Sie für das betreffende Steuerelement oder Fenster die Eigenschaft `AllowDrop` auf `True` stellen und zumindest die zwei Ereignisprozeduren `DragEnter` und `DragDrop` programmieren.

VB-Programme können sowohl Auslöser als auch Empfänger von Drag&Drop-Ereignissen sein. Es ist aber nicht erforderlich, dass ein Programm beide Funktionen realisiert. Der Datenaustausch erfolgt über dieselbe `IDataObject`-Schnittstelle, die auch im vorigen Abschnitt zum Lesen und Schreiben der Zwischenablage vorgestellt wurde.

HINWEIS Je nachdem, welche Daten Sie von welchem Steuerelement aus wie per Drag&Drop verschieben möchten, gibt es unglaublich viele Wege, Drag&Drop-Details zu implementieren und noch mehr visuelles Feedback darüber zu geben, welche Objekte wie verschoben oder kopiert werden. Ich beschränke mich hier aus Platzgründen auf zwei relativ einfache Beispiele. Wenn Sie sich tiefer in die Drag&Drop-Welt einarbeiten möchten, sind die Blogs von Marcelo Lopez Ruiz und Jaime Rodriguez lesenswert:

http://blogs.msdn.com/search/SearchResults.aspx?q=Drag%20Drop&sections=4243
http://blogs.msdn.com/search/SearchResults.aspx?q=Drag%20Drop&sections=4419

Drag&Drop-Operation initiieren

Eine Drag&Drop-Operation beginnt mit der Methode DoDragDrop der Klasse `DragDrop`. Im ersten Parameter geben Sie die Datenquelle an, z.B. ein Steuerelement. Der zweite Parameter enthält die Daten, die verschoben oder kopiert werden sollen. Dabei können Sie direkt Daten in einem beliebigen Format übergeben (Datentyp `Object`). Für die Auswertung des `Drop`-Ereignisses ist es aber besser, wenn Sie zur Datenübergabe ein `DataObject` verwenden. Im dritten Parameter geben Sie an, welche Operationen zulässig sind. Zur Auswahl stehen die Elemente der `DragDropEffects`-Aufzählung oder eine beliebige `Or`-Kombination: `Copy`, `Move`, `Scroll`, `Link` oder `All`.

Bei der Programmierung der Beispiele zu diesem Abschnitt hat sich herausgestellt, dass das Auslösen einer Drag&Drop-Operation viel schwieriger ist als das Empfangen und Verarbeiten solcher Aktionen. Das Problem besteht darin, dass Drag&Drop-Operationen üblicherweise mit der linken Maustaste beginnen. Ein erster Ansatz zum Start einer Verschiebeoperation sieht daher meist folgendermaßen aus:

```
Private Sub steuerelement_MouseDown(...) Handles steuerelement.MouseDown
  If Mouse.LeftButton = MouseButtonState.Released Then
    DragDrop.DoDragDrop(steuerelemement, daten, DragDropEffects.Move)
  End If
End Sub
```

Ganz so einfach funktioniert es aber leider selten: Das Drücken der linken Maustaste dient ja oft zur Markierung eines Objekts (oder Listeneintrags). Es muss also zwischen einem gewöhnlichen Mausklick und dem Beginn einer Drag&Drop-Operation unterschieden werden. Das zweite Beispiel am Ende dieses Abschnitts zeigt den leider recht komplexen Code, um Drag&Drop-Vorgänge aus einem Listenfeld heraus zu initiieren.

`DoDragDrop` liefert als Ergebnis ein Element der `DragDropEffects`-Aufzählung zurück. Es gibt an, wie die Drag&Drop-Operation beendet wurde. Bei einem Kopiervorgang brauchen Sie darauf nicht zu reagieren, nach dem Verschieben von Daten müssen Sie diese aber in der Datenquelle explizit löschen. Die WPF ist nicht intelligent genug, um das selbst zu erledigen.

Drag&Drop-Ereignisse zulassen

Damit ein Steuerelement bzw. ein Formular als Empfänger für Drag&Drop-Ereignisse dienen und die im Folgenden beschriebenen `DragXxx`-Ereignisse empfangen kann, muss die `AllowDrop`-Eigenschaft auf `True` gestellt werden, üblicherweise bereits im XAML-Code. Achtung, die Grundeinstellung für diese Eigenschaft lautet `False`!

Die `AllowDrop`-Eigenschaft kann für jedes Steuerelement individuell eingestellt werden. Die Einstellung wird auf alle enthaltenen Steuerelemente vererbt. Im Regelfall ist dieses Verhalten praktisch: Wenn beispielsweise das gesamte Fenster als Drag&Drop-Empfänger gelten soll, brauchen Sie lediglich für das Formular `AllowDrop` auf `True` zu setzen und `DragXxx`-Ereignisprozeduren für das Formular zu entwickeln. Um die im Formular enthaltenen Steuerelemente brauchen Sie sich nicht zu kümmern – Drag&Drop-Operationen sind auch dort möglich und werden von den `DragXxx`-Ereignisprozeduren des Formulars verwaltet.

Wenn Sie freilich möchten, dass ein Steuerelement innerhalb eines Drag&Drop-tauglichen Fensters explizit nicht als Empfänger dienen soll, müssen Sie dessen `PreviewDragXxx`-Ereignisprozedur implementieren und dort `e.Handled = True` einstellen.

Drag&Drop-Ereignisse

Für den Empfänger einer Drag&Drop-Operation – also für Steuerelemente bzw. das Fenster mit `AllowDrop = True` – treten die folgenden Ereignisse auf:

» `DragEnter` tritt auf, wenn die Maus mit einem `Drag`-Objekt über ein Steuerelement bewegt wird. In der Prozedur wird üblicherweise der Objekttyp der Daten getestet. Je nachdem, wie das Steuerelement mit den angebotenen Daten zurechtkommt, verändern Sie durch die Einstellung von `e.Effects` das Aussehen des Mauscursors. Denken Sie daran, dass Sie `e.Effects auf`

DragDropEffects.None stellen, wenn das Datenformat nicht passt! Bei Steuerelementen, die von sich aus Drag&Drop unterstützen, müssen Sie hier außerdem e.Handled = True angeben, damit die WPF nicht versucht, ebenfalls auf das Ereignis zu reagieren.

» DragOver tritt kontinuierlich während der Bewegung der Maus auf. (Das Ereignis entspricht in etwa MouseMove.) Im Regelfall wird diese Ereignisprozedur denselben Code wie in DragEnter angeben.

  Darüber hinaus sind aber auch diverse Zusatzfunktionen denkbar: Bei manchen Drag&Drop-Anwendungen können Sie hier eine Art Vorschau realisieren, die anzeigt, was passieren würde, wenn die Maustaste jetzt losgelassen würde. Eine andere Anwendung der DragOver-Ereignisprozedur könnte darin bestehen, im TreeView-Steuerelement die hierarchische Liste auseinanderzuklappen (wie dies auch im Windows-Explorer der Fall ist, wenn Sie Dateien in ein anderes Verzeichnis verschieben oder kopieren möchten).

  Je nachdem, ob Zustandstasten wie [⇧] oder [Strg] gedrückt sind, können Sie via e.Effects auch hier das Aussehen der Maus verändern, um so optisch zwischen einer Verschiebe- und einer Kopieroperation zu unterscheiden.

» DragLeave tritt analog zu DragEnter auf, wenn die Maus das Steuerelement wieder verlässt. Im Regelfall ist es nicht notwendig, eine Prozedur zu diesem Ereignis zu schreiben. Insbesondere brauchen Sie sich nicht um das Aussehen der Maus zu kümmern (Sie können das auch gar nicht, weil keine entsprechenden Parameter übergeben werden) – dafür ist nun das Steuerelement oder Programm verantwortlich, über dem sich die Maus jetzt befindet.

» Drop tritt auf, wenn der Anwender die Maustaste loslässt, die Daten also fallen gelassen werden.

Auch für das Steuerelement, das die Drag&Drop-Operation initiiert hat (gewissermaßen der Sender), tritt ein Ereignis auf:

» GiveFeedback tritt während der Drag&Drop-Operation kontinuierlich auf. In der Ereignisprozedur können Sie das Aussehen des Mauscursors verändern, wenn es vonseiten der Datenquelle einen Grund dazu gibt. Es ist nur in seltenen Fällen erforderlich, auf dieses Ereignis zu reagieren.

» QueryContinueDrag tritt während der Drag&Drop-Operation auf, sobald sich der Zustand einer Maus- oder Zustandstaste ändert. In der Prozedur können Sie das Aussehen des Mauscursors entsprechend ändern. Sie können die Operation an dieser Stelle auch abbrechen (e.DragAction = DragAction.Cancel) oder vorzeitig abschließen (e.DragAction=DragAction.Drop). Eine Reaktion auf [Esc] ist nicht erforderlich, weil die Drag&Drop-Operation in diesem Fall ohnedies automatisch beendet wird.

Alle genannten Ereignisse gibt es auch in der Preview-Variante, also als PreviewDragEnter etc.

An die Ereignisprozeduren zu DragEnter, DragOver, DragLeave und Drop wird mit e ein Objekt der Klasse DragEventArgs übergeben. Die folgende Tabelle fasst die Eigenschaften dieser Klasse zusammen.

Eigenschaften der Klasse *DragEventArgs*

e.AllowedEffects	gibt an, welche Drag&Drop-Operationen zulässig sind. Diese Eigenschaft enthält die DragDropEffects-Kombination, die bei DoDragDrop angegeben wurde.
e.Data	verweist auf ein IDataObject mit den Daten, die durch die Drag&Drop-Operation übertragen werden. Die Auswertung der Daten ist im vorigen Abschnitt beschrieben. (Die Zwischenablage überträgt Daten ebenfalls als IDataObject.)
e.Effects	gibt das Aussehen der Maus an. e.Effects muss in den DragEnter- und DragOver-Prozeduren eingestellt werden. Wenn die Einstellung Effects.None gilt, kann kein Drop-Ereignis auftreten. Bei der Einstellung von e.Effects sind nur die Werte zulässig, die mit e.AllowedEffect angegeben wurden. Falls je nach den Zustandstasten [Strg], [⇧] oder [Alt] unterschiedliche Drag&Drop-Operationen möglich sind, sollte in der DragOver-Prozedur e.KeyStates ausgewertet werden und e.Effects entsprechend eingestellt werden.
e.Handled	gibt an, ob das Ereignis vollständig verarbeitet wurde. Wenn Handled auf True gesetzt wird, wird das Ereignis weder WPF-intern noch durch andere Ereignisprozeduren weiterbehandelt.
e.KeyStates	gibt an, welche der Tasten [Strg], [⇧] und [Alt] gerade gedrückt sind.

Beispiel – Datei-Drop aus dem Windows-Explorer

In diesem Beispielprogramm können zuvor im Windows-Explorer markierte Dateien per Drag&Drop abgelegt werden. Die Dateinamen werden im Listenfeld im oberen Teil des Fensters angezeigt. Wenn Sie einen Dateinamen anklicken, wird der Inhalt der Datei im unteren Fensterabschnitt angezeigt. Das funktioniert allerdings nur dann zufriedenstellend, wenn es sich um UTF8-Textdateien handelt.

Der einzig wichtige Aspekt im XAML-Code besteht darin, dass AllowDrop bereits im Window-Element auf True gestellt wird. Damit können alle Steuerelemente Drag&Drop-Ereignisse verarbeiten.

```
<Window x:Class="Window1" .... AllowDrop="True">
  <StackPanel>
    <TextBlock ...>Lassen Sie Textdateien ...</TextBlock>
    <ListBox Name="lst1" ... />
    <TextBox Name="txt1" ... />
  </StackPanel>
</Window>
```

Die Drop-Operation soll überall im Fenster gelingen, auch in der Textbox. Das ist insofern eine Herausforderung, als die Textbox selbst Drag&Drop-Mechanismen enthält. Deswegen ist es erforderlich, die Ereignisse PreviewDragEnter und PreviewDragOver schon auf Fensterebene abzufangen und e.Handled auf True zu setzen, sodass die Textbox sich selbst nicht mehr darum kümmert. Dabei ist auch die PreviewDragOver-Ereignisprozedur wichtig, die für die restlichen Steuerelemente nicht erforderlich wäre. Bei Datei-Drag&Drop-Ereignissen enthält e.Data ein Objekt des Typs DataFormats.FileDrop. Die Einstellung e.Effects = Move bewirkt, dass die Maus ihr Aussehen ändert und der Anwender ein optisches Feedback hat.

An die `Drop`-Ereignisprozedur wird via `e.Data` ein `String`-Feld übergeben. Die darin enthaltenen Namen werden in das Listenfeld eingetragen. Sobald ein Eintrag des Listenfelds ausgewählt wird, versucht die `SelectionChanged`-Ereignisprozedur, die Datei in das Textfeld zu laden.

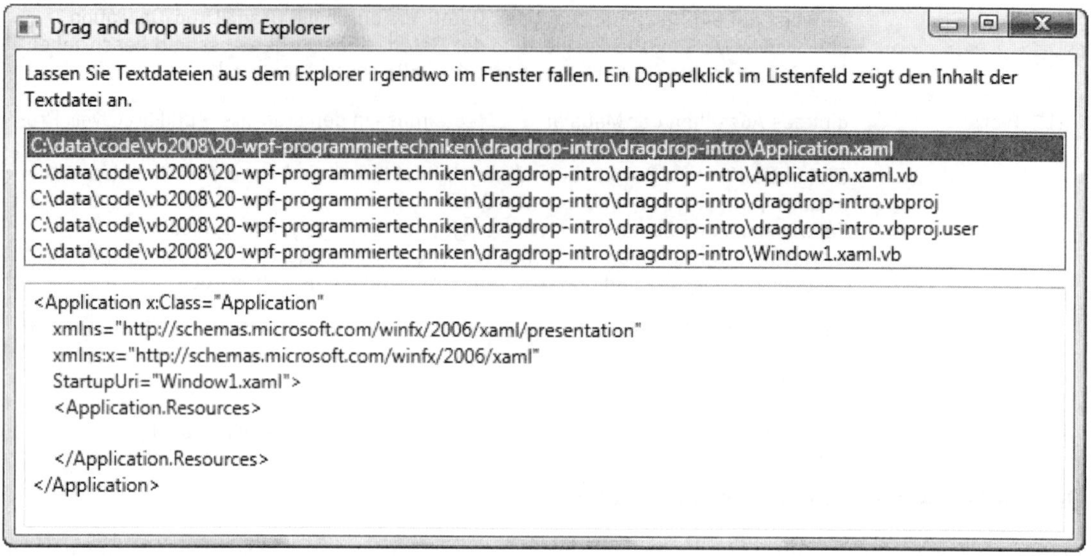

Abbildung 18.2: Drag&Drop aus dem Windows-Explorer

```
'Beispiel wpf-programmiertechniken\dragdrop-intro, Datei Window1.xaml.vb
Private Sub Window1_PreviewDragEnter(ByVal sender As Object, _
                                     ByVal e As DragEventArgs) Handles Me.PreviewDragEnter
  DragFeedback(e)
End Sub
Private Sub Window1_PreviewDragOver(ByVal sender As Object, _
                                    ByVal e As DragEventArgs) Handles Me.PreviewDragOver
  DragFeedback(e)
End Sub
Sub DragFeedback(ByVal e As DragEventArgs)
  If e.Data.GetDataPresent(DataFormats.FileDrop) Then
    e.Effects = DragDropEffects.Move
    e.Handled = True
  Else
    e.Effects = DragDropEffects.None
    e.Handled = True
  End If
End Sub
Private Sub Window1_Drop(ByVal sender As Object, _
                         ByVal e As DragEventArgs) Handles Me.Drop
  If e.Data.GetDataPresent(DataFormats.FileDrop) Then
    lst1.Items.Clear()
    Dim filenames = CType(e.Data.GetData(DataFormats.FileDrop), String())
```

```
    For Each s In filenames
      lst1.Items.Add(s)
    Next
  End If
End Sub
Private Sub lst1_SelectionChanged(...) Handles lst1.SelectionChanged
  If IsNothing(lst1.SelectedItem) Then Exit Sub
  Dim sr As IO.StreamReader = Nothing
  Try
    sr = New IO.StreamReader(lst1.SelectedItem.ToString)
    txt1.Text = sr.ReadToEnd()
    sr.Close()
  Catch
    If Not IsNothing(sr) Then sr.Close()
  End Try
End Sub
```

Beispiel – Drag&Drop zwischen zwei Listenfeldern

Die Aufgabe für das zweite Beispiel klingt trivial: Es sollen Listenelemente zwischen zwei Listenfeldern hin und her verschoben werden. Allein, die Tücken liegen im Detail. Das erste Problem besteht darin, einen Mausklick zur Auswahl eines Listenelements vom Beginn einer Drag&Drop-Operation zu unterscheiden. In WPF-Listenfeldern erfolgt die Elementauswahl normalerweise sofort beim Niederdrücken der Maustaste. Damit ist es auch schon zu spät, um den Mausklick noch zur Initiierung einer Drag&Drop-Operation zu verwenden. (Das `ListView`-Steuerelement von Windows Forms sieht ein `ItemDrag`-Ereignis vor, das die WPF-Entwickler leider nicht implementiert haben.)

```
<Grid>
  <Grid.ColumnDefinitions>
    <ColumnDefinition/><ColumnDefinition/>
  <Grid.ColumnDefinitions>
  <ListView Name="lst1" Margin="2" AllowDrop="True"
            SelectionMode="Extended" Grid.Column="0" />
  <ListView Name="lst2" Margin="2" AllowDrop="True"
            SelectionMode="Extended" Grid.Column="1" />
</Grid>
```

Abbildung 18.3: Drag&Drop zwischen zwei Listenfeldern

Somit ist die manuelle Verarbeitung der Ereignisse `PreviewMouseDown`, `PreviewMouseMove` und `PreviewMouseUp` erforderlich. Die Ereignisprozeduren gelten gleichermaßen für beide Listenfelder, weil mit `Handles` jeweils die Ereignisse beider Listenfelder genannt sind.

lstbox_PreviewMouseDown speichert die Koordinaten der Mausposition in der Variablen startpt und das angeklickte Listenelement in lbiHit. Die Ermittlung des Listenelements ist relativ schwierig: InputHitTest liefert als Ergebnis nicht direkt ein ListBoxItem, sondern ein Element, aus dem der Listeneintrag intern zusammengesetzt ist (z.B. TextBlock oder Border). Erst ContainerFromElement ermittelt das dazugehörende ListBoxItem. Anschließend wird das Ereignis durch e.Handled = True als erledigt gekennzeichnet, damit das Listenfeld den Mausklick nicht selbst auswertet. Die Prozedur wird vorzeitig verlassen, wenn eine andere als die linke Maustaste gedrückt wurde oder wenn zusätzlich [⇧], [Strg] oder [Alt] gedrückt wurde.

```
'Beispiel wpf-programmiertechniken\dragdrop-intro, Datei Window2.xaml.vb
Const minDistance = 8
Dim startpt As Point?
Dim lbiHit As ListBoxItem
Private Sub lstbox_PreviewMouseDown(ByVal sender As Object, _
  ByVal e As System.Windows.Input.MouseButtonEventArgs) _
  Handles lst1.PreviewMouseDown, lst2.PreviewMouseDown
  'die Prozedur nur ausführen, wenn nur die linke Maustaste gedrückt wird und
  'keine Modifier-Tasten (Shift, Alt, Strg) gedrückt werden
  If Mouse.LeftButton = MouseButtonState.Released OrElse _
     Mouse.MiddleButton = MouseButtonState.Pressed OrElse _
     Mouse.RightButton = MouseButtonState.Pressed OrElse _
     Keyboard.Modifiers <> ModifierKeys.None Then
    startpt = Nothing
    Exit Sub
  End If
  'Listeneintrag unter der Maus ermitteln
  Dim lb As ListBox = CType(sender, ListBox)
  Dim iie As IInputElement = lb.InputHitTest(e.GetPosition(lb))
  If IsNothing(iie) Then Exit Sub
  Dim obj = lb.ContainerFromElement(iie)
  If IsNothing(obj) OrElse Not (TypeOf obj Is ListBoxItem) Then Exit Sub
  lbiHit = CType(obj, ListBoxItem)
  'Startpunkt und ListBoxItem merken
  startpt = e.GetPosition(lb)
  lb.Focus()
  e.Handled = True
End Sub
```

In lstbox_PreviewMouseMove ermittelt, ob die Maus bereits um mehr als die vorgegebene Minimumdistanz für eine Drag&Drop-Operation bewegt wurde. Wenn das der Fall ist, wird zuerst das Listenelement ausgewählt, falls dies noch nicht der Fall war. Anschließend werden die Texte aller ausgewählten Listeneinträge in ein String-Feld kopiert, dieses in ein DataObject verpackt und an DoDragDrop übergeben. (Eine direkte Übergabe von lb.SelectedItems wäre einfacher, funktioniert aber nur bei Drag&Drop-Operationen innerhalb des Programms. Sobald die Daten in ein anderes Programm verschoben werden, tritt ein Serialisierungsfehler auf.)

Wenn die Drag&Drop-Operation erfolgreich abgeschlossen wird, werden die ausgewählten Listeneinträge gelöscht. Die Listeneinträge wurden ja in ein anderes Steuerelement verschoben und müssen daher aus dem Quelllistenfeld verschwinden.

```
Private Sub lstbox_PreviewMouseMove(ByVal sender As Object, _
    ByVal e As System.Windows.Input.MouseEventArgs) _
    Handles lst1.PreviewMouseMove, lst2.PreviewMouseMove
  If IsNothing(startpt) Then Exit Sub
  If Mouse.LeftButton = MouseButtonState.Released OrElse _
     Mouse.MiddleButton = MouseButtonState.Pressed OrElse _
     Mouse.RightButton = MouseButtonState.Pressed OrElse _
     Keyboard.Modifiers <> ModifierKeys.None Then
    startpt = Nothing
    Exit Sub
  End If
  Dim lb As ListBox = CType(sender, ListBox)
  Dim endpt = e.GetPosition(lb)
  'es ist ein Drag&Drop-Vorgang
  If (startpt.Value.X - endpt.X) ^ 2 + (startpt.Value.Y - endpt.Y) ^ 2 > _
    minDistance ^ 2 Then
    'falls ListBoxItem noch gar nicht ausgewählt war: auswählen, alle anderen nicht
    If lbiHit.IsSelected = False Then
      lb.UnselectAll()
      lbiHit.IsSelected = True
    End If
    Dim dataobj As New System.Windows.DataObject
    Dim n = lb.SelectedItems.Count - 1
    Dim itemStrings(n) As String
    For i = 0 To n
      itemStrings(i) = lb.SelectedItems(i).ToString
    Next
    dataobj.SetData("listboxitems", itemStrings)
    Dim result = DragDrop.DoDragDrop(lb, dataobj, DragDropEffects.Move)
    ' Einträge entfernen (Drag&Drop-Quelle)
    If result = DragDropEffects.Move Then
      While lb.SelectedItems.Count > 0
        lb.Items.Remove(lb.SelectedItems(0))
      End While
    End If
  End If
End Sub
```

Es ist natürlich auch möglich, dass der durch das Ereignis `PreviewMouseDown` festgestellte Mausklick wirklich zur Auswahl eines Listenelements gedacht war. Dieser Fall wird in `lstbox_PreviewMouseUp` festgestellt: Wenn die Maus nur minimal bewegt wurde, wird das angeklickte Listenelement ausgewählt bzw. die bereits vorhandene Auswahl aufgehoben. Da für die Listenfelder `SelectionMode = Extended` gilt, muss gleichzeitig auch die Auswahl für alle sonst bereits ausgewählten Elemente aufgehoben werden.

```
Private Sub lstbox_PreviewMouseUp(ByVal sender As Object, _
    ByVal e As System.Windows.Input.MouseButtonEventArgs) _
    Handles lst1.PreviewMouseUp, lst2.PreviewMouseUp
  If IsNothing(startpt) Then Exit Sub
  If Keyboard.Modifiers = ModifierKeys.None Then
    Dim lb As ListBox = CType(sender, ListBox)
    Dim endpt = e.GetPosition(lb)
    'es ist ein normaler Mausklick, angeklicktes ListBoxItem auswählen bzw.
    'Auswahl aufheben
    If (startpt.Value.X - endpt.X) ^ 2 + (startpt.Value.Y - endpt.Y) ^ 2 < _
      minDistance ^ 2 Then
      If lbiHit.IsSelected Then
        lb.UnselectAll()
        lbiHit.IsSelected = False
      Else
        lb.UnselectAll()
        lbiHit.IsSelected = True
      End If
      e.Handled = True
    End If
  End If
  startpt = Nothing
End Sub
```

Wesentlich weniger Probleme als die Initiierung des Drag&Drop-Vorgangs bereitet dessen weitere Verarbeitung. In `lstbox_DragEnter` wird die Form des Mauszeigers verändert, um dem Anwender ein Feedback über den Vorgang zu geben. `lstbox_Drop` fügt die neuen Listeneinträge in das Listenfeld ein und sortiert dieses dann neu.

```
' Feedback, wenn Maus in möglichem Ziel-Listenfeld
Private Sub lstbox_DragEnter(ByVal sender As Object, _
    ByVal e As System.Windows.DragEventArgs) Handles lst1.DragEnter, lst2.DragEnter
  If e.Data.GetDataPresent("listboxitems") Then
    e.Effects = DragDropEffects.Move
  Else
    e.Effects = DragDropEffects.None
  End If
  e.Handled = True
End Sub
Private Sub lstbox_DragOver(ByVal sender As Object, _
    ByVal e As System.Windows.DragEventArgs) Handles lst1.DragOver, lst2.DragOver
  If e.Data.GetDataPresent("listboxitems") Then
    e.Effects = DragDropEffects.Move
  Else
    e.Effects = DragDropEffects.None
  End If
  e.Handled = True
End Sub
```

```
' neue Einträge einfügen (Drag&Drop-Ziel)
Private Sub lstbox_Drop(ByVal sender As Object, _
    ByVal e As System.Windows.DragEventArgs) Handles lst1.Drop, lst2.Drop
  If e.Data.GetDataPresent("listboxitems") = False Then Exit Sub
  Dim lbtarget As ListBox = CType(sender, ListBox)
  For Each s In CType(e.Data.GetData("listboxitems"), String())
    lbtarget.Items.Add(s)
  Next
  'neu sortieren
  lbtarget.Items.SortDescriptions.Clear()
  lbtarget.Items.SortDescriptions.Add(New System.ComponentModel.SortDescription())
End Sub
```

18.5 Standarddialoge

In Windows Forms gibt es diverse Standarddialoge zur Datei-, Verzeichnis-, Drucker-, Schrift- und Farbauswahl. In WPF sieht das Angebot dagegen vergleichsweise mager aus: Zwei Dateiauswahl- und ein Druckdialog – das war's! Damit nicht genug: Unter Windows Vista sehen die WPF-Dateiauswahldialoge schrecklich aus, weil sie nicht dem Vista-Layout entsprechen. Die entsprechenden Windows Forms-Dialoge passen sich dagegen problemlos den Vista-Konventionen an. Was sich die Microsoft-Entwickler bei der halbherzigen WPF-Unterstützung für die Standarddialoge gedacht haben, bleibt ein Rätsel.

Wenn Ihnen das Angebot der WPF-Standarddialoge an sich ausreicht und Sie sich nur an der steinzeitlichen Optik der Dialoge stören, erzielen Sie ansprechendere Ergebnisse durch die Veränderung der Datei *app.manifest*. Wenn Sie zusätzlich die Dialoge zur Verzeichnis- oder Farbauswahl brauchen, besteht die einfachste Lösung darin, auch in WPF-Programmen auf die Windows Forms-Dialoge zurückzugreifen.

WPF-Standarddialoge

Die beiden WPF-Dateiauswahldialoge sind im Namensraum `Microsoft.Win32` versteckt. `OpenFileDialog` ermöglicht die Auswahl einer existierenden Datei (siehe Abbildung 18.4). `Title` gibt die Beschriftung des Fensters an, `InitialDirectory` das Startverzeichnis. `MultiSelect = True` ermöglicht die Auswahl mehrerer Dateien. Die ausgewählten Dateinamen entnehmen Sie den Eigenschaften `FileName` bzw. `FileNames` (bei einer Mehrfachauswahl).

`Filter` kann einen oder mehrere Filter für einzelne Dateitypen enthalten. Die Zeichenkette muss nach dem folgenden Muster zusammengesetzt werden: `"text1|filter1|text2| filter2"`, also beispielsweise `"Textdateien|*.txt«`. Sie können auch einer Bezeichnung mehrere Dateimuster zuordnen: `"Bilddateien| *.bmp;*.jpg;*.jpeg"`. `ShowDialog` zeigt den Dialog an. Wenn die Methode `True` zurückgibt, hat der Anwender einen gültigen Dateinamen ausgewählt. Im einfachsten Fall verwenden Sie `OpenFileDialog` wie folgt:

```
'Beispiel wpf-programmiertechniken/standarddialoge
Dim ofd As New Microsoft.Win32.OpenFileDialog
If ofd.ShowDialog() Then
  MsgBox("Ausgewählter Dateiname: " + ofd.FileName)
End If
```

OpenSaveDialog funktioniert im Prinzip wie OpenFileDialog, allerdings ist keine Mehrfachauswahl möglich. Die Eigenschaften CreatePrompt (standardmäßig False) und OverwritePrompt (standardmäßig True) geben an, ob das Erzeugen einer neuen Datei bzw. das Überschreiben einer vorhandenen Datei bestätigt werden muss.

HINWEIS Den WPF-Druckdialog (PrintDialog) beschreibe ich in Abschnitt 19.6 zusammen mit den restlichen WPF-Druckfunktionen.

Manifest-Einstellung zur Erzielung der XP- oder Vista-Optik

Mit Ausnahme der Datei-Dialoge unter Windows 7 sehen die WPF-Standarddialoge so aus wie zu Zeiten von Windows 2000: »Alte« Icons, eckige Buttons etc. Abhilfe schaffen ein paar Zeilen in der Manifest-Datei *app.manifest*. Diese Datei gibt .NET-Einstellungen, -Abhängigkeiten und andere Zusatzinformationen an. In diese Datei gelangen Sie am einfachsten über die Projekteigenschaften, Dialogblatt ANWENDUNG, Button WINDOWS-EINSTELLUNGEN ANZEIGEN. Anschließend fügen Sie die im Folgenden fett hervorgehobenen Zeilen ein. Sie bewirken, dass das Programm die Version 6.0 der Windows-Standarddialoge verwendet, nicht eine ältere Version.

```
<?xml version="1.0" encoding="utf-8"?>
<asmv1:assembly manifestVersion="1.0" ...>
  <assemblyIdentity version="1.0.0.0" name="MyApplication.app"/>
  <trustInfo xmlns="urn:schemas-microsoft-com:asm.v2">
     ... unverändert lassen ...
  </trustInfo>
  <dependency>
    <dependentAssembly>
      <assemblyIdentity type="win32"
                        name="Microsoft.Windows.Common-Controls"
                        version="6.0.0.0"
                        processorArchitecture="*"
                        publicKeyToken="6595b64144ccf1df"
                        language="*">
      </assemblyIdentity>
    </dependentAssembly>
  </dependency>
</asmv1:assembly>
```

HINWEIS Da mit Windows 7 die Dialoge grundlegend überarbeitet wurden, bleibt der Eintrag in der Manifestdatei für die Datei-Dialoge ohne Effekt, da die Dialoge gleich im neuen Design dargestellt werden.

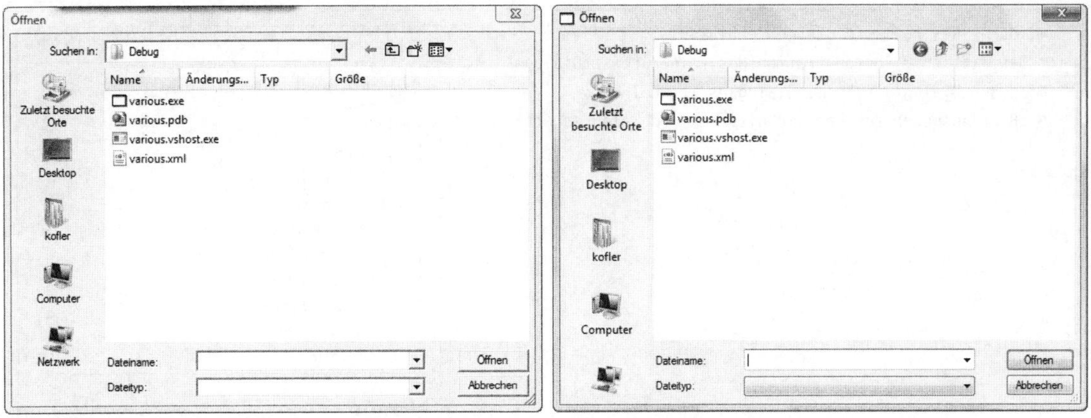

Abbildung 18.4: Links die »normale« Dateiauswahlbox von WPF-Programmen, rechts die modernere Vista-Version (beachten Sie die Icons rechts oben und die Buttons rechts unten).

Windows-Form-Dialoge

Um unter WPF die Windows Forms-Dialoge einzusetzen, fügen Sie Ihrem Projekt eine Referenz auf die .NET-Bibliothek `System.Windows.Forms` hinzu. Ein Import des Namensraums `System.Windows.Forms` ist hingegen nicht erforderlich und auch nicht zweckmäßig: Viele WPF- und Windows Forms-Klassen haben dieselben Namen, sodass eine explizite Unterscheidung durch das vorangestellte `Forms` ohnedies unverzichtbar ist.

Die Methoden und Eigenschaften für die Klassen `OpenFileDialog` und `SaveFileDialog` haben zumeist dieselben Namen wie bei den WPF-Varianten. Allerdings liefert `ShowDialog` nicht einfach `True` oder `False` zurück, sondern ein Element der Aufzählung `Windows.Forms.DialogResult`. Anders als bei den WPF-Dialogen verwenden die Windows Forms-Dialoge automatisch die moderneren Dialogvarianten von Windows XP bzw. Vista. Der Code zum Aufruf des `OpenFileDialogs` sieht so aus:

```
Dim ofd As New Forms.OpenFileDialog
If ofd.ShowDialog() = Forms.DialogResult.OK Then
  MsgBox("Ausgewählter Dateiname: " + ofd.FileName)
End If
```

Der `FolderBrowserDialog` liefert das ausgewählte Verzeichnis in der Eigenschaft `SelectedPath` als Zeichenkette. Die Eigenschaft `ShowNewFolderButton` (standardmäßig `True`) gibt an, ob der Anwender ein neues Verzeichnis erstellen darf. Optional können Sie mit `RootFolder` das Ausgangsverzeichnis angeben. Allerdings kann der Anwender dann kein Verzeichnis auswählen, das einen anderen Ausgangspunkt hat.

```
Dim fbd As New Forms.FolderBrowserDialog
fbd.Description = "Demonstration des FolderBrowserDialogs"
If fbd.ShowDialog() = Forms.DialogResult.OK Then
  MsgBox("Ausgewähltes Verzeichnis: " + fbd.SelectedPath)
End If
```

Abbildung 18.5: Verzeichnisauswahl mit dem FolderBrowserDialog

Damit Sie den ColorDialog verwenden können, müssen Sie Ihrem Projekt eine weitere Referenz auf die Bibliothek System.Drawing hinzufügen, in der die Klasse System.Drawing.Color definiert ist. Der Farbauswahldialog liefert als Ergebnis ein Objekt dieser Klasse (Eigenschaft Color). Die größte Hürde beim Einsatz des ColorDialogs besteht darin, die Farben zwischen System.Drawing.Color und System.Windows.Media.Color-Objekt umzuwandeln. Im folgenden Beispiel wird die Hintergrundfarbe eines Buttons geändert. Der Code zeigt die Umwandlung mit der Methode FromArgb.

```
Dim cd As New Forms.ColorDialog
Dim winformColor As System.Drawing.Color = _
  System.Drawing.Color.White
Dim wpfColor As Color
If TypeOf btn.Background Is SolidColorBrush Then
  wpfColor = CType(btn.Background, SolidColorBrush).Color
  winformColor = System.Drawing.Color.FromArgb( _
    wpfColor.A, wpfColor.R, wpfColor.G, wpfColor.B)
End If
cd.Color = winformColor
If cd.ShowDialog() = Forms.DialogResult.OK Then
  wpfColor = Color.FromArgb( _
    cd.Color.A, cd.Color.R, cd.Color.G, cd.Color.B)
  btn.Background = New SolidColorBrush(wpfcolor)
End If
```

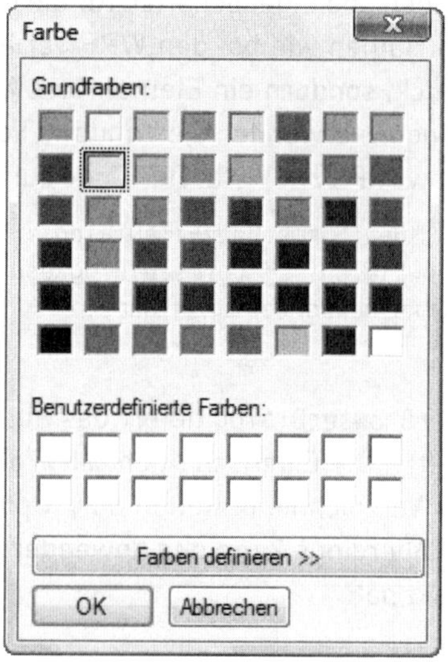

Abbildung 18.6: Farbauswahl mit dem ColorDialog

Auch beim Einsatz des FontDialogs liegt das größte Problem darin, dass die Font-Klassen von Windows Forms und der WPF nicht zueinander kompatibel sind. Die Schriftgröße wird in einer anderen Einheit angegeben, weswegen ein Umrechnungsfaktor von 1.33 erforderlich ist. Die Schriftattribute *unterstrichen* bzw. *durchgestrichen* sind zudem nur im TextBlock-Element sowie in FlowDocument-Steuerelementen über ein TextDecorations-Objekt zugänglich. (ShowEffects = False unterbindet die Auswahl dieser Attribute.) Die folgenden Zeilen zeigen, wie die Schriftart eines Buttons nach der erfolgten Schriftauswahl neu eingestellt wird:

```
Dim fd As New Forms.FontDialog
fd.ShowEffects = False
If fd.ShowDialog() = Forms.DialogResult.OK Then
  btn.FontFamily = _
   New FontFamily(fd.Font.FontFamily.ToString)
  btn.FontSize = fd.Font.SizeInPoints * 1.33
  btn.FontWeight = _
   If(fd.Font.Bold, FontWeights.Bold, FontWeights.Normal)
  btn.FontStyle = _
   If(fd.Font.Italic, FontStyles.Italic, FontStyles.Normal)
End If
```

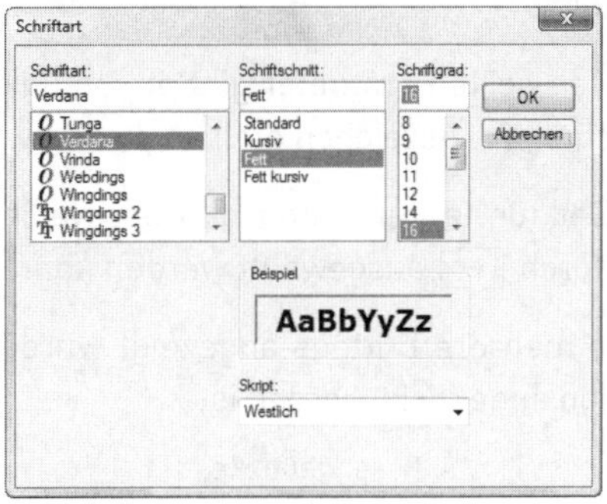

Abbildung 18.7: Schriftauswahl mit dem FontDialog

Vom Einsatz der Windows Forms-Druckdialoge PrintDialog, PageSetupDialog und PrintPreviewDialog in WPF-Programmen rate ich ab. Diese Dialoge sind für das (ohnedies schlecht durchdachte) Windows Forms-Druckmodell konzipiert. Die Ergebniseigenschaften der Dialoge passen nicht zu den WPF-Druckklassen. Eine ausführliche Beschreibung der Klassen und Methoden des Windows Forms-Druckmodells finden Sie im Windows Forms-E-Book auf der Webseite zum Buch.

Nachrichtendialoge

Wer schon mit früheren VB-Versionen gearbeitet hat, wird Nachrichtendialoge wahrscheinlich aus purer Gewohnheit und wegen des minimalen Tippaufwands mit MsgBox erzeugen. In der kürzesten Form, also nur mit einem OK-Button, reicht MsgBox("zeichenkette"). MsgBox ist in der Visual Basic-Runtime-Bibliothek definiert (Namensraum Microsoft.VisualBasic.Interaction).

```
Dim result As MsgBoxResult
result = MsgBox("Das ist der Nachrichtentext.", _
  MsgBoxStyle.AbortRetryIgnore Or MsgBoxStyle.DefaultButton2 Or _
  MsgBoxStyle.Question, "Fensterüberschrift")
```

Auch InputBox ist Teil der Visual Basic-Runtime-Bibliothek. Diese Methode ermöglicht eine einfache Eingabe von kurzen Texten. Die Methode liefert die eingegebene Zeichenkette zurück (oder "", wenn der ABBRUCH-Button angeklickt wurde).

```
Dim s As String
s = InputBox("Geben Sie bitte Ihren Namen ein!", "Fensterüberschrift")
```

Natürlich gibt es in der WPF eine eigene MessageBox. Sowohl das Format als auch die Reihenfolge der Parameter weichen von MsgBox ab:

» Der erste Parameter gibt den Nachrichtentext an, der mit vbCrLf in mehrere Zeilen zerlegt werden kann. Ansonsten wird bei zu langen Zeilen ein automatischer Umbruch durchgeführt.

» Der zweite Parameter gibt die Fensterüberschrift des Dialogs an.

» Der dritte Parameter gibt an, welche Buttons angezeigt werden (standardmäßig nur der OK-Button).

» Der vierte Parameter gibt an, ob links neben dem Nachrichtentext ein Icon (z.B. ein Ausrufezeichen, Fragezeichen etc.) angezeigt werden soll.

» Der fünfte Parameter gibt an, welcher der Buttons als Standardbutton gelten soll und einfach durch [↵] ausgewählt werden kann.

Falls mehrere Buttons angezeigt wurden, kann mit dem Rückgabewert ermittelt werden, welcher Button angeklickt worden ist.

```
Dim result As MessageBoxResult
result = MessageBox.Show("Nachrichtentext", "Überschrift", MessageBoxButton.YesNo,_
  MessageBoxImage.Question, MessageBoxResult.Yes)
If result = MessageBoxResult.Yes Then
  '...
End If
```

18.6 Fenster mit Vista-Effekt

Zu den originellsten optischen Spielereien von Windows Vista zählen die halb durchsichtigen Fensterleisten, die den Hintergrund unscharf durchscheinen lassen. Dieser Effekt ist Teil des Themas »Aero Glass«, das bei den meisten Windows Vista-Versionen und höher standardmäßig aktiviert wird (allerdings nicht Windows Vista Home Basic bzw. wenn Vista auf einem Rechner mit einer zu alten Grafikkarte läuft).

Die WPF bietet leider keine Möglichkeit, diesen Transparenzeffekt auf Teile eines eigenen Fensters bzw. Steuerelements anzuwenden. Abhilfe schafft die API-Funktion DwmExtendFrameIntoClientArea, deren Anwendung im Internet und in WPF-Büchern bereits vielfach dokumentiert ist. Beim Aufruf übergeben Sie an diese Funktion eine Margin-Struktur, die angibt, wie weit der Aero-Glass-Effekt in das Innere des Fensters reichen soll. (Andere Bereiche für den Effekt können nicht definiert werden.)

Außerdem müssen Sie die Hintergrundfarbe des Fensters auf durchsichtig stellen, und zwar gleich zweimal: einmal mit der Background-Eigenschaft und einmal für das CompositionTarget-Objekt der zugrunde liegenden HwndSource des Fensters.

Die Ränder für den Effekt müssen Sie in Bildschirmpixel angeben. Um also eine exakte Ausrichtung des Effekts hin zu einem im Inneren des Fensters befindlichen Steuerelement oder Panel zu erreichen, müssen Sie eine Umrechnung von WPF- und Pixelkoordinaten durchführen. Die erforderliche Vorgehensweise ist im Zusammenhang mit pixelgenauer Bitmap-Grafik ab Seite 763 beschrieben. In der Praxis können Sie sich die DPI-Rechnerei aber so gut wie immer sparen: Sie geben für alle Ränder einfach den Wert –1 an. Damit gilt der Effekt für das gesamte Fenster, soweit dessen Hintergrundfarbe transparent ist. Für Bereiche im Fenster, wo Sie keinen Aero-Glass-Effekt wünschen, setzen Sie die Hintergrundfarbe explizit auf Weiß oder auf eine andere, nichttransparente Farbe.

Abbildung 18.8 zeigt, dass Sie das Transparenzausmaß des Effekts sogar steuern können: Im oberen Bereich des Fensters ist der Effekt zu 100% aktiv, ganz unten sowie im Container für die Buttons TEST 1 und TEST 2 nur zu 50%. Im Textfeld oben sowie im Container für die Buttons TEST 3 und TEST 4 ist der Effekt deaktiviert – in der `TextBox`, weil dort standardmäßig eine fix eingestellte Hintergrundfarbe ohne Transparenz gilt, und im `StackPanel`, weil dort die Hintergrundfarbe explizit auf Weiß gestellt wurde. Achten Sie im folgenden XAML-Code besonders auf die Einstellung der `Background`-Eigenschaft!

```
<Window x:Class="Window1" ...>
   <Window.Background>
      <LinearGradientBrush StartPoint="0,0" EndPoint="0,1" >
         <GradientStop Color="#00000000" Offset="0"/>
         <GradientStop Color="#80ffffff" Offset="1"/>
      </LinearGradientBrush>
   </Window.Background>
   <DockPanel>
      <TextBox DockPanel.Dock="Top" Margin="10">Test</TextBox>
      <StackPanel>
         <Border Margin="30,10" BorderBrush="Black" BorderThickness="1">
            <StackPanel Background="#80ffffff">
               <Button Margin="10">Test 1</Button>
               <Button Margin="10">Test 2</Button>
            </StackPanel>
         </Border>
         <Border Margin="30,10" BorderBrush="Black" BorderThickness="1">
            <StackPanel Background="White">
               <Button Margin="10">Test 3</Button>
               <Button Margin="10">Test 4</Button>
            </StackPanel>
         </Border>
      </StackPanel>
   </DockPanel>
</Window>
```

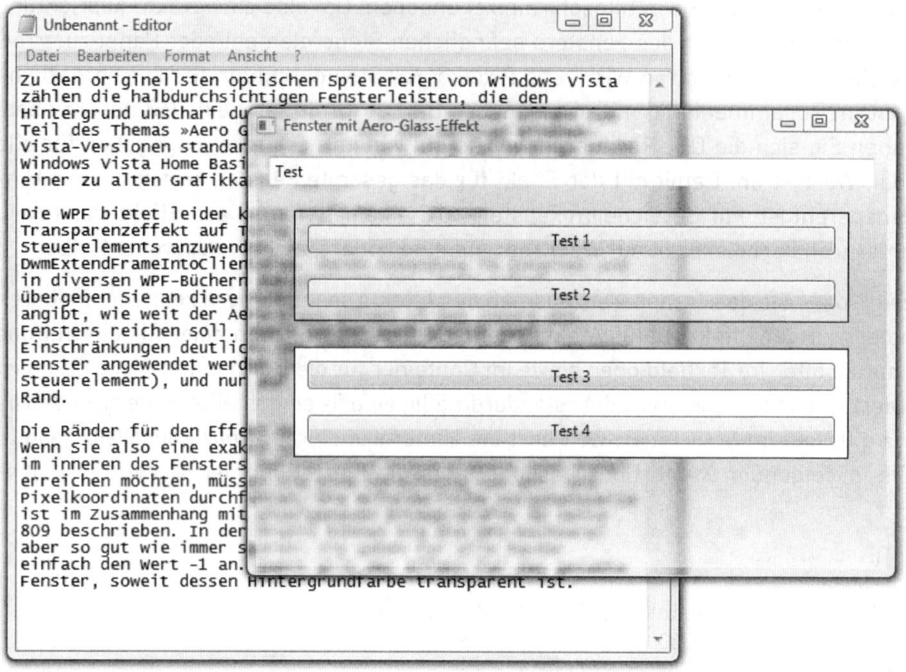

Abbildung 18.8: WPF-Fenster mit Aero-Glass-Effekt

Nun muss der eigentliche Aero-Glass-Effekt noch per VB-Code in der `Loaded`-Ereignisprozedur aktiviert werden. Das Fenster muss zu diesem Zeitpunkt bereits sichtbar sein! Die Struktur `DwmMargin` wird mit dem Attribut `StructLayout` ausgestattet. Es stellt sicher, dass die Strukturelemente so im Speicher angeordnet werden, dass die API-Funktion problemlos darauf zugreifen kann. Der Konstruktor setzt alle vier Elemente auf denselben Wert.

In `Window1_Loaded` wird zuerst getestet, ob der Effekt überhaupt zur Verfügung steht: Dazu muss die Betriebssystemversion größer gleich 6 sein (Windows Vista). Wenn das der Fall ist, wird mit `DwmIsCompositionEnabled` überprüft, ob der Effekt aktiv ist.

Sind alle Voraussetzungen erfüllt, ermitteln `Interop.WindowInteropHelper` und `Interop.HwndSource.FromHwnd` die Windows-internen Verwaltungsdaten des aktuellen Fensters. Die werden einerseits dazu benötigt, um die Hintergrundfarbe des `CompositionTarget` transparent zu machen (standardmäßig ist sie schwarz, und eine Veränderung der WPF-`Background`-Eigenschaft ändert das nicht!). Andererseits muss beim Aufruf von `DwmExtendFrameIntoClientArea` ein Windows-Handle (eine Art Pointer) übergeben werden. Sicherheitshalber ist der Code durch `Try-Catch` abgesichert, aber da die Voraussetzungen schon im Vorfeld überprüft wurden, sollte es keine Probleme geben.

```
'Beispiel wpf-programmiertechniken\aero-glass
Declare Sub DwmExtendFrameIntoClientArea Lib "dwmapi.dll" (ByVal hwnd As IntPtr, _
                                          ByVal margins As DwmMargin)
Declare Sub DwmIsCompositionEnabled Lib "dwmapi.dll" (ByRef result As Boolean)
```

```
<Runtime.InteropServices.StructLayout(Runtime.InteropServices.LayoutKind.Sequential)> _
Structure DwmMargin
  Dim left As Integer
  Dim right As Integer
  Dim top As Integer
  Dim bottom As Integer
  Sub New(ByVal margin As Integer)
    left = margin
    right = margin
    top = margin
    bottom = margin
  End Sub
End Structure
Private Sub Window1_Loaded(...) Handles Me.Loaded
    'herausfinden, ob der Effekt zur Verfügung steht
    Dim dwmIsEnabled As Boolean
    If Environment.OSVersion.Version.Major < 6 Then
      dwmIsEnabled = False
    Else
      DwmIsCompositionEnabled(dwmIsEnabled)
    End If
    'Effekt aktivieren oder Hintergrundfarbe auf Weiß stellen
    If dwmIsEnabled Then
      Try
        Dim wi As New Interop.WindowInteropHelper(Me)
        Dim whnd = wi.Handle
        Dim hwsource = Interop.HwndSource.FromHwnd(whnd)
        hwsource.CompositionTarget.BackgroundColor = Colors.Transparent
        DwmExtendFrameIntoClientArea(whnd, New DwmMargin(-1))
      Catch ex As Exception
        Me.Background = New SolidColorBrush(Colors.White)
      End Try
    Else
      Me.Background = New SolidColorBrush(Colors.White)
    End If
  End Sub
```

18.7 Fenster und Steuerelemente per Code erzeugen

Bei allen bisherigen Beispielen war die Benutzeroberfläche des Programms starr durch XAML-Code vorgegeben. Es besteht aber natürlich auch in der WPF die Möglichkeit, Fenster und Steuerelemente dynamisch per Code zu erzeugen. In der Praxis werden Sie die hier vorgestellten Techniken am ehesten dann brauchen, wenn sich die Benutzeroberfläche an veränderliche Daten anpassen soll – beispielsweise wenn Sie eine allgemeine Datenbankmaske programmieren möchten, deren Aussehen vom Aufbau der Tabelle abhängig ist. Interessant sind dynamisch erzeugte Benutzeroberflächen natürlich auch dann, wenn Sie aus irgendeinem Grund sehr viele (Hunderte) gleichartige Steuerelemente brauchen.

Das in Abbildung 18.9 dargestellte Beispiel erfüllt keinen besonderen Zweck, sondern soll nur die Programmiertechniken zeigen. Fenster 1 ist ganz gewöhnlich per XAML-Code definiert und erscheint beim Programmstart. In der Ereignisprozedur des ersten Buttons wird dann – rein per Code – ein neues Fenster mit all seinen Elementen erzeugt und geöffnet.

Der Code ist leicht zu verstehen. Je komplexer die Anforderungen Ihrer Benutzeroberfläche sind, desto mehr Panels und andere Container müssen Sie erzeugen und desto mehr Eigenschaften müssen Sie einstellen. Der entscheidende Punkt ist, dass Sie allen Ereignissen, die Sie verarbeiten möchten, mit `AddHandler` von Hand passende Ereignisprozeduren zuweisen müssen. Beim Beispielprogramm können dazu dieselben Prozeduren wie von Fenster 1 (Klasse `Window1`) verwendet werden, in der Regel wird das aber nicht der Fall sein. Häufig werden Sie auch nicht das gesamte Fenster dynamisch erzeugen, sondern nur Teile davon.

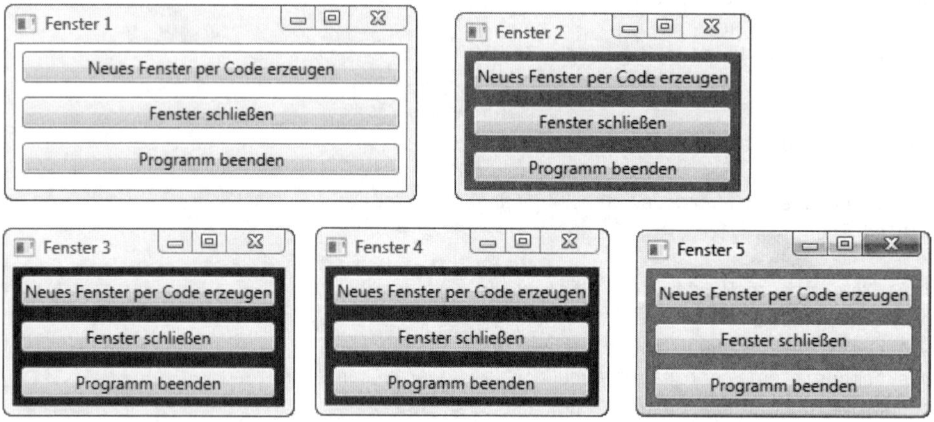

Abbildung 18.9: Die Fenster 2 bis 5 wurden vollständig per VB-Code erzeugt.

```
'Beispiel wpf-programmiertechniken\wpf-by-code
Private Sub btnNew_Click(...) Handles btnNew.Click
  Static cnt As Integer = 1
  Dim w As New Window, sp As New StackPanel
  Dim b1 As New Button, b2 As New Button, b3 As New Button
  Dim r As New Random
  cnt += 1
  w.Title = "Fenster " & cnt
  w.Content = sp
  w.SizeToContent = Windows.SizeToContent.WidthAndHeight
  w.Background = _
    New SolidColorBrush(Color.FromArgb(255, r.Next(256), r.Next(256), r.Next(256)))
  sp.Children.Add(b1)
  sp.Children.Add(b2)
  sp.Children.Add(b3)
  b1.Margin = New Thickness(5)
  b1.Content = "Neues Fenster per Code erzeugen"
  AddHandler b1.Click, AddressOf btnNew_Click
```

```
  b2.Margin = New Thickness(5)
  b2.Content = "Fenster schließen"
  AddHandler b2.Click, AddressOf btnClose_Click
  b3.Margin = New Thickness(5)
  b3.Content = "Programm beenden"
  AddHandler b3.Click, AddressOf btnEnd_Click
  w.Show()
End Sub
```

Interessant ist der Code in `btnClose_Click`, um das Fenster zu schließen. Hier besteht das Problem darin, dass nur das `Button`-Objekt des angeklickten Buttons an die Ereignisprozedur übergeben wird. Daraus muss erst recht umständlich das zugehörige Fenster ermittelt werden, damit dieses dann geschlossen werden kann. Derartige Konstrukte vermeiden Sie, wenn Sie für dynamisch erzeugte Fenster eine eigene Klasse definieren, in der sich auch die Ereignisprozeduren befinden.

```
Private Sub btnClose_Click(ByVal sender As System.Object, _
  ByVal e As System.Windows.RoutedEventArgs) Handles btnClose.Click
  Dim b As Button = CType(sender, Button)
  Dim sp As StackPanel = CType(b.Parent, StackPanel)
  Dim w As Window = CType(sp.Parent, Window)
  w.Close()
End Sub
Private Sub btnEnd_Click(...) Handles btnEnd.Click
  Application.Current.Shutdown()
End Sub
```

18.8 Programm- und Systeminformationen ermitteln

SystemParameters- und SystemFonts-Klasse

Die zahlreichen Eigenschaften der `SystemParameters`-Klasse geben Auskunft über verschiedene Details des Betriebssystems. Die folgende unvollständige Aufzählung beschreibt einige charakteristische Eigenschaften.

Ausgewählte Eigenschaften von *System.Windows.SystemParameters*	
`DragFullWindows`	gibt an, ob Fenster mit ihrem Inhalt verschoben werden (oder nur als Rahmen).
`IconHeight` `IconWidth`	gibt die Größe von Icons an.
`MenuButtonHeight` `MenuButtonWidth`	gibt die Größe von Buttons in Menüs oder Symbolleisten an.
`VirtualScreenHeight` `VirtualScreenWidth`	gibt die Gesamtgröße aller Bildschirme an (wenn mehrere Monitore gleichzeitig verwendet werden).
`WorkArea`	gibt als `Rectangle`-Objekt die Größe des Desktop-Bereichs an. (Das ist der Bildschirm abzüglich des Raums, den die Taskleiste einnimmt.)

Zahllose Informationen über Standardschriftarten gibt die Klasse SystemFonts. Beispielsweise verrät die Eigenschaft FontFamily, welche Schriftfamilie unter Windows zur Darstellung von Menüeinträgen verwendet wird.

InputLanguageManager-Klasse

Die Klasse System.Windows.Input.InputLanguageManager gibt Auskunft über die Sprache, unter der das Programm läuft. Die Eigenschaft CurrentInputLanguage liefert die aktuelle Sprache als CultureInfo-Objekt. AvailableInputLanguages verrät, welche Sprachen sonst noch installiert sind.

Application-Klasse

Die Klasse System.Windows.Application stellt einige Eigenschaften, Methoden und Ereignisse zur Verfügung, die bei der Verwaltung des Programms helfen. Um auf das Application-Objekt des laufenden Programms zuzugreifen, verwenden Sie die Application-Eigenschaft Current. Ereignisprozeduren für das Application-Objekt formulieren Sie am bequemsten in der Datei *Application.xaml.vb*, die Sie im PROJEKTMAPPEN-EXPLORER per Doppelklick öffnen.

Wichtige Eigenschaften und Methoden von *System.Windows.Application*	
Current	verweist auf die Instanz des Application-Objekts für das laufende Programm.
FindResource(name)	liefert die binäre Ressource mit dem angegebenen Namen.
GetResourceStream(uri)	liefert eine binäre Ressource als Stream (siehe Abschnitt 20.1).
MainWindow	verweist auf das Startfenster, das beim Programmstart automatisch geöffnet wird.
Run Run(window)	startet ein WPF-Programm. Diese Methode wird normalerweise automatisch ausgeführt. Sie finden den Code in der Datei *Application.g.vb* im PROJEKTMAPPEN-EXPLORER. Dazu klicken Sie auf den Button ALLE DATEIEN ANZEIGEN und öffnen das Verzeichnis *obj\Debug*.
Shutdown(n)	beendet das Programm und gibt optional einen Rückgabe- oder Fehlerwert an.
ShutdownMode	gibt an, wann das Programm beendet wird. Mögliche Einstellungen sind OnLastWindowClose (gilt normalerweise), OnMainWindowClose oder OnExplicitShutdown. Das gewünschte Verhalten kann während der Programmentwicklung in den Projekteigenschaften eingestellt werden.
Windows	liefert eine Aufzählung aller geöffneten Fenster.

Wichtige Ereignisse von *System.Windows.Application*	
Activated	gibt an, dass das Programm momentan aktiv im Vordergrund ist und den Fokus hat.
Deactivated	gibt an, dass ein anderes Programm den Fokus erhalten hat.

Wichtige Ereignisse von *System.Windows.Application*	
`DispatcherUnhandledException`	ermöglicht die Verarbeitung von unbehandelten Fehlern (siehe den folgenden Abschnitt).
`Exit`	tritt kurz vor dem Programmende auf.
`Startup`	tritt während des Starts bzw. der Initialisierung des Programms auf. An die Prozedur wird ein `StartupEventArgs`-Parameter übergeben, dessen Eigenschaft `Args` ein `String`-Array mit den an das Programm übergebenen Parametern enthält.

18.9 Fehlerabsicherung

Grundsätzlich gelten für WPF-Programme dieselben Regeln zur Fehlerabsicherung wie für jedes andere Programm: Code, in dem Fehler auftreten können, insbesondere alle Prozeduren, die auf externe Dateien oder Netzwerkressourcen zugreifen, müssen durch `Try-Catch`-Konstruktionen abgesichert werden. Tritt während der Ausführung ein nicht behandelter Fehler (`Exception`) auf, wird das Programm beendet, ohne dass der Anwender eine Möglichkeit hat, noch einzugreifen oder Daten zu sichern.

In WPF-Programmen gibt es jedoch zwei Besonderheiten, die hier extra erwähnt werden sollen:

» In allen Ereignisprozeduren, die während der Initialisierung eines Fensters ausgeführt werden, gelten besondere Regeln. Das betrifft insbesondere das häufig benötigte `Loaded`-Ereignis des Fensters. Dort auftretende, unbehandelte Fehler führen zum Abbruch der Ereignisprozedur, aber zu keiner Fehlermeldung. Das Programm wird fortgesetzt! Das gilt unabhängig davon, ob Sie das Programm in der Entwicklungsumgebung oder davon losgelöst ausführen.

  Das ist insbesondere während der Programmentwicklung oft irritierend. Im Direktfenster wird eine Meldung über den aufgetretenen Fehler angezeigt, das Programm läuft aber weiter. Wenn Sie nicht aufpassen, bemerken Sie gar nicht, dass überhaupt ein Fehler aufgetreten ist.

  Ich habe leider keine Dokumentation zu diesem Verhalten gefunden und weiß auch nicht, ob und wie Sie ein anderes Verhalten erreichen. `Try-Catch` funktioniert in Initialisierungsereignisprozeduren wie gewohnt – sichern Sie also Ihren Code ab, damit Sie zumindest bemerken, dass etwas nicht so funktioniert wie geplant!

» Das `DispatcherUnhandledException`-Ereignis der Klasse `System.Windows.Application` ermöglicht eine zentrale Fehlerabsicherung des Programms. Wenn in einer beliebigen Ereignisprozedur Ihres Programms ein nicht abgesicherter Fehler auftritt, wird das `Exception`-Objekt an die `DispatcherUnhandledException`-Ereignisprozedur weitergeleitet.

  Nach der Auswertung des Fehlers bzw. nach der Anzeige eines Fehlerdialogs können Sie das Programm sogar mit `e.Handled = True` fortsetzen. Aber Vorsicht: Die Programmausführung kehrt nicht in die fehlerhafte Ereignisprozedur zurück! Vielmehr wartet das Programm nun auf das nächste Ereignis und führt dann dessen Ereignisprozedur aus. Offene Ressourcen der fehlerhaften Ereignisprozedur können nicht geschlossen werden.

Mit anderen Worten: Das Ereignis ist eine tolle Möglichkeit, ein WPF-Programm mit einer zusätzlichen Sicherheitsebene auszustatten, um in unbeabsichtigten Notfällen eine unverständliche Fehlermeldung und das anschließende Programmende zu vermeiden. Das Ereignis kann aber die individuelle Fehlerabsicherung einzelner Prozeduren nicht ersetzen!

Das Einrichten der Ereignisprozedur ist einfach: Sie öffnen per Doppelklick im PROJEKTMAPPEN-EXPLORER die Datei *Application.xaml.vb* und wählen im Codeeditor das `DispatcherUnhandledException`-Ereignis aus:

```
Class Application
  Private Sub Application_DispatcherUnhandledException(ByVal sender As Object, _
      ByVal e As System.Windows.Threading.DispatcherUnhandledExceptionEventArgs) _
      Handles Me.DispatcherUnhandledException
    MsgBox(e.Exception.Message)
    e.Handled = True
  End Sub
End Class
```

18.10 WPF-Programme selbst starten

Normalerweise kümmert sich das sogenannte Anwendungs-Framework darum, ein `Application`-Objekt zu erzeugen, das Startfenster einzustellen (Eigenschaft `StartupUri`) und mit `Run` den WPF-Ereignisfluss in Gang zu setzen. Visual Studio erzeugt den erforderlichen Code selbst. Er befindet sich in der Datei *obj\Debug\Application.g.vb*. Wenn Sie einen Blick in diese Datei werfen möchten, klicken Sie im PROJEKTMAPPEN-EXPLORER auf den Button ALLE DATEIEN ANZEIGEN. Führen Sie aber keine Änderungen durch: Der Code wird jedes Mal neu erstellt, wenn Sie Ihr Programm kompilieren!

```
' automatisch generierter Code zum Programmstart
Partial Public Class Application
  Inherits System.Windows.Application
  <System.STAThreadAttribute(), System.Diagnostics.DebuggerNonUserCodeAttribute()> _
  Public Shared Sub Main()
    Dim app As Application = New Application
    app.InitializeComponent
    app.Run
  End Sub
  <System.Diagnostics.DebuggerNonUserCodeAttribute()> _
  Public Sub InitializeComponent()
    Me.StartupUri = New System.Uri("Window1.xaml", System.UriKind.Relative)
  End Sub
End Class
```

In den meisten Fällen besteht kein Grund, in diesen Automatismus einzugreifen. Wenn Sie die Kontrolle über den Programmstart aber aus irgendeinem Grund selbst übernehmen möchten, ist auch das möglich. Dazu fügen Sie Ihrem Projekt eine neue Klasse hinzu, deren Code wie das folgende Muster aussehen kann. Das `STAThreadAttribute` ist essenziell. Es gibt an, dass `Main` im `Singleth-`

read-Apartment-Modell (STA) ausgeführt werden soll, was eine Voraussetzung für WPF-Programme ist (siehe auch Kapitel 21). Anschließend deaktivieren Sie in den Projekteigenschaften das ANWENDUNGS-FRAMEWORK und geben als Startobjekt die Klasse startup an.

```
'Beispiel wpf-programmiertechniken\startup, Datei startup.vb
Public Class startup
  <System.STAThreadAttribute()> _
  Public Shared Sub Main()
    Dim ap = New Application
    ap.ShutdownMode = ShutdownMode.OnLastWindowClose
    ap.Run(New Window1())
  End Sub
End Class
```

18.11 Einzelinstanz-Programme

Normalerweise kann ein WPF-Programm (also die fertige **.exe*-Datei) beliebig oft gestartet werden. Das ist in der Regel zweckmäßig, es gibt aber Ausnahmen: Beispielsweise ist ein mehrfacher Start eines E-Mail-Programms sinnlos. Wenn der Anwender versucht, das Programm zum zweiten Mal zu starten, muss das gerade laufende Programm aktiviert werden. Derartige Programme nennt man Einzelinstanz- bzw. Single-Instance-Programme.

Mit Windows Forms ist es denkbar einfach, solche Programme zu erzeugen: Das Anklicken einer einzigen Option der Projekteigenschaften reicht aus! Die WPF-Entwickler haben es leider versäumt, entsprechende Funktionen zu implementieren – möglicherweise behebt die nächste WPF-Version diesen Mangel. Bis dahin ist Selbsthilfe angesagt.

Eine sehr einfache, aber leider unvollständige Lösung sieht so aus: Das Programm testet während des Starts, ob ein gleichnamiger Prozess mit einer anderen ID-Nummer bereits läuft. Wenn das der Fall ist, wird das bereits laufende Programm mit AppActivate aktiviert und das neu gestartete Programm gleich wieder beendet. Der beste Ort für diesen Code ist die Startup-Ereignisprozedur des Application-Objekts in der Datei *Application.xaml.vb*.

```
'Beispiel wpf-programmiertechniken\single-instance-simple, Datei Application.xaml.vb
Class Application
  Private Sub Application_Startup(...) Handles Me.Startup
    For Each p In Process.GetProcessesByName(Process.GetCurrentProcess.ProcessName)
      If p.Id <> Process.GetCurrentProcess.Id Then
        AppActivate(p.Id)
        Shutdown()
      End If
    Next
  End Sub
End Class
```

Der Code hat allerdings zwei gravierende Probleme:

» Die `Startup`-Ereignisprozedur differenziert nicht, wer das bereits laufende Programm gestartet hat. Wenn auf einem Rechner zwei Benutzer eingeloggt sind, muss natürlich jeder Benutzer eine eigene Instanz des E-Mail-Programms ausführen. Leider ist es mit dem .NET Framework nicht ohne Weiteres möglich, den Besitzer eines Prozesses zu ermitteln.

» Es gibt keine Möglichkeit, eine Nachricht an das laufende Programm zu senden – beispielsweise, dass dieses ein neues Fenster oder ein neues Dokument öffnen soll.

Es gibt leider keine triviale Lösung dieser Probleme. Microsoft empfiehlt, auf die Klasse `Microsoft.VisualBasic.ApplicationServices.WindowsFormsApplicationBase` zurückzugreifen, die die Einzelinstanzfunktionen für Windows Forms-Programme zur Verfügung stellt. Ein komplettes VB-Beispiel finden Sie auf der folgenden Webseite. Der Code ist einfach und kann leicht in eigene Projekte integriert werden. Entscheidend ist nur, dass Sie in den Projekteigenschaften das Anwendungs-Framework deaktivieren und als Startpunkt für das Programm die Klasse `EntryPoint` angeben.

http://msdn2.microsoft.com/en-us/library/ms771662.aspx

Interessant ist auch die Idee, die neue Windows Communication Foundation zur Kommunikation zwischen den Instanzen des Programms einzusetzen. Allerdings bedeutet das, dass Sie sich für wenige Zeilen Code in eine ganz neue Technologie einarbeiten müssen. Außerdem wird das Programm durch die Nutzung weiterer Bibliotheken unnötig aufgebläht. Der folgende Blog-Beitrag demonstriert eine mögliche Vorgehensweise in C#:

http://johnmelville.spaces.live.com/blog/cns!79D76793F7B6D5AD!122.entry

19 WPF-Multimedia

Das Ziel dieses Kapitels ist es, Ihnen einen knappen Abriss über die Grafik- und Multimediamöglichkeiten der WPF zu geben. Dabei gehe ich insbesondere auf die folgenden Themen ein:

- 2D-Grafik mit `Shapes`, `Drawings` und `Visuals`
- Bitmaps
- 3D-Grafik
- Animation
- Audio- und Video
- Ausdruck von Fließtextdokumenten

Eine vollständige Behandlung dieser Themen ist aus Platzgründen unmöglich: Dazu wäre es erforderlich, zu jedem der obigen Punkte jeweils ein ganzes Kapitel – wenn nicht gar ein ganzes Buch! – zu verfassen. Die Informationen in diesem Kapitel sollten aber auf jeden Fall als Orientierungshilfe sowie für die ersten Schritte ausreichen. Weitere Details müssen Sie dann im Internet oder in Spezialbüchern nachlesen.

19.1 2D-Grafik

Es gibt verschiedene Möglichkeiten, um 2D-Vektorgrafiken in einem Fenster darzustellen:

» Am einfachsten ist der Einsatz der von den Klassen `Shape` und `FrameworkElement` abgeleiteten Grafikelemente `Line`, `Rectangle` etc.

  Diese Elemente verhalten sich ganz ähnlich wie Steuerelemente und sind insbesondere zur optischen Gestaltung von Formularen gedacht. Da ihre Darstellung relativ viele Ressourcen (CPU, Speicher) erfordert, sollten sie aber nicht zum Aufbau komplexer Grafiken eingesetzt werden.

» Mehr Gestaltungsmöglichkeiten sowie eine etwas bessere Effizienz haben Sie, wenn Sie Ihre Grafiken aus `GeometryDrawing`-Objekten zusammensetzen. Allerdings ist die Syntax (speziell in XAML) etwas umständlicher, weswegen sich diese Variante vor allem dann anbietet, wenn Sie 2D-Grafiken per VB-Code zusammensetzen.

» Noch effizienter und speziell zum dynamischen Aufbau komplexer Grafiken konzipiert sind sogenannte `Visuals`. Die Anwendung von `Visuals` ist noch umständlicher als die von `Drawing`-Objekten und nur per VB-Code möglich (nicht mit XAML). Dafür können Sie damit Grafiken aus Tausenden von Einzelobjekten zusammensetzen.

Natürlich können Sie mit den Klassen der WPF auch Bitmaps darstellen und bearbeiten. Dem Umgang mit Bitmaps ist ein eigener Abschnitt gewidmet, der auf Seite 751.

HINWEIS

Wer mit dem Grafikmodell von Windows Forms vertraut ist, muss bei der WPF-Programmierung komplett umdenken. In Windows Forms-Programmen ist es üblich, dass Grafikausgaben in einer `Paint`-Ereignisprozedur durchgeführt werden. Das `Paint`-Ereignis tritt immer dann auf, wenn der Fensterinhalt neu zu zeichnen ist – etwa wenn Ihr Programm vorübergehend von einem anderen Fenster verdeckt wurde. Die Grafikausgaben werden nicht gespeichert.

Ganz anders sieht der WPF-Denkansatz aus: Die darzustellende Grafik wird durch eine Ansammlung von Grafikobjekten beschrieben. Um die Darstellung dieser Objekte kümmert sich die WPF selbst. Diese Vorgehensweise hat Vor- und Nachteile. In vielen Fällen – besonders bei Grafiken, die sich nicht verändern – wird die Programmierung einfacher: Sie definieren einmal Ihre Grafik – und das war's! Andererseits sind Sie bei der Ausgabe der Grafik ganz dem WPF-Grafikmodell ausgeliefert, das nicht immer so gut funktioniert, wie es sollte: Bei Größenänderungen flimmern größere Grafiken spürbar, teilweise sind mir auch kleine Zeichenfehler aufgefallen.

Grafikelemente (Line, Rectangle, Ellipse, Polyline, Polygon, Path)

Alle sechs in der Überschrift genannten Klassen sind von der Basisklasse Shape abgeleitet. Sie werden direkt in ein Formular oder ein Content-Steuerelement eingefügt und verhalten sich selbst wie Steuerelemente. Daher brauchen Sie sich nicht um die eigentliche Darstellung zu kümmern (das erledigt die WPF für Sie) und können diverse Ereignisse verarbeiten (z.B. MouseEnter oder DragEnter). Auch für die Platzierung der Grafikelemente sowie für die Einstellung der Größe gelten die von Steuerelementen bekannten Regeln: Je nachdem, in welchem Panel sich das Grafikelement befindet, kümmert sich das Panel um die Einstellung dieser Parameter.

Die folgende Tabelle fasst die Bedeutung einiger zentraler Shape-Eigenschaften zusammen. Einige Beispiele zeigen dann die Anwendung dieser Eigenschaften.

Eigenschaft	Bedeutung
Fill	gibt das Füllmuster für das Innere des Grafikelements an. Die Eigenschaft erwartet ein Brush-Objekt. Sie wird bei Line- und PolyLine-Elementen ignoriert.
Stroke	gibt das Füllmuster für den Rand des Grafikelements an. Die Eigenschaft erwartet ebenfalls ein Brush-Objekt.
StrokeThickness	gibt die Linienstärke des Rands an.
StrokeDashArray	gibt das Strichelierungsmuster an. Die Werte bestimmen abwechselnd die Linienlänge und dann den Abstand zur nächsten Linie. StrokeDashArray="6 2 2 2" ergibt eine Linie entsprechend diesem Muster: ------ -- ------ --
StrokeDashOffset	gibt die Position an, an der die Auswertung des Strichelierungsmusters beginnt (normalerweise 0, also am Anfang).
StrokeStartLineCap StrokeEndLineCap	geben das Aussehen am Beginn bzw. am Ende der Linie an. Mögliche Einstellungen sind Flat (gerade, gilt standardmäßig), Square (wie Flat, allerdings wird die Linie um das halbe Maß von StrokeThickness verlängert), Round (rund) und Triangle (spitz).
StrokeLineJoin	bestimmt das Aussehen von Ecken für Polyline, Rectangle und Polygon. Mögliche Einstellungen sind Miter (spitz, gilt standardmäßig), Round (rund) und Bevel (gerade).

Größe und Position eines Line-Elements werden durch die vier Eigenschaften X1, Y1, X2 und Y2 eingestellt. Soweit die Linie in einem Panel automatisch angeordnet ist, beansprucht es ein Rechteck für sich, das von (0, 0) bis zum jeweils größten positiven X- bzw. Y-Wert reicht. Negative X- und Y-Werte sind erlaubt, die Linie reicht dann aber über das Positionierungsrechteck hinaus (siehe das folgende Beispiel). Der Punkt (0, 0) befindet sich links oben im Positionierungsrechteck, die X-Achse zeigt nach rechts, die Y-Achse nach unten. Wie üblich erfolgen alle Maßangeben in WPF-Pixel (siehe Abschnitt 16.3).

```
<StackPanel>
  <Line X1="0" Y1="0" X2="30" Y2="30"
        Stroke="Black" StrokeThickness="3" />
  <Line X1="0" Y1="-20" X2="50" Y2="30"
        Stroke="Red" StrokeThickness="5" />
  <Line X1="0" Y1="0" X2="100" Y2="100"
        Stroke="Blue" StrokeThickness="3"
        StrokeDashArray="3 2 6 2"/>
  <Line X1="5" Y1="20" X2="100" Y2="20"
        Stroke="Black" StrokeThickness="20"
        StrokeStartLineCap="Triangle"
        StrokeEndLineCap="Round"/>
</StackPanel>
```

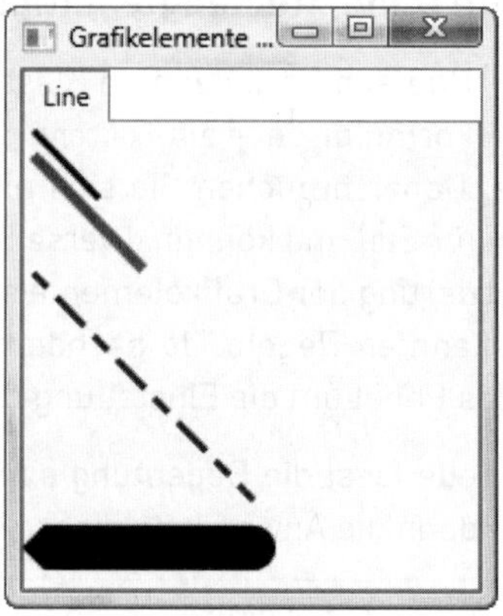

Abbildung 19.1: Linien

Die Größe von Rechtecken wird nicht durch Koordinatenpunkte, sondern durch die Eigenschaften Width und Height bestimmt. Um die Positionierung kümmert sich das Panel, wobei Sie mit den Eigenschaften Margin und XxxAlignment Einfluss nehmen können. Wenn Sie ein Rechteck mit abgerundeten Ecken wünschen, stellen Sie einfach RadiusX und RadiusY entsprechend ein. Die beiden Werte geben an, wie viele WPF-Pixel am jeweiligen Rand abgerundet werden sollen. Wenn Sie für RadiusX die Hälfte von Width und für RadiusY die Hälfte von Height einstellen, erhalten Sie eine Ellipse.

```
<StackPanel>
  <Rectangle Width="120" Height="20"
             Stroke="Black" StrokeThickness="3"/>
  <Rectangle Margin="5" HorizontalAlignment="Left"
             Width="120" Height="30"
             Stroke="DarkBlue" StrokeThickness="10"
             StrokeLineJoin="Round"  />
  <Rectangle Width="100" Height="50"
             RadiusX="30" RadiusY="10"
             Stroke="Red" StrokeThickness="4"
             Fill="LightBlue" />
</StackPanel>
```

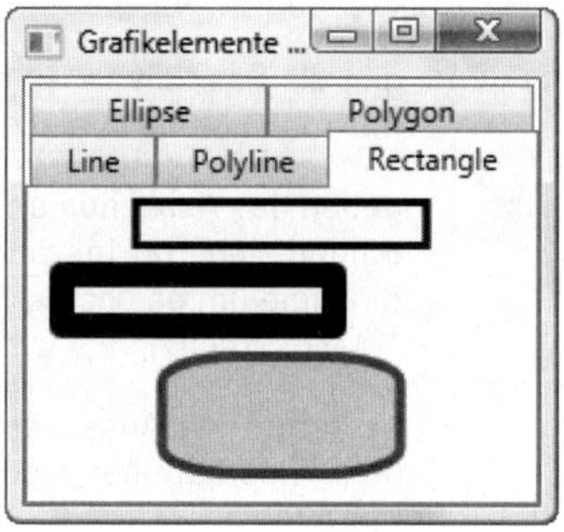

Abbildung 19.2: Rechtecke

Die Größe von Ellipsen wird wie bei Rectangle durch Width und Height eingestellt. Darüber hinaus gibt es keine spezifischen Eigenschaften.

```
<StackPanel>
    <Ellipse Width="120" Height="20"
             Stroke="Black" StrokeThickness="3"/>
    <Ellipse Margin="5" HorizontalAlignment="Right"
             Width="120" Height="30"
             Stroke="DarkBlue" StrokeThickness="10" />
    <Ellipse Width="100" Height="50"
             Stroke="Red" StrokeThickness="6"
             StrokeDashArray="3 2"
             Fill="LightPink"/>
</StackPanel>
```

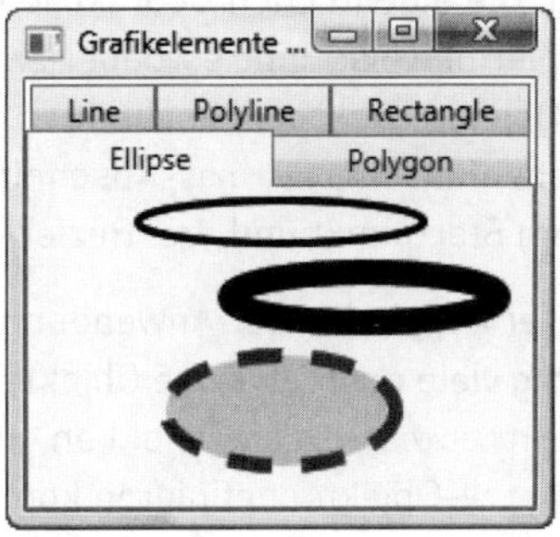

Abbildung 19.3: Ellipsen

Bei `Polyline`-Elementen werden alle Koordinatenpunkte paarweise an die `Points`-Eigenschaft übergeben. Mit `Fill` können Sie ein Füllmuster für das Innere des Linienzugs angeben. Der einzige Unterschied zwischen `Polygon` und `Polyline` besteht darin, dass beim `Polygon` der Linienzug automatisch geschlossen wird.

Im XAML-Code können X- und Y-Koordinaten bzw. generell mehrere numerische Parameter für geometrische Objekte wahlweise durch Leerzeichen oder ein Komma (plus Leerzeichen) separiert werden. Insofern sind die folgenden Anweisungen gleichwertig:

```
Points="0 0 100 0 50 50"
Points="0,0,100,0,50,50"
Points="0,0 100,0 50,50"
Points="0, 0  100, 0  50, 50"
```

Persönlich finde ich die dritte Variante am übersichtlichsten, weswegen ich sie in den Beispielen dieses Buchs verwende.

```
<StackPanel>
   <Polyline Points="0,0  100,0  50,50"
             Stroke="Black" StrokeThickness="3"/>
   <Polyline Points="80,0  100,50 20,40  10,10"
             StrokeLineJoin="Bevel"
             Stroke="DarkRed" StrokeThickness="6"
             Fill="LightCoral"/>
   <Polygon  Points="180,0  150,50  70,15
                     20,40  10,10"
             Stroke="DarkBlue" StrokeThickness="5"
             StrokeDashArray="3 3" Fill="LightBlue" />
</StackPanel>
```

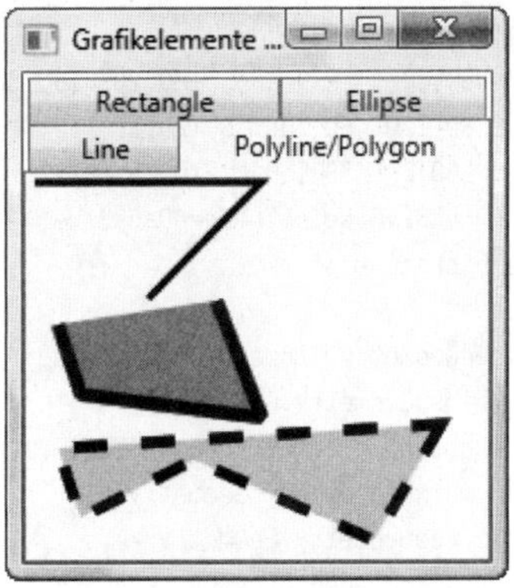

Abbildung 19.4: Linienzüge und Polygone

WPF-intern wird die Form von Grafikelementen durch die `Geometry`-Eigenschaft eines `GeometryDrawing`-Objekts beschrieben. Wer mit der `GeometryDrawing`-Klasse vertraut ist (siehe die nächste Überschrift), kann im Path-Element beliebige geometrische Objekte darstellen, beispielsweise

Bézier-Kurven. Die eigentlichen Geometriedaten werden der `Path`-Eigenschaft zugewiesen. Wie das folgende Beispiel beweist, gibt es dabei zwei Varianten: Die eine besteht darin, den Aufbau eines `PathGeometry`-Objekts exakt zu beschreiben. Die andere Variante verwendet eine Kurzschreibweise, deren Syntax ebenfalls im `Drawings`-Abschnitt zusammengefasst ist. Im Beispiel ergibt sich die runde Form aus einem Startpunkt und drei Bézier-Kurven.

Ein interessanter Aspekt bei der Anwendung des `Path`-Elements besteht darin, dass es nicht nur ein, sondern beliebig viele geometrische Objekte enthalten darf. In der expliziten Schreibweise geben Sie als `Path.Data` ein `GeometryGroup`-Objekt an, in dem Sie beliebig viele `PathGeometry`-Objekte (oder auch andere `XxxGeometry`-Objekte) definieren können. In der Kurzschreibweise beginnen Sie einfach mit `M x y` ein neues Grafikobjekt. Mehrere Grafikobjekte in einem `Path`-Element haben den Vorteil, dass sie weniger Ressourcen beanspruchen als eine entsprechende Zahl simpler Grafikelemente. Wenn Sie die Grafikprimitive nicht einfach übereinander zeichnen möchten, sondern vereinen oder schneiden möchten (`Union`, `Intersect`, `Xor`, `Exclude`), verwenden Sie ein `CombinedGeometry`-Objekt.

```
<StackPanel>
   <Path Fill="LightBlue" Stroke="Black"
         StrokeThickness="2" >
      <Path.Data>
         <PathGeometry>
            <PathFigure IsClosed="True"
                        StartPoint="50,0">
               <LineSegment Point="150,30"/>
               <LineSegment Point="0,50"/>
            </PathFigure>
         </PathGeometry>
      </Path.Data>
   </Path>
   <Path Fill="LightGreen" Stroke="Black"
         StrokeThickness="5"
         Data="M 80,0            S 120,10  150,50
               S 80,120  50,100  S 120,30  80,0
               M 180,0 L 180,50 L 220,25 Z"/>
   <Path Fill="LightSkyBlue" Stroke="DarkBlue"
         StrokeThickness="3" >
      <Path.Data>
         <CombinedGeometry GeometryCombineMode="Xor">
            <CombinedGeometry.Geometry1>
               <RectangleGeometry Rect="10,10 100,100"/>
             </CombinedGeometry.Geometry1>
            <CombinedGeometry.Geometry2>
               <RectangleGeometry Rect="50,50 120,120"/>
            </CombinedGeometry.Geometry2>
         </CombinedGeometry>
      </Path.Data>
   </Path>
</StackPanel>
```

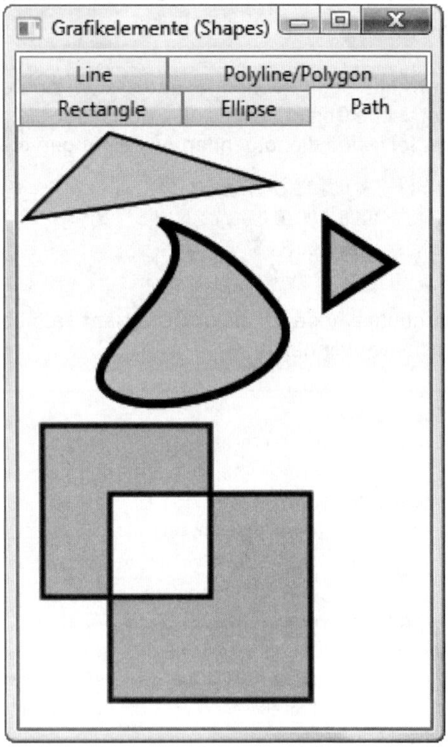

Abbildung 19.5: Allgemeine geometrische Objekte

Grafikprimitive (Drawings)

WPF-intern ist die Drawing-Klasse der Ausgangspunkt zur Darstellung von Grafiken. Von Drawing sind fünf Klassen abgeleitet:

- Die GeometryDrawing-Klasse kombiniert Geometriedaten mit einem Brush- und einem Pen-Objekt und ermöglicht so die Zusammenstellung gefüllter, umrandeter Formen. Diese Klasse steht im Vordergrund dieses Abschnitts.
- Die ImageDrawing-Klasse bildet ein ImageSource-Objekt (z.B. eine Bitmap) innerhalb eines Rechtecks ab und ermöglicht es so, Vektor- und Bitmapgrafiken zu kombinieren (siehe Seite 752).
- Die VideoDrawing-Klasse stellt ein MediaPlayer-Objekt (z.B. ein Video) in einem Rechteck dar.
- Die GlyphRunDrawing-Klasse dient zur Darstellung mehrerer Zeichen einer bestimmten Schrift.
- In einer DrawingGroup setzen Sie mehrere Drawing-Objekte zu einem neuen Objekt zusammen.

Drawing-Objekte unterscheiden sich elementar von Steuerelementen oder Grafikelementen wie Rectangle: Sie sind nicht von der UIElement-Klasse abgeleitet und sind nicht in der Lage, sich selbst darzustellen. Um Drawing-Objekte sichtbar zu machen, brauchen Sie eine Art Konverter, der sich um die Visualisierung kümmert. Je nach Art der Grafik stehen dazu drei Klassen zur Auswahl:

- DrawingImage präsentiert ein Drawing-Objekt als ImageSource. Über diesen Umweg kann das Drawing-Objekt nun wie eine Bitmap in einem Image-Steuerelement dargestellt werden.
- DrawingBrush wandelt das Drawing-Objekt in ein Brush-Objekt um. Auf diese Weise können Sie ein Drawing-Objekt überall dort verwenden, wo eine Eigenschaft ein Brush-Objekt erwartet (etwa Foreground, Background, Brush). Mit DrawingBrush können Sie verblüffende Effekte erzielen, wenn Sie ein geometrisches Objekt wiederholt (als Pattern) darstellen.
- DrawingVisual bildet das Drawing-Objekt als sogenanntes Visual-Objekt ab (siehe den nächsten Abschnitt). Visuals sind »primitiver« als die Kombination aus DrawingImage und Image. Ihr Vorteil liegt aber in der höheren Geschwindigkeit.

Das folgende Beispiel zeigt ein einfaches GeometryDrawing-Objekt (eine Ellipse), die via DrawingImage und Image dargestellt wird. Bei jedem DrawingImage-Objekt müssen drei Eigenschaften eingestellt werden: Brush gibt das Füllmuster für das Innere der geometrischen Form an. Pen bestimmt durch ein gleichnamiges Objekt das Aussehen der Umrandung. Die Eigenschaften der Pen-Klasse sind äquivalent zu den diversen StrokeXxx-Eigenschaften der Shape-Elemente, die ich oben vorgestellt habe. Für die Form des Objekts ist die Geometry-Eigenschaft zuständig, der ein von der Geometry-Klasse abgeleitetes Objekt zugewiesen wird (im folgenden Beispiel EllipseGeometry).

```
<Image Stretch="None">
   <Image.Source>
      <DrawingImage>
         <DrawingImage.Drawing>
            <GeometryDrawing Brush="LightSalmon">
               <GeometryDrawing.Pen>
                  <Pen Brush="Black" Thickness="3"/>
               </GeometryDrawing.Pen>
               <GeometryDrawing.Geometry>
                  <EllipseGeometry RadiusX="100"
                                   RadiusY="50"/>
               </GeometryDrawing.Geometry>
            </GeometryDrawing>
         </DrawingImage.Drawing>
      </DrawingImage>
   </Image.Source>
</Image>
```

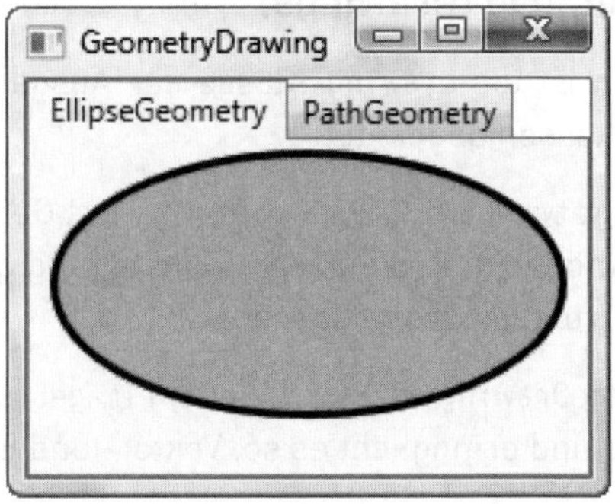

Abbildung 19.6: Ein elliptisches GeometryDrawing-Objekt

Die Form eines `GeometryDrawing`-Objekts wird durch ein `Geometry`-Objekt beschrieben. Zur Auswahl stehen dabei die folgenden Klassen: `RectangleGeometry` für Rechtecke (Eigenschaften `Rect`, `RadiusX` und `-Y`), `EllipseGeometry` für Ellipsen (`RadiusX` und `-Y`), `LineGeometry` für Linien (`Start`- und `EndPoint`), `PathGeometry` für allgemeine geometrische Objekte sowie `StreamGeometry` zur effizienten Verwaltung umfangreicher Grafiken.

Für normale Anwendungen ist die `PathGeometry`-Klasse am wichtigsten. Entscheidend ist deren `Figures`-Eigenschaft, die eine oder auch mehrere `PathFigure`-Aufzählungen enthält. Ein `PathFigure`-Objekt beschreibt einen Pfad, dessen Teile aus unterschiedlichen Elementen zusammengesetzt werden:

» Ein `LineSegment` beschreibt eine gerade Linie.

» Ein `PolyLineSegment` beschreibt einen Linienzug.

» Ein `ArcSegment` beschreibt einen Teil eines Ellipsenbogens.

» Ein `BezierSegment` beschreibt eine kubische Bézier-Kurve (zwei Kontrollpunkte).

» Ein `PolyBezierSegment` beschreibt eine aus mehreren Teilen zusammengesetzte Bézier-Kurve.

» Ein `QuadraticBezierSegment` beschreibt eine quadratische Bézier-Kurve (ein Kontrollpunkt).

» Ein `PolyQuadraticBezierSegment` beschreibt eine aus mehreren Teilen zusammengesetzte quadratische Bézier-Kurve.

Das folgende Beispiel zeigt, wie Sie einen einfachen Pfad aus zwei geraden Linien und einem Kreisbogen (X- und Y-Radius sind identisch) zusammensetzen. Im Vergleich zum vorigen Beispiel hat sich nur die Einstellung der `Geometry`-Eigenschaft des `GeometryDrawing`-Objekts verändert, der restliche XAML-Code ist unverändert. Es fehlt hier der Platz, um die verschiedenen `Segment`-Klassen genauer vorzustellen, aber die Grundidee sollte klar sein: Ausgehend von einem Startpunkt – standardmäßig (0, 0) – setzt jedes `Segment`-Objekt den Pfad fort.

Optional können Sie einen offenen Pfad durch PathFigure.IsClosed = True schließen. Wenn das Innere des Objekts nicht gefüllt werden soll, geben Sie PathFigure.IsFilled = False an. Auch die PathGeometry-Klasse kennt einige Eigenschaften, die das Aussehen des Inhalts beeinflussen. Am interessantesten ist Transform, mit der Sie auf das Geometrieobjekt eine Transformationen anwenden können (beispielsweise eine Drehung).

```
<Image Stretch="None">
   <Image.Source>
      <DrawingImage>
         <DrawingImage.Drawing>
            <GeometryDrawing Brush="LightSalmon">
               <GeometryDrawing.Pen>
                  <Pen Brush="Black" Thickness="3"/>
               </GeometryDrawing.Pen>
               <GeometryDrawing.Geometry>
                  <PathGeometry>
                     <PathFigure StartPoint="0,50">
                        <LineSegment Point="50,0" />
                        <LineSegment Point="100,50" />
                        <ArcSegment
                           Point="0,50" Size="50,50"
                           SweepDirection="Clockwise" />
                     </PathFigure>
                  </PathGeometry>
               </GeometryDrawing.Geometry>
            </GeometryDrawing>
         </DrawingImage.Drawing>
      </DrawingImage>
   </Image.Source>
</Image>
```

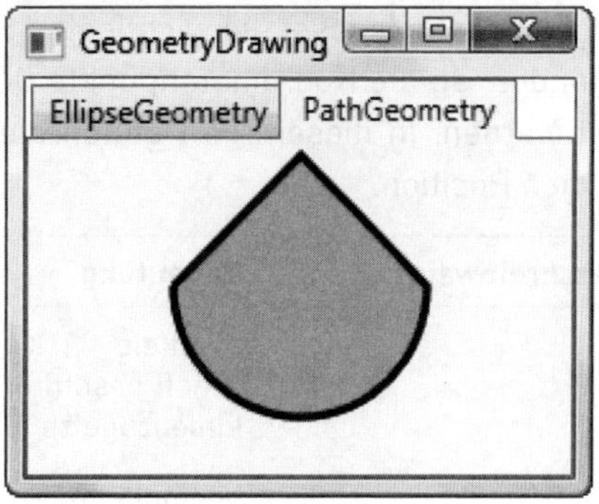

Abbildung 19.7: Ein allgemeines Geometry-Drawing-Objekt

Innerhalb eines PathGeometry-Objekts können Sie mehrere PathFigures angeben, die dann einfach übereinander gezeichnet werden. Alternativ können Sie mehrere PathGeometry-Objekte zu einer GeometryGroup verbinden. Damit können Sie die PathGeometry-spezifischen Eigenschaften jeweils individuell einstellen. Auch hier gilt, dass die zuletzt angegebenen Objekte die zuerst angegebenen überdecken. Einen dritten Weg zur Kombination einzelner Formen bietet die CombinedGeometry-Klasse. Der Vorteil gegenüber der GeometryGroup besteht darin, dass es verschiedene Modi gibt, wie die geometrischen Formen kombiniert werden (Union, Intersect, Xor oder Exclude).

Der hohe XAML-Codeaufwand macht die Zusammensetzung komplexer geometrischer Objekte sehr unübersichtlich. Abhilfe schafft eine spezielle Kurzschreibweise zur Einstellung der Geometry-Eigenschaft des GeometryDrawing-Objekts. Beachten Sie, dass Sie diese Kurzschreibweise nur in XAML, nicht aber bei der direkten Einstellung der Geometry-Eigenschaft per VB-Code verwenden dürfen! Die folgenden Zeilen zeigen, wie kompakt das GeometryDrawing-Objekt aus Abbildung 19.7 formuliert werden kann:

```
<GeometryDrawing Brush="LightSalmon"
                 Geometry="M 0,50  L 50,0  L 100,50  A 50,50 0 0 1 0,50">
   <GeometryDrawing.Pen>
      <Pen Brush="Black" Thickness="3"/>
   </GeometryDrawing.Pen>
</GeometryDrawing>
```

Die folgende Tabelle fasst die wichtigsten Syntaxelemente dieser Kurzschreibweise zusammen. Alle Kommandos, an die Koordinatenpunkte übergeben werden, können auch mit Kleinbuchstaben formuliert werden. In diesem Fall gelten die Koordinatenangaben nicht absolut, sondern relativ zur vorherigen Position.

Kurzschreibweise	Bedeutung
`F n`	stellt die `FillRule`-Eigenschaft ein (0 = `EvenOdd`, 1 = `NoneZero`). Diese Eigenschaft bestimmt, welcher Algorithmus verwendet wird, um verschlungene Linienzüge zu füllen.
`M x,y`	beginnt eine neue `PathFigure` mit dem Startpunkt `(x, y)`.
`Z`	beendet eine `PathFigure` mit `IsClosed = True`. Wenn Sie `IsClosed = False` vorziehen, verzichten Sie einfach auf den Buchstaben Z.
`L x,y`	zeichnet eine Linie nach `(x, y)`.
`H x`	zeichnet eine horizontale Linie nach `(x, y)`, wobei sich `y` aus der aktuellen Position ergibt und unverändert bleibt.
`V y`	zeichnet eine vertikale Linie nach `(x, y)`, wobei sich `x` aus der aktuellen Position ergibt.
`A rx,ry ra ila sd x,y`	zeichnet einen Ellipsenbogen zum Punkt `(x, y)` mit den Radien `rx` und `ry`. Die Ellipse wird um `ra` Grad aus den Standardachsen verdreht (Eigenschaft `RotationAngle`). `ila=1` gibt an, dass der Bogen mehr als 180° sein soll (Eigenschaft `IsLargeAngle`). sd=1 bewirkt, dass der Bogen im Uhrzeigersinn gezeichnet werden soll (standardmäßig gegen den Uhrzeigersinn, Eigenschaft `SweepDirection`).
`Q x1,y1 x,y`	zeichnet eine quadratische Bézier-Kurve nach `(x,y)` mit dem Kontrollpunkt `(x1, y1)`.
`C x1,y1 x2,y2 x,y`	zeichnet eine kubische Bézier-Kurve nach `(x,y)` mit den beiden Kontrollpunkten `(x1, y1)` und `(x2, y2)`.
`S x2,y2 x,y`	zeichnet eine kubische Bézier-Kurve nach `(x,y)`. Als Kontrollpunkt `(x1, y1)` wird wahlweise der Punkt `(x2, y2)` der vorherigen Bézier-Kurve oder der Startpunkt der Kurve verwendet. Das S steht für `smooth`, weil die automatische Ermittlung des Kontrollpunkts `(x1, y1)` einen glatten Übergang zwischen den Beziersegmenten sicherstellt.

Drawing-Elemente verändern nur den Vordergrund und sind ansonsten durchsichtig. Der Hintergrund der Grafik ergibt sich aus dem Hintergrund des Steuerelements, in dem die Grafik angezeigt wird. Im vorliegenden Beispiel wird die Grafik durch ein Image-Element angezeigt. Dabei handelt es sich aber um kein richtiges Steuerelement; es gibt keine Möglichkeit, den Hintergrund einzustellen (keine Background-Eigenschaft). Die Hintergrundfarbe bzw. das Hintergrundmuster kann vielmehr im TabControl-Steuerelement eingestellt werden, das das Image-Element enthält. (Alternativ können Sie Ihre Grafik natürlich auch mit einem gefüllten Rechteck beginnen, das den gesamten Zeichenbereich abdeckt.)

Die beiden vorigen Beispiele verwendeten die DrawingImage-Klasse, um ein GeometryDrawing-Objekt in einem Image-Element darzustellen. Das folgende Beispiel zeigt eine andere Vorgehensweise: Die DrawingBrush-Klasse wandelt das GeometryDrawing-Objekt in einen Brush um, mit dem dann die Hintergrundfarbe (Eigenschaft Fill) einer Ellipse eingestellt wird. Die Eigenschaften TileMode und Viewport bewirken die Wiederholung des geometrischen Musters (jeweils viermal in jede Richtung).

```
<Ellipse Width="150" Height="100"
         Stroke="Black" StrokeThickness="3">
   <Ellipse.Fill>
      <DrawingBrush Viewport="0,0 .25,.25" TileMode="Tile">
         <DrawingBrush.Drawing>
            <GeometryDrawing Brush="LightSalmon"
                  Geometry="M 0,20 L 20,0 L 40,20 L 0,20">
               <GeometryDrawing.Pen>
                  <Pen Brush="Red" Thickness="3"/>
               </GeometryDrawing.Pen>
            </GeometryDrawing>
         </DrawingBrush.Drawing>
      </DrawingBrush>
   </Ellipse.Fill>
</Ellipse>
```

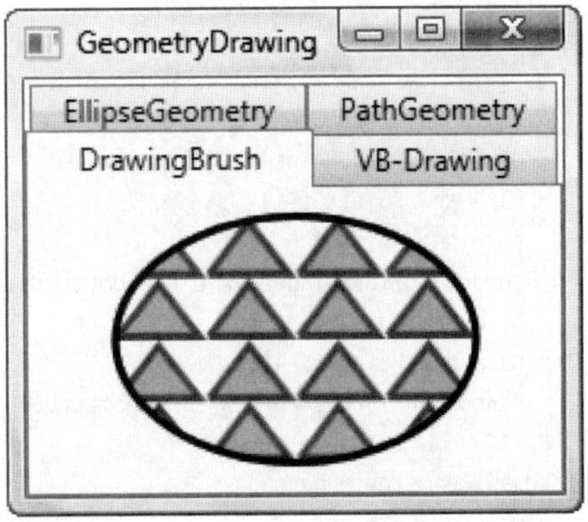

Abbildung 19.8: Ein geometrisches Hintergrundmuster mit einem DrawingBrush

HINWEIS

Die Drawing-Klassen stellen das WPF-Fundament für 2D-Grafik dar. XAML-Dateien aus Drawing-Grafikprimitiven sind somit auch ein Weg, um 2D-Vektorgrafiken weiterzugeben – vergleichbar mit EMF- oder WMF-Dateien in Windows Forms. Als Zeichenprogramm für derartige Grafiken kommt beispielsweise Expression Design infrage. Die praktische Anwendung von XAML-Grafikdateien ist allerdings noch nicht ausgereift. Einerseits bietet Visual Studio keine Möglichkeit, um eine XAML-Grafikdatei einfach wie eine Bitmap als Ressource zu verwenden. Die Anwendung von XAML-Grafikdateien erfordert deswegen umständliche Handarbeit:

http://learnwpf.com/Posts/Post.aspx?postId=d849072b-4e45-4ad4-b28c-71341ea30d46

Andererseits fehlt momentan ein allgemein akzeptierter Standard, wie XAML-Vektorgrafiken aufgebaut werden sollen. Dazu bestehen unterschiedliche Möglichkeiten, was in den zahlreichen Exportoptionen des Expression Designers deutlich wird. Je nachdem, wie die XAML-Datei gespeichert wird, sind unterschiedliche Techniken zur Verwendung der Datei erforderlich.

Grafikprimitive per VB-Code erzeugen

Komplexe Grafiken werden Sie selten von Hand als XAML-Code eingeben. Vielmehr eignen sich die Drawing-Grafikprimitive ausgezeichnet dazu, Grafiken per VB-Code zu erzeugen. Ausgangspunkt für das folgende Beispiel ist das Image-Element myimage:

```
<Image Name="myimage" Stretch="Fill"/>
```

In der Loaded-Ereignisprozedur werden neue DrawingImage-, GeometryDrawing- und GeometryGroup-Objekte erzeugt. Das GeometryGroup-Objekt beherbergt wiederum diverse LineGeometry-Objekte, die ein einfaches Linienmuster bilden. Dank Stretch=Fill passt sich die Größe der Grafik automatisch der Größe des Image-Steuerelements an.

```
' Beispiel wpf-multimedia/2d-grafik
Private Sub Window1_Loaded(...) Handles Window1.Loaded
  Dim dimg As New DrawingImage
  Dim gdraw As New GeometryDrawing
  Dim ggroup As New GeometryGroup
  gdraw.Pen = New Pen(Windows.Media.Brushes.Black, 3)
  For i = 0 To 400 Step 20
    Dim p1, p2 As Point
    p1 = New Point(0, i)
    p2 = New Point(400 - i, 0)
    ggroup.Children.Add(New LineGeometry(p1, p2))
    p1 = New Point(400, 400 - i)
    p2 = New Point(i, 400)
    ggroup.Children.Add(New LineGeometry(p1, p2))
  Next
  gdraw.Geometry = ggroup
  dimg.Drawing = gdraw
  myimage.Source = dimg
End Sub
```

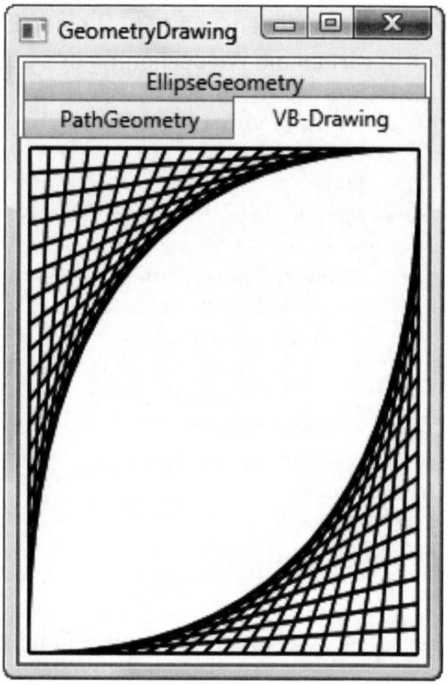

Abbildung 19.9: Ein per VB-Code erzeugtes GeometryDrawing-Objekt

Anstatt die Geometrie der Grafik durch eine GeometryGroup zu beschreiben, können Sie auch ein StreamGeometry-Objekt verwenden. Der Vorteil besteht darin, dass dessen interne Verwaltung wesentlich effizienter ist und sich für komplexe Grafiken eignet, die aus vielen Elementen zusammengesetzt werden. Allerdings erfolgt die Programmierung ganz anders: Anstatt die Grafik aus Objekten der Typen Line-, Rectangle-, PathGeometry etc. aufzubauen, wenden Sie nun Methoden wie BeginFigure, LineTo, ArcTo etc. auf einen StreamGeometryContext an. Primitive Objekte wie Rechtecke oder Ellipsen müssen Sie selbst zusammensetzen (ein Rechteck beispielsweise aus mehreren LineTo-Methoden). Die folgenden Zeilen zeigen die prinzipielle Vorgehensweise:

```
Dim dimg As New DrawingImage
Dim gdraw As New GeometryDrawing
Dim ggroup As New GeometryGroup
gdraw.Pen = New Pen(Windows.Media.Brushes.Black, 3)
Dim streamg As New StreamGeometry
Dim context As StreamGeometryContext = streamg.Open()
For i = 0 To 400 Step 20
  Dim p1, p2 As Point
  p1 = New Point(0, i)
  p2 = New Point(400 - i, 0)
  context.BeginFigure(p1, False, False)  'IsFilled=False, IsClosed=False
  context.LineTo(p2, True, False)        'IsStroked=True, IsSmoothJoin=False
  p1 = New Point(400, 400 - i)
  p2 = New Point(i, 400)
  context.BeginFigure(p1, False, False
  context.LineTo(p2, True, False
Next
context.Close()
gdraw.Geometry = streamg
dimg.Drawing = gdraw
myimage.Source = dimg
```

Wenn Sie Drawing-Elemente in einer Ereignisprozedur verändern, wird der Fensterinhalt erst nach dem Ende der Ereignisprozedur aktualisiert. Das ist in der Regel aus Effizienzgründen zweckmäßig. Gelegentlich kann es aber vorkommen, dass Sie eine Grafik während einer länger andauernden Aktualisierung zwischendurch aktualisieren möchten. Die offiziell empfohlene Vorgehensweise besteht darin, dass Sie das Grafik-Update in einem Hintergrund-Thread durchführen (siehe Kapitel 21).

Weniger elegant, aber dafür wesentlich einfacher ist es, innerhalb Ihrer Ereignisprozedur regelmäßig die folgende Anweisung auszuführen. Damit teilen Sie der WPF zuerst mit, dass sie das angegebene Steuerelement aktualisieren soll. Anschließend rufen Sie mit Invoke eine Funktion auf, die nichts tut (0). Der entscheidende Punkt ist, dass die Funktion mit derselben Priorität wie die WPF-Render-Funktionen ausgeführt wird. Mit diesem Trick erreichen Sie die Aktualisierung der Ausgabe als Nebeneffekt. Hintergrundinformationen zu Invoke folgen ebenfalls in Kapitel 21 zum Thema Multithreading.

```
myimage.UpdateLayout()
Me.Dispatcher.Invoke(Windows.Threading.DispatcherPriority.Render, Function() 0)
```

Visuals

Die direkte Verwendung von Drawing-Grafikprimitiven ist zwar effizienter als die Verwendung der steuerelementähnlichen Grafikelemente Line, Rectangle etc., aber immer noch nicht ausreichend schnell für Programme, die Tausende von Grafikelementen darstellen und manipulieren sollen. Abhilfe schaffen sogenannte Visuals: Dabei handelt es sich um eine Sammlung von Grafikanweisungen, deren interner Verwaltungsaufwand wesentlich geringer ist als bei Drawing-Objekten. Intern sind übrigens auch alle Steuerelemente von der Klasse Visual abgeleitet.

Die größte Hürde beim Einsatz von Visuals besteht darin, diese überhaupt darzustellen. Dazu benötigen Sie ein Steuerelement (genau genommen: ein Objekt, dessen Klasse von FrameworkElement abgeleitet ist), dessen Visual Tree Sie manipulieren können. Der populärste Weg besteht darin, eine neue Klasse zu definieren, die von einem einfachen Steuerelement abgeleitet ist. Als Basisklasse bietet sich Canvas an, weil dieses Steuerelement keine sichtbaren Elemente und keine überflüssigen Zusatzfunktionen hat. Nun müssen Sie Ihre eigene Visual-Verwaltung sowie zumindest die Eigenschaft VisualChildrenCount sowie die Methode GetVisualChild neu implementieren. Außerdem benötigen Sie Methoden, um eigene Visuals einzufügen bzw. zu entfernen.

Die folgenden Zeilen zeigen eine minimale, für viele Anwendungen aber vollkommen ausreichende Implementierung der neuen Klasse VisualCanvas. Da Sie alle im neuen Canvas dargestellten Visuals nun selbst verwalten und die vom ursprünglichen Canvas stammenden Visuals ignorieren, können Sie das neue Steuerelement nicht mehr wie das herkömmliche Canvas-Steuerelement einsetzen. VisualCanvas ist somit nur zur Verwaltung selbst eingefügter Visuals geeignet, nicht aber zur Darstellung anderer Steuer- oder Grafikelemente!

```
' Beispiel wpf-multimedia/2d-grafik, Datei VisualCanvas.vb
Public Class VisualCanvas
  Inherits Canvas
  Private _visuals As New List(Of Visual)
  Protected Overrides ReadOnly Property VisualChildrenCount() As Integer
    Get
      Return _visuals.Count
    End Get
  End Property
  Protected Overrides Function GetVisualChild(ByVal index As Integer) _
        As System.Windows.Media.Visual
    Return _visuals(index)
  End Function
  Sub AddVisual(ByVal visual As Visual)
    _visuals.Add(visual)
    MyBase.AddVisualChild(visual)
    MyBase.AddLogicalChild(visual)
  End Sub
  Sub DeleteVisual(ByVal visual As Visual)
    _visuals.Remove(visual)
    MyBase.RemoveVisualChild(visual)
    MyBase.RemoveLogicalChild(visual)
  End Sub
End Class
```

Die Anwendung der VisualCanvas-Klasse ist einfach. In der Loaded-Ereignisprozedur des Fensters weisen Sie ein VisualCanvas-Objekt der Content-Eigenschaft des Fensters zu. Damit füllt das neue Steuerelement das gesamte Fenster aus. Natürlich können Sie ein VisualCanvas auch in jedem anderen Content-fähigen Steuerelement verwenden. Wenn Sie VisualCanvas-Objekte per XAML-Code nutzen möchten, müssen Sie den XAML-Namensraum um eine Referenz auf Ihr Projekt erweitern.

Nachdem die Vorbereitungsarbeiten nun abgeschlossen sind, wird es Zeit, die tatsächliche Nutzung von Visuals zu beschreiben: Die Basisklasse Visual ist nicht direkt verwendbar (Attribut MustInherit). Es gibt mehrere abgeleitete Klassen, von denen DrawingVisual für 2D-Grafiken am wichtigsten ist. Sie stellt über die Methode RenderOpen ein DrawingContext-Objekt zur Verfügung, dessen Drawing-Methoden der Schlüssel zur Ausgabe von Grafikobjekten sind. Die folgende Tabelle fasst die wichtigsten Methoden zusammen.

DrawingContext-Methoden	**Funktion**
DrawLine	zeichnet eine Linie.
DrawRectangle	zeichnet ein Rechteck.
DrawRoundedRectangle	zeichnet ein Rechteck mit runden Ecken.
DrawEllipse	zeichnet eine Ellipse.
DrawText	gibt Text aus.
DrawImage	stellt eine Bitmap dar.
DrawVideo	führt ein Video aus.
DrawDrawing	stellt ein Drawing-Objekt dar.
DrawGeometry	stellt ein Geometry-Objekt dar.

Generell gilt: Die Reihenfolge der Zeichenoperationen ist für die Sichtbarkeit relevant. Die zuletzt ausgeführten Methoden haben Vorrang und überdecken bereits vorhandene Grafikelemente. Mit den Methoden PushClip, PushEffect, PushOpacity und PushTransform können Zusatzeffekte für alle folgenden Draw-Methoden angegeben werden. Pop hebt diese Effekte wieder auf.

Das folgende Beispiel erzeugt in der Loaded-Ereignisprozedur des Fensters 5000 bunte Linien als einzelne Visual-Objekte und fügt diese dem VisualCanvas-Objekt hinzu. Um den Speicherverbrauch des Programms mit zunehmender Objektanzahl zu begrenzen, verwendet das Programm nicht für jede Linie ein neues Pen-Objekt, sondern greift auf einen Pool vorher initialisierter Pen-Objekte zurück. (Das Beispielprogramm enthält auch auskommentierten Code, um zu Demonstrationszwecken statt der Linien Rechtecke oder Ellipsen zu erzeugen.)

Die Ereignisprozedur myvc_MouseMove beweist, dass die WPF nach wie vor jedes einzelne Visual-Objekt identifizieren kann: Bei gedrückter Maustaste wird die Linie unter der Maus mit der Methode VisualTreeHelper.HitTest identifiziert und aus der Visual-Aufzählung des VisualCanvas-Elements gelöscht. Das funktioniert überraschend effizient und ohne spürbare Verzögerung.

```
' Beispiel wpf-multimedia/2d-grafik, Datei Window3.vb
Const COLORS = 100
Const SIZE = 20
Const RANGE = 300
Dim WithEvents myvc As New VisualCanvas
Private Sub Window1_Loaded(...) Handles Window1.Loaded
  Dim pens(COLORS - 1) As Pen
  For i = 0 To COLORS - 1
    pens(i) = New Pen(New SolidColorBrush(Color.FromRgb(r(256), r(256), r(256))), 4)
  Next
  For i = 1 To 5000
    Dim visual As New DrawingVisual
    Dim dc As DrawingContext = visual.RenderOpen()
    dc.DrawLine(pens(r(100)), New Point(r(RANGE), r(RANGE)), _
                              New Point(r(RANGE), r(RANGE)))
    dc.Close()
    myvc.AddVisual(visual)
  Next
  Me.Content = myvc
End Sub
Private Sub myvc_MouseMove(ByVal sender As Object, _
     ByVal e As System.Windows.Input.MouseEventArgs) Handles myvc.MouseMove
  If e.LeftButton = MouseButtonState.Pressed Then
    Dim pt As Point = e.GetPosition(myvc)
    Dim result As HitTestResult = VisualTreeHelper.HitTest(myvc, e.GetPosition(myvc))
    Dim vis As Visual = result.VisualHit
    If Not vis Is Nothing Then
      myvc.DeleteVisual(vis)
    End If
  End If
End Sub
Function r(ByVal n As Integer) As Integer
  Static rand As New Random()
  Return rand.Next(n)
End Function
```

HINWEIS

Auch wenn Visuals den effizientesten Weg zur Verarbeitung komplexer Grafiken darstellen, erfordert ihre interne Verwaltung noch immer erheblichen Aufwand. Auf einem gut ausgestatteten Rechner läuft das Beispielprogramm mit 5 bis 10.000 Visual-Objekten noch flüssig. Bei bis ca. 100.000 Objekten sind Geschwindigkeit und Speicherbedarf gerade noch erträglich, auch wenn die anfängliche Initialisierung bereits sehr lange dauert. Experimente mit 1.000.000 Objekten sind gescheitert. Kurz und gut: Auch Visuals können keine Wunder vollbringen.

Abbildung 19.10: Beispielprogramm für Visuals

19.2 Bitmaps

Alle bisher präsentierten Techniken waren vektororientiert. Sie beschreiben also Ihre Grafik durch elementare Zeichenelemente oder -methoden und überlassen die eigentliche Darstellung dann der WPF. Dieser Abschnitt erklärt, wie Sie bereits vorhandene Bitmaps manipulieren, mit Vektorgrafiken kombinieren bzw. wie Sie neue Bitmaps mit Grafikanweisungen selbst erzeugen.

Bitmaps darstellen

Den einfachsten Weg zur Darstellung einer Bitmap, die als Projektressource zur Verfügung steht, bietet das in Abschnitt 17.13 bereits vorgestellte `Image`-Element. Damit können Sie eine Bitmap in einem Fenster bzw. Steuerelement anzeigen und auf Wunsch gleichzeitig deren Größe an die des `Image`-Elements anpassen (Eigenschaft `Stretch`).

```
<Image Source="bitmaps/auto.jpg" Stretch="UniformToFill"/>
```

Ebenso einfach und praktisch ist es, Bitmaps in ein `ImageBrush`-Objekt zu verpacken und dann als Hintergrund-, Vordergrund- oder Füllmuster zu verwenden. Das bietet zusätzlich die Möglichkeit, die Bitmap wiederholt anzuwenden. Dazu stellen Sie `TileMode=Tile` ein und geben mit `Viewport` an, welchen Bereich der Gesamtgrafik die Bitmap abdecken soll. `Viewport="0 0 0.5 0.33"` bewirkt, dass die erste Bitmap links oben (0, 0) beginnt, horizontal die halbe Breite und vertikal ein Drittel der Höhe abdeckt. Anschließend wird die Bitmap wiederholt. Falls die Bitmap bei der Wiederholung gespiegelt werden soll, stellen Sie `TileMode` mit `FlipX`, `-Y` oder `-XY` ein.

```
<StackPanel>
  <Ellipse HorizontalAlignment="Left"
           Width="200" Height="100"
           Stroke="Black" StrokeThickness="2">
    <Ellipse.Fill>
      <ImageBrush ImageSource="bitmaps/meer.jpg"
                  Stretch="UniformToFill"/>
    </Ellipse.Fill>
  </Ellipse>
  <Ellipse Width="250" Height="250"
           Stroke="Black" StrokeThickness="2">
    <Ellipse.Fill>
      <ImageBrush ImageSource="bitmaps/auto.jpg"
                  TileMode="Tile"
                  Viewport="0 0 0.5 0.33"
                  Stretch="UniformToFill"/>
    </Ellipse.Fill>
  </Ellipse>
</StackPanel>
```

Abbildung 19.11: Bitmaps als Texturen verwenden

Wenn Sie Ihr Grafikprogramm mit `Drawing`- oder `Visual`-Primitiven aufbauen und die resultierende Vektorgrafik mit Bitmaps kombinieren möchten, setzen Sie am besten `ImageBrush`-Objekte ein, wie dies oben für das `Ellipse`-Element demonstriert wurde. In der `Drawing`-Welt bietet sich als Alternative auch ein `ImageDrawing`-Objekt an. Es bildet die gesamte Bitmap in einem Rechteck ab. Es gibt aber keinerlei Möglichkeit, die Bitmap zu skalieren, auszuschneiden oder zu wiederholen. Wesentlich mehr Gestaltungsmöglichkeiten haben Sie, wenn Sie Ihre Bitmap in einem `GeometryDrawing`-Objekt über den Umweg eines `ImageBrush` integrieren. Das folgende Beispiel demonstriert beide Varianten.

```
<StackPanel>
  <Image Margin="10" Stretch="None">
    <Image.Source>
      <DrawingImage>
        <DrawingImage.Drawing>
          <DrawingGroup>
            <GeometryDrawing
               Brush="LightSkyBlue"
               Geometry="M 0,0 L 170,0 L 170,140 0,140 Z" />
            <ImageDrawing ImageSource="bitmaps/auto.jpg" Rect="10,10 150,120" />
          </DrawingGroup>
        </DrawingImage.Drawing>
      </DrawingImage>
    </Image.Source>
  </Image>
  <Image Stretch="None">
    <Image.Source>
```

```
        <DrawingImage>
          <DrawingImage.Drawing>
            <GeometryDrawing
                Geometry="M 0,0 L 160,0 L 160,130 0,130 Z" >
              <GeometryDrawing.Pen><Pen .../></GeometryDrawing.Pen>
              <GeometryDrawing.Brush>
                <ImageBrush ImageSource="bitmaps/auto.jpg" Stretch="UniformToFill"/>
              </GeometryDrawing.Brush>
            </GeometryDrawing>
          </DrawingImage.Drawing>
        </DrawingImage>
      </Image.Source>
    </Image>
</StackPanel>
```

Abbildung 19.12: Darstellung einer Bitmap mit ImageDrawing und mit ImageBrush

Bitmap-Effekte

Oft wollen Sie nicht die ganze Bitmap darstellen, sondern nur einen Ausschnitt daraus. Der einfachste Weg dorthin führt über das CroppedBitmap-Objekt, in dem Sie mit der Eigenschaft SourceRect den gewünschten Bildausschnitt in der Schreibweise x,y b h angeben – im folgenden Beispiel also einen quadratischen Ausschnitt zwischen den Koordinatenpunkten (100, 100) und (200, 200). Aus unerfindlichen Gründen akzeptiert der XAML-Designer von Visual Studio die Einstellung der Source-Eigenschaft des Image-Elements durch ein CroppedBitmap-Objekt nicht und behauptet, dass der XAML-Code einen Fehler enthalte. Wird das Programm ausgeführt, zeigt es die ausgeschnittene Bitmap korrekt an.

Wenn Sie einen nicht rechteckigen Bereich einer Bitmap anzeigen möchten, müssen Sie den gewünschten Bereich über die Clip-Eigenschaft einstellen. Diese Eigenschaft erwartet ein Geometry-Objekt. Am einfachsten geben Sie den gewünschten Pfad in der Kurzschreibweise an, die im vorigen Abschnitt vorgestellte wurde. Beim Clipping sind allerdings zwei Eigenheiten zu beachten:

- Erstens beziehen sich die Koordinaten des Clipping-Bereichs nicht etwa auf die Bitmap, sondern wie bei allen anderen WPF-Objekten auf das Koordinatensystem im `Image`-Element; das bedeutet aber, dass Sie je nach Größe des `Image`-Elements einen anderen Bildausschnitt sehen. Starten Sie das Beispielprogramm *wpf-multimedia/bitmaps*, und verändern Sie die Fenstergröße, um diesen Effekt zu beobachten!
- Zweitens hat das Clipping keinen Einfluss auf die Gesamtgröße des `Image`-Elements. Diese wird weiterhin durch den `Stretch`-Modus und die gesamte Bitmap bestimmt. Im Beispielprogramm habe ich deswegen ein `Border`-Element eingesetzt, um die Ausmaße des `Image`-Elements zu verdeutlichen.

Die `OpacityMask`-Eigenschaft steuert, in welchem Ausmaß die Bitmap transparent dargestellt werden soll. Zur Einstellung müssen Sie ein `Brush`-Objekt übergeben, wobei nur der für die Transparenz verantwortliche Alpha-Kanal ausgewertet wird. Beispiel 3 zeigt die Anwendung dieser Eigenschaft. Vielleicht irritiert Sie dabei die Farbe `Black` im `LinearGradientBrush`. Es ist vollkommen egal, welche Farbe Sie hier angeben – entscheidend ist nur der Alpha-Kanal, der bei jeder gewöhnlichen Farbe 1 beträgt (also deckend).

Wenn Sie – beispielsweise in einer `Grid`-Zelle – zwei Bitmaps übereinanderplatzieren, können Sie durch die geschickte Einstellung der `OpacityMask` beider Bitmaps einen fließenden Übergang zwischen den beiden Bildern erzielen (Beispiel 4). Wenn Sie diesen Effekt animieren (mehr dazu in Abschnitt 19.4), ist der erste Baustein für Ihre eigene Dia-Show schon fertig.

Über die Eigenschaft `BitmapEffect` können Sie schließlich zusätzliche Effekte aktivieren. Das funktioniert nicht nur für das `Image`-Element, sondern für jedes Steuerelement! Sie können durch `BitmapEffect` auch die Beschriftung eines gewöhnlichen Buttons verändern. WPF interpretiert den Inhalt des Elements als Bitmap, wendet einen der vordefinierten Effektfilter (`Blur`, `DropShadow`, `OuterGlow` etc.) an und zeigt das Ergebnis dann an.

Bitmap-Effekte haben allerdings zwei wesentliche Nachteile: Erstens werden sie per Software ausgeführt und sind daher langsam. Die Hardware-Funktionen der Grafikkarte bleiben ungenutzt. Außerdem wird der Code für die Effekte `unmanaged` ausgeführt. Das funktioniert nur bei Programmen mit uneingeschränkten Rechten. Effektfilter in XBAPs und `Click-Once`-Programmen führen zum vorzeitigen Programmende.

```
<StackPanel Orientation="Horizontal">
   <Image Margin="10" Stretch="None" >  <!-- Beispiel 1 -->
      <Image.Source>
         <CroppedBitmap Source="bitmaps/auto.jpg" SourceRect="100,100 100 100" />
      </Image.Source>
   </Image>
   <Border Margin="10" BorderBrush="Black" BorderThickness="1" > <!-- Beispiel 2 -->
      <Image Name="testimage"
            Stretch="UniformToFill" Source="bitmaps/auto.jpg"
            Clip="M 0,50 L 50,0 L 150,100 Z"/>
   </Border>
```

```
    <!-- Beispiel 3 -->
    <Image Margin="10" Stretch="UniformToFill" Source="bitmaps/auto.jpg">
       <Image.OpacityMask>
          <LinearGradientBrush StartPoint="0.1,0.1" EndPoint=".9,.9">
             <GradientStop Offset="0" Color="Black"/>
             <GradientStop Offset="1" Color="Transparent"/>
          </LinearGradientBrush>
       </Image.OpacityMask>
    </Image>
    <Grid Margin="10" VerticalAlignment="Stretch"> <!-- Beispiel 4 -->
       <Image Stretch="UniformToFill" Source="bitmaps/auto.jpg">
          <Image.OpacityMask>
             <LinearGradientBrush StartPoint="0,0" EndPoint=".6,.6">
                <GradientStop Offset="0" Color="Black"/>
                <GradientStop Offset="1" Color="Transparent"/>
             </LinearGradientBrush>
          </Image.OpacityMask>
       </Image>
       <Image Stretch="UniformToFill" Source="bitmaps/meer.jpg">
          <Image.OpacityMask>
             <LinearGradientBrush StartPoint=".2,.2" EndPoint="1,1">
                <GradientStop Offset="0" Color="Transparent"/>
                <GradientStop Offset="1" Color="Black"/>
             </LinearGradientBrush>
          </Image.OpacityMask>
       </Image>
    </Grid>
    <!-- Beispiel 5 -->
    <Image Margin="10" Stretch="UniformToFill" Source="bitmaps/auto.jpg">
       <Image.BitmapEffect>
          <BlurBitmapEffect Radius="4" />
       </Image.BitmapEffect>
    </Image>
</StackPanel>
```

Abbildung 19.13: Verschiedene Bitmap-Effekte

In den obigen Beispielen habe ich verschiedene Bitmap-Effekte in einem `Image`-Element demonstriert. Ganz analog sieht die Vorgehensweise in jedem anderen Steuer- und Grafikelement aus (`Button`,

Ellipse etc.). Wenn Sie mit Drawing-Objekten arbeiten, finden Sie die zugrunde liegenden Eigenschaften Clip, OpacityMask und BitmapEffect-Eigenschaft in der DrawingGroup-Klasse, bei Visuals in der ContainerVisual-Klasse, mit der Sie mehrere Visuals zusammenfassen können. Außerdem können Sie für einzelne Visuals vor dem Zeichnen mit PushClip, PushOpacityMask und PushEffect den gewünschten Effekt angeben.

Bitmaps selbst erzeugen und manipulieren

Bis jetzt stammten alle Bitmaps aus den Projektressourcen und blieben unverändert, wenn man einmal von der Anwendung vordefinierter Effekte absieht. Dieser Abschnitt zeigt, wie Sie Bitmaps selbst erzeugen und verändern können. So viel gleich vorweg: Der WPF fehlen momentan Schnittstellen, die einen effizienten Low-Level-Zugriff auf Bitmapdaten erlauben. Anders formuliert: Zwar ist nahezu jede denkbare Bildverarbeitungsfunktion mit den WPF-Klassen realisierbar, das resultierende Programm wird aber oft nur sehr langsam laufen. Wenn Sie ein Bildverarbeitungsprogramm in der Art von Adobe Photoshop entwickeln, Bildverarbeitungsalgorithmen implementieren, einen Video-Viewer oder ein Spiel programmieren möchten, ist die WPF als Fundament denkbar ungeeignet. Die hier präsentierten Techniken sind dafür ganz einfach zu langsam.

Vorab gibt die folgende Tabelle einen kurzen Überblick über die wichtigsten Bitmap-Klassen, die im Namensraum System.Windows.Media.Imaging definiert sind. Es fehlt hier leider der Platz, auf alle Klassen detailliert einzugehen, weswegen sich die Beispiele auf die Klassen RenderTargetBitmap, BitmapSource und WriteableBitmap beschränken.

Wichtige Bitmap-Klassen	Funktion
BitmapImage	dient als Bitmap-Quelle, wenn Bitmaps aus einer Datei oder aus Ressourcen geladen werden. Die Klasse ist speziell zum Laden/Initialisieren von Bitmaps via XAML konzipiert.
BitmapSource	dient als Basisklasse für alle anderen hier genannten Bitmap-Klassen. Es gibt keine Methoden, um die Bitmap zu verändern.
CroppedBitmap	liefert einen rechteckigen Ausschnitt einer Bitmap.
FormatConvertedBitmap	wandelt eine Bitmap in ein anderes Pixelformat um.
RenderTargetBitmap	ermöglicht es, mit der Render-Methode Visuals in eine Bitmap zu zeichnen.
WriteableBitmap	ermöglicht es, mit der WritePixels-Methode rechteckige Teile der Bitmap durch neue Daten zu ersetzen.

Es gibt einige Eigenschaften und Methoden, die aufgrund ihrer Ableitung von BitmapSource allen Bitmap-Klassen zur Verfügung stehen: Dazu zählen PixelWidth- und -Height (geben die Bitmap-Größe in Pixel an), DpiX und -Y (geben die DPI-Einstellung der Bitmap an) und CopyPixels (kopiert einen rechteckigen Bitmap-Bereich in ein Byte-Array).

HINWEIS

Die WPF kennt unzählige Pixelformate, die in System.Windows.Media.PixelFormats aufgezählt sind. Leider fehlt eine ordentliche Dokumentation, welches Pixelformat für welche Aufgabe geeignet ist und wie die Formate intern organisiert sind.

Viele Bitmap-Klassen und -Methoden funktionieren nur für ausgewählte Pixelformate, wobei Pbgra32 und Bgra32 am populärsten sind. Beim Format Bgra32 sind pro Pixel 32 Bit = 4 Byte reserviert, wobei je ein Byte den **B**lau-, **G**rün- und **R**otanteil sowie den **A**lphakanal beschreibt. Der Alphakanal gibt die Transparenz an: 0 ist durchsichtig, 255 ist deckend.

Pbgra32 ist eine Variante dazu, wobei der Anfangsbuchstabe P für pre-multiplied steht: Die Farbanteile für Blau, Grün und Rot werden bereits im Voraus mit dem Alpha-Wert multipliziert, was im Vergleich zum Format Bgra32 eine effizientere Darstellung erlaubt. Nachträgliche Änderungen von Bitmaps in einem Pre-multiplied-Format sind allerdings nicht möglich.

Visual → Bitmap (RenderTargetBitmap)

Die vielleicht häufigste Frage im Zusammenhang mit Bitmaps ist: Wie kann ich in eine neue (leere) Bitmap zeichnen? Der richtige Lösungsweg führt über ein RenderTargetBitmap-Objekt. Dessen Render-Methode erlaubt es, ein Visual-Objekt in eine Bitmap umzuwandeln. Zum Erzeugen einer derartigen Bitmap müssen fünf Parameter angegeben werden: Breite und Höhe, der DPI-Wert in X- und Y-Richtung sowie das Pixelformat. Die WPF unterstützt diverse Pixelformate, die Render-Methode setzt aber offensichtlich voraus, dass Sie das Format Pbgra32 verwenden. Prinzipiell ist die Vorgehensweise einfach:

```
Dim drawVisual As New DrawingVisual
Dim dc As DrawingContext = drawVisual.RenderOpen()
Dim mypen As New Pen(Brushes.DarkBlue, 5)
dc.DrawRectangle(Brushes.LightSkyBlue, mypen, _
  New Rect(New Point(10, 10), New Size(100, 50)))
dc.DrawRectangle(Brushes.LightSkyBlue, mypen, _
  New Rect(New Point(50, 20), New Size(70, 60)))
... weitere Zeichenoperationen
dc.Close()
Dim bmp As New RenderTargetBitmap(200, 200, 96, 96, PixelFormats.Pbgra32)
bmp.Render(drawVisual)
```

Das Hauptproblem im obigen Code besteht darin, dass er keine Rücksicht darauf nimmt, wie groß die Grafik ist. Die resultierende Bitmap hat 200*200 Pixel und bildet wegen der DPI-Einstellung von 96 den WPF-Koordinatenbereich zwischen (0, 0) und (199, 199) ab. Wenn die Grafik über diesen Bereich hinausreicht, wird sie abgeschnitten. Umgekehrt bleiben bei kleineren Grafiken Teile der Bitmap leer (durchsichtig). Mit ContentBounds können Sie den tatsächlich von Grafik ausgefüllten Teil des DrawingVisual-Objekts ermitteln – der Render-Methode des RenderTargetBitmap-Objekts können Sie diese Daten aber nicht übergeben. Abhilfe schafft ein Zwischenschritt über ein zweites DrawingVisual-Objekt: In dieses Objekt wird der Inhalt des ersten DrawingVisual-Objekts ausgegeben, wobei eine Koordinatentransformation sicherstellt, dass die Grafik im Punkt (0, 0) beginnt. Anschließend kann die RenderTargetBitmap in der richtigen Größe dimensioniert werden.

```
... (Code bis dc.Close wie oben)
Dim clippedVisual As New DrawingVisual
dc = clippedVisual.RenderOpen()
dc.PushTransform( _
  New TranslateTransform(-drawVisual.ContentBounds.Left, -drawVisual.ContentBounds.Top))
dc.DrawDrawing(drawVisual.Drawing)
dc.Pop()
dc.Close()
Dim bmp As New RenderTargetBitmap( _
  clippedVisual.ContentBounds.Width, _
  clippedVisual.ContentBounds.Height, 96, 96, PixelFormats.Pbgra32)
bmp.Render(clippedVisual)
```

Um die `RenderTargetBitmap` anzuzeigen, weisen Sie das Objekt wie eine gewöhnliche `Bitmap` der `Source`-Eigenschaft eines `Image`-Elements zu.

```
myImage.Source = bmp
```

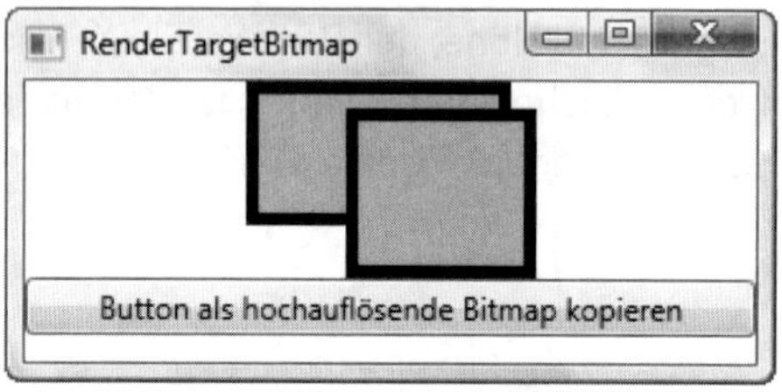

Abbildung 19.14: Die Vektorgrafik wurde in eine Bitmap gezeichnet.

Da alle Steuerelemente von der Klasse `Visual` abgeleitet sind, könnte man glauben, der folgende Code erzeugt eine Bitmap mit der Repräsentation des Steuerelements `mybutton`:

```
Dim bmp As New RenderTargetBitmap( _
  mybutton.ActualWidth, mybutton.ActualHeight, 96, 96, PixelFormats.Pbgra32)
bmp.Render(mybutton)  'funktioniert nicht!
```

Aber weit gefehlt! Der Code funktioniert nur, wenn sich das Steuerelement im Fenster an der Koordinatenposition (0, 0) befindet. Ist das nicht der Fall, kopiert `Render` eine um den Offset des Steuerelements verschobene Bitmap, und die ist zumeist leer ... Unzählige Forumsberichte bestätigen dieses Problem, eine plausible Begründung für dieses Verhalten habe ich indes nicht gefunden. Dafür aber immerhin eine Anleitung, wie auch Steuerelemente kopiert werden können: Mit einem `VisualBrush`-Objekt erzeugen Sie ein `Brush`-Objekt, das das Steuerelement abbildet. Dieses `Brush`-Objekt verwenden Sie, um ein gefülltes Rechteck in ein `DrawingVisual`-Objekt zu zeichnen. Der Rest des Codes sieht so ähnlich aus wie beim obigen Beispiel:

```
Dim drawVisual As New DrawingVisual()
Dim dc As DrawingContext = drawVisual.RenderOpen()
dc.DrawRectangle(New VisualBrush(mybutton), Nothing, _
  New Rect(New Point(0, 0), New Size(mybutton.ActualWidth, mybutton.ActualHeight)))
dc.Close()
Dim bmp As New RenderTargetBitmap( _
  mybutton.ActualWidth, mybutton.ActualHeight, 96, 96, PixelFormats.Pbgra32)
bmp.Render(drawVisual)
```

Davon ausgehend können Sie übrigens auch eine höher auflösende Bitmap des Steuerelements erzeugen. Dazu übergeben Sie an `DrawRectangle` und an `RenderTargetBitmap` jeweils eine entsprechend vergrößerte Bitmap-Auflösung. Die DPI-Parameter dürfen Sie dagegen nicht verändern, sonst wird die Bitmap bei der Darstellung am Bildschirm wieder verkleinert, und Sie bemerken die höhere Auflösung gar nicht!

```
Dim mydpi As Double = 200
Dim drawVisual As New DrawingVisual()
Dim dc As DrawingContext = drawVisual.RenderOpen()
dc.DrawRectangle(New VisualBrush(mybutton), Nothing, _
      New Rect(New Point(0, 0), _
             New Size(mybutton.ActualWidth * mydpi / 96,
                    mybutton.ActualHeight * mydpi / 96)))
dc.Close()
Dim bmp As New RenderTargetBitmap( _
  mybutton.ActualWidth * mydpi / 96, _
  mybutton.ActualHeight * mydpi / 96, 96, 96, PixelFormats.Pbgra32)
bmp.Render(drawVisual)
```

Wenn Sie die Bitmap-Repräsentation eines WPF-Elements benötigen, das nicht von `Visual` abgeleitet ist (`Image`, `Rectangle` etc.), müssen Sie es in einen Container verpacken, beispielsweise in ein `Canvas`-Element.

Byte-Array → Bitmap (BitmapSource)

Sofern Sie die interne Repräsentation der Pixelformate kennen, können Sie neue Bitmaps mithilfe der `BitmapSource`-Klasse direkt aus einem `Byte`-Array erzeugen. An die `Create`-Methode übergeben Sie die Größe und die DPI-Werte der Bitmap, das gewünschte Pixelformat, eine Farbpalette (nur für indizierte Pixelformate), das Byte-Array und schließlich einen Wert, der die Anzahl der Bytes pro Zeile angibt. Das folgende Beispiel verwendet das Pixelformat `Bgra32`, bei dem je ein Byte den Blau-, Grün- und Rotanteil sowie den Alphakanal beschreibt. Die beiden Schleifen erzeugen einen bunten Farbübergang zwischen den Farben Rot, Gelb, Dunkel- und Hellblau. Sobald die Bitmap einmal aus dem Byte-Array erzeugt worden ist, ist sie unveränderlich!

```
Dim w = 256, h = 256
Dim buffer(w * h * 4 - 1) As Byte
Dim index As Long = 0
For y = 0 To h - 1
  For x = 0 To w - 1
    buffer(index) = x         'Blau
    index += 1
    buffer(index) = y         'Grün
    index += 1
    buffer(index) = 255 - x   'Rot
    index += 1
    buffer(index) = 255  'Alpha (0 = durchsichtig,
                         '       255 = deckend)
    index += 1
  Next
Next
Dim bmp As BitmapSource = BitmapSource.Create( _
  w, h, 96, 96, PixelFormats.Bgra32, _
  Nothing, buffer, w * 4)
myimage.Source = bmp
```

Abbildung 19.15: Die Bitmap wurde aus einem Byte-Array erzeugt.

Bitmaps nachträglich verändern (WriteableBitmap)

Die oben vorgestellte `BitmapSource`-Klasse hat den Nachteil, dass eine fertige Bitmap nicht mehr veränderbar ist. Mehr Gestaltungsmöglichkeiten bietet die `WriteableBitmap`-Klasse. Mit der `WritePixels`-Methode kann ein rechteckiger Bereich der Bitmap durch neue Daten ersetzt werden.

Wie das folgende Beispiel beweist, ist die Anwendung der `WriteableBitmap`-Klasse nicht ganz einfach. Dabei ist die Grundidee des Programms durchaus simpel: Es zeigt eine fertige Bitmap an. Bei jedem Mausklick in die Bitmap wird rund um die Mausposition ein bunter Kreis in die Bitmap gezeichnet.

Abbildung 19.16: Jeder Mausklick verändert die dargestellte Bitmap.

Beim Start erzeugt das Programm ein WriteableBitmap-Objekt und initialisiert es mit der Bitmap-Datei *meer.jpg*, die Teil der Projektressourcen ist (siehe auch Abschnitt 20.1). Die Bitmap wird in einem Image-Feld angezeigt. Der entsprechende XAML-Code sieht so aus:

```
<Image Name="myimage" Stretch="UniformToFill"/>
```

In der MouseDown-Ereignisprozedur werden die Koordinaten des Mausklicks in Bitmap-Koordinaten umgerechnet. Das ist notwendig, weil die Bitmap je nach Fenstergröße und DPI-Einstellung bei der Darstellung automatisch skaliert wird. Achten Sie bei derartigen Aufgaben darauf, dass Sie die Eigenschaften PixelWidth und PixelHeight verwenden! Deren Einheit sind Pixel, im Gegensatz zu den ebenfalls verfügbaren Eigenschaften Width und Height, die in WPF-Einheiten (1/96 Zoll) rechnen und die DPI-Einstellung der Bitmap berücksichtigen.

Um den Code einfach zu halten, ignoriert das Programm Mausklicks im Randbereich. Kurz zum Hintergrund: Die WritePixels-Methode toleriert beim Kopieren der Daten keine Überschreitung der ursprünglichen Bitmap-Größe. Wenn das Programm auch Mausklicks im Randbereich korrekt verarbeiten soll, müsste die Bitmap mit den veränderten Daten vor dem Kopieren beschnitten werden.

Der nächste Schritt besteht darin, eine kleine Bitmap vorzubereiten, die den zu zeichnenden Kreis enthalten soll. Die Größe dieser Bitmap ergibt sich aus dem Quadrat um den Kreis (20 * 20 Pixel in der Grundeinstellung des Programms). Der Hintergrund muss mit einem Ausschnitt des bereits vorhandenen Bilds initialisiert werden – andernfalls wäre der Bereich rund um den Kreis schwarz. (Es reicht hier nicht aus, mit Transparenz zu arbeiten, weil WritePixels vorhandene Pixel der Bitmap vollkommen überschreibt.) Dazu zeichnet DrawRectangle ein Rechteck in das DrawingVisual-Objekt, wobei als Muster ein VisualBrush-Objekt des fraglichen Bildausschnitts zum Einsatz kommt. Der Bildausschnitt kann am einfachsten durch ein CroppedBitmap-Objekt erstellt werden.

Zuletzt muss die neue Bitmap in die vorhandene Bitmap kopiert werden. Dabei muss ein Byte-Feld als Pufferspeicher verwendet werden. Die Größe des Puffers ergibt sich aus der Pixelanzahl mal 4, weil pro Pixel vier Byte (32 Bit) erforderlich sind.

```
'Beispiel wpf-multimedia/bitmaps, Datei Window9.xaml.vb
Const RADIUS = 10
Dim bmp As New WriteableBitmap( _
  New BitmapImage(New Uri(("pack://application:,,,/bitmaps/meer.jpg"))))
Private Sub Window1_Loaded(...) Handles Window1.Loaded
  myimage.Source = bmp
End Sub
Private Sub myimage_MouseDown(ByVal sender As Object, _
  ByVal e As System.Windows.Input.MouseButtonEventArgs) Handles myimage.MouseDown
  'Mausposition umgerechnet in Bitmap-Koordinaten
  Dim x = e.GetPosition(myimage).X / myimage.ActualWidth * bmp.PixelWidth
  Dim y = e.GetPosition(myimage).Y / myimage.ActualHeight * bmp.PixelHeight
  'Clicks im Randbereich ignorieren
  If x < RADIUS OrElse _
     y < RADIUS OrElse _
     x > bmp.PixelWidth - RADIUS OrElse _
```

```
    y > bmp.PixelHeight - RADIUS Then Exit Sub
  'dieser Bereich der Bitmap soll verändert werden
  Dim targetrect As New Int32Rect(x - RADIUS, y - RADIUS, RADIUS * 2, RADIUS * 2)
  'neue Bitmap mit dem veränderten Bereich vorbereiten
  Dim newbmp As New RenderTargetBitmap( _
    RADIUS * 2, RADIUS * 2, 96, 96, PixelFormats.Pbgra32)
  Dim rand As New Random
  Dim dv As New DrawingVisual
  Dim dc = dv.RenderOpen()
  Dim ibr As New ImageBrush(New CroppedBitmap(bmp, targetrect))
  dc.DrawRectangle(ibr, Nothing, New Rect(0, 0, RADIUS * 2, RADIUS * 2))
  Dim br As New SolidColorBrush( _
    Color.FromRgb(rand.Next(256), rand.Next(256), rand.Next(256)))
  dc.DrawEllipse(br, Nothing, New Point(RADIUS, RADIUS), RADIUS, RADIUS)
  dc.Close()
  newbmp.Render(dv)
  'neue Bitmap in die alte Bitmap kopieren
  Dim pixeldata((RADIUS * 2) ^ 2 * 4) As Byte
  newbmp.CopyPixels(pixeldata, RADIUS * 2 * 4, 0)
  bmp.WritePixels(targetrect, pixeldata, RADIUS * 2 * 4, 0)
End Sub
```

Das Beispielprogramm kann auch mit einer `RenderTargetBitmap` realisiert werden. Wie die folgenden Zeilen beweisen, vereinfacht das den Code sogar erheblich. Selbst die Probleme mit Klicks im Randbereich fallen weg. Kurz die Vorgehensweise: Die Bitmap wird in der `Loaded`-Ereignisprozedur in einer passenden Größe erzeugt, anschließend wird die Bitmap des Ausgangsbilds als `Visual` dorthin gezeichnet. In der Folge wird in der `MouseDown`-Ereignisprozedur jeder neue Kreis als zusätzliches Visual mit der `Render`-Methode hinzugefügt.

Ob die hier gewählte Vorgehensweise besser ist, hängt von den Anforderungen Ihres Programms ab: Bei der ersten Variante (`WriteableBitmap`) werden die Änderungen direkt in der Bitmap durchgeführt. Der Speicherbedarf und die Geschwindigkeit des Programms bleiben konstant, auch wenn Sie eine Million Kreise über die Bitmap zeichnen.

Bei der zweiten Variante (`RenderTargetBitmap`) merkt sich das Programm dagegen sämtliche Zeichenoperationen (`Visuals`), also das gefüllte Rechteck für die Ausgangsbitmap sowie alle Kreise, die später dazukommen. Solange es nur darum geht, die Bitmap mit ein paar Kreisen oder anderen geometrischen Objekten zu verzieren, ist das in Ordnung. Je größer die Anzahl der Objekte ist, die über die Bitmap gezeichnet werden, desto höher wird der Speicheraufwand und desto langsamer wird das Programm.

Natürlich ist auch eine Kombination beider Strategien möglich: Sie verwenden eine `RenderTargetBitmap`, und nach je 100 oder 1000 Änderungen erzeugen Sie daraus eine neue Bitmap, die als Ausgangspunkt für die nächsten 100 Änderungen dient.

```
'Beispiel wpf-multimedia/bitmaps, Datei Window9.xaml.vb
Const RADIUS = 10
Dim bmp As RenderTargetBitmap
```

```
Private Sub Window1_Loaded(...) Handles Window1.Loaded
  Dim bi As New BitmapImage(New Uri(("pack://application:,,,/bitmaps/meer.jpg")))
  bmp = New RenderTargetBitmap(bi.PixelWidth, bi.PixelHeight, 96, 96, _
    PixelFormats.Pbgra32)
  Dim dv As New DrawingVisual
  Dim dc = dv.RenderOpen()
  dc.DrawRectangle(New ImageBrush(bi), Nothing, _
    New Rect(0, 0, bmp.PixelWidth, bmp.PixelHeight))
  dc.Close()
  bmp.Render(dv)
  myimage.Source = bmp
End Sub
Private Sub myimage_MouseDown(...) Handles myimage.MouseDown
  'Mausposition umgerechnet in Bitmap-Koordinaten
  Dim x = e.GetPosition(myimage).X / myimage.ActualWidth * bmp.PixelWidth
  Dim y = e.GetPosition(myimage).Y / myimage.ActualHeight * bmp.PixelHeight

  'Kreis zeichnen
  Dim dv As New DrawingVisual
  Dim dc = dv.RenderOpen()
  Dim rand As New Random
  Dim br As New SolidColorBrush( _
    Color.FromRgb(rand.Next(256), rand.Next(256), rand.Next(256)))
  dc.DrawEllipse(br, Nothing, New Point(x, y), RADIUS, RADIUS)
  dc.Close()
  bmp.Render(dv)
End Sub
```

Bitmap-Pixel versus Bildschirm-Pixel

Bitmaps mit feinen Mustern sehen in WPF-Programmen oft schrecklich aus: unscharf, von Moiré-Effekten überlagert etc. Das hat zwei Gründe:

» Die Größe der Bitmap wird standardmäßig entsprechend den DPI-Einstellungen des Systems und der Bitmap angepasst, und zwar selbst dann, wenn im `Image`-Steuerelement `Stretch = None` gilt. Ein Beispiel: Das Grafiksystem Ihres Rechners verwendet die Standardeinstellung von 96 DPI. Ihre 100*100 Pixel große Bitmap hat einen DPI-Wert von 72, d.h., die WPF nimmt an, dass die Bitmap in jede Richtung 100 / 72 = 1,39 Zoll groß sein soll. Aufgrund der System-DPI-Einstellung mit 96 beansprucht diese Bitmap im `Image`-Steuerelement bei `Stretch = None` je 1,39 * 96 = 133,33 Pixel in beide Richtungen, muss also zur Darstellung vergrößert werden.

  Diese Skalierung können Sie umgehen, wenn die Bitmap denselben DPI-Wert wie das System hat (`Stretch=None`) oder wenn Sie die Größe der Bitmap durch `Scale=Uniform` anpassen, wobei Sie die Größe des `Image`-Felds exakt so wählen, dass die unterschiedlichen DPI-Werte des Systems und der Bitmap kompensiert werden. Im obigen Beispiel bei einer System-DPI-Einstellung von 96 würde es so klappen:

```
<Image Width="100" Height="100" Stretch="Uniform ... />
```

Der Wert von 100 ist in der WPF-Maßeinheit von 1/96 Zoll ausgedrückt. Er berechnet sich wie folgt: `bitmapPixelanzahl / systemDPI * wpfDPI = 100 / 96 * 96 = 100`. Die DPI-Einstellung der Bitmap ist hier irrelevant, nur die Pixelanzahl ist entscheidend. Wenn die System-DPI-Einstellung 120 beträgt, ergibt sich 100 /120 * 96 = 80, also:

```
<Image Width="80" Height="80" Stretch="Uniform ... />
```

Je nach DPI-Verhältnis und Pixelanzahl kann bei der Berechnung durchaus ein Nachkommaanteil entstehen, den Sie mit angeben sollten. Alle WPF-Maßen sind `Double`-Zahlen.

» Selbst wenn Sie das Skalierungsproblem gelöst haben, sehen Bitmaps oft hässlich aus. Der Grund ist, dass die WPF die Positionen innerhalb eines Formulars grundsätzlich in voller Genauigkeit berechnet und dabei keineswegs auf Pixelgrenzen Rücksicht nimmt. Für einzelne Linien schafft die Eigenschaft `SnapToDevicePixels` Abhilfe. Aus nicht ganz nachvollziehbaren Gründen hilft diese Eigenschaft aber nicht bei der Positionierung eines `Image`-Felds. Je nachdem, wie das `Image`-Feld innerhalb des Fensters angeordnet ist (z.B. in einer `Grid`-Zelle), kann es passieren, dass die darzustellende Bitmap in der Mitte zwischen zwei Pixeln beginnt. Da die einzelnen Punkte nichtsdestotrotz durch physikalische Pixel abgebildet werden müssen, rechnet die WPF die gesamte Bitmap um (`sub pixel rendering`). Am einfachsten können Sie das ausprobieren, wenn Sie ein `Image`-Feld in ein `Border`-Element platzieren und `BorderWidth = 0.5` einstellen.

  Solange Sie sich bei der Positionierung eines `Image`-Steuerelements zur Darstellung der Bitmap auf die WPF verlassen, gibt es leider keine Abhilfe. Zufriedenstellende Ergebnisse erzielen Sie aber, wenn Sie das `Image`-Feld direkt in ein Fenster platzieren (nicht in ein `Panel` oder `Grid`, das die Position verändern kann) oder wenn Sie das `Image`-Feld in einem `Canvas`-Steuerelement selbst positionieren.

Eine Grundvoraussetzung für die präsentierten Lösungsvorschläge ist es, dass Sie die DPI-Einstellung des Systems kennen. Deren Ermittlung ist in der WPF nur über den Umweg einer vordefinierten Transformationsmatrix möglich. `Me` verweist dabei auf ein Fenster.

```
Dim m As Matrix = PresentationSource.FromVisual(Me).CompositionTarget.TransformToDevice
Dim dpix = m.M11 * 96
Dim dpiy = m.M22 * 96
```

HINWEIS

Vielleicht glauben Sie nun, die WPF-Entwickler sind alle wahnsinnig, wenn sie die (scheinbar) trivialsten Dinge derart umständlich lösen. Aber Sie irren sich: Für die überwiegende Mehrheit aller Anwendungen erreicht die WPF durch die beschriebenen Maßnahmen, die nicht nur für Bitmaps, sondern für alle WPF-Elemente gelten, ein herausragendes Erscheinungsbild: glatte Schriften, Linien ohne Pixelartefakte (Anti-Aliasing) etc. Die beschriebenen Probleme treten nur bei Bitmaps auf, die sehr hochauflösende Informationen enthalten. Fotos werden dagegen nahezu immer zufriedenstellend dargestellt. Die MSDN rät, in der WPF einfach auf hochauflösende Bitmaps zu verzichten – ein Tipp, der aber je nach Anwendung nicht immer zu befolgen ist. Weitere Hintergrundinformationen und Beispiele zu diesem Thema finden Sie hier:

http://msdn2.microsoft.com/en-us/library/aa970908.aspx
http://blogs.msdn.com/dwayneneed/archive/2007/10/05/blurry-bitmaps.aspx
http://blogs.msdn.com/seema/archive/2006/11/07/why-do-my-bitmaps-look-blurry-by-anthony-hodsdon-miles-cohen.aspx

Ein weiteres Beispiel, das eine selbst erzeugte Bitmap ohne Darstellungsfehler anzeigt, ist das in Abschnitt 6.7 präsentierte Programm zur Berechnung einer Abbildung aus der Mandelbrotmenge.

Das folgende Beispielprogramm illustriert die oben beschriebenen Probleme und beweist gleichzeitig, dass auch in WPF-Programmen eine perfekte Bitmap-Wiedergabe möglich ist. Ausgangspunkt ist eine per Code erzeugte Bitmap mit 300*100 Pixeln, die vertikale Streifen, horizontale Streifen sowie ein feines Schachbrettmuster enthält – also ein echter Härtetest für die Darstellung. Die Bitmap wird in einem `Image`-Feld angezeigt, das sich wiederum in einem `Canvas`-Steuerelement befindet. Zum Programmstart werden Position und Größe des `Image`-Felds per Programmcode in Abhängigkeit der System-DPI-Einstellung optimal eingestellt, sodass jedes Bitmap-Pixel 1:1 durch ein Bildschirmpixel abgebildet wird. Durch mehrere `RepeatButtons` können Sie die Bitmap um je eine Zehntel WPF-Einheit (0.1 entspricht 1/960 Zoll) verschieben, vergrößern und verkleinern. Eine minimale Abweichung von der optimalen Position oder Größe führt bereits zu deutlichen Darstellungsunschärfen.

Die Abbildungen 19.17 bis 19.19 wurden bewusst größer abgedruckt als die anderen Screenshots in diesem Buch. Dennoch kann es sein, dass die Abbildungen durch den Buchdruck anders aussehen als am Bildschirm. Probieren Sie das Programm selbst aus!

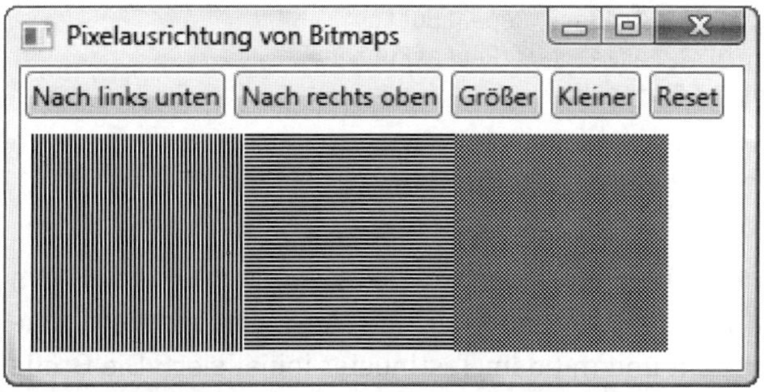

Abbildung 19.17: Optimale Bitmap-Wiedergabe

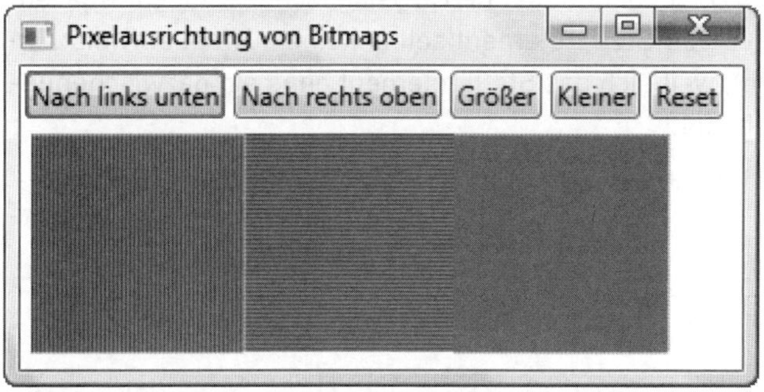

Abbildung 19.18: Aliasing-Probleme, wenn die Bitmap um einen Bruchteil eines Pixels verschoben ist

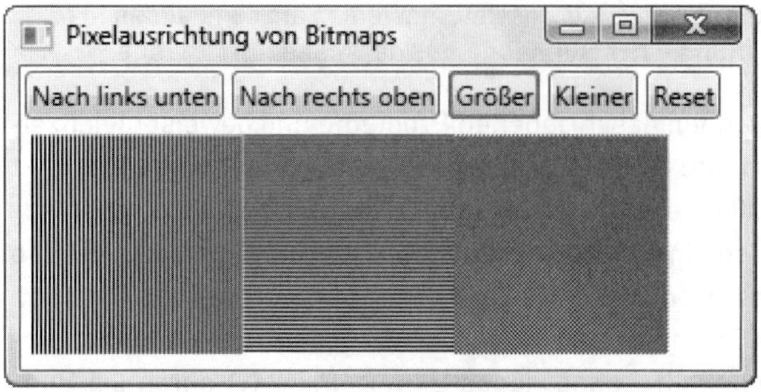

Abbildung 19.19: Moiré-Effekt, wenn die Größe der Bitmap nicht exakt stimmt

Der XAML-Code ist kurz. Die Position und die Größe des `Image`-Steuerelements werden im VB-Code eingestellt.

```
<Canvas Name="canvas1">
  <StackPanel Name="stack1" Orientation="Horizontal">
    <RepeatButton Name="btnBorderPlus" Margin="2">Nach links unten</RepeatButton>
    <RepeatButton Name="btnBorderMinus" Margin="2">Nach rechts oben</RepeatButton>
    <RepeatButton Name="btnSizePlus" Margin="2">Größer</RepeatButton>
    <RepeatButton Name="btnSizeMinus" Margin="2">Kleiner</RepeatButton>
    <Button Name="btnReset" Margin="2">Reset</Button>
  </StackPanel>
  <Image Name="image1" Stretch="Uniform"/>
</Canvas>
```

Wesentlich interessanter ist der VB-Code. In `Window1_Loaded` werden zuerst die DPI-Einstellungen des Systems ermittelt und in den Variablen `dpiX` und `dpiY` gespeichert. Anschließend wird eine `WriteableBitmap` mit einem DPI-Wert von 96 erzeugt und mit dem Testmuster initialisiert. Die Größe des `Image`-Felds wird in Abhängigkeit vom DPI-Wert des Systems so berechnet, dass die Bitmap 1:1 am Bildschirm dargestellt werden kann. Auch die Startposition des `Image`-Felds wird mit den Funktionen `SnapToPixelX/Y` so angepasst, dass kein Offset gegenüber den physikalischen Bildschirmpixeln auftritt. Dabei wird vorausgesetzt, dass das `Canvas`-Steuerelement selbst keinen Offset aufweist. Im vorliegenden Programm ist das gewährleistet, weil sich das Steuerelement ohne ein dazwischenliegendes `Panel` oder `Grid` direkt im Fenster befindet.

```
'Beispiel wpf-multimedia/bitmaps, Datei WindowB.xaml.vb
Dim dpiX, dpiY As Double
Dim x0, y0, w0, h0 As Double
Dim deltaX = 0.0, deltaY = 0.0, deltaW = 0.0, deltaH = 0.0
Private Sub Window1_Loaded(...) Handles Window1.Loaded
  Dim m As Matrix = _
   PresentationSource.FromVisual(Me).CompositionTarget.TransformToDevice
  dpix = m.M11 * 96
  dpiy = m.M22 * 96
  Dim w = 300, h = 100
  Dim bmp As New WriteableBitmap(w, h, 96, 96, PixelFormats.Bgra32, Nothing)
```

```
  Dim data(w * h * 4 - 1) As Byte
  For x = 0 To 99 Step 2  'vertikale Streifen
    For y = 0 To 99
      Dim offset = y * w * 4 + x * 4
      data(offset) = 0         'B
      data(offset + 1) = 0     'G
      data(offset + 2) = 0     'R
      data(offset + 3) = 255   'Alpha, 255=deckend
    Next
  Next
  ... ähnlicher Code für horizontale Streifen und ein Schachbrettmuster
  bmp.WritePixels(New Int32Rect(0, 0, w, h), data, w * 4, 0)
  x0 = SnapToPixelX(5)
  y0 = SnapToPixelY(stack1.ActualHeight + 5)
  w0 = w / dpix * 96
  h0 = h / dpiy * 96
  SetImagePosition()
  image1.Source = bmp
End Sub
Function SnapToPixelX(ByVal pos As Double) As Double
  Return Math.Round(pos / 96 * dpix) * 96 / dpix
End Function
Function SnapToPixelY(ByVal pos As Double) As Double
  Return Math.Round(pos / 96 * dpiy) * 96 / dpiy
End Function
Sub SetImagePosition()
  Canvas.SetLeft(image1, x0 + deltaX)
  Canvas.SetTop(image1, y0 + deltaY)
  image1.Width = w0 + deltaW
  image1.Height = h0 + deltaH
End Sub
Private Sub btnBorderPlus_Click(...) Handles btnBorderPlus.Click
  deltaX += 0.1
  deltaY += 0.1
  SetImagePosition()
End Sub
... vergleichbarer Code für die anderen Buttons
```

Bitmaps laden und speichern

Soweit bisher fertige Bitmaps verwendet wurden, stammten diese immer aus den Projektressourcen, wurden also schon während der Programmentwicklung hinzugefügt. Die WPF und XAML machen die Verwendung derartiger Bitmaps sehr einfach (siehe auch Abschnitt 20.1). Wenn Sie eine Bitmap hingegen aus einer Datei oder einem Stream laden bzw. dorthin speichern möchten, müssen Sie sich mit diversen `Encoder`- und `Decoder`-Klassen anfreunden. Die folgende Tabelle fasst zusammen, welche Formate unterstützt werden. Die verschiedenen `Decoder`- und `Encoder`-Klassen sind jeweils von den Basisklassen `BitmapDecoder` und `BitmapEncoder` abgeleitet.

Bitmap-Format	Decoder (Laden)	Encoder (Speichern)
BMP	BmpBitmapDecoder	BmpBitmapEncoder
GIF	GifBitmapDecoder	GifBitmapEncoder
ICO (Icons)	IconBitmapDecoder	-
JPG	JpegBitmapDecoder	JpegBitmapEncoder
PNG	PngBitmapDecoder	PngBitmapEncoder
TIFF	TiffBitmapDecoder	TiffBitmapEncoder
WMP (Windows Media Photo)	WmpBitmapDecoder	WmpBitmapEncoder

Die folgenden Zeilen zeigen anhand eines Beispiels, wie Sie ein JPEG-Bild aus einem Stream laden. Sie können den Ladevorgang durch `Create-` und `CacheOptions` steuern. Besonders interessant sind die Cache-Optionen. Die WPF versucht, den Bildzugriff auf verschiedene Weisen zu optimieren. Unter anderem werden Bilder nicht sofort, sondern erst bei Bedarf und bei weiteren Zugriffen aus einem Cache geladen. Wenn Sie die Bilddatei nicht für andere Programme blockieren möchten, müssen Sie ein sofortiges Laden durch `BitmapCacheOption.OnLoad` erzwingen. Nur mit dieser Option ist es zulässig, den `FileStream` anschließend zu schließen!

Da manche Bitmap-Formate mehrere Bilder in einer Datei verpacken können (der bekannteste Vertreter ist das GIF-Format, das in der Anfangszeit des Internets für bewegte Bilder sorgte), stellen sämtliche `BitmapDecoder` die Bilder als Frames zur Verfügung. Auch wenn es nur ein Bild gibt, müssen Sie auf dieses mit `Frames(0)` zugreifen.

```
Dim fsread As New IO.FileStream("dateiname.jpg", IO.FileMode.Open)
Dim jpg As New JpegBitmapDecoder(fsread, BitmapCreateOptions.None, _
                                 BitmapCacheOption.OnLoad)
myimage.Source = jpg.Frames(0)
fsread.Close()
```

Mit den `Encoder`-Klassen können Sie die Bitmap nun in einem anderen Format wieder speichern. Je nach Format können Sie vorher Eigenschaften einstellen, die die Bildqualität, das Kompressionsverfahren etc. beeinflussen.

```
Dim fswrite As New IO.FileStream("test.tif", IO.FileMode.Create)
Dim tif As New TiffBitmapEncoder
tif.Frames.Add(jpg.Frames(0))
tif.Compression = TiffCompressOption.Lzw
tif.Save(fswrite)
fswrite.Close()
```

19.3 3D-Grafik

Zu den Besonderheiten der WPF zählt es, dass sie 3D-Grafik durch ein ganz ähnliches Klassenmodell unterstützt wie 2D-Grafiken. Dabei wurde sogar auf eine einigermaßen effiziente Implementierung geachtet: Bei der Darstellung der Grafik werden die 3D-Funktionen der Grafikkarte genutzt. Das WPF-3D-Modell ist zwar nicht schnell genug, um damit 3D-Spiele zu programmieren (dazu müssen Sie weiterhin auf Low-Level-Bibliotheken wie DirectX zurückgreifen), aber für die meisten anderen Anwendungen sollten die WPF-3D-Funktionen absolut ausreichen.

Wer mit den 2D-Klassen der WPF vertraut ist, wird sich in der 3D-Welt bald zurechtfinden. Das ändert aber nichts daran, dass die Programmierung von 3D-Grafiken wesentlich komplexer ist als die von 2D-Grafiken. Um überhaupt ein 3D-Objekt zu definieren, müssen Sie das von der WPF verwendete Koordinatensystem verstehen: Es handelt sich um ein rechtshändiges System, d.h., die X-, Y- und Z-Achsen können mit dem Daumen, Zeige- und Mittelfinger der rechten Hand abgebildet werden. Die Oberfläche jedes 3D-Objekts muss aus Dreiecken zusammengesetzt werden.

Damit das 3D-Objekt sichtbar wird, müssen Sie es durch eine Lichtquelle beleuchten und von einer virtuellen Kamera abbilden lassen. Das entstehende Bild stellen Sie schließlich in einem `Viewport3D`-Steuerelement dar. Damit die 3D-Grafik auch »schön« aussieht, müssen Sie sich mit Materialeigenschaften und Texturen auseinandersetzen, zwischen verschiedenen Lichttypen differenzieren etc.

In diesem Buch fehlt der Platz, um all diese Grundlagen zu beschreiben. Andererseits ist das Thema zu wichtig, um es ganz wegzulassen. Ich habe mich daher entschieden, Ihnen mit zwei einfachen Beispielen Appetit auf die dritte Dimension in WPF-Programmen zu machen. Wenn das gelingt, geht an weiterführender Literatur kein Weg vorbei. Charles Petzold hat zu dem Thema ein eigenes Buch geschrieben: *3D Programming for Windows* (Microsoft Press 2007) bzw. die deutsche Übersetzung *3D-Programmierung für Windows* (ebenfalls Microsoft Press 2007). Das Buch enthält zwar nur Codebeispiele in C# – aber auf ein VB-orientiertes Buch zu WPF-3D werden Sie wohl vergeblich warten. Zudem sind die 3D-Grundlagen ohnedies sprachunabhängig.

Beispiel 1 – Ein Würfel (XAML-Code)

Das erste Beispiel setzt die Seitenflächen eines Würfels aus XAML-Anweisungen zusammen. Im `Viewport3D`-Objekt müssen zwei Eigenschaften definiert werden: `Camera` mit einem `Camera`-Objekt und `Children` mit den 3D-`Visuals` (also 3D-Grundelementen), zu denen auch die Beleuchtung zählt. Für `Camera` stehen vier verschiedene Kameratypen zur Auswahl; ich habe mich für eine perspektivische Kamera entschieden.

Zu den 3D-Objekten zählt auch die Beleuchtung, wobei ich hier die einfachste Lichtquelle ausgewählt habe: `AmbientLight` ist ein Umgebungslicht, das das 3D-Objekt von allen Seiten gleichmäßig beleuchtet. Ohne Beleuchtung sehen Sie nur die Umrisse der 3D-Grafik, alle Flächen sind schwarz.

Den eigentlichen Würfel habe ich aus drei `GeometryModel3D`-Objekten zusammengesetzt, wobei jedes Objekt zwei gegenüberliegende Flächen des Würfels beschreibt. Diese drei Objekte sind zu einer `Model3DGroup` zusammengefasst.

Bei jedem GeometryModel3D-Objekt müssen zumindest zwei Eigenschaften eingestellt werden: Material mit den Materialeigenschaften und Geometry mit der Form. Wenn das 3D-Objekt auch von hinten bzw. innen sichtbar sein soll, geben Sie die Materialeigenschaften der Rückseite mit BackMaterial an. Die WPF kennt verschiedene XxxMaterial-Klassen, ich habe mich für DiffuseMaterial entschieden, eine Oberfläche ohne Glanzeffekte.

Die Form von 3D-Oberflächen müssen Sie relativ umständlich durch ein MeshGeometry3D-Objekt beschreiben. Die WPF stellt zu diesem Zweck momentan keine anderen Klassen zur Verfügung. Beim MeshGeometry3D-Objekt müssen Sie zumindest zwei Eigenschaften einstellen: Positions mit den Koordinatenangaben aller 3D-Punkte der Oberfläche sowie TriangleIndices mit Zahlentripeln. Jedes Tripel verweist auf drei Punkte, aus denen ein Dreieck zusammengesetzt wird. Dabei ist die Reihenfolge der Punkte wichtig, weil die Dreiecke aus Effizienzgründen normalerweise nur von einer Seite sichtbar sind, also der Außenseite des 3D-Objekts. Was innen bzw. außen ist, erkennt die WPF am Drehsinn: Die Punkte müssen (von außen betrachtet) im Gegenuhrzeigersinn angegeben werden.

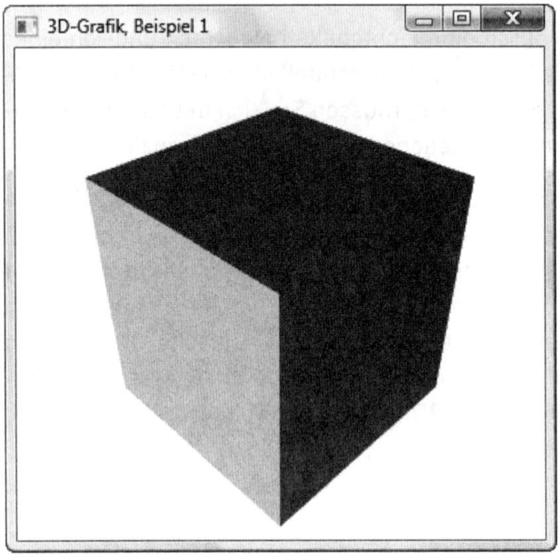

Abbildung 19.20: Ein Würfel

```
<Window ... Title="3D-Grafik, Beispiel 1">
  <Viewport3D>
    <Viewport3D.Camera>
      <PerspectiveCamera Position="-1 2 -1" LookDirection="1,-1,1" />
    </Viewport3D.Camera>
    <Viewport3D.Children>
      <ModelVisual3D>
        <ModelVisual3D.Content>
          <AmbientLight />
        </ModelVisual3D.Content>
      </ModelVisual3D>
```

```
          <ModelVisual3D>
             <ModelVisual3D.Content>
                <Model3DGroup>
                   <GeometryModel3D>
                      <GeometryModel3D.Material>
                         <DiffuseMaterial Brush="LightBlue"/>
                      </GeometryModel3D.Material>
                      <GeometryModel3D.Geometry>
                         <MeshGeometry3D
                            Positions="0,0,0  1,0,0
                                       0,1,0  1,1,0
                                       0,0,1  1,0,1
                                       0,1,1  1,1,1"
                            TriangleIndices="0 2 1   2 3 1   4 5 6   6 5 7"/>
                      </GeometryModel3D.Geometry>
                   </GeometryModel3D>
                   <GeometryModel3D>
                      <GeometryModel3D.Material>
                         <DiffuseMaterial Brush="Red"/>
                      </GeometryModel3D.Material>
                      <GeometryModel3D.Geometry>
                         <MeshGeometry3D
                            Positions="... wie oben ..."
                            TriangleIndices="0 4 2   2 4 6   3 7 5   3 5 1"/>
                      </GeometryModel3D.Geometry>
                   </GeometryModel3D>
                   <GeometryModel3D>
                      <GeometryModel3D.Material>
                         <DiffuseMaterial Brush="Green"/>
                      </GeometryModel3D.Material>
                      <GeometryModel3D.Geometry>
                         <MeshGeometry3D
                            Positions="... wie oben ..."
                            TriangleIndices="2 6 3   6 7 3   0 5 4   0 1 5" />
                      </GeometryModel3D.Geometry>
                   </GeometryModel3D>
                </Model3DGroup>
             </ModelVisual3D.Content>
          </ModelVisual3D>
       </Viewport3D.Children>
    </Viewport3D>
</Window>
```

Beispiel 2 – Ein Torus (VB-Code)

Der Code des ersten Beispiels hat Ihnen sicher klargemacht, dass Sie in der Praxis 3D-Objekte nicht von Hand durch XAML-Code formulieren werden. Entweder verwenden Sie einen 3D-Editor, der die Szene in XAML speichern kann bzw. für dessen 3D-Format es einen XAML-Konverter gibt, oder Sie erzeugen 3D-Objekte direkt per VB-Code. Das folgende Beispiel demonstriert diesen Lösungsansatz. Mit zwei Schiebereglern können Sie die Anzahl der Segmente des Torus jeweils zwischen 3 und 50 einstellen. Der Torus wird dann auf einem aktuellen Rechner verzögerungsfrei neu gezeichnet.

Abbildung 19.21: Ein Torus

Der XAML-Code ist kurz, weil die Initialisierung des Viewport3D-Objekts per VB-Code erfolgt.

```
<Grid>
  <Grid.RowDefinitions    ... Auto/Auto/* ... />
  <Grid.ColumnDefinitions ... Auto/* ... />
  <Label Grid.Column="0" Grid.Row="0">Segmente außen:</Label>
  <Label Grid.Column="0" Grid.Row="1">Segmente innen:</Label>
  <Slider Grid.Column="1" Grid.Row="0"
          Minimum="3" Maximum="50" Value="30"
          Name="Slider1"/>
  <Slider Grid.Column="1" Grid.Row="1"
          Minimum="3" Maximum="50" Value="20"
          Name="Slider2"/>
  <Border Margin="2" BorderBrush="Black" BorderThickness="1"
          Grid.Column="0" Grid.Row="2" Grid.ColumnSpan="2" >
    <Viewport3D Margin="2" Name="myViewport3D" />
  </Border>
</Grid>
```

Der Torus soll bei jeder Veränderung eines Schiebereglers neu gezeichnet werden. Der direkte Aufruf von BuildTorus aus den ValueChanged-Ereignisprozeduren führt allerdings zu Problemen: Die ValueChanged-Ereignisse treten bereits während der Initialisierung des Formulars zu einem Zeitpunkt auf, zu dem andere Elemente des Formulars – insbesondere das Viewport3D-Objekt noch fehlen.

Daher wird die Variable form_initalized erst in der Window_Loaded-Ereignisprozedur auf True gesetzt. Bis zu diesem Zeitpunkt wird der Aufruf von BuildTorus blockiert.

```
'Beispiel wpf-multimedia/3d-grafik, Datei Window2.xaml.vb
 Dim form_initialized = False
 Private Sub Window2_Loaded(...) Handles Me.Loaded
   form_initialized = True
   BuildTorus(Slider1.Value, Slider2.Value)
 End Sub
 Private Sub Slider1_ValueChanged(...) Handles Slider1.ValueChanged
   If form_initialized = False Then Exit Sub
   BuildTorus(Slider1.Value, Slider2.Value)
 End Sub
 Private Sub Slider2_ValueChanged(...) Handles Slider2.ValueChanged
   If form_initialized = False Then Exit Sub
   BuildTorus(Slider1.Value, Slider2.Value)
 End Sub
```

Aus 3D-Sicht ist eigentlich nur der Code der Prozedur BuildTorus interessant. Um darin mit minimalem Tippaufwand auf 3D-Objekte und Mathematikfunktionen zugreifen zu können, habe ich die Namensräume Media3D und Math importiert. BuildTorus beginnt damit, eventuell bereits vorhandene 3D-Visuals aus dem Viewport3D-Objekt zu entfernen. Eine Clear-Methode existiert leider nicht. Anschließend werden die Kamera sowie drei farbige Lichtquellen eingerichtet.

Die Berechnung der Koordinatenpunkte des Torus erfordert den intensiven Einsatz der Sinus- und Cosinusfunktionen. Beim Zusammenstellen der Indextripel für die Dreiecke muss durch den Einsatz von Modulo-Funktionen sichergestellt werden, dass der jeweils letzte Punkt der Toruskreissegmente korrekt adressiert wird. Zuletzt muss das MeshGeometry3D-Objekt nur noch in ein GeometryModel3D-Objekt und dieses wiederum in ein ModelVisual3D verpackt werden, das dann der Children-Aufzählung des Viewport3D-Steuerelements hinzugefügt werden kann.

```
Imports System.Windows.Media.Media3D
Imports System.Math
Sub BuildTorus(ByVal segments1 As Integer, ByVal segments2 As Integer)
  While myViewport3D.Children.Count > 0
    myViewport3D.Children.RemoveAt(0)
  End While
  'Kamera
  Dim cam As New PerspectiveCamera
  cam.Position = New Point3D(0, 15, 30)
  cam.LookDirection = New Vector3D(0, -1.6, -3)
  myViewport3D.Camera = cam
  'Licht
  Dim light1 As New AmbientLight
  Dim light1Visual As New ModelVisual3D
  light1.Color = Colors.Gray
  light1Visual.Content = light1
  myViewport3D.Children.Add(light1Visual)
  Dim light2 As New DirectionalLight
```

```
  Dim light2Visual As New ModelVisual3D
  light2.Direction = New Vector3D(0, -1, 2)
  light2.Color = Colors.Red
  light2Visual.Content = light2
  myViewport3D.Children.Add(light2Visual)
  Dim light3 As New DirectionalLight
  Dim light3Visual As New ModelVisual3D
  light3.Direction = New Vector3D(-1, -1, 2)
  light3.Color = Colors.Blue
  light3Visual.Content = light3
  myViewport3D.Children.Add(light3Visual)
  '3D-Mesh: Koordinatenpunkte
  Dim mesh As New MeshGeometry3D
  Const Radius1 = 10   'Außenradius Torus
  Const Radius2 = 2    'Innenradius Torus
  For angle1 = 0 To 2 * PI - 0.0001 Step 2 * PI / segments1
    Dim x1 = Cos(angle1) * Radius1
    Dim y1 = 0.0
    Dim z1 = Sin(angle1) * Radius1
    For angle2 = 0 To 2 * PI - 0.0001 Step 2 * PI / segments2
      mesh.Positions.Add(New Point3D(x1 + Cos(angle1) * Cos(angle2) * Radius2, _
                                     y1 + Sin(angle2) * Radius2, _
                                     z1 + Sin(angle1) * Cos(angle2) * Radius2))
    Next
  Next
  '3D-Mesh: Dreiecks-Tripel
  For i0 = 0 To segments1 - 1
    Dim i1 = (i0 + 1) Mod segments1
    For j0 = 0 To segments2 - 1
      Dim j1 = (j0 + 1) Mod segments2
      'Dreieck 1
      mesh.TriangleIndices.Add(j0 + i0 * segments2)
      mesh.TriangleIndices.Add(j1 + i0 * segments2)
      mesh.TriangleIndices.Add(j0 + i1 * segments2)
      'Dreieck 2
      mesh.TriangleIndices.Add(j1 + i0 * segments2)
      mesh.TriangleIndices.Add(j1 + i1 * segments2)
      mesh.TriangleIndices.Add(j0 + i1 * segments2)
    Next
  Next
  '3D-Geometry-Objekt
  Dim geo3d As New GeometryModel3D
  geo3d.Material = New DiffuseMaterial(Brushes.White)
  geo3d.Geometry = mesh
  '3D-Visual
  Dim torusVisual As New ModelVisual3D
  torusVisual.Content = geo3d
  myViewport3D.Children.Add(torusVisual)
End Sub
```

19.4 Animation

Animationseffekte sind Ihnen aus dem Internet sicherlich vertraut. Dabei kann man durchaus grübeln, ob man die zahllosen interaktiven Web- und animierten Werbeseiten als Fluch oder als Segen betrachten soll. Wie dem auch sei, mit der WPF werden Animationen auch in die Domäne der Windows-Programme einziehen. Es ist abzusehen, dass nur wenige Entwickler der Versuchung widerstehen werden, mit wenigen Zeilen Code lustige Wow-Effekte zu realisieren ... Aber natürlich gibt es da und dort auch sinnvolle Anwendungen der in diesem Abschnitt präsentierten Animationsklassen.

Grundlagen

Das Grundprinzip ist einfach: Diverse `Animation`- und `KeyFrame`-Klassen steuern die Veränderung einer WPF-Eigenschaft. Sobald ein Animationsobjekt initialisiert und gestartet ist, läuft die Animation vollautomatisch ab. Sofern die verfügbare Rechenleistung es zulässt, versucht die WPF, die Animation mit 60 Frames pro Sekunde darzustellen. Ist die Rechenleistung nicht ausreichend, gibt es weniger Zwischenschritte. Die gesamte Ablaufzeit ist aber unabhängig von der Rechenleistung.

Sie dürfen beliebig viele Animationen gleichzeitig ausführen. Jede Animation muss aber eine eigene Eigenschaft steuern. Sobald eine Animationsklasse die Kontrolle über eine bereits animierte Eigenschaft übernimmt, wird die bereits laufende Animation abgebrochen. Während des Ablaufs von Animationen bleibt das Programm voll funktionsfähig, d.h., es werden weiterhin Eingaben verarbeitet, Ereignisse ausgelöst etc.

Es gibt zwei Voraussetzungen für den Einsatz der Animationsklassen:

» Bei der zu steuernden Eigenschaft muss es sich um eine `Dependency Property` handeln (siehe auch Abschnitt 16.5). Reguläre .NET-Eigenschaften können nicht animiert werden.

» Es können nur Eigenschaften in den folgenden .NET- bzw. WPF-spezifischen Datentypen animiert werden:

  `Boolean`, `Byte`, `Short = Int16`, `Integer = Int32`, `Long = Int64`, `Single`, `Double`, `Decimal`, `Char`, `String`, `Object`

  `Color`, `Size`, `Thickness`, `Rect`, `Point`, `Point3D`, `Vector`, `Vector3D`, `Matrix`, `Quaternion`, `Rotation3D`

  Wenn Sie eine Eigenschaft in einem anderen Datentyp animieren möchten, müssen Sie eine eigene `Animation`-Klasse implementieren. Dabei bieten sich die zahlreichen `XxxAnimationBase`-Klassen als Ausgangspunkt an.

Die für Animationen zuständigen Klassen sind über die WPF-Bibliotheken *PresentationCore.dll* und *PresentationFramework.dll* verteilt und befinden sich im Namensraum `System.Windows.Media.Animation`. Ein erster Blick in diesen Namensraum im Objektbrowser führt meist zu ungläubigem Staunen: Es gibt weit über 150 Klassen! Es ist aber nicht so schlimm, wie es aussieht: Die Fülle der Klassen ergibt sich daraus, dass für jeden Datentyp eine eigene Klasse erforderlich ist. Zur Animation einer Eigenschaft mit dem Datentyp `Double` brauchen Sie ein `DoubleAnimation`-Objekt, zur Animation einer

Farbe ein ColorAnimation-Objekt etc. Wenn man von den Datentypvariationen einmal absieht, reduziert sich das Klassenangebot auf rund zehn Gruppen, von denen ich in diesem Abschnitt die wichtigsten vorstelle.

HINWEIS Die naheliegende Frage lautet jetzt natürlich: Warum haben die Microsoft-Entwickler keine generischen Animationsklassen definiert, also z.B. Animation(Of T)? Der Grund ist wahrscheinlich die XAML-Syntax, die generische Klassen nicht unterstützt.

Die XxxAnimation-Klassen

Erste Animationen gelingen am einfachsten, wenn Sie <Datentyp>Animation-Klassen per VB-Code initialisieren. Die folgenden Zeilen werden ausgeführt, wenn Sie einen Button anklicken. Der Button wird dann um 50 WPF-Einheiten vergrößert und um 100 WPF-Einheiten nach rechts verschoben. Der Button befindet sich auf einem Canvas. Dieser Container ist eine gute Basis für die Animation von Steuerelementen, weil alle enthaltenen Steuerelemente voneinander unabhängig sind. Bei anderen Containern zieht die Änderung der Größe oder Position eines Steuerelements oft ein komplett neues Layout des gesamten Fensters nach sich, was natürlich Zeit und Ressourcen kostet.

Der Umgang mit Animation-Objekten ist einfach: Es müssen nur zwei Eigenschaften eingestellt werden: From gibt den Startwert an, By das Ausmaß der Änderung. Statt By können Sie auch den Zielwert mit To angeben. Sie starten die Animation mit der Methode BeginAnimation, die für alle WPF-Klassen zur Verfügung steht, die die Schnittstelle IAnimatable implementieren (und das sind sehr viele). An diese Methode übergeben Sie die Eigenschaft nicht direkt, sondern die Eigenschaftsbezeichnung – also beispielsweise nicht btn.Width, sondern Button.WidthProperty! Das funktioniert auch für Eigenschaften, die von einem Container abgeleitet sind – im folgenden Beispiel etwa Canvas.LeftProperty, um die Position des Buttons zu steuern.

```
'Beispiel wpf-multimedia/animations
Imports System.Windows.Media.Animation
Private Sub btn1_Click(...) Handles btn1.Click
  Dim da1 As New DoubleAnimation
  da1.From = btn1.ActualWidth
  da1.By = 50
  btn1.BeginAnimation(Button.WidthProperty, da1)
  Dim da2 As New DoubleAnimation
  da2.From = If(Double.IsNaN(Canvas.GetLeft(btn1)), 0, Canvas.GetLeft(btn1))
  da2.By = 100
  btn1.BeginAnimation(Canvas.LeftProperty, da2)
End Sub
```

Die Einstellung der From-Eigenschaft bereitet oft Probleme. Das Problem ist, dass es je nach Design der Benutzeroberfläche oft keinen expliziten Startwert gibt, weil die Position oder Größe eines Steuerelements automatisch durch ein Panel- oder Grid-Steuerelement errechnet wird. Bei der Größe können Sie sich zumeist mit ActualWidth/-Height behelfen, bei der Position sind aber oft Sicherheitsabfragen wie im obigen Beispiel erforderlich, also If(Double.IsNaN(eigenschaft), ...). Glauben Sie nicht, Sie könnten sich aus der Affäre ziehen, indem Sie die Eigenschaft einfach nicht einstellen: Das ist zwar an sich erlaubt, aber das `Animation`-Objekt versucht dann, den Startwert aus der zu steuernden Eigenschaft zu ermitteln – und es tritt derselbe Fehler wie bei einer expliziten Einstellung auf: Das `Animation`-Objekt reklamiert, dass `Double.NaN` kein zulässiger Startwert ist.

Animationen dauern standardmäßig eine Sekunde. Wenn Sie eine andere Animationsdauer wünschen, stellen Sie diese mit der `Duration`-Eigenschaft ein:

```
da1.Duration = New Duration(TimeSpan.FromSeconds(3))
```

Die obigen Beispiele bezogen sich auf eine `DoubleAnimation`-Klasse. Die anderen `<Typ>Animation`-Klassen sind aber ganz analog zu bedienen. Die folgende Tabelle fasst die Bedeutung der wichtigsten `Animation`-Eigenschaften zusammen.

Animation-Eigenschaft	Bedeutung
`From`	gibt den Startwert an.
`To`	gibt den Zielwert an.
`By`	gibt an, um welchen Wert der Startwert verändert werden muss. Es kann wahlweise `To` oder `By` eingestellt werden. Dabei gilt: `From + By = To`.
`Duration`	gibt die Dauer der Animation an (standardmäßig eine Sekunde).
`BeginTime`	gibt an, nach welcher Zeitspanne, gerechnet ab `BeginAnimation`, die Animation beginnen soll (standardmäßig sofort).
`SpeedRatio`	gibt einen Faktor an, um den die Animation beschleunigt bzw. verlangsamt werden soll. Die Grundeinstellung lautet 1.
`AutoReverse`	gibt an (`True`/`False`), ob die Animation nach Erreichen des Zielwerts in umgekehrter Richtung fortgesetzt werden soll, bis der Startwert wieder erreicht ist. Die Dauer der Animation verdoppelt sich dann.
`RepeatBehavior`	gibt an, ob bzw. wie oft (n-mal) die Animation wiederholt werden soll. Die Animationsdauer vervielfacht sich dann entsprechend. Die Einstellung erfolgt durch `New RepeatBehavior(n)` bzw. durch `RepeatBehavior.Forever`.
`AccelerationRatio`	gibt an, in welchem Zeitabschnitt am Beginn der Animation die Bewegung beschleunigt werden soll. Eine Einstellung von 0.5 bedeutet, dass die Animation langsam beginnt, bis zur Hälfte der Animationszeit immer schneller und dann in konstanter Geschwindigkeit fortgesetzt wird.
`DecelerationRatio`	gibt an, in welchem Zeitabschnitt am Ende der Animation die Bewegung verlangsamt werden soll. Eine Einstellung von 0.5 bedeutet, dass die Animation in konstanter Geschwindigkeit beginnt und in der zweiten Hälfte der Animationszeit allmählich immer langsamer wird. Wenn Sie sowohl `Acceleration`- als auch `DecelerationRatio` einstellen, müssen Sie darauf achten, dass die Summe beider Eigenschaften nicht größer als 1 werden darf.

Animationsende

Was passiert, wenn eine Animation endet, bzw. wie beenden Sie eine Animation vorzeitig? Diese Fragen sind natürlich nicht so trivial, wie sie klingen – sonst würde ich sie hier nicht stellen. Der springende Punkt ist, dass die Animationsklassen die Eigenschaften zwar »steuern«, aber nicht verändern. Das ist nur deswegen möglich, weil die meisten WPF-Eigenschaften als `Dependency Properties` implementiert sind (siehe auch Abschnitt 16.5).

Solange eine Animationsklasse die Kontrolle über eine Eigenschaft hat, gibt sie den Wert vor. Nur wenn die Kontrolle durch die Animationsklasse endet, springt der Wert der Eigenschaft wieder auf den ursprünglichen Wert zurück. Das würde aber in vielen Fällen merkwürdig aussehen: Da wandert ein Button über das Fenster und springt dann plötzlich wieder an die Startposition zurück. Aus diesem Grund sind die Animationsklassen so konzipiert, dass Sie die Kontrolle über die Eigenschaft auch nach dem Ende der Animation behalten! Die Kontrolle endet erst zum Programmende oder beim Start einer neuen Animation.

Dieses Verhalten hat eine bisweilen irritierende Nebenwirkung: Sobald eine Animationsklasse die Kontrolle über eine Eigenschaft übernommen hat, bleibt die explizite Einstellung der Eigenschaft wirkungslos – und das auch nach Ende der Animation! Wenn Sie also zuerst die Farbe eines Buttons animieren und die Farbe später explizit einstellen möchten, müssen Sie vorher die Verbindung zwischen der Eigenschaft und der Animationsklasse auflösen. Falls die Animation noch läuft, wird sie auf diese Weise vorzeitig beendet. (Dass man `BeginAnimation` ausführen muss, um eine Animation zu stoppen bzw. die Animationsklasse von der Eigenschaft zu trennen, folgt derselben Logik wie das Hauptmenü älterer Windows-Versionen: Nur das START-Menü erlaubt es, den Rechner herunterzufahren ... Man muss den Microsoft-Entwicklern aber zugute halten, dass sie ein einmal entwickeltes Denkmodell konsequent beibehalten, ganz egal, wie unlogisch es ist.)

```
steuerelement.BeginAnimation(eigenschaft, Nothing)
```

Wenn Sie eine Animation vorzeitig beenden, springt die durch die Animation gesteuerte Eigenschaft auf den Startwert zurück. Das können Sie vermeiden, indem Sie die Eigenschaft vorher explizit auf den zuletzt aktuellen (noch durch die Animationsklasse produzierten) Wert zurückstellen. Der dafür erforderliche Code hat die merkwürdige Form `x = x`. Auch wenn es so aussieht, als wäre die Anweisung sinnlos, zeigt sie sehr wohl Wirkung: Die Eigenschaft `x` wird dadurch explizit mit dem gerade aktuellen Wert festgeschrieben. Diese Zuweisung kommt zur Geltung, sobald die Verbindung zwischen der Eigenschaft und der Animationsklasse getrennt wird. Die folgenden Zeilen beenden die im vorigen Abschnitt gestartete Animation für die Position und Breite eines Buttons.

```
' Animation vorzeitig abbrechen
Private Sub btn2_Click(...) Handles btn2.Click
  'aktuelle Werte explizit festschreiben
  btn1.Width = btn1.Width
  btn1.SetValue(Canvas.LeftProperty, btn1.GetValue(Canvas.LeftProperty))
  'Animation beenden
  btn1.BeginAnimation(Button.WidthProperty, Nothing)
  btn1.BeginAnimation(Canvas.LeftProperty, Nothing)
End Sub
```

Falls Sie möchten, dass die Verbindung zwischen der Animationsklasse und der Eigenschaft grundsätzlich mit dem Ende der Animation gelöst werden soll, richten Sie für die Animationsklasse eine `Completed`-Ereignisprozedur ein und führen dort Code nach dem obigen Muster aus.

Wenn Sie Animationen unterbrechen und später wieder fortsetzen möchten, reichen die gewöhnlichen `Animation`-Klassen nicht aus. Die erforderlichen Methoden bietet stattdessen die komplexere `StoryBoard`-Klasse, mit der mehrere Animationen zentral gesteuert werden können. Ein Beispielprogramm für einen Animations-Player, in dem Sie wie bei einem Video-Player mit einem Schiebebalken den aktuellen Animationszeitpunkt einstellen können, finden Sie übrigens im Buch »Pro WPF« von Matthew MacDonald (Apress-Verlag 2007).

Animationen in XAML formulieren

Vielleicht ist Ihnen aufgefallen, dass ich den Animationsabschnitt mit VB-Beispielen begonnen habe, während ich ansonsten in den WPF-Kapiteln zumeist XAML den Vorrang gegeben habe. Der Grund: Animationen lassen sich natürlich auch per XAML-Code formulieren, die Vorgehensweise ist aber umständlich: Zum einen müssen Sie das bzw. die `Animation`-Objekt(e) in ein `StoryBoard`-Objekt verpacken, und zum anderen brauchen Sie einen sogenannten Ereignistrigger, der das `StoryBoard`-Objekt steuert. Ein Ereignistrigger (`EventTrigger`-Klasse) ist mit einer VB-Ereignisprozedur vergleichbar. Die Triggeraktion wird ausgelöst, sobald ein bestimmtes Ereignis – z.B. ein Mausklick – eintritt. (Weitere Hintergründe und Beispiele für Trigger finden Sie im nächsten Kapitel.)

Triggeraktionen sind Klassen, die von `TriggerAction` abgeleitet sind. Die WPF kennt nur relativ wenige derartige Aktionen. Die meisten dienen zur Steuerung von `StoryBoard`-Objekten (`BeginStoryBoard`, `PauseStoryBoard`, `StopStoryBoard` etc.); außerdem gibt es noch `SoundPlayerAction` zur Steuerung des Audio-Players. Das folgende Beispiel benötigt nur eine `BeginStoryboard`-Aktion.

Innerhalb eines `StoryBoards` können Sie beliebig viele Animationsobjekte definieren. Grundsätzlich werden alle Animationen zugleich gestartet und parallel ausgeführt. Sie können Animationen aber auch hintereinander ausführen, indem Sie unterschiedliche Startzeitpunkte (Eigenschaft `BeginTime`) angeben. Die abgeleitete Eigenschaft `Storyboard.TargetProperty` gibt an, welche Eigenschaft durch das `Animation`-Objekt gesteuert werden soll. Bei zugeordneten Eigenschaften (`Attached Dependency Properties`) wie `Canvas.Left` müssen Sie den gesamten Ausdruck in runde Klammern stellen.

Im Beispielprogramm wird nach dem Start ein kleiner blauer Kreis links oben im Fenster angezeigt. Ein Klick auf den Kreis bewegt diesen diagonal nach unten, wobei der Kreis gleichzeitig größer wird.

```
<Window x:Class="Window3" ...>
  <Canvas>
    <Ellipse Width="20" Height="20" Canvas.Left="0" Canvas.Top="0" Fill="Blue" >
      <Ellipse.Triggers>
        <EventTrigger RoutedEvent="Ellipse.MouseDown">
          <EventTrigger.Actions>
            <BeginStoryboard>
              <Storyboard>
                <DoubleAnimation Storyboard.TargetProperty="Width" By="20"/>
                <DoubleAnimation Storyboard.TargetProperty="Height" By="20"/>
```

```
                    <DoubleAnimation Storyboard.TargetProperty="(Canvas.Left)" By="40"/>
                    <DoubleAnimation Storyboard.TargetProperty="(Canvas.Top)" By="40"/>
                  </Storyboard>
                </BeginStoryboard>
              </EventTrigger.Actions>
            </EventTrigger>
          </Ellipse.Triggers>
        </Ellipse>
    </Canvas>
</Window>
```

Beispiel – Überblendeffekt für zwei Bilder

In Abschnitt 19.2 habe ich Ihnen gezeigt, wie Sie zwei Bitmaps überlagern können. Dieses Beispiel greift die Idee nochmals auf. Zwei Bitmaps sind in zwei `Image`-Elementen in einem `Grid` übereinander angeordnet.

```
<Grid>
   <Image Name="image1"  Stretch="UniformToFill" Source="bitmaps/auto.jpg" />
   <Image Name="image2"  Stretch="UniformToFill" Source="bitmaps/meer.jpg" />
</Grid>
```

In der `Loaded`-Ereignisprozedur des Fensters werden den `OpacityMask`-Eigenschaften der beiden `Images` zwei `SolidColorBrush`-Objekte zugewiesen. Zwei `ColorAnimation`-Objekte sorgen dafür, dass sich die Farben der beiden `Brush`-Objekte von transparent nach deckend verändern, und zwar gegenläufig (je transparenter das eine Bild ist, desto stärker deckend ist das andere).

```
'Beispiel wpf-multimedia/animations, Datei Window2.xaml.vb
Imports System.Windows.Media.Animation
Private Sub Window1_Loaded(...) Handles Window1.Loaded
  Dim brush1 As New SolidColorBrush
  image1.OpacityMask = brush1
  Dim brush2 As New SolidColorBrush
  image2.OpacityMask = brush2
  Dim ca1 As New ColorAnimation
  ca1.From = Colors.White
  ca1.To = Colors.Transparent
  ca1.Duration = New Duration(TimeSpan.FromSeconds(2))
  ca1.RepeatBehavior = RepeatBehavior.Forever
  ca1.AutoReverse = True
  Dim ca2 As New ColorAnimation
  ca2.From = Colors.Transparent
  ca2.To = Colors.White
  ca2.Duration = New Duration(TimeSpan.FromSeconds(2))
  ca2.RepeatBehavior = RepeatBehavior.Forever
  ca2.AutoReverse = True
  brush1.BeginAnimation(SolidColorBrush.ColorProperty, ca1)
  brush2.BeginAnimation(SolidColorBrush.ColorProperty, ca2)
End Sub
```

Noch elegantere Überblendeffekte können Sie mit `Linear`- oder `RadialGradientBrush`-Objekten entwerfen, bei denen die Überblendung von der Seite oder aus der Mitte heraus beginnt.

Beispiel – 3D-Objekt drehen

Im vorigen Abschnitt zum Thema 3D-Grafik habe ich ein Beispielprogramm vorgestellt, das einen Torus darstellt. Wenige Zeilen Code reichen aus, um den Torus zu drehen. Die Grundidee besteht darin, das `ModelVisual3D`-Objekt des Torus einer Rotationstransformation zu unterwerfen, wobei ein `DoubleAnimation`-Objekt die `Angle`-Eigenschaft des Transformationsobjekts steuert.

```
'Beispiel wpf-multimedia/3d-grafik, Datei Window2.xaml.vb
Dim torusVisual As ModelVisual3D
Private Sub btn1_Click(...) Handles btn1.Click
  Dim rot3d As New AxisAngleRotation3D(New Vector3D(1, 0, 0), 0)
  torusVisual.Transform = New RotateTransform3D(rot3d)
  Dim da As New Animation.DoubleAnimation
  da.By = 180
  da.Duration = New Duration(TimeSpan.FromSeconds(5))
  rot3d.BeginAnimation(AxisAngleRotation3D.AngleProperty, da)
End Sub
```

19.5 Audio und Video

Dieser Abschnitt gibt einen kurzen Überblick darüber, wie Sie Audio-Effekte in WPF-Programme integrieren und Videos darstellen. Grundsätzlich haben Sie dabei die Wahl zwischen zwei Technologien: dem seit Version 2.0 in das .NET Framework integrierten `SoundPlayer` (nur Audio) und dem WPF-spezifischen `MediaPlayer` (Audio und Video).

WAV-Audio-Dateien und -Streams mit dem SoundPlayer abspielen

Die Klasse `System.Media.SoundPlayer` ist bereits seit Version 2.0 Teil des .NET Frameworks. Sie ermöglicht mit minimalem Overhead das Abspielen von WAV-Audio-Dateien und -Streams. Damit ist leider auch schon alles Positive gesagt: Der `SoundPlayer` und alle davon abgeleiteten Klassen laden die gesamte, zumeist sehr große Audio-Datei in den Hauptspeicher, kommen nicht mit komprimierten Audio-Dateien zurecht (MP3 & Co.), können immer nur eine Audio-Datei wiedergeben (nicht mehrere parallel) und bieten keinerlei Steuerungsmöglichkeiten für Lautstärke, Balance, Abspielpunkt etc. Immerhin ist die Anwendung sehr einfach:

```
'Beispiel multimedia/audio-und-video
Dim sp As New System.Media.SoundPlayer
sp.SoundLocation = "audio/test1.wav"
sp.Play()
```

Wenn die Audio-Daten aus einem Stream stammen, geben Sie diesen mit der Stream-Eigenschaft an. Die Audio-Daten dürfen auch aus einer herkömmlichen Ressource stammen. Dazu fügen Sie die Audio-Datei in das Dialogblatt RESSOURCEN der Projekteigenschaften ein. Der Zugriff auf die Audio-Daten erfolgt dann ebenfalls als Stream:

```
sp.Stream = My.Ressources.test1
```

Statt Play können Sie auch die Methode PlayLooping verwenden - die Audio-Datei wird dann immer wieder abgespielt, bis Stop für Stille sorgt. Vor Play können Sie optional Load oder LoadAsync ausführen. Damit wird die Audio-Datei schon im Voraus in den Speicher des SoundPlayers geladen. Bei Load ist die weitere Programmausführung blockiert, bis der Ladevorgang abgeschlossen ist. LoadAsync lädt die Datei im Hintergrund und signalisiert den Abschluss dieses Vorgangs durch ein LoadCompleted-Ereignis. Die Verwendung der Methoden Load bzw. LoadAsync hat den Vorteil, dass Sie eventuelle Probleme beim Dateizugriff schon bereits im Vorfeld feststellen können. (Sichern Sie Ihren Code mit Try/Catch ab!)

SoundPlayerAction

Um Klänge per XAML Ereignissen zuzuordnen, sieht die WPF die SoundPlayerAction vor. Diese Klasse ist von TriggerAction abgeleitet und kann so wie eine Animation (siehe den vorigen Abschnitt) einem Trigger-Ereignis zugeordnet werden. Die abzuspielende Datei darf sich wahlweise in einem Verzeichnis oder in einer binären WPF-Ressource befinden, wobei die erste Variante bei mir mehrfach unerklärliche Probleme bereitet hat. (Das Programm glaubte, die Datei nicht finden zu können.) Den Datei- bzw. Ressourcennamen geben Sie mit der Eigenschaft Source an. SoundPlayerAction verwendet zum Abspielen der Audio-Datei den SoundPlayer und bietet außer der XAML-Integration keine zusätzlichen Funktionen.

```
<Button Name="btn2" Content="SoundPlayerAction">
   <Button.Triggers>
      <EventTrigger RoutedEvent="Button.Click">
         <EventTrigger.Actions>
            <SoundPlayerAction Source="audio/test2.wav"/>
         </EventTrigger.Actions>
      </EventTrigger>
   </Button.Triggers>
</Button>
```

My.Computer.Audio.Play

Wer gern die VB-spezifischen My.Computer-Klassen einsetzt, kann WAV-Dateien auch mit My.Computer.Audio.Play("name.wav") abspielen, wobei hinter den Kulissen ebenfalls der SoundPlayer zum Einsatz kommt. Durch einen optionalen zweiten Parameter wählen Sie zwischen drei Spielmodi: Background (gilt standardmäßig), BackgroundLoop und WaitToComplete. Wenn Sie sich für eine Background-Variante entscheiden, beendet Stop die Tonwiedergabe. Anstatt einer WAV-Datei akzeptiert Play auch ein IO.Stream-Objekt oder ein Byte-Feld mit WAV-Daten.

`PlaySystemSound` spielt einen von fünf vordefinierten Systemklängen, sofern diese Klänge nicht in der Systemeinstellung generell deaktiviert sind.

```
My.Computer.Audio.PlaySystemSound(Media.SystemSounds.Exclamation)
```

Den Standardwarnton können Sie auch einfach mit Beep erzeugen. `Beep` ist eine Methode der Klasse `Microsoft.VisualBasic.Interaction`.

Audio-Dateien mit dem MediaPlayer abspielen

Während der `SoundPlayer` technologisch auf dem Stand des vorigen Jahrtausends stehen geblieben ist, wartet die `MediaPlayer`-Klasse der WPF schon mit mehr Funktionen auf: Sie bietet Unterstützung aller Audio- und Video-Formate des Windows Media Players, Steuerungsmöglichkeiten für die wichtigsten Parameter (Lautstärke etc.), paralleles Abspielen mehrerer Audio-Daten (das erfordert mehrere Instanzen des Objekts) und vor allem eine perfekte Integration der Video-Funktionen in die WPF (mehr dazu etwas weiter unten).

ACHTUNG

Auch beim `MediaPlayer` ist nicht alles Gold, was glänzt. Die Klasse setzt voraus, dass auf dem Rechner der Windows Media Player zumindest in Version 10 installiert ist. Unter Vista und Windows 7 ist diese Voraussetzung immer erfüllt, unter Windows XP aber nicht unbedingt.

Windows XP hält noch eine zweite Hürde bereit: Auch für die 64-Bit-Version von Windows XP gibt es nur eine 32-Bit-Version des Windows Media Players. 64-Bit-Programme können diesen nicht nutzen. Sie müssen Ihr VB-Programm daher explizit als 32-Bit-Programm kompilieren (im Dialogblatt KOMPILIEREN|ERWEITERTE KOMPILIERUNGSOPTIONEN in den Projekteigenschaften), wenn Sie die `MediaPlayer`-Klasse auf einer 64-Bit-Windows-XP-Installation nutzen möchten.

Im Vergleich zum `SoundPlayer` weist der `MediaPlayer` nicht nur viele Vorteile, sondern auch eine Einschränkung auf: Die Mediendateien können nicht als Ressourcen in das Projekt verpackt, sondern müssen als Einzeldateien mitgeliefert werden. Dazu fügen Sie die Datei in den Projektmappen-Explorer ein und stellen die Dateieigenschaften so ein: `Buildvorgang = Keine, In Ausgabeverzeichnis kopieren = Kopieren, wenn neuer`.

Wie die folgenden Zeilen beweisen, ist die Anwendung der `MediaPlayer`-Klasse einfach. Besonderes Augenmerk sollten Sie auf die Fehlerabsicherung legen: Sie müssen dazu eine `MediaFailed`-Ereignisprozedur einrichten. Da der `MediaPlayer` grundsätzlich asynchron vom Programm ausgeführt wird, erhalten Sie andernfalls nicht einmal eine Fehlermeldung, wenn das Objekt die abzuspielende Datei nicht findet.

```
Private Sub btn3_Click(...) Handles btn3.Click
  Dim mp As New MediaPlayer
  AddHandler mp.MediaFailed, AddressOf mp_MediaFailed
  mp.Open(New Uri("audio/test.mp3", UriKind.Relative))
  mp.Play()
End Sub
Private Sub mp_MediaFailed(ByVal sender As Object, _
                           ByVal e As System.Windows.Media.ExceptionEventArgs)
  MsgBox(e.ErrorException.Message)
End Sub
```

Die folgende Tabelle fasst die interessantesten Eigenschaften und Methoden des `MediaPlayers` zusammen.

Mediaplayer-Eigenschaften und -Methoden	Bedeutung
`Open(uri)`	öffnet die Audio- oder Video-Datei.
`Play`	startet die Wiedergabe.
`Pause`	unterbricht die Wiedergabe vorübergehend.
`Stop`	beendet die Wiedergabe; `Play` setzt die Wiedergabe fort.
`Balance`	steuert die Lautstärkeverteilung zwischen dem linken und dem rechten Kanal (-1 = links, 0 = neutral, 1 = rechts).
`CanPause`	gibt an, ob die Wiedergabe mit der Methode `Pause` vorübergehend gestoppt werden kann.
`HasAudio, HasVideo`	gibt an, ob die Mediendatei Audio- bzw. Videoanteile enthält.
`IsMuted`	ermöglicht es, die Wiedergabe stumm zu schalten, ohne die Lautstärkeeinstellung zu verändern.
`NaturalDuration`	gibt an, wie lange die Wiedergabe der Mediendatei bei normaler Geschwindigkeit dauert.
`NaturalVideoHeight/-Width`	gibt an, wie viele Pixel das Video hoch bzw. breit ist.
`Position`	gibt die aktuelle Position innerhalb der Mediendatei an bzw. verändert sie, sofern das Audio-/Video-Format das unterstützt (Datentyp `Timespan`).
`SpeedRatio`	verlangsamt bzw. beschleunigt die Wiedergabe (Standardeinstellung 1.0). Das funktioniert allerdings nur bei ausgewählten Audio-/Video-Formaten.
`Volume`	steuert die Lautstärke zwischen 0.0 und 1.0 (Standardeinstellung 0.5).

MediaElement und MediaTimeline

Der `MediaPlayer` kann nur per VB-Code gesteuert werden, nicht aber via XAML. Diese Einschränkung umgehen Sie, indem Sie ein `MediaElement` einsetzen. Diese Klasse verpackt den `MediaPlayer` in ein vollwertiges Steuerelement, was insbesondere zur Video-Wiedergabe wichtig ist. Wenn es Ihnen in erster Linie um die Audio-Wiedergabe geht, definieren Sie im XAML-Code ein (unsichtbares) `MediaElement` und steuern es über Trigger-Prozeduren. Dabei ist die `MediaTimeline`-Klasse relevant, die den zeitlichen Ablauf der Medienwiedergabe steuert (ganz ähnlich wie die im vorigen Abschnitt vorgestellten Animationsklassen). Die folgenden Zeilen zeigen die prinzipielle Vorgehensweise. In der Praxis werden es zumeist mehrere Triggerprozeduren sein, die via `MediaTimeline` das `MediaElement` nutzen.

```
<MediaElement Width="0" Height="0"  Name="mymedia" />
<Button Margin="3" Name="btn4" Content="MediaElement (Audio)">
  <Button.Triggers>
```

```
    <EventTrigger RoutedEvent="Button.Click">
      <EventTrigger.Actions>
        <BeginStoryboard>
          <Storyboard>
            <MediaTimeline Source="audio/test.mp3"
                           Storyboard.TargetName="mymedia" />
          </Storyboard>
        </BeginStoryboard>
      </EventTrigger.Actions>
    </EventTrigger>
  </Button.Triggers>
</Button>
```

Video-Dateien mit dem MediaElement anzeigen

Wenn Sie bei einem `MediaElement` als Datenquelle eine Video-Datei angeben, wird diese standardmäßig beim Erscheinen des Steuerelements abgespielt. Wenn Sie das Abspielen selbst kontrollieren möchten, müssen Sie die Eigenschaft `LoadedBehavior` mit `Manual` voreinstellen. Soweit die Größe des Steuerelements nicht durch ein `Panel` oder explizit eingestellt wird, wählt das Steuerelement selbstständig die richtige Größe, um das Video in seiner originalen Auflösung abzuspielen.

Abbildung 19.22: Video mit Spiegeleffekt

Das folgende Beispiel zeigt die nahezu unbeschränkten Möglichkeiten, optische Effekte und Spielereien mit dem `MediaElement` durchzuführen: Unterhalb des `MediaElements` wird ein gleich großes `Rectangle` dargestellt. Als Füllmuster kommt ein `VisualBrush`-Element zum Einsatz, wobei als Datenquelle die visuelle Entsprechung des `MediaElements` dient. Die Helligkeit der Spiegelung wird durch die Einstellung der `OpacityMask` mit einem `LinearGradientBrush` mit zunehmendem Abstand verkleinert. Schließlich sorgt eine Transformation dafür, dass das Bild zuerst gespiegelt und danach um die Bildhöhe nach unten verschoben wird (andernfalls würden das `MediaElement` und sein Spiegelbild übereinander dargestellt). Um den Code zu verstehen, sollten Sie die Abschnitte 19.1 zum Thema 2D-Grafik, Abbildung 19.10 zum Thema Bitmap sowie 5.4 zum Thema *Data Binding* gelesen haben.

```
<Grid Background="Black">
   <Grid.ColumnDefinitions ... */Auto ... />
   <StackPanel Grid.Column="0">
      <Button Margin="5,3" Name="btn1">Start</Button>
      <Button Margin="5,3" Name="btn2">Pause</Button>
      <Button Margin="5,3" Name="btn3">Stop</Button>
   </StackPanel>
   <StackPanel Grid.Column="1" >
      <MediaElement Margin="5,5,5,0"
              Name="media" LoadedBehavior="Manual"
              Source="video/beispiel.avi"  />
         <Rectangle Margin="5,0,5,0"
                 Width="{Binding ElementName=media, Path=ActualWidth}"
                 Height="{Binding ElementName=media, Path=ActualHeight}">
         <Rectangle.Fill>
            <VisualBrush Visual="{Binding ElementName=media}" />
         </Rectangle.Fill>
         <Rectangle.OpacityMask>
            <LinearGradientBrush StartPoint="0,0" EndPoint="0,1">
               <GradientStop Color="#00000000" Offset="0" />
               <GradientStop Color="#AA000000" Offset="1" />
            </LinearGradientBrush>
         </Rectangle.OpacityMask>
         <Rectangle.RenderTransform>
            <TransformGroup>
               <ScaleTransform ScaleY="-1" />
               <TranslateTransform Y="{Binding ElementName=media, Path=ActualHeight}"
            </TransformGroup>
         </Rectangle.RenderTransform>
      </Rectangle>
   </StackPanel>
</Grid>
```

19.6 Drucken

Microsoft hat das Thema Drucken in der Vergangenheit – und damit meine ich die letzten 15 Jahre – durchweg stiefmütterlich behandelt. Erfreulicherweise haben in der WPF Klassen zur Steuerung des Ausdrucks bzw. zur Formatierung von Texten einen etwas größeren Stellenwert gefunden. Dennoch werden Sie auch in der WPF vergeblich nach fertigen Lösungen suchen, um größere Datenmengen ordentlich auszudrucken.

Die Standardmethoden zum Drucken sind zwar einfach anzuwenden, ihre Implementierung ist aber ebenso halbherzig wie halbfertig: Elementare Funktionen wie die Einstellung der Seitengröße, die Gestaltung von Kopf- und Fußzeilen oder eine Seitenvorschau fehlen. Einzelne Mängel lassen sich durch alle möglichen Tricks und »Hacks« umgehen, aber zu einer einheitlichen Lösung führt das nicht. Damit gilt für die WPF wie für alle früheren Visual Basic- bzw. .NET-Versionen: Ordentliche Druckfunktionen lassen sich nur in zeitintensiver Handarbeit realisieren.

Ärgerlich ist auch, dass es nach wie vor keine Möglichkeit zum PDF-Export gibt. Natürlich ist mir klar, dass Microsoft mit Adobe konkurriert und lieber sein eigenes Format XPS durchsetzen möchte. Für den Anwendungsentwickler sind derartige firmenpolitische Kleinkriege aber uninteressant – es geht darum, Kundenwünsche zu erfüllen. Und da ist der PDF-Export häufig ein wichtiger Punkt. Der beste Weg dorthin führt weiterhin über PDF-Druckertreiber, die sich aus Sicht des Programms wie ein gewöhnlicher Drucker präsentieren.

Dieser Abschnitt stellt zuerst die wichtigsten Klassen und Methoden vor, um einfache Ausdrucke mit wenig Aufwand durchzuführen. Anschließend zeigt ein komplexeres Beispiel den Ausdruck eines mehrseitigen Dokuments samt Kopf- und Fußzeilen. Der Ausdruck erfolgt in Form eines XPS-Dokuments, womit auch eine einfache Druckvorschau bzw. Weitergabe als Datei möglich ist.

Der gesamte Abschnitt geht davon aus, dass sich die zu druckenden Daten in einem `FlowDocument` befinden. Grundsätzlich besteht auch die Möglichkeit, eigene Daten direkt zu drucken – der Programmieraufwand wird dann allerdings noch größer. Einfacher ist es in der Regel, aus den Daten zuerst ein `FlowDocument` zu bilden und dieses zu drucken.

Das Testen der Druckfunktionen ist wesentlich effizienter und umweltschonender, wenn Sie nicht jeden Ausdruck tatsächlich ausführen, sondern stattdessen eine XPS- oder PDF-Datei erstellen. Ich habe auf meinem Testrechner den kostenlosen BullZip-PDF-Drucker installiert, der sich für diese Zwecke sehr bewährt hat. Die Abbildungen in diesem Abschnitt zeigen die resultierende PDF-Datei im Adobe Reader und geben so einen Eindruck davon, wie die gesamte Seite aussieht. Sie finden den BullZip-PDF-Drucker unter:

http://www.bullzip.com/products/pdf/info.php

PrintDialog und PrintVisual

Der Standarddialog `PrintDialog` ermöglicht die Auswahl eines Druckers, des Papierformats und einiger weiterer Einstellungen. Wird der Dialog mit OK oder DRUCKEN beendet, kann der Ausdruck anschließend mit den Methoden `PrintVisual` bzw. `PrintDocument` durchgeführt werden. `PrintVisual` druckt ein `Visual` aus (siehe auch Abschnitt 19.1), also die grafische Entsprechung eines Steuerelements oder einer Grafik. Diese Vorgehensweise eignet sich auch dazu, mit minimalem Aufwand Screenshots auszudrucken. Da die gesamte WPF vektororientiert ist, erscheint der Ausdruck von Steuerelementen bzw. Grafiken in sehr hoher Qualität (wesentlich besser als am Bildschirm!).

```
'Beispiel wpf-multimedia/printing
Dim pd As New PrintDialog
If pd.ShowDialog() Then
  pd.PrintVisual(Me, "Screenshot")  'Me ist hier ein Window-Objekt
End If
```

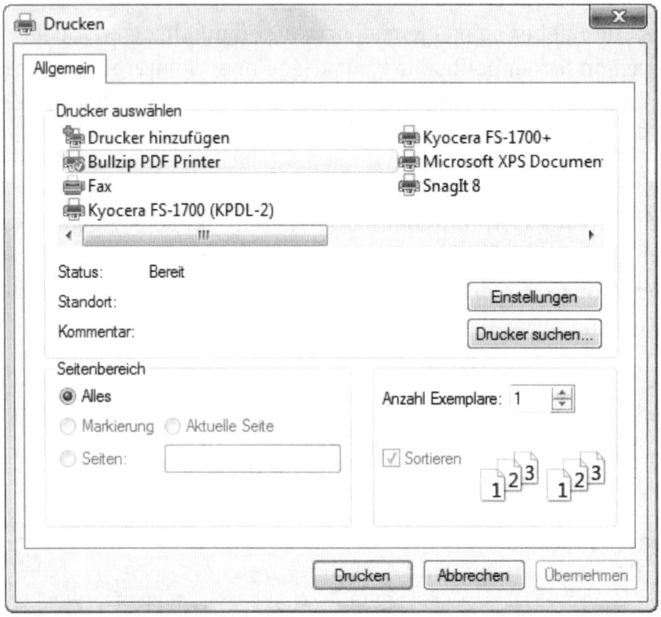

Abbildung 19.23: Der PrintDialog-Standarddialog

Wie bei den anderen WPF-Standarddialogen erscheint auch `PrintDialog` unter Windows Vista standardmäßig im Windows 2000-Look. Dieses steinzeitliche Erscheinungsbild vermeiden Sie durch ein paar XML-Zeilen in der Datei *app.manifest*. Die genaue Vorgehensweise ist in Abschnitt 18.5 beschrieben.

`PrintDialog` basiert auf dem Standarddialog der Win32-API. Das hat unter anderem zur Folge, dass der Dialog modal zum Hauptfenster (Startfenster) des Programms ist – und nicht zu dem Fenster, aus dem heraus er aufgerufen wird. Wenn Ihr Programm also aus zwei Fenstern besteht und der Anwender aus dem zweiten Fenster heraus einen Druckdialog anzeigt, ist das erste Fenster blockiert, nicht aber das zweite. Abhilfe besteht darin, die Eigenschaft `Application.MainWindow` vor dem Aufruf von `PrintDialog` entsprechend einzustellen:

```
Dim oldmainwin = Application.Current.MainWindow
Application.Current.MainWindow = Me
Dim pd As New PrintDialog
If pd.ShowDialog() Then
   ...
End If
Application.Current.MainWindow = oldmainwin
```

So erfreulich der minimale Codeaufwand ist, so unerfreulich sind die vielen Einschränkungen:

» Die Größe des Ausdrucks ergibt sich aus dem WPF-Maßsystem. 96 Maßeinheiten entsprechen also einem Zoll bzw. 2,54 cm. Gerade beim Ausdruck von Fenstern bzw. Steuerelementen führt das oft zu winzigen Ausdrucken, bei denen der Großteil der Seite leer bleibt.

» Das `Visual` wird nicht etwa zentriert, sondern in die linke obere Ecke der Seite platziert. `PrintVisual` berücksichtigt dabei nicht einmal die Druckränder, weswegen der Ausdruck bei den meisten Druckern oben und/oder am linken Rand abgeschnitten wird.

» Sehr große `Visuals` werden ebenfalls abgeschnitten, ein Druck über mehrere Seiten ist nicht möglich.

» Wenn Sie `PrintVisual` zum Ausdruck von Screenshots verwenden, wird nur das Innere des Fensters ausgedruckt, nicht aber die Ränder und der Fenstertitel. Der Grund: Die WPF hat keine Kontrolle über bzw. keinen Zugriff auf die Fensterdekoration. Das ändert aber nichts daran, dass derartige Ausdrucke unvollständig wirken.

» Es gibt keine Möglichkeit, um den Ausdruck mit Kopf- oder Fußzeilen auszustatten.

Einen Teil dieser Einschränkungen können Sie umgehen, indem Sie auf das auszudruckende Objekt vorübergehend eine `RenderTransform` anwenden. Im folgenden Beispiel wird der Inhalt eines `StackPanels` um den Faktor 2 vergrößert und um einen halben Zentimeter nach rechts unten verschoben. Mit etwas Rechenaufwand können Sie die Transformation so ausführen, dass das zu druckende Objekt die ganze Seite ausfüllt bzw. zentriert dargestellt wird. Die Seitengröße (sie enthält auch die nicht bedruckbaren Ränder) ergibt sich aus `printdialog.PrintableAreaWidth` bzw. `-Height`.

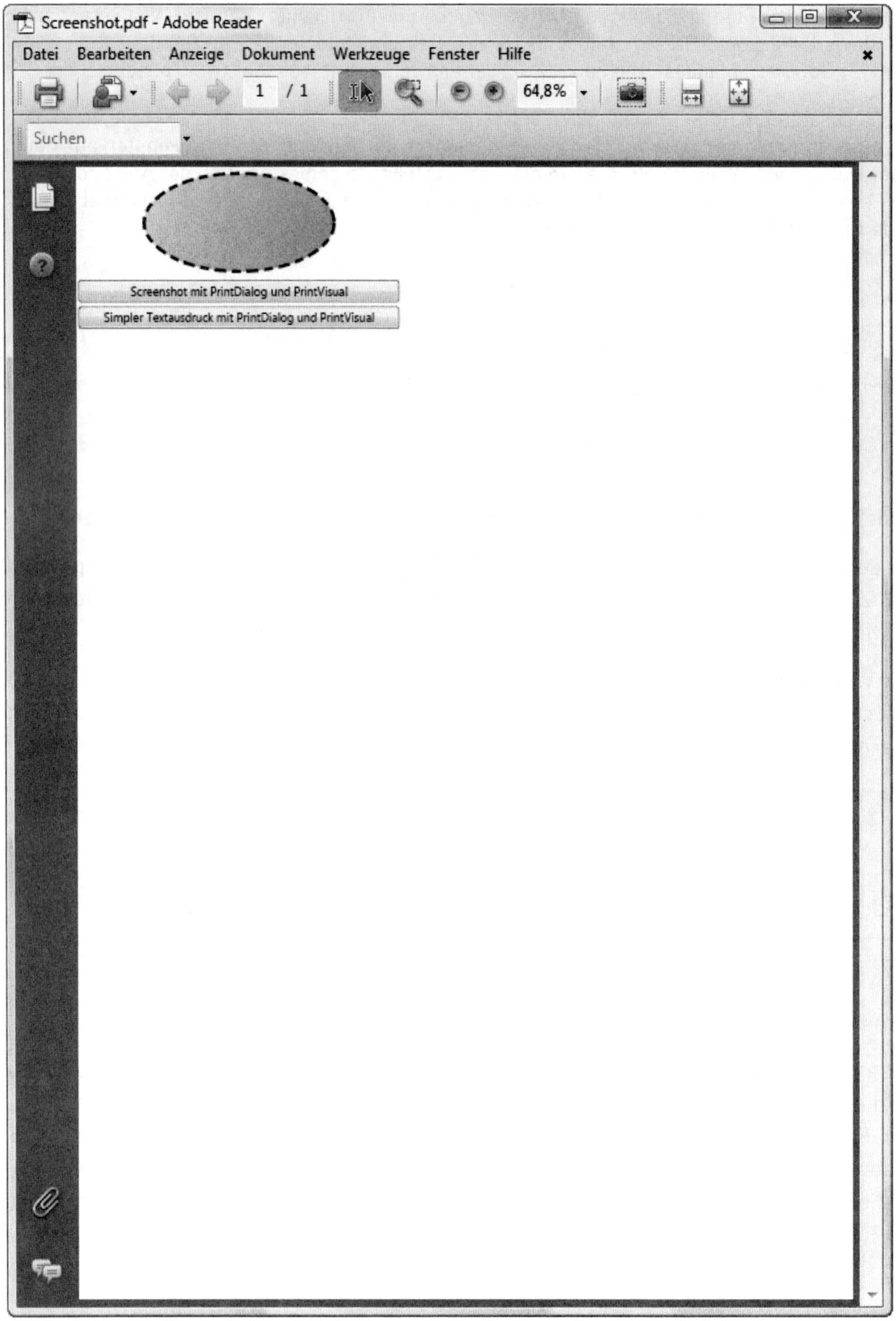

Abbildung 19.24: Einfacher Screenshot mit PrintVisual

```
Dim pd As New PrintDialog
If pd.ShowDialog() Then
  Dim oldtransf = mystack.RenderTransform
  Dim transgroup As New TransformGroup
  transgroup.Children.Add(New ScaleTransform(2, 2))
  transgroup.Children.Add(New TranslateTransform(96 / 2.54 * 0.5, 96 / 2.54 * 0.5))
  mystack.RenderTransform = transgroup
  mystack.UpdateLayout()  'Transformation anwenden
  pd.PrintVisual(mystack, "Screenshot")
  mystack.RenderTransform = oldtransf
End If
```

Sie können auch unsichtbare Visuals bzw. Steuerelemente ausdrucken. Die folgenden Zeilen zeigen den Ausdruck eines TextBlocks, wobei dessen Inhalt – diesmal mit einer LayoutTransform – um den Faktor 5 vergrößert wird. Der Umbruch im Steuerelement wird so durchgeführt, dass die gesamte Seitenbreite abzüglich eines Rands von je einem halben Zoll auf jeder Seite (48 WPF-Einheiten) genutzt wird.

Kurz einige Hintergrundinformationen zu den Methoden Measure und Arrange, die üblicherweise automatisch im Rahmen des selbstständigen Layoutprozesses verwendet werden, durch den alle Elemente innerhalb eines Fensters oder Panels angeordnet werden. Mit Measure geben Sie die Wunschgröße eines Steuerelements an. Arrange platziert das Steuerelement in das angegebene Rechteck. Measure ist im vorliegenden Beispiel eigentlich gar nicht erforderlich, weil das TextBlock-Steuerelement das einzige Steuerelement ist. Measure ist aber zwingend Teil des Layoutprozesses, sobald mehrere Steuerelemente ineinander verschachtelt sind.

```
Dim tb As New TextBlock
tb.Text = "Auch mit ..."
tb.TextWrapping = TextWrapping.Wrap
Dim pd As New PrintDialog
If pd.ShowDialog Then
  Dim psize = New Size(pd.PrintableAreaWidth - 96, pd.PrintableAreaHeight - 96)
  tb.LayoutTransform = New ScaleTransform(5, 5)
  tb.Measure(psize)
  tb.Arrange(New Rect(48, 48, psize.Width, psize.Height))
  pd.PrintVisual(tb, "TextBlock")
End If
```

Abbildung 19.25: Ausdruck eines unsichtbaren TextBlocks

Print (FlowDocument-Steuerelemente)

Der einfachste Weg, ein Dokument auszudrucken, das in einem `FlowDocumentScrollViewer`, `-PageViewer` und `-Reader` dargestellt wird (siehe Abschnitt 17.11), bietet deren `Print`-Methode. Nach der Druckerauswahl im bekannten Druckdialog wird das gesamte Dokument ausgedruckt. Der Ausdruck ist prinzipiell in Ordnung, wenngleich Sie wie bei `PrintVisual` auf Kopf- und Fußzeilen, Seitennummern etc. verzichten müssen. Die Seitenränder sind sehr knapp bemessen, d.h., die Seite wird nahezu vollständig bedruckt. Dafür müssen Sie nicht einmal eine Ereignisprozedur zum Start des Ausdrucks programmieren – die `Print`-Methode ist intern bereits mit einem WPF-Kommando verdrahtet, das der Anwender mit [Strg]+[P] aufrufen kann. Leider fehlt der `RichTextBox` eine äquivalente Methode bzw. ein dazugehörendes Kommando.

PrintDocument

Auch mit der vom PrintDialog zur Verfügung gestellten Methode PrintDocument können Sie ein Dokument ausdrucken. An PrintDocument übergeben Sie nicht ein FlowDocument, sondern ein Objekt der Klasse DocumentPaginator. Diese Klasse ist für den Seitenumbruch eines FlowDocuments zuständig. Der folgende Code ist syntaktisch korrekt, wenn die Variable flowCtrl auf einen FlowDocumentScrollViewer, -PageViewer oder -Reader bzw. auf eine RichTextBox verweist.

```
Dim pd As New PrintDialog
If pd.ShowDialog() Then
   pd.PrintDocument( _
     CType(flowCtrl.Document, IDocumentPaginatorSource).DocumentPaginator, _
     "FlowDocument-Ausdruck")
 End If
```

Mit den resultierenden Ergebnissen werden Sie aber wenig Freude haben: Wenn flowCtrl ein FlowDocumentScrollViewer- oder ein RichTextBox-Steuerelement ist, wird zwar der gesamte Text ausgedruckt, allerdings bis an die Papiergrenzen bzw. sogar ein wenig darüber hinaus. Je nach Drucker sind die Ränder also mehr oder weniger stark abgeschnitten (siehe Abbildung 19.26 links). Abhilfe schafft die vorübergehende Veränderung der PagePadding-Eigenschaft, die die Größe der Ränder angibt.

Ein zweites Problem besteht darin, dass das Steuerelement während des Ausdrucks vollständig weiß wird und so bleibt, bis die Größe des Fensters bzw. des Steuerelements ein wenig verändert wird. Versuche, dieses Problem mit UpdateLayout zu beheben, hatten leider keinen Erfolg. Eine vorübergehende Veränderung der Fenstergröße hilft, ist aber nicht möglich, wenn das Fenster bereits maximiert ist.

Wenn flowCtrl ein FlowDocumentPageViewer- oder FlowDocumentReader-Steuerelement enthält, wird es noch schlimmer: Statt der Papiergröße des Druckers bestimmt die Größe des Steuerelements die Seite. Bei kleinen Fenstern führt das zu Ausdrucken mit unzähligen Seiten, bei denen sich auf jeder Seite gerade einmal ein paar Zeilen befinden (siehe Abbildung 19.26 rechts).

Im Internet sowie im Buch Pro WPF von Mattew MacDonald (Apress-Verlag 2007) sind diverse Tricks beschrieben, wie Sie diese Einschränkungen zumindest teilweise umgehen können. Persönlich bin ich aber der Meinung, dass das der falsche Weg ist. Mit der oben erwähnten Print-Methode erzielen Sie mit minimalem Aufwand einen zumindest akzeptablen Ausdruck. Und wenn Ihnen das nicht reicht, ist es besser, Sie nehmen den gesamten Druckprozess gleich selbst in die Hand, wie ich dies in mehreren Schritten weiter unten beschreibe. Vergessen Sie einfach, dass es die PrintDocument-Methode gibt – so wie die Microsoft-Entwickler offensichtlich vergessen haben, diese Methode fertig zu entwickeln und zu dokumentieren ...

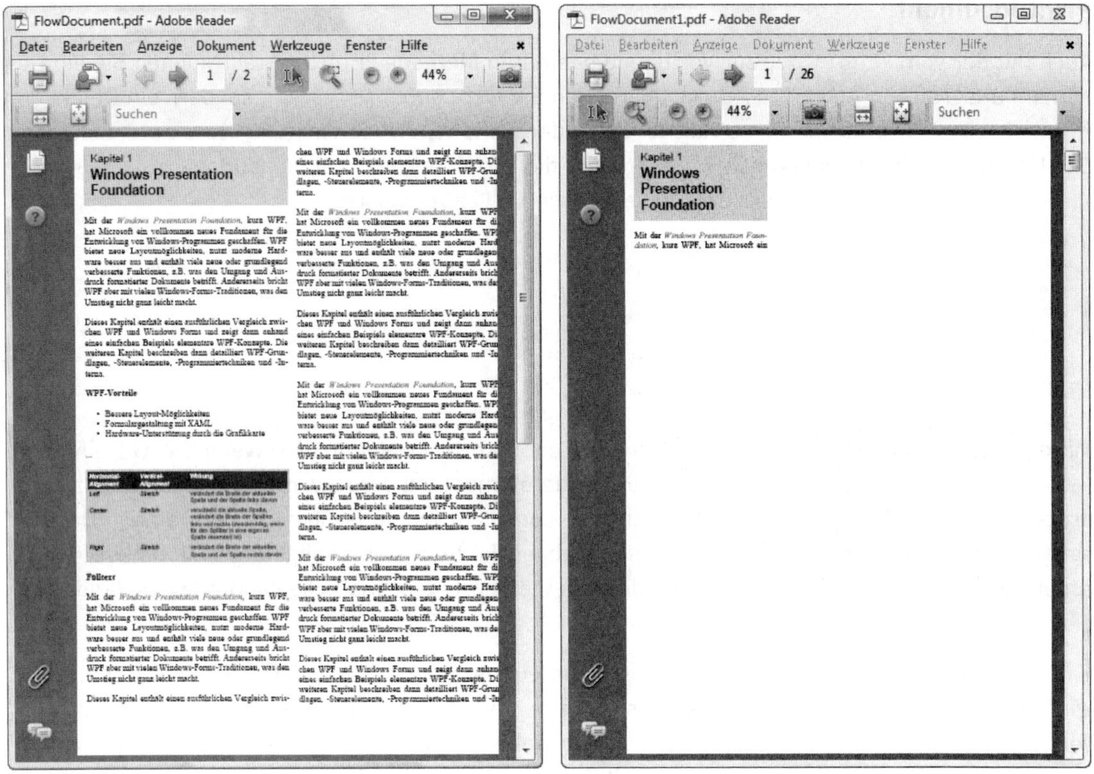

Abbildung 19.26: Links ein PrintDocument-Ausdruck aus einem FlowDocumentScrollViewer oder einer RichTextBox, rechts der Ausdruck aus einem FlowDocumentPageViewer- oder -Reader-Steuerelement

Ausdruck eines FlowDocument mit dem XpsDocumentWriter

Die `XpsDocumentWriter`-Klasse erzeugt ein XPS-Dokument und druckt es aus. Diverse `WriteXxx`-Methoden akzeptieren als Ausgangsdaten unter anderem `Visuals`, `FlowDocuments` sowie bereits vorhandene XPS-Dokumente. WPF-intern kommt bei jedem Ausdruck XPS zum Einsatz, also auch beim Einsatz der Methoden `Print`, `PrintVisual` oder `PrintDocument`. Die direkte Verwendung des `XpsDocumentWriters` gibt Ihnen aber mehr Steuerungsmöglichkeiten.

Zur Wiederholung: Die `XML Paper Specification` ist ein neues Dokumentenformat, das Microsoft als Konkurrenzprodukt zu Adobe PDF und als Nachfolger zu EMF für die Windows-interne Verwaltung von Druckdaten entwickelt hat. Auch der Drucker-Spooler von Windows Vista verwendet XPS. XPS, und insbesondere die `XposDocumentWriter`-Klasse kann aber ohne Einschränkungen auch unter Windows XP genutzt werden – dort werden XPS-Daten automatisch in das dort übliche GDI-Format umgewandelt.

HINWEIS

Die folgenden Codebeispiele setzen voraus, dass Sie Referenzen auf die Bibliotheken System.Printing und ReachFramework einrichten. Sie enthalten diverse Printing-Klassen. Um Tippaufwand zu sparen, gilt für die folgenden Beispiele zudem Imports System.Printing.

Die folgenden Zeilen zeigen den Ausdruck eines FlowDocuments, das sich in einem beliebigen Steuerelement befinden kann (FlowDocumentXxx oder RichTextBox). Im ersten Schritt wird mit CreateXpsDocumentWriter ein XpsDocumentWriter-Objekt erzeugt. Beim Aufruf dieser Methode erscheint der schon bekannte Standarddialog zur Drucker- und Papierauswahl. Wenn der Dialog mit ABBRUCH beendet wird, liefert die Methode Nothing zurück, und die Prozedur zum Drucken wird beendet.

Die beiden Parameter von CreateXpsDocumentWriter bedürfen einer näheren Erklärung. Der erste Parameter gibt den Namen des Druckjobs an. In der Regel werden Sie hier den Dokument- oder Dateinamen angeben. Der zweite Parameter ist ein Rückgabeparameter. Nach dem Aufruf enthält die angegebene Variable ein PrintDocumentImageableArea-Objekt, dessen Eigenschaften die ausgewählte Seitengröße angeben:

***PrintDocumentImageableArea*-Eigenschaften**	**Bedeutung**
MediaSizeWidth und -Height	gibt die tatsächliche Papiergröße an. Die Werte berücksichtigen bereits eine eventuelle Seitendrehung. Wenn der Benutzer im Druckdialog also ein Querformat ausgewählt hat, ist MediaSizeWidth größer als MediaSizeHeight.
OriginWidth und -Height	gibt die Koordinaten des ersten bedruckbaren Punkts auf dem Papier an. Bei vielen (Laser-)Druckern kann nicht die gesamte Seite bedruckt werden, ein schmaler Randbereich bleibt konstruktionsbedingt frei.
ExtentWidth und -Height	gibt an, wie groß der bedruckbare Bereich der Seite ist. Der bedruckbare Bereich ist somit durch die Eckpunkte (OriginWidth, OriginHeight) und (OriginWidth + ExtentWidth, OriginHeight + ExtentHeight) definiert.

Der zweite Schritt besteht darin, das FlowDocument über einen MemoryStream zu kopieren. Das ermöglicht es, das Dokument beliebig zu formatieren bzw. zu umbrechen, unabhängig davon, wie es gerade am Bildschirm angezeigt wird. (Je nachdem, in welchem Steuerelement das FlowDocument angezeigt wird, können Sie sich diesen bei umfangreichen Dokumenten zeitaufwendigen Schritt ersparen – siehe unten.)

Jetzt geht es nur noch darum, das Dokument auszudrucken. Dazu brauchen Sie ein DocumentPaginator-Objekt, das jedes FlowDocument bereits standardmäßig zur Verfügung stellt (auch wenn der Zugriff darauf ein wenig umständlich ist). Nun stellen Sie beim Paginator die tatsächliche Seitengröße ein (Eigenschaft PageSize) und beim FlowDocument die Seitenränder (Eigenschaft PagePadding). Die minimalen Ränder können Sie aus dem PrintDocumentImageableArea-Objekt exakt ausrechnen. In der Praxis ist es aber üblich, auf allen Seiten etwas mehr Rand freizulassen – im folgenden Beispiel 1/2 Zoll, also etwa 1,2 cm.

Je nachdem, in wie vielen Spalten der Ausdruck erfolgen soll, können Sie nun noch diverse Column-Eigenschaften verändern. ColumnWidth = Double.PositiveInfinity bewirkt, dass unabhängig von der Seitenbreite auf die Zerlegung des Texts in mehrere Spalten verzichtet wird. WriteAsync startet schließlich den Ausdruck, wobei dieser im Hintergrund durchgeführt wird.

```
'Beispiel wpf-multimedia/printing, Datei Window2.xaml.vb
'XpsDocumentWriter erzeugen
Dim ia As PrintDocumentImageableArea = Nothing
Dim xpsWriter = PrintQueue.CreateXpsDocumentWriter("XpsWriter", ia)
If xpsWriter Is Nothing Then Exit Sub
'das im Steuerelement angezeigte Dokument in ein neues FlowDocument kopieren
Dim ms = New IO.MemoryStream()
Markup.XamlWriter.Save(flowCtrl.Document, ms)
ms.Seek(0, IO.SeekOrigin.Begin)
Dim flowCopy As FlowDocument = Markup.XamlReader.Load(ms)
ms.Close()
'Seitenumbruch für flowCopy einrichten
Dim paginator = CType(flowCopy, IDocumentPaginatorSource).DocumentPaginator
paginator.PageSize = New Size(ia.MediaSizeWidth, ia.MediaSizeHeight)
flowCopy.PagePadding = New Thickness(48)         '1/2 Zoll Rand links/rechts/oben/unten
flowCopy.ColumnWidth = Double.PositiveInfinity  'nur eine Spalte
xpsWriter.WriteAsync(paginator)
```

Wenn Sie ein loses FlowDocument haben bzw. wenn das Dokument in einem FlowDocumentReader oder FlowDocumentPageViewer angezeigt wird, können Sie sich das Kopieren des Dokuments sparen. Stattdessen verändern Sie PageSize und PagePadding vorübergehend und stellen dann die alten Werte wieder her. Allerdings müssen Sie den Druck nun im Vordergrund mit Write durchführen.

```
Dim flowdoc = CType(flowCtrl.Document, FlowDocument)
Dim paginator = CType(flowdoc, IDocumentPaginatorSource).DocumentPaginator
Dim oldpage = paginator.PageSize
Dim oldpadd = flowdoc.PagePadding
paginator.PageSize = New Size(ia.MediaSizeWidth, ia.MediaSizeHeight)
flowdoc.PagePadding = New Thickness(48)         '1/2 Zoll Rand
flowdoc.PagePadding = New Thickness(0)
xpsWriter.Write(paginator)
paginator.PageSize = oldpage
flowdoc.PagePadding = oldpadd
```

Egal, für welche Variante Sie sich entscheiden, liegt der größte Vorteil dieses Beispiels im Vergleich zu den Methoden Print oder PrintDocument darin, dass das PrintDocumentImageableArea-Objekt genau angibt, wie groß der bedruckbare Bereich der Seite ist, und Sie die Druckränder entsprechend einstellen können.

Individueller Ausdruck eines FlowDocuments mit eigenem Paginator

Noch immer fehlen im Ausdruck Seitennummern oder andere Elemente in Kopf- und Fußzeilen, noch immer besteht keine Möglichkeit, nur ausgewählte Seiten zu drucken (also etwa die Seiten 5–7 eines 20-seitigen Dokuments). Um solche Wünsche zu erfüllen, müssen Sie selbst einen `DocumentPaginator` implementieren. Wie die folgenden Zeilen zeigen, ist dies mit überschaubarem Aufwand möglich – sofern Sie die Hauptarbeit an den vorhandenen `Paginator` der Basisklasse delegieren und die einzelnen Seiten lediglich um Zusatzelemente erweitern.

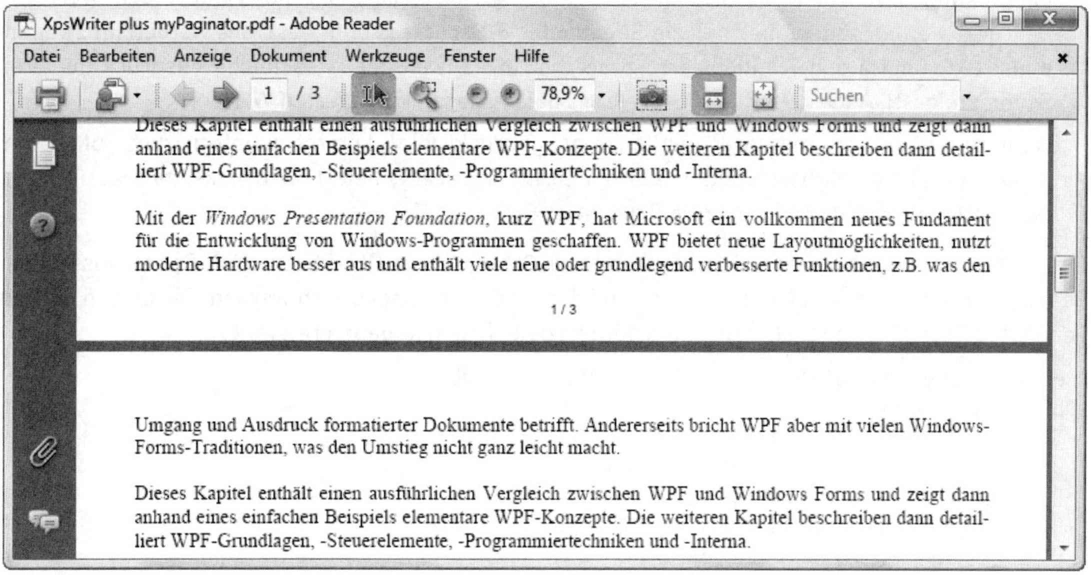

Abbildung 19.27: Ein Ausdruck mit Seitennummern, die von einem myPaginator-Objekt erzeugt werden

Der Code ist nicht schwer zu verstehen: Zum einen überschreibt die Klasse einige Eigenschaften, die in der Basisklasse mit `MustOverride` implementiert sind. Teilweise reicht dabei der Aufruf der gleichnamigen Methode des Basisobjekts `_basePaginator`, das dem Konstruktor übergeben wird. Die wirklich interessanten Codeteile befinden sich in der Methode GetPage, die jeweils eine Seite (spezifiziert durch die Seitennummer) als `DocumentPage`-Objekt zurückgibt. In `GetPage` sind beide Zusatzfunktionen von `myPaginatior` gegenüber dem `DocumentPaginator` realisiert.

» Zum einen wird am Ende jeder Seite mittig die aktuelle Seitennummer sowie die Gesamtseitenanzahl ausgedruckt. Die Idee besteht darin, dass die Seite an sich mit der `GetPage`-Methode der Basisklasse erzeugt wird – d.h., die Hauptarbeit findet dort statt. Die ursprüngliche Seite wird nun als `Visual` in ein `ContainerVisual`-Objekt eingefügt. Außerdem wird dem `ContainerVisual` am unteren Seitenrand mittig mit `DrawText` die Seitennummer hinzugefügt. Das setzt voraus, dass dieser Bereich leer ist, dass also die `PagePadding`-Eigenschaft des `FlowDocuments` entsprechend großzügig dimensioniert ist. (Der Umgang mit `Visuals` ist in Abschnitt 19.1 genauer beschrieben.)

  Auf die gleiche Art und Weise können Sie natürlich auch beliebig gestaltete Kopf- und Fußzeilen ausgeben, die Seite einrahmen, mit einer Hintergrundgrafik unterlegen etc.

» Zum anderen kann an den Konstruktor der Klassen ein Seitenbereich in Form eines PageRange-Objekts übergeben werden. In diesem Fall liefert GetPage nur die Seiten aus dem Bereich, d.h., beim Aufruf von GetPage der Basisklasse wird die Seitennummer entsprechend korrigiert. Die Vorgehensweise ist am einfachsten anhand eines Beispiels zu beschreiben:

  Ein Dokument liefert zehn Druckseiten. _basePaginator.PageCount liefert also den Wert 10. Gedruckt werden sollen aber nur die Seiten 6 bis 8. _firstPage und _lastPage werden im zweiten Konstruktor mit 5 und 7 initialisiert, _pageCount mit 3 (weil der tatsächliche Ausdruck nur drei Seiten umfasst). Auch myPaginator.PageCount liefert diesen korrigierten Wert.

  Wenn das Dokument mit xpsWriter.Write ausgedruckt wird, kommt es intern zum Aufruf von GetPage für alle verfügbaren Seiten laut PageCount. GetPage(0) liefert die Druckseite 6, GetPage(1) die Druckseite 7 und GetPage(2) die Druckseite 8.

Das ContainerVisual-Objekt wird schließlich in ein DocumentPage-Objekt verpackt. Dabei müssen die Seitengröße sowie die Größe der bleedBox und der contentBox angegeben werden. Die beiden zuletzt genannten Parameter sind allerdings nur für spezielle Druckaufgaben relevant.

```
'Beispiel wpf-multimedia/printing, Datei mypaginator.vb
Public Class myPaginator
  Inherits DocumentPaginator
  Private _basePaginator As DocumentPaginator
  Private _printRange As Boolean = False
  Private _firstPage As Integer = 0    '0 entspricht Seite 1
  Private _lastPage As Integer = 0
  Private _pageCount As Integer
  'zwei Konstruktoren mit/ohne PageRange
  Public Sub New(ByVal doc As FlowDocument)
    _basePaginator = CType(doc, IDocumentPaginatorSource).DocumentPaginator
  End Sub
  Public Sub New(ByVal doc As FlowDocument, ByVal pages As PageRange)
    _basePaginator = CType(doc, IDocumentPaginatorSource).DocumentPaginator

    _basePaginator.ComputePageCount()  'Seitenanzahl des ganzen Dokuments berechnen
    _printRange = True
    _firstPage = Math.Min(pages.PageFrom - 1, _basePaginator.PageCount)
    _lastPage = Math.Min(pages.PageTo - 1, _basePaginator.PageCount)
    _pageCount = _lastPage - _firstPage + 1
  End Sub
  Public Overrides ReadOnly Property IsPageCountValid() As Boolean
    Get
      Return _basePaginator.IsPageCountValid
    End Get
  End Property
  Public Overrides ReadOnly Property PageCount() As Integer
    Get
      If _printRange Then
        Return _pageCount
      Else
```

```
      Return _basePaginator.PageCount
    End If
  End Get
End Property
Public Overrides Property PageSize() As System.Windows.Size
  Get
    Return _basePaginator.PageSize
  End Get
  Set(ByVal value As System.Windows.Size)
    _basePaginator.PageSize = value
  End Set
End Property
Public Overrides ReadOnly Property Source() As _
                      System.Windows.Documents.IDocumentPaginatorSource
  Get
    Return _basePaginator.Source
  End Get
End Property
Public Overrides Function GetPage(ByVal pageNumber As Integer) As _
                      System.Windows.Documents.DocumentPage
  'ursprüngliche Seite als Visual in ein ContainerVisual-Objekt einfügen
  Dim origPage As DocumentPage
  If _printRange Then
    origPage = _basePaginator.GetPage(pageNumber + _firstPage)
  Else
    origPage = _basePaginator.GetPage(pageNumber)
  End If
  Dim newPageVisual = New ContainerVisual
  newPageVisual.Children.Add(origPage.Visual)
  'gesamte Seitenanzahl berechnen
  If Not _basePaginator.IsPageCountValid Then _basePaginator.ComputePageCount()
  'zusätzliche Inhalte mit einem DrawingVisual erzeugen und ebenfalls
  'in das ContainerVisual-Objekt einfügen
  Dim drawVisual = New DrawingVisual
  Dim dc = drawVisual.RenderOpen()
  Dim footerText As New FormattedText( _
    pageNumber + 1 + _firstPage & " / " & _basePaginator.PageCount, _
    Globalization.CultureInfo.CurrentCulture, _
    FlowDirection.LeftToRight, _
    New Typeface("Arial"), 11, Brushes.Black)
  'mittig am unteren Seitenrand ausdrucken
  Dim x0 = (_basePaginator.PageSize.Width - footerText.Width) / 2
  Dim y0 = _basePaginator.PageSize.Height - 32
  dc.DrawText(footerText, New Point(x0, y0))
  dc.Close()
  newPageVisual.Children.Add(drawVisual)
  'neue Seite zurückgeben
  Return New DocumentPage(newPageVisual, PageSize, _
                       New Rect(New Point(0, 0), PageSize), _
```

```
                              New Rect(New Point(0, 0), PageSize))
  End Function
End Class
```

Der Code zur Verwendung der Klasse unterscheidet sich nur unwesentlich vom Code aus dem vorigen Abschnitt. Einerseits muss nun eine andere Variante von CreateXpsDocumentWriter aufgerufen werden, die im Druckdialog die Möglichkeit gibt, den Seitenbereich auszuwählen, und die Auswahl in zwei Variablen zurückgibt (prselect und pr):

```
'Beispiel wpf-multimedia/printing, Datei Window2.xaml.vb
Dim ia As PrintDocumentImageableArea = Nothing
Dim prselect As PageRangeSelection
Dim pr As PageRange
Dim xpsWriter = PrintQueue.CreateXpsDocumentWriter( _
  "XpsWriter plus myPaginator", ia, prselect, pr)
...
```

Zum anderen kommt nun als Paginator ein Objekt der Klasse myPaginator zum Einsatz:

```
Dim paginator As myPaginator
If prselect = PageRangeSelection.UserPages Then
  paginator = New myPaginator(flowCopy, pr)
Else
  paginator = New myPaginator(flowCopy)
End If
...
```

Seitenvorschau

Aus technischer Sicht ist eine Seitenvorschau einfach zu realisieren: Anstatt ein XPS-Dokument auszudrucken, speichern Sie es in einer temporären Datei und zeigen es in einem DocumentViewer-Steuerelement an. Das setzt allerdings voraus, dass die Seitengröße, die Ausrichtung im Hoch- oder Querformat sowie die Seitenränder bekannt sind. Im folgenden Beispiel ist das Seitenlayout fix eingestellt: A4-Querformat (Landscape) mit 1/2-Zoll-Rändern an allen Seiten (Querformat deswegen, um in der Folge diverse Komplikationen beim Ausdruck zu testen). Tipps zur benutzerspezifischen Einstellung des Seitenlayouts folgen etwas weiter unten.

In den folgenden Zeilen wird zuerst das gewünschte Seitenlayout eingestellt. Anschließend wird ein neues XpsDocument in einer temporären Datei erzeugt. Daraus ergibt sich nebenbei auch die Möglichkeit des XPS-Exports. Die Methode CreateXpsDocumentWriter erzeugt ein dazu passendes XpsDocumentWriter-Objekt, das diesmal aber keinen physikalischen Drucker verwendet, sondern den Ausdruck in die XPS-Datei umlenkt. Die so erzeugte Datei kann nun in einem DocumentViewer-Steuerelement angezeigt werden (siehe Abbildung 19.28).

```
'Seitenlayout einstellen
Dim paginator = New myPaginator(flowCopy)
paginator.PageSize = New Size(1122, 794)        'A4-Querformat
flowCopy.PagePadding = New Thickness(48)        '1/2 Zoll Rand
```

```
flowCopy.ColumnWidth = Double.PositiveInfinity  'nur eine Spalte
'XpsWriter für eine XpsDocument-Datei erzeugen
Dim fname = IO.Path.GetTempFileName + ".xps"
Dim xpsdoc As New Xps.Packaging.XpsDocument(fname, IO.FileAccess.ReadWrite)
Dim xpswriter = Xps.Packaging.XpsDocument.CreateXpsDocumentWriter(xpsdoc)
'XPS-Datei erzeugen und modal anzeigen
xpswriter.Write(paginator)
Dim w3 As New Window3   'Seitenvorschaufenster
w3.mydocviewer.Document = xpsdoc.GetFixedDocumentSequence()
w3.mydocviewer.Zoom = 50
w3.ShowDialog()
xpsdoc.Close()
```

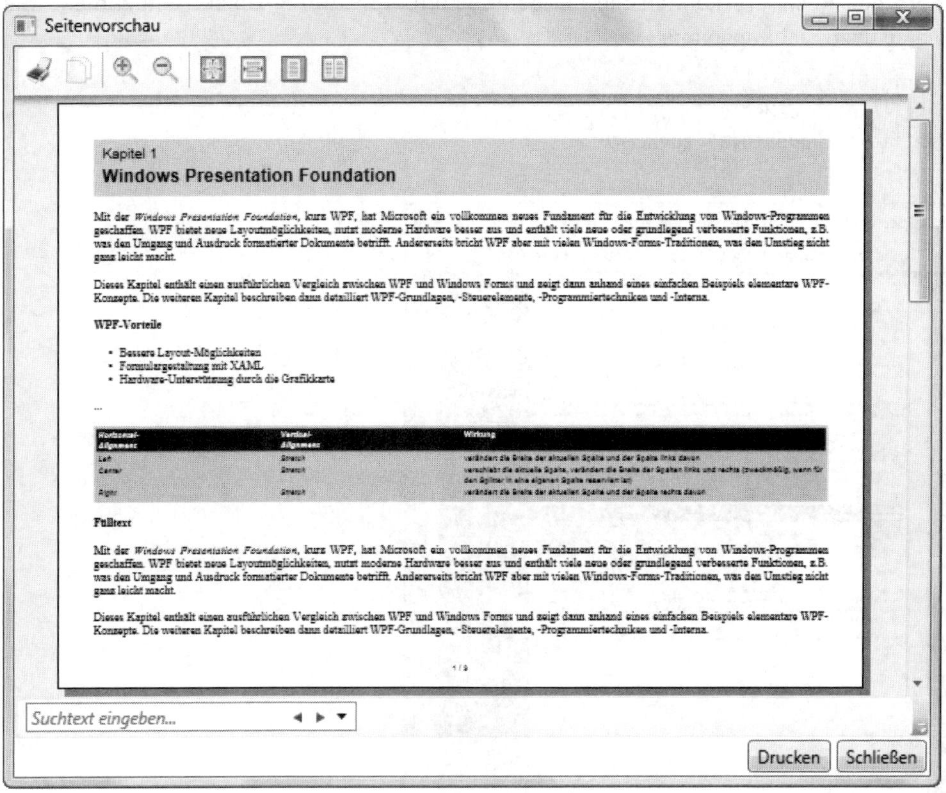

Abbildung 19.28: Seitenvorschau

Die XPS-Druckfunktionen sind relativ langsam. Verwenden Sie nach Möglichkeit `WriteAsync`, bzw. lagern Sie den ganzen Druckprozess mit einem `BackgroundWorker`-Prozess in den Hintergrund aus.

Seitenlayout einstellen

Die meisten Programme mit Druckfunktionen bieten zur Auswahl des Druckers und zur Einstellung des Seitenlayouts jeweils getrennte Dialoge an. Auch in Windows Forms gab es zu diesem Zweck zwei Standarddialoge. Die WPF geht hier leider andere Wege: Der Druckdialog gibt über den Button EINSTELLUNGEN die Möglichkeit, auch das Seitenformat einzustellen (wobei aber eine Einstellmöglichkeit für die Druckränder fehlt).

Wenn Sie dem Benutzer selbst die Wahl des Seitenformats geben möchten, müssen Sie entweder selbst einen Dialog zur Einstellung des Seitenlayouts programmieren oder auf den `PageSetupDialog` von Windows Forms zurückgreifen. Bei der zweiten Variante müssen Sie daran denken, alle Maße umzurechnen: `PageSetup` rechnet mit 1/100 Zoll, WPF mit 1/96 Zoll! Das Standardseitenformat des Standarddruckers des Rechners können Sie übrigens einem `PrintDialog`-Objekt entnehmen. (Sie müssen den Dialog dazu nicht anzeigen.)

```
Dim pd As New PrintDialog
Dim w = pd.PrintTicket.PageMediaSize.Width
Dim h = pd.PrintTicket.PageMediaSize.Height
```

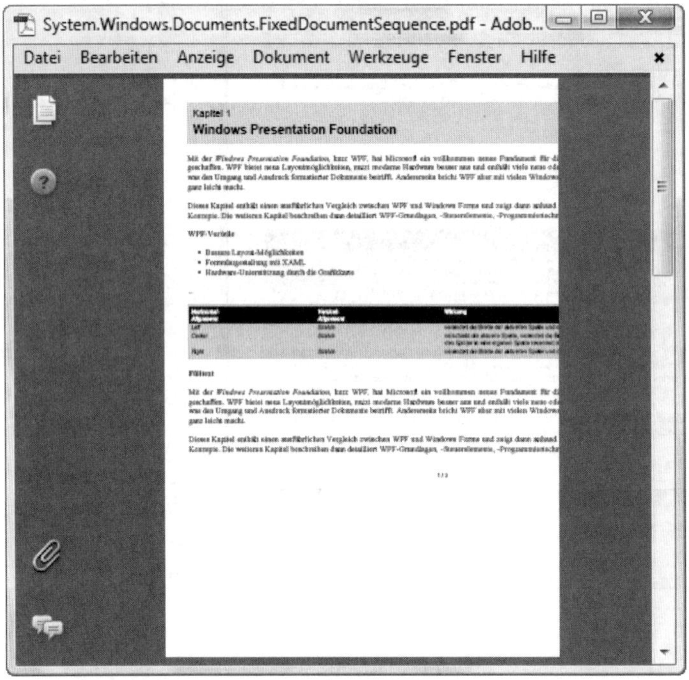

Abbildung 19.29: Ausdruck querformatiger Seiten durch das DocumentViewer-Steuerelement, wenn im Druckdialog die Seiteneinstellung nicht manuell korrigiert wird

Ihr Programm enthält nun freilich zwei Orte zur Einstellung der Seitengröße: den Seitenlayoutdialog und die EINSTELLUNGEN im Druckdialog. Probleme gibt es, wenn diese Einstellungen nicht übereinstimmen. Wie drucken Sie aber ein Dokument aus, für das der Benutzer im Seitenlayoutdialog A4-Querformat ausgewählt hat, im Druckdialog aber A4-Hochformat? Dieser Fall wird häufig auftreten, nämlich immer dann, wenn ein Benutzer im Seitenlayoutdialog ein spezielles Format eingestellt hat, im Druckdialog den Button EINSTELLUNGEN aber ignoriert. Der Druckdialog liefert dann sein Standardformat, das vom individuellen Seitenlayout abweicht.

Die in das DocumentViewer-Steuerelement integrierte Druckfunktion stolpert an dieser Stelle – ich würde fast sagen: erwartungsgemäß. Wenn der Benutzer mit dem DRUCKEN-Button des Steuerelements ein querformatiges XPS-Dokument ausdruckt, ohne auch im Druckdialog explizit das Querformat einzustellen – und daran denkt beim ersten Versuch garantiert niemand –, erfolgt der Druck im Hochformat, und alle Seiten sind abgeschnitten (siehe Abbildung 19.29).

XPS-Dokument aus der Seitenansicht drucken

Es ist gar nicht so einfach, es besser zu machen als das DocumentViewer-Steuerelement. Ein pragmatischer Ansatz wäre es, die vom Druckdialog gelieferten Seiteneinstellungen zu ignorieren und stattdessen durch die Einstellungen des Seitenlayoutdialogs zu überschreiben. Aber das ist leichter gesagt als getan. Ich habe einige Zeit im Dschungel der PrintDialog-, XpsDocumentWriter-, PrintTicket- und PrintQueue-Klassen und -Eigenschaften verbracht, ohne eine Möglichkeit zu finden, das Seitenformat nach der Anzeige des Druckdialogs noch zu verändern.

Immerhin besteht die (nicht dokumentierte) Möglichkeit, die Seitenausrichtung bereits vor dem Anzeigen des Druckdialogs voreinzustellen. Der folgende Code des DRUCKEN-Buttons im Seitenvorschaudialog umgeht damit zumindest das Hoch-/Querformatproblem der DocumentViewers, versagt aber ebenfalls, wenn die Seitengröße des XPS-Dokuments von der Seitengröße des Druckdialogs abweicht. Der Adobe Reader bietet in diesem Fall die Möglichkeit, den Ausdruck zu skalieren.

Ein weiterer Mangel der folgenden Prozedur besteht darin, dass ein Ausdruck einzelner Seiten (statt des ganzen Dokuments) nicht möglich ist. Aber Sie sehen schon, je mehr Wünsche Sie haben, desto größer wird auch der Codeaufwand ...

```
'Beispiel wpf-multimedia/printing, Datei Window3.xaml.vb
Private Sub btnPrint_Click(...) Handles btnPrint.Click
  Dim pd As New PrintDialog
  Dim doc = myDocViewer.Document
  Dim pagesize = myDocViewer.PageViews(0).DocumentPage.Size
  'Seitenausrichtung voreinstellen
  If pagesize.Width > pagesize.Height Then
    pd.PrintTicket.PageOrientation = PageOrientation.Landscape
  End If
  'Druckdialog anzeigen, ausdrucken
  If pd.ShowDialog Then
    pd.PrintTicket.PageMediaSize = New PageMediaSize(pagesize.Width, pagesize.Height)
    pd.PrintDocument(doc.DocumentPaginator, "XPS-Druck")
  End If
End Sub
```

20 WPF-Besonderheiten

Dieses Kapitel geht auf vier WPF-Eigenheiten ein:

» **Ressourcen** können in WPF-Programmen zweierlei bedeuten: Entweder binäre Objekte, die mit der **.exe*-Datei mitgeliefert werden, oder XAML-Code, der einmal definiert, aber mehrfach eingesetzt wird.

» **Styles** ermöglichen es, mehreren Steuerelementen eines WPF-Programms ein einheitliches Layout zu geben, ohne den erforderlichen Code mehrfach zu wiederholen.

» **Templates** gehen noch einen Schritt weiter als `Styles` und geben einem Steuerelement – bei gleichbleibender Funktionalität – ein vollkommen neues Aussehen.

» **Data Binding** kümmert sich darum, Eigenschaften dynamisch miteinander zu verbinden. In der Praxis wird `Data Binding` in erster Linie dazu eingesetzt, um externe Daten in WPF-Steuerelementen zu visualisieren, wobei die Aktualisierung automatisch erfolgt.

20.1 Ressourcen

Als Ressourcen werden die Nicht-Code-Anteile eines Programms bezeichnet – z.B. Grafik- und Audio-Dateien oder Dokumente für das Hilfesystem. Manchmal ist es zweckmäßig, auch einfache Texte bzw. Zeichenketten in Form von Ressourcen zu verwalten. Das gilt insbesondere für die Entwicklung mehrsprachiger Programme (siehe den folgenden Abschnitt).

Üblicherweise werden derartige Ressourcen beim Kompilieren direkt in die **.exe*- oder **.dll*-Datei integriert. Es besteht aber auch die Möglichkeit, Ressourcen in externen Dateien zu belassen, auf die das Programm erst zur Laufzeit zugreift. Das macht die Weitergabe komplizierter und störungsanfälliger (besonders bei `Click-Once`-Programmen), erleichtert aber Updates und ermöglicht Ressourcen, deren Inhalt sich regelmäßig ändert – z.B. weil sie von einem anderen Programm erzeugt werden.

Auch im WPF-Kontext können »Ressourcen« definiert und dann an verschiedenen anderen Orten wiederverwendet werden. Dabei handelt es sich aber nicht um binäre Objekte oder Dateien, sondern um Definitionen (`Styles`, `Templates` etc.) – salopp formuliert: um wiederverwendbare XAML-Codeschnipsel. Diese WPF-internen Ressourcen werden intern vollkommen anders verwaltet und verarbeitet.

HINWEIS

In Visual Studio 2005 hat Microsoft den Umgang mit Ressourcen stark überarbeitet und vor allem im Hinblick auf die Nutzung in Windows Forms-Anwendungen vereinfacht. Leider gelten diese – mittlerweile alten – Neuerungen nicht für die WPF: Dort gibt es neue Konzepte, die inkompatibel zum alten System sind und einiges Durcheinander in die Nomenklatur bringen: Je nachdem, in welchem Kontext von Ressourcen die Rede ist, sind ganz unterschiedliche Dinge bzw. Konzepte gemeint.

Auch Visual Studio leidet unter dem Durcheinander, das durch den unterschiedlichen Ressourcenumgang von Windows Forms und der WPF verursacht wurde: Beispielsweise müssen Sie eine Bitmap-Datei auf unterschiedliche Art und Weise als Ressource einfügen, je nachdem, ob Sie sie unter Windows Forms oder WPF nutzen möchten. Da gibt es noch erhebliches Verbesserungspotenzial für die nächste Visual Studio-Version.

Dieser Abschnitt beschreibt Ressourcen aus WPF-Sicht. Da Microsoft es versäumt hat, den verschiedenen Ressourcentypen eindeutige und klare Namen zu geben, verwende ich dieselbe Nomenklatur wie Adam Nathan in seinem Buch »Windows Presentation Foundation« (Sams Publishing 2007).

Ressourcentypen

Aus Sicht der WPF gibt es drei unterschiedliche Typen von Ressourcen:

» **Binäre (WPF-)Ressourcen:** Binäre Ressourcen dienen primär zur Integration externer Dateien (Bitmaps, Audio-Daten etc.) in eine WPF-Anwendung. Binäre Ressourcen sind auch der Schlüssel zur Lokalisierung von WPF-Anwendungen (siehe den nächsten Abschnitt).

  Diese Ressourcen werden je nach Dokumentation auch als `Assembly Ressources` bezeichnet, weil sie zumeist direkt in die `Assembly`-Datei (**.exe* oder **.dll*) eingebettet werden. Es besteht aber auch die Möglichkeit, binäre Ressourcen aus externen Dateien zu verarbeiten.

Hinter den Kulissen wird übrigens auch jede **.xaml*-Datei, in der Sie Fenster, Ressourcen und andere Komponenten definieren, beim Kompilieren in das BAML-Format umgewandelt und der **.exe*-Datei als binäre Ressource hinzugefügt. Sogar wenn Sie selbst keine eigenen binären Ressourcen definieren, nutzt jedes WPF-Projekt diesen Mechanismus.

In Visual Studio fügen Sie Ressourcen-Dateien am einfachsten per Drag&Drop in das Fenster PROJEKTMAPPEN-EXPLORER ein.

» **Logische Ressourcen:** Diese Ressourcen sind neu in der WPF bzw. XAML. Sie ermöglichen die Wiederverwertung von XAML-Code. In der Praxis werden Sie auf logische Ressourcen am häufigsten in Form von `Styles` stoßen. Damit können Sie das Aussehen von XAML-Steuerelementen definieren und diesen Stil dann auf mehrere Steuerelemente einheitlich anwenden (siehe Abschnitt 20.2). Daneben gibt es aber noch eine Menge anderer Anwendungsformen.

Bei logischen Ressourcen kann zwischen drei Untertypen differenziert werden: statischen, dynamischen und Systemressourcen. Am gebräuchlichsten sind statische Ressourcen.

Logische Ressourcen werden je nach Dokumentation auch einfach als »Ressourcen« oder »Objektressourcen« im WPF-Kontext bzw. als »XAML-Ressourcen« bezeichnet. Der letzte Begriff ist insofern irreführend, als Sie derartige Ressourcen auch per VB-Code definieren, verändern und anwenden können.

Visual Studio unterstützt logische Ressourcen nicht direkt durch einen Designer oder andere Hilfsmittel. Sie müssen den erforderlichen XAML-Code selbst verfassen.

» **Herkömmliche (Windows Forms-)Ressourcen:** Bis einschließlich VB2005 gab es keine anderen Ressourcen, weswegen die VB2005-Dokumentation, aber auch unzählige aktuelle MSDN-Beiträge einfach von »Ressourcen« sprechen. Aus technischer Sicht handelt es sich um binäre Ressourcen, die direkt in die **.exe*- bzw. **.dll*-Datei eingebettet werden. Der Zugriff auf die Ressourcen erfolgt in VB-Programmen am einfachsten durch `My.Resources.ressourcenname`.

Soweit es sich um Bitmaps handelt, sind Windows Forms-Ressourcen gleich aus zwei Gründen inkompatibel zur WPF: Zum einen wird beim Einbetten der Ressourcendateien ein anderes Verfahren verwendet (`BuildAction = EmbeddedResource`), das die WPF nicht direkt unterstützt. Zum anderen bekommen Bitmaps den Datentyp `System.Drawing.Bitmap`, der eine direkte Verarbeitung in WPF-Programmen verhindert. (Diese GDI-Klasse ist in der Windows Forms-Bibliothek `System.Drawing` definiert, die in WPF-Programmen üblicherweise nicht verwendet wird. Es existieren zwar Konvertierungsmethoden, deren Einsatz ist aber aus Effizienzgründen nicht sinnvoll.)

In Visual Studio definieren Sie Windows Forms-Ressourcen im Dialogblatt RESSOURCEN der Projekteigenschaften. Wegen der WPF-Inkompatibilität gehe ich an dieser Stelle nicht weiter auf diesen Ressourcentyp ein. Mehr Informationen finden Sie im Windows Form-E-Book auf der Webseite zum Buch.

Binäre Ressourcen

Um Dateien als binäre Ressourcen zu nutzen, fügen Sie diese Dateien in den Projektmappen-Explorer von Visual Studio ein – wahlweise über das Kontextmenü Hinzufügen|Vorhandenes Element oder per Drag&Drop vom Windows Explorer.
Es empfiehlt sich, im Projektmappen-Explorer ein oder mehrere Verzeichnisse für die Ressourcen anzulegen, z.B. ein *bitmap*-Verzeichnis für alle Bitmaps oder ein *toolbar*-Verzeichnis für alle Grafikdateien der Symbolleiste. Neue Verzeichnisse erzeugen Sie mit Hinzufügen|Neuer Ordner.
Visual Studio stellt für die Ressourcendateien automatisch die Eigenschaften Buildvorgang = Resource und In Ausgabeverzeichnis kopieren = Nicht kopieren ein. Daran sollten Sie nichts ändern.
Diese Einstellungen bewirken, dass die Ressourcendateien WPF-kompatibel in die *.exe*- bzw. *.dll*-Datei Ihres Programms eingebettet werden.

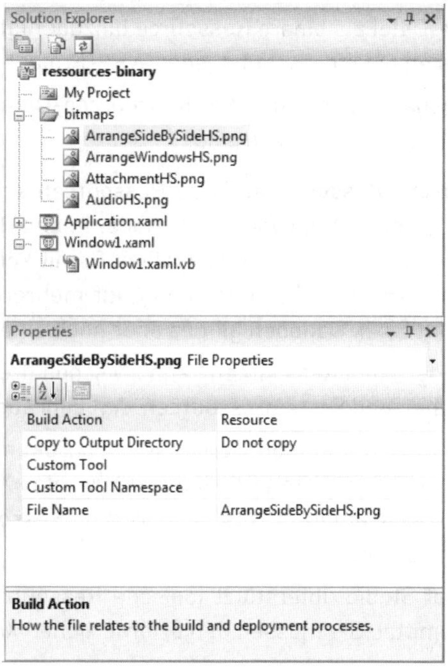

Abbildung 20.1: Binäre Ressourcen in Visual Studio

Je nachdem, wie die Dateieigenschaften Buildvorgang und In Ausgabeverzeichnis kopieren eingestellt werden, gibt es drei WPF-kompatible Varianten, wie Visual Studio mit Ressourcen umgehen kann.

» **Eingebettete Ressourcen:** Diese Variante wurde oben ausführlich beschrieben. Visual Studio bettet die Datei beim Kompilieren in die *.exe*- bzw. *.dll*-Datei ein.

  Buildvorgang = Ressource

  In Ausgabeverzeichnis kopieren = Nicht kopieren

» **Lose mitgelieferte Dateien, die dem Projekt bekannt sind:** Visual Studio kopiert die Datei in dasselbe Verzeichnis wie die *.exe/*.dll*-Datei bzw. in das im Projektmappen-Explorer angegebene Unterverzeichnis. Der Compiler bzw. WPF »wissen« von der Existenz der Datei.

  Buildvorgang = Inhalt

  In Ausgabeverzeichnis kopieren = Immer kopieren oder Kopieren, wenn neuer

» **Lose mitgelieferte Dateien, die dem Projekt nicht bekannt sind:** Auch in diesem Fall kopiert Visual Studio die Ressourcendatei in das *.exe*-Verzeichnis. Aufgrund von `Buildvorgang = Keine` ist dem Compiler die Existenz der Datei aber nicht bekannt. Das macht insbesondere für WPF einen großen Unterschied (siehe unten).

  Buildvorgang = Keine

  In Ausgabeverzeichnis kopieren = Immer kopieren oder Kopieren, wenn neuer

Nach Möglichkeit sollten Sie der ersten Variante den Vorzug geben. Lose Ressourcendateien haben die Tendenz zu verschwinden (etwa weil der Anwender deren Bedeutung nicht richtig einschätzt und sie löscht oder aber die **.exe*-Datei an einen anderen Ort verschiebt). Außerdem kann es für den direkten Dateizugriff Einschränkungen geben, je nachdem, in welcher Sicherheitsstufe ein Programm ausgeführt wird. Das betrifft insbesondere `Click-Once`-Programme.

ACHTUNG

Verwenden Sie zum Anlegen binärer Ressourcen für WPF-Programme nicht das Dialogblatt Ressourcen der Projekteigenschaften! Die so definierten Ressourcen sind nur für Windows Forms-Programme geeignet.

Vermeiden Sie bei Ressourcendateien die Einstellung BUILDVORGANG = EINGEBETTETE RESSOURCE! Visual Studio verwendet dann ein anderes Verfahren zum Einbetten der Dateien, das ebenfalls nur für Windows Forms-Programme gedacht ist.

Auch bei Einhaltung der obigen Regeln hat mich die Verwaltung von binären WPF-Ressourcen mehrfach beinahe zur Verzweiflung getrieben. Immer wieder ist es vorgekommen, dass in Visual Studio mit den richtigen Eigenschaften definierte Ressourcen einfach nicht in die **.exe*-Datei aufgenommen wurden – dafür aber bisweilen andere Ressourcen, die ich zwischenzeitlich wieder gelöscht oder umbenannt hatte. Bei der Programmausführung treten dann diverse Fehler auf, weil die Ressource nicht auffindbar ist. Offensichtlich ist Visual Studio in diesem Punkt noch nicht ausgereift bzw. stabil. (Ich habe diese Tests mit der finalen Version durchgeführt, nicht mit irgendeiner Beta-Version!)

Abhilfe schuf in den meisten Fällen das Einfügen und Löschen einer weiteren Ressourcendatei. Diese Aktion versetzt die Ressourcenverwaltung von Visual Studio anscheinend wieder in einen stabilen Zustand zurück. Wenn Sie sich vergewissern möchten, welche Ressourcen sich tatsächlich in der **.exe*-Datei befinden, verwenden Sie am besten den .NET-Reflector von Lutz Roeder (*http://www.aisto.com/roeder/dotnet/*, siehe Abbildung 20.2), laden die **.exe*-Datei und werfen dann einen Blick in das Verzeichnis *Ressources/<assemblyname>.g.ressources*.

Ebenso einfach wie das Einfügen von Dateien als Ressourcen in Visual Studio ist deren Nutzung im XAML-Code. Im Regelfall geben Sie bei der entsprechenden Eigenschaft – z.B. der `Source`-Eigenschaft eines `Image`-Elements – den Datei- und Verzeichnisnamen an. Beachten Sie, dass dabei wie in Webadressen das Zeichen / zur Trennung von Verzeichnissen gilt. Die Groß- und Kleinschreibung spielt – entgegen sonstigen XAML-Gepflogenheiten – keine Rolle.

```
<Button Name="ToolbarButton1">
   <Image Source="bitmaps/ArrangeSideBySideHS.png" Height="16" />
</Button>
```

Diese Schreibweise funktioniert sowohl für eingebettete Ressourcen als auch für lose Ressourcen, sofern diese dem Projekt bekannt sind (BUILDVORGANG = INHALT) und die Ressourcendateien im richtigen Verzeichnis zu finden sind (relativ zur **.exe*-Datei). Beachten Sie aber, dass der Ressourcenzugriff mit der obigen Schreibweise nicht funktioniert, wenn die gewünschte Datei dem Projekt unbekannt ist (BUILDVORGANG = KEINE bzw. Zugriff auf eine Datei, die im VS-Projekt gar nicht existiert)! Für diesen und andere Sonderfälle, z.B. wenn eine Ressourcendatei eine absolute Adresse hat oder sich in einer anderen Assembly-Datei befindet, gibt es diverse Sonderschreibweisen, die in der folgenden Tabelle zusammengefasst sind.

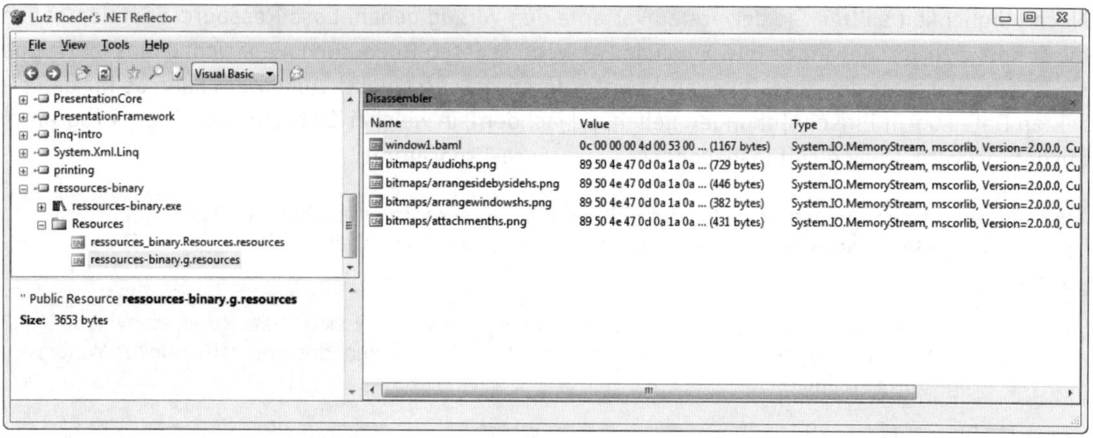

Abbildung 20.2: Der .NET-Reflector verrät, welche Ressourcen sich in einer .exe-Datei verbergen.

Angabe des Dateinamens	Wirkung
a/b/name.png = pack://application:,,,/a/b/name.png	Zugriff auf eine eingebettete Ressourcendatei bzw. auf eine bekannte lose Ressourcendatei im Verzeichnis a\b\ relativ zur *.exe-Datei
C:\a\b\name.png = file://C:\a\b\name.png	Zugriff auf eine Datei mit absoluter Pfadangabe
pack://siteOfOrigin:,,,/name.png	Zugriff auf eine lose Datei im selben Verzeichnis wie die *.exe-Datei; bei Click-Once-Anwendungen und XBAPs bezieht sich `siteOfOrigin` auf die Netzwerkadresse, von der die Anwendung heruntergeladen wird; die Ressourcendateien müssen sich ebenfalls dort befinden.
pack://siteOfOrigin:,,,/a/b/name.png	Zugriff auf eine lose Datei, wobei der Pfad relativ zur *.exe-Datei ist
assembly;Component/a/b/name.png	Zugriff auf eine eingebettete Datei in assembly.exe bzw. assembly.dll
\\share\a\b\name.png	Zugriff auf eine Datei in einem Netzwerkverzeichnis
http://website.com/a/b/name.png	Zugriff auf eine Datei im Internet

Am exotischsten ist zweifellos die *pack://*-Schreibweise, die einen relativen Zugriff auch dann ermöglicht, wenn die Ressourcendatei zum Zeitpunkt des Kompilierens nicht bekannt ist. Warum die Syntax für relative Dateizugriffe derart kompliziert sein muss, weiß allein Microsoft. Hintergründe zu den `Pack-URIs` sowie noch mehr Beispiele und Syntaxvarianten sind hier beschrieben:

http://msdn2.microsoft.com/en-us/library/aa970069(VS.90).aspx

Die aktuelle Version der WPF ist nicht in der Lage, HTML-Dokumente zur Darstellung in einem `Frame`-Steuerelement aus eingebetteten Ressourcen zu laden. Sie müssen die HTML-Seite daher lose mitliefern und die Ressourceneigenschaften so einstellen:

BUILDVORGANG = KEINE
IN AUSGABEVERZEICHNIS KOPIEREN = IMMER KOPIEREN oder KOPIEREN, WENN NEUER

Bei der Einstellung der `Source`-Eigenschaft des `Frame`-Steuerelements verwenden Sie die oben erwähnte Schreibweise *pack:///siteOfOrigin* für relative Pfadangaben:

```
<Frame Name="myframe« Source="pack://siteOfOrigin:,,,/documents/readme.html" />
```

Natürlich können Sie auf eingebettete Ressourcen auch per VB-Code zugreifen. Entscheidend ist, dass Sie den Datei- und Verzeichnisnamen in Kleinbuchstaben angeben! Der Grund: Beim Einbetten der Ressourcen werden alle Datei- und Verzeichnisnamen in Kleinbuchstaben umgewandelt. Während XAML mit beliebiger Groß- und Kleinschreibung zurechtkommt, besteht VB auf der exakten Schreibweise in Kleinbuchstaben. Beim folgenden Beispiel wird ein neues `BitmapImage`-Objekt aus einer Ressource initialisiert. Diese Vorgehensweise setzt eine Klasse voraus, die `Uri`-Objekte auswerten kann.

```
'Beispiel wpf-special/ressources-binary
Private Sub Window1_Loaded(...) Handles Me.Loaded
  myimage.Source = New BitmapImage(New Uri("pack://application:,,,/bitmaps/audiohs.png"))
End Sub
```

Statt der `pack`-Schreibweise können Sie das `Uri`-Objekt auch so initialisieren:

```
myimage.Source = New BitmapImage(New Uri("bitmaps/audiohs.png", UriKind.Relative))
```

`myimage` ist der Name des `Image`-Elements in einem Button in einer Symbolleiste:

```
<ToolBar DockPanel.Dock="Top">
   <Button>
      <Image Name="myimage" Height="16"/>
   </Button>
</ToolBar>
```

Wenn eine selbstständige Auswertung eines `Uri`-Objekts nicht möglich ist, können Sie die Ressource auch als `Stream` auslesen. Dazu greifen Sie auf ein `StreamResourceInfo`-Objekt zurück, das Sie mit `Application.GetResourceStream` erzeugen. Die folgenden Zeilen zeigen, wie Sie eine **.xaml*-Datei mit einem `FlowDocument` als `Stream` in ein `FlowDocument`-Steuerelement (z.B. einen `FlowDocumentPageViewer`) laden. Diese Steuerelemente bieten keine Möglichkeit, eingebettete XAML-Dateien direkt zu lesen.

```
'Beispiel wpf-multimedia/printing
Dim myuri = New Uri("docs/sample.xaml", UriKind.Relative)
Dim sri As Windows.Resources.StreamResourceInfo = Application.GetResourceStream(myuri)
flowCtrl.Document = Markup.XamlReader.Load(sri.Stream)
```

Visual Studio betrachtet **.xaml*-Dateien standardmäßig als Dateien zur Definition von Fenstern, Seiten etc. (Buildvorgang = Page) und bettet diese als kompilierte **.baml*-Ressource in die **.exe*-Datei ein. Im obigen Beispiel ist das aber nicht erwünscht. Achten Sie darauf, dass Sie im Eigenschaftsfenster explizit Buildvorgang = Ressource einstellen! Auch die Einstellung für Benutzerdefiniertes Tool, die bei **.xaml*-Dateien standardmäßig MSBuild:Compile enthält, sollten Sie löschen.

Logische Ressourcen

Logische Ressourcen sind im XAML-Code durchgeführte Definitionen von WPF-Objekten, die mit einem Namen versehen werden (`x:Key="name"`). Diese Ressourcen können in der Folge in allen Hierarchieebenen unterhalb der Definitionsebene verwendet werden. Ein erstes Beispiel vorweg zeigt die prinzipielle Vorgehensweise: Im Abschnitt `Window.Ressources` wird ein `LinearGradientBrush`-Objekt mit einem vertikalen Farbverlauf von oben nach unten definiert. Dieses Objekt (diese logische Ressource) bekommt den Namen `mybrush`. Der Farbverlauf wird in der Folge viermal angewendet, um den Hintergrund des `StackPanels` und der drei Buttons einzustellen.

```
<Window x:Class="Window1" ...>
  <Window.Resources>
    <LinearGradientBrush x:Key="mybrush"
          StartPoint="0,0" EndPoint="0,1" >
      <GradientStop Color="#999999" Offset="0"/>
      <GradientStop Color="#eeeeee" Offset="1"/>
    </LinearGradientBrush>
  </Window.Resources>
  <StackPanel Background="{StaticResource mybrush}" >
    <Button Margin="10" Padding="10"
            Background="{StaticResource mybrush}" >
      Button 1
    </Button>
    <Button ...>Button 2</Button>
    <Button ...>Button 3</Button>
  </StackPanel>
</Window>
```

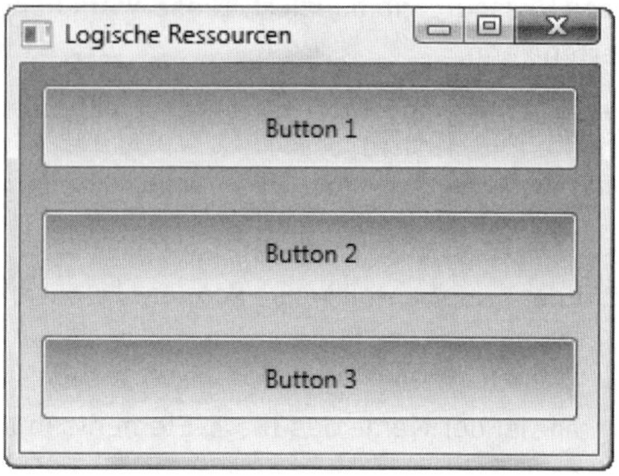

Abbildung 20.3: Der Hintergrund des StackPanels und der drei Buttons wurde einheitlich als logische Ressource definiert.

Logische Ressourcen können prinzipiell in jedem WPF-Element definiert werden, das die `Resources`-Eigenschaft kennt. Das ist bei allen Steuerelementen sowie bei allen WPF-Elementen der Fall, die von der Klasse `FrameworkElement` abgeleitet sind. Ressourcen können anschließend in allen untergeordneten Hierarchieebenen genutzt werden. Aus diesem Grund bietet sich eine Definition auf der `Window`-Ebene an: Dort definierte Ressourcen können in der gesamten Datei genutzt werden, außerdem lässt sich der Ressourcencode gut vom restlichen Code zum Aufbau der Benutzeroberfläche trennen. Ressourcen müssen immer vor ihrer Nutzung definiert werden!

Um Ressourcen in mehreren Fenstern zu nutzen, können Sie die Definition auch auf Programmebene in der Datei *Application.xaml* durchführen. Visual Studio sieht für diese Datei bereits eine Schablone mit einem leeren Abschnitt `<Application.Resources>` vor.

Zu guter Letzt besteht noch die Möglichkeit, logische Ressourcen in losgelösten Dateien als sogenannte `Resource Dictionaries` zu speichern. Diese Vorgehensweise ist vor allem dann interessant, wenn Sie die darin definierten Ressourcen in mehreren Projekten nutzen möchten. Der Aufbau derartiger Dateien sieht so aus:

```
<ResourceDictionary
  xmlns="http://schemas.microsoft.com/winfx/2006/xaml/presentation"
  xmlns:x="http://schemas.microsoft.com/winfx/2006/xaml">
```

```
  <LinearGradientBrush x:Key="mybrush2"  StartPoint="0,0" EndPoint="0,1" >
    <GradientStop Color="#999999" Offset="0"/>
    <GradientStop Color="#eeeeee" Offset="1"/>
  </LinearGradientBrush>
  ... weitere Ressourcen
</ResourceDictionary>
```

Die **.xaml*-Datei wird von Visual Studio als binäre Ressource betrachtet, wobei `Buildvorgang = Page` bewirkt, dass die Datei beim Kompilieren in das BAML-Format umgewandelt wird. Damit die Datei als Ressourcenquelle berücksichtigt wird, müssen Sie in *Application.xaml* eine Referenz darauf einfügen. Der entsprechende Code sieht so aus:

```
<Application x:Class="Application"
    xmlns="http://schemas.microsoft.com/winfx/2006/xaml/presentation"
    xmlns:x="http://schemas.microsoft.com/winfx/2006/xaml"
    StartupUri="Window1.xaml">
    <Application.Resources>
      <ResourceDictionary>
        <ResourceDictionary.MergedDictionaries>
          <ResourceDictionary Source="myresources.xaml"/>
          ... weitere externe Ressourcen-Dateien
        </ResourceDictionary.MergedDictionaries>
      </ResourceDictionary>
  </Application.Resources>
</Application>
```

Ressourcen werden in der Regel mehrfach genutzt – die Vermeidung von Redundanz ist ja gerade ein Ziel von Ressourcen. Allerdings funktioniert ein derartiges `sharing` nicht bei allen Objekten. Wenn Sie beispielsweise in einer Ressource ein `Image`-Element definieren, ist deren mehrfache Nutzung unmöglich. (WPF-intern kann ein visuelles WPF-Objekt nur einmal dargestellt werden.) Abhilfe schafft das Attribut `x:Shared = »False«` bei der Definition der Ressource. Damit wird das `Sharing` deaktiviert. Bei jeder Nutzung der Ressource werden neue Instanzen aller in der Ressource definierten Objekte erzeugt.

Einmal definierte Ressourcen werden zumeist in der Form `attribut = "{StaticResource ressourcenname}"` angewendet. Eine Variante dazu ist `attribut = "{DynamicResource ressourcenname}"`. Der Unterschied besteht darin, dass statische Ressourcen nur einmal zugewiesen werden, dynamische Ressourcen dagegen bei jeder Änderung der Ressource neu. Somit empfiehlt sich der Einsatz dynamischer Ressourcen nur, wenn Sie vorhaben, die Ressourcen im Programmverlauf per VB-Code zu verändern. Der VB-Zugriff auf die Ressourcen erfolgt über die `Resources`-Eigenschaft des Objekts, in dem die Ressource definiert wurde – also beispielsweise `Window1.Resources("mybrush")`.

Eine letzte Spielart sind **Systemressourcen:** Dabei handelt es sich um vordefinierte Ressourcen, die verschiedene Systemeinstellungen widerspiegeln – beispielsweise `SystemColors.ControlColor`. Einen Überblick über alle vordefinierten Systemressourcen erhalten Sie am schnellsten im Objektbrowser, wo Sie sich die Eigenschaften der Klassen `System.Windows.SystemColors`, `.SystemFonts` und `.SystemParameters` ansehen.

Es gibt zwei Varianten, Systemressourcen anzuwenden. In der ersten Variante wird die Systemressource nur beim Programmstart ausgewertet. Spätere Änderungen an den Systemeinstellungen bemerkt das laufende Programm nicht mehr. Genau genommen wird dabei nur eine `Shared`-Eigenschaft der Klasse `SystemXxx` ausgewertet, keine Ressource. Im XAML-Code ist dazu das Attribut `x:Static` erforderlich (weil `Shared` in VB mit `Static` in C# identisch ist):

```
FontSize="{x:Static SystemFonts.MenuFontSize}}
```

Falls Ihr Programm auch zur Laufzeit das Aussehen verändern soll, wenn der Benutzer Systemeinstellungen verändert, müssen Sie die Systemressourcen dynamisch anwenden. Entscheidend ist dabei, dass Sie nicht den gewöhnlichen Eigenschaftsnamen verwenden, sondern die Variante mit dem Anhängsel `-Key`. Im Klartext bedeutet die folgende Zeile: Verwende die Ressource, deren Schlüssel (`Key`) aus der `Shared`-Eigenschaft `SystemFonts.MenuFontSizeKey` gelesen wird, dynamisch zur Einstellung von `FontSize`.

```
FontSize="{DynamicResource {x:Static SystemFonts.MenuFontSizeKey}}
```

Lokalisierung von Programmen

Der Begriff *Lokalisierung* beschreibt den Prozess, ein Programm an mehrere Sprachen anzupassen. Im Wesentlichen müssen dazu alle Beschriftungstexte (Buttons, Menüs, Fenstertitel etc.) sowie alle Ausgabezeichenketten (für `MsgBox` etc.) in die jeweilige Landessprache übersetzt werden. Zur Durchführung stehen zwei prinzipielle Vorgehensweisen zur Wahl:

» Sie erstellen für jede Sprache eine getrennte Programmversion. Sie entwickeln Ihr Programm also zuerst für eine Sprache zu Ende, duplizieren dann das Projektverzeichnis mit dem gesamten Code und passen die einzelnen Versionen an eine bestimmte Sprache an.

  Diese Vorgehensweise ist sehr einfach, dafür ist aber die weitere Wartung des Programms mühsam: Jede Korrektur, jedes Update, jede Neuerung muss in allen Sprachversionen ausgeführt werden. Eine grundlegende Revision des Programms können Sie ohnedies nur in einer Sprachversion durchführen. Ist die neue Programmversion fertig, wird sie wieder in mehrere Sprachversionen aufgeteilt, und der ganze Übersetzungsaufwand beginnt von vorn.

  Kurz und gut, dieser Ansatz ist nur praktikabel, wenn Sie wenige Sprachen unterstützen möchten und in naher Zukunft keine gravierenden Änderungen am Code planen.

» Die »richtige« Vorgehensweise besteht darin, eine sprachunabhängige (sprachneutrale) EXE-Datei zu erzeugen und diese zusammen mit mehreren sogenannten Satelliten-DLLs auszuliefern, die die Zeichenketten für die jeweilige Sprache enthalten. Beim Programmstart wählt .NET automatisch die zur eingestellten Sprache passende Lokalisierungs-DLL aus. Das Programm erscheint somit in der richtigen Sprache. Die Auswahl der richtigen Sprach-DLL basiert übrigens auf einem Mechanismus (`Probing`), den .NET bereits seit Version 1.0 unterstützt.

  Das Problem bei dieser Vorgehensweise ist, dass Visual Studio 2010 für die WPF keine geeigneten Werkzeuge enthält, die Sie bei diesem Prozess unterstützen (für Windows Forms schon). In der WPF-Literatur werden Sie unweigerlich auf das Programm *LocBaml* stoßen, das angeblich die Lösung dieses Problems ist. Ursprünglich wollte ich die Lokalisierung mit *LocBaml* auch in diesem Buch präsentieren, ich habe den Versuch aber nach zwei Tagen aufgegeben.

LocBaml ist kein offizielles Werkzeug, sondern nur ein C#-Beispielprojekt, das Sie selbst kompilieren müssen. Microsoft empfiehlt den Einsatz dieses Programms für die Praxis explizit nicht – und dieser Empfehlung kann ich mich nur anschließen. *LocBaml* ist vielleicht zur Lokalisierung von Hello-World-Programmen geeignet, aber keinesfalls für größere Projekte.

http://msdn2.microsoft.com/de-de/library/ms788718.aspx
http://www.codeproject.com/KB/WPF/WPFUsingLocbaml.aspx

Wenn Sie sich nun ratlos fragen, wie Sie die Lokalisierung tatsächlich durchführen sollen, habe ich drei Vorschläge für Sie parat: Gehen Sie gemäß der oben präsentierten Variante 1 vor, verwenden Sie Windows Forms statt WPF (siehe das E-Book auf der Webseite zum Buch), oder warten Sie darauf, bis Microsoft die nächste Visual Studio-Version oder ein Drittanbieter ein funktionierendes Lokalisierungswerkzeug anbietet.

20.2 Styles

Dass Sie das Aussehen jedes einzelnen Steuerelements nahezu nach Belieben variieren können, haben Sie ja schon gesehen. Allerdings ist die individuelle Einstellung von Farben, Schriften, der Umrandung, diverser Transformationen etc. mit erheblichem XAML-Codeaufwand verbunden. Wenn Sie zudem nicht einen, sondern zehn Buttons einheitlich gestalten möchten, ist das Ergebnis eine riesige XAML-Datei voller Redundanz. Abhilfe schaffen sogenannte `Styles`, mit denen Sie ein ganzes Set von Einstellungen auf eine Gruppe von Steuerelementen anwenden können.

Die Idee von `Styles` ähnelt der von CSS (`Cascading Style Sheets`) in HTML. Der wesentliche Unterschied besteht darin, dass XAML-`Styles` nicht in eine externe Datei verpackt werden, sondern als logische Ressourcen (siehe den vorherigen Abschnitt) formuliert werden. Mögliche Definitionsorte sind somit die lokale Datei, die Applikationsdatei *Application.xaml* sowie externe **.xaml*-Dateien mit einem `ResourceDictionary`.

Das folgende Beispiel zeigt, wie einfach der Umgang mit `Styles` ist. `mystyle` fasst mehrere `RadioButton`-spezifische Einstellungen zusammen, um die Optionsfelder um 90° gedreht, mit einer besonderen Schrift, mit einem anderen Abstand etc. darzustellen (siehe Abbildung 20.4).

Das Beispiel verdeutlicht auch gleich die Syntax von `Style`-Objekten: Sie werden als logische Ressource definiert und erhalten via `x:Key` einen Namen. Die einzelnen Eigenschaften werden durch `Setter`-Elemente verändert. Die gesammelten Einstellungen werden der `Style`-Eigenschaft des gewünschten Steuerelements zugewiesen.

```
<Window x:Class="Window1" ...>
  <Window.Resources>
    <Style x:Key="mystyle">
      <Setter Property="RadioButton.Margin" Value="8"/>
      <Setter Property="RadioButton.FontFamily" Value="Times New Roman"/>
```

```
        <Setter Property="RadioButton.FontSize" Value="17"/>
        <Setter Property="RadioButton.LayoutTransform">
          <Setter.Value>
            <RotateTransform Angle="90"/>
          </Setter.Value>
        </Setter>
      </Style>
  </Window.Resources>
   <StackPanel Orientation="Horizontal">
     <RadioButton Style="{StaticResource mystyle}">Option 1</RadioButton>
     <RadioButton Style="{StaticResource mystyle}">Option 2</RadioButton>
     ...
  </StackPanel>
</Window>
```

Sofern es Eigenschaften betrifft, die von einer anderen Klasse abgeleitet sind, können Sie Styles auch für unterschiedliche Steuerelemente gleichermaßen anwenden. Der entscheidende Punkt besteht darin, dass Sie statt des Steuerelementnamens den Namen der Klasse angeben:

```
<Setter Property="Control.Background" Value="Red"/>
<Setter Property="FrameworkElement.Margin" Value="2"/>
```

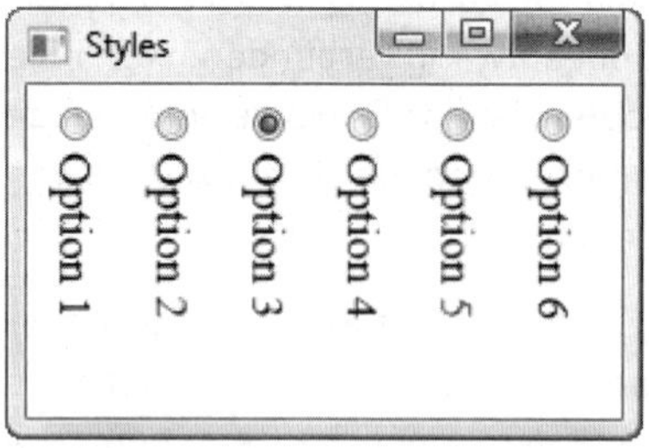

Abbildung 20.4: Vertikale RadioButtons

Wenn Sie umgekehrt die Anwendung eines Styles auf einen bestimmten Steuerelementtyp einschränken möchten, können Sie bei der Definition des Styles mit TargetType den gewünschten Typ angeben. Jede Anwendung auf ein anderes Steuerelement führt nun zu einer Fehlermeldung des Compilers.

```
<Style x:Key="mystyle" TargetType={x:Type RadioButton}>
```

Wirklich interessant wird TargetType freilich erst, wenn Sie bei der Style-Definition auf die Angabe eines Namens mit x:Key verzichten. Der Style wird nun automatisch auf alle Steuerelemente des angegebenen Typs angewendet, ohne dass deren Style-Eigenschaft jedes Mal explizit eingestellt werden muss! Naturgemäß kann pro Steuerelementtyp nur ein Style ohne x:Key-Angabe definiert werden – sonst kommt der XAML-Compiler durcheinander.

```
<Style TargetType="{x:Type RadioButton}">
```

HINWEIS

Bei manchen Steuerelementen gibt es mehrere Komponenten, die durch unterschiedliche Styles beeinflusst werden können. Ein Beispiel ist das ListView-Steuerelement: Dort können Sie die optische Gestaltung der Listenelemente über die ItemContainerStyle-Eigenschaft beeinflussen. Ein entsprechendes Beispiel finden Sie auf Seite 673. Da die Style-Einstellungen in der Regel nur einmal benötigt werden, können Sie auch auf deren Definition im Ressourcenabschnitt verzichten. Stattdessen weisen Sie der ItemContainerStyle-Eigenschaft unmittelbar ein Style-Objekt zu, wobei Sie via TargetType angeben, für welche Klasse die Einstellung gelten soll.

```
<ListView Name="lvFiles">
   <ListView.ItemContainerStyle>
      <Style TargetType="ListViewItem">
         <Setter Property=... Value=... />
      </Style>
   ...
```

Styles mit Triggern

In den bisherigen Beispielen wurden die Style-Definitionen immer auf die Steuerelemente angewendet. Trigger ermöglichen es, Styles mit Bedingungen zu verknüpfen. Es gibt drei Triggertpyen:

» **Eigenschaftstrigger (*property trigger*, <Trigger>):** Der Trigger wird ausgelöst, wenn sich der Zustand einer WPF-Eigenschaft ändert.

» **Datentrigger (<DataTrigger>):** Der Trigger wird ausgelöst, wenn sich der Zustand einer gewöhnlichen .NET-Eigenschaft ändert.

» **Ereignistrigger (<EventTrigger>):** Der Trigger wird ausgelöst, wenn ein Ereignis auftritt. Die Reaktion auf das Ereignis muss allerdings in der Form von <EventTrigger.Actions> erfolgen. Leider sind in der WPF nur ganz wenige Klassen von TriggerAction abgeleitet, sodass Ereignistrigger eigentlich nur zum Start bzw. zur Steuerung von Animationen geeignet sind (siehe Abschnitt 19.4).

Wie so oft sind Styles mit Triggern am einfachsten anhand eines Beispiels zu verstehen – hier für einen Eigenschaftstrigger. Der folgende Code mit einem Eigenschaftstrigger greift nochmals die obige Style-Definition für RadioButtons auf. Zusätzlich zu den bereits vorhandenen Einstellungen wird die Schrift nun auch noch rot und fett hervorgehoben, wenn sich die Maus über dem RadioButton befindet (IsMouseOver = True).

```
<Window.Resources>
   <Style x:Key="mystyle">
      <Setter Property="RadioButton.Margin" Value="8"/>
      <Setter Property="RadioButton.FontFamily" Value="Times New Roman"/>
      <Setter Property="RadioButton.FontSize" Value="17"/>
      <Setter Property="RadioButton.LayoutTransform">
         <Setter.Value>
            <RotateTransform Angle="90"/>
         </Setter.Value>
      </Setter>
      <Style.Triggers>
         <Trigger Property="RadioButton.IsMouseOver" Value="True">
```

```
            <Setter Property="RadioButton.FontWeight" Value="Bold"/>
            <Setter Property="RadioButton.Foreground" Value="Red"/>
         </Trigger>
      </Style.Triggers>
   </Style>
</Window.Resources>
```

HINWEIS Beispiele für Ereignistrigger finden Sie in Abschnitt 19.4. Ausgesprochen praktisch sind Trigger für Eingabefelder mit Datenvalidierung: Wenn `Validation.HasError = True` gilt, kann das Steuerelement mit einem `ToolTip` versehen werden.

20.3 Templates

Mit `Styles` können Sie eine Gruppe von Einstellungen *en bloc* einem Steuerelement zuweisen und so redundanten Code vermeiden, wenn Sie mehrere Steuerelemente einheitlich gestalten möchten. `Templates` gehen noch einen Schritt weiter: Damit können Sie die gesamte optische Gestaltung (den *Visual Tree*, also den internen visuellen Aufbau) des Steuerelements durch eigenen XAML-Code ersetzen. Die Funktion des Steuerelements bleibt dabei unverändert. Manche Steuerelemente bieten über zusätzliche `Template`-Eigenschaften zudem die Möglichkeit, nur die Darstellung einzelner Bereiche zu verändern (z.B. die Darstellung von Einträgen in einem `ListView`-Steuerelement).

`Templates` sind mehr als nur ein Hilfsmittel zur visuellen Gestaltung von Steuerelementen: In manchen Fällen ersparen sie sogar die Entwicklung eines eigenen Steuerelements – insbesondere dann, wenn ein neues Steuerelement keine Zusatzfunktionen bieten, sondern nur anders aussehen soll.

HINWEIS Es gibt drei Template-Typen: `Control templates` steuern das Aussehen von Steuerelementen und sind das Thema dieses Abschnitts.

`Data templates` haben die Aufgabe, Daten aus einem Objekt zu extrahieren und darzustellen; sie sind vor allem im Zusammenhang mit Data Binding interessant, um externe Daten in einem Steuerelement darzustellen. Zwei Beispiele finden Sie ab Seite 673 sowie im nächsten Abschnitt. In beiden Fällen geht es darum, in Daten in Listenfeldern individuell zu formatieren.

`Panel Templates` steuern schließlich den Layoutprozess in einem Panel.

Obwohl Sie mit `Templates` mit wenigen Zeilen Code verblüffende Ergebnisse erzielen können, ist der praxisnahe Einsatz von `Templates` mit viel Arbeit und Mühe verbunden, und Sie müssen genau verstanden haben, wie die WPF intern funktioniert. Dieser Abschnitt bietet einen ersten Einstieg in die Anwendung von `Templates`, aber aus Platzgründen keine vollständige Beschreibung des Themas. Dazu müsste ich die verschiedenen `-Chrome`-Klassen eingehend erklären (sie dienen zur optischen Gestaltung von Teilaspekten von Steuerelementen, `ButtonChrome` beispielsweise zur Button-Umrandung), auf `Skins` und `Themes` eingehen (also auf anwendungs- bzw. betriebssystemabhängige optische Variationen im Aussehen von Steuerelementen) etc. Diese Details werden in guten WPF-Büchern beschrieben, z.B. in *Windows Presentation Foundation* von `Adam Nathan` (Sams Publishing 2007) oder in `Pro WPF` von `Matthew MacDonald` (Apress 2007).

Unter dem Namen SimpleStyles stellt Microsoft ein optisch wenig originelles, dafür aber sehr umfassendes Beispiel (siehe Abbildung 20.5) mit Templates für nahezu alle Standardsteuerelemente zur Verfügung. Empfehlenswert! (Wie nahezu alle WPF-Beispiele handelt es sich auch hier um ein C#-Projekt. Das macht aber nichts, der gesamte interessante Code ist in XAML.)

http://msdn2.microsoft.com/en-us/library/ms771597(VS.90).aspx

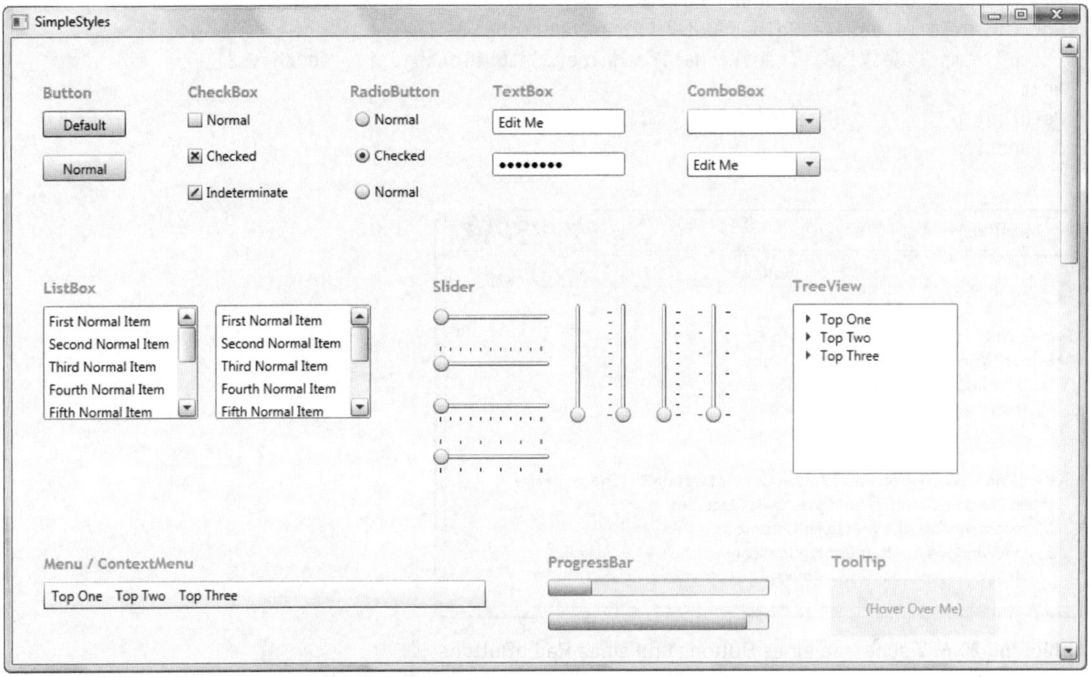

Abbildung 20.5: Microsoft-Beispiel zum Thema Templates

Grundlagen

Die richtige Anwendung von Templates erfordert ein gutes Verständnis dessen, wie ein Steuerelement intern funktioniert. Eine geordnete Dokumentation zu diesem Thema werden Sie vergeblich suchen, aber immerhin hilft Ihnen die WPF selbst weiter: Sie stellt verschiedene Methoden zur Verfügung, um den Visual Tree eines Steuerelements sowie den XAML-Code des aktuell gültigen Templates zu ermitteln.

Der Visual Tree gibt an, aus welchen optischen Komponenten ein Steuerelement bzw. ein ganzes Fenster zusammengesetzt ist. Die folgende Prozedur, GetVisualTree, liefert den Visual Tree als Text, wobei die einzelnen Elemente hierarchisch eingerückt werden. Die Prozedur greift auf zwei VisualTreeHelper-Klassen zurück, die Auskunft über die visuellen Elemente eines WPF-Objekts geben. Abbildung 20.6 zeigt die Ergebnisse für einen simplen Button (btn1) und für einen RadioButton (radio1).

```
'Beispiel wpf-advanced/templates-intro
Private Sub Window1_Loaded(...) Handles MyBase.Loaded
  txtblk1.Text = GetVisualTree(btn1, 0) + vbCrLf + vbCrLf + GetVisualTree(radio1, 0)
End Sub

Function GetVisualTree(ByVal obj As Object, ByVal depth As Integer) As String
  Dim tmp As String
  tmp = Space(depth) + obj.ToString + vbCrLf
  For i = 0 To VisualTreeHelper.GetChildrenCount(obj) - 1
    tmp = tmp + GetVisualTree(VisualTreeHelper.GetChild(obj, i), depth + 2)
  Next
  Return tmp
End Function
```

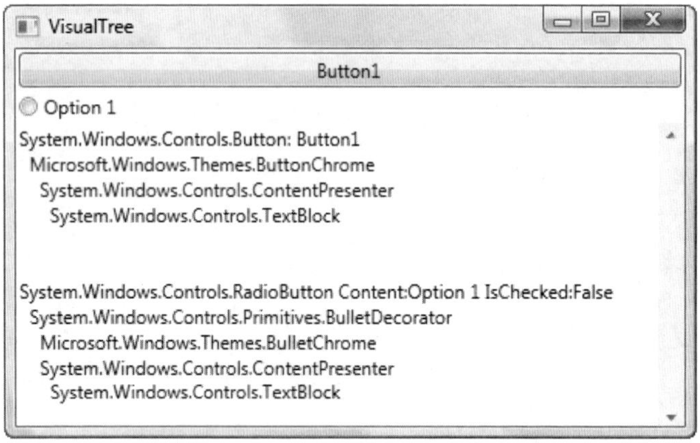

Abbildung 20.6: Visual Tree eines Buttons und eines RadioButtons

Auch das standardmäßige Aussehen von Steuerelementen wird durch `Templates` gesteuert. Die folgende Prozedur ermittelt den XAML-Code des Standard-`Templates` eines Steuerelements. Dazu wird die `Template`-Eigenschaft des Steuerelements an einen `XamlWriter` übergeben, sein Code in ein `StringBuilder`-Objekt geschrieben und in einem `TextBlock`-Element angezeigt. Beachten Sie, dass die Prozedur nur für »richtige« Steuerelemente funktioniert, also für Klassen, die von `System.Windows.Controls` abgeleitet sind.

Der angezeigte XAML-Code ist in der Praxis leider nur bedingt hilfreich, weil er stark auf diverse `Chrome`-Klassen zurückgreift. Diese Klassen werden bei Standardsteuerelementen für die optische Gestaltung eingesetzt. Ihr Aussehen variiert je nachdem, welches `Theme` das Betriebssystem implementiert (Aero bei Windows Vista, Luna bei Windows XP etc.). Um Ihren Steuerelementen ein eigenes Aussehen zu geben, werden Sie auf diese Klassen zumeist verzichten. Werfen Sie auch einen Blick in den Quellcode des oben bereits erwähnten `SimpleStyles`-Beispiels. Der darin enthaltene XAML-Code ist oft die bessere Basis für eigene `Templates`.

```
'Beispiel wpf-advanced/templates-intro
Private Sub btnStart_Click(...) Handles btnStart.Click
  Try
    'erzeugt ein Steuerelement des angegebenen Namens und fügt es dem StackPanel hinzu;
    'das Steuerelement bleibt unsichtbar, weil standardmäßig Hidden=True gilt
    Dim assembly = Reflection.Assembly.GetAssembly(stack1.GetType)
    Dim ctrlType = assembly.GetType("System.Windows.Controls." + Trim(txtCtrl.Text))
    Dim ctrl = CType(ctrlType.GetConstructor(Type.EmptyTypes).Invoke(Nothing), Control)
    stack1.Children.Add(ctrl)
    'template des Steuerelements mit einem XamlWriter in ein StringBuilder-Objekt
    'schreiben, wobei der XML-Text eingerückt wird (dank XmlWriterSettings.Indent=True);
    'Ergebnis in einem TextBlock anzeigen
    Dim sb As New Text.StringBuilder()
    Dim tmpl = ctrl.Template
    Dim xwSettings = New Xml.XmlWriterSettings()
    xwSettings.Indent = True
    Dim xw = Xml.XmlWriter.Create(sb, xwSettings)
    Markup.XamlWriter.Save(tmpl, xw)
    xw.Close()
    txtblk1.Text = sb.ToString
    'Steuerelement wieder löschen
    stack1.Children.Remove(ctrl)
  Catch ex As Exception
    txtblk1.Text = "Es ist ein Fehler aufgetreten: " + vbCrLf + ex.Message
  End Try
End Sub
```

Abbildung 20.7: Standard-Template-Code für einen RadioButton

Beispiel

Das folgende Beispiel stellt Buttons elliptisch dar (siehe Abbildung 20.8). Zwanzig Zeilen Code reichen für die folgenden Funktionen aus:

» Die Buttons werden vollkommen anders als bisher dargestellt.

» Das `Click`-Ereignis wird nur ausgelöst, wenn der Mausklick wirklich innerhalb des Buttons ausgeführt wird (nicht bei Klicks im rechteckigen Bereich rund um den Button).

» Sobald die Maus innerhalb des Buttons ist, wird die Umrandung verstärkt (optisches Feedback, siehe BUTTON 2 in Abbildung 20.8), bei einem tatsächlichen Mausklick nochmals.

» Innerhalb der Ellipse kann beliebiger `Content` dargestellt werden (nicht nur Text).

Es gibt allerdings auch Einschränkungen:

» Der neue Button ist nicht in der Lage, die Ellipse so zu dimensionieren, dass der Inhalt gerade noch Platz findet. Hier müssen Sie durch eine geeignete `Padding`-Einstellung nachhelfen.

» Wenn ein Button den Eingabefokus hat, wird er wie ein normaler Button rechteckig umrandet. Das sieht merkwürdig aus.

» Die Farbgestaltung des Button-Hintergrunds ist starr vorgegeben, die `Background`-Eigenschaft des Buttons bleibt wirkungslos.

Abbildung 20.8: Ein Template verändert das Aussehen von Buttons.

Einige Anmerkungen zum Programmcode: `Templates` für Steuerelemente in einem `Resources`-Abschnitt werden mit dem Schlüsselwort `ControlTemplate` definiert. Beim vorliegenden Beispiel wird zur Darstellung des Button-Inhalts eine `Grid`-Zelle verwendet. Das ist insofern praktisch, weil dort mehrere übereinanderliegende Elemente platziert werden können und weil das `Grid` die Größe aller enthaltenen Elemente anpasst. Grundsätzlich sind aber auch andere Container möglich (oder gar keiner, wenn Sie mit nur einem Element zurechtkommen).

Der Button wird durch die Ellipse `ellipse1` dargestellt. Ein `RadialGradientBrush` ist für die Hintergrundgestaltung verantwortlich. Die Eigenschaften `Width` und `Height` werden vom `Button` übernommen. Die Zuweisung erfolgt über ein `TemplateBinding`.

Für die Darstellung des eigentlichen Button-Inhalts wird ein speziell für Templates vorgesehener ContentPresenter verwendet. Die Eigenschaften Content wird vom ursprünglichen Button übernommen, und Margin wird mit der Padding-Eigenschaft des Buttons eingestellt. Außerdem wird der Button-Inhalt zentriert innerhalb der Ellipse dargestellt.

Zwei Trigger verstärken die Umrandung der Ellipse, wenn sich die Maus über dem Button befindet bzw. wenn der Button gerade ausgewählt (angeklickt) wird. Sie sehen schon, dass die Template-Programmierung große Ähnlichkeiten mit der Style-Programmierung hat.

Die Anwendung der Templates ist einfach: Sie müssen bei der Verwendung der Buttons lediglich die Template-Eigenschaft verändern. Dabei verwenden Sie Templates wie statische Ressourcen.

```
<Window ...>
  <Window.Resources>
    <ControlTemplate x:Key="btnTemplate">
      <Grid>
        <Ellipse Name="ellipse1"
                 Width="{TemplateBinding Property=Button.Width}"
                 Height="{TemplateBinding Property=Button.Height}"
                 Stroke="Black" StrokeThickness="1">
          <Ellipse.Fill>
            <RadialGradientBrush >
              <GradientStop Offset="0" Color="White"/>
              <GradientStop Offset="1" Color="DarkGray"/>
            </RadialGradientBrush>
          </Ellipse.Fill>
        </Ellipse>
        <ContentPresenter
          HorizontalAlignment="Center" VerticalAlignment="Center"
          Margin="{TemplateBinding Property=Button.Padding}"
          Content="{TemplateBinding ContentControl.Content}"/>
      </Grid>
      <ControlTemplate.Triggers>
        <Trigger Property="Button.IsMouseOver" Value="True">
          <Setter TargetName="ellipse1" Property="StrokeThickness" Value="2"/>
        </Trigger>
        <Trigger Property="Button.IsPressed" Value="True">
          <Setter TargetName="ellipse1" Property="StrokeThickness" Value="3"/>
        </Trigger>
      </ControlTemplate.Triggers>
    </ControlTemplate>
  </Window.Resources>
  <WrapPanel>
    <Button Template="{StaticResource btnTemplate}"
            Margin="2" Padding="16 6" Name="Button1">
      Button 1</Button>
    <Button Template="{StaticResource btnTemplate}"
            Margin="2" Padding="16 6" Name="Button2">
```

```
            Button 2 mit mehr Text</Button>
        <Button Template="{StaticResource btnTemplate}"
                Margin="2" Padding="16 6" FontSize="18" Name="Button3">
            Button 3 mit großer Schrift</Button>
    </WrapPanel>
</Window>
```

20.4 Data Binding

In seiner einfachsten Form verbindet `Data Binding` die Eigenschaften zweier Objekte miteinander. Änderungen im einen Objekt werden sofort auch im zweiten Objekt durchgeführt bzw. angezeigt. Die Spielarten des WPF `Data Bindings` gehen aber wesentlich weiter: Sie können die Daten formatieren, hierarchische XML-Daten in `TreeViews` oder Menüstrukturen umwandeln, Listenelemente sortieren, gruppieren und filtern, Eingaben validieren etc. Diese Möglichkeiten sind aber mit erheblichem Codeaufwand verbunden; von der anfänglichen Eleganz des WPF `Data Bindings` ist dann nicht mehr viel zu bemerken. Ein weiterer Kritikpunkt: Viele Funktionen, die die WPF in `Data Binding` verpackt, stehen in anderen Teilen des .NET Frameworks ebenfalls zur Verfügung. So haben Sie beispielsweise die Wahl, Ihre Daten auf Datenbankebene (SQL), im `DataSet` (ADO.NET), via LINQ, via `Data Binding` oder mit klassischen Sortieralgorithmen zu ordnen.

HINWEIS

Dieser Abschnitt geht aus Platzgründen nicht auf alle Spielarten des Data Bindings ein. Das Thema ist nahezu unerschöpflich. So widmet Matthew MacDonald in seinem Buch »Pro WPF« (Apress-Verlag 2007) dem Thema mehr als 50 Seiten. Einen guten Überblick bietet zur Abwechslung auch die Online-Hilfe:

http://msdn2.microsoft.com/de-de/library/ms752347.aspx

Angesichts der weitreichenden Möglichkeiten des WPF Data Bindings werden viele Datenbankentwickler konsterniert feststellen, dass ausgerechnet die für sie wichtigste Variante nur ganz rudimentär unterstützt wird: WPF kennt momentan keine eigene Schnittstelle zu ADO.NET bzw. zu `DataSet`-Objekten. Deswegen müssen Sie im Vergleich zu Windows Forms elementare Einschränkungen hinnehmen. Insbesondere fehlt das Konzept eines aktiven Datensatzes.

Einfaches Data Binding

Die folgenden XAML-Zeilen definieren ein einfaches Listenfeld sowie einen `TextBlock`, in dem das gerade ausgewählte Listenelement angezeigt wird. Die Verbindung zwischen der `Text`-Eigenschaft des `TextBlocks` und der `SelectedItem`-Eigenschaft des Listenfelds wird durch `Data Binding` hergestellt. Die `Data-Binding`-Definition muss in geschwungenen Klammern erfolgen, wobei Sie zwei Parameter angeben müssen: den Namen des Quellobjekts (`ElementName`) sowie dessen Eigenschaft (`Path`). Falls die Quelle eine zugeordnete Eigenschaft (`attached property`) ist, müssen Sie deren Namen in runde Klammern setzen, also `Path=(Grid.Row)`.

```
<StackPanel>
    <ListBox Name="lstBox">
```

```
    <ListBoxItem>Rot</ListBoxItem>
    <ListBoxItem>Grün</ListBoxItem>
    <ListBoxItem>Blau</ListBoxItem>
    <ListBoxItem>Gelb</ListBoxItem>
  </ListBox>
  <TextBlock Name="txtBlock"
           Text="{Binding ElementName=lstBox, Path=SelectedItem.Content}"/>
</StackPanel>
```

Alternativ ist auch eine zweite Syntaxvariante erlaubt, bei der die Quelleigenschaft vorweg und ohne Path angegeben wird:

```
<TextBlock Name="txtBlock"
        Text="{Binding SelectedItem.Content, ElementName=lstBox}"/>
```

Quell- und Zielobjekt können identisch sein. In diesem Fall können Sie das Quellobjekt mit RelativeSource angeben, was insbesondere bei verschachtelten Daten interessant ist. Eine besonders einfache Anwendung von RelativeSource zeigt das folgende Beispiel, das den ToolTip-Text eines Schiebebalkens mit dem aktuellen Wert angibt. Wenn Sie den Schiebebalken verschieben, wird im ToolTip der gerade aktuelle Wert angezeigt.

```
<ScrollBar ToolTip="{Binding RelativeSource={RelativeSource Self}, Path=Value}" />
```

Wenn Sie per XAML mehrere Data Bindings definieren, die auf dasselbe Quellobjekt zurückgreifen, können Sie das Quellobjekt einmal mit der DataContext-Eigenschaft einstellen. In der Folge brauchen Sie in den Binding-Anweisungen nur noch den Eigenschaftsnamen, aber nicht mehr das Quellobjekt anzugeben. Das hat nicht nur den Vorteil der geringeren Tipparbeit, sondern ermöglicht auch eine spätere Änderung des Quellobjekts, indem Sie der DataContext-Eigenschaft ein neues Objekt zuweisen. Bemerkenswert beim Umgang mit DataContext ist der Umstand, dass die Eigenschaft in einem beliebigen übergeordneten Steuerelement eingestellt werden darf: Wenn Sie den DataContext eines Grids verändern, gilt die Einstellung für alle im Grid enthaltenen Steuerelemente! Ein Beispiel für die Verwendung von DataContext folgt etwas weiter unten (Überschrift »Data Binding für Aufzählungen«).

Natürlich können Sie die Verknüpfung zwischen Quell- und Zielobjekt auch per VB-Code vornehmen. Dazu initialisieren Sie ein neues Binding-Objekt und weisen es per SetBinding dem Zielobjekt zu:

```
Dim b As New Binding
b.Source = lstBox
b.Path = New PropertyPath("SelectedItem.Content")
txtBlock.SetBinding(TextBlock.TextProperty, b)
```

Bei WPF-Klassen, die die Methode SetBinding nicht kennen (z.B. von Freezable abgeleitete Klassen), ist auch die folgende Variante möglich:

```
BindingOperations.SetBinding(txtBlock, TextBlock.TextProperty, b)
```

Um die Verbindung zu lösen, führen Sie ClearBinding oder dessen Variante ClearAllBindings aus:

```
BindingOperations.ClearBinding(txtBlock, TextBlock.TextProperty)
BindingOperations.ClearAllBindings(txtBlock)
```

HINWEIS

Data Binding setzt voraus, dass die Zieleigenschaft eine WPF-Dependency-Property ist.

Bei der Quelleigenschaft gilt diese Regel nicht ganz so streng: Grundsätzlich kann auch jede .NET-Eigenschaft als Datenquelle dienen. Allerdings funktionieren die automatische Datenaktualisierung bei Veränderungen sowie der Rücktransport (`Mode = TwoWay`) nur, wenn die Klasse die Schnittstelle `ComponentModel.INotifyPropertyChanged` implementiert. Glücklicherweise ist dies bei den meisten ADO.NET-Klassen der Fall, weswegen das Data Binding zu `DataSet`, `DataTable` & Co. auch ohne explizite ADO.NET-Unterstützung zumindest prinzipiell funktioniert.

TIPP

Aus unerfindlichen Gründen ignoriert das `WPF Data Binding` bei Zahlen, Daten und Uhrzeiten die in den Systemeinstellungen vorgenommenen Landesformate (also `System.Globalization.CultureInfo.CurrentCulture`). Schuld daran ist die Eigenschaft `Binding.ConverterCulture`, die standardmäßig nicht eingestellt ist. In diesem Fall verwendet die WPF die Regeln der Sprache `en-US` (also US-Englisch). Deswegen werden Fließkommazahlen in der Form 3.1415927 und Daten in der Form 10/1/2002 12:00:00 AM dargestellt. Die folgenden Zeilen schaffen Abhilfe:

```
Dim b As New Binding
b.ConverterCulture = System.Globalization.CultureInfo.CurrentCulture
```

Data Binding Mode

Normalerweise erfolgt der Datentransport beim `Data Binding` in eine Richtung (`Mode = OneWay`). Wenn sich die Quelldaten ändern, wird die entsprechende Zieleigenschaft automatisch aktualisiert. Alternativ können Sie durch die `Binding`-Eigenschaft `Mode` drei weitere Modi auswählen:

» `Mode = TwoWay`: Der Datentransport erfolgt in beide Richtungen – beispielsweise zur gegenseitigen Synchronisierung von zwei Textfeldern, bei denen in beiden Texteingaben erlaubt sind.

» `Mode = OneTime`: Der Datentransport erfolgt nur einmal während der Initialisierung.

» `Mode = OneWayToSource`: Der Datentransport erfolgt in umgekehrter Richtung vom Ziel zur Quelle. Diese Variante kommt in der Praxis eher selten vor – naheliegender ist es, das `Data Binding` gleich umgekehrt zu formulieren (also Quelle und Ziel zu vertauschen).

Beachten Sie, dass nicht in jeden Fall standardmäßig `Mode = TwoWay` gilt! Der Standardmodus hängt von der Zieleigenschaft ab. Wenn für die Zieleigenschaft `BindsTwoWayByDefault` gilt, verwendet die WPF standardmäßig `Mode = TwoWay`.

Konverter

Normalerweise werden Eigenschaften durch `Data Binding` unverändert weitergegeben. Wenn die Quell- und Zieleigenschaften unterschiedliche Datentypen aufweisen oder wenn Sie eine besondere Formatierung der Daten erreichen möchten, müssen Sie einen Datenkonverter zwischenschalten. Die WPF sieht für einige Standardfälle fertige Konverter vor, z.B. den `BooleanToVisibilityConverter`, der eine Datenumwandlung zwischen booleschen Werten auf der einen Seite (`True`/`False`) und den Werten der `Visibility`-Aufzählung (`Visible`, `Hidden`, `Collapsed`) auf der anderen Seite vornimmt. Die folgenden Zeilen zeigen die Anwendung dieses Konverters: Eine CheckBox steuert die Sichtbarkeit eines Textfelds. Der Konverter muss vorher als logische Ressource deklariert werden.

```
<Window.Resources>
  <BooleanToVisibilityConverter x:Key="boolToVisib" />
</Window.Resources>
...
<CheckBox Name="chkBox">Listenfeld sichtbar</CheckBox>
<TextBox Visibility="{Binding ElementName=chkBox, Path=IsChecked,
                     Converter={StaticResource boolToVisib}}" ... />
```

In der Praxis ist das Angebot der vordefinierten Konverter selten ausreichend. Ein eigener Konverter ist aber rasch programmiert. Die Klasse muss lediglich die Schnittstelle IValueConverter und insbesondere deren Methode Convert implementieren. Auch eigene Konverter müssen als Ressourcen deklariert werden, wobei Sie den Namensraum Ihres Projekts angeben müssen, damit Sie auf die darin definierten Konverterklassen verweisen können.

HINWEIS

Dieses Buch zeigt die Anwendung eigener Konverter in zwei Beispielen: Abschnitt 17.12 zeigt einen Konverter zur übersichtlichen Formatierung von Daten bzw. von großen Zahlen.

Normalerweise erhält die Convert-Methode eines Konverters immer nur eine Eigenschaft. Manchmal müssen bei der Konvertierung aber mehrere Eigenschaften gleichzeitig berücksichtigt werden. Wenn Sie das möchten, müssen Sie statt eines gewöhnlichen Binding- ein MultiBinding-Objekt einsetzen und statt eines IValueConverters einen IMultiValueConverter.

Data Binding für Aufzählungen

Data Binding für einzelne Werte ist sicherlich in vielen Fällen ganz nützlich und vermeidet die eine oder andere Ereignisprozedur, um Daten manuell zu aktualisieren. Wirklich spannend wird Data Binding aber erst, wenn als Quelle ein beliebiges Aufzählungsobjekt zum Einsatz kommt – also ein Objekt, dessen Klasse die Schnittstelle IEnumerable implementiert. Alle Steuerelemente der WPF, die von der Klasse ItemsControl abgeleitet sind, können Aufzählungsdaten anzeigen. Dazu zählen ListBox, ComboBox und ListView für einfache Aufzählungen sowie TreeView und Menu für hierarchische Daten.

Die Schlüsseleigenschaften für das Data Binding von Aufzählungsdaten sind ItemsSource, DisplayMemberPath und ItemTemplate. ItemsSource verweist auf die Aufzählung. DisplayMemberPath gibt an, welche Eigenschaft der Aufzählungselemente angezeigt werden soll. ItemTemplate bestimmt, wie eine Eigenschaft visuell dargestellt wird. Alle drei Eigenschaften wurden in Abschnitt 2.12 im Zusammenhang mit Listenfeldern bereits vorgestellt.

Beim Data Binding für Aufzählungen ordnet die WPF der Datenquelle automatisch eine View zu (genau genommen ein ICollectionView-Objekt). Der Begriff View – wörtlich Sicht – stammt aus der Datenbankwelt und bezeichnet eine spezielle Ansicht auf die Daten. Parameter einer View sind beispielsweise die Auswahl (Filterung) und Sortierung der Daten. Beachten Sie, dass eine Aufzählung als Datenquelle für mehrere Zieleigenschaften dienen kann. Da die `View` der Quelle zugeordnet ist, führt jede Veränderung der `View`-Parameter zu neuen Resultaten bei *allen* Zieleigenschaften!

Im folgenden Beispiel (siehe Abbildung 20.9) wird ein Feld anonymer Objekte mit den Eigenschaften `title`, `author`, `publisher` und `edition` an ein Listenfeld gebunden. Im Listenfeld wird nur der Buchtitel angezeigt, wobei die Titel aber alphabetisch sortiert werden. Die Eigenschaften sind mit vier `TextBox`-Steuerelementen verbunden. Jedes Mal, wenn der Benutzer einen neuen Titel im Listenfeld auswählt, wird per VB-Code der `DataContext` für das `Grid` verändert, in dem sich alle Textfelder befinden. Im XAML-Listing habe ich aus Platzgründen die meisten formatspezifischen Anweisungen entfernt. `Label`- und `TextBox`-Felder werden jeweils durch `Styles` formatiert.

```
<Grid Name="grd">
  <Grid.ColumnDefinitions .../>
  <Grid.RowDefinitions  .../>
  <ListBox Name="lstBox" Grid.ColumnSpan="2"
         BorderThickness="1"  BorderBrush="Black"/>
  <Border Grid.Row="1" Grid.RowSpan="4"
     Grid.ColumnSpan="2" Background="LightGray" />
  <Label Grid.Row="1">Titel:</Label>
  <TextBox Grid.Row="1" Text="{Binding title}"/>
  <Label Grid.Row="2">Autor:</Label>
  <TextBox Grid.Row="2" Text="{Binding author}"/>
  <Label Grid.Row="3" >Verlag:</Label>
  <TextBox  Grid.Row="3"  Text="{Binding publisher}"/>
  <Label Grid.Row="4" >Auflage:</Label>
  <TextBox Grid.Row="4" Text="{Binding edition}"/>
</Grid>
```

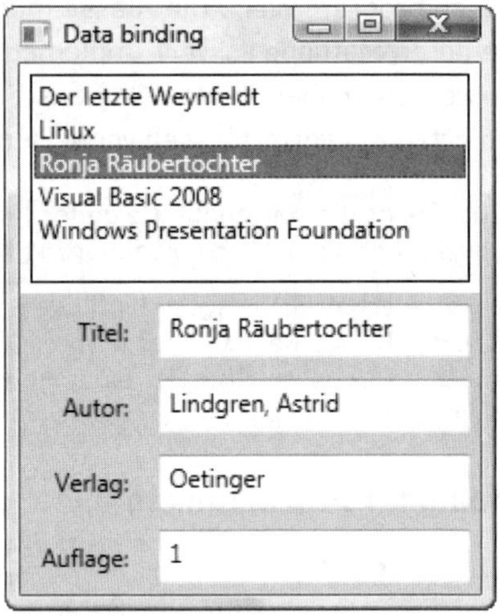

Abbildung 20.9: Data Binding für ein Feld von Objekten

Im VB-Code wird das Listenfeld in `Window1_Loaded` initialisiert. `lstBox_SelectionChanged` ändert den `DataContext` für das `Grid` und alle darin enthaltenen Steuerelemente, sodass in den Textfeldern jeweils die Informationen zum gerade aktuellen Titel angezeigt werden.

```
'Beispiel wpf-special\data-binding-intro, Datei Window1.xaml.vb
Imports System.ComponentModel
Private Sub Window1_Loaded(...) Handles MyBase.Loaded
  Dim bücher() = { _
    New With {.author = "Kofler, Michael", _
              .title = "Visual Basic 2008", _
              .publisher = "Addison-Wesley", _
              .edition = 1}, _
    ... }
  lstBox.ItemsSource = bücher
  lstBox.DisplayMemberPath = "title"
  lstBox.Items.SortDescriptions.Add( _
    New SortDescription("title", ListSortDirection.Ascending))
```

```
End Sub
Private Sub lstBox_SelectionChanged(...) Handles lstBox.SelectionChanged
  grd.DataContext = lstBox.SelectedItem
End Sub
```

Das Beispiel zeigt gleichermaßen die Möglichkeiten und Grenzen des Data Bindings: Einerseits werden Änderungen an den Titelinformationen direkt im Feld bücher gespeichert, ohne dass hierfür eine einzige Zeile Code erforderlich ist. Wenn Sie einen Titel korrigieren, wird diese Korrektur sogar im Listenfeld ausgeführt (wobei die Einträge aber nicht neu sortiert werden).

Das Löschen bzw. Hinzufügen von Einträgen ist hingegen nicht möglich. Es wäre zwar kein Problem, per VB-Code ein neues buch-Objekt in das Feld einzufügen oder ein Objekt daraus zu löschen, es findet in diesem Fall aber keine Aktualisierung des Listenfelds statt. Damit das funktioniert, müssen Sie Ihre Daten in einer Aufzählung speichern, die die Schnittstelle INotifyCollectionChanged implementiert. Für die üblichen Aufzählungsklassen wie Array oder List ist das nicht der Fall. Stattdessen müssen Sie die von der WPF angebotene Klasse ObservableCollection einsetzen.

Ein weiteres Problem ist die Datenvalidierung: Die Eigenschaft edition hat den Datentyp Integer. Es hindert Sie aber niemand daran, im Textfeld AUFLAGE einen Text einzugeben. In diesem Fall tritt ein Data-Binding-Fehler auf, der allerdings für den Anwender des Programms nicht bemerkbar ist. Die Auflage bleibt unverändert, die fehlerhafte Eingabe wird einfach ignoriert.

Validierung

Wie bereits erwähnt wurde, ignoriert Data Binding fehlerhafte Eingaben und lässt die jeweilige Eigenschaft einfach unverändert. Um dem Anwender ein minimales Feedback zu geben, können Sie das Binding-Objekt mit einer vorgefertigten ExceptionValidationRule ausstatten. Wenn nun beim Versuch, die Daten von einem WPF-Steuerelement zurück in die Quelldaten zu übertragen, ein Fehler auftritt, setzt die WPF die Eigenschaft Validation.HasError auf True, erzeugt ein ValidationError-Objekt mit einer Fehlerbeschreibung und aktiviert das Validation.ErrorTemplate, das ein sichtbares Feedback gibt. Bei Textfeldern bewirkt dieses vordefinierte Template beispielsweise, dass das Textfeld rot umrandet wird. Der XAML-Code für diese automatische Validierung sieht folgendermaßen aus. Beachten Sie, dass Sie das Binding-Objekt nun relativ umständlich deklarieren müssen – die Kurzschreibweise eigenschaft = {Binding ...} ist nicht zulässig.

```
<TextBox>
   <TextBox.Text>
      <Binding Path="edition">
         <Binding.ValidationRules>
            <ExceptionValidationRule/>
         </Binding.ValidationRules>
      </Binding>
   </TextBox.Text>
</TextBox>
```

Diese automatische Datenvalidierung ist mit diversen Einschränkungen verbunden: Sie verhindert die fehlerhafte Eingabe nicht, sondern macht diese lediglich sichtbar. Die Kennzeichnung findet allerdings erst statt, wenn der Benutzer den Eingabefokus in ein anderes Textfeld bewegt. Der Benutzer erhält keinerlei Informationen, weswegen die Eingabe nicht akzeptiert wird. Die Validierung verlässt sich darauf, dass die Eingabedaten von der zugrunde liegenden Klasse der Quelldaten zurückgewiesen werden, d.h., dass die Validierungslogik sich dort befindet. Das funktioniert so aber nur in trivialen Fällen, also beispielsweise wenn ein Datentypfehler auftritt.

Die WPF bietet auch die Möglichkeit, eigene Validierungsregeln zu definieren. Dazu müssen Sie eine Klasse entwickeln, die von `ValidationRule` abgeleitet ist, und dann eine Instanz dieser Klasse in der `Binding.ValidationRules`-Aufzählung angeben. Wenn Sie auf Validierungsfehler in einer eigenen Ereignisprozedur reagieren möchten, geben Sie mit `Validation.Error = name` den Namen einer VB-Prozedur an.

HINWEIS Die Validierung erfolgt immer vor der Konvertierung von Daten. Wenn Sie beispielsweise für ein Datumseingabefeld eine eigene Validierungsregel und einen eigenen Konverter verwenden, wird die Konvertermethode `ConvertBack` nur aufgerufen, wenn die Validierung keinen Fehler erkannt hat.

Formatiertes Data Binding durch Data Templates

`Data Templates` ermöglichen es, das Aussehen der Einträge eines Listenfelds individuell zu gestalten und beispielsweise mehrere Datenelemente in einem Listeneintrag zu kombinieren. Besser als viele Worte illustriert dies das folgende Beispiel, dem dieselben Daten und dasselbe `Data Binding` zugrunde liegen wie im dem vorherigen Beispiel.

```
<!-- Beispiel wpf-special\data-binding-intro, Datei Window4.xaml -->
<ListBox Name="lstBox" HorizontalContentAlignment="Stretch">
   <ListBox.ItemTemplate>
      <DataTemplate>
         <Border BorderBrush="DarkBlue" BorderThickness="1" Margin="1" >
            <StackPanel>
               <TextBlock Text="{Binding Path=title}" HorizontalAlignment="Center"
                          FontSize="14" FontWeight="Bold" />
               <StackPanel Orientation="Horizontal" HorizontalAlignment="Center">
                  <TextBlock Text="von " FontSize="9"/>
                  <TextBlock Text="{Binding Path=author}" FontSize="9" FontStyle="Italic"/>
                  <TextBlock Text=", erschienen bei " FontSize="9"/>
                  <TextBlock Text="{Binding Path=publisher}"
                             FontSize="9" FontStyle="Italic"/>
                  <TextBlock Text=", " FontSize="9" />
                  <TextBlock Text="{Binding Path=edition}" FontSize="9"/>
                  <TextBlock Text=". Auflage " FontSize="9"/>
               </StackPanel>
            </StackPanel>
         </Border>
      </DataTemplate>
   </ListBox.ItemTemplate>
</ListBox>
```

Das Aussehen jedes Listeneintrags wird durch ein DataTemplate-Objekt gesteuert. Dazu werden mehrere TextBlock-Elemente in zwei StackPanel verpackt. Achten Sie auf die ListBox-Eigenschaft HorizontalContentAlignment = Stretch. Sie ist erforderlich, damit jeder Listeneintrag über die volle Breite des Listenfelds ausgedehnt wird. Ohne diese Einstellung würde jeder Listeneintrag nur so viel Platz beanspruchen wie sein Inhalt.

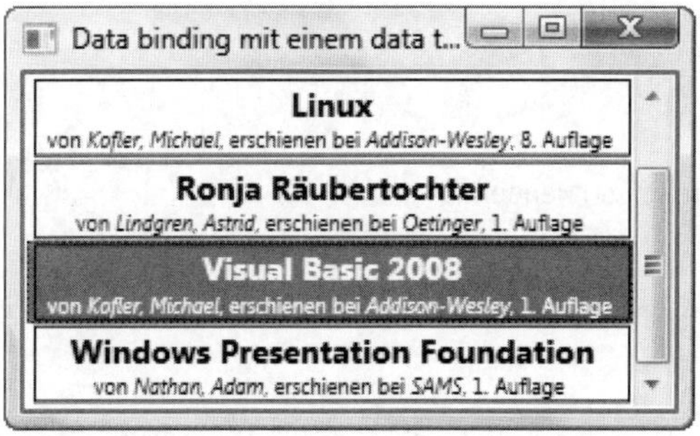

Abbildung 20.10: Data Binding mit einem Data Template

Data Binding für XML-Daten

Der XmlDataProvider ermöglicht es, Data Binding auch für XML-Daten durchzuführen. An den XmlDataProvider muss wahlweise ein XmlDocument (Eigenschaft Document) oder die Adresse einer XML-Datei (Eigenschaft Source) übergeben werden, außerdem eine XPath-Zeichenkette, die angibt, welche Elemente der XML-Daten für das Data Binding verwendet werden sollen.

HINWEIS

Leider ist der XmlDataProvider inkompatibel zur neuen XDocument-Klasse, die Teil von LINQ to XML ist. Im folgenden Beispiel werden die XML-Daten dennoch als XDocument initialisiert. Die Umwandlung in ein XmlDocument übernimmt die Methode LoadXml. In der Praxis sollten Sie diese Vorgehensweise aus Effizienzgründen vermeiden. In realen Anwendungen ist es ohnedies wahrscheinlicher, dass Sie die XML-Daten aus einer Datei oder aus dem Internet beziehen – dann kommen Sie nicht in diese Verlegenheit.

Das folgende Beispiel erfüllt dieselbe Aufgabe wie das Beispielprogramm aus in Abbildung 20.9. Der einzige Unterschied besteht darin, dass eine XML-Datenquelle zum Einsatz kommt. Beachten Sie, dass Sie den XmlDataProvider nicht direkt der ItemsSource-Eigenschaft zuweisen können. Sie müssen mit SetBinding arbeiten.

```
'Beispiel wpf-special\data-binding-intro, Datei Window2.xaml.vb
Dim bücher As XDocument = _
  <?xml version="1.0" encoding="utf-8"?>
  <bücher> <buch> <author>Kofler, Michael</author>
                  <title>Visual Basic 2008</title>
                  <publisher>Addison-Wesley</publisher>
                  <edition>1</edition>   </buch>
           <buch>  <author>Kofler, Michael</author>
                   <title>Linux</title>
```

```
                <publisher>Addison-Wesley</publisher>
                <edition>8</edition>  </buch>
          ...
  </bücher>
'Umwandlung XDocument --> XmlDocument
Dim xmldoc As New Xml.XmlDocument
xmldoc.LoadXml(bücher.ToString)
'Initialisierung des XmlDataProviders
Dim xmlProvider As New XmlDataProvider
xmlProvider.Document = xmldoc
xmlProvider.XPath = "bücher/buch"
'XmlDataProvider als Datenquelle für ein Binding-Objekt verwenden
Dim b As New Binding
b.Source = xmlProvider
lstBox.SetBinding(ListBox.ItemsSourceProperty, b)
lstBox.DisplayMemberPath = "title"
```

Eine ähnliche Vorgehensweise ist auch für hierarchische Daten möglich, die in einem `TreeView`-Steuerelement angezeigt werden sollen. Allerdings muss vorher für jede Hierarchieebene ein `HierarchicalDataTemplate` definiert werden und für die letzte Ebene ein `DataTemplate`. In jedem `HierarchicalDataTemplate` verweist `ItemsSource` auf die Elemente der nächsten Hierarchieebene.

```
<Window.Resources>
   <HierarchicalDataTemplate DataType="os" ItemsSource="{Binding XPath=version}">
      <TextBlock Text="{Binding XPath=name}" FontWeight="Bold"/>
   </HierarchicalDataTemplate>
   <DataTemplate DataType="version">
      <TextBlock Text="{Binding XPath=.}"/>
   </DataTemplate>
</Window.Resources>
<TreeView Name="treeVw" />
```

Die dazugehörigen XML-Daten und die Definition des `XmlDataProviders` sehen so aus:

```
Dim cbooks As XDocument = _
  <?xml version="1.0" encoding="utf-8"?>
  <all> <os> <name>Linux</name>
             <version>Red Hat</version>
             <version>SUSE</version>
             <version>Ubuntu</version>
        </os>
        ...
  </all>
Dim xmldoc As New Xml.XmlDocument
xmldoc.LoadXml(cbooks.ToString)
Dim xmlProvider As New XmlDataProvider
xmlProvider.Document = xmldoc
xmlProvider.XPath = "all/os"
```

```
Dim b As New Binding
b.Source = xmlProvider
treeVw.SetBinding(ListBox.ItemsSourceProperty, b)
```

Abbildung 20.11: Darstellung hierarchischer XML-Daten in einem TreeView-Steuerelement

21 WPF-Multithreading

Zeitaufwendige Ereignisprozeduren blockieren normalerweise das gesamte Programm. Wenn Sie also als Reaktion auf einen Mausklick eine längere Berechnung starten, kann das Programm bis zum Berechnungsende nicht mehr bedient werden. Während dieser Zeit werden nicht einmal Fensterinhalte neu gezeichnet. Je nach Anwendung führen drei einfache Wege zu mehr Interaktivität:

» Die `BackgroundWorker`-Klasse bietet eine einfache Möglichkeit, einen zeitaufwendigen Prozess im Hintergrund auszuführen.

» Mit der Methode `Dispatcher.Invoke` können Sie eine im Vordergrund laufende Berechnung vorübergehend unterbrechen und einen anderen Prozess vorrangig ausführen (ähnlich wie mit `DoEvents` in Windows Forms).

» Schließlich können Sie mit dem `DispatcherTimer` regelmäßig eine Ereignisprozedur ausführen (ähnlich wie mit dem `Timer`-Steuerelement früherer VB-Versionen).

Der Rest des Kapitels geht auf Grundlagen und Interna des Multithreadings ein. Dieser Begriff bezeichnet die Ausführung eines Programms in voneinander mehr oder weniger unabhängigen Teilprozessen. Bei Mehrprozessorsystemen oder Multi-Core-Prozessoren ergibt sich daraus auch ein Geschwindigkeitsvorteil. Das Problem beim Multithreading besteht aber in der komplizierten Kommunikation zwischen den Teilprozessen.

Wer von Windows Forms auf die WPF umsteigt, wird feststellen, dass die WPF in Bezug auf Multithreading überraschend wenige Neuerungen bietet. WPF-Programme basieren weiterhin auf dem von Windows Forms bekannten `Singlethread-Apartment`-Modell (STA).

21.1 Hintergrundprozesse per BackgroundWorker

Die `BackgroundWorker`-Klasse aus dem Namensraum `System.ComponentModel` hat den Zweck, die Programmierung von Hintergrundprozessen möglichst zu vereinfachen. Die folgende Tabelle fasst den Ereignisfluss zusammen und gibt an, in welchem Thread der Code ausgeführt wird. `worker` ist dabei ein Objekt der `BackgroundWorker`-Klasse.

Thread des Hauptprogramms	Thread des *BackgroundWorker*-Objekts
`worker.RunWorkerAsync()` initiiert die Berechnung. An die Methode kann ein beliebiges Objekt übergeben werden. Die Eigenschaft `worker.IsBusy` gibt Auskunft darüber, ob momentan ein Hintergrundprozess aktiv ist.	
	In der `DoWork`-Ereignisprozedur erfolgt die Berechnung. Falls an `RunWorkerAsync` ein Objekt übergeben wurde, kann dieses mit `e.Argument` ausgewertet werden. `worker.ReportFeedback(n)` übergibt eine Information an das Hauptprogramm, zu wie viel Prozent die Hintergrundarbeit abgeschlossen wurde. In einem weiteren Parameter kann ein Objekt mit Daten (z.B. dem Zwischenergebnis der Berechnung) übergeben werden.
Die `ProgressChanged`-Ereignisprozedur wird in Reaktion auf `ReportFeedback` aufgerufen, sofern sich der Fortschrittswert (`e.ProgressPercentage`) geändert hat. Optional enthält `e.UserState` Daten aus dem Hintergrundprozess. `worker.CancelAsync()` initiiert bei Bedarf den vorzeitigen Abbruch der Berechnung.	

Thread des Hauptprogramms	Thread des *BackgroundWorker*-Objekts
	Die DoWork-Ereignisprozedur stellt den gewünschten Abbruch am Ereignisparameter e.CancellationPending fest. Mit e.Cancel=True und Exit Sub kann der Hintergrundprozess vorzeitig beendet werden. Sofern es zu keinem Abbruch kommt, wird das Ergebnis am Ende der DoWork-Ereignisprozedur im Parameter e.Result gespeichert.
Die RunWorkerCompleted-Ereignisprozedur informiert darüber, dass der Hintergrundprozess beendet wurde. Wenn im Hintergrundprozess ein Fehler aufgetreten ist, enthält e.Error ein Exception-Objekt. Wenn der Prozess vorzeitig abgebrochen wurde, gilt e.Cancel = True. Andernfalls enthält e.Result das Ergebnis der Berechnung.	

Der Hintergrundprozess läuft als eigener Thread (echtes Multithreading), wobei sich die BackgroundWorker-Klasse um die Kommunikation mit dem Hauptprogramm kümmert. Damit entfällt der sonst recht umständliche Start des eigenen Threads, dessen Kontrolle und insbesondere der Zugriff auf das Hauptprogramm durch Invoke-Methoden. Stattdessen informieren Ereignisse und deren Parameter über den Verlauf der Berechnung und geben Ergebnisse weiter.

Zur Anwendung der Klasse erzeugen Sie ein Objekt und richten die dazugehörenden Ereignisprozeduren ein. Am einfachsten gelingt das, wenn Sie die betreffende Variable mit WithEvents deklarieren. Alternativ können Sie die Ereignisprozeduren natürlich auch mit AddHandler angeben:

```
AddHandler worker.DoWork, AddressOf worker_DoWork
```

Bevor Sie das Objekt benutzen, müssen Sie angeben, ob Sie während der Berechnung den Fortschritt melden sowie einen vorzeitigen Abbruch zulassen möchten. Für die betreffenden Eigenschaften WorkerReportsProgress und WorkerSupportsCancellation gilt die Standardeinstellung False. Nach diesen Vorbereitungsarbeiten ist nur noch die Programmierung der Ereignisprozeduren zu erledigen.

Achten Sie darauf, dass der Code in der ProgressChanged-Ereignisprozedur im Vergleich zum DoWork-Code rasch ausgeführt werden kann. Wenn ProgressChanged aufwendigen Code enthält, geht die durch den BackgroundWorker erzielte Parallelität wieder verloren.

Da die DoWork-Ereignisprozedur in einem eigenen Thread ausgeführt wird, dürfen Sie dort nicht direkt auf Elemente des Hauptprogramms (Fenster, Steuerelemente etc.) zugreifen. Sollte das unbedingt erforderlich sein, müssen Sie mit Invoke arbeiten. Besser ist es aber, das BackgroundWorker-Ereignismodell zur Kommunikation mit dem Hauptprogramm zu nutzen.

Beim Programmende wird der Thread des BackgroundWorkers automatisch beendet. Sie müssen sich darum nicht kümmern.

Beispiel

Das folgende Beispiel berechnet die Summe aus 100 Millionen Sinuswerten und zeigt während der Berechnung den Fortschritt an.

```
<StackPanel>
   <Button Name="btnStart" Margin="5">
      Berechnung starten</Button>
   <Button Name="btnStop" Margin="5">
      Berechnung abbrechen</Button>
   <ProgressBar Name="progress1"
                Margin="5" Height="15" />
   <Label Name="lblResult">Ergebnis:</Label>
</StackPanel>
```

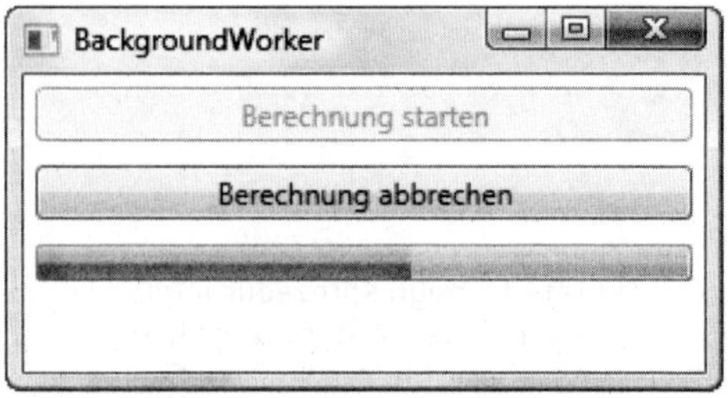

Abbildung 21.1: Die Berechnung erfolgt in einem eigenen Thread.

Im Code sind die BackgroundWorker-spezifischen Zeilen hervorgehoben. Beachten Sie, dass der Kommunikations-Overhead bei diesem Beispiel relativ hoch ist. In realen Anwendungen sollten Sie nicht allzu häufig über den Berechnungsfortschritt informieren (z.B. nur ein- bis zweimal pro Sekunde) und auch worker.CancellationPending nur gelegentlich auswerten.

```
' Beispiel wpf-multithreading/backgroundworker-intro
Dim WithEvents worker As New ComponentModel.BackgroundWorker
'Berechnung starten
Private Sub btnStart_Click(...) Handles btnStart.Click
  btnStart.IsEnabled = False
  progress1.Value = 0
  lblResult.Content = ""
  worker.WorkerReportsProgress = True
  worker.WorkerSupportsCancellation = True
  worker.RunWorkerAsync()
  btnStop.IsEnabled = True
End Sub
'Berechnung stoppen
Private Sub btnStop_Click(...) Handles btnStop.Click
  btnStop.IsEnabled = False
  worker.CancelAsync()
  btnStart.IsEnabled = True
  progress1.Value = 0
End Sub
'Berechnung durchführen (in einem eigenen Thread)
Private Sub worker_DoWork(ByVal sender As Object, _
      ByVal e As System.ComponentModel.DoWorkEventArgs) Handles worker.DoWork
  Const iter As Long = 1000 * 1000 * 100
  Const feedback As Long = iter / 100
  Dim result As Double = 0
  Dim i As Integer
  For i = 0 To iter
```

```
    result += Math.Sin(i)                'Berechnung
    If i Mod feedback = 0 Then           'Feedback
      worker.ReportProgress(i / iter * 100L)
    End If
    If worker.CancellationPending Then   'eventuell Abbruch
      e.Cancel = True
      Exit Sub
    End If
  Next
  e.Result = result
End Sub
'ProgressBar entsprechend dem Berechnungsfortschritt aktualisieren
Private Sub worker_ProgressChanged(ByVal sender As Object, _
    ByVal e As System.ComponentModel.ProgressChangedEventArgs) _
    Handles worker.ProgressChanged
  progress1.Value = e.ProgressPercentage
End Sub
'der Hintergrundprozess ist fertig
Private Sub worker_RunWorkerCompleted(ByVal sender As Object, _
    ByVal e As System.ComponentModel.RunWorkerCompletedEventArgs) _
    Handles worker.RunWorkerCompleted
  If e.Error IsNot Nothing Then
    progress1.Value = 0
    lblResult.Content = "Fehler"
    MsgBox("Fehler: " + e.Error.Message)
  ElseIf e.Cancelled Then
    progress1.Value = 0
    lblResult.Content = "Abbruch"
  Else
    progress1.Value = 100
    lblResult.Content = "Ergebnis: " + e.Result.ToString
  End If
  btnStop.IsEnabled = False
  btnStart.IsEnabled = True
End Sub
```

Wenn Sie `worker` nicht wie im vorliegenden Beispiel als allgemein zugängliche Variable mit `WithEvents` deklariert haben, können Sie in der `DoWork`-Ereignisprozedur nicht direkt darauf zugreifen. Das macht aber nichts – eine Referenz auf das `BackgroundWorker`-Objekt wird mit den Parameter `sender` mitgeliefert.

```
Dim worker = CType(sender, ComponentModel.BackgroundWorker)
```

BackgroundWorker und Multi-Core-CPUs

Die Arbeit des `BackgroundWorkers` läuft in einem eigenen Thread. Auf Rechnern mit mehreren CPUs oder einer Multi-Core-CPU wird der Code also tatsächlich parallel zum Code des Hauptprogramms ausgeführt. Wenn es Ihnen darum geht, eine Berechnung durch Parallelisierung zu beschleunigen, reicht das noch nicht aus.

Nehmen wir an, auf einem Rechner stehen vier CPUs bzw. Cores zur Verfügung. Nun starten Sie eine aufwendige Berechnung mit einem BackgroundWorker. Der BackgroundWorker-Prozess kann allerdings nur *eine* CPU bzw. einen Core nutzen. Die restlichen drei CPUs/Cores können sich zwar um andere Aufgaben kümmern, aber die Berechnung an sich nicht beschleunigen.

Es hängt nun stark von der Aufgabe ab, ob eine echte Parallelisierung möglich ist: Wenn Sie Ihre Berechnung bzw. die zu erledigende Aufgabe in mehrere Teile zerlegen können, die unabhängig voneinander ausgeführt werden, dann können Sie zu diesem Zweck gleichzeitig *mehrere* BackgroundWorker-Prozesse starten. Die einzelnen Prozesse dürfen überraschenderweise sogar auf dieselben Prozeduren zurückgreifen – alle lokalen Variablen werden für jeden Thread eigens angelegt, sodass eine gegenseitige Beeinflussung ausgeschlossen ist. Das gilt freilich nicht für externe Ressourcen.

Generell ist die Programmierung echter Multi-Threading-Algorithmen ziemlich schwierig – ganz egal, ob Sie dazu die BackgroundWorker-Klasse oder die in Abschnitt 21.4 vorgestellten zugrunde liegenden Threading-Klassen einsetzen. Ein Beispiel auf der Basis der Threading-Klasse, das tatsächlich alle CPUs/Cores nutzt, folgt in Abschnitt 21.7.

21.2 DoEvents für die WPF

Langjährigen VB- und Windows Forms-Programmierern ist die Methode DoEvents bekannt. Sie kann innerhalb einer länger andauernden Ereignisprozedur ausgeführt werden und bewirkt dann, dass das Programm alle in der Zwischenzeit aufgetretenen Ereignisse abarbeitet und das Fenster aktualisiert. DoEvents war immer eine Krücke, um »richtiges« Multithreading zu vermeiden, aber in länger andauernden Prozessen dennoch Feedback und Benutzerinteraktion zu ermöglichen (etwa um die laufende Aktion abzubrechen). Wenn DoEvents nicht mit Vorsicht verwendet wird, sind oft ungewollte Rekursionen und andere Probleme die Folge. Kurz und gut: Der Einsatz von DoEvents war zwar immer verpönt, aber nichtsdestotrotz weit verbreitet.

Die WPF macht – ich würde fast sagen: erwartungsgemäß – Schluss mit DoEvents. Die Methode gibt es ganz einfach nicht mehr. Findige .NET-Entwickler haben freilich nicht lange gebraucht, um einen Ersatz für die beliebte Methode zu finden: Die folgende Anweisung führt eine Funktion aus, die nichts tut und lediglich 0 zurückgibt. Der springende Punkt ist aber, dass die Funktion mit der Priorität Background aufgerufen wird. Ein Nebeneffekt dieses vorübergehenden Prioritätswechsels besteht darin, dass die WPF die Gelegenheit dazu benutzt, alle in der Zwischenzeit angefallenen Ereignisse zu verarbeiten und den Fensterinhalt – soweit notwendig – neu zu zeichnen. (Welche Bedeutung das Dispatcher-Objekt des aktuellen Fensters bzw. des aktuellen Programms hat, erfahren Sie im nächsten Abschnitt.)

```
Me.Dispatcher.Invoke(Windows.Threading.DispatcherPriority.Background, Function() 0)
```

Wie DoEvents sollten Sie auch die obige Anweisung mit Vorsicht einsetzen. Wenn möglich, sollten Sie den BackgroundWorker oder richtiges Multithreading mit den Threading-Klassen vorziehen.

Beispiel

Das folgende Beispiel erledigt dieselbe Aufgabe wie das Beispiel des vorherigen Abschnitts: Es berechnet die Summe von 100 Millionen Sinuswerten. Der Berechnungsfortschritt wird angezeigt, und die Berechnung kann jederzeit unterbrochen werden.

```
<StackPanel>
  <Button Margin="5" Name="btn1">
    Berechnung starten</Button>
  <ProgressBar Margin="5" Height="12"
    Value="0" Name="progress1"/>
  <Button Margin="5" IsEnabled="False" Name="btn2">
    Berechnung stoppen</Button>
  <Label Name="lblResult">Ergebnis:</Label>
</StackPanel>
```

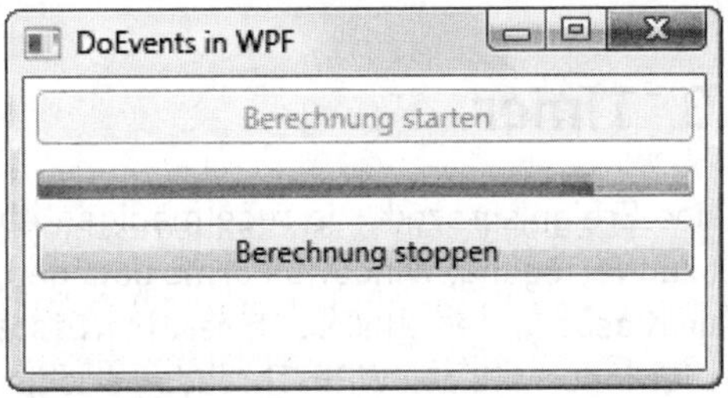

Abbildung 21.2: Die Berechnung kann unterbrochen werden.

Der dazugehörige Code ist kürzer und einfacher als der entsprechende `BackgroundWorker`-Code – aber ich möchte ausdrücklich klarstellen, dass dies der einzige Vorteil ist. Verwenden Sie für länger andauernde Berechnungen `BackgroundWorker`-Objekte, und setzen Sie den hier vorgestellten `DoEvents`-Ersatz nur ein, wenn es nicht anders geht!

```
' Beispiel wpf-multithreading/doevents
Dim stopCalc As Boolean
'Berechnung starten
Private Sub btn1_Click(...) Handles btn1.Click
  Const iter As Long = 1000 * 1000 * 100
  Const feedback As Long = iter / 100
  Dim result As Double = 0
  btn1.IsEnabled = False
  btn2.IsEnabled = True
  lblResult.Content = ""
  stopCalc = False
  For i = 0 To iter
    'Berechnung
    result += Math.Sin(i)
    'Feedback
    If i Mod feedback = 0 Then
      progress1.Value = i / iter * 100L
      Me.Dispatcher.Invoke( _
        Windows.Threading.DispatcherPriority.Background, Function() 0)
      If stopCalc Then Exit For
    End If
  Next
  If Not stopCalc Then lblResult.Content = result.ToString
  progress1.Value = 0
  btn1.IsEnabled = True
```

```
  btn2.IsEnabled = False
End Sub
'Berechnung stoppen
Private Sub btn2_Click(...) Handles btn2.Click
  stopCalc = True
End Sub
```

21.3 Timer

Um eine Ereignisprozedur in regelmäßigen Abständen aufzurufen, stellte VB6 ein `Timer`-Steuerelement zur Verfügung, Windows Forms dagegen eine `Timer`-Klasse. Die WPF bietet für derartige Zwecke die Klasse `System.Windows.Threading.DispatcherTimer` an. Auch damit können Sie eine Ereignisprozedur innerhalb des WPF-Threads periodisch ausführen.

Das folgende Beispiel zeigt die Anwendung der Klasse: Sie erzeugen ein `DispatcherTimer`-Objekt, richten mit `AddHandler` eine Ereignisprozedur für das `Tick`-Ereignis ein, stellen mit `Interval` das gewünschte Zeitintervall ein und starten die Ereignisse durch `IsEnabled = True`. Das Minibeispiel aktualisiert alle 500 ms die aktuelle Uhrzeit (siehe Abbildung 21.3).

```
' Beispiel wpf-multithreading\timer-intro
Private Sub Window1_Loaded(...) Handles Me.Loaded
  Dim dt As New Windows.Threading.DispatcherTimer
  AddHandler dt.Tick, AddressOf dt_Tick
  dt.Interval = TimeSpan.FromMilliseconds(500)
  dt.IsEnabled = True
End Sub
Sub dt_Tick(ByVal sender As Object, ByVal e As System.EventArgs)
  lblTime.Content = Now.ToString
End Sub
```

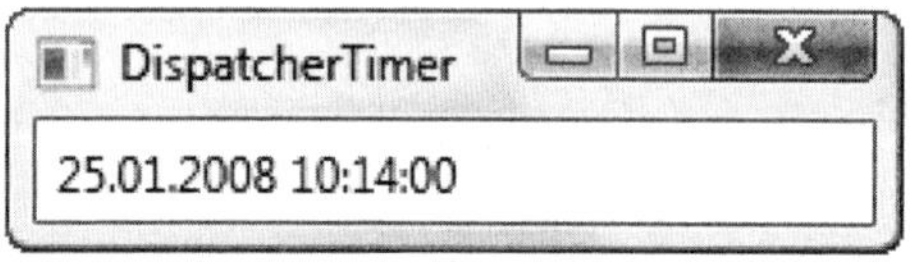

Abbildung 21.3: DispatcherTimer-Beispielprogramm

HINWEIS

Wenn das Programm gerade beschäftigt ist (z.B. weil gerade eine Ereignisprozedur ausgeführt wird, die längere Zeit dauert), ist die automatische Ausführung der `DispatcherTimer`-Ereignisse so lange unterbrochen. Die Ereignisse werden nicht nachgeholt. Der `DispatcherTimer` ist also kein Hilfsmittel zu mehr Interaktivität in rechenintensiven Anwendungen. Er eignet sich aber sehr gut, um in regelmäßigen Abständen Daten abzufragen oder ein Fenster zu aktualisieren.

Beachten Sie, dass die WPF umfassende Möglichkeiten zur Darstellung von Animationen bietet. Wenn Sie bewegte Grafiken oder andere animierte Effekte im Kopf haben, werfen Sie einen Blick in Abschnitt 19.4!

Timer-Varianten

Neben der WPF-spezifischen `DispatcherTimer`-Klasse und dem Windows Forms-`Timer` enthält das .NET Framework noch zwei weitere `Timer`:

» `System.Timers.Timer`: Der `Timer` eignet sich vor allem für Server-Anwendungen ohne Benutzeroberfläche. Der Thread-Aufruf kann in unterschiedlichen `Worker Threads` erfolgen.

» `System.Threading.Timer`: Der `Timer` eignet sich vor allem für Anwendungen in Multithreading-Programmen. Der Aufruf der `Timer`-Prozedur erfolgt in einem eigenen Thread, der für diesen Zweck automatisch erzeugt wird.

Diese beiden `Timer`-Klassen haben den Vorteil, dass die Intervalldauer wesentlich genauer eingestellt werden kann und dass diese Zeit auch ziemlich exakt eingehalten wird. Es kann daher nicht passieren, dass `Timer`-Ereignisse einfach verloren gehen, nur weil gerade irgendeine zeitaufwendige Ereignisprozedur läuft.

Das Problem im Zusammenhang mit WPF-Anwendungen besteht allerdings darin, dass die `Timer`-Ereignisprozeduren in einem anderen Thread als das Windows-Programm ausgeführt werden. Aus diesem Grund ist es unzulässig, in der Ereignisprozedur auf das Fenster bzw. auf Steuerelemente zuzugreifen und diese zu verändern. Veränderungen in Steuerelementen dürfen nur über den Umweg der `Invoke`-Methode durchgeführt werden (siehe Abschnitt 21.5). Damit verlieren Sie aber die Vorteile des externen Timers. Durch `Invoke` wird das durch den `Timer` ausgelöste Ereignis in die WPF-Nachrichtenkette eingetragen und erst ausgeführt, nachdem andere bereits laufende Ereignisprozeduren abgeschlossen worden sind.

21.4 Multithreading-Grundlagen

Ein Thread ist ein Teilprozess eines Programms. Ein gewöhnliches Programm besteht aus nur einem einzigen Thread zur Ausführung des Codes. Multithreading bedeutet, die Programmausführung auf mehrere Threads zu verteilen; diese Threads werden dann je nach Hardware quasi oder tatsächlich parallel ausgeführt.

Wie parallel die Ausführung wirklich ist, hängt auch von Ihrer Hardware ab. Echte Parallelität ist nur auf Rechnern möglich, die über mehrere CPUs oder über Multi-Core-CPUs verfügen. Generell kümmert sich das Betriebssystem um die Zuteilung von CPU-Zeiten an alle laufenden Threads. Wenn es mehr Threads als CPUs oder CPU-Cores gibt (und das ist fast immer der Fall), wechselt das Betriebssystem automatisch alle paar Millisekunden zwischen allen gerade aktiven Threads. Damit entsteht selbst auf Rechnern mit nur einer herkömmlichen CPU der Eindruck der Gleichzeitigkeit.

Neben den von Ihnen verwalteten Threads gibt es noch mindestens zwei weitere Threads, die von den .NET-Bibliotheken benötigt werden. Diese dienen unter anderem dazu, regelmäßig den Speicher von nicht mehr benötigten Objekten durch eine `Garbage Collection` freizugeben. Deswegen zeigt der Task-Manager selbst bei einer einfachen Konsolenanwendung mindestens drei Threads an. Auf die durch .NET vorgegebenen Threads haben Sie im Regelfall keinen direkten Einfluss. Wenn in diesem Abschnitt von Threads die Rede ist, sind deshalb nur die vom Hauptprogramm verwalteten Threads gemeint.

Multithreading-Modelle

Es gibt verschiedene Arten des Multithreadings. Große Teile der .NET-Bibliothek sowie alle Visual Basic-Konsolenanwendungen verwenden sogenanntes `Free Threading` (freies Threading). Dort sind das Erstellen neuer Threads und der Wechsel zwischen den Threads problemlos möglich. Jeder Thread ist selbstständig.

Es besteht aber auch die Möglichkeit, mehrere Threads in sogenannte `Apartments` zu gruppieren. Soweit sich mehrere Threads im selben Apartment befinden, vereinfacht sich dadurch der gegenseitige Zugriff auf externe COM-Objekte (d.h., ein Thread kann Methoden eines Objekts nutzen, das in einem anderen Thread erstellt wurde etc.). Es gibt zwei Apartment-Modelle:

- WPF- und Windows Forms-Programme basieren auf dem `Singlethread-Apartment`-Modell (STA). Allerdings ergeben sich daraus Einschränkungen, wenn ein neuer eigener Thread, der sich außerhalb des `Apartments` befindet, auf Fenster und Steuerelemente zugreifen will (siehe Abschnitt 21.5).
- Für Server-Anwendungen empfiehlt sich die Verwaltung eines sogenannten `Thread-Pools` unter Zuhilfenahme der `ThreadPool`-Klasse. Dabei werden die Threads in einem `Multithread-Apartment` (MTA) verwaltet. Diese Technik wird in diesem Buch allerdings nicht beschrieben.

Welches Modell für den aktuellen Thread gilt, stellen Sie mit `Threading.Thread.CurrentThread.GetApartmentState` fest.

Wozu Multithreading?

Je nach Anwendung kann Multithreading verschiedene Vorteile mit sich bringen:

- Bei Server-Anwendungen, in denen ein Programm gleichzeitig auf unterschiedliche Datenanfragen (üblicherweise aus dem Netzwerk) antworten soll, kann Multithreading die Effizienz steigern.

  Der Grund: Zur Beantwortung jeder Anfrage müssen üblicherweise Daten aus einer Datei oder aus einer Datenbank gelesen werden. Dabei treten meistens kleine Verzögerungen auf, die ein Single-Threaded-Programm untätig abwarten müsste. Bei einem Multithreading-Programm findet bei einer derartigen Wartezeit automatisch ein Thread-Wechsel statt, sodass ein anderer Teilprozess mit der Beantwortung einer anderen Anfrage beginnen kann.

  Beachten Sie, dass diese Darstellung ein wenig vereinfacht ist. (Die Idee sollte aber klar werden.) Tatsächlich ist die Entwicklung effizienter Server-Anwendungen eine ziemlich diffizile Sache: Wie werden die Anfragen auf unterschiedliche Threads verteilt? Welche Thread-Anzahl führt zu einer optimalen Effizienz? (Mit der Zahl der Threads steigt auch der Verwaltungs-Overhead.)
- Bei interaktiven Programmen (z.B. bei einer gewöhnlichen Windows-Anwendung) kann durch Multithreading ein höherer Benutzerkomfort erreicht werden. Beispielsweise kann eine Berech-

nung in einem eigenen Thread gestartet werden, während der Haupt-Thread für die Benutzeroberfläche weiterläuft. Damit wird die Benutzeroberfläche nicht durch die Berechnung blockiert. (Denselben Effekt haben Sie beispielsweise, wenn Sie in Word ein Dokument im Hintergrund ausdrucken und währenddessen ein anderes Dokument bearbeiten oder wenn Sie in Outlook E-Mails versenden und zugleich eine neue verfassen etc.)

» Bei rechenintensiven Programmen, die auf einem Rechner mit mehreren CPUs oder einer Multi-Core-CPU laufen, kann Multithreading das Programm beschleunigen. Das gelingt allerdings nur, wenn die Berechnung so auf mehrere Threads verteilt werden kann, dass diese tatsächlich parallel ausgeführt werden können.

  Beachten Sie, dass Multithreading ein Programm aber nicht generell schneller macht – im Gegenteil! Multithreading bringt einigen Overhead mit sich, sowohl auf Betriebssystemebene durch die Thread-Wechsel als auch in Ihrem Programm, in dem die Threads miteinander kommunizieren und sich oft auch synchronisieren müssen.

Die Programmierung stabiler Multithreading-Anwendungen ist relativ kompliziert, insbesondere dann, wenn mehrere Threads gemeinsame Daten ändern müssen (was sich nur selten vermeiden lässt). Erschwerend kommt hinzu, dass die Fehlersuche in Multithreading-Anwendungen mühsam ist. Fehler treten möglicherweise nur sehr selten auf und sind daher kaum zu finden. Programmieren Sie also nicht einfach drauflos, sondern lesen Sie sich vorher ausführlich in die Materie ein (wobei dieses Kapitel nur eine erste Einführung ist)!

Neue Threads starten

Fast alle Klassen zur Verwaltung von Multithreading-Anwendungen befinden sich im Namensraum `System.Threading` der Standardbibliothek *mscorlib.dll*. Um eine Prozedur in einem neuen Thread auszuführen, müssen Sie zuerst ein neues Thread-Objekt erzeugen. Dabei geben Sie als Parameter die Adresse der auszuführenden Prozedur oder Methode an. Die Prozedur darf keine Parameter haben. Funktionen bzw. Methoden mit einem Rückgabewert sind ebenfalls nicht zulässig. Anschließend führen Sie für das Objekt die Methode `Start` aus:

```
Dim mythread As New Threading.Thread(AddressOf myprocedure)
mythread.Start()
```

`Start` übergibt den neuen Thread an das Betriebssystem. Dieses bestimmt, wann der Thread tatsächlich gestartet wird. (Das ist meist nicht sofort der Fall, sondern erst nach ein paar Millisekunden.) Der neue Thread läuft nun parallel zum Hauptprogramm, d.h., die Programmausführung wechselt alle paar Millisekunden zwischen dem Hauptprogramm und der Prozedur `myprocedure`. Auf Rechnern mit nur einer CPU bzw. einem Core verlangsamen sich damit sowohl das Hauptprogramm als auch die Prozedur, weil die beiden Programmteile sich ja nun die verfügbare CPU-Zeit teilen müssen.

Wenn einer der beiden Programmteile vorübergehend blockiert ist (etwa weil er auf das Öffnen einer Datei, die Herstellung einer Datenbankverbindung oder eine Benutzereingabe wartet), wird der andere Programmteil während dieser Zeit fast ungehindert ausgeführt.

Einführungsbeispiel

Abbildung 21.4 zeigt die Ausgaben eines sehr einfachen Multithreading-Beispiels: Sowohl das Hauptprogramm als auch die Prozedur `sub1`, die in einem eigenen Thread ausgeführt wird, durchlaufen eine lange Schleife und geben während dieser Zeit 200-mal den Buchstaben `M` (`main`) bzw. `1` (`sub1`) im Konsolenfenster aus. `main` wartet am Ende der Schleife durch `Join` darauf, bis auch die Schleife des zweiten Threads zu Ende ist.

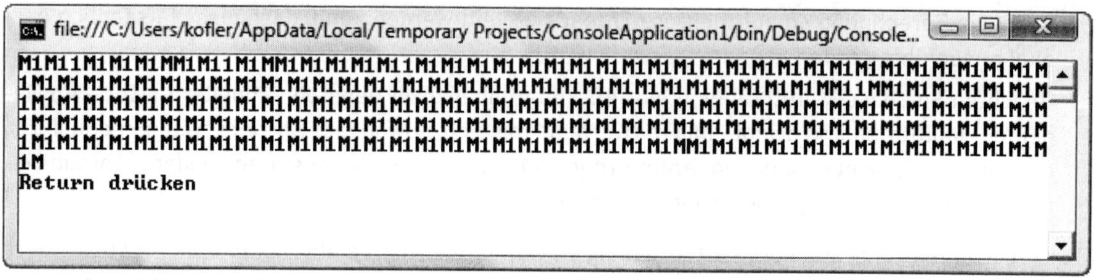

Abbildung 21.4: Ein ganz simples Multithreading-Programm

```
' Beispiel wpf-multithreading\multithread-intro
Const max_loop As Integer = 1000 * 1000 * 100
Const interval As Integer = max_loop \ 200
Sub Main()
  Dim i As Integer
  Dim mythread As New Threading.Thread(AddressOf sub1)
  mythread.Start()
  For i = 0 To max_loop
    If i Mod interval = 0 Then Console.Write("M")
  Next
  mythread.Join()  'auf das Ende von mythread warten
  Console.WriteLine(vbCrLf + "Return drücken")
  Console.ReadLine()
End Sub
Sub sub1()
  Dim i As Integer
  For i = 0 To max_loop
    If i Mod interval = 0 Then Console.Write("1")
  Next
End Sub
```

HINWEIS Dieses und die folgenden Beispiele in diesem Abschnitt sind der Einfachheit halber Konsolenanwendungen. Bei WPF-Anwendungen wird die Multithreading-Programmierung noch ein wenig komplizierter, was aber das Thema von Abschnitt 21.5 ist.

Periodischer Prozeduraufruf

Anstatt eine Prozedur einmal in einem eigenen Thread zu starten, besteht auch die Möglichkeit, dies periodisch zu tun. Das ist vor allem dann sinnvoll, wenn die Prozedur eine Kontroll- oder Protokollierungsaufgabe übernehmen soll, die sehr rasch erledigt werden kann. Zu diesem Zweck müssen Sie zuerst ein Objekt der Delegate-Klasse TimerCallback erzeugen und dabei die Adresse der aufzurufenden Prozedur oder Methode angeben.

```
Dim mytimerDelegate As New Threading.TimerCallback(AddressOf method1)
```

Um die periodischen Aufrufe zu starten, erzeugen Sie ein Objekt der Timer-Klasse. Mit state wird ein beliebiges Objekt (oder Nothing) angegeben, das bei jedem Aufruf an die Prozedur oder Methode übergeben wird. n1 gibt an, nach wie vielen Millisekunden die Prozedur zum ersten Mal ausgeführt werden soll. (0 bedeutet so schnell wie möglich.) n2 gibt das Intervall an, das festlegt, nach jeweils wie vielen Millisekunden die Prozedur aufgerufen werden soll. Die Einstellungen n1 und n2 können später durch die Change-Methode des Timer-Objekts verändert werden.

```
Dim tm As New Threading.Timer(mytimerDelegate, state, n1, n2)
```

Die aufzurufende Methode muss folgendermaßen deklariert werden. Achten Sie auf die Parameterliste! Anders als bei einfachen Thread-Aufrufen ist hier die Übergabe eines Objekts zwingend vorgesehen.

```
Sub method1(ByVal state As Object)
```

HINWEIS

> Der periodische Prozeduraufruf erfolgt in einem Thread mit der Eigenschaft IsBackground = True. Deswegen enden dieser Thread und somit auch die periodischen Aufrufe automatisch mit dem Ende des Programms.

Kommunikation zwischen Hauptprogramm und Thread

An die mit mythread.Start() gestartete Prozedur oder Methode können keine Parameter übergeben werden. Ebenso wenig kann die Prozedur (wie eine Funktion) ein Ergebnis an das Hauptprogramm zurückliefern. Daher müssen andere Wege zur Kommunikation gesucht werden.

Der einfachste Weg, an einen Thread Daten zu übergeben und später im Hauptprogramm Ergebnisse zu empfangen, bietet die Definition einer eigenen Klasse: Um eine Operation in einem neuen Thread zu starten, erzeugen Sie zuerst ein Objekt dieser Klasse und übergeben die Startdaten mittels Klassenvariablen oder Eigenschaften und Methoden. Dann verwenden Sie den neuen Thread, um eine Methode der Klasse auszuführen. Am Ende der Methode erfolgt die Rückmeldung an das Hauptprogramm über eine Ereignisprozedur. Dieser Mechanismus wird durch das folgende Beispiel veranschaulicht.

Intern funktioniert das deswegen, weil ein Delegate (anders als ein C-Funktionszeiger) nicht nur die Startadresse einer Funktion/Methode, sondern auch die Adresse eines Objekts verwaltet. AddressOf calc.method1 erzeugt implizit ein Delegate-Objekt, das sowohl die Adresse des Objekts calc als auch die Adresse der Methode method1 speichert.

```
' Beispiel wpf-threading\multithread-event
Module Module1
  Dim WithEvents calc As class1
  Sub Main()
    Dim mythread As Threading.Thread
    calc = New Class1()
    calc.data = 123
    mythread = New Threading.Thread(AddressOf calc.method1)
    mythread.Start()
    ' ... Hauptprogramm fortsetzen
  End Sub
  Public Sub calc_Done(ByVal obj As Object, ByVal result As Integer) _
       Handles calc.Done
    Console.WriteLine("calc_Done: result={0}", result)
    ' ... Ergebnis verarbeiten
  End Sub
End Module
Class Class1
  Public data As Integer
  Public result As Integer
  Public Event Done(ByVal obj As Object, ByVal result As Integer)
  Public Sub method1()
    ' ... eine komplizierte Berechnung
    result = data - 1
    RaiseEvent Done(Me, result)
  End Sub
End Class
```

Thread-Ausführung vorübergehend unterbrechen (Sleep)

Wenn Sie den aktuellen Thread für einige Zeit unterbrechen möchten, können Sie dazu die `Sleep`-Methode verwenden. Als Parameter geben Sie die gewünschte Zeit in Millisekunden an. `Sleep` gilt immer für den Thread, in dem die Methode ausgeführt wird.

```
Threading.Thread.Sleep(5000)      ' 5 Sekunden warten
```

`Sleep` kann auch in gewöhnlichen (Single-Threaded-)Programmen verwendet werden und bewirkt dann, dass das gesamte Programm während der angegebenen Zeit ruht. `Sleep` ist auf jeden Fall eventuellen Warteschleifen vorzuziehen, weil es keine CPU-Zeit verbraucht und stattdessen die Rechenzeit anderen Threads bzw. anderen Programmen des Computers zur Verfügung stellt.

Auf das Ende eines anderen Threads warten

Wenn Sie im aktuellen Code darauf warten möchten oder müssen, bis der Thread namens `mythread` zu Ende ist, führen Sie `mythread.Join()` aus.

Threads vorübergehend anhalten (Suspend und Resume)

Mit mythread.Suspend() können Sie die Ausführung eines Threads vorübergehend stoppen. mythread.Resume() setzt die Ausführung zu einem späteren Zeitpunkt fort. Ein Thread kann sich selbst in den Haltezustand versetzen: Threading.Thread.CurrentThread.Suspend(). Das ist aber nur dann ratsam, wenn sichergestellt ist, dass ein anderer Thread den ruhenden Thread wieder aufweckt.

Threads beenden oder abbrechen (Abort)

Ein Thread endet automatisch, wenn das Ende der gestarteten Prozedur oder Methode erreicht wird. Um den aktuell laufenden Thread zu beenden, brauchen Sie also nur Exit Sub auszuführen.

Von außen kann ein Thread durch mythread.Abort() beendet werden. Abort bewirkt, dass im betroffenen Thread eine ThreadAbortException ausgelöst wird. Außerdem wird der ThreadStatus des Threads auf AbortRequested gesetzt.

An die Abort-Methode kann optional ein beliebiges Objekt übergeben werden, das bei der Auswertung des ThreadAbortException-Objekts aus der Eigenschaft ExceptionState entnommen wird. Das Objekt kann beispielsweise dazu dienen, den Thread über die Gründe des Abbruchs zu informieren.

Die Reaktion eines Threads auf eine ThreadAbortException ist aus mehreren Gründen ungewöhnlich:

» Wenn der Code des Threads nicht abgesichert ist (wenn es also keine Try-Catch-Konstruktion gibt), wird der Thread ohne Fehlermeldung still beendet. Das Gesamtprogramm wird fortgesetzt (sofern es noch andere Vordergrund-Threads gibt).

  Das ist insofern untypisch, als nicht abgesicherte *Exceptions* im Allgemeinen zu einer Fehlermeldung und dann zum Programmende führen. Das außergewöhnliche Verhalten nach einer ThreadAbortException kann auch im Dialog DEBUGGEN|AUSNAHMEN nachvollzogen werden: Dort lautet die Einstellung (im Unterschied zu anderen *Exceptions*), dass das Programm ohne Fehlermeldung fortgesetzt werden soll.

» Die ThreadAbortException kann wie jede andere Exception durch Try-Catch abgefangen werden. Am Ende der Try-Konstruktion wird der Fehler aber neuerlich ausgelöst und der Thread somit trotz der Try-Konstruktion beendet. Sie können so ein geordnetes Ende der Prozedur erreichen, offene Ressourcen schließen etc., aber im Gegensatz zu gewöhnlichen *Exceptions* gilt der Fehler durch die Try-Konstruktion nicht als behoben.

  Wenn Sie einen Thread trotz dieses merkwürdigen Verhaltens nach einer ThreadAbortException fortsetzen möchten, müssen Sie innerhalb des Catch-Blocks die Methode Threading.Thread.CurrentThread.ResetAbort() ausführen. ResetAbort darf nur dann verwendet werden, wenn für Ihr Programm erweiterte Sicherheitseinstellungen gelten, was oft nicht der Fall ist. Generell ist es nur in sehr seltenen Fällen sinnvoll, einen Thread trotz Abort-Aufforderung fortzusetzen.

» Der Finally-Block einer Try-Konstruktion wird auf jeden Fall ausgeführt, selbst dann, wenn die ThreadAbortException nicht durch Catch abgefangen wird (d.h., wenn es in der Try-Konstruktion gar keinen Catch-Block gibt oder wenn es nur Catch-Blöcke für andere Fehler gibt). Beachten Sie, dass ResetAbort im Finally-Block nicht mehr wirksam ist.

Wenn der Code eines Threads `Dispose`-Objekte erzeugt, Datenbankverbindungen herstellt, Dateien öffnet etc., sollte (zumindest) eine Fehlerabsicherung in der folgenden Form vorliegen:

```
Sub method1()
  Try
    ... der eigentliche Code
  Finally
    ... Aufräumarbeiten, die in jedem Fall ausgeführt werden
        (auch dann, wenn eine ThreadAbortException auftritt)
  End Try
End Sub
```

HINWEIS

`mythread.Abort` bewirkt also nicht, dass der betreffende Thread *sofort* beendet wird! Zum einen wird die `ThreadAbortException` erst dann tatsächlich ausgelöst, wenn die Ausführung des betreffenden Threads aufgrund eines Thread-Wechsels fortgesetzt wird – und bis dahin können einige Millisekunden verstreichen. Zum anderen liegt es ja nun in der Verantwortung des Threads, wie er auf die `ThreadAbortException` reagiert. Es kann beispielsweise sein, dass die erforderlichen Aufräumarbeiten (z.B. zum Schließen einer Datei) einige Zeit in Anspruch nehmen. Aus diesem Grund ist es fast immer empfehlenswert, das tatsächliche Thread-Ende mit `Join` abzuwarten, also:

```
mythread.Abort()
mythread.Join()
```

Programmende

Ein Multithreading-Programm läuft normalerweise so lange, bis alle Threads beendet sind. Wenn Sie also in einem Konsolenprogramm in `main` einige neue Threads starten und `main` dann verlassen, läuft das Programm so lange weiter, bis der letzte der Threads beendet ist.

Wenn Sie ein geordnetes Programmende in `main` erreichen möchten, können Sie dort mit `Join` auf das Ende der anderen Threads warten. Radikaler ist es, die anderen Threads durch `Abort` gewaltsam zu beenden. Schließlich besteht die Möglichkeit, die neuen Threads gleich beim Start als Hintergrund-Threads zu kennzeichnen (`mythread.IsBackGround = True`). Das bewirkt, dass mit dem Ende des letzten Vordergrund-Threads alle Hintergrund-Threads automatisch durch `Abort` beendet werden. (Standardmäßig gelten der Start-Thread sowie alle neuen Threads als Vordergrund-Threads.)

ACHTUNG

Solange es unterbrochene Vordergrund-Threads gibt (`Suspend`), kann das Programm nicht beendet werden. Es darf daher auf keinen Fall passieren, dass als einziger Thread ein unterbrochener Thread übrig bleibt. Dasselbe gilt natürlich auch für mehrere unterbrochene Threads.

Das Programm befindet sich dann in einer Sackgasse, aus der es nicht mehr herausfindet: Die unterbrochenen Threads warten darauf, dass irgendwo `Resume` ausgeführt wird, aber es gibt im Programm gar keine Stelle mehr, an der noch Code ausgeführt wird.

Thread-Eigenschaften

Jedes Thread-Objekt ist mit einer Reihe von Eigenschaften ausgestattet, die Auskunft über den Zustand des Threads geben und zum Teil auch eine Veränderung ermöglichen. `Priority` gibt an, welche Priorität der Thread relativ zu anderen hat. Standardmäßig ist jeder Thread mit ThreadPriority.Normal eingestuft. Durch die Einstellungen Below- oder AboveNormal kann ein Thread entsprechend seiner Wichtigkeit benachteiligt oder bevorzugt werden. Wenn die CPU voll ausgelastet wird, wird einem derartigen Thread daher weniger oder mehr Rechenzeit zugeordnet.

CurrentCulture verweist auf ein CultureInfo-Objekt, dessen Inhalt unter anderem die Methoden zur Formatierung von Zahlen, Daten und Zeiten beeinflusst. Normalerweise übernehmen alle neu gestarteten Threads die Einstellungen des Start-Threads, aber es ist prinzipiell auch möglich, unterschiedliche Threads mit unterschiedlichen internationalen Einstellungen auszuführen.

ThreadState gibt den aktuellen Zustand des Threads an. Mögliche Werte sind die Konstanten der ThreadState-Aufzählung, z.B. Running, Aborted etc. IsAlive liefert die Quintessenz von ThreadState, nämlich False, wenn ThreadState=Unstarted, Stopped oder Aborted ist, sonst liefert es True. In der Online-Hilfe finden Sie ausführliche Informationen darüber, unter welchen Umständen ein Thread welchen Zustand einnimmt, wenn Sie nach Zustände von verwalteten Threads suchen.

Am einfachsten erfolgt der Zugriff auf diese Eigenschaften natürlich über eine Variable mit einem Thread-Objekt (mythread.ThreadState etc.). Wenn Sie auf den gerade aktiven Thread zugreifen möchten (den, der die aktuelle Codeanweisung ausführt), verwenden Sie Threading.Thread.CurrentThread.

Liste aller Threads ermitteln

Wenn Sie wissen möchten, welche Threads es im aktuellen Programm gibt, können Sie die Threads-Eigenschaft der Klasse Process des Namensraums System.Diagnostics auswerten (Bibliothek *System.dll*). Vorher müssen Sie mit GetCurrentProcess das Process-Objekt des aktuellen Programms ermitteln. Die Threads-Aufzählung liefert ProcessThread-Objekte, die weit mehr Eigenschaften aufweisen als die Thread-Objekte des Threading-Namensraums. Die folgenden Zeilen zeigen beispielhaft die Auswertung:

```
Dim pr As Diagnostics.Process = Diagnostics.Process.GetCurrentProcess()
Dim tr As Diagnostics.ProcessThread
For Each tr In pr.Threads
  Console.WriteLine("id={0} starttime={1}", tr.Id, tr.StartTime)
Next
```

Synchronisierung von Threads

Wenn mehrere Threads auf gemeinsame Daten zugreifen müssen und zumindest einer der Threads die Daten auch verändern muss, sind Probleme im wahrsten Sinne des Wortes vorprogrammiert. Es kann vorkommen, dass ein Thread unterbrochen wird, *während* er die Daten ändert, und nun ein anderer Thread die unvollständig veränderten Daten zu lesen versucht: Das Ergebnis sind beschädigte Daten (die meist unmittelbar zu Fehlern führen) oder falsche Daten (was viel schlimmer ist, weil dieser Fall oft lange unbemerkt bleibt). Beachten Sie, dass der Thread-Wechsel vom Betriebssystem durchgeführt wird und zu jedem Zeitpunkt erfolgen kann, selbst *während* einer ganz elementaren Operation (z.B. x += 1)!

Um derartige Probleme zu vermeiden, müssen die Threads synchronisiert werden. Das bedeutet, dass ein Thread mit dem Zugriff auf gemeinsame Daten warten muss, bis die anderen Threads fertig sind.

Den einfachsten Weg bietet hierfür das VB-Konstrukt SyncLock: Damit wird ein Objekt angegeben, auf das ein Programmteil den alleinigen Zugriff beansprucht. Wenn das Objekt bei der Ausführung von `SyncLock` bereits durch einen anderen Thread blockiert ist, muss der aktuelle Thread warten, bis das Objekt wieder freigegeben wird. Sobald das Objekt frei ist, bekommt der aktuelle Thread den alleinigen Zugriff auf das Objekt. Nun müssen also alle anderen Threads warten.

```
SyncLock data
  ... Code, der das Objekt data verändert
End SyncLock
```

Mit `SyncLock` muss ein Objekt eines Referenztyps angegeben werden. `ValueType`-Variablen für elementare Datentypen wie `Integer` oder für Strukturen sind also ungeeignet. `String`-Variablen sind nur dann geeignet, wenn die Zeichenkette nicht geändert wird. (Bei jeder Veränderung wird ein neues `String`-Objekt erzeugt, womit der Schutz hinfällig wird.)

Mit `SyncLock` kann nur ein Objekt angegeben werden. Wenn innerhalb der `SyncLock`-Codes mehrere Objekte bearbeitet bzw. verändert werden, dann müssen sich alle Codeteile auf ein gemeinsames Objekt für `SyncLock` einigen. (`SyncLock` ist ja kein Schutz vor Veränderungen, sondern ein Schutz vor der gleichzeitigen Ausführung von Code. Insofern ist es ganz egal, welches Objekt mit `SyncLock` angegeben wird, solange es nur immer dasselbe ist.)

.NET-intern verwendet `SyncLock` die Monitor-Klasse. Das Objekt wird durch `Monitor.Enter(obj)` gesperrt und durch `Monitor.Exit(obj)` wieder freigegeben.

HINWEIS

Wenn mehrere Threads im Spiel sind, wird die Synchronisierung durch `SyncLock` zunehmend ineffizient. Achten Sie darauf, den Objektzugriff nicht länger als unbedingt erforderlich zu blockieren!

In manchen Fällen ist es für die Sicherheit eines Programms ausreichend, wenn einfache Operationen (z.B. das Vergrößern oder Verkleinern eines Zählers) nicht durch einen Thread-Wechsel unterbrochen werden. Zu diesem Zweck stellt die `Interlock`-Klasse die Methoden `Increment`, `Decrement`, `Exchange` und `CompareExchange` für einige elementare Datentypen zur Verfügung. Die Verwendung dieser Methoden ist deutlich effizienter als `SyncLock`.

Synchronisierungsbeispiel

Das folgende Beispiel illustriert die Problematik. Als gemeinsame Daten dienen die Elemente des `Integer`-Felds `data`. In der Prozedur `main` wird `changearray` in einem eigenen Thread gestartet. In dieser Prozedur werden unzählige Male zwei zufällige Elemente des Felds ausgewählt; eines dieser Elemente wird um einen Wert erhöht, ein zweites um denselben Wert verkleinert. Die Summe aller Feldelemente beträgt daher immer 0.

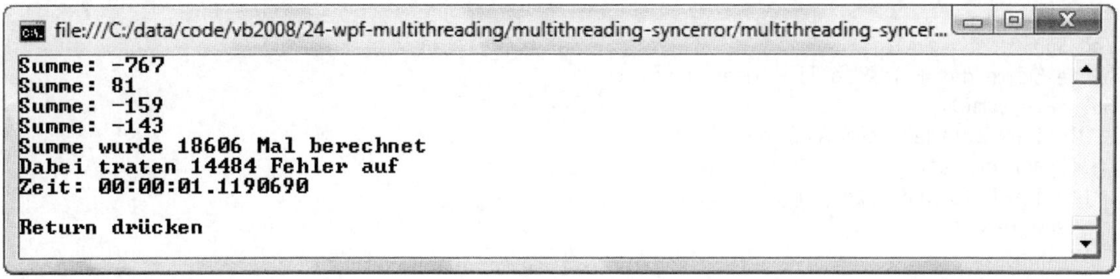

Abbildung 21.5: Fehler aufgrund mangelnder Thread-Synchronisation

Solange der `changearray`-Thread läuft (`mythread.IsAlive`), wird in `main` immer wieder die Prozedur `calc_sum` aufgerufen. Diese Prozedur berechnet die Summe der Feldelemente. Wenn das Ergebnis ungleich 0 ist, wird der Wert ausgegeben. Abbildung 21.5 ist auf einer CPU mit zwei Cores entstanden, wo dieser Fehler extrem oft auftritt. Auf einem langsameren Rechner mit einer Single-Core-CPU ist die Fehlerwahrscheinlichkeit wesentlich geringer – und genau das ist oft das Problem: Es ist extrem schwierig, den Fehler durch Debugging klar nachzuvollziehen.

```
' Beispiel wpf-threading\multithread-syncerror
Const max_loop As Integer = 1000 * 1000 * 10
Const arr_size As Integer = 1000
Dim data(arr_size - 1) As Long
Dim error_counter As Long
Sub Main()
  Dim counter As Integer
  Dim starttime As Date = Now
  Dim mythread As New Threading.Thread(AddressOf changearray)
  mythread.Start()
  While mythread.IsAlive
    counter += 1
    calc_sum()
  End While
  Console.WriteLine("Summe wurde {0}-mal berechnet", counter)
  Console.WriteLine("Dabei traten {0} Fehler auf", error_counter)
  Console.WriteLine("Zeit: {0}", Now.Subtract(starttime))
End Sub
' vergrößert ein Element des Feldes um tmp, reduziert ein anderes Element ebenfalls um tmp
Sub changearray()
  Dim i, index1, index2, tmp As Integer
  Dim rand As New Random()
  For i = 0 To max_loop
    tmp = rand.Next(100)
    index1 = rand.Next(arr_size)
    index2 = rand.Next(arr_size)
    ' SyncLock data
    data(index1) += tmp  '(1)
    data(index2) -= tmp  '(2)
    ' End SyncLock
```

```
  Next
End Sub
' die Summe des Felds sollte immer 0 sein
Sub calc_sum()
  Dim i As Integer, sum As Long
  ' SyncLock data
  For i = 0 To arr_size - 1
    sum += data(i)
  Next
  'End SyncLock
  If sum <> 0 Then
    Console.WriteLine("Summe: {0}", sum)
    error_counter += 1
  End If
End Sub
```

Die Fehlerursache sollte leicht verständlich sein: Wenn der changearray-Prozess auf einem Rechner mit einer Single-Core-CPU genau zwischen den Anweisungen (1) und (2) unterbrochen wird und nun main die Feldsumme berechnet, ergibt sich eine Summe ungleich 0. Wenn es mehrere CPUs bzw. Cores gibt, tritt der Fehler wegen der echten Parallelität der Codeausführung noch viel häufiger auf.

Die Lösung des Problems ist im Code bereits angedeutet: Die beiden Anweisungen zur Änderung der Feldelemente sowie die Schleife zur Berechnung der Summe müssen durch SyncLock gekapselt werden. Damit gehören die Rechenfehler der Vergangenheit an.

Der dramatische Anstieg der Rechenzeit auf ein Vielfaches hat übrigens weniger mit dem Locking-Overhead zu tun als damit, dass die relativ zeitaufwendige Summenberechnung wegen der SyncLock-Anweisung gegenüber dem kurzen SyncLock-Block in changearray bevorzugt wird und unverhältnismäßig viel Rechenzeit zugeordnet bekommt. Aus diesem Grund wird die Prüfsumme sehr viel öfter als bisher berechnet.

Konflikte durch Mehrfachausführung von Code

Was passiert, wenn ein und dieselbe Prozedur von mehreren Threads gleichzeitig ausgeführt wird? Die Dokumentation zu dieser Frage ist eher spärlich, weswegen ich ein bisschen experimentiert habe. Dabei hat sich gezeigt, dass lokale Variablen, die innerhalb einer Prozedur deklariert werden, tatsächlich lokal sind – also auch lokal für jeden Thread.

Im folgenden Beispielprogramm wird die Prozedur sub1 durch zwei Threads beinahe gleichzeitig gestartet. Die Daten für die Schleifenvariablen i und j und die beiden Zähler k und x werden für jeden Thread an unterschiedlichen Orten im Speicher abgelegt. Daher kommen sich die beiden Threads nicht in die Quere und laufen vollkommen unabhängig voneinander ab.

```
' Beispiel wpf-threading\multithread-conflicts
Const loopsize As Integer = 1000 * 1000 * 10
Sub Main()
  Dim counter As Integer
  Dim starttime As Date = Now
```

```
  Dim mythread1 As New Threading.Thread(AddressOf sub1)
  Dim mythread2 As New Threading.Thread(AddressOf sub1)
  mythread1.Name = "1"
  mythread2.Name = "2"
  mythread1.Start()
  mythread2.Start()
  mythread1.Join()
  mythread2.Join()
  ... Fortsetzung siehe etwas weiter unten
End Sub
Sub sub1()
  Dim i, j, k As Integer, x As Double
  For i = 1 To 10
    For j = 1 To loopsize
      k += 1
      x += Math.Sin(k)
    Next
    Console.WriteLine("thread={0}: i={1}, k={2}", _
      Threading.Thread.CurrentThread.Name, i, k)
  Next
End Sub
```

Thread-sichere Klassen und Methoden

Bei der Beschreibung der .NET-Klassen wird immer wieder darauf hingewiesen, welche Methoden der Klasse thread-sicher sind und welche nicht. Was bedeutet das aber? Thread-sicher bedeutet, dass Methoden desselben Objekts von mehreren Threads quasi gleichzeitig ausgeführt werden dürfen, ohne dass es dabei zu Konflikten kommt.

Eine kleine Variation des obigen Beispiels beweist, dass die Thread-Sicherheit durchaus nicht selbstverständlich ist. In den Threads `mythread3` und `-4` wird jeweils die Methode `sub1` desselben Objekts der Klasse `Class1` ausgeführt. `i`, `j`, `k` und `x` sind nun Klassenvariablen, die von allen Threads gemeinsam genutzt werden. Aus diesem Grund kommt es zu Zugriffskonflikten, aus denen falsche Ergebnisse für `k` resultieren.

Natürlich werden Schleifenvariablen üblicherweise auch bei Methoden von Klassen lokal definiert und bereiten dann keine Probleme. Aber bei den meisten Klassen gibt es Klassenvariablen, die von Methoden und Eigenschaften gemeinsam verwendet werden; welche Probleme dadurch entstehen können, wird durch das folgende Beispielprogramm demonstriert. (Dieselben Probleme würden natürlich auch dann auftreten, wenn Sie im vorigen Beispiel die Zeilen mit der Variablendeklaration außerhalb von `sub1` durchgeführt hätten. Die Probleme haben also nichts mit der Frage Modul versus Klasse zu tun, sondern damit, ob es gemeinsam genutzte Variablen gibt.)

```
' Beispiel spezial\multithread-conflicts
Sub Main()
  ... Fortsetzung von oben
  Dim myobj As New Class1()
```

```
  Dim mythread3 As New Threading.Thread(AddressOf myobj.sub1)
  Dim mythread4 As New Threading.Thread(AddressOf myobj.sub1)
  mythread3.Name = "3"
  mythread4.Name = "4"
  mythread3.Start()
  mythread4.Start()
  mythread3.Join()
  mythread4.Join()
End Sub
Class Class1
  Dim i, j, k As Integer
  Dim x As Double
  Sub sub1()
    For i = 1 To 10
      For j = 1 To loopsize
        k += 1
        x += Math.Sin(k)
      Next
      Console.WriteLine("thread={0}: i={1}, k={2}", _
        Threading.Thread.CurrentThread.Name, i, k)
    Next
  End Sub
End Class
```

Eigene Klassen thread-sicher programmieren

Wenn Sie selbst Klassen programmieren möchten, die thread-sicher sind, müssen Sie *jede* Methode der Klasse, die auf gemeinsame Klassenvariablen zugreift, durch `SyncLock Me` absichern. `Shared`-Methoden, die keine gemeinsamen Daten verwenden, müssen dagegen nicht abgesichert werden.

```
Class Class1
  Dim ...
  Sub sub1()
    SyncLock Me
      ... Code mit Zugriff auf gemeinsame Klassenvariablen
    End SyncLock
  End Sub
End Class
```

Diese Vorgehensweise ist insofern unbefriedigend, als die vielen `SyncLock`-Anweisungen die Anwendung der Klasse in Multithreading-Anwendungen sehr ineffizient machen und unter Umständen Deadlock-Probleme verursachen können. (Ein Deadlock ist so ziemlich das Schlimmste, was in einer Multithreading-Anwendung passieren kann: Thread A wartet, dass Thread B Daten freigibt, und umgekehrt. Das ist eine Pattsituation, aus der es keinen Ausweg gibt.) Aus diesem Grund sind die meisten .NET-Klassen *nicht* thread-sicher, und es bleibt dem Anwender der Klasse überlassen, die Methoden so aufzurufen, dass es keine Konflikte geben kann.

Anwendung von nicht thread-sicheren Methoden

Wenn Sie in einer Multithreading-Anwendung nicht thread-sichere Methoden anwenden (und das ist der Regelfall!), müssen Sie darauf achten, dass es ausgeschlossen ist, dass unterschiedliche Threads gleichzeitig Methoden oder Eigenschaften eines gemeinsamen Objekts ausführen.

Die einfachste Lösung besteht darin, für jeden Thread eigene Objekte zu erzeugen. Wenn das nicht möglich ist und die Threads auf gemeinsame Objekte zugreifen müssen, dann müssen Sie vor dem Aufruf derartiger Methoden die bereits beschriebenen Synchronisationsmechanismen anwenden (also `SyncLock`).

Debugging

Wenn die Programmausführung durch `Stop`, durch einen Haltepunkt oder durch einen Fehler in einem der Threads unterbrochen und der Debugger angezeigt wird, dann werden damit *alle* Threads unterbrochen. Im Threads-Fenster (DEBUGGEN|FENSTER|THREADS) ist der zuletzt aktive Thread markiert. Sie können dort in einen anderen Thread wechseln.

Beachten Sie, dass die Entwicklungsumgebung bzw. der Debugger das Laufzeitverhalten von Multithreading-Programmen beeinflusst! Wenn Sie das Programm außerhalb der Entwicklungsumgebung starten, erfolgt der Thread-Wechsel bisweilen deutlich rascher als innerhalb der Entwicklungsumgebung. Wenn Sie Multithreading-Anwendungen entwickeln, sollten Sie das Programm also unbedingt auch außerhalb der Entwicklungsumgebung ausführlich testen!

Es erleichtert die Fehlersuche erheblich, wenn Sie jedem Thread beim Erzeugen einen Namen geben (`myThread.Name="..."`). Der Name wird im Threads-Fenster angezeigt.

Syntaxzusammenfassung

***System.Threading.Thread*-Klasse – Methoden**	
`Abort( [obj] )`	fordert den Thread dazu auf zu enden. Im Thread kommt es dadurch zu einer `ThreadAbortException`, wobei die optionalen Daten mit `obj` übergeben werden.
`Join()`	wartet auf das Ende des Threads.
`ResetAbort()`	setzt die Ausführung des Threads trotz einer `ThreadAbortException` fort.
`Resume()`	setzt einen unterbrochenen Thread fort.
`Sleep()`	unterbricht die Ausführung des gerade aktiven Threads für eine bestimmte Zeit. (Während dieser Zeit können andere Threads ausgeführt werden.)
`Start()`	startet den Thread.
`Suspend()`	hält die Ausführung eines Threads vorübergehend an. Der Thread kann mit `Resume` fortgesetzt werden.

***System.Threading.Thread*-Klasse – Eigenschaften**	
ApartmentState	gibt an, ob der Thread Teil eines Single- oder Multithread-Apartments (STA oder MTA) ist.
CurrentCulture	gibt das CultureInfo-Objekt des Threads an, das unter anderem Einfluss auf Konvertierungs- und Formatierungsmethoden hat (z.B. auf die Darstellung von Datum und Uhrzeit).
CurrentThread	verweist auf das Thread-Objekt des gerade laufenden Threads.
IsAlive	gibt an, ob der Thread grundsätzlich aktiv ist (ThreadState ist ungleich Unstarted, Stopped oder Aborted).
IsBackground	gibt an, ob der Thread ein Hintergrund-Thread ist. In diesem Fall endet er automatisch mit dem Hauptthread.
Name	gibt den Namen des Threads an (standardmäßig leer).
Priority	gibt die Priorität des Threads an (standardmäßig ThreadPriority.Normal).
ThreadState	gibt den aktuellen Zustand des Threads durch eine Konstante der ThreadState-Aufzählung an (z.B. Running, Stopped, Aborted, WaitSleepJoin).

21.5 Multithreading in WPF-Programmen

Das Grundproblem bei der Entwicklung von Multithreading-Windows-Programmen besteht darin, dass das Fenster mit allen darin enthaltenen Steuerelementen in einem STA-Thread läuft (singlethread apartment). Um mögliche Zugriffskonflikte zu vermeiden, dürfen die Methoden und Eigenschaften dieser Objekte ausschließlich von dem Thread verwendet werden, in dem das Fenster erzeugt wurde.

Das bedeutet, dass Sie aus Ihren eigenen Threads keine Eigenschaften oder Methoden von Formularen oder Steuerelementen direkt nutzen dürfen. Stattdessen gibt es zwei zulässige Wege:

- Sie starten über Invoke (synchron) bzw. BeginInvoke (asynchron) Prozeduren, die dann innerhalb des WPF-Threads ausgeführt werden. Soweit der Thread Ereignisse auslöst, in deren Ereignisprozeduren auf das Fenster oder dessen Steuerelemente zugegriffen werden soll, müssen auch diese Ereignisse mit [Begin]Invoke ausgelöst werden!
- Sie erzeugen den Hintergrund-Thread nicht selbst, sondern nehmen die BackgroundWorker-Klasse zu Hilfe, die zu Beginn dieses Kapitels vorgestellt wurde. In diesem Fall erfolgt die Kommunikation zwischen dem Thread des Hauptprogramms und dem Thread des Hintergrundprozesses durch die Ereignisse des BackgroundWorkers.

HINWEIS

Wer von Windows Forms auf WPF umsteigt, muss zwei Dinge im Kopf behalten: Erstens nutzt die WPF diverse eigene Klassen aus dem Namensraum System.Windows.Threading. Da System.Windows standardmäßig importiert ist, ergeben sich leicht Konflikte mit dem aus dem vorigen Abschnitt bekannten Namensraum System.Threading. Zweitens werden die Methoden Invoke bzw. BeginInvoke nicht mehr direkt vom Steuerelement zur Verfügung gestellt, sondern von einem dazwischengelagerten Dispatcher-Element. Aus winformctrl.Invoke wird daher wpfctrl.Dispatcher.Invoke.

Dispatcher

Das Fenster sowie sämtliche Steuerelemente verweisen über die Dispatcher-Eigenschaft auf ein Objekt der gleichnamigen Klasse. (To dispatch bedeutet wörtlich etwas erledigen, abschicken, befördern.) In der Informatik ist ein Dispatcher dafür verantwortlich, eine CPU bzw. einen Core einem anderen Prozess bzw. Thread zuzuordnen. Diese Aufgabe erfolgt ohne Zutun des Benutzers oder Programmierers und ist zusammen mit dem Scheduler für die Prozessverwaltung jedes modernen Betriebssystems zuständig. Dabei ist der Scheduler für die längerfristige Planung und die möglichst effiziente und gerechte Verteilung der Ressourcen verantwortlich.

Die WPF-Klasse System.Windows.Threading.Dispatcher hilft in Multithreading-Programmen dabei, WPF-Code im STA-Thread und eigenen Code in anderen Threads zu koordinieren. Jedes Fenster, Steuerelement und sogar jedes Visual ist von einem DispatcherObject abgeleitet. Dessen Eigenschaft Dispatcher verweist wiederum auf das Dispatcher-Objekt. Diese Vorgehensweise ist deswegen sinnvoll, weil sich viele WPF-Objekte einen Dispatcher teilen.

Es gibt mehrere Möglichkeiten, das aktuelle Dispatcher-Objekt zu ermitteln. In einer WPF-Ereignisprozedur liefern die drei folgenden Varianten alle dasselbe Ergebnis. Es ist daher egal, ob Sie Me.Dispatcher oder ctrl.Dispatcher verwenden! Der Grund: Alle Fenster und Steuerelemente eines WPF-Programms verwenden normalerweise denselben Dispatcher. Prinzipiell ist es aber auch möglich (nur bei manueller Initialisierung der Fenster), für jedes Fenster einen eigenen Dispatcher zu verwenden. Das erhöht die Unabhängigkeit der Fenster voneinander, erschwert aber die Kommunikation und den Datenaustausch und ist deswegen unüblich.

```
Dim disp As Windows.Threading.Dispatcher
disp = Me.Dispatcher
disp = ctrlname.Dispatcher
disp = Windows.Threading.Dispatcher.CurrentDispatcher()
```

Die folgende Tabelle fasst die wichtigsten Eigenschaften und Methoden zusammen. In der Praxis werden Sie in erster Linie die Methoden Invoke und BeginInvoke am häufigsten nutzen.

Eigenschaften und Methoden der *Dispatcher*-Klasse	
CurrentDispatcher	verweist auf das Dispatcher-Objekt der gerade laufenden Codes.
HasShutdownStarted, HasShutdownFinished	geben ab, ob der Dispatcher gerade heruntergefahren wird bzw. wurde.
Thread	verweist auf das Thread-Objekt des gerade laufenden Codes.
BeginInvoke	führt eine Prozedur asynchron und in der gewünschten Priorität aus.
CheckAccess	testet, ob der aktuelle Code im selben Thread wie der Dispatcher läuft, und liefert als Ergebnis True oder False. CheckAccess wird durch das Attribut EditorBrowsableAttribute(Never) versteckt und ist normalerweise weder im Objektbrowser noch für IntelliSense sichtbar.

Eigenschaften und Methoden der *Dispatcher*-Klasse	
DisableProcessing	blockiert den Dispatcher vorübergehend. Der Dispatcher nimmt seine Arbeit wieder auf, wenn das von DisableProcessing zurückgegebene DispatcherProcessingDisabled-Objekt durch Disposed freigegeben wird.
FromThread	ermittelt das Dispatcher-Objekt für den angegebenen Prozess.
Invoke	führt eine Prozedur synchron aus (d.h., die Ausführung des aktuellen Codes wird blockiert, bis die Prozedur zu Ende ist).
InvokeShutdown	fährt den Dispatcher herunter. Die Methode wird WPF-intern zum Programmende ausgeführt.
Run	startet die Verwaltung der WPF-Ereignisse, die in einer sogenannten Event Queue gesammelt werden. Run wird WPF-intern während der Initialisierung des ersten Fensters eines Programms ausgeführt.
VerifyAccess	stellt sicher, dass der aktuelle Code im selben Thread wie der Dispatcher läuft. Ist das nicht der Fall, tritt eine InvalidOperationException auf. Die Methode ist wie CheckAccess aufgrund von EditorBrowsableAttribute(Never) unsichtbar. Die Methode wird intern in vielen Methoden und Eigenschaften von WPF-Klassen ausgeführt, um auf diese Weise eine missbräuchliche Verwendung der Objekte durch einen »falschen« Thread auszuschließen. Wenn Sie beispielsweise auf ein Steuerelement aus einem eigenen Thread heraus zugreifen und so eine InvalidOperationException auslösen, wissen Sie, dass Sie [Begin]Invoke vergessen haben ...

Invoke

Mit Invoke führen Sie aus einem eigenen Thread eine beliebige Prozedur, Funktion oder Methode aus. Die Prozedur wird innerhalb des WPF-Threads ausgeführt, d.h., zur Ausführung muss ein Thread-Wechsel durchgeführt werden. Die Ausführung erfolgt synchron, d.h., der laufende Code in Ihrem Thread wird blockiert, bis die Prozedur fertig ausgeführt ist.

HINWEIS

Die Ausführung der Methode im WPF-Thread erfolgt erst, wenn dieser dazu Zeit hat, also nicht mit der Abarbeitung bereits laufender (Ereignis-)Prozeduren beschäftigt ist! Diese durch den Code des Hauptprogramms verursachten Verzögerungen können den Multithreading-Code sehr ineffizient machen und in ungünstigen Fällen zu Deadlocks führen. Da der Sinn von Multithreading im Regelfall darin besteht, Code möglichst unabhängig vom Haupt-Thread auszuführen, sollte die durch Invoke ausgeführte Prozedur möglichst wenig Code enthalten und möglichst rasch beendet werden! Nach Möglichkeit sollten Sie statt Invoke dessen asynchrone Variante BeginInvoke einsetzen, die etwas weiter unten beschrieben wird.

Es gibt eine Menge Syntaxvarianten von Invoke:

```
Me.Dispatcher.Invoke(prior, delegate)                       'Variante 1
Me.Dispatcher.Invoke(prior, delegate, para1)                '         2
Me.Dispatcher.Invoke(prior, delegate, para1, para2_n)       '         3
```

Der Parameter prior gibt die gewünschte Priorität an, wobei der übliche Wert Windows.Threading.DispatcherPriority.Normal ist. Die DispatcherPriority-Aufzählung kennt allerdings eine Menge weiterer Werte mit höherer bzw. niedrigerer Priorität, deren Anwendung vor allem bei BeginInvoke interessant ist (siehe unten). Die folgende Tabelle beschreibt die Prioritäten.

***DispatcherPriority*-Werte**	
Send (10)	Der Code wird in höchster Priorität vor anderen asynchronen Aufgaben ausgeführt. Darauf sollten Sie nach Möglichkeit verzichten – Sie riskieren sonst, dass Ihr Programm auf Eingaben per Tastatur und Maus nicht mehr flüssig reagiert!
Normal (9)	Der Code wird in der gewöhnlichen Priorität ausgeführt.
DataBind (8)	Der Code wird in derselben Priorität ausgeführt, mit der WPF-intern alle Data-Binding-Aufgaben erledigt werden.
Render (7)	Der Code wird in derselben Priorität ausgeführt wie Bildschirmausgaben.
Loaded (6)	Der Code wird ausgeführt, nachdem alle Bildschirmausgaben aktualisiert wurden, aber noch bevor auf Eingaben reagiert wird. WPF-intern wird diese Priorität für das Loaded-Ereignis verwendet, woraus auch der Name resultiert.
Input (5)	Der Code wird in derselben Priorität ausgeführt, wie Eingabeereignisse verarbeitet werden.
Background (4)	Der Code wird ausgeführt, wenn keine WPF-Aufgaben anstehen.
ContextIdle (3) ApplicationIdle(2) SystemIdle (1)	Der Code wird ausgeführt, wenn das Programm bzw. der ganze Rechner nichts anderes zu tun hat. Diese Prioritätsstufen sind WPF-intern zum Teil noch gar nicht realisiert, weshalb es momentan keinen Unterschied macht, welchen der drei Werte Sie verwenden.
Inactive (0) Invalid (-1)	Der Code wird gar nicht ausgeführt.

delegate gibt ein Delegate-Objekt der aufzurufenden Prozedur an. Eine direkte Adressangabe der Prozedur ist nicht möglich. Der Umgang mit Delegates wurde bereits in einem früheren Abschnitt ausführlich beschrieben. Die folgenden Punkte fassen die Vorgehensweise nochmals kurz zusammen:

» Zuerst definieren Sie mit Delegate ein Delegate-Objekt für Methoden ohne Parameter. Diese Definition muss auf Datei-, Modul- oder Klassenebene erfolgen. Delegate kann nicht innerhalb einer Prozedur verwendet werden.

» Als Nächstes initialisieren Sie ein Objekt der Delegate-Klasse mit der Adresse der aufzurufenden Methode bzw. Prozedur (mymethod0 im folgenden Codegerüst).

» Dieses Objekt übergeben Sie nun an Invoke:

```
' Deklaration einer Delegate-Klasse für Methoden ohne Parameter
Delegate Sub mydelegate()
' Aufruf einer Methode ohne Parameter
Dim mymethod As New mydelegate(AddressOf do_it)
Me.Dispatcher.Invoke(Windows.Threading.DispatcherPriority.Normal, mymethod)
```

```
' die aufzurufende Prozedur oder Methode
Sub do_it()
  ... Code, der im WPF-Thread ausgeführt wird und auf WPF-Steuerelemente zugreifen kann
End Sub
```

Wenn Sie eine Methode mit Rückgabewert aufrufen möchten, müssen Sie das Delegate-Objekt als Function deklarieren. Invoke liefert den Rückgabewert der aufgerufenen Funktion als Object zurück, d.h., Sie müssen anschließend in der Regel noch eine Typumwandlung durchführen (CStr, CType etc.). Die folgenden Zeilen sind ein Muster:

```
' Deklaration einer Delegate-Klasse für Funktionen ohne Parameter
Delegate Function mydelegate() As String
' Aufruf einer Funktion mit String-Rückgabe
Dim s As String
Dim mymethod As New mydelegate(AddressOf do_it)
s = CStr(Me.Dispatcher.Invoke(mymethod))
' die aufzurufende Prozedur oder Methode
Function do_it() As String
  ...
  Return "ein Ergebnis"
End Sub
```

Ein bisschen komplizierter wird es, wenn Sie an die Prozedur einen oder mehrere Parameter übergeben möchten. Den ersten Parameter können Sie direkt an Invoke übergeben (Syntaxvariante 2), alle weiteren Parameter in einem Object-Array (Variante 3). Dabei erfolgt eine Typkontrolle, d.h., wenn die Daten im Feld nicht mit den Parametertypen laut Delegate übereinstimmen, kommt es zu einer Fehlermeldung. Außerdem muss die Größe des Felds mit der Anzahl der Parameter übereinstimmen.

Im folgenden Codegerüst wird ein Delegate für eine Prozedur definiert, die einen Integer- und zwei String-Parameter erwartet. Der erste Parameter kann direkt an Invoke übergeben werden, die anderen beiden in Form eines Object-Felds.

```
' Deklaration einer Delegate-Klasse für Methoden mit
' drei Parametern (einem Integer und zwei Strings)
Delegate Sub mydelegate(ByVal n As Integer, ByVal s1 As String, ByVal s2 As String)
' Aufruf einer Prozedur mit drei Parametern
Dim mymethod As New mydelegate(AddressOf do_it)
Dim obj(1) As Object  'Übergabe der Parameter 2 und 3
obj(0) = "abc"
obj(1) = "efg"
Me.Dispatcher.Invoke(Windows.Threading.DispatcherPriority.Normal, mymethod, 5, obj)
' die aufzurufende Prozedur oder Methode
Sub do_it(ByVal n As Integer, ByVal s1 As String, ByVal s2 As String)
  ...
End Sub
```

Die Ausführung von WPF-Prozessen niedriger Priorität erzwingen

Eine interessante Anwendung von Invoke ist die bereits in Abschnitt 21.2 vorgestellte DoEvents-Alternative:

```
Me.Dispatcher.Invoke(Windows.Threading.DispatcherPriority.Background, Function() 0)
```

Diese Anweisung können Sie innerhalb einer gewöhnlichen WPF-Ereignisprozedur ausführen, die üblicherweise – je nach Ereignistyp – mit der Windows.Threading.DispatcherPriority = Normal ausgeführt wird. (Leider habe ich keine Möglichkeit gefunden, wie man die aktuelle DispatcherPriority feststellen kann.)

Indem Sie nun per Invoke die synchrone Ausführung einer 0-Funktion in einer niedrigeren DispatcherPriority-Stufe erzwingen, bewirken Sie gleichzeitig, dass die WPF alle anderen Aufgaben einschiebt, die auf dieser Prioritätsstufe auf ihre Abarbeitung warten. Damit können Sie während einer länger andauernden Berechnung auch ohne richtiges Multithreading Steuerelemente aktualisieren, Benutzereingaben verarbeiten etc.

BeginInvoke

Invoke wird wie alle gewöhnlichen Methoden oder Eigenschaften synchron ausgeführt. Das bedeutet, dass die nächste Anweisung nach Invoke erst nach dem Abschluss der durch Invoke aufgerufenen Prozedur ausgeführt wird. Je nachdem, ob der WPF-Thread gerade beschäftigt ist, kann es daher eine Weile dauern, bis Ihr eigener Thread fortgesetzt werden kann.

Um diese Wartezeit zu vermeiden und eine möglichst hohe Parallelität bei der Ausführung des Codes zu erzielen (was ja oft die Motivation einer Multithreading-Anwendung ist), können Sie die Prozedur mit BeginInvoke asynchron starten. BeginInvoke liefert sofort ein DispatcherOperation-Objekt zurück. Damit können Sie mit der Eigenschaft Status feststellen, ob die aufgerufene Prozedur schon abgeschlossen ist. Um den Programmfluss wieder zu synchronisieren, führen Sie dispop.Wait aus. Waite wartet, bis die Prozedur tatsächlich beendet ist. Den Rückgabewert der Prozedur ermitteln Sie anschließend mit dispop.Result. Alternativ informieren auch die Ereignisse Aborted und Completed über den Status der Prozedur.

Die folgenden Zeilen zeigen die Anwendung von BeginInvoke für eine Prozedur ohne Parameter und ohne Rückgabewert:

```
Delegate Sub mydelegate()
Dim mymethod As New mydelegate(AddressOf do_it)
Dim dispOp As System.Windows.Threading.DispatcherOperation = _
  Me.Dispatcher.BeginInvoke(Windows.Threading.DispatcherPriority.Normal, mymethod)
Sub do_it()
  ...
End Sub
```

Objekte einfrieren (Freezable-Klasse)

Eine Menge WPF-Klassen sind von der Klasse `Freezable` abgeleitet: Wichtige Vertreter sind `Animatable`, `Brush`, `Drawing`, `GeneralTransform`, `Geometry`, `ImageSource` und `PathSegment` sowie natürlich alle davon abgeleiteten Klassen. `Freezable`-Objekte können mit der Methode Froze eingefroren werden. Das bedeutet, dass die Objekte von nun an unveränderlich sind. (Diese Entscheidung können Sie nicht rückgängig machen. Sie können aber von einem eingefrorenen Objekt eine veränderliche Kopie erstellen.) Eingefrorene Objekte erhöhen in vielen Fällen die Effizienz und Geschwindigkeit von WPF-Anwendungen, weil im `Visual Tree` nun keine weitere Überwachung des Objekts durch dessen `Change`-Ereignis erforderlich ist.

Der Grund, warum `Freezable` gerade hier vorgestellt wird, ist freilich ein anderer: Eingefrorene Objekte sind thread-sicher! Sie dürfen ohne `[Begin]Invoke` auf das Objekt zugreifen! Veränderungen sind ja *per se* unmöglich, weswegen das mögliche Konfliktpotenzial von vornherein gering ist. Die folgende Tabelle fasst die wichtigsten Eigenschaften und Methoden der `Freezable`-Klasse zusammen.

Eigenschaften, Methoden und Ereignisse der *Freezable*-Klasse	
`CanFreeze`	gibt an, ob das Objekt eingefroren werden kann oder nicht.
`IsFrozen`	gibt an, ob das Objekt bereits eingefroren ist.
`Clone`	erstellt eine veränderliche Kopie des Objekts.
`Freeze`	friert das Objekt ein.
`GetAsFrozen`	erstellt eine eingefrorene Kopie des Objekts.
`Change`	informiert über eine Änderung im Objekt.

Programmende

Ein Windows-Programm endet automatisch, wenn das Startfenster geschlossen wird. Das bedeutet aber nicht, dass auch ein von diesem Fenster aus gestarteter Thread endet! Dieser läuft im Gegenteil weiter, auch wenn es die Benutzeroberfläche gar nicht mehr gibt. Nur wenn der Thread gerade auf ein Element des Fensters zuzugreifen versucht (über `Invoke`), tritt ein Fehler auf.

Um zu vermeiden, dass einzelne Threads länger laufen als das Hauptprogramm, sollten Sie diese Threads unbedingt explizit in der `Closing`-Ereignisprozedur des Fensters durch `Abort` und `Join` beenden:

```
Private Sub Form1_FormClosing(...) Handles MyBase.FormClosing
  If mythread.IsAlive Then
    mythread.Abort() 'Thread zum Beenden auffordern
    mythread.Join()  'warten, bis der Thread wirklich beendet worden ist
  End If
End Sub
```

Die andere Variante besteht darin, den `Thread` beim Erzeugen als Hintergrund-Thread zu kennzeichnen (`mythread.IsBackground = True`). Damit wird der Thread beim Programmende automatisch beendet. Beachten Sie aber, dass es dennoch zu einer Fehlermeldung kommen kann, wenn der Thread gerade in der Phase `Invoke` ausführt, in der das Formular aus dem Speicher entfernt wird, der Fenster-Thread aber noch läuft.

21.6 Beispiel 1 – Verzeichniseigenschaften

Bei dem in Abbildung 21.6 dargestellten Beispielprogramm können Sie im hierarchischen Listenfeld ein Verzeichnis auswählen. Wenn Sie anschließend den Button EIGENSCHAFTEN anklicken, wird in einem neuen Thread die Anzahl aller Dateien und Unterverzeichnisse sowie der gesamte Platzbedarf ermittelt. Während diese Daten ermittelt werden, wird der Button grau angezeigt (`IsEnabled=False`). Sobald die Endergebnisse vorliegen, verschwindet der Button ganz. Das Programm merkt sich die Ergebnisse für das betroffene Verzeichnis, sodass sie bei einem nochmaligen Auswählen des Verzeichnisses sofort zur Verfügung stehen.

Da die Verzeichniseigenschaften in einem eigenen Thread ermittelt werden, kann das Programm uneingeschränkt weiterverwendet werden, etwa um ein anderes Verzeichnis im Verzeichnisbaum auszuwählen. Wenn die Eigenschaften eines neuen Verzeichnisses ermittelt werden sollen, bevor die Berechnung der Eigenschaften des vorherigen Verzeichnisses abgeschlossen ist, wird der noch laufende Thread abgebrochen.

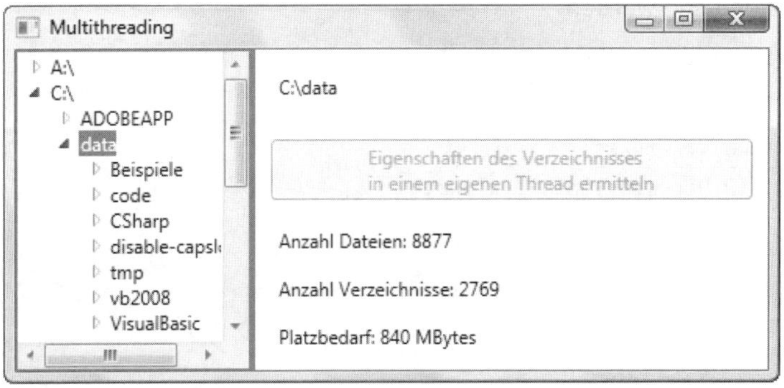

Abbildung 21.6: Die Verzeichniseigenschaften werden in einem eigenen Thread ermittelt.

Programmcode des Hauptfensters

Die Verwaltung des `TreeView`-Steuerelements erfolgt wie in dem in Abschnitt 17.12 vorgestellten Beispielprogramm. (Diese Teile des Codes werden hier nicht mehr abgedruckt.) Um die Eigenschaften eines Verzeichnisses zu ermitteln, wird die Klasse `dirinfo` eingesetzt. An deren Konstruktor müssen zwei Parameter übergeben werden: ein `Dispatcher`-Objekt des Formulars sowie der vollständige Name des Verzeichnisses, dessen Eigenschaften ermittelt werden sollen. Der Hintergrundprozess startet mit der Methode `GetProperties`. Die Klasse kennt zwei Ereignisse: `update` wird regelmäßig aufgerufen und ermöglicht eine Aktualisierung des Fensters, während das Verzeichnis durchlaufen wird. `done` gibt an, dass die endgültigen Daten vorliegen.

Auf Formularebene sind vier Klassenvariablen definiert: currentPath enthält den vollständigen Namen des Verzeichnisses, das gerade im TreeView-Steuerelement ausgewählt ist. activePath enthält diese Information für den zuletzt gestarteten Thread zur Berechnung der Eigenschaften. activeTvi zeigt auf den dazugehörenden Listeneintrag, activeThread auf das aktive Thread-Objekt.

```
' Beispiel wpf-multithreading\verzeichnisinfo, Datei Window1.xaml.vb
Imports System.ComponentModel
Dim currentPath As String = ""   'momentan ausgewähltes Verzeichnis
Dim activePath As String = ""    'Daten des zuletzt gestarteten Threads
Dim activeTvi As TreeViewItem
Dim activeThread As System.Threading.Thread
```

Der Code zur Initialisierung des TreeView-Steuerelements mit allen bekannten Laufwerken (Ereignisprozedur Window1_Loaded) sowie zur Ermittlung der Unterverzeichnisse beim Anklicken eines Verzeichnisses (tvFilesys_Expanded) wurde bereits am Ende von Abschnitt 17.12 abgedruckt und beschrieben.

Die Ereignisprozedur tvFilesys_Selected wird immer dann aufgerufen, wenn im Listenfeld durch einen einfachen Mausklick ein Verzeichnis ausgewählt wurde. Die Prozedur speichert dann den ausgewählten Pfad in currentPath und zeigt die verfügbaren Eigenschaften an und verändert die Sichtbarkeit des EIGENSCHAFTEN-Buttons. Bereits zu einem früheren Zeitpunkt ermittelte Eigenschaften können via tvi.Tag aus einem dirinfo-Objekt gelesen werden.

```
Private Sub tvFilesys_Selected(ByVal sender As System.Object, _
                               ByVal e As System.Windows.RoutedEventArgs)
  Dim tvi As TreeViewItem = CType(e.OriginalSource, TreeViewItem)
  If TypeOf tvi.Header Is IO.DirectoryInfo Then
    currentpath = CType(tvi.Header, IO.DirectoryInfo).FullName
    lbl1.Content = currentPath
    If currentPath = activePath Then
      'die Berechnung läuft gerade
      btnStart.IsEnabled = False
      btnStart.Visibility = Windows.Visibility.Visible
    ElseIf tvi.Tag Is Nothing Then
      'es sind noch keine Daten bekannt
      lbl2.Content = "Anzahl Dateien: ?"
      lbl3.Content = "Anzahl Verzeichnisse: ?"
      lbl4.Content = "Platzbedarf: ?"
      btnStart.IsEnabled = True
      btnStart.Visibility = Windows.Visibility.Visible
    Else
      'die Daten wurden bereits ermittelt
      ShowTreenodeDetails(CType(tvi.Tag, dirinfo))
      btnStart.Visibility = Windows.Visibility.Hidden
    End If
  End If
End Sub
Private Sub ShowTreenodeDetails(ByVal di As dirinfo)
```

```
  lbl2.Content = "Anzahl Dateien: " + di.files.ToString
  lbl3.Content = "Anzahl Verzeichnisse: " + di.directories.ToString
  lbl4.Content = "Platzbedarf: " + (di.size \ 1024 \ 1024).ToString + " MBytes"
End Sub
```

Die Ermittlung der Verzeichniseigenschaften beginnt durch einen Klick auf den EIGENSCHAFTEN-Button. In `btnStart_Click` wird zuerst ein eventuell noch laufender Thread beendet. Anschließend wird ein neues `dirinfo`-Objekt erzeugt. Für die Ereignisse `Done` und `Update` werden Ereignisprozeduren eingerichtet. Anschließend wird `di.GetProperties` in einem neuen Thread gestartet.

Die `Update`- und `Done`-Ereignisprozeduren aktualisieren den rechten Fensterbereich, falls `currentPath` und `activePath` übereinstimmen. Hat der Anwender inzwischen ein anderes Verzeichnis ausgewählt, läuft der Thread weiter, die Anzeige wird aber nicht aktualisiert. Sobald das Endergebnis vorliegt (done-Ereignis), wird das `dirinfo`-Objekt in der `Tag`-Eigenschaft des `TreeViewItems` gespeichert.

```
Private Sub btnStart_Click(ByVal sender As System.Object, _
  ByVal e As System.Windows.RoutedEventArgs) Handles btnStart.Click
  Dim di As dirinfo
  Dim tvi As TreeViewItem = tvFilesys.SelectedItem
  If currentPath = "" OrElse _
     tvi Is Nothing OrElse _
     Not TypeOf tvi.Header Is IO.DirectoryInfo Then Exit Sub
  StopDirinfoThread()   'eventuell laufenden Thread abbrechen
  activePath = currentPath
  activeTvi = tvi
  ' neues dirinfo-Objekt erzeugen und dessen Methode GetProperties in neuem Thread starten
  btnStart.IsEnabled = False
  di = New dirinfo(Me.Dispatcher, currentPath)
  AddHandler di.Done, AddressOf Dirinfo_Done
  AddHandler di.Update, AddressOf Dirinfo_Update
  activeThread = New System.Threading.Thread(AddressOf di.GetProperties)
  activeThread.Name = "diThread"
  activeThread.Start()
End Sub
' Ereignisprozedur, die aufgerufen wird, um die Verzeichnisinfos zu aktualisieren
Private Sub Dirinfo_Update(ByVal di As dirinfo)
  If activePath = currentPath Then ShowTreenodeDetails(di)
End Sub
' Ereignisprozedur, die aufgerufen wird, wenn diThread fertig ist
Private Sub Dirinfo_Done(ByVal di As dirinfo)
  activeTvi.Tag = di                               'Ergebnis speichern
  If activePath = currentPath Then                 'und anzeigen
    ShowTreenodeDetails(di)
    btnStart.Visibility = Windows.Visibility.Hidden
  End If
  activePath = ""
  activeTvi = Nothing
End Sub
' Prozedur, um einen eventuell noch laufenden Thread zu stoppen
```

```
Private Sub StopDirinfoThread()
  If (Not IsNothing(activeThread)) AndAlso activeThread.IsAlive Then
    activeThread.Abort()
    activeThread.Join()
    activePath = ""
    activeTvi = Nothing
  End If
End Sub
```

Programmcode der dirinfo-Klasse

Die `dirinfo`-Klasse bietet vom Standpunkt der Multithreading-Programmierung her relativ wenige Neuigkeiten. Der Großteil des Codes unterscheidet sich nicht von einer gewöhnlichen Klasse. Bemerkenswert ist nur der Aufruf der Ereignisse `Done` und `Update` durch `Invoke` bzw. `BeginInvoke`. Das ist erforderlich, weil in diesen Ereignisprozeduren der Fensterinhalt aktualisiert wird. Deswegen muss sichergestellt sein, dass die Ereignisprozeduren im Thread des Fensters ausgeführt werden.

```
' Beispiel wpf-multithreading\verzeichnisinfo, Datei Window1.xaml.vb
Imports System.Windows.Threading
Class dirinfo
  Const interval As Integer = 300      'Aktualisierungsintervall in ms
  Public files, directories, size, errors As Long
  Public path As String
  Private disp As Dispatcher
  Private nextupdate As Date
  ' Ereignisse
  Public Event Done(ByVal di As dirinfo)
  Public Event Update(ByVal di As dirinfo)
  ' Delegates
  Private Delegate Sub sub_nopara()
  ' Konstruktor
  Public Sub New(ByVal disp As Dispatcher, ByVal fullpath As String)
    Me.disp = disp
    Me.path = fullpath
  End Sub
  ' Methoden
  Public Sub GetProperties()
    nextupdate = Now.AddMilliseconds(100)          '1. Update nach 100 ms
    ReadDirectory(path)
    disp.Invoke(DispatcherPriority.Normal, _
                New sub_nopara(AddressOf raiseDoneEvent))
  End Sub
  ' werden per Invoke aufgerufen
  Sub raiseDoneEvent()
    RaiseEvent Done(Me)
  End Sub
  Sub raiseUpdateEvent()
    RaiseEvent Update(Me)
  End Sub
```

```
  ' rekursiv die Verzeichniseigenschaften ermitteln
  Private Sub ReadDirectory(ByVal p As String)
    Dim dir As New IO.DirectoryInfo(p)
    Dim subdir As IO.DirectoryInfo
    Dim file As IO.FileInfo
    Try
      For Each file In dir.GetFiles
        files += 1
        Try
          size += file.Length
        Catch  'Fehler ignorieren
          errors += 1
        End Try
      Next
      For Each subdir In dir.GetDirectories
        directories += 1
        ReadDirectory(subdir.FullName)
      Next
    Catch  'Fehler ignorieren
      errors += 1
    End Try
    ' Update-Event auslösen
    If Now > nextupdate Then
      disp.BeginInvoke(DispatcherPriority.Normal, _
                       New sub_nopara(AddressOf raiseUpdateEvent))
      nextupdate = Now.AddMilliseconds(interval)
    End If
  End Sub
End Class
```

21.7 Beispiel 2 – Apfelmännchengrafik

Das folgende Programm berechnet den in Abbildung 21.7 gezeigten Ausschnitt aus der Mandelbrotmenge (eine sogenannte Apfelmännchengrafik) für die gerade aktuelle Fenstergröße. Die Berechnung erfolgt durch mehrere Threads, sodass aktuelle Hardware mit mehreren CPUs bzw. Cores optimal genutzt wird. Die Benutzeroberfläche des Programms ist zugegebenermaßen minimalistisch – hier geht es vordergründig nur um die Multithreading-Technik. Wenn Sie ein komfortables Programm zur Berechnung von Apfelmännchengrafiken suchen, finden Sie im Internet zahllose kostenlose Angebote.

HINWEIS

Der Programmcode setzt voraus, dass Sie über den Umgang mit Bitmaps Bescheid wissen. Das Programm verwendet eine `WriteableBitmap`, um darin die Grafik Schritt für Schritt zusammenzusetzen. Die Bitmap wird in einem `Image`-Feld dargestellt, wobei dessen Position und Größe so gewählt ist, dass die Pixel unabhängig von der DPI-Einstellung des Systems 1:1 abgebildet werden können, also ohne Verzerrungen, Moiré-Effekte etc. Werfen Sie gegebenenfalls einen Blick in Abschnitt 19.2.

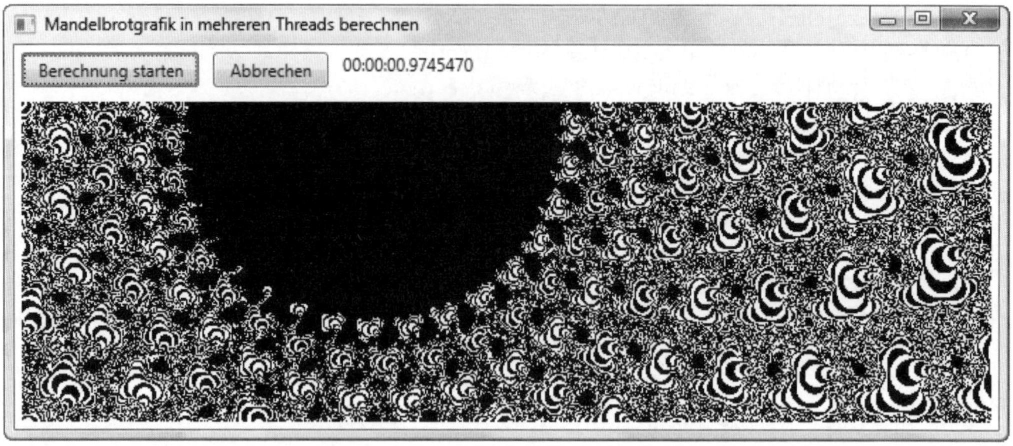

Abbildung 21.7: Apfelmännchengrafik

Vorweg ein kurzer Überblick über den Aufbau des Codes: Beim Start des Programms erzeugt das Programm einen Pool von `Thread`- und `CalcMandelbrot`-Objekten, deren Anzahl durch `Environment.ProcessorCount` bestimmt wird, also mit der Anzahl der verfügbaren CPUs bzw. Cores.

Die im Programm definierte Klasse `CalcMandelbrot` hat die Aufgabe, einige Zeilen der Grafik zu berechnen – natürlich in einem eigenen Thread. Dazu werden die `CalcMandelbrot`-Objekte in `btnStart_Click` initialisiert: Insbesondere werden in jedem Objekt eine Thread-Nummer, die Parameter der Grafik in einer `MandelbrotParameters`-Struktur sowie ein `Dispatcher`-Objekt gespeichert.

Der eigentliche Berechnungsstart erfolgt in der Prozedur `StartNextThread`. Dort wird ein neues `Thread`-Objekt erzeugt und in `calcThread(n)` gespeichert. Der Thread wird zur einmaligen Ausführung der Methode `calcLineBlock` verwendet. Ist die Berechnung darin abgeschlossen, wird via `Invoke` das `Done`-Ereignis der `CalcMandelbrot`-Klasse ausgelöst. In der `LinesDone`-Ereignisprozedur werden die Pixeldaten für einen Streifen der Grafik in eine `WriteableBitmap` kopiert. Anschließend wird wiederum `StartNextThread` aufgerufen, um den nächsten Streifen zu berechnen.

Die folgenden Zeilen zeigen die Struktur `MandelbrotParameters`:

```
' Beispiel wpf-multithreading\mandelbrot, Datei MandelbrotParameters.vb
Public Structure MandelbrotParameters
  '(real0, imag0) bezeichnet den Startpunkt des Rechtecks in der imaginären Zahlenebene,
  'für den die Mandelbrotmenge berechnet wird; (real1, imag1) ist der Endpunkt, wobei
  'sich imag1 aus dem Verhältnis b:h der Abbildung ergibt
  Public real0 As Double
  Public real1 As Double
  Public imag0 As Double
  Public w As Integer           'gibt die Breite der Grafik an (in Pixel)
  Public counterMax As Integer  'gibt die Rechentiefe an
  Public colors() As Color      'die Farben
  Public colorCount As Integer
End Structure
```

Schon interessanter ist die Klasse CalcMandelbrot. Die Prozedur calcLineBlock berechnet h Zeilen, beginnend mit Zeile y0. Diese beiden Parameter müssen vor dem Start der Methode eingestellt werden, alle anderen Parameter der Grafik werden durch den Konstruktor der Klasse initialisiert. Die Iterationsanzahl für jeden einzelnen Punkt der Mandelbrotmenge wird in calcPoint berechnet. Deren Code ist schon beinahe unendlich oft beschrieben worden, weswegen ich hier darauf verzichte. Die Farbe des dazugehörenden Pixels ergibt sich aus mp.colors(result Mod mp.colorCount). Die Farbanteile werden anschließend in einen Byte-Puffer übertragen, der später mit WritePixels in die Ergebnis-Bitmap kopiert wird. Zum Abschluss der Berechnung wird via Invoke das Done-Ereignis ausgelöst. Die Done-Ereignisprozedur wird somit im WPF-Thread ausgeführt.

```
' Beispiel wpf-multithreading\mandelbrot, Datei CalcMandelbrot.vb
Public Class CalcMandelbrot
  Public threadID As Integer  'programminterne ID-Nummer
  Public y0 As Integer        'die erste zu berechnenden Zeile
  Public h As Integer         'die Anzahl der zu berechnenden Zeilen
  Public puffer() As Byte     'Puffer zur Übertragung der Daten in die Ergebnis-Bitmap
  Private mp As MandelbrotParameters
  Private disp As Windows.Threading.Dispatcher  'Dispatcher
  Public Event Done(ByVal cml As CalcMandelbrot)
  Private Delegate Sub sub_nopara()
  'Konstruktor, Initialisierung der Daten
  Sub New(ByVal thread As Integer, _
          ByVal mandelPara As MandelbrotParameters, _
          ByVal dispatch As Windows.Threading.Dispatcher)
    threadID = thread
    mp = mandelPara
    disp = dispatch
  End Sub
  'mehrere Zeilen berechnen, Ergebnis in Byte-Puffer speichern
  Sub calcLineBlock()
    Dim real, imag, delta As Double
    Dim offset, result As Integer
    ReDim puffer(h * mp.w * 4 - 1)
    delta = (mp.real1 - mp.real0) / mp.w
    offset = 0
    For y = y0 To y0 + h - 1
      imag = mp.imag0 + delta * y
      For x = 0 To mp.w - 1
        real = mp.real0 + delta * x
        result = calcPoint(real, imag, mp.counterMax) Mod mp.colorCount
        puffer(offset) = mp.colors(result).B
        puffer(offset + 1) = mp.colors(result).G
        puffer(offset + 2) = mp.colors(result).R
        puffer(offset + 3) = mp.colors(result).A
        offset += 4
      Next
    Next
    disp.Invoke(Windows.Threading.DispatcherPriority.Background, _
```

```
                New sub_nopara(AddressOf raiseDoneEvent))
  End Sub
  ' einen Punkt berechnen
  Function calcPoint( _
      ByVal realstart As Double, ByVal imagstart As Double, _
      ByVal countermax As Integer) As Integer
    ...
    Return counter
  End Function
  'fertig (Ereignis wird im WPF-Thread ausgeführt)
  Sub raiseDoneEvent()
    RaiseEvent Done(Me)
  End Sub
End Class
```

Der XAML-Code des Fensters ist kurz und bedarf keiner Erklärung:

```
<Canvas Name="canvas1">
   <StackPanel Name="stack1" Orientation="Horizontal">
      <Button Name="btnStart" Margin="5" Padding="10,2">Berechnung starten</Button>
      <Button Name="btnStop" Margin="5" Padding="10,2">Abbrechen</Button>
      <Label Name="lblTime"/>
   </StackPanel>
   <Image Name="image1" Stretch="Uniform"/>
</Canvas>
```

Der dazugehörende VB-Code ist wesentlich umfangreicher. In `Window1_Loaded` werden die DPI-Einstellungen des Systems ermittelt und in den Variablen `dpix` und `dpiy` gespeichert. `btnStart_Click` verwendet diese Informationen, um das `Image`-Steuerelement so zu positionieren, dass eine 1:1-Abbildung aller Pixel möglich ist. Hintergrundinformationen sowie den Code der Funktionen `SnapToPixelX` und `-Y` finden Sie in Abschnitt 19.2. Der restliche Code in `btnStart_Click` dient dazu, für jeden Thread ein `CalcMandelbrot`-Objekt zu erzeugen, zu initialisieren und mit `StartNextThread` die Berechnung eines Segments der Grafik zu starten.

```
' Beispiel wpf-multithreading\mandelbrot, Datei Window1.xaml.vb
Const imgMargin = 5                  'Margin für Image
Dim dpix, dpiy As Double             'System-DPI-Einstellung
Dim w, h As Integer                  'Bitmap-Größe
Dim h0 = 10                          'Anzahl der Linien, die auf einmal berechnet werden
Dim currentY As Integer              'gibt die Zeile an, die als Nächstes berechnet wird
Dim bmp As WriteableBitmap           'Bitmap mit dem Zwischenergebnis
Dim nextupdate As Date               'Zeitpunkt der nächsten Aktualisierung des Bildschirms
Dim starttime As Date                'Startzeit der Berechnung
Dim updateInterval As TimeSpan = TimeSpan.FromSeconds(1)
'pro CPU ein CalcMandelbrotLine-Objekt, das für die Berechnung zuständig ist
Dim noOfThreads = Environment.ProcessorCount
Dim calcData(noOfThreads - 1) As CalcMandelbrot
Dim calcThread(noOfThreads - 1) As System.Threading.Thread
Dim calcThreadsRunning = 0
```

```
Dim abborting = False              'Berechnung wird gerade abgebrochen
'System-DPI-Einstellung ermitteln
Private Sub Window1_Loaded(...) Handles Me.Loaded
  Dim m As Matrix = PresentationSource.FromVisual(Me).CompositionTarget.TransformToDevice
  dpix = m.M11 * 96
  dpiy = m.M22 * 96
End Sub
'Berechnung starten
Private Sub btnStart_Click(...) Handles btnStart.Click
  btnStart.IsEnabled = False
  starttime = Now
  'Position und Größe der Bitmap und des Image-Steuerelements berechnen
  Dim x0, y0 As Double
  x0 = SnapToPixelX(imgMargin)
  y0 = SnapToPixelY(stack1.ActualHeight + imgMargin)
  w = (canvas1.ActualWidth - imgMargin * 2) * dpix / 96
  h = (canvas1.ActualHeight - y0 - imgMargin) * dpiy / 96
  bmp = New WriteableBitmap(w, h, 96, 96, PixelFormats.Bgra32, Nothing)
  Canvas.SetLeft(image1, x0)
  Canvas.SetTop(image1, y0)
  image1.Width = w / dpix * 96
  image1.Height = h / dpix * 96
  image1.Source = Nothing   'momentan noch nichts anzeigen
  'Parameter der Mandelbrotgrafik einstellen
  Dim mp As MandelbrotParameters
  mp.real0 = -0.747501
  mp.real1 = -0.7474995
  mp.imag0 = 0.0976
  mp.counterMax = 600
  mp.colors = New Color() {Colors.Black, Colors.White}
  mp.colorCount = mp.colors.Count
  mp.w = w
  'Berechnung der Grafik initiieren
  abborting = False
  currentY = 0
  For i = 0 To noOfThreads - 1
    calcData(i) = New CalcMandelbrot(i, mp, Me.Dispatcher)
    AddHandler calcData(i).Done, AddressOf LinesDone
    StartNextThread(i)
  Next
  nextupdate = Now.AddMilliseconds(500)
End Sub
```

StartNextThread testet zuerst, ob es überhaupt noch Zeilen gibt, die zu berechnen sind. Wenn das der Fall ist, werden beim schon vorhandenen CalcMandelbrot-Objekt die Parameter y0 und h eingestellt, wird ein neuer Thread erzeugt, in calcThread(n) gespeichert und schließlich gestartet. Die Variable calcThreadsRunning gibt an, wie viele eigene Threads momentan aktiv sind.

```
'nächsten Berechnungs-Thread starten
Sub StartNextThread(ByVal threadNr As Integer)
  If currentY < h Then
    calcData(threadNr).y0 = currentY
    calcData(threadNr).h = Math.Min(h0, h - currentY)
    currentY += calcData(threadNr).h
    calcThread(threadNr) = _
      New System.Threading.Thread(AddressOf calcData(threadNr).calcLineBlock)
    calcThread(threadNr).Name = "CalcMandelbrotLine " & threadNr
    calcThread(threadNr).Start()
    calcThreadsRunning += 1
  End If
End Sub
```

Wenn die Berechnung eines Liniensegments fertig ist, löst das `CalcMandelbrot`-Objekt ein `Done`-Ereignis aus, auf das die Ereignisprozedur `LinesDone` reagiert. Diese Prozedur wird im WPF-Thread ausgeführt und stellt deswegen das Nadelöhr des Programms dar: Ganz egal, wie viele CPUs/Cores zur Verfügung stehen, laufen hier alle Daten in einem Thread zusammen. Solange `LinesDone` beschäftigt ist, müssen möglicherweise andere Threads darauf warten, dass sie ebenfalls ihr Ergebnis mitteilen »dürfen«.

`LinesDone` kopiert den Puffer des `CalcMandelbrot`-Objekts in die Zwischenergebnis-Bitmap `bmp`. Die Variable `calcThreadsRunning` wird hier ein wenig vorzeitig um eins reduziert – genau genommen läuft der Thread ja noch, bis die `Invoke`-Methode in `CalcMandelbrot.calcLineBlock` abgeschlossen ist. Der Thread greift aber auf keine Daten mehr zu, daher ist es zulässig, in `StartNextThread` einen neuen `Thread` zu starten, der das bereits vorhandene `CalcMandelbrot`-Objekt nutzt.

`LinesDone` ist auch für die regelmäßige Aktualisierung der Anzeige verantwortlich. Dazu wird das Bitmap-Objekt »geklont« (kopiert) und im `Image`-Element angezeigt. Vielleicht fragen Sie sich, warum ich einfach in `btnStart_Click` die Einstellung `Image.Source = bmp` vornehme. Der Grund: Die Anzeige wird dann bei jeder Änderung – also viel öfter – aktualisiert, was das Programm deutlich bremst.

```
'Berechnung ist fertig, Ergebnispuffer in bmp kopieren, neuen Thread starten
Sub LinesDone(ByVal cmb As CalcMandelbrot)
  If abborting Then Exit Sub
  'Zeile in Ergebnis-Bitmap kopieren
  bmp.WritePixels(New Int32Rect(0, cmb.y0, w, cmb.h), cmb.puffer, w * 4, 0)
  'Berechnung des nächsten Zeilenblocks
  calcThreadsRunning -= 1
  If currentY < h Then StartNextThread(cmb.threadID)
  'Berechnung fertig?
  If calcThreadsRunning = 0 Then
    nextupdate = Now
    btnStart.IsEnabled = True
    lblTime.Content = Now.Subtract(starttime).ToString
  End If
  'Anzeige einmal pro Sekunde bzw. nach dem Ende des letzten Threads aktualisieren
  If Now >= nextupdate Then
```

```
      image1.Source = bmp.Clone
      nextupdate = Now.Add(updateInterval)
    End If
  End Sub
```

Die verbleibenden Zeilen sind dafür verantwortlich, dass die Berechnung jederzeit abgebrochen werden kann bzw. dass beim Beenden des Programms alle eventuell noch laufenden Threads beendet werden.

```
'Abbruch der Berechnung
Private Sub btnStop_Click(...) Handles btnStop.Click
  AbortAllCalcThreads()
  image1.Source = Nothing
  btnStart.IsEnabled = True
End Sub
'beim Programmende auch alle Threads beenden
Private Sub Window1_Closing(...) Handles Me.Closing
  AbortAllCalcThreads()
End Sub
'alle laufenden Threads beenden
Private Sub AbortAllCalcThreads()
  abborting = True
  For i = 0 To noOfThreads - 1
    If calcThread(i) Is Nothing Then Continue For
    calcThread(i).Abort()
    calcThread(i).Join()
  Next
  calcThreadsRunning = 0
End Sub
```

Geschwindigkeit

Abschließend noch ein paar Worte zur Effizienz des Programms. Auf meinem Dual-Core-Rechner dauert die Berechnung der Grafik bei maximaler Fenstergröße (1600*1200 Pixel minus Fensterränder) etwa 3,2 Sekunden. Wenn ich die Größe des Thread-Pools explizit auf eins reduziere, steigt die Rechenzeit auf 6,2 Sekunden.

Mangels geeigneter Hardware habe ich leider keine Tests mit mehr CPUs/Cores durchführen können, aber es ist zu erwarten, dass die Rechenzeitersparnis zunehmend kleiner wird. Das Problem besteht darin, dass der Verwaltungs-Overhead und die regelmäßige Anzeigeaktualisierung des Programms innerhalb *eines* WPF-Threads stattfinden. Dieser Anteil der Rechenzeit kann auch durch das Multithreading nicht verringert werden. Da die eigentliche Berechnung der Grafik auf modernen Prozessoren sehr schnell vor sich geht, ist das Einsparungspotenzial beschränkt. Dennoch beweist dieses Programm, dass Windows, VB und die WPF *echtes* Multithreading durchaus ermöglichen. Dass der Programmieraufwand höher ist als bei der herkömmlichen Programmierung, versteht sich von selbst.

TIPP

Wenn Sie die Geschwindigkeit eines Programms messen möchten, müssen Sie unbedingt eine Release-Version kompilieren (ERSTELLEN|MANDELBROT ERSTELLEN) und die resultierende *.*exe*-Datei außerhalb von Visual Studio ausführen! Innerhalb von Visual Studio wird das Programm durch die Debugging-Funktionen stark gebremst.

22 WPF-Programme weitergeben

Wie kommt das von Ihnen entwickelte Programm auf den Rechner des Kunden bzw. Nutzers? Der gängige Weg in den beiden vergangenen Jahrzehnten bestand darin, dass der Käufer auf der CD, DVD oder in einem aus dem Internet heruntergeladenen Zip-Archiv nach *setup.exe* oder *programmname.msi* suchte und diese Datei ausführte.

Die Erstellung derartiger Setup-Pakete ist ein zentrales Thema dieses Kapitels. Das Erstellen von Setup-Paketen setzt allerdings zumindest Visual Studio Professional voraus. Bei der Express- und Standard-Version fehlt der entsprechende Projekttyp.

Neben den klassischen Setup-Projekten bietet das .NET-System verschiedene Alternativen zur Weitergabe von Windows-Programmen. Am populärsten ist das `ClickOnce`-Verfahren, das von allen Visual Studio-Versionen unterstützt wird (auch von der kostenlosen Express-Edition).

Ohne .NET Framework läuft kein .NET-Programm. Deswegen muss sichergestellt werden, dass auf dem Kundenrechner auch das .NET Framework in der richtigen Version zur Verfügung steht.

HINWEIS Dieses Kapitel beschreibt die Weitergabe von WPF-Programmen. Genau dieselben Vorgehensweisen gelten auch für Windows Forms-Programme – mit einem Unterschied: Wenn Sie in Ihren Programmen auf LINQ und andere neue Funktionen verzichten, reicht zur Ausführung das .NET Framework 2.0, während WPF-Programme zumindest Version 3.0 voraussetzen.

Für Internet-Anwendungen (ASP.NET, Webservices etc.) gelten ganz andere Regeln für die Weitergabe – aber diese Projekttypen werden in diesem Buch generell nicht behandelt.

22.1 Überblick

In der Theorie ist alles ganz einfach: Nachdem Sie Ihre Visual Basic-Windows-Anwendung zu einer **.exe*-Datei kompiliert haben, geben Sie die Datei an andere Personen weiter. Diese können das Programm sofort und ohne komplizierte Installation ausführen. Falls Ihr Programm auf irgendwelchen eigenen Bibliotheken (**.dll*-Dateien) basiert, müssen diese in dasselbe Verzeichnis wie die **.exe*-Datei kopiert werden – auch das ist kein Problem.

xcopy-Installation

Microsoft bezeichnet diese aus DOS-Zeiten vertraute Art der Software-Installation nicht ohne Stolz als `xcopy`-Installation. Verallgemeinert bedeutet das: Es müssen einfach nur alle Dateien aus dem *bin*-Projektverzeichnis in das Zielverzeichnis kopiert werden. Es sind weder Einträge in die Registrierdatenbank noch Veränderungen an den Windows-Systemdateien erforderlich, wie dies früher der Fall war.

Um ein Programm für die `xcopy`-Installation zur Verfügung zu stellen, kompilieren Sie das Programm mit ERSTELLEN|*PROJEKTNAME* ERSTELLEN neu und bilden dann aus allen Dateien aus dem Verzeichnis *bin\release* ein neues Zip-Archiv. Dieses senden Sie per E-Mail einem befreundeten Entwickler. Dieser extrahiert die Dateien in ein beliebiges Verzeichnis und startet dann die **.exe*-Datei per Doppelklick im Windows Explorer.

Wenn es in der Praxis immer so einfach wäre wie oben beschrieben, gäbe es natürlich kein eigenes Kapitel. Die erste Grundvoraussetzung für die Ausführung jedes VB 2010-Programms besteht darin, dass auf dem Zielrechner das .NET Framework in der richtigen Version installiert ist. Welche .NET-Version Ihr Programm benötigt, hängt von den Projekteigenschaften ab. WPF-Programme setzen zumindest .NET 3.0 voraus, Windows Forms-Programme kommen auch mit .NET 2.0 aus, sofern Sie keine neuen Sprachmerkmale von VB 2010 (z.B. LINQ) nutzen. In diesem Kapitel gehe ich allerdings davon aus, dass Sie Ihr Programm für die .NET-Version 4.0 entwickelt haben – die Voreinstellung für WPF-Projekte.

Darüber hinaus gibt es eine Reihe von Gründen, die gegen eine `xcopy`-Installation und für ein richtiges Installationsprogramm sprechen:

» Windows-Anwender sind es gewohnt, dass sie Programme mit *setup.exe* installieren und bei Bedarf über die Systemsteuerung komfortabel wieder deinstallieren können. Wohin das Programm installiert wird, interessiert den Kunden weniger als die Tatsache, ob es einen neuen Eintrag im Startmenü und vielleicht ein neues Icon auf dem Desktop gibt.

» Wenn das eigene Programm ein neues Dateiformat einführt (z.B. **.abc*), muss dieses registriert werden.

» Eventuell sollen vor der Installation Lizenzbedingungen angezeigt werden.

Setup-Projekte

Visual Studio Professional und alle teureren Varianten können Installationspakete erzeugen, die aus *setup.exe* und einer **.msi*-Datei bestehen. Die Konfiguration derartiger Setup-Projekte sowie deren Installation auf dem Kundenrechner steht im Mittelpunkt der Abschnitte 22.3 bis 22.5.

Setup-Projekte sind die ideale Lösung, wenn Sie ein fertiges Programm auf einer CD-ROM weitergeben möchten. Der Kunde benötigt zur Installation Administratorrechte. Das Programm wird in das Verzeichnis *C:\Programme* installiert, kann auf dem lokalen Rechner uneingeschränkt genutzt werden und bei Bedarf mit EINSTELLUNGEN|SYSTEMSTEUERUNG|SOFTWARE wieder deinstalliert werden.

ClickOnce-Weitergabe

Die Weitergabe von Programmen auf Datenträgern wird mit der Verbreitung schneller Internetzugänge zunehmend unpopulär. Immer öfter werden Programme aus dem Internet heruntergeladen und installiert. Die .NET-Versionen 1.0 und 1.1 unterstützten zu diesem Zweck das sogenannte `No Touch Deployment` (NTD). In .NET 2.0 wurde NTD zum `ClickOnce`-Verfahren perfektioniert.

`ClickOnce` ist keine einfache Variante zu herkömmlichen Setup-Projekten, bei denen die Setup-Dateien eben auf einem Web- oder FTP-Server zur Verfügung gestellt werden. Vielmehr gelten für die `ClickOnce`-Weitergabe ganz eigene Regeln, die mit Vor- und Nachteilen verbunden sind:

» `ClickOnce`-Daten werden nicht in das Verzeichnis *C:\Programme* installiert, sondern (unter Windows Vista) in das folgende Verzeichnis:

C:\Users\benutzername\AppData\Roaming\Microsoft\Windows\Start Menu\Programs\Microsoft

Die Programme werden wie bei einer Setup-Installation in das Startmenü eingetragen und können mit SYSTEMSTEUERUNG|SOFTWARE deinstalliert werden.

» Die Installation setzt keine Administratorrechte voraus.

» Die Installation gilt nur für den aktuellen Benutzer (nicht für alle Benutzer des Rechners wie bei Setup-Projekten).

» Während der Installation können keine Dateitypen registriert und auch keine anderen Änderungen an der Registrierdatenbank durchgeführt werden. Die Installation von COM- oder ActiveX-Komponenten ist unmöglich. Generell fehlen nahezu alle Installationsoptionen von Setup-Projekten.

» Das `ClickOnce`-Programm wird je nach Konfiguration und Installationsquelle entweder mit eingeschränkten Rechten ausgeführt, oder der Benutzer muss zusätzliche Rechte explizit gewähren.

- Vor oder nach jedem Start des installierten Programms kann ein Test erfolgen, ob eine neue Version verfügbar ist. Gegebenenfalls kann der Anwender mühelos ein Update durchführen.
- Für Entwickler ist die ClickOnce-Weitergabe wesentlich einfacher als das Erstellen von Setup-Projekten.

Sie können ClickOnce-Installationsdateien auch auf einer CD oder einem anderen Datenträger weitergeben. Das ist vor allem dann interessant, wenn Sie mit VB Express arbeiten und keine Setup-Projekte erstellen können. Ein automatisches Update ist aber nur von einer Netzwerkquelle aus möglich.

Setup versus ClickOnce

Ein Vergleich zwischen Setup-Projekten und dem ClickOnce-Verfahren führt nicht zum Ergebnis »X ist besser als Y«. Vielmehr bieten beide Verfahren Vorteile. Die Entscheidung für oder gegen ein bestimmtes Verfahren hängt primär vom Typ der Anwendung ab.

- Die ClickOnce-Weitergabe eignet sich gut für kleinere Programme, die mit einem Server über Netzwerkfunktionen kommunizieren (z.B. mit Webservices) und oft aktualisiert werden – beispielsweise ein Programm zur Zeiterfassung im Firmennetz.

  ClickOnce-Programme können unter Umständen auch herkömmliche Webprojekte ersetzen. Anstatt eine Anwendung mit ASP.NET oder einer vergleichbaren Technologie zu erstellen, entwickeln Sie die Anwendung als Windows-Programm. Damit kombinieren Sie die Vorteile beider Technologien: Einerseits gibt es eine vollwertige Benutzeroberfläche (keine Einschränkungen durch den Browser), andererseits ist eine einfache Wartung möglich (keine komplizierten Updates).

  Gegenüber ASP.NET-Anwendungen gibt es freilich auch einen entscheidenden Nachteil: Die mögliche Nutzergruppe ist stark eingeschränkt. Nur Anwender, die den Internet Explorer und eine aktuelle Windows-Installation mit .NET Framework nutzen, können Ihre ClickOnce-Anwendung starten. Wer eine alte Windows-Version, Firefox, Mac OS oder Linux nutzt, steht im Regen. Insofern spielen ClickOnce-Projekte ihre Vorteile am ehesten in reinen Windows-Firmennetzen aus.
- Setup-Projekte eignen sich dagegen eher für herkömmliche Windows-Programme, die Dateien laden und speichern, Systemaufgaben erledigen oder Zugriff auf systemnahe Daten benötigen. Das Installationsprozedere entspricht dem, was die meisten Kunden erwarten, und das einmal installierte Programm läuft mit vollen Rechten.

Die Art der Weitergabe – per Datenträger oder Internet – ist aus meiner Sicht kein Argument für oder gegen eines der beiden Verfahren: Es spricht nichts dagegen, die Setup- oder MSI-Datei eines Setup-Projekts per Internet zum Download anzubieten. Umgekehrt können die Setup-Dateien einer ClickOnce-Installation auch auf eine CD gebrannt werden.

HINWEIS

Um Ihnen eine Orientierungshilfe für die weitere Lektüre dieses Kapitels zu geben, beginne ich mit einer Art Fazit: Microsoft favorisiert eindeutig das ClickOnce-Verfahren, das in den vergangenen Jahren immer weiter verbessert wurde. Persönlich kann mich dieses Verfahren auch in seiner neuesten Inkarnation nicht überzeugen: Angeblich soll es die Weitergabe von Anwendungen ja vereinfachen, das trifft aber nur auf wenige, eher einfache Programme zu.

Dafür ist das ClickOnce-Verfahren die Ursache vieler neuer Probleme: Das komplexe ClickOnce-Sicherheitssystem steht der Installation und Ausführung von Programmen oft im Weg. Die pragmatische Lösung sieht meist so aus, dass das Programm als »voll vertrauenswürdig« gekennzeichnet wird und das Sicherheitssystem auf diese Weise vollständig deaktiviert wird. Die Weitergabe von ClickOnce-Anwendungen setzt in vielen Fällen eine Neukonfiguration des Webservers voraus. Zu guter Letzt scheitert die Installation bzw. Nutzung des Programms beim Kunden oft daran, dass dieser statt des Internet Explorers einen alternativen Browser einsetzt.

Setup-Projekte sind meiner Ansicht nach für den Kunden einfacher zu bedienen und bieten wesentlich mehr Funktionen. Das Problem hier: Das Erstellen von Setup-Projekten ist ebenso mühsam, wie die Dokumentation schlecht ist. Der in Visual Studio integrierte Designer für Setup-Projekte wird offensichtlich gerade noch gewartet (Setup-Projekte sind nun Vista-kompatibel), aber nicht mehr aktiv verbessert. Sofern Ihr Budget es zulässt, sollten Sie zum Erstellen ordentlicher Installationspakete am besten ein entsprechendes Werkzeug eines Drittanbieters erwerben (InstallShield, Wise Installation Studio etc.) ...

22.2 Manuelle Installation des .NET Frameworks

Auf Ihrem Entwicklungsrechner wurde das .NET Framework 4.0 zusammen mit VB 2010 installiert. Auf dem Rechner des Kunden steht das .NET Framework aber normalerweise noch nicht zur Verfügung.

Die Installation des .NET Frameworks auf dem Kundenrechner kann wahlweise in einem eigenen Schritt oder als Teil eines Setup-Projekts oder einer `ClickOnce`-Weitergabe erfolgen. Die Integration des .NET Frameworks in ein Setup-Projekt bzw. in eine `ClickOnce`-Weitergabe bläht die Installationsdateien allerdings stark auf und führt oft zu Komplikationen. Deswegen ist es oft zweckmäßig, die .NET Framework-Installation getrennt von der Installation irgendwelcher .NET-Programme durchzuführen. Dieser Abschnitt gibt dazu einige Tipps und fasst die Voraussetzungen zusammen.

HINWEIS

Es gibt zwei Varianten des .NET Frameworks, das SDK (Software Development Kit) und das Redistributable Package. Auf Ihrem Entwicklungsrechner ist die größere SDK-Variante erforderlich, auf dem Kundenrechner reicht die kleinere Redistributable-Variante aus, von der in diesem Kapitel die Rede ist.

Mehrere Versionen des .NET Frameworks können parallel installiert werden. Dabei kommen Verzeichnisse wie *Windows\Microsoft.NET\Framework\v1.0.3705*, *-\v2.0.50727*, *-\v3.5 oder v4.0.30319* zum Einsatz. Unterschiedliche .NET-Versionen behindern sich gegenseitig nicht. Jedes .NET-Programm benutzt automatisch die Bibliotheken der zum Programm passenden .NET-Version.

Manuelle Installation des .NET Frameworks 3.5

Die Installation des .NET Frameworks 4.0 setzt als Betriebssystem Windows XP SP3, Windows Server 2003 SP2, Windows Vista SP1, Windows Server 2008 oder eine neuere Windows-Version voraus. Zur Framework-Installation stehen zwei verschiedene Setup-Programme zur Wahl:

» dotNetFx40_Full_setup.exe (ca. 1 MByte) enthält nur ein kleines Programm, das die eigentlichen Installationsdateien nach der Zustimmung zu den Lizenzbestimmungen (siehe Abbildung 22.1) erst bei Bedarf aus dem Internet herunterlädt. Dieses Programm eignet sich wegen der geringen

Größe gut zur Weitergabe, setzt aber voraus, dass der Zielrechner über eine gute Internetverbindung verfügt.

» dotNetFx40_Full_x86_x64.exe (ca. 50 MByte) enthält Installationsdateien für die .NET Framework-Versionen 4.0 für alle Sprachen und Architekturen. Die Summe dieser Dateien finden Sie auch auf der Visual-Studio-DVD im Verzeichnis *WCU\dotNetFramework*. Installiert wird aber natürlich nur, was je nach Rechner tatsächlich erforderlich ist. Seltsamerweise zeigt auch dieses Programm nach den Lizenzbestimmungen an, wie viele Daten aus dem Internet heruntergeladen werden müssen. Tatsächlich findet aber kein Download statt, es werden vielmehr die in ein temporäres Verzeichnis kopierten Dateien verwendet.

Sie finden diese Installationsprogramme auch auf der folgenden Seite im Internet zum Download:

http://www.microsoft.com/downloads/en/details.aspx?familyid=0A391ABD-25C1-4FC0-919F-B21F31AB88B7&displaylang=en

Abbildung 22.1: Installation des .NET Frameworks unter Windows XP

22.3 Setup-Projekte erstellen (Entwicklersicht)

Dieser Abschnitt beschreibt die Erstellung eines einfachen Installationsprogramms unter Anwendung des SETUP-PROJEKT-ASSISTENTEN. Sie finden ein entsprechendes Beispielprojekt auf der Webseite zum Buch im Verzeichnis *wpf-install\intro\intro-installation*. Ausgangspunkt für das Setup-Projekt ist das Multithreading-Beispielprogramm *mandelbrot* (siehe Abschnitt 21.7).

Setup-Projekt mit dem Assistenten zusammenstellen

Der erste Schritt besteht darin, das Visual Basic-Projekt zu laden, eventuell nochmals zu testen und als Release-Version zu kompilieren. Dazu führen Sie ERSTELLEN|*PROJEKTNAME* ERSTELLEN aus.

Nun fügen Sie mit DATEI|HINZUFÜGEN|NEUES PROJEKT ein Projekt des Typs ANDERE PROJEKTTYPEN|SETUP UND BEREITSTELLUNG|VISUAL STUDIO INSTALLER|SETUP-ASSISTENT in Ihre Projektmappe ein. Denken Sie daran, dem Setup-Projekt bereits im HINZUFÜGEN-Dialog einen sinnvollen Namen zu geben. Normalerweise wird *setup1* verwendet. Dieser Text taucht dann in allen Dialogen des Installationsprogramms auf! Für das Beispiel dieses Abschnitts habe ich den Namen *intro-installation* benutzt.

Die folgenden Dialoge sind Teil des Setup-Assistenten:

» PROJEKTTYP: Im Dialog PROJEKTTYP des Assistenten können Sie zwischen verschiedenen Installationstypen wählen. Für WPF-Programme ist nur die erste Option zweckmäßig: SETUP FÜR EINE WINDOWS-ANWENDUNG ERSTELLEN.

» Im nächsten Dialog, EINZUBEZIEHENDE DATEIEN AUSWÄHLEN, können Sie weitere Dateien, die nicht Bestandteil des Visual Basic-Projekts sein müssen, zu den Installationsdateien hinzufügen. Standardmäßig werden diese Dateien in das Programmverzeichnis installiert.

Basierend auf diesen Angaben erstellt der Assistent nun das neue Setup-Projekt. Sämtliche Einstellungen werden in der Textdatei *setupname.vdproj* gespeichert. Da die Datei nicht direkt verändert werden sollte (was wegen des unübersichtlichen Formats auch kaum möglich ist), dominieren in diesem Kapitel die Abbildungen, während es nur wenig Code zu sehen gibt. Vielleicht empfinden Sie das ja als angenehme Abwechslung?

HINWEIS

Das vom Assistenten erzeugte Setup-Projekt ist alles andere als perfekt. Wie Sie im Installationsprogramm eigene Wünsche realisieren können, zeigt der nächste Abschnitt. Zumindest die folgenden Punkte werden Sie häufig ändern wollen:

» Einstellung eines eigenen Firmennamens (statt »Standardfirmenname«)

» Automatischer Eintrag des Programms in das Windows-Startmenü

» Integration des .NET Frameworks und anderer Komponenten

Projektmappenkonfiguration

Die Entwicklung von WPF-Programmen beginnt in der Regel mit einem WPF-Projekt, das die XAML- und VB-Codedateien des Programms enthält. Visual Studio ist aber in der Lage, *mehrere* Projekte auf einmal in einer sogenannten Projektmappe zu verwalten. Wenn Sie also Ihrem WPF-Projekt ein Setup-Projekt hinzufügen, enthält die Projektmappe zwei Projekte (siehe Abbildung 22.2).

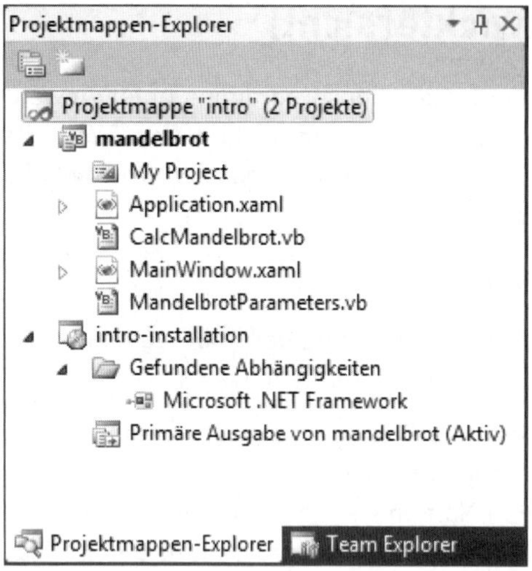

Abbildung 22.2: Abbildung 1.2: Die Projektmappe intro enthält das WPF-Projekt mandelbrot und das Setup-Projekt intro-installation.

Das ist insofern erwähnenswert, als Visual Studio nun zusätzliche Optionen zur Konfiguration der gesamten Projektmappe bietet. Stellen Sie mit PROJEKT|KONFIGURATIONS-MANAGER sicher, dass für Ihr WPF-Projekt die Konfigurationsvariante RELEASE ausgewählt (nicht DEBUG) und dass die richtige CPU-Plattform eingestellt ist (siehe Abbildung 22.3).

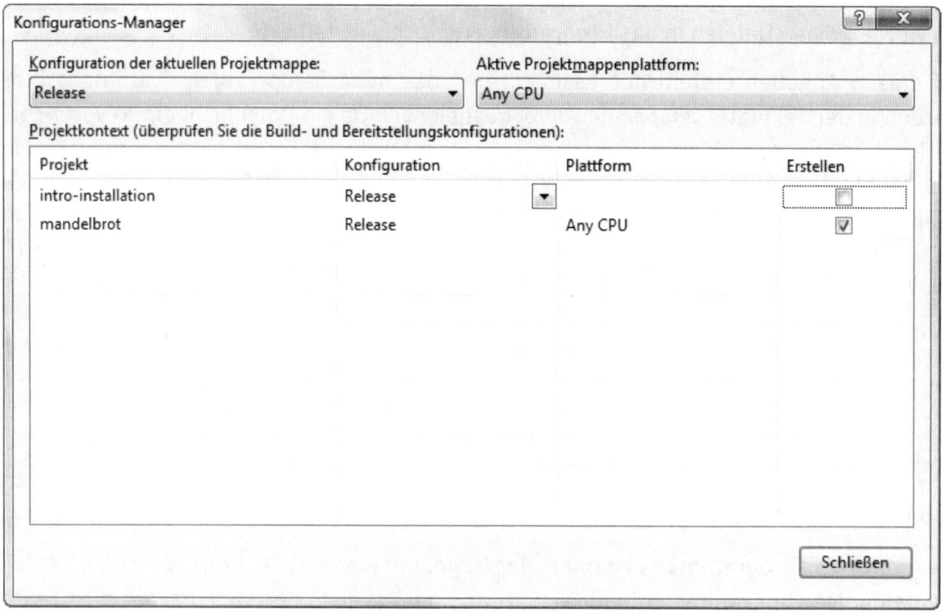

Abbildung 22.3: Der Konfigurations-Manager

Installationsdateien erzeugen

Der Assistent kümmert sich nicht darum, die Installationsdateien tatsächlich zu erzeugen. Dazu müssen Sie Erstellen|*Setupname* erstellen ausführen. Die Setup-Dateien *setup.exe* und *setupprojektname.msi* werden je nach Einstellung im Konfigurations-Manager in das Verzeichnis *setupprojektname\release* oder *setupprojektname\debug* geschrieben.

setup.exe versus projektname.msi

Mit Erstellen|*Setupprojektname* erstellen erzeugen Sie die Installationsdateien. Die Dateien werden im Verzeichnis *setupprojektname\release* gespeichert. Dieses Verzeichnis enthält zumindest die Dateien *setup.exe* und *projektname.msi*. Je nach Konfiguration des Setup-Projekts gesellen sich diverse weitere Dateien mit dem .NET Framework und anderen Software-Komponenten hinzu.

Bei der **.msi*-Datei handelt es sich um das eigentliche Installationspaket für den Microsoft Software Installer (MSI). Der MSI ist eine Windows-Funktion zur Verwaltung von Programminstallationen. MSI-kompatible Installationsdateien bestehen nur aus einer einzigen Datei **.msi*, die alle weiteren Daten und Einstellungen in komprimierter Form enthält. Zu den besonderen Merkmalen des Windows Installers gehört die Reparaturfunktion: Damit werden versehentlich gelöschte Dateien automatisch (z.B. wenn beim Programmstart eine DLL fehlt) oder manuell (über die Systemsteuerung) wiederhergestellt.

Der Kunde startet die Installation durch einen Doppelklick auf die **.msi*-Datei. Der MSI überprüft selbstständig, ob alle Voraussetzungen erfüllt sind. Ist das nicht der Fall, wird der Kunde zu entsprechenden Download-Seiten geleitet.

Es ist oft zu lesen, dass *setup.exe* nur die Funktion hat, die **.msi*-Datei zu starten. Das stimmt für die Setup-Projekte von Visual Studio 2010 aber nicht. *setup.exe* ist im Gegensatz zur **.msi*-Datei in der Lage, das .NET Framework und andere Software-Komponenten direkt zu installieren (siehe auch Abschnitt 22.4)! Sofern die Installationsdateien nicht mit dem Setup-Projekt mitgeliefert wurden, werden sie nach einer Rückfrage aus dem Internet heruntergeladen. Erst nachdem alle Voraussetzungen erfüllt sind, startet *setup.exe* die **.msi*-Datei.

Fazit: Wenn alle Voraussetzungen für die Installation erfüllt sind, ist es egal, ob Ihr Kunde *setup.exe* oder die **.msi*-Datei startet. Sind die Voraussetzungen aber noch nicht erfüllt, ist *setup.exe* die bessere Wahl. Weisen Sie Ihre Kunden in einer *readme*-Datei auf diesen Umstand hin!

22.4 Setup-Projekte im Detail

Der im vorigen Abschnitt vorgestellte Setup-Projekt-Assistent deckt gerade einmal die ersten fünf Prozent der Variationsmöglichkeiten ab, die in Setup-Projekten möglich sind. Wenn Sie darüber hinausgehende Wünsche haben, gibt dieser Abschnitt einige Tipps für deren Realisierung. Dabei kann das mit dem Assistenten erstellte Setup-Projekt als Ausgangspunkt dienen. Sie können aber auch mit einem neuen, leeren Setup-Projekt beginnen – die wenigen Schritte des Assistenten sind rasch auch von Hand erledigt und vermitteln ein besseres Verständnis dafür, woraus sich ein Setup-Projekt zusammensetzt. (Eine Projektmappe kann übrigens durchaus auch mehrere Setup-Projekte enthalten.)

Grundeinstellungen eines Setup-Projekts

Um ein neues Setup-Projekt ohne den Assistenten zu starten, fügen Sie Ihrem Visual Basic-Projekt ein neues Projekt des Typs Setup-Projekt hinzu. Vom vorerst noch leeren Setup-Projekt wird in der Entwicklungsumgebung nun das Fenster Dateisystem angezeigt (siehe Abbildung 22.4). Dieses Fenster dient zur Steuerung, welche Dateien wohin installiert werden sollen.

Neben dem Dateisystem-Fenster gibt es eine Reihe weiterer Fenster, mit denen verschiedene Details des Konfigurationsprozesses gesteuert werden. Sie können diese Fenster durch Buttons im Projektmappen-Explorer oder über das Menü mit Ansicht|Editor|*Name* öffnen, solange das Setup-Projekt das aktive Projekt ist. Beachten Sie, dass auch bei Setup-Projekten viele Einstellungsdetails im Eigenschaftsfenster durchgeführt werden können!

Fehlerhafte Elemente in Setup-Projekten werden durch blaue Wellenlinien gekennzeichnet. Informationen zur Fehlerursache finden Sie im Fenster Ansicht|Fehlerliste, eventuell auch in dessen Dialogblatt Warnungen.

Eine zentrale Referenz aller Elemente und Eigenschaften von Setup-Projekten ist in der Hilfe schwer zu finden. [F1] im Eigenschaftsfenster funktioniert leider auch nicht. Eine Beschreibung der Eigenschaften eines Setup-Projekts finden Sie, wenn Sie nach »Installer-Bereitstellungseigenschaften« suchen.

Ein minimales Setup-Projekt

Ein eigenes Setup-Projekt beginnen Sie – ausgehend von Ihrem vorhandenen WPF-Projekt – mit Datei|Hinzufügen|Neues Projekt, wobei Sie als Projekttyp Andere Projekttypen|Setup-Projekt wählen.

Anschließend klicken Sie das Setup-Projekt im Projektmappen-Explorer an und führen das Kontextmenükommando Hinzufügen|Projektausgabe aus. Im Einfügedialog können Sie dann das eigentliche Programm (das als Primäre Ausgabe bezeichnet wird), die Lokalisierungsdateien etc. auswählen. Die Entwicklungsumgebung erkennt automatisch die Abhängigkeit vom .NET Framework und fügt einen entsprechenden Abhängigkeitseintrag in das Setup-Projekt ein. Das Setup-Projekt entspricht nun bereits einem vom Assistenten erstellten Projekt.

Installationsverzeichnis (Anwendungsordner)

Mit Anwendungsordner ist ganz einfach das Installationsverzeichnis gemeint. Bei der Ausführung der Installation werden daher alle Objekte des Anwendungsordners in das Verzeichnis *Programme\ firmenname\projektname* installiert. Der Kunde kann das Installationsverzeichnis natürlich ändern.

Die Standardeinstellung für *projektname* ergibt sich aus dem Namen des Setup-Projekts. Als *firmenname* verwendet das Setup-Projekt entweder den bei der Windows-Installation angegebenen Firmennamen oder die Zeichenkette `Standardfirmennamen`. Um andere Namen anzugeben, klicken Sie im Projektmappen-Explorer das Setup-Projekt an und wechseln dann in das Eigenschaftsfenster. Dort stellen Sie die Eigenschaften `ProductName` und `Manufacturer` entsprechend ein.

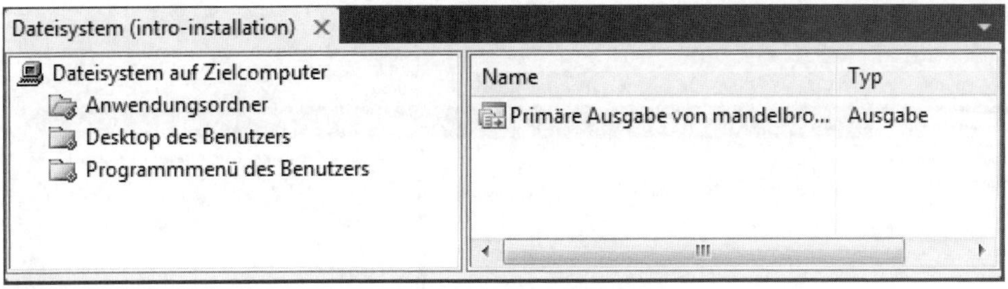

Abbildung 22.4: Das Dateisystemfenster eines Setup-Projeks

Installation zusätzlicher Dateien

Im Dateisystemfenster können Sie weitere Dateien zur späteren Installation einfügen. Dabei sind Sie nicht auf die drei standardmäßig angezeigten Verzeichnisse beschränkt, sondern können über das Kontextmenü weitere Verzeichnisse in das Dateisystemfenster einfügen (z.B. das Verzeichnis für Schriftarten, das Verzeichnis SENDEN AN, das Startmenüverzeichnis des Anwenders etc.). Zu den meisten dieser Verzeichnisse können Sie auch eigene Unterverzeichnisse erstellen (z.B. ein Unterverzeichnis *beispiele* für den Anwendungsordner, um dort einige Beispieldateien zu installieren.)

Bei jedem einzelnen Eintrag in eines dieser Verzeichnisse können Sie im Eigenschaftsfenster die `Condition`-Eigenschaft einstellen, sodass die Datei nur unter bestimmten Umständen installiert wird. Der Umgang mit Bedingungen wird etwas weiter unten beschrieben.

Startmenü, Desktop-Icons

Damit das Installationsprogramm im Startmenü des Anwenders einen Link auf das Programm einrichtet bzw. ein entsprechendes Icon auf dem Desktop erstellt, müssen Sie in den Ordnern DESKTOP DES BENUTZERS bzw. PROGRAMMMENÜ DES BENUTZERS jeweils eine Verknüpfung auf das Programm einfügen.

Dazu klicken Sie im Verzeichnis ANWENDUNGSORDNER den Eintrag PRIMÄRE AUSGABE mit der rechten Maustaste an und führen VERKNÜPFUNG ERSTELLEN aus. (Zur Wiederholung: PRIMÄRE AUSGABE bezeichnet das Programm!) Diese Verknüpfung verschieben Sie dann mit der Maus in den Ordner DESKTOP DES BENUTZERS bzw. PROGRAMMMENÜ DES BENUTZERS und geben ihr im Eigenschaftsfenster einen neuen Namen (in diesem Beispiel: MANDELBROT-PROGRAMM).

Als Ergebnis erhalten Sie ein Verknüpfungsobjekt im Ordner DESKTOP DES BENUTZERS bzw. PROGRAMMMENÜ DES BENUTZERS mit der `Target`-Einstellung PRIMÄRE AUSGABE (siehe auch Abbildung 21.6). Verknüpfungsobjekte können nicht kopiert bzw. dupliziert werden; deswegen müssen Sie die hier beschriebene Vorgehensweise wiederholen, wenn Sie sowohl einen Startmenüeintrag als auch ein Desktop-Icon wünschen.

Falls Sie möchten, dass die Einträge in das Programmmenü in einem Unterverzeichnis erfolgen (also beispielsweise MANDELBROT\MANDELBROT-PROGRAMM statt einfach MANDELBROT-PROGRAMM), fügen Sie einfach in das Verzeichnis PROGRAMMMENÜ DES BENUTZERS ein entsprechendes Unterverzeichnis ein.

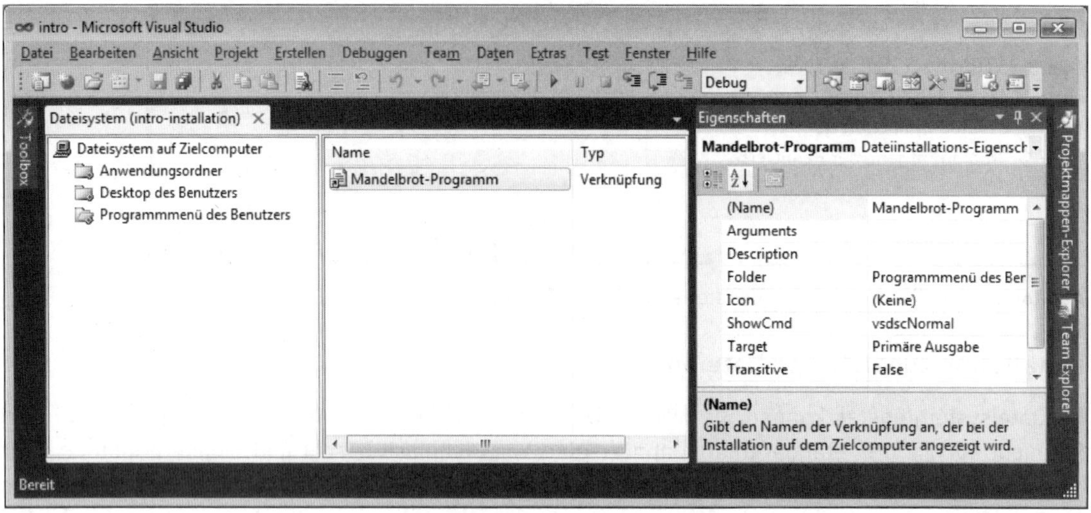

Abbildung 22.5: Der Eintrag »Mandelbrot-Programm« im Programmmenü zeigt auf das auszuführende Programm.

Wenn Sie möchten, können Sie nun noch die `Icon`-Eigenschaft ändern und so das Aussehen des Links optimieren. Beim `Icon`-Auswahldialog können Sie allerdings nur Dateien auswählen, die Teil des Setup-Projekts sind (die sich also als Einzeldatei in einem der Verzeichnisse des Dateisystemfensters befinden). Um zu vermeiden, dass die Icon-Datei selbst in eines der Verzeichnisse auf dem Zielcomputer installiert wird, stellen Sie deren `Exclude`-Eigenschaft auf `True`. Die Datei wird dann weder installiert noch wird sie im jeweiligen Verzeichnis im DATEISYSTEMFENSTER angezeigt. Sie kann aber nun zur Einstellung der `Icon`-Eigenschaft verwendet werden. (Wenn Sie das alles ziemlich unlogisch finden, kann ich Ihnen nur recht geben. So schön die resultierenden Setup-Projekte sind, so wenig intuitiv ist leider der Vorgang zum Erstellen dieser Projekte ...)

Firmenname, Produkttitel und andere Projekteinstellungen

Nachdem Sie im PROJEKTMAPPEN-EXPLORER das Setup-Projekt ausgewählt haben, können Sie im Eigenschaftsfenster diverse Grundeinstellungen des Setup-Projekts verändern. Wichtige Eigenschaften sind `Author`, `Description`, `InstallAllUser` (das Programm standardmäßig für alle Benutzer des Rechners installieren, nicht nur für den aktuellen Nutzer), `Manufacturer`, `ManufacturerUrl`, `ProductName`, `RemovePreviousVersion` (ist normalerweise `False`!), `SupportPhone`, `SupportUrl`, `Title` und `Version`. Die Eigenschaften `Manufacturer` und `ProductName` bestimmen auch den Verzeichnis- und Programmnamen im Startmenü (siehe oben).

.NET Framework und andere Software-Komponenten in das Setup-Projekt einbinden

Normalerweise kümmert sich das Setup-Projekt nur um die Installation Ihres Programms. Sind diese Voraussetzungen nicht erfüllt, kann *setup.exe* das .NET Framework und andere Komponenten aus dem Internet herunterladen und installieren. Wenn Sie Ihr Programm auf einer CD weitergeben und dem Kunden Download-Wartezeiten ersparen möchten, sollten Sie das .NET Framework und eventuell andere Software-Komponenten direkt in den Setup-Prozess einbetten.

Dazu klicken Sie im PROJEKTMAPPEN-EXPLORER das Setup-Projekt mit der rechten Maustaste an und klicken auf EIGENSCHAFTEN. Im nun erscheinenden Dialog (es handelt sich nicht um das übliche Eigenschaftsfenster!) klicken Sie auf ERFORDERLICHE KOMPONENTEN, wählen die gewünschten Software-Komponenten aus und aktivieren die Option ERFORDERLICHE KOMPONENTEN VON DEMSELBEN SPEICHERORT WIE ANWENDUNG HERUNTERLADEN (siehe Abbildung 22.6).

HINWEIS

Die Integration von .NET 4.0 vergrößert den Umfang Ihrer Setup-Dateien um bis zu 230 MByte! Zusammen mit dem .NET Framework müssen Sie auch den Windows Installer 3.1 mit ausliefern, sonst meckert der Setup-Designer. Das ist unlogisch, weil jeder Rechner, auf den .NET 4.0 installiert werden kann, den Windows Installer bereits enthält, in der Regel sogar eine neuere Version. Aber dass nicht alles logisch ist, was mit Setup-Projekten zu tun hat, haben Sie ja schon gemerkt ...

Das in der Vergangenheit oft benötigte MDAC-Paket, das Standardbibliotheken für Datenbankfunktionen enthält, ist in der Komponentenliste nicht mehr enthalten. Das liegt darin, dass es bei allen Windows-Versionen ab XP bzw. Windows Server 2003 standardmäßig installiert ist (Version 2.81). Sollten Sie das Paket aus irgendeinem Grund dennoch mitliefern wollen, finden Sie es auf der Seite, zu der der Link MICROSOFT UPDATE AUF WEITERE VERTEILBARE KOMPONENTEN ÜBERPRÜFEN führt.

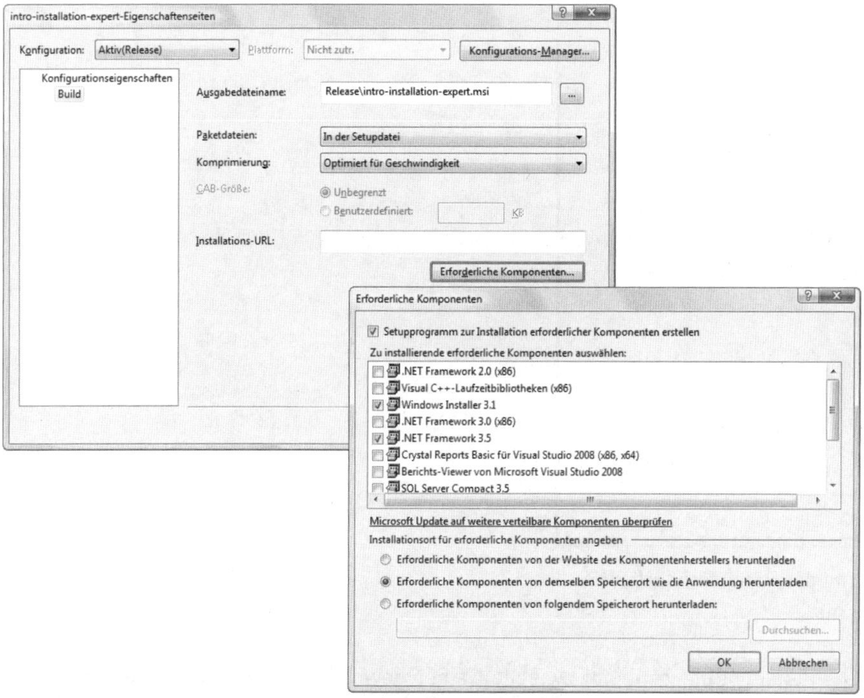

Abbildung 22.6: Software-Komponenten in das Setup-Projekt integrieren

TIPP

Um es nochmals zu wiederholen: Die Software-Komponenten werden bei Bedarf nur dann installiert, wenn Ihr Kunde die Installation mit *setup.exe* startet. Ein Doppelklick auf die **.msi*-Datei führt dagegen nicht zum Ziel, sondern leitet den Benutzer lediglich auf eine Download-Seite! Weisen Sie in einer *readme*-Datei auf diesen Umstand hin!

Benutzeroberfläche des Installationsprogramms

Standardmäßig sieht das Installationsprogramm wie in Abbildung 22.10 auf Seite 890 aus und ist nur mit einem Minimum an Steuerelementen ausgestattet. Wenn Sie andere Vorstellungen davon haben, wie das Installationsprogramm aussehen soll, bzw. wenn Sie das Installationsprogramm mit zusätzlichen Optionen oder Eingabefeldern ausstatten möchten, müssen Sie die Benutzeroberfläche des Installationsprogramms ändern.

Das Aussehen und die Eigenschaften des Installationsprogramms werden über das Fenster ANSICHT |EDITOR|BENUTZEROBERFLÄCHE gesteuert (siehe Abbildung 22.7). In diesem Fenster wird die vorgesehene Dialogabfolge in Baumform dargestellt. Die Dialoge sind dabei in drei Gruppen aufgeteilt: STARTEN (vor der eigentlichen Installation), STATUS (Zustandsanzeige während der Installation) und BEENDEN (nach der Installation).

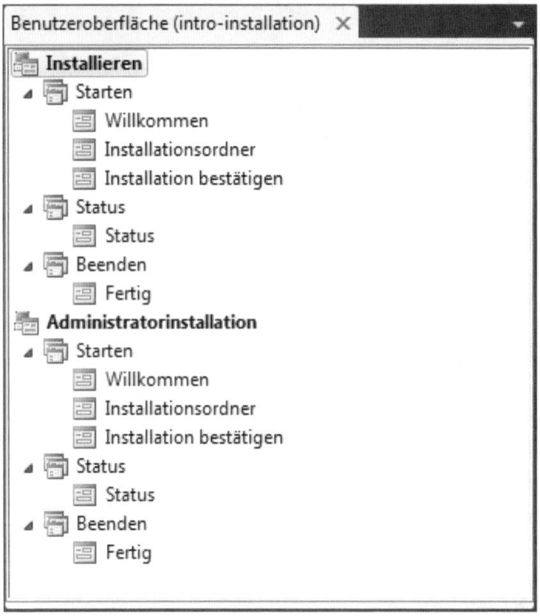

Abbildung 22.7: Gestaltung der Benutzeroberfläche des Installationsprogramms

HINWEIS

Das Benutzeroberflächenfenster unterscheidet zwischen einer gewöhnlichen und einer Administratorinstallation. Eine Administratorinstallation ermöglicht es, die Anwendung so in ein Netzwerkverzeichnis zu installieren, dass später alle Anwender des Netzwerks das Programm von dort installieren können. Dieses Kapitel beschreibt allerdings nur eine gewöhnliche Installation.

Das Setup-Programm ist übrigens immer ein Windows Forms-Programm – auch dann, wenn damit ein WPF-Programm installiert wird!

Dialogeigenschaften

Sie können nun verschiedene Details der Dialoge WILLKOMMEN, INSTALLATIONSORDNER etc. im Eigenschaftsfenster verändern. Ein direktes Feedback, wie die resultierenden Dialoge dann wirklich aussehen, gibt es leider nicht. Eine Vorstellung vom tatsächlichen Aussehen der Dialoge bekommen Sie erst, wenn Sie eine Probeinstallation durchführen. Die folgenden Punkte beschreiben einige elementare Eigenschaften:

» `BannerBitmap` bestimmt die Hintergrund-Bitmap, die auf den einzelnen Dialogen angezeigt wird. Laut Dokumentation sollte diese Bitmap 500*70 Punkte groß sein. Je nach DPI-Einstellung des Rechners kann es aber sein, dass die Bitmap größer dargestellt wird. Wenn Sie Wert auf eine hohe Darstellungsqualität legen, sollten Sie eine Bitmap mit höherer Auflösung verwenden (aber natürlich im gleichen Verhältnis von Breite zu Höhe).

  Eine eigene `BannerBitmap` kann nur aus den Dateien ausgewählt werden, die vorher in das Dateisystemfenster eingefügt wurden. Die Bitmap sollte eher helle Farben verwenden, weil über der Bitmap (links oben) je nach Dialog unterschiedliche Texte in schwarzer Farbe angezeigt werden (*Willkommen beim Setup-Assistenten von [name], Installationsordner wählen* etc.). Es scheint keine Möglichkeit zu geben, diese Texte einzustellen.

  Beachten Sie, dass `BannerBitmap` für jeden Dialog separat eingestellt werden muss!

» `CopyrightWarning` enthält einen Text, der vor Copyright-Verletzungen warnt. Der Text wird im Willkommensdialog angezeigt.

» `WelcomeText` enthält einen Text, der die Funktion des Installationsprogramms kurz beschreibt. Das ist auch der geeignete Ort für eine kurze Beschreibung des Programms (damit der Kunde weiß, was er jetzt eigentlich installiert).

Dialogtitel

Bei den Eigenschaften für die im Benutzeroberflächenfenster dargestellten Objekte suchen Sie vergeblich nach einer Einstellungsmöglichkeit für die Titel der Dialoge. Dieser Text wird stattdessen der Projekteigenschaft `ProductName` entnommen. Um diese Eigenschaft zu verändern, klicken Sie im Projektmappen-Explorer das Setup-Projekt an und wechseln dann in das Eigenschaftsfenster.

Zusätzliche Dialoge einfügen

Neben den in Abbildung 22.7 dargestellten Standarddialogen können Sie per Kontextmenü zusätzliche Dialoge in die drei Gruppen STARTEN, STATUS und BEENDEN einfügen. Sie haben dabei die Wahl zwischen mehreren vorgefertigten Dialogen, deren Details Sie abermals durch die Veränderung von Eigenschaften verändern. Zur Auswahl stehen:

- Ein Splash-Dialog zur Anzeige einer Begrüßungs-Bitmap, die 480*320 Pixel groß sein sollte. Diese Bitmap wird üblicherweise als erster Dialog des Setup-Prozesses angezeigt.
- Dialoge mit zwei bis vier Optionen (etwa zur Auswahl verschiedener Installationsvarianten).
- Dialoge mit vier Kontrollkästchen (etwa zur Auswahl, welche optionalen Komponenten installiert werden sollen). Wenn Sie weniger als vier Kontrollkästchen anzeigen möchten, können Sie einzelne Kontrollkästchen unsichtbar machen. Wenn Sie mehr als vier Kontrollkästchen benötigen, können Sie bis zu drei Kontrollkästchendialoge (A, B und C) einsetzen, sodass sich insgesamt maximal zwölf Wahlmöglichkeiten ergeben.
- Dialoge mit zwei bis vier Texteingabefeldern.
- Ein Dialog zur Anzeige des Lizenzvertrags bzw. der Nutzungsbedingungen. Die Datei kann im RTF-Format angegeben werden. Die Installation kann nur fortgesetzt werden, wenn der Text akzeptiert wird (ICH STIMME ZU).
- Ein Dialog zur Darstellung einer Info-Datei (abermals RTF-Format). Im Unterschied zum Lizenzdialog braucht dieser Text nicht akzeptiert zu werden.
- Ein Dialog zur Eingabe der Kundeninformationen (Name, Firma, Seriennummer).
- Ein Dialog zur Durchführung einer Registrierung. Dieser Dialog enthält einen Button, über den Sie ein externes Programm starten können (das Teil des Setup-Projekts sein muss).

Jeder Dialog kann innerhalb des Projekts nur einmal verwendet werden. Generell bewegen sich alle Veränderungen im Installationsprogramm in einem vorgegebenen, engen Korsett. Setup-Dialoge sind daher nicht mit normalen Fenstern zu vergleichen.

Soweit die Dialoge Eingabemöglichkeiten vorsehen (Optionen, Kontrollkästchen oder Textfelder), können Sie diese Eingaben beispielsweise in den Weitergabebedingungen auswerten (siehe den nächsten Abschnitt).

ACHTUNG

Eigene Dialoge im Abschnitt Starten müssen *vor* dem Dialog Installationsordner angegeben werden. Wenn Sie Dialoge dahinter einfügen, erscheint im Fenster Aufgabenliste eine schon seit 2002 falsch übersetzte Warnung, die das Gegenteil dessen meint, wovor sie warnt: Der Dialog Installationsordner muss sich *nach* (und nicht *vor*) allen eigenen Dialogen befinden.

Start- und Weitergabebedingungen

Ob und in welchen Umfang die Installation durchgeführt wird, kann durch Bedingungen gesteuert werden. Setup-Projekte kennen dabei zwei Typen von Bedingungen: Start- und Weitergabebedingungen.

Startbedingungen

Startbedingungen werden am Beginn der Installation überprüft; sind sie nicht erfüllt, wird die Installation nach der Anzeige eines Fehlerdialogs abgebrochen. Startbedingungen werden im Fenster ANSICHT|EDITOR|STARTBEDINGUNGEN erstellt. Um eine neue Bedingung zu definieren, führen Sie im Feld ANFORDERUNGEN FÜR DEN ZIELCOMPUTER eines der vorgesehenen Kontextmenükommandos aus, z.B. DATEISTARTKONDITION HINZUFÜGEN. Dadurch werden in das STARTBEDINGUNGEN-Fenster zwei Einträge hinzugefügt:

» In den Einträgen der Gruppe ZIELCOMPUTER DURCHSUCHEN formulieren Sie die Bedingung. Abbildung 22.8 zeigt, wie überprüft wird, ob sich im Windows-Systemverzeichnis die Datei *abcde.dll* befindet. Das Ergebnis dieses Tests ist eine Variable (z.B. `FILEEXISTS1`). Andere Tests können z.B. bestimmte Einträge in der Registrierdatenbank betreffen.

» In den Einträgen der Gruppe STARTBEDINGUNGEN formulieren Sie die Reaktion, wenn eine Bedingung aus der obigen Gruppe erfüllt ist. Normalerweise geben Sie dort nur mit der `Message`-Eigenschaft den Text für die Fehlermeldung an, mit der die Installation abgebrochen werden soll. Optional geben Sie mit `InstallUrl` eine Website an, von der der Kunde die fehlende Datei installieren kann.

  In manchen Fällen kann es sinnvoll sein, auch die `Condition`-Eigenschaft der Bedingung zu ändern. Diese enthält normalerweise einfach einen Variablennamen wie `FILEEXISTS1`. Sie können dort aber auch komplexere Bedingungen formulieren, z.B. `FILEEXISTS1 AND (NOT FILEEXISTS2)`.

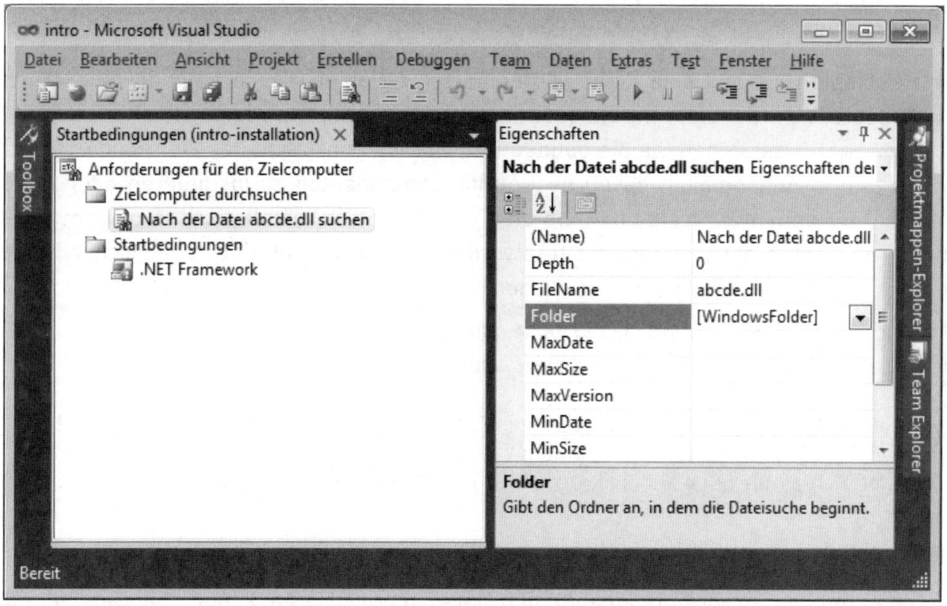

Abbildung 22.8: Vor der Installation wird getestet, ob sich abcde.dll im Windows-Systemverzeichnis befindet.

Weitergabebedingungen

Weitergabebedingungen entscheiden darüber, welche Teile einer Installation durchgeführt werden können. Zur Formulierung derartiger Bedingungen ist bei manchen Objekten eines Setup-Projekts (insbesondere bei den Verzeichnissen und Dateien, die im Dateisystemfenster angezeigt werden) eine `Condition`-Eigenschaft vorgesehen. Wenn diese Eigenschaft eingestellt wird, dann wird das betreffende Objekt nur dann installiert bzw. ausgeführt, wenn die Bedingung erfüllt ist. (Standardmäßig sind `Condition`-Eigenschaften leer. Das bedeutet, dass die Installation auf jeden Fall durchgeführt wird.)

Bei der Formulierung einer Bedingung können Sie auf die folgenden Typen von Variablen zugreifen:

» **Ergebnisvariablen von Suchergebnissen** (ZIELCOMPUTER DURCHSUCHEN): Das Ergebnis der Suche nach einer Datei, nach einem Eintrag in die Registrierdatenbank etc. kann über eine Variable ausgewertet werden. Der Name ergibt sich durch die `Property`-Eigenschaft der Suchabfrage (standardmäßig `FILEEXISTS1`, `-2` etc., `REGISTRYVALUE1`, `-2` etc.).

» **Eingabevariablen von Text- oder Optionsfeldern:** Wenn Sie die Benutzeroberfläche des Installationsprogramms mit eigenen Dialogen ausgestattet haben, können Sie die dort durchgeführten Eingaben in Bedingungen auswerten. Der Variablenname ergibt sich aus den `Property`-Eigenschaften des Dialogs. Beispielsweise kennt der Dialog *Kontrollkästchen (A)* die vier Eigenschaften `CheckBox1Property`, `CheckBox2Property` etc. Die dort eingestellte Zeichenkette (standardmäßig `CHECKBOXA1`, `-A2` etc.) bestimmt den Variablennamen.

» **Vordefinierte Variablen:** Es gibt eine Reihe vordefinierter Variablen, die vom Windows Installer zur Verfügung gestellt werden. Besonders wichtig sind `VersionNT`, `VersionNT64`, `ServicePackLevel` und `WindowsBuild`, mit denen Sie die genaue Betriebssystemversion des Zielrechners feststellen können, um in Abhängigkeit davon bestimmte Komponenten zu installieren oder auch nicht. Mit `AdminUser` können Sie feststellen, ob die Person, die das Installationsprogramm ausführt, Administratorrechte hat. Zahllose weitere vordefinierte Variablen finden Sie in der Hilfe, wenn Sie nach `Operating System Properties` suchen.

  http://msdn2.microsoft.com/en-us/library/aa370554.aspx
  http://msdn2.microsoft.com/en-us/library/aa370556.aspx

ACHTUNG Beim Erstellen eines Projekts erfolgt kein Test, ob die in `Condition`-Einstellungen genannten Variablen überhaupt existieren! Wenn Sie sich vertippen, ist die Variable unbekannt und wird wie eine leere Zeichenkette betrachtet. Achten Sie auch auf die korrekte Groß- und Kleinschreibung.

Dateityp registrieren

Wenn Sie zusammen mit dem Programm einen neuen Dateityp registrieren, können Sie Dateien mit dieser Kennung im Windows Explorer per Doppelklick öffnen. Das setzt voraus, dass das Programm die an das Programm übergebenen Parameter auswertet – bei WPF-Programmen durch die Auswertung von `e.Args` in der `StartUp`-Ereignisprozedur.

Zur Registrierung eines Dateityps öffnen Sie im Setup-Projekt das Fenster ANSICHT|EDITOR|DATEITYPEN und fügen dort per Kontextmenü einen neuen Dateityp hinzu. Anschließend müssen Sie im Eigenschaftsfenster die Details dieses Dateityps angeben.

Wichtig ist vor allem die Eigenschaft `Command`, mit der Sie angeben, welches Programm zur Bearbeitung derartiger Dateien gedacht ist: Hier geben Sie die primäre Ausgabe des Projekts an (also das Programm, für das Sie das Setup-Projekt erstellen). Bei `Extensions` können Sie eine oder mehrere Dateierweiterungen angeben (ohne vorangestelltes *). `Icon` und `Description` geben an, wie derartige Dateien im Explorer angezeigt werden sollen. Bei der `Icon`-Einstellung muss abermals eine Datei ausgewählt werden, die bereits Teil des Setup-Projekts ist.

Einträge in der Registrierdatenbank durchführen

Das Setup-Projekt kann sich auch darum kümmern, während der Programminstallation Einträge in die Registrierdatenbank vorzunehmen. Dazu öffnen Sie einfach das Fenster REGISTRIERUNG und fügen die gewünschten entsprechenden Einträge ein. Abbildung 22.9 zeigt, wie im Registrierverzeichnis HKEY_CURRENT_USER\SOFTWARE\[MANUFACTURER] die Zeichenkette VERSION mit dem Wert 1.0.0.0 eingefügt wird. Statt [MANUFACTURER] wird der Wert der Eigenschaft `Manufacturer` aus den Projekteigenschaften verwendet.

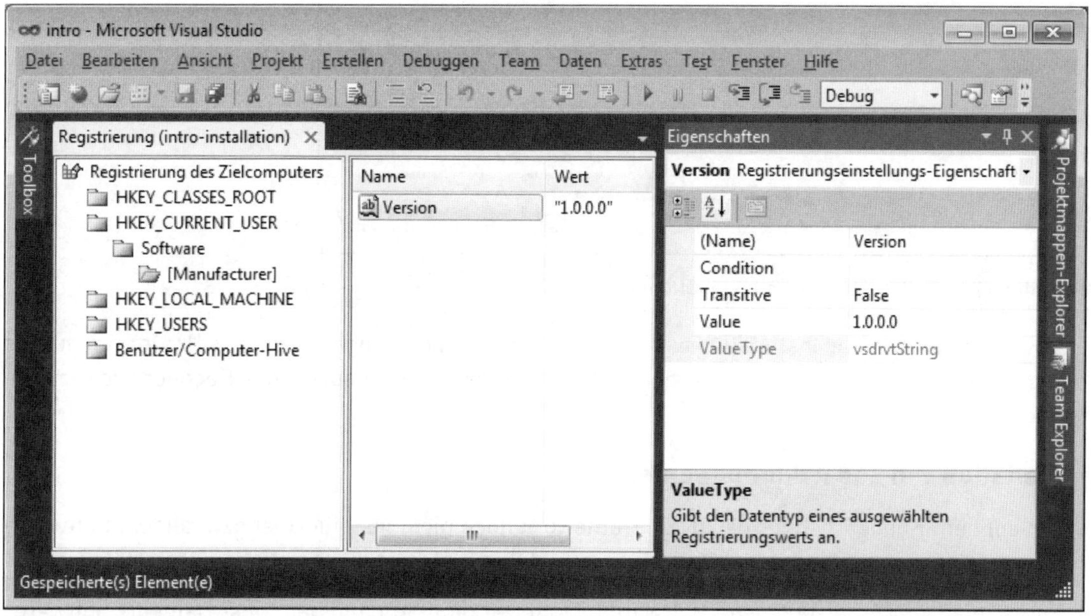

Abbildung 22.9: Einträge in der Registrierdatenbank verwalten

22.5 Setup ausführen (Kundensicht)

Sind auf dem Kundenrechner bereits alle Software-Voraussetzungen erfüllt und steht insbesondere das .NET Framework in der richtigen Version zur Verfügung, dann ist es egal, ob der Kunde die Installation mit *setup.exe* oder durch einen Doppelklick auf *projektname.msi* startet: Es erscheint sofort das Installationsprogramm für Ihr Programm (siehe Abbildung 22.10).

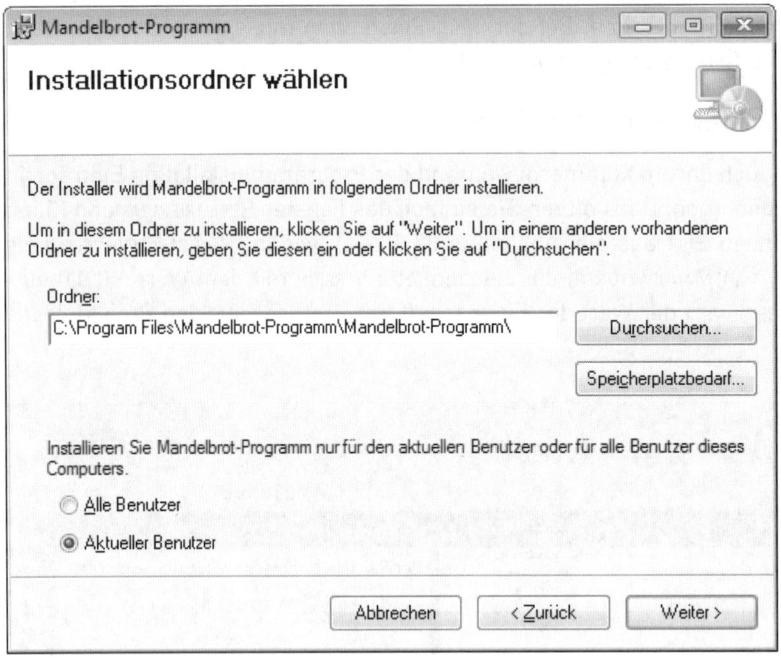

Abbildung 22.10: Das eigentliche Installationsprogramm

Der Kunde kann nun das Installationsverzeichnis auswählen und angeben, ob das Programm nur für den aktuellen Benutzer installiert werden soll oder so, dass alle Benutzer des Rechners es verwenden können.

Installation von Zusatzkomponenten

Wenn auf dem Kundenrechner das .NET Framework noch nicht installiert ist bzw. andere Software-Komponenten fehlen, hängt der Installationsverlauf davon ab, wie die Installation gestartet wurde.

» *projektname.msi:* Der Microsoft Software Installer erkennt anhand der **.msi*-Datei die Software-Voraussetzungen Ihres Programms. Wenn das .NET Framework fehlt, zeigt der Installer einen Warndialog an (siehe Abbildung 22.11). NEIN bricht die Installation ab. JA öffnet ein Webbrowser-Fenster mit einer englischen Download-Seite für unzählige Versionen des .NET Frameworks. (Die dargestellte Seite können Sie im Setup-Projekt einstellen, indem Sie die Eigenschaft `InstallUrl` für die Startbedingung `.NET Framework` verändern.)

» *setup.exe*: Auch *setup.exe* erkennt, dass das .NET Framework noch nicht installiert ist. Anders als der MSI lädt *setup.exe* nach einer Rückfrage selbstständig die erforderlichen Dateien aus dem Internet herunter und installiert sie. Falls die Dateien in das Setup-Projekt eingebunden wurden (siehe den vorigen Abschnitt), entfällt der Download.

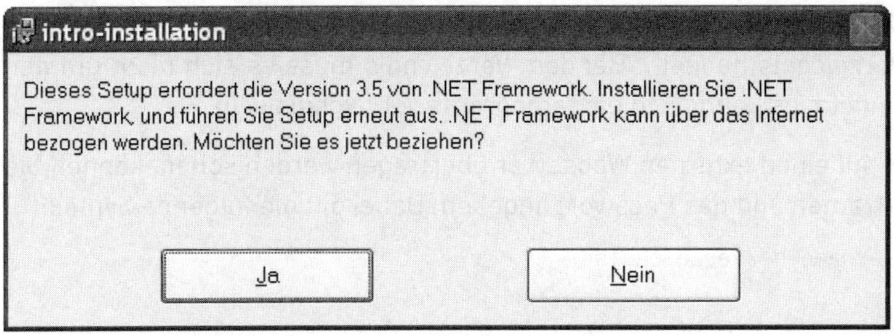

Abbildung 22.11: Aufforderung zur Installation des .NET Frameworks durch den Microsoft Software Installer

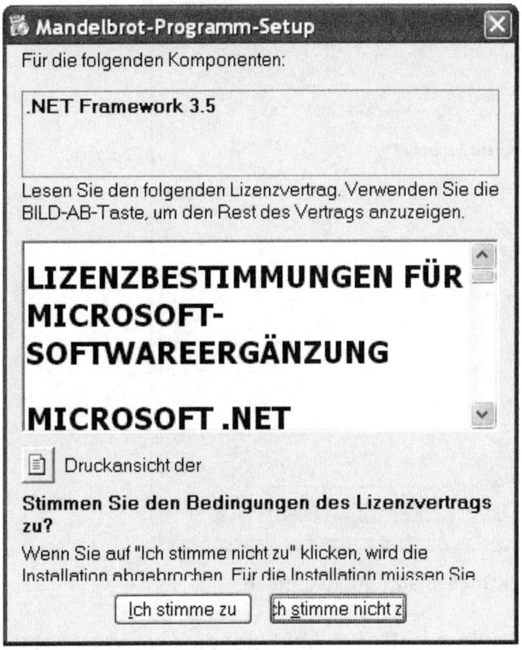

Abbildung 22.12: Automatische Installation des .NET Frameworks durch setup.exe

Deinstallation

Sowohl das installierte Programm als auch das .NET Framework können bei Bedarf mit SYSTEMSTEUERUNG|PROGRAMME wieder deinstalliert werden.

22.6 ClickOnce-Weitergabe (Entwicklersicht)

Um die Setup-Dateien für eine `ClickOnce`-Weitergabe vorzubereiten, reichen im einfachsten Fall ein paar Mausklicks aus. ERSTELLEN|*PROJEKTNAME* VERÖFFENTLICHEN führt in den WEBPUBLISHING-ASSISTENTEN. Dort geben Sie das Verzeichnis an, in dem die Entwicklungsumgebung die Dateien für die `ClickOnce`-Weitergabe zusammenstellen soll. Dabei kann es sich auch um ein lokales Verzeichnis, eine Freigabe oder um ein Web- oder FTP-Verzeichnis handeln. Bei dem Verzeichnis muss es sich nicht um den endgültigen Installationsort handeln, es kann auch ein temporäres Verzeichnis sein.

Falls die Dateien direkt via FTP auf einen externen Webserver übertragen werden sollen, können Sie im Verzeichnis den FTP-Login-Namen und das Passwort angeben. Dabei gilt die folgende Syntax:

```
ftp://loginname:passwort@servername.de/verzeichnis/
```

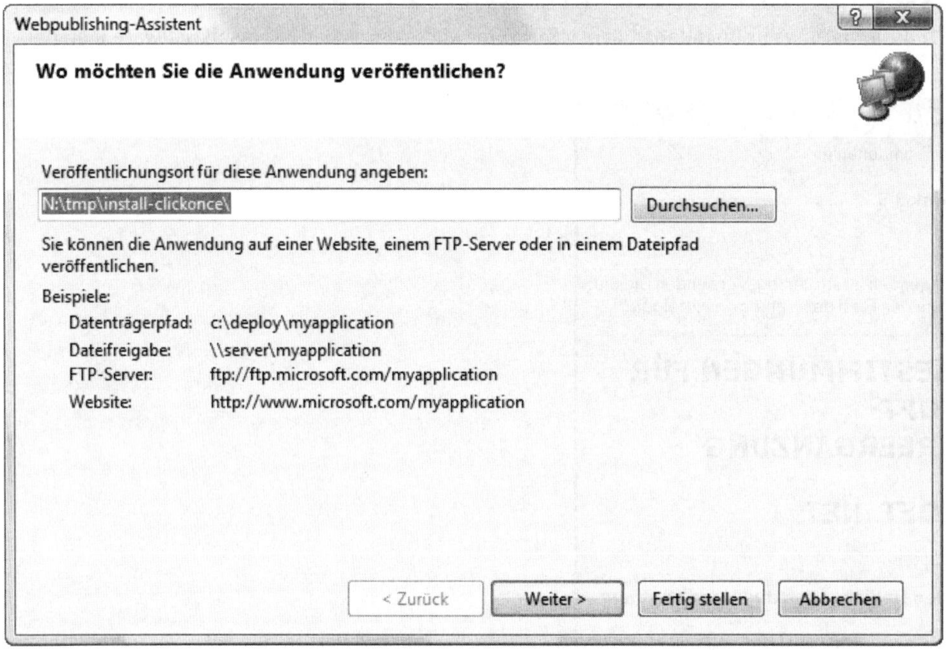

Abbildung 22.13: Assistent zur Zusammenstellung von ClickOnce-Installationsdateien

Im zweiten Schritt geben Sie an, wie die Installation erfolgen soll. Zur Wahl stehen VON EINER WEBSITE, VON UNC-PFAD ODER DATEIFREIGABE sowie VON CD- ODER DVD-ROM. Je nachdem, welches Verzeichnis Sie für die `ClickOnce`-Dateien angegeben haben, schlägt der Assistent die am ehesten passende Variante gleich vor. Außerdem geben Sie hier die exakte Adresse des Download- bzw. Netzwerkverzeichnisses an, in dem sich die `ClickOnce`-Dateien befinden.

Da während der `ClickOnce`-Installation Dateien von dieser Adresse heruntergeladen werden, muss die Adresse korrekt sein! Um die Webinstallation von einem lokalen Webserver auszuprobieren, geben Sie dessen Adresse an. Wenn alles klappt, müssen Sie den Assistenten neuerlich ausführen und diesmal den endgültigen Installationsort angeben!

Der dritte Schritt ist von der Installationsquelle abhängig. Bei Installationsquellen aus dem Netzwerk (Web/Freigabe) geben Sie hier an, ob die Anwendung nur online oder aber sowohl online als auch offline verfügbar sein soll. Im ersten Fall wird das Programm direkt gestartet. Das ist zweckmäßig, wenn Ihr Programm ohnedies eine Kommunikation mit dem Server voraussetzt und daher nicht genutzt werden kann, solange keine Server-Verbindung besteht.

Bei der zweiten Variante wird Ihr Programm dagegen in das START-Menü des Anwenders eingetragen und kann später auch dann gestartet werden, wenn keine Verbindung zum Freigabeverzeichnis bzw. zum Web-/FTP-Server mehr besteht. Bei der Installationsquelle CD/DVD können Sie ein Netzwerkverzeichnis bzw. eine Internetadresse angeben, von der eventuelle Updates heruntergeladen werden. (Bei Netzwerkinstallationsquellen besteht diese Update-Möglichkeit immer.)

Der Assistent erzeugt nun die Installationsdateien – fertig. Wenn Sie weitere Einstellungen durchführen möchten, können Sie diese in den Dialogblättern VERÖFFENTLICHEN, SICHERHEIT und SIGNIERUNG der Projekteigenschaften durchführen (siehe Abschnitt 22.7).

Konfiguration des Webservers

Sofern Sie `ClickOnce`-Anwendungen über das Internet weitergeben möchten, muss der Webserver richtig konfiguriert sein. Die `ClickOnce`-Weitergabe funktioniert zwar grundsätzlich mit jedem Webserver, allerdings nur dann, wenn der Webserver `ClickOnce`-Dateien mit den Erweiterungen *.application*, *.manifest* und *.deploy* richtig behandelt. Ohne die richtigen Konfigurationsarbeiten überträgt der Webserver diese Dateien entweder gar nicht oder sendet keine Zusatzinformationen über den Datentyp. Standardmäßig funktioniert das nur bei aktuellen Versionen des Internet Information Servers (konkret ab IIS 7) – aber dort gibt es andere Probleme. Aber immer der Reihe nach ...

» **Ältere IIS-Versionen (bis Version 6):** Zur Konfiguration starten Sie PROGRAMME|VERWALTUNG| INTERNETINFORMATIONSDIENSTE-MANAGER, klicken die Website mit den `ClickOnce`-Dateien mit der rechten Maustaste an, öffnen den EIGENSCHAFTEN-Dialog, aktivieren das Dialogblatt HTTP-HEADER und klicken dort auf MIME-TYPEN. Im MIME-Dialog definieren Sie drei neue Dateitypen, wobei Sie die folgenden Informationen angeben:

Erweiterung	MIME-Typ
.application	application/x-ms-application
.manifest	application/x-ms-manifest
.deploy	application/octet-stream

» **IIS7:** Sie müssen zusammen mit dem IIS7 eine Kompatibilitätsschicht für den IIS6 installieren (WINDOWS-FUNKTIONEN EIN-/AUSSCHALTEN, Komponente KOMPATIBILITÄT MIT IIS 6-METABASIS UND IIS 6-KONFIGURATION).

Unter Windows Vista gelingt ein direkter Export der ClickOnce-Dateien in den IIS-Verzeichnisbaum zudem nur, wenn Sie Visual Studio mit Administratorrechten ausführen. (Damit sind wir sicherheitstechnisch wieder da, wo wir vor Vista auch schon waren ...) Klicken Sie zum Start von Visual Studio also das Visual Studio-Symbol bzw. den -Menüeintrag mit der rechten Maustaste an, und führen ALS ADMINISTRATOR AUSFÜHREN aus.

» **Apache:** Wenn Sie den Apache als Webserver einsetzen, fügen Sie die folgenden Zeilen in die Konfigurationsdatei *httpd.conf* ein und starten den Webserver dann neu:

```
# in httpd.conf einfügen
AddType application/x-ms-application .application
AddType application/x-ms-manifest .manifest
AddType application/octet-stream .deploy
```

Wenn Apache so konfiguriert ist, dass eine verzeichnisspezifische Konfiguration durch *.htaccess* erlaubt ist, können Sie die drei AddType-Anweisungen auch in der Datei *.htaccess* im Verzeichnis mit den ClickOnce-Dateien angeben. Damit erreichen Sie, dass die Typdefinitionen nur für dieses spezielle Verzeichnis gelten.

HINWEIS

Hilfreich ist ausnahmsweise auch die Online-Dokumentation. Suchen Sie nach »Probleme mit der Server- und Clientkonfiguration in ClickOnce-Bereitstellungen«! Im Internet geben die folgenden Seiten Hintergrundinformationen und Tipps:

http://msdn2.microsoft.com/de-de/library/fb94w1t5.aspx
http://support.microsoft.com/kb/928574

22.7 ClickOnce-Konfiguration im Detail

Das Erstellen von ClickOnce-Dateien mit dem WEBPUBLISHING-ASSISTENTEN ist zwar rasch erledigt, bietet in dieser Form aber wenige Konfigurationsmöglichkeiten. Weitere ClickOnce-Einstellungen führen Sie in den folgenden Dialogblättern des Eigenschaftsdialogs Ihres Projekts durch (My Project):

» Dialogblatt VERÖFFENTLICHEN: Grundeinstellungen und Optionen

» Dialogblatt SICHERHEIT: Sicherheitseinstellungen

» Dialogblatt SIGNIERUNG: ClickOnce-Dateien mit einem Zertifikat signieren

Alle dort durchgeführten Einstellungen werden automatisch berücksichtigt, wenn Sie die ClickOnce-Dateien das nächste Mal neu veröffentlichen.

Produkt- und Herausgebername und andere Optionen einstellen

Zur Eingabe korrekter Daten für den Produkt- und Herausgebernamen klicken Sie im Dialogblatt VERÖFFENTLICHEN der Projekteigenschaften auf den Button OPTIONEN und geben die gewünschten Zeichenketten an (siehe Abbildung 22.14).

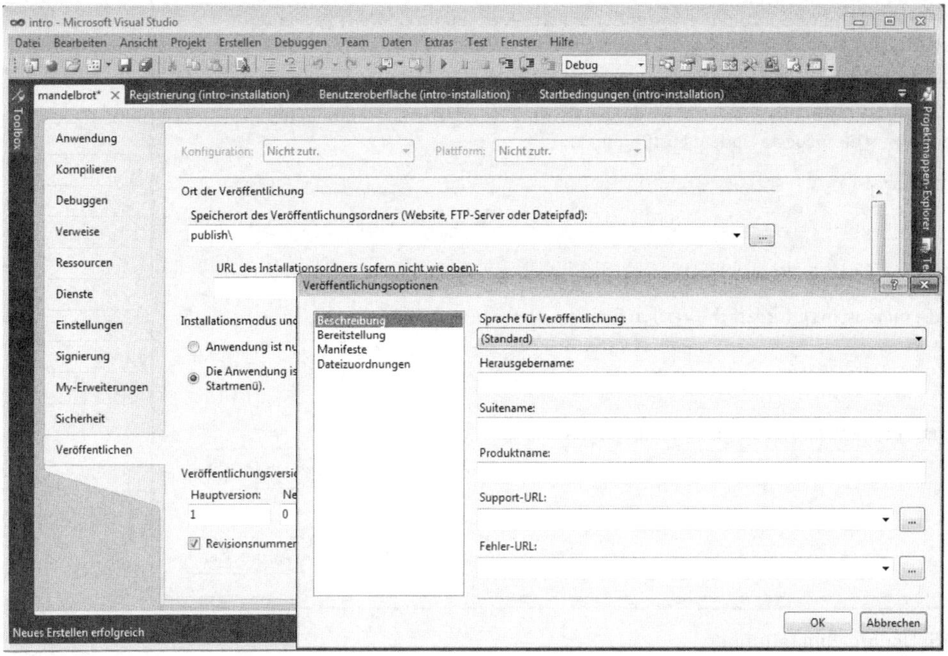

Abbildung 22.14: ClickOnce-Optionen einstellen

Update-Optionen einstellen

Die Update-Optionen sind nur relevant, wenn Ihre `ClickOnce`-Anwendung auch offline verfügbar ist (also in das Startmenü eingetragen wird). Standardmäßig wird beim Start des Programms getestet, ob eine neue Version zur Verfügung steht. Ist das der Fall, kann der Anwender mühelos ein Update durchführen. Im Dialog ANWENDUNGSUPDATES können Sie andere Update-Strategien einstellen. Empfehlenswert ist zumeist ein Update-Test NACH DEM STARTEN DER ANWENDUNG. Das hat den Vorteil, dass der Programmstart ohne Verzögerungen erfolgt, auch dann, wenn der `ClickOnce`-Server gerade nicht erreichbar ist. Der Update-Test erfolgt im laufenden Programm im Hintergrund.

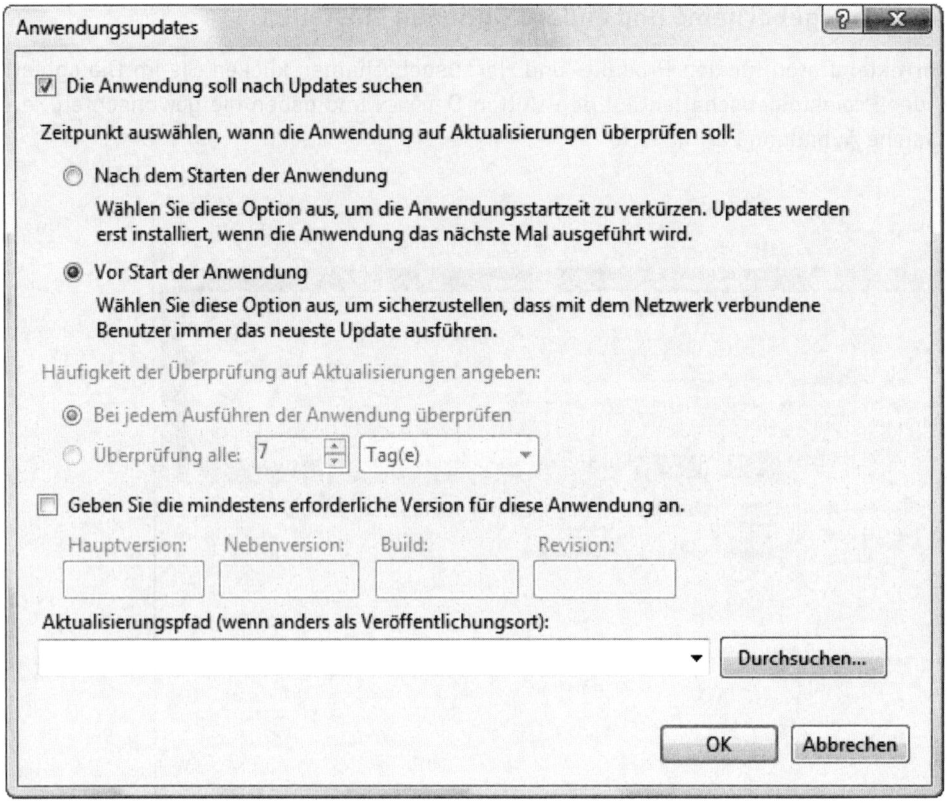

Abbildung 22.15: Update-Einstellungen

Sicherheit

Standardmäßig werden Anwendungen, die zur `ClickOnce`-Installation von einer Website vorbereitet werden, als VOLL VERTRAUENSWÜRDIGE ANWENDUNG gekennzeichnet. Das Standardverhalten ist aber nicht immer optimal: Kein aus dem Internet heruntergeladenes Programm sollte mehr Rechte für sich beanspruchen als unbedingt notwendig. Aus diesen Gründen können Sie im Dialogblatt SICHERHEIT der Projekteigenschaften (siehe Abbildung 22.16) eine reduzierte Sicherheitszone auswählen.

Allerdings ist auch die Weitergabe von `ClickOnce`-Anwendungen mit reduzierten Rechten mit Nachteilen verbunden: Bei jeder nicht erlaubten Operation (z.B. beim Zugriff auf das Dateisystem) tritt eine `Exception` auf. Wenn Ihr Programm dafür keinen Absicherungscode enthält (`Try/Catch`), wird die Programmausführung sofort beendet.

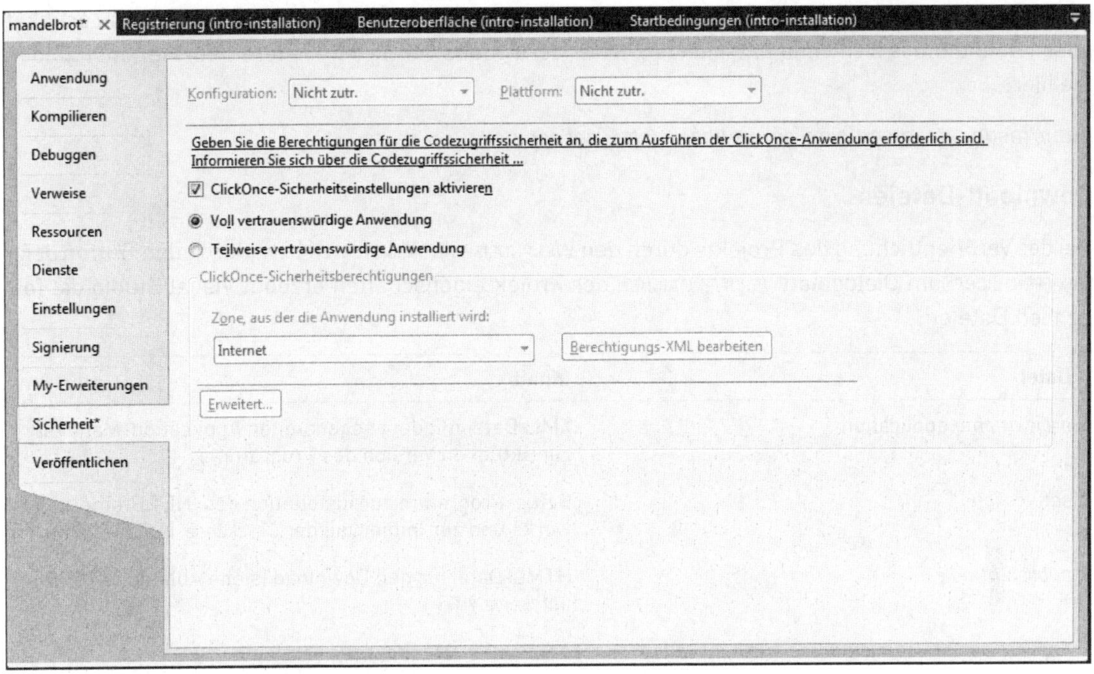

Abbildung 22.16: Sicherheitseinstellungen

ACHTUNG

Meine Erfahrungen mit den ClickOnce-Sicherheitsoptionen waren widersprüchlich. Einerseits sind die in der Dokumentation erwähnten Sicherheitswarnungen beim Start von Voll vertrauenswürdige Anwendung oft ausgeblieben, andererseits wurden Programme mit eingeschränkten Rechten oft schon vor dem Start und ohne Anzeige eines Fehlerdialogs beendet. Die Ursache dieses schon aus VB2005 bekannten Problems ist unklar geblieben.

Diese Unstimmigkeiten verleiten zur generellen Nutzung der Option Voll vertrauenswürdige Anwendung, die nicht ohne Grund standardmäßig aktiviert ist. Man kann nur hoffen, dass eventuell daraus resultierende Sicherheitsprobleme weniger schlimm sind als bei ActiveX: Dessen Sicherheitslücken bescheren uns selbst nach zwölf Jahren beinahe monatliche Sicherheits-Updates für den Internet Explorer ...

Wenn Sie ClickOnce-Programme auf einer CD oder einem anderen Datenträger weitergeben, sollten Sie Ihr Programm generell als voll vertrauenswürdig kennzeichnen. Weitere Informationen zum Thema ClickOnce und Sicherheit finden Sie hier:

http://msdn2.microsoft.com/de-de/library/z17ceyya.aspx

Signierung

`ClickOnce`-Dateien für die Weitergabe über eine Website *müssen* signiert sein. Visual Studio kümmert sich darum automatisch und erzeugt standardmäßig ein nicht vertrauenswürdiges Testzertifikat, das ein Jahr lang gültig ist. Im Dialogblatt SIGNIERUNG können Sie stattdessen ein richtiges Authentifizierungszertifikat angeben. Geeignete Zertifikate geben öffentliche Zertifizierungsstellen oder Firmen wie Verisign aus. Bei der Installation der `ClickOnce`-Anwendung kann sich der Benutzer das Zertifikat ansehen und muss sich dann entscheiden, ob es vertrauenswürdig ist. Weitere Informationen finden Sie hier:

http://msdn2.microsoft.com/de-de/library/zfz60ccf.aspx

Download-Dateien

Bei der Veröffentlichung des Projekts durch den WEBPUBLISHING-ASSISTENTEN bzw. durch den Button JETZT VERÖFFENTLICHEN im Dialogblatt VERÖFFENTLICHEN der Projekteigenschaften erzeugt Visual Studio die folgenden Dateien:

Datei	Inhalt
projektname.application	XML-Datei mit dem sogenannten Application-Manifest zur aktuellen Version des Programms
setup.exe	Setup-Programm zur Installation des .NET Frameworks und zur Initiierung der `ClickOnce`-Installation
publish.htm	HTML-Datei für den Download (siehe Abbildung 22.17 auf Seite 907)
Application_Files\projektname_n.application*	Application-Manifest zur Version *n*
Application_Files\projektname_n.deploy*	die eigentlichen Programmdateien für Version *n*
Application_Files\projektname_n.manifest*	XML-Datei mit der Beschreibung der Sicherheitseinstellungen, Software-Voraussetzungen etc.

publish.htm ist ein Muster für die Download-Seite zur `ClickOnce`-Datei. Sie können die Download-Seite selbstverständlich auch selbst gestalten. Wenn Sie voraussetzen, dass der Kunde das .NET Framework bereits installiert hat, muss Ihre eigene Download-Seite lediglich einen Link auf *projektname.application* enthalten:

```
<a href="programmname.application">ClickOnce-Installation für das Programm intro</a>
```

Auf Rechnern mit dem .NET Framework ist der Dateityp *.application* mit der Bibliothek *dfshim.dll* verbunden, die die `ClickOnce`-Installation initiiert. Die *.application*-Datei enthält Basisdaten zur Anwendung. Dazu zählen Produkt- und Herstellername, die Authentifizierung des Herstellers, die Download-Adresse für die weiteren `ClickOnce`-Dateien sowie die Optionen des Update-Mechanismus.

Im Normalfall – also wenn auf dem Kundenrechner bereits alle Software-Voraussetzungen erfüllt sind – kommt *setup.exe* gar nicht zum Einsatz. Für den Fall, dass das .NET Framework noch nicht installiert ist, verweist der Button INSTALLIEREN auf *setup.exe*. Dieses Programm stellt sicher, dass alle Software-Voraussetzungen erfüllt sind. Falls das .NET Framework noch nicht installiert ist, lädt *setup.exe* nach einer Rückfrage die erforderlichen Dateien aus dem Internet herunter und installiert sie. Erst wenn alle Voraussetzungen erfüllt sind, startet *setup.exe* die Datei *projektname.application*.

Die eigentliche Programminstallation erledigt aber in jedem Fall die vorhin erwähnte Bibliothek *dfshim.dll*, die Teil des .NET Frameworks ist. *setup.exe* ist also selbst nicht für die Programminstallation zuständig!

ClickOnce-Weitergabe auf CD/DVD

Obwohl das gesamte `ClickOnce`-Konzept auf die Weitergabe von Programmen über das Netzwerk ausgerichtet ist, besteht auch die Möglichkeit, `ClickOnce`-Dateien für eine Weitergabe auf einer CD oder DVD zusammenzustellen. Grundsätzlich gelten dabei dieselben Regeln wie für die Netzwerkweitergabe. Insbesondere haben `ClickOnce`-Programme auch bei einer Installation von einem Datenträger die im Dialogblatt SICHERHEIT eingestellten Rechte.

Bei der Vorbereitung von `ClickOnce`-Dateien für die Weitergabe auf einer CD oder DVD werden Sie in der Regel einige Optionen anders einstellen als bei Webanwendungen. Wenn Sie ERSTELLEN|*NAME* VERÖFFENTLICHEN ausführen und sich für eine CD-/DVD-Weitergabe entscheiden, stellt der WEBPUBLISHING-ASSISTENT den Großteil der Optionen selbstständig korrekt ein:

» Sicherheit: Programme, die von einer CD/DVD installiert werden, sollen normalerweise ohne Sicherheitseinschränkungen laufen. Wählen Sie daher die Option VOLL VERTRAUENSWÜRDIGE ANWENDUNG.

» *publish.htm*: Es ist nicht notwendig, diese Datei zu erzeugen (Dialogblatt VERÖFFENTLICHEN, Button OPTIONEN, Option BEREITSTELLUNGSWEBSEITE GENERIEREN).

» Updates: Automatische Updates sind zumeist nicht zweckmäßig und sollten deaktiviert werden (Dialogblatt VERÖFFENTLICHEN, Button UPDATES).

» Weitergabe des .NET Frameworks und anderer Komponenten: Die `ClickOnce`-Weitergabe kann ebenso wie ein Setup-Projekt das .NET Framework und andere Zusatzkomponenten enthalten. Diese Option ist bei einer Weitergabe über das Netzwerk selten sinnvoll, aber durchaus attraktiv, wenn Sie ohnedies eine CD zusammenstellen.

  Um die entsprechenden Dateien aufzunehmen, klicken Sie im Dialogblatt VERÖFFENTLICHEN auf den Button KOMPONENTEN, wählen im nun erscheinenden Dialog die gewünschten Software-Komponenten aus und aktivieren die Option ERFORDERLICHE KOMPONENTEN VON DEMSELBEN SPEICHERORT WIE ANWENDUNG HERUNTERLADEN.

Programmierung von ClickOnce-Anwendungen

Der Code von `ClickOnce`-Programmen unterscheidet sich grundsätzlich nicht von gewöhnlichen Programmen. Da `ClickOnce`-Programme aber oft mit reduzierten Rechten ausgeführt werden, sollten Sie alle sicherheitsrelevanten Teile des Programms (den Zugriff auf Dateien, die Nutzung von Netzwerkfunktionen etc.) absichern. Mit `My.Application.IsNetworkDeployed` können Sie im Code feststellen, ob das Programm als `ClickOnce`-Programm ausgeführt wird. Beachten Sie, dass diese Eigenschaft auch dann `True` ist, wenn die `ClickOnce`-Dateien auf einer CD/DVD weitergegeben und von dort installiert wurden. Die Bezeichnung der Eigenschaft ist also irreführend.

22.8 ClickOnce-Installation (Kundensicht)

In der Regel beginnt eine `ClickOnce`-Installation auf der *publish.htm*-Webseite (siehe Abbildung 22.17). Wenn auf dem Kundenrechner das .NET Framework noch nicht installiert ist, sieht diese Seite ein wenig anders aus und enthält Zusatzinformationen über die Programmvoraussetzungen.

ACHTUNG

In der üblichen Ignoranz für alle Programme, die nicht von Microsoft entwickelt wurden, setzt ClickOnce den Internet Explorer voraus. Das ist insofern ärgerlich, als ClickOnce nichts mit ActiveX zu tun hat und es daher keine prinzipiellen Gründe gibt, die gegen eine Installation mit Firefox oder einem anderen alternativen Webbrowser sprechen. Der Webbrowser ist nur für den Download und den Start der Installation zuständig, nicht aber für die Ausführung des Programms. Das Problem ist seit mehreren Jahren bekannt, und Microsoft hat eigentlich versprochen, ClickOnce Firefox-kompatibel zu machen. Es ist beim Versprechen geblieben ...

Es existiert ein Firefox-Add-In, das dem Browser den Umgang mit ClickOnce-Dateien beibringt, aber Sie können natürlich nicht davon ausgehen, dass Ihre Kunden dieses Add-In installiert haben:

https://addons.mozilla.org/en-US/firefox/addon/1608

Der Button INSTALLIEREN bzw. STARTEN (für reine Online-Anwendungen) initiiert die Installation bzw. den direkten Start des Programms. Vorher erscheint allerdings noch eine Sicherheitswarnung, deren Aussehen je nach Signatur der `ClickOnce`-Dateien variiert (siehe Abbildung 22.18).

Falls das `ClickOnce`-Programm auch für die Offline-Nutzung vorgesehen ist, wird es in das Verzeichnis *C:\Users\benutzername\AppData\Roaming\Microsoft\Windows\Start Menu\Programs\firmenname* installiert und in das Startmenü eingetragen. Je nach Konfiguration der Update-Funktionen erfolgt bei jedem Start ein Test, ob eine neue Version zur Verfügung steht. Ist das der Fall, reicht ein Klick auf den OK-Button, um das Update durchzuführen und die aktualisierte Version des Programms sofort zu starten.

Bei Bedarf kann das `ClickOnce`-Programm mit SYSTEMSTEUERUNG|SOFTWARE deinstalliert werden.

Abbildung 22.17: Download-Seite für ClickOnce-Anwendungen

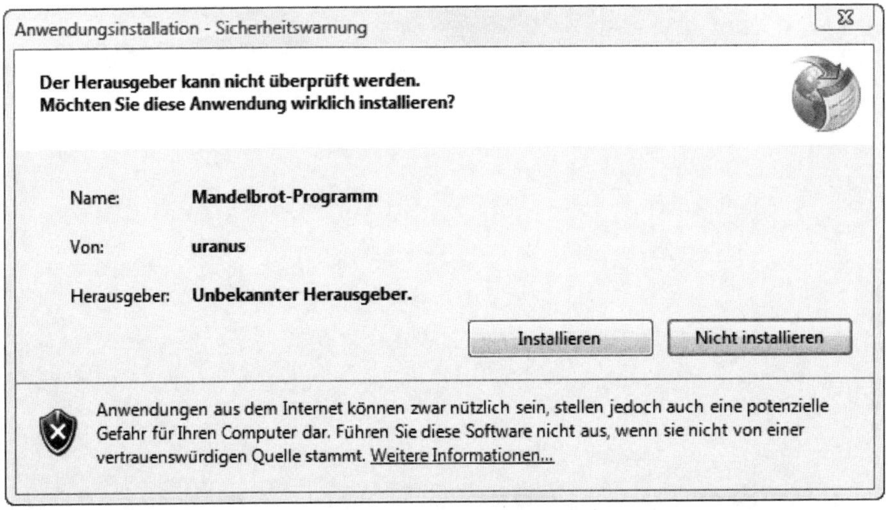

Abbildung 22.18: Sicherheitswarnung bei unsignierten ClickOnce-Anwendungen

Abbildung 22.19: ClickOnce-Update-Hinweis

Probleme

Wenn die `ClickOnce`-Installation nicht wie vorgesehen funktioniert, sind zwei Fehlerquellen wahrscheinlich: Entweder wurde der Webserver nicht richtig konfiguriert (siehe Abschnitt 22.6), oder Ihr Kunde verwendet den falschen Webbrowser (es muss der Internet Explorer sein).

Teil V

Datenbankzugriffe mit ADO.NET und Entity Framework

23 Hallo ADO.NET!

In die komplexe Welt der Datenbanken tauchen Sie am leichtesten mithilfe von Beispielen ein. Dieses Kapitel zeigt anhand von drei kleinen Programmen, wie Sie mit wenig Aufwand einfache Datenbankaufgaben lösen. Die Beispiele sind zwar in ihrer Einfachheit nicht praxisnah, geben dafür aber einen ersten Einblick davon, wie ADO.NET-Programmierung funktioniert und welche Hilfsmittel Ihnen die Entwicklungsumgebung dabei bietet.

Bitte beachten Sie, dass die in diesem Kapitel vorgestellten Programme keineswegs den einzig möglichen bzw. den besten Lösungsweg darstellen. In diesem Kapitel hat klarer, einfacher Code Vorrang! Hintergrunddetails zu den eingesetzten Klassen sowie alternative Lösungsvarianten folgen in den weiteren Kapiteln.

Bevor Sie mit dem ersten Beispiel loslegen, müssen Sie die Voraussetzungen prüfen und gegebenenfalls eine Testumgebung einrichten. Wir gehen dabei auf Visual Basic Express und Visual Studio Professional ein, weil sich diese zwei Versionen in den mitgelieferten Datenbankfunktionen unterscheiden.

HINWEIS

Dieses Buch konzentriert sich auf den SQL Server als Datenbanksystem. Selbstverständlich können Sie mit Visual Basic auch auf unzählige andere Datenbanksysteme zugreifen (Oracle, DB2, MySQL, Access etc., siehe auch Kapitel 24.

Aus dem Fokus auf den SQL Server sollten Sie nicht schließen, dass die Autoren dieses Produkt in jedem Anwendungsfall für den am besten geeigneten Datenbankserver halten. Der SQL Server ist aber eine komfortable Wahl, wenn Sie Visual Basic oder eine andere .NET-Programmiersprache einsetzen. Außerdem ist es aus Platzgründen unmöglich, in diesem Buch auf mehrere alternative Datenbanksysteme einzugehen.

Die aktuelle Version des SQL Servers zum Zeitpunkt der Drucklegung ist der SQL Server 2008 Release 2 (»R2«). Alle Beispiele sollten aber auch mit SQL Server 2008 und auch SQL Server 2005 funktionieren.

Die Grundlagen der Datenbankprogrammierung erlernt man am besten mit Konsolenanwendungen, ohne die Komplexität einer grafischen Oberfläche. Für den Praxiseinsatz ist dann natürlich eine grafische Oberfläche geboten. Daher bietet dieser Buchteil eine Mischung aus Konsolenanwendungen und GUI-Anwendungen. Michael Kofler hatte in der Vorauflage zu Visual Basic 2008 die Entscheidung getroffen, die Datenbankbeispiele zum Großteil mit Windows Forms zu entwickeln statt mit WPF. Wir haben diese Entscheidung revidiert und nun den Großteil der Beispiele nach WPF umgesetzt. Nicht umgesetzt wurde Beispiele, die mit dem BindingNavigator in Windows Forms arbeiten, den es in dieser Form für WPF noch nicht gibt.

Auf der Webseite zum Buch finden Sie die alten Windows Forms-Beispiele und die neuen WPF-Beispiele jeweils benachbart im Dateisystem.

Neu in VB2010

In VB 2008 hatte Microsoft mit LINQ (siehe Kapitel 12) eine allgemeine Abfragesprache eingeführt, die auch einen neuen, prägnanten und eleganten Weg für den Datenbankzugriff eröffnete in Form von LINQ-to-SQL. LINQ-to-SQL ist im November 2008 zusammen mit .NET 3.5 und Visual Studio 2008 erschienen. Leider hat Microsoft schon kurz danach einen »noch besseren« Weg für den Datenbankzugriff eröffnet: Im August 2008 ist mit .NET Framework 3.5 Service Pack 1 (Alias .NET 3.5.1) und Visual Studio 2008 Service Pack 1 das sogenannte ADO.NET Entity Framework erschienen.

In .NET 4.0/Visual Basic 2010/Visual Studio 2010 hat Microsoft das ADO.NET Entity Framework wesentlich verbessert, während LINQ-to-SQL zwar noch weiter existiert, aber nicht mehr fortentwickelt wurde.

Da die Vorgängerausgabe dieses Buchs noch auf .NET 3.5/Visual Basic 2008/Visual Studio 2008 ohne das Service Pack basierte (also ohne ADO.NET Entity Framework!) und das ADO.NET Entity Framework in .NET 4.0/Visual Basic 2010/Visual Studio 2010 stark weiterentwickelt wurde, wird das ADO.NET Entity Framework in diesem Buchteil intensiv behandelt werden. LINQ-to-SQL (das in der Vorauflage behandelt wurde) ist hingegen kein Thema mehr – weder für Microsoft, noch für diese Auflage dieses Buchs.

Ebenfalls neu ist, dass es nun in Visual Studio 2010 auch Werkzeuge für die Datenbindung in WPF gibt. In der Vorauflage dieses Buch schrieb Michael Kofler noch: »Die Microsoft-Entwicklungsteams für WPF und ADO.NET standen offensichtlich in den vergangenen Jahren nur selten in Kontakt. Jedes Team hat sein Projekt vorangetrieben, ohne Rücksicht auf eine spätere Zusammenarbeit der beiden Technologien. Nur so ist es zu verstehen, dass die in Visual Studio integrierten `Visual Data Tools` und insbesondere der `DataSet`-Designer ausschließlich für Windows Forms-Anwendungen geeignet sind und dass wesentliche Windows Forms-Datenbanksteuerelemente für WPF einfach nicht zur Verfügung stehen (z.B. `DataGridView` oder `BindingNavigator`). Im Klartext heißt das: Wer ernsthafte Datenbankanwendungen entwickeln möchte, nimmt von WPF vorerst am besten Abstand.«

Visual Studio 2010 hat nun `Visual Data Tool` auch für WPF, und WPF besitzt Datenbanksteuerelemente – wenngleich diese noch nicht komplett die Leistung der Windows Forms-Vorgänger bieten: Man kann damit arbeiten! Und ansonsten gibt es noch viele Drittanbieter, die WPF-Steuerelemente anbieten, z.B. Infragistics, Developer Express und Telerik, um nur die drei größten am Markt zu nennen.

Am Kern von ADO.NET (Connection, DataReader, DataSet) hat sich in .NET 4.0/Visual Basic 2010/ Visual Studio 2010 nichts geändert.

23.1 Testumgebung einrichten

Je nachdem, ob Sie mit der kommerziellen oder nichtkommerziellen Version von Visual Studio 2010 arbeiten, stehen Ihnen unterschiedliche Datenbanksysteme und -werkzeuge zur Verfügung. Die folgende Tabelle fasst zusammen, welche Datenbankfunktionen mit welchen Visual Basic- bzw. Visual Studio-Produkten mitgeliefert werden. Die Visual Studio Team-Editionen bieten alle Datenbankfunktionen von Visual Studio Professional, erlauben darüber hinaus aber auch einen direkten Zugriff auf Oracle- und DB2-Datenbankobjekte.

	Visual Basic 2010 Express	**Visual Studio 2010 mit Visual Basic 2010 Professional und höher**
Datenbankverbindungen (Datenbank-Explorer)	nur lokale Access- und SQL Server-Datenbankdateien einschließlich SQL Server Compact	alle Datenquellen
Visual Data Tools (Codegenerator)	nur lokale Access- und SQL Server-Datenbankdateien einschließlich SQL Server Compact	alle Datenquellen
mitgelieferte Datenbanksysteme	SQL Server Express Edition	SQL Server Express und Developer Edition (auf eigener DVD)
Berichte erstellen	Nein	ReportViewer, Crystal Reports und SQL Server Reporting Services
SQL-Debugger	Nein	**Ja**

HINWEIS

Die Einschränkung auf SQL Server-Datenbankdateien ist erklärungsbedürftig: Es gibt zwar Möglichkeiten, wie ein Microsoft SQL Server eine Datenbank »binden« kann. Entweder erfolgt dies statisch einmalig durch eine Aktion in den SQL Server-Verwaltungswerkzeugen oder jeweils beim Aufbau einer Verbindung dynamisch, indem man dem SQL Server den Pfad zu einer Datenbankdatei nennt. Visual Basic 2010 Express unterstützt nur die letztere Möglichkeit.

SQL Server Developer Edition installieren

Die SQL Server Developer Edition wird mit Visual Studio (ab Professional) auf eigenen CDs mitgeliefert. Sie müssen den SQL Server mit *setup.exe* von einer eigenen SQL Server-DVD extra installieren. (Während der Visual Studio-Installation haben Sie nur die Option, SQL Server Express zu installieren. Der Vorteil der Developer Edition besteht darin, dass auch eine Menge Administrationswerkzeuge mitgeliefert werden.)

Während der Installation des SQL Servers können Sie alle möglichen Optionen einstellen. Es fehlt hier der Platz, um auf die Details einzugehen – aber so weit es die Beispiele aus diesem Buch betrifft, machen Sie mit den Standardvorgaben nichts falsch. Achten Sie darauf, dass Sie die Administrations- und Konfigurationswerkzeuge mitinstallieren, insbesondere das SQL Server Management Studio!

Der SQL Server kann die Datenbankbenutzer auf zwei Weisen authentifizieren: über das Login-System des Betriebssystems (integrierte Authentifizierung) oder über die Angabe von Login-Name und Passwort. Normalerweise wird bei der Installation nur die Windows-Authentifizierung aktiviert. Wenn Sie alternativ dazu auch eine Authentifizierung durch Login-Name und Passwort wünschen, müssen Sie sich während der Installation explizit für das GEMISCHTE AUTHENTIFIZIERUNGSMODELL entscheiden. Die Authentifizierung durch Login-Name und Passwort gilt als weniger sicher, verursacht aber in manchen Situationen wesentlich weniger Administrationsaufwand – insbesondere dann, wenn es viele Datenbankbenutzer gibt.

ACHTUNG

Grundsätzlich können die Developer und Express Edition parallel installiert werden und behindern sich gegenseitig nicht. Beachten Sie, dass es unmöglich ist, das SQL Server Management Studio (Vollversion, wird mit der Developer Edition mitgeliefert) und das SQL Server Management Studio Express (eingeschränkte, aber kostenlose Version, als Extra-Download für die Express Edition verfügbar, siehe unten) parallel zu installieren. Sie müssen sich für eines der beiden Programme entscheiden, wobei die Vollversion etliche Zusatzfunktionen bietet und daher die bessere Wahl ist.

SQL Server Express Edition installieren

Wenn Sie mit Visual Basic Express arbeiten, müssen Sie statt der SQL Server Developer Edition die abgespeckte Express Edition einsetzen. Wenn Sie eine kostenpflichtige Visual Studio-Version einsetzen, können Sie natürlich auch SQL Server Express verwenden.

Die SQL Server Express Edition wird auf jeden Fall standardmäßig beim Installieren von Visual Studio ab Professional installiert. Sie erkennen das daran, dass Sie mit PROGRAMME | SQL SERVER | KONFIGURATIONSTOOLS ein einfaches Konfigurationsprogramm starten können. Sollte dieser Eintrag im Startmenü fehlen, starten Sie nochmals das Setup-Programm und installieren damit die SQL Server Express Edition.

Der SQL Server Express Edition fehlen leider die Administrationsprogramme, die mit den anderen SQL Server-Versionen mitgeliefert werden. Das macht aber nichts: Auf der folgenden Seite finden Sie einen Download-Link für das SQL Server Management Studio Express:

http://www.microsoft.com/downloads/details.aspx?FamilyID=08e52ac2-1d62-45f6-9a4a-4b76a8564a2b&displaylang=de

Dabei handelt es sich um eine etwas funktionsreduzierte Version des SQL Server Management Studios, die beispielsweise mit der SQL Server Developer Edition mitgeliefert wird. Die Express-Variante enthält alle Grundfunktionen. Im Folgenden werden wir nicht mehr zwischen dem SQL Server Management Studio und dessen Express-Variante unterscheiden. Stattdessen ist nur noch vom Management Studio die Rede.

Statt der SQL Server 2008 Express Edition können Sie auch deren erweiterte Variante `SQL Server 2008 Express Edition with Advanced Services` installieren. Diese Variante enthält das oben erwähnte SQL Server Management Studio bereits, außerdem bietet der SQL Server zwei zusätzliche Funktionen: Volltextsuche und Reporting Services zum Erstellen von Datenbankberichten. Der Nachteil: Der Installationsumfang ist wesentlich höher, und die Weitergabe dieser Version im Rahmen eines Setup-Projekts erfordert Handarbeit.

http://www.microsoft.com/downloads/details.aspx?FamilyID=b5d1b8c3-fda5-4508-b0d0-1311d670e336&DisplayLang=de

Netzwerkzugriff auf den SQL Server

Normalerweise werden Sie den SQL Server auf Ihren lokalen Rechner installieren. In diesem Fall ist eine Kommunikation zwischen Ihrem Programm und dem SQL Server via `shared memory` problemlos möglich, und Sie müssen an der Konfiguration nichts ändern!

Wenn an Ihrem Datenbankprojekt aber mehrere Personen mitarbeiten, wird der SQL Server üblicherweise auf einem zentralen Rechner installiert, auf den alle Entwickler über das Netzwerk zugreifen können. Damit Sie von Ihrem lokalen Rechner aus mit dem SQL Server kommunizieren können, müssen die folgenden Voraussetzungen erfüllt sein:

» Der SQL Server muss so konfiguriert sein, dass er über TCP/IP kommuniziert. Das ist normalerweise aus Sicherheitsgründen nicht der Fall. Zur Konfiguration führen Sie Programme|SQL Server 2008|Konfigurationstools|SQL Server Oberflächenkonfiguration aus, wählen dann den Punkt Oberflächenkonfiguration für Dienste und Verbindungen und aktivieren schließlich die Option für Remoteverbindungen (siehe Abbildung 23.1). Die Änderung wird erst nach einem Neustart des Servers wirksam. Den Neustart führen Sie am einfachsten im selben Dialog im Dialogblatt Dienst durch.

» Wenn sich zwischen dem SQL Server und dem lokalen Rechner Firewalls befinden, müssen diese die Kommunikation über den TCP/IP-Port 1433 zulassen.

Beachten Sie, dass diese Konfiguration eventuell Sicherheitsprobleme nach sich ziehen kann. Stellen Sie durch eine entsprechende Firewallkonfiguration sicher, dass der SQL Server außerhalb des Firmen- oder Entwicklernetzwerks nicht über das Internet erreichbar ist!

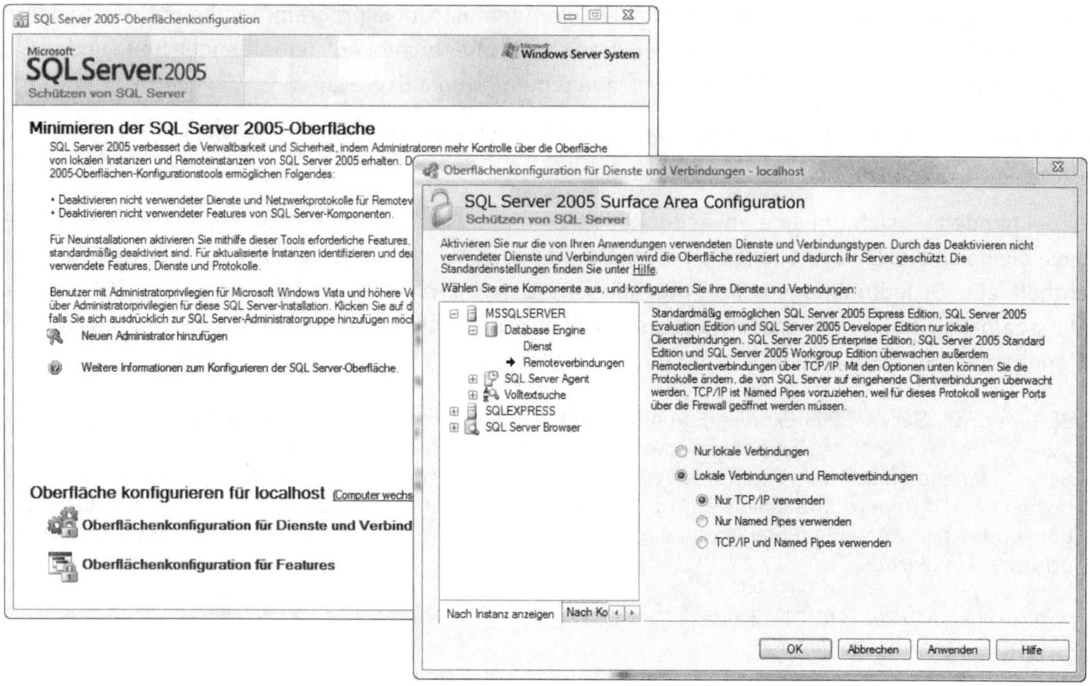

Abbildung 23.1: TCP/IP-Kommunikation zum SQL Server zulassen

Testdatenbank mylibrary installieren (für VB Standard und VS Professional)

Die Vorgehensweise zum Einrichten einer optimalen Testumgebung hängt davon ab, mit welcher Visual Basic-Version Sie arbeiten. Dieser Abschnitt beschreibt, wie Sie mit VB Standard, VS Professional oder VS Team vorgehen. Tipps für alle VB-Express-Nutzer folgen etwas weiter unten.

Alle Beispielprogramme in diesem Buch verwenden die Datenbank `mylibrary` als Datengrundlage. Um die Datenbankdateien mit dem SQL Server zu verbinden, kopieren Sie die Dateien *mylibrary.mdf* (Datendatei) und *mylibrary_log.mdf* (Protokolldatei) von der Webseite zum Buch (Verzeichnis *ADO.NET-helloworld*) auf Ihre lokale Festplatte, entweder in das Datenbankverzeichnis des SQL Servers (im Standard *C:\Programme\Microsoft SQL Server\MSSQL.1\MSSQL\Data) oder in ein beliebiges anderes lokales Laufwerk.* Unter Windows Vista/Windows 7/Windows Server 2008 mit eingeschalteter Benutzerkontensteuerung erscheint beim Kopiervorgang eine Sicherheitswarnung, die Sie bestätigen müssen. Sie können den Vorgang nur durchführen, wenn Sie ein Benutzer mit Administratorrechten sind.

HINWEIS

Falls auf Ihrem Rechner mehrere SQL Server-Instanzen installiert sind, also beispielsweise die Express und die Developer Edition, gibt es mehrere Verzeichnisse: *MSSQL.1*, *MSSQL.2* etc. Um herauszufinden, welches Datenverzeichnis zu welcher SQL Server-Instanz gehört, stellen Sie im SQL SERVER MANAGEMENT STUDIO eine Verbindung zu einer SQL Server-Instanz her, klicken im Objekt-Explorer den Server an (also den Wurzeleintrag) und führen das Kontextmenükommando EIGENSCHAFTEN aus. Der Eintrag STAMMVERZEICHNIS verrät, wo die SQL Server-Instanz ihre Daten speichert.

Eine genaue Beschreibung des Aufbaus und Inhalts der Testdatenbank `mylibrary` finden Sie in Abschnitt 24.2.

Nachdem Sie die Datenbankdateien auf die Festplatte kopiert haben, prüfen Sie im Windows Explorer, dass das Attribut Schreibgeschützt nicht gesetzt ist. Dazu markieren Sie die Dateien, wählen mit der rechten Maustaste das Kommando Eigenschaften und deaktivieren dann ggf. die Option Schreibgeschützt.

Nun starten Sie Programme|Microsoft SQL Server 2008|SQL Server Management Studio. Unter Windows Vista/Windows 7/Windows Server 2008 mit eingeschalteter Benutzerkontensteuerung müssen Sie das Programm im Administratormodus starten (rechte Maustaste, Als Administrator ausführen) – andernfalls beklagt sich das Programm über Zugriffsprobleme bei den Datenbankdateien!

Im Management Studio stellen Sie eine Verbindung zum SQL Server her. Falls auf Ihrem Rechner bzw. in Ihrem Netzwerk mehrere Instanzen des SQL Servers installiert sind, können Sie im Dialog Verbindung herstellen die gewünschte Instanz auswählen. Bei der SQL Server Developer Edition bzw. bei Vollversionen des SQL Servers wählen Sie als Servernamen einfach den Namen Ihres Rechners aus. Bei der SQL Server Express Edition setzt sich der Servername aus dem Rechnernamen und der Ergänzung `\sqlexpress` zusammen.

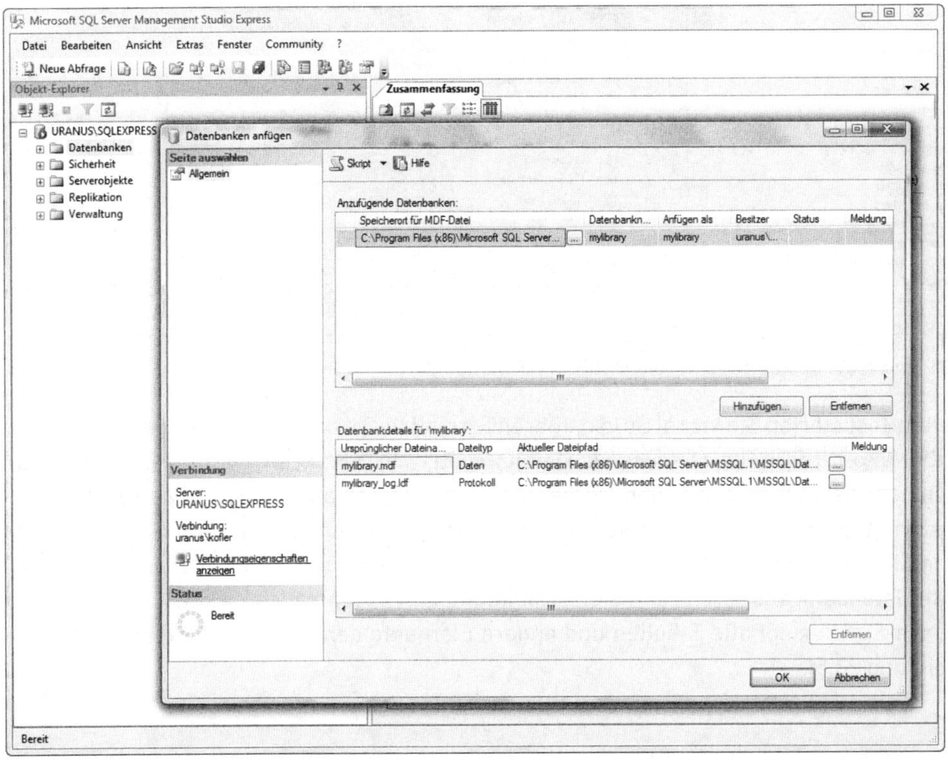

Abbildung 23.2: Installation der mylibrary-Datenbank im SQL Server Management Studio

Nach dem Verbindungsaufbau klicken Sie den Listeneintrag Datenbanken mit der rechten Maustaste an und führen das Kommando Anfügen aus. Im Dialog Datenbanken anfügen geben Sie mit Hinzufügen den Ort der anzufügenden Datenbankdateien an (siehe Abbildung 23.2). Im Auswahldialog wählen Sie nur die Datei *mylibrary.mdf* aus. Der SQL Server berücksichtigt *mylibrary_log.mdf* automatisch.

Bevor Sie den ersten Code schreiben, sollten Sie einige elementare Tests durchführen, ob Ihre Testumgebung prinzipiell funktioniert. Aktivieren Sie im Management Studio die Datenbank `mylibrary` und führen per Kontextmenü Neue Abfrage aus. Im Abfragefenster geben Sie `SELECT * FROM authors` ein und führen dieses SQL-Kommando mit F5 aus. Das Ergebnis sollte wie in Abbildung 23.3 aussehen. Sie wissen jetzt, dass die Installation der `mylibrary`-Datenbank funktioniert hat und dass Sie mit dem SQL Server kommunizieren können.

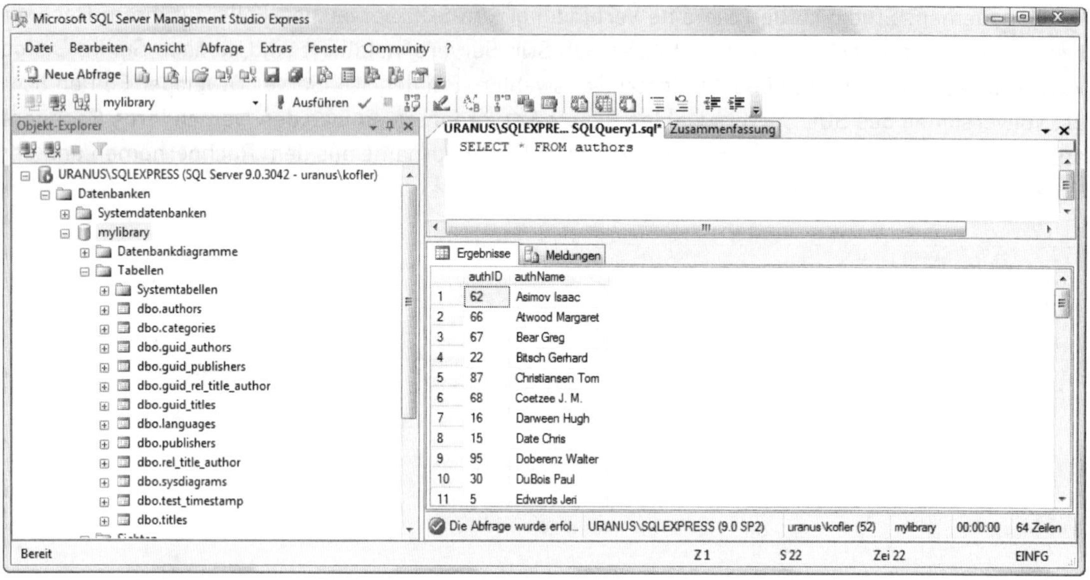

Abbildung 23.3: Eine erste Testabfrage für die mylibrary-Datenbank

Für einen zweiten Test starten Sie Visual Studio, führen Extras|Mit Datenbank verbinden aus und wählen als Datenquelle Microsoft SQL Server sowie als Datenanbieter .NET Framework-Datenanbieter für SQL Server. Im nächsten Dialog wählen Sie den Namen des SQL Servers aus. Für die SQL Server Developer Edition stimmt der Servername mit dem Rechnernamen überein. Bei der SQL Server Express Edition müssen Sie dem Rechnernamen von Hand `\sqlexpress` hinzufügen! Anschließend wählen Sie die gewünschte Datenbank aus (`mylibrary`, siehe Abbildung 23.4). Wenn alles klappt, können Sie nun im Fenster Server-Explorer auf alle Tabellen und andere Elemente der `mylibrary`-Datenbank zugreifen (siehe Abbildung 23.5).

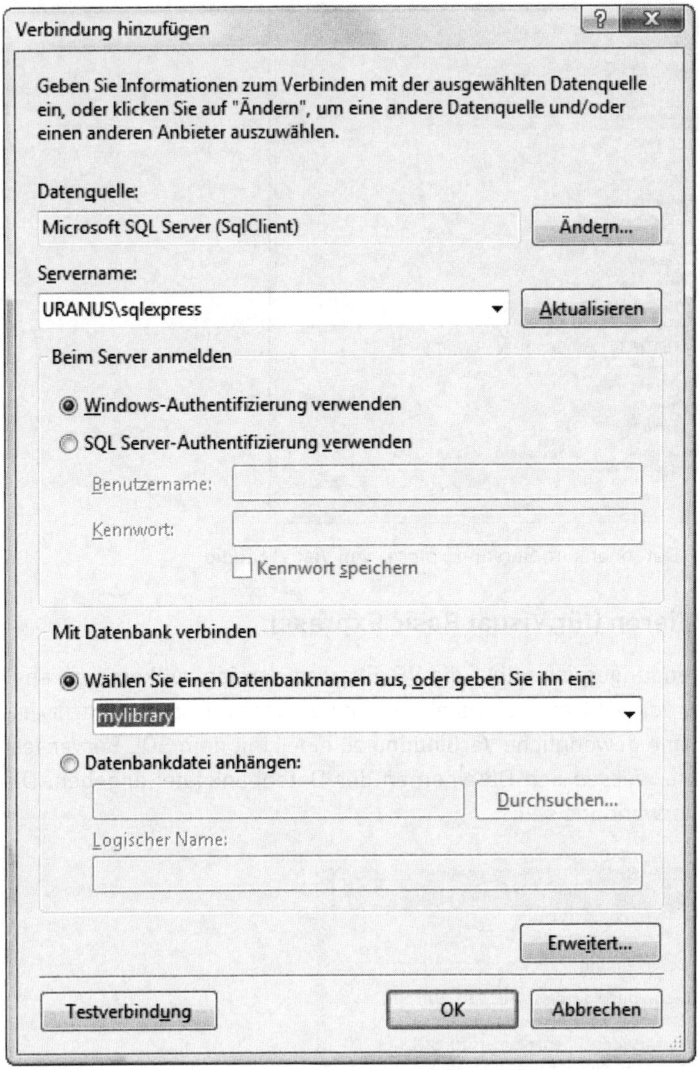

Abbildung 23.4: Datenbankverbindung in Visual Studio herstellen

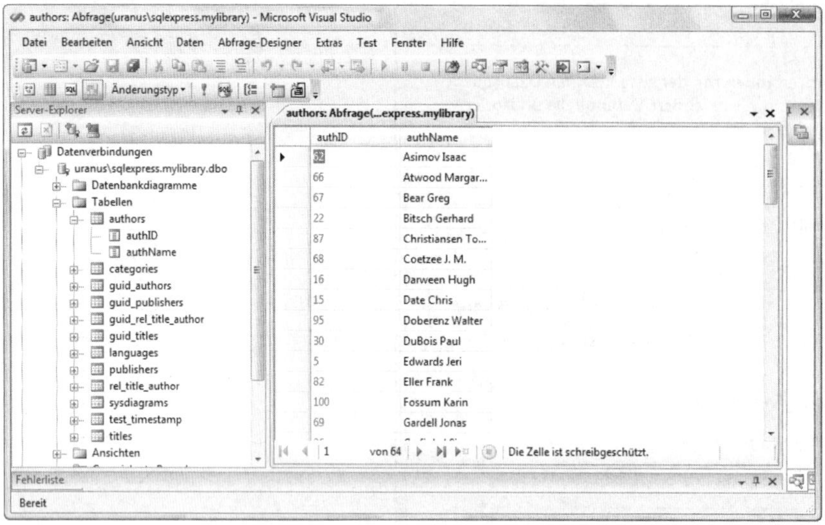

Abbildung 23.5: Zugriff auf die mylibrary-Datenbank im Server-Explorer von Visual Studio

Testdatenbank mylibrary installieren (für Visual Basic Express)

Zur Entwicklung von Datenbankanwendungen ist selbst die VB-Express-Version vollkommen ausreichend. Eine lästige Einschränkung von VB Express besteht allerdings darin, dass der DATENBANK-EXPLORER und der `DataSet`-Designer keine gewöhnliche Verbindung zu einer mit dem SQL Server fest verbundenen Datenbank zulassen. Sie *müssen* den Dateinamen der Datenbankdatei angeben. Die Datenbankdatei darf vorher nicht in Verwendung sein.

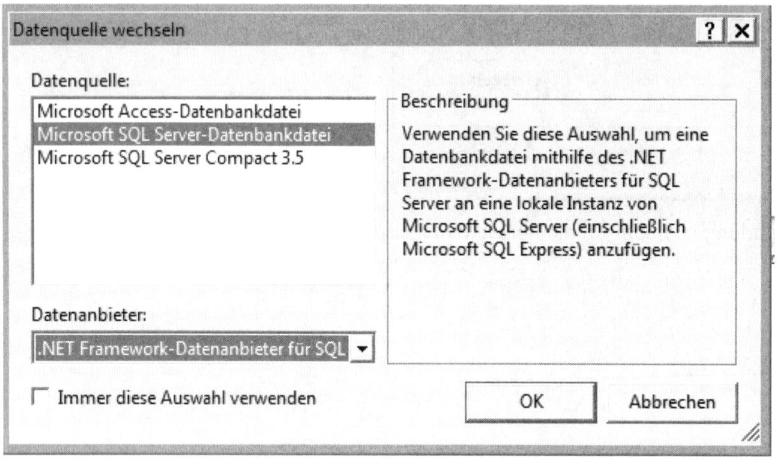

Abbildung 23.6: Eingeschränkte Datenquellenauswahl in Visual Basic 2010 Express

HINWEIS

Der Umgang mit Datenverbindungen im DATENBANK-EXPLORER widerspricht dem Konzept einer Client-Server-Datenbank. Es handelt sich hierbei um eine willkürliche Einschränkung in VB Express, die offensichtlich ein Anreiz sein soll, Visual Studio doch zu erwerben. Die Einschränkung betrifft nur die Entwicklungsumgebung, nicht aber die mit VB Express entwickelten Programme!

Die richtige Vorgehensweise zur Installation von `mylibrary` hängt davon ab, mit welchen Techniken Sie in der Folge Ihre Datenbankanwendung entwickeln:

» Wenn Sie den in VB Express eingebauten DATENBANK-EXPLORER sowie den ebenfalls verfügbaren `DataSet`-Designer nutzen möchten, kopieren Sie die Dateien *mylibrary.mdf* und *mylibrary_log.mdf* von der Webseite zum Buch (Verzeichnis *ADO.NET-hello-world*) in ein beliebiges persönliches Verzeichnis.

  Um in VB Express eine Verbindung zur Datenbank herzustellen, führen Sie auch hier EXTRAS|MIT DATENBANK VERBINDEN aus. Sie müssen nun aber direkt die Datenbankdatei *mylibrary.mdf* auswählen. Die Verbindung wird im Fenster DATENBANK-EXPLORER angezeigt (siehe Abbildung 23.7). Dabei handelt es sich um eine abgemagerte Version des SERVER-EXPLORERS von Visual Studio.

  Damit können Sie jetzt mit VB Express die Datenbank bearbeiten. Die Datenbankdatei wird allerdings nicht von einem SQL Server verwaltet, weswegen auch der Einsatz des Management Studios ausgeschlossen ist. In Ihren VB-Programmen müssen Sie beim Verbindungsaufbau direkt die Datenbankdatei angeben. Grundsätzlich kann immer nur *ein* Programm auf die Datenbankdatei zugreifen – entweder VB Express oder das von Ihnen entwickelte Programm. Deswegen müssen Sie vor einem Programmtest die Verbindung in VB Express explizit trennen.

» Wenn Sie wie wir statt des DATENBANK-EXPLORERS lieber das externe Management Studio einsetzen und auf den `DataSet`-Designer wegen seiner vielen Mängel ganz verzichten, gehen Sie so vor, wie im vorigen Abschnitt beschrieben wurde. Unserer Ansicht nach überwiegen bei dieser Vorgehensweise die Vorteile ganz deutlich, auch wenn jetzt natürlich manche Funktionen von VB Express brachliegen.

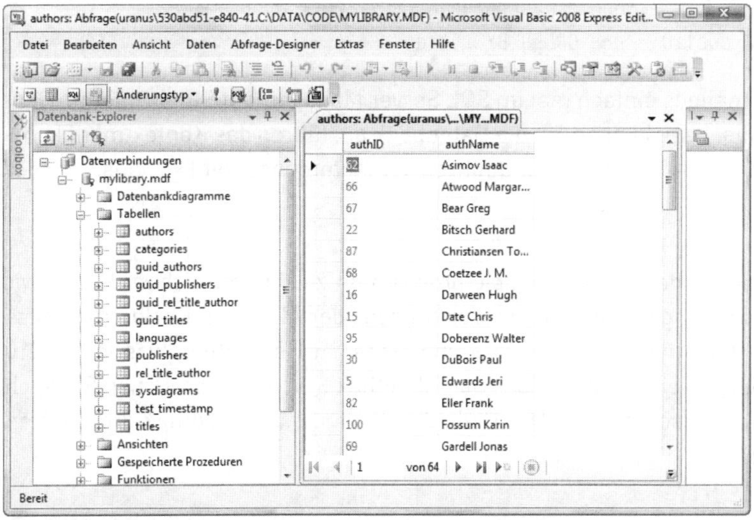

Abbildung 23.7: Zugriff auf die mylibrary-Datenbank im Datenbank-Explorer von Visual Basic Express

23.2 Datenbankzugriff per Code

In vielen Datenbankprojekten verschleiert Visual Studio, wie der Zugriff auf die Datenbank tatsächlich vor sich geht: Die Entwicklungsumgebung stellt die Verbindung zur Datenbank her, spezielle Steuerelemente zeigen Abfrageergebnisse aus der Datenbank an etc. Was hinter den Kulissen tatsächlich vor sich geht, entzieht sich oft dem Verständnis der Programmierer.

Sie werden am Ende dieses Kapitels noch feststellen, dass die Entwicklungsumgebung tatsächlich eine Hilfe sein kann und die wiederholte Eingabe redundanten Codes vermeidet. In diesem Abschnitt verzichten wir aber auf diese Hilfsmittel und zeigen Ihnen puren ADO.NET-Code. Sie werden feststellen, dass dieser gar nicht so kompliziert ist...

Das Ziel des Programms ist es, eine Liste aller Verlage und der darin erschienenen Titel in einem Konsolenfenster auszugeben. Die Liste soll alphabetisch nach Verlagen und Titeln sortiert sein. Damit Sie diese Daten aus der Datenbank extrahieren können, sind folgende Schritte erforderlich:

» Verbindung zur Datenbank herstellen

» Liste aller Verlage ermitteln

» Für jeden Verlag eine Liste aller darin erschienenen Titel ermitteln

Für den zweiten und dritten Schritt ist es jeweils erforderlich, ein einfaches SQL-Kommando auszuführen. Das erste Kommando liefert als Ergebnis eine Liste mit zwei Spalten: dem Verlagsnamen und der ID-Nummer des Verlags. Das zweite Kommando liefert eine Liste aller Titel, die bei einem bestimmten Verlag erschienen sind. Es werden also nicht einfach alle Titel aus der Tabelle gelesen, sondern nur die, bei denen `publID` einen bestimmten Wert hat. Welcher ID-Wert für welchen Verlag verwendet werden muss, kann den Ergebnissen der ersten Abfrage entnommen werden.

```
SELECT publName, publID FROM publishers ORDER BY publName
SELECT title FROM titles WHERE publID = nnn ORDER BY title
```

Probieren Sie diese beiden Kommandos einfach mal im SQL Server Management Studio oder im Server-Explorer von Visual Studio aus. Dazu klicken Sie die Datenbank an, führen das Kontextmenükommando NEUE ABFRAGE aus, tippen den SQL-Code ein und führen das Kommando mit [F5] aus.

Programmeigenschaften

Um den minimalistischen Anspruch des ersten Beispielprogramms zu unterstreichen, haben wir das Programm als Konsolenanwendung implementiert. Zur Nutzung der ADO.NET-Funktionen muss Ihr Projekt Referenzen auf die Bibliotheken `System.Data` und `System.Xml` enthalten, was in VB2010 standardmäßig auch für Konsolenprojekte der Fall ist. (Die Bibliothek `System.Xml` brauchen Sie auch dann, wenn Sie selbst keine `Xml`-Klassen nutzen. Der Code der `System.Data`-Bibliothek greift intern auf einige `Xml`-Klassen zurück.)

Am Beginn der Codedatei sollten Sie die Zeile `Imports System.Data.SqlClient` einfügen, um etwas Tipparbeit zu sparen. Andernfalls müssen Sie allen im Beispielprogramm eingesetzten ADO.NET-Klassen `System.Data.SqlClient` voranstellen.

Verbindungsaufbau

Die Verbindung zum SQL Server stellen Sie mit einem `SqlConnection`-Objekt her. An den Konstruktor übergeben Sie eine Zeichenkette, die den Namen des SQL Servers (`Data Source`), den Namen der Datenbank (`Initial Catalog`), die Art der Authentifizierung (`Trusted_Connection`) und schließlich eine Option (`MultipleActiveResultSets`) enthält. Eine genaue Beschreibung der Parameter folgt in Abschnitt 25.2.

Wenn Sie mit der Express-Edition des SQL Servers arbeiten, ist diese normalerweise mit dem Instanznamen `sqlexpress` installiert. Damit der Verbindungsaufbau gelingt, müssen Sie nun `Data Source=sqlexpress\sqlexpress` angeben. Sollte der SQL Server auf einem anderen Rechner im Netzwerk laufen, lautet die korrekte Schreibweise `Data Source=netzwerkname\instanzname`.

Wenn der Verbindungsaufbau aus irgendeinem Grund scheitert, tritt bei der Ausführung von `Open` eine `Exception` auf. In »richtigen« Datenbankanwendungen sollten Sie diesen Codeabschnitt daher in einem `Try-Catch`-Block ausführen.

ACHTUNG

Für alle Datenbankprogramme in diesem Buch gilt: Damit Sie die Programme auf Ihrem Rechner ausprobieren können, müssen Sie die Datenbank *mylibrary.mdf* dem SQL Server hinzufügen (siehe »Testumgebung einrichten«). Außerdem kann es sein, dass Sie die Zeichenkette mit den Verbindungsinformationen anpassen müssen. `Data Source=sqlexpress` gilt für die SQL Server Developer Edition. Bei der Express Edition muss dieser Parameter so aussehen: `Data Source=sqlexpress\sqlexpress`.

```
' Beispiel ADO.NET-hello-world\beispiel1
Imports System.Data.SqlClient
Const myConnectString = "Data Source=sqlexpress;Initial Catalog=mylibrary;" + _
  "Trusted_Connection=Yes;MultipleActiveResultSets=True"
Dim conn As SqlConnection
conn = New SqlConnection(myConnectString)
conn.Open()
```

Falls Sie mit VB Express arbeiten und *mylibrary.mdf* in ein persönliches Verzeichnis kopiert haben, muss die Verbindungszeichenkette wie folgt aussehen. Dabei müssen Sie das Verzeichnis *C:\data\code* natürlich durch den tatsächlichen Ort der Datenbankdatei auf Ihrem Rechner ersetzen.

```
Const myConnectString = _
    "Server=.\sqlexpress;AttachDBFilename=C:\data\code\mylibrary.mdf;" + _
    "Integrated Security=True;User Instance=True;MultipleActiveResultSets=True"
```

Liste aller Verlage ausgeben

Um SQL-Kommandos auszuführen, müssen Sie ein SqlCommand-Objekt erzeugen. An den Konstruktor übergeben Sie den SQL-Code und das SqlConnection-Objekt. Wenn Sie nun die Methode ExecuteReader ausführen, erhalten Sie das Ergebnis in Form eines DataReader-Objekts. Die einzelnen Datensätze lesen Sie der Reihe nach mit Read, wobei die Methode False liefert, wenn keine Daten mehr zur Verfügung stehen. Der Zugriff auf die Spalten des aktuellen Datensatzes erfolgt in der Schreibweise datareaderobjekt!spaltenname.

```
Dim com1 As SqlCommand
Dim dr1 As SqlDataReader
com1 = New SqlCommand("SELECT publName, publID FROM publishers ORDER BY publName", conn)
dr1 = com1.ExecuteReader()
While dr1.Read()
  Console.WriteLine("Verlag: {0}", dr1!publName)
End While
dr1.Close()
```

Liste aller Verlage und Titel ausgeben

Eine kleine Erweiterung bringt das vorhandene Programm dazu, auch die Buchtitel zu jedem Verlag auszugeben. Dazu wird für jeden Verlag ein neues SqlCommand erzeugt, wobei die publID-Nummer des gerade aktuellen Verlags in den SQL-Code eingebaut wird. Zur Auswertung der Ergebnisse wird wiederum ein SqlDataReader-Objekt verwendet.

```
Dim com1, com2 As SqlCommand
Dim dr1, dr2 As SqlDataReader
... wie bisher
While dr1.Read()
  Console.WriteLine()
  Console.WriteLine("Verlag: {0}", dr1!publName)
  com2 = New SqlCommand( _
    "SELECT title FROM titles WHERE publID=" & dr1!publID & " ORDER BY title", conn)
  dr2 = com2.ExecuteReader()
  While dr2.Read()
    Console.WriteLine("  {0}", dr2!title)
  End While
  dr2.Close()
End While
dr1.Close()
```

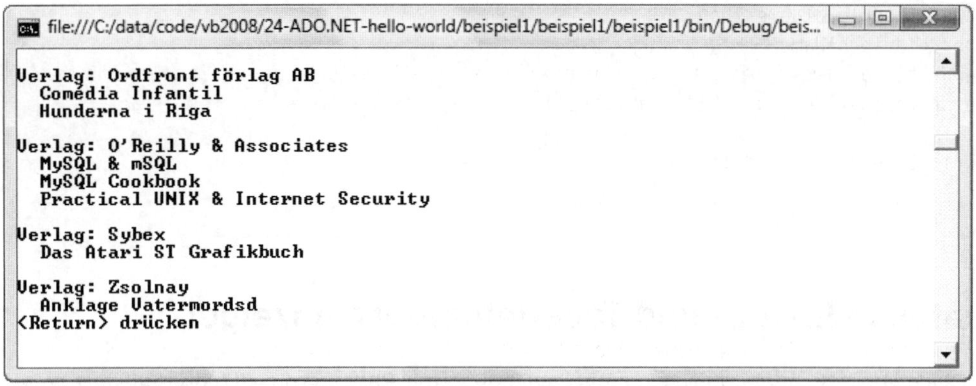

Abbildung 23.8: Verlage und Buchtitel aus der mylibrary-Datenbank

Effizientere Variante mit nur einem SQL-Kommando

SQL-Profis haben sicherlich bemerkt, dass das vorliegende Programm nicht besonders effizient ist. Wenn es n Verlage gibt, müssen insgesamt n+1 SQL-Kommandos ausgeführt werden. Jedes SQL-Kommando kostet aber Zeit, d.h., es müssen Daten zwischen Ihrem Programm und dem SQL Server hin- und hergeschickt werden. Deswegen ist es in den meisten Fällen zweckmäßig, die Anzahl der SQL-Abfragen zu minimieren.

Im vorliegenden Beispiel reicht ein einziges SELECT-Kommando aus, das nun aber nicht ganz so leicht zu verstehen ist. Das Kommando liefert eine Liste aller Verlage und Titel, wobei nur solche Kombinationen aus Verlag und Titel zulässig sind, bei denen die publID-Nummer übereinstimmt. Die Liste wird zuerst nach Verlagen, dann nach Buchtiteln sortiert:

```
SELECT publName, title FROM publishers,titles
WHERE publishers.publID=titles.publID
ORDER BY publName, title
```

Der Programmcode ändert sich nun ein wenig. Um dieselbe Ausgabe wie in Abbildung 23.8 zu erzielen, wird vor der Ausgabe jeder Zeile getestet, ob sich der Verlag geändert hat. Wenn das der Fall ist, wird dieser in der Variablen publisher zwischengespeichert und in einer eigenen Zeile ausgegeben.

```
Dim conn As SqlConnection
Dim com As SqlCommand
Dim dr As SqlDataReader
Dim publisher As String = ""
conn = New SqlConnection(myConnectString)
conn.Open()
com = New SqlCommand( _
  "SELECT publName, title FROM publishers, titles " & _
  "WHERE publishers.publID = titles.publID " & _
  "ORDER BY publName, title", conn)
dr = com.ExecuteReader()
While dr.Read()
```

```
  If publisher <> dr!publName Then
    publisher = dr!publName
    Console.WriteLine()
    Console.WriteLine("Verlag: {0}", publisher)
  End If
  Console.WriteLine("  {0}", dr!title)
End While
dr.Close()
```

23.3 Daten in Listen- und Tabellenfeldern anzeigen

Das zweite Beispiel wurde als Windows Forms-Anwendung mit Benutzeroberfläche realisiert. In einem Listenfeld können Sie einen Buchautor auswählen. Anschließend zeigt ein Tabellenfeld alle von diesem Autor geschriebenen Bücher samt dem Verlag.

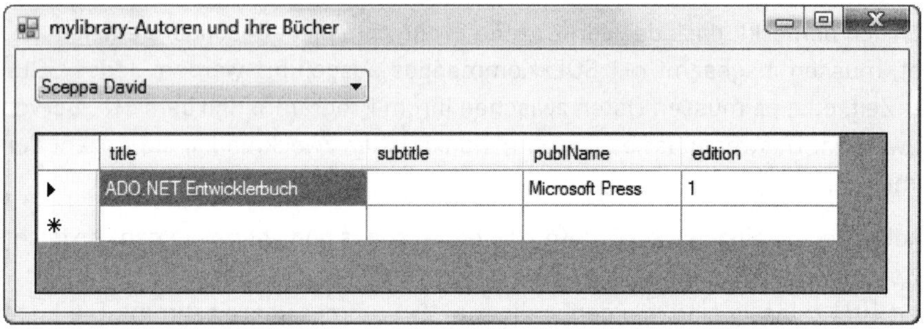

Abbildung 23.9: Abbildung 1.9: Das Programm zeigt alle Bücher eines zuvor ausgewählten Autors an.

Das Programm verwendet sogenannte `gebundene` Steuerelemente zur Darstellung der Daten, verzichtet aber auf diverse Automatismen von ADO.NET bzw. der Entwicklungsumgebung. Das hat den Vorteil, dass die Funktionen des Programms im Code nachvollziehbar bleiben und relativ einfach verändert werden können.

Sie werden in den kommenden Kapiteln feststellen, dass das die von uns bevorzugte Art und Weise ist, Windows-Datenbankanwendungen zu entwickeln. Diese Art der Programmierung setzt allerdings voraus, dass Sie selbst SQL-Kommandos zusammenstellen können.

Programmcode

Das Formular enthält lediglich zwei Windows Forms-Steuerelemente: eine `ComboBox` mit `DropDownStyle = DropDownList` sowie ein `DataGridView` mit `ReadOnly = True`. Der Verbindungsaufbau zur Datenbank und die Initialisierung erfolgen in der `Form_Load`-Ereignisprozedur durch den Aufruf einiger Funktionen. In der Folge kommt es bei jeder Auswahl eines Autors in der `ComboBox` zum `SelectedIndexChanged`-Ereignis. Die Ereignisprozedur veranlasst dann eine Aktualisierung des Inhalts des `DataGrids`.

Die einzelnen Teilaufgaben des Programms sind in Funktionen verpackt. ConnectToDatabase stellt die Verbindung zum SQL Server her. Sollte es dabei zu einem Fehler kommen, erscheint eine Fehlermeldung; anschließend endet das Programm.

BuildTitlesQuery erzeugt ein SQLCommand-Objekt mit einem Parameter für authID. Das SELECT-Kommando sieht so aus:

```
SELECT  title, subtitle, publName, edition
FROM    titles
LEFT OUTER JOIN publishers ON titles.publID = publishers.publID
LEFT JOIN rel_title_author ON titles.titleID = rel_title_author.titleID
WHERE rel_title_author.authID = @authID
ORDER BY title
```

Es liefert eine Liste, die aus Titel, Untertitel, Verlagsname und Auflage besteht. Die Daten stammen aus den drei Tabellen titles, publishers und rel_title_author. Die drei Tabellen sind durch JOIN-Anweisungen verknüpft. rel_title_author.authID = @authID limitiert das Ergebnis auf Titel, die von einem bestimmten Autor verfasst wurden.

ExecuteTitleQuery stellt den Parameter für die obige Abfrage ein, führt die Abfrage aus und füllt mit den Ergebnissen das DataTable-Objekt titles. Die Anweisung TitlesGrid.DataSource = titles reicht aus, um den Inhalt von titles im DataGrid anzuzeigen. Die Anzeige wird bei jeder Änderung von titles automatisch aktualisiert.

FillAuthorsCombo führt schließlich eine einfache SELECT-Abfrage nach allen Autorennamen aus und füllt damit die ComboBox.

```
' Beispiel ADO.NET-hello-world\beispiel2\Form1.vb
Imports System.Data
Imports System.Data.SqlClient
Dim conn As SqlConnection
Dim ds As New DataSet
Dim authors As DataTable
  Dim titles As DataTable
  Dim titlesQuery As SqlCommand
  Dim titlesPara As SqlParameter
  Private Sub ConnectToDatabase()
    ' Verbindung zur Datenbank herstellen
    Try
      conn = New SqlConnection( _
        "Data Source=sqlexpress;Initial Catalog=mylibrary;Integrated Security=True")
      conn.Open()
    Catch ex As Exception
      MsgBox("Beim Versuch, eine Verbindung zur Datenbank herzustellen, " & _
             "ist ein Fehler aufgetreten: " & ex.Message)
      Me.Close()
    End Try
  End Sub
  Private Sub BuildTitlesQuery()
```

```
    'erzeugt das SQLCommand-Objekt für die Titelabfrage
    Dim sql As String
    sql = _
      "SELECT  title, subtitle, publName, edition " + _
      "FROM    titles  " + _
      "LEFT OUTER JOIN publishers ON titles.publID = publishers.publID  " + _
      "LEFT JOIN rel_title_author ON titles.titleID = rel_title_author.titleID " + _
      "WHERE rel_title_author.authID = @authID " & _
      "ORDER BY title"
    titlesQuery = New SqlCommand(sql, conn)
    titlesPara = titlesQuery.Parameters.Add("@authID", SqlDbType.Int)
  End Sub
  Private Sub ExecuteTitlesQuery(ByVal authID As Integer)
    'Titelabfrage ausführen, Ergebnis in DataGrid anzeigen
    Dim da As SqlDataAdapter
    da = New SqlDataAdapter(titlesQuery)
    titlesPara.Value = authID
    If IsNothing(titles) Then
      'beim ersten Mal: Abfrage ausführen, DataTable füllen, DataGrid initialisieren
      da.Fill(ds, "titles")
      titles = ds.Tables("titles")
      TitlesGrid.DataSource = titles
    Else
      ' vorhandene Titel entfernen, neue Titel einfügen
      titles.Clear()
      da.Fill(ds, "titles")
    End If
  End Sub
  Private Sub FillAuthorsCombo()
    'Listenfeld mit Autoren füllen
    Dim com As SqlCommand
    Dim da As SqlDataAdapter
    com = New SqlCommand( _
      "SELECT authName, authID FROM authors ORDER BY authName", conn)
    da = New SqlDataAdapter(com)
    da.Fill(ds, "authors")
    authors = ds.Tables("authors")
    AuthorsCombo.DataSource = authors
    AuthorsCombo.DisplayMember = "authName"
    AuthorsCombo.ValueMember = "authID"
    AuthorsCombo_SelectedIndexChanged(Nothing, Nothing)
  End Sub
  Private Sub Form1_Load(...) Handles MyBase.Load
    'Verbindung zur Datenbank herstellen
    ConnectToDatabase()
    'Titelabfrage vorbereiten
    BuildTitlesQuery()
    'Listenfeld mit Autoren füllen
    FillAuthorsCombo()
```

```
End Sub
Private Sub AuthorsCombo_SelectedIndexChanged(...) Handles ...
  ' Fehler während der Initialisierung vermeiden
  If AuthorsCombo.ValueMember = "" Then Exit Sub
  ExecuteTitlesQuery(AuthorsCombo.SelectedItem!authId)
End Sub
```

23.4 Datenbankzugriff mit den Visual Data Tools für Windows Forms

Das dritte Beispielprogramm ermöglicht es Ihnen, durch die `titles`-Tabelle zu blättern und alle darin enthaltenen Spalten anzuzeigen. Die Darstellung des Spalteninhalts erfolgt in Textfeldern, und zum Blättern wird das `BindingNavigator`-Steuerelement verwendet. Zur Erstellung dieses Programms werden die sogenannten `Visual Data Tools` für Windows Forms eingesetzt. Damit können Sie Datenbankformulare quasi per Mausklick zusammenstellen. Visual Studio erzeugt automatisch Code, der die Datenbankobjekte mit den Steuerelementen verbindet.

Wenn Sie das Projekt von der Webseite zum Buch laden und ausprobieren, müssen Sie möglicherweise die Zeichenkette für den Verbindungsaufbau zur Datenbank ändern. Dazu öffnen Sie das Dialogblatt My Project | Einstellungen und verändern die Zeichenkette `mylibraryConnectionString`. Im Regelfall reicht es aus, `Data Source=sqlexpress` durch `Data Source=sqlexpress\sqlexpress` zu ersetzen.

Eine Datenquelle für die mylibrary-Datenbank und eine DataTable-Klasse für die titles-Tabelle einrichten

Eine Datenquelle in Visual Studio besteht intern aus mehreren Klassen, deren Code automatisch erzeugt wird. Eine Datenquelle ist ein Bestandteil eines Visual Basic-Projekts (so wie ein Formular oder ein Modul). Der Zweck von Datenquellen besteht darin, den Datenzugriff zu vereinfachen. Die Eigenschaften von Datenquellen können komfortabel in Assistenten oder in einem sogenannten `DataSet`-Designer verändert werden. Datenquellen ermöglichen auf diese Weise einen visuellen Zugang zu Datenbankobjekten (Tabellen, Stored Procedures etc.).

Neue Datenquellen definieren Sie mit Daten|Neue Datenquelle hinzufügen. Im Assistenten zur Konfiguration der Datenquelle wählen Sie im ersten Schritt den Datenquellentyp Datenbank. Im zweiten Schritt geben Sie die Datenbankverbindung an. Dabei stehen alle im Datenbank- bzw. Server-Explorer bereits definierten Verbindungen zur Auswahl. Alternativ können Sie mit dem Button Neue Verbindung auch eine ganz neue Datenbankverbindung einrichten. Für dieses Beispiel muss die Datenbankverbindung auf die `mylibrary`-Datenbank zeigen.

Im dritten Schritt bestätigen Sie die Option Verbindung speichern. Die Zeichenkette zur Herstellung der Datenbankverbindung wird damit in `My.Settings` gespeichert (siehe auch Abschnitt 15.2).

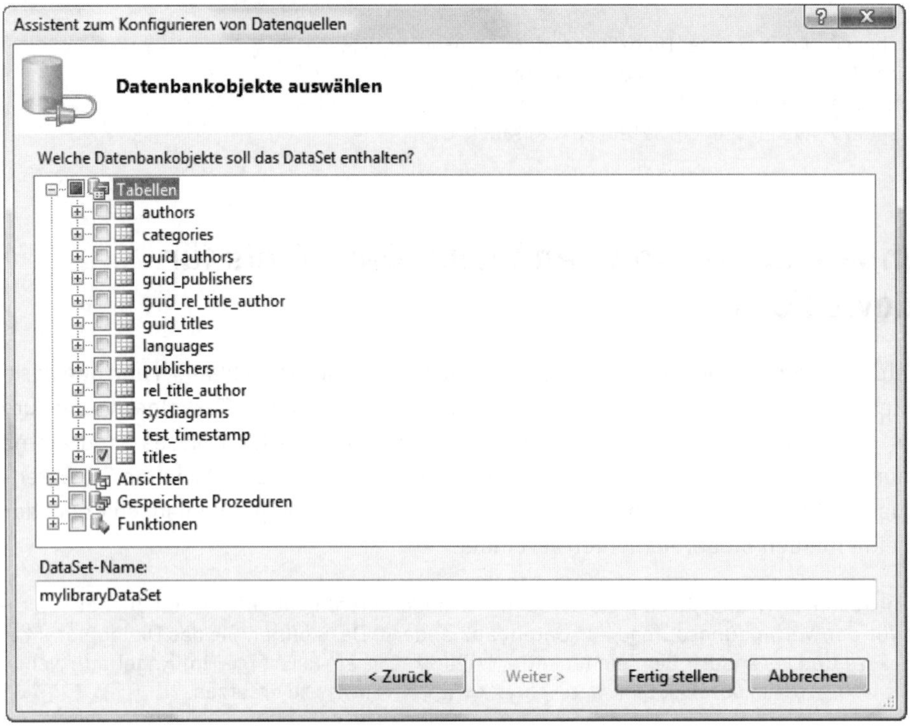

Abbildung 23.10: Assistent zum Einrichten der neuen Datenquelle

Im vierten Schritt wählen Sie die Datenbankobjekte aus (siehe Abbildung 23.10). Für das vorliegende Programm ist nur ein einziges Objekt erforderlich, nämlich die `titles`-Tabelle. Da die Entwicklungsumgebung für jedes ausgewählte Objekt automatisch eine Menge Programmcode erzeugt, sollten Sie wirklich nur die Objekte auswählen, die Sie tatsächlich benötigen! Sie können bei Bedarf später Objekte hinzufügen.

Nachdem der Assistent seine Arbeit beendet hat, blenden Sie mit DATEN|DATENQUELLEN ANZEIGEN das Teilfenster DATENQUELLEN ein. Dort sehen Sie die soeben eingerichtete Datenquelle, die intern aus den Klassen `mylibraryDataSet` und `titlesTableAdapter` besteht. Der Button DATASET MIT DESIGNER BEARBEITEN zeigt im sogenannten `DataSet`-Designer eine visuelle Darstellung dieser Klassen (siehe Abbildung 23.11). Dort können Sie per Mausklick die Eigenschaften der Datenbankobjekte verändern bzw. über ein Kontextmenü neue Datenbankobjekte hinzufügen.

HINWEIS

Der Unterschied zwischen Datenbankverbindungen und Datenquellen ist auf den ersten Blick schwer zu erkennen. In Visual Studio werden beide Objekte ganz ähnlich dargestellt: Datenbankverbindungen im Fenster SERVER-EXPLORER am linken Fensterrand und Datenquellen im Fenster DATENQUELLEN am rechten Fensterrand. Die folgenden Punkte fassen die charakteristischen Eigenschaften von Datenbankverbindungen und Datenquellen zusammen.

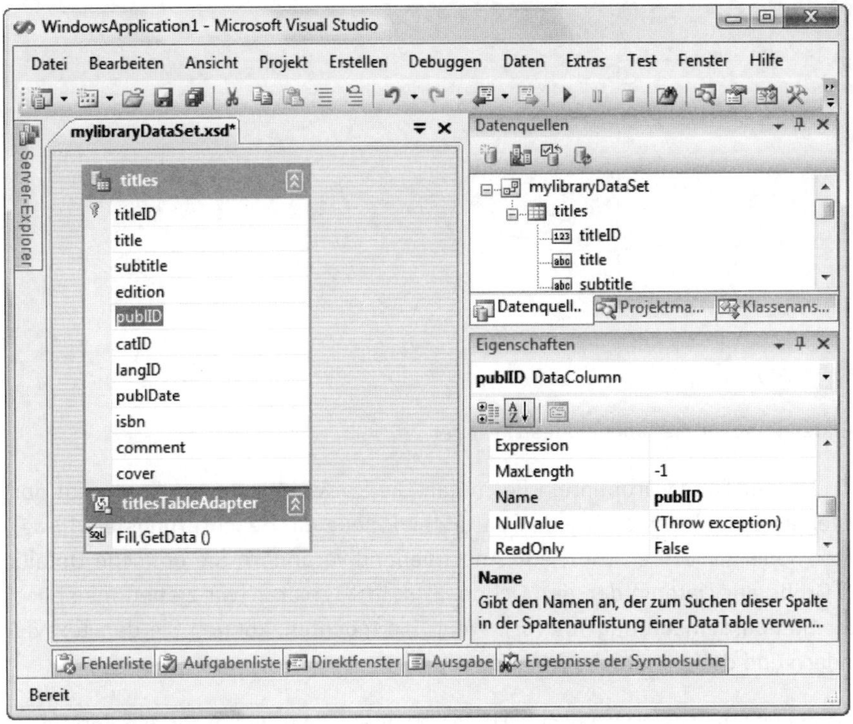

Abbildung 23.11: Die DataTable-Klasse für die titles-Tabelle im DataSet-Designer

HINWEIS

Datenbankverbindungen speichern nur die Informationen, die erforderlich sind, um eine Verbindung zu einer Datenbank herzustellen. Diese Daten werden in den Visual Studio-Einstellungen gespeichert und sind nicht projektspezifisch. Es wird kein Code erzeugt. Im SERVER-EXPLORER können Sie auf die Daten zugreifen (Tabelle ansehen, SQL-Kommando ausführen, neue Stored Procedure definieren etc.). Es ist aber nicht möglich, Datenbankobjekte per Drag&Drop in Formulare einzufügen.

Datenquellen sind Klassen, deren Code automatisch erzeugt wird und sich in der normalerweise ausgeblendeten Datei *nameDataSet.Designer.vb* befindet. Die Klassen vereinfachen den Zugriff auf ausgewählte Datenbankobjekte. Datenquellen sind wie Formulare oder Klassendateien Bestandteil eines Visual Basic-Projekts. Aus dem Fenster DATENQUELLEN können Sie Datenbankobjekte per Drag&Drop in Windows Forms-Formulare einfügen (nicht aber in WPF-Fenster).

Formular zusammenstellen

Durch einen Doppelklick auf *Form1.vb* im PROJEKTMAPPEN-EXPLORER öffnen Sie ein Formular in der Design-Ansicht. Im Teilfenster DATENQUELLEN klicken Sie nun den Eintrag `titles` an. Neben dem Eintrag erscheint ein Auswahllistenknopf, mit dem Sie für die Tabelle die Einstellung DETAILS aktivieren (siehe Abbildung 23.12). Das hat zur Folge, dass bei der nachfolgenden Drag&Drop-Operation für `titles` im Formular nicht ein `DataGrid`-Steuerelement eingefügt wird, sondern für jede Spalte der Tabelle einzelne Steuerelemente.

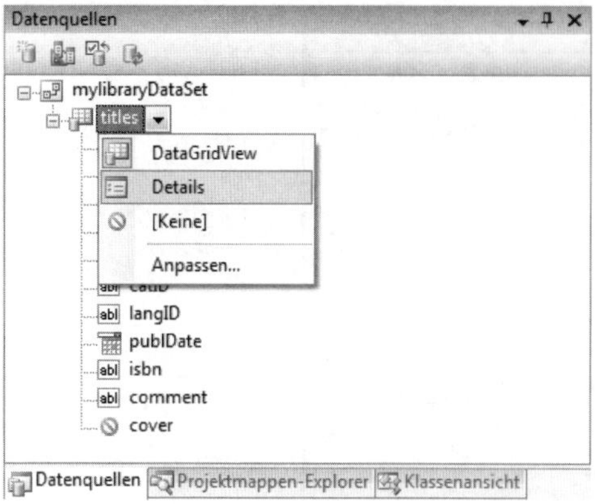

Abbildung 23.12: Detail-Darstellung für die Tabelle titles aktivieren

Nun verschieben Sie `titles` per Drag&Drop in ein Formular. Die Entwicklungsumgebung fügt dort ein `BindingNavigator`-Steuerelement sowie für jede Spalte der Tabelle ein Beschriftungsfeld (`Label`) und ein Datenfeld (`Textbox` oder `DateTimePicker`) ein. Anschließend verändern Sie optische Details, also beispielsweise die Größe der Datenfelder, den Ort des `BindingNavigator` (wir ziehen meist `Dock = Bottom` gegenüber der Standardeinstellung `Top` vor). Wenn Sie möchten, können Sie den Text der Beschriftungsfelder ändern und darin deutsche Begriffe angeben.

Die Auswahlliste für Datenquellenobjekte im Fenster DATENQUELLEN erscheint nur, wenn ein Formular offen ist!

Damit ist das Programm prinzipiell fertig. Nach dem Start können Sie mit den Buttons des `BindingNavigators` durch die Titelliste blättern (siehe Abbildung 23.13).

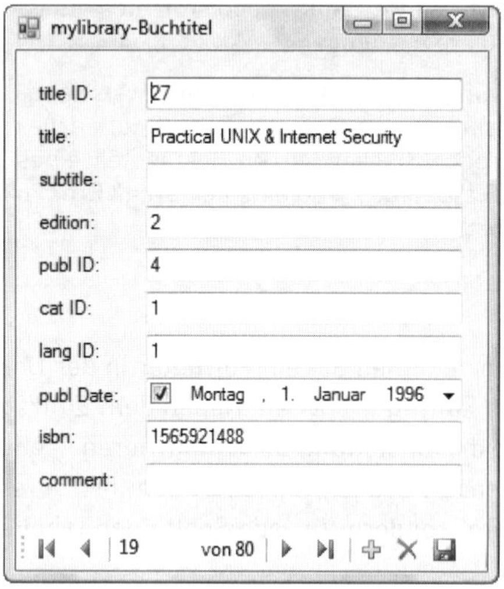

Abbildung 23.13: Durch die titles-Tabelle der mylibrary-Datenbank blättern

Einschränkungen

Auf den ersten Blick sieht alles ganz nett aus, es gibt allerdings einige wesentliche Einschränkungen:

» **Keine Sortierung:** Die angezeigten Datensätze sind nicht sortiert. Die Pfeilbuttons führen daher zum nächsten bzw. vorigen Datensatz in der (willkürlichen) Reihenfolge, in der die Einträge intern in der `titles`-Tabelle gespeichert wurden.

» **ID-Nummern statt Namen:** Die Spalten `publID`, `catID` und `langID` werden als Zahlenwerte dargestellt. Wesentlich interessanter wäre natürlich eine direkte Anzeige des Verlagsnamens, des Kategorienamens und der Sprache des Buchs.

» **Probleme bei Datenänderungen:** Sie können im Programm einzelne Datensätze verändern, löschen oder neu einfügen. Diese Änderungen werden erst bleibend in der Datenbank gespeichert, wenn Sie den SPEICHERN-Button anklicken. Dabei treten aber in ziemlich vielen Fällen Fehler auf, beispielsweise wenn eines der Felder `title`, `publID`, `catID` oder `langID` leer ist oder wenn `publID`, `catID` oder `langID` einen ungültigen Wert enthält. Hier wäre also noch viel Arbeit zur Fehlerabsicherung erforderlich.

» **Fehlerhafte Darstellung von NULL-Daten:** Das `DateTimePicker`-Steuerelement zur Darstellung der `publDate`-Spalte ist nicht in der Lage, den Wert `NULL` korrekt anzuzeigen. Stattdessen bleibt im Steuerelement einfach das Erscheinungsdatum des zuletzt angezeigten Buchtitels stehen.

Abhilfe: Stellen Sie in der Entwicklungsumgebung die Eigenschaft `ShowCheckBox` des `PublDateDateTimePicker`-Steuerelements auf `True`, und fügen Sie die folgende Prozedur für das `PositionChanged`-Ereignis der `titles`-Datenquelle ein. Darin wird `Checked` auf `False` oder `True` gestellt, je nachdem, ob `publDate` für den aktuellen Datensatz `NULL` ist oder nicht:

```
  ' Beispiel ADO.NET-hello-world\beispiel1a\Form1.vb
Private Sub TitlesBindingSource_PositionChanged(...) Handles ...
  ' Fehler während der Initialisierung vermeiden
    If TitlesBindingSource.Count = 0 Then Exit Sub
  ' Auswahlhäkchen nur aktivieren, wenn ein gültiges Datum vorliegt
  If IsDBNull(TitlesBindingSource.Current!PublDate) Then
    PublDateDateTimePicker.Checked = False
  Else
    PublDateDateTimePicker.Checked = True
  End If
End Sub
```

Auch mit diesem Zusatzcode bleibt das Problem bestehen, dass das zuletzt angezeigte Datum sichtbar bleibt (wenngleich nun in hellgrauer Schrift). Es ist nicht möglich, das Datum per Code einfach auf `NOW()` zu stellen, weil die Programmlogik das als Datenänderung am aktuellen Datensatz betrachten und diese Änderung bei nächster Gelegenheit in der Datenbank speichern würde.

Vergleichbare Probleme mit `NULL` haben auch andere Steuerelemente, beispielsweise Listenfelder (die in diesem Beispiel aber nicht vorkommen).

Die aufgezählten Einschränkungen sind keine Unzulänglichkeiten von ADO.NET, sondern haben mit dem von den Visual Data Tools erzeugten Code zu tun. Es gibt Leute, die Verdacht hegen, dass die ganzen Datenbankautomatismen von Microsoft hauptsächlich dazu entwickelt wurden, um die Zuhörer bei Konferenzen und Roadshows zu beeindrucken. Tatsächlich war die schöne Datenbankwelt, die Microsoft seit Jahren mit jeder neuen Version der Programmiersprache X oder Datenbankbibliothek Y anpreist, in der Praxis immer mit lästigen manuellen Eingriffen verbunden.

Ein Blick hinter die Kulissen

Obwohl Sie bisher nur wenige Zeilen Code eingegeben haben, enthält dieses Beispiel rund 2400 weitere Zeilen Code, der automatisch erzeugt wurde und über mehrere Dateien verteilt ist. Wenn Sie einen Blick in diese Dateien werfen möchten, klicken Sie im PROJEKTMAPPEN-EXPLORER auf den Button ALLE DATEIEN ANZEIGEN. Interessant sind vor allem die beiden Dateien *Form1.Designer.vb* und *mylibraryDataSet.Designer.vb*.

In *mylibraryDataSet.Designer.vb* sind die Klassen `mylibraryDataSet` und `titlesTableAdapter` definiert. In *Form1.Designer.vb* werden die Objekte `MylibraryDataSet` und `TitlesTableAdapter` deklariert und initialisiert. In *Form1.vb* wird `MylibraryDataSet.titles` mit Daten aus der `titles`-Tabelle gefüllt.

```
Private Sub Form1_Load(...) Handles MyBase.Load
  Me.TitlesTableAdapter.Fill(Me.MylibraryDataSet.titles)
End Sub
```

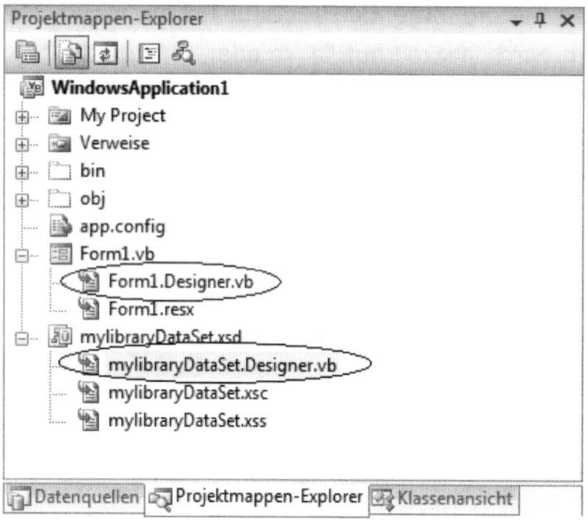

Abbildung 23.14: Die Entwicklungsumgebung versteckt den automatisch generierten Code in *.Designer.vb-Dateien

Mit `MyLibraryDataSet.titles.Item(n).spaltenname` können Sie direkt den Wert aller Spalten des Datensatzes `n` lesen. Zur Darstellung der Datensätze in den Text- und `DateTimePicker`-Steuerelementen ist das aber gar nicht notwendig. Diese Steuerelemente sind über ein `TitlesBindingSource`-Objekt (Klasse `Windows.Forms.BindingSource`) mit `MyLibraryDataSet.titles` verbunden. Das `BindingNavigator`-Steuerelement hat die Aufgabe, den gerade aktuellen Datensatz auszuwählen.

Wir werden in den folgenden Kapiteln noch ausführlich auf die hier genannten Klassen eingehen. So viel sollte aber schon jetzt klar sein: So einfach das Zusammenstellen einer Windows Forms-Datenbankanwendung aussieht, so komplex sind die zugrunde liegenden Mechanismen.

Variante 2 mit Textdarstellung für Verlag, Kategorie und Sprache

Zwei Details stören am ersten Entwurf dieses Programms: die fehlende Sortierung der Titel und die Darstellung der Verlags- und Kategorieinformationen in Form von ID-Nummern. Abhilfe schafft die in diesem Abschnitt vorgestellte Variante des Programms. Als Datengrundlage wird nicht mehr einfach die Tabelle `titles` verwendet, sondern eine SQL-Abfrage.

Wenn Sie diese Variante als neues Projekt realisieren, müssen Sie wie bei der ersten Version des Programms zuerst eine Datenquelle einrichten. Dabei wählen Sie diesmal aber keine Datenbankobjekte (also auch nicht die `titles`-Tabelle) aus. Anschließend öffnen Sie mit DATEN|DATENQUELLEN ANZEIGEN das Datenquellenfenster und klicken dort auf den Button DATASET MIT DESIGNER BEARBEITEN. Dort fügen Sie per Kontextmenü HINZUFÜGEN|TABLEADAPTER aus. Es erscheint ein Assistent. Die beiden ersten Schritte überspringen Sie mit WEITER, im dritten Schritt starten Sie mit ABFRAGE-GENERATOR das Fenster zum SQL-Abfrageentwurf (siehe Abbildung 23.15).

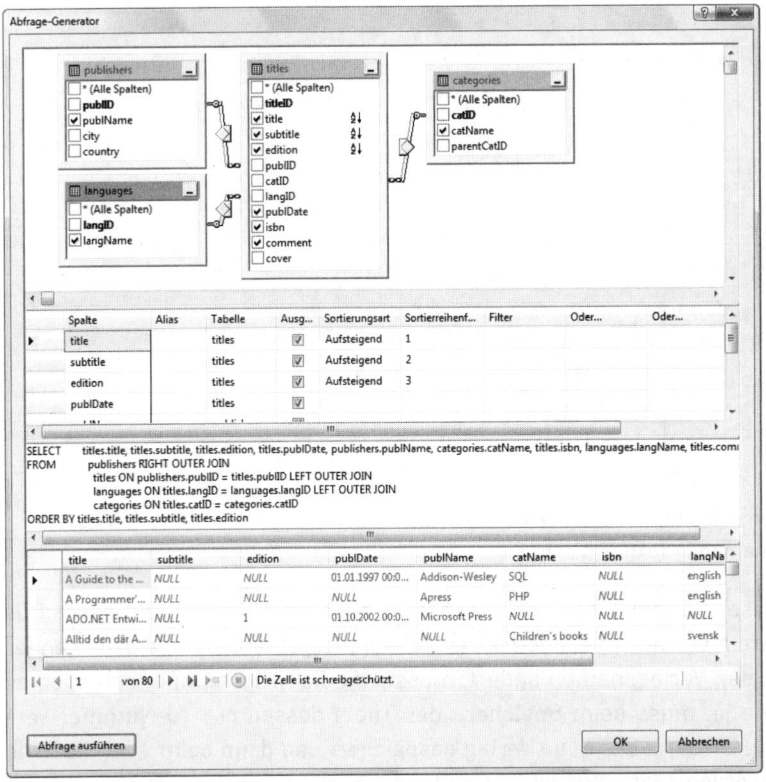

Abbildung 23.15: Abfrageentwurf für die sortierte Titeltabelle mit Verlags-, Kategorie- und Sprachnamen

Im ABFRAGE-GENERATOR fügen Sie die Tabellen `titles`, `categories`, `publishers` und `languages` ein. Die Verknüpfungen zwischen den Tabellen werden automatisch erzeugt. Sie müssen aber bei allen drei Verknüpfungen per Kontextmenü die Option ALLE ZEILEN VON TITLES aktivieren. SQL-intern werden die Verknüpfungen nun durch `OUTER JOIN` statt durch `INNER JOIN` gebildet. Damit werden auch Buchtitel berücksichtigt, bei denen die Felder `catID`, `publID` bzw. `langID` den Wert `NULL` enthalten, also nicht mit anderen Tabellen verknüpft sind.

Anschließend wählen Sie alle Spalten aus, die später im Formular angezeigt werden sollen, und markieren der Reihe nach `title`, `subtitle` und `edition` als Sortierkriterium. Die Abfrage können Sie mit ABFRAGE AUSFÜHREN ausprobieren. Wenn Sie mit dem Ergebnis zufrieden sind, verlassen Sie den ABFRAGE-GENERATOR. Die Entwicklungsumgebung gibt dem aus der Abfrage resultierenden Objekt den Namen `DataTable1`. Diesen Namen sollten Sie im Eigenschaftsfenster durch einen Namen mit mehr Aussagekraft ersetzen, z.B. `titlesPlus` oder `titlesWithExtraInformation`.

Die Zusammenstellung des Anzeigeformulars erfolgt bis auf einige Details wie bei der ersten Variante des Programms. Für `publDate` wurde im Fenster DATENQUELLEN die gewünschte Darstellungsform auf `Textbox` umgestellt, um so das `NULL`-Problem zu umgehen. Für alle Textfelder des Formulars wurde `ReadOnly=True` eingestellt. Außerdem wurden die Buttons NEU, LÖSCHEN und SPEICHERN des `BindingNavigator`-Steuerelements entfernt (einfach mit der Maus anklicken und [Entf] drücken).

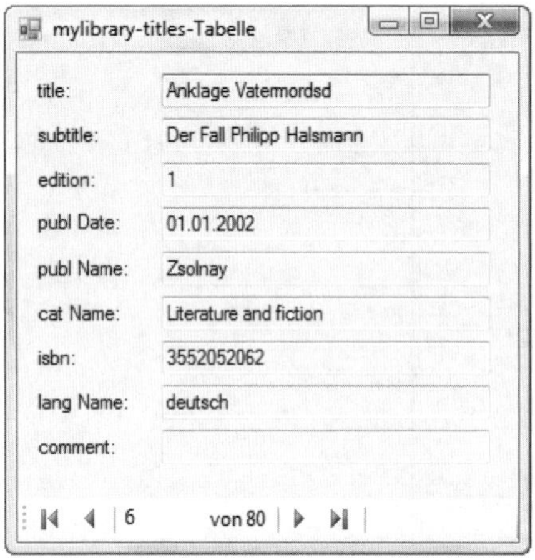

Abbildung 23.16: Bei dieser Variante des titles-Formulars werden die Sprache sowie die Verlags- und Kategorienamen in Textform angezeigt.

Datenänderungen sind bei dieser Variante also von vornherein ausgeschlossen. Der Grund: Das Speichern von Änderungen wäre hier nur mit einigem Aufwand durchzuführen. Wenn der Anwender beispielsweise bei einem Titel den Verlagsnamen ändert, müsste die Speicherroutine testen, ob es diesen Verlag schon gibt: wenn ja, muss beim Speichern des Titels dessen `publID`-Nummer verwendet werden; wenn nicht, muss zuerst der neue Verlag gespeichert und dann beim Titel die neue `publID`-Nummer gespeichert werden. Das alles ist viel zu kompliziert für die `INSERT`- und `UPDATE`-Kommandos, die für das zugrunde liegende `DataSet`-Objekt automatisch erzeugt werden können.

Variante 3 mit Listenfeldern für Verlag, Kategorie und Sprache

Die dritte Variante dieses kleinen Beispielprogramms beweist, dass die Möglichkeiten der Entwicklungsumgebung noch nicht ausgeschöpft sind. Für die drei Spalten `publName`, `catName` und `langName` werden nun Listenfelder eingesetzt, die bei Veränderungen bzw. bei Neueingaben eine bequeme Auswahl ermöglichen.

Abermals beginnt die Programmentwicklung damit, dass Sie eine Datenquelle zur `mylibrary`-Datenbank einrichten. Als Datenobjekte wählen Sie diesmal die Tabellen `titles`, `publishers`, `categories` und `languages` aus. In der Design-Ansicht sehen Sie alle vier Tabellen inklusive ihrer Verknüpfungen. Nun klicken Sie der Reihe nach die Felder `titleTableAdapter`, `publishersTableAdapter` etc. mit der rechten Maustaste an, führen KONFIGURIEREN aus und fügen dem SQL-Code `ORDER BY title`, `ORDER BY publName` etc. hinzu. Alternativ können Sie die gewünschte Sortierreihenfolge natürlich auch im ABFRAGE-GENERATOR einstellen, wenn Sie sich bei der direkten Änderung von SQL-Code unsicher fühlen.

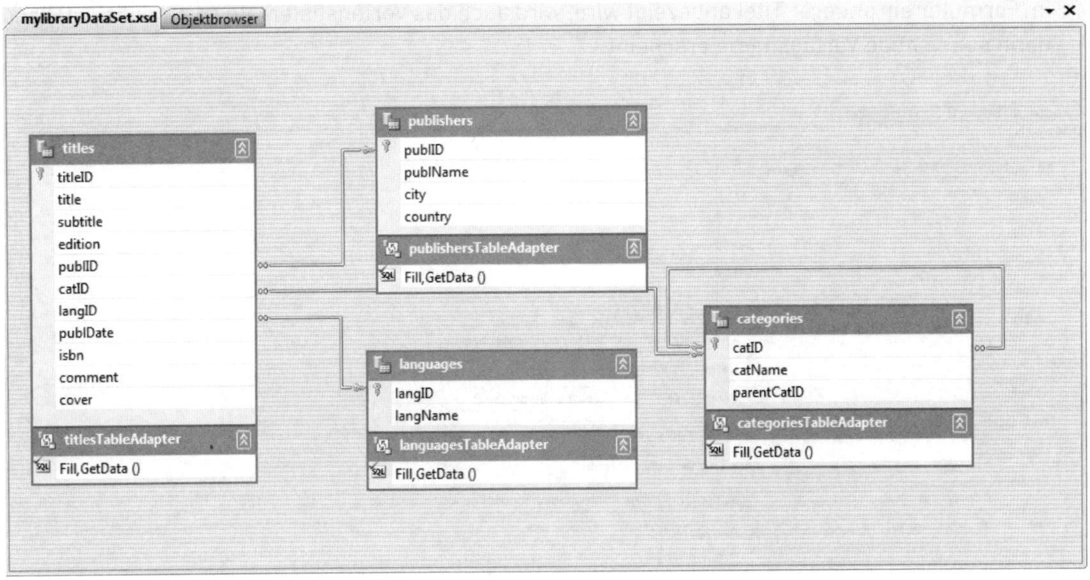

Abbildung 23.17: Die DataTable-Klassen in der Design-Ansicht

Bevor Sie nun die gesamte `titles`-Tabelle per Drag&Drop vom Fenster DATENQUELLEN in ein Formular verschieben, stellen Sie bei der `titles`-Tabelle als gewünschte Darstellung `Details` und bei den Spalten `catID`, `publID` und `langID` als gewünschtes Steuerelement jeweils `ComboBox` ein.

Nach der Drag&Drop-Operation befinden sich zwar drei `ComboBox`-Steuerelemente im Formular, aber ein probeweiser Start des Programms zeigt, dass sie keine Daten enthalten. Es gilt also, die Datenquelle für die drei Listenfelder richtig einzustellen. Dazu wählen Sie das gewünschte Steuerelement aus und klicken auf den kleinen Pfeil rechts oben. Es erscheint ein kleines AUFGABEN-Fenster, in dem

Sie die Option AN DATEN GEBUNDENE ELEMENTE VERWENDEN aktivieren (siehe Abbildung 23.18). Die folgenden Anweisungen gelten für das publishers-Listenfeld. Für die anderen Listenfelder verfahren Sie analog.

» Als DATENQUELLE wählen Sie publishersBindingSource aus. Wenn es dieses Objekt noch nicht gibt, wählen Sie WEITERE DATENQUELLEN|PROJEKTDATENQUELLEN|MYLIBRARY DATASET|PUBLISHERS. Die Entwicklungsumgebung fügt Ihrem Projekt damit automatisch das neue publishersBindingSource-Objekt hinzu.

» Bei MEMBER ANZEIGEN stellen Sie publName ein. Damit erreichen Sie, dass im Listenfeld die Verlagsnamen angezeigt werden.

» Bei WERTEMEMBER stellen Sie publID ein. Damit erreichen Sie, dass die Value-Eigenschaft des Steuerelements den publID-Wert des gerade ausgewählten Verlags enthält.

» Bei AUSGEWÄHLTER WERT stellen Sie TitlesBindingSource - publID ein. Damit erreichen Sie, dass die publID-Werte der Tabellen titles und publishers miteinander verknüpft werden. Jedes Mal, wenn im Formular ein anderer Titel angezeigt wird, wird auch das Verlagslistenfeld so aktualisiert, dass darin der richtige Verlagsname erscheint.

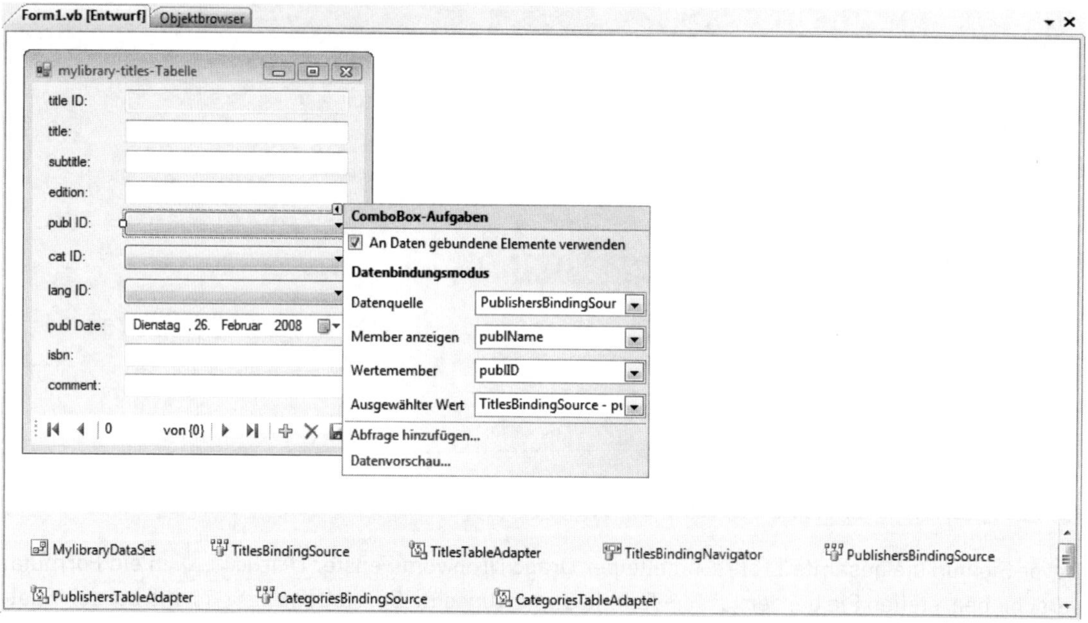

Abbildung 23.18: Einstellung der Datenquelle für das publishers-Listenfeld

Weiterhin müssen Sie im Eigenschaftsfenster für alle drei ComboBox-Steuerelemente DropDownStyle = DropDownList und CausesValidation=False einstellen. Das DateTimePicker-Steuerelement wurde wie bei der ersten Variante des Programms behandelt. Beim TitleIDTextBox-Steuerelement gilt nun ReadOnly = True, d.h., jede Veränderung durch den Anwender ist ausgeschlossen (weil diese Information von der Datenbank verwaltet wird).

Auf den ersten Blick scheint das Programm nun zu funktionieren (siehe Abbildung 23.19). Tatsächlich gibt es aber noch viele ungelöste Probleme. Beispielsweise werden Veränderungen in Listenfeldern oder vollkommen neue Titel ganz einfach nicht gespeichert. Es kommt aber auch zu keiner Fehlermeldung.

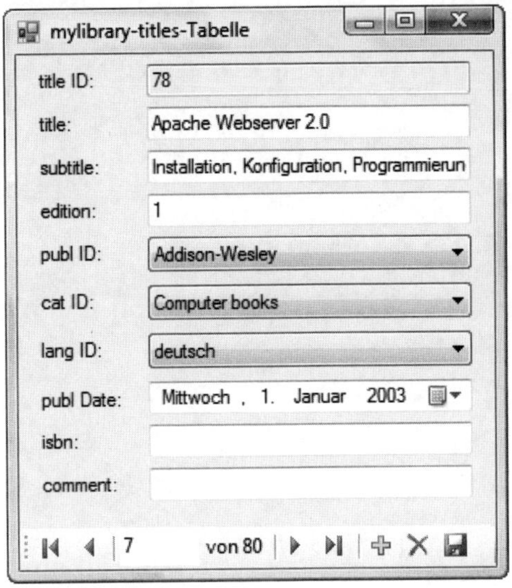

Abbildung 23.19: Bei dieser Variante des titles-Formulars werden die Sprache sowie die Verlags- und Kategorienamen in Listenfeldern angezeigt.

24 Datenbankgrundlagen

Bevor es im nächsten Kapitel so richtig mit der ADO.NET-Programmierung losgeht, erklärt dieses Kapitel einige Datenbankgrundlagen: Das Kapitel beginnt mit der Frage, welches Datenbanksystem sich für welchen Zweck eignet. Es folgen eine Einführung in das Thema Datenbankdesign und in die Zugriffsverwaltung des SQL Servers, ein SQL-Schnellkurs und eine kurze Vorstellung von `Stored Procedures`.

24.1 Welches Datenbanksystem für welchen Zweck?

Als Datenbanksystem bezeichnen wir in diesem Buch die Technologie bzw. das Produkt zur Verwaltung der Datenbank. Die Entscheidung für ein Datenbanksystem muss zu Beginn erfolgen, ein späterer Wechsel ist mit großem Aufwand verbunden, außer wenn man von vornherein Arbeit in die Abstraktion investiert. Das ADO.NET Entity Framework (siehe gleichnamiges Kapitel) wäre für einen datenbankneutralen Zugriff ein gutes Instrument.

In aller Regel handelt es sich beim Datenbanksystem um einen **Datenbankserver**, also um ein Programm, das losgelöst von Ihrer VB-Anwendung läuft und nur die Aufgabe hat, Ihrer Anwendung und anderen Programmen Datenbankfunktionen zur Verfügung zu stellen. Programme, die mit dem Datenbankserver kommunizieren, werden Datenbank-Clients genannt.

Damit liegt ein Client-Server-System vor: Nahezu beliebig viele Clients können gleichzeitig die Datenbankfunktionen des Servers nutzen. Sofern Client und Server nicht auf demselben Rechner laufen, erfolgt die Kommunikation zwischen den beiden Programmen über das Netzwerk (TCP/IP).

Eine Alternative zu Client-Server-Systemen sind `Single-User`-Datenbanken, auf die immer nur ein Programm bzw. nur ein Benutzer zugreifen kann. Der wichtigste Vorteil solcher Systeme besteht in der wesentlich einfacheren Weitergabe und Administration.

HINWEIS

So viel gleich vorweg: Dieses Buch konzentriert sich auf den SQL Server 2008 als Vertreter eines Client-Server-Systems (egal, ob in der Voll- oder in der Express-Version). Kapitel 31 beschreibt außerdem einige Besonderheiten der SQL Server Compact Edition 3.5. Sowohl die »richtigen« SQL Server-Versionen als auch die Compact Edition werden von Visual Studio sehr gut unterstützt und sind damit für viele VB-Entwickler die erste Wahl. Dass wir uns in diesem Buch auf zwei SQL Server-Varianten beschränken, soll aber keine Wertung ausdrücken. Es ist in diesem Buch aus Platzgründen einfach unmöglich, auf noch mehr Datenbanksysteme einzugehen.

Voraussetzungen

Grundsätzlich können Sie zur Entwicklung eigener Datenbankanwendungen jedes beliebige Datenbanksystem einsetzen. Es müssen lediglich zwei Voraussetzungen erfüllt sein:

» **Administrationswerkzeuge:** Sie benötigen Werkzeuge, um Ihr Datenbanksystem zu administrieren. Dabei geht es insbesondere darum, eine neue Datenbank zu erzeugen, Datenbankbenutzer einzurichten, Backups durchzuführen etc. (Wenn die Datenbank bereits existiert und nicht von Ihnen verwaltet wird, entfällt dieser Punkt natürlich.)

» **Treiber:** Das Datenbanksystem muss zu ADO.NET kompatibel sein, d.h., es muss Treiber geben, die eine Kommunikation zwischen Ihrem VB-Programm und der Datenbank ermöglichen. Am besten ist es, wenn es einen sogenannten .NET-Provider gibt, der nahtlos in die .NET-Umgebung integriert werden kann. Das ist mittlerweile für die meisten gängigen Datenbanksysteme der Fall. Die Kommunikation zwischen Ihrem VB-Programm und der Datenbank sieht dann so aus:

  VB-Programm → ADO.NET → .NET-Provider → Datenbanksystem

  Sollte es keinen .NET-Provider für das gewünschte Datenbanksystem geben, benötigen Sie zumindest einen ODBC-Treiber. ODBC steht für `Open Database Connectivity` und ist ein Standard zur Kommunikation mit Datenbanksystemen. Das .NET-Framework enthält seinerseits einen ODBC-Provider. Damit erfolgt die Kommunikation zwischen Ihrem VB-Programm und der Datenbank über eine zusätzliche Treiberebene, was die Geschwindigkeit ein wenig mindert:

  VB-Programm → ADO.NET → ODBC-Provider für .NET → ODBC-Treiber der Datenbank → Datenbanksystem

Falls Sie vorhaben, Ihr Programm später auf anderen Rechnern zu installieren bzw. zu verkaufen, sollten Sie sich auch gleich mit der Frage beschäftigen, wie kompliziert die Weitergabe der Datenbank ist. Die Weitergabe Ihres Programms samt aller erforderlichen Treiber ist zumeist unkompliziert. Aber auf dem Zielrechner einen neuen Datenbankserver einzurichten, dort Zugriffsrechte einzustellen, die Datenbank an sich zu installieren etc. – all das bereitet oft große Probleme. Zudem ist es zumeist wünschenswert, dass der Endkunde einfache Administrationsaufgaben selbst durchführen kann, beispielsweise ein Datenbank-Backup.

Windows- oder Webanwendung?

Dieses Buch richtet sich primär an Entwickler, die Windows-Anwendungen schreiben. Wenn dagegen eine Webanwendung (ASP.NET-Projekt) im Zentrum Ihres Interesses steht, dann ändern sich die Anforderungen an das Datenbanksystem ein wenig. Zum einen sollten Sie schon vor dem Beginn der Entwicklung klären, welches Datenbanksystem in welcher Version auf dem Rechner zur Verfügung steht, auf dem die Webanwendung später laufen wird. Die meisten Internet Service Provider (ISP), die ASP.NET unterstützen, stellen auch eine Version des SQL Servers zur Verfügung, manche optional auch MySQL. Damit ist die Frage nach dem Datenbanksystem meist schon beantwortet.

Offen ist allerdings noch, wie Ihre Datenbank zum Provider kommt. Im Regelfall sieht die Entwicklung einer Webanwendung ja so aus, dass Sie zuerst auf Ihrem lokalen Rechner sowohl die Datenbank als auch die Anwendung entwickeln. Wenn alles läuft, müssen die Datenbank und die Anwendung auf dem Rechner installiert werden, auf dem der Webserver läuft. Dieser Schritt klingt trivial, bereitet aber, so weit es die Datenbank betrifft, häufig Probleme, die möglichst schon im Voraus geklärt werden sollten.

Microsoft SQL Server

Der Microsoft SQL Server zählt neben Oracle und IBM DB2 zu den funktionsreichsten relationalen Datenbanksystemen. Ob Sie XML-Daten verwalten möchten, Ihre Tabellen mit Volltextsuche durchsuchen oder eigene Datenbankfunktionen in Form von sogenannten Stored Procedures realisieren möchten – alles kein Problem. Für den SQL Server spricht auch dessen ausgezeichnete Integration in Visual Studio. (Das setzt aber zumindest die Professional-Version voraus.) So können Sie direkt in Visual Studio neue Tabellen erzeugen, Stored Procedures bearbeiten und testen etc.

Das Hauptargument gegen den SQL Server ist sein Preis. Wenn Sie eine Anwendung auf der Basis des SQL Servers entwickeln, muss Ihr Kunde nicht nur Ihr Programm, sondern auch eine Lizenz für den SQL Server bezahlen. Je nachdem, wie viele Clients auf den Server zugreifen sollen und auf welcher Hardware der Server laufen soll (je mehr CPUs, desto teurer), betragen die Lizenzkosten mehrere Tausend Euro. Dazu kommen noch die Kosten für eine Windows-Server-Lizenz (also für das Betriebssystem), weil die Vollversion des SQL Servers eine Windows-Server-Version voraussetzt.

http://www.microsoft.com/sql/howtobuy/default.asp

Mit Visual Studio Professional und allen teureren VS-Versionen wird die SQL Server Developer Edition mitgeliefert. Dabei handelt es sich funktionell um eine Vollversion (`Enterprise Edition`), jedoch verbietet die Lizenz die Weitergabe bzw. den Einsatz auf Produktivsystemen.

Microsoft SQL Server Express Edition

Da die Vollversion des SQL Servers für viele Anwendungsfälle zu teuer ist, bietet Microsoft mit der Express Edition eine funktionell eingeschränkte, dafür aber kostenlose Alternative an (ehemals MSDE). Bei der Express Edition ist die Datenbankgröße auf 4 GByte beschränkt. Das Programm nutzt nur eine CPU und nur 1 GByte RAM. Weiterhin fehlen einige fortgeschrittene Funktionen der Vollversion, z.B. die Volltextsuche. Trotz dieser Einschränkungen sind die Funktionen der Express Edition für sehr viele Datenbankanwendungen mehr als ausreichend. Die Express Edition läuft auch unter Windows XP, setzt also keine Windows-Server-Version voraus.

Genau genommen gibt es nicht eine, sondern zwei Express-Editionen: Standardmäßig kommt die `SQL Server Express Edition` zum Einsatz, alternativ können Sie aber auch die `SQL Server Express Edition with Advanced Services` verwenden, die einige Zusatzfunktionen (insbesondere Volltextsuche und `Reporting Services`) unterstützt. Der wesentliche Nachteil: Der Download- und Installationsumfang ist mehr als viermal so groß.

neu in SQL Server 2008: iX 3/2008 S. 70

SQL Server Compact Edition (SQL Server CE/SSCE)

Bei dieser SQL Server-Version handelt es sich um eine stark abgespeckte Variante des SQL Servers. Wie bei der SQL Server Express Edition ist die Weitergabe kostenlos, auch für die maximale Datenbankgröße gilt dasselbe Limit (4 GByte). Die zwei größten Vorteile gegenüber der SQL Server Express Edition sind der minimale Installationsumfang (ca. 2 MByte statt 180 MByte) und die Tatsache, dass die gesamte Datenbank in einer lokalen Datei gespeichert wird. Aus diesem Grund ist die Weitergabe von Datenbankanwendungen auf Basis der SQL Server Compact Edition wesentlich einfacher als bei Programmen, die auf »richtige« SQL Server-Varianten zurückgreifen.

Natürlich ist die Compact Edition auch mit Nachteilen verbunden. Insbesondere fehlen der Compact Edition viele fortgeschrittene Datenbankfunktionen: Views, Stored Procedures, Trigger, XML-Funktionen, eine Benutzerverwaltung etc. Auch wenn die Compact Edition ein `Multi-User`-Szenario grundsätzlich zulässt, handelt es sich *nicht* um ein Client-Server-System. Die Datenbankfunktionen sind in einer Bibliothek implementiert, die im selben Prozess wie das Datenbankprogramm ausgeführt wird. Die SQL Server Compact Edition kann Ihre Daten aber mit einem »richtigen« SQL Server synchronisieren, was besonders dann interessant ist, wenn ein Benutzer ohne ständigen Netzwerkzugang Daten erfassen und diese später in eine zentrale Datenbank einspielen soll.

Kurz gefasst: Die SQL Server Compact Edition ist optimal als Datenbank für Desktop-Programme geeignet, die von nur einem Benutzer benutzt werden. In dieser Hinsicht ist die Compact Edition ein würdiger Nachfolger der Jet-Engine (siehe unten). Wenn Sie dagegen eine Datenbank brauchen, auf die mehrere Benutzer parallel zugreifen sollen, sind die SQL Server Express Edition oder deren kommerziellen Schwestern die bessere Wahl.

HINWEIS

Microsoft vermarktete die SQL Server Compact Edition als wesentliche Neuerung seit Visual Studio 2008. Das ist aber nicht ganz richtig. Neu an der SQL Server Compact Edition ist in erster Linie ihr Name – frühere Versionen hießen SQL Server Everywhere, SQL Server for Windows CE bzw. SQL Server Mobile Edition. Allerdings hat Microsoft diese Versionen ursprünglich für PDAs und andere Geräte konzipiert, auf denen Windows CE läuft. Erst allmählich hat sich die Erkenntnis durchgesetzt, dass SQL Server CE auch auf gewöhnlichen PCs eine interessante Alternative zu den »richtigen« SQL Servern ist – insbesondere wegen der vergleichsweise geringen Ressourcenanforderungen und der einfachen Weitergabe.

In diesem Buch gehen wir auf die SQL Server Compact Edition in Kapitel 32 ein. Der Rest der Datenbankkapitel bezieht sich auf die »richtigen« SQL Server-Versionen (Express, Developer, Enterprise etc.).

Jet-Engine

Die Jet-Engine ist eine Bibliothek, die unter anderem von Microsoft Access und von zahllosen VB6-Programmen genutzt wird. Datenbankanwendungen auf der Basis der Jet-Engine sind rasch und einfach zu entwickeln. Zum Datenbankentwurf verwenden Sie Access. Zur Weitergabe Ihres Projekts reicht die Installation der **.mdb*-Datenbankdatei aus. Die erforderlichen Datenbanktreiber sind integraler Bestandteil des .NET-Frameworks und ohne zusätzliche Kosten verfügbar.

Leider hat auch die Jet-Engine wesentliche Nachteile: Es handelt sich gewissermaßen um eine tote Technologie, die seit Jahren nicht mehr weiterentwickelt wird. Wenn mehrere Personen gleichzeitig **.mdb*-Datenbankdateien nutzen, wird der Zugriff extrem langsam. Viele fortgeschrittene Funktionen des SQL Servers fehlen: Views, Stored Procedures, ordentliche Sicherheitsmechanismen etc.

Technologiebedingt ist die Jet-Engine für Webanwendungen ungeeignet (es sei denn, es gibt nur ganz wenige Zugriffe auf die Seite). Aus diesen Gründen sollten Sie auf die Jet-Engine nur zurückgreifen, wenn Ihr Programm nur kleine Datenmengen verwalten und nur von sehr wenigen Personen genutzt werden soll.

MySQL

MySQL (*http://www.mysql.com*) ist das populärste Datenbanksystem aus der Open-Source-Szene und nimmt mittlerweile eine ähnliche Position in der Datenbankwelt ein wie Linux bei den Betriebssystemen. Im Vergleich zum Microsoft SQL Server bietet MySQL zwar weniger Funktionen, ist dafür aber einfacher zu warten und in vielen Fällen auch schneller bzw. effizienter (im Sinne geringerer Hardware-Anforderungen). Zudem ist MySQL inklusive diverser Administrationswerkzeuge für Entwickler kostenlos verfügbar. Auch die Anwendung von MySQL für Webanwendungen ist kostenlos.

Freilich ist auch die Nutzung von MySQL mit Nachteilen verbunden: Während der Programmentwicklung stört die schlechtere Integration in Visual Studio. Auch die Weitergabe fertiger Windows-Programme ist kompliziert. Der MySQL-Server kann nicht in ein gewöhnliches Setup-Projekt integriert werden. Und schließlich fallen bei kommerziellen Programmen Lizenzkosten an: Kostenlos ist MySQL nur für die Entwicklung interner Projekte sowie für Programme, deren Quellcode selbst im Sinne einer Open-Source-Lizenz frei verfügbar ist. Sind diese Voraussetzungen nicht erfüllt, müssen Ihre Kunden zusammen mit Ihrem Programm auch eine kommerzielle Lizenz des MySQL-Servers erwerben. Immerhin ist diese Lizenz im Vergleich zum Microsoft SQL Server sehr günstig (zuletzt ca. 500 EUR pro Jahr bei uneingeschränkter Client-Anzahl).

Andere Datenbanksysteme

Neben den gerade beschriebenen Datenbanksystemen gibt es unzählige weitere. Die Palette reicht von vollwertigen Datenbankservern wie Oracle oder IBM DB2, die in derselben oder sogar in einer höheren Liga als der Microsoft SQL Server spielen, bis hin zu winzigen Datenbankbibliotheken, die sich als Ersatz zur Jet-Engine anbieten:

http://www.vistadb.net
http://www.turbodb.de

Wenn Sie eine kostenlose und leistungsfähige Alternative zur SQL Server Express Edition suchen, lohnt ein Blick auf die IBM DB2 Express-C Edition. Das herausragende Merkmal dieses Datenbanksystems ist die unlimitierte Datenbankgröße:

http://www.ibm.com/db2/express

24.2 Datenbankdesign

Hier fehlt der Platz, um auf die Theorie des richtigen Datenbankdesigns ausführlich einzugehen. Dieses Thema füllt ganze Bücher! Um Ihnen aber dennoch einen ersten Einblick zu vermitteln, wie Datenbanken zusammengesetzt werden und welche Regeln dabei gelten, zeigen wir Ihnen hier anhand der Beispieldatenbanken `mylibrary` einige Regeln des Datenbankdesigns.

Grundsätzlich bestehen Datenbanken aus mehreren, miteinander verknüpften Tabellen. Die Verknüpfungen (Relationen) sind das entscheidende Merkmal, das ein Datenbanksystem von einer Excel-Tabelle unterscheidet. Verknüpfungen erlauben es, redundante Daten in eigene Tabellen auszulagern, den gesamten Datenbestand möglichst kompakt darzustellen und die Informationen bei Abfragen gezielt nach den unterschiedlichsten Kriterien zu gruppieren.

mylibrary-Beispieldatenbank

Die `mylibrary`-Datenbank hilft bei der Speicherung und Verwaltung von Büchern. Die beiden zentralen Tabellen sind `titles` mit den Titelinformationen und `authors` mit den Autorennamen. In der `titles`-Tabelle werden neben dem Buchtitel (Spalte `title`) auch ein eventueller Untertitel, die Auflage, der Verlag, eine Buchkategorie, die Sprache, das Erscheinungsdatum, die ISBN sowie das Titelbild gespeichert. Alle Spalten mit Ausnahme von `titleID` und `title` dürfen leer bleiben, also den Wert `NULL` enthalten.

Die Tabelle `publishers` enthält Informationen über die Verlage, in denen die Bücher erschienen sind. `categories` enthält eine Liste von Kategorien, die den Büchern zugeordnet werden können. `languages` enthält Sprachen, in denen die Bücher verfasst wurden. Abbildung 24.1 fasst die wichtigsten Tabellen mit allen Spalten zusammen. Diese zusammenfassende Information wird oft auch als Datenbankschema bezeichnet.

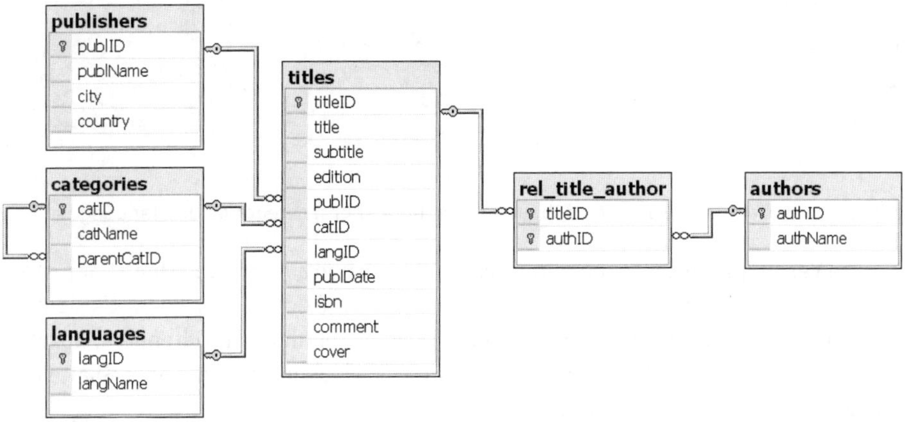

Abbildung 24.1: Das Schema der mylibrary-Datenbank

Verknüpfungen

Die `mylibrary`-Tabellen sind miteinander verknüpft. Wie Verknüpfungen funktionieren, sehen Sie sich am besten in Abbildung 24.2 an: Der erste Datensatz in der `titles`-Tabelle beschreibt die achte Auflage meines Linux-Buchs. Die Spalte `publID` enthält den Wert 1. Das bedeutet, dass das Datenbanksystem die weiteren Verlagsinformationen in der `publishers`-Tabelle an der Position `publID=1` findet (also `Addison-Wesley`). Die Spalte `catID` enthält den Wert 57. Das Buch ist daher der Kategorie 57 zugeordnet (`Linux`). `langID` enthält den Wert 2. Die `languages`-Tabelle macht klar, dass das Buch deutschsprachig ist. Es ist üblich (aber nicht unbedingt erforderlich), die Verknüpfungsfelder in den beiden betroffenen Tabellen jeweils gleich zu benennen.

Die Verknüpfungen `publishers-titles`, `categories-titles` und `languages-titles` sind jeweils 1:n-Verknüpfungen: Ein Datensatz der ersten Tabelle kann in mehreren Datensätzen der zweiten Tabelle auftreten (z.B. ein Verlag bei mehreren Büchern). Umgekehrt ist keine Mehrdeutigkeit möglich, ein Buch kann nur in einem Verlag erscheinen. Gelegentlich wird auch von einer `n:1`-Beziehung gesprochen, die aber mit einer `1:n`-Beziehung identisch ist (lediglich die Blickrichtung ist anders).

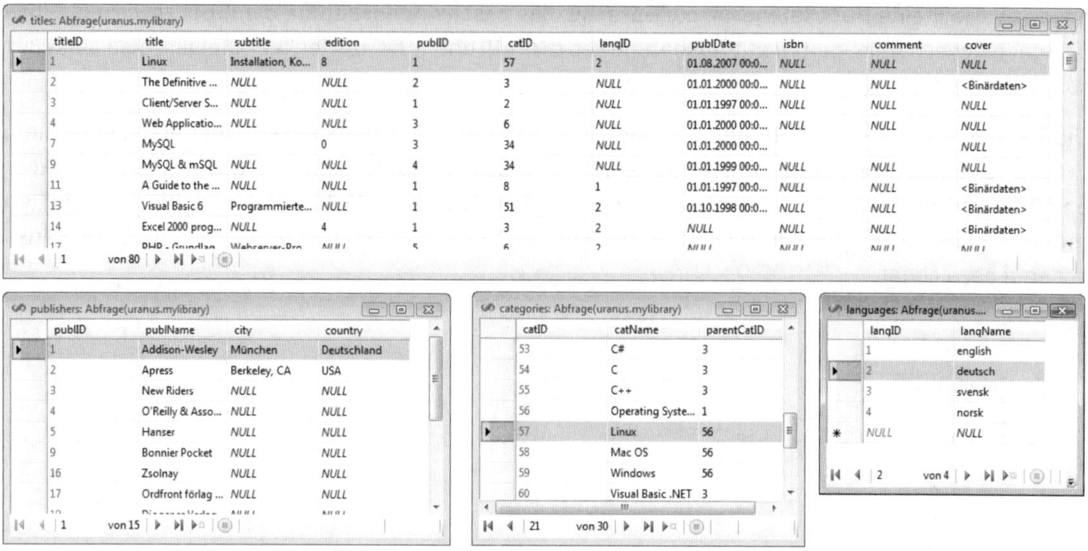

Abbildung 24.2: Verknüpfte Datensätze aus den Tabellen titles, publishers, categories und languages

Ein Sonderfall ist die Verknüpfung zwischen den Tabellen `titles` und `authors`: Ein Buch kann mehrere Autoren haben. Andererseits kann ein Autor aber auch mehrere Bücher schreiben. Es liegt daher eine `n:m`-Verknüpfung vor. Um derartige Verknüpfungen in einer relationalen Datenbank abzubilden, ist eine dritte Tabelle erforderlich (`rel_title_author` in `mylibrary`). Jede Zeile in dieser Spalte gibt an, welcher Autor an welchem Titel beteiligt war.

Das Prinzip geht aus Abbildung 24.3 hervor: Das Buch `Client/Server Survival Guide` hat die ID-Nummer `titleID=3`. In der Tabelle `rel_title_authors` gibt es drei dazu passende Datensätze mit `titleID=3`. Die `authID`-Werte dieser Datensätze geben an, welche Autoren das Buch verfasst haben, also `Robert Orfali`, `Dan Harkey` und `Jeri Edwards`.

Eine weitere Besonderheit in der `mylibrary`-Datenbank findet sich in der `categories`-Tabelle. Deren Spalte `parentCatID` verweist auf die jeweils übergeordnete Kategorie. Auf diese Weise werden Hierarchien abgebildet. Abbildung 24.4 zeigt einen Ausschnitt aus der hierarchischen Kategorieliste, die in der `categories`-Tabelle enthalten ist. Die dazugehörenden Datensätze haben die `catID`-Werte 1 bis 11 und sind in Abbildung 24.5 zu sehen.

Beispielsweise hat die Kategorie `Programming catID=3`. Die `parentCatID`-Spalte verrät die übergeordnete Kategorie (`catID=1`, also `ComputerBooks`). Deren `parentCatID` verweist auf `All books` mit `catID=11`. `All books` ist gleichzeitig die Spitze der Hierarchie, d.h., ihre `parentID`-Spalte enthält `NULL`.

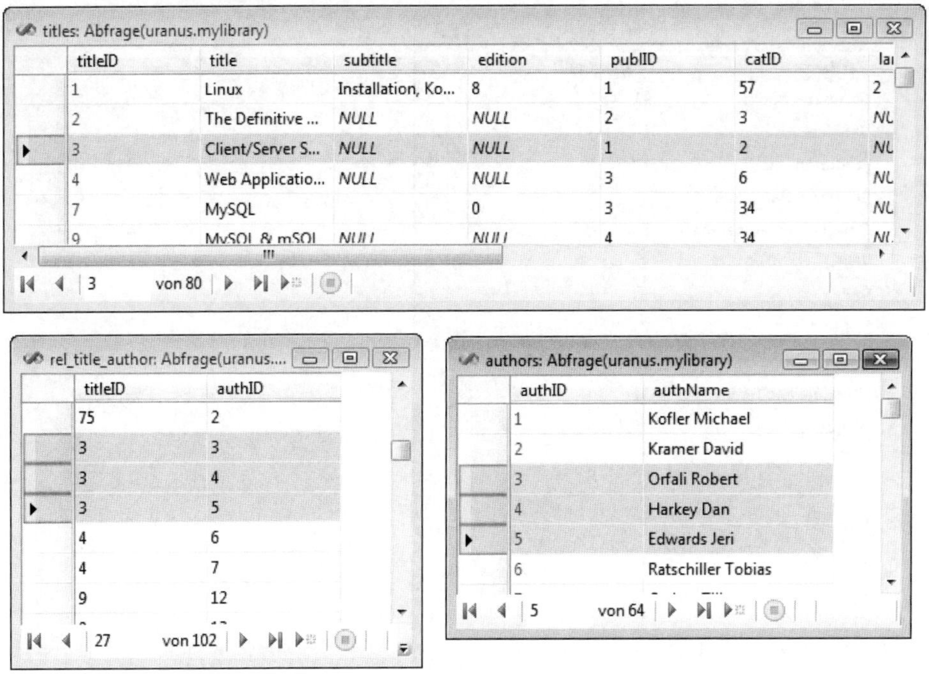

Abbildung 24.3: Verknüpfte Datensätze aus den Tabellen titles und authors

```
All books
 |
 └─Children's books
 |
 └─Computer books
    |
    └─Databases
    |  |
    |  └─Object-oriented databases
    |  |
    |  └─Relational Databases
    |  |
    |  └─SQL
    |
    └─Programming
       |
       └─Perl
       |
       └─PHP
 |
 └─Literature and fiction
```

Abbildung 24.4: Beispieldaten für die categories-Tabelle categories: Abfrage(uranus.mylibrary)

catID	catName	parentCatID
1	Computer books	11
2	Databases	1
3	Programming	1
4	Relational Databases	2
5	Object-oriented databases	2
6	PHP	3
7	Perl	3
8	SQL	2
9	Children's books	11
10	Literature and fiction	11
11	All books	*NULL*
34	MySQL	2
36	LaTeX, TeX	1
50	Java	3
51	Visual Basic	3
52	VBA	3
53	C#	3

1 von 30 | Die Zelle ist schreibgeschützt.

Abbildung 24.5: Datensätze der categories-Tabelle

Normalisierungsregeln

Beim Entwurf einer neuen Datenbank ist es nicht immer auf den ersten Blick ersichtlich, wie die Daten am besten über mehrere Tabellen verteilt werden und wie diese Tabellen durch Verknüpfungen verbunden werden. Beim richtigen Datenbankdesign helfen sowohl Erfahrung als auch die sogenannten Normalisierungsregeln. Wenn Sie diese Regeln auf eine Datenbank anwenden und das Design der Datenbank entsprechend ändern, gelangen Sie schrittweise zu einem (zumindest aus Sicht der Datenbanktheoretiker) optimalen Datenbankschema. Vereinfacht gesagt verringern die Normalformen redundante Daten.

Die Regeln für die erste Normalform lauten (aus der Sprache der Theoretiker in verständliches Deutsch übersetzt):

» Spalten mit gleichartigem Inhalt müssen entfernt werden. Es ist also nicht zulässig, dass ein Datensatz mehrere ähnliche Spalten enthält (z.B. in der `titles`-Tabelle die Spalten `author1`, `author2`, `author3` etc.).

» Für jede Gruppe zusammengehöriger Daten muss eine eigene Tabelle gebildet werden.

» Jeder Datensatz muss durch einen sogenannten Primärschlüssel eindeutig identifizierbar sein.

Die Regeln für die zweite Normalform lauten:

» Immer dann, wenn sich Inhalte in Spalten wiederholen, müssen die Tabellen in mehrere Teiltabellen zerlegt werden. Wenn es etwa in der `titles`-Tabelle eine Spalte `publName` gäbe, würden sich dort immer wieder die Verlagsnamen wiederholen. Diese Information muss daher in eine eigene Tabelle ausgelagert werden (`publishers`-Tabelle).

» Die Tabellen müssen durch sogenannte Fremdschlüssel (`Foreign Keys`) miteinander verbunden werden.

  Wenn Sie sich noch nicht in die Datenbanksprache eingelesen haben, ist *Fremdschlüssel* für Sie wahrscheinlich ein denkbar merkwürdiger Begriff. Umgangssprachlich würde man »Fremdschlüssel« wohl besser mit »Querverweis« übersetzen: Es handelt sich ganz einfach um einen Verweis auf eine Zeile in einer anderen Tabelle. Für Programmierer wäre die Bezeichnung »Zeiger« (`pointer`) naheliegend, im Internet-Jargon könnte man auch von einem »Link« sprechen.

Die Regel der dritten Normalform lautet:

» Spalten, die nicht in unmittelbarer Abhängigkeit zum Primärschlüssel einer Tabelle stehen, müssen eliminiert werden (also in eine eigene Tabelle ausgelagert werden).

Referenzielle Integrität von Verknüpfungen

Es ist an sich nicht notwendig, Verknüpfungen zwischen Tabellen explizit zu deklarieren. Die eigentliche Verknüpfung der Daten erfolgt erst bei der Formulierung eines SQL-Kommandos durch `WHERE`-Bedingungen oder durch `JOIN`. Bei Verknüpfungen droht aber dieselbe Gefahr wie bei Links im Internet: Was passiert, wenn ein Link ins Leere zeigt?

Um in Datenbanken diesen Fall zu vermeiden, geben Sie die Verknüpfungen bereits während des Datenbankdesigns an und weisen das Datenbanksystem an, die sogenannte referenzielle Integrität der Verknüpfung sicherzustellen. Das SQL Server Management Studio bezeichnet das als Fremdschlüsseleinschränkungen bzw. `Foreign Key Constraints`.

Bei der Definition von Verknüpfungen können Sie auch angeben, `wie` das Datenbanksystem die referenzielle Integrität sicherstellt. Der Normalfall besteht darin, dass es nicht zulässige Einfüge- bzw. Änderungskommandos einfach nicht erlaubt und einen Fehler auslöst. Es ist nun unmöglich, einen Datensatz zu speichern, der auf einen nicht existierenden Datensatz einer anderen Tabelle verweist. Ebenso ist es unmöglich, einen Datensatz zu löschen, auf den von einer anderen Tabelle verwiesen wird. Bei der `mylibrary`-Datenbank sind alle Verknüpfungen so abgesichert.

Andere Verfahren zur Sicherstellung der referenziellen Integrität basieren darauf, die verknüpften Datensätze ebenfalls zu verändern bzw. sogar zu löschen. Eine weitere Variante besteht darin, das Feld, das den Fehler verursacht, einfach auf `NULL` zu setzen (natürlich nur, wenn `NULL` für die Spalte ein zulässiger Wert ist).

Datentypen

Tabellen bestehen aus mehreren Spalten. Für jede Spalte müssen Sie einen Datentyp wählen. Auch wenn die Namen der Datenbankdatentypen ein wenig von den Namen der Visual Basic-Datentypen abweichen, wird Ihnen die Wahl im Regelfall nicht schwerfallen. Verwenden Sie einfach `int` für ganze Zahlen, `nvarchar` für Zeichenketten, `datetime` für Daten, `varbinary` für binäre Daten etc.

Bei einigen Datentypen müssen Sie auch die maximale Datengröße angeben: `nvarchar(100)` bedeutet, dass in der Spalte Zeichenketten mit bis zu 100 Zeichen gespeichert werden können.

NULL-Spalten und Standardwerte

Eine Besonderheit relationaler Datenbanksysteme besteht darin, dass sie für alle Datentypen den Zustand `leer` oder `nicht initialisiert` speichern können. Leere Spalten enthalten den Wert `NULL`. Bei der Definition einer Tabelle müssen Sie für jede Spalte angeben, ob `NULL` erlaubt ist oder nicht. (Wenn Sie `NULL` nicht erlauben, müssen Sie für die betreffende Spalte explizit einen Wert angeben, bevor Sie den Datensatz speichern können.)

Unabhängig davon, ob Sie `NULL` erlauben oder nicht, können Sie für jede Spalte einen Standardwert definieren. Dieser Wert wird verwendet, wenn Sie beim Speichern eines neuen Datensatzes die betreffende Spalte nicht angeben. Standardmäßig verwendet der SQL Server bei Spalten, in denen `NULL` erlaubt ist, `NULL` als Standardwert.

In der `mylibrary`-Datenbank ist bei den meisten Spalten `NULL` ein zulässiger Wert. In einem Titeleingabeformular reicht daher die Eingabe des Buchtitels und des Autors oder der Autoren aus. Alle weiteren Daten (Verlag, Erscheinungsdatum, Sprache etc.) sind optional. Beim Entwurf eigener Datenbanken sollten Sie aber beachten, dass `NULL`-Spalten bei der Programmierung oft zusätzliche Arbeit verursachen. Der Wert `NULL` ist ein Sonderfall, der bei der Auswertung der Datensätze extra berücksichtigt werden muss.

ID-Spalten (Primärschlüssel und Fremdschlüssel)

Üblicherweise statten Sie jede Tabelle mit einer ID-Spalte aus. Der Zweck dieser Spalte besteht darin, die Datensätze eindeutig zu identifizieren. Im Datenbankjargon wird diese Spalte auch Primärschlüssel bzw. `Primary Key` genannt.

Da ID-Spalten zur Verknüpfung von Tabellen eingesetzt werden, sollte die ID-Spalte möglichst wenig Platz beanspruchen und schnell zu durchsuchen sein. Aus diesem Anforderungsprofil ergeben sich in der Praxis zumeist die folgenden Spalteneigenschaften:

» Datentyp `int` oder `bigint` (nur für Tabellen mit sehr vielen Datensätzen oder sehr vielen Einfüge- und Löschoperationen)

» `NULL` ist nicht zulässig.

» Die Spalte ist mit einem Index ausgestattet, der einerseits die Suche beschleunigt und andererseits Doppelgänger (zwei gleiche Werte) ausschließt. Im Management Studio erzeugen Sie einen passenden Index am einfachsten dadurch, dass Sie per Kontextmenü PRIMÄRSCHLÜSSEL FESTLEGEN ausführen.

» Beim Einfügen neuer Datensätze wird vom Datenbanksystem automatisch ein eindeutiger Wert für die ID-Spalte erzeugt. Im Regelfall wird dazu einfach eine Art Datensatzzähler um eins erhöht. Gelöschte Datensätze hinterlassen allerdings Lücken in den ID-Nummern, die nicht mehr gefüllt werden. Verlassen Sie sich also nicht darauf, dass bei einer Tabelle mit 100 Datensätzen die ID-Werte von 1 bis 100 reichen!

  Im Management Studio lauten die entsprechenden Spalteneigenschaften `Identitätsspezifikation = Ja`, `ID-Schrittwert = 1` und `ID-Startwert = 1`. In anderen Datenbanksystemen wird die automatische Erzeugung von ID-Werten auch als `AUTO_INCREMENT`-Funktion oder so ähnlich bezeichnet.

Die Aufgabe eines Fremdschlüssels besteht darin, auf einen Datensatz in einer anderen Tabelle zu verweisen. Umgangssprachlich würde man »Fremdschlüssel« wie schon gesagt besser mit »Querverweis« übersetzen: Es handelt sich ganz einfach um einen Verweis auf eine Zeile in einer anderen Tabelle. Um es an einem Beispiel zu erklären: In der Tabelle `publishers` ist `publID` der Primärschlüssel, der die Datensätze identifiziert. In der Tabelle `titles` ist `publID` der Fremdschlüssel, der auf einen bestimmten Datensatz der `publishers`-Tabelle verweist.

GUID-Spalten

Statt der seit vielen Jahren etablierten ID-Spalten kommen mittlerweile GUID-Spalten in Mode (Datentyp `uniqueidentifier` im Management Studio). Zur Identifizierung der Datensätze wird ein `Global Unique Identifier` verwendet. Dabei handelt sich um Integerzahlen mit 32 hexadezimalen Stellen. GUIDs sind zwar keine durchlaufenden Nummern, die GUID-Funktion garantiert aber, dass jeder Datensatz einen eindeutigen GUID-Wert bekommt. Bei der Erzeugung neuer GUIDs werden unter anderem die aktuelle Zeit, die Seriennummer der Netzwerkkarte des Rechners und zahlreiche andere Parameter berücksichtigt.

Der Vorteil von GUIDs besteht darin, dass das Client-Programm die GUIDs selbst erzeugen kann und dabei nicht auf das Datenbanksystem angewiesen ist. Außerdem lassen sich Datensätze mit GUIDs aus mehreren Datenbanken leichter zusammenführen als bei IDs, wo es leicht zu Doppelgängern kommt. Ein weiterer Vorteil besteht in der einfachen Programmierbarkeit, wenn Sie mit `DataSet`- bzw. `DataTable`-Objekten arbeiten (siehe Kapitel 26).

Natürlich gibt es auch Nachteile: Der Umgang mit GUIDs im Code ist etwas umständlicher, außerdem ist ihr Platzbedarf wesentlich höher als bei IDs. Und mehr Platzbedarf bedeutet in der Praxis eine geringere Geschwindigkeit.

Die `mylibrary`-Datenbank enthält vier Tabellen, die GUIDs statt IDs verwenden (`guid_titles`, `guid_publishers`, `guid_authors` und `guid_rel_title_author`). Diese vier Tabellen sind von den restlichen Tabellen unabhängig und bilden eine eigene Minidatenbank zur Demonstration von GUID-Programmiertechniken (siehe Abschnitt 27.3).

Indizes

Zur Beantwortung einer Abfrage der Art `WHERE title="linux"` muss das Datenbanksystem normalerweise *alle* Datensätze der jeweiligen Tabelle durchlaufen. Um die Suche zu beschleunigen, können einzelne Spalten mit einem Index ausgestattet werden.

Ein Index ist ein zusätzlicher Bereich in den Datenbankdateien, der sortierte Querverweise auf die Datensätze einer Tabelle enthält. Ein Datenbankindex funktioniert also ganz ähnlich wie das Stichwortverzeichnis dieses Buchs. Das Stichwortverzeichnis erspart Ihnen die Mühe, das ganze Buch von vorn bis hinten durchzulesen, wenn Sie lediglich herausfinden möchten, wo ein bestimmtes Thema beschrieben wird.

Standardmäßig sind nur die Primärschlüsselfelder (also die ID-Spalten) mit einem Index ausgestattet. Bei allen anderen Spalten müssen Sie die Indexfunktion explizit aktivieren. Dabei sollten Sie es aber nicht übertreiben: Jeder Index kostet Platz auf der Festplatte und verlangsamt das Einfügen und Verändern von Datensätzen! Indizes beschleunigen also Leseoperationen, verlangsamen aber Schreiboperationen.

CHECK-Einschränkungen (Constraints)

Bei der Definition der Tabelle können Sie für jede Spalte Regeln für den zulässigen Wertebereich angeben. Diese Regeln werden bei jeder Datenänderung kontrolliert. Nicht entsprechende Datensätze werden nicht gespeichert und lösen einen Fehler aus.

Views

Views (wörtlich: Sichten oder Ansichten) ermöglichen es, eine spezielle Darstellung einer oder mehrerer Tabellen zu definieren. Die View verhält sich selbst weitestgehend wie eine Tabelle, d.h., Sie können daraus Daten abfragen und je nach Definition der View auch ändern. Es gibt vor allem zwei Gründe für den Einsatz von Views:

» **Sicherheit:** Es kann sein, dass Sie bestimmten Benutzern einer Datenbank keinen vollständigen Zugriff auf eine Tabelle gewähren möchten. Ein typisches Beispiel wäre eine Personaltabelle in einem Betrieb, in der diverse Daten zu allen Angestellten gespeichert sind. Sie möchten, dass alle Benutzer auf einige Daten zugreifen dürfen (z.B. Name und Telefonnummer), auf andere hingegen nicht (z.B. Geburtsdatum und Gehalt). Die Lösung ist eine View, die nur die für alle zugänglichen Spalten enthält. Gleichzeitig müssen Sie die Zugriffsrechte so einstellen, dass der Benutzer zwar auf die View zugreifen darf, nicht aber auf die zugrunde liegende Personaltabelle.

» **Komfort:** In vielen Anwendungen müssen immer wieder die gleichen Abfragen durchgeführt werden, um Daten aus einer oder mehreren Tabellen nach bestimmten Anforderungen zusammenzufügen. Anstatt jeden Anwender bzw. Programmierer zu zwingen, immer wieder dieselben komplizierten Abfragen zusammenzustellen, kann der Datenbankadministrator eine View definieren.

Views werden auf der Basis von `SELECT`-Kommandos definiert. Im Management Studio hilft dabei der Abfrage-Designer (siehe Abbildung 24.15 auf Seite 958).

24.3 Neue Datenbanken im Management Studio erzeugen

Nachdem der vorige Abschnitt Hintergrundinformationen zum Thema Datenbankdesign gegeben hat, geht es hier um die konkrete Umsetzung: Wie erzeugen Sie eine neue Datenbank und neue Tabellen, wie definieren Sie Indizes etc.?

Sofern Sie als Datenbanksystem den SQL Server einsetzen, stehen zur Durchführung dieser Arbeiten zwei Programme zur Auswahl: das SQL Server Management Studio oder der SERVER- bzw. DATENBANK-EXPLORER in Visual Studio. Auch wenn die Kontextmenükommandos unterschiedlich sind, sehen die meisten Dialoge in beiden Programmen identisch aus. Es liegt der Schluss nahe, dass beide Programme intern auf dieselben Bibliotheken zurückgreifen. Die folgende Beschreibung gilt daher für beide Programme, auch wenn die Abbildungen mit dem Management Studio erstellt wurden.

HINWEIS: Michael Kofler hat sich in den Vorauflagen dafür entschieden, das Anlegen und Verwalten von Datenbanken mit dem SQL Server Management Studio zu zeigen, auch wenn es die meisten der typischen Verwaltungswerkzeuge auch in Visual Studio im Rahmen des Server Explorer bzw. Database Explorer gibt. An dieser Vorgehensweise wollten wir nichts ändern.

Neue Datenbank erzeugen

Um eine neue Datenbank zu erzeugen, klicken Sie im Management Studio im OBJEKT-EXPLORER mit der rechten Maustaste den Eintrag DATENBANKEN an und führen NEUE DATENBANK aus. Im Dialog NEUE DATENBANK reicht die Eingabe des Datenbanknamens. Alle anderen Eingabefelder (Ort der Datenbankdateien, Größe der Logdateien etc.) sind optional, die Standardeinstellungen sind zumeist ausreichend.

In Visual Studio erzeugen Sie neue Datenbanken im SERVER-EXPLORER über das Kontextmenü von DATENVERBINDUNGEN, und zwar mit dem Kommando NEUE SQL SERVER DATENBANK ERSTELLEN. Für die neue Datenbank wird gleich auch eine Datenverbindung eingerichtet.

Tabellen erzeugen bzw. ändern

Im OBJEKT-EXPLORER führt das Kontextmenükommando NEUE TABELLE des Listeneintrags DATENBANKEN|NAME|TABELLEN in den Tabellendialog (siehe Abbildung 24.6). Bei schon vorhandenen Tabellen führt das Kontextmenükommando ÄNDERN zum selben Dialog. Für jede Spalte der Tabelle geben Sie nun den Spaltennamen und den gewünschten Datentyp an und aktivieren bei Bedarf die Option NULL ZULASSEN.

Diverse weitere Spalteneigenschaften stellen Sie im Dialogblatt SPALTENEIGENSCHAFTEN ein. Für ID-Spalten sind vor allem die Eigenschaften der Gruppe IDENTITÄTSSPEZIFIKATION entscheidend.

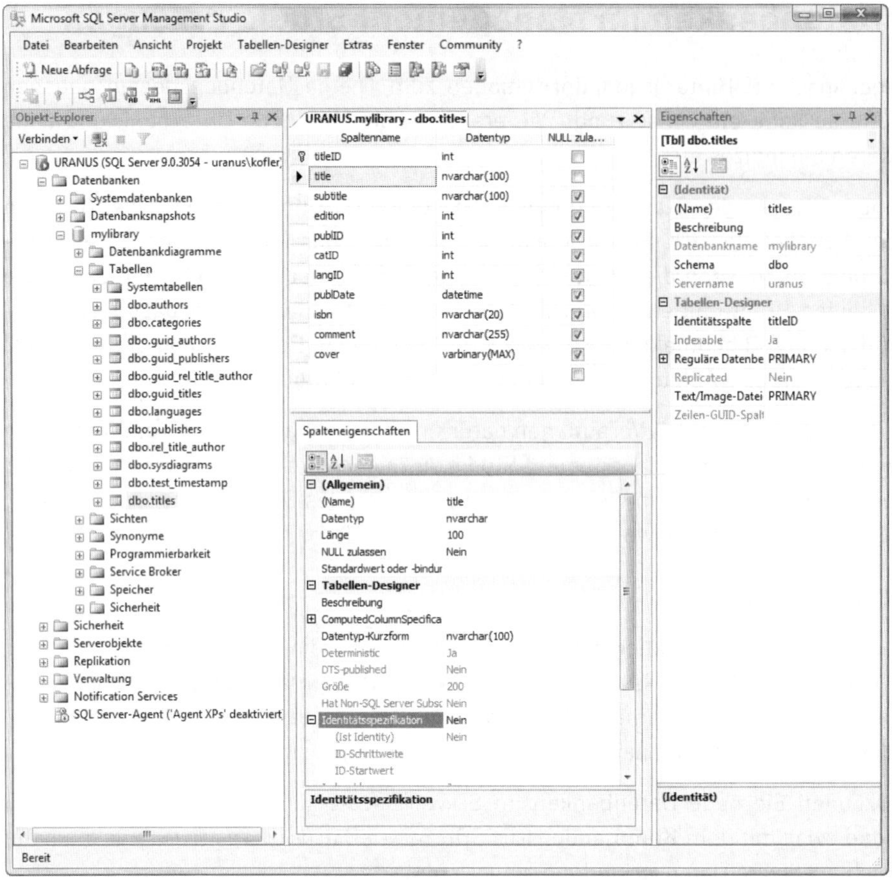

Abbildung 24.6: Definition einer neuen Tabelle

Über das Kontextmenü können Sie eine Spalte als Primärschlüssel kennzeichnen, mit einem Index ausstatten, `CHECK`-Einschränkungen vornehmen und Beziehungen zwischen den Tabellen definieren (siehe die folgenden Abschnitte).

Den Namen der neuen Tabelle geben Sie erst an, wenn Sie das Definitionsfenster schließen. Das Management Studio fragt dann, ob Sie die Tabellendefinition bzw. die durchgeführten Änderungen speichern möchten. Die Namenseingabe erfolgt nach der Bestätigung.

Index definieren

Im Dialog INDIZES/SCHLÜSSEL erzeugen Sie mit HINZUFÜGEN einen neuen Index (siehe Abbildung 24.7). Anschließend müssen Sie angeben, für welche Spalte der Index gelten und welcher Indextyp verwendet werden soll. Zur Auswahl stehen INDEX (gewöhnlicher Index) und EINDEUTIGER SCHLÜSSEL (ein Index, der keine Doppelgänger zulässt, nur für Spalten, die `NULL` nicht zulassen). Die Angabe der restlichen Indexeigenschaften inklusive des Indexnamens ist optional.

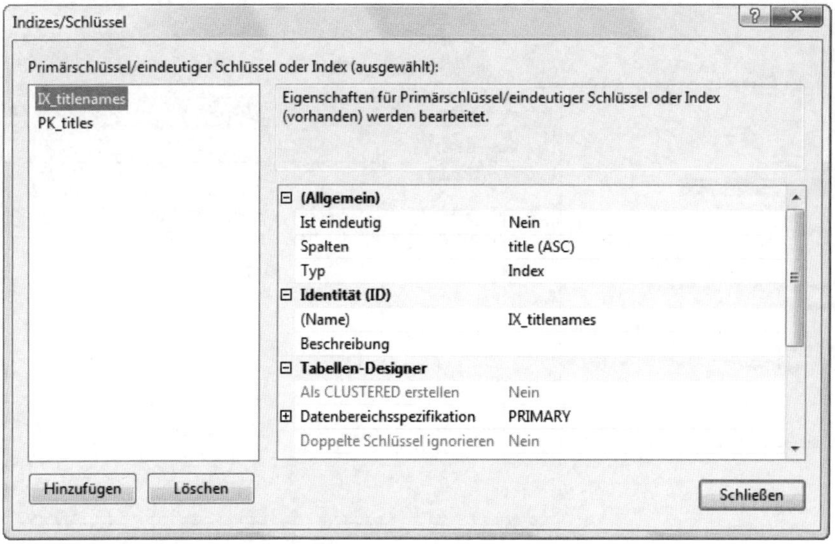

Abbildung 24.7: Definition eines Index

Verknüpfungen (Beziehungen) definieren

Im vorigen Abschnitt haben wir bereits erwähnt, dass Sie Verknüpfungen nur dann definieren müssen, wenn Sie deren referenzielle Integrität sicherstellen möchten. Das ist für nahezu alle Anwendungen empfehlenswert. Um eine neue Verknüpfung zu definieren, wählen Sie im Management Studio die Ausgangstabelle (Fremdschlüsseltabelle) und deren Unterpunkt SCHLÜSSEL aus. Das Kontextmenükommando NEUER FREMDSCHLÜSSEL führt in den Dialog FREMDSCHLÜSSELBEZIEHUNGEN. Dort erzeugen Sie mit HINZUFÜGEN eine neue Verknüpfung.

Anschließend klicken Sie in der Zeile TABELLEN- UND SPALTENSPEZIFIKATION auf den Button ... und gelangen so in den Dialog TABELLEN UND SPALTEN. In diesem Dialog geben Sie die eigentliche Verknüpfung an: Die PRIMÄRSCHLÜSSELTABELLE ist die Tabelle, auf die Sie verweisen (in Abbildung 24.8 `publishers`). Als Spalte geben Sie die ID-Spalte an. Die FREMDSCHLÜSSELTABELLE ist die Tabelle, von der die Verknüpfung ausgeht. Als Spalte geben Sie das Feld an, das auf die ID-Spalte der Primärschlüsseltabelle verweist.

Die anderen Eigenschaften der Beziehung lassen Sie im Regelfall unverändert. Für die Sicherstellung der referenziellen Integrität ist die Eigenschaft FREMDSCHLÜSSELEINSCHRÄNKUNG verantwortlich, die standardmäßig JA enthält.

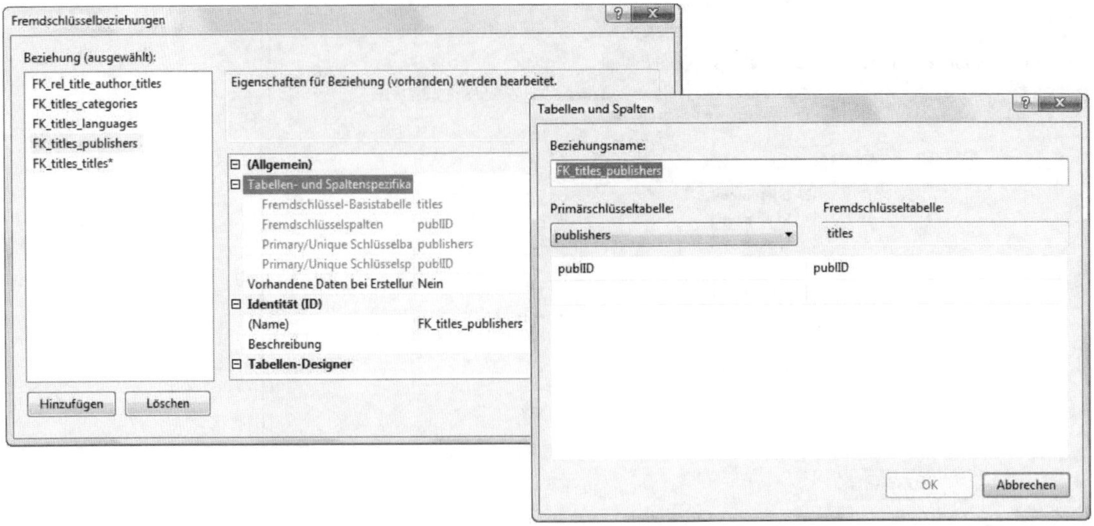

Abbildung 24.8: Definition einer Verknüpfung

CHECK-Einschränkung definieren

Normalerweise können Sie beim Einfügen bzw. Ändern von Daten jeweils den gesamten Wertebereich der jeweiligen Datentypen ausnutzen (also beispielsweise in `int`-Spalten Werte zwischen −2.147.483.648 und 2.147.483.647). In manchen Anwendungen kann es zweckmäßig sein, den Wertebereich einzuschränken. Dazu führen Sie das Kontextmenükommando CHECK-EINSCHRÄNKUNG aus. Im nun erscheinenden Dialog müssen Sie die Einschränkung wie eine `WHERE`-Bedingung in einer SQL-Abfrage formulieren. Abbildung 24.9 zeigt eine Einschränkung für die Spalte `edition`. Zulässige Werte sind `NULL` sowie Zahlen zwischen 1 und 499.

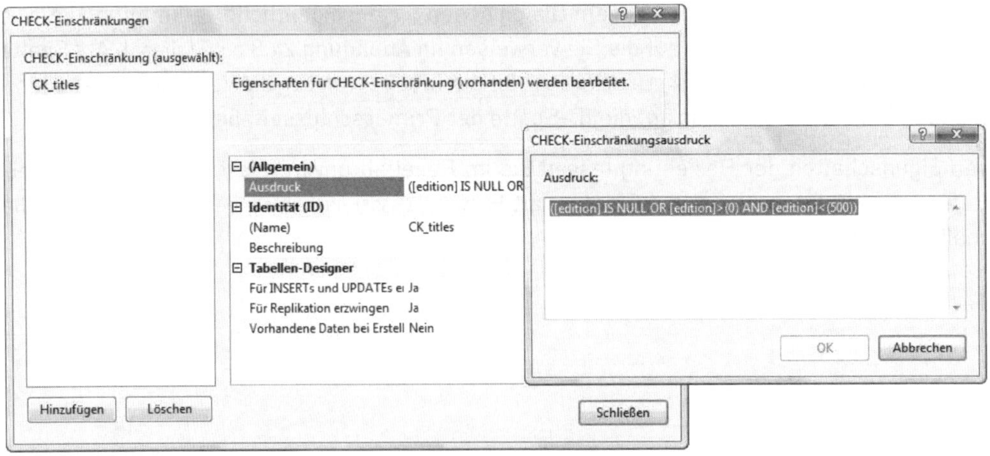

Abbildung 24.9: CHECK-Einschränkung für die Spalte edition

Tabelleninhalt ansehen, Daten eingeben und ändern

Nach der Definition einer neuen Tabelle möchten Sie möglicherweise einige Testdatensätze eingeben. Dazu klicken Sie die Tabelle im OBJEKT-EXPLORER an und führen TABELLE ÖFFNEN aus. In der Tabellenansicht können Sie nun neue Datensätze eingeben und vorhandene Datensätze ändern bzw. löschen.

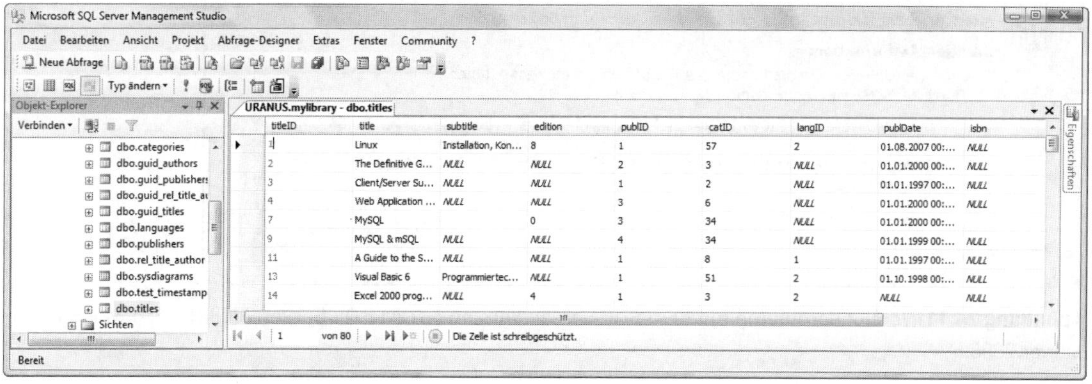

Abbildung 24.10: Datensätze eingeben, ändern und löschen

Datenbanken weitergeben

Wenn Sie eine Datenbank weitergeben möchten, müssen Sie den SQL Server zuerst dazu auffordern, die Datenbankdateien freizugeben. Dazu klicken Sie im OBJEKT-EXPLORER die Datenbank an und führen TASKS|TRENNEN aus. Die Datenbank kann damit nicht mehr genutzt werden. Erst jetzt können Sie die Datenbankdateien *dbname*.mdf* an einen anderen Ort kopieren, ohne einen Datenverlust zu riskieren. Die Datenbankdateien befinden sich üblicherweise im Verzeichnis *C:\Programme\Microsoft SQL Server\MSSQL.1\MSSQL\Data*.

Als Empfänger von **.mdf*-Dateien müssen Sie diese wieder mit der Datenbank verbinden. Dazu klicken Sie im OBJEKT-EXPLORER den Punkt DATENBANKEN an, führen ANFÜGEN aus und geben dann den Namen der Datei *dbname.mdf* an. Unter Windows Vista/Windows 7/Windows Server 2008 funktioniert das nur, wenn Sie das Management Studio als Administrator ausführen.

Diese Vorgehensweise ist gleichzeitig auch eine Möglichkeit zur Durchführung eines Backups. Eine andere Variante besteht darin, TASKS|SICHERN auszuführen. Dieses Kommando hat den Vorteil, dass die Datenbank während des Backups verfügbar bleibt.

Eine dritte Möglichkeit ist das Erstellen eines Skripts, das die Datenbank, die Datenbankobjekte und die Inhalte in Form von SQL-Befehle enthält. Ein solches Skript könne Sie unter »Tasks/Skript erzeugen« generieren lassen und dann auf einem anderen System ausführen. Achten Sie aber darauf, dass Sie wirklich alle gewünschten Objekte einbeziehen. Im Standard exportiert der Assistent nicht alles!

ACHTUNG

Die Weitergabe von .mdf-Dateien ist problematisch zwischen verschiedenen SQL Server-Versionen. Die nachstehende Meldung sehen Sie, wenn Sie versuchen, eine mit SQL Server 2008 R2 erstellte Datenbank in einen SQL Server 2008 zu laden.

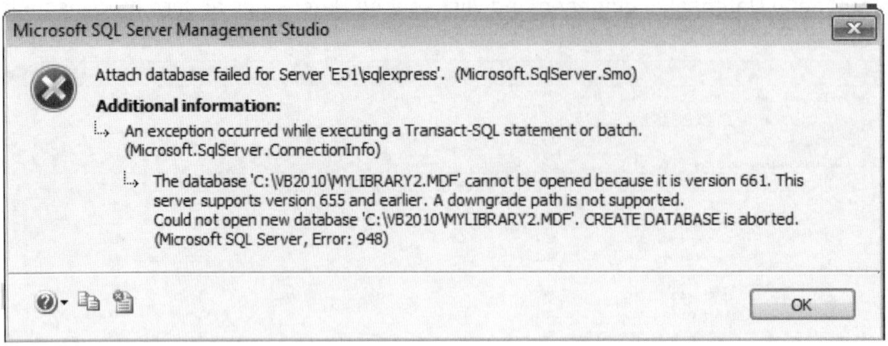

Abbildung 24.11: Versionsprobleme mit dem SQL Server. Version 661 ist SQL Server 2008 R2, 655 war SQL Server 2008.

24.4 Benutzerverwaltung und -authentifizierung

Normalerweise wird ein Datenbanksystem eingesetzt, damit unterschiedliche Benutzer (auch ohne Administratorrechte) auf die Datenbank zugreifen können. Es fehlt hier der Platz, im Detail auf das Sicherheitssystem des SQL Servers einzugehen. Ein kurzer Überblick soll Ihnen aber zumindest einen ersten Eindruck davon geben, wie die Benutzerverwaltung funktioniert und wo sie konfiguriert wird.

» **Authentifizierung:** Die erste Stufe sind die sogenannten `Anmeldungen` (`logins` in der englischen Version des Management Studios). Dabei geht es darum, ob der SQL Server überhaupt bereit ist, mit dem Client zu kommunizieren. Die Anmeldung hat aber vorerst noch nichts mit einem konkreten Datenbankzugriff zu tun.

» **Zugriffsrechte:** Die zweite Stufe bilden die für die jeweilige Datenbank definierten `Benutzer` (`user`). Wenn ein Client nach erfolgreichem Login auf eine bestimmte Datenbank zugreifen möchte, testet der SQL Server, ob es eine Übereinstimmung zwischen der Anmeldung und dem für die Datenbank definierten Benutzer gibt. Mit anderen Worten: Eine erfolgreiche Authentifizierung erlaubt noch nicht den Zugriff auf jede beliebige Datenbank und schon gar nicht die Ausführung jeder beliebigen Operation, also z.B. die Veränderung von Daten, die Durchführung eines Backups etc.

  Das interne System zur Verwaltung der Zugriffsrechte ist wesentlich komplexer als die Zusammenfassung im obigen Absatz. Die Zugriffsrechte werden auch durch sogenannte Rollen (`rules`) beeinflusst, die einer Anmeldung oder einem Benutzer zugeordnet werden.

Damit ein Programm auf eine bestimmte Datenbank lesend und schreibend zugreifen kann, müssen vonseiten der Datenbank zwei Voraussetzungen erfüllt sein:

» Für die Authentifizierung muss es eine im SQL Server definierte Anmeldung geben.

» Ein der Anmeldung zugeordneter Benutzer muss Zugriff auf die betreffende Datenbank haben.

Wenn Sie unter Windows mit Administratorrechten arbeiten bzw. wenn Ihrem Benutzer-Account Administratorrechte für den SQL Server zugeordnet sind, ist die obige Diskussion hinfällig. Durch die Windows-Authentifizierung ordnet der SQL Server Sie der Anmeldung VORDEFINIERT/ADMINISTRATOREN zu. Diese Anmeldung hat `sysadmin`-Rechte, also uneingeschränkten Zugriff auf alle Datenbanken. Beachten Sie aber, dass der Kunde bzw. Benutzer, für den Sie Ihr Programm entwickeln, häufig *keine* Administratorrechte hat. Ein Datenbankzugriff funktioniert dann nur, wenn Sie oder ein Datenbankadministrator dem Endbenutzer explizit den Zugriff auf die Datenbank erlaubt (siehe unten)!

HINWEIS

Weitere Informationen finden Sie in jedem guten Buch zur SQL Server-Administration! Auch im Internet gibt es diverse Seiten zu diesem Thema, beispielsweise unter:

http://www.informit.com/guides/content.asp?g=sqlserver&seqNum=35&rl=1 = http://tinyurl.com/3exnzd
http://www.sql-server-performance.com/vk_sql_security.asp = http://tinyurl.com/36rl59

Authentifizierung

Der SQL Server sieht zwei Möglichkeiten zur Authentifizierung der Datenbankbenutzer vor:

» **Windows-Authentifizierung bzw. Integrated Security:** Der SQL Server greift auf das Authentifizierungssystem von Windows zurück. Der Datenbankadministrator muss für jeden Windows-Benutzer (außer solchen mit Administratorrechten) eine entsprechende Datenbankanmeldung definieren.

» **Authentifizierung per Name und Passwort (SQL Server-Authentifizierung):** Diese Variante eröffnet einen einfachen und unkomplizierten Weg, um einer ganzen Gruppe von Anwendern Zugriff auf eine einzelne Datenbank zu geben. Es muss lediglich eine neue Anmeldung mit SQL SERVER-AUTHENTIFIZIERUNG erzeugt werden. Dieser Anmeldung wird dann ein gleichnamiger Benutzer für die gewünschte Datenbank zugeordnet.

Der Nachteil: Jeder Client (jedes Programm, das mit dem SQL Server kommunizieren will), muss bei der Authentifizierung den Login-Namen und das Passwort angeben. Das führt oft dazu, dass Name und Passwort direkt im Programmcode, in einer Konfigurationsdatei oder auf PostIt-Zetteln landen, was natürlich ein Sicherheitsrisiko ist.

Wenn Sie die SQL Server-Authentifizierung nutzen möchten, müssen Sie bei der Installation des SQL Servers explizit angeben, dass das Datenbanksystem im GEMISCHTEN AUTHENTIFIZIERUNGSMODELL betrieben werden soll, also beide Formen der Authentifizierung zulässt. Bei der Installation der SQL Server Express Edition werden Sie leider nicht gefragt: Es ist nur die Windows-Authentifizierung möglich.

Außerdem müssen Sie nun während der Installation ein Passwort für den Account `sa` (`system administrator`) angeben. Verwenden Sie aber nicht `sa` für die Authentifizierung, sondern richten Sie einen eigenen `login` ein!

Veränderung der Zugriffsrechte im Management Studio

Die Veränderung der Zugriffsrechte setzt Administrationsrechte voraus. Für jede Datenbank werden automatisch mehrere Benutzer (`user`) eingerichtet, unter anderem `guest` und `dbo` (`database owner`, siehe auch Abbildung 24.12). Zusätzliche Benutzer definieren Sie im OBJEKT-EXPLORER des Management Studios unter dem Punkt DATENBANKEN|NAME|SICHERHEIT| BENUTZER.

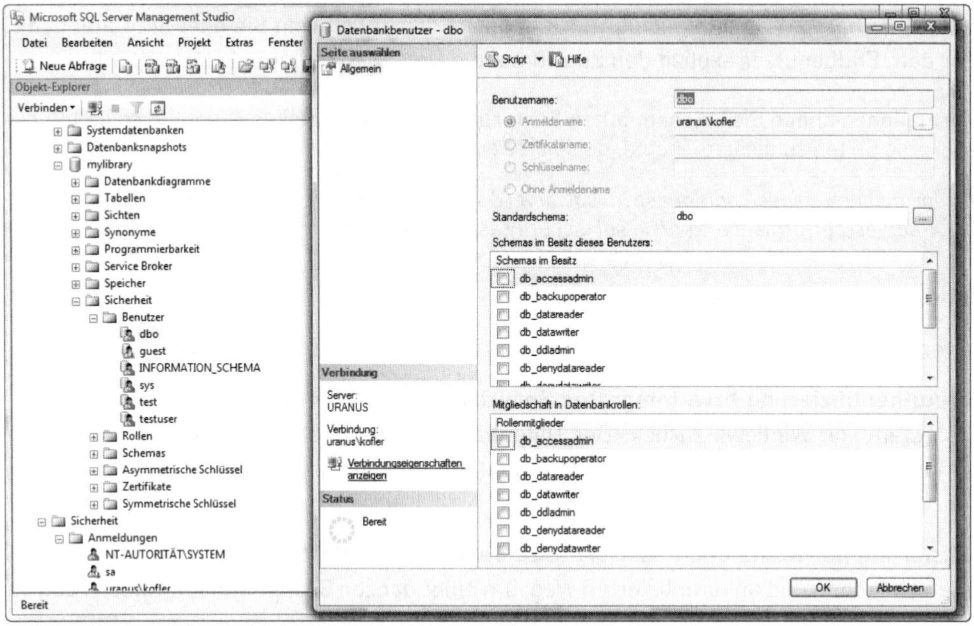

Abbildung 24.12: Benutzerverwaltung für die Datenbank mylibrary

Neue Anmeldungen (`logins`) definieren Sie im OBJEKT-EXPLORER unter SICHERHEIT|ANMELDUNGEN, wobei hier der Punkt SICHERHEIT des ganzen Datenbankservers, nicht einer bestimmten Datenbank gemeint ist. NEUE ANMELDUNG führt in den Dialog, der in Abbildung 24.13 zu sehen ist. Sofern Sie die Windows-Authentifizierung verwenden, muss der Anmeldename mit dem Namen eines Windows-Benutzers übereinstimmen.

Die Zuordnung zwischen der Anmeldung (`login`) und dem Benutzer (`user`) einer Datenbank erfolgt im Dialogblatt BENUTZERZUORDNUNG. Dort wählen Sie die gewünschte Datenbank aus. Dadurch wird automatisch ein neuer `user` für diese Datenbank eingerichtet, sollte noch keiner vorhanden sein. Anschließend geben Sie an, welche Art des Zugriffs gewährt werden soll. Wenn der Benutzer beispielsweise Daten lesen und verändern darf (nicht aber die Definition von Tabellen verändern, Tabellen löschen etc. darf), wählen Sie die Datenbankrollen `db_datareader` und `db_datawriter` aus.

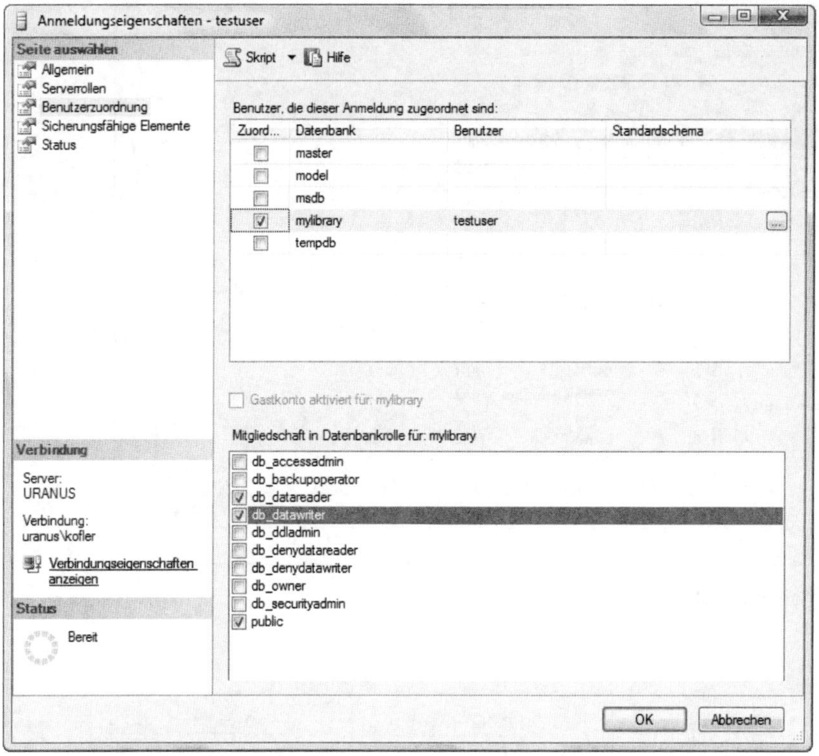

Abbildung 24.13: Zuordnung zwischen Anmeldung (login) und Benutzer (user)

24.5 Structured Query Language (SQL)

SQL steht für `Structured Query Language` und ist eine Art Programmiersprache für Datenbankoperationen. Die wichtigsten Kommandos sind `SELECT` (Abfrage ausführen), `INSERT` (Daten in eine Tabelle einfügen), `UPDATE` (Daten ändern) und `DELETE` (Daten löschen).

An sich ist SQL standardisiert, allerdings hat jeder Datenbankhersteller eigene Erweiterungen hinzugefügt. Die SQL-Variante des SQL Servers heißt Transact SQL (kurz T-SQL). Dieser Abschnitt gibt wirklich nur eine allererste Einführung in T-SQL. Eine umfassende Beschreibung würde ein eigenes Buch füllen!

Um SQL auszuprobieren, klicken Sie im Management Studio auf Ihre Datenbank und führen NEUE ABFRAGE aus. Im Abfragefenster geben Sie den SQL-Code ein und drücken [F5] (siehe Abbildung 24.14).

ACHTUNG

Es gibt keine direkte Undo-Möglichkeit für SQL-Kommandos, die Daten verändern! Wenn Sie mit `DELETE FROM tabellenname` alle Datensätze dieser Tabelle löschen, sind die Datensätze unwiderruflich verloren. Zurückkehren zum alten Stand können Sie durch den Einsatz von Transaktionen oder durch das Wiedereinspielen von Backups.

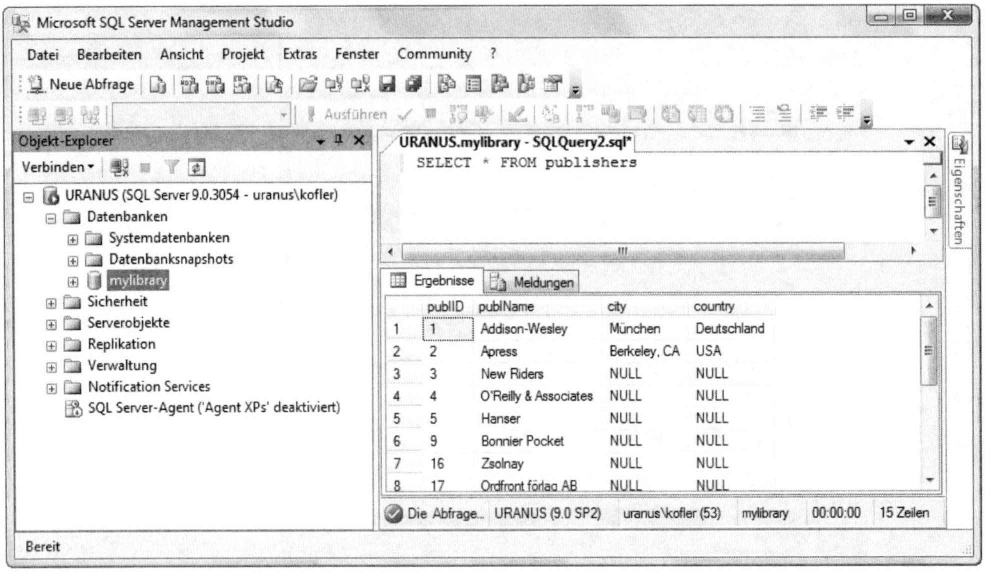

Abbildung 24.14: SQL-Kommandos ausführen

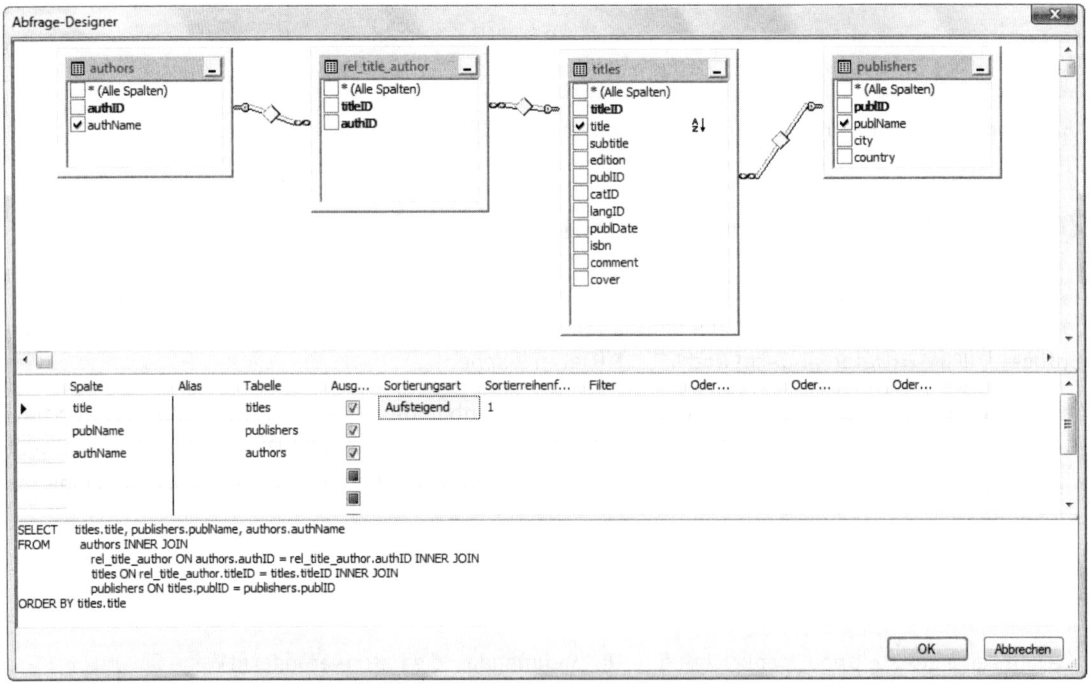

Abbildung 24.15: Der Abfrage-Designer des Management Studios

Wenn Ihnen die nüchterne Eingabe von SQL-Abfragen zu kompliziert ist, klicken Sie das Abfragefenster mit der rechten Maustaste an und führen ABFRAGE IN EDITOR ENTWERFEN aus. Der Designer ist insbesondere dann praktisch, wenn Sie eine Abfrage entwerfen, die Daten aus mehreren Tabellen verarbeitet (siehe Abbildung 24.15). OK kopiert den Code in das ursprüngliche Abfragefenster. Erst dort können Sie die Abfrage ausprobieren.

Unbegreiflicherweise übernimmt der ABFRAGE-DESIGNER den aktuellen SQL-Code nicht, sondern beginnt jedes Mal mit einer leeren Abfrage. Daher ist es nicht möglich, eine Abfrage schrittweise auszuprobieren, zu verbessern, neuerlich auszuprobieren etc. Mehr Komfort bietet der Abfrage-Designer von Visual Studio, in dem die Funktionen des Abfragefensters und des Abfrage-Designers des Management Studios vereint sind (siehe Abbildung 24.16). Um Abfragen auszuführen, müssen Sie nun [Strg]+[R] drücken.

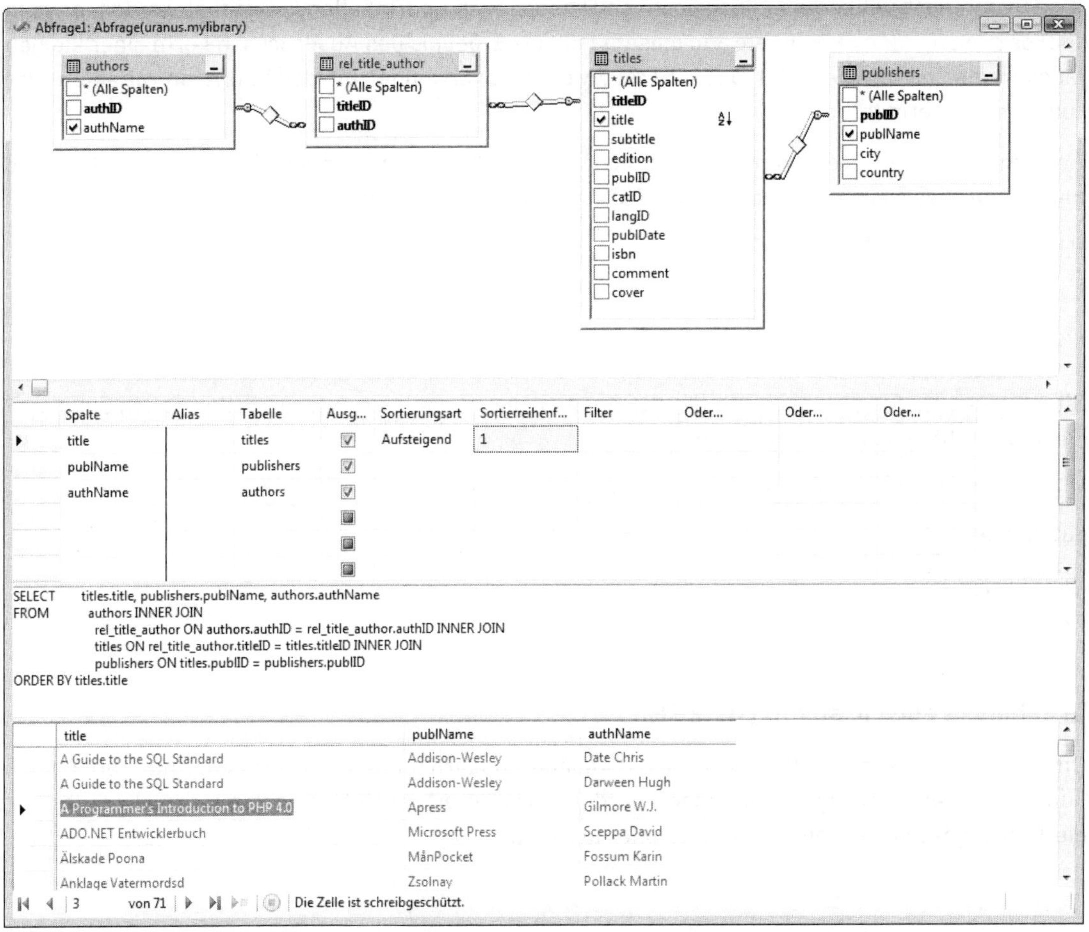

Abbildung 24.16: Der Abfrage-Designer von Visual Studio

Abfragen (SELECT)

Die denkbar einfachste Datenbankabfrage lautet `SELECT * FROM tabelle`. Die Abfrage liefert als Resultat alle Datensätze der angegebenen Tabelle. Das Zeichen * bedeutet, dass die Abfrage alle Spalten der Tabelle umfassen soll.

```
SELECT * FROM publishers
```

```
publID publName        city           country

1       Addison-Wesley  München        Deutschland
2       Apress          Berkeley, CA   USA
3       New Riders      NULL           NULL
...
```

`SELECT` kann auch vollkommen losgelöst von Datenbanken und Tabellen verwendet werden, etwa in der Form `SELECT 2*3`. `SELECT` liefert in diesem Fall das Ergebnis des Ausdrucks in Form einer kleinen Tabelle (eine Spalte, eine Zeile). Das wird relativ oft dazu verwendet, um den Inhalt von Variablen oder Funktionen zu ermitteln.

Vielleicht wollen Sie die Datensätze gar nicht im Detail ansehen, sondern lediglich ermitteln, wie viele Datensätze es in einer Tabelle gibt. Dann hilft die folgende Abfrage weiter:

```
SELECT COUNT(*) FROM publishers
```

```
COUNT(*)

      15
```

Oft interessieren Sie sich gar nicht für alle Spalten einer Tabelle. In solchen Fällen geben Sie statt * die gewünschten Spalten explizit an:

```
SELECT publName FROM publishers
```

publName

```
Addison-Wesley
Apress
...
```

Ergebnisse einschränken (WHERE)

Oft interessieren nicht alle Datensätze einer Tabelle, sondern nur jene, die eine oder mehrere Bedingungen erfüllen. Derartige Bedingungen werden mit `WHERE` eingeleitet. Im ersten Beispiel werden nur die Titel angezeigt, bei denen `edition` größer als 1 ist:

```
SELECT title FROM titles WHERE edition>1

authName

The Definitive Guide to MySQL
CSS-Praxis
...
```

Vergleiche mit einer ganzen Menge von Werten werden am einfachsten mit `IN` durchgeführt:

```
SELECT authID, authName FROM authors WHERE authID IN (2, 7, 12)

authID   authName

     2   Kramer David
     7   Gerken Till
    12   Yarger Randy Jay
```

Ergebnisse sortieren (ORDER BY)

`SELECT` liefert die Ergebnisse grundsätzlich in willkürlicher Reihenfolge. Wenn Sie eine geordnete Ergebnisliste wünschen, müssen Sie das explizit durch `ORDER BY spalte` angeben. Das folgende Kommando liefert eine alphabetische Liste der Autoren der `mylibrary`-Datenbank:

```
SELECT authName FROM authors ORDER BY authName

authName

Asimov Isaac
Atwood Margaret
Bear Greg
Bitsch Gerhard
Christiansen Tom
...
```

Sie können nach `ORDER BY` auch mehrere Spalten angeben, die dann alle bei der Sortierung berücksichtigt werden. Wenn Sie eine umgekehrte Sortierreihenfolge wünschen, müssen Sie dem jeweiligen Spaltennamen das Schlüsselwort `DESC` (für `Descending`, also absteigend) anhängen, also etwa `ORDER BY authName DESC`.

Ergebnisanzahl einschränken (TOP)

Bei sortierten Abfragen brauchen Sie oft nur die ersten zehn oder 100 Ergebnisse. Dazu fügen Sie zwischen `SELECT` und den Spaltennamen `TOP n` ein:

```
SELECT TOP 10 * FROM authors ORDER BY authName
```

Der SQL-Dialekt des SQL Servers ist allerdings nicht in der Lage, bestimmte Ergebnisdatensätze auszuwählen, wie dies oft für eine seitenweise Darstellung erforderlich wäre. (In MySQL können Sie mit `LIMIT offset, n` beginnend beim Datensatz `offset` die nächsten `n` Datensätze auswählen.)

Daten aus mehreren Tabellen verknüpfen (JOIN)

Bis jetzt betrafen alle SELECT-Beispiele immer nur Datensätze aus einer einzigen Tabelle. Der Regelfall bei relationalen Datenbanken ist aber, dass mehrere Tabellen miteinander verknüpft sind. Dementsprechend müssen bei SELECT die Daten aus mehreren Tabellen zusammengefügt werden. Dieses Zusammenfügen wird im Englischen als JOIN bezeichnet.

Die JOIN-Syntax kennt zahlreiche Syntaxvarianten. Besonders wenn Daten aus mehr als zwei Tabellen verknüpft werden, entstehen ziemlich unübersichtliche SQL-Kommandos. Am besten verwenden Sie den Abfrage-Designer, um die SELECT-Kommandos zusammenzusetzen. Bei Datenbanken, in denen Sie die Verknüpfungen definiert haben, berücksichtigt der Designer diese Verknüpfungen automatisch. Ist das nicht der Fall, können Sie die zu verknüpfenden Felder per Drag&Drop übereinander schieben. Der Designer zeichnet dann eine Verbindungslinie zwischen den Tabellen.

Die folgende Abfrage liefert eine Liste von Buchtiteln zusammen mit dem Namen des Verlags, in dem sie erschienen sind. Dazu müssen Informationen aus den Tabellen titles und publishers verknüpft werden. Das Verknüpfungsfeld ist publID.

```
SELECT title, publName
FROM publishers
INNER JOIN titles ON publishers.publID = titles.publID
```

title	publName
Linux	Addison-Wesley
The Definitive Guide to Excel VBA	Apress
Client/Server Survival Guide	Addison-Wesley
...	

Die obige Abfrage berücksichtigt allerdings nur Titel, zu denen ein Verlag gespeichert wurde. Titel, bei denen publID den Wert NULL hat, werden einfach ignoriert. Abhilfe schafft die Verwendung von OUTER JOIN statt INNER JOIN. Im Abfrage-Designer klicken Sie die Verbindungslinie zwischen den Tabellen an und führen das Kontextmenükommando ALLE ZEILEN VON TITLES AUSWÄHLEN aus.

```
SELECT title, publName
FROM publishers
RIGHT OUTER JOIN titles ON publishers.publID = titles.publID
```

Ergebnisse gruppieren (GROUP BY), Aggregatfunktionen

Die in der Datenbank mylibrary gespeicherten Bücher sind verschiedenen Kategorien zugeordnet. Wenn Sie wissen möchten, in welcher Kategorie es welche Bücher gibt, hilft die folgende Abfrage weiter. (Achtung: Bücher, die keiner Kategorie zugeordnet sind, erscheinen gar nicht! Wenn Sie alle Bücher anzeigen möchten, müssen Sie die Tabellen mit *titles LEFT OUTER JOIN categories ON titles.catID = categories.catID* verknüpfen.)

```
SELECT catName, title
FROM   titles
INNER JOIN categories ON titles.catID = categories.catID
ORDER BY catName, title

catName              title

C                    Visual C#
Children's books     Alltid den där Annette
Children's books     Jag saknar dig, jag saknar dig
Computer books       LaTeX
...
```

Wenn Sie nun wissen möchten, wie viele Bücher es pro Kategorie gibt, können Sie in der obigen Liste zu zählen beginnen: ein Buch zu C#, zwei Kinderbücher und so weiter. Selbstverständlich geht es auch einfacher: `GROUP BY name` bildet in der resultierenden Liste eine Gruppe für jeden Inhalt der angegebenen Spalte. Durch `GROUP BY catName` wird in der obigen Abfrage aus den zwei Einträgen mit `catName = 'Children's books'` eine einzige Zeile.

Mit `GROUP BY` allein ist es aber noch nicht getan. Der SQL Server weiß nicht, welchen Titel er zu jeder Kategorie anzeigen soll. Sie müssen für die Titelspalte eine sogenannte Aggregatfunktion anwenden. Das bedeutet, dass Sie in der Spaltenliste zu Beginn des `SELECT`-Kommandos Funktionen wie `COUNT`, `SUM`, `MIN` und `MAX` verwenden können. Erst diese Aggregatfunktionen machen `GROUP BY` zu einem wirklich sinnvollen Werkzeug, wie das nächste Beispiel beweist: Dabei wird pro Kategorie gezählt (`COUNT`), wie viele passende Einträge es gibt.

Neu ist in diesem Zusammenhang auch die Verwendung des Schlüsselworts `AS`: Damit wird der zweiten Spalte der Abfrage der Name `Anzahl` gegeben. Ohne `AS` hätte die Spalte den Namen ›`COUNT(titleID)`‹, was nicht nur unübersichtlich wäre, sondern auch den Tippaufwand bei jeder Referenzierung der Spalte (etwa in `ORDER BY`) erhöhen würde. `AS` verbessert also die Lesbarkeit des SQL-Kommandos.

```
SELECT catName, COUNT(titleID) AS Anzahl
FROM       titles
INNER JOIN categories ON titles.catID = categories.catID
GROUP BY categories.catName
ORDER BY categories.catName

catName                         Anzahl

C#                                1
Children's books                  2
Computer books                    6
Databases                         2
...
```

`GROUP BY` kann auch für mehrere Spalten verwendet werden. Die folgende Abfrage gibt Auskunft darüber, wie viele Buchtitel in welcher Sprache und in welcher Kategorie erschienen sind. Beachten Sie, dass bei dieser Abfrage alle Titel durch den Rost fallen, die keiner Sprache oder Kategorie zugeordnet sind. Diese Abfrage zeigt noch eine Neuerung: Allen Spaltennamen ist der Tabellenname vorangestellt. Syntaktisch ist das nur erforderlich, wenn andernfalls Mehrdeutigkeiten auftreten. Der Abfrage-Designer stellt den Tabellennamen allerdings immer voran.

```
SELECT languages.langName, categories.catName, COUNT(*) AS Anzahl
FROM titles
INNER JOIN categories ON titles.catID  = categories.catID
INNER JOIN languages  ON titles.langID = languages.langID
GROUP BY languages.langName, categories.catName
ORDER BY languages.langName, categories.catName

langName catName                    Anzahl

deutsch   C#                          1
deutsch   Children's books            1
deutsch   Computer books              5
...
english   Computer books              1
english   Literature and fiction     2
english   MySQL                       3
...
norsk     Literature and fiction     1
svensk    Children's books            2
svensk    Literature and fiction     9
```

Neben `COUNT` gibt es einige weitere Aggregatfunktionen, z.B. `MIN`, `MAX`, `SUM`, `AVG` (Durchschnitt), `STDEV` (Standardabweichung) und `VAR` (Varianz).

Daten einfügen (INSERT)

Mit `INSERT` fügen Sie einen neuen Datensatz in eine Tabelle ein. Nach dem Namen der Tabelle muss zuerst eine Liste der Spaltennamen und danach eine Liste mit den einzufügenden Werten übergeben werden. (Spalten mit Standardwerten, Spalten, die `NULL` sein dürfen, sowie ID-Spalten müssen nicht angegeben werden.)

Mit dem folgenden Beispiel wird ein neuer Datensatz in der `titles`-Tabelle der `mylibrary`-Datenbank gespeichert. Dabei werden nur zwei Spalten (`title` und `year`) angegeben. Um alle anderen Spalten kümmert sich der SQL Server selbst: In `titleID` wird ein neuer ID-Wert eingesetzt, in die anderen Spalten der vorgesehene Standardwert oder `NULL`.

```
INSERT INTO titles (title, publDate) VALUES ('Visual Basic 2005', '15.3.2006')
```

Eine weitere Syntaxvariante ermöglicht es, gleich mehrere neue Datensätze mit einem einzigen Kommando einzufügen:

```
INSERT INTO titles (title, publDate)
VALUES ('Visual Basic 2005', '15.3.2006'), ('Visual C#2006', '15.2.2006')
```

Daten in verknüpfte Tabellen einfügen

Wenn Sie es mit verknüpften Tabellen zu tun haben, ist es normalerweise nicht mit einem einzigen `INSERT`-Kommando getan. Um beispielsweise ein Buch in der `mylibrary`-Datenbank zu speichern, müssen zumindest in die Tabellen `titles` und `rel_title_author` neue Datensätze eingefügt werden. Wenn das neue Buch von Autoren geschrieben wurde, die bisher noch nicht in der Datenbank gespeichert sind, oder wenn es von einem Verlag publiziert wird, der der Datenbank ebenfalls noch unbekannt ist, müssen außerdem neue Datensätze in die Tabellen `publishers` und `authors` eingefügt werden.

Dabei tritt allerdings das Problem auf, dass nicht alle Daten den Einfügekommandos von Beginn an bekannt sind. Um ein Buch zu speichern, das in einem neuen Verlag erschienen ist, muss in der `titles`-Tabelle die `publID`-Nummer des Verlags angegeben werden. Dabei handelt es sich aber um einen ID-Wert, der vom SQL Server erst beim Speichern des neuen Verlags erzeugt wird.

Es muss also eine Möglichkeit geben, um auf den zuletzt erzeugten ID-Wert zuzugreifen. Beim SQL Server stehen – abhängig davon, auf welche Weise der Datensatz gespeichert wurde – gleich drei Varianten zur Auswahl:

» *`@@IDENTITY`:* Der übliche Weg besteht darin, direkt nach dem `INSERT`-Kommando das Kommando `SELECT @@IDENTITY` auszuführen. `@@IDENTITY` ist eine Variable des SQL Servers, die die ID-Nummer des zuletzt erzeugten Datensatzes enthält. Dabei werden nur neue Datensätze der aktuellen Datenbankverbindung berücksichtigt. Sie müssen also keine Angst haben, dass zwischen dem `INSERT`- und dem `SELECT`-Kommando vielleicht ein anderer Benutzer ebenfalls einen neuen Datensatz einfügt und Sie dann den falschen ID-Wert erhalten.

» *`SCOPE_IDENTITY()`:* Wenn für Ihre Datenbank `INSERT`-Trigger definiert sind (also SQL-Funktionen, die beim Einfügen eines Datensatzes automatisch ausgeführt werden) und diese Trigger selbst neue Datensätze erzeugen, liefert `@@IDENTITY` den ID-Wert des letzten vom Trigger erzeugten Datensatzes. Dieser ID-Wert interessiert Sie aber nicht. Sie wollen ja den ID-Wert des von Ihnen gespeicherten Datensatzes. Den richtigen Wert liefert in diesem Fall `SELECT SCOPE_IDENTITY()`.

  Ausnahme: `SCOPE_IDENTITY` darf nicht verwendet werden, wenn Sie den neuen Datensatz mit einer `Stored Procedure` eingefügt haben! In diesem Fall liefert `@@IDENTITY` den richtigen Wert (egal, ob Trigger im Spiel sind oder nicht).

» *`IDENT_CURRENT(›tabellenname‹)`:* Für den in der Praxis kaum vorkommenden Fall, dass Sie mit *einem* Kommando neue Datensätze in *mehreren* Tabellen einfügen, ermitteln Sie den neuen ID-Wert für die jeweilige Tabelle mit `SELECT IDENT_CURRENT('tabellenname')`.

Die folgenden Zeilen zeigen, wie ein Buch mit lauter neuen Informationen (drei neue Autoren, ein neuer Verlag) gespeichert wird. Dabei handelt es sich um das folgende Buch:

Randy Yarger, George Reese, Tim King: `MySQL & mSQL`. O'Reilly 1999.

Im ersten INSERT-Kommando tritt das Problem auf, wie der Apostroph von O'Reilly angegeben werden soll. Apostrophe dienen ja zur Kennzeichnung von Zeichenketten. Die Lösung ist einfach: Sie geben zwei Apostrophe an.

```
INSERT INTO publishers (publName) VALUES ('O''Reilly & Associates')
SELECT @@IDENTITY
                4    <--- publID für den Verlag
INSERT INTO authors (authName) VALUES ('Yarger Randy')
SELECT @@IDENTITY
               12    <--- authID für den ersten Autor
INSERT INTO authors (author) VALUES ('Reese George')
SELECT @@IDENTITY
               13    <--- authID für den zweiten Autor
INSERT INTO authors (author) VALUES ('King Tim')
SELECT @@IDENTITY
               14    <--- authID für den dritten Autor
INSERT INTO titles (title, publID, year)
     VALUES ('MySQL & mSQL', 4, 1999)
SELECT @@IDENTITY
                9  <--- titleID für das Buch
INSERT INTO rel_title_author VALUES (9, 12), (9, 13), (9,14)
```

Daten ändern (UPDATE)

Mit UPDATE verändern Sie einzelne Felder eines schon vorhandenen Datensatzes. Im Regelfall sieht die Syntax des Kommandos so aus:

```
UPDATE tablename
SET column1=value1, column2=value2 ...
WHERE columnID=n
```

Es werden also einzelne Felder eines durch seinen ID-Wert spezifizierten Datensatzes verändert. Mit dem folgenden Beispiel wird der Titel des Linux-Buchs (titleID=1) verändert:

```
UPDATE titles SET title='Linux, 6th ed.' WHERE titleID=1
```

Wenn UPDATE ohne WHERE verwendet wird, gelten die Veränderungen für alle Datensätze der Tabelle (Vorsicht!). Das folgende Kommando würde beispielsweise bei allen Büchern die Auflage auf 2 setzen:

```
UPDATE titles SET edition=2
```

Mit gewissen Einschränkungen sind in UPDATE-Kommandos auch Berechnungen möglich. Nehmen Sie an, in der titles-Tabelle wäre auch der Preis von Büchern gespeichert: Dann wäre es ein Leichtes, diesen Preis um fünf Prozent zu erhöhen:

```
UPDATE title SET price=price*1.05
```

Daten löschen (DELETE)

Das syntaktisch einfachste Kommando dieses Abschnitts ist zweifelsohne DELETE. Alle durch WHERE ausgewählten Datensätze werden ganz einfach gelöscht. Eine Angabe von Spalten ist nicht erforderlich, weil ohnedies immer ganze Datensätze gelöscht werden. Die folgende Anweisung löscht einen einzelnen Datensatz aus der titles-Tabelle:

```
DELETE FROM titles WHERE titleID=8
```

24.6 Stored Procedures (Gespeicherte Prozeduren)

Stored Procedures (kurz SPs) sind Abfolgen von SQL-Kommandos, die direkt vom SQL Server gespeichert und ausgeführt werden. Mit SPs steht Ihnen eine eigene, auf SQL basierende Programmiersprache zur Verfügung. SPs ermöglichen es, einen Teil der Logik einer Datenbankanwendung vom Client zum Server zu verlagern. Je nach Anwendung kann das verschiedene Vorteile mit sich bringen, unter anderem mehr Effizienz, eine höhere Datensicherheit und eine bessere Wartbarkeit.

Der SQL-Dialekt des SQL Servers (Transact-SQL, kurz T-SQL) bietet zahlreiche Syntaxvarianten zur Programmierung von Stored Procedures. Der Code einer SP besteht oft aus vielen SQL-Anweisungen, die durch Bedingungen und Schleifen strukturiert werden können. T-SQL ist also eine echte Programmiersprache!

Ein sehr einfaches Beispiel für eine Stored Procedure ist titles_count_for_author. Die Prozedur liefert die Anzahl der Titel in der mylibrary-Datenbank, die von einem bestimmten Autor verfasst wurden. Die Prozedur erwartet im ersten Parameter den Namen eines Autors und liefert über den zweiten Parameter das Ergebnis.

Prozeduren werden mit CREATE PROCEDURE definiert. Es folgen der Name, die Parameterliste und schließlich der eigentliche Code. Bereits vorhandene Prozeduren ändern Sie mit ALTER PROCEDURE bzw. löschen Sie mit DROP PROCEDURE.

```
CREATE PROCEDURE titles_count_for_author
  @authName NVARCHAR(100), @count INT OUTPUT
AS
  SELECT @count = COUNT(titles.titleID)
  FROM titles, rel_title_author, authors
  WHERE titles.titleID = rel_title_author.titleID
    AND authors.authID = rel_title_author.authID
    AND authName=@authName
```

SPs verfassen Sie am besten im Management Studio oder direkt im SERVER-EXPLORER von Visual Studio. In VS Professional und allen teureren Versionen stehen dabei sogar Debugging-Hilfsmittel zur Verfügung: Beispielsweise können Sie in Stored Procedures Haltepunkte setzen (siehe Abbildung 24.17).

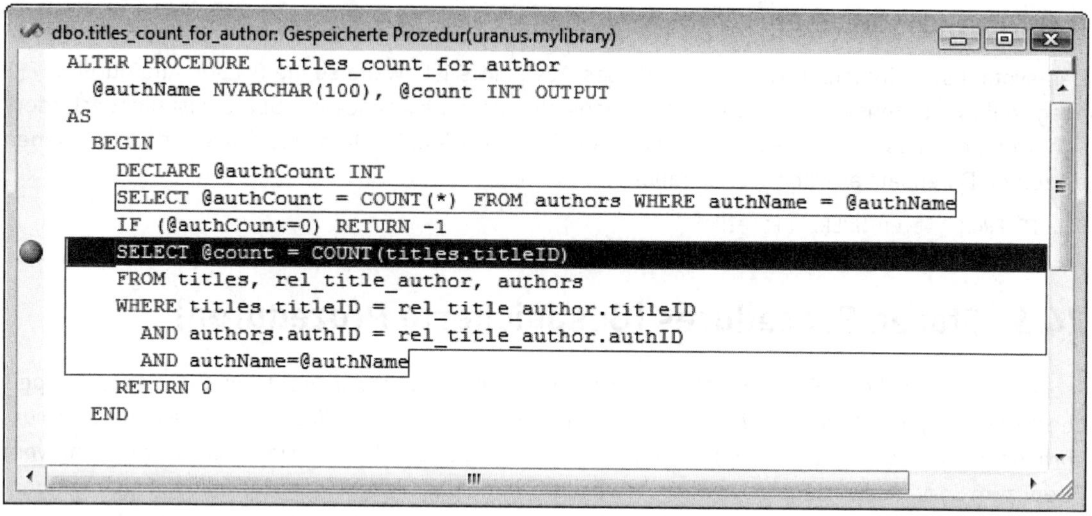

Abbildung 24.17: Bearbeitung einer Stored Procedure in Visual Studio

Zum Aufruf von Prozeduren verwenden Sie `EXECUTE` oder dessen Kurzform `EXEC`. Der Test einer Prozedur erfolgt am besten in einem Abfragefenster des Management Studios. Dabei müssen Sie für alle `OUTPUT`-Parameter SQL-Variablen deklarieren. Außerdem müssen Sie bei der Übergabe solcher Variablen das Schlüsselwort `OUTPUT` angeben.

```
DECLARE @result INT
EXEC titles_count_for_author 'Eller Frank', @result OUTPUT
SELECT @result AS Anzahl

Anzahl

  3
```

`titles_count_for_author` liefert das Ergebnis 0, wenn es den angegebenen Autor nicht gibt oder wenn der Autor zwar in der `authors`-Tabelle bekannt ist, aber kein Buch geschrieben hat. Die folgende Variante von `titles_count_for_author` differenziert zwischen diesen beiden Fällen und liefert den Rückgabewert -1, wenn der Autor nicht bekannt ist. Dazu wird das Schlüsselwort `RETURN` verwendet. `RETURN 0` signalisiert üblicherweise, dass die Prozedur fehlerfrei ausgeführt wurde. Da die Prozedur aus mehreren SQL-Kommandos besteht, müssen diese durch `BEGIN` und `END` gekapselt werden.

```
ALTER PROCEDURE titles_count_for_author
  @authName NVARCHAR(100), @count INT OUTPUT
AS
  BEGIN
    DECLARE @authCount INT
    SELECT @authCount = COUNT(*) FROM authors WHERE authName = @authName
    IF (@authCount=0) RETURN -1
    SELECT @count = COUNT(titles.titleID)
    FROM titles, rel_title_author, authors
```

```
    WHERE titles.titleID = rel_title_author.titleID
      AND authors.authID = rel_title_author.authID
      AND authName=@authName
    RETURN 0
  END
```

Um den Rückgabewert auszuwerten, müssen Sie eine zusätzliche Variable definieren und die Prozedur in der Form `EXEC @ergebnis = spname` ausführen.

```
DECLARE @result INT, @returncode INT
EXEC @returncode = titles_count_for_author 'xxx', @result OUTPUT
SELECT @result AS Anzahl, @returncode AS Rückgabewert

Anzahl Rückgabewert

 NULL         -1
```

Stored Procedures können auch `SELECT`-Ergebnisse direkt zurückgeben. In diesem Fall sollten Sie es allerdings vermeiden, mit `RETURN` einen zusätzlichen Rückgabe- oder Fehlerwert zu übergeben. Die folgende Prozedur `select_titles_for_author` liefert alle Titel, die ein Autor verfasst hat:

```
CREATE PROCEDURE select_titles_for_author
  @authName NVARCHAR(100), @returncode INT OUTPUT
AS
  BEGIN
    DECLARE @authCount INT

    SELECT @authCount = COUNT(*)
    FROM authors
    WHERE authName = @authName

    IF (@authCount=0)
      SET @returncode = -1
    ELSE
      BEGIN
        SELECT titles.titleID, titles.title
        FROM titles, rel_title_author, authors
        WHERE titles.titleID = rel_title_author.titleID
          AND authors.authID = rel_title_author.authID
          AND authName=@authName
        SET @returncode = 0
      END
  END
```

Der Aufruf der Stored Procedure liefert nun eine Ergebnisliste, genau so, als hätten Sie ein `SELECT`-Kommando ausgeführt. (Wenn in der Stored Procedure mehrere `SELECT`-Kommandos vorkommen, werden bei der Ausführung entsprechend viele Ergebnislisten erzeugt.)

```
DECLARE @returncode INT
EXEC select_titles_for_author 'Eller Frank', @returncode OUTPUT
SELECT @returncode AS Rückgabewert
```

```
titleID     title

  69        Visual C#
  98        Programmieren mit der .NET-Klassenbibliothek
  99        Programmieren mit der .NET-Klassenbibliothek, 2. Aufl.

Rückgabewert

   0
```

Bei manchen Datenbankanwendungen erfolgt der gesamte Datenbankzugriff über SPs. Für jede Tabelle existiert je eine SELECT-, INSERT-, UPDATE- und DELETE-Prozedur. Das hat den Vorteil, dass in der SP alle Parameter kontrolliert werden, alle Änderungen protokolliert werden können etc. Gerade in Organisationen mit hohen Sicherheitsstandards (z.B. in Banken) kann dadurch die Datensicherheit erhöht werden.

Benutzerdefinierte Funktionen

Der SQL Server bietet auch die Möglichkeit, benutzerdefinierte Funktionen zu erzeugen. Derartige Funktionen sehen syntaktisch ähnlich aus wie SPs, bieten aber die Möglichkeit, ein Ergebnis in einem beliebigen Datentyp direkt zurückzugeben. (Im Vergleich dazu können SPs nur einen Fehlercode zurückgeben. Sonstige Ergebnisse müssen als OUTPUT-Parameter oder in Form von SELECT-Ergebnissen übertragen werden.) Dafür dürfen Funktionen aber keine Tabellen verändern und keinen Cursor einsetzen etc.

Skalarfunktionen: Diese Funktionen liefern als Ergebnis einen Wert in einem T-SQL-Datentyp (z.B. INT, FLOAT oder NVARCHAR). Die folgende Funktion last_name_first setzt das letzte von mehreren Wörtern an den Anfang. Die Funktion kann z.B. zur Weiterverarbeitung von Namen verwendet werden. Beachten Sie, dass Parameter in Klammern angegeben werden müssen.

```
CREATE FUNCTION last_name_first (@fullname NVARCHAR(255)) RETURNS NVARCHAR(255)
AS
  BEGIN
    DECLARE @firstname NVARCHAR(255), @lastname NVARCHAR(255)
    DECLARE @pos INT
    IF @fullname IS NULL RETURN NULL
    SET @fullname = LTRIM(RTRIM(@fullname))
    IF @fullname = '' RETURN ''

    -- Position des letzten Leerzeichens in @fullname
    -- wenn kein Leerzeichen zu finden ist: @fullname unverändert lassen
    SET @pos = LEN(@fullname) - CHARINDEX(' ', REVERSE(@fullname), 0)
    IF @pos = LEN(@fullname) RETURN @fullname
```

```
    SET @firstname = LEFT(@fullname, @pos)
    SET @lastname = RIGHT(@fullname,  LEN(@fullname) - @pos - 1)
    RETURN @lastname + ' ' + @firstname
  END
```

Beim Aufruf der Funktion müssen Sie den Besitzer der Funktion (in der Regel dbo, also database owner) voranstellen:

```
SELECT dbo.last_name_first('Michael Kofler') AS Name

Name

Kofler Michael
```

Tabellenfunktionen: Tabellenfunktionen liefern eine Datensatzliste als Ergebnis zurück. SQL Server-intern wird dabei zwischen Inline-Funktionen (die aus nur einem einzigen SELECT-Kommando bestehen) und Multi-Statement-Funktionen unterschieden.

Die folgende Funktion erfüllt dieselbe Aufgabe wie die oben vorgestellte Prozedur select_titles_for_author. Beachten Sie, wie die Tabellenvariable mytable als Rückgabeparameter definiert und durch INSERT INTO @mytable SELECT ... mit Daten gefüllt wird.

```
ALTER FUNCTION titles_for_author (@authName NVARCHAR(100))
RETURNS @mytable TABLE (titleID INT, title NVARCHAR(255))
AS
  BEGIN
    INSERT INTO @mytable
    SELECT titles.titleID, titles.title
    FROM titles, rel_title_author, authors
    WHERE titles.titleID = rel_title_author.titleID
      AND authors.authID = rel_title_author.authID
      AND authName=@authName
    RETURN
  END
```

Der Aufruf erfolgt in der Form SELECT * FROM funktionsname(parameter):

```
SELECT * FROM titles_for_author ('Sceppa David')

titleID     title

182         ADO.NET Entwicklerbuch
```

Trigger

Trigger sind Stored Procedures, die bei jedem INSERT-, UPDATE- oder DELETE-Kommando für eine Tabelle automatisch ausgeführt werden. Trigger können beispielsweise Validitätskontrollen bei Datenänderungen durchführen. Leider bieten weder das Management Studio noch Visual Studio eine bequeme Möglichkeit zur Definition neuer Trigger. Stattdessen müssen Sie in einem Abfragefenster den SQL-Code zur Definition bzw. Veränderung des Triggers ausführen (CREATE bzw. ALTER TRIGGER name).

25 ADO.NET-Verbindungen und -Befehle

Dieses und das folgende Kapitel beschreiben die wichtigsten ADO.NET-Klassen und geben Beispiele für ihre Anwendung und ihr Zusammenspiel. Die Kapitel sollen Ihnen dabei helfen, sich in der ADO.NET-Klassenhierarchie besser zurechtzufinden und selbst Code zu entwickeln, um typische Datenbankaufgaben durchzuführen. Dabei gilt das Motto `"nur Code"`, d.h., Sie werden hier keine Informationen zum Einsatz von Steuerelementen oder der Datenbankwerkzeuge der Entwicklungsumgebung finden.

Widerstehen Sie der Versuchung, gleich zu Kapitel 28 weiterzublättern! Wir wissen, Grundlagenkapitel sind immer ein wenig trocken; aber ohne diese Grundlagen wird es Ihnen nicht gelingen, Datenbanksteuerelemente oder die von den Visual Data Tools erzeugten Klassen erfolgreich einsetzen!

HINWEIS

Über ADO.NET ließen sich Tausende von Seiten füllen. So viel Platz ist hier aber nicht. Deswegen beschränken wir uns in diesem Buch auf die am häufigsten eingesetzten ADO.NET-Klassen und auf den SQL Server als Datenbanksystem.

25.1 ADO.NET-Klassenübersicht

Wenn in diesem Buch von ADO.NET die Rede ist, ist eigentlich die Bibliothek `System.Data` gemeint. Damit Sie ADO.NET-Anwendungen entwickeln können, muss Ihr Projekt Referenzen auf diese Bibliothek sowie auf `System.Xml` enthalten, was standardmäßig bei den meisten Projekttypen der Fall ist. (`System.Data` verwendet intern `System.Xml`-Klassen. Deswegen ist auch die `System.Xml`-Bibliothek erforderlich.)

Grundsätzlich sieht ADO.NET eine Trennung zwischen dem sogenannten Datenprovider und den Klassen zur Verarbeitung der Daten vor (siehe auch Abbildung 25.1):

» **Kommunikation mit der Datenbank (Provider):** Der Datenprovider ist die eigentliche Schnittstelle zur Datenbank. Mit den Klassen des Providers stellen Sie die Verbindung zur Datenbank her, führen SQL-Kommandos aus und steuern Transaktionen. Die Objekte des Datenproviders stehen in direkter Verbindung zur Datenbank, deswegen spricht man oft vom `connected layer` oder von `connected objects`.

Es gibt verschiedene Implementierungen für den Provider. Die ADO.NET-Bibliothek `System.Data` enthält bereits vier:

`Sql`	für den SQL Server, Namensraum `System.Data.SqlClient`
`OleDb`	für Jet und andere Datenbanken mit OLE-DB-Treiber
`Odbc`	für alle Datenbanken mit ODBC-Treiber
`OracleClient`	von Microsoft entwickelter Treiber für Oracle

Neu im .NET Framework 3.5 ist die Bibliothek `System.Data.SqlServerCe`, die den Provider für die SQL Server Compact Edition enthält:

`SqlCe`	für die SQL Server Compact Edition, Namensraum `System.Data.SqlServerCe`

Daneben stellen manche Datenbankhersteller eigene .NET-Provider für ihre Datenbanksysteme zur Verfügung, z.B. `MySql` (für MySQL) oder `Oracle` (firmeneigener Oracle-Treiber). Je nachdem, welchen Provider Sie einsetzen, heißt die `Connection`-Klasse `SqlConnection`, `SqlCeConnection`, `OdbcConnection`, `MySqlConnection`, `OracleConnection` etc. Analog gilt das für alle Klassen des Datenproviders.

Dieses Kapitel konzentriert sich auf die wichtigsten `SqlXxx`-Klassen aus dem `SqlClient`-Namensraum.

» **Datenverarbeitung (Konsument):** Wurden die Daten einmal aus der Datenbank gelesen, können sie innerhalb eines `DataSet`-Objekts lokal bearbeitet werden. Ein `DataSet` stellt zusammen mit zahlreichen weiteren Klassen (`DataTable`, `DataRow` etc.) gewissermaßen ein komplettes, im RAM befindliches Datenbanksystem dar. Die `DataSet`-Objekte stehen nicht in direkter Verbindung zur Datenbank (daher die Bezeichnung `disconnected layer/objects`). Der Transfer von Daten zwischen Datenbank und `DataSet` erfolgt durch `DataAdapter`-Objekte (wobei für jede Tabelle bzw. für jedes `SELECT`-Ergebnis ein eigener `DataAdapter` erforderlich ist).

Die wichtigsten Klassen rund um `DataSets` und `DataTables` stehen im Mittelpunkt von Kapitel 26. Dort erfahren Sie, wie Sie lokale Daten unabhängig vom zugrunde liegenden Datenbanksystem verarbeiten.

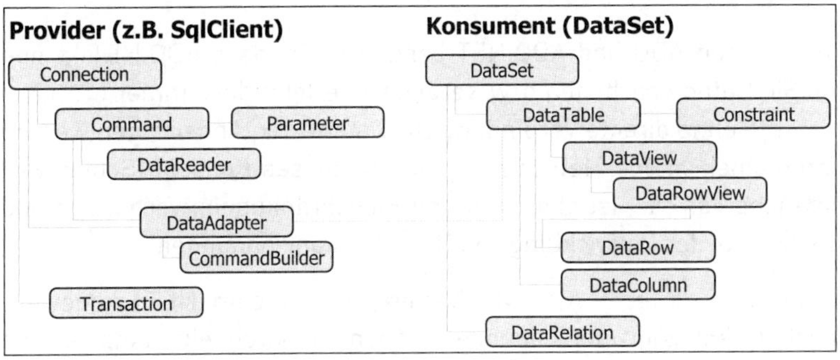

Abbildung 25.1: Die wichtigsten ADO.NET-Klassen

Theoretisch wären wenige Provider-Objekte ausreichend, um jede beliebige Datenbankoperation durchzuführen. Sie können damit SQL-Kommandos ausführen (`Command`) sowie die Ergebnisse eines `SELECT`-Kommandos auslesen (`DataReader`).

Dennoch spielen die `DataSet`-Objekte in der Praxis meist eine größere Rolle als die Provider-Objekte. Der Grund: Sie vereinfachen viele Bearbeitungsschritte und stellen die Schnittstelle zu den Steuerelementen dar. Wenn Sie beispielsweise ein `SELECT`-Ergebnis in einem `DataGridView`-Steuerelement darstellen möchten, müssen die Ergebnisse als `DataTable` innerhalb eines `DataSets` zur Verfügung stehen.

Die Klassen der Bibliothek `System.Data` sind über mehrere Namensräume verteilt (siehe die folgende Tabelle). Aus diesem Grund ist es zumeist zweckmäßig, am Beginn des Programmcodes die Zeilen `Imports System.Data` und `Imports System.Data.SqlClient` einzufügen, um den Tippaufwand für allgemeine Klassen sowie für die Klassen des eingesetzten Providers zu minimieren. Dieses Kapitel beschreibt die wichtigsten `SqlClient`-Provider. In Kapitel 26 folgen `DataSet`-Klassen und in Kapitel 32 die `SqlCe`-Klassen für die SQL Server Compact Edition.

Namensraum	Inhalt
System.Data	allgemeine Klassen zur Datenverarbeitung (DataSet etc.)
System.Data.Odbc	Klassen des Providers für ODBC-Datenquellen
System.Data.OleDb	Klassen des Providers für OLEDB-Datenquellen
System.Data.OracleClient	Klassen des Providers für Oracle
System.Data.SqlClient	Klassen des Providers für den SQL Server

ADO.NET versus ADO

ADO.NET hat so gut wie nichts mit dem alten ADO zu tun, mit dem viele VB6-Programmierer vertraut sind. ADO.NET ist eine vollkommen neue Datenbankbibliothek mit anderen Klassen und Konzepten. Insbesondere fehlt das vertraute `RecordSet`. Stattdessen können Sie `SELECT`-Ergebnisse nun mit einem `DataReader` auslesen (`read only, forward only`) oder als `DataTable` umfassend bearbeiten (`read-write, random access`).

Ein fundamentaler Unterschied zwischen ADO und ADO.NET besteht darin, dass ADO.NET keinen `server side cursor` kennt. Wenn Sie Daten bearbeiten bzw. verändern, erfolgt dies immer `offline` in einem `DataSet` bzw. in einer `DataTable` ohne direkte Verbindung zur Datenbank. Änderungen werden erst durch das explizite Ausführen einer `Update`-Methode ausgeführt. Dieses Konzept (Schlagwort `disconnected datasets`) bietet manche Vorteile, ist aber auch mit Einschränkungen verbunden und verlangt ein vollständiges Umdenken bei der Entwicklung von Datenbankanwendungen.

ADO stand ursprünglich für `ActiveX Data Objects`. ADO.NET basiert aber auf dem .NET Framework und verwendet weder ActiveX noch dessen zugrunde liegende Komponentenarchitektur. Insofern ist die Abkürzung ADO.NET eigentlich irreführend.

25.2 SqlConnection (Verbindung herstellen)

Viele Wege führen nach Rom, und beinahe ebenso viele Wege gibt es, um eine Verbindung zu einer Datenbank herzustellen. Selbst im Fall des Zugriffs auf den SQL Server bestehen drei verschiedene Möglichkeiten, je nachdem, welchen Provider Sie einsetzen. Vorweg ein erster Überblick:

» **Verbindung mit dem SqlClient-Provider**

```
' Beispiel ADO.NET-classes\connection-variants
Imports System.Data.SqlClient
Dim sqlConn As SqlConnection
sqlConn = New SqlConnection("Server=sqlexpress;Database=mylibrary;Integrated Security=True")
sqlConn.Open()
```

» **Verbindung mit dem OleDb-Provider**

```
Imports System.Data.OleDb
Dim oleConn As OleDbConnection
oleConn = New OleDbConnection("Provider=SQLOLEDB;Data Source=sqlexpress;" + _
  "Initial Catalog=mylibrary;Integrated Security=SSPI")
oleConn.Open()
```

» **Verbindung mit dem Odbc-Provider**

```
Imports System.Data.Odbc
Dim odbcConn As OdbcConnection
odbcConn = New OdbcConnection( _
  "Driver={SQL Server};Server=sqlexpress;Database=mylibrary;Trusted_connection=yes")
odbcConn.Open()
```

Je nach Netzwerk- und SQL Server-Konfiguration müssen Sie bei den Varianten 2 und 3 statt `localhost` den tatsächlichen Namen des Rechners angeben. Bei meinen Tests hat `localhost` nur funktioniert, wenn der SQL Server so konfiguriert wurde, dass Remote-Verbindungen via TCP/IP erlaubt waren.

Der Verbindungsaufbau mit einer `SqlConnection` erfolgt wesentlich schneller als bei den anderen zwei Varianten. Allein aus diesem Grund sollten Sie den `SqlClient`-Provider nach Möglichkeit vorziehen.

Sie sehen, der Code sieht eigentlich immer gleich aus. Der einzige Unterschied ist der Aufbau der Zeichenkette, die die Verbindungsdaten enthält, also den Namen des Rechners, auf dem der SQL Server läuft, den Namen der gewünschten Datenbank etc. Jeder Provider sieht für diese Zeichenkette eine eigene Syntax vor, die in der Hilfe bei der Eigenschaft `ConnectionString` dokumentiert ist.

Welchen dieser drei Provider sollten Sie nun einsetzen? Die Antwort hängt davon ab, was Ihnen wichtiger ist: Geschwindigkeit und Funktionsreichtum oder Kompatibilität zu möglichst vielen Datenbanksystemen. Im ersten Fall sollten Sie sich für den `SqlClient`-Provider entscheiden, im zweiten Fall für die `OleDb`- oder `Odbc`-Varianten.

Diese `OleDb`- oder `Odbc`-Varianten haben den Vorteil, dass es relativ leicht ist, das gesamte Programm später auf ein anderes Datenbanksystem umzustellen. Im Idealfall reicht es aus, einfach die Zeichenkette für den Verbindungsaufbau auszutauschen. Allerdings tritt dieser Idealfall in der Praxis selten ein: Verschiedene Datenbanksysteme unterscheiden sich in der Regel durch diverse Zusatzfunktionen, eigene Erweiterungen an der SQL-Syntax, Abweichungen bei der Unterstützung von `Stored Procedures` etc. Aus diesem Grund ist die Umstellung auf ein anderes Datenbanksystem zumeist mit riesigem Aufwand verbunden, wobei die Anpassungen im Client-Code nur ein Aspekt sind.

Mit anderen Worten: Der Vorteil der höheren Kompatibilität reicht nicht sehr weit. Daher empfehlen wir Ihnen, den für Ihr Datenbanksystem am besten geeigneten Provider einzusetzen – also `SqlClient` für den SQL Server. Alle weiteren Beispiele verwenden diesen Provider.

Aufbau der Zeichenkette mit den Verbindungsdaten für den SqlClient-Provider

An den Konstruktor der *`SqlConnection`*-Klasse übergeben Sie eine Verbindungszeichenkette. Sobald das Objekt existiert, kann die Zeichenkette aus der *`ConnectionString`*-Eigenschaft gelesen werden. Die Teile der Zeichenkette werden durch Strichpunkte getrennt. Die wichtigsten Schlüsselwörter sind in der folgenden Tabelle zusammengefasst.

ConnectionString-Schlüsselwörter	Bedeutung
Data Source oder Server oder Address	gibt den Namen des Rechners an, auf dem der SQL Server läuft. Wenn der SQL Server auf demselben Rechner wie das VB-Programm ausgeführt wird, lautet die korrekte Einstellung localhost oder sqlexpress oder ist einfach ein Punkt. Wenn der SQL Server nicht als Standardinstanz installiert ist (z.B. bei Express-Installationen), muss auch der Instanzname angegeben werden. Die Schreibweise lautet hostname\instanzname. Lokale Instanzen können in der Kurzschreibweise .\instanzname angesprochen werden. Der Instanzname für Express-Installationen lautet standardmäßig `sqlexpress`. Um also eine Verbindung zur lokalen SQL Server Express Edition herzustellen, geben Sie `.\sqlexpress` an.
Initial Catalog oder Database	gibt den Namen der Datenbank an.
Connect Timeout oder Connection Timeout	gibt an, wie lange der Verbindungsaufbau dauern darf, bevor ein Fehler ausgelöst wird (standardmäßig 15 Sekunden).
Integrated Security oder Trusted_Connection	gibt an, ob die Authentifizierung beim SQL Server durch das Windows-interne Authentifizierungssystem erfolgt (Einstellungen yes oder true oder sspi) oder durch die explizite Angabe von Loginname und Passwort (no oder false). Mehr Details zur Authentifizierung finden Sie in Abschnitt 24.4. Achtung, die Standardeinstellung für diese Option lautet no!
User ID	gibt den Login-Namen für die Authentifizierung beim SQL Server an (nur für Integrated Security=no). Der Name kann in einfache oder doppelte Anführungszeichen gestellt werden, also z.B. User ID="name«.
Password oder Pwd	gibt das Passwort an (nur für Integrated Security=no). Auch das Passwort kann in Anführungszeichen gestellt werden.
Persist Security Info	gibt an, ob Benutzername und Passwort nach der Authentifizierung weiterhin in der ConnectionString-Eigenschaft gespeichert werden sollen. Da dies ein Sicherheitsrisiko ist, lautet die Standardeinstellung no und sollte nicht verändert werden. Die Option ist nur für Integrated Security=no relevant.
`MultipleActiveResultSets`	gibt an, ob die Verbindung mehrere offene SQL-Kommandos erlaubt (normalerweise `False`). Die Einstellung `True` setzt zumindest Version 2005 des SQL Servers voraus. Erst diese Version lässt es zu, gleichzeitig mehrere Ergebnisse zu verarbeiten (`MARS` = Multiple Active Result Sets).
AttachDBFilename oder Initial File Name	gibt den Dateinamen einer Datenbankdatei an. Das kann sinnvoll sein, wenn Sie eine SQL Server-Datenbankdatei zusammen mit einer SQL Server-Express-Installation weitergeben. Dieses Anwendungsszenario wird in Abschnitt 25.3 beschrieben.

ConnectionString-Schlüsselwörter	Bedeutung
User Instance	gibt an, ob die Datenbank in einer eigenen Benutzerinstanz des SQL Servers geöffnet werden soll. Die Einstellung `True` ist nur bei der SQL Server 2008 Express Edition zulässig und nur in Kombination mit `AttachDBFilename` zweckmäßig. Weitere Details zu `User Instance` folgen ebenfalls in Abschnitt 25.3.
`Asynchronous Processing` oder `Async`	gibt an, ob die Verbindung die asynchrone Verarbeitung von SQL-Kommandos unterstützt (`True`/`False`). Standardmäßig gilt `False`. Der Parameter sollte nur auf `True` gestellt werden, wenn Sie tatsächlich asynchrone Kommandos ausführen wollen, wie dies in Abschnitt 27.10 beschrieben wird.
`Net`	gibt an, welche Netzwerkbibliothek zur Kommunikation mit dem SQL Server verwendet werden soll. Zur Auswahl stehen unter anderem `dbmssocn` (TCP/IP), `dbmslpcn` (`shared memory`) und dbnmpntw (`names pipes`). Normalerweise entscheidet sich ADO.NET selbst für eine geeignete Bibliothek, sodass dieser Parameter nicht angegeben werden muss.

ConnectionString mit dem SqlConnectionStringBuilder zusammenfügen

Sie können die Verbindungszeichenkette wahlweise selbst zusammensetzen oder sich dabei vom *SqlConnectionStringBuilder* helfen lassen. Diese Klasse stellt für alle `ConnectionString`-Schlüsselwörter Eigenschaften zur Verfügung, von denen Sie nur die einstellen, die Sie benötigen. Anschließend liefert die Eigenschaft `ConnectionString` die erforderliche Verbindungszeichenkette.

```
Dim csb As New SqlConnectionStringBuilder()
csb.DataSource = "."
csb.InitialCatalog = "mylibrary"
csb.IntegratedSecurity = False
csb.UserID = "sa"
csb.Password = "xxxx"
conn = New SqlConnection(csb.ConnectionString)
```

Der wesentliche Pluspunkt des `SqlConnectionStringBuilders` besteht darin, dass er mit Sonderzeichen in `User Id` und `Password` sehr vorsichtig umgeht. Wenn das Passwort beispielsweise die Zeichen ; oder › oder » oder = enthält, wird es automatisch in Anführungszeichen gestellt. Das ist besonders dann wichtig, wenn der Benutzername und das Passwort aus einem Logindialog stammen. Hier besteht nämlich die Gefahr, dass Hacker im Login- oder Passwortfeld zusätzliche Parameter angeben.

Beispielsweise könnte ein Anwender im Loginfeld den Text `loginname;`*IntegratedSecurity= False* eingeben. Wird diese Eingabe direkt in den `ConnectionString` eingefügt, würde dadurch der Parameter *IntegratedSecurity* verändert. Das kann zu Sicherheitsproblemen führen. Der `SqlConnectionStringBuilder` vermeidet dieses Problem.

Logindialog mit Fehlerabsicherung

Beim Versuch, eine Verbindung zum SQL Server herzustellen, kann es aus den verschiedensten Gründen zu Fehlern kommen: Die Authentifizierung schlägt fehl, oder der SQL Server läuft nicht, es gibt Netzwerkprobleme (falls Client und Server auf unterschiedlichen Rechnern laufen) etc. Es ist daher unbedingt erforderlich, dass Sie den Authentifizierungscode absichern und gegebenenfalls eine verständliche Fehlermeldung anzeigen und dem Anwender die Möglichkeit geben, einen neuen Authentifizierungsversuch durchzuführen.

Damit Sie das Rad nicht immer wieder neu erfinden müssen, enthält das Beispielprogramm *ADO.NET-classes\connection-login* das Formular `Login-Form` (siehe Abbildung 25.2), das Sie in eigenen Projekten einsetzen können.

Abbildung 25.2: Loginformular

Die Anwendung des Formulars ist denkbar einfach: Sie stellen den gewünschten Datenbanknamen (Eigenschaft `databasename`) ein und rufen `ShowDialog()` auf. Wenn diese Methode `OK` zurückgibt, können Sie das `SqlConnection`-Objekt aus der Eigenschaft `connection` lesen.

```
' Beispiel ADO.NET-classes\connection-login\Window1.xaml.vb
Dim myconn As SqlConnection
Dim result As Windows.Forms.DialogResult
Dim loginform As Login_Form = My.Forms.Login_Form
loginform.databasename = "mylibrary"
result = loginform.ShowDialog()
If result = Windows.Forms.DialogResult.OK Then
  myconn = loginform.connection
Else
  ... keine Verbindung
End If
```

Die interessanteste Prozedur in *Login-Form.vb* ist die der Verbindungs-Buttons. Dort wird je nachdem, welches Authentifizierungsverfahren gewünscht ist, die Verbindungszeichenkette zusammengesetzt und versucht, die Verbindung herzustellen. Wenn das gelingt, wird der Dialog geschlossen, andernfalls wird eine Fehlermeldung angezeigt.

```
' Beispiel ADO.NET-classes\connection-login\MainWindow.xaml.vb
Private Sub ConnectButton_Click(ByVal sender As System.Object, ByVal e As System.Windows.
RoutedEventArgs) Handles ConnectButton.Click
        Dim csb As New SqlConnectionStringBuilder()

        Try
            csb.DataSource = ServerTextBox.Text
            csb.InitialCatalog = databasename

            If SQLAuthCheckBox.IsChecked Then
                'SQL-Server-Authent.
                csb.IntegratedSecurity = False
                csb.UserID = LoginTextBox.Text
                csb.Password = PasswordTextBox.Text
            Else
                'Windows-Authent.
                csb.IntegratedSecurity = True
            End If

            connection = New SqlConnection(csb.ConnectionString)
            'während Verbindungsaufbau Sanduhr-Mauszeiger
            Cursor = Cursors.Wait
            connection.Open()
            Cursor = Cursors.AppStarting
            Close()
        Catch ex As Exception
            Cursor = Cursors.AppStarting
            MsgBox("Fehler beim Verbindungsaufbau: " + ex.Message, MsgBoxStyle.Exclamation)
        End Try
    End Sub
```

Wenn Sie möchten bzw. wenn es für Ihre Anwendung zweckmäßig ist, können Sie im Logindialog das Textfeld `ServerTextBox` durch ein Kombinationslistenfeld ersetzen, das Einträge für alle im Netz bzw. auf dem lokalen Rechner gefundenen Server-Instanzen enthält. Möglichkeiten zur Ermittlung dieser Liste zeigt der nächste Abschnitt auf.

Passwort für die SQL Server-Authentifizierung ändern

Mit `SqlConnection.`*`ChangePassword`* kann das Passwort für die SQL Server-Authentifizierung verändert werden. An die Methode muss ein `ConnectionString` sowie das neue Passwort übergeben werden. Der `ConnectionString` muss zumindest die Schlüsselwörter `User Id` und `Password` enthalten, um eine Authentifizierung des Benutzers zu ermöglichen. Es ist nicht erforderlich, dass bereits eine offene Verbindung zum Server existiert:

```
SqlConnection.ChangePassword("User Id=name;Pwd=altespasswort", "neuespasswort")
```

`ChangePassword` setzt zumindest Version 2005 des SQL Servers voraus.

Schema-Informationen des SQL Servers ermitteln

Normalerweise wissen Sie im Voraus, zu welcher Datenbank Sie eine Verbindung herstellen möchten, welche Tabellen diese Datenbank enthält etc. Wenn Sie aber allgemeine Administrationswerkzeuge entwickeln möchten, benötigen Sie Methoden, um die vom SQL Server verwalteten Objekte zu ermitteln. Genau diese Aufgabe erfüllt die Methode *GetSchema* der `SqlConnection`-Klasse.

Ohne Parameter liefert `GetSchema` ein `DataTable`-Objekt, das Auskunft über die zur Auswahl stehenden Aufzählungen z.B. `DataBases`, `Tables` (für die aktuelle Datenbank) oder `Procedures` gibt. Wenn Sie den Namen einer dieser Aufzählungen als Zeichenkettenparameter an `GetSchema` übergeben, liefert die Methode genauere Informationen zu dieser Aufzählung. Beispielsweise liefert `conn.GetSchema ("databases")` eine Liste aller Datenbanken auf dem SQL Server.

Noch genauer können Sie den Informationsfluss durch den dritten Parameter steuern. Dieser erwartet ein `String`-Feld mit Filterausdrücken (`restrictions`). Welche Filter es gibt, hängt vom Typ der Aufzählung ab. Eine Tabelle mit allen Filtern für alle Aufzählungen liefert `GetSchema("restrictions")`. Beispielsweise können für die Aufzählung `Procedures` vier Filterausdrücke angegeben werden: `Catalog`, `Owner`, `Name` und `Type`. Für Filter, die Sie nicht nutzen möchten, übergeben Sie `Nothing`. Um die Liste aller Funktionen der aktuellen Datenbank zu ermitteln, gehen Sie so vor:

```
Dim dt As DataTable = conn.GetSchema("procedures", _
  New String() {Nothing, Nothing, Nothing, "Function"})
```

HINWEIS

`GetSchema` ist nicht ausreichend, um wirklich alle Schemadaten einer Datenbank zu ermitteln. Noch mehr Informationen liefern die direkte Auswertung der `INFORMATION_SCHEMA`-Tabellen sowie die T-SQL-Funktion `COLUMNPROPERTY`. Die Online-Hilfe zum SQL Server verrät weitere Details.

Der in Abschnitt 32.4 vorgestellte Datenbankkonverter vom MDF- in das SDF-Format macht intensiven Gebrauch von der `GetSchema`-Methode und setzt auch die oben erwähnten INFORMATION_SCHEMA-Tabellen und die COLUMNPROPERTY-Funktion ein.

Alternativ können Sie auch eine zusätzliche .NET-Bibliothek, die SQL Server Management Objects (SMO), einsetzen, die Microsoft als Teil des SQL Servers liefert.

Verbindungen schließen

Eine Grundregel für den Umgang mit Verbindungen lautet: Sobald die Datenbankverbindung nicht mehr benötigt wird, sollte sie durch *Close* oder noch besser durch *Dispose* geschlossen werden. Verbindungen beanspruchen Ressourcen auf dem Server und sollten sparsam eingesetzt werden.

Mit Close wird die Verbindung in ADO.NET aber nicht tatsächlich geschlossen. Vielmehr wird die Verbindung an den ADO.NET Connection Pool zurückgegeben. Ein späteres Open an der gleichen oder einer anderen Stelle könnte die Verbindung dann aus dem Pool zurückerhalten. Das Wiederverwenden einer Verbindung über den ADO.NET Connection Pool funktioniert nur, wenn Connection String und Benutzer (!) identisch sind.

HINWEIS

Es gibt im Internet lange Diskussionen darüber, ob `Close` oder `Dispose` besser geeignet ist, um ein `SqlConnection`-Objekt endgültig zu schließen. Das Ergebnis: `Dispose` ruft intern auf jeden Fall `Close` auf, führt aber zusätzliche Arbeiten aus, um das Objekt endgültig aus dem Speicher zu entfernen. Wenn Sie viele Verbindungen öffnen und schließen, sind Sie mit `Dispose` auf der sicheren Seite. (Aber auch mit `Close` machen Sie nichts grundlegend falsch.)

http://www.eggheadcafe.com/forumarchives/NETFrameworkADONET/Mar2006/post25804729.asp = http://tinyurl.com/2jtxlw

Wenn Sie ein `Connection`-Objekt schließen und später wieder öffnen möchten (auch das ist möglich!), kommt nur `Close` infrage.

Wie soll sich nun aber ein Windows-Programm verhalten, das möglicherweise stundenlang läuft und in dieser Zeit immer wieder Daten abruft bzw. ändert? Es gibt zwei mögliche Strategien:

» **Verbindung offen lassen:** Sie öffnen zu Programmbeginn eine Verbindung, speichern diese in einer im gesamten Programm zugänglichen Variable und nutzen sie bis zum Programmende. Damit beansprucht das Programm während der gesamten Laufzeit eine Verbindung.

» **Verbindung für Einzelkommandos öffnen und wieder schließen:** Jedes Mal, wenn Ihr Programm eine Datenbankoperation durchführen möchte, öffnen Sie ein vorhandenes Verbindungsobjekt und schließen es anschließend wieder.

  Ein typisches interaktives Programm wartet ohnedies die meiste Zeit auf Benutzereingaben. Die Zeit für die Ausführung von Datenbankkommandos ist gering im Vergleich zur Gesamtlaufzeit, und nur während dieser Momente wird eine Verbindung beansprucht. Diesem Vorteil steht der Nachteil gegenüber, dass der wiederholte Aufbau einer Verbindung trotz `Connection Pooling` (siehe unten) ein wenig Zeit kostet.

  Diese Vorgehensweise wird durch einige Methoden der `SqlClient`-Klassen unterstützt, die mit einem *geschlossenen* `SqlConnection`-Objekt verbunden werden können (beispielsweise die Methode `SqlDataAdapter.Fill`): Bei der Ausführung solcher Methoden wird die geschlossene Verbindung kurzzeitig geöffnet und dann sofort wieder geschlossen.

Michael Kofler schrieb in der Vorauflage: »Aus alter Gewohnheit bin ich eher ein Anhänger der ersten Strategie. Wenn der sparsame Umgang mit Ressourcen höchste Priorität hat, ist die zweite Variante aber eindeutig besser. Das gilt umso mehr, als oft gar kein Zusatzaufwand im Code erforderlich ist! Entfernen Sie einfach `conn.`*`Open`* aus Ihrem Programm, und testen Sie es dann. In vielen Fällen werden Sie feststellen, dass das Programm unverändert läuft, weil die diversen von Ihnen eingesetzten Methoden der `SqlClient`-Klassen die Verbindung nun automatisch öffnen und schließen.«

Der Neubearbeiter dieses Kapitels ist kein Anhänger der ersten Strategie.

ADO.NET-Verbindungsmanagement (Connection Pooling)

Der Aufbau einer neuen Verbindung kostet Zeit. Viele Programme (insbesondere Webapplikationen) erstellen laufend neue Verbindungen, nutzen diese kurz und schließen sie dann wieder. Um solche Anwendungen so effizient wie möglich auszuführen, führt ADO.NET ein automatisches `Connection`

Pooling durch: Das bedeutet, dass nicht mehr benötigte Datenbankverbindungen noch eine Weile offen gehalten werden. Fordert nun ein Programm eine neue Verbindung mit exakt demselben ConnectionString an, wird die bestehende Verbindung neuerlich genutzt.

Normalerweise brauchen Sie sich um das Connection Pooling nicht zu kümmern. Es erfolgt transparent und automatisch. Für den Fall, dass Sie doch Einfluss auf die Speicherung der Verbindungen nehmen möchten, bietet ADO.NET zwei Möglichkeiten, den Pool explizit zu leeren: SqlConnection.*ClearPool*(conn) löscht alle Verbindungen aus dem Pool, die dieselbe Verbindungszeichenkette wie das Objekt conn haben. SqlConnection.*ClearAllPools* löscht sämtliche Verbindungen aus dem Pool. Weiterhin können Sie Interna des Connection Poolings durch Zusatzparameter in der Verbindungszeichenkette beeinflussen (siehe die Online-Hilfe zu ConnectionString).

25.3 Verbindung zur SQL Server Express Edition

Grundsätzlich ist es für den Verbindungsaufbau gleichgültig, ob eine Datenbank von einer Vollversion oder von der Express Edition des SQL Servers verwaltet wird. Entscheidend ist nur, dass Sie in der ConnectionString-Zeichenkette den richtigen Namen für den Server angeben. Bei der Express Edition lautet dieser in der Regel .\sqlexpress bzw. sqlexpress\sqlexpress. Dabei ist . bzw. sqlexpress der Rechnername und sqlexpress der Name der SQL Server-Instanz.

```
Dim sqlConn As SqlConnection
sqlConn = New SqlConnection( _
  "Server=.\sqlexpress;Database=mylibrary;Integrated Security=True")
sqlConn.Open()
```

Diese Art des Verbindungsaufbaus setzt allerdings voraus, dass die Datenbank dem SQL Server bereits bekannt ist (dass die Datenbank also mit dem Server verbunden bzw. attached ist). Während der Programmentwicklung ist diese Voraussetzung immer erfüllt.

Anders sieht es aus, wenn eine Anwendung, die aus einem Programm und einer Datenbank besteht, auf einem anderen Rechner installiert wird: Bevor die Datenbank auf dem Kundenrechner genutzt werden kann, muss ein Datenbankadministrator die neue Datenbankdatei mit der SQL Server Express Edition verbinden. Dieser Schritt setzt nicht nur einige Systemkenntnis voraus, sondern auch Administrationswerkzeuge (z.B. SQL Server Management Studio Express), die mit der SQL Server Express Edition nicht mitgeliefert werden.

Verbindung direkt zur Datenbankdatei herstellen (AttachDBFilename)

Da Datenbankanwendungen auf Basis der SQL Server Express Edition oft direkt vom Kunden (nicht von irgendwelchen Administratoren) installiert und genutzt werden, muss es einen einfacheren Weg geben. Die Lösung ist der zusätzliche Parameter *AttachDBFilename*, der in die ConnectionString-Zeichenfolge eingebaut wird. Die folgenden Zeilen zeigen die übliche Anwendung dieses Parameters. (Statt AttachDBFilename können Sie den Dateinamen auch durch Initial File Name angeben.)

```
conn.ConnectionString = _
  "Server=.\sqlexpress;AttachDBFilename=|DataDirectory|\mylibrary.mdf;" + _
  "Integrated Security=True"
conn.Open()
```

An `AttachDBFilename` übergeben Sie den Dateinamen der **.mdf*-Datenbankdatei. `|DataDirectory|` ist dabei eine Abkürzung für das Verzeichnis, in dem sich die **.exe*-Datei befindet. Sie können auf `|DataDirectory|` auch verzichten, müssen dann aber den Verzeichnisnamen selbst angeben:

```
conn.ConnectionString = _
  "Server=.\sqlexpress;AttachDBFilename=" + CurDir() + "\mylibrary.mdf;" + _
  "Integrated Security=True"
conn.Open()
```

Im selben Verzeichnis wie die **.mdf*-Datei muss sich auch die Logging-Datei befinden (*dbname_log.ldf*). Der SQL Server benötigt diese Datei zur internen Protokollierung von Datenbanktransaktionen. Wenn die **.ldf*-Datei beim ersten Verbindungsaufbau fehlt, ist das kein Problem: Der SQL Server erzeugt einfach eine neue Logging-Datei. Schlimmer ist es, wenn das Programm zum wiederholten Mal ausgeführt wird: Der SQL Server kennt die Datenbank jetzt schon und weiß, dass es eine Logging-Datei geben müsste. Ist diese verschwunden, wird der Verbindungsaufbau mit diversen Fehlermeldungen abgebrochen, wobei aus den Fehlermeldungen die wahre Ursache des Problems nicht hervorgeht.

Den *`Database`*-Parameter in der Verbindungszeichenfolge können Sie entweder ganz weglassen oder mit einer leeren Zeichenkette einstellen. Explizit nicht zulässig ist die Nennung des Datenbanknamens (also `Database=mylibrary`). Das funktioniert zwar manchmal, führt aber zu Problemen, wenn es bereits eine Datenbank mit diesem Namen, aber einer anderen Datenbankdatei gibt. Dieser Fall tritt recht oft ein, wenn auf der Festplatte unterschiedliche Versionen der Datenbankdateien herumliegen.

Jetzt bleibt noch eine Frage zu beantworten: Woher nehmen Sie die **.mdf/*.ldf*-Dateien? Normalerweise existiert die Datenbank aus der Entwicklungsphase des Programms ja schon und wurde bisher wie alle anderen Datenbanken vom SQL Server verwaltet.

Die naheliegendste Vorgehensweise bestünde darin, die Dateien einfach aus dem Verzeichnis *C:\Programme\Microsoft SQL Server\MSSQL.n\MSSQL\Data* zu kopieren. Das ist aber gefährlich! Solange die Datenbank genutzt wird und der SQL Server auf die Dateien zugreift, dürfen Sie die Dateien nicht einfach kopieren. Sie müssen zuerst im Management Studio die Datenbank vom SQL Server lösen (Kontextmenükommando TASKS|TRENNEN). Anschließend kopieren Sie die Dateien in Ihr Visual Basic-Projektverzeichnis oder an einen anderen Ort.

Falls Sie die Datenbank weiterhin auch im SQL Server nutzen möchten, können Sie die Datenbank anschließend wieder mit den ursprünglichen Datenbankdateien verbinden (Kontextmenükommando ANFÜGEN). Das führt aber dazu, dass es nun zwei Versionen Ihrer Datenbank gibt: eine, auf die Ihr VB-Programm direkt zugreift, und eine zweite, die vom SQL Server verwaltet wird. Das stiftet oft Verwirrung.

Nach meinen Erfahrungen ist der direkte Zugriff auf Datenbankdateien oft mit Komplikationen verbunden. Vermeiden Sie diesen Fall so lange wie möglich, und stellen Sie Ihr VB-Programm erst dann auf einen direkten Dateizugriff um, wenn Sie den `AttachedDBFilename`-Mechanismus ausprobieren möchten.

Erstellen Sie eine Sicherheitskopie Ihrer Datenbankdateien! Die Dateien dürfen zu diesem Zeitpunkt nicht in Verwendung sein, müssen also vom SQL Server getrennt werden.

Benutzerinstanzen für Anwender ohne Administrationsrechte (User Instance)

Der Verbindungsaufbau zur Datenbankdatei gelingt nur, wenn Sie bzw. Ihr Kunde mit Administratorrechten arbeiten. Um auch unter Windows ein wenig mehr Sicherheit zu erreichen, zwingen sicherheitsbewusste Firmen ihre Mitarbeiter dazu, einen Login ohne Administratorrechte zu verwenden. Das ist unbequem, weil nun alle möglichen Programme nicht mehr funktionieren. Ihr gerade entwickeltes VB-Datenbankprogramm gehört leider dazu. Der Grund: Der SQL Server erlaubt nur zuvor eingerichteten Datenbankbenutzern den Zugriff auf eine Datei (siehe auch Abschnitt 24.4). Ausgenommen von dieser Regel sind Benutzer mit Administratorrechten.

Damit Windows-Nutzer ohne Administratorrechte und auch ohne eine komplizierte Neukonfiguration der Datenbankbenutzerverwaltung auf die SQL Server Express Edition zugreifen können, hat sich Microsoft in Version 2005 ein neues Verfahren ausgedacht: sogenannte Benutzerinstanzen:

Wenn die Verbindungszeichenkette den Parameter *User Instance=True* enthält, wird beim Verbindungsaufbau eine neue Instanz der SQL Server Express Edition gestartet. Während die Standardinstanz des SQL Servers mit Administratorrechten ausgeführt wird, hat die Benutzerinstanz nur die Rechte des Nutzers, der die Verbindung initiiert hat. Der wesentliche Vorteil besteht darin, dass der Benutzer nun (aus Sicht der Benutzerinstanz des SQL Servers) uneingeschränkte Rechte über seine eigene Datenbankdatei hat, also gewissermaßen sein eigener Datenbankadministrator ist. Da die Benutzerinstanz des SQL Servers nur auf die Dateien des Benutzers (aber nicht auf andere Dateien des Systems) zugreifen darf, ergeben sich daraus keine zusätzlichen Sicherheitsrisiken.

Damit Benutzerinstanzen funktionieren, müssen zwei Voraussetzungen erfüllt sein:

» Die SQL Server Express Edition muss bereits als Systemdienst laufen. Das ist bei einer Standardinstallation der SQL Server Express Edition immer der Fall. Dieser Dienst kümmert sich um den Start der Benutzerinstanz.

» Der Benutzer muss Lese- und Schreibrechte für die Datenbankdatei haben. Das bedeutet in der Regel, dass sich die Datenbankdatei in einem persönlichen Verzeichnis des Benutzers befinden muss, nicht im Verzeichnis des Programms.

Die folgenden Zeilen gehen davon aus, dass sich die Datenbankdateien im Verzeichnis *Dokumente und Einstellungen\benutzername\Anwendungsdaten* befinden.

```
Dim dbname As String = _
  Environment.GetFolderPath(Environment.SpecialFolder.ApplicationData) + "\mylibrary.mdf"
conn.ConnectionString = "Server=.\sqlexpress;AttachDBFilename=" + dbName + ";" + _
```

```
  "Integrated Security=True;User Instance=True;Connection Timeout=90"
conn.Open()
```

Das Konzept der Benutzerinstanzen ist auch mit Nachteilen verbunden:

» **Lange Startzeit:** Beim ersten Verbindungsaufbau muss eine neue Instanz des SQL Servers gestartet werden. Das dauert auf älteren Rechnern ziemlich lange. Aus diesem Grund ist es empfehlenswert, im `ConnectionString` einen höheren Timeout-Wert einzustellen.

» **Hoher Ressourcenbedarf (insbesondere RAM):** Die SQL Server Express Edition läuft doppelt, einmal als Systemdienst und einmal als Benutzerinstanz. Nach dem Schließen aller Verbindungen wird die Benutzerinstanz automatisch beendet – allerdings nicht sofort, sondern erst nach geraumer Zeit.

» **Inkompatibilität zu anderen SQL Server-Versionen:** Nur die Express Edition unterstützt Benutzerinstanzen. Die Vorgehensweise ist damit inkompatibel zu den Vollversionen des SQL Servers.

» **Kein Datenaustausch:** Nur ein einziger Benutzer hat Zugriff auf die Datenbank. Ein gleichzeitiger Zugriff durch mehrere Benutzer ist nicht möglich. Damit besteht keine sinnvolle Möglichkeit zum Datenaustausch zwischen mehreren Benutzern. Benutzerinstanzen sind somit nur für `single-user`-Programme zweckmäßig.

Angesichts der letzten Einschränkung ist es eigentlich absurd, ein vollwertiges relationales Client-Server-System einzusetzen. Eine bessere Alternative ist zumeist die Verwendung der SQL Server Compact Edition, die wir Ihnen in Kapitel 32 näher vorstellen.

Probleme

Beim Testen der Parameter `AttachDBFilename` und `User Instance` sind immer wieder Probleme aufgetreten. Die Fehlermeldungen halfen zumeist nicht weiter. Angeblich wurde der Zugriff auf die Datei verweigert, der SQL Server konnte die Standarddatenbank des Benutzers nicht öffnen, die Logging-Datei nicht finden etc. Hier einige Tipps, wenn es Probleme gibt:

» Starten Sie die SQL Server Express Edition (und alle anderen auf dem Rechner laufenden SQL Server) neu. Zum Neustart können Sie unter Windows Vista/Windows 7/Windows Server 2008 wahlweise Systemsteuerung|System und Wartung|Verwaltung|Dienste oder das Programm SQL Server 2008|Konfigurationstools|Oberflächenkonfiguration einsetzen.

» Löschen Sie im Management Studio Datenbanken, deren Name durch einen Dateinamen angegeben wird, die sich dort aber nicht öffnen lassen. (Die Datenbank wird also im Management Studio angezeigt. Ein Doppelklick auf die Datenbank bleibt aber ohne Wirkung.)

  Vorsicht: Die Datenbankdateien werden dadurch tatsächlich gelöscht! Wir gehen davon aus, dass Sie eine Sicherheitskopie besitzen und ausgehend von dieser Kopie Ihre weiteren Versuche durchführen.

» Stellen Sie sicher, dass die von Ihnen angegebene Datenbankdatei nicht in Verwendung ist. Sie können keine Verbindung zu einer Datenbankdatei herstellen, die irgendeine Version des SQL Servers als normale (verbundene) Datenbank nutzt.

» Führen Sie im Direktfenster von Visual Studio `System.Data.SqlClient.SqlConnection.ClearAll-Pools()` aus, beenden Sie alle Programme, die möglicherweise auf die Datenbank zugreifen (inklusive Visual Studio selbst), und gehen Sie einen Kaffee trinken. Wenn Sie Glück haben, sind Ihre Probleme danach auf wunderbare Weise verschwunden. Mit Wundern hat das natürlich nichts zu tun, sondern mit dem automatischen `Connection Pooling` des SQL Servers. Dieser Mechanismus hält Datenbankdateien eine Weile auch dann noch geöffnet, wenn Sie die Verbindung eigentlich schon geschlossen haben. Mehr Informationen zum `Connection Pooling` finden Sie am Ende von Abschnitt 25.2.

Warum derartige Probleme so häufig auftreten, ist uns nicht ganz klar geworden. Wahrscheinlich haben die Probleme mit der in Visual Studio üblichen Vorgehensweise zu tun, zum Projekt gehörige Datenbankdateien bei jedem Programmstart neuerlich in das *Bin\Debug*-Verzeichnis zu kopieren. Für den SQL Server sieht das so aus, als würde jedes Mal eine neue Datenbankdatei verbunden. Offensichtlich kommt der Server unter gewissen Umständen mit der Verwaltung der verbundenen Datenbankdateien durcheinander. Insgesamt wirkt der direkte Zugriff auf Datenbankdateien extrem fehleranfällig und noch ziemlich unausgereift.

25.4 Liste aller SQL Server-Instanzen ermitteln

Es ist zulässig, mehrere SQL Server auf einem Rechner zu installieren. Microsoft hat diese Möglichkeit insbesondere für die SQL Server Express Edition geschaffen, die im Rahmen eines Programms oder einer Demo auf dem Rechner installiert werden kann, ohne bereits existierenden SQL Server-Installationen ins Gehege zu kommen. Bei derartigen Mehrfachinstallationen wird jeder Server als eigene Instanz bezeichnet.

Wenn auf dem Rechner eine Developer- oder Vollversion des SQL Servers installiert ist, gilt diese Instanz üblicherweise als Standardinstanz. Sie wird beim Verbindungsaufbau einfach in der Form `Server=rechnername` angesprochen. Wenn der SQL Server auf dem lokalen Rechner läuft, sind auch die Schreibweisen `Server=.\sqlexpress`, `Server=.\sqlexpress` und `Server=.` zulässig.

Alle anderen Instanzen bekommen bei der Installation einen Namen. Die erste Instanz der SQL Server Express Edition heißt standardmäßig `sqlexpress`. Beim Verbindungsaufbau geben Sie diesen Namen in der Form `Server=rechnername\instanzname` an. Für Instanzen auf dem lokalen Rechner ist auch die Kurzschreibweise `Server=.\instanzname` zulässig.

Es bestehen zahlreiche Möglichkeiten, Listen der im Netzwerk erreichbaren bzw. auf dem lokalen Rechner installierten Server-Instanzen zu ermitteln:

» `Sql.SqlDataSourceEnumerator`

» Registrierdatenbank

» ODBC- oder OLEDB-API-Funktionen

» DMO-Bibliothek (ActiveX)

» Stored Procedures (setzt den Kontakt zu einem laufenden SQL Server voraus)

Leider liefert keine dieser Methoden zuverlässige Ergebnisse. Generell ist es ein schwieriges Unterfangen, aktive SQL Server zu entdecken. Das Resultat ist von der Konfiguration der SQL Server (sind die Netzwerkfunktionen aktiviert?), von der Netzwerkkonfiguration des Systems, von Firewalls etc. abhängig. Damit Sie die im lokalen Netzwerk laufenden SQL Server finden, sollte auf dem lokalen Rechner der Windows-Dienst `SQL Browser` laufen. Außerdem müssen die SQL Server so konfiguriert sein, dass Sie via TCP/IP kommunizieren, was standardmäßig aus Sicherheitsgründen nicht der Fall ist.

Beispielprogramm

Das Beispielprogramm *ADO.NET-classes\enumerate-sql-instances* enthält Code für die neue Klasse `SqlServerHelper`, deren Methoden `NetInstances`, `OdbcInstances` und `RegistryInstances` jeweils ein `String`-Array mit den gefundenen Server-Instanzen zurückliefern.

`NetInstances` greift auf die Klasse `Sql.SqlDataSourceEnumerator` zurück, `OdbcInstances` ruft ODBC-API-Funktionen auf, und `RegistryInstances` wertet die Registrierdatenbank aus. Beachten Sie, dass sowohl `NetInstances` als auch `OdbcInstances` ebenso langsam wie unzuverlässig sind. Sie müssen sich in der Regel mehrere Minuten gedulden, bis Sie Ergebnisse erhalten.

Zum Zeitpunkt des Testlaufs waren insgesamt vier Server-Instanzen verfügbar: je eine Developer und Express Edition auf dem lokalen Rechner `uranus` sowie im Netzwerk auf dem Rechner `merkur`. Bei allen Instanzen waren TCP/IP-Verbindungen aktiviert. Auf beiden Rechnern lief der SQL Server Browser.

Abbildung 25.3 zeigt das triste Ergebnis: `NetInstances` findet keine einzige Instanz, `OdbcInstances` die beiden Instanzen auf dem lokalen Rechner (wobei bei `sqlexpress` eine Klammer fehlt), und `RegistryInstances` findet ebenfalls nur die beiden Instanzen des lokalen Rechners.

Nach meinen Erfahrungen gibt es momentan keine Methode, um SQL Server-Instanzen im Netzwerk auch nur einigermaßen zuverlässig aufzuspüren. `RegistryInstances` findet die lokalen Instanzen sehr schnell, gibt aber keine Informationen darüber, welche der lokalen Instanzen tatsächlich läuft! (Insofern ist das Ergebnis von `RegistryInstances` nicht besonders praxistauglich: Es ist nicht möglich, eine Datenbankverbindung zu einer zwar installierten, aber nicht gestarteten Instanz herzustellen.)

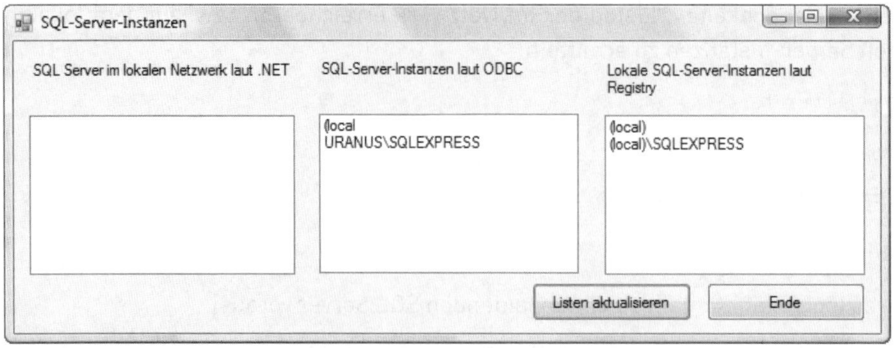

Abbildung 25.3: SQL Server-Instanzen

SQL Server-Instanzen mit der Sql.SqlDataSourceEnumerator-Klasse ermitteln

Die Klasse *Sql.SqlDataSourceEnumerator* hat keinen Konstruktor. Der einzige Weg zu einem `SqlDataSourceEnumerator`-Objekt führt über die Eigenschaft `Instance`. Für das so ermittelte Objekt führen Sie nun die Methode *GetDataSources* aus. Als Ergebnis erhalten Sie ein `DataTable`-Objekt. (Allgemeine Informationen zur `DataTable`-Klasse gibt Abschnitt 26.2.) Jede Zeile dieser virtuellen Tabelle beschreibt in vier Spalten eine SQL Server-Instanz:

» `ServerName` liefert den Hostnamen des Rechners, auf dem der Server läuft.

» `InstanceName` soll den Instanznamen des Servers angeben. Allerdings enthielt diese Spalte bei meinen Tests immer `DBNull.Value`.

» `IsClustered` gibt an, ob es sich um einen Cluster-Server handelt.

» `Version` gibt die Versionsnummer des Servers an.

Die folgenden Zeilen zeigen, wie aus den Informationen der `DataTable` ein `String`-Feld zusammengesetzt wird, dessen Einträge `ServerName` bzw. `ServerName/InstanceName` lauten. Der Name des lokalen Rechners wird dabei durch `sqlexpress` ersetzt.

```
' Beispiel ADO.NET-classes\enumerate-sql-instances\Class1.vb
Imports System.Data
Public Class SqlServerHelper
  Public Shared Function NetInstances() As String()
    Dim i As Integer
    Dim srv, inst As String
    Dim result As String() = {}
    Dim dt As DataTable
    dt = Sql.SqlDataSourceEnumerator.Instance.GetDataSources()
    If dt.Rows.Count > 0 Then
      ReDim result(dt.Rows.Count - 1)
      For i = 0 To dt.Rows.Count - 1
        srv = dt.Rows(i)!ServerName
```

```
        If srv = My.Computer.Name Then srv = "sqlexpress"
        inst = IIf(dt.Rows(i)!InstanceName Is DBNull.Value,
                 "", "\" + dt.Rows(i)!InstanceName)
        result(i) = srv + inst
      Next
    End If
    Return result
  End Function
End Class
```

Lokale Server-Instanzen aus der Registrierdatenbank lesen

Die einzig verlässliche Methode, um die auf dem lokalen Rechner installierten SQL Server-Instanzen zu ermitteln, ist offensichtlich die Registrierdatenbank. In den Verzeichnissen

```
HKEY_LOCAL_MACHINE\Software\Microsoft\Microsoft SQL Server\Instance Names\SQL
```

und

```
HKEY_LOCAL_MACHINE\Software\Wow6432Node\Microsoft\Microsoft SQL Server\Instance Names\SQL
```

befindet sich je eine Liste mit den Namen aller 64-Bit- bzw. 32-Bit-Instanzen, wobei die Standardinstanz den Namen `MSSQLSERVER` hat. Die im Folgenden abgedruckte Funktion stellt den Instanznamen noch `sqlexpress\` voran.

```
Public Shared Function RegistryInstances() As String()
  Dim i As Integer
  Dim result As String() = {}
  Dim rk As RegistryKey
  rk = Registry.LocalMachine.OpenSubKey( _
    "Software\Microsoft\Microsoft SQL Server\Instance Names\SQL")
  If Not (rk Is Nothing) Then
    result = rk.GetValueNames()
    For i = 0 To result.GetUpperBound(0)
      If result(i) = "MSSQLSERVER" Then
        result(i) = "sqlexpress"
      Else
        result(i) = "sqlexpress\" + result(i)
      End If
    Next
    rk.Close()
  End If
  rk = Registry.LocalMachine.OpenSubKey( _
    "Software\Wow6432Node\Microsoft\Microsoft SQL Server\Instance Names\SQL")
  ... Auswertung wie oben
  Return result
End Function
```

25.5 SqlCommand und SqlParameter (SQL-Kommandos ausführen)

SqlCommand-Objekte benötigen Sie, um SQL-Kommandos auszuführen. Die folgenden Zeilen zeigen die prinzipielle Anwendung der Klasse. `conn` ist ein `SqlConnection`-Objekt, das eine aktive Verbindung zum SQL Server enthält. `n` enthält nach der Ausführung des Kommandos die Anzahl der veränderten Datensätze (in diesem Beispiel also 1).

```
Dim n As Integer
Dim com As New SqlCommand("INSERT INTO titles (title) VALUES('test')", conn)
n = com.ExecuteNonQuery()
```

Je nachdem, welche Art von SQL-Kommando Sie ausführen und wie Sie die Ergebnisse verarbeiten möchten, stehen vier `Execute`-Methoden oder die Verwendung einer `SqlDataAdapter`-Klasse zur Wahl:

» ***ExecuteNonQuery* für Kommandos ohne Ergebnisse:** `INSERT`-, `UPDATE`-, `DELETE`- und andere SQL-Kommandos, die keine unmittelbaren Ergebnisse liefern, führen Sie mit `ExecuteNonQuery` aus. Die Methode liefert als Ergebnis die Anzahl der geänderten Datensätze.

```
' Beispiel ADO.NET-classes\command-intro\Form1.vb
Dim n As Integer
Dim com As New SqlCommand("INSERT INTO titles (title) VALUES('test')", conn)
n = com.ExecuteNonQuery()
```

» ***ExecuteScalar* für *SELECT*-Kommandos mit einem Einzelergebnis:** `SELECT`-Kommandos, die einen einzelnen Wert als Ergebnis liefern, führen Sie am effizientesten mit `ExecuteScalar` aus. Die Methode liefert das Ergebnis als `Object` zurück. Sie eignet sich für Kommandos wie `SELECT COUNT(*) FROM table` oder `SELECT column FROM table WHERE id=1234`.

```
Dim n As Integer
Dim com As New SqlCommand("SELECT COUNT(*) FROM titles", conn)
n = com.ExecuteScalar()
```

Falls Sie für Ihr Projekt `Option Strict` verwenden, muss das `ExecuteScalar`-Ergebnis von `Object` in den gewünschten Datentyp umgewandelt werden:

```
n = CInt(com.ExecuteScalar())
```

Sonderfälle: Wenn das `SELECT`-Kommando kein Ergebnis liefert, gibt `ExecuteScalar` den Wert `Nothing` zurück. Wenn das `SELECT`-Kommando mehrere Datensätze bzw. mehrere Spalten liefert, gibt `ExecuteScalar` den Wert der ersten Spalte des ersten Datensatzes zurück. In beiden Fällen tritt kein Fehler auf. Im zweiten Fall besteht allerdings keine Möglichkeit festzustellen, ob das Ergebnis der `SELECT`-Abfrage eindeutig war oder ob es mehrere Ergebnisse gab. Verwenden Sie gegebenenfalls `ExecuteReader`!

- ***ExecuteReader* für gewöhnliche *SELECT*-Kommandos:** Ein gewöhnliches `SELECT`-Kommando ergibt eine im Voraus oft unbekannte Anzahl von Datensätzen. Die Methode `ExecuteReader` liefert deswegen als Ergebnis ein `DataReader`-Objekt zurück, mit dem Sie anschließend alle Datensätze auslesen können (siehe Abschnitt 25.6).

```
Dim com As New SqlCommand("SELECT title FROM titles ORDER BY title", conn)
Dim reader As SqlDataReader
reader = com.ExecuteReader()
While reader.Read()
  'Zugriff auf einzelne Spalten durch reader!spaltenname
End While
```

- ***SqlDataAdapter* für gewöhnliche *SELECT*-Kommandos:** Mehr Komfort bei der Weiterverarbeitung von `SELECT`-Ergebnissen bieten `DataSets`. In diesem Fall müssen Sie das `SqlCommand`-Objekt zur Initialisierung eines `SqlDataAdapters` verwenden, der die Schnittstelle zum `DataSet` darstellt (siehe Abschnitt 25.7).

- ***ExecuteXmlReader* für XML-*SELECT*-Kommandos:** Der SQL Server kann `SELECT`-Ergebnisse als XML-Baum liefern. Dazu muss das `SELECT`-Kommando um die Schlüsselwörter `FOR XML RAW|AUTO|EXPLICIT` erweitert werden. (Diese Erweiterung der `SELECT`-Syntax entspricht allerdings keinem gängigen SQL-Standard.)

  Wenn Sie derartige Kommandos ausführen möchten, müssen Sie die Methode `ExecuteXmlReader` einsetzen. Als Ergebnis erhalten Sie ein `System.Xml.XmlReader`-Objekt. Die folgenden Zeilen zeigen, wie das `XmlReader`-Objekt durch eine Schleife mit wiederholten `ReadOuterXml`-Aufrufen in eine Zeichenkette umgewandelt wird.

```
Dim s As String
Dim com As New SqlCommand("SELECT * FROM titles ORDER BY title FOR XML AUTO", conn)
Dim reader As System.Xml.XmlReader
Dim sb As New System.Text.StringBuilder()
reader = com.ExecuteXmlReader()
reader.MoveToContent()
s = reader.ReadOuterXml()
While (s <> "")
  sb.Append(s + vbCrLf)
  s = reader.ReadOuterXml()
End While
'nun liefert sb.ToString() das gesamte XML-Ergebnis als Zeichenkette
```

Das Beispielprogramm *command-intro* illustriert die verschiedenen Verfahren und zeigt die Ergebnisse in einer Textbox an (siehe Abbildung 25.4). Durch den DELETE-Button werden übrigens nur jene Bücher aus der `titles`-Tabelle gelöscht, deren Titel mit `test` beginnt.

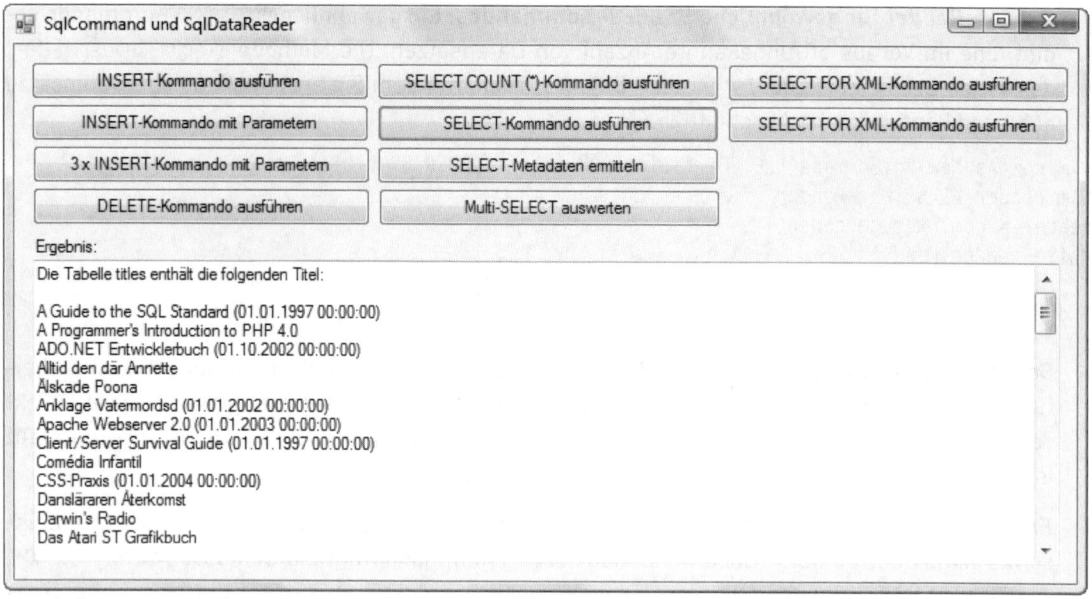

Abbildung 25.4: SqlCommand-Varianten ausprobieren

Bei der Ausführung von SQL-Kommandos kann es zu diversen Fehlern kommen (Syntaxfehler im SQL-Code, Verletzung von Integritätsregeln etc.). Daher sollten Sie die `Execute`-Methode in der Regel durch `Try/Catch` absichern.

Die Eigenschaft *CommandTimeout* bestimmt, wie lange maximal auf die Ausführung des Kommandos gewartet wird (normalerweise 30 Sekunden). Wenn der SQL Server innerhalb dieser Zeit keine Rückmeldung gibt, wird ein Fehler ausgelöst.

Wert der ID-Spalte nach INSERT ermitteln

Bei Tabellen mit einer `ID`-Spalte ist es nach `INSERT`-Kommandos oft erforderlich, den von der Datenbank automatisch erzeugten ID-Wert zu ermitteln. Bei herkömmlichen ID-Spalten (`Integer`-Datentyp und `IsIdentity=True`) führen Sie dazu einfach eine weitere Abfrage mit `SELECT @@IDENTITY` aus. Der Rückgabewert ist der gesuchte ID-Wert.

Am einfachsten ist es, gleich nach dem Verbindungsaufbau ein im gesamten Programm verfügbares `SqlCommand`-Objekt zu erzeugen, das nur diesem Zweck dient:

```
' Beispiel ADO.NET-classes\command-intro\MainWindow.xaml.vb
Dim identityComm As SqlCommand
identityComm = New SqlCommand("SELECT @@IDENTITY", conn)
```

Später führen Sie dann, wann immer Sie einen `ID`-Wert benötigen, die Methode `ExecuteScalar` aus:

```
identityComm.ExecuteScalar()
```

HINWEIS

SELECT @@IDENTITY muss für dieselbe Datenbankverbindung ausgeführt werden, für die auch das INSERT-Kommando ausgeführt wurde. Der SQL Server liefert auch dann den korrekten Wert, wenn in die betreffende Tabelle mittlerweile über eine andere Verbindung weitere Datensätze eingefügt wurden.

Falls Sie mit Transaktionen arbeiten, muss SELECT @@IDENTITY innerhalb der laufenden Transaktion ausgeführt werden. Wenn Ihre Datenbank Trigger einsetzt oder wenn Sie mit Stored Procedures arbeiten, müssen Sie statt @@IDENTITY die Funktionen SCOPE_IDENTITY oder IDENT_CURRENT auswerten (siehe Abschnitt 25.4).

Tipps zum Einfügen verknüpfter Datensätze in eine Datenbank finden Sie in den Abschnitten 27.1 (für gewöhnliche ID-Spalten) und 27.3 (für GUID-Spalten).

SqlXmlCommand

Die Methode ExecuteXmlReader unterstützt nur einen Teil der XML-Funktionen des SQL Servers und hat außerdem einige bekannte Mängel. Einer besteht darin, dass dem resultierenden XmlReader-Objekt ein root-Tag fehlt, weswegen ReadOuterXml immer nur einen Datensatz liefert (siehe auch den oben abgedruckten Code zur Auswertung der Daten).

Mehr Flexibilität bei der Nutzung der XML-Funktionen bieten die Klassen der Bibliothek Microsoft.Data.Xml. Diese Bibliothek ist nicht Teil des .NET Frameworks! Vielmehr wird die Bibliothek zusammen mit dem SQL Server installiert (üblicherweise in das Verzeichnis *C:\Programme\SQLXML 4.0*). Sie müssen eine Referenz auf die Bibliothek einrichten.

Die zusätzlichen Funktionen erkaufen Sie sich durch den Nachteil, dass die Klassen dieser Bibliothek unbegreiflicherweise nicht in der Lage sind, eine vorhandene Verbindung zur Datenbank zu nutzen. Vielmehr müssen Sie beim Erzeugen neuer Objekte eine Verbindungszeichenkette in der OLEDB-Syntax angeben. Es fehlt hier der Platz, detailliert auf die SqlXml-Klassen einzugehen. Stattdessen geben die folgenden Zeilen ein Beispiel für die Anwendung von *SqlXmlCommand*. Mit der Eigenschaft com.*RootTag* stellen Sie ein, welchen Namen das root-Tag des XML-Ergebnisses haben soll.

```
' Beispiel ADO.NET-classes\command-intro\MainWindow.xaml.vb
Dim com As New SqlXmlCommand( _
  "Provider=SQLOLEDB;Server=.\sqlexpress;database=mylibrary;Integrated Security=SSPI")
Dim reader As System.Xml.XmlReader
com.CommandText = "SELECT * FROM titles ORDER BY title FOR XML AUTO"
com.RootTag = "titles"
reader = com.ExecuteXmlReader()
reader.MoveToContent()
' reader.ReadOuterXml() liefert eine XML-Zeichenkette mit allen Ergebnisdatensätzen
```

Mehrere Kommandos auf einmal ausführen

Die SQL-Zeichenkette darf mehrere durch Strichpunkte getrennte Kommandos enthalten. In diesem Fall führt der SQL Server alle Kommandos der Reihe nach aus. Beachten Sie aber, dass nicht alle ADO.NET-Provider diese Möglichkeit bieten. Insbesondere ist dies in SqlCeCommands für die SQL Server Compact Edition nicht zulässig!

SQL-Kommandos mit Parametern ausführen

Alle bisherigen Beispiele wurden ohne Parameter ausgeführt, d.h., der im SqlCommand-Objekt angegebene SQL-Code war bereits komplett. Parameter sind dann zweckmäßig, wenn Sie ein Kommando mehrfach hintereinander ausführen und dabei nur einen Parameter verändern möchten oder wenn die Übergabe der Daten syntaktisch kompliziert ist: Wissen Sie auswendig, in welcher Syntax Sie Daten und Zeiten an den SQL Server übergeben müssen? Wie Sie binäre Daten angeben? Wie Sie mit Zeichenketten umgehen, die selbst die Zeichen › oder » enthalten? Wie Sie NULL übergeben?

Sie ersparen sich die Suche im SQL-Handbuch, wenn Sie das SQL-Kommando mit einem Parameter formulieren und den betreffenden Wert in Form eines *SqlParameter*-Objekts angeben. Parameter werden innerhalb des SQL-Kommandos durch @name gekennzeichnet. (Beachten Sie, dass die Parametersyntax innerhalb des SQL-Codes vom .NET-Datenbankprovider abhängig ist! Beim ODBC-Treiber müssen Sie statt @name das Zeichen ? verwenden.)

Anschließend müssen Sie für jeden Parameter ein SqlParameter-Objekt erzeugen und dessen Value-Eigenschaft einstellen. Bei Kommandos, die nur ein einziges Mal ausgeführt werden sollen, sieht die einfachste Vorgehensweise so aus:

```
Dim com As New SqlCommand( _
  "INSERT INTO titles (title, publdate) VALUES (@title, @date)", conn)
com.Parameters.Add("@title", Data.SqlDbType.NVarChar).Value = "test"
com.Parameters.Add("@date", Data.SqlDbType.DateTime).Value = Now
n = com.ExecuteNonQuery()
```

Wenn das Kommando mehrere Male ausgeführt werden soll, müssen Sie die SqlParameter-Objekte in Variablen speichern:

```
Dim i As Integer
Dim com As New SqlCommand( _
  "INSERT INTO titles (title, publdate) VALUES (@title, @date)", conn)
Dim titlepara, datepara As SqlParameter
titlepara = com.Parameters.Add("@title", Data.SqlDbType.NVarChar)
datepara = com.Parameters.Add("@date", Data.SqlDbType.DateTime)
For i = 1 To 3
  titlepara.Value = "test " + i.ToString
  datepara.Value = Now
  com.ExecuteNonQuery()
Next
```

Selbstverständlich können Sie jede Art von SQL-Kommando mit Parametern ausführen, also auch DELETE- oder SELECT-Kommandos. Bevor Sie das Kommando zum ersten Mal durch ExecuteXxx ausführen, können Sie com.*Prepare*() ausführen. Der SQL Server bereitet das Kommando dann für die weitere Ausführung vor, was bei einem mehrfachen Aufruf von ExecuteXxx einen kleinen Geschwindigkeitsvorteil mit sich bringen kann. Prepare setzt allerdings voraus, dass Sie bei allen Parametern mit variabler Länge (z.B. beim Datentyp NVarChar) die maximale Länge angeben:

```
... wie bisher
titlepara = com.Parameters.Add("@title", Data.SqlDbType.NVarChar, 100)
datepara = com.Parameters.Add("@date", Data.SqlDbType.DateTime)
com.Prepare()
```

Parameter und NULL

Damit Parameter `NULL` verarbeiten können, muss die Eigenschaft *IsNullable* auf `True` gesetzt werden. (Diese Eigenschaft hat nichts mit `Nullable(Of werttyp)` zu tun!)

```
datepara.IsNullable = True
```

Wenn Sie an den Parameter nun tatsächlich den Wert `NULL` übergeben möchten, weisen Sie der `Value`-Eigenschaft `DBNull.Value` zu (nicht `Nothing`!):

```
datepara.Value = DBNull.Value
```

25.6 SqlDataReader (SELECT-Ergebnisse lesen)

Mit einem *SqlDataReader*-Objekt können Sie die Ergebnisse einer `SELECT`-Abfrage einmal der Reihe nach auslesen. Es ist nicht möglich, in beliebiger Reihenfolge oder wiederholt auf die Ergebnisdatensätze zuzugreifen. Ebenso wenig können Sie die Daten ändern. Zu guter Letzt fehlt eine `Count`-Eigenschaft; um die Anzahl der Ergebnisdatensätze zu ermitteln, müssen Sie beim Auslesen mitlesen. Wenn Sie mehr Komfort wünschen, müssen Sie mit `DataSets` arbeiten. Falls Sie früher mit ADO gearbeitet haben: Der `SqlDataReader` hat große Ähnlichkeiten mit einem `Recordset`-Objekt mit den Eigenschaften `forward-only`, `read-only` und `server side cursor`.

Die Ergebnisdatensätze verbleiben auf dem Datenbankserver und werden erst bei Bedarf zu Ihrem Programm übertragen. Der `SqlDataReader` beansprucht auch bei riesigen `SELECT`-Ergebnissen nur wenig Speicherplatz; allerdings muss der SQL Server die Daten vorrätig halten, bis Sie das `SqlDataReader`-Objekt explizit schließen oder es automatisch durch eine `Garbage Collection` aus dem Speicher entfernt wird. Führen Sie `Close` aus, sobald Sie mit dem Auslesen der Daten fertig sind!

Um einen `SqlDataReader` zu erzeugen, führen Sie die Methode `ExecuteReader` für ein `SqlCommand`-Objekt aus. Anschließend lesen Sie die Datensätze zeilenweise durch `Read` aus. Diese Methode liefert `True` oder `False`, je nachdem, ob noch ein Datensatz gefunden wurde oder ob bereits das Ende der Datensatzliste erreicht ist.

Der Zugriff auf die Spalten des gerade aktuellen Datensatzes erfolgt durch `reader!spaltenname`. (Das ist die Kurzschreibweise für `reader.Items("spaltenname")`.) Als Ergebnis erhalten Sie `Object`-Daten. Falls Sie in Ihrem Projekt `Option Strict` verwenden, müssen Sie die Ergebnisse mit `CStr`, `CInt` etc. in das gewünschte Datenformat umwandeln. Alternativ können Sie den aktuellen Datensatz auch mit `reader.GetByte(n)`, `-.GetDateTime(n)`, `-.GetInt32(n)` etc. lesen. Dabei ist `n` die Spaltennummer (0 für die erste Spalte).

Bei Zuweisungen von `SELECT`-Ergebnissen (z.B. `stringvar = CStr(reader!spaltenname)`) müssen Sie immer auch den Fall berücksichtigen, dass eine Spalte `NULL` enthält. `reader!spaltenname` liefert dann den Wert `DBNull.Value`. Visual Basic ist nicht in der Lage, diesen Wert einer Variablen zuzuweisen (egal ob `Nullable` oder nicht, siehe auch Abschnitt 27.8). Es bestehen verschiedene Möglichkeiten, `NULL` festzustellen:

```
If Convert.IsDBNull(reader!spaltenname) Then ...
If reader!spaltenname Is DBNull.Value Then ...
If reader.IsDBNull(n) Then ...
```

Die folgenden Zeilen lesen aus der `titles`-Tabelle alle Buchtitel sowie deren Veröffentlichungsdatum. Die Ergebnisse werden zeilenweise ausgelesen, mit einem `StringWriter`-Objekt zu einer Zeichenkette zusammengesetzt und schließlich angezeigt.

```
' Beispiel ADO.NET-classes\command-intro\MainWindow.xaml.vb
Dim result As New System.IO.StringWriter
Dim com As New SqlCommand("SELECT title, publDate FROM titles ORDER BY title", conn)
Dim reader As SqlDataReader
reader = com.ExecuteReader()
While reader.Read()
  If reader!publDate Is DBNull.Value Then
    result.WriteLine("{0}", reader!title)
  Else
    result.WriteLine("{0} ({1})", reader!title, reader!publDate)
  End If
End While
reader.Close()
MsgBox("Die Tabelle titles enthält die folgenden Titel: " + _
       vbCrLf + vbCrLf + result.ToString())
```

Mehrere SqlDataReader parallel benutzen (MARS)

ADO.NET in Kombination mit dem SQL Server 2008 unterstützt `Multiple Active Result Sets`, kurz `MARS`. Das bedeutet, dass Sie mehrere `SqlDataReader` parallel benutzen und während des Auslesens auch andere SQL-Kommandos ausführen können. Um `MARS` zu nutzen, müssen Sie in der Verbindungszeichenkette `MultipleActiveResultSets = True` einbauen.

Bei ADO.NET 1.0/1.1, bzw. wenn Sie mit älteren SQL Server-Versionen arbeiten (2000 und früher), kann pro Verbindung (`Connection`) nur ein `SqlDataReader` aktiv sein. Erst wenn alle Ergebnisse des `SqlDataReaders` ausgelesen sind, kann ein neuer `SqlDataReader` benutzt oder ein anderes SQL-Kommando ausgeführt werden! Diese Einschränkung können Sie umgehen, indem Sie eine zweite Verbindung zum SQL Server einrichten.

Metadaten zum SELECT-Ergebnis

Mit den `SqlDataReader`-Methoden *GetName*(n) und *GetDataTypeName*(n) können Sie zu jeder Spalte den Spaltennamen und den Datentyp ermitteln. Wenn Sie wissen möchten, ob die Abfrage überhaupt

Ergebnisse geliefert hat, werten Sie die Eigenschaft *HasRows* aus. *FieldCount* liefert die Anzahl der Spalten des Ergebnisses. Wie wir bereits erwähnt haben, gibt es aber keine Eigenschaft oder Methode, um die Anzahl der Ergebnisdatensätze festzustellen.

Wenn Sie genauere Informationen zu den einzelnen Spalten benötigen, führen Sie *ExecuteReader* mit dem optionalen Parameter *KeyInfo* aus (damit die Metadaten gesammelt werden) und erzeugen dann mit *GetSchemaTable* eine `DataTable`, die alle erdenklichen Daten zu allen Spalten enthält. Jede Zeile der `DataTable` beschreibt eine Spalte des `SELECT`-Ergebnisses. Jede Spalte der `DataTable` ist vordefiniert (siehe die Online-Hilfe zu `GetSchemaTable`). Beispielsweise liefert `row!ColumnName` den Namen der Spalte des `SELECT`-Ergebnisses, `row!ColumnSize` die maximale Größe etc. Wenn Sie alle Daten ermitteln möchten, führen Sie einfach wie im folgenden Beispiel eine Schleife über alle `DataTable`-Spalten aus (`For Each col ...`). Abbildung 25.5 zeigt das Ergebnis dieser Schleife.

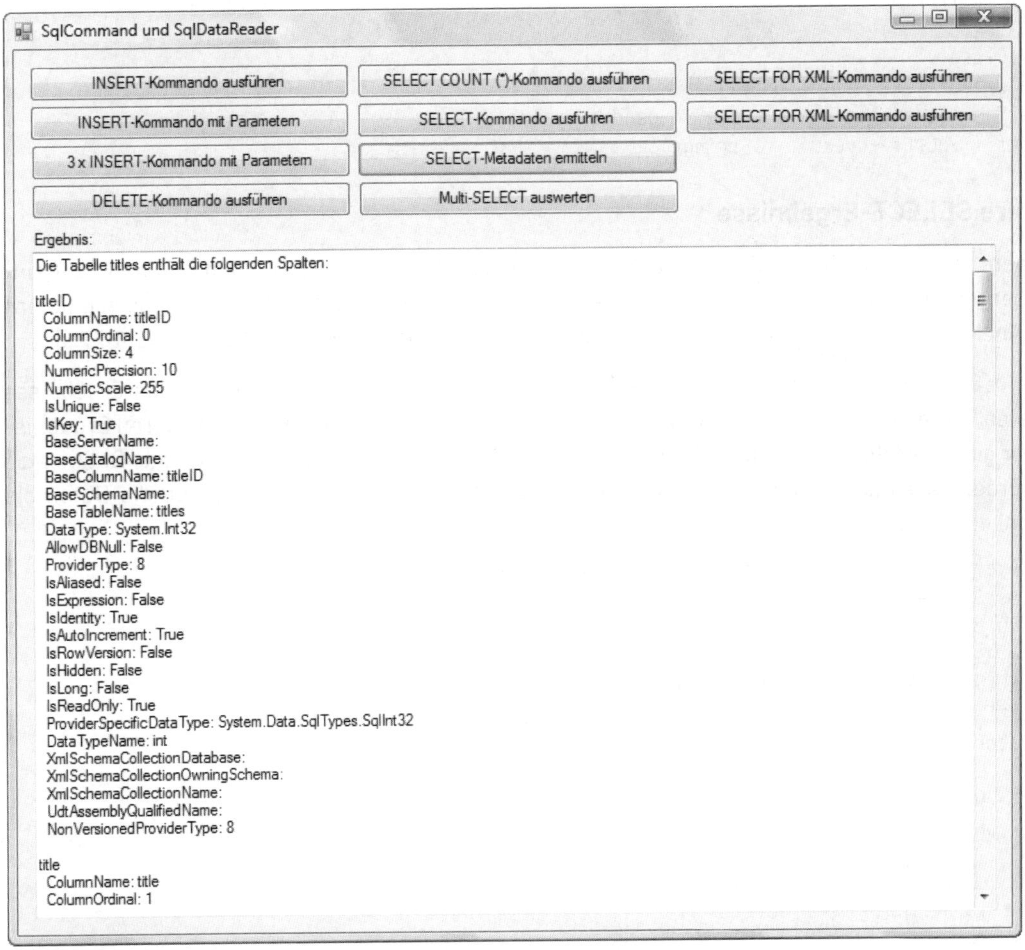

Abbildung 25.5: Metadaten zur Abfrage SELECT * FROM titles

```
' Beispiel ADO.NET-classes\command-intro\MainWindow.xaml.vb
Dim result As New System.IO.StringWriter
Dim com As New SqlCommand("SELECT * FROM titles ORDER BY title", conn)
Dim reader As SqlDataReader
Dim schema As DataTable
Dim col As DataColumn
Dim row As DataRow
reader = com.ExecuteReader(Data.CommandBehavior.KeyInfo)
schema = reader.GetSchemaTable()
For Each row In schema.Rows
  result.WriteLine("{0}", row!ColumnName)
  For Each col In schema.Columns
    result.WriteLine("  {0}: {1}", col.ColumnName, row(col.ColumnName))
  Next
  result.WriteLine()
Next
reader.Close()
ResultTextBox.Text = _
  "Die Tabelle titles enthält die folgenden Spalten: " + _
  vbCrLf + vbCrLf + result.ToString()
```

Mehrere SELECT-Ergebnisse

Mit einem SqlCommand können Sie mehrere durch Strichpunkte getrennte SQL-Kommandos auf einmal übergeben. Das hat zur Folge, dass ein einziges SqlCommand mehrere SELECT-Ergebnisse liefern kann. Auch Stored Procedures können mehrere SELECT-Ergebnisse liefern (siehe Abschnitt 27.5).

Der SqlDataReader gibt standardmäßig nur Zugriff auf das erste Ergebnis. Die weiteren Ergebnisse aktivieren Sie mit der Methode *NextResult*. Sie liefert False zurück, wenn es keine weiteren Ergebnisse mehr gibt. Die folgenden Zeilen bilden eine Schleife über alle Ergebnisse (Do), über alle Datensätze jedes Ergebnisses (While) und über alle Spalten jedes Datensatzes (For) und geben die Daten als Zeichenkette aus.

```
' Beispiel ADO.NET-classes\command-intro\MainWindow.xaml.vb
Dim i As Integer
Dim result As New System.IO.StringWriter
Dim com As New SqlCommand( _
  "SELECT * FROM publishers ORDER BY publName;" & _
  "SELECT * FROM languages;SELECT * FROM titles", conn)
Dim reader As SqlDataReader = com.ExecuteReader()
Do
  result.WriteLine("------------")
  While reader.Read()
    For i = 0 To reader.FieldCount - 1
      If reader.IsDBNull(i) Then
        result.Write("NULL  ")
      Else
        result.Write("{0}  ", reader.GetValue(i))
```

```
      End If
    Next
    result.WriteLine()
  End While
Loop While reader.NextResult()
reader.Close()
MsgBox(result.ToString())
```

25.7 SqlDataAdapter und SqlCommandBuilder (Verbindung zum DataSet)

SqlDataAdapter

Der `SqlDataAdapter` stellt die Verbindung zwischen Datenbank und `DataSet` her bzw. konkreter gesagt zwischen SQL-Abfragen (als Zeichenkette oder als `SqlCommand`-Objekt) und den provider-unabhängigen `DataTable`-Objekten, die meist innerhalb eines `DataSets` verwaltet werden. Diese Verbindung gilt für beide Richtungen:

» Wenn Sie die Ergebnisse eines `SELECT`-Kommandos als `DataTable` verarbeiten möchten, benötigen Sie zum Datentransfer in die `DataTable` einen `SqlDataAdapter`. Das `DataTable`-Objekt ist zumeist ein Bestandteil innerhalb eines `DataSets`, es kann aber auch als selbstständiges Objekt eingesetzt werden.

» Wenn Sie in der `DataTable` Änderungen an den Daten vornehmen und diese bleibend in der Datenbank speichern möchten, ist auch hierfür der `SqlDataAdapter` verantwortlich. Das Objekt generiert passende `INSERT`-, `UPDATE`- und `DELETE`-Kommandos selbst.

  Beachten Sie aber, dass dabei einige Einschränkungen gelten: Datenänderungen können nur dann mit der Datenbank synchronisiert werden, wenn die zugrunde liegende `SELECT`-Abfrage das Primärschlüsselfeld der Tabelle enthält und wenn die Abfrage nur Daten einer Tabelle umfasst (keine `JOINs`). Sind diese Voraussetzungen nicht erfüllt, können Sie die `INSERT`-, `UPDATE`- und `DELETE`-Kommandos, die zur Synchronisierung verwendet werden sollen, selbst definieren. Dabei können Sie sogar auf `Stored Procedures` zurückgreifen. Der `SqlDataAdapter` bietet also eine Menge Flexibilität!

Die folgenden Zeilen zeigen eine Anwendung eines `SqlDataAdapters` (der Einfachheit halber ohne `DataSet`). Der `SqlDataAdapter` wird für das Kommando `SELECT * FROM titles ORDER BY title` und eine bereits bestehende Datenbankverbindung erzeugt. Mit *`Fill`* werden die Abfrageergebnisse in eine `DataTable` übertragen. Die Methode liefert die Anzahl der übertragenen Datensätze zurück. In vielen Programmen wird aber auf die Auswertung dieser Information verzichtet. (`dt.Rows.Count` liefert dieselbe Information.)

```
' Beispiel ADO.NET-classes\datatable-intro\MainWindow.xaml.vb
Dim da As New SqlDataAdapter("SELECT * FROM titles ORDER BY title", conn)
Dim dt As New DataTable
```

```
' DataTable füllen und Inhalt anzeigen
da.Fill(dt)
MsgBox(DataTableContent(dt))
```

Die Methode `DataTableConent` liest alle Zeilen und Spalten der `DataTable` und gibt eine Zeichenkette zurück.

```
Private Function DataTableContent(ByVal dt As DataTable) As String
        Dim sw As New IO.StringWriter
        Dim row As DataRow
        Dim n As Integer

        For Each row In dt.Rows
            For n = 0 To dt.Columns.Count - 1
                If row.Item(n) Is DBNull.Value Then
                    sw.Write("NULL ")
                Else
                    sw.Write(row.Item(n).ToString + vbTab)
                End If
            Next
            sw.WriteLine()
        Next
        Return sw.ToString()
    End Function
```

Mehr Details zu den Eigenschaften und Methoden des `SqlDataAdapters` sowie weitere Beispiele folgen in Abschnitt 26.2. Werfen Sie auch einen Blick in Kapitel 28, das den von der Entwicklungsumgebung (`Visual Data Tools`) generierten Code für `DataAdapter` und typisierte `DataSets` beschreibt.

SqlCommandBuilder

Der folgende Code zum Einfügen einer neuen Zeile in die `DataTable` greift auf verschiedene `DataTable`-Methoden zurück. (Details zur `DataTable`-Klasse folgen in Abschnitt 26.2.)

```
'neuen Datensatz hinzufügen
Dim newrow As DataRow
newrow = dt.NewRow()
newrow!title = "test"
dt.Rows.Add(newrow)
```

Anschließend geht es darum, diese Änderungen in der zugrunde liegenden Datenbank zu speichern. Jetzt kommt wieder der `SqlDataAdapter` ins Spiel. Wenn Sie die für das Update erforderlichen SQL-Kommandos nicht selbst angeben möchten, nehmen Sie einen sogenannten *`SqlCommandBuilder`* zu Hilfe. Dieses Objekt erzeugt bei Bedarf die für das Update erforderlichen SQL-Kommandos. Das gelingt allerdings nur, wenn die zugrunde liegenden Daten relativ einfach strukturiert sind und die Primärschlüsselspalte enthalten. `da.Update(dt)` führt das Update schließlich durch.

```
'Änderungen speichern
Dim cb As New SqlCommandBuilder(da)
da.Update(dt)
```

Weitere Informationen zum Ändern von Daten in `DataTables` und zum Speichern dieser Änderungen in der Datenbank gibt Abschnitt 26.5. Eine Erklärung, wie die vom `SqlCommandBuilder` erzeugten Kommandos funktionieren und wie Sie bei Bedarf statt der automatisch generierten Kommandos eigene verwenden können, finden Sie in Abschnitt 27.4.

26 Datasets

Die DataSet-Klasse ist der Ausgangspunkt und Container, um verschiedene andere DataXxx-Objekte zu einer selbstständigen Datenbank zu verbinden. Zusammen mit den Klassen DataTable, DataRelation, DataConstraint etc. kann ein DataSet ein ganzes Minidatenbanksystem nachbilden.

Die Eleganz des DataSet-Modells und der große Vorteil im Vergleich zu anderen Datenbankbibliotheken (DAO, RDO, ADO etc.) besteht darin, dass die Verarbeitung der Daten vollkommen losgelöst von der Datenquelle erfolgt. Sobald die Daten einmal in das DataSet gekommen sind, ist es für die weitere Verarbeitung egal, ob sich die Daten ursprünglich in einer SQL Server-, Oracle- oder MySQL-Datenbank befanden oder vielleicht aus einer einfachen Text- oder XML-Datei gelesen wurden.

In diesem Kapitel lernen Sie die wichtigsten Klassen rund um das DataSet kennen. Zahlreiche Beispiele illustrieren die Anwendung dieser Klassen und das Zusammenspiel mit den Klassen des SqlClient-Providers.

Einen Überblick über die wichtigsten ADO.NET-Klassen gibt Abbildung 25.1 auf Seite 975. Diese Abbildung illustriert auch den Zusammenhang zwischen den Provider-Klassen (`Connection`, `Command`, `DataReader` etc.) und den `DataSet`-Klassen.

26.1 DataSet (lokale Bearbeitung von Daten)

`DataSets` lassen sich sehr vielfältig einsetzen. In der Praxis kommen drei Anwendungsszenarien besonders häufig vor:

» Das `DataSet` wird zur bequemen `Read-Only`-Verarbeitung von Daten verwendet, die aus einer realen Datenbank stammen. Oft bedeutet `Verarbeitung` auch einfach nur die Anzeige der Daten in diversen Windows- oder Web-Steuerelementen, die allesamt `DataSet`-Objekte als Datenquelle erfordern.

» Das `DataSet` wird auch zur Veränderung der Daten verwendet. Da die Daten im `DataSet` von der zugrunde liegenden Datenbank losgelöst sind (`disconnected`), ist die richtige Synchronisierung von `DataSet` und Datenbank kritisch. Tatsächlich werden Sie hier oft auf Probleme stoßen, weswegen wir schon an dieser Stelle davor warnen, dem Microsoft-Marketing in diesem Punkt allzu großen Glauben zu schenken. `DataSets` sind ungemein leistungsfähig, aber reale Datenbankanwendungen sind meist komplexer als das theoretische `DataSet`-Konzept.

» Das `DataSet` wird ohne ein zugrunde liegendes Datenbanksystem eingesetzt, um lokale Daten zu verwalten (siehe Abschnitt 26.9).

Wenn in diesem Kapitel von einem `DataSet` die Rede ist, ist damit zumeist nicht ein einzelnes `DataSet`-Objekt gemeint, das für sich wenig Funktionen bietet. Vielmehr ist eine ganze Gruppe von Objekten gemeint, die über ein `DataSet` zusammengehalten werden. Die einzelnen Objekte werden in den folgenden Abschnitten näher vorgestellt. Dort finden Sie auch Beispielcode.

Szenarien für DataSet-Anwendungen

Innerhalb des `DataSets` können Sie viele Operationen durchführen, die Sie sonst üblicherweise durch SQL-Kommandos ausführen würden: Sie können in einer Tabelle Daten suchen, Datensätze neu sortieren und filtern, ja sogar Tabellen miteinander verknüpfen etc. Das macht `DataSets` besonders für Programmierer ohne SQL-Kenntnisse interessant: Sie können die Abfragelogik von der SQL-Abfrage in die Objekte des `DataSets` verlagern.

Nur weil `DataSets` diese Möglichkeiten geben, ist es aber nicht immer zweckmäßig, sie auch einzusetzen! Es ist eine grundsätzliche Designentscheidung, ob Sie die Datenbankoperationen lieber lokal im `DataSet` oder extern (durch den Datenbankserver) durchführen. Welches Verfahren effizienter ist, hängt stark vom Szenario Ihrer Anwendung ab.

Eine lokale Bearbeitung im `DataSet` hat den Vorteil, dass (sobald die zugrunde liegenden Daten einmal im `DataSet` sind) alle weiteren Operationen unabhängig vom Server durchgeführt werden können, d.h. in der Regel extrem schnell. Sowohl der Server als auch die Netzwerkverbindung zum Server werden dadurch entlastet.

Dem steht der Nachteil gegenüber, dass vielen Datenbankoperationen große Datenmengen zugrunde liegen. Deren Transport zum `DataSet` ist zeitaufwendig und lohnt sich nur, wenn die Daten längere Zeit weder verändert noch aktualisiert werden müssen. Datenänderungen im `DataSet` sind möglich, die Speicherung dieser Änderungen in der Datenbank ist aber oft umständlich und mit Einschränkungen verbunden.

Setzen Sie `DataSets` ein, wenn relativ kleine Datenmengen bearbeitet werden sollen, wenn eine Offline-Bearbeitung der Daten über längere Zeit möglich ist (also ohne neuerliche Verbindung zum Datenbankserver) und wenn die Daten überwiegend read-only verarbeitet werden sollen.

Beispielprogramm

Das Beispielprogramm *ADO.NET-classes\dataset-intro* zu diesem und den folgenden Abschnitten hat rein demonstrativen Charakter. Beim Start öffnet es eine Verbindung zum Datenbankserver und initialisiert zwei `DataTables` mit dem Inhalt der Tabellen `titles` und `publishers` aus der `mylibrary`-Datenbank. Der Zugriff auf die beiden Tabellen erfolgt durch die Variablen `titlesDt` und `publishersDt`. Über diverse Buttons können Sie nun den Inhalt und die Metadaten (Spalteneigenschaften) der beiden Tabellen ansehen, Datensätze in der `titles`-Tabelle verändern und diese Änderungen speichern, den Inhalt des gesamten `DataSets` im XML-Format ansehen etc.

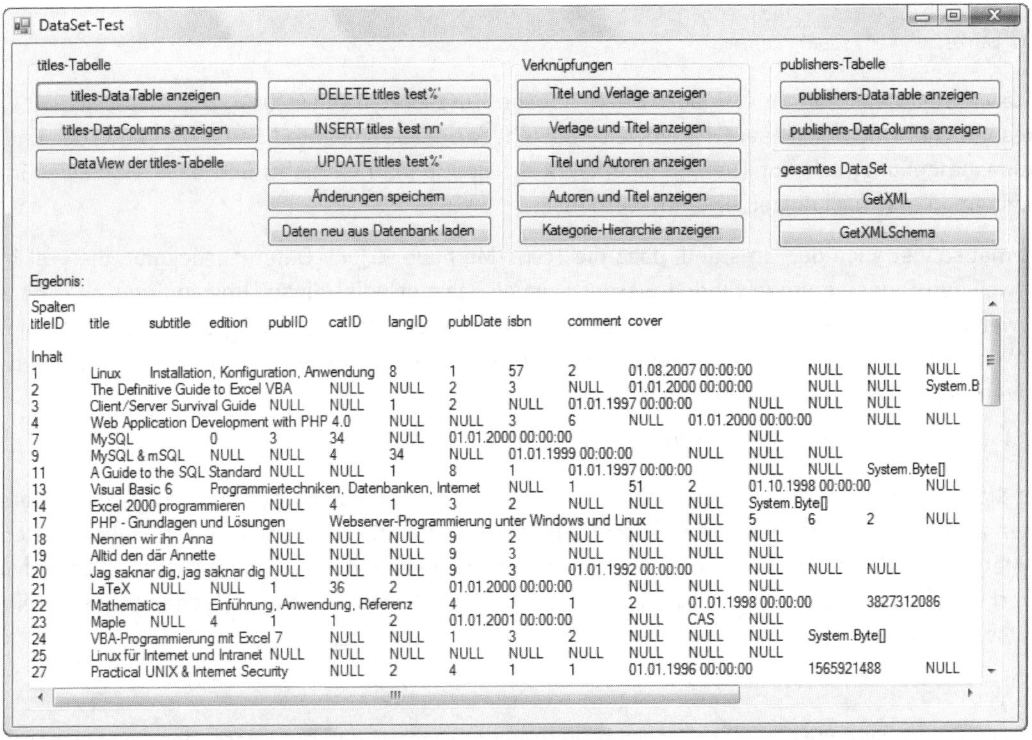

Abbildung 26.1: DataSet-Beispielprogramm

DataSets verwenden

Die Leistungsfähigkeit eines `DataSets` ist nicht durch dessen Eigenschaften oder Methoden begründet, sondern durch das Zusammenspiel der über das `DataSet` verwalteten Objekte. Daher fällt die allgemeine Beschreibung der `DataSet`-Klasse sehr kurz aus. Mehr Details folgen in den weiteren Abschnitten, wo es um die untergeordneten `DataSet`-Klassen geht.

Konstruktor: Ein neues `DataSet`-Objekt wird zumeist einfach durch `New DataSet()` erzeugt. Wenn Sie dem `DataSet` einen Namen geben möchten, geben Sie diesen als Parameter im Konstruktor an. Der Name wird unter anderem beim XML-Export der `DataSet`-Daten verwendet.

```
Dim ds As New DataSet("mydataset")
```

Datenbankobjekte: Die beiden Eigenschaften `Tables` und `Relations` verweisen auf die im `DataSet` enthaltenen Tabellen (`DataTable`-Objekte) und deren Verknüpfungen (`DataRelation`-Objekte). Aus diesen Objekten erschließen sich alle weiteren Objekte zur Beschreibung der Daten.

Typisierte DataSets

Der Zugriff auf Datenbankobjekte im `DataSet` erfolgt normalerweise wenig elegant wie in den folgenden Zeilen:

```
mytable = myset.Tables("tabellenname")
id = mytable.Rows(n)!spaltenname
```

`!spaltenname` ist dabei die unter Visual Basic übliche Kurzschreibweise für `.Item("spaltenname")`. Ein wesentlicher Nachteil dieser Schreibweise besteht darin, dass die IntelliSense-Funktion der Entwicklungsumgebung nicht funktioniert (sie kennt die Spaltennamen nicht) und dass Tippfehler im Spaltennamen erst zur Laufzeit erkannt werden.

Problematisch ist auch der Umstand, dass die `Items`-Methode `Object`-Daten zurückgibt, die erst in den jeweiligen Datentyp umgewandelt werden. Visual Basic erledigt diese Umwandlung zwar normalerweise automatisch, aber es ist aus dem Code oft nicht ersichtlich, welche Datentypen im Spiel sind. Wenn Sie mit `Option Strict` arbeiten, müssen Sie Funktionen wie `CInt`, `CDateTime` oder `CType` einsetzen, was den Code unübersichtlich macht.

```
id = CInt(mytable.Rows(n)!spaltenname)
```

Wesentlich eleganter ist es, statt der originalen `DataSet`- und `DataTable`-Klassen davon abgeleitete Klassen zu verwenden, bei denen der Zugriff auf Tabellen, Spalten etc. direkt durch Eigenschaften oder Methoden erfolgt. Das hat den Vorteil, dass diese Eigenschaften gleich im richtigen Datentyp definiert sind (daher die Bezeichnung `typisiert`). Der Logik dieses Beispiels folgend hätte `spaltenname` also den Typ `Integer`.

```
id = mytable.Rows(n).spaltenname
```

Typisierte `DataSets` vereinfachen die Programmierung *und* machen den resultierenden Code sicherer. Dem steht freilich der Nachteil gegenüber, dass zuerst einmal die Klassen für typisierte `DataSets` programmiert werden müssen. Das verursacht eine Menge Arbeit, die langweilig und fehlerträchtig ist. Erfreulicherweise kann Ihnen Visual Studio diese Arbeit abnehmen (siehe Kapitel 28). Weniger erfreulich sind die dabei entstehenden Codemengen (Tausende Zeilen Code). Der Code funktioniert wie eine Blackbox; Änderungen sind kaum möglich, und wenn im Code ein Fehler auftritt, ist guter Rat teuer.

26.2 DataTable (Listen/Tabellen im DataSet)

DataTable mit Daten füllen

Die *DataTable*-Klasse hilft dabei, eine Tabelle bzw. ein `SELECT`-Ergebnis im Speicher abzubilden. Ist ein `DataTable`-Objekt einmal gefüllt, können Sie die enthaltenen Daten auf vielerlei Weise auslesen, ändern und bei Bedarf die Änderungen in der zugrunde liegenden Datenbank wieder speichern.

Es gibt eine ganze Menge Varianten, um `SELECT`-Ergebnisse in eine `DataTable` zu übertragen. Die übliche Vorgehensweise ist in den folgenden Zeilen zusammengefasst. Sie erzeugen zuerst ein `SqlDataAdapter`-Objekt, wobei Sie das gewünschte Kommando und die Verbindung angeben. (Dieses und alle weiteren Beispiele gehen davon aus, dass `ds` ein `DataSet`-Objekt und `conn` ein `SqlConnection`-Objekt ist.)

Durch *Fill*`(ds, "name")` erzeugen Sie ein neues `DataTable`-Objekt innerhalb des angegebenen `DataSets`. Wenn die Verbindung nicht offen ist, wird sie durch `Fill` kurzzeitig geöffnet und dann wieder geschlossen. Damit Sie die `DataTable` über eine Variable ansprechen können, wird in `dt` eine Referenz auf `ds.Tables("titles")` gespeichert.

```
Dim ds As New DataSet("mydataset")
Dim da As SqlDataAdapter
Dim dt As DataTable
da = New SqlDataAdapter("SELECT * FROM titles", conn)
da.Fill(ds, "titles")
dt = ds.Tables("titles")
```

Eine alternative Vorgehensweise besteht darin, die `DataTable` zuerst durch `ds.Tables.Add` zu erzeugen und dieses Objekt dann beim Aufruf von `Fill` direkt als Parameter anzugeben. Die Wirkung ist dieselbe, der Code ist aber vielleicht ein wenig klarer.

```
dt = ds.Tables.Add("titles")
da.Fill(dt)
```

Wenn in die `DataTable` nicht nur Daten, sondern auch Spalteneigenschaften übertragen werden sollen, stellen Sie vor `Fill` die Eigenschaft *MissingSchemaAction* auf `AddWithKey`.

```
dt = ds.Tables.Add("titles")
da.MissingSchemaAction = MissingSchemaAction.AddWithKey
da.Fill(dt)
```

Sie können dem SqlDataAdapter auch ein SqlCommand-Objekt übergeben, um dessen Resultate in die DataTable zu übertragen:

```
Dim com As New SqlCommand("SELECT * FROM titles", conn)
Dim da As New SqlDataAdapter(com)
Dim dt As DataTable = ds.Tables.Add("titles")
da.Fill(dt)
```

Eine weitere Variante bietet die Methode *Load* der DataSet-Klasse. An die Methode wird ein SqlDataReader übergeben. Der Vorteil im Vergleich zu Fill besteht darin, dass mehrere DataTables gleichzeitig initialisiert werden können, sofern der SqlDataReader mehrere SELECT-Ergebnisse liefert. Außerdem werden automatisch die Spalteneigenschaften übertragen (wie durch MissingSchemaAction = AddWithKey, siehe den folgenden Abschnitt). Dem steht allerdings ein Nachteil gegenüber: Der bzw. den neuen DataTable(s) fehlen zugeordnete SqlDataAdapter-Objekte, die zur Speicherung von Änderungen erforderlich sind. Load eignet sich damit nur für Read-Only-Daten.

```
Dim sq As New SqlCommand("SELECT * FROM titles", conn)
Dim dr As SqlDataReader = sq.ExecuteReader()
Dim dt As DataTable = ds.Tables.Add("titles")
ds.Load(dr, LoadOption.OverwriteChanges, dt)
dr.Close()
```

Hin und wieder ist es zweckmäßig, in die DataTable nur die Spalteninformationen zu übertragen, nicht aber Daten. Das ist beispielsweise der Fall, wenn Sie die DataTable nur zum Einfügen neuer Datensätze verwenden möchten. Vorhandene Datensätze sind hier nicht von Interesse, ihre Übertragung würde nur Zeit kosten. In diesem Fall verwenden Sie zur Initialisierung der DataTable die Methode *FillSchema*:

```
Dim com As New SqlCommand("SELECT * FROM titles", conn)
Dim da As New SqlDataAdapter(com)
Dim dt As DataTable = ds.Tables.Add("titles")
da.FillSchema(dt, SchemaType.Source)
```

HINWEIS

Eine DataTable ist keineswegs eine direkte Entsprechung einer Datenbanktabelle. Das gilt nur, wenn die zugrunde liegende Abfrage SELECT * FROM tabelle lautet. Die DataTable kann aber auch auf der Basis einer beliebigen Abfrage (SELECT ... FROM a, b, c ...) oder einer View mit Daten gefüllt werden oder die Ergebnisse einer Stored Procedure enthalten. Das bedeutet, dass die Spalten einer DataTable durchaus aus mehreren Datenbanktabellen stammen können.

Wenn das SQL-Kommando oder die Stored Procedure des SqlDataAdapters mehrere SELECT-Ergebnisse liefert, berücksichtigt Fill nur das erste Ergebnis. Mehrere SELECT-Ergebnisse können Sie nur durch Load verarbeiten.

Sie brauchen kein DataSet, wenn Ihr Programm nur eine einzige DataTable nutzt. In diesem Fall erzeugen Sie einfach mit New eine losgelöste DataTable. Die Verwendung eines DataSets ist nur erforderlich, wenn Sie Daten aus mehreren DataTables verbinden oder auf andere Weise gemeinsam verarbeiten möchten.

Datenübertragung einschränken

Durch `Fill` werden `alle` Ergebnisse der `SELECT`-Abfrage sofort in die `DataTable` übertragen. Wenn es sehr viele Ergebnisse gibt, kann das einige Zeit dauern. Ihr Programm ist während dieser Zeit blockiert. Bei großen Tabellen sollten Sie daher `SELECT * FROM tabelle` vermeiden und stattdessen nur die Spalten und Datensätze übertragen, die Sie wirklich benötigen (also z.B. `SELECT spalte1, spalte2 FROM tabelle WHERE bedingung`).

Sollte eine Eingrenzung der Daten im `SELECT`-Kommando durch `WHERE` nicht möglich sein, können Sie die Anzahl der vom Server in die `DataTable` übertragenen Datensätze durch zwei zusätzliche Parameter der `Fill`-Methode einschränken:

```
da.Fill(startoffset, maxanzahl, dt)
```

Die folgende Schleife zeigt, wie Sie eine `DataTable` in Gruppen zu je zehn Datensätzen füllen, diese zehn Datensätze verarbeiten, aus der `DataTable` löschen und dann die nächsten zehn Datensätze laden etc. `n` gibt an, wie viele Datensätze sich gerade in der `DataTable` befinden.

```
Const pagesize = 10
Dim n As Integer, pos As Integer = 0
Do
  n = da.Fill(pos, pagesize, dt)
  ' ... Datensätze verarbeiten
  dt.Clear()

  pos += pagesize
Loop Until n < pagesize
```

Diese Variante von `Fill` ist insbesondere dann interessant, wenn Sie Suchergebnisse seitenweise darstellen möchten. Das ist auf Webseiten oft zweckmäßig. Leider kann der SQL Server `SELECT`-Ergebnisse nur mit `TOP` einschränken und gibt dann die ersten `n` Ergebnisse zurück. Wenn Sie bei einer Seitengröße von zehn Zeilen die sechste Seite anzeigen möchten, wird SQL Server-intern `SELECT TOP 60` ausgeführt. Im Vergleich dazu liefert MySQL mit `SELECT ... LIMIT 50, 10` direkt die gewünschten Ergebnisdatensätze 50 bis 59.

DataTable aktualisieren

Es besteht keine Möglichkeit, die Datensätze in der `DataTable` zu aktualisieren. Mittlerweile in der Datenbank durchgeführte Änderungen bleiben der `DataTable` also verborgen. Wenn Sie aktuelle Daten wünschen, müssen Sie alle Datensätze zuerst durch `Clear` löschen und dann durch `Fill` neuerlich übertragen:

```
dt.Clear()
da.Fill(dt)
```

Wenn Sie auf `Clear` verzichten, hat dies zwei Konsequenzen:

» In der Datenbank gelöschte Datensätze bleiben in der `DataTable` bestehen. Die `DataTable` kann also Datensätze enthalten, die es gar nicht mehr gibt.

» Die `DataTable` enthält jede Menge Doppelgänger. Dieses Problem tritt nicht auf, wenn Sie beim `SqlDataAdapter` die Eigenschaft `MissingSchemaAction` auf `AddWithKey` gestellt haben (siehe den nächsten Abschnitt) und die Tabelle einen Primärschlüssel hat. Dann erkennt `Fill` anhand des Primärschlüssels, welche Datensätze überschrieben werden müssen.

Mehrere DataTables zusammenführen

Mit der Methode *`Merge`* können Sie die Datensätze von zwei `DataTable`s zusammenführen. Voraussetzung ist natürlich, dass beide `DataTables` dieselben Spalten aufweisen.

26.3 DataRow, DataColumn (DataTable auslesen)

Ist eine `DataTable` einmal mit Daten gefüllt, erfolgt der Zugriff auf einzelne Datensätze durch *`Rows`*`(n)`. `n` ist dabei die Nummer des Datensatzes (0 für den ersten Datensatz). Die Anzahl der Datensätze liefert `Rows.Count`.

`Rows(n)` liefert ein *`DataRow`*-Objekt zurück. Der Zugriff auf die einzelnen Spalten des Datensatzes erfolgt wahlweise durch `.Item(n)` (0 für die erste Spalte) oder durch `.Item("spaltenname")` oder in der Visual Basic-typischen Kurzschreibweise `!spaltenname`.

```
Dim id As Integer
Dim row As DataRow
row = dt.Rows(0)
id = row.Item(0)
id = row.Item("titleID")
id = row!titleID
```

`Item` bzw. `!spaltenname` liefert das Ergebnis im Datentyp `Object`. Visual Basic kümmert sich normalerweise um die automatische Konvertierung in den erforderlichen Datentyp (im obigen Beispiel `Integer`). Nur wenn Sie mit `Option Strict` arbeiten, müssen Sie die Konvertierung explizit durch die Funktionen `CInt`, `CString` etc. selbst erledigen.

HINWEIS Beim Spaltenzugriff spielt die Groß- und Kleinschreibung keine Rolle. `row!titleid` funktioniert ebenso wie `row!titleID` oder `row.Item("TitleId")`.

Wenn die Spalte `NULL`-Werte enthalten darf, müssen Sie diesen Fall gesondert behandeln. Es bestehen die vom `DataReader` schon vertrauten Möglichkeiten zur Feststellung, ob die Spalte tatsächlich `NULL` enthält. Weitere Tipps zum Umgang mit `NULL` und mit `Nullable`-Variablen finden Sie in Abschnitt 27.8!

```
If Convert.IsDBNull(row!spaltenname) Then ...
If row!spaltenname Is DBNull.Value Then ...
```

```
If row.IsNull(n) Then ...
If row.IsNull("spaltenname") Then ...
```

Um die ganze Spalte auf einmal zu lesen, können Sie die DataRow-Eigenschaft *ItemArray* zu Hilfe nehmen. Sie liefert ein Object-Feld zurück, dessen Elemente der Reihe nach die Werte aller Spalten enthalten.

Datensätze, die Sie gelöscht haben (.Rows(n).Delete()), bleiben in der DataTable als Objekt erhalten, wobei RowState den Wert DataRowState.Deleted hat. Sie können aber nicht mehr auf die Spalten des gelöschten Datensatzes zugreifen. Wenn Sie alle Datensätze einer DataTable durchlaufen möchten, ohne bei gelöschten Datensätzen Fehler auszulösen, lautet der korrekte Code so:

```
For Each row In dt.Rows
  If row.RowState And DataRowState.Deleted Then Continue For
  ... Zugriff auf die einzelnen Spalten
Next
```

Der Operator And ist hier statt des Gleichheitszeichens erforderlich, weil RowState eine Kombination mehrerer DataRowState-Werte sein kann. Vielleicht wundern Sie sich, warum Rows(n).Delete den Datensatz nicht einfach komplett aus der DataTable löscht. Der Grund: Der Datensatz wird später noch benötigt, wenn die Änderungen im DataSet mit der zugrunde liegenden Datenbank synchronisiert werden sollen. Mehr Details zum Ändern von DataSets folgen in Abschnitt 26.5.

Die folgende Funktion liefert eine Zeichenkette mit dem Inhalt aller Datensätze einer DataTable. Die Funktion ist während der Programmentwicklung ausgesprochen praktisch, um rasch einen Überblick über den Inhalt eines DataTable-Objekts zu gewinnen. Das Ergebnis dieser Funktion für die titles-DataTable sehen Sie in Abbildung 26.1 auf Seite 1007.

```
' Beispiel ADO.NET-classes\dataset-intro\MainWindow.xaml.vb
Private Function DataTableContent(ByVal dt As DataTable) As String
  ' liefert alle Spalten aller Datensätze als String
  Dim sw As New IO.StringWriter
  Dim row As DataRow
  Dim n As Integer
  sw.WriteLine("Spalten")

  For Each col In dt.Columns
    sw.Write(col.ColumnName + vbTab)
  Next
  sw.WriteLine()
  sw.WriteLine()
  sw.WriteLine("Inhalt")

  For Each row In dt.Rows
    If row.RowState And DataRowState.Deleted Then Continue For
    For n = 0 To dt.Columns.Count - 1
      If row.Item(n) Is DBNull.Value Then
        sw.Write("NULL" + vbTab)
      Else
```

```
        sw.Write(row.Item(n).ToString + vbTab)
      End If
    Next
    sw.WriteLine()
  Next
  Return sw.ToString()
End Function
```

Zugriff auf den Inhalt der DataTable durch einen DataTableReader

Die Methode `dt.`*`CreateDataReader`* liefert ein *`DataTableReader`*-Objekt, das Sie anschließend wie ein `SqlDataReader`-Objekt Zeile für Zeile auslesen können. Uns ist allerdings nicht ganz klar, welchen Sinn `CreateDataReader` hat – eine `DataTable` bietet ja viel mehr Flexibilität als ein `DataReader`. Wenn diese Flexibilität nicht benötigt wird, ist es besser, gar keine `DataTable` zu erzeugen, sondern von vornherein mit einem `SqlDataReader` zu arbeiten.

Informationen über die Spalten der DataTable (DataColumn)

Normalerweise wissen Sie beim Programmieren bereits, welche Spalten die Abfrage zurückgeben wird. Wenn das nicht der Fall ist, können Sie die Anzahl der Spalten mit `Columns.Count` ermitteln. `Columns(n)` liefert ein *`DataColumn`*-Objekt zurück, das die Spalte `n` beschreibt.

Verschiedene Eigenschaften dieses Objekts beschreiben die Spalte. Die im Folgenden abgedruckte Funktion `DataTableSchema` liefert eine Zeichenkette, die alle Spalten einer `DataTable` beschreibt. Die `DataColumn`-Eigenschaften sind darin fett hervorgehoben.

```
' Beispiel ADO.NET-classes\dataset-intro\MainWindow.xaml.vb
Private Function DataTableSchema(ByVal dt As DataTable) As String
  Dim col As DataColumn
  Dim sw As New IO.StringWriter()
  For Each col In dt.Columns
    sw.WriteLine("Spalte: {0}", col.ColumnName)
    sw.WriteLine("  DataType={0}", col.DataType.FullName)

    sw.WriteLine("  MaxLength={0}", col.MaxLength)
    sw.WriteLine("  DefaultValue={0}", col.DefaultValue)
    sw.WriteLine("  NULL ist erlaubt: {0}", col.AllowDBNull)
    sw.WriteLine("  AutoIncrement: {0}", col.AutoIncrement)
    sw.WriteLine("  AutoIncrementSeed={0}", col.AutoIncrementSeed)
    sw.WriteLine("  AutoIncrementStep={0}", col.AutoIncrementStep)

    sw.WriteLine("  Unique-Index: {0}", col.Unique)
    sw.WriteLine()
  Next
  Return sw.ToString()
End Function
```

Aus Geschwindigkeitsgründen werden durch `Fill` aber nur die Daten an sich an die `DataTable` übertragen. Aus diesem Grund enthalten vorerst nur die Eigenschaften `ColumnName` und `DataType` relevante Werte! Wenn Sie zusätzliche Metadaten wünschen, müssen Sie beim `SqlDataAdapter` vor dem Aufruf von `Fill` die Eigenschaft *`MissingSchemaAction`* auf `AddWithKey` stellen. Diese Eigenschaft steuert, wie sich der `SqlDataAdapter` verhalten soll, wenn die `DataTable` noch keine Schemadaten enthält. Die Einstellung `AddWithKey` bewirkt, dass zusammen mit den Daten auch Metadaten übertragen werden, die die Herkunftsspalten genauer beschreiben.

```
da.MissingSchemaAction = MissingSchemaAction.AddWithKey
da.Fill(dt)
```

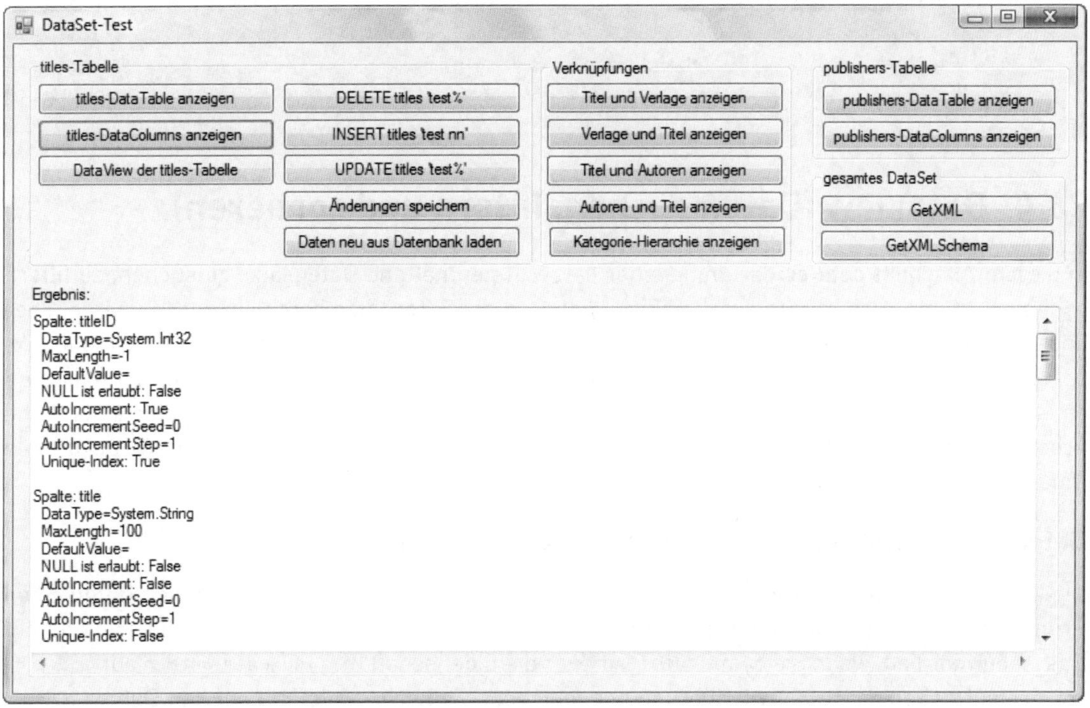

Abbildung 26.2: Metadaten zu den Spalten der titles-Tabelle

Leider ist nur lückenhaft dokumentiert, welche Metadaten übertragen werden. Nach meinen Tests werden die folgenden Eigenschaften initialisiert (siehe auch Abbildung 26.2).

- `AllowDBNull` gibt an, dass `NULL` ein zulässiger Wert in dieser Spalte ist.
- `Unique` gibt an, dass es sich um eine Primärschlüsselspalte oder um eine Spalte mit einem `UNIQUE`-Index handelt.
- `AutoIncrement` gibt an, dass im SQL Server Management Studio IDENTITÄTSSEPZIFIKATION = JA eingestellt wurde (also bei ID-Spalten).
- `MaxLength` gibt die maximale Länge von Zeichenketten an.

Nicht übertragen werden der Standardwert von Spalten (Eigenschaft DefaultValue), der AUTOINCREMENT-Startwert (Eigenschaft AutoIncrementSeed), der AUTOINCREMENT-Schrittwert (Eigenschaft AutoIncrementStep) sowie allgemeine Constraints, also beispielsweise Einschränkungen für den zulässigen Wertebereich. Die DataTable ist in der Lage, auch diese Eigenschaften zu nutzen, aber Sie müssen sie vorher selbst einstellen.

HINWEIS Wenn Sie nur an den Metadaten interessiert sind, aber keine Inhalte übertragen möchten, können Sie die SqlDataAdapter-Methode FillSchema einsetzen. Sie erzeugt ein neues DataTable-Objekt, das nur Spalteninformationen (mit .Columns-Eigenschaften wie bei AddWithKey), aber keine Daten enthält (.Rows.Count=0).

```
da = New SqlDataAdapter("SELECT * FROM titles", conn)
dt = ds.Tables.Add("titles-meta")
da.FillSchema(dt, SchemaType.Source)
```

26.4 DataView (Daten suchen, filtern und sortieren)

In diesem Abschnitt geht es darum, in einer DataTable enthaltene Datensätze zu suchen, zu filtern oder zu sortieren. Das ist nur zweckmäßig, wenn sich die Datensätze bereits in der DataTable befinden. Ist das nicht der Fall, ist es besser, ein SELECT-Kommando auszuführen und dem Datenbankserver die Suche zu überlassen. Der Vorteil: Zum einen müssen nur die tatsächlich relevanten Daten an einen DataReader oder in eine DataTable übermittelt werden, zum anderen erfolgt die eigentliche Arbeit im Datenbankserver, der genau für solche Aufgaben konzipiert wurde und gerade bei großen Datenmengen mehr Optimierungsmöglichkeiten kennt.

Datensatz anhand des Primärschlüssels suchen (Find)

Die Methode dt.Rows.*Find*(key) funktioniert nur, wenn die in der DataTable enthaltenen Daten einen Primärschlüssel haben und wenn die DataTable auch weiß, welche Spalte diesen Schlüssel enthält. Das ist nur der Fall, wenn Sie beim SqlDataAdapter die Eigenschaft MissingSchemaAction auf AddWithKey gestellt haben. Nach der Ausführung der folgenden Zeilen verweist row auf den Datensatz, bei dem der Primärschlüssel den Wert 1 hat. Gibt es keinen derartigen Datensatz, enthält row Nothing. Es wird keine Exception ausgelöst.

```
Dim row As DataRow
da.MissingSchemaAction = MissingSchemaAction.AddWithKey
da.Fill(dt)
row = dt.Rows.Find(1)
```

Bei Tabellen, deren Primärschlüssel aus mehreren Spalten zusammengesetzt ist, sieht der Aufruf von Find so aus:

```
row = dt.Rows.Find(New Object() {a, b, ...})
```

Allgemeine Datensatzsuche (Select)

Um Datensätze nach beliebigen Kriterien auszuwählen, verwenden Sie die Methode `dt.Select("suchausdruck")`. Der Suchausdruck sieht so ähnlich aus wie der `WHERE`-Ausdruck einer `SELECT`-Abfrage. Eine Ausnahme ist die Angabe von Daten und Zeiten, die in der Schreibweise `#tag/monat/jahr stunde:minute:sekunde#` erfolgen muss, also beispielsweise als `#1/1/2004 12:00:00#`. Zeichenketten müssen in einfache Apostrophe eingeschlossen werden. Wenn die Suchzeichenkette selbst einen Apostroph enthält, geben Sie zwei Apostrophe an. Spaltennamen, die Leer- oder Sonderzeichen enthalten, müssen in eckige Klammern eingeschlossen werden (z.B. `[first name]`). Mögliche Suchausdrücke für die `titles`-Tabelle sind beispielsweise:

```
title = 'Linux' AND edition=6
title LIKE 'Visual%'
title = 'Darwin''s Radio'
isbn IS NULL
publDate > #1/1/2000#
```

Eine Menge weiterer Syntaxregeln für die Zusammensetzung des Suchausdrucks finden Sie in der Online-Hilfe bei der Beschreibung der Eigenschaft `Expression` für die Klasse `DataColumn`.

`Select` liefert ein Array von `DataRow`-Objekten zurück. Die Anzahl der gefundenen Datensätze ermitteln Sie einfach durch `Length`. Wenn keine Datensätze gefunden wurden, hat die Eigenschaft den Wert 0.

```
Dim results As DataRow()
results = dt.Select("title = 'Linux' AND edition=6")
MsgBox(results.Length & " Datensätze gefunden!")
```

Suchergebnisse sortieren (Select)

Im optionalen zweiten Parameter der `Select`-Methode können Sie angeben, nach welcher Spalte bzw. welchen Spalten die Ergebnisse sortiert werden sollen. Wenn mehrere Spalten angegeben werden, müssen diese durch Kommas getrennt werden. Eine umgekehrte Sortierreihenfolge erreichen Sie durch `DESC`. Abermals einige Beispiele:

```
title
title, subtitle
title, edition DESC
```

Wenn Sie alle Datensätze nur sortieren möchten, können Sie als Suchausdruck eine leere Zeichenkette angeben:

```
results = dt.Select("", "title, subtitle")
```

Suche für den Datensatzstatus (Select für RowState)

Im nächsten Abschnitt werden Sie die Eigenschaft `RowState` der `DataRow`-Klasse kennenlernen. Sie gibt an, welchen Zustand der Datensatz hat (z.B. `Added`, `Deleted` oder `ModifiedCurrent`). Der optionale dritte Parameter von `Select` ermöglicht es, die Suche auf Datensätze einzuschränken, bei denen `RowState` einen bestimmten Wert hat:

```
results = dt.Select("", "", DataRowState.ModifiedCurrent)
```

Wenn mehrere `RowState`-Werte zulässig sind, verknüpfen Sie die Statuswerte durch `Or`:

```
results = dt.Select("", "", DataRowState.ModifiedCurrent Or DataRowState.Added)
```

Diese `Select`-Variante liefert zwar ebenfalls ein Array von `DataRow`-Objekten zurück, ihr Inhalt unterscheidet sich aber von den anderen `Select`-Varianten. Die `DataRow`-Objekte enthalten die Spalten `HasError`, `RowError`, `RowState` und `Table`. Der Inhalt der Datensätze aus dem zugrunde liegenden `DataTable`-Objekt verbirgt sich dagegen in `ItemArray`.

Daten filtern und sortieren mit DataViews

Die gerade vorgestellte `Select`-Methode ist zwar sehr vielseitig, hat aber einen wesentlichen Nachteil: Sie liefert Resultate als `Array`, die per Code weiterverarbeitet werden müssen. Es ist nicht möglich, die Ergebnisse in gebundenen Steuerelementen anzuzeigen. Eine Alternative zur `Select`-Methode sind *`DataView`*-Objekte, die eine sortierte oder gefilterte Ansicht einer `DataTable` geben.

HINWEIS

> `DataView`-Objekte haben nichts mit Views in einer Datenbank zu tun! Wenn Sie eine View verarbeiten möchten, führen Sie mit einem `SqlDataAdapter SELECT * FROM viewname` aus und übertragen die Ergebnisse in eine `DataTable`.

Die Verwendung von `DataViews` ist einfach: Sie erzeugen ein neues `DataView`-Objekt auf der Basis einer vorhandenen `DataTable` und stellen dann die Eigenschaften *`RowFilter`*, *`Sort`* und *`RowStateFilter`* nach Bedarf ein. Die drei Eigenschaften haben dieselbe Funktion wie die drei Parameter der `Select`-Methode.

```
Dim dv As DataView
dv = New DataView(titlesDt)
dv.RowFilter = "langID=1"
dv.Sort = "title, subtitle"
dv.RowStateFilter = DataViewRowState.Unchanged
```

Wenn Sie kompakten Code bevorzugen, können Sie das alles in einer einzigen Zeile erledigen:

```
Dim dv As New DataView(titlesDt, "langID=1", "title, subtitle", _
                       DataViewRowState.Unchanged)
```

Der Zugriff auf die Zeilen und Spalten des `DataView`-Objekts erfolgt ähnlich wie bei einer `DataTable`:

```
dv(zeilennr)!spaltenname
dv(zeilennr).Items("spaltenname")
dv(zeilennr).Items(spaltennummer)
```

Allerdings fehlt die Eigenschaft `Rows`, weswegen es nicht möglich ist, eine `For-Each`-Schleife zu bilden. Sie können aber mit `dv.Count` die Anzahl der Datensätze feststellen und damit eine herkömmliche

Schleife formulieren. Die folgende Schleife zeigt, wie Sie alle Spalten aller Datensätze einer `DataView` zu einer Zeichenkette zusammensetzen:

```
Dim sw As New IO.StringWriter
Dim row As DataRowView
Dim rowNo, colNo As Integer
For rowNo = 0 To dv.Count - 1
  row = dv(rowNo)
  For colNo = 0 To dv.Table.Columns.Count - 1

    If row.Item(colNo) Is DBNull.Value Then
      sw.Write("NULL" + vbTab)
    Else
      sw.Write(row.Item(colNo).ToString + vbTab)
    End If
  Next

  sw.WriteLine()
Next
MsgBox(sw.ToString())
```

`dv(zeilennr)` liefert keine `DataRow`-Objekte, sondern *`DataRowView`*-Objekte, die etwas weniger Eigenschaften haben. Sie können aber jederzeit mit `.Row` auf das zugrunde liegende `DataRow`-Objekt zugreifen.

Für `DataView`-Objekte steht keine `Columns`-Eigenschaft zur Verfügung. Wenn Sie Informationen über die Spalten der `DataView` brauchen, gibt die Eigenschaft *`Table`* Zugriff auf die zugrunde liegende `DataTable` (also `dv.Table.Columns`).

Die Datensätze einer `DataView` können so wie die einer `DataTable` verändert werden (siehe den folgenden Abschnitt). Alle Änderungen gelten auch für die zugrunde liegende `DataTable`.

26.5 DataTables verändern und speichern

Bis jetzt haben Sie alle Daten in der `DataTable` unverändert belassen (`Read-Only`-Zugriff). Dieser Abschnitt zeigt, wie Sie Daten zuerst in einer `DataTable` verändern und diese Änderungen anschließend mit Ihrer Datenbank synchronisieren, also bleibend speichern.

Neue Datensätze hinzufügen

Wenn Sie einer `DataTable` einen neuen Datensatz hinzufügen möchten, müssen Sie zuerst mit `dt.`*`NewRow`*`()` ein neues `DataRow`-Objekt erzeugen. Anschließend stellen Sie dessen Spalteneigenschaften ein und fügen das Objekt mit `Rows.`*`Add`* der `DataTable` hinzu:

```
Dim row As DataRow = dt.NewRow()  'dt ist eine DataTable der titles-Tabelle
row!title = "test"
row!publID = ...
row!catID = ...
```

```
row!langID = ...
row!publDate = Now
dt.Rows.Add(row)
```

Sie können auch alle Spalten auf einmal einstellen, indem Sie der Eigenschaft *ItemArray* ein `Object`-Feld zuweisen, das für jede Spalte ein passendes Element hat. Für Spalten, die Sie nicht verändern möchten, geben Sie `Nothing` an:

```
row.ItemArray = New Object() {Nothing, "testtitle", "testsubtitle", ...}
```

Spalten, bei denen Sie keinen Wert bzw. im `ItemArray` den Wert `Nothing` angeben, haben standardmäßig den Wert `NULL`. Wenn Sie bei `SqlDataAdapter` die Eigenschaft `MissingSchemaAction` auf `AddWithKey` gestellt haben, kontrolliert die Methode `Add`, ob der neue Datensatz alle erforderlichen Daten enthält. Insbesondere müssen für alle Spalten, die nicht `NULL` sein dürfen, Werte angegeben werden. (Die `DataTable` berücksichtigt keine Standardwerte der Datenbank.) Unerlaubte `NULL`-Werte führen zu einer `NoNullAllowedException`.

Ein Sonderfall sind `AutoIncrement`-Spalten (im obigen Beispiel `row!titleID`). Um diese Spalten müssen Sie sich nicht kümmern, d.h., Sie können den Standardwert `NULL` beibehalten. Bei der Ausführung von `Add` generiert die `DataTable` selbst eine vorläufige ID-Nummer, die Sie mit `row!titleID` auch lesen können.

Beachten Sie aber, dass der tatsächliche Wert der `AutoIncrement`-Spalte erst ermittelt wird, wenn die Änderungen der `DataTable` in der Datenbank gespeichert werden. Da die `DataTable` von der Datenbank losgelöst ist (`disconnected`), weiß die `DataTable` nicht, was in der Datenbank seit dem Lesen der Daten passiert ist. Es kann daher sein, dass die von der `DataTable` erzeugte ID-Nummer in der Datenbank bereits für einen anderen Datensatz genutzt wird, den ein anderes Programm mittlerweile gespeichert hat. Wie Sie verknüpfte Datensätze mit ID-Nummern speichern, erfahren Sie in Abschnitt 27.1.

Neue Datensätze innerhalb einer `DataTable` erkennen Sie daran, dass die Spalteneigenschaft *RowState* das Attribut `DataRowState.Added` hat. (Vermeiden Sie aber Vergleiche in der Art `row.RowState = DataRowState.Added`! `RowState` kann auch eine Kombination mehrerer Attribute enthalten. Ob das Attribut `Added` gesetzt ist, stellen Sie am einfachsten durch eine logische Und-Verknüpfung fest, also `If row.RowState` *And* `DataRowState.Added Then ...`)

Datensätze ändern

Um einen Datensatz zu ändern, reicht die Veränderung der betreffenden Spalte aus:

```
dt.Rows(n)!spaltenname += 1
```

Um eine Spalte auf `NULL` zu setzen, weisen Sie ihr den Wert `DBNull.Value` zu:

```
dt.Rows(n)!spaltenname = DBNull.Value
```

Wenn Sie mehrere Spalten eines Datensatzes verändern, empfiehlt es sich, vorher `row.`*BeginEdit* und nachher `row.`*EndEdit* auszuführen:

```
dt.Rows(n).BeginEdit()
dt.Rows(n)!spalte1 = ...
dt.Rows(n)!spalte2 = ...
dt.Rows(n)!spalte3 = ...
dt.Rows(n).EndEdit()
```

Die optionale Anwendung dieser Methoden hat zwei Vorteile:

» Falls ein Fehler auftritt, können Sie die Änderungen durch *CancelEdit* widerrufen (anstatt sie durch EndEdit zu bestätigen).

» Die DataTable-Ereignisse RowChanging, RowChanged, ColumnChanging und ColumnChanged werden erst bei der Ausführung von EndEdit ausgelöst, nicht schon bei der Änderung jeder einzelnen Spalte.

Aufpassen müssen Sie, wenn Sie alle Datensätze einer DataTable in einer Schleife durchlaufen und einige davon ändern möchten: Bereits gelöschte Datensätze befinden sich noch immer in der DataTable, können aber nicht mehr verwendet werden! Die Eigenschaft RowState hat deswegen das Attribut Deleted. In den folgenden Zeilen werden derartige Datensätze übersprungen. Bei den restlichen Datensätzen wird die Spalte edition um 1 erhöht, wenn der Titel mit test beginnt. Da edition den Wert NULL enthalten darf und eine Addition NULL + 1 nicht zulässig ist, muss dieser Fall extra berücksichtigt werden.

```
Dim row As DataRow
For Each row In dt.Rows
  If row.RowState And DataRowState.Deleted Then Continue For
  If Strings.Left(row!title, 4) = "test" Then
    If row!edition Is DBNull.Value Then
      row!edition = 1

    Else
      row!edition += 1
    End If
  End If
Next
```

Datensätze löschen

Zum Löschen von Datensätzen gibt es zwei grundverschiedene Methoden:

» row.*Delete()* markiert den Datensatz zur Löschung. Der Datensatz bleibt weiter Teil der DataTable, allerdings hat die Eigenschaft RowState nun das Attribut Deleted, und ein Zugriff auf die Spalten ist nicht mehr möglich.

  Der Grund, weswegen der Datensatz nicht sofort endgültig gelöscht wird, besteht darin, dass der Löschvorgang später zumeist auch in der zugrunde liegenden Datenbank durchgeführt werden soll. Dazu muss die DataTable aber wissen, welche Daten der zu löschende Datensatz hatte.

» dt.Rows.*Remove*(row) entfernt den Datensatz endgültig aus der DataTable. Dieser Vorgang kann später nicht mehr für die zugrunde liegende Datenbank wiederholt werden.

Die übliche Methode zum Löschen von Datensätzen ist in fast allen Fällen `Delete`. Für den Einsatz von `Remove` gibt es nur zwei Gründe: Entweder wollen Sie neue Datensätze löschen, die es in der zugrunde liegenden Datenbank gar nicht gibt (Bedingung `row.RowState And DataRowState.Added`), oder Sie sind an einer späteren Synchronisation des Löschvorgangs mit der Datenbank gar nicht interessiert.

Wenn Sie alle Datensätze in einer Schleife durchlaufen und einige davon löschen möchten, müssen Sie etwas Vorsicht walten lassen. Bereits gelöschte Datensätze können kein zweites Mal gelöscht werden, und das Löschen neuer Datensätze (die es in der Datenbank also noch gar nicht gibt), führt zu Problemen. Solche Datensätze müssen Sie mit `Remove` aus der `DataTable` entfernen. Das wiederum macht den Einsatz einer `For-Each`-Schleife unmöglich, weil derartige Schleifen ungeeignet sind, wenn in der Schleife Elemente der Aufzählung gelöscht oder hinzugefügt werden.

Die folgenden Zeilen zeigen, wie aus der `DataTable` alle Datensätze gelöscht werden, deren Titel mit `test` beginnt. Die Datensätze werden mit einer herkömmlichen Schleife durchlaufen, die mit dem letzten Datensatz beginnt (`i = dt.Rows.Count -1`).

```
Dim row As DataRow
Dim i As Integer
For i = dt.Rows.Count - 1 To 0 Step -1
  row = dt.Rows(i)
  If row.RowState And DataRowState.Deleted Then Continue For
  If Strings.Left(row!title, 4) = "test" Then

    If row.RowState And DataRowState.Added Then
      titlesDt.Rows.Remove(row)
    Else
      row.Delete()
    End If
  End If

Next
```

DataTable-Ereignisse

Die `DataTable`-Klasse sieht eine Reihe von Ereignissen vor, die während der Änderung von Daten ausgelöst werden. Die folgende Tabelle beschreibt ganz kurz die Funktion der wichtigsten Ereignisse. Die Auswertung der Ereignisse ist vor allem dann interessant, wenn die `DataTable` durch ein Steuerelement (in der Regel ein `DataGridView`) verändert wird. In den `Changing`-Ereignisprozeduren können Sie die Änderung akzeptieren oder den Datensatz mit der Methode `e.Row.SetColumnError` als fehlerhaft markieren.

***DataTable*-Ereignisse**	**Bedeutung**
`ColumnChanging`	Das Ereignis wird ausgelöst, wenn der Wert einer Spalte eines Datensatzes geändert werden soll. In der Ereignisprozedur können Sie überprüfen, ob der neue Wert zulässig ist.
`ColumnChanged`	Der Wert wurde geändert.

DataTable-Ereignisse	Bedeutung
RowChanging	Ein Datensatz soll verändert werden.
RowChanged	Der Datensatz wurde verändert.
RowDeleting	Ein Datensatz soll gelöscht werden.
RowDeleted	Der Datensatz wurde gelöscht.
TableNewRow	Der Tabelle wurde ein neuer Datensatz hinzugefügt.

Status von Datensätzen ermitteln (RowState)

Die Eigenschaft RowState gibt Auskunft über den Status eines Datensatzes. *RowState* enthält eine Kombination aus Attributen (Flags), deren Bedeutung in der folgenden Tabelle zusammengefasst ist.

DataRowState-Aufzählung	Bedeutung
DataRowState.Added	Der Datensatz wurde der DataTable durch dt.Rows.Add(row) hinzugefügt.
DataRowState.Deleted	Der Datensatz wurde durch Row.Delete() gelöscht.
DataRowState.Detached	Der Datensatz wurde durch dt.NewRow() neu erzeugt, aber der DataTable noch nicht hinzugefügt.
DataRowState.Modified	Der Datensatz wurde verändert.
DataRowState.Unchanged	Der Datensatz wurde nicht verändert.

Auf verschiedene Versionen von Datensätzen zugreifen (HasVersion, DataRowVersion)

Weiterhin wird bei jedem Datensatz der Zustand vor und nach einer Änderung gespeichert. Mit der Methode *HasVersion* können Sie testen, welche Versionen zur Verfügung stehen. Die folgende Tabelle fasst die möglichen Werte zusammen.

DataRowVersion-Aufzählung	Bedeutung
DataRowVersion.Current	Diese Version des Datensatzes enthält den aktuellen Zustand inklusive aller Änderungen. Bei gelöschten Datensätzen gibt es keine Current-Version.
DataRowVersion.Default	Der Inhalt dieser Version hängt vom RowState ab (siehe oben). Für die Status Added, Modified oder Current stimmt die Default-Version mit der Current-Version überein. Für den Status Detached stimmt die Default- mit der Proposed-Version überein. Für den Status Deleted gibt es keine Default-Version. Generell ist die Beschreibung von DataRowVersion in der Hilfe widersprüchlich.
DataRowVersion.Original	Diese Version enthält den Zustand des Datensatzes, wie er von der Datenbank gelesen bzw. als zum letzten Mal die Methode AcceptChanges ausgeführt wurde.

DataRowVersion-Aufzählung	Bedeutung
DataRowVersion.Proposed	Diese Version enthält den Zustand des Datensatzes, wenn die geplanten Änderungen ausgeführt werden. Diese Version steht nur vorübergehend zur Verfügung, beispielsweise zwischen dem Aufruf der Methoden Begin- und EndEdit bzw. in der Ereignisprozedur RowChanging des DataTable-Objekts. (In dieser Ereignisprozedur können Sie die geplante Veränderung durch CancelEdit abbrechen. Das Ereignis ist insbesondere dann interessant, wenn die DataTable durch ein Steuerelement verändert wird.)

Nicht für jeden Datensatz steht jede Version zur Verfügung. Beispielsweise gibt es bei gelöschten Datensätzen zwar eine Original-, aber keine Current-Version. Gerade umgekehrt ist es bei neuen Datensätzen. Ob eine bestimmte Version zur Verfügung steht, testen Sie mit row.*HasVersion*(version). Anschließend lesen Sie mit row.Item("columnname", version) diese spezielle Version. Die folgenden Zeilen liefern die Spalte edition eines Datensatzes der titles-Tabelle.

```
Dim edition_current, edition_default_value As Integer
If row.HasVersion(DataRowVersion.Current) Then
  edition_current = row.Item("edition", DataRowVersion.Current)
End If
If row.HasVersion(DataRowVersion.Default) Then
  edition_default_value = row.Item("edition", DataRowVersion.Default)

End If
```

Interessant ist in diesem Zusammenhang auch die DataSet-Methode *GetChanges*. Sie liefert als Ergebnis ein neues DataSet-Objekt, das nur die Daten des ursprünglichen DataSets enthält, die verändert wurden. Dieses Delta-DataSet ist praktisch, wenn die Änderungen im XML-Format gespeichert oder über ein Netzwerkprotokoll weitergegeben werden sollen.

```
Dim delta_ds As DataSet = ds.GetChanges()
```

Änderungen widerrufen (RejectChanges- und AcceptChanges-Methode)

Solange Sie im DataSet durchgeführte Änderungen noch nicht mit Update in der Datenbank gespeichert haben (siehe den nächsten Abschnitt), können Sie die Änderungen durch *RejectChanges* widerrufen. Dadurch werden alle Datensätze in ihren ursprünglichen Zustand zurückgeführt, und RowState nimmt wieder den Wert Unmodified an.

Gerade die umgekehrte Wirkung hat AcceptChanges: Dadurch werden die Änderungen im DataSet bestätigt. Aber Vorsicht: Auch bei *AcceptChanges* nimmt RowState den Wert Unmodified an. Es ist aus diesem Grund nicht mehr möglich, die Änderungen auch in der Datenbank durchzuführen – das DataSet vergisst gewissermaßen, welche Daten geändert wurden. AcceptChanges wird automatisch am Ende der Update-Methode ausgeführt. Es gibt nur selten einen Anlass für die manuelle Ausführung von AcceptChanges.

Die Methoden Reject- und AcceptChanges können für das gesamte DataSet, eine DataTable oder einen einzelnen Datensatz (DataRow) ausgeführt werden.

Änderungen in der DataTable in der Datenbank speichern (Update-Methode)

Um die bisher nur lokal in der `DataTable` durchgeführten Änderungen bleibend in der Datenbank zu speichern, führen Sie die folgenden Kommandos aus. Dabei ist `da` ein `SqlDataAdapter`-Objekt, das zum Einlesen der `DataTable`-Daten verwendet wurde.

```
Dim cb As SqlCommandBuilder
cb = New SqlCommandBuilder(da)
da.Update(dt)
```

Der `SqlCommandBuilder` stellt die SQL-Kommandos zur Verfügung, die zur Durchführung der Änderungen in der Datenbank ausgeführt werden. Das `SqlCommandBuilder`-Objekt kann auch schon zu einem früheren Zeitpunkt erzeugt werden, d.h., es ist nicht erforderlich, es erst unmittelbar vor dem Update zu erzeugen.

HINWEIS

Die vom `SqlCommandBuilder` erzeugten SQL-Kommandos sind nicht immer besonders effizient. Zudem ist der `SqlCommandBuilder` nur in einfachen Fällen in der Lage, überhaupt SQL-Kommandos zu erzeugen.

Wenn Sie effizientere Updates benötigen oder wenn der `DataTable` eine `SELECT`-Abfrage über mehrere Tabellen oder mit anderen Sonderfällen zugrunde liegt, müssen Sie die SQL-Kommandos für den `SqlDataAdapter` selbst generieren. Das hat den zusätzlichen Vorteil, dass Sie auch Stored Procedures einsetzen können. Die genaue Vorgehensweise wird in Abschnitt 27.4 vorgestellt. So viel vorweg: Der Codeaufwand ist derart groß, dass es zumeist einfacher ist, auf DataTables/DataSets zu verzichten und Daten-Updates grundsätzlich durch die Ausführung eigener SQL-Kommandos mit SqlCommand-Objekten durchzuführen.

Eine andere mögliche Vorgehensweise besteht darin, dass Sie die Visual Data Tools der Entwicklungsumgebung bei der Erzeugung der Update-Kommandos zu Hilfe nehmen. Diese Variante wird in Kapitel 28 beschrieben.

Der eigentliche Speichervorgang wird durch die *Update*-Methode des `SqlDataAdapter`-Objekts initiiert. Dadurch werden alle Datensätze, die in der `DataTable` seit dem Lesen der Daten verändert wurden, durch `INSERT`-, `UPDATE`- oder `DELETE`-Kommandos gespeichert.

Wenn Sie Änderungen in mehreren `DataTables` durchgeführt haben, ist bei der Durchführung dieser Änderungen in der Datenbank die richtige Reihenfolge entscheidend. Nehmen wir an, Sie hätten einen Verlag aus der `publisher-DataTable` und alle bei diesem Verlag erschienenen Bücher aus der `titles-DataTable` gelöscht: Dann müssen Sie zuerst ein Update für `titles` und dann das für `publishers` durchführen. Versuchen Sie, die Änderungen in umgekehrter Reihenfolge durchzuführen, tritt ein Fehler auf (weil Sie einen Datensatz aus `publishers` löschen, der von `titles` noch referenziert wird). Haben Sie allerdings einen neuen Verlag und neue Titel eingefügt, müssen Sie zuerst `publishers` und dann `titles` aktualisieren.

Problematisch wird es, wenn Sie sowohl Datensätze eingefügt als auch andere Datensätze gelöscht haben. Es gibt jetzt keine richtige Reihenfolge mehr, und in jedem Fall treten Fehler auf. Die Lösung besteht darin, nicht die ganze Tabelle auf einmal zu aktualisieren, sondern nur Teile. Im Fall von titles und publishers sieht die richtige Reihenfolge so aus:

» Neue Verlage einfügen

» Neue Titel einfügen

» Änderungen an vorhandenen Verlagen durchführen

» Änderungen an vorhandenen Titeln durchführen

» Titel löschen

» Verlage löschen

Um bestimmte Datensätze zu aktualisieren, übergeben Sie an die Update-Methode nicht die ganze DataTable auf einmal, sondern nur die mit der Select-Methode ausgewählten Datensätze. Der Code zur obigen Aufzählung sieht so aus:

```
publishersDa.Update(publishersDt.Select("", "", DataViewRowState.Added))
titlesDa.Update(        titlesDt.Select("", "", DataViewRowState.Added))
publishersDa.Update(publishersDt.Select("", "", DataViewRowState.ModifiedCurrent))
titlesDa.Update(        titlesDt.Select("", "", DataViewRowState.ModifiedCurrent))
titlesDa.Update(        titlesDt.Select("", "", DataViewRowState.Deleted))
publishersDa.Update(publishersDt.Select("", "", DataViewRowState.Deleted))
```

Fehlerbehandlung bei Updates

Durch die Ausführung der Update-Methode können aus den verschiedensten Gründen Fehler auftreten: beispielsweise weil die neuen oder geänderten Datensätze Einschränkungen der Datenbank nicht einhalten, weil gelöschte Datensätze Foreign-Key-Regeln missachten, weil von Ihnen geänderte Datensätze vorher schon von einem anderen Datenbanknutzer verändert wurden etc. Aus diesem Grund ist es erforderlich, die Update-Methode durch Try-Catch abzusichern.

Eine vernünftige Reaktion auf Fehler ist schwierig, wenn mehrere Datensätze auf einmal gespeichert werden sollen und der Fehler während dieses Prozesses eintritt. Standardmäßig werden dann alle Datensätze bis zum ersten fehlerhaften Datensatz gespeichert. Eine mögliche Vorgehensweise besteht darin, dass Sie vor dem Update die *ContinueUpdateOnError*-Eigenschaft des SqlDataAdapter-Objekts auf True setzen. Damit erreichen Sie, dass bei Fehlern keine *Exceptions* ausgelöst werden und das Update bis zum Ende durchläuft. Anschließend können Sie mit der HasErrors-Eigenschaft der DataTable testen, ob Fehler aufgetreten sind. Die problematischen Datensätze erkennen Sie an der Eigenschaft *HasError* des DataRow-Objekts.

Details über den Fehler gibt die Eigenschaft *RowError* aus. Nun können Sie den Anwender bitten, seine Eingaben zu korrigieren. Durch einen neuerlichen Aufruf von Update können Sie versuchen, die noch ausstehenden Änderungen zu speichern. Hilft auch das nicht, kann es zweckmäßig sein, die durchgeführten Änderungen zu widerrufen (RejectChanges) oder die DataTable neu von der Datenbank einzulesen.

```
Dim sw As New IO.StringWriter()
da.ContinueUpdateOnError = True
da.Update(dt)
If dt.HasErrors = True Then
  For Each row As DataRow In dt.Rows
    If row.HasErrors Then

      sw.WriteLine("Datensatz ID={0} hat folgenden Fehler ausgelöst: {1}", _
        row!ID, row.RowError)
    End If
  Next
  MsgBox(sw.ToString)
End If
```

In vielen Situationen ist eine Alles-oder-nichts-Strategie zweckmäßig: Entweder werden alle Änderungen fehlerfrei durchgeführt oder gar keine. Da Sie im Voraus nicht wissen, ob Fehler auftreten werden, müssen Sie die Änderungen im Rahmen einer Transaktion speichern. Mehr Informationen zu dieser Variante finden Sie in Abschnitt 27.6.

26.6 ForeignKey- und UniqueConstraints

Um sicherzustellen, dass die Werte einer `DataTable`-Spalte bestimmte Regeln einhalten, können Sie die `DataTable` mit einem `Constraint`-Objekt verbinden. ADO.NET unterstützt momentan allerdings nur zwei `Constraint`-Typen, nämlich `ForeignKey`- und `UniqueConstraints`. (Beide Klassen sind von der `Constraint`-Klasse abgeleitet.)

» *`UniqueConstraints`* stellen sicher, dass die Werte einer oder mehrerer Spalten eindeutig sind. Es ist nicht möglich, Datensätze so einzufügen oder zu verändern, dass sich zwei Datensätze nicht anhand der `Unique`-Spalten unterscheiden lassen.

  Wenn Sie beim `SqlDataAdapter` die Eigenschaft `MissingSchemaAction` auf `True` setzen, erzeugt ADO.NET beim Füllen einer `DataTable` automatisch `UniqueConstraints` für Primärschlüsselspalten bzw. für Spalten mit einem `Unique`-Index. Sie können `UniqueConstraints` aber auch selbst erzeugen (hier für eine Primärindexspalte mit dem Namen `ID`).

```
Dim uc As New UniqueConstraint("constraint1", dt.Columns("ID"), True)
dt.Constraints.Add(uc)
```

» *`ForeignKeyConstraints`* stellen die referenzielle Integrität einer Datenbank sicher. Im Detail heißt dies, dass eine Spalte `spA` der Tabelle `A` nur die Werte annehmen darf, die die Spalte `spB` der Tabelle `B` enthält. Oder einfacher ausgedrückt: Eine `ForeignKeyConstraint` verhindert fehlerhafte Verknüpfungen zwischen zwei Tabellen.

  ADO.NET ist nicht in der Lage, `ForeignContraints`-Objekte beim Füllen eines `DataSets` selbst zu definieren. Die Nutzung von `Constraints` ist am einfachsten, wenn Sie eine `DataRelation` zwischen zwei Tabellen einrichten (siehe den nächsten Abschnitt). Dadurch wird automatisch auch ein `ForeignConstraint`-Objekt erzeugt.

Sobald Constraints eingerichtet sind, kümmert sich ADO.NET automatisch um deren Einhaltung. Der Versuch, einen Datensatz so zu verändern, einzufügen oder zu löschen, dass dabei eine Constraint-Regel verletzt würde, verursacht eine ConstraintException.

Die automatische Sicherstellung der Contraints bei jeder Datenänderung kostet natürlich ein wenig Rechenzeit. Wenn Sie größere Datenmengen einfügen, bei denen Sie sicher sind, dass alle Constraints erfüllt sind, können Sie die Eigenschaft *EnforceConstraints* des DataSet-Objekts vorübergehend auf False stellen. Die Constraints-Kontrolle wird dadurch deaktiviert.

26.7 DataRelation (Verknüpfungen zwischen Tabellen)

Bei fast allen Datenbanken sind mehrere Tabellen miteinander verknüpft. Diese Verknüpfungen können Sie im DataSet durch DataRelations nachbilden. Ein *DataRelation*-Objekt verbindet zwei DataTables über ein gemeinsames Feld (zumeist eine ID-Spalte) und eröffnet zusätzliche Verarbeitungsmöglichkeiten.

Durch die Verwendung von DataRelations können Sie sich SELECT-Kommandos ersparen, die mehrere Tabellen miteinander verknüpfen (sogenannte JOINs). Statt des Datenbankservers stellt nun ADO. NET die Verbindung zwischen den Tabellen her. Ob das zweckmäßig ist, hängt wie bei vielen anderen DataSet-Anwendungen von den Datenmengen ab. Es ist ineffizient, zuerst riesige Tabellen in ein DataSet zu übertragen, nur um später ein paar Datensätze aus jeder Tabelle zu verknüpfen. In solchen Fällen ist es besser, die Daten beider Tabellen gleich durch ein entsprechendes SELECT-Kommando zu verknüpfen und dem Datenbankserver die Arbeit zu überlassen.

Gewöhnliche 1:n-Verknüpfungen

Die Syntax der Methode ds.Relation.Add unterscheidet zwischen einer Parent- und einer Child-Tabelle. Die Parent-Tabelle ist die Tabelle mit den Grunddaten; die ID-Spalte muss eindeutig sein (Primärschlüssel oder zumindest Unique-Index). Die Child-Tabelle enthält eine Spalte, die auf Datensätze der Parent-Tabelle verweist. Diese Spalte heißt im Datenbankjargon meist Fremdschlüsselspalte (Foreign Key Column). Sie muss denselben Datentyp wie die ID-Spalte der Parent-Tabelle aufweisen, ansonsten gibt es keine Einschränkungen.

Das folgende Beispiel geht davon aus, dass titlesDt und publishersDt jeweils DataTable-Objekte sind, die die titles- und publishers-Tabellen abbilden. Diese beiden Tabellen sind über die publID miteinander verbunden, d.h., die publID-Spalte der titles-Tabelle verweist auf einen Verlag aus der publishers-Tabelle. Es handelt sich um eine 1:n-Beziehung, d.h., jeder Titel hat exakt einen Verlag, aber in jedem Verlag können mehrere Titel erscheinen. ds ist das DataSet, in dem sich beide DataTables befinden.

Die Definition des DataRelation-Objekts sieht wie folgt aus:

```
Dim rel As DataRelation
rel = ds.Relations.Add("rel_publ_title", _
  publishersDt.Columns("publID"), titlesDt.Columns("publID"))
```

Dabei gibt der erste Parameter den Namen des DataRelation-Objekts an, der zweite Parameter die Spalte in der Parent-Tabelle, der dritte Parameter die Spalte in der Child-Tabelle. Durch Add werden automatisch ein UniqueConstraint-Objekt für die Parent-Tabelle und ein ForeignKeyConstraint-Objekt für die Child-Tabelle erzeugt, falls diese Objekte noch nicht existieren. Es bestehen zahlreiche weitere Add-Syntaxvarianten, mit denen Sie beispielsweise auch Verknüpfungen über mehrere Spalten definieren können.

HINWEIS

Solange eine DataRelation besteht, können Sie die Parent-Tabelle weder löschen noch durch Clear leeren. Wenn Sie das tun möchten, müssen Sie zuerst die ForeignKeyConstraint der Child-Tabelle und die DataRelation löschen. Einfacher ist es, in solchen Fällen vorübergehend ds.EnforceConstraints auf False zu setzen.

Zugriff auf verknüpfte Datensätze

Ausgehend von einem Child-Datensatz (z.B. einem Buchtitel) können Sie nun mit *GetParentRow* den dazugehörigen Parent-Datensatz (hier also den Verlag, in dem das Buch erschienen ist) ermitteln. Die folgende Anweisung liefert den Namen des Verlags, bei dem der erste in der titles-DataTable enthaltene Buchtitel veröffentlicht wurde. Als Parameter für GetParentRow muss das DataRelation-Objekt oder dessen Name angegeben werden.

```
titlesDt.Rows(0).GetParentRow(tit_pub_rel)!publName
```

Beachten Sie, dass es bei manchen Verknüpfungen das Fremdschlüsselfeld NULL sein darf. Das ist auch bei der publID-Spalte der titles-Tabelle der Fall. Es ist also zulässig, dass bei einem Buchtitel gar kein Verlag angegeben wird. GetParentRow liefert dann als Ergebnis Nothing.

Umgekehrt liefert *GetChildRows* ein Array aller Datensätze, die auf einen bestimmten Parent-Datensatz verweisen. Leider bietet GetChildRows keine Möglichkeit, die Datensätze zu sortieren. Die Reihenfolge der Datensätze entspricht der der zugrunde liegenden DataTable. Die folgende Schleife liefert die Titel aller Bücher, die beim ersten Verlag aus der publishers-DataTable veröffentlicht wurden:

```
Dim row As DataRow
Dim sw As New IO.StringWriter
sw.WriteLine("Verlag: {0}", publishersDt.Rows(0)!publName)
For Each row In publishersDt.Rows(0).GetChildRows(tit_pub_rel)
  sw.WriteLine("{0}  {1} -- {2}", row!titleID, row!title, row!publID)
Next
MsgBox(sw.ToString)
```

Hierarchische 1:n-Verknüpfungen

1:n-Verknüpfungen können auch zur Darstellung von Hierarchien verwendet werden. Ein Beispiel dafür ist die categories-Tabelle der mylibrary-Datenbank: Die Spalte parentCatID verweist auf die jeweils übergeordnete Kategorie (oder enthält NULL, wenn die Kategorie bereits eine Basiskategorie ist). Die zwei folgenden Zeilen zeigen die Definition des entsprechenden DataRelation-Objekts, wobei catDt ein DataTable-Objekt für die categories-Tabelle ist:

```
catRel = ds.Relations.Add("cat_rel", catDt.Columns("catID"), catDt.Columns("parentCatID"))
```

Die folgenden Zeilen zeigen, wie in `btnCatRelation` zuerst die Startkategorie ermittelt und dann die rekursive Prozedur `getChildCategories` aufgerufen wird. Diese Prozedur schreibt die aktuelle Kategorie in den `StringWriter`, ermittelt alle untergeordneten Kategorien und ruft für diese wiederum `getChildCategories` auf. Abbildung 26.3 zeigt die resultierende Textausgabe.

```
' Beispiel ADO.NET-classes\dataset-intro\MainWindow.xaml.vb
Private Sub btnCatRelation_Click(...) Handles btnCatRelation.Click
  Dim sw As New IO.StringWriter
  Dim startcat As DataRow
  startcat = catDt.Select("parentCatID IS NULL")(0)
  getChildCategories(startcat, 0, sw)
  ResultTextBox.Text = sw.ToString

End Sub
Private Sub getChildCategories(ByVal cat As DataRow, ByVal level As Integer, _
    ByVal sw As IO.StringWriter)
  Dim childcat As DataRow
  sw.WriteLine("{0}{1}    (catID={2}, parentCatID={3})", _
    Space(level * 5), cat!catName, cat!catID, cat!parentCatID)

  For Each childcat In cat.GetChildRows(catRel)
    getChildCategories(childcat, level + 1, sw)
  Next
End Sub
```

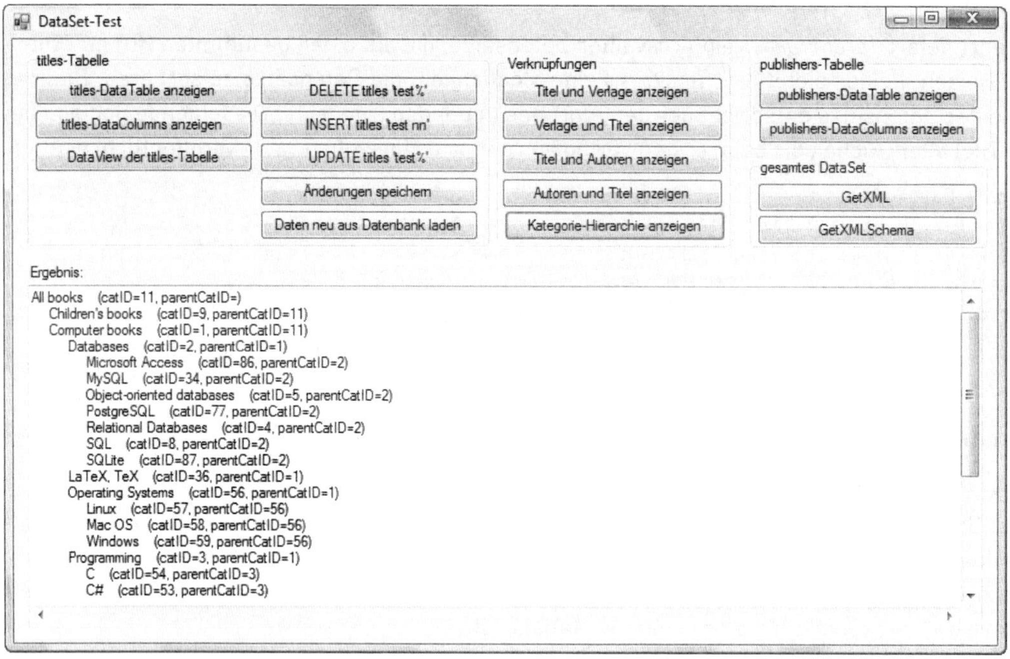

Abbildung 26.3: Hierarchie der Buchkategorien

Wenn die Kategorien bei einem XML-Export hierarchisch dargestellt werden sollen, müssen Sie die `Nested`-Eigenschaft des `DataRelation`-Objekts auf `True` setzen.

n:m-Beziehungen

Von einer `n:m`-Beziehung zwischen zwei Tabellen spricht man, wenn mehrere Datensätze einer Tabelle `A` mehreren Datensätzen einer Tabelle `B` zugeordnet werden können. Die Beziehung zwischen `titles` und `authors` in der `mylibrary`-Datenbank ist ein Beispiel für eine derartige Beziehung: Ein Buch kann mehrere Autoren haben, gleichzeitig kann jeder Autor mehrere Bücher schreiben. Auf Datenbankebene erfolgt die Verknüpfung durch eine dritte Tabelle (`rel_title_author` in `mylibrary`).

Das `DataSet` bietet leider keinen eleganten Weg, um `n:m`-Beziehungen darzustellen. Sie müssen zwei `DataRelation`-Objekte definieren, um die Verbindung zwischen den drei Tabellen herzustellen. Entsprechend umständlich ist anschließend der Datenzugriff.

Das folgende Beispiel geht davon aus, dass `titlesDt`, `authorsDt` und `relTitleAuthorDt` jeweils `DataTable`-Objekte zur Abbildung der Tabellen `titles`, `authors` und `rel_title_author` sind. Bei der Definition der beiden `DataRelation`-Objekte ist `rel_title_author` jeweils die `Child`-Tabelle; einmal ist `titles`, das andere Mal ist `authors` die `Parent`-Tabelle.

```
Dim auth_tit_rel, tit_auth_rel As DataRelation
tit_auth_rel = ds.Relations.Add("tit_auth_rel", _
  titlesDt.Columns("titleID"), relTitleAuthorDt.Columns("titleID"))
auth_tit_rel = ds.Relations.Add("auth_tit_rel", _
  authorsDt.Columns("authID"), relTitleAuthorDt.Columns("authID"))
```

Der folgende Code durchläuft alle Titel, wobei ein `DataView` zu Hilfe genommen wird, um die Titel alphabetisch zu sortieren. Die innere Schleife ermittelt zu jedem Titel die Liste aller Autoren. Der springende Punkt im Code ist die Verwendung der Methoden `GetChildRows` und `GetParentRow`: `GetChildRows` liefert – ausgehend vom Titel – alle dazu passenden Datensätze der `rel_title_author`-Tabelle. Zu jedem dieser Datensätze ermittelt `GetParentRow` den dazugehörigen Autor. Der Zähler `authCnt` wird dazu verwendet, ab dem zweiten Autor jeweils ein Komma voranzustellen. Die Ergebniszeichenkette wird in einem Textfeld angezeigt (siehe Abbildung 26.4).

```
' Beispiel ADO.NET-classes\dataset-intro\MainWindow.xaml.vb
Dim rowNo, authCnt As Integer
Dim sw As New IO.StringWriter
Dim auth, titAuthRow As DataRow
Dim title As DataRowView
Dim dv As New DataView(titlesDt)
dv.Sort = "title"

For rowNo = 0 To dv.Count - 1
  title = dv(rowNo)
  sw.Write("{0}: ", title!title)
  authCnt = 0
  For Each titAuthRow In title.Row.GetChildRows(tit_auth_rel)
    If authCnt > 0 Then sw.Write(", ")
```

```
    auth = titAuthRow.GetParentRow(auth_tit_rel)
    sw.Write(auth!authName)
    authCnt += 1
  Next
  sw.WriteLine()
Next

ResultTextBox.Text = sw.ToString
```

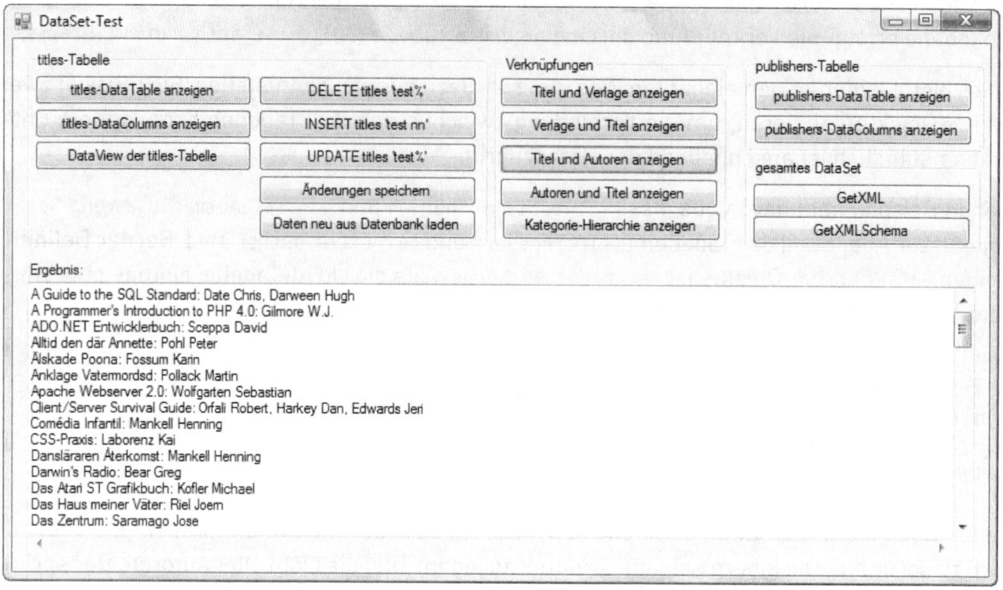

Abbildung 26.4: Buchtitel und ihre Autoren

Gerade die umgekehrte Aufgabe erfüllt der folgende Code: Zu jedem Autor werden alle Titel ermittelt, die der Autor verfasst hat bzw. an denen er beteiligt war. Beachten Sie wiederum die Verwendung der Methoden `GetChildRows` und `GetParentRow`, um ausgehend von einem Autor die dazugehörigen Titel zu finden.

```
Dim sw As New IO.StringWriter
Dim auth, title, titAuthRow As DataRow
For Each auth In authorsDt.Rows
  sw.WriteLine(auth!authName)
  For Each titAuthRow In auth.GetChildRows(auth_tit_rel)
    title = titAuthRow.GetParentRow(tit_auth_rel)

    sw.WriteLine("    {0}", title!title)
  Next
  sw.WriteLine()
Next
```

Verhalten bei Verstößen gegen die referenzielle Integrität

Wenn Sie in verknüpften `DataTables` Datensätze verändern, wird standardmäßig bei der Verletzung der referenziellen Integrität ein Fehler ausgelöst. Alternativ können Sie auch ein anderes Verhalten einstellen. Dazu ändern Sie die Eigenschaften *DeleteRule* bzw. *UpdateRule* des `ForeignKeyConstraint`-Objekts. Zulässige Einstellungen sind unter anderem `Cascade` und `SetNull`.

Beispielsweise bewirkt `DeleteRule=Cascade`, dass beim Löschen eines Datensatzes aus der `Parent`-Tabelle alle darauf verweisenden Datensätze aus der `Child`-Tabelle gelöscht werden. Wenn Sie also aus der `publishers`-`DataTable` den Verlag Addison-Wesley löschen, werden aus der `titles`-`DataTable` automatisch alle Bücher gelöscht, die in diesem Verlag erschienen sind.

26.8 XML-Export und -Import

GetXml liefert den Inhalt des gesamten `DataSets` als Zeichenkette (also den Inhalt der `DataTables`, siehe Abbildung 26.5), und *GetXmlSchema* liefert das dazu passende Schema (`DataRelations`, `Constraints` etc.).

Wenn Sie diese Daten direkt in eine Datei oder in ein anderes Stream-Objekt speichern möchten, verwenden Sie stattdessen *WriteXml* bzw. *WriteXmlSchema*:

```
Dim fs = New IO.FileStream("test.xsd", IO.FileMode.CreateNew, IO.FileAccess.Write)
ds.WriteXmlSchema(fs)
fs.Close()
fs = New IO.FileStream("test.xml", IO.FileMode.Create, IO.FileAccess.Write)
ds.WriteXml(fs)
fs.Close()
```

Um das `DataSet` anschließend wieder zu laden, setzen Sie *ReadXml* und *ReadXmlSchema* ein:

```
Dim ds = New DataSet()
Dim fs = New IO.FileStream("test.xsd", IO.FileMode.Open, IO.FileAccess.Read)
ds.ReadXmlSchema(fs)
fs.Close()
fs = New IO.FileStream("test.xml", IO.FileMode.Open, IO.FileAccess.Read)
ds.ReadXml(fs)
fs.Close()
```

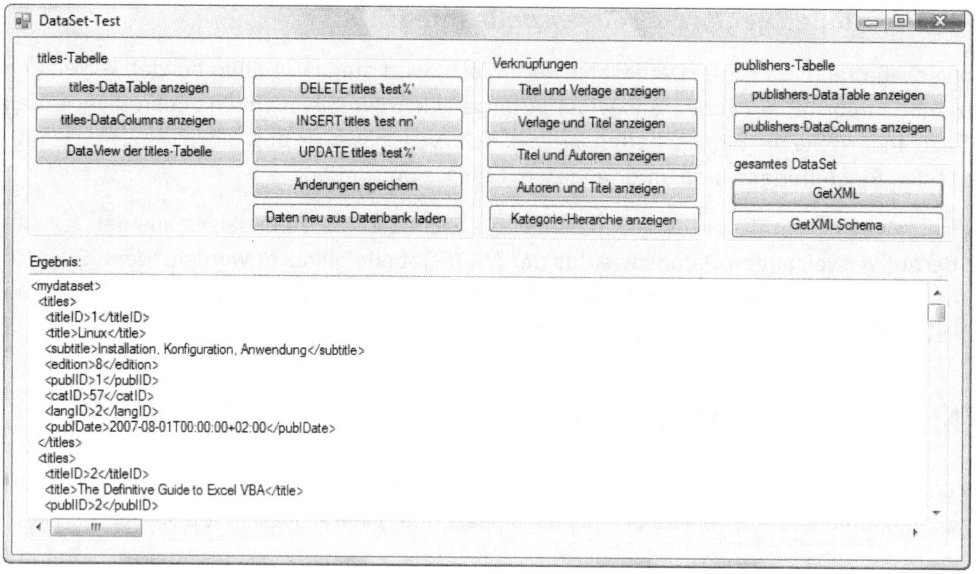

Abbildung 26.5: XML-Darstellung des Inhalts eines DataSets

Auf die einzelnen Elemente im `DataSet` können Sie nun durch `ds.Tables("name")` bzw. `ds.DataRelations("name")` zugreifen. Wenn wie in den Beispielen dieses Kapitels Variablen auf häufig benötigte Objekte verweisen sollen, müssen Sie diese Variablen so initialisieren:

```
Dim titlesDt, publishersDt, ... As DataTable
Dim titPubRel, ... As DataRelation
titlesDt = ds.Tables("titles")
publishersDt = ds.Tables("publishers")
titPubRel = ds.Relations("rel_publ_title")
...
```

Losgelöste DataTables

Seit ADO.NET 2.0 stehen die Methoden `WriteXml[Schema]` und `ReadXml[Schema]` (nicht aber `GetXml[Schema]`) auch für `DataTable`-Objekte zur Verfügung. Die Methoden sind vor allem zur Bearbeitung eines losgelösten `DataTable`-Objekts wichtig, wenn Ihre `DataTable` also nicht Teil eines `DataSets` ist.

DataSet serialisieren

Wenn das XML-Format und damit ein möglicher Datenaustausch mit anderen Programmen für Sie keine Rolle spielt, können Sie das `DataSet` auch in einem binären Format serialisieren. Das hat drei Vorteile: Das `DataSet` wird in nur einer Datei gespeichert (statt in zwei Dateien, einer **.xml-* und einer **.xsd*-Datei), die Geschwindigkeit ist höher und die Dateigröße kleiner (zumindest bei großen `DataSets`). Zum Serialisieren müssen Sie ein `BinaryFormatter`-Objekt einsetzen und die Eigenschaft *RemotingFormat* des `DataSets` auf `Binary` stellen:

```
Dim binform As Runtime.Serialization.IFormatter = _
  New Runtime.Serialization.Formatters.Binary.BinaryFormatter
Dim fs = New IO.FileStream("test.bin", IO.FileMode.Create, IO.FileAccess.Write)
ds.RemotingFormat = SerializationFormat.Binary
binform.Serialize(fs, ds)
fs.Close()
```

Um die Daten wieder einzulesen, gehen Sie so vor:

```
Dim ds = New DataSet()
Dim fs = New IO.FileStream("test.bin", IO.FileMode.Open, IO.FileAccess.Read)
ds = CType(binform.Deserialize(fs), DataSet)
fs.Close()
```

26.9 DataSets ohne Datenbank

Bis jetzt sind wir davon ausgegangen, dass die Daten im `DataSet` aus einer Datenbank stammen: Alle `DataTables` wurden mit `SqlDataAdapter`-Objekten initialisiert und gefüllt. Es besteht aber auch die Möglichkeit, ein `DataSet` vollkommen losgelöst von einer Datenbank mit Objekten und Daten zu füllen. Mit den im vorigen Abschnitt vorgestellten Methoden können Sie das `DataSet` problemlos in eine Datei serialisieren und später wiederverwenden. Für die Verwaltung kleiner Datenmengen ist das ausreichend, und Sie ersparen sich den ganzen Overhead einer echten Datenbanklösung. Auf Multi-User- oder Netzwerkzugriff müssen Sie allerdings verzichten. Der einzige Unterschied im Vergleich zu gewöhnlichen `DataSet`-Anwendungen besteht darin, dass Sie die Spalten der Tabelle und deren Eigenschaften per Code initialisieren müssen.

Beispieldatenbank

Im folgenden Beispiel wird ein `DataSet` zur Verwaltung einer einfachen Kontaktdatenbank eingesetzt. Zu jedem Kontakt können beliebig viele Telefonnummern und E-Mail-Adressen gespeichert werden. Dazu werden drei `DataTables` mit den folgenden Spalten verwendet:

```
contacts (Kontaktdaten, Adresse)
    contactID (Primärindex, Autoincrement)
    name
    address
    birthdate

phone (Telefonnummern)
    phoneID (Primärindex, Autoincrement)
    contactID
    phoneNo
    description

mail (E-Mail-Adressen)
    mailID (Primärindex, Autoincrement)
```

```
contactID
mailaddress
description
```

Die Tabellen `phone` und `mail` sind über die `contactID`-Spalte mit der `contacts`-Tabelle verbunden, sodass eine eindeutige Zuordnung jeder Telefonnummer bzw. jeder E-Mail-Adresse mit dem Kontakt gewährleistet ist.

DataSet per Code initialisieren

Um einer `DataTable` neue Spalten hinzuzufügen, verwenden Sie `Columns.Add`. Die Methode erwartet zwei Parameter, den Namen der Spalte und ihren Datentyp. Wenn auf die Angabe des Datentyps verzichtet wird, gilt automatisch `String`. Bei den ID-Spalten aller drei Tabellen werden außerdem die `Column`-Eigenschaften `AutoIncrementXxx` initialisiert und eine `UniqueContraint` eingerichtet. Zuletzt werden die Tabellen durch zwei `DataRelation`-Objekte miteinander verbunden.

```
' Beispiel ADO.NET-classes\dataset-without-database1\MainWindow.xaml.vb
Dim ds As New DataSet()
Dim contacts, phone, mail As DataTable
Dim col As DataColumn
Dim row As DataRow
'Tabellen
contacts = ds.Tables.Add("contacts")

phone = ds.Tables.Add("phone")
mail = ds.Tables.Add("mail")
'contacts-Tabelle
With contacts
  col = .Columns.Add("contactID", GetType(Integer))
  col.AutoIncrement = True

  col.AutoIncrementSeed = 1
  col.AutoIncrementStep = 1
  .Constraints.Add(New UniqueConstraint("contactID_constraint", col))
  .Columns.Add("name")
  .Columns.Add("address")
  .Columns.Add("birthdate", GetType(DateTime))

End With
'phone-Tabelle
With phone
  col = .Columns.Add("phoneID", GetType(Integer))
  col.AutoIncrement = True
  col.AutoIncrementSeed = 1

  col.AutoIncrementStep = 1
  .Constraints.Add(New UniqueConstraint("phoneID_constraint", col))
  .Columns.Add("contactID", GetType(Integer))
  .Columns.Add("phoneNo")
```

```
  .Columns.Add("description")
End With

'mail-Tabelle
With mail
  col = .Columns.Add("mailID", GetType(Integer))
  col.AutoIncrement = True
  col.AutoIncrementSeed = 1
  col.AutoIncrementStep = 1

  .Constraints.Add(New UniqueConstraint("mailID_constraint", col))
  .Columns.Add("contactID", GetType(Integer))
  .Columns.Add("mailaddress")
  .Columns.Add("description")
End With
'Verknüpfungen

ds.Relations.Add("contacts_phone_rel", _
  contacts.Columns("contactID"), phone.Columns("contactID"))
ds.Relations.Add("contacts_mail_rel", _
  contacts.Columns("contactID"), mail.Columns("contactID"))
```

HINWEIS

Die Eingabe des obigen Codes ist ebenso langweilig wie mühselig. Abschnitt 28.5 zeigt, dass Sie die erforderlichen `DataTable`- und `DataRelation`-Klassen auch mit dem `DataSet`-Designer definieren können.

Datensätze einfügen

Wenn Sie nun einen neuen Datensatz per Code einfügen möchten, gehen Sie entsprechend dem folgenden Muster vor. Entscheidend ist, dass Sie nach `Rows.Add` für den neuen Datensatz den vom `DataSet` erzeugten `contactID`-Wert auslesen und bei den neuen Datensätzen in der `phone`- und `mail`-Tabelle angeben. Damit stellen Sie die Verbindung zwischen den Datensätzen her, sodass später klar ist, welche Telefonnummer bzw. E-Mail-Adresse zu welchem Kontakt gehört. Das Beispielprogramm zeigt die Daten schließlich in einer Textbox an (siehe Abbildung 26.6).

```
Dim row As DataRow
Dim contactID As Integer
' neuer Kontakt
row = contacts.NewRow()
row.ItemArray = New Object() {Nothing, "Kofler Michael", "Graz", #1/1/2000#}
contacts.Rows.Add(row)

contactID = row!contactID
' zwei Telefonnummern für diesen Kontakt
row = phone.NewRow()
row.ItemArray = New Object() {Nothing, contactID, "01234 123456", "Büro"}
phone.Rows.Add(row)
row = phone.NewRow()
```

```
row.ItemArray = New Object() {Nothing, contactID, "01234 234567", "Privat"}
phone.Rows.Add(row)
' eine E-Mail-Adresse für diesen Kontakt
row = mail.NewRow()
row.ItemArray = New Object() {Nothing, contactID, "webmaster@kofler.cc", "Büro"}
mail.Rows.Add(row)
```

Abbildung 26.6: Verwaltung eines DataSets ohne zugrunde liegende Datenbank

26.10 DataSets löschen

Das Thema dieses Abschnitts erscheint trivial – bis Sie es zum ersten Mal ausprobieren! `ds.Clear` löscht nur den Inhalt aller im `DataSet` enthaltenen `DataTables`. `ds.Reset` geht etwas weiter und löscht auch die `DataTables`- und `DataRelations`-Aufzählungen des `DataSets`. Die `DataTable`- und `DataRelation`-Objekte an sich sowie diverse andere Objekte (`Constraints` etc.) bleiben aber erhalten.

Wenn Sie auch diese Objekte löschen möchten, müssen Sie eine genaue Reihenfolge einhalten: Zuerst löschen Sie alle `DataRelations` und deren `ForeignKeyConstraints`, erst dann die `DataTables`. Dabei können Sie keine `For-Each`-Schleifen einsetzen, weil dieser Schleifentyp ungeeignet ist, wenn Sie die betroffene Aufzählung verändern. Stattdessen verwenden Sie herkömmliche Schleifen, die beim jeweils höchsten Index beginnen und nach 0 herunterzählen.

```
Dim i As Integer
Dim dr As DataRelation
For i = ds.Relations.Count - 1 To 0 Step -1
  dr = ds.Relations(i)
  dr.ChildTable.Constraints.Remove(dr.ChildKeyConstraint)
  ds.Relations.RemoveAt(i)

Next
For i = ds.Tables.Count - 1 To 0 Step -1
  ds.Tables.RemoveAt(i)
Next
```

27 Fortgeschrittene ADO.NET-Programmiertechniken

Nach der etwas theoretischen Beschreibung der wichtigsten ADO.NET-Klassen in den vorangegangenen Kapiteln finden Sie hier Programmiertechniken zur Lösung von Problemen, die in der Praxis häufig auftreten: neue Datensätze in Tabellen einfügen und deren ID-Werte lesen, Umgang mit GUIDs, Aufruf von Stored Procedures, Transaktionen ausführen, `NULL` richtig verarbeiten, binäre Daten lesen und schreiben, SQL-Kommandos asynchron ausführen etc.

27.1 Verknüpfte Datensätze ohne DataSet einfügen

Dieser und die beiden folgenden Abschnitte beschäftigen sich mit einem eigentlich trivialen Thema: Wie fügen Sie am besten neue Daten in Ihre Datenbank ein, wenn diese Daten mehrere Tabellen gleichzeitig betreffen? Alle drei hier vorgestellten Varianten zeigen, wie Sie einen neuen Buchtitel speichern, wobei auch der Verlag und die Autorennamen neu sein können.

Abbildung 27.1 zeigt das Eingabeformular. Im AUTOREN-Eingabefeld müssen Sie den Familiennamen zuerst angeben. Bei Büchern mit mehreren Autoren trennen Sie die Autorennamen durch Strichpunkte. Nach dem Speichern wird die Titelliste neu von der Datenbank eingelesen, und der neue Titel wird markiert. Zum Ausprobieren können Sie Titel, Autoren- und Verlagsnamen verwenden, die mit `test` beginnen. Derartige Datensätze können Sie später komfortabel mit dem dafür vorgesehenen Button löschen.

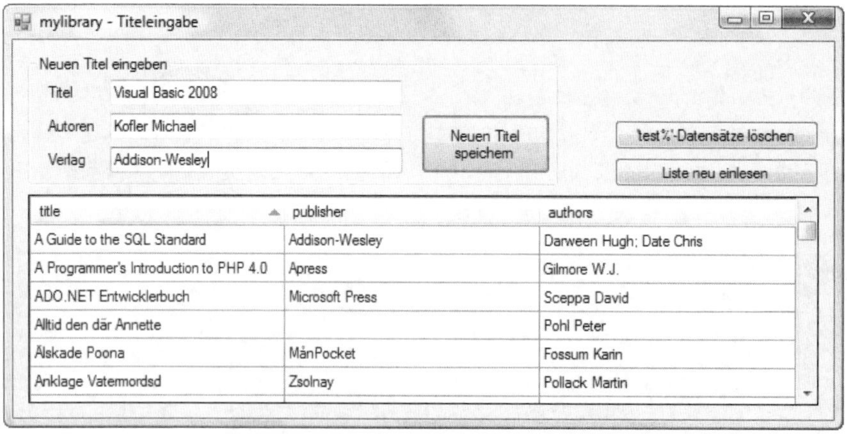

Abbildung 27.1: Das Beispielprogramm zur Eingabe eines neuen Buchtitels

Die Aufgabe des Programms sollte also klar sein. Das Problem besteht darin, dass die neuen Datensätze miteinander verknüpft sind. Um den neuen Titel `T` mit den Autoren `A1` und `A2` und dem Verlag `V` zu speichern, ist die folgende Vorgehensweise erforderlich:

» Existiert der Verlag `V` bereits in der `publishers`-Tabelle? Wenn ja, muss deren `publID`-Nummer ermittelt werden. Wenn das nicht der Fall ist, muss der neue Verlag `V` in der `publishers`-Tabelle gespeichert und die `publID`-Nummer des neuen Verlags ermittelt werden.

» Jetzt kann der Titel in der `titles`-Tabelle gespeichert werden. Dabei wird auch die `publID`-Nummer des Verlags angegeben (oder `NULL`, wenn das Eingabefeld für den Verlag leer ist). Nach dem Speichern muss die `titleID`-Nummer des neuen Titels ermittelt werden.

» Nun muss für jeden Autor getestet werden, ob er schon in der `authors`-Tabelle bekannt ist. Gegebenenfalls wird er dort gespeichert. Anschließend wird die (neue) `authID`-Nummer ermittelt.

» Schließlich muss für jeden Autor ein neuer Eintrag in der `rel_title_author`-Tabelle gespeichert werden. Diese Tabelle gibt an, welche Autoren welche Titel verfasst haben. Jeder Eintrag besteht aus einem `titleID`/`authID`-Nummernpaar.

Die eigentliche Herausforderung des Beispielprogramms besteht darin, die ID-Nummern neuer Datensätze zu ermitteln. Das gleiche Problem haben Sie immer dann, wenn Sie in einer Tabelle einen neuen Datensatz einfügen und in einer zweiten Tabelle darauf verweisen möchten. Weitere Beispiele wären die Erfassung einer neuen Bestellung für einen neuen Kunden, die Aufnahme eines neuen Produkts mit neuem Lieferanten in eine Artikeldatenbank etc.

Das Beispielprogramm ist in dieser Form natürlich nicht praxistauglich: Einerseits fehlen Eingabefelder für die weiteren Spalten der `titles`- und `publishers`-Tabelle (also etwa für `subtitle`, `edition`, `catID`, `langID` etc.), andererseits Kontrollmechanismen für Tippfehler bei der Eingabe (z.B. bei den Autorennamen). Es geht an dieser Stelle aber nur darum, Vorgehensweisen für den Umgang mit den ID-Spalten zu zeigen.

Den ID-Wert eines neuen Datensatzes ermitteln

Normalerweise sind ID-Spalten in der Datenbank als `AutoIncrement`-Spalten realisiert, d.h., der Datenbankserver erzeugt beim Speichern neue ID-Werte. Um den ID-Wert nach dem Speichervorgang vom Datenbanksystem abzufragen, führen Sie in der Regel einfach das Kommando `SELECT @@IDENTITY` aus. Das Kommando muss innerhalb der laufenden Transaktion ausgeführt werden. Wenn Ihre Datenbank Trigger einsetzt oder wenn Sie mit Stored Procedures arbeiten, müssen Sie statt `@@IDENTITY` die Funktionen `SCOPE_IDENTITY` oder `IDENT_CURRENT` auswerten (siehe Abschnitt 24.5).

HINWEIS

Die nachträgliche Ermittlung der neuen ID-Werte ersparen Sie sich, wenn Sie die ID-Spalte beim Datenbankentwurf nicht als Integerzahl mit `AutoIncrement`-Attribut definieren, sondern als GUID-Spalte. `GUID` steht für `Global Unique Identifier`. Dabei handelt es sich um Integerzahlen mit 32 hexadezimalen Stellen, die mit einer Funktion erzeugt werden. GUIDs sind zwar keine durchlaufenden Nummern, die GUID-Funktion garantiert aber, dass jeder Datensatz einen eindeutigen GUID-Wert bekommt. Mehr Informationen zur Verwendung von GUIDs folgen in Abschnitt 27.3.

Variante mit SqlCommand (ohne DataSet)

Die Ermittlung der ID-Werte im Visual Basic-Code hängt davon ab, ob Sie die neuen Datensätze mit der `Update`-Methode eines `DataSets` speichern oder ob Sie dazu `INSERT`-Kommandos verwenden, die Sie mit `SqlCommand`-Objekten ausführen. Die `SqlCommand`-Variante ist einfacher und klarer nachvollziehbar, weswegen wir sie hier zuerst vorstellen. `DataSet`-Freunde können gleich zum nächsten Abschnitt weiterblättern ...

Um neue Datensätze in den diversen Tabellen der `mylibrary` einzufügen, werden jeweils zwei SQL-Kommandos ausgeführt: ein `INSERT`-Kommando mit Parametern und ein `SELECT`-Kommando zur Ermittlung des neuen `ID`-Werts. Für einen neuen Titel sieht der SQL-Code so aus:

```
INSERT INTO titles (title, publID) VALUES(@title, @publID); SELECT @@IDENTITY
```

Noch einfacher sind die Kommandos zur Suche nach bereits existierenden Datensätzen (hier für die `authors`-Tabelle):

```
SELECT authID FROM authors WHERE authName = @authName
```

Da diese Kommandos für jeden Speichervorgang benötigt werden, ist es zweckmäßig, sie einmal am Beginn des Programms zu initialisieren und dann immer wieder einzusetzen. Die Initialisierung erfolgt in der Prozedur `InitSqlCommands`, die im Beispielprogramm von `Form1_Load` ausgeführt wird:

```
'Beispiel ADO.NET-techniques\new-title-id-without-dataset\MainWindow.xaml.vb
Dim conn As SqlConnection
```

```
Dim insertTitle, insertAuthor, insertPublisher, insertRelTitleAuthor, _
    selectPublisher, selectAuthor As SqlCommand
Private Sub InitSqlCommands()
  Dim sql As String
  'Titel speichern
  sql = "INSERT INTO titles (title, publID) VALUES(@title, @publID);" + _
        "SELECT @@IDENTITY"
  insertTitle = New SqlCommand(sql, conn)
  insertTitle.Parameters.Add("@title", SqlDbType.NVarChar)
  insertTitle.Parameters.Add("@publID", SqlDbType.Int)
  'Verlag speichern
  sql = "INSERT INTO publishers (publName) VALUES(@publName);" + _
        "SELECT @@IDENTITY"
  insertPublisher = New SqlCommand(sql, conn)
  insertPublisher.Parameters.Add("@publName", SqlDbType.NVarChar)
  'Autor speichern
  sql = "INSERT INTO authors (authName) VALUES (@authName);" + _
        "SELECT @@IDENTITY"
  insertAuthor = New SqlCommand(sql, conn)
  insertAuthor.Parameters.Add("@authName", SqlDbType.NVarChar)
  'Verknüpfung Titel <--> Autor speichern
  sql = "INSERT INTO rel_title_author(titleID, authID) VALUES(@titleID, @authID)"
  insertRelTitleAuthor = New SqlCommand(sql, conn)
  insertRelTitleAuthor.Parameters.Add("@titleID", SqlDbType.Int)
  insertRelTitleAuthor.Parameters.Add("@authID", SqlDbType.Int)
  'Verlag suchen
  sql = "SELECT publID FROM publishers WHERE publName = @publName"
  selectPublisher = New SqlCommand(sql, conn)
  selectPublisher.Parameters.Add("@publName", SqlDbType.NVarChar)
  'Autor suchen
  sql = "SELECT authID FROM authors WHERE authName = @authName"
  selectAuthor = New SqlCommand(sql, conn)
  selectAuthor.Parameters.Add("@authName", SqlDbType.NVarChar)
End Sub
```

Das Speichern eines neuen Titels erfolgt in `SaveButton_Click`. Dort wird zuerst einmal überprüft, ob ausreichende Eingaben vorliegen (zumindest ein Titel und ein Autor):

```
Private Sub SaveButton_Click(...) Handles SaveButton.Click
  Dim title As String = Trim(TitleTextBox.Text)
  Dim publName As String = Trim(PublisherTextBox.Text)
  Dim authors As String() = Split(AuthorsTextBox.Text, ";")
  Dim authorSpecified As Boolean = False
  Dim author As String
  Dim result As Object
  Dim publID As Integer = -1
  Dim titleID, authID, i As Integer
  'sicherstellen, dass mindestens ein Autor angegeben wurde
  For i = 0 To authors.GetUpperBound(0)
```

```
    authors(i) = Trim(authors(i))
    If authors(i) <> "" Then authorSpecified = True
  Next
  'Abbruch, wenn Daten fehlen
  If title.Length = 0 Or authorSpecified = False Then
    MsgBox("Sie müssen zumindest den Titel und einen Autor angeben!")
    Exit Sub
  End If
```

Der eigentliche Code zum Speichern entspricht der am Beginn dieses Abschnitts zusammengefassten Vorgehensweise: Verlag suchen bzw. speichern, Titel speichern, Autoren suchen bzw. speichern. Vor dem Aufruf der SQL-Kommandos müssen jeweils die Parameter eingestellt werden:

```
  'Verlag suchen bzw. neuen Verlag speichern
  If publName <> "" Then
    selectPublisher.Parameters("@publName").Value = publName
    result = selectPublisher.ExecuteScalar()
    If result Is Nothing Then
      'der angegebene Verlag existiert noch nicht; neuen Verlag speichern
      insertPublisher.Parameters("@publName").Value = publName
      publID = insertPublisher.ExecuteScalar()
    Else
      publID = CInt(result)
    End If
  End If
  'Titel speichern, dabei publID angeben, falls bekannt
  insertTitle.Parameters("@title").Value = title
  If publID = -1 Then
    insertTitle.Parameters("@publID").Value = DBNull.Value
  Else
    insertTitle.Parameters("@publID").Value = publID
  End If
  titleID = insertTitle.ExecuteScalar()
  'Autoren suchen bzw. speichern
  insertRelTitleAuthor.Parameters("@titleID").Value = titleID
  For Each author In authors
    If author = "" Then Continue For
    'Existiert der Autor schon?
    selectAuthor.Parameters("@authName").Value = author
    result = selectAuthor.ExecuteScalar()
    If result Is Nothing Then
      'Nein, neuen Autor speichern
      insertAuthor.Parameters("@authName").Value = author
      authID = insertAuthor.ExecuteScalar()
    Else
      'Ja, authID merken
      authID = result
    End If
    'Verknüpfung Titel <--> Autor herstellen
```

```
    insertRelTitleAuthor.Parameters("@authID").Value = authID
    insertRelTitleAuthor.ExecuteNonQuery()
  Next
```

Zuletzt wird die Titelliste im TableGridView-Steuerelement aktualisiert, wobei der neue Titel ausgewählt wird (als Feedback, dass die Eingabe tatsächlich gespeichert wurde).

```
  UpdateGrid(titleID)       'TableGridView-Steuerelement aktualisieren
  TitleTextBox.Clear()      'Eingaben löschen
  PublisherTextBox.Clear()
  AuthorsTextBox.Clear()
  TitleTextBox.Focus()      'Fokus zurück in das Titel-Eingabefeld setzen
End Sub
```

Darstellung der titles-Liste im DataGridView-Steuerelement

Das Beispielprogramm verwendet ein DataGridView-Steuerelement (siehe Abschnitt 28.4), um die aktuelle Liste aller Titel anzuzeigen. Das Steuerelement zeigt den Inhalt der DataTable-Variable gridTable an. Diese DataTable enthält allerdings nicht direkt das Ergebnis einer SQL-Abfrage. Es ist leider nicht möglich, eine SQL-Abfrage so zu formulieren, dass sie direkt Titeldatensätze mit allen Autoren liefert. In der Prozedur InitTitleGrid werden die Ergebnisdatensätze der folgenden Abfrage mit einem SqlDataReader ausgelesen und zu neuen Datensätzen für die gridTable zusammengefügt:

```
SELECT titles.titleID, title, edition, publName, authName
FROM titles
  LEFT JOIN publishers ON titles.publID = publishers.publID
  JOIN rel_title_author ON titles.titleID = rel_title_author.titleID
  JOIN authors ON authors.authID = rel_title_author.authID
ORDER BY title, publName, authName
```

Nach der Eingabe jedes neuen Titels wird dieser in die gridTable eingefügt (Prozedur UpdateGrid). Da die gridTable mit dem DataGridView-Steuerelement verbunden ist, erscheint der neue Datensatz automatisch auch im Tabellenfeld.

Testdatensätze löschen

Der Button ›TEST%‹-DATENSÄTZE LÖSCHEN ist mit der Ereignisprozedur DeleteTestButton_Click verbunden. Dort werden aus den Tabellen titles, publishers, authors sowie rel_title_author alle Datensätze gelöscht, bei denen der Titel, Verlags- oder Autorenname mit test beginnt. Dazu wird einfach das folgende SQL-Kommando ausgeführt:

```
DELETE FROM rel_title_author WHERE titleID IN
  (SELECT titleID FROM titles WHERE title LIKE 'test%');
DELETE FROM rel_title_author WHERE authID IN
  (SELECT authID FROM authors WHERE authName LIKE 'test%');
DELETE FROM titles WHERE title LIKE 'test%';
DELETE FROM publishers WHERE publName LIKE 'test%';
DELETE FROM authors WHERE authName LIKE 'test%'
```

HINWEIS

Wenn ein Titel, der nicht mit test beginnt, mit einem Testautor oder -verlag verbunden ist, tritt ein Fehler auf. Der Grund: Das SQL-Kommando versucht, den Testautor oder -verlag zu löschen, obwohl dieser von einem (nicht gelöschten) Titel noch gebraucht wird. Die `Foreign-Key`-Regeln des Datenbankservers verhindern dies und lösen einen Fehler aus.

Damit die gelöschten Testdatensätze auch im Tabellenfeld nicht mehr erscheinen, werden sie auch aus der `gridTable` gelöscht:

```
Dim dv As New DataView(gridTable)
dv.RowFilter = "title LIKE 'test%'"
For i = dv.Count - 1 To 0 Step -1
  gridTable.Rows.Remove(dv(i).Row)
Next
```

27.2 Verknüpfte Datensätze mit DataSet einfügen

Das in diesem Abschnitt präsentierte Beispielprogramm *new-title-id-with-dataset* erfüllt exakt dieselbe Aufgabe wie das Beispiel *new-title-id-without-dataset* des vorigen Abschnitts und sieht auch gleich aus (siehe Abbildung 27.1 auf Seite 1040). Der einzige Unterschied besteht in der Implementierung: Während im vorigen Abschnitt diverse SQL-Kommandos ausgeführt wurden, um den neuen Titel zu speichern, werden die neuen Datensätze nun in mehrere `DataTables` eines `DataSets` eingefügt.

Wie Sie sehen werden, erleichtern die `DataSet`-Klassen diese Arbeit nicht, sondern machen sie im Gegenteil komplizierter (doppelt so viel Code, doppelt so lange Entwicklungszeit). Dennoch kann es in manchen Fällen zweckmäßig sein, mit `DataSets` zu arbeiten – etwa wenn ein längerer `Offline`-Betrieb ohne Verbindung zur Datenbank erforderlich ist.

Den ID-Wert eines neuen Datensatzes ermitteln (RowUpdated-Ereignis)

Das Grundproblem bei der Verwendung von `DataSets` besteht darin, dass das `DataSet` nicht in Verbindung zur Datenbank steht. Beim Einfügen neuer Datensätze in eine `DataTable` werden automatisch neue ID-Werte erzeugt, diese sind aber nur vorläufig. Endgültige Werte gibt es erst, wenn der Inhalt `DataTable` mit der Datenbank synchronisiert wird (beim Ausführen der `Update`-Methode des `SqlDataAdapter`-Objekts).

Um Konflikte zwischen den vorläufigen ID-Werten im `DataSet` mit echten ID-Werten der Datenbank auszuschließen, ist es zweckmäßig, bei den ID-Spalten in der `DataTable` die Eigenschaften *AutoIncrementStep* und *-Seed* jeweils auf –1 zu setzen. Damit sind vom `DataSet` erzeugte ID-Werte negativ und somit eindeutig von realen ID-Spalten unterscheidbar. Die beiden `AutoIncrement`-Eigenschaften werden allerdings nur dann korrekt berücksichtigt, wenn Sie *nicht* die Einstellung `da.MissingSchemaAction = AddWithKey` verwenden. Verwenden Sie stattdessen `FillSchema`, um die Spalteneigenschaften von der Datenbank in die `DataTable` zu übertragen:

```
Dim ds As New DataSet()
Dim da As SqlDataAdapter, dt As DataTable, cb As SqlCommandBuilder
da = New SqlDataAdapter("SELECT * FROM tabellenname", conn)
```

```
dt = ds.Tables.Add("titles")
da.Fill(dt)
da.FillSchema(dt, SchemaType.Source)
dt.Columns("ID_Spalte").AutoIncrementSeed = -1
dt.Columns("ID_Spalte").AutoIncrementStep = -1
cb = New SqlCommandBuilder(titlesDa)
```

Leider kümmert sich der SqlDataAdapter bei der Ausführung von Update nicht darum, die neuen ID-Werte vom Datenbankserver in die DataTable einzutragen. Sie können das aber selbst tun, indem Sie das *RowUpdated*-Ereignis des SqlDataAdapters verarbeiten, dort das SQL-Kommando SELECT @@IDENTITY ausführen und das Ergebnis selbst in die ID-Spalte eintragen. Das ist allerdings nur möglich, wenn die ReadOnly-Eigenschaft der ID-Spalte auf False gestellt wird:

```
dt.Columns("ID_Spalte").ReadOnly = False
AddHandler da.RowUpdated, AddressOf tabelle_RowUpdated
```

Das RowUpdate-Ereignis wird während der Update-Operation bei der Speicherung jeden Datensatzes ausgelöst. Der ID-Wert muss allerdings nur ermittelt werden, wenn beim Speichern keine Fehler aufgetreten sind und wenn es sich um einen neuen Datensatz handelt (nicht um die Veränderung oder Löschung eines vorhandenen Datensatzes). Der Code in der Ereignisprozedur greift auf die Variable getIdentity zurück, die zu Beginn des Programms so initialisiert wird:

```
Dim getIdentity As New SqlCommand("SELECT @@IDENTITY", conn)
```

Der Code in der RowUpdated-Prozedur sieht normalerweise wie folgt aus. Durch getIdentity.ExecuteScalar() wird der neue ID-Wert von der Datenbank gelesen und in die ID-Spalte eingetragen. Damit die DataTable nicht glaubt, diese Änderung am Datensatz in der Datenbank speichern zu müssen (der Wert stammt ja von dort), wird die Änderung durch AcceptChanges bestätigt.

```
Private Sub tabelle_RowUpdated(ByVal sender As Object, _
                               ByVal e As SqlRowUpdatedEventArgs)
  If e.Status = UpdateStatus.Continue AndAlso e.StatementType = StatementType.Insert Then
    e.Row!ID_Spalte = getIdentity.ExecuteScalar()
    e.Row.AcceptChanges()
  End If
End Sub
```

Weil in InitDataSet (siehe unten) die Beziehungen zwischen den Tabellen korrekt definiert wurden, bewirkt die obige RowUpdated-Prozedur, dass der ID-Wert nicht nur in der Primärtabelle, sondern auch in der Fremdschlüsseltabelle aktualisiert wird. Mit anderen Worten: Beim Speichern eines neuen Verlags in der publishersDt wird nicht nur die publID-Spalte des betroffenen publishers-Datensatzes aktualisiert, sondern auch die dazugehörende publID-Spalte in titlesDt.

Beispielprogramm

Nachdem die grundsätzliche Vorgehensweise somit geklärt ist, folgen nun die wichtigsten Passagen aus dem Beispielprogramm. Form1_Load stellt die Verbindung zur Datenbank her (Variable conn) und ruft dann InitDataSet zur Initialisierung des DataSets und seiner Objekte auf.

```
' Beispiel ADO.NET-techniques\new-title-id-with-dataset1\MainWindow.xaml.vb
Dim conn As SqlConnection
Dim getIdentity As SqlCommand
Dim ds As DataSet
Dim titlesDt, authorsDt, publishersDt, relTitleAuthorDt As DataTable
Dim titlesDa, authorsDa, publishersDa, relTitleAuthorDa As SqlDataAdapter
Dim titlesCb, authorsCb, publishersCb, relTitleAuthorCb As SqlCommandBuilder
Dim titPubRel, authTitRel, titAuthRel As DataRelation
Private Sub InitDataSet()
  ' DataSet erzeugen
  ds = New DataSet()
  ' GetIdentity-Kommando einrichten
  getIdentity = New SqlCommand("SELECT @@IDENTITY", conn)
  ' titles-Tabelle in DataSet einfügen
  titlesDa = New SqlDataAdapter("SELECT titleID, title, publID FROM titles", conn)
  titlesDt = ds.Tables.Add("titles")
  titlesDa.Fill(titlesDt)
  titlesDa.FillSchema(titlesDt, SchemaType.Source)
  titlesDt.Columns("titleID").ReadOnly = False
  titlesDt.Columns("titleID").AutoIncrementSeed = -1
  titlesDt.Columns("titleID").AutoIncrementStep = -1
  titlesCb = New SqlCommandBuilder(titlesDa)
  AddHandler titlesDa.RowUpdated, AddressOf Titles_RowUpdated
  ' analoger Code für publishers- und authors-Tabelle ...
  ' rel_title_author-Tabelle in DataSet einfügen
  relTitleAuthorDa = New SqlDataAdapter("SELECT * FROM rel_title_author", conn)
  relTitleAuthorDt = ds.Tables.Add("rel_title_author")
  relTitleAuthorDa.Fill(relTitleAuthorDt)
  relTitleAuthorDa.FillSchema(relTitleAuthorDt, SchemaType.Source)
  relTitleAuthorCb = New SqlCommandBuilder(relTitleAuthorDa)
  'Verknüpfungen zwischen den Tabellen herstellen
  titPubRel = ds.Relations.Add("rel_publ_title", _
    publishersDt.Columns("publID"), titlesDt.Columns("publID"))
  titAuthRel = ds.Relations.Add("tit_auth_rel", _
    titlesDt.Columns("titleID"), relTitleAuthorDt.Columns("titleID"))
  authTitRel = ds.Relations.Add("auth_tit_rel",
    authorsDt.Columns("authID"), relTitleAuthorDt.Columns("authID"))
End Sub
Private Sub Titles_RowUpdated(ByVal sender As Object, _
                              ByVal e As SqlRowUpdatedEventArgs)
  ' titleID eines neuen Titels ermitteln
  If e.Status = UpdateStatus.Continue AndAlso _
     e.StatementType = StatementType.Insert Then
```

```
    e.Row!titleID = getIdentity.ExecuteScalar()
    e.Row.AcceptChanges()
  End If
End Sub
Private Sub Publishers_RowUpdated(...)  'analoger Code ...
Private Sub Authors_RowUpdated(...)     'analoger Code ...
```

Das Speichern des neuen Titels erfolgt in `SaveButton_Click`. Der Validitätstest für die Eingabe erfolgt wie im vorigen Abschnitt. Anschließend sucht das Programm den eingegebenen Verlag mit `Select` in der `publishers-DataTable`. Die Minifunktion `Quote` stellt die Zeichenkette in Apostrophe und ersetzt › durch ›‹. Aus `O'Reilly` wird daher `'O''Reilly'`. Wenn es den Verlag noch nicht gibt, wird er als neuer Datensatz in die `publishers-DataTable` eingefügt. Die resultierende `publID` ist dann vorerst eine negative Zahl.

```
Private Sub SaveButton_Click(...) Handles SaveButton.Click
  Dim title As String = Trim(TitleTextBox.Text)
  Dim publName As String = Trim(PublisherTextBox.Text)
  Dim authors As String() = Split(AuthorsTextBox.Text, ";")
  Dim author As String
  Dim publID As Integer = 0
  Dim titleID, authID, i As Integer
  Dim results As DataRow()
  Dim newTitle, newPubl, newAuthor, newRelTitAuth As DataRow
  'sicherstellen, dass Eingabe ausreichend ist ...
  'Verlag suchen bzw. neuen Verlag speichern
  newPubl = Nothing
  If publName <> "" Then
    results = publishersDt.Select("publName = " + Quote(publName))
    If results.Length > 0 Then
      'Der Verlag existiert
      publID = results(0)!publID
    Else
      'Der Verlag existiert noch nicht
      newPubl = publishersDt.NewRow()
      newPubl!publName = publName
      publishersDt.Rows.Add(newPubl)
      publID = newPubl!publID
    End If
  End If
```

Der neue Titel wird ebenfalls als neuer Datensatz in die `titles-DataTable` eingefügt, wobei der gerade ermittelte `publID`-Wert verwendet wird:

```
  'Titel speichern, dabei publID angeben, falls bekannt
  newTitle = titlesDt.NewRow
  newTitle!title = title
  If publID <> 0 Then newTitle!publID = publID
  titlesDt.Rows.Add(newTitle)
  titleID = newTitle!titleID
```

Zuletzt müssen noch alle Autoren in der `authors`-`DataTable` gesucht bzw. dort eingefügt werden. Neue Datensätze in der `relTitleAuthor`-Tabelle stellen die Verbindung zwischen den Autoren und dem neuen Titel her.

```
'Autoren suchen bzw. speichern
newAuthor = Nothing
newRelTitAuth = Nothing
For Each author In authors
  If author = "" Then Continue For
  'Existiert der Autor schon?
  results = authorsDt.Select("authName = " + Quote(author))
  If results.Length = 0 Then          'Nein, neuen Autor speichern
    newAuthor = authorsDt.NewRow()
    newAuthor!authName = author
    authorsDt.Rows.Add(newAuthor)
    authID = newAuthor!authID
  Else                                'Ja, authID merken
    authID = results(0)!authID
  End If
  'Verknüpfung Titel <--> Autor herstellen
  newRelTitAuth = relTitleAuthorDt.NewRow()
  newRelTitAuth!titleID = titleID
  newRelTitAuth!authID = authID
  relTitleAuthorDt.Rows.Add(newRelTitAuth)
Next
```

Die Synchronisierung mit der Datenbank erfolgt durch vier `Update`-Methoden. Es lohnt, sich einige Gedanken darüber zu machen, was dabei intern vor sich geht. Wir gehen davon aus, dass sowohl der Verlag als auch die Autoren neu sind.

`publishersDa.Update` bewirkt, dass der neue Verlag in `publishersDt` in der Datenbank gespeichert wird. Dabei wird das vom `publishersCb`-Objekt (`SqlCommandBuilder`) erzeugte `INSERT`-Kommando ausgeführt. Unmittelbar danach wird die `Publishers_RowUpdated`-Ereignisprozedur aufgerufen. Dort ermittelt `SELECT @@IDENTITY` den neuen `publID`-Wert und speichert ihn im betreffenden Datensatz von `publishersDt`. Da `publishersDt` und `titlesDt` durch eine `DataRelation` miteinander verbunden sind (Variable `titPubRel`), wird diese Änderung automatisch auch im neuen Titeldatensatz in `titlesDt` durchgeführt! Sie sehen also, wie wichtig für dieses Programm die `DataRelations` im `DataSet` sind.

`titlesDa.Update` löst nach dem Speichern des Titels den Aufruf von `Titles_RowUpdated` aus. Dort wird der `titleID`-Wert ermittelt und in `titlesDt` gespeichert. Diese Änderung zieht wiederum automatische Änderungen in `relTitleAuthorDt` nach sich (wegen des `DataRelation`-Objekts `titAuthRel`). Analog werden durch `authorsDa.Update` ein oder mehrere neue Autoren gespeichert. Die Ereignisprozedur `Authors_RowUpdated` wird für jeden neuen Autor ausgeführt.

```
'Änderungen in den DataTables speichern
publishersDa.Update(publishersDt)
titlesDa.Update(titlesDt)
authorsDa.Update(authorsDt)
```

```
  relTitleAuthorDa.Update(relTitleAuthorDt)
  'Neuen Datensatz in DataGridView einfügen, Eingabefelder zurücksetzen
  ...
End Sub
Function Quote(ByVal txt As String) As String
  'stellt den txt in einfache Apostrophe und
  'ersetzt im Text enthaltene '-Zeichen durch ''
  Return "'" + txt.Replace("'", "''") + "'"
End Function
```

HINWEIS

Abschnitt 27.4 greift das Beispiel noch einmal auf und zeigt einen anderen Weg, den Inhalt der ID-Spalte zu ermitteln. Die Grundidee: Anstatt die neuen Datensätze mit einem vom `SqlCommandBuilder` erzeugten `INSERT`-Kommando zu speichern, initialisieren Sie die Eigenschaft `InsertCommand` des `SqlDataAdapters` der betroffenen Tabellen selbst. Dabei geben Sie zusätzlich zum `INSERT`-Kommando ein `SELECT`-Kommando an, das den soeben eingefügten Datensatz wieder aus der Datenbank liest.

Testdatensätze löschen

In der Ereignisprozedur `DeleteTestButton_Click` werden zuerst wie im Beispielprogramm aus Abschnitt 27.1 durch mehrere SQL-Kommandos alle Datensätze in der Datenbank gelöscht. Damit diese Änderungen sich auch im `DataGridView` sowie im `DataSet` widerspiegeln, werden zuerst alle `DataSet`-Objekte gelöscht.

Anschließend werden die `gridTable` sowie die `DataSet`-Objekte neu initialisiert, damit die lokalen Daten und die Datenbank synchron sind. Wesentlich effizienter wäre es, aus den diversen `DataTables` die Testdatensätze herauszulöschen. Dazu wären aber ca. 100 Zeilen zusätzlicher Code erforderlich, der mit der eigentlichen Zielsetzung dieses Beispiels nichts zu tun hat.

27.3 Verknüpfte Datensätze mit GUIDs einfügen

Egal ob Sie verknüpfte Datensätze mit oder ohne `DataSets` einfügen – in jedem Fall verursacht das nachträgliche Ermitteln der neuen ID-Nummern zusätzlichen Code- und Zeitaufwand. Wesentlich einfacher und effizienter wäre es, die ID-Nummern bereits im Client-Programm endgültig zu erzeugen. Mit der herkömmlichen `AutoIncrement`-Strategie ist das nicht möglich, weil der Datenbankserver die Kontrolle über die IDs behalten muss. (Andernfalls könnte es passieren, dass zwei Datenbankbenutzer, die parallel neue Datensätze einfügen, die gleiche ID-Nummer verwenden. Das würde zu Konflikten führen.)

Eine mögliche Lösung besteht darin, beim Datenbankentwurf statt einer ID-Spalte eine GUID-Spalte zu verwenden. `GUID` steht für `Global Unique Identifier`. Dabei handelt sich um Integerzahlen mit 32 hexadezimalen Stellen. Daraus ergeben sich 2128 = 3.4028*1038 Möglichkeiten. Selbst wenn sechs Milliarden Menschen ein Jahrhundert lang je eine GUID pro Sekunde erzeugen würden, wären erst 1.8921*1019 IDs vergeben.

GUIDs sind zwar keine durchlaufenden Nummern, die GUID-Funktion garantiert aber, dass jeder Datensatz einen eindeutigen GUID-Wert bekommt. Bei der Erzeugung neuer GUIDs werden unter anderem die aktuelle Zeit, die Seriennummer der Netzwerkkarte des Rechners und zahlreiche andere Parameter berücksichtigt.

Der wesentliche Vorteil von GUIDs besteht darin, dass sowohl der Datenbankserver als auch jedes Client-Programm GUIDs erzeugen kann, die eindeutig sind. GUIDs bieten sich auch dann an, wenn größere Datenmengen im `Offline`-Betrieb (z.B. auf einem Notebook) erfasst und erst später mit der Datenbank synchronisiert werden sollen.

Leider gibt es auch Nachteile:

» Im Vergleich zu ID-Nummern beanspruchen GUIDs mehr Speicher (16 statt 4 Byte). Auf den ersten Blick scheint das vollkommen gleichgültig zu sein – aber das stimmt nicht ganz. Zwar sind die zwölf zusätzlichen Bytes pro Datensatz oft wirklich vernachlässigbar, nur bleibt es dabei leider nicht: Der Primärindex für die GUID-Spalte braucht ebenfalls deutlich mehr Platz. Zudem werden die GUIDs ja auch in anderen Tabellen zur Herstellung von `1:n`- und `n:m`-Verknüpfungen benötigt. Aus all diesen Faktoren ergibt sich ein deutlich höherer Overhead, der sich je nach Anwendung durchaus spürbar auf die Geschwindigkeit des Systems auswirken kann.

» GUIDs sind extrem unübersichtlich für die manuelle Bearbeitung von Daten. Gerade während der Entwicklung eines neuen Programms kommt es bisweilen vor, dass Sie durch einen Blick in die Tabellen überprüfen möchten, ob der Titel mit der ID 1234 wirklich korrekt mit den Autoren der IDs 789 und 790 verbunden wurde. Das ist nicht weiter schwierig. Dieselbe Aufgabe wird mit GUIDs mit 32 hexadezimalen Stellen ungleich mühsamer.

GUIDs im .NET Framework

Die Unterstützung von GUIDs durch das .NET Framework ist gut: GUIDs werden durch die Struktur `System.`*`Guid`* der `mscorlib` abgebildet. Die Eigenschaft *`Empty`* stellt leere GUIDs zur Verfügung (alle 32 Stellen 0), und die Methode *`NewGuid`* erzeugt neue GUID-Werte. Sie können sich sicher sein, dass dieser Wert mit keiner anderen GUID übereinstimmt, die auf Ihrem Computer erzeugt wurde. Zudem besteht eine extrem hohe Wahrscheinlichkeit, dass die neue GUID sich auch von allen anderen GUIDs unterscheidet, die auf anderen Computern erzeugt wurden. (Oder, um MSDN zu zitieren: `There is a very low probability that the value of the new Guid is all zeroes or equal to any other Guid.`) GUIDs berücksichtigen neben der Zeit auch die MAC-Adresse Ihres PC.

```
Dim guid1 As Guid = Guid.NewGuid()
Dim guid2 As Guid = Guid.Empty
```

Auch die `SqlClient`-Klassen (z.B. `SqlParameter`) kennen den GUID-Datentyp, dort allerdings unter dem Namen `SqlDbType.`*`UniqueIdentifier`*.

Beispieldatenbank

Als Testgrundlage für den Einsatz von GUIDs dienen die Tabellen guid_titles, guid_authors, guid_publishers und guid_rel_title_author in der mylibrary-Datenbank. Es handelt sich dabei um Varianten zu den Tabellen titles, authors, publishers und rel_title_author, wobei aber auf alle Spalten verzichtet wurde, die für das Beispiel nicht unbedingt erforderlich sind. Einen Überblick über diese Minidatenbank gibt Abbildung 27.2. Beim Entwurf der Tabellen wurden im SQL Server Management Studio für die GUID-Spalten der Datentyp uniqueidentifier und das Attribut IsRowGuid = Ja eingestellt.

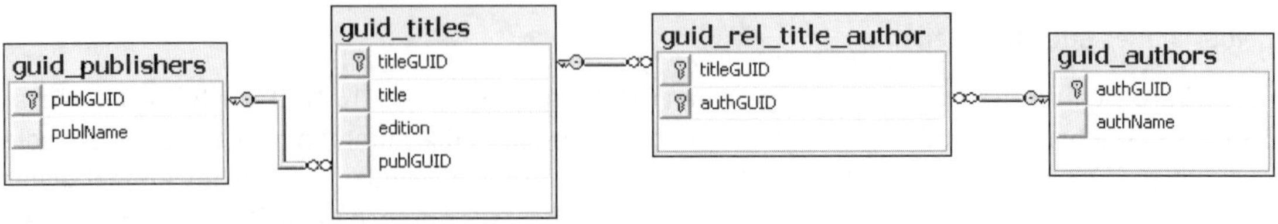

Abbildung 27.2: Datenbankschema für die GUID-Tabellen in der mylibrary-Datenbank

HINWEIS Die Tabellen in Abbildung 27.2 enthalten jeweils noch die zwei weiteren Spalten, die nicht abgebildet sind: LastEditDate und CreationDate. Außerdem enthält mylibrary vier weitere Tabellen: guid_titles_Tombstone, guid_authors_Tombstone, guid_publishers_Tombstone und guid_rel_title_author_Tombstone. Diese Zusatzspalten und -tabellen werden nur in einem einzigen Beispielprogramm dieses Buchs genutzt, wo es um die Synchronisation zwischen dieser Datenbank und einer lokalen Datenbank geht. Details zur Bedeutung dieser Spalten bzw. Tabellen sowie zu den zur Synchronisation eingesetzten Sync Services finden Sie in Abschnitt 32.3.

Neue Datensätze ohne DataSet einfügen

Auch beim Einsatz von GUIDs ist die Variante ohne DataSet einfacher und umfasst deutlich weniger Code. Der Codeaufbau ist identisch zu dem aus Abschnitt 27.1, sodass wir uns hier auf die Beschreibung der GUID-spezifischen Aspekte beschränken.

Bei den INSERT-Kommandos (Variablen insertTitle, insertAuthor und insertPublisher) entfällt nun SELECT @@IDENTITY. Dafür wird der neue GUID-Wert gleich als Parameter des Typs UniqueIdentifier übergeben.

```
' Beispiel ADO.NET-techniques\new-title-guid-without-dataset\MainWindow.xaml.vb
Private Sub InitSqlCommands()
  Dim sql As String
  'Titel speichern
  sql = "INSERT INTO guid_titles (titleGUID, title, publGUID) " + _
        "VALUES(@titleGUID, @title, @publGUID)"
  insertTitle = New SqlCommand(sql, conn)
  insertTitle.Parameters.Add("@titleGUID", SqlDbType.UniqueIdentifier)
  insertTitle.Parameters.Add("@title", SqlDbType.NVarChar)
  insertTitle.Parameters.Add("@publGUID", SqlDbType.UniqueIdentifier)
  'Verlag speichern
  sql = "INSERT INTO guid_publishers (publGUID, publName) " + _
```

```
      "VALUES(@publGUID, @publName)"
  insertPublisher = New SqlCommand(sql, conn)
  insertPublisher.Parameters.Add("@publGUID", SqlDbType.UniqueIdentifier)
  insertPublisher.Parameters.Add("@publName", SqlDbType.NVarChar)
  ...
End Sub
```

Beim Speichern eines neuen Datensatzes können Sie die neuen `title-`, `publ-` und `authGUIDs` nun einfach mit `Guid.NewGuid()` selbst erzeugen und als Parameter an das `INSERT`-Kommando übergeben. Die betreffenden Zeilen im Listing sind fett hervorgehoben.

```
Private Sub SaveButton_Click(...) Handles SaveButton.Click
  Dim title As String = Trim(TitleTextBox.Text)
  Dim publName As String = Trim(PublisherTextBox.Text)
  Dim authors As String() = Split(AuthorsTextBox.Text, ";")
  Dim author As String
  Dim result As Object
  Dim publGUID, titleGUID, authGUID As Guid
  Dim i As Integer
  'Sicherstellen, dass ausreichende Daten angegeben wurden ...
  'Verlag suchen bzw. neuen Verlag speichern
  If publName <> "" Then
    selectPublisher.Parameters("@publName").Value = publName
    result = selectPublisher.ExecuteScalar()
    If result Is Nothing Then
      'der angegebene Verlag existiert noch nicht; neuen Verlag speichern
      publGUID = Guid.NewGuid()
      insertPublisher.Parameters("@publGUID").Value = publGUID
      insertPublisher.Parameters("@publName").Value = publName
      insertPublisher.ExecuteNonQuery()
    Else
      publGUID = result
    End If
  End If
  'Titel speichern, dabei publID angeben, falls bekannt
  titleGUID = Guid.NewGuid()
  insertTitle.Parameters("@title").Value = title
  insertTitle.Parameters("@titleGUID").Value = titleGUID
  If publName = "" Then
    insertTitle.Parameters("@publGUID").Value = DBNull.Value
  Else
    insertTitle.Parameters("@publGUID").Value = publGUID
  End If
  insertTitle.ExecuteNonQuery()
  'Autoren suchen bzw. speichern
  insertRelTitleAuthor.Parameters("@titleGUID").Value = titleGUID
  For Each author In authors
    If author = "" Then Continue For
    'Existiert der Autor schon?
```

```
    selectAuthor.Parameters("@authName").Value = author
    result = selectAuthor.ExecuteScalar()
    If result Is Nothing Then
      'Nein, neuen Autor speichern
      authGUID = Guid.NewGuid()
      insertAuthor.Parameters("@authGUID").Value = authGUID
      insertAuthor.Parameters("@authName").Value = author
      insertAuthor.ExecuteNonQuery()
    Else
      'Ja, authID merken
      authGUID = result
    End If
    'Verknüpfung Titel <--> Autor herstellen
    insertRelTitleAuthor.Parameters("@authGUID").Value = authGUID
    insertRelTitleAuthor.ExecuteNonQuery()
  Next
  'DataGridView aktualisieren, Eingabefelder zurücksetzen ...
End Sub
```

Neue Datensätze mit DataSet speichern

Die vierte Variante des `new-title`-Beispiels verwendet GUIDs in Kombination mit `DataSets`. Im Vergleich zur `DataSet`-Variante mit herkömmlichen IDs ist der Code kompakter und übersichtlicher. Sie dürfen daraus für Ihre eigenen Projekte durchaus eine Schlussfolgerung ziehen: Wenn Sie in `DataSets` Daten verändern möchten, verwenden Sie nach Möglichkeit GUIDs und nicht normale IDs. Damit sparen Sie eine Menge Zeit und Mühe beim Programmieren!

Die Codestruktur sieht sehr ähnlich aus wie beim Beispiel aus Abschnitt 27.2, weswegen wir uns hier auf die Unterschiede beschränken. Bei der Initialisierung der `DataTables` können Sie wie üblich beim `SqlDataAdapter` die Eigenschaft `MissingSchemaAction` auf `AddWithKey` stellen. Das hat ja im Zusammenspiel mit `AutoIncrementSeed = -1` nicht funktioniert. Es ist nicht notwendig, irgendwelche besonderen Eigenschaften für die GUID-Spalte einzustellen. Auch das `RowUpdate`-Ereignis können Sie nun ignorieren – es besteht keine Notwendigkeit mehr, beim Speichern die ID-Spalte neu auszulesen.

Beim Speichern eines neuen Datensatzes erzeugen Sie die `title-`, `publ-` und `authGUIDs` einfach mit `Guid.NewGuid()` selbst und stellen damit die entsprechenden Spalten der neuen Datensätze ein. Die betreffenden Zeilen im Listing sind fett hervorgehoben.

```
'Beispiel ADO.NET-techniques\new-title-guid-with-dataset\MainWindow.xaml.vb
Private Sub InitDataSet()
  ds = New DataSet()
  ' titles-Tabelle in DataSet einfügen
  titlesDa = New SqlDataAdapter( _
    "SELECT titleGUID, title, publGUID FROM guid_titles", conn)
  titlesDt = ds.Tables.Add("titles")
  titlesDa.MissingSchemaAction = MissingSchemaAction.AddWithKey
  titlesDa.Fill(titlesDt)
  titlesCb = New SqlCommandBuilder(titlesDa)
```

```
  ...
End Sub
Private Sub SaveButton_Click(...) Handles SaveButton.Click
  Dim title As String = Trim(TitleTextBox.Text)
  Dim publName As String = Trim(PublisherTextBox.Text)
  Dim authors As String() = Split(AuthorsTextBox.Text, ";")
  Dim author As String
  Dim publGUID, titleGUID, authGUID As Guid
  Dim i As Integer
  Dim results As DataRow(), row As DataRow
  'sicherstellen, dass ausreichende Daten angegeben wurden ...
  'Verlag suchen bzw. neuen Verlag speichern
  If publName <> "" Then
    results = publishersDt.Select("publName = " + Quote(publName))
    If results.Length > 0 Then
      'Der Verlag existiert
      publGUID = results(0)!publGUID
    Else
      'Der Verlag existiert noch nicht
      row = publishersDt.NewRow()
      publGUID = Guid.NewGuid()
      row!publGUID = publGUID
      row!publName = publName
      publishersDt.Rows.Add(row)
    End If
  End If
  'Titel speichern, dabei publGUID angeben, falls bekannt
  row = titlesDt.NewRow
  titleGUID = Guid.NewGuid()
  row!titleGUID = titleGUID
  row!title = title
  If publName <> "" Then row!publGUID = publGUID
  titlesDt.Rows.Add(row)
  'Autoren suchen bzw. speichern
  For Each author In authors
    If author = "" Then Continue For
    'Existiert der Autor schon?
    results = authorsDt.Select("authName = " + Quote(author))
    If results.Length = 0 Then    'Nein, neuen Autor speichern
      row = authorsDt.NewRow()
      authGUID = Guid.NewGuid()
      row!authGUID = authGUID
      row!authName = author
      authorsDt.Rows.Add(row)
    Else                          'Ja, authGUID merken
      authGUID = results(0)!authGUID
    End If
    'Verknüpfung Titel <--> Autor herstellen
    row = relTitleAuthorDt.NewRow()
```

```
    row!titleGUID = titleGUID
    row!authGUID = authGUID
    relTitleAuthorDt.Rows.Add(row)
  Next
  'Änderungen in den DataTables speichern
  publishersDa.Update(publishersDt)
  titlesDa.Update(titlesDt)
  authorsDa.Update(authorsDt)
  relTitleAuthorDa.Update(relTitleAuthorDt)
  'Neuen Datensatz in DataGridView einfügen, Eingabefelder zurücksetzen ...
End Sub
```

27.4 Individuelle Update-Logik (Updates ohne CommandBuilder)

Um Änderungen in einer `DataTable` in der zugrunde liegenden Datenbank zu speichern, führen Sie normalerweise die folgenden Anweisungen durch. Entscheidend ist dabei das Zusammenspiel zwischen den `SqlDataAdapter`- und `SqlCommandBuilder`-Objekten. Der `SqlCommandBuilder` erzeugt die zur Speicherung der Änderungen erforderlichen drei `UPDATE`-, `INSERT`- und `DELETE`-Kommandos.

```
' DataTable initialisieren
Dim com As New SqlCommand("SELECT * FROM titles", conn)
Dim table As New DataTable()
Dim dataadapter As New SqlDataAdapter(com)
dataadapter.MissingSchemaAction=MissingSchemaAction.AddWithKey
dataadapter.Fill(table)
' Änderungen an den Daten durchführen
...
' Änderungen speichern
Dim cb As New SqlCommandBuilder(dataadapter)
dataadapter.Update(table)
```

SqlCommandBuilder-Interna

Wenn Sie neugierig sind, wie die vom `SqlCommandBuilder` erzeugten SQL-Kommandos aussehen, werten Sie `cb.`*`GetInsert-/GetUpdate-/GetDeleteCommand`*`.CommandText` aus oder lesen nach dem Update die Eigenschaften `Update-`, `Insert-` und `DeleteCommand` des `SqlDataAdapters`. Sie erhalten Ergebnisse wie das folgende Kommando:

```
INSERT INTO [titles] ([title], [subtitle], [edition], [publID], [catID],
                      [langID], [publDate], [isbn], [comment])
  VALUES (@p1, @p2, @p3, @p4, @p5, @p6, @p7, @p8, @p9)
```

Da das Kommando in dieser Form nur schwer interpretierbar ist, kann an die drei `Get...Command`-Methoden der optionale Parameter `True` übergeben werden. Statt der nummerierten Parameter enthält das Kommando nun Parameternamen im Klartext. Der Parametername gibt die Spalte aus der dazugehörigen `DataTable` an. Der Zusatz `Original` bedeutet, dass nicht der aktuelle Wert, sondern der ursprünglich gelesene Wert verwendet werden soll (`RowVersion = Orignal`, siehe auch Abschnitt 5.5).

```
DELETE FROM [titles]
WHERE (([titleID] = @Original_titleID)
  AND ([title] = @Original_title)
  AND ((@IsNull_subtitle = 1 AND [subtitle] IS NULL)
   OR  ([subtitle] = @Original_subtitle))
  AND ((@IsNull_edition = 1 AND [edition] IS NULL)
   OR  ([edition] = @Original_edition))
  AND ((@IsNull_publID = 1 AND [publID] IS NULL)
   OR  ([publID] = @Original_publID))
  AND ((@IsNull_catID = 1  AND [catID] IS NULL)  OR ([catID]  = @Original_catID))
  AND ((@IsNull_langID = 1 AND [langID] IS NULL) OR ([langID] = @Original_langID))
  AND ((@IsNull_publDate = 1 AND [publDate] IS NULL)
   OR  ([publDate] = @Original_publDate))
  AND ((@IsNull_isbn = 1 AND [isbn] IS NULL) OR ([isbn] = @Original_isbn))
  AND ((@IsNull_comment = 1 AND [comment] IS NULL)
   OR  ([comment] = @Original_comment)))
INSERT INTO [titles] ([title], [subtitle], [edition], [publID],
            [catID], [langID], [publDate], [isbn], [comment], [cover])
VALUES (@title, @subtitle, @edition, @publID, @catID, @langID,
        @publDate, @isbn, @comment, @cover)
UPDATE [titles]
SET [title] = @title,         [subtitle] = @subtitle,
    [edition] = @edition,     [publID] = @publID,
    [catID] = @catID,         [langID] = @langID,
    [publDate] = @publDate,   [isbn] = @isbn,
    [comment] = @comment,     [cover] = @cover
WHERE ... (Bedingungen wie bei DELETE)
```

Während das `INSERT`-Kommando auf Anhieb verständlich sein sollte, wirken die `UPDATE`- und `DELETE`-Kommandos recht umständlich. Die vielen Vergleiche haben den Sinn, dass der betreffende Datensatz nur dann verändert oder gelöscht wird, wenn *alle* Spalten mit den ursprünglichen Werten des Datensatzes übereinstimmen. Beim Vergleich werden Spalten, die den Wert `NULL` haben dürfen, extra berücksichtigt.

Wie weiß der `SqlDataAdapter`, welchen Wert er für welchen Parameter übergeben soll? Bei den obigen `SqlCommands` ist jedem Parameter ein `SqlParameter`-Objekt zugeordnet. Dessen Eigenschaft *SourceColumn* gibt an, wie die Spalte in der `DataTable` heißt. Außerdem gibt *SourceVersion* an, welche Version des Spaltenwerts (standardmäßig `Current`, sonst `Original`) übergeben werden soll. Beispielsweise ist der erste Parameter des `UPDATE`-Kommandos (also `@title`) dem aktuellen Inhalt der `title`-Spalte aus der `titles`-Tabelle zugeordnet. Daher gilt `SourceColumn = "title"` und `SourceVersion = Current`.

Ein Sonderfall sind die `IsNull_name`-Spalten. Sie stellen sicher, dass der `NULL`-Test zuverlässig funktioniert. Bei den zugeordneten `SqlParameter`-Objekten gilt *SourceColumnNullMapping* = `True`. Das bedeutet, dass der `SqlDataAdapter` an den Parameter 1 übergibt, wenn die zugrunde liegende Spalte `NULL` enthält.

HINWEIS

Das Verhalten der `CommandBuilder`-Klassen hängt davon ab, welchen ADO.NET-Provider Sie einsetzen. `SqlCommandBuilder`, `OleDbCommandBuilder` und `OdbcCommandBuilder` können für dieselbe `SELECT`-Abfrage durchaus unterschiedliche `Update`-Kommandos liefern. Es kann auch Fälle geben, in denen ein Provider `Update`-Kommandos erzeugt, ein anderer aber überfordert ist und nur eine `Exception` auslöst. Der `SqlCommandBuilder` von ADO.NET 2.0 ist übrigens wesentlich ausgereifter als in früheren ADO.NET-Versionen.

Kurz und gut: Überlegen Sie sich möglichst früh, welchen ADO.NET-Provider Sie einsetzen möchten. Ein späterer Wechsel kann gerade beim `CommandBuilder` zu unangenehmen Überraschungen führen.

Argumente für eine eigene Update-Logik

Natürlich ist es bequem, die drei `Update`-Kommandos mit dem `SqlCommandBuilder` zu erzeugen. Es besteht aber auch die Möglichkeit, selbst `Update`-Kommandos zu definieren. Dafür können die folgenden Gründe sprechen:

» **Komplexe *SELECT*-Abfragen:** Wenn der `SqlDataAdapter` auf einer komplexen `SELECT`-Abfrage basiert, die mehrere Tabellen verknüpft, berechnete Felder enthält oder in der Primärspalten fehlen, ist eine automatische Kommandoerzeugung unmöglich. Zumeist besteht das Problem darin, dass es mehrere Möglichkeiten gibt, Änderungen zu speichern. Der `SqlCommandBuilder` kann aber nicht erraten, welche Variante Sie wünschen, und löst deswegen eine `Exception` aus. Abhilfe schaffen eigene `Update`-Kommandos.

» **Stored Procedures:** Der `SqlCommandBuilder` generiert gewöhnliche `UPDATE`-, `INSERT`- und `DELETE`-Kommandos. Wenn Sie stattdessen Stored Procedures einsetzen möchten, müssen Sie die Kommandos selbst generieren.

» **Rücktransport von ID- und Standardwerten:** In Abschnitt 27.2 haben wir uns mit der Frage beschäftigt, wie der tatsächliche ID-Wert einer `Autoincrement`-Spalte nach dem Einfügen eines neuen Datensatzes ermittelt werden kann. Die dort präsentierte Lösung bestand darin, im `RowUpdated`-Ereignis `SELECT @@IDENTITY` auszuführen.

  Wenn Sie bereit sind, das `INSERT`-Kommando selbst zu erzeugen, gibt es noch einen eleganteren Weg: Sie fügen an das `INSERT`-Kommando ein `SELECT`-Kommando an, das den gesamten Datensatz neu einliest. Damit wird nicht nur die ID-Spalte in der `DataTable` aktualisiert, Sie bekommen auch alle vom Datenbankserver verwendeten Standardwerte (für Spalten, bei deren Definition ein Standardwert angegeben wurde).

» **Höhere Geschwindigkeit bei der Kommandoausführung:** Die vom `SqlCommandBuilder` erzeugten `DELETE`- und `UPDATE`-Kommandos vergleichen alle Spalten des Datensatzes mit den Werten, die ursprünglich gelesen wurden. Das stellt sicher, dass Sie Änderungen überschreiben, die ein anderer Datenbankbenutzer in der Zwischenzeit durchgeführt hat. Allerdings machen die vielen Parameter die Kommandoausführung ineffizient.

Wenn keine Gefahr besteht, dass mehrere Benutzer gleichzeitig dieselben Datensätze bearbeiten, wählen Sie den zu ändernden Datensatz einfach durch die ID-Spalte aus (`WHERE idspalte = @original_idwert`).

Eine noch attraktivere Variante besteht bei Tabellen mit einer `Timestamp`- oder `Rowversion`-Spalte. (`Timestamp` und `Rowversion` sind beim SQL Server synonyme Begriffe. Derartige Spalten werden bei jeder Änderung des Datensatzes automatisch aktualisiert.) Den zu ändernden Datensatz wählen Sie mit `WHERE idspalte = @original_idwert AND timestampspalte = @original_timestamp` aus. Damit ist wie durch einen Vergleich aller Spalten sichergestellt, dass Sie keine Änderungen eines anderen Benutzers überschreiben.

» **Höhere Geschwindigkeit bei der Kommandogenerierung:** Das Erzeugen von Kommandos durch den `SqlCommandBuilder` kostet Zeit. Der `SqlCommandBuilder` muss beim Datenbankserver Informationen über die Spalteneigenschaften abfragen etc. Wenn Sie die Update-Kommandos selbst programmieren, ist Ihnen das Datenbankschema bereits bekannt. Ihr Code wird deswegen effizienter sein. Allerdings werden die `Update`-Kommandos bei vielen Anwendungen nur ein einziges Mal generiert. Deswegen ist die erzielte Zeitersparnis meist gering.

Update-Logik realisieren

Eine eigene Update-Logik erreichen Sie, indem Sie selbst drei `SqlCommand`-Objekte definieren und diese den `Update`-, `Insert`- und `DeleteCommand`-Eigenschaften des `SqlDataAdapters` zuweisen. (Sie brauchen nicht immer alle drei Kommandos. Wenn Sie keine Datensätze löschen, verzichten Sie auf das `DeleteCommand` etc.) Eine einmalige Einstellung der `Update`-Kommandos reicht aus, auch wenn Sie den `SqlAdapter` mehrfach zur Speicherung von Änderungen verwenden.

Jedes `SqlCommand`-Objekt darf aus mehreren, durch Strichpunkte getrennten SQL-Anweisungen bestehen. Wenn die letzte SQL-Anweisung `SELECT spalten FROM tabelle` lautet, wird der geänderte Datensatz zurück in die `DataTable` gelesen. (Details folgen in *Beispiel 2*.)

Für jeden Parameter in den Kommandos muss ein `SqlParameter`-Objekt erzeugt werden. Dabei müssen Sie den Namen, den Datentyp und die Zuordnung zu einer Spalte der `DataTable` angeben (`SourceColumn` und `SourceVersion`). Wenn das `SELECT`-Kommando für die zugrunde liegende `DataTable` Alias-Ausdrücke enthält (`SELECT spalte AS aliasname`), dann müssen Sie in `SourceColumn` den Alias-Namen angeben. Bei der Eigenschaft `SourceVersion` gilt standardmäßig die Einstellung `Current`.

Die folgenden Zeilen fassen die prinzipielle Vorgehensweise zusammen. Die Variable `paras` wird dabei nur verwendet, um das wiederholte Eintippen von `adapter.UpdateCommand.Parameters` zu vermeiden. Durch `paras.Add` werden vier Eigenschaften des neuen `SqlParameters` eingestellt: `ParameterName`, `SqlDbType`, `Size` und `SourceColumn`. Die Variable `para` kommt nur zum Einsatz, wenn weitere Eigenschaften des `SqlParameter`-Objekts eingestellt werden müssen (z.B. `SourceVersion`).

```
Dim para As SqlParameter
Dim paras As SqlParameterCollection
Dim sql As String
If adapter.UpdateCommand Is Nothing Then
  sql = "UPDATE ... SET spalte1 = @para1 ... " + _
        "WHERE spalte2 = @para2 ..."
  adapter.UpdateCommand = New SqlCommand(sql, conn)
  paras = adapter.UpdateCommand.Parameters
  paras.Add("@para1", SqlDbType.NVarChar, 100, "spaltennameA")
  para = paras.Add("@para2", SqlDbType.Int, 0, "spaltenname2")
  para.SourceVersion = DataRowVersion.Original
  ...
End If
... analog für .Delete- und .InsertCommand
```

HINWEIS Dieser Abschnitt beschreibt, wie Sie durch eigenen Code Update-Kommandos für ein SqlDataAdapter-Objekt erzeugen. Sie können sich das Leben auch einfacher machen und stattdessen die Visual Data Tools einsetzen (siehe Kapitel 28).

Beispiel 1

Im folgenden Beispielprogramm zeigt ein DataGridView eine Titelliste aus der mylibrary-Datenbank an, wobei zu jedem Titel auch der Verlag und die Anzahl der Autoren angegeben werden (siehe Abbildung 27.3). Wenn Sie in der Titelspalte Fehler entdecken, können Sie diese korrigieren und die Änderungen speichern. Änderungen in den Spalten Verlag und Autorenanzahl sind allerdings nicht möglich.

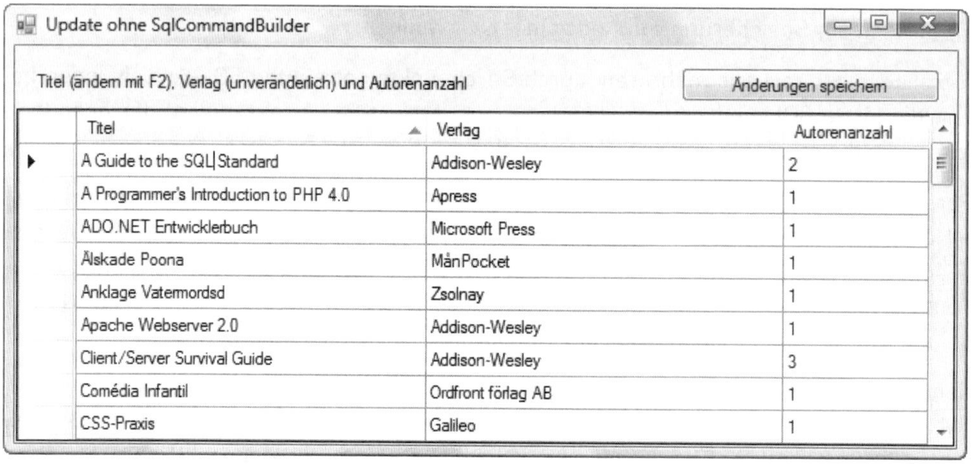

Abbildung 27.3: Abbildung **1.3**: Titeländerungen werden mit einem eigenen UpdateCommand gespeichert.

Der Titelliste liegt die folgende SELECT-Abfrage zugrunde. Die Spalten titleID und publID werden im DataGridView nicht angezeigt.

```
SELECT titles.titleID,
       title AS Titel,
       publishers.publID,
       publName As Verlag,
       COUNT(authors.authID) AS Autorenanzahl
FROM titles
  JOIN publishers ON titles.publID = publishers.publID
  LEFT JOIN rel_title_author ON titles.titleID = rel_title_author.titleID
  LEFT JOIN authors ON rel_title_author.authID = authors.authID
GROUP BY titles.titleID, title, publishers.publID, publName
```

Der `SqlCommandBuilder` ist nicht in der Lage, hierfür ein `UPDATE`-Kommando zu erzeugen. Das Problem besteht darin, dass Änderungen am Datensatz unterschiedliche Tabellen betreffen können. Auch das selbst erzeugte `UPDATE`-Kommando ist nur in der Lage, Änderungen am Titel in der `titles`-Tabelle zu speichern.

```
' Beispiel ADO.NET-techniques\updates-without-commandbuilder\MainWindow.xaml.vb
Dim conn As SqlConnection
Dim table As New DataTable()
Dim adapter As SqlDataAdapter
Private Sub SaveButton_Click(...) Handles SaveButton.Click
  Dim para As SqlParameter
  Dim paras As SqlParameterCollection
  Dim sql As String
  'Update-Kommando selbst definieren
  If adapter.UpdateCommand Is Nothing Then
    sql = "UPDATE titles SET title = @newtitle " + _
          "WHERE titleID = @oldtitleID AND title = @oldtitle"
    adapter.UpdateCommand = New SqlCommand(sql, conn)
    paras = adapter.UpdateCommand.Parameters
    'Parameter für den neuen Titel
    paras.Add("@newtitle", SqlDbType.NVarChar, 100, "Titel")
    para = paras.Add("@oldtitleID", SqlDbType.Int, 0, "titleID")
    para.SourceVersion = DataRowVersion.Original
    para = paras.Add("@oldtitle", SqlDbType.NVarChar, 100, "Titel")
    para.SourceVersion = DataRowVersion.Original
  End If
  'Update durchführen
  adapter.Update(table)
  SaveButton.Enabled = False
End Sub
```

Grundsätzlich wäre es ohne Weiteres möglich, auch Änderungen am Verlagsnamen zu speichern. Dazu ergänzen Sie das SQL-Kommando um ein zweites `UPDATE`-Kommando und fügen zwei zusätzliche Parameter ein:

```
sql += ";UPDATE publishers SET publName = @newpublName " + _
       "WHERE publID = @oldpublID"
...
```

```
paras.Add("@newpublName", SqlDbType.NVarChar, 100, "Verlag")
paras.Add("@oldpublID", SqlDbType.Int, 0, "publID")
```

Das Problem besteht aber darin, dass das `DataGridView` nun unterschiedliche Verlagsnamen enthält, wenn es mehrere Titel von einem Verlag gibt. Die `DataTable` für das `DataGridView` müsste neu von der Datenbank eingelesen werden, damit der Inhalt der Datenbank und der des Steuerelements wieder synchron wären.

Abschließend noch einige Worte zum Einsatz des `DataGridView`-Steuerelements, das ja erst in Abschnitt 28.4 genauer vorgestellt wird: Das Steuerelement zeigt einfach den Inhalt von `table` an. Diese Variable des Typs `DataTable` wird in `Form1_Load` initialisiert. Die Verbindung zwischen der `DataTable` und dem Steuerelement erfolgt durch die folgenden Zeilen:

```
'Ergebnis in DataGridView anzeigen; titleID- und publID-Spalte unsichtbar,
'Verlags- und Anzahl-Spalte read-only, Sortierung nach Titel
With DataGridView1
  .DataSource = table
  .Columns("titleID").Visible = False
  .Columns("publID").Visible = False
  .Columns("Verlag").ReadOnly = True
  .Columns("Autorenanzahl").ReadOnly = True
  .Sort(.Columns("Titel"), System.ComponentModel.ListSortDirection.Ascending)
End With
```

Im Eigenschaftsfenster der Entwicklungsumgebung wurde das `DataGridView` so eingestellt, dass keine Datensätze gelöscht (`AllowUsersToDeleteRows = False`) oder hinzugefügt werden dürfen (`AllowUsersToAddRows = False`).

Der SPEICHERN-Button ist standardmäßig inaktiv. Er wird erst durch die Veränderung eines Datensatzes aktiv. Um die Veränderung festzustellen, wird das `RowChanged`-Ereignis der `DataTable` ausgewertet:

```
AddHandler table.RowChanged, AddressOf publRowChanged
Private Sub publRowChanged(ByVal sender As Object, ByVal e As DataRowChangeEventArgs)
  SaveButton.Enabled = True
End Sub
```

Beispiel 2

Das zweite Beispiel greift nochmals das Beispiel `new-title-id-with-dataset` aus Abschnitt 27.2 auf. Dort wurde in der `RowUpdated`-Ereignisprozedur `SELECT @@IDENTITY` ausgeführt, um die ID-Nummer neuer Datensätze zu ermitteln.

Wenn Sie auf den Einsatz des `SqlCommandBuilder` verzichten und bereit sind, die erforderlichen `INSERT`-Kommandos selbst zu programmieren, können Sie die ID-Nummer und alle anderen Spalten des neu eingefügten Datensatzes direkt aus der Datenbank lesen. Der Code von *new-title-id-with-dataset2* ist mit Ausnahme der Initialisierung der `DataTables` in `InitDataSet` identisch mit dem Code von *new-title-id-with-dataset1*. Die `RowUpdated`-Ereignisprozeduren sind nicht mehr erforderlich und entfallen. Im folgenden Codeausschnitt sind die Änderungen für die `titles`-Tabelle fett hervorgehoben.

```
' Beispiel ADO.NET-techniques\new-title-id-with-dataset2\MainWindow.xaml.vb
Private Sub InitDataSet()
  Dim sql As String
  ' DataSet erzeugen
  ds = New DataSet()
  ' titles-Tabelle in DataSet einfügen
  titlesDa = New SqlDataAdapter("SELECT titleID, title, publID FROM titles", conn)
  titlesDt = ds.Tables.Add("titles")
  titlesDa.Fill(titlesDt)
  titlesDa.FillSchema(titlesDt, SchemaType.Source)
  titlesDt.Columns("titleID").ReadOnly = False
  titlesDt.Columns("titleID").AutoIncrementSeed = -1
  titlesDt.Columns("titleID").AutoIncrementStep = -1
  sql = "INSERT INTO titles (title, publID) VALUES (@title, @publID);" + _
        "SELECT titleID, title, publID FROM titles WHERE titleID = @@IDENTITY"
  titlesDa.InsertCommand = New SqlCommand(Sql, conn)
  titlesDa.InsertCommand.Parameters.Add("@title", SqlDbType.NVarChar, 100, "title")
  titlesDa.InsertCommand.Parameters.Add("@publID", SqlDbType.Int, 0, "publID")
  .. analoge Änderungen für publishers- und authors-Tabelle
End Sub
```

Der entscheidende Punkt ist das SELECT-Kommando in Anschluss an das INSERT-Kommando, das den neuen Datensatz einliest (... WHERE titleID = @@IDENTITY). Dass das SELECT-Ergebnis dann automatisch den gerade gespeicherten Datensatz in der DataTable ersetzt, grenzt nur auf den ersten Blick an schwarze Magie. Tatsächlich ist die Eigenschaft *UpdatedRowSource* des SqlCommand-Objekts verantwortlich. Diese Eigenschaft gibt an, was mit SELECT-Datensätzen oder OUTPUT-Parametern von SPs geschehen soll, die das Kommando zurückgibt. Der SqlDataAdapter wertet diese Einstellung aus. Die möglichen Werte sind in der folgenden Tabelle zusammengefasst. Die Standardeinstellung lautet Both.

***UpdateRowSource*-Aufzählung**	**Bedeutung**
UpdateRowSource.FirstReturnedRecord	Der erste Datensatz, den das Kommando zurückgibt, wird zur Aktualisierung des gerade bearbeiteten Datensatzes in der DataTable verwendet.
UpdateRowSource.OutputParameters	Die Rückgabeparameter werden zur Aktualisierung des gerade bearbeiteten Datensatzes in der DataTable verwendet.
UpdateRowSource.Both	Sowohl der erste Datensatz als auch die Rückgabeparameter werden berücksichtigt. Diese Einstellung gilt bei neuen SqlCommand-Objekten standardmäßig.
UpdateRowSource.None	Alle Rückgabewerte/Ergebnisse werden ignoriert.

27.5 Gespeicherte Prozeduren (Stored Procedures)

Stored Procedures sind selbst programmierte SQL-Funktionen, die direkt vom Datenbankserver verwaltet werden (siehe auch Abschnitt 24.6). Die Ausführung von Stored Procedures in ADO.NET-Programmen hat Ähnlichkeiten mit der Ausführung von SQL-Kommandos mit Parametern, es gibt aber einige Unterschiede. Kurz etwas zur Vorgehensweise:

» Sie erzeugen ein `SqlCommand`-Objekt, geben als `CommandText` einfach nur den Namen der Prozedur an und stellen die Eigenschaft *CommandType* auf `StoredProcedure`.

» Für jeden Parameter der Prozedur erzeugen Sie ein `SqlParameter`-Objekt. Die Parameternamen müssen mit denen der SP übereinstimmen! Bei `OUTPUT`-Parametern müssen Sie die Eigenschaft *Direction* auf `Output` stellen.

» Wenn Sie den Rückgabewert einer Stored Procedure auswerten möchten (dieser Wert enthält bei vielen SPs einen Fehlercode), definieren Sie einen zusätzlichen Parameter und stellen *Direction* auf `ReturnValue`. Der Name dieses Parameters ist dabei gleichgültig.

» Der Aufruf der SP erfolgt durch `ExecuteNonQuery`, wenn die SP keine Datensatzlisten liefert, oder durch `ExecuteReader`, wenn Sie `SELECT`-Ergebnisse erwarten.

Die folgenden Zeilen zeigen den Aufruf der Prozedur `titles_count_for_author`. Den Code der Prozedur finden Sie in Abschnitt 24.6. Die Prozedur erwartet im ersten Parameter einen Autorennamen und gibt im zweiten Parameter die Anzahl der Titel dieses Autors zurück. Wenn der Autorenname nicht bekannt ist, liefert die Prozedur den Rückgabewert –1.

```
' Beispiel ADO.NET-techniques\sp-intro\MainWindow.xaml.vb
Dim titles_count_for_author As SqlCommand
Dim authname, count, returncode As SqlParameter
' Definition des SqlCommand-Objekts
titles_count_for_author = New SqlCommand("titles_count_for_author", conn)
titles_count_for_author.CommandType = CommandType.StoredProcedure
' Definition der Parameter
authname = titles_count_for_author.Parameters.Add("@authName", SqlDbType.NVarChar)
count = titles_count_for_author.Parameters.Add("@count", SqlDbType.Int)
count.Direction = ParameterDirection.Output
returncode = titles_count_for_author.Parameters.Add("@retunrcode", SqlDbType.Int)
returncode.Direction = ParameterDirection.ReturnValue
' Aufruf der SP
authname.Value = AuthorsTextBox.Text
titles_count_for_author.ExecuteNonQuery()
If returncode.Value = -1 Then
  MsgBox("Der angegebene Autor existiert nicht in der mylibrary-Datenbank.")
ElseIf returncode.Value <> 0 Then
  MsgBox("Bei der Ausführung der Stored Procedure ist ein Fehler aufgetreten.")
Else
  MsgBox(AuthorsTextBox.Text & " hat " & count.Value & " Bücher geschrieben.")
End If
```

Die folgenden Zeilen rufen die Prozedur SP `select_titles_for_author` auf. (Den Code der Prozedur finden Sie wiederum in Abschnitt 24.6.) Die SP erwartet im ersten Parameter einen Autorennamen und gibt im zweiten Parameter einen Fehlercode zurück. Wenn der Autorenname gültig war, liefert die SP außerdem eine Liste aller Titel dieses Autors. `ExecuteReader` überträgt die Ergebnisse in einen `SqlDataReader`. Von dort kommen die Datensätze mit `Load` in eine `DataTable`, die in einem `DataGridView` dargestellt wird (siehe Abbildung 27.4).

Im VB-Code wird diesmal darauf verzichtet, Variablen für die beiden `SqlParameter`-Objekte einzurichten. Der Parameterzugriff erfolgt mit `select_titles_for_author.Parameters("@name")`.

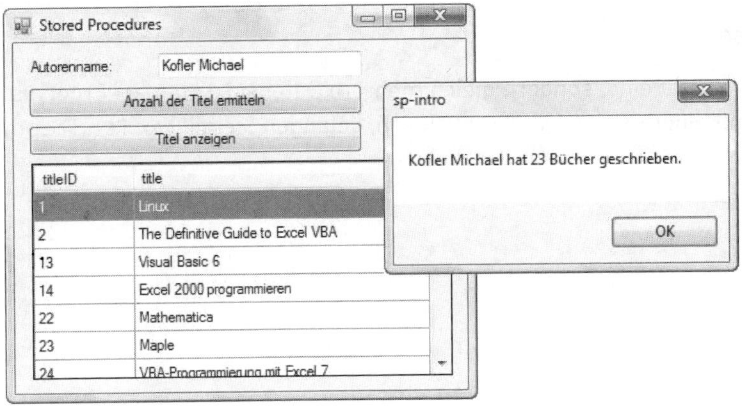

Abbildung 27.4: Testprogramm für Stored Procedures

```
Dim select_titles_for_author As SqlCommand
Dim dr As SqlDataReader
Dim gridtable As DataTable
' Definition des SqlCommand-Objekts
select_titles_for_author = New SqlCommand("select_titles_for_author", conn)
With select_titles_for_author
  .CommandType = CommandType.StoredProcedure
  .Parameters.Add("@authName", SqlDbType.NVarChar)
  para = .Parameters.Add("@returncode", SqlDbType.Int)
  para.Direction = ParameterDirection.Output
End With
' SP ausführen, Ergebnisdatensätze in gridTable übertragen
gridtable = New DataTable()
select_titles_for_author.Parameters("@authName").Value = AuthorsTextBox.Text
dr = select_titles_for_author.ExecuteReader()
If select_titles_for_author.Parameters("@returncode").Value = 0 Then
  gridtable.Load(dr)
Else
  MsgBox("Ungültiger Autorenname oder anderer Fehler.")
End If
dr.Dispose()
DataGridView1.DataSource = gridtable    'gridTable in DataGridView anzeigen
```

HINWEIS

Wenn eine Stored Procedure sowohl ein `SELECT`-Ergebnis als auch einen Rückgabewert liefert, wird der Rückgabewert erst nach der Auswertung des `SELECT`-Ergebnisses gültig! Generell sollten Sie diesen Fall bei der Programmierung von SPs vermeiden und Fehlercodes in einem `OUTPUT`-Parameter zurückgeben. Das vereinfacht nicht nur den Umgang mit der SP in Visual Basic, sondern ist auch effizienter. Wenn es `SELECT`-Ergebnisse gibt, muss der Rückgabeparameter separat vom SQL Server abgeholt werden. Das kostet zusätzlich Zeit.

Der SQL Server bietet auch die Möglichkeit, selbst neue Funktionen zu definieren. Diese Funktionen haben zwar syntaktisch viele Ähnlichkeiten mit SPs, ihre Nutzung erfolgt aber im Rahmen anderer SQL-Kommandos (`SELECT`, `UPDATE`, `INSERT` etc.). Zur Verwendung solcher Funktionen verwenden Sie daher ganz gewöhnliche `SqlCommand`-Objekte ohne die Einstellung `CommandType = StoredProcedure`.

Mehrere SELECT-Ergebnisse

Manche Stored Procedures liefern nicht eine, sondern gleich mehrere Datensatzlisten als Ergebnis. Wenn Sie die Ergebnisse direkt mit einem `SqlDataReader` auslesen, gelangen Sie mit `NextResult` zum jeweils nächsten Ergebnis:

```
reader = sqlcommand.ExecuteReader()
Do
  While reader.Read()
    .. alle Datensätze des aktuellen Ergebnis auslesen
  End While
Loop While reader.NextResult()  'Schleife für weitere Ergebnisse
reader.Close()
```

Wenn Sie dagegen mit einem `DataSet` arbeiten, müssen Sie die Methode `Load` verwenden. Damit wird jede Datensatzliste in eine eigene `DataTable` des `DataSets` übertragen. Als dritten Parameter von `Load` übergeben Sie wahlweise ein Array von `DataTables` oder ein Array von `DataTable`-Namen. Wenn die so benannten `DataTables` noch nicht existieren, werden sie wie folgt erzeugt:

```
Dim dr As SqlDataReader = sqlcommand.ExecuteReader()
ds.Load(dr, LoadOption.OverwriteChanges, New String() {"table1", "table2"})
dr.Close()
```

27.6 Transaktionen mit SqlTransaction

Transaktionen bezeichnen im Datenbank-Jargon mehrere zusammenhängende SQL-Kommandos, die in einer Gruppe ausgeführt werden. Auf SQL-Ebene führen Sie am Beginn einer Transaktion `BEGIN TRANSACTION` aus. Später können Sie die Transaktion wahlweise durch `COMMIT TRANSACTION` bestätigen oder durch `ROLLBACK TRANSACTION` widerrufen. Durch `ROLLBACK` werden alle seit `BEGIN` ausgeführten SQL-Kommandos rückgängig gemacht.

Transaktionen werden in der Regel dazu verwendet, die Integrität von Datenänderungen zu garantieren. Stellen Sie sich vor, durch zwei `UPDATE`-Kommandos würde zuerst ein Betrag von Konto `x` abgebucht und dann auf Konto `y` aufgebucht. Wenn zwischen den beiden Kommandos ein Fehler auftritt, verschwindet der Betrag spurlos. Indem Sie die beiden UPDATE-Kommandos im Rahmen einer Transaktion ausführen, stellen Sie sicher, dass entweder beide Kommandos ausgeführt werden oder keines.

Transaktionen sind natürlich auch dann praktisch, wenn Sie einen mehrstufigen Datenverarbeitungsprozess durchführen, bei dem Fehler (z.B. aufgrund falscher oder fehlender Benutzereingaben) möglich sind. Indem Sie alle Datenänderungen in einer Transaktion ausführen, können Sie den gesamten Prozess jederzeit abbrechen und alle bisher durchgeführten Änderungen widerrufen.

Wenn Sie den SQL Server 2008 als Datenbanksystem einsetzen, bietet ADO.NET seit Version 2.0 zwei Möglichkeiten zur Durchführung von Transaktionen: die in diesem Abschnitt vorgestellte SqlTransaction-Klasse oder die im nächsten Abschnitt vorgestellte System.Transaction-Bibliothek.

HINWEIS

Egal ob Sie SqlTransaction oder System.Transaction einsetzen, nur echte Datenbankoperationen sind transaktionsfähig! Dazu zählen mit SqlCommand ausgeführte Kommandos oder eine Synchronisierung eines DataTable-Objekts (also dataAdapter.Update(datatable)).

Das Einfügen oder Verändern eines Datensatzes in einer DataTable ist dagegen kein transaktionsfähiger Vorgang und kann daher auch nicht widerrufen werden. Die DataTable bzw. ein DataSet stehen ja nicht in ständiger Verbindung mit der Datenbank, sondern sind disconnected und existieren nur im Arbeitsspeicher. Wenn Sie einen Datensatz in einer DataTable ändern, ist das so wie die Veränderung einer Variablen oder eines Elements eines Felds. Weder SqlTransaction noch die Klassen von System.Transaction kümmern sich darum.

Die Konsequenz: Wenn Sie die Änderungen in einer DataTable durch Update in der Datenbank speichern, dabei ein Fehler auftritt und Sie folglich die Transaktion widerrufen, verbleibt die Datenbank wie vorgesehen in dem Zustand, den sie zu Beginn der Transaktion hatte. Das gilt aber nicht für die DataTable! Die Datensätze, die Update bis zum Auftreten des Fehlers zu speichern versucht hat, gelten dort als tatsächlich gespeichert (RowState = Unchanged). Das stimmt aber nicht, weil der Speicherversuch im Rahmen der Transaktion widerrufen wurde. Der Inhalt der DataTable und der Inhalt der Datenbank sind nicht mehr synchron. Abhilfe: Lesen Sie die DataTable nach der gescheiterten Transaktion neu ein.

SqlTransaction-Klasse

Zur Verwaltung von Transaktionen verwenden Sie ein SqlTransaction-Objekt. Der SQL Server und die meisten anderen Datenbanksysteme sehen pro Verbindung (also für jedes SqlConnection-Objekt) nur eine offene Transaktion vor. Grundsätzlich sieht die Ausführung mehrerer SQL-Kommandos im Rahmen einer Transaktion so aus:

» Sie erzeugen ein neues SqlTransaction-Objekt mit conn.*BeginTransaction*.

» Wenn Sie einen anderen Isolationsgrad als ReadCommitted wünschen (er gilt standardmäßig), müssen Sie die Eigenschaft *IsolationLevel* dementsprechend einstellen. Isolationsgrade bestimmen, wie der Datenbankserver mit parallel stattfindenden Transaktionen umgeht. Details dazu finden Sie in der Dokumentation zum SQL Server (suchen Sie nach SET TRANSACTION ISOLATION LEVEL).

» Sie stellen für alle SqlCommand-Objekte, die Sie im Rahmen dieser Transaktion nutzen möchten, die Transaction-Eigenschaft ein.

» Sie führen die SQL-Kommandos aus.

» Sie bestätigen die Transaktion durch `trans.Commit`, oder Sie widerrufen sie durch `trans.Rollback`.

Für jede weitere Transaktion müssen Sie ein neues `SqlTransaction`-Objekt erzeugen und die `Transaction`-Eigenschaften aller `SqlCommands` neu einstellen! Bis zum Abschluss der Transaktion können Sie keine `SqlCommands` ausführen, deren `Transaction`-Eigenschaft nicht initialisiert ist. Es ist also nicht möglich, parallel Kommandos innerhalb und außerhalb der Transaktion auszuführen. Kommt es während der Transaktion zu einem – vielleicht unvorhergesehenen – Abbruch der Datenbankverbindung, wird die noch offene Transaktion wie durch `Rollback` widerrufen.

HINWEIS

Achten Sie darauf, Transaktionen so rasch wie möglich zu beenden! Während eine Transaktion läuft, ist der Zugriff auf die betroffenen Tabellen durch andere Programme blockiert!

Mit `SqlTransaction` durchgeführte Transaktionen sind nur geeignet, um Änderungen in *einer* Datenbank zu kapseln. Für den Fall, dass Sie Änderungen in mehreren Datenbanken oder anderen Datenquellen durch Transaktionen koordinieren möchten, müssen Sie die `System.Transaction`-Bibliothek einsetzen, die im nächsten Abschnitt beschrieben wird.

Beispiel

Im folgenden Beispielprogramm fügen Sie zwei neue Bücher in die `titles`-Tabelle der `mylibrary`-Datenbank ein. Zu beiden Büchern müssen Sie den Titel und die Auflage (also eine Zahl) angeben. Wenn beim Speichern einer der beiden Titel ein Fehler auftritt – etwa weil die Auflage fehlt, weil die Zahl kleiner 1 oder größer 500 ist oder weil es sich gar nicht um eine Zahl handelt –, wird *keiner* der Titel gespeichert. Davon können Sie sich im Tabellenfeld überzeugen, das alle vom Beispielprogramm erzeugten Titel anzeigt. (Das Programm erkennt diese Titel am Untertitel `transtest` und ist daher auch in der Lage, alle Testtitel ganz einfach wieder zu löschen.)

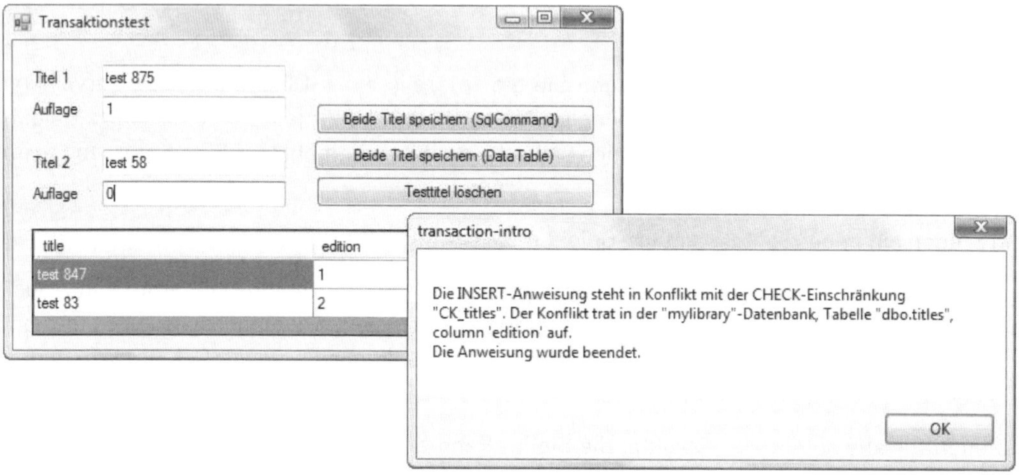

Abbildung 27.5: Beispielprogramm für Transaktionen

Das Kommando zum Einfügen eines neuen Titels wird in Form1_Load initialisiert:

```
' Beispiel ADO.NET-techniques\transaction-intro\MainWindow.xaml.vb
Dim conn As SqlConnection
Dim inscomm, delcomm As SqlCommand
Private Sub MainWindow_Loaded(...) Handles MyBase.Loaded
  conn = New SqlConnection("Server=.;Database=mylibrary;Integrated Security=True")
  conn.Open()
  inscomm = New SqlCommand( _
    "INSERT INTO titles (title, subtitle, edition)" + _
    "  VALUES (@title, 'transtest', @edition)", conn)
  inscomm.Parameters.Add("@title", SqlDbType.NVarChar)
  inscomm.Parameters.Add("@edition", SqlDbType.Int)
  ...
End Sub
```

Der durch eine Transaktion abgesicherte Speichervorgang findet in SaveButton_Click statt:

```
Private Sub SaveButton_Click(...) Handles SaveButton.Click
  Dim trans As SqlTransaction
  trans = conn.BeginTransaction()
  inscomm.Transaction = trans
  Try
    ' erster Titel
    inscomm.Parameters("@title").Value = Title1TextBox.Text
    inscomm.Parameters("@edition").Value = Edition1TextBox.Text
    inscomm.ExecuteNonQuery()
    ' zweiter Titel
    inscomm.Parameters("@title").Value = Title2TextBox.Text
    inscomm.Parameters("@edition").Value = Edition2TextBox.Text
    inscomm.ExecuteNonQuery()
    trans.Commit()
  Catch ex As Exception
    trans.Rollback()
    MsgBox(ex.Message)
  End Try
  RefreshGrid()  'Tabellenfeld aktualisieren
End Sub
```

Transaktionen mit Savepoints

Innerhalb einer Transaktion können durch *Save*("name") sogenannte Savepoints definiert werden. Savepoints sind Markierungspunkte, die einen Punkt in der Abfolge der SQL-Kommandos markieren. Die Anwendung von Savepoints hat den Vorteil, dass Sie durch Rollback nur einen Teil der Transaktion widerrufen können. Dazu geben Sie als Parameter den Namen des Savepoints an. Dadurch werden alle SQL-Kommandos vor dem Savepoint bestätigt und alle danach durchgeführten Kommandos widerrufen.

```
trans = conn.BeginTransaction()
...
trans.Save("point1")
...
trans.Save("point2")
...
trans.Rollback("point1")  'bestätigt alle Kommandos bis zu 'point1' und widerruft alle
                          'danach durchgeführten Kommandos
```

Transaktionen für DataTable-Updates

Leider ist es relativ kompliziert, Änderungen in DataTables durch die Update-Methode vorzunehmen und dabei Transaktionen zu nutzen. Der SqlDataAdapter-Klasse fehlt nämlich eine Transaction-Eigenschaft zur Einstellung des SqlTransaction-Objekts. Um dennoch Transaktionen zu nutzen, müssen Sie die Transaction-Eigenschaft aller vom SqlCommandBuilder erzeugten Kommandos verändern.

Das ist insofern schwierig, als die SqlCommand-Objekte erst bei Bedarf (also bei der Ausführung der Update-Methode) erzeugt werden; dann ist es aber zu spät. Daher müssen Sie durch die Methoden GetUpdate-, GetInsert- bzw. GetDeleteCommand die Erzeugung der SqlCommands im Voraus anregen. Einmal mehr zeigt sich, dass DataTables bzw. DataSets die Datenbankprogrammierung oft nicht vereinfachen, sondern im Gegenteil komplizierter machen ...

Die folgenden Zeilen demonstrieren die Vorgehensweise. Zur Speicherung der neuen Datensätze dient insertTable. Bei der Initialisierung in Form1_Load ist bemerkenswert, dass die Methode FillSchema eingesetzt wird (statt wie sonst üblich Fill). Der Grund: Bereits vorhandene Datensätze der titles-Tabelle sind hier nicht von Interesse. Ihre Übertragung in die DataTable würde nur unnötig Zeit kosten – umso mehr, je größer die titles-Tabelle ist.

```
' Beispiel ADO.NET-techniques\transaction-intro\Mainwindow.xaml.vb
Dim insertAdapter As SqlDataAdapter
Dim insertTable As New DataTable()
Dim cb As SqlCommandBuilder
Private Sub Form1_Loaded(...) Handles MyBase.Loaded
  ...
  Dim com As New SqlCommand("SELECT titleID, title, subtitle, edition FROM titles", conn)
  insertAdapter = New SqlDataAdapter(com)
  insertAdapter.FillSchema(insertTable, SchemaType.Source)
  cb = New SqlCommandBuilder(insertAdapter)
  ...
End Sub
```

Die Speicherung der neuen Datensätze erfolgt in SaveDataTableButton_Click. Bei der Vorbereitung auf die Transaktion werden alle drei Kommandos initialisiert. Bei diesem Beispiel würde es reichen, das InsertCommand zu initialisieren. Nur wenn Sie auch Datensätze ändern oder löschen, müssen Sie auch das Update- und DeleteCommand initialisieren.

```
Private Sub SaveDataTableButton_Click(...) Handles SaveDataTableButton.Click
  Dim row As DataRow
  Dim trans As SqlTransaction
  'die beiden neuen Datensätze in die insertTable einfügen
  row = insertTable.NewRow()
  row!title = Title1TextBox.Text
  row!subtitle = "transtest"
  row!edition = Edition1TextBox.Text
  insertTable.Rows.Add(row)
  row = insertTable.NewRow()
  row!title = Title2TextBox.Text
  row!subtitle = "transtest"
  row!edition = Edition2TextBox.Text
  insertTable.Rows.Add(row)
  'Transaktion vorbereiten
  With insertAdapter
    If .DeleteCommand Is Nothing Then .DeleteCommand = cb.GetDeleteCommand()
    If .InsertCommand Is Nothing Then .InsertCommand = cb.GetInsertCommand()
    If .UpdateCommand Is Nothing Then .UpdateCommand = cb.GetUpdateCommand()
    trans = conn.BeginTransaction()
    .DeleteCommand.Transaction = trans
    .InsertCommand.Transaction = trans
    .UpdateCommand.Transaction = trans
  End With
  'Transaktion ausführen
  Try
    insertAdapter.Update(insertTable)
    trans.Commit()
  Catch ex As Exception
    trans.Rollback()
    insertTable.RejectChanges()
    MsgBox(ex.Message)
  End Try
  RefreshGrid()  'Tabellenfeld aktualisieren
End Sub
```

27.7 Transaktionen mit System.Transaction

Eine Neuerung im .NET Framework 2.0 war die Bibliothek `System.Transaction`, deren diverse Klassen bei der Durchführung von Transaktionen helfen. Die Transaktionen dürfen sich über mehrere Datenbanken erstrecken. Ein Vergleich zwischen der `SqlTransaction`-Klasse und der `System.Transaction`-Bibliothek fällt schwer, zu unterschiedlich sind beide Systeme. Wir haben es in der folgenden Tabelle dennoch versucht:

	SqlTransaction-**Klasse**	*System.Transaction*-**Bibliothek**
Wirkungsbereich	einfache Transaktionen nur für einen SQL Server	einfache und verteilte Transaktionen für mehrere Datenbanken, MSMQ (`Microsoft Message Queue`) und MS-DTC (`Microsoft Distributed Transaction Coordinator`); unterstützt sehr komplexe Transaktionsanforderungen
Voraussetzungen	–	Windows 2000, XP, 2003, Vista etc. (aber nicht Windows 98/ME)
Bibliothek	Teil von ADO.NET	eigene Bibliothek
Steuerung	explizit (relativ umständlich, wenn ein `SqlDataAdapter` im Spiel ist)	implizit bei Verwendung der `TransactionScope`-Klasse (die Verbindung zur Datenbank muss im Kontext eines `TransactionScope`-Objekts geöffnet werden)
Dokumentation	umfassend (im Rahmen der SQL Server-Dokumentation)	spärlich (wie die Transaktionen intern umgesetzt werden, bleibt unklar.)

HINWEIS

Letztlich bleibt es eine persönliche Entscheidung, welches Transaktionssystem Sie vorziehen. Bei einfachen Datenbankanwendungen, die nur eine einzige Datenbank nutzen, ziehen wir die `SqlTransaction`-Klasse vor. Sie basiert auf Transaktionen, wie sie durch den SQL-Standard seit Jahrzehnten definiert und dokumentiert sind.

Bei komplexeren Szenarien bietet die `System.Transaction`-Bibliothek sicherlich viele Vorteile. Die Bibliothek glänzt auch in Kombination mit `DataTable/DataSet`-Updates und führt dann zu wesentlich einfacherem Code. Was uns stört, ist die dürftige Dokumentation, die sinngemäß lautet: Alles funktioniert automatisch. Das ist uns zu wenig. Bevor wir eine Technologie einsetzen, möchten wir die Interna verstehen und wissen, welche Einschränkungen es gibt. Aus der Dokumentation geht beispielsweise nicht hervor, ob bzw. für welche Datenbanksysteme außer dem SQL Server derartige Transaktionen funktionieren, ob und mit welchen Geschwindigkeitseinbußen zu rechnen ist etc.

Datenbankoperationen in Transaktionen ausführen

Im Folgenden beschränken wir uns auf die Beschreibung einer einzigen Klasse aus der `System.Transaction`-Bibliothek: Die *TransactionScope*-Klasse unterstützt sogenannte implizite Transaktionen, die besonders einfach anzuwenden sind.

Eine Grundvoraussetzung besteht darin, dass Sie eine Referenz auf die Bibliothek `System.Transactions` einrichten. Der weitere Code zur Kapselung von Datenbankoperationen in einer Transaktion sieht so aus:

```
Dim trans As New System.Transactions.TransactionScope()
Try
  conn.Open()
  ' diverse Datenbankoperationen
  trans.Complete()
Catch ex As Exception
```

```
  MsgBox("Fehler: " + ex.Message)
Finally
  If conn.State = ConnectionState.Open Then conn.Close()
  trans.Dispose()
End Try
```

Einige Grundregeln:

» Für jede Transaktion muss ein neues TransactionScope-Objekt erzeugt werden. Es ist nicht möglich, ein derartiges Objekt mehrfach zu verwenden.

» Die Transaktion gilt automatisch (implizit) für alle Verbindungen zu einem oder mehreren SQL Servern, die nach der Erzeugung des TransactionScope-Objekts erzeugt wurden.

  Wichtig: Das SqlConnection-Objekt darf beim Erzeugen des TransactionScope-Objekts noch nicht offen sein! Die Koppelung zwischen SqlConnection und TransactionScope erfolgt beim Verbindungsaufbau (bei der Ausführung von Open).

» Die Transaktion wird nur dann erfolgreich abgeschlossen, wenn die *Complete*-Methode ausgeführt wird (entspricht Commit). Es gibt keine eigenen Methoden für den Start der Transaktion (sie beginnt mit dem Erzeugen des TransactionScope-Objekts) oder für den Abbruch der Transaktion (der erfolgt durch Dispose ohne vorheriges Complete).

Der spärlichen Dokumentation zufolge wird die Transaktion intern als SQL-Transaktion durchgeführt, solange nur eine Verbindung zu einem SQL Server 2008 im Spiel ist. Kommen mehrere Datenbankverbindungen zum Einsatz, verwaltet der Microsoft Distributed Transaction Coordinator (MSDTC) die Transaktion. Das setzt aber voraus, dass der Dienst Distributed Transaction Coordinator läuft. Das ist standardmäßig zumeist nicht der Fall. Zur Aktivierung des Diensts führen Sie SYSTEMSTEUERUNG|VERWALTUNG|DIENSTE aus, suchen den Dienst, starten ihn und stellen den Startmodus auf AUTOMATISCH.

Beispiel

Die Adaptierung des Beispiels aus dem vorherigen Abschnitt (siehe Abbildung 27.5) vereinfacht den Code, insbesondere bei der Durchführung des DataTable-Updates. In Form_Load wird das Verbindungsobjekt erzeugt, aber nicht geöffnet.

```
' Beispiel ADO.NET-techniques\system-transaction-intro
Private Sub MainWindow_Loaded(...) Handles MyBase.Loaded
  conn = New SqlConnection("Server=.;Database=mylibrary;Integrated Security=True")
  ' conn nicht öffnen!
  ...
End Sub
```

In SaveButton_Click werden die beiden neuen Datensätze unter Zuhilfenahme eines in Form_Load vorbereiteten SqlCommand-Objekts gespeichert. Dazu wird zuerst das TransactionScope-Objekt erzeugt, die Verbindung geöffnet und die Transaktion schließlich durch Complete abgeschlossen.

```
Private Sub SaveButton_Click(...) Handles SaveButton.Click
  Dim trans As New System.Transactions.TransactionScope()
  Try
    conn.Open()
    inscomm.Parameters("@title").Value = Title1TextBox.Text
    inscomm.Parameters("@edition").Value = Edition1TextBox.Text
    inscomm.ExecuteNonQuery()

    inscomm.Parameters("@title").Value = Title2TextBox.Text
    inscomm.Parameters("@edition").Value = Edition2TextBox.Text
    inscomm.ExecuteNonQuery()
    trans.Complete()
  Catch ex As Exception
    MsgBox(ex.Message)
  Finally
    If conn.State = ConnectionState.Open Then conn.Close()
    trans.Dispose()
  End Try
  RefreshGrid()
End Sub
```

Die Speicherung von Änderungen in einer `DataTable` ist jetzt wesentlich einfacher. Die manuelle Einrichtung des `Insert`-Kommandos entfällt.

```
Private Sub SaveDataTableButton_Click(...) Handles SaveDataTableButton.Click
  Dim row As DataRow
  Dim trans As System.Transactions.TransactionScope
  'neue Datensätze in die DataTable einfügen
  row = insertTable.NewRow()
  row!title = Title1TextBox.Text
  row!subtitle = "transtest"
  row!edition = Edition1TextBox.Text
  insertTable.Rows.Add(row)
  ' analog für den zweiten Datensatz
  trans = New System.Transactions.TransactionScope()
  Try
    conn.Open()
    insertAdapter.Update(insertTable)
    trans.Complete()
  Catch ex As Exception
    MsgBox(ex.Message)
    insertTable.RejectChanges()
  Finally
    If conn.State = ConnectionState.Open Then conn.Close()
    trans.Dispose()
  End Try
  RefreshGrid()
End Sub
```

27.8 NULL und Nullable-Variablen

Seit Visual Basic 2005 können Variablen für Werttypen (`Integer`, `Date`, `Double`) in der Form `Dim i As Nullable(Of Integer)` bzw. noch kürzer mit `Dim i As Integer?` deklariert werden. Das hat den Vorteil, dass in den Variablen auch der Wert `Nothing` gespeichert werden kann (siehe auch Abschnitt 4.6).

Auf den ersten Blick könnte man glauben, `Nullable`-Variablen würden den Umgang mit `NULL`-Spalten erleichtern. Aber weit gefehlt! Microsoft hat das an sich attraktive `Nullable`-Konzept halbherzig implementiert. Es gibt keine automatische Zuordnung zwischen `DBNull.Value` und `Nothing`, und selbst bei ganz normalen Zuweisungen müssen Casting-Funktionen eingesetzt werden. An diesem Problem hat sich auch in VB2010 nichts geändert.

```
' Beispiel ADO.NET-techniques\test-nullable\MainWindow.xaml.vb
Dim edition As Nullable(Of Integer)
Dim row As DataRow
Dim table As DataTable
... 'table mit SELECT * FROM titles intialisieren
' NULL-Spalte auslesen und in Nullable-Variable speichern
For Each row In table.Rows
  If row!edition Is DBNull.Value Then
    edition = Nothing
  Else
    edition = CInt(row!edition)
  End If
  ...
Next
' neuen Datensatz erzeugen, Nullable-Variable zuweisen
row = table.NewRow()
If edition.HasValue Then
  row!edition = edition.Value
Else
  row!edition = DBNull.Value
End If
```

HINWEIS

Dieselbe Vorgehensweise ist übrigens auch beim Datentransport von/aus `SqlParameter`-Objekten erforderlich, wenn diese `NULL` zulassen (Eigenschaft `IsNullable = True`). In diesem Fall verhält sich `parameter.Value` genau wie `datarow!spaltenname`.

Ein weiterer Aspekt des leidigen `NULL`-Themas ist die Darstellung von `NULL`-Spalten in Steuerelementen (siehe das nächste Kapitel). So viel vorweg: Auch dabei gibt es leider oft Probleme.

Generell scheitert Microsoft schon seit einem Jahrzehnt daran, eine vernünftige Unterstützung für `NULL`-Werte zu geben. Wahrscheinlich gibt es in den Microsoft-Testdatenbanken keine `NULL`-Spalten. Das vereinfacht zwar den Microsoft-Entwicklern das Leben, nicht aber allen VB-Datenbankprogrammierern, die für jede `NULL`-Spalte Zusatzcode schreiben müssen.

Hilfsfunktionen zur Zuordnung zwischen DBNull.Value und Nothing

Die folgenden drei Funktionen erleichtern den Transfer zwischen NULL-Spalten und Nullable-Variablen bzw. String-Variablen. ValueOrDBNull erwartet als Parameter eine Nullable-Variable und liefert den Wert des Parameters oder DBNull.Value, wenn der Parameter Nothing enthält. ValueOrNothing erwartet als Parameter ein Feld eines Datensatzes (datarow!spaltenname) und liefert den Wert des Parameters oder Nothing, wenn der Parameter DBNull.Value enthält. StringOrNothing ist eine äquivalente Funktion für Zeichenketten. ValueOrDBNull und ValueOrNothing sind übrigens auch schöne Beispiele für die Anwendung generischer Funktionen (siehe Kapitel 7).

```
Private Function ValueOrDBNull(Of t As Structure)(ByVal data As Nullable(Of t)) As Object
 If data.HasValue Then
   Return data.Value
 Else
   Return DBNull.Value
 End If
End Function
Private Function ValueOrNothing(Of T As Structure)(ByVal obj As Object) As Nullable(Of T)
  If obj Is DBNull.Value Then
    Return Nothing
  Else
    Return CType(obj, T)
  End If
End Function
Private Function StringOrNothing(ByVal obj As Object) As String
  If obj Is DBNull.Value Then
    Return Nothing
  Else
    Return obj.ToString
  End If
End Function
```

Die folgenden Zeilen zeigen den Einsatz dieser Funktionen. Bei ValueOrNothing müssen Sie den Datentyp der Nullable-Variable angeben. Bei String-Zuweisungen in der Form row!stringspalte = stringvariable brauchen Sie keine besondere Funktion, weil Visual Basic in diesem Fall wunderbarerweise Nothing selbstständig DBNull zuordnet.

```
Dim edition As Nullable(Of Integer)
Dim publDate As Nullable(Of Date)
' NULL-Spalte auslesen und in Nullable-Variable speichern
For Each row In table.Rows
  edition = ValueOrNothing(Of Integer)(row!edition)
  publDate = ValueOrNothing(Of Date)(row!publDate)
  subtitle = StringOrNothing(row!subtitle)
  ...
Next
' neuen Datensatz erzeugen, Nullable-Variable zuweisen
row = table.NewRow()
```

```
row!subtitle = subtitle
row!edition = ValueOrDBNull(edition)
row!publDate = ValueOrDBNull(publDate)
```

Hilfsfunktionen zur Ausgabe von »<NULL>«-Zeichenketten

Für Text- bzw. Testausgaben sind die Funktionen ToStringOrNull oft praktisch. Sie erwarten als Parameter eine String- oder Nullable-Variable. Ähnlich wie ToString liefern sie normalerweise den Inhalt des Parameters als Zeichenketten. Enthält der Parameter Nothing, liefern die Funktionen aber die Zeichenkette "<NULL>".

```
Private Function ToStringOrNull(Of T As Structure)(ByVal nullvalue _
    As Nullable(Of T)) As String
  If nullvalue.HasValue Then
    Return nullvalue.ToString
  Else
    Return "<NULL>"
  End If
End Function
Private Function ToStringOrNull(ByVal s As String) As String
  If s Is Nothing Then
    Return "<NULL>"
  Else
    Return s
  End If
End Function
```

Auch hierzu ein Anwendungsbeispiel:

```
Dim title, subtitle As String
Dim titleID As Integer
Dim row As DataRow
Dim sw As New IO.StringWriter()
For Each row In table.Rows
  titleID = row!titleID
  title = row!title
  subtitle = StringOrNothing(row!subtitle)
  edition = ValueOrNothing(Of Integer)(row!edition)
  publDate = ValueOrNothing(Of Date)(row!publDate)

  sw.WriteLine("titleID={0}, title={1}, subtitle={2}, edition={3}, publDate={4}", _
    titleID, title, ToStringOrNull(subtitle), ToStringOrNull(edition), _
    ToStringOrNull(publDate))
Next
```

27.9 Binärdaten (BLOBs)

Sie können in einer Datenbanktabelle nicht nur Zahlen, Daten und Texte speichern, sondern auch beliebige Binärdaten. Dazu geben Sie als Datentyp für die Spalte `Binary` an. Es ist allerdings in Datenbankkreisen umstritten, ob das eine gute Idee ist. Große binäre Datenobjekte (`binary large objects`, kurz BLOBs) sind vielen Optimierungsmechanismen des Datenbankservers im Weg und machen Datenbankanwendungen oft empfindlich langsamer. Die Alternative besteht darin, BLOBs im Dateisystem zu speichern. In der Datenbank speichern Sie nur den Dateinamen der BLOBs. Die Vor- und Nachteile beider Varianten sind in der folgenden Tabelle zusammengefasst.

Binärdaten direkt in der Datenbank speichern		Binärdaten in eigenen Dateien speichern	
+	Alle Daten befinden sich in der Datenbank.	+	Geschwindigkeit.
+	Einheitlicher Zugriff auf alle Daten auch im Netzwerk, einfachere Programmierung.	–	Komplizierter Zugriff auf die BLOBs, wenn das Client-Programm keinen direkten Zugriff auf das Dateisystem hat, in dem sich die Binärdateien befinden.
–	Zumeist wesentlich langsamer.	–	Konsistentes Backup aller Daten schwierig, keine Transaktionsunterstützung, keine Replikation, kein Logging.

Der Zugriff auf BLOBs durch ADO.NET ist zum Glück ausgesprochen einfach. Spalten mit Binärdaten werden wie ganz gewöhnliche Spalten behandelt. Die Datenübergabe erfolgt normalerweise in Form von `Byte`-Arrays, und zwar unabhängig davon, ob Sie einen `SqlDataReader`, eine `DataTable`, die Methode `ExecuteScalar` oder `SqlParameter` einsetzen.

Wenn Sie mit einem `SqlDataReader` arbeiten und nicht das gesamte Binärobjekt auf einmal verarbeiten möchten, können Sie die gewünschte Spalte auch mit `reader.GetSqlBytes(n)` in ein `SqlBytes`-Objekt lesen. Dabei ist `n` die Spaltennummer. Die `SqlByte`-Klasse stellt dann verschiedene Methoden zur Auswahl, um die Daten zu lesen.

Da die meisten .NET-Klassen zur Verarbeitung von Binärdaten `Streams` anwenden, besteht die einzige Herausforderung bei der Bearbeitung von BLOBs meist darin, eine Umwandlung zwischen `Byte`-Arrays und `Streams` durchzuführen.

Bei interaktiven Anwendungen zur Bearbeitung großer Tabellen mit BLOBs ist es zumeist nicht sinnvoll, alle Datensätze vorweg mit `SELECT * FROM tabelle` in eine `DataTable` zu laden. Das ist langsam und ineffizient. Eine intelligentere Vorgehensweise besteht oft darin, zuerst nur die Nicht-BLOB-Spalten zu laden und einzelne BLOBs erst bei Bedarf mit einem eigenen SQL-Kommando nachzuladen.

Beispielprogramm

Das in Abbildung 27.6 dargestellte Beispielprogramm zeigt in einem Listenfeld Buchtitel aus der `titles`-Tabelle der `mylibrary`-Datenbank an. Die Spalte `hasCover` gibt an, zu welchem Titel eine

Cover-Abbildung zur Verfügung steht. Bei der Auswahl eines derartigen Datensatzes wird das Bild geladen und angezeigt. Vorhandene Bilder können Sie in einer Datei speichern, in die Zwischenablage kopieren oder löschen. Ebenso können Sie zu jedem Titel ein neues Titelbild aus einer Datei oder aus der Zwischenablage einfügen.

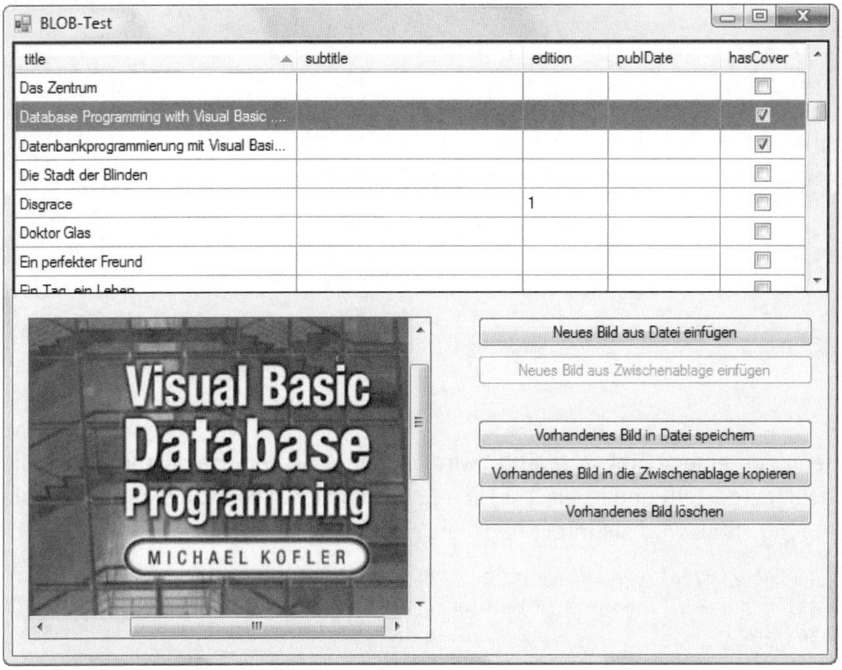

Abbildung 27.6: BLOB-Beispielprogramm

Die Initialisierung des Programms findet wie üblich in `Form1_Load` statt. Hier wird die Verbindung zur Datenbank hergestellt, und es werden einige Spalten der `titles`-Tabelle geladen und im `DataGridView`-Steuerelement angezeigt. Für das Steuerelement gilt `ReadOnly = True`, d.h., es sind keine direkten Änderungen möglich. Beachten Sie, dass die `cover`-Spalte mit den Bildern durch das `SELECT`-Kommando nicht direkt erfasst wird. Die Titelbilder werden erst bei Bedarf geladen!

Interessant ist die Darstellung der `hasCover`-Spalte durch `CheckBox`-Elemente. Diese Spalte wird in der SQL-Abfrage durch eine `CASE`-Konstruktion gebildet. Die Spalte enthält –1, wenn `cover` Daten enthält, sonst 0. Um statt dieser Werte eine Auswahlbox anzuzeigen, wird im `DataGridView` zuerst `Column("hasCover")` gelöscht; anschließend wird eine neue *`DataGridViewCheckBoxColumn`* definiert und hinzugefügt.

```
' Beispiel ADO.NET-techniques\blob-test\MainWindow.xaml.vb
Dim conn As SqlConnection
Dim titles As DataTable
Dim currentTitleID As Integer = -1
Private Sub MainWindow_Loaded(ByVal sender As System.Object, ByVal e As System.EventArgs)
```

```
Handles MyBase.Loaded
        Dim adapter As SqlDataAdapter

        'Verbindung herstellen
        conn = New SqlConnection("Server=.;Database=mylibrary;Integrated Security=True")
        conn.Open()

        'titles-Tabelle lesen
        titles = New DataTable()
        adapter = New SqlDataAdapter( _
          "SELECT titleID, title, subtitle, edition, publDate, " + _
          " CASE WHEN cover IS NULL THEN 0 ELSE -1 END AS hasCover " + _
          "FROM titles", conn)
        adapter.MissingSchemaAction = MissingSchemaAction.AddWithKey
        adapter.Fill(titles)
        titles.Columns("hasCover").ReadOnly = False

        TitlesGrid.DataContext = titles

    End Sub
```

.\express Sobald der Benutzer einen Titel auswählt, wird in der `RowEnter`-Ereignisprozedur die `titleID`-Nummer des Titels festgestellt und in `currentTitleID` gespeichert. Wenn zu diesem Titel die Coverabbildung zur Verfügung steht, wird sie mit `LoadBitmapFromTitlesTable` geladen.

```
Private Sub TitlesGrid_RowEnter(ByVal sender As Object, ByVal e As System.Windows.Controls.
SelectionChangedEventArgs) Handles TitlesGrid.SelectionChanged
        Dim row As DataRowView

        row = TitlesGrid.SelectedItem
        Dim drv As DataRowView = CType(Me.TitlesGrid.SelectedItem, DataRowView)
        currentTitleID = drv("Titleid")
        ButtonSaveCover.IsEnabled = True
        ButtonCopyCover.IsEnabled = True
        ButtonDeleteCover.IsEnabled = True


        Static loadCoverCom As SqlCommand
        Dim bindata As Byte()
        Dim strm As New IO.MemoryStream()

        'SELECT-Kommando vorbereiten
        If loadCoverCom Is Nothing Then
            loadCoverCom = New SqlCommand("SELECT cover FROM titles WHERE titleID=@titleID", conn)
            loadCoverCom.Parameters.Add("@titleID", SqlDbType.Int)
        End If

        'Bild aus titles-Tabelle laden
        loadCoverCom.Parameters("@titleID").Value = currentTitleID
```

```
        Dim obj = loadCoverCom.ExecuteScalar()
        If obj Is DBNull.Value Then
            Image1.Source = Nothing
            Return
        End If

        bindata = CType(obj, Byte())

        'Byte-Array in Stream umwandeln
        strm.Write(bindata, 0, bindata.Length)
        Dim stream As New MemoryStream(bindata)
        Dim image As New BitmapImage()
        Try
            image.BeginInit()
            image.StreamSource = stream
            image.EndInit()
            Image1.Source = image
        Catch ex As Exception
            MsgBox("Fehler beim Laden des Bildes: " & ex.Message)
        End Try
    End Sub
```

Ein Bild aus der Datenbank laden

`LoadBitmapFromTitlesTable` führt eine `SELECT`-Abfrage aus und liefert das gesuchte Bild mit `ExecuteScalar` als `Byte`-Array. Mit `strm.`*`Write`* werden die Bytes in einen `MemoryStream` geschrieben. Dieser `Stream` wird an den `Bitmap`-Konstruktor übergeben, der daraus ein neues `Bitmap`-Objekt erzeugt. Dieses wird in einer `PictureBox` angezeigt.

Für die `PictureBox` gilt `SizeMode = AutoSize`. Die `PictureBox` befindet sich innerhalb eines `Panel`-Steuerelements mit `AutoScroll = True`. Das stellt sicher, dass bei großen Bildern automatisch Bildlaufleisten angezeigt werden.

```
Private Sub LoadBitmapFromTitlestable()
        Static loadCoverCom As SqlCommand
        Dim bindata As Byte()
        Dim strm As New IO.MemoryStream()

        'SELECT-Kommando vorbereiten
        If loadCoverCom Is Nothing Then
           loadCoverCom = New SqlCommand("SELECT cover FROM titles WHERE titleID=@titleID", conn)
           loadCoverCom.Parameters.Add("@titleID", SqlDbType.Int)
        End If

        'Bild aus titles-Tabelle laden
        loadCoverCom.Parameters("@titleID").Value = currentTitleID
```

```
        Dim obj = loadCoverCom.ExecuteScalar()
        If obj Is DBNull.Value Then
            Image1.Source = Nothing
            Return
        End If

        bindata = CType(obj, Byte())

        'Byte-Array in Stream umwandeln
        strm.Write(bindata, 0, bindata.Length)
        Dim stream As New MemoryStream(bindata)
        Dim image As New BitmapImage()
        Try
            image.BeginInit()
            image.StreamSource = stream
            image.EndInit()
            Image1.Source = image
        Catch ex As Exception
            MsgBox("Fehler beim Laden des Bildes: " & ex.Message)
        End Try
    End Sub
```

Ein Bild in der Datenbank speichern

`SaveBitmapInTitlesTable` speichert ein neues Bild im JPEG-Format in der `titles`-Tabelle. Dabei bestehen zwei Möglichkeiten:

- **Inhalt der PictureBox speichern:** Die Bilddaten stammen aus der `Image`-Eigenschaft der `PictureBox`. Um eine qualitativ hochwertige Speicherung zu erzielen, wird der `Quality`-Parameter mit dem Wert 85 an die `Save`-Methode übergeben (siehe auch Abschnitt 9.12 im Windows Forms-E-Book). Beachten Sie, dass Sie im resultierenden `MemoryStream` durch `Seek` an den Anfang springen müssen, bevor Sie den `Stream` in ein `Byte`-Array umwandeln können!
- **JPEG-Datei direkt speichern:** Wenn an die Prozedur der Name einer JPEG-Datei übergeben wird, öffnet das Programm einen `FileStream` zu dieser Datei. Natürlich könnte auch in diesem Fall `PictureBox1.Image` ausgewertet werden. Bei JPEG-Bildern hätte das aber den Nachteil, dass das Bild neuerlich in das JPEG-Format konvertiert werden müsste, was mit Qualitätsverlusten verbunden ist.

In jedem Fall stehen die Bilddateien nun als `Stream`-Objekte zur Verfügung. `strm.Read` überträgt die Daten in ein entsprechend dimensioniertes `Byte`-Array. Dieses wird als Parameter an das `SqlCommand`-Objekt übergeben.

```
Private Sub SaveBitmapInTitlesTable(Optional ByVal filename As String = "")
        Static saveCoverCom As SqlCommand
        Dim row As DataRow
        Dim bindata As Byte()
        Dim strm As Stream


        'UPDATE-Kommando vorbereiten
        If saveCoverCom Is Nothing Then
            saveCoverCom = New SqlCommand("UPDATE titles SET cover=@cover, comment=@comment
WHERE titleID=@titleID", conn)
            saveCoverCom.Parameters.Add("@cover", SqlDbType.Binary)
            saveCoverCom.Parameters.Add("@titleID", SqlDbType.Int)
            saveCoverCom.Parameters.Add("@comment", SqlDbType.NVarChar)
        End If

        If filename = "" Then
            'Bild aus PictureBox in MemoryStream schreiben
            strm = New IO.MemoryStream()
            Dim encoder As New JpegBitmapEncoder()
            Dim myTextBlock As New TextBlock()
            myTextBlock.Text = "Codec Author is: " + encoder.CodecInfo.Author.ToString()
            encoder.Frames.Add(BitmapFrame.Create(Image1.Source))
            encoder.Save(strm)

        Else
            'Bild aus Datei lesen
            strm = New IO.FileStream(filename, IO.FileMode.Open, IO.FileAccess.Read)
        End If


        'Stream in Byte-Array umwandeln
        ReDim bindata(strm.Length - 1)
        strm.Read(bindata, 0, strm.Length)
        strm.Close()

        'Bild speichern
        saveCoverCom.Parameters("@titleID").Value = currentTitleID
        saveCoverCom.Parameters("@comment").Value = "cover gespeichert: " & DateTime.Now
        saveCoverCom.Parameters("@cover").Value = bindata
        saveCoverCom.ExecuteNonQuery()

        'hasCover in titles-DataTable auf True setzen
        row = titles.Rows.Find(currentTitleID)

    End Sub
```

27.10 Asynchrone Datenbankoperationen

Normalerweise ist Ihr Programm während der Ausführung von SQL-Kommandos blockiert. Da viele Kommandos rasch ausgeführt werden und das Programm ohne die Ergebnisse ohnedies nicht weiterarbeiten kann, stellt dieses Verhalten zumeist keine Beeinträchtigung dar. Manchmal ist aber von vornherein klar, dass bestimmte Kommandos für den Datenbankserver aufwendig sind. Während der Wartezeit kann Ihr Programm andere Aufgaben erledigen oder zumindest visuelles Feedback geben, sofern die Kommandos asynchron ausgeführt werden.

ADO.NET unterstützt asynchrone Ausführungsmechanismen für die `SqlCommand`-Klasse durch die Methoden *BeginExecuteNonQuery*, *BeginExecuteReader* und *BeginExecuteXmlReader*. Die asynchrone Ausführung von SQL-Kommandos setzt voraus, dass Sie beim Aufbau der Verbindung zur Datenbank im `ConnectionString` den Parameter *Async = True* angeben. Nach dem Kommandostart durch `BeginExecuteXxx` gibt es drei Varianten, die Wartezeit bis zum Eintreffen des Ergebnisses zu überbrücken. (`com` ist ein `SqlCommand`-Objekt.)

» Sie warten auf das Eintreffen eines *AsyncCallback*-Ereignisses:

```
' asynchroner Aufruf
Dim callback As New AsyncCallback(AddressOf my_Callback)
com.BeginExecuteReader(callback, com)
' Verarbeitung des AsyncCallback-Ergebnisses
Private Sub my_Callback(ByVal result As IAsyncResult)
  Dim com As SqlCommand
  Dim reader As SqlDataReader
  com = CType(result.AsyncState, SqlCommand)
  reader = com.EndExecuteReader(result)
  ...
End Sub
```

» Sie warten, bis *IsComplete* den Wert `True` annimmt. Das können Sie beispielsweise in einer Schleife tun, die während der Wartezeit Feedback gibt:

```
Dim result As IAsyncResult
Dim reader As SqlDataReader
result = com.BeginExecuteReader()       'Ausführung starten
While (result.IsCompleted = False)      'auf Ergebnis warten
  Threading.Thread.Sleep(100)
  ... Feedback geben
End While
reader = com.EndExecuteReader(result)   'Ergebnis verarbeiten
```

Wenn Sie möchten, können Sie das asynchrone Kommando durch *EndExecuteXxx* später zu einem synchronen machen. Beispielsweise starten Sie mit `BeginExecuteNonQuery` ein SQL-Kommando und erledigen dann andere Arbeiten. Wenn das SQL-Kommando danach noch nicht fertig ist (`IsComplete = False`), führen Sie *EndExecuteNonQuery* aus. Das Programm ist nun wie bei der synchronen Ausführung blockiert, bis das SQL-Kommando fertig ist.

» Sie versetzen das Programm durch *AsyncWaitHandle.WaitOne* in den Wartezustand, bis das Ergebnis vorliegt. Im Vergleich zur synchronen Ausführung von Kommandos haben Sie dadurch aber nichts gewonnen:

```
Dim result As IAsyncResult
Dim reader As SqlDataReader
result = com.BeginExecuteReader()      'Ausführung starten
result.AsyncWaitHandle.WaitOne()       'auf Ergebnis warten
reader = com.EndExecuteReader(result)  'Ergebnis verarbeiten
```

Wenn bei der Ausführung des Kommandos ein Fehler auftritt, wird die entsprechende `Exception` zumeist erst bei `EndExecuteXxx` ausgelöst. Sie sollten daher sowohl `BeginExecuteXxx` als auch `EndExecuteXxx` durch `Try-Catch` absichern.

Einschränkungen

Leider sind asynchrone Operationen in ADO.NET mit so vielen Einschränkungen verbunden, dass sich ihr Einsatz oft gar nicht lohnt:

» Es besteht keine Möglichkeit, die asynchrone Kommandoausführung vorzeitig abzubrechen. Die `Cancel`-Methode von `SqlCommand` ist nicht für asynchrone Operationen vorgesehen! `Cancel` ist vielmehr dazu gedacht ist, synchrone `SqlCommands` eines anderen Threads zu stoppen – ein in der Praxis selteneres Szenario.

» Die oben erwähnte `AsyncCallback`-Variante scheint ideal für Windows-Programme zu sein, weil die Benutzeroberfläche weiterhin benutzbar bleibt. Leider erfolgen die Verarbeitung des Kommandos und der Aufruf der Callback-Ereignisprozedur in unterschiedlichen Threads. Deswegen können Sie auf die Steuerelemente Ihres Programms nur umständlich via `Invoke` zugreifen.

» ADO.NET unterstützt asynchrone Operationen nur für die `SqlCommand`-Klasse. Es ist hingegen nicht möglich, den Verbindungsaufbau asynchron durchzuführen, `DataTables` asynchron mit Daten zu füllen (das dauert bei großen Ergebnismengen viel länger als die eigentliche Ausführung des `SELECT`-Kommandos durch den Datenbankserver!) oder mit einem `SqlAdapter` asynchron ein `DataTable-Update` auszuführen.

» Die asynchrone Kommandoausführung funktioniert für alle SQL Server ab Version 7. Bei den Versionen 7 und 2000 muss die Verbindung allerdings über das TCP/IP-Protokoll erfolgen. Erst SQL Server 2008 unterstützt asynchrone Kommandos auch dann, wenn die Kommunikation `shared memory` verwendet. (Diese Kommunikationsform ist bei lokalen Datenbankverbindungen der Normalfall.)

» Es besteht keine Möglichkeit festzustellen, wie weit die Kommandoausführung bereits fortgeschritten ist bzw. wie lange sie voraussichtlich noch dauern wird. Es daher unmöglich, einen realitätsnahen Fortschrittsbalken anzuzeigen.

In manchen Fällen kann es zweckmäßig sein, auf das in diesem Abschnitt beschriebene Konzept zur asynchronen Ausführung von Kommandos ganz zu verzichten und die betroffenen Kommandos stattdessen mit der `BackgroundWorker`-Klasse synchron, aber dafür in einem Hintergrund-Thread auszuführen. Mehr Informationen zur Anwendung des `BackgroundWorkers` finden Sie in Abschnitt 21.1.

Beispiel

Im folgenden Beispielprogramm können Sie in einem Textfeld ein beliebiges `SELECT`-Kommando für die `mylibrary`-Datenbank angeben und auf zwei Arten asynchron ausführen. Bis der SQL Server die Daten bereitstellt, wird ein Statustext angezeigt, an dessen Ende immer mehr Punkte hinzugefügt werden, um so ein Feedback zu geben, dass das Programm noch läuft. Die `SELECT`-Ergebnisse werden schließlich in einem `DataGridView`-Steuerelement dargestellt.

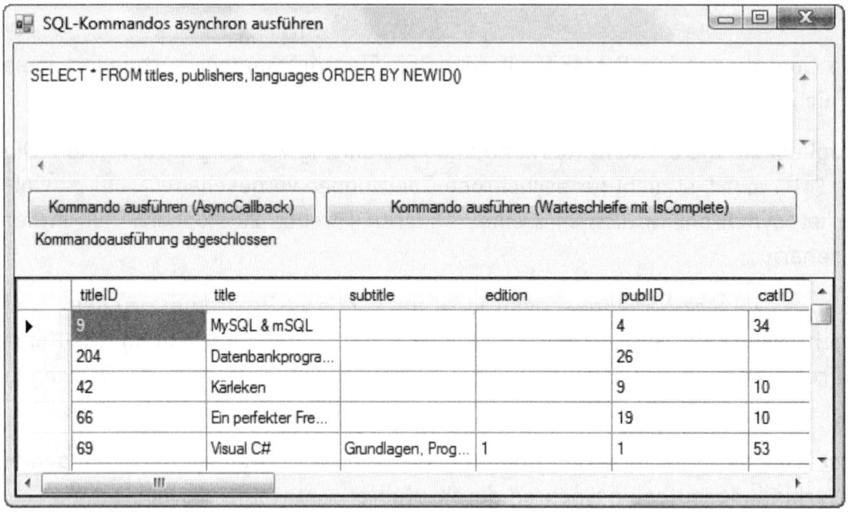

Abbildung 27.7: Asynchrone Kommandoausführung

Die Programmausführung beginnt wie üblich in `Form1_Load`, wo die Verbindung zur Datenbank hergestellt wird. Wichtig ist dabei der Parameter `Asynchronous Processing=True`.

```
' Beispiel ADO.NET-techniques\async-ado\MainWindow.vb
Dim conn As SqlConnection
Dim com As New SqlCommand
Dim table As DataTable
Private Sub MainWindow_Loaded(ByVal sender As System.Object, ByVal e As System.EventArgs)
Handles MyBase.Loaded
        conn = New SqlConnection("Server=.\express;Database=mylibrary;Integrated
Security=True;Asynchronous Processing=True")
        conn.Open()
        com.Connection = conn
        LabelStatus.Content = ""
    End Sub
```

Kommandoausführung mit AsyncCallback

Bei der ersten Variante wird zur Kommandoausführung ein AsyncCallBack-Objekt verwendet, das auf die Prozedur com_Callback verweist. An BeginExecuteReader werden dieses Objekt sowie das zugrunde liegende SqlCommand-Objekt übergeben. com_Callback kann das SqlCommand-Objekt aus dem IAsyncResult-Parameter entnehmen und führt damit EndExecuteReader aus. Wenn dabei kein Fehler auftritt, wird der SqlDataReader per Invoke an Process_Results übergeben. Diese Prozedur überträgt alle Datensätze im reader in ein DataTable-Objekt und zeigt dieses im DataGridView-Steuerelement an.

```
  Delegate Sub delegate_process_results(ByVal reader As SqlDataReader)
  Delegate Sub delegate_error(ByVal errormsg As String)
Private Sub ButtonStart1_Click(…) Handles ButtonStart1.Click
        Dim callback As AsyncCallback

        com.CommandText = TextBox1.Text
        DataGridView1.DataContext = Nothing
        Try
            callback = New AsyncCallback(AddressOf com_Callback)
            com.BeginExecuteReader(callback, com)
        Catch ex As Exception
            MsgBox(ex.Message)
            Exit Sub
        End Try

        LabelStatus.Content = "Kommandoausführung läuft"
        ButtonStart1.IsEnabled = False
        ButtonStart2.IsEnabled = False

        timer.IsEnabled = True
        Cursor = Cursors.Wait
    End Sub
 'wird in einem eigenen Thread ausgeführt (nicht im Windows.Forms-Thread)
Private Sub com_Callback(ByVal result As IAsyncResult)
        Dim com As SqlCommand
        Dim reader As SqlDataReader
        Dim para(0) As Object

        com = CType(result.AsyncState, SqlCommand)
        Try
            Dim my_method As New delegate_process_results(AddressOf Process_Results)
            reader = com.EndExecuteReader(result)
            para(0) = reader
            Dispatcher.Invoke(my_method, para)
            reader.Close()
        Catch ex As Exception
            Dim my_method As New delegate_error(AddressOf Command_Error)
            para(0) = ex.Message
```

```
            Dispatcher.Invoke(my_method, para)
        End Try
    End Sub
 'wird per Invoke im Windows.Forms-Thread ausgeführt
Private Sub Process_Results(ByVal reader As SqlDataReader)
        LabelStatus.Content = "Kommandoausführung abgeschlossen, Daten werden übertragen"
        LabelStatus.UpdateLayout()
        table = New DataTable()
        table.Load(reader)

        DataGridView1.DataContext = table
        timer.IsEnabled = False
        Cursor = Nothing
        ButtonStart1.IsEnabled = True
        ButtonStart2.IsEnabled = True
        LabelStatus.Content = "Kommandoausführung abgeschlossen"
    End Sub
 'wird per Invoke im Windows.Forms-Thread ausgeführt
Private Sub Command_Error(ByVal errormsg As String)
        timer.IsEnabled = False
        Cursor = Nothing
        MsgBox(errormsg)
        ButtonStart1.IsEnabled = True
        ButtonStart2.IsEnabled = True
        LabelStatus.Content = "Bei der Kommandoausführung ist ein Fehler aufgetreten."
    End Sub

'Feedback während Kommandoausführung, Variante 1
Private Sub Timer1_Tick(…) Handles timer.Tick
        LabelStatus.Content += "."
    End Sub
```

Kommandoausführung mit Warteschleife

Wesentlich übersichtlicher ist der Code, wenn Sie das Ende des Kommandos in einer Schleife abwarten. Um dabei nicht unnötig CPU-Leistung zu konsumieren, wird das Programm dort immer wieder durch `Sleep` für 100 Millisekunden in den Ruhezustand versetzt.

```
Private Sub ButtonStart2_Click(ByVal sender As System.Object, ByVal e As System.EventArgs)
Handles ButtonStart2.Click
        Dim result As IAsyncResult
        Dim reader As SqlDataReader

        com.CommandText = TextBox1.Text
        DataGridView1.DataContext = Nothing
        MyBase.UpdateLayout()
        ' Kommandoausführung starten
        Try
```

```
        result = com.BeginExecuteReader()
    Catch ex As Exception
        MsgBox(ex.Message)
        Exit Sub
    End Try

    ' auf Ergebnis warten
    LabelStatus.Content = "Kommandoausführung läuft"
    LabelStatus.UpdateLayout()
    ButtonStart1.IsEnabled = False
    ButtonStart2.IsEnabled = False
    Cursor = Cursors.Wait
    While (result.IsCompleted = False)
        LabelStatus.Content += "."
        LabelStatus.UpdateLayout()
        System.Threading.Thread.Sleep(100)
    End While

    'Ergebnis anzeigen
    LabelStatus.Content = "Kommandoausführung abgeschlossen, Daten werden übertragen"
    LabelStatus.UpdateLayout()
    Try
        reader = com.EndExecuteReader(result)
        table = New DataTable()
        table.Load(reader)
        DataGridView1.DataContext = table
        LabelStatus.Content = "Kommandoausführung abgeschlossen"
    Catch ex As Exception
        MsgBox(ex.Message)
        LabelStatus.Content = "Bei der Kommandoausführung ist ein Fehler aufgetreten."
    End Try
    Cursor = Nothing
    ButtonStart1.IsEnabled = True
    ButtonStart2.IsEnabled = True
End Sub
```

27.11 SQL-String-Builder

Wenn Sie oft SQL-Kommandos in Ihr Visual Basic-Programm eintippen, wird Ihnen das mühselige Zusammensetzen der mehrzeiligen Kommandos in der Form `"teil 1" + _ "teil 2"` bald auf die Nerven gehen. Das folgende Miniprogramm schafft Abhilfe: Sie fügen das SQL-Kommando in der Textbox oben ein, klicken auf den Button VB-CODE ERZEUGEN und fügen den Inhalt der Zwischenablage anschließend in Ihr Programm ein (siehe). Sie finden dieses praktische Tool auf der Webseite zum Buch im Verzeichnis *ADO.NET-techniques\build-sql-string*. Auf den Abdruck des trivialen Programmcodes haben wir aus Platzgründen verzichtet.

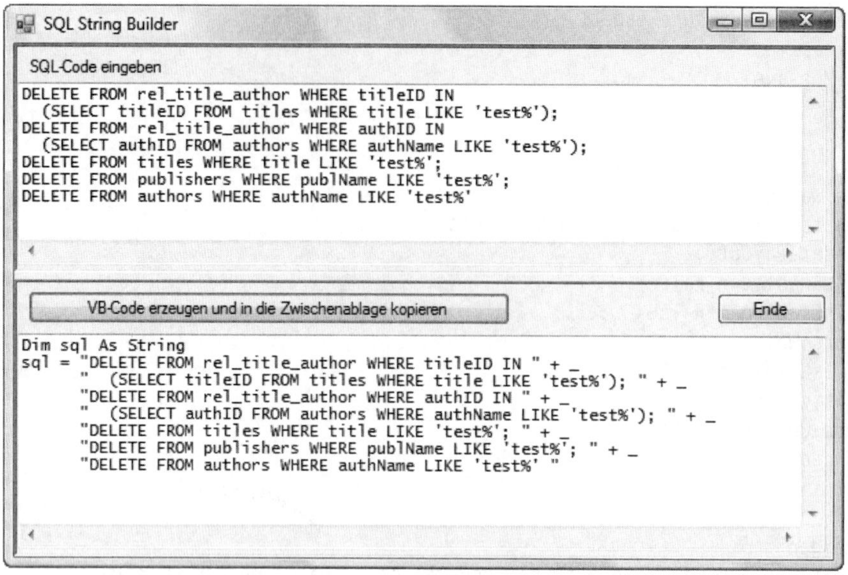

Abbildung 27.8: SQL-Kommandos in Visual Basic-Zeichenketten umwandeln

28 Typisierte DataSets

In den vorausgegangenen ADO.NET-Kapiteln haben wir Ihnen gezeigt, wie Sie mit einigen Zeilen Code die ADO.NET-Klassen nutzen und Daten in Steuerelementen darstellen. Bei der Lektüre dieser Kapitel ist Ihnen sicherlich klar geworden, dass bei ernsthaften Datenbankanwendungen eine Menge Handarbeit notwendig ist. Viele Implementierungsdetails wiederholen sich in jeder Spalte bzw. jeder Tabelle Ihrer Datenbank. Der resultierende Code neigt dazu, rasch zu wachsen und unübersichtlich zu werden.

Die `Visual Data Tools` – einige in Visual Studio integrierte Werkzeuge – versprechen Windows Forms-Datenbankanwendungen quasi per Mausklick. Insbesondere die Definition von Datenbankabfragen (`DataTables`, `DataViews`) und deren Bindung an Steuerelemente lassen sich mit den Visual Data Tools vergleichsweise einfach und rasch erledigen. Die Entwicklung von Anwendungen erfolgt auf einem viel höheren Abstraktionsniveau und wird teilweise durch die visuelle Darstellung von ADO.NET-Objekten unterstützt. Insofern sind die Visual Data Tools ein wertvolles Mittel zu mehr Effizienz bei der Programmentwicklung.

Dieses Kapitel gibt einen kurzen Überblick über die Visual Data Tools und geht dann ausführlicher auf die Verwaltung von Datenquellen, den `DataSet`-Designer und dessen Codegenerator ein.

Neu in VB2010

Es gibt keine Neuheiten zu typisierten Datasets in VB 2010.

Zu beachten ist, dass Datasets langsam ein Auslaufmodell werden. In moderneren .NET-Bibliotheken wie Silverlight, ASP.NET MVC, WCF Data Services und ASP.NET Dynamic Data werden Datasets nicht mehr unterstützt. Hier unterstützt Microsoft nur noch das ADO.NET Entity Framework. Dennoch muss man keine Angst haben: Das Dataset wird es weiterhin in .NET für Standardsituationen (WPF und Windows Forms) geben, aber es wird Fälle geben, wo das Dataset nicht mehr reicht.

28.1 Einführung

Die Visual Data Tools bestehen aus zwei Teilen, deren Funktion in der Tabelle auf der folgenden Seite beschrieben ist. Die Tabelle gibt in Klammern an, bei welchen Visual Studio-Versionen die einzelnen Teile mitgeliefert werden.

Dieses Kapitel beschreibt nur den ersten Teil der `Visual Data Tools`, also die Datenquellenverwaltung, den `DataSet`-Designer und alle damit im Zusammenhang stehenden Funktionen.

Einige Komponenten der SQL Server-Integration wurden bereits in den Abschnitten 24.3 und 24.4 vorgestellt. Da fast alle Funktionen in gleicher oder ähnlicher Form auch im SQL Server Management Studio zur Verfügung stehen, finden Sie in jedem guten Buch zur SQL Server-Administration weitergehende Informationen.

Visual Data Tools	Funktion
Datenquellenverwaltung und DataSet-Designer (alle Versionen, aber bei `VB Express Edition` auf lokale Datenquellen eingeschränkt)	Damit importieren Sie verschiedene Datenbankobjekte (Tabellen, Views etc.). Die Objekte werden als hierarchische Liste im Datenquellenfenster angezeigt (DATEN|DATENQUELLEN ANZEIGEN). Aus dieser Liste sind Drag&Drop-Operationen in Windows Forms-Formulare möglich (aber nicht in WPF-Fenster!). Der Datenzugriff erfolgt über ein typisiertes `DataSet`, für dessen Klassen automatisch Code generiert wird. Die `DataSet`-Informationen werden als **.xsd*-Datei gespeichert (XML-Schema-Datei). Änderungen erfolgen über einen eigenen `DataSet`-Designer, den Sie am einfachsten durch einen Doppelklick auf die **.xsd*-Datei im PROJEKTMAPPEN-EXPLORER starten.

Visual Data Tools	Funktion
Server-Explorer und SQL Server-Integration (alle Versionen, aber bei VB Express Edition und `VS Standard` limitierter Funktionsumfang)	Dieses Werkzeug hilft bei der Datenbankadministration. Nach dem Verbindungsaufbau werden die verfügbaren Datenbanken, Tabellen, Spalten, Views, SPs etc. in Form einer hierarchischen Liste angezeigt (ANSICHT|SERVER-EXPLORER). Die Liste sieht ganz ähnlich aus wie im Datenquellenfenster, erlaubt aber keine Drag&Drop-Operationen! Wenn es sich bei Ihrem Datenbanksystem um einen SQL Server handelt, können Sie ausgehend vom Server-Explorer den Inhalt von Tabellen ansehen, Datenbanken/Tabellen/Views erzeugen oder verändern, SQL-Abfragen entwickeln und testen, SPs entwickeln etc. Wenn Sie dagegen ein anderes Datenbanksystem einsetzen, stellt der Server-Explorer viel weniger Funktionen zur Verfügung. Diese Funktionen des Server-Explorers haben wenig mit Ihrem eigentlichen Visual Basic-Projekt zu tun und stehen in gleicher oder ähnlicher Form auch im SQL Server Management Studio zur Verfügung. Die Integration in Visual Studio ist aber insofern praktisch, als Sie so beispielsweise eine Stored Procedure debuggen können, die von Ihrem VB-Programm aufgerufen wurde. Auch der Umstand, dass beim SQL Server 2008 Stored Procedures mit Visual Basic oder C# entwickelt werden können, macht die Visual Studio-Integration plausibel.

Nachteile des DataSet-Designers

Den `DataSet`-Designer haben wir schon im Einführungskapitel zum Thema Datenbanken kurz vorgestellt (siehe Abschnitt 23.5). Bereits dort haben wir zum Ausdruck gebracht, dass wir keine großen Fans des `DataSet`-Designers sind. Bevor Sie sich auf größere Projekte mit diesem Werkzeug einlassen, sollten Sie die folgenden Warnungen beherzigen:

» Der automatisch generierte Code des `DataSet`-Designers (in typischen Projekten umfasst er mehrere Tausend Zeilen!) enthält keine Kommentare, und die von ihm zur Verfügung gestellten Funktionen sind in keiner Weise dokumentiert. Die Klassen sind gewissermaßen eine Blackbox. Wenn irgendwo Probleme auftreten, tappen Sie sprichwörtlich im Dunkeln.

» Gerade größere Software-Projekte müssen oft über viele Jahre hinweg gewartet werden. Die Wartung von Designer-Code ist in der Regel aber nur mit der Visual Studio-Version möglich, mit der er erzeugt wurde.

Zukünftigen Visual Studio-Versionen werden vermutlich durch eine bessere Integration zwischen WPF und ADO.NET glänzen und wohl auch Visual Data Tools für WPF-Datenbankanwendungen anbieten. Diese sind sicherlich inkompatibel zum vorhandenen `DataSet`-Designer für Windows Forms, dessen Weiterentwicklung trotz vieler Mängel bereits eingestellt wurde. Generell hatten die in Microsoft-Produkten enthaltenen Codegeneratoren bisher selten eine lange Lebensdauer. Zu groß ist offenbar die Versuchung, beim nächsten Versuch alles besser zu machen.

» Code, der auf den `DataSet`-Klassen basiert, ist zwar in der Regel syntaktisch exakter (geringeres Fehlerrisiko durch die Verwendung inkompatibler Datentypen), aber nicht unbedingt effizienter.

» Die `<tabellenname>Row`-Klassen des `DataSet`-Designers stellen die Eigenschaft `Is<spaltenname>Null` und die Methode `Set<spaltenname>Null` zur Verfügung, um zu testen, ob eine Spalte `NULL` enthält bzw. um den Wert dieser Spalte auf `NULL` zu setzen. Diese Vorgehensweise ist inkompatibel mit dem Verhalten der gewöhnlichen `DataTable`-Klasse und verursacht in vielen Anwendungen eine Menge zusätzlichen Code. Sie hat weiterhin zur Folge, dass die korrekte Darstellung von `NULL`-Werten in gebundenen Steuerelementen nicht funktioniert.

» Entgegen landläufiger Meinung sind die Visual Data Tools für Einsteiger kaum geeignet! Datenbankprofis können sich mit den Visual Data Tools durchaus Arbeit ersparen. Die ohnedies schon hohe ADO.NET-Komplexität wird durch die von den Visual Data Tools generierten Zusatzklassen aber gesteigert, nicht vermindert.

Es mag verlockend erscheinen, Datenbankprojekte mit den Visual Data Tools zu entwickeln, ohne vorher die SQL- und ADO.NET-Grundlagen zu studieren (Kapitel 23 bis 26). Auf vielen Visual Studio- bzw. Microsoft-Veranstaltungen wird ja immer wieder suggeriert, ein paar Mausklicks würden ausreichen, um tolle Datenbankanwendungen zu erstellen.

Das ist aber reines Marketing. In der Realität taugen die Visual Data Tools gerade dazu, eine einfache Adressdatenbank zu programmieren – da ist es besser, gleich eine Excel-Tabelle zu verwenden. Bei anspruchsvolleren Anwendungen müssen Sie die von den Visual Data Tools erzeugten Objekte und Steuerelemente durch eigenen Code ergänzen. Ohne substanzielle ADO.NET-Grundlagen ist das ein aussichtsloses Unterfangen!

Das Buch beschreibt den DataSet-Designer und seinen Codegenerator nur im Zusammenspiel mit dem SQL Server 2008. Grundsätzlich funktionieren diese Werkzeuge auch mit anderen Datenbanksystemen. Der Code-Generator benutzt dann statt des `SqlClients` einen anderen Provider (`OleDb`, `Odbc` etc.). Daraus können kleine Unterschiede im Verhalten der erzeugten Klassen resultieren, die vom Codegenerator erzeugt wurden.

HINWEIS

Michel Kofler hat sich in der Vorauflage sehr kritisch geäußert: »Bei meinen eigenen Tests haben mich die Vorteile typisierter `DataSets` am ehesten im Zusammenspiel mit LINQ und Crystal Reports überzeugt. Weniger begeistert haben mich typisierte `DataSets` als Datenquelle für Windows Forms-Steuerelemente. Generell überwiegen aus meiner Sicht die Nachteile, sodass ich die Nutzung des `DataSet`-Designers nicht empfehle.«

Der Neubearbeiter dieses Kapitels sieht es etwas anders: Auch wenn das typisierte Dataset Schwächen hat, so spart es dem Entwickler doch eine Menge Arbeit im Vergleich zum untypisierten. Und Produktivität ist ein wichtiges Kriterium für viele Chefs und Auftraggeber. Selbst wenn man es bei einer neuen Visual Studio-Version neu anlegen müsste: Man wäre immer noch ein Vielfaches schneller als beim manuellen Zugriff.

Dennoch hat der Neubearbeiter dieses Kapitels das typisierte Dataset sehr selten eingesetzt. Noch besser als das typisierte Datasets sind nämlich Objekt-Relationale-Mapping-Werkzeuge wie das ADO.NET Entity Framework. Sie sind flexibler und generieren deutlich weniger Programmcode.

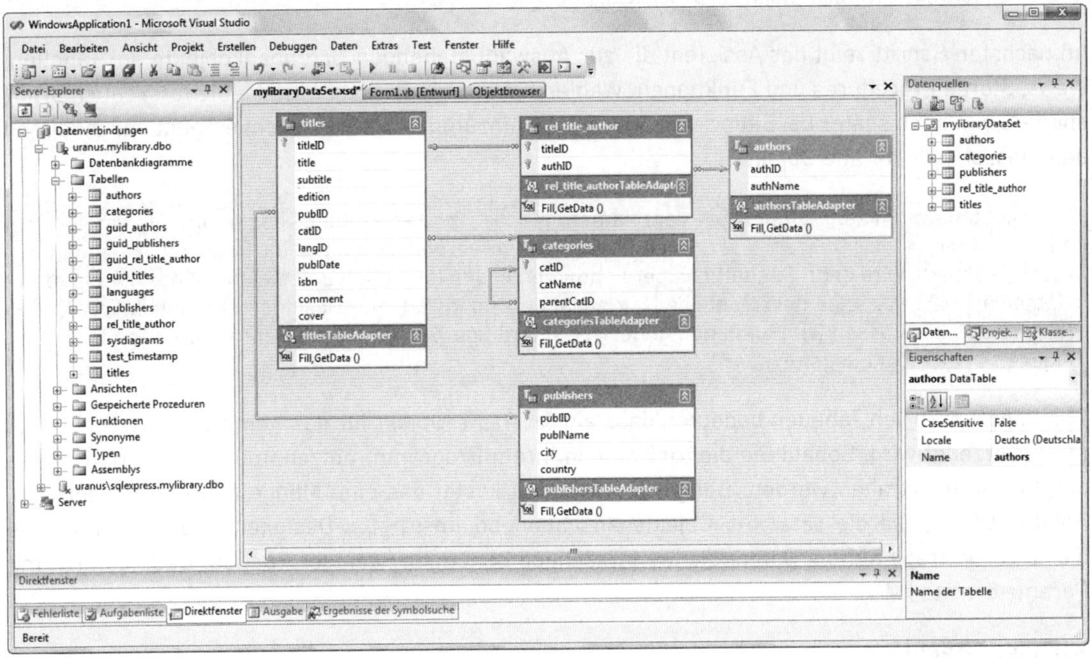

Abbildung 28.1: Links der Server-Explorer, in der Mitte der DataSet-Designer, rechts das Datenquellenfenster

28.2 Datenquellenverwaltung und DataSet-Designer

Datenquelle einrichten

Bevor Sie den `DataSet`-Designer nutzen können, müssen Sie mit DATEN|DATENQUELLE HINZUFÜGEN eine Datenquelle einrichten. Eine `Datenquelle` meint in diesem Zusammenhang die Verbindungsinformationen zur Datenbank sowie eine Auswahl von Datenbankobjekten, die Sie in Ihrem Programm nutzen möchten. Beim Einrichten der Datenquelle hilft Ihnen ein Assistent.

Im ersten Schritt geben Sie die Art der Datenquelle an. Der Assistent kennt drei Datentypen: DATENBANK, WEBSERVICE und OBJEKT. Wir beschränken uns hier auf die erste Variante (»Objekt« wird noch im Kapitel »WPF und ADO.NET« gezeigt werden). Im nächsten Dialog stellt der Assistent Ihnen alle Datenbankverbindungen zur Auswahl, die Sie schon einmal genutzt haben. Alternativ können Sie auch eine neue Verbindung einrichten, wobei Sie den Typ der Datenbank (SQL Server, ODBC etc.), den Hostnamen des Servers etc. angeben müssen.

Aus diesen Daten stellt der Assistent die Verbindungszeichenkette zusammen (den `ConnectionString`). Diese Zeichenkette wird in den `My.Settings` gespeichert. Der Zugriff auf die Zeichenkette per Code sieht so aus:

```
Dim s As String = My.Settings.verbindungsnameConnectionString
```

Im nächsten Schritt zeigt der Assistent die zur Auswahl stehenden Datenbankobjekte an: Tabellen, Views, Stored Procedures und Funktionen. Wählen Sie nur die Objekte aus, die Sie tatsächlich brauchen – Sie können später bei Bedarf weitere Objekte hinzufügen! Der Assistent erzeugt anschließend den Klassencode für alle Objekte.

HINWEIS Im Objektauswahldialog können Sie den Namen des `DataSets` einstellen. Standardmäßig verwendet der Assistent `datenbanknameDataSet`. Geben Sie einen kürzeren Namen an! Ihr Code zur Nutzung der `DataSet`-Objekte wird dann wesentlich übersichtlicher. In den folgenden Beispielen hat das `DataSet` den Namen `mylibraryDs`. Eine nachträgliche Namensänderung im `DateSet`-Designer ist möglich. Der Code für die `DataSet`-Klassen wird dann neu generiert. Allerdings werden die Namensänderungen in Ihrem eigenen Code nicht ausgeführt.

Das Importieren von Tabellen bedeutet, dass ein `DataTable`-Objekt für das Kommando `SELECT * FROM tabelle` erzeugt wird. Sobald Sie die `DataTable` in Ihrem Programm nutzen, müssen alle Datensätze der Tabelle übertragen werden. Bei großen Tabellen kostet das eine Menge Zeit und Ressourcen. Abhilfe: Öffnen Sie die `DataTable`-Objekte anschließend im `DataSet`-Designer, und reduzieren Sie die `SELECT`-Abfrage auf die Daten, die Sie tatsächlich benötigen (weniger Spalten, Bedingungen mit Parametern etc.)!

Klassenüberblick

Nach der Definition der Datenquelle generiert der `DataSet`-Designer eine Menge Code, den Sie in der Datei *datasetname.Designer.vb* ansehen können. Der PROJEKTMAPPEN-EXPLORER zeigt diese Datei nur an, wenn Sie den Button ALLE DATEIEN ANZEIGEN anklicken. Die Datei enthält eine `DataSet`-Klasse:

» *datenbanknameDataSet*: Hierbei handelt es sich um ein typisiertes `DataSet`. Die Eigenschaften dieser Klasse verweisen unter anderem auf alle `DataTables`. In den Beispielen dieses Kapitels hat das `DataSet` den Namen `mylibraryDs`.

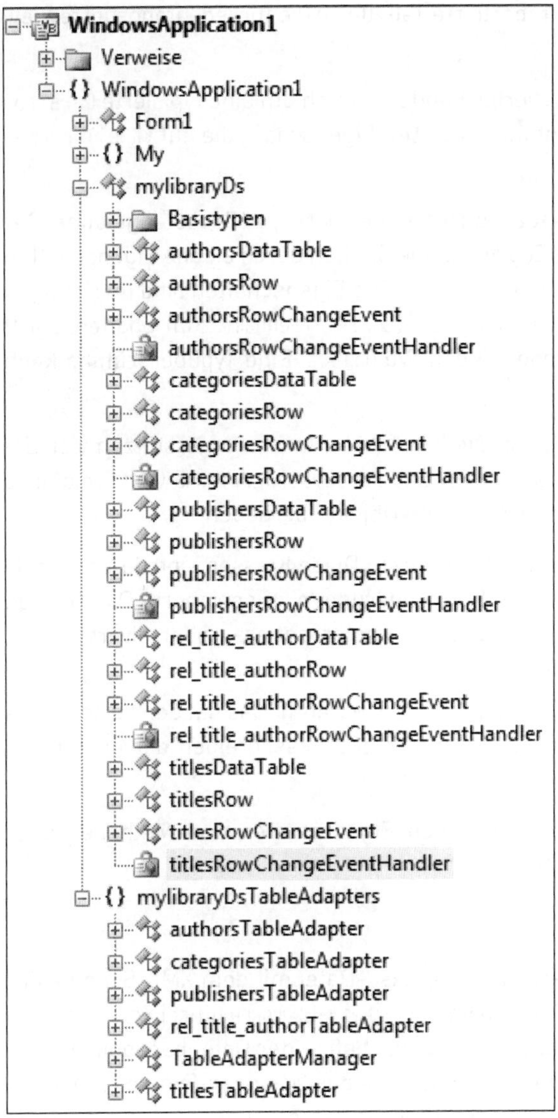

Abbildung 28.2: Überblick über die vom DataSet-Designer generierten Klassen im Fenster Klassenansicht

Neben der neuen DataSet-Klasse gibt es für jede importierte Tabelle sowie für jede importierte View die folgenden Unterklassen:

» datenbanknameDataSet.*tabellennameDataTable*: Hierbei handelt es sich um eine typisierte DataTable. Der Zugriff auf die Zeilen der Tabelle erfolgt über die Item-Eigenschaft, die auf tabellennameRow-Objekte verweist.

» datenbanknameDataSet.*tabellennameRow*: Diese Klasse ist von der DataRow-Klasse abgeleitet. Der wichtigste Unterschied besteht darin, dass der Zugriff auf die Spalten durch eigene Eigenschaften erfolgt, also etwa titlerow.subtitle oder titlerow.publDate. Die Eigenschaften sind im richtigen Datentyp deklariert, also beispielsweise String oder Date. (row!spaltenname zum Spaltenzugriff bei einem gewöhnlichen DataRow-Objekt hat dagegen den Typ Object. Eine Typüberprüfung kann daher erst zur Laufzeit erfolgen.)

» datenbanknameDataSet.*tabellennameRowChangeEvent*: Die DataTable-Klassen unterstützen vier Ereignisse: RowChanging und RowChanged sowie RowDeleting und RowDeleted. An alle vier Ereignisse wird als Ereignisparameter ein tabellennameRowChangeEvent-Objekt übergeben.

» datenbanknameDataSetTableAdapters.*tabellennameTableAdapter:* Diese Klassen sind dafür verantwortlich, die DataTable-Objekte mit Daten zu füllen bzw. Änderungen zu speichern. Die Klassen sind zwar von System.ComponentModel.Component abgeleitet, implementieren aber diverse DataAdapter-Methoden (insbesondere Fill und Update).

  Die TableAdapter-Klassen befinden sich in einem eigenen Namensraum. Das hat den Vorteil, dass mit Imports projektname.datenbanknameDataSetTableAdapters das Ausschreiben der entsetzlich langen Namen vermieden werden kann.

Eine Zusammenfassung der wichtigsten klassenspezifischen Eigenschaften und Methoden aller Klassentypen finden Sie am Ende dieses Abschnitts.

DataSet-Designer nutzen

Der Assistent zum Einrichten einer Datenquelle erzeugt eine **.xsd*-Datei mit dem XML-Schema der Datenbankobjekte. Ein Doppelklick auf die **.xsd*-Datei im PROJEKTMAPPEN-EXPLORER führt in den DataSet-Designer (siehe Abbildung 28.1 Mitte). Dort können Sie die Eigenschaften der Datenbankobjekte verändern, vorhandene Objekte löschen und neue einfügen. Sobald Sie das Designer-Fenster schließen oder seinen Inhalt speichern, wird der Code für die DataSet-Klassen neu erzeugt.

Der DataSet-Designer kennt die vier Datentypen DataTable, Query, Relation und TableAdapter. Neue Objekte dieser Typen fügen Sie per Kontextmenü oder aus der Toolbox hinzu. Noch bequemer ist es zumeist, Tabellen, Views, Stored Procedures etc. vom SERVER-EXPLORER bzw. DATENBANK-EXPLORER per Drag&Drop einzufügen.

Der DataSet-Designer berücksichtigt automatisch alle Spalten des jeweiligen Objekts. Wenn Sie nur einzelne Spalten der Tabelle brauchen, löschen Sie die nicht benötigten Spalten aus dem DataTable-Objekt oder fügen nur einzelne Spalten per Drag&Drop ein. Im SERVER-EXPLORER ist mit Strg eine Mehrfachauswahl möglich.

Objektnamen verändern Sie direkt im Designer. Dazu klicken Sie das jeweilige Objekt einfach zweimal an. Anders als beim Windows Forms-Designer ist das Eigenschaftsfenster zur Namensänderung nicht erforderlich.

Ein wenig verwirrend ist das Zusammenspiel aus DataTable, TableAdapter und Query: Normalerweise ist jedem DataTable-Objekt ein TableAdapter mit einem Query-Objekt zugeordnet. Das Query-Objekt enthält eine SELECT-Abfrage zum Befüllen der Tabelle. Es ist möglich, dem TableAdapter weitere Queries hinzuzufügen, wobei auch Kommandos zum Hinzufügen, Ändern oder Löschen von Daten erlaubt sind. (Insofern ist der Begriff Query schlecht gewählt. Command hätte besser gepasst.) Der Codegenerator fügt der TableAdapter-Klasse Methoden zur Ausführung der Kommandos hinzu.

Die Relation-Objekte stellen Verknüpfungen zwischen den Tabellen dar und werden automatisch erzeugt, wenn in der zugrunde liegenden Datenbank Verknüpfungen definiert sind. Der Codegenerator fügt dem DataSet-Code dann entsprechende DataRelation-Objekte hinzu. Weiterhin wird die DataRow-Klasse der verknüpften DataTables mit der Methode Get<primärtabelle>Rows ausgestattet.

Einen neuen TableAdapter hinzufügen

Mit dem Kontextmenükommando HINZUFÜGEN|TABLEADAPTER fügen Sie dem DataSet eine Kombination aus DataTable, TableAdapter und Query hinzu. Zur Konfiguration dieser drei Objekte erscheint ein Assistent. Nach der Auswahl der Datenbankverbindung können Sie wählen, welcher Kommandotyp für die Query verwendet werden soll (siehe Abbildung 28.3).

- SQL-ANWEISUNGEN VERWENDEN: Bei der ersten Variante wird ein SQL-Kommando direkt ausgeführt, um Daten zu lesen bzw. zu verändern.
- NEUE GESPEICHERTE PROZEDUREN ERSTELLEN: Die zweite Variante ist vor allem dann interessant, wenn der Datenbankzugriff generell durch SPs statt durch in den Code integrierte SQL-Kommandos erfolgen soll. Diese Vorgehensweise ist vor allem bei großen und komplexen Datenbankprojekten zweckmäßig. Die Datenbankbenutzer dürfen dort zwar SPs, nicht aber eigene SQL-Kommandos ausführen. Der Datenbankadministrator hat dann bessere Kontrollmöglichkeiten, wer welche Daten liest bzw. ändert.

  Sie wählen zuerst aus, welche Tabellen und Spalten die Stored Procedures verarbeiten sollen. Der Assistent erzeugt dann SPs zur Auswahl sowie zum Einfügen, Ändern und Löschen von Datensätzen (SELECT, INSERT, UPDATE und DELETE). Sie können den neuen SPs eigene Namen geben und sich den SP-Code vorher in einer Vorschau ansehen.

» VORHANDENE GESPEICHERTE PROZEDUREN VERWENDEN: Wenn Sie oder der Datenbankadministrator bereits entsprechende SPs vorbereitet haben, entscheiden Sie sich für die dritte Variante und wählen die SPs aus.

Bei der ersten Variante geben Sie im nächsten Schritt des Assistenten den SQL-Code direkt ein oder nehmen den Abfragegenerator zu Hilfe. Sie können in das SQL-Kommando Parameter einbauen. Dazu verwenden Sie im SQL-Code die Schreibweise `WHERE spalte = @parametername` oder geben im Abfragegenerator den Parameternamen in der Spalte FILTER an.

Der Button ERWEITERTE OPTIONEN führt in den gleichnamigen Dialog (siehe Abbildung 28.4), in dem Sie drei Interna des `DataAdapter` einstellen können. Normalerweise sind alle drei Optionen aktiviert.

» INSERT-, UPDATE- UND DELETE-ANWEISUNGEN GENERIEREN: Diese Option bewirkt, dass die SQL-Kommandos zum Speichern von Änderungen (bei der Ausführung von `Update`) in den Code eingebaut werden. Das hat den Vorteil, dass die Kommandos nicht wie sonst üblich zur Laufzeit durch den `SqlCommandBuilder` erzeugt werden müssen (siehe auch Abschnitt 27.4). Mit anderen Worten: Ihr Programm wird durch diese Option geringfügig schneller. In typischen Anwendungen ist der Zeitgewinn aber so klein, dass er nicht messbar ist.

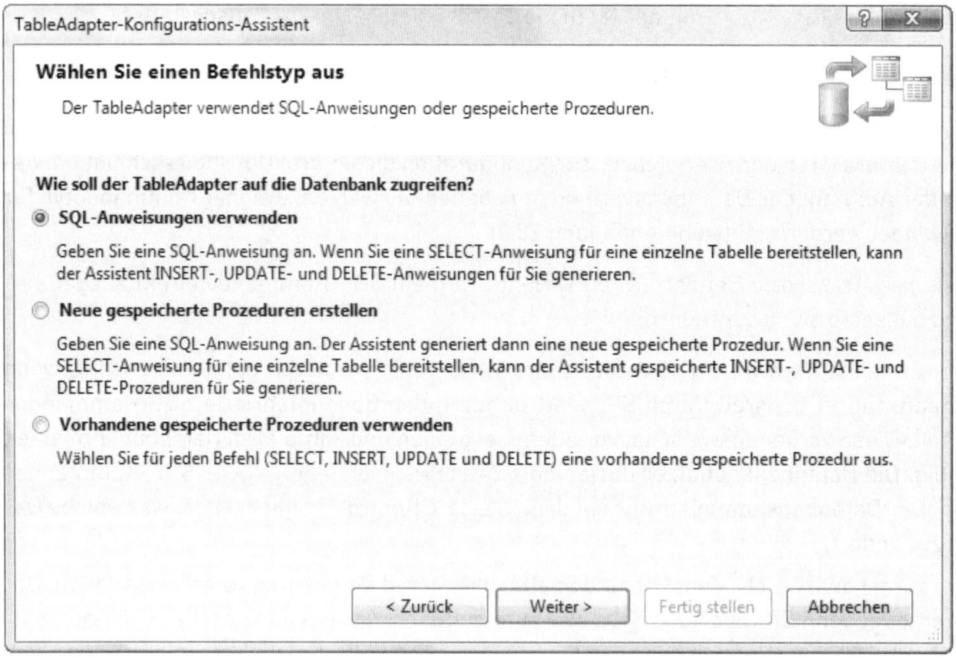

Abbildung 28.3: Der TableAdapter-Konfigurations-Assistent

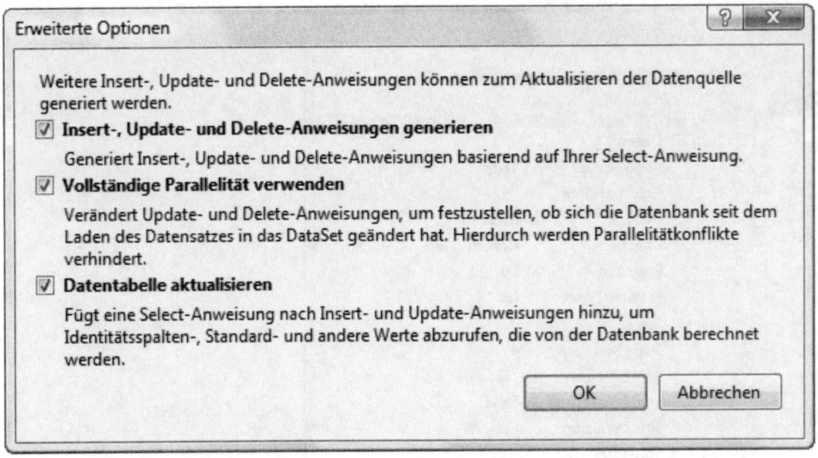

Abbildung 28.4: Optionen für den Code zur Ausführung von SQL-Kommandos

» Vollständige Parallelität verwenden: Diese Option bewirkt, dass bei `UPDATE`- und `DELETE`-Kommandos alle Spalten des zu bearbeitenden Datensatzes verglichen werden. Das stellt sicher, dass der Datensatz nur dann verändert bzw. gelöscht wird, wenn er sich seit dem Einlesen in die `DataTable` nicht mehr verändert hat.

  Wenn Sie die Option deaktivieren, wird der zu bearbeitende Datensatz anhand der ID-Spalte ausgewählt. Das ist deutlich schneller, birgt aber das Risiko in sich, dass bei parallelen Datenänderungen durch zwei Benutzer die Änderungen des ersten Benutzers einfach überschrieben werden.

» Datentabelle aktualisieren: Diese Option bewirkt, dass nach dem Speichern neuer Datensätze die tatsächliche ID-Nummer des Datensatzes vom SQL Server gelesen und in die `DataTable` eingetragen wird. Damit ist sichergestellt, dass die neuen Datensätze nach der Ausführung von `Update` mit der Datenbank vollständig synchronisiert sind.

Stored Procedures

`DataTable`- und `TableAdapter`-Objekte für Stored Procedures erzeugen Sie am einfachsten, indem Sie die SP vom Server-Explorer per Drag&Drop in den `DataSet`-Designer einfügen. Der Designer erzeugt automatisch einen `TableAdapter`. Bei SPs mit `SELECT`-Ergebnissen wird ein `DataTable`-Objekt hinzugefügt, das Sie zum Auslesen der Ergebnisse benötigen.

Der `DataSet`-Designer kümmert sich automatisch um die Parameter von SPs. Wenn Sie sich die Eigenschaften der Parameter ansehen möchten, klicken Sie im `DataSet`-Designer das `Query`-Objekt an (die Zeile unterhalb des `TableAdapters` der Stored Procedure), wechseln in das Eigenschaftsfenster und klicken dort bei der Eigenschaft `Parameters` auf den Button »...«. So gelangen Sie in den Dialog, der in Abbildung 28.5 dargestellt ist.

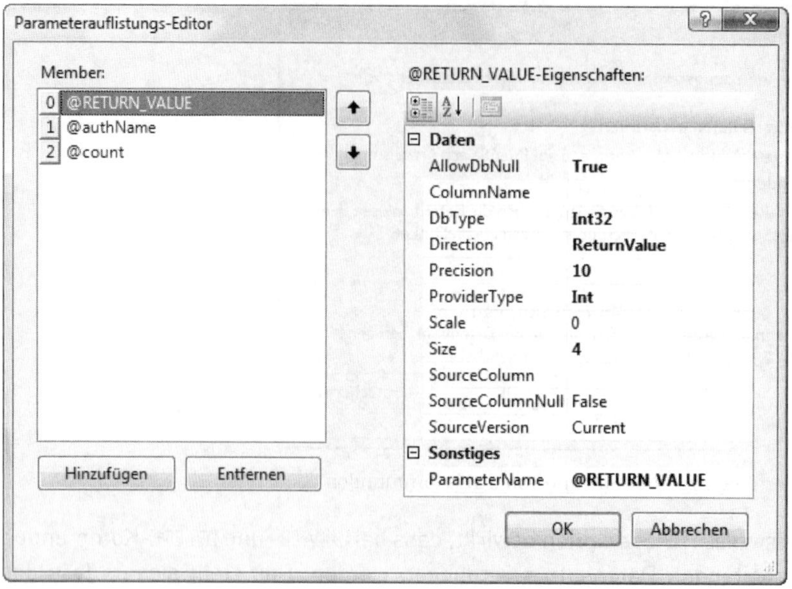

Abbildung 28.5: Eigenschaften der Parameter einer Stored Procedure

DataSet-Designer ohne Datenbank

Sie brauchen keine Datenbank, um den `DataSet`-Designer einsetzen zu können! Mit Projekt|Komponente hinzufügen|DataSet erzeugen Sie eine neue **.xsd*-Datei. Im Designer führen Sie Hinzufügen| DataTable aus. Anschließend fügen Sie die gewünschten Spalten in das `DataTable`-Objekt ein. Dieser Vorgang ist leider relativ umständlich und mit vielen Mausklicks verbunden.

Als Ergebnis erhalten Sie typisierte `DataTable`-Klassen ohne `TableAdapter` und ohne `Queries`. Sie können nun `DataTable`-Objekte unabhängig von irgendeinem Datenbanksystem erzeugen, mit eigenen Daten füllen, auswerten, im XML-Format laden und speichern etc. Sie können für Ihre `DataTable`-Objekte sogar Relationen definieren. Das hat den Vorteil, dass sich die `DataSet`-Klasse um die referenzielle Integrität der Beziehungen zwischen den Tabellen kümmert.

Syntaxübersicht zu den DataSet-Klassen

Die vom `DataSet`-Designer generierten Klassen sind von ADO.NET-Standardklassen abgeleitet. Zahlreiche Eigenschaften und Methoden sind daher lediglich eine Neuimplementierung und funktionieren wie bei den zugrunde liegenden Klassen (siehe Kapitel 25 und 26). Die folgenden Tabellen geben daher nur eine Referenz über die wichtigsten Eigenschaften, Methoden und Ereignisse, die neu sind.

Viele Eigenschafts-, Ereignis- und Methodennamen enthalten den Namen der Datenbank, einer Tabelle oder einer Spalte (z.B. `Add`*`authors`*`Row` oder `Is`*`subtitle`*`Null`). Derartige Eigennamen sind im Folgenden in spitze Klammern gestellt.

Eigenschaften der *DataSet*-Klasse	Funktion
`<tabellenname>`	Auf jede `DataTable` im `DataSet` verweist eine Eigenschaft, die den Namen der Tabelle oder der Views hat.

Eigenschaften, Methoden und Ereignisse der *DataTable*-Klassen	Funktion
`Add<tabellenname>Row`, `Remove<tabellenname>Row`	Die beiden Methoden fügen einen Datensatz hinzu bzw. löschen ihn.
`FindBy<IDspaltenname>`	Die Methode liefert das `DataRow`-Objekt für den angegebenen ID-Wert.
`New<tabellenname>Row`	Die Methode liefert einen neuen (leeren) Datensatz.
`<spaltenname>Column`	Die Eigenschaft liefert ein `DataColumn`-Objekt für die angegebene Spalte.
`<tabellenname>RowChanging` und `<tabellenname>RowChanged`	Die Ereignisse treten vor bzw. nach der Veränderung eines Datensatzes auf.
`<tabellenname>RowDeleting` und `<tabellenname>RowDeleted`	Die Ereignisse treten vor bzw. nach dem Löschen eines Datensatzes auf.

Eigenschaften, Methoden und Ereignisse der *DataRow*-Klassen	Funktion
`<spaltenname>`	Über diese Eigenschaft können Sie den Inhalt des Datenfelds lesen bzw. verändern. Wenn das Datenfeld `NULL` enthält, liefert der Lesezugriff eine `StrongTypingException`.
`Is<spaltenname>Null`	Die Methode testet, ob das betreffende Datenfeld `NULL` enthält. Die Methode steht nur für Spalten zur Verfügung, die `NULL` enthalten dürfen.
`Set<spaltenname>Null`	Die Methode setzt das betreffende Datenfeld auf `NULL`.
`<anderetabelle>Row`	Die Eigenschaft liefert den Datensatz einer 1:n-verknüpften Tabelle (wenn eine Fremdschlüsselspalte der aktuellen Tabelle auf eine andere Tabelle verweist). Die Eigenschaft steht nur zur Verfügung, wenn im `DataSet`-Designer die Verknüpfungen korrekt angegeben sind.
`Get<anderetabelle>Rows`	Die Methode liefert ein Array von Datensätzen aus einer n:1-verknüpften Tabelle (wenn eine andere Tabelle auf die Primärschlüsselspalte der aktuellen Tabelle verweist).

Eigenschaften und Methoden der *TableAdapter*-Klassen	**Funktion**
`Fill`	Die Methode füllt ein zum `TableAdapter` gehörendes `DataTable`-Objekt mit Daten.
`ClearBeforeFill`	Diese Eigenschaft gibt an, ob vor der Ausführung von `Fill` vorhandene Daten aus der `DataTable` gelöscht werden sollen (standardmäßig `True`).
`GetData`	Die Methode liefert ein neues, mit Daten gefülltes `DataTable`-Objekt. Diese `DataTable` ist aber nicht Teil des `DataSets`, sondern eigenständig. Aus diesem Grund funktionieren die Verknüpfungseigenschaften bzw. -methoden nicht!
`Update`	Die Methode speichert in der `DataTable` durchgeführte Änderungen in der zugrunde liegenden Datenbank.
`Insert`, `Update`, `Delete`	Diese drei Methoden ermöglichen es, einzelne Datensätze direkt in die zugrunde liegende Datenbank einzufügen, zu ändern bzw. wieder zu löschen. Diese Änderungen werden unabhängig von möglicherweise offenen *DataTables* durchgeführt; bereits geladene *DataTables* werden nicht synchronisiert!

28.3 Klassen des DataSet-Designers nutzen

In den folgenden Zeilen werden zuerst ein neues `mylibrary-DataSet`-Objekt sowie ein `TableAdapter` für die `titles`-Tabelle erzeugt. `Fill` füllt die `titles`-Tabelle mit Daten. (Dazu wird automatisch für kurze Zeit eine Verbindung zur Datenbank hergestellt.) Die letzte Zeile stellt die Tabelle schließlich in einem `DataGridView`-Steuerelement dar.

```
' Beispiel ADO.NET-visual-tools\visual-data-tools-intro
Imports visual_data_tools_intro.mylibraryDsTableAdapters
Dim ds As New mylibraryDs()
Dim titlesAdapter As New titlesTableAdapter()
titlesAdapter.Fill(ds.titles)
grid.DataSource = ds.titles
```

Wenn Ihnen der Zugriff auf die `titles`-Tabelle durch `ds.titles` nicht gefällt, deklarieren Sie hierfür einfach eine eigene Variable vom Typ `mylibraryDs.titlesDataTable`:

```
Dim titles As mylibraryDs.titlesDataTable = ds.titles
```

Natürlich können Sie die Tabelle auch manuell auslesen:

```
Dim row As mylibraryDs.titlesRow
Dim sw As New System.IO.StringWriter()
For Each row In ds.titles.Rows
  sw.WriteLine("titleID={0}, title={1}", row.titleID, row.title)
Next
```

Wenn Sie eine Tabelle neu einlesen bzw. eine Abfrage neuerlich ausführen möchten, löschen Sie den Inhalt des `DataTable`-Objekts mit `Clear` und füllen das Objekt anschließend neu:

```
ds.titles.Clear()
titlesAdapter.Fill(ds.titles)
```

Änderungen durchführen und speichern

Zur Durchführung von Änderungen in einer `DataTable` stehen alle `DataTable`-typischen Methoden zur Verfügung (`Delete`, `Remove`, `Add`, `NewXxxRow` etc., siehe Abschnitt 26.5). Die folgenden Zeilen zeigen, wie Sie ein neues Buch in die `titles`-Tabelle einfügen:

```
row = titles.NewTitlesRow()
row.title = "Titel ..."
row.edition = 1
titles.Rows.Add(row)
```

Um die Änderungen in der zugrunde liegenden Datenbank zu speichern, führen Sie für das `TableAdapter`-Objekt die Methode `Update` aus und übergeben dabei die zu speichernde `DataTable`:

```
titlesAdapter.Update(titles)
```

NULL-Spalten

Vorsicht ist geboten, wenn eine Spalte auch `NULL` enthalten kann. Der Versuch, eine Spalte mit `NULL` auszulesen, führt zu einer `StrongTypingException`. Das vermeiden Sie, wenn Sie vorher mit *`IsSpaltennameNull`* testen, ob das Datenfeld `NULL` enthält:

```
For Each row In titles.Rows
  sw.Write("titleID={0}, title={1}", row.titleID, row.title)
  If row.IsSubtitleNull() Then
    sw.WriteLine(", subtitle=<NULL>")
  Else
    sw.WriteLine(", subtitle={0}", row.subtitle)
  End If
Next
```

Umdenken müssen Sie auch, wenn Sie ein Datenfeld explizit auf `NULL` setzen möchten. Bei untypisierten `DataTables` funktionierte `table!spaltenname = DBNull.Value`. Bei typisierten `DataTables` müssen Sie dagegen die Methode *`SetSpaltennameNull`* einsetzen:

```
row.SetSubtitleNull()
```

Der Umstand, dass typisierte `DataTables` anders mit `NULL` umgehen als gewöhnliche `DataTables` ist übrigens auch der Grund, warum die Datenbindung an Steuerelemente so viele Probleme macht – aber das ist Thema von Abschnitt 28.4.

ID-Spalten

Erfreulicherweise werden beim Speichern neuer Datensätze in der Datenbank die ID-Spalten automatisch aktualisiert. Nach der Ausführung der `Update`-Methode stimmen die Werte in der ID-Spalte daher mit denen der Datenbank überein.

Allerdings treten bei der Ausführung von `Update` Fehler auf, wenn es zu Kollisionen zwischen den vorläufigen ID-Werten im `DataTable`-Objekt und den tatsächlichen ID-Werten kommt. Dieser Fall tritt relativ häufig auf, wenn mehrere neue Datensätze auf einmal gespeichert werden. Abhilfe schaffen die zwei folgenden Zeilen, die unmittelbar nach der Initialisierung des `DataTable`-Objekts für dessen ID-Spalte ausgeführt werden sollten. Sie stellen sicher, dass in der `DataTable` vorläufig negative ID-Werte verwendet werden. Damit sind Kollisionen mit den (positiven) ID-Werten der Datenbank ausgeschlossen.

```
datatablename.idcolumnname.AutoIncrementSeed = -1
datatablename.idcolumnname.AutoIncrementStep = -1
```

Transaktionen

Mit den Klassen der `System.Transaction`-Bibliothek können Sie die Synchronisierung von `DataTable`-Änderungen mit der Datenbank (also das Ausführen von `Update`-Methoden) im Rahmen einer Transaktion ausführen und bei Bedarf widerrufen (siehe auch die Abschnitte 27.6 und 27.7). Die prinzipielle Vorgehensweise sieht so aus:

```
Dim trans As New System.Transactions.TransactionScope()
Try
  titlesAdapter.Update(titles)
  trans.Complete()
Catch ex As Exception
  MsgBox("Fehler: " + ex.Message + vbCrLf + "Die gesamte Transaktion wird widerrufen.")
  ' titles-Tabelle neu laden
  titles.Clear()
  titlesAdapter.Fill(titles)
Finally
  trans.Dispose()
End Try
```

Beachten Sie, dass im Fall eines Fehlers zwar alle Änderungen in der Datenbank widerrufen werden (das ist ja der Sinn der Transaktion), dass diese Widerrufmöglichkeit aber nicht für das `DataTable`-Objekt gilt (hier `titles`). Die `DataTable` sollte im Fall eines Fehlers neu aus der Datenbank gelesen werden, um sicherzustellen, dass der Inhalt von `titles` und der Inhalt der Datenbank übereinstimmen. Allerdings verliert der Anwender damit alle durchgeführten Änderungen, weswegen hier eine Rückfrage angebracht ist.

Stored Procedures aufrufen, Parameter übergeben und auswerten

Soweit beim Aufruf von SPs bzw. bei der Ausführung von Kommandos Parameter zu übergeben sind, erfolgt dies in den Parametern der Fill-Methode. Bei Rückgabeparametern müssen Sie Variablen angeben, die Sie nach dem Aufruf auswerten können.

Die folgenden Zeilen zeigen den Aufruf der SP select_titles_for_author. Diese SP liefert die Liste aller Titel, die ein Autor verfasst hat. Der Code dieser SP ist in Abschnitt 24.6 abgedruckt. returncode enthält nun den Rückgabecode der SP (0, wenn kein Fehler aufgetreten ist). n enthält die Anzahl der gefundenen Datensätze. result ist ein DataTable-Objekt, das die gefundenen Titel enthält.

```
Dim n As Integer
Dim returncode As Nullable(Of Integer)
Dim result As mylibraryDs.select_titles_for_authorDataTable
Dim adapter As New select_titles_for_authorTableAdapter()
result = ds.select_titles_for_author
n = adapter.Fill(result, "Kofler Michael", returncode)
```

Bei SPs, die kein SELECT-Ergebnis liefern, ist auch kein DataTable-Objekt zur Auswertung erforderlich. Der Aufruf der SP erfolgt durch eine Methode, deren Name normalerweise mit dem der SP übereinstimmt.

Die folgenden Zeilen zeigen den Aufruf von titles_count_for_author. Diese SP liefert die Anzahl der Titel, die ein Autor verfasst hat. Der Code dieser SP ist ebenfalls in Abschnitt 24.6 abgedruckt. Das Ergebnis kann anschließend aus der Variablen result gelesen werden.

```
Dim adapter As New titles_count_for_author_TableAdapter()
Dim returncode As Integer
Dim result As Nullable(Of Integer)
returncode = adapter.titles_count_for_author("Kofler Michael", result)
```

Verwaltung der Datenbankverbindungen

Jeder TableAdapter nutzt ein eigenes Connection-Objekt, auf das Sie über die Connection-Eigenschaft zugreifen. Die Connection wird nie explizit geöffnet. Der Code macht sich die Tatsache zunutze, dass viele DataAdapter-Methoden auch dann funktionieren, wenn das Connection-Objekt vorhanden, aber geschlossen ist. Die Verbindung wird dann zur Ausführung der Methode automatisch geöffnet und anschließend sofort wieder geschlossen.

Damit wird die Zeit, während der das Programm Datenbankverbindungen beansprucht, auf ein Minimum reduziert. Dem steht der Nachteil gegenüber, dass Verbindungen recht oft geöffnet und geschlossen werden müssen. Bei SQL Server-Verbindungen mit Windows-Authentifizierung ist das kein Problem, weil der Verbindungsaufbau sehr effizient erfolgt. ADO.NET verwaltet dazu einen Pool von Verbindungen, den alle ADO.NET-Programme nutzen können (Connection Pooling, siehe Abschnitt 25.2). Allerdings funktioniert dieses Connection Pooling nicht für jedes Datenbanksystem gleichermaßen effizient.

Ein Grundproblem dieser Vorgehensweise besteht darin, dass Probleme mit dem Verbindungsaufbau überall im Code auftreten können, wo DataTable-Methoden wie Fill, GetData oder Update zu einem neuerlichen Verbindungsaufbau führen. Folglich müssen diese Codepassagen abgesichert werden.

Ereignisprozeduren einrichten

Ein Doppelklick auf ein Objekt im DataSet-Designer führt in ein Codefenster, in dem Sie eigene Ereignisprozeduren für die DataDesigner-Klassen einrichten können.

28.4 Windows Forms-Steuerelemente an die DataSet-Klassen binden

Die wahrscheinlich größte Motivation zum Einsatz des DataSet-Designers besteht darin, dass Sie DataTable-Objekte bzw. deren Spalten per Drag&Drop in ein Windows Forms-Formular verschieben können. Damit werden automatisch gebundene Steuerelemente eingefügt – ein Schritt, der sonst einiges an Handarbeit erfordert.

Vor der Drag&Drop-Operation können Sie für die DataTable einstellen, ob sie in einem DataGridView dargestellt oder ob die Spalten in einzelnen Steuerelementen angezeigt werden sollen (Einstellung DETAILS). Falls Sie sich für die zweite Variante entscheiden, können Sie für jede Spalte das gewünschte Steuerelement angeben (z.B. TextBox, ComboBox, Label, DateTimePicker oder PictureBox). Die Einstellungen erfolgen in Auswahllisten im Fenster DATENQUELLEN. Die Auswahllisten (siehe Abbildung 28.6) werden nur angezeigt, wenn gleichzeitig ein Windows Forms-Designerfenster offen ist.

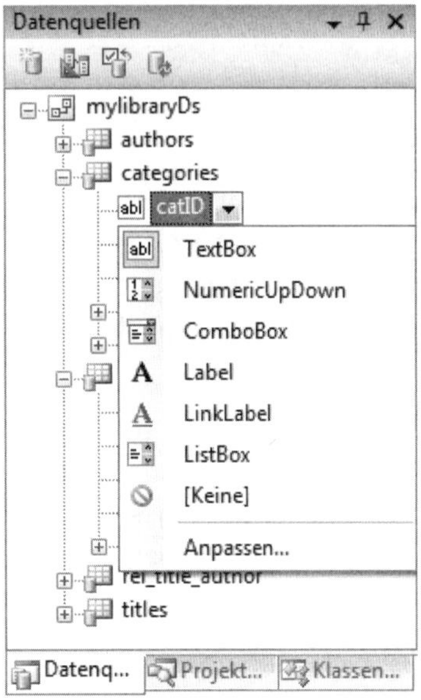

Abbildung 28.6: Einstellung des Steuerelementtyps für die Spalte einer DataTable

Um die Interna der automatischen Datenbindung besser zu verstehen, lohnt es sich, die Resultate eines einfachen Drag&Drop-Vorgangs genauer anzusehen. Nehmen wir an, Sie verschieben die `publishers-DataTable` mit der Einstellung DETAILS in ein ansonsten leeres Formular. Es werden die folgenden Steuerelemente und Objekte erzeugt (in Klammern stehen jeweils der Name sowie wichtige Eigenschaften).

- ein `DataSet`-Objekt (`MylibraryDataSet`)
- ein `TableAdapter`-Objekt (`PublishersTableAdapter`)
- ein `BindingSource`-Objekt (`PublishersBindingSource`), das die Verbindung zwischen der im `DataSet` enthaltenen `DataTable` `publishers` und den Steuerelementen herstellt (`DataSource=mylibraryDataSet`, `DataMember=publishers`)
- ein `BindingNavigator`-Steuerelement (`PublishersBindingNavigator`), mit dem der gerade aktive Datensatz der `BindingSource` ausgewählt wird (`BindingSource=PublishersBindingSource`)
- für jede Spalte der Tabelle ein Steuerelement (beispielsweise `PublNameTextBox`), das seine Daten aus dem `BindingSource`-Objekt bezieht
- für jede Spalte der Tabelle ein Label zur Beschriftung des Datensteuerelements

Im normalerweise nicht sichtbaren Code des Windows Forms-Designers werden das `DataSet`-, das `TableAdapter`- und das `BindingSource`-Objekt erzeugt. Weiterhin wird für die Datenbindung zwischen den Steuerelementen und dem `BindingSource`-Objekt jeweils ein neues `Binding`-Objekt erzeugt (hier für die `TextBox`, die den Verlagsnamen enthält):

```
' in Form1.Designer.vb
Me.PublNameTextBox.DataBindings.Add( _
  New System.Windows.Forms.Binding("Text", Me.PublishersBindingSource, "publName", True))
```

Die Eigenschaften der Datenbindung können Sie in der Entwicklungsumgebung einstellen. Dazu markieren Sie das Steuerelement, wählen im Eigenschaftsfenster den Eintrag DATABINDINGS aus (ganz oben in der Eigenschaftsliste) und klicken neben dem Text ERWEITERT auf den Button »...«. Damit gelangen Sie in den in Abbildung 28.7 dargestellten Dialog.

In die Codedatei zum Formular werden die folgenden Zeilen eingefügt:

```
' in Form1.vb
Private Sub Form1_Load(...) Handles MyBase.Load
  'publishers-DataTable mit Daten füllen
  Me.PublishersTableAdapter.Fill(Me.MylibraryDataSet.publishers)
End Sub
Private Sub PublishersBindingNavigatorSaveItem_Click(...) Handles ...
  'Speicher-Button des BindingNavigators: Änderungen in der publishers-DataTable
  'in der zugrunde liegenden Datenbank speichern
  Me.Validate()
  Me.PublishersBindingSource.EndEdit()
  Me.PublishersTableAdapter.Update(Me.MylibraryDataSet.publishers)
End Sub
```

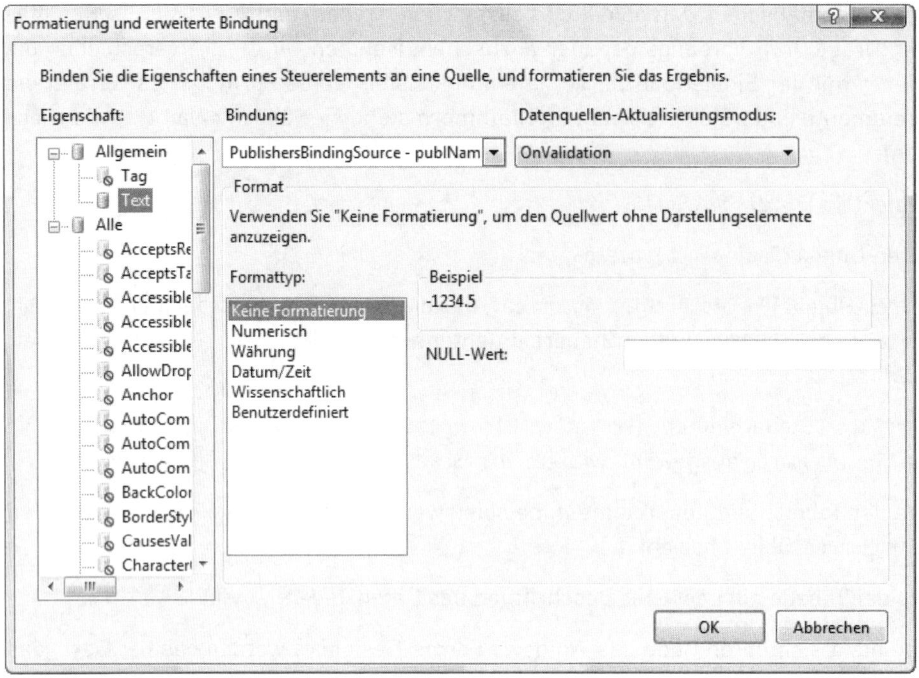

Abbildung 28.7: Binding-Eigenschaften einstellen

Bei wiederholten Drag&Drop-Vorgängen werden bereits vorhandene Objekte weitergenutzt. Es wird kein zweites `BindingNavigator`-Steuerelement eingefügt, auch dann nicht, wenn Datenbankobjekte von mehreren Tabellen zum Einsatz kommen. Sollte das notwendig sein, fügen Sie einfach selbst einen weiteren `BindingNavigator` ein und stellen dessen `BindingSource`-Eigenschaft richtig ein.

Wenn die ersten Drag&Drop-Experimente nicht zum gewünschten Ergebnis führen, ist es vor weiteren Versuchen meist zweckmäßig, alle Steuerelemente zu entfernen. Markieren Sie alle Steuerelemente mit [Strg]+[A], und löschen Sie diese. Anschließend müssen Sie in *Form1.vb* auch den oben abgedruckten Code entfernen.

Detailtabellen

Das DATENQUELLEN-Fenster zeigt zu jeder Tabelle die verknüpften Detailtabellen (siehe Abbildung 28.8). Wenn Sie nun zuerst die Haupt- und dann die Detailtabelle in ein Formular einfügen, werden die Daten automatisch verknüpft. Für die `publishers-titles`-Gruppe bedeutet das, dass Sie zuerst die `publishers`-Tabelle auf DETAILS-Ansicht einstellen und dann deren `titles`-Eintrag auf DATAGRIDVIEW-Ansicht. Anschließend ziehen Sie per Drag&Drop zuerst den `publishers`-Eintrag und dann den in Abbildung 28.8 markierten `titles`-Eintrag in ein Formular. Das Ergebnis sehen Sie in Abbildung 28.9: In der Navigationsleiste wählen Sie einen Verlag aus. Im Listenfeld werden dann alle in diesem Verlag veröffentlichten Bücher angezeigt.

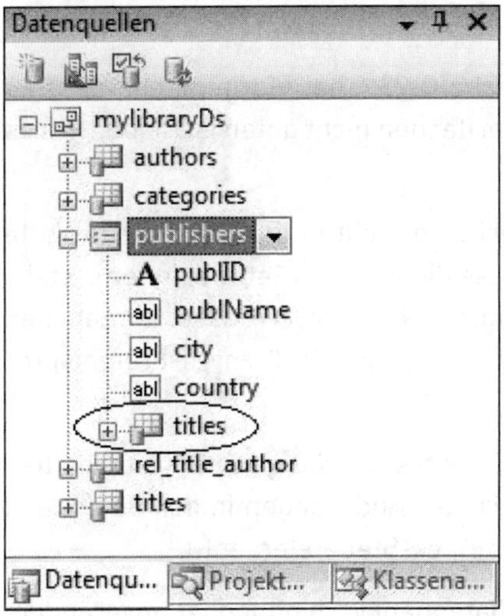

Abbildung 28.8: Die Tabelle titles verweist auf die Tabelle publishers.

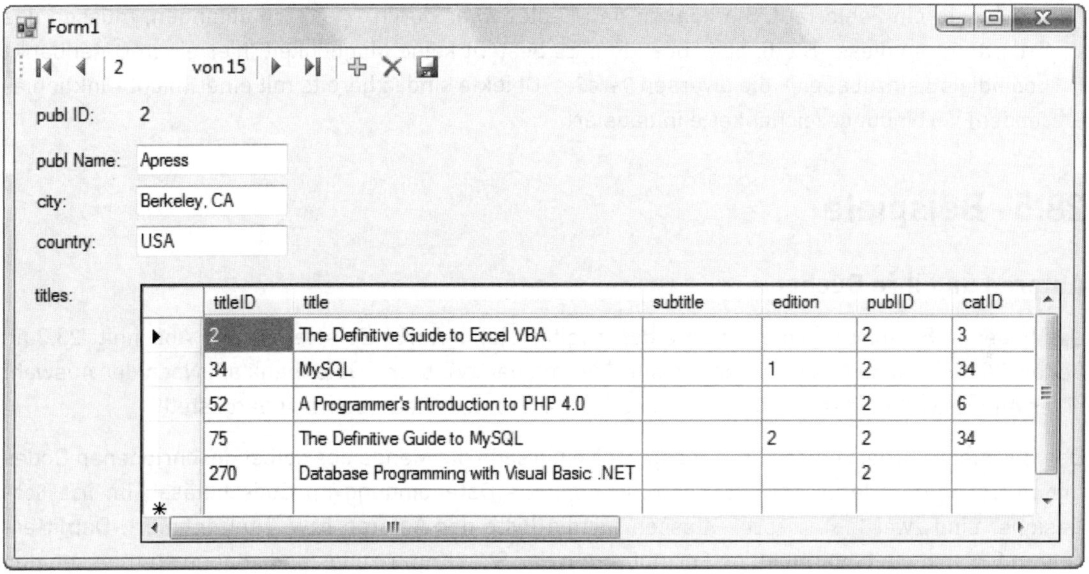

Abbildung 28.9: Ein Verlag und die dort veröffentlichten Bücher

Probleme

Bereits das Einführungsbeispiel zum DataSet-Designer in Abschnitt 23.4 hat klargemacht, dass es mit dem raschen Zusammenklicken von Datenbankbenutzeroberflächen nicht getan ist. In der Praxis tritt eine Reihe von Problemen auf:

» **NULL:** Einige Steuerelemente (DateTimePicker, Listenfelder) sind nicht in der Lage, NULL-Werte richtig anzuzeigen. Die Ursache des Problems liegt darin, dass die vom DataSet-Designer erstellten DataTable-Klassen anders mit NULL umgehen als die originale DataTable-Klasse. In manchen Fällen ist es möglich, die NULL-Sonderfälle in einer BindingSource_PositionChanged-Ereignisprozedur zu berücksichtigen.

» **Datenvalidierung, Datenänderungen speichern:** Wenn der Benutzer ungültige Daten eingibt, treten entweder schon bei der Validierung oder beim Speichern der Änderungen in der Datenbank Fehler auf. (Die geringsten Probleme verursacht das DataGridView-Steuerelement.)

» **Verbindungsaufbau:** Die Zeichenkette für den Aufbau der Datenbankverbindung ist unveränderlich in My.Settings gespeichert. Wenn beim Programmstart keine Verbindung hergestellt werden kann, tritt in Form1_Load bei der Ausführung der Fill-Methode zur Initialisierung der DataTable-Objekte ein Fehler auf. Sie können den Fehler zwar durch Try/Catch abfangen, müssen das Programm an dieser Stelle aber beenden. Es besteht keine Möglichkeit, hier einen Datenbank-Logindialog einzubauen – die diversen DataSet-Objekte sind ja bereits mit einer (nicht funktionierenden) Verbindungszeichenkette initialisiert.

28.5 Beispiele

Autoren und ihre Bücher

Das folgende Beispiel ist eine Variante des zweiten Hello-World-Beispiels (siehe Abschnitt 23.3 ab Seite 920). Es zeigt in einem Listenfeld alle Autoren der mylibrary-Datenbank an. Nach der Auswahl eines Autors werden dessen Bücher in einem DataGridView-Steuerelement dargestellt.

Das Beispiel realisiert einen Mischansatz, der einerseits die Menge des selbst geschriebenen Codes minimiert, aber andererseits die Kontrolle über die Datenbindung im Code belässt. Im DataSet-Designer sind zwei TableAdapter-Klassen für die Liste der Autoren bzw. Titel definiert. Damit ersparen Sie sich die fehleranfällige Formulierung der SQL-Kommandos und können stattdessen den ABFRAGE-GENERATOR zu Hilfe nehmen. Der erforderliche (eigene) Code, um DataSet- und TableAdapter-Objekte zu erzeugen und mit den Steuerelementen zu verbinden, sieht so aus:

```
' Beispiel ADO.NET-visual-tools\bound-with-code2\Form1.vb
Public Class Form1
  Dim ds As mylibraryDataSet
  Dim authorsTableAdapt As mylibraryDataSetTableAdapters.authorsTableAdapter
  Dim titlesTableAdapt As mylibraryDataSetTableAdapters.titlesExtraTableAdapter
  Private Sub Form1_Load(...) Handles MyBase.Load
```

```
    ' DataSet und TableAdapter-Objekte erzeugen
    ds = New mylibraryDataSet()
    titlesTableAdapt = New _
      mylibraryDataSetTableAdapters.titlesExtraTableAdapter()
    authorsTableAdapt = New mylibraryDataSetTableAdapters.authorsTableAdapter()
    'TitlesGrid mit titles-Tabelle verbinden
    TitlesGrid.DataSource = ds.titlesExtra
    'Autorenliste erzeugen und mit ComboBox verbinden
    authorsTableAdapt.Fill(ds.authors)
    AuthorsCombo.DataSource = ds.authors
    AuthorsCombo.DisplayMember = ds.authors.authNameColumn.Caption
    AuthorsCombo.ValueMember = ds.authors.authIDColumn.Caption
    ExecuteTitlesQuery(AuthorsCombo.SelectedValue)
  End Sub
  Private Sub AuthorsCombo_SelectedIndexChanged(...) Handles ...
    If AuthorsCombo.ValueMember <> "" Then
      ExecuteTitlesQuery(AuthorsCombo.SelectedValue)
    End If
  End Sub
  Private Sub ExecuteTitlesQuery(ByVal authID As Integer)
    If ds.titlesExtra.Count > 0 Then ds.titlesExtra.Clear()
    titlesTableAdapt.Fill(ds.titlesExtra, authID)
  End Sub
End Class
```

DataSet ohne Datenbank

Auch das zweite Beispiel greift ein früheres Beispielprogramm auf: In Abschnitt 26.9 ab Seite 1035 haben wir gezeigt, dass Sie DataSets auch losgelöst von einer Datenbank nutzen können. Das setzt allerdings voraus, dass Sie die Spalten der DataTable-Objekte selbst definieren.

Die Alternative besteht darin, in der Entwicklungsumgebung mit PROJEKT|KOMPONENTE HINZUFÜGEN ein neues DATASET-Objekt zu erzeugen. Anschließend definieren Sie im DataSet-Designer die gewünschten DataTables per Mausklick. Zeit ersparen Sie sich damit kaum, weil das Hinzufügen von Spalten und die Einstellung der Spalteneigenschaften recht umständlich vor sich gehen. zeigt, wie Sie im Designer die Verknüpfungen zwischen den Tabellen definieren.

Der Code zur Initialisierung der DataTables und zum Einfügen einiger Testdatensätze sieht so aus:

```
' Beispiel ADO.NET-visual-tools\dataset-without-database2
Dim ds As DataSet1
Dim contacts As contactsDataTable
Dim phones As phoneDataTable
Dim mails As mailDataTable
Dim contactID As Integer
Dim contact As contactsRow, phone As phoneRow, mail As mailRow
' DataSet erzeugen
ds = New DataSet1()
contacts = ds.contacts
```

```
phones = ds.phone
mails = ds.mail
'neuen Kontakt einrichten
contact = contacts.NewcontactsRow()
contact.ItemArray = New Object() {Nothing, "Kofler Michael", "Graz", #1/1/2000#}
contacts.Rows.Add(contact)
contactID = contact!contactID
'Telefonnummern und E-Mail-Adressen hinzufügen
phone = phones.NewRow()
phone.ItemArray = New Object() {Nothing, contactID, "01234 123456", "Büro"}
phones.Rows.Add(phone)
phone = phones.NewRow()
phone.ItemArray = New Object() {Nothing, contactID, "01234 234567", "Privat"}
phones.Rows.Add(phone)
mail = mails.NewRow()
mail.ItemArray = New Object() {Nothing, contactID, "buecher@kofler.cc", "Büro"}
mails.Rows.Add(mail)
```

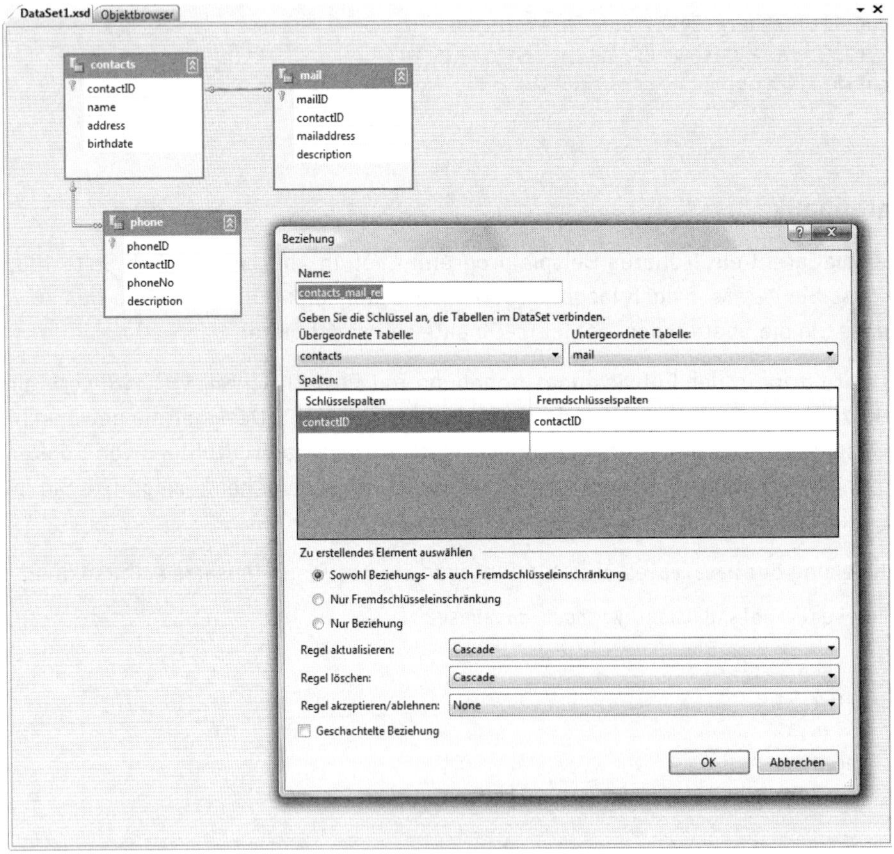

Abbildung 28.10: Verknüpfung zwischen den DataTable-Objekten contacts und mail

29 LINQ-to-DataSet

Language Integrated Queries haben wir bereits in Kapitel 12 präsentiert, den LINQ-Provider für XML (LINQ to XML) in Kapitel 13. Dieser Abschnitt setzt den LINQ-Reigen fort und beschreibt, wie Sie LINQ in Kombination mit ADO.NET DataSet einsetzen können.

LINQ to DataSet ermöglicht es, die in einem ADO.NET-DataSet enthaltenen Daten per LINQ auszuwerten. Optional können Sie die Ergebnisse anschließend in DataTable- oder DataView-Objekte umwandeln. Das ermöglicht unter anderem ein einfaches Data Binding in Windows Forms- und WPF-Steuerelementen.

WICHTIGER HINWEIS: LINQ-to-DataSet wird immer im RAM ausgeführt auf bereits geladenen Datasets. Es ist nicht möglich, mit LINQ-to-Dataset Abfragen zu definieren, um Datasets zu befüllen. Wenn Sie von LINQ als Ersatz für SQL träumen, sollten Sie sich das ADO.NET Entity Framework ansehen (Kapitel 30).

29.1 DataSetExtensions-Bibliothek

LINQ to DataSet ermöglicht es, ADO.NET-DataTables als Datenquellen für LINQ-Abfragen zu nutzen. An sich sind ADO.NET und LINQ inkompatibel zueinander: Die ADO.NET-Bibliotheken sind von .NET 2.0 bis .NET 3.5 unverändert geblieben. Die Schnittstelle zwischen DataSets und LINQ stellt deswegen die neue Erweiterungsbibliothek *System.Data.DataSetExtensions* dar.

Diese Bibliothek enthält im Namensraum System.Data zum einen diverse Erweiterungsmethoden (Extension Methods) für die herkömmlichen ADO.NET-Klassen DataRow und DataTable; zum anderen definiert die Bibliothek einige neue Klassen: DataRowComparer, EnumerableRowCollection, OrderedEnumerableRowCollection für die Ergebnisse von LINQ-Abfragen sowie TypedTableBase für typisierte DataSets, wie sie beispielsweise der DataSet-Designer zur Verfügung stellt.

Die Bibliothek wird in neuen Windows Forms- und WPF-Projekten standardmäßig aktiviert. Wenn Sie hingegen in alten VB-Programmen LINQ to DataSet nutzen möchten, müssen Sie selbst einen Verweis auf diese Bibliothek hinzufügen.

Hello World!

Das folgende Einführungsbeispiel stellt zuerst mit herkömmlichen ADO.NET-Methoden eine Verbindung zur mylibrary-Datenbank auf einem SQL-Server her und füllt mit einem SQL-Kommando eine DataTable. Sie enthält eine ungeordnete Liste aller Bücher in der mylibrary-Datenbank zusammen mit Untertitel, Auflage und Verlagsname. Eine LINQ-Abfrage extrahiert nun alle Titel, die im Addison-Wesley-Verlag erschienen sind, und ordnet diese nach Titel und Untertitel. Eine For-Each-Schleife durchläuft die LINQ-Ergebnisse, bildet daraus Zeichenketten und fügt diese in eine TextBox ein.

```
'Beispiel ADO.NET-linq\linq-dataset-hello-world
Imports System.Data.SqlClient
'SqlClient
Dim conn = New SqlConnection( _
  "Server=.\sqlexpress;Database=mylibrary;Integrated Security=True")
conn.Open()
'ADO.NET DataSet
Dim ds As New DataSet("mydataset")
Dim da = New SqlDataAdapter( _
  "SELECT titleID, title, subtitle, edition, publName " + _
  "FROM titles " + _
  "LEFT OUTER JOIN publishers ON publishers.publID = titles.publID", conn)
da.Fill(ds, "titles")
Dim dt = ds.Tables("titles")
'LINQ to DataSet
Dim query = From t In dt.AsEnumerable _
            Where t.Field(Of String)("publName") = "Addison-Wesley" _
            Order By t!title, t!subtitle _
            Select t!title, t!subtitle, t!edition
'Darstellung der Ergebnisse
txtBox.Clear()
```

```
For Each t In query
  Dim s As String = t.title
  If t.subtitle IsNot DBNull.Value Then s += " -- " & t.subtitle
  If t.edition IsNot DBNull.Value Then s += " (" & t.edition & ". Auflage)"
  txtBox.AppendText(s + vbCrLf)
Next
```

Einige Anmerkungen zu den LINQ-spezifischen Teilen des Codes: Es ist nicht möglich, eine `DataTable` unmittelbar als LINQ-Datenquelle zu verwenden. Der Grund: Der `DataTable`-Klasse fehlt eine Implementierung der `IEnumerable`-Schnittstelle, die Voraussetzung für jede LINQ-Abfrage ist. Abhilfe schafft die in der `DataSetExtension`-Bibliothek enthaltene Methode *AsEnumerable*, die ein `EnumerableRowCollection(Of TRow)`-Objekt liefert.

Der Zugriff auf einzelne Felder der `DataTable` kann auf zwei Arten erfolgen: Am bequemsten ist die VB-spezifische Schreibweise in der Form `!spaltenname`. Das minimiert den Tippaufwand, hat aber den Nachteil, dass die Spalten den Datentyp `Object` haben. Aus `NULL`-Werten in der Datenbank wird `DBNull`.

Syntaktisch exakter, aber wesentlich unübersichtlicher ist der Einsatz der ebenfalls in der `DataSetExtension`-Bibliothek definierten Methode *Field(Of T)(»spaltenname«)*. Diese Schreibweise hat zwei Vorteile: Erstens können die Daten nun im richtigen Datentyp weiterverarbeitet werden, und zweitens wird `NULL` korrekt berücksichtigt: Beim Datentyp `String` sowie bei allen Referenztypen wird aus `NULL` `Nothing`. Das funktioniert auch für Werttypen, wenn Sie den Datentyp in der Form `Of datentyp?` angeben (also z.B. `Of Integer?`). Hintergründe zu `Nullable` Werttypen gibt Abschnitt 4.5.

Im obigen Beispiel wurde die `Field`-Methode nur im `Where`-Kriterium verwendet. Der Grund: `Where t.publName = "Addison-Wesley"` führt zu einem Fehler, wenn `publName` `NULL` ist. In diesem Fall kommt es zu einem nicht zulässigen Vergleich zwischen `DBNull` und einer Zeichenkette. Eine syntaktisch korrekte Alternative wäre:

```
Where t!publName IsNot DBNull.Value AndAlso t!publName = "Addison-Wesley"
```

Die folgenden Zeilen zeigen dieselbe LINQ-Abfrage wie oben, wobei nun aber alle Spalten mit `Field(Of T)` formuliert werden. Der Hauptvorteil dieser Variante besteht darin, dass der Datentyp der Ergebnisspalten klar definiert ist. Deswegen ändern sich auch die Zeilen zur Auswertung des Ergebnisses. Von der LINQ-Eleganz ist allerdings nicht viel übrig geblieben.

```
Dim query = From t In dt.AsEnumerable _
            Where t.Field(Of String)("publName") = "Addison-Wesley" _
            Order By t.Field(Of String)("title"), t.Field(Of String)("title") _
            Select title = t.Field(Of String)("title"), _
                   subtitle = t.Field(Of String)("subtitle"), _
                   edition = t.Field(Of Integer?)("edition")
txtBox.Clear()
For Each t In query
  Dim s As String = t.title
  If Not IsNothing(t.subtitle) Then s += " -- " & t.subtitle
```

```
  If t.edition.HasValue        Then s += " (" & t.edition & ". Auflage)"
  txtBox.AppendText(s + vbCrLf)
Next
```

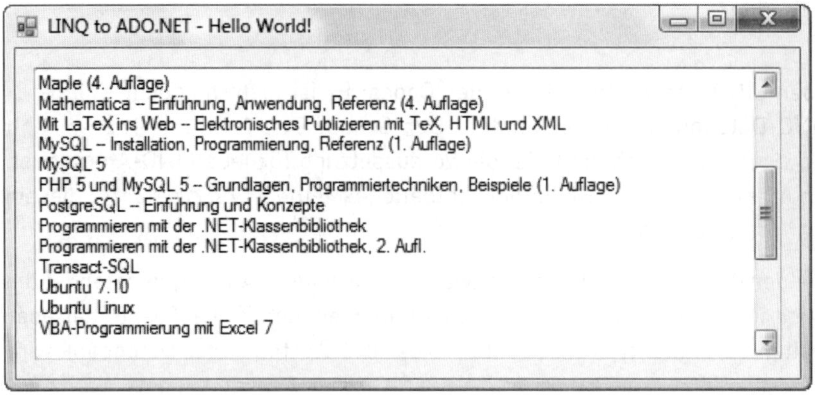

Abbildung 29.1: Hello World!

Natürlich können Sie die LINQ-Ergebnisse auch eleganter in einem `DataGridView`-Steuerelement darstellen. Die für alle LINQ-Ergebnisse taugliche Vorgehensweise führt über ein `BindingSource`-Objekt, an dessen `DataSource`-Eigenschaft Sie die LINQ-Abfrage zuweisen. Allerdings müssen Sie sich anschließend selbst um die richtige Reihenfolge der Spalten kümmern. Standardmäßig werden diese alphabetisch angeordnet, was selten zweckmäßig ist.

```
Dim b As New BindingSource
b.DataSource = query
grid.DataSource = b
grid.Columns("title").DisplayIndex = 0
grid.Columns("subtitle").DisplayIndex = 1
grid.Columns("edition").DisplayIndex = 2
```

Eine alternative Methode ist es, aus den LINQ-Ergebnissen ein `DataView`-Objekt zu erzeugen. Die erforderliche Methode *`AsDataView`* ist wiederum in der `DataSetExtension`-Bibliothek enthalten. Sie funktioniert allerdings nur, wenn die LINQ-Variable den Datentyp `EnumerableRowCollection(Of DataRow)` aufweist. Das ist aber nur der Fall, wenn die Abfrage die aus den zugrunde liegenden Daten stammenden `DataRow`-Objekte unverändert weitergibt (kein `Select`, `Join`, `Group By` etc.). Die Reihenfolge der Spalten ergibt sich nun aus der `DataTable` bzw. der ursprünglichen SQL-Abfrage. Allerdings enthält das Ergebnis nun oft Spalten, die Sie gar nicht anzeigen möchten. Die müssen Sie im `DataGridView` ausblenden.

```
Dim query = From t In dt.AsEnumerable _
            Where t.Field(Of String)("publName") = "Addison-Wesley" _
            Order By t!title, t!subtitle
```

grid.DataContext = query.AsDataView

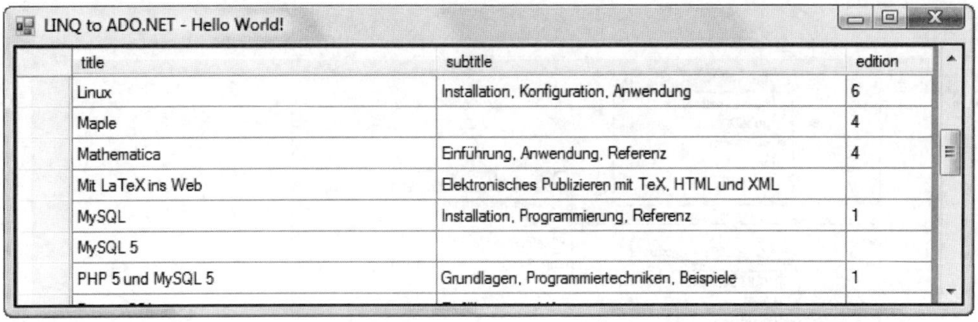

Abbildung 29.2: Darstellung des LINQ-Ergebnisses in einem DataGridView-Steuerelement

29.2 Gewöhnliche versus typisierte DataTables

Statt einfacher `DataTables` können Sie für LINQ-Abfragen auch typisierte `DataTables` verwenden. Die erforderlichen Klassen erzeugen Sie am einfachsten mit dem `DataSet`-Designer. Ausgangspunkt für das folgende Beispiel sind die `DataSet`-Klasse `myDataSet` und die dort definierte `DataTable`-Klasse `titles1`, der die in Abbildung 29.3 dargestellte Abfrage zugrunde liegt.

Mit einer LINQ-Abfrage werden daraus nun alle Titel ausgewählt, die im Addison-Wesley-Verlag erschienen sind, und diese nach Titel und Untertitel sortiert. Im Vergleich zur entsprechenden Abfrage aus dem Hello-World-Beispiel ist der Code etwas klarer: Da `titles1` die Schnittstelle `IEnumerable` bereits implementiert, ist es nicht mehr erforderlich, der Datenquelle `AsEnumerable` anzufügen. Auch der Zugriff auf die Spalten bereitet nun keine Probleme mehr und erfolgt in der Form `t.spaltenname`. Visual Studio hilft bei der Eingabe mit `IntelliSense` und stellt sofort die korrekte Schreibweise sicher.

Leider bietet auch der `DataSet`-Designer keine Lösung für die `NULL`-Probleme. Deswegen müssen bei `Where`-Bedingungen alle Spalten, die `NULL` enthalten können, mit `t.Field(Of datentyp)("spaltenname")` angesprochen werden. Neu im Vergleich zu untypisierten `DataTables` ist der Umstand, dass dies nun auch bei `Order By` erforderlich ist.

```
'Beispiel ADO.NET-linq\linq-dataset-samples, Datei MainWindow.xaml.vb
Imports WindowsApplication1.myDataSetTableAdapters
Dim ds As New myDataSet()
Dim titlesAdapter As New titles1TableAdapter()
titlesAdapter.Fill(ds.titles1)
Dim query = From t In ds.titles1 _
            Where t.Field(Of String)("publName") = "Addison-Wesley" _
            Order By t.title, t.Field(Of String)("subtitle")
grid.DataSource = query.AsDataView
grid.Columns("publName").Visible = False
grid.AutoSizeColumnsMode = DataGridViewAutoSizeColumnsMode.AllCells
```

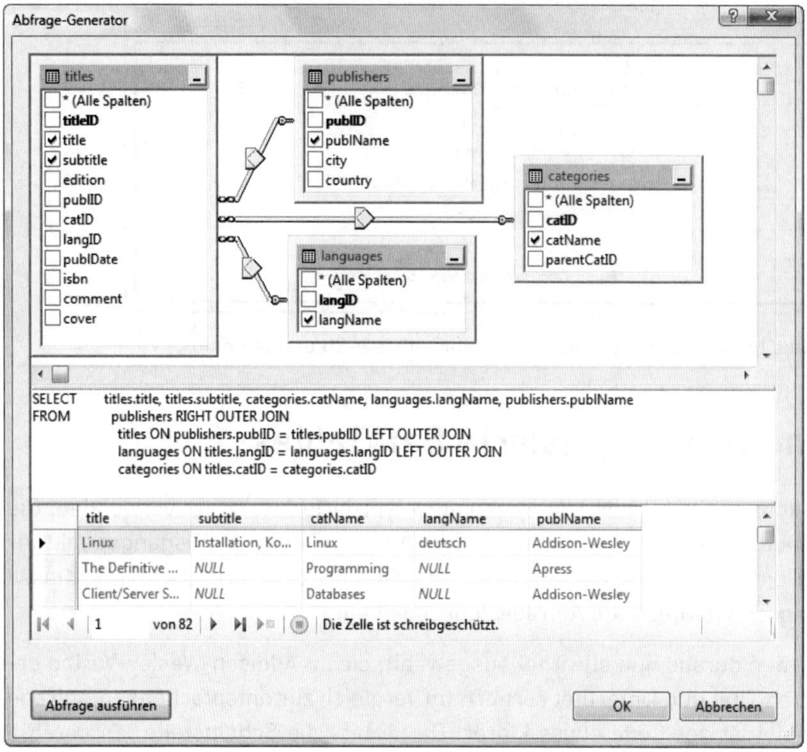

Abbildung 29.3: Der SQL-Code für die DataTable titles1 im Abfrage-Generator

Wenn Ihnen die `Field`-Schreibweise zuwider ist, können Sie die Abfrage auch wie folgt formulieren. Die Klasse vom `DataSet`-Designer vereinfacht den LINQ-Code insofern, als sie für jede Spalte die Methode `t.Is<spaltenname>Null` zur Verfügung stellt. Eleganz vermittelt der Code dennoch nicht.

```
Dim query = From t In ds.titles1 _
            Where Not t.IspublNameNull AndAlso t.publName = "Addison-Wesley" _
            Order By t.title, If(t.IssubtitleNull, "", t.subtitle)
```

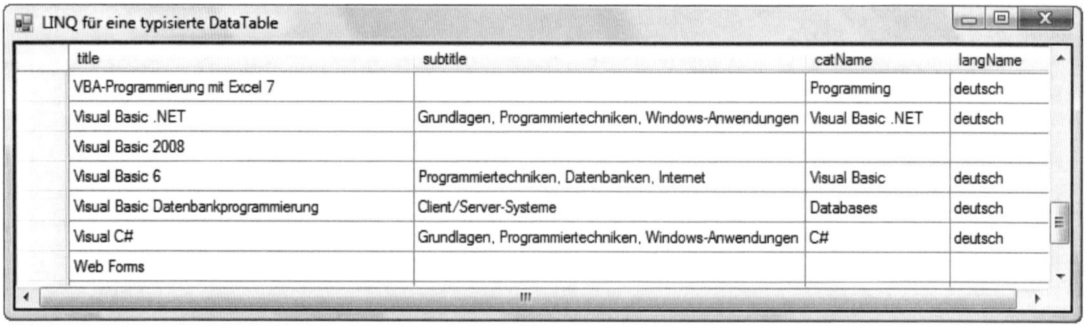

Abbildung 29.4: Darstellung des LINQ-Ergebnisses in einem DataGridView-Steuerelement

29.3 Mehrere Tabellen mit Join verknüpfen

Bei großen Datenbanken ist es am effizientesten, Daten aus mehreren Tabellen gleich im Datenbanksystem zu verknüpfen. Datenbankserver sind für derartige Aufgaben am besten optimiert. Alle bisherigen Beispiele folgten dieser Regel.

Bei kleineren Datenmengen können Sie die Verknüpfung aber auch direkt im `DataSet` (siehe Abschnitt 26.7) oder mit LINQ durchführen. Dem folgenden Beispiel liegen zwei nicht typisierte `DataTables` zugrunde: `dtTitles` enthält einige Spalten der `titles`-Tabelle der `mylibrary`-Datenbank, und `dtPublishers` enthält einige Spalten der `publishers`-Tabelle. Entscheidend ist, dass beide `DataTables` das Verknüpfungsfeld `publID` enthalten.

Die Funktion des `Join`-Operators haben wir bereits in Abschnitt 12.2 beschrieben: Er fügt den Datensätzen der ersten Tabelle einige Spalten aus der zweiten Tabelle hinzu. Die `On-Equals`-Bedingung gibt an, welcher Datensatz der ersten Tabelle mit welchem der zweiten Tabelle verbunden wird. Erfreulicherweise bereitet LINQ weder beim `Join`-Operator noch bei `Order By` Probleme, wenn eine Spalte `NULL` enthält.

Leider hat der LINQ-`Join`-Operator ein gravierendes Problem: Es berücksichtigt nur die Datensätze der ersten Tabelle, deren Verknüpfungsfeld ungleich `NULL` ist. Aus diesem Grund enthält das Ergebnis der unten abgedruckten LINQ-Abfrage nur Titel, deren `publID`-Spalte auf einen Verlag verweist. Titel, bei denen der Verlag unbekannt ist (also mit `titles.publID = NULL`), fallen unter den Tisch. SQL ist in diesem Punkt LINQ überlegen: Neben `JOIN` kennt es drei `OUTER-JOIN`-Varianten. Sie sind in der Lage, Ergebnisdatensätze zu erzeugen, wenn ein Verknüpfungsfeld `NULL` enthält (siehe auch den Hinweis am Ende dieses Abschnitts).

```
'Beispiel ADO.NET-linq\linq-dataset-samples, Datei Window1.xaml.vb
Imports System.Data.SqlClient
'SqlClient
Dim conn = New SqlConnection( _
  "Server=.\sqlexpress;Database=mylibrary;Integrated Security=True")
conn.Open()
'ADO.NET DataSet
Dim ds As New DataSet("mylibrary")
Dim da = New SqlDataAdapter("SELECT title, subtitle, edition, publID FROM titles ", conn)
da.Fill(ds, "titles")
Dim dtTitles = ds.Tables("titles")
da = New SqlDataAdapter("SELECT publID, publName FROM publishers", conn)
da.Fill(ds, "publishers")
Dim dtPublishers = ds.Tables("publishers")
'LINQ
Dim query = From t In dtTitles.AsEnumerable _
            Join p In dtPublishers.AsEnumerable On t!publID Equals p!publID _
            Order By p!publName, t!title, t!subtitle, t!edition _
            Select t!title, t!subtitle, t!edition, p!publName
'Ergebnis anzeigen
grid.DataContext = query.ToList()
```

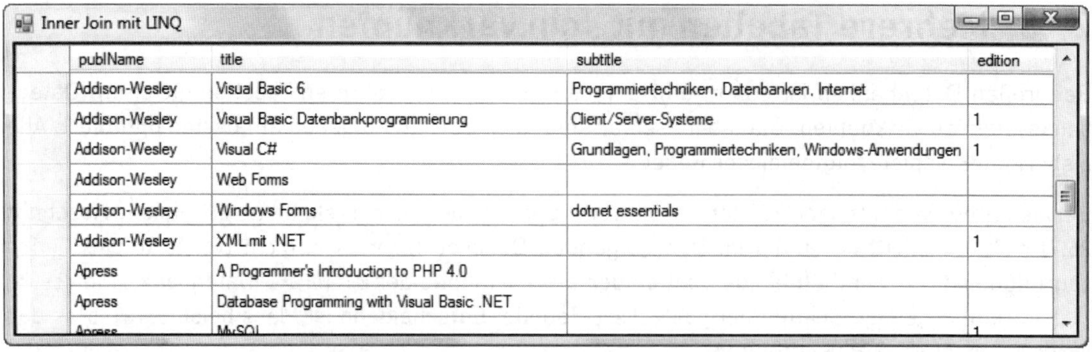

Abbildung 29.5: Ergebnis einer LINQ-Join-Verknüpfung zwischen den Tabellen titles und publishers

Im zweiten Beispiel werden gleich drei Tabellen verknüpft, um die `n:m`-Verknüpfung zwischen Titeln und Autoren aufzulösen.

```
'Beispiel ADO.NET-linq\linq-dataset-samples, Datei Window2.xaml.vb
Imports System.Data.SqlClient
'Verbindungsaufbau wie oben (conn = ...)
Dim ds As New DataSet("mylibrary")
Dim da = New SqlDataAdapter( _
  "SELECT titleID, title, subtitle, edition FROM titles ", conn)
da.Fill(ds, "titles")
Dim dtTitles = ds.Tables("titles")
' analog für dtAuthors ("SELECT authID, authName FROM authors")
' und dtRelTitleAuthor ("SELECT authId, titleID FROM rel_title_author")
Dim query = From t In dtTitles.AsEnumerable _
            Join r In dtRelTitleAuthor.AsEnumerable On t!titleID Equals r!titleID _
            Join a In dtAuthors.AsEnumerable On r!authID Equals a!authID _
            Order By t!title, t.Field(Of String)("subtitle"), t!edition, a!authName _
            Select t!title, t!subtitle, t!edition, a!authName
'Ergebnis anzeigen: wie oben
```

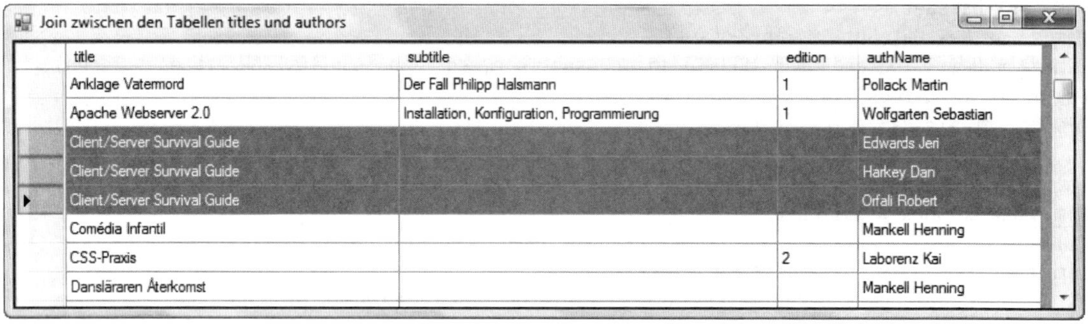

Abbildung 29.6: LINQ-Join-Verknüpfung zwischen titles, rel_title_author und authors

Störend an diesem Beispiel ist der Umstand, dass Buchtitel von mehreren Autoren in entsprechend vielen Zeilen dargestellt werden (siehe Abbildung 29.6). Wir haben uns mehrere Stunden bemüht, die LINQ-Abfrage so zu formulieren, dass jeder Buchtitel nur eine Zeile beansprucht, wobei alle Autoren als Zeichenkette der Form `autor1; autor2; autor3` dargestellt werden. Nach mehrfachen Abstürzen von Visual Studio haben wir schließlich resigniert, obwohl wir uns ziemlich sicher sind, dass eine entsprechende LINQ-Abfrage möglich ist. Wenn Sie mehr LINQ-Erfahrung bzw. Glück haben, würden wir uns über eine kurze E-Mail an webmaster@kofler.cc freuen.

HINWEIS

Wie wir bereits erwähnt haben, ist der Join-Operator von LINQ nur für einen `Inner Join` geeignet. `Outer Joins` sind in LINQ momentan nicht vorgesehen (in SQL: LEFT/RIGHT/FULL OUTER JOIN). Derartige Verknüpfungsoperatoren brauchen Sie, wenn eine oder beide Tabellen `NULL`-Werte enthalten und Sie auch solche Ergebnisse wünschen, bei denen das Verknüpfungsfeld in der einen oder anderen Tabelle `NULL` enthält. In der Praxis ist das recht oft der Fall – aber offensichtlich nicht in den Beispieldatenbanken der Microsoft-Entwickler. Das führt wieder einmal zum `NULL`-Dilemma, über das wir in nahezu jedem Datenbankkapitel lamentieren ...

Obwohl LINQ also keine `Outer-Join`-Operatoren kennt, gibt es dennoch Wege, eine derartige Verknüpfung zu realisieren. Der erforderliche LINQ-Code ist allerdings derart grauenhaft und unleserlich, dass wir es nicht sinnvoll finden, hier darauf einzugehen. Eine Motivation für die Verwendung von LINQ ist es ja, klaren Code zu bekommen. Und gerade das ist hier definitiv nicht der Fall. Wenn Sie uns nicht glauben, werfen Sie einen Blick auf die beiden folgenden Webseiten. (Die zweite Seite beschreibt eigentlich `LINQ to SQL`, die Vorgehensweise gilt aber auch für `LINQ to DataSet`.)

http://www.hookedonlinq.com/OuterJoinSample.ashx = http://tinyurl.com/3a2prk
http://blogs.msdn.com/vbteam/archive/tags/Converting+SQL+to+LINQ/default.aspx = http://tinyurl.com/3579wv

29.4 LINQ-Ergebnisse in ADO.NET weiterverwenden

LINQ-Ergebnisse haben den Datentyp `IEnumerable(Of ...)` und sind in dieser Form nicht ADO.NET-kompatibel. Die `DataSetExtensions`-Bibliothek enthält aber zwei Methoden, um die Ergebnisse in ein `DataView`-Objekt umzuwandeln bzw. um die Ergebnisse in eine neue oder bereits vorhandene `DataTable` zu kopieren: *AsDataView* und *CopyToDataTable*. Vorweg kurz die Syntaxvarianten:

```
Dim dv As DataView = query.AsDataView
Dim dt As DataTable = query.CopyToDataTable()
query.CopyToDataTable(vorhandeneDataTable, LoadOption.Xxx)
```

Beide Methoden können allerdings nur eingesetzt werden, wenn das LINQ-Ergebnis den Datentyp `EnumerableRowCollection(Of DataRow)` hat. Das ist der Fall, wenn die Abfrage keine `Join-`, `Group-By` oder `Select`-Klauseln enthält und das Ergebnis im zugrunde liegenden `DataRow`-Format liefert – also keine Aufzählung von Objekten einer anonymen Klasse, die der VB-Compiler bei der Auswertung des LINQ-Ausdrucks erzeugt.

`AsDataView` werden Sie überwiegend verwenden, um LINQ-Ergebnisse per `Data Binding` in Windows Forms-Steuerelementen anzuzeigen (siehe unten). `CopyToDataTable` bietet darüber hinaus die Möglichkeit, LINQ-Ergebnisse auf unterschiedliche Arten mit Datensätzen in einem vorhandenen `DataTable`-Objekt zu verbinden. Das Verhalten wird durch den optionalen Parameter `options As LoadOption` gesteuert. Die folgende Beschreibung setzt voraus, dass Sie das Verhalten von `DataTables` im Hinblick auf Änderungen kennen: Eine `DataTable` speichert nicht nur den aktuellen Wert (`Current`), sondern auch den bisherigen (`Original`). Details zu diesem Thema finden Sie auf Seite 1029. Die *LoadOption*-Aufzählung kennt folgende Werte:

» *PreserveChanges* (gilt standardmäßig): Die LINQ-Daten verändern nur den `Original`-Wert des entsprechenden `DataTable`-Datensatzes. Der `Current`-Wert bleibt unverändert.

» *OverwriteChanges*: Die LINQ-Daten verändern sowohl den `Current`- als auch den `Original`-Wert.

» *Upsert:* Die LINQ-Daten verändern nur den `Current`-, aber nicht den `Original`-Wert.

Sollten bei der Übertragung der Daten in die `DataTable` Fehler auftreten, können Sie damit in einer eigenen Prozedur reagieren, deren Adresse Sie im dritten Parameter von `CopyToDataTable` angeben:

```
query.CopyToDataTable(dtTitles, LoadOption.Upsert, AddressOf copyError)
...
Sub copyError(ByVal sender As Object, ByVal e As System.Data.FillErrorEventArgs)
  ...
End Sub
```

29.5 Data Binding in Windows Forms-Steuerelementen

Aus den vorangegangenen Beispielen ist bereits hervorgegangen, dass es für das `Data Binding` zu einem `DataGridView`-Steuerelement zwei Möglichkeiten gibt. Dieselben Regeln gelten natürlich auch für Listenfelder, wobei in diesem Fall gleich drei Eigenschaften eingestellt werden müssen: `DataSource`- und `DisplayMember` (Name der angezeigten Spalte) und `ValueMember` (Name der Spalte für die `SelectedValue`-Eigenschaft).

» Direkt mit `AsDataView` oder `CopyToDataTable`: Diese Varianten funktionieren allerdings nur, wenn das LINQ-Ergebnis im Datentyp `EnumerableRowCollection(Of DataRow)` zur Verfügung stellt – und das ist in der Praxis nur sehr selten der Fall.

  ```
  grid.DataSource = query.AsDataView
  ```

» Indirekt mit einem `BindingSource`-Objekt: In diesem Fall müssen Sie sich selbst um die richtige Reihenfolge der Spalten kümmern.

  ```
  grid.DataContext = query.ToList()
  ...
  ```

Rein optisch ist zwischen den beiden Varianten kein Unterschied zu sehen. Das Problem ist aber, dass bei der `BindingSource`-Variante die Speicherung von geänderten Daten in der Datenbank mit aufwendiger Handarbeit verbunden ist.

Im folgenden Beispiel dienen die Tabellen authors, titles und rel_title_author als Datenquellen. Die DataTable-Objekte heißen entsprechend dtAuthors, dtTitles und dtRelTitleAuthor. Sie werden in der Form_Load-Ereignisprozedur initialisiert. Eine LINQ-Abfrage sortiert die Autoren und zeigt diese in einer ComboBox an. Eine weitere LINQ-Abfrage wird bei jeder Änderung des Autors in der ComboBox ausgeführt. Das Ergebnis – eine Liste aller Buchtitel des Autors – wird anschließend in einem DataGridView-Steuerelement dargestellt. grid.ReadOnly=True verhindert Änderungen in der Titelliste, die ohnedies nicht in der Datenbank gespeichert werden können.

```
'Beispiel ADO.NET-linq\linq-dataset-samples, Datei Window3.xaml.vb
Imports System.Data.SqlClient
Dim dtTitles, dtAuthors, dtRelTitleAuthor As DataTable
Private Sub Window3_Loaded(…) Handles Me.Loaded
        Try
            'SqlClient
            Dim conn = New SqlConnection( _
              "Server=.\sqlexpress;Database=mylibrary;Integrated Security=True")
            conn.Open()

            'ADO.NET DataSet
            Dim ds As New DataSet("mylibrary")
            Dim da = New SqlDataAdapter( _
              "SELECT titleID, title, subtitle, edition FROM titles ", conn)
            da.Fill(ds, "titles")
            dtTitles = ds.Tables("titles")

            da = New SqlDataAdapter( _
              "SELECT authName, authID FROM authors", conn)
            da.Fill(ds, "authors")
            dtAuthors = ds.Tables("authors")

            da = New SqlDataAdapter( _
              "SELECT authId, titleID FROM rel_title_author", conn)
            da.Fill(ds, "relTitleAuthor")
            dtRelTitleAuthor = ds.Tables("relTitleAuthor")

            'LINQ-Datenquelle für ComboBox
            Dim authQuery = From a In dtAuthors.AsEnumerable _
                            Order By a!authName


            comboAuthors.DisplayMemberPath = "authName"
            comboAuthors.SelectedValuePath = "authID"
            comboAuthors.DataContext = authQuery.AsDataView
        Catch ex As Exception
            MsgBox(ex.Message)
        End Try

    End Sub
```

29.6 Fazit

Ein bisschen wirkt `LINQ to DataSet` nicht doppelt, sondern sogar dreifach gemoppelt – insbesondere wenn Sie damit Daten aus `DataSets` abfragen, die ursprünglich aus einem Datenbanksystem extrahiert wurden. In diesem Fall gibt es nämlich gleich drei Punkte im Code, an denen Sie Daten ordnen, filtern und gruppieren können:

» In der SQL-Abfrage, mit der das `DataTable`-Objekt mit Daten gefüllt wird

» Direkt in `DataTable`- oder `DataView`-Objekten mit den Methoden `Find` und `Select` bzw. mit den Eigenschaften `RowFilter` und `Sort` (siehe Abschnitt 26.4)

» In einer LINQ-Abfrage

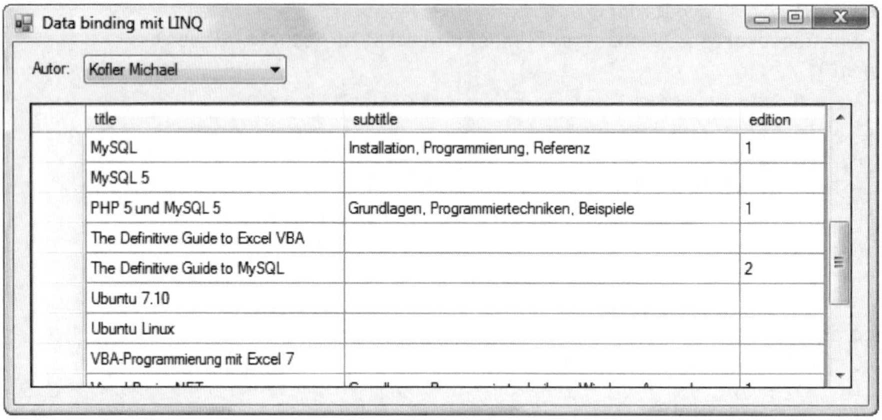

Abbildung 29.7: Data Binding mit LINQ

Welches der optimale Punkt ist, hängt stark von der Natur Ihrer Daten bzw. von den Aufgaben Ihrer Anwendung ab. Wenn Sie die Daten nur einmal in einer bestimmten Form brauchen, sollten Sie sich für Variante 1 entscheiden und die Abfrage in SQL formulieren. Nur wenn Sie einmal von der Datenbank gelesene Daten ohne weitere Datenbankzugriffe mehrfach auf unterschiedliche Weise sortieren, gruppieren, filtern oder anders auswerten möchten, bieten sich die Varianten 2 und 3 an. In diesem Fall hat LINQ zwei Vorteile: LINQ bietet wesentlich mehr Auswertemöglichkeiten, und gleichzeitig bleibt der Code zumeist übersichtlich.

Dem stehen aber Nachteile gegenüber, die umso gravierender sind, je größer die lokalen Datenmengen im `DataSet` sind: Zum einen müssen vor jeder LINQ-Abfrage die zugrunde liegenden `DataTables` mit `AsEnumerable` in eine `EnumerableRowCollection(Of TRow)` umgewandelt werden. Falls die LINQ-Ergebnisse anschließend ADO.NET-kompatibel weiterverwendet werden sollen, ist eine Rückumwandlung mit `AsDataView` oder `CopyToDataTable` erforderlich. Zum anderen ist das `Data Binding` zu Windows Forms-Steuerelementen umständlicher und weniger flexibel als bei ADO.NET-Datensätzen.

Alles in allem hat uns `LINQ to DataSets` nicht begeistert. Die Integration zwischen LINQ und `DataSets` ist nicht überzeugend. Der resultierende Code ist vielleicht leichter zu lesen, aber auf jeden Fall weniger effizient als eine direkte Bearbeitung der Daten im `DataSet`. Am ehesten ist LINQ dann interessant, wenn Sie die LINQ-Ergebnisse weder anzeigen noch innerhalb der ADO.NET-Welt weiterverarbiten möchten. Wir haben keine überzeugenden Argumente gefunden, die für einen Umstieg auf `LINQ to DataSet` sprechen würden. Gut möglich, dass unser Urteil in der nächsten .NET-Version positiver ausfällt: Es wären nur relativ wenige Änderungen in den ADO.NET- und LINQ-Klassen erforderlich, um eine einfachere und effizientere Zusammenarbeit zwischen beiden Komponenten sicherzustellen.

Wenn die im `DataSet` enthaltenen Daten ursprünglich aus einer XML-Datei stammen, ist es am besten, ganz auf ein `DataSet` zu verzichten und gleich `LINQ to XML` einzusetzen (siehe Kapitel 13).

29.7 Weiterführende Informationen im Internet

Die folgenden Links verweisen auf Webseiten, die weitere Beispiele und Hintergrundinformationen zu `LINQ to DataSet` vermitteln:

http://msdn2.microsoft.com/de-de/library/bb386977.aspx = http://tinyurl.com/34lrma (Einführung)

http://msdn2.microsoft.com/en-us/vbasic/bb688086.aspx = http://tinyurl.com/2vu5vk (Beispiele)

http://blogs.msdn.com/adonet/archive/2007/01/26/querying-datasets-introduction-to-linq-to-dataset.aspx = http://tinyurl.com/3x8krt (noch eine Einführung)

30 ADO.NET Entity Framework (LINQ-to-Entities)

ADO.NET Entity Framework ist ein objektrelationaler Mapper (ORM) zur Abbildung von relationalen Datenbanktabelle auf .NET-Objektstrukturen. Microsoft lieferte das ADO.NET Entity Framework erstmals mit .NET 3.5 Service Pack 1 und Visual Studio 2008 Service Pack 1 aus. In .NET 4.0 und Visual Studio 2010 war die zweite Version des ADO.NET Entity Frameworks enthalten mit der Versionsnummer 4.0. In dieser Version gibt es erhebliche Erweiterungen und Verbesserungen. Ursprünglich sollte das ADO.NET Entity Framework schon mit .NET 3.5 erscheinen, das Projekt verspätete sich jedoch.

30.1 Was ist ORM?

In der Datenbankwelt sind relationale Datenbanken vorherrschend, in der Programmierwelt sind es Objekte. Objektrelationales Mapping (ORM, auch OR/M) ist die Abbildung von Objekten im Hauptspeicher auf Datensätze in relationalen Datenbanktabellen zum Zwecke der Objektpersistenz.

Kern des objektorientierten Programmierens (OOP) ist die Arbeit mit Objekten als Instanzen von Klassen im Hauptspeicher. Die meisten Anwendungen haben dabei auch die Anforderung, in Objekten gespeicherte Daten dauerhaft zu speichern, insbesondere in Datenbanken. Grundsätzlich existieren objektorientierte Datenbanken (OODB), die direkt in der Lage sind, Objekte zu speichern. Aber objektorientierte Datenbanken haben bisher nur eine sehr geringe Verbreitung. Der vorherrschende Typus von Datenbanken sind relationale Datenbanken, die jedoch Datenstrukturen anders abbilden als Objektmodelle.

Zwei besonders hervorstechende Unterschiede zwischen Objektmodell und Relationenmodell sind N:M-Beziehungen und Vererbung. Während man in einem Objektmodell eine N:M-Beziehung zwischen Objekten durch eine wechselseitige Objektmenge abbilden kann, benötigt man in der relationalen Datenbank eine Zwischentabelle. Vererbung kennen relationale Datenbanken gar nicht. Hier gibt es verschiedene Möglichkeiten der Nachbildung, doch dazu später mehr. Die unterschiedliche Art der Datenspeicherung zwischen Objektmodell und relationalem Modell werden in der Fachwelt als »Impedance Mismatch« oder »Semantic Gap« bezeichnet.

Wenn ein .NET-Entwickler aus einer Datenbank mit einem DataReader oder DataSet Daten einliest, dann betreibt er noch kein ORM. DataReader und DataSet sind zwar .NET-Objekte, aber diese verwalten nur Tabellenstrukturen. DataReader und DataSet sind aus der Sicht eines Objektmodells untypisierte, unspezifische Container. Erst wenn ein Entwickler spezifische Klassen für die in den Tabellen gespeicherten Strukturen definiert und die Inhalte aus DataSet oder DataReader in diese spezifischen Datenstrukturen umkopiert, betreibt er ORM.

Dies ist für den Lesezugriff (gerade bei sehr breiten Tabellen) eine sehr aufwendige, mühselige und eintönige Programmierarbeit. Will man dann auch noch Änderungen in den Objekten wieder speichern, wird die Arbeit allerdings zur intellektuellen Herausforderung, denn man muss erkennen können, welche Objekte verändert wurden, da man sonst ständig alle Daten wieder speichert, was in Mehrbenutzerumgebungen ein Unding ist.

Während in der Java-Welt das objektrelationale Mapping (ORM) schon sehr lange zu den etablierten Techniken gehört, hat Microsoft diesen Trend lange verschlafen bzw. es nicht vermocht, ein geeignetes Produkt zur Marktreife zu führen. ADO.NET in .NET 1.0 bis 3.5 enthält keinen ORM, sondern beschränkt sich auf den direkten Datenzugriff und die Abbildung zwischen XML-Dokumenten und dem relationalen Modell.

Viele .NET-Entwickler haben sich in den letzten Jahren darangesetzt, diese Arbeit zu vereinfachen mit Hilfsbibliotheken und Werkzeugen. Dies war die Geburtsstunde vieler ORM-Werkzeuge, die in der Entwicklerumgangssprache in der Regel einfach als »OR-Mapper« bezeichnet werden. Dabei scheint es so, dass entsprechend dem geflügelten Wort, dass ein Mann in seinem Leben einen Baum gepflanzt, ein Kind gezeugt und ein Haus gebaut haben sollte, viele .NET-Entwickler einen der drei Punkte gegen »einen OR-Mapper geschrieben« austauschen wollten. Anders ist die Vielfalt der ähnlichen Lösungen kaum erklärbar. Neben den öffentlich bekannten ORM-Werkzeugen für .NET findet man in den Softwareschmieden zahlreiche hauseigene Lösungen.

Neben den aktiven Entwicklern von ORM-Werkzeugen für .NET und den passiven Nutzern gibt eine noch größere Fraktion von Entwicklern, die ORM bisher nicht einsetzen. Meist herrscht Unwissenheit, die auch nicht aufgearbeitet wird, denn es herrscht das Motto: »Wenn Microsoft es nicht macht, ist es auch nicht wichtig!«

Mehr als 20 Werkzeuge aus dem kommerziellen und nichtkommerziellen Umfeld teilen sich bisher den Markt. Die große Vielfalt an Produkten führte bisher dazu, dass keiner der Drittanbieter eine überragende Marktposition einnehmen konnte.

Mit LINQ-to-SQL und dem ADO.NET Entity Framework bietet Microsoft selbst aber inzwischen sogar zwei verschiedene Produkte an. Microsoft hat aber inzwischen verkündet, dass die Weiterentwicklungsbemühungen sich allein auf das ADO.NET Entity Framework konzentrieren. LINQ-to-SQL unterliegt vielen Einschränkungen, insbesondere ist damit nur der Zugang zu Microsoft SQL Server möglich.

30.2 ADO.NET Entity Framework versus Dataset

Beim ADO.NET Entity Framework sind typisierte Objekte die Daten, bei der direkten Arbeit mit ADO.NET Datasets sind diese untypisiert. Untypisierte Objektcontainer haben den Nachteil, dass man Typkonvertierungen zwischen Datenbankdatentypen und .NET-Datentypen selbst vornehmen muss. Auch muss man den »null«-Fall abfangen (vgl. die bereits in diesem Buch in Kapitel 4.5 aufgezeigte Herausforderung bez. `DBNull` und `Nothing`).

Ein Vergleich in der gleichen »Liga« wäre, damit das ORM mit dem typisierten Dataset zu vergleichen. Auch hier bietet das Entity Framework einige Vorteile:

- Der Objektcontainer sind nicht von Dataset abgeleitet; es ist sogar möglich, ganz einfache .NET-Klassen (sogenannte Plain Old CLR Objects – POCO) zu verwenden, die gar keine Basisklasse besitzen.
- Entity Framework-Objekte sind speicherplatzsparender als vergleichbare Datasets.
- LINQ-Befehle werden nicht auf geladenen Objekten im RAM ausgeführt, sondern in den meisten Fällen in SQL-Befehle umgesetzt und direkt in der Datenbank ausgeführt.
- Die Programmierung ist insgesamt eleganter und prägnanter.
- Bei Entity Framework ist es wesentlich einfacher als bei Datasets, den generierten Programmcode zu beeinflussen.
- Mit dem Entity Framework kann man mit dem Modell und ohne Datenbank beginnen. Aus dem Modell kann man eine Datenbank generieren lassen.

» In einigen .NET-Bibliotheken (z.B. ASP.NET Dynamic Data, Silverlight, ASP.NET Model View Controller, WCF RIA Services, WCF Data Services) unterstützt Microsoft keine Datasets mehr, sondern nur noch Entity Framework (und zum Teil LINQ-to-SQL bzw. andere ORM-Werkzeuge).

Die Geschwindigkeit zwischen Dataset und Entity Framework ist etwa gleich. Dataset und Entity Framework sind naturgemäß beide langsamer als der Datareader, denn der Datareader ist beim Datenlesen Grundlage sowohl für Dataset als auch Entity Framework.

30.3 Namensräume des Entity Frameworks

Das Entity Framework ist implementiert in den Assemblies System.Data.Entity.dll und System.Data.Entity.Design.dll. Die wichtigsten Namensräume sind System.Data.Objects und System.Data.Objects.DataClasses. Weitere Namensräume sind System.Data.Objects.SqlClient, System.Data.Metadata.Edm, System.Data.Mapping, System.Data.Entity.Design und System.Data.EntityClient. Außerdem wird der Namensraum System.Linq aus der System.Core.dll gebraucht.

30.4 Hinweis zur mylibrary.mdf

In diesem Kapitel kommt wieder die von meinem Kollegen Michael Kofler in den Vorauflagen verwendete mylibrary.mdf zum Einsatz, aber in einer leicht veränderten Form und daher umbenannt in mylibrary2.mdf. In der Tabelle »titles« wurde die Spalte »title« in »bookTitle« umbenannt. Die Ursache dafür liegt in dem Wechselspiel einer Reihe von Funktionen, die es kompliziert machen.

Dies sei kurz erklärt: Im Entity Framework darf es keine Spalte geben, die so heißt wie eine Tabelle. Eigentlich ist dies bei »titles« und »title« auch nicht der Fall, aber es gibt im Entity Framework eine Funktion, die englische Tabellennamen in den Singular versetzt, da gemäß der reinen Lehre des Datenbankdesigns alle Tabellennamen im Singular sein sollten. So würden gleiche Namen entstehen. Diese würde Visual Studio durch das Anhängen von Zahlen wieder auflösen, das könnte man wieder manuell abändern.

Das alles sei Ihnen durch die Umbenennung erspart. Faustregel: Nennen Sie eine Spalte nicht wie eine Tabelle, auch nicht wenn die Unterscheidung nur ein angehängtes »s« ist.

Außerdem wurden in mylibrary2.mdf die gespeicherten Prozeduren etwas anders gestaltet, um die Verwendung in Entity Framework zu vereinfachen. Dies wird später in diesem Kapitel noch erläutert werden.

30.5 Erstellen eines Entity Framework-Modells

Die Vorgehensweise im Entity Framework ist grundsätzlich ähnlich wie beim Dataset. Zunächst erstellt man mit Visual Studio ein Modell der Datenbank innerhalb der Anwendung. Dafür bietet Visual Studio 2010 einen Assistenten und einen Designer. Durch das Modell werden Klassen generiert, die der Entwickler dann im Programmcode verwenden kann.

Zunächst einmal bindet man eine SQL Server-Datenbank genau in Visual Studio in den Server Explorer (kommerzielle Version) bzw. Datenbank-Explorer (Express-Version) ein, wie dies schon für DataReader/DataSet und typisiertes Dataset beschrieben wurde. Dies sollten Sie nun mit mylibrary2.mdf vornehmen. Bitte verwenden Sie nicht die »alte« mylibrary.mdf.

Dann wählt man aber als Vorlage »ADO.NET Entity Data Model«. Daraus entsteht eine .edmx-Datei. Beim Anlegen der Vorlage kann man die .edmx-Datei genauso nennen wie die Datenbank.

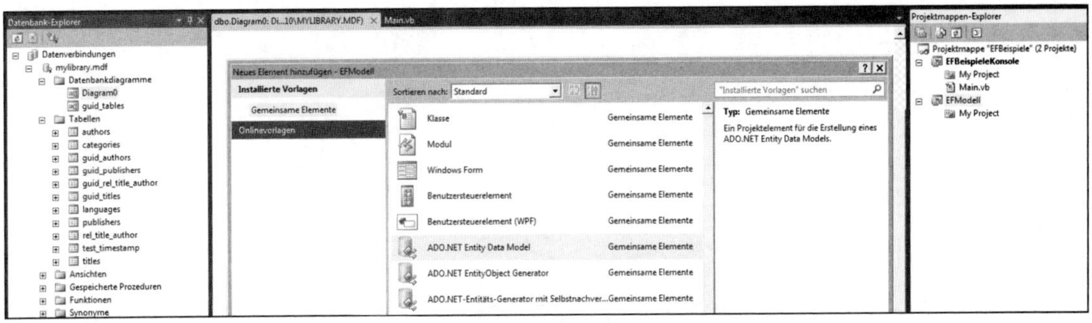

Abbildung 30.1: Auswahl der Entity Framework-Elementvorlage in Visual Studio

Die Autoren empfehlen Ihnen, das Modell in einer separaten Klassenbibliothek anzulegen und diese Klassenbibliothek aus dem eigentlichen Hauptprojekt zu referenzieren (in der Bildschirmabbildung sieht man das Klassenbibliotheksprojekt »EFModell« und die Konsolenanwendung »EFBeispieleKonsole«). Diese Vorgehensweise erlaubt die Wiederverwendung des Modells. Man muss nur eins beachten: Der Assistent legt in dem Klassenbibliotheksprojekt eine Verbindungszeichenfolge in der Konfigurationsdatei ab. Diesen Konfigurationseintrag muss man händisch in das Konsolenanwendungsprojekt kopieren, sondern findet die Anwendung die Datenbank nicht. Außerdem muss das Konsolenanwendungsprojekt eine Referenz auf die .NET Framework-Assembly System.Data.Entity.dll erhalten.

Nach dem Anlegen der Vorlage erscheint eine Auswahl zwischen »Aus Datenbank generieren« und »Leeres Modell«. Hier sollten Sie »Aus Datenbank generieren« wählen. Einen Hinweis zu »Leeres Modell« finden Sie im Kapitel »Weitere Möglichkeiten«.

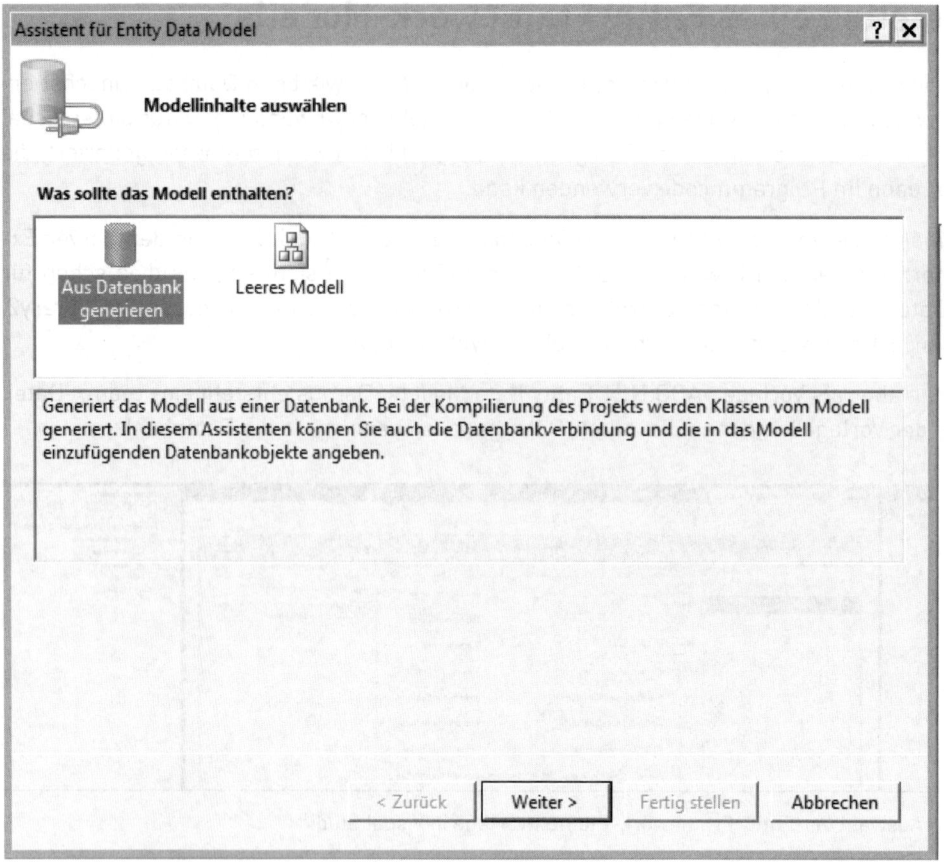

Abbildung 30.2: Auswahl im Entity Framework-Assistenten

Nun fragt der Assistent nach einer bestehenden Datenbank. Wenn Sie mylibrary.mdf schon im Server Explorer bzw. Datenbank-Explorer eingebunden haben, erscheint sie in der Auswahl. Sonst können Sie sie über »Neue Verbindung« jetzt einbinden. Sie erhalten in diesem Schritt die Möglichkeit, die Verbindungszeichenfolge in der Konfigurationsdatei abzulegen. Diese Option sollten Sie nicht deaktivieren!

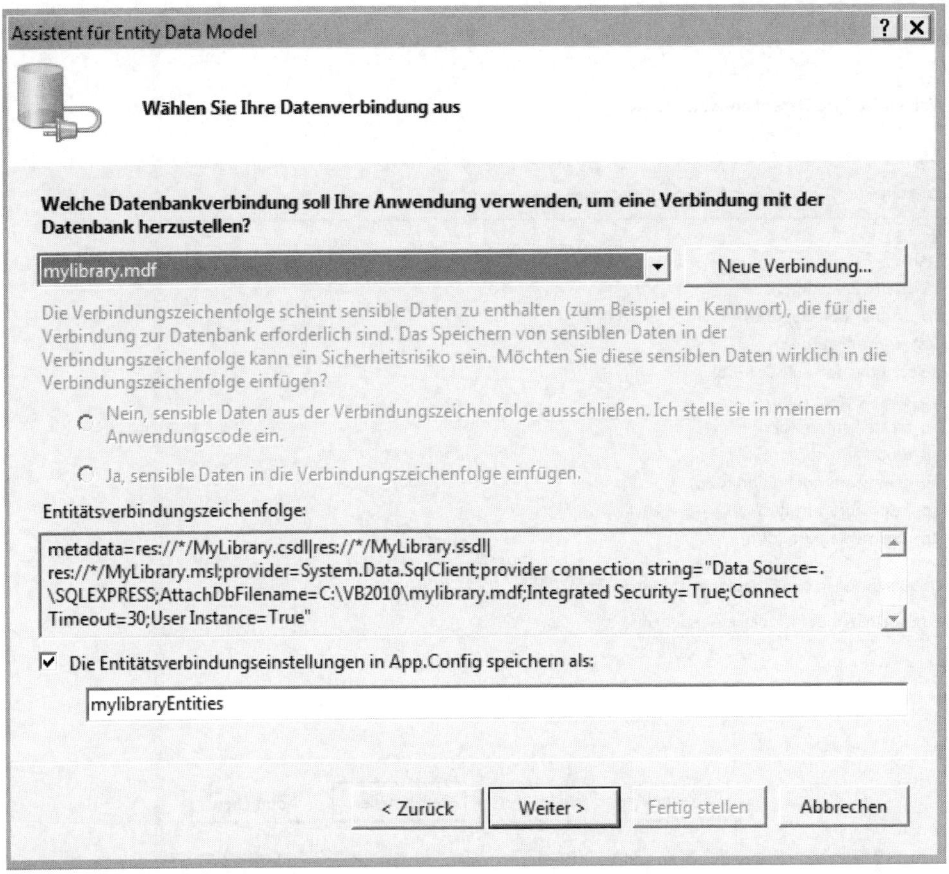

Abbildung 30.3: Auswahl der Datenbank

Im dritten Schritt folgt die Auswahl der einzubindenden Tabellen, Sichten (View) und gespeicherten Prozeduren (Stored Procedure). Wählen Sie hier die Tabellen »autor«, »title«, »publisher«, »category« und »language« sowie »rel_title_autor« und bei den gespeicherten Prozeduren alle diejenigen, die nicht Systemprozeduren sind (also nicht die, die mit »sp_« beginnen).

HINWEIS

Die Option »Generierte Objektnamen in den Singular oder Plural setzen« macht nur für Datenbanken mit englischen Namen Sinn, denn die Standardregel hier ist, allen Wörtern ein »s« anzuhängen. Aus »title« wird »titles« und aus »autor« wird »autors«. Aber aus »Flug« würde »Flugs«.

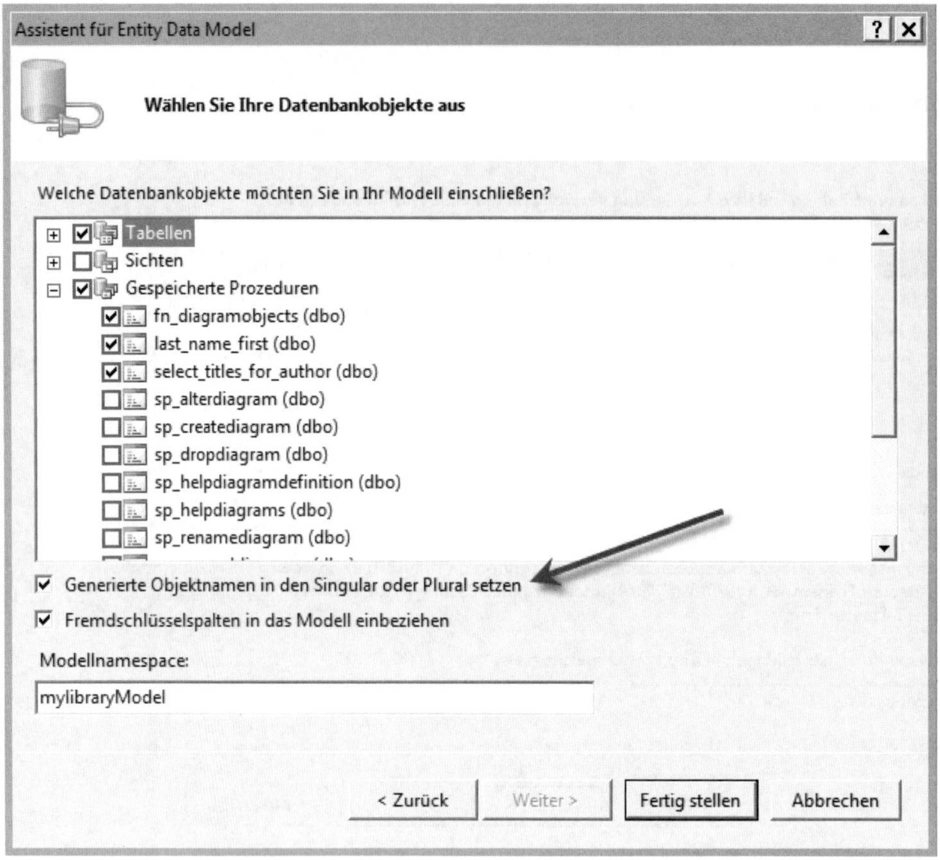

Abbildung 30.4: Auswahl der Elemente

Nach Abschluss des Assistenten sehen Sie den Entity Framework-Designer mit den gewählten Tabellen. Sie sollten sich die Objekte schön anordnen (in der folgenden Bildschirmabbildung schon gesehen). Spätestens dann wird Ihnen auffallen, dass eine Tabelle zu fehlen scheint, nämlich »rel_title_autor«. In Wirklichkeit fehlt sie nicht, denn sie verbirgt sich hinter der Beziehung zwischen »autor« und »title«, wie ein Klick auf die Verbindungslinie dann im Fenster »Mappingdetails« offenbart.

Der Assistent hat aus fünf der sechs Tabelle sogenannte »Entitäten« erzeugt. Die sechste Tabelle, die allein deswegen im relationalen Modell existiert, weil das relationalen Modell keine N:M-Beziehungen direkt abbilden kann, ist nicht als Entität, sondern als Beziehung modelliert worden. Das Entitätsmodell kann genauso wie ein Objektmodell N:M-Beziehungen direkt abbilden. Das macht vieles einfacher, wie die Beispiele noch zeigen werden.

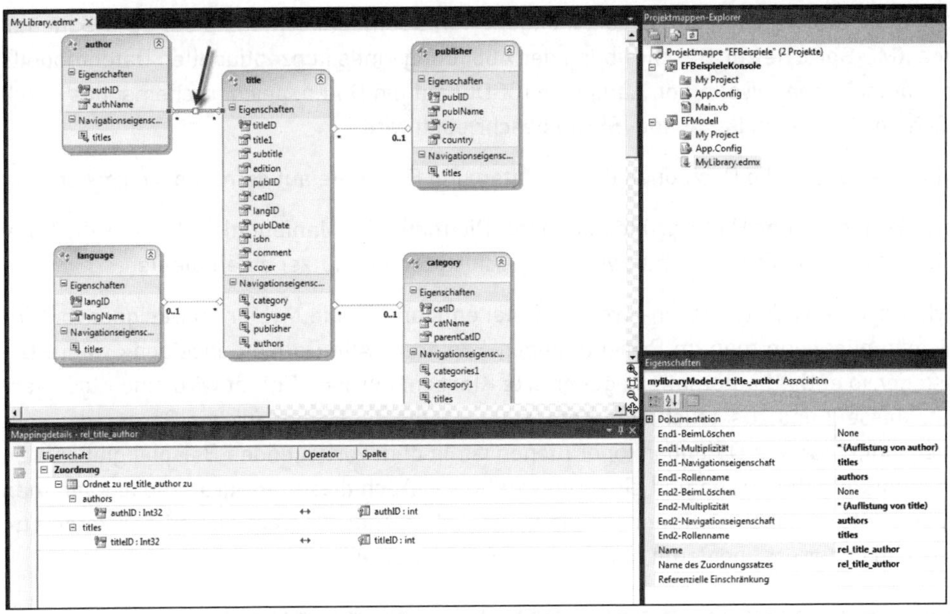

Abbildung 30.5: Das erzeugte Modell

HINWEIS

Hinweise zum Designer:

- Bitte beachten Sie, dass der EF-Designer nicht das Ziehen & Fallenlassen von Elementen aus den Datenverbindungen (im Server Explorer) wie im Dataset-Designer unterstützt. Elemente aus einer Datenbank hinzufügen kann man nur durch erneutes Aufrufen des Assistenten (Funktion *Modell aus Datenbank aktualisieren* im Kontextmenü). Mit dieser Funktion werden auch einzelne neu hinzugekommene Spalten ins Modell übernommen. Beim Ändern eines Spaltennamens, beim Ändern eines Datentyps oder beim Löschen einer Spalte entfernt man besser erst die Entität aus dem Modell und legt sie dann mit *Modell aus Datenbank aktualisieren* neu an, da man sonst viele manuelle Nacharbeiten hat.
- Das Löschen einer Entität vollzieht man durch »Löschen« im Kontextmenü oder Markieren und Drücken der Lösch-Taste.
- Grundsätzlich kann man die Namen der Entitäten und die Namen der Attribute der Entitäten im Designer umbenennen und sich so bei der Programmierung von der Namensgebung der Datenbank lösen. Wenn möglich, sollte man aber die Namensgebung der Datenbank direkt so wählen, wie man die Klassen und deren Attribute später im Programmcode verwenden möchte (z.B. Tabellennamen im Singular). Der Grund für diese Empfehlung ist, dass alle manuellen Umbenennungen verloren gehen, wenn man eine Entität löscht und wieder anlegt. Und wie oben dargestellt, ist der Fall des Löschens und Neuanlegens nicht so selten.

Die .edmx-Datei ist eine XML-Datei, die aus vier Teilen besteht:

- SSDL: Store Schema Definition Language mit der Beschreibung des Schemas der Datenbank
- CSDL: Conceptual Schema Definition Language mit der Beschreibung des konzeptuellen Modells

» MSL: Mapping Specification Language zur Abbildung von Datenbankschemata auf EDM-Schema. MSL ist eine XML-Sprache zur Beschreibung der Abbildung eines konzeptionellen Datenmodells in der Conceptual Schema Definition Language (CSDL) auf ein Datenspeicherschema, das durch die Store Schema Definition Language (SSDL) beschrieben wird.

» Designer-Inhalte: Geben die Positionen der Entitäten und Elemente auf dem Bildschirm vor.

Dies sei nur zur Erklärung der Hintergründe erwähnt. Die manuelle Manipulation dieser XML-Datei ist zwar möglich, aber doch sicherlich nur weit fortgeschrittenen Benutzer zu empfehlen.

Neben der MyLibrary.edmx-Datei ist eine weitere Datei entstanden, die MyLibrary.Designer.vb. Diese Datei sieht man nur, wenn man im Projektmappen-Explorer »Alle Dateien anzeigen« wählt. Die MyLibrary.Designer.vb enthält automatisch generierte Klassen. Für jede Entität wird eine Klasse erzeugt (»Entitätsklasse«) und zusätzlich eine Kontextklasse, die die Datenbank als Ganzes darstellt und der Einstiegspunkt für alle Datenbankoperationen ist. In dem vorliegenden Beispiel gibt es also sechs Klassen (fünf Entitätsklassen und eine Kontextklasse). Auch diesen Programmode kann man betrachten, man sollte ihn aber nicht ändern, da bei jeglicher Änderung am Modell der komplette Programmcode neu generiert und damit alle Änderungen verworfen werden.

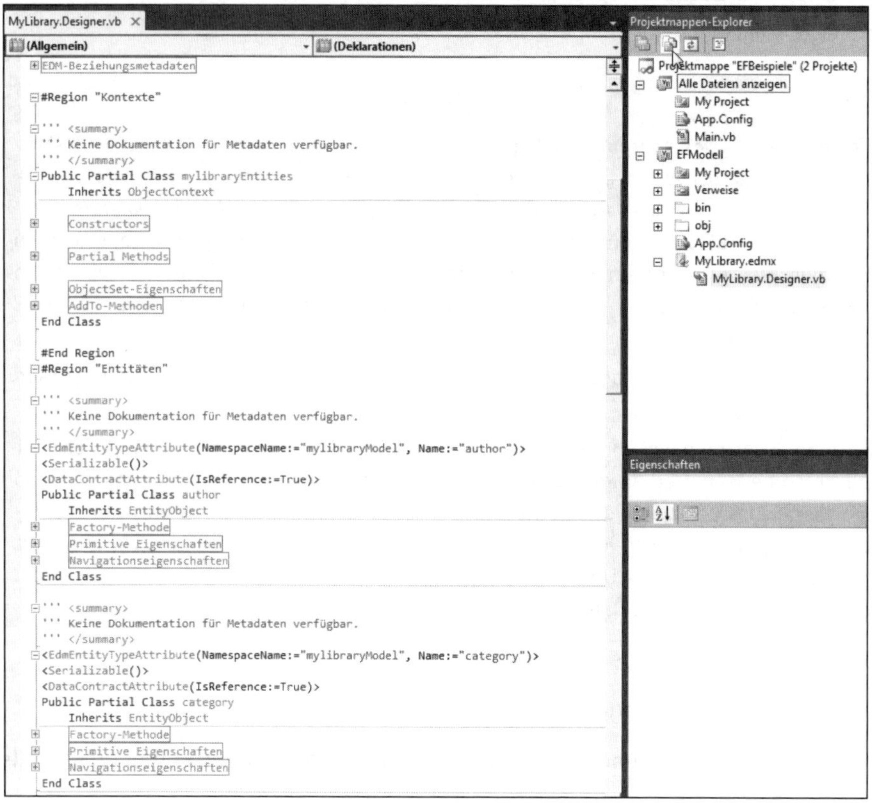

Abbildung 30.6: Die generierte Codedatei

30.6 Daten lesen

Das Entity Framework unterstützt vier verschiedene Abfragesprachen:

» LINQ-to-Entities: LINQ-Variante für Entity Framework, integriert in die Syntax von C# und Visual Basic

» Direkte SQL-Ausführung (ab Entity Framework 4.0).

» Entity SQL (eSQL): eine zeichenkettenbasierte Sprache, die SQL ähnlich ist (die einzige Syntaxform, in der »alles« geht, was EF kann)

» Query Builder-Methoden: einzelne Methoden wie Where() und OrderBy(), die Zeichenkette als Parameter akzeptieren – gut geeignet, um LINQ-to-Entities-Abfragen dynamisch zu machen

Die ersten beiden Varianten sollen hier behandelt werden.

30.6.1 Daten lesen mit LINQ-to-Entities

LINQ-to-Entities stellt die Anwendung von LINQ in Bezug auf das Entity Framework dar. LINQ-to-Entities basiert auf der ab C# 3.0 und Visual Basic 9.0 vorhandenen LINQ-Syntax, wobei die wichtigsten Elemente from, where, order by, group by und select sind. Die LINQ-Syntax wurde bereits in Kapitel 12 ausführlich beschrieben. Anfragen mit LINQ-to-Entities werden nicht im Hauptspeicher ausgeführt, sondern in SQL-Befehle umgewandelt und an die jeweilige Datenbank gesendet.

Der erste Schritt zur Ausführung einer LINQ-to-Entities-Abfrage ist die Instanziierung der Kontextklasse. Anschließend definiert man die Abfrage mit LINQ auf diesem Kontext. Danach kann man die Ergebnisse verwenden, z.B. an der Konsole ausgeben oder an ein Steuerelement binden. Zum Abschluss sollte man den Kontext vernichten mit Aufruf von Dispose().

```
' Kontext instanziieren
Dim kontext As New EFModell.mylibraryEntities

' Abfrage definieren
Dim query = From t In kontext.titles Order By t.bookTitle, t.subtitle Select t

' Abfrage ausführen und Ergebnis ausgeben
For Each t In query
   Console.WriteLine(t.bookTitle & " - " & t.subtitle & ": " & t.publDate)
Next

' Kontext vernichten
kontext.Dispose()
```

Listing 30.1: Einfaches Beispiel für eine LINQ-to-Entities-Abfrage, die alle Datensätze aus der Tabelle »titles« sortiert nach Titel und Untertitel auflistet

Das Beispiel ist bemerkenswert knapp. Einige Dinge sind anzumerken:

» Die Datenbankverbindungszeichenfolge ermittelt die Kontextklasse aus der app.config-Datei. Alternativ kann man eine Datenbankverbindungszeichenfolge auch manuell angeben. Es ist jedoch zu beachten, dass das Entity Framework ganz spezielle Datenbankverbindungszeichenfolgen braucht. Im konkreten Fall wäre die korrekte Datenbankverbindungszeichenfolge: »metadata=res://*/MyLibrary.csdl|res://*/MyLibrary.ssdl|res://*/MyLibrary.msl;provider=System.Data.SqlClient;provider connection string="Data Source=.\SQLEXPRESS;AttachDbFilename=C:\VB2010\mylibrary.mdf;Integrated Security=True;Connect Timeout=30;User Instance=True;MultipleActiveResultSets=True"«

» Die Datenbankverbindung baut der Kontext bei Bedarf selbst kurzzeitig auf und schnell wieder ab. Die Datenbankverbindung lebt nur so lange, wie sie zum Abholen der Daten wieder gebraucht wird.

» Der Aufruf von Dispose() am Ende dient nicht dem Abbau der Datenbankverbindung, sondern dem Löschen von Verwaltungsinformationen des Kontextes. Nach dem Dispose() kann man die geladenen Objekte noch weiterverwenden, aber nicht mehr Änderungen zur Datenbank übertragen oder verbundene Objekte nachladen.

» Es ist korrekt und nicht verwerflich, nach Dim query keinen Datentyp anzugeben. Es handelt sich dabei nicht um einen »Variant« aus alten Visual Basic-Zeiten, sondern lediglich um eine »implizite Typisierung« (vgl. Kapitel »4.1 Einführung/Deklaration ohne Typangabe«). Im Fall von LINQ-to-Entities bietet sich die implizite Typisierung an, weil oft der Typ sehr komplex ist. Im vorliegenden Fall ist es aber noch überschaubar, hier wäre es Dim query As IEnumerable(Of EFModell.title).

» Die Abfrage wird erst ausgeführt, wenn die Ergebnisse tatsächlich benötigt werden. In der Zeile, die mit Dim query beginnt, passiert also noch gar nichts. Die Datenbankverbindung wird erst in durch die For Each-Schleife geöffnet.

Auf dieser Basis kann man nun viele LINQ-Abfragen testen, indem man einfach nur die Abfrage abändert. Es folgen einige Beispiele:

» Auswahl einiger Bücher, die »SQL« im Titel haben

```
Dim query = From t In kontext.titles
                Where t.bookTitle.Contains("SQL")
                Order By t.bookTitle, t.subtitle
                Select t
```

» Auswahl einiger Bücher, die »SQL« im Titel haben und zwischen 2003 und 2009 erschienen sind (Hinweis: Der Zusatz »Value« ist notwenig, da die Spalte publDate in der Datenbank »null«-Werte erlaubt – siehe auch nächstes Beispiel)

```
        Dim query = From t In kontext.titles
        Where t.bookTitle.Contains("SQL") And t.publDate.Value.Year >= 2003 And t.publDate.
Value.Year <= 2009
        Order By t.bookTitle, t.subtitle
```

» Auswahl einiger Bücher, die »SQL« im Titel haben und kein publDate besitzen

```
     Dim query = From t In kontext.titles
Where t.bookTitle.Contains("SQL") And t.publDate.HasValue = False
Order By t.bookTitle, t.subtitle
```

» Auswahl der ersten fünf Bücher, die »SQL« im Titel haben

```
Dim query = From t In kontext.titles
         Where t.bookTitle.Contains("SQL")
         Order By t.bookTitle, t.subtitle
         Select t Take 5
```

» Auswahl der ersten Bücher sechs und sieben aus der Liste der Bücher, die »SQL« im Titel haben

```
 Dim query = From t In kontext.titles
         Where t.bookTitle.Contains("SQL")
         Order By t.bookTitle, t.subtitle
         Select t Skip 5 Take 2
```

Gerade die letzte Abfrage ist ein hervorragender Fall für die Prägnanz von LINQ-to-Entities. Wissen Sie, wie man das in SQL ausdrücken würde? Nun, führen Sie mal den Befehl `Console.WriteLine(CType(query, System.Data.Objects.ObjectQuery).ToTraceString())` zusätzlich aus. Er zeigt den SQL-Befehl an, in den die LINQ-to-Entities-Abfrage umgewandelt wird. Spätestens jetzt hat LINQ-to-Entities einige Fans mehr!

30.6.2 Einzelne Datensätze lesen

Alle bisherigen Beispiele haben eine Menge von Datensätzen geliefert. LINQ bietet aber auch vier Operationen, um das erste bzw. einzige Element einer Menge zu wählen:

» `First()`: Das erste Element einer Menge. Wenn mehrere Elemente in der Menge sind, werden alle anderen bis auf das erste verworfen. Wenn es kein Element gibt, tritt ein Laufzeitfehler auf.

» `FirstOrDefault()`: Das erste Element einer Menge oder ein Standardwert (bei Referenztypen null bzw. Nothing), wenn die Menge leer ist. Wenn mehrere Elemente in der Menge sind, werden alle anderen bis auf das erste verworfen.

» `Single()`: Das erste Element einer Menge. Wenn es kein Element gibt oder wenn mehrere Elemente in der Menge sind, tritt ein Laufzeitfehler auf.

» `SingleOrDefault()`: Das erste Element einer Menge. Wenn es kein Element gibt, wird der Standardwert (bei Referenztypen null oder Nothing) geliefert. Wenn mehrere Elemente in der Menge sind, tritt ein Laufzeitfehler auf.

Das folgende Beispiel zeigt den Einsatz. Man sollte `FirstOrDefault()` bei der Suche über den Autorennamen verwenden, weil es mehrere gleichnamige Autoren geben könnte. Man kann `SingeOrDefault()` bei der Suche über Primärschlüssel verwenden, wo es maximal einen Datensatz geben kann.

```
        ' Kontext instanziieren
        Dim kontext As New EFModell.mylibraryEntities

        ' Abfrage definieren und ausführen
        Dim autor = (From a In kontext.authors Where a.authName = "Schwichtenberg Holger"
Select a).FirstOrDefault()
        ' oder: Dim autor = (From a In kontext.authors Where a.authID = 83 Select
a).SingleOrDefault()

        If (autor Is Nothing) Then
            Console.WriteLine("Autor nicht gefunden!")
        Else
            Console.WriteLine(autor.authID & ": " & autor.authName)
        End If
        ' Ergebnis ausgeben


        ' Kontext vernichten
        kontext.Dispose()
```

Listing 30.2: Suche nach einem einzelnen Datensatz

30.6.3 Daten lesen mit direktem SQL

Bei der Eleganz von LINQ kann man sich schnell die Frage stellen, wozu man denn überhaupt noch SQL verwenden sollte. SQL-Befehle sind fast immer länger als LINQ-to-Entities-Befehle, die Eingabe von SQL-Befehlen wird nicht durch den Visual Basic-Editor unterstützt, und SQL ist meist datenbankspezifisch (kann nicht einfach auf verschiedenen Datenbanken ausgeführt werden).

Sinn kann datenbankspezifisches SQL machen, wenn man optimieren will. Bei einer Objektabfragesprache werden die SQL-Befehle generiert, und der Entwickler ist diesem Generator »ausgeliefert«. Eine Objektabfragesprache ist also nichts für »SQL-Kontroll-Fetischisten«. Die Autoren dieses Kapitels haben selbst erlebt, wie es für das Entity Framework 1.0 das absolute K.o.-Kriterium in zwei großen Projekten war, dass die Angabe von individuellem SQL nicht möglich war.

In Entity Framework 4.0 gibt es nun in der Klasse `ObjectContext` drei Methoden, die die direkte SQL-Ausführung unterstützen:

- `ExecuteStoreCommand()`: Die Methode erlaubt die Angabe eines SQL-Befehls und optionaler Parameter. Rückgabetyp ist eine Zahl (int), die die Anzahl der geänderten Datensätze angibt. Mit `ExecuteStoreCommand()` führt man also SQL-Befehle aus, die keine Ergebnismenge liefern (z.B. Insert, Update, Delete).
- `ExecuteStoreQuery<Typ>()`: Unter Angabe eines SQL-Befehls und optionaler Parameter liefert die Methode `ObjectResukt<Typ>` zurück. Diese Methode umfasst das Abholen der Daten (per DataReader und die Objektmaterialisierung).

» `Translate<Typ>()`: Unter Angabe eines geöffneten `DataReader`-Objekts liefert die Methode `ObjectResult<Typ>` zurück. Diese Methode beschränkt sich also auf die Objektmaterialisierung.

Bei `ExecuteStoreQuery<Typ>()` und `Translate<Typ>()` kann Typ sowohl ein primitiver Typ (z.B. `Int`, `String`, `DateTime`), ein Entity-Typ oder eine beliebige .NET-Klasse sein, die nicht abstrakt ist, die einen Standardkonstruktor besitzt. Properties dürfen nur einfache Typen sein und müssen einen Setter besitzen.

```
' Kontext instanziieren
        Dim kontext As New EFModell.mylibraryEntities

        ' Abfrage definieren mit SQL
        Dim p As String = "%SQL%"
        Dim query = kontext.ExecuteStoreQuery(Of EFModell.title)("Select * from titles where
booktitle like {0}", p)

        ' Abfrage ausführen und Ergebnis ausgeben
        For Each t In query
            Console.WriteLine(t.bookTitle & " - " & t.subtitle & ": " & t.publDate)
        Next

        ' Kontext vernichten
        kontext.Dispose()
```

Listing 30.3: Beispiel zur Anwendung von *ExecuteStoreQuery()*

HINWEIS

Parameter kann man bei ExecuteStoreQuery() entweder über die in vielen .NET-Klassen verwendeten Platzhalter {0}, {1}, {2} usw. angeben oder im Stil von ADO.NET durch Instanzen von SqlParameter. Dann sähe die Abfrage so aus: Dim query = kontext.ExecuteStoreQuery(Of EFModell.title)(»Select * from titles where booktitle like @Titel«, New Object() {New System.Data.SqlClient.SqlParameter(»@Titel«, p)})

ACHTUNG

Eine zentrale Einschränkung bei der direkten SQL-Ausführung ist, dass man Entitätsobjekte leider nur komplett befüllen kann, d.h., in dem SQL-Befehl müssen alle Spalten entweder explizit oder durch den Stern-Operator angegeben sein.

30.7 Verknüpfte Tabellen und Ladestrategien

Zu den Vorteilen des Entity Frameworks gehört die einfache Unterstützung für Verknüpfungen zwischen Tabellen. Bereits der Entity Framework-Assistent legt die Verknüpfungen im Modell gemäß der im Datenmodell vorhandenen Fremdschüsselbeziehungen an. Man kann dann im Programmcode sehr einfach entlang dieser Verknüpfungen navigieren, um die verbundenen Datensätze als Objekte zu laden.

Das folgende Beispiel zeigt, wie man zu einem Buch die Kategorie ermitteln kann. Man greift einfach für ein Buch auf das Unterobjekt `category` und dessen Attribute zu.

```
        ' Kontext instanziieren
        Dim kontext As New EFModell.mylibraryEntities

        ' Abfrage definieren
        Dim query = From t In kontext.titles
        Where t.bookTitle.Contains("SQL") And t.publDate.Value.Year >= 2003 And t.publDate.
Value.Year <= 2009
        Order By t.bookTitle, t.subtitle

        Console.WriteLine(CType(query, System.Data.Objects.ObjectQuery).ToTraceString())

        ' Abfrage ausführen und Ergebnis ausgeben
        For Each t In query
            Console.WriteLine(t.bookTitle & " - " & t.subtitle & ": " & t.publDate & " (" &
t.category.catName & ")")
        Next

        ' Kontext vernichten
        kontext.Dispose()
```

Listing 30.4: Navigation entlang eine N:1-Beziehung

Eine Navigation anhand einer N:M-Beziehung kann man ebenso leicht umsetzen. Das folgende Beispiel zeigt zu jedem gefundenen Buch die Liste der Autoren. Hier erfolgt der Zugriff bei jedem einzelnen Buch auf die untergeordnete Objektmenge `authors`.

```
        ' Kontext instanziieren
        Dim kontext As New EFModell.mylibraryEntities

        ' Abfrage definieren
        Dim query = From t In kontext.titles
        Where t.bookTitle.Contains("SQL") And t.publDate.Value.Year >= 2003 And t.publDate.
Value.Year <= 2009
        Order By t.bookTitle, t.subtitle

        Console.WriteLine(CType(query, System.Data.Objects.ObjectQuery).ToTraceString())

        ' Abfrage ausführen und Ergebnis ausgeben
        For Each t In query
            Console.WriteLine(t.bookTitle & " - " & t.subtitle & ": " & t.publDate & " (" &
t.category.catName & ")")

            For Each a In t.authors
                Console.WriteLine("  Autor: " + a.authName)
            Next
        Next

        ' Kontext vernichten
        kontext.Dispose()
```

Listing 30.5: Navigation entlang eine N:M-Beziehung

Eine entscheidende Frage ist dabei, wann verbundene Objekte geladen werden. Man kann sich sehr einfach überlegen, dass die Objekte nicht automatisch alle im Voraus geladen werden. In komplexeren Datenbanken mit vielen Verknüpfungen würden dann leicht sehr viele oder sogar alle Datensätze auf einmal geladen.

Vielmehr lädt Entity Framework im Standard bei Bedarf nach. Das Nachladen bei Bedarf nennt man *Lazy Loading*, *Deferred Loading* oder *Delayed Loading* im Gegensatz zum *Eager Loading* (alias *Immediate Loading*).

In dem obigen Beispiel würde sich Eager Loading aber anbieten, denn jeder Rundgang zur Datenbank kostet Zeit. Durch den Zusatz von Include() in der LINQ-to-Entities-Abfrage für die Tabellen »category« und »authors« erreicht man, dass die verbundenen Datensätze (und tatsächlich nur diese) direkt mitgeladen werden. Die SQL-Abfrage mit Joins, die hier entsteht, ist sehenswert.

HINWEIS

Bei `Include()` sind nicht die Tabellennamen anzugeben und nicht die Entitätsnamen, sondern die Namen der »Navigationseigenschaften« aus dem Modell.

```
        ' Kontext instanziieren
        Dim kontext As New EFModell.mylibraryEntities

        ' Abfrage definieren
        Dim query = From t In kontext.titles.Include("category").Include("authors")
        Where t.bookTitle.Contains("SQL") And t.publDate.Value.Year >= 2003 And t.publDate.
Value.Year <= 2009
        Order By t.bookTitle, t.subtitle


        Console.WriteLine(CType(query, System.Data.Objects.ObjectQuery).ToTraceString())

        ' Abfrage ausführen und Ergebnis ausgeben
        For Each t In query
            Console.WriteLine(t.bookTitle & " - " & t.subtitle & ": " & t.publDate & " (" &
t.category.catName & ")")

            For Each a In t.authors
                Console.WriteLine("  Autor: " + a.authName)
            Next
        Next

        ' Kontext vernichten
        kontext.Dispose()
```

Listing 30.6: Navigation entlang eine N:M-Beziehung mit Eager Loading (Beispiel: Bücher mit Autoren)

Die Include-Anweisung kann auch Sprünge über mehrere Verknüpfungen umfassen. Das folgende Beispiel zeigt, wie man zu einem Autor alle Bücher mit Kategorie auflistet. Dazu beschreibt Include den Pfad »titles.category«.

```
        ' Kontext instanziieren
        Dim kontext As New EFModell.mylibraryEntities

        ' Abfrage definieren ausführen
        Dim autor = (From a In kontext.authors.Include("titles.category")
        Where a.authName.Contains("Schwichtenberg")
     Select a).FirstOrDefault()

        ' Ergebnise ausgeben

        Console.WriteLine("Autor: " + autor.authName)
        For Each t In autor.titles
            Console.WriteLine("  " & t.bookTitle & " - " & t.subtitle & ": " & t.publDate & "
(" & t.category.catName & ")")
        Next


        ' Kontext vernichten
        kontext.Dispose()
```

Listing 30.7: Navigation entlang eine N:M-Beziehung mit Eager Loading (Beispiel: Autor mit Büchern)

30.8 Daten ändern, anfügen und löschen

Auch das Ändern von Daten ist mit dem ADO.NET Entity Framework sehr einfach. Sie können einfach die Objekte im Hauptspeicher ändern und dann zu einem beliebigen Zeitpunkt die Methode `SaveChanges()` im Objektkontext aufrufen. Damit werden alle Änderungen (seit dem Laden oder dem letzten Ausführen von `SaveChanges()`) in der Datenbank persistiert.

```
        ' Kontext instanziieren
        Dim kontext As New EFModell.mylibraryEntities

        ' Abfrage definieren
        Dim buch = (From t In kontext.titles
        Where t.bookTitle = "Microsoft .NET 3.5 Crashkurs"
        Select t).FirstOrDefault()

        ' Inhalte ändern
        buch.comment = "Ende 2010 erscheint die Neuausgabe: .NET 4.0 Crashkurs"

        ' Speichern
        kontext.SaveChanges()

        ' Kontext vernichten
        kontext.Dispose()
```

Listing 30.8: Ändern eines Datensatzes

Zu Anfügen eines Datensatzes erstellt man eine Instanz der betreffenden Entitätsklasse und fügt dieses Objekt dann mit AddObject() der entsprechenden Objektmenge im Kontext hinzu.

```
' Kontext instanziieren
Dim kontext As New EFModell.mylibraryEntities

' Autor laden (es kann nur höchstens einen mit Primärschlüssel 83 geben!)
Dim autor = (From a In kontext.authors
            Where a.authID = 83
            Select a).SingleOrDefault()

' Neues Buch erstellen
Dim buch As New EFModell.title
buch.bookTitle = ".NET 4.0 Crashkurs"
buch.catID = 60
buch.publDate = #12/15/2010#

' An Buchliste anfügen
kontext.titles.AddObject(buch)

' Autor hinzufügen
buch.authors.Add(autor)

' Speichern
kontext.SaveChanges()

' Kontext vernichten
kontext.Dispose()
```

Listing 30.9: Anfügen eines Datensatzes einschließlich Verbindung zu einem bestehenden Datensatz

Zu Löschen eines Datensatzes ruft man DeleteObject() im Kontext mit dem Objekt auf.

```
        ' Kontext instanziieren
        Dim kontext As New EFModell.mylibraryEntities

        Dim query = From t In kontext.titles
Where t.bookTitle.Contains(".NET 2.0")
Order By t.bookTitle, t.subtitle

        ' Alle löschen
        For Each t In query
            kontext.DeleteObject(t)
        Next

        ' Speichern
        kontext.SaveChanges()

        ' Kontext vernichten
        kontext.Dispose()
```

Listing 30.10: Löschen einer oder mehrerer Datensätze

HINWEIS Das Löschen setzt also voraus, dass der betreffende Datensatz vorher schon geladen ist. Das kann ineffizient sein. Gerade bei umfangreicheren Löschoperationen sollte man stattdessen mit `ExecuteStoreCommand()` einen direkten SQL-Delete-Befehl absenden. Das folgende Listing ist prägnanter und wird schneller ausgeführt:

```
Dim kontext As New EFModell.mylibraryEntities
kontext.ExecuteStoreCommand("Delete from titles where
                             booktitle like '%.NET 2.0 %'")
kontext.SaveChanges()
kontext.Dispose()
```

30.9 Konflikterkennung

Im Standardfall überschreibt das Entity Framework zwischenzeitliche Änderungen von anderen Vorgängen an Datensätzen, denn bei Speichervorgängen zieht das EF nur die Primärschlüssel heran. Der einzige Änderungskonflikt, der so auffallen könnte, wäre ein Löschen des Datensatzes durch einen anderen Vorgang. Im Modell kann man aber durch `Parallelitätsmodus=Fixed` festlegen, welche Attribute bei Änderungen (oder beim Löschen) in der `Where`-Bedingungen mit den Ursprungswerten verglichen werden sollen.

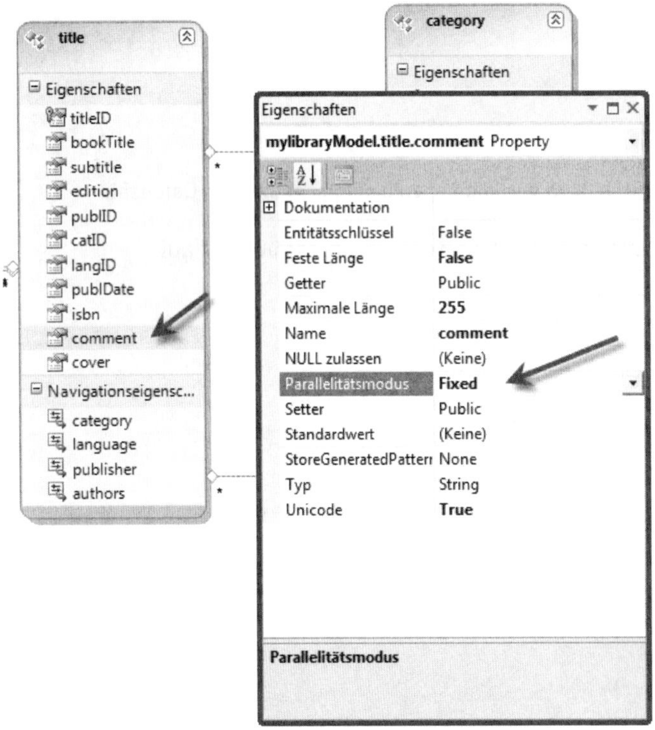

Abbildung 30.7: Festlegung des Parallelitätsmodus

Nach dieser Festlegung kommt es zu einem Fehler des Typs »Optimistic Concurreny Exception«, wenn zwischen dem Laden und dem Zurückspeichern eine Datendatei von einem anderen Benutzer bzw. einer anderen Anwendung geändert wurde.

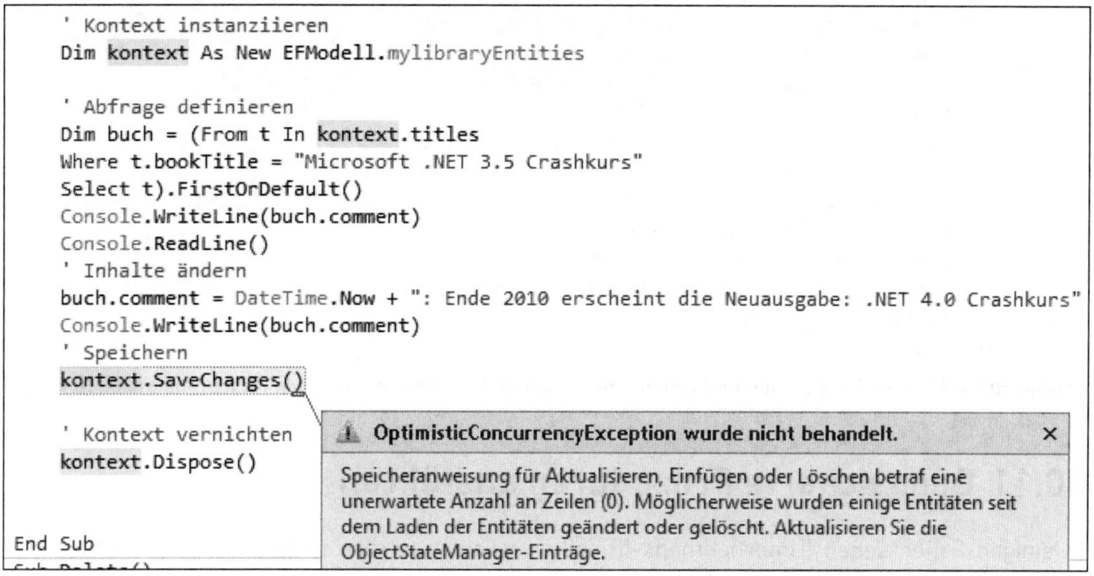

Abbildung 30.8: Laufzeitfehler bei Änderunsgkonflikt

Eine Alternative zum dem Vergleich auf Spaltenebene stellt eine Versionierungsspalte dar. Wenn eine Tabelle eine Versionierungsspalte (bei Microsoft SQL Server ist dies der Typ timestamp) besitzt, dann kann das EF diese zur Feststellung von Änderungskonflikten heranziehen. Das EF verwendet die Versionierungsspalte als Kriterium bei Update- und Delete-Befehlen und fragt den von der Datenbank dann automatisch neu gesetzten auch wieder ab. Für eine Versionierungsspalte muss man neben `Parallelitätsmodus=Fixed` auch `StoreGeneratedPattern=Computed setzen.`

30.10 Transaktionen

Das Entity Framework unterstützt Transaktionen. Die Speicherung der Änderungen bei `SaveChanges()` erfolgt als eine Datenbanktransaktion, d.h., es werden alle oder keine der Änderungen in der Datenbank persistiert. Man kann auch Datenbanktransaktionen über mehrere Ausführungen von `SaveChanges()` hinweg und sogar über mehrere verschiedene Kontextinstanzen hinweg ausführen, indem man selbst einen Transaktionsbereich mithilfe von `System.Transactions.TransactionScope` aus der Bibliothek `System.Transactions.dll` definiert.

```
Using t As New System.Transactions.TransactionScope()
    ' Erst alle Bücher löschen
    Dim kontext1 As New EFModell.mylibraryEntities
    Dim anz1 = kontext1.ExecuteStoreCommand("Delete from titles where
```

```
            booktitle like '%.NET 4.0 Crashkurs%'")
            Console.WriteLine("Gelöschte Datensätze: " & anz1)
            kontext1.SaveChanges()
            kontext1.Dispose()
            ' Dann neu anlegen
            Dim kontext2 As New EFModell.mylibraryEntities
            Dim autor = (From a In kontext2.authors
                        Where a.authID = 83 Select a)
            Dim buch As New EFModell.title
            buch.bookTitle = ".NET 4.0 Crashkurs"
            buch.catID = 60
            buch.publDate = #12/15/2010#
            kontext2.titles.AddObject(buch)
            Dim anz2 = kontext2.SaveChanges()
            Console.WriteLine("Neue Datensätze: " & anz2)
            kontext2.Dispose()
        End Using
```

Listing 30.11: Beispiel für Löschen und Neuanlegen in einer Transaktion über zwei Kontextinstanzen hinweg

30.11 Gespeicherte Prozeduren ausführen

In einigen Fällen sehen (Unternehmens-)Richtlinien vor, dass man nicht direkt auf Tabellen und Views einer Datenbank zugreifen darf, sondern nur über gespeicherte Prozeduren. Oder man setzt gespeicherte Prozeduren (Stored Procedures) ein, um Geschwindigkeitsvorteile zu nutzen. Das Entity Framework unterstützt alternativ zu der automatischen SQL-Generierung beim Laden/Ändern/Anfügen/Löschen für alle diese vier Operationen auch gespeicherte Prozeduren. Ebenso werden gespeicherte Prozeduren unterstützt, die eine beliebige andere Arbeit ausführen.

Im ersten Schritt ist der Entity Framework-Assistent (entweder beim Neuanlegen eines Modells oder nachträglich mit »Update Modell From Database«) zu verwenden, um die Stored Procedures, die genutzt werden sollen, in das Modell einzubinden. Auf der Designer-Oberfläche sieht man zunächst nichts von den eingebundenen gespeicherten Prozeduren. Man sieht die gespeicherte Prozeduren im »Modellbrowser«, den man über »Ansicht/Weitere Fenster/Entity Data Model-Browser« (alternativ: Tastenkombination STRG+1, wenn die EDMX-Datei aktiviert ist) erreicht.

Gespeicherte Prozeduren kann man dann entweder für Insert-/Update-/Delete-Operationen oder zum direkten Aufruf verwenden.

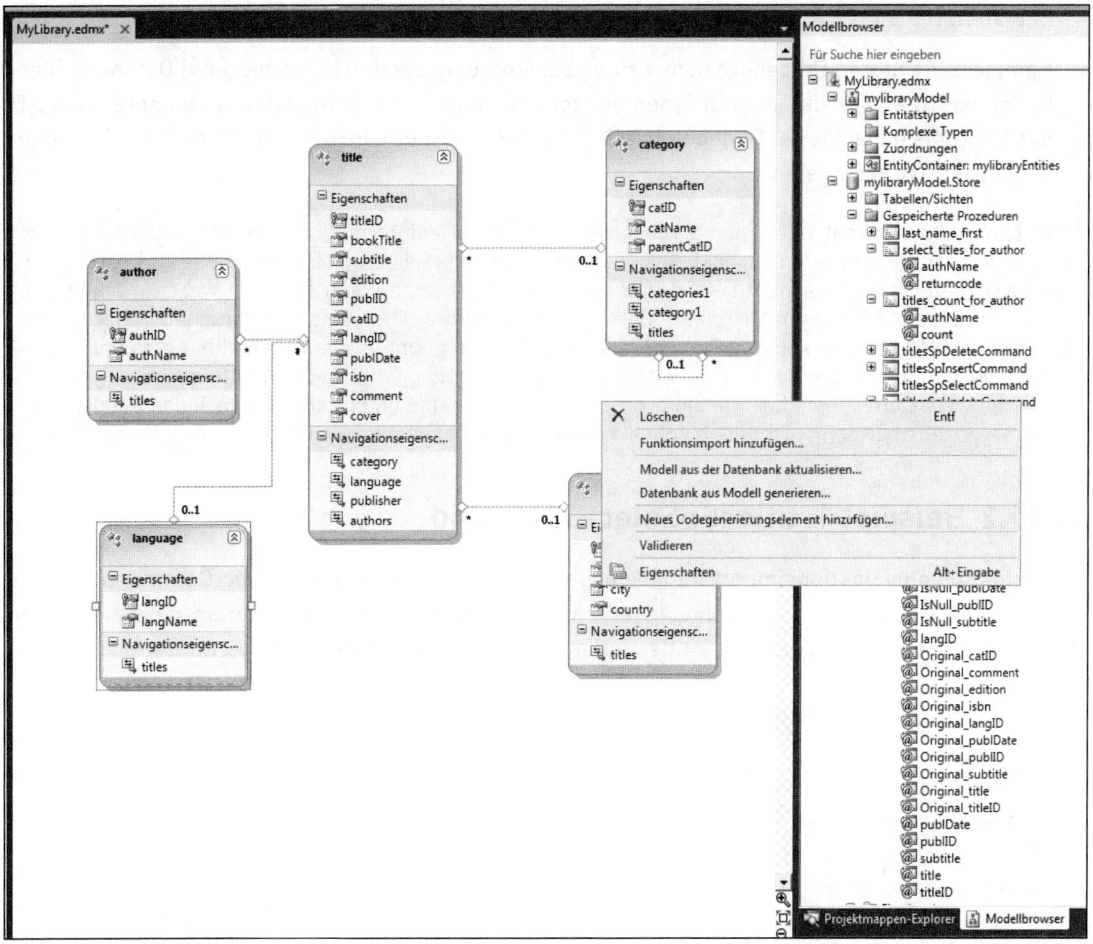

Abbildung 30.9: Der Modellbrowser zeigt die gespeicherten Prozeduren (rechts in der Bildschirmabbildung).

30.11.1 Gespeicherte Prozeduren ausführen zum direkten Aufruf

Anders als für Tabellen und Sichten legt der Entity Framework-Designer für gespeicherte Prozeduren nicht automatisch Programmcode an. Damit man eine gespeicherte Prozedur dann tatsächlich im Programmcode aufrufen kann, muss man einen sogenannten »Funktionsimport« erstellen. Dazu wählt man »Funktionsimport hinzufügen« im Kontextmenü einer gespeicherte Prozeduren im Modellbrowser. Es öffnet sich ein Dialog, in dem man den Rückgabetyp festlegen muss. Es gibt vier Möglichkeiten:

» Kein: Kein Rückgabewert

» Skalare: Die Stored Procedure liefert einen elementaren Datentyp.

» Entitäten: Die Stored Procedure liefert eine der im Modell vorhandenen Entitäten.

» Komplex: Die Stored Procedure liefert einen zusammengesetzten (»komplexen«) Datentyp. Diese Option ist für alle strukturierten Typen gedacht, die nicht einer Entitätsklasse entsprechen, z.B. das Ergebnis eines Views. Gegebenenfalls ist vorher der komplexe Typ zu erzeugen mit »Neuen komplexen Typ erstellen«.

Hilfe bei der Auswahl bekommt man durch die Funktion »Spalteninformationen abrufen«, die zeigt, dass die gespeicherte Prozeduren zurückliefern. Leider funktioniert dies nur für gespeicherte Prozeduren, die ausschließlich ein Resultset liefern, nicht für solche, die auch einen skalaren Wert zurückliefern. In der von unserem Kollegen Michael Kofler erstellten mylibrary.mdf zeigt die Vorschau daher für die gespeicherte Prozeduren select_titles_for_author und titles_count_for_author nichts an. In der neuen Version von mylibrary2.mdf gibt es die Alternativen select_titles_for_author2 und titles_count_for_author2, die so gestaltet sind, dass sie eine Vorschau ermöglichen. Leider haben diese neuen gespeicherten Prozeduren aber dann nicht die Möglichkeit, dass -1 geliefert wird, wenn es den Autor nicht gibt.

30.11.2 Beispiel 1: titlesSpSelectCommand

Als Erstes soll ein Funktionsimport für die gespeicherte Prozedur »titlesSpSelectCommand« erstellt werden. Hier funktioniert die Vorschau in jedem Fall. In der Vorschau erkennt man, dass die gespeicherte Prozedur Entitäten des Typs »title« liefert. Daher wird diese Option gewählt.

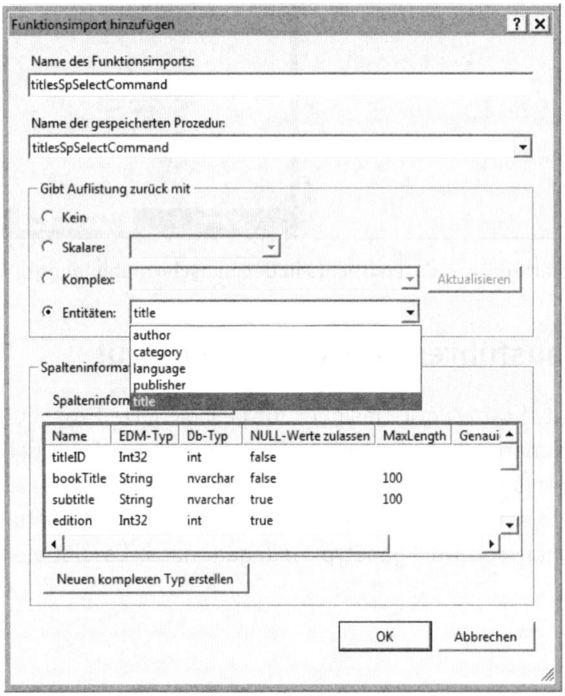

Abbildung 30.10: Funktionsimport für gespeicherte Prozedur »titlesSpSelectCommand«

Nach Bestätigung des Dialogs erscheint die gespeicherte Prozedur dann im Modellbrowser unter mylibraryModell/EntityContainer/Funktionsimporte.

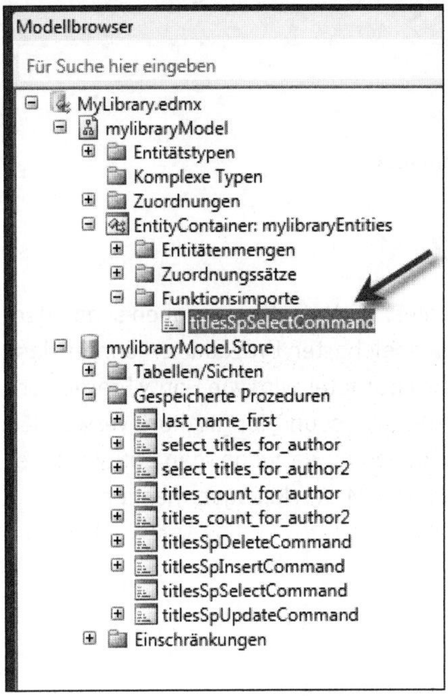

Abbildung 30.11: Nach dem Funktionsimport

Nun steht die gespeicherte Prozedur als eine Methode in der Kontextklasse zur Verfügung. Das folgende Listing zeigt die Verwendung. Das Listing zeigt auch, dass man die über eine gespeicherte Prozedur gelieferten Instanzen einer Entitätsklasse genau modifizieren und zurückspeichern kann wie die über eine direkte Abfrage gelieferten Instanzen.

ACHTUNG

Bitte beachten Sie, dass alle weiteren Abfragen auf der Ergebnismenge einer gespeicherten Prozedur immer im RAM mit LINQ-to-Objects ausgeführt werden.

```
        ' Kontext instanziieren
        Dim kontext As New EFModell.mylibraryEntities

        ' Abfrage definieren
        Dim buecher = kontext.titlesSpSelectCommand()

        ' Bücher ausgeben
        For Each b In buecher
            Console.WriteLine(b.bookTitle & " - " & b.subtitle & ": " & b.publDate)
            If (b.bookTitle.Contains(".NET 3.5 Crashkurs") And b.authors.Any(Function(x)
x.authName = "Schwichtenberg Holger")) Then
                b.comment = "Ende 2010 erscheint die Neuausgabe: .NET 4.0 Crashkurs"
```

```
            End If
        Next

        ' Speichern
        kontext.SaveChanges()

        ' Kontext vernichten
        kontext.Dispose()
```

Listing 30.12: Aufruf der gespeicherte Prozedur »titlesSpSelectCommand«

30.11.3 Beispiel 2: titles_count_for_author2

Bei der gespeicherten Prozedur titles_count_for_author funktioniert die Vorschau wie oben schon dargestellt nicht. Hier müsste man selbst anhand des Aufbaus der gespeicherten Prozedur erkennen, dass der Rückgabetyp ein Skalar vom Typ `Int32` ist. Auch der Rückgabeparameter wird von Entity Framework nicht elegant behandelt. Daher wird hier die abgewandelte Form titles_count_for_author2 verwendet. Sie sehen ein gutes Beispiel für einen Kompromiss, den man eingehen muss, wenn man Entity Framework verwenden will. Letztlich müssen Sie Kompromisse bei allen ORM-Werkzeugen machen.

```
CREATE PROCEDURE  titles_count_for_author
  @authName NVARCHAR(100), @count INT OUTPUT
AS
  BEGIN
    DECLARE @authCount INT
    SELECT @authCount = COUNT(*) FROM authors WHERE authName = @authName
    IF (@authCount=0) RETURN -1
    SELECT @count = COUNT(titles.titleID)
    FROM titles, rel_title_author, authors
    WHERE titles.titleID = rel_title_author.titleID
      AND authors.authID = rel_title_author.authID
      AND authName=@authName
    RETURN 0
  END
```

Listing 30.13: titles_count_for_author

```
CREATE PROCEDURE  titles_count_for_author2
  @authName NVARCHAR(100)
AS
  BEGIN

    SELECT COUNT(titles.titleID)
    FROM titles, rel_title_author, authors
    WHERE titles.titleID = rel_title_author.titleID
      AND authors.authID = rel_title_author.authID
      AND authName=@authName
  END
```

Listing 30.14: titles_count_for_author2

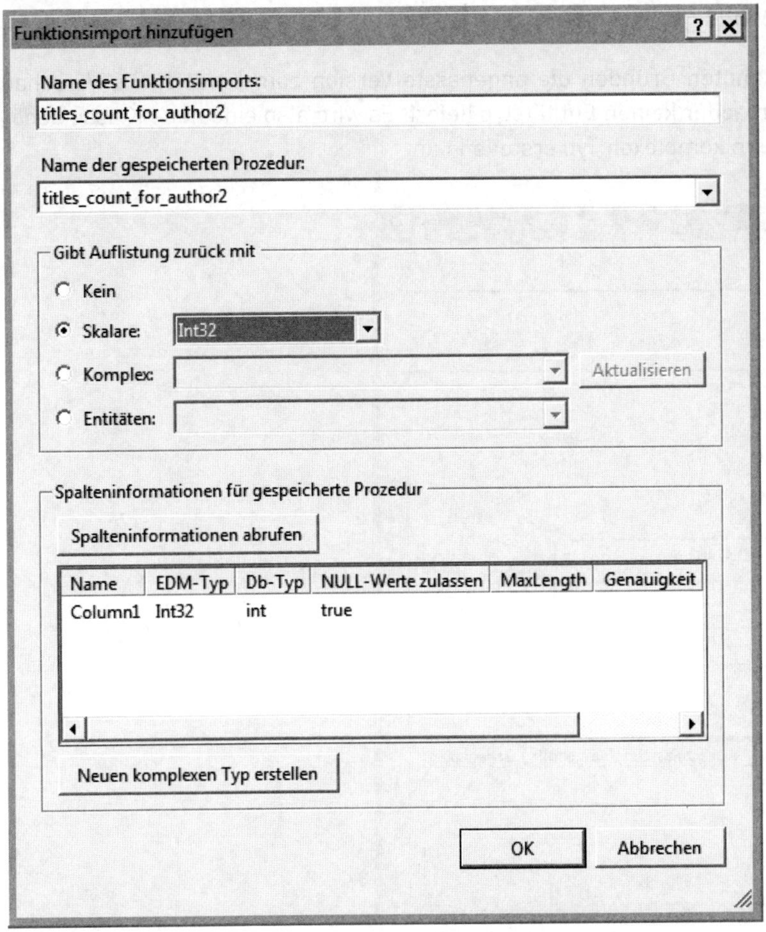

Abbildung 30.12: Funktionsimport für gespeicherte Prozedur »titles_count_for_author2«

Anschließend kann man die gespeicherte Prozedur über die Kontextklasse aufrufen.

```
Dim kontext As New EFModell.mylibraryEntities

  ' Abfrage definieren
  Dim anz = kontext.titles_count_for_author2("Schwichtenberg Holger")

  ' Anzahl ausgeben
  Console.WriteLine("Anzahl: " & anz(0).Value)

  ' Kontext vernichten
  kontext.Dispose()
```

Listing 30.15: Aufruf der gespeicherte Prozeduren »titles_count_for_author2«

30.11.4 Beispiel 3: select_titles_for_author2

Auch hier kommt aus vorgenannten Gründen die angepasste Version zum Einsatz. Die Vorschau zeigt, dass die gespeicherte Prozedur keinen Entitätstyp liefert. Es wird also eine neue Klasse benötigt. Diese legt man über »Neuen komplexen Typ erstellen« an.

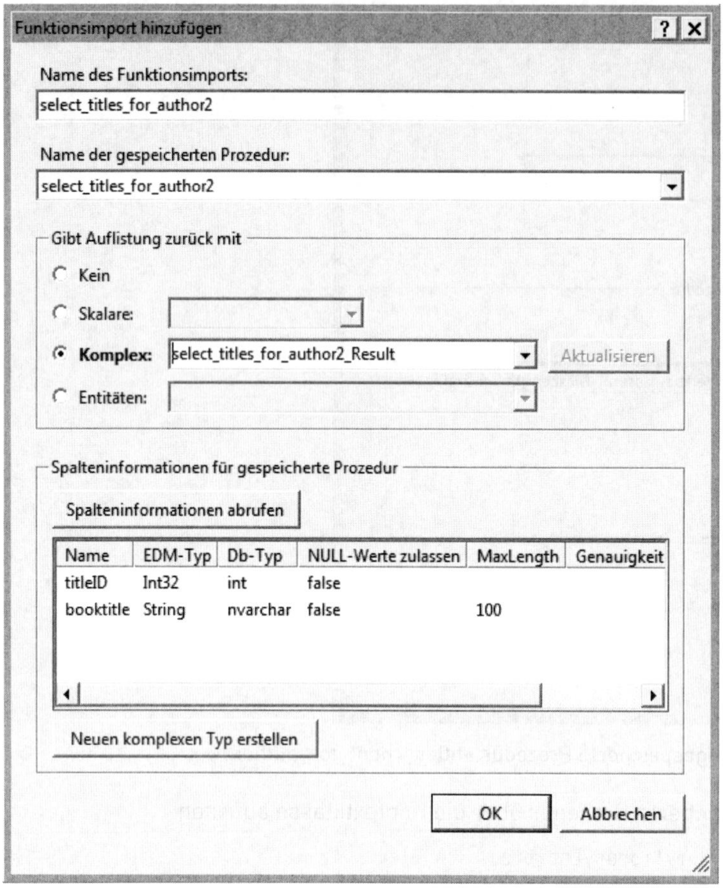

Abbildung 30.13: Funktionsimport für gespeicherte Prozedur »select_titles_for_author2«

Beim Aufruf ist zu beachten, dass die gelieferten Objekte dann tatsächlich nur aus `titleID` und `bookTitle` bestehen. Diese Objekte sind nicht kompatibel zu der Entitätsklasse `title` und können auch nicht nach Änderungen an die Datenbank zurückgegeben werden.

```
    ' Kontext instanziieren
    Dim kontext As New EFModell.mylibraryEntities

    ' Abfrage definieren
    Dim buecher = kontext.select_titles_for_author2("Schwichtenberg Holger")

    ' Bücher ausgeben
    For Each b In buecher
        Console.WriteLine(b.titleID & " - " & b.booktitle)
    Next

    ' Kontext vernichten
    kontext.Dispose()
```

Listing 30.16: Aufruf der gespeicherte Prozeduren » select_titles_for_author2«

30.11.5 Beispiel 4: titlesSpUpdateCommand

Als Letztes soll eine gespeicherte Prozedur verwendet werden, die Daten ändert.

```
CREATE PROCEDURE dbo.titlesSpUpdateCommand
(
  @titleID int,
  @booktitle nvarchar(100),
  @subtitle nvarchar(100),
  @edition int,
  @publID int,
  @catID int,
  @langID int,
  @publDate datetime,
  @isbn nvarchar(20),
  @comment nvarchar(255),
  @cover varbinary(MAX)

)
AS
  SET NOCOUNT OFF;
UPDATE [titles] SET [booktitle] = @booktitle, [subtitle] = @subtitle, [edition] = @edition,
[publID] = @publID, [catID] = @catID, [langID] = @langID, [publDate] = @publDate, [isbn] = @
isbn, [comment] = @comment, [cover] = @cover
WHERE (
([titleID] = @titleID));
```

Listing 30.17: titlesSpUpdateCommand

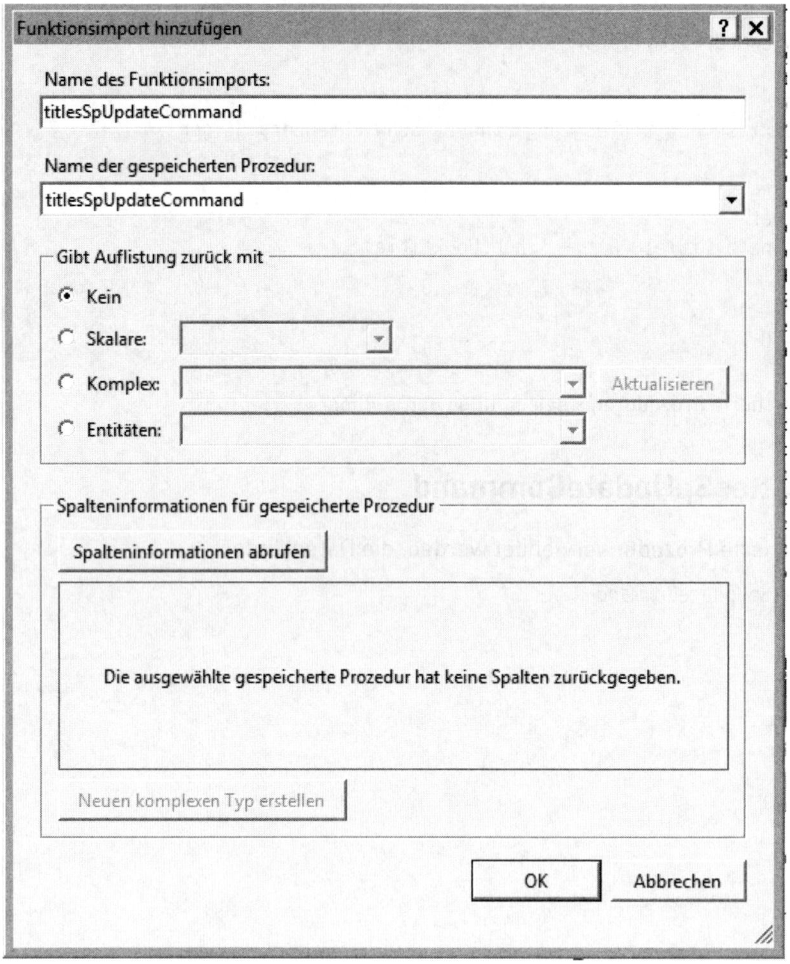

Abbildung 30.14: Funktionsimport für gespeicherte Prozedur »titlesSpUpdateCommand«

```
' Kontext instanziieren
Dim kontext As New EFModell.mylibraryEntities

' Abfrage definieren
Dim buecher = kontext.titlesSpSelectCommand()

' Bücher ausgeben
For Each b In buecher
    ' Console.WriteLine(b.bookTitle & " - " & b.subtitle & ": " & b.publDate)
    If (b.bookTitle.Contains(".NET 3.5 Crashkurs") And b.authors.Any(Function(x)
```

```
x.authName = "Schwichtenberg Holger")) Then
                Console.WriteLine(b.comment)
                Dim neuerKommentar As String = "Ende 2010 erscheint die Neuausgabe: .NET 4.0
                                                Crashkurs"
                kontext.titlesSpUpdateCommand(b.titleID, b.bookTitle, b.subtitle, b.edition,
                b.publID, b.catID, b.langID, b.publDate, b.isbn, neuerKommentar, b.cover)
            End If
        Next

        ' Speichern
        kontext.SaveChanges()
```

Listing 30.18: Aufruf der gespeicherte Prozedur »titlesSpUpdateCommand«

HINWEIS

Die gespeicherte Prozedur wurde so gestaltet, dass nicht geprüft wird, ob die Daten in der Zwischenzeit von einem anderen Benutzer geändert wurden. Dazu müsste man eine Timestamp-Spalte ergänzen oder jede einzelne Zelle mit dem Originalwert vergleichen. Beides wird von Entity Framework unterstützt, würde das Beispiel aber komplexer machen.

30.11.6 Gespeicherte Prozeduren ausführen für Insert-/Update-/ Delete-Operationen

Anstelle des manuellen Aufrufs der »titlesSpUpdateCommand«-Methode kann man hinterlegen, dass diese Methode dann herangezogen werden soll, wenn durch `SaveChanges()` Änderungen an geladenen Objekten persistiert werden sollen.

Hierzu muss man nicht den »Modellbrowser«, sondern »Mappingdetails« verwenden. Man wählt die Entität (hier: »title«) und dort im Kontextmenü »Tabellenmapping«. In Mappingdetails wählt man dann das Symbol »Entität zu Funktion zuordnen«, und bei »Update Function auswählen« hinterlegt man »titlesSpUpdateCommand« sowie die Zuordnung der Attribute zu den Parametern der gespeicherten Prozedur.

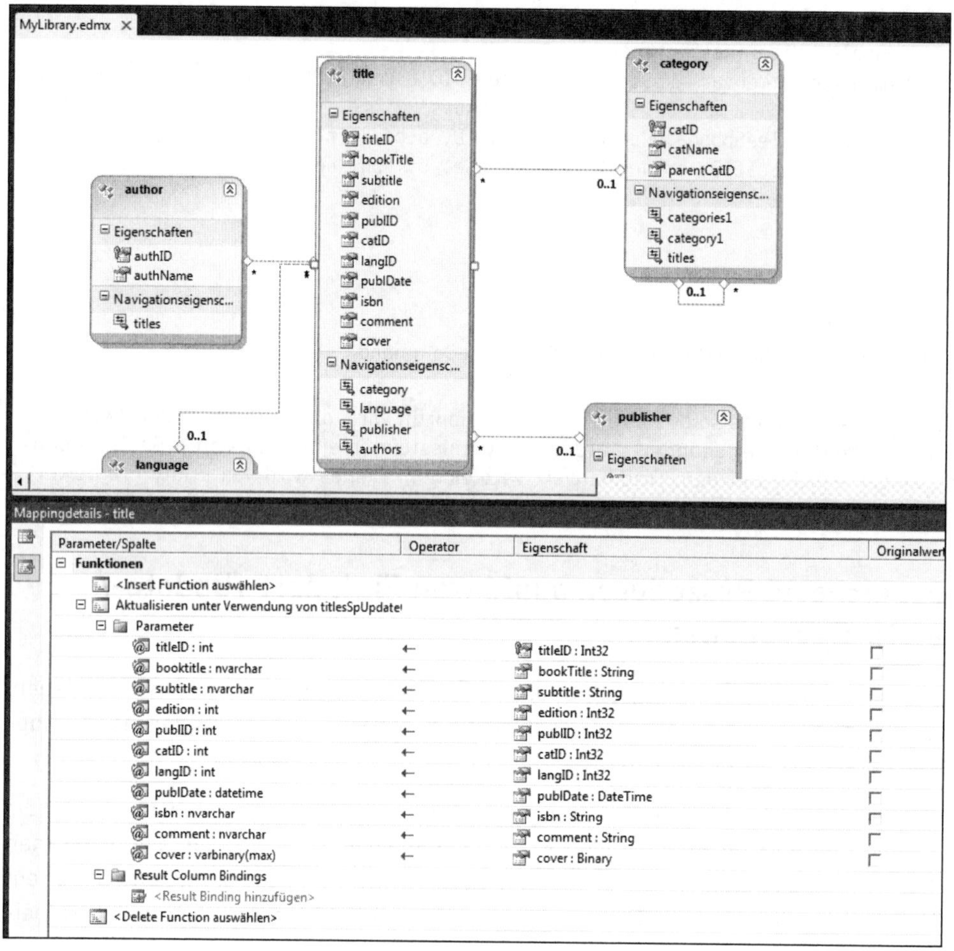

Abbildung 30.15: Festlegung von titlesSpUpdateCommand zum Aktualisieren der Entität »title«

Durch diesen Vorgang wird die gespeicherte Prozedur »titlesSpUpdateCommand« nun immer dann aufgerufen, wenn eine Änderung an einem `title`-Objekt persistiert wird, z.B. in folgenden Beispielen.

```
' Kontext instanziieren
    Dim kontext As New EFModell.mylibraryEntities

    ' Abfrage definieren
    Dim buch = (From t In kontext.titles
    Where t.bookTitle = "Microsoft .NET 3.5 Crashkurs"
    Select t).FirstOrDefault()
    Console.WriteLine(buch.comment)
    ' Inhalte ändern
    buch.comment = DateTime.Now + ": Ende 2010 erscheint die Neuausgabe:
                            .NET 4.0 Crashkurs"
```

```
        Console.WriteLine(buch.comment)
        ' Speichern
        kontext.SaveChanges()

        ' Kontext vernichten
        kontext.Dispose()
```

Listing 30.19: Laden über LINQ-to-Entities-Abfrage, speichern ebenfalls über gespeicherte Prozeduren (automatisch durch Festlegung im Tabellenmapping)

```
' Kontext instanziieren
        Dim kontext As New EFModell.mylibraryEntities

        ' Abfrage definieren
        Dim buecher = kontext.titlesSpSelectCommand()

        ' Bücher ausgeben
        For Each b In buecher
            Console.WriteLine(b.bookTitle & " - " & b.subtitle & ": " & b.publDate)

            If (b.bookTitle.Contains(".NET 3.5 Crashkurs")
                And b.authors.Any(Function(x) x.authName = "Schwichtenberg Holger")) Then
                Console.WriteLine("VORHER: " & b.comment)
                b.comment = DateTime.Now & ": Ende 2010 erscheint die Neuausgabe: .NET 4.0
Crashkurs"
                Console.WriteLine("NACHHER: " & b.comment)
            End If

        Next

        ' Speichern
        kontext.SaveChanges()
```

Listing 30.20: Laden über gespeicherte Prozeduren, speichern ebenfalls über gespeicherte Prozeduren (automatisch durch Festlegung im Tabellenmapping)

30.12 Weitere Möglichkeiten

Das Entity Framework bietet noch zahlreiche weitere Möglichkeiten, die den Rahmen dieses Buchs sprengen würden. Hier sollen aber noch drei wichtige Möglichkeiten erwähnt sein:

» **Anpassung der Codegenerierung:** Visual Studio erzeugt Programmcode für die Kontextklasse und die Entitätsklassen. Im Standard erzeugt Visual Studio Entitätsklassen, die von einer Basisklasse erben. Dies ist in einigen Szenarien (z.B. Versand der Objekte per Webservices an einen Nicht-.NET-Client) ein K.o.-Kriterium. Das Entity Framework unterstützt auch andere Formen der Code-Generierung, insbesondere sogenannte »POCOs« (Plain Old CLR Objects), die diese Basisklassen-Anforderung nicht haben. Visual Studio erlaubt den Austausch der Codegenerierung, wobei man aus vordefinierten Vorlagen von Microsoft wählen kann oder sich selbst eine Vorlage mithilfe der Sprache »T4« (»Text Template Transformation Toolkit«) schreiben kann.

» **Unterstützung für Forward Engineering:** Ein wesentliches Unterscheidungskriterium beim objektrelationalen Mapping ist die Henne-oder-Ei-Frage. Übertragen auf die Welt der OR-Mapper geht es darum, ob der Entwickler zuerst die Datenbank erstellt und daraus dann Geschäftsobjekte generieren lässt oder erst die Geschäftsobjekte erstellt und daraus dann die Datenbank generieren lässt. Wenn man (wie in diesem Buch) ein Objektmodell für eine Datenbank erstellen lässt, spricht man von *Reverse Engineering (*alias *Database First)*. Wenn man erst Geschäftsobjekte erstellt und die Datenbank generieren lässt, spricht man von *Forward Engineering (*alias *Modell First* oder *Domain First)*. Man kann in Visual Studio 2010 *Forward Engineering* nutzen, indem man in dem Entity Framework-Assistenten die Option »Leeres Modell« wählt und dann das Modell mithilfe der Werkzeugleiste erzeugt. Anschließend kann man darauf eine Datenbank generieren lassen. Die Generierung ist auch zur Laufzeit möglich. Über einen Zusatz, das Entity Designer Database Generation Power Pack, kann man auch bestehende Datenbankschemata aktualisieren.

» **Unterstützung für verteilte Systeme:** Wenn man Objekte über einen Webservice an einen Client versendet will, müssen die Objekte serialisierbar sein. Diese Anforderung erfüllen die Entity Framework-Objekte (Einschränkungen gibt es bei spezielleren Serialisierungsformaten wie der JavaScript Object Notation – hier funktioniert die Serialisierung nicht mit der Entity Framework-Standardvorlage, sondern nur mit POCO-Vorlagen). Bei versendeten Objekten kann der Server die Änderungen an Objekte nicht mehr nachverfolgen (man spricht daher auch von »losgelösten« Objekten). Hier kommt es darauf an, dass die Objekte selbst Änderungen bemerken, damit man zum Server nicht alle Objekte, sondern nur die Änderungen übertragen muss. Das Dataset kann dies mit GetChanges(). Das Entity Framework kann dies mit einer T4-Vorlage mit Namen »Self-Tracking-Entities«.

» **Unterstützung für andere Datenbanken:** Microsoft liefert nur Unterstützung für den Microsoft SQL Server, aber andere Anbieter bieten entsprechende Entity Framework-Provider und teilweise auch Visual Studio-Unterstüzung.

  › Devart: Oracle, MySQL, PostgresSQL
  › OpenLink: Virtuoso, Oracle, SQL Server, DB2, Informix, Ingres, Progress, MySQL, PostgreSQL, Firebird, ODBC/JDBC
  › DataDirect: Oracle, DB2, SQL Server, Sybase
  › Phoenix Solutions: SQLLite
  › Npgsql: PostgreSQL
  › Sybase: SQL Anywhere
  › IBM: DB2, Informix, U2

30.13 Fazit

Die gezeigten Beispiele können von ADO.NET Entity Framework und insbesondere LINQ-to-Entities überzeugen. Wie so oft steckt die Komplexität aber im Detail. An Entity Framework scheiden sich die Geister: Die einen sind wunderbar begeistert, die anderen ernüchtert und bleiben bei DataReader und untypisiertem DataSet, wo man zwar mehr selber machen muss, dafür aber jederzeit genau weiß, was jetzt eigentlich passiert. Wieder andere finden das typisierte Dataset einfacher als das Entity Framework (das typisierte Dataset aber mochte Michael Kofler ja gar nicht).

30.14 Weiterführende Informationen im Internet

Die folgenden Links verweisen auf Webseiten, die weitere Beispiele und Hintergrundinformationen zu `Entity Framework` und `LINQ-to-Enties` vermitteln:

http://msdn.microsoft.com/en-us/data/aa937723.aspx (Portalseite zum Entity Framework)

http://blogs.msdn.com/adonet/ (Weblog des Entity Framework-Entwicklungsteams)

http://msdn.microsoft.com/de-de/library/bb399572.aspx (MSDN-Dokumentation)

http://www.heise.de/developer/artikel/Verwirrung-um-objekt-relationale-Mapper-LINQ-to-SQL-oder-ADO-NET-Entity-Framework-227256.html (Artikel über die Unterschiede von Entity Framework und LINQ-to-SQL)

http://www.microsoft.com/germany/msdn/events/archiv/technicalsummit08/library.aspx?id=msdn_de_30124 (Vortrag von Dr. Holger Schwichtenberg über die Unterschiede von Entity Framework und LINQ-to-SQL)

http://msdn.microsoft.com/en-us/data/ee712907.aspx (Videos zum Einstieg in Entity Framework)

31 WPF und ADO.NET

In der Vorauflage dieses Buch schrieb Michael Kofler an dieser Stelle: »Dieses Kapitel ist eine einigermaßen traurige Angelegenheit: Microsoft hat es leider nicht geschafft, die WPF und ADO.NET so richtig kompatibel zueinander zu machen.« Der Satz ist zum Glück nicht mehr komplett zutreffend, Microsoft hat in .NET 4.0/WPF 4.0/Visual Basic 2010/Visual Studio 2010 einiges getan, um die Entwicklung von datengetriebenen WPF-Anwendungen zu verbessern.

Neu in Visual Basic 2010

Neu in Visual Basic 2010 in Bezug auf WPF sind:

» Das neue `DataGrid`-Steuerelement

» Das neue `DatePicker`-Steuerelement

» Die Unterstützung für das Anlegen von DataGrid und Einzeldatenansichten per Drag&Drop aus dem Datenquellenfenster

» Die Unterstützung zum Anlegen und Verwalten von Datenbindungen im Eigenschaftenfenster

Trotz allem: Die WPF 4.0-Datenbanksteuerelemente und die zugehörige Unterstützung in Visual Studio 2010 sind immer noch nicht so komfortabel wie in Windows Forms. Es lohnt sich daher, bei größeren Anwendungen einen Blick auf Drittanbieter von WPF-Steuerelementen wie Infragistics, Developer Express und Telerik zu werfen.

31.1 ADO.NET und WPF-Steuerelemente

Das Grundkonzept der Datenbindung in WPF wurde bereits in Kapitel 20.4 erläutert, dort anhand von .NET-Objekten, die im Hauptspeicher definiert und nicht persistiert werden. Grundsätzlich kann jedes WPF-Steuerelement mithilfe von `Data Binding` mit ADO.NET `DataSets`, `DataTables` und `DataViews` verbunden werden. Ebenso kann man die vom Entity Framework befüllten .NET-Objekte verwenden. In einigen Fällen kann der Einsatz eines Konverters notwendig werden, um bestimmte Datentypen mit bestimmten Steuerelementen zu verbinden.

31.2 Einzeldatenansicht (manuell angelegt)

Das in Abbildung 31.1 dargestellte Programm gibt über ein Listenfeld Zugriff auf alle Buchtitel der `mylibrary`-Datenbank. Die Datenfelder `subtitle`, `publID` (Verlag), `edition`, `publDate` und `cover` können verändert werden, und alle Änderungen werden schließlich gespeichert.

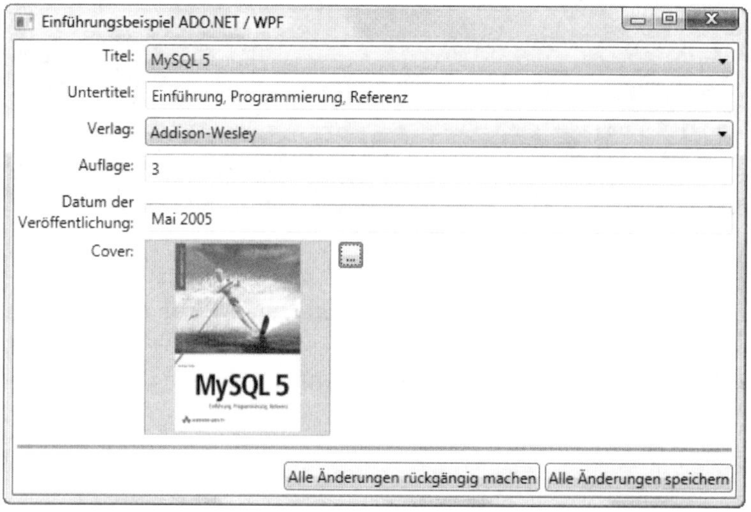

Abbildung 31.1: Beispielprogramm zu WPF/ADO.NET Data Binding

HINWEIS Um das Beispiel nicht zu komplex zu machen, haben wir auf die Anzeige und Veränderung der Autoren sowie auf das Hinzufügen und Löschen von Titeln, Verlagen, Autoren etc. verzichtet. Es gibt keine technischen Gründe, die gegen die Realisierung dieser Zusatzfunktionen sprechen: ein paar zusätzliche Formulare, einige Hundert Zeilen Code, fertig. Je nach ADO.NET- bzw. WPF-Erfahrung müssen Sie freilich etliche Entwicklungsstunden oder -tage veranschlagen, bis das Programm zufriedenstellend läuft.

Vorweg wie üblich der XAML-Code. Wir haben beim Abdruck alle Elemente bzw. Eigenschaften zur optischen Gestaltung weggelassen. Das folgende Listing hat primär den Zweck, die Namen der WPF-Steuerelemente zu dokumentieren. Das Data Binding erfolgt in der Window1_Loaded-Ereignisprozedur im VB-Code.

```
<Window x:Class="Window1" ...>
   <StackPanel>
      <Grid>
         <TextBlock>Titel:</TextBlock>
         <ComboBox Name="cmbTitle" ></ComboBox>
         <TextBlock>Untertitel:</TextBlock>
         <TextBox Name="txtSubTitle"></TextBox>
         <TextBlock>Verlag:</TextBlock>
         <ComboBox Name="cmbPublisher"></ComboBox>
         <TextBlock>Auflage:</TextBlock>
         <TextBox Name="txtEdition"></TextBox>
         <TextBlock>Datum der <LineBreak/>Veröffentlichung:</TextBlock>
         <TextBox Name="txtPublDate"></TextBox>
         <TextBlock>Cover:</TextBlock>
         <StackPanel>
            <Border>
               <Image Name="imgCover" ToolTip="Vollansicht per Doppelklick"></Image>
            </Border>
            <Button Name="btnLoadImage" ToolTip="Neues Bild laden">...</Button>
         </StackPanel>
      </Grid>
      <Rectangle/>
      <StackPanel>
         <Button Name="btnUndoAll">Alle Änderungen rückgängig machen</Button>
         <Button Name="btnSaveAll">Alle Änderungen speichern</Button>
      </StackPanel>
   </StackPanel>
</Window>
```

Initialisierung und Data Binding

Die umfangreichste Prozedur des Programms ist Window1_Loaded: Nach dem Verbindungsaufbau zur Datenbank mylibrary lädt das Programm alle Datensätze der Tabellen titles und publishers in die DataTable-Objekte titlesTable und publTable. Die Vorgehensweise ist genau gleich wie in den ADO.NET-Beispielen der vorgegangenen Kapitel.

```
'Beispiel ADO.NET-WPF/wpf-ado-intro
Imports System.Data, System.Data.SqlClient
Class Window1
  Dim conn As SqlConnection                         'Klassenvariablen
  Dim ds As DataSet
  Dim titlesAdapter, publAdapter As SqlDataAdapter
  Dim cBuilder As SqlCommandBuilder
  Dim titlesTable, publTable As DataTable
```

```
Dim currentTitle As DataRowView
Private Sub Window1_Loaded(...) Handles MyBase.Loaded
  Try
    conn = New SqlConnection("Server=.;Database=mylibrary;Integrated Security=True")
    conn.Open()
    ds = New DataSet("mydata")
    titlesTable = ds.Tables.Add("titles")
    titlesAdapter = New SqlDataAdapter("SELECT *  FROM titles ORDER BY title", conn)
    titlesAdapter.MissingSchemaAction = MissingSchemaAction.AddWithKey
    titlesAdapter.Fill(titlesTable)
    publTable = ds.Tables.Add("publishers")
    publAdapter = New SqlDataAdapter( _
      "SELECT publName, publID FROM publishers ORDER BY publName", conn)
    publAdapter.Fill(publTable)
```

Als Nächstes werden die beiden `ComboBox`-Steuerelemente via `Data Binding` mit `titlesTable` bzw. `publTable` verbunden. Beachten Sie, dass damit jeweils der gesamte, im Listenfeld ausgewählte Datensatz als `Item` des jeweiligen Listenfelds gilt. Das ist vor allem für `cmbTitle` wichtig: Dieses Steuerelement gilt aufgrund von `Me.`*`DataContext`* `= cmbTitle` als Datenquelle für alle anderen Steuerelemente – es sei denn, das `Binding`-Objekt erhält via `Source = ...` eine andere Datenquelle.

```
    'Liste aller Titel in ComboBox anzeigen
    Dim b As New Binding
    b.Source = titlesTable
    cmbTitle.SetBinding(ComboBox.ItemsSourceProperty, b)
    cmbTitle.DisplayMemberPath = "title"
    'DataContext für alle Steuerelemente im Fenster
    Me.DataContext = cmbTitle
    'Liste aller Verlage in ComboBox anzeigen
    b = New Binding
    b.Source = publTable
    cmbPublisher.SetBinding(ComboBox.ItemsSourceProperty, b)
    cmbPublisher.DisplayMemberPath = "publName"
    cmbPublisher.SelectedValuePath = "publID"
```

Weiter geht es mit den restlichen Steuerelementen. Um die Textbox `txtSubTitle` mit der Spalte `subtitle` des gerade ausgewählten Titels zu verbinden, reicht eine einzige Zeile. `SelectedItem` bezieht sich dabei auf das `cmbTitle`-Steuerelement. `SelectedItem` liefert den gerade aktiven `titles`-Datensatz.

```
    'Untertitel des ausgewählten Eintrags anzeigen
    txtSubTitle.SetBinding(TextBox.TextProperty, New Binding("SelectedItem.subtitle"))
```

Alternativ und ohne vorherige Einstellung der `DataContext`-Eigenschaft des Fensters würde es auch so funktionieren:

```
    'ausführliche Variante, ohne DataContext
    'b = New Binding()
    'b.Source = cmbTitle
```

```
'b.Path = New PropertyPath("SelectedItem.subtitle")
'txtSubTitle.SetBinding(TextBox.TextProperty, b)
```

Ebenso unkompliziert ist es, die `ComboBox` mit den Verlagen und die Spalte `publID` des gerade ausgewählten Titles zu verbinden:

```
'Verlag zum ausgewählten Eintrag anzeigen
cmbPublisher.SetBinding(ComboBox.SelectedValueProperty, _
                        New Binding("SelectedItem.publID"))
```

Interessanter ist das `Data Binding` für die Auflage: Aufgrund einer Regel (`constraint`) in der SQL Server-Datenbank `mylibrary` sind für die Spalte `edition` nur der Zustand `NULL` sowie Werte zwischen 1 und 499 zulässig. Eine eigene `Validation`-Klasse stellt dies für eigene Eingaben sicher. Der Code der Klasse `EditionValidationRule` folgt weiter unten.

```
'Auflage zum ausgewählten Eintrag anzeigen
b = New Binding("SelectedItem.edition")
b.ValidationRules.Add(New EditionValidationRule())
txtEdition.SetBinding(TextBox.TextProperty, b)
```

Ein wenig komplizierter ist die Verarbeitung der Spalte `publDate`: Der Konverter `DateConverter` stellt sicher, dass der Erscheinungstermin in der Form `Jan 2009` dargestellt wird. Die Klasse `PublDateValidationRule` überprüft, dass eigene Eingaben als Datum interpretiert werden können.

```
'Publikationsdatum zum ausgewählten Eintrag anzeigen
b = New Binding("SelectedItem.publDate")
b.ValidationRules.Add(New PublDateValidationRule())
b.Converter = New DateConverter()
txtPublDate.SetBinding(TextBox.TextProperty, b)
```

Die Spalte `cover` enthält als `Byte`-Feld eine JPEG-Bitmap. Diese Daten kann man direkt an die Source-Eigenschaft des Image-Steuerelements binden.

```
'Cover anzeigen
b = New Binding("SelectedItem.cover")
imgCover.SetBinding(Image.SourceProperty, b)
```

Damit das Programm beim Start den ersten Titel anzeigt (und nicht lauter leere Felder), muss für `cmbTitle` die Eigenschaft `SelectedIndex` explizit auf 1 gesetzt werden. `Focus` setzt außerdem den Eingabefokus in dieses Steuerelement. Damit kann der Anwender komfortabel mit den Cursortasten durch die Titel blättern.

```
'ersten Titel auswählen, Focus in die Titel-ComboBox
cmbTitle.SelectedIndex = 1
cmbTitle.Focus()
```

Zu guter Letzt wird für den gerade ausgewählten Datensatz – ein `DataRowView`-Objekt – eine Ereignisprozedur für das Ereignis `PropertyChanged` eingerichtet. Damit werden alle Änderungen am Datensatz sofort erkannt.

```
      'Ereignisprozedur einrichten
      AddHandler DirectCast(cmbTitle.SelectedItem, DataRowView).PropertyChanged, _
                             AddressOf currentTitleChanged
    Catch ex As Exception
      MsgBox(ex.Message)
      Me.Close
    End Try
  End Sub
```

Für alle `Binding`-Objekte dieses Beispielprogramms gilt standardmäßig `Mode=TwoWay`. Der Datentransport funktioniert deswegen in beide Richtungen. Sollten Sie damit in Ihren eigenen Programmen je nach WPF-Steuerelement Probleme haben, müssen Sie `b.Mode = TwoWay` explizit einstellen.

Änderungen feststellen

Die gerade erwähnte Ereignisprozedur `currentTitleChanged` aktiviert die Undo- und Speicher-Buttons:

```
Sub currentTitleChanged(...)
  btnSaveAll.IsEnabled = True
  btnUndoAll.IsEnabled = True
End Sub
```

Bei jedem Datensatzwechsel wird diese Ereignisprozedur auch für den nun aktiven Datensatz eingerichtet. Damit die Anzahl der Ereignis-`Handler` nicht überhandnimmt, wird gleichzeitig die Ereignisprozedur für den nun nicht mehr aktiven Datensatz deaktiviert:

```
Private Sub cmbTitle_SelectionChanged(...) Handles cmbTitle.SelectionChanged
  If cmbTitle.SelectedItem Is Nothing Then Exit Sub
  If Not (currentTitle Is Nothing) Then
    RemoveHandler currentTitle.PropertyChanged, AddressOf currentTitleChanged
  End If
  AddHandler DirectCast(cmbTitle.SelectedItem, DataRowView).PropertyChanged, _
                         AddressOf currentTitleChanged
  currentTitle = DirectCast(cmbTitle.SelectedItem, DataRowView)
End Sub
```

Änderungen speichern

Der Button ALLE ÄNDERUNGEN SPEICHERN führt in die folgende Ereignisprozedur. Dort wird zuerst die Zeichenkette `s` mit allen geänderten Titeln erstellt. In einer `MsgBox` muss der Anwender bestätigen, dass er die Änderungen in den genannten Titeln tatsächlich speichern möchte. Der eigentliche Speichervorgang erfolgt wie in Abschnitt 26.6 beschrieben, d.h., ein `SQLCommandBuilder` kümmert sich darum, die SQL-Kommandos zusammenzusetzen, die zur Ausführung der `Update`-Methode erforderlich sind.

```
Private Sub btnSaveAll_Click(...) Handles btnSaveAll.Click
  Dim s = ""
  For Each row As DataRow In titlesTable.Rows
    If row.RowState = DataRowState.Modified Then
```

```
      If s = "" Then s = row!title Else s += ", " + row!title
    End If
  Next
  If s = "" Then Exit Sub
  If MsgBox("Sollen die folgenden Titel geändert werden?" + vbCrLf + vbCrLf + s, _
          MsgBoxStyle.YesNo) = MsgBoxResult.Yes Then
    If cBuilder Is Nothing Then
      cBuilder = New SqlCommandBuilder(titlesAdapter)
    End If
    Try
      titlesAdapter.Update(titlesTable)
      btnSaveAll.IsEnabled = False
      btnUndoAll.IsEnabled = False
    Catch ex As Exception
      MsgBox(ex.Message)
    End Try
  End If
End Sub
```

Änderungen rückgängig machen

Trivial einfach ist es, mit der Methode `RejectChanges` alle noch nicht gespeicherten Änderungen rückgängig zu machen. Dabei tritt allerdings ein Problem mit dem `Data Binding` auf: Wenn auch der gerade angezeigte Datensatz von `RejectChanges` betroffen ist, werden die angezeigten Daten nicht automatisch aktualisiert. Es kurzer Datensatzwechsel (wählen Sie z.B. den vorigen Datensatz aus, dann wieder den aktuellen) schafft Abhilfe. Per Code setzen Sie am besten `cmbTitle.SelectedIndex` kurzzeitig auf –1 (kein Wert ausgewählt).

```
Private Sub btnUndoAll_Click(...) Handles btnUndoAll.Click
  titlesTable.RejectChanges()
  btnSaveAll.IsEnabled = False
  btnUndoAll.IsEnabled = False
  'Data Binding durch Datensatzwechsel aktualisieren
  Dim currentindex = cmbTitle.SelectedIndex
  cmbTitle.SelectedIndex = -1
  cmbTitle.SelectedIndex = currentindex
End Sub
```

Validierung für die Spalte edition

Um Anwendereingaben zu validieren, leiten Sie eine eigene Klasse von *`ValidationRule`* ab. Als einzige Funktion müssen Sie `Validate` implementieren. Die Funktion muss ein *`ValidationRule`*-Objekt zurückgeben. Der erste Parameter des Konstruktors gibt an, ob die Validierung erfolgreich war. Falls ein Fehler festgestellt wurde, sollten Sie im zweiten Parameter einen kurzen, aber aussagekräftigen Text angeben, der auf die Ursache des Problems hinweist:

```
Public Class EditionValidationRule
  Inherits ValidationRule
```

```
  Public Overrides Function Validate(ByVal value As Object, _
             ByVal cultureInfo As System.Globalization.CultureInfo) _
             As System.Windows.Controls.ValidationResult
    Dim s As String = value.ToString
    Dim n As Integer
    If Trim(s) = "" Then Return New ValidationResult(True, Nothing)
    Try
      n = CInt(s)
    Catch ex As Exception
      Return New ValidationResult(False, _
                                  "Sie müssen eine Zahl zwischen 1 und 499 angeben.")
    End Try
    If n < 1 Or n >= 500 Then
      Return New ValidationResult(False, _
                                  "Sie müssen eine Zahl zwischen 1 und 499 angeben.")
    End If
    Return New ValidationResult(True, Nothing)
  End Function
End Class
```

Die Fehlermeldung der `ValidationRule`-Klasse wird normalerweise nicht angezeigt. Die folgenden XAML-Zeilen definieren einen `style` für alle `TextBox`-Steuerelemente. Solange der Fehler besteht, weist der `ToolTip`-Text auf die Ursache des Problems hin.

Die korrekte Initialisierung des `Binding`-Elements ist nicht ganz trivial: Als Datenquelle dient das Steuerelement selbst. Deshalb wird statt `Source` die Eigenschaft `RelativeSource` eingestellt. Der Fehlertext ist ein Element der Aufzählung `steuerelement.Validation.Errors`. Die XAML-Syntax ermöglicht den Zugriff auf Aufzählungen in der C#-typischen Form `aufzählung[n]`. Sollten für das Steuerelement mehrere Validierungsfehler auftreten (was in diesem Beispielprogramm aber unmöglich ist), zeigt der `ToolTip`-Text allerdings nur den ersten an.

```
<Window x:Class="Window1" ...>
   <Window.Resources>
      <Style TargetType="{x:Type TextBox}">
         <Style.Triggers>
            <Trigger Property="Validation.HasError" Value="True">
               <Setter Property="ToolTip"
                       Value="{Binding RelativeSource={RelativeSource Self},
                              Path=(Validation.Errors)[0].ErrorContent}" />
            </Trigger>
         </Style.Triggers>
      </Style>
   </Window.Resources>
```

HINWEIS Ungültige Eingaben blockieren das Programm nicht. Allerdings gehen derartige Eingaben bei einem Datensatzwechsel verloren und werden auch vom Kommando ALLE ÄNDERUNGEN SPEICHERN ignoriert.

Konverter und Validierung für die Spalte publDate

Die Methode *Convert* des `DateConverter` kümmert sich darum, dass das Publikationsdatum – soweit vorhanden – in der Form `Jan 2009` angezeigt wird. *ConvertBack* wandelt eigene Datumseingaben vom `String`-Format in einen `DateTime`-Typ um. Dabei ist keine Absicherung erforderlich, weil diese Funktion nur nach erfolgreicher Validierung durch die `PublDateValidationRule` aufgerufen wird.

```
<ValueConversion(GetType(DateTime), GetType(String))> _
Public Class DateConverter
  Implements IValueConverter
  Public Function Convert(ByVal value As Object, ByVal targetType As System.Type, _
      ByVal parameter As Object, ByVal culture As System.Globalization.CultureInfo) _
      As Object Implements System.Windows.Data.IValueConverter.Convert
    If value Is DBNull.Value Then Return ""
    Return Format(value, "MMM yyy")
  End Function
  Public Function ConvertBack(ByVal value As Object, ByVal targetType As System.Type, _
      ByVal parameter As Object, ByVal culture As System.Globalization.CultureInfo) _
      As Object Implements System.Windows.Data.IValueConverter.ConvertBack
    Return CType(value, Date)
  End Function
End Class
```

Die `PublDateValidationRule` testet, ob sich die Eingabe in ein Datum umwandeln lässt. Ist das nicht der Fall, wird eine Fehlermeldung zurückgegeben:

```
Public Class PublDateValidationRule
  Inherits ValidationRule
  Public Overrides Function Validate(ByVal value As Object, _
      ByVal cultureInfo As System.Globalization.CultureInfo) _
      As System.Windows.Controls.ValidationResult
    Dim s As String = value.ToString
    Dim d As DateTime
    If Trim(s) = "" Then Return New ValidationResult(True, Nothing)
    Try
      d = CDate(s)
    Catch ex As Exception
      Return New ValidationResult(False, "Sie müssen ein Datum angeben.")
    End Try
    Return New ValidationResult(True, Nothing)
  End Function
End Class
```

JPEG-Blobs in Image-Feldern darstellen

In der Vorausgabe schrieb Michael Kofler noch: »Die WPF kann nicht hellsehen. Deswegen erfordert das `Data Binding` für Binärdaten einen Konverter. In der `mylibrary`-Datenbank enthält die `cover`-Spalte binäre Daten für eine JPEG-Datei. Die Eigenschaft `Source` des `Image`-Felds erwartet hingegen ein `ImageSource`-Objekt.«

Nun, inzwischen kann WPF offenbar »hellsehen«, denn der erwähnte Konverter ist nun nicht mehr notwendig, man kann Binärdaten direkt angeben, denn die Source-Eigenschaft des Image-Steuerelements akzeptiert ein Byte-Array. Der entsprechende Konverter ist in WPF schon vorhanden.

Bilder laden

Der Button `btnLoadImage` gibt dem Anwender die Möglichkeit, eine JPEG-Datei zu laden und damit das Titelbild des aktuellen Buchs zu ändern. Dabei ist es entscheidend, dass Sie das `Byte`-Array der Datei direkt in der `cover`-Spalte des gerade aktuellen Datensatzes speichern. Die Aktualisierung der Anzeige im `Image`-Feld erfolgt automatisch.

```
Private Sub btnLoadImage_Click(...) Handles btnLoadImage.Click
  Dim ofd As New Microsoft.Win32.OpenFileDialog
  ofd.Title = "JPEG-Datei laden"
  ofd.Filter = "Bilddateien|*.jpg;*.jpeg"
  If ofd.ShowDialog() Then
    Try
      Dim fsread As New IO.FileStream(ofd.FileName, IO.FileMode.Open)
      Dim bytes(fsread.Length) As Byte
      fsread.Read(bytes, 0, fsread.Length)
      cmbTitle.SelectedItem!cover = bytes
      fsread.Close()
    Catch ex As Exception
      MsgBox(ex.Message)
    End Try
  End If
End Sub
```

Die vielleicht näher liegende Variante, direkt die `Source`-Eigenschaft des `Image`-Felds zu verändern, funktioniert dagegen nicht! Zwar wird das neu geladene Bild auch dann angezeigt, und das für immer. Die direkte Zuweisung an die `Source`-Eigenschaft löscht aber das `Data Binding` für dieses WPF-Element:

```
'So funktioniert's nicht!
Dim fsread As New IO.FileStream(ofd.FileName, IO.FileMode.Open)
Dim jpg As New JpegBitmapDecoder(fsread, BitmapCreateOptions.None, _
                                 BitmapCacheOption.OnLoad)
imgCover.Source = jpg.Frames(0)
fsread.Close()
```

31.3 Tabellenansicht

Kurioserweise gab es in den ersten beiden Versionen von WPF (WPF 3.0 in .NET 3.0 und WPF 3.5 in .NET 3.5) kein Steuerelement zur datengebundenen Tabellenansicht, das mit dem DataGridView aus Windows Forms vergleichbar war. Man musste sich behelfen mit Drittanbietern oder dem Einbinden das Windows Forms-DataGridView-Steuerelements in WPF-Anwendung. Beides hat Michael Kofler in der vorherigen Ausgabe dieses Buchs gezeigt. Inzwischen gibt es ein Steuerelement zur datengebundenen Tabellenansicht, das mit .NET 4.0 ausgeliefert wird (und etwas vorher schon als ein Add-On für .NET 3.x verfügbar war): `DataGrid`.

31.3.1 Automatisch generierte Spalten

Die folgende Bildschirmabbildung zeigt ein einfachstes Beispiel zum Einsatz des DataGrid-Steuerelements. Es gibt keine explizite Spaltendefinition, sondern das `DataGrid` zeigt alle Spalten der Datenquelle. Die Daten werden in ein untypisiertes Dataset eingelesen, und die Datentabelle wird über das Attribut `DataContext` dem Grid zugewiesen.

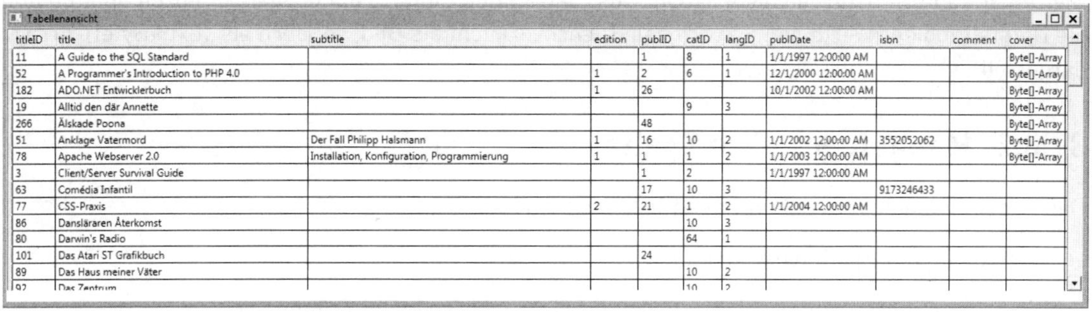
Tabellenansicht

titleID	title	subtitle	edition	publID	catID	langID	publDate	isbn	comment	cover
11	A Guide to the SQL Standard			1	8	1	1/1/1997 12:00:00 AM			Byte[]-Array
52	A Programmer's Introduction to PHP 4.0		1	2	6	1	12/1/2000 12:00:00 AM			Byte[]-Array
182	ADO.NET Entwicklerbuch		1	26			10/1/2002 12:00:00 AM			Byte[]-Array
19	Alltid den där Annette				9	3				Byte[]-Array
266	Älskade Poona			48						Byte[]-Array
51	Anklage Vatermord	Der Fall Philipp Halsmann	1	16	10	2	1/1/2002 12:00:00 AM	3552052062		Byte[]-Array
78	Apache Webserver 2.0	Installation, Konfiguration, Programmierung	1	1	1	2	1/1/2003 12:00:00 AM			Byte[]-Array
3	Client/Server Survival Guide			1	2		1/1/1997 12:00:00 AM			
63	Comédia Infantil			17	10	3		9173246433		
77	CSS-Praxis		2	21	1	2	1/1/2004 12:00:00 AM			
86	Dansläraren Återkomst				10	3				
80	Darwin's Radio				64	1				
101	Das Atari ST Grafikbuch			24						
89	Das Haus meiner Väter				10	2				
92	Das Zentrum				10	2				

Abbildung 31.2: Einsatz des DataGrid-Steuerelements mit automatisch erzeugten Spalten (AutomatischeSpalten.xaml)

```
<Window x:Class="MainWindow"
    xmlns="http://schemas.microsoft.com/winfx/2006/xaml/presentation"
    xmlns:x="http://schemas.microsoft.com/winfx/2006/xaml"
    Title="Tabellenansicht" Height="350" Width="1200">
    <StackPanel>
<DataGrid Name="Tabelle" ItemsSource="{Binding}" Height="300" AutoGenerateColumns="True" />
    </StackPanel>
</Window>
```

Listing 31.1: XAML-Code des Beispiels (AutomatischeSpalten.xaml)

```
    Private Sub MainWindow_Loaded(ByVal sender As Object, ByVal e As System.Windows.Rout-
edEventArgs) Handles Me.Loaded

        Dim conn As SqlConnection
        Dim ds As DataSet
        Dim titlesAdapter As SqlDataAdapter
        Dim titlesTable As DataTable

        ' Verbindungsaufbau
        conn = New SqlConnection("Data Source=.\SQLEXPRESS;AttachDbFilename=C:
\VB2010\mylibrary.mdf;Integrated Security=True;Connect Timeout=30;User Instance=True")
        conn.Open()
```

```
        ' Dataset befüllen
        ds = New DataSet("mydata")
        titlesTable = ds.Tables.Add("titles")
        titlesAdapter = New SqlDataAdapter("SELECT *  FROM titles ORDER BY title", conn)
        titlesAdapter.Fill(titlesTable)

        ' Tabelle an Grid übergeben
        Tabelle.DataContext = titlesTable

    End Sub
```

Listing 31.2: VB-Code des Beispiels (AutomatischeSpalten.xaml.vb)

Die Darstellung ist natürlich nicht schön, weil man keinen Einfluss auf die dargestellten Spalten und die Darstellung der Werte hat. So wird das Buchcover nicht als Bild, sondern als Text »Byte[]-Array« dargestellt.

31.3.2 Manuell erstellte Spalten

Das zweite Beispiel sieht schon wesentlich besser aus:

» Es sind nur vier Spalten dargestellt.

» Die Spaltenüberschriften weichen von den Spaltennamen in der Datenbank ab.

» Die Cover sind als Bilder dargestellt.

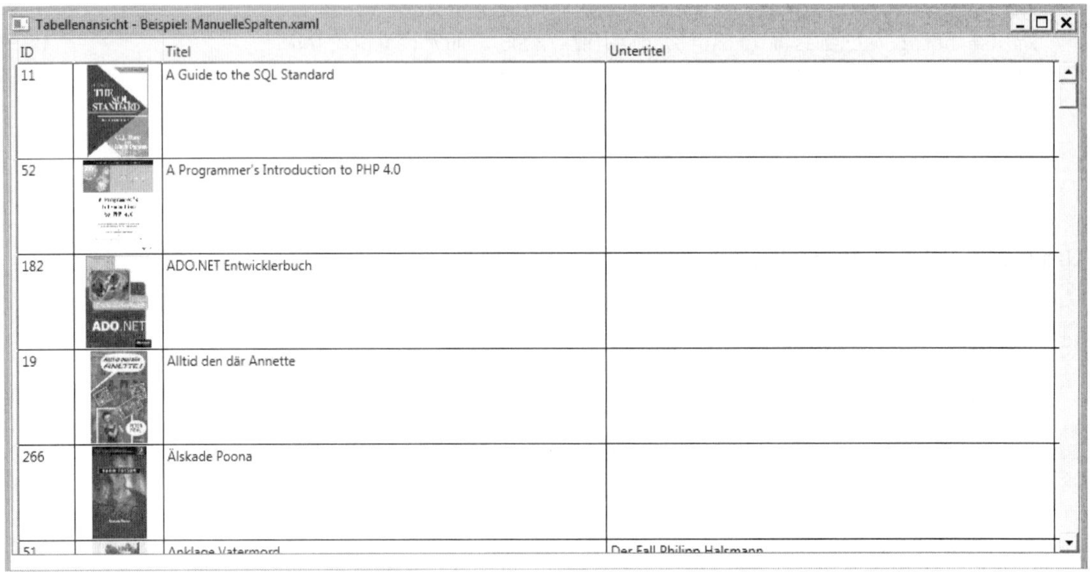

Abbildung 31.3: Einsatz des DataGrid-Steuerelements mit manuell erzeugten Spalten (ManuelleSpalten.xaml)

Zur Umsetzung seien einige Hinweise gegeben:

» Mit `AutoGenerateColumns="False"` verhindert man die automatische Darstellung. Dann muss man aber die Spalten einzeln anlegen.

» Die Textspalten legt man als `DataGridTextColumn` an.

» Für die Bildspalte braucht man eine `DataGridTemplateColumn`, die ein Image-Steuerelement enthält.

```
<Window x:Class="ManuelleSpalten"
    xmlns="http://schemas.microsoft.com/winfx/2006/xaml/presentation"
    xmlns:x="http://schemas.microsoft.com/winfx/2006/xaml"
         xmlns:my="clr-namespace:WPFAnwendung"
    Title="Tabellenansicht - Beispiel: ManuelleSpalten.xaml" Height="500" Width="975">

    <StackPanel>
            <DataGrid Name="Tabelle" ItemsSource="{Binding}" AutoGenerateColumns="false"
             Height="450" >
            <DataGrid.Columns>
                <!--Spaltendefinitionen -->
                <DataGridTextColumn  Width="50" Header="ID" Binding="{Binding Path=titleID}" />
                <DataGridTemplateColumn Width="80">
                    <!--Bild-Spalte -->
                    <DataGridTemplateColumn.CellTemplate>
                        <DataTemplate>
                            <Image Width="80" Height="80" Source="{Binding Path=cover}"></
                             Image>
                        </DataTemplate>
                    </DataGridTemplateColumn.CellTemplate>
                </DataGridTemplateColumn>
                <DataGridTextColumn  Width="400" Header="Titel" Binding="{Binding
Path=title}"/>
                <DataGridTextColumn  Width="400" Header="Untertitel" Binding="{Binding
Path=subtitle}"/>
            </DataGrid.Columns>
        </DataGrid>
    </StackPanel>
</Window>
```

Listing 31.3: XAML-Code des Beispiels (ManuelleSpalten.xaml)

Der VB-Code ist identisch zum vorherigen Beispiel.

```
Imports System.Data
Imports System.Data.SqlClient

Class ManuelleSpalten

    Private Sub MainWindow_Loaded(ByVal sender As Object, ByVal e As System.Windows.Rout-
edEventArgs) Handles Me.Loaded

        Dim conn As SqlConnection
        Dim ds As DataSet
        Dim titlesAdapter As SqlDataAdapter
        Dim titlesTable As DataTable

        ' Verbindungsaufbau
        conn = New SqlConnection("Data Source=.\SQLEXPRESS;AttachDbFilename=C:\VB2010\
mylibrary.mdf;Integrated Security=True;Connect Timeout=30;User Instance=True")
        conn.Open()

        ' Dataset befüllen
        ds = New DataSet("mydata")
        titlesTable = ds.Tables.Add("titles")
        titlesAdapter = New SqlDataAdapter("SELECT *  FROM titles ORDER BY title", conn)
        titlesAdapter.Fill(titlesTable)

        ' Tabelle an Grid übergeben
        Tabelle.DataContext = titlesTable

    End Sub
End Class
```

Listing 31.4: VB-Code des Beispiels

Zum Anlegen der Spaltendefinition kann man den WPF-Auflisting-Editor zur Hilfe unterstützend verwenden (siehe Abbildung). Allerdings kann er natürlich keine gute Unterstützung für die Definition der Datenbindungen bieten, wenn die Datenquelle – wie in den bisherigen Beispielen – untypisiert ist.

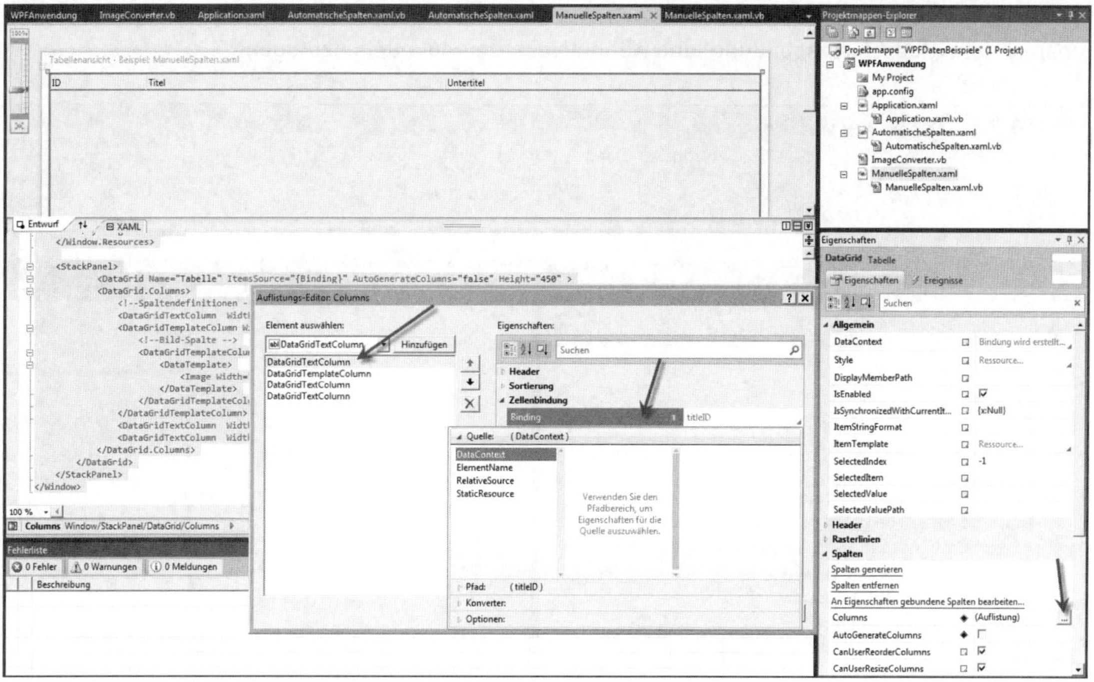

Abbildung 31.4: Bearbeitung der Datenbindung im WPF-Auflisting-Editor bei einer untypisierten Datenquelle

31.4 Datenbindung an typisierte Datenquellen mit Unterstützung durch Visual Studio

Als typisierte Datenquelle kann man ein typisiertes Dataset oder Entity Framework-Objekte verwenden. Mit typisierten Datenquellen bietet Visual Studio 2010 auch Unterstützung für Drag&Drop der Datenquellen auf ein Formular. Microsoft nennt diese Unterstützung die »Visual Data Tools«. Visual Data Tools gab es schon seit Visual Studio 2005 für Windows Forms. WPF-Nutzer mussten auf Visual Studio 2010 warten.

Vor Beginn ist ein Entity Framework-Modell direkt im WPF-Projekt anzulegen oder durch einen Verweis auf eine Klassenbibliothek zu binden. Um das im Kapitel »ADO.NET Entity Framework« in der Klassenbibliothek »EFModell« erstellte Modell anzubinden, sind folgende Schritte notwendig:

» Erzeugen einer Referenz auf System.Data.Entity.dll

» Erzeugen einer Referenz auf das Projekt EFModell.vbproj

» Kopieren der ganzen Konfigurationsdatei aus EFModell.vbproj in das WPF-Projekt (zumindest aber der Verbindungszeichenfolge des Entity Framework-Modells)

» Nun sollte man das WPF-Projekt einmal erfolgreich kompilieren.

Nun kann man die Datenquelle einbinden in Visual Studio. Zunächst öffnet man das Datenquellenfenster (siehe Bildschirmabbildung) und wählt »Neue Datenquelle hinzufügen«.

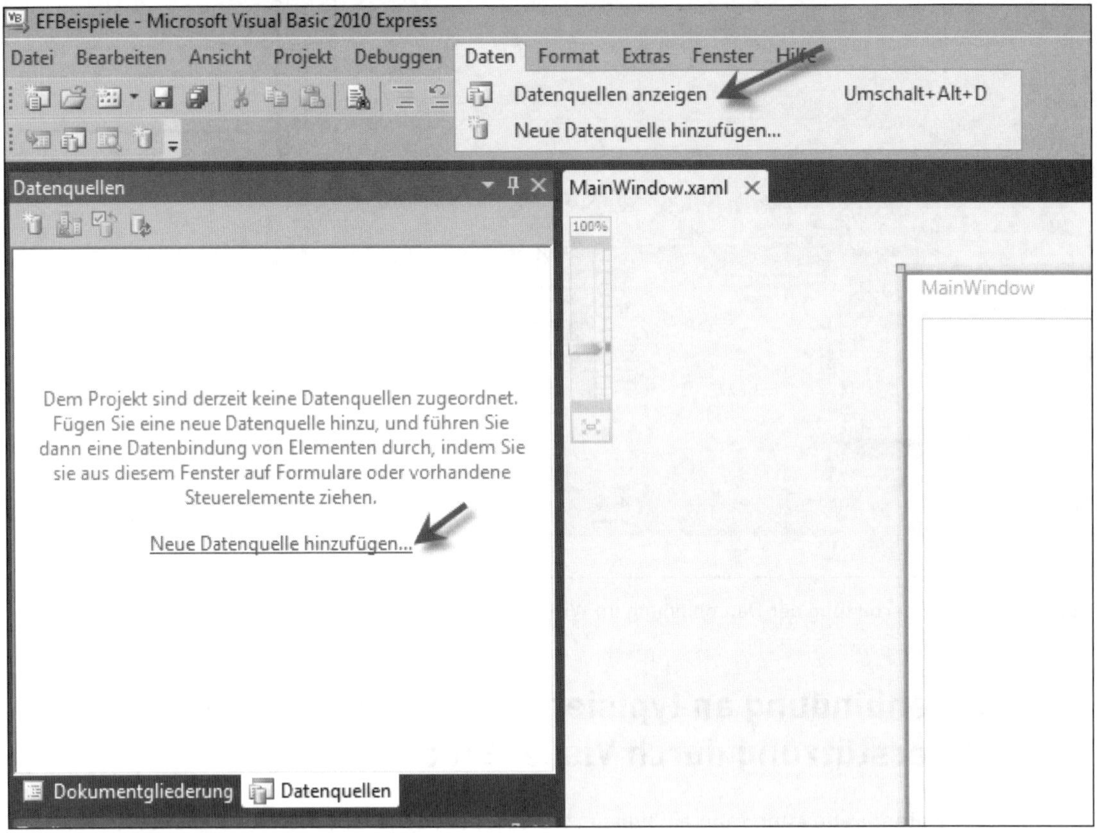

Abbildung 31.5: Öffnen des Datenquellenfensters

Im nächsten Schritt wählt man dann »Objekt«. Dies gilt für Entity Framework-Objekte. »Datenbank« führt zum Assistenten für typisierte Datasets (siehe Kapitel »Typisierte Datasets«), und mit »Dienst« kommt man zum Assistenten für das Anlegen von Proxy-Objekten für Webservices (in diesem Buch nicht behandelt).

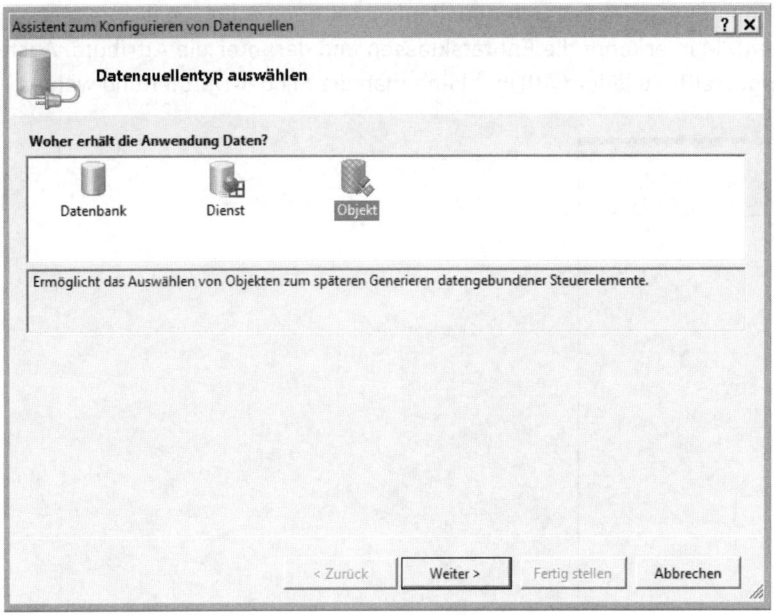

Abbildung 31.6: Auswahl des Datenquellentyps

Der Assistent fragt dann, welche Klassen in dem Datenquellenfenster angeboten werden sollen. Hier sind es die Entitätsklassen aus EFModell.

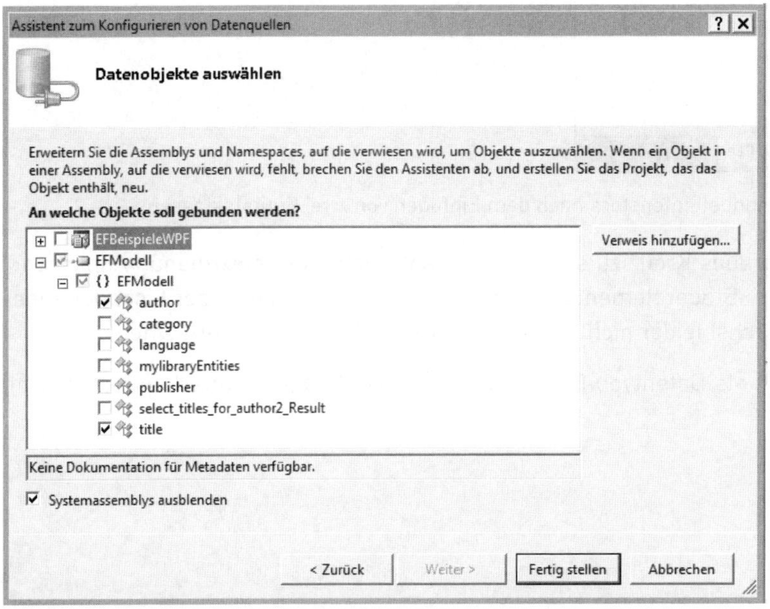

Abbildung 31.7: Auswahl der Entitätsklassen

Nach Auswahl von »author« und »title« sollte das Datenquellenfenster nun so aussehen, wie man es in der Bildschirmabbildung sieht. Man erkennt die Entitätsklassen und darunter die Attribute. Auch die Verknüpfungen werden dargestellt. Zu jedem Attribut kann man die Art der Darstellung wählen.

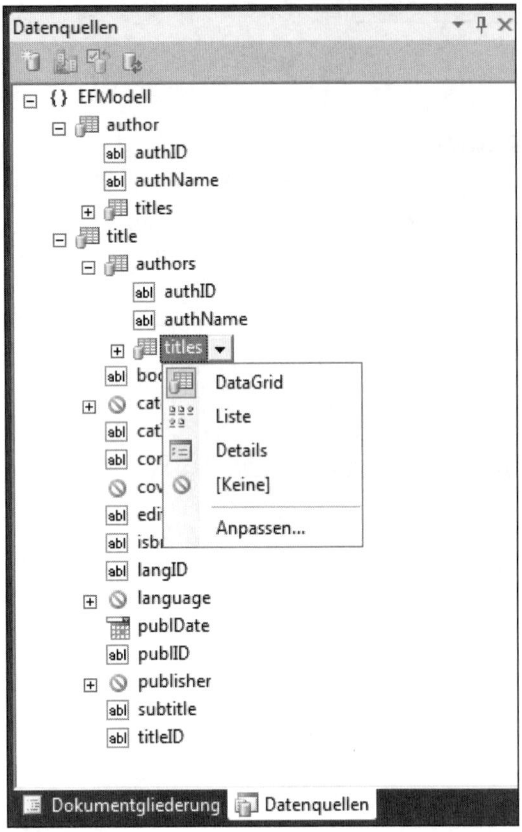

Abbildung 31.8: Zustand des Datenquellenfensters nach dem Einfügen von zwei Entitätsklassen

Bei »cover« ist zunächst ein graues Kreuz zu sehen. Hier wählt man im Kontextmenü »Anpassen«. Man kommt dann zum Fenster »Steuerelementbindung anpassen«. Sie finden in der Liste der zugeordneten Steuerelemente zunächst leider nicht das hier sinnvolle »Image«-Steuerelement.

Es gibt einen Trick: Man wählt als Datentyp »Bild« und dann dort »Image«. Danach wird Image zu »cover« angezeigt.

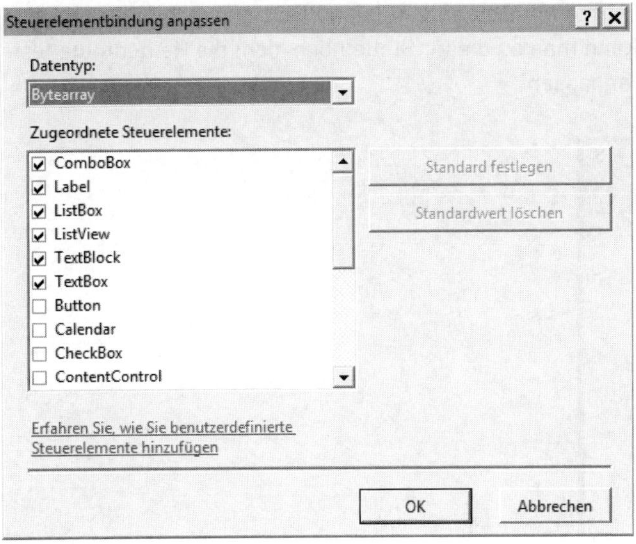

Abbildung 31.9: Anpassen der Steuerelemente für die Datenquelle

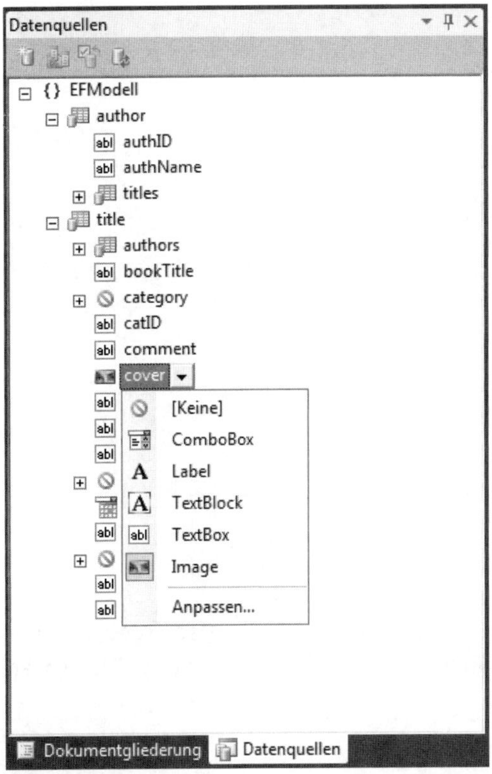

Abbildung 31.10: Auswahl »Image« für »cover«

Nun deaktivieren Sie alle Attribute, die man nicht anzeigen will (siehe Bildschirmabbildung). Beim Ast »title« wählen Sie »DataGrid«. Leider kann man an dieser Stelle noch nicht die Reihenfolge festlegen. Dies muss man später im DataGrid anpassen.

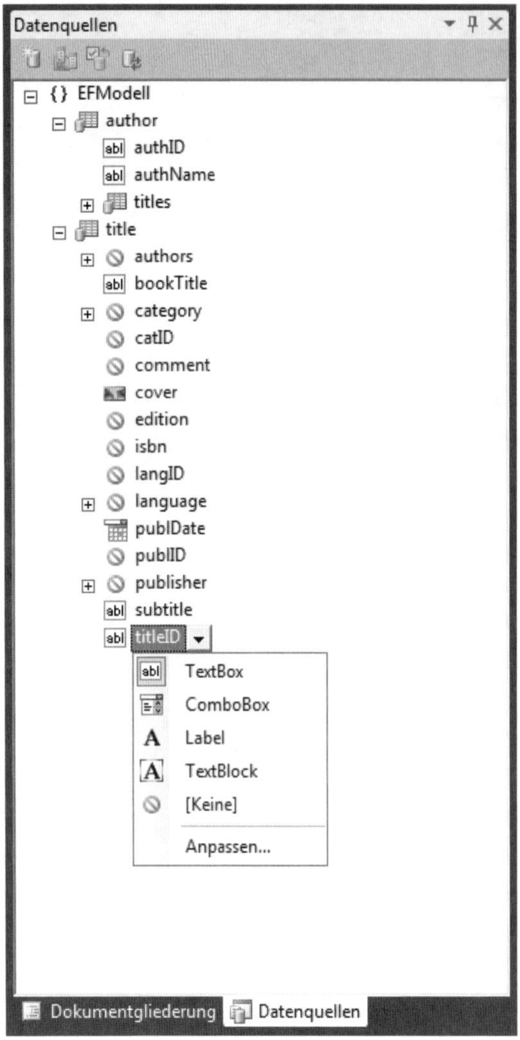

Abbildung 31.11: Deaktivierung der nicht erwünschten Spalten

Jetzt zieht man den Ast »title« an die gewünschte Stelle in einem WPF-Formular. Das Ergebnis sollte so aussehen wie in der Bildschirmabbildung. Es ist eine Tabelle mit den fünf Spalten bookTitle, cover, publDate, subtitle und titleID entstanden.

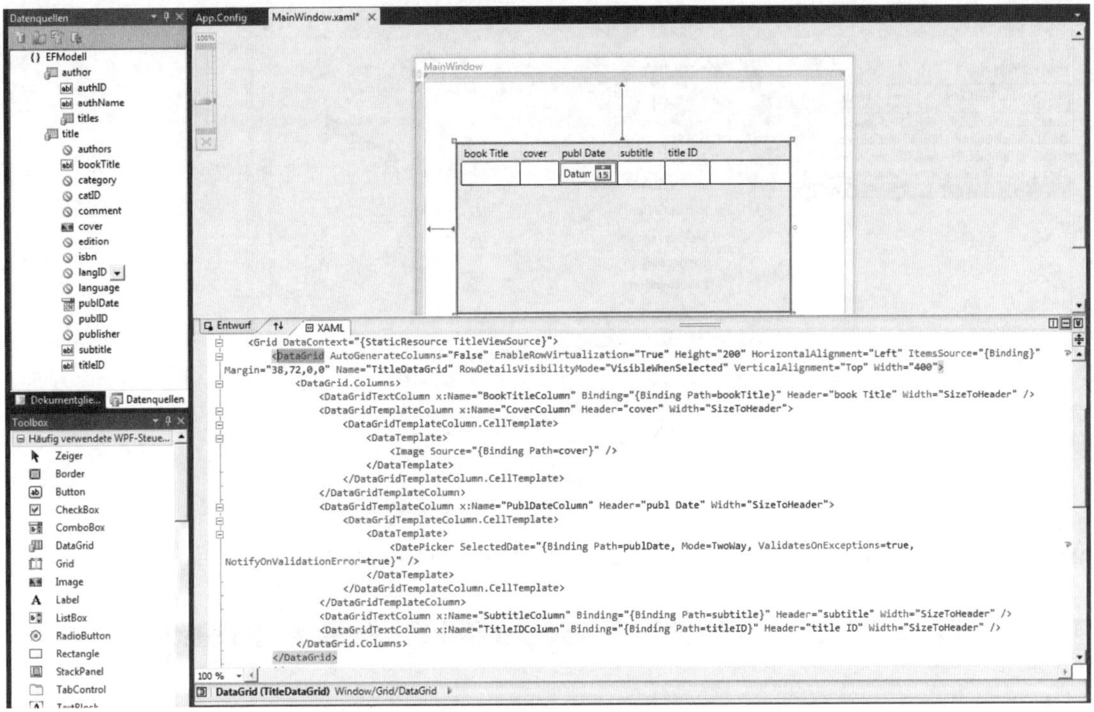

Abbildung 31.12: Zustand des WPF-Fensters nach Drag&Drop von »title« aus dem Datenquellenfenster

Hier lohnt es sich jetzt, im Eigenschaftsfenster auf die Schaltfläche »...« neben »Columns« zu klicken, um die Reihenfolge und weitere Eigenschaften (z.B. Spaltenüberschriften und Spaltenbreiten) zu bearbeiten.

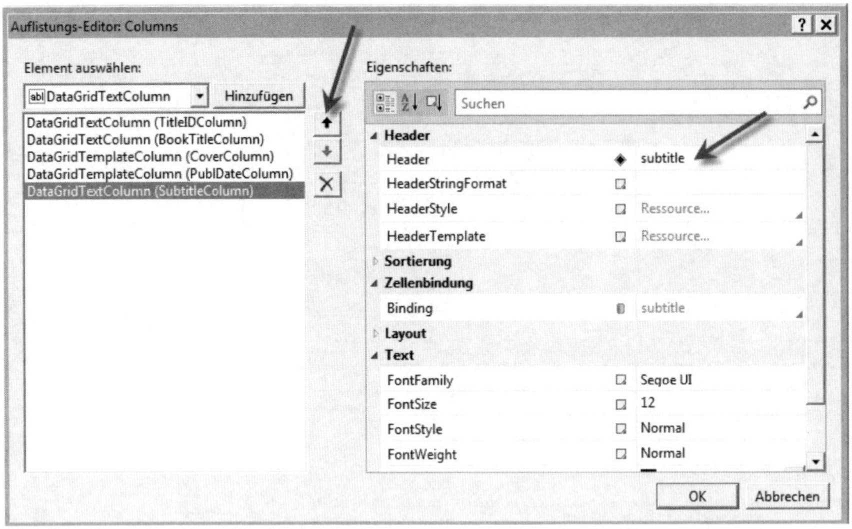

Abbildung 31.13: Änderung der Spaltenreihenfolge und der Spaltenüberschriften

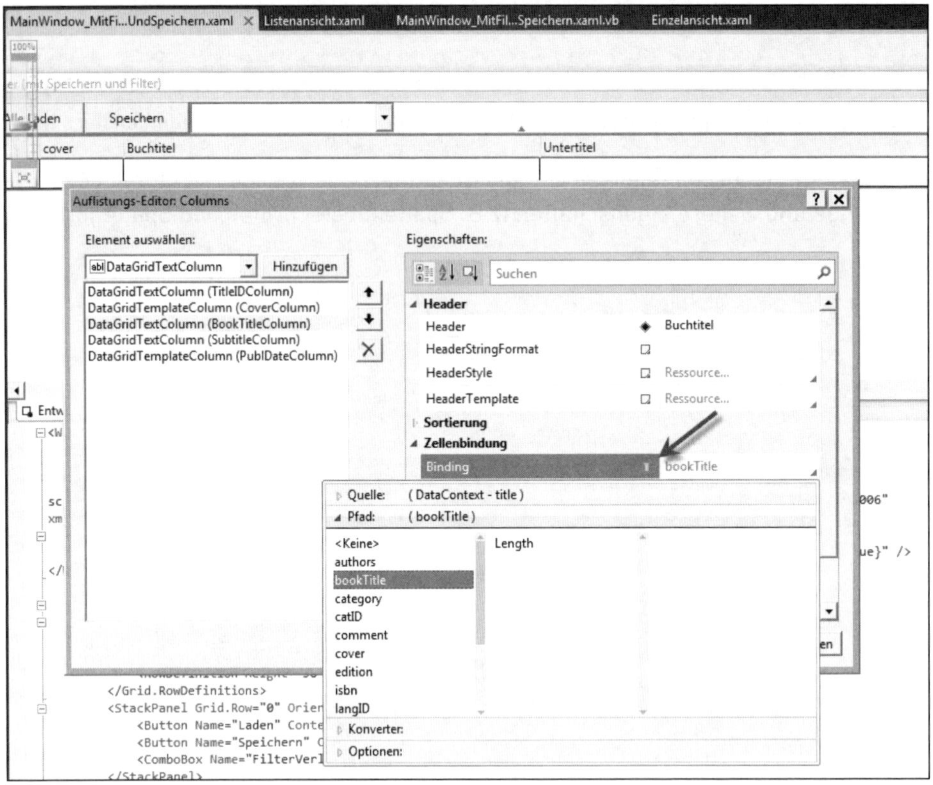

Abbildung 31.14: Auch die Datenbindungen kann man hier komfortabel anpassen.

Leider legt Visual Studio 2010 bei der Drag&Drop-Operation eine bestimmte Position und Größe des DataGrid-Steuerelements fest. Diese sollte man nun anpassen durch Änderung von Margin, Height und Width im `DataGrid`-Steuerelemente (entweder über das »Eigenschaften«-Fenster oder manuell im XAML-Code).

Wenn wir nun die Anwendung starten, sieht man aber leider erst mal nichts. Man muss den Programmcode zum Abholen der Daten noch einfügen.

Visual Studio hat dafür aber in der Code-Behind-Datei des Fensters (MainWindows.xaml.vb) einen Platzhalter-Kommentar vorgesehen:

```
'Laden Sie Daten durch Festlegen der CollectionViewSource.Source-Eigenschaft:
'TitleViewSource.Source = [generische Datenquelle]
```

Hier trägt man nun ein:

```
'Laden Sie Daten durch Festlegen der CollectionViewSource.Source-Eigenschaft:
Dim kontext As New EFModell.mylibraryEntities()
Dim query = From t In kontext.titles Select t
TitleViewSource.Source = query
```

Das Ergebnis sieht man in der folgenden Bildschirmabbildung.

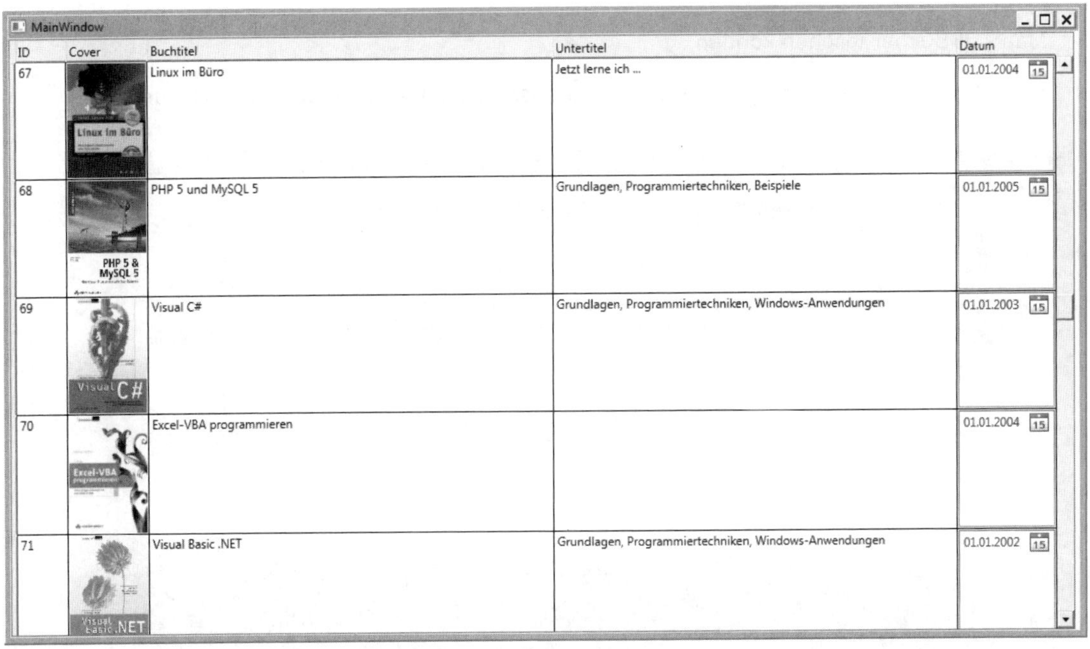

Abbildung 31.15: Anzeige des Beispiels

> **HINWEIS**
>
> Wenn Sie darauf verzichten, für das Entity Framework-Modell ein eigenes Projekt anzulegen, sondern vielmehr das Entity Framework-Modell direkt in dem WPF-Anwendungsprojekt anlegen, ist das Verhalten in einigen Punkten etwas anders:
>
> » Die Entity Framework-Entitätsklassen werden automatisch in Datenquellenfenster angezeigt.
>
> » Das Symbol des Hauptasts sieht etwas anders aus. Statt der zwei geschweiften Klammern zeigt es eine Datenbank in Gelb mit einem darüber liegenden grauen Objektmodell. Im Kontextmenü gibt es den Eintrag »Datenquelle mit Assistent konfigurieren«, der Sie direkt zu dem Entity Framework-Assistenten führt.
>
> » Bei der Drag&Drop-Operation wird Programmcode zum Abholen der Daten automatisch in der Code-Behind-Datei hinterlegt.

31.5 Filtern und Speichern

Das Beispiel soll nun weitere Funktionen erhalten:

» Die Daten sollen erst auf Anforderung durch einen Klick auf eine Schaltfläche geladen werden.

» Es soll einen Filter nach Verlagen geben.

» Man soll Änderungen an Titel, Untertitel und Termin speichern können.

» Man soll neue Bücher speichern können.

» Man soll Bücher löschen können.

» Eine Statusleiste unten zeigt an, wie viele Datensätze geladen bzw. gespeichert wurden.

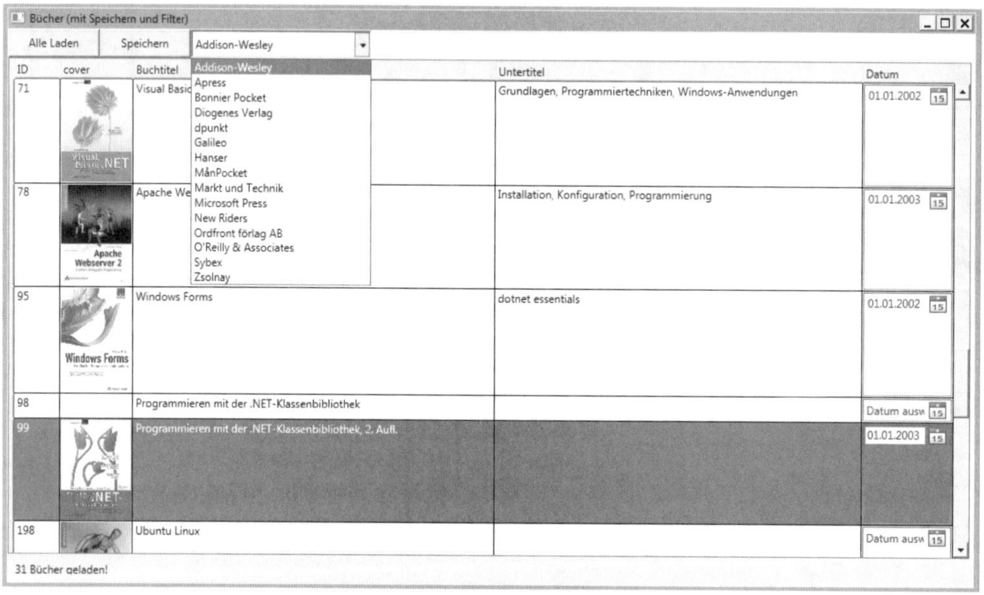

Abbildung 31.16: Erweitertes Beispiel

Nachstehend zuerst der XAML-Code. Die grundsätzliche Aufteilung des Bildschirms erfolgt durch ein `Grid`-Steuerelement mit drei Zeilen. Die oberste Zeile enthält die Befehlsleiste, in der die Schaltflächen und das Auswahlfeld durch ein Stackpanel angeordnet sind. Die Mitte enthält das `DataGrid`-Steuerelement. Die Fußzeile ist eine `StatusBar` mit einem `Label`.

```
<Window x:Class="MainWindow_MitFilterUndSpeichern.xaml"
    xmlns="http://schemas.microsoft.com/winfx/2006/xaml/presentation"
    xmlns:x="http://schemas.microsoft.com/winfx/2006/xaml"
    Title="Bücher (mit Speichern und Filter)" Height="350" Width="1075" mc:Ignorable="d"
xmlns:d="http://schemas.microsoft.com/expression/blend/2008" xmlns:mc="http://schemas.openxm-
lformats.org/markup-compatibility/2006" xmlns:my="clr-namespace:EFModell;assembly=EFModell">
    <Window.Resources>
        <CollectionViewSource x:Key="TitleViewSource" d:DesignSource="{d:DesignInstance
my:title, CreateList=True}" />
</Window.Resources>

    <Grid DataContext="{StaticResource TitleViewSource}">
        <Grid.RowDefinitions>
            <RowDefinition Height="30" />
            <RowDefinition />
            <RowDefinition Height="30" />
        </Grid.RowDefinitions>
        <StackPanel Grid.Row="0" Orientation="Horizontal">
            <Button Name="Laden" Content="Alle Laden" Width="100"></Button>
            <Button Name="Speichern" Content="Speichern" Width="100"></Button>
            <ComboBox Name="FilterVerlage" Width="200"></ComboBox>
        </StackPanel>
            <DataGrid Grid.Row="1" AutoGenerateColumns="False" EnableRowVirtualization="True
"  HorizontalAlignment="Left" ItemsSource="{Binding}"  Name="TitleDataGrid"
 RowDetailsVisibilityMode="VisibleWhenSelected" VerticalAlignment="Top" >
            <DataGrid.Columns>
                <DataGridTextColumn x:Name="TitleIDColumn" Binding="{Binding Path=titleID}"
                 Header="ID" Width="50" />
                <DataGridTemplateColumn x:Name="CoverColumn" Header="cover" Width="80">
                    <DataGridTemplateColumn.CellTemplate>
                        <DataTemplate>
                            <Image Source="{Binding Path=cover}" />
                        </DataTemplate>
                    </DataGridTemplateColumn.CellTemplate>
                </DataGridTemplateColumn>
                <DataGridTextColumn x:Name="BookTitleColumn" Binding="{Binding
                 Path=bookTitle}" Header="Buchtitel" Width="400" />
                <DataGridTextColumn x:Name="SubtitleColumn" Binding="{Binding Path=subtitle}"
                 Header="Untertitel" Width="400" />
                <DataGridTemplateColumn x:Name="PublDateColumn" Header="Datum" Width="100">
                    <DataGridTemplateColumn.CellTemplate>
                        <DataTemplate>
                            <DatePicker SelectedDate="{Binding Path=publDate, Mode=TwoWay,
ValidatesOnExceptions=true, NotifyOnValidationError=true}" />
```

```
                    </DataTemplate>
                </DataGridTemplateColumn.CellTemplate>
            </DataGridTemplateColumn>
        </DataGrid.Columns>
    </DataGrid>

    <StatusBar Grid.Row="2">
        <Label Name="Status" Width="900"></Label>

    </StatusBar>
  </Grid>
</Window>
```

Listing 31.5: MainWindow_MitFilterUndSpeichern.xaml

Der Programmcode hat sich etwas verändert:

» Das Entity Framework-Kontextobjekt ist nun eine Mitgliedsvariable auf Objektebene statt einer lokalen Variablen. Das ermöglicht dem Kontext, während der ganzen Lebenszeit des Fensters alle Änderungen mitzuverfolgen. Somit reicht beim Klick auf »Speichern« ein `SaveChanges()` auf dem Kontext, um die geänderten und die neuen Datensätze sowie die Löschungen zur Datenbank zu übermitteln.

» Für das Filtern wird einfach eine `Where`-Bedingungen eingefügt in die LINQ-to-Entities-Abfrage.

```
Class MainWindow_MitFilterUndSpeichern
    Dim kontext As New EFModell.mylibraryEntities()

    Dim TitleViewSource As System.Windows.Data.CollectionViewSource
    Private Sub Window_Loaded(ByVal sender As System.Object,
    ByVal e As System.Windows.RoutedEventArgs) Handles MyBase.Loaded
        TitleViewSource = CType(Me.FindResource("TitleViewSource"),
        System.Windows.Data.CollectionViewSource)
        ' Verlage laden
        Dim query2 = From v In kontext.publishers Select v.publName
        FilterVerlage.ItemsSource = query2
        Status.Content = query2.Count() & " Verlage geladen!"
    End Sub

    Private Sub FilterVerlage_SelectionChanged(ByVal sender As System.Object, ByVal e As
    System.Windows.Controls.SelectionChangedEventArgs) Handles FilterVerlage.SelectionChanged
        ' Bücher laden - gefiltert
        Dim Verlag As String = FilterVerlage.SelectedValue
        Dim query1 = From t In kontext.titles Where t.publisher.publName = Verlag Select t
        TitleViewSource.Source = query1
        Status.Content = query1.Count() & " Bücher geladen!"
    End Sub

    Private Sub Laden_Click(ByVal sender As System.Object,
    ByVal e As System.Windows.RoutedEventArgs) Handles Laden.Click
```

```
        ' Bücher laden - alle
        Dim query1 = From t In kontext.titles Select t
        TitleViewSource.Source = query1
        FilterVerlage.SelectedItem = Nothing
        Status.Content = query1.Count() & " Bücher geladen!"
    End Sub

    Private Sub Speichern_Click(ByVal sender As System.Object, ByVal e As System.Windows.
    RoutedEventArgs) Handles Speichern.Click
        ' Bücher speichern
        Dim anz As Long = kontext.SaveChanges()
        Dim s As String = anz & " Bücher wurden gespeichert!"
        Status.Content = s
        MessageBox.Show(s, "Speichern erfolgreich")
    End Sub
End Class
```

Listing 31.6: MainWindow_MitFilterUndSpeichern.xaml.vb

HINWEIS

Das direkte Zusammenspiel zwischen WPF und dem Entity Framework ist der einfachste Fall. Direktes Zusammenspiel heißt, dass das WPF-Fenster eine Instanz der Entity Framework-Kontextklasse besitzt und direkt Abfragen und Speicheroperationen auf dieser ausführt. Komplexer wird es, wenn man mehrschichtig arbeiten will, d.h., eine eigene (wiederverwendbare) Geschäftslogik- bzw. Datenzugriffsbibliothek entwickeln will. Dann muss man alle Aktionen im DataGrid in entsprechende Methodenaufrufe umsetzen. Noch komplexer wird es, wenn der Client physikalisch durch einen Application Server von der Datenbank abgetrennt ist und der Client nur über Webservices mit dem Application Server kommunizieren kann. Diese Szenarien liegen per Definition des Verlags Addison-Wesley außerhalb der Betrachtung dieses Buchs. Hierzu sei Ihnen folgendes Buch empfohlen: Dr. Holger Schwichtenberg: .NET 4.0 Crashkurs, Microsoft Press, 2010.

31.6 Master-Detail-Darstellung

Unter Master-Detail-Darstellung wird die Darstellung von zwei verbundenen Tabellen in einem Formular verstanden. Die Visual Studio 2010-Werkzeuge für WPF in Verbindung mit dem ADO.NET Enitity Framework bietet hier eine Unterstützung an. Der Baum der Datenquelle im Datenquellenfenster zeigt die verbundenen Entitäten an, sofern im Modell eine Verbindung vorhandenen ist. Eine solche Verbindung im Modell entsteht entweder automatisch auf Basis der vorhandenen Fremdschlüsselbeziehungen oder aber manuell durch den Entwickler.

31.6.1 Zielsetzung

Zielsetzung ist die Entwicklung der in der nachfolgenden Bildschirmabbildung gezeigten Datenansicht, in der man einen Autor mit seinen Buchtiteln sieht. Zur Navigation in der Autorenmenge gibt es vier Schaltflächen (Erster, Vorherige, Nächster, Letzter) sowie eine Suchfunktion, die über den Autorennamen sucht (Teilstringsuche, ohne dabei zwischen Groß- und Kleinschreibung zu unterscheiden). Unten auf dem Bildschirm sieht man eine Statusleiste.

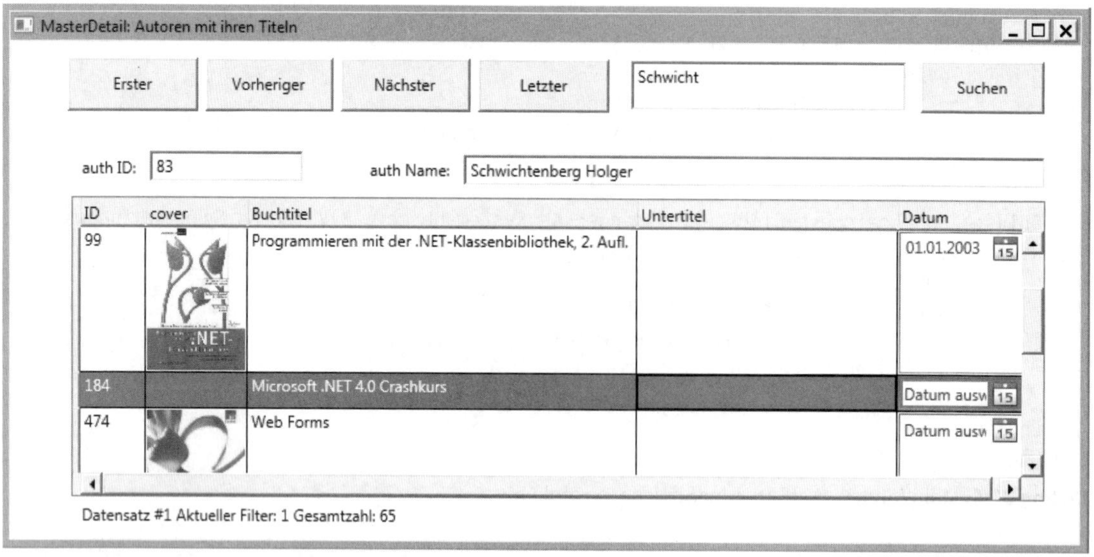

Abbildung 31.17: Beispiel MasterDetail.xaml

31.6.2 XAML-Code

Die obige Anzeigemaske legt man in folgenden Schritten an:

» Wie zuvor beschrieben bindet man das Entity Framework-Modell in das Datenquellenfenster ein.

» Man legt ein neues WPF-Fenster an.

» Zunächst einmal erstellt man die Befehlsleiste mit fünf Schaltflächen und einer Textbox.

» Dann zieht man aus dem Datenquellenfenster die Attribute `authID` und `authName` auf das Fenster. Es entstehen dadurch jeweils ein `Label`-Steuerelement und ein `TextBox`-Steuerelemente eingebettet in ein `Grid`-Steuerelement, das die Anordnung steuert.

» Die Text in den `Label`-Steuerelementen ändert man im Eigenschaftenfenster (`Content`-Attribut).

» Dann zieht man aus dem Datenquellenfenster den Ast »titles« unter »autor« (siehe Bildschirmabbildung) ebenfalls auf das Formular. Es entsteht ein `DataGrid`-Steuerelement. Die Verknüpfung zwischen Autor und seinen Titel wird automatisch erstellt.

» Nun kann man die in der Tabelle anzuzeigenden Spalten konfigurieren wie in den vorherigen Beispielen.

» Zum Schluss erstellt man noch ein Label unterhalb der Tabelle.

Der WPF-Designer hat zwei `CollectionViewSource`-Elemente im XAML-Code angelegt, jeweils eins für die Autoren und eins für die Titel.

```
<Window x:Class="MasterDetail"
    xmlns="http://schemas.microsoft.com/winfx/2006/xaml/presentation"
    xmlns:x="http://schemas.microsoft.com/winfx/2006/xaml"
    Title="MasterDetail: Autoren mit ihren Titeln" Height="411" Width="840" mc:Ignorable="d"
xmlns:d="http://schemas.microsoft.com/expression/blend/2008" xmlns:mc="http://schemas.openxm-
lformats.org/markup-compatibility/2006" xmlns:my="clr-namespace:EFModell;assembly=EFModell">
    <Window.Resources>
        <CollectionViewSource x:Key="AuthorViewSource" d:DesignSource="{d:DesignInstance
my:author, CreateList=True}" />
        <CollectionViewSource x:Key="AuthortitlesViewSource" Source="{Binding Path=titles,
Source={StaticResource AuthorViewSource}}" />
    </Window.Resources>
    <Grid DataContext="{StaticResource AuthortitlesViewSource}">
        <Grid.RowDefinitions>
            <RowDefinition Height="65*" />
            <RowDefinition Height="284*" />
        </Grid.RowDefinitions>
        <Grid DataContext="{StaticResource AuthorViewSource}" HorizontalAlignment="Left"
Margin="47,9,0,0" Name="Grid1" VerticalAlignment="Top" Grid.Row="1">
            <Grid.ColumnDefinitions>
                <ColumnDefinition Width="18" />
                <ColumnDefinition Width="20" />
                <ColumnDefinition Width="19" />
                <ColumnDefinition Width="Auto" />
            </Grid.ColumnDefinitions>
            <Grid.RowDefinitions>
                <RowDefinition Height="29" />
                <RowDefinition Height="3" />
            </Grid.RowDefinitions>
            <Label Content="Autor-ID:" HorizontalAlignment="Left" Margin="3,3,0,0"
VerticalAlignment="Center" Grid.ColumnSpan="4" Width="63" />
            <TextBox Grid.Column="3" Height="23" HorizontalAlignment="Left" Margin="15,4,0,2"
Name="AuthIDTextBox" Text="{Binding Path=authID, Mode=TwoWay, ValidatesOnExceptions=true,
NotifyOnValidationError=true}" VerticalAlignment="Center" Width="108" />
        </Grid>
        <Grid DataContext="{StaticResource AuthorViewSource}" HorizontalAlignment="Left"
Margin="271,10,0,0" Name="Grid2" VerticalAlignment="Top" Grid.Row="1">
            <Grid.ColumnDefinitions>
                <ColumnDefinition Width="Auto" />
                <ColumnDefinition Width="Auto" />
            </Grid.ColumnDefinitions>
            <Grid.RowDefinitions>
                <RowDefinition Height="Auto" />
            </Grid.RowDefinitions>
            <Label Content="Autorname:" Grid.Column="0" Grid.Row="0"
HorizontalAlignment="Left" Margin="3" VerticalAlignment="Center" />
            <TextBox Grid.Column="1" Height="23" HorizontalAlignment="Left" Margin="3,3,0,3"
Name="AuthNameTextBox" Text="{Binding Path=authName, Mode=TwoWay, ValidatesOnExceptions=true,
NotifyOnValidationError=true}" VerticalAlignment="Center" Width="446" />
```

```
        </Grid>
        <DataGrid AutoGenerateColumns="False" EnableRowVirtualization="True" Height="225"
HorizontalAlignment="Left" ItemsSource="{Binding}" Margin="47,47,0,0" Name="TitlesDataGrid"
RowDetailsVisibilityMode="VisibleWhenSelected" VerticalAlignment="Top" Width="750" Grid.
Row="1">
            <DataGrid.Columns>
                <DataGridTextColumn x:Name="TitleIDColumn" Binding="{Binding Path=titleID}"
                 Header="ID" Width="50" />
                <DataGridTemplateColumn x:Name="CoverColumn" Header="Cover" Width="80">
                    <DataGridTemplateColumn.CellTemplate>
                        <DataTemplate>
                            <Image Source="{Binding Path=cover}" />
                        </DataTemplate>
                    </DataGridTemplateColumn.CellTemplate>
                </DataGridTemplateColumn>
                <DataGridTextColumn x:Name="BookTitleColumn" Binding="{Binding
                 Path=bookTitle}" Header="Buchtitel" Width="300" />
                <DataGridTextColumn x:Name="SubtitleColumn" Binding="{Binding Path=subtitle}"
                 Header="Untertitel" Width="200" />
                <DataGridTemplateColumn x:Name="PublDateColumn" Header="Datum" Width="100">
                    <DataGridTemplateColumn.CellTemplate>
                        <DataTemplate>
                            <DatePicker SelectedDate="{Binding Path=publDate, Mode=TwoWay,
                             ValidatesOnExceptions=true, NotifyOnValidationError=true}" />
                        </DataTemplate>
                    </DataGridTemplateColumn.CellTemplate>
                </DataGridTemplateColumn>
            </DataGrid.Columns>
        </DataGrid>
        <Button Content="Erster" Height="40" HorizontalAlignment="Left" Margin="44,12,0,0"
Name="C_Erster" VerticalAlignment="Top" Width="100" />
        <Button Content="Vorheriger" Height="40" HorizontalAlignment="Left" Margin="150,12,0,0"
Name="C_Vorheriger" VerticalAlignment="Top" Width="100" />
        <Button Content="Nächster" Height="40" HorizontalAlignment="Left" Margin="256,12,0,0"
Name="C_Naechster" VerticalAlignment="Top" Width="100" />
        <Button Content="Letzter" Height="40" HorizontalAlignment="Left" Margin="362,12,0,0"
Name="C_Letzter" VerticalAlignment="Top" Width="100" />
        <TextBox Height="37" HorizontalAlignment="Left" Margin="479,13,0,0" Name="C_Suchtext"
VerticalAlignment="Top" Width="211" />
        <Button Content="Suchen" Height="39" HorizontalAlignment="Left" Margin="701,12,0,0"
Name="C_Suche" VerticalAlignment="Top" Width="95" />
        <Label Content="Status"  Height="31" HorizontalAlignment="Left" Margin="50,272,0,0"
Name="C_Status" VerticalAlignment="Top" Width="746" Grid.Row="1" />
    </Grid>
</Window>
```

Listing 31.7: MasterDetailv1.xaml

31.6.3 Programmcode

Da es für WPF (anders als für Windows Forms) noch keinen BindingNavigator (von Microsoft) gibt, muss man diese Funktion selbst implementieren.

Folgende Variablen auf Formularebene werden dazu benötigt:

```
Public AktuellePos As Integer = 0 ' Aktuelle Position
Public AktuellerAutor As EFModell.author ' Autor an aktueller Position
```

Für die Filterfunktion braucht man:

```
Public ListeAlle As SortedList(Of String, EFModell.author) ' Alle Autoren
Public ListeFilter As SortedList(Of String, EFModell.author) ' Aktueller Filter
```

Beim Laden des Formulars erzeugt man einen Entity Framework-Objektkontext, der zum Laden aller Autoren verwendet wird. Da die Autoren alphabetisch angezeigt werden sollen, wandelt man das Abfrageergebnis in eine `SortedList` mit `String` als `Key` und `author` als `Value` um. Da das Entity Framework nicht direkt die Möglichkeit anbietet, eine SortedList aus einer Abfrage zu gewinnen, muss man den Umweg über ein Dictionary-Objekt gehen.

```
    Private Sub Window_Loaded(ByVal sender As System.Object, ByVal e As System.Windows.Rout-
edEventArgs) Handles MyBase.Loaded
        ' Daten aus Datenbank holen
        Dim kontext As New EFModell.mylibraryEntities()
        Dim query = From a In kontext.authors Select a
        ' Speichern nicht erforderlich, daher Change Tracking abschalten --> schneller!
        kontext.authors.MergeOption = MergeOption.NoTracking
        ' In eine sortierte Liste umwandeln
        ListeAlle = New SortedList(Of String, EFModell.author)(query.ToDictionary(Function(a)
a.authName, Function(a) a))
        ' Beim Start kein Filter
        ListeFilter = ListeAlle
        ' Ersten Datensatz anzeigen
        ZeigeAutor(0)
    End Sub
```

Listing 31.8: Ausschnitt aus MasterDetailv1.xaml.vb

`ZeigeAutor()` dient dazu, einen bestimmten Autor gemäß seiner Position in der sortierten Liste anzuzeigen. In der sortierten Liste kann man mit `ElementeAt()` das Objekt an einer bestimmten Position erhalten, wobei die Zählung bei 0 beginnt. `ElementsAt()` muss man nicht auf ListeAlle, sondern ListeFilter anwenden, damit die Navigation auch dann korrekt funktioniert, wenn ein Filter aktiv ist.

Nun hält man ein `author`-Objekt in Händen. Bevor man der `AuthorViewSource` dieses Objekt übergeben kann, ist noch ein kleiner Umweg notwendig, denn die `AuthorViewSource` ist ja eine `CollectionViewSource`, erwartet also eine Menge. Man muss nun aus dem Einzelobjekt eine Liste mit einem Eintrag erzeugen. Diese Liste mit einem Eintrag kann man dann der `AuthorViewSource` übergeben.

```
    Public Sub ZeigeAutor(ByVal pos As Int32)
        ' Element aus Gesamtliste ermitteln
        AktuellePos = pos
        AktuellerAutor = ListeFilter.ElementAt(pos).Value
        ' Umkopieren in einer Liste mit einem Element, weil CollectionViewSource Liste erwartet!
        Dim listetemp = New List(Of EFModell.author) From {AktuellerAutor}
        ' Temporäre Liste zuweisen
        Dim AuthorViewSource As System.Windows.Data.CollectionViewSource =
         CType(Me.FindResource("AuthorViewSource"), System.Windows.Data.CollectionViewSource)
        AuthorViewSource.Source = listetemp
        ' Statuszeile aktualisieren
        Me.C_Status.Content = "Datensatz #" & pos + 1 & " Aktueller Filter: " & ListeFilter.
         Count & " Gesamtzahl: " & ListeAlle.Count
   End Sub
```

Listing 31.9: Ausschnitt aus MasterDetailv1.xaml.vb

Für die Navigation in den Datensätzen ist die Logik sehr einfach: Man ändert jeweils nur die Position und ruft `ZeigeAutor()` neu auf. Man muss nur beachten, dass man nicht weiter zählt als möglich.

```
    Private Sub C_Erster_Click(ByVal sender As System.Object, ByVal e As System.Windows.
    RoutedEventArgs) Handles C_Erster.Click
        ZeigeAutor(0)
    End Sub

    Private Sub C_Vorheriger_Click(ByVal sender As System.Object, ByVal e As System.Windows.
    RoutedEventArgs) Handles C_Vorheriger.Click
        If (AktuellePos > 0) Then AktuellePos -= 1
        ZeigeAutor(AktuellePos)
    End Sub

    Private Sub C_Naechster_Click(ByVal sender As System.Object, ByVal e As System.Windows.
    RoutedEventArgs) Handles C_Naechster.Click
        If (AktuellePos < ListeFilter.Count - 1) Then AktuellePos += 1
        ZeigeAutor(AktuellePos)
    End Sub

    Private Sub C_Letzter_Click(ByVal sender As System.Object, ByVal e As System.Windows.
    RoutedEventArgs) Handles C_Letzter.Click
        ZeigeAutor(ListeFilter.Count - 1)
    End Sub
```

Listing 31.10: Ausschnitt aus MasterDetailv1.xaml.vb

Die Suche ist wieder etwas interessanter. Da ja schon alle Autoren-Datensätze geladen sind, muss man nicht mehr auf die Datenbank zugreifen. Man kann die Suche über die Autorennamen schnell im RAM mit LINQ-to-Objects über die `SortedList` mit Namen `ListeAlle` erledigen. Auch hier muss man wieder in eine `SortedList` umwandeln. Wenn kein Suchtext eingegeben oder kein passender Autor gefunden wurde, wird die Gesamtliste angezeigt.

```
    Private Sub C_Suche_Click(ByVal sender As System.Object, ByVal e As System.Windows.
    RoutedEventArgs) Handles C_Suche.Click
        ' Suchen mit LINQ-to-Objects in der Liste im RAM
        If (Me.C_Suchtext.Text = "") Then
            MsgBox("Sie haben keinen Suchtext eingegeben. Es werden alle Autoren angezeigt.")
            ListeFilter = ListeAlle
            ZeigeAutor(0)
        Else
            Dim Query = From l In ListeAlle Where l.Key.ToLower().Contains(Me.C_Suchtext.
            Text.ToLower()) Select l
            If (Query.Count = 0) Then
                MsgBox("Es wurde kein Autor für Ihre Suche gefunden. Es werden alle Autoren
                      angezeigt.")
                ListeFilter = ListeAlle
            Else
                ListeFilter = New SortedList(Of String, EFModell.author)(Query.
                ToDictionary(Function(a) a.Key, Function(a) a.Value))
            End If
        End If

        ' Ersten Datensatz anzeigen
        ZeigeAutor(0)
    End Sub
End Class
```

Listing 31.11: Ausschnitt aus MasterDetailv1.xaml.vb

HINWEIS

So wie das Beispiel entwickelt wurde, darf man nicht im `Window_Loaded()`-Ereignis das Entity Framework-Modell mit `Dispose()` vernichten, denn es wird noch gebraucht für das Nachladen der Titel. Jeweils wenn ein Autor angezeigt wird, werden mit einem getrennten Befehl die zugehörigen Titel nachgeladen (Lazy Loading, vgl. Kapitel »ADO.NET Entity Framework/Verknüpfte Tabellen und Ladestrategien«).

In diesem Beispiel erscheint Lazy Loading durchaus sinnvoll, denn es ist nicht zu erwarten, dass der Benutzer alle Autoren ansehen wird. Ein Argument könnte dennoch für Eager-Loading mit `Include("Titles")` sprechen: Das Blättern in den Autoren ist etwas schneller, wenn die Titel nicht nachgeladen werden müssen. Im Gegenzug verbraucht man aber deutlich mehr RAM. Diese Entscheidung ist im Einzelfall von der Menge der Daten, der Leistungskapazität und dem RAM auf den Zielsystemen abhängig zu machen.

Das folgende Listing zeigt die marginalen Änderungen, die bei Einsatz von Eager Loading notwendig **sind. Der Rest** des Programmcodes in MasterDetail.xaml.vb bleibt gleich.

```
    Private Sub Window_Loaded(ByVal sender As System.Object, ByVal e As System.Windows.Rout-
edEventArgs) Handles MyBase.Loaded
        ' Daten aus Datenbank holen
        Dim kontext As New EFModell.mylibraryEntities()
        ' Speichern nicht erforderlich, daher Change Tracking abschalten --> schneller!
        kontext.authors.MergeOption = MergeOption.NoTracking
        Dim query = From a In kontext.authors.Include("titles") Select a 'optional:
.Include("titles")
        ' In eine sortierte Liste umwandeln
        ListeAlle = New SortedList(Of String, EFModell.author)(query.ToDictionary(Function(a)
a.authName, Function(a) a))
        ' Kontext darf nur vernichtet werden, wenn oben Include("titles") gesetzt wurde!
        kontext.Dispose()
        ' Beim Start kein Filter
        ListeFilter = ListeAlle
        ' Ersten Datensatz anzeigen
        ZeigeAutor(0)
    End Sub
```

HINWEIS

Man kann selbstverständlich die Datenbindung auch so definieren, dass man den Umweg über die Liste mit einem Element nicht machen muss. Allerdings sind hier dann erhebliche manuelle Änderungen notwendig. Auf der Webseite zum Buch finden Sie MasterDetailv2.xaml und MasterDetailv2.xaml.vb. Hierin ist insbesondere geändert:

» Code-Behind-Klasse implementiert die Schnittstelle `INotifyPropertyChanged` mit dem Ereignis `PropertyChanged`.

» Das Field-Attribut `AktuellerAutor` ist verpackt in ein Property-Attribut mit dem Namen `AktuellerAutorProperty`, das das Field-Attribut liest und verändert und beim Schreibzugriff das Ereignis `PropertyChanged` auslöst. Hinweis: WPF-Datenbindung funktioniert nur gut, wenn `INotifyPropertyChanged` implementiert ist.

» Die `AuthortitlesViewSource` ist gelöscht

» Die Bindung der beiden Textboxen für Autoren-ID und Autorenname ist nun `{Binding Path=AktuellerAutorProperty.authID}` bzw. `{Binding Path=AktuellerAutorProperty.authName}`.

31.7 Weitere Möglichkeiten in Visual Studio 2010

Auch eine Einzeldatenansicht kann man mit Unterstützung des Datenquellenfensters in Visual Studio 2010 schnell anlegen. Hierzu wählt man im Datenquellenfenster auf dem passenden Entitätsobjekt »Details« und vollzieht dann die Drag&Drop-Aktion.

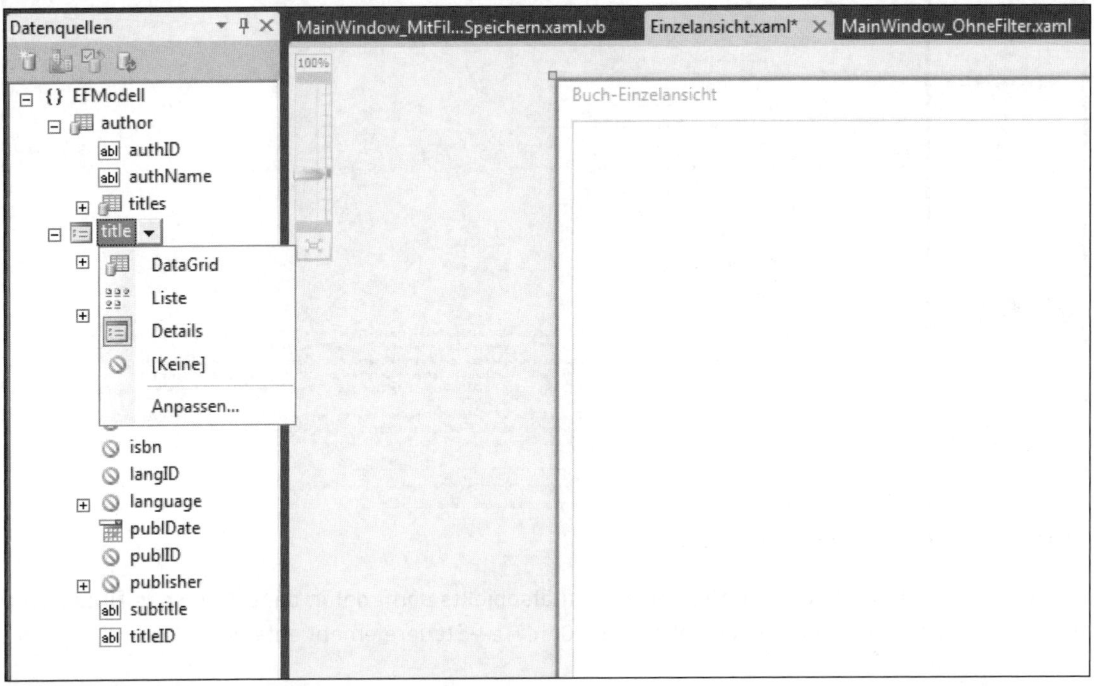

Abbildung 31.18: Vorbereitung zum Anlegen einer Einzeldatenansicht

Bei der erzeugten Einzeldatenansicht schmerzt es dann leider, dass man die Reihenfolge der Spalten vorher nicht festlegen konnte. Für die nachträglichen Veränderungen gibt es keinen Assistenten. Visual Studio hat ein WPF-Grid-Steuerelement mit vielen einzelnen Unterelementen angelegt, die man nun manuell in die gewünschte Reihenfolge bringen muss.

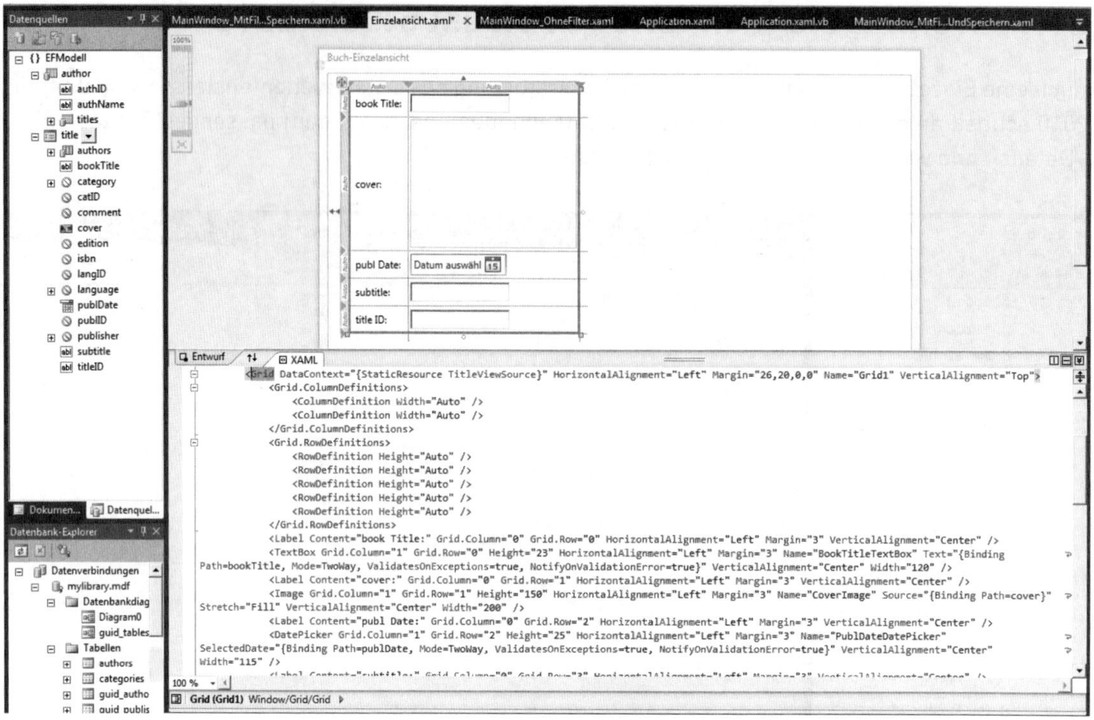

Abbildung 31.19: Erstellte Einzeldatenansicht

Die Auswahl »Liste« im Kontextmenü eines Entitätsobjekts sorgt dafür, dass durch das Drag&Drop ein `ListView`-Steuerelement mit eingebettetem `GridView`-Steuerelement entsteht.

32 SQL Server Compact Edition

Die SQL Server Compact Edition ist die kleinste Variante des SQL Servers. Sie ist für den Single-User-Betrieb konzipiert, und viele fortgeschrittene Funktionen des SQL Servers fehlen. Diesem Nachteil steht ein ganz wesentlicher Vorteil gegenüber: Die Weitergabe der Compact Edition als Bestandteil eines VB-Programms ist ganz einfach und erfordert keine komplizierten Administrationsarbeiten. Der Liefer- bzw. Download-Umfang Ihres Programms vergrößert sich lediglich um 2 MByte.

Wirklich neu ist die Compact Edition eigentlich nicht: Frühere Versionen dieser Minimalvariante des SQL Servers hatten aber andere Namen und waren zum Teil nur auf `Embedded Devices` (PDAs, Telefonen etc.) lauffähig. Die eigentliche Neuerung besteht also darin, dass Microsoft die Compact Edition ordentlich in Visual Studio integriert hat und aktiv bewirbt und unterstützt. Damit ist die Compact Edition eine äußerst interessante Alternative zur ebenfalls kostenlosen Express Edition.

Neu sind zudem die `Sync Services for ADO`.NET, die es ermöglichen, die Compact Edition als lokalen Cache einer externen SQL-Server-Datenbank einzusetzen. Das lokale Datenbankprogramm funktioniert damit auch ohne Verbindung zum Firmenserver; sobald wieder eine Verbindung besteht, können die Änderungen beider Seiten wieder miteinander synchronisiert werden. Ein in Visual Studio integrierter Designer hilft dabei, eine lokale Datenbank aus einer vorhandenen SQL-Server-Datenbank sowie den Code für die Synchronisierungsklassen zu erzeugen.

32.1 Einführung

Die SQL Server Compact Edition ist das momentan »kleinste« Mitglied der SQL-Server-Familie. Das Programm ist explizit für den Single-User-Betrieb konzipiert. Die Compact Edition bietet auch sonst wesentlich weniger Funktionen als die »echten« SQL Server, ist dafür extrem schlank, lässt sich unkompliziert weitergeben und ohne Administrationsaufwand und -rechte nutzen. Die gesamte Datenbank (Limit: 4 GByte) wird in einer einzigen Datei gespeichert. Die Compact Edition ist wie die Express Edition kostenlos und darf mit eigenen VB-Programmen weitergegeben werden.

Edition Feature	**Microsoft SQL Server Compact Edition**	**Microsoft SQL Server Express Edition**
T-SQL-Unterstützung	umfassend, aber mit diversen Einschränkungen	✓
Datentypen	fast alle	✓
Schlüssel, Überprüfung der referenziellen Integrität	✓	✓
Transaktionen	✓	✓
Stored Procedures und Trigger	–	✓
Views	–	✓
XML-Unterstützung	–	✓
Volltextsuche	nur in der Advanced Edition	–
Multi-User-Unterstützung, Benutzerverwaltung	–	✓
Verschlüsselung der Datenbankdatei	✓	–
Anzahl der gleichzeitigen Verbindungen	255	unbegrenzt
Ausführung	im selben Prozess wie das VB-Programm (*in-process*)	als Windows-Dienst
Speicherung der Datenbankdateien	in einer lokalen Datei, die durch ein Passwort geschützt und verschlüsselt werden kann	an einem zentralen Ort, direkter Zugriff nur mit Administratorrechten

Edition Feature	Microsoft SQL Server Compact Edition	Microsoft SQL Server Express Edition
Administration (Installation, Datenbank einrichten, Backups etc.)	einfach	kompliziert
Installationsumfang	ca. 2 MByte	ca. 180 MByte
Preis	kostenlos	kostenlos
Maximale Datenbankgröße	4 GByte	4 GByte
64-Bit-Unterstützung	Ja, ab Version 3.5 SP1	ja
ADO.NET Entity Framework-Unterstützung	Ja, ab Version 3.5 SP1	Ja

Compact oder Express Edition?

Die zentrale Frage ist nun: Wann setzen Sie die Express Edition ein, und wann ist die Compact Edition die bessere Wahl? In den meisten Fällen ist nur ein Kriterium entscheidend: Sollen mehrere Benutzer auf die Datenbank zugreifen oder nicht? Im ersten Fall entscheiden Sie sich für die Express Edition, im anderen Fall ist meist die Compact Edition die bessere Wahl.

Natürlich kann es auch für `Single-User`-Anwendungen Gründe geben, auf die Express Edition zu setzen: etwa die vollständige Kompatibilität zu den Vollversionen oder die Möglichkeit, später – z.B. bei steigenden Datenmengen – unkompliziert auf eine Vollversion umzusteigen. Außerdem gibt es natürlich Programme, die auch im `Single-User`-Betrieb nicht auf SPs, Views etc. verzichten können.

Microsoft ist momentan sehr bemüht, die Compact Edition bekannter zu machen. Ein Hintergrund ist sicherlich, dass Microsoft schon seit Jahren Entwickler zu überreden versucht, sich (endlich) vom Access-Datenbankformat zu verabschieden. Datenbanken auf Basis der Jet-Engine sind ja wegen ihrer einfachen Administration noch immer weit verbreitet. Das ändert aber nichts daran, dass dieses Datenbankformat in vielerlei Hinsicht vollkommen überholt ist.

Kurzum, hier sind wir mit Microsoft uneingeschränkt einer Meinung: Wenn Sie sich zwischen der Jet-Engine oder der Compact Edition entscheiden müssen, wählen Sie die Compact Edition!

Kompatibilität

Die Compact Edition hat eine eigene Codebasis, die losgelöst von den Vollversionen ist (also von den Express-, Developer- und Enterprise-Editionen). Insofern ist es wenig verwunderlich, dass es diverse winzige Unterschiede bei der Verarbeitung von SQL-Kommandos gibt. Auf diese Unterschiede werden Sie erst nach und nach stoßen, je intensiver Sie sich mit beiden Varianten beschäftigen. Eine zentrale Dokumentation gibt es leider nicht.

Noch deutlicher unterscheiden sich die Compact Edition und die Vollversionen im Datenbankformat: Während die Compact Edition die Datenbank in einer **.sdf*-Datei speichert, greifen die Vollversionen auf *zwei* Dateien zurück, nämlich auf *dbname.mdf* und *dbname_log.ldf*. Die Formate dieser Dateien sind zueinander inkompatibel. Das erschwert insbesondere den Umstieg von der Express zur Compact Edition, weil Microsoft es nicht geschafft hat, einen einfachen Datenbankkonverter zur Verfügung zu stellen. Details zu diesem Thema folgen in Abschnitt 32.4, wo wir Ihnen auch einen einfachen, selbst entwickelten Konverter vorstellen.

Versionen und Namen

Die SQL Server Compact Edition wird zusammen mit Visual Studio ab Version 2008 vermarktet, als wäre sie ein neues Produkt. Tatsächlich gingen der Compact Edition 3.5 aber unzählige andere Versionen voran, die ursprünglich nur für den Einsatz auf `Embedded Devices` (z.B. PDAs) gedacht waren. Dabei hat das Produkt in den letzten Jahren so oft den Namen gewechselt, dass mittlerweile selbst einige Microsoft-Entwickler den Überblick verloren haben. Ebenso verwirrend sind die Versionsnummern, die teilweise mit den »richtigen« SQL-Servern synchron sind, teilweise aber nicht. Einige Beispiele: SQL Server 2008 *Mobile* Edition, SQL Server *Everywhere*, SQL Server *Compact* 3.5, SQL Server *CE* etc. Die definitive Referenz aller Versionen ab 3.0 gibt die folgende Seite:

http://blogs.msdn.com/sqlservercompact/archive/2008/02/08/sql-server-compact-release-versions.aspx = http://tinyurl.com/2mbxcg

HINWEIS Dieses Kapitel bezieht sich auf die Version `SQL Server Compact Edition 3.5 SP1`, die zusammen mit Visual Studio 2010 mitgeliefert wird.

Synchronisation zwischen der Compact Edition und einer Vollversion

Bei der Entwicklung der Compact Edition hatten die Microsoft-Programmierer unter anderem die sogenannten `Road Warriors` im Kopf, also Personen, die unterwegs ohne Internet-/Netzwerkzugang Daten erfassen oder aktualisieren und diese später mit einem zentralen SQL Server aktualisieren möchten. Zu diesem Zweck bietet die `Compact Edition` mit `Remote Data Access` eine spezielle Funktion, auf die wir in Abschnitt 32.2 näher eingehen werden. ADO.NET-seitig wird diese Funktion durch die `Sync Services for` ADO.NET unterstützt.

Administration und Datenbankdesign

Wenn Sie während der Programmentwicklung auch die Datenbank neu entwickeln, brauchen Sie dazu geeignete Werkzeuge. Das vom SQL Server vertraute Management Studio ist in der 2005er-Version ungeeignet – es kommt nur mit Compact-Edition-Datenbanken bis Version 3.0 zurecht. Abhilfe wird erst das Management Studio zum SQL Server 2008 schaffen.

Immerhin ist Visual Studio 2008 mit der Compact Edition 3.5 kompatibel. Wenn Sie eine neue Datenbank anlegen, Tabellen verändern wollen etc., verwenden Sie dazu am besten den Server Explorer (ANSICHT|SERVER EXPLORER). Die Bedienung ist unserer Ansicht nach wenig intuitiv: Sie müssen die gewünschten Kommandos in den unklar benannten Kontextmenükommandos des Explorer-Baums suchen. Generell bietet der Server Explorer für die Compact Edition nur einen Bruchteil der Funktionen, die für die Vollversionen des SQL Servers zur Auswahl stehen. Das hat natürlich auch damit zu tun, dass die Compact Edition wesentlich weniger Funktionen als die Vollversion des SQL Servers bietet.

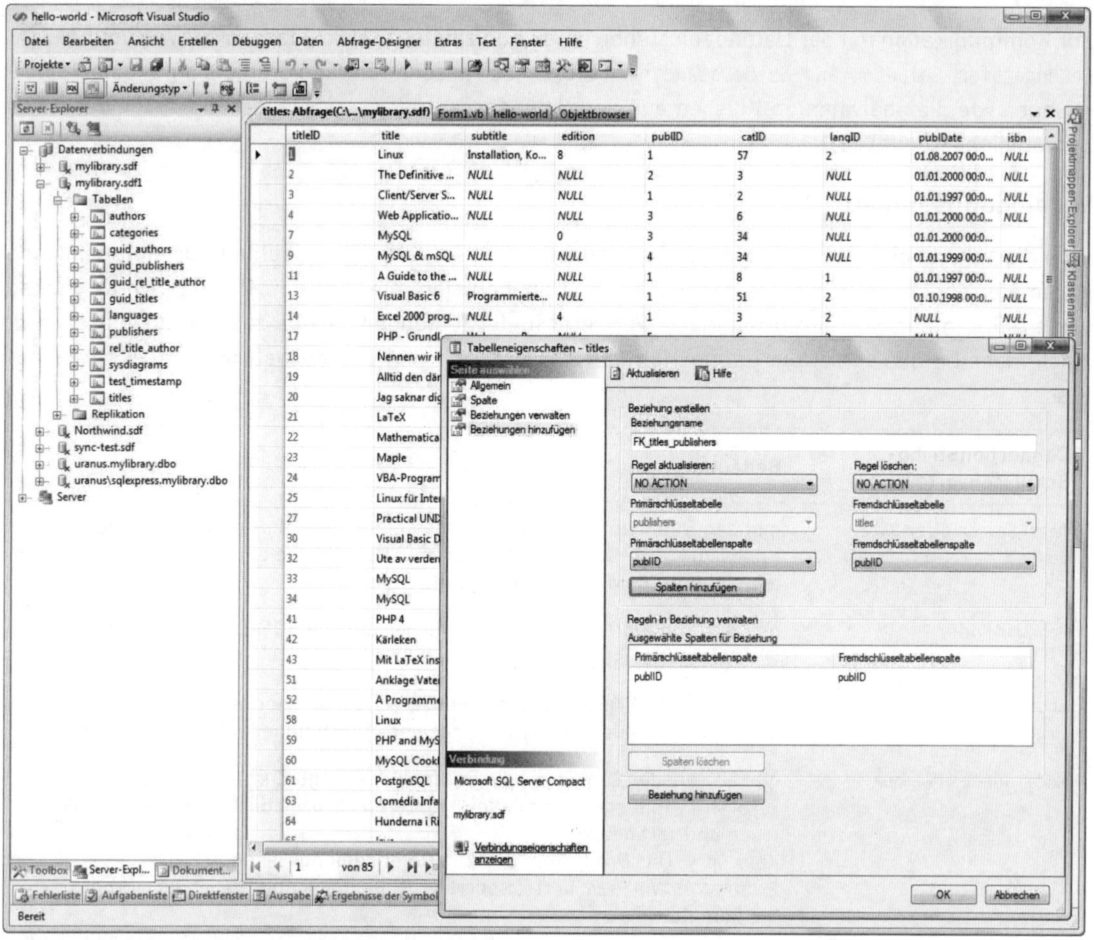

Abbildung 32.1: Foreign-Key-Regel für eine Compact-Edition-Datenbank in Visual Studio einrichten

32.2 Programmierung

Zur Entwicklung von Programmen, die auf eine Compact-Edition-Datenbank zugreifen, müssen zwei Voraussetzungen erfüllt sein:

» Sie müssen einen Verweis auf die Bibliothek `System.Data.SqlServerCe` einrichten. Ein Import des gleichnamigen Namensraums erspart zudem eine Menge Tipparbeit.

» Im Projekteigenschaftsdialog (MY PROJECT|KOMPILIEREN|ERWEITERTE KOMPILIERUNGSOPTIONEN) müssen Sie als Ziel-CPU x86 auswählen. Die Compact Edition 3.5 ist leider noch nicht 64-Bit-kompatibel. Abhilfe wird in naher Zukunft Version 3.5 SP1 schaffen.

Zur Kommunikation mit der Datenbank stehen Ihnen nun zahllose `SqlCe`-Klassen zur Verfügung: `SqlCeConnection`, `SqlCeCommand`, `SqlCeDataAdapter` etc. Diese Klassen funktionieren bis auf kleine Abweichungen wie die äquivalenten Klassen aus dem Namensraum `System.Data.SqlClient` für den SQL-Server (siehe Kapitel 25).

Verbindungsaufbau

Im einfachsten Fall müssen Sie in der Zeichenkette für den Verbindungsaufbau nur einen einzigen Parameter angeben: `DataSource=dateiname.sdf`. Daneben sieht die `ConnectionString`-Syntax diverse weitere Parameter vor, deren wichtigste Vertreter in der folgenden Tabelle zusammengefasst sind. Noch mehr Details verrät die Online-Hilfe der `ConnectionString`-Eigenschaft der *SqlCeConnection*-Klasse.

ConnectionString-Schlüsselwörter	Bedeutung
`Data Source` oder `DataSource`	gibt den Dateinamen der SDF-Datei an. Angaben ohne absoluten Pfad gelten relativ zur *.exe-Datei des Programms. Das Gleiche gilt auch, wenn der Dateiname mit *|DataDirectory|* beginnt.
`Password` oder `Pwd`	gibt das Passwort an (nur erforderlich, wenn die SDF-Datei durch ein Passwort geschützt ist).
`Encrypt`	gibt an, ob die SDF-Datei verschlüsselt ist (`True`) oder nicht (`False`). Der Zugriff auf verschlüsselte Datenbanken erfordert auf jeden Fall ein Passwort.
`Mode` oder `File mode`	gibt an, wie der Zugriff auf die Datenbank erfolgt. Zur Auswahl stehen: `Read Write` (gilt standardmäßig): Mehrere Prozesse dürfen die Datenbank lesen und verändern. `Read Only`: Das Programm darf die Datenbank nur lesen. `Exclusive`: Wie `Read Write`, sperrt die Datenbank aber für andere Programme komplett. `Shared Read`: Wie `Read Write`, andere Programme dürfen die Datenbank lesen (aber nicht ändern).
`Max database size`	gibt die maximale Größe der Datenbankdatei in MByte an (standardmäßig 128 MByte, kann bis auf 4096 MByte erhöht werden).
`Autoshrink threshold`	gibt an, wann die Datenbankdatei automatisch durch `Shrink` verkleinert wird. Die Angabe erfolgt als Prozentwert des momentan ungenutzten Speicherplatzes (standardmäßig 60%). Der Wert 100 deaktiviert die automatische Verkleinerung.

ConnectionString-Schlüsselwörter	Bedeutung
`Max puffer size`	gibt die Größe eines Bufferspeichers im RAM in kByte an (standardmäßig 640 kByte). Der Bufferspeicher wird verwendet, damit nicht jede Änderung sofort physikalisch in der Datei gespeichert werden muss, und beschleunigt so Änderungen an der Datenbank.
`Flush Interval`	gibt an, nach wie vielen Sekunden Änderungen spätestens physikalisch gespeichert werden (standardmäßig 10 Sekunden).
`Default lock timeout`	gibt an, wie viele Millisekunden auf das Ende einer Transaktion gewartet wird. Der Standardwert beträgt 2000, also zwei Sekunden. Das kann für umfangreiche Transaktionen zu wenig sein!
`Locale identifier` oder `Lcid`	gibt den Landescode an, der für die Sortierordnung der Indizes verwendet werden soll (`en-US`, `de-DE` etc.). Dieser Parameter wird nur von den Methoden `SqlCeEngine.CreateDatabase` und `SqlCeConnection.Compact` berücksichtigt und hat ansonsten keinen Einfluss auf bereits vorhandene Datenbanken.

Datenbanken erstellen und verschlüsseln

Im Regelfall werden Sie die Datenbank für Ihr Programm in Visual Studio oder im SQL Server Management Studio (ab Version 2008) manuell entwickeln. Es ist aber natürlich auch möglich, diese Schritte per VB-Code durchzuführen. Der Schlüssel ist dabei die *SqlCeEngine*-Klasse: Nachdem Sie deren Eigenschaft `LocalConnectionString` wie den `ConnectionString` der `SqlCeConnection`-Klasse eingestellt haben, können Sie mit *CreateDatabase* eine leere Datenbankdatei erzeugen. Ein Codebeispiel gibt der in Abschnitt 32.4 vorgestellte Datenbankkonverter.

Außerdem können Sie mit den anderen Methoden der `SqlCeEngine`-Klasse diverse Wartungsarbeiten an momentan ungenutzten Datenbankdateien durchführen. (Es darf also gerade keine offene Verbindung geben.)

» `Verify` überprüft die Integrität der Datenbank.

» `Repair` versucht, vorhandene Fehler zu beheben.

» `Shrink` gibt nicht genutzte Speicherbereiche der Datei frei und verkleinert die Datei auf diese Weise. Dieser Schrumpfvorgang findet hin und wieder automatisch statt – siehe den Parameter `AutoShrink Treshhold` in der `ConnectionString`-Tabelle.

» `Compact` geht noch weiter als *Shrink* und erstellt die Datenbankdatei komplett neu. Bei dieser Gelegenheit können Sie das Passwort verändern, die Verschlüsselung aktivieren/deaktivieren oder die Sortierordnung ändern.

Beispiel 1 – Hello World!

Das in Abbildung 32.2 dargestellte Hello-World-Programm zeigt eine sortierte Liste aller Buchtitel eines zuvor ausgewählten Verlags. Der Code enthält keinerlei Überraschungen für erfahrene ADO. NET-Entwickler.

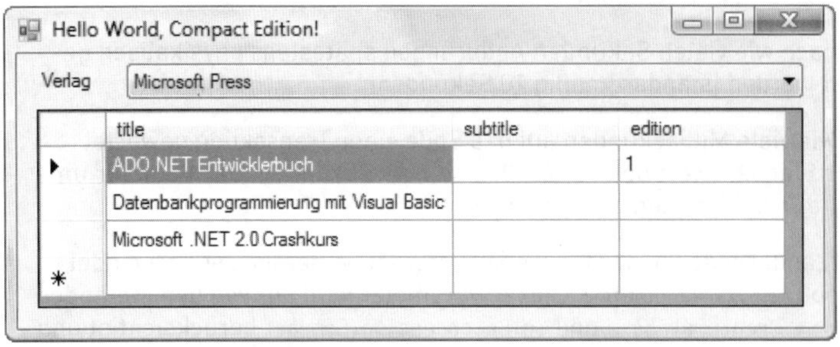

Abbildung 32.2: Hello World!

```
'Beispiel ADO.NET-sql-server-compact/hello-world
Imports System.Data.SqlServerCe
Dim ceConn As SqlCeConnection
Private Sub Form1_Load(...) Handles MyBase.Load
  ceConn = New SqlCeConnection("DataSource=mylibrary.sdf")
  ceConn.Open()
  Dim dtPubl As New DataTable()
  Dim adapter As New SqlCeDataAdapter( _
    "SELECT publName, publID FROM publishers ORDER BY publName", ceConn)
  adapter.Fill(dtPubl)
  cmbPubl.DisplayMember = "publName"
  cmbPubl.ValueMember = "publID"
  cmbPubl.DataSource = dtPubl
End Sub
Private Sub cmbPubl_SelectedIndexChanged(...) Handles cmbPubl.SelectedIndexChanged
  If cmbPubl.SelectedIndex = -1 Then Exit Sub
  Dim dtTitle As New DataTable()
  Dim adapter As New SqlCeDataAdapter( _
    "SELECT title, subtitle, edition FROM titles " + _
    "WHERE publID = " + cmbPubl.SelectedValue.ToString + " " + _
    "ORDER BY title", ceConn)
  adapter.Fill(dtTitle)
  grid.DataSource = dtTitle
End Sub
```

Beispiel 2 – mylibrary-Titeleingabe

Das zweite Beispielprogramm ermöglicht in einem Dialog die Eingabe neuer Buchtitel samt Autoren und Verlag (siehe Abbildung 27.1 auf Seite 1040). Der Code ist nahezu identisch mit der in Abschnitt 6.2 vorgestellten `DataSet`-Variante dieses Programms: Nach dem Hinzufügen der `SqlServerCe`-Bibliothek und dem Einfügen einer entsprechenden `Imports`-Anweisung mussten nur die diversen `Sql`-durch entsprechende `SqlCe`-Klassen ersetzt werden (SUCHEN UND ERSETZEN). Nach der Veränderung des `ConnectionStrings` lief das Programm auf Anhieb nahezu fehlerfrei.

Die einzige Ausnahme war die Prozedur `DeleteTestButton_Click` zum Löschen von Datensätzen, deren Inhalt mit `test` beginnt: Die `SqlCommand`-Methode lässt die Ausführung mehrerer, durch Strichpunkte getrennter SQL-Kommandos zu. Das Gegenstück `SqlCeCommand` ist dazu nicht in der Lage. Abhilfe ist aber einfach: Die Kommandozeichenkette wird mit `Split` in ihre Bestandteile zerlegt, anschließend kann jedes Kommando einzeln ausgeführt werden.

```
'Beispiel ADO.NET-sql-server-compact/new-title-id-with-dataset
Private Sub DeleteTestButton_Click(...) Handles DeleteTestButton.Click
  Dim sql = _
    "DELETE FROM rel_title_author WHERE ... ;" + _
    ...
    "DELETE FROM authors WHERE authName LIKE 'test%'"
  Dim sc = New SqlCeCommand()
  sc.Connection = conn
  For Each cmd As String In sql.Split(";")
    sc.CommandText = cmd
    sc.ExecuteNonQuery()
  Next
  'DataSet und gridTable für GridTableView neu einlesen
  RefreshData()
End Sub
```

ADO.NET Entity Framework

Ab SQL Server Compact 3.5 SP1 können Sie das Entity Framework für den Zugriff verwenden. Dazu benötigen Sie die Klasse aus der Assembly System.Data.SQLServerCe.Entity.dll.

Anders als beim Vorgänger LINQ-to-SQL bietet das ADO.NET Entity Framework auch die Unterstützung mit Assistent und Designer bei der Modellerstellung für Compact-Datenbanken.

Details erfahren Sie unter *http://msdn.microsoft.com/de-de/library/cc835494(SQL.100).aspx*.

Umgang mit Datenbankdateien in VB-Projekten

Wenn Sie ein neues VB-Projekt starten, das auf eine **.sdf*-Datei zugreift, werden Sie diese Datei üblicherweise in den Solution Explorer einfügen. Beim Kompilieren wird die Datei dann in dasselbe Verzeichnis wie die **.exe*-Datei kopiert. Sie können in den Eigenschaften der Datei einstellen, ob die Datei bei jedem Kompilieren oder nur dann kopiert werden soll, wenn die Version im Projektverzeichnis neuer ist als die im Zielverzeichnis.

Diese Vorgehensweise ist einfach, aber nicht ganz unproblematisch: Mit einem Schlag haben Sie nun drei Kopien der **.sdf*-Datei: eine am ursprünglichen Speicherort, eine im Projektverzeichnis und eine im **.exe*-Verzeichnis (also *bin\debug*). Wenn Sie vom Debug- auf das Release-Kompilat umstellen, kommt eine vierte Version hinzu (*bin\release*). Führen Sie bei Testdurchläufen Änderungen in der Datenbank durch, befinden sich diese nur in der *bin\debug*-Variante. Kurz und gut, Sie müssen aufpassen, dass Sie angesichts unzähliger Kopien nicht die Kontrolle über die »richtige« oder »offizielle« Version Ihrer Datenbank verlieren.

Alternativ können Sie auch so vorgehen, dass Sie die einzige Version Ihrer Datenbankdatei in einem Unterverzeichnis Ihres Anwendungsverzeichnisses kopieren. Die Datenbankdatei gehört damit nicht mehr zu den Projektdateien. Im Code stellen Sie die Verbindungszeichenkette wie folgt ein:

```
Dim dbFile = Environment.GetFolderPath(Environment.SpecialFolder.LocalApplicationData) + _
             "\mylibrary\mylibrary.sdf"
ceConn = New SqlCeConnection("DataSource=" + dbFile)
ceConn.Open()
```

`GetFolderPath` liefert unter Windows Vista/Windows 7/Windows Server 2008 das Verzeichnis *C:\Users\benutzer\AppData\Local*.

Weitergabe von fertigen Anwendungen

Wenn Sie fertige Datenbankanwendungen per Setup-Projekt weitergeben möchten, stellt sich erneut die Frage nach dem richtigen Umgang mit der Datenbankdatei. Ein einfacher Lösungsweg besteht darin, die Datenbankdatei in das Programmverzeichnis (*C:\Programme\...*) zu installieren. Wenn das Programm ausgeführt wird, testet es, ob sich die gesuchte Datenbankdatei im Anwendungsverzeichnis des Benutzers befindet. Ist sie nicht dort, kopiert das Programm die Datei dorthin. Der entsprechende Code sieht so aus:

```
Private Sub Form1_Load(...) Handles MyBase.Load
  Dim dbdir = Environment.GetFolderPath(Environment.SpecialFolder.LocalApplicationData) + _
              "\mylibrary\"
  Dim dbFile = dbdir + "mylibrary.sdf"
  If Not IO.Directory.Exists(dbdir) Then IO.Directory.CreateDirectory(dbdir)
  If Not IO.File.Exists(dbFile) Then IO.File.Copy("mylibrary.sdf", dbFile)
  ceConn = New SqlCeConnection("DataSource=" + dbFile)
  ceConn.Open()
  ...
End Sub
```

HINWEIS Das Öffnen der Datenbankdatei direkt im Programmverzeichnis ist nicht zweckmäßig (weil dann mehrere Benutzer dieselbe Datenbankdatei verwenden würden, wofür die Compact Edition nicht vorgesehen ist) und unter Windows Vista/Windows 7/Windows Server 2008 aus Sicherheitsgründen auch gar nicht möglich.

In der Regel müssen Sie die auszuliefernde Datenbank von Testdaten säubern, sodass der Benutzer mit einer leeren Datenbank startet, die nur die Definitionen aller Tabellen enthält. Eigentlich wäre es am elegantesten, die Datenbank durch VB-Code und deren Tabellen durch SQL-Anweisungen zu erzeugen. In der Praxis spricht aber der hohe Aufwand zum Erzeugen der `CREATE-TABLE`-Kommandos gegen diese Vorgehensweise.

Im Setup-Assistenten müssen Sie als zusätzliche Komponente die SQL Server Compact Edition 3.5 angeben. Dazu klicken Sie im Solution Explorer das Setup-Projekt mit der rechten Maustaste an. Mit Eigenschaften| Erforderliche Komponenten fügen Sie nun die Compact Edition zur Komponentenliste hinzu.

32.3 Synchronisation mit dem SQL Server

Die *Sync Services for ADO.NET 2.0* ermöglichen die ein- oder beidseitige Synchronisation zwischen zwei Datenbanken. Datei muss sich eine Datenbank auf einem »richtigen« SQL Server befinden, während die zweite, lokale Datenbank von einer Compact Edition verwaltet wird. Die `Sync Services` sind in mehreren neuen Bibliotheken außerhalb des .NET Frameworks implementiert (*Microsoft.Synchronization.Data.dll* etc.).

Ein neuer Designer in Visual Studio hilft dabei, ausgehend von einer vorhandenen SQL Server-Datenbank eine neue lokale »Cache-Datenbank« für die Compact Edition einzurichten. Außerdem erzeugt der Designer Code für diverse Klassen, die bei der Synchronisation der beiden Datenbanken helfen. Der eigene Code zur Durchführung der Synchronisation erfordert nur noch zwei Zeilen. Davon abgesehen verhält sich die Datenbankanwendung wie ein Programm, das auf eine gewöhnliche `Compact-Edition`-Datenbank zugreift. Microsoft verspricht also synchronisationsfähige Datenbankprogramme per Mausklick ...

Für die `Sync Services` gibt es eine Menge Anwendungsmöglichkeiten, wobei die interessanteste das `Road-Warrior`-Szenario ist: Ein Benutzer erfasst oder verarbeitet auf seinem Notebook offline Daten und synchronisiert die Änderungen später – sobald wieder eine Netzwerkverbindung vorliegt – mit dem zentralen Datenbankserver der Firma.

HINWEIS

Es geht in diesem Abschnitt also um die Kommunikation/Synchronisation zwischen einer Vollversion des SQL Servers (also z.B. Express, Developer oder Enterprise Edition) und einer Compact Edition. Wir werden diese zwei Varianten im Folgenden als `SQL-Datenbank` und `CE-Datenbank` bezeichnen. Uns ist natürlich klar, dass letztlich beide Datenbanken (und im Übrigen auch alle Datenbanksysteme anderer Hersteller) auf SQL basieren, aber wir mögen nicht jedes Mal wortreich differenzieren, welche Version wir gerade meinen.

Einschränkungen

Vielleicht liegt es an unserer skeptischen Grundeinstellung gegenüber neuen Technologien (nicht nur von Microsoft), aber unsere erste Frage ist immer: Was kann dieses neue Wunderwerk der IT-Kunst `nicht`? Wo sind die Grenzen? Die offizielle Dokumentation geht darauf ebenso wenig ein wie die Blog-Einträge der zuständigen Microsoft-Entwickler, die stolz auf ihre Errungenschaften sind und sich daher auf die positiven Merkmale konzentrieren. Es bleibt den Anwendern vorbehalten, die Schattenseiten auszuloten. Wir wollen Ihnen dabei ein wenig helfen ...

- Auch wenn die offizielle Bezeichnung Sync Services for ADO.NET 2.0 etwas anderes vermitteln will, handelt es sich hier um Version 1.0-Software, um die gestandene Entwickler generell einen Bogen machen. Es gibt momentan kaum Praxiserfahrungen bzw. unabhängige Informationen zum Einsatz dieser Funktionen. Noch mehr: Die Sync Services for ADO.NET sind nur der erste Puzzlestein eines viel größeren Projekts, des Microsoft Sync Framework.

- Die Sync Services kommen nicht mit ID-Spalten zurecht, die als AutoIncrement-Spalten realisiert sind (IDENTITY-Attribut). Diese Einschränkung ist elementar, da nahezu jede traditionelle Datenbank derartige Spalten verwendet. Die folgende Webseite empfiehlt, auf GUID-Spalten umzustellen. Diesen Rat können wir durchaus nachvollziehen, und bei neuen Datenbanken ist dies auch leicht zu bewerkstelligen. Bei vorhandenen Datenbanken ist die Umstellung aber technisch anspruchsvoll und mit riesigem Aufwand verbunden. Unter anderem müssen alle Client-Anwendungen modifiziert werden! So toll können die Sync Services gar nicht sein, dass sich das lohnt.

  http://blogs.msdn.com/synchronizer/archive/2007/06/28/stay-away-from-auto-increment-columns.aspx = http://tinyurl.com/34okko

  Ärgerlich ist in diesem Zusammenhang der Umstand, dass die Dokumentation auf diesen grundlegenden Mangel nirgendwo deutlich hinweist und dass auch der Sync-Services-Designer diesen Umstand komplett ignoriert: Das Werkzeug erzeugt die erforderlichen Klassen, die lokale Datenbank etc. Erst wenn Sie einen lokalen neuen Datensatz speichern möchten, kommt es zum folgenden Fehler: In einen eindeutigen Index kann kein doppelter Wert eingefügt werden. [Table name = ..., Constraint name = PK_...]

- Der Sync-Services-Designer kümmert sich nicht um Foreign-Key-Regeln. Das ist insofern problematisch, als Sie nun im lokalen Programm Änderungen durchführen dürfen, die diesen Regeln widersprechen. Bei der Synchronisation mit der SQL-Datenbank treten dann natürlich Fehler auf. Derartige Probleme vermeiden Sie, wenn Sie der lokalen CE-Datenbank nach der ersten Synchronisation selbst Foreign-Key-Regeln hinzufügen.

- Der Sync-Services-Designer hilft nicht bei der Partitionierung der Daten, sondern überträgt generell die gesamte Tabelle von der SQL- in die CE-Datenbank. Je nach Anwendungstyp ist das selten zweckmäßig und oft auch aus Platzgründen unmöglich. (Die maximale Größe von CE-Datenbanken ist ja limitiert.)

- Als Client-Datenbank (für den »Cache«) kommt momentan nur die Compact Edition infrage, als Server-Datenbank nur eine Vollversion des SQL Servers. Zukünftige Versionen der Sync Services werden vermutlich für beide Rollen auch andere Datenbanksysteme unterstützen. Umfassende Informationen zu dieser Problematik gibt der folgende Blog-Beitrag.

  http://blogs.msdn.com/sqlservercompact/archive/2007/12/19/connectivity-cross-version-compatibility-sql-server-compact-3-5.aspx = http://tinyurl.com/2qmzm5

» Die Synchronisationslogik arbeitet auf Zeilenbasis. Für die meisten Fälle ist das ausreichend, aber nicht für alle. Nehmen Sie an, zwei Benutzer führen unabhängig voneinander Änderungen am selben Adresseintrag durch: Benutzer A ändert die Telefonnummer, Benutzer B die E-Mail-Adresse. Bei der Synchronisation tritt nun ein Fehler auf. Bei einer Synchronisationslogik auf Spaltenbasis könnten beide Änderungen ohne Konflikte berücksichtigt werden.

Hello World!

In diesem Abschnitt stehen wir – wie schon so oft in diesem Buch – vor dem Dilemma, dass der Platz für eine zufriedenstellende Beschreibung der `Sync Services` fehlt. Die Bibliotheken stellen Dutzende von Klassen zur Verfügung, die weit mehr Funktionen bieten, als der `Sync-Services`-Designer vermuten lässt. Wir haben uns deswegen dazu entschlossen, hier nur ein `Hello-World`-Beispiel zu präsentieren, das den Einsatz des `Sync-Services`-Designers zeigt. Das Beispiel wird Ihnen bei den ersten Schritten zu eigenen Synchronisationsanwendungen helfen. Weitergehende Informationen finden Sie im Internet (siehe die Links am Ende diese Abschnitts) und bald auch in guten ADO.NET-Büchern.

ACHTUNG

Bevor Sie den Sync-Services-Designer einsetzen, sollte Ihnen eines klar sein: Der Designer erstellt nicht nur VB-Code und eine neue CE-Datenbank, er verändert auch die ursprüngliche SQL-Datenbank! Den ausgewählten Tabellen werden neue Spalten hinzugefügt, außerdem werden neue Tabellen und Trigger eingerichtet. Der Designer erstellt zwar SQL-Skripte mit den erforderlichen Undo-Anweisungen, die Sie im Management Studio ausführen können; dennoch empfiehlt es sich, vor der Ausführung des Designers ein Backup durchzuführen!

Die Grundidee des Beispiels ist Ihnen schon aus den Abschnitten 27.1 bis 27.3 bekannt: Es geht darum, neue Buchtitel samt Autoren und Verlag in die `mylibrary`-Datenbank einzufügen. Da die `Sync Services` nicht mit `AutoIncrement`-Spalten zurechtkommen, greift dieses Beispiel auf die `guidXxx`-Tabellen von `mylibrary` zurück. Gegenüber dem in Abschnitt 27.3 präsentierten Code gibt es hier zwei wesentliche Neuerungen:

» Die Daten werden in der vom `Sync-Services`-Designer erzeugten CE-Datenbank gespeichert. Dazu haben wir im Code alle `SqlXxx`-Klassen durch `SqlCeXxx`-Klassen ersetzt und die Verbindungszeichenkette modifiziert.

» Ein neuer Button löst eine Synchronisierung der lokalen Daten mit denen aus der SQL-Datenbank aus. Die Synchronisierung funktioniert in beide Richtungen. Auf die Implementierung eines Fehlermanagements haben wir allerdings verzichtet.

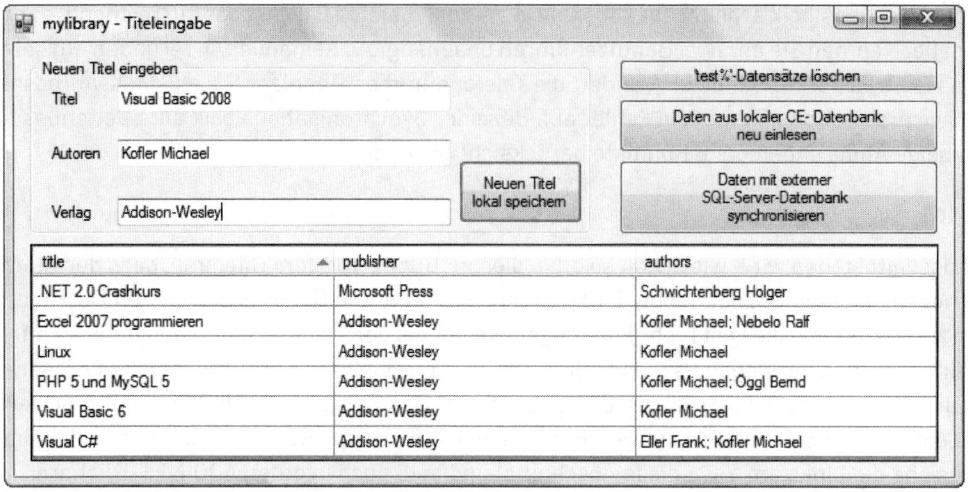

Abbildung 32.3: Datenbanksynchronisierung mit den Sync Services

Bevor wir die Details dieses Beispiels beschreiben, vorweg eine Art Fazit: Unter der Voraussetzung, dass ID-Spalten mit GUIDs realisiert sind, funktionieren die `Sync Services` zumindest für einfache Anwendungen überraschend gut und problemlos. Mithilfe des Designers und einiger winzigen Codeänderungen ist es möglich, eine Datenbankanwendung offline-fähig zu machen – und das ist in der Praxis oft viel wert.

Der Sync-Services-Designer

Sie starten den `Sync-Services`-Designer mit PROJEKT|NEUES ELEMENT HINZUFÜGEN, wobei Sie ein Element des Typs DATEN|CACHE FÜR LOKALE DATENBANK auswählen und die entsprechende Datei im Einfügedialog gleich aussagekräftig benennen (in meinem Beispiel *mylibrary.sync*). Im Konfigurationsassistenten (siehe Abbildung 32.4) wählen Sie als Erstes die Server-Datenbank (SQL-Datenbank) aus. Standardmäßig erzeugt der Assistent eine neue CE-Datenbank, die denselben Namen wie die SQL-Datenbank hat. Wenn Ihnen das nicht recht ist, können Sie aber auch eine bereits vorhandene CE-Datenbank auswählen oder der neuen CE-Datenbank einen eigenen Namen geben. Die erweiterten Optionen sind hier nicht von Interesse – behalten Sie einfach die Standardeinstellungen bei.

Mit HINZUFÜGEN fügen Sie der lokalen CE-Datenbank die erforderlichen Tabellen der SQL-Datenbank hinzu (siehe Abbildung 32.5). Weniger ist hier mehr: Je kleiner die lokale Datenbank bleibt, desto schneller ist die Synchronisation! Für jede Tabelle können Sie nun angeben, auf welcher Basis die Synchronisation erfolgen soll: Standardmäßig stattet der Designer die Tabellen mit den zwei neuen Spalten `LastEditDate` und `CreationDate` aus, um feststellen zu können, welcher Datensatz zuletzt verändert wurde. Wenn Sie in der CE-Datenbank Datensätze löschen, wird deren Primary-Key-Spalte in der SQL-Datenbank in der neuen Tabelle `name_Tombstone` gespeichert. Im Regelfall ist es nicht erforderlich, Änderungen an den Standardeinstellungen durchzuführen. Ein Klick auf OK beendet nicht nur das Hinzufügen der Tabellen, sondern auch gleich den `Sync-Services`-Designer.

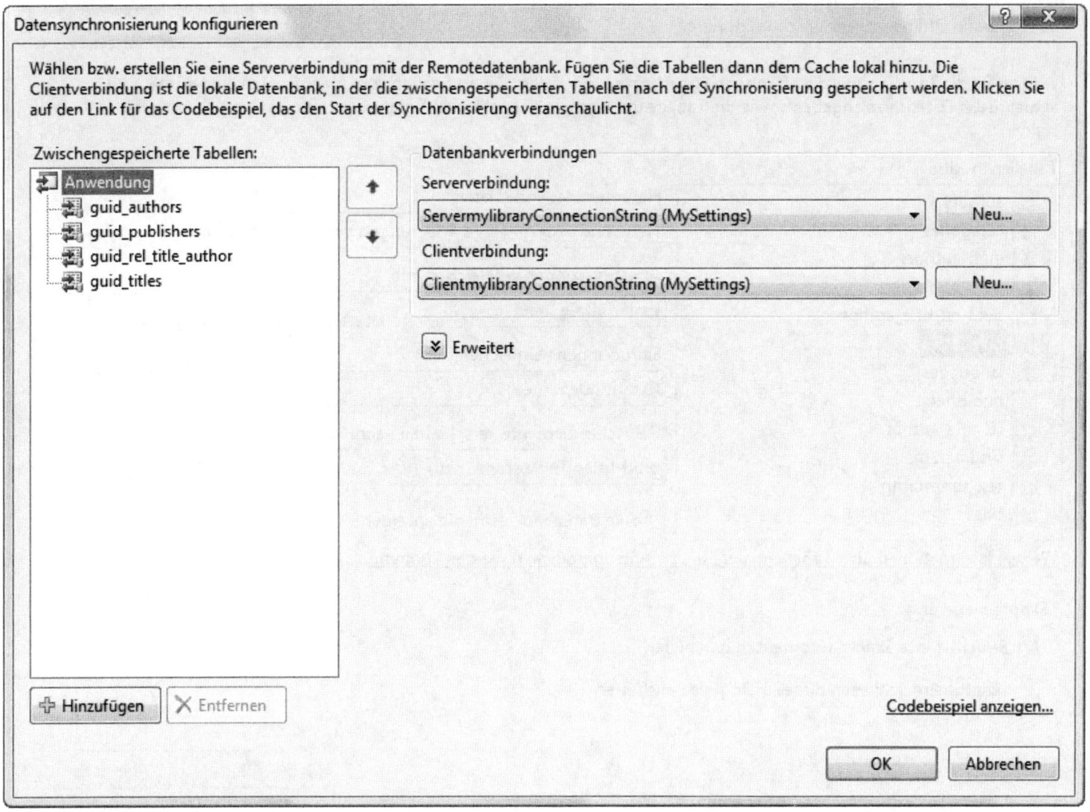

Abbildung 32.4: Der Sync-Services-Designer

Der Designer fügt dem Projekt nun Verweise auf die drei `Sync-Services`-Datenbanken `Microsoft.Synchronization.Data`, `-.Data.Server` und `-.Data.SqlServerCe` hinzu. Weiterhin erzeugt er die neue CE-Datenbank sowie diverse neue Klassen (Datei *mylibrary.designer.vb*).

Anschließend wird sofort der `DataSet`-Designer für die neue lokale CE-Datenbank gestartet. Es bleibt Ihnen überlassen, ob Sie dessen Hilfe brauchen oder Ihre `DataSets` und `DataTables` lieber selbst definieren. Für die `Sync Services` ist der `DataSet`-Designer auf jeden Fall nicht erforderlich, und wir haben in diesem Beispiel auf seinen Einsatz verzichtet.

HINWEIS

Denken Sie daran, dass Sie wie bei allen Compact-Edition-Programmen die Bibliothek `System.Data.SqlServerCe` hinzufügen müssen und bei den Compiler-Optionen die x86-Plattform aktivieren müssen. Der Designer kümmert sich nicht um diese beiden Details.

Der Designer richtet in der CE-Tabelle nur Primary-Key-Schlüssel ein. Um andere Schlüssel sowie Foreign-Key-Regeln müssen Sie sich selbst kümmern. Im vorliegenden Beispiel haben wir die Foreign-Key-Regeln im Server Explorer von Visual Studio manuell hinzugefügt.

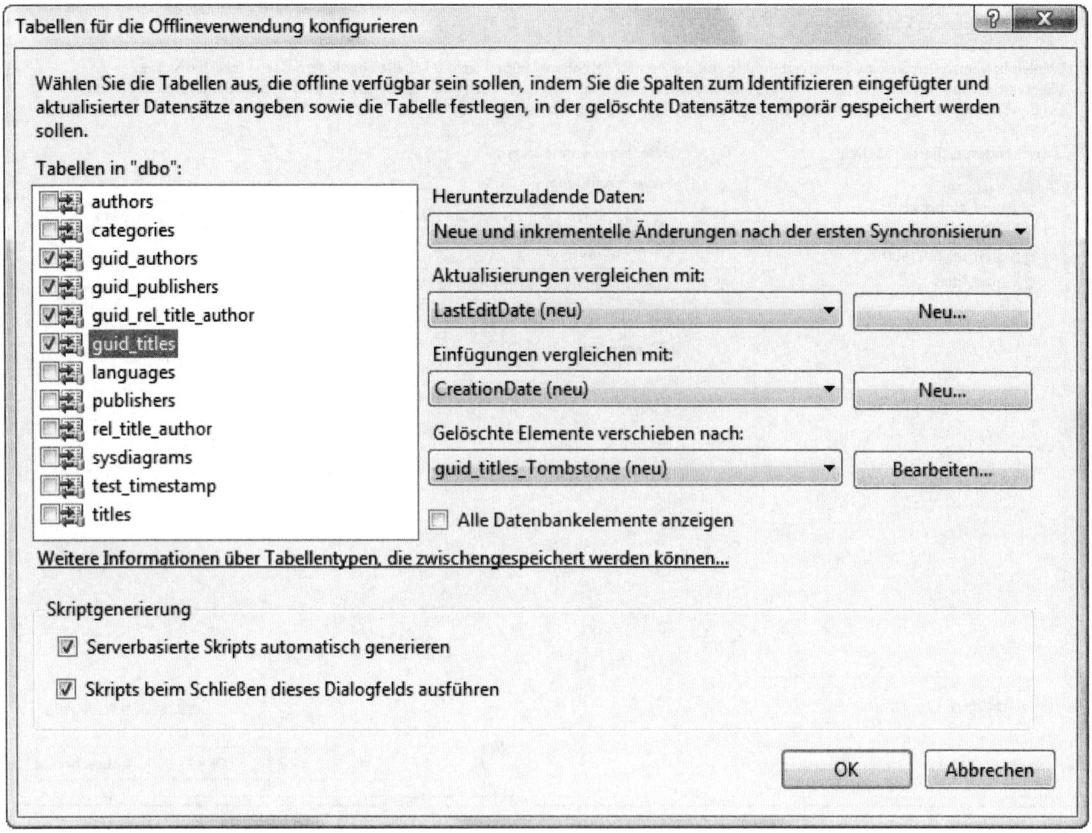

Abbildung 32.5: Auswahl der zu synchronisierenden Tabellen

Klassenübersicht

Der Sync-Designer erzeugt vier Basisklassen sowie eine weitere Klasse für jede Tabelle. In Abbildung 32.6 wurden die Klassen inhaltlich geordnet. Die Klassen in den beiden Spalten links betreffen die lokale CE-Datenbank (Client-Datenbank), die Klassen rechts die SQL-Datenbank (Server-Datenbank). Kurz einige Worte zur Funktion der Klassen: Die beiden `SyncProvider`-Klassen sind für die Kommunikation mit den beiden Datenbanken zuständig. Die `SyncAgent`-Klasse ist für die eigentliche Synchronisation zuständig. In den `SyncAdapter`-Klassen ist schließlich der SQL-Code definiert, der auf der SQL-Datenbank ausgeführt wird, um dort im Rahmen einer Synchronisation Daten abzurufen bzw. Änderungen durchzuführen.

Die Designer-Klassen stellen jeweils selbst eine Verbindung zur CE- bzw. zur SQL-Datenbank her. Die erforderlichen Verbindungszeichenketten sind via `My.Settings` zugänglich und können im MY-PROJECT-Dialog EINSTELLUNGEN verändert werden.

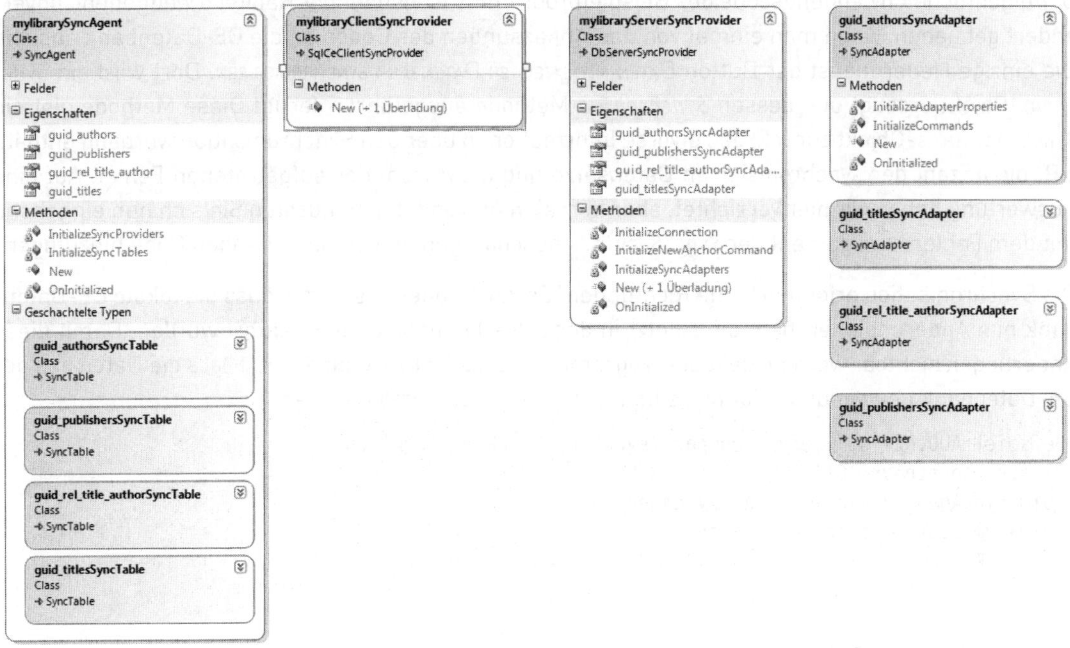

Abbildung 32.6: Vom Sync-Services-Designer erzeugte Klassen

Eigener Code

Der vom `Sync-Services`-Designer erzeugte Code sieht standardmäßig nur einen Datentransfer von der SQL-Datenbank zur CE-Datenbank vor, aber nicht umgekehrt. Um das zu ändern, klicken Sie im Solution Explorer die **.sync*-Datei mit der rechten Maustaste an und führen Code anzeigen aus. Damit gelangen Sie in eine vorerst fast leere VB-Datei, in der Sie die Klassen des `Sync-Services`-Designers erweitern können. Zur Aktivierung einer bidirektionalen Synchronisation ist pro Tabelle nur eine einzige Zeile Code in der `OnInitalized`-Prozedur erforderlich:

```
'Beispiel ADO.NET-sql-server-compact/sync-intro, Datei mylibrary.vb
Imports Microsoft.Synchronization.Data
Partial Public Class mylibrarySyncAgent
  Private Sub OnInitialized()
    Me.guid_titles.SyncDirection = SyncDirection.Bidirectional
    Me.guid_authors.SyncDirection = SyncDirection.Bidirectional
    Me.guid_publishers.SyncDirection = SyncDirection.Bidirectional
    Me.guid_rel_title_author.SyncDirection = SyncDirection.Bidirectional
  End Sub
End Class
```

Der eigentliche Anwendungscode des Beispielprogramms ist gegenüber Kapitel 6 weitgehend unverändert geblieben, wenn man einmal von den Anpassungen des Codes an die CE-Datenbank absieht. Die einzige Neuerung ist der Button DATEN MIT EXTERNER DATENBANK SYNCHRONISIEREN. Dort wird ein *SyncAgent*-Objekt erzeugt und dessen *Synchronize*-Methode ausgeführt – fertig! Diese Methode gibt ein `SyncStatistics`-Objekt zurück, das diverse Informationen über den Synchronisationsvorgang enthält, z.B. die Anzahl der synchronisierten Datensätze und die Anzahl der aufgetretenen Fehler. Auf eine Auswertung haben wir hier verzichtet, aber in realen Anwendungen müssten Sie sich nun eingehend mit dem Fehlermanagement der `Sync Services` beschäftigen und entsprechenden Code hinzufügen.

Die Synchronisation erfolgt in beide Richtungen. Es kann daher passieren, dass die lokale CE-Datenbank nun Änderungen enthält, die zuletzt in der SQL-Datenbank durchgeführt wurden. Damit diese Änderungen sichtbar werden, liest die programmspezifische Prozedur `RefreshData` die Daten aus der CE-Datenbank neu ein und zeigt diese im `DataGridView`-Steuerelement an.

```
'Beispiel ADO.NET-sql-server-compact/sync-intro, Datei Form1.vb
Private Sub btnSync_Click(...) Handles btnSync.Click
  Dim syncAgent = New mylibrarySyncAgent()
  Dim syncStats = syncAgent.Synchronize()
  RefreshData()
End Sub
```

Weiterführende Dokumentation

Auf den folgenden Webadressen finden Sie weitere Informationen zu den Sync Services:

http://msdn2.microsoft.com/en-us/library/bb726002(SQL.100).aspx = *http://tinyurl.com/347ujw* (offizielle MSDN-Dokumentation)

http://msdn2.microsoft.com/de-de/sync/default(en-us).aspx = *http://tinyurl.com/2thxzt* (Homepage des Microsoft Sync Frameworks)

http://channel9.msdn.com/ShowPost.aspx?PostID=384948 = *http://tinyurl.com/2jx46w* (Einführungsvideo von Daniel Moth)

http://keithelder.net/blog/archive/2007/09/23/Sync-Services-for-SQL-Server-Compact-Edition-3.5-in-Visual.aspx = *http://tinyurl.com/2bjbvv* (Einführungsbeispiel)

http://blogs.msdn.com/stevelasker/archive/2007/03/18/QAforOCS_2D00_SyncServicesForAdoNet.aspx = *http://tinyurl.com/2yjgff* (FAQ)

32.4 MDF/SDF-Konverter

Wer von der Express auf die Compact Edition umsteigen will, steht vor einem Problem: Die Datenbankformate der beiden Versionen (MDF bei den Vollversionen, SDF bei der Compact Edition) sind grundlegend inkompatibel. Eine Internetsuche nach `convert mdf sdf` führt unter anderem zu den folgenden vier Lösungsvorschlägen:

» **Sync Services:** Der wahrscheinlich einfachste Weg ist der im vorigen Abschnitt vorgestellte `Sync-Services`-Designer. Damit wählen Sie eine Datenbank und dann die gewünschten Tabellen aus und führen eine Synchronisation aus. Anschließend löschen Sie sowohl in der ursprünglichen Datenbank als auch in der neuen Datenbank die Spalten `LastEditDate`, `CreationDate` etc., in der ursprünglichen Datenbank außerdem die neuen `Tombstone`-Tabellen.

Leider hat die Vorgehensweise einen Haken: Wenn die ursprüngliche Datenbank `AutoIncrement`-Spalten (`IDENTITY`) enthält, können Sie in die CE-Datenbank keine neuen Datensätze einfügen. Die Datenbank meldet eine `Primary-Key`-Verletzung, weil der `Sync-Services`-Designer keine `Auto-Increment`-Spalten unterstützt und nach der Synchronisation »vergisst«, den Startwert für neue `AutoIncrement`-Werte richtig einzustellen. Das erforderliche SQL-Kommando lautet `ALTER TABLE tblname ALTER COLUMN idcol IDENTITY (offset, 1)`, wobei `offset` größer sein muss als der momentan größte ID-Wert.

Dieses Kommando können Sie mit den Visual Data Tools von Visual Studio leider nicht ausführen – Visual Studio unterstützt momentan nur `SELECT`, `INSERT`, `DELETE` und `UPDATE`. Schreiben Sie daher ein kleines VB-Programm, und führen Sie das Kommando via `SqlCeCommand` aus – oder installieren Sie das SQL Server Management Studio der SQL Server-Version 2008.

» **SQL Server Integration Services (SSIS):** Dieses Zusatzmodul zu den SQL Server-Vollversionen (nicht verfügbar für die Express Edition!) ist eigentlich dazu gedacht, unterschiedliche Datenquellen zusammenzuführen. Nebenbei lässt sich dieses Werkzeug auch zur Datenbankkonvertierung verwenden, wenngleich seine Bedienung alles andere als trivial ist. Ein reich bebildertes Beispiel zur Erstellung einer SDF-Datei finden Sie hier:

http://nantz.org/Blog/tabid/57/EntryID/589/Default.aspx = http://tinyurl.com/3al3bf

» **Data Port Console von PrimeWorks:** Diese kommerzielle Toolbox hilft bei diversen Datenbankaufgaben und enthält unter anderem einen Datenbankkonvertierer. Eine 30-Tage-Testversion ist kostenlos verfügbar. Bei meinen Tests (April 2008) unter einer 64-Bit-Version von Windows Vista/ Windows 7/Windows Server 2008 ist das Programm aber abgestürzt.

http://www.primeworks-mobile.com/Products/DataPortConsole.html

» **RemoteSQLCE von GUI Innovations:** Das ist eine weitere kommerzielle Toolbox zum Umgang mit CE- und Compact-Datenbanken. Das Programm enthält ebenfalls einen Datenbankkonverter, allerdings erkannte die von uns getestete Version die SQL Server 3.5 Compact Edition nicht.

http://www.gui-innovations.com/html/remotesqlce.html

Ein eigener Konverter

Dieser Abschnitt stellt als fünfte Variante einen eigenen Datenbankkonverter vor. Das in Abbildung 32.7 auf Seite 1227 dargestellte Programm hat den Charme, dass es wirklich nur ein Datenbankkonverter ist – nicht eine Nebenfunktion eines Werkzeugs, das primär für andere Aufgaben konzipiert ist. Es konvertiert eine SQL Server-Datenbank von einem lokalen Server in eine entsprechende SDF-Datei. Dabei erzeugt es neue Tabellen, wobei alle Spalten im richtigen Datentyp definiert werden (inklusive der Attribute `PRIMARY KEY` und `IDENTITY`), und füllt die Tabellen mit Daten.

Bevor Sie das Programm einsetzen, sollten Sie sich aber auch über dessen Einschränkungen im Klaren sein:

» Der Konverter setzt voraus, dass sich die zu konvertierende Datenbank auf einem lokalen Server befindet und dass ein Zugriff auf diesen Server über das Windows-Sicherheitssystem (`integrated security`) möglich ist. Es wäre natürlich kein Problem, einen Logindialog zu entfernten SQL Servern zu implementieren – aber wir haben aus Zeitgründen darauf verzichtet.

» Das Programm kennt nur die SQL Server-Datentypen `nvarchar`, `int`, `datatime`, `timestamp`, `varbinary` und `uniqueidentifier` (für GUID-Spalten). Bei Bedarf können Sie in der Prozedur `BuildColumnDefinitions` problemlos selbst Code für weitere Datentypen hinzufügen.

» Das Programm erzeugt die Tabellen und kopiert alle Daten. Es kümmert sich aber mit Ausnahme des `PRIMARY-KEY`-Schlüssels weder um Indizes noch um die Regeln zur Einhaltung der referenziellen Integrität (`Foreign Key Constraints`). Die entsprechenden Einstellungen müssen Sie nach der Konvertierung der Datenbank im Server Explorer von Visual Studio manuell erledigen:

  In den recht unübersichtlichen Dialog zum Einstellen der `Foreign Key Constraints` gelangen Sie, wenn Sie die Fremdschlüsseltabelle mit der rechten Maustaste anklicken und TABELLENEIGENSCHAFTEN|BEZIEHUNGEN HINZUFÜGEN ausführen. Bei der Beziehung zwischen `titles` und `publishers` ist `titles` die Fremdschlüsseltabelle – sie verweist also auf Einträge von `publishers`.

  Im Dialog müssen Sie zuerst die Fremdschlüsselspalte (im obigen Beispiel `publID`), die Primärschlüsseltabelle (`publishers`) und die Primärschlüsselspalte (wieder `publID`) auswählen und dann in dieser Reihenfolge SPALTEN HINZUFÜGEN, BEZIEHUNG HINZUFÜGEN und zweimal OK anklicken. Einmal definierte `Foreign Key Constraints` können nicht mehr geändert, aber immerhin wieder gelöscht werden (Dialog BEZIEHUNGEN VERWALTEN).

» Das Programm stolpert über Tabellen und Spalten, die Leer- oder Sonderzeichen enthalten. Derartige Namen müssen in eckige Klammern gestellt werden, worauf wir aber verzichtet haben.

HINWEIS Wie alle Programme in diesem Buch können Sie auch diesen Konverter als Basis für eigene Programme verwenden, entsprechend weiterentwickeln und anschließend weitergeben, verkaufen etc. Die einzige Einschränkung: Sie dürfen die Beispielprogramme dieses Buchs nicht unverändert als Sammlung zum Download zur Verfügung stellen oder gar verkaufen.

Die Bedienung des Programms ist einfach: Die Listbox rechts oben zeigt die zur Auswahl stehenden Datenbanken des lokalen SQL Servers. Dort wählen Sie die zu konvertierende Datenbank aus, geben die gewünschte Zieldatei (SDF-Datei) an, selektieren die zu konvertierenden Tabellen, und los geht's. Während der Konvertierung sehen Sie einen Fortschrittsbalken, der angibt, welche Tabelle wie weit konvertiert wurde.

XAML-Code

Das folgende Listing zeigt den auf die Grundelemente reduzierten XAML-Code. Alle Format- und Layouteinstellungen haben wir aus Platzgründen entfernt. Die Zeilen dokumentieren daher nur die Strukturierung und Namen der Steuerelemente.

```
<Window x:Class="Window1" ...>
  <Grid>
    <TextBlock>Quelldatenbank auswählen (SQL-Server) </TextBlock>
    <ComboBox Name="cmbSqlDb"></ComboBox>
    <TextBlock>Zieldatei (SDF-Datei) angeben</TextBlock>
    <TextBox Name="txtSdfFileName"></TextBox>
    <Button Name="btnChooseSdfName">...</Button>
    <StackPanel>
      <TextBlock>Tabellen auswählen (</TextBlock>
      <Button Name="btnSelectAll">Alle</Button>
      <TextBlock>/</TextBlock>
      <Button Name="btnSelectNone">Keine</Button>
      <TextBlock>)</TextBlock>
    </StackPanel>
    <Border>
      <ScrollViewer>
        <Grid Name="gridTables"></Grid>
      </ScrollViewer>
    </Border>
    <StackPanel>
      <Button Name="bntExit">Ende</Button>
      <Button Name="btnConvert">Konvertieren</Button>
    </StackPanel>
  </Grid>
</Window>
```

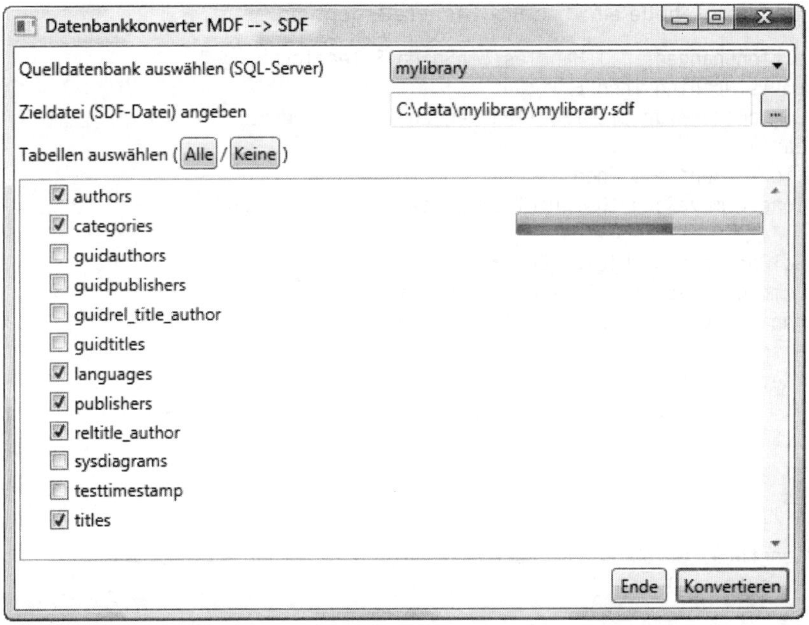

Abbildung 32.7: Datenbankkonverter

VB-Code

Die folgenden Seiten zeigen die aus Datenbanksicht interessantesten Prozeduren. Gleich in Window_Loaded stellt das Programm eine Verbindung zum lokalen SQL-Server her, ohne dabei eine Datenbank auszuwählen. *GetSchema*("Databases") ermittelt eine Liste der verfügbaren Datenbanken (siehe auch Seite 988), deren Namen via Data Binding in einer ComboBox angezeigt werden.

```
'Beispiel ADO.NET-sql-server-compact/convert-mdf-to-sdf
Imports System.Data, System.Data.SqlClient, System.Data.SqlServerCe
Dim sqlConn As SqlConnection
Dim ceConn As SqlCeConnection
Dim ceTargetFile As String
'Verbindungsaufbau zum lokalen SQL-Server
Private Sub Window1_Loaded(...) Handles MyBase.Loaded
  sqlConn = New SqlConnection("Server=.;Integrated Security=True")
  sqlConn.Open()
  Dim dtDatabases = sqlConn.GetSchema("Databases")
  Dim b As New Binding
  b.Source = dtDatabases
  cmbSqlDb.SetBinding(ComboBox.ItemsSourceProperty, b)
  cmbSqlDb.DisplayMemberPath = "database_name"
End Sub
```

Sobald der Benutzer eine Datenbank ausgewählt hat, wechselt cmbSqlDb_SelectionChanged die aktive Datenbank des SqlConnection-Objekts und ermittelt dann mit GetSchema("Tables") die Liste der verfügbaren Tabellen und sortiert diese. Die nachfolgende Schleife fügt in das zweispaltige Grid-Steuerelement gridTables für jede Tabelle ein CheckBox-Steuerelement ein.

```
Private Sub cmbSqlDb_SelectionChanged(...) Handles cmbSqlDb.SelectionChanged
  If cmbSqlDb.SelectedItem Is Nothing Then Exit Sub
  'inneres Grid mit den ComboBoxen für die Tabellen leeren
  gridTables.Children.Clear()
  If gridTables.RowDefinitions.Count > 0 Then
    gridTables.RowDefinitions.RemoveRange(0, gridTables.RowDefinitions.Count)
  End If
  'aktive Datenbank des SqlConnection-Objekts ändern
  sqlConn.ChangeDatabase(cmbSqlDb.SelectedItem!database_name)
  'alle Tabellen in der nun aktiven Datenbank ermitteln und
  'nach dem Tabellennamen sortieren
  Dim dtTables = sqlConn.GetSchema("Tables", _
                               New String() {Nothing, Nothing, Nothing, "BASE TABLE"})
  Dim dvTables = dtTables.Select("", "Table_Name")
  Dim rowCnt = 0
  For Each row In dvTables
    Dim rd As New RowDefinition()
    rd.Height = New GridLength(0, GridUnitType.Auto)
    gridTables.RowDefinitions.Add(rd)
    Dim cb As New CheckBox
    cb.Content = row!Table_Name
```

```
    cb.Margin = New Thickness(20, 2, 3, 2)
    Grid.SetRow(cb, rowCnt)
    gridTables.Children.Add(cb)
    AddHandler cb.Click, AddressOf cbTable_Click
    rowCnt += 1
  Next
End Sub
```

SDF-Datenbank erzeugen

Der Button KONVERTIEREN wird erst aktiviert, wenn der Benutzer eine SDF-Datei und mindestens eine Tabelle aus der SQL-Server-Tabelle auswählt. Falls die SDF-Datenbankdatei bereits existiert, wird sie gelöscht. Die Methode *CreateDatabase* der *SqlCeEngine*-Klasse erzeugt nun die erforderliche Datei, zu der danach eine Verbindung hergestellt wird. Anschließend erzeugt `CreateTables` die neuen Tabellen und füllt sie mit Daten.

```
Private Sub btnConvert_Click(...) Handles btnConvert.Click
  'neue SQL-Compact-Datenbank erzeugen
  If IO.File.Exists(ceTargetFile) Then IO.File.Delete(ceTargetFile)
  Dim ceEng = New SqlCeEngine("DataSource=" + ceTargetFile)
  ceEng.CreateDatabase()
  ceEng.Dispose()
  'Verbindung zur SQL-Compact-Datenbank herstellen
  ceConn = New SqlCeConnection("DataSource=" + ceTargetFile)
  ceConn.Open()
  'neue Tabellen in der SQL-Compact-Datenbank erzeugen
  CreateTables(sqlConn, ceConn)
  ceConn.Close()
  ceConn.Dispose()
End Sub
```

Tabellen erzeugen und mit Daten füllen

Spannend wird es nun in *CreateTables*: Eine Schleife über alle Steuerelemente in `gridTables` ermittelt die zu konvertierenden Tabellen. `GetSchema` ermittelt die darin enthaltenen Spalten und übergibt diese Information an die Funktion `BuildColumnDefinitions`. Diese Funktion liefert eine Zeichenkette mit dem `CREATE-TABLE`-Kommando (siehe unten).

Dieses Kommando wird mit `ExecuteNonQuery` ausgeführt und erzeugt so die Tabelle. Die Abfrage `SELECT * FROM name` liefert zwar keine direkten Ergebnisse (die Tabelle ist ja noch leer), `GetSchemaTable` liefert aber die Namen und Datentypen aller Spalten, die später noch gebraucht werden.

Damit in ID-Spalten direkt Werte eingefügt werden können, muss für die Tabelle vorübergehend `SET IDENTITY_INSERT name ON` ausgeführt werden. Standardmäßig generiert das Datenbanksystem für neue Datensätze neue ID-Werte. Das ist hier aber unerwünscht, weil so die Beziehungen zwischen den Tabellen verloren gingen.

Als Nächstes bereitet die Prozedur ein Einfügekommando in der Form `INSERT INTO name (spalte1, spalte2 ...) VALUES (@spalte1, @spalte2 ...)` vor. Zum Datentransfer werden die Datensätze aus der Quelltabelle mit einem `SqlDataReader` ausgelesen und Feld für Feld in die Parameterliste des Einfügekommandos übertragen. Diese Vorgehensweise stellt sicher, dass der Datentransfer selbst dann funktioniert, wenn in der Zieltabelle einzelne Spalten fehlen (weil der Konverter oder die Compact Edition den Datentyp der Quelldaten nicht unterstützen).

Zum Schluss muss bei Tabellen mit ID-Spalten `SET IDENTITY_INSERT idspalte OFF` ausgeführt und der Startwert für neue IDs korrekt eingestellt werden. Vor dem `ALTER-TABLE`-Kommando wird die Verbindung zur Datenbank kurz unterbrochen, weil es andernfalls zur Fehlermeldung »Tabelle wird benutzt« kommt.

Während dieses Prozesses zeigt ein `ProgressBar` den Fortschritt an. Den entsprechenden Code in `CreateTables` haben wir aber entfernt, damit das Listing nicht noch länger und unübersichtlicher wird.

```
Sub CreateTables()
  Dim ceCom As New SqlCeCommand
  ceCom.Connection = ceConn
  Dim sqlCom As New SqlCommand
  sqlCom.Connection = sqlConn
  'Schleife über alle Tabellen der ursprünglichen Datenbank
  For Each ctrl In gridTables.Children
    If Not (TypeOf ctrl Is CheckBox) Then Continue For
    Dim cbox As CheckBox = DirectCast(ctrl, CheckBox)
    If cbox.IsChecked = False Then Continue For
    Dim tblName = cbox.Content.ToString
    'neue Tabelle in Compact-Datenbank erzeugen
    Dim dtColumns As DataTable
    dtColumns = sqlConn.GetSchema("Columns", New String() {Nothing, "dbo", tblName})
    Dim tableCommand = BuildCreateTableCommand(tblName, dtColumns)
    ceCom.CommandText = tableCommand
    ceCom.ExecuteNonQuery()
    'Namen, Datentypen und ID-Spalte der Zieltabelle ermitteln
    ceCom.CommandText = "SELECT * FROM " + tblName
    Dim ceReader = ceCom.ExecuteReader
    Dim dt As DataTable = ceReader.GetSchemaTable()
    Dim colNames(dt.Rows.Count - 1) As String
    Dim colTypes(dt.Rows.Count - 1) As SqlDbType
    Dim idCol = ""
    For i = 0 To dt.Rows.Count - 1
      colNames(i) = dt.Rows(i)!ColumnName
      colTypes(i) = dt.Rows(i)!ProviderType.SqlDbType
      If dt.Rows(i)!IsIdentity Then idCol = dt.Rows(i)!ColumnName
    Next
    'direktes Einfügen von ID-Werten in die Tabelle zulassen
    If idCol <> "" Then
      ceCom.CommandText = "SET IDENTITY_INSERT " + tblName + " ON"
```

```
      ceCom.ExecuteNonQuery()
    End If
    'INSERT-Kommando für Compact-Tabelle vorbereiten
    Dim paraList1, paraList2 As New List(Of String)
    For Each colname In colNames
      paraList1.Add(colname)
      paraList2.Add("@" + colname)
    Next
    Dim para1 = Join(paraList1.ToArray, ",")
    Dim para2 = Join(paraList2.ToArray, ",")
    ceCom.CommandText = "INSERT INTO " + tblName + "(" + para1 + ")" + _
                        "VALUES (" + para2 + ")"
    For i = 0 To colNames.Count - 1
      ceCom.Parameters.Add("@" + colNames(i), colTypes(i))
    Next
    'Daten transferieren
    sqlCom.CommandText = "SELECT * FROM " + tblName
    Dim reader = sqlCom.ExecuteReader
    Dim cnt = 0
    While reader.Read()
      For i = 0 To colNames.Count - 1
        If colTypes(i) <> SqlDbType.Timestamp Then
          ceCom.Parameters(colNames(i)).Value = reader(colNames(i))
        Else
          ceCom.Parameters(colNames(i)).Value = DBNull.Value
        End If
        cnt += 1
      Next
      ceCom.ExecuteNonQuery()
    End While
    reader.Close()
    ceCom.Parameters.Clear()
    'direktes Einfügen von ID-Werten in die Tabelle wieder abstellen,
    'IDENTITY SEED korrekt einstellen
    If idCol <> "" Then
      ceCom.CommandText = "SET IDENTITY_INSERT " + tblName + " OFF"
      ceCom.ExecuteNonQuery()
      ceCom.CommandText = "SELECT MAX(" + idCol + ") FROM " + tblName
      ceConn.Close()
      ceConn.Open()
      Dim maxid As Integer = ceCom.ExecuteScalar
      ceCom.CommandText = "ALTER TABLE " + tblName + " ALTER COLUMN " + idCol + _
                          " IDENTITY(" + (maxid + 1).ToString + ",1)"
      ceCom.ExecuteNonQuery()
    End If
  gridTables.Children.Remove(prgBar)
End Sub
```

CREATE-TABLE-Kommando zusammenstellen

Das CREATE-TABLE-Kommando für die neuen Tabellen besteht hauptsächlich aus einer Auflistung von Spaltennamen und deren Datentypen. Beispielsweise sieht das Kommando zur Erzeugung der titles-Tabelle so aus:

```
CREATE TABLE titles(titleID integer IDENTITY NOT NULL,
title nvarchar(100) NOT NULL,
subtitle nvarchar(100),
edition integer,
publID integer,
catID integer,
langID integer,
publDate datetime,
isbn nvarchar(20),
comment nvarchar(255),
cover image,
  CONSTRAINT PK_titles PRIMARY KEY (titleID))
```

Die Prozedur BuildColumnDefinitions sortiert das von GetSchema stammende DataTable-Objekt mit den Spaltendefinitionen zuerst nach der Position der Spalten und arbeitet dann jede Spalte ab. Dieser Teil des Codes ist weitgehend trivial und lässt sich leicht erweitern, wenn Sie zusätzliche Datentypen berücksichtigen möchten.

Die Sonderfälle folgen zum Schluss: In einer Reihe von Tests ermittelt das Programm, ob es sich um eine IDENTITY-Spalte (mit automatischen ID-Nummern) oder um eine ROWGUIDCOL-Spalte handelt und ob die Spalte NULL enthalten darf. Die Spaltendefinition wird dann entsprechend erweitert. Zu guter Letzt müssen die PRIMARY-KEY-Spalten ermittelt werden. (Es gibt pro Tabelle immer nur einen Primärschlüssel, der sich aber aus mehreren Spalten zusammensetzen darf.) Diese Information wird in der Form CONSTRAINT name PRIMARY KEY (spalte1, spalte2 ...) am Ende des CREATE-TABLE-Kommandos eingebaut.

Diese Zusatzinformationen können leider nur teilweise aus den GetSchema-Daten ermittelt werden. Deswegen sind die nur für T-SQL-Profis verständlichen SQL-Abfragen erforderlich, die unter anderem auf die INFORMATION_SCHEMA-Tabellen zurückgreifen. Dabei handelt es sich um virtuelle Tabellen, in denen der SQL-Server Auskunft über alle verfügbaren Datenbanken gibt.

```
Function BuildCreateTableCommand(ByVal tblName As String, ByVal dtColumns As DataTable) _
    As String
  Dim newcol As String
  Dim columns = ""
  Dim sortedColumns = dtColumns.Select("", "ORDINAL_POSITION")
  Dim sql As String
  Dim sqlCom As SqlCommand
  'alle Spalten abarbeiten
  For Each col In sortedColumns
    newcol = col!COLUMN_NAME + " "
    Select Case Trim(col!DATA_TYPE)
```

```
    Case "nvarchar"
      newcol += col!DATA_TYPE + "(" & col!CHARACTER_MAXIMUM_LENGTH & ") "
    Case "int"
      Dim prec As Integer = col!NUMERIC_PRECISION
      If prec <= 10 Then
        newcol += "integer "
      Else
        newcol += "bigint "
      End If
    Case "datetime"
      newcol += "datetime "
    Case "timestamp", "rowversion"
      newcol += "timestamp "
    Case "varbinary"
      Dim len As Integer = col!CHARACTER_MAXIMUM_LENGTH
      If len >= 1 And len < 8000 Then
        newcol += "varbinary(" & len & ") "
      Else
        newcol += "image "
      End If
    Case "uniqueidentifier"
      newcol += "uniqueidentifier "
    Case Else
      MsgBox("Der Datentyp " & col!DATA_TYPE & " wird vom Konverter nicht " & _
             " unterstützt. Die Spalte " & col!COLUMN_NAME & " in der Tabelle " & _
             col!TABLE_NAME & " wird ignoriert.")
      Continue For
  End Select
  'testen, ob die Spalte eine Identitätsspalte ist
  sql = "SELECT COLUMNPROPERTY(OBJECT_ID('" + tblname + "'), " + _
        "                      '" + col!COLUMN_NAME + "', " + _
        "                      'IsIdentity')"
  sqlCom = New SqlCommand(sql, sqlConn)
  If sqlCom.ExecuteScalar = 1 Then newcol += "IDENTITY "
  'testen, ob die Spalte eine ROWGUIDCOL-Spalte ist
  sql = "SELECT COLUMNPROPERTY(OBJECT_ID('" + tblname + "'), " + _
        "                      '" + col!COLUMN_NAME + "', " + _
        "                      'IsRowGuidCol')"
  sqlCom.CommandText = sql
  If sqlCom.ExecuteScalar = 1 Then newcol += "ROWGUIDCOL "
  'testen, ob die Spalte NULL enthalten darf
  If col!IS_NULLABLE = "NO" Then newcol += "NOT NULL "
  'Liste der Spaltendefinitionen erweitern
  If columns <> "" Then columns += "," + vbCrLf
  columns += newcol
Next
'Primary-Key-Spalten ermitteln
Dim pkList As New List(Of String)
sql = "SELECT c.COLUMN_NAME  " + _
```

```
        "FROM   INFORMATION_SCHEMA.TABLE_CONSTRAINTS pk, " + _
        "       INFORMATION_SCHEMA.KEY_COLUMN_USAGE c " + _
        "WHERE  c.CONSTRAINT_NAME = pk.CONSTRAINT_NAME " + _
        "  AND  pk.TABLE_NAME = '" + tblname + "' " + _
        "  AND  c.TABLE_NAME = '" + tblname + "' " + _
        "  AND  CONSTRAINT_TYPE = 'PRIMARY KEY'"
  sqlCom = New SqlCommand(sql, sqlConn)
  Dim reader = sqlCom.ExecuteReader
  While reader.Read
    pkList.Add(reader!COLUMN_NAME)
  End While
  reader.Close()
  If pkList.Count > 0 Then
    newcol = "CONSTRAINT PK_" + tblname + _
             " PRIMARY KEY (" + Join(pkList.ToArray, ",") + ")"
    columns += "," + vbCrLf + newcol
  End If
  Return "CREATE TABLE " + tblname + "(" + columns + ")"
End Function
```

Index

Index

Index

C

M